ARBEITEN ZUR KIRCHLICHEN ZEITGESCHICHTE
REIHE B: DARSTELLUNGEN · BAND 30

ARBEITEN ZUR KIRCHLICHEN ZEITGESCHICHTE

Herausgegeben im Auftrag der Evangelischen Arbeitsgemeinschaft
für Kirchliche Zeitgeschichte von
Carsten Nicolaisen und Harald Schultze

REIHE B: DARSTELLUNGEN

Band 30

Rainer Bookhagen

Die evangelische Kinderpflege und die Innere Mission in der Zeit des Nationalsozialismus
Band 2: 1937 bis 1945

GÖTTINGEN · VANDENHOECK & RUPRECHT · 2002

Die evangelische Kinderpflege und die Innere Mission in der Zeit des Nationalsozialismus

Band 2
1937 bis 1945

Rückzug in den Raum der Kirche

von

Rainer Bookhagen

GÖTTINGEN · VANDENHOECK & RUPRECHT · 2002

Redaktionelle Betreuung dieses Bandes:
Carsten Nicolaisen

Bibliografische Information Der Deutschen Bibliothek

Die Deutsche Bibliothek verzeichnet diese Publikation in der Deutschen Nationalbibliografie; detaillierte bibliografische Daten sind im Intetnet über <http://dnb.ddb.de> abrufbar.
ISBN 3-525-55730-2

Druck und Einband: Hubert & Co., Göttingen

Der Schwesternschaft der Diakonissen,
der Diakonischen Schwestern- und Bruderschaft
des Evangelischen Diakonissenhauses Berlin-Teltow

INHALTSVERZEICHNIS

A. WEITERHIN: EVANGELISCHE KINDERPFLEGE ALS TEIL DER INNEREN MISSION IN „FÖRDERNDER OBHUT" DER KIRCHE

B. EVANGELISCHE KINDERPFLEGE ALS TEIL DER „WESENS- UND LEBENSÄUSSERUNG" DER EVANGELISCHEN KIRCHE

C. ZUSAMMENFASSUNG

VORWORT

Dieser zweite Teil der Studie ist auf Anregung der Evangelischen Arbeitsgemeinschaft für Kirchliche Zeitgeschichte entstanden. Die Zeit bis zum Ende der nationalsozialistischen Gewaltherrschaft in Blick zu nehmen und die Entwicklungen der evangelischen Kinderpflege als Teil der Inneren Mission für diesen Zeitraum darzustellen lag nahe, nachdem ihre Geschichte der Jahre 1933 bis 1936 nachgezeichnet worden war. Im Rahmen eines durch die Umstände auch zeitlich begrenzten Promotionsvorhabens hatte das nicht geschehen können. Besonders Dr. Heinz Boberach und Professor Dr. Carsten Nicolaisen haben eine Fortsetzung der Arbeit angeregt und mit Professor Dr. Joachim Mehlhausen, der ihre Veröffentlichung leider nicht mehr erlebt, zu ihrem Abschluß ermutigt.

Dank zu sagen habe ich über die im Vorwort zum ersten Teil der Studie Genannten hinaus dem Archiv des Deutschen Caritasverbandes in Freiburg/ Breisgau und seinem Leiter, Dr. Hans-Josef Wollasch. Seine Hilfe beim Ermitteln einschlägiger Akten ist an wichtigen Stellen dieses zweiten Teiles von großer Bedeutung gewesen. Meinem Dank für Dr. Helmut Talazko, bis 1997 Leiter des Archivs des Diakonischen Werkes der Evangelischen Kirche in Deutschland, habe ich dadurch Ausdruck zu geben versucht, daß ich für diese Studie vorgesehene Arbeitserträge in einem Beitrag zu einer ihm gewidmeten Festschrift veröffentlicht habe. Überarbeitet ist er aber auch Teil des vorliegenden Bandes. An entsprechender Stelle ist darauf hingewiesen.

Nochmals besonders nennen will ich auch Professor Dr. Peter C. Bloth. So wie den ersten Teil der Studie hat er auch diesen in hilfreicher und freundschaftlicher Weise begleitet und Wege gewiesen und ermutigt, sie nicht nur beschreibend zu beschreiten, sondern das Ergebnis auch als Forschungsbeitrag zur Praktischen Theologie und ihrer Diakonik der Theologischen Fakultät der Humboldt-Universität zu Berlin als Habilitationsschrift vorzulegen. Dafür schulde ich ihm ebenso großen Dank wie Professor Dr. Wilhelm Gräb, der das Vorhaben auf dem letzten Teil der Wegstrecke freundlich begleitet und befördert hat.

Daß die Arbeit an dieser Studie neben der Wahrnehmung der Leitungsverantwortung in einer diakonischen Einrichtung in Brandenburg, dem Evangelischen Diakonissenhaus Berlin-Teltow, geschehen konnte, ist zunächst meiner Frau und auch meinen Töchtern zu danken, die mit viel Geduld und Verständnis mir die Zeit ließen und die Unterstützung schenkten, die für diese Arbeit erforderlich war. Ohne die Bereitwilligkeit meiner Frau, das gemeinsame Leben immer wieder den Bedingungen anzupassen, ja unterzuordnen, die eine Fertigstellung einer solchen Arbeit erforderte, wäre ein Abschluß nicht möglich gewesen. Ganz abgesehen von der Selbstverständlichkeit, mit der sie die Mühen des Korrekturlesens auf sich genommen hat. Danach ist die Fertigstellung der Studie auch dem Verständnis derer zu danken, die mit mir im Vorstand des Werkes Leitungsverantwortung geteilt haben, Schwester Regina Köhler als Oberin der Diakonissen und der Diakonischen Schwestern- und Bruderschaft, und Lutz Ausserfeld als Verwaltungsdirektor des Werkes. Ebenso danke ich meiner Mitarbeiterin, Frau Brigitte Utecht, und ihrer Zuverlässigkeit, mit der sie sich der Textbearbeitung annahm. Großen Dank schulde ich auch Pfarrer Detlef Lippold für die kritische Durchsicht und manchen Hinweis zur textlichen Umgestaltung ebenso wie zur sprachlichen Überarbeitung. Das hat den Abschluß der Studie wesentlich erleichtert.

Wenn ich das Nebeneinander von Leitungs- und Forschungsarbeit noch aus einem anderem Grund erwähne, dann nicht etwa deshalb, weil es sich um das Evangelische Diakonissenhaus Berlin-Teltow handelt, der diakonischen Einrichtung, in der seit 1927 Alfred Fritz – eine der wichtigen Theologenpersönlichkeiten in der Erziehungsarbeit der Inneren Mission in der ersten Hälfte des zurückliegenden Jahrhunderts und über zwanzig Jahre an der Spitze ihres Fachverbandes, des EREV – als zweiter Pfarrer und seit 1939 bis zu seinem Eintritt in den Ruhestand im Jahre 1959 als Vorsteher tätig war. Ich erwähne vielmehr das Nebeneinander von Leitungsarbeit, die eine spannungsvolle Gestaltung von Bewahrung und Veränderung diakonischer Arbeit nach Erlangung der politischen Einheit Deutschlands einschloß und noch einschließt, und diakonischer Arbeit in der hiermit vorgelegten Gestalt, weil Männer und Frauen einer Glaubens-, Lebens- und Arbeitsgemeinschaft durch ihr Verständnis sie nicht nur möglich gemacht, sondern sie auch fürbittend begleitet haben. Hinzukommt – Menschen wie ihnen, Diakonissen und Diakonischen Schwestern und Brüdern, hat die evangelische Kinderpflege als Wesens- und Lebensäußerung der Kirche auch nach 1945 und dem Ende des nationalsozialistischen Regimes in Deutschland, allerdings nicht nur in seinem einen Teil und dessen bis 1989 real existierenden Sozialismus, viel zu verdanken. Darum sei ihnen diese Arbeit dankbar gewidmet.

Teltow, Trinitatis 2002 Rainer Bookhagen

EINLEITUNG

„Das Kind bilden wir!“[1] – als nach dem nationalsozialistischen Staatsjugendgesetz, dem Gesetz über die Hitlerjugend vom 1. Dezember 1936[2], und den Propagandaveranstaltungen des 31. Januar und des 1. Mai 1937[3] der „Führer und Reichskanzler“, Adolf Hitler, vor der auf der „Ordensburg“ in Sonthofen versammelten „politischen Leitung der NSDAP“, weit über 700 Gau-, Gauamts- und Kreisleitern[4], diesen Anspruch propagierte, war das nicht nur eine Behauptung der Frontstellung, angesichts derer Hermann von Wicht im

---

1 Geheimrede Hitlers über „Aufbau und Organisation der Volksführung“ am 23.11.1937 auf der „Ordensburg“ in Sonthofen. Die Rede findet sich in Auszügen bei M. DOMARUS, Hitler I.2, S. 761ff., hier S. 762. Zu den „Ordensburgen“ als „Stätten hochgesteigerter Schulung“ siehe H.-J. GAMM, Führung und Verführung, S. 414–421. Vgl. dazu auch H.-D. ARNTZ, Ordensburg Vogelsang.

2 RGBl 1936 I, S. 993. In der Rede vor in- und ausländischer Presse am 7.12.1935 zum Inkrafttreten des Gesetzes über die Hitlerjugend bezeichnete der nunmehr Jugendführer des Deutschen Reiches, Baldur von Schirach, nicht nur die Hitlerjugend als „Gemeinschaft mit dem Anspruch der Totalität“ (B. V. SCHIRACH, Rede, S. 298), sondern sah sich selbst auch als den, der mit „allen Eltern“ Freuden und Sorgen teile, denn: „Ich bin ihr Treuhänder.“ (EBD., S. 300).

3 Gelegentlich des vierten Jahrestages der „nationalsozialistischen Revolution“ führte Hitler in der Krolloper am 30.1.1937 vor dem Deutschen Reichstag aus: „Die nationalsozialistische Bewegung hat dem Staat die Richtlinien für die Erziehung unseres Volkes gegeben. Diese Erziehung beginnt nicht in einem gewissen Jahr und endet auch nicht in einem anderen. Die menschliche Entwicklung brachte es mit sich, daß von einem bestimmten Zeitpunkt an die Weiterbildung des Kindes aus der Obhut der engsten Zelle des Gemeinschaftslebens, der Familie, genommen und der Gemeinschaft selbst anvertraut werden muß. Die nationalsozialistische Revolution hat dieser Gemeinschaftserziehung bestimmte Aufgaben gestellt und sie vor allem unabhängig gemacht von Lebensaltern. ... Wir können deshalb auch nicht zugeben, daß irgendein taugliches Mittel für diese Volksausbildung und Erziehung von dieser Gemeinschaftsverpflichtung ausgenommen werden könnte. Jugenderziehung, Jungvolk, Hitlerjugend, Arbeitsdienst, Partei, Wehrmacht, sie sind alle Einrichtungen dieser Erziehung und Ausbildung unseres Volkes.“ (VB, 50. Jg., Sonderausg./31.1.1937, Ausg. Berlin; P. MEIER-BENNECKENSTEIN (Hg.), Dokumente V, S. 39; M. DOMARUS, Hitler I.2, S. 666). Ein Vierteljahr später hat Hitler erklärt: „Wir nehmen ihnen die Kinder weg! ... und wir erziehen sie zu neuen deutschen Männern und Frauen. Wenn ein Kind zehn Jahre alt ist, hat es noch kein Gefühl für hohe Geburt oder Vorfahrenschaft erworben. ... In diesem Alter nehmen wir sie und formen sie zu einer Gemeinschaft und lassen sie nicht eher wieder los bis sie achtzehn Jahre alt sind. Dann werden sie in die Partei, in die SA, in die SS und in die anderen Gliederungen aufgenommen, oder sogleich in die Arbeitsfront und in den Arbeitsdienst und dann auf zwei Jahre in das Heer. ... Wenn daraus keine Nation entsteht, dann gibt es überhaupt nichts, das dies fertig bringen könnte.“ (A. FREY, Der Kampf, S. 175f.; K. KUPISCH, Idealismus, S. 263f.). Mit Verweis auf diese ungenauen Quellen H. RIEDEL, Kampf, S. 166f. Hitler hat mit diesen Worten gesprochen auf dem NSDAP-Gauparteitag Bayerische Ostmark am 6.6.1937 in Regensburg; zwar nicht in VB, 50. Jg., Nr. 1582/7.6.1937, Ausg. München, S. 2; aber in DRA FRANKFURT/MAIN-BERLIN, 2966048.

4 Vgl. H.-J. GAMM, Führung und Verführung, S. 418.

Rahmen der Reichstagung der Inneren Mission zu Beginn des Jahres 1937 dazu aufgerufen hatte, die Familien in den evangelischen Kirchengemeinden mobil zu machen[5]. Indem Hitler mit dieser Forderung gleichzeitig die Bemerkung verband, „über den deutschen Menschen im Jenseits mögen die Kirchen verfügen", war auch deutlich das Ziel angegeben, das am Ende aller Auseinandersetzungen stehen sollte, und er selbst formulierte es unzweideutig: „Über den deutschen Menschen im Diesseits verfügt die deutsche Nation durch ihre Führer."[6]

Das war nicht nur der Verzicht auf jeden Gedanken an ein theologisches Postulat und sein Verhältnis zur kirchlichen Realität. Das war ebensowenig allein die Zurückweisung und Leugnung irgendeiner Weltbeziehung der Kirche. Gewiß war damit spätestens zu diesem Zeitpunkt auch „das Ende des Kulturkompromisses"[7] markiert, jenes Wechselspiel der Kräfte, das für die Demokratie und ihre ideelle wie intentionale Pluralität kennzeichnend war und auf das sich die evangelische Kirche samt ihrer Inneren Mission wie auch ihrer evangelischen Kinderpflege seinerzeit nur schwer hatte einlassen können, das aber, von Hitler in seiner Regierungserklärung am 23. März 1933 als politisches Versprechen gegenüber „den beiden christlichen Konfessionen" als den „wichtigsten Faktoren zur Erhaltung unseres Volkstums" genutzt[8], auch von der Inneren Mission und ihrer Kindergartenarbeit als gemeinsame politische Plattform im „neuen Staat" angesehen wurde. Das alles war mit der Sonthofener Rede nicht nur aufgekündigt, sondern mit ihr war gleichzeitig die Kampfansage an die „dienende Kirche"[9] ausgesprochen und ein Signal zum Angriff auf sie all denen gegeben, die in den braunen Satrapien an „Aufbau und Organisation der Volksführung" mitwirkten.

Stellte sich damit jetzt so scharf wie kaum zuvor auch für die evangelische Kinderpflege die Frage „Kreuz oder Hakenkreuz?"[10], bleibt für den, der es unternimmt, die Begriffe „mit historischer Anschauung zu füllen"[11], die Aufgabe darzustellen, ob und in welcher Weise sie als Teil der Inneren Mission „auf dem Weg zu einer diakonischen Gemeinde"[12] sich der Alternative gestellt hat. Ob und in welcher Weise sich die evangelische Kinderpflegearbeit ihr „sachgerecht" entzog[13], nicht um einen Weg zu gehen, auf dem sich die

---

5 Siehe I Kap. VII.4.4., S. 445 mit Anm. 798.

6 M. DOMARUS, Hitler I.2, S. 762.

7 P. C. BLOTH, Kreuz oder Hakenkreuz?, S. 88.

8 Siehe I Kap. IV.1.3., S. 127 mit Anm. 64.

9 F. V. BODELSCHWINGH, Auftrag der dienenden Kirche.

10 P. C. BLOTH, Kreuz oder Hakenkreuz? Vgl. K. MEIER, Kreuz und Hakenkreuz; auch K. NOWAK, Christuskreuz gegen Hakenkreuz.

11 K. SCHOLDER, Über die Schwierigkeit, S. 7.

12 P. C. BLOTH, Auf dem Weg.

13 P. C. BLOTH, Kreuz oder Hakenkreuz? Im Blick auf die Religionsdidaktik spricht Bloth in diesem Zusammenhang davon, daß „Herrschaft" gegen „Herrschaft" stehe (S. 93) und meint,

Kirche, weder die in Gestalt einer Bekennenden Kirche noch die in der einer Deutschen Evangelischen Kirche samt ihrer Inneren Mission, zu keinem Zeitpunkt sah[14], einen Weg „zwischen Kreuz und Hakenkreuz"[15], sondern um einen Weg unter dem Kreuz zu finden, da es zwischen den Alternativen einen Kompromiß als Ausweg oder Umleitung nicht gab. Allerdings die Wegführung selbst, mithin die Nähe oder Ferne des Weges zum Kreuz und die dementsprechende Ferne oder Nähe zum Hakenkreuz, sie wird erst im Rückblick erkennbar. Nach wie vor, auch für die mit dem Jahre 1937 beginnende Etappe, lautet im Blick auf Innere Mission und die evangelische Kinderpflege die schlichte aber unverzichtbare Frage: Was ist auf dem Weg geschehen?

Es bedarf an dieser Stelle kaum weiterer Ausführungen über die Berechtigung dieser Frage und über die Gründe für die Fortsetzung des Versuchs einer Antwort. Zwar hat die Innere Mission und ihre Geschichte zunehmend als „soziale Arbeit in historischer Perspektive"[16] Beachtung gefunden. Das Gedenken an „einhundertfünfzig Jahre Innere Mission und Diakonie" und die gelungene Präsentation der „Macht der Nächstenliebe"[17] haben anschaulich machen können, in welchem Umfang die Innere Mission über Martin Gerhardts Darstellung[18] hinaus, unter Aufnahme von Jochen-Christoph Kaisers grundlegender und damit anregender Beschreibung dieses so wichtigen Zweiges des sozialen Protestantismus[19], für seine zahlreichen und so verschiedenen Arbeitsbereiche einen „geschichtlichen Ort" gefunden hat. Außerdem wurden auch unter zeitgeschichtlicher Perspektive bislang vorliegende Erträge ergänzt oder neuem, verändertem Verstehen erschlossen[20]. Mag das in der Einleitung zum ersten Teil dieser Studie angezeigte dreifache Defizit auch verringert worden sein – für die evangelische Kinderpflege drängt die Frage nach dem Geschehen in der Zeit des Nationalsozialismus nahezu unverändert auf Antwort. Die knappe, eindrückliche Darstellung, die Jörg Thierfelder anläßlich des Jubiläums gegeben und mit der er Innere Mission „zwischen Anpassung und Selbstbehauptung" beschrieben hat[21], ebenso wie das anläßlich des Verbandsjubiläums ein Jahr zuvor angezeigte „Bündnis für Kinder"[22] und eine Veröffentlichung zur „Gründungsgeschichte der Bundesvereinigung

daß es „fraglich erscheinen [muß], ob ein Drängen auf ‚Entscheidung' theologisch und didaktisch, also im Vorgang des Lehrens und Lernens von Religion, sachgerecht ist." (S. 97).

14 P. C. BLOTH, Kreuz oder Hakenkreuz?, S. 87.

15 E. RÖHM/J. THIERFELDER, Evangelische Kirche.

16 So der Untertitel von J.-CHR. KAISER (Hg.), Soziale Arbeit.

17 U. RÖPER/C. JÜLLICH (Hg.), Die Macht der Nächstenliebe.

18 M. GERHARDT, Jahrhundert I/II.

19 J.-CHR. KAISER, Sozialer Protestantismus.

20 U. RÖPER/C. JÜLLICH (Hg.), Die Macht der Nächstenliebe. Siehe I Kap. Einleitung, S. 32 mit Anm. 114–116.

21 J. THIERFELDER, Zwischen Anpassung und Selbstbehauptung.

22 BUNDESVEREINIGUNG EVANGELISCHER TAGESEINRICHTUNGEN FÜR KINDER (Hg.): Bündnis für Kinder.

Evangelischer Tageseinrichtungen für Kinder"[23] können das Drängen nur verstärken.

Außerdem – es entspricht der von Jürgen Gohde, dem Präsidenten des Diakonischen Werkes der EKD, in seinem vor der im Rahmen des 150jährigen Jubiläums in Wittenberg tagenden Diakonischen Konferenz erstatteten Bericht getroffenen Feststellung „Diakonie ereignet sich, indem Kirche, besser die Gemeinde Jesu Christi, das pro nobis und das extra nos des Evangeliums im sozialen Umfeld präsent werden läßt"[24], wenn die Diakonie, oder, mit dem seinerzeit anerkannten und vertrauten Begriff, die Innere Mission, in ihrer der Interdependenz von Kirche und Gesellschaft entsprechenden Beziehung zur staatlichen Wohlfahrtspflege nicht allein mehr von Historikern, Sozialwissenschaftlern, Pädagogen oder Forschern anderer „weltlicher" geisteswissenschaftlicher Disziplinen und unter historischem und zeithistorischem Blickwinkel untersucht wird, sondern längst auch deren theoretische und methodische Zugangsweisen von der Kirchen- und Theologiegeschichte übernommen werden und damit eine allein kirchlich-institutionelle Betrachtungs- und Interpretationsweise „evangelischer Mitgestaltung sozialer Staatlichkeit"[25] langsam aber stetig verlassen wird.

Das gilt etwa für die ebenso wichtige wie ausgezeichnete Studie von Annegret Reitz-Dinse. Sie fragt, in Anknüpfung an Johannes Michael Wischnaths Beschreibung der Entstehung des Hilfswerks der EKD als „Kirche in Aktion"[26] und orientiert an der Entstehung des Diakonischen Werkes der EKD, dem Zusammenschluß von Innerer Mission und Hilfswerk der EKD, nach der „Theologie in der Diakonie". Wenn diese Frage ebenso wie der Versuch einer Antwort auch längst überfällig war – bedauerlich allerdings ist es, daß zwar die Darstellung „exemplarischer Kontroversen zum Selbstverständnis der Diakonie"[27] vor dem Hintergrund des so bedeutsamen Art. 15.1 der Grundordnung der EKD vom 3. Dezember 1948[28] erfolgt, auch ein kurzer diakoniegeschichtlicher Überblick gegeben wird, aber die Zeit des Nationalsozialismus allein als Unterbrechung einer in der Weimarer Republik begonnenen Entwicklung zum Wohlfahrtsstaat gesehen wird und dementsprechend

---

23 R. BOOKHAGEN/A. KEBBE, Angefangen in schwerer Zeit. Die Vereinigung änderte ihren Namen am 30.5.1972 in Bundesvereinigung Evangelischer Kindertagesstätten. Seit 21.10.1992 führt sie den Namen Bundesvereinigung Evangelischer Tageseinrichtungen für Kinder (Amtsgericht Berlin-Charlottenburg VR 571 Nz).

24 J. GOHDE, Präsidentenbericht, S. 17. Vgl. I Kap. Einleitung, S. 18f. mit Anm. 27.

25 J.-CHR. KAISER (Hg.), Soziale Arbeit, S. XI.

26 J. M. WISCHNATH, Kirche in Aktion.

27 So der Untertitel von A. REITZ-DINSE, Theologie in der Diakonie.

28 ABlEKD 1948, S. 246–250. „Artikel 15. 1. Die Evangelische Kirche in Deutschland und die Gliedkirchen sind gerufen, Christi Liebe in Wort und Tat zu verkündigen. Diese Liebe verpflichtet alle Glieder der Kirche zum Dienst und gewinnt in besonderer Weise Gestalt im Diakonat der Kirche; demgemäß sind die diakonisch-missionarischen Werke Wesens- und Lebensäußerung der Kirche." (S. 247). Vgl. J. M. WISCHNATH, Kirche in Aktion, S. 194–208.

Erwähnung findet[29]. Dabei hatte doch die „Arbeitsgemeinschaft der missionarischen und diakonischen Werke und Verbände" bereits im Jahre 1935 mit ihrer Namengebung[30] ebenso wie – das läßt bereits ein erster und flüchtiger Blick auf die Quellen erkennen – die spätestens im Jahr 1940 erfolgte Beschreibung der Inneren Mission als „Wesens- und Lebensäußerung der evangelischen Kirche"[31] die Entwicklung angezeigt, die sowohl auf die Formulierung von Art. 15.1 der Grundordnung der EKD als auch auf die praktisch-theologischen wie die praktisch-ekklesiologischen und nicht zuletzt die praktisch-kybernetischen Schwierigkeiten der Fusion von Innerer Mission und Hilfswerk der EKD im Jahre 1957 zulaufen sollte. Außerdem hatte anläßlich des Gedenkens an neunzig Jahre Innere Mission und gerade angesichts des von Hitler erhobenen nationalsozialistischen Bildungs- und Menschenführungsanspruchs der CA durch seinen zweiten Direktor und Leiter seiner Propaganda-Abteilung ein „ABC der Inneren Mission" herausgegeben[32]. Im Geleitwort hatte Präsident Constantin Frick es als Aufgabe der Inneren Mission angesehen, „für den Kampf wider die religiösen, sittlichen und sozialen Notstände in unserem Volk" und „für die Verkündigung des Wortes Gottes im volksmissionarischen Dienst" zu wirken[33]. Und der Dichter und Christ Rudolf Alexander Schröder hatte in diesem „ABC der Inneren Mission" unter der Überschrift „Werk und Glaube" den „Beruf des Christen in der Welt" als „Sendung, ‚missio'" buchstabiert, innerhalb derer „jeder Christ zugleich ein Stück Apostel und ein Stück Diakon sein [wird] in Zeugnis und Dienst vor den Brüdern und an den Brüdern."[34] Dabei hatte, wie gleichfalls erkennbar, sowohl ein um 1938 erwachendes neues Interesse in der Inneren Mission an Fragen der Volksmission, an „Barmherzigkeitstat und Zeugenwort"[35], die „wesensmäßig zusammengehören", wobei die Volksmission eine „Durchdringung des kirchlichen Volkslebens" bedeute[36], nicht nur die erneute Entdekkung der „missionarischen Dimension der Diakonie"[37] gebracht. Vielmehr

---

[29] A. REITZ-DINSE, Theologie in der Diakonie, S. 25.

[30] Siehe I KAP. IV.1.4., S. 135f. mit Anm. 106 und Anm. 107.

[31] Erlaß des Leiters der Deutschen Evangelischen Kirchenkanzlei betreffend die Innere Mission der Deutschen Evangelischen Kirche vom 12.7.1940 (GBlDEK 1940 A, S. 58–59). Siehe II Kap. II.2., S. 453f. mit Anm. 69.

[32] Untertitel von W. ENGELMANN (Hg.), Unser Werk (1939). Anläßlich des einhundertjährigen Bestehens des CA wurde 1948 das „ABC der Inneren Mission" erneut und, abgesehen von R. A. Schröders Beitrag, überarbeitet, herausgegeben. Das „Geleitwort" verfaßte H. Lilje, Landesbischof der Evangelisch-lutherischen Landeskirche Hannovers und Nachfolger Constantin Fricks als Präsident des CA.

[33] C. FRICK, Geleitwort, S. 5.

[34] R. A. SCHRÖDER, Werk und Glaube, S. 9.

[35] W. ENGELMANN (Hg.), Unser Werk, S. 257 (Volksmission).

[36] Protokoll der Geschäftsführerkonferenz des CA am 23.2.1938 (ADW, CA 761 XX).

[37] P. C. BLOTH, Die missionarische Dimension der Diakonie. Diese „exemplarische Kontroverse" zwischen Diakonie und Mission war von Beginn an in der Inneren Mission angelegt, ja

hatte gleichzeitig eine Besinnung auf die Bibel eingesetzt, und es scheint, daß gerade das Beharren bei der Bibel für die Innere Mission ebenso wie für ihre evangelische Kinderpflege als „Wesens- und Lebensäußerung der evangelischen Kirche" sich nicht nur besonders in den Jahren von 1937 bis 1945 bewährt habe, sondern daß diese Einsicht auch ein unaufgebbares Resultat der Wege und Irrwege jedenfalls dieses Elementes evangelischer Kirche, der evangelischen Kindergartenarbeit, sein könnte. Bei Betrachtung und Wertung dieser Sachverhalte weist der Mangel des kurzen diakoniegeschichtlichen Rückblicks Reitz-Dinses tatsächlich auf ein eher grundsätzliches Desiderat hin – eine ereignisgeschichtliche Darstellung der Inneren Mission und ihres Weges unter Einbeziehung dieser Aspekte auch für die Zeit nach 1937.

Wenn dabei nach wie vor die evangelische Kinderpflege besonders im Blick ist, so zwar auch weil es der Anlage der gesamten Studie entspricht, vielmehr aber weil, es mag ein im Fortgang ihrer Erstellung gewachsenes Interesse sein, sie einen Beitrag dazu leisten möchte, diesem Arbeitsfeld der Inneren Mission im Prozeß der Historisierung der Zeit des Nationalsozialismus seinen Platz zukommen zu lassen. Wie berechtigt dies Interesse nach einer „Neubelebung diakoniegeschichtlicher Forschungen seit der Mitte der 1970er Jahre"[38] ist, belegt ex negativo Kurt Nowak, der mit seinen Forschungsbeiträgen erheblich Anteil hatte sowohl an der jetzt von Kaiser konstatierten und seinerzeit ganz wesentlich von ihm initiierten Neubelebung als auch an der Adaption methodischer Reflexionen der Sozial- und Gesellschaftsgeschichte an die Kirchengeschichte. Nowak läßt in seinem Beitrag „Kirchen und Religion"[39] für die von Wolfgang Benz in Zusammenarbeit mit Hermann Graml und Hermann Weiß herausgegebene „Enzyklopädie des Nationalsozialismus"[40] eine evangelische Kirche sichtbar werden, die scheinbar als Bekennende Kirche institutionell einheitlich den „Kirchenkampf"[41] führte, es mit der „Polykratie der Religionspolitik"[42] zu tun hatte und vor die „ethische Herausforderung"

---

festgeschrieben. Die „Statuten des Centralausschusses für die innere Mission der deutschen evangelischen Kirche" hielten mit „§ 1 Begriff und Umfang der inneren Mission" fest: „Die innere Mission hat zu ihrem Zwecke die Rettung des evangelischen Volkes aus seiner geistigen und leiblichen Not durch die Verkündigung des Evangeliums und die brüderliche Handreichung der christlichen Liebe. Außer ihrer Aufgabe liegt es, Ungetaufte zu bekehren oder Glieder anderer christlicher Religionsparteien herüberzuziehen. Sie umfaßt nur diejenigen Lebensgebiete, welche die geordneten Ämter der evangelischen Kirche mit ihrer Wirksamkeit ausreichend zu bedienen nicht imstande sind, so daß sie diesen in die Hände arbeitet und in demselben Maße ihre Aufgabe für gelöst ansieht, als die Wirksamkeit des kirchlichen Amtes sich erweitert." (J. H. WICHERN, Die innere Mission der deutschen evangelischen Kirche. Eine Denkschrift an die deutsche Nation (1849). Anhang. In: J. H. WICHERN, Sämtliche Werke I, S. 360).

38 J.-CHR. KAISER (Hg.), Soziale Arbeit, S. XI.

39 K. NOWAK, Kirchen und Religion.

40 W. BENZ/H. GRAML/H. WEISS (Hg.), Enzyklopädie.

41 K. NOWAK, Kirchen und Religion, S. 192–194.

42 EBD., S. 195–197.

der „Erb- und Rassepolitik“[43] gestellt war. Wenn auch enzyklopädische Summarien zu Vereinfachungen zwingen mögen, ob die Innere Mission in dieser Weise kirchlich-institutionell vereinnahmt werden sollte, muß jedenfalls solange eine Frage sein, solange nicht entschieden ist, ob „die evangelische Kirche“ gleich der katholischen als Institution und Rechtskörper und hierarchisch geordnet oder in reformatorischer Tradition[44] mit der Theologischen Erklärung der Bekenntnissynode von Barmen und ihrer dritten These als eine „Gemeinde von Brüdern [und Schwestern]“ zu verstehen ist, „in der Jesus Christus in Wort und Sakrament durch den Heiligen Geist als der Herr gegenwärtig handelt.“[45] Nowak hat diese Frage mit den sich etwa daraus ergebenden Schwierigkeiten[46] allem Anschein nach bei seiner Darstellung außer Betracht gelassen[47]. Das fordert dazu heraus, den Blick zu weiten und sowohl von den Gemeinden als auch von der „Wesens- und Lebensäußerung der evangelischen Kirche“ zu reden, mithin die Innere Mission und ihr Wirken anschaulich zu machen und das Bild des „unabschließbaren Zeichenprozesses diakonischen Handelns“[48] zu ergänzen.

---

43 EBD., S. 198–200.

44 Vgl. M. LUTHER, Der große Katechismus. 1529. „Ein heiliges heufflein und gemeine auff erden/ eiteler [von lauter] heiligen/ unter einem heubt Christo/ durch den heiligen geist zusamen beruffen/ ynn einem glauben/ synne und verstand/ mit mancherley gaben/ doch eintrechtig ynn der liebe on rotten und spaltung.“ (WA XXX.1, S. 128–238, hier S. 189f.). Vgl. dazu M. LUTHER, Der kleine Katechismus (WA XXX.1, S. 243–425, hier S. 249f.; EG 806.2). Vgl. auch EVANGELISCH-REFORMIERTE KIRCHE, Heidelberger Katechismus, Frage 54, S. 35f.; EG 807.

45 KJ 1933–1944, S. 65; K. IMMER, Bekenntnissynode, S. 10; EG 810.

46 Anschaulich K. SCHOLDER, Über die Schwierigkeit, S. 6. An diesem katholischen Kirchenverständnis scheint nicht nur Hitlers Kirchenpolitik orientiert (K. SCHOLDER, Kirchen I, S. VIII), sondern dementsprechend wohl auch die Gestalt und der Begriff von kirchlichem Widerstand. Siehe K. MEIER, Kirchenkampf III, S. 587–616; K. NOWAK, Kirche und Widerstand; P. STEINBACH, Der Widerstand; DERS., Gruppen, Zentren und Ziele; H. GRAML (Hg.), Widerstand; Literaturbericht von K. MEIER, Kirchliche Zeitgeschichte, S. 72–83. Vgl. auch J. MEHLHAUSEN, Nationalsozialismus und Kirchen; K. v. KLEMPERER, Glaube; H. HÜRTEN, Zeugnis und Widerstand.

47 Das gilt auch für G. DENZLER/V. FABRICIUS, Christen und Nationalsozialisten. Entgegen der im Titel angezeigten Terminologie bildet in der Darstellung und in der Dokumentation „Die Kirchen in der NS-Diktatur“ (S. 37ff. und S. 259ff.) das institutionelle und nur öffentlich-rechtliche, aus dem kritisierten Staatskirchentum (S. 21) hervorgegangene Element christlichen Lebens den Gegenstand der Betrachtung. Insofern entsprach der Titel der Erstausgabe „Die Kirchen im Dritten Reich“ der Darstellung und Dokumentation in eindeutigerer Weise. Das allerdings auch nicht, wenn unter „die Kirchen und das menschliche Leben“ „Euthanasie: Die Vernichtung ‚lebensunwerten Lebens‘“ (S. 123ff. und S. 325ff.) zur Sprache kommt und von der Inneren Mission und ihrem CA mit keinem Wort die Rede ist. Vgl. aber K. NOWAK, Kirche und Widerstand, worin er vor „methodischer Engführung“ für den Fall warnt, daß allein die „kirchenpolitische Gruppenzugehörigkeit“ in Blick genommen wird (S. 233f.). Ist das nicht neben der Herausforderung zu „prosopographischen ‚Fallstudien‘“ (S. 233), vor der sich Nowak sieht, auch eine solche zu differenzierterer Betrachtung und Infragestellung von „Kirche“ und somit zu einer Darstellung von Innerer Mission als deren „Wesens- und Lebensäußerung“?

48 E. M. PAUSCH, Zeichen setzen!, S. 450.

Daß diese Herausforderung tatsächlich auch für die halboffene Kinderarbeit und den Kindergarten gilt, belegt dieselbe „Enzyklopädie des Nationalsozialismus". Sie erwähnt diese sozialpädagogische Arbeit mit keinem Wort und schon gar nicht in ihrer konfessionellen Gestalt als evangelische Kindergartenarbeit, so als gäbe es neben der „Kinderlandverschickung"[49] und einer „Jugend"[50] zwischen „Schule"[51] und „Hitler-Jugend"[52] sowie neben den „Konflikten zwischen den Erziehungsmächten und Jugendopposition"[53] und den „Wirkungen der NS-Erziehung"[54] nicht auch jenen Bereich der Betreuung und Erziehung von Kindern im Vorschulalter[55], der einerseits seit seinen Anfängen als ein wichtiges und zunehmend unverzichtbares Element evangelischer Liebestätigkeit gesehen wurde, andererseits aber von den nationalsozialistischen Machthabern und dem „Fleisch und Blut der nationalsozialistischen Idee"[56], der NSV, ganz und gar in die eigene Verfügungsgewalt gebracht werden sollte, abgesehen davon, daß es der NSV gleichzeitig bis zum Jahr 1943 gelingen sollte, 30.899 Kindergärten mit einer Zahl von insgesamt etwa 1.500.000 betreuten Kindern aufzubauen[57].

---

49 K. SCHILDE, Kinderlandverschickung.

50 R. SCHÖRKEN, Jugend.

51 EBD., S. 205–209.

52 EBD., S. 209–214.

53 EBD., S. 214–216.

54 EBD., S. 216–218.

55 Dieser Mangel ist auch für W. KEIM, Erziehung I und II, anzuzeigen. Es ist Verdienst Keims, die ungeklärte Frage nach der Mitverantwortung der Pädagogenschaft und der Pädagogik für das Funktionieren des NS-Systems aufgegriffen zu haben, also die Frage, warum sie sich „so leicht für die inhumanen Ziele der Nazis funktionalisieren ließ" (W. KEIM, Erziehung I, S. 2). Es bleibt anzuerkennen, daß Keim auch „Jüdisches Bildungswesen, Exil und Widerstand – die ‚andere' deutsche Pädagogik 1933–1945" (W. KEIM, Erziehung II., S. 220–367) in den Blick nimmt. Unverständlich aber ist, auch angesichts der Absicht, einen „Überblick über das voll entwickelte nationalsozialistische Erziehungswesen mit seinen Einrichtungen und Funktionen" (W. KEIM, Erziehung I, S. 3) geben zu wollen, die Tatsache, daß der Kindergarten unter Hinweis auf M. HEINEMANN, Evangelische Kindergärten, S. 49, nur als statistische Größe Beachtung findet. (W. KEIM, Erziehung II, S. 32).

56 W. HAUG, Parteiamtliche und öffentliche Wohlfahrtsarbeit, S. 178.

57 F. HEINE, Die Nationalsozialistische Volkswohlfahrt, S. 14. Es wird die statistische Entwicklung von 1935 bis zum Oktober 1943 dargestellt. Danach war zum fraglichen Zeitpunkt die höchste Zahl erreicht. Mit seiner Zusammenstellung der Zahlen weist Heine allerdings auf die „zum Teil widersprechenden Angaben der NSV" hin (S. 14). Siehe II Kap. II.3., S. 456 mit Anm. 7. Im übrigen nennt E. HANSEN, Wohlfahrtspolitik, S. 170 für dieselben Zahlen den 31.12. 1942 als Stichtag. Dabei beruft er sich auf N.N., Zehn Jahre, S. 158: „Bestanden im Jahre 1932 insgesamt rund 8.300 Kindertagesstätten der freien Wohlfahrtspflege und der Städte, so verfügte das Hilfswerk ‚Mutter und Kind' Ende 1942 bereits über 30.899 Kindertagesstätten mit 1.196.694 verfügbaren Plätzen und 73.756 Fach- und Hilfskräften. Darunter waren 16.149 Dauerkindertagesstätten mit 735.535 verfügbaren Plätzen und 48.432 Fach- und Hilfskräften, 9.951 Erntekindertagesstätten mit 293.969 verfügbaren Plätzen und 15.177 Fach- und Hilfskräften und 4.799 Hilfskindertagesstätten mit 167.190 verfügbaren Plätzen und 10.147 Fach- und Hilfskräften." Am 14.10.1943 hatte Hilgenfeldt im „Großdeutschen Rundfunk" über die „volkspflegerische Arbeit"

Nach wie vor erscheint es ganz und gar unangebracht, die Beschreibung der Zeichenprozesse diakonischen Handelns im Blick auf den evangelischen Kindergarten als „weitgehend marginal“ zu betrachten; auch dann nicht, wenn man „primär nach einem verantwortungsvollen religionspädagogischen Handeln der Kirche in den ersten Lebensjahren eines Kindes“ fragt[58]. Beleg dafür, gewiß eher unbeabsichtigt, ist Gerhard Schnitzspahns, wie im Untertitel ausgewiesen, „religionspädagogischer Beitrag zur Neubestimmung des evangelischen Profils“. Die Studie „Der evangelische Kindergarten“ stellt dessen kaum vorhandene Rezeption durch die Praktische Theologie fest und will aus der „historischen Entwicklung“ der ungeklärten „Verortung des Kindergartens innerhalb eines Praxisfeldes der Praktischen Theologie“ „erste Hinweise auf ein neu zu definierendes Profil“ gewinnen[59]. Historische Entwicklung – das heißt hier die Darstellung der praktisch-theologischen Konzepte evangelischer Kindergartenarbeit sowohl aus allgemein-historischer Perspektive als auch aus klassisch-theoriebildender Sicht; es heißt nicht die Beschreibung der Entwicklung des Praxisfeldes selbst. Nach Anlage der Studie kann das kein Mangel sein, ist es aber da, wo die historische Verortung der Konzepte anzufragen ist. Und das muß gerade für „die Zeit nach dem Ersten Weltkrieg: Weimarer Republik und Drittes Reich“ und für „die Zeit nach dem Zweiten Weltkrieg: Wiederaufbau“ geschehen. Und zwar deswegen, weil sowohl die notwendige Darstellung des historischen Rahmens, in dem die praktisch-theologischen Konzepte ihren Ort haben[60], bemerkenswert unscharf als auch zu fragen ist, ob hinreichend beachtet wird, daß die Behauptung evangelischer Kindergartenarbeit unter diakonischer Perspektive, wie sie unter dem Stichwort „Kinderpflege“ im bereits erwähnten, von Wilhelm Engelmann 1939 herausgegebenen „ABC der Inneren Mission“ dargestellt wird, zunächst eher allein Erfolgs- denn kritischer Bericht evangelischer Kindergartenarbeit war, ehe es 1948 in überarbeiteter Auflage[61], nun als Ertrag gerade auch der in der zurückliegenden NS-Zeit gewonnenen Einsichten, die Vorstellung eines

der NSV gesprochen und mitgeteilt, „während des Krieges wurden über 15.000 Kindertagesstätten neu errichtet, so daß jeden Tag 1,5 Mill. Kinder in diesen Einrichtungen Aufnahme finden und dadurch die schaffende Mutter entlastet wird.“ (N.N., Aus der Arbeit der NSV, S. 102).

[58] G. SCHNITZSPAHN, Der evangelische Kindergarten, S. 21.

[59] EBD., S. 25.

[60] EBD., S. 72–84.

[61] W. ENGELMANN (Hg.), Unser Werk (1939), S. 166–169; DERS., Unser Werk (1948), S. 144–146. Engelmanns Konzept, das, wie sich zeigen wird, aufgenommen hatte, was von der Kindergartenarbeit im Zusammenwirken mit Kindergottesdienst- und Mütterarbeit, bis 1939 entwickelt worden war, wird von Schnitzspahn in der „Zeit nach dem Zweiten Weltkrieg: Wiederaufbau“ verortet. H. FICHTNER, Hauptfragen. Diese Beschreibung der „Wege zur Verwirklichung der biblischen Botschaft in der Gemeinde der Gegenwart“ wird zwar unter „die Zeit nach dem Ersten Weltkrieg: Weimarer Republik und Drittes Reich“ vorgestellt. Aber es heißt dazu, Fichtner schreibe „zu einer Zeit, als der Nationalsozialismus durch die von ihm eingesetzte Nationalsozialistische Volkswohlfahrt (NSV) einen christlichen Kindergarten nach dem anderen ablöste.“ (EBD., S. 79).

Aufbruchs gab. Ist allein aus diesem Grund die Beschreibung evangelischer Kinderpflege als Wesens- und Lebensäußerung der evangelischen Kirche kaum marginal, sondern eher sinnvolle Ergänzung zu einem religionspädagogischen Beitrag wie dem Schnitzspahns und verbessert damit die Aussicht auf Hinweise auf ein neu zu entwerfendes Profil, so ist sie erst recht ein unabdingbar notwendiges Korrelat, wenn nicht nur einer mit dem Hinweis auf mangelnde Theoriebildung und auf eine dementsprechende Reduzierung praktischer und theoretischer Arbeit evangelischer Kinderpflege auf den Bereich der Inneren Mission verbundenen[62], die diakonische Perspektive abwertenden Fehlsicht entgegengewirkt werden soll. Vielmehr eröffnete eine solche Beschreibung auch die Möglichkeit, gerade jenen Ansichten des evangelischen Kindergartens aus sozialpädagogischer, gemeindepädagogischer und ekklesiologisch-kybernetischer Perspektive, die Schnitzspahn mit den entsprechenden Konzepten und theoretischen Bemühungen vorstellt[63], den historischen Blickwinkel hinzuzufügen, dessen Fehlen, über den Mangel an Präzision – was die Zeit der Weimarer Republik und die Zeit des NS-Regimes betrifft – hinaus, „die Betrachtung der historischen Entwicklung" so oberflächlich erscheinen läßt.

Noch unschärfer läßt die sozialwissenschaftliche Studie Peter Hammerschmidts über „die Wohlfahrtsverbände im NS-Staat" den geschichtlichen Ort für die Innere Mission und ihre evangelische Kinderpflege, trotz gegenteiliger Absicht. Es ist verdienstvoll, daß „die NSV und die konfessionellen Verbände Caritas und Innere Mission im Gefüge der Wohlfahrtspflege des Nationalsozialismus"[64] und ihre Interaktion multiperspektiv auf den Fluchtpunkt „Konkurrenz und Kooperation" ausgerichtet beschrieben werden und dabei gleichzeitig Finanzierungsfragen ebenso wie Fragen nach der Entwicklung des Umfangs der Arbeit und der Zahl der Einrichtungen im Blick sind[65]. Indessen bleibt es unverständlich, wenn Hammerschmidt „zum Verhältnis von Konkurrenz und Kooperation" zwar „ausgewählte Arbeits- und Konfliktfelder"[66] vorstellt, auch erwähnt, daß in den Jahren nach 1934 ein „deutliche[r] Rückgang an Einrichtungen und Plätzen" für die „Halboffene Fürsorge der Inneren Mission" zu verzeichnen war[67], ja sogar die „teils

---

62 G. SCHNITZSPAHN, Der evangelische Kindergarten, S. 82 und S. 84. Es wird im Blick auf Engelmann summiert: „Es geht um ein kirchen- und gemeindeverbundenes Leben vor Ort. Der Begründungszusammenhang ist vor allem ein theologischer, nämlich die Verantwortung vor Gott: ihr sind das missionarische Bemühen um das Kind und das diakonische Bemühen um seine bereits christlichen Eltern untergeordnet." Sodann wird festgestellt: „Solche Wertung und Einschätzung der evangelischen Kindergartenarbeit ist heute eher irrelevant." (S. 84).

63 EBD., S. 90–131.

64 P. HAMMERSCHMIDT, Die Wohlfahrtsverbände.

65 EBD., S. 18.

66 EBD., S. 429.

67 EBD., S. 290f.

brachialen Versuche der NSV zur Aneignung der kirchlichen Kindertagesstätten" nicht verschweigt[68], aber das Arbeitsfeld „kirchliche Kindertagesstätten" als Interaktionsfeld, bestimmt von „Kooperation und Konkurrenz", gänzlich unbeschrieben läßt. Außerdem – vielleicht hätte eine auch nur ansatzweise Beschreibung dazu beitragen können, die Forschungserträge von Kaiser oder Eckhard Hansen nicht als allein einer totalitarismustheoretischen Perspektive verpflichtete Thesen anzusehen, sondern die Vorstellung Erich Hilgenfeldts, des NSV-Hauptamtleiters in Berlin, von „einer einzigen Organisation"[69] als eine tatsächlich und von Anfang an nicht verschwiegene Intention der NSV zu erkennen, die sich sowohl „in die bisherige Wohlfahrtspflege mit ganzer Kraft einzuschalten" als auch „von hier aus die einzelnen Aufgaben der Wohlfahrtspflege neu zu gestalten"[70] beabsichtigte. Insofern ist es nur noch eine rhetorische Frage, ob es Hammerschmidt entsprechend seiner Leitfrage überhaupt gelingen konnte, „die These [sic!] von der intendierten ‚Beseitigung' der konfessionellen Wohlfahrtspflege ... als falsifiziert"[71] zu betrachten. Indes bleibt tatsächlich zu fragen, ob auch für die evangelische Kinderpflege gilt, was Hammerschmidt als einen weiteren Ertrag seiner Studie zusammenfaßt, nämlich dies: „die konfessionelle Wohlfahrtspflege war und blieb konzeptionell wie praktisch integraler Bestandteil des Gefüges des NS-Staates"; und darüber hinaus und pointiert das: neben den „Anfeindungen" und der „ausgetragenen Konkurrenz" „praktizierte die NSV" – auch die Inneren Mission? – „eine Zusammenarbeit, die zum Teil über das hinausging, was vordem zwischen Wohlfahrtsverbänden üblich war."[72]

---

68 EBD., S. 427f.

69 E. HILGENFELDT, Aufgaben der NS-Volkswohlfahrt, S. 4. Siehe I Kap. IV.3.2., S. 178.

70 H. ALTHAUS, Stellung, S. 15. Siehe I Kap. IV.3.2., S. 178f. mit Anm. 315.

71 P. HAMMERSCHMIDT, Die Wohlfahrtsverbände, S. 562.

72 EBD. Nicht ausführlich erörtert werden kann hier die Frage, ob nicht Hammerschmidt mit solcher Pointierung die „konfessionelle Wohlfahrtspflege" mit ihren Kirchen von vornherein unter den unausgesprochenen Vorwurf eines Mangels an Widerstand gegen „Anfeindungen" des Regimes gestellt hat und mit seinem Forschungsergebnis ihre Kollaboration mit den NS-Machthabern nachweisen will. Solche Frage drängt sich auf, wenn der Forschungsertrag mit dem Vorwort der Studie in Beziehung gesetzt wird. Klaus Rehbein, Erziehungswissenschaftler in Marburg, der die Arbeit betreute, weist auf „die als Schirmherren der konfessionellen Wohlfahrtsverbände auftretenden christlichen Großkirchen" (EBD., S. 7) hin, die nicht nur, mit den Eliten im Deutschen Reich verflochten, einen Machtfaktor darstellten, sondern auch nicht „am Widerstand gegen die NS-Mordmaschinerie ... beteiligt gewesen wären." (EBD.). Wie die „Großkirchen" wäre auch die ihnen verbundene Wohlfahrtspflege, wären Innere Mission und Caritas „‚konzeptionell wie praktisch integraler Bestandteil des Gefüges des NS-Staates' (Hammerschmidt)" (EBD., S. 8). Mit Hinweis auf Friedrich Siegmund-Schultze, Mitbegründer des Internationalen Versöhnungsbundes und 1933 emigrierter Theologe, auf Karl Barth und Dietrich Bonhoeffer, die „das theologische Nein zum NS-Staat sprachen", fertigt Hammerschmidt einen an Mt. 23,30 orientierten Vor-Urteilsrahmen – siehe I Kap. Einleitung, S. 21ff. –, der trotz aller mit solcher Studie geleisteten umfänglichen und „minutiösen" (P. HAMMERSCHMIDT, Die Wohlfahrtsverbände, S. 8) Arbeit an der Erschließung von Quellen, ein Verstehen des auch in der Inneren Mission angesichts der „Anfeindungen" tatsächlich vorhandenen politischen Opportunis-

Zu allen Perspektiven, die jeweils die Bedeutung einer Fortsetzung der Beschreibung des Weges der evangelischen Kinderpflege und der Inneren Mission in der Zeit des Nationalsozialismus einsichtig machen können, kommt noch eine Beobachtung hinzu, die der Bischof der Evangelischen Kirche in Berlin-Brandenburg für die jüngste Zeit macht. Wolfgang Huber stellt gerade im Jubiläumsjahr der Diakonie fest: „Um das Verhältnis von Diakonie und Gemeinde ist es merkwürdig still geworden."[73] Er fragt, ob angesichts der Entwicklung, die Innere Mission und Diakonie zu einem großen, in sich vielfach gegliederten und funktionalisierten Unternehmen genommen haben, „das Ende für die diakonischen Möglichkeiten [scil. der Gemeinde] gekommen" sei[74]. Mag die Beobachtung richtig sein – ob so zu fragen berechtigt ist, kann sich jedenfalls für die evangelische Kinderpflege erst dann erweisen, wenn der Weg, der da an ein Ende gekommen sein soll, hinreichend beschrieben und erinnert ist. Gilt das für die Fragestellung Hubers auch und gerade dann, wenn man sie ernst nehmen will, dann erst recht für die Suche nach, so es denn keine Fortsetzung gibt, neuen Wegen. Deshalb muß es derzeit noch unentschieden bleiben, ob eine „Aktivierung der Gemeinden", orientiert an ihren Gaben unter neuer „Würdigung ehrenamtlicher Arbeit", durch „Diakonie in der Nähe" eine von der Praktischen Theologie zu bedenkende Konzeption sein könnte, die „im Blick auf den weiteren Weg evangelischer Diakonie von ‚Wichern III' zu sprechen"[75] erlaubte, mithin eine Klärung des Verhältnisses von Innerer Mission und verfaßter Kirche im Sinne des dritten Abschnitts der Denkschrift Wicherns von 1849[76] bedeuten könnte.

Vielleicht ist am Ende des Wegabschnittes, den sich dieser zweite Teil der Studie vorgenommen hat nachzuzeichnen, wenn nicht eine Entscheidung, so doch ein vertiefendes Fragen möglich oder gar gefordert. Das kann, auch wenn man nicht sogleich mit Theodor Strohm von einer „Krise der Diakonie

---

mus' nicht erleichtert. Wenn allerdings auf ein theologisch begründetes politisches Nein – und darum handelt es sich bei den drei genannten Theologen – verwiesen wird, um es zum Maßstab der Deutung des Handelns auch nur der Inneren Mission zu machen, dann reicht die Beschreibung eines der Sachbezogenheit ihres Handelns durchaus verbundenen Verhältnisses von „Kooperation und Konkurrenz" trotz aller Multiperspektivität als eine das Verstehen von „Kollaboration und Widerstand", dem gewissermaßen geheimen Thema der Studie Hammerschmidts, erschließende Beschreibung nicht aus; dann erweist sich der Verzicht auf die totalitarismustheoretische Perspektive als eine von der Sache her nicht gerechtfertigte Beschränkung, als eine „Entweltanschaulichung" der Interaktionen von NSV und Innerer Mission und DCV, die an eine Verharmlosung gerade dessen grenzt, was als „NS-Mordmaschinerie" (EBD., S. 7) erkannt wurde.

[73] W. HUBER, Die Gemeinde vor der Kirchentür, S. 34. Huber verweist auf M. WELKER, Brennpunkt, und darin den wichtigen Beitrag von H.-J. ABROMEIT, Glauben.

[74] W. HUBER, Die Gemeinde vor der Kirchentür, S. 37f.

[75] EBD., S. 39f.

[76] J. H. WICHERN, Die innere Mission der deutschen evangelischen Kirche. Eine Denkschrift an die deutsche Nation (1849). Dritter Abschnitt. Zur Organisation der Inneren Mission. (J. H. WICHERN, Sämtliche Werke I, S. 311–358).

am Ausgang des 20. Jahrhunderts“[77] sprechen will, aber mit Peter C. Bloth resümiert, daß die bislang „tragenden ‚Gemeinde‘-Ideen nicht mehr ausreichen“[78], dem „Gespräch zwischen Theologie und Diakonie“[79] nur dienen kann.

---

[77] TH. STROHM, Diakonie, S. 204. Vgl. auch M. SCHIBILSKY, Neue Armut, S. 17, der feststellt, „die Brücken zwischen Kirchengemeinde und Diakonie sind brüchig geworden.“

[78] P. C. BLOTH, Diakonie-Forschung, S. 252.

[79] EBD., S. 259.

A. Weiterhin:
Evangelische Kinderpflege als Teil der Inneren Mission in „fördernder Obhut" der Kirche

Kapitel I

DIE ZEIT DES AUFSCHUBS

1. *Die „der Volksgemeinschaft dienenden Bestrebungen"*

1.1. Der Angriff auf den „Schutz kirchlichen Handelns" – ein Kurswechsel?

Aus der Sicht der verantwortlichen Männer und Frauen in der evangelischen Kindergartenarbeit waren es also spätestens seit Beginn des Jahres 1937 die Gemeinden selbst, die dem kirchlichen Auftrag entsprechen und ihrer Verpflichtung zur halboffenen Kinderpflege nachkommen sollten. Und wie um sogleich von seiten der verfaßten Kirche die Voraussetzungen dafür zu schaffen, trat der RKA am 12. Februar 1937 zurück[1]. Die Gründe, die Wilhelm Zoellner zur Aufgabe seiner Bemühungen führten, brauchen hier im einzelnen nicht erörtert zu werden[2]. Gewiß spielten Fehleinschätzungen hinsichtlich nicht vorhersehbarer Reaktionen des nationalsozialistischen Machtgefüges auf seiten des RKA und des CA ebenso eine Rolle[3], wie die immer noch ungeklärte Kirchen-Leitungsfrage, der die BK so besondere Bedeutung beigemessen hatte und die bei zunehmend abweisender Haltung des Kerrlschen Ministeriums auch für die DC eine neue Qualität bekam und eine gewisse Renitenz förderte[4]. Jedoch, auch wenn bei alledem die evangelische Kinderpflegearbeit als integraler Bestandteil gemeindlicher Arbeit und als in eine „Wandergemeinschaft" aufgenommen gedacht und in der Obhut der Gemeinden gesehen wurde und sich in der Praxis einer Vielzahl von Gemeinden auch so schon durchgesetzt hatte, mußte das in keinem Falle bedeuten, daß damit der Fortbestand evangelischer Kinderpflege in Gestalt von staats- und parteiunabhängigen Kindergärten garantiert war.

---

1 Schreiben RKA an Reichs- und Preußischen Minister für die kirchlichen Angelegenheiten vom 12.2.1937 (K. D. SCHMIDT, Dokumente II.2, S. 1339 und S. 1340–1343).

2 Siehe K. MEIER, Kirchenkampf II, S. 142ff.; H. BRUNOTTE, Der kirchenpolitische Kurs, S. 93; K. D. SCHMIDT, Dokumente II.2, S. 1340–1343.

3 Siehe J.-CHR. KAISER, Sozialer Protestantismus, S. 412f.

4 Siehe K. MEIER, Kirchenkampf II, S. 143.

Das sah auch v. Wicht. Er ersparte weder sich noch anderen die Frage nach den Erfolgsaussichten des eingeschlagenen Weges und hielt auch mit seiner Antwort nicht zurück. So bewog er zwar den Vorstand der Vereinigung, der nach Abschluß der Reichstagung der Inneren Mission am Abend im Hospiz St. Michael, dem großen Tagungs- und Gästehaus, dem „Kampfplatz und Ruheort" des Christlichen Vereins Junger Männer (CVJM) in der Berliner Wilhelmstraße[5], zu Bilanz und Planung zusammengekommen war, sich ausdrücklich mit der Haltung der Gemeinden in Württemberg zu solidarisieren und allenthalben als beispielhaftes kirchliches Vorgehen herauszustellen[6]. Aber am gleichen Tag, dem 25. Januar 1937, hatte er bereits am Nachmittag vor den versammelten Geschäftsführern der Landes-, Provinzial- und Fachverbände der Inneren Mission ohne jede ihm sonst nicht fremde sprachliche Prätention auch ebenso nüchtern wie unmißverständlich festgestellt: „Weil die Lage so ist, ist uns ein kurzer Aufschub gegeben, aber nicht ein Aufschub grundsätzlich, sondern nur ein zeitlicher Aufschub."[7]

Das war eine realistische Einschätzung der Lage. Die Sorge um den Fortbestand der Arbeit sollte gut vier Jahre währen, dabei ständig zunehmen und schließlich in einer Weise beendet werden, wie es die Männer und Frauen der Verbände der Inneren Mission zu diesem Zeitpunkt nicht im entferntesten auch nur ahnten, obwohl v. Wicht es befürchtet und dem auch Ausdruck gegeben hatte, als er von einem Reichsgesetz sprach, „das nur eine Kindergartenarbeit in Deutschland anerkennen würde."[8] Es sollte dann tatsächlich nicht mehr nur um das von der „Kampftruppe des völkischen Sozialismus"[9], der NSV, für den Bereich der Wohlfahrtspflege propagierte Teilungsprinzip von – gemäß ihrer Terminologie – „erbgesund" und „erbbiologisch minderwertig", es sollte auch nicht mehr nur um die Genehmigung von Neueinrichtungen evangelischer Kindergärten als Teil der freien Wohlfahrtspflege, es sollte um den Fortbestand evangelischer Kinderpflege überhaupt gehen.

Insofern aber v. Wicht, die Vereinigung, der CA, die DEK und ihr RKA dies alles nicht voraussehen konnten, die Entkonfessionalisierungskampagne in ihrer Bedeutung auch für die evangelische Kinderpflege nicht richtig einschätzten, sie weiterhin für ein „Mißverständnis" hielten und, wie v. Wicht, darauf rechneten, durch ernsthaftes Gespräch, „auf der selben Ebene" zu begegnen und „einander zu verstehen"[10] – insofern war dem „Aufschub" ein Moment der Hoffnung, etwa gar auf eine erfolgreiche Abwehr der Angriffe,

---

5 K. KUPISCH, Geschichte, S. 101–111, hier S. 111. Vgl. auch DERS., Der deutsche CVJM, S. 31.

6 Protokoll der Vorstandssitzung der Vereinigung am 25.1.1937 „abends 8 Uhr" (LKA HANNOVER, E 26/102; ADWW MÜNSTER, 153/1).

7 Referat v. Wicht beim Protokoll (ADW, CA 761 XIX).

8 EBD.

9 N.N., Die NSV als Kampftruppe des völkischen Sozialismus.

10 H. V. WICHT, Zur Lage, S. 118.

verbunden. Damit wird verständlich, warum allenthalben der Weg in die Gemeinden als „Selbstbesinnung evangelischer Kinderpflege“[11] fortgesetzt und ebenso entschlossen auch um die Fortführung der Arbeit in der durch das RJWG zugesicherten Form gestritten wurde.

So gesehen gab es keinen Grund, nicht weiterhin beim Reichs- und Preußischen Ministerium für die kirchlichen Angelegenheiten auf Stellungnahme und Bescheid zu drängen, sowohl in den Fällen, in denen bis zum Jahresende 1936 Beschwerde geführt oder bei denen auf bereits erfolgten Bescheid Einspruch eingelegt worden war, als auch in solchen, über die das Ministerium neuerdings in Kenntnis zu setzen war. Deshalb hoffte man weiter auf Bescheid nach noch geltendem Recht, auch wenn dessen Wirksamkeit zumindest in Frage gestellt sein mußte.

Zu den Vorfällen, von denen das „Reichskirchenministerium“, wie man es allgemein nannte, noch bis Ende 1936 und noch in Abwesenheit seines einen Herzinfarkt auskurierenden Ministers Hanns Kerrl[12], Kenntnis nehmen mußte und um Bescheid gedrängt wurde, gehörten die Ereignisse in Remscheid. Wie schon in den anderen Fällen in der Rheinprovinz und wie in den übrigen preußischen Provinzen und in den Ländern des Deutschen Reiches hatte das Regierungspräsidium – hier das in Düsseldorf, noch unter dem ein Jahr später aus der NSDAP ausgeschlossenen Carl Christian Schmid[13] – den Antrag auf Betrieb eines Kindergartens durch die evangelische Gemeinde Remscheid und ihres, weil in der Geschäftsführung der Gemeinde, mit der Sache befaßten Pfarrers Karl Ohlson abschlägig beschieden. Der Bescheid stützte sich auf eine Stellungnahme des Oberbürgermeisters der Stadt, Dr. Karl Hartmann, der – seit 1915 im Amt, wich er im Herbst 1937 dem Druck von Gauleiter Friedrich Florian und trat aus Gesundheitsgründen zurück – einerseits ein Bedürfnis nicht bestehen sah, aber andererseits wissen ließ, daß die NSV „selbst einen solchen Kindergarten anzulegen beabsichtigt.“ Die Kirchengemeinde hatte alle Voraussetzungen zum Betrieb des Kindergartens geschaffen. Vor allem hatte sie Räume zur Verfügung, „durch den Zerfall der kirchlichen Jugendpflege“, wie Ohlson beschönigend des Reichsbischofs Ludwig Müller Überführung der evangelischen Jugendarbeit in die HJ beschrieb. Mit Hinweis auf den Beschluß des RKA vom 4. Juni 1936 wollte die Gemeinde nun „durch Anrufung staatlicher Zentralstellen“ ihr Vorhaben durchsetzen, mit dem sie nach Verständnis ihres geschäftsführenden Pfarrers sowohl einem sozialen Anliegen als auch einem kirchlichen Auftrag entsprach[14].

---

11 O. HANSE, Selbstbesinnung, S. 123.

12 Siehe K. MEIER, Kirchenkampf II, S. 145 und S. 411.

13 Siehe H. ROMEYK, Düsseldorfer Regierungspräsidenten, S. 286. Wegen seiner „nicht arischen“ Ehefrau war der Regierungspräsident bereits öffentlicher Diskreditierung ausgesetzt, wurde aus der NSDAP ausgeschlossen und gab schließlich nach der Pogromnacht im November 1938 sein Amt auf.

14 Schreiben Evang. Gemeinde Remscheid vom 4.9.1936 an RKA (EZA BERLIN, 1/C3/178).

Nachdem die Gemeinde nach einem Vierteljahr, am 4. Dezember 1936, den RKA um Auskunft darüber gebeten hatte, ob das Reichs- und Preußische Ministerium für die kirchlichen Angelegenheiten eine Entscheidung getroffen habe, konnte der in der Kirchenkanzlei der DEK die Sache bearbeitende, nebenamtliche Oberkirchenrat Werner Kintzel nur bedauernd verneinen. Aber er nahm diese Frage zum Anlaß, das Reichs- und Preußische Ministerium für die kirchlichen Angelegenheiten und seinen wieder im Dienst befindlichen Minister an die nach dem Erlaß von Christian Mergenthaler und Jonathan Schmid vom 14. Juli 1936 veränderte Situation in Württemberg und damit auch an die von Ministerialrat Friedrich Barner zugesagten Bemühungen um seine Aufhebung zu erinnern. Außerdem forderte Kintzel, Parteigenosse und im Hauptamt Pfarrer an St. Marien in Bernau bei Berlin, eine grundsätzliche Klärung, wies in diesem Zusammenhang auch auf die aus Sicht des RKA und der Vertreter der evangelischen Kinderpflege unentschiedenen Fälle im badischen Hesselhurst, im bayerischen Uehlfeld, im württembergischen Welzheim hin und erbat „beschleunigte Behandlung“[15].

Es bleibt unklar, ob bei Fertigung dieser Eingabe im Hause der DEK, ihrer Kirchenkanzlei und damit dem RKA, schon jener Bescheid von Hermann Muhs vom 14. Dezember 1936 bekannt war, der ein Einschwenken des Ministeriums Kerrls auf die Linie von Partei und NSV signalisierte. Der Entwurf Kintzels wurde nicht verändert, und die Kirchenkanzlei blieb auch nach Eingang des Schreibens von Muhs dabei, Entscheidungen in jedem Einzelfall einzufordern und zugleich auf rechtliche Neuordnung zu drängen. Sie folgte damit der gleichen Strategie wie die Vereinigung, ihre regionalen Mitgliedsverbände und die Verantwortungsträger der Inneren Mission, in der Hoffnung, doch eine Revision der Politik des Reichs- und Preußischen Ministeriums für die kirchlichen Angelegenheiten und damit eine Behauptung evangelischer Kinderpflege zu erreichen. So oder so, Erfolg sollte dem in keinem Fall beschieden sein. Was Remscheid betraf, so mußte der nun die Geschäfte führende Pfarrer Karl Schüler auf seine Nachfrage hin[16] von der Kirchenkanzlei der DEK erfahren, daß das Ministeriums Kerrls sich immer noch nicht geäußert hatte. Damit gehörte auch dieser Fall zu den im Frühjahr 1937 noch nicht entschiedenen Fällen, und sie kennzeichneten die „Gesamtlage“, die man, so die Kirchenkanzlei, „im Auge behalte“ und deretwegen man sich mit v. Wicht als dem Vertreter dieses gefährdeten Arbeitszweiges im Schnittfeld von Kirche und Innerer Mission „dauernd in Verbindung“ sah[17].

Ob v. Wicht das genauso einschätzte, muß fraglich sein. Noch gegen Ende des Jahres 1936 hatte er sich über mangelnde Absprachen mit der Kirchen-

---

15 Schreiben RKA an Reichs- und Preußischen Minister für die kirchlichen Angelegenheiten vom 17.12.1936, der Evang. Gemeinde Remscheid zur Kenntnis (EBD.).

16 Schreiben Evang. Gemeinde Remscheid an RKA vom 5.4.1937 (EBD.).

17 Schreiben RKA an Evang. Gemeinde Remscheid vom 5.5.1937 (EBD.).

behörde beklagt[18]. Indessen war das Problem in den Augen v. Wichts schon allein dadurch gelöst, daß die Zusammenarbeit in der bisherigen Form durch den Rücktritt des RKA ein Ende gefunden hatte[19]. Jedenfalls, wenn es jetzt darum ging, die Gemeinden und ihre Familien „mobil" zu machen, dann mußte die Verbindung zu einer DEK, die durch ihre Kirchenkanzlei weiterhin kirchenleitend handelte und die Inobhutnahme evangelischer Kinderpflege im Einsatz für jeden ihr bekannten Einzelfall tätig unter Beweis stellte, sich auch noch in anderer Form ausdrücken als in kräftezehrender Mitarbeit des geschäftsführenden Vorsitzenden der Vereinigung an der Lösung von Einzelfällen. Dann war die Frage nach dem Rechtsträger und seine Stellung zur Kirchengemeinde, wie sie Hans Dölker gut einundeinhalb Jahre zuvor, im Juni 1935, zu beachten gefordert hatte, als handlungsleitende Frage, im Sinne einer Frage nach Rechtssicherung außerhalb des RJWG, weiterhin und verstärkt im Blick zu behalten. Daß dazu Anlaß bestand, wurde ebenfalls gleich im Februar 1937 deutlich.

Hermann Kunst, zu dieser Zeit Pfarrer der St. Marien-Gemeinde Stiftberg in Herford, nachmals Bevollmächtigter des Rates der EKD bei der Regierung der Bundesrepublik Deutschland, wollte den von einer Stiftung finanzierten Kindergarten der Gemeinde und besonders das vorhandene Vermögen sichern. Er befürchtete, „daß die Zeit der freien Kindergärten vorbei ist."[20] Für v. Wicht war es selbstverständlich, daß „den evangelischen Charakter der Anstalt im kirchlichen Raume sichernde Maßnahmen" nicht nur dadurch ergriffen werden sollten, daß sowohl die Zugehörigkeit zum „anerkannten Reichsspitzenverbande der evgl. Wohlfahrtspflege" sichergestellt, als auch die Leitungsverantwortung des Trägers nur durch solche Persönlichkeiten wahrgenommen wird, „die bewußte Glieder der evangelischen Kirche sind", sondern nicht zuletzt auch durch die Übereignung des Trägervermögens an die Kirchengemeinde[21].

Mit diesem Rat hatte sich v. Wicht wohl das Ergebnis der Erörterungen im Landesverein für Innere Mission in der Evangelisch-lutherischen Kirche in Bayern und im Bayerischen Landesverband für evangelische Kinderpflege zu eigen gemacht, das durch Julius Weichlein als vertrauliches Rundschreiben – am gleichen Tag wie v. Wichts Stellungnahme an Kunst – an alle evangelischen Kindergärten in Bayern gegangen war. Galt es in Württemberg mit der Gründung von Gemeindevereinen die Spielräume und Möglichkeiten des Vereinsrechts zu nutzen, angesichts auch der Bedrohungen wirtschaftlich-finanzieller Art, wie sie durch die Sammlungsgesetzgebung und eine restriktive, die gesamte DEK und ihre Innere Mission, mithin auch die Evangelisch-

18 Schreiben v. Wicht an RKA vom 30.11.1936 (EBD.).

19 VEREINIGUNG, Tätigkeitsbericht 1.4.1936–31.3.1937, S. 15.

20 Schreiben Kunst an Hans Niemann vom 13.2.1937 (ADWW MÜNSTER, 153/6).

21 Schreiben v. Wicht an Hans Niemann vom 22.2.1937 (EBD.).

lutherische Landeskirche in Württemberg und ihren kirchlichen Dienst beschneidende Steuer- und Finanzpolitik entstanden waren[22], so galt es in Bayern die Sicherungen zu nutzen, die eine Evangelisch-lutherische Kirche in Bayern den Vereinen bieten konnte, die als Träger von evangelischen Kindergärten zunehmend unter den Druck einer Steuergesetzgebung gerieten, mit der sie „in den Strom des wirtschaftlichen Geschehens" gestellt wurden[23]. In jedem Fall ging es um eine Seite der Arbeit, die allenthalben von wesentlicher Bedeutung war, nämlich die wirtschaftliche.

Weichlein hatte „zur Sicherung der Kindergartenarbeit" den Gemeindevereinen, die als privatrechtliche Träger nicht identisch waren mit der Kirchengemeinde, mit ausdrücklicher Zustimmung Hans Greifensteins und des Evangelisch-lutherischen Landeskirchenrates München geraten, ihren Immobilienbesitz der Kirchengemeinde schenkungsweise zu übereignen. Damit hatte der Landesverein für Innere Mission der Evangelisch-lutherischen Kirche in Bayern auf das im Rahmen einer 1934 eingeleiteten Steuerreform zum 1. Dezember 1936 in Kraft getretene Grundsteuergesetz (GrStG) reagiert[24]. Man war wohl der Meinung, auf diese Weise eine Veranlagung zur Grundsteuer umgehen zu können, da das Gesetz, wenn auch eingeschränkt, eine Steuerbefreiung für „öffentlich-rechtliche Religionsgesellschaften"[25] vorsah. Natürlich konnte Weichlein diese Begründung mit keinem Wort in seinem „streng vertraulich" gehaltenen Rundschreiben erwähnen. Was aber sollte anderes mit der „Tatsache" gemeint sein, daß „im totalen Staat für das Liebeswerk der Kirche nur mehr Raum auf dem Boden der Kirche ist"[26]? Mit zwei Auflagen sollte die Übereignung verbunden sein. Zum einen müsse die Kirchengemeinde die Räume für den Betrieb des Kindergartens und auch der etwa vorhandenen Schwestern- und Gemeindepflegestation kostenlos übergeben. Zum anderen dürfe diese Auflage nicht für einen etwaigen Rechtsnachfolger des Vereins gelten[27]. Damit sollte jeder Zugriff der Kommune oder der NSV oder eines Bündnisses beider auf das Vermögen und auf den Betrieb eines Kindergartens in kirchlichen Räumen ausgeschlossen werden.

In dieser Empfehlung Weichleins mochte gleichzeitig eine Erfahrung wirksam geworden sein, die man gerade bei einer Auseinandersetzung um einen Kindergarten in Franken gewonnen hatte. In Uttenreuth, einer fränkischen Landgemeinde nahe Erlangen, hatte die seit einundzwanzig Jahren im Ort als

---

22 Siehe I Kap. V.4.1., S. 216f.; I Kap. VII.2.2., S. 327; I Kap. VII.4.3., S. 420 mit Anm. 682.

23 L. SCHWERIN V. KROSIGK, Rede, S. 66.

24 RGBl 1936 I, S. 986–991. Siehe II Kap. I.3.3., S. 178ff.

25 § 4 Ziff. 5 GrStG sah eine Befreiung für die Kirchen nur für solchen Grundbesitz vor, der dem Gottesdienst, der Unterweisung und der Verwaltung gewidmet ist (RGBl 1936 I, S. 987). Siehe dazu II Kap. I.3.3., S. 178 mit Anm. 235.

26 Schreiben Landesverein für Innere Mission der Evangelisch-lutherischen Kirche in Bayern an die Kindergärten der Inneren Mission in Bayern vom 22.2.1937 (LKA NÜRNBERG, DW 97).

27 EBD.

Kindergärtnerin tätige und von allen geschätzte Henriette Gerisch Ende Juli 1936 zu Ende September gekündigt. Sie, stets „Tante Jette" genannt, war mit ihrer „Güte und Hilfsbereitschaft und Selbstlosigkeit" „den Machthabern ein Dorn im Auge" gewesen und hatte „die Schikanen nicht länger ertragen" wollen[28]. Karl Sperl, ein erfahrener Gemeindepfarrer, aber erst seit zwei Jahren am Ort und ebenso lange Vorsitzender des Vereins für Gemeindepflege, des Trägers des Kindergartens, hatte sich bemüht, möglichst ohne öffentliche Ausschreibung, mithin stillschweigend und mit Hilfe des Landesvereins für Innere Mission in der Evangelisch-lutherischen Kirche in Bayern die Kindergärtnerinnenstelle wieder zu besetzen. Er hatte gewußt, daß die NSV „den Kindergarten und besonders auch das Haus zu bekommen trachtet."[29]

Indessen, Sperls Vorhaben war fehlgeschlagen. Eine Sitzung des Vorstandes des Vereins, dem auch der Landwirt und Bürgermeister Karl Köhler angehörte, hatte nicht zu der von Sperl beabsichtigten Anstellung einer neuen Mitarbeiterin geführt. Der Bürgermeister hatte andere Vorstellungen und geraten, der NSV die Anstellungsrechte zu übertragen, wenn sie die Kostenträgerschaft übernähme. Dann waren vier Tage später, am 7. September, der Erlanger Oberbürgermeister Alfred Gross – langjähriger Parteigenosse und bis zur Machtergreifung Hauptlehrer an der „Hilfsschule" in Erlangen – in seiner Eigenschaft als NSDAP-Kreisleiter sowie Bürgermeister Karl Köhler und der NSDAP-Ortsgruppenleiter Johann Geist bei Sperl erschienen. Der Kreisleiter, ohnehin der Auffassung, „die Nationalsozialistische Deutsche Arbeiterpartei hat den Staat übernommen" und „die Führer der Partei sind die Führer des Staates"[30], hatte als Wortführer Sperl den Vorschlag gemacht, „die Stelle durch die NSV besetzen zu lassen." Von einer Kostenträgerschaft, wie sie Karl Köhler noch auf der Vorstandssitzung vorgeschlagen hatte, war nicht mehr die Rede gewesen. Dagegen hatte sich Gross bereit erklärt, schriftlich zuzusichern, daß der Verein sowohl im Besitz des Hauses bleiben solle als auch davon ausgehen könne, „daß hier nur evang. Kindergärtnerinnen angestellt würden." Sperl hatte sich jedoch darauf nicht eingelassen, sondern auf „den ausdrücklichen Willen" des RKA verwiesen.

---

28 R. PAULUS, Kindergartenjubiläum, S. 10.

29 Schreiben Sperl an Weichlein vom 3.8.1936 (LKA NÜRNBERG, DW 1743; ADW, CA/J 63).

30 A. Gross, Staat und Volk. Eine Betrachtung zur Vereidigung der politischen Führer der Partei. Rede vom 28.2.1935 (STA NÜRNBERG, Rep. 503 Gauleitung 157). Der Erlanger Bürgermeister hatte außerdem ausgeführt: „Die Beamten sind die beauftragten Verwalter des Staatsapparates. ... Der Hoheitsträger der Partei ist zugleich der Hoheitsträger des Volkes und des Staates, er ist der erste Vertreter dieses Staates. Daß diese Geltung und Bedeutung nicht allgemein geworden ist bisher, daran trägt die Bescheidenheit der nationalsozialistischen Führung die Schuld. ... Leider wurde bisher die Stellung der Partei und der Führer der Partei selbst von Vertretern der Behörden nicht erkannt und nicht gewürdigt." (EBD.). Zum Verhältnis von NSDAP-Kreisleiter- und Bürgermeisteramt auch hinsichtlich der Frage zur Notwendigkeit einer Personalunion, siehe C. ROTH, Parteikreis und Kreisleiter, S. 234–243.

Es entsprach ganz der Frontstellung einer einem ekklesiologischen Grundkonsens verpflichteten Haltung zur diesen Konsens durchbrechenden, als Entchristlichung beabsichtigten Entkonfessionalisierung, wenn Sperl die Inobhutnahme der Kinderpflege, wie sie am 4. Juni 1936 vom RKA erklärt worden war, als Forderung darstellte, „daß die Kleinkinderschulen als Ersatz des Elternhauses konfessionell bleiben müßten." Für Greifenstein, dem seit 20. August 1936 auch dieser Kindergarten unterstellt war und als Landesführer der Inneren Mission von Sperl um „Anweisung für weiteres Verhalten" gebeten[31], war die Gefechtslinie freilich anders gekennzeichnet. Er hatte Sperl in einem gesiegelten Schreiben, so daß es als kirchenamtliches Dokument auch der NSV hatte vorgelegt werden können, mitgeteilt, NSV und Innere Mission hätten „ihren gegenseitigen Besitzstand [zu] achten", wenn eine „Zusammenarbeit beider, wie sie zum Wohle unseres Deutschen Volkes gefordert werden muß", möglich sein soll. Deshalb hatte der Landesführer der Inneren Mission sich auch nicht bereit finden können, der Anstellung einer Kindergärtnerin durch die NSV zuzustimmen und hatte Sperl angewiesen, alle Vereinbarungen, wie sie von der NSV vorgeschlagen worden waren, abzulehnen[32].

Im Prinzip hatte der auf Wunsch Greifensteins von Weichlein informierte CA[33] durch Ina Hundinger, die nach wie vor Referentin des EREV war und ihrerseits auch v. Wicht über diesen „Vorgang aus der bayerischen Kinderpflege" in Kenntnis gesetzt hatte[34], dem nur zustimmen können, entsprach doch die von Greifenstein vertretene Auffassung durchaus den vom CA propagierten Grundsätzen. Allerdings ahnte Hundinger Schwierigkeiten und zwar solche, die aus ihrer Sicht dadurch verursacht waren, daß Gemeindevereine, wie der in Uttenreuth, „ursprünglich nicht konfessionellen Charakter" gehabt hätten[35]. Hundingers Voraussicht, natürlich auch ein Reflex der Ereignisse und Erfahrungen besonders der zurückliegenden Monate, sollte sich als realistisch nicht nur für Bayern erweisen. Gleichzeitig sollten sie damit zu tun haben, daß es weder der Vereinigung noch dem CA gelang, eine rechtliche Sicherung des evangelischen Kindergartens im Bereich der freien Wohlfahrtspflege zwischen kirchlicher Bindung und dem „Primat des totalen Staates"[36] zu finden.

Was in Uttenreuth gelungen war und auf Dauer in diesem Ort Bestand haben sollte – den Zugriff der NSV auf den evangelischen Kindergarten zu

31 Schreiben Sperl an Greifenstein vom 7.9.1936 (LKA NÜRNBERG, DW 1743).

32 Schreiben Greifenstein an Sperl vom 16.9.1936 (EBD.). Gemeint kann damit nur sein „... gegenseitig ihren Besitzstand achten ..." (EBD.).

33 Schreiben Weichlein an CA vom 29.9.1936 (ADW, CA/J 63).

34 Schreiben Hundinger an v. Wicht vom 9.10.1936 (EBD.).

35 Schreiben Hundinger an Landesverein für Innere Mission in Bayern vom 9.10.1936 (LKA NÜRNBERG, DW 1734; ADW, CA/J 63).

36 VEREINIGUNG, Tätigkeitsbericht 1.4.1936–31.3.1937, S. 11.

verhindern[37] –, das sollte in Zukunft immer schwieriger werden. Das zeigte sich bereits wenig später im hessischen Braunshardt. Hier, unweit Darmstadt gelegen, waren die Dinge zu Beginn nicht viel anders abgelaufen als in Uttenreuth. Allerdings handelte es sich nicht um einen Kindergarten der evangelischen Kirchengemeinde, sondern einen solchen, der, aus freier Initiative im Jahre 1911 entstanden, seit 1931 von Diakonissen des Diakonissen-Mutterhauses Hebron in Marburg/Lahn-Wehrda, das dem Deutschen Gemeinschafts-Diakonie-Verband angehörte, geleitet wurde. Der Kindergarten war in keiner Weise einem Fachverband, mithin auch nicht dem Evangelischen Verband für Kinderpflege in Nassau-Hessen angeschlossen[38]. Ob das freilich in diesem Fall hätte Bedeutung gewinnen können, muß eine unbeantwortete Frage bleiben.

Der NSV-Ortsgruppenamtsleiter, N.N. Daum, hatte am 21. Oktober 1936 die den Kindergarten seit 1931 leitende Schwester Margarete Ohr besucht. Sie sollte zum Jahresende in eine Krankenpflegeausbildung nach Frankfurt/Main entsandt und durch eine andere, als Kindergärtnerin ausgebildete Schwester ihres Mutterhauses ersetzt werden. Daum hatte, die Gelegenheit des bevorstehenden Wechsels nutzend, im persönlichen Gespräch ihre Bereitschaft, mit ihrem Ausscheiden den Kindergarten der NSV zu übergeben, ebenso erkunden wie ihr mit Hinweis auf ihre Verdienste und ihre Mitgliedschaft in der NSV und der NS-Frauenschaft eine Fortsetzung ihrer Tätigkeit auch unter NSV-Trägerschaft zusichern wollen[39]. Schwester Margarete Ohrs Rückfragen bei ihrem Mutterhaus veranlaßten dessen, wie man ihn politisch korrekt bezeichnete, Betriebsführer[40], den Pfarrer Julius Dietrich, der dem Diakonissen-Mutterhaus Hebron als Hausvater seit annähernd zwei Jahren vorstand[41], am 30. Oktober Verbindung mit der NSV-Kreisamtsleitung unter dem aus der Landesversicherungsanstalt in das Parteiamt gewechselten Heinrich Hansel aufzunehmen, mit der Bitte „um schriftliche Bestätigung, daß Sie mit einem Bleiben unserer Schwester einverstanden sind." Bereits zu diesem Zeitpunkt nämlich war für Dietrich klar, „daß wir vom Mutterhaus aus bereit sind, unseren Kindergarten in Braunshardt der NSV zu unterstellen."[42] Sechs Tage

[37] „Zusammenstellung" Greifenstein vom 30.11.1943 (LKA NÜRNBERG, LKR 3480). Uttenreuth erscheint darin nicht. Der Kindergarten bestand fort. Und Schreiben Evangelisch-lutherisches Pfarramt Uttenreuth an Verfasser vom 16.2.1995 bestätigt, daß zum 1.1.1937 die Kindergärtnerin Else Schreiber von der Kirchengemeinde angestellt wurde und bis zum 31.8.1967 im evangelischen Kindergarten in Uttenreuth tätig war.

[38] Schreiben Diakonissen-Mutterhaus Hebron [Dietrich] an CA vom 30.12.1936 (ADW, CA/J 63).

[39] EBD.

[40] DEUTSCHER GEMEINSCHAFTS-DIAKONIEVERBAND (Hg.), Deutscher Gemeinschafts-Diakonieverband, S. 8.

[41] DEUTSCHER GEMEINSCHAFTS-DIAKONIEVERBAND (Hg.), Kurzbiographie, S. 5f.

[42] Schreiben Dietrich an NSV-Kreisamtsleitung Darmstadt vom 30.10.1936 (ADW, CA/J 63).

später lag die erbetene Zusicherung schriftlich vor[43], und Ende November war die längerfristige Beschäftigung von Schwester Margarete Ridder, einer ausgebildeten und mit staatlicher Anerkennung examinierten Kindergärtnerin, die inzwischen die Leitung des Kindergartens übernommen hatte, durch die NSV ebenso zugesagt[44] wie gleichzeitig alle erforderlichen Personalunterlagen bei der NSV-Kreisamtsleitung eingegangen waren[45].

Nachdem noch Anfang November 1936 der 1. Januar 1937 als ein realistischer Zeitpunkt für die Inbetriebnahme des Kindergartens durch die NSV angesehen worden war, sollte jetzt die Überführung in den Geschäftsbereich der NSV „schon am 1.12.36 erfolgen."[46] Es mußte nur noch „die hierzu erforderliche Genehmigung der Gauamtsleitung eingeholt werden"[47]. Indessen, noch bevor die Sache an Wilhelm Haug, den NSV-Gauamtsleiter in Frankfurt/Main, ging, tauchten Schwierigkeiten auf, die das gemeinsame Vorhaben doch noch zum Scheitern bringen sollten.

In den letzten Novembertagen, im Verlauf der die Übernahme vorbereitenden Gespräche, waren sowohl Schwester Margarete in der Leitung des Kindergartens als auch der NSV klar geworden, daß die Frage der Tracht, bisher zu keinem Zeitpunkt erörtert, entschieden werden mußte. Für die NSV war es „selbstverständlich, daß auch die Kindergärtnerin Ridder die Tracht der NSV-Kindergärtnerinnen tragen und ihre jetzige Schwesterntracht des Mutterhauses ablegen muß."[48] Für Dietrich und das Diakonissen-Mutterhaus Hebron „gehört[e] natürlich (für uns) dazu, daß sie als unsere Schwester mit der Tracht übernommen wird"[49], weil anders „unsere Schwester ja nicht mehr unsere Schwester wäre."[50] Während Dietrich damit einerseits weder „die innere nationalsozialistische Gesinnung" von Schwester Margarete in Zweifel ziehen lassen noch sich andererseits grundsätzlich gegen eine Übernahme des Kindergartens durch die NSV wenden, also den status quo halten wollte, aber andererseits doch „sehr Bedenken [hatte], ob es für die Sache selbst in Braunshardt jetzt im Augenblick gut wäre, wenn eine andere Schwester in den Kindergarten kommt"[51], war der NSV-Kreisamtsleiter nur konsequent und forderte noch am Heiligen Abend das Diakonissen-Mutterhaus Hebron auf, „die Kindergärtnerin Ridder mit sofortiger Wirkung abzuberufen."[52] Bisherige Abmachungen sollten nicht mehr gelten.

---

43 Schreiben Hansel an Dietrich vom 5.11.1936 (EBD.).

44 Schreiben Hansel an Dietrich vom 20.11.1936 (EBD.).

45 Schreiben Dietrich an NSV-Kreisamtsleitung Darmstadt vom 24.11.1936 (EBD.).

46 Schreiben Dietrich an NSV-Kreisamtsleitung Darmstadt vom 17.11.1936 (EBD.).

47 Schreiben Hansel an Dietrich vom 20.11.1936 (EBD.).

48 Schreiben Hansel an Dietrich vom 4.12.1936 (EBD.).

49 Schreiben Dietrich an NSV-Kreisamtsleitung Darmstadt vom 17.12.1936 (EBD.).

50 Schreiben Dietrich an CA vom 30.12.1936 (EBD.).

51 Schreiben Dietrich an NSV-Kreisamtsleitung Darmstadt vom 17.12.1936 (EBD.).

52 Schreiben Hansel an Dietrich vom 24.12.1936 (EBD.).

Damit hatte sich jetzt aber für Dietrich „die ganze Sachlage geändert." Er wollte „die grundsätzliche Bereitwilligkeitserklärung ... im Augenblick nicht zur Durchführung bringen, sondern ... es bei den Verhältnissen vor dem 1. Dezember 1936 belassen." Seine Entscheidung – aufgeschoben ist nicht aufgehoben – begründete er mit dem Hinweis auf die Tatsache, daß man zum „Zentralausschuß [sic!] der Inneren Mission" gehöre und „derartige Veränderungen erst prinzipiell zwischen den Spitzenverbänden der Inneren Mission und der NSV in Berlin geregelt werden müssen."[53] Was immer Dietrich damit zu erreichen hoffte[54], für wie realistisch und für wie ernsthaft er dieses Argument gegenüber der NSV hielt, diese jedenfalls ließ sich davon nicht beeindrucken. Dietrich hatte sich zwar tatsächlich an den CA gewandt und unter ausführlicher Darstellung des bisherigen Verhandlungsverlaufs um Hilfe gebeten[55]. Aber der CA hatte nicht einmal mehr Gelegenheit, sich einzuschalten.

Der weitere Verlauf der Dinge machten ein Eingreifen des CA oder sogar der Vereinigung unnötig. Haug persönlich hatte sich des Vorgangs angenommen. Der NSV-Gauamtsleiter hatte die Anmietung der vom Kindergarten genutzten Räume durch die NSV ebenso mitgeteilt wie die Berufung einer NSV-Kindergärtnerin. Er hatte Dietrich aufgefordert, die bisherige Kindergartenleiterin abzuberufen und dafür zu sorgen, „daß Frl. Ridder die von ihr innegehabte Wohnung ... gleichzeitig räumt."[56] Der Protest war nur schwach und beschränkte sich auf Fragen, die sich hinsichtlich der Räume aus bereits geleisteten Mietzahlungen ergaben, und auf den Hinweis, daß der CA sich mit der NSV-Hauptamtsleitung in Berlin „weiter über die prinzipiellen Fragen dieses Falles austauschen" werde[57]. Das war ein Hinweis, der allein salvatorischen Charakter haben konnte. Zwar hatte Dietrich und sein Diakonissen-Mutterhaus Hebron „eingesehen, daß wir hier eine falsche Auffassung hatten und zu schnell handelten." Der Fall des Kindergartens in Braunshardt zeige, daß „eben ein Zusammenarbeiten [scil. mit der NSV] nicht möglich ist." Aber es lag nicht im Interesse des Diakonissen-Mutterhauses Hebron und seiner Leitung, um die Trägerschaft zu kämpfen. Man gab dem Druck nach und hielt es „für das Richtigste, von uns aus die Sache nicht weiter zu

---

53 Schreiben Dietrich an NSV-Kreisamtsleitung Darmstadt vom 29.12.1936 (EBD.).

54 Der „Sonderweg des Deutschen Gemeinschafts-Diakonie-Verbandes", gekennzeichnet durch einen im erwecklichem Luthertum wurzelnden quietistischen Neutralismus und politischen „Loyalismus", die auch das Verhältnis zum CA bestimmten, ist hier nicht zu erörtern. Siehe E. G. RÜPPEL, Die Gemeinschaftsbewegung, S. 206–213 mit Anm. 12. Die schnelle zustimmende Entscheidung des Diakonissen-Mutterhauses Hebron scheint ebenso markant dafür gewesen zu sein wie die Haltung und Argumentation Dietrichs. „Auch er zählte zu denjenigen, denen lange der ‚rechte Durchblick' fehlte." (DEUTSCHER GEMEINSCHAFTS-DIAKONIEVERBAND, Kurzbiographie, S. 9). Vgl. M. MORGENSTERN, Geistliche Autonomie, S. 82–89.

55 Schreiben Diakonissen-Mutterhaus Hebron an CA vom 30.12.1936 (ADW, CA/J 63).

56 Schreiben Haug an Diakonissen-Mutterhaus Hebron vom 5.1.1937 (EBD.).

57 Schreiben Dietrich an NSV-Gauamtsleitung Hessen-Nassau vom 8.1.1937 (EBD.).

verfolgen, falls nicht der CA das um der prinzipiellen Fragen willen tun will."[58] War damit auch der Verlust des Kindergartens in Braunshardt besiegelt, so sollte doch nur wenige Tage später mit der Reichstagung der Inneren Mission und v. Wichts Aufruf zur Mobilmachung der Familien in den Gemeinden klar sein, daß CA und Vereinigung „um der prinzipiellen Fragen willen" die Sache der evangelischen Kindergärten nicht auf sich beruhen lassen wollten.

Tatsächlich war die Lage für die evangelische Kinderpflege zu diesem Zeitpunkt, in den ersten Monaten des Jahres 1937, schwierig genug. Das zeigte sich etwa im Fortgang der Verhandlungen im Fall des evangelischen Kindergartens in Senftenberg. Schon im Januar hatte sich Ernst Türk mit Unterstützung von Gustav Bremer der Hilfe des Evangelischen Konsistoriums der Mark Brandenburg versichert. Seit zwei Jahren war die Sache des evangelischen Kindergartens in Senftenberg in den Augen Türks und seiner Gemeinde strittig. Nun wollten sie, unterstützt vom Evangelischen Kinderpflege-Verband der Provinz Brandenburg und seinem Geschäftsführer Bremer, erreichen, daß der Regierungspräsident in Frankfurt/Oder seinen durch das Ministerium Kerrls unter dem 12. Oktober 1936 übermittelten Bescheid[59] revidiere. Türk und Bremer, immerhin ja auch stellvertretender Vorsitzender der Vereinigung, zielten in ihrer Argumentation darauf, daß es gerade die NSV sei, die eine unerwünschte „Zersplitterung der deutschen Kindergärten" bewirke, insofern nämlich der Kindergarten der Kirchengemeinde schon betrieben worden sei, als an den der NSV noch nicht zu denken war[60].

Das Reichs- und Preußische Ministerium für die kirchlichen Angelegenheiten indessen blieb unbeeindruckt. Daran konnte auch die Tatsache nichts ändern, daß der Kindergarten weiter in Betrieb war, daß sogar die Stadt Mittel zu seiner Fortführung ausgezahlt hatte[61]. Deshalb mußte auch der Vorschlag des Evangelischen Konsistoriums der Mark Brandenburg und des für den Fall zuständigen Karl Schlabritzky, den Betrieb zweier Kindergärten, einen der evangelischen Kirchengemeinde und einen der NSV zuzulassen, ohne Wirkung bleiben[62]. Das Kerrlsche Ministerium sah keinen Grund „für die weitere Unterstützung und Beibehaltung des konfessionellen Kindergartens." Das wurde kommentarlos als Abschrift der Verfügung des Regierungspräsidenten in Frankfurt/Oder der Kirchenkanzlei der DEK übermittelt. Es war nicht nur zu erkennen, daß Heinrich Refardt seinen sich schon im Falle Friedeberg abzeichnenden verschärften Kurs der Gleichschaltung im Sinne

58 Schreiben Dietrich an CA vom 8.1.1937 (EBD.).

59 Siehe I Kap. VII.4.3., S. 438 mit Anm. 766.

60 Schreiben Bremer an Evangelisches Konsistorium der Mark Brandenburg vom 27.1.1937 (EZA BERLIN, 1/C3/178).

61 Schreiben Gertrud Braune an Theodor Wenzel vom 1.7.1936 (ADW, BP 970).

62 Schreiben Evangelisches Konsistorium der Mark Brandenburg an DEK von 10.2.1937 (EZA BERLIN, 1/C3/178).

von Partei und NSV beibehalten hatte[63], sondern diese Form der Übermittlung, die wohl üblich werden sollte und, wie sich zeigen wird, die Entscheidungen eher verschleierte als bekannt machte, dokumentierte gleichzeitig, was über die Versagung der Genehmigung hinaus zu erwarten sei. Es sollte nämlich berücksichtigt werden, daß die NSV „im übrigen auch bereit ist, den Kindergarten der evangelischen Kirchengemeinde zu übernehmen."[64]

Das war an sich keine neue Forderung, sondern lag ganz auf dem Kurs, den Erich Hilgenfeldt und Hermann Althaus für die NSV im Oktober 1933 angezeigt hatten. Zum jetzigen Zeitpunkt aber erhoben war diese Forderung nicht nur eine Erinnerung daran, daß der Kurs unverändert geblieben war, sondern ließ die bisherige Entwicklung, die Demontage bestehenden Rechtes im Blick auf die durch das RJWG geregelte Genehmigung zum Betrieb von Kindergärten, als einen ersten Schritt erkennen, dem, während er noch keineswegs zu Ende getan war, der zweite, entscheidende folgen sollte: die Zerschlagung jeder anderen Trägerschaft neben der NSV.

Die NSV allein, längst als „ein Organ der Elite des deutschen Volkstums" propagiert[65] und nach ihrem Selbstverständnis mit ihrer „Erziehungsarbeit" den „Zielsetzungen" der „Maßnahmen von Partei und Staat" eingeordnet – sie allein sollte Träger der Kindergartenarbeit sein[66]. Das war die reichsministerielle, mithin staatliche Sanktionierung der Forderungen der NSV. Der Bescheid vom 29. April 1937 in Sachen des evangelischen Kindergartens in Senftenberg war, soweit zu sehen, der erste Vollzug des Erlasses, den das Reichs- und Preußische Ministerium für Wissenschaft, Erziehung und Volksbildung unter seinem Minister Bernhard Rust, in unerschütterlicher Loyalität zum „Führer" der Erneuerer des deutschen Geisteslebens[67], am 10. März 1937 an die Regierungspräsidenten unmittelbar hatte gehen lassen[68]. Das Ministerium Rusts, nach Meinung von Joseph Goebbels „ein furchtbarer Saustall"[69], hatte mit diesem Erlaß jene drei Schriftstücke übersandt, die von gewisser Bedeu-

---

63 Schreiben Regierungspräsident Frankfurt/Oder an Reichs- und Preußischen Minister für die kirchlichen Angelegenheiten vom 20.4.1937 (EBD.).

64 Schreiben Reichs- und Preußischer Minister für die kirchlichen Angelegenheiten an DEK vom 29.4.1937 (EBD.).

65 H. HÜBNER, Grundsätzliches, S. 389.

66 L. HEYDECKER, Die kulturelle Bedeutung, S. 67.

67 Siehe Erlaß des Reichs- und Preußischen Ministers für Wissenschaft, Erziehung und Volksbildung „Erziehung und Unterricht in der Höheren Schule" vom 29.1.1938 zur Einführung neuer Lehrpläne (RMinAmtsblDtschWiss 1938, S. 46–53; in Auszügen P. MEIER-BENNEKKENSTEIN, Dokumente VI.2, S. 646–648; H.-J. GAMM, Führung und Verführung, S. 127–129).

68 Schreiben Reichs- und Preußischer Minister für Wissenschaft, Erziehung und Volksbildung an Regierungspräsidenten „unmittelbar", die Oberpräsidenten, den Stadtpräsidenten der Reichshauptstadt Berlin, die Unterrichtsverwaltung der Länder, den Reichskommissar für das Saarland, den Reichs- und Preußischen Minister für die kirchlichen Angelegenheiten und den Reichs- und Preußischen Minister des Innern vom 10.3.1937 (EZA BERLIN, 1/C3/179; EZA BERLIN, 7/4414; ADW, CA/J 62).

69 Tagebucheintrag vom 27.6.1937 (J. GOEBBELS, Tagebücher III, S. 1096).

tung waren für eine kirchenpolitische Entwicklung, die auf den 21. März 1937 und die an diesem Tag erfolgte Veröffentlichung des Weltrundschreibens des Vatikan, der Enzyklika „Mit brennender Sorge“ zugelaufen war[70] und die eine Aufhebung bisher für die evangelischen Kindergärten gemäß RJWG geltenden Rechts bedeuteten.

Nachdem der deutsche Episkopat im Spätsommer 1935 die Frage des „entkonfessionalisierten Kindergartens“ auf einer Plenarkonferenz erstmals verhandelt hatte[71], war vom Vorsitzenden der Fuldaer Bischofskonferenz, dem Erzbischof von Breslau, Adolf Kardinal Bertram, unter Berufung auf Bestimmungen des Reichskonkordats[72], am 15. Oktober 1935 ein deutliches Protestschreiben an Kerrl und Rust gegangen. Darin hatte Bertram das „dringende Ersuchen“ gestellt, daß zukünftig „den Anträgen auf Einrichtung und Unterhaltung katholischer Kindergärten“ „weitherziges Entgegenkommen“ erwiesen werde. „Mit vollem Recht“ verlange man eine katholische Erziehungsstätte als Ergänzung der Familienerziehung. Dabei handele es sich nicht um eine Aufteilung nach Konfessionen. „Diese konfessionelle Zweiheit im Volke ist vorhanden und ihr ist in verständiger Weise Rechnung zu tragen ohne Verletzung der Empfindungen des einen oder anderen Teiles“. Es sei „ungesund, politische Motive zu benutzen, um ... die Einheitlichkeit der Erziehung schon im zarten Alter zu durchkreuzen.“ Am Ende hatte er, ganz ähnlich wie v. Wicht einen Monat später mit seinen „Grundsätzen der evangelischen Kinderpflege“[73], darauf verwiesen, für eine Volksgemeinschaft sei es unverzichtbar, „daß man in den Einrichtungen für Volkserziehung den höchsten, den religiösen Belangen der Volksteile Rechnung trage.“[74]

Die beiden Ministerien hatten nicht sogleich geantwortet. Es bedurfte sogar einer Erinnerung. Freilich hatte die zunehmende Gefährdung der konfessionellen – eben auch der katholischen – Kindergärten besonders in Württemberg und damit eine Entwicklung, die auf den Erlaß vom 14. Juli 1936[75] und „einseitig neues Recht“ hinauslaufen sollte, dazu geführt, daß Bertram nicht nur gebeten hatte, seine „Darlegungen“ vom 15. Oktober 1935 „in Erinnerung bringen zu dürfen.“ Nachdem die Plenarkonferenz des deutschen Epi-

---

70 Siehe H.-A. RAEM, Pius XI.; DERS., Kirchenkampf. Vgl. H. HÜRTEN, Deutsche Katholiken, S. 369–379.

71 B. STASIEWSKI, Akten II, Dok. Nr. 229, S. 304ff.

72 Das Konkordat zwischen dem Heiligen Stuhl und dem Deutschen Reich vom 20.7.1933 regelte mit Artikel 15: „Orden und religiöse Genossenschaften unterliegen in bezug auf ... ihre Tätigkeit in der Seelsorge, im Unterricht, in der Krankenpflege und karitativer Arbeit, in der Ordnung ihrer Angelegenheiten und der Verwaltung ihres Vermögens staatlicherseits keiner besonderen Beschränkung.“ (RGBl 1933 II, S. 679–690, hier S. 683f.). Vgl. H. HÜRTEN, Deutsche Katholiken, S. 250ff. und S. 263ff.; sowie K. SCHOLDER, Die Kirchen I, S. 482ff.

73 Siehe I Kap VII.2.1., S. 300f. mit Anm. 129.

74 B. STASIEWSKI, Akten III, Dok. Nr. 244, S. 50–52. Auch in: EZA BERLIN, 1/C3/179; EZA BERLIN, 7/4414; ADW, CA/J 62.

75 Siehe I Kap. VII.4.3., S. 421 mit Anm. 688.

skopats bereits am 9. Januar 1936 grundsätzlich „Zur Erhaltung der katholischen Kindergärten“ Stellung genommen hatte[76], war durch Bertram nun, am 3. Juni 1936, auch mit Nachdruck gefordert worden, „wirksamen Schutz dem Fortbestande und der Neueinrichtung katholischer Kindergärten ... zuteil werden zu lassen.“[77] Er war von Dr. Benedikt Kreutz, dem Präsidenten des DCV, über die akute Gefährdung der katholischen Kindergärten in Württemberg informiert und zu diesem Schritt ermutigt worden[78].

Wohl gerade auch „der Kampf gegen die konfessionellen Kindergärten“, besonders in Württemberg, hatte eine gewisse Bedeutung für die Abfassung der Enzyklika. Der „oberschwäbische Dickschädel“[79] Joannes Baptista Sproll, Bischof von Rottenburg, hatte sich wegen ihres Erlasses vom 14. Juli 1936 mit deutlichen Worten an die beiden Minister, Mergenthaler und Schmid, gewandt[80]. Kardinalstaatssekretär Eugenio Pacelli, ehedem Apostolischer Nuntius in Berlin und nur drei Jahre später Papst Pius XII., hatte über die Apostolische Nuntiatur eine Abschrift erhalten, diese Pius XI. unterbreitet und für das „freimütige Wirken“ Sprolls „zum Schutze der aufs äußerste bedrohten Erziehungsrechte der Kirche und der gläubigen Elternschaft“ gedankt[81]. Der entscheidende Mann der römischen Kurie, der neben Michael Kardinal von Faulhaber, Erzbischof von München und Freising, maßgeblich an der Entstehung der Enzyklika beteiligt sein sollte, war informiert[82].

Nachdem der „geistige Kampf gegen Kirche und Christentum“[83], wie der deutsche Episkopat die „Entkonfessionalisierung des öffentlichen Lebens“ nannte, gegen Ende des Jahres 1936 an Schärfe zugenommen hatte und ein „Kirchenkampf auf Biegen und Brechen“[84] geworden, auch „ein letzter Einigungsversuch“[85], ein Gespräch v. Faulhabers mit Hitler, gescheitert war[86], sich die Einsicht durchgesetzt hatte, daß andere Wege als die der „Geheimdiplomatie“ zu beschreiten wären[87] und nachdem Bertram in Abstimmung

---

76 B. STASIEWSKI, Akten III, Dok. Nr. 262/IIe, S. 196–203. Danach bestanden im Jahr 1935 etwa 4.450 katholische Kindergärten, in denen „täglich mindestens 300.000 Kleinkinder“ „erfaßt“ wurden (S. 96f.). Eine Bewertung der Angaben kann hier nicht erfolgen. Vgl. TH. SCHNABEL, Die Auseinandersetzung, S. 65ff.

77 B. STASIEWSKI, Akten III, Dok. Nr. 301, S. 355–357, hier S. 357.

78 TH. SCHNABEL, Die Auseinandersetzung, S. 69.

79 D. R. BAUER/A. P. KUSTERMANN, Tapferen Glaubens, S. 11.

80 Siehe I Kap. VII.4.3., S. 431 mit Anm. 737.

81 Schreiben Pacelli an Sproll vom 21.8.1936 (B. STASIEWSKI, Akten III, Dok. Nr. 320, S. 501f.).

82 H.-A. RAEM, Pius XI., S. 32–44.

83 EBD., S. 18.

84 H.-A. RAEM, Kirchenkampf.

85 EBD., S. 20ff.

86 Vgl. dazu K. SCHOLDER, Politik und Kirchenpolitik, S. 219f. Danach war der Bürgerkrieg in Spanien und der Kampf gegen den Bolschewismus gesprächsbestimmend.

87 H.-A. RAEM, Pius XI., S. 18.

mit Pacelli den deutschen Episkopat zum 12. und 13. Januar 1937 nach Fulda zu einer „Bestandsaufnahme“ eingeladen hatte[88], war am 6. Januar 1937 jenes Schreiben aus dem Ministerium Rusts „an den Vorsitzenden der Fuldaer Bischofskonferenzen Herrn Kardinal Dr. Bertram in Breslau“ abgegangen, das für das weitere Agieren beider Kirchen, der katholischen und ihres deutschen Episkopats einschließlich ihres DCV sowie der evangelischen und ihrer DEK und der in ihrer Obhut befindlichen evangelischen Kinderpflege und ihrer Vereinigung, Bedeutung gewinnen sollte.

Für seinen Minister hatte der bis vor kurzem noch als Regierungspräsident in Wiesbaden amtierende Staatssekretär Werner Zschintzsch, „sich beehrt“, dem Kardinal, „Euere Eminenz“, „mitzuteilen“, daß „der deutsche Kindergarten“ die Aufgabe habe, „das Erlebnis nationalsozialistischer Volksgemeinschaft zu vertiefen.“ „Alle Aufspaltungen nach Bekenntnis und Stand“ seien demgegenüber „unwesentlich“. Aus diesem Grund gelte im Blick auf die seinerzeit im Oktober 1935 und im Juni 1936 erhobenen Forderungen des Kardinals: „Der den nationalsozialistischen Staat tragende Grundgedanke der rassisch und völkisch bestimmten Schicksalsgemeinschaft des Volkes schließt grundsätzlich eine bekenntnismäßige Einengung der Kindergartenarbeit in dem Sinne [scil. Bertrams] aus.“ Und zuletzt stellte Zschintzsch fest, daß damit auch nicht gegen Art. 15 des Reichskonkordates verstoßen werde, da „der gleiche Grundsatz auch für die Betreuung von Kindern in den Kindergärten der evangelischen freien Wohlfahrtspflege und der NS-Volkswohlfahrt gilt.“[89]

---

88 EBD., S. 28.

89 L. VOLK, Akten IV, Dok. Nr. 355, S. 170–172, hier S. 172 mit Anm. 5. Der Wortlaut: „Ew. Eminenz beehre ich mich, auf die gefälligen Schreiben vom 15. Oktober 1935 - C.A. 7007 - und vom 3. Juni 1936 - C.A. 3681 - das Nachstehende mitzuteilen:
Der den nationalsozialistischen Staat tragende Grundgedanke der rassisch und völkisch bestimmten Schicksalsgemeinschaft des Volkes schließt grundsätzlich eine bekenntnismäßige Einengung der Kindergartenarbeit in dem Sinne aus, wie sie nach Ihren Ausführungen erstrebt wird.
So wie keine Familie, die den Gedanken der nationalsozialistischen Volksgemeinschaft ernsthaft zu verwirklichen bestrebt ist, ihre Kinder vom Gemeinschaftsspiel mit deutschen Kindern eines anderen Bekenntnisses abhalten wird, ebenso wird ihr der Gedanke fern liegen, ihr Kind in einen Kindergarten zu schicken, der zwischen die natürliche Gemeinschaft deutscher Kinder aus Gründen des Bekenntnisses eine Scheidewand schiebt. Der Deutsche Kindergarten hat, ebenso wie jede andere geordnete Zusammenfassung deutscher Menschen, auch seinerseits die Aufgabe, das Erlebnis nationalsozialistischer Volksgemeinschaft in den Seelen der Kinder zu vertiefen und alle Aufspaltungen des deutschen Volkes nach Bekenntnis oder Stand als unwesentlich hinzustellen gegenüber der Tatsache der völkischen Schicksalsgemeinschaft unseres Volkes.
Da der gleiche Grundsatz auch für die Betreuung von Kindern in den Kindergärten der evangelischen freien Wohlfahrtspflege und der NS-Volkswohlfahrt gilt, kann in dem von Ew. Eminenz zur Sprache gebrachten Vorgehen der Regierungspräsidenten der Rheinprovinz und in Schlesien kein Verstoß gegen Artikel 15 des Reichskonkordates gesehen werden, da es sich um keine besonderen Beschränkungen der katholisch-caritativen Arbeit handelt.
In Vertretung gez. Zschintzsch.“
Auch in: EZA BERLIN, 1/C3/179; EZA BERLIN, 7/4414; ADW, CA/J 62.

Dieses Schreiben, im Einvernehmen mit dem Reichs- und Preußischen Ministerium für die kirchlichen Angelegenheiten und dem Reichs- und Preußischen Ministerium des Innern gefertigt, ebenso wie die beiden Schreiben Bertrams, das vom 15. Oktober 1935 und das vom 3. Juni 1936, hatte Rust am 10. März 1937 an die Regierungsbehörden im Deutschen Reich gehen lassen[90]. Er konnte kaum wissen, daß am selben Tag Pius XI. jene Enzyklika unterzeichnete, die wenige Tage später den Machthabern „mit brennender Sorge" „die wachsende Bedrängnis der in ihrer Gesinnung und Tat treu bleibenden Bekenner und Bekennerinnen" vorhielt[91].

Das von Zschintzsch unterzeichnete Schreiben vom 6. Januar 1937 hatte für Bertram eine „bedenkliche Verschärfung der kirchenpolitischen Lage" mit sich gebracht und dazu beigetragen, deutschen Episkopat und römische Kurie in der Absicht zu bestärken, jedenfalls ein päpstliches Lehrschreiben zu erarbeiten. Noch bevor es, obwohl in deutscher und nicht lateinischer Sprache, als Enzyklika mit weltweitem Geltungsanspruch veröffentlicht wurde, hatte unter dem 7. Februar 1937 Bertram wegen der „prinzipiellen Bedeutung" und weil es sich um „die grundsätzliche Ablehnung aller katholischen Kindergärten" handelte, Pacelli das Schreiben zur Kenntnis gebracht[92]. Allerdings hatte er auch am 24. Februar 1937 bei Rust „entschiedenst und nachdrücklichst Einspruch" erhoben, weil der Inhalt des „Ministerialreskriptes" sich „gegen Lebensinteressen der katholischen Kirche richtet, die religiöse Erziehung der Kinder sowohl wie [sic!] die Elternrechte verletzt und mit der der katholischen Kirche [scil. im Reichskonkordat] zugesicherten Bewegungsfreiheit unvereinbar" sei[93]. Bestärkt worden darin, sich sowohl nach Rom und an Pacelli zu wenden als auch ausführlich an Rust und sein Ministerium, war er wohl durch die Tatsache, daß Rust und sein Staatssekretär jede weitere Verhandlungsbemühung des deutschen Episkopats zurückgewiesen hatte. Bertram hatte nämlich nach Eingang des Schreibens vom 6. Januar 1937 den DCV und Prälat Heinrich Wienken, als Leiter des Commissariates der Fuldaer Bischofskonferenzen sein Mann in Berlin, eingeschaltet. Wienken hatte sogleich im Ministerium Rusts vorgesprochen. Auf seinen Vortrag hin hatte er allerdings nur eine Bestätigung dessen erhalten, was das vom Staatssekretär

---

90 Schreiben Reichs- und Preußischer Minister für Wissenschaft, Erziehung und Volksbildung an Regierungspräsidenten „unmittelbar", die Oberpräsidenten, den Stadtpräsidenten der Reichshauptstadt Berlin, die Unterrichtsverwaltung der Länder, den Reichskommissar für das Saarland, den Reichs- und Preußischen Minister für die kirchlichen Angelegenheiten und den Reichs- und Preußischen Minister des Innern vom 10.3.1937 (EBD.).

91 BISCHÖFLICHES ORDINARIAT BERLIN, Mit brennender Sorge, S. 11.

92 Schreiben Bertram an Pacelli vom 7.2.1937 (L. VOLK, Akten IV, Dok. Nr. 355, S. 170–172). Mit diesem Schreiben übersendet Bertram auch die Protokolle der Fuldaer Bischofskonferenz vom 12. und 13.1.1937, ebenso wie ein Schreiben Rusts vom 18.1.1937, das den Abbruch der Verhandlungen über die Hochschulen für Lehrerbildung bedeutete (EBD.).

93 L. VOLK, Akten IV, Dok. Nr. 357, S. 176–180, hier S. 176. Auch LKA HANNOVER, E 26/103.

unterzeichnete Schreiben behauptet hatte, nämlich, „daß es in Zukunft keine evangelischen und katholischen Kindergärten ... mehr geben würde, sondern nur noch deutsche Kindergärten“[94].

So hatte Bertram nochmals seine und die Position des deutschen Episkopats in fünf Abschnitten den Darlegungen des Rustschen Ministeriums entgegengehalten, dessen Minister sich verantwortlich sah für eine Erziehung, die „nicht ein Werk der pädagogischen Planung, sondern des politischen Kampfes und seiner Gesetze“[95] sei. Bertram hatte sich diesem Kampf als auch einem Kampf um die Kindergärten gestellt. In einem ersten Abschnitt seines Protestes verteidigte er die konfessionelle und familienergänzende Erziehung als Voraussetzung der Erhaltung des Volkstums; in einem weiteren wies er hin auf die Beunruhigung „im katholischen Volke“ auf Grund der Entkonfessionalisierungsbestrebungen in Gestalt der „Zurückdrängung“ konfessioneller Kindergärten; in einem dritten Teil verwahrte er sich gegen eine Aushöhlung des Konkordats durch eine unzulässige Auslegung, um schließlich in einem vierten eine pädagogische und im letzten Abschnitt eine soziale Begründung der Notwendigkeit konfessioneller Kindergärten darzulegen[96]. Ob Bertram selbst und der deutsche Episkopat das als politischen Kampf sahen, muß hier eine unbeantwortete Frage bleiben[97]. Jedenfalls sahen es die Machthaber so, und das erst recht, als Pius XI. und sein Kardinalstaatssekretär, nachdem sie am 10. März 1937 abgeschlossen und unter dem 14. März datiert war, die Enzyklika „Mit brennender Sorge“ „in wirksamer Weise“ im Deutschen Reich verbreitet hatten und sie am 21. März 1937 von den katholischen Kanzeln verlesen worden war[98].

Was die Kindergärten betraf, so waren sie, ohne daß der Begriff gebraucht wurde, an drei Stellen der Enzyklika angesprochen. Zunächst mit der Feststellung, daß Eltern „ein erstes und ursprüngliches Recht“ haben, die Erziehung ihrer Kinder „im Geiste des wahren Glaubens“ selbst zu bestimmen[99].

---

94 Vermerk Hartwich „Herrn Pastor Schirmacher“ vom 4.2.1937 (ADW, CA 1118/1); Vermerk Hartwich „Herrn Pastor Fritz“ vom 4.2.1937 (ADW, CA/J 56). Nora Hartwich war Referentin für Erholungsfürsorge in der Geschäftsstelle des CA und Geschäftsführerin der Vereinigung evangelischer Frauenverbände Deutschlands.

95 Erlaß des Reichs- und Preußischen Ministers für Wissenschaft, Erziehung und Volksbildung über „Erziehung und Unterricht in der Höheren Schule“ vom 29.1.1938 (RminAmtsbl DtschWiss 1938, S. 48–53, hier S. 48; im Auszug P. MEIER-BENNECKENSTEIN (Hg.), Dokumente VI.2, S. 646–648, hier S. 647; H.-J. GAMM, Führung und Verführung, S. 127–129, hier S. 128).

96 L. VOLK, Akten IV, Dok. Nr. 357, S. 176–180. Auch LKA HANNOVER, E 26/103.

97 H.-A. RAEM, Pius XI., beschreibt die „Kraftprobe“ zwischen Bertram und Kerrl und die von der Enzyklika ausgelöste „innerkirchliche Strategiediskussion“ (S. 167ff. und S. 174ff.).

98 H.-A. RAEM, Pius XI., S. 50–69. Muhs spricht im Schreiben an alle Bischöflichen Ordinariate vom 23.3.1937 von „Angriffen auf das Wohl und Interesse des deutschen Staatswesens“ (BISCHÖFLICHES ORDINARIAT BERLIN, Mit brennender Sorge, S. 7). Vgl. auch J. NEUHÄUSLER, Kreuz und Hakenkreuz II, S. 42ff.; H. HÜRTEN, Deutsche Katholiken, S. 371–379.

99 BISCHÖFLICHES ORDINARIAT BERLIN, Mit brennender Sorge, S. 25.

Sodann mit dem Dank an die „Ordensleute beiderlei Geschlechts", wenn ihre tätige Nächstenliebe als ein „ruhmwürdiger Beitrag zur privaten und öffentlichen Wohlfahrt" beschrieben wurde[100]. Und endlich mit dem Zuspruch an „die Getreuen aus dem Laienstande", wenn den katholischen Eltern ein „besonders inniger Gruß" galt, weil ihre „Erzieherrechte und Erzieherpflichten" im Mittelpunkt eines Kampfes stehen, in dem es um „den Glauben des Kreuzes" oder eine „geistige Tempelschändung" geht und jeder Christ in die Pflicht genommen wird, „sein Gewissen von jeder schuldhaften Mitwirkung ... freizuhalten."[101]

So wichtig diese Passagen für den deutschen Episkopat und die katholischen Christen in Deutschland gewesen sein mochten, die Bedeutung dieser Ausführungen der römischen Kurie, ihre unmittelbaren Auswirkungen für die katholischen Kindergärten und ihre Bedeutung für den Zentralverband katholischer Kindergärten und Kinderhorte unter seiner Geschäftsführerin Maria Lenarz können hier nicht dargestellt werden[102]. Daß sie für die Vereinigung und die von ihr repräsentierten evangelischen Kindergärten gerade auch hinsichtlich der Entwicklung, die zur Abfassung dieser Passagen geführt hatte, nicht ohne Auswirkung bleiben konnten, hatte sich spätestens Anfang Februar 1937 nach Abschluß der Reichstagung der Inneren Mission, wenn nicht sogar bereits in ihrem Verlauf angedeutet, als v. Wicht auf der Geschäftsführerkonferenz des CA am 25. Januar von seinen Befürchtungen hinsichtlich einer gesetzlichen Regelung für katholische und evangelische Kindergärten gesprochen hatte.

Wohl weil sie v. Wichts Befürchtungen teilten und „weil die Lage so ist", wie er festgestellt und darum sie wohl auch gedrängt hatte, sahen sich Horst Schirmacher und Alfred Fritz in die Pflicht genommen und setzten sich mit dem DCV und Wienken in Verbindung. Der Kontakt war zwar in der Vergangenheit nie sehr intensiv, weil auf seiten der Inneren Mission eher von dem Willen bestimmt, sich nicht „in eine gemeinschaftliche Front mit der Caritas abdrängen" zu lassen[103]; die Verbindung war aber auch nie abgerissen und war immer sachlich und wohl für beide Seiten hilfreich gewesen[104]. Jetzt

---

[100] Ebd., S. 28.

[101] Ebd., S. 29.

[102] Siehe dazu Th. Schnabel, Die Auseinandersetzung. Leider findet in dieser Darstellung der dem katholischen Kirchenverständnis wesentliche Gedanke der ebenfalls dem Primat zugeordneten Einheit etwa von verbandlicher Tätigkeit und episkopaler Verantwortung keine Berücksichtigung. Soweit zu sehen, bleibt die Darstellung der Auswirkungen der Enzyklika und ihrer „Kampfansage" im Blick auf das Handlungsfeld der Kindergartenarbeit, auch gerade etwa hinsichtlich einer im deutschen Episkopat diskutierten „über den Kreis der Katholiken hinausreichenden ‚christlichen Front'" (H. Hürten, Deutsche Katholiken, S. 380) entschieden noch ein Forschungsdesiderat.

[103] Schreiben Heinrich an Themel vom 12.1.1934 (ADW, CA 1195 XI).

[104] Vgl. Schreiben Ohl an Hundinger vom 9.4.1936 (ADW, EREV 66). Ohl teilt mit, er habe sich in einem längeren Telefonat mit Zillken vom DCV, „von den Sitzungen [der Deutschen

wollten CA und EREV wissen, was hinsichtlich der katholischen Kindergärten vom DCV unternommen worden sei. Sie erfuhren von Wienken, daß aus Sicht des Rustschen Ministeriums die zur Erlangung des von ihm angestrebten und mit den Ministerien Wilhelm Fricks und Kerrls abgestimmten Zieles erforderlichen Maßnahmen „nicht von heute auf morgen, aber doch konsequent durchgeführt werden" sollten. Schließlich empfahl Wienken dem CA, sich in der Kindergartenfrage erst in dem Augenblick an das Ministerium Kerrls zu wenden, wenn man im CA „die schriftliche Mitteilung, die an den Bischof in Breslau gegangen sei", mithin das Schreiben vom 6. Januar, in Händen hätte[105].

Ob Wienken damit die Übermittlung des Wortlautes zusagte, bleibt unklar. Jedenfalls hatte v. Wicht den Wortlaut kurze Zeit später vorliegen und konnte im Rückblick auf das mit dem 31. März 1937 zu Ende gehende Geschäftsjahr der Vereinigung die „Ungewißheit hinsichtlich der Zukunft unserer Gesamtarbeit im Raume der evangelischen Kirche" begründen mit dem Hinweis auf das am 6. Januar 1937 an Bertram gegangene Schreiben. Und wie um vor dem Gedanken zu warnen, daß der Inhalt des Schreibens nur der katholischen Kirche gelte, hatte er hinzugefügt, daß er „entsprechend auch der evangelischen Kirche gilt"[106]. Als die Mitgliedsverbände sich Anfang Juni 1937 in Bielefeld zu ihrer jährlichen Tagung trafen, mußten sie, nachdem in Ergänzung zum Tätigkeitsbericht und zur mündlich vorgetragenen Berichterstattung v. Wichts Informationen ausgetauscht und die Schreiben vom 6. Januar und vom 24. Februar ausführlich erörtert worden waren, für die zurückliegende Entwicklung resümieren, daß der „Schutz kirchlichen Handelns"[107] nicht mehr gewährleistet war.

Solange sich indessen an der Einschätzung der Ursachen „völliger Ungesichertheit"[108] nichts änderte, solange mußten auch die Strategien des Handelns sowohl auf seiten v. Wichts, der Vereinigung, des CA und der Inneren Mission insgesamt als auch auf seiten der Gemeinden und ihrer Kirchenleitungen samt der DEK und ihrer Kirchenkanzlei immer noch beibehalten werden. So mußte es beim „Ja-Aber" und „Sowohl-Als auch" bleiben, was zunehmend einem Rückzug gleich kam, bei dem sich zwar immer deutlicher die Alternative „Kreuz oder Hakenkreuz"[109] stellte, die aber als politische

Zentrale] vom Maybachufer uns bekannt", informiert und sich mit ihr über die „Beurteilung der taktischen Lage" ausgetauscht.

105 Vermerk Hartwich vom 4.2.1937 „Herrn Pastor Schirmacher" (ADW, CA 1118/1); Vermerk Hartwich vom 4.2.1937 „Herrn Pastor Fritz" (ADW, CA/J 56).

106 VEREINIGUNG, Tätigkeitsbericht 1.4.1936–31.3.1937, S. 12.

107 Protokoll der Mitgliederversammlung der Vereinigung am 8.6.1937 (LKA HANNOVER, E 26/103; ADWW MÜNSTER, 153/1).

108 VEREINIGUNG, Tätigkeitsbericht 1.4.1936–31.3.1937, S. 16.

109 Siehe E. RÖHM/J. THIERFELDER, Evangelische Kirche; P. C. BLOTH, Kreuz oder Hakenkreuz?; K. MEIER, Kreuz und Hakenkreuz; K. NOWAK, Christuskreuz gegen Hakenkreuz.

Herausforderung nur von den Machthabern selbst begriffen wurde. Freilich setzte sich das „Hakenkreuz", wie bisher, nur in einem Prozeß mit widersprüchlichen und verstärkenden Momenten, ebenfalls mit regionalen wie zentralen Unterschieden durch, was im Februar 1937 nach dem Rücktritt des RKA kurzfristig wohl nicht einmal eine Neuordnung durch Kirchenwahlen „in voller Freiheit nach eigener Bestimmung des Kirchenvolkes" ausschloß[110].

So also blieben die aus Sicht der Betroffenen bislang unentschiedenen Fälle weiter zweifelhaft. Entschieden waren sie aus der Sicht der NSV und des sich mehr und mehr mit seiner Politik der „Ausdehnung der Staatsaufsichtsrechte" ihr anpassenden Kerrlschen Ministeriums[111]. In dessen Augen bestand gar kein Grund, etwa die Vorgänge in Welzheim anders als bisher zu beurteilen, ebensowenig wie den Konflikt in Suppingen neu einzuschätzen. Wohl drängte der OKR Stuttgart auf Bescheid, wies auch die Darstellung Wilhelm Murrs zurück und machte gemeinsam mit dem Gemeindepfarrer von Machtolsheim, Ernst Kürschner, und dem von Scharenstetten, Martin Ludwig, beide zum Dekanat Blaubeuren und seinem Dekan Theodor Hermann gehörig, Front gegen die öffentlichen Diffamierungen und damit gegen die politischen Verdächtigungen, denen Hermann ausgesetzt war[112]. Ihm war von der Gauleitung unterstellt worden, er habe aus seiner „politischen Einstellung" die Bemühungen der NSV „durchkreuzt" und in den Gemeinden des Dekanats gezielt versucht, „konfessionelle Kindergärten zu errichten"[113]. Kürschner und Ludwig stellten sich vor ihren Dekan, widerlegten die Polemik der Gauleitung mit der Versicherung, daß sie selbst die Initiative dazu ergriffen hätten, in ihren Gemeinden einen Kindergarten einzurichten, sie aber ihre Bemühungen sofort aufgegeben und sogar der NSV die Räume zur Verfügung gestellt hätten, als diese „die Einrichtung von Kindergärten in die Hand nahm"[114]. Das Ende aber in beiden Fällen war, daß nach wiederholtem Nachfragen von seiten der Kirchenkanzlei der DEK[115] das Ministerium Kerrls die bisherigen Bescheide bestätigte.

War im Juli 1937 im Falle Suppingen bereits Unmut erkennbar, als der aus dem Bad Segeberger Propstamt als Oberregierungsrat in das Reichs- und Preußische Ministerium für die kirchlichen Angelegenheiten gewechselte und

---

110 K. SCHOLDER, Politik und Kirchenpolitik, S. 223; K. MEIER, Kirchenkampf III, S. 15ff.

111 Verordnungsentwurf „Ausdehnung der Staatsaufsichtsrechte gegenüber den evangelischen Kirchen" vom 29.1.1937 (BA BERLIN, R 22/4008); siehe K. MEIER, Kirchenkampf II, S. 142ff.

112 Schreiben OKR Stuttgart an Kirchenkanzlei der DEK vom 10.2.1937, Schreiben Evangelisches Pfarramt Scharenstetten an Dekanat Blaubeuren vom 6.2.1937 und Schreiben Evangelisches Pfarramt Machtolsheim an Dekanat Blaubeuren vom 1.2.1937 (EZA BERLIN, 1/C3/178).

113 Schreiben Reichsministerium für die kirchlichen Angelegenheiten [Muhs] an RKA vom 14.12.1936 (EBD.).

114 Schreiben Evangelisches Pfarramt Scharenstetten an Dekanat Blaubeuren vom 6.2.1937 (EBD.).

115 Schreiben Kirchenkanzlei der DEK an Reichs- und Preußischer Minister für die kirchlichen Angelegenheiten vom 7.5.1937 und 16.7.1937 (EBD.).

nach dem Tode Friedrich Barners zuständige Ernst Szymanowski die Angelegenheit schon durch das Schreiben vom 14. Dezember 1936 „als erledigt betrachtet“[116] hatte, zwei Monate später, im Falle Welzheim, war der Ton noch schärfer. Szymanowski rechtfertigte das Vorgehen des Bürgermeisters Eugen Rilling „gegen alle Saboteure seiner allein der Volksgemeinschaft dienenden Bestrebungen“, hielt es für rechtens, das mit „aller Schärfe“ zu tun, da es allein um die „Verwirklichung der Ziele der NSV“ gegangen und keinesfalls willkürlich oder persönlich motiviert gewesen sei[117]. Die Deutung der Tatsachen war fragwürdig genug – aber so infam war bislang die Arbeit evangelischer Kinderpflege auf Reichsebene noch in keinem Fall behandelt worden.

Abgesehen von einer gewissen Bereitschaft zu Drastik und Heftigkeit, die wohl in der Person Szymanowskis lagen – die Kenntnis sowohl des Erlasses des Badischen Innenministers vom 26. Mai 1937 betr. Einrichtung von Kindergärten und Horten[118] als auch des am 9. August 1937 in Württemberg beschlossenen, am 8. November mit Zustimmung der Reichsregierung von Wilhelm Murr verkündeten, am 31. Dezember veröffentlichten und rückwirkend am 1. April 1937 in Kraft getretenen Gesetzes über die Kindergärten wird zur Verschärfung beigetragen haben. Gesetz und Erlaß machten, ganz in Fortsetzung der bisherigen Politik in beiden Ländern, für die Genehmigung eines jeden neuen Kindergartens nach §§ 20–29 RJWG allein die Bedürfnisanerkennung ausschlaggebend. Und die staatlichen Verwaltungen, die auf ministerieller ebenso wie die auf kommunaler Ebene, sollten, so die Bestimmungen, gemeinsam mit der NSV „die Voraussetzungen, unter denen das Bedürfnis für einen Kindergarten anzuerkennen ist“, festsetzen[119]. Damit entsprachen Gesetz und Erlaß nicht nur den Interessen der NSV, sondern auch der auf Einordnung der evangelischen Kirche in das Gefüge des NS-Staates zielenden Politik Kerrls.

Diese Kongruenz der Interessenlage wiederum bot zu diesem Zeitpunkt dem Ministerium Kerrls noch eine ganz andere Möglichkeit. Nach dem Rücktritt des RKA hatte Kerrl seine kirchenpolitische Konzeption entgegen

---

116 Schreiben Szymanowski an Kirchenkanzlei der DEK vom 27.7.1937 (EBD.).

117 Schreiben Szymanowski an Kirchenkanzlei der DEK vom 8.9.1937 (EBD.).

118 Abschrift (ADW, CA/J 63). Auf die Kinderhorte, daran sei erinnert, und deren als Einrichtungen der „Wohlfahrt der im schulpflichtigen Alter stehenden Jugend außerhalb des Unterrichts“ (§ 4 Ziff. 5 RJWG, in: RGBl 1922 I, S. 634) etwa eigene Problematik durch Auseinandersetzungen mit der HJ, besonders nach Verabschiedung des Gesetzes über die Hitler-Jugend vom 1.12.1936 (RGBl 1936 I, S. 993; P. MEIER-BENNECKENSTEIN (Hg.), Dokumente IV, S. 328–329; H.-J. GAMM, Führung und Verführung, S. 304; H. MICHAELIS/E. SCHRAEPLER (Hg.), Ursachen und Folgen XI, Dok. Nr. 2500b, S. 132–133) geht diese Studie nicht ein. Wenn auch M. PRIEPKE, Die evangelische Jugend, S. 111–126 und H. RIEDEL, Kampf, S. 169–177, die Entwicklung zum „Staatsjugendgesetz“ und zum „Jugendzwangsverein“ anschaulich machen – die Darstellung erfolgt nur im Blick auf den unmittelbar schulischen Erziehungs- und Bildungsbereich. Vgl. auch P. D. STACHURA, Jugenderziehung.

119 WürttRegBl 1937, S. 109.

seiner öffentlich bekundeten Absicht nicht durchsetzen können. Vom „Führer" desavouiert mußte er sie mit den Vorbereitungen zur Wahl einer Generalsynode als gescheitert betrachten. Dem Reichs- und Preußischen Ministerium für die kirchlichen Angelegenheiten drohte, bei zunehmender Einsicht der Machthaber in die Wirkungslosigkeit ihrer von der Enzyklika seit dem 21. März ausgelösten Demaskierungs- und Vergeltungsprozesse[120], erst recht nach dem jähen Erlöschen jeglichen Interesses Hitlers an den Kirchenfragen und dem Abbruch der Vorbereitungen zur Kirchenwahl, die Verurteilung zur Bedeutungslosigkeit[121]. In dieser Situation konnte es sein politisches Ansehen nur behaupten, indem es seine Interessen, speziell die im Blick auf seine Funktion als staatsaufsichtlich orientierte Kirchenverwaltung, wie sie besonders von Muhs herausgestellt wurde[122], mit denen einer der „Sicherung der ewigen Lebenssubstanz unseres Volkes"[123] dienenden NSV verband. Deren wohlfahrtspolitische Konzeption, soweit sie sich auf regionaler Ebene, wie in Württemberg oder auch nur im Regierungsbezirk Frankfurt/Oder, als legalisierte Maßnahme zur Behauptung des „Totalitätsanspruchs" durchgesetzt hatte, konnte von Szymanowski benutzt werden, um dem drohenden Verlust an politischem Einfluß entgegenzuwirken[124] und sich als besonders wirksamer „verlängerter Arm Heydrichs, Himmlers und Bormanns"[125], mithin als treuer Gefolgsmann des „Führers" und als eifriger Helfer bei der Erledigung der von ihm proklamierten Aufgabe zu beweisen, kein taugliches Mittel der Volksausbildung und Erziehung aus der nationalsozialistischen Gemeinschaftsverpflichtung auszunehmen[126]. Der politischen Willfährigkeit und einem dementsprechenden Mangel an politischem Einfluß des Ministeriums Kerrls mußte dann aber ein verstärkt propagandistisch-aggressiver Ton korrespondieren. Der war mit wörtlicher Übernahme von Stellungnahmen und Berichten der regionalen Partei- und Regierungsvertreter am besten getroffen. Das Ministerium war Sprachrohr jenes Machtgeflechtes, das zu diesem Zeit-

---

120 Siehe H.-A. RAEM, Pius XI., S. 216–229.

121 K. SCHOLDER, Evangelische Kirche, S. 30; DERS., Politik und Kirchenpolitik, S. 224; L. WENSCHKEWITZ, Politische Versuche, S. 125.

122 K. MEIER, Kirchenkampf III, S. 24.

123 G. ROESTEL, Der Beitrag der NSV, S. 107.

124 Vgl. J. S. CONWAY, Kirchenpolitik, S. 219ff.; K. MEYER, Kirchenkampf III, S. 15ff.

125 H. KREUTZER, Das Reichskirchenministerium, S. 98. So ist die Tätigkeit Szymanowskis, der im übrigen Kandidat für das Amt des Bischofs der Evangelisch-lutherischen Kirche Lübecks gewesen war (K. F. REIMERS, Lübeck im Kirchenkampf, S. 111; K MEIER, Kirchenkampf, S. 355f.), als „Vertrauens-Mann" des SD unter Reinhard Heydrich bezeichnet. Außerdem bedurfte es nur eines Weges „über den Hof", um aus der Leipziger Straße, dem Sitz des Kerrlschen Ministeriums, in die Prinz-Albrecht Straße und in Himmlers Haus zu gelangen (H. KREUTZER, Das Reichskirchenministerium, S. 201).

126 Siehe Rede Hitlers vor dem Deutschen Reichstag in der Krolloper zu Berlin am 30.1.1937 aus Anlaß des vierten Jahrestages der „nationalsozialistischen Revolution" (VB, 50. Jg., Sonderausgabe/31.1.1937, Ausg. Berlin; auch P. MEIER-BENNECKENSTEIN (Hg.), Dokumente V, S. 39; und auch M. DOMARUS, Hitler I.2, S. 666). Siehe II Kap. Einleitung, S. 13 mit Anm. 3.

punkt ganz offenkundig begonnen hatte, auch bestehende und in ihrem Betrieb genehmigte kirchliche Kindergärten ins Visier zu nehmen.

Es entsprach dem ganz und gar, wenn Muhs etwa zur gleichen Zeit, zu der Szymanowski es für richtig hielt, in der Kindergartensache mit aller Schärfe gegen die – um im Jargon zu bleiben – „Saboteure" des Einsatzes der NSV vorzugehen, im Oktober 1937 sich „Zwecks Vereinfachung des Geschäftsganges", wie er vorgab, an die leitenden Behörden aller Landeskirchen wandte. Muhs ordnete an, daß alle Anträge von „kirchlichen Behörden sowie von freien kirchlichen Vereinigungen an Oberste Reichsbehörden" durch das von ihm vertretene Ministerium zu leiten seien. Alle Behörden waren in Kenntnis gesetzt und gebeten, solche Anträge, „die gegen diese Anordnung verstoßen, zurückzuweisen."[127] Das mochte nicht nur ein allgemeiner Versuch des seit einem halben Jahr als Staatssekretär amtierenden Muhs sein, dem Ministerium insbesondere nach den kirchenpolitischen Entwicklungen der zurückliegenden Monate nach allen Seiten Einfluß zu erhalten oder erneut zu verschaffen, sondern auch eine Antwort auf ein vier Wochen zuvor vom CA durch Schirmacher veranlaßtes Rundschreiben der Kirchenkanzlei der DEK, mit dem die Landes- und Provinzialkirchen gebeten worden waren, dem CA durch rechtzeitige Information im Falle auftauchender Schwierigkeiten ein wirkungsvolles Eingreifen zu ermöglichen[128]. Nach dem Ende des RKA und angesichts der Entwicklungen, die sich in anderen Arbeitsfeldern der Inneren Mission, der Apologetischen Centrale[129], der Wandererfürsorge[130], der Heilerziehungspflege[131], der Bahnhofsmission[132], der Gemeindekrankenpflege[133], anbahnten, mußte sich der CA wieder verstärkt in der Pflicht sehen, die Interessen der kirchlichen Träger, seien es freie, also Vereine, oder seien es Kirchengemeinden, gegenüber parteilichen und staatlichen Instanzen zu vertreten, insbesondere gegenüber dem seit Beginn des Jahres 1936 für den Bereich der Wohlfahrtspflege, also auch für die Kindergärten zuständigen Reichsministerium des Innern unter Wilhelm Frick[134]. Dabei war dem CA seit April

---

127 Schreiben Reichs- und Preußisches Ministerium für die kirchlichen Angelegenheiten [Muhs] an die Evangelischen Kirchenbehörden und die Katholischen Kirchenbehörden sowie an sämtliche Oberste Reichsbehörden vom 16.10.1937 (ADW, CA/G 80000/7).

128 Schreiben Schirmacher an Kirchenkanzlei der DEK vom 4.8.1937 (EZA BERLIN, 1/C3/178); Kirchenkanzlei der DEK an Schirmacher vom 8.9.1937 (ADW, CA 2708); Kirchenkanzlei der DEK an die Obersten Behörden der deutschen evangelischen Landeskirchen vom 8.9.1937 (EBD.).

129 Vgl. H. IBER, Christlicher Glaube; W. KÜNNETH, Lebensführungen; E. BEYREUTHER, Kirche in Bewegung; M. PÖHLMANN, Kampf der Geister.

130 Vgl. J. SCHEFFLER, Bürger und Bettler I; DERS., Wandererfürsorge; W. AYASS, Wanderer und Nichtseßhafte.

131 Vgl. E. KLEE, „Euthanasie".

132 Vgl. B. W. NIKLES, Machtergreifung am Bahnhof; und DERS., Soziale Hilfe am Bahnhof.

133 Vgl. L. KATSCHER, Krankenpflege; J.-CHR. KAISER, NS-Volkswohlfahrt.

134 Erlaß über die Abgrenzung der Zuständigkeit auf dem Gebiet der Wohlfahrtspflege

1937, mithin nach der Enzyklika „Mit brennender Sorge", ausdrücklich aufgetragen, daß er sich „möglichst aus der Kirchenpolitik heraushalten möchte."[135] Die Innere Mission verstand sich in solcher Situation nicht nur als „ein Stück Volk", das „mitten im deutschen Volk zu arbeiten" habe, sondern, wie Constantin Frick deutlich herausstellte, als „dienende Kirche"[136]. Auch wenn dies angesichts der inzwischen vollzogenen „kirchenpolitischen Wende"[137] einen besonderen Akzent erhielt, es war doch nur die Wiederholung dessen, was schon im Januar auf der Reichstagung der Inneren Mission als Kurs bestätigt worden war. Dem kirchenpolitischen Kurswechsel korrespondierte also kein Kurswechsel im wohlfahrtspolitischen Bereich, weder was die DEK und ihren CA noch was den Machtapparat und seine NSV betraf.

Auch nach dem „Kampfjahr" – besonders in Württemberg[138] – war es für die NSV, nach eigenem Verständnis ein Instrument „zur Verwirklichung der Grundsätze der NSDAP"[139], jedenfalls im Blick auf die Kindergartenarbeit „ärgerlich, daß an diesem Punkt die Ordnung nicht zustande kommt."[140] Der Ärger mußte auch darin liegen, daß man zu diesem Zeitpunkt mit einer Zahl von weit über 6,5 Millionen Mitgliedern aufwarten und das auch entsprechend der eigenen Programmatik propagandistisch als Beweis für Akzeptanz und Leistungsfähigkeit darstellen konnte[141]. Andererseits – mit dem Ende des

---

(RGBl 1936 I, S. 1). Der Reichs- und Preußische Minister des Innern war danach zuständig für die allgemeinen Fragen der öffentlichen Wohlfahrtspflege und für die Angelegenheiten der freien Wohlfahrtspflege, der Reichs- und Preußische Arbeitsminister insbesondere für die Kriegsbeschädigten und Kriegshinterbliebenen sowie allgemeine Angelegenheiten der Arbeitsfürsorge und alle Sondermaßnahmen zugunsten der minderbemittelten Bevölkerung. Damit war auf Reichsebene eine Zuständigkeit geschaffen, die seit 1930 in solcher Weise nicht gegeben war. Siehe I Kap. II.1., S. 56 mit Anm. 27.

135 Protokoll der Vorstandssitzung des CA am 13.4.1937 (ADW, CA 67 B (1937)). „Der Präsident berichtet in längeren Ausführungen über die Entwicklung der kirchlichen Lage und über seine Verhandlungen mit anderen kirchlichen Verbänden zu Herstellung einer Einheitsfront [scil. im Blick auf die beabsichtigte Kirchenwahl]. Eine Aussprache findet nicht statt. Beschlüsse wurden nicht gefaßt, aber dem Wunsche Ausdruck gegeben, daß sich der Central-Ausschuß möglichst aus ..." (EBD.).

136 C. FRICK, Dienende Kirche – Geleitwort, S. 234; DERS., Dienende Kirche, S. 293f.

137 K. SCHOLDER, Politik und Kirchenpolitik, S. 213.

138 Schreiben Vereinigung an CA vom 28.5.1937 (ADW, CA/O 184).

139 G. ROESTEL, Der Beitrag der NSV, S. 106.

140 O. Ohl, Sein und Nichtsein der Inneren Mission. Vortrag bei der Tagung des Verbandes Deutscher Evangelischer Heilerziehungs-, Heil- und Pflegeanstalten in Kaiserswerth am 27.9. 1937, auf Bitten von Constantin Frick als Manuskript versandt mit Schreiben an die Vorstandsmitglieder des CA vom 27.10.1937 (ADW, CA 1815) „lediglich gedacht als ein Beitrag zur mündlichen Erörterung." Und weiter: „Ich bitte darum dringend und herzlich, keinesfalls diese Skizze irgendwo zum Abdruck zu bringen oder sonst zu veröffentlichen." (EBD.). Wohl deshalb ist der Vortrag nicht beim Protokoll der Mitgliederversammlung des Verbandes Deutscher Evangelischer Heilerziehungs-, Heil- und Pflegeanstalten vom 27.–30.9.1937 (ADW, CA/G 126). Vgl. J. KLIEME, Der Weg, S. 47f.

141 N.N., 6,9 Millionen NSV-Mitglieder, S. 2; man zählte am 30.4.1937 genau 6.885.674 Mitglieder der NSV; Anfang 1935 waren es 3,8 Millionen und im Frühjahr 1934 noch nur 1 Million

Jahres 1936 hatte man nur 1.915 Kindertagesstätten in NSV-Trägerschaft zählen können[142]. Das entsprach einem Dreiviertel derer in evangelischer und gut einem Viertel der Kindergärten in konfessioneller Trägerschaft insgesamt[143] und war, trotz anderslautender Propaganda und gemessen am eigenen Anspruch, tatsächlich kaum „in stärkstem Maße geeignet, die Erfolge des Nationalsozialismus in den vergangenen vier Jahren aufzuzeigen."[144]

Daß diese Situation für die NSV ärgerlich sein mußte, war für Otto Ohl, wie er allenthalben innerhalb der Inneren Mission kundtat, „psychologisch sehr verständlich". Aber „ein Nachgeben, auch ein Nachgeben um der Liebe willen", hätte für ihn und die Innere Mission „wie Furcht vor dem Bekenntnis, als Verrat an der Glaubenshaltung gewertet" werden müssen[145]. So entsprachen dem, was sich im Februar bis März 1937 als „kirchenpolitische Wende" vollzog, nachfolgend eine forcierte Entkonfessionalisierung - kurz, die Auseinandersetzungen wurden schärfer, die Kampflinien wurden ausgebaut. Um im Bilde Schirmachers zu bleiben, das er drei Jahre zuvor gebraucht hatte, der „kleine Grabenkrieg"[146] wurde ein scharfer Stellungskrieg mit verstärkten Kampfhandlungen.

Jene Faktoren also, die für den kirchenpolitischen Kurswechsel ausschlaggebend gewesen waren und worauf etwa Otto Dibelius' „Offener Brief an Herrn Reichsminister Kerrl"[147] ein deutlicher Reflex war, blieben ganz und gar nicht ohne Bedeutung für die Innere Mission und ihre evangelische Kinderpflege. Sowohl für die Kindergartenarbeit speziell als auch grundsätzlich

---

NSV-Mitglieder gewesen. Siehe I Kap. VII.1.2., S. 285 mit Anm. 50. Vgl. P. HAMMERSCHMIDT, Die Wohlfahrtsverbände, S. 589.

142 N.N., „Gebt mir vier Jahre Zeit", S. 4; außerdem werden 17 Krippen und 1.389 Erntekindergärten gezählt (EBD.). NSDAP-REICHSLEITUNG, HAUPTAMT FÜR VOLKSWOHLFAHRT, Hilfswerk Mutter und Kind 1937/1938, zählt ebenfalls 1.915 „Dauerkindertagesstätten" für 1936 und gibt die Zahl der Plätze mit 86.269 an. Die Zahl der Erntekindergärten wird hier nicht genannt (S. 13f.). Vgl. E. HANSEN, Wohlfahrtspolitik, S. 170; und P. HAMMERSCHMIDT, Die Wohlfahrtsverbände, S. 596.

143 VEREINIGUNG, Tätigkeitsbericht 1.4.1936–31.3.1937, Statistische Übersicht. Summiert werden 2.836 Einrichtungen mit 3.904 pädagogischen Kräften und 181.285 Plätzen. Der CA zählt 2.959 Einrichtungen mit 183.000 Plätzen (ADW, CA/Stat. 223/14 I). Über die Ursache für die Differenz kann nur spekuliert werden. Vom DCV wurde für das Jahr 1936 die Zahl seiner Einrichtungen mit 4.364 angegeben und die Zahl der Plätze mit 225.000 (E. HANSEN, Wohlfahrtspolitik, S. 173; P. HAMMERSCHMIDT, Die Wohlfahrtsverbände, S. 589).

144 N.N., „Gebt mir vier Jahre Zeit", S. 1.

145 O. Ohl, Sein und Nichtsein der Inneren Mission. Vortrag bei der Tagung des Verbandes Deutscher Evangelischer Heilerziehungs-, Heil- und Pflegeanstalten in Kaiserswerth am 27.9. 1937, auf Bitten von Constantin Frick versandt mit Schreiben an die Vorstandsmitglieder des CA vom 27.10.1937 (ADW, CA 1815).

146 Siehe I Kap. V.1., S. 196 mit Anm. 17.

147 O. Dibelius, Offener Brief (O. DIBELIUS, Reden - Briefe, S. 21–27; KJ 1933–1944, S. 158–161; sowie K.-D. SCHMIDT, Dokumente II, S. 1358–1362; H. MICHAELIS/E. SCHRAEPLER (Hg.), Ursachen und Folgen XI, Dok. Nr. 2533, S. 272–277). Vgl. R. STUPPERICH, Otto Dibelius, S. 279ff.; H. FRITZ, Otto Dibelius, S. 301ff.

für die Innere Mission sollten sich Wirkungen von erheblicher Tragweite zeigen. Das wurde aber erst im Laufe des kommenden Jahres offenkundig und bedurfte der Entwicklung zweier weiterer Jahre, um schließlich im Juli 1940 zu einem gewissen Abschluß zu kommen.

1.2. Das „originäre Recht der nationalsozialistischen Bewegung" und „die Freiheit in der christlichen Erziehung"

Wie drei Jahre zuvor die NSV in den geschwächten DC und einer von ihnen geführten Inneren Mission die Chance zu einer immer weniger rücksichtsvollen Durchsetzung ihres eigenen Führungsanspruches hatte sehen können, so konnte sie im Frühjahr 1937 in ganz ähnlicher Weise erweiterte Handlungsspielräume für sich ausmachen. Eine vom „Führer" für bedeutungslos gehaltene Kirche und auch eine Innere Mission in der Obhut solcher quantité négligeable – das mußte dazu führen, von seiten der NSV den neuen Rechtssetzungsprozeß, wie er etwa im Falle Hennweiler erkennbar geworden war[148], im Interesse der Vergrößerung ihres Einflusses auch im Parteiapparat, gezielt zu verstärken. So unternahm es die NSV „aus dem originären Recht der nationalsozialistischen Bewegung" zu behaupten, „Grundlage des sozialen Dienstes in Deutschland ist die nationalsozialistische Weltanschauung."[149] Das war offen und direkt das, was unter Entkonfessionalisierung verstanden wurde und jeden Gedanken an eine etwa „dienende Kirche" ausschloß. Gleichzeitig proklamierte die NSV darüber hinaus und unverhohlen im Blick auf die freie Wohlfahrtspflege, „frei heißt sie heute wegen der Freiheit ihrer [scil. der NSV] Entscheidungen", „frei in dem Sinne, in dem die nationalsozialistische Bewegung frei ist."[150] Hilgenfeldt erklärte in aller Öffentlichkeit auf der „großen Heerschau"[151] der Partei in Nürnberg im September 1937, dem „Parteitag der Arbeit", es „arbeitet die freie nationalsozialistische Wohlfahrtspflege ohne Begrenzung durch Gesetze und Verordnungen allein nach den durch unsere Weltanschauung gegebenen lebendigen Richtlinien."[152] Mit dieser „weltanschaulichen Sicherheit"[153] war eine „Wandlung der Wohlfahrtspflege" ebenso

148 Siehe I Kap. VII.3.3., S. 343ff. besonders S. 355 mit Anm. 376.

149 N.N., Fragen der deutschen Wohlfahrtspflege, S. 79.

150 EBD., S. 79 und S. 80. Siehe auch H. STADELMANN, Begriffsbestimmung: „Freie Wohlfahrtspflege bringt zum Ausdruck, daß ihre Ausübung in das freie Ermessen gestellt und an gesetzliche Vorschriften nicht gebunden ist." (Sp. 623).

151 H. BERNSEE, Die NSV, S. 281. Zu den Bezeichnungen der Reichsparteitage, wie etwa „Fest der Bewegung", „Reichstag der deutschen Nation" oder auch „politisches Konzil von Nürnberg", ebenso wie zu deren Namen seit Herrschaftsantritt der NSDAP – 1933: „Parteitag des Sieges"; 1934: „Parteitag der Einheit und Stärke"; 1935: „Parteitag der Freiheit"; 1936: „Parteitag der Ehre"; 1937: „Parteitag der Arbeit"; 1938: „Parteitag Großdeutschlands" – siehe S. ZELNHEFER, Die Reichsparteitage, S. 4f. mit Anm. 12ff.

152 E. HILGENFELDT, Aufgaben, S. 6; H. BERNSEE, Die NSV, S. 282.

153 E. HILGENFELDT, Aufgaben, S. 5.

wie eine „Wandlung der Gesetzgebung“ angezeigt, die allerdings nach dem Selbstverständnis der NSV aus der Praxis erwachsen sollte[154].

Die Voraussetzungen für eine der Programmatik des Hauptamtes für Volkswohlfahrt als „Mittelpunkt aller Wohlfahrtsarbeit“[155] entsprechende Entwicklung der Praxis waren im Haus am Berliner Maybachufer längst geschaffen. Diese neue, „freie nationalsozialistische Wohlfahrtspflege“ war eher bestimmt von Willkür als vom immer noch geltenden Recht oder gar von seiner Fortentwicklung im Sinne einer Stärkung der Rechtssicherheit. In jedem Fall verband sich ihrem Willen zur „Monopolisierung“[156] der Wohlfahrtspflege nicht nur eine vorgeblich wissenschaftliche Analyse der Praxis, die aber tatsächlich nur der „weltanschaulichen“ Absicherung, mithin Verschleierung, der als Freiheit ausgegebenen Willkür dienen sollte[157], sondern auch der nach wie vor feste Entschluß der NSV zum „weiteren Ausbau der Kindergartenarbeit“[158]. Wenn außerdem von der NSV „die kulturelle Bedeutung der NSV-Kindergärten“[159] herausgestellt und von Hermann Althaus als „Sinn völkischer Hilfe“ hervorgehoben wurde, daß eine Aufgabe der NSV – „nicht nur Politiker, sondern auch Seelsorger unseres Volkes“ – sei, den Menschen einen „Ruhepunkt“ zu geben, da diese „keinen seelischen Ruhepunkt mehr in der Kirche finden können“, dann war damit tatsächlich weniger der Sinn der „Ausbauarbeit“ beschrieben[160] als vielmehr hinreichend deren Ziel und das konnte nur heißen: legalisiert alle Kindergärten[161], also auch die evangelischen, in die Trägerschaft der NSV zu bringen.

Tatsächlich mußten die Repräsentanten der evangelischen Kinderpflege gegen Mitte des Jahres 1937 feststellen: „Der Kampf um den christlichen Kindergarten hat sich in letzter Zeit entschieden verschärft.“ Man war sich

---

154 G. ROESTEL, Wandlung, S. 34.

155 H. ALTHAUS, Nationalsozialistische Volkswohlfahrt, S. 25.

156 E. HANSEN, Wohlfahrtspolitik, S. 86ff.; vgl. H. VORLÄNDER, Die NSV, S. 117ff.

157 Im Jahre 1939 erschienen drei Dissertationen, nachdem im Frühjahr 1938 von H. STADELMANN, Die rechtliche Stellung der NS-Volkswohlfahrt, in der Schriftenreihe der NSV veröffentlicht worden war; und zwar A. KIRMESS, Die Entwicklung, und O. SCHÄFER, Begriff und Wesen, sowie R. SCHLEICHER, Die Wandlung der Wohlfahrtspflege. Als wissenschaftliche Publikationen, die teilweise sogar Hilgenfeldt gewidmet waren, traten sie neben die bislang hauptsächlich deskriptiven Schriften und erfüllten einen legitimierenden Zweck. Die referierende Rezension von H. STADELMANN, Die rechtliche Stellung, durch E. PLEHN, Die rechtliche Stellung, markiert eine Rezeption bei der Inneren Mission, die dadurch bestimmt ist, daß öffentlich keine Verteidigung der „freien Wohlfahrtspflege“ gegen ihre „neue Prägung“ als „nichtstaatliche Wohlfahrtspflege“, die als NSV und WHW „völlig selbständig neben die staatliche Wohlfahrtspflege getreten ist“ (S. 180), vorgetragen wird. Siehe R. BOOKHAGEN, Evangelische Kinderpflege, S. 83; vgl. auch I Kap. IV.3.1., S. 163 mit Anm. 248 und Anm. 249.

158 E. HILGENFELDT, Aufgaben, S. 11.

159 L. HEYDECKER, Die kulturelle Bedeutung, S. 67.

160 H. ALTHAUS, Vom Sinn, S. 105f.

161 Vgl. E. HANSEN, Wohlfahrtspolitik, S. 169ff.; TH. SCHNABEL, Auseinandersetzung, S. 72ff.; M. HEINEMANN, Evangelische Kindergärten, S. 66; J. REYER, Geschichte, S. 75ff.

aber auch nach wie vor einig, daß, begründet in der Taufe, „die Gemeinde nicht nur das Recht, sondern auch die Pflicht hat, am christlichen Kindergarten festzuhalten."[162] Allein, nur die Behauptung reichte in dieser Situation nicht aus. Es konnte auch weder genügen, die alten, erprobten, noch war es ausreichend, neue, ungewohnte Maßnahmen zu ergreifen, wie v. Wicht es noch Anfang des Jahres etwa Kunst in Herford empfohlen hatte. Die Verschärfung der Forderungen der NSV zwangen die Vereinigung, wollte sie ihre Arbeit erhalten, zu einem vertieften Nachdenken. Dölker betrachtete es geradezu als „Segen dieser ernsten und schweren Auseinandersetzungen, daß die Gemeinde und insbesondere die Elternschaft den Wert und die Bedeutung christlicher Erziehung und christlicher Erziehungsstätten besser erkennt als seither und deshalb auch bereit ist, sich dafür einzusetzen, allerhand Terror zu ertragen und Opfer zu bringen."[163]

Natürlich hatte Dölker, als er diese Form der Mobilmachung anläßlich der jährlichen Tagung der Gremien der Vereinigung Anfang Juni 1937 in Bielefeld vorstellte, dabei besonders jene Ereignisse im Blick, von denen der von ihm vertretene Landesverband für evangelische Kinderpflege in Württemberg seit Anfang 1936 betroffen war. v. Wicht, wie es in seiner Verantwortung lag, hatte den Gegner auch noch anders und grundsätzlicher ins Visier genommen und die Veröffentlichungen der NSV aufmerksam registriert[164]. Er suchte jetzt dem propagierten neuen, im originären Recht des Nationalsozialismus zu freien Entscheidungen wurzelnden Freiheitsbegriff, der nichts weiter als eine verschleiernde Umschreibung für Willkür war, den Begriff der „Freiheit in der christlichen Erziehung"[165] entgegenzusetzen. Aber wie es für Hermann Althaus „sehr schwierig [war], in diese Dinge tiefer einzudringen"[166] und er das originäre Recht nur propagierte, so auch v. Wicht. Er behauptete eine Freiheit, die er durch die Tradition der Kindergartenarbeit selbst begründet sah. Entscheidend waren für v. Wicht die tradierten Formen, in denen sie zum Ausdruck kommen sollte: in der „Erhaltung christlichen Familiensin-

---

162 H. Dölker, Die Notwendigkeit der Erhaltung der evangelischen Kinderpflege im kirchlichen Raum vom Standpunkt der Erziehungsverantwortlichkeit der christlichen Familie, Referat auf der Mitgliederversammlung der Vereinigung am 8.6.1937, Anlage zum Protokoll (LKA HANNOVER, E 26/103; ADWW MÜNSTER, 153/1).

163 EBD.

164 Auf der Mitgliederversammlung der Vereinigung am 8.6.1937 gab v. Wicht einen „Überblick über die Gesamtlage auf Grund wichtiger Veröffentlichungen der letzten Zeit" und wies hin auf N.N., Fragen der deutschen Wohlfahrtspflege. Außerdem empfahl er L. HEYDECKER, Die kulturelle Bedeutung, ebenso zur Kenntnis zu nehmen wie H. ALTHAUS, Vom Sinn (Protokoll, in: LKA Hannover, E 26/103; ADWW MÜNSTER, 153/1).

165 H. V. WICHT, Zur Lage, S. 122. Vermutlich liegt dieser Veröffentlichung der Vortrag zu Grunde, den v. Wicht am „Osterdienstag" (30.3.) 1937 auf der Tagung des Evangelischen Landesverbandes für Kinderpflege in Württemberg auf Einladung Dölkers in Bad Boll unter dem Thema „Die evangelische Kinderpflege im Kampf um ihr Wesen und um ihre Freiheit" gehalten hat; siehe E. DÖLKER, Evangelischer Landesverband, S. 193f.

166 H. ALTHAUS, Vom Sinn, S. 105.

nes", in der „Erhaltung unseres Volkstums", in der „Neugestaltung der evangelischen Volkskirche". Und dem dient der christliche Kindergarten[167].

Was v. Wicht in dieser Weise nationalsozialistischer Willkür entgegensetzte, hatte kaum Bezug zur Barmer Theologischen Erklärung und der Erkenntnis, daß „die Freiheit zur Verkündigung ... das Scharnier zwischen der Freiheit des Glaubens und politischer Freiheit [bildet]"[168] und zu der Tatsache, daß insbesondere die 5. These „sich für die Beschreibung der staatlichen Aufgabe nicht auf die Erhaltung und Entfaltung des Volkes [beruft]"[169]. Auch von einer Absicht am „Aufbau der Bekennenden Gemeinde" mitzuwirken, wozu die „Erklärung zur praktischen Arbeit" der Barmer Bekenntnissynode[170] aufgerufen hatte, ist wenig zu erkennen. Abgesehen davon, daß die Barmer Theologische Erklärung sich nicht hatte von der Aufgabe leiten lassen, „wie christliche Freiheit erfahrbare Gestalt gewinnen kann"[171], abgesehen auch von der Frage, ob gleichzeitig damit eine Abkehr von Rö. 13 vollzogen und mit 1. Petr. 2.17 als neutestamentlichem Lehrtext der 5. These eine bessere Grundlage für die Beschreibung des Verhältnisses von Staat und Kirche gesucht und gefunden worden war[172] – mit der Behauptung der „Freiheit in der christlichen Erziehung" erweist sich v. Wicht auch weniger dem gegen die Barmer Theologische Erklärung laut gewordenen, als genuin lutherische Stimme verstandenen Ansbacher Ratschlag vom 11. Juni 1934[173] verpflichtet. Erkennbar wird vielmehr eine vermittelnd-liberale Theologie, die nicht nur das Ergebnis der theologischen Ausbildung v. Wichts[174], sondern mit der er auch in der Reichsarbeitsgemeinschaft eine kirchenpolitische Heimat gefunden hatte[175] und die vor allem Antrieb für seinen Dienst in der evangelischen Kinderpflege und für seine Anstrengungen war, sie unter den Voraussetzungen eines praktisch-ekklesiologischen Grundkonsenses und unter den Bedingungen nach wie vor geltender Rechtsordnungen gegen den nationalsozialistischen Freiheitsanspruch zu verteidigen.

Das hieß, v. Wicht konnte sich nicht damit begnügen, angesichts der Tatsache, daß „die Kirche aus allen Lebensgebieten verdrängt werden soll", nur zu proklamieren, die evangelische Kinderpflege habe „das Beste, was wir haben – ‚Gottes Wort' – ... weiterzugeben"[176], wie es ganz in Übereinstimmung mit

---

167 H. v. WICHT, Zur Lage, S. 121.

168 G. SAUTER, „Freiheit", S. 160.

169 W. HUBER, Folgen, S. 98.

170 KJ 1933–1944, S. 66–68; K. IMMER, Bekenntnissynode, S. 70–73. Siehe I Kap. IV.1.4., S. 135 mit Anm. 102.

171 W. HUBER, Folgen, S. 7.

172 Siehe W. PÖHLMANN, Gehorsam, S. 112.

173 Vgl. K. MEIER, Kirchenkampf I, S. 192–203.

174 Siehe I Kap. II.2.2., S. 77ff. mit besonders Anm. 138.

175 Siehe I Kap. VII.2.1., S. 308.

176 H. ZELLER, Erziehen heißt dienen, S. 13.

ihren Ausführungen anläßlich des Jubiläums vor etwas mehr als sechs Jahren Helene Zeller[177] zum Jahresbeginn getan hatte. So richtig eine solche Proklamation war, so sehr kam es v. Wicht auf die Gestalt der Weitergabe an. Deshalb mußte er unter dem Vorzeichen des Aufschubs auch beginnen, sich mit der Frage zu befassen, was geschehen müsse, wenn die Zeit des Aufschubs abgelaufen, mithin „nationalsozialistische Freiheit" Realität sein würde.

Indem er diese Frage den Gremien „seiner" Vereinigung vorlegte, suchte er gleichzeitig Antworten und Strategien des Handelns zu entwickeln. Zur Mitgliederversammlung der Vereinigung am 8. Juni 1937 hatte v. Wicht auch eine Kindergärtnerin, Johanna Gold, aus Magdeburg eingeladen. Sie referierte über „die Verantwortung der evangelischen Gemeinde für die Kinder christlicher Eltern in NSV-Kindergärten." Im Mittelpunkt ihrer Erwägungen standen die „besonders befähigten Kräfte". Sie seien es, die in einer solchen Situation in Kindergottesdienst und Mütterarbeit die der Gemeinde durch die Taufe auferlegte Verantwortung wahrnehmen. Gold stellte das Kindergartenmodell ohne Kindergarten in der Trägerschaft der Kirchengemeinde vor, denn es war allenthalben klar, daß „die Kinder im NSV-Kindergarten nichts vom Evangelium hören."[178]

Die Tagesordnung der Mitgliederversammlung schenkte diesem Modell, nach der Regie v. Wichts, besondere Beachtung. Friedrich Vogel nämlich, auch als Vertreter der evangelischen Ausbildungsstätten für Kindergärtnerinnen, sollte „die christliche Grundlage unseres Erzieherinnennachwuchses und ihre Mitarbeit in den Gemeinden" thematisieren. So wichtig ihm die evangelische Kindergärtnerin und ihre pädagogisch-fachliche Ausbildung unmittelbar für einen evangelischen Kindergarten war, so war es für ihn doch gleichzeitig „dringend zu wünschen, daß die jungen Erzieherinnen auch zur Mitarbeit in der Gemeinde herangezogen werden, da das aktive Drinstehen in einer lebendigen Gemeinde die beste Gewähr dafür ist, daß sie bewußte Berufsarbeiterinnen der Inneren Mission werden."[179] Mit diesen Überlegungen Vogels beschritt die Mitgliederversammlung der Vereinigung „neue Wege", nach dem Urteil ihres Vorsitzenden v. Wicht „erste Versuche des Glaubens und der Liebe, für den Fall des Verlustes unseres Arbeitsgebietes in der bisherigen lebensnahen gemeinschaftserziehenden familienmäßigen Form des Kindergartens und Hortes gerüstet zu sein."[180] Gleichzeitig war damit eine Doppelstra-

---

177 Siehe I Kap. I., S. 45f.

178 J. Gold, Die Verantwortung der evangelischen Gemeinde für die Kinder christlicher Eltern in NSV-Kindergärten, Beilage zu Punkt 3 der Tagesordnung der Mitgliederversammlung der Vereinigung am 8.6.1937 (Protokoll, in: LKA HANNOVER, E 26/103; ADWW MÜNSTER, 153/1). Vgl. auch J. GOLD, Lasset die Kindlein zu mir kommen.

179 F. Vogel, Die christliche Grundlage unseres Erzieherinnennachwuchses und ihre Arbeit in der Gemeinde, Beilage zu Punkt 3 der Tagesordnung der Mitgliederversammlung der Vereinigung am 8.6.1937 (Protokoll, in: LKA HANNOVER, E 26/103; ADWW MÜNSTER, 153/1).

180 VEREINIGUNG, Tätigkeitsbericht 1.4.1937–31.3.1938, S. 19.

tegie beschrieben: bei Fortführung des Kampfes um die Trägerschaft jeder einzelnen Einrichtung – Vorbereitung auf den terminus post quem.

Die Begründung dafür ließ v. Wicht ebenfalls auf der Bielefelder Tagung der Vereinigung geben. Er hatte zum einen Karl Goebels gewonnen, Pfarrer der Mariengemeinde in Frankfurt/Main-Seckbach und 1929 Gründer sowie seit der Zeit Vorsitzender des Evangelischen Kinderpflegeverbandes Frankfurt/Main[181], inzwischen auch Vorsitzender des Evangelischen Verbandes für Kinderpflege in Nassau-Hessen, „Kinderpflege, Kindergottesdienst und Gemeindejugendarbeit in ihrem inneren Zusammenhang" darzustellen. Im Lichte der Taufe und „unter dem Auftrag des einen Herrn der Kirche" sei der evangelische Gemeindekindergarten als familienergänzende Erziehungseinrichtung nicht nur „eine Notstandseinrichtung und übt eine Art Notpatenschaft", sondern er bietet „Ansätze zu einer Kleinkindergemeinde"[182]. Damit wiederholte Goebels, was er bereits ein Jahr zuvor als einen Weg „vom Kindergarten zur Kinderkirche" beschrieben hatte[183].

Neben dem theologischen Praktiker hatte v. Wicht zum anderen auch einen Praktischen Theologen eingeladen. Dr. Wilhelm Stählin, seit langem Professor für Praktische Theologie in Münster, war vom Vorsitzenden der Vereinigung gebeten worden, über „das göttliche Geheimnis der Kirche in Kindergarten und Hort" zu referieren. Und schließlich war auch Wilhelm Brandt, der in sich den Praktischen Theologen mit dem theologischen Praktiker vereinte und seit kurzem Leiter des Konvikts in Bethel und Pfarrer in den dortigen Vereinigten Anstalten Bethel war, der Bitte v. Wichts gefolgt und betrachtete „Ehe und Familie im Lichte des göttlichen Wortes, ihr[en] Sinn und ihr[en] Dienst an der Volksgemeinschaft". Er stellte unter Darlegung einer Vielzahl biblischer Texte die Ehe als göttliches Mandat heraus und sah danach die Familie von einer „unermeßlichen Bedeutung innerhalb der anderen menschlichen Ordnungen." In Frontstellung zur Propaganda des Regimes sah er die Volksgemeinschaft als eine sekundäre Größe, die es ohne Familie nicht gäbe[184].

Das war natürlich alles nicht neu, aber indem es Bekanntes wiederholte, bestätigte das Brandtsche Referat die Begründungszusammenhänge wie sie seit zwei Jahren vorgetragen wurden und ermutigte zur Einhaltung des eingeschlagenen Weges, genauso wie die Ausführungen Stählins. Er, der schon in

---

181 Der genaue Zeitpunkt der Gründung ist wegen im Krieg verloren gegangener Quellen nicht zu ermitteln. Das Jahr kann erschlossen werden aus H. LACHENMANN, Die Geschichte, S. 28 und einem Schreiben des Frankfurter Diakonissenhauses an Verf. vom 10.11.1994.

182 K. Goebels, Kinderpflege, Kindergottesdienst und Gemeindejugendarbeit in ihrem inneren Zusammenhang, Beilage zu Punkt 3 der Tagesordnung der Mitgliederversammlung der Vereinigung am 8.6.1937 (Protokoll, in: LKA HANNOVER, E 26/103; ADWW MÜNSTER, 153/1).

183 K. GOEBELS, Vom Kindergarten zur Kinderkirche. Vgl. I Kap. VII.4.2., S. 403f. mit Anm. 610–Anm.612.

184 W. BRANDT, Ehe und Familie, S. 207.

den zwanziger Jahren vor den völkischen Strömungen in der Jugendbewegung gewarnt hatte, stellte die Arbeit evangelischer Kinderpflege in den Zusammenhang in der Taufe begründeter kirchlicher Unterweisung. Und sie sei „Hilfe zur Teilnahme an dem Leben der Kirche", die das „göttliche Geheimnis", „die Wirklichkeit Gottes, der sich der Welt offenbart", verwalte. Dabei sei es vor allem „die Sitte", mithin „Lieder, Feste, Ordnung des Kirchenjahres usw.", durch die das Kind Anteil empfange und Anteil nehme an dieser Wirklichkeit im Leben der Kirche[185].

Wenn v. Wicht schließlich noch Dr. Paul Girkon, Pfarrer der Wiese-Georgs-Gemeinde in Soest, Stählin nahestehend[186] und nachmals Leiter des Amtes für Kirchbau und kirchliche Kunst der Evangelischen Kirche von Westfalen, „die Schönheit der Kirche und ihre planmäßige, sinnfällige Vermittlung in Kindergarten und Hort" darstellen ließ[187], wird vollends klar, daß er bereit war, alle sozialpädagogischen Begründungen für den Betrieb und Unterhalt eines evangelischen Kindergartens aufzugeben. Er setzte auf „eine geschlossene kirchliche und biblische Gesamtbesinnung", den praktisch-ekklesiologischen Grundkonsens, wenn er in dieser Weise die „evangelische Kinderpflege im Raum der Kirche"[188] konzipierte und der Öffentlichkeit vorstellte.

Von hier aus wollte er mit der Vereinigung, wie es auch Dölker sah, den „Kampf um die Freiheit"[189] der evangelischen Kinderpflege führen. Das war der Boden, auf dem sich in der Zeit der Weimarer Republik die Front ihrer politischen Ablehnung formiert hatte. In einer solchen Front sah sich indessen die Vereinigung nach wie vor nicht. Wenn denn auch schon längst nicht mehr nur Zustimmung herrschte und eine kritische Abkehr von einer Ideologie des Völkischen sehr deutlich war, daß aber von seiten der Machthaber ein Kampf gegen die Freiheit, die tradierte und in Recht und Gesetz zugesicherte, geführt wurde, nahm man als eine politische Herausforderung nach wie vor nicht wahr. Nicht in der evangelischen Kinderpflege und ihrer Vereinigung, nicht in der Inneren Mission und ihrem CA. Selbst der theologisch so kompetente Ohl sah nicht die politische Dimension in dem Prozeß, in dem „die Kräfte in den Vordergrund treten und die Vorhand haben, die mit dem Christentum nichts mehr anzufangen wissen, die ihm völlig gleichgültig

---

185 W. STÄHLIN, Das göttliche Geheimnis, S. 203f.

186 Siehe zu Girkon, der mit Koopmann im September 1933 vom Reichsbischof forderte, von der Einführung des „Arierparagraphen" abzusehen, W. GERLACH, Zeugen, S. 66–70.

187 P. GIRKON, Die Schönheit der Kirche.

188 H. V. WICHT, Evangelische Kinderpflege. Diese Dokumentation über die „Tagung der Vereinigung vom 8.–9.6.[1937] in Bielefeld" in der August-Ausgabe 1937 CHRKPFLGE fasste die Referate von Brandt, Stählin und Girkon besonders deshalb zusammen, weil sie „um ihrer kirchlichen Grundhaltung, der Besinnung auf die biblischen Grundlagen unserer Arbeit und um ihrer praktischen Bedeutung willen das Interesse der Leserschaft unserer Zeitschrift und der breitesten kirchlichen Öffentlichkeit verdienen." Ihr Vortrag war erfolgt, „um eine in sich geschlossene kirchliche und biblische Gesamtbesinnung, die uns z. Zt. dringend nottut, zu erreichen." (S. 202).

189 E. DÖLKER, Evangelischer Landesverband, S. 194; vgl. H. V. WICHT, Zur Lage, S. 122.

gegenüberstehen, oder die es fanatisch hassen." Auch er fordert als Grundsatz für das Handeln des CA und der ihm zugehörenden Verbände und Vereine der Inneren Mission allein, „daß die Ausrichtung unserer Arbeit unangetastet bleiben und alle notwendige Bewegungs- und Gestaltungsfreiheit behalten muß."[190]

2. *Frontbegradigungen – „Sieg wie Niederlage in unseres treuen Gottes Hände legen"*

2.1. *„Wir bitten ..., daß die berechtigten Belange der Inneren Mission auf dem Gebiet der Kinderpflege gewahrt bleiben."*

Während die NSDAP und ein zunehmend von ihr durchdrungener Staatsapparat und damit auch die NSV, nachdem auf dem „Parteitag der Ehre" in Nürnberg am 9. September 1936 der Vierjahresplan proklamiert[1], am 29. Oktober von Hermann Göring als Beauftragtem für den Vierjahresplan Lohnstopp und Arbeitsfrieden gefordert[2] und am 30. Januar 1937 das „Ermächtigungsgesetz" um weitere vier Jahre verlängert[3] worden war, mit ihrem „Führer" einig im Hochgefühl erlangter Macht den Weg der Kriegsvorbereitung, der „Entscheidungen ohne Umkehr", fortsetzten[4], bedeutete das für die evangelische Kinderpflege, bei anhaltender Klage über die „Unsicherheit der

---

[190] O. Ohl, Sein und Nichtsein der Inneren Mission. Vortrag bei der Tagung des Verbandes Deutscher Evangelischer Heilerziehungs-, Heil- und Pflegeanstalten in Kaiserswerth am 27.9. 1937, auf Bitten von Constantin Frick versandt mit Schreiben Ohl an Vorstandsmitglieder des CA vom 27.10.1937 (ADW, CA 1815).

[1] Vgl. E. ALEFF, Das. 3. Reich, S. 126f.; A. TYRELL, Voraussetzungen, S. 60f.; H.-U. THAMER, Verführung und Gewalt, S. 484ff.; auch B.-J. WENDT, Großdeutschland, S. 126f. und S. 132f.; hier findet sich auch ein teilweiser Abdruck der Denkschrift Hitlers über die Aufgaben eines Vierjahresplanes vom August 1936 (S. 187–191).

[2] Am 29.10.1936 wurde das Gesetz zur Durchführung des Vierjahresplanes – Bestellung eines Reichskommissars für die Preisbildung – veröffentlicht (RGBl 1936 I, S. 927–928) und Josef Wagner, NSDAP-Gauleiter in Westfalen-Süd und seit einem Jahr auch in Schlesien, zum Reichskommissar bestellt. Göring hielt am Abend eine Rede im Sportpalast in Berlin, um dem „Vierjahresplan vor der deutschen und der Weltöffentlichkeit den Start zu geben." Es war „Görings Appell an die Nation – Sicherung der deutschen Ehre und des deutschen Lebens" (VB, 49. Jg., Nr. 304/30.10.1936, Ausg. Berlin, S. 4–5).

[3] Gesetz zur Verlängerung des Gesetzes zur Behebung der Not von Volk und Reich vom 30.1.1937 (RGBl 1937 I, S. 105). Wilhelm Frick in seiner Einbringung zur Begründung vor den in der Krolloper versammelten Reichstagsabgeordneten: „So ist es denn heute nur eine einfache Ehrenpflicht der Dankbarkeit und ein Beweis unseres unerschütterlichen Vertrauens zum Führer, daß der Deutsche Reichstag die Vollmacht des Reichsgesetzes vom 24.3.1933 für den ersten Vierjahresplan um weitere vier Jahre verlängert zur erfolgreichen Durchführung auch des neuen Vierjahresplanes." (nach P. MEIER-BENNECKENSTEIN (Hg.), Dokumente V, S. 57). Im übrigen wurde die Geltungsdauer des Ermächtigungsgesetzes durch Gesetz vom 30.1.1939 bis 10.5.1943 verlängert (RGBl 1939 I, S. 95). Siehe auch W. REHER, Deutschland.

[4] B.-J. WENDT, Großdeutschland, S. 106.

Rechtslage unserer Einrichtungen im neuen Staat"[5] in gleicher Weise wie bisher um den Erhalt der Kindergärten in evangelischer Trägerschaft kämpfen zu müssen. Während die NSV und die ihr verbundenen „aktiven Elemente"[6] in einem fortschreitenden Prozeß sich legalisierender Willkür gegen die evangelische Trägerschaft halboffener Kinderpflege zu Felde zogen und sich dabei in treuer Gefolgschaft des „Führers" sehen konnten[7], wurde gleichzeitig erkennbar, daß es ihr und ihrem Hauptamtsleiter immer auch, nach wie vor, grundsätzlich um den von ihr behaupteten Führungsanspruch gegenüber den übrigen Verbänden der freien Wohlfahrtspflege ging.

Die Arbeitsgemeinschaft hatte sich für Hilgenfeldt als ein fehlgeschlagener Versuch erwiesen, diesem Anspruch eine organisatorische Form zu geben. Jetzt hatte sich die Forderung nach „Sicherstellung der einheitlichen und planwirtschaftlichen Gestaltung der gesamten Wohlfahrtsaufgaben im Sinne des nationalsozialistischen Staates"[8] den Absichten des Vierjahresplanes verbunden. Hilgenfeldt hoffte, sich und seine NSV an die „planwirtschaftliche Spitze des Wohlfahrtswesens" setzen zu können[9]. Bereits Ende des Jahres 1936 wurde an einem Gesetz gearbeitet, wonach „die Spitzenverbände der Freien Wohlfahrtspflege ... unter Aufsicht und Kontrolle der NS-Volkswohlfahrt gestellt werden."[10] Davon war allerdings zunächst nur in vertrautem Kreis im CA die Rede, zu dem, wie er selbst zu erkennen gegeben hatte, auch v. Wicht gehörte[11]. Offen sprach man spätestens Mitte April 1937 im Kreis der Geschäftsführer darüber[12]. Dabei rechnete man, aus Erfahrung, zwar mit einem längeren und vor allem schwierigen Prozeß. Aber man meinte dem gelassen entgegensehen zu können[13]. Und tatsächlich waren wohl aus Sicht

---

5 VEREINIGUNG, Tätigkeitsbericht 1.4.1936–31.3.1937, S. 10; VEREINIGUNG, Tätigkeitsbericht 1.4.1937–31.3.1938, S. 13.

6 VEREINIGUNG, Tätigkeitsbericht 1.4.1936–31.3.1937.

7 Siehe II Kap. I.1.1., S. 48 mit Anm. 126.

8 N.N., Arbeitsgemeinschaft, S. 71. Vgl. H. VORLÄNDER, Die NSV, S. 210.

9 E. HANSEN, Wohlfahrtspolitik, S. 107.

10 Lage- und Stimmungsbericht des Hauptamtes für Volkswohlfahrt, Dezember 1936, mit Schreiben Hilgenfeldt an Ley vom 9.1.1937 (BA BERLIN, NS 22/845). Bereits im Lage- und Stimmungsbericht für Oktober 1936 hatte Hilgenfeldt das schlechte Verhältnis der konfessionellen Wohlfahrtsverbände zur NSV beklagt und den Reichs- und Preußischen Minister für die kirchlichen Angelegenheiten wissen lassen: „Es sind deshalb Vorschläge in Ausarbeitung, die eine gesetzliche Regelung des Verhältnisses zu den konfessionellen Wohlfahrtsverbänden herbeiführen sollen." (BA BERLIN, 5101/23841).

11 Siehe I Kap. VII.4.4., S. 444 mit Anm. 795 und Anm. 796.

12 Protokoll der Geschäftsführerkonferenz des CA am 15.4.1937 (ADW, CA 761 XIX). Theodor Wenzel wies hin auf „Äußerungen wie die, daß ein Gesetz in Vorbereitung ist, daß unsere Verbände der NSV unterstellt werden", die für die Innere Mission „nicht angenehm sind." (EBD.).

13 Schreiben Paul Braune an v. Bodelschwingh vom 8.12.1937 (HAvBA, 2/39-151). „An sich werde an diesem Entwurf schon über ein Jahr gearbeitet, was mir ja auch bekannt war. Hoffentlich dauert er ebenso lange wie das Wandererfürsorgegesetz, das nun schon seit 1895 auf sein Her-

des Regimes und seiner Statthalter andere Konsolidierungsprozesse vorrangig, um den „Lebensraum für das deutsche Volk“ zu sichern[14]. Deshalb verschwand der Gesetzentwurf aus der wohlfahrtspolitischen Debatte und sollte, nachdem er ein Jahr später für nur kurze Zeit die Aufmerksamkeit des CA und auch der DEK abermals auf sich gezogen hatte[15], erst im Sommer 1939 als akute Bedrohung wahrgenommen und im CA debattiert werden.

Diese Lage der Dinge bedeutete auch für die NSV, jedenfalls für Hilgenfeldt und Hermann Althaus an ihrer Spitze, daß sie im Kampf um die Kindergärten weiterhin auf die „enge Zusammenarbeit“[16] mit den regionalen und kommunalen, nach den Gegebenheiten unterschiedlich mächtigen Statthaltern des „nationalsozialistischen Staates“ angewiesen waren, ohne daß einheitliche, „planwirtschaftliche Grundsätze“, mithin die Direktiven der Berliner Hauptamtsleitung Anwendungen fanden. Was Anwendung fand, war der einheitliche Grundsatz, nach Möglichkeit jede evangelische Trägerschaft eines Kindergartens zu beseitigen, um sie durch die der NSV zu ersetzen. Sollte es für den CA und seinen so scharfsichtigen Ohl noch im September 1937 die Frage sein, ob die Angriffe etwa auf die Kindergärten der Inneren Mission „unbedachte und ohne Fühlung mit der Gesamtleitung durchgeführte Vorstöße einzelner Heißsporne“ wären, „oder ob es die Vorhut ist, der das Gros bald folgen soll“[17], für Hilgenfeldt, wollte er seine Führung und die der NSV

---

auskommen wartet.“ (EBD.). Vgl. B. BRAUNE, Hoffnung, S. 60f. Zur Wandererfürsorge siehe bes. W. AYASS, Wanderer und Nichtseßhafte; J. SCHEFFLER, Wandererfürsorge; DERS. (Hg.), Bürger und Bettler, S. 275ff.

14 Vgl. B.-J. WENDT, Großdeutschland, S. 106ff.; H.-U. THAMER, Verführung und Gewalt, S. 470ff.

15 Siehe Vermerk Constantin Fricks über ein Gespräch mit dem Juristen und als Hauptstellenleiter im Hauptamt der NSV unter Althaus tätigen Dr. Adolf Cordt am 5.7.1938, an dem neben Constantin Frick für den CA auch Dr. Kurt Schubert, Direktor der Verwaltungsabteilung und Vertreter Heinrichs, und Ernst Siebert, Geschäftsführer des Kaiserswerther Verbandes, teilnahmen (ADW, CF 40). Siehe auch Schreiben Friedrich Werner an Hilgenfeldt vom 11.6.1938, mit dem er sein „starkes Interesse“ daran mitteilt, daß die Herbeiführung der planwirtschaftlichen Gestaltung der freien Wohlfahrtspflege durch ein Reichsgesetz über das Zusammenwirken von NSV und Innerer Mission „nicht durch Mißverständnisse bei ihrer Auswirkung auf kirchliches Gebiet beeinträchtigt wird“ (ADW, CA/G 80000/6). Die Sache war auch Gegenstand der Erörterung auf der Vorstandssitzung des CA am 21.6.1938 (ADW, CA 67 B (1938)). Vgl. auch Schreiben Kreutz an Wienken vom 21.6.1938 und Schreiben DCV Hauptvertretung Berlin „an die Zentrale des Deutschen Caritasverbandes“ vom 20.6.1938 (ADC, CA XX 62 E). Im übrigen ist mit dem in diesem Schreiben erwähnten „Pfarrer Sieber“ Ernst Siebert, der Geschäftsführer des Kaiserswerther Verbandes, gemeint, der, wie man anerkennt, mit seinen „sehr guten Verbindungen“ (EBD.) hilfreich war.

16 Die häufig verwandte Formel bedeutete, daß sich Aufgaben und Kompetenzen überschnitten und deshalb Querelen über Zuständigkeiten die Arbeit zum Teil sehr erschwerten. Siehe H. VORLÄNDER, Die NSV, S. 96ff.

17 O. Ohl, Sein und Nichtsein der Inneren Mission. Vortrag bei der Tagung des Verbandes Deutscher Evangelischer Heilerziehungs-, Heil- und Pflegeanstalten in Kaiserswerth am 27.9. 1937, auf Bitten von Constantin Frick versandt mit Schreiben Ohl an die Vorstandsmitglieder des CA vom 27.10.1937 (ADW, CA 1815).

an der Spitze einer „planwirtschaftlichen Gestaltung der gesamten Wohlfahrtsaufgaben" behaupten, mußte es in jedem Fall darauf ankommen, sich Lage und Entwicklungen vor Ort zu nutze zu machen.

Das bedeutete, es wurden im Einzelfall „alte Gefechte" fortgeführt und neue mit neuen Attacken eröffnet. Diese wurden zum einen dort vorgetragen, wo eine evangelische Einrichtung in solchen Räumen betrieben wurde, die im Besitz der Kommune waren, oder in ihrem Besitz zu sein von den Kommunalverwaltungen behauptet wurde. Zum anderen wurden Kämpfe aber auch da ausgetragen, wo die Trägerschaft in der Vergangenheit eine Form gefunden hatte, in der Kommune und Kirchengemeinde im Interesse ihres dem Selbstverständnis nach evangelischen Kindergartens zusammengearbeitet hatten.

So kündigte im badischen Ihringen, wie seinerzeit in Württemberg die Kommunen Heilbronn und Ludwigsburg, der Bürgermeister Gustav Bühler, Landwirt am Ort, am 1. April 1937 kurzfristig zum 15. April 1937 die Räume, die der Kindergarten seit dreißig Jahren genutzt hatte und die seinerzeit „im engsten Einvernehmen zwischen der bürgerl[ichen]. u. d. Kirchengemeinde errichtet worden" waren[18]. Und wie seinerzeit im württembergischen Kirchheim/Teck oder im badischen Kork kündigte in Dertingen bei Wertheim, ebenfalls in Baden gelegen, der Bürgermeister und Landwirt Andreas Freudenberger den mit dem Diakonissenhaus Bethlehem Karlsruhe abgeschlossenen Stationsvertrag und damit das Arbeitsverhältnis der im Kindergarten tätigen Diakonisse Marie Freudenberger[19]. In beiden Fällen schaltete sich sofort der EOK Karlsruhe ein und ließ bei beiden Bürgermeistern durch Otto Friedrich protestieren. Obwohl das Diakonissenhaus Bethlehem seine Schwester Marie Freudenberger aus Dertingen abberief und in einen anderen Kindergarten versetzte – die Kündigungen in beiden Gemeinden wurden von seiten der sich als Träger der Kindergärten verstehenden evangelischen Kirchengemeinde nicht anerkannt, da sie nach deren Meinung einer rechtlichen Grundlage entbehrten, mithin einen Vertragsbruch bedeuteten.

Indessen, es zeichnete sich mit diesen Vorfällen in Baden eine Entwicklung ab, die gerade solches Vorgehen legalisierte und damit eine Verschärfung der Auseinandersetzungen herbeiführte. Die Maßnahmen der Statthalter der NS-Macht in Baden ließen erkennen, daß die Gefechte, wie sie in Dertingen und Ihringen und andernorts in Baden geführt wurden, nicht einfach der Begradigung der Front, sondern auch ihrem ständigen Vorrücken dienten.

So hatte Mitte April 1937 das Badische Ministerium des Innern unter Karl Pflaumer, zehn Jahre zuvor noch Polizeioffizier und als „rabiater" Kämpfer gemeinsam mit Robert Wagner in Baden einer der „Totengräber" der Weima-

---

18 Schreiben EOK Karlsruhe an Bürgermeister in Ihringen vom 5.4.1937 (ADW, CA/J 63).

19 Schreiben EOK Karlsruhe an Bürgermeister in Dertingen vom 18.6.1937 (ADW, CA 625/1 I). Die Namensgleichheit von Bürgermeister und Diakonisse ist wohl zufällig.

rer Republik[20], die Aufsicht über die Kindergärten neu geregelt. Mit Verfügung vom 15. April 1937 wurde nicht nur die Übertragung der Aufsicht an die Vertreter der Spitzenverbände der freien Wohlfahrtspflege, wie es in Baden und auch andernorts durch das Landesjugendamt nach § 24 RJWG geregelt war, zurückgenommen. Vielmehr wurde auch verfügt, daß zukünftig bei der Aufsicht „ein Beauftragter der zuständigen Kreisleitung der NSDAP, Amt für Volkswohlfahrt, als Vertreter der Arbeitsgemeinschaft der Verbände der freien Wohlfahrtspflege hinzuzuziehen" sei[21]. Offenbar hatte damit die NSV-Gauamtsleitung unter Philipp Dinkel genau das erreicht, was dessen Vorgänger Fritz Argus bereits 1934 für die NSV sicherstellen wollte, nämlich „eine gewisse weltanschauliche Aufsicht"[22].

Durch diese neue Regelung in Baden wurde bestätigt, was v. Wicht nach dem mit Hinweis auf die Staatsministerialinstruktion vom 31. Dezember 1839 sich legitimierenden Vorgehen der beiden westfälischen Regierungspräsidenten, Kurt Klemm und Adolf Graf von Oeynhausen, bereits im Rückblick auf das Jahr 1936 beklagt hatte, „daß die staatliche Aufsicht sich nicht mehr wie bisher auf die Durchführung der fachlichen, erziehlichen und gesundheitlichen Bestimmungen beschränkt, sondern bewußt die frühere Selbständigkeit der Jugendämter einengt."[23] Aber nicht nur das. Darüber hinaus waren auch die Jugendämter, jedenfalls in Baden, für die Interessen der NSV instrumentalisiert und, das war das Entscheidende, die NSV zur alleinigen Vertreterin der freien Wohlfahrtspflege bei der Beaufsichtigung der Kindergärten bestellt worden. Wilhelm Ziegler erkannte das sofort und versuchte, beim Landesjugendamt eine Änderung dahin zu erreichen, daß auch die örtlichen Vertreter der Inneren Mission hinzugezogen werden. Er mußte allerdings bald die Erfolglosigkeit seiner Bemühungen einsehen und informierte daraufhin Ende April 1937 alle Pfarrämter in Baden über die neue Situation. Er empfahl den Kollegen in den Gemeinden dringend, bei jeder etwa statthabenden Besichtigung auch den Vorsitzenden des Trägers des Kindergartens hinzuzuziehen, sowie bemüht zu sein, „vorhandene Unzulänglichkeiten gesundheitlicher, baulicher oder hygienischer Art umgehend zu beheben."[24]

Gleichzeitig und obwohl noch ein Gespräch mit dem Landesjugendamt ausstand, informierte Ziegler, immerhin Vorstandsmitglied, den CA förmlich und offiziell. Er forderte eine Intervention bei Hilgenfeldt[25]. Dies zum einen deswegen, weil er in dieser Regelung insgesamt für die evangelische Kinder-

---

20 H. FERDINAND, Karl Pflaumer, S. 267 und S. 270.

21 BaVBl 1937, S. 433 und Abdrucke (ADW, VKD 14; ADW, CA/J 63).

22 Siehe I Kap. V.4.2., S. 222 mit Anm. 126.

23 VEREINIGUNG, Tätigkeitsbericht 1.4.1936–31.3.1937, S. 11.

24 Schreiben Gesamtverband der Inneren Mission in Baden „an die evangelischen Pfarrämter in Baden" vom 28.4.1937 (ADW, CA/J 63; ADW, VKD 14).

25 Schreiben Ziegler an CA vom 8.5.1937 (EBD.).

pflege eine Quelle großer Schwierigkeiten sah. Noch wichtiger war ihm aber ein deutlicher Widerspruch des CA aus einem anderen Grund. Der im badischen Freiburg ansässige DCV hatte sich durch Kreutz bereits am 26. April an das Hauptamt für Volkswohlfahrt am Berliner Maybachufer gewandt. Mit Hinweis auf die Vereinbarung der Verbände der freien Wohlfahrtspflege vom 21. Februar bzw. 14. März 1934 zur Bildung der Arbeitsgemeinschaft, in der nach § 2 „Selbständigkeit und Unabhängigkeit" jedes Verbandes zugesichert war[26], hatte Kreutz mit Nachdruck gefordert, daß „bei der Aufsichtsführung der vom Spitzenverband bezeichnete Vertreter der Revisionsbehörde beigegeben wird."[27]

Der CA wurde nicht nur von Ziegler gedrängt, „in derselben Richtung vorzustoßen"[28]. Von ihm unterrichtet, forderte auch v. Wicht den ersten Direktor des CA auf, „unter allen Umständen" zu erreichen, daß bei den Besichtigungen evangelischer Einrichtungen auch ein Vertreter des evangelischen Spitzenverbandes anwesend sei. Er unterstrich seinen Wunsch mit der Feststellung, daß dies in Berlin seit 1931 Praxis sei und auch „nach der Machtergreifung" beibehalten wurde, „nur ist jetzt ein ständiges Mitglied der NSV zugegen."[29] Wenn v. Wicht die Forderungen von Kreutz und Ziegler „auf das wärmste" unterstützte, wollte er natürlich, daß die Interessen der evangelischen Kinderpflege durch den CA gegenüber der NSV durchgesetzt werden. Indem er aber auch auf die Lage in Berlin hinwies, wird erkennbar, daß er ein anderes Ziel, von ihm spätestens 1928 in Blick genommen, nicht aus den Augen verloren hatte, nämlich eine Vereinheitlichung der staatlichen Verwaltungspraxis, mithin auch der Form der Aufsichtsführung[30]. Da er jedoch die Schwächung der Position der Jugendämter in Sachen Aufsichtsführung zugunsten einer auf „obrigkeitliche Machtäußerung" [31] drängenden NSV sah und beklagte, war es für ihn freilich durchaus eine Frage, ob „eine generelle Regelung mehr schaden als nützen könnte."[32]

Diese Frage läßt vermuten, daß v. Wicht schon zu diesem Zeitpunkt eine Vorstellung davon haben mochte, beides – Vereinheitlichung der Aufsichtsführung und Führungsanspruch der NSV – zu einer Strategie der Abwehr des auf Ausschaltung jeder anderen Trägerschaft im Kindergartenbereich drängenden „tatgewordenen deutschen Sozialismus"[33] zu verbinden. Es war eine nach Lage der Dinge denkbare Strategie: Führung, „obrigkeitliche Machtäu-

---

26 Siehe I Kap. IV.3.2., S. 190f. mit Anm. 351 und Anm. 352.

27 Schreiben Kreutz an Hilgenfeldt vom 26.4.1937 (ADW, CA/J 63; ADW, VKD 14).

28 Schreiben Ziegler an CA vom 8.5.1937 (EBD.).

29 Schreiben v. Wicht an Schirmacher vom 12.5.1937 (EBD.).

30 H. V. WICHT, Richtlinien. Siehe I Kap. II.1., S. 55 mit Anm. 25 und Anm. 26; und auch I Kap. III. 2.1., S. 96 mit Anm. 32.

31 F. RÖSCH, Zusammenarbeit, S. 5.

32 Schreiben v. Wicht an Schirmacher vom 18.6.1937 (ADW, CA/J 63; ADW, VKD 14).

33 REICHSBETRIEBSGEMEINSCHAFT, Nationalsozialistische Volkswohlfahrtspflege, S. 13.

ßerung" in Sachen Aufsicht und damit Erledigung der Trägerschaftsfrage. Aber war eine solche Strategie realistisch, mithin erfolgversprechend? Wäre damit dem „Totalitätsanspruch der nationalsozialistischen Weltanschauung" und der NSV, dem „Instrument" seiner Durchsetzung[34], Genüge getan? Außerdem – konnte eine Strategie, ganz am Grundsatz der Rechtsstaatlichkeit und der Gültigkeit ihrer Gesetze orientiert, erfolgreich sein in einem Kampf, in dem der Gegner gerade dabei war, die Gültigkeit der Gesetze scheinbar legal für obsolet zu erklären, um dann mit dem Anspruch neuen Rechtes die Trägerschaft aller evangelischen Kindergärten zu fordern? Als zwei Jahre später v. Wicht dieser Strategie folgte, schien sie zunächst allerdings tatsächlich erfolgreich zu sein. Jedoch weitere zwei Jahre später sollte sie sich aus genau diesen Gründen als gänzlich ungeeignet erweisen.

Wenn v. Wicht in der Mitte des Jahres 1937 innerhalb von vier Wochen seine Meinung und Absicht änderte, der erwogenen Strategie nicht folgte, so hatte das indessen ganz andere Gründe. Mit Schirmacher stimmte er wohl darin überein, die Sache gegenüber der NSV und ihrem Hauptamtsleiter nicht zu forcieren, um „Mißverständnisse" zu vermeiden und die Gesprächsbereitschaft der NSV nicht durch Frontstellungen von seiten der Inneren Mission aufs Spiel zu setzen, auch nicht dadurch, daß die NSV mit einer Sache befaßt wurde, für die sie „als freie Organisation" gemäß der Rechtslage und nach Meinung v. Wichts nicht zuständig war, denn den Erlaß einer Ministerialbehörde konnte sie so ohne weiteres nicht ändern[35]. Dafür war diese selbst, mithin das Ministerium Pflaumers und sein Landesjugendamt zuständig. Außerdem war in der soeben erschienenen Juni-Ausgabe des NS-Volksdienstes ein nicht namentlich gezeichneter, wohl offiziöser, kurzer polemischer Beitrag veröffentlicht worden, der sich mit Ohls im Januar, auf der Reichstagung der Inneren Mission, gehaltenem Vortrag über „Wohlfahrtspflege und Jugendhilfe" auseinandersetzte. Unter der Überschrift „Anspruch und Leistung" wurde von der Arbeit der Inneren Mission behauptet, sie verursache „seelische Umweltschäden"[36].

Dieser „Generalangriff auf die Innere Mission" war Gegenstand ausführlicher Erörterung auf der Geschäftsführerkonferenz des CA am 16. Juni 1937[37], auf der sogar Johannes Heinrich, sonst kompromißloser „Platzhalter der Partei"[38] im Hause des CA, Konsequenzen gegenüber der NSV forderte[39]. Ob Ohls Stellungnahme, mit der er sich am 18. Juni 1937 bei Hermann Althaus gegen die infamen Unterstellungen verwahrte, diesen bewegen konnte,

---

[34] F. RÖSCH, Zusammenarbeit, S. 5.

[35] Schreiben v. Wicht an Schirmacher vom 18.6.1937 (ADW, CA/J 63; ADW, VKD 14).

[36] N.N., Anspruch und Leistung.

[37] Protokoll (ADW, CA 761 XIX). Danach gebrauchte Mohrmann diese Bezeichnung.

[38] J.-CHR. KAISER, Sozialer Protestantismus, S. 425.

[39] Protokoll der Geschäftsführerkonferenz des CA am 16.6.1937 (ADW, CA 761 XIX).

„einer Entwicklung Einhalt zu gebieten, die die gegenseitigen Beziehungen auf die Dauer vergiften müßte", bleibt dahingestellt[40]. Es war nur eines klar: Die Beziehungen waren „vergiftet". v. Wicht mußte daher auch fürchten, daß die NSV erst durch eine Eingabe auch des CA auf die Idee gebracht werden und danach handeln könnte, die Berliner Regelung ebenfalls für jene Länder und Provinzen des Deutschen Reiches zu treffen, in denen die Aufsichtsfrage ein bislang von ihr, der NSV selbst, noch nicht im eigenen Interesse instrumentalisierte Frage war[41]. Und noch etwas anderes kam hinzu. Ganz im Gegensatz zu Heinrich oder Auguste Mohrmann, die jedenfalls und unbedingt entschiedenes Handeln gegenüber der NSV und ihrem Berliner Hauptamt forderten, setzte Constantin Frick als Präsident des CA auf ein „gentlemen-agreement [sic!] über die gegenseitige Behandlung" und wollte die dazu erforderlichen Verhandlungen mit der NSV nicht durch Einzelprobleme, seien sie fachlichen oder regionalen Ursprungs, belasten. Er wollte, daß wer „Ärgernis nimmt", „sich direkt an die betreffende Stelle wendet."[42]

Mitte Juni empfahl v. Wicht, ganz der Linie des Präsidenten des CA folgend, dem ersten Direktor des CA, der tatsächlich bis dahin noch in keiner Weise in der Angelegenheit tätig geworden war, Ziegler zu bitten, die Frage der Aufsicht über die evangelischen Kindergärten in Baden regional, also mit dem zuständigen Ministerium zu verhandeln[43]. Abgestimmt war diese Position mit Alfred Fritz und Hundinger, die beide immer noch, diese als Referentin und jener als Direktor des EREV im CA und gleichzeitig dessen Abteilung Jugendhilfe, zuständig in der Sache und ebenfalls der Auffassung ihres Präsidenten waren. Ziegler teilte diese Meinung nicht, war mit der Empfehlung des CA und seiner beiden Fachverbände ganz und gar nicht einverstanden, konnte aber weder Hundinger noch Alfred Fritz davon überzeugen, daß der von ihnen vorgeschlagene Weg wenig Aussicht auf Erfolg hätte[44]. Allerdings sollte Ziegler sich in seiner Einschätzung der Lage durch einen weiteren Schritt Pflaumers und dessen Ministeriums bestätigt sehen.

Unter dem 26. Mai 1937 hatte das Badische Ministerium des Innern, wie schon erwähnt, einen Erlaß „betr. Einrichtung von Kindergärten und Horten" an die Landrats- und Bürgermeisterämter gehen lassen[45]. Zunächst war

---

40 ADWRH DÜSSELDORF, OHL 10.5.1.

41 Aktennotiz Hundinger für Schirmacher über ein Gespräch mit v. Wicht am 15.6.1937 (ADW, CA/J 63; ADW, VKD 14); vgl. auch Schreiben v. Wicht an Schirmacher vom 18.6.1937 (EBD.).

42 Schreiben Constantin Frick an v. Bodelschwingh vom 19.7.1937 (HAvBA, 2/39–151).

43 Schreiben v. Wicht an Schirmacher vom 18.6.1937 (ADW, CA/J 63; ADW, VKD 14).

44 Aktennotiz Hundinger für Schirmacher über ein Gespräch mit v. Wicht am 15.6.1937. Darin wird ein Gespräch mit Ziegler „anläßlich der Vorstandssitzung hier im Central-Ausschuß" erwähnt (EBD.). Diese Vorstandssitzung des CA war am 11.6.1937 (ADW, CA 67 B (1937)).

45 Erlaß des Badischen Innenministeriums an Landräte und Bürgermeister betr. Einrichtung von Kindergärten und Horten vom 26.5.1937 – Abschrift (ADW, CA/J 63). Ein Auszug auch

das nur gerüchtweise bekannt geworden. Zieglers im Landesjugendamt persönlich vorgetragene Bitte um Überlassung des Wortlautes war abschlägig beschieden worden. Julius Kühleweins, des Bischofs, Nachfrage im Ministerium war erst Ende Juli mit dem Hinweis beantwortet worden, daß es sich um eine innerdienstliche, nicht zur Veröffentlichung bestimmte Anweisung handelte[46]. Dem Gesamtverband der Inneren Mission in Baden war es aber inzwischen gelungen, einen Text des Erlasses zu erhalten[47]. Ziegler mußte erfahren, daß „eine Aufteilung der Kindergärten nach Konfessionszugehörigkeit ... nicht mehr im Sinne der heutigen planmäßigen sozialerzieherischen Bestrebungen“ liege. Das war nicht neu, lag ganz auf der Linie des Schreibens aus dem Ministerium Rusts an Kardinal Bertram vom 6. Januar 1937 und entsprach den Begründungen der von den Statthaltern des „Braunen Hauses“ vorangetriebenen Entkonfessionalisierung[48]. Neu indessen war die Deutlichkeit und die maßnahmenorientierte Konsequenz, mit der sie zur Sprache gebracht wurde. Landräte und Bürgermeister wurden aufgefordert, im Rahmen der Prüfung der Voraussetzungen zur Genehmigung eines Kindergartens nach §§ 20–29 RJWG allein nach der Bedürfnisanerkennung zu entscheiden und „darauf hinzuwirken, daß die Gründung konfessioneller oder privater Kindergärten unterbleibt.“ Im Falle einer nicht von der NSV beabsichtigten Neugründung eines Kindergartens sollten sowohl das Jugendamt als auch die NSV-Kreisamtsleitung informiert werden, und die Kommunalverwaltungen hatten die „Pflicht zu prüfen, ob nicht die Möglichkeit besteht, dem Bedürfnis nach einer Neugründung durch die NSV oder durch die Gemeinden [scil. Kommunen] selbst zu entsprechen.“ Abschließend wurde verfügt, „Gesuche um Bauerlaubnis für Kindergärten (Horte und Krippen) sind dem Landesjugendamt vor Erteilung der Erlaubnis zur Stellungnahme vorzulegen.“[49]

Mit diesem Erlaß sollte in Baden das erreicht werden, wozu in Württemberg gut zwei Monate später ein Gesetz beschlossen und rückwirkend in Kraft gesetzt und in Bayern ein halbes Jahr später eine Novellierung einer Verordnung über das nichtstaatliche Schul- und Unterrichtswesen verfügt

---

VEREINIGUNG, Tätigkeitsbericht 1.4.1937–31.3.1938, S. 13f.; danach M. BERGER, Vorschulerziehung, S. 224. Berger macht diesen Erlaß zu einem solchen des Reichs- und Preußischen Ministeriums des Innern. Das entspricht im übrigen Bergers Tendenz einer zwar regionale Ereignisse berücksichtigenden, aber sie eher allgemeiner Geltung, mithin einer zentral-intentionalen Instanz – „nationalsozialistische Erziehungsabsichten“ (S. 15)? – verbindenden Darstellungsweise, entsprechend seines Zugriffs „von oben“ (EBD.).

46 Schreiben Kühlewein an Badischen Minister des Innern vom 6.7.1937 (LKA KARLSRUHE, EOK 3876); und Schreiben Badischer Minister des Innern an EOK Karlsruhe vom 31.7.1937 (EBD.).

47 Schreiben Ziegler an CA vom 30.7.1937 (ADW, CA/J 63).

48 Zum Einfluß der NSDAP auf den Staatsapparat siehe P. LONGERICH, Hitlers Stellvertreter.

49 Erlaß des Badischen Innenministeriums an Landräte und Bürgermeister betr. Einrichtung von Kindergärten und Horten vom 26.5.1937 – Abschrift (ADW, CA/J 63).

wurde[50] – durch eine „Machtergreifung" in der Bedürfnisfrage jede Neugründung eines evangelischen Kindergartens zu verhindern. Gleichzeitig aber hatte dieser Erlaß mit seiner eher unscheinbaren Bestimmung einer Zustimmungspflicht des Jugendamtes bei der Erteilung von Baugenehmigungen für Kindergärten eine besondere Spitze und war eine eindeutige Reaktion auf die Ereignisse in Mönchweiler, Hesselhurst und vor allem in Kork. In allen drei Orten sollten die kommunalen Verwaltungen sich abstimmen und mit Unterstützung der Landesbehörden, unter dem Einfluß von Robert Wagner und seines „Gau-Klüngels"[51], die Möglichkeit erhalten, durch die Verweigerung entsprechender Baugenehmigungen, die Inbetriebnahme der kirchengemeindlichen Kindergärten zu verhindern. Die Baugenehmigungen waren nämlich für die Baumaßnahmen erforderlich, welche wiederum zur Erfüllung jener baupolizeilichen und gesundheitspolizeilichen Vorschriften notwendig waren, ohne die eine ordentliche Inbetriebnahme keinesfalls genehmigt wurde.

Ausgelöst hatte diesen Erlaß jenes Urteil des Badischen Verwaltungsgerichtshofes, mit dem auf Klage der Evangelischen Kirchengemeinde Kork – vertreten durch Otto Friedrich für den EOK Karlsruhe – die Verfügung des Landrats in Kehl zur Schließung des evangelischen Kindergartens als unangemessen, mithin nicht rechtens zurückgewiesen worden war[52]. Dieser Richterspruch mußte für die Funktionsträger des Regimes in Baden nicht nur eine Niederlage sein, sondern auch eine Herausforderung, die durch das Urteil markierte Lücke in der Front sofort zu schließen, die Linie zu begradigen. Dem diente der Erlaß vom 26. Mai 1937 und sein so unscheinbarer letzter Satz.

Angesichts dieser Tatsache konnte die Beschwerde über ausstehende, offenkundig verzögert bearbeitete Baugenehmigungen, die der EOK Karlsruhe im September 1937 für die drei Gemeinden Mönchweiler, Hesselhurst und Kork beim Badischen Ministerium des Innern vortrug[53], kaum Aussicht auf Erfolg haben. Es war dieser Erlaß, der im Laufe der zweiten Hälfte des Jahres 1937 dazu führte, daß außer in Mönchweiler und in Hesselhurst, die als Neugründungen ihren Betrieb nicht aufnehmen durften, in weiteren 37 Kommunen Badens mit dem 1. April 1938 der bis dahin evangelische Kindergarten als NSV-Kindergarten weitergeführt wurde[54].

Schon zum Jahresende 1937 war auch klar, daß mit rechtlichen Schritten dagegen vorzugehen zwecklos wäre. Wiederum ein Urteil des Badischen Verwaltungsgerichtshofes hatte die Rechtmäßigkeit etwaiger polizeilicher Maß-

---

50 Siehe II Kap. I.1.1., S. 47 mit Anm. 119 und II Kap. II.1.1.; S. 388 mit Anm. 16.

51 J. H. GRILL, Robert Wagner, S. 260.

52 Siehe I Kap. VII.3.4., S. 362 mit Anm. 407.

53 Schreiben EOK Karlsruhe an Badischen Minister des Innern vom 8.9.1937 (ADW, CA/J 63; LKA KARLSRUHE, EOK 3876).

54 Statistik (ADW, VKD 32).

nahmen zur Durchsetzung der Schließung einer Kindertagesstätte bzw. des Verbots der Aufnahme von Pflegekindern nach § 20 RJWG festgestellt. Dabei hatte die Rechtmäßigkeit des Verbots und eine Prüfung der Frage, ob § 29 RJWG durch den Erlaß zweifelsfrei ausgelegt sei, überhaupt nicht zur Debatte gestanden. Vor dasselbe Gericht gezogen wie die Kirchengemeinde Kork war eine andere evangelische Kirchengemeinde in Baden. Sie hatte den Versuch unternommen, mit der bisher im kommunalen Kindergarten tätigen Kindergärtnerin den Betrieb im Gemeindehaus – wie in Kork – als evangelischen Kindergarten fortzuführen. Das Landratsamt hatte die Aufnahme von Pflegekindern nach § 20 RJWG untersagt. Bei Zuwiderhandeln hatte der Landrat die polizeiliche Schließung angedroht. Dagegen hatte die Kirchengemeinde geklagt und war unterlegen[55].

Daß die Zurückweisung dieser Klage Folgen haben sollte, konnte man im November noch nicht wissen, vielleicht ahnen. Was man zu diesem Zeitpunkt in Vereinigung und CA wußte, war, daß die „zuständigen Behörden", nicht nur in Baden „sondern in verschiedenen Teilen des Reiches", „die Genehmigung neuer Kindertagesstätten versagen." Und das war der Grund für v. Wicht, sich unter dem 13. Oktober 1937 durch den CA an das Reichs- und Preußische Ministerium für die kirchlichen Angelegenheiten zu wenden und Kerrl zu bitten, „daß die berechtigten Belange der Inneren Mission auf dem Gebiet der Kinderpflege gewahrt bleiben."[56]

Auch wenn v. Wicht diese Belange und ihre Berechtigung mit dem ausdrücklichen Hinweis auf die Erklärung des RKA vom 18. April 1936[57], auf dessen Beschluß vom 4. Juni 1936 zur „Denkschrift zur gegenwärtigen Lage und Aufgabe der Jugendhilfe"[58] und auf dessen „Wort an die Gemeinden" vom 16. Juli 1936[59] und schließlich auch mit Hinweis auf die Vereinbarung zur Bildung der Arbeitsgemeinschaft vom 21. Februar bzw. 14. März 1934[60] begründend beschrieb, muß doch auffallen, wie allgemein-grundsätzlich seine Forderung war. Die Ursache dafür wird zum einen darin zu sehen sein, daß die vom Ministerium Kerrls und vom mit der Sache befaßten Szymanowski auf wiederholte Nachfrage mehrfach angekündigte Stellungnahme bislang noch nicht vorlag. Von ihr wurde erwartet, daß sie eine allgemein grund-

---

[55] Urteil des Badischen Verwaltungsgerichtshofes vom 24.11.1937 (RVBl Bd. 59/1938, S. 648–649). Im Urteilstext heißt es: „...eröffnete der Landrat in E. und Leiter des Bezirksjugendamtes E. dem Evangelischen Kirchengemeinderat daselbst ..." (EBD.); Ort, Kirchengemeinde, Landrat waren mit Hilfe der einschlägigen Archive nicht zu ermitteln.

[56] Schreiben Vereinigung durch CA an Reichs- und Preußischen Minister für die kirchlichen Angelegenheiten vom 13.10.1937 (ADW, CA 850a II; LKA HANNOVER, E 26/103).

[57] Siehe I Kap. VII.1.1., S. 275ff.

[58] Siehe I Kap. VII.4.1., S. 387ff.

[59] Siehe I Kap. VII.4.1., S. 399 mit Anm. 581. In dieser Anmerkung befindet sich ein Druckfehler. Es muß richtig heißen: „Wort an die Gemeinden" vom 16.7.1936.

[60] Siehe I Kap. IV.3.2., S. 390f. mit Anm. 351 und Anm. 352.

sätzliche Klärung im Sinne einer Herstellung von Rechtssicherheit schüfe. Ob das eine realistische Erwartung war, muß dahingestellt sein. Zum anderen herrschte aber Unklarheit darüber, ob ein „reichsministerieller Erlaß“[61], von dem allenthalben die Rede war, ohne daß man seinen Wortlaut kannte, sowohl die Ursache für die Verweigerung der Genehmigung neuer Kindergärten wäre als auch gleichzeitig die freilich so nicht erwartete grundsätzliche Regelung darstellte[62]. Außerdem konnte oder wollte er offenbar nicht Bezug nehmen auf jenes Schreiben vom 6. Januar 1937, das aus dem Ministerium Rusts an den Vorsitzenden der Fuldaer Bischofskonferenz gegangen war, das er aber noch nicht in irgendeiner Weise offiziell erhalten hatte. Vielleicht hätte das seine Aussichten, etwas zu erreichen, geschmälert und auch grundsätzlich Anlaß gegeben, seine politische Zuverlässigkeit[63] in Zweifel zu ziehen, hatte doch Wienken seinerzeit auch geraten, erst im Ministerium Kerrls vorstellig zu werden, wenn das Schreiben offiziell zur Kennntnis gegeben worden sei[64]. Deshalb konnte sich v. Wicht, nach Abstimmung mit Schirmacher, nur in dieser Form an Kerrl wenden. Er hatte keine andere Möglichkeit, wollte er eine sichere, die Arbeit sichernde Position in den Stellungsgefechten finden, in denen im gesamten Deutschen Reich um den Fortbestand der evangelischer Kindergärten gestritten wurde, die aber in den Augen derer, die das RJWG durch „die nationalsozialistischen Grundsätze ... von innen heraus zu erneuern“ suchten[65], nicht bedürfnisgerechte Neugründungen waren oder nicht die Gewähr für eine der nationalsozialistischen Weltanschauung entsprechende Erziehung der Kinder boten.

Mit ihrer Forderung nach Wahrung der Belange evangelischer Kinderpflege, mithin nach Rechtssicherheit, vermieden es v. Wicht und CA auch, solches Vorgehen zu gefährden, das sich im Blick auf Auseinandersetzungen mit der NSV eher auf Absprachen vor Ort verlassen wollte, um nicht dort, wo es noch keine gab, Schwierigkeiten entstehen zu lassen[66]. Diese taktischen Überlegungen, die etwa Ohl seinen Entscheidungen für die Zusammenarbeit mit der NSV zugrundegelegt hatte, mochten einmal von Bedeutung bei v. Wichts Versuch gewesen sein, in der Aufsichtsfrage eine Klärung genereller Art herbeizuführen. Jetzt freilich ging es um mehr. Es ging um die Sicherung der gesamten Arbeit. Ermutigt zu ihrem Schritt konnten sich v. Wicht und Schirmacher durch den Erfolg sehen, den das Schreiben von Kreutz an Hilgenfeldt vom 26. April 1937 schließlich hatte.

---

61 Schreiben Vereinigung durch CA an Reichs- und Preußischen Minister für die kirchlichen Angelegenheiten vom 13.10.1937 (ADW, CA 850a II; LKA HANNOVER, E 26/103).

62 Siehe auch Schreiben v. Wicht an Schirmacher vom 20.9.1937 (ADW, CA 850a III).

63 Siehe dazu C. SCHMITZ-BERNING, Vokabular, S. 473–475.

64 Vermerk Hartwich „Herrn Pastor Schirmacher“ vom 4.2.1937(ADW, CA 1118/1); und Vermerk Hartwich „Herrn Pastor Fritz“ vom 4.2.1937(ADW, CA/J 56).

65 O. SCHÄFER, Begriff und Wesen, S. 63.

66 Schreiben Ohl an Hundinger vom 9.4.1936 (ADW, EREV 66).

Nachdem Ziegler hatte feststellen müssen, daß trotz seines Drängens mit einer Eingabe des CA, seines ersten Direktors oder gar seines Präsidenten, an Hilgenfeldt und sein Hauptamt für Volkswohlfahrt nicht zu rechnen wäre, hatte er in Absprache mit dem die Sache im EOK Karlsruhe bearbeitenden, „sehr energischen und tatkräftigen" Juristen Dr. Friedrich Bürgy darauf bestanden, daß der CA dem Gesamtverband der Inneren Mission in Baden und dem EOK Karlsruhe bei den Verhandlungen mit dem Ministerium Pflaumers behilflich sein müsse[67]. Am 24. August 1937 war darum von Ziegler und Bürgy mit Wilhelm Engelmann, der Schirmacher vertreten mußte, vereinbart worden, daß der CA beiden, EOK Karlsruhe ebenso wie Gesamtverband der Inneren Mission in Baden, ein Schreiben zugehen lassen sollte, in dem sowohl die Selbständigkeit der Spitzenverbände nach § 2 des Abkommens über die Arbeitsgemeinschaft vom Frühjahr 1934[68] unterstrichen als auch auf die bewährte Regelung der Aufsichtsfrage in Berlin hingewiesen wäre. Aber zu diesem Schreiben war es nicht mehr gekommen.

An dem Tag, an dem CA und Gesamtverband der Inneren Mission in Baden im EOK Karlsruhe verhandelten, hatte Wienken und die Hauptvertretung des DCV in Berlin ein Schreiben aus dem Hauptamt für Volkswohlfahrt erreicht, das von Hilgenfeldts Vertreter Hermann Althaus unterzeichnet war. Er hatte mitgeteilt, er „habe die Gauamtsleitung veranlaßt", entsprechend dem „geäußerten Wunsch" hinsichtlich der Durchführung der Aufsicht über die Kindergärten in Baden zu verfahren[69]. Ob das wider alles Erwarten war, ist nicht zu erkennen. Zu vermuten ist, daß die menschlich guten, ja freundschaftlichen Beziehungen zwischen Kreutz und Hilgenfeldt eine Rolle gespielt hatten[70], und denkbar ist, daß Hilgenfeldt auch deshalb nicht direkt und nicht selbst den Präsidenten des DCV unterrichtet hatte. Entschieden dafür spricht auch, daß Kreutz ja nicht eine Änderung des Erlasses, also der Rechtsgrundlage der Aufsichtsregelung angestrebt hatte – das hätte Hilgenfeldt bei aller Freundschaft und bestem Willen kaum kurzfristig bewerkstelligen können –, sondern die Sache im Rahmen der neuen Regelung auf der Basis des Abkommens über die Arbeitsgemeinschaft hatte geordnet haben wollen. Ob die dementsprechende Anweisung an die NSV-Gauamtsleitung unter Dinkel, eher eine Good-will- und Beziehungsregelung ohne Rechtsgrundlage, tragfähig wäre, das mußte sich in der Praxis erweisen.

---

67 Aktenvermerk Engelmann vom 25.8.1937 über Verhandlungen wegen Kindergartenfragen in Karlsruhe am 24.8.1937 (ADW, CA/J 63; ADW, VKD 14).

68 EBD. Engelmann nennt in seinem Vermerk als Datum der Veröffentlichung des Abkommens über die Bildung der Arbeitsgemeinschaft den 24.3.1934 (EBD.). Siehe I Kap. IV.3.2., S. 190 mit Anm. 351.

69 Schreiben Althaus an Hauptvertretung des DCV in Berlin vom 23.8.1937 (ADW, CA/J 63; ADW, VKD 14).

70 Siehe H.-J. WOLLASCH, Beiträge, S. 157 mit Anm. 680; DERS., Benedikt Kreutz, S. 20; K. BORGMANN, Der Deutsche Caritasverband, S. 95.

Für Ziegler allerdings hatten solche Überlegungen, die schon ein Vierteljahr zuvor bei der Auseinandersetzung mit dem CA und dem EREV hätten in Betracht kommen können, auch jetzt keine Rolle gespielt. Er hatte in dem Schreiben von Hermann Althaus sofort einen Erfolg für Kreutz ausgemacht und sich selbst in seiner ursprünglichen Absicht bestätigt gesehen. Jetzt wollte er erst recht an diesem Erfolg von Kreutz teilhaben und forderte Gleichbehandlung. Durch Übersendung einer Abschrift des Schreibens hatte er Schirmacher informiert und mit spöttischem Unterton auf ein Schreiben an das Hauptamt der NSV gedrängt, mit dem Ziel, für die Innere Mission in Baden eine „entsprechende Regelung zu erreichen."[71] Immerhin waren noch fast zwei Wochen vergangen bis Heinrich für den CA am 22. September 1937 an das Hauptamt für Volkswohlfahrt geschrieben hatte. Daß der Schatzmeister es tat und nicht der erste Direktor, sollte wohl ein besonderes, auch parteibezogenes Gewicht, das dieses Schreiben für den CA hatte, zu erkennen geben. Allerdings war es kein Schreiben im Sinne der von Heinrich noch vor einem Vierteljahr vor den versammelten Geschäftsführern gegenüber der NSV energisch geforderten Konsequenzen. Tatsächlich hatte er Hilgenfeldt nur mitgeteilt, man wäre „dem Hauptamt für eine Klärung im Sinne der Regelung mit dem Caritasverband dankbar."[72] Hundinger hatte Ziegler davon in Kenntnis gesetzt[73]; ebenso sollte v. Wicht durch sie von diesem Schritt des CA erfahren haben. Besorgt über die gesamte Entwicklung mußte ihm nun daran gelegen sein, daß bei den zuständigen Stellen, also dem Kerrlschen Ministerium, ihr entgegengewirkt wurde.

Der Erfolg der mit dem CA abgestimmten Eingabe indessen blieb abzuwarten. Denn wenn auch schon unter dem 22. Oktober Hermann Althaus dem CA mitteilte, daß aus Sicht der NSV-Gauamtsleitung in Baden der von der Inneren Mission angestrebten Regelung nichts entgegenstehe[74], so war das in der Aufsichtsfrage weniger ein Zeichen für eine entsprechend ihren Grundsätzen funktionierende Arbeitsgemeinschaft, als vielmehr eines freundlichen Entgegenkommens, das sich die NSV in dieser Sache wohl leisten konnte. Zum einen war die Regelung ohne jede Verbindlichkeit und jederzeit von der Gauamtsleitung zurückzunehmen, zum anderen berührte sie nicht die Tatsache, daß Genehmigungen zum Betrieb von Kindertagesstätten im Interesse der NSV nicht mehr erteilt wurden. Oder sollte man auch in dieser Sache mit Entgegenkommen, mithin tatsächlich damit rechnen können, „daß

---

71 Schreiben Ziegler an Schirmacher vom 9.9.1937 (ADW, CA/J 63; ADW, VKD 14). Ziegler formulierte: „Nachdem jedoch die Eingabe des Caritasverbandes nicht ohne Erfolg geblieben ist ..., möchten wir Sie nochmals bitten zu erwägen, ob Sie nicht doch beim Hauptamt für Volkswohlfahrt vorstellig werden wollen, um für die badische Innere Mission eine entsprechende Regelung zu erreichen." (EBD.).

72 ADW, CA/J 63.

73 Schreiben Hundinger an Ziegler vom 25.9.1937 (EBD.).

74 EBD.

die berechtigten Belange der Inneren Mission auf dem Gebiet der Kinderpflege gewahrt bleiben"?[75]

Das war kaum realistisch, zumal die NSV mit ihrer Reaktion auf den Opfertag der Inneren Mission, der am 14. September durchgeführt worden war, deutlich gemacht hatte, daß mit einem Entgegenkommen nicht zu rechnen und das Verhältnis nach wie vor „vergiftet" war[76]. So mußte den Streitern für die Belange der evangelischen Kinderpflege weiterhin daran gelegen sein, die eigene Front, den Bestand evangelischer Kindergärten zu halten und zu sichern. Es war Ziegler, der dazu die Kirchengemeinden nachdrücklich aufrief und mobil machte. Ohnehin hatte er schon in der zurückliegenden Zeit in enger Absprache mit dem EOK Karlsruhe und durch ihn legitimiert verschiedentlich Rundschreiben an die Pfarrämter der Gemeinden oder die Vorstände der Kindergärten gesandt. Er wollte sie alle informieren und damit gleichzeitig unter ihnen eine eindeutige und geschlossene Haltung bewirken[77].

Ziegler wollte „die moralische Unterstützung evangelischer Kindergärten ... bei der gesamtkirchlichen und missionarischen Bedeutung evangelischen Kindergartenwesens nicht in das Belieben der einzelnen Kirchengemeinde gestellt" sehen. Deshalb wies er am 25. November 1937 alle Kirchengemeinderäte in Baden regelrecht an, „den örtlichen Kindergärten jede Unterstützung und Förderung angedeihen zu lassen"[78]. Dieses Rundschreiben erhielt allerdings eine besondere Bedeutung dadurch, daß Ziegler es nicht dem CA, sondern v. Wicht zusandte. Als der führende Vertreter des zuständigen Fachverbandes hatte er ja diese Mobilmachung und mit ihr die Marschrichtung im Januar auf der Reichstagung der Inneren Mission angezeigt[79]. Außerdem mochte der Verzicht auf eine Information des CA seine Ursache in der Tatsache haben, daß der ohnehin zwischen der „Führung des CA" und Ziegler bestehende Dissens in der Einschätzung der „Situationen, in denen man nicht mehr verhandeln, sondern nur stehen kann", und der Frage, „wo wir stehen" seit der besonders durch die Ereignisse in einer hessen-nassauischen Einrichtung für Menschen mit geistiger Behinderung im CA ausgelösten Debatte[80]

---

75 Schreiben v. Wicht durch CA an Reichs- und Preußischen Minister für die kirchlichen Angelegenheiten vom 13.10.1937 (ADW, CA 850a II; LKA HANNOVER E 26/103).

76 Siehe II Kap. I.2.1., S. 65f. mit Anm. 40; vgl. auch II Kap. I.4.1. , S. 199–201.

77 Schreiben Ziegler an die Evangelischen Pfarrämter in Baden vom 21.2.1936 betr. Verbandsmitgliedschaft; Schreiben Ziegler an die Evangelischen Pfarrämter in Baden vom 28.4.1937 betr. Aufsicht; Schreiben Ziegler an die Vorstände der evangelischen Kindergärten in Baden vom 22.5.1937 betr. Dienstverträge; Schreiben Ziegler an die Evangelischen Pfarrämter in Baden vom 29.5.1937 betr. Neueinrichtung (LKA KARLSRUHE, EOK 3876).

78 EBD.; aber auch LKA HANNOVER, E 26/103; LKA Bielefeld, C 18–14 I.

79 Siehe I Kap. VII.4.4., S. 445 mit Anm. 798.

80 Es handelte sich um die „Erziehungs- und Pflegeanstalt" in Scheuern. Durch staatliche Einflußnahme war hier eine Satzungsänderung und mit ihr das „Führerprinzip" im Sinne einer aus Sicht der Machthaber staatstreuen Leitung einer kirchlichen Einrichtung durchgesetzt worden. Nach Einschätzung verantwortlicher Männer wie etwa Happich, Hans-Hellmuth Krause oder

über die Vorboten der „Euthanasie", noch gewachsen war. Dabei hatte Ziegler, um sich, wie er meinte, keiner „Pflichtverletzung" schuldig zu machen, Constantin Frick vorgehalten, „daß Du in der Gefahr stehst, ein ‚sowohl als auch' zu sehen, wo es nur ein ‚entweder-oder' gibt", und von ihm „in einer Zeit, in der Entscheidungen gefordert werden" „notwendige Anweisungen" erwartet. Ziegler war auch nicht bereit, das, was sich bei den Heilerziehungspflegeanstalten anbahnte, als „Experiment" zu betrachten. Er wußte aus der Erfahrung mit den Kindergärten, wohin es führe mußte, wenn aus Sicht der Machthaber „das Experiment glückt". Darum wollte er in der Sache der Kindergärten von Anfang an „auch notwendige Anweisungen erteilen"[81]. Mußte es deshalb nicht besser sein, in dieser Sache auf eine Mitwirkung des CA von vornherein zu verzichten, wenn dieser sich schon so schwer in der Aufsichtsfrage getan hatte?

v. Wicht jedenfalls nahm die Initiative Zieglers auf und unterrichtete die der Vereinigung angehörenden Verbände. Ob sie alle in gleicher Weise diese Information als Aufforderung verstanden, von ihrer Landes- bzw. Provinzialkirche ein Schreiben ähnlich dem aus Baden zu verlangen, ist nicht erkennbar. Jedenfalls erreichten Bremer in Brandenburg und Hermann Möller, Geschäftsführer des Westfälischen Provinzialverbandes für Innere Mission[82], daß ihre Kirchenbehörden, wenn nicht an alle Pfarrämter, so doch an die Superintendenturen ein Schreiben hinausgehen ließen. Jedoch unterschieden sich beide Schreiben erheblich. Dr. Gerhard Thümmel, Oberkonsistorialrat und mit der Führung der Geschäfte des Konsistorialpräsidenten im Evangelischen Konsistorium der Kirchenprovinz Westfalen beauftragt[83], übernahm fast wörtlich das Schreiben Zieglers[84]. Ganz anders Walter Siebert, der im Evangelischen Konsistorium der Mark Brandenburg[85] seit Mitte des Jahres 1937 die

---

D. August Kortheuer, hätte das mindestens für ganz Preußen ein beispielhaft bestimmendes Vorgehen werden können (Protokoll der Geschäftsführerkonferenz des CA am 6.10.1937, in: ADW, CA 761 XIX; Protokoll der Vorstandssitzung des CA am 19.10.1937, in: ADW, 67 B (1937)); siehe auch O. Ohl, Sein und Nichtsein der Inneren Mission. Vortrag bei der Tagung des Verbandes Deutscher Evangelischer Heilerziehungs-, Heil- und Pflegeanstalten in Kaiserswerth am 27.9. 1937, auf Bitten von Constantin Frick versandt mit Schreiben Ohl an die Vorstandsmitglieder des CA vom 27.10.1937 (ADW, CA 1815). Im übrigen sollte Ziegler trotz seiner Kompromißlosigkeit in etwas mehr als einem Jahr erfahren, daß ganz unabhängig von der Antwort auf die Frage nach dem Erfolg des Experimentes der Zugriff der Vollstrecker der „Euthanasie" auf die Anstalten in Kork erfolgte. Vgl. dazu E. KLEE, „Euthanasie", S. 66ff.; DERS., Dokumente, S. 143. Siehe II Kap. I.2.3., S. 102 mit Anm. 261; und II Kap. I.2.4., S. 108 mit Anm. 289 und Anm. 290.

81 Schreiben Ziegler an Constantin Frick vom 5.11.1937 (ADW, CA/O 168).

82 Schreiben Evangelischer Kinderpflegeverband der Provinz Westfalen [Möller] an Evangelisches Konsistorium der Kirchenprovinz Westfalen vom 17.12.1937 (LKA Bielefeld, C 18–14 I). Durch dies Schreiben ist der Sachverhalt zu erschließen.

83 B. HEY, Die Kirchenprovinz Westfalen, S. 192f.

84 Schreiben Evangelisches Konsistorium der Kirchenprovinz Westfalen an die Superintendenten des Aufsichtsbereiches vom 10.2.1937 (ADWW MÜNSTER, 153/3).

85 Vgl. K. MEIER, Kirchenkampf III, S. 225f.

Geschäfte des Konsistorialpräsidenten führte. Sein Schreiben war zu einer bloßen Empfehlung abgeschwächt worden. Für den Fall von „Schwierigkeiten" und „wenn das Weiterbestehen solcher Anstalten [scil. Kindergärten] gefährdet erscheint", sollte man sich „zunächst der Mitarbeit und der Beratung der beiden in Frage kommenden Verbände bedienen."[86] Damit wurde in Brandenburg „zunächst" die Verantwortung an die beiden Verbände, den Evangelischen Verband für Kinderpflege in Berlin und den Evangelischen Kinderpflege-Verband der Provinz Brandenburg abgegeben, und es blieb im Belieben einer jeden Kirchengemeinde, ob sie sich dieser Ratgeber bediente. Das war das Gegenteil von dem, was Ziegler und mit ihm v. Wicht und die Vereinigung beabsichtigt hatten[87], auch wenn es eine Anerkennung ihrer Arbeit und damit eine Stärkung der Verbände bedeutete. Mochte sich in dieser Empfehlung zeigen, daß der „Abstellbahnhof", den die brandenburgische Provinzialkirchenbehörde im Urteil mancher darstellte[88], keine eindeutige Richtung anzeigen konnte oder wollte; mochte demgegenüber in dem Rundschreiben des Evangelischen Konsistoriums der Kirchenprovinz Westfalen zu erkennen sein, daß Westfalen im Sinne der BK eine „gesicherte Provinz" war[89] – aus der Sicht der Vereinigung und nach Lage der Dinge waren beide Schreiben allemal angebracht. Hier wie da galt es, die Stellungen zu halten.

2.2. *„Mit dem Schein des Rechts" – ein „Musterbeispiel"*

Im westfälischen Ahlen bestand im November 1936 der Kindergarten der evangelischen Kirchengemeinde „so ungefähr als letzter Rest konfessioneller Kindergärten". Der katholische Kindergarten war im Spätsommer des Jahres aufgelöst worden und die NSV hatte ihn als ihren Kindergarten neu eröffnet. Die Stadt hatte in ihrem Kindergarten den ihn führenden katholischen Schwestern gekündigt und wollte „braune Schwestern" einstellen. In dieser Situation entdeckte das Presbyterium der evangelischen Kirchengemeinde in seiner Mehrheit und angeführt vom die Geschäfte der Gemeinde führenden Pfarrer Christian Schmalhorst, daß die Geldmittel für die Fortführung ihres Kindergartens nicht mehr ausreichten. Sie waren wohl tatsächlich knapp, wie Heinrich Kozik, zweiter Pfarrer der Gemeinde und ein Mann der BK, ur-

---

86 Schreiben Evangelisches Konsistorium der Mark Brandenburg an die Superintendenten der Mark Brandenburg vom 7.3.1938 (EZA BERLIN, 7/4414; LKA HANNOVER E 26/103).

87 v. Wicht meinte, es „... haben die Erlasse der Kirchenregierungen sicher ihren großen Segensdienst gestiftet, die wie derjenige von Baden vom 25.11.1937, von Westfalen vom 10.2.1938 und von Brandenburg vom 5.3.1938, den Gemeinden ein gewissenschärfendes und hirtenamtliches Wort über die gesamtkirchliche und missionarische Bedeutung evangelischen Kindergartenwesens gesagt haben." (VEREINIGUNG, Tätigkeitsbericht 1.4.1937–31.3.1938, S. 19).

88 K. MEIER, Kirchenkampf III, S. 225 mit Anm. 624. Hier findet sich ein Hinweis auf ein Schreiben Heinrich an Loycke vom 28.11.1941, in dem er die Situation der Kirchenprovinz Mark Brandenburg bei seinem Dienstantritt 1938 beschreibt (EBD.).

89 B. HEY, Die Kirchenprovinz Westfalen, S. 134 mit Anm. 5.

teilte[90]. Aber es fehlte im Grundsatz auch der Wille zur Fortführung des Kindergartens. Man war im Presbyterium mehrheitlich wohl eher bereit, der DC-Linie Schmalhorsts zu folgen, die der politischen Meinung der Machthaber entsprach, „daß der Einheitswille der Nation für solche Sondereinrichtungen kein Verständnis mehr habe.“[91] Jedenfalls führten sowohl Mittelknappheit als auch ideologische Anpassungsbereitschaft dazu, daß das Presbyterium am 12. Dezember 1936 beschloß, den Kindergarten, seinen Kindergarten, zum 1. April 1937 aufzulösen[92].

Alle Bemühungen des Evangelischen Konsistoriums der Kirchenprovinz Westfalen unter Einschaltung des zuständigen, seinerzeit wie sein Kollege Alfred Niederstein während der nahezu einjährigen DC-Herrschaft unter Bischof Bruno Adler amtsenthobenen, jetzt wieder in Hamm amtierenden Superintendenten Arnold Torhorst, auf gütlichem Wege eine Revision des Beschlusses zu erreichen, blieben vergeblich. Schmalhorst und die ihn unterstützenden Mitglieder des Presbyteriums verbaten sich jede Einmischung[93]. Schließlich reagierte das Evangelische Konsistorium der Kirchenprovinz Westfalen am 24. März 1937 durch seinen in den zurückliegenden vier Jahren mit Interventionen in Kirchengemeinden vertraut gewordenen Juristen[94], den Oberkonsistorialrat Dr. Hermann Kupsch. Er setzte sogleich Rechtsmittel ein und versagte eine kirchenaufsichtliche Genehmigung der Kündigung der Kindergärtnerin Klara Rusche, die den Kindergarten seit 1929 geleitet hatte. Kupsch stellte fest, daß der Beschluß des Presbyteriums in Ahlen „eindeutig gegen provinzialkirchliche und gesamtkirchliche Interessen“ verstieß[95]. Das aber wollten weder Schmalhorst noch die Mehrheit derer hinnehmen, die in der Kirchengemeinde den Aufhebungsbeschluß über den Kindergarten herbeigeführt hatten.

Schmalhorst wandte sich an Walter Fiebig, der gemeinsam mit dem Bielefelder Pfarrer Friedrich Buschtöns die geistliche Leitung der DC bildete, und an die Finanzabteilung beim Evangelischen Konsistorium in Münster unter seinem Vorsitzenden Thümmel, der wohl tatsächlich bemüht war, „unparteiische Gerechtigkeit“ zu üben[96]. Jedoch Fiebig, der das ganz und gar nicht er-

---

90 Schreiben Heinrich Kozik, Pfarrer in Ahlen, „an den Kinderpflegeverband der Westfälischen Inneren Mission“ vom 6.11.1936 (ADWW MÜNSTER, 153/6).

91 EBD. Zitiert als Stellungnahme eines Mitglieds des Presbyteriums.

92 Schreiben Evangelisches Konsistorium der Kirchenprovinz Westfalen an Regierungspräsident in Münster vom 12.11.1937 (ADWW MÜNSTER, 153/6).

93 Schreiben Fiebig an EOK Berlin vom 7.5.1937 mit Abschrift an Reichs- und Preußisches Ministerium für die kirchlichen Angelegenheiten, an Präsident der Finanzabteilung bei der Kirchenkanzlei der DEK und an Regierungspräsident in Münster (EZA BERLIN, 7/6168).

94 B. HEY, Die Kirchenprovinz Westfalen, S. 180.

95 Schreiben Evangelisches Konsistorium der Kirchenprovinz Westfalen an Regierungspräsident in Münster vom 12.11.1937 (ADWW MÜNSTER, 153/6).

96 B. HEY, Die Kirchenprovinz Westfalen, S. 144 mit Anm. 75.

kennen wollte, dem Evangelischen Konsistorium der Kirchenprovinz Westfalen ohnehin mangelnde Objektivität und Benachteiligung der DC gegenüber der BK vorwarf und mit ihm keinesfalls in gutem Einvernehmen stand[97], schaltete zum einen das Ministerium Kerrls ein und nahm, zum anderen, auch selbst Stellung. Er lehnte ohne erneute Sachverhaltsprüfung eine Weiterführung des Kindergartens ab und folgte in seiner Begründung ohne Bedenken der Mehrheitsmeinung im Presbyterium um Schmalhorst[98].

Fiebigs Eingabe an das Ministerium bearbeitete Szymanowski. Er drängte auf Prüfung der ganzen Angelegenheit durch den „Präsidenten der Finanzabteilung der Deutschen Evangelischen Kirche."[99] Es mag dahingestellt sein, ob diese Bezeichnung für den mit der 13. Durchführungsverordnung (DVO) zum Gesetz zur Sicherung der Deutschen Evangelischen Kirche vom 20. März 1937[100] auch in den Vorsitz der Finanzabteilung bei der Kirchenkanzlei der DEK gerückten Friedrich Werner korrekt war, dem Verständnis des Ministeriums – und wohl auch seinem Selbstverständnis – entsprach sie als die für einen Mann, der auch aus Sicht der BK „zweifellos der mächtigste Mann in der Evangelischen Kirche" und „geradezu der weltliche Bischof der altpreußischen Kirche" war[101]. Dieser „Bischof" übergab dem zuständigen Walter Gustavus die Sache, und dieser forderte Bericht aus Münster an.

Als die Finanzabteilung beim Evangelischen Konsistorium der Kirchenprovinz Westfalen im September 1937 durch ihren Vorsitzenden dem EOK Berlin Bericht erstattete[102], war der evangelische Kindergarten in Ahlen entgegen dem Beschluß des Presbyteriums noch immer in Betrieb. Die Tatsache, daß die provinzialkirchliche Behörde in Münster eine Genehmigung nicht erteilt hatte[103] – später als Verbot der Schließung bezeichnet[104] –, konnte Kozik, von den Presbyteriumsmitgliedern um Schmalhorst längst als „Friedensstörer"[105],

---

97 EBD., S. 142ff.

98 Schreiben Fiebig an EOK Berlin vom 7.5.1937 mit Abschriften an Reichs- und Preußisches Ministerium für die kirchlichen Angelegenheiten und an Präsident der Finanzabteilung bei der Kirchenkanzlei der DEK sowie auch an Regierungspräsident des Regierungsbezirkes Münster (EZA BERLIN, 7/6168). Vgl. dazu Schreiben Finanzabteilung beim Evangelischen Konsistorium der Kirchenprovinz Westfalen [Thümmel] an EOK Berlin vom 21.2.1938 (ADWW MÜNSTER, 153/6).

99 Schreiben Szymanowski an Werner vom 19.6.1937 (EZA BERLIN, 1/C3/178).

100 RGBl 1935 I, S. 1178; KJ 1933–1944, S. 165f.

101 „Brief zur Lage" der rheinischen Bekenntnissynode – „Instruktion der Gemeinden über den Angriff der Partei und des Staates gegen die Kirche" (KJ 1933–1944, S. 220).

102 Schreiben Finanzabteilung beim Evangelischen Konsistorium der Kirchenprovinz Westfalen [Thümmel] an EOK Berlin vom 17.9.1937 (EZA BERLIN, 7/6168).

103 Schreiben Evangelisches Konsistorium der Kirchenprovinz Westfalen an Regierungspräsident in Münster vom 12.11.1937 (ADWW MÜNSTER, 153/6).

104 Schreiben Möller an CA vom 2.2.1938 (EBD.).

105 Schreiben von Mitgliedern des Presbyteriums der Evangelischen Kirchengemeinde Ahlen an Hymmen vom 29.6.1935 (EZA BERLIN, 7/6169).

bezeichnet, nur als Ermutigung ansehen zu tun, woran ihm seit Übernahme des Pfarramtes im Jahr 1929 besonders gelegen war: den Kindergarten zu erhalten[106]. Kozik hatte die von ihm geleitete Frauenhilfe eingeschaltet und die von ihr aufgebrachten Geldmittel zur Minderung der finanziellen Belastungen des Kindergartens verwandt[107]. Außerdem hatte Kozik nach einer durch Kupsch einberufenen Sitzung[108] des Prebyteriums am 5. April 1937, zu der Schmalhorst und seine Anhänger nicht erschienen, auf der aber der seit Anfang 1937 als kommissarischer Konsistorialrat in Münster tätige Martin Stallman und auch Torhorst anwesend waren, Schwester Lina Gunst, Diakonisse und Kindergärtnerin aus dem Diakonissenhaus für die Grafschaft Mark und das Siegerland in Witten, als Nachfolgerin Rusches in der Leitung des Kindergartens eingestellt[109]. Trotz der beiden inzwischen bestehenden NSV-Kindergärten gab es auch für diesen weiterhin ein Bedürfnis. Entgegen – rückblikkend wahrheitswidrigen – Behauptungen von Schmalhorst, die auch seinerzeit bei der Beschlußfassung über die Betriebseinstellung eine Rolle gespielt hatten, war der Kindergarten von über 40 Kindern täglich besucht[110]. So schien in Ahlen und im Kindergarten der evangelischen Gemeinde alles zum besten gewendet.

Jedoch während die kirchlichen Behörden noch prüften und berichteten, bahnte sich für den Kindergarten eine gänzlich überraschende und vor allem Enttäuschung auslösende Entscheidung im staatlichen Machtapparat ihren Weg. Er ist im einzelnen nicht nachvollziehbar, führte aber, wohl auch durch Fiebigs Berichterstattung vom 7. Mai 1937[111], dazu, daß der junge und wohl ehrgeizige Kurt Klemm als Regierungspräsident in Münster am 13. Oktober 1937 die Weiterführung des Kindergartens untersagte. Zwar begründete er das mit dem mangelnden Bedürfnis, nachdem die NSV ihre Kindergärten in Ahlen so „großzügig aufgebaut" habe. Entscheidend aber war, jedenfalls soll-

---

106 Schreiben Kozik an Pröbsting vom 22.11.1936 (ADWW MÜNSTER, 153/6).

107 Schreiben Evangelisches Konsistorium der Kirchenprovinz Westfalen an Regierungspräsident in Münster vom 12.11.1937 (EBD.).

108 Schreiben Evangelisches Konsistorium der Kirchenprovinz Westfalen an Evangelische Kirchengemeinde Ahlen vom 24.3.1937 (EZA BERLIN, 7/6168).

109 Schreiben Fiebig an EOK Berlin vom 7.5.1937; Abschrift an Reichs- und Preußisches Ministerium für die kirchlichen Angelegenheiten und an Präsident der Finanzabteilung bei der Kirchenkanzlei der DEK sowie an Regierungspräsident des Regierungsbezirkes Münster (EBD.). Im übrigen hatte die nicht rechtskräftig gekündigte Klara Rusche bereits zum 1.4.1937 ein anderes Stellenangebot angenommen (Schreiben Finanzabteilung beim Evangelischen Konsistorium der Kirchenprovinz Westfalen [Thümmel] an EOK Berlin vom 17.9.1937, in: EBD.).

110 Schreiben Evangelisches Konsistorium der Kirchenprovinz Westfalen an Regierungspräsident in Münster vom 12.11.1937 (ADWW MÜNSTER, 153/6). Schreiben Möller an CA vom 2.2.1938 (EBD.).

111 Schreiben Fiebig an EOK Berlin vom 7.5.1937; Abschrift an Reichs- und Preußisches Ministerium für die kirchlichen Angelegenheiten und an Präsident der Finanzabteilung bei der Kirchenkanzlei der DEK sowie an Regierungspräsident des Regierungsbezirkes Münster (EZA BERLIN, 7/6168).

te es sich als entscheidend herausstellen, daß das Regierungspräsidium den Betrieb des Kindergartens nach dem 1. April 1937 als Wiedereinrichtung ansah. Dafür war nach Lage der Dinge eine Genehmigung nach § 29 RJWG erforderlich. Diese erteilte Klemm nicht, er „untersagte die Weiterführung des ... wieder eröffneten Kindergartens."[112] So blieb dem evangelischen Kindergarten, für den sich Kozik bisher so sehr eingesetzt hatte, keine andere Wahl, als am 27. Oktober 1937 seinen Betrieb einzustellen. Die Kasse der Kirchengemeinde war damit ganz und gar entlastet, Schmalhorst schien am Ziel, und die NSV konnte schon einen Tag später die Gemeinde bitten, „in Erwägung zu ziehen, die Räume Ihres geschlossenen Kindergartens der NSV zur Übernahme anzubieten."[113] Dazu sollte es allerdings nicht kommen. Im Gegenteil. Es geschah wiederum etwas, worauf man vielleicht gehofft, aber womit man nach allen Erfahrungen mit dem Machtapparat auf seiten der Inneren Mission und ihrer Kinderpflege nicht ernsthaft hatte rechnen können.

Klemm verfügte am 2. Dezember 1937, die Untersagung der Weiterführung des Kindergartens der evangelischen Kirchengemeinde „wird hiermit aufgehoben, da sie auf irrige Angaben des Pfarrers Schmalhorst in Ahlen erfolgt ist."[114] Diesen Widerruf hatte das Evangelische Konsistorium in Münster sowohl durch persönliche Verhandlungen auf Sachbearbeiterebene mit dem Regierungspräsidium als auch schließlich durch eine ausführliche Eingabe erreicht. Kupsch konnte durch das Anwesenheitsbuch die Belegungsziffern nachweisen und damit beweisen, daß alle anderen Angaben, etwa durch Schmalhorst, „irreführend" waren. Inwieweit die Erklärung des Evangelischen Konsistoriums der Kirchenprovinz Westfalen, auch in Zukunft aufmerksam darüber wachen zu wollen, daß „jede mißbräuchliche Tätigkeit oder Beeinflussung der Kinder gerade auch in staatspolizeilicher Beziehung unterbleibt", die Entscheidung Klemms beeinflußte, ist nicht erkennbar[115]. Sie zeigt aber, in welchem Umfange kongruent sich kirchliches Selbstverständnis mit staatlichen Forderungen sah. Jedenfalls konnte der evangelische Kindergarten wieder seinen Betrieb aufnehmen, und die Gemeinde in Ahlen wurde davon unterrichtet[116].

Damit schien sich alles zum besten entwickelt zu haben. Aber der Schein trog. Jetzt erst sollten die konfliktgeladenen Auseinandersetzungen und Verhandlungen beginnen, denn am 15. Januar 1938 widerrief Klemm wiederum

---

112 Schreiben Klemm an Landratsamt in Beckum und Abschrift an Schmalhorst vom 13.10. 1937 (ADWW MÜNSTER, 153/6).

113 Schreiben Möller an CA vom 2.2.1938 (EBD.).

114 Schreiben Finanzabteilung beim Evangelischen Konsistorium der Kirchenprovinz Westfalen [Thümmel] an EOK Berlin vom 21.2.1938 (EBD.).

115 Schreiben Evangelisches Konsistorium der Kirchenprovinz Westfalen an Regierungspräsident in Münster vom 12.11.1937 (EBD.).

116 Schreiben Finanzabteilung beim Evangelischen Konsistorium der Kirchenprovinz Westfalen [Thümmel] an EOK Berlin vom 21.2.1938 (EBD.).

seinen Erlaß vom 2. Dezember 1937. Dazu angehalten worden war er vom Ministerium Kerrls und vom nach wie vor auch die Kindergartenangelegenheiten bearbeitenden Oberregierungsrat Szymanowski. Den hatten Fiebig und Buschtöns darauf verwiesen, daß, so hatte es ihnen das Evangelische Konsistorium der Kirchenprovinz Westfalen durch den für die Sache weiterhin zuständigen Kupsch mitgeteilt, die finanzielle Lage der Kirchengemeinde „ein ausreichender Grund für die Auflösung des Kindergartens" sei[117]. Die offenkundig „zwiespältige Haltung" des Konsistoriums in Münster[118], die ihm von Fiebig sogleich vorgehalten worden war, hatte Szymanowski zum Anlaß genommen, die Weiterführung des Kindergartens zu untersagen[119]. Das Evangelische Konsistorium und seine Finanzabteilung konnten sich durch ihren Präsidenten bzw. Vorsitzenden jetzt nur entschieden gegen den Vorwurf der Täuschung verwahren, mußten aber zugestehen, daß ihnen durch Kupsch tatsächlich ein sinnentstellender Schreibfehler unterlaufen war. Es hätte natürlich statt „ein ausreichender Grund" „kein ausreichender Grund" heißen müssen. Im übrigen konnte Thümmel mit anderen Worten nur die Darstellung wiederholen, die das Evangelische Konsistorium der Kirchenprovinz Westfalen ein Vierteljahr zuvor, Mitte November 1937, dem Regierungspräsidenten gegeben und die zur Wiederaufnahme des Betriebes des Kindergartens in Ahlen geführt hatte[120].

Nachdem er schon am 25. Januar 1938 dem Ministerium Kerrls seinen Einspruch gegen die Maßnahme, den Kindergarten in Ahlen betreffend, hatte zustellen lassen, reichte der EOK Berlin durch seinen Kirchenjuristen und weltlichen Vizepräsidenten, D. Ernst Loycke, am 19. März 1938 die Richtigstellung der Provinzialkirchenbehörde aus Münster an das Reichs- und Preußische Ministerium für die kirchlichen Angelegenheiten[121]. Inzwischen hatte das Evangelische Konsistorium der Kirchenprovinz Westfalen seine Lehren aus dem bisherigen Verlauf des Falles und damit aus seinen eigenen Fehlern gezogen und durch Thümmel jenes „gewissenschärfende und hirtenamtliche"[122] Rundschreiben an alle Superintendenten der Kirchenprovinz Westfalen gehen lassen, zu dem die Anregung aus Baden gekommen war. Durch die

---

117 EBD.

118 Schreiben Fiebig an Evangelisches Konsistorium der Kirchenprovinz Westfalen vom 13.7.1937 (EZA BERLIN, 7/6168).

119 Schreiben Finanzabteilung beim Evangelischen Konsistorium der Kirchenprovinz Westfalen [Thümmel] an EOK Berlin vom 21.2.1938 (ADWW MÜNSTER, 153/6).

120 EBD. Vgl. Schreiben Evangelisches Konsistorium der Kirchenprovinz Westfalen an Regierungspräsidium in Münster vom 12.11.1937 (EBD.).

121 Schreiben EOK Berlin an Reichs- und Preußischen Minister für die kirchlichen Angelegenheiten vom 19.3.1938 (EZA BERLIN, 7/6168).

122 VEREINIGUNG, Tätigkeitsbericht 1.4.1937–31.3.1938, S. 19. Die Formulierung läßt hier eine gedankliche Nähe zur „Enzyklika" in ihrer Funktion als päpstliches Lehrschreiben vermuten, und damit als Instrument der Wahrnehmung des Hirtenamtes. Die Wirkung der Enzyklika macht diese Nähe verständlich.

Superintendenten sollten die Gemeinden „auf ihre Pflicht gegenüber unseren evangelischen Kindergärten" hingewiesen werden. Denn, das war auch im Falle Ahlen klar geworden, „die moralische und finanzielle Unterstützung evangelischer Kindergärten kann bei der gesamtkirchlichen und missionarischen Bedeutung evangelischen Kindergartenwesens nicht in das Belieben der einzelnen Kirchengemeinde gestellt werden."[123]

Obwohl damit die Kirchenbehörde die Kindergartensache zur Sache der Kirche und jeder ihrer Gemeinden machte, war es ein „Hinweis" für den Einzelfall. Indessen mußte sich dieser „Hinweis" in dem Augenblick als untauglich erweisen, in dem nicht ein Konflikt im Einzelfall, sondern eine Auseinandersetzung grundsätzlicher Art, ausgelöst von Partei- und Behördenapparat, die als Regierung funktionierten, anzugehen und beizulegen war. Das sollte sowohl im Herbst 1939 als auch im Frühjahr 1941 der Fall sein. Und das Rundschreiben mit seinem „Hinweis" sollte in keinem Fall eine Rolle mehr spielen. Allerdings für Kozik war es schon jetzt, im Frühjahr 1938, ohne Bedeutung. Er hatte sich inzwischen mit Möller in Verbindung gesetzt und mit seiner Meinung nicht hinter dem Berg gehalten, daß er „vermute, das Bärenfell ist bereits verschenkt, und denen es versprochen ist, wollen's endlich haben."[124] Möller hatte dann den CA unterrichtet[125] und wohl eine Verbindung zu v. Wicht hergestellt, der sich sofort der Sache annahm. Ganz im Sinne Koziks versuchte er, eine beschleunigte Entscheidung herbeizuführen, ging es beiden doch darum, daß „den erhaltungswilligen Kräften der notwendige Schutz gewährt wird und die auflösungswilligen Kräfte nicht ihr Ziel erreichen."[126] Aber im Kerrlschen Ministerium wurde taktiert. Auch im EOK Berlin schien man nicht unbedingt mit Eifer bei der Sache. Jedenfalls wollte Buschtöns, seit einiger Zeit Referent im Haus in der Berlin-Charlottenburger Jebensstraße, bereits zum Jahresende 1937 eine wohlwollende Stellungnahme an Szymanowski gegeben haben, die aber, wie er behauptete, nicht mehr auffindbar war[127]. Szymanowski, ganz auf der Linie der „Verwirklichung der Ziele der NSV"[128], baute bürokratische Hürden auf, mußte „wegen verschiedener Unstimmigkeiten Rückfrage beim Regierungspräsidenten" in Münster halten und forderte ein genaues Verzeichnis der im Kindergarten der evangelischen Kirchengemeinde in Ahlen angemeldeten Kinder einschließlich ihrer Konfessionszugehörigkeit[129]. v. Wicht mochte drängen[130], Thümmel mochte

---

123 Schreiben Evangelisches Konsistorium der Kirchenprovinz Westfalen an sämtliche Superintendenturen unseres Aufsichtsbereichs vom 10.2.1938 (ADWW MÜNSTER 153/3 (1933–1939)).

124 Schreiben Kozik an Möller vom 8.3.1938 (ADWW MÜNSTER, 153/6).

125 Schreiben Möller an CA vom 2.2.1938 (EBD.).

126 Schreiben v. Wicht an Kozik vom 15.3.1938 (EBD.). Darin zitiert v. Wicht so aus Koziks Brief an ihn („vom gestrigen Tage") vom 14.3.1938.

127 Schreiben v. Wicht an Möller vom 9.3.1938 (EBD.).

128 Siehe II Kap. I.1.1., S. 47 mit Anm. 117.

129 Schreiben v. Wicht an Möller vom 9.3.1938 (ADWW MÜNSTER, 153/6).

für die Finanzabteilung beim Evangelischen Konsistorium der Kirchenprovinz Westfalen auf die Aufnahme auch katholischer Kinder verweisen und daraus nicht nur einen Beleg für eine „einwandfreie Arbeit“, sondern auch einen „unwiderleglichen Beweis für die loyale, auch dem Staate gegenüber positive Arbeitsweise“ sehen[131], der EOK Berlin mochte das ausdrücklich bestätigen[132] und Möller mochte selbst im Ministerium und bei Szymanowski vorsprechen wollen[133] – bis Anfang April blieben die Informationen widersprüchlich, und man wußte nicht genau, woran man war. Möller hatte in Erfahrung gebracht, es sei eine Entscheidung gefallen, und er nahm an, „daß es bei der Auflösung bleibt“[134]. v. Wicht aber hatte im selben Reichs- und Preußischen Ministerium für die kirchlichen Angelegenheiten erfahren, „daß die abschließenden Ermittlungen noch ausstünden.“[135]

Während Kozik eher skeptisch urteilte, „daß Proteste wenig nützen werden“ und in dem ganzen Vorgang ein „Musterbeispiel“ dafür sah, „welchen Scharfsinn man doch aufbringt, und eine Sache, die man zerstören will, mit dem Schein des Rechts als nicht existenzfähig beweist“[136], war v. Wicht voller Zuversicht. Er fertigte am 11. April 1938 eine umfassende Eingabe an das Reichs- und Preußische Ministerium für die kirchlichen Angelegenheiten. Er hob nochmals die vier entscheidenden Punkte hervor, auf Grund derer man „eine für die Erhaltung der bewährten Arbeit positive Entscheidung dankbar begrüßen würde.“ Die finanzielle Lage stellte, so v. Wicht weiter, keinen ausreichenden Grund für die Auflösung dar, die zu keinem Zeitpunkt kirchenaufsichtlich genehmigt war; in Ahlen bestände Bedarf und Eltern wünschten einen christlich geleiteten Kindergarten; die Kindergärten der Stadt und der NSV und der evangelische Kindergarten könnten „völlig ungehindert nebeneinander arbeiten“; der Betrieb des Kindergartens, so der letzte Punkt, wäre während seines zehnjährigen Bestehens immer ohne Beanstandungen von seiten der Aufsichtsbehörde geblieben[137].

Obwohl er damit rechnete, daß „die Entscheidung danach positiv ausfallen müßte“[138], war v. Wicht offenbar mit Möller übereingekommen, daß dieser sich zur gleichen Zeit mit einer Eingabe an Klemm wendet, um sie dann in

---

130 Schreiben v. Wicht an Kozik vom 15.3.1938 (EBD.).

131 Schreiben Finanzabteilung beim Evangelischen Konsistorium der Kirchenprovinz Westfalen [Thümmel] an EOK Berlin vom 21.2.1938 (EBD.).

132 Schreiben EOK Berlin an Reichs- und Preußischen Minister für die kirchlichen Angelegenheiten vom 7.4.1938 (EBD.).

133 Schreiben Möller an Kozik vom 9.4.1938 (EBD.).

134 EBD.

135 Schreiben v. Wicht an Möller vom 12.4.1938 (EBD.).

136 Schreiben Kozik an Möller vom 13.4.1938 (EBD.).

137 Schreiben v. Wicht an Reichs- und Preußischen Minister für die kirchlichen Angelegenheiten vom 11.4.1938 (EBD.).

138 Schreiben v. Wicht an Möller vom 12.4.1938 (EBD.).

Abschrift über ihn, v. Wicht, auch an das Ministerium Kerrls geben zu lassen. Denn darüber waren sich beide einig, daß die Sache des Kindergartens in Ahlen zwar „an sich eine kleine Angelegenheit“ war, aber sie war „wichtig, weil grundsätzlich Klarheit darüber herbeigeführt werden muß, welches Maß von religiöser Freiheit Eltern in der Erziehung ihrer vorschulpflichtigen Kinder haben.“[139] Auf Anraten der Provinzialkirchenbehörde in Münster jedoch und nachdem er schon zwei Entwürfe eines Briefes an Klemm gefertigt hatte[140], entschied sich Möller dazu, ebenfalls an das Reichs- und Preußische Ministerium für die kirchlichen Angelegenheiten zu schreiben und umgekehrt dem Regierungspräsidenten Kenntnis davon zu geben[141]. Er hoffte wohl, dadurch einen gewissen Druck auf Klemm ausüben zu können. Jedenfalls wandte er sich unmittelbar an Dr. Erich Ruppel, ehedem Konsistorialassistent beim Evangelischen Konsistorium der Kirchenprovinz Westfalen in Münster und jetzt Ministerialrat im Kerrlschen Ministerium. Im Gegensatz zu Szymanowski kannte Möller dessen Referatsleiter wohl als vermittelnder und hilfreicher und erwartete von Ruppel eine gewisse Fürsprache[142]. Die Eingabe glich im großen und ganzen den Entwürfen des beabsichtigten Schreibens an Klemm und legte nochmals den Bedarf, die Situation der Gemeinde dar und forderte „das Recht der religiösen Erziehung des vorschulpflichtigen Kindes.“ Schließlich verhehlte Möller dem Hause Kerrls auch nicht, daß er dieses Recht durch dessen bisheriges Taktieren und Argumentieren bestritten sähe[143].

Dieses Urteil beschrieb zutreffend die Politik des Reichs- und Preußischen Ministeriums für die kirchlichen Angelegenheiten, eine Politik, die sich im Blick auf die Kindergärten mit dem 14. Dezember 1936[144] angedeutet hatte und seit dem Ende des RKA verschärft praktiziert wurde. Szymanowski blieb von Möllers Meinung unberührt. Er sah keinen Grund, anders zu entscheiden als er etwa im Falle Welzheim entschieden hatte[145]. Zwar konnte v. Wicht bei einem Gespräch mit ihm Mitte Mai 1938 erfahren, daß noch eine Stellungnahme aus dem Regierungspräsidium in Münster ausstehe. Aber schon zwei Wochen später mußte er zur Kenntnis nehmen, das Ministerium sehe sich „außerstande, die Bedürfnisfrage für den evangelischen Kindergarten in Ahlen/Westf[alen]. zu bejahen“[146]. Erst sechs Wochen später erfuhr Möller

---

139 Schreiben Möller an Ruppel vom 29.4.1938 (EBD.).

140 Schreiben Möller an v. Wicht vom 9.5.1938; Entwurf Möller an Klemm vom 25.4.1938 und Entwurf Möller an Klemm vom 27.4.1938 „nicht abgesandt“ (EBD.).

141 Schreiben Möller an v. Wicht vom 9.5.1938 (EBD.).

142 Schreiben Möller an Ruppel vom 29.4.1938 und v. Wicht an Möller vom 23.5.1938 (EBD.).

143 Schreiben Möller an Reichs- und Preußisches Ministerium für die kirchlichen Angelegenheiten vom 29.4.1938 (EBD.).

144 Siehe I Kap. VII.4.3., S.439 mit Anm. 767 und Anm. 769.

145 Siehe II Kap. I.1.1., S. 47 mit Anm. 116.

146 Schreiben Szymanowski an Vereinigung vom 2.6.1938 (ADWW MÜNSTER, 153/6).

offiziell über das Evangelische Konsistorium der Kirchenprovinz Westfalen in Münster von Klemm, daß sich das Ministerium Kerrls „mit einer endgültigen Entscheidung dahin, daß der evangelische Kindergarten in Ahlen i[n]. W[estfalen]. ... geschlossen bleibt, einverstanden erklärt" hatte.[147] Natürlich hatte Möller längst Kenntnis von dieser Entscheidung Szymanowskis, dem Ruppel die Entscheidung offenbar überlassen hatte. v. Wicht hatte Möller die Sache umgehend mitgeteilt[148], was allerdings nicht hinderte, daß Kozik erst Mitte Juli vom Ausgang der gemeinsamen Anstrengungen erfuhr. Eine Zusage, sofort telefonisch Bescheid zu geben, hatte das Evangelische Konsistorium der Kirchenproviz Westfalen aus welchen Gründen auch immer nicht eingehalten[149], und Möller informierte Kozik erst am 11. Juli 1938, „damit auch Sie das Wichtigste in Ihren Akten haben."[150]

So sehr Kozik auch betroffen sein mochte, zur Anregung einer Elterninitiative, wie sie ihm Möller vorschlug, konnte er sich nicht verstehen. Denn Zusagen konnte er den Eltern nicht geben, und die Aussicht auf Erfolg war gering angesichts des anhaltenden Bemühens der NSV, unterstützt von Schmalhorst, eine Nutzung der freigewordenen Räume für einen eigenen Kindergarten zu erreichen[151]. Allerdings sollten diese Anstrengungen auch vergeblich sein. Das Evangelische Konsistorium der Kirchenprovinz Westfalen sollte seine Zustimmung versagen und die Räume sollten gemeindlich anders genutzt werden[152].

Der Kindergarten der evangelischen Kirchengemeinde in Ahlen war mit dem 31. Januar 1938 tatsächlich und offiziell geschlossen worden[153], am Ende des Monats, an dessen Anfang Klemm zum zweiten Mal die Betriebseinstellung verfügt hatte. Schwester Lina Gunst war in ihr Mutterhaus nach Witten zurückgekehrt, um sogleich in den Dienst im evangelischen Kindergarten in Berleburg entsandt zu werden. So schmerzlich es v. Wicht war, daß alle Anstrengungen, die Betriebseinstellung rückgängig zu machen, vergeblich gewesen waren, er tröstete sich – und schloß Möller und Kozik ein – mit dem Bewußtsein, „daß wir wie unsere tapferen Truppen im Weltkrieg bis zuletzt in Verantwortung und Pflichtbewußtsein entschlossen für unsere Sache gekämpft haben. Sieg wie Niederlage wollen wir in unseres treuen Gottes Hände legen."[154]

---

147 Schreiben Klemm an Evangelisches Konsistorium Münster vom 10.6.1938 mit Vermerk an Möller vom 8.7.1938 und Eingangsbestätigung vom 13.7.1938 (EBD.).

148 Schreiben v. Wicht an Möller vom 8.6.1938 (EBD.).

149 Schreiben Kozik an Möller vom 9.7.1938 (EBD.).

150 Schreiben Möller an Kozik vom 11.7.1938 (EBD.).

151 Schreiben Kozik an Möller vom 31.8.1938 (EBD.).

152 Schreiben Kozik an Möller vom 15.12.1938 (EBD.).

153 CA (Statistik) an Westfälischen Provinzialverband für Innere Mission vom 20.2.1939 (EBD.).

154 Schreiben v. Wicht an Möller vom 8.6.1938 (EBD.).

Es war das erste Mal, daß v. Wicht solche Worte gebrauchte – aber es war nicht die erste Niederlage, auch wenn es eine sehr eindeutige war. Indessen, mußte v. Wicht nicht damit rechnen, daß auch alle anderen Fälle, die noch in keiner Weise abschließend beschieden waren, mit einer Niederlage enden könnten? Mußte v. Wicht nicht ein Erklärungs- und Verarbeitungsmuster für solche Niederlagen entwickeln? Es könnte mit diesen Trostworten vorliegen. Dabei verwundert an ihnen weniger die Pathetik als vielmehr der mit diesen Worten vermittelte Vergleich von nationaler Pflicht in Gestalt des Kriegsdienstes und christlichem Dienst in Gestalt der evangelischen Kinderpflege auf der einen und die Fixierung, in jedem Fall, auf die Ergebung in Gottes Willen auf der anderen Seite. Diese Gleichsetzung und Gegenüberstellung erhellt an dieser Stelle wiederum, mit welchem Unverständnis Männer wie v. Wicht einer Haltung begegnen mußten, die durch als Entkonfessionalisierung ausgegebene Entchristlichung kirchlich gebundene Arbeit politisch zu zerstören und durch einen „Geist der nationalsozialistischen Weltanschauung" zu ersetzen suchte, der sich mit seinem Totalitätsanspruch – in der Logik seines Systems – gänzlich außerstande sehen mußte, die „Bedürfnisfrage" für einen evangelischen, also christlichen Kindergarten zu bejahen.

Es war diese Frage, die für die evangelische Kinderpflege stets eine nach dem Recht auf christliche Erziehung sein mußte, die als Grundfrage den „Krieg" um die Kindergärten in den folgenden Jahren bestimmen sollte. Insofern – im Rückblick geurteilt – dies auch von der Auseinandersetzung um den evangelischen Kindergarten in Ahlen angezeigt wurde, war ihr Ausgang nicht nur einfach eine Niederlage der evangelischen Kinderpflege durch die NSV und die sie unterstützenden „Truppen" in Partei- und Ministerialbürokratie in einem Frontbegradigungsunternehmen, sondern es war tatsächlich die Markierung der Front.

2.3. *„Wie bisher treu und gewissenhaft unsere Arbeit tun"*

Wenngleich ihre Markierungen im einzelnen anders aussahen, diese Front zog auch in Brandenburg auf. Während die Kindergärten in Senftenberg und Friedeberg nach wie vor ihren status quo hielten, zeichnete sich in Sonnenburg, wo man im Gegensatz zu Glindow sowohl dem politischen Druck nicht standhalten als auch die erforderlichen Geldmittel nicht mehr aufbringen konnte, ein Ende des Kindergartenbetriebes der evangelischen Kirchengemeinde ab[155]. Gleichzeitig mußten Bremer und Gertrud Braune erkennen, daß „die Fälle sich häufen", in denen die NSV versuchte, „die konfessionelle Arbeit" „auf recht unfaire Weise" zu zerstören[156]. Dabei bedurfte es in der

---

155 Bericht Gertrud Braune vom 22.4.1937 (ADW, CA/J 62). Siehe I Kap. VI.1., S. 245 mit Anm. 56.

156 Schreiben Gertrud Braune an CA vom 17.4.1937 (ADW, CA/J 62).

Mehrzahl der Fälle nicht einmal der Hilfe der Kommunalverwaltung, geschweige der Ministerialbürokratie.

Im neumärkischen, bei Schwiebus gelegenen, zur Kirchengemeinde Jordan gehörenden Leimnitz reichte die Propaganda vor Ort und die Einrichtung eines NSV-Kindergartens auf Betreiben eines Angestellten eines für die Region wichtigen landwirtschaftlichen Zulieferbetriebes. Alle Gegenwehr des jungen Pfarrers Erhard Borchart, gerade seit einem Jahr in seinem ersten Gemeindepfarramt, sollten vergeblich sein[157]. Der Kindergarten der Kirchengemeinde, unterstützt bislang von der Evangelischen Frauenhilfe, mußte 1938 aus Kostengründen geschlossen werden[158].

Gleiches geschah in Wolletz, im Landkreis Angermünde. Hier konnte Friedrich Muth, seit fast fünfzehn Jahren Pfarrer des Pfarrsprengels Altkünkendorf, zu dem Wolletz gehörte, nicht verhindern, daß der Kindergarten der Kirchengemeinde schließen mußte. Die NSV berief sich auf eine Vereinbarung mit der Gutsverwaltung am Ort, daß ihr, der NSV, zum Gut gehörende Räume für den Betrieb eines Kindergartens zugesichert worden wären[159]. Wohl nicht zuletzt bedingt durch den Wechsel Muths in eine andere Pfarrstelle mußte der Kindergarten schon 1937 seinen Betrieb einstellen[160].

Die Entscheidung zu einer Betriebseinstellung hatte auch Pfarrer Ernst Höft zu treffen, seit kurzem in seiner ersten Pfarrstelle in Zeestow, bei Nauen, im Landkreis Osthavelland. Er hatte die Pfarrstelle im benachbarten Bredow mitzuverwalten. Hier betrieb die Evangelische Frauenhilfe einen Kindergarten. Der NSV war es gelungen, bessere Räume zu finden als die, welche der Evangelischen Frauenhilfe im Pfarrhaus zur Verfügung standen und vor allem auch eine auskömmliche Finanzierung zu sichern. Die Kommune ebenso wie der größte Arbeitgeber am Ort, eine Zuckerfabrik, stellten monatlich RM 300.-- zur Verfügung. Damit waren die Personalkosten für zwei Kräfte ebenso wie die anfallenden Sachkosten leicht zu finanzieren[161]. Um weitere und größere Schwierigkeiten zu vermeiden, wurde der Betrieb des evangelischen Kindergartens mit Höfts Einverständnis eingestellt[162].

---

157 Schreiben Borchart an Gertrud Braune vom 15.4.1937 (EBD.).

158 Statistik (ADW, VKD 32).

159 Bericht Gertrud Braune vom 22.4.1937 (ADW, CA/J 62).

160 Statistik (ADW, VKD 32).

161 Siehe I Kap. VII.3.7.; S. 377 mit Anm. 468, wonach der Kindergarten in Friedeberg mit einer Kindergärtnerin einen Mittelbedarf von jährlich etwa RM 2.400,-- hatte. Zu Personalkosten siehe II Kap. I.4.5., S. 366 mit Anm. 902. Siehe auch dieses Kap. S. 93 mit Anm. 204 und II Kap. I.3.3., S. 172f. mit Anm. 206. Im übrigen läßt sich unter Hinzuziehung der Indexangaben des Statistischen Bundesamtes zu Preis- ebenso wie Kaufkraftentwicklung (STATISTISCHES BUNDESAMT, Entwicklung, S. 55) und der dort gegebenen Erläuterungen (EBD., S. 7f.) ermitteln, daß bei einer Preissteigerung von 520 % und einem Kaufkraftverlust von 84 % RM 100,-- im Jahre 1938 annähernd DM 620,-- im Jahre 1998 entsprechen.

162 Schreiben Gertrud Braune an CA vom 17.4.1937 und Bericht vom 22.4.1937 (ADW, CA/J 62).

Ebenfalls „um den Frieden des Dorfes nicht zu stören", entschied man sich in Skampe, im Landkreis Züllichau-Schwiebus, von einer Eröffnung eines Kindergartens ganz und gar abzusehen[163]. Der Gemeindepfarrer Philipp Müller, seit zwanzig Jahren am Ort, hatte Anfang April 1937 alle Voraussetzungen geschaffen, daß ein Kindergarten in Betrieb gehen konnte. Unterstützt worden war er dabei ganz wesentlich von der Evangelischen Frauenhilfe. Sie wurde von Paula Müller, seiner Ehefrau und wohl einer tüchtigen Pfarrfrau, geleitet. Gertrud Braune, darauf bedacht, daß jeden Kindes „Anspruch und Recht auf das Wort unseres Gottes"[164] beachtet wird, hatte die Vorbereitungen fachkundig begleitet[165]. Man beabsichtigte zunächst in einem Bauernhaus den Beginn der Arbeit, um zu einem späteren Zeitpunkt durch einen Neubau auf kirchengemeindeeigenem Grundstück beste Voraussetzungen für die Arbeit mit den Kindern zu haben. Bei den Absichten blieb es. Hintertrieben wurde das Vorhaben von der NS-Frauenschaft und deren „Führerin" N.N. Pfeiffer, der Ehefrau des Arztes am Ort. Daß hier neben persönlichen Konkurrenzen auch solche zwischen Evangelischer Frauenhilfe und NS-Frauenschaft wirksam waren, wie sie bei den Entwicklungen zum Deutschen Frauenwerk eine Rolle spielten, ist sicher anzunehmen. Jedenfalls indem Pfeiffer sowohl durch Hausbesuche als auch durch Einschaltung der örtlichen und regionalen Parteigrößen bei den Eltern der Kinder Druck gemacht hatte, war innerhalb von kaum zwei Wochen nicht nur klar, daß zwei Kindergärten sinnlos wären, sondern vielmehr auch, daß es den evangelischen Kindergarten in Skampe nicht geben werde[166].

Nicht überall war man so schnell bereit, „Mißhelligkeiten aus dem Wege zu gehen."[167] In Bellin, ebenfalls in der Neumark, im Landkreis Königsberg gelegen, hatte zur selben Zeit, im April 1937, wiederum die örtliche Evangelische Frauenhilfe die Vorbereitungen zur Eröffnung eines Kindergartens getroffen. Befördert wurde das ganze Vorhaben von ihrer Vorsitzenden Charlotte von Langenn-Steinkeller, Ehefrau des Gutsbesitzer und Patrons in Bellin, Franz Helmut von Langenn-Steinkeller. Am 30. Mai 1937 wurde die Eröffnung festlich begangen. Wenige Tage zuvor hatte sich die NSV entschlossen, ebenfalls einen Kindergarten zu betreiben. Er sollte seinen Betrieb am 1. Juni aufnehmen. Ein Aufruf des örtlichen NSDAP-Stützpunktes, die „Kinder in den von Partei und Staat eingerichteten Kindergarten zu schicken", sollte den Besuch fördern[168]. Die Evangelische Frauenhilfe hatte eine ausgebildete Kindergärtnerin angestellt, und die Arbeit fand auf dem Gut v. Lan-

163 Schreiben „Frau Pfarrer Müller" an Gertrud Braune vom 13.4.1937 (EBD.).

164 G. BRAUNE, Aus den Verbänden, S. 209.

165 Schreiben Gertrud Braune an CA vom 17.4.1937 (ADW, CA/J 62).

166 Schreiben „Frau Pfarrer Müller" an Gertrud Braune vom 13.4.1937 (EBD.).

167 EBD.

168 Aufruf Stützpunkt Bellin der NSDAP vom 19.5.1937 (ADW, CA 850a III).

genn-Steinkellers in Räumen statt, die „über jedes Lob erhaben“ waren[169]. Dieser Kindergarten ebenso wie der der NSV wurden von der im Rahmen des Genehmigungsverfahrens eingesetzten Besichtigungskommission im August begutachtet. Die Evangelische Frauenhilfe und auch der Gemeindepfarrer, der seit über fünfundzwanzig Jahren in Bärwalde amtierende und Bellin mitversorgende Lic. Dr. Paul Knothe, konnten den Besuch als Bestätigung und Anerkennung der Arbeit verstehen[170]. Dennoch kam es nicht zu der danach erwarteten Anerkennung und Genehmigung nach § 29 RJWG. Unmittelbar nach dem Besuch hatte das zuständige Wohlfahrtsamt in Königsberg/Neumark empfohlen, man solle doch diese Räume und den gesamten Betrieb der NSV überlassen. Das war besonders für Knothe „unannehmbar“[171]. Es entsprach allerdings ganz und gar diesem Vorschlag, wenn Ende August 1937 Refardt und sein Regierungspräsidium verfügten, daß eine Genehmigung nicht erteilt werde, da in Bellin „bereits ein Kindergarten der NSV vorhanden ist, dessen Genehmigung aus Gründen der dringend notwendig gewordenen Zentralisierung der Jugendwohlfahrt bevorzugt erfolgt ist.“[172] Obwohl der Regierungspräsident, dem bereits seit mindestens einem halben Jahr „eine Zersplitterung der Organisation der deutschen Kindergärten nicht erwünscht“ war[173], jetzt scheinbar sachlich-verwaltungstechnisch von „Zentralisierung“ sprach, es lag auf derselben Linie und meinte Aufhebung der Trägervielfalt und Vereinheitlichung im Sinne der NSV. Dies interessierte Charlotte v. Langenn-Steinkeller freilich zunächst nicht. Für sie widersprach einfach die Begründung den Tatsachen, weil bei Eröffnung des Kindergartens der Evangelischen Frauenhilfe keineswegs in Bellin „bereits“ ein solcher der NSV vorhanden war. Diese Tatsache war ihr wichtig. Da sie aber erfahren hatte, daß auch Kindergärten ohne Genehmigung in der Mark Brandenburg in Betrieb waren – Senftenberg, Friedeberg – unternahm sie zunächst nichts und wartete ab[174].

Das Landratsamt indessen, unter Landrat Joachim Reuscher, der zugleich NSDAP-Kreisleiter in Königsberg/Neumark war, wollte keineswegs abwarten. Wenig mehr als eine Woche nachdem der Bescheid des Regierungspräsidenten ergangen war, am 6. September 1937, verfügte Reuscher die Schließung des evangelischen Kindergartens in Bellin[175]. Jetzt handelte Charlotte v. Langenn-Steinkeller. Unter Hinweis auf den Erlaß Görings vom 1. Juni 1933, mit dem er der freien Wohlfahrtspflege Hoffnungen auf eine „volle

---

169 Schreiben Knothe an Theodor Wenzel vom 11.8.1937 (EBD.).

170 Schreiben Barbara Wenzel an CA vom 30.9.1937 (EBD.).

171 Schreiben Knothe an Theodor Wenzel vom 11.8.1937 (EBD.).

172 Schreiben Refardt an Evangelische Frauenhilfe Bellin vom 28.8.1937 (EBD.).

173 Siehe I Kap. VII.4.3., S. 438 mit Anm. 766.

174 Schreiben Charlotte v. Langenn-Steinkeller an Theodor Wenzel vom 11.9.1937 (ADW, CA/J 62).

175 Schreiben Reuscher an Charlotte v. Langenn-Steinkeller vom 6.9.1937 (EBD.).

Auswirkung ihrer wertvollen Kräfte" gemacht hatte, stellte sie den Sachverhalt bezüglich des Kindergartens gegenüber dem Landrat nochmals dar und erklärte, daß aus ihrer Sicht wohl „dem ganzen ein Irrtum oder ein Mißverständnis zugrunde liegt."[176] Außerdem wandte sie sich an Theodor Wenzel, der bereits durch Knothe informiert war. Sie bat ihn, „alles daran zu setzen, um den Fortbestand unseres Kindergartens für alle Fälle zu sichern."[177] Nachdem wenig später auch v. Wicht durch Gertrud Braune unterrichtet worden war[178], setzte dieser sich ebenfalls mit Theodor Wenzel in Verbindung und drängte ihn, bei Refardt um eine Revision der Entscheidung einzukommen. v. Wicht wollte erreichen, „daß der Gerechtigkeit ... Genüge geschieht." Aus seiner Sicht gab es dafür zwei Gründe. Zum einen die „Priorität des evangelischen Kindergartens" aufgrund des günstigen Gutachtens und zum anderen den Anspruch der Eltern auf eine christliche Kindergartenerziehung[179]. Natürlich erkannte Theodor Wenzel ebenso wie seine Mitarbeiterin Barbara Wenzel, die auch diese Sache bearbeitete, daß die Versagung der Genehmigung den Bestimmungen des RJWG widersprach, und teilten die Einschätzung v. Wichts[180]. Aber mehr als Refardt darauf hinweisen, daß seine Entscheidung „nur auf ungenügender Unterrichtung" beruhen könne und daß mit einer Beunruhigung in der Bevölkerung zu rechnen sei – mehr war ihnen nicht möglich[181]. Ob etwa eine Beschreibung der Rechtsposition geeigneter gewesen wäre, den Regierungspräsidenten zu einer Änderung seines Standpunktes zu bewegen, bleibt zweifelhaft. Jedenfalls antwortete Refardt umgehend und ließ schon nach kaum einer Woche den Provinzial-Ausschuß für Innere Mission in der Provinz Brandenburg wissen, daß er sich keinesfalls veranlaßt sähe, seine Position in der Kindergartenangelegenheit zu revidieren[182].

Obwohl er Theodor Wenzel sehr zu der Eingabe beim Regierungspräsidenten ermutigt hatte, war v. Wicht nicht überrascht. Er hatte die Vergeblichkeit der Bemühungen nicht ausgeschlossen. Für diesen Fall hatte er vorausschauend geraten, sogleich Schirmacher und auch ihn selbst zu informieren. Er, v. Wicht, hielt es für unbedingt erforderlich, sich mit Schirmacher abzustimmen und mit ihm die gesamte, durch jenen unbekannten „reichsministeriellen Erlaß" hervorgerufene Lage zu besprechen[183]. Außerdem hoffte er, mit Schirmachers Hilfe den Wortlaut des Erlasses zu erhalten, von dem er bislang

---

176 Schreiben Franz H. v. Langenn-Steinkeller an Reuscher vom 14.9.1937 (EBD.).

177 Schreiben Franz H. v. Langenn-Steinkeller an Theodor Wenzel vom 11.9.1937 (EBD.).

178 Schreiben Gertrud Braune an v. Wicht vom 15.9.1937 (EBD.).

179 Schreiben v. Wicht an Theodor Wenzel vom 16.9.1937 (EBD.).

180 Schreiben Barbara Wenzel an CA vom 30.9.1937 (EBD.).

181 EBD. Zu erschließen, da in indirekter Rede Bezug genommen wird. Das Schreiben selbst war nicht zu ermitteln.

182 Schreiben Refardt an Theodor Wenzel vom 22.9.1937 (EBD.).

183 Schreiben v. Wicht an Schirmacher vom 16.9.1937 und vom 20.9.1937 (EBD.).

nur wußte, daß er aus dem Reichs- und Preußischen Ministerium für Wissenschaft, Erziehung und Volksbildung käme, das im Begriff war, wie v. Wicht ebenfalls wußte, durch einen „deutschen Kindergarten“ „eine bekenntnismäßige Einengung der Kindergartenarbeit“ auszuschließen und ihm die Aufgabe zuzuweisen, „das Erlebnis nationalsozialistischer Volksgemeinschaft in den Seelen der Kinder zu vertiefen.“[184] Obwohl er damit bereits Entscheidendes wußte, das mit dem zitierenden Hinweis auf das Schreiben von Staatssekretär Zschintzsch an den Vorsitzenden der Fuldaer Bischofskonferenz vom 6. Januar 1937 auch zu erkennen gab, er wollte den offiziellen Wortlaut vorliegen haben. Das auch besonders deswegen, weil er im Falle Bellin weitere Schritte „bei den zuständigen Ministerien“ beabsichtigte und dementsprechend vorbereitet sein wollte[185]. Zwar blieb sein Wunsch zu diesem Zeitpunkt noch unerfüllt, aber Barbara Wenzel fertigte eine sehr präzise dokumentierte Darstellung der Vorgänge für den CA und die Vereinigung, in der Hoffnung, „beim Ministerium“ die Anerkennung des evangelischen Kindergartens in Bellin zu erreichen[186].

In Bellin selbst hatte sich die Lage zugespitzt. Am 2. Oktober war die Ortspolizei in Gestalt des Landjägers, begleitet vom stellvertretenden Bürgermeister, erschienen und hatte das Haus, in dem sich der Kindergarten befand, versiegelt. In Abwesenheit der Gutsbesitzer waren gleichzeitig Schlüssel beschlagnahmt und das „an der Tür befindliche Emailleschild der Inneren Mission“ entfernt worden. Der Protest der anwesenden Kindergärtnerin und der stellvertretenden Vorsitzenden der Evangelischen Frauenhilfe waren erfolglos gewesen. Der Polizeibeamte „ließ keinerlei Einreden gelten“.[187]

Wollten bis dahin v. Langenn-Steinkellers, überzeugt, den Bestand des Kindergartens auf Grund ihres Status' und Ansehens als preußische Offiziersfamilie und Gutsbesitzer und durch ihre Verhandlungen vor Ort sichern zu können, ihn auch ohne Genehmigung durch den Regierungspräsidenten erhalten und fortführen, so mußten sie spätestens jetzt erkennen, daß, wie bereits v. Wicht geurteilt hatte, „Gefahr im Verzug“ war und sie Hilfe benötigten[188]. So schalteten sie nun Bremer ein und drängten ihn und Gertrud Braune, auf weitere Schritte in der Sache beim CA hinzuwirken[189]. Deshalb verband sich dem Anliegen des CA und der Vereinigung, das auf eine Klä-

---

184 Schreiben Reichs- und Preußischer Minister für Wissenschaft, Erziehung und Volksbildung an Vorsitzenden der Fuldaer Bischofskonferenz vom 6.1.1937 (L. VOLK, Akten IV, zu Dok. Nr. 356, S. 170–172, hier S. 172 mit Anm. 5). Bereits in VEREINIGUNG, Tätigkeitsbericht 1.4.1936–31.3.1937, der im April erschien, zitiert v. Wicht, mit ausdrücklichem Hinweis, aus diesem Schreiben (S. 12). Siehe II Kap. I.1.1., S. 45 mit Anm. 107.

185 Schreiben v. Wicht an Theodor Wenzel vom 16.9.1937 (ADW, CA/J 62).

186 Schreiben Barbara Wenzel an CA vom 30.9.1937 (EBD.).

187 Schreiben Franz H. v. Langenn-Steinkeller an Bremer vom 4.10.1937 (EBD.).

188 Schreiben v. Wicht an Theodor Wenzel vom 16.9.1937 (EBD.).

189 Schreiben Franz H. v. Langenn-Steinkeller an Bremer vom 4.10.1937 (EBD.).

rung grundsätzlicher Art zielte, auch ein konkreter Wunsch, als v. Wicht am 13. Oktober 1937 seine Eingabe an das Ministerium Kerrls fertigte. Er fügte am Ende hinzu, daß der Fall in Bellin „einer sofortigen Klärung“ bedürfe, da durch behördliche Schließung eines „in Segen“ arbeitenden, aber noch nicht genehmigten Kindergartens „erhebliche Unruhe in die beteiligte kirchliche Elternschaft getragen ist.“[190]

Walter Göbell, seit einem halben Jahr theologischer Sachbearbeiter und Referent für Jugendarbeit und Nachwuchsfragen in der Abteilung Allgemeine Verwaltung unter Schirmacher und bis zu seinem Ausscheiden aus dem CA wohl in gewisser Konkurrenz zu Hundinger[191], der Referentin des EREV, hatte für den CA die Anliegen bei Szymanowski unterstützt und ihm auch die den Vorgang betreffenden Unterlagen zukommen lassen[192]. Jedoch auch das daraufhin am 5. November im Ministerium stattfindende Gespräch, das sogar Heinrich und Göbell gemeinsam mit Szymanowski führten, konnte das erhoffte Ergebnis nicht befördern[193]. Verwundern konnte das eigentlich kaum noch. Nur wenige Tage vorher hatte Szymanowski „im Interesse der Volksgemeinschaft“ die ein halbes Jahr zuvor im Falle des Kindergartens in Senftenberg getroffene Entscheidung ausdrücklich bestätigt[194]. Wenig mehr als sechs Wochen nach dem Gespräch, am 28. Dezember 1937, teilte Dr. Julius Stahn, noch Ministerialrat und Referatsleiter Szymanowskis, für seinen Minister dem CA mit, daß er auch im Falle des Kindergartens in Bellin der Entscheidung des Regierungspräsidenten in Frankfurt/Oder „beitrete“[195]. Der

---

190 ADW, CA 850a II; LKA HANNOVER, E 26/103.

191 Die Einstellung Göbells beim CA im November 1936 erfolgte, auch bedingt durch einen seit Ende 1934 vom Rückzug von Alfred Fritz aus dem CA (Schreiben Alfred Fritz an v. Bodelschwingh vom 2.11.1934, in: HAvBA 2/39–148) bestimmten Kurs des EREV und des Referates Jugendhilfe des CA mit seiner Referentin Hundinger, „zur Unterstützung für die Arbeit des Direktors“, wie Schirmacher in einem Umlauf vom 19.11.1936 die Mitarbeiter der Geschäftsstelle des CA informierte (ADW, CA 2022/1 Pers. Göbell). Mit dem 30.4.1937 war Göbells halbjährige Hilfstätigkeit, die Dr. Oskar Epha, Direktor des Landesverbandes der Inneren Mission in Schleswig-Holstein, vermittelt hatte, im CA beendet (EBD.; Protokoll der Vorstandssitzung des CA am 16.3.1937, in: ADW, CA 67 B (1937)). Mit dem 1.5.1937 übernahm er offiziell die Tätigkeit eines Referenten (Vermerk Schirmacher vom 20.4.1937, in: ADW, CA 2022/1 Pers. Göbell). Als ein halbes Jahr später Göbells Zeit als Pastor im Hilfsdienst endete, blieb Göbell im Dienst des CA und Schirmacher bestätigt nochmals den Tätigkeitsbereich seines Referenten (Umlaufschreiben Schirmacher vom 19.11.1937, in: ADW, CA 2022/1 Pers. Göbell). Dabei blieb es jedenfalls bis zum Abschluß der von Göbell neben seiner Referententätigkeit betriebenen juristischen Promotion (Verwaltungsübersicht vom März 1939, in: ADW, CA 1940/1).

192 Schreiben Göbell an Szymanowski vom 2.11.1937 (ADW, CA 850a III).

193 Aktenvermerk Göbell vom 6.11.1937 über „Gespräch Oberregierungsrat Szymanowski, Dr. Heinrich, P. Göbell“ am 5.11.1937 im Reichs- und Preußischen Ministerium für die kirchlichen Angelegenheiten (EBD.).

194 Schreiben Reichs- und Preußischer Minister für die kirchlichen Angelegenheiten an Kirchenkanzlei der DEK vom 29.10.1937 (EZA BERLIN, 1/C3/178).

195 ADW, CA 850 III.

Kindergarten auf dem Gut in Bellin blieb geschlossen. v. Langenn-Steinkellers vermochten das nicht zu ändern.

Zur gleichen Zeit wie der Fall in Bellin war in Brandenburg noch ein anderer entschieden. Er hatte sich als Möglichkeit mit dem Vorgang in Karlsruhe und der von der Stadtverwaltung und seinem Jugendamt verweigerten Zuschußzahlung für zwei jüdische Kinder[196] ebenso angekündigt wie mit der Aufforderung des Gesundheitsamtes im lippischen Lemgo an den dortigen evangelischen Kindergarten, nur „arische" Kinder aufzunehmen[197]. Zwar sollte, soweit zu sehen, der Fall des Kindergartens in Wutzetz-Damm, das zum bei Friesack gelegenen Pfarrsprengel Nackel, im Landkreis Ruppin gehörte, im Deutschen Reich nach Anlaß und Ablauf singulär bleiben, war aber in seiner Weise kennzeichnend dafür, wie skrupellos der „Totalitätsanspruch" durchgesetzt, die Front begradigt wurde und wie gering in einem solchen Fall die Kräfte der Gegenwehr waren.

Am 9. Dezember 1937 hatte das Regierungspräsidium in Potsdam, noch unter Dr. Ernst Fromm, der nach eigenem Antrag unmittelbar vor der Versetzung in Wartestand war, die Genehmigung nach § 29 RJWG zum Betrieb eines evangelischen Kindergartens in Wutzetz-Damm nicht erteilt. Die Begründung war in diesem Falle nicht, daß die Bedürfnisfrage in Verbindung mit § 29 RJWG zugunsten der NSV entschieden worden wäre. Vielmehr ausdrücklich „im Einvernehmen mit dem Herrn Oberpräsidenten der Provinz Brandenburg", dem innerhalb von zehn Jahren vom Presseleiter eines westfälischen NSDAP-Kreises zum Gauleiter des NSDAP-Gaues Kurmark und Oberpräsidenten von Brandenburg und damit zum Nachfolger des amtsenthobenen Wilhelm Kube aufgestiegenen Emil Stürtz, hatte das Regierungspräsidium in Frankfurt/Oder die Entscheidung getroffen „mit Rücksicht auf die Vorkommnisse, die sich bei der Einweihung des Kindergartens im Sommer d. J. abgespielt haben."[198] Was war geschehen?

Anfang des Jahres hatte sich im Pfarrsprengel Nackel, in der Gemeinde Wutzetz, unter Mitwirkung des jungen, soeben in die Pfarrstelle eingewiesenen Hilfspredigers Eberhard Jaekel, unter anderem auch die Vorstellung entwickelt, einen Kindergarten einzurichten. Er sollte ein Betreuungsangebot insbesondere für die Kinder der Landarbeiter sein, die auf den beiden zur Gemeinde Wutzetz gehörenden Gütern Damm I und Damm II beschäftigt waren. Gefördert worden war diese Initiative von Theodor Wenzel, dessen volksmissionarischem Anliegen die Kindergartenarbeit als Teil der Neubelebung der kirchlichen Arbeit ganz entsprach. Er hatte Arthur Schoch, Diakon und seit zehn Jahren Motor der Arbeit der Märkischen Volksmission, mit der Beratung und Begleitung der Kirchengemeinde und tätiger Hilfe be-

---

196 Siehe I Kap. VII.2.1., S. 303 mit Anm. 138.

197 Siehe I Kap. VII.2.1., S. 304 mit Anm. 146.

198 ADW, BP 2345.

auftragt[199]. In der seit fünf Jahren mit ihm arbeitenden Diakonisse des Diakonissenmutterhauses Salem[200], Schwester Auguste Schönacker, hatte Schoch schnell eine Leiterin für den geplanten Kindergarten gefunden. Auch die Raumfrage war bald beantwortet. Schoch hatte sich mit dem Besitzer des Gutes Wutzetz-Damm I und Patron der Kirchengemeinde in Verbindung gesetzt. Dieser, Vorstand des Privatbankhauses Schwabe und Co., Dr. Walther Schwabe, war ohne Zögern bereit gewesen, sowohl ein Gebäude, das zwar einmal als „Hühnerfarm" gedient hatte, aber sehr günstig gelegen und räumlich sehr geeignet war, kostenlos für den Betrieb des Kindergartens zur Verfügung zu stellen als auch Schoch eine einmalige Finanzierungshilfe von RM 100,-- zu geben[201].

Nachdem Gertrud Braune von Schoch über das Vorhaben informiert worden war, für den Evangelischen Kinderpflege-Verband der Provinz Brandenburg ihre Zustimmung gegeben und auf eine eindeutig kirchliche Trägerschaft gedrängt hatte[202], nachdem auch klar war, daß die Kommune keine Mittel einsetzen würde[203], war der Kindergarten am 15. April 1937 in Betrieb gegangen als eine Einrichtung des Provinzial-Ausschusses für Innere Mission in der Provinz Brandenburg. Schoch hatte die Finanzierung mit Theodor Wenzels und Bremers Hilfe gesichert[204], Schwester Auguste die Vorarbeit bei

---

199 Schreiben Schoch an Jaekel vom 27.2.1937 (EBD.); Schreiben Schoch an Gemeindekirchenrat der Kirchengemeinde Wutzetz vom 27.2.1937 (EBD.).

200 Das Diakonissenmutterhaus Salem gehörte dem Bund Deutscher Gemeinschafts-Diakonissenmutterhäuser an und lag in Berlin-Lichtenrade. Siehe dazu HIM I, S. 107ff.

201 Schreiben Schoch an Schwabe vom 11.3.1937 (ADW, BP 2345); Schreiben Schwabe an Schoch vom 5.4.1937 (EBD.).

202 Schreiben Gertrud Braune an Schoch vom 16.3.1937 (EBD.).

203 Schreiben Schoch an Schwabe vom 11.3.1937 (EBD.).

204 Bei den Akten findet sich ein „Voranschlag für den evangelischen Kindergarten Wutzetz-Damm", o. D. (EBD.); danach hatte Schoch veranschlagt:

„Einnahmen:

Pflegegelder (Elternbeiträge)	140,-- RM
Beihilfe der polit. Gemeinde	60,-- RM
Landesjugendamt (beantragt)	100,-- RM
Konsistorium (erbeten)	200,-- RM
Provinzialausschuß u. Kinderpflegeverband	465,-- RM
	965,-- RM
Ausgaben:	
Einrichtung	450,-- RM
Versicherung	25,-- RM
Gehalt und Wirtschaftsgeld für Helferin	490,-- RM
	965,-- RM."

Geplant waren diese Werte für sieben Monate. Das Wirtschaftsgeld betrug RM 30,--, ab Juli 1937 betrug es RM 45,-- (Schreiben Schoch an Schönacker vom 21.7.1937, in: EBD.). Das monatliche Gehalt der Helferin lag danach bei etwa RM 30,--. Das Stationsgeld der Diakonisse, das an das Mutterhaus gezahlt wurde, ist nicht in Ansatz gebracht. Die Elternbeiträge lagen bei RM 0,30

den Eltern getan[205]. So hatten schon am ersten Tag etwa zwanzig Kinder den neuen Kindergarten besucht[206]. Am 9. Mai, Muttertag, war dann der Kindergarten von Schoch und Schwester Schönacker in Anwesenheit von Schwabe, der auch ein Grußwort gesagt hatte, eröffnet worden[207]. Nur wenige Tage später, am 20. Mai, war die Befreiung von den Bestimmungen der §§ 20–23 RJWG gemäß § 29 RJWG, mithin die Genehmigung des neuen evangelischen Kindergartens durch den rührigen Schoch beantragt worden[208]. Jedoch das, was bis dahin eine so erfreuliche Entwicklung genommen hatte, sollte zunehmend empfindlich gestört werden.

Zwar war der Kindergarten vom Jugendamt des Kreises entsprechend dessen Aufsichtspflicht besucht worden, ohne daß sich Beanstandungen ergeben hätten. Aber seit der Einweihung hatten die Gerüchte ständig zugenommen, es wäre bei dieser Feier „Polizeiwidriges" geschehen und der Kindergarten stände „nicht auf arischer Grundlage"[209]. Was hinter den Gerüchten gestanden hatte, war Schoch und Schwester Auguste Schönacker durchaus bekannt gewesen. Schoch hatte es in einem persönlichen Gespräch mit Schwabe von ihm selbst erfahren: Schwabe war Jude. Schoch hatte die Gerüchte für böswillige Hetze gegen die Arbeit des Kindergartens gehalten und darauf gesetzt, daß durch aufklärende Information „die Kläffer zur Ruhe gebracht werden." Gleichzeitig hatte er Schwabe über den weiteren Verlauf der Dinge unterrichten wollen, weil er der Meinung gewesen war, „es Ihnen schuldig zu sein."[210] Was allerdings die aufklärende Information betraf, war er doch recht bald zu einer anderen Überzeugung gekommem. Nach einem Gespräch mit Jaekel und dem Vorsitzenden des Evangelischen Kinderpflege-Verbandes der Provinz Brandenburg, Karl Schlaeger, der als Superintendent in der Kreisstadt Neuruppin amtierte[211], war Schoch ganz der Meinung der beiden und sicher gewesen, daß es besser wäre, „wie bisher treu und gewissenhaft unsere Arbeit [zu] tun" und erst dann an amtliche Stellen zu schreiben, wenn man „von amtlicher Stelle angekriegt" werde[212].

---

pro Tag und Kind, wie es die von Theodor Wenzel unterzeichnete Ordnung des Kindergartens auswies (EBD.).

205 Schreiben Schönacker an Schoch vom 2.5.1937 (EBD.).

206 Bericht Schönacker „über den am 15.4.1937 in Damm/Friesack errichteten Kindergarten", o. D. (EBD.).

207 Einladung, o. D. (EBD.); Schreiben Schoch an Landrat des Kreises Ruppin vom 19.6.1937, „nicht abgesandt" (EBD.).

208 Schreiben Regierungspräsident des „Reg. Bez. Potsdam" an Provinzial-Ausschuß für Innere Mission in der Provinz Brandenburg vom 9.12.1937 (EBD.).

209 Schreiben Schoch an Landrat des Kreises Ruppin vom 19.6.1937, „nicht abgesandt" (EBD.).

210 Schreiben Schoch an Schwabe vom 19.6.1937 (EBD.).

211 Kirchlich gehörte der Pfarrsprengel Nackel zum Kirchenkreis Wusterhausen, dessen Gemeinden sowohl im Landkreis Ruppin als auch im Landkreis Ostprignitz lagen.

212 Schreiben Schoch an Schönacker vom 21.6.1937 (ADW, BP 2345); siehe auch Schreiben Schoch an Evangelisches Konsistorium der Mark Brandenburg vom 17.8.1937 (EBD.).

Damit hatte er auch von seinem ursprünglichen Vorhaben, sich aufklärend an Friedrich von Uslar-Gleichen, Gutsherr und seit der Machtergreifung Landrat des Landkreises Ruppin in Neuruppin, zu wenden, Abstand genommen[213]. Aber entgegen Schochs Erwartungen hatte das „Gekläff" nicht aufgehört. Ganz im Gegenteil, die Absicht zu beißen, um im Bilde zu bleiben, wurde erkennbar. Anfang Juli 1937 war im „SA-Mann" ein Beitrag erschienen, der zynisch-hetzend gefragt hatte: „Wo soll das hinführen, wenn Juden auf einmal wieder die Wartung unserer Kinder übernehmen?"[214] Schwabes „selbstverständliche soziale Fürsorgemaßnahme", die aus Sicht Schochs „ein Betriebsführer seiner Gefolgschaft schuldig ist"[215], war als „lauter wohltätiger Übermut" diffamiert und schließlich auch „eine prächtig unlautere Konkurrenz gegenüber der NSV" festgestellt worden[216].

Tatsächlich hatte am 29. Juni die NSV durch die Gauamtskassenverwaltung beim Amt für Volkswohlfahrt des NSDAP-Gaues Kurmark einen Mietvertrag über Räume im Gutshaus der den Familienbesitz verwaltenden Elise von der Hagen, im fünf Kilometer von Wutzetz-Damm entfernt gelegenen Nackel, für den Betrieb eines Kindergartens abgeschlossen. Nach diesem Vertrag hätte der Betrieb des Kindergartens im v. d. Hagenschen Hause bereits am 1. April begonnen haben sollen[217]. Um mit der Arbeit anfangen zu können, hatte v. d. Hagen noch Anfang Juli versucht, eine qualifizierte Betreuung der Kinder in Nackel zu sichern. Jedoch war sie brüsk zurückgewiesen worden mit dem Hinweis, „was in Damm möglich geworden ist, wird in Nackel niemals möglich sein."[218]

Im weiteren Verlauf der Entwicklung in Wutzetz-Damm hatte der NSV-Kindergarten, die behauptete Konkurrenz beider Einrichtungen und damit etwa auch die Bedürfnisfrage überhaupt keine Rolle mehr spielen sollen. Denn nachdem es am 10. Juli öffentlich geworden war, drei Wochen später war es amtlich gewesen. Was der „SA-Mann" mit infamer Polemik als „Bravourstück guter Gesinnung" – um weiter im Bilde Schochs zu bleiben – „verbellt" hatte[219], das war der alleinige Grund für die Schwierigkeiten, mit denen Schoch und Schwester Auguste seit Anfang Juni zu kämpfen gehabt hatten. Einem Antrag Schochs auf eine Beihilfe hatte das Oberpräsidium unter Gau-

---

213 Schreiben Schoch an Landrat des Kreises Ruppin vom 19.6.1937, „nicht abgesandt" (EBD.).

214 Hieb und Stich um die Kinderstube (SA-MANN, 10.7.1937, sowie Abschrift in: EBD.).

215 Schreiben Schoch an Landrat des Kreises Ruppin vom 19.6.1937, „nicht abgesandt" (EBD.).

216 Hieb und Stich um die Kinderstube (SA-MANN, 10.7.1937; Abschrift in: ADW, BP 2345).

217 Vertrag (ADW, BP 2345).

218 Schreiben Bürgermeister von Nackel an v. d. Hagen vom 17.7.1937 (EBD.) mit Bemerkungen Schoch (EBD.). Er vermutet wegen „bestimmter Redewendungen", daß der „Bericht" im SA-MANN vom 10.7.1937 aus „derselben Quelle" herrührt, wie der Brief an v. d. Hagen vom 17.7.1937 (EBD.).

219 Hieb und Stich um die Kinderstube (SA-MANN, 10.7.1937; auch Abschrift in: ADW, BP 2345).

leiter Stürtz einen abschlägigen Bescheid erteilt. Aus Sicht der Behörde ging es nicht an, „daß die Aufenthaltsräume, Spielplatz, Grund und Boden von dem Gutsbesitzer Dr. Schwabe, einem Juden, zur Verfügung gestellt und in Benutzung genommen werden.“[220] Und einen Tag später hatte v. Uslar-Gleichen ein Beihilfegesuch Schochs an den Landkreis um Mittel für den Kindergarten in Wutzetz-Damm ebenfalls zurückgewiesen. Da die Gründe klar waren – „aus grundsätzlichen Erwägungen.“[221]

Während angesichts dieser Entwicklung der Dinge Schoch erwogen hatte, an die Eltern der den Kindergarten in Wutzetz-Damm besuchenden Kinder einen sachlich informierenden Brief zu schreiben, um ihrer von ihm vermuteten Beunruhigung entgegenzuwirken, hatte Jaekel daran gedacht, eine Erwiderung auf den Artikel im „SA-Mann“ zu verfassen und an die Redaktion zu geben. Aber das eine wie das andere war unterblieben. Schoch hatte damit gerechnet, daß „die Leute, die die Verhältnisse kennen, wissen, daß der betreffende Artikel nicht ganz der Wahrheit entspricht.“ Er war der festen Überzeugung gewesen, es „läuft sich die Sache von selbst tot.“[222] Das hatte er auch Gertrud Braune und Bremer mitgeteilt und hinzugefügt, daß alles, was man unternähme „nur was zur Ehre des betreffenden Blattes“ wäre[223]. Bremer hatte Schochs und Schlaegers, immerhin seines Vorsitzenden Meinung in der Sache ganz und gar geteilt. Da, „wer mit solchen Mitteln kämpft, (ist) nicht zu bekehren“ wäre, war für Bremer „jeder Versuch einer Richtigstellung ein absolut hoffnungsloses Unternehmen“, und es bliebe allenthalben „weiter nichts übrig, als tapfer weiter zu arbeiten und das, was kommen wird ... dem Herrgott zu überlassen.“[224]

Diese Auffassung entsprach dem überkommenen praktisch-ekklesiologischen Grundkonsens und mochte als Argument in sich schlüssig sein. Solange man auf seiten der evangelischen Kinderpflege in Brandenburg Ziel und Zweck des „schmutzigen“ Artikels einzig und allein im Angriff auf den evangelischen Kindergarten in Wutzetz-Damm und seiner schließlichen Betriebseinstellung, mithin Zerstörung sah, solange mußte alle Verteidigung mit etwaigen Richtigstellungen ins Leere laufen und solange funktionierten gleichzeitig und unmittelbar alle mit dem praktisch-ekklesiologischen Grundkonsens verbundenen Deutungs- und Verhaltensmuster. Und solange sie so funktionierten, brauchte man sich mit dem tatsächlichen Ziel und Zweck des Angriffs nicht auseinanderzusetzen. So konnte man sich vormachen, daß es aufs Bekehren ankäme, obwohl es längst um die bekennende Nähe zum jüdischen

---

220 Schreiben Oberpräsident der Provinz Brandenburg an Provinzialausschuß für Innere Mission in der Provinz Brandenburg vom 28.7.1937 (ADW, BP 2345).

221 Schreiben v. Uslar-Gleichen an Schoch vom 29.7.1937 (EBD.).

222 Schreiben Schoch an Jaekel vom 4.8.1937 (EBD.).

223 Schreiben Schoch an Gertrud Braune vom 26.7.1937 (EBD.).

224 Schreiben Bremer an Schoch vom 28.7.1937 (EBD.).

Mitbürger ging; so konnte man sich gottergeben darstellen, obwohl doch längst um Gottes Willen ein mutiges Eintreten für den jüdischen Nachbarn notwendig war. Es mochte diese Situation eines unscharfen Gewissens sein, die auch Schoch gegenüber den Eltern der Kinder von Wutzetz-Damm kein deutliches, erklärendes Wort hatte finden lassen, so daß er von seiner ursprünglichen Absicht, ihnen zu schreiben, ebenso abgerückt war wie Jaekel von seinem Vorhaben[225].

Mochten die Verantwortlichen auch schweigen – totgelaufen hatte sich die Sache um den Kindergarten in Wutzetz-Damm damit keineswegs. Mitte August war in der Wochenzeitung der NSDAP der Kurmark, „Der Märkische Adler", ein Artikel erschienen, der zwar sprachlich weniger ruppig als der im „SA-Mann", aber der Sache nach kaum weniger infam und hetzerisch gegen Schwabe zu Felde gezogen war. Besonders war gegen die Tatsache polemisiert worden, daß Schwabe zur Einweihung des Kindergartens ein Grußwort gesagt hätte, „eine billige Gelegenheit", „ein klägliches Schauspiel", „so ungeheuerlich wie nur selten etwas."[226] Was sich hier artikuliert hatte, war purer Haß, der Haß schüren wollte und ein Teil jener Entwicklung war, die ein Jahr später in der Pogromnacht im Feuerschein brennender Synagogen sichtbar aufloderte.

Wenn Schoch jetzt reagiert hatte, so nach wie vor nicht öffentlich und nicht durch lauten Protest und allein, um die „Angriffe gegen den Kindergarten abzuwehren"[227]. Nach wie vor war er der Meinung, der wahre Sachverhalt müsse bei den Betroffenen bekannt sein. Aber er hatte nun das Evangelische Konsistorium der Mark Brandenburg und den zuständigen Schlabritzky unterrichtet. Dies nicht zuletzt deshalb, weil „Der Märkische Adler" ebenso wie der „SA-Mann" die Evangelische Frauenhilfe erwähnt hatten, die als „Protektor"[228] „bereitwilligst ihre garantiert arische Frauenhilfestellung leistete"[229]. Welchen Stellenwert diese Perfidie als Teil der Auseinandersetzung hatte, die sich zwischen der Evangelischen Reichsfrauenhilfe unter ihrem Geschäftsführer Lic. Adolf Brandmeyer, dem unter dem Dach des Frauenwerks der DEK einen Frauendienst aufbauenden Hans Hermenau und dem Deutschen Frauenwerk mit der NS-Frauenschaft und mit Gertrud Scholtz-Klink an der Spitze abspielte[230], das muß hier unerörtert bleiben. Schoch hatte mit

---

225 Schreiben Schoch an die Eltern des „Kindergartens in Damm" o. D., Ende Juli 1937 zu erschließen (EBD.). Schreiben ist handschriftlich überarbeitet. Es ist vermerkt: „nicht abgesandt".

226 Schildbürgerstreich oder Provokation (DER MÄRKISCHE ADLER, Nr. 33, 13.8.1937).

227 Aktenvermerk Schoch betr. Kindergarten Damm vom 31.8.1937 (ADW, BP 2345).

228 Schildbürgerstreich oder Provokation (DER MÄRKISCHE ADLER, Nr. 33, 13.8.1937).

229 Hieb und Stich um die Kinderstube (SA-MANN, 10.7.1937; Abschrift in: ADW, BP 2345). Aus dem Zusammenhang ergibt sich eine durchaus obzöne Bedeutung.

230 Siehe dazu F. MYBES, Frauenhilfe, S. 102ff.; J.-CHR. KAISER, Frauen in der Kirche; auch C. KOONZ, Mütter im Vaterland, S. 286–312; und S. LEKEBUSCH, Beharrung und Erneuerung, S. 65–77.

seiner Klarstellung unterstreichen wollen, daß allein der Provinzial-Ausschuß für Innere Mission in der Provinz Brandenburg für den Kindergarten „in Verbindung mit dem Pfarramt“ verantwortlich war. Gleichzeitig hatte er damit die Frauenhilfe aus der Schußlinie nehmen wollen[231].

Nachdem Schlabritzky von ihm unterrichtet worden war, hatte Schoch sich mit der noch unter der Führung eines durchaus auf seinen materiellen Vorteil bedachten Hans Werdelmann stehenden NSV-Gauamtsleitung des NSDAP-Gaues Kurmark in Verbindung gesetzt und war am 30. August in die Berliner Burggrafenstraße, ihrem Sitz, gefahren, um „die Angelegenheit Kindergarten Damm klarzulegen“. Dabei war es seinem unbekannt gebliebenen Gesprächspartner von der Gauamtsleitung einzig und allein um die Frage gegangen, ob er „mitzuteilen hätte, daß Dr. Schwabe kein Jude sei“. Nur bei einem solchen Beweis, werde man einen Irrtum zugeben. Obwohl Schoch erkannt hatte, daß der „Gaubeamte“ für die „einzelnen Tatsächlichkeiten“ „absolut gar kein Verständnis hatte“ – gegen die Verleumdung Schwabes erkennbar Position bezogen hatte Schoch nicht. Protestiert hatte er erst, als ihm selbst unterstellt worden war, daß „man sich mit einem Juden eingelassen habe, ‚um Geschäfte zu machen‘.“

Entgegen den Erwartungen Schochs hatte das Gespräch eine Verfestigung der Fronten gebracht und am Ende den Hinweis des NSDAP-Funktionärs, Schoch solle doch, wenn er nicht akzeptieren könne, daß die Gauleitung „auf ihren Grundsätzen bestehen“ müßte, „Beschwerde beim Stellvertreter des Führers einreichen.“[232] Dieser eher zynischen Empfehlung war Schoch nicht gefolgt. Aber er hatte es unternommen, den Besitzer des Nachbargutes Damm II, dessen Landarbeiter ihre Kinder ebenfalls in den Kindergarten von Schwester Auguste schickten, für eine Unterstützung der Einrichtung zu gewinnen.

Baron Bruno v. König, Offizier und Ehrenritter des Johanniterordens, aber auch Parteigenosse, hatte die Initiative Jaekels und Schochs anfänglich durchaus begrüßt und sogar gefördert[233]. Er hatte jedoch dann wachsende Distanz gehalten, weil er zunehmend erkennen zu müssen gemeint hatte, daß entgegen seiner Erwartung und entgegen der Zusicherung Schochs hinsichtlich „engster Zusammenarbeit mit den Parteistellen“ nicht alle seine Forderungen „als P.G.“ erfüllt worden waren[234]. So war er der Einweihung fern geblieben und hatte bislang in keiner Weise den Kindergarten finanziell unterstützt. Schoch hatte dies wohl bemerkt, bis dahin aber vor dem Hintergrund unterlassener Hilfe das soziale Handeln Schwabes um so deutlicher hervorgeho-

---

231 Schreiben Schoch an Evangelisches Konsistorium der Mark Brandenburg [Schlabritzky] vom 17.8.1937 (ADW, BP 2345).

232 Aktenvermerk Schoch betr. Kindergarten Damm vom 31.8.1937 (EBD.).

233 Schreiben Schoch an v. König vom 13.4.1937 (EBD.).

234 Schreiben v. König an Schoch vom 21.8.1937 (EBD.).

ben[235]. Jetzt, gegen Ende August, hatte Schoch eine Unterschriftenaktion des BDM gegen den Kindergarten, an der auch v. Königs Tochter beteiligt war, zum Anlaß genommen und versucht, deren Vater dazu zu bewegen, „zur Klarstellung der ungerechtfertigten Angriffe beizutragen."[236] Das hatte, bei realistischer Einschätzung der Lage, ein Fehlversuch sein müssen. v. König hatte ganz und gar nicht seinen Einfluß „als Gutsbesitzer und Parteigenosse" einsetzen wollen. Er hatte die Unterschriftenaktion des BDM für gerechtfertigt gehalten, da sie „in Zusammenhang mit den Forderungen der Partei" stände. Er hatte, obwohl er den Kindergarten für „eine sehr segensreiche Einrichtung" für die Kinder seiner Landarbeiter hielt, mit der Sache nichts zu tun haben wollen und hatte Schoch anheimgestellt zu überlegen, ob das „weitere Bestehen des Kindergartens ratsam ist."[237]

Damit war das Gegenteil von dem erreicht worden, was Schoch beabsichtigt hatte. Indessen war der Vorschlag v. Königs nicht neu und nicht gänzlich überraschend gewesen. Schon im Juni hatte Schwabe selbst Schoch empfohlen, den Betrieb des Kindergartens zum Winter einzustellen. Er hatte damit gerechnet, daß die Gegner des Kindergartens an einigen räumlichen Mängeln Anstoß nähmen und das die „Ursache zum Kampf gegen uns" hätte sein können[238]. Schoch und Schwester Auguste waren aber bis dahin der Meinung gewesen, daß man den Betrieb fortsetzen müsse, denn zwar blieben die größeren Kinder weg, aber „die kleinen sind alle da"[239] und man könne sich „nur so glücklich durchtasten."[240]

Aber bis Mitte Oktober hatte sich die Lage geändert. Anfang September hatte die Gauwaltung Kurmark der DAF sich eingeschaltet. Die Gaubetriebsgemeinschaft Freie Berufe und ihr auch für die Fachgruppe Freie Wohlfahrtspflege zuständiger Abteilungsleiter Arthur von Angern hatte sich in dem Augenblick zum Handeln veranlaßt gesehen, als man aus den Presseveröffentlichungen davon erfahren hatte[241].

Zunächst hatte v. Angern sich an den CA gewandt. Hier war der Fall bis dahin unbekannt gewesen. Nun hatten Präsident und Direktor die Ereignisse

---

235 Schreiben Schoch an Landrat des Kreises Ruppin vom 19.6.1937 „nicht abgesandt" (EBD.).

236 Schreiben Schoch an v. König vom 18.8.1937 (EBD.).

237 Schreiben v. König an Schoch vom 21.8.1937 (EBD.).

238 Schreiben Schoch an Schönacker vom 21.6.1937 (EBD.).

239 Schreiben Schönacker an Schoch vom 19.8.1937 (EBD.).

240 Schreiben Schönacker an Schoch vom 25.10.1937 (EBD.).

241 Schreiben DAF Gauwaltung Kurmark [v. Angern] an Provinzial-Ausschuß für Innere Mission in der Provinz Brandenburg vom 7.9.1937 (EBD.). Es handelt sich dabei im übrigen um denselben v. Angern, der sich ein Jahr zuvor von seiten der DAF an den RKA gewandt hatte und den Rücktritt Paul Braunes von allen seinen Ämtern in der Inneren Mission und sein Ausscheiden als „Betriebsführer" der Einrichtungen in Lobetal forderte und „die öffentliche Brandmarkung" androhte (Schreiben DAF Gauwaltung Kurmark [v. Angern] an RKA z. Hd. Pg. Leopold Simon vom 16.7.1936, in: B. BRAUNE, Hoffnung, S. 59f.). Paul Braune war nicht zurückgetreten.

um den Kindergarten in Wutzetz-Damm zur Kenntnis nehmen müssen[242]. Der Empfehlung, sich zuständigkeitshalber an die Vereinigung und deren Vorsitzenden v. Wicht zu wenden, war v. Angern nicht gefolgt. Er hatte sich direkt an den Provinzial-Ausschuß für Innere Mission in der Provinz Brandenburg gewandt, der ihm ebenfalls als zuständig angegeben worden war und hatte, erkennbar verächtlich, wissen wollen, ob „dieser Jude sogar die Weiherede hielt.“[243] Dem CA hatte er gleichzeitig gedroht und Heinrich gegenüber erklärt, die DAF werde sich „weitere Schritte vorbehalten“, sollte man auf seiten der Inneren Mission „nicht klar und eindeutig von dieser Angelegenheit abrücken.“[244] Schoch hatte sofort Stellung genommen und der DAF und ihrem Abteilungsleiter in der Johannisstraße in Berlin-Mitte in gewohnter Weise die „Tatsächlichkeiten“ berichtet[245].

Der CA, wohl in realistischer Einschätzung der Bedeutung der Drohung der DAF und v. Angerns, hatte sich Zeit gelassen, um zu reagieren. Fast einen Monat später erst, Anfang Oktober, hatten sich Dr. Kurt Schubert, Direktor der Verwaltungsabteilung und Vertreter Heinrichs, und Dr. Adalbert Fuß, zuständig für die Rechts- und Wirtschaftsangelegenheiten im Hause des CA, beim Provinzial-Ausschuß für Innere Mission in der Provinz Brandenburg offiziell nach den Ereignissen in Wutzetz-Damm erkundigt[246]. Nach Erinnerung durch beide[247] hatte Schoch ihnen dann vier Wochen später, Ende Oktober, jenen Bericht zugesandt, den er an v. Angern gegeben hatte. Gleichzeitig hatte er allerdings den CA wissen lassen, daß er sich eher dem Evangelischen Konsistorium der Mark Brandenburg gegenüber zum Bericht verpflichtet sähe, aber angeboten, den dorthin gegebenen Bericht auf Wunsch auch dem CA zukommem zu lassen[248]. Offenbar waren beide, Schubert und Fuß, daran aber nicht mehr interessiert.

Gewiß hatte man im CA inzwischen längst von den Ereignissen in Wutzetz-Damm erfahren. Immerhin gehörte Theodor Wenzel dem Vorstand des CA an, und man hatte jederzeit die Möglichkeit informeller Verständigung. Nach Lage der Dinge schienen Schubert und Fuß, wie möglicherweise die Spitze des CA insgesamt, angesichts des angespannten Verhältnisses zur NSV

---

242 Vermerk von Gertrud Grunz für Präsident Frick und Direktor Schirmacher vom 6.9.1937 (ADW, CA/J 62). Grunz war im Referat „Propagandadienst“ Mitarbeiterin Engelmanns, des Stellvertreters Schirmachers.

243 Schreiben DAF Gauwaltung Kurmark [v. Angern] an Provinzial-Ausschuß für Innere Mission in der Provinz Brandenburg vom 7.9.1937 (ADW, BP 2345).

244 Schreiben DAF Gauwaltung Kurmark [v. Angern] an CA „z. Hd. Herrn Dr. Heinrich“ vom 7.9.1937 (ADW, CA/J 62).

245 Schreiben Schoch an DAF vom 9.9.1937 (ADW, BP 2345).

246 Schreiben CA [Schubert und Fuß] an Provinzial-Ausschuß für Innere Mission in der Provinz Brandenburg vom 1.10.1937 (EBD.).

247 Schreiben CA [Schubert und Fuß] an Provinzial-Ausschuß für Innere Mission in der Provinz Brandenburg vom 16.10.1937 (EBD.).

248 Schreiben Schoch an CA vom 27.10.1937 (EBD.).

das Interesse gehabt zu haben, diesen Fall nicht eskalieren zu lassen. Außerdem sollte wohl auch das gute Verhältnis zur DAF, auf das man sich im Blick auf die Gespräche über eine Tarifordnung[249] für die Einrichtungen der Inneren Mission angewiesen sah, nicht gestört werden. Kurz, es schien das beste, den Fall umgehend zu den Akten legen zu können.

Nur kurze Zeit nachdem DAF und CA sich eingeschaltet hatten, war entschieden, daß der Kindergarten in Wutzetz-Damm zum 10. November 1937 geschlossen werden sollte[250]. Eine Ursache war wohl doch der politische Druck, der zugenommen hatte und offenbar auch vom CA weitergegeben worden war. Es waren aber zugleich die räumlichen Mängel, die den Eltern eine Fortsetzung des Betriebes über den Winter nicht hatten angebracht erscheinen lassen. Nachdem der Termin auf Wunsch der Eltern nochmals verschoben worden war, hatte der Kindergarten mit einer Abschiedsfeier und „herzlichen Dankworten" am 14. November den Betrieb eingestellt. Aber im Frühjahr wollte man ihn wieder aufnehmen[251]. So diente die Ende November von Schubert und Fuß gemeinsam vorgebrachte Frage, „welchen Abschluß" die Verhandlungen gefunden hätten[252], allein der aktenmäßigen Beendigung eines Vorgangs, mit dem man im CA ebenso umging wie im Provinzial-Ausschuß für Innere Mission in der Provinz Brandenburg und wie vor Ort im Pfarrsprengel und in der Gemeinde in Wutzetz-Damm: man schwieg.

Als Schoch vierzehn Tage später, Mitte Dezember, die Anfrage des CA betreffend den Abschluß der Verhandlungen beantwortete, war der „Fall Kindergarten Wutzetz-Damm" bereits kein Fall mehr. Nicht deshalb, weil er seinen Betrieb eingestellt hatte, sondern vielmehr weil der Regierungspräsident in Potsdam am 9. Dezember 1937 den Antrag auf Genehmigung nach § 29 RJWG abschlägig beschieden hatte[253]. Zwar hatte Schoch in seinem sofort erfolgten Einspruch darauf hingewiesen, daß die Nachrichten über die im Bescheid angeführten Gründe „nicht dem tatsächlichen Verlauf entsprechen" und seine Bitte um Genehmigung wiederholt[254]. Aber es blieb dabei – es gab „keinen Anlaß, meine Genehmigungsversagung vom 9. Dezember 1937 aufzuheben." Zwar wies das Regierungspräsidium auf die Möglichkeit erneuter Antragstellung hin, sollte der Kindergarten abermals eröffnet werden[255]. Aber das klang eher nach einer Drohung als nach einem Rechtsbehelf.

---

[249] Siehe II Kap. I.4.5., S. 358 mit Anm. 854.

[250] Schreiben Schönacker an Schoch vom 25.10.1937 (ADW, BP 2345).

[251] Schreiben Schoch an CA vom 15.12.1937 (EBD.).

[252] Schreiben CA [Schubert und Fuß] an Provinzial-Ausschuß für Innere Mission in der Provinz Brandenburg vom 29.11.1937 (EBD.).

[253] Schreiben Regierungspräsident Potsdam an Provinzial-Ausschuß für Innere Mission in der Provinz Brandenburg vom 9.12.1937 (EBD.).

[254] Schreiben Schoch an Regierungspräsident Potsdam vom 15.12.1937 (EBD.).

[255] Schreiben Regierungspräsident Potsdam an Provinzial-Ausschuß für Innere Mission in der Provinz Brandenburg vom 8.1.1938 (EBD.).

Weder kam es zu einer Neueröffnung des Kindergartens noch zu einem erneuten Antrag zu seiner Genehmigung. v. König erwarb ein Gut in der Nähe von Perleberg und verließ Wutzetz-Damm. Schwester Auguste beschränkte sich in ihrer Arbeit auf die Gemeindekrankenpflege. Schwabe und seine Familie flohen noch zu Beginn des Jahres 1938 nach Amsterdam und von dort nach Großbritannien[256]. Jaekel erhielt einen neuen Patron. Schoch war weiterhin als Volksmissionar für den Provinzial-Ausschuß für Innere Mission in der Provinz Brandenburg unter Theodor Wenzel tätig. Für den CA und seine beiden leitenden Mitarbeiter Schubert und Fuß, aber auch für Constantin Frick und Heinrich ebenso wie für das Evangelische Konsistorium der Mark Brandenburg und Schlabritzky, der auf seine Nachfrage hin noch einen Schlußbericht erhalten hatte[257], konnten die Akten geschlossen werden. In bemerkenswerter Übereinstimmung der Interessen war die Front an dieser Stelle begradigt.

Wie im Fall der hetzerisch-antisemitischen Werbung von Julius Streichers Der Stürmer in Die Christliche Kinderpflege (ChrKpflge) im Herbst 1935[258] bleibt die Frage, ob nicht eine ganz andere als die tatsächlich erfolgte Reaktion erforderlich gewesen wäre. Dann hieße die Frage: wäre nicht ein in ganz anderer Weise „gewissenschärfendes" Rundschreiben angebracht gewesen als das von Ziegler für die Kirchengemeinden in Baden verfaßte oder gar als das dadurch initiierte Rundschreiben des Evangelischen Konsistoriums der Mark Brandenburg, von denen v. Wicht meinte, daß sie „einen großen Segensdienst gestiftet" hätten?[259] Es wäre doch wohl vielmehr erforderlich gewesen, um die Gewissen in den Gemeinden zu schärfen und sie mobil zu machen, denen „moralische Unterstützung" zu gewähren, die sie zum Überleben bitter nötig brauchten. Welche Frontstellungen sich ergeben hätten, wenn diese moralische Schwachstelle der Gewissen nicht vorgelegen hätte, muß unbeantwortet bleiben. Zumindest aber hätte dieser Frontbegradigungsversuch, der aus der Sicht der „Braunen Elite"[260] ein geglücktes Experiment im Experiment[261] sein mußte, zu einer anderen Stellung und Gefechtslage geführt.

---

256 Schreiben Werner Schwabe an Verf. vom 11.10. und 12.11.1990. Prof. Dr. Werner Schwabe ist der Sohn Dr. Walther Schwabes. Nach Flucht der Familie gegen Ende 1938, nachdem das „Schicksalsjahr 1938" für jüdische Menschen mit dem Pogrom seinen Höhepunkt erreicht hatte – siehe II Kap. I.4.2., S. 243–249 –, und Wechsel der Staatsbürgerschaft, lebt er in Großbritannien.

257 Schreiben Schlabritzky an Provinzial-Ausschuß für Innere Mission in der Provinz Brandenburg vom 3.1.1938 (ADW, BP 2345); und Schreiben Schoch an Schlabritzky vom 8.1.1938 (EBD.); sowie Schreiben Schoch an Schlabritzky vom 14.1.1938 (EBD.).

258 Siehe I Kap VII.2.1., S. 306f. mit Anm. 159, die so zu korrigieren ist: N.N., Anzeige.

259 VEREINIGUNG, Tätigkeitsbericht 1.4.1937–31.3.1938, S. 19.

260 R. SMELSER/R. ZITELMANN, Die braune Elite.

261 Vgl. Schreiben Ziegler an Constantin Frick vom 5.11.1937 (ADW, CA/O 168), in dem er den Präsidenten des CA auf das „Experiment" Scheuern hinweist, das man versuchen werde, wenn es „glückt", „auch woanders durchzuführen". Tatsächlich war aber bereits das Experiment in Scheuern nur originär für Einrichtungen der Inneren Mission im Bereich der „Anstalten für

2.4. *„Organische Entwicklungen"?*

War der Fall im brandenburgischen Nackel auch bis dahin singulär, gerade er zeigt sehr deutlich, daß die Begradigungsversuche dort stattfanden, wo aus Sicht der Machthaber eine Schwachstelle erkennbar war. Das konnte die fehlende „arische Grundlage" sein. Das konnte, und war es weit häufiger, wie im fränkischen Wassertrüdingen oder im hessen-nassauischen Ober-Ofleiden und Bad Soden, die Mitarbeiterin im Kindergarten sein, oder wie schon verschiedenenorts in Brandenburg und in Westfalen so auch im oberfränkischen Unterrodach oder im mittelfränkischen Burgbernheim die Finanzierungsfrage. Das konnte aber auch das eine verbunden mit dem anderen sein, eingeschlossen die Schwierigkeit einer kommunalen Trägerschaft bei evangelischem Selbstverständnis des Kindergartens, wie das im hessen-nassauischen Klein-Karben der Fall war.

Hier war gegen Mitte 1937 der Kindergarten der Stadt, von der Kirchengemeinde betrieben, in finanzielle Schwierigkeiten geraten. Eltern hatten sich zusammengeschlossen und versuchten, in der Erwartung besserer finanzieller Sicherung, den Kindergarten der NSV zu unterstellen[262]. Mit einer Unterschriftenliste und ultimativer Forderung auf Defizitausgleich durch die Kirchengemeinde übten sie Druck auf ihren jungen, kaum ein Jahr im Amt befindlichen Pfarrer Valentin Plock aus[263]. Unterstützt wurden die Eltern von der Kindergärtnerin Elisabeth Winkler[264], die nach Meinung Plocks „nicht kirchlich interessiert" war und auf eine bessere Vergütung bei der NSV rechnete. Offenbar gelang es Plock, die Eltern von ihrem Ultimatum abzubringen. Daraufhin kündigte Winkler ihre Arbeitsstelle im Kindergarten, und bei dieser Lage der Dinge hatte auch die NSV-Kreisamtsleitung in Gießen unter Wilhelm Frank, mit dem Winkler die Sache wohl besprochen hatte, kein Interesse mehr an einer Übernahme[265].

Weit schärfer war die Auseinandersetzung im bei Kronach gelegenen Unterrodach. Anfang des Jahres 1937 mußte der als Pfarrverwalter die Geschäfte der Kirchengemeinde führende Gustav Eyring bei Richard Diez und dem

Anormale", mithin für Einrichtungen für Menschen mit geistiger Behinderung. Hinsichtlich der evangelischen Kindergärten war das Experiment bereits bis Mitte 1936 erstmals in Potsdam erfolgreich erprobt worden. Siehe I Kap. VII.3.7., S. 381–383. Ziegler sollte mit seiner sehr skeptischen Haltung Recht behalten. Einen Monat später hatte diese Form des Experiments Eingang gefunden in die wohlfahrtspolitische Konzeption des Wiesbadener Landesrates Ludwig Johlen zur Ausschaltung der konfessionellen Wohlfahrtspflege. Siehe II Kap. I.2.4., S. 108 mit Anm. 289 und Anm. 290.

262 Schreiben Evangelisches Pfarramt Klein-Karben an Hessischen Landesverein für Innere Mission vom 11.2.1938 (LKA DARMSTADT, 1/2241).

263 Schreiben von 32 Eltern an Plock vom 4.6.1937 (EBD.); und Schreiben von 24 Eltern an das Amt für Volkswohlfahrt, Ortswaltung Klein-Karben, o. D. (EBD.); ein Vermerk darauf besagt, daß das Pfarramt dies Schreiben am 12.12.1937 durch die NSV erhalten hatte (EBD.).

264 Schreiben Winkler an Franke vom 5.7.1937 (EBD.).

265 Schreiben Plock an Hessischen Landesverein für Innere Mission vom 11.2.1938 (EBD.).

Bayerischen Landesverband für evangelische Kinderpflege um zusätzliche Mittel für den Kindergarten bitten. Diez sagte solche Mittel zu und bat Eyring gleichzeitig, die angedeuteten Übernahmeabsichten der NSV zurückzuweisen[266]. Ihre Interessen waren am Ort durch den Bürgermeister August Gredlein vertreten, der zugleich als NSDAP-Ortsgruppenleiter fungierte. Offenbar sah er seine Chance, die NSV in den Besitz des Kindergartens und des Pfarrhauses – bei unklaren Baulastfragen waren Kindergarten und Gemeindekanzlei im Pfarrhaus untergebracht – zu bringen, als Eyring „in jeder nur möglichen Weise“ Mittel für den Kindergarten aufbringen wollte. Dazu hatte er Mitte Februar eine Filmvorführung angesetzt und, weil die Kirche „nicht der rechte Ort“ und ungeheizt, den Wirtshaussaal gemietet[267]. Außerdem hatte er auf den Tag davor, dem 10. Februar 1937, eine Mitgliederversammlung des Gemeindevereins einberufen, um den Jahresbericht und die Bilanz vorzulegen. Schuhmachermeister Gredlein hatte indessen angeordnet, daß ihm als Bürgermeister alle Veranstaltungen des Evangelischen Gemeindevereins – er war der Träger des Kindergartens – anzuzeigen und Inhalt und Programme vorzulegen seien. Er forderte: „Konfessionelle Vereine und Pfarrgemeinden dürfen nur in eigenen Räumen oder Kirchen zusammenkommen.“[268]

Das war nicht nur ein Sammlungs-, sondern ein Versammlungsverbot, jedenfalls für Unterrodach. Daran änderte auch die Genehmigung nichts, die auf Ersuchen Eyrings vom Landratsamt in Kronach erteilt worden war. Und eine von Eyring gesuchte Aussprache mit Gredlein – dieser war wenige Tage zuvor als zweiter Vorsitzender des Gemeindevereins zurück- und aus dem Verein ausgetreten – führte dazu, daß Eyring sich als „Saboteur“ und „Feind der Partei“ beschimpfen lassen mußte. Außerdem wurde ihm unverblümt zu verstehen gegeben, daß, wenn er nicht der Pfarrer wäre, er „nach Dachau“ käme[269]. Der Erfolg jedenfalls war, daß Gredlein dem „Starrkopf“ Eyring die Zerstörung des kirchlichen Lebens vorwarf – aber das Verbot der Versammlung am 10. Februar 1937 hob er nicht auf. Mochte dieser Versuch, den evangelischen Kindergarten von Unterrodach an die NSV zu bringen, zu diesem Zeitpunkt unentschieden ausgegangen sein, der status quo für die Kirchengemeinde sollte nur bis Mitte 1939 erhalten bleiben. Zum 1. August 1939 stellte die bürgerliche Gemeinde alle Zuschußzahlungen ein und forderte die Übernahme des Betriebes durch die NSV. Ein halbes Jahr später war die Übernahme vollzogen[270].

Mit einer „jederzeit toleranten Einstellung“, wie er selbst meinte, wollte der Bürgermeister des Marktes Burgbernheim, zu Füßen der Frankenhöhe ge-

---

266 Schreiben Diez an Eyring vom 10.2.1937 (LKA NÜRNBERG, DW 1734).

267 Schreiben Eyring an Landesverein für Innere Mission vom 11.2.1937 (EBD.).

268 Schreiben Eyring an Dekanat Kronach vom 12.2.1937 (EBD.).

269 Siehe M. BROSZAT, Konzentrationslager, S. 358ff.; E. KOGON, SS-Staat, S. 59ff.

270 „Zusammenstellung“ Greifenstein vom 30.11.1943 (LKA NÜRNBERG, LKR 3480).

legen, die wirtschaftlichen Schwierigkeiten des evangelischen Kindergartens am Ort beheben[271]. Der Kindergarten wurde von einem Verein Evangelische Kinderbewahranstalt getragen. Der von den Eltern – ca. 60 Kinder besuchten die Einrichtung – zu entrichtende Beitrag von wöchentlich RM 0,30, in begründeten Fällen um die Hälfte ermäßigt, reichte als Einnahme neben dem jährlichen Zuschuß der Kommune in Höhe von RM 360,-- nicht mehr aus, um den Betrieb des Kindergartens zu sichern. Außerdem war die finanzielle Lage für den Verein dadurch noch schwieriger geworden, daß Eltern eine kostenlose Betreuung ihrer Kinder forderten und eine Gehaltserhöhung für die Kindergärtnerin um RM 10,-- auf monatlich RM 80,-- anstand[272]. In dieser Situation bot am 10. November 1937 Bürgermeister Hans Lehnbeuter seine Hilfe an. Er signalisierte das Interesse der Kommune am Fortbestand der Einrichtung einschließlich der Weiterbeschäftigung der Kindergärtnerin. Das entsprach ganz dem Wunsch der Eltern. Darüber hinaus erklärte Lehnbeuter die Bereitschaft der Marktgemeinde zur „völligen Finanzierung des Betriebes". Freilich mit dem Vorbehalt, „daß derjenige, der bezahlt, letzten Endes auch über das von ihm unterhaltene Objekt selbst bestimmen will." Dabei sah er keine Schwierigkeiten, „etwaige Wünsche des bisherigen Vereins oder auch der Kirche, die ... im heutigen Rahmen tragbar sind", zu berücksichtigen[273].

Jedoch so einfach war die Sache mit dieser Art von Toleranz nicht, weder für den im Vereinsvorstand den Vorsitz führenden Eugen Kern, seit zwei Jahren am Ort als Gemeindepfarrer amtierend, noch für den langjährigen, seit sieben Jahren im Ruhestand befindlichen, aber weiter die Aufgaben eines Vereinsschriftführers wahrnehmenden Ortsgeistlichen Gerhard v. Zezschwitz. Sie konnten die Zusagen Lehnbeuters, wie viele ehrenamtliche Bürgermeister zugleich NSDAP-Ortsgruppenleiter[274], „natürlich nicht als eine sichere Garantie für die Zukunft" ansehen[275]. Der Verein und die Kirchengemeinde befanden sich keineswegs „in völliger Einmütigkeit und Übereinstimmung" mit ihrem Bürgermeister, der das allerdings erwartet hatte[276]. Obwohl ein so moderater Ton eines NSDAP-Ortsgruppenleiters – in Bayern waren

271 Schreiben Bürgermeister von Burgbernheim an „Evangelisch-Lutherische Kinderbewahranstalt e. V." vom 10.11.1937 (LKA NÜRNBERG, DW 1734).

272 Schreiben „Evangelische Kinderbewahranstalt e. V. zu Burgbernheim" an Landesverein für Innere Mission der Evangelisch-lutherischen Kirche in Bayern vom 12.11.1937 (EBD.).

273 Schreiben Bürgermeister von Burgbernheim an „Evangelisch-Lutherische Kinderbewahranstalt e. V." vom 10.11.1937 (EBD.).

274 Vgl. dazu C. ROTH, Parteikreis, S. 234ff.

275 Schreiben „Evangelische Kinderbewahranstalt e. V. zu Burgbernheim" an Landesverein für Innere Mission der Evangelisch-lutherischen Kirche in Bayern vom 12.11.1937 (LKA NÜRNBERG, DW 1734).

276 Schreiben Bürgermeister von Burgbernheim an „Evangelisch-Lutherische Kinderbewahranstalt e. V." vom 10.11.1937 (EBD.).

schon ganz andere Töne vor Ort zu hören gewesen – ebenso wie das Fehlen jeden Hinweises auf das „Symbol der nationalen Solidarität", die NSV[277], die Zusagen Lehnbeuters hätte glaubwürdig machen können, waren es gerade die Ereignisse in Kornburg, von denen man im Dekanat spätestens seit Mitte Oktober aus dem Bericht Weichleins an alle Dekanate der Landeskirche wußte[278], die Eugen Kern und v. Zezschwitz skeptisch sein ließen. Zudem mußten sie ebenso wie der Ansbacher Kreisdekan Georg Kern, der sich eingeschaltet hatte, den Ausgang einer Generalversammlung, wie sie hätte einberufen werden müssen, um ihr des Bürgermeisters Angebot zur Entscheidung vorzulegen, als „jedenfalls unsicher" einschätzen. Aber obwohl Kreisdekan und Vereinsvorstand weder eine Beschlußfähigkeit einer solchen Versammlung voraussetzen, noch davon ausgehen konnten, daß ihre Empfehlung, die nur auf eine Ablehnung des Übernahmeangebotes zielen konnte, die erforderliche qualifizierte Mehrheit erhielte[279], entschieden sie sich dennoch für eine Generalversammlung und luden die Vereinsmitglieder zum 12. Dezember 1937 in das Pfarrhaus ein. Entgegen allen Bedenken – die Versammlung beschloß einmütig die Fortführung des Kindergartens. Er sollte, mit finanzieller Unterstützung des Landesvereins für Innere Mission der Evangelisch-lutherischen Kirche in Bayern, auch die kommenden Jahre Bestand haben[280].

Zu ihren Frontbegradigungsversuchen sah sich die NSV, „Garant des sozialistischen Willens der NSDAP"[281], auch dann herausgefordert, wenn sich auf seiten der evangelischen Kinderpflege eine Schwachstelle zeigte, die dadurch markiert war, daß sich die Trägervertreter über ihre eigene Rolle nicht im klaren waren, wie das im hessen-nassauischen Ober-Ofleiden der Fall war. Hier, in der Nähe von Homberg, war die Kindergärtnerin des Kindergartens der evangelischen Kirchengemeinde in die Leitung des von der NSV neu errichteten Kindergartens gewechselt. Pfarrer Otto Geis, seit acht Jahren Seelsorger in der Gemeinde und ihre Geschäfte führend, sah sich nun vor die Forderung der NSV gestellt, den gesamten Kindergarten in deren Trägerschaft zu geben. Eine Forderung, die für ihn offenbar plausibel und der zu folgen er erwog, zumal er nicht wußte, was anders er hätte tun können. Außerdem hatte man ihm einen Sitz im Vorstand des NSV-Kindergartens angeboten, womit er, was entscheidend für ihn war, die Möglichkeit gegeben sah, „evangelisch-kirchlichen Einfluß" zu nehmen.

---

277 H. ALTHAUS, Nationalsozialistische Volkswohlfahrt, S. 14.

278 Schreiben Landesverein für Innere Mission der Evangelisch-lutherischen Kirche in Bayern [Weichlein] an „die Evangelisch-lutherischen Dekanate der bayrischen [sic!] Landeskirche" vom 11.10.1937 (LKA NÜRNBERG, DW 97). Siehe II Kap. I.3.1., S. 139f. mit Anm. 22.

279 Schreiben „Evangelische Kinderbewahranstalt e. V. zu Burgbernheim" an Landesverein für Innere Mission der Evangelisch-lutherischen Kirche in Bayern vom 12.11.1937 (LKA NÜRNBERG, DW 1734).

280 „Zusammenstellung" Greifenstein vom 30.11.1943 (LKA NÜRNBERG, LKR 3480).

281 E. HILGENFELDT, Aufgaben, S. 4; H. BERNSEE, Die NSV, S. 282.

Bevor Geis jedoch seine Absichten in die Tat umsetzte, wandte er sich Rat und Hilfe suchend an den Direktor des Hessischen Landesvereins für Innere Mission und zugleich Geschäftsführer des Evangelischen Verbandes für Kinderpflege in Nassau-Hessen[282], seinen Pfarrerkollegen Wilhelm Röhricht. Dieser konnte ihm wohl seine Absicht mit Erfolg ausreden. Röhricht argumentierte, daß das Ausscheiden der Mitarbeiterin eine Sache wäre, die erwogene Aufgabe des Kindergartens aber eine ganz andere, und er bezeichnete eine solche sogar als „Verrat an der evangelischen Sache". Außerdem klärte er seinen Kollegen Geis darüber auf, daß er im Vorstand eines von der NSV bestimmten Vereins ohne jeden Zweifel „bald einen Fußtritt bekäme(n)"[283].

Ähnliche Erwägungen wie Geis in Ober-Ofleiden hatte wohl in Bad Soden der dort seit gut zehn Jahren als Gemeindepfarrer amtierende Willi Dapper angestellt, auch wenn der Anlaß dazu sich anders darstellte. Die NSV hatte durch ihre Ortsgruppenleitung alle örtlichen Parteimitglieder, deren Kinder „nach einer mir zugegangenen Meldung" den evangelischen Kindergarten besuchten, aufgefordert, „sich zu fragen, ob Sie damit vor dem Führer bestehen können." Wie etwa die Parteigrößen seinerzeit im württembergischen Welzheim oder im badischen Kork, so setzte der NSDAP-Ortsgruppenleiter Hans Faubel - ein halbes Jahr später Scharfmacher im Novemberpogrom, der „Reichskristallnacht", - die „Pg." unter Druck mit der Behauptung, die den Kindergarten leitende Diakonisse werde „von der Partei in jeder Beziehung abgelehnt" und sei „für unsere nationalsozialistische Weltanschauung nicht tragbar"[284]. Die Diakonisse war die erfahrene, dem II. Rheinischen Diakonissen-Mutterhaus Bad Kreuznach angehörende Schwester Martha Holzhauer. Sie hatte, wohl bestimmt von einem in ihrer Frömmigkeit wurzelnden Selbstbewußtsein, mit ihrer kritischen Meinung über Partei und Parteigenossen in ihrer Gemeinde nicht hinter dem Berg gehalten[285]. Dapper war ratlos bei dem Angriff Faubels auf Schwester Martha, die neben der Leitung des Kindergartens auch den Dienst der Gemeindeschwester versah. In seiner Ratlosigkeit wandte er sich mit der Frage „soll ich die Schwester durch eine andere ersetzen?" an den Evangelischen Verein für Innere Mission in Nassau[286]. Warum weder dessen Vorsitzender, D. August Kortheuer, seit 1933 im Zuge des Zusammenschlusses der drei hessischen Kirchengebiete unter Mitwirkung

282 Gleichzeitig war er auch Direktor der seit 1934 bestehenden, aber eher bedeutungslos gebliebenen „Dachorganisation" für die Innere Mission des Bereichs der Landeskirche, des Landesverbandes der Inneren Mission in Nassau-Hessen. Vgl. Notiz Schubert vom 28.4.1936 (ADW, CA 626 II); und Protokoll einer Sitzung der Vertreter der Vereine für Innere Mission innerhalb der Landeskirche Nassau-Hessen vom 17.3.1944 (ADW, CA 2319/32 (Nassau-Hessen)).

283 Schreiben Röhricht an Geis vom 15.12.1937 (LKA DARMSTADT, 1/2241).

284 Schreiben Faubel „An Pg. ..." vom 16.2.1938 (ADW, CA 850a II).

285 Schreiben Schwester Martha Holzhauer an Johannes Hanke vom 12.1.1940 (ADAK BAD KREUZNACH, Pers. M. Holzhauer).

286 Schreiben Dapper an Kortheuer vom 18.2.1938 (ADW, CA 850a II).

des als Präsident des Landeskirchentages der Nassauischen Landeskirche amtierenden seinerzeitigen Staatskommissars August Jäger in den Ruhestand versetzter Bischof der Evangelischen Landeskirche in Nassau, noch die einsatzfreudige und für die Kinderpflege zuständige Dr. Else Moureau dazu Stellung nahmen, ist nicht ersichtlich. Jedenfalls wurde der Vorgang dem CA übermittelt, der ihn durch Engelmann der Vereinigung und v. Wicht zugehen ließ. Dieser nun riet der Gemeinde zu prüfen, ob die Schwester „unter den obwaltenden Umständen in ihrer Person politisch tragbar ist", und empfahl tatsächlich „den stillschweigenden Ersatz derselben" durch eine andere Mitarbeiterin, „um Ruhe eintreten zu lassen."[287] Dieser Rat v. Wichts entsprach wiederum jener Ausformung lutherischer Zwei-Reiche-Lehre, die, vermeintlich unpolitisch, den Forderungen der Obrigkeit glaubte folgen zu müssen und alles vermeiden wollte, was den Vorwurf politischer Unzuverlässigkeit hätte auslösen, damit den Konflikt hätte verschärfen und die evangelische Kinderpflege in ihrem Fortbestand hätte gefährden können. Insofern diente auch dieser Rückzug in den unpolitischen Gehorsam der Frontbegradigung. Daß der Vorwurf der politischen Unzuverlässigkeit in der Konsequenz sowohl der Entkonfessionalisierungskampagne im besonderen als auch im allgemeinen in der Praxis einer Wohlfahrtspflege lag, die von vornherein behauptet hatte, es gebe „im nationalsozialistischen Staat keine unpolitische Wohlfahrtspflege"[288] – das wurde nicht gesehen, hatte sich aber bereits seit mindestens einem halben Jahr durch die Ereignisse im fränkischen Kornburg als Tatsache erwiesen.

Was die Provinz Hessen-Nassau und insbesondere ihren Regierungsbezirk Wiesbaden betraf, entsprach diese Art der Frontbegradigung einem „geregelten Plan, um die ‚Freie Wohlfahrtspflege' nach Möglichkeit auszuschalten."[289]. Der Wiesbadener Landesrat Ludwig Johlen, in der Bezirksverwaltung Nassau zuständig für den Bereich Volksfürsorge, hatte im Dezember 1937 in einer Denkschrift vorgeschlagen, mit geeigneten „unpolitischen Mitteln"[290], mithin unter Ausschöpfung aller nur denkbaren Möglichkeiten der Einflussnahme, „die konfessionelle ‚freie Wohlfahrtspflege' als politisches

287 Schreiben v. Wicht an Engelmann vom 9.3.1938 (EBD.).

288 I. ALTGELT, Wegweiser, S. 38.

289 Denkschrift des Bezirksverbandes Nassau und Hessen vom 19.12.1937 [Ludwig Johlen] über „Möglichkeiten der Ausschaltung der Freien Wohlfahrtspflege" (ADC, 748.1).

290 EBD. Das mindestens 185 Seiten umfassende Original ist nicht nachweisbar. Überliefert ist eine zehnseitige, mit gekennzeichneten Zitaten durchsetzte Zusammenfassung. Noch diese Zusammenfassung läßt ganz unzweideutig erkennen, welche Strategie Johlen mit der Denkschrift verfolgte: restriktives Verwaltungshandeln ebenso wie das Eindringen in Gremien und Beeinflussung ihrer Entscheidungen – das Scheuerner „Experiment"; siehe II. Kap. I.2.3., S. 102f. mit Anm. 261 –, wie schließlich auch die Gründung eines Vereins „Volkspflege e.V.", mit Gauleitung, NS-Frauenschaft, NSV, BDM und DAF als Mitgliedern, der als trojanisches Pferd „in ganz Deutschland tätig sein kann" und „beim Erwerb konfessioneller Anstalten ... eingeschaltet wird", sollten die „unpolitischen Mittel" sein, mit denen Johlen sein Ziel erreichen wollte.

Machtinstrument der Kirchen“ zu entschärfen[291]. Dazu erschien ihm „ein N.S. Kindergarten als der beste Wegbereiter“ und „der Anfang zu einer organischen Entwicklung“[292]. Indessen ganz „unorganisch“ blieb in Bad Soden Faubel mit seinen Bemühungen erfolglos. Offensichtlich gelang es ihm nicht, eine NSV-Kindergärtnerin als „Wegbereiter“ einzustellen. Er arrangierte sich mit den Tatsachen und mit Schwester Martha[293]. Sie verließ Bad Soden und den Kindergarten erst 1969, um in den Feierabend zu gehen.

Auch im fränkischen Wassertrüdingen sollte „nationalsozialistische Gesinnung unter Beweis [ge]stellt“ werden[294], nachdem der Fortbestand des evangelischen Kindergartens durch ein Ausscheiden der Kindergärtnerin zweifelhaft geworden war. Elise Ott, im Kindergärtnerinnenseminar der Evangelischen Diakonissenanstalt Augsburg ausgebildete Kindergärtnerin, war zum Beginn des Jahres 1938 in die Leitung des neuen, von der NSV betriebenen Kindergartens gewechselt. Befördert worden war der Wechsel dadurch, daß sie, in führender Tätigkeit im BDM und Mitglied der DC, sich nach Meinung des Augsburger Mutterhauses nicht mehr in den Geist der von ihm in Wassertrüdingen verantworteten Arbeit fügte und daher schon am 30. November 1937 abberufen worden war[295]. Diese Situation nutzte der Bürgermeister der Stadt, der Reichstagsabgeordnete und NSDAP-Kreisleiter Ernst Ittameier, um den NSV-Kreisamtsleiter, seinen Adjutanten, den jungen August Rühl zu veranlassen, einen NSV-Kindergarten zu gründen. Durch „unsere allseits beliebte Kindergärtnerin“ sollte für einen entsprechenden Besuch gesorgt werden. Mit ihr gemeinsam besuchten Gefolgsleute Ittameiers die Eltern, um sie unter Druck zu setzen. Da die Kindergärtnerin „hinausgeekelt“ worden sei, so das entstellende Urteil, erwarteten Ittameier, Rühl und ihre Parteigenossen, „daß die in Frage kommende Elternschaft das entsprechende Verständnis für diesen jetzt notwendig gewordenen NSV-Kindergarten aufbringt“ und „durch Entsendung ihrer Kinder in diesen Garten ihre nationalsozialistische Gesin-

---

291 Schreiben Johlen an Richard Hildebrand vom 12.7.1940 (IFZ MÜNCHEN, MA 605). Hierin nimmt Johlen auf „meine Denkschrift“, unter der apostrophierten Überschrift, vom 19.12. 1937 ausdrücklich Bezug. Vgl. E. HANSEN, Wohlfahrtspolitik, S. 110 mit Anm. 35.

292 Denkschrift des Bezirksverbandes Nassau und Hessen vom 19.12.1937 [Ludwig Johlen] über „Möglichkeiten der Ausschaltung der Freien Wohlfahrtspflege“ (ADC, 748.1).

293 Schreiben Schwester Martha Holzhauer an Johannes Hanke vom 12.1.1940 (ADA BAD KREUZNACH, Pers. M. Holzhauer).

294 Schreiben Bürgermeister der Stadt Wassertrüdingen an Familien, deren Kinder im evangelischen Kindergarten, vom 31.12.1937 (LKA NÜRNBERG, DW 97).

295 Bericht Evangelisch-lutherisches Pfarramt Wassertrüdingen an Landesverein für Innere Mission der Evangelisch-lutherischen Kirche in Bayern vom 5.1.1938 (EBD.). Die Evangelische Diakonissenanstalt Augsburg hatte mit dem Evangelischen Diakonieverein einen Gestellungsvertrag abgeschlossen. Damit lagen arbeitsrechtlich alle Arbeitgeberbelange bei der Diakonissenanstalt. Auch betr. Elise Ott, die wohl als junge Frau von 26 Jahren dem Mutterhaus so verbunden war, daß sie mit einem Gestellungsvertrag entsandt worden war. Eine für die Zeit treffende Beschreibung der „wichtigsten Grundsätze der Arbeit“ der dem Kaiserswerther Verband angeschlossenen Mutterhäuser in HIM I, S. 88f.

nung unter Beweise stellt.“[296] Dies sollten sie durch ihre Unterschrift bekräftigen. Ittameier, Rühl und ihre Helfer schienen erfolgreich. Nur fünf Tage nach dieser Aktion hatten bis auf fünf Eltern alle unterschrieben und ihre Kinder auch bereits in den neuen Kindergarten geschickt.

Der langjährige Pfarrer der Gemeinde, zugleich Dekan des Dekanatsbezirkes Wassertrüdingen, Adolf Reindel, rechnete schon zu diesem Zeitpunkt nicht mehr damit, „daß der evangelische Kindergarten durchgehalten werden kann.“[297] Indessen, der Druck auf den Kindergarten bzw. den ihn tragenden Evangelischen Diakonieverein sollte sich noch erhöhen. Bereits am 3. Januar 1938 hatte Ittameier eine Parteiversammlung einberufen. Eltern, die sich weigerten, ihre Kinder in den NSV-Kindergarten zu schicken, hatte er nochmals gedroht, „mit den schärfsten Mitteln vorzugehen.“[298] Gleichzeitig hatte er angekündigt, den Evangelischen Diakonieverein aufzulösen und dessen Vermögen in den Besitz der Stadt zu bringen[299]. Gemäß Satzung gehörte Ittameier als Bürgermeister zum Vorstand des Vereins und konnte davon ausgehen, daß von den zwölf Mitgliedern sechs auf seiner Seite standen. Während Reindel als Vorsitzender des Evangelischen Diakonievereins und trotz seiner höchst pessimistischen Einschätzung der Lage auf einer Weiterbeschäftigung von Schwester Lisette Gröschel bestand – sie war von der Evangelischen Diakonissenanstalt Augsburg als Nachfolgerin Otts am 1. Januar 1938 nach Wassertrüdingen entsandt worden[300] –, wollte Ittameier mit der Auflösung des Vereins zwei NSV-Schwestern einstellen. Sollte der Verein zum 31. März 1938 nicht aufgelöst werden, drohte er, „neue Steuern und Steuererhöhungen“ einzuführen[301].

War auch die Erhebung von Steuern nicht in das Belieben Ittameiers gestellt, so hatte diese Drohung dennoch und deshalb Gewicht, weil die Steuerfrage, insbesondere die der Grundsteuer, nach wie vor ein Faktor beträchtlicher Rechtsunsicherheit und mit der Sorge verbunden war, eine Befreiung von der Steuerzahlungspflicht, wie sie die Gesetzgebung vorsah, nicht erreichen, die für diesen Fall erforderlichen Mittel zur Steuerzahlung nicht aufbringen zu können und den Betrieb des Kindergartens einstellen zu müssen. Außerdem gehörte der Evangelische Diakonieverein in Wassertrüdingen zu denen, die der Empfehlung Weichleins, die er nahezu ein Jahr zuvor allen Gemeindevereinen in der Evangelisch-lutherischen Kirche in Bayern gegeben

---

296 Schreiben Bürgermeister der Stadt Wassertrüdingen an Familien, deren Kinder den evangelischen Kindergarten besuchen, vom 31.12.1937 (LKA NÜRNBERG, DW 97).

297 Bericht des Evangelisch-lutherischen Pfarramtes Wassertrüdingen an Landesverein für Innere Mission der Evangelisch-lutherischen Kirche in Bayern vom 5.1.1938 (EBD.).

298 EBD.

299 Schreiben Ittameier an Reindel vom 5.1.1938 (EBD.).

300 Bericht des Evangelisch-lutherischen Pfarramtes Wassertrüdingen an Landesverein für Innere Mission der Evangelisch-lutherischen Kirche in Bayern vom 5.1.1938 (EBD.).

301 Handzettel „Warum Auflösung des hiesigen Diakonievereins?“ vom 15.1.1938 (EBD.).

hatte[302], nicht gefolgt waren, weil allein die personelle Zusammensetzung des Vorstandes einen solchen Schritt von vornherein verhindert hatte. Jetzt aber sollte die Auflösung des Vereins und die Abstimmung darüber am Sonntag, dem 16. Januar 1938, erfolgen. Ittameier hatte am Tag zuvor eine Handzettelaktion durchführen lassen. Im morgendlichen Gottesdienst predigte Diez. Er war von Greifenstein als dem Landesführer der Inneren Mission mit dessen Vertretung beauftragt[303]. Ob dies und damit auch Diez' Hinweis auf das Abkommen über die Bildung der Arbeitsgemeinschaft vom 21. Februar, respektive 14. März 1934 Eindruck auf Ittameier machte[304] oder überhaupt eine Bedeutung für den Ausgang der Abstimmung hatte, mag dahingestellt bleiben. Jedenfalls erreichte Ittameier nicht die für eine Auflösung des Vereins erforderliche qualifizierte Mehrheit[305]. Dennoch versuchte er, den Druck aufrecht zu erhalten. Frauen, die sich für den Evangelischen Diakonieverein und dessen Kindergarten entschieden hatten, wurden aufgefordert, aus der NS-Frauenschaft auszutreten. Geschäftsleute, die für den Fortbestand des evangelischen Kindergartens eintraten, wurden boykottiert und alle ihre Proteste vom Bürgermeister ebenso wie von der Handwerkskammer ignoriert[306]. Indessen blieb der Evangelische Diakonieverein ebenso bestehen wie der Kindergarten. Schwester Lisette blieb in der Gemeinde, auch wenn sie wohl nur sehr wenige Kinder zu betreuen hatte.

Aber der Erfolg vom 16. Januar 1938 sollte nicht von Dauer sein. Im Oktober 1940 mußte der evangelische Kindergarten in Wassertrüdingen seinen Betrieb tatsächlich einstellen. Die NSV-Gauamtsleitung mit ihrem neuen Gauamtsleiter Robert Neumann, der soeben aus dem gleichen Amt in Schleswig-Holstein nach Nürnberg gewechselt war, beanspruchte die Räume und forderte das Evangelisch-lutherische Pfarramt zu Übergabe auf. In den Räumen sollten aus Bessarabien rückgeführte „Volksdeutsche" untergebracht werden. Einsprüche bei der Volksdeutschen Mittelstelle (VOMI), zu diesem Zeitpunkt noch eine direkte „Institution der Führergewalt" und mit Umsiedlungsaufgaben technisch-organisatorischer Art vom „Führer" unmittelbar beauftragt[307], wurden mit dem Hinweis auf den bestehenden NSV-Kindergarten abgewiesen[308]. Ittameier hatte sein Ziel erreicht.

---

302 Siehe II Kap. I.1.1., S. 31 mit Anm. 26; und II Kap. I.3.3., S. 178ff.

303 „Zusammenstellung" Greifenstein vom 30.11.1943 (LKA NÜRNBERG, LKR 3480).

304 Schreiben Diez an Reindel vom 20.5.1938 (LKA NÜRNBERG, DW 97).

305 „Auflösung mit 111 von 260 Stimmen abgelehnt" („Zusammenstellung" Greifenstein vom 30.11.1943, in: LKA NÜRNBERG, LKR 3480).

306 Schreiben Diez an Reindel vom 20.5.1938 (LKA NÜRNBERG, DW 97).

307 Siehe H. BUCHHEIM, Die SS, S. 192–195. Die VOMI war im Jahr 1936 als Zentrale für die Verbindung zu den Auslandsdeutschen von der NSDAP eingerichtet worden. Im Oktober des Jahres 1939, unmittelbar nach Beginn des Krieges, hatte Hitler den Auftrag erteilt, die Rückführung der Deutschen aus Osteuropa zu organisieren. Im Jahr 1941, im Zuge des Krieges gegen die Sowjetunion, wurde die VOMI ein Hauptamt der SS unter Himmler als Reichsführer-SS und

Ob sich Ittameier das Vorgehen seiner Parteigenossen im Bezirk Schwabach und des hier wirkenden NSV-Kreisamtsleiters Karl Schmidt zum Vorbild genommen hatte oder umgekehrt, bleibt hier unerörtert. Es wird aber nicht unberücksichtigt bleiben können, daß Wassertrüdingen ebenso wie das nahe Nürnberg im Bezirk Schwabach gelegene Kornburg zum Regierungsbezirk Ansbach im NSDAP-Gau Franken gehörte und daß an der Spitze des Ansbacher Regierungspräsidiums jener Hans Dippold stand, der dem seinerzeit von ihm aus dem Lehramt entfernten, inzwischen zum Gauleiter eben dieses Gaues avancierten Julius Streicher besonders verpflichtet war[309]. Außerdem: beide Orte lagen auch im Zuständigkeitsbereich jenes Matthias Schröder, der als NSV-Gauamtsleiter sich bei den ein Jahr zurückliegenden Auseinandersetzungen in Uehlfeld persönlich und vor Ort eingeschaltet hatte und der seine „Niederlage" durchaus nicht hinzunehmen bereit war.

Wie ein Jahr zuvor, im September 1936 bei der Schließung ihres Kindergartens von ihr angedroht – tatsächlich kam die NSV im September 1937 zu einem neuen Angriff auf den Kindergarten des Evangelischen Diakonievereins Uehlfeld in den Ort. Bis zu diesem Zeitpunkt hatte der rührige August Kollert als Vorsitzender des Trägervereins noch keine Genehmigung entsprechend § 29 RJWG in Händen, aber man war sicher, daß sie in absehbarer Zeit ausgesprochen werde und so „herrschte auch allenthalben Zufriedenheit in der Gemeinde", wie Weichlein mit Genugtuung feststellte[310]. Indessen, Anfang September war es mit der Zufriedenheit vorbei.

Das Bezirksamt Neustadt/Aisch versagte durch Dr. Maximilian Krebs, in der Sache zuständiger Regierungsrat, nicht nur die Genehmigung, sondern ordnete auch die Schließung bis spätestens 1. Oktober 1937 „zur Vermeidung unliebsamer Weiterungen" an. Nach Auffassung von Krebs gehörte der NSV „nach den geltenden Vorschriften" „ausnahmslos das Vorrecht" bei der Errichtung von Kindergärten. Und da die NSV mitgeteilt hätte, einen Kindergarten in Uehlfeld „wieder zu eröffnen", sei die staatsaufsichtliche Genehmigung dem evangelischen Kindergarten zu versagen[311]. Das Bezirksamt unter Wilhelm Friederich, Oberamtmann und seit drei Jahren Vorstand in Neustadt/Aisch, war damit auf jener Linie geblieben, die es ein Jahr zuvor im Amtsblatt schon öffentlich gemacht hatte. Auch die Rechtslage hatte sich nicht geändert. Dennoch, was ein Jahr zuvor noch nur Aufforderung zur

---

Reichskommissar für die Festigung deutschen Volkstums und Teil des Überwachungs- und Vernichtungsapparates der SS (EBD.). Siehe auch P. WIDMANN, Volksdeutsche Mittelstelle, S. 785.

308 Schreiben Weichlein an Evangelisch-lutherisches Pfarramt Wassertrüdingen vom 12.10. 1940 (LKA NÜRNBERG, DW 97).

309 HSTA München, Pers. Dippold, Hans.

310 Bericht (Weichlein) über die Errichtung des Evangelischen Kindergartens in Uehlfeld vom 5.11.1937 (ADW, VKD 15; und ADW, CA 850a III).

311 Schreiben Bayerisches Bezirksamt Neustadt/Aisch an Evangelisch-lutherisches Pfarramt Uehlfeld vom 31.8.1937 (EBD.).

Unterstützung, das war jetzt zu einem „Vorrecht" der NSV geworden, das als „originäres Recht der nationalsozialistischen Bewegung" proklamiert wurde und insofern auch eine „geltende Vorschrift" war, wie Krebs gegen geltendes Recht behauptete[312]. Am Recht indessen orientierte sich Greifenstein, der auch den evangelischen Kindergarten in Uehlfeld als Anstalt der Inneren Mission sich als ihrem Landesführer unterstellt hatte und der von Kollert und Weichlein sofort eingeschaltet worden war. Greifenstein entsprach der Aufforderung des Bezirksamtes zur Schließung des Kindergartens nicht. Vier Wochen blieb der Kindergarten noch in Betrieb. Am 30. Oktober 1937 erfolgte die polizeiliche Schließung.

Kollert fertigte umgehend eine Eingabe an Friederich, die von 44 Müttern mitunterzeichnet wurde. Mit Nachdruck war darin darauf hingewiesen, daß während eines ganzen Jahres, der Zeit, in der die Sache angängig sei, ausreichend Möglichkeit gegeben gewesen wäre, eine Genehmigung zu erteilen[313]. Gleichzeitig wandte sich Kollert auch mit einem Einspruch an das Regierungspräsidium in Ansbach unter Dippold und forderte die zügige Veranlassung der Genehmigung. Seine schon dem Bezirksamt in Neustadt/Aisch gegebene Begründung bekräftigte er noch mit dem Hinweis darauf, daß der evangelische Kindergarten „zuerst am Platze" war und daß die Eltern – „über 90 % der in Betracht kommenden Mütter" – den evangelischen Kindergarten wünschten[314].

Gleich nach Eingang der Verfügung des Bezirksamtes hatte Weichlein den CA informiert und ihn gedrängt, „bei der Reichsleitung der NSV" zu erwirken, daß die NSV-Gauamtsleitung unter Schröder von ihrem Vorhaben Abstand nähme, da doch die evangelische Einrichtung sich „bestens bewährt" habe[315]. Daß die Erwartung, das Berliner Hauptamt am Maybachufer werde dem Gauamt in der „Stadt des Reichsparteitages", Nürnberg, Direktiven im Falle Uehlfeld erteilen, nach Lage der Dinge kaum aussichtsreich war, wußte man wohl auch im Landesverein für Innere Mission in der Evangelisch-lutherischen Kirche in Bayern. Aber darauf kam es gar nicht an. Zwar kannte man die Vorgänge in Baden und war möglicherweise sogar aktuell informiert über den Erfolg der Eingabe von Kreutz. Ziegler und Greifenstein gehörten beide dem Vorstand des CA an. Jedoch weit wichtiger war, daß beide eine gewisse Distanz zum Präsidenten des CA und dessen Geschäftsstelle im Dahlemer Reichensteiner Weg teilten. Wie Ziegler wollte auch Greifenstein, daß Constantin Frick ein warnendes „principiis obsta" entgegengehalten werde, um ihn zu ermutigen, gegenüber der NSV die Interessen der Inneren Mission ein-

---

312 EBD.

313 Schreiben Kollert an CA vom 17.12.1937 (ADW, CA 850a III).

314 Bericht (Weichlein) über die Errichtung des Evangelischen Kindergartens in Uehlfeld vom 5.11.1937 (ADW, VKD 15; und ADW, CA 850a III).

315 Schreiben Weichlein an CA vom 2.9.1937 (ADW, CA 850a III).

deutiger zu vertreten[316]. Daß es dazu gegen Ende des Jahres 1937 mindestens um fünf Jahre zu spät war, erkannte man weder in der Inneren Mission Badens noch der Bayerns. Erst jetzt wollte man nicht mehr nur verhandlungsbereit auf Maßnahmen der „Bewegung" und ihrer NSV reagieren, obwohl man doch viel früher – von Anfang an – gegen deren Angriff auf die Normen des Weimarer Sozialstaates sich hätte wehren, also hätte Stellung beziehen müssen. Das allerdings hatten Männer wie Greifenstein und Ziegler ebensowenig getan wie jene um Constantin Frick, die jetzt zur Standhaftigkeit angehalten werden sollten. Darauf kam es dem Landesführer der Inneren Mission in Bayern aber in erster Linie an. Dementsprechend hatte darum Weichlein nicht nur eine Intervention Schirmachers bei Hilgenfeldt gefordert, sondern auch erwartet, daß dies innerhalb einer Woche geschähe, damit man in der Gemeinde in Uehlfeld wie im Landesverein für Innere Mission in der Evangelisch-lutherischen Kirche in Bayern und seiner Nürnberger Geschäftsstelle sich ein Bild machen könne[317].

Gleichzeitig hatte Weichlein v. Wicht zuständigkeitshalber, aber auch weil er bereits im Jahr zuvor mit den Ereignissen befaßt war und für die Sicherung der Rechtsordnung im Falle Uehlfeld sich beim RKA eingesetzt hatte[318] umfassend in Kenntnis gesetzt[319]. Außerdem ging er wohl davon aus, daß der Vorsitzende der Vereinigung im Interesse der Sache auch jene Wege zur DEK und ihrer Kirchenkanzlei nutzen werde[320], die ihm selbst in seiner engen Bindung an ein Landeskirchenregiment versperrt waren, das seit der Abwehr der Eingliederungsbestrebungen der Reichskirchenregierung im Herbst 1934 zumindest auf Distanz zur DEK und zur Berlin-Charlottenburger Marchstraße hielt[321].

Aber weder Schirmacher noch v. Wicht taten die geforderten Schritte. Sie kamen offenbar überein, nicht das Hauptamt der NSV und nicht die Kir-

---

316 Schreiben Ziegler an Frick vom 5.11.1937 (ADW, CA/O 168).

317 Schreiben Weichlein an CA vom 2.9.1937 (ADW, CA 850a III). Die ultimative Forderung ist diplomatisch, mithin äußerst freundlich formuliert: „Es wäre uns sehr lieb, wenn wir von Herrn Direktor Schirmacher, der in der nächsten Woche wohl nach Nürnberg kommt, schon etwas über die Aussichten erfahren könnten, die die Gemeinde in Uehlfeld über die Fortsetzung ihres Kindergartens hat." (EBD.).

318 Schreiben Vereinigung an RKA vom 4.8.1936 (EZA Berlin, 1/C3/177; ADW, CA/J 56); Schreiben Vereinigung an RKA vom 1.9.1936 (EZA BERLIN, 1/C3/178). Siehe I Kap. VII.4.3., S. 424 mit Anm. 707.

319 Das Schreiben samt Anlagen ist nicht nachweisbar. Mit Schreiben Weichlein an CA vom 2.9.1937 (ADW, CA 850a III) wird der CA gebeten, „Durchschlag des gegenwärtigen Schreibens und eine weitere Abschrift der bezirksamtlichen Verfügung" v. Wicht „auszuhändigen" (EBD.).

320 Weichlein teilt dem CA mit, daß v. Wicht „die Angelegenheit aufgegriffen und mit dem Reichskirchenausschuß verhandelt hat." (EBD.). Verhandlungen v. Wichts mit dem RKA in Sachen Uehlfeld sind nicht nachzuweisen. Siehe I Kap. VII.3.6., S. 370ff. Die Angelegenheit Uehlfeld kann einzig im Zusammenhang der Gespräche v. Wichts mit Kuessner, Simon oder Stallmann erörtert worden sein. Siehe I Kap. VII.4.1., S. 392ff.

321 K. MEIER, Kirchenkampf III, S. 465 und S. 469.

chenkanzlei der DEK einzuschalten. Stattdessen stimmten sie miteinander die bereits erwähnte Eingabe an das Haus Kerrls ab, mit der v. Wicht unter dem 13. Oktober 1937 den Fall in Uehlfeld in Verbindung mit dem in Bellin darstellte. Beide Fälle wurden als exemplarisch für die Schwierigkeiten der evangelischen Kinderpflege gekennzeichnet und dementsprechend als Ausweis für den dringenden Bedarf an Klärung und Rechtssicherheit, im Grundsatz wie im Einzelfall[322].

Mit dieser Eingabe war, jedenfalls in der Einschätzung des CA, eine weitere Belastung des Verhältnisses zwischen Innerer Mission und NSV vermieden, gleichzeitig aber an zentraler Stelle Position bezogen. Konnte die Sache aber Aussicht auf Erfolg haben? Waren nicht die Auseinandersetzungen etwa um den Kindergarten in Suppingen und den in Welzheim, und in diesem Fall auch mit aggressiver Schärfe, durch Bescheide dieses Ministeriums auf eine Niederlage der evangelischen Kindergartenarbeit hinausgelaufen? Konnte etwa die Regelung der Aufsichtsfrage in Baden wirklich als ein Hoffnungszeichen verstanden werden?

2.5. Der Versuch, „auf gütlichem Wege fertig zu werden“

Die Zeichen standen schlecht. Das „vergiftete“ Verhältnis von Innerer Mission und NSV ist schon erwähnt worden. Hinzu kam, daß seit dem Sommer 1937 auch die Beziehungen des Kerrlschen Ministeriums zur leitungslosen DEK sehr gespannt waren. Ein nach dem „Leitungsschisma“ von Bad Oeynhausen im Februar 1936 zu Mitte des Jahres 1937 als „Kasseler Gremium“ aus Kirchenführerkonferenz, Lutherrat und 2. VKL gebildete „kirchliche Kampfgemeinschaft“ war bereits bei ihrem ersten vorsichtigen Versuch einer kirchenpolitischen Annäherung von Muhs mit Nichtachtung bedacht und ein Empfang abgelehnt worden[323]. Dies und auch die „Kasseler Botschaft“ vom 23. August 1937[324] waren kennzeichnend für eine Situation, in der es nicht geraten schien, eine offizielle Eingabe an das Reichs- und Preußische Ministerium für die kirchlichen Angelegenheiten zu machen[325]. Auch wenn man im CA und in der Vereinigung erkannt haben mochte, daß dieses Ministerium, entgegen einen anderen Eindruck erweckender Äußerungen seines Ministers Kerrl, zu Handlangerdiensten für das „Braune Haus“ degradiert war[326] – wollte man neben der NSV mit geltenden gesetzlichen Normierungen und nicht unter ihr, „ohne Gesetze und Verordnungen“ und verpflichtet, „die uns vom

322 Schreiben Vereinigung durch CA an Reichs- und Preußisches Ministerium für die kirchlichen Angelegenheiten vom 13.10.1937 (ADW, CA 850a II; LKA HANNOVER E 26/103).

323 Siehe K. MEIER Kirchenkampf III, S. 28f.

324 EBD.

325 Siehe H. BRUNOTTE, Der kirchenpolitische Kurs, S. 98ff.

326 Siehe K. MEIER, Kirchenkampf III, S. 24. Vgl. L. WENSCHKEWITZ, Politische Versuche, S. 124ff.; G. GRÜNZINGER/C. NICOLAISEN, Kirchenpolitik, S. 237f.

Führer gegebene Idee in die Tat umzusetzen"[327], das Fortbestehen der evangelischen Kindergärten wie etwa in Uehlfeld oder Bellin sichern, dann blieb zu diesem Zeitpunkt keine andere Möglichkeit.

Das galt wohl in besonderer Weise auch für jenen Fall, den der CA durch Fuß nur vierzehn Tage später dem „Herrn Reichs- und Preußischen Minister für die kirchlichen Angelegenheiten" einreichte[328]. Daß der zuständige Fachverband, die Vereinigung, mit der Sache nicht unmittelbar befaßt war, lag an der schwierigen Rechtsfrage, die den Kindergarten des Vereins zur Erhaltung des Kindergartens in Peine hatte besonders zu einem Fall für die Juristen im CA werden lassen. Bereits seit über einem Jahr waren sie damit befaßt.

Im Juni 1936 hatte Johannes Wolff, als Vorsitzender des Landesvereins für Innere Mission in Hannover seit zwei Jahren Landesführer der Inneren Mission[329], den EREV als zuständige Fachabteilung über die Angelegenheit in Peine informiert und um Beratung gebeten. Johannes Wolff hatte die Auseinandersetzung zwischen dem Verein zur Erhaltung des Kindergartens und dem Magistrat der Stadt Peine um das Grundstück dargestellt, auf dem der Kindergarten seit fünfzig Jahren betrieben und das jetzt als städtisches Eigentum reklamiert werde[330]. Er selbst war vom Superintendenten und Vorsitzenden des erst seit 1926 durch Eintrag ins Vereinsregister rechtsfähigen Vereins zur Erhaltung des Kindergartens, Dr. Friedrich Schultzen, über die Lage informiert worden[331].

Danach war im Jahre 1886 bei Errichtung des Gebäudes auf dem kirchengemeindeeigenen Grundstück zur Sicherung der Finanzierung ein Grundbucheintrag erfolgt, der auf den Magistrat der Stadt Peine als Treuhänder des Vereins lautete, da der Verein selbst, er nannte sich Warteschulverein, seinerzeit noch keine rechtsfähige Körperschaft war[332]. Diese Tatsache war in dem Augenblick bedeutsam geworden, als im Frühjahr 1935 der Vorstand des Vereins bei der Stadt wegen der schwierigen finanziellen Lage des Kindergartens um Erhöhung der städtischen Zuschüsse nachgekommen war.

Bürgermeister Erich Krüger, als langjähriges Mitglied der NSDAP ein „alter Kämpfer" und seit einem Jahr an der Spitze eines inzwischen nationalso-

---

[327] E. HILGENFELDT, Aufgaben, S. 6; H. BERNSEE, Die NSV, S. 282.

[328] Schreiben CA [Dr. Fuß] an „Herrn Reichs- und Preußischen Minister für die kirchlichen Angelegenheiten" vom 28.10.1937 (ADW, CA 850a III).

[329] Siehe M. HÄUSLER, Dienst, S. 221f.; H. OTTE, Nebeneinander, S. 14ff.

[330] Schreiben Johannes Wolff an EREV vom 13.6.1936 (ADW, CA 850a III).

[331] Der Beginn der Korrespondenz ist zu erschließen für Ende Mai/Anfang Juni 1936.

[332] Schreiben Johannes Wolff an EREV vom 13.6.1936 (ADW, CA 850a III). Schreiben CA [Fuß] an „Herrn Reichs- und Preußischen Minister für die kirchlichern Angelegenheiten" vom 28.10.1937 (EBD.). Und GA ST. JAKOBI, Aufzeichnungen Sup. Küllig, S. 1122–1123. Superintendent Johannes Küllig hat die Geschichte des Warteschulvereins und seines Kindergartens, der 1931 das 50-jährige Bestehen feierte, in seinen auf einer Auswertung der Quellen des GA ST. JAKOBI beruhenden Aufzeichnungen anschaulich dargestellt.

zialistischen Magistrats, hatte unter Hinweis auf die zweifelhafte Grundstückssituation angeboten, den Betrieb des Kindergartens, der bereits neben einem gerade errichteten NSV-Kindergarten lief, durch die Stadt zu übernehmen[333]. So wie sieben Jahre zuvor, als ein von der SPD sozialdemokratisch geführter Magistrat die Grundstücksfrage zum Anlaß genommen hatte, dem Verein zur Erhaltung des Kindergartens und seinem Vorsitzenden Schultzen ein Übernahmeangebot zu machen und dies ausgeschlagen worden war[334], hatte der Verein auch jetzt das nunmehr nationalsozialistische Angebot abgelehnt.

Schultzen hatte unter Hinweis auf die Schreiben der DEK vom 23. August 1933 und 26. September 1934 das Ansinnen des Bürgermeisters mit Nachdruck zurückgewiesen[335]. Doch damit war die Angelegenheit keineswegs erledigt gewesen. Schultzen, zunehmend mit der Befürchtung, die Stadt werde tatsächlich Eigentumsansprüche auf das Grundstück erheben[336], hatte sich gezwungen gesehen, wollte er die Fortführung des evangelischen Kindergartens sichern, seine Verhandlungsposition durch Hinzuziehung von Johannes Wolff und damit der Spitze des Landesverbandes für Innere Mission in Hannover zu stärken. Der Landesführer der Inneren Mission war sogleich bereit gewesen, „gegen das Vorgehen des Magistrats in Peine Einspruch zu erheben." Aber dazu bedurfte es aus seiner Sicht in der Grundstücksfrage „einer sehr sorgfältigen Rechtsberatung"[337]. Deshalb hatte er den CA über den EREV um Begutachtung gebeten.

„Der Dringlichkeit halber" und Hundingers „Einverständnis voraussetzend" hatte Heinrich die Sache an sich gezogen[338]. Außerdem hatte Hundinger es von vornherein abgelehnt, sich mit diesen Fragen zu befassen[339]. Auch wenn sie Johannes Wolff kannte und mit seiner Mitarbeiterin, Annaliese Ohland, ebenfalls Juristin und Geschäftsführerin des AFET, in Verbindung stand – Grundstücksangelegenheiten fielen nicht in ihren Aufgabenbereich. Darum hatte Fuß, obwohl ebensowenig mit Rechtsfragen in Grundstückssachen vertraut, aber von Heinrich gebeten[340], eine Stellungnahme gefertigt. Er hatte sich nach Lage der Dinge darauf beschränken müssen, die Notwendigkeit des Vorliegens eines Grundbuchauszuges zu betonen und auf die

333 Schreiben Erich Krüger an Schultzen vom 7.3.1935 (GA ST. JAKOBI, 352–1 I).

334 GA ST. JAKOBI, Aufzeichnungen Sup. Küllig, S. 1119.

335 Schreiben Schultzen an Erich Krüger vom 11.3.1935 (GA ST. JAKOBI, 352–1 I).

336 Schreiben Schultzen an Johannes Wolff vom 23.6.1936 (GA ST. JAKOBI, 352–1 II).

337 Schreiben Johannes Wolff an EREV vom 13.6.1936 (ADW, CA 850a III).

338 Handschriftlicher Vermerk von Heinrich auf Kopie des Schreibens Heinrich an Wolff vom 20.6.1936 „Frl. Dr. Hundinger zur gefl. Kenntnisnahme." (EBD.).

339 Handschriftlicher Vermerk Hundingers auf Schreiben Johannes Wolff an EREV vom 13.6.1936 „Gegebenenfalls zurück an Hundinger." (EBD.).

340 Handschriftlicher Vermerk Heinrichs auf Schreiben Johannes Wolff an EREV vom 13.6.1936 „Eilt! Herr Dr. Fuß, bitte um Stellungnahme. Heinrich." (EBD.).

Relevanz der Mietzahlungsfrage und der Instandhaltungskostenübernahme hinzuweisen[341]. „Zu einer endgültigen Stellungnahme", hatte Heinrich deshalb Johannes Wolff gebeten, „uns den Auszug und evtl. noch weiteres Material" zugänglich zu machen[342]. Dieser und Schultzen waren sich sogleich einig gewesen, dem Wunsch zu entsprechen, um im Falle eines „Angriffs des Magistrats"[343] gerüstet zu sein. Das Ergebnis aller Bemühungen war allerdings nicht das gewesen, was sie sich erhofft hatten. Heinrich hatte ihnen am 22. August 1936 nach Durchsicht des Materials mitteilen müssen, daß unmittelbar aus dem Grundbuch kein Treuhandverhältnis der Stadt für den seinerzeit nicht rechtsfähigen Warteschulverein hervorginge und auch die übrigen Unterlagen nicht aussagekräftig wären. Auf eine letzte Möglichkeit hatte er allerdings noch hinweisen können. Er hatte empfohlen, sich mit dem Grundbuchrichter in Verbindung zu setzen und mit seiner Hilfe in die Grundbuchakten einzusehen[344].

Erst ein Jahr später hatte sich Johannes Wolff wieder gemeldet. Ob er der Empfehlung Heinrichs gefolgt war, blieb unklar. Aber inzwischen hatte sich die Angelegenheit zugespitzt. Am 28. Januar 1937 hatte Bürgermeister Erich Krüger dem auf den Ruhestand zugehenden Superintendenten und Vorsitzenden des Vereins zur Erhaltung des Kindergartens mitgeteilt, daß die Stadt Peine Eigentümer des Grundstücks wäre und hatte Schultzen aufgefordert, „freiwillig" darauf zu verzichten. Mit seinem Schreiben hatte der Bürgermeister seine Absichten offengelegt. Er wollte „das Grundstück der NSV oder der NS-Frauenschaft zur Durchführung der beiden Organisationen übertragenen Aufgaben der Kinderbetreuung und -erziehung zur Verfügung stellen." Damit sah er gewährleistet, „daß alle Kinder über alle konfessionellen und wirtschaftlichen Schwierigkeiten hinweg ohne Unterschied kostenlos betreut und einzig und allein im staatspolitischen Sinn erzogen" werden.[345]

Der Verein und sein Vorstand hatten das ganz im Gegensatz zu Erich Krüger keineswegs als „schönen Beweis" dafür ansehen können, daß er „sich den Wünschen und Forderungen des Führers nicht verschließt."[346] Auch eine vom Magistrat der Stadt Peine über seine Mitglieder im Vorstand des Vereins herbeigeführte Satzungsänderung mit dem Ziel, die Zahl der Plätze im Vorstand für zwei Vertreterinnen der NS-Frauenschaft zu erhöhen, mithin die Möglichkeit der Partei zur Einflußnahme zu vergrößern, hatte an der mehrheitlichen Ablehnung der Forderung Erich Krügers nichts ändern können[347].

---

341 Stellungnahme betr. Klärung der Eigentumsverhältnisse des Grundstücks der Warteschule [Fuß] vom 20.6.1936 (EBD.).

342 Schreiben Heinrich an Johannes Wolff vom 20.6.1936 (EBD.).

343 Schreiben Johannes Wolff an Schultzen vom 26.6.1936 (GA ST. JAKOBI, 352–1 II).

344 ADW, CA 850a III.

345 GA ST. JAKOBI, 352–1 III.

346 EBD.

347 GA ST. JAKOBI, Aufzeichnungen Sup. Küllig, S. 1123.

Der Verein hatte „keinerlei Gründe für einen Verzicht" auf seine Rechte sehen können[348]. Bereits Anfang Februar 1937 waren sich Schultzen und Johannes Wolff mit dem als Mitglied des Landeskirchenamtes der Evangelisch-lutherischen Landeskirche Hannovers ebenso wie als Vorsitzender des Evangelischen Landesverbandes für Kinderpflege in der Provinz Hannover zuständigen und inzwischen eingeschalteten Oberlandeskirchenrat D. Karl Stalmann einig gewesen, daß eine „Auseinandersetzung über die mit der Sache zusammenhängenden Rechtsfragen in Scene gesetzt wird."[349] Eine Grundbuchänderung hatte beantragt werden sollen. Sogar einen Prozeß zu führen war man bereit gewesen. Aber zunächst sollte „der Versuch gemacht werden, auf gütlichem Wege fertig zu werden"[350].

Nachdem Schultzen den Antrag auf Änderung des Grundbucheintrages gestellt und bis August 1937 im Schriftwechsel mit dem Magistrat der Stadt und ihrem Bürgermeister belegt hatte, daß vom Verein zur Erhaltung des Kindergartens, seinerzeit noch als Warteschulverein, sowohl alle Kosten, einschließlich fälliger Steuern, des Grundstückerwerbs als auch alle für den Bau des Kindergartenhauses getragen und beglichen worden waren[351], hielt er es spätestens zu diesem Zeitpunkt für angebracht, wieder den CA einzuschalten[352]. Und das weniger, weil er erneut Rechtsberatung zu erbitten beabsichtigte, als vielmehr weil er den CA bewegen wollte, die ganze Sache in der Arbeitsgemeinschaft zu thematisieren. Er hatte die Hoffnung, daß von hier, vielleicht gar durch Hilgenfeldt selbst, Druck auf den Bürgermeister ausgeübt werde könnte und dieser „nachgibt und die Änderung im Grundbuch bewilligt."[353]

Johannes Wolff war skeptisch geblieben, was ein solches Vorgehen betraf. Die Ursache dafür hatte nicht im Grundsätzlichen gelegen. Wie Schultzen hatte auch Johannes Wolff es nicht für ausgeschlossen gehalten, daß Hilgenfeldt Einfluß auf die NSV-Kreisamtsleitung unter dem Peiner Kreisschulrat Berthold Rohmeyer nimmt, ihn zum Verzicht auf die Übernahme des Kindergartens und auf diese Weise den Bürgermeister zum Einlenken bewegt[354]. Der Grund für eine solche kritische Einschätzung war auch nicht der Zeitpunkt gewesen, obwohl er es für angebrachter gehalten hatte, erst tätig zu werden, „wenn sozusagen Gewalt erforderlich ist"[355]. Die Ursache für seine Zweifel hatte beim CA selbst gelegen. Johannes Wolff, seit ihrer Gründung der AMDWV angehörend und ganz auf seiner „hannoverschen Linie der In-

348 Schreiben Schultzen an Erich Krüger vom 1.3.1937 (GA ST. JAKOBI, 352-1 III).

349 Schreiben Johannes Wolff an Schultzen vom 10.2.1937 (EBD.).

350 Schreiben Johannes Wolff an CA vom 1.9.1937 (ADW, CA 850a III).

351 GA ST. JAKOBI, Aufzeichnungen Sup. Küllig, S. 1123.

352 Schreiben Schultzen an Johannes Wolff vom 20.8.1937 (GA ST. JAKOBI, 352-1 II).

353 Schreiben Johannes Wolff an CA vom 1.9.1937 (ADW, CA 850a III).

354 Schreiben Johannes Wolff an Schultzen vom 17.8.1937 und Schreiben Schultzen an Johannes Wolff vom 20.8.1937 (GA ST. JAKOBI, 352-1 II).

355 Schreiben Johannes Wolff an Schultzen vom 17.8.1937 (EBD.).

neren Mission" von kirchenpolitischer Neutralität und lutherischer Bekenntnistreue[356], war „nicht sicher, ob der Central-Ausschuß sich in der Lage sieht, derartige Verhandlungen mit der Reichsleitung der NSV zu führen."[357]

Das hatte etwas zu tun mit den „vergifteten" Beziehungen zur NSV, vor allen Dingen aber damit, daß er, wie wenig später Ziegler und Greifenstein, die Standhaftigkeit des CA im Sinne der Richtlinien der AMDWV[358] als nicht sehr hoch einschätzte. Es ist vorstellbar, daß dies in seinen Augen hätte anders sein können, wenn drei Jahre zuvor der Hauptausschuß des CA sich nicht für Constantin Frick entschieden, sondern, wie ursprünglich beabsichtigt, „seinen" Landesbischof August Marahrens zum Präsidenten gewählt hätte[359]. Dieser im Amt des Präsidenten des CA und im Amt des Vorsitzenden der 1. VKL, damit hätte für Johannes Wolff, der Marahrens kirchenpolitisch sehr nahestand[360], eine „klare Linienführung der Inneren Mission für die Zukunft gewährleistet"[361] sein können. Daß die Linienführung des Landesbischofs der Evangelisch-lutherischen Landeskirche Hannovers durchaus nicht immer eindeutig war[362], nahm Johannes Wolff offenbar aus der Nähe nicht wahr und daß sie auch später, als Marahrens im Geistlichen Vertrauensrat (GVR) in reichskirchlicher Leitungsverantwortung stand, höchst anfechtbar sein sollte, das konnte er zu diesem Zeitpunkt nicht wissen. Jetzt jedenfalls mochte auch anhaltende Enttäuschung über die drei Jahre zurückliegende Entscheidung des CA gegen Marahrens als Präsidenten[363] eine Rolle gespielt haben, daß er die Verhandlungskompetenz des CA so skeptisch beurteilte.

Wenn Johannes Wolff sich dennoch an den CA gewandt hatte, so nur, weil er von Schultzen ausdrücklich darum gebeten worden war[364]. Er hatte das

---

356 CHR. MEHL, Das Stephansstift, S. 167. Vgl. H. OTTE, Nebeneinander, S. 15 und S. 20f.

357 Schreiben Johannes Wolff an CA vom 1.9.1937 (ADW, CA 850a III).

358 Richtlinien für gemeinsames Handeln der missionarischen und diakonischen Verbände und Werke der DEK (ADW, CA 2240; G. SCHRÖDER, Die Arbeitsgemeinschaft, S. 266ff.; H. KRIMM, Quellen III, S. 118ff.; F. MYBES, Frauenhilfe, S. 79). Vgl. S. LEKEBUSCH, Beharrung und Erneuerung, S. 61–65. Siehe I Kap. IV.1.4., S. 135f. mit Anm. 106.

359 Siehe J.-CHR. KAISER, Sozialer Protestantismus, S. 310f. mit Anm. 316.

360 CHR. MEHL, Das Stephansstift, S. 167. Inwieweit der Auftrag an Diakone des Stephansstifts, die Wiederaufnahme der Amtsgeschäfte durch Marahrens nach dessen Rückkehr vom Gespräch mit Hitler in Berlin und dem damit angezeigten Zusammenbruch des Eingliederungswerks Anfang November 1934 im Landeskirchenamt gegen die Rückeroberungsabsichten von beurlaubten DC-Mitarbeitern zu sichern – inwieweit das auch eine persönliche Beziehung zur Voraussetzung oder zur Folge hatte ist nicht erkennbar. Diese Frage kann hier nicht weiter erörtert werden. Vgl. K. MEIER, Kirchenkampf I, S. 395; CHR. MEHL, Innere Mission, S. 313.

361 Rundbrief Johannes Wolff an alle Diakone des Stephansstifts vom 26.11.1934 (CHR. MEHL, Das Stephansstift, S. 167).

362 Siehe J. PERELS, Kritik eines Selbstbildes, S. 167ff.; I. MAGER, August Marahrens, S. 143ff. bzw. S. 136ff.; H. OTTE, Bischof im Zwielicht, S. 198ff.

363 Siehe J.-CHR. KAISER, Sozialer Protestantismus, S. 310ff.; vgl. H. OTTE, Nebeneinander, S. 16.

364 Schreiben Schultzen an Johannes Wolff vom 20.8.1937 (GA ST. JAKOBI, 352–1 II).

auch dem CA gegenüber nicht verhehlt[365]. Schirmacher allerdings hatte sich davon nicht beeindrucken lassen. Er hatte unbedingt einen Prozeß, wie ihn Stalmann und das Landeskirchenamt Hannover gegebenenfalls durchzufechten bereit waren, verhindern wollen. Er hatte befürchtet, daß „Gegensätze zwischen kirchlicher und NS-Wohlfahrtspflege konstruiert werden, an denen niemand Interesse haben kann."[366] Das konnte nur bedeuten, daß er bestehende „Gegensätze" nicht und erst recht nicht durch einen Rechtsstreit verschärfen, vielmehr unbedingt den status quo erhalten wollte. Deswegen erschien es ihm, trotz des höchst gespannten Verhältnisses zur NSV angebracht, „die Angelegenheit dem Hauptamt [der NSV] zu übergeben"[367]. Er hatte die Sache auch mit Alfred Fritz besprochen, der einverstanden gewesen war[368]. Allerdings war es bis Mitte Oktober 1937 noch nicht zu Verhandlungen mit der NSV gekommen. Denkbar ist, daß Schirmacher, von Ziegler gedrängt, der Aufsichtsfrage in Baden Vorrang gegeben hatte. Denkbar ist auch, daß Heinrich und Fuß, mit der Angelegenheit und ihrer schwierigen Rechtsfrage von Anfang an befaßt, den beabsichtigten Weg der Einflußnahme auf den Bürgermeister in Peine über das NSV-Hauptamt als nicht sehr aussichtsreich betrachtet hatten, jedenfalls solange nicht ein Bescheid zum Antrag auf Änderung des Grundbucheintrags erfolgt wäre.

Darauf hatte indessen Bürgermeister Erich Krüger nicht warten wollen. Im September 1937 hatte er dem Verein zur Erhaltung des Kindergartens den Entwurf einer Vereinbarung zwischen der Stadt Peine und dem Verein zustellen lassen[369]. Zwar sah dieser Entwurf die Bestätigung des Vereins als Grundstückseigentümer durch die Stadtverwaltung vor. Das hätte man als Behauptung der bisher vom Verein vertretenen Rechtsposition und als Verhandlungserfolg seines Vorsitzenden Schultzen werten können. Aber an der Forderung der Stadt auf Überlassung des Grundstücks zum Betrieb eines Kindergartens durch die NSV hatte sich nichts geändert. Deutlich genug hatte der Bürgermeister inzwischen gefordert, daß „alle Kinder der Stadt Peine über alle konfessionellen und wirtschaftlichen Schwierigkeiten hinweg" betreut werden, was in einem „der NSV übertragenen Kindergarten auch allein richtig im staatspolitischen Sinne" geschehen könne[370]. Deshalb sollte der

365 Schreiben Johannes Wolff an CA vom 1.9.1937 (ADW, CA 850a III).

366 Vermerk Schirmacher vom 2.9.1937 auf Schreiben Johannes Wolff an CA vom 1.9.1937 (EBD.).

367 EBD.

368 Vermerk Schirmacher, o. D., handschriftlich auf Schreiben Johannes Wolff an CA vom 1.9.1937 (EBD.).

369 Das Schreiben ist nicht nachweisbar. Der Zeitraum ist zu erschließen aus Schreiben Johannes Wolff an Schultzen vom 18.10.1937 (GA ST. JAKOBI, 352-1 II), das ein Antwortschreiben auf das Schreiben Schultzens ist, mit dem er die Mitteilung über die Vereinbarung macht und ihre Entwurfsfassung übersendet, das ebenfalls nicht nachweisbar ist.

370 Schreiben Johannes Wolff an CA vom 18.10.1937 (ADW, CA 850a III).

Verein auf eine Auflassung des Grundstücks verzichten und das Inventar der Stadt zum Eigentum übertragen[371]. Was nutzte in diesem Fall dem Verein die Anerkenntnis seines Eigentums? Die Unterzeichnung dieser Vereinbarung hätte die Zustimmung zu einer Enteignung bedeutet. Unbedingt der Ansicht, es könne „ein wirklicher Gegensatz zwischen den Erziehungsgrundsätzen des Nationalsozialismus und denen des evangelischen Christentums nicht anerkannt werden" und keinesfalls gewillt, sich auf die Vereinbarung einzulassen, hatte sich Schultzen sogleich mit dem Landesführer der Inneren Mission in Verbindung gesetzt. Er wollte vermeiden, „gegen den Bürgermeister der Stadt Peine einen Kampf zu führen"[372].

Wie Schultzen war auch Johannes Wolff der Meinung, daß dem Bürgermeister gegenüber „die ganze Sache mehr Gewicht erhält", wenn der CA, „die Gesamtspitze der Inneren Mission", in der Sache tätig wird. Weil in dieser Zeit auch häufig auf Dienstreisen, war er allerdings erst Mitte Oktober 1937 dazu gekommen, den CA nochmals ausführlich über den Sachverhalt zu unterrichten. Johannes Wolff hatte den Wortlaut des Vereinbarungsentwurfs übersandt und nochmals gedrängt, „die Sache in der gewünschten Weise beim Hauptamt für Volkswohlfahrt, wenn irgend möglich, zur Erledigung zu bringen." Schließlich hatte er den CA auch nochmals gebeten, „das große Vertrauen zur Spitzenstelle der Inneren Mission" nicht zu enttäuschen[373]. Inwieweit hier Ironie oder Taktik oder beides in Gestalt diplomatischer Loyalität in Spiel war, bleibt unerörtert.

War es bisher allein die mit dem Grundstück verbundene Rechtsproblematik, die eher den CA und seine Juristen als die Vereinigung zur Beschäftigung mit der Sache des Kindergartens in Peine bestimmt hatten, so war es jetzt der ausdrückliche Wunsch Johannes Wolffs, dem man sich im CA nicht entziehen konnte. Göbell wurde beauftragt, ein Gutachten zur Rechtslage des Kindergartens in Peine zu fertigen[374]. Es mochte als gute Gelegenheit für den nebenbei noch Jura studierenden Referenten Schirmachers angesehen werden, seine Rechtskenntnisse in der Praxis zu erproben. v. Wicht wurde nur informiert[375]. Nach Korrektur des Entwurfs durch Fuß und Abstimmung mit Heinrich und Engelmann ging mit dem „uns zugegangenen Bericht des Vorstandes des Warteschulvereins in Peine" am 28. Oktober 1937 eine Eingabe an das Reichs- und Preußische Ministerium für die kirchlichen Angelegenheiten[376]. Drei Dinge wurden zur Sprache gebracht. Zum einen wurde

371 Vereinbarung, undatiert (GA ST. JAKOBI, 352-1 II; ADW, CA 850a III).

372 Schreiben Johannes Wolff an CA vom 18.10.1937 (ADW, CA 850a III).

373 EBD.

374 Zur Rechtslage des Kindergartens in Peine, Entwurf [Göbell], o.D., mit Korrekturen (EBD.).

375 Verfügung Schirmacher auf Schreiben Johannes Wolff an CA vom 18.10.1937 (EBD.).

376 Aktenvermerk Fuß vom 27.10.1937 (EBD.). Darin hat Fuß seine Korrekturen, die den handschriftlichen Korrekturen im Entwurfsmanuskript entsprechen, vermerkt und auch begrün-

ausführlich die Grundstücksfrage erörtert und die Rechtmäßigkeit des Anspruchs des Vereins zur Erhaltung des Kindergartens betont. Sodann wurde die Unaufgebbarkeit der „evangelisch-kirchlichen Erziehungsgrundsätze" herausgestellt und zugleich aber ein Gegensatz zwischen diesen Grundsätzen und denen des Nationalsozialismus bestritten. Und schließlich wurde das Ministerium gebeten, dem Bürgermeister gegenüber das Vertrauen „der übergeordneten behördlichen Stellen" in die Arbeit des Kindergartens auszudrücken, damit Bedenken des Bürgermeisters gegen den Kindergarten zu zerstreuen und eine „prozessuale Austragung eines Rechtsstreites" zu vermeiden[377]. Das von Engelmann und Heinrich unterzeichnete, von Fuß verfaßte Anschreiben machte diese Bitte zum Hauptanliegen, und mit dem Hinweis auf die „Vereinbarung zwischen den vier vom Reich ernannten Spitzenverbänden der freien Wohlfahrtspflege", die Arbeitsgemeinschaft, gab Fuß für den CA auch den Grund dafür an, daß „die Einrichtung als solche der Inneren Mission erhalten bleibt."[378]

Es ist schon angedeutet worden, daß wohl dieselben Einschätzungen und Erwägungen, die zu der zwischen CA und Vereinigung abgestimmten Eingabe, statt an DEK oder NSV, an das Reichs- und Preußische Ministerium für die kirchlichen Angelegenheiten von Mitte Oktober geführt hatten, auch ausschlaggebend für die jetzige Bitte des CA waren. Hinzu mochte gekommen sein, daß von seiten dieses Ministeriums der Bürgermeister von Peine über das Regierungspräsidium auf dem Dienstweg zum Verzicht auf die beabsichtigten Maßnahmen hätte veranlaßt werden können. Daß bei der Entscheidung, die Peiner Kindergartenangelegenheit dem Hause Kerrls vorzutragen, für den CA auch die Tatsache eine Rolle gespielt hatte, daß Kerrl noch bis Ende Juli 1937 NSDAP-Kreisleiter in Peine gewesen war[379] und möglicherweise einen gewissen Einfluß auf seinen Nachfolger in diesem Amt, den jungen Ingenieur Kurt Niens[380], und damit auch auf die NSV unter Rohmeyer, hätte ausüben können, ist nicht auszuschließen.

Ob die begründende Bezugnahme auf die Vereinbarung der Arbeitsgemeinschaft dem Ministerium Kerrls gegenüber zu diesem Zeitpunkt ein gewichtiges Argument sein konnte, da doch längst erkennbar war, daß sie weder auf

det: „... da diese Ausführungen [scil. des Entwurfsmanuskriptes] falsch sind". (EBD.). Das läßt unter Berücksichtigung der handschriftlichen Verfügung Schirmachers, nach der neben v. Wicht auch Göbell das Schreiben Johannes Wolffs an CA vom 18.10.1937 hatte erhalten sollen, nur den Schluß zu, daß der Jurastudent Göbell das Entwurfsmanuskript gefertigt hat.

377 „Zur Rechtslage des Kindergartens in Peine", Anlage zum Schreiben CA an Reichs- und Preußischen Minister für die kirchlichen Angelegenheiten vom 28.10.1937 (ADW, CA 850a II).

378 Schreiben CA an Reichs- und Preußischen Minister für die kirchlichen Angelegenheiten vom 28.10.1937 (ADW, CA 850a III).

379 Minister Kerrl nicht mehr Kreisleiter von Peine (NIEDERSÄCHSISCHE TAGESZEITUNG, Peiner Zeitung (Beilage), 7./90. Jg., Nr. 177/2.8.1937).

380 Aus der Stadt Peine: Pg. Niens, der neue kom. Kreisleiter (NIEDERSÄCHSISCHE TAGESZEITUNG, Peiner Zeitung (Beilage), 7./90. Jg., Nr. 188/14.8.1937).

Reichsebene noch regional - auch nicht in Peine - funktionierte, ist fraglich[381]. Viel eher zeigt es das Dilemma eines CA, der ohne einen Rechtstitel und ohne den Schutz einer geltenden Rechtsnorm auf Verhandlungen, mithin das Wohlwollen der Machthaber setzte und den Konflikt mit ihnen vermeiden wollte. Insofern - was hätten Schultzen und Johannes Wolff anderes erwarten können, zumal sie auf ihrer „hannoverschen Linie“ in dem gleichen Dilemma gewesen waren? Sie hatten es nur an die „Spitzenstelle der Inneren Mission“ weiterreichen können.

Tatsächlich sollte die Eingabe des CA ohne Erfolg für den evangelischen Kindergarten in Peine bleiben. Nicht auszuschließen ist, daß sie auslösendes Moment für jenes Schreiben aus dem Reichs- und Preußischen Ministerium für Wissenschaft, Erziehung und Volksbildung war, das zehn Monate später, am 4. August 1938 den Gegensatz zwischen nationalsozialistischen und „evangelisch-kirchlichen Erziehungsgrundsätzen“ feststellte und evangelische Kindergärten für ungeeignet zur Erziehung der Kinder im nationalsozialistischen Sinn erklärte[382]. In Peine sollte für den in Ruhestand getretenen Schultzen ein neuer Superintendent den Vorsitz im Verein zur Erhaltung des Kindergartens übernehmen. Otto Siemers trat indessen als Vorsitzender kaum in Erscheinung. Er überließ die Angelegenheiten der Geschäftsführung seinem Stellvertreter im Vorsitz des Vereins, dem seit einem Jahr an St. Jakobi in Peine amtierenden Pfarrer Hermann Kottmeier. Für den bei einer Gedenkfahrt zu deutschen Soldatenfriedhöfen zusammen mit Kurt Niens, dem NSDAP-Kreisleiter, tödlich verunglückten Erich Krüger, wurde der bisherige Erste Beigeordnete, Dr. Wiard Bronleewe, in das Amt des Bürgermeisters berufen. Er setzte gemeinsam mit der NSV-Kreisamtsleitung den Kurs fort, der auf eine Übernahme des Kindergartens zulaufen sollte. Kottmeier hielt über Heidi Hofstaetter die Verbindung zu Johannes Wolff, und man war im Landesverein für Innere Mission in Hannover ebenso wie im Evangelischen Landesverband für Kinderpflege in der Provinz Hannover, auch nachdem

---

381 Ob der CA seine ohnehin nicht starke Argumentation und seinen Hinweis auf die kaum geschätzte Arbeitsgemeinschaft noch dadurch - unabsichtlich - geschwächt hatte, daß er als Datum der Vereinbarung der Spitzenverbände der freien Wohlfahrtspflege über die Bildung der Arbeitsgemeinschaft den „20.2.1937“ angegeben hatte (Schreiben CA an Reichs- und Preußischen Minister für die kirchlichen Angelegenheiten vom 28.10.1937, in: ADW, CA 850a II; und ADW, CA 850a III), wird eine unbeantwortete Frage bleiben müssen. Denkbar ist es. War die Eingabe so wenig wichtig, daß niemandem der Fehler aufgefallen war? Für das von Kerrl zum Bericht aufgeforderte Regierungspräsidium in Hildesheim unter Traugott Bredow war die Vereinbarung „vom 20.2.1937 hier nicht zu erhalten.“ Eine Rückfrage des Regierungspräsidenten vom 29.11. 1937 veranlaßte den CA unter dem 7.12.1937 zur Übersendung der „erwähnten Vereinbarung“ und der Korrektur des aus „Versehen“ falsch angegebenen Datums: „Die Vereinbarung trägt nicht das Datum vom 20.2.1937 sondern vom 20.2.1934.“ (ADW, CA 850a III). Schirmacher irrte sich wiederum, um einen Tag. Die Vereinbarung wurde auf der Besprechung der Vertreter der Spitzenverbände der freien Wohlfahrtspflege am 21.2.1934 beschlossen. Siehe I Kap. IV.3.2., S. 190f. mit Anm. 351.

382 Siehe II Kap. I.3.2., S. 155ff.

dieser im April um noch etwas Geduld in der Sache gebeten hatte, zuversichtlich, den Kindergarten in der Trägerschaft des Vereins fortführen zu können[383]. Erst zum Jahresbeginn 1939, als man für den Kindergarten ein Defizit von RM 3.000,-- bilanzieren mußte und ein Ausgleich durch Zahlung einer Beihilfe „keiner einzigen evangelischen Stelle jetzt möglich" war, Kollektenmittel ebensowenig zur Verfügung standen wie Mittel des WHW, spitzte sich die Lage zu[384]. Besonders Kottmeier und der Verein waren „des Treibens müde"[385], und man meinte nun doch, sich auf eine Übergabe des Kindergartens an die NSV einstellen zu müssen[386].

Zu einer Übernahme durch die NSV sollte es aber nicht mehr kommen. Unter Anwendung des Reichsleistungsgesetzes[387] wurde der Kindergarten im September 1939 beschlagnahmt und für den Sanitätsdienst einer Luftschutzeinheit der Deutschen Wehrmacht genutzt[388].

2.6. *„Sehr wenig Hoffnung auf einen befriedigenden Ausgang"*

Ebenso erfolglos, wie schließlich die Eingabe des CA vom 28. Oktober 1937 an das Ministerium Kerrls und die Anstrengungen all derer waren, die sich für die Fortsetzung der Arbeit des Vereins zur Erhaltung des Kindergartens in Peine eingesetzt hatten, ebenso erfolglos sollte auch, soweit sie die Vorgänge in Uehlfeld angesprochen hatte, die Eingabe der Vereinigung sein, die zwei Wochen zuvor an dasselbe Ministerium gegangen war. Realist genug, sah v. Wicht bereits zum Jahresende 1937 „sehr wenig Hoffnung auf einen befriedigenden Ausgang." Es mag sein, daß die Reden Kerrls, in denen dieser

---

383 Schreiben Johannes Wolff an Kottmeier vom 25.4.1938 (GA ST. JAKOBI, 352-1 II). Danach hat Johannes Wolff Mitte April „dem CA die möglichen Konsequenzen der säumigen Behandlungsweise vorgestellt und um sofortige Entscheidung ersucht". „Ich nehme an, daß die Herren in Berlin jetzt etwas schneller arbeiten werden, da ich mich ziemlich deutlich ausgedrückt habe." (EBD.). Das Schreiben selbst war nicht nachzuweisen. Die Frage bleibt unbeantwortet, ob Johannes Wolffs Erwartungen an den CA und die Deutlichkeit seiner Worte der „hannoverschen Linie" entsprechen oder ob beides Ausdruck des unscharfen Gewissens eines Mannes sind, der starke Erwartungen und starke Worte für Bekenntnistreue hält und beides, ohne sich selbst darüber Rechenschaft zu geben, als das Höchstmaß politischen Handelns versteht und das als Wahrnehmung von Verantwortung ansieht.

384 Schreiben Hofstaetter an Kottmeier vom 25.1.1938 (EBD.).

385 EBD.

386 GA ST. JAKOBI, Aufzeichnungen Sup. Küllig, S. 1123.

387 RGBl 1939 I, S. 1639-1654. Die Bezeichnung „Reichsleistungsgesetz", genauer „Gesetz über Sachleistungen für Reichsaufgaben", verschleierte, daß es sich um das alte „Gesetz für Wehrzwecke" handelte und daß es ein Enteignungs- und Beschlagnahmegesetz im Kriegsfall war. Das Gesetz erlaubte es sogenannten „Bedarfsstellen", „Leistungen" für unterschiedliche Zwecke von den „Leistungspflichtigen" (§ 1) in Anspruch zu nehmen. Zu den „Bedarfsstellen" gehörten militärische, aber auch zivile staatliche oder „mit staatlichen Aufgaben betraute Stellen" (§ 2). Zu den Leistungen rechneten etwa neben der Gewährung von Unterkunft (§ 5) auch die Nutzung von Gebäuden und bis zu einzelnen Räumen (§ 10).

388 GA ST. JAKOBI, Aufzeichnungen Sup. Küllig, S. 1123.

sich gegen Ende des Jahres 1937 mehrfach in grundsätzlicher Weise zur Stellung der Kirchen im Nationalsozialismus geäußert hatte, bei v. Wicht den Wunsch verstärkt hatten, bei Szymanowski vorzusprechen und „in der Angelegenheit Uehlfeld"[389] den Wahrhaftigkeitsgehalt der Ministerworte zu überprüfen.

Kerrl hatte unter anderem betont, daß niemand in seiner „Gewissens- und Glaubensfreiheit" beschränkt werden solle. Niemandem solle aus seinem Glauben „weder ein Vorteil noch ein Nachteil erwachsen."[390] Von Szymanowski erfuhr v. Wicht indessen, daß die grundsätzlichen Entscheidungen in den Ministerien Rusts und Wilhelm Fricks vorbereitet wurden. Außerdem konnte er aus diesem Gespräch am 9. Dezember 1937 mitnehmen, daß zwar die Ermittlungen zur Klärung des Sachverhaltes in der Angelegenheit des Kindergartens in Uehlfeld noch nicht abgeschlossen seien, daß jedoch die Absicht bestehe, eine Genehmigung nicht zu erteilen. Allen Einwänden und Hinweisen auf die Rechtslage begegnete Szymanowski ablehnend. Er verwies auf das Schreiben des Staatssekretärs des Reichs- und Preußischen Ministeriums für Wissenschaft, Erziehung und Volksbildung an den Vorsitzenden der Fuldaer Bischofskonferenz vom 6. Januar 1937, das auch als Richtlinie für alle zukünftigen Genehmigungen von Kindergärten betrachtet werden müsse und das allen staatlichen Stellen mitgeteilt werden sollte[391]. Und drei Wochen später war entschieden, daß der Kindergarten im neumärkischen Bellin geschlossen blieb.

Daß der von Kerrl behaupteten Gewissens- und Glaubensfreiheit die Realität ganz und gar widersprach, konnte v. Wicht indessen nicht nur dem Gespräch mit Szymanowski und dem Ausgang des Kampfes um den Kindergarten in Bellin entnehmen. Der Fortgang und die Entwicklung der Dinge im Falle des Kindergartens in Uehlfeld selbst mußte v. Wicht das eindrucksvoll anschaulich machen: die propagierte Freiheit galt in dem Augenblick nichts, in dem sie dem Interesse der Machthaber entgegenstand und ihnen bei deren Durchsetzung hinderlich war.

In Uehlfed hatten sich die Fronten inzwischen verfestigt. In diesem Fall hieß das aber, für die Vertreter der Partei und ihre NSV drohte eine erneute Niederlage. Der von ihnen unmittelbar nach der polizeilichen Schließung des evangelischen Kindergartens in Uehlfeld eröffnete NSV-Kindergarten wurde von höchstens zehn Kindern besucht. Dabei handelte es sich um Kinder, deren Eltern materiell von der NSV und dem WHW unterstützt wurden, also, wie Kollert urteilte, von ihnen „abhängig" waren[392].

---

389 Schreiben v. Wicht an Diez vom 14.12.1937 (LKA NÜRNBERG, DW 97).

390 KJ 1933–1944, S. 228ff.

391 Schreiben v. Wicht an Diez vom 14.12.1937 (LKA NÜRNBERG, DW 97).

392 Schreiben Greifenstein an CA vom 17.12.1937 mit Bericht Kollerts vom 14.12.1937 (ADW, CA 850a III).

Um nicht abermals eine Niederlage in der Kindergartenarbeit in Uehlfeld zu erleiden, lag wohl für die nationalsozialistischen Größen am Ort der Gedanke nahe, dem ja auch schon andernorts gefolgt worden war und der ganz und gar der Logik von der Durchsetzung des „Totalitätsanspruchs" der „Bewegung" seit ihren Anfangstagen entsprach, die Eltern, deren Kinder bisher den evangelischen Kindergarten besucht hatten, unter Druck zu setzen. Wilhelm Müller für die Partei und Paul Zwanzger für die NSV luden alle Eltern, die durch die Unterzeichnung der gegen die Versagung der Betriebsgenehmigung protestierenden Eingabe an das Bezirksamt namentlich bekannt waren, „zu einer Besprechung" am 13. Dezember 1937 in Zwanzgers Brauereigasthof. Die Initiative dazu aber war von der Kreisleitung der NSDAP ausgegangen. Der vor kurzem, nach Versuchen, als Opernsänger und als Autoverkäufer Karriere zu machen, in das Parteiamt in Neustadt/Aisch berufene Julius Seiler sah wohl in einer solchen Veranstaltung die Möglichkeit, seine eigene Durchsetzungskraft, auch etwa gegenüber Schröder in der NSV-Gauamtsleitung, unter Beweis zu stellen. Er selbst nahm nach der ihm vom Bezirksamt überlassenen Unterschriftenliste einen inquisitorischen Namensaufruf vor. Vierundzwanzig Namen konnte er als anwesend abhaken. Diese Eltern hatten sich von Kollert ermutigen lassen, „den Standpunkt der Evang. Gemeinde auf das Recht, christliche Erziehung gewährt zu erhalten, zu vertreten."[393]

Seiler hielt zunächst eine Rede. Er begann mit der Beschreibung des Beitrages, den die NSV zur Sicherung der Geburtensteigerung leiste und endete mit der Erklärung, daß, weil auf Grund dieser Leistung das Recht zur Errichtung von Kindergärten allein bei der NSV läge, ein evangelischer Kindergarten nicht mehr genehmigt werde. Das war, realistisch betrachtet, nicht anders zu erwarten gewesen. Gänzlich unerwartet aber mußte es sein, daß ein Kirchenvorsteher sich anschließend zu Wort meldete. Er wies auf die jüngsten öffentlichen Äußerungen Kerrls hin und zitierte den Satz: „Selbstverständlich soll den Eltern das Recht unbenommen bleiben, ihre Kinder nach ihrer religiösen Anschauung zu erziehen."[394] Für ihn als Kirchenvorsteher sei dies Grund genug, die Einhaltung des Rechts der Eltern auf religiöse Erziehung ihrer Kinder im Kindergarten zu fordern. Mit seiner Forderung schuf er Klarheit. Seiler mußte, wollte er den Anspruch der NSV durchsetzen, die Relevanz der Kerrlschen Stellungnahme für jenen Bereich ausschließen, auf den der von ihm repräsentierte „Sozialismus der Praxis"[395] ein Zugriffsrecht

---

393 EBD.

394 EBD. Kollert gibt an, daß der Kirchenvorsteher sich auf einen Bericht der Niedersächsischen Tageszeitung berufen habe, der am 13.12.1937 in der Neustädter Zeitung abgedruckt war. Um welche Rede oder denkbares Interview Kerrls es sich handelte, wurde nicht verifiziert.

395 Goebbels beschrieb so die Grundlage der Arbeit der NSV in seiner Rede auf der Veranstaltung der NSV anläßlich des Reichsparteitages 1937 (VB, 50. Jg., Nr. 257/14.9.1937, Ausg. Berlin, S. 10; H. BERNSEE, Die NSV, S. 283).

behauptete und um seine Durchsetzung kämpfte. Er mußte Kerrls Worten die politische Bedeutung nehmen. Deshalb stellte er eine Bezugnahme auf sie in Zusammenhang mit der Forderung auf Fortbestehen des evangelischen Kindergartens als ein Mißverständnis dar. Die Eltern hätten, so Seiler, „nur zuhause dieses Recht" religiöser Erziehung. Diese Sicht teilten die Eltern ganz und gar nicht. Sie beharrten darauf, ihre Kinder nur einem evangelischen Kindergarten anvertrauen zu wollen. Dabei blieb es. Eine weitere Verständigung oder gar Einigung gab es nicht. Nach nicht einmal fünfundvierzig Minuten war die Veranstaltung in Zwanzgers Gasthof vorüber[396].

Es ist verständlich, wenn angesichts der Standhaftigkeit der Bevölkerung Kollert und mit ihm Diez und Weichlein und vor allem Greifenstein sich für den Fortbestand des Kindergartens in Uehlfeld einsetzten. Kaum erklärlich indessen bleibt es, daß sie durchaus immer noch erwarteten, dem CA werde es in dieser Angelegenheit möglich sein, „durch Vorstellungen bei der Hauptamtsleitung der NSV etwas zu erreichen."[397] Zwar war der Erfolg der Intervention des CA in Sachen Aufsicht über die Kindergärten in Baden unter Berufung auf die Eingabe von Kreutz nach wie vor bemerkenswert. Aber war er jederzeit wiederholbar?

Zum Jahresende 1937 schien sich zwar das Verhältnis von Innerer Mission und NSV wieder normalisiert zu haben. Aber das bedeutete weder, daß die NSV ihre Bemühungen aufgeben sollte, gegen bestehendes Recht Kindergärten allein in ihrer Trägerschaft als legitim zu betrachten und das mit allen sich legal darstellenden Mitteln durchzusetzen. Noch bedeutete dies, daß Hilgenfeldt und seine Helfer in ihren Anstrengungen nachlassen sollten, die Innere Mission als Spitzenverband der freien Wohlfahrtspflege und nach Lage der Dinge immer noch gleichberechtigter Partner in der formell weiterhin bestehenden Arbeitsgemeinschaft grundsätzlich unter ihre Führung zu bringen. Hatte nicht Goebbels – und es war nicht nur im VB, sondern auch in der DZW veröffentlicht und für niemanden in der freien Wohlfahrtspflege ein Geheimnis – auf dem drei Monate zurückliegenden „Parteitag der Arbeit" die „wirklichen Ergebnisse", mithin die tatsächlichen Absichten der Arbeit der NSV beschrieben? Hatte er nicht vor der Kulisse „inszenierte[r] ‚Volksgemeinschaft' als Höhepunkt des NS-Feierjahres"[398] propagiert, daß diese Ergebnisse darin liegen, mit Stolz sagen zu können: „Auch ich bin ein Mitstreiter des Führers, mein Werk war die Voraussetzung dafür, daß der Führer seine anderen großen Pläne durchführen konnte."?[399] Und hatte nicht der

---

396 Schreiben Greifenstein an CA vom 17.12.1937 mit dem als Zitat übermittelten Bericht Kollerts vom 14.12.1937 (ADW, CA 850a III).

397 EBD.

398 S. ZELNHEFER, Die Reichsparteitage, S. 250.

399 H. BERNSEE, Die NSV, S. 283. Hier ist die Rede Goebbels', abgesehen von einigen kurzen Zitaten, referiert. Und VB, 50. Jg., Nr. 257/14.9.1937, Ausg. Berlin, S. 10. Auffallend ist der zynisch-verhöhnende Bezug der zusammenfassenden Feststellung von Goebbels, die Mitarbeiter

„Führer“ wenig später den Parteiführern aus den Gau- und Kreisleitungen der NSDAP diktiert: „Heute beanspruchen die Volksführung wir. ... Die Lebensbeziehungen der Geschlechter regeln wir. Das Kind bilden wir!“?[400] Ein zurückliegender polykratischer, von Willkür bestimmter Monopolisierungsprozeß zugunsten der NSV war damit von höchster Stelle sanktioniert. Gleichzeitig war dessen Fortsetzung nicht nur gebilligt, sondern implizit war zu weiteren Maßnahmen, wenn nicht aufgefordert, so doch ermutigt. Kurz, des „Führers“ Sonthofener Geheimrede über „Aufbau und Organisation der Volksführung“ mußte eine Verschärfung der Lage auch für die Innere Mission und die nach wie vor in ihrer Obhut stehende evangelische Kinderpflege zur Folge haben.

Die Ereignisse des Jahres 1938 sollten der Vereinigung und den ihr zugehörenden Landes- und Provinzialverbänden den bis dahin größten Verlust an Kindergärten seit dem „vaterländischen und weltanschaulichen Aufbruch“ im Jahre 1933 bringen[401]. Demgegenüber sollte die Zahl der NSV-Kindergärten von 3.461 zum Ende des Jahres 1937 auf annähernd das Doppelte der Zahl der evangelischen Kindergärten[402], nämlich auf 4.781 Einrichtungen zum Ende des Jahres 1938 ansteigen[403]. Neben diesen Veränderungen, die jedenfalls

---

der NSV seien „in Wahrheit die Missionare und Apostel des Nationalsozialismus“ und bewiesen ein „Christentum der Tat“, auf das von der zu Beginn des Jahres stattgehabten Reichstagung der Inneren Mission – siehe I Kap. VII.4.4., S. 440 mit Anm. 777 – übernommene Motto des Opfertages der Inneren Mission am ersten Septembersonntag 1937: „Jesus Christus gebietet die Arbeit der Liebe – die Kirche gehorcht im Dienst am Volk.“ Siehe II Kap. I.4.1., S. 199f. mit Anm. 24 und Anm. 25. Im Tagebuch vermerkt Goebbels unter dem 14.9.1937: „Gestern: letzter Tag in Nürnberg. Grau und kalt, aber es regnet nicht. In der Kongreßhalle Kundgebung NSV. Hilgenfeldt gibt guten Rechenschaftsbericht. Dann rede ich in bester Form. Stürme von Beifall.“ (J. GOEBBELS, Tagebücher III, S. 1125). Was mit der Aufnahme des Nachfolgegedankens propagiert werden sollte, findet diesen Ausdruck: Die Ergebnisse der Arbeit der NSV lägen dann vor, „wenn wir mit Stolz feststellen können, wir sind jetzt ein gesundes Volk geworden. Wenn wir von diesem gesunden Volk sagen können: Führer Du kannst befehlen, dieses Volk gehorcht, dieses Volk ist für jede Aufgabe bereit, die Du ihm stellst.“ (H. BERNSEE, Die NSV, S. 283).

400 Geheimrede Hitlers über „Aufbau und Organisation der Volksführung“ vor der Versammlung der Gau-, Gauamts- und Kreisleiter der NSDAP am 23.11.1937 auf der „Ordensburg“ in Sonthofen. Die Rede in Auszügen bei M. DOMARUS, Hitler I.2, S. 761ff. Dabei wandte sich Hitler in diesem Zusammenhang auch den Kirchen zu und führte aus: „Über den deutschen Menschen im Jenseits mögen die Kirchen verfügen, über den deutschen Menschen im Diesseits verfügt die deutsche Nation durch ihre Führer. ... Unser Volk ist nicht von Gott geschaffen, um von Priestern zerrissen zu werden. Daher ist es notwendig, seine Einheit durch ein System der Führung sicherzustellen. Das ist die Aufgabe der NSDAP.“ (S. 762). Siehe II Kap. Einleitung, S. 13 mit Anm. 1 und Anm. 3.

401 Siehe I Kap. VII.4.4., S. 445 mit Anm. 798; und II Kap. I.4.2., S. 254f. mit Anm. 290 und Anm. 292.

402 NSDAP-REICHSLEITUNG, HAUPTAMT FÜR VOLKSWOHLFAHRT, Hilfswerk „Mutter und Kind“ 1937/1938, S. 13. VEREINIGUNG, Tätigkeitsbericht 1.4.1938–31.3.1939, Statistische Übersicht, summiert 2.721 Kindertagesstätten mit 3.754 pädagogischen Kräften und 176.288 Plätzen. Vgl. P. HAMMERSCHMIDT, Die Wohlfahrtsverbände, S. 573 und S. 596.

403 H. VILLNOW, Die sozialpädagogische Arbeit, S. 3. Danach waren in diesen Einrichtungen

eine Schwächung evangelischer Kinderpflegearbeit anzeigten, wird als ein die Lage der Inneren Mission weiter bedrängender Vorgang auch das anzusehen sein, was man im CA bereits zum Jahresende 1937 vom DRK wußte.

War das DRK im Sommer 1933 Nutznießer der Auflösung des der SPD verbundenen Arbeiter-Samariter-Bundes[404] gewesen und hatte dadurch einen Konkurrenten im Sanitäts- und Rettungswesen ausgeschaltet gesehen[405] – mit dem Reichsgesetz über das DRK vom 9. Dezember 1937[406] war es selbst zunächst neutralisiert und mit einer wenige Tage später nachfolgenden Vereinbarung zwischen DRK und NSV als Konkurrent im Bereich der Wohlfahrtspflege gänzlich ausgeschaltet[407]. Gemeindepflegestationen und Kindergärten sollten zum 1. April 1938 von der NSV übernommen werden[408]. Mit dieser Vereinbarung war es der NSV nicht nur gelungen, einen Konkurrenten zu beseitigen. Vielmehr konnte sie gleichzeitig die eigene Position dadurch nicht unwesentlich stärken, daß sie ihre von Hilgenfeldt immer wieder beklagte und ihrem Selbstbild als einer in der Bevölkerung verankerten „Formation der Bewegung“[409] nicht entsprechende desolate Lage im personellen Bereich, besonders hinsichtlich der Krankenschwestern auf dem Gebiet ambulanter Gesundheitsversorgung in Kommunen und Landkreisen, in gewissem Umfange zu verbessern imstande war[410]. Daß Hilgenfeldt wie mit dem DRK auch

773 Fachkräfte [sic!] und 7.576 Hilfskräfte tätig. Darüber hinaus waren für die Zeit eines dreiviertel Jahres 5.575 Erntekindergärten in Betrieb. Platzzahlen bleiben ungenannt. Vgl. E. HANSEN, Wohlfahrtspolitik, S. 170. Hansen gelangt zu anderen Zahlen, was einerseits seinen Grund im differierenden, weil eher propagandistischen Zwecken dienenden Zahlenmaterial haben mag und andererseits der Tatsache geschuldet ist, daß er eigene Berechnungen anstellt (EBD., S. 170). Vgl. I Kap. VII.2.1., S. 299 mit Anm. 121 und Anm. 122. Vgl. P. HAMMERSCHMIDT, Die Wohlfahrtsverbände, S. 573 und S. 596; hier sind etwa 240.000 Plätze in NSV-Kindergärten ermittelt.

404 Siehe A. LABISCH, Der Arbeiter-Samariter-Bund.

405 Siehe H. SEITHE/F. HAGEMANN, Das Deutsche Rote Kreuz, S. 65–68.

406 RGBl 1937 I, S. 1330. Siehe H. VORLÄNDER, Die NSV, S. 108; E. HANSEN, Wohlfahrtspolitik, S. 156; H. SEITHE/F. HAGEMANN, Das Deutsche Rote Kreuz, S. 136–145.

407 Vereinbarung mit dem DRK vom 18.12.1937 (H. VORLÄNDER, Die NSV, Dok. Nr. 147, S. 348–352). Damit war ein Prozeß abgeschlossen, der 1934 mit einer neuen Satzung, mit einem neuen Präsidium, mit dem Rücktritt Gräfin Selma von der Groebens vom Vorsitz des Vaterländischen Frauenvereins, mit dessen Eingliederung als Reichsfrauenbund des DRK in das Deutsche Frauenwerk unter Gertrud Scholtz-Klink und deren Berufung zur Reichsfrauenführerin des DRK und zum Mitglied des Präsidialrates, der Leitungsspitze, des DRK, dem auch Hilgenfeldt angehörte, begonnen hatte (N.N., Die Gliederung des DRK, S. 584; N.N., Jahresrückschau 1934, S. 575ff.). Siehe H. SEITHE/F. HAGEMANN, Das Deutsche Rote Kreuz, S. 75–85 und S. 102–112.

408 H. VORLÄNDER, Die NSV, Dok. Nr. 147, S. 349f. Der Vaterländische Frauenverein vom Roten Kreuz war Anfang 1933 Träger von etwa 2.000 Gemeindepflegestationen und von etwa 450 Kindertagesstätten im Deutschen Reich (N.N., Vaterländischer Frauenverein, S. 403). Vgl. auch P. HAMMERSCHMIDT, Die Wohlfahrtsverbände, S. 395 mit Anm. 109 und S. 596. Hier sind für das Jahr 1935 beim DRK 620 Kindergärten gezählt.

409 H. BERNSEE, Die NSV, S. 281.

410 Siehe L. KATSCHER, Krankenpflege und „Drittes Reich“, S. 127–131; H. VORLÄNDER, Die NSV, S. 109; J.-CHR. KAISER, Sozialer Protestantismus, S. 218f.

mit der Inneren Mission verfahren sehen wollte, das konnte dem CA nicht verborgen bleiben. Er war vor die Frage seines Fortbestehens als eigenständiger Spitzenverband der freien Wohlfahrtspflege gestellt.

Spätestens Anfang Dezember 1937 mußte als sicher gelten, daß seit etwa einem Jahr an einem Gesetzentwurf gearbeitet wurde, der grundsätzliche Änderungen für die freie Wohlfahrtspflege vorsah[411]. Im CA wußte man nicht viel mehr, als daß er das „Führerprinzip und Unterordnung unter die Gaustellen" vorsah[412]. Auch wenn im Ministerium Kerrls der Gesetzentwurf sowenig bekannt sein mochte wie in der Kirchenkanzlei der DEK, auch wenn der Präsident des CA im Vorstand darüber „allgemein beruhigende Mitteilungen" machte, für die Innere Mission war das eine Situation, auf die man sich einstellen mußte[413]. Im übrigen sollte es Juni 1939 werden, ehe die Gefährdung ein neues Stadium erreichte, der Wortlaut des Gesetzentwurfes überhaupt bekannt und zwischen den verschiedenen Reichsministerien beraten wurde. Zum Jahresende 1937 jedenfalls deuteten für die Innere Mission alle Zeichen darauf hin, daß von der NSV kein Entgegenkommen zu erwarten sein konnte.

Ebenfalls höchst ungewiß und zweifelhaft mußte es sein, ob zu diesem Zeitpunkt vom Reichs- und Preußischen Ministerium für die kirchlichen Angelegenheiten gerade im Falle Uehlfeld etwas anderes als eine Bestätigung der vom Bezirksamt in Neustadt/Aisch veranlaßten Maßnahmen hätte erwartet werden können. Nach den Entscheidungen im Falle Hennweiler hatte es spätestens die Stellungnahme zur Sache im Falle des Kindergartens in Senftenberg angezeigt[414], und das so infame Schreiben Szymanowskis vom September in der Angelegenheit des Kindergartens in Welzheim[415] war bereits nur noch eine Bestätigung: keinesfalls die Genehmigung eines neuen evangelischen Kindergartens und jedenfalls die Ausschaltung aller evangelischen Kindergärten.

Darum konnte, nachdem auch der Ausgang der Auseinandersetzung um den evangelischen Kindergarten in Bellin entschieden war, die Nachricht, die Ruppel am 4. April 1938 für das Reichs- und Preußische Ministerium für die kirchlichen Angelegenheiten dem CA zugehen ließ, kaum jemanden mehr überraschen. Erstaunlich aber war die Tatsache, daß zu diesem Zeitpunkt überhaupt noch eine Entscheidung in einem Einzelfall getroffen und mitgeteilt wurde. Bereits vier Wochen zuvor hatte Muhs die Kirchenkanzlei der DEK auf deren mehrfache Erinnerung beschieden, daß er in der Frage der Er-

411 Dazu E. HANSEN, Wohlfahrtspolitik, S. 107f.

412 Schreiben Paul Braune an v. Bodelschwingh vom 8.12.1937 (HAvBA 2/39–151).

413 EBD. Vgl. Protokoll der Vorstandssitzung des CA am 7.12.1937 (ADW, CA 67B (1937)).

414 Schreiben Reichs- und Preußisches Ministerium für die kirchlichen Angelegenheiten an DEK vom 29.4.1937 (EZA BERLIN, 1/C3/178). Siehe II Kap. I.1.1., S. 37f. mit Anm. 64.

415 Schreiben Szymanowski an Kirchenkanzlei der DEK vom 8.9.1937 (EZA BERLIN, 1/C3/178).

richtung konfessioneller Kindergärten „in der nächsten Zeit abschließend Stellung nehmen" werde[416]. Es kann hier unerörtert bleiben, in welchem Umfang in diesen beiden Bescheiden etwa im Ministerium Kerrls vorhandene unterschiedliche Positionen erkennbar sind[417]. Jedenfalls konnte Ruppels Schreiben als ein Hinweis darauf gewertet werden, wie der abschließende Bescheid ausfallen werde. Den evangelischen Kindergarten in Uehlfeld betreffend wurde die Maßnahme des Bezirksamtes Neustadt/Aisch bestätigt[418]. Das bedeutete, daß „es danach für die Zukunft hinsichtlich neu zu errichtender Kindergärten in unserer Kirche fast hoffnungslos aussieht"[419].

Ob und inwieweit v. Wicht dabei auch die Übernahme der Kindergärten des DRK durch die NSV und damit verbundene Entwicklungen im Blick hatte, ist nicht erkennbar[420]. Jedenfalls hätte eine gewisse Beunruhigung für ihn und die Vereinigung durch die Tatsache hervorgerufen werden können, daß mit der die Konkurrenz des DRK ausschaltenden Vereinbarung vom 18. Dezember 1937 nunmehr bereits „Bestimmungen" vorlagen, die eine Übernahme eines Kindergartens durch die NSV regelten[421]. Es hat den Anschein, als hätte man in der Vereinigung, obgleich wohl durch den Beitritt von ehedem DRK-Kindergärten Verluste statistisch bis zu einem gewissen Grad ausgeglichen werden konnten[422], tatsächlich keine Notwendigkeit gesehen, den „Abschied des DRK aus der zivilen Wohlfahrtspflege"[423] und diese Form seiner Besiegelung in der eigenen Arbeit und Strategie zu berücksichtigen. Was hätte man tun sollen? Empfehlen, Wertgutachten über die Immobilien einzuholen? Vorschlagen, Mietzinsen zu berechnen? Wären das nicht geradezu Signale einer Bereitschaft gewesen, dem Druck der NSV nachzugeben? Das hätte die Lage nicht verbessert. Es mochten solche Erwägungen sein, die wie selbstverständlich dazu führten, ein immerhin denkbares Über-

---

416 Schreiben Muhs an Kirchenkanzlei der DEK vom 11.3.1938 (EZA BERLIN, 1/C3/179).

417 Vgl. dazu H. BRUNOTTE, Der kirchenpolitische Kurs, S. 98.

418 Schreiben Ruppel an CA vom 4.4.1938 (ADW, CA 850a III).

419 Schreiben v. Wicht an Diez vom 15.3.1938 (ADW, VKD 15).

420 Siehe H. SEITHE/F. HAGEMANN, Das Deutsche Rote Kreuz, S. 109 mit Anm. 41.

421 Vereinbarung mit dem DRK vom 18.12.1937 (H. VORLÄNDER, Die NSV, Dok. Nr. 147, S. 348–352). Die Kindergärten des DRK sollten „nach den gleichen Bestimmungen wie die Gemeindepflegestationen übernommen" werden (S. 350). Das DRK war verpflichtet, an einem bestimmten Termin die NSV „in den Besitz einzuweisen". Die Übertragung von Immobilien sollte entschädigt werden auf der Grundlage eines Wertgutachtens eines anerkannten Sachverständigen. Die Entschädigung sollte zentral zwischen Präsidium des DRK und dem Hauptamt für Volkswohlfahrt erfolgen. Bei Nutzung von DRK-eigenen Räumen sollte ein Miet- oder Pachtvertrag mit ortsüblichem Miet- oder Pachtzins abgeschlossen werden. In zwischen dem DRK und Dritten bestehende Miet- oder sonstige Vertragsverhältnisse wollte die NSV eintreten. Sei der Vertragsgegenstand, die Räume, aber „der NSV nicht zuzumuten, so hat das DRK das Vertragsverhältnis zum nächst zulässigen Termin zu kündigen." (S. 249f.). Vgl. P. HAMMERSCHMIDT, Die Wohlfahrtsverbände, S. 455ff.

422 Vgl. H. SEITHE/F. HAGEMANN, Das Deutsche Rote Kreuz, S. 109 mit Anm. 40.

423 EBD., S. 110.

nahme-Modell in der Machart des DRK in keiner Weise zu thematisieren. Das DRK-Muster sollte auch in Zukunft für die Vereinigung gewissermaßen tabu bleiben und selbst dann keine Rolle spielen, als die Zeit des Aufschubs tatsächlich beendet schien.

Indessen war im Frühjahr 1938 der „Druck der unserer Arbeit ungünstigen Gesamtlage", den v. Wicht bereits nach seinem Gespräch in der Angelegenheit des Kindergartens in Uehlfeld mit Szymanowski Mitte Dezember 1937 als entscheidend diagnostiziert hatte[424], nicht geringer geworden. Auf der Sitzung des Vorstandes der Vereinigung nur vier Wochen später, Mitte Januar 1938, sprach v. Wicht sogar von der „Bedrohung unserer Lage", ohne daß ihm etwa irgend jemand, auch nicht der ebenfalls anwesende Präsident des CA, widersprochen hätte. v. Wicht sah diese Bedrohung „grundsätzlich gekennzeichnet" zum einen durch eine „auf dem staatlichen Verwaltungswege", nicht auf dem Rechtswege, sich durchsetzende „deutsche Kindertagesstätte als Funktion der völkischen Totalitätserziehung" und zum anderen durch „die weltanschauliche Bestreitung des Sondercharakters einer kirchlichen Unterweisung der Getauften". Außerdem diagnostizierte er als „äußere Schwierigkeiten" eine Sammlungsgesetzgebung, die mit ihren Verboten die wirtschaftlichen Probleme für die Kindergärten ebenso verschärfte wie eine neue Steuergesetzgebung, deren Auswirkungen die Einrichtungen auch der evangelischen Kinderpflege zusätzlich finanziell belasteten. Wenn v. Wicht schließlich noch die längst erforderlichen Angleichungen der Vergütungen der Erzieherinnen „an feste tarifliche Bindungen" erwähnte[425], dann mußte allen klar sein: die Schwierigkeiten hatten sich vergrößert.

---

424 Schreiben v. Wicht an Diez vom 14.12.1937 (LKA NÜRNBERG, DW 97).

425 H. v. Wicht, Bericht zur Lage und Wege für die Zukunft. Leitsätze zur Vorstandssitzung der Vereinigung am 12.1.1938 (ADWW MÜNSTER, 153/1; LKA HANNOVER, E 26/102). Der Wortlaut der Leitsätze:

„1. *Die Bedrohung unserer Lage* ist grundsätzlich gekennzeichnet

a) durch den auf dem staatlichen Verwaltungswege aufgestellten Grundsatz einer einheitlichen säkularen familienergänzenden Erziehung in sämtlichen deutschen Kindertagesstätten als Funktion der völkischen Totalitätserziehung,

b) durch die weltanschauliche Bestreitung des Sondercharakters einer kirchlichen Unterweisung der Getauften auf dem Grunde der göttlichen Offenbarung in Wort und Sakrament,

c) durch die Eigentümlichkeit unseres gemischt pflegerisch-erzieherischen Arbeitsgebietes im Gesamtzusammenhange dieser kirchlichen Unterweisung als einer notwendigen Funktion kirchlichen Gemeindelebens.

2. Hinzukommem *äußere Schwierigkeiten*:

a) in dem steigenden Verbot öffentlicher Sammlungen,

b) in den Auswirkungen der neueren Steuergesetzgebung (UStG, GrStG),

c) in der Notwendigkeit der Angleichung von Gehaltsvergütungen unserer Erzieherinnen an feste tarifliche Bindungen,

d) in dem Fehlen geeigneten erzieherischen Nachwuchses,

e) in dem Genehmigungsverbot neuer kirchlicher Kindergärten."

Die Hervorhebungen sind im Original unterstrichen. Siehe II Kap. I.4.1., S. 202f. mit Anm. 44.

Daß die Lage tatsächlich bedrohlich war, das zeigte sich auch an den Ereignissen in Kornburg, die scheinbar zügig auf eine Entscheidung zuliefen. Ihre Bedeutung erhielten die Vorgänge nicht durch einen tatsächlich langsameren Verlauf als anfänglich zu erwarten gewesen war. Ausschlaggebend war, daß die Auseinandersetzungen um den Kindergarten in Kornburg eine verschärfte Kampfführung erkennen ließen, in der die Machthaber die Option eines Angriffs, mithin einer Beendigung des Stellungskrieges, erkennen ließen, die ganz in der Logik der bisherigen Entwicklung lag und die bei entsprechend konsequentem Vortrag das schnelle Ende aller evangelischen Kindergärten hätte bedeuten können.

3. Die Unsicherheit der Rechtslage

3.1. Die „Verletzung der Ehre der Kirche": Die Einschaltung der Gestapo und die „erweiterte Bedeutung" der Verordnung zum Schutz von Volk und Staat vom 28. Februar 1933

In Kornburg, wie Uehlfeld im Fränkischen nahe Nürnberg, standen am 6. Oktober 1937 der NSV-Kreisamtsleiter Karl Schmidt – der Krankenkassenobersekretär war auch Kreisgeschäftsführer, Kreispropagandaleiter sowie Kreisschulungsleiter der NSDAP – und der Bürgermeister der Stadt, Johann Mandel, zugleich NSDAP-Ortsgruppenleiter, vor der Tür des evangelischen Kindergartens, um diesen in Betrieb und Trägerschaft der NSV zu übernehmen. Vorangegangen war diesem Auftritt eine Verfügung des Bezirksamtes Schwabach, durch die dessen Vorstand Theodor Kaiser am 29. Juli 1937, zwei Monate vor seinem Eintritt in den Ruhestand, mit Hinweis auf § 1 der Verordnung des Reichspräsidenten zum Schutz von Volk und Staat vom 28. Februar 1933[1] den Kindergarten und das gesamte Vermögen des Trägervereins Kinderbewahranstalt Kornburg beschlagnahmt hatte[2].

Ausgelöst worden war diese Beschlagnahmeverfügung, mit der, soweit zu sehen, im Kampf um die evangelischen Kindergärten erstmals die „Reichstagsbrand-Verordnung"[3] angewandt worden war, durch das streng vertrauliche Rundschreiben Weichleins „an die Kindergärten der Inneren Mission in Bayern" vom 22. Februar 1937. Die Mitgliederversammlung des seit 1903 bestehenden Vereins Kinderbewahranstalt Kornburg war sogleich dessen Empfehlung gefolgt und hatte schon am 29. März 1937 beschlossen[4], das gesamte Geld-, Sach- und Immobilienvermögen der Kirchenstiftung der Kirchenge-

---

[1] RGBl 1933 I, S. 83.

[2] Schreiben Bezirksamt Schwabach an „Kinderbewahranstalt Kornburg" vom 29.7.1937 (LKA NÜRNBERG, DW 97).

[3] E. FRAENKEL, Der Doppelstaat, S. 27.

[4] Protokoll (LKA NÜRNBERG, DW 1741).

meinde Kornburg zu übereignen. Zum Vollzug dieses Beschlusses gehörte nicht nur die kirchenaufsichtliche und die staatsaufsichtliche Genehmigung, sondern nach der entsprechenden notariellen Beurkundung auch eine Grundbucheintragung über die neuen Eigentumsverhältnisse. Es war dieser Antrag, der das Bezirksamt hatte handeln, die Übereignung als Scheinvertrag hatte werten und mit besagter Beschlagnahmeanordnung auch eine Verfügungsbeschränkung ins Grundbuch hatte eintragen lassen[5].

Am 24. August 1937 hatte der Evangelisch-lutherische Landeskirchenrat München Beschwerde gegen die Beschlagnahme und ihre Begründung beim Staatsministerium für Unterricht und Kultus eingelegt und moniert, daß die Anwendung der Verordnung, die zur Abwehr kommunistischer und staatsgefährdender Gewaltakte ergangen sei, zur Begründung der Beschlagnahme herangezogen, „als eine bedauerliche Verletzung der Ehre der Kirche" betrachtet werden müsse[6]. Bis Ende September 1937 war keine Stellungnahme zu diesem Protest erfolgt. Die Kirchengemeinde aber hatte sich bis dahin keineswegs mit der Entscheidung des Bezirksamtes und der Einstellung von Partei und NSV zum Kindergarten Kornburg zufrieden gegeben.

Zum 30. September 1937, obwohl die Pfarrstelle vakant war und der Verein damit keinen ordentlichen Vorsitzenden hatte, war zu einer Generalversammlung in der Gemeinde eingeladen worden. Das Bezirksamt hatte diese Versammlung telefonisch verboten, hatte aber gegen die Absicht jener Eltern, deren Kinder den Kindergarten besuchten, sich zu treffen, keine Einwände erhoben. Jedoch und entgegen den Erwartungen des Bezirksamtes, auch diese Eltern beharrten auf der vom Evangelisch-lutherischen Landeskirchenrat München vorgetragenen Beschwerde und machten damit, jedenfalls in den Augen des Bezirksamtes und seines Vorstandes, „gegen die Staatsautorität und die Partei Stimmung."[7]

Im Gegenzug wollten nun Anfang Oktober 1937 die Vertreter der Staatsautorität und der Partei, Karl Schmidt und Mandel, die Gelegenheit der Pfarrvakanz nutzen – der Pfarrverweser, Pfarrer Karl Plesch aus der Nachbargemeinde Leerstetten, hatte Kornburg verlassen, und der neue Pfarrer sollte erst eine Woche später seinen Dienst antreten – und wollten den Kindergarten am 6. Oktober 1937 durch die NSV übernehmen lassen. Deshalb standen sie beide an diesem Tag abends gegen 17.30 Uhr vor der Tür des Kindergartens. Sie erklärten der seit fünfundzwanzig Jahren den Kindergarten und die Gemeindepflegestation leitenden Marie Wissmüller, Diakonisse der Evangelisch-lu-

---

5 Schreiben Bezirksamt Schwabach an „Evangelisch-lutherische Kirchenverwaltung Kornburg" vom 29.7.1937 (LKA NÜRNBERG, DW 97).

6 Schreiben Landesverein für Innere Mission der Evangelisch-lutherischen Kirche Bayerns [Weichlein] „an die Evangelisch-lutherischen Dekanate der bayrischen [sic!] Landeskirche" vom 11.10.1937 (EBD.).

7 Schreiben Bezirksamt Schwabach an „Evangelisch-lutherische Kirchenverwaltung Kornburg" vom 8.10.1937 (EBD.).

therischen Diakonissenanstalt Neuendettelsau, daß nunmehr die NSV Eigentümerin des Kindergartens sei, sie, Schwester Marie, wohnen bleiben, auch die Krankenpflege in der Gemeinde weiterführen könne, aber die neue Kindergärtnerin, die von ihnen mitgebracht worden war, in ihre Wohnung aufzunehmen und zu verpflegen habe. NSDAP-Ortsgruppenleiter und NSV-Kreisamtsleiter begründeten ihre Forderung damit, daß die vom Evangelisch-lutherischen Landeskirchenrat München eingereichte Beschwerde gegen die Maßnahmen des Bezirksamtes vom 27. Juli 1937 gerichtlich zurückgewiesen worden sei und deshalb „ab morgen" die NSV den Betrieb übernähme. Damit sahen sie sich auch im Recht, die Herausgabe aller Akten und vor allem der Kasse zu fordern. Der eilig herbeigerufene Georg Merkel, Hauptlehrer am Ort und als Mitglied des Gemeindekirchenrates auch Vorstandsmitglied und Schatzmeister des Vereins, weigerte sich und wies diese Forderung energisch zurück. Er war es auch, der dafür gesorgt hatte, daß Plesch aus Leerstetten sofort nach Kornburg gekommen war und verhindern konnte, daß Karl Schmidt und Mandel über diese Aktion hinaus auch in die Wohnung von Schwester Marie eindrangen. Vergeblich allerdings forderte Merkel eine Legitimation für das Vorgehen. Beide wiesen nur auf ihr Amt hin[8]. Immerhin wurde von ihnen durch „Ausschellen" noch für den selben Abend eine Gemeindeversammlung einberufen. Auf dieser Versammlung legten Bürgermeister und NSV-Kreisamtsleiter den wenigen Leuten, die gekommen waren, die Tatbestände aus ihrer Sicht dar und drohten, „wer dagegen hetze und die Arbeit sabotiere, müsse gewärtig sein, daß gegen ihn schärfstens vorgegangen werde."[9]

Schwester Marie unterrichtete sofort ihr Mutterhaus und ihren Rektor. Hans Lauerer wollte, daß sie in der Wohnung bliebe, nur der Gewalt weiche und „die NS-Kindergärtnerin trotzdem mit verköstigen und sich ihr gegenüber nicht unfreundlich verhalten" solle[10]. Ihr das zu vermitteln, bat er Diez, den er sofort telefonisch informiert hatte und der schon am nächsten Tag in Kornburg sich mit Schwester Marie und Merkel traf, um sich ein Bild von der Lage zu verschaffen.

Was Diez von Schwester Marie und von Merkel erfuhr – sie schilderten die Ereignisse –, hatte eine solche Bedeutung für den Landesverein für Innere Mission der Evangelisch-lutherischen Kirche in Bayern und seinen Fachverband für Kinderpflege, für das zuständige Kreisdekanat in Nürnberg und den Evangelisch-lutherischen Landeskirchenrat München, daß allen mindestens

---

8 Aktenvermerk Diez vom 7.10.1937 „Vertraulich!", betr. Kindergarten Kornburg (EBD.). Der Vermerk ist inder Zeit vom 7.–9.10.1937 gefertigt worden und stellt für diese drei Tage ein Protokoll der Ereignisse dar.

9 Schreiben Landesverein für Innere Mission der Evangelisch-lutherischen Kirche Bayerns [Weichlein] „an die Evangelisch-lutherischen Dekanate der bayrischen [sic!] Landeskirche" vom 11.10.1937 (EBD.).

10 Aktenvermerk Diez vom 7.10.1937 „Vertraulich!", betr. Kindergarten Kornburg (EBD.).

eine schnelle Verständigung über das Vorgehen in der Sache dringend geboten schien. Bereits einen Tag später, am 8. Oktober, fand eine Besprechung im Kreisdekanat statt. Julius Schieder, nach sieben Jahren in der Leitung des Nürnberger Predigerseminars seit zwei Jahren im Amt des Kreisdekans in Nürnberg, sowie Dr. Hans Meinzolt, im öffentlichen Verwaltungsdienst erfahrener Jurist und seit zwei Jahren Vizepräsident des Evangelisch-lutherischen Landeskirchenrates München, auch der soeben ins Pfarramt nach Kornburg gewechselte Gemeindepfarrer Albrecht Grunwald und schließlich Diez selbst erörterten die Lage.

Meinzolt bestätigte die bislang konsequent von seiner Kirchenbehörde vertretene Rechtsauffassung, wonach bei vorliegender Genehmigung zum Betrieb eines Kindergartens niemand das Recht habe, den Betrieb zu stören und solange der Verein Eigentümer des Kindergartens sei, auch niemand das Recht habe, ihm diesen Besitz streitig zu machen. Im übrigen könne das Bezirksamt „natürlich ohne Begründung uns die Konzession für den Kindergarten entziehen." Dann müsse der Verein zwar das Haus schließen, aber damit falle die Immobilie in keinem Fall der NSV zu[11].

Danach kam man überein, drei Schritte zu tun. Entsprechend den strafrechtlich relevanten Tatbeständen sollte „beim Staatsanwalt wegen Hausfriedensbruch" Anzeige erstattet werden. Außerdem sollte zivilrechtlich gegen NSV und Kommune vorgegangen werden, indem man eine einstweilige Verfügung erwirke, daß „der widerrechtliche Eindringling" das Haus zu räumen habe und es ihm bei Strafe verboten sei, das Haus zu betreten. Schließlich, so vereinbarte man miteinander, sollten Diez und Weichlein, dieser für den Landesverein für Innere Mission der Evangelisch-lutherischen Kirche in Bayern, jener für den Bayerischen Landesverband für evangelische Kinderpflege, Verhandlungen mit dem Vorstand des Bezirksamtes in Schwabach aufnehmen mit dem Ziel, die Fortführung des Kindergartens zu sichern und den Entzug der Genehmigung zu verhindern. Dabei sollte besonders darauf hingewiesen werden, daß man doch „über 20 Jahre lang mit dem Betrieb des Kindergartens einem dringenden Bedürfnis abgeholfen" habe[12].

Als am nächsten Tag, dem 9. Oktober 1937, nur drei Tage nach dem einigermaßen beunruhigenden Auftritt Karl Schmidts und Mandels in Kornburg, Diez und Weichlein mit dieser Absicht bei Dr. Friedrich Zagel, dem neuen Vorstand des Bezirksamtes in Schwabach, vorsprachen, mußten sie bald die Aussichtslosigkeit ihrer Bemühungen erkennen. Zagel taktierte, berief sich einerseits auf die Tatsache, daß er erst seit Anfang des Monats im Amt sei und den die Beschlagnahmeaktion auslösenden Beschluß nicht erlassen habe, erklärte andererseits, daß am Tag zuvor das Bezirksamt den Beschluß zur Beschlagnahme dahin ergänzt habe, der NSV den Betrieb des Kindergartens zu

11 EBD.

12 EBD.

übertragen. Ihn rührte der Hinweis Weichleins darauf, daß eine nachträgliche Sanktionierung der Aktion in Kornburg nichts am Tatbestand des Hausfriedensbruchs ändere, ebensowenig wie die Feststellung Diez', daß die Anwendung der Verordnung zum Schutz von Volk und Staat ganz und gar nicht angemessen sei. Er entkräftete das mit der lapidaren Bemerkung, daß die Verordnung eben „jetzt eine erweiterte Bedeutung bekommen habe" [13].

Daß Zagel damit konsequent einem politischen Weg folgte, der als „Totalitätsanspruch" die Ausschaltung jeglichen kirchlichen als eines politischen Einflusses, auch den eines evangelischen Kindergartens, zum Ziel hatte, und daß er dabei spätestens zu diesem Zeitpunkt durch die NS-Machthaber an der Spitze des Regimes Rückendeckung hatte, mochte man wohl erkannt haben[14]. Heinrich Himmler hatte gerade, am 29. August 1937, gemeinsam mit den Ministerien Rusts und Kerrls in einem Erlaß „die von den Organen der sogenannten Bekennenden Kirche errichteten Ersatzhochschulen, Arbeitsgemeinschaften und die Lehr-, Studenten- und Prüfungsämter aufgelöst und sämtliche von ihnen veranstalteten theologischen Kurse und Freizeiten verboten" – und das „auf Grund des § 1 der Verordnung des Reichspräsidenten zum Schutz von Volk und Staat vom 28. Februar 1933."[15] Diese Nachricht war auch durch die Presse gegangen. Ganz ähnlich und offenbar in der gleichen Bewußtseinslage, wie Ende Oktober das „Kasseler Gremium", nur für einige Monate „hoffnungsvolle Klammer zwischen den Reichsorganisationen der Bekenntniskräfte ... und den bekenntnisorientierten Kirchenführern der ‚Kirchenführerkonferenz'"[16], Stellung nehmen sollte[17], reagierte nun, Anfang Oktober 1937, der Bayerische Landesverband für evangelische Kinderpflege.

---

13 EBD.

14 Bereits das Urteil des Württembergischen Verwaltungsgerichtshofes vom 9.9.1936 hatte deutlich gemacht, daß die Verordnung zum Schutz von Volk und Staat vom 28.2.1933 „nicht bloß dem Schutz gegen kommunistische Bedrohung des Staats, sondern gegen jede Gefährdung seines Bestandes und der öffentlichen Sicherheit und Ordnung, von welcher Seite sie kommen mögen, dienen. Zum Schutz der öffentlichen Ordnung und Sicherheit gehört im heutigen Staat auch die Wahrung der allgemeinen Belange der völkischen Gemeinschaftsordnung, deren rechtliche Erscheinungsform der Staat ist." Damit wurde die Klage eines nicht konfessionellen, privaten Kinderpflegevereins zurückgewiesen, mit der gegen eine das Recht zu usurpieren bestrebte NSV das Recht erstritten werden sollte, dem Verein durch eine Satzungsänderung die Möglichkeit zu eröffnen, im Falle einer Vereinsauflösung sein Vermögen der Inneren Mission zufallen zu lassen. (N.N., Württembergischer Verwaltungsgerichtshof, S. 384–385). Auf diesen besonderen Fall verweist E. FRAENKEL, Der Doppelstaat, S. 45 und S. 47, als anschauliches Beispiel für „die Beseitigung der sonstigen gesetzlichen Schranken" (EBD., S. 41).

15 Runderlaß des Reichsministers des Innern und Reichsführers SS und Chef der Deutschen Polizei vom 29.8.1937 (RMBliV 1937, S. 1571; KJ 1933–1944, S. 209). Siehe K. MEIER, Kirchenkampf III, S. 202f.; W. SCHERFFIG, Junge Theologen II, S. 209–219. Dieser „Himmler-Erlaß", wie man sagte, bedeutete auch das Ende des von Bonhoeffer geleiteten Predigerseminars in Finkenwalde (E. BETHGE, Dietrich Bonhoeffer, S. 652–662; W. KLÄN, Die evangelische Kirche Pommerns, S. 484f.).

16 K. MEIER, Kirchenkampf III, S. 31.

17 KJ 1933–1944, S. 209–212.

Man empfand es als „verletzend“ mit der Anwendung dieses „Kommunistengesetzes“, wenn nicht als Kommunist, so doch als politischer Gegner betrachtet zu werden. Das war es ja, was man gerade nicht sein wollte. Immerhin meinten Weichlein und Diez noch auf die Rechtslage verweisen zu können und „stellten ... die gerichtliche Verfolgung der Angelegenheit in Aussicht.“[18]

Indessen, zu einer gerichtlichen Verfolgung sollte es nicht kommen. Schon nach kurzer Zeit war in der Kirchengemeinde selbst und auch für Außenstehende klar, daß Grunwald, qua Amt Vorsitzender des Vereins und damit Rechtsträgervertreter, „keineswegs daran glaubt, daß die Kinderschule Kornburg noch einmal an den rechtmäßigen Besitzer zurückgelangt.“ Man mußte feststellen, daß er Parteigenosse war und „eine ziemliche Freundschaft“ mit Mandel pflegte. Er selbst begründete seine Haltung mit dem Hinweis auf Rö. 13 – „man muß der Obrigkeit gehorsam sein.“[19] Und so folgte er nicht der Empfehlung Meinzolts, „unverzüglich“ beim Bezirksamt Einspruch gegen dessen Verfügung vom 8. Oktober zu erheben, mit der jener Beschluß vom 29. Juli, der die Beschlagnahme des Vereinsvermögens verfügte, dahin ergänzt wurde, daß „der Betrieb der Kleinkinderschule der Kreisamtsleitung für Volkswohlfahrt in Schwabach (NSV) übertragen wird.“ Meinzolt hatte ihm sogar einen Formulierungsvorschlag übermittelt und dargetan, daß das Ganze eine „völlig sach- und rechtswidrige Anordnung einer Behörde“ sei, für die es „nur eine Maßnahme geben [könne], nämlich die sofortige Aufhebung.“[20] Grunwald folgte auch nicht der Empfehlung Meinzolts, die dieser schon in der ersten Besprechung auf Grund der Rechtslage gegeben hatte, nämlich einen Antrag auf Erlaß einer einstweiligen Verfügung beim Amtsgericht in Schwabach zu stellen. Und schon gar nicht war er bereit, Strafanzeige wegen Hausfriedensbruchs zu erstatten.

Obwohl Diez und Weichlein gegenüber Zagel bereits „gerichtliche Verfolgung der Angelegenheit“ angekündigt hatten, verzichtete Grunwald auf einen solchen Schritt. Weder konnten daran die Zusage Meinzolts etwas ändern, daß der Evangelisch-lutherische Landeskirchenrat München etwa anfallende Prozeßkosten übernähme[21], noch konnte das Schreiben Weichleins, zwei Tage nach dem Gepräch mit Zagel aufgesetzt und an alle Dekanate der Landeskirche gerichtet, um die Kirchengemeinden andernorts vor etwa gleichen Attacken zu warnen und damit, wenn auch indirekt, zu empfehlen, Vorsicht bei Übereignung von Vereinsvermögen an Kirchenvermögen walten zu las-

---

[18] Aktenvermerk Diez vom 7.10.1937 „Vertraulich!“, betr. Kindergarten Kornburg (LKA NÜRNBERG, DW 97).

[19] Vermerk Richard betr. Kindergarten Kornburg vom 27.10.1937 (EBD.). Karola Richard war Jugendleiterin und die Mitarbeiterin von Diez und nach dessen Einberufung im Jahre 1939 von Valentin Söllner. Auch nach 1945 auf Verbandsebene für die evangelische Kinderpflege tätig.

[20] Schreiben Meinzolt an Grunwald vom 14.10.1937 (EBD.).

[21] EBD.

sen[22] – das alles konnte Grunwald nicht veranlassen, den Rechtsweg zu beschreiten.

Bei dieser Haltung ihres Pfarrers und Vereinsvorsitzenden, „der sich gar nichts traut"[23], mußten sich Schwester Marie und Merkel, der nach Diez' Urteil „mannhaft" für den Kindergarten eintrat[24], zunehmend isoliert sehen. Gleichzeitig konnten sich andererseits Karl Schmidt und seine NSV und Mandel als NSDAP-Bürgermeister ermuntert und ermutigt sehen, den nächsten Schritt zur schließlichen Übernahme des Kindergartens zu tun: die Sicherung der bislang von Schwester Marie Wissmüller genutzten Dienstwohnung für die NS-Kindergärtnerin.

Am 19. November 1937 kündigte Karl Schmidt, nachdem er zuvor die Sache mit Grunwald besprochen hatte, die Wohnung kurzfristig zum 1. Dezember. Sollte sie nicht bis dahin geräumt sein, drohte er, der sich selbst und die NSV in den Hausherrenrechten sah, daß „er anderweitig gegen Sie [scil. Schwester Marie] vorgehen müßte."[25] Tatsächlich war die Wohnung zum angegebenen Termin nicht geräumt. Aber weder beschritt die NSV in Schwabach den Klageweg, um etwa nach Vorliegen eines ihre Rechtsauffassung bestätigenden Urteils eine Räumung durchzusetzen, noch fand sie sich ohne weiteres mit den Tatsachen ab. Karl Schmidt beschritt den „Weg der Selbsthilfe"[26]. Er verabredete sich mit Grunwald zu einer Wohnungsbesichtigung, und beide ließen sich am 10. Januar 1938, tatsächlich zum wiederholten Male, von Schwester Marie die Wohnung zeigen. Dieser war der Besuch gänzlich unverständlich, und auch Grunwald ahnte nichts von dessen wirklichem Zweck. Der sollte allerdings sehr schnell deutlich werden.

„Kaum daß wir uns versahen" ging der NSV-Kreisamtsleiter eilig von Tür zu Tür und „zog mit List und großer Gewandheit" einen Schlüssel nach dem anderen ab. Hinweise Grunwalds auf die Unrechtmäßigkeit seines Handelns beachtete er nicht. Stattdessen rief er zwei Möbelpacker, die sich auf seine Anordnung hin bislang verborgen gehalten hatten und wies sie an, die Wohnung zu räumen und alle Einrichtungsgegenstände in zwei von ihm bezeichnete Räume des Hauses zu schaffen. Grunwalds und Schwester Maries Einspruch und Absicht, die Polizei zu rufen und Anzeige wegen Hausfriedensbruchs zu erstatten, zeigten keine Wirkung. „Darüber ging er ganz leicht hinweg." Die tatsächlich verständigte Polizei lehnte ein Einschreiten ab und er-

---

22 Schreiben Landesverein für Innere Mission der Evangelisch-lutherischen Kirche Bayerns [Weichlein] „an die Evangelisch-lutherischen Dekanate der bayrischen [sic!] Landeskirche" vom 11.10.1937 (EBD.).

23 Vermerk Richard über Gepräch mit Merkel betr. Kindergarten Kornburg vom 29.3.1938 (EBD.).

24 Vermerk Richard betr. Kindergarten Kornburg vom 27.10.1937 (EBD.).

25 Schreiben NSV-Kreisamtsleitung an Kinderbewahranstalt Kornburg vom 19.11.1937 (EBD.).

26 Schreiben Weichlein an CA vom 11.1.1938 (ADW, CA/J 63).

klärte nur das Bezirksamt für zuständig. Ein weiteres Telefongespräch, nun mit Zagel persönlich, brachte auch keine unmittelbare Veränderung der Lage. Zagel bat allerdings darum, daß der NSV-Kreisamtsleiter sich mit ihm in Verbindung setzte.

Inzwischen hatte sich eine „große Menschenmenge" angesammelt, die lautstark das Bleiben von Schwester Marie am Ort und in der Gemeinde und die Beendigung der Räumaktion forderte. Daraufhin stellten die Möbelpacker ihre Tätigkeit ein. Das aber vor allem deshalb, weil ihr Auftraggeber sich entfernt hatte, um mit Zagel zu telefonieren. Dieser wies ihn darauf hin, daß „man den Entscheid der Regierung abwarten müsse." „Da die Sache jetzt für ihn erledigt sei", erteilte Karl Schmidt nach seiner Rückkehr den Packern die Anweisung, ihre Arbeit einzustellen. Erschienen war er nun in Begleitung eines Polizisten. Dies jedoch nicht, um Grunwald die Erstattung einer Anzeige wegen Hausfriedensbruchs zu ermöglichen, sondern um seinerseits den vor dem Haus versammelten Kornburgern mit einer Anzeige wegen Landfriedensbruchs zu drohen. Der Polizist unterstützte ihn dabei mit gezogener Dienstwaffe. Die Leute verstreuten sich. Fast drei Stunden hatte die Aktion gedauert. Treue Gemeindeglieder begannen nun mit dem Aufräumen und der Reinigung des Hauses[27].

Gleich am nächsten Tag waren Weichlein, Schieder und Grunwald in Schwabach auf dem Bezirksamt und protestierten scharf gegen das Vorgehen der NSV-Kreisamtsleitung. Zagel bestätigte ihnen, was er am Tag zuvor dem NSV-Kreisamtsleiter erläutert und womit er ihn zur Einstellung seiner Aktion in Kornburg gebracht hatte, nämlich, daß die Entscheidungen in der ganzen Sache „bei der Regierung und den Ministerien" liege. Gerade deshalb aber seien ihm, Zagel, „die Hände gebunden"[28]. Das mußte, sollten Zagels Äußerungen nicht der Versuch sein, sich selbst aus der Verantwortung zu stehlen, sollten sie also den Tatsachen entsprechen, in jedem Fall bedeuten, daß eine kurzfristige Wiederherstellung des alten Rechtszustandes nicht erwartet werden durfte. Sollten Erwartungen solcher Art bei den Verantwortlichen der Evangelisch-lutherischen Kirche in Bayern und ihrem Landesverein für Innere Mission sowie auch ihrem Bayerischen Landesverband für evangelische Kinderpflege vorhanden gewesen sein, waren sie jetzt in kürzester Zeit zerstört.

Von seiten des Landesvereins für Innere Mission der Evangelisch-lutherischen Kirche Bayerns setzte man sich unmittelbar nach dem Besuch bei Zagel mit der Regierung in Oberfranken und Mittelfranken in Ansbach in Verbindung und erfuhr von dort, daß der Fall „betr. Beschlagnahme des Vermögens der Kinderbewahranstalt Kornburg" bereits am 9. Oktober 1937 sowohl an

---

[27] „Kurzer Bericht über den Vorfall von und in der Kinderschule in Kornburg am 10.1.1938 vorm[ittags]. 11.30–14.15 Uhr" (LKA NÜRNBERG, DW 97; ADW, CA/O 170).

[28] Schreiben Weichlein an CA vom 11.1.1938 (ADW, CA/J 63).

die Gestapo in Nürnberg als auch in Berlin abgegeben worden war[29]. Sofort wandten sich Greifenstein und Weichlein an den CA, um ihn zu informieren und zu bitten[30], mit der Gestapo zu verhandeln, „um die Freigabe des Vermögens zu erreichen"[31]. Göbell, zunehmend in der Rolle der rechten Hand Schirmachers, auch als Folge einer wachsenden Distanzierung Alfred Fritz' und Hundingers vom ersten Direktor des CA[32], und Hansjürg Ranke, seit 1936 Konsistorialrat in der Kirchenkanzlei der DEK, der sich aus Sicht des CA „besonders nachdrücklich für die Kindergartenfrage einsetzt"[33], bemühten sich bis März 1938 vergeblich, überhaupt den zuständigen Sachbearbeiter im Geheimen Staatspolizeiamt (Gestapa) zu erreichen, dem Ort in der Berliner Prinz-Albrecht-Straße, der sich in der „Topographie des Terrors"[34] zu dessen „Zentrale" entwickeln sollte[35]. So blieb zu diesem Zeitpunkt nur noch „zu erwarten, daß die endgültige Entscheidung fallen wird im Zusammenhang mit einem beim Kirchenministerium in Bearbeitung befindlichen Erlaß über die evangelischen Kindergärten."[36] Als schließlich am 10. März 1938 beide sowohl im Gestapa als auch im Ministerium Kerrls waren, brachten die Gespräche tatsächlich nicht mehr als die Bestätigung der Erwartung einer grundsätzlichen Regelung, die dann auch, wie man hoffte, eine Klärung jeden Einzelfalles herbeiführen könnte[37].

Zunächst wollte man wohl in Kornburg auf besagte „endgültige Entscheidung" warten, die das Ministerium wiederholt angekündigt hatte und von der man deshalb schon mindestens seit einem Jahr in der evangelischen Kinderpflege sprach und deren bald erfolgende Bekanntgabe Muhs gerade nochmals angekündigt hatte[38]. Man sah nicht einen unbedingten Handlungsbedarf. Die Lage in Kornburg schien sich schnell beruhigt zu haben. Schwester Marie hatte nur wenige Tage nach der von Karl Schmidt und Mandel geleiteten Räumaktion ihr Zimmer wieder zur Nutzung zurückerhalten. Gleichzeitig aber hatte auch eine Abstimmung in der Gemeinde im Rahmen einer Gemeindeversammlung im Anschluß an den sonntäglichen Gottesdienst am

---

29 Schreiben Greifenstein an CA vom 13.1.1938 (LKA NÜRNBERG, DW 97).

30 Schreiben Weichlein an CA vom 11.1.1938 (ADW, CA/J 63).

31 Schreiben Greifenstein an CA vom 13.1.1938 (LKA NÜRNBERG, DW 97).

32 Siehe II Kap. I.2.3., S. 91 mit Anm. 191.

33 Schreiben CA an Greifenstein vom 10.3.1938 (ADW, CA 619 III).

34 Der Titel einer Dauerausstellung auf dem in Berlin-Kreuzberg an der heute Am Preußischen Landtag genannten Straße zwischen Stresemannstraße – seinerzeit Saarstraße – und Wilhelmstraße gelegenen Gelände des wenige Wochen vor Kriegsende am 3.2.1945 bei einem Bombenangriff schwer beschädigten und später abgetragenen Gebäudes. Siehe R. RÜRUP (Hg.), Topographie des Terrors.

35 J. TUCHEL, Gestapa, S. 84 mit Anm. 1. Vgl. auch H. BUCHHEIM, Die SS, S. 66ff.

36 Schreiben CA an Greifenstein vom 10.3.1938 (ADW, CA 619 III).

37 Vermerk Göbell vom 10.3.1938 (ADW, CA 850a III).

38 Schreiben Muhs an Kirchenkanzlei der DEK vom 11.3.1938 (EZA BERLIN, 1/C3/179).

22. Mai 1938 deutlich angezeigt, „die Gemeinde bleibt fest und verzichtet nicht auf das ihr zustehende Recht."[39]

Offenbar aber nahm mit der Zeit die Bereitschaft zu warten ab. Die Mitteilung Schieders über die Haltung der Gemeinde an das Bezirksamt in Schwabach konnte die Entscheidung in Berlin kaum beschleunigen. Schließlich schien dem Verein im März 1939 der Erhalt des status quo nicht mehr die beste Lösung zu sein, zumal „jetzt in der Kinderschule ein ordentlicher Betrieb war"[40], nachdem es zu Anfang Anlaß zu erheblichen Klagen über die Kindergärtnerin der NSV von seiten der Eltern gegeben hatte, die weiterhin ihr Kind in den Kindergarten zu geben genötigt waren[41]. Gleichzeitig aber hatte sich auch die Lage für die NSV verändert, um nicht zu sagen, verschlechtert. Nicht daß sie sich durch Zugänglichkeit ihrer bisher demonstrierten Stärke begeben hätte, wie man noch ein Jahr zuvor im Vorfeld der Reichstagswahlen hätte annehmen können[42]. Im Gegenteil. Die NSV war „in der Freiheit ihrer Entscheidungen" durch ein Gerichtsurteil eingeschränkt worden.

Schon im Juni 1936 hatte der Verein Kleinkinderbewahranstalt Sankt Jakob in Nürnberg seine Auflösung und die Übertragung seines Vermögens einschließlich des Immobilienbesitzes auf die Kirchenstiftung Sankt Jakob beschlossen. Nachdem zwei Monate später der Evangelisch-lutherische Landeskirchenrat München eine kirchenaufsichtliche Genehmigung erteilt hatte, war im Dezember 1936 durch die Regierung des Freistaates Bayern die Zustimmung zu der Übereignung erfolgt. Das war für Weichlein der Präzedenzfall, der es ihm angesichts der Steuerreform und ihrer Restriktionen[43] ermöglichte, am 22. Februar 1937 seine Empfehlung zur „Sicherung der Kindergartenarbeit" – „weil im totalen Staat für das Liebeswerk der Kirche nur mehr Raum auf dem Boden der Kirche ist" – an alle evangelischen Kindergärten in Bayern hinausgehen zu lassen.

Was die Gemeinde Sankt Jakob in Nürnberg betrifft, sie hatte am 8. März 1938 mit ihrer Evangelisch-lutherischen Kirchenstiftung das der Kleinkinder-

39 Schreiben Schieder an Bezirksamt Schwabach vom 27.5.1938 (LKA NÜRNBERG, DW 97; ADW, VKD 15).

40 Niederschrift über die Besprechung mit dem Kinderschulvorstand in Kornburg am 16.3.1939 (LKA NÜRNBERG, DW 97).

41 Schreiben Grunwald an Weichlein vom 22.1.1938 (LKA NÜRNBERG, DW 1734). Grunwald merkt an, daß achtzehn Kinder den Kindergarten besuchen „et propterea quod terror adhibitur, ut dicunt" [und zwar deswegen, wie man sagt, weil Zwang angewendet wird] und zitiert dann „das Zeugnis einer Frau: Ihr Töchterlein (3 J. alt) hatte den Rotz bis an die Backen geschmiert. Keinen Schürzen mehr an, derselbe flog in der Kinderschule umeinander. Ein Fräulein fuhr mit dem Rade fort; die Kinder (mehrere) soll sie vor die Tür gesperrt haben und als die Kinder schrieen: es sei so kalt, habe sie ihnen gesagt: dann geht zur Schwester Marie hinauf." (EBD.).

42 Vermerk Richard über Gespräch mit Merkel betr. Kindergarten Kornburg vom 29.3.1938 (LKA NÜRNBERG, DW 97).

43 Siehe II Kap. I.3.3., S. 170ff.

bewahranstalt gehörende Anwesen in der Nürnberger Nadlersgasse notariell beurkundet übereignet erhalten. Jedoch das Amtsgericht Nürnberg hatte mit Beschluß vom 19. November 1938 die für die Rechtsgültigkeit des Eigentümerwechsels erforderliche Grundbucheintragung abgelehnt. In seiner Begründung hatte es sich der Meinung der NSV-Gauamtsleitung angeschlossen, die in der Auflösung des Vereins die Voraussetzung dafür gegeben sah, daß das Vermögen der NSV zufalle, da sie als Spitzenverband der freien Wohlfahrtspflege die führende Organisation und für alle Fragen der Volkswohlfahrt zuständig sei und so auch in die Rechte und Pflichten des Vereins bei dessen Auflösung einzutreten habe[44]. Der von Verein und Kirchenstiftung mit Unterstützung des Evangelisch-lutherischen Landeskirchenrates München dagegen erhobenen Beschwerde hatte das Landgericht Nürnberg-Fürth durch seine 4. Zivilkammer am 2. Dezember 1938 stattgegeben. Das Landgericht war der Rechtsauffassung der Beschwerde gefolgt und hatte verneint, daß bei vorliegender staatsaufsichtlicher Genehmigung, das Amtsgericht durch sein Grundbuchamt das Rechtsgeschäft rechtlich zu prüfen oder gar zu beanstanden hätte. Das Grundbuchamt war zur Eintragung der Auflassung angewiesen worden.[45]

Die NSV im Gau Franken und ihr Gauamtsleiter Schröder hatten sich mit diesem Urteil nicht abfinden können und hatten nun ihrerseits Beschwerde beim Oberlandesgericht München eingereicht. Schröder hatte durch seine Finanzrechts- und Rechtsabteilung nochmals belegt, „Ansprüche auf Vermögenswerte, die für Volkswohlfahrt und Fürsorge bestimmt sind, hat nur die NSV". Gleichzeitig hatten die Rechtskundigen der NSV gemeint, eine nicht satzungsgemäße Übertragung des Vermögens statt an die Kirchengemeinde an die Kirchenstiftung feststellen zu können und hatten behauptet, da „das Deutsche Volk (hat) kein Interesse [habe] an Einrichtungen, die rein religiös eingestellt sind", mithin ein Bedürfnis als Voraussetzung für eine Verwendung „für alle Zeiten", wie es die Satzung vorsähe, nicht vorliege, bedeute die Entscheidung des Landgerichts eine Gesetzesverletzung. Da zudem „das Ganze" „nichts weiter [sei] als eine verdeckte Schenkung an die Kirche", aber solche „Schiebung" dem „gesunden Volksempfinden" widerspräche, wäre diese Vermögensübertragung „wegen Verstoßes gegen die guten Sitten" nichtig[46].

Diese Beschwerde wurde vom Oberlandesgericht München am 26. April 1939 auf Kosten der NSV zurückgewiesen. Ein Grund war formaler Art: die NSV hatte ausdrücklich auf eine vom Gesetz für einen solchen Fall zwingend vorgesehene Eintragung ihres Widerspruchs gegen die auf Anordnung des

---

[44] Beschluß des Amtsgerichts Nürnberg betr. Grundstückssache St. Jakob vom 19.11.1938 (ADW, VKD 15).

[45] Beschluß der 4. Zivilkammer des Landgerichts Nürnberg-Fürth vom 2.12.1938 (EBD.).

[46] Schreiben NSV-Gauamtsleitung des NSDAP-Gaues Franken an Oberlandesgericht Abt. Grundbuchsachen München vom 15.12.1938 (EBD.).

Landgerichts Nürnberg-Fürth am 15. November 1938 vollzogene Grundbucheintragung verzichtet. Die Rechtskundigen der NSV waren der Meinung gewesen, daß die Evangelisch-lutherische Kirche in Bayern eventuelle Haftungsansprüche der NSV befriedigen werde. Es konnte ganz dahingestellt bleiben, ob dies eine berechtigte Annahme gewesen war oder nicht, allein aus diesem Grund war die Beschwerde zurückzuweisen. Der andere Grund war materieller Art: Wäre die Eintragung tatsächlich wegen eines Verstoßes gegen die guten Sitten nichtig, so hätte nicht die NSV, sondern nur die Kinderbewahranstalt Sankt Jakob das Recht zur Berichtigung, denn ein dingliches Recht am Grundstück stehe der NSV ebensowenig zu wie sie befugt sei, die Kleinkinderbewahranstalt bei der Verfolgung von deren Interessen oder Ansprüchen zu vertreten[47].

Dieses Urteil war eine Niederlage für die NSV. Es war eine Absage an ihre im „originären Recht der nationalsozialistischen Bewegung" begründete Rechtsauffassung und die daraus abgeleiteten Ansprüche. Allerdings von der NSV geschaffene oder bewirkte Tatsachen aufheben konnte auch dieses Urteil nicht. Es war noch nicht gefällt, als der Vorstand des Vereins Kinderbewahranstalt Kornburg sich am 16. März 1939 mit Greifenstein, Schieder, Diez und Schwester Marie traf. Merkel war durch seinen Weggang nach Plöckendorf aus dem Vorstand ausgeschieden und die Situation für Schwester Marie weiterhin schwierig. Zudem hätte die NSV, wie Greifenstein in Kenntnis des sich abzeichnenden Prozeßausganges um die Grundbucheintragung für die Kirchenstiftung Sankt Jakob in Nürnberg wohl erwog, ihrerseits daran interessiert sein können, den status quo zu verändern, mindestens jedoch zu legalisieren. Angesichts solcher Möglichkeiten und da spätestens im August 1938 klar gewesen sein sollte, daß die Entscheidung in der Sache beim Vorstand des Bezirksamtes läge[48], mochte es für den Verein in Kornburg sinnvoll sein, den status quo in ein Rechtsverhältnis zu überführen. Deshalb wollte man von seiten des Evangelisch-lutherischen Landeskirchenrates mit den Verantwortlichen aus dem Landesverein für Innere Mission und dem Bayerischen Landesverband für evangelische Kinderpflege, den Verantwortlichen aus dem Dekanat und dem Verein Kinderbewahranstalt Kornburg das Für und Wider eines Verkaufs von Haus und Grundstück und des Abschlusses eines Mietvertrages erörtern. Da man das Eigentum nicht aufgeben wollte, kam ein Verkauf – für ca. RM 8.000,-- – nicht in Betracht. Aber eine Vermietung an die NSV bot die Möglichkeit, einerseits im Besitz des Hauses zu bleiben, ja eine Anerkennung seiner Nutzung als Kindergarten zu erreichen, andererseits und gleichzeitig die Wohnung für die Gemeindeschwester zu erhalten und schließlich auch die christliche Unterweisung zu sichern, vorausgesetzt die Gemeindeschwester bliebe. Da dies nicht sicher war, befürchtete

47 Beschluß Oberlandesgericht München vom 26.4.1939 (EBD.).

48 „Zusammenstellung" Greifenstein vom 30.11.1943 (LKA NÜRNBERG, LKR 3480).

man „natürlich allerlei Schwierigkeiten", entschied aber doch, Greifenstein mit der NSV über Möglichkeiten des Abschlusses eines Mietvertrages verhandeln zu lassen[49].

Bereits Mitte Mai 1939 konnte Greifenstein der Kirchenkanzlei der DEK mitteilen, daß seine Verhandlungen mit der NSV-Gauamtsleitung „eine gütliche Vereinbarung" zum Ergebnis hätten. Sowohl der angestrebte Mietvertrag lag vor als auch die Zusicherung der NSV, daß Schwester Marie weiterhin als Gemeindeschwester in Kornburg tätig und im Hause wohnen bleiben könne[50]. Zu einer Vertragsunterzeichnung kam es aber noch nicht, da in Kornburg sich ein Konflikt zwischen Schwester Marie und Mandel angebahnt hatte, der offenbar, entgegen der Vereinbarung, die Diakonisse der Evangelisch-lutherischen Diakonissenanstalt Neuendettelsau nicht mehr als Gemeindeschwester in Kornburg dulden und sie durch eine, politisch weniger anstößige, NSV-Schwester ersetzen wollte. Grunwald versuchte wohl diesen Konflikt dadurch zu entschärfen, daß er hinsichtlich des Mietvertrages der NSV ihrem Ortsgruppenleiter Zugeständnisse machte, die der Landesverein für Innere Mission in der Evangelisch-lutherischen Kirche in Bayern nicht ungeprüft billigen konnte[51]. Die Folge war zunächst, daß nach einem heftigen und verleumderischen Angriff des NSV-Ortsgruppenleiters auf Schwester Marie, mit dem er sie bezichtigte, „die Frauen aufzuhetzen" und „wegen Aufwiegelung" mit „Inschutzhaftnahme" drohte[52], das Mutterhaus in Neuendettelsau durch Lauerer seine Schwester zum 31. Januar 1940 aus der Gemeinde abzog[53].

So erfolgte die Unterzeichnung des Mietvertrags über den Kindergarten der Kinderbewahranstalt Kornburg erst am 16. August 1940, und zwei Monate später sollte Grunwald in ein anderes Pfarramt wechseln. Immerhin war es gelungen zu vereinbaren, daß die Kirchengemeinde „den Saal der Kinderschule" für gemeindliche Zwecke wie Bibelstunden und Gemeindeabende nutzen durfte[54]. Daß die NSV hier ein Zugeständnis gemacht hatte, das sie, wie sich im Laufe der Zeit herausstellen sollte, nicht einlösen wollte, das wußte man zu diesem Zeitpunkt noch nicht.

---

49 Niederschrift Schieders über die Besprechung mit dem „Kinderschulvorstand" am 16.3. 1939 (LKA NÜRNBERG, DW 97).

50 Schreiben Greifenstein an Kirchenkanzlei der DEK vom 17.5.1939 (EZA BERLIN, 1/C3/179).

51 Schreiben Weichlein an Greifenstein vom 6.10.1939 (LKA NÜRNBERG, DW 97); Schreiben Weichlein an Lauerer vom 20.10.1939 (EBD.).

52 Schreiben Mandel „an die Schwester Marie" vom 17.10.1939 (EBD.).

53 Schreiben Lauerer an Grunwald vom 18.12.1939 (EBD.).

54 Leih- Miet- Pachtvertrag [Vordruck der NSV], o. D. (EBD.). Schreiben Greifenstein an Kirchenkanzlei der DEK vom 17.5.1939 (EZA BERLIN, 1/C3/179). Die Verhandlungen „auf Veranlassung des Bayerischen Staatsministeriums für Unterricht und Kultus" brachten schließlich „eine gütliche Vereinbarung" (EBD.).

Als Ranke und Göbell am 10. März 1938 sowohl im Ministerium Kerrls mit dem Referenten für Partei und Kirche, dem ebenfalls mit der Sache befaßten Juristen und Oberregierungsrat Werner Haugg, als auch im Gestapa – mit wem bleibt unbekannt – die Kindergartenangelegenheit besprachen, hatte einer der entscheidenden Männer in dieser Zentrale des Kampfes gegen „das politische Verbrechertum"[55], der durch die „,Einfügung' der Behörden der Inneren Verwaltung in die Tätigkeit der Geheimen Staatspolizei" ausgewiesene Dr. Werner Best[56], bereits entschieden, den EOK Karlsruhe beschieden und dessen Beschwerde „als unbegründet" zurückgewiesen[57].

In Kork hatte der unerschrockene Walter Frischmann bis Anfang Januar 1938 den Betrieb des Kindergartens im Pfarrhaus fortgeführt, ohne daß klar gewesen wäre, ob diese Einrichtung als Fortsetzung des ehemals evangelischen aber in kommunaler Trägerschaft betriebenen Kindergartens oder als Neueinrichtung zu betrachten sei. In diesem Falle wäre eine nach § 29 RJWG mögliche Befreiung von den Bestimmungen der §§ 20–23 RJWG; in jenem allein ihre Bestätigung erforderlich gewesen. So oder so, eine Entscheidung stand aus, und die Situation verlangte nach Klärung; um im Bild zu bleiben, die Front drängte auf Begradigung. Die Vereinigung forderte eine „Anerkennung der bestehenden gesetzlichen Bestimmungen bis zum Erlaß eines neuen Jugendwohlfahrtsgesetzes, desgleichen der Bedeutung der kirchlichen Kindergarten-Arbeit" und rechnete damit gleichzeitig auf die „Erzielung einer Übereinstimmung in der Frage der Neugründung kirchlicher Kindergärten"[58]. Indessen sollte die „Unsicherheit der Rechtslage", die v. Wicht im Rückblick auf das Jahr 1937 als „so ernst wie nur möglich" einschätzte[59], nicht im Sinne der Vereinigung beendet werden. Im Gegenteil.

Im Falle des Kindergartens in Kork, den Frischmann so mutig gegründet hatte, war bereits Mitte April 1936 offenkundig geworden, daß man von seiten der regionalen Machthaber mit allen Mitteln gegen diese, aus ihrer Sicht, Neugründung vorgehen wollte. Weil sie in der Haltung Frischmanns und der um ihn versammelten Eltern, die „versuchen, den Frieden der Gemeinde zu stören", die eigene, politische Macht, den „Totalitätsanspruch" in Frage gestellt sahen, reichten ordnungsrechtliche Maßnahmen ihrer Meinung nach nicht mehr aus, um wirkungsvoll dagegen vorzugehen. Darum mußten

---

55 Siehe R. GELLATELY, Allwissend und allgegenwärtig?, S. 51.

56 W. BEST, Die Geheime Staatspolizei, S. 128. Zur Zusammenlegung von Ministerial- und Verwaltungsinstanz, der Ausschaltung von Kontrollinstanzen, mithin der Entstaatlichung und Eingliederung der Polizei in die SS, zur Verfügbar- und Nutzbarmachung derer Interessen für die Zwecke des „Maßnahmenstaates" (E. FRAENKEL, Der Doppelstaat, S. 26ff.) siehe besonders H. BUCHHEIM, Die SS; J. TUCHEL, Gestapa; CHR. GRAF, Kontinuitäten.

57 Schreiben Geheimes Staatspolizeiamt Berlin [Dr. Best] an EOK Karlsruhe vom 25.2.1938 (ADW, CA 625 II).

58 VEREINIGUNG, Tätigkeitsbericht 1.4.1937–31.3.1938, S. 15.

59 EBD. S. 13.

in der Logik derer, die „den Frieden der Gemeinde" gestört sahen[60], andere Maßnahmen ergriffen werden. Die Gestapo wurde eingeschaltet.

Die Gestapo war die politische Polizei des „Führerstaates". Sie selbst hatte in den zurückliegenden Jahren seit 1933 in einem „Prozeß der praktischen Vereinheitlichung und schrittweisen Institutionalisierung"[61] ihre „Entlassung aus der Bindung an die Gesetze"[62] vorangetrieben. Sie war von einem Instrument der Staatsgewalt zum Schutz des Staates zu einem Instrument geworden „gegen alles, was dem Führerwillen nicht konform war und die Verwirklichung des totalitären Verfügungsanspruches gefährden könnte."[63] Deshalb waren das preußische Gesetz über die Geheime Staatspolizei vom 10. Februar 1936[64] und der Erlaß des „Führers" vom 17. Juni 1936 „über die Einsetzung eines Chefs der Deutschen Polizei im Reichsministerium des Innern"[65] – Himmler – weniger die Begründung als vielmehr die Sanktionierung der institutionellen Einheit der politischen Polizei sowie der Abschluß eines „Unterstellungsprozesses", nämlich des Reichsministeriums des Innern als Aufsichtsbehörde unter die Exekutive, eine von der SS bestimmte Polizei als Instrument der Führergewalt[66]. Das waren die Voraussetzungen, die Gestapa und Gestapo, mit Männern wie dem „Technokraten der Sicherheit"[67] Reinhard Heydrich und dem „völkischen Ideologen"[68] Best, zu einem „Koordinationsinstrument der NS-Gewaltverbrechen"[69] werden lassen konnten.

Daß dieses Instrument in einem Streit um einen evangelischen Kindergarten erstmals im badischen Kork eingesetzt wurde, ist nur dadurch zu erklären, daß dieser Streit hier tatsächlich auch erstmals solche Formen annahm, daß den regionalen Machthabern allein der Einsatz der „nach besonderen Grundsätzen und Notwendigkeiten"[70] handelnden, also der einzig und allein an der Durchsetzung des nationalsozialistischen Führungswillens orientierten Gestapo Aussicht auf Erfolg zu versprechen schien. Damit aber war allenthalben auch deutlich, daß es für das Regime und seine an ihm teilhabenden Statthalter um mehr ging als um „Grabenkrieg" und kleine Scharmützel. Es ging um „sicherheitspolitische Gründe"[71], und das hieß, es ging um grund-

---

60 Siehe I Kap. VII.3.4., S. 358 mit Anm. 390.

61 H. BUCHHEIM, Die SS, S. 43.

62 EBD., S. 36; vgl. E. KOGON, SS-Staat, S. 50ff; CHR. GRAF, Kontinuitäten, S. 81f.

63 H. BUCHHEIM, Die SS, S. 43.

64 GS 1936, S. 21–22; H. BUCHHEIM, Die SS, S. 46–47.

65 RGBl 1936 I, S. 487–488.

66 H. BUCHHEIM, Die SS, S. 43ff. und S. 48f.

67 G. DESCHNER, R. Heydrich, S. 98.

68 S. WERNER, W. Best, S. 13.

69 J. TUCHEL, Gestapa, S. 94f.

70 W. BEST, Die Geheime Staatspolizei, S. 128.

71 Schreiben Geheime Staatspolizei Staatspolizeileitstelle Karlsruhe an EOK Karlsruhe vom 27.1.1938 (EZA BERLIN, 1/C3/179).

sätzliche Stellungen, und der evangelische Kindergarten in Kork – wie der in Kornburg – waren zu dem Politikum erklärt, das der „Führer" wenige Wochen zuvor in Sonthofen auch mit einer Frontstellung gegen die Kirchen unter die Parole gestellt hatte: „Das Kind bilden wir!"[72]

Für den Kindergarten im Pfarrhause der evangelischen Kirchengemeinde in Kork bedeutete das, daß ihrem Pfarrer Frischmann am 12. Januar 1938 auf Anordnung der Staatspolizeileitstelle Karlsruhe durch die Geheime Staatspolizeistelle Kehl der Betrieb des Kindergartens mit sofortiger Wirkung untersagt wurde. Eine Begründung wurde zunächst nicht gegeben[73]. Der EOK Karlsruhe protestierte sofort durch den nach wie vor mit der Sache befaßten Otto Friedrich. Unter Einschaltung des Badischen Innenministeriums, das zwar für die Kindergartenangelegenheiten zuständig war, nicht aber für die Gestapo in Baden[74], verlangte Otto Friedrich, die „jeder gesetzlichen und tatsächlichen Begründung entbehrende Maßnahme" aufzuheben[75]. Zehn Tage später lag dem EOK Karlsruhe die geforderte Begründung der Staatspolizeileitstelle Karlsruhe vor. Die Schließung des Kindergartens war „aufgrund des § 1 der Verordnung des Reichspräsidenten zum Schutz von Volk und Staat vom 28.2.1933" verfügt worden. Und der Verstoß gegen dieses „Gesetz" wurde damit begründet: Frischmann und „die konfessionellen Kreise in Kork ... haben alles getan, um in die politische Gemeinde Beunruhigung zu bringen." Daher, so die Staatspolizeileitstelle Karlsruhe, war der Kindergarten „aus sicherheitspolitischen Gründen aufzulösen und zu verbieten."[76]

Die Gemeinde war in Aufruhr. Der Kirchengemeinderat wandte sich sofort mit einer „Abordnung" an Bürgermeister Georg Veid und ebenso an das Pflaumersche Ministerium in Karlsruhe[77]. „Die Korker Männer" hatten sogar vor, nach Berlin zu fahren, um dem zuständigen Sachbearbeiter im Ministerium Kerrls – Szymanowski – unmittelbar ihren Protest vorzutragen[78]. Da er nicht wollte, „daß die Geschichte so einfach bei der zweituntersten Instanz im Papierkorb landet"[79], unterstützte Ziegler das Vorhaben des Korker Kir-

---

[72] Siehe II Kap. I.2.6., S. 128f. mit Anm. 399.

[73] Schreiben EOK Karlsruhe an Geheimes Staatspolizeiamt Karlsruhe vom 17.1.1938 (EZA BERLIN, 1/C3/179; ADW, CA 850a III).

[74] Zur „Verreichlichung" der Polizei siehe H. BUCHHEIM, Die SS, S. 49ff.

[75] Schreiben EOK Karlsruhe an Geheimes Staatspolizeiamt Karlsruhe vom 17.1.1938 (EZA BERLIN, 1/C3/179; ADW, CA 850a III).

[76] Schreiben Geheime Staatspolizei Staatspolizeileitstelle Karlsruhe an EOK Karlsruhe vom 27.1.1938 (EZA BERLIN, 1/C3/179).

[77] Schreiben Kühlewein an Geheimes Staatspolizeiamt Berlin vom 4.2.1938 (EBD.).

[78] Schreiben Ziegler an Schirmacher vom 9.2.1938 (ADW, CA 850a III).

[79] EBD. Zu „Zieglers Rolle in dieser Auseinandersetzung" um den Kindergarten in Kork und die Bedeutung, die diese Auseinandersetzung im Jahre 1947 im Spruchkammerverfahren Zieglers zu seiner Entnazifizierung gewann, nachdem er zunächst als Mitläufer eingestuft worden war und erst in der Revisionsverhandlung schließlich eine Einstufung als Entlasteter erreicht hatte, siehe J. WINTER, „Fröhlich helfen", S. 76ff.

chengemeinderates. Aber wie der EOK Karlsruhe Frischmann veranlaßt hatte, auf eine Kanzelabkündigung der Gestapo-Aktion zu verzichten, um die Erregung in der Gemeinde nicht noch zu vergrößern[80], brachte ebenso Schirmacher Ziegler dazu, beim Kirchengemeinderat darauf hinzuwirken, daß die Absicht, nach Berlin zu reisen, aufgegeben werde. Schirmacher konnte Ziegler davon überzeugen, daß es ausreiche, wenn, wie schon geschehen, die Beschwerde Kühleweins sowohl dem Reichs- und Preußischen Ministerium des Innern als auch dem Reichs- und Preußischen Ministerium für die kirchlichen Angelegenheiten vorgetragen werde. Schirmacher wollte offenbar die Dinge für den CA steuerbar halten und nicht durch eine bei einem solchen Besuch immerhin denkbare Konfrontationen mit dem Machtapparat die vermeintlichen Spielräume für den CA verkleinern. Das entsprach der Gentlemen's-Agreement-Linie des Präsidenten, die zu verlassen Ziegler einige Wochen zuvor Constantin Frick sehr ermutigt hatte. Jetzt folgte er der Argumentation Schirmachers und war dem CA sogar „herzlich dankbar für alles, was er [scil. der CA] in der Weiterverfolgung der Eingabe tun kann."[81]

Was konnte man tun? Nach der Rechtslage, § 7 des Gesetzes über die Geheime Staatspolizei, war der Rechtsweg über ein ordentliches Gericht ausgeschlossen. Darauf hatte die Staatspolizeileitstelle ausdrücklich hingewiesen[82]. Es gab nur die Möglichkeit der Dienstaufsichtsbeschwerde[83]. Wollte man etwas tun, dann blieb nur dieser Weg. Am 4. Februar 1938 unterzeichnete Kühlewein eine umfängliche Beschwerde des EOK Karlsruhe, die an das Gestapa in der Berliner Prinz-Albrecht-Straße ging und in Abschrift dem Hause Wilhelm Fricks und dem Kerrls zugestellt wurde. Ausführlich war nochmals die Entwicklung des Falles seit Januar 1936 dargestellt, die Kündigung von Schwester Friederike Seith, die Einrichtung des neuen Kindergartens im Pfarrhaus auf Wunsch der Eltern, der Druck von Veid über Eugen Gantert auf Johann Gerber und Jakob Murr, auf Karl Doll und David Haag, die Untersagung des Betriebes aus bau- und gesundheitspolizeilichen Gründen durch das Bezirksamt in Kehl und seinen Landrat Wilhelm Schindele, die Klage der Kirchengemeinde und das sie ins Recht setzende Urteil des Obersten Badischen Verwaltungsgerichtshofes, die dennoch ausgebliebene Baugenehmigung und nun die „unanfechtbare Entschließung" der Gestapo. Die Beschwerde, in dieser Form kaum eine Dienstaufsichtsbeschwerde, viel eher ein

---

80 Schreiben EOK Karlsruhe an Geheimes Staatspolizeiamt Karlsruhe vom 17.1.1938 (EZA BERLIN, 1/C3/179).

81 Schreiben Ziegler an Schirmacher vom 9.2.1938 (ADW, CA 850a III).

82 Schreiben Geheime Staatspolizei Staatspolizeileitstelle Karlsruhe an EOK Karlsruhe vom 27.1.1938 (EZA BERLIN, 1/C3/179). § 7 Gesetz über die Geheime Staatspolizei lautet: „Verfügungen und Angelegenheiten der Geheimen Staatspolizei unterliegen nicht der Nachprüfung der Verwaltungsgerichte." (GS 1936, S. 21–22; H. BUCHHEIM, Die SS, S. 46–47).

83 Schreiben Geheime Staatspolizei Staatspolizeileitstelle Karlsruhe an EOK Karlsruhe vom 27.1.1938 (EZA BERLIN, 1/C3/179).

untertäniges Gesuch, endete mit der Bitte, „die Verfügung vom 27. Januar 1938 aufzuheben", denn es werde „von niemand [sic!] verstanden, daß ein ordnungsgemäß betriebener evang. kirchl. Kindergarten verboten wird und zwar auf Grund der zur Abwehr kommunistischer, staatsgefährdender Gewaltakte erlassenen Verordnung zum Schutz von Volk und Staat."[84]

Indessen „das Vertrauen, daß die Reichsstellen ... das bittere Unrecht, das in Kork geschehen ist, beseitigen,"[85] wurde enttäuscht. Der CA konnte nichts tun, das zu verhindern. Zwar führte Heinrich, nach Rücksprache mit Schirmacher, am 18. Februar 1938 in der Sache ein Gespräch mit Szymanowski. Das Ergebnis aber war nicht nur die Einsicht in die Tatsache, daß das Ministerium sich „rein formell" nicht zuständig sah, sondern auch, daß es darüberhinaus kaum möglich war, es von einer anderen Sicht der Dinge und schon gar nicht der Sache nach, zu überzeugen[86]. Dieser magere Ertrag der Bemühungen Heinrichs, den er Ziegler noch am selben Tag übermittelte, zeigte an, wie wenig aussichtsreich es war, in der Sache sein Vertrauen auf dieses Ministerium zu setzen. Gleichzeitig konnte damit aber auch bereits zu diesem Zeitpunkt klar sein, welches Ergebnis die Dienstaufsichtsbeschwerde haben mußte. Und nicht nur das. Es mußte zu diesem Zeitpunkt auf seiten der evangelischen Kinderpflege und der Inneren Mission auch erkennbar sein, welchen Ausgang die Auseinandersetzungen um den evangelischen Kindergarten in Kork überhaupt nehmen würden.

Es war wohl der Erfolg der Abordnung des Kirchengemeinderates beim Ministerium Pflaumers, daß dieses sich zu einer Legalisierungsmaßnahme gedrängt sah. Unter dem 9. Februar 1938 kündigte Pflaumer dem Gesamtverband der Inneren Mission in Baden und dem EOK Karlsruhe den Erlaß eines Gesetzes über Kindertagesstätten an, das mit Wirkung vom 1. Januar 1938, mithin rückwirkend, in Kraft treten sollte. Pflaumer und sein Ministerium wollten damit offenbar der Möglichkeit eines weiteren Prozesses und gar einer Prozeßniederlage vor dem Obersten Badischen Verwaltungsgerichtshof begegnen. So wurde mit der Ankündigung eines Gesetzes, das eine „Erlaubnispflicht" einführen und damit eine Regelung für die Genehmigung neuer Kindertagesstätten schaffen sollte, eine Rechtsgrundlage dafür angestrebt, bei Neueinrichtung eines Kindergartens, der NSV in jedem Fall ein Vorrecht zu verschaffen. Werde an einem Ort neben der NSV auch von anderen Organisationen um die Genehmigung zum Betrieb eines Kindergartens nachgesucht, bestehe jedoch an diesem „Ort nur ein Bedürfnis für *einen* Kindergarten", so beabsichtigte das Ministerium, „lediglich der NSV als der von

84 Schreiben Kühlewein an Geheimes Staatspolizeiamt Berlin vom 4.2.1938 und an Reichs- und Preußischen Minister für die kirchlichen Angelegenheiten und Reichs- und Preußischen Minister des Innern mit der Bitte, „von dieser Beschwerde Kenntnis zu nehmen und unseren Antrag in geeigneter Weise zu unterstützen." (EZA BERLIN, 1/C3/179; ADW, CA 850a III).

85 EBD.

86 Schreiben Heinrich an Ziegler vom 12.2.1938 (ADW, CA 850a III).

der Bewegung mit wohlfahrtspflegerischen Aufgaben betreuten Organisation den Vorrang zu geben."[87] Dies war die Ankündigung einer Lex Kork und konnte „als offizielles Gesetz", wie Hundinger urteilte, „nicht dazu angetan [sein], die Lage der evangelischen Kindergärten zu beruhigen", obwohl damit nur ausgesprochen war, was „in allen Ländern und Provinzen seit etwa zwei Jahren üblich ist."[88]

Es kann unerörtert bleiben, ob Ziegler tatsächlich beunruhigt war. Jedenfalls reichte er die Gesetzesankündigung sogleich an alle Pfarrämter weiter. Seiner Meinung nach war es wichtig, weil „nötig, es [scil. das angekündigte Gesetz] jetzt schon zu beachten."[89] Da aber der evangelische Kindergarten in Kork in den Augen aller, die für ihn stritten, keine Neugründung war, mußte das, was vom Badischen Innenministerium gerade für diesen Fall angekündigt worden war, bedeutungslos sein. Sonst hätte es ja heißen müssen, die Bemühungen um den Erhalt des von Schwester Friederike Seith geleiteten Kindergartens einzustellen. Indessen waren diese Bemühungen derzeit ohnehin darauf beschränkt, das Ergebnis der Beschwerde des EOK Karlsruhe vom 4. Februar 1938 abzuwarten.

Den Bescheid aus dem Gestapa in Berlin hatten Gesamtverband der Inneren Mission in Baden und EOK Karlsruhe bereits vierzehn Tage nach Eingang der Ankündigung eines Gesetzes über Kindertagesstätten für Baden in Händen. Die Gestapo hatte die Maßnahmen der Gestapo für Recht erkannt. Best teilte mit, er sehe sich „nicht veranlaßt, die getroffenen Maßnahmen rückgängig zu machen. Diese sind aus den zutreffenden Gründen ... gerechtfertigt."[90] Damit war nicht das „bittere Unrecht", das man im Blick auf den Kindergarten in Kork beklagt hatte, damit vielmehr war das Recht beseitigt.

Zwar unternahmen Göbell und Ranke mit ihren Gesprächen, die sie am 10. März im Gestapa und im Reichs- und Preußischen Ministerium für die kirchlichen Angelegenheiten führten, immerhin einen Versuch, doch noch eine Revision der Zurückweisung der Dienstaufsichtsbeschwerde zu erreichen – aber vergeblich. Was sie bewirkten, war eine ausdrückliche Bestätigung dessen, wovon allenthalben gesprochen wurde, weil wiederholt angekündigt, daß „ein diesbezüglicher Erlaß zu erwarten ist."[91] In Verbindung damit sollte dann auch die Entscheidung im Falle Kork ebenso wie im Falle

---

87 LKA KARLSRUHE, EOK 6036; ADW, CA/J 63. Die Hervorhebung ist im Original unterstrichen.

88 Aktennotiz Hundinger „für Dr. Schubert" vom 9.3.1938 (ADW, CA 625/1 I). Diese Notiz entstand in Vorbereitung des Gesprächs Göbell und Ranke am 10.3.1938 beim Reichs- und Preußischen Ministerium für die kirchlichen Angelegenheiten und dem Gestapa Berlin (EBD.).

89 Rundschreiben Gesamtverband der Inneren Mission an alle Evangelischen Pfarrämter in Baden vom 19.2.1938 (LKA KARLSRUHE, EOK 6036).

90 Schreiben Geheimes Staatspolizeiamt Berlin [Dr. Best] an EOK Karlsruhe und Gesamtverband der Inneren Mission in Baden vom 25.2.1938 (EZA BERLIN, 1/C3/179).

91 Vermerk Göbell vom 10.3.1938 (ADW, CA 850a III).

Kornburg getroffen werden. Haugg präzisierte die Sache schließlich noch dahin, daß die angekündigte Verfügung „höchstwahrscheinlich ein Verbot hinsichtlich der Neuerrichtung evangelischer Kindergärten" darstellen werde[92]. Göbell, der sowohl Ziegler als auch den EOK Karlsruhe von dem Ergebnis der Bemühungen des CA und der Kirchenkanzlei der DEK unterrichtete, sagte zu, unverzüglich auch von den mit dem Ministerium Kerrls in gleicher Sache zu erwartenden Gesprächen zu berichten[93]. Aber ein weiteres Gespräch fand weder in Sachen des evangelischen Kindergartens in Kornburg noch in Sachen des Kindergartens der Kirchengemeinde in Kork statt. In Kornburg liefen die Dinge auf eine vertragliche Regelung mit der NSV zu. Der evangelische Kindergarten in Kork blieb geschlossen. Aus der Sicht der Machthaber war die Sicherheit nationalsozialistischem Recht entsprechend wieder hergestellt. Unter Bezugnahme auf Bests Verfügung vom 25. Februar 1938 konnte Pflaumers Badisches Innenministerium mitteilen, es bestehe „für die Entscheidung meinerseits keine Möglichkeit."[94] Es entsprach dem – von einem Gesetz über Kindertagesstätten war in Baden fortan nicht mehr die Rede.

Nach so erfolgreichen staatspolizeilichen Maßnahmen hätte es nahegelegen, mit gezieltem Einsatz der Gestapo der NSV ziemlich schnell zur Erlangung des von ihr angestrebten Zieles zu verhelfen. Aber abgesehen von den Konkurrenzen, die es auch im Organisationsgefüge der Gestapo im Verhältnis zu den Männern an der Spitze der staatlichen Verwaltung oder der Partei in den Ländern und Provinzen des Deutschen Reiches gab und den dementsprechenden unterschiedlichen Interessenlagen, es gab wohl einen Grund, den Kampf um die Kindergärten jetzt nicht weiter in dieser Weise öffentlich mit Unterstützung der Gestapo zu führen. Dieser möglicherweise entscheidende Grund war die Beunruhigung der Bevölkerung. In der „größten Erregung" mußte ein erhebliches Protestpotential zu erkennen sein, das reichsweit geweckt tatsächlich – aus Sicht der Gestapo – eine Gefährdung der Sicherheit, mithin eine Gefährdung der Macht der Machthaber hätte bedeuten können. Man hatte Respekt vor dem „größten Einfluß auf den Menschen", den nach Erkenntnis der Gestapo die „protestantische Kirche durch die Wohlfahrtspflege" besaß. Deshalb mußten sich Gestapo-interne Arbeitsanweisungen darauf beschränken, Ordnungsverstöße, wie „evtl. unhygienische Zustände", der evangelischen Wohlfahrtspflegeeinrichtungen, mithin auch der Kindergärten, „aufzudecken"[95]. Es waren also „sicherheitspolitische Gründe", die zu einem Verzicht auf den konsequenten, mit dem Risiko einer gewissen öffentlichen

---

92 EBD.

93 Schreiben Göbell an Gesamtverband der Inneren Mission in Baden und gleichlautend an EOK Karlsruhe vom 10.3.1938 (ADW, CA 625/1 I).

94 Schreiben des Badischen Ministerium des Innern an EOK Karlsruhe vom 1.4.1938 (EZA BERLIN, 1/C3/179).

95 Sicherheitsdienst Reichsführer SS – Oberabschnitt Südwest, Arbeitsanweisungen 1937/1938 vom 15.2.1938 (BA BERLIN, 5101/24).

Wirksamkeit verbundenen Einsatz der Gestapo als Waffe im Kampf um die Kindergärten führten.

Das wird deutlich an einem weiteren Fall, der bereits nur noch ein Nachspiel zu den Auseinandersetzungen mit der Gestapo war. Im Juni 1938 wollte der evangelische Kindergarten in Deutsch Krone, in der Provinz Grenzmark Posen-Westpreußen[96], wie in jedem Jahr ein Sommerfest feiern. Einen Tag vor dem Fest verbot es die Geheime Staatspolizeistelle Schneidemühl. Die Begründung war zunächst höchst unklar. Als am folgenden Tag, dem vorbereiteten Festtag, Franz Rothländer, Superintendent in Deutsch Krone und Obmann der BK, bei der Gestapo in Schneidemühl um Begründung einkam, wurde er beschieden, „daß kirchliche Verbände sich nicht weltlich betätigen dürften, und das [scil. beabsichtigte Fest] sei ein weltliches Fest." Die Begründung war lachhaft, aber sie war ernst zu nehmen, denn mit der Gestapo war, wie man wußte, nicht zu spaßen. Ob Rothländer die sich in der Lachhaftigkeit verbergende Konsequenz der Entkonfessionalisierung des öffentlichen Lebens, die Marginalisierung und Verdrängung der Kirche erkannte oder auch nur ahnte, bleibt eine offene Frage. Rothländer unterrichtete jedenfalls das Evangelische Konsistorium der Provinz Grenzmark Posen-Westpreußen, das sich am 1. Juli 1938 an den EOK Berlin wandte und auf die „in unserer kirchlichen Grenzmark große Verbitterung bei der evangelischen Bevölkerung" auslösende Wirkung dieser Entscheidung der Gestapo hinwies[97].

Oberkonsistorialrat Dr. Friedrich Wieneke, Parteigenosse und den DC angehörend – er hatte sich aber dem von Joachim Hossenfelder vollzogenen Anschluß der Glaubensbewegung DC an die Nationalkirchliche Bewegung DC ferngehalten[98] –, war seit drei Jahren Mitglied des EOK Berlin. Da er für die Fragen konfessioneller Kindererziehung, mithin in Sachen Sommerfest des evangelischen Kindergartens in Deutsch Krone zuständig war, bat er das Kerrlsche Ministerium, „helfen zu wollen, daß den vielen grenzmärkischen Kindern eine alljährlich bereitete Freude erhalten wird."[99] So wie an den EOK Berlin hatte sich Rothländer gleichzeitig auch an das Gestapa in Berlin gewandt und um „Entscheidung resp. um Mitteilung der einschlägigen Verordnungen" gebeten[100]. Tatsächlich lag bisher überhaupt kein schriftlicher

---

96 Die Zahl der evangelischen Kindergärten in der Kirchenprovinz Grenzmark war nicht zu ermitteln. 1927 waren zwölf evangelische Kindergärten zu zählen (HIM II, S. 60–63). Eine verbandliche Organisation innerhalb der Inneren Mission bestand in dieser Provinz nicht, so daß es eine dementsprechende Mitgliedschaft in der Vereinigung nicht geben konnte.

97 Schreiben Rothländer an „Geheime Staatspolizei Staatspolizeistelle Schneidemühl durch die kirchl. Aufsichtsbehörden" vom 19.7.1938 (EZA BERLIN, 7/4414).

98 K. MEIER, Die Deutschen Christen, S. 222.

99 Schreiben Wieneke an Reichsministerium für die kirchlichen Angelegenheiten vom 13.7.1938 (EZA BERLIN, 7/4414).

100 Schreiben Rothländer an Geheimes Staatspolizeiamt Berlin „durch die kirchl. Aufsichtsbehörden" vom 19.7.1938 (EBD.).

Bescheid der Gestapo vor. Das war bei einer auf Grund eines „politischen Gesamtauftrags" und das hieß bei einer entsprechend ihrer „Lösung aus den gesetzlichen Bindungen" handelnden Gestapo nicht verwunderlich[101]. Ein schriftlicher Bescheid oder eine Verfügung sollte auch nicht mehr erfolgen, weder aus Schneidemühl noch aus Berlin.

Es brauchte ein Vierteljahr und einer nochmaligen Erinnerung durch den EOK Berlin und Wieneke[102], um bei der Gestapo den Sachverhalt zu ermitteln und aus dem Ministerium Kerrls durch Julius Stahn, inzwischen Ministerialdirigent, bestätigt zu erhalten, daß „grundsätzlich keine Bedenken" bestehen, solche Kinderfeste zu veranstalten. Danach war durch das seinerzeit vorbereitete, aber nicht veranstaltete Fest die Sicherheit unter staatspolizeilichen Gesichtspunkten nicht gefährdet. Allerdings, darauf mußte der Ministerialdirigent und zweiter Mann nach Staatssekretär Muhs hinweisen, sollten „durch derartige Feiern die Veranstaltungen von Kinderfesten durch die NSV oder ähnliche Organisationen nicht beeinträchtigt werden."[103]

Als dieses Nachspiel beendet war, bei dem schließlich auch wieder die Zusammenhänge in Blick gerückt wurden, in denen jede Angelegenheit eines evangelischen Kindergartens gesehen werden mußte, war bereits jener Erlaß ergangen, auf den allenthalben so lange gewartet worden war. Genauer, man hatte zur Kenntnis nehmen müssen, daß tatsächlich jener Erlaß, auf den man so lange gewartet hatte, längst ergangen, ja tatsächlich bekannt war.

3.2. Das Schreiben des Reichsministers für Wissenschaft, Erziehung und Volksbildung betr. „Kindergärten mit bekenntnismäßiger Einstellung" vom 4. August 1938

Anfang des Monats August 1938 wurde auch in der kirchlichen Öffentlichkeit ein Rundschreiben des „Leiters des Stabes des Stellvertreters des Führers" aus dem „Braunen Haus" publik, mit dem das Ende einer die zurückliegenden fünf Monate bestimmenden kirchenpolitischen Auseinandersetzung, der „Treueidkampagne", angezeigt war – die BK war düpiert, die DC desavouiert und die gesamte evangelische Kirche in Verlegenheit. Martin Bormann, „rücksichtsloser Gefolgsmann"[104] des „Führers" und mit einem „nicht durch Kompetenzregeln beschreibbaren Handlungsspielraum"[105] beim „Stellvertreter des Führers" ausgestattet, hatte am 13. Juli 1938 durch ein Rundschreiben „an alle Gauleiter", Stellung zur Frage der „Vereidigung evangelischer Geist-

---

101 H. BUCHHEIM, Die SS, S. 85.

102 Schreiben Wieneke an Reichsministerium für die kirchlichen Angelegenheiten vom 26.9.1938 (EZA BERLIN, 7/4414).

103 Schreiben Reichsministerium für die kirchlichen Angelegenheiten [Julius Stahn] an EOK Berlin vom 15.10.1938 (EBD.).

104 J. v. LANG, Martin Bormann, S. 6.

105 P. LONGERICH, Hitlers Stellvertreter, S. 90.

licher" genommen und die Haltung der Partei den „kirchlichen Dingen gegenüber" allenthalben folgenreich deutlich gemacht.

Mit seiner technokratischen Feststellung, daß dem Eid auf den „Führer", unabhängig davon, ob ein Geistlicher „dieser oder jener Richtung innerhalb der einzelnen Evangelischen Kirchen" angehöre, „lediglich eine innerkirchliche Bedeutung" zukäme[106], hatte Bormann das Programm der „Entpolitisierung der Kirche" und der „Entkonfessionalisierung des öffentlichen Lebens" sehr wirkungsvoll bestätigt. Gleichzeitig hatte er allen, die mit dem zuständigen Reichsminister Kerrl „(glaubte) fest an die Notwendigkeit der Versöhnung von Christentum und Nationalsozialismus"[107] glaubten und eine enge Bindung der Kirchen an den Staat anstrebten und allen, die sich, wie immer auch theologisch begründet, hatten kirchenpolitisch absichern wollen, eindeutig zu verstehen gegeben, daß keine Kirche, nicht einmal eine dem „Führer" folgende, eine beachtenswerte politische Größe wäre. Ob Bormann damit auch angesichts einer nach Befehl des „Führers" an die Wehrmacht zur Vorbereitung der Zerschlagung der Tschechoslowakei[108] auf ihren Höhepunkt zulaufenden „Sudetenkrise" andeuten wollte, daß sich die „einzelnen Evangelischen Kirchen" doch aus diesen Angelegenheiten gefälligst heraushalten sollten, ist ungewiß. Erwartet wurde es[109].

Es entsprach ganz der Lage der Dinge, daß bei Bekanntwerden der „Gebetsliturgie"[110], von der 2. VKL und ihrem Vorsitzenden Friedrich Müller für einen Gebetsgottesdienst in die Gemeinden gegeben, nicht nur ein Proteststurm der DC losbrach und der EOK Berlin die Konsistorien der ApU zu einem Verbot des Gottesdienstes veranlaßte, vielmehr auch die Machthaber sich zu Wort meldeten. Das Schwarze Korps, Zentralorgan der SS, der „eigentlichen Auslese der künftigen staatstragenden Kräfte"[111], erklärte in seiner letzten Oktoberausgabe die „Gebetsliturgie" und ihre Gebete für „Kundgebungen des Verrats und der Sabotage" und forderte „die Ausmerzung" der „Verbrecher", die dafür verantwortlich wären[112]. Allerdings war zu diesem

---

106 Rundschreiben Nr. 87/38 M. Bormann vom 13.7.1938 (KJ 1933–1944, S. 262; H. MICHAELIS/E. SCHRAEPLER, Ursachen und Folgen XI, Dok. Nr. 3536a, S. 280).

107 W. HÜFFMEIER, Die Zeit, S. 483.

108 B.-J. WENDT, Großdeutschland, S. 146. Vgl. auch K. MEIER, Kirchenkampf III, S. 53 mit Anm. 145.

109 Siehe Bericht des Chefs des Sicherheitshauptamtes des Reichsführers SS betr. Die Haltung der Kirche in der Zeit der außenpolitischen Spannung mit Begleitschreiben Heydrich an Lammers vom 8.11.1938 (H. BOBERACH, Berichte, S. 294–300). „Die politische Geistlichkeit sucht in der Stunde außenpolitischer Spannung die Volksstimmung zu drücken." (S. 297).

110 KJ 1933–1944, S. 263–265.

111 E. KOGON, SS-Staat, S. 43.

112 Nach K. MEIER, Kirchenkampf III, S. 56 mit Anm. 152: Das Schwarze Korps, 4. Jg., 41/27.10.1938. Inwieweit die Gebetsliturgie veranlaßt wurde durch jenen Brief vom 19.9.1938, den Karl Barth an Josef Hromádka, den tschechischen Kollegen und Inhaber des Lehrstuhls für Systematische Theologie an der Universität in Prag, geschrieben hatte und womit Barth jedenfalls sei-

Zeitpunkt längst bekannt, daß der Gebetsgottesdienst, wie er für den 30. September – „da der Kriegslärm die ganze Welt erfüllt“[113] – vorgesehen war, nicht hatte stattzufinden brauchen[114]. Der Ausbruch eines Krieges war, wie verlogen das Ergebnis der Verhandlungen in Berchtesgaden, Godesberg und München auch gewesen sein mochte[115], verhindert worden. Das „Sudetenland“ sollte aber nicht Hitlers letzte territoriale Forderung sein. Das war spätestens ein Jahr darauf allen in Europa und in der Welt klar.

Es war diese kirchenpolitisch wie politisch äußerst angespannte Situation, in der Innere Mission und Vereinigung erkennen mußten, wohin die Entwicklungen der zurückliegenden einundeinhalb Jahre, seit der Bilanz der Reichstagung der Inneren Mission und dem Rücktritt des RKA, geführt hatten. Markiert wurde dieser Punkt durch die grundsätzliche Entscheidung, auf die man seit den Verhandlungen mit dem Hause Kerrls im Sommer 1936 gewartet hatte. Jetzt wurde diese Entscheidung amtlich bekannt, wenn auch nicht amtlich bekannt gemacht.

Am 19. September 1938 verfügte das Regierungspräsidium in Koblenz unter seinem Präsidenten Gerhard Mischke, daß die evangelische Kirchengemeinde in Dierdorf, im Landkreis Neuwied, im Westerwald gelegen, den von ihr unterhaltenen und „auf konfessioneller Grundlage geleiteten“ Kindergarten zum 15. Oktober zu schließen habe, da die NSV am Ort einen Kindergarten betreibe. Es wurde dekretiert: „Der den nationalsozialistischen Staat tragende Grundgedanke der rassisch und völkisch bestimmten Schicksalsge-

---

ne Bereitschaft zu politischem Widerstand anzeigte (H. MICHAELIS/E. SCHRAEPLER, Ursachen und Folgen XI, Dok. Nr. 3537, S. 281–282; auch K. Barth, Eine Schweizer Stimme 1938–1945, Zürich 1946), zu dem sich indessen auch die 2. VKL der BK, insbesondere die radikalen Dahlemer, nicht verstehen konnten und sich dementsprechend abzugrenzen suchten, um dem Vorwurf des „Volksverrats“ zu entgehen – das muß hier unerörtert bleiben. Vgl. KJ 1933–1944, S. 263ff. Das Regime und seine Propaganda brachte allerdings Gebetsliturgie und Barth-Brief in Zusammenhang und bezeichnete die Urheber und Verfasser als „religiös fanatisierte Kreise“ mit einer „staatsfeindlichen Gesinnung“ (Deutsches Nachrichtenbüro vom 11.11.1938, in: W. NIEMÖLLER, Kampf und Zeugnis, S. 447ff.). Vgl. Bericht des Chefs des Sicherheitshauptamtes des Reichsführers SS betr. Die Haltung der Kirche in der Zeit der außenpolitischen Spannung mit Begleitschreiben Heydrich an Lammers vom 8.11.1938 und Jahreslagebericht des Sicherheitshauptamtes des Reichsführers SS vom Frühjahr 1939 (H. BOBERACH, Berichte, S. 298ff. und S. 325). Vgl. auch A. BOYENS, Widerstand, S. 675ff.; G. VAN NORDEN, Widersetzlichkeit, S. 74f.; G. BESIER, Die Kirche, S. 419–429.

113 Gebetsliturgie; aus der Einleitung zur Lesung von Ps. 85 (KJ 1933–1944, S. 263).

114 Die Männer der 2. VKL, Pfarrer Friedrich Müller (Berlin-Dahlem), Superintendent Lic. Martin Albertz (Berlin-Spandau), Pfarrer Dr. Hans Böhm (Berlin-Zehlendorf), Pfarrer Lic. Otto Fricke (Frankfurt/Main) und Pfarrer Bernhard Forck (Hamburg-Hamm), wurden unter Fortfall ihrer Bezüge vom Dienst suspendiert. Die Bischöfe Marahrens, Meiser, Wurm und Kühlewein ließen sich von Kerrl bewegen, eine Erklärung zu unterzeichnen, mit der das Gebetsliturgie-Rundschreiben der 2. VKL „von uns aus religiösen und vaterländischen Gründen mißbilligt und für unsere Kirchen abgelehnt worden ist.“ (H. HERMELINK (Hg.), Kirche im Kampf, S. 455). Siehe K. MEIER, Kirchenkampf III, S. 57ff.

115 Siehe dazu etwa H.-U. THAMER, Verführung und Gewalt, S. 589ff.

meinschaft des Volkes schließt grundsätzlich eine bekenntnismäßige Einengung der Kindergartenarbeit aus."[116]

Der Anlaß war nicht eindeutig und hatte wohl etwas damit zu tun, daß der Pfarrer der Gemeinde, Wolfgang Knuth, seit vier Jahren in Dierdorf im Amt und auch der BK und der Rheinischen Pfarrerbruderschaft angehörend[117], die Umwandlung der evangelischen Rektoratsschule am Ort[118] in eine Deutsche Gemeinschaftsschule nicht ganz widerspruchslos hingenommen hatte und somit, wie die regionalen NSDAP-Größen meinten, keine Gewähr für eine Erziehung im nationalsozialistischen Sinn bot[119]. Jedenfalls sollten nun die bisher im evangelischen Kindergarten untergebrachten Kinder im NSV-Kindergarten „ohne Ausnahme aufgenommen werden"[120]. Knuth informierte umgehend den Evangelischen Verband für Kinderpflege in der Rheinprovinz. Der nach wie vor dessen Geschäfte führende Ohl wandte sich sofort an den Regierungspräsidenten, bat „um Mitteilung darüber, auf welche gesetzlichen Grundlagen bezw. ministeriellen Verfügungen sich die ... Schließung stützt", da man eine ausreichende Begründung nicht erkennen könne und wünschte vorläufige Außerkraftsetzung der Verfügung und kurzfristigen Bescheid[121]. Der erfolgte tatsächlich sofort. Bereits vier Tage später bestätigte das Regierungspräsidium seine Entscheidung und teilte mit, man beziehe sich „bei dieser Maßnahme auf einen Erlaß des Herrn Reichsministers für Wissenschaft und Volksbildung vom 4. August 1938"[122].

Diese Mitteilung löste große Beunruhigung aus, zunächst im Rheinischen Provinzial-Ausschuß für Innere Mission, dann in der Kirchenkanzlei der DEK und im CA und nicht zuletzt in der Vereinigung. Nach der Entscheidung zum Kindergarten in Hennweiler, was die Rheinprovinz betraf, nach der Verfügung des Regierungspräsidiums in Frankfurt/Oder in Sachen des Kindergartens in Senftenberg vom 29. April 1937 und nach dem Bescheid aus dem Ministerium Kerrls vom 28. Dezember 1937 zum Kindergarten in Bellin, was Brandenburg betraf, nach dem Erlaß des Badischen Innenministers vom 26. Mai 1937 betr. Einrichtung von Kindergärten und Horten in Baden und ganz und gar nach dem am 9. August 1937 in Württemberg beschlos-

---

116 Schreiben Regierungspräsidium Koblenz an Evangelische Kirchengemeinde Dierdorf vom 19.9.1938 (EZA BERLIN, 1/C3/179; EZA BERLIN, 7/4414; ADW, CA/J 62).

117 Siehe G. v. NORDEN, Kirchenkampf, S. 92; W. SCHERFFIG, Junge Theologen I, S. 76.

118 A. ROSENKRANZ, Das evangelische Rheinland I, S. 697.

119 Schreiben Ohl an Kirchenkanzlei der DEK [Brunotte und Ranke] vom 20.10.1938 (EZA BERLIN, 1/C3/179). Zum Kampf um die Bekenntnisschule siehe I Kap. VII.2.2., S. 329 mit Anm. 274; und I Kap. VII.4.1., S. 393 mit Anm. 558; siehe J. THIERFELDER, Die Auseinandersetzungen. Auch K. HUNSCHE, Der Kampf; K. FRÖR, Der notwendige Kampf. Vgl. auch P.-C. BLOTH, Religion; DERS., Kreuz oder Hakenkreuz? Und besonders F. KRAFT, Religionsdidaktik.

120 Schreiben Regierungspräsidium Koblenz an Evangelische Kirchengemeinde Dierdorf vom 19.9.1938 (EZA BERLIN, 1/C3/179; EZA BERLIN, 7/4414; ADW, CA/J 62).

121 Schreiben Ohl an Regierungspräsidium Koblenz vom 29.9.1938 (EBD.).

122 Schreiben Regierungspräsidium Koblenz an Ohl vom 3.10.1938 (EBD.).

senenen, am 8. November 1937 mit Zustimmung der Reichsregierung verkündeten und rückwirkend zum 1. April 1937 in Kraft getretenen Gesetz über die Kindergärten – es war nicht allein Ohl klar, daß „wohl Verfügungen bestanden, ... Anträge auf Genehmigung konfessioneller Kindergärten abzulehnen". Aber Anweisungen, Verfügungen, wonach „ordnungsmäßig genehmigte Kindergärten", soweit sie den Bestimmungen des RJWG entsprachen, zu schließen wären – einen Erlaß des Reichsministeriums für Wissenschaft, Erziehung und Volksbildung vom 4. August 1938 kannte man nicht. Weder im Rheinischen Provinzial-Ausschuß für Innere Mission noch im Evangelischen Verband für Kinderpflege in der Rheinprovinz, nicht bei der Kirchenkanzlei der DEK und nicht beim EOK Berlin, weder beim CA noch beim EREV und auch nicht bei der Vereinigung[123].

Während Ohl sich noch bemühte, den Erlaß und dessen Wortlaut zu ermitteln, wohl auch die Absicht hatte, mit v. Wicht anläßlich der nächsten Vorstandssitzung des CA in Berlin, zu der v. Wicht zur Berichterstattung gebeten, den Vorgang zu besprechen, erhielt die Kirchengemeinde den Bescheid des Regierungspräsidenten, daß die Schließung erst zum 1. November 1938 erfolgen müsse. Ausschlaggebend dafür war die Tatsache, daß der NSV-Kindergarten entgegen ursprünglicher Absicht zum 15. Oktober nicht hätte seinen Betrieb aufnehmen können[124]. Daß mit der um vierzehn Tage verlängerten Betriebserlaubnis für den Kindergarten der Gemeinde keine Änderung der Entscheidung im Grundsatz verbunden war, mußte Ohl erkennen, als ihm die Kirchengemeinde Monzingen, an der Nahe zwischen Sobernheim und Simmern gelegen, mitteilte, daß das Regierungspräsidium die Schließung des Kindergartens der Kirchengemeinde zum 1. November 1938 verfügt habe. Als Grund war angegeben, daß die NSV einen Kindergarten errichtet und eröffnet hätte und daß darum „für den einseitig konfessionell geleiteten Kindergarten kein Bedürfnis mehr" bestehe[125].

Der Anlaß konnte darin gesehen werden, daß der Pfarrer der Gemeinde, Karl Hardiek, seit vier Jahren erst am Ort, aus Gesundheitsgründen zum 1. Oktober in Ruhestand gegangen war[126]. Diese Pfarrvakanz war eine günstige Gelegenheit für NSV und Regierungspräsidium, ihre Entkonfessionalisierungsabsichten mit Aussicht auf Erfolg durchzusetzen. Auch wenn im Schreiben an die Kirchengemeinde in Monzingen die Feststellung fehlte, daß „eine bekenntnismäßige Einengung der Kindergartenarbeit" in dem vom Grundgedanken der „rassisch und völkisch bestimmten Schicksalsgemeinschaft" getragenen nationalsozialistischen Staat grundsätzlich ausgeschlossen

123 Schreiben Ohl an Evangelisches Konsistorium der Rheinprovinz vom 26.10.1938 (EBD.).

124 EBD.

125 Schreiben Regierungspräsidium Koblenz an Evangelische Kirchengemeinde Monzingen vom 6.10.1938 (EBD.).

126 Schreiben Ohl an Brunotte und Ranke vom 20.10.1938 (EZA BERLIN, 1/C3/179).

sei[127], war für Ohl klar, daß auch in diesem Fall der Erlaß des Rustschen Ministeriums vom 4. August 1938 ausschlaggebend für die Verfügung des Regierungspräsidiums gewesen sein mußte. Deshalb war es erforderlich, daß der Erlaß für eine Entscheidung über das weitere Vorgehen im Wortlaut vorläge.

Von Ohl über die Vorgänge informiert, bemühte sich v. Wicht um den Nachweis des Erlaßwortlautes. Es war Heinz Brunotte, Oberkonsistorialrat in der Kirchenkanzlei der DEK, der mit Hilfe Szymanowskis, dem zwar „aus neuerer Zeit kein genereller Erlaß bekannt“ war, den so wichtigen Wortlaut innerhalb eines Tages aus dem Ministerium Rusts übermittelt erhielt und ihn an v. Wicht weitergeben konnte[128]. Auf den ersten Blick war der Erlaß nichts weiter als ein Verweis auf ein bereits am 10. März 1938 gefertigtes Schreiben des Ministeriums und auf ein zweites vom 1. Juni 1938, abgestimmt mit dem Ministerium Fricks und dem Kerrls[129]. Aber auf den zweiten Blick ließ der Erlaß mit seinen Anlagen „die außerordentliche Gefahr erkennen, die hier für unsere Arbeit heraufzieht“[130].

Am 18. November 1937 hatte das Regierungspräsidium in Hildesheim unter Traugott Bredow, dem Amtsnachfolger von Muhs nach dessen Wechsel in das Reichs- und Preußische Ministerium für die kirchlichen Angelegenheiten, um Weisung gebeten, ob die Genehmigung zur Errichtung konfessioneller Kindergärten „grundsätzlich widerrufen werden“ solle. Von „Parteidienststellen“ sei, so der Hildesheimer Regierungspräsident, angeregt worden, „auch die vor der Machtübernahme durch den Nationalsozialismus ordnungsgemäß genehmigten konfessionellen Kindergärten zu schließen.“[131] Daß diese Anfrage in direktem Zusammenhang mit dem Bericht stand, den das Regierungspräsidium in der Sache des Kindergartens in Peine auf Veranlassung des Ministeriums Kerrls nach der Eingabe des CA vom 28. Oktober 1937 zu fertigen hatte[132], ist nicht auszuschließen. Die Antwort auf die Anfrage ließ ein halbes Jahr auf sich warten und wurde schließlich durch das Ministerium Rusts und Staatssekretär Zschintzsch, gerade mit dem Goldenen Parteiabzeichen ausgezeichnet, am 1. Juni 1938 gegeben.

Unter Hinweis auf § 11 der Staatsministerialinstruktion vom 31. Dezember 1839, wonach „die Anlegung“ einer „Warte-Schule“ nur gestattet war, wenn

---

[127] Schreiben Regierungspräsidium Koblenz an Evangelische Kirchengemeinde Dierdorf vom 19.9. 1938 (EZA Berlin, 1/C3/179; EZA Berlin, 7/4414; ADW, CA/J 62).

[128] Vermerk Brunotte vom 18.10.1938 (EZA Berlin, 1/C3/179).

[129] Schreiben des Reichsministeriums für Wissenschaft, Erziehung und Volksbildung an die Regierungspräsidenten – „unmittelbar“ –, an die Oberpräsidenten, die Unterrichtsverwaltungen der Länder, den Stadtpräsidenten der „Reichshauptstadt“ Berlin, den Reichskommissar für das Saarland, den Reichsminister für die kirchlichen Angelegenheiten und den Reichsminister des Innern vom 4.8.1938 (EZA Berlin, 1/C3/179; EZA Berlin, 7/4414; ADW, CA/J 62).

[130] Schreiben Ohl an Evangelisches Konsistorium der Rheinprovinz vom 26.10.1938 (Ebd.).

[131] Ebd.

[132] Schreiben Bredow an CA vom 29.11.1937 (ADW, CA 850a III).

eine Eignung „zur ersten Erziehung der Kinder" vorlag[133], sah Zschintzsch „kein Hindernis, in den Fällen, in denen es aus politischen Gründen notwendig ist, gegen die Unterhaltsträger von Kindergärten, die nicht die Gewähr für die Führung des Kindergartens im Geiste der nationalsozialistischen Weltanschauung bieten, einzuschreiten." Bestehe diese Gewähr nicht, könne eine Eignung „nicht mehr als nachgewiesen angesehen werden."[134] Da Zschintzsch mit keinem Wort konfessionelle Kindergärten erwähnte, wie es der Anfrage aus Hildesheim entsprochen hätte, sondern nur Kindergärten, die eine Gewähr für einen Betrieb im Geiste nationalsozialistischer Weltanschauung bieten, zeigte diese begriffliche Verschiebung die Absicht der, wie Ohl sie nannte, „politischen Stellen"[135], von konfessionellen Kindergärten nicht mehr zu sprechen. Damit wäre ihrem Verwaltungshandeln, entsprechend dem „originären Recht der nationalsozialistischen Bewegung" die Möglichkeit gegeben, die konfessionellen Kindergärten mit denen gleichzusetzen, die keine Gewähr für eine Führung des Kindergartens, mithin eine Erziehung der Kinder entsprechend nationalsozialistischer Weltanschauung mehr boten und in dieser Weise legalisiert gegen sie vorzugehen.

Insofern dies aber nur als Absicht erkennbar war, konnte diese Begriffsverschiebung, so sehr sie selbst maßnahmen-, um nicht zu sagen willkürorientiert war und den politischen Entscheidungsspielraum vergrößerte, doch als Verhandlungsspielraum in Betracht kommen. Wäre er erkannt, wäre er von denen zu nutzen gewesen, deren Eignung zur Führung eines Kindergartens nicht mehr als nachgewiesen hätte angesehen werden können. Allerdings hatten die „politischen Stellen" bereits eine entschiedene Vorgabe und damit Begrenzung des Verhandlungsspieklraumes gemacht und diese am 10. März 1938 den Oberpräsidenten und Regierungspräsidenten in den Ländern und Provinzen übermittelt[136] – das Schreiben des Staatssekretärs Zschintzsch für seinen Minister Rust an Kardinal Bertram vom 6. Januar 1937 als Antwort auf die Anfragen Bertrams vom 15. Oktober 1935 und vom 3. Juni 1936[137].

---

133 § 11 Staatsministerialinstruktion vom 31.12.1839 führt u.a. aus: „Warte-Schulen, welchen Kinder, die das schulpflichtige Alter noch nicht erreicht haben, anvertraut worden, sind als Erziehungsanstalten zu betrachten, und stehen als solche unter der Aufsicht der Orts-Schulbehörde. Die Anlegung solcher Warteschulen ist nur verheiratheten Personen oder ehrbaren Witwen zu gestatten, welche von unbescholtenen Sitten und zur ersten Erziehung der Kinder geeignet, und deren Wohnungen gesund und hinlänglich geräumig sind." (MBliV 1840, S. 96).

134 Schreiben Zschintzsch an Regierungspräsidenten in Hildesheim vom 1.6.1938 (EZA Berlin, 1/C3/179; EZA Berlin, 7/4414; ADW, CA/J 62).

135 Schreiben Ohl an Evangelisches Konsistorium der Rheinprovinz vom 26.10.1938 (Ebd.).

136 Schreiben Reichs- und Preußischer Minister für Wissenschaft, Erziehung und Volksbildung an die Regierungspräsidenten, die Oberpräsidenten, den Stadtpräsidenten der Reichshauptstadt Berlin, die Unterrichtsverwaltung der Länder, den Reichskommissar für das Saarland, den Reichs- und Preußischen Minister für die kirchlichen Angelegenheiten und den Reichs- und Preußischen Minister des Innern vom 10.3.1938 (Ebd.).

137 Siehe II Kap. I.1.1., S. 39f. mit Anm. 74 und Anm. 77.

Das war es, verschleiert durch bürokratisch-lapidare Bezugnahmen und Verweise, wie sie etwa schon in der Stellungnahme des Regierungspräsidiums in Frankfurt/Oder in Sachen des evangelischen Kindergartens in Senftenberg angewandt worden waren – das war es, was v. Wicht zur Kenntnis nehmen mußte, nachdem er sich den Erlaß vom 4. August 1938 samt Anlagen durch Boten hatte in die Vorstandssitzung des CA bringen lassen. In diese Sitzung war er eingeladen worden, um dem Vorstand einen Arbeitsbericht zu geben[138]. Am darauffolgenden Tag gab v. Wicht den Erlaß an CA und EREV und an Ohl weiter. Allenthalben mußte dieser Erlaß spätestens jetzt in der Inneren Mission ebenso wie in DEK und EOK Berlin deutlich werden lassen[139], daß jenes Schreiben, das am 6. Januar 1937 aus dem Ministerium Rusts an Kardinal Bertram gegangen war, in Verbindung mit dem Schreiben an das Regierungspräsidium in Hildesheim vom 1. Juni 1938 tatsächlich eine Bedeutung hatte, „so eingreifend und umfassend" wie man es sich nicht gedacht hatte[140]. Denn bekannt war das Schreiben längst nicht mehr nur inoffiziell über den DCV und Wienken, sondern inzwischen auch ganz offiziell.

Auf die Eingabe v. Wichts vom 13. Oktober 1937 war zunächst nichts wieter erfolgt, als daß in den mit Vertretern des CA, der Kirchenkanzlei der DEK und mit v. Wicht geführten Gesprächen wie schon zuvor von seiten des Reichs- und Preußischen Ministeriums für die kirchlichen Angelegenheiten auf eine zu erwartende grundsätzliche Regelung verwiesen wurde. Am 22. Februar 1938 hatte Muhs die Kirchenkanzlei der DEK unterrichtet, daß er zur „Frage der Errichtung konfessioneller Kindergärten" „in nächster Zeit abschließend Stellung nehmen" werde. Oberkonsistorialrat Dr. Johannes Gisevius, langjähriger und in der kirchlichen Verwaltung erfahrener Jurist, hatte diese Nachricht drei Wochen später, am 11. März, an alle Landeskirchen und den EOK Berlin weitergegeben[141]. Es vergingen noch drei Monate, bis sich die Ministerien Kerrls und Rusts darüber verständigt hatten, am 3. Juni 1938

---

138 Protokoll der Vorstandssitzung des CA am 18.10.1938 (ADW, CA 67 B (1938)). Danach erstattete v. Wicht einen Arbeitsbericht. Und siehe Vermerk Brunotte vom 18.10.1938 (EZA Berlin, 1/C3/179). v. Wicht, „auf einer Sitzung im Gebäude des Centralausschusses", ließ eine Abschrift des Erlasses vom 4.8.1938 aus der Kirchenkanzlei der DEK abholen.

139 Erlaß des Reichsministers für Wissenschaft, Erziehung und Volksbildung an die Regierungspräsidenten, die Oberpräsidenten, den Stadtpräsidenten der Reichshauptstadt Berlin, die Unterrichtsverwaltung der Länder, den Reichskommissar für das Saarland, den Reichsminister für die kirchlichen Angelegenheiten und den Reichsminister des Innern vom 4.8.1938 (EZA Berlin, 1/C3/179; EZA Berlin, 7/4414; ADW, CA/J 57). „Unter Bezugnahme auf den Erlaß vom 10. März – E VI 312 – übersende ich beifolgend zur Kenntnisnahme Abschrift eines Berichtes des Herrn Regierungspräsidenten in Hildesheim vom 18. November 1937 – II b.5 – und der darauf von mir im Einvernehmen mit dem Herrn Reichsminister des Innern ergangenen Entscheidung vom 1. Juni 1938 – E VI 2286/37 –. gez. Holfelder". So der Wortlaut. Der unterzeichnende Dr. Albert Holfelder war Ministerialdirektor im Reichsministerium für Wissenschaft, Erziehung und Volksbildung.

140 Schreiben Ohl an Kirchenkanzlei der DEK vom 20.10.1938 (EZA Berlin, 1/C3/179).

141 EZA Berlin, 1/C3/179.

den Erlaß vom 10. März samt Anlagen an die DEK gehen zu lassen[142]. Versandt durch deren Kirchenkanzlei und ihre „deutschchristliche Führungsspitze“[143], Friedrich Werner, war die Verfügung des Reichs- und Preußischen Ministeriums für Wissenschaft, Erziehung und Volksbildung schließlich gut zwei Wochen später, Mitte Juni, allen obersten Behörden der deutschen evangelischen Landeskirchen bekannt, ebenso dem CA und der Vereinigung[144].

Für v. Wicht mußte das die offizielle Antwort auf seine neun Monate zurückliegende Eingabe vom Oktober 1937 sein. Auf diese Antwort hatte er gedrängt. Obwohl er sich bereits seit seinem Gespräch mit Szymanowski gegen Mitte Dezember 1937 keinen falschen Hoffnungen hingegeben hatte, und, da er jedenfalls die grundsätzliche Bedeutung des Schreibens von Zschintzsch an Bertram vom 6. Januar 1937 kannte, „unter dem Druck der unserer Arbeit ungünstigen Gesamtlage“[145] mit einem solchen Bescheid hatte rechnen müssen – die offizielle Mitteilung gab ihm jetzt erst die Gelegenheit, die Interessen der Vereinigung wieder grundsätzlicher zu vertreten. Er konnte jetzt offen dem „Gebot der Stunde“ folgen, wie er es bereits zu Beginn des Jahres, auf der Vorstandssitzung der Vereinigung am 12. Januar 1938 entwickelt hatte[146]. Jetzt konnte er die Beschränkung auf den Teil seiner Doppelstrategie aufgeben, der allein jeden einzelnen Fall durchzufechten suchte. Daß er diese Herausforderung sofort annahm, sollte sich spätestens Ende August zeigen.

Durfte man zu Recht vom geschäftsführenden Vorsitzenden der Vereinigung Einsatz- und Kampfbereitschaft erwarten, so lag es gleichzeitig auf der Hand, daß die mit der Vereinigung in der immer noch bestehenden Reichskonferenz zusammengeschlossenen, die Interessen der Ausbildungsstätten und der Mitarbeiterinnen vertretenden Verbände diesem Einsatz mit Vorbehalten, jedenfalls mit Zurückhaltung begegneten, mußten sie doch ihrerseits Sorge tragen, den status quo des eigenen Verbandes und seiner Mitglieder, den Bestand, zu sichern. So ist es kaum verwunderlich, daß etwa Mohrmann, als sie Kenntnis vom Schreiben des „Erziehungsministeriums“ an Bertram erhielt, bezweifelte, ob „das Weiterbestehen unserer Ausbildungsstätten unbedingt vom Weiterbestehen der evang. Kindergärten abhängig ist.“[147] Da

---

142 Schreiben Reichsministerium für Wissenschaft, Erziehung und Volksbildung an Kirchenkanzlei der DEK vom 3.6.1938 (EBD.). Siehe II Kap. I.1.1., S. 39f. mit Anm. 74 und Anm. 77; sowie S. 41f. mit Anm. 89 und Anm. 90.

143 K. MEIER, Kirchenkampf III, S. 196.

144 Schreiben Kirchenkanzlei der DEK an die obersten Behörden der deutschen evangelischen Landeskirchen vom 22.6.1938 (EZA BERLIN, 1/C3/179; ADW, CA 2708).

145 Schreiben v. Wicht an Diez vom 14.12.1937 (LKA NÜRNBERG, DW 97). Siehe II Kap. I.2.6., S. 133 mit Anm. 424.

146 H. v. Wicht, Bericht zur Lage und Wege für die Zukunft. Leitsätze zur Vorstandssitzung der Vereinigung am 12.1.1938 (ADWW MÜNSTER, 153/1; LKA HANNOVER, E 26/102).

147 Schreiben Mohrmann an Walter Hafa vom 20.7.1938 (ADW, CA/J 57). Hafa, der Direk-

sich das Schreiben Zschintschs nicht auf die von ihr als Geschäftsführerin des Deutschen Verbandes der Ausbildungsstätten für evangelische Kinderpflege vertretenen evangelischen Kindergärtnerinnenseminare bezog, auch nicht auf die Arbeit des die Berufsinteressen vertretenden Verbandes evangelischer Kindergärtnerinnen, Hortnerinnen und Jugendleiterinnen Deutschlands, dessen Vorsitzende sie war, hatte es für sie keine unmittelbare Bedeutung. Ihr mußte es um die Sicherung einer evangelischen Ausbildung gehen. Und diese war tatsächlich zunächst ganz unabhängig vom Fortbestand evangelischer Kindergärten[148]. Außerdem konnte sie auf diese Weise auch v. Wicht die Meinung sagen, nachdem er die von ihr als Vorsitzende des Verbandes evangelischer Kindergärtnerinnen, Hortnerinnen und Jugendleiterinnen verantwortete Arbeit als „Hilfsdienst" für die von der Vereinigung, mithin für die von ihm selbst repräsentierte Trägerverantwortung beschrieben und damit in ihrem Wert in Frage gestellt hatte[149].

Indessen, wenn Mohrmann nicht verstehen konnte, „daß ein solches Schreiben an die katholiche Bischofskonferenz *jetzt* von der Leitung der DEK an alle [Kirchen-] Behörden verschickt wird"[150], dann kam darin eine Haltung zum Ausdruck, die zu diesem Zeitpunkt für die Innere Mission und den CA kennzeichnend war. Während Martin Niemöller als Gefangener des

---

tor der Evangelischen Schulvereinigung und erfahrene Schulmann, war wie Mohrmann Mitglied der „Erziehungskammer" der DEK an. Siehe I Kap. VII.2.1., S. 331 mit Anm. 181.

148 Daß weder der Fortbestand evangelischer Ausbildungsstätten noch eine Anstellung evangelischer Kräfte durch die NSV unbedingt sichergestellt war, trotz Personalmangels einerseits und trotz der im Zuge der Übernahme der DRK-Gemeindepflegestationen durch die NSV und damit der in ihnen tätigen Diakonissen andererseits, das mußte auch Mohrmann gesehen haben. Wahrscheinlich ist, daß sie dabei aber auf die Möglichkeiten evangelischer Durchdringung der Kinderarbeit für den terminus post quem setzte, die aus ihrer Sicht bei der Diakoniegemeinschaft und seinen Schwesternverbänden, mithin auch dem Kaiserswerther Verband, lagen. Jedenfalls hatte Mohrmann gerade die Diakoniegemeinschaft in einer im Rahmen der Arbeitsbücherei der Evangelischen Reichsfrauenhilfe erschienenen Veröffentlichung beschrieben: „Es wird eine Frage der Lebensnotwendigkeit für die evangelische Gemeinde sein, ob ihre junge Frauenwelt bereit ist zum Dienst in der Diakonie, deren Herr Jesus Christus ist." (A. MOHRMANN, Diakonie heute!, S. 4). Auch wenn J.-Chr. Kaiser im Rahmen seiner Studie „Schwesternfragen" dargestellt hat (J.-CHR. KAISER, Sozialer Protestantismus, S. 440ff.) und R. Felgentreff das „Profil eines Verbandes", des Kaiserswerther Verbandes (R. FELGENTREFF, Profil), sowie H.-M. Lauterer dessen „Liebestätigkeit für die Volksgemeinschaft" (H.-M. LAUTERER, Liebestätigkeit) beschrieben hat – es bleibt, nachdem Günther Freytag, bis 1991 wirkender Direktor des Kaiserswerther Verbandes, die Geschichte der Diakonischen Schwesternschaften erschlossen hat (G. FREYTAG, Unterwegs zur Eigenständigkeit), die Aufzeichnung der Geschichte der Diakoniegemeinschaft, des Kaiserswerther Verbandes, des Deutschen Verbandes der Ausbildungsstätten für evangelische Kinderpflege und des Verbandes evangelischer Kindergärtnerinnen, Hortnerinnen und Jugendleiterinnen Deutschlands und die Erschließung der Quellen ein weiterhin dringendes Forschungsdesiderat. Vgl. I Kap. IV.2., S. 140 mit Anm. 129.

149 H. v. Wicht, Die Sektion „Evangelische Kinderpflege" und unsere Mitarbeit in ihr. Leitsätze zur Vorstandssitzung der Vereinigung am 12.1.1938 (ADWW MÜNSTER, 153/1; LKA HANNOVER, E 26/102). Siehe II Kap. I.4.1., S. 210 mit Anm. 71.

150 EBD. Die Hervorhebung ist im Original unterstrichen.

„Führers" seit einem Vierteljahr im Konzentrationslager Sachsenhausen war[151], während die Treueidkampagne auf dem Höhepunkt und während der Rottenburger Bischof Sproll vor der Vertreibung aus seinem Amt stand[152], während Kindergärten mit Einsatz der Gestapo geschlossen und an die NSV übergeben werden mußten, hielt der Vorstand des CA, von Schirmacher auf seiner Sitzung wenige Tage nach Bekanntwerden des ministeriellen Erlasses und damit auch über den Wortlaut des Schreibens an den Vorsitzenden der Fuldaer Bischofskonferenz informiert, die Sache für „vermutlich durch die Verhältnisse überholt"[153].

Ganz im Gegensatz zu v. Wicht[154] konnte man sich im CA ebensowenig wie in der DEK und ihrer Kirchenkanzlei vorstellen, daß ein Erlaß des Reichs- und Preußischen Ministers für Wissenschaft, Erziehung und Volksbildung, adressiert an den Repräsentanten des deutschen Episkopats, für die evangelische Kirche samt der in ihrer Obhut befindlichen Inneren Mission Bedeutung haben könne. Für die Kirchenkanzlei fragte Gisevius beim Hause Kerrls nach, ob entsprechend der Ankündigung vom Februar noch mit einer abschließenden Stellungnahme in der Kindergartenangelegenheit zu rechnen sei[155]. Im CA war man wohl zunächst mit Ohl der Überzeugung, daß die Sache solange keine Bedeutung für die Arbeit der Inneren Mission habe, bis die Verhandlungen darüber tatsächlich unter Annäherung der Standpunkte zu einer Vereinbarung geführt hätten.

Zwar waren solche Verhandlungen, wie Ohl meinte, zu „einem gewissen Abschluß gekommen, der aber „leider eine Annäherung der beiderseitigen Anschauungen nicht gebracht hat."[156] Daß indessen auch ohne jegliche Vereinbarung und ohne Rücksicht auf die „konfessionelle Zweiheit im Volke"[157] die von Zschintzsch beschriebene grundsätzliche Ablehnung einer „konfessionellen Einengung" für die Innere Mission und den CA von Relevanz sein sollte, das war für die evangelische Liebestätigkeit und deren Repräsentanten, trotz aller wohlfahrtspolitischen Interessengleichheit und darin begründeter fachlichen Zusammenarbeit mit dem DCV, offenbar bis zum Sommer 1938 ein kaum zu denken möglicher Gedanke. Deswegen meinte man zur Tagesordnung übergehen zu können. Es entsprach dieser Bewußtseinslage im CA, daß man, nachdem das Ministerium Rusts der DEK und der Inneren Mission Anfang Juni 1938 das an Bertram gerichtete Schreiben vom 6. Januar 1937 hatte offiziell zugehen lassen, dies nur als Einleitung zum „Gespräch zwi-

---

151 K. MEIER, Kirchenkampf III, S. 44.

152 Siehe P. KOPF, Die Vertreibung; H. HÜRTEN, Deutsche Katholiken, S. 412.

153 Protokoll der Vorstandssitzung des CA am 26.7.1938 (ADW, CA 67 B (1938)).

154 Siehe II Kap. I.1.1., S. 45 mit Anm. 106.

155 Schreiben Kirchenkanzlei der DEK [Gisevius] an Reichsministerium für die kirchlichen Angelegenheiten vom 20.7.1938 (EZA BERLIN, 1/C3/179).

156 Schreiben Ohl „an die Reichskirchenkanzlei" vom 26.10.1938 (EBD.).

157 Siehe II Kap. I.1.1., S. 39 mit Anm. 74.

schen der evangelischen Kirche und dem Reichserziehungsministerium“[158] betrachten konnte.

Es lag ganz auf dieser Linie, wenn Ohl im Blick auf den Erlaß vom 4. August 1938 und die erkennbare Absicht des Regierungspräsidiums in Koblenz, ihn für die evangelischen Kindergärten in Dierdorf und Monzingen wirksam werden zu lassen, die Gefahr noch nicht in der unmittelbaren Bedrohung diese beiden und vielleicht auch anderer evangelischer Einrichtungen halboffener Kinderpflege sah, sondern allein und erst darin, „daß dieser Erlaß eine Deutung erfahren könnte, die von vernichtender Wirkung auf alle evangelisch-kirchliche Arbeit sein könnte.“[159] Ohl sah, daß in der Verbindung beider Schreiben, dem vom 6. Januar 1937 an Bertram mit dem vom 1. Juni 1938 an Bredow, einerseits „für das mögliche Einschreiten Merkmale angegeben werden, über deren Gewicht und Bedeutung zu urteilen man uns kaum zugestehen wird“, denn es handelt sich, so Ohls Urteil, um Fragen, „deren Entscheidung man allein von der Politik und der nationalsozialistischen Weltanschauung her den politischen Stellen wird überlassen wollen.“[160] Da andererseits, wie Ohl es sah, durchaus auf den Einzelfall abgestellt, nicht aber generell allen konfessionellen Kindergärten unterstellt wurde, keine Gewähr für die Führung im Geiste nationalsozialistischer Weltanschauung zu bieten, läge hier Verhandlungsspielraum. Was sich die Machthaber als politischen Entscheidungsspielraum vorbehalten hatten, wollte Ohl nutzen, um von vornherein eine Deutung zu verhindern, die generell konfessionelle Kindergartenträger als ungeeignet für die Führung eines Kindergartens im Geiste nationalsozialistischer Weltanschauung indizierte. Die vernichtende Wirkung einer solchen Deutung war allen klar.

Die Frage, ob Ohl oder überhaupt jemand auf seiten der Inneren Mission und ihres CA in der Begründung zur Schließung des evangelischen Kindergartens in Dierdorf den Wortlaut des Schreibens aus dem Ministerium Rusts vom 6. Januar 1937 an Kardinal Bertram wiedererkannte, auf das v. Wicht wenige Monate später sie bereits zitierend hingewiesen hatte[161], damit auch erkannte, daß die Machthaber, wie angekündigt, die aus ihrer Sicht erforderlichen Maßnahmen konsequent durchzuführen suchten[162], so daß sich der Erlaß vom 4. August 1938 eher als Abschluß einer Entwicklung darstellte denn als Auftakt zu Verhandlungen, ist nicht zu beantworten. Diese Sicht der Dinge allerdings lag zu diesem Zeitpunkt, knapp vier Wochen nach dem Entzug

158 Schreiben Ohl „an die Reichskirchenkanzlei“ vom 26.10.1938 (EZA BERLIN, 1/C3/179).

159 Schreiben Ohl an CA vom 26.10.1938 (ADW, CA/J 62). Ohl übersendet mit diesem Schreiben seinen Bericht „über die Schließung zweier evangelischer Kindergärten“. Er war unter demselben Datum mit Schreiben Ohl an Evangelisches Konsistorium der Rheinprovinz (EZA BERLIN, 1/C3/179; EZA BERLIN, 7/4415; ADW, CA/J 62) gegangen.

160 EBD.

161 Siehe II Kap. I.1.1., S. 45 mit Anm. 106.

162 Siehe II Kap. I.1.1., S. 45 mit Anm. 105.

der Betriebserlaubnis für den Kindergarten in Dierdorf und eine Woche nach dem gleichen Bescheid für den in Monzingen ebenso nahe wie jene noch Handlungs- und Verhandlungsspielräume ausmachende Einschätzung Ohls.

Für das Ministerium Kerrls waren die Dinge spätestens Mitte Oktober 1938 soweit geklärt, daß es die DEK und ihre Kirchenkanzlei wissen lassen konnte, man verzichte auf die noch Anfang des Jahres, im Februar, angekündigte abschließende Stellungnahme. Anfang Oktober hatte Ranke sogar ihr Ausstehen erinnert[163]. Jetzt teilte Szymanowski lapidar mit, das Reichsministerium für die kirchlichen Angelegenheiten „betrachte die Angelegenheit als erledigt."[164] Für Ranke war das ein Zeichen dafür, daß „keine günstige Weiterentwicklung zu erwarten ist"[165]; und der schon seit längerem skeptische Brunotte konnte nur, im Gegensatz zu Ohl, „die ganze Sache [als] sehr viel schwieriger, um nicht zu sagen aussichtsloser" ansehen. Für ihn war, erst recht nachdem er den Erlaß vom 4. August zur Kenntnis genommen und seine Bedeutung erkannt hatte, „nicht mehr daran zu zweifeln, ... daß wir die evangelischen Kindergärten nicht mehr lange halten können." Aber „nichts desto weniger" wollten er und die Kirchenkanzlei der DEK nicht unbeteiligt zusehen und wollten Ohl unterstützen bei seinem Versuch, eine Aufhebung der Verfügungen zur Einstellung des Betriebes für die beiden Kindergärten, sowohl den in Dierdorf als auch den in Monzingen, zu erreichen[166]. Dabei stand gleichzeitig spätestens zu diesem Zeitpunkt auch ein „gemeinsamer Schritt von Kirchenbehörde und Central-Ausschuß bei den zuständigen Ministerien"[167] fest, mit dem „das ganze Problem ‚Kindergärten' ... neu aufgerollt werden"[168] sollte. Tatsächlich hatten Ranke und v. Wicht wenige Tage zuvor einen gemeinsamen Entwurf einer Eingabe gefertigt[169], mit der ganz entsprechend den v. Wichtschen Leitsätzen vom Beginn des Jahres nicht nur eine „Stärkung des Verantwortungsbewußtseins der Gesamtkirche", sondern auch eine „geschlossene Vertretung unseres Arbeitsgebietes" im „Gesamtzusammenhang der kirchlichen Unterweisung der Getauften" „vor den Behörden" zu bewirken beabsichtigt sein sollte[170].

---

163 Schreiben Kirchenkanzlei der DEK [Gisevius] an Reichsministerium für die kirchlichen Angelegenheiten vom 20.7.1938 und Schreiben Kirchenkanzlei der DEK [Ranke] an Reichsministerium für die kirchlichen Angelegenheiten vom 5.10.1938 (EZA BERLIN, 1/C3/179).

164 Schreiben Szymanowski an Kirchenkanzlei der DEK vom 13.10.1938 (EBD.).

165 Vermerk Ranke vom 22.11.1938 zum Schreiben Reichsministerium für die kirchlichen Angelegenheiten an Kirchenkanzlei der DEK vom 13.10.1938 (EBD.).

166 Schreiben Kirchenkanzlei der DEK [Brunotte] an Ohl vom 22.10.1938 (EBD.).

167 Schreiben Ohl an Kirchenkanzlei der DEK [Brunotte] vom 20.10.1938 (EBD.).

168 Vermerk Ranke vom 22.11.1938 zum Schreiben Reichsministerium für die kirchlichen Angelegenheiten an Kirchenkanzlei der DEK vom 13.10.1938 (EBD.).

169 Siehe II Kap. I.4.2., S. 238f. mit Anm. 218; und S. 240 mit Anm. 226.

170 H. v. Wicht, Bericht zur Lage und Wege für die Zukunft. Leitsätze zur Vorstandssitzung der Vereinigung am 12.1.1938 (ADWW MÜNSTER, 153/1; LKA HANNOVER, E 26/102). Siehe II Kap. I.4.1., S. 203 mit Anm. 44.

Während dies Vorhaben grundsätzlicher Art nach der Vorstandssitzung des CA am 18. Oktober 1938 festere Formen annahm, setzte sich Ohl mit dem Regierungsvizepräsidenten in Koblenz, Dr. Edmund Strutz, direkt in Verbindung. Ihn kannte er von anderen Verhandlungen, und man schätzte sich gegenseitig. Im Gespräch mit Strutz am 21. Oktober hob Ohl, ganz entsprechend seiner Wertung des Erlasses, zum einen besonders auf die Tatsache ab, daß eine Aufnahme von Kindern in beiden Kindergärten nicht konfessionsgebunden erfolge. Damit wollte er den mit der Bedürfnisfrage verknüpften Ausschluß bekenntnismäßiger Einengung als selbstverständlich darstellen, womit aus seiner Sicht die Bedingungen für eine Fortführung des Betriebes beider Einrichtungen gegeben seien, zumindest solange, bis „angesichts der grundsätzlichen Bedeutung" eine „Klärung im Benehmen mit der Reichsregierung" erfolgt sei[171]. Zum anderen suchte er bereits im Gespräch mit Strutz auch die grundsätzlichen Fragen zu erörten, die für ihn ja deswegen noch nicht geklärt waren, weil im Gegensatz zu dem mit dem deutschen Episkopat „das Gespräch zwischen der Reichskirche und dem Reichserziehungsminister noch im Gang ist." Außerdem stellten die beiden Fälle in Dierdorf und Monzingen „den ersten Eingriff in evangelische Arbeit" in der Rheinprovinz dar, „aber nicht den ersten Eingriff überhaupt." Wie man gemeinsam feststellte, „seien Vorgänge auf katholischer Seite bereits da."[172]

Strutz bestärkte Ohl in seinen Erwägungen dadurch, daß er den Kampf gegen die katholischen Kindergärten als den um „Überwindung der international ausgerichteten Zentrumspolitik auf rheinischem Boden" darstellte. Deshalb sei es notwendig, „möglichst ohne Schwierigkeiten mit der evangelischen Kirche zu arbeiten". Das verhindere den Hinweis von katholischer Seite auf „gleichgerichtete Eingriffe in die evangelische Kirche" und zerschlüge dem Zentrum den Vorwand, es sei „der Kampf gar nicht ein Kampf gegen das Zentrum, sondern gegen die katholische Kirche."[173] Unabhängig vom Realitätsbezug der Äußerungen von Strutz, der auch hier nicht erörtert werden

---

171 Schreiben Ohl an Strutz vom 22.10.1938 (EZA BERLIN, 1/C3/179; EZA BERLIN, 7/4415; ADW, CA/J 62). Im Bericht an das Evangelische Konsistorium der Rheinprovinz vom 26.10. 1938 erwähnt Ohl das Datum des 22.10.1938 als Gesprächstermin bei Strutz (EBD.). In seinem Schreiben an Kirchenkanzlei der DEK, an Brunotte und Ranke, vom 20.10.1938 (EZA BERLIN, 1/C3/179) teilt Ohl mit, daß er „für morgen" angemeldet sei. Diese Angabe, auch unter Berücksichtigung der Tatsache, daß Ohl mit Datum vom 22.10.1938 an Strutz schreibt und bereits das Gesprächsergebnis festhält – mithin der 21.10.1938 war mit großer Sicherheit der tatsächliche Termin des Gespräches mit dem Regierungsvizepräsidenten.

172 Schreiben Ohl an Evangelisches Konsistorium der Rheinprovinz vom 26.10.1938 (EZA BERLIN, 1/C3/179; EZA BERLIN, 7/4415; ADW, CA/J 62).

173 Schreiben Ohl an Kirchenkanzlei der DEK [Brunotte] vom 26.10.1938 (EZA BERLIN, 1/C3/179). Ohl übersendet den Bericht an Evangelisches Konsistorium der Rheinprovinz vom 26.10.1938, mithin vom selben Tag, und bemerkt, Vertraulichkeit herstellend: „Ich konnte in den offiziellen Bericht nicht hineinnehmen, was ich Ihnen persönlich mitteilen möchte, daß der Herr Vizepräsident mir erklärt hat: ..." (EBD.).

kann[174] – offenbar hielt Ohl nach wie vor die Kräfte, die dem Christentum „völlig gleichgültig gegenüberstehen, oder die es fanatisch hassen"[175] für noch nicht so stark, als daß nicht das politische Kalkül von Strutz hätte in Betracht gezogen werden können. Es bestärkte ihn in seiner Erwägung, „eine Trennung der beiden Fragen voneinander"[176], mithin eine Ungleichbehandlung von katholischen und evangelischen Kindergärten, sei möglich und damit schließlich für die beiden Kindergärten in Dierdorf und Monzingen eine Revision des Bescheides erreichbar.

Ausführlich erstattete Ohl dem Evangelischen Konsistorium der Rheinprovinz Bericht[177] und gab davon dem CA[178] mit der Bitte, Hundinger, v. Wicht und Bremer zu informieren, ebenso Kenntnis wie dem EOK Berlin[179] und der Kirchenkanzlei der DEK[180]. Es war seine Absicht, daß „eine Verständigung über die Fortführung geeigneter Schritte dadurch erleichtert wird."[181] Dabei setzte er besonders auf die Mitwirkung von Ranke und Brunotte, die er für ihre Verhandlungen außerdem vertraulich und persönlich über das Gespräch mit dem Regierungsvizepräsidenten und dessen politische Einschätzung der evangelischen Kindergartenangelegenheit unterrichtete[182].

Alles das sollte vergebliche Mühe sein. Zwar erreichte Ohl einen weiteren Aufschub der Schließung beider Kindergärten um vier Wochen zum 1. Dezember 1938[183]. Aber bereits Ende Februar 1939, bei Abfassung des Jahresberichtes des Evangelischen Verbandes für Kinderpflege in der Rheinprovinz, mußte Ohl „die Tatsache dieser gewaltsamen Schließungen" bestätigen[184]. Obwohl sogar noch zur Mitte des Jahres 1939 die Hoffnungen nicht gänzlich aufgegeben waren, auch wenn bis zu diesem Zeitpunkt das Evangelische Konsistorium der Rheinprovinz nicht über die Bekundung von Verhandlungs-

---

174 Siehe H. HÜRTEN, Deutsche Katholiken, S. 341ff.

175 O. Ohl, Sein und Nichtsein der Inneren Mission, „nach einem Vortrag bei der Tagung des Verbandes Deutscher Evangelischer Heilerziehungs-, Heil- und Pflegeanstalten in Kaiserswerth am 27. Sept. 1937", auf Bitte von Constantin Frick versandt mit Schreiben an die Vorstandsmitglieder des CA vom 27.10.1937 (ADW, CA 1815).

176 Schreiben Ohl an Evangelisches Konsistorium der Rheinprovinz vom 26.10.1938 (EZA BERLIN, 1/C3/179; EZA BERLIN, 7/4415; ADW, CA/J 62).

177 EBD.

178 Schreiben Ohl an CA vom 26.10.1938 (ADW, CA/J 62).

179 Schreiben Ohl an EOK Berlin vom 26.10.1938 (EZA BERLIN, 7/4415).

180 Schreiben Ohl „an die Reichskirchenkanzlei" vom 26.10.1938 (EZA Berlin, 1/C3/179).

181 Schreiben Ohl an Evangelisches Konsistorium der Rheinprovinz vom 26.10.1938 (EZA BERLIN, 1/C3/179; und EZA BERLIN, 7/4415; ADW, CA/J 62).

182 Schreiben Ohl an Kirchenkanzlei der DEK [Brunotte und Ranke] vom 20.10.1938 (EZA BERLIN, 1/C3/179); und Schreiben Ohl an Brunotte vom 26.10.1938 (EBD.).

183 Schreiben Ohl an Evangelisches Konsistorium der Rheinprovinz vom 26.10.1938 (EZA BERLIN, 1/C3/179; EZA BERLIN, 7/4415; ADW, CA/J 62).

184 Evangelischer Verband für Kinderpflege in der Rheinprovinz – Jahresbericht 1938, S. 2 (ADWRH DÜSSELDORF, OHL 61.5.1).

absichten hinausgekommen war - Aussicht auf Erfolg bestand nicht[185]. Schließlich mußte spätestens im März 1940 allen Beteiligten klar sein, daß die Schließung „endgültig" erfolgt war und daran sich nichts ändern werde, „solange die grundsätzliche Frage nicht durch Verhandlungen zwischen der Deutschen Evangelischen Kirchenkanzlei und dem Reichsministerium für Wissenschaft, Erziehung und Volksbildung geklärt sei."[186] Zweifellos wußte man zu diesem Zeitpunkt, daß „die grundsätzliche Frage" seit einem Jahr, sogar mit Nachdruck, gestellt war und daß in der NSV und in der NSDAP die Entscheidung des Rustschen Ministeriums vom 1. Juni 1938 „durchaus" als gesetzliche Grundlage für „die Ablösung der konfessionellen Kindergärten" gesehen wurde[187]. So deutlich damit eine Verschärfung der Lage für die evangelische Kinderpflege angezeigt war, daß eine Klärung indessen in ganz anderer Weise erfolgen sollte, als es von den Machthabern angestrebt und von den Kämpfern für die evangelischen Kindergärten zunehmend befürchtet wurde, das konnte man noch nicht wissen. Im Herbst 1941 sollte man es erfahren.

3.3. Die Auswirkungen der Steuergesetzgebung – „mildtätig" oder „im Rahmen staatlicher Aufgaben"?

Im Herbst 1934 hatte eine entsprechende Gesetzgebung das Verbot öffentlicher Sammlungen dekretiert[188]. Zur gleichen Zeit war durch ein Steueranpassungsgesetz (StAnpG)[189] die „Nationalsozialistische Steuerreform"[190] vom Staatssekretär im Reichsministerium der Finanzen und „Propagandisten des nationalsozialistischen Steuerrechts" [191], Fritz Reinhardt, entschieden fortgesetzt worden. Dieses Gesetz im Rahmen des Reinhardtschen „Generalangriffs gegen die Arbeitslosigkeit"[192], abgestimmt mit dem Ministerium Wilhelm Fricks, sollte die bislang vorhandene Bewegungs- und Gestaltungsfreiheit auch der Inneren Mission und ihrer Einrichtungen als Teil der Wohlfahrts-

185 Schreiben Evangelisches Konsistorium der Rheinprovinz an EOK Berlin vom 1.6.1939 (EZA BERLIN, 7/4415).

186 Schreiben Evangelisches Konsistorium der Rheinprovinz an EOK Berlin vom 2.3.1940 (EBD.).

187 W. HAUG, Parteiamtliche und öffentliche Wohlfahrtsarbeit. „Die Ablösung der konfessionellen Kindergärten, die im übrigen nach einer Entscheidung des Herrn Reichs- und Preußischen Ministers für Wissenschaft, Erziehung und Volksbildung vom 1. Juni 1938 auf durchaus gesetzlicher Grundlage erfolgen kann, ist eine dringende staatspolitische und unumgängliche Notwendigkeit." (S. 181).

188 Siehe I Kap. V.4.1., S. 215ff.

189 StAnpG vom 16.10.1934 (RGBl 1934 I, S. 925–941).

190 F. REINHARDT, Der erste Abschnitt, S. 1229.

191 R. VOSS, Steuern, S. 52f.

192 F. REINHARDT, Generalangriff; vgl. DERS., Rede auf dem Deutschen Juristentag, S. 1025f.; DERS., Rede beim Generalappell der Grund- und Hausbesitzer, S. 1265; DERS., Volksgemeinschaft und Steuerpflicht; DERS., Leitlinien S. 85ff.

pflege im Blick auf eine Befreiung von Steuerzahlungen, wenn nicht gänzlich aufheben, so doch erheblich einschränken. Eine Bevorrechtigung der Wohlfahrtspflege sollte es nicht mehr geben[193]. Auch Steuergesetze sollten nach nationalsozialistischer Weltanschauung ausgelegt werden[194]. Das hieß, die bis dahin für die Regelungen der Steuerbefreiung grundlegenden Begriffe „gemeinnützig", „mildtätig" und „kirchlich"[195] waren neu, „einheitlich für alle Steuern"[196] gefaßt worden. Die §§ 17–19 StAnpG[197] waren – entsprechend der „Gesinnung des Parteiprogrammes ‚Gemeinnutz geht vor Eigennutz'"[198] – „von dem selbstverständlichen Vorrang des Gemeinnutzes unseres gesamten völkischen Lebens" ausgegangen und die Gemeinnützigkeit hatte damit einen „allgemeinen volks- und staatspolitischen Sinn"[199] erhalten. Gleichzeitig hatte auf diese Weise dieser Begriff, von den Machthabern usurpiert und auch auf deren Interessenvertreter, „wie vor allem die NSV"[200], die sich nicht gemeinnützig nannten, anwendbar, seine enge Beziehung zur Wohlfahrtspflege eingebüßt. Zugleich war aber mit dieser neuen Interpretation des Begriffs der Gemeinnützigkeit, die Möglichkeit eröffnet worden, den bisherigen, nun formal, nicht inhaltlich[201], als „eng" definierten Begriff auf den der Mildtätigkeit zu übertragen und dementsprechend abzugrenzen. Noch viel deutlicher war die Abgrenzung des kirchlichen Zweckes, die jedes öffentliche Wirken ausschließen, die Steuerbegünstigung allein auf die Kirche als christliche Religionsgemeinschaft öffentlichen Rechts beschränken und damit die Regelungen der §§ 17–19 StAnpG auch zu einem Instrument – wie es das Sammlungsgesetz war – der „Entkonfessionalisierung" mache sollte[202]. Allerdings

---

193 G. BALLARIN, Steuerrecht, Sp. 1012.

194 § 1 StAnpG vom 16.10.1934 (RGBl 1934 I, S. 925).

195 Siehe A. PHILIPSBORN, Gemeinnützigkeit; DERS., Steuerrecht, S. 652. Im übrigen ist, soweit zu sehen, die Untersuchung der Beziehung von Steuerrecht und Wohlfahrtspflege in der NS-Zeit Forschungsdesiderat. Auf die Bedeutung der Frage für die Innere Mission hat M. GERHARDT, Jahrhundert II, S. 385ff. hingewiesen; ebenso W. MEINZER, Johannes Kunze, S. 413. Wenn etwa W. WEBER, Gemeinnützigkeit, allein auf heute geltende gesetzliche Bestimmungen hinweist und sie paraphrasiert, spitzt sich die Frage besonders im Blick auf die „‚Fortschritte in der Rechtsgeschichte' in der Zeit des Nationalsozialismus?" zu, wie sie M. STOLLEIS, Recht im Unrecht, und auch R. VOSS, Steuern, gestellt haben. Vgl. auch H.-H. SCHREY, Gemeinnutz.

196 G. BALLARIN, Steuerrecht, Sp. 1012.

197 RGBl 1934 I, S. 928–929. Siehe R. VOSS, Steuern, S. 93–96.

198 G. FEDER, Programm, S. 22f.

199 G. ROESTEL, Gemeinnützigkeit, Sp. 412.

200 G. BALLARIN, Steuerrecht, Sp. 1012.

201 Der NSV-Jurist Günther Roestel gestand zu: „Auch für ihn [den engeren Begriff] fehlt eine wirklich umfassende Erklärung." (G. ROESTEL, Gemeinnützigkeit, Sp. 413).

202 § 19 StAnpG bestimmt: „1. Kirchlich sind solche Zwecke, durch deren Erfüllung eine christliche Religionsgesellschaft des öffentlichen Rechts ausschließlich und unmittelbar gefördert wird. 2. Zu diesen Zwecken gehören insbesondere die Errichtung, Ausschmückung und Unterhaltung von Gotteshäusern und kirchlichen Gemeindehäusern, die Abhaltung des Gottesdienstes, die Ausbildung von Geistlichen, die Erteilung von Religionsunterricht, die Beerdigung und

bedurfte es dazu eines Prozesses, der Vereinigung, CA und auch DEK vor Fragen stellte, die neu waren und die ohnehin vorhandene Rechtsunsicherheit verstärkten.

Seine unmittelbare und einschneidende Bedeutung für die wirtschaftliche Lage auch der evangelischen Kinderpflege zeigte das StAnpG in Verbindung mit dem am gleichen Tage in Kraft getretenen Umsatzsteuergesetz (UStG). Danach waren alle Tätigkeiten zur Erzielung von Einnahmen steuerpflichtig, auch wenn die Absicht, Gewinn zu erzielen, ganz und gar fehlte[203]. Mit Wirkung vom 1. Januar 1935 hatten alle Einrichtungen der Inneren Mission, auch die Kindergärten, ihre Einnahmen, soweit sie nicht Spenden waren – die diesbezüglichen Möglichkeiten indessen waren durch das Sammlungsgesetz eingeschränkt –, sondern aus Lieferungen und Leistungen kamen, nach den Regelungen des Gesetzes zu versteuern[204]. Wie die auf Grund der Erfahrungen des Jahres 1935 von v. Wicht angestellten Berechnungen zeigten, erhielt die Umsatzsteuer in Höhe von „zwei vom Hundert des Entgeltes"[205] für die Kindertagesstätten dadurch ihre belastende Wirkung, daß sie in dem Augenblick wirksam wurde, wenn die „Speisungsbeiträge" der Eltern zu den „Erziehungsbeiträgen" hinzukamen, wenn also den Kindern eine Mahlzeit angeboten wurde. In einem solchen Fall bedeutete das ein Umsatzsteueraufkommen von „pro Kindergarten durchschnittlich RM 36,--", da dann eine Freigrenze von RM 1.000,-- überschritten und ein Gesamtelternbeitrag von annähernd RM 1.800,-- in Anrechnung zu bringen war[206].

---

die Pflege des Andenkens der Toten, ferner die Verwaltung des Kirchenvermögens, die Besoldung der Geistlichen, Kirchenbeamten und Kirchendiener, die Alters- und Invalidenversorgung für diese Personen und die Versorgung ihrer Witwen und Waisen." (RGBl 1934 I, S. 929). Siehe J. KUNZE, Mustersatzungen, S. 9–11. Kunze weist ausdrücklich auf diese Bestimmungen hin.

203 UStG vom 16.10.1934 (RGBl 1934 I, S. 942–946). Siehe R. VOSS, Steuern, S. 92.

204 Im Jahre 1935 wurden vom CA, durch Heinrich in Abstimmung mit dem Reichsministerium der Finanzen, mit den Finanzbehörden Regelungen über die Höhe steuerfreier Umsätze vereinbart; siehe M. GERHARDT, Jahrhundert II, S. 386; G. BALLARIN, Steuerrecht, Sp. 1018.

205 § 7 Abs. 1 UStG (RGBl 1934 I, S. 944).

206 Schreiben v. Wicht an Reichsministerium der Finanzen vom 5.3.1936 (ADW, VKD 7).

„Miete, Heizung, Beleuchtung	2.700,-- RM
Gehälter, Soziallasten	3.000,-- RM
Lebensmittel	1.500,-- RM
Baul. Unterhaltung	200,-- RM
Reinigungsmaterial	150,-- RM
Neuanschaffungen	500,-- RM
Reparaturen	50,-- RM
Verwaltungskosten	100,-- RM
Zusammen	*8.000,-- RM."

*Rechenfehler. Tatsächlich sind es 8.200,-- RM.

Danach geht der Direktor des Evangelischen Verbandes für Kinderpflege in Berlin, v. Wicht, für eine Berliner Kindertagesstätte von jährlichen Gesamtkosten in Höhe von RM 8.000,-- aus. Von der „falschen" Kostensumme werden RM 4.200,-- durch den Träger, RM 2.000,-- durch die Stadt Berlin und RM 1.800,-- durch Elternbeiträge aufgebracht. Für einen Kindergarten auf dem Lande

v. Wicht hielt das für ungerechtfertigt. Nicht nur weil ganz allgemein eine Unterbringung der Kinder in Kindertagesstätten der Verwahrlosung entgegenwirke und, wie er weiter argumentierte, mit Blick auf die Unfallstatistik eine „Schädigung wertvollen Volksgutes" verhindert werde. Vielmehr war die Erhebung der Umsatzsteuer für ihn auch deshalb nicht tragbar, weil die „größte Wohltat, die wir den Kindern in ihrem Wachstum zukommen lassen" zu einer „zusätzlichen Belastung" führt. Diese hatte für ihn ihr besonderes Gewicht dadurch, daß die erbetenen „Speisungsbeiträge" von durchschnittlich etwa RM 0,18 täglich pro Kind „keinen Entgeltcharakter" trugen, sondern einen der Leistungsfähigkeit der Eltern angepaßten Zuschuß oder Beitrag zu den Kosten des Kindergartens darstellten. Außerdem sah v. Wicht keine Möglichkeit, die Umsatzsteuer, wie vom Gesetz vorgesehen[207], auf die Eltern als Leistungsnehmer abzuwälzen, denn die evangelischen Kindergärten dienten „in sozialfürsorgerischer und familienergänzender Weise gerade den hilfsbedürftigsten und ärmsten Bevölkerungskreisen", denen damit die Unterbringung ihrer Kinder in einem Kindergarten erschwert, wenn nicht unmöglich gemacht werde.

Als v. Wicht Anfang 1936 sich mit diesen Argumenten und mit der Bitte „die uns angeschlossenen Kindertagesstätten auf dem Wege einer Sonderregelung von der Umsatzsteuer zu entlasten" an das Reichsministerium der Finanzen wandte[208], bewegte er sich ganz auf der vom CA von Anfang an verfolgten Linie. Und es war zudem bereits deutlich, daß, wenn überhaupt eine Befreiung von der Umsatzsteuer möglich sein sollte, dies nur mit der Begründung der Mildtätigkeit zu erreichen wäre.

In der Geschäftsstelle des CA waren unter der Leitung Heinrichs sogleich nach Inkrafttreten des Gesetzes dessen finanzielle Auswirkungen ermittelt worden. Als v. Bodelschwingh, wohl familiäre Verbindungen und die Tat-

---

ohne eine Mittagsspeisung stellt v. Wicht die Einnahmeseite dar mit insgesamt RM 3.000,--. Die Einnahmen setzen sich zusammen aus Mitteln des Trägers in Höhe von RM 2.500,-- und Elternbeiträgen in Höhe von RM 500,--. Die Kostenseite ist bestimmt von den Ausgaben für:

„Miete, Heizung, Beleuchtung	600,-- RM
Gehälter, Soziallasten	1.800,-- RM
Baul. Unterhaltung u. Reparatur	250,-- RM
Reinigungsmaterial	50,-- RM
Verwaltungskosten	300,-- RM
Zusammen	3.000,-- RM."

(EBD.). Was die Personalausstattung betrifft, so wird man davon ausgehen müssen, daß bei durchschnittlich 40 Plätzen in einem Berliner evangelischen Kindergarten zwei pädagogische Kräfte tätig waren. In einem Kindergarten auf dem Lande mit etwa 30 Plätzen waren wohl im Durchschnitt eine Fachkraft und eine Hilfskraft tätig. Im übrigen betrug der Steuersatz nach § 7 Abs. 1 UStG „zwei vom Hundert" (RGBl 1934 I, S. 944).

207 § 10 UStG (RGBl 1934 I, S. 945) und Durchführungsbestimmungen zum UStG vom 17.10.1934 (RGBl 1934 I, S. 947–966, hier S. 958).

208 Schreiben v. Wicht an Reichsministerium der Finanzen vom 5.3.1936 (ADW, VKD 7).

sache nutzend, daß der Reichsminister persönlich der BK nicht ablehnend gegenüber stand und sein Name erst etwas mehr als zwei Monate zuvor bei den Erörterungen über die Präsidentschaft im CA eine gewisse Rolle gespielt hatte[209] – als Friedrich von Bodelschwingh am 24. Januar ein ausführliches Gespräch mit Lutz Graf Schwerin von Krosigk persönlich hatte, konnte er ihm vortragen, daß das neue Gesetz für die Einrichtungen der Inneren Mission einen Mehraufwand an Steuern von „mindestens 2,5 Millionen Reichsmark jährlich" zur Folge haben werde. Das entsprach annähernd der Höhe des Aufkommens aus der Sammlung des Volkstages der Inneren Mission, auf die nach den einschneidenden Auswirkungen des Sammlungsgesetzes „als Ausgleich" gesetzt worden war. Die Durchführung des Umsatzsteuergesetzes in der Praxis, so v. Bodelschwingh in seinem Vortrag bei Schwerin v. Krosigk, bedeute neben zusätzlicher Arbeit im Verwaltungsbereich der Einrichtungen wie auch dem der Behörden tatsächlich eine „ernste Gefährdung" mancher ohnehin um ihre Existenz ringenden Anstalt. „Das gilt insbesondere für Kindergärten." Sie, aber auch die anderen Einrichtungen der Inneren Mission, hätten nicht die Möglichkeiten eines Ausgleichs wie die entsprechenden kommunalen Einrichtungen, die bei gleicher Belastung durch die Möglichkeit des Zugriffs auf Mittel der öffentlichen Hand, mithin „auf dem Steuerwege Ersatz zu schaffen" in der Lage wären. Außerdem sei, so v. Bodelschwingh zum Abschluß, die Möglichkeit der Abwälzung nicht gegeben, denn tatsächlich sei die Arbeit der Einrichtungen der Inneren Mission im Sinne des Gesetzes „keine ‚nachhaltige Tätigkeit zur Erzielung von Einnahmen'". „Die Einnahmen sind nie primäre, sondern immer nur sekundäre Zwecke."

Damit entsprach v. Bodelschwingh nicht nur einer im CA und seinen Einrichtungen, wie etwa den Kindergärten, gängigen Ansicht, sondern auch „der allgemeinen Volksanschauung"[210]. Insofern die christliche Liebestätigkeit Element einer dienenden Kirche und ihre Einrichtungen die „bewegliche Truppe der allgemeinen Dienstpflicht der Kirche"[211]seien, entscheide sich dieser Dienst, nach solcher Anschauung, nicht wie alle andere Wohlfahrtspflege an einem materiellen Wert. Wie auch immer dieser nicht in Worte gefaßte Anspruch auf Beachtung eines „religiösen Mehrwerts"[212] beurteilt werden und in welcher Beziehung er zu einer das theologische Denken bestimmenden Zwei-Reiche-Lehre stehen mag, in welchem Umfang also dieser Anspruch und seine theologischen Begründungszusammenhänge Teil des prak-

209 Siehe J.-CHR. KAISER, Sozialer Protestantismus, S. 310, bes. Anm. 214.

210 Schreiben v. Bodelschwingh an Schwerin v. Krosigk vom 25.1.1935 mit der Niederschrift des Vortrags v. Bodelschwinghs während der „gestern gewährte[n] Aussprache", unter der Überschrift „Auswirkungen des UStG vom 16.10.1934 auf die Einrichtungen der freien Wohlfahrtspflege" vom 25.1.1935 (ADW, CF 33).

211 F. V. BODELSCHWINGH, Dienende Kirche, S. 1.

212 U. BACH, Plädoyer. Bach verweist auf E. JÜNGEL, The sacrifice, der den Gedanken von „a religious extra value" christlichen Handelns biblisch-theologisch begründet verwirft (S. 19).

tisch-ekklesiologischen Grundkonsenses gewesen sein mögen[213], für v. Bodelschwingh waren es diese Erwägungen, die ihn Schwerin v. Krosigk um den Erlaß einer besonderen Durchführungsverordnung ersuchen ließen. Danach sollten, so der von v. Bodelschwingh für die Innere Mission vorgetragene Grundgedanke, „die den vier Spitzenverbänden der Freien Wohlfahrtspflege unter Führung des Hauptamtes für Volkswohlfahrt angeschlossenen oder von öffentlichen Religionsgemeinschaften unterhaltenen Einrichtungen (gelten) nicht als gewerbliche oder berufliche Unternehmungen im Sinne des § 2 des Umsatzsteuergesetzes“[214] gelten.

Vorangegangen war diesem Gespräch bereits am 12. Januar 1935 eine Eingabe des EREV. Mit der gleichen Zielrichtung wie v. Bodelschwinghs persönlicher Vortrag beim Reichsminister der Finanzen hatte Hundinger für Alfred Fritz ein Gesuch gefertigt und das Ministerium Schwerin v. Krosigks gebeten, die „karitativen“ Erziehungseinrichtungen ausdrücklich nicht als Unternehmer und ihre Leistungen nicht als nachhaltige Tätigkeit zur Erzielung von Einnahmen zu betrachten. Konnte bereits zu diesem Zeitpunkt klar sein, daß gemeinnützige Einrichtungen nicht mehr von der Umsatzsteuer befreit sein sollen, so mußte alle etwa noch bestehende Hoffnung, daran etwas ändern zu können, nach einem Gespräch Constantin Fricks und Heinrichs am 21. Februar 1935 im Reichsministerium der Finanzen aufgegeben werden. Die Umsatzsteuer stand als Sachsteuer fest. Sie war zu zahlen „ohne Rücksicht auf die Art der Arbeit, auf den Charakter des Unternehmens“[215].

Mochten mit der Reinhardtschen Steuerreform auch Vorarbeiten der Ministerialbürokratie, die in die Zeit der Weimarer Republik zurückreichten, zum Abschluß gebracht werden[216], zu diesem Zeitpunkt bewirkte diese Reform, daß die Vereinigung und die ihr angehörenden Landes- und Provinzialverbände evangelischer Kinderpflege, wie die gesamte Innere Mission, zwischen Sammlungsgesetzgebung und Steuergesetzgebung in die Zange genommen,

---

213 Den theologie- und geistesgeschichtlichen Ursachen dafür, daß es noch weiterer fast fünfzig Jahre bedurfte und den Wegmarkierungen dieses Zeitraumes, bis dieser praktisch-ekklesiologische Konsens, nach einer in immer wieder unterschiedlicher Weise erfolgten Debatte um „das Proprium der Diakonie“ (H.-O. WÖLBER, Das Proprium), aufgehoben wurde und sich jedenfalls eindeutig mit der Feststellung einer „Diakonie als christliches Unternehmen“ (A. JÄGER, Diakonie als christliches Unternehmen) auch den Fragen der Ökonomie und ihrer Beziehung zur Theologie, speziell der Praktischen Theologie, und im Rahmen der „freien Wohlfahrtspflege als eigener Wirtschaftssektor“ (E. GOLL, Die freie Wohlfahrtspflege) stellte, kann hier nicht nachgegangen werden. Ein dringendes Forschungsdesiderat ist allerdings damit angezeigt.

214 Niederschrift des Vortrags v. Bodelschwinghs „Auswirkungen des UStG vom 16.10.1934 auf Einrichtungen der freien Wohlfahrtspflege“ anläßlich des Besuchs bei Schwerin v. Krosigk am 25.1.1935 (ADW, CF 33).

215 Vertrauliche Niederschrift betr. Umsatzsteuer vom 25.1.1935 (EBD.).

216 Siehe R. VOSS, Steuern, S. 103f. Reinhardt kündigte in einer auf einer Vollsitzung der Akademie für Deutsches Recht in der Aula der Universität München am 26. Juni 1934 gehaltenen Rede den „Reinhardtschen Steuerreform-Plan“ persönlich an (F. REINHARDT, Der Reinhardtsche Steuerreform-Plan, S. 753).

alle Anstrengungen unternehmen mußten, „sich auf sich selbst und die aus dem kirchlichen Raume ihnen zufließenden Beihilfen zu stellen."[217] Das gleichzeitig mit dem UStG in Kraft getretene Körperschaftssteuergesetz (KStG)[218] ebenso wie das Vermögenssteuergesetz (VStG)[219] konnten mit ihrer Erweiterung der Steuerprivilegien kaum zu einer Entlastung der insgesamt schwierigen wirtschaftlichen Situation evangelischer Kindergärten beitragen, da diese weithin unter der Freistellungsgrenze lagen[220]. Außerdem hatte die vom CA aufmerksam verfolgte und öffentlich kommentierte Rechtsprechung im Laufe des Jahres 1935 für eine gewisse Klarheit gesorgt. Urteile des Reichsfinanzhofes anerkannten zwar, daß Einrichtungen und Maßnahmen eines gemeinnützigen Unternehmens, die unmittelbar die Erfüllung eines steuerbegünstigten Zweckes darstellen[221], „nicht geeignet sind, als wirtschaftlicher Geschäftsbetrieb im Sinne der Ablehnung der Steuerfreiheit aufgefaßt zu werden."[222] Was aber bedeutete das, wenn es für das oberste Gericht in Steuersachen und „Gehilfe des Reichsfinanzministers bei der Auslegung der Steuergesetze"[223] zugleich Erwähnung verdiente, daß „die neuere Rechtsentwicklung immer mehr auf die Beseitigung steuerlicher Bevorzugung gemeinnütziger Unternehmen abzielt"[224]? Gemeinnützigkeit kam als ein steuerbefreiender Zweck für die Innere Mission wie für die evangelischen Kindergärten kaum mehr in Frage. Und der junge Assessor und Referent für Wohlfahrts- und Fürsorgerecht im Hauptamt für Volkswohlfahrt, Günther Roestel, 1936 nach dem Wechsel Ballarins in die Industrie zur Unterstützung von dessen Nachfolger Dr. Adolf Cordt für zwei Jahre im Haus der NSV am Berliner Maybachufer tätig, stellte denn auch unmißverständlich fest, der „eigentliche, engere Begriff" der Gemeinnützigkeit „im engeren Sinn von Wohltätigkeit

217 VEREINIGUNG, Tätigkeitsbericht 1.4.1935–31.3.1936, S. 7.

218 KStG vom 16.10.1934 (RGBl 1934 I, S. 1031–1034). Vgl. N.N., Steuergesetzgebung, S. 119ff.

219 VStG vom 16.10.1934 (RGBl 1934 I, S. 1052–1055). Vgl. N.N., Steuergesetzgebung, S. 123f.

220 H. v. Wicht, Die gegenwärtige steuerrechtliche Lage unserer Kindertagesstätten [zu erschließen Anfang 1941] (ADW, CA zu 850a III). Wir müssen jedoch an dieser Stelle eindringlich darauf hinweisen, daß es mit dem Nichtvorliegen eines wirtschaftlichen Geschäftsbetriebes allein nicht getan ist, ... So ist es u. a. unbedingt erforderlich, daß die Satzung der Anstalt, des Vereins und dergleichen der gemeinnützige und mildtätige Zweck zum Ausdruck kommt [scil. bringt]."

221 Befreit von Steuerzahlungen sollten nach den Regelungen VStG § 3 Abs. 1 Ziff. 6 und nach denen KStG § 4 Abs. 1 Ziff. 6 solche Einrichtungen sein, die „nach der Satzung ... und ihrer tatsächlichen Geschäftsführung ausschließlich und unmittelbar kirchlichen, gemeinnützigen oder mildtätigen Zwecken dienen." Führten diese Einrichtungen einen „wirtschaftlichen Geschäftsbetrieb, der über den Rahmen einer Vermögensverwaltung hinausgeht, so sind sie insoweit steuerpflichtig." (RGBl 1934 I, S. 1052 und S. 1032).

222 A. DINGER, Körperschafts- und Vermögenssteuer, S. 325. Vgl. auch I. HUNDINGER, Arbeitsbericht des EREV 1.4.1935 bis 31.3.1936, S. 134f.

223 R. VOSS, Steuern, S. 232. Vgl. L. SCHWERIN V. KROSIGK, Rede.

224 A. DINGER, Steueranpassungsgesetz, S. 148. Siehe dazu R. VOSS, Steuern, S. 89–92.

und Charitas [hätte] an besonderer ethischer Wertschätzung, öffentlicher Anerkennung, staatlichem Schutz und demgemäß auch an steuerlicher Begünstigung und Förderung verloren."[225]

v. Wichts Eingabe vom 5. März 1936 an das Ministerium Schwerin v. Krosigks wäre geradezu unnütz gewesen, hätte sie auf eine Befreiung aus Gemeinnützigkeitsgründen abgehoben. Das hatte sie indessen nicht getan. Vielmehr zielte sie, ganz ähnlich dem Gesuch von Alfred Fritz und entsprechend der Anfrage v. Bodelschwinghs, auf den „karitativen" Charakter der Arbeit. Die Tatsache, daß, obwohl v. Wicht für die Vereinigung, wie ein Jahr zuvor Hundinger und ihr Direktor für den EREV, zwar den Sachverhalt der Mildtätigkeit beschrieb, er aber den Begriff nicht gebrauchte, zeigt das Dilemma an, in dem sich Vereinigung und die von ihr vertretenen Kindergärten und alle Einrichtungen der Inneren Mission befanden. Eine steuerlich-finanzielle Entlastung schien, wenn überhaupt, nur möglich mit der Begründung der Mildtätigkeit, der sich nunmehr das kirchliche Element als „religiöse Mehrwert" verband, da von vornherein zweifelhaft sein mußte, ob evangelische Kindergärten unter den Regelungen des StAnpG kirchlichen Zwecken dienten. War der Träger eines Kindergartens eine privatrechtliche Körperschaft, dann konnte er nicht „kirchlichen" Zwecken dienen, weil es der Körperschaft an einer öffentlich-rechtlichen Verfassung mangelte, die aber nach § 19 StAnpG Voraussetzung für eine Steuerbefreiung war. War aber der Träger eine Kirchengemeinde, also eine „christliche Religionsgesellschaft öffentlichen Rechts", um die Worte des Gesetzgebers zu gebrauchen, mußte jedenfalls fraglich sein, ob ein kirchlicher Zweck erfüllt würde. Denn soviel war klar geworden, die „steuerrechtliche Begriffsbestimmung" legte „kirchlich" anders aus, als es bislang in Kirche und Innerer Mission einem praktisch-ekklesiologischen Konsens entsprochen hatte. „Kirchlich" als Beschreibung des christlichen Motivs für ein gemeinnütziges oder mildtätiges Handeln sollte keine Bedeutung mehr haben[226].

Eine Steuerbefreiung aus Gründen der Mildtätigkeit – ohne Hinweis auf das Motiv – entsprach einer „Entkonfessionalisierung des öffentlichen Lebens" und damit ganz und gar der „nationalsozialistischen Weltanschauung", die jede Auslegung der Steuergesetze bestimmen und dabei neben der „Volksanschauung" auch die „Entwicklung der Verhältnisse" berücksichtigen wollte[227]. Eine Entwicklung im Sinne der „Entkonfessionalisierung des öffentlichen Lebens" aber war das, was man gerade für die evangelische Kinderpflege nicht wollte. v. Wicht und die Vereinigung wollten für die evangelischen Kindergärten ebenso wie die ganze Innere Mission für die Gesamtheit ihrer

---

225 G. ROESTEL, Gemeinnützigkeit, Sp. 412. R. VOSS, Steuern, urteilt: „Die Steuerbefreiungen wurden versachlicht." (S. 92).

226 J. KUNZE, Mustersatzungen, S. 11.

227 § 1 StAnpG (RGBl 1934 I, S. 925). Vgl. N.N., „Gemeinnützig – mildtätig", S. 12.

Einrichtungen öffentliche Wertschätzung, Anerkennung und Schutz, die sich auch in steuerlichen Entlastungen ausdrücken und anders begründet sein sollten als durch Mildtätigkeit im Sinne der neuen Gesetzgebung.

Das Dilemma v. Wichts und der Vereinigung wurde erst richtig deutlich, als mit einem weiteren Gesetz im Rahmen des Reinhardtschen Steuerreformprogrammes die gesamte Innere Mission unter finanziellen Gesichtspunkten an einer für die Arbeit wesentlichen Stelle getroffen wurde. Am 1. Dezember 1936 trat das GrStG in Kraft, das erstmals für das Rechnungsjahr 1938 Anwendung finden sollte[228]. Danach war es für die Innere Mission und ihre Einrichtungen, für die Vereinigung und die evangelischen Kindergärten weniger von Bedeutung, daß mit diesem Realsteuergesetz die Besteuerungsrechte den Ländern entzogen und auf die Kommunen übertragen wurden[229], um „zum Besten der Allgemeinheit", wie Schwerin v. Krosigk hervorhob, der „Weiterentwicklung des Deutschen Reichs zum Einheitsstaat" zu dienen[230]. Auch die mit dem Gesetz gegebene Verkoppelung der Grundsteuer mit der Einheitsbewertung[231] als „zeitgemäße und gerechte Besteuerungsgrundlage"[232] war für die Innere Mission und ihre evangelischen Kindergärten nicht entscheidend. Die Auswirkungen waren für sie besonders deshalb so schmerzhaft, weil das GrStG eine Realie betraf, die für die Kindergärten ebenso wie für alle anderen Einrichtungen von grundsätzlicher Bedeutung war. Ohne Grund und Boden waren keine Häuser zu errichten oder zu unterhalten, in denen die „Liebe", um mit Wichern zu reden[233], ein Obdach hätte erhalten können. Durch das GrStG wurden die unabdingbaren Voraussetzungen der „freien Liebesarbeit"[234] zu einer weiteren finanziellen Belastung der Einrichtungen. Nicht nur, daß das Gesetz jede Steuerbefreiung aus Gemeinnützigkeitsgründen ausschloß. Eine Steuerbefreiung der Kirchen als Religionsgesellschaften des öffentlichen Rechts war nur in engem Rahmen vorgesehen[235].

---

228 RGBl 1936 I, S. 986–991. Siehe auch M. GERHARDT, Jahrhundert II, S. 386f.

229 Siehe W. KÜHNE, Das Grundsteuergesetz, S. 49.

230 L. SCHWERIN VON KROSIGK, Geleitwort.

231 Siehe W. KÜHNE, Das Grundsteuergesetz, S. 51.

232 L. SCHWERIN VON KROSIGK, Geleitwort.

233 „Meine Freunde, es tut eines not, daß die evangelische Kirche in ihrer Gesamtheit anerkenne: ‚die Arbeit der inneren Mission ist mein!', daß sie ein großes Siegel auf die Summe der Arbeit setze: die Liebe gehört mir wie der Glaube." (J. H. Wicherns Rede auf dem Wittenberger Kirchentag vom Freitag, dem 22.9.1848, in: J. H. WICHERN, Sämtliche Werke I, S. 165; H. KRIMM, Quellen II, S. 243; H. WULF, Fundamente, S. 64; DIAKONISCHES WERK DER EVANGELISCHEN KIRCHE IN DEUTSCHLAND, Johann Hinrich Wichern, S. 23).

234 Siehe I Kap. I., S. 40 mit Anm. 30.

235 § 4 Ziff. 5 GrStG sah Steuerbefreiung vor für „a) Grundbesitz, der dem Gottesdienst einer öffentlich-rechtlichen Religionsgesellschaft gewidmet ist; b) Grundbesitz einer öffentlich-rechtlichen Religionsgesellschaft oder einer anderen Körperschaft des öffentlichen Rechts, der von der Religionsgesellschaft für Zwecke der religiösen Unterweisung benutzt wird; c) Grundbesitz einer öffentlich-rechtlichen Religionsgesellschaft oder einer anderen Körperschaft des öffentlichen

Das mußten auch die Kirchenbehörden der evangelischen Landeskirchen erkennen, die sogleich Mehrbelastungen der kirchlichen Haushalte auf „mehrere Millionen Reichsmark schätzen" wollten und von „Erschütterung der kirchlichen Finanzwirtschaft" sprachen[236]. Sie wollten die „Neuregelung", wie die Finanzabteilung beim EOK Berlin im November 1936, unmittelbar vor Inkrafttreten des Gesetzes das Reichs- und Preußische Ministerium für die kirchlichen Angelegenheiten ebenso wie das Reichsministerium der Finanzen wissen ließ, keineswegs akzeptieren und damit auf „kirchliche Steuerbefreiungen" verzichten, die „bisher verfassungsrechtlich besonders geschützt gewesen" waren[237]. Bereits ein halbes Jahr zuvor hatte Zoellner als Vorsitzender des Reichskirchenausschusses für die DEK Schwerin v. Krosigk übermittelt, „daß durch diese [scil. Steuer-] Befreiungen die Arbeit der Evangelischen Kirche in besonderem Maße als ein Bestandteil der öffentlichen Arbeit zum Wohl von Volk und Staat anerkannt und ihr damit ein besonderer Wert auch von staatlicher Seite beigemessen wurde." Nur diplomatisch zweifelnd hatte er bemerkt, auf seiten der DEK „müßten wir in einer Beseitigung der Steuerbefreiungen einen grundsätzlichen Wandel in der Einstellung des Staates zur evangelisch-kirchlichen Arbeit erblicken", um mit der Bitte zu schließen, daß „von einer für sie [scil. die evangelische Kirche] ungünstigen Regelung auf dem Gebiet der Grundsteuerbefreiung abgesehen wird."[238]

Was Zoellner eher allgemein als „evangelisch-kirchliche Arbeit" gekennzeichnet hatte, das beschrieb die „Aufzeichnung" aus der Finanzabteilung beim EOK Berlin mit Blick auf die Steuerbefreiung entsprechend § 19 StAnpG und § 4 Ziff. 5 GrStG und damit die kirchlichen Zwecke genauer und bekannte sich auf diese Weise zugleich zur Inobhutnahme der Inneren Mission, wie sie vom RKA am 18. April 1936 bekundet worden war[239]. Man wollte als kirchlich gerade nicht nur solche Zwecke anerkennen, durch deren Erfüllung eine Religionsgesellschaft des öffentlichen Rechts unmittelbar und ausschließlich gefördert wird. Vielmehr sollten „aber auch die Zwecke der innerhalb der Religionsgesellschaften bestehenden kirchlichen Vereine und Verbände namentlich der Inneren Mission gezählt werden, damit Gemeindehäuser und Vereinshäuser auch abgesehen von der Benutzung zu Gottesdien-

---

Rechts, der von der Religionsgesellschaft für ihre Verwaltungszwecke benutzt wird" (RGBl 1936 I, S. 987).

236 Schreiben Finanzabteilung beim EOK Berlin an Reichs- und Preußisches Ministerium für die kirchlichen Angelegenheiten und an Reichsministerium für Finanzen vom 4.11.1936 (EZA Berlin, 1/C3/8). In Abschrift an Finanzabteilungen bei den Konsistorien der ApU (Ebd.).

237 „Aufzeichnung zur Neuregelung der Grundsteuer hinsichtlich der kirchlichen Steuerbefreiungen." Anlage zum Schreiben Finanzabteilung beim EOK Berlin an Reichs- und Preußisches Ministerium für die kirchlichen Angelegenheiten und an Reichsministerium für Finanzen vom 4.11.1936 (Ebd.).

238 Schreiben Zoellner an Schwerin v. Krosigk vom 17.6.1936 (Ebd.).

239 Siehe I Kap. VII.1.1., S. 281f.

sten als grundsteuerfrei gelten können."[240] Damit waren auch die Kindergärten im Blick.

Weder der RKA und die Bitte seines Vorsitzenden Zoellner noch die Finanzabteilung beim EOK Berlin und ihre „Aufzeichnungen" konnten das Gesetz mit seinen sowohl für die verfaßte Kirche als auch besonders für die Innere Mission als Teil der freien Wohlfahrtspflege „ungünstigen Bestimmungen" aufhalten oder diese Bestimmungen auch nur günstiger gestalten. Das Gesetz trat in Kraft und markierte auf seine Weise den von Zoellner diagnostizierten „grundsätzlichen Wandel". Die Machthaber nannten das „Entkonfessionalisierung". Die Privilegien galten jetzt anderen. Durch die Regelungen des GStG war aller Grundbesitz der NSDAP und ihrer Gliederungen, ebenso wie der Grundbesitz der NSV, von der Pflicht zur Grundsteuerzahlung befreit[241]. Für die Innere Mission blieben, abgesehen von den ihr zugehörenden Krankenhäusern[242], nur zwei Möglichkeiten einer Befreiung von der Grundsteuer. Entweder galt die Mildtätigkeitsbestimmung[243] oder es lag eine Anerkennung vor, „daß der Benutzungszweck im Rahmen der staatlichen Aufgaben liegt."[244] Diese Anerkennung aber war es gerade, die zur Disposition gestellt war.

Das Gesetz mußte demnach die Vereinigung und die Landes- und Provinzialverbände der evangelischen Kinderpflege besonders hinsichtlich des Verfahrens zur Erlangung einer Grundsteuerbefreiung vor schwierige Fragen stellen. Sie alle waren bei erstmaliger Anwendung des Gesetzes für das Rech-

---

240 „Aufzeichnung zur Neuregelung der Grundsteuer hinsichtlich der kirchlichen Steuerbefreiungen." Anlage zum Schreiben Finanzabteilung beim EOK Berlin an Reichs- und Preußisches Ministerium für die kirchlichen Angelegenheiten und an Reichsministerium für Finanzen vom 4.11.1936 (EZA BERLIN, 1/C3/8).

241 § 4 Ziff. 2 GrStG (RGBl 1936 I, S. 986). Die von der Arbeitsgemeinschaft herausgegebene Zeitschrift RECHTS-, STEUER- UND WIRTSCHAFTSFRAGEN DER FREIEN WOHLFAHRTSPFLEGE hebt durch Kursivdruck die NSDAP, die NSV und die NS-Kriegsopferversorgung als von der Grundsteuer befreite Einrichtungen hervor (N.N., Grundsteuer- und Gewerbesteuerreform, S. 141) und markiert damit die gesetzliche Neuerung.

242 Nach § 4 Ziff. 8 GrStG war Grundbesitz, wird er für eine Krankenanstalt benutzt, von der Grundsteuer befreit (RGBl 1936 I, S. 987). Vgl. N.N., Grundsteuer- und Gewerbesteuerreform, S. 140f.

243 Nach § 4 Ziff. 3b GrStG war Grundbesitz solcher Körperschaft befreit, „die nach der Satzung, Stiftung oder sonstigen Verfassung und nach ihrer tatsächlichen Geschäftsführung ausschließlich und unmittelbar mildtätigen Zwecken dient" (RGBl 1936 I, S. 987).

244 § 4 Ziff. 7 GrStG normiert: „Grundbesitz, der für Zwecke der Wissenschaft, der Erziehung und des Unterrichts benutzt wird und nicht bereits nach den vorstehenden Vorschriften befreit ist, wenn anerkannt ist, daß der Benutzungszweck im Rahmen der staatlichen Aufgaben liegt. Der Reichsminister der Finanzen, der Reichsminister des Innern und der für das Fachgebiet zuständige Reichsminister sprechen die Anerkennung aus. Der Anerkennung bedarf es nicht bei Hochschulen und bei solchen Schulen oder Erziehungsanstalten, deren Träger das Reich, ein Land, eine Gemeinde oder ein Gemeindeverband ist. Wird der Grundbesitz nicht von dem Eigentümer für die bezeichneten Zwecke benutzt, so tritt Befreiung nur ein, wenn der Eigentümer eine Körperschaft des öffentlichen Rechts ist." (EBD.).

nungsjahr 1938 keineswegs geklärt. Zwar hatte ein Runderlaß des Reichs- und Preußischen Ministeriums des Innern vom 22. November 1937 eine Klärung für Einrichtungen der Fürsorgeerziehung geschaffen. Sie sollten von der Grundsteuer befreit sein, wenn eine Anerkennung des Benutzungszweckes als im Rahmen staatlicher Aufgaben liegend ausgesprochen war[245]. Dementsprechend hatte der EREV auch sogleich die erforderlichen Schritte eingeleitet[246]. Was aber die evangelischen Kindergärten und die Vereinigung betraf, herrschte nach dem Vorgehen des Landesvereins für Innere Mission in der Evangelisch-lutherischen Kirche in Bayern und Weichleins Rat an die Trägervereine, ihren Grundbesitz der Kirchengemeinde zu übereignen[247], Unsicherheit über die „zu ergreifenden Maßnahmen"[248], nicht zuletzt gefördert durch einen Schritt des EOK Karlsruhe und durch eine Anfrage Bremers.

Durch Gertrud Braune hatte Bremer Abstimmungsbedarf anzeigen lassen und nach der Vorgehensweise hinsichtlich der Befreiung von den Zahlungen der Grundsteuer für die Kindergärten und Mitglieder des Evangelischen Kinderpflege-Verbandes der Provinz Brandenburg fragen lassen und dabei auf eine Begründung unter den Bestimmungen zur Mildtätigkeit abgestellt. Außerdem hatte er v. Wicht gegenüber ein informierendes Rundschreiben an „unsere Kindergärten im ganzen Reich" angeregt, um „allerlei Beunruhigung" zu vermeiden[249].

Der EOK Karlruhe hatte, veranlaßt durch eine Anfrage der Kirchengemeinde in Villingen[250] und ihres langjährigen Pfarrers und Dekans, Kirchenrat Adolf Barner, sich an das Badische Ministerium des Kultus und Unterrichts und seinen Minister Otto Wacker gewandt und um eine generelle Anerkennung der evangelischen Kindergärten ersucht[251]. Das Finanzamt Villingen hatte mit Blick auf die von der Gemeinde beantragte Befreiung von der Grundsteuer dazu aufgefordert, die Anerkennung, daß der Betrieb des Kindergartens im Rahmen staatlicher Aufgaben liege, zu belegen und einzureichen[252].

Die Sitzung des Vorstandes der Vereinigung, die am 12. Januar 1938 in deren Berlin-Kreuzberger Geschäftsstelle mit Constantin Frick als Gast statt-

245 RMBliV 1937, S. 1814–1816 und RStBl 1937, S. 1218; A. FUSS, Befreiung, S. 26–27; N.N., Grundsteuer, S. 273–276.

246 I. HUNDINGER, Arbeitsbericht des EREV 1.4.1938 bis 31.3.1939, S. 121.

247 Siehe II Kap. I.1.1., S. 31 mit Anm. 26.

248 Schreiben v. Wicht an CA vom 29.12.1937 (ADW, CA 864/18 I A).

249 Schreiben Gertrud Braune an v. Wicht vom 20.12.1937 (EBD.).

250 Schreiben Evangelische Kirchengemeinde Villingen an Gesamtverband der Inneren Mission in Baden vom 13.12.1937 (ADW, CA 864/18 I B).

251 Schreiben Ziegler an CA vom 14.12.1937 (EBD.); Schreiben Ziegler an v. Wicht vom 20.12.1937 (EBD.).

252 Schreiben Finanzamt Villingen an Evangelische Kirchengemeinde Villingen vom 10.12. 1937 (EBD.).

fand, ebenso wie die unter seinem Vorsitz im Anschluß daran stattfindende Sitzung der Sektion Evangelische Kinderpflege[253] führten nicht nur bezüglich der Ausrichtung der Arbeit evangelischer Kinderpflege und ihrer Organisation zu wichtigen Entscheidungen, sie brachten auch eine erste gewisse Klärung hinsichtlich der durch das GrStG aufgebrochenen und noch nicht abschließend beantworteten Fragen. Klärung aber war dringend erforderlich, nachdem ein Rundschreiben des CA, das noch unmittelbar vor Weihnachten an die Landes-, Provinzial- und Fachverbände der Inneren Mission gegangen war[254], die nach wie vor und auch bei v. Wicht vorhandene Beunruhigung nicht hatte beseitigen können[255]. Auf dessen Drängen hatte Fuß ein Gutachten gefertigt. Darin war er zu dem Urteil gelangt, daß für Kindergärten, da sie „zum Unterricht rechnen“, auch wenn die vorgeschriebene Mildtätigkeit vorliegt, mithin § 4 Ziff. 3b GrStG wirksam ist, „eine Befreiung auf Grund der Anerkennung erforderlich ist“, also die Regelungen von § 4 Ziff. 7 GrStG Gültigkeit haben. Nach Einschätzung von Fuß wäre danach eine Befreiung auf Grund einer tatsächlichen, durch die Satzung festgelegten, ausschließlichen und unmittelbaren Mildtätigkeit kaum zu erreichen. Allerdings wäre hinsichtlich der staatlichen Anerkennung davon auszugehen, daß sich die Finanzbehörden mit der Genehmigung eines Kindergartens allein nach den Vorschriften des RJWG „oftmals nicht zufrieden geben werden“. Tatsächlich sah das GrStG vor, worauf Fuß auch ausdrücklich hingewiesen hatte, daß die besagte Anerkennung nicht nur vom Reichsministerium der Finanzen, sondern auch vom Reichsministerium des Innern sowie vom zuständigen Fachministerium, in diesem Fall dem Reichsministerium für Wissenschaft, Erziehung und Volksbildung unter Rust, ausgesprochen wird[256], mithin „wenn alle drei Ministerien sich hiermit einverstanden erklärt haben.“[257]

Diese Erläuterung der Rechtslage durch Fuß machte eine Entscheidung darüber, wie nun weiter zu verfahren sei, keineswegs einfacher. Sollte man sich jetzt auf eine Begründung einlassen, die man knapp zwei Jahre zuvor in Zusammenhang mit dem – wie man jetzt sah, gescheiterten – Versuch, zu einer Befreiung von den Zahlungen der Umsatzsteuer zu kommen, nur sehr zögerlich vorgetragen hatte, weil sie eine Bereitschaft zum Verzicht auf öffentlich-staatliche Anerkennung kirchlich-wohlfahrtspflegerischer Tätigkeit entsprechend den Entkonfessionalisierungsabsichten des Regimes öffentlich wirksam signalisiert hätte? Und konnte eine Befreiung von der Steuerpflicht nach den Bestimmungen über die Mildtätigkeit erreicht werden, wenn die evangeli-

---

253 Siehe II Kap. I.4.1., S. 210 mit Anm. 71.

254 Rundschreiben an Landes-, Provinzial- und Fachverbände des CA betr. Grundsteuer vom 23.12.1937 (ADW, CA 864/18 I A).

255 Schreiben v. Wicht an CA vom 29.12.1937 (Ebd.); Schreiben Vereinigung [Schliebitz] an Fuß vom 29.12.1939 (Ebd.).

256 § 4 Ziff. 7 GrStG (RGBl 1936 I, S. 987). Siehe zuvor Anm. 245.

257 Schreiben CA [Fuß] an v. Wicht vom 11.1.1938 (ADW, CA 864/18 I A).

schen Kindergärten keineswegs ausschließlich Kinder minderbemittelter Eltern aufnahmen?

v. Wicht war offenbar nach den Erfahrungen der zurückliegenden beiden Jahre bereit, auch in der Angelegenheit der Grundsteuerbefreiung nolens volens den Rückzug anzutreten. War sie nicht auf dem Weg über die Regelungen zu den kirchlichen Zwecken zu erreichen, dann auf dem über die Mildtätigkeitsbestimmung. Damit nahm v. Wicht eine Position auf einem Kurs ein, den er mit der Vereinigung seit Juni 1935, als auf ihrer Geschäftführerkonferenz insbesondere Dölker mit dem Rückzug auf das Recht den in den „Raum der Kirche" anzeigte[258], gesteuert und, wie auf der ein halbes Jahr zurückliegenden Mitgliederversammlung deutlich geworden war, auch fortzusetzen die Absicht hatte[259]. Gleichzeitig unterschied sich v. Wicht damit entschieden vom ihn von seiten des CA beratenden Fuß, der in einem Verfahren nach § 4 Ziff. 7 GrStG – Befreiung bei Nutzung des Grundbesitzes für Zwecke der Wissenschaft, der Erziehung und des Unterrichts bei Vorliegen der staatlichen Anerkennung, „daß der Benutzungszweck im Rahmen der staatlichen Aufgaben liegt" – die Befreiungsgründe für „umfassender" hielt[260]. v. Wicht befürchtete dagegen, daß die Befreiungsmerkmale dieser Bestimmungen geeignet sein könnten, die evangelische Kinderpflege, ihre Verbände und Einrichtungen, „allzusehr auf die Linie der Erziehung abzudrängen", und sie erschien ihm „von Seiten des Anspruchs der völkischen Totalitätserziehung als stärker gefährdet"[261]. Abgesehen von einer ohnehin ganz entsprechend den seinerzeitigen Ergebnissen der Reichsschulkonferenz eher vom Gedanken der Fürsorge und weniger von dem der Pädagogik, schon gar nicht der Reformpädagogik, bestimmten Vorstellung v. Wichts von seinem Arbeitsgebiet[262], die Erfahrungen der zurückliegenden Zeit hatten ihn erkennen lassen, daß die evangelische Kindergartenarbeit keineswegs mehr davon ausgehen konnte, „im Rahmen der staatlichen Aufgaben" zu liegen und dementsprechend anerkannt zu werden. War es angesichts dessen und nach den negativen Erfahrungen hinsichtlich Befreiung von der Zahlung der Umsatzsteuer überhaupt angebracht, wie etwa Ziegler es von CA und Vereinigung erwartete[263], in der Sache mit den Reichsministerien Fühlung aufzunehmen? Oder sollte es tatsächlich richtiger sein, daß in der Grundsteuerangelegenheit „die einzelnen

---

258 H. Dölker, Die Verantwortung der Rechtsträger der Tagesstätten (Vorstand) für evangelische Kinderpflegen. Vortrag auf der Geschäftsführerkonferenz der Vereinigung am 4.6.1935. Leitsätze (ADW, CA/J 56). Siehe I Kap. VI.2.2., S. 267f mit Anm. 170 und Anm. 177.

259 Siehe H. v. WICHT, Evangelische Kinderpflege. Und siehe II Kap. I.1.2., S. 56f.

260 Aktenvermerk betr. Antrag der Vereinigung an Reichsministerium der Finanzen bezüglich der Grundsteuer für Kindergärten von Fuß vom 20.1.1938 (ADW, CA 864/18 I A).

261 Schreiben v. Wicht an CA vom 14.1.1938 (EBD.).

262 Siehe I Kap. II.1., S. 49ff.

263 Schreiben Ziegler an CA vom 14.12.1937 (ADW, CA 864/18 I B); Schreiben Ziegler an v. Wicht vom 20.12.1937 (EBD.).

kirchlichen Behörden in den Ländern bzw. jeder einzelne Rechtsträger einen solchen Befreiungsantrag stellen muß"? Es herrschte, v. Wicht gestand es ein, „Unsicherheit"[264].

In dieser Situation entschied der Vorstand der Vereinigung am 12. Januar 1938 in Abstimmung mit Constantin Frick und „hält es für das Richtigste", „für *alle* der Vereinigung angeschlossenen Anstalten die für die Steuerbefreiung notwendige Anerkennung zu beantragen"[265]. Offenbar wollte man, was der EREV für seine Erziehungseinrichtungen erreicht hatte, auch für die Vereinigung und ihre Kindergärten erreichen, nämlich eine generelle Befreiungsbestimmung. Wie vor zwei Jahren wollte man eine einheitliche Regelung und die Sache nicht den Entscheidungen der zuständigen Finanzämter in den Ländern unter dem Einfluß der Partei und ihrer regionalen Machthaber überlassen. Gleichzeitig konnte man dieses Vorgehen auch als einen Beitrag zur Entlastung der Finanzämter ausweisen[266]. Nach Einreichung des Antrags sollte, so wurde ebenfalls beschlossen, Fühlung mit dem zuständigen Sachbearbeiter im Reichsministerium der Finanzen, dem Ministerialrat und Verfasser des einschlägigen Kommentars[267], Dr. Walter Kühne, aufgenommen werden. Dabei wollte Karl Drohmann, Kämmerer des einst unter Gesichtspunkten von Finanz- und Verwaltungsfragen zur „Herstellung geordneter kirchlicher Zustände"[268] geschaffenen Zusammenschlusses der Berliner evangelischen Kirchengemeinden, der Berliner Stadtsynode, vermittelnd behilflich sein. Nicht nur aus Gründen fachlicher Kompetenz jedoch hatte Drohmann an der Sitzung der Sektion Evangelische Kinderpflege als Gast teilgenommen. Vielmehr konnte seine Anwesenheit ebenso wie seine Bereitschaft, gemeinsam mit v. Wicht die beabsichtigte Eingabe an das Ministerium Schwerin v. Krosigks zu fertigen[269], nur begründet sein im Interesse der sowohl als Träger von Kindergärten dem Evangelischen Verband für Kinderpflege in Berlin angehörenden als auch in der Berliner Stadtsynode zusammengeschlossenen und von ihm zu vertretenden Berliner evangelischen Kirchengemeinden[270].

Diese Eingabe, so war man nach Würdigung der Sachverhalte übereingekommen, sollte beide Möglichkeiten einer Grundsteuerbefreiung berücksichtigen. Sowohl sollte eine „ausschließliche Betonung" des Befreiungsmerkmals nach § 4 Ziff. 7 GrStG vermieden als auch gleichzeitig unternommen wer-

---

264 Schreiben v. Wicht an CA vom 29.12.1937 (EBD.).

265 Protokoll (ADWW MÜNSTER, 153/1). Die Hervorhebung ist im Original unterstrichen.

266 Schreiben Vereinigung durch CA an Reichsminister der Finanzen [Entwurf] vom 20.1. 1938 (ADW, CA 864/18 I A).

267 W. KÜHNE, Das Grundsteuergesetz.

268 F. WEICHERT, Die Entstehung, S. 94.

269 Schreiben v. Wicht an CA vom 14.1.1938 (ADW, CA 864/18 I A).

270 EVANGELISCHER VERBAND FÜR KINDERPFLEGE IN BERLIN, Tätigkeitsbericht 1.4.1936–31.3.1937, S. 14f. Es handelte es sich um 78 Kirchengemeinden, die mit ihren Einrichtungen Träger von 4.436 Plätzen waren.

den, eine Befreiung „unter Hinzuziehung von § 4 Ziff. 3b zu versuchen.“[271] Das Schreiben war bereits zwei Tage nach der Beschlußfassung des Vorstandes der Vereinigung durch v. Wicht erstellt und ging, wie vereinbart, an den CA, der es befürwortend an das Reichsministerium der Finanzen weiterreichen sollte. Indessen beförderte der CA dieses Schreiben nicht. Fuß meldete Bedenken an[272]. Nach einer nochmaligen Beratung mit ihm[273] wurde eine neue Fassung gefertigt. Zwar wurde der Gesichtspunkt der Mildtätigkeit durch den Hinweis auf die aus sozialen Gründen erfolgende Kostenunterdeckung aus Entgelten und auf die diesbezügliche Notwendigkeit zu einer Finanzierung der Einrichtungen aus Zuschüssen und Beihilfen besonders hervorgehoben[274], aber es blieb dennoch bei einem Sowohl-als-auch-Schreiben.

Das entsprach ganz v. Wichts Vorstellung, der nach wie vor im Gegensatz zu Fuß das Steuerbefreiungsmerkmal der Mildtätigkeit besonders herausstellen wollte. Aber neu war, und dazu hatte die Beratung mit Fuß am 20. Januar 1938 geführt, der Hinweis auf „Steuergleichheit und -Gerechtigkeit“. Indem man auf die Folgen der Steuerzahlungen – entweder erhöhte Pflegesätze, die Einschränkung der Zahl der Sonder- und Freiplätze für Unbemittelte, jedenfalls erhöhte Ausgaben für die Kommunen oder Senkung von Personal- und Sachkosten und damit eine Minderung der Betreuungsqualität – aufmerksam machte, unterstellte man dem Steuergesetzgeber diplomatisch alles andere als eine Absicht zur Ungleichbehandlung. Die Tatsachen allerdings verschwieg man ebenfalls nicht und wies auf Kommunen und NSV hin, die als Träger gleicher Einrichtungen tatsächlich von der Grundsteuer freigestellt waren[275]. So ging die Eingabe, von Schirmacher für den CA „aufs Wärmste“ unterstützt, Ende Januar an den Reichsminister der Finanzen[276] und mit der

---

271 EBD.

272 Aktenvermerk betr. Antrag an Reichsministerium der Finanzen der Vereinigung bezüglich der Grundsteuer für Kindergärten von Fuß vom 20.1.1938 (ADW, CA 864/18 I A).

273 EBD.; Schreiben v. Wicht an Fuß vom 21.1.1938 (EBD.).

274 „Die Entgelte, welche von den Pflegeberechtigten hierfür entrichtet werden, stellen nur einen geringen Anteil zu den tatsächlichen Unterhaltskosten dieser Heime dar. Das sind durchschnittlich bei Einrichtungen mit Speisung 1/4–1/5, bei solchen ohne Speisung 1/6 der tatsächlichen Betriebskosten. Der Hauptteil derselben, das sind 3/4–5/6, stammt aus Zuschüssen und Beihilfen, welche von den Kirchengemeinden, politischen Gemeinden, dem Winterhilfswerk – vorher aus dem Sammlungstag der Inneren Mission – und von privaten Spendern gewährt werden. Es sind aber hauptsächlich öffentliche Mittel.“ (Schreiben v. Wicht an Fuß vom 21.1.1938, in: EBD.).

275 Schreiben Vereinigung durch CA an Reichsminister der Finanzen [Entwurf] vom 20.1. 1938 (EBD.). Der Antrag: „Für sie [scil. die evangelischen Kindergärten] lassen sich die Steuerbefreiungsmerkmale sowohl des § 4 Ziff. 3b als auch § 4 Ziff. 7 anführen. Im Interesse unserer Anstalten und der gleichzeitigen Entlastung der für unsere sämtlichen Einrichtungen in Deutschland zuständigen Finanzämter bitten wir, *für unsere Krippen, Kindergärten und Horte eine generelle Befreiungsbestimmung zu erlassen.*“ (EBD.). Die Hervorhebung ist im Original unterstrichen.

276 Schreiben Schirmacher an Reichsministerium der Finanzen vom 26.1.1938 (BA BERLIN, R 2/57985).

Bitte um Befürwortung an den Reichs- und Preußischen Minister für die kirchlichen Angelegenheiten[277].

Natürlich wußte man in CA, Vereinigung und Berliner Stadtsynode, daß „Steuergleichheit und -Gerechtigkeit" mit diesem Gesetz nicht beabsichtigt sein konnten, wenn Grundbesitz einer Kommune, „für den öffentlichen Dienst oder Gebrauch benutzt", von der Grundsteuer ebenso befreit war wie etwa Grundbesitz der NSV, vorausgesetzt er wurde für ihre Aufgaben benutzt[278]. v. Wicht, zu diesem Zeitpunkt auch mit dem Tätigkeitsbericht für das am 31. März 1938 zu Ende gehende Geschäftsjahr und mit der resümierenden Beschreibung der dieses Jahr kennzeichnenden Entwicklungen befaßt, wies darauf hin, daß evangelische Kinderpflegearbeit aus Sicht der Machthaber keineswegs mehr unter dem Gleichbehandlungsgrundsatz stand[279]: das Schreiben vom 6. Januar 1937 an den Vorsitzenden der Fuldaer Bischofskonferenz war aus dem Hause des zuständigen Fachministers gekommen und hatte nicht nur eine „bekenntnismäßige Einengung der Kindergartenarbeit" ausgeschlossen, sondern „vielmehr in erster Linie die NS-Volkswohlfahrt" als Träger von Kindergärten proklamiert.[280] Dennoch, was konnte man anderes tun, als unter Berufung auf normenstaatliche Grundsätze und formalrechtlich korrekt, insofern mit „keinerlei Bedenken"[281], mit einer Eingabe zu versuchen, in der Ministerialbürokratie etwa noch vorhandene Spielräume auszumachen, um die ohnehin bestehende Gefährdung der Arbeit evangelischer Kinderpflege durch zusätzliche Bedrohungen, wie sie die Verpflichtung zur Zahlung der Grundsteuer darstellte, nicht noch zu vergrößern?

Ob es zu dem beabsichtigten Gespräch mit Ministerialrat Dr. Walter Kühne kam, ist nicht erkennbar. Sein Bescheid, den er mit dem 11. März 1938 dem CA zustellte, läßt das zweifelhaft erscheinen. Man mußte in CA und Vereinigung zur Kenntnis nehmen, daß es keine Ermessens- oder Verhandlungsspielräume gäbe, denn die Steuerbefreiungen wären mit § 4 GrStG „*abschließend*" geregelt. Dabei sei das Verfahren einer Anerkennung nach Ziff. 7 ebenso geregelt wie die Befreiung wegen Mildtätigkeit nach Ziff. 3b unter den Voraussetzungen der Bestimmungen von § 18 StAnpG möglich ist. „Die Entscheidung muß der Prüfung des einzelnen Falles vorbehalten bleiben."[282]

---

277 Schreiben Schirmacher an Reichs- und Preußisches Ministerium für die kirchlichen Angelegenheiten vom 29.1.1938 (ADW, CA 864/18 I A).

278 § 4 Ziff. 1a und Ziff. 2c GrStG (RGBl 1936 I, S. 986).

279 VEREINIGUNG, Tätigkeitsbericht 1.4.1937–31.3.1938, S. 13.

280 Siehe II Kap. I.1.1., S. 41 mit Anm. 89.

281 Aktenvermerk betr. Antrag der Vereinigung an Reichsministerium der Finanzen bezüglich der Grundsteuer für Kindergärten von Fuß vom 20.1.1938 (ADW, CA 864/18 I A).

282 Schreiben Reichsministerium der Finanzen [Kühne] an „Zentralausschuß für die Innere Mission" vom 11.3.1938 (EBD.). Die Hervorhebung ist im Original unterstrichen. Mit Schreiben CA [Schirmacher] an Vereinigung vom 17.3.1938 wurde das Schreiben Kühnes an v. Wicht weitergeleitet (EBD.).

Steuerrechtlich war der Bescheid des Ministerialrats Walter Kühne die Explikation dessen, was Szymanowski in seiner Stellungnahme zum Antrag v. Wichts dem Reichsministerium der Finanzen Anfang Februar zur Kenntnis gegeben hatte. Er vermöge diesen Antrag nicht zu befürworten, „da es sich [scil. bei der Vereinigung] um eine Einrichtung handelt, die nicht zu den eigentlichen Aufgaben der Kirche gehört"[283]. Steuertechnisch sollten die Entscheidungen dorthin verlegt werden, wo man auf sie kaum von zentraler kirchlicher Stelle, sei es DEK oder CA oder Vereinigung, Einfluß nehmen konnte, in die Finanzämter am Ort.

Wollte man von seiten der Vereinigung in der Sache überhaupt etwas erreichen, kam jetzt alles darauf an, die Rechtsträger von evangelischen Kindergärten zu beruhigen und ihnen dabei behilflich zu sein, die erforderlichen Anträge korrekt und den Vorschriften entsprechend zu stellen. Deshalb folgte v. Wicht nunmehr auch der Anregung Bremers vom Ende des zurückliegenden Jahres[284] und ließ Ende März ein Schreiben an alle Mitgliedsverbände der Vereinigung gehen. Darin informierte er nicht nur umfassend über Kühnes Schreiben, sondern auch über die Antragstellung selbst und ihre erforderliche Form[285] entsprechend den Vorgaben des Runderlasses des Reichsministeriums der Finanzen vom 22. November 1937[286]. Das Schreiben Kühnes hatte in der Vereinigung, insonderheit bei v. Wicht, zu der Einsicht in die Notwendigkeit geführt, diesen Runderlaß nicht nur als Verwaltungsvorgabe für den EREV und die von ihm vertretenen Fürsorgeerziehungseinrichtungen zu betrachten, sondern auch als antragsrelevant für die Vereinigung und ihre Einrichtungen der halboffenen Kinderpflege. Die Anträge auf Steuerbefreiung waren in Preußen bei den zuständigen Regierungspräsidenten und in den außerpreußischen Ländern bei den zuständigen Länderministerien einzureichen. Aber v. Wicht wies auch darauf hin, daß es „möglich, wenn auch schwieriger" sei, eine Steuerbefreiung nach § 18 StAnpG zu erlangen und gab den entsprechenden Teil der Eingabe vom 20. Januar 1938 im Wortlaut zur Kenntnis. Ob die Einschätzung des Vorsitzenden der Vereinigung, daß in Sachen GrStG und seiner neuen Regelungen „das Jahr 1938 als Übergangsjahr gedacht ist"[287], noch den Tatsachen entsprach, muß zweifelhaft sein. Um so mehr als das Reichsministerium der Finanzen und das Reichsministerium des Innern Ende März 1938 durch einen gemeinsamen Erlaß zwar ihre Haltung betreffend die Befreiungsbestimmungen nach § 4 Ziff. 3b und Ziff. 7 GrStG

---

283 Schreiben Szymanowski an Reichsminister der Finanzen vom 8.2.1938 (BA BERLIN, R 2/57985).

284 Schreiben Gertrud Braune an v. Wicht vom 20.12.1937 (ADW, CA 864/18 I A).

285 Schreiben v. Wicht an die „uns angeschlossenen Landes- und Provinzialverbände für evangelische Kinderpflege vom 23.3.1938 (LKA HANNOVER, E 26/103).

286 RMBliV 1937, S. 1814–1816; RStBl 1937, S. 1218; A. FUSS, Befreiung, S. 26–27.

287 Schreiben v. Wicht an die „uns angeschlossenen Landes- und Provinzialverbände für evangelische Kinderpflege" vom 23.3.1938 (LKA HANNOVER, E 26/103). Siehe zuvor Anm. 275.

erläutert[288] und damit wohl ein einheitlicheres Handeln der Finanzämter jedenfalls erleichtert, aber auch gleichzeitig das ministerielle Schreiben vom Monatsanfang bekräftigt hatten. Der Erlaß zeigte an, daß man nicht mehr zu einer Änderung der engen Bestimmungen bereit war.

Das bedeutete freilich nicht, daß es nicht weiterhin noch Regelungsbedarf gab. Mit seinem Rundschreiben vom 23. März hatte v. Wicht eine Antragstellung auf Befreiung von der Grundsteuer auch für Kindergärten nach § 4 Ziff. 7 GrStG durch die Bezugnahme auf den Runderlaß vom 22. November 1937 einzig in Analogie zu einer Grundsteuerbefreiung für Einrichtungen der geschlossenen Fürsorgeerziehung vorgeschlagen. Damit hatte er angezeigt, daß es diesbezüglich für die Einrichtungen der halboffenen Fürsorge nach wie vor Verhandlungsspielräume und entgegen der von Kühne erhobenen Behauptung, mit § 4 GrStG seien die Steuerbefreiungen „abschließend" geregelt, jedenfalls, wenn es nicht Änderungsbedarf gab, so doch genauere Bestimmungen erforderlich waren. Sie lagen wenig später, am 1. Juni 1938, in einem Erlaß vor, zu dem sich das Ministerium Rusts, das Ministerium Schwerin v. Krosigks und das Ministerium Wilhelm Fricks verständigt hatten. Mit diesem Erlaß wurde, nachdem der vom 22. November 1937 die Anerkennung von im Rahmen staatlicher Aufgaben tätiger „Erziehungsanstalten" geregelt hatte[289], bestimmt, welchen „Schulen" die Anerkennung erteilt wird. Ausdrücklich hieß das für Kindergärten, daß ihnen nur für den Fall die grundsteuerbefreiende Anerkennung erteilt wird, wenn sie „an eine Oberschule für Mädchen angeschlossen sind oder der Ausbildung von Kindergärtnerinnen und Hortnerinnen dienen."[290]

Trotz dieser Einschränkung – v. Wicht sah nach wie vor die Verpflichtung, daß „die Erfahrungen auf diesem Gebiet gesammelt und gegebenenfalls ausgenützt werden"[291]. Nicht nur, daß er sich mit dem bei der Finanzabteilung beim EOK Berlin für Steuerfragen zuständigen Referenten, dem aus Königsberg und der Kirchenprovinz Ostpreußen nach Berlin berufenen Juristen, Oberkonsistorialrat Dr. Heinz Gefaeller, abstimmte und ihm die Materialien, besonders das Rundschreiben an die Mitgliedsverbände der Vereinigung vom 23. März 1938 zusandte[292]. In der größten Landeskirche im Deutschen Reich, der ApU mit ihren acht Provinzialkirchen, befanden sich nahezu die Hälfte aller evangelischen Kindergärten[293]. Sondern v. Wicht bereitete auch die Tagung der Leitungsgremien der Vereinigung, die in diesem Jahr an den ersten

---

288 Erlaß des Reichsministers der Finanzen zugleich im Namen des Reichs- und Preußischen Ministers des Innern vom 29.3.1938 (RMBliV 1938, S. 609–616; RStBl 1938, S. 386–392).

289 RMBliV 1937, S. 1814–1816; RStBl 1937, S. 1218; A. FUSS, Befreiung, S. 26–27.

290 RStBl 1938, S. 553; RMinAmtsBl DtschWiss 1938, S. 295–297.

291 VEREINIGUNG, Tätigkeitsbericht 1.4.1937–31.3.1938, S. 16.

292 Schreiben v. Wicht an Gefaeller vom 28.5.1938 (ADW, VKD 7).

293 VEREINIGUNG, Tätigkeitsbericht 1.4.1937–31.3.1938, Statistische Übersicht. Danach waren das zu diesem Zeitpunkt in den Provinzialkirchen der ApU:

beiden Junitagen in Hannover stattfinden sollte, in entsprechender Weise vor. Eingeladen wurde Dr. Alfred Depuhl, der Geschäftsführer des Landesvereins für Innere Mission in Hannover, der zwar den DC angehörte, aber mit einer Doppelqualifikation nicht nur theologisch, sondern gerade auch in Wirtschaftsfragen versiert war[294]. Ihn bat v. Wicht über „Wirtschafts- und Steuerfragen im Kindergarten und Hort" zu referieren, so daß die Auseinandersetzung mit diesen Fragen neben der Erörterung der „Möglichkeiten evangelischer Unterweisung außerhalb des Kindergartens und Hortes"[295] einen Schwerpunkt der Tagung bildeten.

Abgesehen davon, daß Depuhl in seinem Vortrag, den er am 2. Juni 1938 vor der Geschäftsführerkonferenz der Vereinigung hielt, allgemein die zunehmende Bedeutung von Wirtschaftsfragen und dementsprechend auch die einer geordneten Wirtschaftsführung hervorhob, betonte er besonders die Notwendigkeit, hinsichtlich der die Einrichtungen belastenden Grundsteuer „für unsere Anstalten die Befreiung zu erreichen". Dabei wies auch er, wie es v. Wicht mit seinem Rundschreiben Ende März getan hatte, auf die beiden Möglichkeiten einer Befreiung hin, die wegen Mildtätigkeit des Zweckes der Grundstücksnutzung oder die auf Grund einer Anerkennung, daß dieser Zweck im Rahmen staatlicher Aufgaben liegt. Beide Befreiungsmöglichkeiten, da von den zuständigen Finanzämtern die gesetzlichen Regelungen „örtlich ganz verschieden ausgelegt" werden[296], hielt er zu nutzen für denkbar und empfehlenswert. Für gänzlich „unzweckmäßig" hielt er es allerdings, wie es zu Beginn des Jahres vom Vorstand der Vereinigung samt Präsidenten des CA beschlossen und, wie man allenthalben hatte erfahren müssen, erfolglos von v. Wicht dem Reichsministerium der Finanzen vorgetragen worden war, nun etwa bei der obersten Finanzbehörde der Provinzial- oder Landesregie-

Brandenburg	338 Kindertagesstätten	534 Kindergärtnerinnen	13.010 Plätze
Pommern	17 Kindertagesstätten	20 Kindergärtnerinnen	1.310 Plätze
Ostpreußen	46 Kindertagesstätten	47 Kindergärtnerinnen	2.273 Plätze
Grenzmark	-	-	-
Schlesien	234 Kindertagesstätten	212 Kindergärtnerinnen	11.900 Plätze
Provinz Sachsen	95 Kindertagesstätten	186 Kindergärtnerinnen	5.326 Plätze
Westfalen	252 Kindertagesstätten	268 Kindergärtnerinnen	18.500 Plätze
Rheinprovinz	310 Kindertagesstätten	640 Kindergärtnerinnen	20.500 Plätze
Insgesamt	1.292 Kindertagesstätten	1.907 Kindergärtnerinnen	72.819 Plätze

und in den übrigen Landeskirchen der DEK:

	1.528 Kindertagesstätten	1.887 Kindergärtnerinnen	106.393 Plätze

Betreffend die Kirchenprovinz Grenzmark siehe II Kap. I.3.1., S. 154 mit Anm. 96.

294 Zur Rolle Depuhls als Pastor im Landesverein für Innere Mission in Hannover auch im Verhältnis zum „Landesführer" der Inneren Mission, Johannes Wolff, siehe H. OTTE, Mehr als ein loses Nebeneinander, S. 14f. mit Anm. 69.

295 Siehe II Kap. I.4.2., S. 228f.

296 Protokoll der Geschäftsführerkonferenz der Vereinigung am 1.–2.6.1938 (LKA HANNOVER, E 26/103).

rungen „in einem Sammelantrag für alle Kindergärten eine solche Anerkennung [des Benutzungszweckes als im Rahmen staatlicher Aufgaben liegend] zu erwirken."[297]

Depuhls Einschätzungen wurden in einer dem Erfahrungsaustausch dienenden Aussprache durch die Geschäftsführer der Kinderpflegeverbände bestätigt. Dabei zeigte sich, daß die gewisse „Unsicherheit", von der v. Wicht ein halbes Jahr zuvor eher persönlich gesprochen[298] und die Bremer hatte verhindern wollen[299], die gesamte Vereinigung und die ihr angehörenden Landes- und Provinzialverbände erfaßt hatte, obwohl der CA durch IMis, der EREV durch die EJugh und etwa der Gesamtverband der evangelischen Kranken- und Pflegeanstalten für den bedeutenden Bereich der Krankenhäuser durch die Gsdhfürs sorgfältig und umfassend über die Entwicklung, über Erlasse des Ministeriums Schwerin v. Krosigks ebenso wie über Entscheidungen des Reichsfinanzhofs zu informieren bemüht gewesen waren[300]. Wollte man in-

297 Schreiben Depuhl an Finanzabteilung beim Evangelisch-lutherischen Landeskirchenamt Hannover vom 13.8.1938 (LKA HANNOVER, E 26/29). Mit diesem Schreiben beantwortet Depuhl eine Anfrage des soeben von Kerrl zum Leiter der Finanzabteilung beim Landeskirchenamt der Evangelisch-lutherischen Landeskirche Hannovers bestellten Dr. Georg Cölle. Dieser hatte mit Bezug auf „die Grundsteuerfreiheit für Kindergärten" und das Schreiben der Finanzabteilung bei der Kirchenkanzlei der DEK an Finanzabteilungen der obersten Behörden der deutschen evangelischen Landeskirchen vom 9.6.1938 (ADW, CA 864/18 I A) um „gefällige Mitteilung" angefragt, „ob innerhalb des Bereichs der Landeskirche das Anerkennungsverfahren nach § 4 Ziffer 7 Grundsteuergesetz eingeleitet ist und mit welchem Erfolg; ob die kommunalen Gemeinden derartigen Grundbesitz aus Billigkeitsgründen grundsteuerfrei stellen; ob derartige Grundstücke gemäß § 4 Ziffer 3b Grundsteuergesetz von der Kirchensteuer [scil. Grundsteuer] freigestellt worden sind für Grundbesitz, der von dem Eigentümer für mildtätige Zwecke benutzt wird." Nach Abstimmung mit Stalmann, zuständiger Oberlandeskirchenrat und Vorsitzender des Evangelischen Landesverbandes für Kinderpflege in der Provinz Hannover (Schreiben Depuhl an Stalmann vom 9.8.1938, in: LKA HANNOVER, E 26/29) teilt Depuhl dem Leiter der Finanzabteilung die durch die Geschäftsführerkonferenz geschaffene Beschlußlage mit, weist auch auf den Erlaß des Reichsministeriums der Finanzen vom 1.6.1938 hin, zitiert daraus den die Kindergärten betreffenden Abschnitt zur Anerkennung der ihm Rahmen staatlicher Aufgaben liegenden Zwecke als Voraussetzung der Steuerbefreiung, geht weiter auf die Anfragen Cölles nicht ein, bittet ihn indessen zum Schluß, „wenn veranlaßt werden könnte, daß der Reichsminister für Wissenschaft, Erziehung und Volksbildung für die Arbeit der Kindergärten die Anerkennung ausspricht, daß der Benutzungszweck im Rahmen der staatlichen Aufgaben liegt." (Schreiben Depuhl an Finanzabteilung beim Evangelisch-lutherischen Landeskirchenamt Hannover vom 13.8.1938, in: EBD.).

298 Schreiben v. Wicht an CA vom 29.12.1937 (ADW, CA 864/18 I A).

299 Schreiben Gertrud Braune an v. Wicht vom 20.12.1937 (EBD.).

300 Siehe A. DINGER, Steueranpassungsgesetz; A. FUSS, Steuermeßbescheid; DERS., Reichsfinanzhofurteile; DERS., Befreiung von der Grundsteuer; N.N., Grundsteuer; N.N., Durchführung des Grundsteuergesetzes; N.N., Verordnung zur Durchführung des Grundsteuergesetzes. GSDHFÜRS wurde seit dem Ausscheiden von Harms aus dem CA und der Übernahme der Leitung des Referats Gesundheitsfürsorge 1937 durch Dr. Dr. Horst Fichtner von diesem herausgegeben, der wie sein Vorgänger auch die Geschäfte des Fachverbandes führte. Mit der Januarausgabe 1939 bis zur Einstellung ihres Erscheinens mit der Mai-Ausgabe 1941 trug sie den Namen EVGSDHFÜRS. Siehe II Kap. I.4.4., S. 341f. mit Anm. 747.

dessen das von allen angestrebte Ziel – Grundsteuerbefreiung für die evangelischen Kindergärten – erreichen, dann mußte man, wie es schien, der Anregung v. Wichts folgen, Erfahrungen mit den Steuerbehörden vor Ort sammeln und sich entsprechend Depuhls Empfehlung auch von dem Gedanken an einen „Sammelantrag“ lösen. Tatsächlich kam man überein zu „versuchen, in günstig gelagerten Einzelfällen eine Befreiung zu erreichen und das Resultat den anderen Anstalten als Muster bekanntzugeben.“[301] Damit wollte man, was v. Wicht bereits zu Beginn des Jahres in seinem Antrag an das Ministerium Schwerin v. Krosigks hatte erkennen lassen, weiterhin, wenngleich nun in jedem Einzelfall, zwei Optionen nutzen können: sowohl einen Antrag auf Anerkennung nach § 4 Ziff. 7 GrStG stellen als auch nach § 4 Ziff. 3b GrStG „gleichzeitig sich darauf [zu] stützen“, in der Arbeit „wirtschaftlich hilfsbedürftigen Volksgenossen (Aufnahme von Waisen und Halbwaisen) [zu] dienen und damit als mildtätige Einrichtung von der Grundsteuer befreit werden [zu] können.“[302]

Dieser Beschluß der Geschäftsführer der evangelischen Kinderpflegeverbände entsprach einem allgemeinen, nach wie vor von Unklarheit und Unsicherheit bestimmten Kenntnisstand in der Kirchenkanzlei der DEK ebenso wie im CA und seiner Berlin-Dahlemer Geschäftsstelle. Hatte die Finanzabteilung beim EOK Berlin bereits Ende Mai durch Gefaeller die Initiative ergriffen und sich informieren lassen, so bat gegen Mitte Juni die Finanzabteilung bei der Kirchenkanzlei der DEK durch ihren Vorsitzenden Friedrich Werner mit ausdrücklichem Bezug auf das „die Rechts- und Sachlage richtig wiedergebende Rundschreiben der Vereinigung ... vom 23. März 1938“ die Finanzabteilungen bei den obersten Behörden der Landeskirchen „um gefällige Äußerung über die ... zu dieser Sonderfrage gemachten Erfahrungen.“[303] Und auch der CA war zur Mitte des Jahres im Blick auf die Grundsteuerbefreiung evangelischer Kindergärten nicht hinreichend informiert und bat gegen Ende Juli durch Schirmacher die Vereinigung um Nachricht darüber, „ob und in welchem Maße“ Kindergärten „bis jetzt von der Grundsteuer befreit worden sind.“[304] Es war offenkundig, daß weder hier noch da eine Vorstellung davon entwickelt worden war, wie die Einrichtungen der Inneren Mission zu handeln hätten angesichts einer Steuerpolitik, die sie mit Fragen der Wirtschaft konfrontierte[305]. Die gewisse Ratlosigkeit sollte anhalten.

---

301 Protokoll der Geschäftsführerkonferenz der Vereinigung am 1.–2.6.1938 (LKA HANNOVER, E 26/103).

302 Schreiben Depuhl an Finanzabteilung beim Evangelisch-lutherischen Landeskirchenamt Hannover vom 13.8.1938 (LKA HANNOVER, E 26/29).

303 Schreiben Finanzabteilung bei der Kirchenkanzlei der DEK an Finanzabteilungen der obersten Behörden der deutschen evangelischen Landeskirchen vom 9.6.1938 (ADW, CA 864/18 I A).

304 Schreiben CA [Schirmacher] an Vereinigung vom 23.7.1938 (EBD.).

305 Siehe dazu F. REINHARDT, Leitsätze, bes. S. 113ff.

Inzwischen hatte das Ministerium Schwerin v. Krosigks eine 2. DVO zum GrStG erlassen, die unter anderem klärte, daß die Befreiung nach § 4 Ziff. 3b nicht dadurch ausgeschlossen werde, daß die gegebenenfalls zur Grundsteuerzahlung zu veranlagende Körperschaft nicht nur mildtätigen, sondern auch gemeinnützigen Zwecken dient[306]. Außerdem hatte das Reichsministerium der Finanzen gemeinsam mit dem Reichsministerium des Innern und dem Reichsministerium für Wissenschaft, Erziehung und Volksbildung am 1. Juni 1938 mit Bezug auf die 1. DVO zum GrStG[307] jene Bestimmungen erlassen, die nur für solche Kindergärten eine Anerkennung als „im Rahmen staatlicher Aufgaben" liegend bedeuteten, die als Bestandteil privatschulischer Ausbildung – als Ort für Praktika – auch der Aufsicht des Rustschen Ministeriums unterstellt waren[308]. Dies betraf jedoch eine immer kleiner werdende Zahl von Einrichtungen, da ja auch die evangelischen Ausbildungsstätten spätestens seit dem Herbst 1937 den Maßnahmen zur Gewährleistung einer der nationalsozialistischen Erziehung, um im Sprachgebrauch der Machthaber zu bleiben, ausgesetzt waren[309]. Und es war auch sehr schnell klar geworden, daß dieser Erlaß und seine Bestimmungen zu privatschulischen Praktika tatsächlich das Ende jeder Hoffnung auf staatliche Anerkennung evangelischer Kinderpflege bedeuteten. Unter ausdrücklichem Hinweis auf diesen Erlaß hatte, vier Wochen nach dessen Veröffentlichung, am 30. Juni 1938 Wackers Badisches Ministerium des Kultus und Unterrichts den EOK Karlsruhe beschieden[310]. Oberkirchenrat Dr. Emil Doerr hatte gut sechs Monate zuvor, mithin noch vor der gerade mit einjähriger Verspätung abgeschlossenen Einrichtung einer Finanzabteilung beim EOK Karlsruhe und seiner Übernahme

---

306 2. DVO zum GrStG vom 29.3.1938 (RGBl 1938 I, S. 360). Vgl. A. FUSS, Aus der 2. Durchführungsverordnung, S. 98.

307 1. DVO zum GrStG vom 1.7.1937 stellt mit §§ 10 bis 15 (RGBl 1937 I, S. 734–736) die Voraussetzungen zur Befreiung nach § 4 Ziff. 7 GrStG zusammen, da die Vorschriften „etwas undurchsichtig und verwickelt" (W. KÜHNE, Das Grundsteuergesetz, S. 128) sind.

308 RStBl 1938, S. 553; RMinAmtsBl DtschWiss 1938, S. 295–297. Siehe auch A. FUSS, Grundsteuerbefreiung, S. 99; DERS., Grundsteuerbefreiung, S. 115; N.N., Grundsteuer, S. 208.

309 Die Darstellung der Geschichte des Bereiches „Ausbildung" in der Inneren Mission als Geschichte der evangelischen Kindergärtnerinnenseminare und ihres Fachverbandes, des Deutschen Verbandes der Ausbildungsstätten für evangelische Kinderpflege, ist Desiderat. Vgl. M. BERGER, Vorschulerziehung, S. 250–252. Das in I Kap. Einleitung, S. 24f. Gesagte bedarf hier keiner Wiederholung. Vgl. auch I Kap. VII.4.1., S. 397 mit Anm. 570. Dabei sollte auch die Frage sein, ob und in welcher Weise der „Himmler-Erlaß" (Runderlaß des Reichsministers des Innern und des Reichsführers SS und Chef der Deutschen Polizei vom 29.8.1937, in: RMBliV 1937, S. 1571; KJ 1933–1944, S. 209; W. SCHERFFIG, Junge Theologen II, S. 209) Anlaß war für die Schließung von evangelischen der Inneren Mission zugehörenden Ausbildungsstätten für Kindergärtnerinnen. F. HOLZÄPFEL/E. PSZOLLA, Deutscher Verband, stellt 1954 fest: „Anfang 1933 gehörten dem Verband 59 Ausbildungsstätten an ... Bei Ausgang des Krieges war von dieser blühenden Arbeit fast nichts mehr vorhanden" (S. 65).

310 Schreiben Badischer Minister des Kultus und Unterrichts an EOK Karlsruhe vom 30.6. 1938 (ADW, CA 864/18 I B).

des stellvertretenden Vorsitzes[311], der Anfrage Adolf Barners entsprochen und ein Gesuch um staatliche Anerkennung des Kindergartens in Villingen an das Ministerium gerichtet[312]. Jetzt war das Gesuch negativ beschieden und eine Anerkennung abgelehnt worden. Es wäre nicht erkennbar und in dem Antrag nicht nachgewiesen, daß der Kindergarten in Villingen die Bedingungen des Erlasses vom 1. Juni 1938 in Sachen Grundsteuerbefreiung privater Erziehungseinrichtungen erfülle[313].

Mit Blick auf das Interesse der Vereinigung und der von ihr repräsentierten Träger evangelischer Kindergärten, nicht allein aus Billigkeitsgründen[314], sondern rechtlich gesichert eine Befreiung von der Grundsteuer zu erreichen, festigten die Verordnungen, Erlasse des Reichsministeriums der Finanzen und die Entscheidungen des Reichsfinanzhofes demgegenüber die Einsicht: „Sie [scil. die Grundsteuer] muß vom Rechtsträger bezahlt werden.“ Und die Erfahrung in den Landes- und Provinzialverbänden der evangelischen Kinderpflege, die sich Anfang November 1938 anläßlich der Arbeitstagung der Vereinigung in Kassel darüber austauschten, bestätigten diese Sicht. Abgesehen davon, daß die Steuermeßbescheide häufig den Eindruck erweckten, die Festsetzung des Einheitswertes sei eher willkürlich als fachlich begründet erfolgt – eine staatliche Anerkennung als Voraussetzung zu einer Befreiung von der Grundsteuer fand, so wurde berichtet, „nur in wenig“ Fällen statt, nämlich wenn in einer Tagesstätte Kindergärtnerinnen ihr Praktikum absolvieren. Und eine „Mildtätigkeit der Arbeit kann selten nachgewiesen werden“. Dennoch stimmte man in der Vereinigung darin überein, daß Einspruch gegen Grundsteuerbescheide „auf jeden Fall eingelegt werden“ sollte[315].

Die Lage blieb weiterhin schwierig und unübersichtlich, und die Erwartungen, die auch v. Wicht gehegt hatte, daß man in Sachen Grundsteuerbefreiung die Erfahrungen des Jahres 1938 für Schritte zu ihrer begründeten Erlan-

---

311 Siehe K. MEIER, Kirchenkampf III, S. 435.

312 Schreiben EOK Karlsruhe [Doerr] an Badischen Minister des Kultus und Unterrichts vom 23.12.1937 (ADW, CA 864/18 I B).

313 Schreiben Badischer Minister des Kultus und Unterrichts an EOK Karlsruhe vom 30.6. 1938 (EBD.). Dieser Bescheid wurde mit Schreiben Ziegler an CA vom 20.9.1938 (EBD.) erst übermittelt, nachdem mit Schreiben CA an Ziegler vom 8.8.1938 (EBD.) angefragt worden war, ob inzwischen Bescheid aus dem Ministerium ergangen wäre.

314 Richtlinien für Billigkeitsmaßnahmen hinsichtlich der Grundsteuer erlaubten es mit Wirkung vom 1.4.1938 den Kommunen, unter gewissen Bedingungen Steuererleichterungen zu gewähren. (Runderlaß des Reichsministeriums der Finanzen und des Reichsministeriums des Innern vom 19.4.1938, in: RStBl 1938, S. 409). Vgl. N.N., Grundsteuererleichterungen.

315 Niederschrift über die Besprechung [des Tagesordnungspunktes] „Praktische Fragen“ anläßlich der Arbeitstagung der Vereinigung in Kassel am 4.11.1938 (LKA NÜRNBERG, DW 1714). Diese Niederschrift wurde von der Mitarbeiterin Richard Diez’, den Landesverband Evangelischer Kindertagesstätten in Bayern vertretenden Karola Richard, unabhängig vom offiziellen Tagungsprotokoll gefertigt, das wie stets Schliebitz erstellte. Entgegen den Angaben der Überschrift ist diese Niederschrift eine Mitschrift der gesamten Tagung und ergänzt insofern Tagungsprotokoll und Leitsätze der Referate.

gung werde nutzen können, hatten sich nicht erfüllt. Es schien eher, daß immer noch dieselbe Einschätzung zutraf, zu der v. Wicht bereits Anfang 1937 bei Erstellung seines Tätigkeitsberichtes gekommen war, als er festgehalten hatte, auch die Regelungen des GrStG „werden aber sicher eine finanzielle Belastung unser Tagesstätten bedeuten."[316] Diese Vermutung v. Wichts hatte sich jedenfalls bewahrheitet, und alle bisherigen Anstrengungen, die wirtschaftlichen Belastungen aus den Verpflichtungen zur Steuerzahlung zu vermeiden, schienen vergeblich.

Der Eindruck der Vergeblichkeit mußte noch verstärkt werden dadurch, daß man gleichzeitig in der gesamten Inneren Mission und in ihrem CA, mithin auch in der Vereinigung, sich vor Problemen sah, die anfangs wohl nicht erkannt worden waren, so daß jetzt nur sehr schwer der Aufwand eingeschätzt werden konnte, der zu ihrer Behebung erforderlich sein könnte. Inwieweit dies auch als eine Bestätigung der Zeitansage v. Wichts von Ende Januar 1937 erfahren und gewertet wurde, muß ebenso eine unbeantwortete Frage bleiben wie die, ob zu diesem Zeitpunkt jemand auch nur entfernt damit rechnete, daß sich die Anstrengungen in den Steuerangelegenheiten als vergeblich herausstellen, ja dazu führen könnten, daß nicht nur die Vereinigung als Reichsfachverband in ihrem Fortbestand, sondern der gesamte CA als Reichsspitzenverband der freien Wohlfahrtspflege in Frage gestellt wäre.

4. Die Konzentration der Kräfte

4.1. Die Vereinigung evangelischer Kinderpflegeverbände Deutschlands als Führung eines Fachausschusses für evangelische Kinderpflege beim Central-Ausschuß für die Innere Mission – Versuche einer Neuordnung

Natürlich war es für v. Wicht entscheidend, daß nicht nur die Gemeinden in jeder erdenklichen Weise zur materiellen Sicherung des Kindergartens beitrugen, um damit auch seinen kirchlichen Charakter auszuweisen. So sehr er bedauern mochte, daß die rein „praktischen Fragen" der Sicherung der Finanzierung der Arbeit mit „der Schwierigkeit unseres kirchlichen Auftrags, mit der weltanschaulichen Stellung des Nationalsozialismus" verquickt waren, so sehr forderte er, daß die gesamte Innere Mission und ihr CA alle Möglichkeiten der Mittelbeschaffung nutzten, da die Finanzierungsfrage nahezu für jede Einrichtung der halboffenen Kinderpflegearbeit von entscheidender Bedeutung war. Darum wollte er auch keinesfalls auf die Stützungsmittel verzichten, die das WHW im Jahre 1937 an die Innere Mission zu zahlen sich bereit erklärt hatte, damit keine „für das Volksganze wichtige Einrichtung ... wirt-

[316] VEREINIGUNG, Tätigkeitsbericht 1.4.1937–31.3.1938, S. 16.

schaftlich beeinträchtigt wird."[1] Diese Gefahr hatte die Sammlungsgesetzgebung heraufbeschworen. Neben dem GrStG war sie es, die im Frühjahr 1937 den CA und die Geschäftsführer der Einrichtungen, der Fachverbände und der Landes- und Provinzialverbände sehr besorgt sein ließ.

Am 15. März 1937 war durch das Reichs- und Preußische Ministerium des Innern das Verbot des Volkstages der Inneren Mission erfolgt, „weil die starke Beanspruchung der Gebefreudigkeit aller Volkskreise durch das Winterhilfswerk eine möglichst weitgehende Einschränkung der Sammlungen während der Sommermonate erfordert."[2] Der seit April 1934 mit Haus- und Straßensammlungen stattfindende Volkstag der Inneren Mission, dessen Durchführung im Juni 1936 nur nach heftigem Ringen und unter Einschaltung des RKA möglich gewesen war, hatte bis dahin nicht nur eine werbemäßige Bedeutung für die gesamte Innere Mission. Mindestens ebenso wichtig war auch das finanzielle Ergebnis der Haus- und Straßensammlungen, das bei annähernd drei Millionen Reichsmark lag. Mit diesen Mitteln wurden einerseits die Landes- und Provinzialkirchen von Zahlungen entlastet, zu denen sie kirchenkämpferisch aus grundsätzlichen Erwägungen keinesfalls bereit oder aus Geldnot auch nicht in der Lage waren. Andererseits war die Innere Mission darauf angewiesen, um wirtschaftlich schwache Einrichtungen oder durch Geldnot gefährdete Arbeitszweige, und das galt für die Kinderpflegearbeit und die sie vertretende Vereinigung, durch Mittelzuweisungen zu stützen[3]. Der durch das Verbot des Volkstages ausgelöste heftige Protest, der dem Ministerium Wilhelm Fricks und sogar auch dem „Führer" vorgetragen worden war, der auch nicht durch einen Runderlaß, vier Wochen später herausgegeben und veröffentlicht[4], hatte beruhigt werden können, dieser Protest hatte dazu geführt, daß Hilgenfeldt und das WHW, mit dessen Sammlungen das Verbot des Volkstages begründet worden war, Ausgleichszahlungen an die Innere Mission angekündigt hatten[5].

---

1 Protokoll der Geschäftsführerkonferenz des CA am 15.4.1937 (ADW, CA 761 XIX).

2 Schreiben Wilhelm Frick an CA vom 15.3.1937 (ADW, CA 1292/17).

3 Siehe dazu M. GERHARDT, Jahrhundert II, S. 370f.; J.-CHR. KAISER, Sozialer Protestantismus, S. 433ff.; CHR. GERNER-BEUERLE, Constantin Frick, S. 66f.; P. HAMMERSCHMIDT, Die Wohlfahrtsverbände, S. 253ff.

4 Runderlaß des Reichs- und Preußischen Ministers des Innern vom 10.4.1937 (RGBl 1937 I, S. 1086; RMBliV 1937, S. 599–600).

5 Schirmacher berichtete auf der Geschäftsführerkonferenz des CA am 15.4.1937: „Bereits während des Kongresses [der Inneren Mission, im Januar 1937] wurde darauf hingewiesen, daß das Sammelverbot für dieses Jahr drohe, und es ist besonders P. Schwander zu danken, daß er nur ihm zugängliche Wege beschritten hat, um noch vor dem Kongress über diese Dinge mit maßgebenden Stellen zu verhandeln." Wahrscheinlich sind damit Schwanders Beziehungen zu Doehle, inzwischen Ministerialdirektor in der Präsidialkanzlei des „Führers" gemeint, mit dem Schwander in derselben Studentenverbindung war. Siehe I Kap. VII.3.4., S. 357 mit Anm. 384 und I Kap. VII.3.5., S. 368. „Das Verbot kam aber trotz allem. Auch eine dringliche Depesche an den Führer und Reichskanzler mit der Bitte, vor der Entscheidung gehört zu werden mit Rücksicht auf die Wirkung, die ein solches Verbot auslösen müßte, änderte daran nichts; ebensowenig ein ausführ-

In den Reihen der Inneren Mission, im Vorstand des CA ebenso wie bei den Geschäftsführern, also den Leitern der Landes-, Provinzial- und Fachverbände, war man aber durchaus unterschiedlicher Auffassung darüber, ob die Zahlungen des WHW angenommen werden sollten. Der Vorstand des CA hatte sich am 13. April 1937 zu einer Sitzung getroffen. Ihm lagen bereits Richtlinienentwürfe zur Durchführung der Entschädigungszahlungen vor. Dabei handelte es sich um einen Entwurf des WHW und einen des CA. Der Entwurf des Reichsbeauftragten für das WHW, Hilgenfeldt, ließ deutlich erkennen, daß es ihm auch in diesem Fall darum ging, die Innere Mission der NSV zu unterstellen. Diese sollte „berechtigt [sein], die angegebene Verwendung der Zuschüsse nachzuprüfen.“ Darauf aber, das hatte wohl Schirmacher sofort erkannt, konnte sich die Innere Mission nicht einlassen. Ohnehin verfolgte sie zu diesem Zeitpunkt aufmerksam die Nachrichten über ein neues Wohlfahrtsgesetz, mit dem „unsere Verbände der NSV unterstellt werden“[6]. Deshalb sah der vom CA gefertigte Entwurf, der dem Vorstand als Alternative vorgelegt wurde, allein eine Prüfberechtigung für das WHW vor[7]. Denn im Gegensatz zu dem der NSV war der Status des WHW gesetzlich geregelt, und es unterstand dem Reichsministerium für Volksaufklärung und Propaganda[8], auch wenn dies einen Mißbrauch der Position eines Reichsbeauftragten, der zugleich NSV-Hauptamtsleiter war, ebensowenig ausschloß wie

liches Schreiben an das Innenministerium mit dem Antrag, einen Sachverständigen-Ausschuß zu berufen, dem Vertreter des Arbeitsministeriums, Finanzministeriums, Kirchenministeriums, der DAF angehören sollten. ... Die Antwort des Innenministeriums lautete, daß es so handeln müsse. ... Wohl gleichzeitig mit dem Sammlungsverbot an uns ist eine Verordnung des Reichskanzlers an den Reichsbeauftragten des WHW gegangen, die diesen verantwortlich dafür macht, daß keine für das Volksganze wichtige Einrichtung (Anstalt) der freien Liebestätigkeit durch das Sammelverbot wirtschaftlich beeinträchtigt wird. ... Diese Verordnung hatte eine Besprechung zur Folge, in der der CA aufgefordert wurde, schriftliche Vorschläge für die Durchführung der Aktion zu machen. Die Hergabe der Gelder soll nicht von Angaben (Untersuchungen) der Gaue abhängig gemacht werden, sondern der CA soll die nötigen Feststellungen machen.“ (Protokoll, in: ADW, CA 761 XIX). Siehe auch „Anmerkungen zum Tag der Inneren Mission“ vom 30.9.1937, deren Verfasser wahrscheinlich Schirmacher ist (EBD.). Im übrigen hatte die aus Sicht des CA „gegebene Stelle“, das Ministerium Kerrls, es durch Muhs mit dem Hinweis auf Nichtzuständigkeit abgelehnt, entsprechend dem Wunsche des CA „die Lage und die Möglichkeiten zu besprechen, welche Wege unter Vermeidung jeder Beunruhigung unserer Kreise zu gehen sind.“ (Schreiben Schirmacher und Heinrich an Muhs „Durch Eilboten! Persönlich!“ vom 17.3.1937 und Aktennotiz vom 19.3.1937 über ein Telefongespräch mit dem „Kirchenministerium“ am 19.3.1937 um 16 Uhr, in: ADW, CA 1292/17).

[6] Protokoll der Geschäftsführerkonferenz des CA am 15.4.1937 (ADW, CA 761 XIX).

[7] Anlage zum Protokoll der Vorstandssitzung des CA am 13.4.1937 (ADW, CA 67 B (1937)). Beide Entwürfe zur Regelung der Ausgleichszahlungen sahen vier Kriterien vor: Den Nachweis über Zuwendungen aus den Volkstag-Erträgen 1935 und 1936; Nachweis über die Gefährdung der Arbeit ohne die in Aussicht gestellten Mittel; Nachweis darüber, daß es sich um eine Einrichtung handelt, „an deren Weiterbestehen nach den Grundsätzen einer planwirtschaftlichen Gestaltung der freien Wohlfahrtspflege öffentliches Interesse besteht“; Verwendungsnachweis bis zum 1.2.1938.

[8] Siehe I Kap. V.4.1., S. 216 mit Anm. 94.

eine Zweckentfremdung der Mittel[9]. Nach einer langen Aussprache, in der „in zum Teil scharfer und ablehnender Weise auf die Schwierigkeiten des neuen Planes aufmerksam“ gemacht worden war, hatte der Vorstand dann doch beschlossen, „auf den Plan einzugehen“. Vor einer verbindlichen Stellungnahme gegenüber dem WHW im Sinne des im CA gefertigten Richtlinienentwurfes sollte jedoch ausdrücklich „die am übernächsten Tage angesetzte Geschäftsführer-Konferenz gehört werden.“[10] Auf ihr wurde die Aussprache kaum weniger offen und ebenso kontrovers geführt als im Vorstand. Einige Geschäftsführer, wie etwa Brandmeyer oder Ziegler, plädierten für Verzicht. Sie wollten keinesfalls in eine Abhängigkeit von der NSV oder jedenfalls von deren Hauptamtsleiter geraten, der ja seine Absichten deutlich zu erkennen gegeben hatte. Andere, wie Theodor Wenzel, Heyne und auch Schirmacher unterstrichen, daß man auf die Mittel unbedingt angewiesen sei, und Ohl warnte davor, die wahre Liebestätigkeit nur dort zu sehen, „wo freie Gaben im Spiel“ seien[11].

Es war v. Wicht, der mit seinem Votum einen Beschluß der Geschäftsführerkonferenz des CA in der Sache ermöglichte. Er wies darauf hin, daß im Blick auf das „Gebiet der Kindergärten“ eine Antragstellung beim WHW von vornherein sinnlos sei, da in der „Frage des konfessionellen Kindergartens eindeutig erklärt worden ist, daß solche Kindergärten im Staatsinteresse unerwünscht sind.“ Aber wie wäre es, so seine Anfrage an die Kollegen, ließe man sich „unter den und den Bedingungen eine Ablösung des Volkstages gefallen“? Man könnte, so weiter v. Wicht, „die Summe, die der Volkstag erbracht habe, erbitten und über den CA den Nachweis [der Verwendung der Mittel] führen.“ Freilich sei zu fordern, daß die Ablösung auch „denjenigen Einrichtungen gegeben werden kann, die nicht primär einen öffentlich rechtlichen, sondern einen kirchlichen Auftrag haben.“ Und das seien etwa auch die Kindergärten, Einrichtungen, die „im Brennpunkt des weltanschaulichen Kampfes stehen.“ Dieses Sowohl-als-auch-Votum ermöglichte es der Geschäftsführerkonferenz einen Antrag Paul Braunes einstimmig anzunehmen, womit

---

9 Dazu H. VORLÄNDER, Die NSV, S. 55f. Das Gesetz über das Winterhilfswerk des Deutschen Volkes bestimmte an keiner Stelle, daß der Reichsbeauftragte der NSV-Hauptamtsleiter sein muß. Nach § 3 „ernennt und entläßt der Führer und Reichskanzler den Reichsbeauftragten“, der „die Stellung des Vorstandes“ hat, auf Vorschlag des Reichsministers für Volksaufklärung und Propaganda (RGBl 1936 I, S. 995; H. VORLÄNDER, Die NSV, Dok. Nr. 56, S. 239; H. STADELMANN, Die rechtliche Stellung, S. 42). Auch die „Verfassung für das Winterhilfswerk des Deutschen Volkes“ vom 23.3.1937 macht keine Aussagen über eine Verbindung der Funktion des Reichsbeauftragten des WHW mit der Person des NSV-Hauptamtsleiters (RGBl 1937 I, S. 423; H. VORLÄNDER, Die NSV, Dok. Nr. 58, S. 241–243; H. STADELMANN, Die rechtliche Stellung, S. 43f.; W. BETCKE, Winterhilfswerk, Sp. 1193f.). Insofern war Hilgenfeldt, unabhängig von seiner Tätigkeit als NSV-Hauptamtsleiter, als Reichsbeauftragter für das WHW ganz und gar von Goebbels' und dessen Verbindungen zu den Entscheidungen des „Führers“ abhängig.

10 Protokoll der Vorstandssitzung des CA am 13.4.1937 (ADW, CA 67 B (1937)).

11 Protokoll der Geschäftsführerkonferenz des CA am 15.4.1937 (ADW, CA 761 XIX).

dem CA die Entscheidung über das weitere Vorgehen entsprechend dem zwei Tage zuvor vom Vorstand gefaßten Beschluß überlassen wurde[12].

Da der CA sich gemäß den Richtlinien auf eine Vereinbarung mit dem WHW über Entschädigungszahlungen festlegte, war der Vereinigung und dessen Mitgliedern die Möglichkeit eröffnet, durch den CA auf entsprechenden Antrag hin eine gezielte finanzielle Förderung der Kindergartenarbeit zu erhalten. Gleichzeitig blieb es den Landes- und Provinzialkirchen unbenommen, unter Beachtung der Sammlungsgesetze, die am 9. Juni 1937 noch durch einen gemeinsamen „Kollekten-Erlaß“[13] der Ministerien Wilhelm Fricks und Kerrls verschärft wurden[14], durch Kollekten der Arbeit der Inneren Mission, mithin auch der evangelischen Kindergartenarbeit weitere Mittel zukommen zu lassen. Die Vereinigung hatte das Ihre dazu getan.

Daß v. Wicht sich nicht nur für die Einrichtungsträger etwas davon versprach, sondern auch für die Arbeit der Vereinigung unmittelbar, lag auf der Hand. Eine Verbesserung oder auch nur Sicherung der Einnahmeseite im Haushalt des CA durch WHW-Ausgleichszahlungen, bedeutete auch eine Sicherung des Haushaltes der Vereinigung[15]. Sie hatte seit 1925 aus Mitteln des Reichsministeriums des Innern jährlich eine Beihilfe in Höhe von bis zu RM 4.000,-- erhalten. Im Jahr 1934 waren die Zahlungen eingestellt worden. Im Jahr 1935 hatte auch das Preußische Ministerium des Innern seine Beihilfezahlungen eingestellt, die es in den zwei zurückliegenden Jahren in Höhe von RM 1.800,-- und RM 2.000,-- zum Ausgleich des Haushaltes der Vereinigung geleistet hatte[16]. Seit 1934 hatte der CA aus Mitteln des Volkstages der Inneren Mission[17] die notorischen „Etatsschwierigkeiten“[18] der Vereinigung

---

12 EBD. Vgl. J.-CHR. KAISER, Sozialer Protestantismus, S. 436. Vgl. P. HAMMERSCHMIDT, Die Wohlfahrtsverbände, S. 260.

13 Runderlaß des Reichs- und Preußischen Ministers des Innern und des Reichs- und Preußischen Ministers für die kirchlichen Angelegenheiten vom 9.6.1937 (RMBliV 1937, S. 945; da um Abdruck ersucht, GBlDEK 1937 A, S. 31f.; KJ 1933–1944, S. 201). Der Runderlaß begrenzte die nach dem Sammlungsgesetz erlaubten gottesdienstlichen Kollekten ausnahmslos auf die im von seiten der Kirchenbehörden aufgestellten Kollektenplan ausgewiesenen Kollekten, untersagte Sondergottesdienste und etwa damit verbundene Sonderkollekten und drohte im Falle des Zuwiderhandelns strafrechtliche Verfolgung an.

14 Siehe dazu KJ 1933–1944, S. 201ff.

15 Die Rechnung der Vereinigung über das Geschäftsjahr 1935/1936 wies nach Einnahme und Ausgabe RM 14.652,63 aus. Im Haushaltsvoranschlag für das Geschäftsjahr 1936/1937 waren nach Einnahme und Ausgabe RM 16.500,-- angesetzt. Die Rechnung über das Geschäftsjahr 1937/1938 wies nach der Einnahmeseite RM 8.928,63 und nach der Ausgabeseite RM 10.349,28 aus (ADW, VKD 7).

16 Beihilfeantrag v. Wicht an Polizeipräsident in Berlin vom 16.3.1937 (EBD.).

17 Vermerk Hundinger betr. „Zuschüsse des Reichs- und Preußischen Innenministeriums“ „für Pfr. Schirmacher, Dr. Heinrich“ vom 6.5.1935 (ADW, CA/J 39).

18 Am 24.5.1937 überprüfte die Finanzabteilung beim EOK Berlin – wer für die Prüfung verantwortlich zeichnete, bleibt unbekannt – die Rechnung der Vereinigung und beschäftigte sich besonders mit den mit der Pfarrstelle v. Wichts verbundenen Kosten und Kostenerstat-

überbrückt und Beträge in Höhe der bisherigen Reichszuschüsse zur Verfügung gestellt[19]. Wenn auch in der Höhe schwankend zwischen RM 500,-- und RM 700,-- und stets auf Antrag v. Wichts gezahlt, so doch eine regelmäßige Einnahme zur Deckung von Haushaltslücken war außerdem seit 1933 eine Beihilfe des EOK Berlin[20]. Als zu Beginn des Jahres 1937, noch bevor feststand, daß der Volkstag der Inneren Mission die Ausgabenseite des Etats des CA im Jahr 1937 nicht entlasten werde, und zu erkennen war, daß Überbrückungsmittel für die Vereinigung nicht zu erwarten waren, hatte v. Wicht einen Antrag über eine „Gesamtbeihilfe von RM 3.000,--"[21] an den EOK Berlin gestellt. Gleichzeitig hatte er auch wieder ein Gesuch an das Ministerium Wilhelm Fricks gerichtet und um eine Beihilfe in Höhe von RM 1.800,-- gebeten. Das war der Betrag, den er auf seinen Antrag für das Jahr 1936 erhalten und in den Haushalt der Vereinigung hatte einstellen können, nachdem eine Zuweisung von Mitteln im Jahr 1935 nicht erfolgt war[22].

Es war diese, auch von der Vereinigung genutzte Möglichkeit zu einem legalen „Doppelspiel"[23], die, ein halbes Jahr später ins Spiel gebracht, wesentlich dazu beitrug, daß das Verhältnis zur NSV, vor allem zu Hilgenfeldt und Hermann Althaus, außerordentlich gespannt blieb. Dem CA war es über das „Kasseler Gremium" gelungen, als Ersatz für den von Willhelm Frick und seinem Ministerium untersagten Volkstag der Inneren Mission, die Durchführung eines auf den Raum der Kirche – um Worte v. Wichts zu gebrauchen – beschränkten Opfertages der Inneren Mission in allen Landes- und Provinzialkirchen zu erreichen. Dieser Opfertag fand „im Laufe des Monats September ... in den meisten Landeskirchen der Deutschen Evangelischen Kirche"[24] unter dem auch plakatierten Thema „Jesus Christus gebietet die Arbeit der Liebe – die Kirche gehorcht im Dienst am Volk"[25]. Einer Abstimmung mit

---

tungen und hielt in einem Vermerk fest, daß „noch einige Finanzfragen mit dem Verband zu bereinigen sind" (EZA BERLIN, 7/4414).

19 Siehe „Jahresrechnung 1935/1936" (ADW, VKD 7). Vgl. „Akten-Vermerk für Pfarrer Schirmacher und Dr. Heinrich" von Hundinger vom 6.5.1935 über ein Gespräch mit v. Wicht, in dessen Verlauf v. Wicht das Ausbleiben von Beihilfemitteln des Reichs- und Preußischen Ministeriums des Innern bestätigt und um Mittel aus Erträgen des Volkstages bittet (ADW, CA/J 39).

20 Schreiben v. Wicht an EOK Berlin vom 14.1.1933; EOK Berlin an v. Wicht vom 4.2.1933; v. Wicht an EOK Berlin vom 13.2.1934; EOK Berlin an v. Wicht vom 17.3.1934; v. Wicht an EOK Berlin vom 15.2.1935; EOK Berlin an v. Wicht vom 12.4.1935; v. Wicht an EOK Berlin vom 28.2.1936; und EOK Berlin an v. Wicht vom 10.4.1936 (EBD.).

21 Schreiben v. Wicht an EOK Berlin vom 23.2.1937 (EBD.).

22 Beihilfeantrag v. Wicht an Polizeipräsidenten in Berlin vom 16.3.1937 (ADW, VKD 7); und Schreiben Reichsministerium des Innern an v. Wicht vom 31.7.1936 (EBD.).

23 Schreiben Paul Althaus an Marahrens vom 23.10.1937 (EZA BERLIN, 1/C3/162). Und als Durchschrift auch an Ranke (EBD.). In dem Schreiben nimmt Paul Althaus den Vorwurf der NSV auf, die Kirche triebe ein „Doppelspiel". Ranke wies mit Schreiben an Paul Althaus vom 5.11.1937 (EBD.) den Vorwurf sehr diplomatisch zurück.

24 G. SCHRÖDER, Opfertag, S. 191.

25 Siehe I Kap. VII.4.4., S. 440 mit Anm. 777. Das Plakat findet sich in H. TALAZKO, Aus

der NSV bedurfte es nicht. Zum einen war es eine kirchliche und zum anderen eine gemäß den Regelungen der Sammlungsgesetzgebung durchgeführte gottesdienstliche Veranstaltung. Zwar hatten zwei Erlasse des Ministeriums Wilhelm Fricks[26], verfügt nachdem von ihm bereits die Genehmigung zur Durchführung des Volkstages der Inneren Mission versagt worden war, die bislang geltenden Bestimmungen dadurch verschärft, daß die Erteilung von Sammlungsgenehmigungen „mit Rücksicht auf die großen Leistungen der Volksgenossen für das Winterhilfswerk" für die Zeit von April bis Ende September ausgeschlossen war[27]. Gleichzeitig aber war damit nachträglich das Verbot des Volkstages der Inneren Mission legalisiert. Jedoch der Opfertag der Inneren Mission war, auch unter verschärften Bestimmungen, eine gottesdienstliche Veranstaltung. Daß es gelungen und ein Tag gefunden worden war, an dem in der verfaßten Kirche „um Opfer und Gaben der Liebe gebeten wurde"[28], das bewirkte Reaktionen bei Hilgenfeldt, mit denen der CA kaum gerechnet hatte.

Die Hauptamtsleitung der NSV in Berlin brachte die Gottesdienste des Opfertages der Inneren Mission in Verbindung mit den wenige Monate zuvor vereinbarten Entschädigungszahlungen aus Mitteln des WHW für durch den Ausfall des Volkstages entgangene Erträge aus öffentlicher Haus- und Straßensammlung. Sie kündigte Verrechnung an, obwohl die Kollekte des Opfertages mit der Gewährung der Ausgleichszahlung rechtlich in keiner Verbindung stand. Hilgenfeldt und Hermann Althaus gaben sich darüber hinaus äußerste empört, drohten mit strafrechtlichen Konsequenzen[29] und warfen der Inneren Mission „Unwahrhaftigkeit" vor. Hermann Althaus schaltete sogar seinen Vetter Paul Althaus ein, den lutherischen Theologen, der mit seiner Zwei-Reiche-Lehre und der Bejahung einer Schöpfungsoffenbarung lutherischer Kirchlichkeit besonders verpflichtet war und zu den Kritikern der Theologischen Erklärung der Bekenntnissynode von Barmen gehörte. Er ließ sich tatsächlich in Anspruch nehmen und führte zum einen bei Marahrens Beschwerde über die Kirchenkanzlei der DEK und den CA. Sie hätten eine „schwere Verstimmung gegenüber der Ev. Kirche" ausgelöst mit ihrem Versuch, nach vereinbarter Ausgleichszahlung die NSV durch den Opfertag und

---

der Geschichte, Abb. 4. Das Diakonische Werk der EKD gab 1993 ein Poster mit Werbeplakaten heraus, das Abbildungen aus der Geschichte der Inneren Mission seit den zwanziger Jahren wiedergibt. Das Plakat des Jahres 1937 ist ebenfalls reproduziert.

26 Runderlaß des Reichs- und Preußischen Ministers des Innern vom 5.4.1937 (RGBl 1937 I, S. 1086; RMBliV 1937, S. 561–562); Runderlaß des Reichs- und Preußischen Ministers des Innern vom 10.4.1937 (RGBl 1937 I, S. 1086; RMBliV 1937, S. 599–600).

27 Runderlaß des Reichs- und Preußischen Ministers des Innern vom 10.4.1937 (RGBl 1937 I, S. 1086; RMBliV 1937, S. 599–600).

28 G. SCHRÖDER, Opfertag, S. 191.

29 Siehe W. Engelmann, Anmerkungen zum Tag der Inneren Mission, vom 30.9.1937 (EZA BERLIN, 1/C3/162).

den Hinweis auf seine Ersatzfunktion für den Volkstag zu hintergehen[30]. Zum anderen referierte er vor ausgewählter Zuhörerschaft aus „der Partei, der Kirche und der Inneren Mission“ über „Kirche und Staat“. Aus dem Hauptamt der NSV war „die Aufforderung ergangen“, wie Schirmacher den Hinweis der NSV auf den Auftritt des renommierten Erlanger Theologen verstand, über diesen Themenbereich „eine Aussprache herbeizuführen.“[31]

Diese Reaktion der „betrogenen Betrüger“[32] konnte nicht nur die Befürchtungen der Inneren Mission, die ein halbes Jahr zuvor auf der Geschäftsführerkonferenz vorgebracht worden waren, hinsichtlich der tatsächlichen Absichten Hilgenfeldts bestätigen, so daß schließlich weitere Anträge des CA auf die Durchführung von Haus- und Straßensammlungen unterblieben; diese Reaktion der Spitzen der NSV beförderte auch die Entscheidung in der Inneren Mission, zukünftig auf den Ausbau der Opfertage zu setzen. Das bedeutete freilich nicht, daß damit der Kampf um die für erforderlich gehaltenen Geldmittel und diesbezügliche Verfügungs- oder Verteilungsbefugnisse beendet war[33]. Sein weiterer Verlauf ist hier nicht darzustellen. Nur soviel sei gesagt – wie in den Mitte des Jahres 1937 der DEK und den Landes- und Provinzialkirchen verordneten Finanzabteilungen[34] sahen Staat und Partei und die ihnen verbundene NSV in der Gewinnung der Verfügungsgewalt auch über die freien, auf Grund eigener Initiative der Träger der freien Wohlfahrtspflege erlangten Mittel weiterhin ein Instrument zur Durchsetzung ihres Totalitätsanspruchs, der im Blick auf die Kindergärten „Übernahme der Trägerschaft“ hieß. So entsprach es denn auch der Entwicklung der Dinge, daß, zwar nur in Baden und erst 1941, aber nachdem bis dahin alle Versuche Hilgenfeldts einschließlich der Gestapo-Aktion vom März 1940[35] fehlgeschlagen waren, der Versuch unternommen wurde, dem nach wie vor möglichen „Doppelspiel“ ein Ende zu bereiten und über die Finanzabteilung Zugriff auf die Mittel der Inneren Mission und ihr angehörender, mithin kirchlicher Vereine zu gewinnen[36].

---

30 Schreiben Paul Althaus an Marahrens vom 23.10.1937 (EBD.).

31 P. ALTHAUS, Obrigkeit und Führertum. Auf diese 1936 erfolgte Veröffentlichung hatte Schirmacher ausdrücklich hingewiesen. P. Althaus hatte sich damit nach dem „‚Ansbacher Ratschlag‘ gegen die ‚Barmer Theologische Erklärung‘“ als Vertreter einer neulutherischen Theologie der „deutschen Stunde der Kirche“ bestätigt, der bei Bedarf den Machthabern nutzbar war. P. ALTHAUS, Die deutsche Stunde der Kirche, lag 1934 in dritter Auflage vor. Jetzt, zwei Jahr später, sucht er im „Führertum“ das „neue Verhältnis von Regierung und Volk“ zu beschreiben und das Amt des Führers als „von Gottes Gnaden“ theologisch zu legitimieren (P. ALTHAUS, Obrigkeit und Führertum, S. 45ff.). Paul Althaus war in der Zeit vom 17.–24.10.1937 in Berlin (Protokoll der Geschäftsführerkonferenz des CA am 6.10.1937, in: ADW, CA 761 XIX).

32 Siehe J.-CHR. KAISER, Sozialer Protestantismus, S. 437ff., hier S. 439.

33 Siehe Protokoll der Geschäftsführerkonferenz des CA am 13.5.1938 (ADW, CA 761 XX).

34 15. DVO zum Gesetz zur Sicherung der DEK (RGBl 1937 I, S. 697).

35 Siehe II Kap. II.3., S. 457f.

36 Siehe II Kap. III.3.10., S. 670ff.; und II Kap. IV.1.1., S. 829ff.

Jetzt indessen, im Herbst 1937, stand die Vereinigung und ihr geschäftsführender Direktor noch vor anderen Herausforderungen, wollten sie der NSV und deren Vordringen standhalten. Es waren Herausforderungen, um im Bild zu bleiben, welche die eigene Stellung und Front betrafen. Dabei ging es weniger um „kirchliche Übergangsordnungen" und die vom „Kasseler Gremium" wahrgenommenen Koordinierungsaufgaben[37]; eher ging es um das mit dessen Stellungnahme vom 26. Oktober 1937 zu Himmlers Verbot der bekenntniskirchlichen Ausbildungsstätten[38] angezeigte Defizit. Denn wenn dem Reichsführer SS und Chef der deutschen Polizei gegenüber darauf abgehoben wurde, daß die DEK sich „in einer starken Besinnung auf ihre bekenntnismäßige Grundlage" befände, „die für ihre zukünftige Ordnung bedeutungsvoll sein muß"[39], so war klar, daß es diese Ordnung nicht gab.

Wäre aber, da unübersehbar „die ‚weltanschaulichen Distanzierungskräfte' im Vormarsch"[40] waren, ein geordnetes protestantisches Kirchentum wünschenswert gewesen? Hätte nicht sowohl bei einem Zusammenstoß der Fronten als auch bei Fortdauern einer stetig verschärften Entkonfessionalisierung eine in jedem Fall schnellere Niederlage unausbleiblich sein müssen? Ob v. Wicht solche oder ähnliche Fragen erwog, muß offen bleiben. Er jedenfalls hatte sich durch sein Mitwirken in der Reichsarbeitsgemeinschaft seit Anfang 1936 als jemand zu erkennen gegeben, der vor allem geeintes, mithin ein einem praktisch-ekklesiologischen Grundkonsens verpflichtetes protestantisches Kirchentum anstrebte. Und er hatte das wenige Monate zuvor bestätigt, als er mit der Tagung der Vereinigung in Bielefeld „eine geschlossene kirchliche und biblische Gesamtbesinnung" nicht allein gefordert, sondern für die Vereinigung auch eingeleitet hatte[41].

Dem entsprach, wenn v. Wicht gerade zu diesem Zeitpunkt sich der Frage der Stellung der Vereinigung im sich verschärfenden Kampf „für die Sicherung der christlichen Erziehung der Kinderwelt"[42] zuwandte. Den Vorstandsmitgliedern legte er am 12. Januar 1938[43] im Rahmen seines Lageberichtes und dem „*Gebot der Stunde*" folgend in Form von Leitsätzen so etwas wie ein Strategiepapier vor. Seiner Analyse der Lage folgte eine Beschreibung der

---

37 Siehe K. MEIER, Kirchenkampf III, S. 26ff.

38 Runderlaß des Reichs- und Preußischen Ministers des Innern und des Reichsführers SS und Chef der Deutschen Polizei vom 29.8.1937 (RMBliV 1937, S. 1571; KJ 1933–1944, S. 209).

39 KJ 1933–1945, S. 212.

40 K. MEIER, Kirchenkampf III, S. 15.

41 H. V. WICHT, Evangelische Kinderpflege im Raum der Kirche, S. 202.

42 Protokoll der Vorstandssitzung der Vereinigung am 12.1.1938 (ADWW MÜNSTER, 153/1; LKA HANNOVER, E 26/102).

43 Anwesend waren bis auf Friedrich Zedler, der sich entschuldigt hatte, neben v. Wicht als Vorsitzendem alle Vorstandsmitglieder, also Bremer, Dölker, Grimmell, Hofstaetter, Nell, Proebsting und Vogel. Als Gast war, wie mit v. Wicht in Vorbereitung der Sitzung abgesprochen, Constantin Frick anwesend (EBD.).

„*Wege für die Zukunft*". v. Wicht forderte eine „Stärkung des Verantwortungsbewußtseins der Gesamtkirche" ebenso wie eine „planmäßige Eingliederung unseres Arbeitsgebietes in den Gesamtzusammenhang der kirchlichen Unterweisung der Getauften"; er propagierte eine „glaubensmäßige Mobilisierung unserer Elternschaft" ebenso wie „eine geschlossene Vertretung" der evangelischen Kinderpflege „vor der Öffentlichkeit und vor den Behörden."[44]

Damit hatte v. Wicht eine handlungsorientierte Fortschreibung, mithin Umsetzung der „Grundsätze der evangelischen Kinderpflege" präsentiert, die der Vorstand der Vereinigung in derselben personellen Zusammensetzung zwei Jahre zuvor beschlossen hatte[45]. Dieser Handlungsanleitung zu folgen bedurfte es jedoch eindeutiger, die Wirkung des Handelns fördernder organisatorischer Voraussetzungen. Sie aber waren nicht gegeben. Das 1933 mit der Absicht, die Vereinigung für die im neuen Staat zu erwartenden neuen, größeren Aufgaben vorzubereiten und darum so hoffnungsvoll begonnene organisationsbezogene Neuordnungsvorhaben, das bis zum Herbst 1935 angesichts der wachsenden Schwierigkeiten erkennbar an Schwung verloren hatte, war immer noch nicht abgeschlossen.

Die Frage nach der Stellung der Vereinigung zum CA war weiterhin unbeantwortet und dementsprechend waren Bedeutung und Aufgabe der Reichskonferenz ungeklärt. Schirmacher hatte sich, entgegen seinerzeitiger Zusagen,

---

44 H. v. Wicht, Bericht zur Lage und Wege für die Zukunft. Leitsätze zur Vorstandssitzung der Vereinigung am 12.1.1938 (EBD.). Nach der Darstellung der Lage und der Schwierigkeiten – siehe II Kap. I.2.6., S. 133 mit Anm. 424 – folgt nunmehr:

„3. *Das Gebot der Stunde ist*:
  a) Stärkung des Verantwortungsbewußtseins der Gesamtkirche und der Einzelgemeinde zur unbedingten Erhaltung der Arbeit besonders volksnahen Teilgebietes kirchlichen Gemeindelebens,
  b) glaubensmäßige Mobilisierung unserer Elternschaft zur restlosen Einsatzbereitschaft für den christlichen Charakter unserer Kindertagesstätten,
  c) unbedingte Synthese völkischer Gemeinschafts- und christlicher Tauferziehung in unsern Kindertagesstätten, die weder trennt, was schöpfungsmäßig zusammengehört, noch vermischt, was in der Zuordnung von Gesetz und Evangelium auf verschiedenen Ebnen liegt,
  d) planmäßige Eingliederung unseres Arbeitsgebietes in den Gesamtzusammenhang der kirchlichen Unterweisung der Getauften und geschlossene Vertretung desselben vor der Öffentlichkeit und vor den Behörden,
  e) Festigung der kirchlichen Stellung der Erzieherinnen im lebendigen Organismus der Gemeinde.

4. *Wege für die Zukunft*:
  a) Einbau der Kindertaufe in den Gemeindegottesdienst,
  b) Neubelebung der häuslichen christlichen Erziehung,
  c) stärkere verantwortungsbewußte Heranziehung der Paten,
  d) Sammlung und katechetische Unterweisung der Taufmütter der Gemeinde,
  e) allgemeine Einführung eines Taufsonntags,
  f) Heranziehung eines freiwilligen katechetischen Nachwuchses in der Gemeinde.
  v. Wicht." Die Hervorhebungen sind im Original unterstrichen.

45 Siehe I Kap. VII.2.1., S. 300f. mit Anm. 129.

seit Ende des Jahres 1935 nicht mehr um die Sache gekümmert. Da auch für den CA die Lage im Laufe der Zeit zunehmend schwieriger geworden war, Erwartungen sich nicht erfüllt hatten, das Verhältnis zur NSV schlechter geworden und derzeit geradezu auf einem Tiefpunkt angelangt war, konnte auch er spätestens zu diesem Zeitpunkt durchaus ein Interesse haben an einer Umstellung von einer Entwicklung der Potentiale einer Zusammenarbeit zu einer Stärkung der Abwehrkräfte.

Das mochte keine grundsätzliche Änderung der Haltung des CA bewirken, aber es war eine Gewichtsverlagerung. Jedenfalls war es das, was für v. Wicht bei Schirmacher zu bewirken möglich war, so daß dieser seine vor zwei Jahren gegebene Zusage „endlich einlösen“[46] konnte. „Zwecks notwendiger und in der Gegenwart vordringlicher Zusammenfassung aller Kräfte und Bestrebungen auf dem Gesamtgebiet der evangelischen Kinderpflege im Reich“ zeigte Schirmacher tatsächlich dem Vorsitzenden der Reichskonferenz, Vogel, der zugleich u. a. auch Schriftführer im Vorstand der Vereinigung war, Erörterungsbedarf an. Er beabsichtigte, wie schon Anfang des Jahres 1934 vorgeschlagen, einen „Arbeitsausschuss“ zu bilden, der allerdings nicht, wie seinerzeit intendiert, unter Alfred Fritz, sondern jetzt unter seinem, Schirmachers, Vorsitz arbeiten sollte. Aus seiner Sicht beschränkte sich die Arbeit dieses Ausschusses auf die Klärung von Vermögensfragen und auf die Sicherung der Verbandszeitschrift ChrKpflge, denn Schirmacher ging ganz einfach davon aus, daß die Reichskonferenz „durch die Entwicklung der Dinge überholt ist“ und mit Heinrich Schultes Ausscheiden ihre Tätigkeit eingestellt hätte. In diesem Zusammenhang wies der erste Direktor des CA darauf hin, daß die Vereinigung „ermächtigt“ sei, als „Fachverband in der Abteilung ‚Erziehungsfürsorge‘“ alle in seine Zuständigkeit fallenden Aufgaben „in engster Verbindung“ mit dem CA „einheitlich zu bearbeiten und vor den Behörden geschlossen zu vertreten.“[47]

Das war die Gleichstellung von Vereinigung und EREV. Dessen zuständigkeitshalber erfolgte Beteiligung hatte die Verhandlungen im Laufe des zurückliegenden Jahres nicht immer erleichtert. Sie sollte in Zukunft entfallen. Aus der Sicht der Vereinigung war das ohne Zweifel als ein Vorteil zu betrachten und verschaffte ihrem Vorsitzenden unmittelbaren Zugang zur Spitze des CA. v. Wicht hatte das angestrebt, seit er Bremer statt Alfred Fritz in den Vorstand hatte berufen lassen. Er hatte es auch öffentlich propagiert, wenn er seit Sommer 1936 die Vereinigung als „zuständigen Reichsfachverband“ vorstellte[48].

Im Blick auf den ersten Direktor des CA verband sich dieser Gleichstellung und „Ermächtigung“ wohl der Versuch, einen fachlich-organisatorischen

---

[46] Schreiben Schirmacher an Vogel vom 17.8.1937 (Anschreiben) (ADW, CA 850 a II).

[47] Schreiben Schirmacher an Vogel vom 17.8.1937 (EBD.).

[48] Siehe I Kap. VII.4.3., S. 424 mit Anm. 706.

Mangel im Gefüge des CA und seiner Verbände zu nutzen, um die eigene Position als die einer zentralen Leitungs- und Entscheidungsinstanz zu stärken. Das war etwa auch mit der Berufung Göbells und seiner Zuordnung zu Schirmachers Verantwortungsbereich sehr deutlich geworden. Das mußte die Stellung des ersten Direktors aufwerten, gleichzeitig aber zu einer Verkleinerung des Zuständigkeitsbereiches des EREV, seines Direktors Alfred Fritz und seiner Referentin Hundinger führen. Andererseits, das mußte auch Schirmacher anerkennen, war die Kompetenz der Fachreferenten und ihrer Fachverbände unverzichtbar. Vor allem aber anerkannten das der Vorstand und der Präsident des CA. Sie sahen in ihnen das Korrektiv und Gegengewicht zu Schirmachers Anstrengungen. Deshalb war Schirmacher „vom Central-Ausschuß gehalten, zu entscheidenden Beratungen die Fachreferenten des Central-Ausschusses hinzuzuziehen."[49] Was für Schirmacher Ermächtigung durch den ersten Direktor war, das war für Constantin Frick dessen Einbindung entsprechend fachlich-organisatorischer Notwendigkeit zur Sicherung der Arbeit der Inneren Mission.

Ob das Ganze ein praktikables, mithin ein der evangelischen Kinderpflege hilfreiches Verfahrens- und Organisationsmodell war, mußte sich erweisen. Es hing ab einerseits von der Haltung des EREV, dem die Vereinigung nach wie vor angehörte und andererseits von der Reichskonferenz und der Einschätzung der in ihr neben der Vereinigung vertretenen Verbände.

Der EREV meldete sich nicht zu Worte. Er mußte, insonderheit durch seinen Fachausschuß für geschlossene Jugendfürsorge im zuständigen Referat unter der Leitung Hundingers angesichts der Vorgänge um die Fürsorgeerziehungseinrichtungen mit anderen Fragen befaßt sein. Allerdings hatte Hundinger bereits im Juni durch eine freundliche Bitte um Zahlung des Mitgliedsbeitrages die Vereinigung daran erinnert, daß nach wie vor eine Mitgliedschaft bestehe[50] und damit signalisiert, daß vom Standpunkt des EREV aus kein Veränderungsbedarf organisatorischer Art gesehen werde.

Die Reichskonferenz reagierte zunächst ebenfalls nicht. Der Hinweis auf die neue Stellung der Vereinigung im Organisationsgefüge des CA blieb ebenso wirkungslos wie Schirmachers freundliche Bemerkung, daß v. Wicht am 25. September fünfzehn Jahre seit der Gründung der Vereinigung als Evangelischer Reichsverband für Kinderpflege ununterbrochen den Vorsitz inne habe und man ihm wohl „eine große Freude" bereitete, „wenn bis dahin alles geregelt wäre."[51] Der Festtag ging vorüber. Zwar hatte Ernst Kracht, Geschäftsführer des Sächsischen Provinzial-Verbandes für Innere Mission und Vorsitzender des Verbandes für evangelische Kinderpflege in der Provinz

49 Schreiben Constantin Frick an Kirchenkanzlei der DEK vom 2.8.1937 (ADW, CA 761 XIX).

50 Schreiben Hundinger an v. Wicht vom 22.6.1937 (ADW, CA/J 39).

51 Schreiben Schirmacher an Vogel vom 17.8.1937 (ADW, CA 850 a II).

Sachsen, v. Wicht nach Bad Sachsa zu einem Vortrag vor Mitarbeiterinnen eingeladen, um „diesen Tag ... festlich zu begehen"[52], zwar hatte Vogel sich um eine Abstimmung mit Mohrmann und Reinhold Kleinau bemüht, aber geschehen war bis Anfang Oktober nichts. Kleinau war in Urlaub und Mohrmann wollte eine Stellungnahme nicht ohne ein Gespräch mit dem Kaiserswerther Verband und dessen Vorsitzenden Siegfried Graf von Lüttichau abgeben, der ebenfalls, weil im Urlaub, nicht greifbar war[53]. Es ging nicht so „rasch", wie Schirmacher es nun wünschte[54]. Entscheidend dafür war nicht allein die urlaubsbedingte Zurückhaltung der Reichskonferenz, sondern auch die Tatsache, daß Dölker sich eingeschaltet hatte. Ob das mit v. Wicht abgestimmt war, ist nicht zu erkennen. Daß er damit ganz in dessen Sinne handelte, sollte sich im weiteren Verlauf der Verhandlungen zeigen.

Auch Dölker sah, daß die Reichskonferenz in der zurückliegenden Zeit kaum eine Rolle gespielt hatte. Aber allein eine Liquidierung der Reichskonferenz und die Klärung damit verbundener Fragen waren ihm zu wenig. Aus seiner Sicht forderten es gerade die Erfahrungen des Jahres 1936, daß „alle an der Kindergartenarbeit beteiligten Faktoren", der Deutsche Verband der Ausbildungsstätten für evangelische Kinderpflege und der Verband evangelischer Kindergärtnerinnen, Hortnerinnen und Jugendleiterinnen, „eng zusammenrücken", denn es „sollten notwendig alle in einer Front stehen und an einem Strang ziehen."[55] War das aber nicht geradezu die Forderung nach einer Wiederbelebung und Stärkung der Reichskonferenz? Bot jetzt nicht tatsächlich die „Front", wie acht Jahre zuvor das Jubiläum, die Möglichkeit, „die evangelische Kinderpflege planmäßig zu fördern und in der Öffentlichkeit besonders bei Zentralbehörden und Zentralverbänden zu vertreten"[56]?

Man könnte es so sehen, hätte Dölker nicht nachfolgend einen Vorschlag entwickelt, der einen gravierenden Unterschied zu den bisherigen, jedenfalls von Schirmacher vorgeschlagenen Formen der Zusammenarbeit aufwies. Der Vorsitzende des Evangelischen Landesverbandes für Kinderpflege in Württemberg und Mitglied des Vorstandes der Vereinigung forderte einen „Fachausschuß für evangelische Kinderpflege". In ihm sollten die bislang in der Reichskonferenz zusammengeschlossenen Verbände kooperieren, und „so, wie die Dinge heute stehen, müsste die Führung in diesem Fachausschuß bei den Verbänden liegen, die die Trägerschaft in sich zusammenfassen, also kurz gesagt, bei der Vereinigung Ev. Kinderpflegeverbände Deutschlands."[57]

---

52 EBD.

53 Schreiben Vogel an Schirmacher vom 3.9.1937 (ADW, CA zu 850 a II).

54 Schreiben Schirmacher an Vogel vom 17.8.1937 (ADW, CA 850 a II).

55 Schreiben Dölker an Schirmacher vom 12 10.1937 (ADW, CA zu 850 a II).

56 Satzung der Reichskonferenz vom 13.11.1928 (ADW, EREV 239; H. SCHULTE, Evangelische Kinderpflege, S. 300).

57 Schreiben Dölker an Schirmacher vom 12 10.1937 (ADW, CA zu 850 a II).

Das bedeutete im Blick auf den CA die Stärkung eines Fachreferenten, der nach den Vorstellungen des Präsidenten mit Schirmacher zusammenarbeiten sollte und nur v. Wicht heißen konnte. Außerdem intendierte der Vorschlag Dölkers die Möglichkeit, den Zentralisierungsabsichten Schirmachers fachlich stärker entgegenwirken zu können, der mit seiner Forderung nach „straffer Organisation und Disziplin“ gegenüber Fach-, Landes- und Provinzialverbänden und deren Geschäftsführern nicht zurückhielt[58]. Gleichzeitig zielte dieser Vorschlag Dölkers, wenn nicht auf eine Gleichstellung von EREV und Vereinigung so doch mindestens auf eine Installation eines Ausschusses für „halboffene Erziehungsfürsorge“, wie v. Wicht seinen Arbeitsbereich auch nannte, neben den bestehenden Ausschüssen für offene und für geschlossene Jugendfürsorge[59] und schloß damit auch die Möglichkeit ein, im CA ein entsprechendes Referat zu errichten. In jedem Fall bedeutete das für die Vereinigung Sitz und Stimme im Hauptausschuß des CA, seinem wichtigsten Gremium, in den die Fachgruppe V, Erziehungsarbeit, drei Vertreter entsenden konnte[60]. Für v. Wicht war „unsere Mitgliedschaft im Hauptausschuß eine selbstverständliche“[61]. Ob er dabei auch daran dachte, durch den Hauptausschuß zum Direktor im CA, wie seinerzeit Hermann Beutel und Alfred Fritz mit einem doppelten Direktorat, berufen zu werden, muß ungeklärt bleiben.

---

[58] Protokoll der Geschäftsführerkonferenz des CA am 6.10.1937 (ADW, CA 761 XIX). Nach der Tagung der Geschäftsführerkonferenz hatte Kracht gegenüber Schirmacher seinen Unmut darüber geäußert, daß offenbar zukünftig die Geschäftsführerkonferenzen des CA „anders werden“ sollten, nämlich ein Instrument des CA, das „seine Gedanken in der Provinz durchzusetzen in der Lage sei.“ (Schreiben Kracht an Schirmacher „persönlich!“ vom 22.11.1937, in: ADW, CA/O 160). Schirmacher nahm zu dieser einer vermuteten Zentralisierungsabsicht des CA verbundenen Instrumentalisierung der Geschäftsführerkonferenzen in der Weise Stellung, daß er einerseits die Angelegenheit herunterspielte, andererseits auf die schwierige Situation des CA hinwies, die durch unklare Zuständigkeiten in den Landes- und Provinzialverbänden gegeben sei, wo etwa wie in Bayern und Hannover, der Landesführer nicht der Geschäftsführer sei, wo auch, wie in Hessen, die Zuständigkeiten wegen der mangelnden organisatorischen Klarheit auf kirchlichem Gebiet ohnehin schwierig und wo, wie in Pommern und Westfalen, die Geschäftsführer „homines novi“ seien. Außerdem läge ihm, Schirmacher, auch daran, durch die Anwesenheit der Vertreter der Fachverbände „die Sachverständigenzahl der Fachgebiete etwas zu erweitern.“ Jedenfalls wollte er im CA ein Gegengewicht zu den „Koriphäen“ entwickeln. Aus Sicht des ersten Direktors hieß das, deutlich zu machen, daß der CA „gewillt ist, objektiv zu arbeiten und nicht auf einige Koriphäen restlos eingeschworen ist.“ (Schreiben Schirmacher an Kracht vom 23.11.1937, in: EBD.).

[59] Schreiben v. Wicht an Schirmacher vom 19.5.1938 (ADW, CA 850 a II).

[60] Satzung des CA § 7 (CENTRAL-AUSSCHUSS FÜR DIE INNERE MISSION DER DEUTSCHEN EVANGELISCHEN KIRCHE, Arbeit der Liebe, S. 69; HIM I, S. 6). Siehe auch Zusammensetzung des Hauptausschusses 1936, wonach v. Wicht für die Fachgruppe V, Erziehungsarbeit, neben Hornig und Hafa Mitglied des Hauptausschusses ist (ADW, CA 1026 XII/4). Daran änderte sich im übrigen nichts, als der Hauptausschuß „nach zweijähriger Pause“ am 14.5.1938 in Breslau tagte. Auf dieser Tagung wurde auch Mohrmann und zwar für die Fachgruppe I , Männliche und weibliche Diakonie, Berufsarbeiter und Berufsarbeiterinnen, sowie Ausbildungsstätten, in den Hauptausschuß gewählt. Siehe F. ULRICH, Tagung des Hauptausschusses, S. 88.

[61] Schreiben v. Wicht an Schirmacher vom 19.5.1938 (ADW, CA 850 a II).

Nach wie vor hätte es nahegelegen, und die Umstände sprachen mehr noch als drei Jahre zuvor dafür.

So sehr die Vereinigung in der zurückliegenden Zeit auch verbandspolitisch gestärkt worden sein und so sehr Dölker Recht haben mochte mit seinem Urteil, „wenn diese Vereinigung nicht dagewesen wäre, stünden wir heute schon vor dem Ruin“ – gerade das war es, was es der Reichskonferenz, besser den übrigen in ihr vertretenen Verbänden und ihren leitenden Persönlichkeiten erschweren, wenn nicht gar unmöglich machen mußte, dieser Form von Organisation und damit Einflußnahme der Vereinigung zuzustimmen. Das bedrohte die in der Satzung der Reichskonferenz zugesicherte Selbständigkeit der beiden anderen Verbände. Da nach wie vor ein gemeinsames Gesamtkonzept evangelischer Kinderpflegearbeit fehlte, gleichzeitig die Sicherung des Bestandes in ihren Verbänden auch für Kleinau und Mohrmann immer wichtiger geworden war, und es ihnen durchaus „fraglich“ erschien, ob und in welcher Weise der Fortbestand ihres Verantwortungsbereiches den Erhalt evangelischer Kindergärten sichere[62], sahen sie sich keineswegs veranlaßt, in einer Front mit der Vereinigung zu stehen und allein für die von ihr vertretenen Träger-Interessen zu kämpfen. Das war der in der Satzung angelegte Konflikt, der bereits bei Gründung der Reichskonferenz zu Tage getreten war. Vogel, der als Nachfolger Schultes im Vorsitz der Reichskonferenz bei gleichzeitiger Vorstandsmitgliedschaft in der Vereinigung in einer besonders heiklen Lage war, vermochte diesen Konflikt nicht zu lösen. Mohrmanns und Kleinaus Wille, am status quo keinesfalls zu rühren, war offenbar so groß, daß es zu einer „um der Sache willen klärenden Aussprache“ bis Mitte Oktober nicht kam – und erst recht nicht kommen sollte, nachdem sie Dölkers Forderungen und die Tatsache hatten zur Kenntnis nehmen müssen, daß Schirmacher diese Forderungen unterstützte[63].

Der von Schirmacher zu „grundsätzlichen Verhandlungen über die Zukunft der evangelischen Kindergartensache“ mit Hinweis auf die Notwendigkeit, den von Dölker geforderten Fachausschuß zu installieren, vorgeschlagene 10. November 1937 verstrich. Alle Versuche, zu einer Terminabsprache zu kommen, waren über Vogel gelaufen. Dabei hielt dieser seine eigene Teilnahme nicht einmal für unbedingt erforderlich, da es sich aus seiner Sicht „im wesentlichen“ um eine Verständigung der „Führung der Fachverbände“ handele[64]. In Aussicht genommene Ausweichtermine verstrichen ebenfalls. Weder äußerte sich Mohrmann noch Kleinau und auch nicht, was wegen der fachlich-organisatorischen Verbindung der von ihnen vertretenen Fachverbände zum Kaiserswerther Verband nahegelegen hätte, dessen Geschäftsführer Ernst Siebert.

---

62 Siehe Schreiben Mohrmann an Hafa vom 20.7.1938 (ADW, CA/J 57).

63 Schreiben Schirmacher an Vogel vom 14.10.1937 (ADW, CA zu 850 a II).

64 Schreiben Vogel an Schirmacher vom 18.10.1937 (ADW, CA 850 a II).

Das Verhältnis zur Vereinigung und zu v. Wicht blieb gespannt, so daß eine direkte Verhandlung der Dinge nicht zu Stande gekommen war, als Mitte Januar 1938 jene Vorstandssitzung der Vereinigung gemeinsam mit dem Präsidenten des CA stattfand, auf der zum einen über „*Wege für die Zukunft*" beschlossen wurde[65]. Der Vorstand der Vereinigung hatte sich zum anderen aber auch mit dem Ergebnis eines fast halbjährigen Prozesses einer verbandlichen Neuorganisation im Bereich evangelischer Kinderpflege zu befassen, das ganz anders aussah, als für den CA von Schirmacher einerseits und für die Vereinigung von Dölker andererseits in Aussicht genommen worden war. Als gegen Ende November 1937 deutlich war, daß es zu dem längst überfälligen Gespräch unter den gegebenen Voraussetzungen schwerlich kommen werde, hatten v. Wicht, Bremer, Dölker und Nell gemeinsam als Bevollmächtigte des Vorstandes der Vereinigung versucht, Verhandlungsbereitschaft auf seiten des Deutschen Verbandes der Ausbildungsstätten für evangelische Kinderpflege und des Verbandes evangelischer Kindergärtnerinnen, Hortnerinnen und Jugendleiterinnen zu bewirken. Sie hatten abermals die Bedeutung der Vereinigung betont, hatten den Hinweis auf die Dringlichkeit einer Zusammenarbeit der Verbände mit ihren verschiedenen fachlichen Ausrichtungen hervorgehoben und sehr bedauert, daß die Reichskonferenz „im November 1934 ihre Arbeit praktisch eingestellt" habe[66]. Entscheidend aber war, daß die Bevollmächtigten der Vereinigung von der bisherigen Forderung abgerückt waren, die evangelische Kinderpflege müsse unter der „Führung"[67] der Vereinigung stattfinden. Davon und von der Form der Zusammenarbeit und der verbandlichen Stellung und Zuordnung war mit keinem Wort mehr die Rede. Vielmehr sollte die Form der Zusammenarbeit selbst Gegenstand der Erörterung sein. Dazu sollten „mit tunlichster Beschleunigung einige Bevollmächtigte" zusammentreten[68].

Das war neu. Angeregt hatte das der Präsident des CA. Von ihm hatte Vogel die Idee einer Tätigkeit von Bevollmächtigten übernommen[69]. Überlegungen dazu hatte Constantin Frick Anfang Oktober vor den Geschäftsführern des CA erstmals skizziert[70] und damit einen Gedanken wiederbelebt, der be-

---

65 H. v. Wicht, Bericht zur Lage und Wege für die Zukunft. Leitsätze zur Vorstandssitzung der Vereinigung am 12.1.1938 (ADWW Münster, 153/1; LKA Hannover, E 26/102). Siehe II Kap. I.4.1:, S. 203 mit Anm. 44.

66 Schreiben „die Bevollmächtigten des Vorstandes der Vereinigung evangelischer Kinderpflegeverbände Deutschlands" an Vogel vom 29.11.1937 (ADW, CA 850 a II).

67 Schreiben Dölker an Schirmacher vom 12.10.1937 (Ebd.).

68 Schreiben „die Bevollmächtigten des Vorstandes der Vereinigung evangelischer Kinderpflegeverbände Deutschlands" an Vogel vom 29.11.1937 (Ebd.).

69 Schreiben Vogel an Vereinigung vom 1.12.1937 (Ebd.).

70 Protokoll der Geschäftsführerkonferenz des CA am 6.10.1937 (ADW, CA 761 XIX). Constantin Frick war der Auffassung, daß „man den Schwierigkeiten und Angriffen, denen die Innere Mission im Lande vielfach ausgesetzt sei[,] von der Zentrale aus am besten durch die noch zu benennenden Bevollmächtigten des Central-Ausschusses entgegenzutreten vermöge." (Ebd.).

reits Ende der zwanziger Jahre die Bildung von „Sektionen“ der Geschäftsführerkonferenz, unter fachlichen Gesichtspunkten zusammentretende Arbeitsgemeinschaften aus den leitenden Persönlichkeiten der Verbände, vorgesehen und auch in einer „Sektion Jugendwohlfahrt“ ansatzweise Gestalt gefunden hatte[71]. In einer solchen „Sektion“ sah der Präsident ein Instrument dafür, daß „angesichts der Schwierigkeiten und Gefahren“ im CA und seinen Verbänden „die Spannungen nicht fortwirken“[72]. Gleichzeitig konnte eine „Sektion“ jene Einbindung Schirmachers erreichen, die seinen Zentralisierungsbestrebungen und Alleingängen entgegenzuwirken in der Lage war, auch wenn damit die Frage eines Fachreferenten und Fachreferates beim CA im Grundsatz ungeklärt blieb. Der Vorteil aber gerade dieser Lösung war etwas anderes. Sie rührte nicht an den bestehenden organisatorischen und verbandlichen Zuordnungen und Arbeitsformen. Die „Sektion“ sicherte das labile Gleichgewicht im CA sowie zwischen Vereinigung und den übrigen mit Fragen der Kinderpflege befaßten Verbänden, deren zielgerichtete und ergebnisorientierte Zusammenarbeit von Anbeginn so schwierig gewesen war. Der status quo blieb erhalten und unter seinen Rahmenbedingungen konnte nun, wie von der Vereinigung vorgeschlagen, „über eine neue Form der Zusammenarbeit“ nachgedacht und gegebenenfalls beschlossen werden[73].

Nachdem die Vereinigung unter Aufnahme des Vorschlages des Präsidenten den Verhandlungen eine neue Zweckbestimmung gegeben, die Sache auch nochmals mit Schirmacher und Alfred Fritz abgestimmt hatte, so daß damit sogar die Zustimmung des EREV vorlag[74], konnte auch Vogel seine zögernde

---

71 Central-Ausschuss für die Innere Mission der Deutschen Evangelischen Kirche, Aus der Arbeit der Liebe, S. 20. Bereits auf der Hauptausschußsitzung des CA am 10.3. 1936 hatte Constantin Frick, unter Hinweis auf entsprechende Erwägungen Wicherns, eine Wiederbelebung der „Sektion“ gefordert. „Es müssen die besten Fachleute bereit sein, auf bestimmten Fachgebieten mitzuarbeiten.“ (ADW, CA 1026 XIII). Bei Wichern ist die Verwendung des Begriffs „Sektion“ nicht nachzuweisen. Was Constantin Frick gemeint haben könnte, sind die von Wichern als Verbindung zum Central-Ausschuß vorgesehenen „Konföderationen“. Siehe dazu J. H. Wichern, Die innere Mission der deutschen evangelischen Kirche. Eine Denkschrift an die deutsche Nation (1849) (J. H. Wichern, Sämtliche Werke I, S. 175–366, hier S. 355f. und S. 363).

72 Protokoll der Vorstandssitzung der Vereinigung am 12.1.1938 (ADWW Münster, 153/1; LKA Hannover, E 26/102).

73 Schreiben „die Bevollmächtigten des Vorstandes der Vereinigung evangelischer Kinderpflegeverbände Deutschlands“ an Vogel vom 29.11.1937 (ADW, CA 850 a II).

74 Schreiben v. Wicht an Schirmacher vom 23.11.1937 (Ebd.). v. Wicht schlägt als Termin für ein Gespräch den 26.11.1937, „vorm. 9 Uhr im C.-A.“ vor, nennt die drei Teilnehmer und übermittelt ein „Merkblatt“, „um die Verhandlungen zu erleichtern“ (Ebd.). Im „Merkblatt“ stellt er den „organisatorischen Aufbau der evangelischen Kinderpflege in Deutschland“ von den Anfängen 1909 bis zum gegenwärtigen Stand im Jahr 1937 auch in der personellen Zusammensetzung der Gremien dar (ADW, CA/J 39; ADW, CA 850 a II). Auf dem „Merkblatt“ ist handschriftlich, wohl von Alfred Fritz, vermerkt: „Arbeitsausschuß statt Reichskonferenz Kleinau Mohrmann Bremer Wicht Fritz“. Im übrigen wiederholt Schirmacher mit Schreiben an v. Wicht vom 1.12.1937 (Ebd.) seine Zustimmung zum „seinerzeit vom Reichskirchenausschuß

Haltung aufgeben und zustimmend reagieren. Bereits am 1. Dezember machte er den Vorschlag, daß von der Vereinigung zwei Vertreter und „von der Seite der Diakonie ebenfalls zwei Vertreter benannt werden." Außerdem riet er, den Präsidenten, der seine Bereitschaft dazu bereits erklärt hatte, in den Vorsitz zu berufen[75]. Dieser Vorschlag schien den Interessen aller Rechnung zu tragen: denen der Vereinigung und dem Schwergewicht ihres Praxisfeldes; denen der Reichskonferenz und ihrer personellen und fachlichen Verbindung zur „Diakonie", denen des Kaiserswerther Verbandes, seines Referates Kinderpflege und denen der von dessen Mitgliedern geführten und unter Vorsitz Kleinaus zusammengeschlossenen Ausbildungseinrichtungen sowie denen der aus den Diakonissenhäusern kommenden und mit den anderen Fachkräften ihre Interessen unter der Leitung Mohrmanns vertretenden Kindergärtnerinnen. So blieb eigentlich nur noch die Frage, wer die Persönlichkeiten sein sollten, die sich der Arbeit in der Sektion Evangelische Kinderpflege stellten.

Nachdem bereits im Gespräch am 26. November zwischen Alfred Fritz, Schirmacher und v. Wicht geklärt worden war, daß in dem an Stelle der Reichskonferenz zu installierenden Arbeitsausschuß – vom Präsidenten des CA als „Sektion" bezeichnet – neben v. Wicht und Bremer für die Vereinigung und für die „Mutterhausdiakonie"[76], wie v. Wicht die Verbindung und Arbeitsbeziehungen der beiden anderen Verbände zum Kaiserswerther Verband entsprechend gängigem Brauch zusammenfassend nannte[77], Kleinau und Mohrmann vertreten sein sollten, stand auch bis Mitte Januar, bis zur am 12. Januar 1938 stattfindenden Sitzung des Vorstandes der Vereinigung fest, daß Constantin Frick den Vorsitz übernähme[78]. Zudem hatte man sich geeinigt, daß, entgegen wohl ursprünglichen Überlegungen, als die Bereitschaft des Präsidenten zum Vorsitz noch nicht erkennbar war, Alfred Fritz in der Sektion Evangelische Kinderpflege nicht mitarbeitet. Alles war für eine das bisherige Verhandlungsergebnis bestätigende Beschlußfassung des Vorstandes

---

mit der Wahrnehmung der kirchlichen Interessen beauftragte[n] Verwaltung des Central-Ausschusses" mit den „vorgeschlagenen Maßnahmen".

[75] Schreiben Vogel an Vereinigung vom 1.12.1937 (EBD.).

[76] H. v. Wicht, Die Sektion „Evangelische Kinderpflege" und unsere Mitarbeit in ihr. Leitsätze zur Vorstandssitzung der Vereinigung am 12.1.1938 (ADWW MÜNSTER, 153/1; LKA HANNOVER, E 26/102).

[77] In diesem Zusammenhang ist anzumerken, daß es, soweit zu sehen, noch Desiderat ist, den Bedeutungswandel des Begriffs „Diakonie" nachzuzeichnen, des Begriffs, der zu dieser Zeit vor allem mit den Einrichtungen und Häusern verbunden war, aus denen Diakone und Diakonissen kamen. „Unter evangelischer Diakonie wird heute in erster Linie der berufsmäßige Dienst von Männern (Diakonen) und Frauen (Diakonissen) verstanden, die in Diakonen- oder Diakonissenhäusern fachlich ausgebildet ... sind." (C. FRICK, Diakonie, S. 178). Siehe I Kap. VII.4.4, S. 442 mit Anm. 785. Vgl. auch W. ENGELMANN, Unser Werk, S. 72–81. Was aber ist warum geschehen, wenn heute immer deutlicher zu erkennen ist, daß „Diakonie" sich zu einem theologischen und organisatorischen Schlüsselbegriff gewandelt hat?

[78] „Merkblatt" über den organisatorischen Aufbau der evangelischen Kinderpflege in Deutschland vom 23.11.1937 (ADW, CA 850 a II).

der Vereinigung vorbereitet. Indessen, ein solcher Beschluß sollte nicht erfolgen.

v. Wicht hatte dem Vorstand außer seinen Leitsätzen zur strategischen Ausrichtung der Arbeit der Vereinigung und der ihr angehörenden Landes- und Provinzialverbände evangelischer Kinderpflegeeinrichtungen auch ein Organisationspapier – wiederum Leitsätze – zur „Sektion ‚Evangelische Kinderpflege' und unsere künftige Arbeit in ihr" vorgelegt. Abgesehen davon, daß er darin die Arbeit der Sektion „zunächst auf ein Jahr" begrenzen wollte, beschrieb er nicht etwa die für eine Erarbeitung einer neuen Form der Zusammenarbeit zu klärenden Sachfragen. Vielmehr wiederholte er die Forderung nach Auflösung der Reichskonferenz und nach Anerkennung der führenden Rolle der Vereinigung, wie sie Dölker ein Vierteljahr zuvor erhoben hatte. Aber nicht nur das. Außerdem erklärte er auch die Arbeit des Deutschen Verbandes der Ausbildungsstätten für evangelische Kinderpflege als „Hilfsdienst" für die in der Vereinigung zusammengeschlossenen Rechtsträger. Mochte v. Wicht diesen Hilfsdienst auch als „wertvoll" in seiner „fachlichen Zurüstung" der Kindergärtnerinnen beschreiben. Wenn er gleichzeitig einschränkte, daß er darin „seine naturnotwendige Begrenzung" hätte, so mußte das um so mehr die Bereitschaft des die Ausbildungsstätten vertretenden Verbandes ebenso wie die des Kaiserswerther Verbandes und seines Referats Kinderpflege, mithin zum einen die Bereitschaft Kleinaus, erheblich mindern, wenn nicht gänzlich schwinden lassen, mit der Vereinigung über Formen zukünftiger Zusammenarbeit nachzudenken. Und erst recht, zum anderen, hatte Mohrmann allen Grund, sich in der Sache weiterhin einem Verhandlungsgespräch zu entziehen. v. Wicht hatte ihr zu verstehen gegeben, daß aus seiner Sicht eine evangelische Interessenvertretung der Kindergärtnerinnen, Hortnerinnen und Jugendleiterinnen in einem besonderen Verband nicht mehr erforderlich sei, da einerseits unter fachlichen Gesichtspunkten „die Partei" und andererseits „nach ihrer glaubensmäßigen Haltung und kirchlichen Ausrichtung" die Rechtsträger der evangelischen Kinderpflegearbeit und ihr verbandlicher Zusammenschluß, die Vereinigung, Verantwortung trugen[79]. Unter solchen Voraussetzungen mußte für Mohrmann jedes weitere Gespräch ausgeschlossen sein.

Tatsächlich stellten diese Leitsätze nicht nur alle bisher so mühevoll erarbeiteten Bedingungen für die Entwicklung der weiteren Zusammenarbeit im Organisations- und Interessengefüge des CA und erst recht innerhalb der evangelischen Kinderpflege in Frage. Sie bedeuteten das Ende aller Gespräche. Zwar fand als Fortsetzung der Vorstandssitzung der Vereinigung die erste Sektionssitzung am 12. Januar 1938 unter dem Vorsitz Constantin Fricks

---

79 H. v. Wicht, Die Sektion „Evangelische Kinderpflege" und unsere Mitarbeit in ihr. Leitsätze zur Vorstandssitzung der Vereinigung am 12.1.1938 (ADWW Münster, 153/1; LKA Hannover, E 26/102).

statt, auf der auch die weitere Vorgehensweise in der die evangelischen Kindergärten so sehr belastenden Grundsteuerfrage bearbeitet und abgestimmt wurde[80]. Es fand sodann im Rahmen der November-Konferenz der Inneren Mission eine zweite Sektionssitzung statt, auf der immerhin die beabsichtigte Eingabe an das Reichsministerium für Wissenschaft, Erziehung und Volksbildung verhandelt wurde[81]. Nach einer dritten Sektionssitzung, die am 6. Juni 1939 stattfand und die in erster Linie der Erörterung mit dem Ausscheiden der tüchtigen Ilse Schliebitz als Referentin der Vereinigung verbundener Fragen diente[82], spielte aber fortan die Sektion Evangelische Kinderpflege keine Rolle mehr. Das hatte wohl weniger seine Ursache in der nach wie vor bestehenden „besonderen Arbeitsverbundenheit"[83] der Vereinigung mit dem EREV, und auch die Verbindung zum CA besonders bezüglich organisatorischer Fragen wie solcher der Mitwirkung der Vereinigung in den Organen des CA[84] wird nicht ausschlaggebend gewesen sein. Vielmehr zeigt die Entwicklung, abgesehen von etwa vorhandenen persönlichen Differenzen, daß alles, was am status quo der Verbände evangelischer Kinderpflegearbeit, sowohl was einen jeden einzelnen Verband als auch was ihre Beziehung untereinander betraf, hätte rühren und ein Ungleichgewicht hätte herstellen können, vermieden werden sollte.

Als v. Wicht feststellen mußte, daß er „planvollste und straffste Zusammenfassung" auf dem Weg über den CA – ob ihm die dabei zum Ausdruck gebrachte Geringschätzung der von Kleinau und Mohrmann vertretenen Verbandsarbeit bewußt war, sei dahingestellt – nicht erreichen konnte, suchte er, wie vier Jahre zuvor, auf die verfaßte Kirche zuzugehen. Dabei kam ihm die Tatsache entgegen, daß er als Direktor des Evangelischen Verbandes für Kinderpflege in Berlin Inhaber einer vom Evangelischen Konsistorium der Mark Brandenburg eingerichteten Pfarrstelle war. Insoweit befand er sich spätestens seit 1926 in kirchlicher Obhut. Bereits vierzehn Tage nach der Vorstandssitzung der Vereinigung, auf der seine Leitsätze vorgelegen hatten, die eine Zusammenarbeit mit den beiden anderen Verbänden in der Sektion

80 Schreiben v. Wicht an CA vom 14.1.1938 (ADW, CA 864/18 I A). Siehe II Kap. I.3.3., S. 181ff.

81 Die Tagesordnung der vom 21.–23.11.1938 in Berlin stattfindenden November-Konferenz der Inneren Mission zeigt die Tagung der „Sektion Evangelische Kinderpflege" an (ADW, CA 118/38). Zu den November-Konferenzen, die seit 1904 stets in den Jahren stattfanden, in denen kein Kongreß der Inneren Mission stattfand, siehe M. GERHARDT, Jahrhundert II, S. 132.

82 Ein Protokoll dieser Sektionssitzung ist nicht nachzuweisen. v. Wicht berichtet über diese Sitzung auf der Vorstandssitzung der Vereinigung am 19. Juni 1939. Zu diesem Zeitpunkt denkt man im Vorstand der Vereinigung noch daran, sich nach dem Ausscheiden von Schliebitz zum 30.9.1939 durch eine verstärkte Hinzuziehung der Mitarbeiterinnen des wie die Vereinigung ebenfalls in der Berlin-Kreuzberger Wartenbergstraße ansässigen Evangelischen Verbandes für Kinderpflege in Berlin zu behelfen (Protokoll, in: LKA HANNOVER, E 26/102).

83 Schreiben v. Wicht an Alfred Fritz vom 19.5.1938 (ADW, CA/J 39).

84 Schreiben v. Wicht an Schirmacher vom 19.5.1938 (ADW, CA 850 a II).

Evangelische Kinderpflege von Anbeginn beschwerlich machen mußten, beantragte er für den Evangelischen Verband für Kinderpflege in Berlin über das zuständige regionale synodale Gremium, den Stadtsynodalausschuß der Berliner Stadtsynode, bei der Provinzialkirchenbehörde, „unsere Dienststelle und ihren Leiter kirchlich so weit wie möglich zu stärken und referatsmäßig zur verantwortlichen kirchlichen Mitarbeit heranzuziehen." Nur auf diese Weise sei eine „glaubensmäßige Mobilisierung", eine sachliche und fachkundige Beratung der Einrichtungen verbunden „mit stärkerer kirchlicher Autorität" möglich. Dazu verwies er besonders auf den Evangelischen Landesverband für Kinderpflege in Württemberg, dessen Vorsitzender – Dölker – auch das Referat über sein Arbeitsgebiet beim OKR Stuttgart übertragen erhalten habe „unter gleichzeitiger Ernennung zum Kirchenrat."[85]

Richard Zimmermann, Präses der Berliner Stadtsynode[86] und ihres geschäftsführenden Gremiums, des Stadtsynodalausschusses, und aus seiner Zeit als Leiter des Provinzial-Ausschusses für Innere Mission in der Provinz Brandenburg und danach als Superintendent in der Berliner Stadtmitte[87] mit der „erheblichen Bedeutung" eines Kindergartens „für das kirchliche Leben" vertraut, reichte den Antrag befürwortend an die ihm vorgesetzte Kirchenbehörde weiter und wünschte eine Stärkung der Arbeit durch das Evangelische Konsistorium[88]. Das indessen konnte sich eine Eingliederung der Arbeit in die provinzialkirchliche Behörde ganz und gar nicht vorstellen. Das entspräche nicht dem „Wesen einer freien Liebestätigkeit, die sonst nicht müde wird zu betonen, daß sie einen besonderen Wert darin sehe, nicht amtlich gebunden zu sein". Außerdem, gäbe man dem Wunsche statt, wäre das ein Präzedenzfall, und man könnte zum einen „mit dem gleichen inneren Recht" etwa gestellte Anträge anderer provinzialkirchlicher Organisationen schwer ablehnen, und zum anderen änderte das „die innere Struktur der Behörde". Da der die Geschäfte des Konsistorialpräsidenten führende Walter Siebert „eine den Verfassungsaufbau unserer Kirche grundlegende Umgestaltung" nicht vornehmen wollte, bat er den EOK Berlin „um Weisung, wie wir die Eingabe bescheiden sollen."[89]

Der EOK Berlin teilte „die grundsätzlichen Bedenken gegen eine Eingliederung" v. Wichts und der Arbeit des Evangelischen Verbandes für Kinderpflege in Berlin in eine kirchliche Verwaltungsbehörde. Jedoch meinte der mit

---

85 Schreiben v. Wicht an Evangelisches Konsistorium der Mark Brandenburg vom 26.1.1938 (EZA Berlin, 7/13436).

86 Siehe F. Weichert, Die Entstehung.

87 Im Kirchenkreis Berlin Stadt I wurden am 31.3.1937 in 17 Kirchengemeinden 18 Kindertagesstätten – mit Krippen und Horten – mit etwa 1.030 Plätzen betrieben (Evangelischer Verband für Kinderpflege in Berlin, Tätigkeitsbericht 1.4.1936–31.3.1937, S. 14–15).

88 Vermerk Zimmermann vom 8.2.1938 (EZA Berlin, 7/13436).

89 Schreiben Evangelisches Konsistorium der Mark Brandenburg [Walter Siebert] an EOK Berlin vom 7.3.1938 (Ebd.).

der Wahrnehmung der Geschäfte eines Geistlichen Vizepräsidenten beauftragte Lic. Johannes Hymmen, den Bedenken seiner Behörde hinzufügen zu sollen, eine Förderung und Stärkung des Verbandes werde „auf anderem Wege erfolgen müssen." Ob er dabei etwa auch an eine Ehrung v. Wichts, inzwischen fast 59jährig, und damit der Arbeit des Verbandes, zu diesem Zeitpunkt unmittelbar vor einem Rückblick auf eine zwanzigjährige Tätigkeit in Berlin, vielleicht durch die Verleihung eines kirchlichen Ehrentitels - möglicherweise Kirchenrat - dachte, ist nicht zu erkennen. Nahegelegen hätte es durchaus. v. Wicht hatte ausdrücklich auf „Kirchenrat" Dölker verwiesen[90] und in seinem Antragsschreiben auch das Jubiläumsdatum nicht unerwähnt gelassen. Das Verbandsjubiläum am 21. Oktober 1938 wäre für die Verleihung eines solchen Titels ein ebenso geeigneter Anlaß gewesen wie ein Jahr später, sogar am gleichen Tag, v. Wichts 60. Geburtstag. Abgesehen von der in einer solchen Ehrung zum Ausdruck kommenden persönlichen Wertschätzung, wäre sie nicht allein eine Auszeichnung für den Evangelischen Verband für Kinderpflege in Berlin gewesen, hätte nicht allein seine Förderung und Stärkung bedeutet, sondern die Vereinigung hätte ebenfalls aus solcher Ehrung im Sinne der von v. Wicht gewünschten „kirchlichen Autorität" fördernde und stärkende Kräfte ziehen können. Wieviel mehr aber erst, wäre tatsächlich etwa ein „Amt für Kindergartenarbeit" unter einem möglicherweise „Oberkonsistorialrat" v. Wicht im Behördenaufbau des Evangelischen Konsistoriums der Mark Brandenburg eingefügt worden. Aber weder das eine noch das andere geschah. Ebenso wie in der Beziehung zum CA blieb für die evangelische Kinderpflege zu diesem Zeitpunkt der status quo in der Beziehung zur verfaßten Kirche erhalten[91].

---

90 Schreiben v. Wicht an Evangelisches Konsistorium der Mark Brandenburg vom 26.1.1938 (EBD.).

91 Die von v. Wicht angestrebte Verbindung der Vertretung der evangelischen Kinderpflege mit der verfaßten Kirche in Gestalt eines Einbaues in die kirchenbehördliche Organisation sollte dennoch in Berlin eingegangen werden, allerdings erst zweiundvierzig Jahre später, in der Evangelischen Kirche in Berlin-Brandenburg. In ihrer Westregion und begünstigt durch die politisch bedingte Begrenzung der Arbeit auf den Westteil der Stadt Berlin, ging sie bei Fortbestehen des Verbandes mit Wirkung vom 1.1.1980 auf ein Amt für Kindertagesstättenarbeit der Evangelischen Kirche in Berlin-Brandenburg (Berlin West) über. Wie zu v. Wichts Zeiten war die Leitung an eine provinzial-, jetzt landeskirchliche Pfarrstelle gebunden und wurde aus dem Haushalt der Provinzial-, jetzt Landeskirche finanziert. Dabei blieb es zunächst auch, nachdem sich die beiden Kirchenregionen 1991 zu einer Landeskirche wieder vereint hatten und am 1.1.1995 das Amt für Kindertageseinrichtungen der Evangelischen Kirche in Berlin-Brandenburg seinen Dienst aufnahm, zumal in der Ostregion dieser Landeskirche wie in den übrigen Kirchen des Bundes der Evangelischen Kirchen (BEK) in der Deutschen Demokratischen Republik (DDR) die evangelische Kindergartenarbeit als Teil der Inneren Mission nur immer auch als Arbeit der verfaßten Kirche möglich gewesen war. Siehe G. SCHUPPAN, Amt für Kindertageseinrichtungen, S. 50. Inzwischen ist mit der Gründung des Verbandes Evangelischer Tageseinrichtungen für Kinder im Bereich der Länder Berlin und Brandenburg (Protokoll der Mitgliederversammlung am 26.10. 1998 und Genehmigung vom 30.11.2000, in: Amtsgericht Berlin-Charlottenburg 95 VR 20391 Nz), der seine Entstehung der kritischen Finanzsituation der Evangelischen Kirche in Berlin-

Die für die verbandliche Entwicklung der evangelische Kinderpflege so bestimmende Frage des Verhältnisses von Reichskonferenz und Vereinigung sollte erst wieder im Jahre 1949 aufgegriffen werden. Dölker, inzwischen an der Spitze der Vereinigung, war initiativ geworden und hatte angesichts eines geteilten Deutschlands auf dem „Reichstreffen" der Vereinigung vom 3.–7. Oktober 1949 in Nonnenweier die förmliche Auflösung der Reichskonferenz beschließen lassen, um sie als Konferenz für christliche Kinderpflege, allerdings nicht als Verein, sondern in Gestalt einer Arbeitsgemeinschaft, fortzuführen[92]. Nachdem am 14. und 15. Februar 1950 unter Dölkers Vorsitz Vertreter der evangelischen Kinderpflege aus den Landeskirchen eine Ordnung „für die künftige Gestaltung unserer evang. Kindergartenarbeit"[93] – freilich allein in der Bundesrepublik Deutschland – beschlossen hatten, die auch den Namen „Arbeitsgemeinschaft für Evangelische Kinderpflege" verbindlich machte[94], erfolgte am 14. und 15. September 1950 die förmliche Konstituierung auf einer Tagung in Kassel[95]. Das war in derselben fachverbandlichen Zusammensetzung wie 1925 bei der Bildung der Reichskonferenz, aber nun unter dem Vorsitz von Adolf Nell, die organisatorische Sicherung einer einheitlichen Vertretung der Arbeit, die seit dem Jahr 1969 als Evangelische Bundesarbeitsgemeinschaft für Sozialpädagogik im Kindesalter (EBASKA) und Fachverband im Diakonischen Werk der EKD, bis heute fortbesteht.

v. Wicht sollte nur noch einmal den Gedanken erwägen, durch eine Übergabe „seiner" Arbeit und ihre kirchenbehördliche Anerkennung im Rahmen der organisatorischen Strukturen der verfaßten Kirche, die Stellung der Vereinigung zu verändern. Das sollte allerdings nicht mehr geschehen, um „in dieser für unsere kirchliche Arbeit schweren Zeit"[96], die Vereinigung und ihre Arbeit allein in eine vorteilhafte Stellung – um in der Sprache und den Bildern der Zeit zu bleiben – an der Front zu bringen. Vielmehr sollte es um die Rettung der Vereinigung zu einem Zeitpunkt gehen, als das Ende evangelischer Kindergartenarbeit jedenfalls für die Berliner Gestapo angezeigt und zu erkennen war, daß einem praktisch-ekklesiologischen Rückzug in den Raum der Kirche ein organisatorischer entsprechen müßte. Hymmen und

---

Brandenburg und der in den beiden Bundesländern Berlin und Brandenburg sowie der daraus erwachsenen Einsicht in Erfordernisse größtmöglicher Finanzierungs- und Kostentransparenz aller evangelischen Einrichtungen der halboffenen Kinderpflege verdankt – von der Gründung zweier Verbände, wie es ehedem der Evangelische Kinderpflege-Verband der Provinz Brandenburg und der Evangelische Verband für Kinderpflege in Berlin waren, wurde abgesehen –, das Amt für Kindertageseinrichtungen der Evangelischen Kirche in Berlin-Brandenburg in dem neuen Fachverband des Diakonischen Werkes Berlin-Brandenburg aufgegangen.

92 Niederschrift (ADWKW Kassel, D II 000 001). Auch H. DÖLKER, Die Konferenz, S. 70.

93 Schreiben Vereinigung [Dölker] an die Landesverbände für Kinderpflege vom 30.1.1950 (ADWKW KASSEL, D II 000 001).

94 N.N., Die Arbeitsgemeinschaft, S. 235–236.

95 EBD. Vgl. H. DÖLKER, Die Konferenz, S. 70; A. NELL, Die Arbeitsgemeinschaft, S. 52.

96 H. v. WICHT, Zwei Jahrzehnte, S. 6.

der EOK Berlin allerdings sollten früher Gelegenheit haben, ihre Bereitschaft zu „Förderung und Stärkung" der Arbeit v. Wichts unter Beweis zu stellen und das tatsächlich auf „anderem Weg", den indessen zu diesem Zeitpunkt noch niemand kannte, ja nicht einmal ahnte.

4.2. Die Eingabe von siebzehn Provinzial- und Landeskirchen der Deutschen Evangelischen Kirche an das Reichsministerium für Wissenschaft, Erziehung und Volksbildung vom 14. Februar 1939

Als die Vereinigung Mitte Juni 1938 die Antwort des Ministeriums Rusts auf ihre Eingabe vom 13. Oktober 1937, nämlich das Schreiben von Staatssekretär Zschintzsch an Kardinal Bertram vom 6. Januar 1937 erhielt, hatte sie und der CA ebenso wie die DEK und ihre Kirchenkanzlei und der EOK Berlin bereits vor Augen, wie sich die Machthaber und ihre „Verwirklichung des nationalen Sozialismus"[97], die NSV, den „sehr umfassenden Einsatz der NSV auf den Arbeitsgebieten der offenen und halboffenen Fürsorge"[98] vorstellten. Der „Anschluß" Österreichs hatte es ermöglicht. Ob die verantwortlichen Männer und Frauen der evangelischen Kinderpflege auch nur geahnt hatten, was es für sie bedeuten sollte, als sie „das Ja des 10. April" öffentlich bekräftigten, in den „freudigen Lobpreis Gottes" angesichts der „Errichtung des volksdeutschen Reiches" einstimmten und „in heißer und inniger Fürbitte" versprachen, die evangelische Kinderpflege werde dem „Führer" und „dem deutschen Volke eine treue Weggenossin der Freude sein", das muß zweifelhaft sein. Auch sie wollte wohl „beweisen, daß sie den Ruf des 13. März als Ruf zu unerschütterlicher Treue im Dienst für Führer und Volk verstanden hat."[99]

Die Vereinigung wie die gesamte Innere Mission und ihr CA mußten jetzt mit ansehen, wie die Machthaber in der „Ostmark", wie man Österreich nun auch nannte, modellhaft ihr im Oktober 1933 öffentlich propagiertes, ihnen „vorschwebendes" „fernes Ziel" von „einer einzigen Organisation" und „planwirtschaftlicher Neugliederung"[100] in die Praxis umsetzten. Indessen war dieser Prozeß anfangs durchaus nicht so zielgerichtet verlaufen, wie man hätte vermuten können. Zwar hatte Hilgenfeldt den jungen, gerade seit einundeinhalb Jahren im Amt des Generalsekretärs des Evangelischen Zentralvereins für Innere Mission in Österreich (Zentralverein) Leitungsverantwortung tragenden Pfarrer Ernst Meyer bereits am 7. März 1938 nach Berlin bestellt und den arglosen Nachfolger Hans Jaquemars, des verdienstvollen Mitbegründers und langjährigen Organisators an der Spitze des Zentralvereins[101], fünf Tage

97 W. BETCKE, Nationalsozialistische Volkswohlfahrt, Sp. 769.

98 EBD., Sp. 776.

99 N.N., Das Ja des 10. April, S. 109.

100 Siehe I Kap. IV.3.2., S. 178 mit Anm. 314.

101 Siehe H. JAQUEMAR, Innere Mission. Der erste Generalsekretär des Zentralvereins stellt,

bevor die Deutsche Wehrmacht vor einer Jubel-Kulisse in Wien einrollte eine Vereinbarung unterzeichnen lassen, die der NSV ein Aufsichtsrecht über die Innere Mission in Österreich zusicherte[102]. Darüber hinaus war zunächst nichts weiter geschehen, als daß ganz entsprechend der Organisation im „Altreich“ im „neuen Reichsgebiet“ der Aufbau der NSV „bis zum Block hinunter“ durchgeführt worden war[103]. Dabei war mit dem nach dem im Sommer 1934 gescheiterten NS-Putschversuch zunächst noch „illegalen Hilfswerk der NSDAP“, das insbesondere Arbeitslosenfürsorge für Parteimitglieder betrieb und das nach 1936 mit dem „Hilfswerk Franz Langoth“ einen legalen Arbeitszweig zur Unterstützung dienstentlassener und mittelloser Parteimitglieder erhalten hatte[104], für die NSV und ihren weiteren organisatorischen Aufbau in der „Ostmark“ ein wichtiges Element vorhanden gewesen[105], so daß dieser Ende April „bereits restlos durchgeführt“ war. Währenddessen allerdings hatte Hilgenfeldt dem DCV und ihrem Präsidenten Kreutz bedeutet, die Caritas-Verbände der österreichischen Diözesen zügig dem DCV anzugliedern[106]. Einige Verbände waren bereits von sich aus dem DCV direkt beigetreten[107]. Dieser Entwicklung ohne erkennbar neue organisatorisch-wohlfahrtspolitische Konzeption war aber vom „roten Gauleiter“ im NSDAP-Gau Saarpfalz, Josef Bürckel[108], am 23. April vom „Führer“ zum „Reichskommissar für die Wiedervereinigung Österreichs mit dem Deutschen Reich“ bestellt[109], und von seinem „Stillhaltekommissar für Vereine, Organisationen und Verbände“, Albert Hoffmann, durch eine folgenreiche Maßnahme ein Ende gesetzt worden.

Nachdem bereits am 24. März 1938 Ernst Meyer für den Zentralverein ein Abkommen unterzeichnet hatte, das einer förmlichen Bestätigung seines „Blanko-Wechsels“[110] für Hilgenfeldt vom 7. März gleichkam, jedenfalls aber

---

von ihm selbst vorangebracht, „Werden und Wirken der organisierten christlichen Liebestätigkeit in der Evangelischen Kirche Österreichs“ dar, besonders als Liebestätigkeit einer Kirche in der Minderheit angesichts der sozialen Herausforderungen nach Ende der habsburgischen Monarchie und im Rückblick auf seine eigene dreiundzwanzigjährige Tätigkeit von den Anfängen des Zentralvereins im Jahre 1912 bis zum Jahre 1935.

102 Wortlaut des Abkommens zitiert im Protokoll der Geschäftsführerkonferenz des CA am 13.5.1938 (ADW, CA 761 XX).

103 Lage und Stimmungsbericht des Hauptamtes für Volkswohlfahrt von April 1938 als Anlage zum Schreiben Hilgenfeldt an Himmler vom 10.5.1938 (BA BERLIN, NS 19/3372).

104 Siehe W. GEPPERT, Das illegale Hilfswerk.

105 Geschichte der NSV, S. 49–119 (BA BERLIN, NS 26/vorl. 262).

106 Vermerk vom 9.5.1938 über eine außerordentliche Generalversammlung des Caritasverbandes Österreich am 7.5.1938 (ADC, 081 III 5c). Siehe M. KRONTHALER, Der Schicksalsweg, S. 173–178.

107 Siehe E. HANSEN, Wohlfahrtspolitik, S. 178.

108 G. PAUL, Josef Bürckel, S. 51.

109 Siehe RGBl 1938 I, S. 407–408.

110 Protokoll der Geschäftsführerkonferenz des CA am 13.5.1938 (ADW, CA 761 XX).

einen endgültigen Verzicht auf die Selbständigkeit des Zentralvereins bedeutete[111] und nachdem am 25. April 1938 der Generaldirektor des Caritasverbandes Österreichs, Dr. Josef van Tongelen, den „Schicksalsweg“ beschritten und eine Vereinbarung mit der NSV getroffen hatte, mit der die Einrichtungen der Caritas der Aufsicht der NSV unterstellt worden waren, was den heftigen Widerspruch im Caritasverband Österreichs ausgelöst hatte[112], war am 14. Mai 1938 ein Gesetz in Kraft getreten, das die „Überleitung und Eingliederung von Vereinen, Organisationen und Verbänden“[113] regelte.

Gleichzeitig, da sich der Zentralverein „mit allen seinen Einrichtungen freiwillig der Aufsicht der NS-Volkswohlfahrt unterstellt“ hatte und damit, wie Hilgenfeldt bemerkte, die bisher möglichen „Bedenken kirchenpolitischer Art“[114] fortgefallen wären, sah er sich veranlaßt und wurde dabei offenbar von Göring unterstützt[115], im „Altreich“ initiativ zu werden. Vorgeblich um

---

111 Lage- und Stimmungsbericht des Hauptamtes für Volkswohlfahrt von April 1938 als Anlage zum Schreiben Hilgenfeldt an Himmler vom 10.5.1938 (BA BERLIN, NS 19/3372). Hilgenfeldt berichtet, daß sich „am 24.3.1938 der Landesverein für Innere Mission in Österreich mit allen seinen Einrichtungen freiwillig der Aufsicht der NS-Volkswohlfahrt unterstellt“ habe. In seiner Darstellung, die Ernst Meyer am 13.5.1938 vor der Geschäftsführerkonferenz des CA gab, ist davon mit keinem Wort die Rede. Er spricht nur von seiner „Handlungsweise hinsichtlich des Abkommens für Österreich“. Er erwähnt auch das Abkommen, das mit der Caritas geschlossen worden war. Irrtümlich nennt er den 24.4.1938 als den Termin für den Abschluß. Die NSV hatte ihm die Tatsache dieses Abkommens mitgeteilt. Er sah sich dadurch in seiner Handlungsweise bestätigt. Daß Vertreter der Caritas in Österreich, wie Diez aus eigener Erfahrung berichtete, den Abschluß eines Abkommens leugneten, erklärt sich wohl tatsächlich aus dem Widerstand, den der Schritt van Tongelens ausgelöst hatte. Insofern hätte Ernst Meyer mit seiner Einschätzung Recht, daß die Innere Mission nicht durch wahrheitswidrige Behauptungen der NSV „ausgespielt werden“ sollte, sondern daß, „wenn sie später anderes gesagt hat“, die katholische Kirche „ihren Einbau habe rechtfertigen wollen“, mithin die bisherigen Verhandlungen legitimieren, nicht aber ein Präjudiz für den Fortgang der Entwicklung auf seiten der Caritas habe schaffen wollen. Deshalb sei aber das Abkommen nicht zu leugnen. Ernst Meyers scharfes Urteil, „leider würde in der katholischen Kirche viel gelogen“, erklärt sich aus einem wider bessere eigene Einsicht formulierten starken antikatholischen Affekt (Protokoll, in: ADW, CA 761 XX). Vgl. E. HANSEN, Wohlfahrtspolitik, S. 180, bes. Anm. 142; J.-CHR. KAISER, Sozialer Protestantismus, S. 428, bes. Anm. 511. Eine umfassendere Darstellung der „Neugestaltung“ der Wohlfahrtspflege nach dem „Anschluß“ Österreichs und ihre Bedeutung für die Innere Mission steht noch aus. Zum Österreichischen Caritasverband siehe M. KRONTHALER, Der Schicksalsweg.

112 Vermerk über eine Generalversammlung des Caritasverbandes Österreich am 7.5.1938 vom 9.5.1938 (ADC, 081 III 5c). Siehe M. KRONTHALER, Der Schicksalsweg, S. 178–187.

113 Gesetz über die Überleitung und Eingliederung von Vereinen, Organisationen und Verbänden vom 14.5.1938 (ÖstGBl 1938, S. 403; Abschrift in: ADW, CA 659 V; ADW, CA 2319/20 (Österreich)) und DVO (ÖstGBl 1938, S. 403–404). Das Gesetz ist am 17.5.1938 veröffentlicht worden; verkündet worden, also in Kraft getreten war es bereits am 14.5.1938. Gewöhnlich wurde offenbar, wie etwa die Formulierung „Ein Gesetz ... vom 17.5.1938 brachte ...“ (N.N., Neuordnung, S. 141) ausweist, der Termin der Veröffentlichung als der des Inkrafttretens angegeben.

114 Lage- und Stimmungsbericht des Hauptamtes für Volkswohlfahrt von April 1938 als Anlage zum Schreiben Hilgenfeldt an Himmler vom 10.5.1938 (BA BERLIN, NS 19/3372).

115 EBD. Hilgenfeldt teilt Himmler mit, daß Lagebericht und Gesetzentwürfe „Herr Generalfeldmarschall Göring von mir angefordert hat.“ Tatsächlich übermittelt Hilgenfeldt zwei Ge-

in der „Schwesternfrage“, insonderheit der des mangelnden Schwesternnachwuchses und der Frage der Krankenpflegeausbildung zu handeln[116], griff Hilgenfeldt auf den Entwurf „eines Gesetzes über die freie Wohlfahrtspflege“ zurück[117], begründete mit dem Hinweis auf die Pflicht, im „Kriegsfall“ die „krankenpflegerische Versorgung“ sichern zu müssen und mit Hinweis auf den dementsprechenden „Staatsnotstand“ für den Fall, dies gelinge nicht und wiederholte nun die Forderung nach einem „Reichsbeauftragten für die freie Wohlfahrtspflege“, dem „allgemein und im Einzelfall Weisungen zu erteilen“ die Möglichkeit gegeben sein müsse. Beides, Lagebericht und Gesetzentwurf übermittelte er auch Himmler.[118].

In der Intention gleich, mußte sich der Entwurf Hilgenfeldts für das „Altreich“ von dem Gesetz der „Österreichischen Landesregierung“, das vom „trojanischen Pferd“[119] in Österreich[120], Reichsstatthalter Arthur Seyß-Inquart, unterzeichnet worden war, doch deutlich unterscheiden. Im „Altreich“ waren Rücksichten zu nehmen. Nicht nur auf die zentralen Ministerial- und

---

setzentwürfe. Da er die Fragen des Schwesternwesens, besonders die des Schwesternnachwuchses, zum Ausgang seiner Erwägungen und Forderungen macht – die 78.000 Schwestern der Caritas und die 48.000 der Inneren Mission will er ebenso unter „Anweisungsbefugnis“ stellen wie die Kommunen zur Einrichtung und Finanzierung einer Krankenpflegeschule an jedem von einer Kommune geführten Krankenhaus verpflichten –, muß er neben dem Gesetz über die freie Wohlfahrtspflege auch ein Gesetz zur Sicherung der Finanzierung der Schwesternausbildung durch die Kommunen vorsehen. (EBD.). Vgl. B. BREIDING, Die Braunen Schwestern, S. 230ff.

116 Inwieweit diese Initiative tatsächlich Teil einer im Januar 1938 angelaufenen Werbekampagne für den Schwesternberuf war und diese zu diesem Zeitpunkt etwa den Anlaß bieten konnte, auch die ganz anderen Ziele, wie das der Unterstellung der freien Wohlfahrtspflege unter die NSV und Hilgenfeldt zum einen und wie zum anderen das einer Unterordnung der Kommunen unter die Interessen und Ansprüche der NSDAP zu erreichen, muß hier unerörtert bleiben. Vgl. L. KATSCHER, Krankenpflege und „Drittes Reich“, S. 135–155; B. BREIDING, Die Braunen Schwestern, S. 230–239; E. HANSEN, Wohlfahrtspolitik, S. 105–196.

117 Hilgenfeldt erwähnt in seinem Lage- und Stimmungsbericht, „um die konfessionellen Verbände der freien Wohlfahrtspflege im Sinne einer planwirtschaftlichen Gestaltung ausrichten zu können, [hat] bereits vor Jahresfrist der Stellvertreter des Führers dem Reichs- und Preußischen Minister des Innern einen Gesetzentwurf vorgelegt, der die Einsetzung eines Reichsbeauftragten der freien Wohlfahrtspflege vorsieht.“ (Lage- und Stimmungsbericht des Hauptamtes für Volkswohlfahrt von April 1938 als Anlage zum Schreiben Hilgenfeldt an Himmler vom 10.5.1938, in: BA BERLIN, NS 19/3372). Es ist anzunehmen, daß Hilgenfeldt selbst die Sache vorbereitet hatte. Siehe II Kap. I.2.1. S. 60 mit Anm. 10.

118 Schreiben Hilgenfeldt an Himmler vom 10.5.1938 (BA BERLIN, NS 19/3372).

119 Siehe H.-U. THAMER, Verführung und Gewalt, S.575. Vgl. R. WISTRICH, Wer war wer?, S. 324.

120 Mit dem „Gesetz über die Wiedervereinigung Österreichs mit dem Deutschen Reich“ vom 13.3.1938 (RGBl 1938 I, S. 237) hatte Österreich als selbständiger Staat zu bestehen aufgehört und „ist ein Land des Deutschen Reiches.“ (EBD.). Mit Erlaß des „Führers“ vom 15.3.1938 wird Seyß-Inquart zum „Reichsstatthalter in Österreich“ ernannt (Erlaß des Führers und Reichskanzlers über die Ernennung des Reichsstatthalters in Österreich vom 15.3.1938, in: RGBl 1938 I, S. 248). Am selben Tag wird er durch einen weiteren Erlaß des Führers mit der „Führung der Österreichischen Landesregierung“ beauftragt (Erlaß des Führers und Reichskanzlers über die Österreichische Landesregierung vom 15.3.1938, in: RGBl 1938 I, S. 249).

Parteiinstanzen, wie Reichsministerium des Innern und Reichsarbeitsministerium einerseits und den „Stellvertreter des Führers" andererseits[121]. Auch dem Geflecht der Herrschafts- und Machtansprüche in den Ländern, Provinzen und in den Gauen der NSDAP war Beachtung zu schenken[122]. Das mußte jedenfalls die Aussicht auf eine schnelle, dem vorgeblichen „Staatsnotstand" entsprechende Durchsetzung des Entwurfs und seine Erhebung zum Gesetz über die freie Wohlfahrtspflege erheblich mindern. Ob die zentralen Instanzen das von Hilgenfeldt angestrebte Einvernehmen im Entscheidungsfall erzielen würden oder würden erzielen wollen und ob die regional zuständigen staatlichen wie parteilichen Stellen etwa einen Gaubeauftragten als Vertreter eines Reichsbeauftragten für die freie Wohlfahrtspflege[123] akzeptieren würden oder überhaupt wollten, war mehr als fraglich. Abgesehen von der zusätzlichen Schwierigkeit, daß kaum davon auszugehen war, die Kommunen würden ohne weiteres die Finanzierung der Krankenpflegeausbildung übernehmen, wie es der andere von Hilgenfeldt auf den Weg gebrachte Gesetzentwurf vorsah[124], erklären diese Umstände, warum der Entwurf Hilgenfeldts für ein Gesetz über die freie Wohlfahrtspflege sich auch im zweiten Anlauf nicht unmittelbar durchsetzen konnte und offenbar weder von Göring noch von Himmler mehr ausging, als daß der Entwurf einen Weg durch die Reichsministerien begann.

---

121 Der Gesetzentwurf sah in § 2 vor: „Der Reichsbeauftragte für die freie Wohlfahrtspflege untersteht dem Reichsminister des Innern. Weisungen grundsätzlicher Natur erteilt ihm der Reichsminister des Innern im Einvernehmen mit dem Stellvertreter des Führers und dem Reichsarbeitsminister." § 3 bestimmte, daß der Reichsbeauftragte seine Aufgaben gegenüber der freien Wohlfahrtspflege nach Richtlinien wahrnimmt, „die er mit Zustimmung des Reichsministers des Innern im Einvernehmen mit dem Stellvertreter des Führers und dem Reichsarbeitsminister aufstellt." (Entwurf über ein Gesetz der freien Wohlfahrtspflege. Anlage zum Schreiben Hilgenfeldt an Himmler vom 10.5.1938, in: BA BERLIN, NS 19/3372).

122 Es mußte fraglich sein, ob es ausreichte, mit § 5 des Entwurfes zu bestimmen: „Dieses Gesetz berührt nicht die behördlichen Befugnisse zur Aufsicht über Einrichtungen der freien Wohlfahrtspflege." (EBD.). Der „Grundsatzkonflikt", nämlich die Frage „Öffentliche oder parteiamtliche Wohlfahrtspflege?" war noch keineswegs entschieden (E. HANSEN, Wohlfahrtspolitik, S. 118). Die Auseinandersetzung zwischen NSV und ihrem Totalitätsanspruch einerseits und den Trägern der öffentlichen Wohlfahrtspflege, den Kommunen und ihrem Versorgungs- und Betreuungs- und Aufsichtsrecht andererseits, war heftig, wie etwa die Debatte zwischen Hilgenfeldt und dem Landeshauptmann der Provinz Westfalen, Karl-Friedrich Kolbow, ausweist. Siehe E. HANSEN, Wohlfahrtspolitik, S. 118–126. Auch innerhalb der NSV selbst war der „Grundsatzkonflikt" aufgebrochen, wie der Streit zwischen Hilgenfeldt und Spiewok und die Haltung und Forderungen der NSV-Gauamtsleiter Werner Ventzki und erst recht Wilhelm Haug zeigt. Siehe II Kap. II.1.1., S. 395 sowie II Kap. III.3.12., S. 703f.

123 Der Gesetzentwurf sah im § 4 vor, daß der Reichsbeauftragte „als seine ständigen Vertreter für die Aufsicht über die ihm unterstellten Einrichtungen der freien Wohlfahrtspflege" in den Gauen der NSDAP „Gaubeauftragte für die freie Wohlfahrtspflege ernennen und entlassen" sollte (Entwurf über ein Gesetz der freien Wohlfahrtspflege. Anlage zum Schreiben Hilgenfeldt an Himmler vom 10.5.1938 , in: BA Berlin, NS 19/3372).

124 EBD.

Ganz anders das Gesetz vom 14. Mai 1938, das Seyß-Inquart mit seiner Unterschrift in Kraft gesetzt hatte. Insofern es ein „Landesgesetz" war, bedurfte es als Regelinstrument der „Mittelinstanz" nicht der Abstimmungen und Rücksichtnahmen eines Reichsgesetzes, sondern konnte ganz und gar den Partikularinteressen des „Territorialherren"[125] dienen. Das Gesetz über die Überleitung und Eingliederung von Vereinen, Organisationen und Verbänden erlaubte es dem Stillhaltekommissar für Vereine, Organisationen und Verbände ohne Rücksicht auf die Zentralgewalten von Partei- und Ministerialapparat den Umständen gemäße Regelungen festzuschreiben[126]. Dem entsprach es ganz und gar, wenn das Gesetz gleichzeitig die bisherigen Maßnahmen Albert Hoffmanns im Nachhinein legitimierte.

Der Stillhaltekommissar hatte im übrigen vom Zentralverein für dessen Einrichtungen bereits zum 30. April eine Vermögensaufstellung, Kontenauflösung und Übergabe der liquiden Mittel an den Stillhaltekommissar gefordert. Gleichzeitig waren mit dem Gesetz und seiner DVO[127] die Voraussetzungen geschaffen, die Vermögenswerte der aufgelösten, sowie der übergeleiteten und eingegliederten Vereine der NSDAP zuzuschlagen, eine Absicht, die wohl von Anfang an und in erster Linie mit dem Einsatz Albert Hoffmanns in der „Ostmark" verbunden gewesen war[128]. Aber das Gesetz über die Überleitung und Eingliederung von Vereinen, Organisationen und Verbänden konnte ihm auch als Grundlage dazu dienen, unter vorgeblich planwirtschaftlichen Gesichtspunkten mit dem Anspruch der „Menschenführung"[129] tatsächlich das „rassisch-eugenische", mithin rassistische Teilungsprinzip in

---

[125] D. REBENTISCH, Führerstaat, S. 280.

[126] ÖstGesBl 1938, S. 403.

[127] Verordnung des Reichsstatthalters (Österreichische Landesregierung) zur Durchführung des Gesetzes über die Überleitung und Eingliederung von Vereinen, Organisationen und Verbänden (ÖstGesBl 1938, S. 403–404).

[128] Siehe P. LONGERICH, Hitlers Stellvertreter, S. 121 und S. 134.

[129] Mit der Verfestigung des Bildes vom „Führer" als dem „größten Deutschen" (J. FEST, Hitler, S. 742) und seiner Glorifizierung konnte insbesondere vom „Stellvertreter des Führers" und seinem Stabsleiter Bormann – im übrigen war Albert Hoffmann aus dem Münchener „Braunen Haus" und dem Stab des „Stellverteters des Führers" in das „Stillhaltekommissariat" nach Wien gewechselt – ein Eingriffsrecht der NSDAP in staatliches Verwaltungshandeln erstritten und etabliert werden, auf das sich ihrerseits Parteigliederungen und Parteiverbände, auch die NSV und Hilgenfeldt, mit dem Anspruch auf „Menschenführung" beriefen. Der Begriff wurde zunehmend ein „polykratischer Kampfbegriff vieler Parteidienststellen" E. HANSEN, Wohlfahrtspolitik, S. 136). Auch seine innerparteiliche Durchschlagskraft wurde in wachsendem Maße vom „Stellvertreter des Führers" bestimmt. Siehe P. LONGERICH, Hitlers Stellvertreter, S. 90ff. Vgl. auch D. REBENTISCH, Führerstaat, S. 68ff. „Menschenführung" entsprach „der Wesensart der Staatstätigkeit im nationalsozialistischen Reich" (EBD., S. 31). Eine weiterführende Erläuterung des „irrationalen Begriffs" (EBD.) kann hier nicht erfolgen. Zu verweisen ist besonders auf D. REBENTISCH/K. TEPPE, Einleitung, der von ihnen hg. „Studien zum politisch-administrativen System", sowie darin E. LAUX, Führung und Verwaltung, worin auch der Forschungsstand dargestellt wird.

der freien Wohlfahrtspflege durchzusetzen, sie also „nationalsozialistisch auszurichten“[130].

In diesem Sinne „reinen Tisch zu schaffen“[131], war die „Arbeitsgemeinschaft für die freie Wohlfahrtspflege in der Ostmark“ tatsächlich das von Albert Hoffmann verordnete, geschaffene und konsequent eingesetzte Instrument[132]. Nach ihrer Satzung war ihr Leiter mit Weisungsrechten für alle Fälle ausgestattet. Er war befugt, „alle Anordnungen und Verfügungen [zu] treffen, die zur Erfüllung seiner Aufgaben erforderlich sind.“[133] Ein gutes halbes Jahr später konnte Albert Hoffmann sowohl feststellen, daß es nunmehr nicht eine Organisation in der „Ostmark“ gebe, „die nicht unter der Kontrolle der Partei steht“, als auch die Bedeutung dieser Tatsache im Blick auf das „Altreich“ offenlegen, nämlich daß damit „in der Ostmark das für das ganze Reich geltende Vorbild geschaffen“ worden sei[134].

Das war in der Zwischenzeit auch dem anfangs wohl eher improvisierenden Hilgenfeldt klar geworden. Zwar hatte er auf der im Rahmen des „Parteitages Großdeutschlands“ am letzten Tag, dem 12. September 1938, stattfindenden NSV-Tagung „unseren Einsatz in Österreich“ „als eine in ihren Ausmaßen kaum vorstellbare Nachbarschafts- und Familienhilfe der großen deutschen Volksgemeinschaft“ bezeichnet[135]. Aber er selbst war bis dahin an dieser „Familienhilfe“ in Österreich nicht beteiligt. Erst im Dezember 1938 löste Hilgenfeldt den bis dahin von Albert Hoffmann damit beauftragten Generaldirektor der Wiener Nationalbibliothek, Dr. Paul Heigl, ab und übernahm die Leitung der „Arbeitsgemeinschaft für die freie Wohlfahrtspflege in der Ostmark“[136]. Zu diesem Zeitpunkt war auch der Zentralverein neu geordnet. Nachdem Ernst Meyer von Albert Hoffmann zum kommissarischen Leiter und bevollmächtigten Verhandlungspartner für die von Heigl zu schaffende Neuordnung eingesetzt worden war[137], nachdem er sogleich dem Stillhaltekommissar eine neue Satzung vorgelegt und nachdem dieser einen dagegen von Constantin Frick erhobenen Einspruch zurückgewiesen hatte[138], war soviel klar: dem Zentralverein war zwar eine Funktion als „organische Zusammenfassung der Evangelischen Vereine für Innere Mission“ zugebilligt, je-

---

130 N.N., Neuordnung, S. 141.

131 EBD.

132 Siehe E. HANSEN, Wohlfahrtspolitik, S. 181f.

133 Verfügung des Stillhaltekommissars vom 22.7.1938 (N.N., Neuordnung, S. 142).

134 K.-H. ENGELKING, Die Arbeit des Stillhaltekommissars, Bl. 5.

135 E. HILGENFELDT, Volkspflege, S. 13.

136 N.N., Neuordnung, S. 143.

137 Schreiben Ernst Meyer an CA vom 25.8.1938 (ADW, CA 2319/20 (Österreich)).

138 Telegramm Constantin Frick an Stillhaltekommissar in Wien vom 24.8.1938 (EBD.). Albert Hoffmann telegrafierte am 29.8.1938 unmißverständlich: *„Ihr Einspruch für mich unwesentlich stop ... empfehle Ihnen Ihre Wünsche Pfarrer Meyer vorzutragen ...“* (EBD.). Hervorhebung im Original durchgängig in Telegramm-Versalien.

doch eine Bezeichnung der Vereine und vor allem eine Beschreibung der von ihnen vertretenen Arbeitsfelder fehlte gänzlich[139].

War allein auf diese Weise der Zentralverein bereits zu einem ganz und gar unselbständigen organisatorischen Element der „Arbeitsgemeinschaft der freien Wohlfahrtspflege in der Ostmark" bestimmt, so erst recht dadurch, daß derem Leiter nach der Satzung die Entscheidung bei der Berufung des Leiters des Zentralvereins überlassen war[140]. Damit befand sich Hilgenfeldt in einer Position mit so umfassenden Befugnissen, wie er sie in der Arbeitsgemeinschaft im „Altreich" nie hatte und sie nur mit dem „Reichsbeauftragten" anstreben konnte. Sein Stellvertreter in der „Arbeitsgemeinschaft der freien Wohlfahrtspflege in der Ostmark" wurde Franz Langoth, der Initiator des nach ihm benannten Hilfswerkes. Er und Hilgenfeldt steckten die Aufgaben „der bestehen gebliebenen Organisationen und Verbände" verbindlich ab[141] und sorgten dafür, daß „der Zustand herbeigeführt wird, den die NSDAP für das gesamte Reichsgebiet durch ein Gesetz über die freie Wohlfahrtspflege erwünscht."[142]

Was das – seit über einem Jahr im CA als Forderung bekannt, nicht aber im Wortlaut eines Gesetzentwurfes – schließlich für den Zentralverein bedeutete, erfuhr Ernst Meyer auf seine Anfrage von Hilgenfeldt selbst. Unmißverständlich teilte dieser mit, „daß die NS-Volkswohlfahrt als Teil der Partei auf ihrem Sektor das Recht der ausschließlichen Menschenführung in Anspruch nehmen muß." Da Aufgaben der Menschenführung auf allen Gebieten der Wohlfahrtspflege mit Ausnahme der geschlossenen Fürsorge zu erfüllen sind und, wie Hilgenfeldt feststellte, auch hier der NSV alle Arbeitsgebiete vorbehalten bleiben, die Menschenführung einschließen, werde sich die Tätigkeit des Zentralvereins „daher in Zukunft auf die geschlossene Fürsorge zu beschränken haben und hierin auch nur insoweit, als es sich um Aufgaben bewahrender oder versorgender Natur handelt."[143] Dementsprechend gehörte

139 Satzung für den Evangelischen Zentralverein für die Innere Mission in der Ostmark (EBD.).

140 Nach § 4 der Satzung des Zentralvereins wird der Leiter des Zentralvereins vom Präsidenten des CA in Absprache mit dem EOK in Wien und „im Einvernehmen" mit dem Gauleiter in Wien „ernannt und notwendigen Falles abberufen. Der Ausweis des Leiters des Evangelischen Zentralvereines erfolgt durch das Zeugnis des Leiters der Arbeitsgemeinschaft der Freien Wohlfahrtspflege in der Ostmark." (EBD.).

141 N.N., Neuordnung, S. 142.

142 Hilgenfeldt an Reichskommissar für die Wiedervereinigung Österreichs mit dem Deutschen Reich vom 27.6.1939 (BA BERLIN, R 43 II/562b).

143 Schreiben Hilgenfeldt an „Central-Verein für Innere Mission" vom 6.3.1939 (EZA BERLIN, 50/224b; ADW, CA 2319/20 (Österreich); ADC, 081 III 5c). Dies Schreiben war offenbar von einiger Bedeutung. Ohne jede weitere Kennzeichnung wurde es propagandistisch genutzt und in der Darstellung der „Neuordnung der freien Wohlfahrtspflege in der Ostmark" verwendet (N.N., Neuordnung, S. 143). Hier wird auch aufgeführt, was der „konfessionellen freien Wohlfahrtspflege" an Arbeit und Einrichtungen verblieb, nämlich tatsächlich allein die „Führung und Unterhaltung von: Alters- und Siechenheimen, Krankenhäusern und Krankenasylen, Ob-

die halboffene Kinderpflege nicht zu den Aufgaben, „die im Sinne eines christlichen Barmherzigkeits-Motivs als die gegebensten einer konfessionellen Wohlfahrtsfürsorge angesprochen werden können“[144]. Das sollte zur Folge haben, daß von insgesamt zur Mitte des Jahres 1938 in der „Ostmark“ bestehenden 511 konfessionellen Kindergärten 297 von der NSV übernommen wurden. Die übrigen wurden geschlossen. Daß „die hygienischen und sanitären Voraussetzungen für einen Weiterbetrieb nicht vorlagen“, sollte als Grund angegeben werden[145]. Unter den von der NSV übernommenen Kindergärten sollten auch der evangelische Kindergarten im steiermärkischen Knittelfeld und der der evangelischen Pfarrgemeinde des am Nordrand des Dachsteinmassivs gelegenen Gosau sein[146].

Indessen waren sowohl die Maßnahmen Albert Hoffmanns als auch die Heigls, Langoths oder Hilgenfeldts ebenso wie dessen grundsätzliche Ausführungen - im Rückblick - kaum noch erforderlich gewesen, um der Inneren Mission und ihrem CA vor Augen zu führen, worum es ging. Sogar Schirmacher hatte bereits auf der Geschäftsführerkonferenz des CA am 13. Mai 1938 festgestellt, daß das, „was wir gelernt haben, ... jetzt im neuen Reichsgebiet exerziert“ werde. Auch wenn, wie Diez, mancher Geschäftsführer nicht hatte begreifen können, wie es möglich gewesen war, ein solches Abkommen zu unterzeichnen - nach Lage der Dinge konnte die Innere Mission und ihr CA nichts weiter tun, als mit der vertrauten Taktik des Ja-Aber den Zeitpunkt eines Endes der eigenen Arbeit so weit wie möglich hinauszuschieben. Grundsätzlich und inhaltlich unterschiedene Positionen gab es dazu im CA zu dieser Zeit nicht. Wenn es Unterschiede gab, so waren sie allein taktischer Art und betrafen die Flexibilität, mit der den Forderungen der NSV begegnet und, wie es Ohl beschrieb, der „Kleinkrieg“ geführt wurde[147].

Das galt wohl auch für den auf dieser Geschäftsführerkonferenz anwesenden v. Wicht und die von ihm vertretene Vereinigung. Bereitschaft zur Nach-

---

dachlosenasylen, Anstalten für Krüppel, Taubstumme und Blinde, Anstalten für Idioten und Schwachsinnige, Bewahranstalten für erbkranke Kinder und Jugendliche“ (EBD., S. 143f.).

144 EBD., S. 144.

145 EBD.

146 Aufstellung über den Stand der Aufgabenscheidung innerhalb der Inneren Mission (ADW, CA/ Stat. Slg. X 5.15 I). Verwaltungspolitisch lag Knittelfeld in dem nach dem Gesetz über den Aufbau der Verwaltung in der Ostmark vom 14.4.1939 und seinem § 1 (RGBl 1939 I, S. 777–780) so bezeichneten Reichsgau Steiermark. Gosau lag im entsprechend derselben Rechtsgrundlage so bezeichneten Reichsgau Oberdonau. Siehe D. REBENTISCH, Führerstaat und Verwaltung, S. 203f. und S. 241. Inwieweit der in Gosau amtierende Superintendent und nachmalige Bischof der Evangelischen Kirche Österreichs, Dr. Johann Eder, daran mitwirkte, daß die Evangelische Kirche Österreichs und ihr Präsident des Oberkirchenrates, Dr. Robert Knauer, einen tendenziell anderen, mithin gegenüber der NSV selbstbewußteren Kurs steuerten als Ernst Meyer und der Zentralverein, muß genaueren Untersuchungen vorbehalten bleiben. Constantin Frick gibt das in seinem Vermerk über das Gespräch mit Cordt am 5.7.1938 - siehe II Kap. I.2.1., S. 61 mit Anm. 15 - zu erkennen (ADW, CF 40).

147 Protokoll (ADW, CA 761 XX).

giebigkeit gegenüber der NSV war bei ihr, im Gegensatz zu Schirmacher und Constantin Frick, nach wie vor ganz und gar nicht vorhanden. Die anfänglich zustimmende Begeisterung über den „Anschluß" Österreichs, die den Präsidenten für den CA dem „Führer" hatte ein Telegramm senden[148] und die Mitgliedsverbände des CA sowie die ihnen angehörenden Einrichtungen ihm etwa 20.000 Pflegestunden hatte schenken lassen[149], war zwar inzwischen einer nüchterneren Betrachtungsweise gewichen. Aber dennoch wollten Präsident und Direktor für den CA jede Konfrontation mit der NSV vermeiden[150]. Ob das gar in der Hoffnung geschah, man könnte eine NSV und einen Hilgenfeldt, die an der „Neuordnung der freien Wohlfahrtspflege in der Ostmark"[151] durch den Stillhaltekommissar aus dem Braunen Haus und dem Stab des „Stellvertreters des Führers"[152] nicht beteiligt waren, als Bündnispartner und Vermittler dafür gewinnen, die Auswirkungen der Maßnahmen Albert Hoffmanns für die Innere Mission Österreichs zu mildern, muß dahingestellt bleiben. v. Wicht indessen konnte und wollte sich keinesfalls auf irgendein Nachgeben einlassen.

Bereits Ende März 1938 hatte v. Wicht, die Berichte über die Entwicklungen im Jahr 1937 der „seiner" Vereinigung angeschlossenen Landes- und Provinzialverbände zusammenfassend, festgestellt: „Wir stehen in einer Zeit der Entscheidung." Und mit Hinweis auf Mt. 10,32f. – mit diesem Bibelwort schloß der Tätigkeitsbericht – hatte er hinzugefügt: „Es gibt keine Möglichkeit, dieser Entscheidung auszuweichen."[153] So war bislang noch kein Jahresbericht von ihm zusammengefaßt und Erfahrung gedeutet worden, seit man versuchte, „den Kindergarten unter allen Umständen aufrecht zu erhalten"[154]. Es liegt nahe, darin auch die seither gewonnenen Einsichten auf den Punkt gebracht zu sehen. Jedenfalls sollte das wohl ausschlaggebend sein für jene grundsätzliche Stellungnahme, zu der er sich herausgefordert sah, nachdem das Schreiben aus dem Rustschen Ministerium vom 3. Juni 1938 eingegangen und, um es zu wiederholen, damit der Wortlaut des Schriftwechsels zwischen Bertram und Zschintzsch vom 15. Oktober 1935 und 6. Januar 1937 offiziell

148 Telegramm Constantin Frick an Hitler vom 9.4.1938 (ADW, CA 2319/20 (Österreich)).

149 Schreiben Constantin Frick an Verbände und Anstalten der Inneren Mission vom 22.3.1938 (EBD.).

150 Constantin Frick hatte in der Debatte um das Abkommen des Zentralvereins mit der NSV geradezu wohlwollend festgestellt., „daß gerade im Hauptamt für Volkswohlfahrt Leute säßen, die der IM schon oft geholfen hätten." (Protokoll der Geschäftsführerkonferenz des CA am 13.5.1938, in: ADW, CA 761 XX).

151 N.N., Neuordnung.

152 Siehe P. LONGERICH, Hitlers Stellvertreter, S. 134.

153 VEREINIGUNG, Tätigkeitsbericht 1.4.1937–31.3.1938, S. 20. v. Wicht nach der Lutherübersetzung in der 1912 vom DEKA genehmigten Textfassung: „Wer nun mich bekennet vor den Menschen, den will ich bekennen vor meinem himmlischen Vater. Wer mich aber verleugnet vor den Menschen, den will ich auch verleugnen vor meinem himmlischen Vater." (S. 21).

154 Siehe I Kap. VI.1., S. 252 mit Anm. 102.

mitgeteilt worden war[155]. Zunächst aber bedeutete auch dieser Vorgang für v. Wicht und die Vereinigung, nicht nachzugeben und alles zu tun, was dazu helfen konnte, Eltern und Kindern „nicht Höchstwerte, sondern die in Christus Person gewordene Barmherzigkeit unseres Gottes" erfahrbar zu machen , denn sie „kann uns allein retten."[156] Das konnte nur heißen, „die Selbstbesinnung evangelischer Kinderpflege"[157] fortzusetzen und die Mitgliedsverbände der Vereinigung auf dem im Jahr zuvor beschrittenen Weg des Sowohl-als-auch – Kampf um jede Trägerschaft und gleichzeitig Vorbereitung auf den terminus post quem – zu stärken und zu ermutigen. Dem sollte die jährliche Versammlung der Gremien der Vereinigung dienen, zu der v. Wicht für die Zeit vom 1. bis 2. Juni 1938 nach Hannover eingeladen hatte.

Während dieser zwei Tage war auf der Mitgliederversammlung der Vereinigung neben der Entgegennahme des Jahresberichtes und der Entlastung des Vorstandes dieser satzungsgemäß neu zu bestellen. So wie drei Jahre zuvor[158] erfolgte ohne weitere Aussprache eine Bestätigung seiner personellen Zusammensetzung[159]. Damit wurde auch die Arbeit anerkannt[160], die in erster Linie der Vorsitzende in der zurückliegenden dreijährigen Wahlperiode und seit dem Zeitpunkt geleistet und verantwortet hatte, als nach Dölkers und Nells Initiative, eine Mitgliedschaft der Vereinigung in der AMDWV zu erreichen, seine Bestätigung im Vorsitz durchaus zweifelhaft gewesen war und er vor einem Ausscheiden gestanden hatte. Der von ihm seither eingeschlagene und verfolgte Weg war eindrucksvoll bestätigt. Die der Mitgliederversammlun folgende Geschäftsführerkonferenz bekräftigte das.

Neben der notwendigen Behandlung von „Wirtschafts- und Steuerfragen im Kindergarten und Hort"[161] stand die Erörterung von „Möglichkeiten evangelischer Unterweisung außerhalb des Kindergartens und Hortes" im Mittelpunkt der Tagung, zu der auch Kindergärtnerinnen aus Hannover von Hofstaetter eingeladen worden waren. Sie selbst war eine der Referentinnen und gebeten worden, zu dieser Frage von den Erfahrungen zu berichten, die

155 EZA BERLIN, 1/C3/179.

156 VEREINIGUNG, Tätigkeitsbericht 1.4.1937–31.3.1938, S. 20f

157 O. HANSE, Selbstbesinnung.

158 Die Mitgliederversammlung der Vereinigung hatte am 4.6.1935 im Amt v. Wicht als Vorsitzenden, Bremer als stellvertretenden Vorsitzenden und Vogel als Schriftführer bestätigt sowie Dölker, Hofstaetter und Zedler. Hinzuberufen worden waren Proebsting und Grimmell (Protokoll, in: ADWW MÜNSTER, 153/1).

159 Protokoll der Mitgliederversammlung der Vereinigung am 1.6.1938 (LKA HANNOVER, E 26/103). Der Vorstand hatte auf seiner Sitzung am Tag zuvor beschlossen, „der morgigen Mitgliederversammlung Wiederwahl vorzuschlagen" (Protokoll der Vorstandssitzung der Vereinigung am 31.5.1938, in: LKA HANNOVER, E 26/102).

160 Protokoll der Mitgliederversammlung der Vereinigung am 1.6.1938 (LKA HANNOVER, E 26/103).

161 Protokoll der Geschäftsführerkonferenz der Vereinigung am 1.–2.6.1938 (EBD.). Siehe II Kap. I.3.3., S. 189f.

man mit den in Hannover verbreiteten Kinderlesestuben habe[162]. Außerdem war Toni Nopitsch, nach wie vor Leiterin des Mütterdienstes der Evangelisch-lutherischen Kirche in Bayern und auch allen Vereinnahmungsanstrengungen von seiten des Mütterdienstes des Deutschen Frauenwerkes unter Scholtz-Klink trotzend[163], gewonnen und gebeten worden, sich zum Thema aus der Sicht ihres Arbeitsbereiches zu äußern.

Während es für Hofstaetter darum ging, „der Vergiftung der Kinderseelen ... entgegenzuarbeiten und die deutsche Jugend zum guten Buch zu erziehen", waren es für Nopitsch die Mütter, die „mit Lied, Andacht und Gebet an bewußtes Glaubensleben gewöhnt werden" sollen, damit sie, die Mütter, das „als lebendige Wirklichkeit in das Kinderherz einprägen" können. Hofstaetter sah die Gemeinden dazu herausgefordert, geeignete Räumlichkeiten ohne Berechnung der Betriebskosten, mithin mietfrei zur Verfügung zu stellen. Demgegenüber waren für Nopitsch insbesondere Fragen angemessener Gestaltung einer evangelischen Unterweisung der Mütter auf Mütterabenden und Freizeiten und die Anleitung dazu von Bedeutung. Wenn in der abschließenden Aussprache über beide Referate gegenseitige Unterstützung der Arbeit angeregt wurde, so mag daran zu erkennen sein, daß es weniger um den evangelischen Kindergarten und die Sicherung seines Fortbestandes ging, als vielmehr um das Kind im vorschulischen Alter und um die Möglichkeiten einer Sicherung seiner evangelischen Erziehung in Gestalt der Vermittlung des Evangeliums[164]. Ganz deutlich wird das an dem dritten Referat, für das v. Wicht den jungen Landeskirchenrat im Landeskirchenamt der Evangelisch-lutherischen Landeskirche Hannovers, Friedrich Bartels, gewonnen hatte.

Nachdem Nopitsch und Hofstaetter praktisch-ekklesiologische, an bestehender kirchlicher Praxis orientierte Überlegungen zur evangelischen Arbeit mit Kindern im Vorschulalter vorgetragen hatten, rückte Bartels „die biblischen Geschichten alten und neuen Testamentes" [165] in den Mittelpunkt seiner Betrachtung. Orientiert an „einer festen kirchlichen Sitte" – das entsprach dem praktisch-ekklesiologischen Konsens: „Gottes Wort und Gottes Volk gehören zusammen"[166] – und die unterschiedlichen Stufen der Entwicklung der

[162] Bereits 1932 hatte Hofstaetter über diese „Aufgabe der Volksbildung und Sozialpädagogik" veröffentlicht. H. HOFSTAETTER, Kinderlesestuben.

[163] Siehe G. LAATSCH, Mutter der Mütter, S. 351.

[164] Protokoll der Geschäftsführerkonferenz der Vereinigung am 1.–2.6.1938 (LKA HANNOVER, E 26/103).

[165] Friedrich Bartels, Die biblischen Geschichten alten und neuen Testamentes im Kindergarten und Hort (EBD.). Der Vortrag wurde mit Hinweis auf die Tagung der Vereinigung drei Monate später in CHRKPFLGE veröffentlicht. F. BARTELS, Die biblischen Geschichten, S. 222–228. Für den Hort, die Altersgruppe der schulpflichtigen Kinder bis zum Alter von etwa zehn Jahren, weist Bartels (EBD., S. 225) hin auf VOLKSKIRCHLICHE ARBEITSGEMEINSCHAFT DER DEUTSCHEN EVANGELISCHEN KIRCHE, Der evangelische Religionsunterricht. Siehe II Kap. II.4.1., S. 492 mit Anm. 12 und Anm. 13.

[166] F. BARTELS, Die biblischen Geschichten, S. 223. Diese sich eher lutherischer Gesinnung

Kinder in Kindergarten und Hort eher nur feststellend als methodisch-didaktisch berücksichtigend, ging es ihm allein um eine „kirchliche Erziehung", die als „biblische Unterweisung"[167] in den Dienst der Darbietung biblischer Geschichten genommen ist, denn deren „Aufgabe ... ist die Verkündigung"[168]. Ganz und gar in der Tradition, die sich auf dem nunmehr neun Jahre zurückliegenden Jubiläum der evangelischen Kinderpflege präsentiert hatte, kam es ihm allein auf die Verkündigung des Evangeliums an, „nicht auf moralische Belehrung und Nutzanwendung auf das Kinderleben."[169] Das wäre „moralistische Umbiegung der biblischen Geschichte."[170] Denn „oberstes Gesetz der Erzählung ist die Ehrfurcht vor dem Wortlaut der Bibel."[171] Reformpädagogischen Erwägungen, wie sie seinerzeit Delekat angestellt und auf eine ständige sachliche Auseinandersetzung zwischen dem „Geist evangelischen Glaubens" und pädagogischer Erkenntnis gedrängt hatte[172], wenn auch nicht ablehnend so doch skeptisch gegenüber stehend[173], entsprach Bartels' didaktisches Konzept eines allein hörenden Bezuges auf die Heilige Schrift ganz und

---

nicht aber solcher Theologie verdankende These Bartels führt dazu, daß er, konsequenterweise, Ernst Kriecks „funktionale Erziehung" übernahm. Siehe etwa E. KRIECK, Nationalsozialistische Erziehung. Unter Hinweis auf Krieck führt Bartels aus, daß „Erziehung nicht so sehr durch die bewußte Belehrung als durch die Teilnahme des Kindes am Leben des Volkes bewirkt wird." Solche „absichtslose Erziehung [ist] in der Kirche von entscheidender Bedeutung. Gottes Wort und Gottes Volk gehören zusammen. Die christliche Erziehung darf diese Tatsache nicht übersehen. Sie vollzieht sich auf dem Boden der christlichen Gemeinde." (S. 223). Vgl. I Kap. IV.2., S. 140f. mit Anm. 131 und Anm. 132. Ob eine Erziehung „absichtslos" sein kann, deren „Boden" schwankend geworden und deren Ziel der Erhalt einer „kirchlichen Sitte" war, die es als Konstante und Besitzstand kaum je gegeben hatte, deren Voraussetzungen aber von den Machthabern und ihren Entkonfessionalisierungsanstrengungen in Frage gestellt wurden, das muß, da eine religionspädagogische Debatte hier nicht geführt werden kann, eine offene Frage bleiben. Vgl. dazu CHR. BOURBECK, Die kirchliche Unterweisung. Aber nicht nur Bartels, sondern mit ihm die Vereinigung und v. Wicht verfolgten die Absicht, auf dem Wege einer christlichen Erziehung „als biblischer Unterweisung" evangelische Kinderpflegearbeit zu rechtfertigen und zu erhalten.

167 F. BARTELS, Die biblischen Geschichten, S. 223.

168 EBD., S. 225.

169 Protokoll der Geschäftsführerkonferenz der Vereinigung am 1.–2.6.1938 (LKA HANNOVER, E 26/103).

170 F. BARTELS, Die biblischen Geschichten, S. 226.

171 EBD. Vgl. auch Protokoll der Geschäftsführerkonferenz der Vereinigung am 1.–2.6.1938 (LKA HANNOVER, E 26/103).

172 Siehe I Kap. I., S. 47 mit Anm. 52.

173 „Die wichtigste Form der Darbietung ist *die Erzählung*. Die Arbeitsschulmethode, die alles vom Kinde erarbeiten lassen will, hat für die kirchliche Unterweisung eine ganz bestimmte Grenze. Zwar hat die Selbsttätigkeit des Kindes auch im kirchlichen Unterricht ihre Bedeutung. ... Aber das Entscheidende ist, daß sie die Geschichte *hören*; denn es handelt sich darin ja um die Verkündigung der göttlichen Offenbarung." (F. BARTELS, Die biblischen Geschichten, S. 226). Die Hervorhebungen sind im Original gesperrt. Unter Hintanstellung religionspädagogischer Erwägungen geht es Bartels um katechetische Unterweisung. Vgl. auch hinsichtlich des Verhältnisses von Religionspädagogik und Katechetik die zeitgenössischen Forschungsberichte H. FABER, Religionspädagogische Probleme; DERS., Probleme.

gar dem Rückzug in den „Raum der Kirche", den die Vereinigung seit annähernd drei Jahren für die evangelische Kinderpflegearbeit forderte[174]. Deshalb konnte Schliebitz im Referat Bartels' eine nachdrückliche Erinnerung daran sehen, „daß die evangelische Erziehung des Kindes im Kindergarten und Hort ein Stück der von der Taufe her geforderten kirchlichen Gesamterziehung ist."[175] Darüber hinaus mochte auch Dölker diesen Beitrag von Bartels nicht nur als Auftrag zu einer „stärkeren kirchlichen Unterweisung" betrachten, sondern er regte auch eine „Schulungsfreizeit" an, die sich ausschließlich mit den von Bartels angezeigten katechetischen Fragen befassen sollte[176]. v. Wicht nahm diesen Anstoß zur „Neubelebung der christlichen Verkündigung in der Kinderwelt"[177] sofort auf und faßte eine solche Tagung bereits für den Herbst desselben Jahres ins Auge[178]. Man wird davon ausgehen können, daß die „Evangelische Christenlehre", gerade im Sommer 1938 von den beiden Männern der BK, dem – amtsenthobenen – Berlin-Spandauer Superintendenten Martin Albertz und dem Hamburg-Hammer Pfarrer und Mitarbeiter in der 2. VKL, Bernhard Heinrich Forck, herausgegeben, um „bekenntnismäßiges Zeugnis" in den Gemeinden zu befördern[179], v. Wicht in seinem Vorhaben bestärkt hat. Dieser „Versuch, theologisch-methodisch zu zeigen, was das Gesamtkatechumenat für die Kirche bedeutet"[180], angelegt, wie untertitelt, als „ein Altersstufen-Lehrplan", der auch die familienergänzende Erziehung im Kindergarten nicht unerwähnt läßt[181], war die Grundlage auf die auch Bartels mit seinen Forderungen sich stützte und konnte v. Wicht erkennen lassen, daß er in seinem Bemühen einer Beförderung kirchlicher Unterweisung im Blick auf die Kinder im Vorschulalter, sogar abgesehen von den Verbänden, mit denen sich eine Zusammenarbeit anbahnte, nicht nur allein von Dölker, sondern vielmehr von der BK herausgefordert war.

Tatsächlich sollte die „Arbeitstagung", wie sie dann genannt wurde, vom 1. bis 4. November 1938 im Hessischen Diakonissenhaus in Kassel stattfinden[182]. Die Zeit- und Kostengründe lagen zwar auf der Hand, die es sinnvoll

---

174 Siehe I Kap. VI.2.2., S. 266 mit Anm. 169.

175 I. SCHLIEBITZ, Die Vereinigung, S. 245.

176 Protokoll der Geschäftsführerkonferenz der Vereinigung am 1.–2.6.1938 (LKA HANNOVER, E 26/103).

177 VEREINIGUNG, Tätigkeitsbericht 1.4.1938–31.3.1939, S. 4.

178 Protokoll der Geschäftsführerkonferenz der Vereinigung am 1.–2.6.1938 (LKA HANNOVER, E 26/103).

179 M. ALBERTZ/B. H. FORCK (Hg.), Evangelische Christenlehre, S. 7.

180 K. HUNSCHE, Der Kampf, S. 501.

181 M. ALBERTZ/B. H. FORCK (Hg.), Evangelische Christenlehre, S. 8: „Ergänzend und zuweilen ersetzend tritt neben das Elternhaus der Kindergarten; wir bitten die evangelischen *Kindergärtnerinnen*, den Dienst an den Kleinen in der vollen Verantwortung vor ihrem Herrn Jesus Christus zu tun und sich bewußt zu bleiben, daß sie grundlegenden Dienst in der ersten christlichen Unterweisung zu leisten haben." Die Hervorhebung ist im Original gesperrt.

182 Protokoll (LKA HANNOVER, E 26/103; ADW, CA 850a I; ADWW MÜNSTER, 153/1).

erscheinen lassen mußten, mit dieser Arbeitstagung eine Sitzung des Vorstandes der Vereinigung zu verbinden. Aber diese Vorstandssitzung sollte ihre ganz eigene Bedeutung erhalten. Als sich der Vorstand der Vereinigung am 31. Oktober 1938 traf, hatte er sich auf Vorschlag v. Wichts mit dem ersten Entwurf einer Stellungnahme zum Schreiben des Ministerium Rusts vom 3. Juni 1938 zu befassen[183]. Damit sollte eine Entwicklung bestätigt werden, an deren Ende ein Vierteljahr später eine kirchliche Front zur Behauptung der evangelischen Kinderpflege aufgezogen war, wie es bis dahin kaum für möglich gehalten worden sein mochte.

Während der Vorstand des CA drei Wochen nach der Tagung der Gremien der Vereinigung, indem er besagtes Schreiben des Reichsministeriums für Wissenschaft, Erziehung und Volksbildung[184] zur Kenntnis nahm, meinte feststellen zu sollen, daß es sich nur um ein durch die Verhältnisse überholtes Schreiben handeln könne[185], hatte v. Wicht darin die offizielle Antwort auf seine fast neun Monate zurückliegende Eingabe[186] erkennen müssen. Und nicht nur das. Er hatte damit auch seine längst bestehenden Befürchtungen ministeriell bestätigt sehen müssen[187]. Kampflos aber hatte der Vorsitzende der Vereinigung das Feld nicht räumen wollen. v. Wicht hatte das Schreiben samt dessen Anlagen sogleich an die Mitgliedsverbände gesandt, nicht ohne auch das Schreiben Bertrams vom 24. Februar 1937 beizufügen[188]. Außerdem hatte er die beiden darauffolgenden Monate genutzt, um den „Entwurf einer Antwort" zu fertigen und ihn Ende August 1938 den Mitgliedern des Vorstandes der Vereinigung zugehen lassen[189].

v. Wicht hatte einen Text verfaßt, der einerseits insbesondere die Argumentation des ersten, grundsätzlichen Teiles des Schreibens des Vorsitzenden der Fuldaer Bischofskonferenz vom 24. Februar 1937 aufnahm, andererseits sich aber deutlich von der Gesamtanlage dieses Schreibens unterschied. Während

---

183 Protokoll (LKA HANNOVER, E 26/103).

184 Mit Runderlaß des Reichsministeriums des Innern vom 9.5.1938 wurde auf „Anordnung des Führers und Reichskanzlers" verfügt, daß es zukünftig nicht mehr „Der Reichs- und Preußische Minister usw." heißt, sondern nur noch „Der Reichsminister usw.". Nur in rein preußischen Angelegenheiten sollte es bei der Bezeichnung bleiben (RMBliV 1938, S. 846). Am 3.6.1938 hatte das Ministerium Rusts seine Bezeichnung noch nicht geändert.

185 Siehe II Kap. I.3.2., S. 165 mit Anm. 153.

186 Siehe II Kap. I.2.1., S. 69 mit Anm. 56.

187 Siehe II Kap. I.3.2., S. 162f.

188 Schreiben v. Wicht an die Landes- und Provinzialverbände für evangelische Kinderpflege vom 25.6.1938 (LKA HANNOVER, E 26/103; ADWW MÜNSTER, 153/1). Siehe II Kap. I.1.1., S. 39f. mit Anm. 74 und Anm. 77; sowie S. 41f. mit Anm. 89, Anm. 90 und Anm. 93.

189 Schreiben v. Wicht an die Vorstandsmitglieder der Vereinigung vom 30.8.1938 (LKA HANNOVER, E 26/103; ADWW MÜNSTER, 153/1). In der Anlage „Entwurf einer Antwort unserer Vereinigung auf das Schreiben des Reichs- und Preußischen Ministers für Wissenschaft, Erziehung und Volksbildung an Kardinal Dr. Bertram, das auf unsere Eingabe vom 13. Okt. 1937 allen deutschen evangelischen Landeskirchen über die Kirchenkanzlei der DEK zugegangen ist."

der deutsche Episkopat durch Bertram „in dem Widerstreben gegen den Fortbestand aller konfessionellen Kindergärten“ die „Verluste der Glaubensklarheit und der Liebe zu religiösen Übungen“ und damit der „festesten Stützen religiös-sittlicher Charakterbildung und religiös-sittlichen Lebens“, mithin der „festesten Stützen des Geisteslebens des deutschen Volkes“ angezeigt sah[190], also eher ein episkopal-mahnendes Schreiben hatte hinausgehen lassen, das den Machthabern immerhin unverblümt ihre Verantwortungslosigkeit und Willkür gegenüber Konkordat und Recht und Gesetz vorhielt, hatte v. Wicht auf jegliche Schärfe verzichtet.

War schon das Schreiben Bertrams ganz und gar keine politische Streitschrift, insofern auch er das staatliche Machtsystem und seinen „Führer“ anerkannte, der Entwurf v. Wichts glich eher einer Ergebenheitsadresse. Zwar hatte er die Taufe als das die evangelische Kindergartenarbeit begründende Element an den Beginn seiner Ausführung und Argumentation gestellt, hatte auch auf die Rede des „Führers und Reichskanzlers“ vom 23. März 1933[191] abgehoben, hatte die evangelische Kindergartenarbeit als familienergänzende Erziehungsarbeit dargestellt und auch die Entkonfessionalisierungsbestrebungen beklagt[192]. Aber während Bertram die Pflicht, das „Glaubensgut der göttlichen Offenbarung“ zu bewahren, entsprechend den Normierungen des kanonischen Rechtes und unter Hinweis auf das Reichskonkordat den Forderungen der „völkischen Schicksalsgemeinschaft“ in aller Deutlichkeit und unmißverständlich gegenüberstellte[193], orientierte sich v. Wicht nach wie vor an einer durch Auslegung von Rö. 13 ausgewiesenen, vorgeblich lutherischen, tatsächlich aber verflachten Zwei-Reiche-Lehre, welche das Handeln der Christen, besonders das politische, eher allein im Gehorsam gegenüber der Obrigkeit sah. Er wollte für die von ihm vertretene Arbeit „sich ergänzendes planmäßiges Handeln“ sowohl aus „christlichem Glauben“ als auch durch „deutsche Erziehung“[194]. Für v. Wicht ging es in erster Linie nicht um

---

190 L. VOLK, Akten IV, Dok. Nr. 357, S. 176–180, hier S. 177; LKA HANNOVER, E 26/103.

191 Siehe I Kap. I.1.3., S. 127 mit Anm. 64.

192 Entwurf Schreiben Vereinigung [v. Wicht] an „Reichs- und Preußischen Minister für Wissenschaft, Erziehung und Volksbildung“, o. D., Anlage zum Schreiben v. Wicht an die Vorstandsmitglieder der Vereinigung vom 30.8.1938 (LKA HANNOVER, E 26/103; ADWW MÜNSTER, 153/1). v. Wicht berücksichtigt noch nicht die seit drei Monaten veränderte Bezeichnung des Ministeriums.

193 L. VOLK, Akten IV, Dok. Nr. 357, S. 176–180, hier S. 178; LKA HANNOVER, E 26/103. Bertram zitiert ausdrücklich aus dem Schreiben Zschintzsch an ihn vom 6.1.1937 (L. VOLK, Akten IV, Dok. Nr. 355, S. 170–172, hier S. 172 mit Anm. 5. Auch EZA BERLIN, 1/C3/179; EZA BERLIN, 7/4414; ADW, CA/J 62.).

194 Entwurf des Schreibens der Vereinigung an „Reichs- und Preußischen Minister für Wissenschaft, Erziehung und Volksbildung“, o. D., Anlage zum Schreiben v. Wicht an die Vorstandsmitglieder der Vereinigung vom 30.8.1938 (LKA HANNOVER, E 26/103; ADWW MÜNSTER, 153/1). „Christlicher Glaube und deutsche Erziehung erfordern darum ein sich ergänzendes planmäßiges Handeln am Kinde in Zucht und Entfaltung aller körperlichen, geistigen und seelischen Kräfte von der Unmündigkeit zur Mündigkeit. Dieses verläuft in den natürlichen

die Beschreibung eines Gegensatzes zu den Machthabern, sondern weiterhin um die Beteuerung politischer Zuverlässigkeit.

Auf diesen Unterschied wollte v. Wicht wohl hinweisen, wenn er die Mitglieder des Vorstandes der Vereinigung aufforderte, den Entwurf seiner Stellungnahme mit dem Schreiben Bertrams an Rust vom 24. Februar 1937 zu vergleichen[195]. Damit hoffte er wahrscheinlich, die der BK verbundenen Männer wie besonders Nell und Dölker für eine Zustimmung zu gewinnen, entsprach es doch auch der Theologischen Erklärung der vier Jahre zurückliegenden Bekenntnissynode von Barmen und deren 5. These, daß der Staat „nach göttlicher Anordnung" auch „unter Androhung und Ausübung von Gewalt für Recht und Frieden zu sorgen hat", die Kirche „in Dank und Ehrfurcht gegen Gott" dies anerkennt und daher „an die Verantwortung der Regierenden" „erinnert", damit nicht „der Staat über seinen besonderen Auftrag hinaus die einzige und totale Ordnung menschlichen Lebens" werde. Das rechtfertigte jedenfalls den Entwurf, mit dem er außerdem bewies, daß er, wie es besagte These ebenfalls fordert, „der Kraft des Wortes" „gehorchte und vertraute", „durch das Gott alle Dinge trägt." Daß längst anderes gefordert war als zu „erinnern", als „evangelische Wahrheiten" zu „bekennen", als „falsche Lehre" zu „verwerfen"[196] und als gleichzeitig Glückwünsche anläßlich des „Führers" Geburtstag zu veröffentlichen[197], das sahen auch zu diesem

---

Ordnungen der durch Rasse, Boden, Herkommen und Charakterwerte geformten Volksgemeinschaft bis zur bewußten und jederzeit einsatzbereiten Gliedschaft, wird jedoch getragen von der Kraft der durch Christus hergestellten und im Gehorsam an Gottes Wort ausgerichteten Glaubensgemeinschaft." (EBD.).

195 Schreiben v. Wicht an die Vorstandsmitglieder der Vereinigung vom 30.8.1938 (EBD.).

196 KJ 1933–1944, S. 65; K. IMMER, Bekenntnissynode, S. 10; EG 810.

197 Erstmals in der April-Ausgabe 1937 von CHRKPFLGE wurde dem „Führer" von seiten der evangelischen Kinderpflegearbeit zu seinem Geburtstag gratuliert und eine Gesinnungsgeschichte veröffentlicht, die eine Vereinbarkeit der Erziehung in einem evangelischen Kindergarten mit Staats- und „Führer"-Treue anschaulich machen sollte. Siehe dazu F. GIPFER, Wir feiern. Die Gratulation lautete: „Wir grüßen den Führer zu seinem Geburtstag. Wir danken ihm. Wir bitten, daß Gott ihn erhalte, beschütze und segne." (N.N., Wir grüßen, S. 104). Im Jahr 1938 hatte die Gratulation gereimte Worte: „Wir stehen hinter Dir und beten:/Gott halte Deinen Willen rein./Der Pfad, den mutvoll Du betreten,/mög' immer klar und sieghaft sein.//Wir stehen hinter Dir und flehen:/fest sei Dein Herz, stark Deine Hand./Da soviel Tausend auf Dich sehen/Im weiten deutschen Vaterland.//Wir stehen hinter Dir und bitten:/Daß Du es nie und nie vergißt,/wie unermeßlich wir gelitten/Und daß Du Deutschlands Hoffnung bist.//" (M. KAYSER, Dem Führer!, S. 109). Der Wunsch im Jahr 1939 auf der Titelseite der Ausgabe lautete: „Am 20. April grüßen wir in Dankbarkeit und Treue unseren Führer zu seinem 50. Geburtstag. Wir erbitten für ihn und sein Werk einen reichen Gottessegen. Gott schenke ihm auch im neuen Jahr Gesundheit, Kraft und Weisheit." (N.N., Am 20. April, S. 89). Im Jahr 1940 sollte es heißen: „In ernster großer Zeit grüßen wir unseren Führer in Dankbarkeit und Verehrung zu seinem Geburtstag. ‚Durch Kampf zum Sieg', das ist das Geleitwort für die kommende Zeit. Gottes Segen sei mit seinem Denken und Handeln für uns und unser geliebtes Vaterland." (N.N., In ernster großer Zeit, S. 50). Im Jahre 1941, in der letzten Ausgabe – siehe II Kap. I.4.4., S. 341f. mit Anm. 746 – bis zum Jahre 1950 und ihrer Neuerscheinung als EVKPFLGE – siehe E. HAUG-ZAPP, Historisches, S. 26–27 – gratulierte CHRKPFLGE: „Wir gedenken in dieser Zeit,

Zeitpunkt v. Wicht und die Frauen und Männer im Vorstand der Vereinigung immer noch nicht. Und falls sie es sahen, wie hätte dann ihr Bekenntnis die Qualität politischen Handelns gewinnen können, da sie doch allein den Bestand evangelischer Kinderpflegearbeit, konnten sie ihn schon nicht weiter ausbauen, mindestens bewahren, also nicht gefährden wollten? Oder ahnten sie, daß nur die Entmachtung der Machthaber die Sicherung der Arbeit hätte bedeuten können, dazu aber ein Weg hätte beschritten werden müssen, der nicht nur in die Gefährdung der Arbeit, sondern auch in die von Leib und Leben geführt hätte?

Für v. Wicht ergab sich in keinem Fall eine solche Schlußfolgerung wie die, zu der Mohrmann gekommen war. So wie er vor einem halben Jahr eine grundsätzliche Bedeutung der Verbandsarbeit Mohrmanns für die Ausbildung von evangelischen Kindergärterinnen in Zweifel gezogen hatte[198], so stellte sie jetzt eine Notwendigkeit evangelischer Kindergärten in evangelischer Trägerschaft überhaupt in Frage[199], wenn denn nur eine evangelische Unterweisung von Kindern, sei es durch Ausbildung evangelischer Kindergärtnerinnen, sei es durch Gewinnung befähigter evangelischer Kräfte in den Kirchengemeinden, gesichert sei. Diesen Weg wollte v. Wicht keinesfalls bereits zu diesem Zeitpunkt gehen. Unter allein dieser Perspektive wollte er evangelische Kinderpflege noch nicht sichern. Er wollte seine Doppelstrategie beibehalten und den Bestand an Einrichtungen in evangelischer Trägerschaft erhalten.

Mit Constantin Frick, von dessen Urteil v. Wicht es ohnehin abhängig gemacht hatte, „ob und wie weiter vorzugehen ist", war er Anfang September übereingekommen[200], dem Schreiben Rusts vom 3. Juni 1938 „eine einheitliche Antwort zu erteilen."[201] Der Präsident des CA hatte nach Vortrag v. Wichts erkennen müssen, was dies Schreiben mit seinen Anlagen tatsächlich bedeutete und daß man weder bei der Vereinigung noch auf seiten des CA nicht zur Tagesordnung übergehen könne. So stimmte er dem Vorschlage v. Wichts zu, eine Stellungnahme über den CA an die Kirchenkanzlei der DEK gehen zu lassen, die sie ihrerseits den Landeskirchen „zur Herbeifüh-

---

in der unser deutsches Volk im heißen siegreichen Kampf steht, in tiefer Dankbarkeit unseres Führers. So grüßen wir ihn an seinem Geburtstag und bitten Gott, daß er ihm Kraft und Segen schenken möge, das große begonnene Werk der Neuordnung der Welt zu vollenden." (N.N., Wir gedenken, S. 62).

198 Siehe II Kap. I.4.1., S. 212 mit Anm. 79.

199 Schreiben Mohrmann an Hafa vom 20.7.1938 (ADW, CA/J 57). Siehe II Kap. I.3.2., S. 163f. mit Anm. 147.

200 Schreiben Constantin Frick an v. Wicht vom 17.6.1938 (LKA HANNOVER, E 26/102) und Schreiben v. Wicht an Vorstandsmitglieder der Vereinigung vom 30.8.1938 (EBD.) machen wahrscheinlich, daß v. Wicht mit Constantin Frick am 5. oder 6.9.1938 im Hause des CA in Berlin-Dahlem im Rahmen einer zwischen beiden vereinbarten monatlichen Besprechung die Sache behandelt hat.

201 Schreiben v. Wicht an CA vom 17.10.1938 (ADW, CA zu 850a II).

rung eines möglichst einheitlichen Votums"[202] übersenden sollte. Grundlage sollte der von v. Wicht gefertigte Entwurf sein. So war es auch mit den übrigen Vorstandsmitgliedern der Vereinigung vereinbart worden.

Nachdem der Vorstand des CA trotz der Kürze der Zeit sowohl das Schreiben Bertrams vom 24. Februar 1937 als auch den Entwurf der Stellungnahme v. Wichts zur Kenntnis genommen[203] und v. Wicht auf der Sitzung selbst einen Sachstandsbericht gegeben hatte, folgte er tatsächlich dem zwischen Präsident und Vorsitzendem der Vereinigung abgesprochenen Vorschlag. Praktisch-ekklesiologische Unterscheidung von der Position des deutschen Episkopates und seiner Fuldaer Bischofskonferenz einerseits, aber andererseits in „einheitlicher" Gestalt wie diese die Antwort dem Ministerium Rusts vortragen und auf eine entsprechende Wirkung rechnen – das waren wohl die Gründe, die den Vorstand des CA bewogen, eine Eingabe auf der Grundlage des Entwurfs von v. Wicht und in der zwischen diesem und dem Präsidenten abgesprochenen Form zu beschließen[204].

Aber es sollte bei dem erarbeiteten und dem Vorstand des CA auf seiner Sitzung am 18. Oktober vorgelegten Wortlaut nicht bleiben. Die reichsministerielle Bestätigung einer mit dem Schreiben von Zschintzsch an Bertram vor mehr als einundeinhalb Jahren im Grundsatz formulierten Absicht und ihre Exekution im Fall der evangelischen Kindergärten in Dierdorf und Monzingen ließen nicht nur, um es zu wiederholen, „die außerordentliche Gefahr erkennen, die hier für unsere Arbeit heraufzieht[205], sondern forderten den Vorstand der Vereinigung auch dazu heraus, sich nochmals mit dem Entwurf der Stellungnahme zu befassen. Die Entwicklung im „Sudetenland" mochte das Ihre dazu beigetragen haben. Nach Münchener Abkommen, Einmarsch der Wehrmacht in die Tschechoslowakische Republik am 1. Oktober 1938 und Besetzung des „Sudetenlandes" hatte derselbe Stillhaltekommissar Albert Hoffmann, der in der „Ostmark" bereits „vorbildlich" den „planwirtschaftlichen Einsatz aller wohlfahrtspflegerischen Kräfte und Einrichtungen sichergestellt" hatte[206], jetzt seine Erfahrungen zu verwerten und zu „toben" begonnen „wie ein Wilder"[207]. So befaßte sich der Vorstand der Vereinigung auf

---

202 Schreiben v. Wicht an die Vorstandsmitglieder der Vereinigung vom 30.8.1938 (LKA Hannover, E 26/103; ADWW Münster, 153/1).

203 Schreiben v. Wicht an Vorstand des CA vom 17.10.1938 (ADW, CA zu 850a II; ADW, CA/J 57).

204 Protokoll der Vorstandssitzung des CA am 18.10.1938 (ADW, CA 67 B (1938)). Es war dieselbe Sitzung, in deren Verlauf v. Wicht den Wortlaut des Erlasses des Reichsministeriums für Wissenschaft, Erziehung und Volksbildung vom 4.8.1938 überbracht erhielt. Siehe II Kap. I.3.2., S. 162 mit Anm. 138.

205 Schreiben Ohl an Evangelisches Konsistorium der Rheinprovinz vom 26.10.1938 (EZA Berlin, 1/C3/179).

206 N.N., Neuordnung, S. 142.

207 H. Wienken, Referat für die hochwürdigste Bischofs-Conferenz am 4.4.1939 (ADC, CA VI 60C). Im Mai 1939 würdigt Bertha Finck, ehedem Mitarbeiterin der Geschäftsstelle des CA,

seiner Sitzung anläßlich der in Kassel stattfindenden Arbeitstagung am 31. Oktober und am 3. November 1938 ausführlich mit dem v. Wichtschen, bereits vom CA akzeptierten Entwurf.

Das Ergebnis war die Übereinkunft, daß die Vorstandsmitglieder Bremer, Dölker, Vogel und Eduard Grimmell – seit über zehn Jahren war er Vorsitzender des Evangelischen Kinderpflegeverbandes der Evangelischen Landeskirche von Kurhessen-Waldeck und seit drei Jahren im Vorstand der Vereinigung – ihrerseits Entwürfe fertigen wollten, aus denen eine schließliche Textfassung erarbeitet werden sollte. Auf Vorschlag Schirmachers, der inzwischen in den schwierigen Abstimmungsprozeß eingeschaltet und auf der Sitzung am 31. Oktober als Gast anwesend war, sollte das bis zum 10. November geschehen sein, damit nach erforderlichen Rücksprachen mit der Kirchenkanzlei der DEK und dem CA am 21. November der Vorstand der Vereinigung auf seiner im Rahmen der vom 21. bis 23. November 1938 in Berlin tagenden November-Konferenz der Inneren Mission stattfindenden Sitzung einen endgültigen Beschluß würde fassen können[208].

Die Texte von Bremer, Dölker und Grimmell unterschieden sich zwar in Ausdrucksweise und Gedankenführung. Inhaltlich-grundsätzlich, d.h. praktisch-theologisch aber glichen sie sich und wichen auch nicht vom Entwurf v. Wichts ab. Auch sie sahen die Taufe als das die evangelische Kindergartenarbeit begründende Sakrament und Element, stellten die Arbeit als familienergänzende Erziehungsarbeit fest und behaupteten eine Übereinstimmung des biblischen Auftrags mit den Forderungen des „nationalsozialistischen Deutschland"[209], mit denen von „Volk und Vaterland" „zum Wohle der Gesamtheit"[210]. In einem Punkt indessen unterschieden sich die drei Entwürfe von dem des Vorsitzenden der Vereinigung. Sie klagten nicht über die Entkonfessionalisierungsbestrebungen, sondern stellten die Leistungen evangelischer Kinderpflege in ihrer Geschichte und die damit zum Ausdruck kommende Anpassungsbereitschaft und Anpassungsfähigkeit in den Vordergrund. Konnte man vom Entwurf v. Wichts schon nicht behaupten, daß er eine und sei es auch nur mahnende Position gegenüber dem ehemaligen Studienrat Rust, dem „Steißtrommler"[211] an der Spitze des Reichsministeriums für Wis-

den „Aufbau des Hilfswerkes ‚Mutter und Kind'": „Nach dem Anschluß des Sudetenlandes an das Altreich wurden insgesamt 800 Kindertagesstätten festgestellt, deren Träger der Deutsche Kulturverband, Städte und Gemeinden, Caritas und der Tschechische Staat gewesen sind. Mit der Überprüfung der vorhandenen Einrichtungen ist sofort begonnen worden. Gleichzeitig wurde auch die Sammlung der arbeitslosen Kindergärtnerinnen durchgeführt. Heute befinden sich bereits 450 Kindertagesstätten in der Verwaltung der NSV." (B. FINCK, Aufbau, S. 205).

208 Protokoll der Vorstandssitzung der Vereinigung vom 3.11.1938 (LKA HANNOVER, E 26/102).

209 Entwurf Bremer als Anlage zum Schreiben v. Wicht an die Vorstandsmitglieder der Vereinigung vom 12.11.1938 (EBD.).

210 Entwurf Dölker und Entwurf Grimmell (EBD.).

211 Siehe H.-J. GAMM, Führung und Verführung, S. 125. Vgl. J. GOEBBELS, Tagebücher III,

senschaft, Erziehung und Volksbildung, bezogen hätte, so hatten die Entwürfe der drei Vorstandsmitglieder, Bremer, Dölker und Grimmell, den Ausdruck der Ergebenheit noch gesteigert. Indem sie auf das Element der Klage über die Entkonfessionalisierungspolitik verzichtet hatten, war zwar der politischen Zuverlässigkeit eindrucksvoll Ausdruck gegeben. Aber mußte das nicht andererseits die Machthaber geradezu ermutigen, ihre Absichten gegen die Erwartungen und Hoffnungen der evangelischen Kinderpflege, vertreten durch Vereinigung, CA und DEK, bis zum Ende zu verfolgen? Daß es indessen tatsächlich darum ging, „restlos" alles zu vermeiden, was den Anschein hätte erwecken können, die beabsichtigte Eingabe trüge „versteckt kirchenpolitischen oder gar politischen Charakter", bekräftigte v. Wicht allenthalben, auch noch nach ihrem Abgang an das Ministerium Kerrls[212]. Eindeutig aber wird diese Intention bereits erkennbar an dem vierten Entwurf aus der Mitte des Vorstandes der Vereinigung, dem Wortlaut des Entwurfs, den Vogel, nach wie vor Schriftführer der Vereinigung, gefertigt hatte.

Vogel, auch Vorsitzender des sächsischen Verbandes für christliche Kinderpflege und zudem stellvertretender Vorsitzender des Gesamtverbandes der Inneren Mission in Sachsen, hatte von vornherein darauf verzichtet, eine Stellungnahme zu entwerfen, die sich an das Ministerium Rusts und die von ihm vertretene Staatsmacht wandte. Er hatte einen Text als Aufruf an „alle evangelischen Gemeinden" gefertigt. Mit dem Hinweis auf Übereinstimmung von in der Taufe begründeter Wahrnehmung der Verantwortung für die christliche Erziehung und Unterweisung der Kinder durch die DEK „als Volkskirche" mit „den Aufgaben, die der Führer der Volksgemeinschaft dem heranwachsenden Geschlecht gestellt hat" – mit diesem Hinweis forderte er allein die Kirchengemeinden auf, unter ihren Kindern „Glaube und sittlichen Lebensernst durch die Kräfte des Evangeliums zu fördern."[213] Ein unmittelbarer Anspruch gegenüber dem Reichsministerium für Wissenschaft, Erziehung und Volksbildung war damit ganz und gar vermieden. Von vornherein war auch jede Möglichkeit zu dem Verdacht ausgeschlossen, hier werde kirchenpolitisch oder politisch Position bezogen. Offenbar war der Entwurf das, was zu diesem Zeitpunkt in der Evangelisch-lutherischen Landeskirche Sachsens möglich war bei einem Evangelisch-lutherischen Landeskirchenamt in Dresden, unter einem auf nicht unumstrittene Weise 1937 von Muhs mit der Wahrnehmung der Dienstaufsicht beauftragten Johannes Klotsche[214], nun „Diktator der sächsischen Landeskirche"[215], und mit einem geschäftsführen-

S. 1362, am 28.12.1939: der „Führer" habe in einem Gespräch am 27.12.1939 über die Lehrer „die Schale seines Spottes" ausgeschüttet: „Ewig bleiben aber werden sie Steißtrommler."

212 Schreiben v. Wicht an Hofstaetter vom 1.3.1939 (ADW, VKD 19).

213 Entwurf Vogel als Anlage zum Schreiben v. Wicht an die Vorstandsmitglieder der Vereinigung vom 12.11.1938 (LKA HANNOVER, E 26/102).

214 Siehe K. MEIER, Kirchenkampf II, S. 357f. Vgl. G. PRATER, Lasset uns halten.

215 K. MEIER, Kirchenkampf III, S. 497.

den Vorsitzenden des Landesvereins für Innere Mission der Evangelisch-lutherischen Kirche in Sachsen, Adolf Wendelin, DC und Parteigenosse, der gleichzeitig als Oberkirchenrat zu deren Förderern im Evangelisch-lutherischen Landeskirchenamt gehörte, sowie bei einer BK, die sich nach staatspolizeilichen Maßnahmen gegen Mitglieder ihres Landesbruderrates immer stärker in die Konfrontation zur Kirchenbehörde in Dresden gedrängt sah[216]. Daß der in dem Entwurf Vogels zum Ausdruck kommende Bezug zur Gemeinde tatsächlich hergestellt wurde, daß der Adressat erreicht wurde und daß dies erkennbar Auswirkungen hatte, sollte sich ein Jahr später zeigen. Es sollte sich aber auch erweisen, daß diese Auswirkungen in den Gemeinden den Fortbestand der evangelischen Kindergärten in den Gemeinden in Sachsen nicht sichern konnten.

Für v. Wicht kam dieser Weg nach allen bisher erfolgten Abstimmungen und Gesprächen zum jetzigen Zeitpunkt nicht mehr in Frage. Außerdem mußte durchaus unentschieden sein, ob die DEK und ihre Kirchenkanzlei sich auf einen solchen, notwendigerweise öffentlichkeitswirksamen Aufruf an die Kirchengemeinden würde einlassen können. So unpolitisch sein Wortlaut war – mußte ein solcher Aufruf nicht gerade den Vorwurf der Machthaber, man sei politisch unzuverlässig, als berechtigt erweisen? Sollte man sich vorhalten lassen, eine ähnliche Haltung wie die katholische Kirche einzunehmen? War es nicht viel zu gefährlich, indem man in einer solchen Weise öffentlich den evangelischen Kindergarten behauptete, der Entkonfessionalisierung des öffentlichen Lebens entgegenzutreten? Andererseits, hatte die Ermutigung der Kirchengemeinden, in gewiß unterschiedlicher Weise in Württemberg und Baden, in Westfalen und Brandenburg geschehen[217], sich für den Fortbestand ihrer Kindergärten einzusetzen, einen anderen Erfolg gehabt als den, daß die Fronten sich verhärtet hatten?

Es mochten solche Erwägungen gewesen sein, die v. Wicht veranlaßten, mit dem als Juristen bei der Kirchenkanzlei der DEK zuständigen und in der Sache engagierten Ranke einen Entwurf zu erarbeiten, von dem er hoffen konnte, „damit nicht nur die Zustimmung aller deutschen evangelischen Kirchenregierungen zu finden, sondern auch an den obersten Staats- und Parteistellen gehört zu werden". Dies zu erreichen, schienen ihm wohl die Entwürfe der drei anderen Kollegen im Vorstand nur bedingt geeignet. Sie waren in seinen Augen offenbar nicht hinreichend „bewußt so formuliert", daß der „ausschließlich seelsorgerliche(n) Charakter" der Kindergartenarbeit, mithin ihre unpolitische Bedeutung zum Ausdruck kamen[218]. In den neuen Entwurf,

216 Siehe EBD., S. 494ff.

217 Siehe I Kap. VII.4.3., S. 412ff.; II Kap. I.2.1., S. 67ff.; II Kap. I.2.2., S. 75ff.; II Kap. I.2.3., S. 85ff.

218 Entwurf [vom 10.11.1938] als Anlage zum Schreiben v. Wicht an die „Vertreter unserer Arbeit" in den Landeskirchen vom 12.11.1938 (ADW, VKD 7).

den sie am Tag nach der Pogromnacht, am 10. November 1938, fertigten[219], übernahmen v. Wicht und Ranke gleichwohl die Hinweise auf die Leistungen evangelischer Kinderpflege in ihrer Geschichte und die in deren Verlauf bewiesene Anpassungsbereitschaft und Anpassungsfähigkeit. Damit blieben sie natürlich ganz auf der Linie, der sie in der Verteidigung der evangelischen Kinderpflegearbeit bislang gefolgt waren und die auch Engelmann, anläßlich des Gedenkens an die neunzigjährige Geschichte der Inneren Mission seit Wicherns so folgenreicher Rede auf dem Kirchentag zu Wittenberg vom CA damit beauftragt, in einem „ABC der Inneren Mission“ im Begriff war vorzustellen[220]. Wahrscheinlich waren ihm v. Wicht und Mohrmann dabei behilflich gewesen[221]. Auch unter dem Stichwort „Kinderpflege“ wurde ebenso aus der Geschichte – rechtfertigend – berichtet, wie darüber, was sie „heute, was sie im Großdeutschland Adolf Hitlers tut“[222], nämlich über die Einübung in die „Feiern des Volkes und der Gemeinde“ die Ermöglichung der Erfahrung „einer Atmosphäre des Friedens und der Freude“ und deren Vermittlung in die Elternhäuser. „Und das ist nicht der geringste Dienst, den der [scil. anpassungsfähige und anpassungsbereite] evangelische Kindergarten unserem Volke leistet.“[223]

Mit dem Entwurf ihrer Stellungnahme gingen Ranke und v. Wicht über eine die Verdienste nur nennende, mithin den Dienst rechtfertigende Beschreibung hinaus. Nicht nur, daß sie auch auf das zugesicherte „Recht der freien Religionsausübung“ hinwiesen. Vielmehr war etwas anderes entschieden neu, und damit hofften sie wohl, ihr Ziel zu erreichen, nämlich eine der bisherigen Politik – wie ihre Propagandisten behaupteten, eine Politik „im Zeichen

---

219 Schreiben v. Wicht an Ranke vom 15.11.1938 (EZA BERLIN, 1/C3/179). „...der Wortlaut ..., wie wir ihn am Donnerstag ... entworfen haben.“ Dieser Donnerstag war der 10.11.1938.

220 W. ENGELMANN (Hg.), Unser Werk. Unter dem im Faksimile der Wichernschen Handschrift wiedergegebenen Wort 1. Joh. 5,4 Unser Glaube ist der Sieg, der die Welt überwunden hat (S. 5), steht ein Geleitwort Constantin Fricks, datiert „Bremen, im November 1938“, in dem er direkt auf den 22.9.1848, den Tag der Rede, und die seither verflossenen neunzig Jahre begründend Bezug nimmt (C. FRICK, Geleitwort, S. 5–6). Die Veröffentlichung mit dem bezeichneten Untertitel durch den Eckart-Verlag in Berlin-Steglitz erfolgte aber erst im Jahr 1939. Im übrigen beschloß der Vorstand des CA auf seiner Sitzung am 2.9.1938 eine Auflagenhöhe von 20.000 Exemplaren, die durch die Gewährung eines zinslosen Darlehens des CA an den Eckart-Verlag in Höhe von RM 6.000,-- vorfinanziert werden sollte. Kalkulatorische Basis war dabei ein Ladenpreis von RM 2,85. Das Darlehen sollte mit RM 400,-- je abgesetzter 1.000 Exemplare zurückgezahlt werden. (Protokoll, in: ADW, CA 67 B (1938)).

221 „Die Gestaltung dieses Büchleins lag in Händen Wilhelm Engelmanns. Ein Kreis von Mitarbeitern hat ihn dabei unterstützt.“ (C. FRICK, Geleitwort, S. 6). Es ist nach Sprache und Gestaltung wahrscheinlich, daß die Fachreferenten Mohrmann und v. Wicht zu diesem Kreis gehörten. Dieser zeichnete wohl für den Teil verantwortlich, der die Kindergartenarbeit unmittelbar betraf, Mohrmann für den, der auf die Bedeutung der Erzieherin, ihren Beruf und ihre Ausbildung einging. Siehe W. ENGELMANN (Hg.), Unser Werk, S. 166–169 (Kinderpflege).

222 C. FRICK, Geleitwort, S. 166.

223 W. ENGELMANN (Hg.), Unser Werk, S. 166–169 (Kinderpflege); hier S. 168.

unseres begnadeten Führers Adolf Hitler“[224] – entgegenstehende Forderung hinsichtlich der evangelischen Kindergärten so vorzubringen, daß sie nicht als Unbotmäßigkeit verstanden werden konnte. Obwohl v. Wicht von Anfang an die Tragweite des Schreibens Zschintzschs an Bertram vom 6. Januar 1937 und seine Bedeutung auch für die evangelische Kinderpflege erkannt hatte, übernahm er mit Ranke die Argumentation Ohls, mit der dieser nach seinem Gespräch mit Strutz in Sachen der evangelischen Kindergärten in Dierdorf und Monzingen vierzehn Tage zuvor die Kirchenkanzlei der DEK vertraulich bekannt gemacht hatte und mit der Ohl davon ausgegangen war, daß die mit dem Erlaß Rusts vom 4. August 1938 angestrebte Ausschaltung der konfessionellen Kindergärten eher nur eine Entscheidung im Blick auf den deutschen Episkopat war[225]. So erklärten v. Wicht und Ranke in ihrem Entwurf „einzelne Vorgänge im Reich“ für „in der politisch-dogmatischen Haltung der katholischen Kirche begründet“ und deshalb in erster Linie ursächlich für „die Gefahr, daß hunderttausenden von Kleinkindern damit die organische, artmäßig gebundene, zugleich aber von den Kräften des christlichen Glaubens getragene Einheit ihrer gesamten Erziehung genommen wird.“[226] Beide, Ranke und v. Wicht meinten, DEK und CA und Vereinigung als Vertreter der evangelischen Kinderpflege und würdige Verhandlungspartner präsentieren zu können. Jedoch zu einer in dieser Form öffentlichen Desavouierung des deutschen Episkopats sollte es nicht kommen.

Mit den vier Entwürfen seiner Vorstandskollegen versandte v. Wicht Mitte November 1938 an alle Mitglieder des Vorstandes der Vereinigung auch den unter Nutzung dieser Entwürfe von ihm und Ranke erarbeiteten neuen Text. Obwohl v. Wicht die „Vertreter unserer Arbeit“ gebeten hatte[227], den bereits mit Wieneke und dem EOK Berlin abgestimmten – neuen –Text mit ihrer zuständigen Kirchenbehörde im Blick auf Änderungsvorschläge grundsätzlicher Art zu besprechen, war die Frist von einer guten Woche bis zum Beginn der November-Konferenz der Inneren Mission und der gleichfalls stattfindenden Sitzung des Vorstandes der Vereinigung wohl doch zu kurz, als daß bis dahin schriftliche Änderungsanträge hätten vorliegen können.

Änderungen aber wurden erwünscht. Bereits nach der Vorstandssitzung der Vereinigung am 21. November 1938 lag eine „Erklärung“, wie man nun

---

224 W. REHER, Deutschland, S. 54.

225 Siehe II Kap. I.3.2, S. 168f. mit Anm. 176.

226 Entwurf [vom 10.11.1938] als Anlage zum Schreiben v. Wicht an die „Vertreter unserer Arbeit“ in den Landeskirchen vom 12.11.1938 (ADW, VKD 7).

227 Schreiben v. Wicht „an die Vertreter unserer Arbeit in: Anhalt, Baden, Bayern, Braunschweig, Bremen, Hamburg, Hannover, Lübeck, Mecklenburg, Nassau-Hessen, Oldenburg, Pfalz, Frst. Sachsen, Schleswig-Holstein, Thüringen, Württemberg“ vom 12.11.1938 (ADW, VKD 7). Den Vertretern der Arbeit in der ApU war zu schreiben nicht erforderlich, da die Sache im EOK Berlin „bereits durchgesprochen“ war und „Billigung gefunden“ hat (EBD.). Auch Schreiben v. Wicht an Ranke vom 15.11.1938 (EZA BERLIN, 1/C3/179).

sagte, vor, deren Wortlaut von der Vorlage v. Wichts und Rankes in mehr als nur „formaler Art" abwich[228]. Nicht nur, daß Bezug genommen wurde auf „Vorkommnisse der letzten Zeit" und der „Sorge um Recht und Möglichkeit christlicher Erziehung" Ausdruck gegeben wurde, entscheidend war etwas anderes. Offenbar überwog im Vorstand der Vereinigung doch die Einsicht, daß, sollte die Innere Mission und ihr CA für den DCV ein, wenn auch nur unter Sachgesichtspunkten, weiterhin glaubwürdiger Verhandlungspartner sein, man antikatholische Affekte nicht zur Wirkung kommen lassen durfte und eine Brüskierung des deutschen Episkopats und seines DCV vermeiden müsse. Den gesamten Abschnitt, mit dem die katholische Kirche gewissermaßen an den Pranger gestellt worden wäre, hatte man ganz und gar gestrichen. Damit war eine nach Lage der Dinge für alle akzeptable Erklärung zustande gekommen[229], die jedoch erst fast ein Vierteljahr später an das Reichsministerium für Wissenschaft, Erziehung und Volksbildung abgehen sollte.

---

228 Protokoll (ADWW Münster, 153/1; LKA Hannover, E 26/102).

229 Mit Datumseintrag „21. Nov. 1938" – von Hofstaetter – findet sich entsprechend dem Protokollvermerk „der soweit fixierte Text dieses Entwurfs ist der Niederschrift beizufügen", dieser Wortlaut beim Protokoll der Vorstandssitzung der Vereinigung vom 21.11.1938 (Ebd.):
„Auf Grund vieler Vorkommnisse der letzten Zeit erlauben wir uns, in ernster Sorge um Recht und Möglichkeit christlicher Erziehung und einig mit der gesamten christlichen Elternschaft dem Herrn Reichs- und Preußischen Minister für Wissenschaft, Erziehung und Volksbildung folgendes zu unterbreiten:
Die Evangelische Kirche der deutschen Reformation hat die Pflicht der religiösen und seelsorgerlichen Betreuung ihrer Mitglieder. Die Formen solcher kirchlichen Betreuung im Kindesalter sind geschichtlich geworden und stellen sich dar in: Kindergottesdienst, Konfirmandenunterricht, Jugenddienst, Krippen, Kindergärten, Horten und Kinderheimen.
Seit über 100 Jahren hat die Evangelische Kirche als Volkskirche die Verantwortung empfunden, Kinder in ihren Krippen, Kindergärten und Horten aufzunehmen und christlich zu erziehen. Sie hat damit aus dem sozialen Helferwillen christlicher Liebe heraus Kindernot in steigendem Maße beseitigt. Es arbeiten gegenwärtig in Deutschland an rd. 180.000 Kindern in 2.800 Tagesstätten 3.600 pädagogische Kräfte. Es war stets eine selbstverständliche Pflicht der verantwortlichen Träger dieser Arbeit, wenn ihnen Kinder aus Familien der Gemeinden aus erzieherischen und sozialen Gründen anvertraut wurden, sie ohne Rücksicht auf konfessionelle Zugehörigkeit in deutscher und christlicher Lebenshaltung zu erziehen und ihnen die Kräfte des Volkstums und des Evangeliums mitzugeben. Eine solche Haltung ist uns auch im Dritten Reich eine freudig und dankbar begrüßte Selbstverständlichkeit.
Vom Führer und seinen maßgebenden Mitarbeitern ist wiederholt das Recht der freien Religionsausübung und die Achtung vor jedem echten religiösen Bekenntnis zugesichert worden. Aus dem Wesen unserer Kirche und der evangelischen Glaubenshaltung heraus haben die evangelischen Krippen, Kindergärten und Horte stets bewußt am Aufbau der Volksgemeinschaft mitgearbeitet und sie vom Glauben her vertieft und befestigt. Der Dienst dieser Arbeit trägt seelsorgerlichen Charakter.
Es ist deshalb schwer zu verstehen, wenn diese unsere volksnahe und volkstümliche Arbeit durch Schließung schon bestehender und Nichtgenehmigung neuer Kindergärten und Horte fortgesetzt beeinträchtigt wird. Es besteht die Gefahr, daß vielen Tausenden von Kindern damit die organische, vom deutschen Volkstum bestimmte, zugleich aber von den Kräften des christlichen Glaubens getragene Einheit ihrer gesamten Erziehung genommen wird. Gerade im Bewußtsein unserer Verantwortung gegenüber dem Führer, unserer deutschen Volksgemeinschaft und unserer

Nachdem der Entwurfstext am selben Tag noch in der Sektion Evangelische Kinderpflege, die als zweite Sektionssitzung und im Rahmen der November-Konferenz der Inneren Mission stattfand, behandelt worden war[230], wurde er am nächsten Tag, dem 22. November, vom Vorstand des CA bestätigt. Der Präsident des CA wurde ausdrücklich bevollmächtigt zu unterzeichnen, und es wurde nochmals die Absicht bekundet, die „Kirchenregierungen" zur Mitunterzeichnung zu gewinnen[231]. Am 23. November erklärte sich auch die Geschäftsführerkonferenz des CA mit der „Resolution" und dem Vorhaben einverstanden, sie, von allen Landeskirchen unterzeichnet, auch an das Reichsministerium des Innern gehen zu lassen. Ja, man schlug sogar vor, sie „dem ganzen evangelischen Kirchenvolk bekanntzugeben."[232]

Constantin Frick dämpfte die möglicherweise dem Erstaunen über den in der Inneren Mission noch vorhandenen Mut entspringende Begeisterung. Wohl eingedenk der Folgen, die vor zwei Jahren die Denkschrift der 2. VKL hatte, mit der die BK dem „Führer" „ungescheut sein [scil. Gottes] Wort und sein Gebot zu bezeugen" gewagt hatte[233] und eingedenk der nationalsozialistischen Vergeltung, welche die Enzyklika im Frühjahr 1937 ausgelöst hatte, und obwohl die vorliegende Resolution gewiß weder mit dieser noch mit jener vergleichbar war, wies der Präsident des CA darauf hin, daß sie „vorher auf keinen Fall in die Öffentlichkeit kommen" dürfe[234]. Auch der Hauptausschuß des CA, sein entscheidendes Gremium, als das sich die Schlußversammlung der November-Konferenz der Inneren Mission sah, folgte der Entscheidung von Vorstand und Geschäftsführerkonferenz, nachdem v. Wicht das Ergebnis seiner Bemühungen in dieser Sache als Sektionsbericht eingebracht hatte[235].

„Unbeschadet der von der Kirchenkanzlei zu erwartenden Anregung an alle obersten Behörden der deutschen evangelischen Landeskirchen", so der Vorsitzende des Vorstandes der Vereinigung, ergriff er selbst unmittelbar nach der Beschlußfassung durch die Gremien des CA die Initiative und bat

---

evangelischen Kirche bitten wir ebenso herzlich wie dringend, die unserer Arbeit drohenden Gefahren abzuwehren. Treue zum Dritten Reich und Liebe zur Kirche der deutschen Reformation bilden für uns eine echte, unlösliche Einheit."

230 Schreiben v. Wicht an die „Vertreter unserer Arbeit" in den Landeskirchen vom 12.11. 1938 (ADW, VKD 7).

231 Protokoll der Vorstandssitzung des CA am 22.11.1938 (ADW, CA 67 B (1938)).

232 Protokoll (ADW, CA 761 XX).

233 Denkschrift der Vorläufigen Leitung der DEK an „Führer und Reichskanzler" vom 28.5. 1936 (KJ 1933–1944, S. 130; H.-D. SCHMIDT, Dokumente II.1, S. 696). Siehe I Kap. VII.4.1., S. 398 mit Anm. 576.

234 Protokoll der Geschäftsführerkonferenz des CA am 23.11.1938 (ADW, CA 761 XX).

235 Siehe Einladung zur November-Konferenz der Inneren Mission vom 28.10.1938 (ADW, CA 118/38); Schreiben v. Wicht an Schirmacher vom 12.12.1938 (ADW, CA zu 850a III). Protokolle der November-Konferenz, der verschiedenen Veranstaltungen und Sitzungen, insbesondere der Sitzung der Sektion „Evangelische Kinderpflege" sind nicht nachzuweisen.

alle Landeskirchen unter Zusendung des Wortlautes, die Eingabe möglichst umgehend zu unterzeichnen. v. Wicht ging davon aus, sie „bereits in den nächsten Tagen" in geeigneter Weise persönlich überreichen zu können[236].

So schnell jedoch sollte die Resolution nicht in den Geschäftsgang des Reichsministeriums für Wissenschaft, Erziehung und Volksbildung gelangen. Nachdem der EOK Berlin sich durch seinen Vizepräsidenten Loycke Mitte Dezember 1938 auch förmlich „aus voller Überzeugung hinter das in der Eingabe vorgetragene Anliegen" gestellt hatte[237], suchte v. Wicht die DEK und ihre Kirchenkanzlei zu der Bestätigung zu bewegen, daß „die geplante Aktion" die besondere Förderung und Zustimmung der DEK fände. Nach wie vor und besonders aber drängte er auf die Zeit und bat um „rasche Erledigung" [238]. Das nicht zuletzt deswegen, weil die Bedeutung der Eingabe an das Ministerium Rusts inzwischen aus seiner Sicht noch gewachsen war.

Mochten die Vorgänge in Dierdorf und Monzingen die ministerial-legalistische Absicherung der tatsächlichen Bestrebungen – die Beseitigung aller konfessionellen Kindergärten – der sich als Hüter einer „rassisch und völkisch bestimmten Schicksalsgemeinschaft des Volkes"[239] ausgebenden Macht-Cliquen zutage gebracht und die Streiter für die evangelische Kinderpflege in Vereinigung, CA und DEK in ihrer ohnehin beabsichtigten und vorbereiteten Gegenwehr bestärkt haben, v. Wicht hielt einen Vorgang in Emden für „noch ernster" und eine Beschleunigung der Entscheidungen der Landeskirchen in Sachen der beabsichtigten Eingabe jetzt erst recht für dringend geboten. Was war geschehen?

Am 10. November 1938 hatte Pfarrer Hermann Immer, seit dreizehn Jahren Prediger und Seelsorger der reformierten Gemeinde in Emden und entschieden der BK zugehörig, Fanny Visser, eine Frau aus der Nachbarschaft, auf der Straße getroffen, hatte sie gegrüßt und sich nach ihrem Ergehen erkundigt[240]. Sie war Jüdin, Witwe eines jüdischen Viehhändlers und hatte in

---

[236] Schreiben v. Wicht an EOK vom 24.11.1938 (EZA BERLIN, 7/4414; ADW, VKD 7). Die Schreiben konnten im einzelnen nicht alle nachgewiesen werden. Dem bezeichneten Schreiben war der beschlossene Wortlaut in Briefform beigefügt mit Datum vom 22.11.1938. Er war mit dem Absender „Central-Ausschuß für die Innere Mission der Deutschen Evangelischen Kirche" versehen und adressiert worden „an den Herrn Reichs- und Preußischen Minister für Wissenschaft, Erziehung und Volksbildung". Unterzeichnet war er mit „Heil Hitler! gez. Frick" und gekennzeichnet als „Abschrift" (EBD.).

[237] Schreiben EOK Berlin an Vereinigung vom 13.12.1938 (EZA BERLIN, 1/C3/179). Eine Abschrift ging unter gleichem Datum an die DEK (EBD.).

[238] Schreiben v. Wicht an DEK vom 29.12.1938 (EBD.).

[239] Schreiben Zschintzsch an Bertram vom 6.1.1937 (L. VOLK, Akten IV, zu Dok. Nr. 356, S. 170–172, hier S. 172 mit Anm. 5; auch EZA BERLIN, 1/C3/179; EZA BERLIN, 7/4414; ADW, CA/J 62). Siehe II Kap. I.1.1., S. 41 mit Anm. 89.

[240] H. Hofstaetter, Bericht über den Besuch in Emden, betr. Kindergarten am Kattewall, vom 9.12.1939 (ADW, VKD 19). Danach traf Immer „am 10. November ... die Frau eines jüdischen Arztes auf der Straße. Der Arzt war ihm durch seine Krankenhausseelsorge bekannt. Er fragte die Frau, ob sie wisse, wo ihr Mann sei und wie es ihm ginge." Offenbar hat diese Darstellung

der Nacht zuvor die Verschleppung der jüdischen Männer erleben müssen, ohne daß sie oder sonst jemand genau wußte wohin. Darüber hatte sie im Gespräch mit Immer geklagt. Dessen Mitgefühl und seine Unterhaltung mit Fanny Visser sollten Folgen haben. Nicht nur daß der NSDAP-Kreisleiter, der junge, erst sechsundzwanzigjährige Bernhard Horstmann, einer der verantwortlichen Brandstifter beim Anschlag auf die Synagoge in Emden in der Nacht zuvor, auf einer Kundgebung am darauffolgenden Tag vor dem Rathaus Immers Verhalten angeprangert und ihn aus der Volksgemeinschaft ausgeschlossen hatte[241], er wollte Immer und dessen Arbeit in der Gemeinde unmittelbar treffen, um ihn „zur Strecke zu bringen“[242].

Da es üblich war, daß stets ein Geistlicher einer der evangelischen Gemeinden in Emden dieses Amt übernahm, war Immer Vorsitzender des „Vereins für die Christliche Kleinkinderschule und -Bewahranstalt am Kattewall“, der seit dem Jahre 1901 in Emden, Am Kattewall, einen seit 1882 als „segensreiche Einrichtung bewährten“ Kindergarten betrieb[243]. Es hatte wohl bereits in der zurückliegenden Zeit Bemühungen von Horstmann gegeben, in Abstimmung mit dem Oberbürgermeister von Emden, Carl Renken, den Kindergarten an die NSV überzuleiten[244]. Das endlich zu erreichen, sah Horstmann jetzt eine günstige Gelegenheit. Da Renken zu einer Tagung in Berlin war, gewann der NSDAP-Kreisleiter den Bürgermeister und Stadtkämmerer, Wilhelm Meyer-Degering, zum willigen Vollstrecker, nachdem dieser bereits in der Nacht zuvor den Oberbürgermeister vertreten und sich durch Duldung von Zerstörung und Brandstiftung zum Komplizen Horstmanns gemacht hatte. Noch am Samstag, dem 12. November, hatte Immer ein Schreiben Meyer-Degerings vom selben Tag in Händen, mit dem unter Androhung eines Zwangsgeldes von RM 50,-- oder einer ersatzweisen siebentägigen Haft die sofortige Schließung des Kindergartens angeordnet wurde. Dabei berief sich Meyer-Degering nicht nur auf den Erlaß aus dem Ministerium Rusts an

übernommen F. MIDDENDORFF, Der Kirchenkampf, S. 45 und DERS., Der Kirchenkampf (Auszüge), S. 288. Schreiben Theodor Immer, Sohn von H. Immer, an Verf. vom 9.5.1996 berichtet, daß die Begegnung „am 11. oder 12.11.1938 auf der belebten Emdener Geschäftsstraße Zwischen beiden Sielen“ stattfand. „Es handelt sich um Frau Visser aus der Larrelter Straße (Nachbarschaft zur Wohnung P. Immer).“ Die meisten Emdener Juden wurden ins KZ Sachsenhausen verschleppt. „Einen jüdischen Arzt am Emdener Krankenhaus hat es im November 1938 und selbstverständlich schon Jahre vorher nicht gegeben.“ Hinsichtlich des Datums ist Th. Immer wahrscheinlich einem Irrtum erlegen. Der Ablauf der Ereignisse den Pogrom betreffend spricht entschieden für die Richtigkeit der Datumsangabe durch Hofstaetter. Zur Pogromnacht in Emden siehe M. CLAUDI/R.CLAUDI, Goldene und andere Zeiten, S. 228–231.

241 H. Hofstaetter, Bericht über den Besuch in Emden, betr. Kindergarten am Kattewall, vom 9.12.1938 (ADW, VKD 19).

242 Schreiben Theodor Immer an Verf. vom 9.5.1996.

243 Schreiben Vorstand des Vereins Christliche Kleinkinderschule an Regierungspräsidenten in Aurich vom 17.11.1938 (ADW, VKD 19).

244 H. Hofstaetter, Bericht über den Besuch in Emden, betr. Kindergarten am Kattewall, vom 9.12.1938 (EBD.).

Bredow vom 1. Juni 1938[245], der wie allen Oberpräsidenten und Regierungspräsidenten auch dem für Emden zuständigen Regierungspräsidium in Aurich unter dem 4. August 1938 zugegangen war[246]. Auf diese Weise erfuhr Immer, daß er „für die Führung des Kindergartens im Geiste der nationalsozialistischen Weltanschauung keine Gewähr mehr bieten" konnte[247]. Der Bürgermeister und Stadtkämmerer in seiner Funktion als Polizeibehörde der Stadt Emden begründete seine Anordnung vielmehr auch mit Bestimmungen des – preußischen – Polizeiverwaltungsgesetzes (PolVerwG) aus dem Jahre 1931. Nach § 14 dieses Gesetzes hatten die Polizeibehörden die „nach pflichtmäßigem Ermessen notwendigen Maßnahmen zu treffen, um von der Allgemeinheit oder dem Einzelnen Gefahren abzuwenden, durch die die öffentliche Sicherheit und Ordnung bedroht wird."[248] Mit dem Hinweis auf §§ 40–44 und 53 wurde die Verfügung selbst und mit dem auf § 55 die angedrohten Zwangsmaßnahmen für rechtens erklärt[249].

Was im Falle des evangelischen Kindergartens in Suppingen von Karl Löcklin, dem Kreisleiter-Genossen Horstmanns, und von Theodor Hermann, dem Dekan und Pfarrerkollegen Immers, zwar anschaulich, aber noch nur im übertragenen Sinne als „Brandfackel werfen" beschrieben worden war[250], in Emden hatte es unmittelbare Bezüge zur Realität. Die Brandfackel war tatsächlich geworfen. Mit den Gotteshäusern jüdischer Menschen war ein Weltbrand, wie sich bald zeigen sollte, entzündet. Nur eines war gleich geblieben wie in Suppingen und in allen anderen Fällen. Die tatsächlichen Brandstifter sahen sich als Löschtrupp und bezichtigten ihrerseits, wer ihnen nicht folgte, die „Brandfackel" geworfen zu haben. Dazu benutzten sie in Emden jenes liberal-rechtsstaatliche Instrumentarium wie das PolVerwG[251], das sie von An-

---

245 Schreiben Zschintzsch an Regierungspräsidenten in Hildesheim vom 1.6.1938 (EZA Berlin, 1/C3/179; EZA Berlin, 7/4414; ADW, CA/J 62). Siehe II Kap. I.3.2., S. 160f. mit Anm. 134.

246 Schreiben des Reichsministeriums für Wissenschaft, Erziehung und Volksbildung an die Regierungspräsidenten – „unmittelbar" –, an die Oberpräsidenten, die Unterrichtsverwaltungen der Länder, den Stadtpräsidenten der „Reichshauptstadt" Berlin, den Reichskommissar für das Saarland, den Reichsminister für die kirchlichen Angelegenheiten und den Reichsminister des Innern vom 4.8.1938 (EZA Berlin, 1/C3/179; EZA Berlin, 7/4414; ADW, CA/J 62). Siehe II Kap. I.3.2., S. 162.

247 Schreiben Meyer-Degering an Vorstand des Evangelischen Kindergartens „zu Händen des Herrn Pastor Immer" vom 12.11.1938 (ADW, VKD 19).

248 PolVerwG vom 1.6.1931 (GS 1931, S. 77–94, hier S. 79).

249 Mit §§ 40–44 PolVerwG werden die Merkmale einer polizeilichen Verfügung – seinerzeit erstmals „ein wichtiger Punkt der kodifikatorischen Aufgaben" des Gesetzes (E. Klausener/Chr. Kerstiens/R. Kempner, Das Polizeiverwaltungsgesetz, S. 71) – beschrieben, wobei § 53 PolVerwG „aus überwiegenden Gründen des öffentlichen Interesses die sofortige Ausführung" der Verfügung ermöglicht. § 55 regelt die Anwendung von Zwangsmitteln (GS 1931, S. 86–88).

250 Siehe I Kap. VII.4.3., S. 410f.

251 Siehe E. Klausener/Chr. Kerstiens/R. Kempner, Das Polizeiverwaltungsgesetz,

fang an verhöhnt und mißachtet hatten, um es jetzt ihrer Brandstifterwillkür dienstbar zu machen.

Spätestens am Sonntag, dem 13. November 1938, war deutlich, was hinter der „Löschaktion" im Blick auf den evangelischen Kindergarten am Kattewall stand. Während der Gottesdienstzeit hatte sich der NSV-Kreisamtsleiter Hans Lasch im Hause des Pfarrers der lutherischen Gemeinde Emdens gemeldet. Cornelius Janssen, seit drei Jahren in der Gemeinde, hielt Gottesdienst und war nicht erreichbar. Am frühen Nachmittag sprach Lasch nochmals vor, begründete seinen Wunsch, mit Janssen sprechen zu wollen, damit, daß mit Immer wegen des bekannten Vorfalls nicht mehr zu verhandeln sei. Er, Lasch, wolle jedenfalls nicht eine Schließung des evangelischen Kindergartens, sondern eigentlich eine Übernahme des Kindergartens durch die NSV mit dem Beginn der kommenden Woche[252]. Jedoch statt einer schriftlichen Zustimmung, mit der er nach seinem Gespräch mit Janssen fest gerechnet hatte[253], erhielt Lasch gegen Ende der Woche die Mitteilung, daß der Verein für die Christliche Kleinkinderschule und -Bewahranstalt am Kattewall beim Regierungspräsidenten in Aurich Einspruch erhoben hätte und daß im übrigen die Sache aus seiner, Janssens Sicht, „durch die Klärung des Vorstandes gegenstandslos" geworden sei[254].

Tatsächlich hatte der Vorstand des Vereins nur zwei Tage später, am 14. November einen Beschluß gefaßt, mit dem er hoffte, die Schließungsgründe gegenstandslos gemacht zu haben. Da die Anordnung zur Schließung des Kindergartens an Immer gerichtet war und der „Vorwurf", für die Führung eines Kindergartens im Sinne der nationalsozialistischen Weltanschauung keine Gewähr mehr zu bieten, „sich kaum gegen eine Mehrzahl von Vorstandsmitgliedern richten dürfte", war der Vorstand davon ausgegangen, „daß der Vorsitzende des Vereins, Herr Pastor Immer, gemeint ist." Inwieweit diese Haltung des Vorstandes oder tatsächlich Immers persönlicher Wunsch, dem Weiterbestehen des Kindergartens nicht im Wege zu sein, ausschlaggebend gewesen war, bleibt unklar – Immer war vom Vorsitz zurückgetreten, war aus dem Vorstand ausgeschieden, und Janssen war berufen worden.

S. VII–X. Vgl. CHR. GRAF, Kontinuitäten und Brüche, S. 74f. E. FRAENKEL, Der Doppelstaat, merkt an: „Die Schranken der Polizeigewalt sind in § 14 des Preußischen Polizeiverwaltungsgesetzes festgelegt. Sie sind fast wörtlich aus dem Allgemeinen Preußischen Landrecht von 1794 übernommen. Kraft Rechtsübung und Gewohnheitsrecht hatten sie seit vielen Jahrzehnten in ganz Deutschland Gültigkeit." (S. 46 mit Anm. 54); er stellt fest: Wäre es auch bei den Gerichten und ihren diesbezüglichen Urteilen bei der Auffassung geblieben, daß § 14 PolVerwG „auch bei Anwendung der Reichstagsbrandverordnung" eine „Beschränkung der Polizeigewalt" bedeute, „so wäre die Gleichschaltung des ganzen Volkes mit Hilfe staatlicher Terrormittel nicht möglich gewesen." (S. 46).

252 H. Hofstaetter, Bericht über den Besuch in Emden, betr. Kindergarten am Kattewall, vom 9.12.1939 (ADW, VKD 19).

253 Schreiben Lasch an Janssen vom 14.11.1938 (EBD.).

254 Schreiben Janssen an Lasch vom 17. oder 18.11.1938 (EBD.).

Mit dieser personellen Veränderung an seiner Spitze, meinte der Vorstand den Anforderungen zu entsprechen und nunmehr die Gewähr für die Führung des Kindergartens im Sinne der nationalsozialistischen Weltanschauung zu bieten und erhob durch seinen neuen Vorsitzenden Einspruch beim Regierungspräsidium in Aurich gegen die Schließungsanordnung Meyer-Degerings. Dabei hob Janssen den Wechsel im Vorsitz als einen Akt politischer Anpassung hervor und wies hin auf die politische Zuverlässigkeit der Leiterin des Kindergartens, bei der im übrigen stets und vollständig die Erziehungsverantwortung gelegen habe[255].

Abgesehen von dem möglicherweise auch hier zu Tage tretenden nicht einfachen Verhältnis zwischen einem lutherischen, dessen Vertreter Janssen war, und einem reformierten Kirchentum, in dessen Tradition Immer stand – was Janssen zur Entlastung Immers vorgebracht hatte, mußte diesen noch mehr bloßstellen, als bereits durch das Ausscheiden aus dem Vorstand geschehen war. Wenn Immer seine Aufgabe als Träger der Verantwortung für die Erziehung der Kinder im Kindergarten am Kattewall nicht wahrnehmen mußte, wozu war er Vorsitzender? Wozu bedurfte es überhaupt dieses Trägers, mithin des Vereins für die Christliche Kleinkinderschule und -Bewahranstalt am Kattewall? Konnte darum der Wechsel im Vorsitz und der Hinweis auf die so verantwortungsvolle Kindergärtnerin nicht als eine Ermutigung zur Übernahme des Kindergartens verstanden werden?

Ob indessen Meyer-Degering solche Erwägungen anstellte, ist unklar. Sie hätten nahegelegen. Wie dem auch sei, Meyer-Degering und Horstmann und mit ihnen auch Lasch blieben von Janssens Eingabe unbeeindruckt und ließen sich nicht von ihrem Vorhaben abbringen, den Kindergarten am Kattewall in ihre Verfügung zu bekommen. Am 19. November bereits teilte Meyer-Degering unter Bezugnahme auf den Einspruch Janssens mit, daß der Kindergarten vorläufig geschlossen bleibe, daß aber, da die Schließung eine „Notlage" verursacht habe, gemäß seiner Anordnung eine Übernahme durch die NSV erfolgt sei und diese den Betrieb bereits am 21. November aufnehmen werde[256]. Weder nutzte Janssens sofortiger Protest beim Oberbürgermeister[257] noch der unmittelbare beim Regierungspräsidium in Aurich, und ob die unmittelbare Mitwirkung des Landessuperintendenten der Evangelisch-reformierten Landeskirche der Provinz Hannover, Dr. Walter Hollweg, und die Carl Theodor Elsters, des Landessuperintendenten des Sprengels Ostfriesland, ein anderes Ergebnis gebracht hätten, muß fraglich bleiben[258]. Der Kin-

---

255 Schreiben Vorstand Christliche Kleinkinderschule an Regierungspräsident in Aurich vom 17.11.1938 (EBD.).

256 Schreiben Meyer-Degering an Janssen vom 19.11.1938 (EBD.).

257 Schreiben Janssen an Oberbürgermeister von Emden vom 20.11.1938 (EBD.).

258 Schreiben Janssen an Regierungspräsidenten in Aurich vom 22.11.1938 (EBD.). H. Hofstaetter, Bericht über den Besuch in Emden, betr. Kindergarten am Kattewall, vom 9.12.1939 (EBD.) erwähnt, daß Janssen am 21.11.1938 nach Aurich gefahren war. Er wollte Hollweg und

dergarten wurde und blieb von der NSV in Betrieb genommen, und es spielte für sie auch keine Rolle, daß die Leiterin des Kindergartens, die vom Vorstand so sehr geschätzte Godswinde Riese, weil im Urlaub, nicht anwesend gewesen war[259], um den Kindergarten, wie ursprünglich von Meyer-Degering und Lasch gefordert, ordnungsgemäß zu übergeben[260].

Auch das Regierungspräsidium unter dem zwei Jahre zuvor aus dem Ministerium Wilhelm Fricks nach Aurich gekommenen Lotar Eickhoff, der sich der Angelegenheit persönlich angenommen hatte, blieb ganz und gar unbeeindruckt. Zwar war amtlich über den Einspruchs Janssens gegen die Schließungsverfügung Meyer-Degerings noch nicht entschieden, für Eickhoff aber war zu diesem Zeitpunkt, Anfang Dezember 1938, längst klar, daß dieser Einspruch abgewiesen werden müsse und zwar mit derselben Begründung, die Meyer-Degering mit dem Hinweis auf den Erlaß aus dem Reichsministerium für Wissenschaft, Erziehung und Volksbildung vom 1. Juni 1938 gegeben hatte. Das ließ er Janssen auch wissen. So wie Janssen und der Vorstand des Vereins für die Christliche Kleinkinderschule und -Bewahranstalt am Kattewall zum Zeitpunkt ihres Einspruchs, nach dem Ausscheiden Immers, die Begründung der Schließung für gegenstandslos gehalten und die tatsächlichen Absichten der Emdener braunen Brandstifter in ihrer Bedeutung nicht erkannt hatten, so nahm Eickhoff „ohne weiteres“ an, daß Janssen und sein Vorstand, die Notwendigkeit der Übernahme des Kindergartens, „die im Interesse der bisher von ihnen betreuten Kinder gefordert wird, selbst anerkennen[261].“ Die sich um den Nachweis bemüht hatten, unbedingt die Gewähr für die Trägerschaft des Kindergartens „im Geiste der nationalsozialistischen Weltanschauung“ zu bieten, sie wurden nunmehr geradezu höhnisch zum weiteren Nachweis ihrer Anpassungsbereitschaft aufgefordert. Sie selbst hatten dazu ermutigt. Eickhoff hatte das verstanden.

Damit war es Recht, daß der ehedem evangelische Kindergarten am Kattewall am 21. November von der Polizei für einen Betrieb durch die NSV wieder geöffnet und das Inventar, aber auch die Kohlen zum Heizen der Räume in Gebrauch genommen worden waren. Einwände gegen die Kindergärtnerin „Fräulein Riese, die im gleichen Hause wohnt“, hatte Lasch nicht. Vielmehr drängte er sie zu bleiben und „vorläufig einzuspringen“. Offenbar hatte er für die Fortsetzung des Kindergartenbetriebes keine personellen Alternativen. Das spielte freilich bei der Beurteilung der Lage durch Hofstaetter keine Rolle, nachdem sie, Anfang Dezember von Janssen dringend darum gebeten,

---

Elster bitten, kurzfristig, gemeinsam mit ihm das Gespräch im Regierungspräsidium zu führen. Beide waren auf Dienstreise. Der „zuständige Verwaltungsgerichtsdirektor“, mit dem Janssen allein verhandelte, verwies einzig auf den Regierungspräsidenten, der sich eine Entscheidung in dieser Sache „selbst vorbehalten würde.“ (Ebd.).

259 Schreiben Meyer-Degering an Janssen vom 22.11.1938 (Ebd.).

260 Schreiben Meyer-Degering an Janssen vom 19.11.1938 (Ebd.).

261 Schreiben Eickhoff an Janssen vom 5.12.1938 (Ebd.).

einen Besuch in Emden beim Vorsitzenden des Vereins für die Christliche Kleinkinderschule und -Bewahranstalt am Kattewall gemacht hatte. Vielmehr war es für Hofstaetter wichtig, daß es der NSV nicht um Bedenken ging, Riese hätte „die Kinder nicht im nationalsozialistischen Sinn erzogen". Wie aber sollte der Vorstand verantwortlich sein, wenn er doch die Erziehung „restlos der Kindergärtnerin überlassen" hatte[262]? Mußte nicht deshalb die Schließung des Kindergartens ebenso wie sein jetziger Betrieb durch die NSV rechtlich fragwürdig sein? Müßte nicht ein sofortiger Einspruch von seiten der Kirchenbehörde sowie des Landesvereins für Innere Mission in Hannover durch dessen „Landesführer" Johannes Wolff beim Regierungspräsidenten in Aurich einige Aussicht auf Erfolg haben?

Hofstaetter unterstützte den entsprechenden Wunsch Janssens und konnte sich auch von v. Wicht bestärkt sehen, der, nachdem er Hofstaetters Bericht zur Kenntnis genommen hatte, auf diese Weise hoffte, „einen gerechten Entscheid zu erreichen". Für ihn konnte das nur heißen, daß die Schließung des Kindergartens am Kattewall in Emden ebenso für unrechtmäßig erklärt wird wie die Übernahme seines Betriebes durch die NSV. Geschähe das nicht, so wäre das ein „Präzedenzfall", und es „wären die Folgen nicht nur für kirchliches Eigentum, bestehende Rechts- und Arbeitsverträge, Hausrecht usw., sondern auch für jedes primitivste sittliche Rechtsempfinden unabsehbar."[263]

So deutlich hatte v. Wicht zwar bislang die Willkür der Machthaber noch nie beschrieben, aber auch jetzt konnte er in der Sache nicht mehr als Verhandlungen vorschlagen. Dabei folgte er allerdings erstmals nicht seiner bisherigen Vorgehensweise, sofort die etwa in Frage kommenden Reichsministerien einzuschalten. v. Wicht regte an, zunächst die Verhandlungen mit Eickhoff in Aurich zu führen. Sollten diese scheitern, dann erst könnte „von der Zentrale aus vorgegangen werden." Mochte es ihm, ganz entsprechend dem bisher stets von Ohl praktizierten Vorgehen, auch darauf ankommen, alle Verhandlungsmöglichkeiten vor Ort auszuschöpfen, entscheidend war indessen, daß er wohl bereits zu diesem Zeitpunkt vermeiden wollte, das Verhältnis zum Reichsministerium für Wissenschaft, Erziehung und Volksbildung „mit einem Einzelfall so schwieriger und delikater politischer Natur zu belasten"[264] und damit die Sicherung der evangelischen Kinderpflege noch weiter zu erschweren. Offenbar rechnete er damit, bei einer mit der Zustimmung aller Landeskirchen versehenen Resolution die von ihm erwartete Stellungnahme aus dem Ministerium zu erhalten, um sie als klärenden Grundsatz und entscheidende Norm wie in allen anderen strittigen Fällen auch im Fall des Emdener Kindergartens einbringen zu können.

262 H. Hofstaetter, Bericht über den Besuch in Emden, betr. Kindergarten am Kattewall, vom 9.12.1938 (EBD.).

263 Schreiben v. Wicht an Schirmacher vom 12.12.1938 (ADW, CA zu 850a III).

264 Schreiben v. Wicht an Hofstaetter vom 1.3.1939 (ADW, VKD 19).

Daher, während Schirmacher der Meinung war, im Falle des Emdener Kindergartens nichts tun zu können[265], drängte v. Wicht im Blick auf die Unterzeichnung der von ihm mit erheblichem Arbeitseinsatz zu Wege gebrachten Resolution auf eine möglichst hohe Zahl an landeskirchlichen Zustimmungen und auf die Zeit. Nachdem bis Mitte Dezember nur die förmlichen Einverständniserklärungen der ApU[266], der Evangelisch-lutherischen Kirche in Bayern[267], der Evangelisch-lutherischen Landeskirche in Württemberg[268], der Evangelischen Landeskirche Baden[269], der Pfälzischen Landeskirche[270], der Evangelisch-lutherischen Kirche Oldenburgs[271] sowie der Evangelischen Landeskirche Nassau-Hessen[272], mithin erst sieben von dreiundzwanzig möglichen vorlagen[273], waren bis Jahresende die billigenden Voten fünf weiterer Landeskirchen eingegangen[274].

Da noch „einige weitere Kirchenregierungen bereit" waren, ihr Einverständnis mit der Eingabe zu erklären[275], wartete man schließlich bis Anfang Februar 1939 mit dem Versand an das Ministerium Kerrls, das um „befürwortende Weitergabe" an das Ministerium Rusts gebeten werden sollte. Als schließlich der Vorstand des CA auf seiner Sitzung am 7. Februar 1939 in dieser Weise mit der seit November des Vorjahres allen Landeskirchen vorliegenden Eingabe „betr. des Schutzes und der Erhaltung unserer kirchlichen Kindergärten."[276] zu verfahren beschloß[277], hatten siebzehn Landeskirchen ihr

265 Schreiben Alfred Fritz an v. Wicht vom 12.11.1938 (ADW, CA/J 62). Hofstaetter hatte ihren Bericht auch dem EREV gesandt, und Alfred Fritz hatte Schirmacher in Kenntnis gesetzt.

266 Schreiben EOK Berlin an Kirchenkanzlei der DEK vom 13.12.1938 (EZA BERLIN, 1/C3/179).

267 Schreiben Evangelisch-lutherischer Landeskirchenrat München [Meiser] an Kirchenkanzlei der DEK vom 29.11.1938 (EBD.).

268 Schreiben OKR Stuttgart [Wurm] an Kirchenkanzlei der DEK vom 3.12 1938 (EBD.).

269 Schreiben EOK Karlsruhe [Kühlewein] an Kirchenkanzlei der DEK vom 26.11.1938 (EBD.).

270 Schreiben Landeskirchenrat Speyer [Landesbischof Ludwig Diehl] an Kirchenkanzlei der DEK vom 25.11.1938 (EBD.).

271 Schreiben OKR Oldenburg [Landesbischof Johannes Volkers] an Kirchenkanzlei der DEK vom 30.11.1938 (EBD.).

272 Schreiben Landeskirchenamt Darmstadt [Oberkirchenrat Richard Olff] an Kirchenkanzlei der DEK vom 3.11.1938 (EBD.).

273 Schreiben v. Wicht an Schirmacher vom 12.12.1938 (ADW, CA zu 850a III).

274 Schreiben v. Wicht an Kirchenkanzlei der DEK vom 29.12.1938 (EZA BERLIN, 1/C3/179). Ihre Zustimmung hatten weiterhin erklärt: die Evangelisch-lutherische Landeskirche Hannovers durch Marahrens am 17.12.1938; die Evangelisch-reformierte Landeskirche der Provinz Hannover durch Hollweg am 23.12.1938; die Evangelische Landeskirche Kurhessen-Waldeck am 12.12.1938; die Braunschweigische evangelisch-lutherische Landeskirche durch Landesbischof Dr. Helmuth Johnsen am 28.11.1938; die Evangelisch-lutherische Kirche Hamburgs durch Tügel am 15.12.1938 (EBD.).

275 Schreiben v. Wicht an Kirchenkanzlei der DEK vom 29.12.1938 (EBD.).

276 Schreiben Vereinigung an die angeschlossenen Landes- und Provinzialverbände für evangelische Kinderpflege vom 1.3.1939 (LKA HANNOVER, E 26/106).

Einverständnis erklärt und unterzeichnet[278]. Obwohl v. Wicht nur zu gern die Zustimmung aller deutschen evangelischen Landeskirchen erhalten hätte[279], die DC-bestimmten „Kirchenregierungen" der Evangelisch-lutherischen Landeskirche Mecklenburgs, der Thüringer evangelischen Kirche, der Evangelischen Kirche Anhalts hatten aus „grundsätzlichen Erwägungen" auf eine Beteiligung am „geplanten gemeinsamen Schritt" verzichtet[280], und die Evangelisch-lutherische Kirche Lübecks, die Bremische Evangelische Kirche sowie die Evangelisch-lutherische Landeskirche Sachsens hatten sich jeder Rückäußerung enthalten. Sie wollten wohl in jedem Fall, was bereits Vogels Entwurf eines Aufrufs an die Kirchengemeinden in Sachsen hatte erkennen lassen, den Eindruck vermeiden, sich mit einer Zustimmung oder auch nur einer Reaktion auf die Anfrage der DEK und ihrer Kirchenkanzlei kirchenpolitisch oder gar politisch geäußert zu haben.

So ging am 14. Februar 1939 ein Schreiben des Präsidenten des CA, dessen Entwurf v. Wicht gefertigt hatte, mit Hinweis auf eine nachdrückliche Unterstützung der DEK und ihrer Kirchenkanzlei sowie mit dem Verzeichnis der siebzehn Landeskirchen und ihrer Repräsentanten ganz gemäß der inzwischen fast einundeinhalb Jahre alten Verfügung von Muhs, wonach alle Anträge auch freier kirchlicher Vereinigungen über das von ihm vertretene Ministerium zu leiten seien[281], an das Reichsministerium für die kirchlichen Angelegenheiten mit der Bitte, die Eingabe „zu unterstützen und befürwortend an den Reichs- und Preußischen Minister für Wissenschaft, Erziehung und

---

277 Protokoll (ADW, CA 67 B (1939)).

278 Schreiben Vereinigung an Kirchenkanzlei der DEK vom 14.2.1939 (EZA Berlin, 1/C3/179; ADW, VKD 8) mit Auflistung der „Zustimmungen" und „Ablehnungen". Hinzugekommen waren seit Ende des Jahres 1938 die Einverständniserklärungen der Evangelisch-lutherischen Landeskirche Schleswig-Holsteins durch Oberkirchenrat Christian Andersen vom 8.1.1939; der Lippischen Landeskirche durch Landessuperintendent Lic. Wilhelm Neuser vom 13.2.1939; der Evangelisch-lutherischen Landeskirche von Schaumburg-Lippe durch Leitenden Geistlichen und Präsidenten des Landeskirchenamtes Wilhelm Henke vom 24.1.1939 und der Evangelisch-lutherischen Landeskirche Eutin durch Landespropst Willhelm Kieckbusch vom 27.1.1939 (EZA Berlin, 1/C3/179).

279 Schreiben Vereinigung an die angeschlossenen Landes- und Provinzialverbände für evangelische Kinderpflege vom 1.3.1939 (LKA Hannover, E 26/106).

280 Schreiben Landeskirchenrat der Thüringer evangelischen Kirche an Vereinigung vom 2.2.1939 (EZA Berlin, 1/C3/179). Vgl. auch Schreiben Vereinigung an die angeschlossenen Landes- und Provinzialverbände für evangelische Kinderpflege vom 1.3.1939 (LKA Hannover, E 26/106); Schreiben Oberkirchenrat der Evangelisch-lutherischen Landeskirche Mecklenburgs an DEK vom 28.11.1938 und Schreiben Landeskirchenrat der Evangelischen Kirche Anhalts an DEK vom 11.2.1939 sowie Schreiben Landeskirchenrat der Thüringer evangelischen Kirche an DEK vom 2.12.1938 (EZA Berlin, 1/C3/179). Vgl. auch Schreiben Vereinigung an DEK vom 14.2.1939 (Ebd. und ADW, VKD 8) mit Auflistung der „Zustimmungen" und „Ablehnungen".

281 Schreiben Reichs- und Preußisches Ministerium für die kirchlichen Angelegenheiten [Muhs] an die Evangelischen Kirchenbehörden und die Katholischen Kirchenbehörden sowie an sämtliche Oberste Reichsbehörden vom 16.10.1937 (ADW, CA/G 80000/7). Siehe II Kap. I.1.1., S. 49 mit Anm. 127.

Volksbildung weiterzuleiten."[282] Die Eingabe, an ihn direkt adressiert und mit Datum desselben Tages, war im ein Vierteljahr zuvor abgestimmten Wortlaut beigefügt[283]. Nun blieb abzuwarten, ob sie den erhofften Erfolg brächte.

Daß die Eingabe allerdings noch unmittelbar für den evangelischen Kindergarten in Emden Auswirkungen haben könnte, damit rechnete v. Wicht bereits vierzehn Tage später nicht mehr. Unter demselben Datum, unter dem aus dem CA die Eingabe an die beiden Reichsministerien abgegangen war, hatte der Regierungspräsident in Aurich die Beschwerde Janssens gegen die Schließung des Kindergartens am Kattewall „als unbegründet" zurückgewiesen. Eickhoff bestätigte darin die Rechtmäßigkeit der Maßnahmen der Brandstifter um Horstmann und erklärte die Schließung des Kindergartens als ein „geeignetes und notwendiges Mittel", um im Sinne des § 14 PolVerwG „beruhigend auf die Bevölkerung einzuwirken"[284]. Zur Begründung seiner eigenen Entscheidung verwies Eickhoff auf die Regelungen des § 11 der Staatsministerialinstruktion vom 31. Dezember 1839, worauf bereits der Erlaß aus dem Ministerium Rusts vom 1. Juni 1938 Bezug genommen hatte[285]. Da Immer „dem Nationalsozialismus fremd und ablehnend gegenübersteht", berief sich Eickhoff außerdem auf die Bestimmungen des § 7, der bei „Verkehrtheiten" einer Einrichtung die Zurücknahme der Erlaubnis und deren Schließung vorsah[286]. Daß es allerdings allein um Immer gar nicht ging, sondern um die Be-

---

[282] Schreiben v. Wicht an Reichs- und Preußischen Minister für die kirchlichen Angelegenheiten vom 11.2.1939 (ADW, VKD 8). Das Schreiben ist nicht als Entwurf ausgewiesen. Das entspricht auch in dieser Form den Arbeitsgepflogenheiten v. Wichts, wenn er anderen zuarbeitete. Es ist wortgleich mit dem Schreiben CA an Reichs- und Preußischen Minister für die kirchlichen Angelegenheiten vom 14.2.1939 (ADW, CA zu 850a III). Die Vereinigung und der CA adressieren im Gegensatz zur DEK und ihrer Kirchenkanzlei zu diesem Zeitpunkt immer noch „Reichs- und Preußischer Minister ...". Siehe zuvor S. 231 mit Anm. 184.

[283] Schreiben Vereinigung an Reichsministerium für Wissenschaft, Erziehung und Volksbildung vom 14.2.1939 (ADW, CA zu 850a III).

[284] Schreiben Eickhoff an Verein für die Christliche Kleinkinderschule und -Bewahranstalt am Kattewall vom 14.2.1939 (ADW, VKD 19). Darin heißt es: „Wie auch Ihnen bekannt ist, hat der bisherige Vorsitzende Ihres Vereins, Pastor Immer, Emden, in den Tagen, in denen weiteste Kreise des deutschen Volkes sich wegen der Ermordung des Gesandtschaftsrates [Ernst] vom Rath in einer Stimmung berechtigter Empörung befanden, es für richtig gehalten, in aller Öffentlichkeit seiner Sympathie gegenüber dem Judentum Ausdruck zu geben. Durch dieses Verhalten wurde eine Lage geschaffen, die Entladungen der Volksstimmung befürchten lassen mußte. Die Schließung des von Pastor Immer geleiteten Kindergartens war ein geeignetes und notwendiges Mittel, um beruhigend auf die Bevölkerung einzuwirken" (EBD.).

[285] Siehe II Kap. I.3.2., S. 160f. mit Anm. 134.

[286] § 7 der Staatsministerialinstruktion vom 31.12.1839 verfügt: „Zeigen sich in solchen Anstalten [scil. Privat-Erziehungsanstalten] Verkehrtheiten und Mißbräuche, welche die Jugend verbilden können, oder ihrer Sittlichkeit und Religiosität Gefahr drohen, wird die Jugend vernachlässigt, oder ist sie unfähigen und schlechten Lehrern anvertraut, und wird ein solcher Übelstand auf die Erinnerung der Orts-Schulbehörde nicht abgestellt, so ist dieselbe verpflichtet, auf eine Untersuchung bei der Königl. Regierung anzutragen und die letzte ist befugt, nach Befinden der

seitigung des evangelischen Kindergartens in Emden, mit den Worten der Staatsministerialinstruktion eines „Übelstandes", gestand der Regierungspräsident unumwunden ein. Die Umstände ließen ihn „als zuständige Aufsichtsbehörde" auch durch einen vollzogenen Wechsel im Vereinsvorsitz „keine grundlegende Änderung der Verhältnisse erhoffen". Deshalb sei „eine dauernde Entziehung der Betriebserlaubnis gerechtfertigt und nötig"[287].

Dieser Perfidie hatte auch v. Wicht nichts entgegenzusetzen. War er Mitte Dezember 1938, als er erstmals von den Ereignissen in Emden und den Begründungszusammenhängen hörte, noch empört und glaubte jedes Rechtsempfinden verletzt, so sah er jetzt kaum eine Möglichkeit zu einem Einspruch beim Ministerium Rusts, obwohl Eickhoff darauf in einer Rechtsmittelbelehrung hingewiesen hatte. Schon gar nicht rechnete v. Wicht damit, über das Reichsministerium für die kirchlichen Angelegenheiten etwas bewirken zu können, das sich in der zurückliegenden Zeit immer mehr als williger Vollstrecker des sich radikalisierenden Totalitätsanspruchs der regionalen und zentralen Schaltstellen des NS-Regimes und der daraus erwachsenen Verschärfung der sogenannten Entkonfessionalisierung erwiesen hatte. Außerdem war an die Stelle der Empörung die scheinbar untertänig-selbstkritische, tatsächlich aber politisch-verdächtigende Frage getreten, ob sich der Emdener Gemeindepfarrer Immer nicht doch in irgendeiner Weise „exponiert" habe, da anders sich hätte „der allgemeine Zorn nicht so gegen ihn richten" können. Abgesehen von der Frage, ob es sich bei dem Fall in Emden tatsächlich um allgemeinen Zorn gehandelt, der sich gegen Immer gewandt hatte und abgesehen davon, daß v. Wicht in diesem Vorgang eine Bestätigung seiner Forderung sah, die Eingabe „nur von unserem seelsorgerlichen Auftrag her" zu begründen, hatte sich v. Wicht den Verhältnissen angepaßt und machte sich und anderen nur noch wenig Hoffnung. „So schmerzlich es ist – *im Augenblick* können wir nichts tun." Aber auch über den Augenblick hinaus hielt es v. Wicht eher für unwahrscheinlich, daß die Eingabe etwa die Entscheidungen des Emdener Oberbürgermeisters und des Regierungspräsidenten in Aurich „umzuändern" in der Lage sein könnte. Voller Skepsis ging er darum davon aus, daß die Eingabe „im günstigsten Falle verhindern wird, daß die Schließung des Emdener Kindergartens Schule macht."[288] Inwieweit selbst das noch eine berechtigte Hoffnung war, mußte sich zeigen.

Daß es jedenfalls zu diesem Zeitpunkt wenig Anlaß gab, mit Zuversicht auf die Zukunft der Arbeit evangelischer Kinderpflege zu blicken, ließ nicht allein eine Rede des „Führers" erkennen, mit der er den ein Jahr zuvor in Sont-

---

Umstände den Erlaubnisschein zurückzunehmen und die Privatschule und Privat-Erziehungsanstalt schließen zu lassen." (MBliV 1840, S. 95).

287 Schreiben Eickhoff an Verein für die Christliche Kleinkinderschule und -Bewahranstalt am Kattewall vom 14.2.1939 (ADW, VKD 19).

288 Schreiben v. Wicht an Hofstaetter vom 1.3.1939 (Ebd.). Die Hervorhebung ist im Original unterstrichen.

hofen proklamierten Kurs öffentlich bekräftigte. Diese Rede, die Hitler Anfang Dezember 1938 anläßlich der Volksabstimmung im Reichsgau „Sudetenland" hielt, gipfelte im Blick auf die Kinder und Jugendlichen, die „nichts anderes als deutsch denken, deutsch handeln" lernen sollen, in der Feststellung, daß die NSDAP und ihre Organisationen sie aufnehmen werde und was dann noch an „Klassenbewußtsein" oder „Standesdünkel" vorhanden sei, komme unter den Schliff der Wehrmacht, und zur Verhinderung jeden Rückfalls „nehmen wir sie ... sofort wieder in SA, SS und so weiter. Und sie werden nicht mehr frei ihr ganzes Leben."[289] Gleichzeitig ließen die Zahlen, die den Bestand der Arbeit markierten und die v. Wicht gerade für den jährlichen Bericht zusammengetragen hatte erkennen, daß der Angriff der Machthaber so erfolgreich gewesen war wie noch nie zuvor. Im Laufe des Jahres 1938 waren 132 evangelische Kindergärten an die NSV übergegangen[290], der größte Verlust, seit man mit hohen Erwartungen den Versprechungen der „unerbittlichen Mahner und Erneuerer des völkischen Bewußtseins"[291], eben der NSV, vertraut hatte. Das bedeutete auch einen Verlust von über 5.000 Plätzen und von mehr als 250 Mitarbeiterinnen[292]. Besonderes Gewicht er-

---

289 Nach K.-I. FLESSAU, Schule, S. 36; DERS., Schulen der Partei(lichkeit)?, S. 82, sind die Worte Teil der Rede, die Hitler am 2.12.1938 in Reichenberg, der sogenannten Gauhauptstadt des gerade gebildeten „Reichsgaues Sudetenland" gehalten hat. Auch H. MICHAELIS/ E. SCHRAEPLER (Hg.), Ursachen und Folgen XI, Dok. Nr. 2502, S. 138–139, will in VB, 51. Jg., Nr. 338/4.12.1938, Ausg. Berlin, den Wortlaut nachgewiesen sehen. W. MICHALKA, Deutsche Geschichte, Dok. 74, S. 91, gibt den Wortlaut als Teil einer Rede Hitlers vom 4.12.1938 wieder, die ebenfalls mit Verweis auf VB, 51. Jg., Nr. 338/4.12.1938, Ausg. Berlin, S. 4, nachgewiesen sein soll. Nach PARTEIAMTLICHE PRÜFUNGSKOMMISSION (Hg.), Die Reden, S. 176; auch nach M. DOMARUS, Hitler I.2., S. 981, der die Reichenberger Rede in Auszügen wiedergibt, hat Hitler am 4.12.1938 keine Rede gehalten. Hier ist aber ebenfalls auf die Wiedergabe der Rede in VB, 51. Jg., Nr. 338/4.12.1938, Ausg. München, verwiesen. Im übrigen ist die Rede bereits in VB, 51. Jg., Nr. 337/3.12.1938, Ausg. Berlin, S. 2 und S. 4 veröffentlicht, um einen Tag später nochmals abgedruckt zu werden. Tatsächlich ist die Rede mit diesem Wortlaut als „Wahlrede" anläßlich der Abstimmung vom 4.12.1938 im „Reichsgau Sudetenland" am 2.12.1938 in Reichenberg gehalten worden und nachzuweisen in DRA FRANKFURT/MAIN-BERLIN, 2590330.

290 Statistik (ADW, VKD 32). Danach gingen an die NSV in

Baden	37 Kindertagesstätten	Hessen-Kassel	7 Kindertagesstätten
Bayern	9 Kindertagesstätten	Mecklenburg	3 Kindertagesstätten
Berlin	6 Kindertagesstätten	Nassau-Hessen	7 Kindertagesstätten
Brandenburg	10 Kindertagesstätten	Ostpreußen	1 Kindertagesstätte
Braunschweig	3 Kindertagesstätten	Pfalz	2 Kindertagesstätten
Hannover	3 Kindertagesstätten	Pommern	2 Kindertagesstätten
Rheinprovinz	1 Kindertagesstätte	Thüringen	7 Kindertagesstätten
Prov. Sachsen	1 Kindertagesstätte	Westfalen	4 Kindertagesstätten
Schlesien	10 Kindertagesstätten	Württemberg	19 Kindertagesstätten

291 W. REHER, Deutschland, S. 50.

292 VEREINIGUNG, Tätigkeitsbericht 1.4.1938–31.3.1939, Statistische Übersicht. Die Vereinigung zählt insgesamt 2.721 Kindertagesstätten mit 3.754 pädagogischen Kräften und 176.288 Plätzen. Damit war gegenüber dem Vorjahr, in dem die Vereinigung und ihre Mitgliedsverbänden 54 Einrichtungen an die NSV verloren (Statistik, in: ADW, VKD 32) und 2.826 Einrichtungen mit

hielten diese Zahlen durch die Tatsache, daß inzwischen die NSV, zumindest was die Kindergärten betraf, „die maßgebliche und führende Organisation für die gesamte praktische sozialpädagogische Arbeit" geworden war[293]. Und das, obwohl die fachlich-organisatorische Begleitung und Überwachung der Arbeit, trotz der Anordnung vom 15. Februar 1935[294], keineswegs sichergestellt war. Zu einer vom Berliner Hauptamt und seinem Hilfswerk „Mutter und Kind" geforderten Einstellung von ausgebildeten, hauptamtlichen Kreisreferentinnen für Kindertagesstätten[295] waren in den Gauen längst nicht alle Gauleiter der NSDAP und ihre NSV-Gauamtsleiter bereit, Mittel einzusetzen. Dennoch, auf dem „Parteitag Großdeutschlands", wie 1938 „die Heerschau des Nationalsozialismus" auf dem „‚Gigantenforum' in Nürnberg"[296] bezeichnet wurde, behauptete Hilgenfeldt vollmundig, daß von der NSV 8.750 Kindertagesstätten geschaffen worden wären, so daß „heute gegenüber dem Jahre 1932 mehr als die doppelte Zahl vorhanden ist"[297]. Die Raubzüge der NSV waren nicht ohne Erfolg geblieben[298]. Aber indem Hilgenfeldt mit dem Hinweis darauf, daß der NSV-Kindergarten „zu einer neuen Pflegestätte des Kleinkindes geworden" wäre[299], es vermied, von der anderen Hälfte der Kindergärten zu sprechen, die es ja nach wie vor noch gab, verschwieg er eine Tatsache: das Ziel, die Beseitigung aller konfessionellen Kindergärten durch deren Übernahme hatte die NSV bis jetzt nicht erreicht.

3.904 pädagogischen Kräften und 181.285 Plätzen gezählt hatte (VEREINIGUNG, Tätigkeitsbericht 1.4. 1937–31.3.1938), ein Verlust von 72 Kindergärten im Jahr 1938 angezeigt. Man wird davon ausgehen müssen, daß im Zuge der von den Machthabern erzwungenen – siehe II Kap. I.2.6., S. 130 – Umgestaltung seiner Arbeit sich Einrichtungen des DRK den Mitgliedsverbänden der Vereinigung angeschlossen haben. Daraus könnte sich jedenfalls die Differenz zu den angegebenen und ortsnamentlich ausgewiesenen 132 an die NSV verlorenen Kindertagesstätten erklären (Statistik, in: ADW, VKD 32).

293 H. VILLNOW, Die sozialpädagogische Arbeit, S. 3.

294 Siehe I Kap. V.4.3., S. 225ff.

295 Schreiben Hilfswerk „Mutter und Kind" [Janowsky] an die Gauleiter der NSDAP und die Leiter der Ämter für Volkswohlfahrt vom 21.1.1938 (ADW, CA/J 125).

296 S. ZELNHEFER, Die Reichsparteitage, S. 251.

297 Rede Hilgenfeldts vor dem Parteikongreß am 8.9.1938 anläßlich des „Parteitages Großdeutschlands" (E. HILGENFELDT, Volkspflege, S. 6). Die von Hilgenfeldt genannte Zahl ist offensichtlich eine Propagandazahl, die Summe aus der Zahl der sogenannten Dauerkindergärten und der zu diesem Zeitpunkt bekannten Zahl der Erntekindergärten. In der nach Auflösung des Deutschen Fröbelverbandes zum Ende des Jahres 1938 mit Beginn des Jahres 1939 vom NSLB, unter Mitwirkung der NSV durch Hildegard Villnow (E. DINKLER, An unsere Leser!), geführten Fachzeitschrift KINDERGARTEN stellt Villnow Zahlen vor, die demgegenüber jedenfalls den Eindruck einer gewissen Genauigkeit und Zuverlässigkeit vermitteln (H. VILLNOW, Die sozialpädagogische Arbeit, S. 3). Siehe II Kap. II.3., S. 456 mit Anm. 7.

298 F. HEINE, Die Nationalsozialistische Volkswohlfahrt, S. 14. Heine merkt an, daß die geringe Zahl an Kindergärten im Jahr 1935 sich daraus erkläre, „daß die NSV damals zahlreiche Einrichtungen dieser Art noch nicht hatte zusammenrauben können." (EBD.).

299 Rede Hilgenfeldts vor dem Parteikongreß am 8.9.1938 anläßlich des „Parteitages Großdeutschlands" (E. HILGENFELDT, Volkspflege, S. 6).

Angesichts dieser Situation und der „Unsicherheit des Bestandes unserer Arbeit" und mit der Erfahrung, „unter wachsendem Druck" zu stehen[300], war es für v. Wicht ganz entscheidend, für das Jahr 1938 in seinem Tätigkeitsbericht nicht nur zu resümieren, daß die evangelische Kinderpflege „ihren Auftrag und ihre Vollmacht in dem alle Zeiten und Geschlechter der Menschen überdauernden Worte unseres Gottes"[301] habe, sondern für die Arbeit auch „eine entschiedene Front bewußt evangelischer Glaubenshaltung und verstärkter innerer Einsatzbereitschaft" zu fordern[302]. Das hieß aber auch, er hatte seine Doppelstrategie nicht aufgegeben – einerseits Bestandssicherung für die evangelische Kinderpflege in ihrer bisherigen Form als Teil der freien Wohlfahrtspflege und andererseits zugleich Verstärkung gegenseitiger Ergänzung von „Hauskatechumenat und Gemeindekatechumenat" und damit eine Bestandssicherung in noch unbekannter Form, aber jedenfalls als Teil der „Gemeinschaft der Liebe, die sich gläubig stärkt am Wort der Bibel und am Sakrament"[303]. Als einen praktisch-theologischen Entwurf das in die Praxis umzusetzen forderte er nun von den der Vereinigung angeschlossenen Verbänden. Er selbst hatte bereits an wichtiger Stelle daran mitgearbeitet.

EXKURS: „Eine Vertiefung innerhalb der Arbeitsgemeinschaft der freien Wohlfahrtspflege" – der „Mustergau" Schlesien

Zu den Ursachen für die Schwierigkeiten, mit denen es Hilgenfeldt im „Altreich" im Gegensatz zum Stillhaltekommissar Albert Hoffmann in der „Ostmark" bei der von ihm angestrebten gesetzlichen Neuordnung der freien Wohlfahrtspflege zu tun hatte, mußte noch etwas hinzukommen – die Erfahrung, daß die Innere Mission und ihr CA, wie sehr auch mit ihren Arbeitsbereichen durch die Unsicherheit der Rechtslage und die wachsende Wirksamkeit der „weltanschaulichen Distanzierungskräfte" geschwächt und in der Obhut einer ganz und gar ungeordneten Kirche, eine solche Front bildete, die keine unmittelbar erfolgversprechende „Heimführung" im Sinne einer vereinnahmenden Unterstellung unter ihre, der NSV, Führung zuließ. Das Vorgehen des NSDAP-Gauleiters und Oberpräsidenten der Provinz Schlesien, Josef Wagner, und seines NSV-Gauamtsleiters Hans-Joachim Saalmann war eine Probe aufs Exempel.

Wie seinerzeit Richard Fabig angesichts eines DC-geführten CA die Gelegenheit für günstig hielt, über die Streichung kommunaler Zuschüsse für Einrichtungen der Inneren Mission, insbesondere für ihre Kindergärten und über die Erfassung von Belegungszahlen evangelischer Kindergärten und von Personaldaten ihrer Mitarbeiterinnen eine Unterordnung der Inneren Mission

300 VEREINIGUNG, Tätigkeitsbericht 1.4.1938–31.3.1939, S. 1.

301 EBD., S. 24.

302 EBD., S. 22.

303 EBD., S. 24f.

unter die NSV zu erreichen[304], so sah Saalmann, nachdem seinerzeit weder die Biertisch-Gespräche mit Hans-Hellmuth Krause noch andere Bemühungen, erfolgreich gewesen waren, ihn aus dem Amt eines Geschäftsführers des Schlesischen Provinzialvereins für Inneren Mission zu entfernen[305], nach der Stärkung der NSV durch die Übernahme der Einrichtungen des DRK und die damit erforderlichen Verhandlungen über die Gestellungsverträge der nunmehr bei der NSV tätigen Diakonissen wiederum die Chance[306], mit dem Schlesischen Provinzialverein für Inneren Mission zu „einer engeren Zusammenarbeit zwischen NSV und Innerer Mission in Schlesien bezw. einer Eingliederung der Inneren Mission in die NSV" zu kommen[307].

Welche Rolle dabei der drei Jahre zurückliegende Konflikt der beiden Männer spielte bleibt unklar. Sicher ist, daß Saalmann, wie sich im Laufe der Verhandlungen herausstellen sollte, wenn nicht Hilgenfeldts Entwurf über ein Gesetz der freien Wohlfahrtspflege im Wortlaut, so doch seine wesentlichen Punkte kannte und als Forderungen einbrachte. Die gleichzeitig sich entwickelnde Organisation der Wohlfahrtspflege in der „Ostmark" konnte die Gauleitung unter Josef Wagner und ihn als NSV-Gauamtsleiter bestärken, Schlesien dementsprechend als „Mustergau" zu entwickeln[308]. Sicher ist auch, daß die Aktion nicht mit Hilgenfeldt abgestimmt war. Das wurde ebenfalls erst im weiteren Verlauf der Ereignisse deutlich, als Schirmacher gebeten wurde, über die stattgehabten Gespräche Stillschweigen zu bewahren.

Auf Veranlassung Saalmanns suchte Mitte April 1938 der Leiter der Rechtsabteilung in der NSV-Gauamtsleitung in Breslau und Geschäftsführer der „Gauarbeitsgemeinschaft", wie man abkürzend die Arbeitsgemeinschaft der Wohlfahrtsverbände in Schlesien nannte, Magistratsrat Karl Bölsche, das Gespräch mit Hans-Hellmuth Krause, um dessen Einschätzung der Absicht der NSV zu erkunden, eine „engere Zusammenarbeit auf rein wohlfahrtspflegeri-

---

[304] Siehe I Kap. IV.3.2., S. 173ff.

[305] Siehe I Kap. VII.2.1.EXKURS, S. 313ff.

[306] Schreiben Hans-Hellmuth Krause an Magistratsrat Karl Bölsche vom 30.4.1938 (ADW, CA 601 V; ADWRH DÜSSELDORF, OHL 10.1.7. II).

[307] Hans-Hellmuth Krause, Denkschrift über die Verhandlungen zur Herbeiführung einer engeren Zusammenarbeit zwischen Innerer Mission und NSV in Schlesien, o. D., übersandt mit Schreiben Hans-Hellmuth Krause an Constantin Frick vom 24.11.1938 (EBD.). Vgl. Schreiben Constantin Frick an Schirmacher vom 30.11.1938 (ADW, CA/O 162).

[308] Schreiben Paul Braune an CA vom 13.1.1951 (ADW, CA 601 V). Im Zuge des zu Beginn der fünfziger Jahre noch bei der Spruchkammer München anhängigen Verfahrens zur Entnazifizierung Saalmanns äußert sich Paul Braune aus Lobetal: „Aus meiner Erinnerung kann ich nur bestätigen, daß Saalmann ... die Befehle Hilgenfeldts 100 %ig durchgeführt hat. Schlesien war in dieser Beziehung der Mustergau." (EBD.). Angelika Steinbrück hält im Rückblick auf das Jahr 1938 fest: „In dieser Zeit stand die Geschäftsführung des Provinzialvereins bereits in harten Auseinandersetzungen und Kämpfen mit der NSV, deren Gauamtsleiter für Schlesien Saalmann von dem Reichsleiter der NSV Hilgenfeldt die Aufgabe erhielt, alle Vorstöße gegen die IM in Schlesien zu führen, und erst dann, wenn diese glückten, würde der Kampf auf die IM in den anderen Reichsgebieten ausgedehnt." (A. STEINBRÜCK, Der Schlesische Provinzialverein, S. 219).

schem Gebiet" zu erreichen[309]. Nach Rücksprache im Schlesischen Provinzialverein für Innere Mission teilte Hans-Hellmuth Krause, indem er betonte, daß er „in keinem Auftrag rede", der „Gauarbeitsgemeinschaft" seine „persönliche Meinung über die Innere Mission"[310] mit. Dabei erwähnte er zwar auch die schlechten Erfahrungen mit der NSV, die etwa Vereinbarungen wie die über die offene Jugendhilfe vom Juni 1936[311] ignoriere, hielt aber eine „engere Verbindung zwischen NSV und IM" nicht für ausgeschlossen. Entschieden stellte er aber fest, daß die Innere Mission, da die „Liebe Christi ... nicht nur Grund, sie auch ... Ziel ihres Handelns" sei, auf Verkündigungsdienst und damit auf Leitung der Inneren Mission und ihrer Einrichtungen durch Geistliche der DEK als den „für diesen Dienst besonders vorgebildeten Kräften" bestehen müsse. „Davon gibt es kein abmarkten."[312] Wenngleich er das, was sich nach der Vereinbarung zwischen Innerer Mission und NSV bezüglich in von dieser vom DRK übernommenen Gemeindepflegestationen und Kindergärten tätigen Diakonissen als Regelung auch in Schlesien anbahnte, für „wegweisend für unsere Besprechungen" hielt, ließ er dennoch nicht den Fall außer Betracht, daß die „Grundbedingungen" der Inneren Mission nicht akzeptiert werden. Unter Hinweis auf Zoellners Worte anläßlich der ein gutes Jahr zurückliegenden Reichstagung der Inneren Mission teilte Hans-Hellmuth Krause dem Geschäftsführer der Arbeitsgemeinschaft in Schlesien mit: „‚... wird es ihr nicht gewährt, so bleibt ihr nur der Weg des Leidens übrig.' Den müssen wir dann gehen."[313]

---

309 Hans-Hellmuth Krause, Denkschrift über die Verhandlungen zur Herbeiführung einer engeren Zusammenarbeit zwischen Innerer Mission und NSV in Schlesien, o. D., übersandt mit Schreiben Hans-Hellmuth Krause an Constantin Frick vom 24.11.1938 (ADW, CA 601 V; ADWRH DÜSSELDORF, OHL 10.1.7. II).

310 Schreiben Hans-Hellmuth Krause an Bölsche vom 30.4.1938 (EBD.).

311 Siehe I Kap. VII.1.2., S. 297 mit Anm. 110.

312 Schreiben Hans-Hellmuth Krause an Bölsche vom 30.4.1938 (ADW, CA 601 V; ADWRH DÜSSELDORF, OHL 10.1.7. II).

313 EBD. Hans-Hellmuth Krause zitiert aus Zoellners Rede vom 23.1.1937 im Berliner Dom: „So ist es denn, wie Generalsuperintendent Zoellner auf der letzten Reichskonferenz [Reichstagung] der Inneren Mission 1937 gesagt hat: ‚Die evgl. Kirche mit ihrer Inneren Mission hat keine andere Möglichkeit als die der Bitte an den Staat, ihr an Freiheit zu geben, was ihr gebührt. Wird es ihr gewährt, so sind wir dankbar, wird es ihr nicht gewährt, so bleibt ihr nur der Weg des Leidens übrig.'" (EBD.). Dieses Zitat ist erkennbar ein Gedächtniszitat und entspricht nicht dem tatsächlichen Wortlaut: „Die Kirche hat nicht die Macht, Recht auf die Erde zu setzen. Sie ist darin vom Staat abhängig. Es liegt am Staat, ob er das Recht der Kirche auf die Erde setzen will oder nicht. Tut er es nicht, dann muß er wissen, was er tut; denn Gott der Herr hat es seiner Kirche nicht geordnet, daß sie ihr Recht durchsetze mit Gewalt. Aber er hat geordnet, daß sie es durchsetze mit Kreuz! Gott hat geordnet, daß die Macht seiner Kirche für ihr Recht auf Erden das Kreuz ist. ... Weil es aber so ist, darum stehen wir, wie wir gestanden haben in der Väter Tagen: bittend vor dem Staat. Darum heben wir die Hände auf und suchen ihn zu bewegen, ... daß er mit seinem Recht das Recht der Kirche auf ihre Innere Mission anerkenne, daß er es fördere, daß er es haben wolle zum Dienst an dem, was ihm befohlen ist, ..." (W. ZOELLNER, Grußwort, S. 18). Siehe I Kap. VII.4.4., S. 440f.

Daß Hans-Hellmuth Krause nicht diesen Weg gehen mußte, obwohl er zunächst den anderen nicht gehen wollte, dafür war Schirmacher verantwortlich. Nach Darlegung seiner Erfahrungen und Forderungen hatte Hans-Hellmuth Krause die NSV-Gauamtsleitung und Bölsche wissen lassen, daß er zwar jederzeit für weitere Gespräche zur Verfügung stehe, daß aber „jede Verhandlung ... nur in engem Zusammenarbeiten mit der Gesamt-NSV und Gesamt-IM geführt werden" könne[314]. Darum war es kaum verwunderlich, daß Saalmann eine Begegnung mit Constantin Frick am Rande der am 23. und 24. Mai 1938 in Würzburg unter Vorsitz von Hermann Althaus tagenden Mitgliederversammlung des Deutschen Vereins für öffentliche und private Fürsorge (DV) nutzte, um mit ihm über die Haltung des CA zu sprechen[315]. Während die Tagung gemäß der in der zurückliegenden Zeit unter Führung der NSV erfolgten „Konsolidierung" und „auf der Grundlage gemeinsamen wissenschaftlichen Forschens und Strebens" „neue familien- und arbeitspolitische Aufgaben der deutschen Wohlfahrtspflege" verhandelte[316], suchte Saalmann, seinem praktisch-wohlfahrtspolitischen Interesse folgend, Constantin Frick für sein schlesisches Modell der Zusammenarbeit von Innerer Mission und NSV zu gewinnen. Der Versuch war nicht erfolgreich. Zunächst in einem Gespräch und, nachdem Hans-Hellmuth Krause ihm und seinem NSV-Gauamtsleiter nochmals anheim gestellt hatte, sich mit dem Präsidenten des CA direkt zu Verhandlungen in Verbindung zu setzen[317], in einer schriftlichen Stellungnahme reagierte Bölsche ungehalten und drängte auf Verhandlungen mit Hans-Hellmuth Krause selbst. Man wußte, daß Gespräche Saalmanns mit Constantin Frick ohne Hinzuziehung Hilgenfeldts „nicht

---

314 Schreiben Hans-Hellmuth Krause an Bölsche vom 30.4.1938 (ADW, CA 601 V; ADWRH DÜSSELDORF, OHL 10.1.7. II).

315 Hans-Hellmuth Krause, Denkschrift über die Verhandlungen zur Herbeiführung einer engeren Zusammenarbeit zwischen Innerer Mission und NSV in Schlesien, o. D., übersandt mit Schreiben Hans-Hellmuth Krause an Constantin Frick vom 24.11.1938 (EBD.); gesandt mit Schreiben Constantin Frick an Schirmacher vom 30.11.1938 (ADW, CA/O 162).

316 Siehe DEUTSCHER VEREIN FÜR ÖFFENTLICHE UND PRIVATE FÜRSORGE (Hg.), Neue familien- und arbeitspolitische Aufgaben, S. 5. Zur „Konsolidierung" des Deutschen Vereins für öffentliche und freie Wohlfahrtspflege siehe E. HANSEN, Wohlfahrtspolitik, S. 87–92. Auch die Kindergärten gehörten zur neuen deutschen Wohlfahrtspflege, als Teil der „gesundheitsfürsorgerischen Aufgaben im Hilfswerk Mutter und Kind". Dr. Richard Benzing, „Sozialarzt" und NSV-Gauamtsleiter im NSDAP-Gau Kurhessen, urteilte: „Unter allen gesundheitsfürsorgerischen Maßnahmen des Hilfwerkes Mutter und Kind halte ich den großzügigen Einsatz, mit dem die NSV sich des Kindergartenwesens annahm, für den bedeutungsvollsten." Er forderte, „in allen Kindergärten, auch denjenigen der konfessionellen Verbände, ein heute notwendiges Mindestmaß an hygienischen Einrichtungen und körperpflegerischen Maßnahmen durchzusetzen." (R. BENZING, Die gesundheitsfürsorgerischen Aufgaben, S. 20f.). Siehe auch G. ROESTEL, Die Würzburger Tagung. Vgl. auch E. ORTHBANDT, Der Deutsche Verein, S. 284–289.

317 Hans-Hellmuth Krause, Denkschrift über die Verhandlungen zur Herbeiführung einer engeren Zusammenarbeit zwischen Innerer Mission und NSV in Schlesien, o. D., übersandt mit Schreiben Hans-Hellmuth Krause an Constantin Frick vom 24.11.1938 (ADW, CA 601 V; ADWRH DÜSSELDORF, OHL 10.1.7. II).

angängig“ wären. Solche Gespräche aber wollten Saalmann und wohl auch Hilgenfeldt selbst nicht. Man wollte eine regionale Musterlösung. Bölsche hob auf das Interesse Hans-Hellmuth Krauses an der Sicherstellung der Wohlfahrtsarbeit der Inneren Mission in Schlesien ab, das „wesentlich größer sein dürfte als das der Arbeitsgemeinschaft“[318], mithin der NSV, denn von einer Arbeitsgemeinschaft, die mehr war als ein „Deckmantel“, war nach wie vor kaum zu reden.

Trotz des Drängens Bölsches war es bis Mitte Juni nicht zu Verhandlungen zwischen Saalmann und Hans-Hellmuth Krause gekommen. Das war für den NSV-Gauamtsleiter Anlaß, abermals am Rande einer Tagung mit Constantin Frick zu sprechen. Vom 12. bis 18. Juni 1938 fand in Frankfurt/Main der 13. Internationale Kinderschutzkongreß statt[319], an dem neben dem Präsidenten des CA auch dessen erster Direktor teilnahm. Im Ergebnis unterschied sich dieses Gespräch von dem drei Wochen zurückliegenden in Würzburg dadurch, daß man tatsächlich die Aufnahme von Verhandlungen zwischen Bölsche und Hans-Hellmuth Krause vereinbarte und vor allem, daß Schirmacher seine Teilnahme an den Verhandlungen zusagte. Da zu diesem Zeitpunkt, nicht zuletzt durch die Entwicklungen auf dem Gebiet der freien Wohlfahrtspflege im „heimgeführten“ Österreich und eine erkennbare Radikalisierung in der Wohlfahrtspolitik, wovon im übrigen ja auch, wie es der Erlaß aus dem Ministerium Rusts vom 1. Juni 1938 anzeigte[320], die evangelischen Kindergärten betroffen waren, die Frage der „Arbeitsbedingungen zwischen der IM einerseits, den Parteistellen, der NSV, den Provinzial- und Kommunalverwaltungen andererseits“[321] von grundsätzlicher Bedeutung war, man im CA Schirmacher nicht ohne die spätestens seit Ende des zurückliegenden Jahres für erforderlich gehaltene und angestrebte fachlich-organisatorische Einbindung[322] lassen wollte, beschloß der Vorstand des CA am 21. Juni 1938, in keinem Fall in Sonderverhandlungen vor Erlaß eines Gesetzes zur Rege-

---

318 Schreiben Bölsche an Hans-Hellmuth Krause vom 29.5.1938 (EBD.).

319 Der Kongreß wurde gemeinsam veranstaltet von der Association Internationale pour la Protection de l'Enfance und dem Reichszusammenschluß für öffentliche und freie Wohlfahrtspflege und Jugendhilfe. Das Sonderheft des NACHRICHTENDIENST DES DEUTSCHEN VEREINS FÜR ÖFFENTLICHE UND PRIVATE FÜRSORGE (NDV) dokumentiert in seinen Beiträgen und in Vorbereitung des Kongresses die deutschen Fragestellungen. Arbeitsthemen des Kongresses und personelle Besetzung der Leitung und Berichterstattung der Sektionsarbeit lassen die Internationalität zweifelhaft erscheinen. Die Sozialmedizinische Sektion wurde vom Reichsbundesleiter des Reichsbundes der Körperbehinderten und wenig später Präsident des Reichs-Tuberkulose-Ausschusses, Dr. Otto Walter, geleitet, und von Prof. Dr. Georg Hohmann aus dem Orthopädischen Universitätsklinikum Frankfurt/Main wurde Bericht erstattet. Die Sozialjuristische Sektion leitete der Vizepräsident des Deutschen Gemeindetages, Dr. Ralf Zeitler, und Bericht erstattete Dr. Ernst Kracht, der Oberbürgermeister von Flensburg. Und die Sozialpädagogische Sektion leitete Hermann Althaus, und Benzing erstattete Bericht. (N.N., Tagungen und Kurse, S. 103).

320 Siehe II Kap. I.3.2., S. 160f. mit Anm. 134.

321 Protokoll der Vorstandssitzung des CA am 21.6.1938 (ADW, CA 67 B (1938)).

322 Siehe II Kap. I.4.1. S. 204f. mit Anm. 49.

lung der freien Wohlfahrtspflege einzutreten. Gleichzeitig jedoch machte der Vorstand des CA unter Hinweis auf das am 14. März 1934 unterzeichnete Abkommen über die Bildung der Arbeitsgemeinschaft[323], trotz aller eher enttäuschenden Erfahrungen gerade auch im Bereich der halboffenen Kinderarbeit, „die Bereitschaft zur Arbeitsgemeinschaft mit den genannten Instanzen ... den Organen der IM aufs neue zur Pflicht."[324].

Im Schlesischen Provinzialverein für Innere Mission, der am 15. Mai 1938 seine 75-Jahr-Feier festlich beging, in deren Verlauf neben Bodo Heyne[325] und Hans Lauerer[326] auch Constantin Frick[327] „Mut zu weiterer Arbeit gab"[328], hatte man trotz Feststimmung sehr zurückhaltend, ja „mit Befremden" von Schirmachers Absicht, selbst an den Verhandlungen teilnehmen zu wollen, Kenntnis genommen[329]. Nach allen Erfahrungen mit Schirmacher mußte man

---

[323] Siehe I Kap. IV.3.2., S. 190f.

[324] Protokoll (ADW, CA 67 B (1938)).

[325] Heyne war kurzfristig für Wendelin mit seinem Vortrag eingesprungen. Die Gründe für die Absage Wendelins bleiben unklar. Heynes auf der Eröffnungsveranstaltung am 15.5.1938 in der St. Maria-Magdalena-Kirche in Breslau gehaltenes Referat über „Innere Mission heute" wurde in der Juli-Ausgabe von IMIS mit Hinweis auf seinen Ursprung veröffentlicht. Heyne stellte die Innere Mission als „eine lebendige Bewegung in der Kirche selbst" (B. HEYNE, Innere Mission heute, S. 146) vor, denn „solange unsere Kirche eine lebendige Kirche ist, kann sie auf IM nicht verzichten." (EBD., S. 148). Und weiter: „Kann man die IM einfach durchstreichen? Kann unser Volk in dem schweren Kampf um seine äußere und innere Gesundung diese Kräfte entbehren? Das ist unsere Überzeugung: nein! Und deshalb gerade heute Innere Mission." (EBD. S. 151). Denn, so Heynes Fazit, „das Schicksal unserer Kirche wird davon abhängen, welchen Weg sie findet, um die IM in sich einzuordnen." (EBD., S. 152).

[326] Auch Lauerers Referat, das er vor der im Rahmen der Festveranstaltungen stattfindenden Pfarrer- und Anstaltsvorsteherversammlung hielt, wurde zwei Monate später in IMIS, wie vermerkt gekürzt, veröffentlicht (H. LAUERER, Der Anteil). Lauerer betont, das Luthertum habe „die Aufgabe, die Rechtfertigung des Sünders vor Gott als Zentrum zu fixieren. ... Dadurch wird in der Kirche der Primat der Wortverkündigung gewahrt." Die Kirche lebt nicht davon, „daß sie viele Häuser und Anstalten, daß sie viel Einfluß in Volk und Staat hat. ... Aber daß der Wahrheit, also dem biblischen Wort von Jesus Christus, nichts abgebrochen werde, daran hängt der Seelen Seligkeit." (EBD., S. 142). Gleichzeitig hebt Lauerer die „Weltoffenheit" des Luthertums hervor und „daß um des 2. Artikels [des Glaubensbekenntnisses] willen der 1. Artikel ganz ernst zu nehmen ist. Aktuell geredet: Wir können nicht anders als positiv zu unserem Volk, zu unserem Staat, zu unserer Zeit zu stehen." (EBD., S. 143). Es sei demnach eine Herausforderung für die Innere Mission, „durch die Demut zum Mut, durch die Beugung vor Gott zur Tapferkeit gegen Menschen [zu] kommen, durch die Christusgebundenheit zur Weltoffenheit." (EBD., S. 144).

[327] Der Beitrag von Constantin Frick anläßlich des Festaktes im Festsaal der Universität, ebenso wie die Redebeiträge von Bischof Otto Zänker, von v. Bodelschwingh und von Johannes Wolff sind, soweit zu ermitteln, nicht dokumentiert überliefert. Vgl. Programm der Festveranstaltungen am 15.5.1938 (ADW, CA/O 162).

[328] A. STEINBRÜCK, Der Schlesische Provinzialverein, S. 219. Vgl. H.-H. KRAUSE, 75 Jahre Schlesischer Provinzialverein für IM.

[329] Hans-Hellmuth Krause, Denkschrift über die Verhandlungen zur Herbeiführung einer engeren Zusammenarbeit zwischen Innerer Mission und NSV in Schlesien, o. D., übersandt mit Schreiben Hans-Hellmuth Krause an Constantin Frick vom 24.11.1938 (ADW, CA 601 V; ADWRH DÜSSELDORF, OHL 10.1.7. II).

auf Grund seiner mangelnden „Härte“[330] und unverändert großen Bereitschaft, den Vorstellungen der Machthaber zu folgen[331], Schwierigkeiten befürchten. Außerdem hatte Saalmann in einem persönlichen Gespräch mit Hans-Hellmuth Krause nochmals gedrängt und auch die Verhandlungsziele zu erkennen gegeben. Das allerdings verbesserte die Voraussetzungen für im Sinne des Schlesischen Provinzialvereins für Innere Mission erfolgreiche Verhandlungen nicht.

Unter Berufung auf den Gauleiter und Oberpräsidenten Josef Wagner, mit der Durchführungsverordnung zum Vierjahresplan vom 29. Oktober 1936 auch von Göring berufener Reichskommissar für Preisbildung[332], hatte Saalmann drei Forderungen aufgestellt. Mit der Zusage, die organisatorische Selbständigkeit der Inneren Mission zu erhalten, verlangte er eine Prüfung und Sicherung der politischen Zuverlässigkeit der „führenden Inneren Missions-Persönlichkeiten“, die Sicherung einer geordneten Wirtschaftsführung und eine Zentralisierung der Inneren Mission[333]. Das bedeutete, daß Saalmann mit Unterstützung der Machtspitze in Gau und Provinz die Innere Mission in ihrer fachlich ebenso wie geographisch bestimmten und privatrechtlich organisierten Gestalt ohne Rücksicht auf irgendwelche Rechtsfragen sich und der NSV und damit dem nationalsozialistischen Machtgeflecht verfügbar machen wollte. Das war der entscheidende Grund dafür, daß auch Hans-Hellmuth Krause die Verhandlungen unter Beachtung bestimmter Richtlinien führen sollte.

An demselben Tag, an dem nachmittags das Gespräch mit Bölsche stattfinden sollte, dem 25. Juni 1938, beschloß vormittags der Geschäftsführende Ausschuß des Schlesischen Provinzialvereins für Innere Mission Richtlinien, die festlegten, daß Schirmacher als Direktor des CA das Gespräch führe und

---

330 Siehe I Kap. VII.2.1. Exkurs, S. 316 mit Anm. 204.

331 Zwei Tage vor der Jubiläumsfeier des Schlesischen Provinzialvereins für Innere Mission, am 13.5.1938, fand in Breslau die erste Geschäftsführerkonferenz des CA nach der „Wiedervereinigung“ mit Österreich statt. Diese Geschäftsführerkonferenz stand ganz im Zeichen der Fragen, die mit der Unterzeichnung des Abkommens verbunden waren, mit dem der Zentralverein der NSV unterstellt worden war. Auch Krause berichtet. Schirmacher erkennt in den Vorgängen zum einen den „Führungsanspruch der NSV, der von der Caritas und der IM anerkannt wird“ und zum anderen registriert er, „daß dem Hauptamt zum mindesten etwas daran [scil. an einem Abkommen mit der IM] liegt.“ Für Schirmacher ist es dabei nur noch die Frage, wie sich ein solches Abkommen auswirke. Deshalb „wird es wohl nötig sein, mit dem Hauptamt die Fühlung aufzunehmen: wie ist es gemeint? Was ist zu tun?“ Offenbar hat er dies bereits getan, denn er kann den versammelten Geschäftsführern mitteilen, „daß ihm vom Hauptamt versichert worden sei, daß bei der Gleichschaltung und bei verstärktem Führungsanspruch durch die NSV eine evangelische Abteilung vollkommen unmöglich sei.“ (Protokoll, in: ADW, CA 761 XX).

332 RGBl 1936 I, S. 927–928. Siehe II Kap. I.2.1., S. 59 mit Anm. 2.

333 Hans-Hellmuth Krause, Denkschrift über die Verhandlungen zur Herbeiführung einer engeren Zusammenarbeit zwischen Innerer Mission und NSV in Schlesien, o. D., übersandt mit Schreiben Hans-Hellmuth Krause an Constantin Frick vom 24.11.1938 (ADW, CA 601 V; ADWRH DÜSSELDORF, OHL 10.1.7. II).

Hans-Hellmuth Krauses Teilnahme nur privater Natur sei, er also „nur seine persönliche Meinung zu den etwa vorzulegenden Fragen äußern" könne. Grundsätzlich könnten solche Fragen, wie die des Verhältnisses von NSV und Innerer Mission, nur zentral vom CA verhandelt werden. Bei dieser Sachlage war es außerdem aus Sicht des Geschäftsführenden Ausschusses „ausgeschlossen, daß ... irgendwelche Beschlüsse gefaßt werden". Eine Eingliederung der Inneren Mission kam keinesfalls in Frage; gegen eine Zusammenarbeit indessen, bei Wahrung der Selbständigkeit der Inneren Mission und ihres kirchlichen Charakters, sei nichts einzuwenden[334].

Gerade das war eine Bestätigung der Entscheidung des Vorstandes des CA und eine wesentliche Voraussetzung dafür, daß in dem nur dreiviertelstündigen Gespräch mit Bölsche allein über „die Gestaltung der Vertiefung" der Arbeitsgemeinschaft zwischen Innerer Mission und NSV verhandelt wurde. Gleichzeitig aber wurde in diesem Gespräch auch deutlich, daß es nur noch um die Frage ging, ob die Männer der Inneren Mission den Vorstellungen des Oberpräsidenten und Gauleiters zuzustimmen bereit waren. Dieser wollte die Gestaltung einer Arbeitsgemeinschaft „zwischen den beiden Verbänden", der Inneren Mission und der NSV, durch einen „Verbindungsmann des Oberpräsidenten" sichern. Einzelheiten sollten zu einem möglichst frühen Zeitpunkt mit dem Oberpräsidenten verhandelt werden[335].

Auch wenn der Verbindungsmann Saalmann heißen sollte – das war nicht das, was Hilgenfeldt mit einem Gesetz anstrebte. Er wollte ja die NSV und ihre Leitung zur Führung der Wohlfahrtspflege im Deutschen Reich bringen. Das war auch nicht das, was Stillhaltekommissar Albert Hoffman gerade in der „Ostmark" exerzierte. Offenbar drängte Josef Wagner auf eine nicht der NSDAP und ihrer NSV, nicht auf eine „parteiamtliche", sondern der Provinzialverwaltung zugeordnete Führung der gesamten Wohlfahrtspflege einschließlich der NSV, der allerdings eine Verbindungsaufgabe zukäme. Damit wäre Schlesien in anderer Weise, als es etwa Wilhelm Haug und Werner Ventzki, beide NSV-Gauamtsleiter, dieser im NSDAP-Gau Pommern und jener im NSDAP-Gau Hessen-Nassau, forderten[336], kein „Mustergau", sondern eine „Musterprovinz" geworden. Wohl nicht zuletzt deswegen war Schirmacher sehr angetan von diesem Vorschlag und hielt ihn für „vorbildlich für das ganze Reich"[337] und entsprach auch ohne Umstände der Bitte Bölsches, über diesen Vorschlag in Berlin, mithin gegenüber dem NSV-Hauptamt und Hilgenfeldt Stillschweigen zu bewahren[338]. Hans-Hellmuth Krause indessen

---

334 Ebd.

335 Aktennotiz Hans-Hellmuth Krause über Besprechung am 25.6.1938 in der NSV-Gauamtsleitung in Breslau, Blumenstraße 6–8 (Ebd.).

336 Siehe II Kap. I.3.2., S. 170 mit Anm. 187; II Kap. II.1.1., S. 395f.

337 Schreiben Hans-Hellmuth Krause an Schirmacher vom 28.7.1938 (ADW, CA/O 162).

338 Schreiben Schirmacher an Hans-Hellmuth Krause vom 23.7.1938 (Ebd.).

blieb skeptisch und sah, nachdem Schirmacher sich in dem Gespräch so weit vorgewagt und damit auch die Intention des Vorstandsbeschlusses des CA, wenn nicht mißachtet, so doch sehr eigenwillig interpretiert hatte, keine andere Möglichkeit mehr, als ihm das Verhandlungsfeld zu überlassen, nicht ohne ihn davor zu warnen, der NSV zuviel Vertrauen entgegenzubringen[339].

Der erste Direktor des CA indessen meinte, die Verhandlungen auf den richtigen Weg gebracht zu haben und glaubte, alle weiteren Gespräche mit dem Oberpräsidenten und Gauleiter dem Geschäftsführer des Schlesischen Provinzialvereins für Innere Mission überlassen zu können[340]. Hans-Hellmuth Krause indessen dachte nicht daran, den sowohl vom Vorstand des CA als auch von seinem Geschäftsführenden Ausschuß festgelegten Kurs zu verlassen und etwa an einer schlesischen Musterlösung mitzuwirken, gab das Schirmacher zu verstehen und ging in Urlaub[341].

Es kam, wie es kommen mußte. Hans-Hellmuth Krause konnte den auf Vermittlung Bölsches von Josef Wagner vorgeschlagenen Termin nicht wahrnehmen. Schirmacher wurde aus dem Breslauer NSV-Gauamt telefonisch benachrichtigt und gedrängt, dafür zu sorgen, daß Absprachen eingehalten werden. Das scheint verständlich. Schirmacher hatte Erwartungen geweckt. Und er hatte sie verstärkt und die Lage dadurch schwieriger gemacht, daß er Saalmann noch am selben Tag von dem Gespräch mit Bölsche berichtet, vor allem aber ihn über seine Einschätzung des Vorschlages des Oberpräsidenten unterrichtet hatte. Saalmann seinerseits wollte Schirmacher und die Innere Mission verpflichten und hatte, dessen Mitteilungen nutzend, hatte auf einer Tagung der NSV-Kreisamtsleiter des NSDAP-Gaues Schlesien in Anwesenheit des als Gast geladenen Schirmacher stolz „von einer bevorstehenden engeren Arbeitsverbindung zwischen NSV und Innerer Mission“ gesprochen. Außerdem hatte er die Einschätzung des ersten Direktors des CA sogleich seinem Gauleiter und Oberpräsidenten mitgeteilt[342].

Schirmacher hielt es tatsächlich auch noch vier Wochen später, nachdem Hans-Hellmuth Krause aus dem Urlaub zurückgekehrt war und sich bei ihm erkundigt hatte, was der erste Direktor des CA jetzt zu tun empfehle[343], für im Interesse der Inneren Mission, wenn sie „einen behördlichen, vom Ober-

---

339 Schreiben Hans-Hellmuth Krause an Schirmacher vom 28.7.1938 (EBD.).

340 Vermerk Schirmacher vom 19.7.1938 übersandt mit Schreiben Engelmann an Hans-Hellmuth Krause vom 19.7.1938 (EBD.). „Die kirchlich-religiösen Belange der IM dürfen von dem zukünftigen Vertrauensmann in keiner Weise berührt werden. Dies wäre Sache der Kirche allein. Dies kann Pastor Krause unbedenklich annehmen.“ (EBD.).

341 Schreiben Hans-Hellmuth Krause an Schirmacher vom 28.7.1938 (EBD.).

342 Hans-Hellmuth Krause, Denkschrift über die Verhandlungen zur Herbeiführung einer engeren Zusammenarbeit zwischen Innerer Mission und NSV in Schlesien, o. D., übersandt mit Schreiben Hans-Hellmuth Krause an Constantin Frick vom 24.11.1938 (ADW, CA 601 V; ADWRH DÜSSELDORF, OHL 10.1.7. II).

343 Schreiben Hans-Hellmuth Krause an Schirmacher vom 18.7.1938 (EBD.).

präsidenten bestimmten Vertrauensmann", wie Bölsche inzwischen drängend gefordert hatte, „erbittet", „damit der Oberpräsident und die NSV die Innere Mission in weiterem Maße fördern können" und „ferner das Zusammenarbeiten zwischen Innerer Mission und NSV planwirtschaftlich und gedeihlich gestaltet werde". Eine schriftliche Vereinbarung allerdings sollte nicht getroffen werden. Das wäre, wie Schirmacher wissen mußte, gegen den Beschluß des Vorstandes. Aber, so meinte er, eine solche Vereinbarung wäre eine „lebendige Erweiterung und Vertiefung" der bestehenden Arbeitsgemeinschaft „unter dem Protektorat des Oberpräsidenten."[344]

Hans-Hellmuth Krause blieb ablehnend. Dies weniger, weil Saalmann ihn hatte wissen lassen, welche Vorstellungen er, Saalmann, von den Aufgaben eines Vertrauensmannes und von einer Vertiefung der Zusammenarbeit von Innerer Mission und NSV habe. Das kannte er schon. Es war eine Wiederholung dessen, was Saalmann unter Hinweis auf den Oberpräsidenten bereits vor jener entscheidenden Besprechung mit Bölsche ausgeführt hatte: „Prüfung der wirtschaftlichen Ordnung" der Einrichtungen der Inneren Mission durch die NSV, „Planwirtschaftliche Gestaltung" der Wohlfahrtspflege und „Politische Zuverlässigkeit" der Vorstände der Inneren Mission[345]. Die Zurückhaltung des Geschäftsführers des Schlesischen Provinzialvereins für Innere Mission war vielmehr begründet in einer Aktion, mit der die Machthaber der Inneren Mission in Schlesien vor Augen führten, wie sehr sie auf einen „Vertrauensmann" angewiesen sei und was eine „Arbeitsgemeinschaft zu zweit", die Schirmacher so begrüßte, unter der Förderung des Oberpräsidenten und Gauleiters bedeuten könne.

Am 5. Juli 1938 standen vor der Tür der Geschäftsstelle des Schlesischen Provinzialvereins für Innere Mission in der Breslauer Scharnhorststraße fünf Beamte der Gestapo[346]. Da Hans-Hellmuth Krause sich im Urlaub befand, war von den leitenden Mitarbeitern nur Angelika Steinbrück anwesend. Ihr wurde ein Schreiben der Staatspolizeileitstelle Breslau vorgehalten[347], das mit Hinweis auf § 1 der Verordnung des Reichspräsidenten zum Schutz von Volk und Staat vom 28. Februar 1933 die Auflösung der Freundeskreise der Inneren Mission im Bereich der gesamten Provinz Schlesien anordnete und die Beschlagnahme des gesamten Vermögens verfügte. Begründet wurde die Maß-

---

344 Vermerk Schirmacher vom 19.7.1938 übersandt mit Schreiben Engelmann an Hans-Hellmuth Krause vom 19.7.1938 (EBD.).

345 Hans-Hellmuth Krause, Denkschrift über die Verhandlungen zur Herbeiführung einer engeren Zusammenarbeit zwischen Innerer Mission und NSV in Schlesien, o. D., übersandt mit Schreiben Hans-Hellmuth Krause an Constantin Frick vom 24.11.1938 (EBD.). Danach fand das Gespräch am 22.7.1938 statt.

346 Siehe A. STEINBRÜCK, Der Schlesische Provinzialverein, S. 219f.

347 Schnellbrief „Geheime Staatspolizei Staatspolizeileitstelle Breslau an den Vorsitzenden des Schlesischen Provinzialverbandes [sic!] für Innere Mission, Herrn Pfarrer Lic. Hans-Helmut [sic!] Krause" vom 5.7.1938 (ADW, CA 601 IV; ADW, CA/O 162).

nahme mit einem fortgesetzten Verstoß gegen § 2 Abs. 1 des Sammlungsgesetzes, wonach es einer Genehmigung bedurfte, wenn es bei der Mitgliedschaft in einer Organisation „nicht auf die Herbeiführung eines festen persönlichen Verhältnisses ..., sondern vielmehr ausschließlich oder überwiegend auf die Erlangung von Geld oder geldwerten Leistungen ankommt."[348] Steinbrück weigerte sich, die Verfügung anzuerkennen. Die Folge war eine Haussuchung, die Beschlagnahme der vorhandenen Barmittel und der Kartei. Hans-Hellmuth Krause wurde alarmiert. Er unterbrach seinen Urlaub und war bereits am 9. Juli in Berlin, um mit Dr. Kurt Schubert, dem Direktor der Verwaltungsabteilung des CA, sowohl bei der Gestapo in der Prinz-Albrecht-Straße als auch im Reichsministerium des Innern vorzusprechen und eine Rücknahme der Auflösung der Organe der Freundeskreise zu erreichen. Die Bemühungen blieben ohne Erfolg. Nach Aktenlage wurden die Maßnahmen als gerechtfertigt angesehen und hier wie da den beiden Männern der Inneren Mission anheimgestellt, sich mit einem Gesuch, das nach der Gesetzeslage nur eine Dienstaufsichtsbeschwerde sein konnte[349], schriftlich an das Gestapa in Berlin zu wenden[350].

Auch wenn die Aktion für den Schlesischen Provinzialverein für Innere Mission unerwartet sein mochte, gänzlich überraschend war sie dennoch nicht gekommen. Bereits im Februar hatte Engelmann sowohl im Verlauf der Geschäftsführerkonferenz des CA als auch auf der Sitzung des Vorstandes, ebenso auf Verstöße von Einrichtungen und Verbänden, sogar „in letzter Zeit häufiger"[351], gegen die Sammlungsgesetzgebung hingewiesen wie auch die Problematik der Freundeskreise angesprochen und über Verhandlungen mit dem Reichsministerium des Innern berichtet[352]. Dabei war, so Engelmann, hinreichend klar geworden, daß die seit Juli 1934 in Kraft gesetzten Regelungen der Sammlungsgesetzgebung einzuhalten waren und das als Ordnungsbehörde zuständige Reichsministerium des Innern nicht bereit war, großzügigen Umgang mit den Bestimmungen dieses Gesetzes hinzunehmen[353].

Nach den Gesprächen in Berlin, im Gestapa in der Prinz-Albrecht-Straße und im Ministerium Wilhelm Fricks in der Wilhelmstraße, machte sich Hans-Hellmuth Krause ohne Verzug auf den Heimweg, entschied sich auch zu dessen Bedauern gegen einen Besuch bei Schirmacher, um etwa mit ihm, wie dieser es wohl gern gesehen hätte, über die Verhandlung in Sachen Ver-

---

348 Gesetz zur Regelung der öffentlichen Sammlungen und sammlungsähnlichen Veranstaltungen (Sammlungsgesetz) vom 5.11.1934 (RGBl 1934 I, S. 1086–1088, hier S. 1086).

349 Siehe II Kap. I.3.1., S. 150 mit Anm. 82 und Anm. 83.

350 Aktenvermerk Schubert betr. Freundeskreise der Inneren Mission in Schlesien vom 12.7. 1938 (ADW, CA 601 IV).

351 Protokoll der Vorstandssitzung des CA am 22.2.1938 (ADW, CA 67 B (1938)).

352 EBD.; Protokoll der Geschäftsführerkonferenz des CA am 22.2.1938 (ADW, CA 761 XX).

353 Aktennotiz Engelmann über eine Besprechung im Reichsministerium des Innern am 21.2. 1938 beim Protokoll der Vorstandssitzung des CA am 22.2.1938 (ADW, CA 67 B (1938)).

bindungs- oder Vertrauensmann beim Oberpräsidium unter Josef Wagner zu sprechen[354], und bereits am 11. Juli 1938 ging eine Eingabe, mit Schubert verabredet[355], aus Breslau an das Gestapa[356]. Darin legte Hans-Hellmuth Krause ausführlich dar, daß die Freundeskreise, entstanden in den Jahren 1933/1934, um die „eigene innere und äußere Freiheit" zu erhalten[357], mithin nicht beschränkt allein darauf, „Opferring für eine besondere Einrichtung zu sein," sondern auch ausgerichtet „auf die Betätigung der evangelischen Gemeinde als Gemeinschaft der Liebe" und ausdrücklich „keine Konkurrenz zur NS-Volkswohlfahrt"[358], bis zu diesem Zeitpunkt noch in keinem Fall staatlichen oder parteiamtlichen Stellen Anlaß gegeben hätten, ungesetzliches Handeln anzuzeigen[359]. Wenn es aber jetzt Übertretungen der gesetzlichen Bestimmungen durch einige wenige Freundeskreise gegeben haben sollte, dann „wären wir für die Namhaftmachung dieser Kreise dankbar." Nicht nur auf diese Weise versuchte Hans-Hellmuth Krause dem Vorwurf der Gesetzesübertretung zu begegnen und politische Zuverlässigkeit zu demonstrieren. Er stellte auch die Gründung der Freundeskreise als Abkehr von einem „liberalistischen Vereinscharakter" der ehedem Kreis- und Ortsvereine für Innere Mission dar[360]. Und der Hinweis auf die seinerzeit erfolgten Appelle, die Maßga-

---

354 Schreiben Hans-Hellmuth Krause an Schirmacher vom 18.7.1938 (ADW, CA 601 V; ADWRH DÜSSELDORF, OHL 10.1.7. II).

355 Aktenvermerk Schubert betr. Freundeskreise der Inneren Mission in Schlesien vom 12.7. 1938 (ADW, CA 601 IV).

356 Schreiben Hans-Hellmuth Krause an Geheimes Staatspolizeiamt Berlin vom 11.7.1938 (ADW, CA/O 163).

357 A. STEINBRÜCK, Der Schlesische Provinzialverein, S. 220. Vgl. U. HUTTER-WOLANDT, Zur Geschichte, S. 69.

358 Bildung von IM Freundeskreisen. Richtlinien [1933] (ADW, CA/O 163I).

359 Wie Hans-Hellmuth Krause betonte (Schreiben Hans-Hellmuth Krause an Gestapa Berlin vom 11.7.1938, in: EBD.), stellten „Leitsätze zur Schaffung eines Freundeskreises der IM" thesenartig fest: „1. Der Glaube, der durch die Liebe tätig ist, fordert von der Evangelischen Kirche neben der Wort- die Tatverkündigung. ... 2. ... Der Freundeskreis der Inneren Mission wird so zum Träger des gemeinsamen Dienstes für unseren Herrn Jesus Christus. ... 3. Dieser Freundeskreis dient der Inneren Mission in der Gemeinschaft des Gebetes. ... Dieser Freundeskreis dient der Inneren Mission durch die Opferbereitschaft materieller Art, die seit Anfang vornehmste Pflicht der Christenheit war. ... 4. Die Opfer in Form von regelmäßigen Monatsbeiträgen werden nicht zu Organisationszwecken, sondern ausschließlich zur Erhaltung und Ausübung evangelischen Liebesdienstes verwendet. ... Die Monatsbeiträge sollen wenigstens 30 Pfennige betragen, doch darf ein Beitrag von 10 Pfennigen als nicht zu gering erachtet werden. Die Monatsbeiträge werden gegen Beitragsmarken ... durch ehrenamtliche Helfer und Helferinnen eingezogen. 5. Um die innere Verbundenheit des Freundeskreises der Inneren Mission sicherzustellen ... gibt der Provinzialverein ... kostenlos ein volkstümlich gehaltenes Vierteljahresblatt ‚Hilf mit' heraus, das mit dem Einzug des Mitgliedsbeitrages ins Haus getragen wird. 6. ... wie jeder Staatsbürger verantwortlich ist für das freiwillige Hilfswerk der NSV, so muß auch jeder evangelische Christ sich darüber hinaus verantwortlich wissen für die gesamte evangelische Liebesarbeit." (EBD.).

360 Schreiben Hans-Hellmuth Krause an Geheimes Staatspolizeiamt Berlin vom 11.7.1938 (ADW, CA/O 163).

ben des Sammlungsgesetzes zu beachten[361], besonders nachdem das Reichsministerium des Innern mit einem Runderlaß vom 5. April 1937 Ausführungsbestimmungen in Kraft gesetzt hatte, mit denen der Begriff der Öffentlichkeit neu bestimmt worden war[362], sollten demselben Zweck dienen. Auch die Erwähnung der „Zentralisierung" der „Gesamtheit der Freundeskreise" beim Schlesischen Provinzialverein für Innere Mission unter einem dazu berufenen Vorstand sollte die Übereinstimmung mit einer der nationalsozialistischen Weltanschauung entsprechenden „Überwindung der vorhandenen Vereinzelung" kennzeichnen[363]. Ob das alles indessen zu einer Aufhebung des Verbotes der Freundeskreise und zu einer Rückgabe der beschlagnahmten Mittel in Höhe von inzwischen annähernd RM 100.000,-- werde führen können, mußte eine offene Frage bleiben.

Hans-Hellmuth Krause sah in diesem Gesuch und in dem Bemühen um einen zweifelsfreien Nachweis der Unrechtmäßigkeit der Maßnahmen die einzige Möglichkeit ihrer Revision. Scharf wies er deshalb das Ansinnen Schirmachers zurück, doch den Weg über das Oberpräsidium zu wählen und hier um Vermittlung und Hilfe zu bitten[364]. Tatsächlich machte Schirmacher dem Geschäftsführer des Schlesischen Provinzialvereins für Innere Mission sogar heftige Vorhaltungen darüber, daß er dem Vorschlag, einen Verbindungs- oder Vertrauensmann für die freie Wohlfahrtspflege beim Oberpräsidenten zu berufen nicht zugestimmt habe. Denn dieser sei, so Schirmacher, „der Einzige, der die Innere Mission in Sachen Freundeskreise jetzt wirkungsvoll vertreten kann". Wenn Schirmacher außerdem sich auch noch beklagte, daß er durch Hans-Hellmuth Krause „diesen Männern [scil. Josef Wagner, Saalmann und Bölsche] gegenüber in eine außerordentlich schiefe Lage gebracht" und daß er zudem vom Präsidenten des CA „in der Sache zur Rede gestellt" und von anderen Mitgliedern des Vorstandes des CA angerufen wor-

---

361 Rundschreiben des Schlesischen Provinzialvereins für Innere Mission an alle Gemeinden mit Freundeskreis, o. D., wahrscheinlich 1935 (EBD.).

362 RMBliV 1937, S. 561. „Demgemäß ist eine Sammlung u.a. nur dann nicht öffentlich, wenn sie innerhalb eines eng begrenzten, zahlenmäßig kleinen Personenkreises durchgeführt wird, dessen Mitglieder in einem näheren, ihnen bewußten inneren Zusammenhang zueinander stehen und wenn auch der Veranstalter der Sammlung zu diesem Personenkreis gehört. Steht der Veranstalter außerhalb desselben, so liegt eine öffentliche Sammlung im Sinne des Sammlungsgesetzes vor. Letzteres wird dann anzunehmen sein, wenn die Sammlung auf Anordnung einer zentralen Stelle in dem erwähnten Personenkreis durchgeführt wird und der Anordnende selbst nicht Mitglied dieses Personenkreises ist. Die Annahme des Gegenteils würde zu einer unzulässigen, vom Gesetzgeber nicht gewollten Ausdehnung des Begriffs der nicht öffentlichen Sammlung führen." (EBD.).

363 Schreiben Hans-Hellmuth Krause an Geheimes Staatspolizeiamt Berlin vom 11.7.1938 (ADW, CA/O 163). Dem Vorstand der Freundeskreise gehörten an Werner Eberlein, Pfarrer und Superintendent in Glogau, Walter Schüßler, Pfarrer und Vorsteher der Evangelischen Diakonissenanstalt in Frankenstein, Wilhelm Gottwaldt, Pfarrer und Vorsteher des Brüderhauses in Kraschnitz, und Hans-Hellmuth Krause (EBD.).

364 Schreiben Hans-Hellmuth Krause an Schirmacher vom 28.7.1938 (EBD.).

den sei[365], dann zeigt das, wie sehr Schirmacher Ursache und Wirkung verwechselte und ihm der Blick für die Tatsachen fehlte. Josef Wagner und Saalmann waren initiativ geworden, sich die Innere Mission in Schlesien gefügig zu machen. Er, Schirmacher, hatte den Beschluß des Vorstandes des CA nicht beachtet und durch sein Verhandeln Erwartungen bei Oberpräsident und NSV-Gauamtsleitung geweckt, die er weder allein, ohne Berücksichtigung der Haltung des Schlesischen Provinzialvereins für Innere Mission, zu erfüllen noch ohne Einverständnis Hans-Hellmuth Krauses durchzusetzen in der Lage war. Insofern hing im Ergebnis, nicht als Ursache, tatsächlich alles vom Geschäftsführer des Schlesischen Provinzialvereins für Innere Mission ab, der nur deshalb, weil er die Vorstellung Schirmachers von der Vorbildlichkeit der Vertrauensmann-Regelung nicht teilte, den Direktor des CA, dem es doch allenthalben darauf ankam, einen „guten Eindruck" zu machen[366], in eine schiefe Lage gebracht hatte.

Mit seinem Versuch zur Selbstrechtfertigung ließ Schirmacher erkennen, daß er keinen Zusammenhang herstellte zwischen der Gestapo-Aktion gegen die Freundeskreise einerseits und andererseits dem Wunsch des Oberpräsidenten und Gauleiters Josef Wagner und dessen NSV-Gauamtsleiters Saalmann nach einer Neuordnung der Zusammenarbeit von Innerer Mission und NSV in Schlesien. Ob demgegenüber Hans-Hellmuth Krause nicht wenigstens vermutete, daß es sich bei der Initiative der Spitze von Provinz und NSDAP-Gau um den Versuch handeln könnte, Druck auf den Schlesischen Provinzialverein für Innere Mission auszuüben, bleibt unklar. Hans-Hellmuth Krause mußte sich allerdings von Saalmann, vierzehn Tage nach der Hausdurchsuchung und der Beschlagnahme der Mittel der Freundeskreise, beim Gespräch über die Aufgaben eines Vertrauensmannes, verspotten lassen, „wenn nun die Freundeskreise aufgelöst seien, dann sollten wir [scil. der Schlesische Provinzialverein für Innere Mission] doch veranlassen, daß alle Mitglieder zur NSV stoßen."[367]

Ist aus dieser zynischen Bemerkung ein kausaler Zusammenhang zwischen der Maßnahme gegen die Freundeskreise des Schlesischen Provinzialvereins für Innere Mission und der Absicht, die Zusammenarbeit in der Arbeitsgemeinschaft der Wohlfahrtsverbände in Schlesien zu verbessern, auch kaum herauszuhören, so doch, worum es in jedem Fall und nach wie vor ging: die Innere Mission und ihr Vermögen sollte der NSV verfügbar gemacht werden. Und dazu war jedes Mittel recht. Auch eine Gestapo-Aktion, welche Ursache dazu auch gefunden werden mußte[368]. Die Dienstaufsichtsbeschwerde des

---

365 Schreiben Schirmacher an Hans-Hellmuth Krause vom 23.7.1938 (EBD.).

366 Siehe I Kap. VII.2.1. Exkurs, S. 316f. mit Anm. 206.

367 Schreiben Hans-Hellmuth Krause an Schirmacher vom 28.7.1938 (ADW, CA/O 163). Das Gespräch fand am 22.7.1938 statt. Siehe zuvor S. 265 mit Anm. 345.

368 Als Paul Braune als stellvertretender Präsident des CA seinen von der Spruchkammer Re-

Schlesischen Provinzialvereins für Innere Mission gegen das Vorgehen der Gestapo und die Beschlagnahme der Gelder der Freundeskreise sollte im übrigen ebenso ohne Erfolg bleiben, wie es wohl auch allein bei der Absicht des CA blieb, ein Rechtsgutachten in der Sache fertigen zu lassen[369] und es Hilgenfeldt mit der dringenden Bitte zu übergeben, nunmehr „in der Sache der Freundeskreise Klarheit zu schaffen." Zwar sah Hans-Hellmuth Krause, inzwischen vom Vorstand des CA „darauf hingewiesen, daß er die Verhandlungen selbständig durchführt"[370], Anfang November 1938 noch Anlaß zu gewisser Hoffnung, da die Sache von der Gestapo „den Gerichten übergeben" worden sei[371].

Die Gestapo hatte offenbar Strafanzeige wegen Verstoßes gegen das Sammlungsgesetz erstattet[372]. Wie berechtigt aber konnten Hoffnungen auf ein Urteil sein, das nicht dem Zweck des Gesetzes zur Regelung der öffentlichen Sammlungen und sammlungsähnlichen Veranstaltungen und seiner bisherigen Auslegung gerecht würde? Zudem – bereits zu diesem Zeitpunkt war durch einen Runderlaß des Reichsministeriums des Innern klargestellt, daß die Freundeskreise Öffentlichkeit im Sinne des Sammlungsgesetzes darstell-

---

gensburg im Verlauf des Verfahrens gegen Saalmann angeforderten „ausführlichen Bericht" unter dem 19.5.1948 datierte und mit Schreiben vom 20.5.1948 der Justizbehörde übersandte, war er auch ausführlich auf die Freundeskreise und die Gestapo-Aktion eingegangen. Er unterstellt, daß sie eine von Saalmann aus dem Hintergrund gelenkte Maßnahme war; ausschlaggebend wären „nicht die vereinzelten Verstöße gegen das Sammlungsgesetz, sondern in Wirklichkeit der konsequente Kampf gegen die Institutionen der Inneren Mission" (ADW, CA/O 163). Der Anwalt Saalmanns, ehedem Landrat in Liegnitz, Hans Rüdiger, führt dagegen an: „Mit der Auflösung der Freundeskreise hatte der Betroffene nichts zu tun." Vielmehr „handelt es sich dabei um Maßnahmen der Gestapo, die bekanntlich ihren eigenen Dienstweg hatte und ihre Anweisungen ausschließlich vom Reichssicherheitshauptamt [das es erst mit Erlaß Himmlers vom 27.9.1939 gab (J. TUCHEL, Gestapa, S. 84ff.; H. BUCHHEIM, Die SS, S. 66ff.)] erhielt." (ADW, CA/O 163). Im weiteren Verlauf des Verfahrens gegen Saalmann spielen die Freundeskreise keine Rolle mehr. Es muß zweifelhaft bleiben, ob Saalmann tatsächlich an der Aktion ursächlich mitgewirkt hat.

369 Ein Gutachten, besonders von Constantin Frick angeregt (Protokoll der Vorstandssitzung des CA am 26.7.1938, in: ADW, CA 67 B (1938)), ist im Bestand des ADW nicht nachzuweisen. Vermutlich ist das Schreiben der Kirchenkanzlei der DEK [Gisevius] an die obersten Behörden der deutschen evangelischen Landeskirchen vom 2.2.1939 ein Ergebnis der Bemühungen, eine „Aufstellung von gesetzlichen Bestimmungen, Runderlassen und Einzelentscheidungen über die Frage, wann Kirchenkollekten von der Genehmigung nach dem Sammlungsgesetz vom 5. November 1934 (RGBl 1934 I, S. 1086) befreit sind", zu erhalten (EZA Berlin, 1/C3/61). Mit Schreiben Ruppel an Kirchenkanzlei der DEK vom 18.1.1939 hatte das Reichsministerium für die kirchlichen Angelegenheiten dieser „Aufstellung" zugestimmt (EBD.). Der CA hatte ebenfalls Möglichkeit erhalten, vorab Stellung zu nehmen. Engelmann hatte das Ergebnis im Auftrag des CA ausdrücklich begrüßt (Schreiben Engelmann an DEK vom 21.1.1939, in: EBD.). Außerdem aber übersendet der CA mit Schreiben Engelmann an DEK vom 15.2.1939 eine Zusammenstellung von Regelungen, die für die Innere Mission von Bedeutung waren und nunmehr als „Ergänzung" gelten soll und vom 7.2.1939 datiert ist (EBD.).

370 Protokoll der Vorstandssitzung des CA am 26.7.1938 (ADW, CA 67 B (1938)).

371 Schreiben Hans-Hellmuth Krause an CA vom 7.11.1938 (ADW, CA 601 IV).

372 Weder Unterlagen der Verhandlungen noch ein Urteil sind in den Quellen nachzuweisen.

ten, mithin ihre Sammlungen gegen das Gesetz verstoßen[373]. Aber auch wenn damit zukünftig der Schlesische Provinzialverein für Innere Mission als Verwalter und Verteiler von Geldmitteln ausfallen sollte, der gleichzeitige enge Zusammenschluß der Anstalten und Einrichtungen mit ihrem Freundeskreis sicherte den Fortbestand der Einrichtungen aus eigener finanzieller Kraft, „trotz aller finanziellen Knebelung durch Staats- und Parteistellen."[374]

Was die Vertiefung der Zusammenarbeit von Innerer Mission und NSV in der Arbeitsgemeinschaft der Wohlfahrtsverbände in Schlesien betraf, die der Schlesische Provinzialverein für Innere Mission, wären seine „Grundbedingungen diskussionslos akzeptiert"[375], erreichen wollte, so wurde Anfang August 1938 klar, daß tatsächlich weitere Diskussionen weder vom Oberpräsidium und von der Gauleitung noch von der NSV-Gauamtsleitung für erforderlich gehalten wurden. Am 4. August übermittelte Bölsche eine „Verfügung des Herrn Oberpräsidenten", deren Unterzeichnung bereits über einen Monat zurücklag und noch vor der Gestapo-Aktion in der Breslauer Scharnhorststraße datierte. Am 29. Juni 1938 hatte Josef Wagner seinen NSV-Gauamtsleiter angewiesen, „die Maßnahmen zu ergreifen, die diese Zusammenarbeit gedeihlich und reibungslos gestalten können." In Umkehrung der Tatsachen berief sich der Oberpräsident dabei auf den „Wunsch der Inneren Mission Schlesiens auf Sicherung ihrer Arbeit und noch engere Zusammenarbeit mit der NS-Volkswohlfahrt." Aus der bedingten Zustimmung zu einer Verbesserung der Zusammenarbeit von seiten Hans-Hellmuth Krauses und Schirmachers und aus dessen Zustimmung zur Bestellung eines Vertrauensmannes, worüber Saalmann am 27. Juni, zwei Tage nach dem Gespräch Bölsches mit den beiden Männern der Inneren Mission, dem Gauleiter und Oberpräsidenten berichtet hatte, war eine Forderung geworden, der nun aus dessen Sicht „unbedenklich Rechnung getragen werden" sollte[376].

---

373 Die Gültigkeit der DVO zum Vollzug der Verordnung über die Einführung des Sammlungsgesetzes im Lande Österreich vom 30.7.1938 (RGBl 1938 I, S. 994) hatte wohl mit Bezug auf die Freundeskreise der Inneren Mission in Schlesien das Ministerium Wilhelm Fricks im Runderlaß vom 4.8.1938 in Präzisierung seines Erlasses vom 5.4.1937 auch für das „Altreich" verfügt. „Die Zugehörigkeit zu einem Verbande und die dadurch bedingte Gemeinsamkeit eines verfolgten Zweckes ist für sich allein ebenso wie die bloße Gemeinschaftlichkeit von Berufs- und Standesinteressen nicht ohne weiteres ausreichend, einen inneren Zusammenhang zwischen den einzelnen Mitgliedern zu begründen, derart, daß sie ihnen die Eigenschaft eines eng in sich verbundenen und nach außen bestimmt abgegrenzten Personenkreis verleiht, also den Begriff der Öffentlichkeit ausschließt. Demgemäß ist eine Sammlung u.a. nur dann nicht öffentlich ... ." (EZA BERLIN, 1/C3/61), und dann folgt der Wortlaut des Erlasses des Reichsministeriums des Innern vom 5.4.1937 (RMBliV 1937, S. 561).

374 A. STEINBRÜCK, Der Schlesische Provinzialverein, S. 220.

375 Schreiben Hans-Hellmuth Krause an Bölsche vom 30.4.1938 (ADW, CA 601 V; ADWRH DÜSSELDORF, OHL 10.1.7. II).

376 Das Schreiben ist nicht nachweisbar. Das Schreiben Oberpräsident der Provinz Schlesien an Saalmann vom 29.6.1938 nimmt darauf Bezug (ADW, CA/O 163; ADWRH DÜSSELDORF, OHL 10.1.7. II).

Mit der Zustellung der Verfügung Josef Wagners wies Bölsche den Schlesischen Provinzialverein für Innere Mission auch auf die „Richtlinien" hin, an denen sich die Zusammenarbeit „im Interesse der Wohlfahrtsarbeit unseres Grenzlandes" orientieren sollte[377]. Damit meinte er jene drei Punkte, die Saalmann bereits in einem Gespräch am 22. Juli Hans-Hellmuth Krause hatte wissen lassen und die dieser nicht nur bereits kannte[378], sondern die er mit Bölsche als „ergänzende Feststellungen" schon verhandelt hatte[379]. Am 6. August erklärte Hans-Hellmuth Krause gegenüber Saalmann, wie von Bölsche erbeten, schriftlich seine Bereitschaft, die „Richtlinien für das Grenzland Schlesien für das Wohlfahrtswerk der Inneren Mission durchzuführen"[380].

Damit hatte sich der Schlesische Provinzialverein für Innere Mission „unter Zurückstellung der Bedenken"[381] auf eine Vereinbarung eingelassen, die zwar einerseits den „evangelisch-christlichen Charakter der Wohlfahrtseinrichtungen der Inneren Mission" unangetastet zu lassen versprach, die aber andererseits Saalmann ein Kontrollrecht über die Verwendung der Finanzmittel zubilligte, die aus den öffentlichen Kassen, der Kommunen, der Landkreise, der Provinzialverwaltung, entsprechend gesetzlicher Regelungen an den Schlesischen Provinzialverein für Innere Mission und die ihm angehörenden Einrichtungen überwiesen wurden. Nicht nur das. Die Innere Mission und ihre Einrichtungen waren darüber hinaus auch in die Gesamtplanung der Wohlfahrtsarbeit der NSV mit einbezogen, und darüber hinaus war schließlich dem Gauamtsleiter sogar die Möglichkeit gegeben, im Falle politischer Bedenken an Personalentscheidungen mitzuwirken[382]. Allerdings hatte auch Josef Wagner mit dieser Vereinbarung sein Ziel nur zum Teil erreicht. Von Saalmann als dem Vertrauensmann des Oberpräsidenten war keine Rede mehr, obwohl er faktisch in dieser Position war. Zudem war dieses Verhandlungsergebnis nicht das, was Hilgenfeldt sich unter einer Organisation mit ei-

---

377 Schreiben Bölsche an Hans-Hellmuth Krause vom 4.8.1938 (EBD.).

378 Hans-Hellmuth Krause, Denkschrift über die Verhandlungen zur Herbeiführung einer engeren Zusammenarbeit zwischen Innerer Mission und NSV in Schlesien, o. D., übersandt mit Schreiben Hans-Hellmuth Krause an Constantin Frick vom 24.11.1938 (ADW, CA 601 V; ADWRH DÜSSELDORF, OHL 10.1.7. II).

379 EBD. Schirmacher teilt am 29.7.1938 Hans-Hellmuth Krause mit, nachdem er seine Verhandlungsweise und die ihr zugrunde liegenden Absichten betr. eine Zusammenarbeit mit der NSV erläutert hat, „daß ich soeben von Herrn Bölsche erfahren habe, daß ihnen jetzt eine Regelung vorgelegt worden sei, der sie zugestimmt haben." (EBD.).

380 Schreiben Hans-Hellmuth Krause an Saalmann vom 6.8.1938 (ADWRH DÜSSELDORF, OHL 10.1.7. II; ADW, CA/O 163).

381 Hans-Hellmuth Krause, Denkschrift über die Verhandlungen zur Herbeiführung einer engeren Zusammenarbeit zwischen Innerer Mission und NSV in Schlesien, o. D., übersandt mit Schreiben Hans-Hellmuth Krause an Constantin Frick vom 24.11.1938 (ADW, CA 601 V; ADWRH DÜSSELDORF, OHL 10.1.7. II).

382 Richtlinien über die Zusammenarbeit zwischen Schlesischem Provinzialverein für Innere Mission und NSV, o. D., zu erschließen ist 5.8. oder 6.8.1938 (EBD.).

nem Gaubeauftragten besonders im Blick auf den „Kriegsfall" vorstellen mochte und was auf der Grundlage des Gesetzes über die Überleitung und Eingliederung von Vereinen, Organisationen und Verbänden vom 14. Mai 1938 in der „Ostmark" durch Albert Hoffmann entwickelt wurde. Schirmacher begrüßte die Übereinkunft, aber aus seinen Sicht kam sie zu spät. Er war nach wie vor „der festen Überzeugung", daß bei einer sofortigen Entscheidung für den Vertrauensmann beim Oberpräsidium, dieser „sich schützend vor die Innere Mission und ihre Freundeskreise gestellt hätte"[383].

Abgesehen von der deutlichen Distanz, in die Hans-Hellmuth Krause im Verlauf der Entwicklung der Frage der Zusammenarbeit von Innerer Mission und NSV in Schlesien, zu Schirmacher gegangen war[384], mußte sich für ihn und den Schlesischen Provinzialverein für Innere Mission erweisen, ob einerseits seine Bereitschaft, mit der NSV zusammenzuarbeiten, die Anstalten und Einrichtungen der Inneren Mission würde sichern können und andererseits dabei „der christlichen Verkündigung Raum gelassen wird."[385] Die nach wie vor bedrängende Frage, ob „der Weg des Leidens" zu gehen sei[386], galt besonders für den Evangelischen Kinderpflegeverband für Schlesien und den durch Steinbrück, dessen Geschäftsführerin, seit 1938 systematisch geförderten Ausbau der kindergartenbezogenen kirchlichen Unterweisung[387].

4.3. „Für die Erfüllung der steuerrechtlichen Vorschriften" – Mustersatzungen und die Satzungsänderung der Vereinigung evangelischer Kinderpflegeverbände Deutschlands

Während das Leben für jüdische Menschen im „Großdeutschen Reich" durch staatliche Maßnahmen, durch Enteignung, „Arisierung" genannt[388], durch Be-

---

383 Schreiben Schirmacher an Hans-Hellmuth Krause 3.8.1938 (ADW, CA/O 163).

384 Schreiben Hans-Hellmuth Krause an Schirmacher vom 18.7.1938 (ADW, CA 601 V; ADWRH DÜSSELDORF, OHL 10.1.7. II) und vom 28.7.1938 (ADW, CA/O 163) sowie vom 24.8.1938 (EBD.). Das Schreiben vom 24.8.1938, mit der knappen Mitteilung über den Abschluß der Verhandlungen mit der NSV, ist sogar ohne Anrede.

385 Schreiben Hans-Hellmuth Krause an Bölsche vom 30.4.1938 (ADW, CA 601 V; ADWRH DÜSSELDORF, OHL 10.1.7. II).

386 Siehe zuvor S. 258f. mit Anm. 313.

387 Siehe A. STEINBRÜCK, Der Schlesische Provinzialverein, S. 222ff.

388 Siehe Verordnung gegen die Unterstützung der Tarnung jüdischer Gewerbebetriebe vom 22.4.1938 (RGBl 1938 I, S. 404); siehe Drittes Gesetz zur Änderung der Vorschriften über die Gebäudeentschuldungssteuer vom 23.4.1938 (RGBl 1938 I, S. 409); Verordnung über die Anmeldung des Vermögens von Juden vom 26.4.1938 (RGBl 1938 I, S. 414–415); Anordnung auf Grund der Verordnung über die Anmeldung des Vermögens von Juden vom 26.4.1938 (RGBl 1938 I, S. 415–416). Vgl. etwa A. BARKAI, „Schicksalsjahr 1938"; H. GRAML, Reichskristallnacht, S. 167ff.; J. MOSER, Die Entrechtung, S. 119ff. Zu den gesetzlichen Regelungen und Erlassen, die den Weg der Judenverfolgung von der „Aufhebung der Emanzipation" über „Isolierung", „Enteignung" und „Annäherung an den Völkermord" hin zum tatsächlichen „Genozid" (H. GRAML, Reichskristallnacht, S. 5) oder von der „Zeit der gesetzlichen Grundlegung zu Diffamierung" über die „Zeit der gesetzlichen Verschärfung zur Isolierung" hin zur „Zeit der gesetzlichen ‚Voll-

rufsverbote[389] und durch den Zwang zur Annahme des Namens „Sara“ bzw. „Israel“[390] zunehmend unerträglicher gemacht wurde und erkennbar auf physische Gewalt und Lebensvernichtung zulief; während der „Führer“ nach der durch Himmlers Intrige ermöglichten Übernahme des Oberbefehls über die gesamte Deutsche Wehrmacht den Mobilmachungskurs verschärfte[391], Österreich an das Deutsche Reich anschloß[392] und die Sudetenkrise provozierte[393]; während „Asoziale“, sogenannte Gemeinschaftsfremde, überfallartig verhaftet, in Konzentrationslager verbracht und der Vernichtung überlassen wurden[394]; während die politische Situation im Deutschen Reich durch die Machthaber radikalisiert wurde und gleichzeitig die Gewissen weithin auch in der Inneren Mission und in ihrer Kindergartenarbeit stumpf und stumm blieben – die Vereinigung mußte sich, verursacht durch die sie selbst und die von ihr repräsentierten Träger evangelischer Kindergärten ohnehin bewegen-

---

endung‘ zur Liquidierung“ (W. GERLACH, Zeugen, S. 5) markierten, siehe J. WALK (Hg.), Das Sonderrecht. Vier „Zeitabschnitte“ von Bedeutung, „von der Machtergreifung bis zu den ‚Nürnberger Gesetzen‘“, „von den ‚Nürnberger Gesetzen‘ bis zu den November-Pogromen“, „von den November-Pogromen bis zum Ausbruch des Zweiten Weltkriegs“ und schließlich „vom Ausbruch des Zweiten Weltkriegs bis zur Vernichtung der deutschen Juden“ (EBD., S. VII).

389 Siehe Vierte Verordnung zum Reichsbürgergesetz vom 25.7.1938 (RGBl 1938 I, S. 969–970). Vgl. dazu J. MOSER, Die Entrechtung, S. 119f.; H. GRAML, Reichskristallnacht, S. 171.

390 Siehe 2. DVO zum Gesetz über die Änderung von Familiennamen und Vornamen vom 17.8.1938 (RGBl 1938 I, S. 1044). Siehe E. RÖHM/J. THIERFELDER, Juden – Christen – Deutsche II.2, S. 219, die hier nicht nur den Verordnungstext wiedergeben, sondern die Wirkung der Verordnung im Blick auf Person und Leben Carl Gunther Schweitzers, Kind jüdischer Eltern und 1892 getauft, Pfarrer und seit 1921 im CA und bis zur Devaheim-Affäre Leiter der Apologetischen Centrale (S. 214–225). Siehe I Kap. IV.1.1., S. 114f.

391 Siehe W. MURRAY, Werner Freiherr von Fritsch, S. 166f.; R. MULLER, Werner von Blomberg, S. 60ff.; H.-U. THAMER, Verführung und Gewalt, S. 564–570.

392 Siehe H.-U. THAMER, Verführung und Gewalt, S. 570–580. Vgl. Gesetz über die Wiedervereinigung Österreichs mit dem Deutschen Reich vom 13.3.1938 (RGBl 1938 I, S. 237–238); Erster Erlaß des Führers und Reichskanzlers über die Einführung deutscher Reichsgesetze in Österreich vom 15.3.1938 (RGBl 1938 I, S. 247–248) und Erlaß des Führers und Reichskanzlers über die österreichische Landesregierung vom 15.3.1938 (RGBl 1938 I, S. 249) sowie auch Verordnung zum Gesetz über die Wiedervereinigung Österreichs mit dem Deutschen Reich vom 16.3.1938 (RGBl 1938 I, S. 249–250).

393 H.-U. THAMER, Verführung und Gewalt, S. 580–600. Vgl. VB, 51. Jg., Nr. 270/27.9.1938, Ausg. Berlin, S. 1–3. „Der Führer an die Nation“ – am 26.9.1938 hielt Hitler eine Rede im Berliner Sportpalast und propagierte: „Ich gehe meinem Volk jetzt voran als sein erster Soldat. Und hinter mir – das mag die Welt wissen – marschiert jetzt ein Volk, und zwar ein anderes als das vom Jahre 1918.“ (EBD., S. 1).

394 Zur sogenannten „Aktion Arbeitsscheu Reich“ siehe W. AYASS, Wanderer, S. 376–383. Vgl. auch J. SCHEFFLER (Hg.), Bürger und Bettler, S. 278–345; D. PEUKERT, Volksgenossen, S. 250ff.; und E. KLEE, „Euthanasie“, S. 61. Siehe dazu etwa die ideologische Rechtfertigung K. MAILÄNDER, Schluß mit dem Bettel, S. 297–299. Ein von Himmler seinerzeit gleichzeitig vorangebrachtes Gesetzesvorhaben „Gesetz zur Behandlung Gemeinschaftsfremder“ scheiterte zwar schließlich am polykratischen Machtgerangel der Zuständigkeiten, läßt aber allein mit seiner Beschreibung von „gemeinschaftsfremd“ erkennen, in welcher Weise und in welchem Umfang das Sozialverhalten normiert werden sollte. Siehe D. PEUKERT, Volksgenossen, S. 262f.

den und verunsichernden Steuerfragen, mit einem besonderen Problem befassen. Ein Problem, das, gelänge es nicht, es zu lösen, unmittelbar den Fortbestand der Vereinigung als Interessenvertretung der evangelischen Kindergartenträger im Rahmen der freien Wohlfahrtspflege in Frage stellen mußte.

Dabei handelte es sich weniger um das Problem, das in Zusammenhang damit relevant wurde, daß Einrichtungen der Inneren Mission auch Einnahmen aus gewerblicher Tätigkeit hatten[395]. Diesbezügliche Urteile des Reichsfinanzhofes waren wichtig, insofern sie die Rechtslage klärten[396]. Was speziell die Vereinigung betraf, handelte es sich auch nicht darum, daß das Reichsministerium für Wissenschaft, Erziehung und Volksbildung im Falle einer entsprechenden nach § 4 Ziff. 7 GrStG erfolgten Antragstellung eines Kindergartens auf Grundsteuerbefreiung am Anerkennungsverfahren zu beteiligen war. Weder die Staatsministerialinstruktion vom 31. Dezember 1839 war außer Kraft gesetzt, noch der Runderlaß des Preußischen Ministeriums für Wissenschaft, Kunst und Volksbildung vom 22. Juni 1926 aufgehoben, mit dem es auch seine ressortmäßige Zuständigkeit hinsichtlich pädagogischer und schultechnischer Belange bestätigt hatte[397]. Entscheidend war vielmehr etwas anderes. Es ergab sich aus solchen Fragen, die im Zusammenhang mit der Befreiung von der Grundsteuerzahlung und im Blick auf die Einrichtungen und ihre Satzungen auftauchten und zu bearbeiten waren.

Die Entscheidungen des Reichsfinanzhofes und die Erlasse des Reichsministeriums der Finanzen hatten bis dahin nicht nur erkennen lassen, daß die Befreiungsgründe den Anforderungen der Ausschließlichkeit und Unmittelbarkeit entsprechen mußten, sondern auch, daß die Satzungen der Einrichtungen dies eindeutig wiederzugeben hatten. Tatsächliche Geschäftsführung und Wortlaut der Satzung hatten übereinzustimmen, wollte eine Steuerbefreiung erreicht werden. Außerdem war nach zwei Reichsfinanzhofurteilen des Jahres 1938 auch sicherzustellen, daß bei Auflösung einer Einrichtung oder Wegfall ihrer bisherigen Zwecke das Vermögen zu mildtätigen oder gemeinnützigen Zwecken verwendet wird, um der Forderung der Ausschließlichkeit auch in dieser Hinsicht zu genügen[398]. Hier lag bei den Einrichtungen der

---

[395] Es stellte sich nicht nur die Frage nach der Konkurrenz zu gewerblichen Unternehmen und Betrieben, sondern auch die, wie zu verfahren sei, wenn ein gemeinnütziges oder mildtätiges Unternehmen die Mittel zur Ermöglichung seiner Gemeinnützigkeit oder Mildtätigkeit durch einen wirtschaftlichen Geschäftsbetrieb erwarb. Siehe N.N., „Gemeinnützig – mildtätig", der eine gute Übersicht über Rechtslage zu Beginn des Jahres 1938 gibt. v. Wicht hatte diesen Artikel ausdrücklich den Mitgliedsverbänden als Information empfohlen (VEREINIGUNG, Tätigkeitsbericht 1.4.1937–31.3.1938, S. 16).

[396] Siehe A. DINGER, Steueranpassungsgesetz, S. 144f.; N.N., Grundsteuer, S. 275f.; A. FUSS, Reichsfinanzhofurteile; J. KUNZE, Mustersatzungen, S. 9f.

[397] Siehe I Kap. II.1., S. 55.

[398] RStBl 1938, S. 810 und S. 817. Vgl. N.N., Festlegung, S. 148f. Daraus geht hervor, daß diese Urteile im Grundsatz bereits Entscheidungen des Reichfinanzhofes vom 17.11.1936 und vom 7.8.1937 (RStBl 1937, S. 273 und S. 1178) bestätigten.

Inneren Mission und wohl auch denen der Vereinigung manches im Argen und glich, wie Johannes Kunze gegen Ende des Jahres 1938 urteilte, einem „System der Systemlosigkeit"[399].

War auf der Linie des Beschlusses des RKA vom 6. August 1936 die ernsthafte Absicht des CA erkennbar gewesen, „die finanzielle Materie der Anstalten" „gründlich in Ordnung zu bringen"[400], war es außerdem sogar zu Beschlußvorlagen zur Schaffung einer Treuhandstelle beim CA und bei den Landes- und Provinzialverbänden für Innere Mission gekommen[401] – der Aufbau solcher „Vertrauensgaranten", wie sie nach anfänglichen Bedenken etwa v. Bodelschwingh für unverzichtbar hielt[402], um entsprechend dem Auftrag des RKA, „die Anstalten und Einrichtungen der evangelischen Liebestätigkeit in ihrer Verwaltung und Wirtschaftsführung zu betreuen"[403], kam schließlich nicht zustande. Eine Ausnahme bildete allein die Treuhandstelle der Inneren Mission für Westfalen und Lippe, die auf Drängen v. Bodelschwinghs bereits im Dezember 1936 eingerichtet und von Kunze neben seiner umfänglichen Tätigkeit als Verwaltungsdirektor der Anstalten Bethel geleitet wurde[404]. Sie bot schließlich zwar das vom CA empfohlene Muster, das

---

399 Schreiben Kunze an Constantin Frick vom 29.11.1938 (ADW, CF 32).

400 Protokoll der Geschäftsführerkonferenz des CA vom 6.10.1936 (ADW, CA 761 XVIII).

401 Auf der am 6.10.1936 stattfindenden Vorstandssitzung des CA war es zur Bildung einer „Kommission zur Prüfung der Frage einer allgemeinen Revision der Anstalten" gekommen, der neben v. Bodelschwingh auch Heinrich, Kämper und Ohl angehörten (Protokoll, in: ADW, CA 67 B (1936)). Während Ohl und v. Bodelschwingh nur zwei Monate später einen „Beschlußentwurf für den Vorstand des Central-Ausschusses für die Innere Mission der Deutschen Evangelischen Kirche", o. D. (ADWRH DÜSSELDORF, OHL RKA), vorlegten, der die Interessen der Fach- und Landes- und Provinzialverbände bei der „zentralen Inangriffnahme" eindeutig berücksichtigt sehen wollte, hatten Kämper und Heinrich eine Vorlage zu „Richtlinien und Bestimmungen über Ziel, Umfang und Durchführung der Betreuung und Prüfung der Anstalten und Einrichtungen der Inneren Mission", o. D. (ADW, CA 664/3; ADWRH DÜSSELDORF, OHL RKA), erstellt, die von den „Fragestellungen der ihrer Verantwortung bewußten Zentrale und den daraus abzuleitenden Forderungen an die Provinzial- und Landesstellen" ausging (Protokoll der Sitzung der Kommission am 2.12.1936, in: ADWRH DÜSSELDORF, OHL RKA). Siehe I Kap. VII.4.1., S. 401 mit Anm. 592.

402 Protokoll der Geschäftsführerkonferenz des CA vom 6.10.1936 (ADW, CA 761 XVIII).

403 Beschluß des RKA vom 6.8.1936. „Der Reichskirchenausschuß hat unter Bezugnahme auf Artikel 4 der Verfassung der Deutschen Evangelischen Kirche und seinen Beschluß vom 18. April 1936 folgendes beschlossen: Der Central-Ausschuß für die Innere Mission der Deutschen Evangelischen Kirche hat die in der Inneren Mission der Deutschen Evangelischen Kirche zusammengeschlossenen Anstalten und Einrichtungen der Evangelischen Liebestätigkeit in ihrer Verwaltung und Wirtschaftsführung zu betreuen. Die Verwaltung des Central-Ausschusses trägt gegenüber der Leitung der Deutschen Evangelischen Kirche die Verantwortung für die Ordnung in diesem Arbeitsbereich. Soweit nicht bereits entsprechende landeskirchliche Regelungen bestehen, werden sie den Landeskirchen dringend nahegelegt. Wir ersuchen den Central-Ausschuß, uns über die Durchführung des vorstehenden Beschlusses unverzüglich zu berichten. Weitere Weisungen bleiben vorbehalten. gez. D. Zoellner." (EZA BERLIN, 1/A4/386; ADW, CA 664/3; ADWRH DÜSSELDORF, OHL RKA; HAvBA, 2/39–154).

404 Siehe G. BRINKMANN, Diakonie und Ökonomie.

die Landes- und Provinzialverbände „im Zuschnitt auf die in den verschiedenen Gebieten gegebenen Verhältnisse“ nutzen konnten[405]. Das hieß aber, der CA konnte entgegen ursprünglicher Absicht, nicht mehr als Empfehlungen aussprechen. Eine Entscheidung mußte den Landes- und Provinzialverbänden überlassen bleiben, von denen kaum einer, wie etwa der Gesamtverband der Berliner Inneren Mission[406], versuchte, solche Treuhandstellen einzurichten. Anstalten und Einrichtungen waren nicht bereit[407], sich auf eine Beschlußfassung des CA, mit der eine zentrale „Rechnungsrevision“ und „Wirtschaftsberatung“ befördert werden sollte[408], einzulassen. Das galt nicht nur für die Einrichtungen im Blick auf die Landes- und Provinzialverbände, das galt auch für diese selbst im Blick auf den CA.

Es waren dieselben Vorbehalte der Geschäftsführer und Direktoren, mithin der leitenden Männer der Landes- und Provinzialverbände, die auch eine zentrale Treuhandstelle beim CA verhinderten. Sie waren sowohl dagegen, zentral „unsere Finanzen unter Kontrolle zu stellen“[409] als auch dagegen, damit einen „gewissermaßen kirchenrechtlichen Charakter“ zu betonen, den gerade Schirmacher der Beziehung von Innerer Mission und verfaßter Kirche zu diesem Zeitpunkt zuschrieb[410]. So war bis zum Herbst 1938, abgesehen von der Anstellung Göbells zur Entlastung des ersten Direktors, eine gewisse personelle Verstärkung für den Bereich der Steuer- und Wirtschaftsfragen im CA nur durch die Einstellung eines Juristen, des tüchtigen Fuß, erreicht. Die personellen Veränderungen deuteten auf nicht mehr als die Schaffung einer „Arbeitsstelle“ mit koordinierender Funktion hin, wie es zwei Jahre zuvor v. Bodelschwingh und Ohl vorgeschlagen hatten[411] und, ganz entsprechend den

405 J. Heinrich, Entwurf betr. Wirtschaftsführung für die Einrichtungen der Inneren Mission vom 30.8.1937 (ADW, JK 6).

406 Siehe Schreiben Friedrich Ulrich an Vereine und Einrichtungen vom 27.4.1937 (ADW, GBIM 4).

407 Siehe Protokoll der Geschäftsführerkonferenz des CA am 16.6.1937 (ADW, CA 761 XIX).

408 Protokoll der Vorstandssitzung des CA am 11.1.1937 (ADW, CA 67 B (1937)). Danach sollte beschlußgemäß der Treuhandstelle des CA angehören der Direktor, also Schirmacher, der Schatzmeister, mithin Heinrich, sowie ein Mitglied des Vorstands und ein Sachverständiger für Wirtschaftsprüfung. Dementsprechend sollte eine Treuhandstelle bei einem Landes- oder Provinzialverband besetzt sein mit dem Geschäftsführer oder Direktor des Verbandes, einem Vertreter des Vorstandes des Verbandes, einem Anstaltsleiter, der ein Theologe sein sollte, damit nicht nur die wirtschaftlichen Fragen entscheidend wären, und schließlich ein Wirtschaftsleiter.

409 Protokoll der Geschäftsführerkonferenz des CA am 6.10.1936 (ADW, CA 761 XVIII).

410 Memorandum H. Schirmacher, „Das neue Verhältnis der amtlichen Kirche zur Inneren Mission“, o. D., aber bereits in Kenntnis des Erlasses des RKA vom 6.8.1936 (ADW, CA 876 IV/2). Vgl. auch H. SCHIRMACHER, 90 Jahre Central-Ausschuß. Der CA sei „bis auf den heutigen Tag durch alle Schicksale der evangelischen Kirchentümer die einzige Verkörperung einer einheitlichen deutschen evangelischen Kirche geblieben.“ (EBD., S. 200).

411 Beschlußentwurf für den Vorstand des Central-Ausschusses für die Innere Mission der Deutschen Evangelischen Kirche, o. D. (ADWRH DÜSSELDORF, OHL RKA).

ebenfalls seinerzeit entwickelten Vorstellungen Kunzes, mit der Aufgabe, der Gefahr entgegenzuwirken, daß „das Wirtschaften die Diakonie tötet."[412] Kunze selbst allerdings war inzwischen nicht nur Leiter der Treuhandstelle der Inneren Mission für Westfalen und Lippe, sondern auch noch im Auftrag des CA mit „der Betreuung und der Prüfung der Anstalten und Einrichtungen der Inneren Mission"[413] über die Grenzen Bethels und Westfalens hinaus befaßt.

Als mit Ende des Jahres 1937 die von v. Wicht für die Vereinigung und die von ihr vertretenen evangelischen Kindergärten behauptete Übergangszeit für die Anwendung des GrStG auslief, hatte er für „seine" Einrichtungen eine Zusammenstellung der gültigen Regelungen gefordert[414], wie sie das im Januar 1935 vom CA herausgegebene Merkblatt zum Umsatzsteuergesetz[415] geboten hatte. Eine Übersicht über die verschiedenen gesetzlichen Bestimmungen wäre neben einem grundsätzlichen Erlaß zur Grundsteuerbefreiung hilfreich gewesen. Sie hätte ein abgestimmtes Handeln und Vorgehen der Kindergärten wesentlich erleichtert und hätte dem von v. Bodelschwingh und Ohl ein Jahr zuvor eingebrachten Konzept für die Tätigkeit einer Treuhandstelle beim CA als einer zentralen Arbeitsstelle für Steuer- und Wirtschaftsfragen entsprochen. Was aber bis zum Jahresende 1938 zustande gekommen war, das waren in erster Linie Rundschreiben, die viel eher Fragen aufwarfen als vorhandene beantworteten[416], auch wenn speziell Fuß durch ständige und

---

412 J. Kunze, „Vorschlag für die Durchführung der Anordnung des RKA vom 6.8.1936 inbezug [sic!] auf den CA" vom 9.10.1936, beim Schreiben v. Bodelschwingh an Ohl vom 30.10.1936 (EBD.).

413 J. Kunze, Richtlinien und Bestimmungen über Ziel, Umfang und Durchführung der Betreuung und Prüfung der Anstalten und Einrichtungen der Inneren Mission, o.D. (ADW, CA 664/3; ADWRH DÜSSELDORF, OHL RKA). Kunze hatte sich damit auf die seinerzeit von Heinrich und Kämper entwickelten Vorstellungen hinsichtlich des Charakters seiner Tätigkeit eingelassen, ganz offenbar, damit überhaupt in der Sache etwas geschehe.

414 Schreiben v. Wicht an CA vom 29.12.1937 (ADW, CA 864/18 I A)

415 CENTRAL-AUSSCHUSS FÜR DIE INNERE MISSION DER DEUTSCHEN EVANGELISCHEN KIRCHE (Hg.), Merkblatt.

416 Siehe Rundschreiben CA [Heinrich und Schubert] an Landes- und Provinzialverbände der Inneren Mission vom 23.12.1937 (ADW, CA 864/18 I A). Darin teilen die beiden leitenden Männer der Verwaltung des CA mit: „Unsere Anstalten werden also damit rechnen müssen, daß sie grundsteuerpflichtig werden, wenn sie ihre Geschäftsgebarung und ihre Satzungen nicht vollständig an die Befreiungsvorschriften des Gesetzes [scil. GrStG] angepaßt haben." (EBD.). Siehe auch Rundschreiben CA [Heinrich] an Landes- und Provinzialverbände der Inneren Mission vom 24.1.1938 (EBD.). Mit diesem Rundschreiben versucht der Schatzmeister des CA unter Bezug auf ein unter Hinzuziehung des mit Ende 1937 rechtsunwirksam gewordenen Preußischen Grund- und Gebäudesteuergesetzes beschlossenes und verkündetes Urteil des Preußischen Oberverwaltungsgerichts vom 14.12.1936 abzuleiten, daß die Landes-, Provinzial- und Fachverbände der Inneren Mission „in die Deutsche Evangelische Kirche eingegliederte Unterverbände" darstellten, infolgedessen also auch deren Verwaltungsgebäude unmittelbar kirchlichen Zwecken dienten. Da die Grundstücke indessen nicht Eigentum einer öffentlich-rechtlichen Körperschaft seien, wie es das Gesetz fordert, „müßte man darauf hinweisen, daß sich die organisatorische Scheidung zwi-

sorgfältige Veröffentlichungen in „Die Rundschau" informierte[417] und auch eine Vielzahl von Einrichtungen beriet[418].

Im November 1938 erst erhielt diese Arbeit ein anderes, größeres Gewicht. Auf Drängen des mit seinen Diakonissenmutterhäusern und deren Einrichtungen besonders unter den Druck der Verhältnisse geratenen Kaiserswerther Verbandes hatte Kunze eine „Denkschrift zur Frage der steuerlichen Behandlung der Anstalten der Inneren Mission der Deutschen Evangelischen Kirche in Deutschland"[419] gefertigt, die dem Präsidenten des CA zur Kenntnis und durch v. Bodelschwingh an Schwerin v. Krosigk gegeben werden sollte[420]. Nach jenem Merkblatt zum Umsatzsteuergesetz war dies der erste Schritt, innerhalb der Inneren Mission zu einem abgestimmten Handeln im Blick auf die Steuergesetzgebung zu kommen. Die Einrichtungen mochten zwar alle gut über die Rechtslage informiert sein. Aber Vorschläge zu gemeinsamem Vorgehen und Verhandeln mit dem Reichsministerium der Finanzen, das hatte es bis dahin nicht gegeben. Natürlich hatte etwa im Blick auf die evangelischen Kindergärten der seinerzeitige Bescheid aus dem Ministerium Schwerin v. Krosigks, wonach über eine Grundsteuerbefreiung die einzelnen Finanzämter entschieden, das Seinige dazu beigetragen. Auch hatte man im CA die Notwendigkeit zu Änderungen der Organisation und besonders der Satzungen der Einrichtungen der Inneren Mission erkannt und hatte im Vorstand bereits im November 1937 einen Beschluß gefaßt, mit dem man die Verhandlungen in allen jenen Fällen an sich zog, in denen staatliche oder kommunale Stellen wegen solcher Änderungen an der Inneren Mission angeschlossene Vereine heranträten[421]. Zu abgestimmten, organisationsberatenden Schritten indessen war es noch nicht gekommen. Was Kunze mit seiner knappen Denkschrift gefordert hatte, war neu, aber es war das, was man in der Inneren Mission und ihren Einrichtungen neben rechtlich qualifizierter

---

schen der Evangelischen Kirche und der Inneren Mission aus der geschichtlichen Entwicklung ergeben habe", so daß der CA mit seinen Untergliederungen „sozusagen als verlängerter Arm der Kirche" gelte (EBD.).

417 A. FUSS, Steuermeßbescheid und Steuerbescheid; DERS., Reichsfinanzhofurteile; DERS., Befreiung von der Grundsteuer; DERS., Aus der 2. Durchführungsverordnung; DERS., Grundsteuerbefreiung privater Erziehungseinrichtungen. Diese Informationen waren allerdings nicht in gleicher Weise umfassend und wertend wie die für den DCV von Juni 1934 bis August 1939 gegebenen durch R. DEGEN, Neues aus der Gesetzgebung.

418 Darüber geben die Schreiben an den CA (ADW, CA 864/15 bis 21), jeweils nach den Orten des Sitzes der Einrichtungen in alphabetischer Reihenfolge geordnet, Auskunft.

419 J. Kunze, Denkschrift zur Frage der steuerlichen Behandlung der Anstalten der Inneren Mission der Deutschen Evangelischen Kirche in Deutschland vom 30.11.1938 (ADW, CF 32).

420 Schreiben Kunze an Constantin Frick vom 29.11.1938 (EBD.). Kunze darin teilt mit, daß er am 26.11.1938 v. Bodelschwingh den „Entwurf eines Anschreibens und einer Kurzdenkschrift für den Reichsfinanzminister übergeben" habe, „mit der Bitte, die Sache doch persönlich sofort abgehen zu lassen." Der „Entwurf der Denkschrift, der also, wie ich hoffe, morgen [30.11.1938] noch überarbeitet werden kann, liegt bei, damit Sie persönlich unterrichtet sind." (EBD.).

421 Protokoll der Vorstandssitzung des CA am 2.11.1937 (ADW, CA 67 B (1937)).

Auskunft[422] dringend benötigte und was mit der bisherigen beratenden Tätigkeit des CA in keiner Weise geleistet worden war: praktisch-konzeptionelle Handlungsanleitungen. Bis diese vorlagen, sollten indessen noch gut einundeinhalb Jahre vergehen.

Kunze hatte in seiner Denkschrift unmißverständlich dargelegt, an welchen „Punkten (sind) Schwierigkeiten entstanden" waren. Gleichzeitig aber hatte er auch vorgeschlagen, Schwerin v. Krosigk und dessen Ministerium zu veranlassen, durch Anordnung festzulegen, welche Bestimmungen eine Satzung unbedingt enthalten muß, um die in den Steuergesetzen vorgesehene Steuerfreiheit im Sinne des StAnpG zu gewährleisten. Zudem gab er eine Zwischenlösung zu bedenken für jene Anstalten der Inneren Mission, deren tatsächliche Geschäftsführung von den Finanzbehörden bislang stets als gemeinnützig, mildtätig oder kirchlich anerkannt worden waren, obwohl die Satzung den Erfordernissen nicht entsprach. Das Reichsministerium der Finanzen, so Kunze, könnte verfügen, daß diesen Anstalten „auf dem Billigkeitswege" Steuerbefreiung zugesprochen werden könne, wenn sie vor Ablauf einer festzusetzenden Frist, die erforderliche Satzungsänderung beschlössen[423].

---

422 Ab Mai 1939 ergänzte Kunze die Informationen in IMIS und in DIE RUNDSCHAU, Veröffentlichung von Gesetzen, Verordnungen und Entscheidungen des Reichsfinanzhofes, durch „monatliche Ausführungen über grundsätzliche und praktische Fragen der steuerlichen Behandlung unserer Anstalten und Einrichtungen" in EVGSDHFÜRS (J. KUNZE, Zur steuerlichen Lage, [1939] S. 146). Zwar hat er eine monatliche Veröffentlichung seiner anfänglich sogar mit Fortsetzungsvermerken versehenen Beiträge nicht durchhalten können, aber die Regelmäßigkeit ihres Erscheinens bis zur verordneten Einstellung der EVGSDHFÜRS – siehe II Kap. I.4.4., S. 341f. mit Anm. 746 – und vor allem die Tatsache, daß sie eine schwierige Materie verständlich darboten, war eine wichtige Voraussetzung für die Beseitigung des „Systems der Systemlosigkeit". Anzunehmen ist, daß dabei R. DEGEN, Neues aus der Gesetzgebung, eine Vorbildfunktion hatte. Warum CARITAS gerade zu diesem Zeitpunkt die Veröffentlichung dieser Informationen einstellte, muß hier eine unbeantwortete Frage bleiben.

423 J. Kunze, Denkschrift zur Frage der steuerlichen Behandlung der Anstalten der Inneren Mission der Deutschen Evangelischen Kirche in Deutschland vom 30.11.1938 (ADW, CF 32). Kunze beschrieb die Schwierigkeiten insbesondere für die Diakonissenmutterhäuser des Kaiserswerther Verbandes, dem nicht nur sein Dienstgeber, die Anstalten Bethel und ihre Westfälische Diakonissenanstalt Sarepta oder auch die Evangelische Diakonissenanstalt Bremen, nach wie vor unter Constantin Frick als Vorsteher, angehörten, sondern der durch seine „Mutterhausdiakonie" wesentliches Element der Inneren Mission war. Im übrigen gilt, was II Kap I.3.2., S. 164 mit Anm. 148 bemerkt ist. In seiner „Denkschrift" weist Kunze etwa auf das Vorgehen der Finanzämter hin, die Tätigkeit von Diakonissen, soweit sie nicht in Einrichtungen ihres Mutterhauses tätig sind – wie etwa Kindergartenschwestern –, nicht als unmittelbar gemeinnützig, mildtätig oder kirchlich zu betrachten und daraus eine generelle Steuerpflicht aller Mutterhäuser zu folgern. Aus Sicht der Steuerbehörde sei damit auch die geforderte Ausschließlichkeit nicht gegeben. Kunze fordert, daß die Tätigkeit der Diakonissen „immer als für die steuerlichen Belange des Mutterhauses unmittelbare Betätigung anerkannt wird." Außerdem dürfen Gaben und Spenden nicht als „gewisser Leistungsaustausch" im Sinne des UStG oder des KStG betrachtet und „als eine umsatz- und körperschaftssteuerpflichtige Einnahme vom Staat zur Hälfte dem Werk ... wieder weggenommen" werden. Hinsichtlich der Körperschaftssteuer müsse den evangelischen Diakonissenmutterhäusern wie einer Aktiengesellschaft das Recht – mit Urteil des Reichsfinanzhofs erfochten – zugebilligt werden, wie diese für vertraglich zugesicherte Pensionen, die Altersversor-

Damit hatte Kunze eine Anregung gegeben, die auch, freilich in einer der schwierigen Materie angemesseneren Gestalt der Darstellung und nicht allein auf eine Grundsteuerbefreiung evangelischer Kindergärten ausgerichtet, den von der Vereinigung und von v. Wicht vertretenen Interessen entsprach. Dieser hatte das durchaus registriert, zumal bereits Anfang des Jahres 1939 Verhandlungen mit dem Reichsministerium der Finanzen stattfanden, die erkennen ließen, daß man hier bereit war, über die von Kunze aufgeworfenen Fragen zu praktikablen Lösungen zu kommen[424]. Außerdem hatte der CA nach eindringlicher Forderung des Kaiserswerther Verbandes[425] und auf

gung der Diakonissen „bilanzmäßig zu passivieren". Hinsichtlich der Grundsteuer sei, so Kunzes Sicht, die Unklarheit zu beseitigen, ob Diakonissenmutterhäuser, wenn sie Schwestern ausbilden, diese schulen und pflegen und im Alter betreuen, als „mildtätig" im Sinne des Gesetzes anerkannt werden. Auch hinsichtlich der von den Diakonissenmutterhäusern getragenen Krankenhäuser bestanden, obgleich im allgemeinen dieser Arbeitsbereich der Inneren Mission steuerrechtlich eindeutig geregelt war, Schwierigkeiten. Die Problematik bestünde, so Kunze, in dem Zwang zu einer nicht hinreichend flexiblen Handhabung der Pflegerichtsätze, die sich besonders da negativ auswirke, wo die stationäre Krankenpflege allein in der Trägerschaft freier, nicht kommunaler Einrichtungen liege. Schließlich regt Kunze an, nochmals zu erörtern, ob und wie es zu erreichen sei, eine grundsätzliche Lösung dafür zu finden, daß Einrichtungen „als total steuerpflichtig behandelt" werden, da sie über die Vermögensverwaltung hinaus einen wirtschaftlichen Geschäftsbetrieb führen, zu dem, unter Einspruch der veranlagten Einrichtung, nicht nur die Selbstversorgungsbetriebe, sondern auch Seminare, Schulen und Kindergärten gezählt werden (EBD.).

424 Schreiben Reichsminister der Finanzen an CA, DCV, DRK und NSV vom 22.12.1938 (ADW, CA 864/15 III). Das Schreiben war eine Einladung zu einer Besprechung am 11.1.1939 über „verschiedene Zweifelsfragen" „über die steuerliche Behandlung der Wohlfahrtsverbände und ihrer Einrichtungen". Die Tagesordung sah entsprechend der „Denkschrift" Kunzes vom 30.11.1938 (ADW, CF 32) vor: „1. Welche Bestimmungen müssen die Satzungen der gemeinnützigen, mildtätigen und kirchlichen Körperschaften enthalten, damit die Voraussetzungen der Steuerbefreiung erfüllt sind? ... 2. Wirtschaftliche Geschäftsbetriebe. 3. Das Verhältnis der Schwestern zu ihren Mutterhäusern, insbesondere a) steuerliche Beurteilung der Gestellung von Schwestern an Gemeinden, Krankenhäuser usw., b) Unterhalt und Altersversorgung der Schwestern. 4. Steuerliche Beurteilung der Einnahmen und Ausgaben der Mutterhäuser." (EBD.).

425 Schreiben Kaiserswerther Verband [Ernst Siebert] vom 26.1.1939 an Deutschen Krankenhausverband, Verband deutscher Evangelischer Heilerziehungs-, Heil- und Pflegeanstalten, Verband der deutschen Krüppelheime der Inneren Mission, Reichsverband evangelischer Jugenderholungs- und Heilstätten, EREV, Reichskonferenz für evangelische Alters- und Siechenfürsorge, Deutscher Herbergsverein, Evangelischer Diakonieverein, Bund Deutscher Gemeinschafts-Diakonissenmutterhäuser, Verband der Evangelisch-Freikirchlichen Diakonissen-Mutterhäuser und Deutscher Gemeinschafts-Diakonie-Verband wegen Besprechung in der Berliner Geschäftsstelle des Kaiserswerther Verbandes in der Landhausstraße am 30.1.1939 von Fragen zur „Einrichtung einer zentralen Beratungsstelle für Steuer- und Wirtschaftsfragen" beim CA (EBD.). Der Verbandsgeschäftsführer teilt auch mit, daß die Vorsteher und Oberinnen nur in der Schaffung einer entsprechenden Abteilung im CA und dem Einsatz Kunzes eine Möglichkeit sähen, die Verhältnisse zu ordnen. Vgl. Schreiben Kunze an Constantin Frick vom 13.1.1939 (EBD.). Damit kamen erst jetzt Bemühungen zum Abschluß, die bereits im Jahr 1935 darauf gerichtet waren, eine zentrale Beratungsstelle in Steuersachen beim CA zu schaffen. Die nebenamtliche Beschäftigung von Albert Dinger, Diplom-Volkswirt und hauptamtlich bei der Evangelischen Versicherungszentrale, bis Juni 1936 (ADW, CA/P II 66) und die feste Anstellung von Fuß ab Juli 1936 sind wohl ebenso Ausdruck der Bemühungen, schwieriger werdende Wirtschafts- und Rechtsfragen im Interesse der Mitglieder und zur Sicherung der Arbeit der Inneren Mission kompetent

Drängen Kunzes[426], Voraussetzungen für seine weitere Mitarbeit besonders hinsichtlich einer konstruktiven Zusammenarbeit mit der Geschäftsstelle zu schaffen, inzwischen eine Abteilung für Steuer- und Wirtschaftsfragen mit den Aufgaben einer zentralen Beratungsstelle eingerichtet. Nach Gesprächen zwischen v. Bodelschwingh für die Anstalten Bethel und Paul Braune für den CA war Kunze für ein Jahr, bis zum 31. Dezember 1939, für diesen ehrenamtlichen Dienst nahezu freigestellt worden[427].

Diese Umstände konnten es v. Wicht nur erleichtern, Kunze zur Arbeitstagung der Vereinigung einzuladen, die sich, wie es auch in den zurückliegenden Jahren Gewohnheit gewesen war, der Mitgliederversammlung anschließen und an zwei Tagen, am 20. und 21. Juni 1939 in Stuttgart stattfinden sollte. Für die Vereinigung war Kunzes Beitrag von solcher Bedeutung, daß v. Wicht die am ersten Tag stattfindende Mitgliederversammlung mit Rücksicht auf Kunzes weitere Verpflichtungen unterbrach[428], um ihn über „die Bedeutung wirtschaftlicher und steuerlicher Fragen für unsere Arbeit" referieren zu lassen.

Kunze nutzte die Gelegenheit, um nicht nur mit Nachdruck auf die gesetzlichen Bestimmungen hinzuweisen, die eine Steuerbefreiung für eine Einrichtung der Inneren Mission ermöglichen, die nach Satzung und Geschäftsführung mit ihrer Arbeit gemeinnützigen, mildtätigen oder kirchlichen Zwecken dient. Er erläuterte auch ausführlich den Stand der Verhandlungen, die seit Jahresanfang in enger Abstimmung von CA und DCV[429] die Spitzenverbände

---

und unverzüglich zu bearbeiten, wie verschiedene gutachterliche Tätigkeiten von Andreas Rapp, Steuerberater und Wirtschaftsprüfer in Stuttgart (ADW, CA 864/15 IV).

426 Schreiben Kunze an Constantin Frick vom 13.1.1939 (ADW, JK 6); Schreiben Kunze an Heinrich vom 30.1.1939 (EBD.), mit dem Kunze eine von ihm gefertigte „Ordnung der im Central-Ausschuß für Innere Mission einzurichtenden Abteilung für die Bearbeitung von Steuer- und Wirtschaftsfragen" vom 30.1.1939 übersendet (EBD.).

427 Vermerk über ein Gespräch v. Bodelschwingh, Paul Braune und Kunze am 22.2.1939 (ADW, JK 6). Protokoll der Vorstandssitzung des CA (ADW, CA 67 B (1937)). Der Vorstand stellte fest, „daß Herr Kunze von Bethel grundsätzlich bis Ende 1939 für den Dienst in der Steuerabteilung des CA freigegeben wird" und beschloß, Kunze eine monatliche Dienstaufwandsentschädigung in Höhe von RM 100.– zu zahlen. Vgl. M. GERHARDT, Jahrhundert II, S. 387.

428 Protokoll der Mitgliederversammlung der Vereinigung am 20.6.1939 (LKA HANNOVER, E 26/102; ADWW MÜNSTER, 153/1; LKA NÜRNBERG, DW 1715).

429 Siehe Schreiben Solidaris Treuhand an Kunze vom 24.3.1939 (ADW, CA 864/21 III). Solidaris Treuhand war in Berlin ansässig und die vom DCV beauftragte Wirtschaftsprüfungs- und Steuerberatungsgesellschaft, die ihn bei seinen Verhandlungen mit dem Reichsministerium der Finanzen beriet. Kunze erhielt im Auftrag von Kreutz den von ihr gefertigten Entwurf eines Schreibens des DCV an Schwerin v. Krosigk vom 21.3.1939 mit der Bitte um Stellungnahme. In diesem Schreiben ging es in erster Linie um die Frage der Mitwirkung eines Spitzenverbandes der freien Wohlfahrtspflege, des DCV, an den erforderlichen Satzungsänderungen der Einrichtungen und um die Frage seiner Anerkennung als unmittelbar gemeinnützig (EBD.). Die Frage, in welchem Umfang möglicherweise in Steuer- und Wirtschaftsfragen von Anfang an eine Zusammenarbeit von CA und DCV bestand und etwa beider gemeinsame Anfrage das Reichsministerium der Finanzen zu Verhandlungen bewegen konnte, muß hier unbeantwortet bleiben.

der freien Wohlfahrtspflege mit dem Reichsministerium der Finanzen führten[430]. Als Spitzenverbände beteiligt waren auch das DRK, seit einem Jahr und seiner Neuordnung allein mit den Aufgaben des „Kriegssanitätsdienstes" und dem „Sanitätsdienst im behördlichen Luftschutz" betraut[431] und die NSV, die allerdings an diesen Verhandlungen kaum Interesse zeigte. Das mochte daran liegen, daß ihre Steuerbefreiungen in den in Frage kommenden Gesetzen eindeutig und ausdrücklich gesichert und von irgendeinem Verhandlungsergebnis auf den ersten Blick kaum berührt waren. DCV und CA gingen jedenfalls davon aus, daß Hilgenfeldt gegen das erzielte Verhandlungsergebnis keine Einwände erheben werde.[432] Indessen sollte sich zeigen, daß Hilgenfeldt mit dem Ergebnis tatsächlich nicht zufrieden sein konnte. Allerdings sollte man sich von seiten der NSV dazu ganz anders äußern, als man es wiederum im CA erwartet haben mochte.

Was die Verhandlungen selbst betraf, so hatte das Reichsministerium der Finanzen nach der ersten Verhandlungsrunde am 11. Januar 1939[433] dem CA Mitte Mai, wie für das weitere Verfahren abgesprochen, den Referentenentwurf eines Erlasses zugestellt[434], der nach nochmaliger Besprechung einige Tage später[435], schließlich am 15. Juli 1939 gültig vorlag. Mit ihm waren die von Kunze in seiner Denkschrift angesprochenen Fragen aufgenommen und weithin beantwortet[436].

Tatsächlich war mit diesem Erlaß den Einrichtungen der Inneren Mission, also auch den Kindergärten ebenso wie ihren Landes- und Provinzialverbänden und schließlich auch der Vereinigung die Möglichkeit eröffnet, zur

---

430 Protokoll der Arbeitstagung der Vereinigung am 20.–21.6.1939 (LKA HANNOVER, E 26/102; ADWW MÜNSTER, 153/1; LKA NÜRNBERG, DW 1715).

431 Vereinbarung der NSV mit dem DRK vom 18.12.1937 (H. VORLÄNDER, Die NSV, Dok. Nr. 147, S. 348).

432 Schreiben Solidaris Treuhand an Kunze vom 9.3.1939 (ADW, CA 864/21 III).

433 Von seiten des CA waren an den Verhandlungen beteiligt Constantin Frick, Schirmacher, Paul Braune, Heinrich, Kunze und Schubert, außerdem der Geschäftsführer des Kaiserswerther Verbandes, Ernst Siebert, der Geschäftsführer des Vereins zur Errichtung evangelischer Krankenhäuser, Wilhelm Siegert, und Gefaeller, der zuständige Referent im EOK Berlin, der auch die Finanzabteilung bei der Kirchenkanzlei der DEK vertrat. (Einladungsschreiben zur Vorbesprechung am 10.1.1939 von Schirmacher vom 4.1.1939 und Einladungsschreiben zur Vorbesprechung am 24.5.1939 von Fuß vom 22.5.1939, in: ADW, CA 864/15 III).

434 Schreiben Reichsministerium der Finanzen gleichlautend an CA, DCV, DRK und NSV vom 17.5.1939 (EBD.).

435 EBD. Der Entwurf wurde geringfügig überarbeitet. Der Termin, bis zu dem Satzungsänderungsabsicht angezeigt sein mußte, war mit dem 31.12.1939 festgesetzt und dementsprechend eingearbeitet. Das weisen die handschriftlichen Einfügungen, wie zu erschließen von Fuß gefertigt, aus (Referentenentwurf betr. Steuerfreiheit gemeinnütziger und mildtätiger Körperschaften vom Mai 1939, in: EBD.).

436 Runderlaß des Reichsministers der Finanzen vom 15.7.1939 betr. Steuerfreiheit gemeinnütziger und mildtätiger Körperschaften (RStBl 1939, S. 857–860; J. KUNZE, Mustersatzungen, S. 11–16; DERS., Zur steuerlichen Lage [1939], S. 259–263; N.N., Steuerfreiheit gemeinnütziger und mildtätiger Körperschaften, S. 50–55). Vgl. auch A. FUSS, Steuerfreiheit.

Erlangung oder Sicherung ihrer Steuerfreiheit – allerdings kaum von Steuergerechtigkeit – ihre Satzungen den Vorschriften des StAnpG anzupassen. Das betraf besonders die Bestimmungen über die Ausschließlichkeit und Unmittelbarkeit, denen in der Satzung einer gemeinnützigen oder mildtätigen Einrichtung oder Körperschaft auch im Falle ihrer Auflösung und hinsichtlich der zweckbestimmten Verwendung des Vermögens prinzipiell Rechnung zu tragen war. Die Anstalten und Einrichtungen erhielten Gelegenheit, ihre Absichten zu einer Satzungsänderung bis zum 31. Dezember 1939 dem jeweils zuständigen Finanzamt mitzuteilen. Den Forderungen gegenüber den noch in der freien Wohlfahrtspflege organisierten und durch deren Spitzenverbände vertretenen Körperschaften entsprach es, wenn das Reichsministerium der Finanzen den CA als mildtätig und gemeinnützig im Sinne des StAnpG und neben NSV, DRK und auch DCV als Reichsspitzenverband anerkannte und ihm eine gutachterliche Beteiligung bei Beschlüssen seiner Mitgliedseinrichtungen zur Vermögensverwendung oder Änderung der Zweckbestimmung zubilligte[437]. Damit war nicht nur der CA „neben der NSV aufgeführt und dieser dadurch gleichgestellt" und seine Rechtsauffassung bestätigt[438]. Dieses Ergebnis entsprach im Großen und Ganzen auch den in erster Linie von Kunze entwickelten Vorstellungen. Es war damit jedenfalls gelungen, „die besonders schwerwiegenden Auswirkungen der neuen Gesetze auf die Innere Mission zunächst zum Stillstand zu bringen."[439] Inwieweit dieser Erlaß auch

[437] Im übrigen klärt der Runderlaß des Reichsministers der Finanzen vom 15.7.1939 betr. Steuerfreiheit gemeinnütziger und mildtätiger Körperschaften den „Begriff der Ausschließlichkeit und Unmittelbarkeit". Es wird ausgeführt, daß satzungsgemäßer Zweck einer Körperschaft, der nach §§ 17 und 18 StAnpG als gemeinnützig oder mildtätig anzusprechen sei und die „*tatsächliche* Geschäftsführung *in ihrer Gesamtrichtung einzig und allein* auf die Erfüllung dieser Zwecke eingestellt" sein müsse. Da dem Zweck einer Einrichtung neben Spenden, Stiftungen, Sammlungen, Mitgliederbeiträge auch wirtschaftliche Geschäftsbetriebe dienen können, blieben diese steuerlich unschädlich, vorausgesetzt allerdings, diese Geschäftsbetriebe dienen „*einzig und allein*" dem gemeinnützigen oder mildtätigen Zweck dieser Körperschaft. Hinsichtlich der Ausschließlichkeit kann das Reichsministerium der Finanzen „nicht sagen, daß die NSV, das Rote Kreuz, eine Diakonissenanstalt oder ein geistlicher Orden bei der sogenannten Schwesterngestellung an Gemeinden nicht unmittelbar, sondern nur mittelbar gemeinnützige Zwecke fördern." (EBD.). Die Hervorhebungen sind im Original gesperrt. Vgl. A. FUSS, Die karitativen Anstalten, S. 14. Die beabsichtigte und angezeigte Fortsetzung dieses Beitrags ist nicht mehr erschienen. Siehe dazu II Kap. I.4.4., S. 341f. mit Anm. 746.

[438] Stellungnahme zum Entwurf des Reichsministeriums der Finanzen von Fuß vom 22.5. 1939 (ADW, CA 864/15 III).

[439] M. GERHARDT, Jahrhundert II, S. 387. Inwieweit die nach der Devaheim-Affäre mit staatlicher Hilfe unter Beteiligung des Reichsministeriums der Finanzen eingeleitete, auf fünfzehn Jahre angelegte, mithin noch nicht abgeschlossene Sanierung des CA das Verhandlungsergebnis beeinflußt hat, bleibt hier unerörtert. Das Reichsministerium der Finanzen mußte jedenfalls am Erhalt des CA als Reichsspitzenverband der freien Wohlfahrtspflege und seiner Gemeinnützigkeit Interesse haben. Sie legitimierten „nicht unerhebliche Opfer", die staatliche Stellen in der zurückliegenden Zeit erbracht hatten, „um den CA und die Innere Mission nicht bloß vor dem ... Konkurs zu bewahren, sondern ihn zu erhalten und wieder arbeitsfähig zu machen" (Schreiben Reichsministerium der Finanzen an EOK Berlin vom 14.8.1937, in: BA BERLIN, R 2/19206).

das zur gleichen Zeit sehr bedrohlich aufziehende Gesetz über die freie Wohlfahrtspflege[440] zum Stillstand brachte, diese Frage kann hier nicht beantwortet werden. Daß der Erlaß mit seiner Anerkennung des CA als Spitzenverband der freien Wohlfahrtspflege ein Beitrag zur Abwehr eines „Reichsbeauftragten für die freie Wohlfahrtspflege" Hilgenfeldt war, wird man sicher annehmen dürfen.

Abgesehen jedoch von der einzig implizit gegebenen Antwort auf die Frage, ob der CA selbst unmittelbar oder nur mittelbar gemeinnützig bzw. mildtätig sei[441], waren zwei Sachverhalte ungeklärt geblieben. Insbesondere deren Klärung sollte der Rechtsprechung, also der Entscheidung des Reichsfinanzhofes vorbehalten bleiben[442]. Zum einen war die Steuerbefreiung von solchen Einrichtungen kirchlicher Körperschaften öffentlichen Rechts nach wie vor

---

War möglicherweise die wirtschaftliche Schwäche der Inneren Mission und ihres CA die Voraussetzung zur Bindung der Kräfte, die zur Wahrung ihrer finanziellen Interessen seinen Erhalt ebenso wie den aller steuerlichen Entlastungen forderten? Die Darstellung dieser Zusammenhänge als Folge des Devaheim-Desasters unter Hinzuziehung etwa der noch kaum erschlossenen Akten des Reichsministeriums der Finanzen (BA Berlin, R 2/19201 bis 19207) ist Desiderat.

440 Siehe II Kap. II.1.1., S. 391f. mit Anm. 33.

441 Siehe Stellungnahme zum Entwurf des Reichsministeriums der Finanzen von Fuß vom 22.5.1939. Darin hatte Fuß für den CA vorgeschlagen, als letzten Absatz anzufügen: „Die ... genannten Reichsspitzenverbände sowie die ihnen angeschlossenen Unterverbände sind dann als unmittelbar gemeinnützigen, mildtätigen oder kirchlichen Zwecken dienende Körperschaften anzusehen, wenn sie ihre Tätigkeit in der Leitung, Aufsicht und Betreuung über die ihnen angeschlossenen Einrichtungen der freien Wohlfahrtspflege ausüben. Im übrigen verbleibt es bei einer Prüfung der satzungsmäßigen Festlegung in Anwendung dieses Erlasses." (ADW, CA 864/15 III). Damit wäre freilich, im Falle einer Zustimmung des Reichsministeriums der Finanzen, deutlich eine Erweiterung entgegen dessen bisher angestrebter Einengung der Befreiungsbestimmungen erfolgt, und der auch „außersteuerliche Zweck", eine zur Erfüllung seiner Devaheim-Sanierungsaufgabe erforderliche geringe Belastung des CA, wie sie bereits zwei Jahre zuvor in Zusammenhang mit der Veranlagung des CA zur Körperschaftssteuer von Heinrich gefordert worden war (A. Dinger, Memorandum zur Frage der körperschaftssteuerlichen Behandlung des CA vom 10.3.1937, mit Schreiben Heinrich an Reichsministerium der Finanzen vom 26.4.1937 übersandt, in: BA Berlin, R 2/19206), wäre zum Tragen gekommen. Die implizite Lösung durch den Hinweis darauf, „eine Körperschaft kann nur durch ihre Organe oder Hilfskräfte handeln" und durch die Schlußfolgerung, daß, wenn für die NSV, das DRK, eine Diakonissenanstalt im Blick etwa auf die Schwesterngestellung eine unmittelbare Förderung gemeinnütziger Zwecke gelte, dies auch für den CA zutreffe – das war offenbar die nach Lage der Dinge allein mögliche Lösung, die es zuließ, daß auch der CA unter die steuerbefreienden Bestimmungen fiel (Runderlaß des Reichsministers der Finanzen vom 15.7.1939 betr. Steuerfreiheit gemeinnütziger und mildtätiger Körperschaften, in: RStBl 1939, S. 860; J. KUNZE, Mustersatzungen, S. 16; DERS., Zur steuerlichen Lage [1939], S. 263; N.N., Steuerfreiheit gemeinnütziger und mildtätiger Körperschaften, S. 55).

442 Das betraf besonders die Frage, ob die Schwesterngestellung etwa eines Diakonissenhauses für dieses steuerlich einen wirtschaftlichen Geschäftsbetrieb darstelle, der wiederum einer Prüfung auf Steuerunschädlichkeit zu unterziehen sei (RStBl 1939, S. 857–860; J. KUNZE, Mustersatzungen, S. 11–16). Weiter entschied der Reichsfinanzhof am 27.4.1940, daß die Schwesterngestellung als ein wirtschaftlicher Geschäftsbetrieb zu betrachten und nur dann steuerunschädlich sei, wenn dafür gesorgt sei, daß die Schwester in besonderem Maße zur Betreuung der minderbemittelten Bevölkerung eingesetzt wird (RStBl 1940, S. 528; J. KUNZE, Mustersatzungen, S. 20).

zweifelhaft, die bislang auch gemeinnützige und mildtätige Zwecke verfolgt hatten, wie zum Beispiel Kindergärten in Trägerschaft einer Kirchengemeinde. Zum anderen war nach wie vor unklar, wie Einrichtungen in Trägerschaft von Körperschaften privaten Rechts zu behandeln wären, die in ihren Satzungen neben einer gemeinnützigen und mildtätigen auch eine kirchliche Zweckbestimmung festgeschrieben hatten. Auch das betraf evangelische Kindergärten. Zwar hatte der CA in den Verhandlungen auch versucht, das Reichsministerium der Finanzen zu veranlassen, diese Fragen sogleich mitzuregeln[443]. Aber es bedurfte zunächst eines weiteren halben Jahres, bis ein Erlaß vom 18. Januar 1940[444] weitere Klarheit brachte und endlich nach nochmals drei Monaten eine Entscheidung des Reichsfinanzhofes am 27. April 1940[445] unmißverständlich die Merkmale der „Ausschließlichkeit“ hinsichtlich § 4 Ziff. 3b GrStG festlegte und damit eine Klärung auch in dieser Sache schuf.

Bereits Ende August 1939 hatte indessen der Reichsfinanzhof entschieden, daß mildtätigen Zwecken dienender Grundbesitz nicht steuerfrei sei, wenn der Träger der Einrichtung neben mildtätigen auch kirchliche Zwecke verfolge[446]. Damit war die Rechtsbeschwerde einer Kirchengemeinde gegen die Grundsteuerveranlagung ihres Kindergartens zurückgewiesen worden. Die evangelische Kirchengemeinde Essen-Altstadt in Essen und ihr die Geschäfte führender Pfarrer Johannes Böttcher hatten sich auf die Befreiungsvorschrift § 4 Ziff. 3b GrStG berufen und geltend gemacht, daß die Unterhaltung des Kindergartens mildtätigen Zwecken diene. Sie folgten damit ganz der Auffassung und Argumentation v. Wichts. Der Reichsfinanzhof hielt es allerdings für unerheblich, ob in einer Einrichtung mildtätiges und gemeinnütziges Wirken zu ihr gehören, denn zuvörderst verfolge eine Kirchengemeinde kirchliche Zwecke im Sinne des § 19 StAnpG. Dafür aber sehe das Gesetz keine Steuerbefreiung vor, da mit den kirchlichen Zwecken ausgeschlossen sei, daß ausschließlich mildtätiges Wirken vorliege. Insofern könne sogar dahingestellt bleiben und sei die Frage unerheblich, ob im Betrieb eines Kindergartens eine Benutzung des Grundstücks für mildtätige Zwecke zu sehen sei. Auch die andere Begründung des Befreiungsantrages der Kirchengemeinde hatte der Reichsfinanzhof nicht anerkannt. Anders als v. Wicht, der seiner-

---

443 Siehe J. KUNZE, Zur steuerlichen Lage [1939], S. 263; N.N., Steuerfreiheit gemeinnütziger und mildtätiger Körperschaften, S. 55. Vgl. auch „Gutachten über die am 11. Januar 1939 im Reichsfinanzministerium zur Verhandlung kommenden Steuerfragen von Dr. Adalbert Fuß“ vom 10.1.1939 (ADW, CA 864/15 III).

444 RStBl 1940, S. 64; J. KUNZE, Mustersatzungen, S. 17–18; N.N., Steuerfreiheit kirchlicher Körperschaften.

445 Urteil des Reichsfinanzhofes – AZ. VIa 76/39 – vom 27.4.1940 (RStBl 1940, S. 562–563; J. KUNZE, Zur steuerlichen Lage [1940], S. 100f.).

446 Urteil des Reichsfinanzhofes – AZ. VIa 48/39 – vom 31.8.1939 (ADW, CA 864/18 II A. Auszugsweise J. KUNZE, Zur steuerlichen Lage [1939], S. 316f.).

zeit seinen Antrag auf eine grundsätzliche Befreiung evangelischer Kindertagesstätten von der Grundsteuer auch unter Bezug auf § 4 Ziff. 7 GrStG gestellt hatte und der, wenn auch eher zögernd und nur auf Drängen des CA, die Anerkennung der evangelischen Kindergärten als „im Rahmen der staatlichen Aufgaben" liegend gefordert hatte, war von Johannes Böttcher für die Kirchengemeinde Essen-Altstadt auf kirchliche Zwecke nach § 4 Ziff. 5b GrStG abgestellt worden, nämlich auf Zwecke der religiösen Unterweisung[447]. Der Reichsfinanzhof hatte diese Begründung ebenfalls zurückgewiesen. Den im Kindergarten betreuten Kindern „in einer ihrer Aufnahmefähigkeit angepaßten Form die Botschaft der Kirche näher zu bringen", bedeute allein, „die Kinder religiös zu beeinflussen". Diese „Betätigung" aber stellt keinen Unterricht dar und „erfüllt nicht die Merkmale der religiösen Unterweisung."[448]

---

[447] Nach § 4 Ziff. 5b GrStG war von der Grundsteuer befreit: Grundbesitz einer öffentlich-rechtlichen Religionsgesellschaft, der „für Zwecke der religiösen Unterweisung benutzt wird" (RGBl 1936 I, S. 987). Siehe II Kap. I.3.3., S. 178f. mit Anm. 235. Ob und wieweit in diesem Prozeß das Mitglied des Presbyteriums der Kirchengemeinde Essen-Altstadt, Dr. rer. pol. Dr. iur. Gustav W. Heinemann, Mitglied des Vorstandes der Rheinischen Stahlwerke und nachmals von 1969–1975 Bundespräsident der Bundesrepublik Deutschland, für die Gemeinde beratend tätig war, diese Frage muß hier unbeantwortet bleiben.

[448] Die Begründung stützte sich besonders auf ein Urteil, in dem der Reichsfinanzhof selbst bereits am 3.6.1939 sowohl entschieden hatte, was unter „Gottesdienst" zu verstehen und damit steuergesetzlich von Bedeutung, als auch, was mit „religiöser Unterweisung" gemeint und bei Steuerbescheiden zu berücksichtigen sei. Eine Kirchengemeinde hatte gegen die Veranlagung zur Grundsteuer für ihr Gemeindehaus Einspruch, Berufung und schließlich Rechtsbeschwerde eingelegt. Sie war damit auch vor dem Reichsfinanzhof unterlegen. Dieser hatte nicht das Argument der Gemeinde anerkannt, daß alle Veranstaltungen in diesem Hause mit Gebet und Bibelwort eröffnet werden und damit Gottesdienst seien oder jedenfalls doch als Reformations-, Advents- und Weihnachtsfeiern ebenso wie als Frauenhilfs- oder Missionsfest der religiösen Unterweisung dienten. Der Reichsfinanzhof hatte den Steuerbescheid nicht aufgehoben, sondern bestätigt und festgestellt: „Unter Gottesdienst sind Veranstaltungen zur Gottesverehrung zu verstehen, in denen die Teilnehmer in feierlichen überlieferten Formen ein Gemeinschaftsbekenntnis zu Gott ablegen". Außerdem hatte der Reichsfinanzhof entschieden, daß „unter religiöser Unterweisung die Erteilung von Unterricht zur Förderung des Wissens um religiöse Fragen zu verstehen" sei. Das bedeutete im Blick auf die Beschwerdeführung der Kirchengemeinde Essen-Altstadt und auf deren Kindergarten, „eine Vermittlung von Wissen in diesem Sinn kann bei Kleinkindern nicht in Frage kommen." (RStBl 1939 I, S. 877; ADW, CA 864/18 II A. Im Auszug J. KUNZE, Zur steuerlichen Lage [1939], S. 316). Hinsichtlich des Gottesdienstes und der Auslegung des Sammlungsgesetzes blieb diese Entscheidung des Reichsfinanzhofes entgegen den Befürchtungen des CA (Schreiben CA an Kirchenkanzlei der DEK vom 17.8.1939, in: ADW, CA 864/18 II A) ohne Bedeutung. Hier galt weiterhin das Schreiben des Reichs- und Preußischen Ministers für die kirchlichen Angelegenheiten vom 29.7.1937 (EZA BERLIN, 1/C3/61), nach dem auch Veranstaltungen wie Andachten und Bibelstunden und Gemeindeveranstaltungen als Gottesdienste anerkannt wurden, wenn sie „in ihrer Ausgestaltung durch Gesang, Gebet und Wortverkündigung gottesdienstlichen Charakter" haben. Auf diese vom Urteil des Reichsfinanzhofes unterschiedene Rechtsauffassung des Reichs- und Preußischen Ministeriums für die kirchlichen Angelegenheiten wies die Kirchenkanzlei der DEK durch Gisevius am 4.11.1939 die obersten Behörden der deutschen evangelischen Landeskirchen ausdrücklich hin (ADW, CA 864/18 II A). Vgl. N.N., Eine Erläuterung, S. 24.

Vollends der Erlaß vom 18. Januar 1940 machte klar, daß kirchliche Zwekke von Vereinen oder anderen privatrechtlichen Körperschaften Gemeinnützigkeit und Mildtätigkeit als Steuerbefreiungsgründe ausschlossen und daß im Falle kirchlicher Körperschaften öffentlichen Rechts die gleichen Grundsätze Geltung hatten, die der Erlaß vom 15. Juli 1939 festgestellt hatte. Das bedeutete nicht nur, daß Steuerfreiheit für solche Einrichtungen nur gewährt werden sollte, wenn eine eigene, vor allem den steuerlichen Vorschriften über die Vermögensverwendung entsprechende Satzung vorläge. Das hieß auch, daß bislang gemeinnützig oder mildtätig genutztes Vermögen, sollte Steuerbefreiung erhalten bleiben, nicht kirchlichen Zwecken gewidmet werden durfte, während eine umgekehrte Verwendung steuerlich unschädlich blieb[449].

Da die im Erlaß vom 15. Juli 1939 für die erforderlichen Beschlüsse über Satzungsänderungen und Neufassung von Satzungen bestimmte Frist bereits im Oktober[450] um ein Jahr bis zum 31. Dezember 1940 verlängert worden war, hatten spätestens mit dem Erlaß vom 18. Januar 1940 alle der Inneren Mission und ihrem CA angehörenden Körperschaften, privaten wie öffentlichen Rechts, ein Jahr Zeit, ihre Satzungen den vereinbarten Regelungen anzupassen[451]. Das galt auch für die Vereinigung und die ihren Mitgliedsverbänden angehörenden Kindergärten. Sie allerdings und v. Wicht konnten mit diesem Ergebnis ganz und gar nicht zufrieden sein.

Die Verhandlungen des CA und der übrigen Spitzenverbände der freien Wohlfahrtspflege mit dem Reichsministerium der Finanzen hatten mit den beiden Erlassen zwar eine grundsätzliche Verständigung über die Voraussetzungen zur Steuerbefreiung von Einrichtungen der Inneren Mission erzielt. Insofern hatten sie, wie wohl von den Männern des CA beabsichtigt, eine Grundlage für das weitere Vorgehen des CA und seiner Abteilung für Steuer- und Wirtschaftsfragen, mit einem mittlerweile im Rahmen einer Dienstvereinbarung tätigen Kunze an der Spitze[452], geschaffen. Aber für die

---

449 RStBl 1940, S. 64; J. KUNZE, Mustersatzungen, S. 17–18; N.N., Steuerfreiheit kirchlicher Körperschaften.

450 Runderlaß des Reichsministers der Finanzen vom 18.10.1939 (RStBl 1939, S. 1046).

451 RStBl 1940, S. 64; J. KUNZE, Mustersatzungen, S. 18.

452 Der Finanzierungsplan sah vor, daß die neue Wirtschafts- und Steuerabteilung des CA mit Fuß, einer Sekretärin und Kunze arbeitet und daß absprachegemäß Einrichtungen und Fachverbände die anfallenden Betriebskosten auf dem Weg einer Umlage übernähmen. Die Sicherung dieser Finanzierung im Mai 1939 durch die Fachverbände, die zuletzt so nachdrücklich die Schaffung der Abteilung und die Beauftragung Kunzes gefordert hatten, erleichterte im CA – und v. Bodelschwingh hatte gedrängt (Schreiben v. Bodelschwingh an CA vom 11.5.1939, in: ADW, CA/P II 166) – offenbar die Entscheidung, Personalkosten für Kunze im Umfang von zwei Dritteln seines Einkommens zu übernehmen und mit Wirkung vom 1. Mai 1939 den beiden bisherigen Anstellungsträgern Kunzes, den Anstalten Bethel und dem Westfälischen Provinzialverband für Innere Mission als Träger der Treuhandstelle der Inneren Mission für Westfalen und Lippe, den Betrag von knapp RM 950,-- anteilig zu erstatten. Im entsprechenden Umfang war Kunze von da an tätig (Finanzierungsplan für die Wirtschafts- und Steuerstelle vom 20.5.1939, in: EBD.). Mit Wirkung vom 1. August 1939 entsprach bei analog geminderter Kostenerstattung der

Vereinigung und die evangelischen Kindergärten war speziell in der unter betriebswirtschaftlichen Gesichtspunkten wichtigen, ja lebenswichtigen Grundsteuerfrage alles so zweifelhaft wie vorher. Eine Befreiung aus „kirchlichen" Gründen war nicht möglich. Unverändert kam für die evangelischen Kindergärten noch die Grundsteuerbefreiung allein aus Mildtätigkeitsgründen in Frage, allerdings nur unter der Voraussetzung, daß alle Satzungsmängel beseitigt, bzw. entsprechende Absichten bekundet waren; oder es lag eine staatliche Anerkennung vor, genauer, eine Anerkennung darüber, daß der Kindergarten „im Rahmen staatlicher Aufgaben" tätig sei. Mit der Erteilung einer solchen Anerkennung war aber nach dem gemeinsamen Erlaß von Reichsministerium der Finanzen, Reichsministerium des Innern und Reichsministerium für Wissenschaft, Erziehung und Volksbildung vom 1. Juni 1938, wonach eine Anerkennung nur für solche Kindergärten erteilt werden sollte, die als Praktikumstätten der Ausbildung von Kindergärtnerinnen dienten[453], kaum zu rechnen. Das wußte man in CA und Vereinigung spätestens als man Mitte September den durch Ziegler übermittelten Bescheid Wackers und seines Badischen Ministeriums des Kultus und Unterrichts in Sachen des Kindergartens in Villingen in Händen hatte.

Trotz dieses für die Vereinigung nicht befriedigenden Ergebnisses nach gut ein Jahr währenden Verhandlungen, mit dem sich sowohl die Anstrengungen in Württemberg, die evangelischen Kindergärten zwischen kirchlicher Bindung und dem „Primat des totalen Staates"[454] durch die Bewirtschaftung ihres Haushaltes in privatrechtlich verfaßten Trägerschaften zu sichern, als auch der Aufwand in Bayern, die Kindergärten und ihr Vermögen in den kirchlichen Besitz einzubinden[455], unter wirtschaftlich-steuerlichen Gesichtspunkten als verlorene Liebesmüh' herausstellte – für v. Wicht war durchaus „die Frage noch nicht geklärt, ob sich nicht doch noch Befreiungsmöglichkeiten von der Grundsteuer für unsere Kindertagesstätten ergeben."[456] Außerdem wußte er und hatte davon Anfang November 1939 auf der Geschäftsführerkonferenz der Vereinigung berichtet, daß mit dem Reichsministerium der Finanzen bereits Verhandlungen stattfanden mit dem Ziel, eine „Verkoppelung von § 4 Ziff. 5 mit § 4 Ziff. 3b GrStG" zu erreichen[457]. Er schätzte offenbar die Ver-

Umfang der Tätigkeit Kunzes nach allseitiger Abstimmung noch ein Drittel seiner Gesamttätigkeit. Der Vorstand des CA bestätigte im übrigen auf seiner Sitzung am 5.12.1939 die Tätigkeit Kunzes und die Vereinbarungen mit ihm über den seinerzeit als Frist gesetzten 31.12.1939 hinaus ohne weitere Fristsetzung (Protokoll, in: ADW, CA 67 B (1939)). Siehe auch Verwaltungsübersicht Central-Ausschuß für die Innere Mission der Deutschen Evangelischen Kirche (1941) (ADW, CA/O 28).

453 Siehe II Kap. I.3.3., S. 192 mit Anm. 308.

454 VEREINIGUNG, Tätigkeitsbericht 1.4.1936–31.3.1937, S. 11.

455 Siehe II Kap. I.1.1., S. 30f. mit Anm. 24 und Anm. 26.

456 Schreiben v. Wicht an CA vom 27.2.1940 (ADW, CA 864/18 II A).

457 Protokoll der Geschäftsführerkonferenz der Vereinigung am 8.11.1939 (ADW, CA 850a I; LKA HANNOVER, E 26/105; ADWW MÜNSTER, 153/1).

handlungslage als so günstig für den CA ein, daß er eine Änderung des GrStG für keineswegs ausgeschlossen hielt. Und um die Sache voranzubringen, machte v. Wicht sogar einen Textvorschlag zu der angestrebten „Verkopplung“ und empfahl diesen im die Befreiungen regelnden § 4 als Ziff. 5d einzufügen. Damit sollte sichergestellt sein, daß Grundbesitz kirchlicher Körperschaften, sofern sie öffentlich-rechtlich verfaßt waren und eine entsprechende Satzung dies regelte, neben den unstrittigen kirchlichen auch mildtätigen Zwecken dienen konnte, womit die Voraussetzung zu einer Grundsteuerbefreiung gegeben gewesen wäre[458].

Tatsächlich war ein Änderungsvorschlag, der auf eine Ausweitung des Begriffs „kirchlich“ hinsichtlich einer öffentlich-rechtlichen Gestalt – „öffentlich-rechtliche Religionsgesellschaft“ – zielte und die „Mildtätigkeit“ als Steuerbefreiungsmerkmal einschloß, die einzige Möglichkeit, zu einer Lösung zu kommen. Der andere Weg, über eine Bestimmung des Begriffs der „Mildtätigkeit“, der das „kirchliche“ Element enthielt, war spätestens seit dem Urteil des Reichsfinanzhofes vom 31. August 1939 in Sachen des evangelischen Kindergartens der Kirchengemeinde Essen-Altstadt versperrt[459]. Deshalb blieb, wollte er eine Gesetzesänderung, für v. Wicht nur diese Lösung, die, wäre sie auf irgendeine Weise zu erreichen gewesen, wohl auch den tatsächlichen Verhältnissen hinsichtlich der Rechtsträgerschaften und des Grundstückseigentums entsprochen hätte. Kaum ein Jahr später sollte anläßlich der im Rahmen der Verhandlungen zu einem planwirtschaftlichen Abkommen mit der NSV von Ohl initiierten Erhebung statistischer Angaben auch der evangelischen Kinderpflege ermittelt werden, daß etwa 60 % der evangelischen Kindergärten in kirchengemeindlichen Räumen, mithin auf kirchengemeindeeigenen Grundstücken betrieben wurden[460]. Die Mehrzahl der evangelischen Kinderpflegeeinrichtungen hätte wirtschaftlich entlastet werden können.

Natürlich wußte auch v. Wicht, daß der Weg über eine Gesetzesänderung erheblich schwieriger sein mußte als eine Lösung, die man im Rahmen der vorhandenen Regelungen hätte erreichen können. Außerdem wäre es nur eine Lösung für die Kindergärten der Kirchengemeinden gewesen, mithin für etwa 60 % aller evangelischen Einrichtungen der halboffenen Kinderpflege. Deshalb hielt es der Vorsitzende der Vereinigung auch für „noch besser“, wenn es gelänge, auf der Grundlage des bisherigen Verhandlungsergebnisses das Muster einer solchen Satzung auszuarbeiten, mit der eine „Befreiung von

---

458 Schreiben v. Wicht an CA vom 27.2.1940 (ADW, CA 864/18 II A). „So könnte man etwa vorschlagen, im GrStG § 4 unter 5d) einen Passus zu bringen: ‚[Von der Grundsteuer befreit ist] Grundbesitz einer öffentlich-rechtlichen Religionsgesellschaft oder einer anderen Körperschaft des öffentlichen Rechtes, der von der Religionsgesellschaft auf Grund eigener Betriebssatzung ausschließlich und unmittelbar mildtätigen Zwecken dient.‘“ Siehe II Kap. I.3.3., S. 178f. mit Anm. 235.

459 ADW, CA 864/18 II A. Auszugsweise J. KUNZE, Zur steuerlichen Lage [1939], S. 316f.

460 Siehe II Kap. II.3., S. 483 mit Anm. 157.

der Grundsteuer nach § 4 Ziff. 3b GrStG grundsätzlich möglich wäre"[461]. Das hätte die Möglichkeit der Steuerbefreiung für alle evangelischen Kindergärten eröffnet. Weniger aber aus diesem Grunde, als vielmehr aus rechtlich-grundsätzlich Erwägungen war dieser Weg kaum gangbar. Wie sollte satzungsmäßig etwas gestaltet werden, das bislang weder vom Gesetz selbst noch von seinen begleitenden Ausführungsbestimmungen oder von diesbezüglichen Verfügungen des Reichsministeriums der Finanzen oder mit Entscheidungen des Reichsfinanzhofes gewollt war?

Beantwortet mußten alle Fragen sein, wenngleich in einem enttäuschenden Sinne, nachdem eine Entscheidung des Reichsfinanzhofes vom 27. April 1940 erklärt hatte, was gewollt war[462]. Sie unterstrich nicht nur nochmals die Notwendigkeit zur fristgerechten Satzungsänderung, gemäß der Runderlasse des Reichsministers der Finanzen vom 15. Juli 1939 und vom 8. Januar 1940, für solche Körperschaften, die Träger mildtätigen Zwecken dienender Arbeit waren. Vielmehr stellte das Urteil auch fest, daß eine Körperschaft nur dann ausschließlich mildtätigen Zwecken dient und von der Grundsteuerzahlung gemäß § 4 Ziff. 3b GrStG befreit ist, wenn die Voraussetzungen des § 2 der DVO zum Vermögenssteuergesetz (VStDV)[463] erfüllt sind. Das bedeutete, daß jede Einrichtung, Altersheim ebenso wie Kindergarten[464], deren Träger bereit war, auf die Erfüllung eines kirchlichen Zweckes zu verzichten, von der Grundsteuer befreit war, soweit eine räumliche Abgrenzung einer Nutzung für mildtätige Zwecke möglich war oder, wenn das nicht der Fall wäre, der mildtätige Zweck überwog[465].

Kunze hatte dieses Urteil und dessen nochmalige Forderung nach Beachtung satzungsrelevanter „Formvorschriften", die zugleich eine Anfrage an das Selbstverständnis jeder gemeinnützigen, kirchlichen oder mildtätigen Zwekken dienenden Körperschaft sein mußten und insofern auch, wie Kunze er-

---

461 Schreiben v. Wicht an CA vom 27.2.1940 (ADW, CA 864/18 II A).

462 RStBl 1940, S. 562–563; J. KUNZE, Zur steuerlichen Lage [1940], S. 100f.

463 RGBl 1935 I, S. 100–104. Die Durchführungsbestimmungen zum Vermögenssteuergesetz für die Vermögenssteuerveranlagung nach dem Stand vom 1.1.1935 vom 2.2.1935 (EBD.) wurden zwar durch die Verordnung zur Änderung der Durchführungsbestimmungen zum Reichsbewertungsgesetz und zum Vermögenssteuergesetz vom 22.11.1939 (RGBl 1939 I, S. 2271–2276) auch in ihrer Bezeichnung geändert, blieben aber Durchführungsverordnung zum Vermögenssteuergesetz (VStDV) (S. 2275). § 2 blieb unverändert. Das bedeutete im vorliegenden Steuerfalle, daß das Grundstück, wenn für mildtätige Zwecke genutzt, auch bei Fortfall des Zweckes oder Auflösung der Körperschaft weiterhin für mildtätige Zwecke verwendet wird, denn § 2 Abs. 1 Ziff. 3b fordert: „Es muß satzungsmäßig vorgeschrieben und tatsächlich sichergestellt sein, ... b) daß bei Auflösung der Körperschaft oder bei Wegfall der bisherigen Zwecke das Vermögen der Körperschaft für kirchliche, gemeinnützige oder mildtätige Zwecke verwendet wird ..." (RGBl 1935 I, S. 100).

464 Vgl. J. KUNZE, Gutachten, S. 4.

465 Gemäß § 6 Abs. 2 und 3 GrStG (RGBl 1936 I, S. 988). Darauf weist hin das Urteil des Reichsfinanzhofes vom 27.4.1940 (RStBl 1940, S. 563). Siehe J. KUNZE, Zur steuerlichen Lage [1940], S. 101).

kannte, „grundsätzliche und endgültige Bedeutung"[466] hatten, in seinen Mustersatzungen nicht mehr berücksichtigen können[467]. Darum riet er jetzt, im Juli 1940, den Einrichtungen der Inneren Mission, im Blick auf ihre Satzungen „beschleunigt ... die für sie sich jetzt ergebenden Möglichkeiten zu überprüfen."[468]

Die Frage nach den Satzungen und damit nach Anpassung der rechtlichen Grundlagen der Einrichtungen der Inneren Mission an die „Einengung der Steuerfreiheit"[469] war spätestens mit Kunzes „zur Frage der steuerlichen Behandlung der Anstalten der Inneren Mission" vom 30. November 1938[470] als drängendes Problem in Blick geraten. Jedoch konnte die Bearbeitung erst erfolgen, nachdem die wichtigsten steuerrechtlich strittigen Sachverhalte, soweit sie nicht durch den Reichsfinanzhof bereits entschieden waren oder zur Entscheidung durch ihn anstanden, mit dem Ministerium Schwerin v. Krosigks verhandelt waren und das Ergebnis in den beiden Erlassen, vom 15. Juli 1939 und vom 18. Januar 1940, als „Verwaltungsanweisung"[471] vorlag. Sollte die von v. Wicht „angeschnittene Frage" zu Beginn des Jahres 1940 in weiteren Verhandlungen mit dem Reichsministerium der Finanzen mit Aussicht auf Erfolg zu einer Antwort gebracht werden, so waren aus Sicht von Kunze und Fuß zu diesem Zeitpunkt im Bereich der halboffenen Kinderpflege nicht nur „etwa schwebende Fälle deswegen dilatorisch zu behandeln"[472].

v. Wicht fiel das schwer. Nicht nur weil er sich selbst davon Klärung versprach, sondern auch, um dazu zu ermutigen, die schwierige und ungeklärte Finanz- und Steuerlage in ihrem Kindergarten auszuhalten, wies er die Jugendleiterin Charlotte Blasel aus Dessau darauf hin, daß Verhandlungen über „eine andere Fassung" des Erlasses vom 18. Januar 1940 zur „Steuerfreiheit gemeinnütziger, mildtätiger und kirchlicher Körperschaften" im Gange seien und er auf Erfolg hoffe. Blasel leitete die „Marienschule", einen der beiden Seminarkindergärten des Kindergärtnerinnenseminars der Anhaltischen Diakonissenanstalt Dessau. Sie hatte v. Wicht in Sachen Grundsteuer und Grundsteuerermäßigung gebeten, „uns auf Grund Ihrer Erfahrung einen Rat [zu]

466 EBD., S. 100.

467 Das Vorwort zu J. KUNZE, Mustersatzungen, ist datiert „Bethel bei Bielefeld, den 1. Juli 1940." (S. 4). Das Urteil des Reichsfinanzhofes vom 27.4.1940 ist veröffentlicht worden im RStBl „Nr. 48 vom 1. Juni 1940". Die Bedeutung des Urteils hätte wohl eine gänzliche Umarbeitung, jedenfalls aber neue Planungen zum Druck der Mustersatzungen erforderlich gemacht. Es mußte als der Sache angemessen erscheinen, die Entscheidung des Reichsfinanzhofes dokumentiert und kommentiert im Rahmen der von Kunze regelmäßig veröffentlichten Informationen „Zur steuerlichen Lage unserer Anstalten" kurzfristig in der Juli-Ausgabe 1940 der EVGSDHFÜRS vorzustellen.

468 J. KUNZE, Zur steuerlichen Lage [1940], S. 102.

469 J. KUNZE, Zur steuerlichen Lage [1939], S. 146.

470 ADW, CF 32.

471 Urteil des Reichsfinanzhofes – AZ. VIa 11/41 – vom 15.2.1941 (EZA BERLIN, 1/C3/180).

472 Schreiben Fuß an Vereinigung vom 29.2.1940 (ADW, CA 864/18 II A).

geben."[473] v. Wicht hatte in der bezeichneten Weise geantwortet, im übrigen an den CA verwiesen und diesem den Schriftwechsel übersandt[474]. Nachdem Kunze Kenntnis von dem Vorgang hatte, war er offenkundig verärgert und forderte mit Nachdruck „wegen der grundsätzlichen Haltung"[475] v. Wicht auf, in seinen Gesprächen und Beratungen nicht mehr auf „Verhandlungen mit Ministerien oder sonstigen Reichsstellen" hinzuweisen und dadurch die Ministerialverwaltung „in Unordnung" zu bringen und die Gespräche zu gefährden[476].

Mochte dadurch das Verhältnis der beiden Männer, Kunze und v. Wicht, auch für eine gewisse Zeit eher von Distanz bestimmt sein, die Vorgehensweise v. Wichts, die auf Rechtssicherheit zielte, konnte Kunze nochmals die Bedeutung der Frage der Satzungsänderungen in der Inneren Mission und die Dringlichkeit einer Antwort erkennen lassen. Außerdem, sollte die Frist eingehalten werden, deren Verlängerung man immerhin erreicht hatte, mußte spätestens jetzt etwas getan werden. Für Kunze konnte das nur heißen, über die Darlegung der Steuergesetze in ihren wesentlichen Punkten hinaus den Einrichtungen der Inneren Mission „die für die Erfüllung der steuerrechtlichen Vorschriften erforderlichen Satzungen in Gestalt von Mustersatzungen anhandzugeben."[477]

Bereits im Sommer 1938 hatten die der Vereinigung angehörenden Landes- und Provinzialverbände und ihre führenden Männer und Frauen deutlich gemacht, wie sehr ihnen an Mustern solcher Regelungen gelegen war, die eine Steuerbefreiung für die Einrichtungen evangelischer Kinderpflege sichern konnten[478]. Wie v. Wicht spätestens mit dem Erlaß vom 15. Juli 1939 erkannt haben mußte, stand auch die Vereinigung als „angeschlossener Unterverband"[479] des CA vor der Notwendigkeit, ihre Satzung den neuen Regelungen anzupassen, um wie bislang weiterhin von Steuerzahlungen befreit zu bleiben. Allerdings bis zu einer zeitlich nicht absehbaren Publikation von Mustersatzungen wollte v. Wicht mit einer Satzungsdebatte nicht warten.

So wurden auf der Geschäftsführerkonferenz der Vereinigung am 8. November 1939, die entgegen ursprünglicher Absicht nicht in Nieder-Ramstadt, sondern in Berlin[480] stattfand und in deren Mittelpunkt neben einer ausführ-

---

473 Schreiben Blasel an Vereinigung vom 29.5.1940 (EBD.).

474 Schreiben v. Wicht an CA „Abt. für Steuer- und Wirtschaftsfragen" vom 31.5.1940 (EBD.).

475 Schreiben Kunze an Fuß vom 6.6.1940 (EBD.).

476 Schreiben Kunze an Vereinigung vom 6.6.1940 (EBD.).

477 J. KUNZE, Mustersatzungen, S. 3.

478 Protokoll der Geschäftsführerkonferenz der Vereinigung am 1.–2.6.1938 (LKA HANNOVER, E 26/103).

479 Siehe zuvor S. 285 mit Anm. 441.

480 Protokoll (ADW, CA 850a I; LKA HANNOVER, E 26/105; ADWW MÜNSTER, 153/1). Der Direktor des Hessischen Landesvereins für Innere Mission, Pfarrer Wilhelm Röhricht, auch Geschäftsführer des Evangelischen Verbandes für Kinderpflege in Nassau-Hessen, hatte auf der

lichen Aussprache über die Lage der evangelischen Kinderpflege in ihren Landes- und Provinzialverbänden auch Informationen zur Tarifordnung[481] und zur Fortführung des Sonntages Misericordias Domini als Kindersonntag[482] standen, Satzungsfragen besprochen. Es war unstrittig, daß jene Paragraphen geändert werden mußten, die Zweck und Auflösung behandelten[483]. Das bedeutete, die §§ 1 und 11 waren zu ändern. Jedoch als der Vorstand der Vereinigung Anfang Juni 1940 zu seiner turnusmäßigen, wie stets zur Jahresmitte im Rahmen einer Tagung aller Gremien der Vereinigung stattfindenden Sitzung in Berlin, wie gut drei Jahre zuvor wieder im Hospiz St. Michael, dem Haus des CVJM, zusammenkam, beabsichtigte er, diese Änderungen, die „auf Grund der Runderlasse des Reichsfinanzministers vom 15. Juli und 18. Oktober 1939 und 18. Januar 1940 ... zur Erlangung der Steuerfreiheit gemeinnütziger und mildtätiger Körperschaften erforderlich sind", nur in der Form zu beschließen, die den Vorschlägen entspräche, die der CA, wie man wußte, „einheitlich allen ihm angeschlossenen Organisationen mitteilen" wollte[484]. Kunze aber hatte seine Arbeit noch nicht abgeschlossen. Die angekündigten Mustersatzungen lagen noch nicht vor. Deshalb konnte die sogleich im Anschluß an die Sitzung des Vorstandes am selben Ort stattfindende Mitgliederversammlung der Vereinigung auf Vorlage des Vorstandes hin nur eine Absicht durch Beschluß festhalten. Ob eine unmittelbare Beratung mit Kunze zu einem anderen Beschluß hätte führen können, ist fraglich. Kunze war zwar von v. Wicht wie im Vorjahr eingeladen worden, hatte aber wegen anderer Verpflichtungen kurzfristig absagen müssen. Außerdem war er ärger-

---

Arbeitstagung der Vereinigung, die am 20. und 21.6.1939 in Stuttgart stattgefunden hatte, in die Nieder-Ramstädter Anstalten, eine Einrichtung des Hessischen Landesvereins für Innere Mission für Menschen mit Behinderung nahe Darmstadt, eingeladen. (Protokoll, in: LKA HANNOVER, E 26/102; ADWW MÜNSTER, 153/1; LKA NÜRNBERG, DW 1715). Allerdings kündigte sich in dieser Einrichtung, nachdem die Anstalt Scheuern im August 1937 „auf dem Führerprinzip aufgebaut" worden war, „die dunkelste Zeit" (H. GUNKEL, Geschichte, S. 151) ihrer Geschichte an, was zu einer sehr kurzfristigen Absage der Arbeitstagung der Vereinigung in Nieder-Ramstadt führte. Die Arbeitstagung mußte deswegen in den Räumen der Geschäftsstelle der Vereinigung und im Gemeindehaus der Christus-Kirchengemeinde in der Berlin-Kreuzberger Wartenbergstraße stattfinden. Für die Nieder-Ramstädter Anstalten bedeutete der 9.11.1937 den Beginn der Verlegung von etwa 95 % der 600 behinderten Menschen in staatliche Einrichtungen (EBD., S. 151–174; H. HUTHMANN, Die Nieder-Ramstädter Heime, S. 5–7), wo der „Euthanasie"-Zugriff gnadenlos erfolgen konnte und das erst recht, nachdem er von den Handlangern durch das „Ermächtigungs"-Schreiben Hitlers vom 1.9.1939 als legitimiert angesehen wurde (M. GERHARDT, Jahrhundert II, S. 396; J.-CHR. KAISER, Sozialer Protestantismus, S. 385ff.; E. KLEE, „Euthanasie", S. 100ff.; J.-CHR. KAISER/K. NOWAK/M. SCHWARTZ, Eugenik, S. 253). Am 4.9. 1939 wurden Teile der Anstalt für den Betrieb eines Krankenhauses und für Ausweichunterbringungen einer mit Kriegsbeginn wachsenden Zahl von Umsiedlern beschlagnahmt (H. GUNKEL, Geschichte, S. 175).

481 Siehe II Kap. I.4.5., S. 371 mit Anm. 934.

482 Siehe II Kap. I.4.4., S. 328 mit Anm. 673.

483 Protokoll (ADW, CA 850a I; LKA HANNOVER, E 26/105; ADWW MÜNSTER, 153/1).

484 Protokoll der Vorstandssitzung der Vereinigung am 11.6.1940 (EBD.).

lich über v. Wichts Beratungsweise und wollte auch durch sein Fernbleiben verhindern, daß seine Informationen zu Steuerfragen und diesbezüglichen Verhandlungen mit dem Reichsministerium der Finanzen durch unbedachte Weitergabe deren Fortgang behinderten[485]. Jedenfalls sollte eine „endgültige Beschlußfassung" zur Satzungsänderung der Vereinigung erst auf einer weiteren, nur zu diesem Zweck einzuladenden Mitgliederversammlung im Herbst des Jahres erfolgen[486].

Als kurze Zeit später, Anfang Juli 1940, Kunze seine im Auftrag des CA gefertigten Mustersatzungen veröffentlichte[487], lag damit jene lang erwartete Handlungsanleitung zum Gebrauch insbesondere in den Einrichtungen der Inneren Mission vor, die das „System der Systemlosigkeit" zu beheben beitragen und die Rechtsträger instand setzten sollte, eine „erforderliche Überprüfung" oder „erstmalige Schaffung" ihrer rechtlichen Grundlage entsprechend den gesetzlichen Bestimmungen vorzunehmen[488]. v. Wicht nutzte sie und sandte den Entwurf einer gemäß dem Beschluß der Mitgliederversammlung geänderten Satzung Mitte Oktober den Landes- und Provinzialverbänden zu[489]. Gemäß den Vorschlägen Kunzes hatte er den Zweck in § 1 unter ausdrücklicher Bezugnahme auf §§ 17 und 18 StAnpG neu gefaßt und die Zugehörigkeit zum CA als anerkanntem Reichsspitzenverband der freien Wohlfahrtspflege und Organ der Ausübung „fördernder Obhut" durch die Leitung der DEK aufgenommen. Damit war ein geringeres Maß an kirchlicher Bindung beschrieben als es der inzwischen vorliegende „Erlaß des Leiters der Deutschen Evangelischen Kirchenkanzlei" vom 12. Juli 1940 tat[490]. Aber es

---

485 Schreiben Kunze an Vereinigung vom 6.6.1940 (ADW, CA 864/18 II A).

486 Protokoll der Mitgliederversammlung der Vereinigung am 11.6.1940 (ADW, CA 850a I; LKA Hannover, E 26/105; ADWW Münster, 153/1).

487 Sowohl Constantin Frick als auch Marahrens dankten Kunze in persönlichen Schreiben unter dem Datum vom 11.7.1940 für den Erhalt der Mustersatzungen. Constantin Frick erwähnte die „unverdrossene, mühevolle und erfolgreiche Arbeit". Marahrens wollte die Mustersatzungen zu seinen Handakten nehmen und sich „auf diese Weise Ihres Rats oft erinnern und dankbar Ihrer Führung folgen." (ADW, JK 19).

488 J. Kunze, Mustersatzungen, S. 2f. Die Veröffentlichung umfaßte 32 Seiten und war „als Handschrift gedruckt". Der Darstellung der „steuerrechtlichen Grundlagen" (S. 6–9) und der „Begriffserklärung" „nach Gesetz und Rechtsprechung" (S. 9–21) – „gemeinnützig", „mildtätig", „kirchlich", „ausschließlich und unmittelbar" sowie „wirtschaftlicher Geschäftsbetrieb" – folgten Ausführungen zu „Form und Inhalt der Satzung" (S. 21–26) mit Textvorschlägen – Mustersatzung – und zwar solchen sowohl für „Körperschaften mit eigener Rechtspersönlichkeit, die gemeinnützigen oder mildtätigen Zwecken dienen" und solchen für „Körperschaften mit eigener Rechtspersönlichkeit, die kirchlichen Zwecken dienen" als auch solchen für „Vermögensmassen oder Stiftungen ohne Rechtsfähigkeit (Zweckvermögen)" (S. 26–32).

489 Schreiben v. Wicht an die „uns angeschlossenen Landes- und Provinzialverbände für evangelische Kinderpflege" vom 21.10.1940 (LKA Hannover, E 26/105; ADWW Münster, 153/1).

490 GBlDEK 1940 A, S. 58–59; N.N., Erlaß, S. 57–58; N.N., Innere Mission, S. 61–62. Siehe II Kap. II.2., S. 453f. mit Anm. 69.

entsprach der von v. Bodelschwingh eingebrachten[491] und von Kunze mit Marahrens und dem den EOK Berlin im Vorstand des CA vertretenden Walther Heyer abgestimmten[492] zurückhaltenden Formulierung, um unbedingt den Eindruck zu vermeiden, der CA „greift ... in die Aufgabe der Kirche ein"[493]. Zudem hatte v. Wicht in § 9 für den Fall einer Satzungsänderung im Blick auf die Zweckbestimmung der Vereinigung und eine dementsprechende Vermögensverwendung ebenfalls die Bindung an die Bestimmungen der §§ 17 und 18 StAnpG vorgesehen. Eingefügt hatte er mit einem neuen § 11 eine Bestimmung darüber, daß Mitglieder der Vereinigung, die Landes- und Provinzialverbände für evangelische Kinderpflege und ihre Organe zu keiner Zeit Anspruch auf Erträgnisse aus dem Vermögen haben. Endlich hatte v. Wicht den bisherigen § 11, steuerrechtlich eine wesentliche Ursache der Satzungsänderung, und die durch ihn geregelte Vermögensverwendung im Fall der Auflösung der Vereinigung, neu gefaßt und die Satzung um einen § 13 ergänzt. Das Vermögen sollte im Auflösungsfall nicht mehr an den CA fallen. Seine Verwendung blieb unbestimmt, war aber unter Beachtung der Vorschriften von § 9 dem zuständigen Finanzamt mitzuteilen. Dem CA schließlich hatte v. Wicht entsprechend den Regelungen des Erlasses des Reichsministeriums der Finanzen vom 15. Juli 1939 allerdings ein Genehmigungsrecht hinsichtlich der Vermögensverwendung ausdrücklich zugebilligt[494].

Nachdem zuvor der Vorstand sich nochmals abgestimmt und eine geringfügige Änderung vorgeschlagen hatte[495], beschloß die am 5. November 1940 in Halle/Saale zusammengekommene Mitgliederversammlung der Vereinigung die neue Satzung[496]. Während diese Neufassung beim Amtsgericht Berlin zur Genehmigung vorlag, mußten v. Wicht Bedenken gekommen sein, daß in der Satzung ein kirchlicher Zweck der Vereinigung nicht bestimmt war. Zwar waren in die Satzung ganz entsprechend der bisher geführten Auseinandersetzung um die Steuerbefreiung für evangelische Kindergärten mit der Bezugnahme auf die §§ 17 und 18 StAnpG die Merkmale der Gemeinnützigkeit und Mildtätigkeit für die tatsächliche Geschäftsführung aufgenommen, auch wenn die von der Vereinigung vertretene Kinderpflegearbeit in keinem Fall eine Anerkennung als „im Rahmen staatlicher Aufgaben" liegende Arbeit erhalten hatte. Aber es fehlte in der Satzung jede Erwähnung des Zweckes, der in den zurückliegenden Auseinandersetzungen eine wichtige Rolle gespielt, für das Selbstverständnis der Inneren Mission ebenso wie für die Vereinigung

491 Schreiben v. Bodelschwingh an Kunze vom 26.6.1940 (ADW, CA 2205).

492 Schreiben Kunze an CA vom 4.7.1940 (EBD.).

493 Schreiben v. Bodelschwingh an Kunze vom 26.6.1940 (EBD.).

494 Schreiben v. Wicht an die „uns angeschlossenen Landes-und Provinzialverbände für evangelische Kinderpflege" vom 21.10.1940 (LKA HANNOVER, E 26/105; ADWW MÜNSTER, 153/1).

495 Protokoll der Vorstandssitzung der Vereinigung am 5.11.1940 (EBD.).

496 Protokoll (EBD.).

und für die Bestimmung ihrer Arbeit wachsend Bedeutung gewonnen und praktisch-ekklesiologisch im „Erlaß des Leiters der Deutschen Evangelischen Kirchenkanzlei" vom 12. Juli 1940 Ausdruck gefunden hatte[497]. Das war, um es zu wiederholen, mehr als die „Obhut", unter der sich die Vereinigung mit § 1 Abs. 3 ihrer neuen Satzung gemäß der Verfassung der DEK[498] und in Übereinstimmung mit dem vier Jahre zurückliegenden Beschluß des RKA[499] sehen konnte. Aber eine Sicherung der Grundsteuerbefreiung oder auch nur einen Schritt in diese Richtung durch eine Öffnung der nach § 19 Ziff. 2 StAnpG bestimmten „kirchlichen Zwecke" bedeutete diese neue Beschreibung des Verhältnisses von Innerer Mission und verfaßter Kirche nicht. Zudem hatte v. Wicht noch zum Ende des Jahres 1940 die Anfechtungsentscheidung des Oberfinanzpräsidenten in Berlin zur Kenntnis nehmen müssen.

Mit dieser Anfechtungsentscheidung war der Widerspruch des Direktors des Evangelischen Verbandes für Kinderpflege in Berlin gegen die Veranlagung zur Körperschaftssteuer abgewiesen worden[500]. Mit anwaltlicher Vertretung und in steter Verbindung mit Kunze und Gefaeller hatte v. Wicht seinen Einspruch auch mit den kirchlichen Zwecken „seines" Verbandes begründet und darauf hingewiesen, daß man dem CA angehöre, der „nach dem Erlaß des Leiters der Deutschen Evangelischen Kirchenkanzlei vom 12. Juli 1940 ... ein Organ der Deutschen Evangelischen Kirche"[501] sei. Zwar wurde wegen der grundsätzlichen Bedeutung der Streitsache Rechtsbeschwerde gegen die Entscheidung an den Reichsfinanzhof zugelassen, aber mußte es nicht doch vielleicht von vornherein günstiger sein, der Empfehlung Kunzes und seinen Mustersatzungen zu folgen und bei den Bestimmungen der Zwecke den „Begriff ‚kirchlich' aus allen Satzungen herauszulassen"[502]?

v. Wichts Bedenken, die er auf der Geschäftsführerkonferenz am 15. Januar 1941, als man diese Frage breit mit Kunze diskutierte, zur Sprache brachte[503], führten schließlich dennoch dazu, daß er eine nochmalige Änderung der Sat-

---

497 GBlDEK 1940 A, S. 58–59; N.N., Erlaß, S. 57–58; N.N., Innere Mission, S. 61–62. Siehe II Kap. II.2., S. 453f. mit Anm. 69.

498 Siehe I Kap. IV.1.2., S. 123 mit Anm. 49.

499 Siehe I Kap. VII.1.1., S. 282 mit Anm. 37 und Anm. 38.

500 Anfechtungsentscheidung des Oberfinanzpräsidenten Berlin an Rechtsanwalt Dr. Fritz Koppe vom 30.12.1940 (ADW, JK 22). Koppe war Fachanwalt für Steuerrecht in Berlin und nebenamtlich Schriftleiter der von Staatssekretär Reinhardt herausgegebenen DSTZ. Er vertrat den Evangelischen Verband für Kinderpflege in Berlin in diesem Steuerprozeß. Das Urteil des Reichsfinanzhofes war am 14.9.1940 gesprochen worden (BA BERLIN, R 37/Senat VIa 20/40). Mit Schreiben CA [Schubert und Fuß] an Kirchenkanzlei der DEK vom 13.5.1942 (EZA BERLIN, 1/C3/180) ist es samt anderer Prozeßunterlagen an Kracht gegangen.

501 Anfechtungsentscheidung des Oberfinanzpräsidenten Berlin an Rechtsanwalt Dr. Fritz Koppe vom 30.12.1940 (ADW, JK 22). Das „Vorbringen" des „Anfechtungsklägers" wird zusammengefaßt.

502 J. KUNZE, Mustersatzungen, S. 11.

503 Protokoll (ADW, CA 761 XXIII).

zung in die Wege leitete. Entscheidend dabei war, daß Kunze Anfang des Jahres 1941 in einem weiteren „Gutachten zur Satzungsfrage ‚kirchliche Zwecke' gemäß § 19 StAnpG"[504] Stellung genommen hatte. Die Erläuterungen Kunzes in den Mustersatzungen hatten nicht nur bei der Vereinigung zu dem Mißverständnis geführt, „Anstalten und Einrichtungen der Inneren Mission einschließlich der verschiedenen Verbände ... [müßten] unter allen Umständen die Bestimmung ‚kirchlich' aus ihren Satzungen herauslassen"[505]. Nach nochmaliger Hervorhebung der notwendigen, von der Steuergesetzgebung erzwungenen Unterscheidung von „kirchlich" im steuerrechtlichen und im praktisch-ekklesiologischen Sinn, worauf er die Geschäftsführer der Inneren Mission bereits im Verlauf ihrer Leipziger Diskussion mit Nachdruck aufmerksam gemacht wiesen hatte[506], und dem Hinweis auf die Bedeutung dieser Unterscheidung für die steuerlichen Folgerungen, die sich insbesondere bei der Frage der Grundsteuerpflicht einstellten, hatte Kunze in seinem Gutachten abschließend zusammengefaßt, daß die „Grundsteuerfreiheit wegen der Verfolgung ‚kirchlicher Zwecke'" für den Grundbesitz aufgehoben wird, für den die Steuerfreiheit auch wegen „mildtätiger" Zwecke in Anspruch genommen wird[507].

War das für jeden einzelnen Kindergarten, worauf Kunze im übrigen unter Bezug auf das Urteil des Reichsfinanzhofes vom 27. April 1940 ausdrücklich hinwies[508], von Bedeutung und in dessen Satzung zu berücksichtigen, für die Vereinigung mußte diese steuerrechtliche Konsequenz keine besondere Rolle spielen. Das weniger auf Grund der naheliegenden Erwägung, daß, wenn die Vereinigung nach dem Erlaß vom 12. Juli 1940 Bestandteil der DEK war, sie dann auch einen kirchlichen Zweck erfüllen müsse. Daß so zu argumentieren steuerrechtlich zumindest strittig war, wußte v. Wicht spätestens seit der Entscheidung des Oberfinanzpräsidenten Berlin in der Steuersache des Evangelischen Verbandes für Kinderpflege in Berlin. Auch die Tatsache der verstärkt katechetisch ausgerichteten Arbeit konnte kaum zu neuen, bedenkenswerten Einsichten führen und dazu, die Bestimmung „kirchlich" nicht weiter aus der Satzung herauszulassen. Andererseits war die Vereinigung nach wie vor keine öffentlich-rechtliche Körperschaft, für die allein solche „religiöse Unterweisung" nach § 4 Ziff. 5b GrStG einem kirchlichen Zweck entsprach. Wesentlich für die Absicht, der Tätigkeit der Vereinigung in der Satzung eine kirchliche Zweckbestimmung zu erhalten, wird die nochmalige Beschäftigung mit dieser Frage gewesen sein, als es Anfang des Jahres 1941, innerhalb einer Frist

---

504 J. KUNZE, Gutachten.

505 EBD., S. 1.

506 Protokoll der Geschäftsführerkonferenz des CA am 15.1.1941 (ADW, CA 761 XXIII).

507 J. KUNZE, Gutachten, S. 4.

508 EBD. Das angeführte Urteil siehe RStBl 1940, S. 562–563; J. KUNZE, Zur steuerlichen Lage [1940], S. 100f.

von vier Wochen[509], darum ging, mit dem Anwalt und Kunze zu einer Entscheidung darüber zu kommen[510], ob eine Rechtsbeschwerde beim Reichsfinanzhof in der Steuersache des Evangelischen Verbandes für Kinderpflege in Berlin einzulegen sei. In einer ausführlichen Stellungnahme hatte v. Wicht nochmals die steuerrechtliche Engführung der kirchlichen Zwecke zu durchbrechen versucht, auf die „Verleiblichung des in der Heiligen Schrift geoffenbarten Gotteswortes" in der Arbeit der Inneren Mission verwiesen und festgestellt, daß „Verkündigung, Unterweisung, christliche Volksmission und christliche Erziehung (sind also) nur die verschiedenen Seiten *eines Wesens der Kirche*" seien[511]. In dieser Weise begründet beschritt v. Wicht den Klageweg vor den Reichsfinanzhof und in ihrer Rechtsbeschwerde stellte die Anwaltskanzlei fest, nach der Verfassung der DEK „gehört die evangelische Kinderpflege für christliche Erziehung und Unterweisung in Kindergärten und Horten zu den Lebensaufgaben der evangelischen Kirche."[512] Deshalb war es nur konsequent, wenn v. Wicht nicht von einer kirchlichen Zweckbestimmung der Arbeit der Vereinigung in ihrer Satzung absehen wollte. Es mochte endlich noch ein ganz praktischer Grund gewesen sein, der v. Wicht zu einer solchen Entscheidung bewog. Die Vereinigung verfügte über keinen Grundbesitz. Ein steuerlicher Nachteil entfiel[513].

Da eine Genehmigung der Satzung durch das Amtsgericht Berlin noch nicht erfolgt war, nutzte v. Wicht die Gelegenheit und führte, nach unmittelbar vorangegangener Verständigung im Vorstand[514], am 28. Mai 1941 einen Beschluß der Mitgliederversammlung der Vereinigung über eine durch Einfü-

---

509 Anfechtungsentscheidung des Oberfinanzpräsidenten Berlin an Rechtsanwalt Dr. Koppe vom 30.12.1940 (ADW, JK 22).

510 Schreiben Koppe an Kunze vom 5.2.1941 und vom 19.2.1941 (EBD.).

511 Stellungnahme des Evangelischen Verbandes für Kinderpflege in Berlin betr. Steuerschuld, o.D. [Januar oder Februar 1941]. (EBD.). Die Hervorhebung ist im Original unterstrichen.

512 Am 19.2.1941 legt die Anwaltskanzlei Dr. Fritz Koppe Beschwerde beim Oberfinanzpräsidenten Berlin ein (EBD.). Nachgereicht wurde die Begründung mit Schreiben Rechtsanwalt Dr. Koppe an Oberfinanzpräsident Berlin vom 20.3.1941 (EBD.). Koppe verweist unter erkennbarer Nutzung der Stellungnahme des Evangelischen Verbandes für Kinderpflege in Berlin zu seiner Steuerschuld auch auf den Erlaß des Leiters der Deutschen Evangelischen Kirchenkanzlei vom 12.7.1940.

513 Kunze hatte den „Anstalten und Einrichtungen der Inneren Mission" empfohlen zu prüfen, ob tatsächlich kirchliche Zwecke verfolgt werden, ob zukünftig kirchliche Zwecke zum Aufgabenbereich gehören werden und schließlich „welche steuerlichen Nachteile sie [scil. die Vereine und Anstalten] gegenwärtig tatsächlich auf dem Gebiet der Grundsteuer haben werden," wenn sie die erläuterten gesetzlichen Bestimmungen beachteten (J. KUNZE, Gutachten, S. 4). Die von v. Wicht gefertigten „Jahresrechnungen" (ADW, VKD 7) der Vereinigung belegen, daß sie über keinen Grundbesitz verfügte.

514 Protokoll der Vorstandssitzung der Vereinigung am 28.5.1941 (LKA HANNOVER, E 26/105; ADWW MÜNSTER, 153/1). Auf der Sitzung des Vorstandes waren anwesend und beschlossen, die neue Fassung der Mitgliederversammlung vorzulegen: v. Wicht, Bremer, Dölker, Vogel, Hofstaetter, Proebsting, Grimmell, Nell und Zedler.

gung der „kirchlichen" Zwecke in § 1 und § 9 „abgeänderte Fassung" der Satzung herbei[515]. Der Beschluß erfolgte einstimmig. Allerdings sollte es über ein Jahr dauern, bis die so veränderte Satzung am 29. Juli 1942 durch das Amtsgericht Berlin genehmigt wurde[516]. v. Wicht sollte das nicht mehr erleben.

4.4. Der „Eltern- und Erziehungssonntag" Misericordias Domini

Vom 21.–23. November 1938 hatte sich im Gedenken an den neunzig Jahre zurückliegenden Wittenberger Kirchentag und an Wicherns programmatische Rede im September 1848 die Innere Mission und ihr CA mit seinen Landes-, Provinzial- und Fachverbänden zur November-Konferenz in der Martin-Luther-Kirche, in der Berlin-Lichterfelder Hortensienstraße unweit der Geschäftsstelle des CA gelegen, versammelt und um „einheitliche Ausrichtung" der Arbeit ebenso bemüht wie um ihre „Planmäßigkeit" angesichts der „Veränderungen in der Lage"[517]. Zu diesem Zeitpunkt hatte die Vereinigung und v. Wicht längst jenen Weg eingeschlagen, den zu beschreiten der Vorstand des CA jetzt für dringend geboten hielt. Insofern war sein Doppelbeschluß vom 22. November, man müsse „Arbeitsgemeinschaften suchen und halten", denn „die Kräfte und Einrichtungen auch verschiedener Träger müssen planmäßig für gemeinsame Aufgaben eingesetzt werden" und durch den „Dienst am Wort" sei die Innere Mission immer wieder hingewiesen auf „Ursprung und Ziel ihrer Arbeit: die lebendige Gemeinde Jesu Christi, der das Evangelium anvertraut ist"[518] – dieser Doppelbeschluß war für die Vereinigung eher Bestätigung eines längst eingeschlagenen Kurses als Mahnung zum Aufbruch.

Dieser Beschluß des CA wird als Versuch anzusehen sein, die Debatte, die seit dem Frühjahr in seinen Reihen geführt wurde und die, auch aus „der Sorge um die Verengung der eigenen Arbeit auf die bloße Wohlfahrtspflege",

---

515 Protokoll (LKA HANNOVER, E 26/105; ADWW MÜNSTER, 153/1).

516 Amtsgericht Berlin-Charlottenburg VR 571 Nz. Vgl. II Kap III.4.2, S. 771ff. mit Anm. 78.

517 Protokoll der Vorstandssitzung des CA am 22.11.1938 (ADW, CA 67 B (1938)). In der September-Ausgabe – am 22.9.1848 hatte Wichern auf dem Kirchentag zu Wittenberg seine denkwürdige Rede gehalten – war in IMIS durch entsprechende Beiträge bereits das Verdienst Wicherns gewürdigt worden. Martin Gerhardt hatte einen die historischen Fakten erhellenden Beitrag „Der Wittenberger Kirchentag 1848" veröffentlicht (M. GERHARDT, Der Wittenberger Kirchentag), Ohl hatte einen von Wicherns Wollen ausgehenden und auf die aktuelle Arbeit ausgerichteten Aufsatz „Von Grund und Ziel unserer Arbeit" verfaßt (O. OHL, Von Grund und Ziel), und Schirmacher hatte sehr knapp die Bedeutung von „90 Jahre Central-Ausschuß für Innere Mission" herausgestellt (H. SCHIRMACHER, 90 Jahre). Das feierliche Gedenken anläßlich des 90jährigen Bestehens der IM war nach Lage der Dinge sehr kurzfristig auf der Tagung des Hauptausschusses des CA am 14.5.1938 in Breslau beschlossen worden. Siehe F. ULRICH, Tagung des Hauptausschusses, S. 89.

518 Der Beschluß wurde mit Schreiben Schirmacher an die Landes-, Provinzial- und Fachverbände der Inneren Mission vom 24.11.1938 versandt (ADW, CA 67 B (1938)).

wie Heyne es ausdrückte, eine Wiederbelebung der Volksmission forderte[519], unter den gegebenen Umständen in eine handlungsleitende Vorgabe für die Einrichtungen umzusetzen. Die Frage, wie die Innere Mission volksmissionarisch wirken müsse, ja in welchem Verhältnis Volksmission und Innere Mission überhaupt zueinander stünden und ob diese nicht stärker ihren Verkündigungscharakter wiederentdecken und herausstellen müsse[520], hatte erneut Gewicht erhalten. Jetzt sollte neben einer Volksmission „als die reine Verkündigung und Durchdringung des kirchlichen Volkslebens"[521] nur eine Innere Mission Berechtigung haben, in der Volksmission und Liebestätigkeit „wesensmäßig zusammengehören". Nur dadurch unterschiede sie sich von der Wohlfahrtspflege[522]. Das war an sich nicht neu. Als Reaktion auf den immer heftiger von den Machthabern und ihren Handlangern mit allen Mitteln geführten Entkonfessionalisierungskampf war es aber von neuer Bedeutung.

Der Verlauf der Debatte war schwierig. Er ließ jedoch erkennen, daß die Volksmission, in der Zeit der Weimarer Republik Offensivwaffe gegen die Folgen der Staatsumwälzung[523], im Zuge des Regierungswechsels und der nationalsozialistischen Machtergreifung der neuen Machthaber deutschchristlicher Bannerträger[524], nunmehr, wenn auch nicht widerspruchslos, zu einem Instrument einer, wie Heyne meinte, „notwendigen Verinnerlichung unserer Arbeit"[525] geworden war. Man konnte, wie Alfred Fritz, die „Innere Mission als Volksseelsorge" entwerfen und sie apologetisch „als Tatwort der lebendigen Gemeinde an das eigene Volk" interpretieren, weil man sich nach wie vor geeint sah in der Vision Wicherns von einer „christlichen und sozialen Wiedergeburt" mit der schließlich „das Ganze ein wahrhaft christliches Volk in Staat und Kirche"[526] werde. Und auch in der evangelischen Kinderpflege sah

---

519 Protokoll der Geschäftsführerkonferenz des CA am 23.2.1938 (ADW, CA 761 XX).

520 So Theodor Wenzel (EBD.).

521 Ein Beitrag Zieglers (EBD.).

522 So Heyne (EBD.).

523 Vgl. M. PÖHLMANN, Publizistischer „Angriffskrieg". Siehe I Kap. IV.1.2., S. 124 mit Anm. 52.

524 Siehe V. HERRMANN, Walter Birnbaum, S. 326f.

525 Depuhl äußerte, „seitens der Volksmission das Verständnis dafür zu vermissen, daß auch säkularisierte Arbeit Verkündigung sein kann." (Protokoll der Geschäftsführerkonferenz des CA am 23.2.1938, in: ADW, CA 761 XX). Es wäre zu prüfen, ob nicht die Volksmission einem Verkirchlichungsprozeß ausgesetzt war, in dem gerade die Volksmission und ihre Impulse es waren, die „Kirche in Bewegung" versetzten. Ein positives Ergebnis allerdings stellte das Urteil Erich Beyreuthers in Frage, der im Gegensatz dazu urteilt, „das volksmissionarische Werk des Central-Ausschusses kümmerte langsam dahin ..." (E. BEYREUTHER, Kirche in Bewegung, S. 240).

526 A. FRITZ, Innere Mission als Volksseelsorge, S. 149. Alfred Fritz zitiert J. H. WICHERN, Die preußischen Reichsstände und die innere Mission (1848) (J. H. WICHERN, Sämtliche Werke I, S. 101–105, hier S. 103). Siehe I Kap. IV.2., S. 139 mit Anm. 128. Nicht im Blick war dabei die kulturelle Dimension der Vision Wicherns, die bereits auch in verschiedenen, „volksmissionarisch", obwohl es den Begriff „Volksmission" noch nicht gab, zu nennenden Initiativen im 19. Jahrhundert Gestalt gewonnen hatte. Siehe auch J.-CHR. KAISER, Volksmission. Alfred Fritz

man sich vor einer „missionarischen Aufgabe in der Kindergarten- und Hortarbeit" „um der Seele unseres Volkes willen"[527].

Daß dies keinesfalls ihrer Sicht der Dinge entsprach, hatten die Machthaber längst dadurch bewiesen, daß sie den unmittelbaren Anlaß zur Erörterung von Fragen der Volksmission[528] im CA in Szene gesetzt hatten: die Gestapo-Aktion am 10. Dezember 1937, mit der die Apologetische Centrale im Berlin-Spandauer Evangelischen Johannesstift geschlossen, Arbeitsmaterialien beschlagnahmt und Walther Künneth verhört worden waren[529]. Damit mochte ein wohl besonders dem Schatzmeister und dem ersten Direktor unliebsamer, weil ein im Widerspruch zu dem von ihnen im CA verfolgten Neutralitätskurs stehender Tätigkeitsbereich und zudem eine Bastion gegen „die Lügenwelt des Rosenbergschen Mythus"[530] gefallen sein. Da aber unter Künneths Leitung in der Apologetischen Centrale auch die Fragen der Volksmission bearbeitet worden waren, mußten diese nun allein unter organisatorischen Gesichtspunkten eine neue Ortsbestimmung erfahren[531]. Das Ergebnis der

---

nennt mit Hinweis auf die Statistik des CA nach dem Stande vom 1.4.1938 auch Zahlen – sie waren in DIE RUNDSCHAU veröffentlicht worden (N.N., Zahlen, S. 69) –, um zu zeigen, „welchen umfassenden Dienst die IM mit ihren mannigfachen Arbeitszweigen dem Volksganzen leisten darf." Dabei macht er Angaben zu den evangelischen Kindergärten. „Die halboffene Fürsorge umfaßt 290.000 [sic!] Kindertagesstätten mit 180.000 Plätzen". (A. FRITZ, Innere Mission als Volksseelsorge, S. 146). Der Druckfehler wurde berichtigt. „Die halboffene Fürsorge umfaßt 2.990 Kindertagesstätten mit 180.000 Plätzen". (N.N., Berichtigung, S. 209).

527 CHR. GLAGE, Von der missionarischen Aufgabe, S. 9. Die Beschreibung dieser Aufgabe, allerdings aus der Sicht einer Kindergärtnerin, wurde ein Jahr später erneut vorgetragen: CH. PLÜGGE, Die Kindergärtnerin in der evangelischen Gemeinde.

528 Constantin Frick stellte fest: „Die Apo[logetische Centrale] ist der Anlaß, daß diese Frage auftaucht. Ob wir wollen oder nicht, die Frage der Volksmission ist in ein neues Stadium getreten." (Protokoll der Geschäftsführerkonferenz des CA am 23.2.1938, in: ADW, CA 761 XX). Vgl. auch Protokoll der Vorstandssitzung des CA am 6.1.1938 (ADW, CA 67 B (1938)).

529 Siehe M. GERHARDT, Jahrhundert, S. 407; J.-CHR. KAISER, Sozialer Protestantismus, S. 418f.; G. MEHNERT, Evangelische Presse, S. 248; W. KÜNNETH, Lebensführungen, S. 151ff.; M. PÖHLMANN, Kampf der Geister, S. 209–213. Trotz H. IBER, Christlicher Glaube, S. 177–181; und DERS., Die Apologetische Centrale, fehlt es bis heute an einer Darstellung der Vorgänge und Hintergründe, auch etwa der Frage, inwieweit das Ministerium Kerrls im Zusammenspiel mit dem EOK Berlin und dessen Präsidenten Friedrich Werner unter Hinweis auf den Erlaß Himmlers vom 29.8.1937, mit dem die Schließung der Ausbildungsstätten der „sogenannten Bekennenden Kirche" angeordnet wurde, an der Schließung der Apologetischen Zentrale mitgewirkt hatte. Die damals beschlagnahmten Akten wurden im Zentralen Staatsarchiv der Deutschen Demokratischen Republik aufbewahrt und finden sich seit der im Jahre 1991 erfolgten Rückgabe wieder im Bestand des ADW. Vgl. J.-CHR. KAISER, Sozialer Protestantismus, S. 419 mit Anm. 486. Zum erwähnten Erlaß Himmlers vom 29.8.1937 siehe II Kap. I.3.3., S. 192 mit Anm. 309.

530 W. KÜNNETH, Lebensführungen, S. 150.

531 Paul Kaufmann, Geschäftsführer des Ostpreußischen Provinzialvereins für Innere Mission mit Sitz in Königsberg, fordert, die Innere Mission müsse sich zu einer „klaren Stellung aufraffen" und daß „im CA wirklich auch eine Stelle geschaffen wird und daß man nicht sagt, die anderen Verhandlungen sind noch nicht abgeschlossen, und es könne von der Inneren Mission die Volksmission nicht geübt werden." (Protokoll der Geschäftsführerkonferenz des CA am 23.2. 1938, in: ADW, CA 761 XX).

schwierigen, kontroversen Debatte, in deren Verlauf unter Anspielung auf Wicherns „Denkschrift an die deutsche Nation" von 1849 auch ein Memorandum gefordert wurde, war der Beschluß des Vorstandes des CA vom 22. November 1938. Damit wurde, entgegen Schirmachers etwas großsprecherischer Vorstellung, der CA sei „ein Stück Reichskirchenregierung der Inneren Mission und könnte daher auch die Zusammenfassung der Volksmission übernehmen"[532], diese den Einrichtungen, Anstalten und Verbänden selbst und unmittelbar zugemutet. Es war das Ziel, nunmehr dezentral sowohl den Gemeinden zu dienen als auch durch den volksmissionarischen Dienst die Arbeit zu sichern. Jede Einrichtung der Inneren Mission sollte „Pflanzstätte der christlichen Verkündigung" sein[533].

Des Hinweises auf die Gemeinden bedurfte es für die Vereinigung spätestens seit der Reichstagung der Inneren Mission und v. Wichts Aufforderung zur Mobilmachung der Eltern in den Gemeinden nicht mehr. „Bundesgenossen und Helfer"[534] hatten sich auch längst gefunden und mit der Vereinigung zu gemeinsamer Arbeit zusammengeschlossen. Was sich bereits auf der jährlichen Tagung der Gremien der Vereinigung Anfang Juni 1937 mit den Beiträgen von Gold und Goebels angedeutet[535], was sich ein Jahr später auf der Arbeitstagung in Hannover mit den Referaten von Nopitsch und Hofstaetter und Bartels bestätigt hatte[536], stand Anfang November 1938 mit der von Dölker gewünschten Arbeitstagung endgültig und für alle erkennbar fest. Die Eltern- oder genauer die Mütterarbeit und die Kindergottesdienstarbeit waren die Elemente gemeindlicher Arbeit, denen v. Wicht und die Vereinigung sich in der volksmissionarischen Absicht einer Neubelebung „biblischer Unterweisung", des Katechumenates, zugewandt hatten. Mochten bis dahin, auch erkennbar am Ergebnis ihrer Raubzüge[537], die NSV und ihre „typisch nationalsozialistische Programmstruktur"[538] Geländegewinne verzeichnen, erobern und gänzlich ablösen können aber hatte sie das Arbeitsfeld evangelischer Kinderpflege nicht. Vielmehr formierten sich die erprobten „konservativen Ansätze"[539] auch der evangelischen Kinderpflege als „Evangelische Unterwei-

---

532 EBD.

533 So Theodor Wenzel (EBD.).

534 Tagesordnung der Arbeitstagung der Vereinigung vom 1.–4.11.1938 (LKA HANNOVER, E 26/103; ADW, CA 850a I; ADWW MÜNSTER, 153/1).

535 Siehe II Kap. I.1.2., S. 56f.

536 Siehe II Kap. I.4.2., S. 228.

537 Siehe II Kap. I.4.2., S. 255 mit Anm. 298.

538 F. TENNSTEDT, Sozialarbeit und Wohlfahrtspflege, S. 46.

539 EBD. Tennstedt resümiert: „Es spricht einiges dafür, daß auf dem Sektor der Wohlfahrtspflege ... mit den Jahren 1936/38 eine typisch nationalsozialistische Programmstruktur die bis dahin vorrangig betriebene Fortentwicklung konservativer Ansätze ablöste." (EBD., S. 46). Die Auseinandersetzung mit der Inneren Mission und ihrer evangelischen Kinderpflege beschreibt den Umfang des Erfolges der Ablösung und bestätigt, daß tatsächlich nur „einiges" dafür spricht.

sung“ im Vollzug eines Rückzugs auf die Heilige Schrift. Das geschah in der Hoffnung auf Sicherung des Fortbestandes evangelischer Kindergartenarbeit und markierte zugleich den Rückzug in den Raum der Kirche.

Entscheidend für die Entwicklung der Zusammenarbeit der Vereinigung mit den verbandlichen Zusammenschlüssen der Mütter- und der Kindergottesdienstarbeit war die Arbeitsgemeinschaft für evangelisch-kirchliche Erziehung und Unterweisung. Ihre Entstehung und die Form ihrer Arbeit verdankte sich zum einen der Selbstauflösung der Evangelischen Schulvereinigung im Zusammenwirken ihres Vorsitzenden Zoellner und ihres nebenamtlichen Direktors, des Leiters der Lutherschule des Lehmgrubener Diakonissen-Mutterhauses in Breslau, Walter Hafa, womit beide einer Auflösung durch die Machthaber und einer Beschlagnahme des Vermögens zuvorkamen[540]. Zum anderen hatten sich die Erwartungen, die allenthalben mit der Bildung der Volkskirchlichen Arbeitsgemeinschaft verbunden gewesen waren, nicht erfüllt. Zwar war die Evangelische Schulvereinigung durch Hafa Mitglied in der Kammer für evangelische Erziehungsarbeit der DEK, und er arbeitete auch in der Volkskirchlichen Arbeitsgemeinschaft mit, so wie andererseits Theodor Ellwein „als Kommissar“ die DEK und ihre Kirchenkanzlei im Vorstand der Evangelischen Schulvereinigung vertrat[541]. Aber Kräfte wurden in Auseinandersetzungen um Mittelbeschaffung verbraucht[542], Ideen über neue Formen kirchlicher Arbeit als Zusammenarbeit von Vereinen und Verbänden sowie der „konföderierten Kirche“ verbundener Arbeit blieben im Ansatz stecken oder auf den Religionsunterricht beschränkt[543]. Aus diesem

---

540 Protokoll der Mitgliederversammlung der Evangelischen Schulvereinigung am 12.5.1938 (ADW, CA 1327 II). Siehe Schreiben Hafa „an die Geschäftsf.[ührer] d. IM“ vom 26.10.1938 (ADW, CF 13).

541 Schreiben Hafa an die Mitglieder des Vorstandes der Evangelischen Schulvereinigung vom 27.8.1936 (ADW, CA 1327 II/2). Siehe auch Jahresbericht der Evangelischen Schulvereinigung vom 1.1.-31.12.1936 (ADW, CA 1327 II/1).

542 Die Arbeit der Volkskirchlichen Arbeitsgemeinschaft war durch Finanzmittel des RKA und des CA nicht gesichert. Das hatte seine Ursache in den Beschränkungen, die eine diesbezüglich absichtsvolle Sammlungs- und Steuergesetzgebung mit sich gebracht hatte. Außerdem, so teilte Heinrich schon am 1.7.1936 Ellwein mit, dürfe der CA eigene Mittel über den Normalhaushalt hinaus ausschließlich für wohlfahrtspflegerische Zwecke verwenden. Diesen Zweck erfülle die Volkskirchliche Arbeitsgemeinschaft nicht (ADW, CA 2123 I). Allein die Ausstattung der Arbeitsräume war schwierig, obwohl man darin einig war, daß, „wenn die Leute arbeiten sollten, sie auch Geld haben müßten.“ (Notiz Engelmann vom 11.9.1936, in: EBD.; Notiz Engelmann vom 23.9.1936, in: EBD.; Protokoll der Sitzung des Vorstandsausschusses des CA für die Angelegenheiten der Volkskirchlichen Arbeitsgemeinschaft am 6.9.1937, in: EBD.).

543 Auch die Fragen der Organisation der Volkskirchlichen Arbeitsgemeinschaft bereiteten von Anfang an Schwierigkeiten und hinderten sie, entgegen insbesondere Ellweins ursprünglicher Absicht, ein Ort der Begegnung und des Austauschs zu nicht nur auf den Schulbereich begrenzten pädagogischen Fragen zu werden. Die Arbeit, entsprechend der Qualifikation Ellweins, verlagerte sich indessen zunehmend nach der schulischen und „nach der religionspädagogischen Seite hin“. (Schreiben Ellwein an Werke und Verbände der DEK vom 22.6.1937, in: EBD.). Dabei hatte Ellwein, gegen den stetig wachsenden Widerstand des RKA, die Absicht, aus der Volks-

Grund und weil es galt, „das Katechumenat neu zu beleben"[544], war Hafa der Anregung Zoellners[545] gefolgt und hatte durch eine den Verhältnissen entsprechende Satzungsänderung die Umbildung der Evangelischen Schulvereinigung in eine Arbeitsgemeinschaft für evangelisch-kirchliche Erziehung und Unterweisung in die Wege geleitet[546]. Erst als die Lage der evangelischen Privatschulen – als deren Interessenvertreter hatte die Evangelische Schulvereinigung sich gegründet und hatte dementsprechend agiert – tatsächlich aussichtslos[547], mithin die Zweckbestimmung hinfällig und die staatsaufsichtliche Genehmigung der Satzungsänderung fraglich erschien, war die Liquidation erfolgt[548].

Jetzt konnte sich die Arbeitsgemeinschaft für evangelisch-kirchliche Erziehung und Unterweisung der Aufgabe stellen, reichsweit „Persönlichkeiten zu sammeln, die Sinn und Auftrag für diese Arbeit haben" und „die an der Spitze von Verbänden stehen, welche sich mit der Unterweisung der evang. Jugend beschäftigen"[549]. Von dem Verdacht befreien, „nur die Tarnung der aufgelösten Evang. Schulvereinigung" zu sein, das konnte sie sich aber bis zum Tode Hafas, im November 1940, nicht[550]. Um den unterschiedlichen Verhältnissen in den Landeskirchen und in den Kirchenprovinzen der ApU besser entsprechen zu können, sollten wie in Schlesien, wo Hafa wegen seiner unmittelbaren Beziehungen und Kenntnisse daran hatte mitwirken können[551],

kirchlichen Arbeitsgemeinschaft „eine feste Organisation" zu schaffen (Protokoll der Sitzung des RKA vom 6.11.1936, in: EZA Berlin, 1/A4/539; ADW, CA 2123 I) und verband damit gleichzeitig die Vorstellung „über die kirchenpolitischen Gruppen hinweg, gemeinsam zu Dienst und Arbeit" zu kommen (Schreiben Ellwein an Werke und Verbände der DEK vom 22.6.1937, in: ADW, CA 2123 I).

544 Schreiben Hafa „an die Geschäftsf[ührer]. d. IM" vom 26.10 1938 (ADW, CF 13).

545 Protokoll der Vorstandssitzung der Evangelischen Schulvereinigung am 3.5.1937 (ADW,CA 1327 II/2). „Herr Gen[eral].Sup[erintendent]. D. Zoellner hat den geschäftsführenden Direktor der Evangelischen Schulvereinigung in der letzten Unterredung, die er mit ihm hatte, dazu beauftragt, alles zu tun, was in seinen Kräften steht, um diese kirchliche Erziehung und Unterweisung der getauften Jugend zu fördern und die verschiedenen auf diesem Gebiet arbeitenden Kräfte irgendwie zu einer Gemeinschaftsarbeit zu bringen." (Jahresbericht der Evangelischen Schulvereinigung vom 1.1.–31.12.1937, in: ADW, CA 1327 II/2).

546 Protokoll der Mitgliederversammlung der Evangelischen Schulvereinigung am 3.–4.1.1938 (Ebd.). Bereits in seiner Sitzung am 2.11.1937 nahm der Vorstand des CA von der Absicht Hafas, diese Änderung hinsichtlich Aufgabenstellung und Organisation herbeizuführen, Kenntnis. (ADW, CA 67 C (1937)).

547 Bericht über die Sitzung der Arbeitsgemeinschaft für evangelisch-kirchliche Erziehung und Unterweisung am 9.2.1938 (ADW, CA 1327 II/2); Protokoll der außerordentlichen Mitgliederversammlung der Evangelischen Schulvereinigung am 17.5.1938 (ADW, CA 1327 III).

548 Protokoll der Mitgliederversammlung der Evangelischen Schulvereinigung am 20.–21.9. 1938 (ADW, CA 1327 II). Der Vorstand des CA nahm davon auf seiner Sitzung am 18.10.1938 Kenntnis (Protokoll, in: ADW, CA 67 B (1938)).

549 Schreiben Hafa „an die Geschäftsf.[ührer] d. IM" vom 26.10.1938 (ADW, CF 13).

550 Schreiben Hafa an Schirmacher vom 19.12.1938 (ADW, CA 1327 III).

551 Vgl. A. Steinbrück, Der Schlesische Provinzialverein, S. 222ff.

landes- und provinzialkirchliche „Untergruppen" gebildet werden[552]. So sehr diese Konstruktion der in der Inneren Mission bewährten Organisation entsprechen und so sinnvoll sie in diesem Fall sein mochte, sie mußte einen hohen Abstimmungsaufwand zur Folge haben und konnte nicht nur als zusätzliche Belastung, sondern auch als Beeinträchtigung der Wirksamkeit der Fachverbände auf Reichsebene eingeschätzt werden[553]. Hafa, der die Arbeitsgemeinschaft für evangelisch-kirchliche Erziehung und Unterweisung, die ihren Sitz offiziell beim CA in Berlin hatte[554], zunächst noch bis zur Schließung der Lutherschule von Breslau aus, dann im Ruhestand von Herrnhut aus als „Direktor" leitete, sollte sich jedenfalls mit diesen organisatorischen Vorstellungen nicht durchsetzen können. Auf Reichsebene allerdings war sie das, was sie im Blick auf die Fragen der „Unterweisung im evang. Glauben"[555], wie v. Wicht urteilte, auch „für unser Arbeitsgebiet wertvoll"[556] machen mußte: ein Forum, auf dem man sich „ohne Rücksicht auf die sonstige kirchenpolitische Zugehörigkeit auch mit anderen zusammenfinden" könne, um allein orientiert am „Taufbefehl ‚*Taufet sie und lehret sie*'[557]" zu helfen, „das Evangelium der Jugend auszurichten."

Dieses Forum, auf dem „grundsätzlich *jede Kirchenpolitik vermieden* werden" sollte[558], entsprach nicht nur seinem und dem Wunsch der Vereinigung, als politisch zuverlässig zu gelten. Durch ihre Beteiligung stand die Vereini-

---

552 Schreiben Hafa „an die Geschäftsf[ührer]. d. IM" vom 26.10.1938 (ADW, CF 13); Bericht über die Sitzung der Arbeitsgemeinschaft für evangelisch-kirchliche Erziehung und Unterweisung am 20.–21.9.1938 (ADW, CA 1327 III).

553 Schreiben Hafa an „alle die Verbände, die bisher durch Vertreter an der Arbeit der ‚Arbeitsgemeinschaft für evangelisch-kirchliche Erziehung und Unterweisung' teilgenommen haben" vom 23.1.1939 (EBD.). Danach gäbe es, so Hafas Vorstellung, „provinzielle [!] Arbeitsgemeinschaften" allein in Nassau-Hessen, Ostpreußen und Schlesien, im übrigen läge die Arbeit bei den „zuständigen Kirchenregierungen" (EBD.).

554 Protokoll der Vorstandssitzung des CA am 2.11.1937 (ADW, CA 67 B (1937)). Im übrigen wurden auf dieser Vorstandssitzung „erhebliche Bedenken gegen die Arbeitsweise der V[olkskirchlichen].A[rbeits].G[emeinschaft]. erhoben" und „in Anbetracht der Notwendigkeit einer Arbeitsgemeinschaft, die die kirchlichen Verbände und die kirchlichen Stellen vereint", der Präsident des CA beauftragt und „ermächtigt, über eine neue Grundlage für die Arbeit und Wirksamkeit der V.A.G. zu verhandeln". (EBD.).

555 Schreiben Hafa „an die Geschäftsf[ührer]. d. IM" vom 26.10.1938 (ADW, CF 13).

556 VEREINIGUNG, Tätigkeitsbericht 1.4.1937–31.3.1938, S. 7.

557 Zusammenfassung von Mt. 28,18–20. Die Hervorhebungen sind im Original unterstrichen. Vollständiger Wortlaut: „Und Jesus trat zu ihnen, redete mit ihnen und sprach: Mir ist gegeben alle Gewalt im Himmel und auf Erden. Darum gehet hin und lehret alle Völker und tauft sie im Namen des Vaters und des Sohnes und des heiligen Geistes, und lehret sie halten alles, was ich euch befohlen habe. Und siehe ich bin bei euch alle Tage bis an der Welt Ende." Seinerzeit vertraute Lutherübersetzung in der 1912 vom DEKA genehmigten Textfassung.

558 Schreiben Hafa „an die Geschäftsf.[ührer] d. IM" vom 26.10.1938 (ADW, CF 13). Die Hervorhebungen sind im Original unterstrichen. Auch Schreiben Hafa an „alle die Verbände, die bisher durch Vertreter an der Arbeit der ‚Arbeitsgemeinschaft für evangelisch-kirchliche Erziehung und Unterweisung' teilgenommen haben" vom 23.1.1939 (ADW, CA 1327 III).

gung auch „auf dem Boden der Bekennenden Gemeinde". Das freilich nicht, weil der Vorstand oder auch nur v. Wicht, wie seinerzeit in Barmen gefordert, „eine klare Entscheidung für die Bekenntnissynode der Deutschen Evangelischen Kirche"[559] nunmehr getroffen hätten. Vielmehr fand v. Wicht als Vertreter der Vereinigung sich auf diesem Forum, weil es ihm und seinem, entsprechend der gesamten Arbeit evangelischer Kinderpflege in der Taufe begründeten volksmissionarischen Katechetisierungskurs als dem einen Teil seiner Doppel- oder Sowohl-als-auch-Strategie – neben dem Bestandssicherungskurs – dadurch hilfreich sein konnte, daß hier die Arbeitsbereiche auftraten, die ohnehin bereits in der zurückliegenden Zeit auf den Tagungen der Vereinigung ins Blickfeld gerückt waren.

Dem entsprach es, wenn auf der Arbeitstagung der Vereinigung in den ersten Tagen des November 1938 im Hessischen Diakonissenhaus, dessen Zweiter Vorsteher Grimmell war[560], Vertreter dieser Arbeit und ihrer verbandlichen Zusammenschlüsse, nämlich der Evangelischen Reichsfrauenhilfe und des Reichsverbandes für Kindergottesdienst und Sonntagsschule anwesend waren und ihre Arbeit vorstellten[561]. Beide Verbände hatten neben dem EREV, vertreten durch das Vorstandsmitglied der Evangelischen Schulvereinigung Alfred Fritz, auf den vier im Laufe des Jahres 1938 bisher stattgehabten Sitzungen der Arbeitsgemeinschaft für evangelisch-kirchliche Erziehung und Unterweisung mitgearbeitet[562].

Lic. Adolf Lichtenstein war seit langen Jahren Pfarrer an der Berlin-Charlottenburger Epiphanien-Kirche[563] und noch länger in der Kindergottesdienst-

---

559 Erklärung zur praktischen Arbeit der Bekenntnissynode der Deutschen Evangelischen Kirche (KJ 1933–1944, S. 68; K. IMMER, Bekenntnissynode, S. 72).

560 Grimmell, Mitglied des Vorstandes der Vereinigung, hatte nach Kassel in das Hessische Diakonissenhaus eingeladen. Er begrüßte die Tagungsgäste und stellte fest: „Früher wäre aus Raummangel eine Arbeitstagung in Kassel nicht möglich gewesen, heute ist sie aus einem allerdings betrüblichen Grund möglich, nachdem das Kindergärtnerinnenseminar des Diakonissenmutterhauses Kassel seit Ostern 1938 vorläufig geschlossen ist" (Niederschrift über die Besprechung „Praktische Fragen" bei der Arbeitstagung der Vereinigung in Kassel am 4.11.1938, in: LKA NÜRNBERG, DW 1714).

561 Protokoll der Arbeitstagung der Vereinigung am 1.–4.11.1938 (LKA HANNOVER, E 26/103; ADW, CA 850a I; ADWW MÜNSTER, 153/1). Vgl. auch N.N., Vereinigung, S. 7.

562 Berichte über die Sitzungen der Arbeitsgemeinschaft für evangelisch-kirchliche Erziehung und Unterweisung vom 9.2.1938, vom 4.4.1938, vom 23.5.1938 und vom 20.–21.9.1938 (ADW, CA 1723 III). Am 9.2.1938 etwa waren anwesend: Piersig, Mohrmann, Hafa, Bartels, Alfred Fritz, Barbara Wenzel für die AMDWV, Pastor Claus Westermann, nachmals Professor für Altes Testament in Heidelberg, für das Burckhardthaus, Unitätsdirektor Bischof D. Samuel Baudert für die Herrnhuter Brüdergemeine, Pastor Adolf Gaul für das Evangelische Johannesstift, Direktorin Christine Bourbeck für die Dumas'sche Schule der Inneren Mission in Leipzig, Pastor Hans Lokies und Dr. Oskar Hammelsbeck für den Deutschen Bund für Christlich-Evangelische Erziehung in Haus und Schule, Pfarrer Dr. Erich Schiller für den Reichsverband für Kindergottesdienst und Sonntagsschule (EBD.).

563 C. BERG, Gottesdienst mit Kindern, S. 233. Vgl. D. CHR. SIEDLER, Epiphanienkirche, S. 294f.

arbeit tätig. Er war Vorsitzender des Ostdeutschen Verbandes für Kindergottesdienst und dessen Vertreter im Reichsverband für Kindergottesdienst und Sonntagsschule. Neben dem Ehrenvorsitzendem, dem Bremer Pfarrer D. Johannes Piersig – wie Johannes Gehring für die Entwicklung des evangelischen Kindergartens, so war Piersig in der Vergangenheit von Bedeutung für die Stärkung der Kindergottesdienstarbeit[564] – war Lichtenstein auch stellvertretender Vorsitzender des Reichsverbandes für Kindergottesdienst und Sonntagsschule. und engagierter Förderer des Kindergottesdienstes, den er als ein „ganz unentbehrliches Mittel zum Aufbau der ‚werdenden Gemeinde'"[565] betrachtete. Ganz auf der von der Vereinigung wie vom CA verfolgten Linie hatte Lichtenstein bereits im Mai 1937 die „volksmissionarische Bedeutung des Kindergottesdienstes"[566] herausgestellt. Von daher war es auch ganz und gar konsequent, wenn der Reichsverband für Kindergottesdienst und Sonntagsschule um Aufnahme als Fachverband der Inneren Mission beim CA nachsuchte und dem auch durch Vorstandsbeschluß entsprochen wurde[567].

Nachdem er bereits „die Kindergärtnerin im Dienste des Kindergottesdienstes" im Fachorgan der evangelischen Kinderpflege, in ChrKpflge, auf Bitten der Schriftleitung – nach wie vor lag diese bei Mohrmann – beschrieben und auf den Segen einer durch die „verwandten Arbeitsgebiete" denkbaren „Personalunion" von Kindergärtnerin und Kindergottesdiensthelferin

---

564 Siehe C. BERG, Gottesdienst mit Kindern, S. 64ff.

565 A. LICHTENSTEIN, Kindergottesdienst heute, S. 119. Lichtenstein apostrophiert die „werdende Gemeinde". Er nimmt damit Wicherns Vorstellung von Gemeinde auf, bei dem dieser Terminus wörtlich zwar nicht nachzuweisen, aber gemeint ist, wenn er etwa in seiner Denkschrift vom „Bau der Gemeinde" spricht. Siehe J. H. WICHERN, Die innere Mission der deutschen evangelischen Kirche. Eine Denkschrift an die deutsche Nation (1849) (J. H. WICHERN, Sämtliche Werke I, S. 356). Zudem sah Lichtenstein Wicherns Erfahrung als „Oberhelfer" „in dem geistlich außerordentlich regen ersten deutschen Kindergottesdienst und Helferkreise" in der Hamburger Vorstadtgemeinde St. Georg als entscheidend an. „Dieses Erleben legte den Grund dazu, daß Wichern der führende Mann der IM wurde; sie ist also aus dem Erlebnis des Kindergottesdienstes und seiner Helferarbeit erwachsen" (A. LICHTENSTEIN, Kindergottesdienst heute, S. 118). Vgl. auch Lichtensteins Entfaltung der These, unter Berufung auf Wichern, vom Kindergottesdienst als Innerer Mission (DERS., Kindergottesdienst und Innere Mission).

566 A. LICHTENSTEIN, Kindergottesdienst heute, S. 121.

567 Protokoll der außerordentlichen Vorstandssitzung des CA am 2.9.1938 (ADW, CA 67 B (1938)). Auf die verbandliche Entwicklung kann hier nicht weiter eingegangen werden. Die Frage nach der Verbindung zur DEK und ihrem Evangelischen Jugendwerk bleibt ebenso unbeantwortet wie die nach der Stellung zu den beiden großen kirchenpolitischen Kräften, der BK und den DC. C. BERG, Gottesdienst mit Kindern, zeichnet zwar die Organisationsgeschichte des Verbandes bis zum Ende der Weimarer Republik nach (S. 86–91), beschränkt sich aber für die Zeit danach zum einen auf die eher überblicksartige Darstellung der Auswirkungen der von Ludwig Müller unterzeichneten Vereinbarung vom 19.12.1933 zur Eingliederung der evangelischen Jugend in die HJ und zum anderen auf die Auswirkungen des Krieges auf Situation und Stellung des Kindergottesdienstes (S. 99–109). Im übrigen gehörte der Reichsverband für Kindergottesdienst und Sonntagsschule zur Fachgruppe III des CA, Jugenddienst in der Inneren Mission (Schreiben Schirmacher an die Geschäftsführer der Landes-, Provinzial- und Fachverbände vom 12.10.1938, in: ADW, CA 761 XX).

hingewiesen hatte[568], war Lichtenstein von v. Wicht gebeten worden, auf der Arbeitstagung in Kassel mit einem Referat dazu beizutragen, daß „der Kindergottesdienst als Bundesgenosse und Helfer des evangelischen Kindergartens" ins Blickfeld aller Mitgliedsverbände und ihrer Verantwortlichen rückt[569]. So wie er seinerzeit die Zusammenarbeit mit anderen Verbänden eingefordert hatte, so folgte Lichtenstein jetzt der Einladung v. Wichts, der sich gewiß zu diesem Schritt durch das „Wort an die evangelischen-christlichen Kirchenleitungen Deutschlands" ermutigt gesehen hatte. Der Reichsverband für Kindergottesdienst und Sonntagsschule hatte im Juli 1938 „die mit Ernst Christen sein wollen" aufgerufen „zu erkennen, was Christus ihnen und ihrer Zeit bedeutet" und „die Kindergottesdienstarbeit in jeder Form zu fördern."[570] Lichtenstein als Mitglied des Vorstandes hatte diesen Aufruf mit unterzeichnet. So bekräftigte er auch mit seinem Vortrag auf der Arbeitstagung der Vereinigung seine Erwartung, daß „die einzelnen Arbeitszweige in der Gemeinde in enger Fühlung – voneinander empfangend und einander gebend – zueinander wirken müssen."[571] Wenn er dabei eine gemeinsame Arbeit an der Erstellung eines Planes vorschlug, der die mit den Kindern in Kindergottesdienst und im Kindergarten zu behandelnden biblischen Geschichten festhielte[572], so ging es ihm nicht um einen Ersatz für mangelnden Unterricht. Kindergottesdienst sollte nicht in diesem Sinne Sonntagsschule sein. Lichtenstein wollte „die gottesdienstliche Feierstunde der Kinder", um „der Christusbegegnung den Weg zu bereiten." Ein Arbeitsplan als Textplan, mit dem eine „Einigung über die Mindestzahl der biblischen Geschichten" erreicht wird, sollte das Erreichen des Zieles erleichtern[573].

---

568 A. LICHTENSTEIN, Die Kindergärtnerin, S. 125.

569 Protokoll der Arbeitstagung der Vereinigung am 1.–4.11.1938 (LKA HANNOVER, E 26/103; ADW, CA 850a I; ADWW MÜNSTER, 153/1).

570 Reichsverband für Kindergottesdienst und Sonntagsschule „Wort an die evangelischen-christlichen Kirchenleitungen Deutschlands" im Juli 1938 (J. PIERSIG U.A. (Hg.), Wort; EZA BERLIN, 7/2530). Dies „Wort" stellt das Ergebnis der Tagung des Reichsverbandes für Kindergottesdienst und Sonntagsschule dar, die am 21.–22.4.1938 in den Rummelsberger Anstalten, bei Nürnberg, stattgefunden hatte (E. SCHILLER, Leiter-Arbeitstagung). Es ist unterzeichnet von Pastor D. Johannes Piersig (Bremen), Pfarrer Lic. Adolf Lichtenstein (Berlin), Pfarrer Dr. Erich Schiller (Berlin), Pfarrer Karl Niemann (Bielefeld), Prodekan Georg Merkel (Nürnberg) als Mitgliedern des Vorstandes.

571 A. LICHTENSTEIN, Die Kindergärtnerin, S. 125.

572 A. Lichtenstein, Der Kindergottesdienst als Bundesgenosse und Helfer des evangelischen Kindergartens. Leitsätze für den Vortrag am 3.11.1938 (Anlage zum Protokoll der Arbeitstagung der Vereinigung am 1.–4.11.1938, in: LKA HANNOVER, E 26/103; ADW, CA 850a I; ADWW MÜNSTER, 153/1).

573 EBD. Inwieweit die Abwehr einer Betrachtung des Kindergottesdienstes als Sonntagsschule und die praktisch-theologische Begründung auch mit Erwägungen verbunden war, die, wie die Vermeidung des Begriffs Kleinkinderschule für die Kinderpflege – siehe I Kap. VII.2.2., S. 329f. mit Anm. 274 –, den Schutz der Arbeit angesichts der Bestrebungen zur Entkonfessionalisierung des öffentlichen Lebens und der damit einhergehenden Angriffe auf christliche Unterweisung in

Daß im Mittelpunkt evangelischer Erziehung „nicht die Spekulation auf den moralischen Wert der christlichen Beeinflussung“ steht, sondern „die erschöpfende, ans Ziel führende Darbietung der Kunde vom Gottesreich“ und die „uns in der Heiligen Schrift geschenkt“ ist[574], darin war man sich einig. Das hatte Bartels im Sommer auf der Tagung der Gremien der Vereinigung in Hannover unterstrichen. Das stellte nun in Kassel auch Reinhold Sautter, ehedem Studienrat für evangelischen Religionsunterricht in Stuttgart und jetzt Oberkirchenrat beim OKR Stuttgart, nochmals deutlich heraus. Wenn er die „christliche Familien- und Volkserziehung und Verkündigung in Kindergarten und Hort“ bedachte, so ging es nicht um eine religiöse Unterweisung als Darbietung eines religionspädagogisch bearbeiteten biblischen Stoffes, und schon gar nicht ging es Sautter etwa um ein reformpädagogisches Ziel wie die Entwicklung der Persönlichkeit. Das wurde als „individualistisches Alleingängertum“ abgetan, um nicht zu sagen desavouiert. Ob Sautter damit sowohl seinem Amt als auch der Tatsache Rechnung trug, daß er Mitglied der NSDAP war, mithin nationalsozialistische und kirchliche Gesinnung in Übereinstimmung zu bringen suchte, das muß hier eine unbeantwortete Frage bleiben, auch wenn es zu vermuten ist[575]. Worum es ging, war die „religiöse Entfaltung“ und „Festigung einer evangelischen Überzeugung“[576].

---

den Schulen sichern wollten – diese Problemstellung kann hier ebensowenig erörtert werden wie die Frage, wie sich dazu die Feststellung verhält, daß sich aus der BK die Forderung verstärkte, der Kindergottesdienst habe sich deutlicher der christlichen Unterweisung der Kinder anzunehmen. Einen besonderen Akzent erhält die Frage durch die Tatsache, daß gleichzeitig einer der wichtigen Reformpädagogen für den evangelisch-schulischen Bereich, Otto Eberhard, zwar stets auch mit Fragen des Kindergottesdienstes befaßt – siehe I Kap. I, S. 47 mit Anm. 52 –, jetzt den „Kindergottesdienst als Gemeindeaufgabe und im Gemeindeaufbau“ (O. EBERHARD, Der Kindergottesdienst) beschrieb, worauf im übrigen CHRKPFLGE mit dem Abdruck eines Auszugs nachdrücklich hinwies (48. Jg., 4(April)/1940, S. 53). Vgl. C. BERG, Gottesdienst mit Kindern, S. 104. Außerdem bleibt noch eine weitere Frage unerörtert, nämlich die, ob und inwieweit die Forderungen Lichtensteins etwa hinsichtlich der Stärkung des Laienelementes im Kindergottesdienst ebenso wie die Forderung der BK auf einen Aufbruch aus der Klerikalisierung zielen, die Berg mit Ende der zwanziger Jahre bereits als abgeschlossen betrachtet (EBD., S. 84ff.), allerdings feststellt, daß „alle Gemeindekreise in die [Kindergottesdienst-] Arbeit einbezogen werden“ sollten und dabei auf Lichtenstein verweist (EBD., S. 107). Eine deutlicher an den Quellen orientierte, mithin differenziertere Betrachtung des Kindergottesdienstes und der Entwicklung seiner praktisch-theologischen Konzeptionen in der Zeit des Nationalsozialismus bleibt Desiderat.

574 R. Sautter, Christliche Familien- und Volkserziehung und Verkündigung in Kindergarten und Hort. Leitsätze zum Vortrag am 2.11.1938 (Anlage zum Protokoll der Arbeitstagung der Vereinigung am 1.–4.11.1938, in: LKA HANNOVER, E 26/103; ADW, CA 850a I; ADWW MÜNSTER, 153/1).

575 Siehe Fragebogen zum Spruchkammerverfahren Reinhold Sautter vom 23.4.1946 und Ergänzung zum Fragebogen vom 30.4.1946 (STA LUDWIGSBURG, EL 902/20 Bü. 37/4/3419). Besonders in seiner umfangreichen Ergänzung zum Fragebogen vom 30.4.1946 weist Sautter „ohne Selbstlob“ aber erkennbar sich selbst und sein Handeln rechtfertigend darauf hin, „daß – den Herrn Landesbischof ausgenommen – kein Mann dem System Mergenthaler so offen und so nachdrücklich entgegengetreten ist, wie ich.“ Vgl. auch R. KIESS, Christian Mergenthaler, S. 171.

576 R. Sautter, Christliche Familien- und Volkserziehung und Verkündigung in Kindergarten

Wie für die Kindergottesdienstarbeit war auch für die evangelische Kinderpflege der in dieser Weise am praktisch-ekklesiologischen Grundkonsens orientierte „Laienapostolat“ begründet im Sakrament der Taufe[577]. Das zum wiederholten Male auszuführen und referierend zu erläutern hatte v. Wicht den seit einiger Zeit als Superintendent in Kassel amtierenden, ihm spätestens seit den Anfängen der Geschäftsführerkonferenzen des CA und als dessen Direktor der Abteilung Wohlfahrtspflege[578] gut bekannten Johannes Steinweg eingeladen. Dieser hatte „die Notwendigkeit einer verstärkten Stellung der Taufe im Leben der Gemeinde - ihre grundlegende sakramentale und katechetische Gabe und Aufgabe“ thematisiert, die Kindertaufe als Auftrag zu religiöser Erziehung vorgestellt und die Verpflichtung für die Gemeinden hervorgehoben, „dazu die notwendigen Einrichtungen [zu] treffen“. Dazu gehörte es für Steinweg auch, nachdrücklich darauf hinzuweisen, daß die Taufe, als „Bestätigung des Bekenntnisses ..., das Eltern und Paten bei der Taufe ausgesprochen haben“, nicht als private Familienfeier zu halten sei, sondern „stets im Gottesdienst oder Kindergottesdienst gehalten“ werden sollte.[579]

Mit ihrem Beitrag über „Die Zurüstung unserer Berufsarbeiterinnen für ihre Aufgaben in der evangelischen Gemeinde“ bekräftigte Mohrmann die Forderung Steinwegs, die Taufe als Auftrag zu religiöser Erziehung wahrzunehmen und sah das durch die Ausbildung in den evangelischen Kindergärtnerinnenseminaren als erfüllt an. Sie beschrieb die Ermöglichung der „inneren Zurüstung“ der Kindergärtnerin als das immer in der Ausbildung angestrebte, jetzt aber erst anerkannte und damit erreichbare Ziel. Dabei ließ Mohrmann auch erkennen, daß die Trägerschaft eines Kindergartens für sie zu diesem Zeitpunkt nicht mehr entscheidend war. Sie akzeptierte eine „Vielgestaltigkeit der Arbeit“, wenn denn der Auftrag Jesu erfüllt sei. „Lasset die Kindlein zu *mir* kommen und wehret ihnen nicht“[580] – das gelte auch, „wenn die Arbeit uns in der heutigen Form genommen wird“. Mohrmann bekräftigte damit ihren Katechetisierungskurs, den sie als Geschäftsführerin des Deut-

---

und Hort. Leitsätze zum Vortrag am 2.11.1938 (Anlage zum Protokoll der Arbeitstagung der Vereinigung am 1.–4.11.1938, in: LKA HANNOVER, E 26/103; ADW, CA 850a I; ADWW MÜNSTER, 153/1).

577 A. LICHTENSTEIN, Kindergottesdienst heute, S. 120.

578 Siehe M. GERHARDT, Jahrhundert II, S. 257.

579 J. Steinweg, Die Notwendigkeit einer verstärkten Stellung der Taufe im Leben der Gemeinde – ihre grundlegende sakramentale und katechetische Gabe und Aufgabe. Leitsätze für den Vortrag am 1.11.1938 (Anlage zum Protokoll der Arbeitstagung der Vereinigung am 1.–4.11. 1938, in: LKA HANNOVER, E 26/103; ADW, CA 850a I; ADWW MÜNSTER, 153/1).

580 Dieses Zitat aus Mk. 10,14 und Mt. 19,14 sowie Lk. 18,16 in der seinerzeit vertrauten Lutherübersetzung in der 1912 vom DEKA genehmigten Textfassung. Erst mit dem nachfolgenden Satz unterscheiden sich die Synoptiker; siehe I Kap. VI.2.3., S. 270 mit Anm. 189. Das Zitat steht bereits in der Niederschrift über die Besprechung „Praktische Fragen“ bei der Arbeitstagung der Vereinigung in Kassel am 4.11.1938 in Anführungszeichen. Die Hervorhebung ist im Original unterstrichen (LKA NÜRNBERG, DW 1714).

schen Verbandes der Ausbildungsstätten für evangelische Kinderpflege ebenso wie als Vorsitzende des Verbandes evangelischer Kindergärtnerinnen, Hortnerinnen und Jugendleiterinnen Deutschlands verfolgte und womit sie sich ganz auf der Linie der Arbeitsgemeinschaft für evangelisch-kirchliche Erziehung und Unterweisung bewegte, in der sie diese Verbände mitarbeitend vertrat[581]. Dieser Kurs bot ebenso eine Perspektive besonders für jene Kindergärtnerinnen, die nicht Diakonisse waren und damit auch nicht einem die Zukunft der einzelnen materiell sichernden Mutterhaus angehörten, wie er gleichzeitig an den Fortbestand der Ausbildungsstätten, wenn möglicherweise auch ohne staatliche Anerkennung, denken lassen konnte. Für Mohrmann war es von entscheidender Bedeutung, diese „Zukunftspläne“ zu vermitteln. Sie sah darin die „große Aufgabe der Verbände“. Auch wenn sie damit deutlich machte, daß sie sich mit ihren Vorstellungen von denen des Vorsitzenden der Vereinigung und seinem sichernden Sowohl-als-auch-Kurs nur darin unterschied, daß ihre Absichten der Bestandssicherung auf die organisatorische Zusammenfassung der von ihr vertretenen Interessen der Kindergärtnerinnen und ihrer Ausbildungsstätten gerichtet waren, läßt sie damit aber auch den Schluß zu, daß die Ursache dafür, der Vereinigung und damit v. Wicht die verbandliche Alleinvertretung der evangelischen Kinderpflege nicht zuzugestehen, neben den notwendigerweise verschiedenen Verbandsinteressen eher im Persönlichen lag – es gab einen gemeinsamen Nenner, eine Übereinstimmung der Interessen. Für v. Wicht mochte das der Grund gewesen sein, die einflußreiche Repräsentantin der weiblichen Berufskräfte der Inneren Mission zu dieser Arbeitstagung nach Kassel einzuladen, für Mohrmann war es der kleinste gemeinsame Nenner, „... wenigstens sie [scil. die Gemeinden und Kindergartenträger] jetzt dazu [zu] bringen, daß sie auf die evang. Unterweisung der Kinder im K[inder]G.[arten] sehen.“ [582]

Daß bereits „von der missionarischen Aufgabe in der Kindergarten- und Hortarbeit“ [583] in der Praxis der Arbeit gesprochen werden konnte, machten zwei Kindergartenleiterinnen anschaulich. Charlotte Lienard war seit über zehn Jahren Leiterin des Kindergartens der Epiphanien-Gemeinde, derselben evangelischen Kirchengemeinde in Berlin-Charlottenburg, in der Lichtenstein als Pfarrer amtierte. Schwester Änne Lincke, Kindergärtnerin und Diakonisse des Hessischen Diakonissenhauses, leitete seit kurzem den evangelischen Kindergarten im provinzhessen-nassauischen, im Landkreis Hersfeld gelegenen, Heringen. Für beide war die „Zusammenarbeit zwischen den Elternhäusern und unseren Tagesstätten“, da sie den Grundsätzen evangelischer Kinderpfle-

---

581 Berichte über die Sitzungen der Arbeitsgemeinschaft für evangelisch-kirchliche Erziehung und Unterweisung am 9.2.1938, am 4.4.1938, am 23.5.1938 und am 20.–21.9.1938 (ADW, CA 1723 III).

582 Protokoll der Arbeitstagung der Vereinigung am 1.–4.11.1938 (LKA HANNOVER, E 26/103; ADW, CA 850a I; ADWW MÜNSTER, 153/1).

583 CHR. GLAGE, Von der missionarischen Aufgabe.

ge entsprechend ihre Arbeit als familienergänzend verstanden, von ausschlaggebender Bedeutung. Die Elternabende, die in erster Linie Mütterabende seien, böten in vielfacher Weise Ansätze zum Gespräch über Fragen des Glaubens.[584] Auch wenn diese Fragestellung, die Lienard und Schwester Änne damit einbrachten, im Ablauf der Arbeitstagung in nicht unmittelbarer Verbindung mit der Präsentation der „Mütterarbeit der evangelischen Reichsfrauenhilfe in ihrer Beziehung zur Frage der biblischen Unterweisung der Kinder"[585] stand, entscheidend war die damit unübersehbar praktizierte Arbeitsverbindung der Evangelischen Reichsfrauenhilfe zur evangelischen Kinderpflege und ihrer Vereinigung.

Im Gegensatz zu dem anderen Bundesgenossen und Helfer der Vereinigung, dem Reichsverband für Kindergottesdienst und Sonntagsschulen, war die Evangelische Reichsfrauenhilfe von der DEK und deren „reichskirchlichem Frauendienst" unter Hermenau[586], einem „Wegbereiter der Deutschen Glaubensbewegung"[587], von Anfang an getrennt. Sie hatte bereits durch die Mitwirkung Agnes von Grones, als Reichsführerin des Frauenwerks der DEK Mitglied des Reichsführerrates der Evangelischen Reichsfrauenhilfe[588], bei der Gründung der AMDWV eine andere Position bezogen[589]. War die Mütterarbeit immer schon von großer Bedeutung für den „Dienst der Liebe" der Frauenhilfe als wichtigstem Arbeitszweig des Evangelisch-Kirchlichen Hilfsvereins[590], so war in der Zusammenarbeit mit der Vereinigung ein wichtiger Schritt getan, die Zurüstung der Frauen und Mütter zu einem bewußt

---

584 Ch. Lienard/Ä. Lincke, Zusammenarbeit zwischen den Elternhäusern und unseren Tagesstätten (Protokoll der Arbeitstagung der Vereinigung am 1.–4.11.1938, in: LKA HANNOVER, E 26/103; ADW, CA 850a I; ADWW MÜNSTER, 153/1). Siehe auch Niederschrift über die Besprechung „Praktische Fragen" bei der Arbeitstagung der Vereinigung in Kassel am 4.11.1938 (LKA NÜRNBERG, DW 1714).

585 M. Vedder, Mütterarbeit der evangelischen Reichsfrauenhilfe in ihrer Beziehung zur Frage der biblischen Unterweisung der Kinder (Protokoll der Arbeitstagung der Vereinigung am 1.–4.11.1938, in: LKA HANNOVER, E 26/103; ADW, CA 850a I; ADWW MÜNSTER, 153/1).

586 Schreiben Reichsbischof [Ludwig Müller] an die obersten kirchlichen Behörden und die evangelischen Konsistorien vom 25.2.1935 (F. MYBES, Frauenhilfe, S. 102).

587 Schreiben „nur für Mitglieder unserer evgl. Frauenhilfe" Wuppertal-Barmen im Mai 1935 (EBD., S. 106–109). Vgl. I Kap. VII.3.7., S. 384 mit Anm. 502.

588 § 6 der Satzung für die Evangelische Reichsfrauenhilfe (F. MYBES, Der Evangelisch-Kirchliche Hilfsverein, S. 250–253).

589 Siehe I Kap. IV.1.4., S. 135f. mit Anm. 105 und Anm. 106. Die Evangelische Reichsfrauenhilfe, 1899 gegründet und seit 1900 mit regionalen Verbänden entsprechend den Provinzial- und Landeskirchen, war bereits in der Zeit der Weimarer Republik, als sie noch Evangelische Frauenhilfe (Gesamtverband) hieß, Mitglied des CA, in der Fachgruppe II. Siehe HIM I, S. 125–132; F. MYBES, Der Evangelisch-Kirchliche Hilfsverein, S. 238f. Vgl. auch S. LEKEBUSCH, Beharrung und Erneuerung, S. 52–71. E. SCHUPPAN, Bekennen, S. 259f., ist im Blick auf Gründung der AMDWV und Zugehörigkeit zu diesem Zusammenschluß eher bekenntniskirchlich orientierter Kräfte jedenfalls mißverständlich. Siehe I Kap. IV.1.4., S. 135–137.

590 F. MYBES, Der Evangelisch-Kirchliche Hilfsverein, S. 362f.

„christlichen Glaubens- und Familienleben"[591] ganz in die Mitte der Arbeit der Evangelischen Reichsfrauenhilfe zu stellen[592]. Hinzu kam, daß „finanzielle Bedrängnisse" sowie „Behinderungen, Verbote und Auflösungen" die Frauenhilfsarbeit[593], zu der stets die finanzielle Unterstützung von evangelischen Kindergärten[594] und besonders ihr seit Ende der zwanziger Jahre anerkannter und hinsichtlich seiner Dienste und Angebote inzwischen von der NSV und ihrem Hilfswerk „Mutter und Kind" abgelöster Evangelischer Mütterdienst gehörte[595], auf den Weg der Verinnerlichung gedrängt hatten. Ebenso wie Vereinigung und Reichsverband für Kindergottesdienst und Sonntagsschule war auch die Evangelische Reichsfrauenhilfe und ihr Mütterdienst an dem Punkt angekommen, an dem die Frage „Kind und Kirche" ihr „so eng auf den Leib gerückt" war, daß man sich ihr stellen mußte[596]. Es war der Punkt, an dem eine Zusammenarbeit zur Stärkung der „religiösen Belehrung"[597] sinnvoll und geboten schien. Der CA sollte das durch seinen Vorstand ausdrücklich bestätigen[598].

Für die Evangelische Reichsfrauenhilfe war Magdalene Vedder, Leiterin des Evangelischen Mütterdienstes in der Potsdamer Reichsgeschäftsstelle und wichtige Mitarbeiterin Brandmeyers, statt seiner der Einladung v. Wichts gefolgt. Sie vermittelte insbesondere die Aufgabenstellung des Mütterdienstes, nämlich alles zu tun, daß die Mütter „nie vergessen, daß den Eltern durch die Taufe ihrer Kinder deren christliche Unterweisung zur Pflicht gemacht worden ist." Dieser Pflicht nachzukommen, so Vedder abschließend, wolle man die Möglichkeiten der Zusammenarbeit nutzen, die sowohl in der Erstellung eines unverzichtbaren biblischen Stoffplanes als auch in gemeinsamen Arbeitstagungen ihren Ausdruck finden sollte.[599]

Obwohl auf der Arbeitstagung der Vereinigung, in den Referaten ebenso wie in den sich anschließenden Diskussionsrunden, Fragen eines miteinander abzustimmenden Planes über die im Jahreskreis zu behandelnden biblischen

---

[591] M. Vedder, Mütterarbeit der evangelischen Reichsfrauenhilfe in ihrer Beziehung zur Frage der biblischen Unterweisung der Kinder (Protokoll der Arbeitstagung der Vereinigung am 1.–4.11.1938, in: LKA HANNOVER, E 26/103; ADW, CA 850a I; ADWW MÜNSTER, 153/1).

[592] F. MYBES, Der Evangelisch-Kirchliche Hilfsverein, S. 363f.

[593] DERS., Frauenhilfe, S. 85–101.

[594] Siehe I Kap. V.2.1., S. 201; I Kap. VI.1., S. 237ff.; I Kap. VII.3.3., S. 351; I Kap. VII.3.7., S. 384; II Kap. I.2.1., S. 69ff. und II Kap. I.2.2., S. 78ff. Vgl. E. SCHUPPAN, Bekennen, S. 259f.

[595] F. MYBES, Frauenhilfe, S. 113–118; DERS., Der Evangelisch-Kirchliche Hilfsverein, S. 266–271.

[596] R. BRINCKMEIER, Kind und Kirche, S. 3.

[597] M. Vedder, Mütterarbeit der evangelischen Reichsfrauenhilfe in ihrer Beziehung zur Frage der biblischen Unterweisung der Kinder (Protokoll der Arbeitstagung der Vereinigung am 1.–4.11.1938, in: LKA HANNOVER, E 26/103; ADW, CA 850a I; ADWW MÜNSTER, 153/1).

[598] Protokoll der Vorstandssitzung des CA am 22.11.1938 (ADW, CA 67 B (1938)).

[599] Protokoll der Arbeitstagung der Vereinigung am 1.–4.11.1938 (LKA HANNOVER, E 26/103; ADW, CA 850a I; ADWW MÜNSTER, 153/1).

Geschichten angesprochen worden waren, obwohl auch bereits auf Initiative und mit Unterstützung der Arbeitsgemeinschaft für evangelisch-kirchliche Erziehung und Unterweisung Mohrmann und Brandmeyer mit der Ausarbeitung eines einheitlichen Stoffplanes beschäftigt waren[600], diese Fragen waren es nicht, die in gemeinsamer Arbeit der Verbände und dem von allen bekundeten Bedarf entsprechend zügig zu einem Arbeitsergebnis gebracht werden konnten. Darüber sollten mehr als zwei Jahre vergehen.

Was in kurzer Zeit mit hohem Einsatz zu Wirkung und Erfolg gebracht werden konnte, war eine Aktion, zu der v. Wicht von Schirmacher angeregt und von Constantin Frick ermutigt worden war[601]. Dabei hatte Schirmacher offenbar die Idee eines Aufrufs aufgegriffen, wie sie seinerzeit in Vogels Entwurf zu einer Antwort an das Ministerium Rusts ihren Ausdruck gefunden hatte. War die Ausführung auch für den bestimmten Zweck kaum geeignet, der Gedanke aber, die Gemeinden zur Wahrnehmung ihrer Verantwortung im Blick auf die christliche Erziehung ihrer Kinder aufzurufen, war sehr wohl brauchbar. So lag diese Idee, handlungsorientiert weiterentwickelt und damit tatsächlich sowohl dem Selbstverständnis evangelischer Kinderpflege als familienergänzender Erziehung entsprechend als auch einen praktischen Bezug zur Gemeinde herstellend, schließlich dem Vorschlag zugrunde, den v. Wicht am 22. November 1938 auf der fünften Tagung der Arbeitsgemeinschaft für evangelisch-kirchliche Erziehung und Unterweisung vortrug.

Nachdem er Anfang des Jahres, als die Evangelische Schulvereinigung ihren Namen änderte und ihrer Arbeit auf die „evangelische Unterweisung und Erziehung außerhalb des Schulwesens“[602] auszurichten begann und die Arbeitsgemeinschaft für evangelisch-kirchliche Erziehung und Unterweisung als ein wichtiges Forum für die katechetisch-volksmissionarischen Fragen entdeckt hatte, hielt sich v. Wicht mit einer Beteiligung zunächst zurück[603]. Und das, obwohl nach seinem Urteil die evangelisch-kirchliche Unterweisung für die Vereinigung „die vielleicht wichtigste Aufgabe der Gegenwart“ war[604].

---

600 Schreiben Hafa an „sehr verehrte Mitarbeiter(innen) in der Arbeit an der evangelischen Jugend“ vom 10.12.1938 (ADW, CF 13; EZA BERLIN, 50/499). Wahrscheinlich ist damit jene Arbeit gemeint, die zur Herausgabe von A. BRANDMEYER (Hg.), Blätter zum Erzählen (Reihe I); DERS. (Hg.), Blätter zum Erzählen (Reihe II); DERS. (Hg.), Blätter zur häuslichen Unterweisung (Reihe I); DERS. (Hg.), Blätter zur häuslichen Unterweisung (Reihe II), in den Jahren 1938 bis 1940 führten. Das waren Veröffentlichungen und Arbeitsergebnisse, an denen Mohrmann mit Blick auf die Brauchbarkeit für die katechetisch zu qualifizierenden Kindergärtnerinnen als Verbandsvertreterin besonderes Interesse haben mußte.

601 Protokoll der Vorstandssitzung der Vereinigung am 31.10.1938 (LKA HANNOVER, E 26/102).

602 Schreiben Hafa an Constantin Frick vom 19.12.1938 (ADW, CA 837 III).

603 Berichte über die Sitzungen der Arbeitsgemeinschaft für evangelisch-kirchliche Erziehung und Unterweisung am 9.2.1938, am 4.4.1938, am 23.5.1938 und am 20.–21.9.1938 weisen aus, daß v. Wicht nicht an diesen Sitzungen teilgenommen hat (ADW, CA 1723 III).

604 H. V. WICHT, Kindersonntag, S. 92.

Deshalb wird man kaum annehmen können, daß er etwa einer Entwicklung kritisch-distanziert gegenüberstand, die, im Rückblick geurteilt, eine „Auflösung von Begriff und Form der Katechetik“[605] mit sich brachte. Im Gegenteil, v. Wicht sollte an der Entwicklung durch sein Vorhaben mitwirken. Seine anfängliche Zurückhaltung gegenüber der Arbeitsgemeinschaft für evangelisch-kirchliche Erziehung und Unterweisung hatte andere Ursachen. Zum einen wird man sie darin zu sehen haben, daß v. Wichts Verhältnis zu Mohrmann, die aber in der Arbeitsgemeinschaft für evangelisch-kirchliche Erziehung und Unterweisung bereits eine wichtige Rolle spielte, nicht ohne Spannungen war. Zum anderen, und das mochte ausschlaggebend gewesen sein, hatte v. Wicht seine Erfahrungen mit „nicht-praktischen“ Grundsatz-Verbänden. Das Verhältnis der Vereinigung zur Reichskonferenz war ungeklärt. Die Arbeit der Volkskirchlichen Arbeitsgemeinschaft war für die Vereinigung ohne Ertrag geblieben. Die Arbeitsgemeinschaft für evangelisch-kirchliche Erziehung und Unterweisung war ein nicht-praktischer Grundsatz-Verband. Konnte sie in dieser Situation für die Vereinigung so etwas sein wie ein Ersatz für Reichskonferenz und Volkskirchliche Arbeitsgemeinschaft? Mußte es nicht angebrachter sein, zunächst Distanz zu halten?

In seiner Weise zunächst auf Distanz zu bleiben mochte v. Wicht außerdem noch erleichtert worden sein durch einen Leitgedanken Hafas, der ihm von Anfang an besonders wichtig gewesen war, nämlich daß „nicht die Einzelnen ihrer Bewegungsfreiheit beraubt“ werden[606]. In dieser Offenheit, allein der Bibel und den reformatorischen Bekenntnissen verpflichtet[607] und in der Person Hafas offenbar glaubwürdig vertreten, lag wohl der entscheidende Unterschied zur Volkskirchlichen Arbeitsgemeinschaft Ellweins, aus der sich v. Wicht zurückgezogen hatte und die zu diesem Zeitpunkt, gegen Ende des Jahres 1938, für die Innere Mission und ihren CA, nach Meinung Schirmachers, aufgehört hatte zu bestehen[608].

---

605 CHR. BIZER, Katechetik, S. 702. Da Bizer ausdrücklich feststellt, „die Katechetik ist eine historische Erscheinung“ (S. 703), bleibt sein Urteil unverständlich. Es setzt das Vorhandensein einer zeitlos gültigen, mithin unhistorischen Katechetik nach Form und Begriff voraus. Zudem – ist es eine „Auflösung“ der Katechetik, wenn sich hier eine Entwicklung anbahnt, die weniger als „Ausläufer der evangelischen Katechetik“ (S. 702) zu beschreiben ist, eher aber als Grundlegung, die später unter den Bedingungen einer Deutschen Demokratischen Republik als „Christenlehre“ Bedeutung gewinnt? Dieser Frage freilich kann hier nicht weiter nachgegangen werden. Vgl. II Kap. IV.2.2., S. 860 mit Anm. 81; und II Kap. IV.2.2., S. 861 mit Anm. 85.

606 Bericht über die Sitzung der Arbeitsgemeinschaft für evangelisch-kirchliche Erziehung und Unterweisung vom 9.2.1938 (ADW, CA 1327 II/2).

607 „Voraussetzung für diese Arbeitsgemeinschaft ist immer das eine, daß die Arbeit auf Grund der Bibel und der reformatorischen Bekenntnisse geschehen muß.“ (EBD.).

608 Am 14.12.1938 schrieb Schirmacher auf eine Anfrage Greifensteins vom 8.12.1938, der Vorstand des CA habe tags zuvor „erklärt, daß der Central-Ausschuß zu der Volkskirchlichen Arbeitsgemeinschaft keine Beziehungen hat.“ Außerdem sei ihm, Schirmacher, „nicht bekannt, daß jetzt noch eine Arbeitsgemeinschaft besteht.“ (ADW, CA 2123 I). Vgl. Protokoll der Vorstandssitzung des CA am 13.12.1938 (ADW, CA 67 B (1938)). Vgl. auch J. CHR. KAISER, Sozialer

Mit dem Vorschlag Schirmachers ging es um „praktische Handreichung“[609] dazu, daß „das kirchliche Katechumenat auf dem Boden des allgemeinen Priestertums in zielstrebig geleitetem und erweitertem Umfange zur lebendigen Wirklichkeit wird.“[610] Wollte v. Wicht auf diesem Wege auch weiterhin eine Sicherung evangelischer Kinderpflege in der Gemeinde und durch die Gemeinde erreichen, dann bedurfte es jetzt auch ganz praktischer verbandlicher Zusammenarbeit mit denen, die sich als Bundesgenossen und Helfer der Vereinigung bereits vorgestellt hatten und in der Arbeitsgemeinschaft für evangelisch-kirchliche Erziehung und Unterweisung zusammenwirkten. Dieses Forum erneut zu suchen, war jetzt geboten. Deshalb ließ sich v. Wicht nicht von den gleichzeitig im Rahmen der November-Konferenz der Inneren Mission stattfindenden, ihn auch nicht betreffenden Sektionssitzungen[611] abhalten, nahm an der Sitzung der Arbeitsgemeinschaft für evangelisch-kirchliche Erziehung und Unterweisung teil und stellte seinen Plan vor. Ohne Schirmacher auch nur mit einem Wort zu erwähnen, empfahl er, für den gesamten Bereich der DEK einen Sonntag zu finden und zu bestimmen, der das „Erziehungsanliegen“ allen Gemeinden und besonders den Eltern gegenüber zum Ausdruck brächte. Die Vorbereitung sollte, so hatte es Constantin Frick vorgeschlagen, und diesen Gedanken nahm v. Wicht auf[612], durch „eine Zusammenkunft der leitenden Persönlichkeiten der an der kirchlichen Erziehungsfrage in Haus, Kindergarten, Hort und Kindergottesdienst unmittelbar interessierten Verbände“ geschehen. Dabei sollte das Treffen der Verbandsspitzen, soviel war für v. Wicht bereits zu diesem Zeitpunkt klar, ebenso der inhaltlich bestimmten Planung etwa im Blick auf in Frage kommende biblische Geschichten, Lieder und biblische Merksprüche dienen, wie der Vorbereitung von Arbeitsmaterialien sowohl für den Hausgebrauch als auch für den Kindergarten. Darauf verwies er ausdrücklich.[613].

Die Vereinigung hatte bereits durch ihren Vorstand drei Wochen zuvor, am Reformationstag, als Schirmacher seinen „Plan“ erstmals vortrug, „allsei-

---

Protestantismus, S. 403ff. Die Volkskirchliche Arbeitsgemeinschaft bestand weiterhin, ohne indes Bedeutung für den CA zu haben.

609 H. v. WICHT, Kindersonntag, S. 92.

610 Schreiben Vereinigung, EREV, Reichsverband für Kindergottesdienst und Sonntagsschule, Evangelische Reichsfrauenhilfe an alle Pfarrämter „im März“ 1939 (ADW, CA 850a I).

611 Protokoll der Vorstandssitzung der Vereinigung am 3.11.1938 (LKA HANNOVER, E 26/102).

612 Danach hat in der Zeit zwischen dem Ende der Arbeitstagung der Vereinigung am 4.11.1938 und dem Beginn der November-Konferenz der Inneren Mission am 21.11.1938 ein Gespräch zwischen Constantin Frick und v. Wicht stattgefunden. Es ist zu vermuten, daß es sich um das im Juni zwischen beiden Männern vereinbarte monatliche Gespräch gehandelt hat. Ein Schriftstück darüber war nicht nachzuweisen (Schreiben Constantin Frick an v. Wicht vom 17.6.1938, in: EBD.).

613 Schreiben Hafa an „sehr verehrte Mitarbeiter(innen) in der Arbeit an der evangelischen Jugend“ vom 10.12.1938 (ADW, CF 13; EZA BERLIN, 50/499).

tige Zustimmung“ bekundet[614]. Als sich der Vorstand der Vereinigung im Rahmen der November-Konferenz der Inneren Mission, einen Tag vor der Arbeitstagung der Arbeitsgemeinschaft für evangelisch-kirchliche Erziehung und Unterweisung, zur erneuten Beratung insbesondere des Schreibens an das Ministerium Rusts traf, hatte v. Wicht bereits auch eine Vorstellung davon, welcher Sonntag, wenn der Tag der Inneren Mission im September beibehalten werde, zu einem solchen „Kindersonntag“, wie man ihn bereits nannte, am besten geeignet sei. Es sollte der Sonntag Misericordias Domini sein[615].

Entscheidend für die Wahl des zweiten Sonntags nach Ostern war, daß Quasimodogeniti, der Sonntag zuvor, für eine evangelische, „zur festen Sitte werdende Einrichtung im Kirchenjahr“ kaum geeignet erschien. Der katholischen Tradition entsprechend war dieser Sonntag der Tag der Erstkommunion. Diese Tatsache[616] und „eine ausgesprochen günstige Perikopen-Überlieferung“[617] sprachen für den Sonntag Misericordias Domini. Außerdem lag dieser Sonntag noch in einer gewissen Nähe zum Osterfest. Obwohl noch nichts entschieden war und abzuwarten blieb, wie die anderen Verbände sich zu diesen Vorschlägen stellen würden, hatte man im Vorstand der Vereinigung auch erörtert, ein vielleicht zum Preis von fünf Pfennigen zu verkaufendes Bildblatt herauszugeben. Das Hirtenmotiv des Sonntags schien dazu sehr geeignet.

Und noch etwas wollte die Vereinigung und ihr Vorstand erreichen. Durchaus im Bewußtsein, daß sie „nicht nur der von uns vertretenen Arbeit“ zugute käme, sondern zum Nutzen „des gesamten evang. Dienstes an der Kinderwelt“ wäre, und obwohl andererseits im Blick auf den Erfolg der gebotenen Anstrengungen selbst eher skeptisch, wollte es der Vorstand der Vereinigung es zuwege bringen, daß an diesem besonderen Sonntag in allen Landeskirchen eine zweckbestimmte, „eine allgemeine obligatorische Kirchen-

---

614 Protokoll der Vorstandssitzung der Vereinigung am 31.10.1938 (LKA HANNOVER, E 26/102; ADW, CA 850a I).

615 Protokoll der Vorstandssitzung der Vereinigung am 21.11.1938 (ADWW MÜNSTER, 153/1; LKA HANNOVER, E 26/102). Misericordias Domini plena est terra (Ps. 33,5): Der Güte des Herrn ist voll die Erde – das lateinische Anfangswort der Antiphon zum Eingangspsalm des Gottesdienstes dieses Sonntags ist namengebend. Das ist auch der Fall für den ersten Sonntag nach Ostern, Quasimodogeniti, den Weißen Sonntag, vor dem die an Ostern Getauften ihre während der Osterwoche getragenen weißen Kleider ablegen und mit dem Abendmahl vollständig zur Gemeinde gehören. Quasi modo geniti infantes, rationabile sine dolo lac concupiscite, ut in eo crescatis in salutem (1. Petr. 2,2): Und seid begierig nach der vernünftigen lauteren Milch wie die neugeborenen Kindlein, damit ihr durch sie zunehmt zu eurem Heil. (Lutherübersetzung in der revidierten Fassung von 1984).

616 H. V. WICHT, Kindersonntag, S. 93.

617 Der Eingangspsalm des Sonntags ist Ps. 23 – Der Herr ist mein Hirte … . Das Evangelium ist Joh. 10,11–16 – Jesus sprach: Ich bin der gute Hirte … . Auch die Epistel und die Predigttexte dieses Sonntags enthalten das Hirt-Herde-Motiv: 1. Petr. 2,21–25; 1. Petr. 5,1–4; Joh. 21,15–19; Hebr. 13,20–21. Darum wird der Sonntag auch Sonntag vom Guten Hirten genannt.

kollekte gesammelt wird."[618] Für das gesamte Vorhaben, besonders im Blick auf seine Durchsetzung bei den Landeskirchen, wurde beschlossen, den CA um Unterstützung zu bitten.

Nachdem v. Wicht seine Absichten und Planungen der in der Berlin-Wilmersdorfer Landhausstraße, im Haus des Kaiserswerther Verbandes tagenden Arbeitsgemeinschaft für evangelisch-kirchliche Erziehung und Unterweisung vorgestellt hatte und auch bereits Einzelheiten diskutiert worden waren, sollte, entsprechend der Anregung Constantin Fricks zur weiteren Organisation der Arbeit, am 5. Dezember 1938 ein erstes Planungsgespräch derer stattfinden, die an den Spitzen ihrer Verbände „der Frage der häuslichen und außerhäuslichen kirchlichen Unterweisung der Getauften ihre besonders geschärfte Aufmerksamkeit" zugewandt hatten[619]. Jedoch dieses Gespräch kam nicht zustande[620].

Als sich v. Wicht gegen Ende Januar 1939 an die Kirchenkanzlei der DEK wandte und deren Mithilfe bei der „Neubelebung des kirchlichen Katechumenats" erbat[621], hatten die vier Fachverbände, die sich unmittelbar mit Fragen der Bildung, Erziehung und Unterweisung befaßten, bereits ohne weiteren organisatorischen Aufwand zu Absprachen gefunden, die dem Vorhaben festere Gestalt gaben. v. Wicht und die Geschäftsstelle der Vereinigung mit der einsatzfreudigen Ilse Schliebitz hatten die Aufgabe der Koordination der Absprachen und Termine übernommen[622]. Für die Vereinigung v. Wicht, für den EREV Alfred Fritz, Piersig für den Reichsverband für Kindergottesdienst und Sonntagsschule und Brandmeyer für die Evangelische Reichsfrauenhilfe hatten sich verständigt, daß durch die Kirchenkanzlei der DEK „alle obersten Behörden der deutschen evangelischen Landeskirchen" gebeten werden sollen, für einen „Kindersonntag" an Misericordias Domini „die Pfarrämter mit Anweisung zu versehen". Insbesondere zur Deckung der mit der Erstellung der beabsichtigten Veröffentlichungen und anderer Druckerzeugnisse anfallenden Kosten beantragte v. Wicht bei der DEK eine Beihilfe in Höhe von RM 1.000,--[623]. Bis zu diesem Zeitpunkt hatte sich allem Anschein nach bereits im Vorfeld herausgestellt, daß eine offizielle Kirchenkollekte für den

[618] Protokoll der Vorstandssitzung der Vereinigung am 21.11.1938 (ADWW MÜNSTER, 153/1; LKA HANNOVER, E 26/102). Danach waren bei einer entschuldigten Abwesenheit von Grimmell und Zedler anwesend v. Wicht, Bremer, Dölker, Hofstaetter, Nell, Proebsting und Vogel (EBD.).

[619] H. v. WICHT, Kindersonntag, S. 92.

[620] Schreiben Hafa an „sehr verehrte Mitarbeiter(innen) in der Arbeit an der evangelischen Jugend" vom 10.12.1938 (ADW, CF 13; EZA BERLIN, 50/499).

[621] Schreiben v. Wicht (auch für EREV, Reichsverband für Kindergottesdienst und Sonntagsschule, Evangelische Reichsfrauenhilfe) an DEK vom 23.1.1939 (EZA BERLIN, 1/C3/179).

[622] Siehe VEREINIGUNG, Tätigkeitsbericht 1.4.1938–31.3.1939, S. 6f.

[623] Schreiben v. Wicht – auch für den EREV, für den Reichsverband für Kindergottesdienst und Sonntagsschule und für die Evangelische Reichsfrauenhilfe – an DEK vom 23.1.1939 (EZA BERLIN, 1/C3/179).

„Kindersonntag" zur Förderung der katechetischen Arbeit nicht erwartet werden konnte. Die Kollektenfrage war jedenfalls zunächst kein Gegenstand weiterer Erörterung.

Drei Wochen später waren die Vorbereitungen des „Kindersonntags", besonders und mit großem Einsatz von v. Wicht betrieben, immerhin so weit vorangekommen, daß unter demselben Datum wie die Eingabe an das Reichsministerium für Wissenschaft, Erziehung und Volksbildung, unter dem 14. Februar 1939 ein Schreiben der Vereinigung an die DEK und ihre Kirchenkanzlei ging, mit dem alle Landeskirchen über die Absichten der vier Verbände unterrichtet werden sollten. Unter Berufung auf den Beschluß der November-Konferenz der Inneren Mission wurde den Landeskirchen vorgeschlagen, die Gemeinden zum Sonntag Misericordias Domini „durch Gottesdienst, Kindergottesdienst und Gemeindeveranstaltungen zu einem besonders geprägten Kindersonntag einzuladen."[624] Dazu wurde nun das vorbereitete Material angeboten.

Mit Unterstützung der Landes- und Provinzialverbände der Vereinigung hatte der CA unter der Leitung Schirmachers seit einiger Zeit eine weitere Folge der „Geschichten und Bilder aus der Inneren Mission" zur Veröffentlichung vorbereitet[625]. Seit 1937 hatte man die mit dem „Beiblatt der fliegenden Blätter aus dem Rauhen Hause" 1850 von Wichern begründete Tradition einer volkstümlichen Darstellung der Arbeitsbereiche der Inneren Mission wieder aufgenommen[626]. Nun sollte noch vor Ostern[627] als sechste Folge „Und sie brachten Kindlein zu ihm ..."[628] erscheinen. Zusammengetragen waren in diesem, im übrigen tatsächlich bilderlosen Heft lehrhaft-erbauliche Geschichten und Begebenheiten, von Leiterinnen evangelischer Kindergärten erzählt, die anschaulich machen sollten, „in welch liebevoller und mütterlicher Art sich die evangelische Kirche der Kleinen annimmt" und damit den „Mah-

---

624 EZA BERLIN, 1/C3/179; ADW, VKD 7.

625 CENTRAL-AUSSCHUSS FÜR DIE INNERE MISSION DER DEUTSCHEN EVANGELISCHEN KIRCHE (Hg.), Geschichten und Bilder, 6. Folge.

626 Bereits im Jahre 1848 trug sich Wichern mit dem Gedanken, eine „Beilage" zu den von ihm initiierten und herausgegebenen „Fliegenden Blättern" zu veröffentlichen, „speziell für das Volk geschrieben". Siehe J. H. WICHERN, Standpunkt der inneren Mission gegenüber dem kirchlichen, politischen und nationalen Interesse. Verhältnis der Fliegenden Blätter zu dieser Aufgabe (1848) (J. H. WICHERN, Sämtliche Werke I, S. 110–116, hier S. 111). Ab 1850 hat er das Vorhaben realisiert, und über 25 Jahre erschienen „Geschichten und Bilder aus der Inneren Mission". Schirmacher beruft sich in seinem Vorwort ausdrücklich auf diese „bewährte Tradition". Siehe CENTRAL-AUSSCHUSS FÜR DIE INNERE MISSION DER DEUTSCHEN EVANGELISCHEN KIRCHE (Hg.), Geschichten und Bilder, 1. Folge, S. 5.

627 Schreiben Vereinigung an die obersten Behörden der deutschen evangelischen Landeskirchen „durch die Hand" der Kirchenkanzlei der DEK vom 14.2.1939 (EZA BERLIN, 1/C3/179; ADW, VKD 7); Schreiben v. Wicht an die angeschlossenen Landes- und Provinzialverbände für evangelische Kinderpflege vom 1.3.1939 (ADW, VKD 2).

628 CENTRAL-AUSSCHUSS FÜR DIE INNERE MISSION DER DEUTSCHEN EVANGELISCHEN KIRCHE (Hg.), Geschichten und Bilder, 6. Folge.

nungen und Verheißungen des Sakramentes der heiligen Taufe folgt und sie weitergibt."[629]

Was bereits drei Jahre zuvor von der Vereinigung mit dem Filmstreifen „Ihrer ist das Himmelreich" versucht worden war – es sollte nun unter der Überschrift der Anfangsworte derselben Perikope von Jesus und den Kindern nicht nur das Vertrauen in die evangelische Kinderpflegearbeit, sondern vielmehr das Vertrauen, „das der Botschaft vom Kinderfreund Jesus Christus gilt", volksmissionarisch „gepflegt und vertieft" werden[630]. Das hieß, daß nicht nur wie seinerzeit in „Ihrer ist das Himmelreich" neben die Bewahrung und Betreuung als wichtiger pädagogischen Aufgabe eines evangelischen Kindergartens das Erzählen biblischer Geschichten sowie das Entzünden des „Freudenlichts", der Feste und Feiern – einschließlich „am Geburtstag des Führers" – als Erziehungsaufgabe trat. Hinzugekommen war entsprechend der Ausrichtung auf „alle evangelischen Jungeltern"[631] und ihre Befähigung zur Wahrnehmung ihrer in der Taufe begründeten Verantwortung, auch ein praktisches Element der Anleitung und des Rates[632]. Tatsächlich sollte dieses Heft bei einem Preis von RM 0,30 wohl dem Bedarf entsprechen, denn die Auflage in Höhe von 5.000 Exemplaren war bereits nach kurzer Zeit vergriffen[633].

Die Mitarbeit an der Herausgabe dieser Geschichten und Bilder aus der Inneren Mission machte allerdings nur einen Teil dessen aus, was v. Wicht für erforderlich hielt, sollte nicht nur die Kindergartenarbeit erhalten werden[634], sondern sich mit dem „Kindersonntag" auch „eine neue kirchliche, der Gemeinde ans Herz wachsende Sitte in ganz Deutschland bilden."[635] Die Arbeit an einer mit Brandmeyer, Alfred Fritz und Lichtenstein, den Spitzen der an dem gesamten Vorhaben beteiligten Reichsfachverbände, gemeinsam verantworteten Veröffentlichung hatte für v. Wicht besonderes Gewicht.

---

629 EBD., S. 1.

630 EBD., S. 2.

631 EBD.

632 Unter der Überschrift „Er will uns treu bewahren" waren Beiträge versammelt wie „Kindergemeinschaft", „Unser Rüpelchen", „Wie Karlchen seine Schwestern zu uns brachte", „Großstadtjungen" und „Musikmachen"; unter der Überschrift „Laß uns leuchten des Lebens Wort" fanden sich Betrachtungen zu „Das Bibelwort im Kindergarten" ebenso wie zu „‚Es ging ein Säemann aus ...'" und zu „Im Garten Gethsemane"; die Überschrift „Von Gott kommt mir ein Freudenschein" faßte die Beiträge zusammen „Adventssingen bei Alten und Kranken", „‚Wenn's Weihnachten ist ...'" und „Unser Kindergarten am Geburtstag des Führers"; schließlich waren der Überschrift „Steh uns stets bei mit deinem Rat" zugeordnet „Märchen, Lied und Kinderreim", „Etwas von den Paten" sowie „Erntedankfest" (EBD., S. 41).

633 Siehe VEREINIGUNG, Tätigkeitsbericht 1.4.1938–31.3.1939, S. 6.

634 Vgl. N.N., Buchbesprechungen, S. 116.

635 Schreiben Vereinigung, EREV, Reichsverband für Kindergottesdienst und Sonntagsschule und Evangelische Reichsfrauenhilfe an „Sehr geehrter Herr Pfarrer!" vom „im März 1939" [Postwurfbrief] (EZA BERLIN, 1/C3/179; ADW, CA 850a I).

Seit Januar 1939 arbeitete man an einer den Vorstellungen des Vorsitzenden der Vereinigung entsprechenden Gestaltung eines Bildblattes. Es sollte der „Werbearbeit" dienen und daher „in volksmissionarischem Sinn" für eine Massenverbreitung geeignet sein[636]. In Zusammenarbeit mit dem Bildarchiv der DEK und seinem Leiter Dr. Gerhard Niedermeyer, der deshalb die Herausgabe eines Osterbildblattes zurückgestellt hatte[637], entstand ein sechzehnseitiges Blatt, das unter dem Titel „Jesus Christus der gute Hirte spricht: ‚Lasset die Kindlein zu mir kommen!'" die evangelische Kinderarbeit, begründet in der Taufe, als Gemeindearbeit in Mütterarbeit, Kindergottesdienst und Kindergarten anschaulich machen und in der Bildblattfolge der DEK veröffentlicht werden sollte[638]. Bilder ebenso wie ihnen zugeordnete, von Brandmeyer, Alfred Fritz, Lichtenstein und v. Wicht verfaßte Texte sollten je unter der Überschrift eines Bibelwortes, also biblisch begründet werben, volksmissionarisch überzeugen, mithin den praktisch-ekklesiologischen Grundkonsens neu festigen.

Für die evangelische Kinderpflege hatte zur selben Zeit die Bedeutung eines solchen Vorhabens der Direktor des Predigerseminars in Frankfurt/Oder, Lic. Wilhelm Herbst, hervorgehoben. Im „Organ" der nach wie vor beste-

---

636 Schreiben v. Wicht (für EREV, Reichsverband für Kindergottesdienst und Sonntagsschule, Evangelische Reichsfrauenhilfe) an DEK vom 23.1.1939 (EZA BERLIN, 1/C3/179).

637 Nach einem handschriftlichen Vermerk Brunottes vom 20.2.1939 hatte an diesem Tag bei der Volkskirchlichen Arbeitsgemeinschaft, mithin bei Ellwein im Hause der Kirchenkanzlei der DEK, eine Besprechung stattgefunden, in deren Verlauf sich Ellwein mit v. Wicht, Brunotte, dem Pressereferenten der DEK, Kirchenrat Rudolf Schmidt und Niedermeyer, der Ellwein unmittelbar zugeordnet war, verständigte, daß Niedermeyer die Herausgabe „in Fühlung mit Pf. v. Wicht" vorbereiten werde (Entwurf des Schreibens der DEK an die obersten Behörden der evangelischen Landeskirchen vom 24.2.1939, in: EBD.).

638 BILDBLATTFOLGE DER DEUTSCHEN EVANGELISCHEN KIRCHE (Hg.), Jesus Christus der gute Hirte. Die Geschichte der Bildblattfolge und des Bildarchivs sind aufs engste mit der der Volkskirchlichen Arbeitsgemeinschaft verbunden. Zoellner förderte die Anfänge der Bildblattfolge (Schreiben Niedermeyer an Zoellner vom 4.6.1936, in: EZA BERLIN, 1/C3/360). Die Anfänge des Bildarchivs, das später in Räumen am Berlin-Charlottenburger Stuttgarter Platz untergebracht war und 1943 nach Alt-Lockwitz bei Dresden ausgelagert wurde, datieren aus dem Jahr 1937 (Schreiben Niedermeyer an Ellwein vom 1.2.1937, in: EZA BERLIN, 1/A4/542; Schreiben Niedermeyer an Finanzabteilung bei der Kirchenkanzlei der DEK vom 11.8.1943, in: EZA BERLIN, 1/A4/543). Ellwein war unmittelbar für die Arbeit Niedermeyers, der als freier Mitarbeiter tätig war, verantwortlich (Beschluß der 15. Sitzung der Finanzabteilung bei der Kirchenkanzlei der DEK am 10.12.1937, in: EZA BERLIN, 1/C3/360). Anfangs wohl von Friedrich Werner protegiert, wurde die Arbeit mit Niedermeyer, nicht zuletzt durch die im kirchenpolitischen Einsatz Ellweins begründete, unzureichende Wahrnehmung der Verantwortung, was ohnehin zu einem verstärkten Einsatz vom für die Rechtsfragen der Volkskirchlichen Arbeitsgemeinschaft zuständigen OKR Dr. Georg Krüger-Wittmack führte, immer schwieriger und hatte nicht zuletzt wegen erheblicher Querelen mit dem Verleger, 1940 die Trennung von ihm, was die Schriftleitung des Bildblattes betraf, zur Folge, wobei zu diesem Zeitpunkt sowohl die Verordnung über den Nachweis der Zugehörigkeit zur Reichsschrifttumskammer vom 17.7.1940 (RGBl 1940 I, S. 1035–1036) als auch Papierkontingentierungen die Herausgabe ohnehin schwieriger machten. Siehe dazu F. LÜPSEN, Der Weg, S. 432 ff.; G. MEHNERT, Evangelische Presse, S. 245f.

henden Reichskonferenz, und für die Vereinigung immer noch „unsere Zeitschrift“[639], in ChrKpflge, stellte er im Januar 1939 die Frage „Wie sprechen wir mit Müttern von der Taufe?“ Damit beabsichtigte er nicht nur eine Verstärkung des Katechumenats[640]. Er betonte auch, sollte das angestrebte Ziel erreicht werden, die in der Sache begründete Notwendigkeit eines Zusammenwirkens der dafür allein in Frage kommenden Verbände. Allerdings waren die Ausführungen und Erwägungen Wilhelm Herbsts weder eine praktisch-theologisch oder gar religionsdidaktisch begründete Anleitung zur Unterweisung und Zurüstung von Eltern, besonders Müttern, noch und schon gar nicht konnte das Ganze in seiner eher theologisch-systematischen Darlegung – obwohl er Wie? gefragt hatte, antwortete er auf Warum? – einen Beitrag zur vorbereitenden Planung darstellen. Es war eine Bekräftigung bislang gewonnener Einsichten.

Ganz und gar auf dieser auch bislang verfolgten und von Wilhelm Herbst erneut unterstrichenen Linie war es die Absicht der Fachverbände und ihrer leitenden Männer, Taufe als „Gabe und Aufgabe, Geschenk und Pflicht“ der Gemeinde und der Eltern verständlich zu machen[641], die Mutter als „Leib- und Seelsorgerin ihrer Kinder“ darzustellen[642], den Kindergarten als Ort „bester leiblicher und seelischer Obhut“ für das Kind der „in außerhäuslicher Arbeit beschäftigten jungen Mutter“ auszuweisen[643], die evangelische Kindergartenarbeit als Beweis für eine enge Zusammengehörigkeit gläubigen, werktätigen Christentums und ernster, verantwortungsbewußter Volkserziehung vorzustellen[644], unter Berufung auf Wichern und seine Gründung des Rauhen Hauses die Sorge für die Kinder als „Aufgabe der lebendigen Gemeinde“ zu unterstreichen[645], den Kindergottesdienst als Stätte der Sammlung und Eingemeindung der Kinder jeder christlichen, am Reformator Martin Luther orien-

639 Protokoll der Geschäftsführerkonferenz der Vereinigung am 8.11.1939 (ADW, CA 850a I; LKA HANNOVER, E 26/105; ADWW MÜNSTER, 153/1).

640 W. HERBST, Wie sprechen wir ...?

641 A. LICHTENSTEIN, Wer da glaubt und getauft wird, der wird selig werden, S. 2. Die Überschrift ist ein Zitat aus Mk. 16,16 und seinerzeit vertraute Lutherübersetzung in der 1912 vom DEKA genehmigten Textfassung.

642 A. BRANDMEYER, Der Mensch lebt nicht vom Brot allein, sondern von einem jeglichen Worte, das durch den Mund Gottes geht, S. 3. Dies Wort ist Zitat aus Mt. 4,4 unter Bezug auf 5. Mose 8,3 und seinerzeit vertraute Lutherübersetzung in der 1912 vom DEKA genehmigten Textfassung.

643 H. V. WICHT, In der Kinderkrippe, S. 4.

644 H. V. WICHT, Die Lehrer aber werden leuchten wie des Himmels Glanz, und die, so viele zur Gerechtigkeit weisen, wie die Sterne immer und ewiglich, S. 7. Dies ist Zitat aus Dan. 12,3 und seinerzeit vertraute Lutherübersetzung in der 1912 vom DEKA genehmigten Textfassung.

645 A. FRITZ, Wer ein Kind aufnimmt in meinem Namen, der nimmt mich auf, S. 15. Dies ist Zitat aus Mt. 18,5 und seinerzeit vertraute Lutherübersetzung in der 1912 vom DEKA genehmigten Textfassung. Der Beitrag erscheint mit Blick auf die Kinderpflege eine Vertiefung der Mitte des Jahres 1938 veröffentlichten Erwägungen von A. FRITZ, Innere Mission als Volksseelsorge. Siehe dazu zuvor S. 301 mit Anm. 526.

tierten Gemeinde und als Aufforderung, dessen Entdeckung vom Priestertum aller Gläubigen zu sehen und dem Kindergottesdienst in der Wahrnehmung des Helferamtes neue Wirkkraft zu geben[646]. Dabei stand, und wurde durch die Anordnung der Bilder hervorgehoben, Jesus Christus als der gute Hirte als Einladungs- und Zugangsmotiv am Anfang[647], in der Mitte des Bildblattes war der Auferstandene als Mitte lebendigen Glaubens und „Kraft, die tragen kann, was dies Leben uns stellt an Aufgaben“[648] zu sehen und auf der letzten Seite der im Sakrament des Abendmahls gegenwärtige Heiland, der den Müttern und Vätern die Hand reicht, „die auch Eure Kinder hält und behütet.“[649]

Damit entsprach „Jesus Christus der gute Hirte“ nicht nur im Layout, sondern auch nach Bildmaterial und hinsichtlich der Texte jenen Vorstellungen der Volkskirchlichen Arbeitsgemeinschaft, die in den bisher in deren Verantwortung durch Niedermeyer herausgegebenen Bildblättern anschaulich geworden waren, in den „Grundsätzen“[650] ihren kirchenpolitischen Ausdruck gefunden hatten und an denen orientiert Ellwein durch seine Beziehungen zu Kerrl und dessen Familie auch Kirchenpolitik zu betreiben suchte[651]. Mit anderen Worten, das Bildblatt diente auch dem Zweck einer „Entpolitisierung der Kirche und Neubestimmung ihrer eigentlichen Funktion als eines unpolitischen, rein religiösen, volksseelsorgerlichen Dienstes“[652]. Zugleich machte

---

646 A. LICHTENSTEIN, Jesus spricht: „Also auch ist es vor eurem Vater im Himmel nicht der Wille, daß jemand von diesen Kleinen verloren werde.“, S. 10–13. Dies Herrenwort ist Zitat aus Mt. 18,14 und seinerzeit vertraute Lutherübersetzung in der 1912 vom DEKA genehmigten Textfassung.

647 Das Bildblatt hatte DIN A 4-Format. Die Titelseite zeigte auf ihrer linker Hälfte neben den titelgebenden Worten „Jesus Christus der gute Hirte spricht: ‚Lasset die Kindlein zu mir kommen!‘“ die Schwarz-weiß-Fotografie einer Statuette „Christus als der gute Hirte“ aus dem Lateranmuseum zu Rom (BILDBLATTFOLGE DER DEUTSCHEN EVANGELISCHEN KIRCHE (Hg.), Jesus Christus der gute Hirte).

648 Auf der linken der beiden Mittelseiten, findet sich unter der Überschrift „Ich lebe und ihr sollt auch leben“ [Joh. 14,19] eine Meditation (wahrscheinlich von A. Lichtenstein) (EBD., S. 8) zu einer Fotografie der auf dem Schreyerschen Grabmal in St. Sebald zu Nürnberg dargestellten Auferstehung Christi, auf der rechten Seite ganzseitig abgebildet (EBD., S. 9.).

649 Unter der Schwarz-weiß-Fotografie eines „Abendmahlskelches aus dem 30jährigen Krieg“ findet sich ein Text von A. BRANDMEYER, Der gesegnete Kelch, welchen wir segnen, ist der nicht die Gemeinschaft des Blutes Christi? Das Brot, das wir brechen, ist das nicht die Gemeinschaft des Leibes Christi? (EBD., S. 16). Dies ist Zitat aus 1. Kor. 10,16 und seinerzeit vertraute Lutherübersetzung in der 1912 vom DEKA genehmigten Textfassung.

650 Grundsätze für eine den Erfordernissen der Gegenwart entsprechende neue Ordnung der Deutschen Evangelischen Kirche, vom 26.5.1939 (KJ 1933–1944, S. 299–300; K. MEIER, Kirchenkampf III, S. 80).

651 Siehe dazu K. MEIER, Kirchenkampf III, S. 62ff.; H. BRUNOTTE, Der kirchenpolitische Kurs, S. 102ff.; L. SIEGELE-WENSCHKEWITZ, Politische Versuche, S. 125ff.; K.-H. MELZER, Der Geistliche Vertrauensrat, S. 39ff.

652 Th. Ellwein, Tätigkeitsbericht über die Volkskirchliche Arbeitsgemeinschaft vom 31.12. 1939 (EZA BERLIN, 1/A4/540). Dem entsprach, daß die Volkskirchliche Arbeitsgemeinschaft zunehmend die Herausgabe von Schriften und Bildsammlungen entpolitisierenden und „entöffentlichenden“, also den Absichten einer Entkonfessionalisierung des öffentlichen Lebens sich fügen-

damit das von v. Wicht und den anderen an dem Vorhaben beteiligten Verbänden, mithin Männern und Frauen der BK, erarbeitete und herausgegebene Bildblatt das hohe Maß an praktisch-ekklesiologischer Übereinstimmung anschaulich, das zu diesem Zeitpunkt möglich war.

Im März 1939 wurde ein Bildblatt als Bestellmuster an alle Pfarrämter in Deutschland mit der Aufforderung versandt, es in der dem Bedarf entsprechenden Anzahl „sofort" zu bestellen. Beigefügt war der Sendung auch die „Handreichung für den Kindersonntag 1939" mit dem Vorschlag einer „Gottesdienstordnung", einer „Kindergottesdienstordnung" und der „Ordnung einer kirchlichen Feier" für eine Gemeindeveranstaltung[653]. Wohl in der Erwägung, denen, die in den Gemeinden für den Gemeindeaufbau und die katechetische Unterweisung verantwortlich waren, den Pfarrern, die Wahrnehmung ihrer Aufgabe zu erleichtern, hatte Brandmeyer gemeinsam mit Lichtenstein und v. Wicht dieses Arbeitsmaterial[654] einer „liturgisch-katechetisch und homiletisch bestimmten Handreichung" erstellt[655]. Dem Sonntag und seinem Anliegen entsprechend waren Lieder und biblische Texte ausgewählt und eine kleine Predigthilfe zu Joh. 10,12–16 für den Gottesdienst[656] von

den Charakters verfolgte. Diese Ausrichtung wurde verstärkt allein von Niedermeyer verfolgt. Sein Ausscheiden aus der Mitarbeit an der Bildblattfolge hatte die grundsätzliche Zusammenarbeit mit Ellwein nicht berührt. Aus dem von Niedermeyer gefertigten „Gesamtbericht über die Tätigkeit der Volkskirchlichen Arbeitsgemeinschaft während der Jahre 1940–1942" geht nicht nur der Rückgang der Arbeit nach der mit kriegswirtschaftlichen Notwendigkeiten begründeten Verfügung zur Einstellung fast aller kirchlichen Veröffentlichungen hervor. Siehe nachfolgend S. 341 mit Anm. 747. Deutlich ist eine Beschränkung auf Vorbereitungen von Bild- und Lichtbildreihen wie „Geschichte des Christentums auf deutschem Boden" oder „Deutsche Dome" (EZA BERLIN, 1/A4/540). Für dieses Vorhaben wies die Deutsche Forschungsgemeinschaft nach Bewilligung einer Gesamtsumme von RM 6.000,-- noch am 8.2.1945 [sic!] den Betrag von RM 3.000,-- zur Auszahlung an Niedermeyer an. (BA BERLIN, Res 8200002134).

653 Schreiben Vereinigung, EREV, Reichsverband für Kindergottesdienst und Sonntagsschule und Evangelische Reichsfrauenhilfe an „Sehr geehrter Herr Pfarrer!" vom „im März 1939" [Postwurfbrief] mit Anlage „Handreichung für den Kindersonntag 1939 Misericordias Domini" (EZA BERLIN, 1/C3/179; ADW, CA 850a I).

654 Siehe VEREINIGUNG, Tätigkeitsbericht 1.4.1938–31.3.1939, S. 6.

655 Schreiben v. Wicht (für Vereinigung, EREV, Reichsverband für Kindergottesdienst und Sonntagsschule, Evangelische Reichsfrauenhilfe) an DEK vom 23.1.1939 (EZA BERLIN, 1/C3/179).

656 „Wenn wir am ‚Kindersonntag' über das *Evangelium vom guten Hirten* predigen, dann muß beachtet werden, daß Jesus von seinem Hirtenamt für die Gemeinde spricht und darum auch für die Kinder. Die Bildrede darf nicht verharmlost werden. Hinter dem Hirtenamt des Herrn steht der Jammer der Menschheit (Matth. 9,36). Auf diesem dunklen Hintergrund hebt sich leuchtend Person, Amt und Werk des guten Hirten ab. Um Christus geht es in Joh. 10 nicht um den Mietling. Unser Text sieht darauf, welches Verhältnis der Herr zu den Seinen hat. Das ist so wunderbar, daß die Hörer entsetzt sind. (V. 20)
Warum brauchen wir Menschen einen ‚Hirten'? Man gehe von der Bildrede aus und bedenke die besonderen palästinensischen Verhältnisse (steppenreich und wasserarm). Jes. 53,6; Matth. 9,36; 1. Petr. 2,25. Auch Kinder brauchen solchen Hirten. Die Kinder *haben* solchen Hirten! *Jesus ist für sie gestorben.*

Brandmeyer und von Lichtenstein eine kurze Katechese zum selben Evangelium vom guten Hirten für den Kindergottesdienst[657] gefertigt worden. In welchem Umfang von diesen Handreichungen Gebrauch gemacht wurde, muß unklar bleiben.

Das Bildblatt wurde bei einem Staffelpreis zwischen 6,5 und 5 Pfennigen pro Blatt[658] insgesamt mit über 150.000 Exemplaren an die Pfarrämter entsprechend deren Bestellung versandt[659]. Für v. Wicht war das der Indikator des Erfolges. Er sah sich und die Vereinigung „dem Ziel, das Verantwortungsgefühl der gläubigen Gemeinde für die Erziehung ihrer Jugend in der rechten Evangeliumsunterweisung zu stärken, einen Schritt nähergekommen." Das ermutigte „auf dem begonnenen Wege" in den kommenden Jahren weiterzugehen, denn, so v. Wicht Anfang 1940 in Vorbereitung des zweiten Kindersonntags, „es kommt jetzt darauf an, daß noch mehr als im Vorjahr von ihm [scil. dem von den Verbänden gemeinsam erarbeiteten Material] Gebrauch gemacht wird."[660]

Der Erfolg des Erziehungssonntages im Jahre 1939 und die Aussicht auf eine Steigerung des Bildblattabsatzes indessen wären ohne die Hilfe und Unterstützung der Kirchenkanzlei der DEK kaum möglich gewesen. Dabei war

---

Jesus kennt die Seinen, jeden persönlich. Auch unsere Kinder von der Taufe her, von allen Gebeten, die über und mit den Kindern gebetet sind, von allen Stunden, da ihnen vom Heiland gesagt wurde.

Die Seinen kennen ihn. Sie achten auf des Hirten Stimme (V. 27), haben ‚feine Öhrlein' (Luther), seine Stimme von anderen zu unterscheiden. Die ‚Einprägung' des Heilandes im Kindesleben.

Der Hirte sucht die Seinen. Sie werden, was sie sind. Das Rettungswerk Jesu für alle, auch für die Kinder. Auftrag und Dienst der Kirche. Die Kinder zum guten Hirten zu rufen (häusliche Unterweisung, Kindergarten, Kindergottesdienst usw.). Die Kirche tut das in Jesu Namen. Unsere Freude: Er tut sein Werk nach seiner Verheißung." (Handreichung für den Kindersonntag 1939 Misericordias Domini, in: EZA BERLIN, 1/C3/179). Die Hervorhebungen sind im Original gesperrt.

[657] „Geschieht sie [scil. die Verkündigung] auch an diesem Tage in Gruppen, so übernimmt der Pfarrer die Schulanfänger. Es folgt dann ein kurzer Ausklang. Oder es spricht heute der Pfarrer zu allen.

Die Verkündigung erzählt vom ersten Heilandsbild des guten Hirten. An diesem *Taufstein* sind viele von euch getauft; ihr seid ihm gegeben; er kennt euch. Dort das *Kreuz* sagt: Er starb für euch. Und die *Altarkerzen*: Er lebt für euch.

Er ruft euch heute und *jeden* Sonntag; *alle* Kinder ruft er; und seine Schafe hören seine Stimme. Und ihr Eltern, wehret ihnen nicht, sondern helft ihnen, zu hören und zu beten in Ausübung eurer Taufpflicht! Ihr kennt den Wolf, der euer Kind bedroht! Jedes Kind gehört in den Kindergottesdienst." (EBD.) Die Hervorhebungen sind im Original gesperrt.

[658] Die Bestellkarte weist Staffelpreise aus: das Bildblatt kostete bei einer Bestellung ab 200 Stück 6,5 Pfg., ab 400 Stück 6 Pfg., ab 1.000 Stück 5,5 Pfg. und ab 3.000 Stück 5 Pfg. (EBD.).

[659] VEREINIGUNG, Tätigkeitsbericht 1.4.1938–31.3.1939, S. 7. v. Wicht nennt eine Zahl von 170.000 verschickten Bildblättern. Im Schreiben v. Wicht an Kirchenkanzlei der DEK vom 2.11.1939 wegen „Kindersonntag 1940" wird eine Zahl von 180.000 versandten Bildblättern genannt (EZA BERLIN, 1/C3/179); Schreiben v. Wicht an GVR vom 30.8.1940 nennt einen Absatz von „rund 150.000 Exemplaren" (EBD.).

[660] H. V. WICHT, Der Erziehungssonntag, S. 51 bzw. S. 26.

es durchaus von Bedeutung, daß Friedrich Werner, obwohl „ziemlich selbstherrlich“[661], immerhin nach seinen „Extratouren“[662] mit den DC und deren heftiger Kritik an den „Grundsätzen“ Kerrls[663], nun auf einer „gesunderen Linie“[664] und in Abstimmung mit der Kirchenkanzlei dieses Vorhaben zum Gemeindeaufbau mit Schreiben an die „obersten Behörden der deutschen evangelischen Landeskirchen“ gefördert hatte[665]. Ihr besonderes Gewicht erhielt diese Unterstützung nicht allein durch die Tatsache, daß die Finanzabteilung bei der Kirchenkanzlei der DEK, unter seinem Vorsitz, eine Bezuschussung in der von v. Wicht erbetenen Höhe bewilligt[666] und damit das finanzielle Risiko erheblich reduziert hatte. Einen besonderen Stellenwert erhielt die Förderung des „Kindersonntags Misericordias Domini“, wenn auch gewissermaßen erst im Nachhinein, dadurch, daß sie in ihrem Grundanliegen, „die besondere Bedeutung christlicher Kindererziehung zum Bewußtsein [zu] bringen“[667], kaum auf Ablehnung stieß. Es war diese Tatsache, die den Erfolg sichern sollte. Die Probe aufs Exempel war gemacht, und v. Wicht versäumte es nicht, neben dem Dank für die Unterstützung der schließlich von fast allen Landeskirchen der DEK unterzeichneten Eingabe an das Reichsministerium für Wissenschaft, Erziehung und Volksbildung der Kirchenkanzlei der DEK auch für die Förderung „der Durchführung des Kindersonntags ... nochmals unseren herzlichsten Dank auszusprechen.“[668] Die Vertreter der der Vereinigung zugehörenden Landes- und Provinzialverbände teilten ganz offenkundig v. Wichts Einschätzung. Die Mitgliederversammlung, die Mitte Juni 1939 in Stuttgart zusammengekommen war, bestätigte die vom Vorstand beabsichtigte weitere Zusammenarbeit der Vereinigung

---

661 H. BRUNOTTE, Der kirchenpolitische Kurs, S. 122.

662 K.-H. MELZER, Der Geistliche Vertrauensrat, S. 41.

663 Grundsätze für eine den Erfordernissen der Gegenwart entsprechende neue Ordnung der Deutschen Evangelischen Kirche vom 26.5.1939 (KJ 1933–1944, S. 299f.; K. MEIER, Kirchenkampf III, S. 80). Vgl. K.-H. MELZER, Der Geistliche Vertrauensrat, S. 35ff.

664 K.-H. MELZER, Der Geistliche Vertrauensrat, S. 41.

665 Schreiben Kirchenkanzlei der DEK [Friedrich Werner] an die obersten Behörden der deutschen evangelischen Landeskirchen vom 24.2.1939 (EZA BERLIN, 1/C3/179). Anschreiben zum Schreiben Vereinigung an die obersten Behörden der deutschen evangelischen Landeskirchen „durch die Hand“ der Kirchenkanzlei der DEK vom 14.2.1939 (EBD.; ADW, VKD 7).

666 Mitteilung Kirchenkanzlei der DEK an Vereinigung auf einer damit auch der Vereinigung zugestellten Abschrift des Schreibens Kirchenkanzlei der DEK [Friedrich Werner] an die obersten Behörden der deutschen evangelischen Landeskirchen vom 24.2.1939 (EZA BERLIN, 1/C3/179).

667 Schreiben Kirchenkanzlei der DEK [Friedrich Werner] an die obersten Behörden der deutschen evangelischen Landeskirchen vom 24.2.1939 (EBD.).

668 Schreiben v. Wicht an Kirchenkanzlei der DEK vom 26.5.1939 (EBD.). v. Wicht übersandte damit den „Tätigkeitsbericht über das Geschäftsjahr 1938/39 zur *vertraulichen* Kenntnisnahme“, die Tagesordnung der Arbeitstagung der Vereinigung, die vom 19.–21.6.1939 in Stuttgart stattfinden sollte und bat zugleich zu deren Durchführung um eine Beihilfe von RM 300,-- (EBD.). Die Hervorhebung ist im Original unterstrichen.

mit den anderen Verbänden mit dem Ziel, auch im Jahre 1940 wieder einen „Kindersonntag" durchzuführen[669].

Anerkennt man als Maß des Erfolges den von v. Wichts beobachteten Indikator, die Höhe der Absatzzahl, mit der er offenbar aus Werbungsgründen durchaus bedarfsorientiert umging – nur insofern glich er den Propagandisten der NSV –, so wurde im Jahr 1940 der Erfolg gegenüber dem Jahr 1939 nahezu verdreifacht. Über 400.000 Bildblätter wurden zu denselben Bedingungen wie im Jahr zuvor an die Gemeinden abgegeben[670], um entsprechend der Empfehlung v. Wichts unentgeltlich an die Elternhäuser verteilt zu werden[671]. Nachdem man beschlossen hatte, von einer weiteren Herausgabe des Bildblattes durch die DEK, unter der Federführung Ellweins und der Schriftleitung Niedermeyers, Abstand zu nehmen[672], hatte v. Wicht mit dem Evangelischen Preßverband für Deutschland und dessen Leiter der Abteilung Groß-Berlin, Dr. Focko Lüpsen, Mitte August und Anfang November 1939 erfolgreich verhandelt und ihm die Herausgeberschaft für das Bildblatt übertragen. Diese Entwicklung, in erster Linie von v. Wicht befördert, nahm man auf der am 8. November in der Berliner Geschäftsstelle der Vereinigung stattfindenden Geschäftsführerkonferenz eher nur zur Kenntnis, als daß sie ein Gegenstand der Verhandlung gewesen wäre[673].

---

669 Protokoll der Vorstandssitzung der Vereinigung am 19.6.1939 (LKA HANNOVER, E 26/102; ADWW MÜNSTER, 153/1; LKA NÜRNBERG, DW 1715). Siehe auch Protokoll der Mitgliederversammlung der Vereinigung am 20.6.1939 (EBD.).

670 Schreiben Vereinigung an die obersten Behörden der evangelischen Landeskirchen vom 14.2.1941 (EZA BERLIN, 1/C3/179). v. Wicht übermittelt: „Das Bildblatt ‚Lasset die Kindlein zu mir kommen' konnte in den Gemeinden in rund 180.000 Exemplaren abgesetzt werden. ... an Misericordias Domini 1940 unser kirchliches Anliegen noch stärker betont wurde und das Bildblatt ‚Unsere Kinder ... eine Gabe Gottes' in etwa doppelt soviel Exemplaren unentgeltlich in den Gemeinden verteilt werden konnte." (EBD.). Schreiben v. Wicht an GVR vom 30.8.1940 (EBD.). Danach wurden Bildblätter „im ersten Jahr [1939] in rund 150.000 Exemplaren, in diesem Jahr [1940] fast in der *dreifachen Höhe* abgesetzt". Die Hervorhebung ist im Original unterstrichen.

671 Schreiben v. Wicht an DEK vom 18.1.1940 (EBD.).

672 Protokoll der Vorstandssitzung der Vereinigung am 19.6.1939 (LKA HANNOVER, E 26/102; ADWW MÜNSTER, 153/1; LKA NÜRNBERG, DW 1715). Im Blick auf den Wechsel in der Herausgeberschaft spricht sehr viel dafür, daß eine Zusammenarbeit mit der Volkskirchlichen Arbeitsgemeinschaft auf Grund der Persönlichkeit Niedermeyers nicht mehr tragbar war für die vier Verbände, die das Vorhaben „Kindersonntag" verantworteten. Welche Rolle praktisch-ekklesiologische, mithin auch und besonders kirchenpolitsche Motive spielten, kann hier nur als Frage gestellt, indessen nicht erörtert werden. Mit dem Evangelischen Preßverband für Deutschland stand ein geeignet scheinender, also auch genehmer Partner zur Verfügung. Dieser hatte die Herausgeberschaft der Kirchenkanzlei der DEK im Blick auf die Bildblattfolge als die eines unliebsamen Konkurrenten anfangs und solange argwöhnisch beobachtet, bis er selbst als Herausgeber in Frage gekommen und hinzugezogen worden war (Schreiben Evangelischer Preßverband für Deutschland an RKA vom 22.9.1936, in: EZA BERLIN, 1/A4/540; Anordnung Friedrich Werner betr. Bildblattfolge vom 16.5.1938, in: EZA BERLIN, 1/C3/360), Vgl. F. LÜPSEN, Der Weg, S. 432ff.; G. MEHNERT, Evangelische Presse, S. 244ff.

673 Protokoll (ADW, CA 850a I; LKA HANNOVER, E 26/105; ADWW MÜNSTER, 153/1).

So war für den „Erziehungssonntag für die Gemeinde an Misericordias Domini"[674] des Jahres 1940 ein Bildblatt, mit Texten von Lichtenstein, gestaltet worden, das sich zwar in seinem Titel „Unsere Kinder eine Gabe Gottes"[675], aber sonst allein in seinem Umfang von der Veröffentlichung des Vorjahres unterschied. Auf aus Kostengründen nur acht statt sechzehn Seiten war in gleicher Weise, mit ähnlichen Bildmotiven und gleichen Textaussagen, wenn auch unter anderen biblischer Textvorgaben, „volksseelsorgerlich" eine „rein religiöse" Welt entworfen worden, die in auffallendem Gegensatz zur gänzlich anders bestimmten Realität stand. Auch die von Brandmeyer und Lichtenstein für Gottesdienst und Kindergottesdienst gefertigten Handreichungen unterschieden sich zwar hinsichtlich der Text- und Liedauswahl von der des Vorjahres, nicht aber im Blick auf die Intention, mit der der Weg des Rückzuges in den Raum der Kirche fortgeschrieben und ins Bild gesetzt wurde[676].

---

674 H. v. WICHT, Der Erziehungssonntag, S. 50.

675 EVANGELISCHER PRESSVERBAND FÜR DEUTSCHLAND (Hg.), Unsere Kinder.

676 Handreichung für den Kindersonntag 1940 Misericordias Domini (EZA BERLIN, 1/C3/179). Brandmeyer fertigte die „Ordnung des Gottesdienstes" und schlug vor, als Predigttext Ps. 23 zu wählen. Seine Predigthilfe:

„Wir werden dieses *‚Evangelium vom guten Hirten' auf* Christus hin bezeugen (Joh. 10). Bei den Eltern in der Gemeinde ist der Psalm weithin bekannt, man wird schwerlich alle Bildworte heranziehen können. Zu warnen ist vor Sentimentalität und Romantik im Blick auf das Hirtenleben. Der autonome Mensch, vor allem als Städter, hat keinen leichten Zugang zum Text. Das Verhältnis Gottes zur Gemeinde (Jes. 40,11 und Ps. 80,2) und zum einzelnen ist wechselseitig. Alles Leben auf der Erde hat ein doppeltes Gesicht. Auch der Mensch ‚ist im Widerspruch'. [Zwei Jahre zuvor war E. BRUNNER, Der Mensch im Widerspruch, erschienen.].
Wie handelt Gott an uns? Gott ist ein Hirte, wie Jesus es uns kund tut. Der Hirte ist der Herr. *Er nimmt die Herde selbst an.* Unsere Kinder sind in der Taufe angenommen, darum: ‚mir wird nichts mangeln'. Gottes Tun begründet den Glauben. Das ist keine Privatüberzeugung. Die Wirklichkeit des Bildes: grüne Aue, frisches Wasser, rechte Straße. *Gott bringt unser Leben in Ordnung*, leiblich und geistlich. Ohne Gott wird das Leben zerstört. Was bedeutet das für das Kindesleben? Der Irrweg Jer. 2,13 (selbstgemachte Brunnen), Matth. 9,36. ‚Um seines Namens willen', d. h. durch Christus verwirklicht Gott seinen Willen im Leben der Seinen.
Jugend ist idealistisch, aber ihr Leben ist zeitlich und ewig bedroht: Versuchung, Sünde, Leid, Tod. Aus Erfahrung bezeugt der Psalmist: *Der Hirte tröstet und schützt* (Stecken und Stab), vgl. Rö. 8,35ff. Wer die Kinder liebt, muß sie dem Heiland bringen. Der Feind ist da, aber Gott ist größer. Unsere Kinder dürfen Hausgenossen sein. Der Herr rüstet sie aus (Joh. 10,11). Ihre Zukunft ist bei ihm gut ‚aufgehoben'. Die Kirche ruft die Kinder, daß sie ‚bleiben im Hause des Herrn immerdar'." (EBD.). Die Hervorhebungen sind im Original gesperrt.
Lichtenstein half für den Kindergottesdienst „Zur Verkündigung": „Wir halten uns an die Textreihe des ‚Reichsverbandes für Kindergottesdienst' Markus 6,30–44.
Das ‚Evangelium' unseres Abschnittes liegt in Vers 34 *‚es jammerte ihn desselbigen'*; hier steckt zugleich die Beziehungsmöglichkeit zu Joh. 10: ‚sie waren wie die *Schafe, die keinen Hirten haben'* – *und nun ist der gute Hirte gekommen*, ‚und sie aßen alle und wurden satt'; Jesus macht alle satt, – die geistliche und die leibliche Speisung begehren und nötig haben.
Von hier aus ist die Beziehung zur besonderen Bedeutung der gottesdienstlichen Stunde gegeben: Ihr Kleinen kommt zu dem *Heiland*, der keinen hungern läßt und für alle immer Zeit und Hilfe bereit hat. Ihr kommt aber auch zu ihm als zu dem ganz *Großen*, der alle satt machen kann; denn

Gleich der sich ganz und gar „vom seelsorgerlichen Auftrag her“ verstehenden Eingabe an das Rustsche Ministerium vom 14. Februar 1939 erreichte diese Form der Katechetisierung der Kindergarten-, ja der gesamten kirchengemeindlichen Arbeit, von ihren Initiatoren und Trägern als Volksmission gegen die Entkonfessionalisierung ins Feld geführt, eine so breite Zustimmung, daß v. Wicht hoffen konnte, mit seinen Anstrengungen tatsächlich die Gestaltung des Sonntags Misericordias Domini als einer „kirchlichen Sitte“[677] zu erreichen. Und das nicht allein deswegen, weil er sich, zunehmend bekenntniskirchlich orientiert, mit Hafa, Lichtenstein, Brandmeyer und Alfred Fritz als mit Männern der BK zu der gemeinsamen Arbeit verbündet hatte. Vielmehr selbst die DC, jedenfalls die in „mehr berlinisch-kirchenpolitischen Formen“[678], als „Restgruppe der Kampf- und Glaubensbewegung DC (Hossenfelder-Bewegung)“[679], und die inzwischen zu „Luther-Deutschen“ gewordenen[680] „christlichen Aufbaukräfte im Dritten Reich“[681] aus der Reichsbewegung, denen sich auch die Reichsarbeitsgemeinschaft verbunden hatte[682], der v. Wicht in ihren Anfängen angehörte[683], standen hinter diesem Vorhaben.

Was sich bereits in der Unterstützung durch Friedrich Werner angedeutet haben mochte, das propagierte nun Wieneke als einer der Repräsentanten der „Restgruppe“ öffentlich. Nach wie vor festhaltend an „der unantastbaren völkischen Weltanschauung“ einerseits und andererseits unter Berufung auf

---

er ist *Gottes Sohn*. Wie lieb er euch hat, zeigt das Kreuz. Die brennenden Altarkerzen weisen uns darauf hin, daß Jesus lebt. Euer gute Hirte will er sein. Das hat er schon bei eurer Taufe gesagt; nun ruft er euch jeden Sonntag in sein Haus; kommt und hört! Und ihr Eltern, helft dazu! (vgl. Vers 37: *Gebt ihr* ihnen zu essen!) Vers 39/40 erinnert an die Aufteilung in Gruppen im Kindergottesdienst.“ (EBD.). Die Hervorhebungen sind im Original gesperrt.

677 Schreiben v. Wicht an Kirchenkanzlei der DEK vom 2.11.1939 (EBD.).

678 K. MEIER, Die Deutschen Christen, S. 259.

679 DERS., Kirchenkampf III, S. 156.

680 Das Gesetz zum Schutze von Bezeichnungen der Nationalsozialistischen Deutschen Arbeiterpartei vom 7.4.1937 stellte die Verwendung von in der NSDAP geführten Bezeichnungen durch andere Verbände unter Strafe (RGBl 1937 I, S. 442). Kerrl hatte in einem Erlaß vom 17.2. 1938 und in einem weiteren vom 18.5.1938 „nochmals ausdrücklich“ „zur Vermeidung weiterer Nachteile“ darauf hingewiesen (STA BÜCKEBURG, L 4 2531). Daraufhin war im Februar 1938 der Name „Reichsbewegung DC“ abgelegt und der Name „DC (Reformatorische Reichskirche)“ angenommen worden, so wie die „Nationalkirchliche Bewegung DC“ vom 25.2.1938 an den Namen „DC (Nationalkirchliche Einung)“ führte. Am 14.11.1938 beschlossen die „DC (Reformatorische Reichskirche)“ und ihre Landesleiter, den Namen „Luther-Deutsche (Reformatorische Reichskirche)“ zu führen. Siehe K. MEIER, Die Deutschen Christen, S. 226ff., bes. Anm. 887 und S. 258ff., bes. Anm. 998 und Anm. 999. Zur „Entwicklung der Deutschen Christen seit 1934“ siehe auch die knappe Übersicht bei E. LESSING, Bekenntnis, S. 345–348.

681 Das Organ der „Luther-Deutschen“ war „Positives Christentum“, das sich in der Unterzeile als „Wochenblatt für alle christlichen Aufbaukräfte im Dritten Reich“ bezeichnete. Nachdem im Januar 1935 erstmals erschienen, mußte auch dieses Wochenblatt sein Erscheinen mit Nr. 7 im Jahr 1941 einstellen. Siehe nachfolgend S. 341 mit Anm. 747.

682 Siehe K. MEIER, Die Deutschen Christen, S. 232f. mit Anm. 899.

683 Siehe I Kap. VII.2.1. S. 303f.

Punkt 24 des Programms der NSDAP, nach dem „christlich-evangelische Erziehung keine vom Volk abgesonderte Angelegenheit" sei, behauptete Wieneke den Erziehungssonntag als „Glaubenspflicht" und „Recht christlicher Erziehung im privaten und öffentlichen Leben"[684]. Wenn er zusammenfassend herausstellte, daß dieser Tag „zum religiösen Handeln für unser weltanschaulich geeintes Volk" aufrufe[685], so wird damit erneut jene Zwei-Reiche-Lehre erkennbar, die sich in ihrem Obrigkeitsverständnis meinte auf lutherische Lehre berufen zu können, die Gewissensfrage aber unbeachtet ließ. Die Luther-Deutschen und Männer von der Art Wienekes belegten durch ihr „Positives Christentum" denn auch unübersehbar, was unter religiösem Handeln im Blick auf die „Garanten der Zukunft, unsere Kinder", zu verstehen wäre. Es bedeutete nämlich „für das Leben erziehen helfen". Nach ihrem Verständnis ermahnte dieser besondere Sonntag dazu, „der Erziehung der Jugend im Kriege sich mit besonderer Hingabe zu widmen."[686]

Damit unterschieden sich allerdings Luther-Deutsche und andere Aufbaukräfte im „Dritten Reich" weder von der BK noch von den besonders dem Luthertum verbundenen intakten Kirchen, die wie auch die DEK sich angesichts des Krieges zu „Burgfriedensbestrebungen" herausgefordert sahen[687]. Der Aufruf des unmittelbar vor Kriegsbeginn als Leitungsgremium der DEK gebildeten Geistlichen Vertrauensrates der Deutschen Evangelischen Kirche (GVR)[688] an die Gemeinden, in dem der Krieg als „Kampf für das Land seiner [scil. des deutschen Volkes] Väter, damit deutsches Blut zu deutschem Blut heimkehren darf", gerechtfertigt und die Absicht bekräftigt wurde, dafür sorgen zu wollen, daß „zu den Waffen aus Stahl ... unüberwindliche Kräfte aus dem Wort Gottes gereicht" werden[689], zeigen die allgemeine Bewußtseinslage der evangelischen Kirche in Deutschland an. Der Krieg nahm den Differenzen in Gesinnung und Theologie die Schärfe, indessen ohne sie den Gewissen zu geben. Die Bereitschaft zu praktisch-ekklesiologischem Konsens wuchs.

So sehr Konsensbereitschaft auch im Blick auf Rahmen und Durchführung des Kindersonntags die Anstrengungen v. Wichts förderte – bestehende kirchliche Ordnungen durften nicht in Frage gestellt werden. Das wurde spätestens Anfang April 1940 deutlich, als das Landeskirchenamt Hannover durch Christhard Mahrenholz die Kirchenkanzlei der DEK wissen ließ, daß man einen „besonderen" Kindersonntag ablehne. Man habe sich mit der Evangelisch-lutherischen Kirche in Bayern und der Evangelisch-lutherischen Landes-

---

684 F. WIENEKE, Christliche Erziehung. Zu Punkt 24 des Parteiprogramms der NSDAP siehe I Kap. IV.3.1., S. 165f. mit Anm. 267.

685 F. WIENEKE, Christliche Erziehung.

686 W. KRAUSE, Garanten.

687 Siehe K.-H. MELZER, Der Geistliche Vertrauensrat, S. 67ff.

688 Siehe II Kap. II.2., S. 444.

689 GBlDEK 1939 B, S. 99; auch KJ 1933–1944, S. 473.

kirche in Württemberg verständigt, und es gebe „völlige Übereinstimmung" darüber, daß „derartige Sonderanliegen" die Gefahr bergen, daß „die Verkündigung nicht von den Perikopen, sondern von den Zwecken her bestimmt wird, die doch irgendwie von außen herangetragen sind." Dem berechtigten Anliegen der Vereinigung könne auch an jedem anderen Sonntag entsprochen werden, an dem die Perikope, mithin der biblische Text, die Möglichkeit böte, „über die Erziehungsfragen" zu predigen. Deshalb dürfe insbesondere „der Name ‚Kindersonntag' sich nicht einbürgern"[690].

Offenbar waren es gerade Bedenken der von Marahrens geleiteten Evangelisch-lutherischen Landeskirche Hannovers, die sich zu diesem Zeitpunkt durchgesetzt hatten. Noch ein halbes Jahr zuvor, zum Jahresende 1939, nachdem Lichtenstein die Zusammenarbeit der vier Verbände programmatisch mit „Kindergottesdienst und Frauenhilfe"[691] beschrieben, nachdem v. Wicht Ende Oktober die gemeinsame Absicht, den „Kindersonntag 1940 in gleicher Weise und am gleichen Sonntag" durchzuführen[692], der DEK und ihrer Kirchenkanzlei angezeigt, diese zugestimmt und den Landeskirchen Mitteilung gemacht hatte[693], bestand von seiten Hans Meisers und Theopil Wurms „keine Erinnerung dagegen"[694], „auf Sonntag Misericordias Domini 1940 einen landeskirchlichen Erziehungssonntag auszuschreiben." Wurm bestellte sogar sogleich 30.000 Bildblätter und 1.200 Handreichungen[695].

Bedenken dagegen, „einem weiteren Sonntag seinen allgemeinen kirchlichen Charakter zu entziehen"[696], hatten neben der Evangelisch-lutherischen Kirche Oldenburgs, die durch ihren „staatsergebenen"[697], auch der Arbeitsgemeinschaft deutsch-christlicher Kirchen[698] angehörenden Landesbischof Johannes Volkers vielmehr einen „Muttersonntag" wünschte[699], auch andere,

---

690 Schreiben Landeskirchenamt der Evangelisch-lutherischen Landeskirche Hannovers an Kirchenkanzlei der DEK vom 6.4.1940 (EZA BERLIN, 1/C3/179).

691 A. LICHTENSTEIN, Kindergottesdienst und Frauenhilfe.

692 Schreiben v. Wicht an die obersten Behörden der deutschen evangelischen Landeskirchen über Kirchenkanzlei der DEK vom 24.10.1939 (EZA BERLIN, 1/C3/179; ADW, VKD 7).

693 Schreiben Kirchenkanzlei der DEK [Hymmen] an die obersten Behörden der evangelischen Landeskirchen vom 8.11.1939 mit Abschrift an Vereinigung (EBD.).

694 Schreiben Meiser an Kirchenkanzlei der DEK vom 15.12.1939 (EZA BERLIN, 1/C3/179).

695 Schreiben Wurm an Kirchenkanzlei der DEK vom 22.11.1939 (EBD.).

696 Schreiben Evangelisch-Lutherisches Landeskirchenamt Kiel an Kirchenkanzlei der DEK vom 22.3.1939 (EBD.).

697 K. MEIER, Kirchenkampf III, S. 408.

698 EBD., S. 96f. und S.149; K.H. MELZER, Der Geistliche Vertrauensrat, S. 45.

699 Schreiben Volkers an Kirchenkanzlei der DEK vom 3.3.1939 (EZA BERLIN, 1/C3/179). Der Oldenburger Landesbischof war der Ansicht, „daß der Muttersonntag, der durch Verleihung des Ehrenkreuzes für die Mütter eine größere Bedeutung erhalten wird, geeignet wäre auf die christliche Erziehung hinzuweisen." Das Mutterkreuz war 1938 eingeführt worden – in Bronze für fünf, in Silber für sechs und in Gold für sieben Kinder. Der Muttertag war zunehmend für Machthaberinteressen funktionalisiert worden. Es gab Tendenzen, „Mütterehrungsfeiern" am Geburtstag der Mutter des „Führers", Klara Hitler, geb. Pölzl (12.8.1860 Spittal, gest. 21.12.1907

ebenfalls eher lutherisch geprägte, indessen dem „lutherischen Pakt"[700] nicht angehörende Landeskirchen bereits im Frühjahr 1939 vorgebracht. Die Evangelisch-lutherische Landeskirche Schaumburg-Lippe hatte durch ihren Landessuperintendenten, den der Kirchenführerkonferenz unter Marahrens angehörenden Wilhelm Henke, wissen lassen, daß man einen Erziehungssonntag an einem der Sonntage um Ostern „nicht für praktisch" halte[701]. Die Evangelisch-lutherische Landeskirche Schleswig-Holsteins und ihr Kieler Evangelisch-lutherisches Landeskirchenamt, unter dem von Kerrl mit der Wahrnehmung der Aufgaben eines Präsidenten beauftragten Dr. Christian Kinder[702], wie Volkers in Oldenburg ebenfalls der Anfang 1938 gegründeten Arbeitsgemeinschaft deutsch-christlicher Kirchen angehörend[703], hatte v. Wichts Bitte im Blick auf einen der christlichen Kindererziehung besonders gewidmeten Sonntag Misericordias Domini „aus grundsätzlichen Erwägungen nicht zu entsprechen"[704] vermocht. Und die Evangelische Landeskirche Badens, zwar nicht lutherisch, aber dem süddeutschen Kirchentum verbunden, hatte durch den zuständigen Oberkirchenrat Fritz Voges, ehedem Landesleiter der badischen DC, der Kirchlichen Vereinigung für positives Christentum und deutsches Volkstum, inzwischen von seinen ehemaligen Freunden als „Charakterlump und Verräter beschimpft"[705], recht schroff auf badisch-volkskirchliche Tradition verwiesen und die Befürchtung vorgetragen, daß die Gemeinden es ablehnen werden, „wenn noch ein dritter Sonntag im ersten Halbjahr für den Erziehungsgedanken bereitgestellt werden soll."[706]

Leonding), jährlich als einen nationalen Feiertag stattfinden zu lassen. Siehe C. KOONZ, Mütter im Vaterland, S. 221f. Vgl. aber I. WEYRATHER, Muttertag und Mutterkreuz.

700 Schreiben Mahrenholz an Amt für Gemeindedienst in Hannover vom 8.3.1940 (LKA HANNOVER, E 26/29). Der „Lutherische Pakt" war am 12.2.1935 zwischen den Landesbischöfen Meiser für die Evangelisch-lutherische Kirche in Bayern, Wurm für die Evangelisch-lutherische Landeskirche in Württemberg und Marahrens für die Evangelisch-lutherische Landeskirche Hannovers geschlossen worden und war eine Vereinbarung nicht nur zu enger Zusammenarbeit, sondern vielmehr auch zur Rechtsangleichung auf dem Gebiet der kirchlichen Verwaltung und Gesetzgebung wie insgesamt der kirchlichen Ordnungen. Siehe K. MEIER, Kirchenkampf II, S. 112f.

701 Schreiben Schaumburg-Lippisches Landeskirchenamt Bückeburg [Henke] an Kirchenkanzlei der DEK vom 11.5.1939 (EZA BERLIN, 1/C3/179).

702 Siehe K. MEIER, Kirchenkampf III, S. 389. Vgl. J. BIELFELDT, Die Haltung, S. 182.

703 Siehe K. MEIER, Kirchenkampf III, S. 96f.

704 Schreiben Evangelisch-Lutherisches Landeskirchenamt Kiel an Kirchenkanzlei der DEK vom 22.3.1939 (EZA BERLIN, 1/C3/179).

705 Schreiben Dr. Joseph Denz an EOK Karlsruhe vom 8.2.1946 (LKA KARLSRUHE, PA 7879). Denz war seinerzeit Oberregierungsrat im Badischen Ministerium des Kultus und Unterrichts. Er bestätigt mit diesem Schreiben, daß Ministerialdirektor Karl Gärtner, „ein führender Nazi" im Ministerium, Voges öffentlich in dieser „beleidigenden und ehrabschneidenden Weise" und wiederholt beschimpft habe. Vgl. auch Schreiben Voges an Kühlewein vom 1.6.1934, mit dem Voges gegenüber seinem Bischof seinen gänzlichen Rückzug aus Berlin anzeigt und erwähnt, daß er „nicht seelisch zu Grunde gehen" wolle (LKA KARLSRUHE, PA 4878). Vgl. auch K. MEIER, Die Deutschen Christen, S. 13 und S. 16 sowie S. 162–166.

706 Schreiben EOK Karlsruhe an Kirchenkanzlei der DEK vom 7.3.1939 (EZA BERLIN,

Die Frage, ob es nicht ganz und gar biblischer Botschaft entsprochen hätte, von dem die Ordnungen und das Beharren darauf bestimmenden lutherisch-reformatorischen Prinzip des *sola scriptura* abzuweichen, mithin es nicht geradezu diesem Prinzip gemäß gewesen wäre, die kirchlichen Ordnungen um der Neubelebung des Katechumenates willen zu durchbrechen – das war offenbar für diese Kirchen und ihre leitenden Männer keine Frage. Sei es, daß sie um den Verlust dessen bangten, was als Mitte gemeindlichen Lebens in ihren Augen seine ordnende Funktion hatte behaupten können und mit seiner Bindung an tradierte Sitte und Ordnung den Fortbestand eines praktisch-ekklesiologischen Konsenses sicherte; sei es, daß sie argwöhnten, damit womöglich dem Vorschub zu leisten, was vom nationalsozialistischen Machtapparat mit dem Anspruch der Volksaufklärung als Entkonfessionalisierung propagiert wurde; sei es, daß sie mit der Aufgabe dieser Ordnung den Vorwurf politischer Unzuverlässigkeit von seiten der Machthaber meinten fürchten zu müssen – das Ergebnis war, daß sich der GVR der Sache annahm, nachdem Mahrenholz die Bedenken der Evangelisch-lutherischen Landeskirche Hannovers mit Nachdruck vorgebracht hatte. Ob das mit deren Bischof, mit Marahrens, so abgesprochen war, ist nicht zu erkennen, mußte aber seinen kirchenpolitischen Intentionen entsprechen.

Nachdem ihre Behandlung durch den GVR bereits einmal aus Zeitmangel vertagt worden war[707], stand die Angelegenheit wieder für die Sitzung des GVR in der ersten Augustwoche 1940 auf der Tagesordnung. Für diese Sitzung erst hatte sich Dr. Elisabeth Schwarzhaupt, seit vier Jahren Oberkirchenrätin im Hause der DEK und ihrer Kirchenkanzlei und seit annähernd einem Jahr, neben D. Erich Hundt als Geschäftsführer, mit der Regie der Geschäftsstelle des GVR beauftragt, mit Wieneke verständigt, daß dieser betreffend „Zwecksonntage (Kindersonntag)“ vortragen solle[708]. Auch dazu aber kam es nicht. Wieneke bewirkte offenbar eine nochmalige Vertagung, um v. Wicht, mit dem er in der zurückliegenden Zeit, besonders wegen der Vorgänge in Westfalen und Pommern[709], eng zusammengearbeitet hatte, Gelegenheit zu geben, zu den Bedenken von „einigen lutherischen Landeskirchen“[710] Stellung zu nehmen.

In der Vereinigung wußte man natürlich von diesen „neuen Schwierigkeiten“ und hatte bereits auf der Mitgliederversammlung Anfang Juni in Berlin

1/C3/179). „Wir haben bereits einen Jugendsonntag in der Epiphaniaszeit und einen Schulanfängergottesdienst am Sonntag Quasimodogeniti“. (EBD.).

707 Vermerk Schwarzhaupt vom 26.6.1940 auf Entwurf eines Schreibens Wieneke an Evangelisch-lutherisches Landeskirchenamt Hannover vom April 1940. „Die Sache ist in der Sitzung vom 26.6. mit Rücksicht auf den Zeitmangel nicht besprochen worden.“ (EBD.).

708 Tagesordnung für die Sitzung des GVR am 6./7.8.1940 (EBD.).

709 Siehe II Kap. II.1.3., S. 407ff.

710 Protokoll der Mitgliederversammlung der Vereinigung am 11.6.1940 (LKA HANNOVER, E 26/106; ADWW MÜNSTER, 153/1).

darüber gesprochen[711]. Die anwesenden Vertreter der Landes- und Provinzialverbände für evangelische Kinderpflege hatten, nachdem noch ein Jahr zuvor, im Sommer 1939, durchaus auch, entsprechend der Praxis etwa in der Evangelischen Landeskirche Baden oder auch in der Evangelisch-lutherischen Landeskirche Hannovers[712], ein Sonntag in der Epiphaniaszeit im Gespräch gewesen war[713], jetzt allein aus praktischen Gründen unter Hinweis auf Jahreszeit und Schuljahresbeginn ebenso wie auf eine gewisse Tradition in der „größten deutschen evangelischen Landeskirche, Preußen," in der Misericordias Domini „seit Jahren als Erziehungssonntag eingeführt ist", dringend gewünscht, den Termin unverändert zu lassen[714].

Diese Position übermittelte v. Wicht dem GVR, nicht ohne eine Erfolgsbilanz der in den beiden zurückliegenden Jahren durchgeführten „Kindersonntage" voranzustellen. Darüber hatte er sich mit Wieneke abgestimmt[715]. Auf die Bezeichnung „Kindersonntag" allerdings hatte er bereits seit längerem verzichtet[716]. Damit hatte er, was die Vereinigung betraf, entsprechend dem Wunsch von Mahrenholz dazu beigetragen, daß der Name „Kindersonntag" sich nicht einbürgerte. Nun, Ende August 1940, schlug v. Wicht namens aller diesen Zwecksonntag gemeinsam verantwortenden Verbände dem GVR vor, um weitere „Mißverständnisse" zu vermeiden, dem Sonntag die Bezeichnung „Eltern- und Erziehungssonntag" zu geben. Dies läge deshalb besonders nahe,

---

711 EBD.

712 Schreiben Mahrenholz an Amt für Gemeindedienst vom 8.3.1939 (LKA HANNOVER, E 26/29); Schreiben EOK Karlsruhe an Kirchenkanzlei der DEK vom 7.3.1939 (EZA BERLIN, 1/C3/179).

713 Protokoll der Vorstandssitzung der Vereinigung am 19.6.1939 (LKA HANNOVER, E 26/102; ADWW MÜNSTER, 153/1); und Protokoll der Mitgliederversammlung der Vereinigung am 20.6.1939 (LKA HANNOVER, E 26/106; ADWW MÜNSTER, 153/1; LKA NÜRNBERG, DW 1715).

714 Schreiben v. Wicht an GVR vom 30.8.1940 (EZA BERLIN, 1/C3/179).

715 Aktennotiz „über einen Besuch von Herrn Pf. v. Wicht bei Herrn Oberkonsistorialrat Dr. Wienecke [!] am 31. Juli [1940] im Evgl. Oberkirchenrat", o. D. (ADW, VKD 9). Außerdem hatte man, da das in Verbindung mit den Ereignissen in Pommern und in Erinnerung an die noch unerledigte, von siebzehn Landeskirchen unterzeichnete Eingabe vom 14.2.1939 gefertigte Schreiben der DEK an Kerrl vom 18.12.1939 noch unbeantwortet war – siehe II Kap. II.1.3., S. 436 mit Anm. 270 –, sich darauf verständigt, daß Wieneke „beim Herrn Minister Kerrl persönlich vorstellig" werden wolle (EBD.). Es ist bei der Absicht geblieben. Es wurde auch das Ergebnis der Verhandlungen von CA und GVR „betr. Abkommen mit der NSV" erörtert (EBD.). Siehe II Kap. II.3., S. 477 mit Anm. 120.

716 Schreiben v. Wicht an Kirchenkanzlei der DEK vom 9.2.1940 (ADW, VKD 9). Darin erinnert er „betr. Kindersonntag" nochmals die obersten Behörden der Landeskirchen an die Förderung „unseres Anliegens". Im Tätigkeitsbericht für das am 31.3.1940 zu Ende gegangene Geschäftsjahr äußert sich v. Wicht zu „der Durchführung des Erziehungs- und Kindersonntages 1940" (VEREINIGUNG, Tätigkeitsbericht 1.4.1939–31.3.1940, S. 5); für seine Veröffentlichungen in den einschlägigen Organen zum Sonntag Misericordias Domini 1940 findet v. Wicht die Überschrift „Der Erziehungssonntag für die Gemeinde an Misericordias Domini." (H. V. WICHT, Der Erziehungssonntag).

da, wie von Anfang an ausdrücklich hervorgehoben worden, „der Gemeinde und besonders den Eltern und Paten das Gewissen in Frage der biblischen Unterweisung ihrer Kinder zu schärfen" sei. Zwar schnitt v. Wicht außerdem noch einmal die „Frage der Kirchenkollekte" an, die in der Vergangenheit von der Vereinigung aus Rücksicht auf die „verschieden gelagerten Verhältnisse" in den Landeskirchen bewußt nicht verhandelt worden war[717]. Er machte im Gegensatz zu seinen ursprünglich vorhandenen Vorstellungen deutlich, daß die den Eltern- und Erziehungssonntag verantwortenden Verbände kein Interesse daran hätten, ihre „seit Jahren gesonderten Kirchenkollekten" als Einnahme des jeweiligen Verbandes zu gefährden. Deshalb könnte es sich „am meisten empfehlen", die Kollekte der Gemeinde zur freien Verfügung für evangelische Erziehungsarbeit und Förderung der kirchlichen Unterweisung zu überlassen[718]. Aber er wollte offenbar in keinem Fall die Kollektenfrage, in der Auseinandersetzung mit den Machthabern und den von ihnen installierten Finanzabteilungen ohnehin hochsensibel, zu einem kontroversen Thema machen. Von ihr ist in diesen Zusammenhängen von nun an auch nicht mehr die Rede.

Nachdem eine Behandlung, entgegen Hundts Vorschlag, Anfang September wegen Wienekes Urlaub nicht hatte erfolgen können[719], verhandelte der GVR die Angelegenheit „Zwecksonntage (Kindersonntag)" auf seiner Sitzung Ende September 1940. Wieneke war Berichterstatter. „Trotz gewisser Bedenken" und „ohne daß man sich damit für die Dauer festlegen" wollte, wurde mit Rücksicht auf die „Notlage des Kinderpflegeverbandes" dem Antrag der Vereinigung, es beim Sonntag Misericordias Domini zu belassen, „für dieses Jahr stattgegeben"[720]. Das wurde in aller Form durch Hymmen der Evangelisch-lutherischen Landeskirche Hannovers und ihrem Landeskirchenamt übermittelt und war verbunden mit der Bitte, auch „der bayerischen und württembergischen Landeskirche" diese Entscheidung mitzuteilen. Dabei hob Hymmen hervor, daß sowohl „das Anliegen christlicher Erziehung" gegenwärtig „außergewöhnlicher Unterstützung" bedürfe als auch, daß, „Ihren Bedenken Rechnung tragend", die Verbände sich auf den Namen „Eltern- und Erziehungssonntag" verständigt hätten[721]. Damit hatte Marahrens für

---

717 Protokoll der Geschäftsführerkonferenz der Vereinigung am 8.11.1939 (ADW, CA 850a I; LKA HANNOVER, E 26/105; ADWW MÜNSTER, 153/1).

718 Schreiben v. Wicht an GVR vom 30.8.1940 (EZA BERLIN, 1/C3/179).

719 Handschriftlicher Vermerk Hundts vom 31.8.1940 auf dem Schreiben v. Wicht an GVR vom 30.8.1940: „Sofort! Herrn OKR Wienecke [sic!] als Berichterstatter für Pkt. 4 d. Tagesordnung d. Sitzung d. GVR am 5.9." (EBD.) Und handschriftlicher Vermerk Wienekes auf der Tagesordnung der Sitzung des GVR am 6.–7.8.1940: „Vertagt! Frl. KR Dr. Schwarzhaupt erg. m. d. Bitte um gefl. Wiedervorlage ab Mitte September (wegen meines vorherigen Urlaubs)." (EBD.).

720 Protokoll des Sitzung des GVR am 27.–28.9.1940 (EBD.).

721 Schreiben Kirchenkanzlei der DEK [Hymmen] an Landeskirchenamt der Evangelisch-lutherischen Landeskirche Hannovers vom 25.10.1940 (LKA HANNOVER, E 26/106).

seine Landeskirche auf dem Umweg über den GVR erreicht, worauf es ihm und dem zuständigen Mahrenholz ankam, nämlich die Ordnung zu erhalten, damit die Verkündigung gesichert wäre[722].

Als Mahrenholz Anfang April 1941 bestätigte, daß unter dieser Voraussetzung eine Zustimmung der Evangelisch-lutherischen Landeskirche Hannovers erfolgen werde, und auch für die Zukunft weitere Einwände zurückzustellen ankündigte[723], waren die Vorbereitungen für den Eltern- und Erziehungssonntag, der vier Wochen später durchgeführt werden sollte[724], längst abgeschlossen. Im November 1940 hatte die im Rahmen einer weiteren Arbeitstagung zusammengekommene Mitgliederversammlung der Vereinigung in Halle/Saale nach Kenntnisnahme des Standpunktes der DEK und ihres GVR in Sachen Eltern- und Erziehungssonntag ihre Zustimmung zu seiner Vorbereitung durch die bisher damit befaßten Verbände ausdrücklich erklärt[725].

v. Wicht hatte bereits öffentlich jeden Gedanken daran zurückgewiesen, den bisherigen „Kindersonntag" je „zu einem sogenannten ‚Zwecksonntag' zu machen" gewollt zu haben. Außerdem hatte er, unter Berücksichtigung des Beschlusses des GVR in dieser Sache, den Dank der vier Verbände für die bisherige Förderung ausgesprochen und kundgetan, daß man entsprechend der Anregung des GVR auch gern bereit sei, in den Landeskirchen und ihren Gemeinden dem Sonntag Misericordias Domini „um seiner Schriftabschnitte und seiner Stellung im Kirchenjahre willen immer mehr den Charakter eines ‚Eltern- und Erziehungssonntags' zu geben"[726]. Dementsprechend waren auch wiederum die Pfarrämter, wie in den Jahren zuvor über die Kirchenkanzlei der DEK und die obersten Behörden der Landeskirchen, zur Bestellung des Bildblattes aufgefordert[727]. Eine „Handreichung" wie in den beiden zurückliegenden Jahren hatte man nicht gefertigt. Auf Anfrage v. Wichts hatten sich

[722] Wort der Kirchenregierung der Evangelisch-lutherischen Landeskirche Hannovers betr. Verordnung über die innere Befriedung der Landeskirche vom 28.7.1938 (E. KLÜGEL, Die Lutherische Landeskirche Hannovers, Dokumente, S. 141). „Wir wollen dankbar sein, daß die Väter der Reformation das Kennzeichen der Kirche nicht in deren äußerer Form und Verfassung, sondern in der rechten Verkündigung, im rechten Glauben und rechtem Gottesdienst sahen. ... Das gibt uns die Freiheit, eben weil wir um den unlöslichen Zusammenhang von Verkündigung und Ordnung wissen, ... die kirchliche Ordnung in diesem Augenblick so zu gestalten, daß, soviel an uns ist, sich die weitere Auseinandersetzung auf geistlichem Gebiet vollzieht." (EBD.).

[723] Schreiben Landeskirchenamt der Evangelisch-lutherischen Landeskirche Hannovers [Mahrenholz] an Kirchenkanzlei der DEK vom 2.4.1941 (EZA BERLIN, 1/C3/180).

[724] Der Sonntag Misericordias Domini fiel im Jahre 1941 auf den 27. April.

[725] Protokoll der Mitgliederversammlung der Vereinigung am 5.11.1940 (LKA HANNOVER, E 26/106; ADWW MÜNSTER, 153/1).

[726] H. V. WICHT, Der Eltern- und Erziehungssonntag, S. 64.

[727] Schreiben v. Wicht an die obersten Behörden der deutschen evangelischen Landeskirchen „durch die Hand" der Kirchenkanzlei der DEK vom 14.2.1941 und Schreiben Kirchenkanzlei der DEK an die obersten Behörden der deutschen evangelischen Landeskirchen vom 13.3.1941 (EZA BERLIN, 1/C3/179).

Deutsches Pfarrerblatt (DtPfrBl), Deutsch-Evangelische Wochenschau (dew) und Pastoralblätter (PBl) bereit erklärt, in ihren Predigtmeditationen, ihren Beiträgen zur Predigtvorbereitung, „unser Anliegen zu berücksichtigen.“[728] Damit war dem Vorhaben besser gedient.

Was nun das Bildblatt betraf, so war unter Berücksichtigung der „jetzt geltenden pressegesetzlichen Bestimmungen“, wie v. Wicht lapidar die Verfügungen aus Goebbels' Reichsministeriums für Propaganda und Volksaufklärung vom 9. Oktober 1939 und 11. Januar 1940 nannte, die den Zugriff der Zensur auf das gesamte kirchliche Schrifttum sicherstellen sollten[729], so wie die Verordnung über den Nachweis der Zugehörigkeit zur Reichsschrifttumskammer vom 17. Juli 1940 die politische Zuverlässigkeit der Autoren gewährleisten sollte[730] – so war eine Publikation zustande gekommen, die wiederum

---

[728] VEREINIGUNG, Tätigkeitsbericht 1.4.1940–31.3.1941, S. 6. DTPFRBL veröffentlichte eine Predigthilfe zum Erziehungssonntag des Jahres 1941 unter 3. Joh. 4 neben einer Predigthilfe für den Sonntag Misericordias Domini mit Bezug auf 1. Petr. 2,21–25 und ließ auch hierin den Erziehungssonntag nicht unerwähnt (N.N., Predigthilfe zum Erziehungssonntag; und N.N., Predigthilfe für den Sonntag Misericordias Domini). Auch DEW, Wochenblatt des zunehmend von einem nationalistischen, um nicht zu sagen nationalsozialistisch-antikatholischen Kurs auf eine Linie kirchenpolitischer Befriedung und Überbrückung der Fronten umgeschwenkten Evangelischen Bundes (W. FLEISCHMANN-BISTEN, Der Evangelische Bund, S. 323ff.; K. MEIER, Kirchenkampf I, S. 580f., Anm. 760) mit ihrem Thom und Wieneke nahestehenden Bundesdirektor Lic. Fritz von der Heydt, veröffentlichte 1941 eine Meditation mit Bezug auf den Eltern- und Erziehungssonntag (N.N., Erziehungssonntag). Darin wird als Ziel sowohl die Gewinnung von Laienkräften für den Dienst der kirchlichen Unterweisung hervorgehoben als auch die Stärkung des christlichen Glaubens in den Familien, um die „Glaubensproben“, wie sie der Krieg bringt, „im richtigen Geiste“ zu tragen, so daß sie „ein Segen sein können“ (S. 65). Die vom Reichswart des Evangelischen Jungmännerwerks Deutschlands, Pfarrer D. Erich Stange, herausgegebenen PBL veröffentlichten im Jahre 1941 W. BEYSE, Misericordias Domini: Lk. 24,36–49 und notierten ausdrücklich: „Zugleich Handreichung zum Eltern- und Erziehungssonntag.“ (S. 321). Außerdem wies Walter Beyse, Pfarrer an St. Martin in Magdeburg, auf die Bedeutung eines Bildblattes hin, denn auch „diese Zeilen sollen ein nachdrückliches Ja und ein Aufruf sein, mitzutun in den Bestrebungen, an einem Tag allenthalben ein in den Grundlinien gemeinsames Wort der Gemeinde zu sagen.“ (S. 322).

[729] EZA BERLIN, 1/C3/328. Im Einvernehmen mit dem Oberkommando der Wehrmacht und dem Reichsministerium für die kirchlichen Angelegenheiten war die Einrichtung kirchlicher Prüfstellen zur Kontrolle des religiösen Schrifttums am 9.10.1939 angeordnet worden. Eine solche Prüfstelle wurde beim Evangelischen Preßverband eingerichtet. Der Erlaß vom 11.1.1940 verfügte die unmittelbare Prüfung des Schrifttums durch das Ministerium Goebbels' (EBD.).

[730] RGBl 1940 I, S. 1035–1036. Siehe K.-H. MELZER, Der Geistliche Vertrauensrat, S. 81. Im übrigen hatte v. Wicht unter dem 26.9.1940 bei der Reichsschrifttumskammer als Direktor des Evangelischen Verbandes für Kinderpflege in Berlin Antrag auf Befreiung von der Mitgliedschaft in der Reichsschrifttumskammer nach § 1 der Verordnung und auf Grund „schriftstellerischer Tätigkeit in geringem Umfang“ gestellt. Er wollte seine Herausgeberschaft von „Sonniges Kinderland“ sichern und damit ein weiteres Erscheinen seiner Verbandszeitschrift erleichtern. Nachdem er den Antrag förmlich mit Lebenslauf, seinem und sogar auch dem Ahnenpaß seiner Frau am 23.10.1940 eingereicht, ihm unter dem 30.11.1940 Zwischenbescheid mit dem Hinweis auf erforderliche Ermittlungen zugegangen war, das um Auskunft gebetene Reichsministerium für die kirchlichen Angelegenheiten am 18.1.1941 mitgeteilt hatte, daß v. Wicht in der Vergangenheit „in politischer und kirchenpolitischer Hinsicht ... nicht in Erscheinung getreten“ sei, wurde ihm

ganz den allseits gestellten Anforderungen entsprach. Bei genauerer Betrachtung allerdings unterschied sie sich doch deutlich von ihren Vorgängern. Zwar hatte sich auch der Bezugspreis pro Blatt in der Staffelung durchgängig um einen Pfennig gesenkt[731]. Außerdem war von der Kirchenkanzlei der DEK und ihrem Vizepräsidenten und Direktor Dr. Günther Fürle mit Nachdruck darauf hingewiesen worden, daß entgegen der von v. Wicht initiierten und in den Gemeinden geübten Praxis, das Bildblatt nicht mehr durch die Pfarrämter und vor allem nicht unentgeltlich abgegeben werden durfte. Damit entsprach man den verschärften Bestimmungen der Reichspressekammer und hoffte, Schwierigkeiten für die Pfarrämter zu vermeiden[732]. Indessen bemerkenswert und auffallend war etwas anderes.

Nicht nur daß der Bildanteil nahezu zwei Drittel des Umfangs von unverändert sechzehn Seiten betrug und dementsprechend der Anteil an Bibel- oder anderen, besonders Luther-Zitaten als Bezugstexten, mithin Bildunter- und -überschriften gestiegen war, sondern auch die Texte zur Sache bewirkten einen auffallend anderen Charakter. Das Bildblatt trug den Titel „In Gottes Hut"[733]. Die Texte hatten Vedder und Lichtenstein verfaßt. Außerdem hatte Dr. Helmuth Schreiner, vier Jahre zuvor als Professor aus dem praktisch-theologischen Lehramt der Universität Rostock entfernt[734] und jetzt Vorsteher der Westfälischen Diakonissenanstalt in Münster, einen Text geliefert. Vedder hatte wohl die Verpflichtung zu ihrem Artikel, den verabredeten Beitrag der Evangelischen Reichsfrauenhilfe übernommen, um den rastlos schaffenden, aber kranken Brandmeyer[735] zu entlasten. Schreiner erschloß mit seinen Ausführungen zum Sakrament der Taufe den Weg in die „Glau-

---

von der Reichsschrifttumskammer am 15.3.1941 wie erwünscht der Bescheid erteilt, daß seiner schriftstellerischen Tätigkeit und deren geringen Umfanges wegen, „eine Mitgliedschaft in der Reichsschrifttumskammer nicht zulässig und ein Befreiungsschein nicht erforderlich" sei (BA BERLIN, RKK 2101138101). Vgl. J.-P. BARBIAN, Literaturpolitik, S. 197–232.

731 Schreiben v. Wicht an die obersten Behörden der deutschen evangelischen Landeskirchen „durch die Hand" der Kirchenkanzlei der DEK vom 14.2.1941 (EZA BERLIN, 1/C3/179).

732 Schreiben Kirchenkanzlei der DEK [Fürle] an die obersten Behörden der deutschen evangelischen Landeskirchen vom 13.3.1941 (EBD.). Dem Schreiben war v. Wichts Schreiben vom 14.2.1941 beigefügt, in dem auf Weisung Brunottes die Worte „zwecks unentgeltlicher Verteilung" von der Kanzlei in jedem Exemplar gestrichen worden waren. (Entwurf des Schreibens der Kirchenkanzlei der DEK vom 13.3.1941, in: EBD.). Aus einer handschriftlichen Notiz von Gustavus geht hervor, daß „die Pfarrämter sonst Schwierigkeiten bekommen" (EBD.). Der Vertrieb des Bildblattes sollte, von der Kirchenkanzlei der DEK empfohlen, „durch Agenten, die in der Gemeinde die Verbreitung von christlichen Zeitschriften übernommen haben", erfolgen (Schreiben Kirchenkanzlei der DEK [Fürle] an die obersten Behörden der deutschen evangelischen Landeskirchen vom 13.3.1941, in: EBD.). Vgl. F. LÜPSEN, Der Weg, S. 432f.

733 EVANGELISCHER PRESSVERBAND FÜR DEUTSCHLAND (Hg.), In Gottes Hut.

734 Siehe K. NOWAK, Kirche und Widerstand, S. 251–255.

735 Brandmeyer war am 31. März 1941 42jährig verstorben. Die Evangelische Reichsfrauenhilfe hatte in DTPFBL angezeigt: „Aus rastlosem Schaffen für die Frauenhilfsarbeit ... wurde er nach wenigen schweren Krankheitstagen abgerufen." (N.N., Todesanzeige, S. 147).

bensheimat“[736]. Demgegenüber stellte Vedder das Glaubensleben „im Hause“ heraus und betonte den Gedanken einer mütterlichen Vermittlung der „Frohen Botschaft von Gottes erbarmender Liebe zu uns sündigen Menschen“[737]. Lichtenstein schließlich beschrieb, die Eltern unmittelbar ansprechend, „das Gotteshaus“ und „die Kinderkirche“ in ihm als „Heimat und Heiligtum deines Kindes“[738].

Metaphern und Bilder mochten nicht neu und ebenso vertraut sein wie die theologischen Denkfiguren. Fehlender Realitätsbezug und Entpolitisierung kirchlichen Redens mochten sich, was die evangelische Kinderpflege betrifft, in jener Predigt, die v. Wicht fünf Jahre zuvor, an Misericordias Domini 1936, in der Berlin-Mariendorfer Martin-Luther-Gedächtniskirche wie in der, die er vier Wochen vor Beginn des Krieges in der Pfingstkirche in Berlin-Friedrichshain gehalten hatte[739], ebenso angezeigt haben wie in den Bildblättern der beiden Vorjahre. So auffallend indessen wie „In Gottes Hut“ war eine Gegenwelt – mit Bezug auf die Zwei-Reiche-Lehre: Gottes Reich – noch nicht zur Anschauung und zur Sprache gebracht und war für den Bereich der evangelischen Kinderpflege noch kaum getröstet, ermahnt und ermutigt worden, gegen die tatsächlichen Verhältnisse zu leben. War aber das, was hier als Reaktion auf die „Entöffentlichung“ nicht nur apologetischer oder auch kirchlicher Publizistik[740], sondern des kirchlichen Lebens überhaupt „geradezu zu einer Kunst entwickelt“ worden war[741], auch das, was notwendig war? Schärfte das die Gewissen zum Aufstehen gegen die tatsächlichen Verhältnisse? Die Machthaber und ihre vom SD Heydrichs und dem Reichssicherheitshauptamt (RSHA)[742] geführten Späher und Spitzel, des „Volksmeldedienstes“[743], jedenfalls erkannten in solchem, sich den Verhältnissen fügenden beredten Schweigen, das nahezu ausschließlich den Worten der Bibel Stimme gab, durchaus „weitere Versuche, die Gesamtstimmung des Volkes nachteilig zu beeinflussen.“[744]

---

736 H. SCHREINER, In Gottes Hut, S. 2.

737 M. VEDDER, „Und lehret sie ...“, S. 7. Diese Überschrift ist Zitat aus dem „Missionsbefehl“ Jesu Mt. 28,18–20. Siehe zuvor S. 306 mit Anm. 557.

738 A. LICHTENSTEIN, „Herr, segne mich ...“, S. 10. Diese Überschrift ist eine Anspielung auf das besonders im Pentateuch erzählend und in den Psalmen bittend zum Ausdruck gebrachte Angewiesensein des Menschen auf Gottes Segen. Vielleicht ist aber, unter Berücksichtigung des Textes, besonders zu denken an die Bitte eines Kindes aus der Schar derer, von denen Jesus Christus nach der Überlieferung Mk. 10,16 sagt: „Lasset die Kindlein zu mir kommen ...“ und von dem dann erzählt wird: „Und er herzte sie und legte die Hände auf sie und segnete sie.“ Seinerzeit vertraute Lutherübersetzung in der 1912 vom DEKA genehmigten Textfassung.

739 Siehe I Kap. VII.4.1., S. 387f. und II Kap. II.1.2., S. 405f.

740 Vgl. M. PÖHLMANN, Kampf der Geister, S. 246 und S. 259.

741 G. MEHNERT, Evangelische Presse, S. 246.

742 Siehe H. BUCHHEIM, Die SS, S. 59–82.

743 R. GELLATELY, Allwissend, S. 63f.

744 H. BOBERACH, Berichte, S. 503.

Auch das Bildblatt, dreimal erschienen und wichtiger Beitrag dazu, daß der Eltern- und Erziehungssonntag, wie man in der Vereinigung erfreut feststellte, „anfängt sich in der Deutschen Evangelischen Kirche einzubürgern“[745], gehörte zu den Publikationen, deren Erscheinen wegen der von der Kriegswirtschaft geforderten „Konzentration der Kräfte“ eingestellt werden mußte. Wie ChrKpflge und EJugh, wie IMis und Die Rundschau, wie die Mehrzahl der Fachzeitschriften und Veröffentlichungen der Inneren Mission – wie fast die gesamte kirchliche Presse mit ihren Zeitschriften und Publikationen wurde auch das Bildblatt durch die Verordnung der Reichspressekammer und ihres Präsidenten, des „größten Zeitungseigentümers der Welt“[746] und auch skrupellos geschäftstüchtigen Max Amann, vom 1. Juni 1941 gezwungen, mit der Einstellung seines Erscheinens „Menschen und Material für andere kriegswichtige Zwecke frei zu machen.“[747] Das Bildblatt konnte auf Grund seiner Erscheinungsweise diesen Hinweis nicht veröffentlichen.

---

745 VEREINIGUNG, Tätigkeitsbericht 1.4.1940–31.3.1941, S. 6.

746 R. WISTRICH, Wer war wer?, S. 15.

747 Siehe F. LÜPSEN, Der Weg, S. 434; G. MEHNERT, Evangelische Presse, S. 246. Vgl. den summierenden Beitrag M. PÖHLMANN, Evangelische Publizistik, S. 713. Die Zeitschriften erhielten die Auflage, in ihrer letzten Ausgabe zu veröffentlichen: „Die Kriegswirtschaft erfordert stärkste Konzentration aller Kräfte. Diese Zusammenfassung macht es notwendig, daß unsere Zeitschrift mit dem heutigen Tage bis auf weiteres ihr Erscheinen einstellt, um Menschen und Material für andere kriegswichtige Zwecke frei zu machen.“ (EBD.) Vgl. auch J.-P. BARBIAN, Literaturpolitik, S. 553–561. IMIS und mit ihr DIE RUNDSCHAU waren mit der Februar-Ausgabe, dem zweiten Heft des 36. Jahrgangs, letztmals erschienen. Siehe M. GERHARDT, Jahrhundert II, S. 411. Der Wichern-Verlag, der beide Organe des Central-Ausschusses betreute, hatte mit der Januar-Ausgabe 1941 den Druckauftrag an die Druckerei des Christlichen Zeitschriftenvereins (CZV) gegeben (Schreiben Wichern-Verlag an CA vom 27.11.1940, in: ADW, CA 590/11). Zum CZV und seiner Tätigkeit siehe CHRISTLICHER ZEITSCHRIFTENVEREIN, Hundert Jahre. Die beabsichtigte Doppelnummer März/April 1941 konnte wegen technischer Schwierigkeiten der Druckerei nicht erscheinen. Gegen Ende April 1941 ist klar, daß IMIS und DIE RUNDSCHAU nicht mehr erscheinen werden: der CZV war aus Gründen „höherer Gewalt geschlossen“, sein Geschäftsführer Pfarrer Gerhard Noske verhaftet und in das Konzentrationslager Dachau gebracht worden; und der Wichern-Verlag hatte keinen unmittelbaren Zugriff auf das Papier (Schreiben Wichern-Verlag an CA vom 25.4.1941, in: EBD.). Unter dem 13.5.1941 erfolgt mit Rundschreiben des Reichsverbandes der evangelischen Presse die Mitteilung, daß „was nach der bisherigen Übung das Datum Juni oder auch 1. Juni trägt, (kann) nicht mehr erscheinen“ könne (ADW, CA 590/14). Am 27.6.1941 teilt der Wichern-Verlag allen Lesern die verordnete Begründung für die Einstellung des Erscheinens mit (ADW, CA 590/11). CHRKPFLGE mußte ihr Erscheinen mit der Doppelnummer April/Mai 1941 im 49. Jahrgang einstellen. Vgl. M. BERGER, Zur Geschichte. Offenbar kam ihr Ende für die Schriftleitung und Mohrmann überraschend, so daß eine Mitteilung darüber überhaupt nicht erfolgen konnte. Der Verlag Hermann Püschel, Dresden, hat wohl ein Schreiben ähnlich dem des Wichern-Verlages an die Leser versandt. Wie EVGSDHFÜRS mit dem 15. Jg., 5(Mai)/1941 stellte auch die EJUGH ihr Erscheinen im 61. bzw. 17. Jahrgang mit der Mai-Ausgabe 1941 ein. Sie teilte durch den Verlag mit: „Mit dieser Ausgabe erscheint die ‚Evangelische Jugendhilfe‘ vorläufig zum letzten Male.“ Es folgt der vorgegebene Wortlaut der Begründung. Dann schließt die Mitteilung: „Wir danken allen unseren Beziehern für die Treue, die sie unserer Zeitschrift durch Jahrzehnte hindurch gehalten haben und geben der Hoffnung Ausdruck, daß sie wieder zur Stelle sein werden, wenn die ‚Evangelische Jugend-

Der Sonntag Misericordias Domini sollte aber auch in den folgenden Jahren „als Erziehungssonntag in Aussicht genommen werden" und auch durchgeführt werden. Stärker noch als in den Jahren zuvor sollte aus Sicht der Vereinigung und der anderen Verbände ins Blickfeld gerückt werden, daß es sich dabei „um ein lebenswichtiges Interesse nicht nur der einzelnen Verbände, sondern der gesamten Kirche handelt."[748] Als Bremer in dieser Weise auf die „heilige Pflicht" der Gemeinden hinwies, christliche Erziehung mit Bezug auf Joh. 14,6 als „Erziehung aus dem Geist unseres Heilandes" beschrieb[749] und diesen Geist damit unmißverständlich aber unausgesprochen dem „Heil Hitler" gegenüberstellte, hatten dessen Regime und seine Schaltstellen bereits jenen Angriff gegen die evangelische Kinderpflege und ihre Vereinigung vorgetragen, der aus Sicht v. Wichts zwar ihr Ende aber gleichzeitig den Nachweis der Tragfähigkeit der anderen Seite seiner Doppelstrategie, des von ihm eingeleiteten Verkirchlichungs- und Katechetisierungsprozesses, bedeuten konnte. Zum selben Zeitpunkt, im Frühjahr 1942, war indessen bereits klar, daß der Angriff auf die evangelischen Kindergärten, wenngleich mit Verlusten, abgeschlagen war und, obwohl die Bemühungen um eine verstärkte kirchliche Unterweisung weiterhin von ihnen behindert waren, die Machthaber und ihre NSV keinen Sieg über die evangelische Kinderpflege und ihre Vereinigung davongetragen hatten.

4.5. *„Etwas grundsätzlich Neues" – die Tarifordnung für die Einrichtungen der Inneren Mission*

In der Zeit, zur Mitte des Jahres 1937, als das Verhältnis der Inneren Mission zur NSV nicht nur sehr gespannt, sondern tatsächlich „vergiftet" war, bahnte

---

hilfe' nach Aufhebung der einschränkenden Maßnahmen wieder erscheinen darf." (ECKARTSHAUSVERLAG, An alle Bezieher, S. 64). Vgl. H. TALAZKO, Vom ‚Rettungshausboten'. Auch DIE DIAKONISSE nahm in der letzten Ausgabe durch v. Lüttichau Gelegenheit, sich über den verordneten Text hinaus von den Lesern zu verabschieden, stellte unter Bezug auf Rö. 16,2 fest: „Sie hat viel geleistet" und dankte Mitarbeitern und Lesern „von Herzen für ihre Treue" (S. V. LÜTTICHAU, An unsere Leser, S. 85). EVGSDHFÜRS und ihr Schriftleiter Dr. Dr. Horst Fichtner hatten diese Möglichkeit ebensowenig wie Mohrmann. Vgl. auch H. BRUNOTTE, Der kirchenpolitische Kurs, S. 126f. Ohne Schließungsauflage zu diesem Zeitpunkt blieben etwa der NS-VOLKSDIENST, dessen letzte Ausgabe im 11. Jg., 4(Juli/Aug.)/1944 erschien; die vom Reichsverband der freien gemeinnützigen Kranken- und Pflegeanstalten Deutschlands unter dem Vorsitz von Constantin Frick herausgegebene Zeitschrift RSTWFW stellte erst mit der September-Ausgabe und dem Hinweis auf die „durch den totalen Krieg bedingten Konzentrationsmaßnahmen" ihr Erscheinen „ab 1. Oktober 1944 *vorläufig*" ein (N.N., An unsere Bezieher, S. 36). Die Hervorhebung ist im Original gesperrt. Aber auch theologisch-kirchliche Zeitschriften blieben teilweise bis 1944 von der Einstellung ihres Erscheinens verschont. Siehe II Kap. III.4.1., S. 764f. mit Anm. 33.

748 Schreiben Bremer an Kirchenkanzlei der DEK vom 5.3.1942 (EZA BERLIN, 1/C3/180).

749 „Christliche Erziehung, das heißt Erziehung aus dem Geist unseres Heilandes und hin zu diesem Heiland, der von sich selber sagt: ‚Ich bin der Weg, die Wahrheit und das Leben. Niemand kommt zum Vater, denn durch mich.'" (EBD.). Seinerzeit vertraute Lutherübersetzung in der 1912 vom DEKA genehmigten Textfassung.

sich für die evangelische Kinderpflege eine Entwicklung an, von der man nur hoffen konnte, daß sie zu einer Entlastung der Front in der Auseinandersetzung mit der NSV führen werde. Zunehmend in den Handlungszwängen des Vierjahresplanes unter Führung des „braunen Kollektivisten“[750] Robert Ley – er hatte am 2. Mai 1937 den „Leistungskampf deutscher Betriebe“ bekräftigt[751] – und angesichts der Tatsache, „daß viele Frauen wieder in den Arbeitsprozeß eingestellt worden sind“[752], hatte sich die DAF den Kindergärten und den in ihnen tätigen Kindergärtnerinnen zugewandt.

Im Januar 1934 hatte das Gesetz zur Ordnung der nationalen Arbeit (AOG) Arbeitnehmer und Arbeitgeber unter dem Führerprinzip in einer, wie man behauptete, „organischen Wirtschaft“ verbunden[753]. Entsprechend der Maßgabe des Gesetzes, daß die „Volksgemeinschaft des Dritten Reiches“ als „Schicksalsgemeinschaft“ in keinem Fall von gegensätzlichen Interessen bestimmt sei, sollte die DAF nicht allein Arbeitnehmerorganisation sein, sondern auch die „Betriebsführer“ – Arbeitnehmer waren nun „Gefolgschaftsmitglieder“ – waren organisatorisch zu integrieren. Tatsächlich aber war mit dem AOG und seiner Neubestimmung des Arbeitsverhältnisses als einer „auf ‚Treue‘ und ‚Fürsorge‘ beruhenden Gemeinschaft“[754] jede vertragliche Grund-

---

[750] R. SMELSER, Robert Ley, S. 173.

[751] Am Sonntag, dem 2.5.1937, hatte Ley anläßlich des vierten Jahrestages der „Übernahme der Gewerkschaften“ durch die DAF eine Rede in Berlin gehalten und für die Gewinner im „Leistungskampf der deutschen Betriebe“ „Neue Leistungsabzeichen der Deutschen Arbeitsfront“ vorgestellt (VB, 50. Jg., Nr. 123/3.5.1937, Ausg. Berlin; S. 1). Zur vorrangig sozialpolitischen und weniger wirtschaftspolitischen Bedeutung des „Leistungskampfes der deutschen Betriebe“, der auf eine Verfügung des „Führers“ vom 29.8.1936 zurückgeht, seiner organisatorischen Einordnung in die DAF und seiner Entwicklung siehe O. MARRENBACH, Fundamente, S. 326–330; sowie T. SIEGEL, Leistung und Lohn, S. 62–124; W. SPOHN, Betriebsgemeinschaft, S. 210–220. Im Gegensatz zum die betriebliche Sozialpolitik und Sozialleistungen beurteilenden und fördernden, damit auch kriegswirtschaftlichen Interessen entgegenstehenden „Leistungskampf der deutschen Betriebe“ war der „Reichsberufswettkampf“, der seit 1934 als „Reichsberufswettkampf der deutschen Jugend“ von der DAF mit der HJ und seit 1938 als „Reichsberufswettkampf aller schaffenden Deutschen“ allein von der DAF durchgeführt wurde, Instrument zur Ermittlung und Förderung individueller Leistungsbereitschaft. Siehe O. MARRENBACH, Fundamente, S. 278–292; W. SPOHN, Betriebsgemeinschaft, S. 204–210. Am „Reichsberufswettkampf“ beteiligten sich auch Teilnehmer aus Einrichtungen der Inneren Mission. Siehe dazu M. HÄUSLER, Dienst, S. 363–367. Im CA ressortierte der „Reichsberufswettkampf“ beim für Jugendarbeit und Nachwuchsfragen zuständigen Göbell. Er setzte sich im Frühjahr 1937 mit „Reichsberufswettkampf und Innere Mission“ auseinander, erwähnte auch die Teilnahme der Kindergärtnerinnen, in dem sowohl 1935 als auch 1936 eine Schülerin eines evangelischen Kindergärtnerinnenseminars siegreich war. Entscheidend sei, so Göbell ganz gemäß praktisch-ekklesiologischem Konsens, für den Jugendlichen deutlich werden zu lassen, daß er zu denen gehört, „die ihre Kräfte in den Dienst kirchlicher Liebesarbeit stellen“ wollen und „als verantwortungsbewußtes Glied des Volkes die Aufgabe [haben], die Kinder in die nationalsozialistische Volksgemeinschaft hineinzustellen.“ (W. GÖBELL, Reichsberufswettkampf, S. 148).

[752] Fragebogen o. D. (ADW, CA/J 125).

[753] RGBl 1934 I, S. 45–56; auszugsweise W. MICHALKA, Deutsche Geschichte, S. 54–56.

[754] W. SPOHN, Betriebsgemeinschaft, S. 26.

lage für einen Interessenausgleich zwischen „Betriebsführer" und dem „Gefolgschaftsmitglied", mithin jeder Gedanke an Mitbestimmung beseitigt. So lag es auch ganz und gar im Interesse der Machthaber, daß der DAF, wenngleich sie sich „- zwar keineswegs ausschließlich aber doch - hinsichtlich ihrer ‚Gründungsmasse'"[755] nach anfangs gänzlicher „Konzeptionslosigkeit" jedenfalls als Nachfolger der Gewerkschaften sah[756], durch das AOG eine Rolle zugewiesen wurde, die keineswegs die einer Vertretung der Interessen der Arbeitnehmer war[757], die als „klassenkämpferische oder egoistische Interessen" desavouiert wurden[758]. Die DAF hatte sich darauf zu beschränken, wie es „einem zuverlässigen Faktor für die Politik des Führers"[759] zukam, die „Erziehung aller im Wirtschaftsleben stehenden Deutschen zum nationalsozialistischen Staat und zur nationalsozialistischen Gesinnung" zu sichern.[760] Das bedeutete, daß die DAF auch und besonders in jenem Bereich nur begrenzt mitwirken sollte, der nach der Zerschlagung der Gewerkschaften und der vom „Führer" wie von Ley behaupteten Überwindung des Klassenkampfes[761] wesentlich war für jede „Betriebsgemeinschaft"[762], sollte sie als „Leistungsgemeinschaft"[763] „zum gemeinen Nutzen von Volk und Staat"[764] tätig sein: die Tarifordnungen. Das AOG stellte sicher, daß dieses wesentliche Element des

[755] W. BOHNSTEDT, Das gesetzliche Fundament, Sp.1309.

[756] W. SPOHN, Betriebsgemeinschaft, S. 139ff. bes. mit Anm. 29. Hier findet sich der Hinweis auf Leys anekdotenhafte Darstellung der von ihm beabsichtigten, vom „Führer" nicht für erforderlich gehaltenen und untersagten gesetzlichen Verankerung der DAF als Nachfolgeorganisation der Gewerkschaften. Vorgetragen hat Ley diese „Anekdote" im Rahmen seines anläßlich des „Parteitages der Arbeit" vom 6.–12.9.1937 in Nürnberg und der am 11.9.1937 stattfindenden 5. Jahrestagung der DAF erstatteten Rechenschaftsberichtes (P. MEIER-BENNECKENSTEIN (Hg.), Dokumente V, S. 367). Siehe auch H.-G. SCHUMANN, Nationalsozialismus, S. 76–94.

[757] W. MANSFELD/W. POHL/G. STEINMANN/A. B. KRAUSE, Die Ordnung, S. 251.

[758] O. MARRENBACH, Fundamente, S. 21.

[759] EBD., S. 15.

[760] W. MANSFELD/W. POHL/G. STEINMANN/A. B. KRAUSE, Die Ordnung, S. 7. Vgl. besonders T. W. MASON, Sozialpolitik, S. 104ff.; H. LAMPERT, Staatliche Sozialpolitik, S. 190f.

[761] Anläßlich der Konstituierung der Reichsarbeitskammer am 1.8.1935 äußerte sich Ley: „Nur in Deutschland können wir uns der Tatsache rühmen, den Klassenkampf wirklich überwunden und hinter uns zu haben, zumindest in der breiten und großen Masse ihm die Nahrung entzogen zu haben." (P. MEIER-BENNECKENSTEIN (Hg.), Dokumente III, S. 167). Vgl. auch den „Aufruf der Reichsregierung an das deutsche Volk" vom 1.2.1933, der „die endgültige Überwindung des Klassenwahnsinns und Klassenkampfes" forderte (DERS., Dokumente I, S. 8). Siehe W. SPOHN, Betriebsgemeinschaft, S. 9.

[762] § 2 AOG (RGBl 1934 I, S. 45; W. MICHALKA, Deutsche Geschichte, S. 54).

[763] Verordnung des Führers über Wesen und Ziel der Deutschen Arbeitsfront vom 24.10. 1934 stellt mit § 2 fest: „Das Ziel der Deutschen Arbeitsfront ist die Bildung einer wirklichen Volks- und Leistungsgemeinschaft aller Deutschen." (R. LEY (Hg.), Organisationsbuch, S. 185–187; O. MARRENBACH, Fundamente, S. 17–19; H.-G. SCHUMANN, Nationalsozialismus, S. 173–175; W. MICHALKA, Deutsche Geschichte, S. 57–58). Vgl. T. SIEGEL, Leistung und Lohn, S. 62–124; W. SPOHN, Betriebsgemeinschaft, S. 185 ff.

[764] § 1 AOG (RGBl 1934 I, S. 45; W. MICHALKA, Deutsche Geschichte, S. 54).

Interessenausgleichs zwischen „Betriebsführung" und „Gefolgschaft" gänzlich staatlicher Kontrolle unterlag.

Bereits im Mai 1933, zu einem Zeitpunkt als die DAF noch eher ein „Provisorium" darstellte[765] und sie sich gegen die Nationalsozialistische Betriebszellenorganisation (NSBO) noch längst nicht durchgesetzt hatte, ja die Auseinandersetzungen, die mit Ausschaltung der NSBO enden sollten, erst noch bevorstanden[766], hatte ein „Gesetz über Treuhänder der Arbeit" die kommissarische Einsetzung für größere Wirtschaftsgebiete zuständiger Reichsbeamter vorgesehen, die das staatliche Instrument zur Sicherung des Arbeitsfriedens sein sollten[767]. Mit dem AOG waren die Treuhänder der Arbeit, der Dienstaufsicht des Reichsarbeitsministers unterstellt, als staatliche Verwaltungsbehörde etabliert. Durch diese Behörde sollte, abgesehen von der ihr obliegenden Aufsicht über die Bildung der Vertrauensräte und abgesehen von der Durchführung der sozialen Ehrengerichtsbarkeit, vor allem die Tarifordnung festgesetzt werden[768].

Machtlos in den materiell-sozialpolitischen Fragen, aber ausgestattet mit einem nationalsozialistischen Erziehungsauftrag, zudem unter der Führung eines rastlos aktiven und grenzenlos ehrgeizigen Ley[769], dem, wie man allenthalben propagandistisch herausstellte, „größten Idealisten" des „Führers"[770] – bei dieser Lage der Dinge mußte sich die DAF, einerseits als Voraussetzung zur Erfüllung ihres Auftrags und andererseits als Ersatz für den Mangel an praktisch-politischer Funktion ein Eigengewicht organisatorischer Art schaffen. Indem sie sich auf einen möglichst engen Anschluß der DAF an die NSDAP berief und da es immer um die „Betreuung des Gesamtbetriebes"[771] ging, sah sich die DAF ständig herausgefordert, in jedem Bereich der Wirtschafts- und Sozialpolitik tätig zu werden, Zuständigkeiten zu reklamieren und diese zu organisieren[772].

---

765 T. W. MASON, Sozialpolitik, S. 100.

766 Siehe H.-G. SCHUMANN, Nationalsozialismus, S. 87–94; W. SPOHN, Betriebsgemeinschaft, S. 149ff.; T. W. MASON, Sozialpolitik, S. 107ff.

767 Gesetz über Treuhänder der Arbeit vom 19.5.1933 (RGBl 1933 I, S. 285). § 2 Abs. 2 stellt fest: „Auch im übrigen sorgen die Treuhänder für die Aufrechterhaltung des Arbeitsfriedens." § 19 Abs. 1 AOG sieht vor: „Die Treuhänder der Arbeit haben für die Erhaltung des Arbeitsfriedens zu sorgen." (RGBl 1934 I, S. 47). W. SPOHN, Betriebsgemeinschaft, S. 274–321, unterscheidet bei den „rechtlichen und organisatorischen Formen" (S. 274) der Tätigkeit des Treuhänders der Arbeit zwischen „kommissarischem Staatsorgan" (S. 274), das in diesem Fall ein Instrument „der Machtbefestigung" war (S. 283) und „staatlicher Verwaltungseinrichtung".

768 § 19 Abs. 1 Ziff. 1 und 6 und 7 AOG (RGBl 1934 I, S. 47). Siehe H.-G. SCHUMANN, Nationalsozialismus, S. 123–130. Vgl. W. SPOHN, Betriebsgemeinschaft, S. 321–336.

769 Siehe R. SMELSER, Robert Ley, S. 181f.

770 O. MARRENBACH, Fundamente, S. 7.

771 EBD., S. 24.

772 Vgl. W. SPOHN, Betriebsgemeinschaft, S. 189f.; H.-G. SCHUMANN, Nationalsozialismus, S. 154f.

Dieser „verbandspolitische Imperialismus“[773] konnte sich freilich erst entwickeln, sieht man von der bereits seit November 1933 in verschiedenen Ämtern sich ausbreitenden Nationalsozialistischen Gemeinschaft „Kraft durch Freude“ ab[774], nachdem die Neuordnung der DAF im Frühsommer 1935 die Voraussetzungen dafür geschaffen hatte. Allerdings war das „erste Organisationsexperiment“[775] des Jahres 1933 bereits zuvor beendet worden. Durch die Verordnung Hitlers über Wesen und Ziel der DAF vom 24. Oktober 1934[776] war ihre Umwandlung in eine „Organisation der schaffenden Deutschen der Stirn und der Faust“[777], mithin in ein Kontrollorgan und eine Zwangsorganisation zur Beherrschung der Arbeitnehmerschaft abgeschlossen und eine Neuorganisation durchgeführt worden[778]. Nachdem mit dem Leipziger Abkommen vom 21. März 1935[779] auch die Organisationen der gewerblichen Wirtschaft mit der DAF durch die Einrichtung eines gemeinsam gebildeten Reichsarbeits- und Reichswirtschaftsrates koordiniert worden waren[780] und

---

773 T. W. MASON, Sozialpolitik, S. 176.

774 Siehe O. MARRENBACH, Fundamente, S. 243ff.; H.-G. SCHUMANN, Nationalsozialismus, S. 139ff.; T. SIEGEL, Leistung und Lohn, S. 90ff. Vgl. zur Nationalsozialistischen Gemeinschaft „Kraft durch Freude“ F. VAHSEN, Freizeiterziehung als Sozialpolitik; der Untertitel „die Kulturarbeit der NS-Volkswohlfahrt“ muß allerdings verwirren, wenn zwar die NSV als „Hauptträger“ der Kulturarbeit vorgestellt (S. 137), in erster Linie aber „Kraft durch Freude“ als Arbeit der DAF dargestellt wird.

775 H.-G. SCHUMANN, Nationalsozialismus, S. 83.

776 Der Wortlaut bei R. LEY (Hg.), Organisationsbuch, S. 185–187; O. MARRENBACH, Fundamente, S. 17–19; H.-G. SCHUMANN, Nationalsozialismus, S. 173–175; W. MICHALKA, Deutsche Geschichte, S. 57–58. Diese Verordnung Hitlers wird als „das gesetzliche Fundament der Deutschen Arbeitsfront“ apostrophiert (W. BOHNSTEDT, Das gesetzliche Fundament.; O. MARRENBACH, Fundamente, S. 21) und hat für die DAF eine gleiche Bedeutung wie für die NSV die Anerkennung durch Hitler vom 3.5.1933. Siehe I Kap. IV.3.1., S. 163 mit Anm. 251. Es war nicht nachzuweisen, wo die amtliche Veröffentlichung, abgesehen von VB, 47. Jg., Nr. 298/ 25.10.1934, Ausg. Berlin, S. 1 erfolgte. Siehe BA BERLIN, NS 22/755.

777 § 1 der Verordnung des Führers über Wesen und Ziel der DAF vom 24.10.1934 (R. LEY (Hg.), Organisationsbuch, S. 185; O. MARRENBACH, Fundamente, S. 17; H.-G. SCHUMANN, Nationalsozialismus, S. 173).

778 Siehe H.-G. SCHUMANN, Nationalsozialismus, S. 94ff.; W. SPOHN, Betriebsgemeinschaft, S. 137; vgl. auch M. PRINZ, Vom neuen Mittelstand, der die „Auflösung der Angestelltensäule“ und ihr Aufgehen im Betreuungsapparat der DAF beschreibt (S. 141).

779 Vereinbarung zwischen dem Reichswirtschaftsminister, dem Reichsarbeitsminister und dem Leiter der Deutschen Arbeitsfront vom 21.3.1935 [Leipziger Abkommen] (N.N., Ordnung, S. 86–87; P. MEIER-BENNECKENSTEIN (Hg.), Dokumente III, S. 162–164; W. BOHNSTEDT; Sozialpolitische Selbstverwaltung, Sp. 396–397).

780 Siehe W. SPOHN, Betriebsgemeinschaft, S. 165ff.; H.-G. SCHUMANN, Nationalsozialismus, S. 158. Ebenso wie der vom AOG vorgesehene Vertrauensrat wurden Reichsarbeits- und Reichswirtschaftsrat als „Selbstverantwortungsorgan“ bezeichnet. Durch ein solches Organ sollten die Beteiligten gezwungen werden, „ihre Angelegenheiten ..., in voller Selbstverantwortung selbst zu ordnen“ (R. LEY (Hg.), Organisationsbuch, S. 190–191). Vgl. W. BOHNSTEDT, Sozialpolitische Selbstverwaltung. Daß es dabei um soziale Kontrolle geht, macht der Autor mit dem Hinweis deutlich: „Gemeinschaft ist das Zauberwort.“ (Sp. 398).

der „Führer“ mit dessen Anerkennung den Prozeß der Beseitigung des Klassenkampfes für beendet erklärt hatte[781], konnte die DAF ihre Organisation als abgeschlossen ansehen. Wenn am 29. März 1935 schließlich mit der Verordnung zur Durchführung des Gesetzes zur Sicherung der Einheit von Partei und Staat – wie für die NSV und etwa auch die NSKOV – festgestellt wurde, „die Deutsche Arbeitsfront (einschließlich NS-Gemeinschaft ‚Kraft durch Freude‘) sind die der Nationalsozialistischen Deutschen Arbeiterpartei angeschlossenen Verbände“[782], war das nicht nur die rechtlich-verwaltungstechnische Einfügung der DAF in das Machtgeflecht von Partei und Staat. Es war auch die Legalisierung dessen, was sich als DAF bis dahin entwickelt hatte und in der folgenden Zeit organisatorisch kaum noch wesentlich verändert werden sollte[783].

Danach bildete entsprechend der vertikalen Gliederung der NSDAP das Zentralbüro, unmittelbar Ley unterstellt, die Spitze der DAF, der die DAF-Waltungen auf NSDAP-Gau-, Kreis- und Ortsebene nachgeordnet waren. Neben den „Führungsämtern“ wie Personalamt, Schulungsamt, Organisationsamt war im Zentralbüro der Aufbau von „Reichsbetriebsgemeinschaften“ vorgesehen[784]. Diesen Ämtern waren in den Gau- und Kreiswaltungen entsprechende Fachabteilungen nachgeordnet. Sie bildeten, ab Januar 1938 unter der Bezeichnung „Fachamt“, fortan die Hauptabteilungen und waren nicht nach Berufsgruppen, sondern nach Betriebsarten und Wirtschaftssparten organisiert[785].

Als im November 1935 die DAF im Zuge der Organisation ihrer Aufgaben zur „betriebsgemeinschaftlichen Betreuung“[786] die Fachgruppe „Freie Wohlfahrtspflege“ einrichtete, geschah das auch in der Absicht, „Tarifbestimmungen herauszugeben, die den besonderen Umständen, unter denen die Ange-

---

781 Erlaß des Führers und Reichskanzlers vom 21.3.1935 (N.N., Ordnung, S. 85). „Der Nationalsozialismus hat den Klassenkampf beseitigt. Die Kampforganisationen der Gewerkschaften und der Arbeitgeberverbände sind verschwunden. An die Stelle des Klassenkampfes ist die Volksgemeinschaft getreten. ... Organisationen innerhalb der deutschen Volkswirtschaft sind notwendig, aber sie sollen nicht gegeneinander, sondern miteinander arbeiten. ... Die Grundlagen der neuen sozialen Selbstverwaltung aller schaffenden Deutschen finden in der neuen Vereinbarung ihren Abschluß.“ (EBD.). Auch für diesen Erlaß war eine amtliche Quelle nicht nachzuweisen. Siehe BA BERLIN, NSD 263. Vgl. auch T. SIEGEL, Leistung und Lohn, S. 73 mit Anm. 30 und weiteren Angaben.

782 RGBl 1935 I, S. 502; VOBl der Reichsleitung der NSDAP 1935, Flg. 94(April), S. 259–261.

783 Vgl. H.-G. SCHUMANN, Nationalsozialismus, S. 100f.; W. SPOHN, Betriebsgemeinschaft; S. 151.

784 Siehe R. LEY (Hg.), Organisationsbuch, S. 193–203; vgl. O. MARRENBACH, Fundamente, S. 22–27; H.-G. SCHUMANN, Nationalsozialismus, Faltbeilage nach S. 181.

785 Siehe R. LEY (Hg.), Organisationsbuch, S. 203–205; H.-G. SCHUMANN, Nationalsozialismus, Faltbeilage nach S. 181. Die Änderung der Bezeichnung „Reichsbetriebsgemeinschaft“ in „Fachamt“ scheint erfolgt zu sein, um eine andere Bedeutung und Verwendung des Begriffs „Betriebsgemeinschaft“ als der im Sinne der vom AOG gegebenen zu verhindern.

786 R. LEY, Organisationsbuch, S. 189.

stellten der Freien Wohlfahrtspflege arbeiten, gerecht werden.“[787] Abgesehen davon, daß mit dem AOG der DAF nur eine sehr schmale Mitwirkungsmöglichkeit ihm Rahmen eines für den Erlaß von Tarifordnungen zu bestellenden Sachverständigenausschusses gegeben war[788], standen zu dieser Zeit die Bedingungen bereits fest, unter denen auch in der Inneren Mission eine Einführung von tarifrechtlichen Regelungen nur vollzogen werden konnte.

Am 23. März 1934 war „durch besonderes Gesetz“, wie § 63 AOG vorsah[789], der „Eigenart des öffentlichen Dienstes“[790] auch besonders Rechnung getragen worden. Das Gesetz zur Ordnung der Arbeit in öffentlichen Verwaltungen und Betrieben (AOGö) führte nicht nur den Begriff der Dienstgemeinschaft – statt der für das AOG wesentlichen Betriebsgemeinschaft – ein und verstärkte damit unter den Maßgaben von Führerprinzip und Treuepflicht[791] eine für das allgemeine Arbeitsrecht bereits mit dem AOG gekennzeichnete Tendenz der Entprivatisierung und Angleichung des Arbeitsrechtes an das Beamtenrecht[792], sondern sah auch, nicht für ein regional begrenztes Wirtschaftsgebiet aber „für Gruppen von Verwaltungen und Betrieben“ des gesamten Deutschen Reiches verantwortliche, gemeinsam von Reichsminister der Finanzen, Reichsarbeitsminister sowie dem ressortmäßig zuständigen Reichsministerium bestellte „Sondertreuhänder für den öffentlichen Dienst“ vor[793]. Auf der Grundlage des AOGö war am 9. September 1935 vom Reichsarbeitsministerium unter seinem Minister Franz Seldte, der gerade die Auflösung des von ihm gegründeten, bis zur Übernahme des Ministeramtes auch von ihm geführten und seit 1934 als „NS-Frontkämpferbund“ gleichgeschalteten „Stahlhelm“ hatte hinnehmen müssen[794], ein Sondertreuhänder für die dem DCV angeschlossenen Anstalten und Einrichtungen der katholischen freien Liebestätigkeit bestellt worden[795]. Hugo Graf von Lerchenfeld-Köfering, ehedem bis zu deren Aufgehen in der Reichsgemeinschaft Präsident der

---

787 N.N., Zusammenfassung, S. 133.

788 § 23 AOG (RGBl 1934 I, S. 48).

789 RGBl 1934 I, S. 53.

790 E. GRAMSE, Werden und Inhalt, S. 13. „... in der Eigenart des öffentlichen Dienstes. Zunächst sind dessen Arbeiter und Angestellte der Allgemeinheit stärker verpflichtet als ihre Arbeitskameraden der privaten Wirtschaft. Hierdurch und durch die tägliche Zusammenarbeit mit den Beamten gleichen sich ihre Arbeitsverhältnisse an die der Beamten bis zu einem gewissen Grade an.“ (EBD.).

791 § 2 AOGö (RGBl 1934 I, S. 220f.).

792 Siehe O. SCHNEIDER, Rechtsgedanken, S. 102. Auch E. GRAMSE, Werden und Inhalt, S. 13. „Es kommt hinzu, daß die Dienst- und Betriebsstellen des öffentlichen Dienstes durch den gemeinsamen öffentlichen Charakter eine so starke innere Verbundenheit erhalten, daß demgegenüber örtliche und fachliche Zusammenhänge erst in zweiter Linie Berücksichtigung finden können.“(EBD.).

793 § 18 AOGö (RGBl 1934 I, S. 222f.).

794 Siehe K. A. LANKHEIT, Franz Seldte.

795 H. v. LERCHENFELD, Ein Kommentar, S. 199.

Liga[796] und mit den Fragen der freien Wohlfahrtspflege bestens vertraut, hatte nach gemäß § 19 AOGö erfolgter Bildung eines Sachverständigenausschusses Ende November 1935 die Arbeit aufgenommen und förmlich mit der Veröffentlichung einer „Tarifordnung für die dem Deutschen Caritasverband angeschlossenen Anstalten der Gesundheitsfürsorge" unter dem 3. Mai 1936[797] beendet.

Diese Tarifordnung stellte einen Kompromiß zwischen vom DCV angestrebten „Richtlinien zu Dienstordnungen" und einem von der DAF vorgelegten „Entwurf zu einer Tarifordnung" dar, so daß, wie v. Lerchenfeld-Köfering selbst urteilte, „sich der Inhalt mit dem Begriff ‚Tarif' nur unvollkommen deckte."[798] Während der DCV in die Autonomie und „Eigenart des caritativen Betriebes", „in der Erfüllung des göttlichen Liebesgebotes" neben humanitärer Gesinnung verbundener nationaler und sozialer Pflicht sowie öffentlicher Wohlfahrtspflege „ein Kraftfeld eigener Art", so wenig wie möglich hatte eingreifen lassen wollen, hatte die DAF förmliches und unmittelbares Recht hinsichtlich Arbeitszeit, Kündigung, Urlaub und Krankheit herzustellen beabsichtigt. Da die Regelungen ausschließlich „für die weltlichen Kräfte" Rechtskraft gewinnen sollten[799] – nur sie waren als versicherungspflichtige Gefolgschaftsmitglieder im Sinne der Gesetzgebung[800] –, im übrigen für die Ordensangehörigen und Mitglieder der geistlichen Genossenschaften, mithin der Ordensangehörigen, alle Befugnisse „innerhalb der kirchlichen Satzungen den Oberen überlassen" bleiben sollten und deren Führung aller „Mitglieder der großen Familiengemeinschaft"[801], als die sich wie die der Inneren Mission auch die Einrichtungen des DCV sahen, nicht in Frage gestellt war, so daß mit den Regelungen sich „religiöse und volksgemeinschaftliche Grundsätze ... zu einer Einheit verschmelzbar" erwiesen hatten[802], war die Bezeichnung als Tarifordnung wohl ein Zugeständnis an die DAF[803]. Im Laufe der Zeit sollte es üblich werden, von „Rahmentarifordnung" oder „Manteltarifordnung" zu sprechen[804], was den vom DCV verfolgten Absichten zum Teil, jedenfalls

---

796 Siehe I Kap. IV.3.1., S. 167ff.

797 RABl 1936 VI, S. 521–523. Siehe auch J. VAN ACKEN (Hg.), Zur Anwendung.

798 H. v. LERCHENFELD, Ein Kommentar, S. 202.

799 N.N., Gedanken, S. 195.

800 Tarifordnung für die dem Deutschen Caritasverband angeschlossenen Anstalten der Gesundheitsfürsorge vom 3.5.1936 (RABl 1936 VI, S. 521–523). § 2 Geltungsbereich: „Maßgebend für die Zugehörigkeit zu der Gefolgschaft dieser Anstalten ist die Versicherungspflicht zur Invaliden- oder Angestelltenversicherung." (S. 521).

801 N.N., Gedanken, S. 195.

802 J. VAN ACKEN (Hg.), Zur Anwendung, S. 1.

803 Zur Frage, wie die DAF gegen die gesetzlichen Regelungen in die Wahrnehmung gewerkschaftlicher Funktionen drängen konnte, um sich als leistungsbereiter Interessenvertreter der „Gefolgschaft" zu erweisen und damit zu legitimieren, siehe T. W. MASON, Sozialpolitik, S. 201ff.; W. SPOHN, Betriebsgemeinschaft, S. 174ff.; R. HACHTMANN, Die Krise, S. 288ff.

804 So E. GRAMSE, Werden und Inhalt, S. 15; H. BOESCHE, Die Lohntarifordnung, S. 36.

aber dem Regelungsinhalt der besagten Tarifordnung am ehesten entsprach und am 1. Juli 1936 in Kraft treten sollte.

Nicht nur die Gründung und Organisation der DAF, vielmehr die gesamte Neuordnung der Arbeitsbeziehungen war der Inneren Mission geradezu „aus der Seele gesprochen"[805]. Die gesetzliche Aufhebung von an Arbeitgeber- und Arbeitnehmerinteressen orientierten Gewerkschaften und Verbänden, die Absicht, sie unter dem „Gedanke[n] der Kameradschaft und Schicksalsverbundenheit"[806] als Betriebsgemeinschaft zu verbinden, bestätigte die „wesensmäßige Struktur der Einrichtungen der IM"[807]. Damit war aus der Inneren Mission, in deren Einrichtungen und Betriebsgemeinschaften, „gerade weil sie Glaubensgemeinschaften sein wollen"[808], der „marxistische Klassenkampf" verbannt[809]. Die „Dienstgemeinschaft", wie sie das AOGö zur bestimmenden Voraussetzung machte[810], konnte Einzug halten. Es war möglich, in dieser Neuordnung die gewissermaßen gesetzliche Absicherung jener Form der Leitung in den Einrichtungen der Inneren Mission zu sehen, die – „ein Ruhmesblatt der Diakonie" – die „Gefolgschaft" als „die ihr anvertrauten Menschen in familienhafter Weise umsorgt hat."[811] Das, was seinerzeit von den

805 A. DEPUHL, Innere Mission und Deutsche Arbeitsfront, S. 22.

806 EBD., S. 15.

807 EBD., S. 16.

808 EBD., S. 22.

809 EBD., S. 15.

810 § 2 AOGö Abs. 2 setzt fest: „Der Führer [einer öffentlichen Verwaltung oder eines öffentlichen Betriebes] sorgt für das Wohl der Beschäftigten. Diese haben ihm die in der Dienstgemeinschaft begründete Treue zu halten und eingedenk ihrer Stellung im öffentlichen Dienst in ihrer Diensterfüllung allen Volksgenossen Vorbild zu sein." (RGBl 1934 I, S. 221).

811 A. DEPUHL, Innere Mission und Deutsche Arbeitsfront, S. 22. Depuhl verweist auch auf Wichern. Das ist in diesen Zusammenhängen, soweit zu sehen, nur bedingt gerechtfertigt. Depuhl hat allein „Führung und Gefolgschaft" im Blick, die „auf Gedeih und Verderb zusammen[gehören]", worin er ein „Merkmal im Geiste Wicherns" erkennt und „die selbstverständliche Frucht einer religiösen Gemeinschaft." (EBD.). Das ist in Verbindung mit der Vision Wicherns von einer „christlichen und sozialen Wiedergeburt" (J. H. WICHERN, Die preußischen Reichsstände und die innere Mission (1848), in: J. H. WICHERN, Sämtliche Werke I, S. 101–105, hier S. 103) gedacht, was Depuhl mit dem gleichzeitigen Hinweis auf Adolf Stoecker unterstreicht. Die Erwähnung dieses Theologen und Politikers sollte wohl weniger an dessen sozialen Einsatz als Hofprediger erinnern, dem die Berliner Stadtmission viel zu verdanken hatte, vielmehr sollte in diesem Zusammenhang wohl erinnert werden an Stoeckers antisozialdemokratische und antisemitische Propaganda und Politik mit christlich-sozialem Anspruch innerhalb der Konservativen Partei, womit er auch die Voraussetzungen für das geschaffen hatte, was Depuhl nun meint, mit dem Hinweis auf ihn und auf Wichern legitimieren zu können. Abgesehen von der fragwürdigen Tragfähigkeit der Vision Wicherns für den NS-Staat und abgesehen von der gewissen Logik, die in dem Hinweis auf Stoecker liegt – die Bezugnahme auf ihn ebenso wie auf Wichern bleibt auf die „Gefolgschaftsmitglieder" in den Einrichtungen der Inneren Mission, der „Dienstgemeinschaft" entsprechend dem § 2 AOGö, beschränkt. Wichern aber hatte demgegenüber etwa in der Sache der Rettungshäuser die „Zöglinge" im Blick und Stoecker in seiner Stadtmissionsarbeit die hilfsbedürftigen Menschen in der Großstadt. Das entspricht biblischer Sichtweise. Siehe I Kap. II.2.2., S. 74 mit Anm. 120. Die Veränderung der Blickrichtung, die Einen-

Spitzen der Inneren Mission, von Themel und Schirmacher, versucht worden war, die Durchsetzung des Führerprinzips[812], das war jedenfalls damit für die einzelnen Einrichtungen und ihre Betriebsführungen etabliert. Mochte die Zustimmung der Inneren Mission auch aus funktional-sachlichen Erwägungen erfolgen, ausschlaggebend war die Übereinstimmung von politisch-ideologischen Vorgaben und praktisch-ekklesiologischen Überzeugungen.

Auf der Basis dieser Übereinstimmung hatte der CA in Verhandlungen mit der DAF der Einrichtung einer Fachgruppe „Freie Wohlfahrtspflege" in der Hauptabteilung XIII, der Reichsbetriebsgemeinschaft bzw. dem Fachamt „Freie Berufe" zugestimmt[813]. Im übrigen war dann, wie nach einigen kleinen Umorganisationen schließlich im Herbst 1936 feststand, diese Fachgruppe in neun Fachschaften aufgeteilt, von denen eine die „Evangelische Wohlfahrtspflege" und eine andere die „Kindergärtnerinnen" umfaßte[814]. Daß gerade dies gelungen war, ist wohl in besonderer Weise Mohrmanns Einsatz zu danken gewesen, die damit eine Eingliederung der im unter ihrer Leitung stehenden Verband evangelischer Kindergärtnerinnen, Hortnerinnen und Jugendleiterinnen zusammengeschlossenen, in der halboffenen Kinder- und Jugendarbeit tätigen evangelischen Erziehungskräfte in den NSLB und damit eine noch stärkere nationalsozialistisch-weltanschauliche Schulung verhindert hatte[815].

---

gung des Blickfeldes, in dem die „Zöglinge", die Hilfebedürftigen aus dem Blick derer geraten sind, die ihnen Nächste sein sollten, zeigt, wie weit in der Gemeinschaft der Starken, der Volksgemeinschaft, die Segregation der Schwachen vorangeschritten war. Sie gehören zur „Familie", zur Gemeinschaft bereits nicht mehr hinzu. Sie haben keine Nächsten im biblischen Sinne mehr.

812 Siehe I Kap. IV.1.2., S. 122f.

813 Protokoll der Geschäftsführerkonferenz des CA am 27.–28.5.1935 (ADW, CA 761 XII).

814 Mitteilungsdienst der DAF, Gauwaltung Berlin, Nr. 43 vom 14.11.1936 (BA BERLIN, NS 5 VI/ 6194). Im November 1935 war „innerhalb der Reichsbetriebsgemeinschaft XIII eine eigene Fachgruppe ‚Freie Wohlfahrtspflege' errichtet" und in vier Fachgruppen eingeteilt worden: alle Betriebe und Einrichtungen der NSV, alle Betriebe und Einrichtungen der IM, alle Betriebe und Einrichtungen des DCV und alle Betriebe und Einrichtungen des DRK (N.N., Zusammenfassung, S. 132f.). Ein Jahr später erfolgte unter Beibehaltung der Fachgruppe „Freie Wohlfahrtspflege" eine Neuorganisation. Zu den vier in ihrer Arbeit auf die weiterhin bestehenden vier Wohlfahrtspflegeverbände der Arbeitsgemeinschaft bezogenen Fachgruppen, die jetzt Fachschaften genannt wurden, kamen fünf weitere hinzu: NS-Kriegsopferversorgung, Öffentliche Wohlfahrtspflege, freiberufliche Volkspflegerinnen, Kindergärtnerinnen und Kriegsgräberfürsorge. Die Fachschaft Evangelische Wohlfahrtspflege, wie die einstige Fachgruppe Innere Mission hieß, war gegliedert in acht Unterabteilungen: Kranken- und Pflegeheime, Erziehungsheime, Erholungsheime, Gefährdetenfürsorge, Herbergen, Seemannsheime, Lehrlingsheime, Internate, Kindergärten und -horte, Offene Fürsoge. (Mitteilungsdienst der DAF, Gauwaltung Berlin, Nr. 43 vom 14.11.1936, in: BA BERLIN, NS 5 VI/6194). Zu weiteren Zuständigkeiten der DAF hinsichtlich CA und die von ihm als Spitzenverband evangelischer Wohlfahrtspflege vertretenen „Betriebsführer" und „Gefolgschaftsmitglieder" – jene sollten „durch ihren Eintritt in die DAF den Gefolgschaften ein gutes Beispiel geben (Schreiben DAF Zentralbüro an CA vom 28.9.1936, in: ADW, CA/J 125) –, siehe M. HÄUSLER, Dienst, S. 352ff. Zur Feststellung, daß dies „zumindest für den Bereich der Wohlfahrtspflege als die endgültige Ordnung der DAF angesehen werden kann" (EBD., S. 354); siehe R. LEY (Hg.), Organisationsbuch, S. 193ff.

815 Siehe M. BERGER, Zwischen Angleichung und Widerstand, S. 109.

In dieser Weise gewissermaßen doppelt zuständig, jedenfalls aus Sicht einer zunehmend „Omnikompetenz" anstrebenden DAF[816], waren von ihr im Frühjahr 1937 durch die DAF-Gauamtsleitungen an alle Landes- und Provinzialverbände für evangelische Kinderpflege, die Mitgliedsverbände der Vereinigung, Fragebogen versandt worden[817], mit deren Hilfe eine Bestandsaufnahme der Einrichtungen und Erfassung der Mitarbeiterinnen angestrebt wurde. Inwieweit darin die bereits mit Rundschreiben der NSV vom 12. November 1935 angekündigten „Betriebsfragebögen"[818] zu sehen sein mußten, ist nicht erkennbar. Allerdings lösten die Fragebögen einige Beunruhigung aus, denn es war nicht klar, ob das eine mit der NSV abgestimmte und ihren Interessen dienende Aktion war im Sinne einer Fortsetzung und Ausweitung dessen, was seinerzeit vor drei Jahren von der NSV und ihrer Fragebogenaktion beabsichtigt war[819]. Dann nämlich wäre diese Umfrage als der erneute Versuch anzusehen gewesen, unter dem Vorzeichen der Planwirtschaft Zugriff auf die evangelischen Einrichtungen zu erlangen.

Während Schirmacher als Verbindungsmann des CA zur DAF bereits gegen Ende April ermittelt hatte, daß die Fragebogenaktion „lediglich der sozialpolitischen Erfassung des in Frage stehenden Gebietes diene", daß „die Absicht der Ermittlung von Material für die NSV ... damit nicht verbunden" sei und empfahl, die Fragebogen „ohne Mißtrauen" und „nach bestem Vermögen auszufüllen"[820], blieben die Mitgliedsverbände der Vereinigung skeptisch. Sie äußerten ihre Bedenken noch auf der Mitgliederversammlung am 8. Juni 1937 anläßlich der Arbeitstagung der Vereinigung in Bielefeld[821]. Nicht zuletzt der verbliebene Argwohn verhinderte, daß es zu einem Beschluß in der Sache kam. Indessen zwei Monate später sollte klar sein, daß der evangelischen Kinderpflege die Bearbeitung der Fragebogen „bei der wohlwollenden Haltung der DAF von *größtem* Nutzen" sein konnte[822].

---

816 R. SMELSER, Robert Ley, S. 182.

817 Fragebogen o. D. (ADW, CA/J 125). Gefragt wurde nach dem Ort, der Platzzahl, der Zahl der Mitarbeiterinnen, ebenso wie nach Raumgröße und weiterem Bedarf; außerdem nach der gesamten Mitarbeiterschaft im Verbandsgebiet, Dienstverträgen und tariflichen Regelungen wie etwa der Gehaltsanpassung sowie nach Urlaub und Urlaubsgeld sowie der Mitgliedschaft in NS-Organisationen. Nicht gefragt wurde nach dem Anstellungsträger.

818 H. VORLÄNDER, Die NSV, Dok. Nr. 133, S. 332f.

819 Siehe I Kap. V.4.2., S. 217ff.

820 Schreiben Schirmacher an Westfälischen Provinzialverband für Innere Mission vom 28.4. 1937 (ADWW MÜNSTER, 153/3). Das Protokoll der „Verhandlung betr. Arbeitsfrontangelegenheiten", die Schirmacher und Heinrich am 21. April 1937 mit der DAF geführt hatten, in der auch Kindergartendinge besprochen worden waren, hielt als Ergebnis fest, der Fragebogen „diene lediglich der sozialpolitischen Erfassung und Betreuung der Kindergärtnerinnen und dürfe ohne Mißtrauen gegenüber etwaigen Interessen der NSV beantwortet werden." (ADW, CA/J 125).

821 Protokoll (ADWW MÜNSTER, 153/1).

822 Schreiben Vereinigung an die angeschlossenen Landes- und Provinzialverbände für evangelische Kinderpflege vom 12.8.1937 (ADW, CA 850 a II). Die Hervorhebung ist im Original unterstrichen.

Hundinger hatte sich für EREV und CA inzwischen mit ihrer Kollegin beim DCV in dessen Hauptgeschäftsstelle in Freiburg/Breisgau, der zuständigen Referentin für Kinderpflege, der praxiserfahrenen Maria Kiene, abgesprochen. Diese hatte schließlich nach Rücksprache mit Gustav von Mann bestätigt, daß man von seiten des DCV die Fragebogen bearbeiten und zur Grundlage für die „individuelle Zusammenarbeit" mit der DAF „wegen der einzelnen Anstalt" machen werde[823]. Der „größte Nutzen" mußte auch für v. Wicht und die Vereinigung darin liegen, durch die Zusammenarbeit mit der DAF „am *raschesten* und *zweckmäßigsten* ein *lückenloses* Bild"[824] über die in den evangelischen Kindergärten beschäftigten Fach- und sonstigen Kräfte zu erhalten. Inwieweit dabei der Gedanke, dieses Material zur Klärung der Bedarfsfrage gegen die Behauptungen der NSV in der von ihr angestrebten planwirtschaftlichen Ausrichtung der Kindergartenarbeit nutzen zu können, bei v. Wicht eine Rolle spielte, zumal DAF und NSV trotz Abstimmung und Einheitlichkeit behauptender Rundschreiben in heftiger Rivalität und dementsprechenden Abgrenzungskämpfen standen[825], das ist nicht erkennbar. Tatsächlich entscheidend, bisherige Bedenken zurückzustellen und den Landes- und Provinzialverbänden schließlich die Bearbeitung der Fragebogen zu empfehlen, war für die Vereinigung und v. Wicht die Aussicht auf eine „geschlossene statistische Erhebung des z. Zt. bei uns [vorhandenen] arbeitsmarktlichen Tatbestandes"[826]. Ihn genauer zu kennen mußte spätestens im Verlauf des Jahres 1936 zunehmend als notwendig erkannt werden. Allerdings sollten die Ergebnisse der Erhebungen der DAF im Blick auf die Kindertagesstätten erst zwei Jahre später eine Rolle spielten, indessen am Ende keine solche, wie man es sich wohl erhofft haben mochte.

So sehr das mit der neuen Arbeitsgesetzgebung unter dem Vorzeichen der Dienstgemeinschaft gesicherte Führerprinzip – „der Führer des Betriebes entscheidet der Gefolgschaft gegenüber in allen betrieblichen Angelegenheiten"[827] – den Vorstellungen der Inneren Mission entgegenkam, so wenig wa-

---

823 Schreiben Kiene an Hundinger vom 5.8.1937 (ADW, CA/J 125).

824 Schreiben Vereinigung an die angeschlossenen Landes- und Provinzialverbände für evangelische Kinderpflege vom 12.8.1937 (ADW, CA 850 a II). Die Hervorhebungen sind im Original unterstrichen.

825 Siehe H. VORLÄNDER, Die NSV, S. 103f.

826 Schreiben Vereinigung an die angeschlossenen Landes- und Provinzialverbände für evangelische Kinderpflege vom 12.8.1937 (ADW, CA 850 a II). Die Satzkonstruktion ist an der zitierten Stelle unvollständig: „... nicht nur keine grundsätzlichen oder formale Bedenken bestehen, sondern daß die *geschlossene* statistische Erhebung des z. Zt. bei uns [vorhandenen] arbeitsmarktlichen Tatbestandes uns nur bei der wohlwollenden Haltung der DAF von *größtem Nutzen* sein kann." Soll der Satz verständlich sein, ist die Ergänzung durch ein – wohl beim Schreiben vergessenes – Partizip, wie geschehen, als Zustandsangabe erforderlich. Die Hervorhebungen sind im Original unterstrichen.

827 § 2 AOG (RGBl 1934 I, S. 45). § 2 AOGö lautet dementsprechend: „Der Führer einer öffentlichen Verwaltung oder eines öffentlichen Betriebes entscheidet gegenüber den in ihnen

ren bisher solche Regelungen in Blick genommen worden, die als Tarifregelungen der von derselben Gesetzgebung unter demselben Vorzeichen vorgesehenen Fürsorgepflicht – „der Führer sorgt für das Wohl der Beschäftigten"[828] – entsprochen hätten. Während, bedingt durch das Reichskonkordat und eine dementsprechend veränderte kirchenpolitische Situation, gekennzeichnet vom Rückzug der katholischen Verbände und des Klerus aus der Parteipolitik, mithin, da es deren Grundlage, die Parteien selbst, nicht mehr gab, sich unter dem Schutz des Reichskonkordates eine Nutzbarmachung gesetzlicher Normierungen vollzog[829], stand die evangelische Kirche im Kirchenkampf. Während der DCV und sein Präsident Kreutz „die gegenseitigen Beziehungen" – von Staat und Kirche – so reibungslos und die „Grenzen zwischen Staat und Kirche" so wenig fühlbar wie möglich zu gestalten suchten[830] – um „die geschlossene Front der caritativen Organisationen und Einrichtungen zu verfestigen", wie Heydrichs SD mit deutlichem Mißfallen meldete[831] –, waren die Innere Mission und ihr CA damit beschäftigt, die Beziehungen zur BK und zur DEK zu ordnen. Und während Kreutz nach Inkrafttreten von AOG und AOGö bemüht war, wie sich erweisen sollte erfolgreich, „einen Sondertreuhänder zu erbitten"[832], waren CA und Vereinigung damit befaßt, obwohl die arbeitsrechtliche Neuordnung begrüßt wurde, den „Rückzug in den Raum der Kirche" anzutreten. Tarifrechtliche Neuregelungen schienen dem CA nicht erforderlich und der Vorstand des CA „glaubt[e] nicht, daß für die Innere Mission ein Sondertreuhänder erstrebenswert sei."[833].

---

beschäftigten Arbeitern und Angestellten als der Gefolgschaft in allen Angelegenheiten, die durch dieses Gesetz geregelt werden." (RGBl 1934 I, S. 220f.).

[828] § 2 AOGö (EBD., S. 221). § 2 AOG lautet: „Er [scil. der Führer] hat für das Wohl der Gefolgschaft zu sorgen." (RGBl 1934 I, S. 45).

[829] Siehe H. HÜRTEN, Der katholische Episkopat, S. 116; DERS., Deutsche Katholiken, S. 258ff.

[830] N.N., Gedanken, S. 195.

[831] Bericht des SD des Reichsführers SS Oberabschnitt Rhein vom 13.4.1935 (ADC, 748.1). Der Bericht analysiert die Arbeit des DCV anhand der CARITAS-KORRESPONDENZ, dem der IMIS entsprechenden Periodikum des DCV. Der SD hält zu diesem Zeitpunkt für „die allerwichtigste Mitteilung" die Tatsache, daß nach Verhandlungen zwischen DCV und dem Reichsarbeitsministerium die Bestellung eines Sondertreuhänders für die caritativen Einrichtungen beschlossene Sache sei, obwohl noch keineswegs feststehe, welche Einrichtungen unter die staatliche Anerkennung nach dem Reichskonkordat fielen. Dabei erschien es dem SD „einfach unfaßlich", aber es sei zu befürchten, daß es dem DCV dennoch gelingen werde, diesen „hochbedeutsamen" Posten mit einer Persönlichkeit entsprechend den Vorstellungen des DCV zu besetzen. Es wird vom SD vermutet, daß der „Führer" darüber nicht sachgemäß unterrichtet worden sei. Damit die Einrichtungen nicht „ob dieser Errungenschaft Feste und Dankandachten feiern" sei alles zu tun, daß ein Mann die Aufgabe übernimmt, der eine „100 %ige Garantie für den Staat" sei. „Niemals darf es aber eine Creatur des Caritasverbandes sein." (EBD.). Siehe H.-J. WOLLASCH, Nachrichtendienst, S. 510–514.

[832] B. KREUTZ, Ein Wort, S. 194.

[833] Protokoll der Vorstandssitzung des CA am 7.11.1935 (ADW, CA 67 B (1935)).

Erst nachdem am 3. November 1936 die Tarifordnung für die dem DCV angeschlossenen Erziehungseinrichtungen von v. Lerchenfeld-Köfering erlassen[834] worden war, konnte und wollte man im CA weder weiterhin hinter dem DCV zurückstehen, dessen Erfahrungen man sich im übrigen hatte zu Nutze machen können[835], noch sich den Anforderungen entziehen, die mit der Ernennung des ehedem Oberpräsidenten der Provinz Sachsen und mit der gesetzlichen Neuordnung der Arbeit Sondertreuhänder für den öffentlichen Dienst, Dr. Kurt Melcher, zum Sondertreuhänder der Anstalten und Einrichtungen des Central-Ausschusses für die Innere Mission der Deutschen Evangelischen Kirche und des Deutschen Roten Kreuzes[836] verbundenen waren[837]. Nach wie vor noch skeptisch, ob es zweckmäßig sei und überhaupt gelingen könne, für die „bunte Vielfalt" der Einrichtungen der Inneren Mission eine einheitliche Ordnung und schon gar eine solche hinsichtlich der Höhe von Löhnen und Gehältern zu schaffen[838], dennoch mit „großer Freude" bereit, Melcher „die Durchführung ... [seines] Auftrages zu erleichtern", wurden Anfang Januar 1937 in den vom AOGö vorgesehenen Sachverständigenausschuß Schirmacher und Hans Harmsen als Vertreter des CA entsandt[839].

Auch die Vereinigung sah sich zu diesem Zeitpunkt vor die Notwendigkeit gestellt, Tariffragen zu erörtern. Sie hatte in der Sache bislang so gut wie gar nicht agiert, da tarifliche Regelungen, besonders Lohn- und Gehaltsverbesserungen für die Mitarbeiterinnen in den evangelischen Kindertagesstätten, aber auch verbesserte tarifliche Arbeitszeit-, Urlaubs- und Krankheitsfallregelungen für die überwiegenden Mehrheit der evangelischen Kindergärten eine zusätzliche Erschwernis der Bewirtschaftung der ohnehin kaum auskömmlichen Haushalte bedeuten mußten. Nachdem die Sache erstmals am 25. Januar 1937 auf der im Rahmen der Reichstagung der Inneren Mission stattfindenden Vorstandssitzung der Vereinigung mit Besorgnis verhandelt worden

834 RABl 1936 VI, S. 1251–1253. Siehe auch K. MEISTER, Die Tarifordnung, S. 52–56.

835 Noch vor Veröffentlichung der Tarifordnung für die dem DCV angeschlossenen Anstalten der Gesundheitsfürsorge vom 3.5.1936 hatte der DCV durch seine Hauptvertretung in Berlin den CA „vertraulich" seine Bereitschaft wissen lassen, „einiges aus der ‚Geschichte' dieser Tarifordnung mitzuteilen." (Schreiben Hauptvertretung des DCV an CA [Harmsen] vom 18.5.1936, in: ADW, CA/G 555).

836 Schreiben Reichs- und Preußische Arbeitsminister [Staatssekretär Werner Mansfeld] an Sondertreuhänder für den öffentlichen Dienst [Melcher] vom 4.12.1936 (ADW, CA 2099/36a I).

837 Inwieweit der Kaiserswerther Verband mit v. Lüttichau und die Diakoniegemeinschaft mit Mohrman auf Schritte des CA drängten, um etwa in der seit langem unentschiedenen Hilfsschwesternfrage für die dem Kaiserswerther Verband angeschlossenen Diakonissenmutterhäuser ebenso klare Verhältnisse im Sinne einer deutlichen Unterscheidung der Diakonissen von den Hilfsschwestern wie für diese gleichzeitig und dementsprechend tariflich gesicherte Arbeitsbedingungen zu schaffen, bleibt Forschungsdesiderat. Vgl. G. FREYTAG, Unterwegs, S. 50–56, der die Tariffrage unberücksichtigt läßt.

838 Siehe E. GRAMSE, Werden und Inhalt, S. 15.

839 Schreiben CA an Sondertreuhänder für den öffentlichen Dienst [Melcher] vom 9.1.1937 (ADW, CA 2099/36a I).

war[840], nahm v. Wicht auftragsgemäß Verbindung mit dem CA auf. Er bat „dringend" darum, als zuständiger Reichsfachverband zu den anstehenden Beratungen mit Melcher hinzugezogen zu werden, damit „tragbare Bestimmungen und Regelungen" vereinbart werden[841]. Das entsprach ganz und gar dem Interesse des CA, denn die „Unterbindung" der Sammelfreiheit und „die ungeheuerlichen Erschwerungen durch die neue Umsatzsteuerregelung", wie Heinrich urteilte, hatte die Einrichtungen der Inneren Mission in eine Lage gebracht, die „alarmierend genug" war. Die Einführung von Tarifen mußte weitere finanzielle Erschwerungen bedeuten. Damit „könnte unter Umständen das ganze Gebäude [scil. der Inneren Mission] erschüttert [werden] und in kurzer oder etwas längerer Zeit ein Massenzusammenbruch eintreten."[842] Das sollte natürlich vermieden werden.

Inwieweit Harmsen und Schirmacher als Mitglieder des Sachverständigenausschusses v. Wicht tatsächlich in die Tarifverhandlungen einbezogen oder ihn auch nur informierten, muß dahingestellt bleiben. Jedenfalls sah sich Schirmacher zur Vertraulichkeit, ja sogar gegenüber dem Vorstand des CA „zum Schweigen verpflichtet"[843]. Immerhin aber wurde die Tarifproblematik allgemein auf der Mitte April 1937 stattfindenden Geschäftsführerkonferenz des CA neben den Fragen der Ausgleichszahlung aus Mitteln des WHW[844] und der Erörterung der kirchlichen Lage nach dem Rücktritt des RKA, wenn auch nicht annäherd so breit wie diese, diskutiert und die Einschätzung Heinrichs bestätigt[845].

Als am Ende eines fast einjährigen Beratungsprozesses, von seiten des Sondertreuhänders für den öffentlichen Dienst in seiner Eigenschaft als Sondertreuhänder der Anstalten und Einrichtungen des Central-Ausschusses für die Innere Mission der Deutschen Evangelischen Kirche und des Deutschen Roten Kreuzes gesteuert von dem jungen Juristen Dr. Eberhard Gramse, am 1. Dezember 1937 die „Tarifordnung für die Anstalten und Einrichtungen der Gesundheitspflege, soweit sie dem Central-Ausschuß für die Innere Mission der Deutschen Evangelischen Kirche angeschlossen sind (IMT)" erlassen wurde und am 1. Januar 1938 in Kraft trat[846], war eine Regelung zustande gekommen, die „im ganzen gesehen" auf die seinerzeit für die Anstalten und Einrichtungen des DCV erlassenen Tarifordnungen aufbaute. Auch diese Tarifordnung für die Anstalten der Gesundheitspflege der Inneren Mission „beschränkt[e] sich auf das unbedingt Notwendige, also allein auf die Regelungen

---

840 Protokoll (LKA Hannover, E 26/102; ADWW Münster, 153/1).

841 Schreiben v. Wicht an CA vom 5.2.1937 (ADW, CA 2099/36a I).

842 Schreiben Heinrich an DAF Reichsbetriebsgemeinschaft XIII vom 24.7.1936 (Ebd.).

843 Protokoll der Vorstandssitzung des CA am 13.4.1937 (ADW, CA 67 B (1937)).

844 Siehe II Kap. I.4.1., S. 195ff.

845 Protokoll der Geschäftsführerkonferenz des CA am 15.4.1937 (ADW, CA 761 XIX).

846 RABl 1937 VI, S. 1173–1176.

der Arbeitsbedingungen", wie Gramse selbst resümierte[847]. Das bedeutete, daß auch „die vorsichtige Fassung" der Tarifordnung für die dem DCV angehörenden Einrichtungen und Anstalten für die kostenwirksamen Regelungen zur Arbeitszeit, zu Lohn- und Gehaltsfortzahlungen und zu Urlaub und Krankheit übernommen worden waren, wie es sich v. Wicht für „unser Fachgebiet" gewünscht hatte[848].

Wenn die IMT so lange hatte auf sich warten lassen, so mochte das auch etwas zu tun haben mit den erwähnten Fragebogen der DAF, die zunächst mehr für Beunruhigung gesorgt hatten, als daß sie den Beratungen im Sachverständigenausschuß förderlich gewesen waren. Insofern war diese Situation kennzeichnend für die mit dem allgemeinen „organisatorischen Expansionsstreben der DAF"[849] einhergehenden Schwierigkeiten. Die damit verbundenen Konflikte mit der Ministerialbürokratie, insonderheit der des Reichs- und Preußischen Arbeitsministeriums häuften sich[850], so daß ein auch deswegen von wachsender Arbeitsunlust bestimmter Seldte[851] der DAF öffentlich vorwarf, sie verstoße „gegen Grundlagen des neuen deutschen Arbeitsrechts"[852]. Den CA berührte das nur bedingt und allein insofern, als die Auseinandersetzungen auch immer wieder Abgrenzungsfragen zwischen dem Sondertreuhänder für den öffentlichen Dienst, der DAF sowie einzelnen Einrichtungen betrafen und damit deren Alltagsgeschäft belastete[853]. Gleichviel – der Präsident des CA und die Verbindungsstelle zur DAF im Haus am Berlin-Dahlemer Reichensteiner Weg, Schirmacher und Heinrich, wollten besonders angesichts eines wachsend schwieriger werdenden Verhältnisses zur

---

847 E. GRAMSE, Werden und Inhalt, S. 16.

848 Schreiben v. Wicht an CA vom 5.2.1937 (ADW, CA 2099/36a I).

849 T. W. MASON, Sozialpolitik, S. 197.

850 Siehe T. SIEGEL, Leistung und Lohn, S. 62ff. Vgl. W. SPOHN, Betriebsgemeinschaft, S. 185ff.

851 Vgl. H.-U. THAMER, Verführung und Gewalt, S. 352 mit Anm. 27.

852 Schreiben Reichs- und Preußischer Arbeitsminister an alle Reichstreuhänder der Arbeit vom 19.5.1937 „Beilegung von innerbetrieblichen Streitigkeiten; Eingriffe der DAF in den Aufgabenkreis der Reichstreuhänder der Arbeit." (RABl 1937 I, S. 137). Das Schreiben wurde im CA zur Kenntnis genommen, und gefertigt wurde ein erläuternder Vermerk von Fuß vom 7.6.1937 (ADW, CA 2099/36a I).

853 Siehe M. HÄUSLER, Dienst, S. 356f. Obwohl nicht eindeutig erkennbar wird, daß die Diakone zu keinem Zeitpunkt im Bereich der Inneren Mission im Schutz tarifrechtlicher Regelungen arbeiteten, auch die denkbaren ökonomischen Zwänge eines Brüderhauses nur bedingt angesprochen werden, wird aber sehr anschaulich dargestellt, daß die DAF trotz ihrer vom „Führer" ihr übertragenen Aufgabe, „den Arbeitsfrieden ... zu sichern" (§ 7 Verordnung des Führers über Wesen und Ziel der DAF vom 24.10.1934, in: R. LEY (Hg.), Organisationsbuch, S. 186; O. MARRENBACH, Fundamente, S. 18; H.-G. SCHUMANN, Nationalsozialismus, S. 175), durchaus im Interesse der Diakone gewissermaßen gewerkschaftliche Funktionen einer Interessenvertretung gegenüber den Brüderhausvorstehern als Betriebsführern wahrzunehmen beanspruchte. Möglicherweise aus dieser Zeit stammt der unter Diakonen weitergegebene polemische Ausspruch, der das schwierige Verhältnis der Diakone zum akademisch gebildeten Pfarrer als Betriebsführer reflektiert: Noch sitzt der Pfaff' auf seinem Thron, bald herrsche ich, der Diakon.

NSV, daß „das verständnisvolle Eingehen gerade der Arbeitsfront auf unsere Verhältnisse anerkannt und hervorgehoben“[854], „die Bedeutung der Arbeitsfront für unsere Anstalten klar und warm geschildert wird“[855] und damit Schwierigkeiten, wie sie etwa in Zusammenhang mit dem Kindergarten im Kirchspiel Nackel aufgetreten waren, vermieden werden[856].

Was bei den Verhandlungen zur IMT nur bedingt eine Rolle gespielt und ihren Fortgang nicht behindert hatte, war die Frage, die ein Jahr später in der verfaßten Kirche, der DEK und ihren Landeskirchen, zu heftigen Auseinandersetzungen führen sollte. Gemeint ist die „Treueidkampagne“[857]. Für die Innere Mission hätte dem eine „Treuegelöbniskampagne“ entsprochen. Sie aber hatte nicht stattgefunden. Zwar hatte, wohl im Gegensatz zu den Verhandlungen über die Tarifordnung für die dem DCV angeschlossenen Einrichtungen und Anstalten, zu Beginn der Besprechungen mit der Inneren Mission die Frage eine gewisse Bedeutung erhalten, „ob die Anstalten und Betriebe der freien Wohlfahrtspflege der Regelung durch das AOG oder durch das AOGö unterfallen.“[858] Da sie aber bereits mit der Berufung des Sondertreuhänders für die dem DCV angeschlossenen Anstalten der katholischen freien Liebestätigkeit offenkundig und vom Reichs- und Preußischen Arbeitsministerium auch entschieden beantwortet worden war[859], hatte es keiner längeren öffentlichen Debatte bedurft.

Nach anfänglichen Zweifeln[860] war es spätestens im Mai 1937 auch im CA unstrittig gewesen, daß entsprechend den Maßgaben des AOGö die evangelische Kirche „einen entscheidenden Einfluß“[861] auf die Einrichtungen der Inneren Mission ausübt. Das entsprach ganz und gar der Erklärung des RKA

---

[854] Schreiben Heinrich an Constantin Frick vom 10.2.1938 (ADW, CA 2099/36a I).

[855] Schreiben Constantin Frick an Heinrich vom 14.2.1938 (EBD.).

[856] Siehe II Kap. I.3.2., S. 155f. mit Anm. 106.

[857] Siehe K. MEIER, Kirchenkampf III, S. 43–53.

[858] H. HERZ, Das Arbeitsverhältnis, S. 138.

[859] Siehe H. REUSS, Das Gesetz. Erläutert wird zunächst die Dreiteilung des „öffentlichen Dienstes“, die das AOGö vornimmt – Verwaltungen des Reiches, der Länder, der Kommunen (§ 1 Ziff. 1a); von solchen Verwaltungen geführte Betriebe (§ 1 Ziff. 1b); von solchen Verwaltungen maßgebend beeinflußte Betriebe (§ 1 Ziff. 1c) (RGBl 1934 I S. 220). Die Begriffe Verwaltung und Betrieb sind nicht weiter und nicht genauer bestimmt (S. 138). Danach „dürften also in den Rahmen der öffentlichen Betriebe bei Vorliegen der eingangs genannten Voraussetzung die Betriebe gehören, die die Bevölkerung mit Gas, Wasser und Strom versorgen, ... die kommunalen Verkehrsbetriebe, ... die Betriebe der Müllabfuhr und Straßenreinigung und die Kläranlagen. Weiterhin dürfte zum öffentlichen Dienst gehören das Friedhofswesen, die Krematorien, die kommunalen Krankenhäuser, Altersheime, Pflege- und Fürsorgeanstalten, die im Zentralausschuß [sic!] für die Innere Mission der Deutschen Evangelischen Kirche und im Deutschen Caritasverband zusammengefaßten Einrichtungen der Liebestätigkeit der beiden christlichen Kirchen und ähnliche. Erwähnt seien auch noch Theaterbetriebe und Zoologische Gärten.“ (EBD. S. 139).

[860] Vermerk von Fuß betr. Anwendung des AOG oder AOGö in den Anstalten der Inneren Mission vom 15.11.1936 (ADW, CA 2099/36 I).

[861] § 1 Ziff. 1c AOGö (RGBl 1934 I, S. 220).

vom 18. April 1936[862]. Da die evangelische wie die katholische Kirche „als anerkannte Religionsgesellschaften Körperschaften des öffentlichen Rechts" waren und weil zudem „tatsächliche Übung" dem nicht entgegenstand und die Wohlfahrtspflege, auch wenn subsidiär geordnet, der öffentlichen Hand vorbehalten war, fielen die Einrichtungen der Inneren Mission in den Geltungsbereich des AOGö[863].

Es entsprach einem gegen ein als „liberalistisch-marxistisch"[864] desavouiertes Rechtsdenken gerichteten und statt dessen nach nationalsozialistischer Weltanschauung von Führerprinzip und Treuepflicht und demgemäß vom Begriff der Dienstgemeinschaft bestimmten Gesetz wie dem AOGö[865], wenn Melcher als Sondertreuhänder für den öffentlichen Dienst „Richtlinien für den Inhalt von Dienstordnungen" für „alle reichsangehörigen Gefolgschaftsmitglieder mit Ausnahme der Juden"[866] erlassen hatte. Mit dieser Richtlinie hatte er am 15. Dezember 1936 festgesetzt, daß die Gefolgschaftsmitglieder durch Handschlag „Treue und Gehorsam dem Führer des Deutschen Reiches und Volkes" zu geloben und, sofern sie nicht Reichsangehörige und auch keine Juden wären, eine dementsprechende Erklärung zu unterzeichnen hätten[867]. Aber sowenig wie von der Inneren Mission und ihrem CA, von ihren Verbänden und Einrichtungen Einwände gegen die Bestimmungen des AOGö vorgebracht worden waren, ja im Gegenteil „in aller Bescheidenheit" Zustimmung bekundet[868] und durch einen ihrer herausragenden Vertreter, v. Bodelschwingh, in Zusammenhang mit seinem Entwurf einer „dienenden Kirche" sogar Dankbarkeit darüber zum Ausdruck gebracht worden war, in den arbeitsrechtlichen Neuregelungen „ursprüngliche Gedanken christlicher Ethik Gestalt gewinnen" sehen zu können[869], ebensowenig wurden jetzt Bedenken gegen die Forderung nach einem Treuegelöbnis „aller Schaffenden"[870] erho-

---

862 Siehe I Kap. VII.1.1., S. 281f. mit Anm. 38.

863 H. HERZ, Das Arbeitsverhältnis, S. 138. Siehe auch E. GRAMSE, Werden und Inhalt, S. 13. Vgl. Vermerk Fuß betr. Gründe für Einführung des AOGö in den Anstalten der Inneren Mission und des Caritasverbandes vom 21.5.1937 (ADW, CA 2099/36a I). Damit macht Fuß, ihn knapp referierend, auf den Beitrag von H. HERZ, Das Arbeitsverhältnis, aufmerksam.

864 O. MARRENBACH (Hg.), Fundamente, S. 29.

865 Vgl. O. SCHNEIDER, Rechtsgedanken, S. 98–104.

866 Erlaß des Sondertreuhänders für den öffentlichen Dienst vom 15.12.1936 (RABl 1936 I, S. 327).

867 Die zu unterzeichnende Erklärung lautete: „Ich verpflichte mich, meine Dienstobliegenheiten gewissenhaft und uneigennützig zu erfüllen und die Gesetze und sonstigen Anordnungen des nationalsozialistischen Staates zu befolgen." (EBD., S. 327).

868 A. DEPUHL, Innere Mission und Deutsche Arbeitsfront, S. 16.

869 F. V. BODELSCHWINGH, Auftrag der dienenden Kirche, S. 1.

870 Tarifordnung für die Anstalten und Einrichtungen der Gesundheitspflege, soweit sie dem Central-Ausschuß für die Innere Mission der Deutschen Evangelischen Kirche angeschlossen sind (RABl 1937 VI, S. 1173–1176). Präambelartig vorangestellt ist die Verpflichtung: „Alle Schaffenden, für die diese Tarifordnung gilt, wirken zum gemeinen Nutzen von Volk und Staat zusammen." (S. 1173).

ben, soweit diese der Dienstgemeinschaft der Anstalten und Einrichtungen angehörten.

Im Zuge der Verhandlungen mit der DAF und dem Sondertreuhänder für den öffentlichen Dienst im Sachverständigenausschuß hatte der CA hinsichtlich der Frage, wer zur Abnahme des Treuegelöbnisses befugt sei, zur Kenntnis nehmen können, daß DAF und Sondertreuhänder für den öffentlichen Dienst keine Vorbehalte gegenüber der Tatsache hatten, daß einerseits die in Frage kommenden Anstalts- und Einrichtungsleiter ebenso wie die Geschäftsführer der Landes-, Provinzial- und Fachverbände ordinierte und damit den reformatorischen Bekenntnisschriften verpflichtete Theologen waren, andererseits für diese die Frage der Vereidigung auf den „Führer“ noch nicht gültig geregelt war. Zwar hatte die Nationalsynode der DEK am 9. August 1934 das vom „Rechtswalter“ der DEK, August Jäger; im Zuge seiner Gleichschaltungsbestrebungen eingebrachte Kirchengesetz über den Diensteid der Geistlichen und Beamten beschlossen[871]. Aber die Reaktionen der BK mit Kanzelabkündigungen und Weisungen hatten ebenso wie die Proteste Meisers und Wurms[872] innerhalb von nur einem Monat dazu geführt, daß August Jäger mit der Verordnung über die Vereidigung der kirchlichen Beamten am 13. September 1934 die Aufhebung wesentlicher Bestimmungen, vor allem aber verfügt hatte, „über die Vereidigung der Geistlichen ergeht besondere Entschließung“ [873]. Da gleichzeitig die DC ihren Rückhalt bei den Machthabern aus Gründen außenpolitischer Rücksichtnahmen zu verlieren, mithin die Reichskirchenregierung mit ihrer Gleichschaltungspolitik dem Zerfall entgegenzugehen begonnen hatten[874], war auch der Grund entfallen, die Auseinandersetzung in Sachen Diensteid für Geistliche theologisch differenzierter, ja überhaupt fortzusetzen. Hätte das etwa jetzt geschehen und damit ein zügiger Abschluß der Verhandlungen, eine möglichst umgehende Vorlage einer Tarifordnung verhindert werden sollen?

Es hatte unter den Beteiligten, besonders dem CA, der DAF und dem Sondertreuhänder für den öffentlichen Dienst, offenbar stillschweigend Konsens darüber bestanden, in der Frage des Treuegelöbnisses keine Grundsatzdebatte zu führen, sondern ergebnisorientiert die Spielräume des status quo zu nutzen. So hatte Schirmacher Mitte April 1937 feststellen können, daß die DAF mit seiner, Schirmachers, Ansicht in der Sache ganz und gar einverstanden war. Schirmacher hatte vorgeschlagen, von dem Grundsatz auszugehen, daß jeder Anstaltsleiter, der das Treuegelöbnis auf den „Führer“ entgegennimmt, sich gegenüber den Gefolgschaftsmitgliedern selbst zur Beachtung und „Inne-

871 GBlDEK 1934, S. 122–123. Zur Nationalsynode der DEK am 9.8.1934 in Wittenberg siehe K. MEIER, Kirchenkampf I, S. 213–217; K. SCHOLDER, Kirchen II, S. 285–290.

872 Siehe J. GAUGER, Chronik II, S. 282–285. Vgl. K. SCHOLDER, Kirchen II, S. 290–297.

873 GBlDEK 1934, S. 157.

874 Siehe K. MEIER, Kirchenkampf I, S. 501ff.; K. SCHOLDER, Kirchen II, S. 297ff.

haltung“ dieses Treuegelöbnisses verpflichtet. Und Schirmachers Schlußfolgerung war gewesen: „eine Vereidigung der Anstaltsleiter ist also nicht notwendig.“[875]

Gleichzeitig hatte Gramse den CA zur Frage der leitenden Geistlichen der Inneren Mission und ihres Treuegelöbnisses wissen lassen, daß sie aus seiner Sicht den Gefolgschaftsführern im öffentlichen Dienst gleichgestellt wären. Er postulierte, daß, wenn denn die meisten Anstalts- und Einrichtungsleiter der Inneren Mission Geistliche seien, diese „bereits von ihrer Kirche vereidigt worden sind“. Er ging offenbar davon aus, daß diese trotz der Verordnung August Jägers vom 13. September 1934 eidlich auf den „Führer“ verpflichtet wären. Deshalb könne, was im Staatsdienst – wer die Vereidigung der Gefolgschaftsmitglieder, also die Abnahme ihres Treuegelöbnisses vornimmt, hat zuvor bei der vorgesetzten Dienststelle seine Treue zum „Führer“ in der verordneten Weise gelobt – Praxis sei, auf die Anstaltsleiter der Inneren Mission sinngemäß angewandt werden[876].

So sehr der pragmatische, am erfolgreichen Abschluß der Verhandlungen zu einer Tarifordnung orientierte Umgang mit der Frage des Treuegelöbnisses der Geistlichen in den Anstalten und Verbänden der Inneren Mission deren Absichten entsprechen mochte, durch eine sowohl weltanschaulich zweifelsfreie als auch mit dem öffentlichen Dienst vergleichbare Verfahrensweise im Blick auf das Ablegen dieses Gelöbnisses auch zu unstrittiger und allgemeiner Anerkennung zu gelangen – es bedeutete, daß zugleich auch eine andere Regelung rechtskräftig Gültigkeit erhielt. Von den Vertretern des CA im Sachverständigenausschuß, Heinrich und Schirmacher, wurden ohne weiteres auch die Bestimmungen akzeptiert, die auf der Grundlage der „Nürnberger Gesetze“ seit deren Inkrafttreten am 15. September 1935 in der allgemeinen Verwaltungspraxis im Deutschen Reich zu Bestimmung und Ausgrenzung jüdischer Menschen wirksam geworden waren[877]. Diese Akzeptanz hatte sich ja auch, zwar aus unterschiedlichem Anlaß aber in eindeutiger

---

[875] Protokoll der Sitzung betr. Arbeitsfrontangelegenheiten mit Reichsbetriebsgemeinschaft XIII am 21.4.1937 (ADW, CA 2099/36a I). Möglicherweise war es dabei ein Zugeständnis unter verhandlungstaktischen Gesichtspunkten, wenn Schirmacher entgegen ursprünglicher Absicht darauf verzichtete, den Austritt eines Gefolgschaftsmitgliedes aus der Kirche als einen besonderen Kündigungsgrund – fristlose Kündigung – in das Regelwerk der Tarifordnung aufnehmen zu lassen (EBD.).

[876] Vermerk Fuß betr. Treuegelöbnis auf den „Führer“ vom 22.4.1937 (ADW, CA 2099/36a I). Nicht nur Fuß gebraucht „Vereidigung“ synonym für „Ablegen des Treuegelöbnisses“.

[877] Siehe I Kap. VII.2.1., S. 303 mit Anm. 141. Vgl. W. GERLACH, Zeugen, S. 146–151; E. RÖHM/J. THIERFELDER, Juden II/1, S. 19–41; J. NOAKES, „Judenmischlinge“; J. WALK, Sonderrecht, S. 131ff. Ein Aktenvermerk von Fuß betr. Tarifordnung und Treuegelöbnis vom 21.4.1937 (ADW, CA 2099/36a I) weist expressis verbis unter Anführung der Definitionen aus der DVO zum Reichsbürgergesetz vom 14.11.1935 (RGBl 1935 I, S. 1333–1334) und der DVO zum Gesetz zum Schutze des deutschen Blutes und der deutschen Ehre (RGBl 1935 I, S. 1334–1336) darauf hin, wer Jude ist, mithin von der Treuegelöbnisverpflichtung ausgeschlossen ist.

Weise, in Verbindung mit den evangelischen Kindergärten in Karlsruhe, Lemgo und Wutzetz-Damm, gezeigt[878].

Außerdem war in den Verhandlungen zur IMT von vornherein unstrittig, daß, entsprechend den beim DCV geltenden Regelungen, wonach Ordensangehörige, Mitglieder der geistlichen Genossenschaften, da nicht in der „Versicherungspflicht zur Invaliden- oder Angestelltenversicherung"[879], nicht Gefolgschaftsmitglieder waren, auch die Diakonissen nicht zur Gefolgschaft im Sinne der Tarifordnung zu zählen wären. Das hieß, sie waren nicht gehalten, das Treuegelöbnis abzulegen, während seine Verweigerung den Anstellungsverlust bedeutete[880]. Nach Lage der Dinge war es in gewisser Weise selbstverständlich, daß am 14. Mai 1937 die beiden „reichsangehörigen Gefolgschaftsmitglieder" der Vereinigung, Schliebitz als Referentin und eine die anfallenden Sekretariatsarbeiten erledigende Mitarbeiterin, in der Geschäftsstelle in der Berlin-Kreuzberger Wartenbergstraße ihr Treuegelöbnis in der geforderten Form vor v. Wicht, dem Gefolgschaftsführer, ablegten[881].

Was den Fortgang der Verhandlungen zur selben Zeit, gegen Mitte des Jahres 1937, aufhielt und verzögerte, war, daß man sich auf Grund einer Initiative aus dem Landesverein für Innere Mission in der Evangelisch-lutherischen Kirche in Bayern nicht nur mit der Frage einer den Einrichtungen der Inneren Mission als einem „wesentlichen Bestandteil der evangelischen Liebestätigkeit und der evangelischen Kirche" entsprechenden „Gesinnung und Haltung" der Gefolgschaftsmitglieder auch und gerade im Blick auf die Kündigungsregelungen befassen mußte[882]. Vielmehr sollte außerdem eine Sonderregelung für die „‚halben' Kräfte" vorgesehen werden[883]. Vor allem aber sollten die Diakone, die nach Auffassung „von unseren bayerischen Freunden", wie Heinrich etwas ironisch bemerkte, unter „gleichen Bedingungen arbeiten wie die Mutterhausschwestern", mithin Diakonissen – wie diese sollten die Diakone durchaus nicht unter die Tarifordnung fallen[884].

---

878 Siehe I Kap. VII.2.1., S. 301–306 und II Kap. I.2.3., S. 92–102.

879 § 3 Ziff. 2 IMT (RABl 1937 VI, S. 1174); siehe dieses Kap. S. 349 mit Anm. 800.

880 Der Sondertreuhänder für den öffentlichen Dienst, Richtlinien für den Inhalt von Dienstordnungen vom 15.12.1937 (RABl 1936 I, S. 327).

881 Aufzeichnung über die erfolgte Verpflichtung vom 14.5.1937 (ADW, VKD 36). Wie es der Erlaß des Sondertreuhänders für den öffentlichen Dienst vom 15.12.1936 (RABl 1936 I, S. 327) vorgab, war der Wortlaut: „Ich gelobe: Ich werde dem Führer des Deutschen Reiches und Volkes, Adolf Hitler, treu und gehorsam sein und meine Dienstobliegenheiten gewissenhaft und uneigennützig erfüllen." (EBD.).

882 Schreiben Weichlein an CA vom 4.5.1937 (ADW, CA 2099/36a III); Schreiben Heinrich an DAF vom 18.5.1937 (EBD.).

883 EBD. „Unter halben Kräften sind Mitarbeiter zu verstehen, die nicht im Besitz ihrer vollen geistigen und körperlichen Kräfte sind und die sich deshalb zugleich um ihres persönlichen Wohles willen in der Anstalt aufhalten und gegen angemessene Entlohnung mitarbeiten." (EBD.). Vgl. H. BOESCHE, Werden und Inhalt, S. 20.

884 Schreiben Heinrich an Sondertreuhänder für den öffentlichen Dienst vom 29.6.1937

Tatsächlich stand sehr bald fest, daß für den Bereich der Inneren Mission nicht allein die Diakonissen, sondern auch die Diakone – die Brüderhausvorsteher, nicht nur aus Bayern, hatten sich offenkundig durchgesetzt[885] – von den Regelungen einer Tarifordnung für die Innere Mission ausgenommen blieben. Auch das Problem der „halben Kräfte“ wurde durch die Eröffnung der Möglichkeit zu Sondervereinbarungen geklärt. Und hinsichtlich einer evangelischen „Gesinnung und Haltung“, mithin einer arbeitsrechtlichen Relevanz der Tatsache, daß keine „Zugehörigkeit zur evangelischen Kirche“ vorliegt, wurden entgegen ursprünglicher Absicht des CA und seiner Sachverständigen keine tarifrechtlichen Regelungen gesucht, vielmehr eine Entscheidung im Einzelfall vereinbart[886].

Obwohl allgemein mit Ungeduld erwartet, was auch auf der Geschäftsführerkonferenz des CA am 7. Dezember 1937 zum Ausdruck kam[887], war das Urteil über die IMT durchaus zwiespältig. Während etwa Schirmacher bereits im Oktober meinte, die Innere Mission „erhalte in ihr eine neue rechtliche Stütze“[888], war Paul Braune ganz anderer Meinung. Aus seiner Sicht bedeutete die IMT „in der vorliegenden Form für unsere Betriebe nicht viel“. Er sah nicht nur „die meisten Bedingungen erfüllt“, vielmehr „zumeist sogar von uns überboten.“[889] Daß allerdings mit diesen Urteilen auch ein Blick für die Gefährdungen einer Verstaatlichung der Inneren Mission durch die Übernahme staatlicher Regelungen mit staatlichen Eingriffsmöglichkeiten vorhanden war, läßt sich nicht behaupten. Schirmacher urteilte offenbar nach wie vor unter der Voraussetzung anhaltender Gültigkeit der Normen eines Rechtsstaates[890]. Hätten sie tatsächlich Gültigkeit gehabt, wäre sein Urteil zutreffend gewesen – in der Einbindung in das staatliche Tarifsystem

---

(ADW, CA 2099/36a III). Heinrich merkte darüber hinaus an: „Die Verhältnisse liegen sehr kompliziert.“ Das entsprach den Tatsachen. Dargestellt bei M. HÄUSLER, Dienst, S. 203f. und S. 359ff. Allerdings betraf die zu diesem Zeitpunkt angestrebte Tarifordnung noch keineswegs direkt „die Gehälter der in diesem Bereich tätigen Diakone“ (EBD., S. 359), da es sich um keine Lohntarifordnung, sondern um eine Rahmentarifordnung handelte.

885 Vgl. M. HÄUSLER, Dienst, S. 203f. Treibende Kraft war neben Johannes Wolff (EBD.) wohl besonders der Rektor der Rummelsberger Anstalten und ihres Brüderhauses, Kirchenrat Karl Nicol (Schreiben Heinrich an Sondertreuhänder für den öffentlichen Dienst vom 29.6.1937 (ADW, CA 2099/36a III). Inwieweit auch hier der allenthalben vorhandene und sich zunehmend verschärfende Standeskonflikt zwischen Pfarrern als akademisch gebildeten Theologen in Leitungsämtern nicht nur der Diakonenanstalten auf der einen und auf der anderen Seite Diakonen als durch soziale Praxis gebildeten kirchlichen Mitarbeitern als Ausfallbürgen in den Einrichtungen und Gemeinden eine Rolle spielte, muß hier unerörtert bleiben. Vgl. M. HÄUSLER, Dienst, S. 139–144 und S. 398–411.

886 Siehe Protokoll der Sitzung der Verbindungsstelle des CA zur DAF [Heinrich und Schirmacher] am 21.4.1937 betr. Arbeitsfrontangelegenheiten (ADW, CA 2099/36a I).

887 Protokoll (ADW, CA 761 XIX).

888 Protokoll der Geschäftsführerkonferenz des CA am 6.10.1937 (ADW, CA 761 XIX).

889 Schreiben Paul Braune an v. Bodelschwingh vom 8.12.1937 (HAvBA 2/39–151).

890 Siehe I Kap. VI.2.2., S. 265 mit Anm. 164.

hätte nicht nur eine der Bereitschaft zur Systemkonformität gemäße, mithin politischer Zuverlässigkeit entsprechende politische Anerkennung, sondern auch ein Faktor der Stärkung der Rechtssicherheit für die Innere Mission gelegen. Da aber das Handeln dieses Staates nach seiner von den Machthabern behaupteten nationalsozialistischen Weltanschauung von Anbeginn auch von Maßnahmen bestimmt war, die, von der Bewegung, der NSDAP, durchgesetzt, sanktioniert und legalisiert neues Recht setzten, konnte die „rechtliche Stütze" nur so lange wirksam sein, wie es in ihrem Interesse lag. Auch wenn Paul Braune eine deutlich skeptischere Haltung einnahm als Schirmacher, so kaum aus praktisch-theologischen oder kirchen- oder wohlfahrtspolitischen, sondern vielmehr aus praktisch-ekklesiologischen Erwägungen: kirchlich normiertes Handeln, wie das der Inneren Mission, bleibt dem dieses Staates überlegen, der nur nachvollzieht, was in der Inneren Mission und ihren Einrichtungen längst Praxis ist.

Wenn solche Einschätzungen, abgesehen von den Persönlichkeiten, möglich waren, so hatte das gewiß auch damit zu tun, daß die ausgehandelte und von Melcher erlassene IMT, um es zu wiederholen, sich „auf das unbedingt Notwendige, also auf die Regelung der Arbeitsbedingungen" beschränkte[891]. Eine Festlegung substantieller Art, also die von Mindestlohn- und Gehaltssätzen, war ebensowenig erfolgt wie seinerzeit durch die beiden Tarifordnungen für die Anstalten und Einrichtungen des DCV. Insofern mögen Hoffnung wie Skepsis in gewisser Weise verständlich sein. Es mag darum auch verständlich sein, wenn unmittelbar nach Inkrafttreten der IMT anläßlich jener Vorstandssitzung der Vereinigung am 12. Januar 1938, auf der, mit dem Präsidenten des CA als Gast, sowohl über die Bildung einer Sektion Evangelische Kinderpflege verhandelt wurde[892] als auch die für die evangelischen Kindergärten so bedeutsamen Befreiungsvorschriften des GrStG erörtert wurden[893], v. Wicht erklärte, es sei nicht nur aus seiner Sicht „die Frage der Tarifordnung gegenwärtig für unsere Anstalten und Einrichtungen nicht akut"[894]. Damit faßte er die Meinung des gesamten Vorstandes der Vereinigung zusammen, der eher desinteressiert die mit der IMT gestellten Dienstordnungs- und Dienstvertragsfragen erörterte.

v. Wicht hatte unter Rückgriff auf wohl bereits in der Zeit der Sicherung und des Ausbaus evangelischer Kinderpflege, in der Zeit der Weimarer Republik, gefertigte Vorlagen den neuen Verhältnissen entsprechende Muster verfaßt[895]. Danach sollten unter Beachtung der Bestimmungen des IMT

---

[891] E. GRAMSE, Werden und Inhalt, S. 16.

[892] Siehe II Kap. I.4.1., S. 211 mit Anm. 77.

[893] Siehe II Kap. I.3.3., S. 184 mit Anm. 265.

[894] Protokoll der Vorstandssitzung der Vereinigung am 12.1.1938 (ADWW MÜNSTER, 153/1; LKA HANNOVER, E 26/102).

[895] Schreiben v. Wicht an die Landes- und Provinzialverbände für evangelische Kinderpflege vom 2.2.1938 (LKA Hannover, E 26/102). v. Wicht weist ohne genauere Angaben darauf hin,

Dienstordnung und Dienstvertrag die Unterstellung der Kindergärtnerin unter die Dienstaufsicht des Pfarrers der Gemeinde ebenso sichern wie ihre Verpflichtung, die Kinder „im Geiste der evangelischen Kirche und im Sinne des heutigen Staates zu erziehen".[896] Zudem wurde die Arbeitszeit festgesetzt, die „48 Wochenstunden, täglich 8 Stunden, einschließlich der zu ihrem [scil. der Kindergärtnerin] Dienst gehörenden sozial ergänzenden Tätigkeit". Hinzu kamen Regelungen für den Krankheitsfall, für Urlaub und Wohnortwechsel und für den Besuch von „Fortbildungskursen zu dem Zweck der nationalsozialistischen und fachlichen Schulung" der Kindergärtnerin[897]. Der Vorstand der Vereinigung beschloß, keinesfalls mehr zu tun, als den Mitgliedsverbänden „zum freiwilligen Gebrauch und zwangloser Empfehlung bei vorkommenden Gelegenheiten"[898] das Muster eines Dienstvertrages und einer Dienstordnung zuzustellen[899], damit sie ihrer Beratungspflicht nachkommen könnten. Die einzelnen evangelischen Kindergärten sollten jedenfalls nicht unmittelbar zu einer Benutzung dieser Vorlagen veranlaßt werden.

Das bedeutete nicht, daß eine Dienstordnung und vor allem eine Tarifordnung, welche die Höhe der Vergütung der Kindergärtnerinnen regelte, bedeutungslos geworden wären. Kaum mehr als sechs Wochen zuvor, Mitte November 1937, hatte v. Wicht noch darauf gedrängt[900]. Gerade mit Blick auf eine tariflich geordnete Vergütung der Kindergärtnerinnen in Berlin, die immerhin nach ersten Schätzungen einen Personalkostenmehrbedarf von RM 200.000,-- ausgemacht hätte[901], hatte er sich nicht nur von Friedrich Ulrich unterstützt sehen können, sondern war sich auch einig mit der DAF und deren Berliner Gaufachamtswalter N.N. Natusch gewesen, der darauf

---

daß „vor einigen Jahren" bereits Muster von Dienstverträgen an die Mitgliedsverbände gegangen seien. Nach Lage der Dinge muß das vor dem „weltanschaulichen Aufbruch unseres Volkes" geschehen sein. Ein diesbezüglicher Nachweis war indessen nicht möglich.

896 Dienstordnung für die Leiterin des Kindergartens (Hortes, Tagesheims) der [N.N.] Kirchengemeinde, o. D., Anlage zum Schreiben v. Wicht an die Landes- und Provinzialverbände für evangelische Kinderpflege vom 2.2.1938 (EBD.).

897 Dienstvertrag, o. D., Anlage zum Schreiben v. Wicht an die Landes- und Provinzialverbände für evangelische Kinderpflege vom 2.2.1938 (EBD.).

898 VEREINIGUNG, Tätigkeitsbericht 1.4.1937–31.3.1938, S. 6.

899 Protokoll der Vorstandssitzung der Vereinigung am 12.1.1938 (ADWW MÜNSTER, 153/1; LKA HANNOVER, E 26/102).

900 Aktennotiz Schick über die Besprechung am 13.11.1937 betr. Kindergärtnerinnen vom 27.11.1937 (ADW, CA 2099/36a I). Zu erschließen ist, daß die Besprechung im Haus des Gesamtverbandes der Berliner Inneren Mission in der Bernburger Straße 22, unweit des Anhalter Bahnhofs, stattfand. Teilnehmer waren: der Hausherr Friedrich Ulrich und seine zuständige Referentin Wally Schick, v. Wicht, Göbell und Natusch. Schick fertigte die Aktennotiz.

901 v. Wicht meint: „Wenn in Berlin die tarifliche Besoldung der evangel. Kindergärtnerinnen allgemein durchgeführt würde, so würde das einen Mehrbetrag von 200.000,-- RM ... bedeuten." (EBD.); Vermerk von Göbell „betr. Kindergärtnerinnen. Besprechung unserer Landesstelle für Innere Mission, Berlin." vom 16.11.1937 mit handschriftlichem Zusatz „Herrn Pfarrer Schirmacher" (EBD.).

aus war, einen „für die Dauer unhaltbaren Zustand zu beseitigen"[902]. v. Wicht hatte deswegen geglaubt, mit seiner Forderung nicht zurückhaltend sein zu müssen, weniger weil er sicher gewesen war, daß Natusch in der Frage der zu geringen Vergütung evangelischer Kindergärtnerinnen in Berlin eher dramatisierte[903], auch wohl kaum, weil er auf Grund des inzwischen vorliegenden Umfrageergebnisses gewußt hatte, daß viele Kindergärtnerinnen der DAF angehörten[904], als deren Interessenvertreter sich Natusch hätte sehen können, sondern vielmehr weil Göbell für den CA im Verlauf des gemeinsamen Gesprächs zur Problematik von Dienstordnung und Tarifordnung für Kindergärtnerinnen im Bereich des Gesamtverbandes der Berliner Inneren Mission am 13. November 1937 erklärt hatte, daß der CA „schon seit einiger Zeit" mit Landes- und Provinzialverbänden verhandele „und eine einheitliche Regelung für das Reich anstrebe." Darüber hinaus war man sich sogar einig geworden, auf eine „reichsmäßige Regelung" nicht warten zu wollen, sondern, da „die Frage brennend sei", sie für Berlin zu klären und „zum Abschluß" zu bringen[905]. Das allerdings hatte im CA heftige Verwirrung ausgelöst. Göbell

902 Schreiben DAF Gauwaltung Berlin an Gesamtverband der Berliner Inneren Mission vom 19.11.1937 (EBD.).

903 Aktennotiz Schick über die Besprechung am 13.11.1937 betr. Kindergärtnerinnen vom 27.11.1937 (EBD.). Danach „weist [scil. v. Wicht] darauf hin, daß es sich bei der schlechten Besoldung der Kindergärtnerinnen [in den evangelischen Einrichtungen] in Berlin, die nach Angabe von Herrn Natusch monatlich 35,-- bis 65,-- RM beträgt, um Fälle handelt, die in den Kreisen der Evang. Kindergärten nur *vereinzelt* dastehen." Die Hervorhebung ist im Original unterstrichen. Tatsächlich lagen von 259 mit der Umfrage erfaßten Kindergärtnerinnen in evangelischen Einrichtungen in Berlin mit ihrer Vergütung
unter RM 100,-- sechzehn Kindergärtnerinnen, davon
unter RM 80,-- zwölf Kindergärtnerinnen, davon
unter RM 60,-- drei Kindergärtnerinnen und davon
unter RM 40,-- eine Kindergärtnerin.
Die Vergütung der Mehrzahl der mit der Umfrage erfaßten Kindergärtnerinnen in evangelischen Einrichtungen in Berlin lag für
einundvierzig Kindergärtnerinnen zwischen RM 100,-- und RM 119,--,
einhundertundvierzehn Kindergärtnerinnen zwischen RM 120,-- und RM 149,--,
zweiundsiebzig Kindergärtnerinnen zwischen RM 150,-- und RM 199,-- und für
sechzehn Kindergärtnerinnen zwischen RM 200,-- und RM 240,--.
(Angaben des Evangelischen Verbandes für Kinderpflege in Berlin, in: ADW, VKD 31). Natusch wiederholt seine Feststellungen zur geringen Höhe des Einkommens der Kindergärtnerinnen und hält diese allein für „unhaltbar", nicht aber auch die gänzliche Uneinheitlichkeit der Vergütung der Kindergärtnerinnen (Schreiben DAF Gauwaltung Berlin an Gesamtverband der Berliner Inneren Mission vom 19.11.1937, in: EBD.).

904 Im Ergebnis der Fragebogenerhebung sind in Berlin – Stichtag 1.8.1937 – von 259 Kindergärtnerinnen in evangelischen Einrichtungen 140 Kindergärtnerinnen, mithin 54 %, in der DAF, 54 Kindergärtnerinnen, etwa 21 %, im NSLB und 65 Kindergärtnerinnen, d.h. 25 %, gar nicht organisiert. Nicht erkennbar sind in der Fragebogenauswertung für Berlin die Diakonissen und die Höhe des im Gestellungsvertrag vereinbarten Betrages. Auch die Organisation in der Diakoniegemeinschaft ist nicht erkennbar (EBD.).

905 Aktennotiz Schick über die Besprechung am 13.11.1937 betr. Kindergärtnerinnen vom 27.11.1937 (EBD.).

hatte seine Äußerungen auf Veranlassung von Heinrich und Fuß als „mißverstanden" richtigzustellen[906], und ihm ebenso wie v. Wicht war Kompetenzüberschreitung vorgehalten worden. Heinrich hatte Fuß' Auffassung bestätigt und sodann Schirmacher aufgefordert, CA-intern eine „einheitliche Linie" durch „gegenseitige Information" darüber festzulegen[907], „woran der Central-Ausschuß überhaupt nicht denkt": an eine Beschäftigung „mit einer generellen Arbeitsregelung und einer Dienstordnung für die Kindergärten des ganzen Reiches". Begründend hatte Fuß darauf hingewiesen, daß dies auch ein Ergebnis der Verhandlungen zur IMT sei[908].

Offensichtlich um die neue Tarifordnung als der Grundlage, auf der „alle Beteiligten ... zum Wohle der Gemeinschaft einträchtig zusammenarbeiten"[909], nicht in Frage zu stellen und um Schwierigkeiten grundsätzlicher Art mit dem CA zu vermeiden und damit die Arbeit der Vereinigung etwa im Blick auf die wichtigen Steuerfragen zu erleichtern und vor Schaden zu bewahren, waren v. Wicht und der Vorstand der Vereinigung erkennbar auf die Linie Heinrichs und des CA geschwenkt. Weil auch in Absprache mit der Reichsbetriebsgemeinschaft Freie Berufe der DAF „Musterdienstordnungen" nicht erstellt werden sollten[910], hatte der Vorstand ein so wenig verbindliches Verfahren in Sachen Dienstordnung beschlossen. Obwohl die Auswertung der von der DAF initiierten Fragebogenaktion gerade abgeschlossen war[911], von einer „Gehaltsregelung" für Kindergärtnerinnen von seiten des CA aber

906 Vermerk Göbell betr. Vermerk des Gesamtverbandes der Berliner Inneren Mission vom 30.11.1937 über Besprechung betreffend Kindergärtnerinnen vom 6.12.1937 (EBD.). Die Aktennotiz von Schick über die Besprechung am 13.11.1937 betr. Kindergärtnerinnen vom 27.11.1937 war übersandt worden als Anlage zum Schreiben Schick an Göbell vom 30.11.1937 (EBD.).

907 Vermerk Fuß betr. Tarif- und Dienstordnung für Kindergärtnerinnen vom 4.12.1937 (EBD.). Am 5.12.1937 hatte Heinrich handschriftlich für „Herrn Pastor Schirmacher zur gefl. Kenntnis" vermerkt, die von Fuß „geäußerten Bedenken treffen zu." Er fordert „zu grundsätzlichen Fragen betr. DAF eine einheitliche Linie zwischen den Vertretern des CA." Und Heinrich bittet „um Gelegenheit zu einer Besprechung unter Heranziehung der Herren Dr. Fuß und P. Göbell." (EBD.).

908 Vermerk Fuß betr. Tarif- und Dienstordnung für Kindergärtnerinnen vom 4.12.1937 (EBD.).

909 E. GRAMSE, Werden und Inhalt, S. 18.

910 Vermerk Fuß betr. Tarif- und Dienstordnung für Kindergärtnerinnen vom 4.12.1937 (ADW, CA 2099/36a I).

911 Nach Angaben des Evangelischen Verbandes für Kinderpflege in Berlin war der Stichtag der Datenerfassung der 1.8.1937. Für den Bereich dieses Verbandes war die Erfassung am 27.8.1937 abgeschlossen. Für den Evangelischen Landesverband für Kinderpflege in Württemberg übermittelt Dölker am 20.10.1937 die Angaben. Nach der Aktenlage ist zu erschließen, daß vom Büro der Vereinigung alle vorliegenden Angaben aus den Landes- und Provinzialverbänden für evangelische Kinderpflege – aus Anhalt, Bayern, Berlin, Mark Brandenburg, Braunschweig, Bremen, Hannover, Hessen-Kassel, Lübeck, Mecklenburg, Nassau-Hessen, Oldenburg, Ostpreußen, Pfalz, Rheinprovinz, Provinz Sachsen, Schlesien, Thüringen, Westfalen und Württemberg – aufgearbeitet, vergleichbar zusammengestellt und zu einer Grundlage für die weitere Arbeit gemacht wurden (ADW, VKD 31).

„nie die Rede" war[912], informierte v. Wicht nun die Mitgliedsverbände der Vereinigung darüber, daß eine Tarifordnung für die evangelischen Einrichtungen der halboffenen Kinderfürsorge zur Regelung der Vergütung der Kindergärtnerinnen „in absehbarer Zeit nicht zu erwarten sei"[913].

Unabhängig davon indessen zeigten Dienstordnungs- und Dienstvertragsentwurf v. Wichts doch, daß er ganz gemäß den Vorstellungen und dementsprechender Bitten von DAF und CA bestrebt war, unter den Regelungen des AOGö und unter Berücksichtigung kirchengemeindlicher Leitungsstrukturen „den Leitern unserer Anstalten und Einrichtungen mit ihren Gefolgschaftsmitgliedern nahezulegen, im Sinne einer echten Dienstgemeinschaft in gemeinsamer Arbeit zur Förderung des Betriebszweckes und des gemeinsamen Nutzens von Volk und Staat tätig zu sein."[914] Dem entsprachen auf der anderen Seite die Anstrengungen der Vereinigung und v. Wichts, die Verantwortung der Gemeinden und ihrer Geistlichen zu wecken und zu stärken, deren Mobilmachung voranzutreiben und entsprechend den Absichten des CA eine „einheitliche Ausrichtung"[915] der Arbeit zu erreichen[916]. Dem konnte nur dienlich sein, wenn sich das Gehalt einer Kindergärtnerin in kirchlicher Anstellungsträgerschaft, wie es der Entwurf eines Dienstvertrages vorsah, nach den entsprechenden Gruppen „der für die Reichsangestellten geltenden Tarifordnung" richtete[917]. Die weitere Entwicklung sollte sowohl auf ein Gehalt gemäß einer im öffentlichen Dienst geltenden Tarifordnung für die evangelischen Kindergärtnerinnen zulaufen als auch gleichzeitig die Einschätzung von CA und Vereinigung bestätigen.

Tatsächlich zeichnete sich kaum mehr als ein halbes Jahr, nachdem durch Melcher, inzwischen von Seldte zum Reichstreuhänder für den öffentlichen Dienst bestellt[918], eine Tarifordnung A für Gefolgschaftsmitglieder im öffent-

---

912 Vermerk Fuß betr. Tarif- und Dienstordnung für Kindergärtnerinnen vom 4.12.1937 (ADW, CA 2099/36a I).

913 Schreiben v. Wicht an die Landes- und Provinzialverbände für evangelische Kinderpflege vom 2.2.1938 (LKA Hannover, E 26/102).

914 Schreiben Heinrich an Landes- und Provinzialverbände der Inneren Mission vom 28.5. 1937 (ADW, CA 138/1 VI) zur Weitergabe an die einzelnen Betriebsführer. Heinrich teilt mit: „... wurde von Seiten der DAF darauf hingewiesen, daß die Verbundenheit zwischen Betriebsführer und Gefolgschaft im Geiste des Nationalsozialismus und im Sinne der Arbeitsordnungsgesetze noch nicht überall so in Erscheinung trete, wie es unbedingt erforderlich sei. ... Die DAF bittet uns daher, über die regionalen und fachlichen Mitgliederverbände den Leitern unserer Anstalten und Einrichtungen ..." (EBD.).

915 Protokoll der Vorstandssitzung des CA am 23.11.1938 (ADW, CA 67 B (1938)).

916 Siehe II Kap. I.4.4., S. 303 mit Anm. 534.

917 Dienstvertrag, o. D., Anlage zum Schreiben v. Wicht an die Landes- und Provinzialverbände für evangelische Kinderpflege vom 2.2.1938 (LKA Hannover, E 26/102).

918 § 1 der 4. DVO zum Gesetz zur Ordnung der Arbeit in öffentlichen Verwaltungen und Betrieben vom 26.2.1938 (RGBl 1938 I, S. 228–231, hier S. 228) war die rechtliche Voraussetzung zur Berufung Melchers zum Reichstreuhänder für den öffentlichen Dienst. Die Einsetzung seiner Behörde teilte Melcher mit durch Schreiben an CA vom 2.6.1938 (ADW, CA 138/1 VII).

lichen Dienst (TO.A)[919], also auch für Kindergärtnerinnen[920], Geltung erhalten hatte, eine erste Antwort auf die Vergütungsfrage für die Kindergärtnerinnen in den evangelischen Kindertagesstätten ab. Mit der TO.A war nicht nur eine *„Neuregelung der Arbeitsbedingungen des öffentlichen Dienstes im Geiste der nationalsozialistischen Weltanschauung"*[921] – allerdings unter Beibehaltung der Gültigkeit der Gehaltskürzungsverordnungen aus der Zeit der Brüningschen Notprogramme[922] – geschaffen. Die Bedeutung lag vielmehr darin, daß damit eine Vielzahl von Einzeltarifen im öffentlichen Dienst *„Ersatz durch ein einziges, großes Tarifwerk"* gefunden hatten[923]. Wenn auch nicht für die gesamte evangelische Kinderpflege, so doch für einen nicht unwesentlichen Teil der evangelischen Kindergärten sollte dieses Tarifwerk besondere Bedeutung erhalten. Und das, soweit zu sehen, ohne unmittelbares Zutun des CA oder der Vereinigung.

Am 28. September 1938 erging durch die Finanzabteilung bei der Deutschen Evangelischen Kirchenkanzlei, mit der Unterschrift ihres Vorsitzenden Friedrich Werner und mit Zustimmung des Reichsministeriums für die kirchlichen Angelegenheiten, eine wichtige Anordnung. Danach sollten die für den öffentlichen Dienst geltenden Tarifordnungen auch für die bei der DEK und ihren Landeskirchen einschließlich der Kirchengemeinden und der Kirchengemeindeverbände, sofern diese mehr als 10.000 Gemeindeglieder zählten, beschäftigten Gefolgschaftsmitglieder Anwendung finden[924]. Wie Friedrich Werner einige Monate zuvor, am 20. April 1938, dem Geburtstag des „Führers", den Geistlichen und Kirchenbeamten unter Androhung eines Amtsverlustes den Treueid zu leisten verordnet hatte[925], so entsprach er jetzt

---

919 TO.A (RABl 1938 VI, S. 475–488) trat am 1.4.1938 in Kraft. Außerdem wurden am selben Tag in Kraft gesetzt die Tarifordnung B für Gefolgschaftsmitglieder im öffentlichen Dienst (TO.B) (RABl 1938 VI, S. 489–505) und die Allgemeine Tarifordnung für Gefolgschaftsmitglieder im öffentlichen Dienst (ATO) (RABl 1938 VI, S. 471–475). Die TO.A hatte Geltung für die Angestellten (Vergütung), die TO.B für die Arbeiter (Lohn).

920 Vgl. R. WOLTERS, Der Deutsche Fröbelverband, S. 122.

921 K. MELCHER/E. SCHILLING, Kommentar, S. 12. Die Hervorhebung ist im Original fett.

922 Siehe Verordnung des Reichspräsidenten zur Sicherung von Wirtschaft und Finanzen vom 1.12.1930, Kap. II §§ 1–11 (RGBl 1930 I, S. 522–524); Zweite Verordnung des Reichspräsidenten zur Sicherung von Wirtschaft und Finanzen vom 5.6.1931, Zweiter Teil, Kap. I §§ 1–12 (RGBl 1931 I, S. 282–284); Vierte Verordnung des Reichspräsidenten zur Sicherung von Wirtschaft und Finanzen und zum Schutze des Inneren Friedens vom 8.12.1931, Kap. VI §§ 1–12 (RGBl 1931 I, S. 738–741). Man sprach von der Ersten, Zweiten und Dritten Gehaltskürzungsverordnung, deren Befristung bis zum 31.3.1934 durch das Gesetz zur Änderung und Ergänzung von Vorschriften auf dem Gebiet des Finanzwesens vom 23.3.1934, Art. 7 §§ 1–3 (RGBl 1934 I, S. 234) „bis auf weiteres in Kraft" geblieben waren.

923 K. MELCHER/E. SCHILLING, Kommentar, S. 11. Die Hervorhebung ist im Original fett.

924 § 1 Anordnung über die Einführung der Tarifordnung A und B für die Gefolgschaftsmitglieder von kirchlichen Verwaltungen und Betrieben vom 28.9.1938 (GBlDEK 1938 A, S. 83).

925 Verordnung betr. den Treueid der Geistlichen und Kirchenbeamten der Evangelischen Kirche der Altpreußischen Union vom 20. April 1938 (GBlDEK 1938 A, S. 41; KJ 1933–1944,

auch dem Wunsche Kerrls und verzichtete auf eine Ergänzung der von der ATO vorgesehenen Dienstordnung, mit der die Einführung eines besonderen Gelöbnisses „auf die Kirche und ihre Ordnungen“ „neben dem Gelöbnis auf den Führer“ hätte vollzogen werden können[926]. Das war erörtert worden, allerdings im Gegensatz zu den Auseinandersetzungen um den Treueid ohne jede Öffentlichkeitswirksamkeit. Trotz eines bis dahin eher staatskirchenrechtlich verwaltenden Reichsministeriums für die kirchlichen Angelegenheiten und trotz eines Gesetzes zur Sicherung der Deutschen Evangelischen Kirche[927] und insbesondere seiner das Führerprinzip durchsetzenden und Friedrich Werner mit „diktatorischen Vollmachten“[928] ausstattenden 17. DVO[929] – wäre nach den immer noch geltenden Bestimmungen von Art. 137 Weimarer Reichsverfassung, wonach innerhalb der Schranken des für alle geltenden Gesetzes jede Religionsgemeinschaft ihre Angelegenheiten selbständig ordnet und verwaltet[930], ein solches kirchliches Gelöbnis in einer Dienstordnung zu fordern nicht ausgeschlossen gewesen[931].

Diesem Anpassungskurs Friedrich Werners, der entsprechend dem „Oktoberprogramm“ Kerrls auch auf eine „Entkonfessionalisierung“ der Kirche und ihrer Verwaltung hinführte[932], entsprach es ganz und gar, wenn zugleich einem anderen Wunsch des Reichsministeriums für die kirchlichen Angelegenheiten entsprochen wurde. Wie bereits ein Jahr zuvor der CA durch Schirmacher im Rahmen der Verhandlungen mit DAF und Sondertreuhänder für die Innere Mission zur IMT im Sachverständigenausschuß auf ein Recht zur fristlosen Kündigung für den Fall verzichtet hatte, daß ein Gefolgschaftsmitglied einer Einrichtung der Inneren Mission aus der Kirche austritt, so sollte jetzt für die DEK und die Arbeitsverträge der Angestellten in ihren Landes- und Provinzialkirchen ein „fristloses Kündigungsrecht“ bei Kirchenaustritt ausgeschlossen sein. Wie das Reichsministerium für die kirchlichen Angelegenheiten wollte der Vorsitzende der Finanzabteilung bei der Deut-

---

S. 237f.). Zu Einzelheiten der Auseinandersetzung um das von den DC ausgelöste Vorgehen Friedrich Werners und anderer Leitungen deutscher Landeskirchen siehe K. MEIER, Kirchenkampf III, S. 43–51.

926 Schreiben Finanzabteilung beim EOK Berlin an Finanzabteilungen bei den Evangelischen Konsistorien vom 19.10.1938 (KABl Brdbg. 1938, S. 187–188).

927 RGBl 1935 I, S. 1178; GBlDEK 1935, S. 99; KJ 1933–1944, S. 101–102; K. D. SCHMIDT, Dokumente II.1, S. 9–10.

928 W. SCHERFFIG, Junge Theologen II, S. 164–166.

929 17. DVO zum Gesetz zur Sicherung der Deutschen Evangelischen Kirche vom 10.12.1937 (RGBl 1937 I, S. 1346; GBlDEK 1937 A, S. 70; KJ 1933–1944, S. 224f.).

930 DIE VERFASSUNG.

931 Siehe R. RICHARDI, Arbeitsrecht, S. 173–175. Es bleibt, was hier nicht geschehen kann, zu untersuchen, ob die Einsicht, „daß die Kirche in der Gestaltung ihres Dienstes frei und eigenständig bleiben muß“ (EBD., S. 42), nicht wirklich erst ein Ertrag des Kirchenkampfes ist. Vgl. R. H. KLUGE, Arbeitsrechtliche Probleme, S. 39–52.

932 Siehe K. MEIER, Kirchenkampf III, S. 62ff.

schen Evangelischen Kirchenkanzlei ein solches Recht neben einem einfachen Kündigungsrecht „nicht billigen."[933]

Die Landes- und Provinzialkirchen folgten durch die dafür von Friedrich Werner für zuständig erklärten Finanzabteilungen der Anordnung und übernahmen die Tarifordnungen für den öffentlichen Dienst für ihre Verwaltungen und Betriebe[934], wozu auch die von Kirchengemeinden getragenen Kindergärten gehörten. Die Vereinigung und die Geschäftsführer der ihr angehörenden Verbände konnten das nur zur Kenntnis nehmen, als v. Wicht anläßlich der Geschäftsführerkonferenz am 8. November 1939 darüber berichtete. Man stellte allerdings beruhigt fest, daß die Besoldungsdifferenzen unwesentlich seien, der Hauptunterschied allein in der Höhergruppierung läge – bei der ATO und ihren TO.A und TO.B war das Lebensalter, bei den noch geltenden Tarifen der Inneren Mission die Dauer der Berufstätigkeit ausschlaggebend[935]. Betroffen waren von dieser Veränderung zunächst weit mehr als die Hälfte aller 2.820 evangelischen Kindergärten und etwa 60 % aller in diesen beschäftigten Kindergärtnerinnen[936]. Die Beschränkung der Gültigkeit

---

933 Schreiben Finanzabteilung beim EOK Berlin an Finanzabteilungen bei den Evangelischen Konsistorien vom 19.10.1938 (KABl Brdbg. 1938, S. 187).

934 Vgl. Verordnung Die Rechtsverhältnisse der nichtbeamteten Gefolgschaftsmitglieder in Verwaltungen und Betrieben der Kirchengemeinden und Kirchlichen Gemeindeverbände der Finanzabteilung beim Evangelischen Konsistorium der Mark Brandenburg vom 29.10.1938 (KABl Brdbg. 1938, S. 187), mit der die TO.A zum 1.4.1938, rückwirkend, in Kraft gesetzt wurde. Siehe auch die Verordnungen anderer Provinzialkirchen der ApU in KABl Rhnprov. 1938, S. 124–126; KABl Schles. 1938, S. 192–193; KABl Westf. 1938, S. 210–213; KABl Pomm. 1938, S. 208–209. Oder die Verordnung Anwendung der Tarifordnung für nichtbeamtete Gefolgschaftsmitglieder im öffentlichen Dienst im Bereich der Evangelisch-lutherischen Landeskirche Hannovers vom 31.5.1939 (KABl Hannover 1939, S. 92).

935 Protokoll (ADW, CA 850a I; LKA HANNOVER, E 26/105; ADWW MÜNSTER, 153/1).

936 Statistische Angaben über kirchengemeindliche Trägerschaften lagen zu diesem Zeitpunkt nicht vor. Auch nicht aus der von der DAF angeregten Fragebogenaktion, die im Frühsommer 1937 den CA und die Vereinigung beschäftigt hatte und im Oktober 1937 abgeschlossen war (ADW, VKD 31). Nach der Anstellungsträgerschaft war nicht gefragt worden. Siehe zuvor S. 352 mit Anm. 817. Zahlen zu den Trägerschaften lagen erst vor, als Ohl Mitte Februar 1941 die Ergebnisse der vom Vorstand des CA in Auftrag gegebenen Umfrage vorlegte (ADWRH DÜSSELDORF, OHL 10.1.7. II; ADW, CA/Stat. 223/15). Siehe II Kap. II.3., S. 483f. mit Anm. 157. Unter Zugrundelegung dieser Relationen und unter der Annahme, daß sie sich von 1938 bis 1940 nicht wesentlich verändert haben, auch wenn insgesamt die Zahl der Einrichtungen innerhalb dieser zwei Jahre um gut 10 % gesunken war, ergibt sich, daß Ende 1938 von 2.820 evangelischen Kindergärten mit gut 179.200 Plätzen etwa 1.570 Einrichtungen mit annähernd 99.770 Plätzen sich in der Trägerschaft von Kirchengemeinden befanden. Das hieß, daß von zu diesem Zeitpunkt insgesamt 3.794 Kindergärtnerinnen etwa 2.200 unmittelbar als kirchliche Mitarbeiterinnen oder als Diakonisse mit einem Gestellungsvertrag bei einer Kirchengemeinde beschäftigt waren. Vgl. VEREINIGUNG, Tätigkeitsbericht 1.4.1937–31.3.1938, S. 23.
Im übrigen hatte nach einem Hinweis in N.N., Die Regelung der Bezüge, S. 158, daß „als Betriebe im Sinne dieser Regelung [scil. der TO.A] (gelten) auch die konfessionellen Verbände" gelten, der Reichstreuhänder für den öffentlichen Dienst „zur Vermeidung von Irrtümern" darauf hingewiesen, „daß für die in den Anstalten und Einrichtungen der Inneren Mission und des Caritasverbandes beschäftigten Gefolgschaftsmitglieder nicht die Tarifordnung A gilt, sondern die jeweilige

der TO.A auf die Kirchengemeinden mit mehr als 10.000 Gemeindegliedern mußte die Zahl der von der neuen Tarifregelung betroffenen Kindergärtnerinnen reduzieren. Ob die Hälfte aller Kindergärtnerinnen in evangelischen Kindergärten mit einer veränderten, geringfügig verbesserten Vergütung rechnen konnten, ist zweifelhaft[937]. In jedem Fall aber konnte sich die Vereinigung von diesem Ergebnis der Verordnung des Vorsitzenden der Finanzabteilung bei der Deutschen Evangelischen Kirchenkanzlei eine Entlastung im Kampf um den Erhalt evangelischer Kindergärten versprechen. Die TO.A und die von ihr festgesetzten Vergütungen konnten Abwerbungen von Kindergärtnerinnen durch NSV oder willfährige Kommunen verhindern und damit die Aussichten auf eine Fortführung evangelischer halboffener Kinderarbeit verbessern. Andererseits mußten sich v. Wicht und die Vereinigung sowohl unter Druck sehen, auch für die ohne Tarifordnung verbliebenen 1.250 evangelischen Kindergärten und ihre etwa 1.675 Kindergärtnerinnen den Er-

---

Sondertarifordnung" (H. Heitmann, Zur Regelung, S. 230). Siehe Schreiben Reichstreuhänder für den öffentlichen Dienst an Schriftleitung „Kindergarten" vom 18.10.1938 in Abschrift an CA, o. D. (ADW, CA 2099/36a I).

937 Die Zahl der evangelischen Kirchengemeinden, die mehr als 10.000 Gemeindeglieder zählten und Träger eines Kindergartens waren, ließ sich nicht ermitteln. Die Berlin-Charlottenburger Epiphanien-Kirchengemeinde zählte 1937 etwa 38.000 Gemeindeglieder (Evangelisches Konsistorium der Mark Brandenburg (Hg.), Pfarralmanach 1937, S. 66). Den Kindergarten dieser Gemeinde, eine Einrichtung mit 50 Plätzen (Evangelischer Verband für Kinderpflege in Berlin, Tätigkeitsbericht 1.4.1936–31.3.1937, S. 14) leitete Charlotte Lienard – siehe II Kap. I.4.4., S. 312 –, entsprechend der Platzzahl mit einer Helferin. Unter den Bestimmungen der TO.A war eine 38 Jahre alte und ledige Kindergärtnerin mit staatlich anerkanntem Examen und mit einer Arbeitszeit von 48 Wochenstunden, wie es bei ihr der Fall war, einzugruppieren in Vergütungsgruppe VIII unter dem Tätigkeitsmerkmal „Leiterinnen von kleineren Kindergärten und Horten mit mindestens einer von der Leiterin zu beaufsichtigenden Hilfskraft" und mit dem Ortsklassenmerkmal S (Ortsklassenverzeichnis vom 13.1.1922, in: RGBl 1922 I, S. 87–153, hier S. 89). Nachdem eine erste Veränderung der TO.A vom 19.11.1938 rückwirkend zum 1.7.1938 eine Anhebung des Grundgehalts um RM 6,-- gebracht hatte (RABl 1938 VI, S. 1584–1586), sollte es seit diesem Zeitpunkt RM 175,-- betragen. Da die Berechnungsgrundlage, ein Lebensalter von 26 Jahren als Dienstbeginn, mit ihrem tatsächlichen Dienstbeginn in der Gemeinde zusammenfiel, hieß das, es waren zwölf Dienstjahre anzurechnen. Das bedeutete, es waren sechs Dienstaltersstufen mit je einem monatlichen Steigerungsbetrag von RM 7,-- in Anrechnung zu bringen. Außerdem stand ihr nach § 6 TO.A ein Wohngeldzuschuß zu (RABl 1938 IV, S. 478), der von RM 21,50 jeweils um RM 7,50 erhöht bis zu RM 53,-- ausmachen konnte. Das bedeutete für sie entsprechend ihrer Ortsklasse S ein Betrag von RM 53,--. Nach § 8 TO.A (RABl 1938 IV, S. 478) und Nr. 1 zu § 8 TO.A der Allgemeinen Dienstordnung für nichtbeamtete Gefolgschaftsmitglieder bei öffentlichen Verwaltungen und Betrieben (ADO), insbesondere zur TO.A (RGBl 1938 I, S. 478) stand das Gehalt unter Kürzungsvorbehalt der Ersten, Zweiten und Dritten Gehaltskürzungsverordnung. Siehe zuvor S. 369 mit Anm. 922. Die Kürzung hieß für eine Kindergärtnerin wie Charlotte Lienard, daß nur 81 % ihrer Bezüge, mithin RM 51,50 weniger, ausgezahlt werden sollten. Der Bruttoverdienst sollte nicht RM 270,-- sondern RM 218,50 betragen. Siehe K. Melcher/E. Schilling, Kommentar, Teil VI, S. 7; vgl. auch N.N., Die Regelung der Bezüge, S. 160; E. Prinz, Die Besoldung, S. 11ff. Zum Zeitpunkt der von der DAF gewünschten und von der Vereinigung im Sommer 1937 durchgeführten statistischen Erhebung betrug die monatliche Bruttovergütung für Charlotte Lienard RM 150,-- (Angaben des Evangelischen Verbandes für Kinderpflege in Berlin, in: ADW, VKD 31).

laß einer Tarifordnung durch den Reichstreuhänder für den öffentlichen Dienst zu erreichen, um ein Abwandern fähiger Kräfte in besser bezahlte andere Stellungen zu verhindern", als auch gleichzeitig unter dem Druck, durch eine tarifliche Neuordnung der Vergütungen der Kindergärtnerinnen „die wirtschaftliche Kraft der freien zur Inneren Mission gehörenden Vereine nicht zu überfordern"[938].

v. Wicht setzte zunächst auf Zeit. So wenig er und der Vorstand der Vereinigung, ganz auf der Linie des CA, seinerzeit die Dienstordnungsregelung forciert hatten, so wenig beschleunigte er nun im Verlauf des Jahres 1938 die Angelegenheit hinsichtlich der Vergütung der Berufskräfte. Nach Diskussion unter den Mitgliedsverbänden war man sich einig in der Auffassung, daß das Anfangsgehalt einer examinierten Kindergärtnerin bei etwa RM 140,-- und nach dienstaltersstufenabhängiger Steigerung bei RM 220,-- liegen müsse[939]. Seit der im Vorjahr von der Vereinigung und von den ihr angeschlossenen Landes- und Provinzialverbänden durchgeführten Erhebung wußte man, daß die derzeit tatsächlich gezahlten Vergütungen bei Beträgen zwischen RM 80,-- und RM 170,-- lagen und nur in sehr wenigen Ausnahmefällen, wie z. B. in Berlin, einen Betrag von RM 220,-- überschritten[940]. Angesichts der Schwierigkeit der zu klärenden Sachfragen zog v. Wicht auch eine „Übergangsregelung"[941] in Betracht.

Erst nachdem im Verlauf der ersten Hälfte des Jahres 1939 bis zum Frühsommer erkennbar geworden war, daß die Übernahme der Regelungen der TO.A in die Vergütungsbestimmungen der kirchlichen „Gefolgschaftsmitglieder", jedenfalls soweit sie nicht Diakone, Gemeindehelfer, Pfarrgehilfinnen, Kirchenmusiker waren[942], in den Provinzial- und Landeskirchen durchgeführt wurde, brachte v. Wicht „die statistische Erhebung aus dem Jahre 1937" Mitte Juni auf der Arbeitstagung der Vereinigung in Stuttgart in die Debatte[943]. Bereits drei Monate zuvor hatte er das gesamte, im Büro der Vereinigung aufgearbeitete Datenmaterial der Erhebung vom Sommer 1937 an

938 Schreiben v. Wicht an „Finanzabteilung des Evangelischen Oberkirchenrates" vom 9.1. 1939 (ADW, VKD 7).

939 Niederschrift über die Besprechung „Praktische Fragen" bei der Arbeitstagung der Vereinigung in Kassel am 4.11.1938 (LKA NÜRNBERG, DW 1714).

940 Auswertung der Erhebung tarifrelevanter Daten 1937 von Mitarbeiterinnen in der evangelischen Kinderpflege (ADW, VKD 31).

941 Schreiben v. Wicht an „Finanzabteilung des Evangelischen Oberkirchenrates" vom 9.1. 1939 (ADW, VKD 7).

942 Für diese „im inneren Dienst der Kirchengemeinden beschäftigten Gefolgschaftsmitglieder" hatte nach § 2 Abs. 1 Ziff. 1 der Anordnung über die Einführung der Tarifordnungen A und B für die Gefolgschaftsmitglieder von kirchlichen Verwaltungen und Betrieben vom 28.9. 1938 die Bestimmung zur Angleichung der Vergütungen kirchlicher Geefolgschaftsmitglieder keine Gültigkeit (GBlDEK 1938, S. 83).

943 Protokoll der Arbeitstagung der Vereinigung am 20.-21.6.1939 (LKA HANNOVER, E 26/102; ADWW MÜNSTER, 153/1; LKA NÜRNBERG, DW 1715).

Kunze, mit dem er ohnehin wegen der schwierigen Fragen zum GrStG in Verbindung stand, gehen lassen[944].

Kunze hatte sich auch der Arbeit an den Tariffragen der halboffenen Kinderpflege angenommen. Er betonte auf dieser Arbeitstagung der Vereinigung im Rahmen seiner Ausführungen über „die Bedeutung wirtschaftlicher und steuerlicher Fragen für unsere Arbeit" die „große Wichtigkeit" der Besoldungsfrage und erläuterte die TO.A sowie die Tatsache ihrer Anwendung durch die Kirchengemeinden gemäß der Verordnung Friedrich Werners. Kunze forderte schließlich von den Mitgliedsverbänden der Vereinigung, alle Anstrengungen zu unternehmen, damit es „in möglichst kurzer Zeit" gelingt, die Gehälter der Kindergärtnerinnen „im Sinne entsprechender Anlehnung an die TO.A heraufzusetzen."[945] v. Wicht ergänzte mit einer tabellarischen Zusammenstellung der verschiedenen für Kindergärtnerinnen in Frage kommenden Gehaltsgruppen nach Dienstaltersstufen und Ortsklassen der TO.A, die er den Mitgliedern zukommen ließ, die Ausführungen Kunzes.

Mochte v. Wicht jetzt auch, bestärkt durch die Forderung Kunzes, darauf drängen, die Erstellung eines Entwurfs einer Vergütungsregelung abzuschließen, der als Grundlage für die Beratungen im Sachverständigenausschuß beim Reichstreuhänder für den öffentlichen Dienst dienen konnte – zu einer Lohntarifordnung für Kindergärtnerinnen in Kindergärten der Inneren Mission und in privatrechtlicher Trägerschaft sollte es nicht kommen. Für den CA mußte eine Tarifordnung für die Beschäftigten im Bereich der Gesundheitsfürsorge[946] Vorrang vor allen anderen Regelungen haben. Nicht nur war die Schwesternfrage zwischen Innerer Mission und NSV, die auf diesem Gebiet den Anspruch der „Gesundheitsführung" von Staat und Partei durchsetzen wollte, Gegenstand heftiger Auseinandersetzung[947]. Die noch in der „Systemzeit" verordneten Gehaltskürzungen[948], „bis auf weiteres in Kraft"[949] und die

---

944 Schreiben v. Wicht an Kunze vom 29.3.1939 (ADW, VKD 31).

945 Protokoll der Arbeitstagung der Vereinigung am 20.–21.6.1939 (LKA HANNOVER, E 26/102; ADWW MÜNSTER, 153/1; LKA NÜRNBERG, DW 1715).

946 „Zu den Anstalten der Gesundheitsfürsorge gehören: 1. Krankenanstalten, Entbindungsanstalten, Heilstätten, Anstalten für Gebrechliche, Heil- und Pflegeanstalten; 2. Genesungs- und Erholungsheime, Heime für Mutter und Kind, Säuglingsheime und Altersheime." (Schreiben CA an Landes- und Provinzialverbände bzw. -vereine, sowie Fachverbände der Inneren Mission vom 12.2.1937, in: ADW, CA 138/1 VII). Übernommen aus § 1 Lohntarifordnung „für die dem Zentralausschuß für die Innere Mission der Deutschen Evangelischen Kirche angeschlossenen Anstalten und Einrichtungen der Gesundheitspflege" vom 8.11.1939 (RABl 1940 IV, S. 172).

947 Siehe J. CHR. KAISER, Sozialer Protestantismus, S. 440–443.

948 Verordnung des Reichspräsidenten zur Sicherung von Wirtschaft und Finanzen vom 1.12. 1930, Kap. II §§ 1–11 (RGBl 1930 I, S. 522–524); Zweite Verordnung des Reichspräsidenten zur Sicherung von Wirtschaft und Finanzen vom 5.6.1931, Zweiter Teil, Kap. I §§ 1–12 (RGBl 1931 I, S. 282–284); Vierte Verordnung des Reichspräsidenten zur Sicherung von Wirtschaft und Finanzen und zum Schutze des Inneren Friedens vom 8.12.1931, Kap. VI §§ 1–12 (RGBl 1931 I, S. 738–741). Vgl. H. SCHULZE, Weimar, S. 351ff.

damit anhaltend nachteilige wirtschaftliche Situation besonders der Krankenschwestern in kommunalen Krankenhäusern und Pflegeanstalten[950] suchte die NSV – wie in der Kindergartensache – zunehmend mit dem Hinweis auf die fehlenden weltanschaulichen Voraussetzungen der konfessionell gebundenen Schwestern für sich zu nutzen[951]. Eine Lohntarifordnung hätte zu einer Beruhigung führen können. Vielmehr und vor allem war indessen ausschlaggebend, daß es sich für die Innere Mission um den Bereich handelte, der mit seinen mehr als 114.000 Betten und annähernd 30.000 Arbeitskräften bei weitem der größte – über die Hälfte aller Einrichtungen der Inneren Mission – Arbeitsbereich war[952]. In realistischer Einschätzung dieser Tatsache, war es für v. Wicht auch ganz und gar nicht abwegig, daß „unsere Erziehungskräfte mit unter die schon bestehende Tarifordnung für die Kräfte in den Krankenhäusern und Pflegeanstalten eingegliedert werden“[953]

Zwar bestand noch keine Tarifordnung für die Innere Mission, was aber vorlag war ein weitgehend abgestimmter Entwurf zu einer Tarifordnung für den Bereich der Gesundheitsfürsorge der Inneren Mission. Ob jetzt, nur wenig vor Verhandlungs- und Beratungsabschluß, noch tarifliche Regelungen für die halboffene Erziehungsfürsorge hätten eingearbeitet werden und ob das für die Verhandlungsführer des CA – Schirmacher und Dr. Dr. Horst Fichtner als Nachfolger des aus dem CA und der Leitung des Referates Gesundheitsfürsorge ausgeschiedenen Harmsen[954] – überhaupt ein Verhandlungsziel hätte sein können, mußte sehr fraglich sein. Bereits Mitte Februar 1937 war es offenbar auch für die DAF und den Sondertreuhänder für den öffentlichen Dienst klar gewesen, daß hinsichtlich der Gesundheitsfürsorge der Inneren Mission der größte Handlungsbedarf bestand, so daß spätestens zu diesem Zeitpunkt die gemeinsame Arbeit an einer Lohntarifordnung aufgenommen worden war[955]. Am 8. November 1939 sollten die Beratungen abgeschlossen sein. Damit sollte eine Neuordnung der Lohnregelungen vorliegen[956], die ihre Bedeutung weniger dadurch erhielt, daß sie eine Abstimmung

---

949 Gesetz zur Änderung und Ergänzung von Vorschriften auf dem Gebiet des Finanzwesens vom 23.3.1934, Art. 7 §§ 1–3 (RGBl 1934 I, S. 234).

950 Siehe L. KATSCHER, Krankenpflege und „Drittes Reich“, S. 211f.

951 Siehe Ebd., S. 214ff.; J. CHR. KAISER, Sozialer Protestantismus, S. 440–443.

952 Siehe Statistische Übersicht Stand 1.4.1938 (ADW, CA 138/1 VII). Vgl. P. HAMMERSCHMIDT, Die Wohlfahrtsverbände, S. 287–293, S. 571f. und S. 575.

953 Protokoll der Arbeitstagung der Vereinigung am 20.–21.6.1939 (LKA HANNOVER, E 26/102; ADWW MÜNSTER, 153/1; LKA NÜRNBERG, DW 1715).

954 Schreiben Constantin Frick an „Reichstreuhänder für den öffentlichen Dienst Herrn Staatsrat Dr. Melcher“ vom 18.9.1938 (ADW, CA 2099/36a I).

955 Siehe Schreiben CA an Landes- und Provinzialverbände bzw. -vereine, sowie Fachverbände der Inneren Mission vom 12.2.1937 (ADW, CA 138/1 VII).

956 „Lohntarifordnung für die dem Zentralausschuß für die Innere Mission der Deutschen Evangelischen Kirche angeschlossenen Anstalten und Einrichtungen der Gesundheitspflege“ vom 8.11.1939 (RABl 1940 IV, S. 172–174).

vieler bereits vorhandener und sehr stark voneinander abweichender Regelungen darstellte, sondern dadurch, daß damit für viele Einrichtungen der Inneren Mission „zum erstenmal eine überbetriebliche Regelung" aufgestellt war[957]. Außerdem sollte es damit auch gelungen sein, eine gewisse Angleichung der Vergütungsregelungen im Bereich der Inneren Mission an jene zu erreichen, die annähernd zeitgleich mit der Tarifordnung für die Gefolgschaftsmitglieder in Kranken-, Heil- und Pflegeanstalten des Reichs, der Reichsgaue, der Länder, der Gemeinden und der Träger der Reichsversicherung (Kr.T.) vom 2. Dezember 1939 für die öffentlichen Träger in der Gesundheitsfürsorge, allerdings mit Rückwirkung zum 1. April 1939 in Kraft gesetzt, gefunden worden waren[958].

Aber auch damit sollten keineswegs die Voraussetzungen gegeben sein dafür, daß nun eine Erarbeitung einer Lohntarifordnung für den Erziehungsbereich erfolgreich abgeschlossen werden konnte. Obwohl der EREV durch entsprechende Erhebungen bereits Anfang 1940 daran arbeitete, daß auch im Bereich der Erziehungsfürsorge, mithin für die „Waisenhäuser, die Fürsorge- und Erziehungsheime, Beobachtungshäuser, Kindertagesstätten, Asyle, Lehrlings- und Schülerheime" „die Arbeits- und Lohnbedingungen ... einheitlich gestaltet werden"[959] – das Ziel wurde nicht erreicht. Das hatte seinen Grund nicht nur darin, daß, ganz abgesehen von den Belastungen der „Kriegskrankenpflege im Auftrag der Wehrmacht"[960], angesichts der auch die „Krankenpflege im zivilen Bereich"[961] zunehmend vor Schwierigkeiten stellenden Bedingungen des Krieges, die arbeits- und tarifrechtliche Auswirkungen haben mußten, sich der Vereinheitlichungsprozeß auch hinsichtlich der tariflichen Ordnungen, orientiert an ATO und Kr.T., fortsetzte[962]. Für die Innere Mission und ihren CA und den bis dahin verfolgten Anpassungskurs bedeutete das schließlich eine gänzliche Einpassung ihres Bereichs der Gesundheitsfürsorge in die Regelungen des öffentlichen Dienstes. Tatsächlich brachte die Tarifordnung für die freien gemeinnützigen Kranken- und Pflegeanstalten

---

957 H. BOESCHE, Werden und Inhalt, S. 20. Vgl. DERS., Die Lohntarifordnung, S. 36f.

958 RABl 1940 IV, S. 73–76. Siehe auch H. HEITMANN/H. BOESCHE (Hg.), Tarifordnung, S. 11–32. Vgl. H. STEPPE, Krankenpflege ab 1933, S. 67ff.

959 H. BOESCHE, Werden und Inhalt, S. 22. Unklar bleibt, wie die Erhebungen der DAF vom Beginn des Jahres 1937 genutzt wurden. Siehe zuvor S. 352f.

960 L. KATSCHER, Krankenpflege und Zweiter Weltkrieg, S. 25–55.

961 EBD., S. 57–92. Vgl. auch D. DUESTERBERG, Pflege im Zweiten Weltkrieg.

962 Bereits Ende September 1938 war die Krankenpflege hinsichtlich der Pflegekräfte und deren Ausbildung sowohl den rassisch-eugenischen Forderungen nationalsozialistischer Weltanschauung als auch den Anforderungen des Krieges angepaßt worden, und zwar durch das Gesetz zur Ordnung der Krankenpflege vom 28.9.1938 (RGBl 1938 I, S. 1309–1310), durch die Erste Verordnung über die berufsmäßige Ausübung der Krankenpflege und die Errichtung von Krankenpflegeschulen vom 28.9.1938 (RGBl 1938 I, S. 1310–1313) und die Zweite Verordnung über die berufsmäßige Ausübung der Krankenpflege und die Errichtung von Krankenpflegeschulen vom 28.9.1938 (RGBl 1938 I, S. 1314–1315).

(F.Kr.T.) vom 20. Juli 1944[963] die Außerkraftsetzung der bis dahin gültigen IMT vom 1. Dezember 1937 ebenso wie die der Lohntarifordnung für die Einrichtungen der Gesundheitsfürsorge der Inneren Mission vom 8. November 1939. Es galt nunmehr ATO und Kr.T. und das auch für die Einrichtungen des DCV, des DRK, aber auch der NSV.[964] Gerade ihr war durch die bisherigen Regelungen stets die Möglichkeit zu Abweichung und Ausnahme eingeräumt worden[965]. Insofern war diese gemeinsame Einpassung in das Tarifsystem des öffentlichen Dienstes auch – neben der steuerrechtlichen – eine weitere Anerkennung der Inneren Mission und ihres CA als Spitzenverband der freien Wohlfahrtspflege.

Der andere Grund dafür, daß es für den Bereich der Erziehungsarbeit der Inneren Mission und damit auch für die evangelischen Kindergärten in privatrechtlicher Trägerschaft und ihre Kindergärtnerinnen zu keiner die Vergütung festsetzende Tarifordnung kommen sollte, lag nicht in der Tatsache begründet, daß mit der Tarifordnung zur Änderung der TO.A vom 19. November 1938 für den öffentlichen Dienst Verbesserungen für die Vergütungsgruppen (Verg.Gr.) VIII bis X wirksam wurden, die auch die Kindergärtnerinnen betrafen[966]. Auch die Sechste Tarifordnung zur Änderung der TO.A für Gefolgschaftsmitglieder im öffentlichen Dienst vom 23. November 1940 mit ihrer gerade für die Kindergärtnerinnen wesentlich verbesserten Eingruppierung[967], was auch eine Aufwertung des Berufes und damit eine beabsich-

---

963 RABl 1944 IV, S. 275–276.

964 § 1 Abs. 2 Ziff. a–d F.Kr.T. (EBD., S. 275).

965 § 1 Abs. 3 ATO bestimmt: „Die Tarifordnung gilt nicht für Verwaltungen und Betriebe der Nationalsozialistischen Deutschen Arbeiterpartei, ihrer Gliederungen und angeschlossenen Verbände." (RABl 1938 VI, S. 471). Den gleichen Wortlaut hatte § 1 Abs. 2 TO.A (RABl 1938 VI, S. 476).

966 RABl 1938 VI, S. 1584–1586. Auch K. MELCHER/E. SCHILLING, Kommentar, Teil IV, S. 129–133. Die Ratgeber E. PRINZ, Besoldung; DERS., Änderung, lassen diese gesetzliche Veränderung, die rückwirkend zum 1.7.1938 in Kraft trat, unberücksichtigt; ebenso bereits N.N., Die Regelung der Bezüge, wodurch sich Ungenauigkeiten in den Vergütungstabellen ergeben.

967 RABl 1940 IV, S. 1579–1580; E. PRINZ, Änderung; DERS., Besoldung, S. 6–7; N.N., Die neue tarifliche Einstufung, S. 21f. Danach wurden die Eingruppierungsmerkmale geändert, was tatsächlich einer Anhebung der Vergütung um eine Tarifgruppe gleichkam und eine deutliche Erhöhung der Vergütung bedeutete. Verg.Gr. VIII hatte nun das Merkmal: „Kindergärtnerinnen/Hortnerinnen mit staatlicher Prüfung als Kindergärtnerin." Und für Verg.Gr. VII wurde als Merkmal festgesetzt: „Kindergärtnerinnen/Hortnerinnen mit staatlicher Prüfung als Kindergärtnerin in der Stellung von Leiterinnen kleinerer Kindertagesstätten (Krippen, Kindergärten, Horte) oder Gruppenleiterinnen größerer Kindertagesstätten, wenn ihnen mindestens eine Hilfskraft unterstellt und die durch Dienstordnung festgesetzte Bewährungszeit erfüllt ist." Nach dieser tariflichen Verbesserung erhielt eine Kindergärtnerin wie Ilse Lutze in Glindow, nunmehr in Verg. Gr. VII, ein Grundgehalt in Höhe von RM 198,--, so daß sich nach Berücksichtigung des Wohngeldzuschusses und des Steigerungsbetrages für sieben Dienstalterstufen RM 276,-- ergeben und nach Berechnung der Gehaltskürzungsrate ein Endbetrag von RM 223,30. Unklar bleibt, warum E. PRINZ, Die Besoldung, S. 17, zu einem anderen Kürzungsbetrag und damit zu einer anderen tatsächlichen Vergütung gelangt.

tigte Hebung seiner Attraktivität bedeutete, war ganz und gar kein Hinderungsgrund. Er lag vielmehr im gänzlichen Mangel einer Zusammenarbeit zwischen dem EREV als dem Fachverband der geschlossenen Erziehungsfürsorge und der Vereinigung, dem Reichsfachverband, wie v. Wicht stets betonte, der halboffenen Kinderarbeit.

Beide Verbände hatten, da klar war, es wird „eine nunmehr vom Sondertreuhänder zu erlassende Lohntarifordnung“ für die Erziehungsfürsorge „aufgestellt“[968], unabhängig voneinander im Verlauf des Jahres 1940 an entsprechenden Entwürfen gearbeitet. Inwieweit v. Wicht sich dabei weiterhin mit Kunze, wie noch im Jahr zuvor beabsichtigt[969], oder überhaupt mit jemandem im CA abgestimmt hat, ist nicht zu erkennen. Auch ein Zusammenwirken mit Mohrmann ist nicht zu sehen. Sie stand nach wie vor als Vorsitzende an der Spitze des Verbandes evangelischer Kindergärtnerinnen, Hortnerinnen und Jugendleiterinnen Deutschlands, des Verbandes, der es von Anfang an gemäß seiner Satzung als seine Aufgabe angesehen hatte, seine Mitglieder in wirtschaftlichen, mithin in Fragen der Vergütung zu beraten und diesbezüglich deren Interessen zu vertreten[970]. Angesichts des gespannten Verhältnisses, das zwischen v. Wicht und Mohrmann jedenfalls seit der von ihm erhobenen Forderung einer Alleinvertretung für die evangelische Kinderpflege bestand, werden diese Abstimmungen, sollten sie stattgefunden haben, nicht einfach gewesen sein[971]. Jedenfalls aber stimmte sich v. Wicht mit Dölker ab, der ihm entsprechende Entwürfe aus dem Landesverband der Inneren Mission in Württemberg übergeben hatte[972]. Dabei mußte v. Wicht

---

968 Protokoll der Mitgliederversammlung der Vereinigung am 11.6.1940 (LKA HANNOVER, E 26/106; ADWW MÜNSTER, 153/1).

969 Schreiben v. Wicht an Kunze vom 29.3.1939 (ADW, VKD 31).

970 Siehe H. SCHULTE, Evangelische Kinderpflege, S. 297.

971 Die Quellen geben über den Verlauf der Abstimmungen zwischen den beiden Verbänden und ihren leitenden Persönlichkeiten keine Auskunft. Es muß eine wenn auch begründet scheinende Vermutung bleiben, daß Mohrmann in den Verhandlungen die Möglichkeit sah, v. Wicht zu vermitteln, was sie unter dem ihr und dem Verband evangelischer Kindergärtnerinnen, Hortnerinnen und Jugendleiterinnen Deutschlands von ihm zugeschriebenen „wertvollen Hilfsdienst“ verstand. Siehe II Kap. I.4.1., S. 212 mit Anm. 79. Es ist davon auszugehen, daß die Akten des Verbandes evangelischer Kindergärtnerinnen, Hortnerinnen und Jugendleiterinnen Deutschlands am Sitz Mohrmanns im Haus des Kaiserswerther Verbandes in der Berlin-Wilmersdorfer Landhausstraße geführt wurden. Das Haus wurde bei einem Bombenangriff der Alliierten auf Berlin am 1.3.1943 durch Brandbomben zerstört. Akten haben sich nicht erhalten. Mohrmann berichtet im Rundschreiben vom 6.3.1943 und in dem vom 29.3.1943 den Häusern und Einrichtungen des Kaiserswerther Verbandes (FFFA DÜSSELDORF, Mkg IIIa 10) über die Zerstörung. Auch der „Bericht über die Arbeit des Kaiserswerther Verbandes Deutscher Diakonissenmutterhäuser vom 1. Januar 1938 bis 31. Dezember 1946, erstattet auf der ersten Tagung des Kaiserswerther Verbandes nach dem Ende des Krieges, Ende Oktober 1947“, gibt über diese Zerstörung Auskunft und darüber, daß das Haus durch zwei weitere Treffer während der Bombenangriffe am 31.1.1944 und am 14.2.1944 gänzlich zerstört wurde (FFFA DÜSSELDORF, Mkg IIIb 13).

972 Schreiben v. Wicht an Landesverband der Inneren Mission in Württemberg [Amtmann Grau] vom 18.11.1940 (ADW, VKD 28a). Damit sendet v. Wicht die am Rande der Arbeitsta-

erkennen, daß die „Württemberger Auffassungen", was die allgemeinen tariflichen Regelungen betraf, sich mit denen für die Gesundheitspflege ebenso deckten wie mit der TO.A und insbesondere mit seiner und der allgemein im CA vertretenen Auffassung, die Höhe der Gehälter der pädagogischen Kräfte, mithin auch der Kindergärtnerinnen, an den Regelungen der TO.A zu orientieren[973]. An den demgemäß wichtigen Vergütungsordnungen und Tabellen arbeitete v. Wicht ohne württembergische Unterstützung[974]. Allerdings hielt er in dieser Sache wohl nun doch auch Verbindung zu Fuß, dem zuständigen Mitarbeiter im CA, der v. Wicht veranlaßte, das bisher vorliegende Arbeitsergebnis im Verlauf der Mitgliederversammlung der Vereinigung, die im Rahmen einer Arbeitstagung am 4. November 1940 in Halle stattfinden sollte, zu erörtern. Fuß drängte auf Abschluß der Vorarbeiten. Alle Anstrengungen aber sollten vergeblich sein.

Obwohl sich, wie es bereits im Verlauf der wie stets der Mitgliederversammlung zu ihrer Vorbereitung vorangehenden Vorstandssitzung zu erkennen gewesen war[975], die Debatte über die Tarifordnung wider Erwarten und entgegen ihrem bisherigen Verlauf noch zuspitzte, konnte man sich doch einigen. Insbesondere zwei Sachverhalte waren strittig geworden. Zum einen die Frage, ob über ein Dienstalter von zehn Jahren hinaus eine Gehaltserhöhung noch möglich sein solle. Die TO.A sah das vor, hatte aber Höchstgrundvergütungen festgesetzt[976]. Mit der Mehrheit der Mitgliedsverbände der Vereinigung wurde beschlossen, von der TO.A abzuweichen, um der Gefahr zu begegnen, „daß entweder viele Kindergärten nicht zu halten sind oder die

---

gung der Vereinigung am 5.–6.11.1940 in Halle von Dölker erhaltenen Unterlagen (Schreiben Dölker an Käthe Niemann vom 16.11.1940, in: EBD.) zurück: den Entwurf einer „Lohntarifordnung für die dem Central-Ausschuß für die Innere Mission der Deutschen Evangelischen Kirche angeschlossenen Anstalten und Einrichtungen für Erziehungsfürsorge, Wirtschaftsfürsorge und offene Fürsorge", o.D. Dieser lehnte sich stark an die „Lohntarifordnung für die dem Zentralausschuß für die Innere Mission der Deutschen Evangelischen Kirche angeschlossenen Anstalten und Einrichtungen der Gesundheitspflege" vom 8.11.1939 (RABl 1940 IV, S. 172–174) an und verweist zum Teil direkt auf die TO.A. Weiter sandte v. Wicht zurück: eine erläuternde Stellungnahme zum Entwurf [Amtmann Grau] vom 1.11.1940, aus der die Empfehlung des Praktikers erkennbar wird, für alle Einrichtungen der Inneren Mission „eine gemeinsame Lohntarifordnung" mit angeglichenen Lohntabellen zu fertigen. Gleichzeitig allerdings wird festgestellt, daß die Löhne und Gehälter in der Inneren Mission nicht der TO.A und der TO.B angeglichen werden können, „aber sie sollten sich doch von diesen nicht zu weit entfernen." (ADW, VKD 28a).

973 Protokoll der Arbeitstagung der Vereinigung am 20.–21.6.1939 (LKA HANNOVER, E 26/102; ADWW MÜNSTER, 153/1; LKA NÜRNBERG, DW 1715). Und Schreiben v. Wicht an Evangelische Landesjugendstelle [Amtmann Grau] vom 18.11.1940 (ADW, VKD 28a).

974 Aus der erläuternden Stellungnahme zum Entwurf der Lohntarifordnung aus dem Landesverband der Inneren Mission in Württemberg vom 1.11.1940, die Dölker in Halle v. Wicht überreicht hatte, geht hervor, daß eine Lohntabelle, da ihre Aufstellung noch nicht abgeschlossen, nicht mit übersandt worden war (EBD.).

975 Protokoll der Vorstandssitzung der Vereinigung am 4.11.1940 (LKA HANNOVER, E 26/102; ADWW MÜNSTER, 153/1).

976 § 5 TO.A (RABl 1938 VI, S. 477).

älteren Kräfte keine Stellen mehr finden.“[977] Das andere Problem war mit der Frage angezeigt, mit welchem Wert die „freie Station“, mithin eine durch den Träger des Kindergartens gestellte Wohnung und die durch ihn gewährte Verpflegung, einer Kindergärtnerin auf ihre Vergütung anzurechnen sei. Das Angebot „freie Station“ war im Bereich der Inneren Mission und auch ihrer Kinderpflege[978] eine nicht unwesentliche Möglichkeit, Berufskräfte für einen Arbeitsplatz zu gewinnen und zu binden. Nach längerer Erörterung einigte man sich in der Mitgliederversammlung der Vereinigung auf den Vorschlag Bremers. Er machte den Vorschlag, daß die freie Station nach den in den Ländern und Provinzen durch die Finanzpräsidenten jeweils festgestellten Sätzen berechnet und die Vergütung dementsprechend bis zu maximal 15 % gekürzt werden sollte[979].

Ohne sich mit v. Wicht in Verbindung gesetzt zu haben, hatten auch Alfred Fritz und der EREV an einem Entwurf einer Lohntarifordnung für die dem Central-Ausschuß für die Innere Mission der Deutschen Evangelischen Kirche angeschlossenen Anstalten und Einrichtungen der Erziehungsfürsorge gearbeitet. Dieser lag zu Beginn des Jahres 1941 vor und wurde vom Ausschuß für geschlossene Jugendfürsorge, der am Rande der am 15. Januar 1941 in Leipzig tagenden Geschäftsführerkonferenz des CA[980] zusammengekommen war, ausführlich mit Fuß, der den CA vertrat, erörtert[981]. Das Ergebnis sollte dem CA als Verhandlungsgrundlage für dessen Gespräche im Sachverständigenausschuß des Reichstreuhänders für den öffentlichen Dienst vorgelegt werden. Es kam anders.

Im Verlauf der Verhandlungen des Ausschusses für geschlossene Jugendhilfe wurde durch das zufällige Hinzukommen v. Wichts festgestellt, daß man unabhängig voneinander und ohne jede Abstimmung jeweils an einer Lohntarifordnung gearbeitet habe. Und man erkannte auch, daß der CA, so sehr er mit den Fragen von Vereinigung und EREV vertraut war, bis dahin

---

977 Protokoll der Mitgliederversammlung der Vereinigung am 5.11.1940 (LKA HANNOVER, E 26/106; ADWW MÜNSTER, 153/1; LKA NÜRNBERG, DW 1715).

978 „Freie Station“, das Angebot angemessenen und kostenfrei zu nutzenden Wohnraums gehörte seit Gründung des ersten Diakonissen-Mutterhauses, 1836 in Kaiserswerth durch Ehepaar Fliedner, zu den Verpflichtungen einer Kirchengemeinde, die durch einen Gestellungsvertrag mit einem Diakonissenmutterhaus, der „Arbeitsgemeinschaft“, „Glaubensgemeinschaft“ und „Lebensgemeinschaft“ von Diakonissen (Ordnungen der zur Kaiserswerther Generalkonferenz verbundenen Diakonissen-Mutterhäuser vom 3.9.1929, in: FFFA DÜSSELDORF, Mkg IVb 1; und J. STEINWEG, Innere Mission, S. 100; HIM I, S. 88f.), eine oder mehrere Diakonissen mit dem Dienst als Gemeindeschwester oder Kindergärtnerin – und nicht selten sogar beides gleichzeitig – beauftragte.

979 Protokoll der Mitgliederversammlung der Vereinigung am 5.11.1940 (LKA HANNOVER, E 26/106; ADWW MÜNSTER, 153/1).

980 Siehe II Kap. III.1., S. 538 mit Anm. 63; I. HUNDINGER, Arbeitsbericht 1940/1941, S. 44.

981 Vermerk Fuß betr. Sitzung des EREV am 14.1.1941 zur Lohntarifordnung für Erziehungsanstalten vom 20.1.1941 (ADW, CA/J 23 A).

keine vermittelnde oder koordinierende Funktion in der Sache wahrgenommen hatte. Auch deshalb beschloß man miteinander, „zu einer Einigung zu kommen." Vor allem aber meinten der EREV und sein Direktor Alfred Fritz ebenso wie die Vereinigung und ihr Vorsitzender v. Wicht, da zwischen den beiden Entwürfen „keine großen Abweichungen bestünden", daß einen gemeinsamen Entwurf, abgestimmt mit dem CA, zu fertigen sinnvoll und möglich wäre[982].

Tatsächlich gelang es, miteinander einen zweiten Entwurf zu erstellen, der sowohl dem Problem „freie Station" als auch dem noch schwierigeren einer möglichst großen Annäherung an die TO.A Rechnung trug. In dieser Sache sollte durch die Dienstordnung die Möglichkeit zur Zahlung von sogenannten Leistungszuschlägen eröffnet werden. Damit wollte man den Anstellungsträgern Gelegenheit geben, die Differenz zwischen den in der TO.A angesetzten Beträgen der Grundvergütung und den insgesamt niedriger angesetzten Grundvergütungen für Berufskräfte der Inneren Mission, wie etwa auch den Kindergärtnerinnen, auszugleichen. Außerdem war die Zahlung einer Familienzulage für unverheiratete „Gefolgschaftsmitglieder" im Gegensatz zum Wohngeldzuschuß der TO.A nur an eine Kann-Bestimmung gebunden. Ein Wohngeldzuschuß war nicht vorgesehen. Der Wert der „freien Station" sollte ganz entsprechend Bremers Vorschlag von den jeweils zuständigen Landesfinanzämtern berechnet und dementsprechend als Teil der Vergütung berücksichtigt werden[983].

Wie immer man diesen Entwurf einschätzte, zu einem ihm entsprechenden Erlaß durch den Reichstreuhänder für den öffentlichen Dienst ist es nicht mehr gekommen. In der Situation, die durch den Erlaß des Reichsministers des Innern und des „Stellvertreters des Führers" vom 21. März 1941 für die evangelischen Kindergärten entstanden war, mußte es für Vereinigung und CA geboten sein, nicht durch Verhandlungen auf eine Schwachstelle evangelischer Kindergartenarbeit aufmerksam zu machen und damit die ohnehin vorhandene Gefährdung der Arbeit noch zu vergrößern. Der Fortgang des Krieges ließ darüber hinaus zunehmend das Leben selbst wichtiger werden als Tarifordnung und Vergütungsfragen für etwa 1.500 Kindergärtnerinnen.

---

982 EBD.

983 Zweiter Entwurf einer Lohn-Tarifordnung für die dem Central-Ausschuß für die Innere Mission der Deutschen Evangelischen Kirche angeschlossenen Anstalten und Einrichtungen der Erziehungsfürsorge, o.D. (EBD.). Danach hätte Charlotte Lienard, wäre ihr Anstellungsträger ein Verein gewesen, unter Berücksichtigung von achtzehn Berufsjahren, ebenfalls mit dem Ortsklassenmerkmal S (Ortsklassenverzeichnis vom 13.1.1922, in: RGBl 1922 I, S. 87–153, hier S. 89), ein Grundgehalt in Höhe von RM 120,-- erhalten. Da Lienhard eine eigene Wohnung hatte, wäre ein Abzug wegen „freier Station" nicht erfolgt. Hätte Lienhard die Wohnung etwa mit ihrer zu versorgenden Mutter bewohnt, hätte sie einen Familienzuschlag in Höhe von RM 87,-- beanspruchen können. Damit hätte ihr Bruttogehalt bei RM 207,-- gelegen. Hätte Lienhard allein gewohnt, wäre der Familienzuschlag weggefallen, und es hätte beim Trägerverein als ihrem Anstellungsträger gelegen, ihr einen Leistungszuschlag zu zahlen. Vgl. zuvor S. 372 mit Anm. 937.

Während die meisten Gliedkirchen mit ihrem Widerspruch gegen die vom Rat der EKD erlassene Vorläufige Arbeitsvertragsordnung vom 12. Oktober 1949, mit der die Anordnung der Finanzabteilung bei der Deutschen Evangelischen Kirchenkanzlei vom 28. September 1938 hatte aufgehoben werden sollen[984], in der nunmehr Bundesrepublik Deutschland bei einer Anwendung der TO.A und TO.B für die kirchlichen Mitarbeiterinnen und Mitarbeiter blieben[985], machte sich die Innere Mission auf einen anderen, den „Dritten Weg"[986]. Nachdem bereits 1946 die F.Kr.T. für die Einrichtungen der Inneren Mission außer Kraft gesetzt worden war[987] und 1954 eine Arbeitsrechtliche Kommission beim Central-Ausschuß für die Innere Mission ihre Arbeit an den Arbeitsvertragsrichtlinien (AVR) aufgenommen hatte[988], war der Beginn einer neuen, an der „Dienstgemeinschaft" ausgerichteten Entwicklung angezeigt[989], die nach der Bildung des Diakonischen Werkes mit der 1962 vom

---

[984] ABlEKD 1949, S. 259–261.

[985] Siehe R. KESSLER, Kirchen, S. 47ff.; demgegenüber merkt J. FRANK, Grundsätze, S. 15, an: „Nachdem früher schon TO.A und TO.B weithin Anwendung gefunden hatten, gilt jetzt durchweg der BAT [Bundesangestelltentarif]... ." Angesichts der skizzierten Entwicklung bleibt es jedenfalls eine Frage, ob das Urteil zutreffend ist, das G. GRETHLEIN, Entstehungsgeschichte, S. 5, für die „Weimarer Zeit und NS-Herrschaft" zusammenfassend formuliert: „Im sog. Dritten Reich änderte sich an der Gestaltung des Mitarbeiterrechts wenig, auch wenn vermehrt Vereine Zuflucht bei der (verfaßten) Kirche suchten."

[986] Siehe H. BEYER/H.G. NUTZINGER, Erwerbsarbeit und Dienstgemeinschaft, S. 57–63; M. KORITZKI, Die Regelung des Arbeitsrechts.

[987] Siehe R. H. KLUGE, Arbeitsrechtliche Probleme, S. 83ff.; R. KESSLER, Kirchen, S. 50 mit Anm. 136.

[988] Siehe M. KORITZKI, Die Entwicklung, S. 168; R. H. KLUGE, Arbeitsrechtliche Probleme, S. 83ff.

[989] § 1 AVR: „1. Die Anstalten und Einrichtungen, welche dem Werk Innere Mission und Hilfswerk angeschlossen sind, tun ihren Dienst im Auftrage Jesu Christi. Dieser Dienst ist Lebens- und Wesensäußerung der Evangelischen Kirche. 2. Die in einer diakonischen Anstalt oder Einrichtung tätigen Mitarbeiter bilden eine Dienstgemeinschaft. Alle Mitglieder dieser Dienstgemeinschaft haben den ihnen anvertrauten Dienst in Treue zu leisten. Ihr gesamtes Verhalten in und außer dem Dienst muß der Verantwortung entsprechen, die sie als Mitarbeiter von Innerer Mission und Hilfswerk übernommen haben. Es wird erwartet, daß sie den christlichen Grundsätzen sowohl bei der Erfüllung ihrer dienstlichen Pflichten als auch in ihrer persönlichen Lebensführung Rechnung tragen. 3. Der Treue und Hingabe des Mitarbeiters muß von seiten des Dienstgebers die Treue ihm gegenüber und die Fürsorge für ihn entsprechen." (INNERE MISSION UND HILFSWERK DER EVANGELISCHEN KIRCHE IN DEUTSCHLAND (Hg.), Arbeitsvertragsrichtlinien, S. 18). Nach § 2 Abs. 2 AOGö (RGBl 1934 I, S. 221) – siehe zuvor S. 350 mit Anm. 810 – stellte die ATO fest: „... gestellte hohe Aufgabe erfordert eine Dienstgemeinschaft im Sinne der nationalsozialistischen Weltanschauung ..." und „Gefolgschaftsführer und Gefolgschaft haben sich gegenseitig die in der Dienstgemeinschaft begründete Treue zu halten ..." (RABl 1938 VI, S. 471). 1949 stellt § 2 der Vorläufigen Arbeitsvertragsordnung für den kirchlichen Dienst fest: „1. Die Pflichten des kirchlichen Dienstes sind durch den Auftrag bestimmt, den die Kirche von ihrem Herrn erhalten hat. Die kirchlichen Mitarbeiter haben den ihnen anvertrauten Dienst in rechtschaffener Treue und opferwilliger Hingabe zu leisten. Ihr gesamtes Verhalten in und außer dem Dienst muß der Verantwortung entsprechen, die sie als dienende Glieder der Kirche übernommen haben. 2. Der Treue und Hingabe, die der Mitarbeiter der Kirche entgegenbringt,

Diakonischen Rat verabschiedeten Neufassung der AVR tarifliche Regelungen auch für die Kindergärtnerinnen vorsah[990]. Für die Gliedkirchen in der Deutschen Demokratischen Republik ebenso wie für den „östlichen Bereich der Inneren Mission“ sollte die Vorläufige Arbeitsvertragsordnung für den kirchlichen Dienst vom 12. Oktober 1949 Gültigkeit erhalten. Nicht nur daß diese Gliedkirchen keinen Widerspruch erhoben hatten, sondern mit dem weiterhin bestehenden CA war auch die Gültigkeit „für die im Bereich der östlichen Landes- und Provinzialkirchen“ bestehenden Werke, Anstalten und Einrichtungen der Inneren Mission vereinbart[991] und am 17. Januar 1956 durch eine Durchführungsverordnung präzisiert und ergänzt worden[992].

Mit diesen Festsetzungen war ohne jeden Rückgriff auf die „Dienstgemeinschaft“ der Weg zu einer eigenständigen kirchlichen Arbeitsrechts- und Tarifrechtsregelung beschritten. Dem entsprach es ganz und gar, wenn am 2. Januar 1953 das Ministerium für Arbeit der Deutschen Demokratischen Republik

---

entspricht auf seiten der Kirche die Fürsorge für ihn. Auf dieser Grundlage regeln die kirchlichen Arbeitgeber und Arbeitnehmer ihre gegenseitigen Rechtsbeziehungen.“ (ABlEKD 1949, S. 259). Dieser Befund führt zu der Frage, ob es ausreicht, allein entweder unter eher praktisch-theologischen Gesichtspunkten daran zu arbeiten, daß der Begriff der Dienstgemeinschaft „schärfer konturiert wird“ (R. PIOCH, Dienstgemeinschaft, S. 140), oder mit der neutestamentlich begründeten Feststellung, das „Miteinanderarbeiten im Dienste Gottes ist das Charakteristikum unserer Dienstgemeinschaft“ (R. WEEBER, Haushalten, S. 256), eine systematisch-theologische Begründung seiner „spezifisch kirchlichen normativen Konzeption“ vorzulegen (M. HIRSCHFELD, Dienstgemeinschaft, S. 55). Es bleibt jedenfalls auffallend und bemerkenswert, daß die nationalsozialistische Gesetzgebung einen Begriff besetzen kann, der trotz F. V. BODELSCHWINGH, Auftrag der dienenden Kirche, noch kaum an die Stelle der „Arbeitsgemeinschaft“ (Grundordnungen der zur Kaiserswerther Generalkonferenz verbundenen Diakonissen-Mutterhäuser vom 3.9.1929, in: FFFA DÜSSELDORF, Mkg IVb 1; J. STEINWEG, Innere Mission, S. 100; HIM I, S. 88f.) neben den Begriff der „Glaubensgemeinschaft“ (EBD.; A. DEPUHL, Innere Mission und Deutsche Arbeitsfront, S. 22) gerückt war, oder mit dem gar die „Bekennende Gemeinde“ und ihre „Sendung“ interpretiert wurde (Erklärung zur praktischen Arbeit der Bekenntnissynode der Deutschen Evangelischen Kirche, in: KJ 1933–1944, S. 66–68; K. IMMER (Hg.), Bekenntnissynode, S. 70–73). Es wäre zu untersuchen, ob „Dienstgemeinschaft“ nach nationalsozialistischer Entfremdung, mithin ihrer „Entnazifizierung“ nach 1945, wie die „Wesens- und Lebensäußerung der Kirche“ – siehe II Kap. II.2., S. 442ff. – zur Verfügung steht und in den arbeitsrechtlichen Regelungen sowohl der Gliedkirchen der EKD als auch denen des Diakonischen Werkes der EKD und der ihm angehörenden Verbände und Einrichtungen zu einem wichtigen Rechtsbegriff wird. Vgl. H. BEYER/H. G. NUTZINGER, Erwerbsarbeit und Dienstgemeinschaft, S. 46–53. Das bedeutete, daß, wenn „Dienstgemeinschaft“ ein Weg ist (R. PIOCH, Dienstgemeinschaft, S. 143), sie tatsächlich einen Weg hinter sich hat. Diesen zu beschreiben bleibt ein dringendes Desiderat, um eine Antwort auf die Frage zu befördern, die gestellt wird von V. HERRMANN, Dienstgemeinschaft – ein Begriff ohne Leben? Vgl. auch „Dienst“ in C. SCHMITZ-BERNING, Vokabular, S. 152f.

990 INNERE MISSION UND HILFSWERK DER EVANGELISCHEN KIRCHE IN DEUTSCHLAND (Hg.), Arbeitsvertragsrichtlinien, S. 46f. und S. 144ff.

991 Bekanntmachung über die Geltung der Vorläufigen Arbeitsvertragsordnung der EKD im östlichen Bereich der Inneren Mission vom 7.12.1949 (ABlEKD 1949, S. 311).

992 DVO zur Vorläufigen Arbeitsvertragsordnung für den kirchlichen Dienst vom 17.1.1956 (ABlEKD 1956, S. 196–197), besonders § 2.

nach Abstimmungsgesprächen auch mit dem CA[993] in einer Bekanntmachung feststellte, daß alle Angestellten und Arbeiter den gesetzlichen Bestimmungen des Arbeitsrechts „einschließlich der mit den Kirchen abzuschließenden Tarifverträge" unterliegen. Ausgenommen von dieser Bestimmung und damit von den arbeitsrechtlichen Gesetzen waren Personen im kirchlichen Dienst, die „ausschließlich oder überwiegend seelsorgerische Tätigkeit ausüben."[994] Nach der Rechtslage gehörten zu diesem Personenkreis auch die Kindergärtnerinnen in kirchlichen Kindergärten[995]. Daß sich der anfänglich breite Weg verengen und über die Anordnung über die arbeitsrechtliche Stellung der in kirchlichen Einrichtungen beschäftigten Arbeiter und Angestellten vom 18. Januar 1958[996] dazu führen sollte, daß nahezu alle kirchlichen Beschäftigungsverhältnisse dem staatlichen Arbeitsrecht unterlagen[997], kann hier nicht weiter dargestellt werden.

Mit Beginn des Jahres 1941, war es nicht nur die zurückhaltende und zögerliche, um nicht zu sagen ablehnende Haltung Constantin Fricks gegenüber der Absicht Schirmachers, so bald wie möglich die TO.A für die Angestellten des CA einzuführen, die das Zustandekommen einer Lohntarifordnung für den Arbeitsbereich der Erziehungsfürsorge und seine Anstalten und Einrichtungen verhinderte. Der Präsident wollte, zumal er inzwischen als deren Vorsteher um die Auswirkungen des Kr.T., mithin die „fast unhaltbare Lage" des Krankenhauses der Evangelischen Diakonissenanstalt in Bremen wußte, keinen „für die gesamte Innere Mission untragbaren Beschluß fassen"[998], mochte er auch von seiten des Reichstreuhänders für den öffentlichen Dienst noch so erwünscht sein und das auch mit dem Hinweis auf die Anordnung Friedrich Werners über die Einführung der TO.A in den kirchlichen Dienststellen vom 28.9.1938. unterstrichen werden[999]. Entscheidend aber dafür, daß man zu einer solchen Tarifordnung nicht mehr kam, waren die sich verschärfenden Entwicklungen und die sich verfestigenden Frontstellungen, die wei-

---

993 Siehe Niederschrift über eine Aussprache über die Anwendung der arbeitsrechtlichen Gesetze auf die Kirche und ihre Einrichtungen am 16.5.1952; Paul Braune an Hauptabteilung Verbindung zu den Kirchen beim Stellvertreter des Ministerpräsidenten [der DDR] vom 20.10.1952 (ADW, CA/O 115).

994 Bekanntmachung über die Anwendung der arbeitsrechtlichen Gesetze für die in kirchlichen Einrichtungen beschäftigten Arbeiter und Angestellten vom 2.1.1953 (ZBlDDR 1953, S. 10).

995 Siehe E. JACOBI, Kirchliches Dienstrecht, S. 100f. Für die Vergütung der Kindergärtnerinnen in den staatlichen Kindergärten in der DDR galt die Verordnung über die Vergütung der Tätigkeit der Erzieherkräfte an Kindertagesstätten vom 10.4.1952 (GBlDDR 1952, S. 307–309).

996 GBlDDR 1958 I, S. 84–85. Siehe auch Zehnte Durchführungsverordnung über Sozialpflichtversicherung vom 18.1.1958 (Ebd., S. 84).

997 Siehe E. JACOBI, Kirchliches Dienstrecht, S. 103–108.

998 Schreiben Constantin Frick an Schirmacher „Persönlich" vom 28.12.1940 (ADW, CA 2041/10).

999 Schreiben Reichstreuhänder für den öffentlichen Dienst an CA vom 2.2.1941 (EBD.).

tere Erörterungen und Verhandlungen über eine der TO.A angeglichene Vergütung für Berufsarbeiterinnen im Bereich der Erziehungsfürsorge der Inneren Mission, mithin auch die für Kindergärtnerinnen in der Anstellungsträgerschaft freier Vereine unnötig und wirkungslos erscheinen lassen mußten. Es ging nicht mehr um die Frage der Sicherung der Arbeit durch Grundsätze für eine allseits angemessene Vergütung. Es ging um den Fortbestand der Arbeit, die im Grundsatz und in einer Schärfe wie zu keinem Zeitpunkt zuvor in Frage gestellt wurde.

B. Evangelische Kinderpflege als Teil der „Wesens- und Lebensäußerung" der evangelischen Kirche

Kapitel II

Der Kriegsbeginn – die Verschärfung der Krise

1. Die „Stunde der Bewährung"

1.1. „... wie Soldaten im Trommelfeuer ..." – die Tagung der NSV-Gauamtsleiter vom 8. bis 10. März 1939 in Weimar

Die „Rückführung des Deutschen Roten Kreuzes auf seine Ursprungsaufgabe"[1], die Übernahme von Gemeindepflegestationen und Kindergärten des DRK durch die NSV hatte den CA nicht in der Rolle eines Zuschauers gelassen. Er hatte die Frage zu beantworten, ob u. a. die Diakonissenmutterhäuser des Kaiserswerther Verbandes, deren Diakonissen ehedem in Einrichtungen des DRK tätig waren, mit der NSV ebensolche Verträge abschließen sollten und könnten wie mit dem DRK[2]. Dazu hatten Verhandlungen zwischen CA und NSV stattgefunden. Am 22. März 1938 hatte eine von Hilgenfeldt und Constantin Frick unterzeichnete Vereinbarung vorgelegen, mit der die Übernahme solcher Schwestern in ein Arbeitsverhältnis bei der NSV geregelt wurde, die, bislang beim DRK tätig, der von Mohrmann geführten Diakoniegemeinschaft angehörten, mithin auch solcher aus Diakonissenmutterhäusern des Kaiserswerther Verbandes[3]. Wie in der Vereinbarung vorgesehen, war dann auch an einem Vertrag zwischen NSV und CA gearbeitet worden, der die Angelegenheit abschließend regeln sollte und der am 25. Ja-

---

1 Vereinbarung der NSV mit dem DRK vom 18.12.1937 (H. VORLÄNDER, Die NSV, Dok. Nr. 147, S. 348f.).

2 Siehe Protokoll der Vorstandssitzung des CA am 22.2.1938 (ADW, CA 67B (1938)); und Protokoll der Vorstandssitzung des CA am 22.3.1938 (EBD.). Danach ist für die Innere Mission „diese Übernahme von Bedeutung, da etwa 1.300 Schwestern von Schwesternschaften und Mutterhäusern der Inneren Mission auf Rot-Kreuz-Stationen arbeiten" (EBD.).

3 Siehe L. KATSCHER, Krankenpflege und „Drittes Reich", S. 127–131 und Anhang XIV; J.-CHR. KAISER, Sozialer Protestantismus, S. 219; H. VORLÄNDER, Die NSV, S. 109f. und Dok. Nr. 149, S. 353f. Vgl. auch B. BREIDING, Die Braunen Schwestern, S. 239ff. Besonders zu den „Hilfsschwestern" oder „freien Hilfen", solcher Schwestern also, die nicht Diakonissen waren, aber der Diakoniegemeinschaft angehörten und ihre Position gegenüber den Diakonissen, siehe G. FREYTAG, Unterwegs, S. 50–56.

nuar 1939 unterzeichnet wurde. Neben den erforderlichen arbeitsrechtlichen Regelungen sah er, wie schon die Vereinbarung, keine Beschränkung der „kirchlichen Betätigung“ der Schwestern „außerhalb des Dienstes“ vor[4]. Ob damit Hilgenfeldt erreicht hatte, was er wollte[5], oder ob dies Ausdruck von „beharrlichen Bemühungen christlicher Liebestätigkeit“ war, „Schwachpunkte nationalsozialistischer Wohlfahrtspolitik“[6] zur Sicherung der Arbeit der Inneren Mission zu nutzen, soll hier nicht weiter erörtert werden. Entscheidend im Blick auf die evangelische Kinderpflege ist, daß hiermit ein weiteres Modell einer Zusammenarbeit vorlag. Allerdings unterschied es sich von dem, das v. Wicht in Verbindung mit der Regelung der Aufsichtsführung anstrebte. Gleich dem inzwischen im Rahmen der „Militarisierung des DRK“[7] erprobten, die praktischen Fragen einer Einrichtungsübernahme regelnden Muster war dieser Zuschnitt einer Zusammenarbeit indessen nur brauchbar zum terminus post quem, wenn die Zeit des Aufschubs abgelaufen wäre. Das aber war noch nicht der Fall. Die Handlungsanleitungen lagen vor, aber der Zeitpunkt, danach zu handeln, war noch nicht gekommen. Nach wie vor tat v. Wicht alles, ihn nicht eintreten zu lassen.

Jetzt zu Beginn des Jahres 1939 waren, so v. Wicht, zwar „unserer Arbeit Türen schlichten Dienstes an Kirche und Volk geöffnet.“[8] Aber an der „Unsicherheit des Bestandes unserer Arbeit“[9] hatte sich, um es zu wiederholen, nichts geändert. Zwar lag weder ein neuer Entwurf für das RJWG noch etwa ein „Unterstellungsgesetz“ vor. Allerdings – jedes Gesetzesvorhaben für sich und erst recht beide gemeinsam hätten eine erhebliche Erhöhung der Gefahr eines Verlustes „des Bestandes unserer Arbeit“, wenn nicht gar den Verlust unmittelbar bedeutet. Aber die Gefahr sollte sich in ganz anderer Weise bedrohlich vergrößern.

Zum 1. Februar 1939 war eine Änderung des RJWG hinsichtlich der Beiratszusammensetzung der Jugend- und Landesjugendämter wirksam geworden[10]. Die „mit dem Führergrundsatz in Widerspruch stehende Kollegialverfassung“[11] wurde damit beseitigt und der NSV faktisch das Alleinvertretungsrecht zugesichert. Das war, wie Ohl klagte, eine Maßnahme, durch die einer bislang praktizierten Gesetzesverletzung Rechtskraft gegeben wurde[12]. Vom

---

4 ADW, CA 1195/XVII.

5 L. KATSCHER, Krankenpflege und „Drittes Reich“, S. 129.

6 J.-CHR. KAISER, Sozialer Protestantismus, S. 219.

7 H. SEITHE/F. HAGEMANN, Das Deutsche Rote Kreuz, S. 130.

8 VEREINIGUNG, Tätigkeitsbericht 1.4.1938–31.3.1939, S. 1.

9 EBD.

10 Gesetz zur Änderung des RJWG vom 1.2.1939 (RGBl 1939 I, S. 109, unkommentiert abgedruckt in: EJugh, 15.(59.) Jg., 4/5(Mai/April)/1939, S. 91–92; auch ADW, CA/J 10).

11 Begründung des Gesetzes zur Änderung des RJWG vom 3.12.1938 (BA BERLIN, R 43 II/522). Nach I. HUNDINGER, Änderung, S. 92, im Deutschen Reichsanzeiger, Nr. 43, 20.2.1939.

12 Schreiben Ohl an Engelmann vom 20.3.1939 (ADW, CA/J 10).

Reichsministerium des Innern und seinem Minister Wilhelm Frick wurde dies im übrigen in der Begründung zum Gesetz auch offen eingestanden[13].

Außerdem war schon am 4. Januar 1939 in Bayern, zunächst kaum beachtet und darum am 16. März mit Nachdruck erneuert, ein Runderlaß ergangen, der die „Beseitigung der Klosterschulen, hier Kinderbewahranstalten", also der „bekenntnismäßig geführten Kinderbewahranstalten (Kindergärten)"[14], als Aufgabe der Landratsämter, wie seit Beginn des Jahres die Bezirksverwaltungsbehörden auch in Bayern genannt wurden[15], bestimmte und ordnete. Nachdem, jedenfalls was die Gemeindevereine als Träger von evangelischen Kindergärten betraf, sich bereits Ende des Jahres 1938 eine Niederlage auf dem Rechtsweg für die NSV abgezeichnet hatte, sollten nun die für die Beseitigung erforderlichen Maßnahmen dadurch legal werden, daß das Regierungspräsidium in seinen Erlassen Bezug nahm auf die Verordnung über das nichtstaatliche Erziehungs- und Unterrichtswesen vom 26. August 1933 und seine Novellierung vom 28. Januar 1938. War danach ursprünglich die Rücknahme der Genehmigung an die Nichterfüllung von bestimmten Voraussetzungen zum Betrieb einer nichtstaatlichen Erziehungs- und Unterrichtsanstalt geknüpft, so brauchten nach der Novelle allein „Tatsachen bekannt werden, die die Versagung der Genehmigung rechtfertigen würden."[16] Damit waren, wie zuvor in Baden durch den Erlaß vom 26. Mai 1937 und in Württemberg durch das Gesetz vom 9. August 1937, weiterer Willkür legal Tür und Tor geöffnet.

Daß man dieser bayerischen Maßnahme auch im CA Bedeutung beimaß, wird daran erkennbar, daß die Auswirkungen des Erlasses des Regierungspräsidiums in Ansbach vom 16. März 1939, etwa in den Gemeinden Forchheim, Gräfenberg, Burghaslach und Altdorf – wenn auch mit naturgemäßer Verzögerung – am 2. Mai 1939 Gegenstand von Verhandlungen im Vorstand des CA waren[17]. Zu diesem Zeitpunkt war aber schon klar, daß das Vorgehen der Landräte und Bürgermeister in den vier Orten gegen die Kindergärten der evangelischen Kirchengemeinden ohne Folgen geblieben war. Bereits ein halbes Jahr zuvor hatte der Oberbürgermeister von Bayreuth im Blick auf die zehn Jahre zurückliegende Errichtung und zum Zentrum kirchlicher Arbeit im Bayreuther Stadtteil Kreuz gewachsene „Evangelische Kinderschule"[18] mit dem begründenden Hinweis auf den Totaltätsanspruch des nationalsozialistischen Staates und der Behauptung, der Betrieb eines Kindergartens durch

---

13 Begründung des Gesetzes zur Änderung des RJWG vom 3.12.1938 (BA BERLIN, R 43 II/522).

14 Erlaß Regierungspräsident von Oberfranken und Mittelfranken vom 4.1.1936 (LKA NÜRNBERG, DW 97); vgl. Erlaß dess. vom 16.3.1939 (LKA NÜRNBERG, KrD Nürnberg 341).

15 Siehe I Kap. VII.3.6., S. 376 mit Anm. 458.

16 BayerGVBl 1933, S. 231–235, bes. §§ 4, 5 und 16; und BayerGVBl 1938, S. 55.

17 Protokoll (ADW, CA 67 B (1939)).

18 Siehe H. HOFMANN, Evangelisch im Bayreuther Land, S. 76.

eine konfessionelle Organisation widerspreche diesem Anspruch und den sich daraus ergebenden Grundsätzen, ohne weiteres festgestellt, daß „die Versagungsgründe" für den Betrieb eines Kindergartens „nunmehr eingetreten" seien und hatte die Genehmigungen zum Betrieb des Kindergartens zurückgenommen[19]. In gleicher Weise waren auch die Bürgermeister in den genannten vier Orten, ebenfalls im Fränkischen, vorgegangen. Daß dies indessen nur ein Vorgeplänkel und die Schlacht auf diesem Felde erst zwei Jahre später geschlagen werden sollte, das wußte man zu diesem Zeitpunkt auch im Vorstand des CA noch nicht.

Jetzt wurde mit tatkräftiger Unterstützung von Greifenstein, Weichlein und Diez, der sich im übrigen auch mit v. Wicht abgesprochen hatte, dieser Angriff von den Trägern der Kindergärten abgewiesen. Man argumentierte, daß bis jetzt noch „nicht bekannt geworden [sei], daß eine Abänderung der Reichsgesetzgebung erfolgt ist, der zufolge gesetzliche Maßnahmen, die das private Unterrichtswesen (Klosterschulen und evang. Privatschulen) betreffen, auf Kindergärten anzuwenden sind, die in erster Linie nicht unterrichtlichen, sondern gesundheitsfürsorgerischen, pflegerischen und familienmäßigerziehenden Zwecken dienen."[20] Das war angesichts der „originären Rechte der nationalsozialistischen Bewegung" nicht nur ein Bestehen auf der Gültigkeit der Weimarer Reichsverfassung und ihres Artikels 137 und damit auch auf der Beachtung „der Schranken des für alle geltenden Gesetzes"[21], das war auch die gleiche Argumentation, die man vor neunzehn Jahren auf der Reichsschulkonferenz vorgetragen und mit der man die freie Trägerschaft dem ungeliebten Staat von Weimar abgetrotzt hatte. Ob das gegenüber diesem Staat und der NSV, dem „sozialistische[n] Arm der NSDAP"[22], zu diesem Zeitpunkt, ja überhaupt, zum Erfolg führen konnte, das war die Frage, die ganz und gar ungewiß bleiben mußte.

Als die Verfügungen Ende Mai schließlich vom Bayerischen Staatsministerium für Unterricht und Kultus ausgesetzt wurden, stand allerdings dahinter eine ganz andere Begründung als die Anerkennung der Position der Träger der evangelischen Kindergärten, wie Greifenstein, Weichlein und Diez im

---

19 Schreiben Oberbürgermeister von Bayreuth an Verein Kleinkinderschule Bayreuth-Kreuz vom 14.11.1938 (LKA NÜRNBERG, DW 97); vgl. Landrat an Bürgermeister in Burghaslach vom 15.4.1939 (EBD.); Schreiben Evangelisch-Lutherisches Pfarramt Altdorf an Landesverein für Innere Mission vom 9.5.1939 (EBD.); außerdem Beschluß des Landratsamtes Forchheim vom 14.4. 1939 (ADW, VKD 15).

20 Schreiben Greifenstein an Regierungspräsidenten von Oberfranken und Mittelfranken vom 12.5.1939 (ADW, CA/J 63); Schreiben Weichlein an Greifenstein vom 5.4.1939 (LKA NÜRNBERG, KrD Nürnberg 341); Schreiben Diez an v. Wicht vom 3.4.1939 (ADW, VKD 15); Vorstandschaft der Kinderschule Gräfenberg an Landrat in Forchheim vom 12.6.1939 (LKA NÜRNBERG, DW 97).

21 DIE VERFASSUNG.

22 Protokoll der Tagung der NSV-Gauamtsleiter in Weimar am 8.–10.3.1939 mit der Niederschrift einer Rede Hilgenfeldts, der diese Bezeichnung formuliert (BA BERLIN, NS 37/2076).

Regierungspräsidium in Ansbach erfuhren. Die NSV und ihr Berliner Hauptamt hatten sich eingeschaltet und um diesen Schritt des Staatsministeriums gebeten, da sie, die NSV selbst, noch nicht die personellen Kräfte zur Verfügung habe, die erforderlich seien, wenn man die konfessionellen Kindergärten übernähme[23]. War damit auch keineswegs das Vorhaben im Grundsatz aufgegeben, für die Kämpfer auf seiten der evangelischen Kinderpflege bedeutete das Entlastung - ein weiterer Angriff war erfolglos geblieben. In dieser Lage hielt Meiser es für geboten, „ein Wort der Dankbarkeit und Ermunterung" an die Einrichtungen und „meine lieben evangelischen Kindergärtnerinnen" zu richten. Im Juli 1939 bat er, daß „Ihr Euch als lebendige Glieder Eurer Kirche wissen möchtet" und bestätigte unter Anspielung auf das Thema des fast zwei Jahre zurückliegenden ersten Opfertages der Inneren Mission[24]: „Die Kirche verlangt nach Eurem Dienst. Jesus selbst bittet um diesen Dienst."[25]

Ob man auf seiten der evangelischen Kinderpflege und ihrer Interessenvertreter, wie seinerzeit im württembergischen jetzt im bayerischen Vorgehen das Muster sah, nach dem sich möglicherweise auch in den anderen Ländern und Provinzen im Deutschen Reich die Situation für die Kinderpflege zuspitzen könnte, ist nicht erkennbar. In welchem Dilemma indessen die Verantwortlichen, trotz des Eingeständnisses fehlender ausgebildeter Kräfte auf seiten der NSV, sich befanden, da sie doch, wie 1934 bei der unter dem Diktat der NSV erfolgten Bildung der Arbeitsgemeinschaft, nichts weiter wollten, als „die Innere Mission über Wasser zu halten"[26], das belegen die Äußerungen Ohls in Zusammenhang mit der Veröffentlichung einer Stellungnahme des CA zu der erwähnten Änderung des RJWG.

Hundinger als zuständige Referentin hatte eine sachliche Darstellung der Änderung entworfen, die sich, weithin die ministerielle Begründung zitierend, jeder kritischen, aber auch jeder zustimmenden Äußerung enthielt[27]. Sie hatte Ohl als dem fachlich kompetentesten Mitglied des Vorstandes des CA das Manuskript zukommen lassen. In seiner umfassenden Antwort hatte Ohl auf die Unmöglichkeit hingewiesen, „objektiv" zu berichten. Allein der Versuch berge die Gefahr, als Zustimmung, wie sie von seiten der NSV erwünscht, von evangelischer Seite höchst unerwünscht sei, angesehen und ge-

---

23 Protokoll der Arbeitstagung der Vereinigung am 20.–21.6.1939 mit anliegenden Lageberichten der Landes- und Provinzialverbände, „Vertraulich!" (LKA HANNOVER, E 26/102; ADWW MÜNSTER, 153/1; LKA NÜRNBERG, DW 1715).

24 Siehe II Kap. I.4.1., S. 199 mit Anm. 25.

25 Meiser an „Meine lieben evangelischen Kindergärtnerinnen" vom „im Juli 1939" (LKA NÜRNBERG, LKR 1726; M. BERGER, Vorschulerziehung, S. 225–227).

26 Niederschrift der Besprechung einiger Geschäftsführer der Landes- und Provinzialverbände der Inneren Mission am 16.1.1934 (ADW, CA 1195 XII; ADW, CA 761 XVI). Siehe I Kap. IV.3.2., S. 187 mit Anm. 344.

27 I. HUNDINGER, Änderung.

wertet zu werden. Indessen, werde ein solcher Bericht den Tatsachen entsprechend verfaßt und geschrieben, so Ohl weiter, daß „einem Zustand, der bisher eine Gesetzesverletzung darstellte, nun eine gesetzliche Grundlage gegeben" ist, „dann wird das Geschrei anheben" auf seiten der NSV, wo „man so klug gewesen [ist], die eigentlichen Gründe, aus denen wir verdrängt wurden, nicht zu nennen". Aber es gehe auch nicht an, gar nichts zu tun, ebensowenig wie allein eine kritische Position zu beziehen; im Gespräch bleiben müsse man in jedem Fall, denn niemand darf Grund haben zu fragen: „warum ist das [scil. die Gesetzesänderung] übersehen?"[28]

Solche Maßnahmen konnten die Innere Mission erneut erkennen lassen, daß die vor nahezu zweiundeinhalb Jahren von Hilgenfeldt geforderte und im Haus der NSV in Berlin erstmals entworfene, wieder zurückgezogene, dann aber ein Jahr später in Zusammenhang mit dem „Anschluß Österreichs" wieder ins Gespräch gebrachte[29] neue Wohlfahrtsgesetzgebung jetzt doch ernst zu nehmende Bedeutung hatte und tatsächlich nur ein Ziel haben konnte: die Arbeit der Inneren Mission und der übrigen Verbände der freien Wohlfahrtspflege - und außer dem DCV gab es keine weiteren mehr - der Aufsicht der NSV zu unterstellen. Sollte es daran in der Inneren Mission und ihrem CA auch gerade nach den Verhandlungen in Schlesien noch irgend Zweifel gegeben haben, so wurden diese spätestens gegen Mitte des Jahres 1939 zerstreut. Das „Unterstellungsgesetz" war wieder Gegenstand der Erörterung und war, wie man jetzt wußte, bereits seit längerem durch die beteiligten Reichsministerien gelaufen[30].

Die Verantwortlichen im CA kannten zwar seinen Wortlaut auch jetzt, nach zwei Jahren, immer noch nicht. Nachdem aber Wilhelm Siegert, durchsetzungsfähiger Geschäftsführer des Vereins zur Errichtung evangelischer Krankenhäuser und dem Wittenberger Bund seit seinen Anfängen als „Sammlung der Mitte" zugehörig[31], ihnen den Entwurfstext zugänglich gemacht hatte, lag derselbe Wortlaut vor, mit dem Hilgenfeldt Anfang 1937 den „Stellvertreter des Führers" und ein Jahr später den „Reichsführer SS Parteigenossen Himmler"[32] für die Sache einzunehmen bemüht gewesen war. Jetzt wurde den Männern im CA im Gegensatz zu jenem Zeitpunkt, als man ein Gentlemen's Agreement für möglich gehalten hatte, ganz klar, was beabsich-

---

28 Schreiben Ohl an Engelmann vom 20.3.1939, in der Anlage das Manuskript Hundingers (ADW, CA/J 10). Vgl. Schreiben Hundinger an Ohl vom 27.3.1939 (EBD.); Schreiben Ohl an Hundinger vom 30.3.1939 (EBD.).

29 Schreiben Hilgenfeldt an Himmler vom 10.5.1938, mit dem er u. a. den „Entwurf eines Gesetzes über die freie Wohlfahrtspflege" übersandte (BA BERLIN, NS 19/3372). Siehe II Kap. I.2.1., S. 60 mit Anm. 10; siehe auch II Kap. I.4.2., S. 219 mit Anm. 111.

30 Schreiben Siegert an Werner vom 9.6.1939 (EZA BERLIN, 1/C3/163).

31 Siehe K. MEIER, Kirchenkampf II, S. 371–378. Vgl. auch E. LESSING, Bekenntnis, S. 369–372; G. BESIER, Die Kirche der altpreußischen Union, S. 406–413.

32 Schreiben Hilgenfeldt an Himmler vom 10.5.1938 (BA BERLIN, NS 19/3372).

tigt war. Alle Anstalten und Einrichtungen, alle Träger, Vereine und Verbände, sollten entsprechend dem Führerprinzip einem „Reichsbeauftragten für die freie Wohlfahrtspflege" und dann abgestuft seinen Platzhaltern in den Gauen unterstellt werden[33]. Das war auf Hilgenfeldt und seine NSV zugeschnitten und entsprach seiner seit mehr als zwei Jahren propagierten und von Anfang an auf Realisierung drängenden Vorstellung einer „freien nationalsozialistischen Wohlfahrtspflege". Dem Hauptamt am Berliner Maybachufer und seiner Führung wären damit „alle Vollmachten in die Hand gegeben [worden], die man sich nur denken kann."[34]

Denken mußte man besonders an das Muster der „Ostmark". Eine Unterstellung, die sich etwa nach dem österreichischen Modell gestaltete, hätte bedeutet, daß die Innere Mission „durch untragbare Bindungen lahmgelegt" werde. Dagegen mußten nun doch „ernsteste Bedenken" geltend gemacht werden. Das übermittelte Constantin Frick am 13. Juni 1939 dem Chef der Reichskanzlei und „Wächter des Staates"[35], Dr. Hans-Heinrich Lammers, in einem ausführlichen Schreiben. Ein schärferer Protest schien ihm offenbar unangebracht. Denn der Präsident des CA wußte auch, daß es in der NSV nach wie vor Kräfte gab, wie Wilhelm Haug an der Spitze des NSV-Gauamtes im Gau Hessen-Nassau, der – nicht ohne Förderung durch Gauleiter und Reichsstatthalter Jakob Sprenger, der für den hessischen Teil des Gaues auch Chef der Landesregierung war und die Ministerien des gleichgeschalteten und ehedem Volksstaates Hessen[36] in Darmstadt als „Wurmfortsatz des Reichsstatthalterbüros"[37] führte – soeben für die NSV „die Führung auf allen Arbeitsgebieten der freien Wohlfahrtspflege" gefordert hatte. Die NSV stelle „nicht nur auch eine Organisation der freien Wohlfahrtspflege" dar, sondern müsse es überhaupt „ablehnen ..., auch nur in einem Atem mit den karitativen Wohlfahrtsverbänden genannt zu werden". Unverhohlen und öffentlich hatte sich Haug zu dem bekannt, was Johlen einundeinhalb Jahre zuvor in seiner Denkschrift noch nur verwaltungsintern gefordert hatte[38], *„der völligen Ausschaltung der konfessionellen Verbände"*[39]. Damit hatte Haug nicht nur öffentlich angezeigt, worum es nach wie vor ging, sondern auch zu erkennen gegeben, daß er mit seinem Gauleiter zu den Satrapen Hitlers in der NSDAP zählte, die weniger einer zentralen Instanz wie dem Hauptamt für Volkswohlfahrt in Berlin und ihrem Hauptamtsleiter als Repräsentanten einer „freien nationalsozialistischen Wohlfahrtspflege" zu folgen bereit waren als

33 Entwurf Gesetz über die freie Wohlfahrtspflege vom [o. D.] 1939. Geheim (BA BERLIN, R 18/5600).

34 Schreiben Siegert an Werner vom 9.6.1939 (EZA BERLIN, 1/C3/163).

35 D. REBENTISCH, Führerstaat, S. 428.

36 Siehe K. E. DEMANDT, Geschichte, S. 599ff.; F. KNÖPP, Der Volksstaat Hessen, S. 739ff.

37 D. REBENTISCH, Führerstaat, S. 218. Vgl. auch E. HANSEN, Wohlfahrtspolitik, S. 110.

38 Siehe II Kap. I. 2.4., S. 108 mit Anm. 290.

39 W. HAUG, Wohlfahrtsarbeit, S. 179. Die Hervorhebung ist im Original gesperrt.

vielmehr rücksichtslos voranzustürmen und Hilgenfeldt und sein Hauptamt zu zwingen, Rückendeckung zu geben.

Tatsächlich hatte Hilgenfeldt ein Vierteljahr zuvor, im März 1939, versucht, die NSV-Gauamtsleitungen auf Linie zu bringen. Hatte er mit dem Entwurf zu einem, wie man längst sagte, „Unterstellungsgesetz", die staatlich-ordnenden, so hatte er offenbar mit der Tagung der NSV-Gauamtsleiter die parteilich-sichernden wohlfahrtspolitischen Voraussetzungen dafür schaffen wollen, sein Ziel zu erreichen, nämlich die NSV endlich als den einen und einzigen Träger der Wohlfahrtspflege im nationalsozialistischen „Großdeutschen Reich"[40] zu etablieren. Stattgefunden hatte die Tagung vom 8.–10. März 1939 in Weimar und wohl weniger eine „Kurskorrektur"[41] im Sinne einer Richtungsänderung als vielmehr zunächst einen Standort markiert und eine Bestätigung zurückliegender Entwicklungen gegeben, die im „Doppelstaat"[42] stets gleichzeitig von dem „Doppelspiel" zwischen den zentralen Staats- und Parteiinstanzen und ihrem Führungsanspruch sowie den als verzögerndes oder verschärfendes Verwaltungshandeln des Staats- und Parteiengeflechts in Ländern und Provinzen in Erscheinung tretenden dezentralen Machtansprüchen bestimmt waren. Und das, was in Ländern und Provinzen als Kursverschärfung und Radikalisierung im Blick auf die Durchsetzung des Totalitätsanspruchs der NSV in Erscheinung getreten war, hatte ihn, Hilgenfeldt gezwungen, wollte er seinen Führungs- und Machtanspruch nicht verlieren, die Tagung dementsprechend auszurichten.

Deshalb war die Tagung der NSV-Gauamtsleiter vor allem von einer Absicht Hilgenfeldts gekennzeichnet gewesen. Unter Berufung auf den „Richtsatz" des „Führers", „die NSV ist die zuständige Dienststelle für alle Fragen

---

40 Der „deutsche Traum" war mit dem Anschluß Österreichs erfüllt – „Großdeutschland". Der Begriff wurde von der Propaganda und vom „Führer" in seinen Reden gebraucht. Siehe H.-U. THAMER, Verführung und Gewalt, S. 577ff. Das Ende der Sudetenkrise und die Abstimmung in „Sudetenland" am 4.12.1938 war ein Eintrag in die „Geburtsurkunde Großdeutschlands", so Hitler am 2.12.1938 in Reichenberg (VB, 51. Jg., Nr. 338/ 4.12.1938, Ausg. Berlin, S. 4). Zur Bezeichnung „Unterstellungsgesetz" siehe nachfolgend S. 399 mit Anm. 70.

41 Diesen Begriff gebraucht P. HAMMERSCHMIDT, Die Wohlfahrtsverbände, S. 418, um die Veränderung zu kennzeichnen, die durch diese Tagung markiert wird. Allerdings, so Hammerschmidt, bedeute diese Kurskorrektur keine scharfe Zäsur, sondern im Rahmen einer allein von Kooperation und Konfrontation bestimmten Konkurrenz der Träger der Wohlfahrtspflege einen Wechsel von einer bisher stärker von ihrer Kooperation bestimmten zu einer nun mehr von einer von der NSV ausgehenden Konfrontation gekennzeichneten Phase. Insofern trifft der Begriff wohl nicht das Gemeinte. Die Taktik, der These Hammerschmidts selbst zu folgen, wurde geändert, nicht die Strategie. Das erst recht nicht, wenn im Blick auf die Innere Mission als evangelischem Spitzenverband der freien Wohlfahrtspflege weiterhin „die ‚weltanschaulicher Distanzierungskräfte' [als] im Vormarsch" gesehen und auch als „religionspolitische Restriktionsmaßnahmen" verstanden werden müssen (Vgl. K. MEIER, Kirchenkampf III, S. 15–26 und S. 133–146). Es geht um die Markierung einer Verschärfung, Radikalisierung des Prozesses der Durchsetzung des „Totalitätsanspruches" und Anspruches auf „Menschenführung" (Vgl. E. HANSEN, Wohlfahrtspolitik, S. 105ff.).

42 E. FRAENKEL, Der Doppelstaat.

der Wohlfahrt"[43], hatte er das Signal zum Angriff auf die öffentliche Fürsorge geben wollen. Zugleich hatte er auch den Druck im „Kampf mit der Kirche" zu erhöhen beabsichtigt, denn „die Politik der Dampfwalze, die ist die maßgebende."[44] Damit hatte er sich selbst an die Spitze des Angriffs gestellt. Und der galt auch und vor allem den Kindergärten.

Hilgenfeldt selbst hatte am 8. März, zu Beginn der Tagung, einen Überblick über die Lage gegeben und war dabei besonders auf die mangelnde Bereitschaft der Kommunen als Träger der öffentlichen Wohlfahrtspflege, ihre Einrichtungen und die für deren Betreiben erforderlichen und in die kommunalen Haushalte eingestellten Finanzmittel der NSV zu überlassen, ebenso zu sprechen gekommen wie auf die Schwierigkeiten, die Träger der freien Wohlfahrtspflege, mithin die Innere Mission mit ihrem CA und die Caritas mit ihrem DCV, seiner Führung zu unterstellen. Besonders beklagt hatte er diese Situation im Blick auf die Kindergärten. Unter Berufung auf Göring als dem Beauftragten für den Vierjahresplan und dessen vorgeblicher Forderung „im Altreich 7.000 Ernte- und Kindergärten zu schaffen", hatte Hilgenfeldt herausgestellt, daß mit „12.000 Einrichtungen im Reich" die NSV „die meisten Kindergärten in Deutschland hat."[45] Dem trage aber weder der Mitteleinsatz der Kommunen Rechnung noch sei die kirchliche Wohlfahrtsarbeit zu der erforderlichen Zusammenarbeit bereit. Hilgenfeldt hatte die NSV und ihren Anspruch der „Menschenführung"[46] „in den Mühlsteinen zwischen der kirchlichen und der offenen [scil. öffentlichen] Fürsorge" gemeint sehen zu müssen

---

43 Protokoll der Tagung der NSV-Gauamtsleiter in Weimar am 8.–10.3.1939 mit der Niederschrift der Rede Hilgenfeldts (BA BERLIN, NS 37/2076). Zur Verfügung des „Führers" vom 3.5. 1933 siehe I Kap. IV.3.1., S. 164 mit Anm. 257.

44 Protokoll der Tagung der NSV-Gauamtsleiter in Weimar am 8.–10.3.1939 mit der Niederschrift der Rede Hilgenfeldts (BA BERLIN, NS 37/2076). Dabei stellt Hilgenfeldt auch seine Erfahrung aus dem Krieg als Beispiel heraus, als er „mit der Frechheit eines jungen Leutnants" vorgegangen und erfolgreich gewesen wäre (EBD.).

45 EBD. Hilgenfeldt führt aus: „Wir hatten am Anfang überhaupt keinen Kindergarten. Heute sind wir die Organisation, die die meisten Kindergärten in Deutschland hat. Wir haben die Dauerkindergärten, Krippen, Erntekindergärten; 12.000 Einrichtungen im Reich, dagegen hat die Kirche nur 6.000 und die gesamte öffentliche Fürsorgeeinrichtung 2.600. Wir haben hier einen ganz gewaltigen Sprung vorwärts getan." (EBD.). Die Aufzählung macht deutlich, daß es Hilgenfeldt auch vor den NSV-Gauamtsleitern nicht um eine realitätsbezogene Darstellung unter Bezug auf die von ihm selbst angeführten Planvorgaben des Beauftragten für den Vierjahresplan ging, Die Zahlen waren allein Mittel zum Zweck: Steigerung der Angriffslust. Vgl. zu den statistischen Angaben Hilgenfeldts II KAP. I.2.6., S. 129f. mit Anm. 402 und Anm. 403; II KAP. I.4.2., S. 255 mit Anm. 297; und II KAP. II:3., S. 456 mit Anm. 7.

46 „Hier fordere ich von Ihnen, meine Gauamtsleiter, daß Sie sich der Aufgabe bewußt sind, daß Sie Menschen führen sollen und nicht Menschen verwalten sollen. ... Es ist, daß wir die Aufgabe haben, Menschen zu führen. Der Führer ist Menschenführer[,] und wir sollen es auch sein. Und wir dürfen niemals hier abrutschen in der [sic!] Verwaltung der Menschen. Wir sollen um die Menschen ringen und müssen uns bewähren." (Protokoll der Tagung der NSV-Gauamtsleiter in Weimar am 8.–10.3.1939 mit der Niederschrift der Rede Hilgenfeldts, in: BA BERLIN, NS 37/2076). Siehe II Kap. I.4.2., S. 222 mit Anm. 129.

und „wie Soldaten im Trommelfeuer, die keinen Ersatz bekommen und denen die eigene Artillerie immer noch in den Rücken schießt."[47]

Dem Angriff der NSV, „in Mobilmachungssachen der tragende Arm"[48], Stoß- und Durchschlagskraft zu geben, hatte Hilgenfeldt im Anschluß an seine Ausführungen – er hatte „feststellen" wollen, daß sie „vertraulich zu handhaben sind"[49] – drei „Fachreferate" halten lassen, die das Handlungsfeld, um nicht zu sagen Schlachtfeld, das er zuvor mit seinem „Rahmenvortrag" selbst abgesteckt hatte, unter vorgeblich fachlichen Gesichtspunkten besetzen sollten. Werner Ventzki, Landesrat bei der Provinzialverwaltung Pommern in Stettin und erfahrener Kommunalverwaltungsbeamter, hatte am darauffolgenden Tag, dem 9. März, über die „öffentliche Wohlfahrtspflege und die Schwierigkeiten, die sich aus ihrer Konstruktion für unsere [scil. der NSV] Arbeit ergeben"[50] referiert. Hermann Althaus hatte im Anschluß daran über die Aufgaben der Volkspflege und besonders deren „Kernstück", die Familienpflege, mit Blick auf die Tatsache gesprochen, „daß heute Frauen und Mütter in die Fabriken oder sonst zur Arbeit gezwungen sind". Er hatte die „Zukunftsidee" vorgestellt, daß unter dem Dach örtlicher Hilfsstellen „Mutter und Kind" Gemeindeschwesternstationen „Heranbringerdienste gebietsmäßig zu leisten haben." Da die NSV die Aufgabe habe, „aussuchen und auslesen" zu müssen, wer einer Betreuung „wert und würdig" sei, bekomme „der Kindergarten, die Kindertagesstätte für die nationalsozialistische Volkspflege eine so ungeheure Bedeutung." Unter solchen „rassehygienischen" ebenso wie rüstungspolitisch-volkswirtschaftlichen Zweckmäßigkeitserwägungen hatte Hermann Althaus den NSV-Kindergarten als „also eine sozial-pädagogische Einrichtung"[51] gekennzeichnet. Schließlich hatte am 10. März 1939, dem dritten und letzten Tag der Weimarer Veranstaltung, der Leiter des Amtes Volksgesundheit im Berliner Hauptamt für Volkswohlfahrt und Präsident des Reichstuberkuloseausschusses, Dr. Otto Walter, an die „Parteigenossen und Parteigenossinnen!" appelliert, ihre Verpflichtung zur „Gesundheitsführung" auch und besonders hinsichtlich der Tuberkulosebekämpfung wahrzunehmen, um so vom „Volksganzen" bevölkerungspolitischen und volkswirtschaftlichen Schaden fernzuhalten[52].

Während Hermann Althaus und Otto Walter in solcher Weise kaum fachlich, aber beschränkt auf ihren Zuständigkeitsbereich, einen von Hilgenfeldt zuvor begründeten Leistungs- und Forderungskatalog propagiert, mithin Ra-

---

47 Protokoll der Tagung der NSV-Gauamtsleiter in Weimar am 8.–10.3.1939 mit der Niederschrift der Rede Hilgenfeldts (BA BERLIN, NS 37/2076).

48 EBD.

49 EBD.

50 Hilgenfeldt in seinen einleitenden Worten (EBD.).

51 Hermann Althaus (EBD.).

52 Otto Walter (EBD.).

tionen und Pulver verteilt hatten[53], hatte Ventzki den Gegner ins Visier genommen und das Ziel genauer bestimmt. Er hatte die Situation der Fürsorge in Deutschland als „für die Zukunft untragbar" erklärt und „aus der Kraft unseres nationalsozialistischen Bekenntnisses" eine Neugestaltung und einen völligen „Bruch mit den Methoden und Grundlagen der Vergangenheit" gefordert. Er hatte nicht nur die nach wie vor rechtswirksam gültige Reichsverordnung über die Fürsorgepflicht, tragendes Element des Weimarer Wohlfahrtsstaates, und die ihr verbundenen Prinzipien regionaler Zuständigkeiten in Frage gestellt, sondern „eine nationalsozialistische Reichsfürsorge anstelle einer im letzten Grunde liberalistischen Bezirksfürsorge" gefordert. Seine Frage, wie es aber wäre, wenn diese „allgemeinen Gedanken" so verwirklicht würden, „daß man die Aufgaben der öffentlichen Fürsorge einfach der NSV übertrüge", war keine rhetorische Frage. Vielmehr hatte Ventzki damit eine „Neuregelung" gefordert, die festlegte, „daß jede Arbeit, die auch nur irgendwie in ihrem letzten Grunde Menschenführung bedeutet, der Partei, d.h. also der NS-Volkswohlfahrt gehört." Und er hatte mit Hinweis auf sein Vorgehen in Stettin, wo er mit Unterstützung des Gauleiters die kommunalen Kindergärten beispielhaft in die Trägerschaft der NSV überführt habe, unzweideutig festgestellt, daß zu besagten Arbeitsgebieten „*die gesamte offene Jugendhilfe, Kindertagesstätten, Kinderheime, Mütterheime, das Hilfswerk Mutter und Kind usw.*"[54] gehöre. „Von reichswegen" sollten die dafür erforderlichen Mittel, in Form einer Umlage vom Reichsministerium der Finanzen von den Kommunen einzubehalten, der NSV „restlos zur Verfügung stehen"[55].

Klar war damit spätestens zu diesem Zeitpunkt für alle NSV-Gauamtsleiter gewesen, daß sowohl das, was ein Mann wie Karl Spiewok in Berlin mit dem Berliner Hauptverein für Kindertagesstätten versucht und was ihn die NSV-Gauamtsleitung gekostet hatte[56], nämlich „eine Zusammenlegung des bisherigen Systems der öffentlichen Fürsorge mit der Organisation der NSV"[57], als auch und erst recht das, was etwa der Landeshauptmann der Provinz Westfalen, Karl-Friedrich Kolbow, gefordert hatte, und zwar „die Zusammenfassung der Wohlfahrtspflege bei der Gemeinde"[58] – das war „weder erwünscht

---

[53] Hilgenfeldt schloß seinen „Rahmenvortrag": „Wir sind Überraschungen gewöhnt, und es kann ein Sturm kommen, und ich muß sagen: ‚Alle Mann auf Deck'. Die Rationen sind eingeteilt ebenso wie das Pulver. Es ist notwendig, daß wir heute erkennen, daß wir an das Schicksal des Reiches gebunden sind und mit dem Schicksal der Partei behaftet sind. Wir müssen das tun, was der Soldat tut. Wenn andere Schiet machen, wir müssen durchhalten. Ich weiß, daß Sie es schaffen werden, denn wir sind im Laufe der Jahre zusammengeschweißt[,] und wir haben uns schon in den verschiedenen Kämpfen bewährt." (EBD.).

[54] EBD. Die Hervorhebung ist im Original unterstrichen.

[55] EBD.

[56] Siehe II Kap. III.3.12., S. 703f. mit Anm. 740.

[57] Protokoll der Tagung der NSV-Gauamtsleiter in Weimar am 8.–10.3.1939 mit der Niederschrift der Rede Hilgenfeldts (BA BERLIN, NS 37/2076).

[58] K.-F. KOLBOW, Die Stellung, S. 20. Der Kommunalpolitiker Kolbow meint Kommune.

noch möglich"[59]. Klar war aber auch gewesen, daß damit für die NSV gleichzeitig im nationalsozialistischen Zuständigkeitswirrwarr das Terrain besetzt werden sollte und die Front errichtet war, nicht nur gegenüber dem Hauptamt für Kommunalpolitik, sondern auch gegenüber etwa sich aus Fragen der Jugendhilfe ableitenden Ansprüchen der HJ, oder gegenüber solchen mit der Zuständigkeit für die Betriebsfürsorge begründbaren der DAF. Aber noch etwas anderes war hinzugekommen. Ventzki hatte seine Forderungen zwar auf den Bereich der offenen und halboffenen Jugendhilfe beschränkt[60], nicht aber auf den Bereich der öffentlichen Wohlfahrtspflege. Nach seiner Forderung einer „Reichsfürsorge" war es nur konsequent gewesen, wenn er, sogar unter bewußtem Verzicht auf „vierjahresplanmäßige Überlegungen", *„in einem Atemzuge die Unterstellung der gesamten konfessionellen Wohlfahrtspflege unter die NSDAP, d.h. also unter die NSV"*[61] gefordert hatte. Dabei hatte er auch auf die Notwendigkeit verwiesen, „die soziale Arbeit ... nach planwirtschaftlichen Gesichtspunkten aufzuziehen". Er hatte geklagt, daß der bisher „versuchte legale Weg zur Auflösung von Stiftungen [scil. Einrichtungen in konfessioneller Trägerschaft] oder zu einer sonst in irgendeiner Form vorzunehmenden Gleichschaltung (ist) so dornenvoll" sei, daß er zu greifbaren Erfolgen kaum geführt hätte. Ventzki hatte deshalb, ebenfalls konsequent, „klare Befehlsgewalt" nach dem „Beispiel Ostmark" gefordert, um mit diesem Recht die konfessionellen Einrichtungen „in das große System" einbeziehen zu können, ohne eine Übernahme aller Einrichtungen anstreben zu müssen.

Mochte Ventzki, und das in Abstimmung mit Hilgenfeldt[62], den Zeitpunkt für gekommen gehalten haben, eine dem nationalsozialistischen Totalitätsanspruch entsprechende Interpretation des Subsidiaritätsprinzips[63] nicht nur zum wiederholten Mal zu formulieren, sondern nunmehr auch als aussichts-

---

Zum Konflikt Kolbows mit Hilgenfeldt und zum „Grundsatzkonflikt" „Öffentliche oder parteiamtliche Wohlfahrtspflege?" siehe E. HANSEN, Wohlfahrtspolitik, S. 118–126 und S. 210–212.

59 Protokoll der Tagung der NSV-Gauamtsleiter in Weimar am 8.–10.3.1939 mit der Niederschrift der Rede Hilgenfeldts (BA BERLIN, NS 37/2076).

60 „Unter gar keinen Umständen etwa darf die geschlossene Fürsorge von der NSV übernommen werden." Auch wenn eingewendet werde, daß es „doch unanständig sei, die schönen Aufgabengebiete herauszunehmen und die negativen der öffentlichen Hand zu überlassen" – „es wird immer Aufgabe des Staates als des Trägers der Autorität und des organisierten Vertreters der Volksgemeinschaft sein, Einrichtungen und Anstalten auch für den weniger wertvollen Teil dieser Volksgemeinschaft [sic!] zu unterhalten. ... so können ... in Zukunft Irrenanstalten, Krüppel- und Taubstummenanstalten usw. also schlechterdings die geschlossene Fürsorge Aufgaben des Staates verbleiben. *Sie dürfen unter gar keinen Umständen jemals der NSV übertragen werden.*" (EBD.). Die Hervorhebung ist im Original unterstrichen.

61 EBD. Die Hervorhebung ist im Original unterstrichen.

62 Hilgenfeldt läßt seine Position erkennen, wenn er im Anschluß an das Referat Ventzkis erklärt: „Ich danke dem Parteigenossen Ventzki für seine wirklich vorzüglichen Ausführungen. Ich habe den Pg. Ventzki gebeten zu diesem Thema Stellung zu nehmen, weil ich glaube, daß er unser bester Exponent auf diesem Sachgebiet ist." (EBD.).

63 Siehe P. HAMMERSCHMIDT, Die Wohlfahrtsverbände, S. 424.

reiche wohlfahrtspolitische Kampflinie vorzustellen – dazu war es bereits zu spät. In der kurzen, im Anschluß an das Referat geführten Debatte war sogleich deutlich geworden, daß trotz aller Appelle Hilgenfeldts, „in einer geschlossenen Front voran[zu]gehen", die Gauamtsleiter, teilweise mit Hinweis auf ihre Gauleiter, sich die Option auf eigenständiges Handeln hatten offenhalten wollen. Daß die zu formieren von Hilgenfeldt beabsichtigte Front nicht radikal genug „voranging", das propagierte Haug, in eben dem Augenblick, da die Innere Mission samt DEK sich gegen die Bedrohung durch das Unterstellungsgesetz wandten. Was Haug forderte, *„die restlose Ausschaltung der konfessionellen Verbände"*[64] und daß dementsprechend deren *„Anstalten und Einrichtungen ... der parteiamtlichen Organisation – d.h. der NS-Volkswohlfahrt – zugeführt werden"*[65], das bedeutete eine entschieden größere Gefährdung der Inneren Mission und ihres CA als allein deren Unterstellung unter die NSV. „In konsequenter Durchführung" mußte das tatsächlich das gänzliche Ende der Inneren Mission sein[66].

Wo lag der Weg zwischen einem solchen Ende und einer gesetzlich geregelten Unterstellung? Der Präsident des CA hielt eine rechtliche Selbständigkeit der Inneren Mission bei planwirtschaftlicher Gestaltung der Arbeit offensichtlich für möglich und meinte, die Chancen, die in einer Zusammenarbeit „im Mobilmachungsfall" lagen, nicht vergeben zu dürfen. Er blieb verbindlich, hielt aber einen persönlichen Vortrag beim Minister für dringend[67].

Constantin Fricks Schreiben nahm in wesentlichen Teilen den Inhalt einer am selben Tag im CA fertiggestellten Denkschrift „im Hinblick auf eine geplante gesetzliche Neuregelung der freien Wohlfahrtspflege"[68] auf. Damit war es auch Bestandteil einer von CA sowie EOK Berlin und Kirchenkanzlei der DEK abgesprochenen Gegenwehr. Siegert hatte, unmittelbar nach Kenntnisnahme des Wortlautes des Gesetzentwurfes, bereits am 9. Juni 1939 einen deutlichen Brief an den Präsidenten der Kirchenkanzlei der DEK gerichtet, in dem er geäußert hatte, er, Siegert, halte es für durchaus denkbar, daß das Gesetz auf die Innere Mission Anwendung findet, weil „die Innere Mission nicht aufgepaßt hat" und „ein Teil der verantwortlichen Herren der evangelischen Kirche auf Urlaub ist"[69]. Schlafmützigkeit wollte sich niemand vorwerfen lassen, und so fand schon am nächsten Tag ein Gespräch im Hause des EOK Berlin in der Berlin-Charlottenburger Jebensstraße statt. Teilnehmer waren, neben Siegert und Schirmacher, vom EOK Berlin als dessen Geistlicher Vizepräsident Hymmen, dann Ernst Bender, ehedem Konsistorialpräsident des

64 W. HAUG, Wohlfahrtsarbeit, S. 179. Die Hervorhebung ist im Original gesperrt.

65 EBD., S. 180. Die Hervorhebung ist im Original gesperrt.

66 EBD., S. 179.

67 Schreiben Constantin Frick an Lammers vom 13.6.1939 (ADW, CA 1195 XVII).

68 Denkschrift vom 13.6.1939 (EBD.; EZA BERLIN, 1/C3/163).

69 EZA BERLIN, 1/C3/163.

Evangelischen Konsistoriums der Kirchenprovinz Schlesien, aber seit vier Jahren als Konsistorialrat reaktiviert, und Oberkonsistorialrat Heyer; und die Kirchenkanzlei der DEK schließlich war vertreten durch Brunotte, Gustavus und Ranke. Schirmacher und Siegert informierten über mögliche Auswirkungen eines Gesetzes „über die Unterstellung" „unter einen Kommissar, wahrscheinlich den Reichsamtsleiter Hilgenfeldt"[70]. Eine gewisse Rolle spielte im weiteren Verlauf des Gespräches die Tatsache, daß, wie Schirmacher wissen wollte, Kardinal Bertram für die katholische Kirche „gegen den Gesetzentwurf protestiert" und erklärt habe, „sie würde niemals ihre zum ‚clerus minor' zählenden Hilfskräfte einem anderen Leiter unterstellen."[71] Offenkundig sah man sich dadurch auf seiten der DEK und der Inneren Mission in Zugzwang und wollte sich, obgleich es nur noch „nachhinkende Schritte"[72] wären, mit einer Denkschrift an „Reichskanzlei, Kanzlei des Führers, Wehrmacht u.a."[73] wenden.

Diese Denkschrift lag am 13. Juni 1939 vor. Mit ihr lehnte der CA die beabsichtigte Umgestaltung der freien Wohlfahrtspflege unter Hinweis auf die bereits in der „Ostmark" durchgesetzte Ordnung ab, die eine Auflösung von kirchlichen Einrichtungen oder den gänzlichen Verlust des „kirchlichen Charakters" zur Folge gehabt hätten. Außerdem sei „eine Anpassung an die Belange des Staates und Volkes" in allen Berufsgruppen und Arbeitsbereichen der Inneren Mission nicht nur dadurch „schon jetzt" gegeben, daß in ihnen eine Dienstauffassung zum Tragen käme, die im Glaubensleben der Berufsarbeiter und Berufsarbeiterinnen „fest verwurzelt" sei. Auch unter arbeits- und tarifrechtlichen sowie wirtschaftlichen Gesichtspunkten gäbe es weder Grund noch Anlaß, die bestehenden Verhältnisse zu ändern. Im Gegenteil. Jede rechtlich-organisatorische Veränderung bedeutete Beunruhigung, Leistungsminderung sowie Kostensteigerung.

---

70 Vermerk Brunotte vom 16.6.1939 (EZA BERLIN, 1/C3/163).

71 Schirmacher nimmt, aus welchen Gründen im einzelnen auch immer, etwas vorweg, was erst am 8.7.1939 geschah. Dieses Datum trägt ein Schreiben Bertram an Lammers, mit dem der Vorsitzende der Fuldaer Bischofskonferenz unter Berufung auf die Zusicherungen des Reichskonkordats gegen eine Unterstellung protestiert und darauf hinweist, daß die kirchliche Caritas einen „untrennbaren Wesensbestandteil der ‚Ausübung der katholischen Religion' bildet". Es sei also „ausdrücklich gewährleistet", daß „die kirchlichen Behörden gemäß den Wesenserfordernissen der christlichen Religionsausübung auch die organisierte kirchliche Caritas selbständig auf Grund eigener Verantwortlichkeit leiten und beaufsichtigen können." Unter diesen Voraussetzungen und unter Berücksichtigung der Forderungen Görings vom 1.6.1933 sei die „kirchliche Liebestätigkeit" „auch in Kriegszeiten" bereit, in „kameradschaftlicher Zusammenarbeit" ihren „opferstarken Einsatzwillen(s)" unter Beweis zu stellen (L. VOLK, Akten IV, Dok. Nr. 510/IId, S. 677–679). Den Entwurf (ADC, 104.025 (1937–1970)) fertigte Kreutz, wie aus einem Schriftwechsel mit dem Kardinalsbüro hervorgeht. (EBD.). Schirmacher muß von entsprechenden Absichten aus Gesprächen mit Mitarbeitern in der Berliner Hauptvertretung des DCV gewußt und die Absicht für die Tat genommen haben.

72 Schreiben Siegert an Werner vom 9.6.1939 (EZA BERLIN, 1/C3/163).

73 Vermerk Brunotte vom 16.6.1939 (EBD.).

Einem aber konnte und wollte der CA sich auch jetzt nicht verschließen, sollte der Gefahr begegnet werden, gerade angesichts des allenthalben bedachten Mobilmachungsfalles als politisch unzuverlässig zu gelten und in Konsequenz dessen kein ernst zu nehmender Verhandlungspartner für die NSV und den Machtapparat mehr zu sein: einer grundsätzlichen Bereitschaft zur Zusammenarbeit. Darum war die Innere Mission „zu jeder planwirtschaftlichen Regelung ihrer Arbeit zum Nutzen des Volksganzen gern bereit"[74]. Inwieweit diese Denkschrift bei anderen Stellen der Staats- und Parteibürokratie vorgetragen wurde, wie das im einzelnen geschah und mit welcher Wirkung, bleibt unklar. Jedenfalls konnte man im CA bereits am 16. Juni zuversichtlich sein, „daß das Gesetz nochmals zurückgestellt oder abgeändert werden würde"[75], und sich auch, wenige Tage später, ohne Vortrag bei Lammers, mit dessen ausweichender und taktierender Stellungnahme zufriedengeben[76].

1.2. Auch für die evangelischen Kindergärten zu betonen: „... in erster Linie Verkündigung"

Die Debatte um das Unterstellungsgesetz hatte aber, so kurz sie war, auch dazu geführt, daß man in der Vereinigung eine Frage diskutierte, die bis zu dem Zeitpunkt, da sie Dölker einbrachte, in dieser Weise noch nicht im Blick gewesen war. Zwar war im Frühjahr 1939 allenthalben propagiert worden, daß „christliche Kinderpflege ein Dienst an der evangelischen Gemeinde" sei und daß diese eines solchen Dienstes „zu ihrem eigenen Aufbau" bedürfe[77]. Damit hatte man jetzt auch in der Vereinigung einen Standort „auf dem Boden der Bekennenden Gemeinde"[78]. Indessen war es die Frage, „wie sich außerhalb des Kindergartens und Hortes eine Möglichkeit schaffen läßt, die Kinder zu erfassen, um den Auftrag vom Evangelium her auch an ihnen zu erfüllen."[79] Das war eine Frage, die nicht allein in Verbindung mit dem verbandsübergreifenden Projekt des Erziehungssonntags Misericordias Domini und der damit verbundenen Stärkung des Katechumenats zu bedenken war. Sie entsprach auch der Entwicklung, die, seit v. Bodelschwingh sie als „dienende Kirche" herausgefordert[80], die Innere Mission über mehr als vier Jahre bis zu diesem Zeitpunkt, der Mitte des Jahres 1939, genommen hatte, so daß

---

[74] Denkschrift vom 13.6.1939 (EBD.; ADW, CA 1195 XVII).

[75] Vermerk Brunotte vom 16.6.1939 (EZA BERLIN, 1/C3/163).

[76] Schreiben Lammers an Constantin Frick vom 22.6.1939 (ADW, CA 1195 XVII).

[77] N.N., Christliche Kinderpflege, S. 90f.

[78] Erklärung zur praktischen Arbeit der Bekenntnissynode der Deutschen Evangelischen Kirche (KJ 1933–1944, S. 68; K. IMMER, Bekenntnissynode, S. 72).

[79] Protokoll der Vorstandssitzung des Evangelischen Verbandes für Kinderpflege in der Rheinprovinz am 3.7.1939 (ADWRH DÜSSELDORF, OHL 61.3.3.).

[80] F. V. BODELSCHWINGH, Auftrag der dienenden Kirche.

Schirmacher die „Innere Mission als kirchlicher Organismus" vorstellen konnte, der „einer inneren Dynamik folgend zusammengewachsen ist."[81] Deshalb habe sie unbedingt, so der erste Direktor des CA, solle der Inneren Mission „eigentliches Wesen als einer Arbeit kirchlicher Art" Ausdruck gegeben werden und sie mit ihrem CA nicht nur Reichsspitzenverband der freien Wohlfahrtspflege sein, einen „Platz" zu erhalten, „den sie ihrer Natur nach" innehaben müsse: in der Verfassung der DEK[82]. Mit dem begründenden Hinweis auf 1. Kor. 12 und das Organismusgleichnis[83] ebenso wie mit dem auf die „Treue gegen Führer und Volk" vermied es Schirmacher freilich, die tatsächlichen Gründe für seine und des CA Forderungen öffentlich zu machen. Die Gefährdung der Arbeit der Inneren Mission durch die NSV und durch die von ihr vorgebrachten Ansprüche des Regimes blieben unbenannt[84]. Wie Dölker mit seiner Frage beschrieb Schirmacher eine kirchliche Sicht der von den NS-Machthabern gesteuerten Entkonfessionalisierung des öffentlichen Lebens, in der die Innere Mission eine Position einnahm, die genau der entsprach, vor der er, Schirmacher selbst, vier Jahr zuvor noch gewarnt hatte, nämlich „in das kirchliche Gebäude zurückgeworfen" zu sein[85].

Dölker hatte seine Erfahrungen mit den württembergischen Gemeindevereinen[86] resümiert, sie mit den bisher erörterten Vorstellungen einer „Kinderkirche" verknüpft und auf der Arbeitstagung der Vereinigung, die vom 20.–21. Juni 1939 in Stuttgart stattgefunden hatte, „die Kleinkinder-Gemeindehelferin" für den Dienst in den Gemeinden gefordert. Er wollte, gemäß der

81 H. SCHIRMACHER, Innere Mission, S. 169.

82 EBD., S. 173.

83 Der Leib Christi ist die christliche Gemeinde. Das erklärt der Apostel Paulus unter Rückgriff auf das etwa von Menenius Agrippa (ca. 350 v. Chr.) wirksam in die Auseinandersetzung zwischen römischem Patriziat und Plebejern eingebrachte Gleichnis in Gestalt der Fabel von den Gliedern und dem Magen (T. LIVIUS, Römische Geschichte II.32), wobei im Unterschied zur Fabel bei Paulus erkennbar wird: das Ganze ist mehr als die Summe der Teile. Siehe dazu J. WEISS, Der erste Korintherbrief, S. 302 mit Anm. 2. Schirmacher zitiert aus dem biblischen Briefzusammenhang 1. Kor 12,26 unvollständig und verkürzt „Leidet eins, so leiden alle". Es heißt indessen vollständig: „Und so ein Glied leidet, so leiden alle Glieder mit; und so ein Glied wird herrlich gehalten, so freuen sich alle Glieder mit." Zitiert nach der Lutherübersetzung in der 1912 vom DEKA genehmigten Textfassung. Vielleicht kann in dieser textlichen Beschränkung ein Hinweis auf den äußeren Druck gesehen werden, unter dem Schirmacher die Innere Mission tatsächlich sah, besonders da er fortfährt „‚... leiden alle', was durch viele Beispiele zu belegen wäre." (H. SCHIRMACHER, Innere Mission, S. 169).

84 Weder den äußeren Druck noch seine Wirkungen, statt dessen die Weise der Reaktion – „innere Dynamik" – beschreibt Schirmacher mit dem Satz: „... es ist so, daß die einzelnen Anstalten und sonstigen Gebilde der Inneren Mission auf die verschiedenen Arbeitsanforderungen, Anfechtungen und Nöte nach einem ihnen innewohnenden Gesetz gleichmäßig reagieren, und zwar mit außerordentlicher Lebenskraft Wunden schließend, Lücken ausfüllend und Verluste ausgleichend." (EBD.).

85 Protokoll der Geschäftsführerkonferenz des CA am 17.10.1935 (ADW, CA 761 XVII). Siehe I Kap. VII.1.1., S. 278 mit Anm. 16.

86 Siehe I Kap. VII.2.2., S. 327 mit Anm. 260 und Anm. 261; und II Kap. III.3.7., S. 637ff.

bisher vom Vorstand der Vereinigung verfolgten Linie, die christliche Unterweisung des Kleinkindes sicherstellen. Er betrachtete den Einsatz solcher Kräfte nicht als Arbeitsbeschaffungsmaßnahme für arbeitslos gewordene Kindergärtnerinnen, „sondern mehr und mehr als ein dringendes Erfordernis der Stunde."[87] Inwieweit Dölker damit bewußt zurückgriff auf eine Forderung Christine Bourbecks, inzwischen Leiterin der Bibel- und Katechetenschule Bethel und nach wie vor in der Arbeitsgemeinschaft für evangelisch-kirchliche Erziehung und Unterweisung mitarbeitend, ist nicht zu erkennen. Sie hatte ein Jahr zuvor nicht etwa nur allgemein „die kirchliche Unterweisung der Getauften", sondern auch konsequent praktisch gefordert, daß eine Unterweisung etwa durch Kindergärtnerinnen, wie sie bereits geschehe, „nie mehr nur als ein Notbehelf angesehen werden" dürfe und deshalb „eine besondere pädagogische und methodische Schulung" der Kindergärtnerinnen und anderer Kräfte zu erfolgen habe[88]. Dölker hielt es nun für unerläßlich, daß der Dienst solcher Gemeindehelferinnen, nach einer unbedingt zu fordernden Ausbildung, auf die sich Diakonissenmutterhäuser, Seminare und Bibelschulen einzustellen hätten, ein hauptamtlicher Dienst sein müsse, der als Angebot der Gemeinde mit dem „Charakter absoluter Freiwilligkeit" eine notwendige Ergänzung zu Kindergottesdienst und Elternhaus sei. Und dabei sollte den Gemeindevereinen die finanzielle Sicherung dieser „Kinderkirche" übertragen werden[89].

Herausgefordert durch die Situation zur Mitte des Jahre 1939 war dies Modell der erste Versuch, das, was bisher allein praktisch-theologisch erörtert worden war, in praktisch-ekklesiologisches Handeln umzusetzen. Wie der gesamte Vorstand der Vereinigung mit der Einsicht in die Notwendigkeit verstärkter Anstrengungen um eine „christliche Unterweisung"[90], auch für den vorschulischen Bereich und durchaus mit Bezug auf einen in seinem Wert immer fragwürdiger werdenden schulischen Religionsunterricht[91] hatte Dölker ein Konzept entwickelt, dessen Realisierung er einerseits als notwendige Ergänzung zu den bestehenden Kindergärten forderte, besonders in den Kirchengemeinden, „die nie einen evangelischen Kindergarten gehabt haben"[92].

---

87 H. Dölker, Die Kleinkindergemeindehelferin. Leitsätze für den Vortrag am 21.6.1939 (Anlage zum Protokoll der Arbeitstagung der Vereinigung am 20.–21.6.1939, in: LKA HANNOVER, E 26/102; ADWW MÜNSTER, 153/1; LKA NÜRNBERG, DW 1715).

88 CHR. BOURBECK, Die kirchliche Unterweisung, S. 26.

89 H. Dölker, Die Kleinkindergemeindehelferin. Leitsätze für den Vortrag am 21.6.1939 (Anlage zum Protokoll der Arbeitstagung der Vereinigung am 20.–21.6.1939, in: LKA HANNOVER, E 26/102; ADWW MÜNSTER, 153/1; LKA NÜRNBERG, DW 1715).

90 EBD. Vgl. II Kap. III.4.1., S. 490ff.

91 Siehe dazu J. THIERFELDER, Die Auseinandersetzung; K.-H. MELZER, Der Geistliche Vertrauensrat, S. 211–218.

92 H. Dölker, Die Kleinkindergemeindehelferin. Leitsätze für den Vortrag am 21.6.1939 (Anlage zum Protokoll der Arbeitstagung der Vereinigung am 20.–21.6.1939, in: LKA HANNOVER, E 26/102; ADWW MÜNSTER, 153/1; LKA NÜRNBERG, DW 1715).

Andererseits konnte damit jeder wissen, daß diese Form der „Kinderkirche" auch Ersatz für jeden verlorengegangenen oder zukünftig verlorengehenden evangelischen Kindergarten sein könnte.

So einleuchtend diese Möglichkeit praktischer Umsetzung der bislang neben dem Kampf um die Bewahrung des Bestandes evangelischer Kindergärten verfolgten Strategie der Katechetisierung sein mochte, wurde ihr schon zu diesem Zeitpunkt mit Skepsis begegnet. Nicht nur, daß bereits in Württemberg selbst durch die Gestapoverfügung vom 15. Juni 1939 die Auflösung der Gemeindevereine angezeigt war und damit der Anstellung einer „Kleinkinder-Gemeindehelferin" die finanzielle Voraussetzung, mithin dem Betrieb einer „Kinderkirche" der Boden von vornherein entzogen war[93]. Die Verhältnisse im Blick auf die Gemeindevereine, die in Württemberg singulär waren, spielten dabei kaum eine Rolle. Vielmehr befürchteten andere Landes- und Provinzialverbände für evangelische Kinderpflege, daß, wie jedenfalls Ohl unter Berücksichtigung der Verhältnisse in der Rheinprovinz feststellte, ein solcher Versuch, regelmäßig Kinder außerhalb eines Kindergartens zu sammeln und zu betreuen, „alsbald als ‚illegaler Kindergarten' verboten" würde. Gänzlich abgesehen von den zu erwartenden Schwierigkeiten, auch geeignete Räume ausfindig zu machen und für den Betrieb der Kinderkirche zur Verfügung zu stellen[94]. Hätten dann nicht vielleicht doch wieder die Bestimmungen des RJWG, oder jedenfalls das, was die Machthaber daraus gemacht hatten, Geltung? Wäre statt der Einrichtung solcher „illegalen Kindergärten" möglicherweise eher eine „offiziell kirchliche Aktion" angebracht, mit dem Ziel, „über zentrale Vereinbarungen" zu „bestimmten Formen für die Sammlung und Betreuung der Kleinkinder" zu kommen, die ebenso wie Konfirmandenunterricht oder Kindergottesdienst frei von rechtlichen Bestimmungen des Wohlfahrts- oder Bildungswesens wären?[95] Mochten Ohl und Nell und Anneliese Becker für den Evangelischen Verband für Kinderpflege in der Rheinprovinz in diese Richtung denken, Dölker und der Evangelische Landesverband für Kinderpflege in Württemberg in die andere, einig war man sich in der Verei-

[93] Schreiben Geheime Staatspolizei Stuttgart an Außendienststellen einschließlich Grenzpolizeikommissariat Friedrichshafen, Landräte, Polizeidirektionen und übrige Polizeiamtsvorstände betr. Auflösung und Verbot konfessioneller Gemeindevereine vom 15.6.1939 (LKA STUTTGART, 119c (Altreg.)). Dölker hatte im übrigen, nachdem er sein Referat „Die Kleinkinder-Gemeindehelferin" gehalten hatte, im Rahmen der allgemeinen Berichterstattung aus den Landes- und Provinzialverbänden, die als Informationsaustausch ein wichtiger Teil der Arbeitstagung der Vereinigung in Stuttgart war, mitgeteilt, „daß am gestrigen Tage [20.6.1939] ein schwerer Schlag die evangelische Kinderpflege Württembergs getroffen habe, als durch die Verfügung der Geheimen Staatspolizei sämtliche evangelischen Gemeindevereine aufgehoben worden seien." (Protokoll der Arbeitstagung der Vereinigung am 20.–21.6.1939, in: LKA HANNOVER, E 26/102; ADWW MÜNSTER, 153/1; LKA NÜRNBERG, DW 1715). Siehe II Kap. III.3.7., S. 637ff.

[94] Protokoll der Vorstandssitzung des Evangelischen Verbandes für Kinderpflege in der Rheinprovinz am 3.7.1939 (ADWRH DÜSSELDORF, OHL 61.3.3.).

[95] EBD.

nigung in einer eher skeptischen Einschätzung der Lage und in der Einsicht in die Notwendigkeit, neue Wege suchen zu müssen[96].

Es war tatsächlich der „Mobilmachungsfall", der jeden Gedanken an das Modell eines „illegalen Kindergartens" oder an eine „zentrale Vereinbarung" als einer „offiziell kirchlichen Aktion" aus den weiteren Überlegungen der Vereinigung verbannte, die Suche nach neuen Wegen unterbrach und der auch die Diskussion um das Vorhaben eines Gesetzes über die freie Wohlfahrtspflege in den Hintergrund drängte. Daß allerdings mit dem Kriegsbeginn keineswegs die bisherigen Absichten der Machthaber aufgegeben waren, etwa mit einem Aufsichtsrecht auch die Befugnis zu haben, Einrichtungen aufzulösen – solche Regelungen im Gesetz vorzusehen, darauf hatte Bormann gegenüber dem Reichsministerium des Innern bestanden[97], nachdem er bereits Mitte Juni 1939 in einem Rundschreiben an die Gauleitungen die Erwartung ausgesprochen hatte, daß schon bis zum Jahresende „die Beseitigung des kirchlichen Einflusses im deutschen Erziehungswesen" weitgehend vollzogen sein werde[98] –, und daß die evangelische Kinderpflege von den Folgen dieser Forderungen betroffen sein sollte, das mußte sie wenig mehr als eineinhalb Jahre später schmerzlich erfahren.

Jetzt jedoch, in den letzten Tagen des Monats August 1939, wurde für die evangelische Kinderpflege die Frage des Ausbaus der Einrichtungen akut. Überall sah sie sich zur Erweiterung der Arbeit herausgefordert. Überall war eine Zunahme von in der Rüstungsproduktion beschäftigten Frauen und Müttern zu erwarten. Einem dementsprechend wachsenden Bedarf an Kinderbetreuung wollte auch die evangelische Kinderpflege entsprechen. In dieser „großen Stunde der Bewährung", der sich auch v. Wicht und die Vereinigung „in restloser Bereitschaft zum Dienst an unserem Volk" gegenüber sahen, konnte man sich durchaus auf eine gewisse Bereitwilligkeit der Behörden zur Zusammenarbeit stützen. v. Wicht hoffte und teilte das am 22. September 1939 allen der Vereinigung angehörenden Verbänden mit, „daß unsere Arbeit in ihrer bisherigen Form und Selbständigkeit zum vollen und segensreichen Einsatz gelangen kann."[99] Deutlich drücken diese Äußerungen nicht nur die Hoffnung, sondern bereits auch die Genugtuung darüber aus, daß jetzt die Situation gegeben sei, in der dieser Staat der evangelischen Kinderpflege die nach Meinung ihrer Verantwortlichen längst fällige Anerken-

---

[96] Protokoll der Arbeitstagung der Vereinigung am 20.–21.6.1939 mit anliegenden Lageberichten der Landes- und Provinzialverbände, „Vertraulich!" (LKA Hannover, E 26/102; ADWW Münster, 153/1; LKA Nürnberg, DW 1715).

[97] Schreiben Stellvertreter des Führers an Reichsminister des Innern vom 22.6.1939 (BA Berlin, Rep. 320/600).

[98] Rundschreiben Bormann vom 9.6.1939 (L. Volk, Akten IV, Dok. Nr. 29*, S. 818).

[99] Schriftwechsel v. Wicht mit Hofstaetter vom 31.8.1939 und 21.9.1939 mit Vertrauliches Rundschreiben der Vereinigung „An die uns angeschlossenen Landes- und Provinzialverbände" vom 22.9.1939 (LKA Hannover, E 26/105).

nung, um die doch in zurückliegender Zeit im Kampf um jeden einzelnen Kindergarten gerungen worden war, nun nicht mehr versagen könne.

Das war die Stimmung, in der die Schwierigkeiten „wie bei einer lohnenden Bergsicht“ zurücktreten. Dieses Bild bestimmte eine Predigt v. Wichts, die er aus Anlaß des zehnjährigen Bestehens des Kindergartens der Pfingstgemeinde im Berliner Bezirk Friedrichshain am 30. Juli 1939 hielt und die so etwas wie ein v. Wichtsches Resümee der Entwicklung der zurückliegenden Jahre und gleichzeitig einen Ausblick bot. In Auslegung von Joh. 12,23–26 stellte der Prediger v. Wicht Jesus als den „Grund unseres Dienstes“ und die „Kraft unseres Dienstes“ dar[100]. Wie drei Jahre zuvor in Berlin-Mariendorf war es nicht nur wieder ein Text des Johannesevangeliums, den er predigte, sondern wie drei Jahre zuvor ermutigte er aus dessen Sicht unter nahezu gleicher, von lutherischer Zwei-Reiche-Lehre geprägter Gedankenführung wiederum zum Leben gegen die Realität. Jetzt allerdings brachte er diese Realität anders als damals zur Sprache und beschrieb sie als „Aufstieg unseres Volkes zu seiner heutigen Größe und Macht.“ „Innerhalb dieser Zeit“ habe die evangelische Kinderpflege „ihren Dienst an der Seele des Volkes getan.“[101]

Indem er in dieser Weise „vom Wesen unseres Dienstes“ sprach, stellte v. Wicht ihn zwar deutlich und klar gegen den Totalitätsanspruch der Machthaber; indessen die politische Herausforderung, die auch diesem biblischen Text durchaus angemessen ist und der ja die Entkonfessionalisierungspolitik des Regimes die Spitze zu nehmen suchte, sah er nicht oder wollte sie nicht sehen. Jedenfalls ging er nicht darauf ein. Das macht der letzte, ausblickende Gedankengang deutlich. Mit ihm wies v. Wicht darauf hin, den „Segen des Dienstes“ „nicht von den Menschen zu erwarten.“ Es ginge um „das Letzte“, um dessentwillen „das Vorletzte“, mithin „die Erschwerung unserer Arbeit durch kleinliche Gesinnung der Menschen“ in Kauf zu nehmen sei[102]. Damit ermutigte er nicht nur wie vor drei Jahren wiederum zum Leben und Arbeiten gegen die Realitäten, sondern wertete auch den Totalitätsanspruch der Machthaber als etwas, das sie mit aller Macht nicht sein wollten: kleinlich.

Ob v. Wicht sich des politischen Gehalts dieses Zeugnisses bewußt war, muß dahingestellt bleiben. Es ist auffallend, daß seine Worte die sonst mit Bedacht beobachtete Vorsicht vor jeglichem Verdacht politischer Unzuverlässigkeit vermissen lassen. Wenn v. Wicht schließlich bei seiner „Bergsicht“

---

100 H. v. WICHT, Vom Wesen, S. 3. Inwieweit v. Wicht mit dem Vergleich einer Bergsicht auch anspielt auf die von den synoptischen Evangelien (Mk. 9,2–13; Mt. 17,1–13; Lk. 9,28–36) überlieferte Geschichte von Jesus und dessen Verklärung auf einem Berg, die von drei Jüngern, Petrus, Jakobus und Johannes, miterlebt wird, in deren Erleben Petrus feststellt: „Herr, hier ist gut sein! Willst du, so wollen wir hier Hütten bauen ...“ – inwieweit er darauf anspielt, ist nicht eindeutig erkennbar und bedürfte genauerer Analyse dieser und anderer Predigten v. Wichts. Jedenfalls unterstriche diese Geschichte aber die eschatologische Ausrichtung der Sicht v. Wichts.

101 EBD., S. 2.

102 EBD., S. 4.

nochmals den Bezug zur Realität herstellte, wird erkennbar, daß er nicht nur „unsere heutige stolze Wehrmacht zum Schutz des Dritten Reiches ... unter den Fahnen" und unter Gottes Willen sah, sondern auch, daß „der Dienst an unseren Kindern im Aufblick zu ihm zu einer immerwährenden Quelle tiefster Freude" wird[103]. Die „Stunde der Bewährung", der Kriegsbeginn als antizipierte eschatologische Situation im Blick auf die evangelische Kinderpflege – das war der Ausblick, der ihn erfüllte. Es war die Hoffnung, die Erwartung, die Gewißheit, endlich werde nun der „Segen des Dienstes"[104] sich erweisen, endlich werde dem Ja evangelischer Kinderpflege zum nationalsozialistischen Staat eine Würdigung der Arbeit durch diesen selbst entsprechen. Demgegenüber konnten doch alle bisherigen Erschwerungen nur als von kleinlicher Gesinnung getragen betrachtet werden. Müßte nun nicht vielmehr der Aufschub, von dem v. Wicht zu Anfang des Jahres 1937 das Schlimmste befürchtend gesprochen hatte, tatsächlich ein ganz anderes Ende nehmen?

Um es vorwegzunehmen – bereits Ende September 1939 war klar, daß die „Bergsicht" eine Täuschung war. Die Tatsache, daß die Eingabe der siebzehn Provinzial- und Landeskirchen vom 14. Februar 1939 noch unbeantwortet war, ebenso wie die von einem Erlaß des Reichsministeriums des Innern vom 11. September 1939 bestimmte Entwicklung sollten Innere Mission und ihre evangelische Kinderpflege in die vor ihnen liegenden „Mühen der Ebenen"[105] führen. Indessen, obwohl enttäuscht, gewannen sie keine neuen Einsichten, auch nicht in die Notwendigkeit einer etwa nur wohlfahrtspolitischen Kritik. Vielmehr sahen sie sich jetzt erst recht in ihrer Ansicht bestätigt. Als v. Wicht auf der Geschäftsführerkonferenz der Vereinigung am 8. November 1939 die Entwicklung des zurückliegenden halben Jahres summierte, fehlte zwar jegliche eschatologische Überhöhung, aber das war klar: „Wir stehen auf uns selbst, auf unseren Gemeinden, auf unserem Glauben!"[106]

Das bedeutete auch für die mobil gemachten Gemeinden, ihre „Treue und Hingabe bis zum letzten" als bekennende Gemeinden zu beweisen[107]. Denn

---

103 EBD., S. 5.

104 EBD., S. 4.

105 B. BRECHT, Wahrnehmungen (1949). „Als ich wiederkehrte / War mein Haar noch nicht grau / Da war ich froh / Die Mühen der Gebirge liegen hinter uns / Vor uns liegen die Mühen der Ebenen." Dabei ist natürlich wahrgenommen, daß zwischen der v. Wichtschen „Bergsicht" und den Brechtschen „Wahrnehmungen" zehn Jahre liegen. Fraglich allerdings bleibt, ob das Gebirgsbild treffend für die Mühen gerade dieses Krieges ist – denn, was sind die Gipfel und was die Täler?

106 Bericht über Geschäftsführerkonferenz und Vorstandssitzung [der Vereinigung am 8.11. 1939] von Dölker an OKR Stuttgart vom 13.11.1939 (LKA STUTTGART, Altreg. 436a IV). Danach soll v. Wicht seinen Bericht zur Lage mit diesen Worten abgeschlossen haben.

107 „Mit einem Appell an die Anwesenden, in der Verantwortung für die uns aufgetragene Arbeit Treue und Hingabe bis zum letzten zu bewahren, schloß der Vorsitzende [scil. v. Wicht] seinen Bericht [scil. zur Lage]." (Protokoll der Geschäftsführerkonferenz der Vereinigung am 8.11. 1939, in: ADW, CA 850a I; LKA HANNOVER, E 26/105; ADWW MÜNSTER, 153/1).

was bereits mit Schirmachers Entwurf einer „Inneren Mission als kirchlichem Organismus" in die Nähe der „Bekennenden Gemeinde als geistlichem Organismus"[108] gerückt war und damit als Element des „Aufbaus der Bekennenden Gemeinde", wie ihn die Bekenntnissynode zu Barmen 1934 im Anschluß an ihre Theologische Erklärung in der Erklärung zur praktischen Arbeit gefordert hatte, mit Akzeptanz rechnen durfte, das konnte Einsatz und Unterstützung erwarten, wenn klar war, „daß die Innere Mission in ihrem Gesamtumfang nicht Wohlfahrtspflege, sondern in erster Linie Verkündigung sei."[109] Und das war, wie Dölker seinem OKR Stuttgart Mitte November 1939 berichtet, spätestens zu diesem Zeitpunkt unbedingt der Fall. Inwieweit Dölker dabei noch etwa Vorbehalte gegenüber v. Wicht und dem Kurs der Vereinigung ausdrückte, d. h. immer noch, wie im Frühsommer 1935, Zweifel an der Eindeutigkeit des v. Wichtschen Bekenntnisses hegte und damit an deren „Berechtigung im Aufbau der Bekennenden Gemeinde"[110] oder ob er eher das nunmehr anerkannte Ziel der Vereinigung, mit ihrem Dienst Verkündigung sein zu wollen, zu unterstreichen beabsichtigte, das bleibt unklar. Wahrscheinlich spielte das alles zusammen und ließ Dölker festhalten: „Auch soweit sie [scil. die Innere Mission] Fürsorge und Wohlfahrt treibt, sind dies Mittel und Wege der Verkündigung. Wir werden das für unsere Kindergärten unbedingt zu betonen haben."[111]

1.3. *„Einheitliche Ausrichtung" und „christlicher Charakter" – die westfälische und die pommersche Lösung*

Mochten die evangelische Kinderpflege und ihre Vereinigung sich auch in so eindeutiger Weise auf die Seite der bekennenden Gemeinde – obgleich es nicht eindeutig die Bekennende Gemeinde war – gestellt haben, sie konnte, und das aus ihrer Sicht ganz in Übereinstimmung mit der NSV[112], zugleich behaupten, durch ihre Arbeit „die Heimatfront [zu] stützen" und damit einen „Beitrag zum Endsieg unseres Kampfes um Gerechtigkeit und Frieden" zu leisten[113]. Und sie konnte, nach dem mißlungenen Attentat des Schreiners

---

108 Erklärung zur praktischen Arbeit der Bekenntnissynode der Deutschen Evangelischen Kirche (KJ 1933–1944, S. 67; K. IMMER, Bekenntnissynode, S. 71).

109 Bericht über Geschäftsführerkonferenz und Vorstandssitzung [der Vereinigung am 8.11. 1939] von Dölker an OKR Stuttgart vom 13.11.1939 (LKA STUTTGART, Altreg. 436a IV).

110 Erklärung zur praktischen Arbeit der Bekenntnissynode der Deutschen Evangelischen Kirche (KJ 1933–1944, S. 68; K. IMMER, Bekenntnissynode, S. 72). Siehe I Kap. IV.2., S. 154ff.

111 Bericht über Geschäftsführerkonferenz und Vorstandssitzung [der Vereinigung am 8.11. 1939] von Dölker an OKR Stuttgart vom 13.11.1939 (LKA STUTTGART, Altreg. 436a IV).

112 Vgl. dazu H. BERNSEE, Kriegsfürsorge: „Auch die ‚Innere Front' hat den Ernst und die Notwendigkeit erfaßt, alle Kräfte und Mittel für den Sieg und die Zukunft unseres Volkes einzusetzen" (Sp. 1273). Vgl. T. ROHDE, Jugendhilfe im Kriege; H. VILLNOW, Die Arbeit.

113 N.N., Wie kann ...?, S. 83. Vgl. auch VEREINIGUNG, Tätigkeitsbericht 1.4.1939–31.3.1940: „Wir fühlen alle die große Verantwortung, die Gott uns in dieser Entscheidungszeit für unser

und ehedem Mitglieds des zerschlagenen Roten Frontkämpferbundes, Georg Elser, im Münchener Bürgerbräukeller am 8. November 1939[114], erklären, es sei „ein Wunder geschehen" und ein „um so stärkerer Zusammenschluß um den Führer in Treue und Fürbitte" sei „die einzige Antwort"[115]. Für das Regime und seine NSV jedoch schufen weder der Kriegsbeginn noch der Aufruf des GVR zu „Fürbitte für Führer und Reich"[116] und sonstige Ergebenheitsbekundungen, mithin auch nicht die der Vereinigung nach dem Sprengstoffanschlag – das alles schuf durchaus nicht eine solche Situation, der man mit Bereitschaft zu wohlfahrtspolitischer Entspannung zu begegnen beabsichtigte, um damit etwa der evangelischen Kinderpflege irgendeine Übereinstimmung zu signalisieren.

Daß die Arbeit auf dem Gebiet der Kindertagesstätten „erhöhte Beachtung im Rahmen des Vierjahresplanes" durch die NSDAP verdiene, da damit „für die berufstätige Frau wesentliche Entlastungsmöglichkeiten geschaffen" werden, das hatte Hilgenfeldt unmißverständlich spätestens auf dem ein Jahr zurückliegenden „Parteitag Großdeutschlands" propagiert[117]. Daß dementsprechend die „Aktivierung der Kindertagesstätten", eine der „dringendsten Aufgaben, die unverzüglich gelöst werden mußte", nicht nur die NSV als Träger eigener Einrichtungen im Blick haben könne, sondern das „Zusammenwirken aller Kräfte und Organisationen bei der Bewältigung dieser Arbeit" fordern müsse, wurde denn auch sogleich von Hildegard Villnow im NS-Volksdienst herausgestellt[118]. Auch v. Wicht mußte das zur Kenntnis nehmen und konnte nach allen bisherigen Erfahrungen wissen, was das bedeutete. Bereits in demselben Rundschreiben vom 22. September 1939, in dem er so eindrucksvoll seiner Erwartung und seiner Befriedigung Ausdruck gegeben hatte, erklärte er aufs äußerste besorgt: „Dennoch können wir nicht verhehlen, daß die Zeiten für unsere evangelische Kinderpflege sehr ernst sind."[119] Denn

---

Volk und unsere evangelische Kirche auferlegt hat; wir wissen auch, daß wir in vorderster Front kämpfen und im Gehorsam Gott wie den menschlichen Ordnungen verpflichtet sind" (S. 1f.).

114 P. STEINBACH/J. TUCHEL, Lexikon, S. 51–52, mit Hinweis auf P. Steinbach/J. Tuchel, „Ich habe den Krieg verhindern wollen." Georg Elser und das Attentat vom 9.11.1939. Eine Dokumentation. Berlin 1997.

115 N.N., Gott segne und erhalte, S. 250.

116 GBlDEK 1939 B, S. 99; KJ 1933–1944, S. 473. Siehe II Kap. I.4.4., S. 331 mit Anm. 689.

117 Rede Hilgenfeldts vor dem Parteikongreß am 8.9.1938 anläßlich des „Parteitages Großdeutschlands" (E. HILGENFELDT, Volkspflege, S. 6).

118 H. VILLNOW, Die Arbeit, S. 387 und S. 390. Vgl. auch Schreiben der Gauwaltung Berlin der DAF „An die Herren Betriebsführer des Gaues Berlin!", o. D., Eingangsstempel EOK Berlin 28.7.1939 (EZA BERLIN, 7/4415). „Das ständige Sorgen um das Ergehen der Kinder soll den allein schon durch den Wiedereinsatz in betrieblicher Arbeit und die Erfüllung der häuslichen Pflichten doppelt belasteten Müttern [sic!] durch eine Aktion genommen werden", in der „alle Betriebsführer" aufgefordert werden, „mit der NSV und der DAF für die Erstellung der noch fehlenden Kindergärten zu sorgen." (EBD.). Vgl. auch T. ROHDE, Jugendhilfe im Kriege.

119 LKA HANNOVER, E 26/105.

tatsächlich unternahmen die Machthaber des NS-Systems und ihre NSV alles Erdenkliche, gerade jetzt die evangelische halboffene Kinderarbeit, wenn nicht sich anzueignen, dann sie zu zerstören.

Das geschah regional im NSDAP-Gau Hessen-Nassau, der neben dem gleichgeschalteten Volksstaat Hessen, ehedem Hessen-Darmstadt, den nassauischen Teil der Provinz Hessen-Nassau, den Regierungsbezirk Wiesbaden, umfaßte[120]. Was Haug im Rahmen seiner Beschreibung einer parteiamtlichen Wohlfahrtspflege und einer „restlosen Ausschaltung der konfessionellen Verbände“ gefordert hatte[121], „die Ablösung der konfessionellen Kindergärten“[122], war jetzt die Ankündigung unmittelbar bevorstehender und sich durch Bezugnahme auf den Erlaß des Rustschen Ministeriums vom 1. Juni 1938 legalisiert sehender Maßnahmen[123]. Durch die Gestapo, hier die Staatspolizeistelle Darmstadt, wurden in den Monaten Juli und August 1939 mit Hinweis auf § 1 der Verordnung des Reichspräsidenten zum Schutz von Volk und Staat vom 28. Februar 1933[124] sieben evangelische Kindergärten geschlossen und aufgelöst. Als Grund wurde angegeben, daß die Leitung der evangelischen Kindergärten keine Gewähr für eine hinreichende Erziehung der Kinder im Geiste der nationalsozialistischen Weltanschauung böten[125]. Das war die Bezugnahme auf die „gesetzliche Grundlage“, den Erlaß vom 1. Juni 1938[126].

Gegen den Vorwurf politischer Unzuverlässigkeit war man spätestens seit der Diffamierungskampagne des „Flammenzeichen“ auch auf seiten der evangelischen Kinderpflege sehr empfindlich, hatte aber, seit er von den Machthabern unter Berufung auf die „Verfassungsurkunde“[127] des „Dritten Reiches“ und ihre „erweiterte“ Bedeutung erstmals im Falle Kornburg und dann in Kork nicht nur amtlich erhoben, sondern die Repräsentanten des Regimes auch der „staatspolitischen und unumgänglichen Notwendigkeit“[128] entsprechend mit Gestapo-Einsatz, mithin durch Einsatz der Staatsgewalt agiert hatten, zu keinem Zeitpunkt politisch dagegen Stellung bezogen. Man wollte als „verfassungstreu“ und nicht als politisch unzuverlässig im Sinne des Regimes gelten. Nicht anders der Direktor des Hessischen Landesvereins für Innere Mission und Geschäftsführer des Evangelischen Verbandes für Kinderpflege

---

120 Siehe K. E. DEMANDT, Geschichte, S. 576ff. und S. 599ff.; und W. HUBATSCH (Hg.), Grundriß XI, S. 287ff., S. 319ff. und S. 423ff.; auch TH. KLEIN, Provinz Hessen Nassau; sowie F. KNÖPP, Der Volksstaat Hessen, S. 739ff.

121 W. HAUG, Wohlfahrtsarbeit, S. 179.

122 EBD., S. 181.

123 EBD. Siehe II Kap. I.3.2., S. 161 mit Anm. 134 und S. 170 mit Anm. 187.

124 RGBl 1933 I, S. 83. Siehe II Kap. I.3.1., S. 134ff.

125 Vertrauliches Rundschreiben der Vereinigung „An die uns angeschlossenen Landes- und Provinzialverbände“ vom 22.9.1939 (LKA HANNOVER, E 26/105).

126 Siehe II Kap. I.3.2., S. 161 mit Anm. 134.

127 E. FRAENKEL, Der Doppelstaat, S. 26.

128 W. HAUG, Wohlfahrtsarbeit, S. 181.

in Nassau-Hessen[129], Pfarrer Wilhelm Röhricht. Er meldete, Mitte August, bei seinem Protest gegen die Schließung zwar „Rechtsverwahrung“ gegen „diese Begründung“ an[130], die durch den Hinweis auf die, wie man in der Vereinigung sagte, „Volksschutzverordnung“[131] die evangelischen Kindergärten zu einer Gefahr für die öffentliche Sicherheit und Ordnung machte. Aber das war alles.

Die Staatspolizeistelle in Darmstadt beschränkte sich darauf zu bemerken, daß keine politische Diffamierung beabsichtigt sei, sondern man allein einer Anordnung des Reichsministeriums des Innern folge[132]. Damit war nicht nur jede Auseinandersetzung – ob von Röhricht und dem Evangelischen Verband für Kinderpflege in Nassau-Hessen beabsichtigt oder nicht – über Sinn und Zweck der Anwendung der Verordnung zum Schutz von Volk und Staat als Rechtsgrundlage für die Schließung evangelischer Kindergärten zurückgewiesen. Vielmehr war damit auch deutlich zu erkennen gegeben, worauf allein es den Machthabern in Nassau und Hessen ankam – auf die formale Rechtmäßigkeit ihrer Aktion.

Dadurch aber wurde auf seiten der evangelischen Kinderpflege eine noch größere Beunruhigung ausgelöst. Bis dahin war kein entsprechender Erlaß aus dem Reichsministerium des Innern bekannt. Deshalb drängte v. Wicht, der unbedingt „die hessische Schließungswelle zum Halten (zu) bringen“ wollte, den CA und seinen Direktor Schirmacher, mit ihm gemeinsam alles zu tun, um zu ermitteln, ob es sich nach wie vor um den Erlaß vom 4. August 1938 aus dem Ministerium Rusts handle oder um einen fraglos, wie v. Wicht annahm, damit in Verbindung stehenden weiteren Erlaß aus dem Ministerium Wilhelm Fricks[133]. Drei Wochen später, am 11. September 1939, lag aus dessen Ministerium ein Erlaß vor, der jedoch die Bedingungen der Kriegswirtschaft als Grund dafür anführte, die NSV bei der Übernahme von Kindergärten „mit allen Kräften zu unterstützen“[134].

Es bleibt unklar, ob und inwieweit das Vorgehen im NSDAP-Gau Hessen-Nassau eine Probe auf diesen Erlaß hin war. Deutlich jedoch ist, daß, mochten die Maßnahmen der Darmstädter Gestapo auch Einzelaktionen sein, sie

---

129 Gleichzeitig war er auch Direktor der seit 1934 bestehenden, aber tatsächlich stets bedeutungslos gebliebenen „Dachorganisation“ für die Innere Mission des gesamten Bereichs der Evangelischen Landeskirche Nassau-Hessen, des Landesverbandes der Inneren Mission in Nassau-Hessen. Vgl. Notiz Schubert vom 28.4.1936 (ADW, CA 626 II); und Protokoll einer Sitzung der Vertreter der Vereine für Innere Mission innerhalb der Evangelischen Landeskirche Nassau-Hessen vom 17.3.1944 (ADW, CA 2319/32 (Nassau-Hessen)).

130 Schreiben Röhricht an Gestapo Berlin vom 18.8.1939 (ADW, CA 850a I).

131 Lagebericht von v. Wicht anläßlich der Geschäftsführerkonferenz der Vereinigung am 8.11.1939, „Vertraulich!“ (ADW, CA 850a I; LKA HANNOVER, E 26/105; ADWW MÜNSTER, 153/1).

132 Schreiben v. Wicht an Schirmacher vom 21.8.1939 (ADW, CA 850a I).

133 EBD.

134 Erlaß Reichsminister des Innern vom 11.9.1939 (BA BERLIN, Rep. 320/600).

zusammen mit den Vorgängen etwa um die Erziehungs- und Pflegeanstalt in Scheuern im August 1937[135] oder denen drei Monate später bezüglich der Nieder-Ramstädter Anstalten[136] zu den „sehr erfolgreichen Unternehmungen" gehörten, die Richard Hildebrandt, Führer des SS-Oberabschnittes Rhein und später Leiter des Rasse- und Siedlungshauptamtes, gemeinsam mit dem im Regierungspräsidium in Wiesbaden zuständigen Johlen und kaum anders als in Absprache mit Sprenger und Haug eingeleitet hatte[137]. Die Vorgänge um die evangelischen Kindergärten im Hessen-Nassauischen kennzeichneten jene Radikalisierung, die im Wetteifer von behördlichen und parteiamtlichen Stellen[138] die „Möglichkeiten der Ausschaltung der Freien Wohlfahrtspflege"[139] erprobte, um mit „unpolitischen Mitteln" der Kirche ihre Wohlfahrtspflege „als politisches Machtinstrument"[140] zu nehmen, und das hieß: „Erwerb der Verfügungsgewalt"[141] über die kirchlichen Einrichtungen. Außerdem hatte Haug diesem Radikalisierungsprozeß mit seinen Äußerungen zu „Parteiamtliche und öffentliche Wohlfahrtsarbeit" und mit seiner Forderung nach „Führung auf allen Arbeitsgebieten der freien Wohlfahrtspflege"[142] gerade einen neuen Schub gegeben. Abgesehen von dem, was sich in Bad Soden und in Ober-Ofleiden ereignet hatte[143] – welche „unpolitischen Mittel" bis dahin hinsichtlich der evangelischen Kindergärten im einzelnen eingesetzt worden waren, ist nicht nachzuweisen. Ende August 1939 stand fest, daß die evangelischen Kindergärten in Alzey, Hähnlein, Homberg, Lauterbach, Oberscheld, Pfeddersheim und Wixhausen aufgelöst waren[144].

Eine zweite regional begrenzte „Schließungswelle", allerdings eindeutig ausgelöst von einer nahezu bedenkenlosen Gauleitung und außerdem sogar keine einzige Einrichtung oder Anstalt der Inneren Mission verschonend, rollte über Mecklenburg. Gauleiter und Reichsstatthalter Friedrich Hildebrandt hatte mit einer Verfügung vom 12. Juli 1939[145] alle 52 Anstalten der Inneren

---

135 Siehe II Kap. I.2.1., S. 73 mit Anm. 80.

136 Siehe II Kap. I.4.3., S. 293f. mit Anm. 480.

137 Schreiben Richard Hildebrandt an Himmler vom 18.7.1940 (IFZ MÜNCHEN, MA 605).

138 Vgl. E. HANSEN, Wohlfahrtspolitik, S. 110.

139 Denkschrift des Bezirksverbandes Nassau und Hessen vom 19.12.1937 [Johlen] über „Möglichkeiten der Ausschaltung der Freien Wohlfahrtspflege" (ADC, 748.1).

140 Schreiben Johlen an Richard Hildebrandt vom 12.7.1940 (IFZ MÜNCHEN, MA 605).

141 Denkschrift des Bezirksverbandes Nassau und Hessen vom 19.12.1937 [Johlen] über „Möglichkeiten der Ausschaltung der Freien Wohlfahrtspflege" (ADC, 748.1). Im übrigen erwähnt die Denkschrift die Vorgänge in Scheuern als beispielhaft für den „Erwerb der Verfügungsgewalt", der als „Umstellung auf das Führerprinzip" propagiert wird. (EBD.).

142 W. HAUG, Wohlfartsarbeit, S. 179.

143 Siehe II Kap. I.2.4., S. 106ff.

144 Schreiben Röhricht an Geheime Staatspolizei Berlin vom 18.8.1939 (ADW, CA 850a I); vgl. auch Statistik (ADW, VKD 32).

145 Die Verfügung selbst ist nicht nachzuweisen. Ihr Wortlaut ist zu wesentlichen Teilen zu erschließen aus dem Schreiben Oberbürgermeister der Landeshauptstadt Schwerin an den Vor-

Mission in Mecklenburg der NSV unterstellt[146], einschließlich fünf von insgesamt neun evangelischen Kindergärten[147]. Er hatte, nach einem Rundschreiben Hilgenfeldts an die Gauleitungen, Gefahr im Verzuge erklärt und, unter Berufung auf § 2 des Reichsstatthaltergesetzes vom 30. Januar 1935[148], das Vorgehen gegen die Einrichtungen verfügt „in der einheitlichen Ausrichtung der Front gegen die Volksseuche Tuberkulose"[149]. Eine im Rahmen der Tuberkulosebekämpfung durchgeführte Röntgenreihenuntersuchung – die erste in Mecklenburg – hätte, so die Begründung, zu umfassenderen und vor allem wirksameren Maßnahmen herausgefordert, als sie bisher ergriffen worden wären.

Der Protest der Inneren Mission formierte sich sofort und zwar auf höchster Ebene. Im Nachgang zu seinem Schreiben vom 13. Juni 1939 wandte sich Constantin Frick per Telegramm am 18. Juli an Lammers, erhob energisch Einspruch und bat um Rechtsschutz gegen die Anordnung Friedrich Hildebrandts[150]. Am gleichen Tag interpellierte er in gleicher Weise auch bei dem die Dienstaufsicht über die Reichsstatthalter führenden Reichsminister des Innern[151]. Zwei Tage später nahm er gegenüber Wilhelm Frick ausführlich Stellung. Dabei zielte sein Protest gegen die „Maßnahme zur Beseitigung des Notstandes" besonders auf zwei Punkte. Zum einen auf den Wunsch der Inneren Mission zur Zusammenarbeit im Tuberkulose-Hilfswerk und im Reichstuberkuloseausschuß, die „solche radikalen und die evangelische Bevölkerung aufs tiefste kränkende Gewaltmaßnahmen" in keiner Weise rechtfertige[152]. Der andere Punkt war, daß, wenn Friedrich Hildebrandt nach dem Reichsstatthaltergesetz „bei Gefahr im Verzuge einstweilige Anordnungen zu treffen" legitimiert sei[153], keinesfalls eine endgültige Maßnahme hätte angeordnet werden dürfen, wie es die des Gauleiters und Reichsstatthalters nach

---

stand des Stephanusstiftes (ADW, CA 629 II). Vgl. zu diesem „Schlag gegen die Kirche" auch besonders E. HANSEN, Wohlfahrtspolitik, S. 115ff.

146 Authentisches Material über die Beschlagnahme der mecklenburgischen Anstalten und Heime der Inneren Mission von Anfang November – Eingang am 10.11. – 1939 (ADW, CA 629 II); siehe auch Schreiben OKR Schwerin an Reichsminister für die kirchlichen Angelegenheiten vom 15.8.1939 (EBD.).

147 EBD. Die betroffenen evangelischen Kindergärten waren: Helenenschule (Kindergarten) Stift Bethlehem, Ludwigslust; Kindergarten Alexandrinenstift, Ludwigslust; Kindergarten Alexandrahaus, Lübz; Evangelischer Kindergarten, Waren; Kindergarten des Deutschen Evangelischen Frauenbundes, Wismar. Bezüglich weiterer Zahlen vgl. VEREINIGUNG, Tätigkeitsbericht 1.4.1939–31.3.1940, Statistische Übersicht; vgl. Bericht H. Press, Die augenblickliche Lage der evangelischen Kindergärten, vom 18.5.1938 (ADW, VKD 24).

148 RGBl 1935 I, S. 65.

149 Rundschreiben V 14/39 des Hauptamtes für Volkswohlfahrt vom 8.7.1939 (ADW, CA 629 II).

150 (EBD.).

151 Telegramm Constantin Frick an Wilhelm Frick vom 18.7.1939 (EBD.).

152 Schreiben Constantin Frick an Wilhelm Frick vom 20.7.1939 (EBD.).

153 § 2 Abs. 1 des Reichstatthaltergesetzes vom 30.1.1935 (RGBl 1935 I, S. 65).

Art der Verfügung und ihrer Durchführung bedeutete. Dieser Einspruch des Präsidenten des CA, der allerdings zum Schluß doch auch wieder Verhandlungsbereitschaft signalisierte, ging auch an Lammers und Kerrl.

Bevor es aber zu Verhandlungen kam, hatte sich die Lage in Mecklenburg noch verschärft. Durch Gestapo und Kriminalpolizei waren nicht nur Geldbestände und Kassenbücher der Einrichtungen beschlagnahmt worden[154]. Am 22. Juli wurde der Barbestand sogar des Landesvereins für Innere Mission in Mecklenburg konfisziert und seiner Leitung jegliche Verfügungsgewalt über das Vermögen entzogen und damit alle Geschäftstätigkeit lahmgelegt[155]. Der eher vermittelnde Landespfarrer für Innere Mission der Evangelisch-lutherischen Landeskirche Mecklenburgs und Geschäftsführer ihres Landesvereins, Hermann Petersen, sowie auch der in seiner Vertretung tätige Helmut Press, Stiftpropst des Diakonissenhauses Stift Bethlehem in Ludwigslust und Vorsitzender des Landesverbandes für evangelische Kinderpflege in Mecklenburg, übermittelten unverzüglich dem CA für die Verhandlungen mit dem Reichsministerium für die kirchlichen Angelegenheiten und den mit der Sache befaßten Haugg und Szymanowski das erforderliche Datenmaterial[156].

Unter der Federführung von Julius Stahn[157], inzwischen Ministerialdirigent und Nachfolger Hermann von Dettens, und ohne eine Beteiligung der DEK und ihrer Kirchenkanzlei erreichte es offenbar das Ministerium Kerrls daß Gauleiter und Reichsstatthalter Friedrich Hildebrandt bereits am 28. Juli 1939 mit einem zweiten Erlaß die „vermögensrechtliche Enteignung“ rückgängig machte. Es sollte aber bei der Unterstellung der Einrichtungen unter die NSV bleiben, allerdings einzig und allein, so der Erlaß, der geschlossenen Fürsorgeeinrichtungen. Dabei wurde mit keinem Wort mehr der Kampf gegen die Tuberkulose erwähnt, sondern nur allgemein „die planwirtschaftliche Ausrichtung und Ausnutzung der Einrichtungen“ als Grund für die vorangegangene Verfügung genannt[158]. Damit war eine Begründung gegeben, die im folgenden Jahr die Entwicklung der Beziehungen zwischen Innerer Mission und NSV und dem ihr verbundenen Machtapparat bestimmen und dabei über Mecklenburg hinaus Bedeutung haben sollte.

Nachdem am 3. August 1939 auch Landesbischof Walther Schultz, der, obwohl DC, zu diesem Zeitpunkt längst nicht mehr auf das Wohlwollen des Reichsstatthalters rechnen konnte[159], sich protestierend an die Reichskanzlei

---

154 Authentisches Material über die Beschlagnahme der mecklenburgischen Anstalten und Heime der Inneren Mission von Anfang November 1939 (ADW, CA 629 II).

155 Notiz Schubert betr. Telefonanruf des Landesvereins für Innere Mission in Mecklenburg vom 22.7.1939 (EBD.); Schreiben Landesverein für Innere Mission in Mecklenburg an CA vom 24.7.1939 (EBD.).

156 Schreiben Press an CA vom 28.7.1939 (EBD.).

157 Schreiben Schirmacher an Constantin Frick vom 14.8.1939 (EBD.).

158 (EBD.).

159 N. BESTE, Kirchenkampf, S. 215f.; mit Bezug darauf K. MEIER, Kirchenkampf III, S. 383.

unter Lammers und an das Ministerium Wilhelm Fricks ebenso wie an das Ministerium Kerrls gewandt[160] und nachdem auch der Oberkirchenrat (OKR) Schwerin drei Tage später noch eine Aufstellung und kurze Darstellung der Übergriffe nachgereicht hatte[161], war soviel klar: Alle Einrichtungen, auch die fünf Kindergärten, für die „die Möglichkeit überhaupt nicht bestehe, sie als Anstalten für Tuberkulose zu verwenden“[162], unterstanden weiterhin der NSV und ihrer aus vorgeblich planwirtschaftlichen oder aus tatsächlich gesundheitspolitischen Gründen erhobenen Enteignungsforderung. Die von Press, nun vom Landesbischof damit beauftragt[163], und Walther Langkutsch, nach seiner Tätigkeit als Geschäftsführer des Provinzialvereins für Innere Mission in Pommern seit drei Jahren Pfarrer an der Schweriner Schloßkirche, zusammen mit dem der Inneren Mission sehr verbundenen und einsatzbereiten Oberkonsistorialrat Dr. Carl Theodor Clorius am 9. August 1939 mit NSV-Gauamtsleiter Wilhelm Behr geführten Verhandlungen waren ohne Ergebnis geblieben. Zwar hatte Behr behauptet, daß eine „Entchristlichung“ der Anstalten nicht beabsichtigt und an eine Ausschaltung nicht gedacht sei. Aber, ausdrücklich mit Rückendeckung seines Gauleiters, bestand er bei allen Entscheidungs- und Geschäftsabläufen auf einem Durchgriffs- und Eingriffsrecht der NSV und ihrer beauftragten Kreisamtsleiter und bei Bankverkehr und Kontenführung auf deren Gegenzeichnungsbefugnis.

Das war im Prinzip das, was in Österreich erreicht und was in Schlesien versucht worden war. Aus der Sicht Behrs und seines Gauleiters ging es jetzt nur noch darum, die für den Zweck der Tuberkulosebehandlung geeigneten Einrichtungen von den dafür ungeeigneten zu trennen. Für diese könne dann „die Unterstellung unter die NSV für beendet erklärt“ werden[164]. In kurzer Zeit stimmten dem alle mit der Sache befaßten Behörden und Verbände durch ihre Vertreter zu.

Dem Kerrlschen Ministerium war es in dieser Situation allein wichtig, daß dem Reichsstatthalter in Mecklenburg von seiten der Inneren Mission ein positiver Vorschlag gemacht werde, „etwa in der Art einer pachtweisen Überlassung“ der von der NSV beschlagnahmten und bei ihr verbleibenden Einrichtungen[165]. Schirmacher erklärte sich diensteifrig bereit, dem Wunsche Julius Stahns zur Legalisierung der Maßnahmen zu folgen[166]. Der CA und

---

160 ADW, CA 629 II.

161 Schreiben OKR Schwerin an Reichsministerium des Innern und an Reichsministerium für die kirchlichen Angelegenheiten vom 6.8.1939 (EBD.).

162 Niederschrift über die Verhandlungen mit der NSV in der Gauamtsleitung am 9.8.1939 (EBD.).

163 Schreiben Schultz an Friedrich Hildebrandt vom 1.8.1939 (EBD.).

164 Niederschrift über die Verhandlungen mit der NSV in der Gauamtsleitung am 9.8.1939 (EBD.); vgl. auch Schreiben Clorius an Behr vom 10.8.1939 (EBD.).

165 Aktenvermerk Schirmacher über Besprechung bei Julius Stahn am 12.8.1939 (EBD.).

166 EBD.

sein Vorstand hatten sich zwar „das Anliegen des Herrn Reichsstatthalters in Mecklenburg auf dem Gebiete der Tuberkulosebekämpfung zu eigen gemacht“[167], man wollte deshalb auch Vorschläge einbringen, alles weitere jedoch sollte durch Verhandlungen geklärt werden, die gemeinsam zu führen Paul Braune und Press beauftragt worden waren[168]. Nachdem aber Clorius und OKR Schwerin offenbar sogleich dem Schirmacherschen Kurs und dem Vorschlag Julius Stahns gefolgt waren und bereits am 15. August 1939 seine Vorstellungen sowohl hinsichtlich der für eine Tuberkulosebehandlung geeigneten Einrichtungen als auch der Modalitäten ihrer Überlassung dem Hause Kerrls vorgelegt hatten[169], waren weitere Verhandlungen obsolet.

So kamen zwar die fünf evangelischen Kindergärten wieder an ihre Träger zurück[170] und für die Häuser, die man der NSV zu überlassen beabsichtigte, sollten tatsächlich Pacht- oder Mietverträge geschlossen werden, die eine Übernahme aller mit einem bebauten Grundstück verbundenen Belastungen bei Verzicht auf Zahlung eines Miet- oder Pachtzinses vorsahen[171]. Es waren aber diese Modalitäten, die gut einundeinhalb Jahre später, nun für die gesamte evangelische Kinderpflege, mithin über Mecklenburg hinaus im gesamten Deutschen Reich Bedeutung haben sollten.

Wie regional so auch zentral ließ die NSV, „Träger des dynamischen Elements“[172] im Geflecht des Partei- und Machtapparates, nichts unversucht, sich entweder in den Besitz der so begehrten Kinderpflegeeinrichtungen zu bringen oder ihren Betrieb zu unterbinden. Bei diesen Versuchen spielten auch

---

167 Schreiben OKR Schwerin an Reichsministerium für die kirchlichen Angelegenheiten vom 15.8.1939 (EBD.) unter Berufung auf eine Erklärung des CA: „Die gesamte Innere Mission Deutschlands hat sich das Anliegen des Herrn Reichsstatthalters in Mecklenburg zu eigen gemacht. Der Central-Ausschuß für die Innere Mission wird Vorschläge über die Unterbringung von Tuberkulosekranken vorlegen. Der Central-Ausschuß wird sein Augenmerk insbesondere darauf richten, daß Anstalten vorgeschlagen werden, die ihrer klimatischen Lage wegen geeigneter sind als die mecklenburgischen.“ (EBD.). Diese Erklärung ist in den Protokollen des Vorstandes des CA, des für solche Grundsatzbeschlüsse zuständigen Gremiums, nicht nachzuweisen. Auf der Sitzung des Vorstandes des CA am 25.7.1939 informierte Constantin Frick erstmals über die Lage in Mecklenburg. Das Protokoll sagt nichts über einen Beschluß. (ADW, CA 67 B (1939)). Die nächste Sitzung fand am 19.9.1939 statt. Der Vorstand „bevollmächtigt den Präsidenten, in eiligen Fällen ... im Einvernehmen mit dem Direktor im Namen des Vorstandes Beschlüsse zu fassen.“ (EBD.). Danach ist es wahrscheinlich, daß Schirmacher und Constantin Frick diesen Beschluß faßten, der sowohl dem OKR Schwerin nützlich als auch den Verhandlungen in den Ministerien in Schwerin und Berlin nicht hinderlich war, jedenfalls solange nicht, wie die Optionen des Beschlusses nicht durch eine konkrete Lösung wie sie freilich in Mecklenburg angestrebt werden mußte, hinfällig wurden.

168 Protokoll der Vorstandssitzung des CA am 25.7.1939 (EBD.).

169 Schreiben OKR Schwerin an Reichsminister für die kirchlichen Angelegenheiten vom 15.8.1939 (ADW, CA 629 II).

170 Vgl. N. BESTE, Kirchenkampf, S. 213.

171 Schreiben OKR Schwerin an Reichsminister für die kirchlichen Angelegenheiten vom 15.8.1939 (ADW, CA 629 II).

172 H. HÜBNER, Grundsätzliches, S. 389.

weiterhin die Veröffentlichungen in der „Fachzeitschrift“ der NSV, dem NS-Volksdienst, oder in DJugh, wie seit 1937 das ehemalige ZblJR hieß, eine Rolle. Diese Periodika waren die Organe, welche die Forderungen und Leistungen der NSV propagandistisch behaupteten, rechtfertigten und als einen „Dienst der Heimatfront an Mutter und Kind“ beschrieben[173]. Diese Propaganda war jedoch nur „Geleitschutz“. In ihrem Mittelpunkt stand nach wie vor die eine Forderung Hilgenfeldts, die mit klar erkennbarer Direktheit allerdings von ihm selbst öffentlich noch nie erhoben worden war. Auf dem „Parteitag der Arbeit“ 1937 hatte er zwar im Rahmen einer NSV-Tagung proklamiert, daß „im weiteren Ausbau der Kindergartenarbeit eine Aufgabe der nächsten Jahre“ zu sehen sei[174], und ein Jahr später hatte er auch mit der Nennung der Zahl der NSV-Kindergärten – 8.750 – die Leistung der NSV beschrieben[175]. Aber daß „Ausbau“ tatsächlich auch „Unterstellung“, „Übernahme“, mithin Beendigung und Auslöschung jeglicher anderen, also auch evangelischer Trägerschaft, kurz eine Monopolisierung durch die NSV bedeutete – das war nur abzulesen an der Übernahme des Paritätischen Wohlfahrtsverbandes (DPWV), der Neuordnung des DRK und war daneben nur nachzulesen in den genannten Fachzeitschriften. Man hatte bis dahin stets eher Taten sprechen lassen. Und noch im Frühjahr 1939 auf der NSV-Gauamtsleitertagung in Weimar hatte Hilgenfeldt gebeten, über diese Dinge „nicht in der Öffentlichkeit zu sprechen.“ Und wenn informiert werde, dann „nicht in der Schärfe der Angriffe, sondern rein weltanschaulich-philosophisch gesehen.“[176] Jetzt aber äußerte sich tatsächlich Hilgenfeldt selbst, trug scharf und unverdeckt seinen Angriff vor, und es war auch noch der CA durch seinen Präsidenten Constantin Frick, der ihm unmittelbar den Anlaß dazu gab, um nicht zu sagen, das Angebot dazu machte.

Ganz unter dem Eindruck der ersten Tage des September 1939 – ähnlich wie v. Wicht – richtete Constantin Frick am 6. September ein Schreiben an Hilgenfeldt. Darin erklärte er auch für den Fall einer längeren Dauer des Krieges die volle Einsatzbereitschaft der dem CA angehörenden Reichsspitzenverbände, und er machte den praktischen Vorschlag, einen Kriegsausschuß aus Vertretern der Verbände unter seinem, Hilgenfeldts, Vorsitz zu installieren. Auf diese Weise sollten, wie 1914, alle Kräfte zu gemeinsamer Anstrengung zusammengefaßt werden[177]. War das nicht geradezu eine Einladung an die NSV, nun die Verfügung über die Einrichtungen der Inneren Mission

---

[173] B. FINCK, Der Dienst der Heimatfront, S. 405–411; vgl. auch H. VILLNOW, Die Arbeit, S. 387–391.

[174] E. HILGENFELDT, Aufgaben, S. 11.

[175] Rede Hilgenfeldts vor dem Parteikongreß am 8.9.1938 anläßlich des „Parteitages Großdeutschlands“ (E. HILGENFELDT, Volkspflege, S. 6). Siehe II Kap. I.4.2., S. 255 mit Anm. 297.

[176] Protokoll der Tagung der NSV-Gauamtsleiter in Weimar vom 8.–10.3.1939 mit der Niederschrift der Rede Hilgenfeldts (BA BERLIN, NS 37/2076).

[177] Schreiben Constantin Frick an Hilgenfeldt vom 6.9.1939 (ADW, CA 1195 XVII).

zu übernehmen? Offenbar hat Hilgenfeldt das zunächst nicht gesehen. Am 8. September wies er den Vorschlag mit der Begründung zurück, „daß in einem Staat, der auch in seinen Organisationsformen das autoritäre Prinzip konsequent vertritt, der von Ihnen vorgeschlagene Weg der Bildung eines Kriegsausschusses der Reichsspitzenverbände nicht gangbar ist.“[178] Drei Tage später jedoch sah er die Dinge anders. Möglicherweise hatte er inzwischen Kenntnis vom Inhalt eines Erlasses des Reichsministeriums des Innern, der am gleichen Tag, dem 11. September 1939, an die Landesregierungen und die Oberpräsidenten der preußischen Provinzen gegangen war. Er mußte für Hilgenfeldt dadurch besondere Bedeutung haben, daß das Ministerium und sein vor kurzem zum Staatssekretär berufener „Reichsgesundheitsführer“ Dr. Leonardo Conti, nicht allein „insbesondere die Bereitstellung von Kindergärten“ forderten, weil „für die Kriegswirtschaft weibliche Arbeitskräfte ... z. T. auch Frauen mit kleinen Kindern herangezogen werden“ müssen.[179] Das war allenthalben selbstverständlich und zuvor schon öffentlich gefordert worden. Freilich mit dem deutlichen Hinweis, daß „konfessionelle Einrichtungen fürs erste nicht entbehrlich“ seien[180]. Entscheidend vielmehr mußte für Hilgenfeldt sein, daß Conti ausdrücklich dazu aufforderte, „mit der NSV wegen der Übernahme der Aufgaben ins Benehmen zu treten und sie dabei mit allen Kräften zu unterstützen.“[181] Darin sah Hilgenfeldt jetzt seine Chance, die evangelischen Kindergärten endlich zum „Glied der deutschen Volkserziehung“ zu machen[182]. Er wandte sich nochmals an den Präsidenten des CA. Dessen Erklärung zur Einsatzbereitschaft aller Verbände der Inneren Mission aufgreifend wies er nun mit Nachdruck auf die Notwendigkeit zur „Ausnutzung sämtlicher Kindergärten, Kinderkrippen und Säuglingsheime“ hin. Und dann forderte er Constantin Frick auf, „sämtlichen Stellen der Inneren Mission Anweisung [zu] erteilen ..., die vorhandenen Einrichtungen der bezeichneten Art umgehend der Verfügungsgewalt des zuständigen Gauleiters der NS-Volkswohlfahrt zu unterstellen.“[183]

Natürlich mußte Hilgenfeldt wissen, daß der CA gezwungen war, dies Ansinnen zurückzuweisen oder doch nur soweit darauf eingehen konnte, daß er die Einrichtungen und Verbände bat, „sich mit den Gauamtsleitern der NSV im Sinne der Arbeitsgemeinschaft der Spitzenverbände der freien Wohlfahrtspflege in Verbindung zu setzen.“ Mit diesem Hinweis auf die rechtliche Eigenständigkeit der Einrichtungen der Inneren Mission antwortete Constantin Frick und bedauerte gleichzeitig, „weitergehende Anweisungen“ nicht geben

178 Schreiben Hilgenfeldt an Constantin Frick vom 8.9.1939 (EBD.).

179 Erlaß des Reichsministeriums des Innern vom 11.9.1939 (BA BERLIN, Rep. 320/600).

180 F. RÖSCH, Gegenwartsfragen, S. 94.

181 Erlaß des Reichsministeriums des Innern vom 11.9.1939 (BA BERLIN, Rep. 320/600).

182 E. ARNOLD-DINKLER, Der Kindergarten, S. 7.

183 Schreiben Hilgenfeldt an Constantin Frick vom 11.9.1939 (ADW, CA 1195 XVII).

zu können, „weil die Einsatzfähigkeit der Anstalten der christlichen Liebestätigkeit wesentlich durch ihre geistliche Leitung bestimmt ist."[184]

Andererseits – auch „Reichsgesundheitsführer" Conti mußte aus den Erfahrungen der zurückliegenden Jahre wissen, daß sein Erlaß geeignet war, in den regionalen Gliederungen des Macht- und Parteiapparates ebenso wie in der staatlichen Verwaltung als Aufforderung verstanden zu werden, Anstrengungen zu unternehmen, alle Einrichtungen der halboffenen Kinderpflege für ihren Verantwortungsbereich der NSV zu unterstellen und damit die „erhebliche Unsicherheit über das weitere Vorgehen" zu beenden[185]. Insofern war der Erlaß ein erster Versuch, die Kindergartenfrage zentral im Sinne der bisherigen Entwicklungen zu steuern. Ob das aber im Interesse der regionalen Verwalter nationalsozialistischer Willkür lag, war eine noch nicht beantwortete Frage. Daß man den Erlaß Contis keineswegs und notwendigerweise als Aufforderung zur Unterstellung im Sinne der Übernahme der Rechtsträgerschaft durch die NSV verstehen mußte, wurde sogleich in Ostpreußen erkennbar. Hier hatte bereits im August 1939 Gauleiter Erich Koch, mit Beginn des Krieges Reichsverteidigungskommissar, für alle Einrichtungen der halboffenen Kinderpflege eine zehnstündige Öffnungszeit verfügt, ohne überhaupt an der Trägerschaftsfrage zu rühren. Ebenso hatte er angewiesen, daß die Kinder – gegen Bezahlung – ein Mittagessen erhalten und besonders solche Kinder aufgenommen werden sollten, deren Mütter „außerhalb ihres Haushaltes tätig sind"[186] – ganz so, wie es dann die Verfügung des Reichsministeriums des Innern vom 11. September 1939 vorsah. In Berlin hatte bereits einen Tag nach ihrer Veröffentlichung unter Leitung von NSV-Gauamtsleiter Richard Mähler, dem Nachfolger des abgesetzten Spiewok[187], eine Versammlung von Trägervertretern stattgefunden, in der darauf hingewiesen worden war, daß zur geforderten „einheitlichen Ausrichtung" die Einhaltung verlängerter Öffnungszeiten ebenso gehöre wie die strikte Beachtung gesundheitsfürsorgerischer Maßnahmen und die vorrangige Aufnahme solcher Kinder, deren Mütter in der Kriegsindustrie tätig seien[188]. Dabei war, wie v. Wicht mit einer gewissen Befriedigung vermerkte, der „geschlossene Block" von 120 evangelischen Kindergärten in Berlin „nicht angegriffen worden"[189]. Die Selbständigkeit der Rechtsträger war also unberührt geblieben.

---

184 Schreiben Constantin Frick an Hilgenfeldt vom 20.9.1939 (EBD.).

185 N.N., Kindertagesstätten im Kriege: Zur Trägerfrage, S. 336.

186 Rundschreiben Provinzial-Verband für Innere Mission [in Ostpreußen] an die Träger der Kindergärten der Inneren Mission in Ostpreußen vom 25.8.1939 (ADW, CA/O 179); vgl. H. VILLNOW, Die Arbeit, S. 390.

187 Siehe II Kap. III.3.12., S. 703 mit Anm. 743.

188 Schreiben v. Wicht an Gottfried Handtmann vom 29.4.1940 (EZA BERLIN, 1/C3/179).

189 Lagebericht von v. Wicht anläßlich der Geschäftsführerkonferenz der Vereinigung am 8.11.1939, „Vertraulich!" (ADW, CA 850a I; LKA HANNOVER, E 26/105; ADWW MÜNSTER, 153/1).

Ganz und gar nicht so in Westfalen. Hier forderte der Oberpräsident und Gauleiter, Dr. Alfred Meyer, mit einem Runderlaß am 4. Oktober 1939 die Regierungspräsidenten auf, Landräte und Oberbürgermeister anzuweisen, „die NSV zu beauftragen, für die einheitliche Leitung, Überwachung und evtl. Unterstützung aller bestehenden Kindergärten Sorge zu tragen." Auch wenn „die Stellung der Unterhaltsträger ... hierdurch unberührt bleiben" sollte[190] – das war eine gänzlich andere Auslegung des Erlasses aus dem Hause des Reichsministerium des Innern als in Ostpreußen oder Berlin, obwohl die Anweisung Alfred Meyers genausowenig präzise war wie die Verfügung Contis und damit den Konflikt geradezu herausfordern mußte.

Der Konflikt trat zutage, als am 28. Oktober 1939 die evangelische Kirchengemeinde in Herdecke vom Bürgermeister der Stadt, Werner Elsemann, eine Mitteilung erhielt. Die Gemeinde mußte darin von dem Erlaß des Oberpräsidenten und Gauleiters erfahren, wobei Elsemann hervorhob, daß es in diesem Erlaß um die Leitung, Überwachung und Unterstützung aller Einrichtungen durch die NSV ginge. Mit der Wahrnehmung dieser Aufgaben sei die örtliche Kreisamtsleitung beauftragt worden. Schließlich wurde die Gemeinde aufgefordert, dafür zu sorgen, daß „diese Überwachungstätigkeit" bei dem von ihr betriebenen Kindergarten „zu keinen Schwierigkeiten führt."[191] Noch am gleichen Tage unterrichtete die Gemeinde den Westfälischen Provinzial-Verband für Innere Mission über diesen Vorgang.

Möller, bislang ohne jede Kenntnis von dem Erlaß Alfred Meyers, machte sich sofort kundig, informierte in einem Rundschreiben am 1. November 1939 alle evangelischen Kindergärten in Westfalen, bat um Meldung für den Fall, daß Schritte der NSV erfolgen sollten und empfahl in jedem Fall Zurückhaltung bei Forderungen der NSV. Es sei ihr gegenüber in jedem Falle und unbedingt darauf hinzuweisen, daß „über die Gültigkeit und Ausführung dieser Verfügung mit dem Oberpräsidenten noch verhandelt würde." Gleichzeitig unterstrich aber Möller auch die Notwendigkeit, „im Interesse der arbeitenden Mütter" alle Möglichkeiten zur Aufnahme von Kindern auszuschöpfen. Denn „es ist selbstverständlich, daß unsere Kindergärten sich in vollem Maße auf die Bedürfnisse der Kriegszeit einrichten."[192] Diese Zusicherung gab Möller auch dem Oberpräsidenten, als er mit Anfang November 1939 „ernste Bedenken" gegen den Erlaß geltend machte[193].

Inzwischen hatte Möller außerdem aus der Kirchengemeinde Höxter erfahren, daß der evangelische Kindergarten durch die NSV-Kreisamtsleitung in

---

190 ADW, CA/O 183.

191 Schreiben Möller an Oberpräsidium der Provinz Westfalen vom 4.11.1939 (ADWW MÜNSTER, 153/3 (1933–1939)).

192 Rundschreiben des Westfälischen Provinzialverbandes für Innere Mission vom 1.11.1939 (EBD.).

193 Schreiben Möller an Oberpräsidium der Provinz Westfalen vom 4.11.1939 (EBD.).

Bad Driburg aufgefordert worden sei, über Belegung, Kostenberechnung, Ernährung, Raumangebot, Mitarbeiterinnen und deren persönliche Daten Auskunft zu geben. Auch in diesem Fall sah Möller die Stellung der Unterhaltsträger, entgegen anderslautender Zusage, berührt und befürchtete eine Fülle von Schwierigkeiten, wenn allgemein so von der NSV verfahren werde. Er meinte jedoch, diese Schwierigkeiten seien zu vermeiden, wenn „mindestens zum Ausdruck gebracht werde(n), daß an dem bestehenden christlichen Charakter der Kindergärten durch die Verfügung nichts geändert wird.“[194] Indessen hoffte er, und seine Hoffnung wurde von v. Wicht und auch den übrigen Verantwortlichen der evangelischen Kinderpflege in der Vereinigung geteilt, daß der Oberpräsident diesen Erlaß wieder zurückziehen werde[195]. Das mochte zum einen in den Erfahrungen, die man im Fall des evangelischen Kindergartens in Ahlen gemacht hatte, begründet sein. Hier hatte doch der Verlauf der Dinge gezeigt, daß die Rücknahme einer Entscheidung einer Provinzialbehörde nicht gänzlich ausgeschlossen war. Zum andern mochte die Hoffnung auf Widerruf der Verfügung ihre Ursache haben in den Reaktionen des Oberpräsidiums auf Möllers sofortigen und deutlichen Einspruch, aus denen er schließen konnte, „die Rechte der evangelischen Kindergärten blieben unangetastet.“[196] Immerhin schien die Sache auch dem Oberpräsidenten und Gauleiter von solcher Bedeutung, daß er selbst das Gespräch leitete, das auf Drängen Möllers am 22. November 1939 im Oberpräsidium in Münster stattfand, und an dem neben Möller u. a. Wilhelm Philipps, ehemals Direktor des Evangelischen Johannesstifts in Berlin-Spandau, jetzt Oberkonsistorialrat im inzwischen unterrichteten Evangelischen Konsistorium der Kirchenprovinz Westfalen in Münster, und auch NSV-Gauamtsleiter Hugo Degenhardt teilnahmen. Offenbar gehörte es zu Alfred Meyers Stil, die Sitzungsniederschrift fertig vorzulegen, so daß die Verhandlungspartner das Ergebnis nur zur Kenntnis zu nehmen hatten[197]. Allerdings war es ein Ergebnis, dem Möller sogar zustimmen konnte, denn es wurde konzediert, daß mit dem Erlaß, „an dem Eigentume, an der sonstigen inneren Führung und insbesondere an dem konfessionellen Charakter der Kindergärten nichts geändert werden soll.“ Damit war Möllers Mindestforderung erfüllt. Deshalb konnte er auch der übrigen Auslegung des Erlasses zustimmen, die unter dem

---

194 EBD.

195 Lagebericht von v. Wicht anläßlich der Geschäftsführerkonferenz der Vereinigung am 8.11.1939, „Vertraulich!“ (ADW, CA 850a I; LKA HANNOVER, E 26/105; ADWW MÜNSTER, 153/1).

196 EBD.

197 Niederschrift vom 27.11.1939 mit der Notiz „Sitzung war am 22.11.“ (ADWW MÜNSTER, 153/3 (1933–1939)); Schreiben Möller an v. Wicht vom 24.11.1939 (EBD.); Nachschrift Möllers vom 23.11. 1939 (ADW, CA/O 183). In Schreiben v. Wicht an Wieneke vom 28.12.1939 (ADW, VKD 7; EZA BERLIN, 1/C3/179) hat v. Wicht das Datum der Abschrift mit dem des Gesprächs verwechselt.

Gesichtspunkt „einheitliche Ausrichtung" vor allem auf zwei Forderungen zielte. Zum einen, daß die NSV mit Weisungsrecht sicherstellt, daß Kinder im nächstgelegenen Kindergarten unabhängig von der Konfessionszugehörigkeit aufgenommen werden, jederzeit gebracht und abgeholt werden können und die Mahlzeiten für die Kinder gesichert sind. Zum zweiten, daß Kinder von in Rüstungsbetrieben arbeitenden Frauen vorrangig vor sonst werktätigen und vor „anderen" Frauen einen Kindergartenplatz erhalten[198]. Das waren zwar Eingriffsmöglichkeiten genug für die NSV, und damit konnten weitere Schwierigkeiten auch nicht ausgeschlossen werden. Aber es war ein Kompromiß, der einerseits den Interessen der Machthaber entsprach, die in Westfalen seit Anfang 1936 unter Berufung auf die Staatsministerialinstruktion von 1839 bei der Wahrnehmung der Aufsicht eine mindestens maßgebliche Beteiligung der NSV legalisiert durchsetzen wollten[199]. Andererseits aber war die grundsätzliche Frage nach dem Fortbestehen evangelischer Trägerschaft von Kindergärten durch dieses Verhandlungsergebnis nicht berührt. War sie aber damit beantwortet?

Das Resultat der Verhandlungen entsprach den Regelungen der Aufsicht über die Kindergärten in Berlin und Baden, die anzustreben als generelle Strategie einer Abwehr der NSV-Attacken zwei Jahre zuvor v. Wicht verworfen hatte[200]. Freilich auch jetzt war nur auf regionaler Ebene verhandelt und nur eine Lösung gefunden worden, die auf Westfalen beschränkt blieb. Aber den Streitern für die evangelischen Kindergärten in Westfalen schien das Ergebnis auch deswegen tragbar, weil es immerhin in Form eines weiteren Erlasses des Oberpräsidenten schon am 23. November 1939 an die Regierungspräsidenten in Münster, Minden und Arnsberg ging, „um unrichtigen Auslegungen meines Erlasses vom 4. Oktober 1939 vorzubeugen."[201]

Als Möller diesen Erlaß, der gleichzeitig einen Entscheidungsvorbehalt des Oberpräsidenten im Falle von „Unstimmigkeiten" enthielt, allen evangelischen Kindergärten Westfalens durch Rundschreiben am 12. Dezember 1939 im Wortlaut mitteilte, fügte er einige erläuternde Sätze an. Darin drückte er einerseits seine Genugtuung über das Erreichte aus, andererseits aber machte er auch seine Skepsis deutlich, da sich „die Arbeit unserer Kindergärten in dem bisherigen Geiste" nur fortführen lasse, wenn von seiten der Kommunen und der NSV „diese Erläuterungen loyal gehandhabt werden."[202] Und Zweifel daran waren durchaus angebracht, hatte Möller doch schon in den ersten Dezembertagen erfahren müssen, daß etwa in Hagen mit solcher Loyalität nicht zu rechnen war.

198 Niederschrift vom 27.11.1939 (ADWW MÜNSTER, 153/3 (1933–1939)).
199 Siehe I Kap. VII.3.2., S. 339 mit Anm. 310.
200 Siehe II Kap. I.2.1. S. 64f.
201 ADW, CA/O 183; EZA BERLIN, 7/4415.
202 ADWW MÜNSTER, 153/3 (1933–1939).

In enger Zusammenarbeit mit der lutherischen Kirchengemeinde und deren Pfarrer Albert Rönick, der zugleich Jugendpfarrer und als Geschäftsführer des Evangelischen Jugend- und Wohlfahrtsamtes für den Stadtkreis Hagen zuständig für die Innere Mission war, unterhielt hier der Evangelische Frauenverein für Kleinkinder- und Nähschulen drei Kindergärten[203]. Ihnen gab der Oberbürgermeister der Stadt durch seinen zuständigen Stadtrat Dr. Wolfgang Kayser Anfang Dezember 1939 Kenntnis von seiner Anordnung an die NSV[204]. Mit Schreiben vom gleichen Tag hatte er die NSV und ihren Kreisamtsleiter Franz Mimberg in das Recht versetzt, die Einrichtungen hinsichtlich ihres baulichen und hygienischen Zustandes zu überprüfen, ebenso ihre finanzielle Lage, speziell hinsichtlich der Bezuschussungen, der Einhaltung der Verpflegungsrichtlinien und auch der Qualifikation der Mitarbeiterinnen[205]. Das mochte alles noch im Rahmen des erläuternden Erlasses des Oberpräsidenten vom 23. November 1939 liegen, auf den allerdings mit keinem Wort Bezug genommen war. Was aber die befürchteten Schwierigkeiten bewirken mußte, war die „Prüfung der inneren Ausrichtung“ und die in Betracht zu ziehende „Umstellung ... im Sinne des nationalsozialistischen Erziehungsauftrages“, die der NSV ausdrücklich zugestanden wurden[206]. Offenbar gelang es „mit Freundlichkeit, Takt und Festigkeit“, das Problem in Hagen ebenso zu beseitigen wie in einer Reihe von Fällen, über die der Evangelische Kinderpflegeverband der Provinz Westfalen, also in erster Linie Möller und Elisabeth Proebsting, unterrichtet wurden, so daß sie im April 1940 eine Empfehlung zum entsprechenden Verhandlungsverhalten an alle evangelischen Kindergärten in der Provinz Westfalen versandten[207].

Erkennbar folgte Möller einem Kurs, der ähnlich dem Ohls von der Absicht bestimmt war, im Konfliktfall zu unmittelbar darauf bezogenen und begrenzten Lösungen zu kommen. Der Erfolg schien ihm Recht zu geben und damit nicht nur zu belegen, daß Zweifel an der Durchführbarkeit der Erlasse ungerechtfertigt seien. Vielmehr konnte Möller sich auch in seiner Überzeugung bestätigt sehen, die ihn schon unmittelbar nach seinen Verhandlungen mit den westfälischen Partei- und Regierungsgrößen eine Beschwerde, was Westfalen betraf, an zentraler Stelle bei dem in Betracht kommenden Reichsministerium des Innern für nicht mehr erforderlich hatte halten lassen[208].

Damit hatte Möller noch einmal Position bezogen in einer Debatte, die auf der Geschäftsführerkonferenz der Vereinigung am 8. November 1939 geführt

---

[203] Vgl. H. NAU, Der evangelische Frauenverein, S. 106 und S. 112.

[204] Schreiben Kayser an Evangelischen Frauenverein für Kleinkinder- und Nähschulen in Hagen vom 4.12.1939 (ADWW MÜNSTER, 153/3 (1933–1939)).

[205] Schreiben Kayser an Mimberg vom 4.12.1939 (EBD.).

[206] EBD.

[207] Rundschreiben des Evangelischen Kinderpflegeverbandes der Provinz Westfalen vom 12.4.1940 (ADWW MÜNSTER, 153/4 (1940–1945)).

[208] Schreiben Möller an v. Wicht vom 24.11.1939 (ADWW MÜNSTER, 153/3 (1933–1939)).

worden war, nachdem v. Wicht die Situation in großen Linien nachgezeichnet hatte. Danach waren es hauptsächlich zwei Sachverhalte, die einen Einspruch, vielleicht gar durch persönlichen Vortrag des GVR, „zum Schutze unserer evangelischen Kindertagesstätten" gerechtfertigt erscheinen ließen[209]. Zum einen war die Eingabe vom 14. Februar 1939 noch nicht beantwortet. Sie lag, inzwischen zwar mit einem Gutachten aus dem Ministerium Kerrls, allerdings einem ganz und gar negativen von Szymanowski, aber immer noch nicht abschließend bearbeitet, im Ministerium Rusts[210]. Die Absicht, hier auf eine Stellungnahme zu drängen, wurde nun – zum anderen – verstärkt durch die Folgen des Erlasses vom 11. September 1939. Sie hatten sich nicht nur in Westfalen gezeigt, sondern gleichzeitig auch in Pommern, wo allerdings der Verlauf der Dinge eine aufs Ganze gesehen nicht so problemlose Entwicklung nahm wie in Westfalen.

In der Vereinigung hielt man, da „keine Entspannung eingetreten" war, Schritte bei den entsprechenden Ministerien für erforderlich. Dazu sollte der zwei Monate zuvor berufene GVR bewegt werden. Die Erwartungen und Hoffnungen der Verantwortlichen der Vereinigung, zumindest aber die v. Wichts, verbanden sich zu diesem Zeitpunkt weniger mit dem CA als vielmehr mit der Kirche, und der unmittelbar bevorstehende Zusammenschluß von Innerer Mission und Kirche, als der erwartete „günstige Abschluß" ihrer Verhandlungen, wurde außerordentlich begrüßt[211]. Zudem schien man auf seiten der am 8. November 1939 im Rahmen einer Geschäftsführerkonferenz der Vereinigung in deren Geschäftsstelle versammelten Verantwortlichen der regionalen evangelischen Kinderpflegeverbände – u. a. waren unter Vorsitz v. Wichts zusammengekommen aus Bayern Weichlein, Bremer und Gertrud Braune aus Brandenburg, Hofstaetter aus Hannover, aus dem Rheinland Anneliese Becker, Nachfolgerin als Referentin für Jugendhilfe der wegen Heirat ausgeschiedenen Elisabeth Ulrich, aus Sachsen Vogel, Hans-Hellmuth Krause aus Schlesien, aus Westfalen Möller und Proebsting und Dölker aus Württemberg – mit den Verhandlungen des CA nicht unbedingt einverstanden zu

---

209 Protokoll (ADW, CA 850a I; LKA HANNOVER, E 26/105; ADWW MÜNSTER, 153/1); und Bericht Dölker über Geschäftsführerkonferenz und Vorstandssitzung [der Vereinigung am 8.11. 1939] an OKR Stuttgart vom 13.11.1939 (LKA STUTTGART, Altreg. 436a IV).

210 Lagebericht von v. Wicht anläßlich der Geschäftsführerkonferenz der Vereinigung am 8.11.1939, „Vertraulich!" (ADW, CA 850a I; LKA HANNOVER, E 26/105; ADWW MÜNSTER, 153/1); Vermerk Wieneke vom 15.12.1939 (EZA BERLIN, 1/C3/179); Bericht Dölker über Geschäftsführerkonferenz und Vorstandssitzung [der Vereinigung am 8.11.1939] an OKR Stuttgart vom 13.11.1939 (LKA STUTTGART, Altreg. 436a IV). Danach äußerte sich Szymanowski „etwa folgendermaßen: Die Inn.[ere] Mission habe auf die Vergangenheit gesehen unstreitig große Verdienste, aber die gesamte Wohlfahrtspflege sei heute Sache der NSV. Die Kirche habe ausschließlich die Aufgabe der Verkündigung. Alles darüber Hinausgehende, z.B. auch die Kindergärten, gehöre unter die Befehlsgewalt der NSV. Darauf habe sich die Kirche einzurichten."(EBD.).

211 Protokoll der Geschäftsführerkonferenz der Vereinigung am 8.11.1939 (ADW, CA 850a I; LKA HANNOVER, E 26/105; ADWW MÜNSTER, 153/1).

sein. Zwar hatte v. Wicht schon am 22. September 1939 darauf verwiesen, daß wohl der CA „mit Nachdruck“ auf die Forderungen der NSV reagiert habe, aber doch gleichzeitig für die Vereinigung „die Pflicht“ betont, „geschlossen und kraftvoller als je bis zum letzten Vorstand und zur letzten Erzieherin zusammenzustehen.“[212] Aber keinem der Anwesenden war wohl die ganz und gar nicht nachdrücklich-entschiedene Haltung verborgen geblieben, mit der der CA, insbesondere sein Präsident Constantin Frick „unterstützt“ von Direktor Schirmacher, der NSV begegnete, die Lage der evangelischen Kinderpflege nicht zur Sprache brachte, sondern sich im großen und ganzen mit Hilgenfeldt darauf verständigte, „daß ein Austausch von Erfahrungen auf beiden Seiten erwünscht sei.“[213] Deshalb konnte es nicht verwundern, daß das vertrauliche Protokoll dieser Geschäftsführerkonferenz der Vereinigung, die fast ausschließlich im Zeichen einer gemeinsamen Lagebeurteilung stand, zur Reaktion des CA auf Hilgenfeldts Ansinnen vom 11. September 1939 lapidar und distanziert vermerkt: „Der CA hat dieses Schreiben beantwortet.“[214]

Bei dieser Lage der Dinge mußte die Entwicklung in Westfalen, entgegen der Einschätzung Möllers, ebenso wie der Verlauf der Verhandlungen in Pommern für v. Wicht und die Vereinigung eine Eingabe an die Reichsministerien tatsächlich immer dringlicher werden lassen. Im Ausgang der Verhandlungen am 22. November 1939 in Münster und in dem tags darauf ergangenen Erlaß wurde nämlich „ein gangbarer Weg“ erblickt, der gerade auch mit der Anerkennung der Reichsministerien die Schwierigkeiten in Pommern lösen helfen sollte. Es war jedenfalls v. Wichts „besonderes Anliegen, daß es in Pommern gelingt, um der Bedeutung der symptomatischen Sachlage willen, zu einer restlosen Klarheit zwischen Partei, Staatsführung und Kirche zu kommen.“[215] Dazu sah er sich nicht allein durch das westfälische Verhandlungsergebnis ermutigt, sondern auch durch ein württembergisches Gerichtsurteil.

Das Landgericht Stuttgart hatte am 15. November 1939 das Urteil des Amtsgerichtes aufgehoben und entschieden, daß der der BK angehörende Gemeindepfarrer Gerhard Berron, wie beantragt, als Vorsitzender des Kleinkinderpflegevereins Strümpfelbach in das Vereinsregister eingetragen werden könne. Als Begründung wurde angeführt, daß der nationalsozialistische Staat

---

[212] Vertrauliches Rundschreiben der Vereinigung „An die uns angeschlossenen Landes- und Provinzialverbände für evangelische Kinderpflege“ vom 22.9.1939 (LKA HANNOVER, E 26/105).

[213] Von Constantin Frick unterzeichneter Vermerk über eine Besprechung im Hauptamt für Volkswohlfahrt am 12.10.1939 (ADW, CA 1195 XVII).

[214] Lagebericht von v. Wicht anläßlich der Geschäftsführerkonferenz der Vereinigung am 8.11.1939, „Vertraulich!“ (ADW, CA 850a I; LKA HANNOVER, E 26/105; ADWW MÜNSTER, 153/1).

[215] Schreiben v. Wicht an Wieneke vom 30.11.1939 und vom 28.12.1939 (EZA BERLIN, 1/C3/179; ADW, VKD 7).

die Erziehung der Jugend außerhalb des Elternhauses vom 10. Lebensjahre an durch das Gesetz über die HJ geregelt habe. Die Erziehung der jüngeren Kinder sei der Schule und dem Elternhaus überlassen. Für die Kinder bis zum siebenten Lebensjahr seien also allein die Eltern und ihre Erziehungsziele maßgebend. Die evangelische Kirche sei durch Gesetzgebung anerkannt und eine Betreuung der Kinder im Rahmen der Wünsche der Eltern durch die Gesetzgebung nicht verwehrt. Da nicht zu sehen sei, daß diese Betreuung durch den Kleinkinderpflegeverein und seinen Vorsitzenden den politischen Zielen des nationalsozialistischen Staates entgegenstehe, die Einrichtung auch kein „Überbleibsel einer vergangenen Zeit" sei – 480 evangelische Kindergärten in Württemberg könnten kein Überbleibsel sein –, müsse gegen den Versuch eines einzelnen Gerichtes entschieden werden, „eine solche rein politische Frage" von sich aus zu lösen. Der nationalsozialistische Staat „ist nicht darauf angewiesen, daß untere Organe gewissermaßen auf eigene Verantwortung auf Umwegen Ziele verfolgen, zu denen er sich selbst noch gar nicht öffentlich bekannt hat." Und Gerichten stehe es ebensowenig an, „politischen Entscheidungen vorzugreifen", wie „über politische Entscheidungen der zuständigen Hoheitsträger zu befinden."[216]

Abgesehen von der Loyalität gegenüber dem nationalsozialistischen Staat, die aus diesem Urteil spricht, abgesehen auch von der Frage, ob das Landgericht etwa die Schreiben aus dem Ministerium Rusts vom 6. Januar 1937 und vom 4. August 1938 – vorausgesetzt sie waren dem Gericht bekannt – nicht als eine öffentliche politische Entscheidung eines Hoheitsträgers wertete, abgesehen ebenfalls von der Fehleinschätzung der Entwicklung politischer Entscheidungen im NS-Staat und dem sich darin offenbarenden Staatsverständnis und abgesehen schließlich davon, daß dies Urteil den Staat und seine Machthaber herausfordern mußte, „die von ihm gewünschte Lösung einer politischen Frage unmittelbar zu treffen und durchzusetzen"[217] – für die Vereinigung und v. Wicht bot das Urteil neue Hoffnung und war „richtungweisend für das Nebeneinanderbestehen evangelisch-kirchlicher und NSV-Kindergärten"[218] und für „die Begründung unserer Rechtslage in der Gegenwart"[219].

Ganz auf der Linie verstärkter Zusammenarbeit mit der verfaßten Kirche und einer gewissen kritischen Distanz zum CA tat nun v. Wicht alles, um ne-

---

216 Beschluß des Landgerichts Stuttgart vom 15.11.1939 in der Vereinsregistersache des Kleinkinderpflegevereins Strümpfelbach (EZA BERLIN, 1/C3/179), mit der deutlichen Markierung des längeren Zitats sowie den Unterstreichungen v. Wichts, auf die er in Schreiben v. Wicht an Wieneke vom 28.12.1939 (EBD.; ADW, VKD 7) Bezug nimmt. Der Beschluß des Landgerichts Stuttgart vom 15.11.1939 ist auch abgedruckt im Beiblatt zum ABl Württ. Bd. 29, Nr. 16, S. 23–25.

217 EBD. Vgl. zu diesem Urteil das gänzlich gegensätzliche des Württembergischen Verwaltungsgerichtshofes vom 9.9.1936; siehe II Kap. I.3.1., S. 138 mit Anm. 14.

218 Schreiben v. Wicht an Wieneke vom 28.12.1939 (EZA BERLIN, 1/C3/179; und ADW, VKD 7).

219 Schreiben v. Wicht an Wieneke vom 22.1.1940 (EBD.).

ben den Verhandlungen, an denen er zu diesem Zeitpunkt wegen der Ereignisse in Westfalen und Pommern beteiligt war und die mit den zuständigen Stellen geführt wurden, den Kräften entgegenzuwirken, die versuchten, „der Kirche auch noch ihren bisherigen gesetzlich gesicherten Bestand an Kindertagesstätten zu nehmen.“[220] Nicht nur, daß er sich wie vor fast genau drei Jahren an Zoellner so jetzt an Marahrens wandte, um ihn mit einer „Denkschrift“zu einer persönlichen Vorsprache bei Kerrl zu bewegen[221], er arbeitete auch besonders eng mit Wieneke zusammen, der beim EOK Berlin zuständigkeitshalber unmittelbar mit den Vorgängen in Pommern befaßt war.

Hier hatten bald nach Bekanntgabe des Erlasses aus dem Reichsministerium des Innern vom 11. September 1939 zwischen der NSV-Gauamtsleitung unter Ventzki und Vertretern des Evangelischen Konsistoriums der Provinz Pommern Gespräche stattgefunden, in denen die in Folge dieses Erlasses erforderlichen Maßnahmen erörtert wurden. Propst Lic. D. Heinrich Laag, Oberkonsistorialrat und geistlicher Leiter der Provinzialkirchenbehörde in Stettin, und Konsistorialassessor Willy Woelke, beide auf „nationalsozialistischer Linie“[222], anerkannten die Notwendigkeit des Erlasses, bekundeten auch ihre Bereitschaft zur Zusammenarbeit „wie in der Vergangenheit“, um zuletzt nur noch darum zu bitten, daß der „kirchliche Charakter dieser von den Kirchengemeinden geschaffenen Einrichtung gewahrt bleibt.“[223] Das Ergebnis war, daß der Oberpräsident und NSDAP-Gauleiter Franz Schwede am 8. Oktober 1939 ohne weitere Bezugnahme auf den Erlaß aus Berlin verfügte, „alle Einrichtungen auf diesem Gebiet [scil. der Kindergärten] organisatorisch zusammenzufassen.“ „Die einheitliche Anleitung und Betreuung aller Einrichtungen durch eine Stelle, und zwar die NSV“ sollte einen „generellen Einsatz“ und eine „allgemeine Steuerung“ gewährleisten, und es war „ganz gleichgültig, ob es sich um Einrichtungen der NSV, der NS-Frauenschaft, der Gemeinde oder der Kirche handelt.“[224]

An sich lagen die Dinge damit nicht anders als in Westfalen, obwohl eine größere Rigorosität im Ton nicht zu überhören ist. Er erklärt sich aber aus den zuvor stattgehabten Besprechungen, die, von eher nationalsozialistisch und DC-orientierten, mithin sehr anpassungsbereiten Männern der Provinzialkirchenbehörde geführt, für Oberpräsidium und Gauleitung in Stettin zumindest problemlos, wenn nicht gar erfolgreich in ihrem Sinne waren, nun eine etwa auch sprachliche Zurückhaltung nicht mehr erforderlich machten. Diese Besprechungen und ihr Ergebnis waren es offenbar auch, die nach Be-

[220] „Denkschrift“ v. Wicht an GVR vom 11.11.1939 – mit Anschreiben vom 13.11.1939 an CA (ADW, CA 850a I; EZA BERLIN, 1/C3/179).

[221] Schreiben v. Wicht an Marahrens vom 25.10.1939 (ADW, VKD 8).

[222] W. KLÄN, Die evangelische Kirche Pommerns, S. 490.

[223] Bericht Evangelisches Konsistorium der Provinz Pommern vom 7.12.1939 ((EZA BERLIN, 7/4415).

[224] Erlaß Oberpräsident der Provinz Pommern – O.P.I 10 Nr. 306 – vom 8.10.1939 (EBD.).

kanntgabe des Erlasses daran hinderten, daß in Pommern jemand, wie Möller in Westfalen, die Initiative ergriff und darauf hinwies, daß der Erlaß „in seinen rechtlichen Auswirkungen den bisherigen Rechtszustand ... hinsichtlich der Tagesstätten kirchlicher Rechtsträger grundsätzlich ändert."[225] Damit mochte sich dieses Verhandlungsergebnis auch einreihen in die Zahl jener Absprachen, die in zurückliegenden Konflikten zwischen Einrichtungen der Inneren Mission und der NSV in Pommern nachhaltig die Durchsetzung von deren Interessen befördert[226] und die schon Anfang 1938 zum Urteil des Geschäftsführers des Provinzial-Vereins für Innere Mission in Pommern, Dr. Emil Brücher, geführt hatten, „daß doch Pommern die am meisten umstrittene Provinz der IM sei"[227].

Als er am 24. Oktober 1939 erfuhr, was in Pommern im Blick auf die evangelischen Kindergärten geschah, wandte v. Wicht sich, nach kurzer telefonischer Absprache mit Schirmacher[228], unmittelbar an den im Reichsministerium des Innern zuständigen Leiter der Abteilung Wohlfahrtspflege, Ministerialrat Fritz Ruppert[229]. Außerdem setzte er sich mit Dr. Gustav Klausmann, den im Reichsministerium für Wissenschaft, Erziehung und Volksbildung zuständigen Leiter der Abteilung Soziales Bildungswesen, in Verbindung. Beide Ministerialbeamtenen bat er sehr eindringlich, „die Gefahren, die der kirchlichen Arbeit drohen, abzuwenden."[230] Offenbar mit Blick auf die bei Klausmann liegende und längst noch nicht abschließend bearbeitete Eingabe der Vereinigung vom 14. Februar 1939[231] legte v. Wicht nochmals seine Auffassung von der Rechtslage dar, nach der evangelische Kindergärten nach wie vor allein der kirchlichen Aufsicht unterständen. Indem v. Wicht besonders auf die Schreiben Hilgenfeldts vom 27. Oktober 1933 und vom 8. Oktober 1936[232] hinwies, machte er außerdem Ruppert wie Klausmann darauf aufmerksam, daß, so wie er, v. Wicht, es danach sehen müsse, „immer anerkannt worden [sei], auch vom Hauptamt für Volkswohlfahrt, Herrn Hauptamtsleiter Hilgenfeldt, daß nicht die Absicht bestehe, die Kindergartenarbeit vollkommen durch die NSV durchzuführen." Und was schließlich den jüngsten „Wunsch" Hilgenfeldts beträfe, „alle evangelischen Kindergärten und Horte der Verfügungsgewalt der jeweiligen Gauamtsleiter der NSV zu unterstellen", so sei das ja mit dem Hinweis des CA auf „ihren Dienst im Rahmen der

---

225 Schreiben v. Wicht an Ruppert vom 24.10.1939 (ADW, CA 850a I).

226 W. KLÄN, Die evangelische Kirche Pommerns, S. 492ff. und S. 527ff.

227 Schreiben Brücher an Schirmacher vom 16.2.1938 (ADW, CA/O 158).

228 Schreiben v. Wicht an Schirmacher vom 25.10.1939 (ADW, CA 850a I).

229 Schreiben v. Wicht an Ruppert vom 24.10.1939 (EBD.).

230 Schreiben v. Wicht an Klausmann vom 24.10.1939 (EBD.).

231 Siehe Vermerk Wieneke vom 15.12.1939 (EZA BERLIN, 1/C3/179); und Bericht Dölker über Geschäftsführerkonferenz und Vorstandssitzung [der Vereinigung am 8.11.1939] an OKR Stuttgart vom 13.11.1939 (LKA STUTTGART, Altreg. 436a IV).

232 Siehe I Kap. IV.3.2., S. 171f. mit Anm. 296; und I Kap. VII.4.3., S. 438 mit Anm. 763.

kirchlichen Arbeit und der Evangeliumsverkündigung" eindeutig beantwortet worden[233].

Mochte es auch notwendig sein, auf die Rechtslage hinzuweisen und, taktisch geschickt, die NSV beim Worte zu nehmen – natürlich wußte v. Wicht nach allen Erfahrungen, daß die von ihm verantwortete Arbeit nicht selbstverständlich das Recht bekäme, das Recht und Gesetz vorsahen. Und er wußte auch, daß die Worte der NSV und ihres Hauptamtsleiters gleichzeitig die Kräfte und Entwicklungen deckten, die auf das Ende evangelischer Kinderpflegearbeit zielten. Was aber blieb ihm anderes als unter taktischem Gesichtspunkt das einzig Mögliche, das Notwendige zu tun? Vielleicht, daß er auch noch auf die „Beunruhigung und Verwirrung" hinweisen konnte, die als Auswirkungen des Erlasses unter den Menschen in den Gemeinden, mithin in der Bevölkerung, entstehen mußten „in einer Zeit, wo während des Krieges der Zusammenhalt der inneren Front mehr als je gestärkt werden muß."[234] Konnte das aber die Gefahren abwenden, die der Arbeit in Pommern und damit der ganzen evangelischen Kinderpflege drohten?

Was die nachfolgenden Verhandlungen, an denen bald auch das Evangelische Konsistorium der Provinz Pommern in Stettin und der dem CA recht kritisch gegenüberstehende Brücher, beteiligt waren, so schwierig machte, war eine Entscheidung des Gemeindekirchenrates der Schloß- und Mariengemeinde in Stettin. Er hatte unter Vorsitz seines die Geschäfte der Gemeinde und des Kindergartens führenden Pfarrers Willi Büsching-Krüger schon am 3. Oktober 1939 beschlossen, der Kindergarten werde „für die Dauer des Krieges, mindestens jedoch für den Zeitraum von fünf Jahren ... der NSV abgegeben." Der Mangel an Mitteln böte der Gemeinde nicht die Möglichkeit, den Eltern, die in der Arbeit stünden, die Sorge um ihre Kinder in der Weise abzunehmen, wie es ihnen der NSV-Kindergarten anbiete[235]. Der erfahrene, in dieser Sache aber wohl doch besorgte Konsistorialpräsident Dr. Paul-Gerhard Wahn und der ebenfalls, allerdings weil er wohl jeden Konflikt mit Schwede vermeiden wollte, beunruhigte Laag, baten, nachdem eine Bereitschaft Büsching-Krügers einzulenken und den Beschluß rückgängig zu machen, nicht zu erkennen war, den in der Sache zuständigen Wieneke nach Stettin. Dieser hatte nun selbst mit Büsching-Krüger und dem zuständigen Stettiner Stadtsuperintendenten Lic. Alfred Semrau, wie Laag auf klarer nationalsozialistischer Linie[236], sowie mit dem maßgeblichen Sachbearbeiter im Evangelischen Konsistorium der Provinz Pommern, dem reaktivierten, wie

---

[233] Schreiben v. Wicht an Klausmann vom 24.10.1939 (ADW, CA 850a I).

[234] EBD.

[235] Rundschreiben Büsching-Krüger „an die Eltern der Kinder, die den Kindergarten der Schloß- und Mariengemeinde regelmäßig besuchen" vom 30.10.1939 (EZA BERLIN, 7/4415). Darin der Beschluß des Gemeindkirchenrates vom 3.10.1939.

[236] W. KLÄN, Die evangelische Kirche Pommerns, S. 489.

Laag und Semrau – und wie in seiner Weise Wieneke – den DC angehörenden Konsistorialrat und Pfarrer der Bugenhagengemeinde in Stettin, Kurt Nicklas, zu verhandeln. Ihnen versuchte Wieneke zu erläutern, daß jede Einrichtung evangelischer Kinderpflege „solange zu erhalten sei, als keine gesetzliche Enteignung erfolgte." Demgegenüber könne aber die NSV in „weltanschaulicher und hygienischer Hinsicht jedes Entgegenkommen in der Kriegszeit erwarten." Indessen sei nun wegen des übereilten, ungünstigen Vorgehens der Schloß- und Mariengemeinde eine „Annäherung" an den Oberpräsidenten unvermeidlich[237].

Obwohl damit auf Verhandlungen mit dem Oberpräsidenten abgezielt und obwohl EOK Berlin und seine Stettiner Provinzialkirchenbehörde dazu bereit waren – eines mußten sie tun, wollten sie sich nicht sämtlicher kirchlicher Rechte begeben. Am 28. Oktober 1939 wurde Büsching-Krüger mitgeteilt, „daß der von ihm mit der NSV abgeschlossene ‚Vertrag' weder die Genehmigung des Konsistoriums in Stettin noch des EOK Berlin bekäme und daß der alte Zustand wieder herzustellen sei."[238] Ihm wurde ausdrücklich die Möglichkeit eingeräumt, binnen einer Frist von zwei Wochen Beschwerde dagegen einzulegen. Büsching-Krüger verzichtete darauf. Stattdessen suchte er, seinerzeit wohl von Ventzki zur Abgabe des Kindergartens der Gemeinde an die NSV gedrängt, auf eigene Weise zu einer Lösung des sich anbahnenden Konfliktes zu gelangen.

Am 30. Oktober 1939 ließ Büsching-Krüger eine hektographierte Mitteilung „an die Eltern der Kinder, die den Kindergarten der Schloß- und Mariengemeinde regelmäßig besuchen" gehen. Darin teilte er den Eltern den Beschluß des Gemeindekirchenrates mit, führte die Gründe an und gab vor, daß er absichtlich einen Monat habe verstreichen lassen, damit die Eltern sich ein Urteil über die Absicht des Gemeindekirchenrates, den Kindergarten in die Trägerschaft der NSV zu geben, bilden könnten. Nun bat er sie um ihre Unterschrift, „falls Sie dem Beschluß mit ehrlichem Gewissen ihre Zustimmung geben können."[239] Wieneke, durch v. Wicht informiert, der wohl zuerst davon in Berlin erfahren hatte, empfahl sogleich dem Evangelischen Konsistorium der Provinz Pommern, Büsching-Krüger anzuweisen, die Ergebnisse seiner Aktion nicht zu verwenden, und zwar aus gesamtkirchlichen Gründen, aus Gründen der Rücksichtnahme auf die Eltern, die in einen Gewissenskonflikt gebracht würden, vor allem aber um die Verhandlungsposition gegenüber den Reichsministerien in Berlin nicht zu schwächen[240]. Tatsächlich soll-

[237] Handschriftlicher Vermerk Wieneke vom 1.11.1939 (EZA BERLIN, 7/4415).

[238] Schreiben v. Wicht an Wieneke vom 9.12.1939 (EBD.). v. Wicht verweist auf ein Schreiben Brücher an v. Wicht vom 7.12.1939 und zitiert daraus. Dies Schreiben ist nicht nachweisbar. Auch nicht Schreiben Evangelisches Konsistorium der Provinz Pommern an Büsching-Krüger vom 28.10.1939.

[239] EZA BERLIN, 7/4415.

[240] Schreiben Wieneke anWahn vom 13.11.1939 (EBD.). Wieneke konzipierte das Schreiben

te das Ergebnis der Unterschriftenaktion in den nun folgenden Gesprächen keine Rolle spielen[241]. Es mochte wohl so sein, daß es weder das Evangelische Konsistorium der Provinz Pommern, die Vereinigung, den EOK Berlin und deren Argumentation stärkte noch entscheidend die Position des Gauleiters und Oberpräsidenten schwächte, der inzwischen vielmehr versuchte, mit Hilfe Ventzkis Druck auf die übrigen Pfarrer in Stettin auszuüben. Sie wurden zu einer Aussprache, die am 14. November 1939 stattfinden sollte, geladen, um über die „gewünschte Überleitung" informiert zu werden. Gegen dies Vorgehen der Gauleitung und der NSV wandte sich in aller Deutlichkeit die Stettiner Provinzialkirchenbehörde durch ihren Präsidenten. Wahn wies die Pfarrerschaft auch darauf hin, daß der EOK Berlin eine Zentralregelung bei den Reichsministerien betriebe und daß örtliche Übereignungen unzulässig wären. Dabei konnte er sich sogar auf das Reichsministerium für die kirchlichen Angelegenheiten berufen. Nachdem v. Wicht am 10. November 1939 von der beabsichtigten Aussprache erfahren hatte, war Wieneke sofort von ihm unterrichtet worden und hatte sich seinerseits mit Julius Stahn im Ministerium Kerrls telefonisch in Verbindung gesetzt. Und Julius Stahn hatte empfohlen, so zu verfahren[242].

Für v. Wicht und Wieneke mußte das natürlich gleichzeitig ein Signal sein, die Verhandlungen in dieser Sache mit dem Ministerium Kerrls zu intensivieren, konnten sie doch hoffen, nachdem wenige Tage vorher auf der Geschäftsführerkonferenz der Vereinigung die Überlegungen in diese Richtung gegangen waren, tatsächlich etwas „hinsichtlich des Schutzes unserer kirchlichen Kindertagesstätten" zu erreichen. Bereits am 11. November 1939 fertigte v. Wicht eine „Denkschrift" für den GVR. Darin stellte er insbesondere die Rechtsposition dar und wies auf drei Punkte hin, die im wesentlichen Zweck eines Gesprächs, wie es der GVR mit dem Minister selbst führen wollte, sein müßten. Zum einen sei darauf hinzuweisen, daß „unser kirchlicher Auftrag und unser die christliche Familie ergänzender Erziehungs- und Liebesdienst ... für den nationalpolitischen und kulturellen totalitären Erziehungsanspruch der NSV erst die tiefsten glaubensmäßigen Voraussetzungen und Bindungen schaffe, ohne die eine Volksgemeinschaft ... nicht bestehen könne." Zum anderen sollte versucht werden, eine nochmalige Überprüfung der Stellungnahme des Ministeriums zur Eingabe der Vereinigung vom 14. Februar 1939 zu erreichen, und zwar bevor sich das Rustsche Ministerium dazu abschließend äußerte. Und schließlich sei anzustreben, besonders im Blick auf

---

am 7.11.1939 handschriftlich und leitet es ein mit der Bemerkung, daß er „heute" durch v. Wicht das Schreiben Büsching-Krügers an die Eltern vom 30.10.1939 erhalten habe.

241 Wieneke hält im Vermerk vom 11.11.1939 nur fest: „Ich erfuhr gestern noch von Pfarrer v. Wicht, Pastor Krüger-Büsching habe bei seiner von hier beanstandeten Unterschriftensammlung nur 9 Antworten (anscheinend Zustimmungen) erhalten." (EZA BERLIN, 1/C3/179). Die Platzzahl des Kindergartens bleibt unbekannt, somit eine Relation unklar.

242 Vermerk Wieneke betr. evangelische Kinderpflege vom 11.11.1939 (EBD.).

die Kriegslage und die Notwendigkeit, „die innere Front nationalpolitisch und glaubensmäßig-christlich zu stärken", daß die Forderungen, die „in letzter Zeit" an die Kirche und die Innere Mission gestellt worden seien, zurückgewiesen und nicht wieder erhoben würden[243].

Nachdem diese dringende „Denkschrift" am 16. November 1939 in der Sitzung des GVR in Zusammenhang mit den scheinbar schon vor dem Abschluß stehenden Verhandlungen über eine Vereinbarung zwischen Innerer Mission und Kirche zur Sprache gekommen war, hatten sich Wieneke und der wegen dieser Verhandlungen anwesende Schirmacher darauf verständigt, die Durchsetzung der Anliegen v. Wichts, die er damit formuliert hatte, noch besser vorzubereiten[244]. Ob sie, wie v. Wicht, davon überzeugt waren, „daß das Gebiet unserer kirchlichen Kindertagesstätten der vorgeschobene Posten ist, von dem z. Zt. Bestand oder Verlust weiterer bzw. unserer gesamten Inneren Missionsarbeit in Deutschland abhängt"[245], sei dahingestellt. Was Schirmacher betraf, sollte er jedenfalls versuchen, die Entwicklung, soweit sie das Verhältnis von Innerer Mission und ihres CA zur NSV und deren Hauptamt für Volkswohlfahrt betraf, auf eine Preisgabe dieses „vorgeschobenen Postens" hin zu steuern. Jetzt indessen bat auch er v. Wicht um den Entwurf für eine von Kerrl zu unterzeichnende Stellungnahme, die diesem der GVR bei dem beabsichtigten Gespräch unterbreiten wollte. Sie sollte dem Ziel dienen, das ablehnende Votum Szymanowskis zur Eingabe vom 14. Februar 1939, das man erst seit dem Gespräch v. Wichts mit Klausmann am 24. Oktober kannte[246], zu revidieren, um damit auch eine entsprechende Stellungnahme aus dem Hause Rusts zu erreichen[247]. Und zum anderen ersuchten Wieneke und Schirmacher den Vorsitzenden der Vereinigung um den Entwurf einer Eingabe an das Reichsministerium für Wissenschaft, Erziehung und Volksbildung und das Reichsministerium für die kirchlichen Angelegenheiten. Dies mußte natürlich ganz im Sinne v. Wichts sein, ging es doch darum, die Rechte evangelischer Kinderpflege zu behaupten. Verhandlungstaktisch aber war es auch wichtig die „wesentliche Unruhe unter der Bevölkerung" herauszustellen, die von den Verfügungen der beiden Oberpräsidenten in einer Situation ausgelöst würde, in der doch der „gemeinsam befohlene Dienst

---

243 „Denkschrift" v. Wicht an GVR vom 11.11.1939 (ADW, CA 850a I; EZA BERLIN, 1/C3/179). Das Schreiben ist hektographiert an die Landes- und Provinzialverbände der evangelischen Kinderpflege versandt worden und trägt das Datum vom 13.11.1939 (ADWW MÜNSTER, 153/3 (1933–1939)).

244 Schreiben v. Wicht an Wieneke vom 17.11.1939 (EZA BERLIN, 1/C3/179).

245 „Denkschrift" v. Wicht an GVR vom 11.11.1939 (EBD.; ADW, CA 850a I).

246 Bericht über Geschäftsführerkonferenz und Vorstandssitzung [der Vereinigung am 8.11. 1939] von Dölker an OKR Stuttgart vom 13.11.1939 (LKA STUTTGART, Altreg. 436a IV). Danach schloß die Stellungnahme Szymanowskis mit der Empfehlung: „Wir bitten, die Eingabe der Kirchen abzulehnen."

247 Schreiben v. Wicht an Wieneke vom 17.11.1939 (EZA BERLIN, 1/C3/179).

am Volk" entscheidend sei[248]. Obwohl v. Wicht wenig mehr als eine Woche zuvor, am 8. November 1939, sich bereits zuversichtlich vor den Geschäftsführern der Vereinigung im Blick auf ein Verhandlungsergebnis geäußert hatte[249], fertigte er sofort die gewünschten Entwürfe und stellte sie noch am selben Tag, am 17. November, Wieneke zu.

Ob das den Vorstellungen Klausmanns entsprach, für den es überhaupt nur noch darum ging, „die Frage des Alt-Besitzes in loyaler Weise zu regeln" [250], muß unerörtert bleiben, zumal gänzlich unklar blieb, was unter einer loyalen Regelung zu verstehen war. Jedenfalls während klar war, daß die Eingabe vom 14. Februar 1939 jetzt bei Hilgenfeldt zur Stellungnahme lag und in der Vereinigung die ersten Befürchtungen geäußert wurden, daß diese Eingabe „das Gegenteil von dem erzielen [könnte], was sie beabsichtigt hatte"[251], setzten v. Wicht und Wieneke alles in Bewegung, um in Berlin, an zentraler Stelle, dennoch eine Entscheidung „zum Schutz evangelischer Kindertagesstätten"[252] herbeizuführen. Gleichzeitig formierte sich in Stettin, im Oberpräsidium und der NSDAP-Gauleitung, der Widerstand dagegen. Am 22. November 1939 wandte sich Schwede an das Evangelische Konsistorium der Provinz Pommern und ließ wissen, daß er nicht sehe, weshalb es erforderlich sei, die Entscheidungen der Reichsministerien abzuwarten. Der Schritt Büsching-Krügers zeige doch, wie „leicht erfüllbar" die Forderungen seines Erlasses vom 8. Oktober 1939 seien und über den zu verhandeln es deshalb gar keinen Grund gäbe. Angesichts dieser Haltung des Gauleiters wußte sich Wahn keinen anderen Rat, als bei Wieneke auf die Vermittlung eines Gesprächs im Reichsministerium für die kirchlichen Angelegenheiten zu drängen, das er, Wahn, gemeinsam mit Laag und Dr. Gerhard Jahnz, Oberkonsistorialrat im Evangelischen Konsistorium der Provinz Pommern und ebenfalls „durchgängiger Vertreter der nationalsozialistischen Politik"[253], und gemeinsam mit dem GVR sowie Friedrich Werner am 27. November 1939 bei Kerrl persönlich führen wollte[254].

Als Wieneke im Reichsministerium für die kirchlichen Angelegenheiten vorstellig wurde, erfuhr er, daß die Sache zwar auch für Kerrls Haus dringlich war und vorrangig behandelt wurde, daß aber, wegen der „Grundsätzlichkeit", Gespräche mit regionalen Vertretern von an dem Erhalt der evan-

---

248 Entwurf, Betrifft: Schutz evangelischer Kindertagesstätten, Anlage zum Schreiben v. Wicht an Wieneke vom 17.11.1939 (EBD.).

249 Protokoll (ADW, CA 850a I; LKA HANNOVER, E 26/105; ADWW MÜNSTER, 153/1).

250 Bericht über Geschäftsführerkonferenz und Vorstandssitzung [der Vereinigung am 8.11. 1939] von Dölker an OKR Stuttgart vom 13.11.1939 (LKA STUTTGART, Altreg. 436a IV).

251 EBD.

252 EBD.; Schreiben v. Wicht an Wieneke vom 17.11.1939 (EZA BERLIN, 1/C3/179) mit Anlage Entwurf, Betrifft: Schutz evangelischer Kindertagesstätten (EBD.).

253 W. KLÄN, Die evangelische Kirche Pommerns, S. 490.

254 Schreiben Wahn an Wieneke vom 24.11.1939 (EZA BERLIN, 7/4415).

gelischen Kinderpflege Interessierten zu führen nicht möglich wäre. Allerdings zu einer Aussprache mit einem Vertreter des EOK Berlin sei man bereit[255]. Es bleibt dahingestellt, inwieweit dieser Bescheid im Interesse einer starken eigenen Position, um nicht zuletzt dadurch dem „Partikularismus kirchlicher Gremien und Gruppen"[256] entgegenzuwirken, den Wünschen des EOK Berlin und auch Wienekes selbst entsprach. Jedenfalls wurden nur drei Tage später, am 27. November 1939, dem Tag, an dem das von Wahn so dringend geforderte Gespräch stattfinden sollte, alle Hoffnungen auf eine persönliche Vorstellung im Ministerium Kerrls zunichte gemacht. Friedrich Werner wurde unterrichtet, daß keine Besprechung stattfinden werde, Kerrl vielmehr um eine schriftliche Eingabe und Sachdarstellung bitte. Der Minister werde, so erfuhren der EOK Berlin und sein Präsident weiter, sich dann mit Rust verständigen und auch Schwede um Äußerung bitten[257]. Das hätte, auf den ersten Blick, Enttäuschung auslösen können, schienen doch damit alle Bemühungen um den Entwurf der Eingabe gänzlich vergeblich gewesen zu sein. Die Enttäuschung aber blieb aus.

Inzwischen war das westfälische Verhandlungsergebnis vom 22. November 1939 bekannt geworden, und so entfiel für v. Wicht selbst der Anlaß für eine Eingabe, zumal er, was die Dinge in Pommern betraf, weiterhin zuversichtlich war. Er setzte auf die Absicht Wienekes, mit Schwede direkt in Verbindung zu treten und die Dinge im persönlichen Gespräch zu klären[258]. Tatsächlich teilte Wieneke schon am 27. November 1939 in einem Schreiben an den Gauleiter die Bereitschaft des EOK Berlin zu einer Aussprache mit[259]. Schwede allerdings reagierte darauf nicht, sondern drängte, wie schon in seinem Schreiben vom 22. November 1939 an das Stettiner Konsistorium, jetzt, Anfang Dezember 1939, darauf, nun in kürzester Zeit die Angelegenheit in seinem Sinne zum Abschluß zu bringen. Er führte wiederum als einen entscheidenden Grund für seine Haltung an, daß Büsching-Krüger „ohne jede Widerrede seinen Kindergarten an die NSV überwiesen hat."[260] Erst jetzt, um die Schwierigkeiten „aus der Welt zu schaffen", bat Wieneke um die Möglichkeit zu persönlicher Rücksprache. Mit dem Hinweis auf seine zehnjährige Parteimitgliedschaft und seine Verdienste im kirchlichen wie im staatlichen

---

255 Vermerk Wieneke vom 27.11.1939 (EBD.).

256 K. MEIER, Kirchenkampf III, S. 146ff.

257 Vermerk Wieneke über einen Telefonanruf aus dem Reichsministerium für die kirchlichen Angelegenheiten an Friedrich Werner vom 27.11.1939 (EBD.).

258 Schreiben v. Wicht an Wieneke vom 30.11.1939 (EZA BERLIN, 7/4415). Darin nimmt v. Wicht beim Hinweis auf die „gesuchte persönliche Verbindung" Wienekes zu Schwede Bezug auf ein Schreiben Wieneke an CA vom 24.11.1939, das nicht nachzuweisen ist. v. Wicht meint, wenn das Vorgehen Wienekes zu einer ähnlichen Regelung wie in Westfalen führe, „so dürften die Gefahren ... im wesentlichen abgebogen sein." (EBD.).

259 Schreiben Wieneke an Schwede vom 27.11.1939 (EBD.).

260 Schreiben Schwede an EOK Berlin vom 6.12.1939 (EBD.).

Bereich stellte er sich dem Gauleiter am 13. Dezember 1939 als jemand vor, „der das Anliegen der NSDAP vollauf zu berücksichtigen weiß.“[261]

Das war ein recht deutliches Zeichen für die politische Anpassungsbereitschaft Wienekes, aber es war in dieser Situation auch durchaus diplomatisch geschickt, denn was das Anliegen der NSDAP betraf, so war es eben auch zu diesem Zeitpunkt in keiner Weise klar und eindeutig festgelegt. Die Gespräche v. Wichts und Wienekes mit den zuständigen leitenden Beamten in den Reichsministerien, besonders dem für die kirchlichen Angelegenheiten, hatten offenbar Wirkung gezeigt. Man fürchtete tatsächlich, wie es v. Wicht immer wieder hervorgehoben hatte, „eine starke Beunruhigung unter den kirchlichen Volksgenossen.“ Und deshalb hatte sich Kerrl am 6. Dezember 1939 an Schwede mit der Bitte gewandt, von der „Wegnahme“ der kirchlichen Kindergärten abzusehen[262]. Der Oberpräsident und Gauleiter behauptete freilich, dies nie beabsichtigt zu haben. Vielmehr wäre es allein sein Wunsch gewesen, „einen organisatorischen Zusammenschluß zu bewerkstelligen.“ Indessen, die geeignete Stelle dafür sei „einzig und allein die NSV“, da sie die Gewähr biete, daß „die Arbeit sämtlicher Kindergärten nach einheitlichen Gesichtspunkten ausgerichtet wird.“[263]

Angesichts dieser mit dem erkennbaren Willen zu ihrer Durchsetzung vorgetragenen Absicht mußte es für Wieneke und die übrigen an der Auseinandersetzung Beteiligten die Frage sein, ob es auch in Pommern, wie in Westfalen, zu einem Kompromiß kommen könne. Nicht nur, daß sich Schwede bislang in keiner Weise verhandlungsbereit gezeigt hatte. Es war außerdem inzwischen bekannt geworden, und Brücher hatte es auch v. Wicht wissen lassen, der es wiederum Wieneke mitgeteilt hatte, daß die NSV nicht nur die Kindergärtnerinnen gekündigt hatte, sondern auch beabsichtigte, den von der Schloß- und Mariengemeinde übernommenen Kindergarten zu einem Seminarkindergarten auszubauen[264]. Das bedeutete, er sollte „im Rahmen staatlicher Aufgaben“ Praktikumstätte für eine der nationalsozialistischen Weltanschauung entsprechende – in der Sprache der Zeit zu reden – Ausbildung von Kindergärtnerinnen werden und damit ganz eindeutig seinen Charakter als evangelischer Kindergarten verlieren. Es bestand aus Sicht der evangelischen Kinderpflege die Gefahr, daß vollendete Tatsachen nicht nur Verhandlungen erschwerten, sondern sinnlos machten.

Um so überraschender war es, daß Wieneke durch das Oberpräsidium kurz vor Weihnachten zu einem Gespräch mit Schwede gebeten wurde. Der Ter-

---

261 Schreiben Wieneke an Schwede vom 13.12.1939 (EBD.).

262 Zu erschließen aus Schreiben Schwede an Kerrl vom 14.12.1939, durch das Reichsministerium für die kirchlichen Angelegenheiten am 8.1.1940 der Kirchenkanzlei der DEK zugestellt. (EZA BERLIN, 1/C3/179).

263 EBD.

264 Schreiben v. Wicht an Wieneke vom 9.12.1939 (EZA BERLIN, 7/4415).

min war auf den 2. Januar 1940 festgesetzt. Was an diesem Tag in Stettin stattfand, entsprach indessen kaum den Erwartungen Wienekes. Schwede hatte „aus praktischen Gründen" seinen Adjutanten ebenso wie einen leitenden Beamten aus dem Oberpräsidium dazugebeten. Außerdem war auch Schwedes Stellvertreter in der Gauleitung, Paul Simon, wie Wieneke im Rückblick urteilte, „schärfer" als der Gauleiter selbst, und schließlich auch der Leiter der Gestapo in Pommern, der SS-Obergruppenführer und Leiter des SS-Oberabschnittes Ostsee, Emil Mazuw, anwesend. Wieneke befand sich allein in Begleitung von Nicklas. Das versprach nicht unbedingt einen im Sinne Wienekes erfolgreichen Ausgang des Gesprächs. Nicklas, als „Vertrauensmann" Schwedes, sollte die Verhandlung außerdem noch dadurch erschweren, daß er wiederholt Konfliktpunkte und „Verbitterungen" ansprach, die seiner Meinung nach „im Laufe der Jahre" das Verhältnis zwischen staatlicher und kirchlicher Behörde belasteten. Aber weder konnten „entscheidende Punkte" herausgestellt und geklärt werden noch hatten Nicklas' „Erfahrungen" mit der Kindergartenfrage zu tun. Dennoch, trotz aller Gegensätze und der anfänglichen Enttäuschung über den entgegen den Erwartungen Wienekes ganz und gar nicht privaten Charakter des Gesprächs, nahm es einen „kameradschaftlichen Verlauf". Wieneke schlug Schwede, bei dem er ein „starkes persönliches Interesse" vorfand, die westfälische Lösung vor, denn damit seien, worauf man kirchlicherseits Wert legen müsse, „Eigentum und konfessioneller Charakter" sichergestellt. Gerade diesen Anspruch aber leugnete Schwede, betrachtete das offenbar als Treibhaus und lehnte jegliche „Treibhausluft" ab. Da er zudem bis zu diesem Zeitpunkt, wie er behauptete, den westfälischen Erlaß vom 23. November 1939 noch nicht kannte, hielt er sich mit der Bitte um dessen Zusendung alle weiteren Entscheidungen offen. Damit war, wie auch in den übrigen Dingen, die außerdem noch besprochen wurden – das „Schulandachtsverbot", das „Presse-Anzeigenverbot" und das Verhältnis der Kirchenbehörde der Provinz zu dessen Oberpräsidenten und Gauleiter – alles in dieser Sache unentschieden wie zuvor[265].

Das Evangelische Konsistorium der Provinz Pommern und die sofort von Wieneke unterrichteten Wahn und Laag, sowie Konsistorialrat Ernst Boeters und auch Woelke als zuständiger Jurist[266] – ihnen waren die Hände gebunden, und sie mußten warten, bis der Gauleiter „nach Eingang der Unterlagen sich schlüssig" geworden war[267]. Auch im Blick auf die Reichsbehörden waren alle Möglichkeiten des Einwirkens ausgeschöpft. Entsprechend dem Wunsche des Reichsministeriums für die kirchlichen Angelegenheiten, hatte die Provinzialkirchenbehörde in Stettin durch Woelke und Laag einen Be-

[265] Bericht Wieneke über das Gespräch mit Schwede am 2.1.1940 vom 3.1.1940 (EBD.).

[266] EBD.

[267] Schreiben Wieneke an Konsistorium der Kirchenprovinz Pommern vom 13.1.1940, mit dem er auch Abschrift des Schreibens Schwede an Kerrl vom 14.12.1939 übersendet. (EBD.).

richt gefertigt, und ihn durch Jahnz dem EOK Berlin am 7. Dezember 1939 zustellen lassen. Man hatte sich nochmals eindeutig gegen Bestrebungen verwahrt, die in Fehldeutung grundsätzlicher Bereitschaft zur Zusammenarbeit darauf zielten, „nunmehr die kirchlichen Kindergärten an die NSV als neuen Rechtsträger überzuleiten.“ Allerdings hatte man in Stettin auch nicht versäumt, die Interessen des Ministeriums Kerrls in Blick zu nehmen. Ganz auf der bisherigen Verhandlungslinie, die stets eine Entscheidung an zentraler Stelle anstrebte, hatte man herausgestellt, daß „bei der Tragweite der Angelegenheit es nicht anging, daß eine Kirchengemeinde bzw. eine einzelne Kirchenprovinz eine Sonderregelung trifft, ohne das Ergebnis der zentralen Verhandlungen abzuwarten.“[268] Daß damit in der gleichen Logik geurteilt worden war, wie es das Landgericht Stuttgart etwas mehr als vierzehn Tage zuvor im Falle des Kinderpflegevereins Strümpfelbach getan und entschieden hatte, daß „untere Organe“ nicht Ziele verfolgen könnten, über die die „zuständigen Hoheitsträger“ noch nicht entschieden hätten, das hatte man zu diesem Zeitpunkt nicht im Evangelischen Konsistorium der Provinz Pommern, aber auch nicht bei der Vereinigung und im EOK Berlin wissen können. Jedoch wird verständlich, daß, als sie davon erfuhren, sie dies Urteil nur als Bestätigung einer bisher von ihnen vertretenen Rechtsauffassung und darum auch als „richtungweisend“ betrachten konnten.

Was nun den Bericht des Evangelischen Konsistoriums der Provinz Pommern betraf, so hatte Wieneke – auch in seiner Eigenschaft als Referent der Kirchenkanzlei der DEK – am 11. Dezember 1939[269] eine Eingabe gefertigt, die am 18. Dezember 1939 von Hymmen unterzeichnet an Kerrl ging und Rust und Wilhelm Frick zur Kenntnis zugestellt wurde[270]. Mit ihr übersandte die Kirchenkanzlei der DEK sowohl den „Situationsbericht über Pommern“, als auch nun doch v. Wichts „Denkschrift“ vom 11. November 1939 an den GVR „als geeignete Sachdarstellung“, obwohl man noch einen Monat zuvor die Entscheidung über Pommern abwarten und die grundsätzlichen Fragen in Zusammenhang mit der Eingabe vom 14. Februar 1939 gesondert klären wollte[271]. Aber weder ein Gespräch des GVR mit Kerrl hatte stattgefunden noch eine schriftliche Nachricht war erfolgt, und so war v. Wichts „dringende Bitte, den Herrn Reichsminister für die kirchliche Angelegenheiten möglichst bald um eine persönliche Unterredung hinsichtlich des Schutzes unserer kirchlichen Kindertagesstätten zu bitten“ eine deutliche Erinnerung daran, daß die Eingabe von Anfang des Jahres, auf deren Zustandekommen als Manifestation der Geschlossenheit der evangelischen Kirche in Sachen evan-

---

268 (Ebd.).

269 Handschriftlicher Entwurf Wieneke vom 11.12.1939 (EZA Berlin, 1/C3/179).

270 Schreiben Kirchenkanzlei der DEK [Hymmen] an Reichsministerium für die kirchlichen Angelegenheiten vom 18.12.1939 (EZA Berlin, 7/4415; ADW, VKD 9).

271 Handschriftlicher Vermerk Wieneke vom 29.11.1939 (EZA Berlin, 1/C3/179).

gelischer Kinderpflege er soviel Kraft verwandt hatte und von der er sich für „seine" Arbeit soviel erhofft hatte, immer noch unbeantwortet war[272].

Jedoch auch jetzt geschah weder von seiten Kerrls noch von der Rusts oder Wilhelm Fricks etwas in dieser Sache. Auch Schwede rührte sich nicht, obwohl ihm Friedrich Werner am 12. Januar 1940 die Angelegenheit nochmals dringlich gemacht hatte und ihn hatte wissen lassen, daß Wieneke „als mein Verbindungsmann" zum Gauleiter und Oberpräsidenten, von ihm, dem Präsidenten des EOK Berlin, beauftragt worden sei, der Stettiner Provinzialkirchenbehörde ebenso wie dem Superintendenten, Semrau, und dem Pfarrer, Büsching-Krüger, mit Rat und Tat zur Seite zu stehen[273]. Auch dieses deutliche Zeichen einer Annäherungsbereitschaft von seiten des Mannes, der, trotz bestrittener „kirchengesetzlicher Legalität und kirchlicher Legitimität"[274] neben dem beim EOK Berlin ebenfalls das Amt des Präsidenten bei der Kirchenkanzlei der DEK führte, blieb ohne unmittelbare Stellungnahme Schwedes. Erst am 31. Januar 1940, nachdem Wieneke, von Wahn ermutigt, an die Sache erinnert hatte, erfolgte von einem Tag auf den anderen eine Einladung zu einer zweiten Aussprache[275].

Als diese Aussprache am 1. Februar 1940 im Stettiner Oberpräsidium stattfand, trafen dieselben Teilnehmer wie vier Wochen zuvor zusammen. Hinzugekommen war jetzt auch Schwedes Stellvertreter Paul Simon, der seinerzeit nicht dabei gewesen war und Wahn, der nun selbst neben Nicklas teilnahm, um die Interessen des Evangelischen Konsistoriums der Provinz Pommern zu vertreten. Die Verhandlungsposition der Provinzialkirchenbehörde war am Abend zuvor von Laag und Woelke eiligst nochmals mit der Auffassung Wienekes und des EOK abgestimmt worden[276]. Wieder wurden bei der Verhandlung im Oberpräsidium auch andere, teils bereits am 2. Januar 1940 besprochene, teils neue Fragen, erörtert. Dabei wurde die Aussprache in weiten Teilen und gerade in der Kindergartenfrage von seiten Schwedes mit deutlicher Schärfe und nicht unbedingt sachlich geführt. Er wollte sich wohl in keiner Weise nachsagen lassen, am 2. Januar habe „die Kirche einen ‚totalen Sieg' über ihn errungen." Wahn und Wieneke suchten sachlich ihre Position auch in der „Kindergartenfrage" zu bekräftigen, wiesen nochmals mit Nachdruck auf „das westfälische Beispiel" hin, und man kam schließlich überein, daß Schwede und sein Verbindungsmann Nicklas „einen Interessenausgleich mit der Kirche vorbereiten."[277]

---

272 „Denkschrift" v. Wicht an GVR vom 11.11.1939 (EBD.; ADW, CA 850a I).

273 Schreiben Friedrich Werner an Schwede vom 12.1.1940 (EZA BERLIN, 7/4415).

274 K. MEIER, Kirchenkampf III, S. 226.

275 Schreiben Wahn an Wieneke vom 17.1.1940; Schreiben Wahn an Wieneke vom 30.1.1940: „... bis heute Mittag" habe Schwede „nichts von sich hören lassen." (EZA BERLIN, 7/4415).

276 Bericht Wieneke über die zweite Aussprache am 1.2.1940 vom 8.2.1940 (EBD.).

277 EBD.

Wenig mehr als zwei Wochen später lag das Ergebnis vor. Am 17. Februar 1940 verfügte der Oberpräsident der Provinz und Gauleiter des NSDAP-Gaues Pommern – dieser Funktion maß er größere Bedeutung bei als der anderen[278] –, daß, da hinsichtlich des Begriffs „organisatorische Zusammenfassung“ seines Erlasses vom 8. Oktober 1939 Unklarheiten zu bestehen schienen, „an den Eigentumsverhältnissen und den damit verbundenen Lasten und Pflichten nichts geändert werden“ solle. Es sei nur beabsichtigt, „den Einsatz sämtlicher auf diesem Gebiet tätigen Kräfte generell zu regeln und die Arbeit in den Kindergärten selbst nach einheitlichen, der gegenwärtigen Weltanschauung entsprechenden Gesichtspunkten zu lenken.“ War dies zwar im Grundsatz eine weniger formale Regelung als sie der westfälische Erlaß vorsah, so mußten doch die „Gesichtspunkte“ selbst – „Gesundheitsfürsorge des Körpers“, „Geist“ und „Seele“[279] – sogleich zu „Zweifelsfragen“[280] Anlaß geben, insbesondere da der Erlaß unter dem Stichwort „Geist“ auch forderte: „Keine einseitige konfessionelle Erziehung.“[281]

Obwohl Schwede davon ausging, daß es „keine wirklich deutschbewußte Institution geben“ könne, die Einwände gegen diese „Gesichtspunkte“ vorbringen könnte[282], erhob Konsistorialpräsident Wahn für seine Behörde sofort Einspruch, sah sich zumindest zu einer interpretierenden Klarstellung veranlaßt. Man ging nämlich im Evangelischen Konsistorium der Kirchenprovinz Pommern davon aus, „daß die in den kirchlichen Kindergärten z. B. üblichen Morgen- und Tischgebete, Gebete für den Führer sowie das Singen der üblichen christlichen Choräle nicht als einseitige konfessionelle Erziehung anzusehen sind.“[283] Das ließ man das Oberpräsidium und Schwede wissen und bot gleichzeitig ein Gespräch an, das, fände es statt, mit dem EOK Berlin abgestimmt werden und an dem Wieneke teilnehmen sollte[284]. Das Ziel war, daß „die Angelegenheit baldmöglichst und zur allgemeinen Zufriedenheit zum Abschluß geführt“ werde[285].

Das Gespräch fand schließlich, allerdings ohne Wieneke, am 11. April 1940 im Stettiner Oberpräsidium statt. Bei den Vertretern der Provinzialkirchenbehörde – es waren der von Anfang an mit der Sache befaßte Woelke und der

[278] „Im übrigen legte er Wert darauf, in erster Linie als Gauleiter, weniger als Oberpräs[ident]. mit der Kirche zu verhandeln.“ (Ebd.) Es entsprach dem, wenn er seinem Namen den Namen der Stadt hinzufügte, in der er Parteikarriere gemacht hatte: Coburg.

[279] Erlaß Schwede „An die Regierungspräsidenten der Provinz“ vom 17.2.1940 (EZA Berlin, 1/C3/179; EZA Berlin, 7/4415).

[280] Schreiben Wahn an Schwede vom 2.3.1940 (EZA Berlin, 7/4415).

[281] Erlaß Schwede „An die Regierungspräsidenten der Provinz“ vom 17.2.1940 (EZA Berlin, 1/C3/179; EZA Berlin, 7/4415).

[282] Ebd.

[283] Schreiben Wahn an Schwede vom 2.3.1940 (EZA Berlin, 7/4415).

[284] Schreiben Wahn an EOK Berlin vom 2.3.1940 (Ebd.).

[285] Schreiben Wahn an Schwede vom 2.3.1940 (Ebd.).

durch sein Leitungsamt im Diakonissen-Mutterhaus „Kinderheil" in Finkenwalde mit Fragen der Inneren Mission besonders vertraute Konsistorialrat Gustav Winner – hinterließ es den Eindruck, als ob der Einspruch Wahns vom 2. März 1940 erfolgreich gewesen wäre[286]. Sie glaubten von einer Übereinstimmung darin ausgehen zu können, daß die Eigentumsverhältnisse unverändert bleiben und daß die Arbeit, von der „NSV überwacht während der Dauer des Krieges", nach den Grundsätzen des Erlasses vom 27. Februar 1940 erfolgen solle. Und sie glaubten sich auch in ihrer Einschätzung bestätigt, da von ihrer Seite eine konfessionelle Erziehung im Sinne einer Ausrichtung gegen andere Konfessionen nicht beabsichtigt sei, daß, entsprechend dem Verständnis vom Charakter eines evangelischen Kindergartens, eine „christliche Verkündigung", etwa Morgen- und Tischgebete, in keinem Fall als einseitige konfessionelle Erziehung angesehen werde[287]. Ebenso meinten sie gewiß sein zu können, daß „die Besprechung der biblischen Geschichten" nicht nur einem „Anspruch des kirchlichen Unterrichts an Amt und Gemeinde"[288], wie ihn die BK spätestens seit 1937 als „Evangelische Christenlehre"[289] erhob, folgte, sondern auch ganz dem jedenfalls seit Sommer 1938 und Bartels' Hinweis auf die Bedeutung der biblischen Geschichten für die Erziehungsarbeit in Kindergarten und Hort aufgenommenen Kurs „biblischer Unterweisung" entsprach[290]. Jedoch das Einverständnis Schwedes blieb aus. Stattdessen wurde die mit der Zustimmung des EOK Berlin[291] versehene Protokollnotiz des Gesprächs von Anfang April 1940 recht barsch zurückgewiesen und eingewandt, daß die beabsichtigte Zusammenfassung keinesfalls nur für die Dauer des Krieges Geltung haben sollte, sondern sie „soll für immer sein". Außerdem müsse die „Verkündigung" durch „Unterweisung" ersetzt und die „Besprechung der biblischen Geschichten" gänzlich gestrichen werden[292].

Offenbar hatte schon ein Gespräch am 25. April 1940 im Oberpräsidium, auf dem von seiten des Stettiner Konsistoriums den vorgebrachten Einwänden in allen drei Punkten mit Kompromißbereitschaft begegnet worden war, den Gauleiter geradezu herausgefordert, seinerseits alles zu versuchen, seine Forderungen durchzusetzen. Das Evangelische Konsistorium der Provinz Pommern hatte erkennen lassen, daß es sich einer „Dauerlösung" nicht entziehen könne, wenn man davon ausginge, daß vom Oberpräsidenten bzw.

---

286 Schreiben Wahn an EOK Berlin vom 15.4.1940 (Ebd.).

287 Schreiben Wahn an Schwede (Protokollnotiz) vom 24.4.1940 (Ebd.).

288 O. Hammelsbeck, Der kirchliche Unterricht, S. 9. Siehe II Kap. II.4.1., S. 500f. mit Anm. 78.

289 M. Albertz/B. H. Forck (Hg.), Evangelische Christenlehre. Siehe II Kap. II.4.1., S. 492 mit Anm.14.

290 Siehe II Kap. I.4.2., S. 228f. mit Anm. 165.

291 Schreiben Wieneke an Wahn vom 18.4.1940 (EZA Berlin, 7/4415).

292 Schreiben Schwede an Wahn vom 9.5.1940 (Ebd.).

von der NSV „weitergehende Wünsche" zu erwarten seien, „mit dem Ziele einer endgültigen Überführung der kirchlichen Kindergärten an die NSV"[293]. Dies aber sollte verhindert werden.

Da dieser Kompromißvorschlag vom 25. April 1940 Inhalt der Stellungnahme der Stettiner Provinzialkirchenbehörde zu den Einwänden Schwedes sein sollte, wurde der EOK Berlin um Zustimmung gebeten[294]. Dieser erklärte sich durch Wieneke am 28. Mai 1940 mit der Aufhebung der zeitlichen Bindung an die Dauer des Krieges einverstanden. Jedoch konnte Wieneke einen Ersatz der „biblischen Geschichten" durch „christliche Geschichten", wie Wahn kompromißbereit vorgeschlagen hatte[295], nicht empfehlen. Eine Begründung gab er nicht. Aber offenbar wollte man im EOK Berlin, eher ahnungsvoll als bewußt, alles vermeiden, was zu einer vielleicht gar öffentlichen, jedenfalls praktisch-ekklesiologischen Konsens, wie er in der Vereinigung wenig später geradezu bekräftigt werden sollte[296], berührenden Auseinandersetzung über die Bibel und die Zusammengehörigkeit von Altem (AT) und Neuem Testament (NT) und damit auch über die von Juden und Christen hätte führen können. Wohl aus diesem Grund riet Wieneke, dem Gauleiter mitzuteilen, daß auf die Anführung des Erzählens biblischer Geschichten verzichtet werden könne, „wenn darüber Klarheit besteht, daß das Erzählen biblischer Geschichten zur christlichen Unterweisung gehört."[297] Nachdem der Konsistorialpräsident am 2. Juli 1940 unter Berücksichtigung dieser vorgeschlagenen Änderungen dem Gauleiter „das Ergebnis der Verhandlungen" mitgeteilt hatte[298], betrachtete Schwede dies als schließliche Zustimmung zu den Forderungen seines Erlasses und bat darum sogleich, nun die Kirchengemeinden in Pommern anzuweisen, die weiteren Schritte zu veranlassen[299].

Damit waren zähe Verhandlungen zum Abschluß gekommen. Ob sie das halten konnten, was man sich in CA und Vereinigung von ihrem Ergebnis versprach, mußte sich herausstellen. Eine förmliche Vereinbarung sollte es nicht geben. Wieneke, trotz der Beauftragung durch Präsident Friedrich Werner, schon nach dem Gespräch am 2. Februar 1940 nur noch aus Berlin an der Sache beteiligt und erfolglos in seinen Anstrengungen, ein persönliches Gespräch beim Gauleiter zu erreichen[300], mußte nach mehrfacher Wiedervorlage des Vorgangs am 21. Oktober 1940 notieren: „Weiteres bleibt abzuwarten."[301] Dennoch, auf der Arbeitstagung der Vereinigung, die am 5.–6. No-

---

293 Schreiben Wahn an EOK Berlin vom 14.5.1940 (EBD.).

294 EBD.

295 EBD.

296 Vgl. II Kap. II.4.1., S. 499ff.

297 Schreiben Wieneke an Wahn vom 28.5.1940 (EZA BERLIN, 7/4415).

298 Schreiben Wahn an Schwede vom 2.7.1940 (ADWRH DÜSSELDORF, OHL 10.1.7. I).

299 Schreiben Schwede an Wahn vom 24.7.1940 (EBD.).

300 Schreiben Adjutantur Schwede an Wieneke vom 21.5.1940 (EZA BERLIN, 7/4415).

301 Notiz Wieneke vom 21.10.1940 (EBD.).

vember in Halle stattfand, meinte er, daß damit den Bemühungen des EOK Berlin ein „endgültiger Erfolg zuteil“ geworden wäre[302].

Für Schwede war die Sache offenbar tatsächlich erledigt, hatte sich doch in der Zwischenzeit an zentraler Stelle eine Entwicklung angebahnt, die aus der Sicht der Machthaber über das in Westfalen und Pommern erreichte Ergebnis hinauszielte und an deren Ende ein planwirtschaftliches Abkommen insbesondere für NSV-Gauamtsleiter Ventzki, der so sehr eine Übernahme aller Kindergärten in Pommern erreichen wollte, eine endgültige Klärung hätte bedeuten können. So wirkte in jedem Fall die am 24. April 1940 an den Superintendenten des Kirchenkreises Kolberg, Gottfried Handtmann, einst Pfarrer des Provinzialvereins für Innere Mission in Pommern, ergehende Aufforderung der Stadtverwaltung Kolberg, den Kindergarten der evangelischen Frauenhilfe der NSV zu unterstellen[303], wie ein unerhebliches Nachspiel zu den Stettiner Verhandlungen. Es sollte ebenso ohne Wirkung bleiben, wie ein gleich einzuschätzendes Vorgehen des Jugendamtes der Stadt Stolp.

In Stolp waren der Superintendent des Kirchenkreises Stolp, Martin Reinke, und Rudolf Spittel, wie jener seinerzeit an einer „Sammlung der Mitte“ in Pommern beteiligt[304] und beide Pfarrer an St. Marien und Seelsorger einer Kirchengemeinde, die Träger eines Kindergartens war, zum 9. Mai 1940 zu einer Besprechung mit der NSV gebeten worden. Die Stadtverwaltung meinte, als Gesprächsergebnis eine Zustimmung zur organisatorischen Zusammenfassung aller Kindergärten und „Überleitung in die Führung der NSV“ festhalten zu können, wie es ja die Gauleitung und das Konsistorium vereinbart hätten[305]. Als das Spittel mitgeteilt wurde, schaltete sich Reinke ein und wies energisch darauf hin, daß dies nicht den Tatsachen entspräche, da eine Überleitung weder verlangt noch anerkannt worden wäre[306]. Damit war die Angelegenheit erledigt.

Ebenso konsequent war Handtmann vorgegangen, was im übrigen ganz seiner Haltung vom Frühjahr 1935 entsprach, als er sich trotz Haftandrohung geweigert hatte, auf die Verlesung des Wortes der Bekenntnissynode der ApU an die Gemeinden[307] zu verzichten[308]. Allerdings wandte er sich zunächst an v. Wicht und bat um Rat[309]. Umgehend entsprach v. Wicht dieser

---

302 Handschriftlicher Vermerk Wieneke über die Arbeitstagung der Vereinigung am 5.–6.11. 1940 und den eigenen Vortrag am 5.11.1940 „Die Lage unserer Arbeit vom Standpunkt der Kirchenregierung aus gesehen“ vom 11.11.1940 (EZA BERLIN, 1/C3/179).

303 Schreiben Oberbürgermeister der Stadt Kolberg an Handtmann vom 24.4.1940 (EBD.).

304 W. KLÄN, Die evangelische Kirche Pommerns, S. 495ff. und S. 546.

305 Schreiben Jugendamt Stolp an Spittel vom 9.5.1940 (EZA BERLIN, 7/4415).

306 Schreiben Reinke an Oberbürgermeister von Stolp vom 14.5.1940 (EBD.).

307 KJ 1933–1944, S. 85f. Dazu auch K. MEIER, Kirchenkampf II, S. 158.

308 W. KLÄN, Die evangelische Kirche Pommerns, S. 325f.

309 Schreiben Handtmann an v. Wicht nicht nachweisbar. Sachverhalt aber zu erschließen aus Schreiben v. Wicht an Handtmann vom 29.4.1940 (EZA BERLIN, 1/C3/179).

Bitte und unterrichtete den Superintendenten in Kolberg von der Entwicklung der Dinge seit dem Schriftwechsel zwischen Constantin Frick und Hilgenfeldt vom September 1939 bis hin zum Erlaß Schwedes vom 17. Februar 1940. Aber offenbar war zu diesem Zeitpunkt Handtmanns abschließende Forderung, „alles daran zu setzen, daß der evangelische Charakter des Kindergartens satzungsgemäß und praktisch erhalten wird"[310] bereits entbehrlich. Weil das Schreiben v. Wichts zu spät eintraf, hatte Handtmann ohne dessen Kenntnis am 29. April 1940 mit der Stadt verhandeln müssen und erreicht, daß der Kindergarten nicht der NSV unterstellt wurde, sondern sich nur „auf gemeinsame kriegswichtige Aufgaben"[311] ausrichtete.

Das entsprach ganz und gar nicht nur den Absichten v. Wichts, sondern zu diesem Zeitpunkt noch auch denen des EOK Berlin, der Kirchenkanzlei der DEK, für die gleichzeitig zunehmend Wieneke verhandelte, und auch denen des CA. Dieser war freilich mit den Vorgängen in Westfalen und Pommern so sehr nicht befaßt, da ihn anderes beschäftigen mußte. Ob aber das Bestreben aller, sich entsprechend den Anforderungen des Krieges zu bewähren und gleichzeitig die evangelische halboffene Kinderarbeit zu erhalten, ein geeignetes Konzept war – ein gutes Jahr später, im März 1941, sollte die Antwort auf diese Frage erfolgen, die dann auch zugleich als Stellungnahme der Machthaber in Staat und Partei zur von der Vereinigung veranlaßten Eingabe von 17 Provinzial- und Landeskirchen der DEK vom 14. Februar 1939 zu betrachten war.

2. Der Erlaß des Leiters der Deutschen Evangelischen Kirchenkanzlei betreffend die Innere Mission der Deutschen Evangelischen Kirche vom 12. Juli 1940

Was schon – im Rückblick – die Entwicklung bis zur von v. Wicht initiierten Eingabe von 17 Provinzial- und Landeskirchen ebenso hatte erkennen lassen wie die November-Konferenz der Inneren Mission, auf der Friedrich Ulrich als einer der Hauptreferenten über „die Innere Mission und ihre Evangelische Kirche" nachgedacht hatte[1], das machte nun, im Sommer 1939, der Inneren Mission das befürchtete Unterstellungsgesetz unmißverständlich deutlich: die kirchliche Inobhutnahme, seinerzeit mit dem RKA vereinbart, war an die

---

310 EBD.

311 EBD.

1 F. ULRICH, Die Innere Mission, S. 4–8. Der andere Referent war Bodo Heyne, der „Bewegende Kräfte in der Inneren Mission – Rückblick und Ausschau" darstellte (Einladung zur November-Konferenz der Inneren Mission vom 28.10.1938, in: ADW, CA 118/38). Siehe auch N. N., November-Konferenz. Während Ulrichs Referat in IMIS veröffentlicht wurde, ist Heynes Beitrag nicht nachweisbar, weder in den Beständen des ADW noch in den einschlägigen Publikationen.

Grenzen, um nicht zu sagen an das Ende ihrer Möglichkeiten gekommen. Damit war nicht allein die Frage gestellt, ob die Innere Mission als „wirkliche, sichtbare, fühlbare Lebensäußerung der Kirche" einen Beitrag zu ihrer „Wiedererweckung" leisten könne, wie Wichern es gewollt hatte und wie es besonders von Friedrich Ulrich gefordert wurde[2]. Damit war natürlich vielmehr und zum wiederholten Mal für den CA die Frage nach dem Verhältnis von „Kirche und kirchlichen Arbeitsgebieten" gestellt.

Um eine Stellungnahme zu dieser Frage erarbeiten zu lassen, berief der Vorstand des CA am 27. Juni 1939 eine „Kommission für Kirche und IM". Unter dem Vorsitz Schirmachers gehörten ihr an: Engelmann, Fichtner, Alfred Fritz, Mohrmann, Nell, Ohl und Schubert, jetzt Leiter des Finanzwesens und Syndicus des CA seit der Berufung Heinrichs zum Präsidenten des Evangelischen Konsistoriums der Mark Brandenburg, außerdem Dr. Oskar Epha, Direktor des Landesverbandes der Inneren Mission in Schleswig-Holstein und schließlich Friedrich Martin Vietor, Direktor des Wirtschaftsbundes gemeinnütziger Wohlfahrtseinrichtungen Deutschlands[3]. So kompetent die Kommission auch besetzt sein mochte – es fällt auf, daß mit Alfred Fritz, Mohrmann, Nell, Ohl und Schirmacher die Belange evangelischer Kinderpflege durch unmittelbar damit befaßte Persönlichkeiten vertreten waren –, die Ereignisse überholten ihre Arbeit in kürzester Zeit. Sie brachten die Innere Mission und ihren CA zu der Einsicht in die Notwendigkeit, „daß die Innere Mission auch rechtlich zu einem unveräußerlichen Bestandteil der Deutschen Evangelischen Kirche bzw. der Landeskirchen erklärt wird."[4] Die Ereignisse forderten direktes kirchenleitendes Handeln, also Verhandlungen zwischen Kirche und CA. Weder war jetzt die Arbeit einer Kommission ausreichend noch die ausdrückliche Bestätigung des bisherigen Verfahrens durch die Kirchenkanzlei der DEK und der Behauptung, daß die Vertreter des CA „ermächtigt" seien, stets „im Namen der Kirche aufzutreten" und diese im Gegenzug „über alle Schritte des CA auf dem laufenden gehalten" werde[5].

Es waren, wie man im CA nicht verschwieg, die Vorgänge im Hessen-Nassauischen und in Mecklenburg in Verbindung mit dem Schreiben Hilgenfeldts an Constantin Frick vom 11. September 1939, die die verantwortlichen Männer der Inneren Mission „schnellstens" einen engeren Anschluß an die verfaßte Kirche suchen ließen[6]. Schirmacher betrachtete die Lage, wie sie besonders durch den „Fall Mecklenburg" entstanden war und in dessen Verlauf er den „Kurs der Kirche" durch Kerrls Ministerium „stark gefördert" sah, als

2 F. ULRICH, Die Innere Mission und ihre Evangelische Kirche, S. 5.

3 Protokoll (ADW, CA 67 B (1939)).

4 Schreiben Schirmacher an Marahrens vom 10.10.1939 (ADW, CA 876 IV/2).

5 Aktennotiz über eine Besprechung zwischen Gisevius, Gustavus, Elisabeth Schwarzhaupt und Schirmacher am 18.7.1939 in der Kirchenkanzlei (ADW, CA 155b).

6 Protokoll der Vorstandssitzung des CA am 19.9.1939 (ADW, CA 67 B (1939)).

gute Gelegenheit, um „ganz selbständig von der Inneren Mission her die kirchliche Einigung zu fördern“. Er dachte dabei an eine Generalsynode und war auch bereit, sie zu installieren, „ohne erst auf die Entscheidung Herrn Werners zu warten“[7]. Es muß unerörtert bleiben, ob er damit eine Versammlung zur Gründung einer evangelischen Kirche in Deutschland unter Einschluß der Inneren Mission meinte, womit wohl in Schirmachers Vorstellung der Wittenberger Kirchentag von 1848 und die Forderungen, die Wichern in dessen Verlauf in so beeindruckender Weise an die konföderierte Kirche gestellt hatte, endlich erfüllt worden wären. Es mag auch unerörtert bleiben, wie realistisch dieser Gedanke war und wie er ihn, trotz aller gedanklichen Nähe zu Wichern hätte unter den gegebenen Umständen verwirklichen wollen und können. Jedenfalls lief die Entwicklung auf ein anderes Ziel zu.

Am 19. September 1939 „bevollmächtigte“ der Vorstand des CA seinen Präsidenten, mit der geistlichen Leitung der DEK zu verhandeln[8]. Damit war der GVR gemeint, der von Friedrich Werner am 31. August 1939 in Abstimmung mit dem Kerrlschen Ministerium berufen worden war[9]. Ihm gehörten der mecklenburgische Landesbischof Walther Schultz an sowie Marahrens und Hymmen. Es muß dahingestellt bleiben, ob die Berufung dieses Gremiums das rudimentäre Ergebnis von Kerrls im Sommer 1938 erneut einsetzenden Bemühungen war, mit Hilfe nicht zuletzt von Ellwein und seiner Volkskirchlichen Arbeitsgemeinschaft die Kirchenfrage und mithin die der Kirchenleitung endgültig zu klären[10]. Es mag auch dahingestellt bleiben, ob es ausreicht, den GVR nach Kerrls Versuchen, mit „Oktoberprogramm“[11] und „Grundsätzen“[12] eine sich auf Luther berufende Zwei-Reiche-Lehre zu „einem zeitgenössischen theologisch-systematischen Entwurf einer völkischen Theologie der Mitte“[13] zu nutzen und in Kirchenpolitik umzusetzen[14], allein als „Stillhalteausschuß“[15] zu bezeichnen, auch wenn natürlich mit „der gegen-

---

[7] Schreiben Schirmacher an Constantin Frick vom 14.8.1939 (ADW, CA 629 II).

[8] Protokoll (ADW, CA 67 B (1939)).

[9] GBlDEK 1939 B, S. 97; auch KJ 1933–1944, S. 472f. Vgl. K.-H. MELZER, Der Geistliche Vertrauensrat, S. 44–54 und S. 67f.

[10] Siehe II Kap. I.4.4., S. 331 mit Anm. 687.

[11] Siehe K. MEIER, Kirchenkampf III, S. 64; und KJ 1933–1944, S. 278f. Das Ergebnis der Arbeit der in Verfolg des Programmes tätig gewordenen „Arbeitskreise“ war ein umfängliches Gutachten, das dem eigentlichen Wunsch des Ministers, zwischen kirchlicher Verwaltung und geistlicher Leitung klar zu unterscheiden, nicht entsprach. Das Gutachten wurde am 24.1.1939 dem Minister vorgelegt. (EZA BERLIN, 1/A4/538).

[12] Grundsätze für eine den Erfordernissen der Gegenwart entsprechende neue Ordnung der Deutschen Evangelischen Kirche vom 26.5.1939 (KJ 1933–1944, S. 299–300; K. MEIER, Kirchenkampf III, S. 80).

[13] L. SIEGELE-WENSCHKEWITZ, Politische Versuche, S. 128.

[14] K. MEIER, Kirchenkampf III, S. 62ff.; H. BRUNOTTE, Der kirchenpolitische Kurs, S. 102ff. Vgl. auch K.-H. MELZER, Der Geistliche Vertrauensrat, S. 17ff.

[15] M. GERHARDT, Jahrhundert II, S. 364.

wärtigen ernsten Lage des deutschen Volkes"[16] andere ursprünglich vorhandene Motive in den Hintergrund gedrängt oder ganz verdeckt wurden. Unstrittig bleibt indes, daß mit dem GVR ein Instrument geschaffen war, „mit dem zusammen" der nach der 17. DVO vom 10. Dezember 1937[17] mit der Kirchenleitung beauftragte Präsident der Kirchenkanzlei „namens und im Auftrage" der DEK die Entschließungen fassen und die Maßnahmen treffen wollte, die „sich aus der Verpflichtung der evangelischen Kirche gegen Führer, Volk und Staat ergeben."[18]

Damit war natürlich kein „Geistliches Ministerium" etwa im Sinne der DEK-Verfassung vom 14. Juli 1933 beabsichtigt. Ebensowenig war der GVR Kirchenregiment oder gar „geistliche Leitung". Die Frage der Leitung der DEK war vielmehr, besonders wenn man die unveröffentlichten Ausführungsbestimmungen des Kerrlschen Ministeriums vom 24. August 1939 berücksichtigt, die eine Berufung von Vertrauensleuten allein zur Regelung der geistlichen Angelegenheiten verfügte[19], mit der Berufung des GVR keineswegs geklärt. Das sollte sich auch bald zeigen. Dennoch, aus der Sicht des CA war mit dem GVR eine Instanz geschaffen, mit der er und auch sein Direktor Schirmacher hoffen konnten, „das Verhältnis der Inneren Mission und Kirche auf schnellstem Wege so zu lösen, wie es beide Partner für richtig hielten."[20] Denn für den CA, seinen Vorstand und seine Geschäftsstelle in Berlin-Dahlem und deren Spitze, Constantin Frick und Schirmacher, gab es nur diese DEK, in dieser Verfassung, mit dieser eher geduldeten als anerkannten Leitung. Nur von dieser DEK – mochte sie auch „deutsch-christlich angehaucht"[21] und von der BK fast gänzlich ignoriert sein – konnten der CA und mit ihm auch die Einrichtungen ebenso wie die Fach-, Landes- und Provinzialverbände der Inneren Mission „eine rechtlich einwandfreie kirchenbehördliche Legitimation"[22] erwarten, die man für den Fortbestand der Arbeit als unbedingt notwendig ansah.

Außerdem waren, insonderheit für Schirmacher, alle Voraussetzungen für eine Verbindung gegeben, hatten doch, aus seiner Sicht, in den zurückliegenden Jahren alle Bedenken der Kirchenkanzlei ausgeräumt werden können, die auf einen Mangel an „innerer Geschlossenheit" der Arbeit der Inneren Mis-

---

16 GBlDEK 1939 B, S. 97.

17 RGBl 1937 I, S. 1346.

18 GBlDEK 1939 B, S. 97.

19 Ministerialerlaß vom 24.8.1939, den Landeskirchen durch Friedrich Werner mit Rundschreiben vom 24.8.1939 bekanntgegeben. (EZA BERLIN, 1/A4/573) Dazu besonders E. LOYCKE, Die rechtliche Entwicklung, S. 74f.

20 Schreiben Schirmacher an Constantin Frick vom 7.9.1939 (ADW, CA 2675). Sprachlich ungenau meint Schirmacher: „... die sich aus dem Verhältnis der Inneren Mission und Kirche ergebenden Schwierigkeiten ... so zu lösen ..." oder „... das Verhältnis ... so zu bestimmen ..."

21 Schreiben Brunotte an Gerhardt vom 13.12.1947 (ADW, MG 41).

22 Schreiben Schirmacher an Marahrens vom 10.10.1939 (ADW, CA 876 IV/2).

sion meinten sich berufen zu können[23]. Hatte er ehedem nicht widersprochen, als Heyne über die „Eigenbrötler" in Verbänden und Einrichtungen der Inneren Mission geklagt und gefordert hatte, diese „Herrschaften", die „aus der Reihe tanzen" doch „strenger an die Kandare zu bekommen"[24], so stellte Schirmacher jetzt, im August 1939, allenthalben öffentlich heraus, daß sich „Innere Mission als kirchlicher Organismus" darstelle. Dabei ging er allerdings gerade nicht auf die mit dem Prozeß der „Verkirchlichung"[25] verbundenen Zentralisierungstendenzen ein, die auf einen Zuwachs an Einflußnahme des CA ebenso hinausliefen wie auf einen Machtzuwachs für dessen ersten Direktor. Vehement wehrte Schirmacher solche Vorstellungen ab und behauptete, „es ist nicht so, daß eine Handvoll organisatorisch begabter, energischer Männer Anordnungen trifft und Befehle erteilt, die dann mit Eifer ausgeführt werden."[26] Aber so hätte er es wohl gern gehabt. Wie dem auch sei, für ihn stand fest: daß die Frage des Verhältnisses zur verfaßten Kirche „gelöst wird, und zwar baldigst, muß dringendstes Anliegen der Inneren Mission selber sein."

So kann es kaum verwundern, daß der Vorstand des CA am 19. September 1939 nicht nur beschloß, „schnellstens" einen engeren Anschluß an die Kirche zu suchen, sondern auch den Präsidenten bevollmächtigte, entsprechend zu verhandeln[27]. Das entsprach der von Schirmacher apostrophierten „inneren Dynamik". Dem äußeren Druck entsprach es, wenn man gleichzeitig im Vorstand übereinkam, sich von der Mitgliederversammlung und dem Hauptausschuß deren Rechte übertragen zu lassen. Darüber hinaus sollten, so war man sich einig, die einzelnen Einrichtungen und Verbände bis zum 31. Oktober 1939 Bevollmächtigte ernennen, damit „in jeder Art von Not in diesen Zeiten eine rechtswirksame Vertretung der Belange" der einzelnen Einrichtung sichergestellt werde. Mit einer solchen Ernennung, das sah der Antrag an die Mitgliederversammlung vor, sollte zugleich „automatisch", „wenn Gefahr im Verzuge ist", „in letzter Linie" der Präsident des CA bevollmächtigt werden, zu handeln und zu verhandeln[28]. Obwohl die Finanzkontrolle dem Finanzausschuß übertragen und die Bevollmächtigungen insgesamt für die Kriegszeit befristet sein sollten, gab es nicht nur „eine lebhafte Aussprache" im Vorstand selbst[29], sondern der Beschluß begegnete natürlich dem Widerstand der Geschäftsführer der Einrichtungen und Verbände der

23 EBD.

24 Protokoll der Geschäftsführerkonferenz des CA am 17.10.1935 (ADW, CA 761 XVII). Siehe I Kap. VII.1.1., S. 277 mit Anm. 13.

25 J.-Chr. KAISER, Sozialer Protestantismus, S. 391ff.

26 H. SCHIRMACHER, Innere Mission, S. 169.

27 Protokoll (ADW,CA 67 B (1939)).

28 Schreiben Schirmacher an die Mitglieder des Hauptausschusses und der Mitgliederversammlung des CA vom 29.9.1939 (ADW, CA 761 XXI).

29 Protokoll der Vorstandssitzung des CA am 19.9.1939 (ADW,CA 67 B (1939)).

Inneren Mission, die Willkürakte, insbesondere hinsichtlich der Vermögensverwaltung, durch den CA befürchteten[30].

Es kann unerörtert bleiben, ob Schirmacher diesem Vorbehalt von vornherein begegnen wollte und deshalb vorschlug, „ins Auge [zu] fassen, das Institut des geistlichen Vertrauensrates, welches jetzt für die DEK eingerichtet ist, auf unseren Vorstand anzuwenden."[31] Jedenfalls sah er die Tendenzen organisatorischer Zusammenführung, deren Notwendigkeit und deren Gefahr, in enger Verbindung mit dem, was er und Constantin Frick als „Kugelgelenkverbindung mit der Behörde" oder als „Selbstverwaltungskörper", oder „kirchliches Innenamt" konstruieren wollten[32].

Natürlich waren diese Konstruktionsvorschläge nicht neu. Sie gingen zurück auf die gut drei Jahre zuvor geführte Debatte, deren Ende die Beschlüsse des RKA vom 18. April 1936 und vom 6. August 1936 vorläufig markiert hatten. Was indessen damals unterblieben war, das sollte jetzt erreicht werden – „die verfassungsmäßige Eingliederung in die Kirche."[33] Dazu, so sah es zumindest Schirmacher, bedurfte es allein jenes Beschlusses, der seinerzeit nur ein Entwurf Zoellners geblieben war. Dieser Entwurf hatte im Kern vorgesehen, daß „die Verwaltung des Central-Ausschusses für die Innere Mission als kirchenamtlich beauftragte Selbstverwaltung der Deutschen Evangelischen Kirchenkanzlei zugeordnet" wird[34]. Aus der Sicht des CA sollte das „schnellstens" geschehen, wie immer wieder betont wurde[35], und mit dem ausdrücklichen Hinweis auf den inzwischen verstorbenen Zoellner dachte Schirmacher wohl auch, Vorbehalte auf seiten der Kirchenbehörde und des GVR von vornherein ausräumen zu können[36]. Tatsächlich brachte er sogar die Möglichkeiten einer Regelung durch eine Notverordnung ins Spiel[37].

Indessen so schnell wie beabsichtigt ging es nicht. Zwar waren erste Vorgespräche bereits Anfang September von Schirmacher mit dem jetzt in EOK Berlin und Kirchenkanzlei der DEK für Innere Mission zuständigen Ober-

[30] Protokoll der Geschäftsführerkonferenz des CA am 27.10.1939 (ADW, CA 761 XXI); Protokoll der Vorstandssitzung des CA am 5.12.1939 (ADW, CA 67 B (1939)); Protokoll der Geschäftsführerkonferenz des CA am 24.1.1940 (ADW, CA 761 XXII), worin festgestellt wird: „Es seien Bedenken gekommen, speziell von den Juristen und mit Recht. Dann kommt ein juristisches Bedenken, daß der Präsident des CA sich an dem Anstaltseigentum bereichern kann. Die heutigen Gesetze verhindern dies wohl. Das Ganze ist doch nicht gemacht, um Willkürakte hervorzurufen."

[31] Schreiben Schirmacher an Constantin Frick vom 7.9.1939 (ADW, CA 2675).

[32] EBD.

[33] H. SCHIRMACHER, Innere Mission, S. 174; Schreiben Schirmacher an Marahrens vom 10.10.1939 (ADW, CA 876 IV/2).

[34] Entwurf von Zoellner, datiert vom 5.9.1936, als Anlage III beim Schreiben Schirmacher an Marahrens vom 10.10.1939 (EBD.).

[35] Protokoll der Vorstandssitzung des CA am 19.9.1939 (ADW, CA 67 B (1939)).

[36] Schreiben Schirmacher an Marahrens vom 10.10.1939 (ADW, CA 876 IV/2).

[37] Schreiben Schirmacher an Constantin Frick vom 7.9.1939 (ADW, CA 2675).

konsistorialrat, dem „besonnenen und doch durch keinerlei Bürokratismus gehemmten" Johannes Scheller, geführt worden[38]. Aber erst am 30. Oktober 1939 lag einem vom GVR berufenen Redaktionsausschuß mit Gustavus, Heyer, Schirmacher und Constantin Frick das Ergebnis der Verhandlungen eines Vertrauensausschusses vor, den man zur Bearbeitung der anstehenden Fragen einzusetzen übereingekommen war. In mehreren Treffen hatten in diesem Gremium Constantin Frick, Schirmacher, v. Bodelschwingh und in seiner Vertretung Paul Braune von seiten des CA, Heyer für den EOK Berlin und auch dessen weltlicher Vizepräsident, D. Ernst Loycke, sowie Gustavus für die Kirchenkanzlei der DEK einen Entwurf gefertigt und durch Gustavus vorgelegt[39]. Nach einer ersten Durchsicht im Redaktionsausschuß wurde er noch am gleichen Tag im GVR beraten[40]. Als Constantin Frick das Ergebnis den Vorstandsmitgliedern des CA, v. Bodelschwingh, v. Lüttichau, Ohl und Wendelin, am 3. November 1939 mitteilte und ihnen den ersten Entwurf zur Begutachtung und Stellungnahme bis spätestens zum 7. November schickte[41], war allenthalben klar, daß es nicht einfach, im Gegensatz zu Schirmachers Intentionen, zu einer Übernahme des Beschlußentwurfs Zoellners aus dem Jahre 1936 kommen würde. Schon dieser erste Entwurf vom 30. Oktober 1939 nahm fünf Problemfelder[42] in Blick und suchte in zwölf Abschnitten auf dem Grat zwischen „Selbständigkeit der Inneren Mission" und „genügend Verankerung" in der verfaßten Kirche, eine Lösung zu finden[43].

So wichtig die Regelungen für die Landeskirchen, die Pfarrer, die Verbände, Anstalten und Einrichtungen und den CA selbst auch sein mochten, sie glichen im wesentlich den im Jahre 1936 gefundenen und formulierten Lösungen. Denn im entscheidenden und grundsätzlichen Punkt sah der Entwurf keine rechtlich eindeutige Zuordnung zur DEK als Körperschaft des öffentlichen Rechts vor. Was er indes tat, war, daß er in seiner theologisch-ekklesiologischen Verhältnisbestimmung von Innerer Mission und Kirche über die vom RKA erklärte Inobhutnahme hinausging und festhielt: „Die Innere Mission ist Wesens- und Lebensäußerung der evangelischen Kirche."[44] Was Heyne schon im Februar 1936 in seinem Grundsatzreferat gefordert hatte,

---

38 EBD.

39 Schreiben Constantin Frick an die Mitglieder des Vorstandes des CA vom 3.11.1939 (ADWRH DÜSSELDORF, OHL 10.1.3.9.); Schreiben Constantin Frick an die Mitglieder des Vorstandes des CA vom 20.11.1939 (EBD.).

40 Protokoll der Sitzung des GVR am 30.10.1939 (EZA BERLIN, 1/A4/574).

41 Schreiben Constantin Frick an v. Bodelschwingh, v. Lüttichau, Ohl und Wendelin vom 3.11.1939 (ADWRH DÜSSELDORF, OHL 10.1.3.9.).

42 Vgl. auch Vermerk Engelmann, o. D., zu erschließen nach dem 11.11.1939 (ADW, CA 876 IV/2).

43 Schreiben Constantin Frick an v. Bodelschwingh, v. Lüttichau, Ohl und Wendelin vom 3.11. 1939 (ADWRH DÜSSELDORF, OHL 10.1.3.9.).

44 Entwurf „Erlaß des Leiters der Deutschen Evangelischen Kirchenkanzlei betr. die Innere Mission der DEK vom ..." Anlage zum Schreiben Constantin Frick vom 3.11.1939 (EBD.).

daß die Innere Mission „in der Kirche als ein Stück ihres Lebens angesehen wird"[45], was v. Wicht im Mai 1936 „das Wesen der Kirche und ihre unmittelbaren Lebensäußerungen"[46] hatte berühren sehen, was Friedrich Ulrich gegen Ende des Jahres 1938 auf der November-Konferenz der Inneren Mission als „Lebensäußerung der Kirche vorhanden" sah[47] und was Schirmacher im August 1939 öffentlich geltend gemacht hatte, daß der Inneren Mission „eigentliches Wesen als einer Arbeit kirchlicher Art" Ausdruck gegeben werden müsse[48] – das sollte nunmehr Grundsatz sein.

Die Frage, ob die Formulierung auf den Vorsitzenden des GVR, Marahrens, zurückging und ob dieser dabei bewußt auf Wichern und dessen „Denkschrift an die deutsche Nation"[49] aus dem Jahre 1849 zurückgegriffen hatte, kann hier weder erörtert noch beantwortet werden[50]. Fest steht jedenfalls, bereits Wichern hatte in seiner „Programmschrift"[51] unmißverständlich für „die Erweisungen der inneren Mission" erklärt, daß sie „ihrem Wesen nach der Kirche angehören, selbst Zeugnis des Lebens der Liebe der Kirche sind"[52]. Fest steht auch, daß an der nun gefundenen Formulierung dieses Grundsatzes bis zum endgültigen Beschluß des Erlasses am 12. Juli 1940 und seiner Veröffentlichung fünf Tage später nicht mehr gerührt wurde. Er hatte in dieser Form ungeteilte Zustimmung gefunden.

Auch am übrigen Wortlaut des Entwurfes wurde Entscheidendes nicht mehr geändert, und der Erlaß blieb „eine Zusammenfassung dessen, was seit den bekannten Veröffentlichungen unter D. Zoellner bereits bestand."[53] Die Besprechung einiger Vorstandsmitglieder am 7. November 1939, zu der die von Constantin Frick erbetenen Stellungnahmen v. Bodelschwinghs, v. Lüttichaus und Ohls vorlagen, hatte nur redaktionelle Veränderungen, mithin sprachliche Glättungen und Umstellung des Textes zur Folge, wenn man da-

---

45 Protokoll der Vorstandssitzung des CA am 13.2.1936 (ADW, CA 67 B (1936)).

46 Schreiben v. Wicht an RKA vom 15.5.1936 (EZA BERLIN, 1/C3/177).

47 F. ULRICH, Die Innere Mission und ihre Evangelische Kirche, S. 5.

48 H. SCHIRMACHER, Innere Mission, S. 173.

49 J. H. WICHERN, Die innere Mission der deutschen evangelischen Kirche. Eine Denkschrift an die deutsche Nation (1849) (J. H. WICHERN, Sämtliche Werke I, S. 175–366).

50 Bei den Akten befindet sich der Wortlaut des 1. Entwurfs des Redaktionsausschusses vom Vormittag des 30.10.1939. Er ist mit handschriftlichen Korrekturen versehen – das Ergebnis der Verhandlungen in der Sitzung des GVR am Nachmittag des 30.10.1939. Das schließt durchaus die Möglichkeit ein, daß die Formulierung von Marahrens persönlich ist (ADW, CA 876 IV/2). Siehe auch J. WINTER, Innere Mission und Kirche, S. 283.

51 M. GERHARDT, Innere Mission I, S. 101.

52 J. H. WICHERN, Die innere Mission der deutschen evangelischen Kirche. Eine Denkschrift an die deutsche Nation (1849) (J. H. WICHERN, SämtlicheWerke I, S. 322).

53 Schreiben v. Bodelschwingh an Knak vom 15.8.1940 (HAvBA 2/39-152). Vgl. auch Schirmacher lt. Protokoll der Geschäftsführerkonferenz des CA am 24.1.1940: „Die diese Fragen [scil. Innere Mission als Bestandteil der Kirche] behandelnden vorhandenen Erlasse sind jetzt zu einem Erlaß zusammengefaßt worden, der im Entwurf vorliegt." (ADW,CA 761 XXII).

von absieht, daß auf Vorschlag Ohls eine Festlegung der Zahl der Vorstandsmitglieder vermieden und die Regelung dieser Frage der Satzung überlassen wurde[54]. Im übrigen war man sich ohnehin einig, den beabsichtigten Erlaß von seiten des CA „durch eine von der Inneren Mission selbst zu schaffende Verfassung zu ergänzen, die wir bescheiden ‚Ordnungen' nennen wollen."[55]

Auch der GVR beschäftigte sich, ebenfalls am 7. November 1939, nochmals mit dem Entwurf, schlug auch einige geringfügige Änderungen vor[56], und nachdem man sich gegenseitig informiert hatte, sollte am 16. November 1939 im Rahmen einer Sitzung des GVR, in der auch v. Wichts Eingabe vom 11. November 1939 Verhandlungsgegenstand sein sollte, die gemeinsame Schlußberatung erfolgen[57]. Tatsächlich wurde ohne jede weitere Veränderung der von CA und Kirchenkanzlei überarbeitete Entwurfsfassung beschlossen und Constantin Frick konnte ihn bereits am 20. November 1939 allen Vorstandsmitgliedern übersenden. Sie sollten dem Entwurf ihre schriftliche Zustimmung erteilen[58]. Allem Anschein nach äußerten nur Peter Conze und Ohl neben ihrer grundsätzlichen Zustimmung nochmals Bedenken im Einzelnen. Ohl wünschte anstelle der Schreibweise „D.E.K." die ausgeschriebenen Worte „‚deutsche evangelische Kirche' ... klein geschrieben". Er wollte damit ganz im Sinne Wicherns, wie er ausdrücklich betonte, vermeiden, daß der Kirchenbegriff auf „die Verwaltungsstelle und Behörde" reduziert wird[59]. Und Conzes Monitum zielte auf die Abgrenzung der Aufsichtsrechte der Landeskirchen gegenüber der Inneren Mission, die er sich genauer beschrieben wünschte[60]. Auf der am 5. Dezember 1939 stattfindenden Vorstandssitzung wurden diese Fragen wiederum erörtert. Man verständigte sich, beim vorliegenden Text zu bleiben. Was Ohls Vorschlag betraf, wurde schließlich „Deutsche Evangelische Kirche" geschrieben.

Der Erlaß lag also spätestens am 5. Dezember 1939 beschlußfertig vor. Mochte Schirmacher ein noch zügigeres Vorgehen gewünscht haben, nach Lage der Dinge waren die Verhandlungen bis zu diesem Zeitpunkt minde-

---

54 Protokoll (ADW, CA 67 B (1939)). Vgl. auch Schreiben Ohl an Constantin Frick vom 4.11.1939 (ADWRH DÜSSELDORF, OHL 10.1.3.9.).

55 Schreiben Constantin Frick an v. Bodelschwingh, v. Lüttichau, Ohl und Wendelin vom 3.11.1939 (EBD.); vgl. auch Protokoll der Besprechung einiger Vorstandsmitglieder am 7.11.1939 (ADW, CA 67 B (1939)).

56 Das Protokoll der Sitzung des GVR am 7.11.1939 ist nicht nachweisbar. Das Faktum ist festgehalten in einem Aktenvermerk Engelmanns, den er am 11.11.1939 nach einem Telefongespräch mit Heyer fertigte, der mit dem CA die weitere Verfahrensweise abstimmen wollte (ADW, CA 2183 II).

57 EBD.

58 Schreiben Constantin Frick an alle Vorstandsmitglieder des CA vom 20.11.1939 (ADWRH DÜSSELDORF, OHL 10.1.3.9.).

59 Schreiben Ohl an Constantin Frick vom 23.11.1939 (EBD.).

60 Schreiben Conze an Constantin Frick vom 24.11.1939 (ADW, CA 67 B (1939)). Siehe auch Protokoll der Vorstandssitzung des CA am 5.12.1939 (EBD.).

stens ebenso schnell vorangeschritten wie seinerzeit die in gleicher Sache mit dem RKA. Nun aber gerieten sie ins Stocken. Die süddeutschen, die sogenannten intakten Kirchen – die Evangelisch-lutherische Kirche in Bayern, die Evangelisch-lutherische Landeskirche in Württemberg und die Evangelische Landeskirche Baden –, informiert über die Arbeit am Entwurf und ihre unmittelbar bevorstehende Beendigung, meldeten Bedenken an. Schon mit der Verabschiedung des Entwurfs am 5. Dezember 1939 durch den Vorstand des CA, an der als dessen Mitglieder auch Ziegler aus Karlsruhe und Greifenstein aus München beteiligt waren, mußte allen, jedenfalls Constantin Frick, Schirmacher, Paul Braune und v. Bodelschwingh klar sein, daß es jetzt Schwierigkeiten, also mindestens zeitlichen Verzug geben würde. Am Vormittag desselben Tages nämlich hatte der GVR mit diesen sechs Vorstandsmitgliedern des CA und mit Wurm, der aus Stuttgart angereist war, den Entwurf erörtert. Dabei war es, anders als wenige Stunden später auf der Vorstandssitzung des CA, zu keinem Konsens gekommen. Ziegler, Greifenstein und Wurm forderten nicht nur den Verzicht auf jene Bestimmungen, die eine Vertretung auch des EOK Berlin im Vorstand des CA vorsahen. Sie erwarteten auch eine ersatzlose Streichung der Regelungen über disziplinarische Maßnahmen gegen solchen Einrichtungen, „die sich den Verpflichtungen gegenüber der DEK, wie sie sich aus vorstehenden Bestimmungen ergeben, entziehen." Vor allem aber verlangten sie eine Beseitigung des Abschnitts im Entwurf, der bei der Wahl der Leitungsämter des CA eine Bestätigung durch die Leitung der DEK bestimmte und forderten den Fortfall des Hinweises auf die 17. DVO des Gesetzes zur Sicherung der DEK[61]. Mochte der CA sie aus seiner Sicht mit der Berufung des GVR für erledigt gehalten haben, mochte die Kirchenkanzlei der DEK sie für nicht so entscheidend halten, solange nur einigermaßen verantwortungsbewußte Männer in dieser kirchlichen Behörde mitarbeiteten – mit den Bedenken und Forderungen der drei Männer aus Süddeutschland wollte die Frage beantwortet sein: Wer ist die Leitung der DEK?

Ohne die weitere Debatte im einzelnen nachzuzeichnen, die zur Antwort auf diese Frage, mithin zur Billigung des Erlasses durch die süddeutschen Kirchen führte, bleibt allerdings soviel festzuhalten. Noch am gleichen Tag, am 5. Dezember 1939, auf der Vorstandssitzung des CA, stellte v. Bodelschwingh pragmatisch-nüchtern fest, „daß die im Erlaßentwurf genannte Leitung der DEK im Sinne dieses Erlasses durch den Leiter der Deutschen Evangelischen Kirchenkanzlei zusammen mit dem Geistlichen Vertrauensrat dargestellt werde."[62] Was das nach Lage der Dinge und im einzelnen bedeutete, das indessen bedurfte genauerer Beschreibung. Und damit waren der Erlaßentwurf und sein weiteres Schicksal mit jenen Verhandlungen verknüpft, die „dem Geistlichen Vertrauensrat zu wirklich festen Befugnissen (zu) verhelfen" soll-

[61] Protokoll der Sitzung des GVR am 5.12.1939 (EZA Berlin, 1/A4/574).

[62] Protokoll (ADW, CA 67 B (1939)).

ten[63]. Über vier Monate zogen sich die Verhandlungen hin, an denen Ellwein mit ständigem Zugang zu Kerrl, dessen Ministerium, Friedrich Werner und die Referenten der Kirchenkanzlei der DEK sowie die süddeutschen Kirchen mit ihren Landeskirchenämtern bzw. ihren Evangelischen Oberkirchenräten beteiligt waren[64]. Und ab 15. Februar 1940 wirkten auch alle übrigen Landeskirchen durch ihre obersten Behörden mit, denn sie mußten gemäß der 17. DVO zu dem Entwurf gehört werden[65]. Eine allgemeine Zustimmung kam allerdings nicht zustande, so daß Friedrich Werner am 12. März 1940 dem GVR seinerseits den Entwurf eines Mitwirkungserlasses vorlegen konnte, „der sich eng an den süddeutschen Vorschlag anschließt", der im OKR Stuttgart erarbeitet worden war. Damit waren, sowohl für Friedrich Werner als auch für den GVR, „die rechtlichen und sachlichen Anstöße" vermieden, die gegen den über Kerrl lancierten Referentenentwurf geltend gemacht wurden[66]. Freilich blieb es im großen und ganzen bei jenen Regelungen, die bestimmten, daß Verordnungen nur noch „im Einverständnis mit dem Geistlichen Vertrauensrat" erlassen werden konnten und daß darüber hinaus der GVR Grundsätze aufstellen und Einzelanweisungen erteilen konnte, „die für die Deutsche Evangelische Kirchenkanzlei verbindlich" waren. Außerdem war vorgesehen, das reformierte Element in dieser Gestalt der Leitung zu stärken, und deshalb sollte in jedem Fall ein Vertreter – es war der Göttinger Theologe und Inhaber eines Lehrstuhls für Reformierte Theologie, Dr. Otto Weber – des reformierten Bekenntnisses ständig beratend zu den Sitzungen des GVR hinzugezogen werden[67].

Mit diesem Erlaß über die „Mitwirkung des Geistlichen Vertrauensrates bei der Leitung der Deutschen Evangelischen Kirche" und seiner Veröffentlichung am 28. März 1940 sowie mit der Zustimmung der süddeutschen Kirchen waren nun die Voraussetzungen für eine Fortsetzung der Verhandlungen über die Innere Mission und ihre Stellung zur DEK gegeben. Die Bedenken, insonderheit der süddeutschen Kirchen, konnten ausgeräumt werden. Hatte der erste Entwurf vom 5. Dezember 1939 noch die Mitwirkung einer Leitung der DEK, genauer deren Zustimmung bei Vorhaben des CA vorgesehen, so konnte man sich nun darauf verständigen, daß Einvernehmen mit dem GVR herzustellen sei, auch wenn Meiser bis zuletzt lieber die Zustimmung des GVR „ausdrücklich festgelegt" hätte[68]. Und jener Abschnitt,

---

63 H. BRUNOTTE, Der kirchenpolitische Kurs, S. 123; K. MEIER, Kirchenkampf III, S. 106f.

64 Siehe dazu K.-H. MELZER, Der Geistliche Vertrauensrat, S. 102–114.

65 Rundschreiben der Kirchenkanzlei der DEK an die obersten Behörden der deutschen evangelischen Landeskirchen vom 15.2.1940 mit Entwurf, undatiert, in der Anlage. (EZA BERLIN, 1/A4/573).

66 Protokoll (EZA BERLIN, 1/A4/574). Vgl. auch H. BRUNOTTE, Der kirchenpolitische Kurs, S. 123; K. MEIER, Kirchenkampf III, S. 107.

67 Siehe E. LOYCKE, Die rechtliche Entwicklung, S. 75f.; und GBlDEK 1940 A, S. 13.

68 Schreiben Meiser an Werner vom 21.6.1940 (ADW, CA 876 IV/2).

der disziplinarische Maßnahmen für solche Einrichtungen bestimmte, die sich zu der im Interesse der Sache erforderlichen Anlehnung an die DEK nicht bereit finden konnten oder wollten, wurde ebenso gestrichen wie die besondere Vertretung des EOK Berlin im Vorstand des CA.

Als der Erlaß schließlich, nachdem er am 12. Juli 1940 beschlossen worden war, am 17. Juli veröffentlicht wurde[69], begrüßte ihn auch ChrKpflge und

---

[69] „Erlaß des Leiters der Deutschen Evangelischen Kirchenkanzlei betreffend die Innere Mission der Deutschen Evangelischen Kirche.

Auf der Grundlage des Art. 4 Abs. 3 der Verfassung der Deutschen Evangelischen Kirche und in Zusammenfassung und Ergänzung der in den Jahren 1932/33 durch den vormaligen Deutschen Evangelischen Kirchenausschuß und später in den Beschlüssen des Reichskirchenausschusses vom 18. April 1936 und vom 6. August 1936 getroffenen Regelung wird für die Innere Mission der Deutschen Evangelischen Kirche im Einverständnis mit dem Geistlichen Vertrauensrat der Deutschen Evangelischen Kirche und im Einvernehmen mit dem Vorstand des Central-Ausschusses für die Innere Mission der Deutschen Evangelischen Kirche folgendes bestimmt:

1. Die Innere Mission ist Wesens- und Lebensäußerung der evangelischen Kirche. Die in der Inneren Mission der Deutschen Evangelischen Kirche zusammengeschlossenen Verbände, Anstalten und Einrichtungen der evangelischen Liebestätigkeit und Volksmission sind ein Bestandteil der Deutschen Evangelischen Kirche. Die Innere Mission verwaltet ihre Angelegenheiten selbst.

2. Das oberste Organ der Selbstverwaltung der Inneren Mission ist der Central-Ausschuß für die Innere Mission der Deutschen Evangelischen Kirche. Er arbeitet in enger Verbindung mit der Leitung der Deutschen Evangelischen Kirche und ist von ihr beauftragt, die Belange der Inneren Mission in der Öffentlichkeit, insbesondere auch bei den Staats- und Parteistellen zu vertreten.

3. Der Central-Ausschuß für die Innere Mission der Deutschen Evangelischen Kirche hat die in der Inneren Mission zusammengeschlossenen Verbände, Anstalten und Einrichtungen der evangelischen Liebestätigkeit und Volksmission in ihrer Verwaltung und Wirtschaftsführung zu betreuen. Er trägt gegenüber der Leitung der Deutschen Evangelischen Kirche die Verantwortung für die Ordnung in diesem seinem Arbeitsbereich und ist berechtigt, die notwendigen Maßnahmen zu treffen. Maßnahmen allgemeiner Art bedürfen der vorherigen Zustimmung der Leitung der Deutschen Evangelischen Kirche.

4. Die Deutsche Evangelische Kirchenkanzlei wird im Vorstand des Central-Ausschusses für die Innere Mission der Deutschen Evangelischen Kirche durch ein Mitglied vertreten, das durch den Leiter der Deutschen Evangelischen Kirchenkanzlei im Einvernehmen mit dem Geistlichen Vertrauensrat der Deutschen Evangelischen Kirche ernannt wird. Die Leitung der Deutschen Evangelischen Kirche kann auf den Bericht des Vertreters der Deutschen Evangelischen Kirchenkanzlei im Vorstand des Central-Ausschusses gegen Beschlüsse des Central-Ausschusses Bedenken geltend machen. Die Durchführung solcher Beschlüsse bleibt bis zur Behebung dieser Bedenken ausgesetzt.

5. Die Wahl des Präsidenten, des Vizepräsidenten, des Kämmerers und des Direktors des Central-Ausschusses bedarf der Bestätigung durch den Leiter der Deutschen Evangelischen Kirchenkanzlei im Einvernehmen mit dem Geistlichen Vertrauensrat der Deutschen Evangelischen Kirche.

6. Die in der Inneren Mission der Deutschen Evangelischen Kirche zusammengeschlossenen und in der Betreuung des Central-Ausschusses für die Innere Mission der Deutschen Evangelischen Kirche stehenden Verbände, Anstalten und Einrichtungen sind wirtschaftlich selbständige Rechtsträger und verbleiben in den dafür gegebenen Rechtsformen. Die Durchführung ihrer wirtschaftlichen und verwaltungsmäßigen Betreuung im Sinne der Ziff. 3 regelt der Central-Ausschuß für die Innere Mission der Deutschen Evangelischen Kirche.

7. Die Ausdehnung des für die Pfarrer der Deutschen Evangelischen Kirche und der Landeskirchen geltenden Disziplinarrechts auf die von den Verbänden, Anstalten und Einrichtungen der Inneren Mission angestellten Geistlichen bleibt vorbehalten.

8. Zu Vorstandsmitgliedern des Central-Ausschusses für die Innere Mission der Deutschen Evan-

wertete ihn als Ausdruck dessen, was Wichern stets gewollt habe. Deshalb sei der Erlaß fast so etwas „wie eine verspätete Selbstverständlichkeit"[70]. Das mochte man im Rückblick so sehen können. Aber war diese „Selbstverständlichkeit" mit ihren Bestimmungen auch selbstverständlich handhabbar und brauchbar in einer Situation, in der das Regime und seine Handlanger in der NSV gerade versuchten, ihren Anspruch der Menschenführung durch die Tötung „lebensunwerten Lebens" durchzusetzen? War es wirklich ein „diplomatisches Meisterstück"[71], das die Innere Mission als Wesenselement der Kirche vor dem Zugriff der NSV, mithin vor nationalsozialistischem Totalitätsanspruch sichern konnte?

Es sollte sich bald herausstellen, daß Zweifel angebracht sein mußten.

3. *Das Planwirtschaftliche Abkommen*[1]

Zu dem Zeitpunkt, als die Verhandlungen zwischen CA und GVR wegen des Einspruchs aus Süddeutschland ins Stocken geraten waren, im Januar 1940, als aber Schirmacher noch eine baldige Veröffentlichung des Erlasses über die Innere Mission erhoffte, zu dem Zeitpunkt, als sich die Dinge in Westfalen durch den Kompromiß vom 23. November 1939 geklärt hatten und eine Klärung für Pommern sich abzeichnete, zu diesem Zeitpunkt konnte die evangelische Kinderpflege immerhin feststellen, daß „auf jeden Fall" die drohenden Gefahren abgewendet seien. Indessen machte v. Wicht, der auf der Geschäftsführerkonferenz des CA am 24. Januar 1940 ausführlich „Zur Lage der evangelischen Kinderpflege" berichtete, eine entscheidende Einschränkung. Er betrachtete die Gefahren als nur für „im Augenblick gebannt"[2].

Natürlich war diese höchst skeptische Einschätzung im Blick auf die Zukunft in den Erfahrungen der zurückliegenden Jahre mit der NSV und dem

---

gelischen Kirche und der ihm angeschlossenen Verbände, Anstalten und Einrichtungen können nur solche Persönlichkeiten gewählt werden, die sich verpflichten, die kirchliche Eigenart des von ihnen vertretenen Werkes zu wahren.

9. Der Central-Ausschuß für die Innere Mission der Deutschen Evangelischen Kirche wird beauftragt, seine Satzung diesem Erlaß anzupassen. Dabei ist auf eine Vereinfachung der Gesamtorganisation in Bedacht zu nehmen.

10. Soweit in Landeskirchen Aufsichtsrechte der Kirche gegenüber der Inneren Mission über das Vorstehende hinaus in Geltung sind, bleiben diese Rechte unberührt.

Berlin, den 12. Juli 1940. Der Leiter der Deutschen Evangelischen Kirchenkanzlei: Dr. Werner." (GBlDEK 1940 A, S. 39–40; N.N., Erlaß, S. 57–58; N.N., Die Innere Mission, S. 61–62).

[70] A. FRATZSCHER, Christentum der Tat, S. 118; mit Abdruck des Erlaßtextes.

[71] G. KRÜGER-WITTMACK, Das Verhältnis, S. 64. Vgl. J. WINTER, Innere Mission und Kirche, S. 283.

[1] Wie im Vorwort angezeigt ist, liegt hiermit eine Bearbeitung des Beitrags in der Helmut Talazko zum 65. Geburtstag gewidmeten Festschrift vor. R. BOOKHAGEN, Das Planwirtschaftliche Abkommen.

[2] Protokoll der Geschäftsführerkonferenz des CA vom 24.1.1940 (ADW, CA 761 XXII).

mit ihr und dem Parteiapparat verflochtenen kommunalen, regionalen und reichszentralen Verwaltungs- und Behördenapparat, kurz, in den Erfahrungen mit dem polykratischen Machtapparat begründet, die v. Wicht selbst einmal vorausschauend als Zeit des Aufschubs bezeichnet hatte.

Ganz gewiß hatte diese Einschätzung aber auch mit den Erfahrungen der ersten Wochen des Jahres 1940 und den letzten Monaten des Jahres 1939 zu tun und damit, daß er erkennen mußte, daß der Krieg die evangelische Kinderpflege zunehmend vor neue Fronten stellte, etwa in Gestalt von Erlassen solcher Ministerien, deren Zuständigkeiten nun auch die Kindergärten berührten und damit den Machthabern in Gauen und Kreisen die Möglichkeit boten, die Frontstellung gegen die konfessionellen Kindertagesstätten zu erweitern. So hatte der Reichsbeauftragte für Eisen und Stahl am 27. September 1939 einen Erlaß herausgegeben, der die „Annahme und Ausführung von Aufträgen für dringenden Reparatur- und Ersatzbedarf von Heizkesseln, Radiatoren, Heiz- und Kochgeräten, Kachelherdguß, Sanitätsguß, Badewannen, Hauskanalguß" einschränkend regelte[3]. Erschwerte allein dieser Erlaß schon den Betrieb einer Kindertagesstätte und mußten in seiner Folge Konflikte unvermeidlich sein, so noch vielmehr bei der Verfügung von „Reichsbauernführer" Walter Darré und seines Reichsministeriums für Ernährung und Landwirtschaft vom 6. November 1939. Sie regelte die Sonderzuteilungen von Lebensmitteln für die Einrichtungen der halboffenen Kinderpflege[4]. Der Erlaß erwähnte die konfessionellen Einrichtungen mit keinem Wort, was dazu führte, daß in einigen Ländern und Provinzen die Behörden und die NSV nicht bereit waren, den Erlaß sinngemäß auch für die evangelischen Kindergärten gelten zu lassen[5]. Zwar durften nach einer entsprechenden Verfügung

---

3 Erlaß (ADW, CA 864/18 I); und Rundschreiben der Vereinigung an die angeschlossenen Landes- und Provinzialverbände für evangelische Kinderpflege vom 12.12.1939 (LKA HANNOVER, E 26/105).

4 EBD. Danach sollte ein Kindergarten für jedes Kind 100 g Mehl für eine Woche erhalten, und zwar bei Abgabe eines Einzelabschnittes der Reichsbrotkarte über 50 g einen Bezugsschein für Mehl über 62,5 g; für jedes Kind waren auch 100 g Fleisch in der Woche vorgesehen, wobei 50 g als Sonderzuteilung und 50 g durch Fleischkartenabgabe ausgegeben werden sollten; für jedes Kind sollten außerdem 50 g Margarine in der Woche als Sonderzuteilung ausgegeben werden. Für den Fall, daß mehr benötigt würde, müßte das Fett von den Eltern zur Verfügung gestellt werden; für Vollmilch, „soweit den Kindern Vollmilch verabfolgt werden soll," etwa aus Gründen der Gesundheitsfürsorge, mußten „Reichsmilchkarten abgegeben" werden, ansonsten könnten die Kindergärten entrahmte Frischmilch beziehen; weiterhin waren für jedes Kind 75 g Nährmittel [Hülsenfrüchte, Nudeln, Graupen, Stärke, Backpulver, Puddingpulver u. ä.] in der Woche vorgesehen, die allerdings – „Sonderzuteilungen können nicht erfolgen" – nur über Nährmittelkarten zu erhalten waren; schließlich sollte jedes Kind noch 50 g Zucker und 50 g Marmelade als Sonderzuteilung erhalten. v. Wicht nahm auch am 24.1.1940 auf der Geschäftsführerkonferenz des CA nochmals ausdrücklich Bezug auf den Erlaß vom 6.11.1939 (Protokoll (ADW, CA 761 XXII)).

5 Rundschreiben der Vereinigung an die angeschlossenen Landes- und Provinzialverbände für evangelische Kinderpflege vom 12.12.1939 (LKA HANNOVER, E 26/105).

des Ministeriums Darrés vom 11. März 1940 auch „Kindertagesstätten konfessioneller Organisationen“ die Sonderzuteilungen gewährt werden. Aber einen Anspruch darauf hatten sie nicht, denn die zuständige Kreisamtsleitung der NSV mußte die Zuteilung befürworten[6].

Gewiß hatte v. Wichts Einschätzung auch etwas zu tun mit der Zahl der Einrichtungen, die mit ihrem Anwachsen die Entwicklung bei der NSV beschrieben. So war die Zahl der NSV-Kindergärten von 4.781 am Ende des Jahres 1938 auf 10.757 im April 1940 angestiegen[7]. Eine Zunahme von Einrichtungen, die, auch wenn propagandistisch bedingte Ungenauigkeiten – die Zahl der Plätze wird nicht genannt! – in Rechnung zu stellen sein werden, der evangelischen Kinderpflege schon als bedrohlich erscheinen mußte. Dies um so mehr, als die Zahl ihrer eigenen Einrichtungen von etwa 2.800 im Januar 1937 über 2.614 im Januar 1939 auf 2.563 im Januar 1940 gesunken war[8].

Entscheidend für die skeptische Haltung v. Wichts aber waren seine nicht sehr großen Erwartungen im Blick auf den CA[9]. Aus diesem Grund hatte er sich ja auch, wie gegen Ende 1935 an den RKA, im Dezember 1939 direkt an den GVR gewandt. Die Forderungen der NSV, die sie als „Helfer der Ordnung im Rücken der Front“[10] verstärkt seit dem September 1939 stellte, unterstützt von entsprechenden Erwägungen der Sicherheitspolizei und dem SD im RSHA sowie der Militärbehörden[11], schienen Wirkung zu zeigen und

---

6 Erlaß des Reichsministers für Ernährung und Landwirtschaft vom 11.3.1940 betr. Sonderzuteilungen für Kindertagesstätten usw. (ADWW MÜNSTER, 153/6).

7 H. VILLNOW, Die sozialpädagogische Arbeit, S. 3; vgl. N.N., Aufbau der Kindergartenarbeit: „Am 15.6.1940 bestanden 8.768 Dauer- und 2.176 Hilfskindergärten.“ (S. 179); H. VILLNOW, Erziehung und Betreuung, S. 172, zählt zur Mitte des Jahres 1940 – zu erschließen ist 30.6.1940 als Stichtag – 8.826 Dauerkindergärten und 2.326 Hilfskindergärten; H. ALTHAUS, Rede zur 100-Jahrfeier: „Im April 1940 bestanden 10.757 Dauer- und Hilfskindergärten“. (S. 129). DERS., Aufgaben und Ziele, S. 13, zählt am 1.3.1940 9.814 Dauerkindergärten der NSV. Schreiben v. Wicht an Ohl vom 4.1.1941 (ADWRH DÜSSELDORF, OHL 10.1.7. I) enthält Zahlenangaben aus diesen Quellen. Schließlich vgl. die Angaben bei F. HEINE, Die Nationalsozialistische Volkswohlfahrt, S. 14; E. HANSEN, Wohlfahrtspolitik, S. 170; P. HAMMERSCHMIDT, Die Wohlfahrtsverbände, S. 590. Siehe I Kap. VII.2.1., S. 299 mit Anm. 121; II Kap. Einleitung, S. 20f. mit Anm. 57; II Kap. I.4.2., S. 254f. mit Anm. 290 und Anm. 292.

8 Statistik (ADW, VKD 32).

9 Siehe II Kap. II.1.3., S. 423f. mit Anm. 214.

10 H. BERNSEE, Aufgaben, S. 9.

11 Siehe H. BOBERACH, Berichte. Aus dem Bericht des Chefs der Sicherheitspolizei und des SD über die gegenwärtige politische Haltung der Kirchen und Sekten vom 20.10.1939: „Die Erfahrungen haben gezeigt, daß es nicht möglich ist, den Gegensatz zwischen den konfessionellen Kräften und der nationalsozialistischen Staatsführung oberflächlich zu verdecken oder nach außen hin in der Propaganda wegzuleugnen.“ Deswegen seien erforderlich Maßnahmen „a) staatspolizeilicher Art ... 12) Da unter Ausnützung der Zeitlage eine starke Ausbreitung der konfessionellen Kindergärten, Kinderhorte usw. zu erwarten ist, müssen alle diese Kindergärten usw. der Oberleitung und Kontrolle der NSV unterstellt werden. Ebenso wäre für den gegenwärtigen Augenblick eine Gesamtkontrolle der Wohlfahrtstätigkeit durch die NSV wünschenswert.“

gaben Anlaß, kein allzu großes Vertrauen mehr in den CA und seine Möglichkeiten zu setzen – erst recht nach der Gestapo-Aktion im Hause des CA und nach der Auflösung der Arbeitsgemeinschaft gut zwei Wochen später.

Am 27. Februar 1940 gegen 10.00 Uhr war das Haus des CA im Berlin-Dahlemer Reichensteiner Weg von etwa 40 Beamten der Gestapo besetzt worden. Alle Mitarbeiter waren aufgefordert worden, sich im Sitzungssaal zu versammeln und aufzuhalten. Die Räume waren durchsucht worden. Offenbar hatte die Aktion in Verbindung mit den noch laufenden Verhandlungen zwischen Innerer Mission und GVR gestanden. Das „Doppelspiel", das zu spielen Hilgenfeldt dem CA in Zusammenhang mit dem Opfertag der Inneren Mission vorgeworfen hatte, sollte ebenso beendet wie die „Unwahrhaftigkeit" des CA nachgewiesen und der CA selbst – mit dem Erlaß Schwerin v. Krosigks vom 15. Juli 1939 anerkannter Spitzenverband der freien Wohlfahrtspflege[12] – desavouiert werden. Zwar war darüber keine Auskunft gegeben worden, aber die Fragen, die Constantin Frick und die Mitarbeiter im Verhör hatten beantworten müssen, hatten sich darauf bezogen und „insbesondere auf die Stellungnahme des Central-Ausschusses zum Unterstellungsgesetz"[13], das neun Monate zuvor zur Debatte gestanden hatte. Akten, speziell die beiden letzten Prüfberichte der Jahresrechnungen nebst Gewinn- und Verlustrechnung des Jahres 1938 und der vorläufigen Jahresrechnung 1939, waren mitgenommen worden. Auch Schirmacher war verhört, ja war sogar in das „Hauptquartier der Gestapo", die „Zentrale des Terrors" in der Berliner Prinz-Albrecht-Straße[14], zur weiteren Vernehmung mitgenommen und erst am 1. März wieder entlassen, zum Schweigen verpflichtet und unter Hausarrest gestellt worden[15]. Die Prüfung der Akten, besonders die der Fi-

(S. 362ff.). Siehe auch H. BERNSEE, Aufgaben. Vgl. II Kap. III.3.11., S. 678 mit Anm. 615. Die NSV selbst meinte anläßlich ihres achtjährigen Bestehens: „Einer späteren Zeit wird es vorbehalten sein, die Arbeit der NSV im Krieg in ihrer ganzen tiefen Auswirkung auf die Widerstandskraft und Gesunderhaltung unseres Volkes zu würdigen." (H. BERNSEE, Zum Jahrestag, S. 88). Das ist bis jetzt erst in Ansätzen geschehen, freilich mit ganz anderen Ergebnissen als damals in nationalsozialistischer Hybris erwartet. Siehe besonders H. VORLÄNDER, Die NSV; E. HANSEN, Wohlfahrtspolitik. Im Interesse der Kriegsführung schien es im übrigen gleichzeitig zu liegen, nicht unbedingt nur sich propagandistisch polemisch, sondern auch anerkennend gegenüber andern Trägern freier Wohlfahrtspflege zu äußern, um damit gegebenenfalls die Anerkannten um so besser eigenen Interessen nutz- und dienstbar machen zu können; jedenfalls fällt auf, daß nicht mehr vom „Umbiegen" einer überkommenen Gesinnung die Rede ist, sondern anerkannt wird, daß „auch der vergangene Staat ... mannigfaltige Wohlfahrtseinrichtungen [hatte], von denen gute Arbeit geleistet wurde." (H. BERNSEE, Zum Jahrestag, S. 85). Zum RSHA und sein Zusammenwirken mir den Militärbehörden siehe H. BUCHHEIM, Die SS, S. 66ff.; vgl. auch J. TUCHEL, Gestapa, S. 97ff.

12 Siehe II Kap. I.4.3., S. 283f. mit Anm. 436 und Anm. 437.

13 Schreiben Constantin Frick an Werner vom 2.3.1940 (ADW, CA 1195 XVIII).

14 J. TUCHEL, Gestapa und Reichssicherheitshauptamt, S. 84 mit Anm. 1.

15 Siehe auch M. GERHARDT, Jahrhundert II, S. 379; J.-CHR. KAISER, Sozialer Protestantismus, S. 224f.; und DERS., Politische Diakonie, S. 210.

nanzabteilung war zwei Tage später fortgesetzt worden. Die Aktion, ohne Frage von Hilgenfeldt oder doch von ihm nahestehenden Kreisen initiiert, war ergebnislos geblieben, was die Ermittlung von belastendem Material betraf. Hilgenfeldt hatte erneut, nachdem er seinerzeit mit seinem Unterstellungsgesetz gescheitert und gleichzeitig der CA als Spitzenverband der freien Wohlfahrtspflege neben der NSV anerkannt worden war, nach kurzer Zeit erkennen müssen, daß es auch auf diesem Wege nicht gelänge, die Innere Mission zu vereinnahmen.

Die Folgen hatten sich nur vierzehn Tage nach dem Eingriff der Gestapo gezeigt. Wohl mehr oder weniger „aus Wut über das Mißlingen seines Lieblingsplanes"[16] hatte Hilgenfeldt im Einverständnis mit dem „Stellvertreter des Führers" die Arbeitsgemeinschaft liquidiert. Lapidar hatte er am 16. März 1940 ihre Auflösung mit sofortiger Wirkung mitgeteilt, da sie bis dahin „einen entscheidenden Beitrag zur planwirtschaftlichen Gestaltung der freien Wohlfahrtspflege nicht geleistet hat."[17]

Spätestens ein halbes Jahr zuvor, als Hilgenfeldt seinen letzten eindeutigen Versuch unternahm, „der Kirche die Liebestätigkeit auf schnellstem Wege zu entreißen"[18], hätte für alle Verantwortlichen im CA deutlich erkennbar sein müssen, daß der Hauptamtsleiter und seine NSV der formell immer noch bestehenden Arbeitsgemeinschaft überhaupt keine Bedeutung mehr beimaßen, ja sogar schon erwogen, sie aufzulösen[19]. Hatte damals eine mit der Weigerung zu verbindlich koordinierter Zusammenarbeit mit der Inneren Mission einhergehende Forderung Hilgenfeldts bei den Geschäftsführern der Verbände immerhin noch zu Überlegungen organisatorischer und solchen finanztechnischer Art geführt – denn es kam darauf an, auch in dieser Beziehung der NSV bzw. der staatlichen Verwaltung eine möglichst geringe Angriffsfläche zu bieten –, so schien jetzt, im März 1940, die Ratlosigkeit vollkommen. Constantin Frick fertigte drei Entwürfe einer Antwort an Hilgenfeldt, bis er schließlich seine Stellungnahme unter dem 16. April 1940 der NSV übermittelte. Hatte der Präsident des CA in den ersten beiden Fassungen noch auf die Leistungen der Inneren Mission in der Vergangenheit hingewiesen und damit auch kritische Anmerkungen zur NSV und zu Hilgenfeldts

---

16 M. GERHARDT, Jahrhundert II, S. 379.

17 ADW, CA 1195 XVIII. RECHTS-, STEUER- UND WIRTSCHAFTSFRAGEN DER FREIEN WOHLFAHRTSPFLEGE (RSTWW), bis dahin „herausgegeben von der Arbeitsgemeinschaft der freien Wohlfahrtspflege Deutschlands", erschien zwar weiterhin unter „Hauptschriftleiter im Nebenberuf: Dr. Hans-Georg Ballarin", aber mit der April-Ausgabe 1940, des neuen, 15. Jgs., wurde die Zeitschrift „herausgegeben vom Reichsverband der freien gemeinnützigen Kranken- und Pflegeanstalten Deutschlands", dessen Geschäftsstelle im Haus des NSV-Hauptamtes am Berliner Maybachufer und dessen Vorsitzender Constantin Frick war.

18 Niederschrift der Besprechung im Hauptamt für Volkswohlfahrt am 12.10.1939 (ADW, CA 1195 XVII).

19 EBD.

ständiger und unter nationalsozialistischem Totalitätsanspruch stehender Forderung nach Zusammenarbeit verbunden, so war davon im schließlichen Antwortschreiben nichts mehr enthalten. Zwar wurde die Auflösung der Arbeitsgemeinschaft bedauert, zumal sich die Innere Mission stets „insbesondere für die von Ihnen erstrebte Planwirtschaft eingesetzt" hätte. Aber ohne jedes weitere Monitum wurde dem Hauptamtsleiter mitgeteilt: „... die Innere Mission jedenfalls wird auch in Zukunft notwendig werdenden planwirtschaftlichen Maßnahmen aufgeschlossen gegenüberstehen."[20] Im CA also ließ man sich mehr und mehr von der Hoffnung leiten, der Inneren Mission, wenn nicht die gesamte Arbeit, dann doch zumindest einen Teil davon erhalten zu können. Träger dieser Hoffnung waren nun die von der NSV seit Beginn ihrer „Machtergreifung" geforderten planwirtschaftlichen Maßnahmen.

Bei genauer Betrachtung war die Innere Mission planwirtschaftlichen Maßnahmen oder auch nur entsprechenden Absichten immer mit Mißtrauen begegnet. Dahinter stand zum einen der noch aus der Zeit der Weimarer Republik herrührende Vorbehalt gegenüber solchen Maßnahmen, die einzelne Einrichtungen etwa in ihrer Arbeit hätten beschränken können. Man hatte darin eine Bedrohung ungehinderter kirchlicher Arbeit gesehen. Zum anderen aber hinderte die sich im Laufe der Zeit tatsächlich mit den Vorschlägen zur Planwirtschaft verbindende Absicht der NSV, die Einrichtungen zu übernehmen, also die kirchliche Arbeit auszulöschen, den CA und die gesamte Innere Mission daran, sich darauf einzulassen. Allerdings hatte der CA, besonders durch seinen Präsidenten Constantin Frick, nach wie vor ganz auf der Linie gleichberechtigter Zusammenarbeit, wie sie in der Weimarer Republik vom Gesetzgeber beabsichtigt und in der Liga realisiert war, der okkupativen Planwirtschaft der NSV spätestens seit Anfang 1936 das Kooperationsmodell der Inneren Mission entgegengestellt.

Auf der Sitzung des Führerrates der Arbeitsgemeinschaft am 3. März 1936 hatte Constantin Frick die schwierige Lage der Finanzwirtschaft der freien Wohlfahrtspflege und besonders der Inneren Mission beschrieben. Er hatte nicht nur auf das Sammlungsverbot hingewiesen, sondern auch auf steuerliche Erschwernisse und speziell – im Gegensatz zu anderen Gebieten des öffentlichen Lebens – auf das Ausbleiben jeglicher Hilfen bei Umschuldungs- oder Entschuldungsmaßnahmen, den Folgen „der vergangenen Systemwirtschaft" der Weimarer Republik. Wohl eher absichtsvoll hatte er damit Ursache und Wirkung und auch die Verstrickung der Inneren Mission in die „Systemwirtschaft" durch die Devaheim-Affäre verschleiert. Er hatte wohl gehofft, sich durch die Distanzierung von der „Weimarer Systemzeit" auch von dem Finanz-Skandal der Inneren Mission und der Erinnerung daran durch dessen anhaltenden Auswirkungen entlasten zu können. Daß die NSV

[20] Schreiben Constantin Frick an Hilgenfeldt vom 16.4.1940, einschließlich der Entwürfe (ADW, CA 1195 XVIII).

diesen Erwartungen nicht entsprach, hierin ebenso wie in der gegenseitigen Konkurrenz sah Constantin Frick jetzt einen unnützen Kräfteverbrauch, dem allerdings die Notwendigkeit zu planwirtschaftlicher Zusammenarbeit gegenüberstehe[21]. Hilgenfeldt hatte sich in seiner Stellungnahme darauf beschränkt zu bemerken, daß Aussagen über die Sammlungen nicht möglich wären, daß aber unter Umständen der Staat Mittel für die Entschuldung freimachen könnte. Das war wenig genug und hatte zum wiederholten Male gezeigt, daß einerseits die Innere Mission vom Wohlwollen der Machthaber abhängig war, andererseits die NSV und ihr Hauptamtsleiter mit dem Ziel einer „Sicherstellung der einheitlichen und planwirtschaftlichen Gestaltung"[22] der Wohlfahrtspflege an einer tatsächlichen und planwirtschaftlichen Zusammenarbeit kaum Interesse hatten. Daß Constantin Frick dies nicht erkannt haben sollte, ist wenig wahrscheinlich. Wenn aber der CA fortan auf seinem Kooperationsmodell beharrte, so deswegen, weil in der Differenz zu den Forderungen der NSV auch Verhandlungsspielraum lag, mithin auch die Chance gegeben war, alle Möglichkeiten der Gegenwehr zu nutzen und taktisch in die Auseinandersetzung einzubringen.

Was aber, wenn der CA erkennen sollte, daß der Verhandlungsspielraum, den die Ja-Aber-Taktik bot, nicht mehr vorhanden und alle Möglichkeiten der Abwehr der okkupierenden planwirtschaftlichen Maßnahmen erschöpft waren? Man wird es als wesentliches Ergebnis der Gestapo-Aktion von Ende Februar 1940 betrachten müssen, daß sich die Innere Mission jetzt ernsthaft mit der Frage zu beschäftigen begann, „ob die NSV bei einer Teilung der Arbeitsgebiete Garantien geben könne, daß die Innere Mission sich auf den Gebieten, die ihr unbestritten zugewiesen seien, ungehindert betätigen könne."[23] Auf diese Frage nämlich lief das Gespräch hinaus, das am 7. Mai 1940 im Hauptamt für Volkswohlfahrt stattfand und an dem neben Constantin Frick und Schirmacher auch Paul Braune als Vorstandsmitglied des CA teilnahm sowie für das Berliner Hauptamt der NSV Hermann Althaus und Cordt, der Jurist, der seit fünf Jahren, seit dem Ausscheiden Georg Ballarins die Hauptstelle Wohlfahrts- und Fürsorgerecht leitete. Hilgenfeldt war nicht anwesend, was wohl als ein Zeichen dafür zu werten ist, daß er die Probleme, die es mit der Inneren Mission noch hätte geben können, für gering hielt. Er wird sich kaum aus Sorge vor einer persönlichen Begegnung mit Constantin Frick von Hermann Althaus haben vertreten und gewissermaßen ausrichten lassen, daß er die Arbeitsbeziehungen keinesfalls mit der Auflösung der Arbeitsgemeinschaft abbrechen wolle, sondern ganz im Sinne eines alten Wunsches des CA – und er spielte damit wohl auf die Konkurrenz des CA und des DCV ebenso

---

21 Protokoll (ADW, CA 1195 XIV).

22 H. REICHERT, Neuordnung, S. 34.

23 Niederschrift über eine Besprechung im Hauptamt für Volkswohlfahrt am 7.5.1940 (ADW, CA 1195 XVIII).

an wie auf die zwei Jahre zuvor von Schirmacher gegen einen Beschluß des Vorstandes des CA geförderte und gegen das Zögern Hans-Hellmuth Krauses forcierte Vereinbarung über eine engere Zusammenarbeit, vorbildlich für das ganze Reich, zwischen der NSV in Schlesien und dem Schlesischen Provinzialverein für Innere Mission[24] – „zu einer Arbeitsgemeinschaft zu zweit zu kommen“ beabsichtigte[25]. Wie eine solche Arbeitsgemeinschaft zu gestalten wäre, dazu hatte Hilgenfeldt bereits deutliche Vorgaben gemacht. In seinem Antwortschreiben vom 23. April 1940 auf Constantin Fricks so nachgiebige und hinsichtlich planwirtschaftlicher Absprachen so konzessionsbereite Stellungnahme von einer Woche zuvor hatte Hilgenfeldt sich bereit erklärt, „hierüber in eine nähere Zusammenarbeit auf der Grundlage der in der „Ostmark“ durchgeführten Abgrenzung der Aufgaben einzutreten.“[26]

Und das war nun Gegenstand des Gespräches am 7. Mai 1940. Dabei mußten die drei Männer der Inneren Mission erkennen, daß die NSV sich auf eine Debatte über den Umfang ihrer Arbeit ebensowenig einzulassen bereit war wie sie von einer „Anwendung der Ostmark-Lösung“ Abstand nehmen wollte[27]. Unter diesen Umständen konnte auch die ausführliche Aussprache über die Kindergärten, die im Mittelpunkt der Begegnung stand, kein solches Ergebnis haben, das für diesen Arbeitsbereich eine Ausnahmeregelung, und sei es nur regional begrenzt auf Süd- und Westdeutschland, bedeutet hätte. Hermann Althaus und Cordt beharrten auf der „Ostmark“-Lösung. Außerdem verwiesen sie auf eine Vereinbarung mit dem Hauptamt für Kommunalpolitik und dem von ihm „betreuten“[28] Deutschen Gemeindetag, die den Anspruch der NSV auf die Übernahme „von konfessionellen und sonstigen Organisationen betriebenen Kindertagesstätten“ bestätigte und diese Übernahme „nach und nach“ vorsah[29]. Daß dies geschehen werde, daran ließen Hermann Althaus und Cordt keinen Zweifel, und Cordt fragte polemisch, „weshalb die Innere Mission ihre 3.000 Kindergärten nicht auch noch der NSV zu ihren übrigen 30.000 geben wollte.“[30] Der Einwand Paul Braunes, daß „man damit

---

24 Siehe II Kap. I.4.2. Exkurs, S. 259ff.

25 Niederschrift über eine Besprechung im Hauptamt für Volkswohlfahrt am 7.5.1940 (ADW, CA 1195 XVIII).

26 (EBD.).

27 Niederschrift über eine Besprechung im Hauptamt für Volkswohlfahrt am 7.5.1940 (EBD.).

28 R. LEY, Organisationsbuch, S. 285.

29 Rundschreiben G 2/40 des Hauptamtes für Kommunalpolitik vom 4.1.1940 (EZA BERLIN, 1/C3/179; ADWRH DÜSSELDORF, OHL 61.8.11.).

30 Niederschrift über eine Besprechung im Hauptamt für Volkswohlfahrt am 7.5.1940 (ADW, CA 1195 XVIII). Aufzeichnungen Ohl für die Bremer Gespräche zur Planwirtschaft am 17. und 18.4.1941 (ADWRH DÜSSELDORF, OHL 10.1.7. II). Im Aktenprotokoll als Anlage zur Einladung zur Geschäftsführerkonferenz des CA am 28.6.1940 vom 18.6.1940: „Herr Cordt wies darauf hin, daß es doch auch aus praktischen Gründen richtiger sei, die Verwaltung der 3.000 evangelischen Kindergärten mit der der 30.000 nationalsozialistischen zusammenzuschließen.“

die Kirche von der praktischen Glaubensbetätigung abhielte", wurde unmißverständlich zurückgewiesen und das mit dem Hinweis, daß dieser Bereich freier Wohlfahrtspflege, der nun ‚Volkspflege' heiße und ‚menschenführender Art' sei, in Zukunft kein Instrument kirchlicher Unterweisung mehr sein dürfe. Und im übrigen sei die religiöse Unterweisung im kirchlichen Raum ja unbehindert, außerdem sei auch zu bedenken, daß es durchaus Kirchengebiete gebe, in denen die Kirche ihrem Auftrag nachkomme, ohne einen Kindergarten zu betreiben[31].

Nach diesem Gespräch waren es nur zwei Erwartungen, die man auf seiten der Inneren Mission und in ihrem CA haben konnte. Zum einen, daß „die Herren vom Hauptamt" angesichts der gänzlich unterschiedenen Situation im „Altreich" kein größeres Gewicht auf die „wörtliche Anwendung" der „Ostmark"-Lösung" legten. Und zum anderen, daß es gelänge, worauf besonders Schirmacher hingewiesen hatte, die in Westfalen vor einem halben Jahr und „neuerdings" in Pommern getroffenen Abmachungen „als Grundlage für eine Planwirtschaft während des Krieges zu nehmen."[32]

Daß diese Erwartungen nicht gerechtfertigt waren, sollte man in CA und Vereinigung bald erfahren. Schon jetzt allerdings mußte man aber die Gefährdung der Arbeit durch eine Vereinbarung auf Parteiebene erkennen, die v. Wicht noch im Januar 1940 im Gegensatz etwa zu Möller als „nicht ganz so bedrohlich" beurteilt hatte[33], die aber bald die Furcht vor einem Gesetz neu wecken sollte und den Hintergrund der beginnenden Debatte im CA darstellte[34]. Es war jene Vereinbarung zwischen Hilgenfeldt, Conti und dem Hauptamtsleiter des Hauptamtes für Kommunalpolitik und Vorsitzenden des Deutschen Gemeindetages, Karl Fiehler, sowie dem Hauptamtsleiter der staatsrechtlichen Abteilung beim Stab des „Stellvertreters des Führers"[35], Walther Sommer, die „eine wirklich gedeihliche Zusammenarbeit" der Kommunen mit der NSV auf dem gesamten Gebiet der Wohlfahrtspflege, aber „vor allem bezüglich der kriegswichtigen Einrichtungen der Kindertagesstätten" beabsichtigte. Tatsächlich wurde auf dieser Besprechung, die am 16. Oktober 1939 stattfand, eine „vollkommene Einigung" darüber erzielt, „1. die bisher gemeindlichen [scil. kommunalen] Kindertagesstätten verbleiben den

(ADW, CA 1195 XVIII). Diese Zahl war erst Ende des Jahres 1942 erreicht. Siehe II Kap. III.1., S. 545 mit Anm. 103; II Kap. IV.1.1., S. 796 mit Anm. 4; II Kap. IV.1.2., S. 844f. mit Anm. 287.

31 Niederschrift über eine Besprechung im Hauptamt für Volkswohlfahrt am 7.5.1940 (ADW, CA 1195 XVIII).

32 EBD.

33 Schreiben v. Wicht an Möller vom 9.1.1940 (ADWW MÜNSTER, 153/3 (1940–1945)).

34 Protokoll der Geschäftsführerkonferenz des CA am 28.6.1940 (ADW, CA 761 XXII).

35 Das war wohl die verwaltungsjuristische Beschreibung dessen, was Heß selbst so beschrieben hatte: „Hauptreferent für alle Angelegenheiten, die mich in meiner Eigenschaft als Reichsminister berühren" und damit verantwortlich für alle Fragen, „die das Verhältnis von Partei und Staat betreffen." (P. LONGERICH, Hitlers Stellvertreter, S. 20).

Gemeinden [scil. Kommunen]; 2. die bisherigen NSV Kindertagesstätten verbleiben der NSV; 3. die bisher von konfessionellen und sonstigen Organisationen betriebenen Kindertagesstätten werden nach und nach von der NSV übernommen; 4. die Trägerschaft an den neu zu errichtenden Kindertagesstätten bleibt der NSV vorbehalten."[36]. Im übrigen sollten die Kosten im Ergebnis bei den Kommunen liegen[37]. Damit stellte diese Vereinbarung für die konfessionellen Kindergärten einen gewissen Abschluß jenes Distanzierungs- und Radikalisierungsprozesses dar, der in der ersten Hälfte des Jahres 1937 begonnen und auch die Kommunen und den sie vertretenden Deutschen Gemeindetag mit entsprechenden Forderungen, besonders auch finanzieller Art, nicht verschont und den Konflikt mit dem Hauptamt für Kommunalpolitik ständig verschärft[38] und ein halbes Jahr zuvor, Anfang März, auf der Tagung der NSV-Gauamtsleiter in Weimar in der von Hilgenfeldt sanktionierten Forderung Ventzkis nach Übernahme auch und gerade dieser Arbeit aus der Trägerschaft der öffentlichen Hand in die der NSV seinen bisherigen Höhepunkt gefunden hatte[39]. Ein Erfolg für die NSV konnte die Vereinbarung kaum sein. Zwar sollten die Kommunen zu Kostenübernahmen für NSV-Kindergärten verpflichtet werden, aber das brachte die NSV nicht in den Besitz der bestehenden kommunalen Einrichtungen. Diente die Vereinbarung innerhalb des Machtapparates der Beschwichtigung – für die evangelischen

---

[36] Rundschreiben G 2/40 des Hauptamtes für Kommunalpolitik vom 4.1.1940 (EZA BERLIN, 1/C3/179; ADWRH DÜSSELDORF, OHL 61.8.11.). Öffentlich gemacht wurde das Datum der Besprechung vom 16.10.1939 nicht (N.N., Kindertagesstätten im Kriege, S. 336). Das Rundschreiben selbst weist nur darauf hin, daß eine Besprechung zu gemeinsam berührenden Fragen stattgefunden und „eine völlige Übereinstimmung" erbracht habe. Es liegt eine Niederschrift der Besprechung am 16.10.1939 vor. Siehe dazu, wie zu Verlauf und zu den für das Gespräch ursächlichen Veränderungen im Reichsministerium des Innern durch die Berufung Contis zum Staatssekretär E. HANSEN, Wohlfahrtspolitik, S. 148ff.

[37] EBD. Die Kommunen hatten ihre Einrichtungen weiter zu finanzieren, sie sollten die Kosten der Finanzierung der NSV-Kindertagesstätte decken, sie sollten durch Zuschußfinanzierung, die an die NSV überführten konfessionellen Einrichtungen sichern (EBD.).

[38] Siehe H. VORLÄNDER, Die NSV, S. 472ff.; E. HANSEN, Wohlfahrtspolitik, S. 148ff. Und siehe W. HAUG, Wohlfahrtsarbeit. Darin hatte Haug nicht nur allgemeine wohlfahrtspolitische – siehe II Kap. II.1.1., S. 392f. mit Anm. 39 –, sondern auch sehr konkrete Forderungen im Blick auf die Kindergärten erhoben:
„Die Neuerrichtung der Kindergärten, wie die Weiterführung der bestehenden Einrichtungen dieser Art, kann daher nur auf folgender Grundlage erfolgen:
(1) Die erforderlichen Räume, die im übrigen den Ansprüchen eines NSV-Kindergartens zu genügen haben, sind mietfrei durch die Gemeinden zur Verfügung zu stellen. (2) Ebenso müssen die Unkosten für Heizung, Reinigung, Beleuchtung usw. von den Gemeinden übernommen werden. (3) Von den finanziell einigermaßen gut gestellten Gemeinden muß darüber hinaus erwartet werden, daß sie für die außerordentlich hohen Personalkosten, die der NS-Volkswohlfahrt laufend entstehen, einen angemessenen Zuschuß leisten.
In dieser Zusammenarbeit zwischen den Gemeinden und der NS-Volkswohlfahrt liegt allein die Möglichkeit, dieser Forderung des Gauleiters auf Errichtung eines NSV-Kindergartens in jeder Gemeinde gerecht zu werden." (S. 181f.). Die Hervorhebungen sind im Original gesperrt.

[39] Siehe II Kap. II.1.1., S. 396 mit Anm. 54.

Kindergärten indessen und die Vereinigung mußte die Vereinbarung bedrohlich genug sein.

Mochte der genaue Termin dieser Absprache nur intern bekannt gewesen sein und der Wortlaut des Ergebnisses erst Anfang 1941 innerhalb der Inneren Mission und der DEK publik gemacht und weitergegeben worden sein[40], Bedeutung gewonnen und auch erst dann ein „interessantes Licht auf die Forderungen der NSV“[41] geworfen haben, der Inhalt war im Kern sicherlich spätestens seit Januar 1940 bekannt, nachdem Fiehler die Kommunen über die „vollkommene Einigung“ unterrichtet hatte[42]. Jedenfalls bestimmte diese Vereinbarung zu Beginn des Jahres 1940 die Lage. Wenn nicht bereits zu dieser Zeit, konnten Vereinigung und Innerer Mission spätestens mit dem Gespräch Schirmachers, Constantin Fricks und Paul Braunes mit „den Herren vom Hauptamt“ am 7. Mai 1940 das Wachsen des Drucks, mithin eine zunehmende Radikalisierung deutlich sein[43]. Die NSV hatte in der Sache der Kindergärten keine Rücksichten mehr auf die Kommunen zu nehmen. Daß sie dennoch Schwierigkeiten von ihnen zu erwarten hatte, war eine andere Frage[44].

Es lag gänzlich auf dieser Entwicklungslinie, daß die NSV im „Reichsgau Wartheland“, wie das okkupierte polnische Gebiet seit Januar 1940 hieß, mit dem maßnahmeorientierten Anspruch der Menschenführung[45] und unter vorgeblich planwirtschaftlichen Gesichtspunkten ihr rassistisch-eugenisches Prinzip durchsetzte. Sie ließ am 16. März 1940 den Landesverband für Innere Mission, Posen, wissen, daß von der Inneren Mission abzugeben seien: Kindergärten, Kindergärtnerinnenseminare, Jugenderholungsheime, Waisenhäuser, Gemeindepflegestationen. Dabei forderte die NSV dazu auf, „hiervon Kenntnis zu nehmen und [sich] in allen Ihren Arbeiten für die Zukunft hiernach zu richten.“[46]

Auch in dem mit Beginn der Okkupation Polens neu geschaffenen „Reichsgau Danzig-Westpreußen“ hatte sich die NSV in die auf Grund der veränderten politischen Situation erforderlichen Verhandlungen zwischen der Inneren Mission und einer neu zu bildenden Provinzialkirche eingeschaltet. Die auf

---

40 Das Rundschreiben G 2/40 des Hauptamtes für Kommunalpolitik vom 4.1.1940 wurde „vertraulich“ und als „uns erst jetzt bekannt“ gewordenes Schreiben von der Kirchenkanzlei der DEK [Fürle] an die Landeskirchen am 20.1.1941 versandt (EZA BERLIN, 1/C3/179). Im CA lief dasselbe Rundschreiben „mit der Bitte um Kenntnisnahme! gez. Schirmacher 3.1.[19]41“ jedenfalls seit diesem Zeitpunkt um (ADWRH DÜSSELDORF, OHL 61.8.11.).

41 Schreiben v. Wicht an Ohl vom 4.1.1941 (ADWRH DÜSSELDORF, OHL 10.1.7. I).

42 Rundschreiben G 2/40 des Hauptamtes für Kommunalpolitik vom 4.1.1940 (EZA BERLIN, 1/C3/179; ADWRH DÜSSELDORF, OHL 61.8.11.).

43 VEREINIGUNG, Tätigkeitsbericht 1.4.1939–31.3.1940, S. 15.

44 Siehe E. HANSEN, Wohlfahrtspolitik, S. 231–243.

45 D. REBENTISCH/K. TEPPE, Einleitung. Vgl. D. REBENTISCH, Führerstaat, S. 163ff.

46 Schreiben der NSDAP, Gau Wartheland, Amt für Volkswohlfahrt, an Landesverband für Innere Mission Posen vom 16.3.1940 (ADW, CA 2319/25 (Wartheland)).

Grund neu zu ordnender Zuständigkeiten im politischen Bereich zwischen dem „Reichsgau Wartheland" unter dem einen „Mustergau" anstrebenden Gauleiter Arthur Greiser und dem nicht minder durchsetzungswilligen Gauleiter Albert Forster im „Reichsgau Danzig-Westpreußen", beides Rivalen in ihren Rollen als „Vorkämpfer für einen nach strengen nationalsozialistischen Prinzipien durchgeführten ‚Aufbau im Osten'"[47], entstandene Gesprächs- und Verhandlungslage war kompliziert genug. Dazu trug nicht nur die Tatsache bei, daß Greisers Stellvertreter in der „Gauselbstverwaltung", August Jäger, ehedem „Rechtswalter" der DEK, jetzt Regierungspräsident, an den Verhandlungen beteiligt war, sondern wesentlich auch, daß die Gespräche im kirchlichen Bereich zwischen dem erfahrenen, langjährigen Posener Generalsuperintendenten D. Paul Blau und dem 1934 zum Danziger Bischof gekürten DC-Pfarrer Johannes Beermann nicht einfach waren[48]. Offenbar wollten der Danziger NSV-Gauamtsleiter Edmund Beyl ebenso wie sein Posener Parteigenosse und Kollege Eugen Steinhilber die Gelegenheit nutzen und die wohlfahrtspolitischen Fragen für ihren Bereich ebenfalls klären. Mit ein wenig mehr Verhandlungsbereitschaft allerdings als Steinhilber übersandte Beyl am 15. Mai 1940 Schirmacher den Entwurf einer zwischen der Inneren Mission und dem Amt für Volkswohlfahrt bei der Gauleitung Danzig-Westpreußen zu schließenden Vereinbarung[49]. Darin behielt die NSV sich alle „Aufgaben menschenführender Natur auf dem Gebiet der freien Wohlfahrtspflege"[50] vor, gerade auch die Kindergärten, die dementsprechend zunehmend „in erster Linie wertvolle Eindeutschungsinstrumente" wurden[51] und überließ der Inneren Mission die „Fürsorge versorgender und bewahrender Art."[52] Schirmacher, der am 13. Juni 1940 dazu Stellung nahm, erhob gegen den von der NSV vorgegebenen Katalog keine Einwände. Jedoch wies er auf die Schwierigkeit hin, die im Falle einer Übernahme dadurch entstünde, daß die Einrichtungen, wie besonders die Kindergärten oder die Gemeindepflegestationen, sich im Besitz von Kirchengemeinden befänden. Für sie „kann die Innere Mission keine Vereinbarung treffen. Hierfür ist allein zuständig die Kirchenbehörde."[53] Dieser Hinweis auf andere Zuständigkeiten hätte natürlich nur den unmittelbaren Zugriff auf einen Teil der evangelischen Kindergärten verhindern können.

47 D. REBENTISCH, Führerstaat, S. 175 mit Anm. 51.

48 Siehe P. GÜRTLER, Nationalsozialismus, S. 20ff., S. 118ff. und S. 213ff.; E. SODEIKAT, Verfolgung, S. 168f.; K. MEIER, Kirchenkampf III, S. 144ff. und S. 270ff.; J. ROGALL, Die Posener Evangelische Kirche, S. 169ff.

49 ADW, CA 2319/8 (Danzig).

50 Vereinbarung mit Schreiben Beyl an Schirmacher vom 15.5.1940 (EBD.).

51 H. SCHAEFFER, Tatsachen, S. 31.

52 Vereinbarung mit Schreiben Beyl an Schirmacher vom 15.5.1940 (ADW, CA 2319/8 (Danzig)).

53 Schreiben Schirmacher an Beyl vom 13.6.1930 (EBD.).

Weder der EOK Berlin und Wieneke noch erst recht v. Wicht verstanden die offenkundige Bereitschaft Schirmachers zur „Preisgabe der Kindergärten", deren Träger der Inneren Mission angeschlossenen Vereine waren[54]. Aber als die Verantwortlichen der Inneren Mission Danzigs am 20. Juni 1940 im Arbeitsausschuß, dem vorläufigen, auf Beschluß von CA, Danziger Evangelischem Konsistorium und EOK Berlin gebildeten Rechtsnachfolger des Freistadtvereins für Innere Mission[55], zusammenkamen, akzeptierten sie den Vereinbarungsentwurf ohne Bedenken und erwarteten, daß dementsprechend mit Beyl verhandelt werde[56]. Diese Verhandlung fand fünf Tage später im Danziger Amt für Volkswohlfahrt statt. Beermann, mit Oberkonsistorialrat Gerhard Gülzow als Vertreter der nunmehr der ApU und ihrem EOK Berlin eingegliederten „Provinzialkirche"[57] anwesend, neben Schirmacher und Elisabeth Schneemelcher, interimistisch nach der neuen Ordnung Bevollmächtigte für die Innere Mission, ließ den Gauamtsleiter wissen, daß Gülzow für die anstehenden „Verhandlungen betr. Kindergärten und Gemeindekrankenpflege" zur Verfügung stünde[58]. Beyl konnte das als ersten Schritt zur gewünschten Übernahme aller evangelischen Kindergärten betrachten und hielt es auch nicht für erforderlich, etwa dem Wunsche Schirmachers zu entsprechen und eine unbehinderte Arbeit der Inneren Mission in den vereinbarten Arbeitsgebieten im Rahmen des Abkommens zuzusichern. Jedoch was Beermann, unterstützt von Schirmacher, signalisiert hatte – eine Lösung nach dem Muster der „Ostmark", eine Musterlösung, kam sowenig zustande wie jene andere in Schlesien zustande gekommen war. Das Evangelische Konsistorium entschied anders, und man nahm dabei „Spannungen" mit Schirmacher bereitwillig in Kauf[59]. Keinesfalls kam es für die Kirchenbehörde in Frage, einer Vereinbarung zwischen zwei Spitzenverbänden der freien Wohlfahrtspflege beizutreten und damit Kirchengemeinden zu nötigen, ihre Kindergärten und Gemeindepflegestationen aufzugeben. Als Schirmacher diese Entscheidung der NSV und ihrem Gauamtsleiter Beyl Anfang August mitteilte, schlug er zwar den Abschluß der „Vereinbarung zwischen unseren Verbänden" vor[60]. Aber

---

54 Schreiben v. Wicht an Ohl vom 31.7.1940 (ADWRH DÜSSELDORF, OHL 10.1.7. II).

55 Schreiben Schirmacher an Benn vom 14.2.1940 (ADW, CA 2319/8 (Danzig)). Schreiben Loycke an CA vom 11.3.1940 mit Ordnung der Inneren Mission im Kirchengebiet Danzig-Westpreußen (EBD.).

56 Niederschrift der Sitzung des Arbeitsausschusses am 20.6.1940 (EBD). Zum Arbeitsausschuß gehörten: Vikarin Elisabeth Schneemelcher, Geschäftsführerin der Inneren Mission Danzig; Pfarrer Kurt Eichstädt, Superintendent in Bromberg; Pfarrer Arthur Paul, Gemeindepfarrer in Danzig-Ohra; Pfarrer Ernst Jacobi, Vorsteher des Diakonissen-Mutter- und Krankenhauses in Danzig; Pfarrer Paul Heck, Gemeindepfarrer in Danzig-Langfuhr, der nicht anwesend war.

57 Siehe dazu K. MEIER, Kirchenkampf III, S. 557ff.

58 Niederschrift der Besprechung im Amt für Volkswohlfahrt in Danzig am 25.6.1940 (ADW, CA 2319/8 (Danzig)).

59 Schreiben Schirmacher an Kaufmann vom 24.4.1941 (ADW, CA/O 179).

60 Schreiben Schirmacher an Beyl vom 7.8.1940 (ADW, CA 2319/8 (Danzig)).

der übersandte Entwurf enthielt nun nicht mehr die Kindergärten in der Aufzählung jener Aufgabenbereiche, die allein der NSV gehören sollten.

Eine „Musterlösung“ für Danzig-Westpreußen, die gewiß zu diesem Zeitpunkt Signalwirkung gehabt hätte, mußte damit hinfällig sein. Als kaum ein Jahr später sich Greiser mit seiner „Unterbindung der kirchlichen Arbeit“[61] im „Reichsgau Wartheland“ durchgesetzt und ihn als „Versuchsfeld kirchenpolitischer Experimente“[62] ausgewiesen hatte, war diese Musterlösung allerdings inzwischen nur noch bedingt von Bedeutung für die evangelischen Kindergärten. Jetzt indessen, im Sommer des Jahres 1940, blieb wie für die okkupierten Teile Polens das Ergebnis der Verhandlungen mit der NSV auch an zentraler Stelle in Berlin abzuwarten – ein Ergebnis, das allerdings so schnell nicht vorliegen werde, wie Schirmacher fast entschuldigend gegenüber Beyl anmerkte[63]. Dabei war es nach wie vor auch für den Direktor des CA klar, daß für die NSV eine Zusammenarbeit mit der Inneren Mission „nur auf der Grundlage der ... Regelung in der Ostmark“ in Frage käme[64]. Das bestätigte das Berliner Hauptamt der NSV zudem gerade durch den „NS-Volksdienst“, in dem es die ja bereits zwei Jahre zuvor erfolgte „Neuordnung der freien Wohlfahrtspflege in der Ostmark“ „für sich“ sprechen ließ und damit öffentlich als das Ziel propagierte, auf das eine „Neuordnung“ im Reich nach seiner Auffassung zulaufen müsse[65].

Gleichzeitig hatte die NSV die ebenfalls zwei Jahre zuvor vom Leiter des Sekretariats Hilgenfeldts, Dr. Helmut Stadelmann, aufgeworfene Frage nach ihrer eigenen rechtlichen Stellung erneut aufgenommen[66]. Wiederum wurde nach dem Verhältnis von NSV und vornehmlich öffentlicher Wohlfahrtspflege gefragt und ihre, der NSV rechtliche Sonderstellung als „nationalsozialistische Gemeinschaft“ behauptet[67]. Außerdem wurde aber auch, unter Verzerrung ihrer biblischen Begründungen und ihrer Wirkungsgeschichte, die „kirchliche Wohlfahrtspflege“ desavouiert, wie Alfons Schosser, Stellvertreter des zum Kriegsdienst eingezogenen Immanuel Fischer in der Geschäftsführung des Landesverbandes der Inneren Mission in Württemberg, klagte[68]. Und es wurde in Anlehnung an das, was in „Ostmark“ und „Wartheland“ musterhaft erledigt werden sollte, nämlich alle vorbeugende Wohlfahrtspflege der NSV zu übertragen[69], eine zentrale Führung und eine dezentrale Durch-

---

61 P. GÜRTLER, Nationalsozialismus, S. 156.

62 K. MEIER, Kirchenkampf III, S. 272.

63 Schreiben Schirmacher an Beyl vom 7.8.1940 (ADW, CA 2319/8 (Danzig)).

64 Schreiben Schirmacher [gleichlautend] an Immanuel Fischer, Willy Friedrich und Arnold Schumacher vom 30.8.1940 (ADW, CA/O 184).

65 N.N., Neuordnung der freien Wohlfahrtspflege in der Ostmark, S. 141.

66 H. STADELMANN, Die rechtliche Stellung. Siehe II Kap. I.1.2., S. 53 mit Anm. 157.

67 H. STADELMANN, Die rechtliche Stellung, S. 30ff.

68 Schreiben Schosser an Schriftleitung IMIS vom 23.10.1940 (ADW, CA/O 184).

69 H. STÖRMER, Das rechtliche Verhältnis, S. 61f.

führung gefordert[70]. Zwar hätten die ungeklärten Kostenfragen, Personalfragen, Raumfragen u. ä. auch in ihren möglichen komplizierten Verknüpfungen die NSV zur Rücksichtnahme herausfordern können. Vielleicht entsprangen solchen Erwägungen auf seiten des CA gar Hoffnungen auf zusätzlichen Verhandlungsspielraum, so daß es gelänge, die evangelischen Kindergärten in kirchlicher Trägerschaft zu halten. Aber daß es Verhandlungsspielraum nicht gab und wie die NSV die Sache anzugehen gedachte, hatte Hermann Althaus hinreichend deutlich gemacht, als er hervorhob, daß „die NSV den größten Wert darauf legen müsse", daß auch die ausgebildeten, kirchlichen Berufskräfte, die in den Kindergärten tätig wären, „in den Dienst der NSV gestellt" würden[71]. Die NSV hielt den Zeitpunkt für gekommen, in dieser Sache „alles oder nichts" zu fordern.

Natürlich hatte v. Wicht auch erkannt, welche Bedrohung von dem „Vorbild" einer „Ostmark-" oder „Warthegau-Lösung" ausgehen mußte. Das Vorgehen der Machthaber in beiden Gebieten hatte zum Verlust der Arbeit geführt. Drohte dieser Verlust auch für das „Altreich"? v. Wicht schaltete sich in die Verhandlungen des CA über mögliche Entwürfe des planwirtschaftlichen Abkommens ein. Er suchte damit aufs neue für seinen Verantwortungsbereich das einzulösen, woran er auf der Mitgliederversammlung der Vereinigung am 11. Juni 1940 im Rahmen seiner Berichterstattung erinnerte. Er wies hin auf die noch unbeantwortete „Denkschrift", wie er seinen Bericht an den GVR vom 11. November 1939 nannte, der zwei Tage später an alle Landes- und Provinzialverbände der evangelischen Kinderpflege und der als Anlage der Eingabe der Kirchenkanzlei der DEK am 18. Dezember 1939 an das Reichsministerium für die kirchlichen Angelegenheiten gegangen war[72]. Darin hatte er den Zweck seiner Anstrengungen beschrieben – „Sicherung und gesetzlicher Schutz unserer kirchlichen Kindertagesstätten als einer für die Kirche notwendigen Form familienergänzender, christlicher Erziehung in Verkündigung und Liebestätigkeit."[73]

Als v. Wicht in solcher Weise am 11. Juni 1940 an das Ziel seiner Arbeit erinnerte, legte an demselben Tag Constantin Frick dem Vorstand des CA einen ersten Entwurf über ein planwirtschaftliches Abkommen vor[74]. Natürlich hatte niemand erwarten dürfen, daß darüber sogleich Konsens erzielt

70 Ebd., S. 67.

71 Niederschrift über eine Besprechung im Hauptamt für Volkswohlfahrt am 7.5.1940 (ADW, CA 1195 XVIII).

72 Protokoll der Mitgliederversammlung der Vereinigung am 11.6.1940 (LKA Hannover, E 26/106; ADWW Münster, 153/1; LKA Nürnberg, DW 1715). Siehe II Kap. II.1.3., S. 431 mit Anm. 243 und S. 436 mit Anm. 270.

73 „Denkschrift" v. Wicht an GVR vom 11.11.1939 (EZA Berlin, 1/C3/179).

74 Protokoll (ADW, CA 67 B (1940)); als „Entwurf 1" mit handschriftlicher Datierung Ohls 1.6.1940 (ADWRH Düsseldorf, OHL 10.1.7. II); und als Entwurf mit handschriftlichem Vermerk N.N. vom 8.6.1940 (ADW, CA 2049/3).

werden würde. Zudem war der Entwurf so konzipiert, daß er durch gänzlichen Verzicht auf eine Beschreibung der Hauptarbeitsgebiete der NSV einerseits und der der Inneren Mission andererseits zu Ergänzungen geradezu herausforderte. So wurde die weitere Verhandlung auf die nächste Vorstandssitzung des CA am 27. Juni verlegt. Gleichzeitig war beabsichtigt, den GVR durch Vorlage des Entwurfs über den Stand der Dinge zu unterrichten[75]. Außerdem durften auch die Geschäftsführer der Landes-, Provinzial- und vor allem der Fachverbände nicht uninformiert bleiben, und so ging auch ihnen, obwohl im Vorstand darüber nicht beschlossen worden war, der auf Grund der Vorstandsdebatte sofort überarbeitete Entwurf Constantin Fricks zu[76]. Während man sich schon am 27. Juni 1940 im Vorstand gegen den auf seinen ausdrücklichen Wunsch zu Protokoll genommenen Widerstand Greifensteins – „auf Grund der Instruktionen seiner Landeskirche" – im Grundsätzlichen einig war und beschloß, „auf Grund der vorgetragenen Anregungen" nur eine weitere Überarbeitung des Entwurfs vorzunehmen[77], nahm die Erörterung auf der einen Tag später am 28. Juni stattfindenden Geschäftsführerkonferenz des CA einen anderen Verlauf. Nach der Grundsatzentscheidung vom Vortag konnte es nur noch darum gehen, die Geschäftsführer von der Notwendigkeit eines solchen Abkommens zu überzeugen. Aber offenbar rechnete man von vornherein mit einigem Widerstand von deren Seite und fürchtete möglicherweise außerdem, daß Schirmacher allein der Sache nicht gewachsen wäre. Wohl deshalb waren außer ihm von der Geschäftsstelle des CA Schubert und Hundinger anwesend sowie vom Vorstand Conze und Ohl[78]. Dieser war es auch, der die Geschäftsführer davon zu überzeugen suchte, daß es dringend geboten sei, mit der NSV „zu einer Verständigung [zu] kommen."[79]

An demselben Tag, am 28. Juni 1940, an dem die NSV gemeinsam mit dem NSLB in Bayreuth das 100jährige Jubiläum des von ihnen okkupierten „allgemeinen deutschen Kindergartens" Fröbels feierte, dessen pädagogisches Werk in eine Linie mit Hitlers „Mein Kampf" stellte[80] und Hermann Althaus die Bedeutung der Kindergartenarbeit mit wieder wesentlich propagandistischen Zwecken dienenden Zahlen – 10.757 Dauer- und Hilfskindergärten, 7.211 Erntekindergärten und „täglich rund eine halbe Million Kinder"[81] – belegte,

75 Protokoll (ADW, CA 67 B (1940)).

76 Einladung zur Geschäftsführerkonferenz des CA vom 11.6.1940 (ADW, VKD 9); der Entwurf auch als Anlage zur Einladung zur Vorstandssitzung des CA vom 18.6.1940 (ADW, CA 1195 XVIII; ADW, CA 2049/3); und als „Entwurf 2" (ADWRH DÜSSELDORF, OHL 10.1.7. II).

77 Protokoll der Vorstandssitzung des CA am 27.6.1940 (ADW, CA 67 B (1940)).

78 Anwesenheitsliste der Geschäftsführerkonferenz des CA am 28.6.1940 (ADW, CA 761 XXII).

79 Protokoll der Geschäftsführerkonferenz des CA am 28.6.1940 (EBD.).

80 H. ALTHAUS, Rede zur 100-Jahrfeier, S. 127; vgl. F. WÄCHTLER, Rede zur 100-Jahrfeier, S. 122f.

81 H. ALTHAUS, Rede zur 100-Jahrfeier, S. 129.

plädierte Ohl tatsächlich für Absprachen mit der NSV. Das aber nicht deswegen, weil es in erster Linie um die Aufhebung von Rechtsunsicherheit – in ihr zu leben sei „für uns das Furchtbarste", wie Schirmacher meinte – ginge, sondern vielmehr weil die Kirche die Aufgabe habe, „innerhalb der großen Maßnahmen der NSV den Weg zu dem einzelnen Menschen zu behalten, dem gegenüber sie den Auftrag hat, ihn zu Gott zu führen." „Deswegen dürfen wir diese Gelegenheit nicht verpassen."[82] Ohl wollte die NSV bei der Wahrnehmung ihrer selbstgestellten Aufgabe der Menschenführung nicht allein lassen. Gegenüber dieser theologischen Argumentation war Schirmachers Begründung zur Notwendigkeit des Abkommens eher formal und an Fragen der Rechtssicherheit orientiert, wobei er zudem noch den Eindruck erweckte, als sei sogar ein grundsätzlicher Verzicht auf Verhandlungen eine ernsthaft zu erwägende Möglichkeit für den CA, vor allem dann, wenn dies mit der Meinung „aus dem Kreis der Länder und Provinzen" übereinstimmte. Das entsprach ganz und gar dem Wunsch, der von Anbeginn für Schirmachers Tätigkeit in der Verantwortung eines ersten Direktors des CA in der Auseinandersetzung mit der NSV bestimmend gewesen war, nämlich „die Innere Mission über Wasser zu halten"[83]. Auch wenn beide, Ohl und Schirmacher, auf den Abschluß einer Vereinbarung mit der NSV zielten, so bedeutete das zu diesem Zeitpunkt längst noch nicht beider Bereitschaft zur Übergabe von Arbeitsgebieten der Inneren Mission an den Träger „nationalsozialistischen Helferwillens"[84], der es für sein „unbestreitbares Verdienst" hielt, „das Kindertagesstättenwesen aus seinem Aschenbrödeldasein herausgehoben und es zu einem Kernstück nationalsozialistischer Jugendhilfe gemacht zu haben"[85].

Auf der Geschäftsführerkonferenz am 28. Juni 1940 trat sehr deutlich zutage, worin sich Ohl und Schirmacher in ihrer Argumentation unterschieden. Mochte es nach seinen Erfahrungen in Breslau mit Hans-Hellmuth Krause und dem Modell einer Arbeitsgemeinschaft von NSV und Innerer Mission in Schlesien und nach den Erfahrungen in Danzig mit dem Evangelischen Konsistorium und dem Muster eines planwirtschaftlichen Abkommens mit der NSV – mochte es danach Taktik sein oder für Schirmacher als Mitglied der NSDAP sowie als einem zwar deutschchristlichen, aber immerhin Theologen einer in der Spannung zwischen Parteiinteressen und praktisch-theologischer Verantwortung begründeten Unsicherheit und Unentschiedenheit entsprechen oder gar beides, er konnte sein Zaudern und seine Zwiegespaltenheit

---

[82] Protokoll der Geschäftsführerkonferenz des CA vom 28.6.1940 (ADW, CA 761 XXII).

[83] Niederschrift der Besprechung einiger Geschäftsführer der Landes- und Provinzialverbände der Inneren Mission am 16.1.1934 (ADW, CA 1195 XII; ADW, CA 761 XVI). Siehe I Kap. IV.3.2., S. 187 mit Anm. 344.

[84] K. BARTELT, Die Entwicklung, S. 5.

[85] F. RÖSCH, Gegenwartsfragen, S. 89.

nicht verbergen, als er betonte, es seien die Gemeindeschwesternstationen[86] und die Kindergärten, auf welche die NSV „alleinigen Anspruch" erhebe, und hervorhob, er hoffe, es gelänge, „daß wir unsere Innere Mission wie bisher weiterführen." Schirmacher wollte vor den Geschäftsführern der Verbände und Einrichtungen nicht entscheiden – er wollte die Sache sich entscheiden lassen. Ganz anders Ohl. Für ihn war die Sache in der Weise gänzlich klar, daß ein solches Abkommen den Verlust von Arbeitszweigen der Inneren Mission bedeuten mußte. Darüber war für ihn gar nicht mehr zu reden. Es könnte nicht so weitergehen wie bisher. Während Schirmacher unterstrich, wie um sich daran zu klammern, daß in Westfalen die Kindergartenfrage „glücklich gelöst" worden sei, galt es für Ohl allein noch, nicht zu verhehlen, „daß es uns noch schwerer trifft, daß man uns nicht nur die Menschen, an denen wir unseren Dienst der Betreuung tun, entzieht, sondern auch die Menschen, die wir in der Arbeit haben."[87] Das entsprach zwar einer realistischen Betrachtungsweise. Aber war damit das Teilungsprinzip, von dem er sechs Jahre zuvor nicht gewußt hatte, wie er damit fertig werden solle[88], als die Front erkannt, an der es zu kämpfen galt, wollte man sich nicht aus der Verantwortung für die Menschen drängen lassen? Oder aber war es eine diplomatische Feststellung, die auch die Bereitschaft einschloß, sich auf die Folgen des Teilungsprinzips einzulassen?

Wie Ohl zu diesem Zeitpunkt verstanden wurde, ist jedenfalls dem zu entnehmen, daß Brücher noch im November 1940 grollte und Ohl die pommersche Lösung vorschlug[89]. Und Steinbrück handelte. Sie bewog nicht nur den Schlesischen Provinzialverein für Innere Mission unter dem Vorsitz Karl Winzlers, der sich später auf die Seite der NSV schlagen und die Geschäftsführung des von Saalmann gegründeten Altersheimverbandes übernehmen sollte[90], einen deutlichen Protest zu formulieren[91]. Sondern es gelang ihr auch, ihn durch Johannes Hosemann, den kundigen Präsidenten des Evangelischen Konsistoriums der Kirchenprovinz Schlesien in Breslau, über den EOK Berlin dem CA und auch direkt über Marahrens dem GVR zustellen zu lassen[92]. Als dies in der zweiten Hälfte des Juli 1940 geschah, war es zwar eine

---

86 Dazu und auch zu der damit verbundenen „Schwesternfrage" siehe J.-CHR. KAISER, Sozialer Protestantismus, S. 440ff.; DERS., NS-Volkswohlfahrt und Innere Mission, S. 48ff.; L. KATSCHER, Krankenpflege und „Drittes Reich", S. 118–131.

87 Protokoll der Geschäftsführerkonferenz des CA am 28.6.1940 (ADW, CA 761 XXII).

88 Siehe I Kap. IV.3.2., S. 189 mit Anm. 348.

89 Schreiben Brücher an Ohl vom 25.11.1940 (ADWRH DÜSSELDORF, OHL 10.1.7. I).

90 A. STEINBRÜCK, Der Schlesische Provinzialverein, S. 229.

91 Beschluß des Hauptausschusses des Schlesischen Provinzialvereins für Innere Mission vom 5.7.1940 (ADW, CA 2675; ADW, VKD 7; EZA BERLIN, 7/4415).

92 Schreiben Winzler an Evangelisches Konsistorium der Kirchenprovinz Schlesien vom 8.7.1940 (EZA BERLIN, 7/4415); und Schreiben Hosemann an EOK Berlin vom 17.7.1940 (EBD.); sowie Schreiben Hymmen an CA vom 27.7.1940 (ADW, CA 2675); und Schreiben Winzler an Marahrens vom 8.7.1940 (EZA BERLIN, 1/A4/568).

unübersehbare Bestätigung der Bemühungen v. Wichts, aber zu diesem Zeitpunkt bereits vergeblich. Die Entscheidung war längst gefallen.

Der Vorstand des CA war wohl der Meinung gewesen, daß es der Sache angemessen wäre, v. Wicht als den Vorsitzenden des Fachverbandes von Anfang an in die Verhandlungen mit einzubeziehen. Im Gegensatz zur halboffenen Kinderarbeit war die wie sie gefährdete „Gemeindepflege" und die ihr verbundene Schwesternfrage im Vorstand durch dessen Mitglied v. Lüttichau, den Vorsitzenden des Kaiserswerther Verbandes, hinreichend kompetent vertreten. Offenbar versprach sich v. Wicht von einer unmittelbaren Mitwirkung an den Entscheidungen des Vorstandes zu diesem Zeitpunkt mehr als von einer immerhin denkbaren, von ihm auch schon in zurückliegender Zeit initiierten, solidarischen Aktion, etwa in der Weise, wie sie Steinbrück allein einleiten sollte. Er nahm jedenfalls die Gelegenheit nicht wahr, in der Geschäftsführerkonferenz am 28. Juni 1940 das vorhandene und auch ihm bekannte Protestpotential zu verstärken, sondern entschied sich, auf der Vorstandsebene gewissermaßen, wie vier Jahre zuvor bei der Denkschrift[93], mit Ohl zusammenzuarbeiten, der am 27. Juni mit der Neubearbeitung des zweiten Entwurfs beauftragt worden war. Ohl war, wie er im Rückblick einige Wochen später urteilte, „besonders dankbar für die starke Mitarbeit und die sehr dankenswerten Formulierungen, die Sie mir bei der Abfassung zur Verfügung stellten."[94]

Eine entscheidende Veränderung der Konzeption des Abkommensentwurfes hatte v. Wichts Mitarbeit indessen nicht bewirkt. Es war dabei geblieben zu versuchen, in einem ersten Teil in je einem Abschnitt die Verpflichtungen grundsätzlicher Art sowohl von Innerer Mission als auch von NSV zu fixieren. Dabei ging es um Spitzenverbandsfunktionen, Mittelsicherstellung, Anerkennung von Arbeitsgrundsätzen. Wendungen wie „setzt sich ein", „sichert zu", „erkennt an", „tritt dafür ein" waren das, was zu formulieren möglich war, auch wenn klar sein mußte, daß damit nicht das zu erreichen war, was Schirmacher als Rechtssicherheit einforderte. In einem weiteren Teil wurden – ebenfalls wie bisher – die „Hauptarbeitsgebiete" der NSV sowie die der Inneren Mission beschrieben, zwar mit deutlicher Akzentuierung der „Gesundheitsführung" der NSV, doch in dem Bemühen, „die planwirtschaftliche Gliederung nicht zum lebentötenden Schematismus werden" zu lassen. Dieses Dilemma, ein Abkommen zu wollen, aber gleichzeitig eindeutige Festlegungen auszuschließen, obwohl man, wie etwa Ohl, mit dem Verlust von Arbeitsbereichen rechnete, spiegelte auch jener Abschnitt des dritten Teiles,

---

[93] Denkschrift zur gegenwärtigen Lage und Aufgabe evangelischer Jugendhilfe [1936] (ADWRH DÜSSELDORF, OHL RKA; ADW, CA/J 23 B; und ADW, CA/J 14). Siehe I Kap. VII.4.1., S. 387ff.

[94] Schreiben Ohl an v. Wicht vom 3.8.1940 mit dem handschriftlichen Vermerk Ohls „nicht abgesandt" (ADWRH DÜSSELDORF, OHL 10.1.7. II). Dies und die nachfolgende Darstellung in korrigierender Ergänzung zu R. BOOKHAGEN, Evangelische Kinderpflege, S. 94–96.

mit dem eine „Arbeitsteilung verabredet" wird für die „Gemeindepflegestationen" und die Kindergärten. Die Hinweise auf die „verschieden gestellten Aufgaben", wie die der „nationalpolitische[n] Erziehung" durch die NSV und die darüber hinausgehende Aufgabe, die Kinder „wie im Volk, so auch in der Kirche heimisch werden zu lassen", waren eigentlich für ein Abkommen ungeeignet, weil sie keine Regelungsvorgaben machten[95]. Daran änderten auch v. Wichts ergänzenden und präzisierenden Formulierungen im Blick auf die Begründung der beabsichtigten Arbeitsteilung nichts, die ihm natürlich besonders wichtig sein mußte, da ein solches Konzept, sollte es sich wirklich gegenüber der NSV durchsetzen lassen, einen wichtigen Schritt zu Sicherung und Erhalt der Kindergärten in evangelischer Trägerschaft hätte bedeuten können[96].

Trotzdem, so kooperativ v. Wicht bis dahin war, als der dritte Entwurf noch am 9. Juli 1940 im Vorstand des CA verhandelt wurde[97], bat er, wiederum als Gast anwesend, „unter Hinweis auf die Lage der Kindergärten, das vorgesehene Abkommen mit der NSV nicht abzuschließen."[98] Damit stand er zwar nicht allein, auch v. Lüttichau bat, von einem „derartigen Abkommen" Abstand zu nehmen, aber der Vorstand beschloß anders.

Auf Vorschlag v. Bodelschwinghs einigte man sich, den Entwurf nochmals textlich zu straffen und ihm stärker den Charakter eines Regelwerkes zu geben. Damit wurde gleichzeitig die Bedeutung des „als Anlage zu dem Abkommensentwurf gedacht[en]" Memorandums erhöht, das Ohl entworfen und dem Vorstand ebenfalls vorgelegt hatte[99]. Es war nämlich sehr dringlich, das mochte auch die Geschäftsführerkonferenz zwei Wochen zuvor gezeigt haben, das Abkommen zu erläutern, Bedenken auszuräumen und Mißverständnisse zu beseitigen, und zwar sowohl im Blick auf die Innere Mission selbst als auch hinsichtlich der NSV. So rechtfertigte denn das Memorandum den Abschluß eines Abkommens nach allen Seiten durch den Hinweis auf die „großen schöpferischen Persönlichkeiten" ebenso wie durch den auf die bisher erbrachten Leistungen und verstand das Vorhaben als den Versuch, „die in den letzten Jahren sich abzeichnende Entwicklung in der Praxis auf eine einigende Formel zu bringen." Mit dieser Sicht wurde auch die vorgeschlagene Abänderung des Teilungsprinzips der NSV begründet und herausge-

---

95 „Entwurf 3" für ein planwirtschaftliches Abkommen (ADW, CA 2049/3).

96 „Für folgende Gebiete wird Arbeitsteilung verabredet", o. D., mit handschriftlichem Vermerk Ohl „v. Wicht" (ADWRH DÜSSELDORF, OHL 10.1.7. II).

97 Der „Entwurf 3" war nach handschriftlichem Vermerk vom 6.7.1940 an die Mitglieder des Vorstandes des CA Greifenstein, Theodor Wenzel, Vietor, Heinrich, v. Bodelschwingh, Kunze, Wendelin und Heyer gegangen (ADW, CA 2049/3). Es bleibt unerörtert, warum Paul Braune, Conze, Karow, v. Lüttichau und Ziegler als weitere Mitglieder des Vorstandes nicht ebenfalls den Entwurf vorab erhielten.

98 Protokoll (ADW, CA 67 B (1940)).

99 EBD.

stellt, daß damit die Kooperation der beiden Träger, NSV und evangelischer Gemeinde bzw. Innerer Mission, geradezu gefordert sei, um so die „Gesamtaufgabe am deutschen Volk" zu erfüllen[100]. Obwohl natürlich der Hinweis auf die bekannten sozialpädagogischen, biblischen und praktisch-ekklesiologischen Zusammenhänge nicht fehlte, läßt dies Memorandum Ohls, das sich im wesentlichen unverändert der Vorstand des CA zu eigen machte, allenthalben erkennen, daß man sich im CA scheute, deutlich Position zu beziehen.

An dieser offenkundigen Ja-Aber-Haltung hatte sich auch nichts geändert, als Schirmacher bei der Schlußredaktion des Entwurfes am 15. Juli 1940[101] die vom Abkommen vorgesehenen „Richtlinien für eine Arbeitsteilung zwischen NSV und Innerer Mission auf dem Gebiet der Gemeindekrankenpflege und der Kindertagesstätten" vorlegte. Darin wurde für die Kindergärten vorgegeben, daß dort, wo NSV-Einrichtungen vorhanden waren und eine ausreichende Betreuung sicherstellten, nur dann ein Kindergarten eingerichtet werde, wenn „ein unabweisbares kirchliches Bedürfnis" vorläge. Im übrigen sollte es den Gemeinden unbenommen bleiben, Einrichtungen zur „religiösen Unterweisung" zu schaffen; und schließlich sollte die NSV das Recht haben, ohne daß davon etwa die Trägerschaftsfrage berührt werde, dort, wo nur ein evangelischer Kindergarten vorhanden sei, Kinder in diese Einrichtung einzuweisen[102].

So wie die Ja-Aber-Haltung, die aus Sicht des CA auf den Erhalt der Arbeit ausgerichtet war, im Grundsatz auch alle negativen Möglichkeiten einschloß, so waren gerade auch mit diesen Richtlinien die Kindergärten grundsätzlich Verhandlungsgegenstand und zur Disposition gestellt. Das sollte Folgen haben. Was, im Rückblick geurteilt, als gedanklich-theoretische Möglichkeit, als „Kehrseite der Medaille" im Abkommen sich verbarg, sollte spätestens im April 1941, als ein neues Memorandum von Constantin Frick, Ohl, Wendelin und Schirmacher dem Vorstand des CA vorgelegt wurde, zum Vorschein kommen. Jetzt, am 9. Juli 1940, beschloß der Vorstand nach einer Aussprache einstimmig, Constantin Frick, Schirmacher und Paul Braune, als dessen Vertreter Ohl, zu bevollmächtigen, nach Zustimmung des GVR zu dem planwirtschaftlichen Abkommen „in abschließende Verhandlungen mit der NSV einzutreten."[103]

Es gab allerdings einen Grund, in dieser Weise zu taktieren, wenn es das war, der auch die Einstellung des CA und der Mitglieder seines Vorstandes verständlicher machen kann. Der Grund war die „Euthanasie"-Frage. Sie war

---

[100] Memorandum, o. D., mit handschriftlicher Datierung Ohls vom 15.7.1940 (ADWRH DÜSSELDORF, OHL 10.1.7. II; ADW, CA 1195 XVIII).

[101] Protokoll der Vorstandssitzung des CA am 9.7.1940 (ADW, CA 67 B (1940)). Hier ist der Termin vermerkt. Vgl. zuvor Anm. 100.

[102] Richtlinien (ADW, CA 1195 XVIII); mit Ohls Vermerk „zu Entwurf 4" (ADWRH DÜSSELDORF, OHL 10.1.7. II).

[103] Protokoll (ADW, CA 67 B (1940)).

die Frage, die sich gerade zu diesem Zeitpunkt durch Aktionen kleiner und großer Machthaber im Partei- und Staatsapparat seit dem geheimen „Gnadentod"-Erlaß Hitlers aus dem Jahr 1939[104] und trotz deren absichtsvoller Tarnung als „T 4"-Aktion[105] in den Vordergrund gedrängt hatte[106]. Sie war die Frage, die Paul Braune zur „Denkschrift betr. Planmäßige Verlegung der Insassen von Heil- und Pflegeanstalten"[107] veranlaßt hatte, die von ihm an demselben 9. Juli 1940 abgeschlossen worden war[108], an dem er am Vormittag im Vorstand des CA gegen v. Wicht für den Abschluß des Abkommens mit der NSV votiert hatte. Das Abkommen und die ihm innewohnende Möglichkeit einer gänzlichen Preisgabe der Kindergärten hätte also, verhandelte man mit der NSV darüber, die Rettung vom Tode, genauer, von Mord bedrohten Lebens bedeuten können. Ein „Nachgeben um der Liebe willlen", vor drei Jahren noch ein „Verrat an der Glaubenshaltung" und für undenkbar gehalten[109], war mit einem Male keineswegs mehr ausgeschlossen.

Ob diese Überlegungen für v. Wicht Bedeutung hatten, wird nirgends erkennbar. Wollte er aber nicht aufgeben, wollte er den Beschluß des CA-Vorstandes nicht hinnehmen, also für den Erhalt „seiner" Arbeit weiter streiten, so blieb ihm nur eine Möglichkeit. Da der Beschluß des Vorstandes des CA ausdrücklich eine Zustimmung des GVR vorsah, mußte er sich an diesen wenden, um von ihm die Zusagen zu bekommen, die allein „Schutz und Sicherung der kirchlichen Kindertagesstätten" in seinen Augen bedeuteten[110]. Das entsprach natürlich auch seinem bisherigen Kurs einer Kooperation mit dem CA, wo sie erforderlich und geboten war, bei gleichzeitiger Distanzierung von ihm und Anlehnung an oder Einbindung in Entscheidungen der verfaßten Kirche. Da er damit „so gern helfen [wollte], so zweckmäßig und taktisch geschickt zu procedieren, daß wir das von uns allen mit heißer Seele erstrebte Ziel erreichen"[111], nahm er es wohl in Kauf, daß es, so wie vier Jahre zuvor bei der gemeinsam mit Ohl zu verfassen beabsichtigten Denkschrift[112],

---

104 BA BERLIN, R 22/4209. Faksimile bei E. RÖHM/J. THIERFELDER, Evangelische Kirche, S. 138. Auch H. CHR. v. HASE, Evangelische Dokumente, S. 8; und E. KLEE, Dokumente, S. 85; sowie J.-CHR. KAISER/K. NOWAK/M. SCHWARTZ, Eugenik, Dok. Nr. 209, S. 253.

105 Siehe H. SEIBERT, Hitlers T 4-Aktion; J. NOAKES, Philipp Bouhler, S. 225–230.

106 Siehe dazu K. NOWAK, „Euthanasie"; E. KLEE, „Euthanasie", und DERS., Dokumente; J.-CHR. KAISER, Eugenik; J.-CHR. KAISER/K. NOWAK/M. SCHWARTZ, Eugenik; schließlich die Dokumentation H. JENNER/J. KLIEME (Hg.), Nationalsozialistische Euthanasieverbrechen.

107 P. BRAUNE, Denkschrift. Siehe J.-CHR. KAISER/K. NOWAK/M. SCHWARTZ, Eugenik, Dok. Nr. 289, S. 306–309 [Auszug]; E. KLEE, Dokumente, S. 151–162; B. BRAUNE, Hoffnung, S. 65ff. und S. 139–151.

108 Siehe P. BRAUNE, Die Aktion; vgl. H. BRUNOTTE, Der kirchenpolitische Kurs, S. 125, Anm. 11.

109 Siehe II Kap. I.1.1., S. 51 mit Anm. 145.

110 Schreiben v. Wicht an GVR vom 9.7.1940, Tgbnr. 320 (ADW, VKD 8).

111 Schreiben v. Wicht an Ohl vom 9.7.1940, Tgbnr. 319 (EBD.).

112 Siehe I Kap. VII.4.2., S. 405f.

wieder zu Verstimmungen zwischen diesem und ihm kam und er den Eindruck erweckte, als traue er den zu den Verhandlungen mit dem GVR bevollmächtigten Vorstandsmitgliedern nicht die erforderliche Entschiedenheit zu[113]. Tatsächlich ging es ihm aber nicht nur um Entschiedenheit bei der Durchsetzung des Abkommens und seiner die Kinderpflege besonders ordnenden Richtlinien, sondern um „die Ausarbeitung eines Mobilmachungsplanes der evangelisch-christlichen Erziehung vom Kleinkind und evangelischen Elternhaus aus bis zur Mündigkeit“. Er wollte sich von seinem Weg, die evangelischen Kindergärten als ein Element des Gemeindeaufbaues in ein Gesamtkonzept kirchlicher Unterweisung der Gemeinde einzupassen und sie damit als kirchliche Einrichtungen erhalten zu können, nicht abbringen lassen. Dabei setzte er voraus, daß „alle evangelischen Kindertagesstätten in den kirchlichen Raum gehören“ und die „formaljuristische Form der Rechtsträgerschaft ... (ist) hierbei gleichgültig“ sei[114].

Als v. Wicht sich mit diesen Erwägungen noch am 9. Juli 1940, unmittelbar nach der Vorstandssitzung des CA, an den GVR wandte, hatte er den CA bereits wissen lassen, daß er es für besser hielt, wenn man der NSV ohne jede Formulierungsvorgabe, was ihre Arbeitsgebiete beträfe, den Text des Abkommens zustellte, damit sie selbst Vorschläge machen könne. Gleichzeitig böte das dem GVR die Möglichkeit, so v. Wicht, in der Zwischenzeit mit den Behörden besonders wegen der Eingabe vom 14. Februar 1939 zu verhandeln, woran er bereits mit Nachdruck und durch die „Bitte um dringende persönliche Rücksprache des geistlichen Vertrauensrates mit dem Herrn Reichsminister für die kirchlichen Angelegenheiten hinsichtlich des Schutzes unserer kirchlichen Kindergärten“[115] am 11. November 1939 mit seiner „Denkschrift“ erinnert und mit der Übermittlung des Urteils im Falle des Kindergartens in Strümpfelbach auch auf die durchaus ermutigende Rechtslage hingewiesen hätte[116]. Grundsätzlich hielte er, v. Wicht, es für zweckmäßiger, mit den „gesetzgebenden Instanzen“ zu verhandeln, als mit der NSV wegen der Gemeindepflegestationen und der Kindergärten „in m. E. aussichtslose Verhandlungen einzutreten.“[117] Das mochte nur konsequent sein. Zudem entsprach es aber wohl auch den Einsichten, die man in der Vereinigung im Umgang mit der NSV bisher gemacht hatte. Zwar widersprach es in gleichem Maße den Erfahrungen mit den von v. Wicht apostrophierten „gesetzgebenden Instanzen“. Allem Anschein nach sah er, trotz eines wieder einsetzenden kirchen-

---

113 Schreiben Ohl an v. Wicht vom 3.8.1940 mit dem handschriftlichen Vermerk „nicht abgesandt“. (ADWRH DÜSSELDORF, OHL 10.1.7. II).

114 Schreiben v. Wicht an GVR vom 9.7.1940, Tgbnr. 320 (ADW, VKD 8).

115 „Denkschrift“ v. Wicht an GVR vom 11.11.1939 (ADW, CA 850a I).

116 Schreiben v. Wicht an Wieneke vom 28.12.1939 (EZA BERLIN, 1/C3/179; ADW, VKD 7). Siehe II Kap. II.1.3., S. 424f. mit Anm. 216.

117 Schreiben v. Wicht an CA vom 9.7.1940, Tgbnr. 318 (EZA BERLIN, 1/C3/179; ADW, VKD 7).

politischen Restriktionskurses[118] hier die besseren Chancen. Aber weder CA noch GVR folgten seinen Vorstellungen und Vorschlägen.

Wohl noch ganz auf der Woge des Einvernehmens, das man knapp vierzehn Tage zuvor über die Innere Mission als „Wesens- und Lebensäußerung" der Kirche erzielt hatte, waren sich am 23. Juli 1940 die Mitglieder des GVR sowie der für Friedrich Werner anwesende Gisevius mit den als Gäste hinzugebetenen Constantin Frick, Ohl und Schirmacher auch über das beabsichtigte planwirtschaftliche Abkommen ganz und gar einig. Der CA sollte auf der Grundlage des vorgelegten Entwurfs verhandeln. Man hielt v. Wichts Forderungen sowohl hinsichtlich der Rechtsstellung der Kindergärten als auch im Blick auf den einzuschlagenden Verhandlungsweg für erledigt. Und was seinen „Mobilmachungsplan" beträfe, so könne der, meinte man, nach Abschluß einer Vereinbarung mit der NSV aufgegriffen werden[119].

Während der EOK Berlin v. Wicht durch Wieneke am 31. Juli 1940 im persönlichen Gespräch vom „endgültigen Ergebnis"[120] und die Kirchenkanzlei der DEK ihn einen Tag später telefonisch durch Brunotte unterrichtete[121], unterließ Schirmacher jegliche Information. Nicht einmal den endgültigen Wortlaut des Abkommens und ebensowenig den des Memorandums hatte er bis zum 31. Juli 1940 v. Wicht mitgeteilt, so daß dieser sich darüber bei Ohl beklagte[122].

Ob Schirmacher über den Schritt v. Wichts vom Anfang des Monats, mit dem er sich direkt an den GVR gewandt und den CA, dessen Präsidenten Constantin Frick, dessen Direktor Schirmacher, dessen Vorstandsmitglied Ohl nur in Kenntnis gesetzt hatte, ebenso wie Ohl verstimmt war, ist ungewiß. Eher anzunehmen ist, daß die neue Entschiedenheit, die Schirmacher jetzt doch, anders als während der Geschäftsführerkonferenz des CA am 28. Juni, in der Sache an den Tag legte, die Zusammenarbeit erschwerte und beide auf Distanz zueinander brachte. Während v. Wicht weiterhin für die gesamte evangelische Kinderpflege, unabhängig von der Form der Rechtsträgerschaft jeder einzelnen Kindertagesstätte, für ihn eine formaljuristische Frage, stritt und für eine Sicherung der Arbeit durch in erster Linie gesetzliche Regelungen kämpfte, hatte Schirmacher eine andere, neue Position bezogen, wie allenthalben v. Wicht und der EOK Berlin erstaunt zur Kenntnis nehmen mußten[123].

---

118 Siehe K. MEIER, Kirchenkampf III, S. 133ff.

119 Protokoll (EZA BERLIN, 1/A4/577; und EZA BERLIN, 7/4415).

120 Aktennotiz „ über einen Besuch von Herrn Pf. v. Wicht bei Herrn Oberkonsistorialrat Dr. Wienecke [!] am 31. Juli [1940] im Evgl. Oberkirchenrat", o. D. (ADW, VKD 9). Siehe II Kap. I.4.4., S. 335 mit Anm. 715.

121 Handschriftliche Notiz Elisabeth Schwarzhaupt vom 3.8.1940 auf Schreiben v. Wicht an GVR vom 9.7.1940 (EZA BERLIN, 1/A4/568).

122 Schreiben v. Wicht an Ohl vom 31.7.1940 (ADWRH DÜSSELDORF, OHL 10.1.7. II).

123 EBD.

Obwohl er für den Erlaß vom 12. Juli 1940 sich so sehr eingesetzt und seine Bestimmungen mit erarbeitet hatte, die der Einheit von Innerer Mission und Kirche Ausdruck geben wollten – in dem Augenblick, da diese Einheit auf die Probe gestellt war und hätte demonstiert werden können, gab Schirmacher sie auf und erprobte ihre Wirkung nicht, jedenfalls nicht im Sinne eines Erhaltes der Kindergärten als „Wesens- und Lebensäußerung" der Kirche. Was er vor kurzem noch für in Westfalen „glücklich gelöst" hielt, hatte keine Bedeutung mehr. Eine, was immerhin denkbar, taktische Erwägung war dabei nicht im Spiel. Auch zwischen von Kirchengemeinden und von Vereinen der Inneren Mission getragenen Kindergärten zu unterscheiden und etwa nur diese zur Disposition zu stellen, wie es wohl v. Wicht und Wieneke seinerzeit bei den Verhandlungen in Danzig ihm mit Unverständnis unterstellt hatten, das hatte er nicht im Sinn. War also die „Entkonfessionalisierung" im Blick auf Schirmacher an ihr Ziel gelangt? Oder hatte sich, trotz aller Gegenwehr, das Relativitätsverständnis des dialektischen Einspruchs Karl Barths, den Schirmacher in früheren Jahren kennengelernt hatte, wie bei Paul Schempp durchgesetzt[124]?

Ohne diesen Fragen weiter nachzugehen – für Schirmacher waren die Kindergärten jetzt insgesamt Verhandlungsgegenstand und der NSV zu überlassen. Er hatte, wie er wohl Zustimmung erwartend meinte, den Schritt getan zu einem „schmerzlichen Entschluß". Um einen solchen Entschluß, so glaubte er zudem, werde die Innere Mission in Zukunft nicht herumkommen. Der sechs Wochen zuvor veröffentlichte Erlaß über Kirche und Innere Mission war für ihn nicht mehr als ein „sagenhafter Strohhalm", der nur hätte erkennen lassen, daß es Kirche und ihrer Inneren Mission an gläubigem und tatkräftigem Geist fehle[125]. Erst wenn die Innere Mission die umstrittenen Arbeitsfelder, wie die Kindergärten, aufgäbe, werde die planwirtschaftliche Abgrenzung „wesentlich vereinfacht", dann erst könne der Erlaß zu einem Ausgangspunkt gegenseitigen Dienstes von Kirche und Innerer Mission werden, besonders im Blick auf die „Gestaltung einer religiösen Jugendunterweisung."[126]

Wenngleich er in der Frage des gegenseitigen Dienstes und in der Einschätzung ihrer Bedeutung mit v. Wicht übereinstimmte, sprach Schirmacher der Proklamation vom 12. Juli 1940 – „die Innere Mission ist Wesens- und Lebensäußerung der evangelischen Kirche" – eine Funktion zur Sicherung des Bestandes der Arbeit der Inneren Mission jetzt ab und hielt ein Abkommen mit der NSV für unverzichtbar. Dabei war allenthalben klar, weder stand Schirmacher mit seiner Sicht und Deutung der Dinge allein noch hatte er aus

---

124 Siehe I Kap. VII.1.1., S. 278 mit Anm. 16 und I Kap. VII.2.2., S. 332 mit Anm. 284.

125 Schreiben Schirmacher [gleichlautend] an Immanuel Fischer, Willy Friedrich und Arnold Schumacher vom 30.8.1940 (ADW, CA/O 184).

126 H. SCHIRMACHER, Vor neuen Aufgaben, S. 2.

seiner am Modell der „Ostmark“ orientierten An- und Einpassungsforderung einen Hehl gemacht[127].

Als er sich und die Innere Mission zum Jahresbeginn 1941 „Vor neuen Aufgaben“[128] sah, wußte Schirmacher durchaus Stimmen hinter sich, die ihm bedeuteten, „daß man um verlorene Posten sich nicht aussichtslos abkämpfen soll. Wenn uns die geschlossene Fürsorge bleibt, dann haben wir noch Arbeit genug.“[129] Deshalb, so forderte Gerhard Phieler, an der Spitze des Thüringer Verbandes für Innere Mission, dürfe die Entwicklung keinesfalls dazu führen, „daß man um der Kindergärten willen von unserer Seite die Verhandlungen zerplatzen läßt“[130]. Er allerdings, auch die Stimme eines DC und eines Parteigenossen, der sich vier Jahre zuvor im Falle Werner Sylten als sehr gesinnungstreu im Blick auf das Vorgehen des Regimes in Thüringen gezeigt hatte und tatsächlich nicht vor einer Denunziation seines „halbjüdischen“ Pfarrerkollegen zurückgeschreckt war[131] – Phieler sollte zu den ersten in der Inneren Mission gehören, die in der Sache der evangelischen Kindergärten sowohl ihre Gesinnungstreue als auch ihre Widerständigkeit in der Kindergartensache unter Beweis zu stellen Gelegenheit erhielten. Im Augenblick indessen gab es keinen Grund dazu, befürchten zu müssen, daß die Verhandlungen auf Grund vom CA behaupteter Positionen „zerplatzen“ könnten. Ganz im Gegenteil. Anfang Oktober 1940 waren die Verhandlungen ins Stocken geraten, und es schien sich erstmals abzuzeichnen, daß eine Vereinbarung zwischen CA und NSV zur planwirtschaftlichen Gestaltung der freien Wohlfahrtspflege aus von der NSV zu vertretenden Gründen nicht zustande käme[132].

Die NSV war mit den Aufgaben, die in Folge des Krieges und der Besetzung der Niederlande, Belgiens und von Teilen Frankreichs auf sie zukamen ebenso wie mit denen, die als „Heimführung“ der Deutschen aus den balti-

---

127 H. SCHIRMACHER, Das Konfessionelle. Mit dieser Veröffentlichung in EVGSDHFÜRS im September 1940 versuchte Schirmacher nicht nur, den von den Machthabern in ihrer Polemik als „Trennendes“ (S. 125) benutzten Begriff des Konfessionellen unter Berufung auf den biblischen Auftrag und die Tradition der „evangelischen Liebestätigkeit“ (S. 126) als Ausdruck eines gänzlich ungerechtfertigten Vorbehaltes zu belegen. Er begründete auch mit der Anerkennung eines konfessionell, entsprechend seiner Sicht, bestimmten „karitativen Moments“ (S. 125) der Volkspflege durch den Staat das Bemühen der Inneren Mission, durch die „konfessionelle Art ihres Dienstes sich als besonders förderlich für die Bestrebungen staatlicher Wohlfahrtspflege zu erweisen.“ (S. 125). Er meinte „in der ‚Arbeitsgemeinschaft der freien Wohlfahrtspflege‘, wie sie in der Ostmark eingerichtet ist und sich dort bereits bewährt hat, einen Ansatzpunkt für eine allgemeine zukünftige Einordnung des Karitativen in die gesamte Volkspflege“ sehen zu können (S. 125).

128 H. SCHIRMACHER, Vor neuen Aufgaben.

129 Schreiben Fischer an Schirmacher vom 3.1.1941 (ADW, CA/O 184).

130 Schreiben Phieler an Schirmacher vom 3.8.1940 (ADW, CA/O 164); vgl. auch Schreiben Schirmacher an Phieler vom 31.7.1940 (EBD.).

131 Siehe E. RÖHM, „Die Welt erkennen ...“, S. 323; E. RÖHM/J. THIERFELDER, Juden – Christen – Deutsche III/2, S. 311ff.

132 Handschriftlicher Vermerk Brunotte vom 7.10.1940 auf Schreiben v. Wicht an GVR vom 9.7.1940 (EZA BERLIN, 1/A4/568).

schen Ländern der Vorbereitung des Unternehmens „Barbarossa", des Überfalls auf die Sowjetunion dienten, „überstark belastet", wie Ohl urteilte[133]. Für v. Wicht allerdings konnte es keine grundsätzliche Änderung seiner Lageeinschätzung bedeuten, wenn er die seit der Auflösung der Arbeitsgemeinschaft aus seiner Sicht sehr zweifelhafte Verhandlungsposition des CA in Betracht zog An der „sehr gefährdeten Lage" hatte sich nichts geändert[134]. Was v. Wicht jedoch nicht wußte, was zu wissen nach Lage der Dinge aber sein und der Vereinigung Interesse sein mußte, war, wie, nachdem von ihr die Innere Mission als „Wesens- und Lebensäußerung" der Kirche erklärt worden war, die DEK die Lage einschätzte. Unterstützte sie seinen Entwurf von der evangelischen Kinderpflege als Verkündigung und förderte dementsprechend seinen Katechetisierungskurs? Was war von ihr zu erwarten?

Die Antwort auf diese Fragen sollte Wieneke geben, mit dem gemeinsam v. Wicht in Sachen evangelische Kindergärten in Pommern die Verhandlungen des Evangelischen Konsistoriums der Provinz Pommern mit Oberpräsident und Gauleiter Schwede unterstützt hatte. v. Wicht lud Wieneke Anfang Oktober 1940 zur Arbeitstagung der Vereinigung, die für Anfang November in Halle/Saale geplant war, zu einem Vortrag ein[135]. Ob Wieneke die Erwartungen erfüllt, nachdem er „Die Lage unserer Arbeit vom Standpunkt der Kirchenregierungen aus gesehen" dargestellt hatte, muß jedenfalls zweifelhaft sein[136]. Vor allem hatte er Schwierigkeiten gesehen: die Schwierigkeit der Uneinheitlichkeit der Maßnahmen sowohl was Partei und Staat beträfe, als auch die „Experimentiergebiete" wie Württemberg, „Ostmark" und „Warthegau"; die schwierige „allgemeine pädagogische Lage", die gekennzeichnet wäre vom Problem des Religionsunterrichtes und die damit verbundene Lehrplanfrage; die Schwierigkeit der Kindergartenarbeit als Teil christlicher Erziehung und Unterweisung, gekennzeichnet durch die „ungünstige Vorzensur" des Reichsministeriums für die kirchlichen Angelegenheiten und trotz des Erfolges der Verhandlungen mit Gauleiter Schwede in Stettin[137]. Diese Lagebeurteilung war nicht falsch, aber eine neue Perspektive hatte sie nicht geboten. Sie konnte für v. Wicht auch nicht zu erkennen sein, nachdem Wieneke in einem letzten Abschnitt unter Hinweis auf Luther und mit Erwägungen zur Zwei-Reiche-Lehre eine „Gesamtpädagogik" entworfen hatte[138], in deren Rahmen

---

133 Protokoll der Geschäftsführerkonferenz des CA am 15.1.1941 (ADWRH Düsseldorf, OHL 10.1.7. II).

134 Schreiben v. Wicht an Kirchenkanzlei der DEK vom 3.10.1940 (EZA Berlin, 1/C3/179).

135 Ebd.

136 Protokoll der Geschäftsführerkonferenz (Arbeitstagung) der Vereinigung vom 5.–6.11. 1940 (LKA Hannover, E 26/106; ADWW Münster, 153/1).

137 Handschriftlicher Vermerk Wieneke über die Arbeitstagung der Vereinigung am 5.–6.11. 1940 und den eigenen Vortrag am 5.11.1940 „Die Lage unserer Arbeit vom Standpunkt der Kirchenregierung aus gesehen" vom 11.11.1940 (EZA Berlin, 1/C3/179).

138 Ebd.

„unser Dienst für den heutigen Staat entscheidend bedeutungsvoll" sein sollte[139]. Ein praktisch-theologisch begründetes Konzept zum Aufbau von Kirche und Gemeinde unter Einbeziehung der evangelischen Kindergärten war es nicht, was Wieneke vorgetragen hatte. Wie auch immer die Erwartungen unter den Teilnehmern der Arbeitstagung der Vereinigung gewesen sein mochten, sie hatten feststellen müssen, daß die DEK und ihre Kirchenkanzlei tatsächlich ebensowenig einen eindeutigen Standpunkt in der Sache der evangelischen Kindergärten einnahmen wie der CA. Darüber hatten auch Wienekes Hinweise, im Rahmen einer sich anschließenden Aussprache, auf die „grundsätzliche Notwendigkeit und Bedeutung des Geistl[ichen]. Vertrauensrates" und die Bedeutung einer „Eingliederung der Inneren Mission in die DEK"[140] nicht hinwegtäuschen können. Im Gegenteil. Was konnte eine „Eingliederung" bedeuten, wenn bereits die Grundlage, nämlich die Behauptung, die Innere Mission sei „Wesens- und Lebensäußerung" der Kirche in Frage zu stellen möglich, jedenfalls im Blick auf die Kindergärten praktisch-ekklesiologisch, mithin konzeptionell nicht abgesichert war?

Was den CA betraf, so war es, angesichts der sich für die Innere Mission immer stärker in den Vordergrund drängenden „Fragen, die von der Beseitigung des sogenannten ‚lebensunwerten Lebens' handelten"[141], Schirmacher immerhin gelungen zu verhindern, daß die vom Vorstand des CA und vom GVR beschlossenen Richtlinien samt Memorandum dem Hauptamt für Volkswohlfahrt überreicht wurden[142]. Damit waren aus seiner Sicht Konflikte mit der NSV vermieden. Sein Versuch aber, wenn nicht über einen Planungsausschuß[143], so über eine „Initiative aus den Geschäftsführerkreisen"[144] die Durchsetzung seiner Vorstellung zu lancieren, stieß auf die Ablehnung selbst solcher ihm sonst wohlgesonnener Männer wie Wendelin und Phieler[145]. „Daß die NSV für die Zukunft eigentlich der einzige und geborene

---

139 Protokoll der Geschäftsführerkonferenz (Arbeitstagung) der Vereinigung vom 5.–6.11. 1940 (LKA HANNOVER, E 26/106; ADWW MÜNSTER, 153/1).

140 Handschriftlicher Vermerk Wieneke über die Arbeitstagung der Vereinigung am 5.–6.11. 1940 und den eigenen Vortrag am 5.11.1940 „Die Lage unserer Arbeit vom Standpunkt der Kirchenregierung aus gesehen" vom 11.11.1940 (EZA BERLIN, 1/C3/179).

141 Protokoll der Geschäftsführerkonferenz des CA am 15.1.1941 (ADWRH DÜSSELDORF, OHL 10.1.7. II).

142 Schreiben Schirmacher an Phieler vom 31.7.1940 (ADW, CA/O 164).

143 Entwurf Schreiben Schirmacher an Hauptamt für Volkswohlfahrt vom November 1940 durch Schreiben Constantin Frick an Ohl vom 5.12.1940 (ADWRH DÜSSELDORF, OHL 10.1.7. II). Schirmacher dachte daran, daß auch die NSV einen Vertreter entsenden könne, damit „die Weisungen des Hauptamtes für Volkswohlfahrt berücksichtigt werden können." (EBD.).

144 Schreiben Schirmacher an Phieler vom 31.7.1940 (ADW, CA/O 164). Schirmacher hielt es für an der Zeit, nochmals „eine Besprechung von Innere Missions-Leuten unter Ausschluß der politisch-engstirnigen Kreise zusammen zu rufen" und wollte Phieler bitten, das zu tun. Eingeladen sollten dann etwa werden Herbst, Happich, Karig, Krause, Schneemelcher u. a. (EBD.).

145 Schreiben Phieler an Schirmacher vom 3.8.1940 (EBD.).

Bundesgenosse unserer Arbeit sein könne"[146], das konnten sie nun doch nicht akzeptieren. Einer solchen Einpassung ins System des nationalsozialistischen Staates konnten sie nicht zustimmen und deshalb auch nicht Schirmachers taktischen Erwägungen. Sie waren doch der Meinung, „daß wir sie [scil. die Kindergärten] nicht etwa bei der Besprechung über ein Abkommen von vornherein anbieten."[147]

So drängte nun die Mehrzahl der Vorstandsmitglieder des CA auf der Sitzung am 12. November 1940, wenn auch aus unterschiedlichen Motiven, auf den Abschluß des vorbereiteten Abkommens. Man gab sogar der NSV das erwünschte Zeichen der Bereitschaft zur Zusammenarbeit[148] und beschloß, die „Arbeit auf den Gebieten der deutschen Volkspflege, die nach dem Willen des Führers der NSV übertragen sind, nach planwirtschaftlichen Grundsätzen im Einvernehmen mit der NSV neu auszurichten."[149] Nachdem wiederum Ohl und Schirmacher, außerdem aber auch Wendelin, mit den Vorarbeiten zur Festlegung aller Einzelfragen beauftragt worden waren und Constantin Frick bevollmächtigt worden war, die Verhandlungen „baldmöglichst" zum Abschluß zu bringen[150], bestätigte die drei Tage später, am 15. November 1940, in Nürnberg versammelte Geschäftsführerkonferenz des CA diesen Beschluß. Außerdem wurde Ohl vom Vorstand des CA beauftragt, zur Klärung der Vorfragen, mithin besonders zur Erfassung der erforderlichen statistischen Angaben, über den CA einen Fragebogen an die Landes-, Provinzial- und Fachverbände gehen zu lassen[151].

Innerhalb von vier Wochen war ein Fragebogen ausgearbeitet, der im Ergebnis eine Übersicht über Stand und Umfang der einzelnen in Frage kommenden Arbeitsgebiete liefern sollte. Am 16. Dezember 1940, mit einem erläuternden Rundschreiben versandt, forderte er, was die evangelischen Kindergärten betraf, Auskunft über die Zahl der Einrichtungen mit Platzzahl und Zahl der Fachkräfte. Außerdem wurde nicht nur Auskunft erbeten über die Zahl der Trägerschaften von Kirchengemeinden ebenso wie von anderen kirchlichen Stellen, sondern auch gefragt, wieviel Kindergärten in kircheneigenen Gebäuden untergebracht seien. Denn das sei wichtig, weil daran, so Ohl, „schon zahlenmäßig deutlich wird, welch starkes Interesse die Kirche

---

146 Schreiben Schirmacher an Phieler vom 31.7.1940 (EBD.).

147 Schreiben Phieler an Schirmacher vom 3.8.1940 (EBD.).

148 Am 22.10.1940 hatte ein Gespräch zwischen Hermann Althaus und Constantin Frick stattgefunden, in dem zum Ausdruck gekommen war, „daß die NSV ein Wort der Bereitschaft der Inneren Mission zur verantwortungsvollen Zusammenarbeit mit der NSV begrüßen würde." So Ohl auf der Geschäftsführerkonferenz des CA am 15.1.1941 (Protokoll Ohl, in: ADWRH DÜSSELDORF, OHL 10.1.7. II); vgl. auch Protokoll der Vorstandssitzung des CA am 12.11.1940 (ADW, CA 67 B (1940)).

149 Protokoll (ADW, CA 67 B (1940)).

150 EBD.

151 Protokoll (ADW, CA 761 XXII).

und ihre Gemeinden an dieser Arbeit nehmen."[152] Die kaum ein halbes Jahr zurückliegenden Verhandlungen Schirmachers und Gülzows mit Beyl in Danzig und die Blaus mit Greiser und Steinhilber in Posen, bei denen die Frage der Rechtsform der Trägerschaft eine Rolle gespielt hatte und nicht zuletzt in der Tarifrechtsfrage und im Blick auf die Vergütung der Kindergärtnerinnen auch immer noch spielte, mochten ein übriges bewirkt haben. Und schließlich wurde um Angaben darüber gebeten, ob und mit welchem Ergebnis Verhandlungen mit der NSV geführt worden seien, wie hoch die Zahl von deren Einrichtungen, Dauerkindergärten ebenso wie Erntekindergärten, im Einzugsbereich sei und wie der Bedarf insgesamt eingeschätzt werde[153].

Obwohl, weil die Zeit drängte, eine kurze Frist von nur 14 Tagen zur Beantwortung gesetzt war, lag nicht zuletzt auch wegen der Weihnachtszeit und des Jahreswechsels die Mehrzahl der Antworten immerhin Ende Januar 1941 vor[154]. Diese Antworten erbrachten, wie man Mitte Februar 1941 im Vorstand des CA feststellen konnte, „sehr beachtliches Material"[155]. Dessen Auswertung ergab für den Kinderpflegebereich und im Blick auf die für Ohl besonders wichtige Frage nach der Trägerschaft und den genutzten Räumen[156]: 2.503 Einrichtungen, davon 1.401 in kirchengemeindlicher Trägerschaft und 1.531 untergebracht in kirchlichen Räumen. Was Verhandlungen mit der NSV betraf, so wurde durchgängig – abgesehen von Pommern und Westfalen – mitgeteilt, daß es generelle Verhandlungen nicht gegeben habe, sondern stets nur solche in Einzelfällen. Genauere Auskünfte über den Bedarf konnten nicht gegeben werden. Sie beschränkten sich auf allgemeine Bemerkungen zur steigenden Nachfrage nach Kindergartenplätzen bei steigender, kriegsbedingter „Industrialisierung". Ebenso konnte man durchgängig nicht die Zahl der NSV-Einrichtungen nennen[157].

---

152 Bericht Ohls zur Vorstandssitzung des CA am 19.2.1941 betr. planwirtschaftliche Verhandlungen mit der NSV (ADWRH DÜSSELDORF, OHL 10.1.7. II).

153 Rundschreiben Ohl an die Landes- und Provinzialverbände und die Reichsfachverbände der Inneren Mission vom 16.12.1940 einschließlich Fragebogen (ADW, CA 2319/26 (Rheinland)).

154 Ohl fertigte, vermutlich im Februar 1941, einen dreißigseitigen Bericht zur Auswertung der Fragebogen, von denen 32 von 38 versandten Fragebogen bis zum 31.1.1941 beantwortet waren. (ADWRH DÜSSELDORF, OHL 10.1.7. II; ADW, CA/Stat. 223/15).

155 Protokoll der Vorstandssitzung des CA am 19.2.1941 (ADW, CA 67 B (1941)).

156 Protokoll Ohl der Geschäftsführerkonferenz des CA am 15.1.1941 (ADWRH DÜSSELDORF, OHL 10.1.7. II).

157 O. Ohl, Bericht zur Auswertung der Fragebogen vermutlich im Februar 1941 (ADWRH DÜSSELDORF, OHL 10.1.7. II; ADW, CA/Stat. 223/15). Danach stellte sich folgendes dar:

Anhalt	15 Kindergärten	Bremen	9 Kindergärten
Baden	260 Kindergärten	Hannover	43 Kindergärten
Bayern	212 Kindergärten	Lübeck	4 Kindergärten
Berlin	179 Kindergärten	Mecklenburg	4 Kindergärten
Brandenburg	131 Kindergärten	Nassau-Hessen	167 Kindergärten
Braunschweig	6 Kindergärten	Oldenburg	1 Kindergarten

Diesbezüglich hatte bereits v. Wicht die gewünschten Angaben geliefert. Nachdem weder er selbst noch jemand anderes als sein Stellvertreter für die Vereinigung an der Geschäftsführerkonferenz des CA am 15. November 1940 teilgenommen hatte[158] – sein distanziertes Verhältnis zu Schirmacher hielt wohl an –, hatte v. Wicht trotz vorweihnachtlicher Arbeitsbelastung die Fragebogen an die 22 Landes- und Provinzialverbände noch am 19. Dezember 1940 versandt, hatte sich dann mit Ohl in Verbindung gesetzt und ihn u. a. auf die Zahlen hingewiesen, die Hermann Althaus im Juni in Bayreuth anläßlich des Jubiläums des „allgemeinen deutschen Kindergartens" genannt hatte[159]. Gleichzeitig aber hatte er aufmerksam gemacht auf die Ereignisse in zwei Ländern des Deutschen Reiches, in Thüringen und Sachsen. Was hier geschehen war, sollte Folgen für die weiteren Verhandlungen über das geplante und immer noch erstrebte Abkommen haben.

Zum Zeitpunkt, da die Umfrage abgeschlossen war, Anfang Februar 1941, zeigten die Ereignisse in diesen beiden Ländern des Deutschen Reiches jedenfalls statistisch und im Umfrageergebnis noch keinen Niederschlag. So bildete die bereits im Ansatz von den Ereignissen überholte Umfrage, jedenfalls was den halboffenen Kinderpflegebereich betraf, die Grundlage für die Neufassung eines Memorandums, während die Richtlinien trotz der Bedenken etwa von Greifenstein und Conze unverändert geblieben waren. Beider Vorschlag, die erforderlichen Absprachen in „korrespondenzähnlicher Form" zu treffen[160], führte zwar zu entsprechenden Entwürfen von Schirmacher und Constantin Frick. Jeder machte darin nochmals seine Position deutlich, die sich im Kern nicht wesentlich unterschieden. Während Schirmacher sogleich ganz und gar dem Druck der NSV nachzugeben bereit war, zielte Constantin

---

Ostpreußen	37 Kindergärten	Schaumburg-Lippe	5 Kindergärten
Pfalz	97 Kindergärten	Schlesien	239 Kindergärten
Rheinprovinz	282 Kindergärten	Thüringen	25 Kindergärten
Frst. Sachsen	66 Kindergärten	Westfalen	245 Kindergärten
Provinz Sachsen	87 Kindergärten	Württemberg	389 Kindergärten
Insgesamt			2.503 Kindergärten.

Der Tätigkeitsbericht der Vereinigung zählt zum Ende des bis 31.3.1941 laufenden Geschäftsjahres 2.459 evangelische Kindergärten – u. a. ohne Thüringer und Lübecker Einrichtungen – mit 3.230 Mitarbeiterinnen und mit 158.371 Plätzen, mithin durchschnittlich ungefähr 64 Kindern je Einrichtung (VEREINIGUNG, Tätigkeitsbericht 1.4.1940–31.3.1941). Vgl. auch Protokoll Ohl der Geschäftsführerkonferenz des CA am 15.1.1941 (ADWRH DÜSSELDORF, OHL 10.1.7. II); und Ohls Bericht betr. planwirtschaftliche Verhandlungen mit der NSV zur Vorstandssitzung des CA am 19.2.1941 (EBD.). Zur Zahl der NSV-Kindergärten siehe zuvor S. 456 Anm. 7. Vgl. zur Auswertung der Fragebogen G. VAN NORDEN, Die Innere Mission, S. 118–121.

158 Schreiben Käthe Niemann an CA vom 14.11.1940 (ADW, CA 761 XXII).

159 Schreiben v. Wicht an Ohl vom 4.1.1941 (ADWRH DÜSSELDORF, OHL 10.1.7. I); siehe auch H. ALTHAUS, Rede zur 100-Jahrfeier. Althaus nennt eine Zahl von 10.757 Dauer- und Hilfskindergärten (S. 129); v. Wicht erwähnt in seinem Schreiben auch H. VILLNOW, Erziehung und Betreuung, die so zählt: 8.826 Dauerkindergärten, 2.326 Hilfskindergärten (S. 172).

160 Protokoll der Vorstandssitzung des CA am 12.11.1940 (ADW, CA 67 B (1940)).

Frick auf Sonderregelungen für die Gemeindekrankenpflege und die Kindergärten, gab aber auch zu erkennen, daß er sich anhaltendem Druck beugen würde[161]. Aber eine Regelung der Dinge auf dem Korrespondenzwege wurde nicht weiter versucht. Es gab nämlich Stimmen, zu ihnen gehörte Ohl, die zwar auch eine Sonderregelung wie Constantin Frick anstrebten. Jedoch sie rechneten damit, daß man bei der NSV und bei denen, die die Arbeit der Inneren Mission für schädlich hielten, einsähe, daß diese Auffassung ein Irrtum sei, daß „vielmehr auch alle unsere Arbeit innerhalb des kirchlichen Raumes positive Mitarbeit am Aufbau eines innerlich gesunden und starken Volkstums ist." Und es war Ohl, der alle verantwortlichen Männer und Frauen der Inneren Mission wissen lassen wollte: „Diese Stunde [scil. der Einsicht] wird kommen, weil sie kommen muß."[162]

Diese Hoffnung wurde verstärkt durch die Aussicht auf die Korrektur jener Bemerkung Cordts vom 7. Mai 1940, mit der er die gewaltige Zahl von 30.000 NSV-Kindergärten und die allein daraus abzuleitende Notwendigkeit einer Übergabe der 3.000 evangelischen Einrichtungen behauptet hatte. Das war bis dahin unwiderlegt geblieben. Mit dem Zahlenmaterial, das ihm v. Wicht im Januar 1941 übermittelt hatte, konnte Ohl erst jetzt den „Irrtum" nachweisen, auf dem die „zahlenmäßige Orientierung" Cordts beruhte. Für Ohl war von einer Zahl von 8.800 NSV-Einrichtungen, sogenannten Dauerkindergärten, auszugehen. Bei etwa 2.600 evangelischen und „vermutlich etwa 3.400 katholischen Kindergärten" war das freilich „ein anderes Bild, als wenn man 30.000 zu 3.000 in Vergleich setzt." Gleichzeitig bedeutete dies in der Berechnung Ohls, daß, käme es zu einem planwirtschaftlichen Abkommen, „die NSV fast die gleiche Zahl der Kindergärten übernehmen und besetzen sollte, die sie heute hat." Das aber sei nur dann keine „völlige Unmöglichkeit", wenn die kirchlichen Kräfte „zwangsweise mitverpflichtet werden"[163]. Nach den Erfahrungen aber, die man im Zuge der Maßnahmen des Freistaates Sachsen – von dessen „Vorpreschen" wird zu reden sein – mit „Richtlinien" zur Übernahme evangelischer Kindergärten[164] durch die NSV habe machen können, sei davon, so Ohls Einschätzung, nicht auszugehen. Das bot ihm die Aussicht auf das Fortbestehen des status quo: „wir behalten unsere Kindergärten, wir überlassen der NSV allein die Aufgabe der Neugründung". Was außerdem die Aussicht auf den Fortbestand der Arbeit verbesserte – die weitere Analyse des Umfrageergebnisses hatte hinsichtlich der

---

161 Schreiben Constantin Frick an Ohl vom 5.12.1940 mit beiden Entwürfen in der Anlage (ADWRH Düsseldorf, OHL 10.1.7. II).

162 Protokoll Ohl der Geschäftsführerkonferenz des CA am 15.1.1941 (Ebd.).

163 Aufzeichnungen Ohl für die Bremer Gespräche zur Planwirtschaft am 17. und 18.4.1941 (Ebd.). Die von Cordt seinerzeit zweifelsohne mitgezählten Ernte- und Hilfskindergärten – siehe zuvor S. 461 mit Anm. 30 – ließ Ohl unberücksichtigt. Als „Behelfseinrichtungen" waren sie für ihn mit den evangelischen Kindergärten nicht vergleichbar.

164 Siehe II Kap. III.1., S. 538f. mit Anm. 67 und Anm. 68.

Kindergärten erbracht, „daß von einer umfassenden Beunruhigung gar nicht gesprochen werden kann“, also weder von „verlorenem Posten“ noch von „Rückzugskämpfen“ geredet werden durfte. Falls allerdings, so die weitere Schlußfolgerung aus dem Zahlenmaterial, ein vom CA für notwendig erachteter Schritt getan werden müsse, sei der „Widerhall“ bei den Rechtsträgern entscheidend. Rechtlich gesehen, trotz des Erlasses über die Innere Mission vom 12. Juli 1940, könne der CA „nicht [als] verfügungsberechtigter Rechtsträger“ betrachtet werden. Daher sei es, „je weniger dieser Widerhall gesichert ist, um so wahrscheinlicher, daß dem Central-Ausschuß draußen die Gefolgschaft verweigert wird unter Berufung auf die Rechtsträgerschaft.“ Deshalb sei bei den Verhandlungen über die Kindergärten unbedingt auch das Einvernehmen der zentralen und bezirklichen kirchlichen Behörden erforderlich[165].

Spätestens zu diesem Zeitpunkt, wenn nicht bereits mit Schirmachers Beschreibung neuer Aufgaben der Inneren Mission, die er zum Jahresbeginn 1941 vorgelegt hatte[166], mußte es zweifelhaft sein, ob ein Einvernehmen mit den Kirchenbehörden würde erzielt werden können. Allerdings kamen jetzt auch Faktoren hinzu, die eine Verständigung dringlich erscheinen ließen. Wie ein halbes Jahr zuvor das Evangelische Konsistorium in Danzig auf den Rechten der seiner Aufsicht unterstehenden Kirchengemeinden, so bestand der OKR Stuttgart am 18. Februar 1941 auf den Rechten der Kirchengemeinden, die in Württemberg Träger von Kindergärten waren. Mit dem besonderen Hinweis auf den Erlaß der DEK vom 12. Juli 1940 bat Hermann Müller, Stellvertreter Wurms, den CA, dies zu berücksichtigen. „Für alle Fälle“ sollte jedoch der Vorbehalt in das Abkommen aufgenommen werden, daß Kindertagesstätten und Schwesternstationen, die von einer Kirchengemeinde unterhalten werden oder deren Betreuung kirchenbehördlich angeordnete Aufgabe sei, von dem Abkommen unberührt bleiben[167].

Ohne direkt Bezug auf die Entscheidungen in Danzig zu nehmen, aber sie ganz offenkundig im Visier, hatte Heinrich, nunmehr als Präsident des Evangelischen Konsistoriums der Mark Brandenburg, bereits vier Wochen vorher, am 16. Januar 1941, diese Haltung, wie sie nun auch in Württemberg zum Ausdruck kam, und die nach seiner Sicht der Sache nicht gerecht wurde, als „peremtorisch“ bezeichnet. Er hatte für den ernsthaften Versuch plädiert, „zu einem Ausgleich zu gelangen.“[168] Deshalb hatte Friedrich Werner vorgeschlagen, auf einer vom 23. bis 25. Januar 1941 in Wittenberg tagenden Konferenz der Konsistorialpräsidenten der Provinzialkirchen der ApU die Sache zu ver-

---

165 Aufzeichnungen Ohl für die Bremer Gespräche zur Planwirtschaft am 17. und 18.4.1941 (ADWRH DÜSSELDORF, OHL 10.1.7. II).

166 H. SCHIRMACHER, Vor neuen Aufgaben.

167 Schreiben OKR Stuttgart [Hermann Müller] an Landesverband der Inneren Mission in Württemberg vom 18.2.1941 (ADW, CA/O 184), weitergeleitet mit Schreiben Schosser an CA vom 24.2.1941 (EBD.).

168 ADW, CA 2711.

handeln. Dabei hatte er nun ausdrücklich „seinen“ Erlaß vom 12. Juli 1940 in Frage gestellt und bezweifelt, daß diese Auswirkungen beabsichtigt gewesen seien. Das war mit Schirmacher in die gleiche Richtung gedacht. Daß auch Heinrichs Verständnis von „Ausgleich“ ganz dem Schirmachers entsprach, wird daran deutlich, daß er dem Präsidenten des EOK Berlin vorgeschlagen hatte, Schirmacher, den er aus der Zeit, als er selbst noch Schatzmeister beim CA war, bestens kannte und mit dem er auch nach wie vor im Vorstand des CA zusammenarbeitete, zu den beabsichtigten Verhandlungen der Konsistorialpräsidenten hinzuzuziehen. Friedrich Werner indessen war dem Vorschlag nicht gefolgt, obwohl sich Schirmacher nach seiner Danziger Niederlage einiges davon versprochen haben mußte, wenn die Sache „schließlich beim Oberkirchenrat ausgetragen werden sollte(n).“[169] Immerhin hatte man beim EOK Berlin einen gewissen Abstimmungsbedarf in der Frage anerkannt, nämlich wie der Erlaß vom 12. Juli 1940 in Verbindung mit dem Problem der Kindergärten zu handhaben sei, und es waren Ausführungsbestimmungen angekündigt worden[170]. Sie sollten allerdings angesichts der inzwischen eingetretenen Ereignisse und Entwicklungen ganz andere Gestalt haben, als wohl noch im April 1941 von Schirmacher und dem CA und auch vom EOK Berlin ins Auge gefaßt war.

Das waren die Voraussetzung und Rahmenbedingungen, als sich Constantin Frick, Ohl, Schirmacher und Wendelin und außerdem auch Heyne am 17. und 18. April 1941 in Bremen trafen[171], um auf der Grundlage der Umfrageergebnisse ein neues Memorandum zu erarbeiten. Das Ergebnis ihrer zweitägigen Bemühungen wurde am 21. April 1941 vom Präsidenten allen Mitgliedern des Vorstandes des CA zur Begutachtung zugesandt[172]. Zustande gekommen war ein nun nicht mehr nur nach allen Seiten hin Akzeptanz suchendes Ja-Aber-Schriftstück. Zustande gekommen war eine Verzichtserklärung. Nach einem „gehörigen geistigen Ringkampf“, wie er selbst urteilte, sah Schirmacher seine „geistige Grundhaltung“ für die Verhandlungen mit dem Berliner Hauptamt für Volkswohlfahrt durchgesetzt und von Ohl „klassisch“ formuliert[173]. Unter Berufung auf ein Wort Wicherns aus seiner „Denkschrift an die deutsche Nation“[174] von 1849 wollte man „uns zum Bewußtsein brin-

---

169 Schreiben Schirmacher an Kaufmann vom 24.4.1941 (ADW, CA/O 179); vgl. auch Schreiben Heinrich an Schirmacher vom 16.1.1941, mit dem er „ganz persönlich“ Abschrift des Schreibens an Friedrich Werner vom gleichen Tag übersendet (ADW, CA 2711).

170 Schreiben Schirmacher an Kaufmann vom 24.4.1941 (ADW, CA/O 179); siehe auch Protokoll der Sitzung des GVR am 21.–22.4.1941 (EZA Berlin, 1/A4/579).

171 Schreiben Schirmacher an Heinrich vom 24.4.1941 (ADW, CA 761 XXIII).

172 Aufzeichnungen Ohl zu den Bremer Gesprächen zur Planwirtschaft am 17. und 18.4.1941 (ADWRH Düsseldorf, OHL 10.1.7. II); Schreiben Constantin Frick an die Mitglieder des Vorstandes des CA vom 21.4.1941 (ADW, CA 67 B (1941)).

173 Schreiben Schirmacher an Heinrich vom 24.4.1941 (ADW, CA 761 XXIII).

174 „Es läßt sich die reichste Tätigkeit der Inneren Mission denken, ohne daß je auch nur eine

gen, daß keine einzelne Liebesarbeit absolut konstitutives Element der Inneren Mission und ihrer Arbeit an denen ist, die sich noch nicht oder nicht mehr zu Christus und zu seinem Wort halten."[175] Zu diesem Zweck allerdings hatten die Autoren des Memorandums durch eine Auslassung[176] dem Wichernwort seine missionarische und prophetische Kraft genommen, mithin das, was politisch hätte Anstoß erregen können. Aus einer nahezu visionären Beschreibung eines Lebens der inneren Mission – Wichern hatte dabei allerdings noch kaum die im CA organisierte und durch ihn repräsentierte Innere Mission vor Augen – im Volke, war die Begründung ihres Rückzugs vor dem Andrängen der NSV, war eine Erklärung wohlfahrtspolitischer Anpassungsbereitschaft geworden.

Das konnte nicht ohne Kritik bleiben, obwohl kaum jemand unter den Kritikern zu erkennen war, der in der Lage gewesen wäre, einen Weg aus dem Dilemma zu weisen, in das die Verhandlungen über ein planwirtschaftliches Abkommen den CA und die Innere Mission geführt hatten. Dennoch, die Kritik war deutlich. Zwar wies kein Mitglied des Vorstandes des CA auf die sinnverfälschende Verkürzung des Wichernwortes hin, aber Paul Braune merkte an: „Jedenfalls kann Wichern nicht für Eure Haltung herangezogen werden." Indes, auch ohne Wichern gelte: „Schließlich müssen wir auch unse-

---

leibliche Wohltat dabei zu spenden nötig gewesen wäre. Die Wohltätigkeit, welche auch von der Inneren Mission in des Herrn Namen geübt wird, ist an ebensoviel Stellen nicht ein Durchgangspunkt ihrer Tätigkeit, ein sehr oft, aber doch nur zufällig mit ihr verbundenes Element, in keinem Fall aber je ihr eigentlicher Zweck." (Memorandum als Anlage zum Schreiben Constantin Frick an die Mitglieder des Vorstandes des CA vom 21.4.1941, in: ADW, CA 67 B (1941)). Vgl. J. H. WICHERN, Die innere Mission der deutschen evangelischen Kirche. Eine Denkschrift an die deutsche Nation (1849) (J. H. WICHERN, Sämtliche Werke I, S. 175–366, hier S. 190).

175 Memorandum als Anlage zum Schreiben Constantin Frick an die Mitglieder des Vorstandes des CA vom 21.4.1941 (ADW, CA 67 B (1941)).

176 Ausgelassen wurde etwa: „... zu spenden nötig gewesen wäre; es läßt sich eine Gemeinde denken, in welcher die Reichen, Gebildeten das Gebiet sind, das sich die innere Mission allein erwählen kann, weil sie arm sind an Gott, während die Armen, reich an ihm, die Träger der inneren Mission sein könnten. Die innere Mission wirkt unabhängig von allen Standesunterschieden, steht im Mittelpunkt des Volkes, das in der Gesamtheit der Stände existiert; sie hat in allen Ständen ihre Vertreter, die für sie arbeiten, in allen Ständen ihre eigentümlichen Aufgaben, die sie lösen soll. Je freier sie in diesem Sinn verkündigt und bekennt, je schonungsloser sie in diesem Geiste ohne Ansehen der Person die Sünde straft, die Gottlosigkeit angreift, die Unsittlichkeit verfolgt, den Hochmut bricht, je rücksichtsloser sie in allen Stunden für die Gerechtigkeit wirkt, je präziser sie sich in dieser ihrer geistigen Angel bewegt, desto voller werden ihr die Herzen aller derer im Volke, stehen sie oben oder unten, entgegen schlagen, welche wissen, was das Volk ist, desto reichern Eingang wird sie finden in Hütten und Palästen." Und: „So werden die verschiedenen bürgerlichen Stände, also recht eigentlich das Volk, in Christo sich einigen unter dem Schirm und unter der segnenden Hand der Kirche, und wird das Heil nach allen Enden entsendet werden. ... So werden die Armen sehen, wer ein rechtes Herz für sie hat, und die Reichen lernen, wie sie ihr Herz und aus ihrem Herzen ihre Gaben denen geben können, welche Christus an seiner Statt, daß wir ihn in ihnen lieben, hinterlassen. ... Die Wohltätigkeit, welche ..." (J. H. WICHERN, Die innere Mission der deutschen evangelischen Kirche. Eine Denkschrift an die deutsche Nation (1849), in: J. H. WICHERN, Sämtliche Werke I, S. 190).

re eigene Haltung haben.“[177] Paul Braune lehnte die „Gesamthaltung“ des Papiers ab und meinte mit Schärfe und unter Anspielung auf Joh. 10,12 f.[178], „freiwillig preisgeben stempelt uns zu Mietlingen.“[179] Wenn auch nicht von allen so streng und mit biblischer Bezugnahme bekenntniskirchlich orientiert geurteilt wurde, die Ablehnung war allgemein. Vietor stellte eine „tiefe Resignation“ fest[180], und für Ziegler war der „eindeutige(n) Auftrag des Herrn“, „das Grund-, Haupt-, Anfangs- und Endmotiv, die Triebkraft und das Ziel unserer Arbeit“ fast verleugnet[181]. Conze enthielt sich einer Beurteilung des Inhalts ganz und gar und verwahrte sich allein gegen „entschädigungslose Enteignungen“[182], und v. Bodelschwingh fürchtete, „daß der erhoffte Zweck einer solchen Erklärung nicht erreicht wird, sondern das Gegenteil“[183]. Auch v. Lüttichau wollte sich „zu dem Inhalt der Denkschrift nicht bekennen“ und faßte sein Urteil in der Feststellung zusammen: „Die Innere Mission hört auf diese Weise auf, Mission zu sein.“[184]

Mochte Ohl diese Denkschrift auch noch rechtfertigen, auf die bedachten Formulierungen hinweisen und ein dementsprechendes Lesen einfordern[185] – ein Konsens über das Memorandum mit diesem Wortlaut war nicht mehr möglich. Das jedenfalls mußte der Vorstand des CA auf seiner Sitzung am 27. Mai 1941 feststellen[186].

Ob überhaupt die NSV in der Mitte des Jahres 1941 noch Interesse an einer Übereinkunft zur Planwirtschaft mit der Inneren Mission hatte, war zumindest fraglich. Für die NSV hatten sich nicht nur die Arbeitsschwerpunkte angesichts der infolge des Krieges tatsächlich sich erweiternden Aufgaben verlagert[187]. Es hatten sich auch die Konkurrenzen zur öffentlichen Wohlfahrtspflege und dem deren Interessen vertretenden Hauptamt für Kommu-

---

177 Schreiben Paul Braune an Constantin Frick vom 10.5.1941 (ADWRH DÜSSELDORF, OHL 10.1.7. II).

178 Der gute Hirte, Joh. 10,1–30. „Ich bin der gute Hirte. Der gute Hirte läßt sein Leben für die Schafe. Der Mietling aber, der nicht Hirte ist, des die Schafe nicht eigen sind, sieht den Wolf kommen und verläßt die Schafe und flieht; und der Wolf erhascht und zerstreut die Schafe. Der Mietling aber flieht; denn er ist ein Mietling und achtet der Schafe nicht.“ (Verse 12 und 13). Seinerzeit vertraute Lutherübersetzung in der 1912 vom DEKA genehmigten Textfassung.

179 Schreiben Paul Braune an Constantin Frick vom 10.5.1941 (ADWRH DÜSSELDORF, OHL 10.1.7. II).

180 Schreiben Vietor an Constantin Frick vom 28.4.1941 (EBD.).

181 Schreiben Ziegler an Constantin Frick vom 30.4.1941 (EBD.).

182 Schreiben Conze an Constantin Frick vom 30.4.1941 (EBD.).

183 Schreiben v. Bodelschwingh an Constantin Frick vom 2.5.1941 (EBD.).

184 Schreiben v. Lüttichau an Constantin Frick vom 10.5.1941 (EBD.).

185 Betr. Entwurf des Memorandums über die grundsätzlichen Voraussetzungen für die Verhandlungen über Planwirtschaft [Ohl], o. D., vermutlich zur Geschäftsführerkonferenz des CA am 9.7.1941 (ADWRH DÜSSELDORF, OHL 10.1.7. II). Diese Geschäftsführerkonferenz fand nicht mehr statt. Siehe II Kap. III.2., S. 559 mit Anm. 75.

186 Protokoll (ADW, CA 67 B (1941)).

187 H. VORLÄNDER, Die NSV, S. 127ff., bes. S. 138f.

nalpolitik, zwischen Fiehler und Hilgenfeldt, ebenso verschärft[188] wie die zwischen Hilgenfeldt und Conti als „Reichsgesundheitsführer" mit seinen Absichten speziell auf dem Gebiete der Gemeindepflege und der Schwesternfrage[189]. Zwar hatten ja im Oktober 1939 die „Konkurrenten" eine Vereinbarung getroffen, die der NSV den Rücken frei machte, aber das Reichsministerium des Innern, genauer Conti als dessen Staatssekretär, sah sich nicht daran gebunden, weil, wie er behauptete, sein Ministerium nicht beteiligt gewesen sei. Deshalb, und weil alle finanziellen Lasten bei dieser Regelung auf den Kommunen lägen, sei diese Regelung „nicht geeignet, eine zweckmäßige praktische Lösung für die Zukunft zu gewährleisten"[190].

Von der Antwort auf die Frage, welches denn „eine zweckmäßige praktische Lösung für die Zukunft" sei, sollte die evangelische Kinderpflege in einer Weise betroffen sein, daß darüber auch beim CA andere Dinge als der Konsens über die „grundsätzlichen Voraussetzungen für die Verhandlungen über Planwirtschaft"[191] in den Vordergrund rückten. Mit anderen Worten, die Frage: Preisgabe oder Behauptung der evangelischen Kindergärten? – sie wurde von den Ereignissen selbst überholt und sollte anders beantwortet werden als durch ein planwirtschaftliches Abkommen mit der NSV.

4. „Eine erfreuliche Mitteilung" – der biblische Stoffplan

4.1. Die Arbeitstagung der Vereinigung evangelischer Kinderpflegeverbände Deutschlands am 11. und 12. Juni 1940

Wie erfolgreich beim Rückzug in den „Raum der Kirche"[1] die Waffen, die man von seiten der evangelischen Kinderpflege zur Abwehr „antireligiöser Haltungen"[2] und mit „steigender kulturkämpferischer Tendenz"[3] zur Behauptung des „Eigenrechts der evangelischen Kirche"[4] bereits in der Zeit der Weimarer Republik gefordert hatte[5], jetzt geschmiedet und gegen die „Ent-

188 E. HANSEN, Wohlfahrtspolitik, S. 118ff.; H. VORLÄNDER, Die NSV, S. 147ff.

189 E. HANSEN, Wohlfahrtspolitik, S. 150ff.

190 Aufzeichnungen aus dem Reichsministerium des Innern für Conti [von Conti unterzeichnet] für eine Besprechung mit dem „Stellvertreter des Führers" „über die Zusammenarbeit der Gemeinden und Landkreise (Jugendämter) mit der NSV" am 14.1.1941 vom 10.1.1941 (BA BERLIN, R 18/5600); in Auszügen bei H. VORLÄNDER, Die NSV, Dok. Nr. 268, S. 475f.

191 Betr. Entwurf des Memorandums über die grundsätzlichen Voraussetzungen für die Verhandlungen über Planwirtschaft [Ohl], o. D., vermutlich zur Geschäftsführerkonferenz des CA am 9.7.1941 (ADWRH DÜSSELDORF, OHL 10.1.7. II). Diese Geschäftsführerkonferenz fand nicht mehr statt. Siehe II Kap. III.2., S. 559 mit Anm. 75.

1 H. v. WICHT, Evangelische Kinderpflege. Siehe II Kap. I.1.2., S. 58 mit Anm. 188.

2 K. MALUCHE, Evangelische Kinderpflege, S. 5.

3 H. v. WICHT, Evangelische Kinderpflege, S. 258.

4 EBD.

5 Siehe I Kap. I., S. 40.

konfessionalisierung" und gegen eine „‚Religion' der nationalsozialistischen ‚Weltanschauung'"[6] eingesetzt wurden, kann schon allein an der Zusammenarbeit der Vereinigung und v. Wichts mit dem EREV, dem Reichsverband für Kindergottesdienst und Sonntagsschule, der Evangelischen Reichsfrauenhilfe und der Arbeitsgemeinschaft für evangelisch-kirchliche Erziehung und Unterweisung sowie deren leitenden Frauen und Männern deutlich werden, in der das Vorhaben eines „Eltern- und Erziehungssonntags" seit 1939 geplant und im Verlauf von kaum mehr als zwei Jahren fast zu einer „kirchlichen Sitte" entwickelt worden war. Ein vollständiger Erfolg allerdings konnte dem Einsatz dieser Waffe nur beschieden sein, wenn man das erreichte, was man als Voraussetzung ihrer Durchschlagskraft ansah, wenn es also gelang, „der Gemeinde und besonders den Eltern und Paten ... das Gewissen hinsichtlich einer planmäßigen evgl. Erziehung zu schärfen"[7]. Dazu reichte ein Sonntag im Lauf eines Jahres, wenn auch orientiert am Kirchenjahr, nicht aus. Deshalb verband sich dem volksmissionarischen Katechetisierungskonzept der vier Verbände von Anfang an die Absicht, einen biblische Stoffplan zu erstellen, der eine systematische biblische Unterweisung durch das Jahr ermöglichen sollte.

Damit war spätestens zu diesem Zeitpunkt klar, daß es weder für die Evangelische Reichsfrauenhilfe, den Reichsverband für Kindergottesdienst und Sonntagsschule und den EREV als Spitzenverband der Erziehungsarbeit der Inneren Mission noch für die Vereinigung in der Zusammenarbeit in der Arbeitsgemeinschaft für evangelisch-kirchliche Erziehung und Unterweisung um die Aufführung eines religionspädagogischen „Zwischenspiels"[8] ging. Es ging ihnen auch nicht darum, sich etwa, religionsdidaktisch gesehen, mit einem Rückzug in den Raum der Kirche der contradictio von Kreuz und Hakenkreuz zu entziehen. Vielmehr folgte man auch hier dem praktisch-ekklesiologischen Konsens, der unter der Devise „Kirche und Glaube"[9] das Feld, mithin die „Freiheit in der christlichen Erziehung", gegen die Entkonfessio-

---

6 F. KRAFT, Religionsdidaktik, S. 73f. Vgl. K. HUNSCHE, Der Kampf, S. 462: „Schule im Dritten Reich – das hieß in der Tat Umwandlung der Schule von Grund auf: von der christlichen Bekenntnisschule zur ‚Weltanschauungsschule unter dem Schutz des Staates', zur ‚NS. Bekenntnisschule'!"

7 Protokoll der Mitgliederversammlung der Vereinigung am 11.6.1940 (LKA HANNOVER, E 26/106; ADWW MÜNSTER, 153/1; LKA NÜRNBERG, DW 1715); vgl. Schreiben v. Wicht an GVR vom 30.8.1940 (EZA BERLIN, 1/C3/179).

8 K. WEGENAST, Religionspädagogik, S. 706. Es soll, was vielleicht I Kap. Einleitung, S. 24f. mit Anm. 74 und I Kap. I., S. 47 mit Anm. 52 nicht in hinreichender Deutlichkeit geschehen ist, nochmals darauf verwiesen werden, daß diese Studie gemäß ihrer Leitfrage, nicht der Absicht folgt, religionspädagogische „Zwischenspiele" oder religionsdidaktische „Drehbücher", um im Bild zu bleiben, zu erörtern oder angesichts der Behauptung einer „Auflösung" der Katechetik katechetische Fragen zu diskutieren. Vgl. dazu die zeitgenössische Diskussion bei H. FABER, Religionspädagogische Probleme; DERS., Probleme.

9 K. WEGENAST, Religionspädagogik, S. 704.

nalisierungsbestrebungen zu behaupten suchte[10]. Dabei orientierte man sich an den „Richtlinien“[11], die unter Berufung auf lutherische Zwei-Reiche-Lehre „evangelische Erziehung“ und „völkische Gesamterziehung“ sowohl getrennt als auch verbunden halten wollten.

So wie die DEK und ihre Volkskirchliche Arbeitsgemeinschaft nach kontroverser Erörterung im Jahr 1936[12] unter der Leitung Ellweins Anfang des Jahres 1937 für den Religionsunterricht an Volksschulen Richtlinien samt einem Stoffplan[13] ins Feld geführt, so hatte die BK im Sommer 1938 durch „Die Evangelische Christenlehre“ die Front aus ihrer Sicht markiert[14]. Gemeinsam hatte die beiden Männer der BK, Albertz und Forck, den „Dienst der Unterweisung in der christlichen Lehre“ „einer grundsätzlichen Neubestimmung“[15] unterzogen. Mit einem „Altersstufen-Lehrplan“ hatten sie das Gesamtkatechumenat beschrieben, dem die „ganze erwachsene Gemeinde“[16] verpflichtet sei. Und dem ganz und gar entsprechend hatte bereits Brandmeyer begonnen, seine als „eine Hilfe für die Mutter“ konzipierten „Blätter zum Erzählen biblischer Geschichten“ für die Arbeit der Evangelischen Reichsfrauenhilfe zu veröffentlichen[17]. Ging es bei diesen gemäß der theologischen Grundlegung wie sie von Albertz und Forck formuliert worden war[18], um die „Zeugniskraft“ und deren Stärkung bei Kindern und Eltern[19], so sollte auf der Grundlage des Stoffplanes nach Auffassung Ellweins zwar die „christliche Lehre“ im Vordergrund stehen, aber auch er war der BK in einem praktisch-ekklesiologischen Grundkonsens nahe, wenn er einschränkte,

---

10 Vgl. CHR. BIZER, Katechetik, S. 699f. und S. 702f.

11 VOLKSKIRCHLICHE ARBEITSGEMEINSCHAFT DER DEUTSCHEN EVANGELISCHEN KIRCHE (Hg.), Religionsunterricht, S. 5. Und MBlDEK 1937, S. 11. Auch F. KRAFT, Religionsdidaktik, Dok. Nr. 11, S. 246. Vgl. auch J. THIERFELDER, Die Geschichte.

12 Siehe F. KRAFT, Religionsdidaktik, S. 77–117.

13 VOLKSKIRCHLICHE ARBEITSGEMEINSCHAFT DER DEUTSCHEN EVANGELISCHEN KIRCHE (Hg.), Religionsunterricht. Auch F. KRAFT, Religionsdidaktik, Dok. Nr. 11, S. 246–251. MBlDEK 1937, S. 11–13 bietet den Stoffplan nicht.

14 M. ALBERTZ/B. H. FORCK (Hg.), Evangelische Christenlehre.

15 EBD., S. 5.

16 EBD., S. 9. Zu den „Arbeitsplänen“ der Schulkammer der 2. VKL für den evangelischen Religionsunterricht siehe F. KRAFT, Religionsdidaktik, S. 176–181.

17 A. BRANDMEYER (Hg.), Blätter zum Erzählen (I und II). Es sollte in den nachfolgenden zwei Jahren bis 1940 weiteres ebenfalls an biblischen Texten orientiertes, sowohl die Zehn Gebote als auch das Vaterunser behandelndes und als „eine Hilfe für das evangelische Haus“ konzipiertes Arbeitsmaterial folgen: A. BRANDMEYER (Hg.), Blätter zur häuslichen Unterweisung (I und II).

18 M. ALBERTZ/B. H. FORCK (Hg.), Evangelische Christenlehre: „Daher müssen wir das Wort Gottes weitergeben in der Form der *Lehre*. Was uns in Jesus Christus geschenkt ist, soll so bestimmt als möglich beschrieben und eindrücklich vor die Augen gemalt werden. Lehre ist nicht gedankenmäßige Abstraktion, sondern bekenntnismäßiges Zeugnis.“ (S. 7). Die Hervorhebung ist im Original gesperrt.

19 A. BRANDMEYER (Hg.), Blätter zum Erzählen (I, Zur Einführung), S. 3.

es sei bei Beachtung des Grundsatzes sachgemäßer Behandlung des Stoffes jede nur „verstandesmäßige Begriffsaneignung“ ausgeschlossen[20].

Da die Weichen spätestens auf der Arbeitstagung der Vereinigung Anfang November 1938 nicht nur in Richtung Zusammenarbeit mit anderen Verbänden – Evangelische Reichsfrauenhilfe, EREV, Reichsverband für Kindergottesdienst und Sonntagsschule, Arbeitsgemeinschaft für evangelisch-kirchliche Erziehung und Unterweisung –, sondern auch in Richtung „evangelische Christenlehre“ und „biblische Unterweisung“ gestellt worden waren[21], und die ersten Signale hatten bereits im Sommer 1936 mit ihren Beiträgen auf der Mitgliederversammlung der Vereinigung Kurt Frör und Wolfgang Trillhaas gesetzt[22], mußte es aus der Sicht v. Wichts konsequent sein, wenn er die Arbeitstagung der Vereinigung, die ein gutes halbes Jahr später, Mitte Juni 1939, stattfand, so ausrichtete, daß eine Bestätigung und Fortsetzung erkennbar war. Deshalb war die Behandlung „wirtschaftlicher und steuerlicher Fragen“ ebenso von Bedeutung[23] wie die Vorstellung des Modells biblischer Unterweisung der Kinder im Vorschulalter in der Gemeinde durch eine „Kleinkinder-Gemeindehelferin“[24]. Wichtig war es indessen auch, nachdem spätestens mit der Forderung Schwedes, auf das Erzählen „biblischer Geschichten“ im Kindergarten zu verzichten[25], die Frage nach den Grundlagen gestellt war, sich der Lehre zu stellen, mithin sich „zu Gott hindurchzuhören“, um das Wort Gottes zu finden für die Gemeinde. Mit dieser Zielstellung referierte der Pfarrer der Stuttgarter Leonhardskirche und nachmalige Prälat in Heilbronn, Wilfried Lempp, auf der Tagung der Gremien der Vereinigung am 20. Juni 1939 zu der Frage „Wie finde ich im Alten Testament das Wort Gottes für mich und für die Gemeinde?“[26]

---

20 VOLKSKIRCHLICHE ARBEITSGEMEINSCHAFT DER DEUTSCHEN EVANGELISCHEN KIRCHE (Hg.), Religionsunterricht, S. 5. Und MBlDEK 1937, S. 11. Auch F. KRAFT, Religionsdidaktik, Dok. Nr. 11, S. 246. Zu einer Würdigung der Ellweinschen „Richtlinien“, die allenthalben auch in den intakten Kirchen Zustimmung fanden, siehe F. KRAFT, Religionsdidaktik, S. 114–117; J. THIERFELDER, Die Geschichte. Die Frage bleibt, ob und inwieweit mit einer den „Richtlinien“ eigenen „Zwei-Reiche-Pädagogik“ nicht eine Pädagogik vergleichbar war, die sich in ihrem Vollzug als Katechetik wie bei M. ALBERTZ/B. H. FORCK (Hg.), Evangelische Christenlehre, zwar der BK und der Barmer Theologischen Erklärung verpflichtet sah, aber mit der Beschränkung auf das „bekenntnismäßige Zeugnis“ bei gleichzeitigem Verzicht auf „gedankenmäßige Abstraktion“ nicht zu einer der Lehre der zweiten These von der „Befreiung aus den gottlosen Bindungen dieser Welt“ durch Jesus Christus (KJ 1933–1944, S. 65; K. IMMER, Bekenntnissynode, S. 10; EG 810) entsprechenden Schärfung der Gewissen durchdrang und insofern unsachgemäß war. Vgl. dazu F. KRAFT, Religionsdidaktik, S. 176ff.; K. WEGENAST, Religionspädagogik, S. 710f.

21 Siehe II Kap. I.4.4., S.307ff.

22 Siehe I Kap. VII.4.2., S. 402f.

23 Siehe II Kap. I.4.3., S. 282f. mit Anm. 430.

24 Siehe II Kap. II.1.2., S. 401f. mit Anm. 87.

25 Siehe II Kap. II.1.3., S. 439 mit Anm. 292.

26 W. Lempp, Wie finde ich im Alten Testament das Wort Gottes für mich und für die Gemeinde? Leitsätze zu dem Vortrag am 21.6.1939 (Anlage zum Protokoll der Arbeitstagung der

Was sich hier in eine Frage persönlicher Frömmigkeit kleidete und damit den Anspruch einer unpolitischen Gesinnung zu erkennen gab, berührte ein Thema, mit dem die Vereinigung weniger die Auseinandersetzungen Lempps mit Georg Schneider[27], seinem der Glaubensbewegung DC angehörenden und „um die Entjudung der Kirchen“[28] kämpfenden Pfarrerkollegen an der Stuttgarter Leonhardskirche, in die Mitte der Erörterung stellen wollte, auch wenn die diesbezüglichen Erfahrungen Lempps ihn als geeigneten Referenten haben erscheinen lassen mögen. Das Thema sollte auch weniger einer nachträglichen Bearbeitung bisheriger Erfahrungen der verantwortlichen Frauen und Männer der evangelischen Kinderpflege mit der Frage jüdischer Kinder in evangelischen Einrichtungen dienen; Erfahrungen wie man sie im Falle der Kinder in Karlsruhe[29], in Lemgo[30] und auch in Stuttgart – gerade an dem Ort, an dem Lempp sein Referat vortragen sollte[31] – hatte machen können. Daß dies alles keine Rolle im Blick auf dieses Thema spielte, bekräftigte Lempp selbst mit seinem Vortrag, wenn er auf die „zweifellos vorhandenen Schwierigkeiten“, die von dem Vorwurf bestimmt seien, daß das Alte Testament „zu einer Verjudung unseres Volkes in religiöser und moralischer Beziehung führe“ zwar hinwies, ihren Grund aber „nicht in der völkischen Weltanschauung“ sah[32]. Mochten mit dem Thema, das nach der Verbindung von alttesta-

---

Vereinigng am 20.–21.6.1939, in: LKA HANNOVER, E 26/102; ADWW MÜNSTER, 153/1; LKA NÜRNBERG, DW 1715).

27 Siehe R. LÄCHELE, Ein Volk, S. 91–144. DERS., Georg Schneider. Und auch K. MEIER, Die Deutschen Christen, S. 166–170.

28 R. LÄCHELE, Georg Schneider; S. 422f. mit Anm. 7.

29 Siehe I Kap. VII.2.1., S. 302f.

30 Siehe I Kap. VII.2.1., S. 304f.

31 Wie das Protokoll der Arbeitstagung vom 20.–21.6.1939 (LKA HANNOVER, E 26/102; ADWW MÜNSTER, 153/1; LKA NÜRNBERG, DW 1715) festhält, wurde am ersten Tag, mithin am 20.6.1939, eine Besichtigungsfahrt unternommen, die den „vorbildlichen“ Kindergarten der Stuttgarter Brenzgemeinde in der von Architekten des Bauhauses Mitte der zwanziger Jahre errichteten Weißenhofsiedlung zum Ziel hatte. Hier amtierte einer der „Gründungsaktivisten“ der Glaubensbewegung DC in Württemberg, Pfarrer Friedrich Hilzinger (R. LÄCHELE, Ein Volk, S. 27 und S. 43f.). Er hatte im August 1935, zeitgleich mit dem Vorgang in Karlsruhe, Dölker gegenüber „zu erwägen [ge]geben, ... in einer allgemeinen Anordnung dafür zu sorgen, daß solche Kinder jüdischer Familien nicht in unsere konfessionellen Kindergärten gehen können.“ Er lehnte jede Verantwortung für „irgendwelche Schwierigkeiten“ ab. (E. RÖHM/ J. THIERFELDER, Juden – Christen – Deutsche II/1, S. 92f. mit Anm. 138). Dölker verwies darauf, daß „immer“ auch jüdische Kinder evangelische Kindergärten Württembergs besucht hätten (EBD., S. 93 mit Anm. 139). Der OKR Stuttgart war anderer Auffassung als Dölker. Wie Ziegler, Geschäftsführer des Gesamtverbandes der Inneren Mission in Baden, und wie Schirmacher, Direktor des CA, im Falle der jüdischen Kinder in Karlsruhe, so hielt es der OKR Stuttgart für „nicht Aufgabe ... einer evangelisch-kirchlichen Organisation, Kinder rein jüdischer Familien zu betreuen.“ (EBD., S. 96 mit Anm. 140).

32 W. Lempp, Wie finde ich im Alten Testament das Wort Gottes für mich und für die Gemeinde? Leitsätze zu dem Vortrag am 21.6.1939 (Protokoll der Arbeitstagung der Vereinigung am 20.–21.6.1939, in: LKA HANNOVER, E 26/102; ADWW MÜNSTER, 153/1; LKA NÜRNBERG, DW 1715).

mentlichen und neutestamentlichen Glaubensaussagen fragte, auch das Verhältnis von Juden und Christen angesprochen sein, so waren die Erfahrungen, die man im kirchlichen wie im sonstigen Leben seit „Arierparagraph"[33] und „Sportpalastskandal"[34] angesichts der „Fortschritte"[35] der „Entrechtung"[36] jüdischer Menschen über die „Nürnberger Gesetze" bis hin zur ein gutes halbes Jahr zurückliegenden Pogromnacht gemacht hatte, doch ausgeblendet. Um die Erfahrungen mit der „völkischen Weltanschauung" und ein Nachdenken unter dem „Wort Gottes" über das Volk Gottes im Sinne einer Gewissensschärfung sollte es nicht gehen.

Wollten v. Wicht und die Vereinigung die Sache der „biblischen Unterweisung" in den Kindergärten noch in anderer Weise befördern als durch die Schaffung eines so bezeichneten Themenbereichs in ihrer Fachzeitschrift ChrKpflge[37], dann reichte es auch nicht, darunter auf „Allerlei über religiöse Erziehung und christliche Unterweisung"[38] aufmerksam und „Bemerkungen für die Behandlung der biblischen Geschichten im Kindergarten"[39] zu machen und die Nutzung der Stuttgarter Jugend- und Familienbibel[40] mit den Bildern von Rudolf Schäfer, dem „Maler des evangelischen Glaubens in unserer Zeit"[41], oder einen „Bilder-Katechismus"[42] zu empfehlen. Mit dem Thema des Lemppschen Vortrages sollte darum die Bibel auf einer Betrachtungsebene im Mittelpunkt stehen, auf der AT und NT zusammengehören, denn „die Heilige Schrift ist ein Ganzes."[43] Um das „Ganze" war es bislang auch im

---

33 Gesetz zur Wiederherstellung des Berufsbeamtentums vom 7.4.1933 (RGBl 1933 I, S. 175–177). „§ 3 (1) Beamte, die nicht arischer Abstammung sind, sind in den Ruhestand zu versetzen; soweit es sich um Ehrenbeamte handelt, sind sie aus dem Amtsverhältnis zu entlassen." (S. 175). Und Erste Verordnung zur Durchführung des Gesetzes zur Wiederherstellung des Berufsbeamtentums vom 11.4.1933 (RGBl 1933 I, S. 195). „§ 2 (1) Als nicht arisch gilt, wer von nicht arischen, insbesondere jüdischen Eltern oder Großeltern abstammt. Es genügt, wenn ein Elternteil oder ein Großelternteil nicht arisch ist. Dies ist insbesondere dann anzunehmen, wenn ein Elternteil oder ein Großelternteil der jüdischen Religion angehört hat." (EBD.). Zur Übernahme des „Arierparagraphen" in die landeskirchlichen Ordnungen siehe K. MEIER, Kirche und Judentum, S. 15ff. und S. 86; DERS., Kirchenkampf I, S. 116–122; W. GERLACH, Zeugen, S. 60ff.; E. RÖHM/J. THIERFELDER, Juden – Christen – Deutsche I, S. 197ff.

34 Siehe dazu K. MEIER, Kirchenkampf I, S. 122ff.; E. RÖHM/J. THIERFELDER, Juden – Christen – Deutsche I, S. 220ff.

35 W. GERLACH, Zeugen, S. 231.

36 E. RÖHM/J. THIERFELDER, Juden – Christen – Deutsche II/1 und II/2.

37 Siehe CHRKPFLGE, 46. Jg. 1938, Inhaltsverzeichnis. Vgl. CHRKPFLGE, 45. Jg. 1937, Inhaltsverzeichnis, das demgegenüber noch „Abhandlungen, Aufsätze" rubrizierte.

38 W. HERBST, Allerlei.

39 N.N., Kirchliche Unterweisung, S. 174f.

40 BIBEL, Stuttgarter Jugend- und Familienbibel. Diese Bibel, „die mit ihren feinen Bildern auch zum Verstehen des Alten Testaments führt", empfiehlt N.N., Plan, S. 132.

41 K. HESSELBACHER, Was uns Rudolf Schäfer ist, S. 231.

42 K.-M. HOFMANN, Rudolf Schäfers Bilder-Katechismus. Gemeint ist damit G. KROPATSCHEK (Hg.), Der kleine Katechismus.

43 M. NIEMÖLLER (Hg.), Das Bekenntnis, S. 11; in K. D. SCHMIDT, Bekenntnisse,

Streit um die Behandlung des AT im Religionsunterricht in Württemberg gegangen. Mergenthaler hatte seit Februar 1934 versucht, alttestamentliche Stoffe als „artfremd“ aus dem Lehrplan für den Religionsunterricht zu verdrängen[44]. Die Evangelisch-lutherische Landeskirche in Württemberg hatte dagegen Position bezogen[45]. Aber mit der Überarbeitung der „Richtlinien“ und der Fertigung eines neuen Entwurfs für den Religionsunterricht zeichnete sich eine „immer schwächer“[46] werdende Stellung des AT als Gegenstand des Religionsunterrichts ab. Daß der zweite Richtlinienentwurf Ellweins für den Religionsunterricht an Volksschulen, der am 21. April 1939 dem Ministerium Rusts unterbreitet worden war[47], vorsah, „von einer zusammenhängenden Behandlung des Alten Testaments ... abzusehen“[48] – sollte dieser Tatsache auch bei der Stoffplanung für die Unterweisung der Kinder im Vorschulalter Rechnung getragen werden?

Mit dem Vortrag Lempps als einem jedenfalls vom Thema betroffenen württembergischen Pfarrer wollte sich die Vereinigung dieser Frage stellen und sich der Glaubensgrundlagen als Voraussetzung ihres Katechetisierungsprogrammes vergewissern. Entsprach das dem Rückzug in den Raum der Kirche, den die Vereinigung vier Jahre zuvor angetreten hatte[49], so kam Lempps Vortrag tatsächlich ganz einem Rückzug auf das Bekenntnis gleich, das unter Berufung auf das Erste Gebot die Heiligkeit Gottes „in den ganz konkreten Hintergrund der Zeitlage“ stellte. Die Ursache dafür, daß der „ewige Offenbarungsgehalt der alttestamentlichen Botschaft“ immer mehr in Frage gestellt werde, sei ihre „religionsgeschichtliche Einebnung“[50]. Mit dieser dialektischer Theologie verpflichteten Analyse und, wie weithin die BK, blind für eine „pflichtgemäße Bezogenheit auf die Welt“[51] ging es Lempp zuerst und vor al-

---

S. 105–131, hier S. 109. Zum Betheler Bekenntnis siehe K. SCHOLDER, Kirchen I, S. 579–582; E. BETHGE, Dietrich Bonhoeffer, S. 353–357; W. GERLACH, Zeugen, S. 57f.

44 J. THIERFELDER, Der Streit, S. 201f.

45 EBD., S. 207f.

46 EBD., S. 205. Vgl. J. THIERFELDER, Die Geschichte, S. 167.

47 Schreiben Kirchenkanzlei der DEK [Wieneke] an die obersten Behörden der deutschen evangelischen Landeskirchen vom 14.1.1941 mit Anlage „Richtlinien für den evangelischen Religionsunterricht in den Volksschulen“ (EZA BERLIN, 1/A4/432; J. THIERFELDER, Die Geschichte, S. 169–173, hier S. 169). Zur Sache siehe auch F. KRAFT, Religionsdidaktik, S. 128–142.

48 EZA BERLIN, 1/A4/432; J. THIERFELDER, Die Geschichte, S. 170.

49 Siehe I Kap. VI.2.2., S. 264ff.

50 W. Lempp, Wie finde ich im Alten Testament das Wort Gottes für mich und für die Gemeinde? Leitsätze zu dem Vortrag am 21.6.1939 (Anlage zum Protokoll der Arbeitstagung der Vereinigung am 20.–21.6.1939, in: LKA HANNOVER, E 26/102; ADWW MÜNSTER, 153/1; LKA NÜRNBERG, DW 1715). C. NICOLAISEN, Auseinandersetzungen, stellt fest, daß weder theologische Erwägungen noch die Ergebnisse historisch-kritischer Forschung an der Bibel ursächlich für die Abwehr des AT waren; sie sei begründet in einer „nationalen Religion“ etwa Paul de Lagardes und seiner Polemik gegen die „Fratze“ des Topos von Verheißung und Erfüllung (S. 5–7). Vgl. H.-J. KRAUS, Geschichte, S. 432f.

51 M. JACOBS, Konsequenzen, S. 564.

lem um den „großen heilsgeschichtlichen Rahmen", in dem „die bleibende Bedeutung des AT besteht", das den Menschen vor die „Heiligkeit Gottes" und dessen mit dem Ersten Gebot gegebenen „unbedingten Anspruch auf unser Leben" stellt[52]. Dies vorangestellt, folgte Lempp, wie er ausdrücklich erwähnte, Helmuth Schreiner und dessen dreifacher Unterscheidung alttestamentlicher Beziehungen zum NT und wies hin auf solche Aussagen des AT, die vom NT bestätigt, solche die vertieft, gereinigt und zurecht gebracht und schließlich solche Aussagen des AT, die vom NT überholt werden. Das bedeute im ersten Fall „direkt bei Christus" und seinem Evangelium zu sein und in den beiden anderen Fällen direkt oder indirekt vom AT zur neutestamentlichen Botschaft geführt zu werden[53]. Und „von der Erfüllung in Christus aus findet das AT seine rechte Ausrichtung."[54]

Sowenig diese exegetisch- und systematisch-theologischen Erwägungen von einer klar benannten Sicht der Ursachen des Zweifels am AT und seines kirchlichen Gebrauchs[55] ausgingen, sowenig vermittelten sie auch den Ertrag, den Lempp als Antwort auf die Frage des Themas vorstellte. Er zielte nicht auf Befähigung zu theologischer Weiterarbeit, um mit ihr in der Gemeinde das Wort Gottes in seiner Zeit- und Weltbezogenheit zu finden. Vielmehr ermutigte er zu einer Frömmigkeits- und Bekenntnishaltung, die unter Verzicht auf jede Kritik am AT „in demütiger Empfangsbereitschaft" sich „ganz persönlich anreden" läßt, um so „in reichster Fülle das Wort Gottes, des Vaters Jesu Christi" zu finden[56].

Es ist hier nicht der Ort, Lempps Vortrag theologisch zu würdigen und etwa zu versuchen, ihn in die Fülle der „Broschürenliteratur"[57], der er zu vergleichen wäre, einzuordnen. Wie groß jedenfalls die Spannweite war, in der das Thema verhandelt werden konnte, zeigte die dem Referat folgende Aussprache, der sich Lempp ohne weiteres stellte. Neben v. Wicht und Dölker debattierten vor allem Möller, Diez und Julius Jensen, Vorsitzender des Evangelischen Kinderpflege-Verbandes für Lübeck, nicht etwa über solche

---

52 W. Lempp, Wie finde ich im Alten Testament das Wort Gottes für mich und für die Gemeinde? Leitsätze zu dem Vortrag am 21.6.1939 (Anlage zum Protokoll der Arbeitstagung der Vereinigung am 20.–21.6.1939, in: LKA HANNOVER, E 26/102; ADWW MÜNSTER, 153/1; LKA NÜRNBERG, DW 1715).

53 EBD. Lempp bezieht sich auf H. SCHREINER, Das Alte Testament, S. 42ff.

54 W. Lempp, Wie finde ich im Alten Testament das Wort Gottes für mich und für die Gemeinde? Leitsätze zu dem Vortrag am 21.6.1939 (Anlage zum Protokoll der Arbeitstagung der Vereinigung am 20.–21.6.1939, in: LKA HANNOVER, E 26/102; ADWW MÜNSTER, 153/1; LKA NÜRNBERG, DW 1715).

55 Siehe C. NICOLAISEN, Auseinandersetzungen, S. 116–133.

56 W. Lempp, Wie finde ich im Alten Testament das Wort Gottes für mich und für die Gemeinde? Leitsätze zu dem Vortrag am 21.6.1939 (Anlage zum Protokoll der Arbeitstagung der Vereinigung am 20.–21.6.1939, in: LKA HANNOVER, E 26/102; ADWW MÜNSTER, 153/1; LKA NÜRNBERG, DW 1715).

57 C. NICOLAISEN, Auseinandersetzungen, S. 118–133.

praktisch-theologischen, mithin katechetisch-didaktischen Fragen zur Förderung jener von Lempp empfohlenen „demütigen Empfangsbereitschaft". Sie erörterten auch nicht die kirchen- und schulpolitische Situation in Württemberg, wie sie sich durch den Streit um die Behandlung des AT darstellte. Was sie diskutierten waren vielmehr jene systematisch-theologischen Positionen[58], die auf der einen Seite von Emanuel Hirsch markiert wurden, einem der ersten Theologen, der als Interpret der „nationalsozialistischen Revolution"[59] bereits im Frühjahr 1933 der Glaubensbewegung DC beigetreten und einer der wichtigsten Berater des Reichsbischofs geworden war[60]. Hirsch hatte 1936 zur Frage des Verhältnisses von AT und NT „Das Alte Testament und die Predigt des Evangeliums" veröffentlicht, um gegen eine vom NT her als „vom Evangelium wegführende Unwahrheit" zu begreifende „alttestamentlich-jüdische Religion" Stellung zu beziehen[61]. Die andere Seite, mithin die Gegenposition wurde repräsentiert von Wilhelm Vischer, Lehrer für Altes Testament an der Theologischen Schule Bethel und im Sommer 1933 Mitarbeiter am sogenannten Betheler Bekenntnis, dem Versuch einer Stellungnahme der BK – „eine nicht gelungene Bewährungsprobe"[62] – gegen den „Arierparagraphen" in Kirche und Staat[63]. Vischer hatte 1934 „Das Christuszeugnis des Alten Testaments" veröffentlicht und christologisch eine Einheit von AT und NT begründet, denn „Jesus sei der Christus des Alten Testaments."[64]

Nicht zuletzt indem er sich auf Schreiner berief, hatte sich Lempp auf die Seite derer gestellt, die Vischer zwar dankbar waren, daß er eine „bloß religionsgeschichtliche Betrachtung" des AT wirkungsvoll in Frage gestellt habe, dessen Forderung aber nach einer „christologischen Auslegung aller alttestamentlichen Texte [für] zu eng" hielten[65]. Es ist nicht erkennbar, daß es auf der Arbeitstagung der Vereinigung nach Lempps Vortrag zu einer Debatte mit einer scharfen und offen bleibenden Kontroverse gekommen wäre. Man wird annehmen können, daß mit den wenigen diskutierenden Theologen auch die übrige Versammlung sich, wenn auch schweigend, auf eine Linie wie die Lempps verständigen konnte[66].

---

58 Protokoll der Arbeitstagung der Vereinigung am 20.–21.6.1939 (LKA HANNOVER, E 26/102; ADWW MÜNSTER, 153/1; LKA NÜRNBERG, DW 1715).

59 Siehe A. J. REIMERS, Emanuel Hirsch, S. 274 mit Anm. 24.

60 EBD., S. 94ff.; K. SCHOLDER, Kirchen I, S. 530–533.

61 E. HIRSCH, Das Alte Testament, S. 32 (S. 67).

62 W. GERLACH, Zeugen, S. 58.

63 EBD.; E. RÖHM/J. THIERFELDER, Juden – Christen – Deutsche I, S. 195f.

64 W. VISCHER, Christuszeugnis, S. 32. Im übrigen folgte dem „Das Gesetz" überschriebenen 1. Band erst 1942 der 2. Band, der „Die frühen Propheten" behandelte.

65 H. SCHREINER, Das Alte Testament, S. 32.

66 Zur Problemstellung gibt zeitgenössisch einen Überblick R. ABRAMOWSKI, Vom Streit. Als ein „Hauptproblem" hat H. GRAF REVENTLOW, Hauptprobleme, den „ideologischen Kampf gegen das Alte Testament und seine Folgen" (S. 31–47) beschrieben. Für H.-J. KRAUS, Geschichte, ist die Auseinandersetzung Teil „theologischer Neubesinnung" (S. 421–434).

Konsequent mußte es für v. Wicht nach dieser Arbeitstagung sein, wenn er auf die Fortsetzung der Bearbeitung solcher Fragen kirchlicher Unterweisung zuging, die sowohl „im Mittelpunkt standen“[67] als auch dazu beitragen konnten, daß die leitenden Männer und Frauen aus den der Vereinigung angehörenden Landes- und Provinzialverbänden „Burgfrieden“ hielten und, wie er es in Abstimmung mit Constantin Frick und mit Hafa anstrebte, „eine gemeinsame Planung für die Darbietung von biblischen Geschichten, Liedern und Sprüchen in einer handlichen Zusammenfassung für den Hausgebrauch, einschließlich Kindergarten und Hort“[68] beförderten. Deshalb waren nach der Arbeitstagung am 8. November 1939, die sich mit den seit Beginn des Krieges die evangelische Kinderpflege bedrohenden Angriffen befaßt hatte, erst wieder auf der als Arbeitstagung gekennzeichneten Geschäftsführerkonferenz der Vereinigung am 11. und 12. Juni 1940 Fragen evangelischer Erziehung und kirchlicher Unterweisung Gegenstand gemeinsamer Arbeit[69]. Da aber inzwischen im Zuge der Abwehr der Attacken von regionalen NS-Machtapparaten und NSV klar geworden war, daß evangelische Kinderpflege „in erster Linie Verkündigung“ sei, konnte sich die Arbeitstagung von Anfang Juni 1940 so intensiv wie noch zu keinem Zeitpunkt zuvor mit Fragen evangelisch-kirchlicher Unterweisung auseinandersetzen. Dazu hatte v. Wicht sowohl Wolfgang Sucker, ehedem Dozent für evangelische Theologie und Methodik des Religionsunterrichts an der Hochschule für Lehrerbildung in Lauenburg/Pommern, jetzt freier Mitarbeiter beim Evangelischen Preßverband für Deutschland in Berlin-Steglitz, zur Mitarbeit gewonnen als auch Werner Rautenberg, Pfarrer und Leiter des Evangelischen Preßverbandes Pommern und ein Jahr später maßgeblich beteiligt am Aufbau der katechetischen Unterweisung in der Kirchenprovinz Pommern, sowie Pfarrer Lic. Fritz von der Heydt, seit zwei Jahren Bundesdirektor des Evangelischen Bundes – zur Wahrung deutsch-protestantischer Interessen, wie der unverkürzte Name lautete.

Obwohl die Vereinigung mit ihrem neu gewonnenen Verständnis von der Arbeit evangelischer Kinderpflege als Verkündigung und mit dem Konzept eines Ausbaues des Katechumenats inzwischen „auf dem Boden der bekennenden Gemeinde“[70] stand, hatte v. Wicht mit v. d. Heydt einen Theologen zu einem Referat gewonnen, der bekannt mit Wieneke und Martin Thom war, wie diese zwar nicht mehr den DC angehörte[71] und im Vertrauen auf

---

67 K. HUNSCHE, Der Kampf, S. 503.

68 Schreiben Hafa an „sehr verehrte Mitarbeiter(innen) in der Arbeit an der evangelischen Jugend“ vom 10.12.1938 (ADW, CF 13; EZA BERLIN, 50/499).

69 Protokoll der „Geschäftsführerkonferenz (Arbeitstagung)“ der Vereinigung am 11.–12.6. 1940 (LKA HANNOVER, E 26/102; ADWW MÜNSTER, 153/1).

70 Erklärung zur praktischen Arbeit der Bekenntnissynode der Deutschen Evangelischen Kirche (KJ 1933–1944, S. 68; K. IMMER, Bekenntnissynode, S. 72).

71 K. MEIER, Die Deutschen Christen, S. 222; W. FLEISCHMANN-BISTEN, Der Evangelische Bund, S. 101f.

Kerrls Kirchenpolitik auch bemüht war, „aus dem Kirchenstreit heraus[zu]kommen"[72], der aber aus seiner „Verbundenheit mit unserem deutschen Volk, dem wir blutmäßig angehören und dem die Kirche dienen soll"[73] keinen Hehl machte. Dem ganz und gar sollte das Referat v. d. Heydts über „unsere heutige Erziehungsaufgabe im reformatorischen Verständnis von Gesetz und Evangelium"[74] entsprechen.

Ob v. Wicht mit dieser Thematik die Fragestellung aufnahm, die ein Jahr zuvor in Zusammenhang mit Lempps Vortrag über Gottes Wort im AT eine Rolle gespielt hatte oder ob er damit einem besonderen Interesse des Bundesdirektors des Evangelischen Bundes folgte, ist nicht auszumachen. Beide Motive werden zusammengekommen sein und v. Wichts eigenes, verbandspolitisches Interesse verstärkt haben, nämlich die Verpflichtung zu einer in der Taufe begründeten evangelischen Erziehung und Unterweisung von der Sache des Glaubens her durch ein Kernstück evangelischer Lehre abzusichern. Was lag da näher als jenes Lehrstück, das spätestens, nach der Theologischen Erklärung der Bekenntnissynode von Barmen, in der es sich als Bekenntnis formuliert hatte, mit Barths Barmer Vortrag „Evangelium und Gesetz"[75] eine Erneuerung der Problemstellung erfahren hatte – Gesetz und Evangelium? Damit beteiligte v. Wicht die Vereinigung an der systematisch-theologischen Debatte, in der nicht nur die ehedem dialektisch-theologischen Mitstreiter wie Emil Brunner und Friedrich Gogarten in Fehde mit Barth lagen, sondern in der auch dem Erbe Luthers sich besonders verpflichtet sehende Theologen wie Paul Althaus etwa in seinem Nachdenken mit „Paulus und Luther"[76] über den Menschen und eben Werner Elert mit „Der christliche Glaube"[77] ihre deutliche Gegenposition zu Barth weiter behaupteten.

Hinzu kam noch etwas, das v. Wicht in seinen Absichten bestärkt haben mochte. Oskar Hammelsbeck, Leiter des Katechetischen Seminars der BK in Berlin-Zehlendorf und Referent für den kirchlichen Unterricht und für Laienzurüstung im Bruderrat der ApU, hatte im zurückliegenden Jahr mit „Der kirchliche Unterricht" „in Bezug allein auf die Sache, die zu unterrichten ist", unmißverständlich festgestellt: „Gottes Wort in Gesetz und Evangelium gibt

---

72 W. FLEISCHMANN-BISTEN, Der Evangelische Bund, S. 303 mit Anm. 1112.

73 EBD., S. 105 mit Anm. 351.

74 Protokoll der „Geschäftsführerkonferenz (Arbeitstagung)" der Vereinigung am 11.–12.6. 1940 (LKA HANNOVER, E 26/102; ADWW MÜNSTER, 153/1).

75 K. BARTH, Evangelium. Es wird berichtet, daß Barth beabsichtigt hatte, „Evangelium und Gesetz" als Referat vor der 4. Tagung der Synode der Bekennenden Kirche des Rheinlands am 28.4.1935 in Barmen zu halten. Die Gestapo hat es durch Rundschreiben der Geheimen Staatspolizeistelle Köln an Leiter der Preußischen Staatspolizeistellen vom 3.4.1935, mit dem Barth Redeverbot erteilt wurde, verhindert. Das Manuskript wurde vorgelesen. (K. BARTH, Evangelium [Neudruck mit Vorbemerkung von Karl Gerhard Steck]; W. NIEMÖLLER, Karl Barths Mitwirkung, S. 64f.).

76 P. ALTHAUS, Paulus und Luther.

77 W. ELERT, Der christliche Glaube.

erst selbst den rechten Unterricht, die ‚heilsame' Lehre."[78] Damit hatte er entfaltet, was ein Jahr zuvor Albertz und Forck eher anwendungsorientiert, praktisch-katechetisch, als „Evangelische Christenlehre" vorgelegt hatten. Allerdings hatte er mit seinem Entwurf kirchlichen Unterrichts auch die Berechtigung einer Warnung Bourbecks bestätigt. Sie hatte davor gewarnt, in Anlehnung an die Rede von der Erziehung als Funktion werdender Volksgemeinschaft – „funktionale Erziehung"[79] – von „funktionaler kirchlicher Erziehung" zu reden und „Erziehung unter dem Wort" gefordert, dem Wort, durch das der Geist Gottes selber wirkt[80]. Zwar wies Hammelsbeck es nicht expressis verbis aus, aber sein Konzept war funktional und bestimmt von der „Einheit geordneten Gemeindeaufbaues"[81].

Wie Hammelsbeck und Bourbeck, Albertz und Forck, wies v. d. Heydt auf die missionierende Aufgabe der „kirchlichen Erziehung" hin, die „Kinder zu Christus [zu] führen"[82]. Aber während Hammelsbeck sowohl in der Begründung des kirchlichen Unterrichts, mit Hinweis auf die beiden Reiche – Welt und Reich Gottes – Barth und dessen Neubestimmung von Evangelium und Gesetz folgte als auch demgemäß in der Sache, in der die Gemeinde unter den „doppelten Lehrauftrag des Herrn", dem „Lehrbefehl" und dem „Heiligungsbefehl", missionierend unterrichte[83] wollte im Gegensatz dazu v. d. Heydt in Unterricht und Erziehung nicht auf die Verflechtung mit „kulturellen Idealen"[84], das Volk, den Staat verzichten, denen er die „Verkündigung" des Gesetzes zugesteht. Da sie aber wie Kirche und Elternhaus „Erziehungsmächte [sind], die unter Gottes Befehl stehen", bedürfen sie „der Ergänzung durch die Evangeliumsverkündigung"[85].

Abgesehen davon, wie sachbezogen Hammelsbecks Entwurf eines allein am Bekenntnis orientierten, einheitlichen, kirchlichen Unterrichts tatsächlich war und abgesehen von einer bei v. d. Heydt zu erkennenden Zwei-Reiche-Lehre, nach der Kirche und Gemeinde die erzieherische Aufgabe hätten, mit Volk und Staat Reich Gottes auf Erden zu wirken; abgesehen schließlich von der damit verbundenen bejahenden Antwort der Frage „Ist Volksgesetz Gottesgesetz?"[86] – abgesehen von diesen systematisch-theologisch ausgerichteten Fragen zur Grundlegung der Katechetik, das Interesse der Vertreter der evan-

---

78 O. HAMMELSBECK, Der kirchliche Unterricht, S. 20f.

79 E. KRIECK, Nationalpolitische Erziehung.

80 CHR. BOURBECK, Die kirchliche Unterweisung, S. 20f.

81 O. HAMMELSBECK, Der kirchliche Unterricht, S. 9.

82 Protokoll der „Geschäftsführerkonferenz (Arbeitstagung)" der Vereinigung am 11.–12.6. 1940 (LKA HANNOVER, E 26/102; ADWW MÜNSTER, 153/1).

83 O. HAMMELSBECK, Der kirchliche Unterricht, S. 290 und ausgeführt S. 32ff.

84 EBD., S. 283 und ausgeführt für den Religionsunterricht S. 56ff.

85 Protokoll der „Geschäftsführerkonferenz (Arbeitstagung)" der Vereinigung am 11.–12.6. 1940 (LKA HANNOVER, E 26/102; ADWW MÜNSTER, 153/1).

86 F. GOGARTEN, Ist Volksgesetz Gottesgesetz?

gelischen Kinderpflege war praktisch-katechetisch. Dieses Interesse formulierte sich am Ende der Diskussion nach v. d. Heydts Referat in der Frage, „in wieweit die vorschulpflichtigen Kinder mit dem Inhalt des ersten Hauptstückes bekannt zu machen sind."[87] Eine Antwort auf diese Frage nach der Vermittlung der Zehn Gebote in einem evangelischen Kindergarten, ist nicht festgehalten worden.

Ob es v. Wicht selbst unmittelbar gelingen konnte, einem solchen praktisch-katechetischen Interesse der leitenden Frauen und Männer der Landes- und Provinzialverbände evangelischer Kinderpflege zu entsprechen, ist zu bezweifeln. v. Wicht referierte über „Das ‚Sein in Christo' als Erziehungsmacht der deutschen Gegenwart"[88]. Ursprünglich sollte sich Sucker, wie v. d. Heydt dem Evangelischen Bund verbunden und Mitglied dessen Zentralvorstandes, mit diesem Thema befassen und einen Vortrag halten. Sucker war zwei Tage vor der Arbeitstagung der Vereinigung „zum Heeresdienst einberufen" worden[89]. Auch wenn v. Wicht sich auf 1. Kor. 1,30 bezog[90], die paulinische Formel *en Christo Iesou* exegetisch zu bearbeiten, um sie dann systematisch-theologisch zu bedenken, war erkennbar nicht seine Absicht[91]. Ihm kam es in erster Linie auf die praktisch-religionspädagogischen Bezüge an. Er wehrte ein mystisches ebenso wie ein dogmatisches Verständnis als Mißverständnis ab. Für ihn war entscheidend, daß das Christsein ebenso „Werk Gottes und dem Willen des Menschen entzogen" wie es zugleich „in die Tat und in die Wahrheit sich umsetzendes Leben" sei. Und das sei, so v. Wicht weiter, „die tiefste an Gott bindende Erziehungsmacht"[92]. Diese Erwägungen entsprachen noch durchaus dem, was in der BK diskutiert wurde. Allerdings im Gegensatz zu deren Protagonisten wollte v. Wicht ein „religionspädagogisches Minimalprogramm"[93] ebenso wie v. d. Heydt nicht aufgeben und meinte in der

---

[87] Protokoll der „Geschäftsführerkonferenz (Arbeitstagung)" der Vereinigung am 11.–12.6. 1940 (LKA HANNOVER, E 26/102; ADWW MÜNSTER, 153/1).

[88] EBD.

[89] EBD.

[90] „Durch ihn [scil. Gott] aber seid ihr in Christus Jesus, welcher uns gemacht ist von Gott zur Weisheit und zur Gerechtigkeit und zur Heiligung und zur Erlösung". Lutherübersetzung in der 1912 vom DEKA genehmigten Textfassung.

[91] v. Wicht nimmt an keiner Stelle Bezug auf irgendeine exegetisch-theologische Debatte. So wird auch nicht erkennbar, ob er W. SCHMAUCH, In Christus, 1935 veröffentlicht, kennt, oder sich auf W. FOERSTER, Herr ist Jesus, von 1924 bezieht, oder ob etwa allein der Sachartikel von A. OEPKE, *ev Christo Iesou*, 1935 erschienen, Grundlage seiner Ausführungen ist. Augenscheinlich kommt es ihm weniger auf eine tragfähige Exegese des textlichen Befundes an, mit der auch eine unterschiedliche Verwendung der Formel zu berücksichtigen gewesen wäre, sondern vielmehr darauf, mit Paulus den Gewährsmann für eine theologische Begründung eines Zwei-Reiche-Erziehungshandelns im nationalsozialistischen Staat zu haben. Einen Überblick über den Stand der exegetischen Forschung für die Zeit bietet F. NEUGEBAUER, In Christus.

[92] Protokoll der „Geschäftsführerkonferenz (Arbeitstagung)" der Vereinigung am 11.–12.6. 1940 (LKA HANNOVER, E 26/102; ADWW MÜNSTER, 153/1).

[93] CHR. BOURBECK, Die kirchliche Unterweisung, S. 22.

„Verbindung vom ‚Stehen in der Volksgemeinschaft' und ‚Sein in Christo' (ist) die von der Gegenwart zu fordernde Aufgabe"[94] sehen zu müssen.

War v. d. Heydts Referat ein mehr systematisch-theologisch orientierter Beitrag in der Diskussion um eine Grundlegung evangelischer Unterweisung einerseits außerhalb und andererseits gewiß auch innerhalb der Vereinigung und hier speziell mit Blick auf das Kind im Vorschulalter, so hatte v. Wichts Beitrag zur Arbeitstagung der Vereinigung eine biblisch-theologische Ausrichtung. Beide Vorträge verband indessen das Beharren auf einer theologischen Anthropologie, die den „Anknüpfungspunkt" der Offenbarung Gottes beim Menschen nicht außer acht lassen konnte[95]. Die Frage freilich, ob nicht eine solche um Vermittlung bemühte Theologie, die sich der contradictio etwa auch von Staat und Kirche nicht entzog, unter katechetisch-didaktischen Gesichtspunkten kirchlicher Unterweisung sachgerechter gewesen wäre als eine stets auf Entscheidung drängende allein dem Offenbarungsgedanken verpflichteten Theologie – diese Frage wurde ebensowenig erörtert wie die nach der Methodik der Unterweisung und den Arbeitsschritten „von der Exegese zur Katechese"[96]. Die in solcher Weise wissenschaftlichen Fragestellungen sollten tatsächlich erst ein Jahr später von der Arbeitsgemeinschaft für evangelisch-kirchliche Erziehung und Unterweisung bearbeitet werden[97]. Jetzt ging es um die Grundlegung einer auch vom Unterrichtsstoff her biblisch bestimmten Unterweisung. Deshalb war es für v. Wicht wichtig, auch die geschichtliche Entwicklung ebenso wie die Rechtslage des kirchlichen Unterrichts zu bedenken.

Dazu hatte er Rautenberg gewonnen, der auf der Arbeitstagung einen Überblick über den „Stand der religiösen Unterweisung in der deutschen Öffentlichkeit" geben sollte[98]. Da auch er einem Einberufungsbefehl folgen mußte, hatte sich kurzfristig Wilhelm Färber, Studienrat und ein Mann der BK aus Berlin-Friedrichsfelde[99], zu einem Referat bereit gefunden.

Färber ging von einem in seiner Sicht grundsätzlichen Wandel des Schulwesens „in seiner christlichen Gesamthaltung" seit der Zeit der Befreiungskriege insbesondere in Preußen aus[100]. Zwar sei die Entwicklung im Blick auf

---

94 Protokoll der „Geschäftsführerkonferenz (Arbeitstagung)" der Vereinigung am 11.–12.6. 1940 (LKA HANNOVER, E 26/102; ADWW MÜNSTER, 153/1).

95 E. BRUNNER, Der „Anknüpfungspunkt".

96 G. MERZ, Exegese.

97 Siehe Bericht über die Zusammenkunft der Arbeitsgemeinschaft für evangelisch-kirchliche Erziehung und Unterweisung am 30.4.1941 (ADW, CA 1327 IV). Siehe II Kap. II.4.2., S. 510 mit Anm. 138 und Anm. 140.

98 Protokoll der Geschäftsführerkonferenz (Arbeitstagung) der Vereinigung am 11.–12.6. 1940 (LKA HANNOVER, E 26/102; ADWW MÜNSTER, 153/1).

99 Siehe G. TIETSCH, Berlin-Friedrichsfelde, S. 442f.

100 Siehe zu dieser Entwicklung P. C. BLOTH, Religion; insbesondere für die Zeit der Weimarer Republik H. LUCAS, Schuleinheit.

die Volksschule unterschieden von der die „höhere deutsche Schule“ betreffenden. Während hier „das Eindringen des Liberalismus“ im Verlauf des 19. Jahrhunderts entscheidend gewesen wäre, sei in der „preußischen Volksschule „das Christentum ... selbstverständliche Grundlage der Erziehung und des Unterrichts“ bis in die „Nachkriegszeit“, die Zeit der Weimarer Republik, geblieben. Aber im gesamten Schulbereich hätten „Beschränkung der Stundenzahl“ und „Isolierung dieses Unterrichtsfaches“ nunmehr dazu geführt, daß „die Frage der kirchlichen Unterweisung“ allenthalben „von entscheidender Bedeutung“[101] sei. Damit war Färber in seiner Darstellung und Argumentation Hammelsbeck gefolgt, für den es nun „von entscheidender Bedeutung“ war, den Schritt zu tun, der mit „der Kirchlichkeit des Unterrichts Ernst macht.“[102]

Es entsprach dem ebenso wie dem bis dahin von der Vereinigung verfolgten Konzept einer Kinderkirche als Element des Gemeindeaufbaues, daß die leitenden Frauen und Männer der evangelischen Kinderpflege in der folgenden Aussprache nicht Bezug nahmen auf die rechtlichen und religionsdidaktischen Fragestellungen des schulischen Religionsunterrichts. Vielmehr lag ihnen an der „tätigen Verantwortung der Gemeinden“[103]. Man erörterte „praktische Fragen“[104], mithin solche, die eine „Einheit des kirchlichen Unterrichts“[105], ein Zusammenwirken von Kindergarten, Kindergottesdienst und Konfirmandenunterricht zum Ziel hatten.

Das war es, worauf es v. Wicht ankam – die evangelische Kinderpflege sollte Teil einer solchen „Einheit“ sein. Das, worüber man anläßlich der Ar-

---

[101] Dabei wies Färber begründend zum einen auf den Erlaß des Reichs- und Preußischen Ministers für Wissenschaft, Erziehung und Volksbildung über „Erziehung und Unterricht in der Höheren Schule“ vom 29.1.1938 (RMinAmtsbl DtschWiss 1938, S. 46–53; in Auszügen P. MEIER-BENNECKENSTEIN, Dokumente VI.2, S. 646–648; H.-J. GAMM, Führung und Verführung, S. 127-129) hin. Mit ihm wurden neue Lehrpläne eingeführt, die Religionsunterricht nicht vorsahen, obwohl das Fach weiterhin bestehen blieb. Zum anderen wies er hin auf die mit Erlaß des Reichs- und Preußischen Ministers für Wissenschaft, Erziehung und Volksbildung vom 15.12.1939 in Kraft gesetzten Richtlinien über Erziehung und Unterricht in der Volksschule (Deutsch.Wiss.Erziehg.Volksbildg. 1940, [Erlaß] S. 75; REICHSMINISTERIUM FÜR WISSENSCHAFT, ERZIEHUNG UND VOLKSBILDUNG, Erziehung). Danach galt: „Die Herausgabe von Richtlinien für den Religionsunterricht bleibt vorbehalten.“ (S. 75; bzw. S. 5). Allerdings gab es jetzt lt. Stundentafel das Unterrichtsfach „Konfessioneller Religionsunterricht“ (REICHSMINISTERIUM FÜR WISSENSCHAFT, ERZIEHUNG UND VOLKSBILDUNG, Erziehung, S. 31f.), das es seit dem Erlaß des Reichs- und Preußischen Ministers für Wissenschaft, Erziehung und Volksbildung vom 10.4.1937 (RminAmtsbl DtschWiss 1937, S. 199; REICHSMINISTERIUM FÜR WISSENSCHAFT, ERZIEHUNG UND VOLKSBILDUNG, Erziehung, S. 7) nicht gegeben hatte. Siehe dazu J. THIERFELDER, Die Geschichte, S. 153. Vgl. auch K.-I. FLESSAU, Schule, S. 74–81; W. KEIM, Erziehung II, S. 34–48. Vgl. auch O. OTTWEILER, Schulpolitik, S. 199ff.

[102] O. HAMMELSBECK, Der kirchliche Unterricht, S. 56ff.

[103] EBD., S. 86.

[104] Protokoll der Geschäftsführerkonferenz (Arbeitstagung) der Vereinigung am 11.–12.6. 1940 (LKA HANNOVER, E 26/102; ADWW MÜNSTER, 153/1).

[105] O. HAMMELSBECK, Der kirchliche Unterricht, S. 11.

beitstagung Mitte Juni 1940 im Hospiz St. Michael in Berlin nachgedacht und gearbeitet hatte, sollte die Erstellung eines biblischen Stoffplans befördern, der sich als ein Teil in das Gesamtkatechumenat einfügte. v. Wicht war darum durchaus besorgt, als er kaum zwei Monate später, Anfang August 1940, von einer Denkschrift „über die Gesamtplanung der kirchlichen Unterweisung der jungen Gemeinde" hörte[106], von der er nicht wußte, wie er sie einzuschätzen habe.

4.2. Die Denkschrift einer Arbeitskonferenz von Landesjugendpfarrern

An der „Reflexion der Formen" kirchlichen Unterrichts, „wie sie bis heute waren oder noch sind"[107] war auch die 1939 in eine Arbeitskonferenz von Landesjugendpfarrern umgebildete Reichsjugendkammer der BK beteiligt. In deren Leitung war nach Otto Riethmüllers Tod der Landesjugendpfarrer der Evangelisch-lutherischen Kirche in Bayern und nachmalige Oberkirchenrat, Heinrich Riedel, berufen worden. Er führte auch den Vorsitz in der Arbeitskonferenz. Die bewährte enge Zusammenarbeit mit der Zentrale des Reichsverbandes der Evangelischen weiblichen Jugend, dem Berlin-Dahlemer Burckhardthaus, ebenso wie mit dem nach seinem „Umschwenken"[108] auf dem „Boden der Bekennenden Gemeinde"[109] stehenden Reichsverband der Evangelischen Jungmännerbünde Deutschlands und seiner Hauptgeschäftsstelle, dem Eichenkreuzhaus in Kassel-Wilhelmshöhe, wurde fortgesetzt[110]. So waren auch dessen Reichswart, Pfarrer Dr. Erich Stange, nach „Schurkenstreich" des Reichsbischofs[111] und „ausgeträumten Träumen"[112] von einer Rolle als „Reichsführer" des Evangelischen Jugendwerks Deutschlands[113] eher im Hintergrund wirkend, ebenso wie der bis dahin noch nur kommissarisch die Leitung des Reichsverbandes der Evangelischen weiblichen Jugend und des Burckhardthauses wahrnehmende Dr. Volkmar Herntrich an jener Arbeit beteiligt, die im Frühjahr 1940 an die Landes- und Provinzialkirchen

---

[106] Schreiben v. Wicht an Hofstaetter vom 10.8.1940 (ADW, VKD 19).

[107] O. HAMMELSBECK, Der kirchliche Unterricht, S. 13.

[108] Siehe M. PRIEPKE, Die evangelische Jugend, S. 97–110 und S. 138ff.; H. RIEDEL, Kampf, S. 111–116; K. MEIER, Kirchenkampf I, S. 152f.

[109] Erklärung zur praktischen Arbeit der Bekenntnissynode der Deutschen Evangelischen Kirche (KJ 1933–1944, S. 66–68; K. IMMER, Bekenntnissynode, S. 70–73). M. PRIEPKE, Die evangelische Jugend, S. 97, spricht von „Neusammlung".

[110] Siehe H. RIEDEL, Kampf, S. 110ff. Zur Geschichte auch der Organisation der Jugendarbeit siehe M. PRIEPKE, Die evangelische Jugend, S. 11–27.

[111] So bezeichnet in seinen biographischen Aufzeichnungen TH. WURM, Erinnerungen, S. 91, die Überführung der evangelischen Jugendarbeit auf die HJ Ende des Jahres 1933 und Anfang des Jahres 1934. Siehe H. RIEDEL, Kampf, S. 64–82; M. PRIEPKE, Die evangelische Jugend, S. 80–96.

[112] H. RIEDEL, Kampf, S. 121.

[113] M. PRIEPKE, Die evangelische Jugend, S. 59f.

innerhalb der DEK gingen, „soweit diese mit uns durch ihre Landesjugendpfarrer in Verbindung stehen.“[114]

Erarbeitet worden war eine Denkschrift „Zur Einheit und Abgrenzung der verschiedenen kirchlichen Arbeiten am Stand der Jugend“, die über Hammelsbecks praktisch-theologisches Konzept des kirchlichen Unterrichts hinausgehend, den praktisch-ekklesiologischen Versuch einer „Gesamtplanung“ unternahm. Es wurden nicht nur eine Begründung für die Notwendigkeit einer Gesamtplanung gegeben, die bereits bestehenden Möglichkeiten und das Ziel aufgezeigt, sondern es wurden ebenso Überlegungen zu Formen kirchlichen Handelns angestellt und Vorschläge zu Stoffplänen vorgelegt. Es sollte deutlich gemacht werden, daß Mehrfacharbeit vermieden und Abstimmung der Arbeit und Initiativen erfolgen sollten; daß Bezugnahmen auf bereits vorliegende Textpläne des Reichsverbandes für Kindergottesdienst und Sonntagsschule sinnvollerweise ebenso erfolgen wie die Werkpläne aus dem Burckhardthaus und dem Eichenkreuzhaus für die Jugendarbeit genutzt werden sollten; daß der Unterricht als Jugendunterweisung und Konfirmandenunterricht neben Gottesdienst und Andacht sowie auch die freie Sammlung der Kinder und Jugendlichen die „Typen“ kirchlichen, gemeindeaufbauenden Handelns wären; daß diese miteinander verbunden sind, aber auch voneinander durch dementsprechende, jeweils spezifische Arbeitspläne abgegrenzt sein sollten[115].

Zunächst also nur für die Arbeit in jenen Landes- und Provinzialkirchen gedacht, die in der Arbeitskonferenz von Landesjugendpfarrern vertreten waren, wurde die Denkschrift doch dadurch öffentlich, daß Marahrens in seinem Wochenbrief von Mitte Juli 1940 ausführlich darauf einging[116] und dies nutzend die „Deutsch-Evangelische Wochenschau“, die v. d. Heydt für den Evangelischen Bund herausgab, darüber Anfang August berichtete[117]. Nach-

[114] Zur Einheit und Abgrenzung der verschiedenen kirchlichen Arbeiten am Stand der Jugend. April/Mai 1940. Im Auftrag einer Arbeitskonferenz von Landesjugendpfarrern. Unterzeichnet von Heinrich Riedel und Dr. Manfred Müller, (ADW, CA 1327 IV; ADW, CA zu 850a III; LKA HANNOVER, E 26/106). Manfred Müller war Landesjugendpfarrer der Evangelisch-lutherischen Landeskirche in Württemberg. Riedel zählt (H. RIEDEL, Kampf, S. 102–107 und S. 111f.) zweiundzwanzig „oppositionelle Landesjugendpfarrer“, die ab 1939 in der Arbeitskonferenz von Landesjugendpfarrern mitarbeiteten. Fünfzehn von ihnen hatten unterzeichnet.

[115] EBD. Vgl. H. RIEDEL, Kampf, S. 247–250; H. BAIER, Kirche in Not, S. 143f.

[116] Wochenbrief des Landesbischofs (Marahrens), Hannover/Göttingen, den 17.7.1940 (LKA HANNOVER, S 1/Anhang).

[117] N.N., Kirchliche Unterweisung, S. 121. Daß es zu der irreführenden Nachricht gekommen war, „fünfzehn Landesjugendpfarrer der Evangelisch-lutherischen Landeskirche Hannovers haben eine Denkschrift verfaßt ...“ (EBD.), ist nur zu erklären durch die Tatsache, daß Marahrens seinen Bericht in seinem Wochenbrief vom 17.7.1940 ebenso beginnt, freilich ohne den Hinweis auf Hannover (LKA HANNOVER, S 1/Anhang). Der Autor in dew ergänzte schlußfolgernd und offenbar ohne weiter recherchiert zu haben. v. Wicht sah entsprechend der Nachricht in dew die Herkunft der Denkschrift also in Hannover und fragte deshalb bei Hofstaetter an, was es damit und mit der „Rahmenunterweisung für die ganze deutsche evangelische Kirche“ auf sich habe

dem v. Wicht auf Rückfrage durch Hofstaetter erste genauere Informationen zur Denkschrift erhalten hatte[118] und seine gewisse Besorgnis, hier geschehe etwas, woran er selbst und die Vereinigung nicht beteiligt würden – eine Gesamtplanung biblischer Unterweisung[119] – der Einsicht gewichen war, daß seine Absichten und die mit der Denkschrift zum Ausdruck gekommene Initiative sich ergänzten, lud er Riedel zur nächsten Arbeitstagung der Vereinigung ein, die am 5.–6. November 1940 in Halle/Saale stattfinden sollte. Darin bestärkt worden sein mochte er durch Hafa, den Schirmacher gebeten hatte, eine Einschätzung der Denkschrift vorzunehmen[120]. Riedel hatte nämlich dem CA die Denkschrift zugehen lassen und ausdrücklich eine Stellungnahme gewünscht[121].

Zwar begrüßte Hafa die Initiative der Landesjugendpfarrer, mit der sie auf die Notwendigkeit einer umfassenden Planung auf dem Gebiet der Unterweisung aufmerksam gemacht hatten und ergänzte ihre Vorschläge durch Hinweise auf konkrete Möglichkeiten. Aber die Passagen, mit denen sie sich auf katechetisch-didaktisches Gebiet gewagt und über deren Typisierung kirchlichen Handelns an Kindern und Jugendlichen hinaus Vorstellungen entwickelt hatten, unterzog der erfahrene Schulmann einer deutlichen Kritik. Er zweifelte die Praktikabilität einzelner Vorschläge zu Dauer und Umfang der Unterweisung ebenso an, wie er es für geboten hielt, auf jegliche Anlehnung, insbesondere hinsichtlich einer Leistungskontrolle, an den schulischen Religionsunterricht zu verzichten. Außerdem wies er auf die mit der Wahrnehmung der Aufgaben biblischer Unterweisung durch die Gemeinde drohende Überforderung der Kräfte eines Gemeindepfarrers hin und forderte die

(Schreiben v. Wicht an Hofstaetter vom 10.8.1940, in: ADW, VKD 19; LKA Hannover, E 26/106). Dabei hatte v. Wicht sich allerdings verlesen. Die Nachricht sprach von einer „Rahmenanweisung für die ganze DEK, in die einzelne Gemeinden ihre besonderen Dienste und Gestaltungen einordnen können." (N.N., Kirchliche Unterweisung, S. 121). Im übrigen ist diese Information eine wortgetreue Übernahme aus dem nämlichen Wochenbrief des Landesbischofs der Evangelisch-lutherischen Landeskirche Hannovers (LKA Hannover, S 1/Anhang).

118 Schreiben Hofstaetter an v. Wicht vom 27.8.1940 (ADW, VKD 19; LKA Hannover, E 26/106). Danach hatte Hofstaetter den Landesjugendpfarrer der Evangelisch-lutherischen Landeskirche Hannovers, Friedrich Weber, um genauere Informationen gebeten. Friedrich Weber hatte die Arbeitskonferenz und deren Sprecher Riedel als Autoren der Denkschrift erwähnt, und Hofstaetter hatte verstanden, daß es um „Unterlagen" für den „neuen kirchlichen Religionsunterricht" ginge, die „die schon vorhandenen Arbeiten nicht ausschalten." Im übrigen verwies Hofstaetter, wenn v. Wicht am Text der Denkschrift interessiert sei, an Karl Niemann, den Vorsitzenden des Reichsverbandes für Kindergottesdienst und Sonntagsschule, der wohl an der Erstellung der Denkschrift beteiligt gewesen war und des weiteren an Riedel unmittelbar. (Ebd.).

119 Schreiben v. Wicht an Hofstaetter vom 10.8.1940 (Ebd.). v. Wicht kann nur vermuten, „daß dabei [scil. der Gesamtplanung] auch die Frage der kirchlichen Unterweisung im vorschulpflichtigen Alter, die uns besonders, anläßlich der letzten Mitgliederversammlung [scil. Arbeitstagung], bewegt hat, berührt ist."

120 Schreiben Göbell an Hafa vom 15.8.1940 (ADW, CA 1327 IV).

121 Schreiben Göbell an Riedel vom 15.8.1940 (Ebd.). Sachverhalt ist zu erschließen. Das Schreiben Riedels an CA ist nicht nachzuweisen.

Verwendung von Nicht-Theologen. Freilich sei eine sorgfältige Schulung solcher katechetischen Hilfskräfte erforderlich. Und dazu unterbreitete Hafa auch einige eigene Erwägungen. Aufs Ganze gesehen gab Hafa mit seinem Gutachten den Landesjugendpfarrern zu verstehen, daß eine Zusammenarbeit mit der in Sachen kirchlicher Unterweisung wohl kompetenteren Arbeitsgemeinschaft für evangelisch-kirchliche Erziehung und Unterweisung wünschenswert sei. Seinerseits bot er sie jedenfalls an[122].

Am 6. November 1940 referierte Riedel auf der Arbeitstagung der Vereinigung über „Die Denkschrift der Landesjugendpfarrer über ‚Einheit und Abgrenzung der verschiedenen kirchlichen Arbeiten am Stand der Jugend' unter Einschluß der religiösen Unterweisung in Familie und Kindertagesstätte". Indem er zum einen die Veranlassung erläuterte, die zu ihrer Abfassung geführt hätte, und zum anderen das Ziel der Denkschrift ebenso wie Möglichkeiten aufzeigte, dieses Ziel zu erreichen, stellte er die wesentlichen Elemente der Denkschrift vor. Dabei wies er ausdrücklich auf Hammelsbecks „Der kirchliche Unterricht" hin und auf Albertz' und Forcks „Evangelische Christenlehre". Sie wiesen den Weg zu einer alle Bereiche der Gemeinde erreichenden und vor allem einheitlichen Unterweisung in Gottesdienst und Unterricht. Ausgerichtet auf seine Zuhörerschaft, die verantwortlichen Frauen und Männer aus der Arbeit der evangelischen Kinderpflege, stellte er schließlich die ganz praktischen Aufgaben dar, die sich aus seiner Sicht für die Vereinigung ergäben. Zum einen forderte er mit Blick auf den Kindergarten einen Stoffplan für die Unterweisung und zum anderen, mit Blick auf die Frauenhilfe und auf die Eltern, hielt er deren Mitwirken für wesentlich, warnte aber ausdrücklich vor Überforderung[123].

Für die Vereinigung war, was Riedel praxisorientiert forderte, eher eine Bestätigung und Anerkennung eines längst beschrittenen Weges als die Eröffnung neuer Perspektiven. Das war es wohl mehr für Wieneke, der jetzt von seiten der Kirchenkanzlei der DEK das tat, was bislang Hafa getan hatte.

Tatsächlich hatte die Arbeitsgemeinschaft für evangelisch-kirchliche Erziehung und Unterweisung gegen Ende des Jahres 1940 ihren spiritus rector verloren. Wenige Tage vor der Arbeitstagung der Vereinigung, auf der nicht nur Riedel sein ermutigendes, sondern auch Wieneke sein für die Vereinigung und die von ihr vertretene Arbeit so wenig aussichtsreiches Referat gehalten hatte, war Hafa in Herrnhut gestorben[124]. D. Samuel Baudert, Bischof der Herrnhuter Brüdergemeine, aus der Hafa gekommen und der er stets verbun-

---

[122] Schreiben Hafa an CA „Stellungnahme zu dem Votum von fünfzehn evangelischen Jugendpfarrern zum Thema: Zur Einheit und Abgrenzung der verschiedenen kirchlichen Arbeiten am Stand der Jugend" vom 8.8.1940 (ADW, CA 1327 II).

[123] Protokoll der Geschäftsführerkonferenz (Arbeitstagung) der Vereinigung vom 5.–6.11. 1940 (LKA Hannover, E 26/106; ADWW Münster, 153/1).

[124] Siehe Todesanzeige 3.11.1940 und Schreiben Schirmacher an Gertrud Hafa, geb. Merian, vom 9.11.1940 (ADW, CA 1327 IV). Siehe auch A. Oertel, Persönliches, S. 89.

den geblieben war, bemühte sich, möglichst ohne Verzug eine Persönlichkeit für dessen Nachfolge in der Leitung der Arbeitsgemeinschaft für evangelisch-kirchliche Erziehung und Unterweisung zu finden[125]. Vom CA wurde v. Wicht ins Gespräch gebracht. Sein „entschlossenes Eintreten für evgl.-kirchliche Unterweisung und organisatorisches Geschick" ließen ihn dafür geeignet erscheinen[126]. Besonders dringlich war dem CA und seinem Direktor eine zügige Klärung deswegen, weil er es ganz entsprechend der Vorstellungen Riedels als wichtige Aufgabe ansah, zu einer abgestimmten Einrichtung von „biblisch-katechetischen Lehrgängen für Laienkräfte zu kommen", wie sie bereits, allerdings untereinander nicht koordiniert, in Schlesien durch das Kindergärtnerinnen-Seminar des Lehmgrubener Diakonissen-Mutterhauses in Breslau und unter wesentlicher Mitwirkung von Steinbrück[127], in Württemberg durch die Evangelisch-lutherische Landeskirche in Württemberg auf der Karlshöhe bei Ludwigsburg, in Ostpreußen durch den Ostpreußischen Provinzial-Verein für Innere Mission in Königsberg und durch die Direktion der Evangelischen Brüder-Unität in Herrnhut eingeführt waren und durchgeführt wurden[128]. v. Wicht war zur Übernahme dieser Aufgabe im Nebenamt und der damit verbundenen Verantwortung wohl bereit, wichtiger aber war ihm die Fortentwicklung solcher ganz praktischen Zusammenarbeit, wie sie in der Durchführung des Eltern- und Erziehungssonntages „zu einem sehr befriedigenden Ziele gebracht worden ist."[129]

Allerdings sollte es darauf hinauslaufen, daß Baudert selbst die Leitung der Arbeitsgemeinschaft für evangelisch-kirchliche Erziehung und Unterweisung übernahm, da es zu einer Verständigung zu den „Linien über die zukünftigen Aufgaben"[130], wie sie von Schirmacher in Abstimmung mit Constantin Frick angestrebt wurde[131], nicht kommen sollte. Zwar sah Baudert, da v. Wicht nicht mit der gewünschten Eindeutigkeit zur Verfügung stand, in dem erfahrenen „Seelsorger und Erzieher"[132], den derzeit in Kassel als Pfarrer wirkenden, auch durch herrnhutische Frömmigkeit geprägten und als Schulmann ausgezeichneten, aber, weil auch eindeutig der BK angehörend, aus der Schule der Hoffbauer-Stiftung zu Potsdam-Hermannswerder verdrängten Johannes

125 Schreiben Baudert an CA vom 5.12.1940 und vom 13.12.1940 (ADW, CA 1327 IV).

126 Entwurf eines Schreibens CA an v. Wicht, o. D. (EBD.). Zu erschließen ist als Zeitpunkt der Abfassung – der Entwurf scheint für Schirmacher von Göbell gefertigt – die erste Hälfte des Monats Dezember 1940.

127 Siehe A. STEINBRÜCK, Der Schlesische Provinzialverein, S. 221ff.

128 Entwurf eines Schreibens CA an v. Wicht, o. D. (ADW, CA 1327 IV).

129 Schreiben v. Wicht an Baudert vom 21.12.1940 (EBD.). Es ging mit Schreiben v. Wicht an Schirmacher vom 21.12.1940 (EBD.) auch an den CA (EBD.).

130 Schreiben Schirmacher an Baudert vom 29.1.1941 (EBD.).

131 Schreiben Schirmacher an Constantin Frick vom 29.1.1941 (EBD.).

132 Schreiben Baudert an Schirmacher vom 15.1.1941 (EBD.). Vgl. R. PIETZ, Christ und Theologe.

Kühne[133] einen geeigneten Nachfolger Hafas. Aber nachdem Magdalene von Tiling von Schirmacher um Rat gefragt worden war[134], diese Sucker und Rautenberg vorgeschlagen und auch nicht ausgeschlossen hatte, daß sie selbst in die Leitung einträte[135], damit für Baudert erkennbar war, daß Johannes Kühne wegen seiner Verbindung mit der BK nicht in Frage kam[136], war es offenbar die günstigste Lösung, daß Baudert selbst die nur interimistisch übernommene Aufgabe weiterführte[137]. Das Ergebnis der „Linien"-Diskussion war jedenfalls zum einen, daß man beschloß, den Namen um die „Erziehung" zu kürzen, so daß es nun Arbeitsgemeinschaft für evangelisch-kirchliche Unterweisung hieß[138]. Das andere Ergebnis war, daß man die wissenschaftlich-katechetische Arbeit verstärken wollte und eine „wissenschaftlich-theologische Gruppe" unter der Leitung des seinerzeit als Herausgeber der Zeichen der Zeit (ZdZ) für die Entwicklung dialektischer Theologie hervorragenden Anteil tragenden[139], jetzt als Leiter des Katechetischen Amtes der Bekennenden Kirche Westfalen wirkenden D. Georg Merz ins Leben rief[140].

Damit aber folgte die Arbeitsgemeinschaft für evangelisch-kirchliche Unterweisung einer Linie, die v. Wicht bewog, an ihren Tagungen nicht mehr teilzunehmen. Ob er seine Mitarbeit in dem nunmehr für ihn „nicht-praktischen" Grundsatzverband ganz einstellte, ist nicht erkennbar. Für ihn hatte

---

133 M. FISCHER, Erzieher und Zeuge, S. 99.

134 Schreiben Schirmacher an v. Tiling vom 5.2.1941 (ADW, CA 1327 IV).

135 Schreiben v. Tiling an Schirmacher vom 11.2.1941 (EBD.).

136 Schreiben Schirmacher an Constantin Frick vom 29.1.1941 (EBD.); und Schreiben Schirmacher an Baudert vom 29.1.1941 (EBD.).

137 v. Wicht berichtet in VEREINIGUNG, Tätigkeitsbericht 1.4.1940–31.3.1941, S. 4, daß auf einer Tagung der Arbeitsgemeinschaft für evangelisch-kirchliche Erziehung und Unterweisung am 4.2.1941 Baudert den Vorsitz „in Nachfolge des im November 1940 verstorbenen Dir. Hafa übernahm." Die Tagung hat stattgefunden. Siehe Schreiben Schirmacher an Baudert vom 29.1. 1941 (ADW, CA 1327 IV). Ein Bericht, Protokoll o. ä. ist nicht nachzuweisen.

138 Bericht über die Sitzung der Arbeitsgemeinschaft für evangelisch-kirchliche Erziehung und Unterweisung am 30.4.1941 (EBD.). Eine Begründung ist nicht vermerkt. Hier kann nicht der Ort sein, diese Frage zu erörtern. Es liegt nahe anzunehmen, daß in dem Verzicht auf „Erziehung" und in der Beschränkung auf „Unterweisung" ein vergleichbares bekenntniskirchlich orientiertes Bestehen auf „reformatorischer Erziehungsüberlieferung" (P. C. BLOTH, Praktische Theologie, S. 195) zu sehen ist, wie es das Bestehen auf „Katechetik" gegenüber der dem „Religionsunterricht" verbundenen „Religionspädagogik" darstellt. Vgl. H. FABER, Probleme; K. WEGENAST, Religionspädagogik, S. 699f.; CHR. BIZER, Katechetik, S. 699ff.; etwa auch P. C. BLOTH, Praktische Theologie (PTh), S. 469ff.

139 Siehe K. G. STECK, Zeitschriften, Sp. 1887; A. HINDERER, Presse, Sp. 1449.

140 Bericht über die Sitzung der Arbeitsgemeinschaft für evangelisch-kirchliche Erziehung und Unterweisung am 30.4.1941 (ADW, CA 1327 IV); siehe auch Schreiben „Arbeitsgemeinschaft für evangelisch-kirchliche Unterweisung – wissenschaftl.-theolog. Gruppe" [Merz] an „liebe Mitarbeiterinnen und Mitarbeiter" vom 23.8.1941 (EBD.). Ein letztes Treffen der Arbeitsgemeinschaft für evangelisch-kirchliche Unterweisung fand am 23.6.1943 in Berlin statt. Danach waren Tagungen kriegsbedingt nicht mehr möglich. Siehe Schreiben Hagen an Baudert vom 7.8.1943 (EBD.).

die praktisch-ekklesiologische Frage der Zusammenarbeit im Blick auf die kirchliche Unterweisung praktische Bedeutung, weil sie eine Einbindung in die Gemeinde und damit einen Fortbestand der Arbeit und wohl auch der Vereinigung versprach.

Wieneke war es, der v. Wicht nicht nur die Möglichkeit zur Verbesserung praktischer Zusammenarbeit bot, sondern darüber hinaus auch das vorlegte, was dieser von ihm und seinem Referat auf der Arbeitstagung im November 1940 – vergeblich – erwartet hatte: ein Angebot der DEK zur Einpassung evangelischer Kindergartenarbeit in ein Gesamtkonzept kirchlicher Unterweisung als Element des Gemeindeaufbaus. Offenbar bedurfte es des „Linien"-Wechsels der Arbeitsgemeinschaft für evangelisch-kirchliche Erziehung und Unterweisung nach dem Tode Hafas, daß der Anstoß der Denkschrift der Landesjugendpfarrer nach fast einem Jahr und durch deren Kirchenkanzlei in der DEK „Breitenwirkung" entfalten konnte[141]. v. Wicht und die Vereinigung sollten daran beteiligt sein.

4.3. Der „Stoffplan für die biblische Unterweisung im vorschulpflichtigen Alter des Kindes"

Nachdem Riedel auf der Arbeitstagung der Vereinigung Anfang November 1940 tatsächlich deren katechetischen Kurs und in dem damit verbundenem Vorhaben, einen biblischen Stoffplan für die Unterweisung zu erstellen, durch sein sehr praxisorientiertes Referat bestätigt hatte, erhielt v. Wicht von Valentin Söllner, Nachfolger des zum Kriegsdienst eingezogenen Diez und seit gut einem Jahr Vorsitzender des Bayerischen Landesverbandes für evangelische Kinderpflege, die Stoffplanentwürfe zweier Dekane der Evangelisch-lutherischen Kirche in Bayern. Sowohl der Dekan des Dekanatsbezirks Bad Berneck, Emil Flurschütz, als auch der Dekan des Dekanatsbezirks Castell, Rudolf Mebs, hatten jeweils einen Entwurf gefertigt, den abgesehen von Gesprächen darüber mit erfahrenen Kindergärtnerinnen[142] neben Anne-Marie Pentzlin, die nach wie vor das Kindergärtnerinnen- und Hortnerinnen-Seminar der Evangelisch-lutherischen Diakonissen-Anstalt Neuendettelsau leitete und neben Thusnelde Schmidt, Diakonisse der Evangelisch-lutherischen Diakonissenanstalt Neuendettelsau und sehr erfahrene Jugendleiterin und Pädagogin in Nürnberg, auch v. Wicht begutachten sollte.

Das Urteil v. Wichts stimmte mit Pentzlin und Schwester Thusnelde darin überein, daß er einen auf drei Jahre aufgeteilten Stoffplan, weil nicht altersgemäß, zu vermeiden forderte. Zwar folgten Mebs und Flurschütz jener Aufteilung, die Albertz und Forck in ihrer „Die kirchliche Kinderlehre"[143] vor-

---

141 Vgl. H. RIEDEL, Kampf, S. 249ff.

142 Schreiben Söllner an Greifenstein vom 16.11.1940 (LKA NÜRNBERG, DW 1733).

143 M. ALBERTZ/B. H. FORCK (Hg.), Die kirchliche Kinderlehre.

geschlagen hatten. Aber die Kindergartenpraktiker der Vereinigung wünschten „einen *eisernen Bestand* von biblischen Geschichten alten und neuen Testaments mit den dazu gehörigen Liedern und Gebeten"[144] zu schaffen und sahen den Kirchenjahreskreis mit seinen „Festgeschichten"[145] als Grundlage der biblischen Unterweisung für die in Frage kommende Altersgruppe an. Allerdings über Pentzlins und Schwester Thusneldes – sie wünschte außerdem mehr Lied- und Gebetsvorschläge, da gemeinsames Singen und Beten wichtig wären[146] – Gutachten hinaus ging v. Wicht von der Vorstellung aus, daß zum einen „im Mittelpunkt einer vierzehntägigen Spanne *eine* biblische Erzählung steht" und daß zum anderen vier bis höchstens sechs Geschichten zur Auswahl als Alternativen angeboten werden[147].

Damit hatte v. Wicht nach den Maßstäben geurteilt, nach denen er selbst noch im November 1940, unmittelbar nach der Arbeitstagung der Vereinigung vom Anfang des Monats[148], dabei war, gemeinsam mit dem Reichsverband für Kindergottesdienst und der Evangelischen Reichsfrauenhilfe, mit Lichtenstein und Brandmeyer, einen Stoffplan zu erstellen. Bereits mit dem 30. Januar 1941 war diese Arbeit abgeschlossen. v. Wicht legte, verbunden mit einer unmißverständlichen, ausdrücklich mit dem Erlaß Friedrich Werners vom 12. Juli 1940 begründeten Aufforderung zur *„Planung auf dem Gebiet der evangelisch-kirchlichen Unterweisung der Klein- und Schulkinder"*, der Kirchenkanzlei der DEK das Ergebnis der Arbeit vor – *„ein einheitlicher Stoffplan für das vorschulpflichtige Kind"*[149]. Dem hatte er unter Berücksichtigung seiner inzwischen fünf Jahre alten, aber noch nicht überholten „Grundsätze"[150] ein knappes praktisch-katechetisches „Merkblatt A" beigefügt, das er ebenfalls gemeinsam mit Brandmeyer und Lichtenstein verfaßt hatte. Es stellte einen kurzgefaßten Arbeitsplan im Blick auf Elternhaus und Gemeinde dar und beschrieb die Notwendigkeit des Einsatzes „katechetischer Laienkräfte" und ihrer Schulung, insbesondere solcher Kindergärtnerinnen und Jugendleiterinnen, „die an anderer Stelle frei geworden sind."[151] Knappe drei Wochen

---

144 Schreiben v. Wicht an Bayerischen Landesverband für evangelische Kinderpflege vom 8.11.1940 (LKA NÜRNBERG, DW 1716). Die Hervorhebung ist im Original unterstrichen.

145 Schreiben Pentzlin an Söllner vom 12.11.1940 (LKA NÜRNBERG, DW 1733).

146 Schreiben Diakonisse Thusnelde Schmidt an Söllner vom 11.11.1940 (EBD.).

147 Schreiben v. Wicht an Bayerischen Landesverband für evangelische Kinderpflege vom 8.11.1940 (LKA NÜRNBERG, DW 1716). Die Hervorhebung ist im Original unterstrichen.

148 Siehe Rundschreiben v. Wicht „an die uns angeschlossenen Landes- und Provinzialverbände für evangelische Kinderpflege" vom 18.2.1941 (ADWW MÜNSTER, 153/3 (1940–1945)).

149 EBD. Die Hervorhebungen sind im Original unterstrichen.

150 Siehe I Kap. VII.2.1., S. 300f. mit Anm. 129.

151 Schreiben v. Wicht an Kirchenkanzlei der DEK vom 30.1.1941 (EZA BERLIN, 1/C3/179; ADW, VKD 9). Beigefügt war dem Schreiben auch ein „Merkblatt B", das Bremer verfaßt hatte (EBD.). Zwar hat Bremer anders formuliert, der Gedankengang und die theologische Argumentation entsprechen ebenfalls den „Grundsätzen" und sind nicht unterschieden von „Merkblatt A". Der Anlaß dafür, daß Bremer ein eigenes Merkblatt verfaßte, ist nicht zu erkennen.

nach der Unterrichtung der DEK und ihrer Kirchenkanzlei informierte v. Wicht „die uns angeschlossenen Landes- und Provinzialverbände für evangelische Kinderpflege" über den Abschluß der Arbeit[152]. Nur wenig mehr Zeit als zwei Monate hatte sie in Anspruch genommen.

So wichtig für v. Wicht die Erstellung des biblischen Stoffplans und eine Abstimmung mit der DEK darüber sein mochte, ebenso wichtig war für ihn als Vertreter der Interessen der Vereinigung die Frage der Anstellung und Tätigkeit der Kindergärtnerinnen, die im Fall des befürchteten Endes der Zeit des Aufschubs, mithin im Fall des Verlustes der evangelischen Kindergärten an die NSV nicht in die Anstellungsträgerschaft der NSV wechseln konnten oder wollten. Gemäß seiner Doppelstrategie waren es diese Kräfte, die zum terminus post quem in den Dienst der Unterweisung der Gemeinden genommen werden sollten. v. Wicht unterschied sich mit dieser Zielstellung von dem mehr grundsätzlich praktisch-ekklesiologischen Entwurf Dölkers, der seinerzeit einen neuen Berufsstand, die „Kleinkinder-Gemeindehelferin", ins Gespräch gebracht hatte. Ob aber dieses oder jenes Konzept – in jedem Fall bedurfte es der Ausbildung und Schulung „in kurz- bzw. langfristigen Kursen". Auch deshalb war v. Wicht der Meinung, daß „die Zeit drängt, um die Fragen der kirchlichen Unterweisung ... von der Gesamtschau der Deutschen Evgl. Kirche aus planmäßig zu regeln."[153]

Hatte im Herbst 1940 nach Bekanntwerden der besonders von Riedel verantworteten Denkschrift der Landesjugendpfarrer und deren Forderung nach Abstimmung und Planung die Kirchenkanzlei der DEK durch Brunotte gemeint, daß für eine „Rahmenanweisung" zur kirchlichen Unterweisung, mithin für eine, nach v. Wichts Worten, „Gesamtschau" „die Zeit noch nicht reif" sei[154] und hatte auch Wieneke auf der Arbeitstagung der Vereinigung in Halle/Saale im November 1940 mit seinem Referat auf ein eher situationsbezogenes Handeln und Entscheiden der Kirchenkanzlei der DEK abgehoben als ein zielgerichtetes, geplantes und praktisch-theologisch verantwortetes Handeln vorgestellt, so schien Wieneke jetzt doch jedenfalls bereit, sich auf Planungsfragen, zumindest solche des biblischen Stoffplans, einlassen zu wollen. Das hatte gewiß nicht nur mit der Tatsache zu tun, daß die Arbeitsgemeinschaft nach Hafas Tod durch eine fehlende Leitung handlungsschwach war, sondern auch damit, daß die gemeinsam mit v. Wicht und dem Evangelischen Konsistorium der Provinz Pommern geführten Verhandlungen mit dem Oberpräsidenten und Gauleiter Schwede, in denen die Frage des Erzählens biblischer Geschichten in Kindergärten von einiger Bedeutung gewesen

152 Rundschreiben v. Wicht „an die uns angeschlossenen Landes- und Provinzialverbände für evangelische Kinderpflege" vom 18.2.1941 (ADWW MÜNSTER, 153/3 (1940–1945)).

153 Schreiben v. Wicht an Kirchenkanzlei der DEK vom 30.1.1941 (EZA BERLIN, 1/C3/179; und ADW, VKD 9).

154 Handschriftlicher Vermerk Brunotte vom 22.10.1940 unter dem Ausschnitt des dew-Artikels N.N., Kirchliche Unterweisung der jungen Gemeinde (EZA BERLIN, 1/A4/65).

war, noch nicht lange zurücklagen. Sie mochten ihm die Notwendigkeit zur Planung dieser Arbeit einleuchtend gemacht haben. Wieneke lud die für Fragen der Unterweisung zuständigen Sachbearbeiter der Landeskirchen der DEK zum 18. März 1941 zu einer Arbeitsbesprechung in das Haus der Kirchenkanzlei in der Berlin-Charlottenburger Marchstraße ein. Da es sich um ein erstes, und vorbereitendes Gespräch handelte, war v. Wicht, entgegen ursprünglich ihm gegenüber geäußerter Absicht Wienekes[155], nicht zu dieser Tagung eingeladen worden. Er wurde aber von Bartels gebeten[156], ihm den Stoffplan ebenfalls zu übersenden. Bartels arbeitete das Material, das v. Wicht als „Vorarbeit für die Gesamtplanung der Landeskirchen“ betrachtete[157], in seinen Vortrag über die „Zukunftsaufgaben christlicher Erziehung“ ein[158], den zu halten er mit Wieneke übereingekommen war[159].

Ein Ergebnis dieser Arbeitsbesprechung und des Bartelsschen Referats war die Absicht der Kirchenkanzlei der DEK, im September eine religionspädagogische Arbeitstagung durchzuführen, auf der die „Gesamtprobleme religiöser Erziehung“ besprochen und nun entgegen bisheriger Einschätzung, „es kann abgewartet werden“[160], doch „gegebenenfalls Richtlinien für die zukünftige Arbeit“ der DEK vorbereitet werden sollten[161]. Diese Tagung sollte vom 14. bis 17. September 1941 im Haus Hainstein bei Eisenach unter der Leitung Wienekes stattfinden, und auch v. Wicht sollte nun dazu eingeladen werden[162]. Bevor v. Wicht indessen im Spätsommer 1941 im Kreis der ausgewiesenen Fachleute und Kirchenmänner – neben Wieneke waren auch Brunotte und Hymmen anwesend[163] – zur „Kleinkindererziehung“ referierte und auch

---

155 Schreiben v. Wicht an Wieneke vom 12.3.1941 (EZA Berlin, 1/C3/179).

156 Schreiben Bartels an v. Wicht vom 1.3.1941 (ADW, VKD 19).

157 Schreiben v. Wicht an Bartels vom 3.3.1941 (Ebd.).

158 Vereinigung, Tätigkeitsbericht 1.4.1940–31.3.1941, S. 4. Die Terminangabe v. Wichts „am 6. März 1941“ kann nur auf falscher Erinnerung beruhen.

159 Ein Protokoll der „Sachbearbeitertagung der Deutschen Evangelischen Kirche für Religionsunterricht und kirchliche Unterweisung vom 18. März 1941“ (Schreiben Kirchenkanzlei der DEK [Gisevius] an v. Wicht vom 30.8.1941, in: ADW, VKD 9; EZA Berlin, 1/A4/428) ist ebensowenig nachzuweisen wie das Referat von Bartels.

160 Handschriftlicher Vermerk Wieneke vom 16.10.1940 unter dem Ausschnitt des dew-Artikels N.N., Kirchliche Unterweisung der jungen Gemeinde (EZA Berlin, 1/A4/65).

161 Schreiben Kirchenkanzlei der DEK [Gisevius] an v. Wicht vom 30.8.1941 (ADW, VKD 9; EZA Berlin, 1/A4/428).

162 Siehe Schreiben Wieneke an v. Wicht vom 26.7.1941 (Ebd.).

163 Brunotte und Hymmen hielten die morgendlichen Andachten. Hymmen hatte auch die Zusammenfassung samt Schlußwort übernommen. Im übrigen referierten außer dem mit seinem Vortrag die Tagung eröffnenden v. Wicht, der Konsistorialrat im Evangelischen Konsistorium in Posen, Karl Brummack zu „Kindergottesdienst“; der Professor an der Hochschule für Lehrerbildung Dortmund, Dr. Hermann Werdermann zu „Schule und Elternhaus“; Volkmar Herntrich zu „Katechetischer Dienst“; der Provinzialpfarrer für kirchliche Unterweisung und stellvertretende Landesjugendpfarrer der Rheinprovinz aus Hohensolms, Lic. Friedrich-Wilhelm Petri, zu „Religiöse Unterweisung an den Oberklassen der höheren Schulen“; der Konsistorialrat im

den Stoffplan samt ergänzendem Material vorlegte, hatte er ihn nicht nur bereits im Kreis der Arbeitsgemeinschaft für evangelisch-kirchliche Unterweisung am 30. April 1941 in Berlin vorgestellt[164]. Auch die Mitgliederversammlung der Vereinigung, die am 28. Mai 1941 ebenfalls in Berlin stattfand[165], hatte er mit dem Ergebnis der Zusammenarbeit von Vereinigung, Evangelischer Reichsfrauenhilfe und Reichsverband für Kindergottesdienst und Sonntagsschule bekannt gemacht.

Bereits auf der Zusammenkunft der Arbeitsgemeinschaft für evangelisch-kirchliche Unterweisung, deren Mitglieder durch Baudert den „Stoffplan für die biblische Unterweisung im vorschulpflichtigen Alter des Kindes" vorab zugestellt erhalten hatten[166], waren für v. Wicht zwei Dinge hervorzuheben gewesen. Zum einen, daß der Plan weiterer Bearbeitung bedürfe, insbesondere hinsichtlich des für die einzelnen biblischen Texte vorgeschlagenen Bildmaterials. Zum anderen, daß der Plan auf solchen Vorarbeiten beruhe, „die in der BK getan worden sind."[167] Nicht zuletzt deshalb habe man die Erwartung, so v. Wicht vor den anwesenden Constantin Frick, Schirmacher, Alfred Fritz, Ernst Siebert, Barbara Wenzel und Baudert, daß er nicht allein die Zustimmung der BK finde, sondern gerade auch ihre aktive Unterstützung, wie überhaupt die der gesamten DEK[168].

Weitere vier Wochen später konnte v. Wicht der Mitgliederversammlung der Vereinigung am 28. Mai 1941 „mit Freuden", wie Söllner vermerkte, mitteilen, daß weder die Kirchenkanzlei der DEK noch CA und EREV, noch die BK Einwände oder Bedenken gegen den Stoffplan erhoben hätten[169]. Da Kirchenkanzlei der DEK und CA in dessen Erarbeitung mehr oder weniger durch eine von v. Wicht ständig gehaltene Verbindung einbezogen gewesen waren[170], wären Bedenken zu diesem Zeitpunkt mehr als unerwartet gewesen. Anders verhielt es sich hinsichtlich der BK. Zwar hatte man in der Arbeitsge-

---

Evangelischen Konsistorium der Mark Brandenburg in Berlin, Lic. Hans Nordmann und der Pastor Dr. Herbert von Hintzenstern aus Eisenach zu „Jugenddienst"; Reinhold Sautter zu „Vorkonfirmanden- und Konfirmandenunterricht"; es nahmen nach Anwesenheitsverzeichnis außerdem teil Friedrich Bartels und Pastor Arminius Claußen aus Hamburg (Bericht über die religionspädagogische Arbeitstagung der Deutschen Evangelischen Kirche im Haus Hainstein bei Eisenach am 14.–17.9.1941, in: EZA Berlin, 1/A4/428).

164 Siehe Bericht über die Zusammenkunft (ADW, CA 1327 IV).

165 Siehe Protokoll (ADWW MÜNSTER, 153/1; LKA HANNOVER, E 26/106); Bericht [Söllner] über die 20. Mitgliederversammlung (LKA NÜRNBERG, KrD Nürnberg 341).

166 Schreiben Baudert an Schirmacher. vom 2.4.1941 (ADW, CA 1327 IV).

167 Bericht über die Zusammenkunft der Arbeitsgemeinschaft für evangelisch-kirchliche Unterweisung am 30.4.1941 (EBD.).

168 EBD.

169 Bericht [Söllner] über die 20. Mitgliederversammlung der Vereinigung am 28.5.1941 (LKA NÜRNBERG, KrD Nürnberg 341).

170 Siehe Rundschreiben v. Wicht „an die uns angeschlossenen Landes- und Provinzialverbände für evangelische Kinderpflege" vom 18.2.1941 (ADWW MÜNSTER, 153/3 (1940–1945)).

meinschaft für evangelisch-kirchliche Erziehung und Unterweisung, wie sie bis vor kurzem noch geheißen hatte, zusammengearbeitet, aber verbindlich mit der BK abgesprochen war nichts. Deshalb war v. Wicht dem Vorschlag Bauderts sofort gefolgt[171], hatte gemeinsam mit Vedder und Lichtenstein das Gespräch mit der BK gesucht und mit beiden sich am 7. Mai 1941 mit Hammelsbeck und Wilhelm Rott, ehedem unter Bonhoeffer Inspektor des Predigerseminars in Finkenwalde und nunmehr Leiter der Schulkammer der 2. VKL, getroffen und „freudige Zustimmung" zu dem Stoffplan gefunden[172].

Bei genauer Betrachtung konnte eine solche „restlose Verständigung"[173] nicht überraschen. Nicht nur entsprach, was die drei Verbände – Vereinigung, Evangelische Reichsfrauenhilfe und Reichsverband für Kindergottesdienst und Sonntagsschule – durch ihre leitenden Männer v. Wicht, Brandmeyer und Lichtenstein erarbeitet hatten, ganz und gar dem Konzept, das sowohl Albertz und Forck in zwei Teilen mit ihrer „Evangelische Christenlehre"[174] und ihrer „Die kirchliche Kinderlehre"[175] als auch Hammelsbeck mit seinem „Der kirchliche Unterricht"[176] entworfen hatten. Auch wenn der Stoffplan nicht wie die Entwürfe von Flurschütz und Mebs dem Vorschlag von Albertz und Forck – Verteilung des biblischen Stoffes auf drei Jahre[177] – gefolgt war, so hatte er sich doch hinsichtlich der Auswahl der biblischen Texte auch an den Plänen von „Die kirchliche Kinderlehre" orientiert.

Darüber hinaus konnten die Männer der BK erkennen, daß entscheidend für den Stoffplan jene Anregungen gewesen waren, die im Blick auf die neutestamentlichen Jesusgeschichten von „Ach, bleib bei uns, Herr Jesu Christ!" ausgegangen waren[178]. Das nur knapp fünfzig Seiten umfassende und von der Künstlerin Paula Jordan, die nach einer „Höllenfahrt" mit diesen Illustrationen ihren Weg gefunden hatte[179], bebilderte Büchlein wollte für „die Kleinen

---

171 Schreiben Baudert an „Verehrte Mitarbeiter und Freunde" [der Arbeitsgemeinschaft für evangelisch-kirchliche Unterweisung] vom 11.7.1941 (ADW, CA 1327 IV); und Schreiben v. Wicht an Schirmacher vom 13.6.1941 (ADW, CA zu 850a III). Vgl. Bericht über die Zusammenkunft der Arbeitsgemeinschaft für evangelisch-kirchliche Unterweisung am 30.4.1941(ADW, CA 1327 IV).

172 Schreiben Baudert an „Verehrte Mitarbeiter und Freunde" [der Arbeitsgemeinschaft für evangelisch-kirchliche Unterweisung] vom 11.7.1941 (EBD.).

173 EBD. Baudert resümiert: „Eine Besprechung ... am 7. Mai ... hat dankenswerterweise zu einer restlosen Verständigung geführt. Der Plan hat die freudige Zustimmung aller gefunden und kann also nun als die unbestrittene Arbeitsgrundlage für die biblische Unterweisung im vorschulpflichtigen Alter im Gesamtbereich der deutschen evangelischen Kirche und der Inneren Mission angesehen werden."

174 M. ALBERTZ/B. H. FORCK (Hg.), Evangelische Christenlehre.

175 M. ALBERTZ/B. H. FORCK (Hg.), Die kirchliche Kinderlehre.

176 O. HAMMELSBECK, Der kirchliche Unterricht.

177 M. ALBERTZ/B. H. FORCK (Hg.), Die kirchliche Kinderlehre.

178 K. HUNSCHE/I. JONAS/M. VEDDER/H. WEHNERT, Ach, bleib bei uns Herr Jesu Christ!

179 Siehe G. HAUG, Paula Jordan, S. 212.

bis zu sechs Jahren" eine Entfaltung dessen sein, was Albertz und Forck in „Evangelische Christenlehre" eher nur skizzenhaft behandelt hatten[180]. Nicht nur Vedder selbst hatte bei der Herausgabe mitgewirkt, die inzwischen etwas mehr als zwei Jahre zurücklag[181]. Neben ihr waren auch Klara Hunsche, Vikarin[182] bei der Schulkammer der 2. VKL und „mit nie endender Freundlichkeit" zugleich Mitarbeiterin der „Familienschule in der Oranienburger Straße"[183] in Berlin, außerdem die streitbare, ebenfalls bei der Evangelischen Reichsfrauenhilfe in Potsdam tätige Vikarin aus der Rheinprovinz[184], Ilse Jonas, und schließlich Hanna Wehnert, Diakonisse des Lazarus Kranken- und Diakonissenhauses zu Berlin, an der Herausgeberschaft beteiligt. Nicht nur die Überschriften der „Jesusgeschichten für unsere Kleinen" – so der Untertitel – fanden sich im Stoffplan wieder, sondern dies Büchlein mit seinen siebzehn Geschichten und seinen Gebeten stand obenan auf dem Verzeichnis „Hilfsmaterial", das geordnet unter „Erzählte biblische Geschichte", „Hilfen für die Vorbereitung" und „Bildmaterial zum Stoffplan" diesem beigegeben war. Wie ausdrücklich vermerkt wurde, war man bei der Bildauswahl unter dem Gesichtspunkt der Verkündigung praktisch-ekklesiologischem Konsens entsprechender Ästhetik und ihren Sehgewohnheiten gefolgt[185].

---

180 M. ALBERTZ/B. H. FORCK (Hg.), Evangelische Christenlehre, S. 16f. und S. 77–81. Darauf verweist eine Schlußnotiz in K. HUNSCHE/I. JONAS/M. VEDDER/H. WEHNERT, Ach, bleib bei uns Herr Jesu Christ!, S. 48.

181 EBD. Aus der Schlußnotiz ist 1939 als Erscheinungsjahr zu erschließen.

182 Zum „Streit um die Ordination der Theologin", in dem auch Hunsche eine Rolle spielte, siehe W. SCHERFFIG, Junge Theologen III, S. 368–389; D. HERBRECHT/I. HÄRTER/H. ERHART (Hg.), Der Streit, S. 8ff. und etwa Dok. Nr. 20, S. 86–90.

183 Siehe zum „Unterricht für nichtarische Kinder" W. GERLACH, Zeugen, S. 273–283, hier S. 283 mit Anm. 32. Vgl. K. HUNSCHE, Der Kampf, S. 499.

184 Siehe D. HERBRECHT/I. HÄRTER/H. ERHART (Hg.), Der Streit, S. 22f.

185 Es soll hier dokumentiert sein:
„Hilfsmaterial zum Stoffplan für die biblische Unterweisung im vorschulpflichtigen Alter des Kindes.

A. *Erzählte biblische Geschichten*

1. Ach, bleib bei uns, Herr Jesu Christ! Jesusgeschichten für unsere *Kleinen*.
   17 Erzählungen f. Vorschulpflichtige mit Bildern v. Paula Jordan. Verlag: Der Rufer, Gütersloh. Preis geh. einzeln: RM 0,45 / geb. einzeln: RM 0,75 (Mengenpreise).
2. *Gottbüchlein* – Erster Unterricht im christl. Glauben. Verfaßt von Ernst Veit. Mit Bildern von Bruno Goldschmitt. Herausgegeben v. Landeskirchenrat d. evang.-luth. Kirche in Bayern.
   Es enthält u.a. 85 bibl. Geschichten des AT und NT für *kleinere Kinder* erzählt.
   Verlag: Vlg. d. Allgem. Pfarrwitwen- u. Waisenkasse in Bayern. Preis: RM 2,00.
3. *Die Bibel erzählt* – Briefe d. Gemeinde. Hrsgbn. v. Otto Riethmüller und Volkmar Herntrich.
   Reihe A: Leben Jesu (Von Weihnachten bis zur Passion).
   B: Leben Jesu (Von Weihnachten bis zur Passion).
   C: Apostelgeschichte.
   D: Menschen auf dem Weg zu Christus.

Jede Reihe enthält 16 vierseitige Hefte in Tiefdruck, die nur zusammen abgegeben werden. Jedes Heft enthält ein Bild zum Text. Verlag: Burckhardthaus, Berlin-Dahlem. Preis: je Reihe RM 0,30.

Bei aller nach wie vor gewiß vorhandenen Verschiedenheit der systematisch-theologischen Erwägungen der Männer und Frauen – es war freilich Vedder die einzige Frau unter vier Männern –, die sich am 7. Mai 1941 zur Verständigung getroffen hatten und auch bei allen immerhin zu vermutenden unterschiedlichen praktisch-theologischen Zielstellungen, so war es der praktisch-ekklesiologische Grundkonsens, der die Basis für eine Verständigung bildete und in den Augen der Beteiligten, jedenfalls aber für v. Wicht eine

---

4. *Die biblische Geschichte den Kindern erzählt* von Karl Witte.
   80 biblische Geschichten aus dem AT und NT. Verlag: Wichern-Vlg., Berlin. Preis: RM 1,90.
5. Schild des Glaubens – Geschichten der Bibel Alten und Neuen Testaments erzählt von Jörg Erb, mit Zeichnungen versehen v. Paula Jordan. Verlag: Joh. Stauda-Vlg., Kassel. Preis: RM 3,50.

B. *Hilfen für die Vorbereitung*

1. *Dein Wort ist die Wahrheit* – Blätter z. Erzählen bibl. Geschichten, Reihe I. Preis: RM 1,50.
   55 bibl. Geschichten für jeden Sonn- und Festtag d. Kirchenjahres.
2. *Lasset die Kindlein zu mir kommen* – Blätter z. Erzählen biblischer Geschichten. Reihe II. Preis: RM 0,80.
   26 bibl. Geschichten für die Sonntage der Trinitatiszeit.
3. *Erzählblätter* aus der Reihe I und II der Blätter zur häuslichen Unterweisung
   9 biblische Geschichten zum Vaterunser.
   10 biblische Geschichten zu den 10 Geboten.
   Preis der Blätter: einzeln 2 Pfg., ab 100 Stück 1,8 Pfg. Die Blätter 1–3 sind in erster Linie für die Mutter bestimmt.
   Jedes Blatt bringt eine gründliche exegetische Hilfe zur Erfassung des Textes, außerdem bietet es die Geschichte erzählt dar. Herausgeber: Evgl. Reichsfrauenhilfe, Potsdam, Mirbachstr. 1.
   Im übrigen lassen sich in diesem Zusammenhange auch die unter A2 und 3 erwähnten erzählten bibl. Geschichten mit verwerten.
4. *Die bibl. Geschichte in der kirchl. Unterweisung* – 100 ausgeführte katechetische Besprechungen. In Verbindung mit Vikarin H[elene]. Heideprim herausgegeben von Lic. Volkmar Herntrich. Teil I. Verlag Burckhardthaus, Berlin-Dahlem. Preis: RM 1,50.
5. *Biblische Geschichten* f. d. kirchl. Unterweisung in Haus u. Gemeinde. Von F. Schipper/ K. Prelle, 2 Bände.
   107 knapp erzählte Geschichten aus dem AT u. NT mit Auslegungen und katechetischen Fragen. Verlag: Evgl. Verlag A. Lempp, München. Preis: je RM 3,00.
6. *Unser Werk* – Monatszeitschrift, Burckhardthaus-Verlag, Berlin-Dahlem, bringt Anleitungen für die Erarbeitung und Darbietung der für den Kindergottesdienst vorgesehenen Texte neben denen für andere Texte. Bezugspreis: jährlich RM 2,40.
7. *Der Kindergottesdienst* – Monatsschrift für die Arbeit des Kindergottesdienstes in Deutschland (Organ des Reichsverbandes für Kindergottesdienst) Herausgeber: Pfarrer Niemann, Bielefeld. Verlag: C. Bertelsmann, Gütersloh. Bezugspreis: jährlich RM 4,35 (Ausgabe A erscheint monatl.) jährlich RM 1,25 (Ausgabe B erscheint vierteljährl.).
8. *Monatsschrift für Kindergottesdienst und Sonntagsschulen* – Neben anderen Hilfen f. d. Gestaltung d. Kindergottesdienstes Hinweise zum Verständnis und zur Darbietung des Textes. Verlag: Der Rufer, Gütersloh. Bezugspreis: RM 2,40 jährlich.

Wir haben uns bei den Angaben unter A auf solche Erzählungen beschränkt, die in engster Anlehnung an den Luthertext geschrieben sind unter dem Gesichtspunkt, dass Erzählen biblischer Geschichten an die Kinder Verkündigung ist.

Wir sehen davon ab, auch allgemeine Literatur über das Erzählen biblischer Geschichten zu nennen, weil es in dieser Zusammenstellung entscheidend auf die Hilfe zur Einführung in den Text ankommt.

Stärkung der Front gegen die Entkonfessionalisierungsbestrebungen des Staates und der NSDAP, mithin gegen den Zugriff der NSV auf die evangelischen Kindergärten bedeutete. Deshalb ist es verständlich, daß angesichts einer sich für die evangelische Kindergartenarbeit zuspitzenden Situation, in

---

C. 1. *Bildmaterial zum Stoffplan*

Zu 1. Rogier van der Weyden: Die Verkündigung der Geburt (Drei-Königsaltar, linker Flügel, München, Alte Pinakothek, Postkarte).
Konrad Witz: Die Verkündigung (Nürnberg, Germanisches Museum, großer, farbiger Piperdruck Nr. 133; Bilder zur Bibel, Weihnachten Nr. 3; Postkarte bei Piper).

Zu 2. Stefan Lochner: Christi Geburt (Godesberg; Bilder zur Bibel, Weihnachten Nr. 6; Weltkunst-Postkarte Nr. 713, Bärenreiter Verlag).
Hans Memling: Die Anbetung des Kindes (Brügge, Johannes-Hospital, durch Hanfstaengel zu bekommen).

Zu 3. Hugo van der Goes: Anbetung der Hirten (Berlin, Kaiser-Friedrich Museum).
Martin Schongauer: Anbetung der Hirten (Postkarte Nr. 1629 der Staatl. Museen zu Berlin).

Zu 4. Rogier van der Weyden: Anbetung der Könige (Drei-Königsaltar, München, Alte Pinakothek, Postkarte).
Hugo van der Goes: Anbetung der Könige (Berlin, Kaiser-Friedrich Museum, Postkarte bei Ackermanns Kunstverlag).

Zu 5. Wolfgang Huber: Die Flucht nach Ägypten (Berlin, Deutsches Museum, Piper 102. Bilder zur Bibel, Weihnachten Nr. 18, Postkarte bei Piper).
[Albrecht] Dürer: Flucht nach Ägypten (aus dem Marienleben, deutsche Holzschnitte, Langewiesche, Leipzig, Seite 57).

Zu 6. Joest von Kalkar: Der zwölfjährige Jesus im Tempel (Nikolai-Kirche zu Kalkar. Blätter zur häuslichen Unterweisung II, Nr. 11).
Tilman Riemenschneider: Der zwölfjährige Jesus im Tempel (Altar in Creglingen, Holzrelief. Postkarte Deutscher Kunstverlag).

Zu 7. Barna da Siena: Berufung Petri (San Gimignano, Collegiata. Bilder zur Bibel, Begegnungen Nr. 2).

Zu 8. Paula Jordan: Jesus stillt den Sturm (Schild des Glaubens, S. 127; Ach, bleib bei uns, Herr Jesu Christ!, S. 22).

Zu 9. [Julius] Schnorr von Carolsfeld: Die Heilung der Blinden (Bilderbibel).

Zu 10. Giotto [di Bondone]: Jesus wird gefangen genommen (Padua. Ausschnitt Der Judaskuß, als Postkarte bei Egger, Köln).
Hieronymus Bosch: Dornenkrönung und Verspottung Jesu (Madrid, Escorial. Foto vom Kupferstichkabinett Berlin).

Zu 11. [Albrecht] Dürer: Christus am Kreuz (Seemann Nr. 113; Bruckmann Nr. AM 508; Postkarte bei Ackermann, München, und Keutel, Lahr).

Zu 12. [Albrecht] Dürer: Die Auferstehung (Aus der Kupferstichpassion. Amsler-Druck Nr. 15. Reichsdruckerei Nr. 451).

Zu 13. Rembrandt [Harmeneszoon van Rijn]: Christus und die Jünger Emmaus (Paris, Louvre, Piper Nr. 69; Seemann Nr. 1908; Bilder zur Bibel, Ostern Nr. 10, Postkarte bei Piper).

Zu 14. Plastik aus frühchristlicher Zeit: Christus mit dem Lamm über der Schulter (Rom, Lateran-Museum. Titelbild vom Bildblatt zum Erziehungssonntag 1939. Weltkunstpostkarte Nr. 73 Bärenreiter Verlag).

Zu 15. Luca della Robbia: Die Himmelfahrt Christi (Florenz, Dom-Portal-Lünette, aus Luca della Robbia, Verlag Schroll, Wien, Abb. 35).

Zu 16. [ohne Bild].

Zu 17. Besichtigung der Heimatkirche.

Zu 18. Lucas Cranach d. Ä.: Christus segnet die Kinder (Hamburg, Kunsthalle. Bilder zur Bibel,

der es so aussah, als hätten die Machthaber an ihren zentralen und regionalen Befehlsstellen zum letzten und endgültigen Schlag ausgeholt, um jedenfalls die Kindergärten vom „verlängerten Arm der Kirche“, wie sich der CA einmal gesehen hatte, abzutrennen – es ist verständlich, daß auf der Mitglieder-

---

Begegnungen Nr. 8. Bildblatt zum Erziehungssonntag 1941, Titelbild. Postkarte bei Hege, Hamburg).

Zu 19. Meister Bertram: Bilder zur Schöpfung (Kunsthalle Hamburg, Teilbilder des Grabower Altars. Postkarten beim Deutschen Kunstverlag, Berlin).
[Jacopo] Tintoretto: Gott erschafft die Tiere (Königl. Galerie in Venedig).

Zu 20. Michelangelo [Buonarroti]: Erschaffung des Adam (Rom, Sixtinische Kapelle. Blaue Bücher, Langewische: Michelangelo, S. 43. Postkarte bei Egger, Köln u. a.).
Plastik vom Nordportal der Cathedrale von Chartres (Gruppe aus einer Archivolte).

Zu 21. Masaccio: Die Vertreibung aus dem Paradies (Florenz, Brancacci-Kapelle).
Paula Jordan: (Schild des Glaubens, S. 12).

Zu 22. [Julius] Schnorr von Carolsfeld: Die Sintflut (Kupferstich, Bilderbibel).

Zu 23. [Julius] Schnorr von Carolsfeld: Gottes Bund mit Noah (Bilderbibel).

Zu 24. [ohne Bild].

Zu 25. Michael Wohlgemuth: Die Speisung der 5000 (Holzschnitt aus Schatzhalter des wahren Reichtums des Heils, München, Staatsbibliothek. Foto Marburg).

Zu 26. das gleiche [sic!] wie zu 25.

Zu 27. Lutherdenkmal Berlin-Zehlendorf (Bildblatt zum Erziehungssonntag 1939).

Zu 28. Wilhelm von Steinhausen: Erweckung des Jünglings zu Nain (Aus: Augenblick und Ewigkeit, Furche Verlag, Berlin).

C. 2. *Bildmaterial zum Anhang des Stoffplanes*

Zu 1. Bamberg 11. Jahrhundert, altes Evangelienbuch (Aus: Das Reich Nr. 11, 1941).

Zu 2. Rogier van der Weyden: Die Geburt des Johannes (Berlin, Kaiser-Friedrich Museum).

Zu 3. Rogier van der Weyden: Darstellung im Tempel (Drei-Königsaltar, rechter Flügel, Alte Pinakothek, München).
Veit Stoss: Bamberger Altar, Postkarte Deutscher Kunstverlag, Berlin. (Plastik).

Zu 4. Hans Holbein d. Ä.: Jesu Einzug in Jerusalem (Marburger Foto).
Tilman Riemenschneider: Plastik, linkes Flügelrelief des Rothenburger Heilig-Bluts-Altars aus Tilman Riemenschneider (Schroll-Verlag, Wien, Abb. 38).

Zu 5. Paula Jordan: Der ungläubige Thomas (Aus: Der starke Heiland, Blatt 10).

Zu 6. [Jan] van Eyck: Die singenden Engel (Kaiser-Friedrich Museum, Berlin, Postkarte).

Zu 7. Symbol der herniederfahrenden Taube (Aus: Der christliche Glaube, Stauda-Verlag, Kassel, Zeichnung von Anneliese Kelle).

Zu 8. Raphael: Die Heilung des Lahmen durch Petrus und Johannes (Karten, London).
[Albrecht] Dürer: Kupferstichpassion Blatt 16 (Dürers Kupferstichpassion mit Worten alter Prediger u. mit einer Einführung von Alfred Wiesenhütter, Furche-Verlag, Berlin).

Zu 9. Rembrandt [Harmeneszoon van Rijn]: Der Kämmerer aus dem Mohrenland (Gemälde, Konfirmanden-Briefe, Burckhardthaus, Die Offene Tür Nr. 20).

Zu 10. Bronzerelief der Hildesheimer Domtür (Foto Marburg).

Zu 11. Pieter Breughel: Der Turmbau zu Babel (Wien, Kunsthistorisches Museum, Blätter zur häuslichen Unterweisung II, Nr. 7, Mütterdienst der Ev. Reichsfrauenhilfe, Potsdam).

Zu 12. evtl. [Albrecht] Dürer: Die Auferstehung aus der Kupferstichpassion (s. 1. Teil Nr. 12).

Das Bildmaterial ist nach dem gleichen Gesichtspunkt ausgesucht worden, der uns bei den Angaben unter A geleitet hat. Auch das Betrachten biblischer Bilder dient zunächst der Verkündigung. Weiter ist besonderer Wert darauf gelegt worden, für jede biblische Geschichte das künstlerisch einwandfreiste [sic!] Bild zu bestimmen, das zugleich dem Kleinkinde leicht zugänglich ist.“ (ADW, VKD 9; ADW, CA 1327 IV; ADWRH DÜSSELDORF, OHL 61.4.10.; EZA BERLIN, 1/C3/179). Die Hervorhebungen sind im Original unterstrichen.

versammlung am 28. Mai 1941[186] der biblische Stoffplan als „immerhin *eine* erfreuliche Mitteilung" begrüßt wurde[187].

Mochte auf dieser Mitgliederversammlung noch nicht allen klar geworden sein, welche Bedeutung dieser Stoffplan[188] nicht nur in den praktisch-ekkle-

---

186 Siehe II Kap. III.3.4., S. 603 mit Anm. 223; und II Kap. III.3.13., S. 737 mit Anm. 882.

187 Bericht [Söllner] über die 20. Mitgliederversammlung der Vereinigung am 28.5.1941 (LKA NÜRNBERG, KrD Nürnberg 341). Die Hervorhebung ist im Original gesperrt.

188 Auch der Stoffplan selbst sei dokumentiert:
„Stoffplan für die biblische Unterweisung im vorschulpflichtigen Alter des Kindes

I. Advents- und Weihnachtszeit

1. Der Engel verkündigt Maria die Geburt des Jesuskindes (Luk. 1,26–38)
   Spruch: Ps. 24,7 — Lied: DEG 1,5 [Komm, o mein Heiland Jesu Christ]
2. Die Geburt des Jesuskindes (Luk. 2,1–14)
   Spruch: Joh. 3,16a — Lied: Ihr Kinderlein kommet Strophe 1
3. Der Weg der Hirten zur Krippe (Luk. 2,15–20)
   Spruch: Luk. 2,11 — Lied: DEG 11,1–3.6 [Vom Himmel hoch da komm ich her]

II. Epiphaniaszeit

4. Die Weisen aus dem Morgenland (Matth. 2,1–11)
   Spruch: Matth. 7,7 (Mitte) — Lied: Ihr Kinderlein kommet Strophe 6 [Was geben wir Kinder, was schenken wir dir?]
5. Gott behütet das Jesuskind vor seinen Feinden (Matth. 2,12–23)
   Spruch: Ps. 91,11 — Lied: DEG 280,8 [Breit aus die Flügel beide]
6. Der 12-jährige Jesus im Tempel (Luk. 2,40–52)
   Spruch: Luk. 11,28 — Lied: DEG 119,1 [Liebster Jesu, wir sind hier]

III. Passionszeit

7. Jesus beruft seine ersten Jünger (Matth. 4,18–22)
   Spruch: Joh. 1,43 — Lied: DEG 100,4 [Ach, bleib mit deinem Segen]
   Christus spricht: ‚Folge mir nach!'
8. Jesus stillt den Sturm (Matth. 8,23–27 und Mark. 4,39)
   Spruch: Ps. 50,15 — Lied: DEG 150,2 [Nun weiß und glaub ich feste]
9. Jesus heilt zwei Blinde (Matth. 20,29–34)
   Spruch: Matth. 7,7 — Lied: Segne und behüte Strophe 1
   ‚Bittet, so wird euch gegeben'
10. Jesus wird verraten und gefangengenommen (Matth. 26,20–56 i.A.)
    Spruch: Luk. 23,34a — Lied: DEG 154,1 [Christi Blut und Gerechtigkeit]
11. Jesus wird verurteilt und gekreuzigt (Matth. 27 und Luk. 23 und Joh. 19)
    Spruch: Joh. 1,29b — Lied: DEG 37,1 [Wir danken dir, Herr Jesu Christ, daß du für uns gestorben bist]

IV. Osterzeit

12. Jesus, der Auferstandene (Matth. 28 und Joh. 20 und Luk. 24 i.A.)
    Spruch: Joh. 11,25 a — Lied: DEG 60,1 [Wir danken dir, Herr Jesu Christ, daß du vom Tod erstanden bist]
13. Die Emmausjünger (Luk. 24,13–35)
    Spruch: Luk. 24,34 — Lied: O herrlicher Tag, o fröhliche Zeit Strophe 1
    ‚Der Herr ist wahrhaftig auferstanden'
14. Jesus der gute Hirte (Joh. 10,1–16.27–30 i.A. und Luk. 15,4–6)
    Spruch: Joh. 10,12a — Lied: Weil ich Jesu Schäflein bin
15. Die Himmelfahrt Christi (Matth. 28,16–20 und Apg. 1,4–12)
    Spruch: Matth. 28,18b — Lied: DEG 190,1 [Jesus Christus herrscht als König]

V. Pfingstzeit

16. Siehe, ich bin bei euch alle Tage (Matth. 28,20 Besprechung im Anschluß an die Himmelfahrtsgeschichte)
    Spruch: Matth. 28,20 — Lied: DEG 116,1 [Herr Jesu Christ, dich zu uns wend]

siologischen Überlegungen v. Wichts, sondern auch besonders in den verbandspolitischen, den auf die Arbeit und Zielstellungen der Vereinigung ausgerichteten Erwägungen spielte, mochte mancher verwundert sein, daß er zu diesem Zeitpunkt offenbar bereit war, „die Flinte ins Korn zu werfen“[189], v. Wicht wertete den Stoffplan nicht nur als Vorarbeit für „eine ihrem [scil.

---

17. Unsere Heimatkirche
Spruch: Ps. 26,8 — Lied: DEG 119,1 [Liebster Jesu, wir sind hier]

VI. Johanniszeit

18. Jesus segnet die Kinder (Mark. 10,13–16)
Spruch: Mark. 10,14b — Lied: Herr Christ, leit meines Lebens Lauf.
Dein bin ich worden in der Tauf,
Dein will ich bleiben für und für
Schließ mir einst auf die Himmelstür.
19. Gott schafft Himmel und Erde (1. Mose 1,1–25)
Spruch: Ps. 115,3 — Lied: Weißt du, wieviel Sternlein stehen [EG 511]
20. Gott schafft den Menschen und gibt ihm einen schönen Garten (1. Mose 1,26–30; 2,4–18.21–24 i.A.)
Spruch: 1. Mose 1,27a — Lied: DEG 249,1.3.4.7 [Ich singe die mit Herz und Mund]
21. Der Mensch wird ungehorsam (1. Mose 3,1–19.23.24)
Spruch: Ps. 51,12 — Lied: Hab ich Unrecht heut getan [Müde bin ich, geh zur Ruh ... Strophe 2]
22. Die große Flut (1. Mose 6,5–22 und 7)
Spruch: 1. Mose 8,22 — Lied: DEG 151,3 [Wir sollen nicht verloren werden]
23. Der Friedensbund mit Noah (1. Mose 8 u. 9,1–17 i.A.)
Spruch: 1. Mose 8,22 — Lied: DEG 254,1 [Lobe den Herren, den mächtigen König]

VII. Michaeliszeit

24. Morgen- und Abendgebete (Ach, bleib bei uns, Herr Jesu Christ, S. 44 ff)
Lied: DEG 262,1–2 [Die helle Sonn leucht jetzt herfür] und DEG 280,8 [Breit aus die Flügel beide]
25. Jesus speist 5 000 (Erntedankfest) (Matth. 14,13–21)
Spruch: Matth. 6,11 — Lied: Bescher, uns Herr, das täglich Brot, Verse 1.2.5
26. Tischgebete (Ach, bleib bei uns, Herr Jesu Christ, S. 45f.)
Lied wie Nr. 25

VIII. Endzeit

27. Luther und seine Kinder Magdalene und Hänschen (Reformationsfest)
Spruch: Ps. 46,2a — Lied: DEG 100,1 [Ach, bleib mit deiner Gnade]
28. Jesus erweckt den Jüngling zu Nain (Luk. 7,11–17)
Spruch: Joh. 14,19c — Lied: DEG 67,1 [Jesus lebt, mit ihm auch ich]

Anhang zum Stoffplan für die biblische Unterweisung im vorschulpflichtigen Alter des Kindes

I. Advents- und Weihnachtszeit

1. Ankündigung der Geburt des Johannes (Luk. 1,5–22)
Spruch: Jes. 60,1a — Lied: DEG 7,1–2 [Gott sei Dank durch alle Welt]
2. Die Geburt des Johannes (Luk. 1,57–80 i.A.)
Spruch: Jes. 40,3 ‚Bereitet dem Herrn den Weg.‘ — Lied: DEG 6,1 [Mit Ernst, o Menschenkinder]

II. Epiphaniaszeit

3. Darstellung im Tempel (Luk. 2,22–40)
Spruch: Phil. 4,4a — Lied: DEG 25,5 [Jesus, aller Völker Heil]

III. Passionszeit

4. Jesu Einzug in Jerusalem (Matth. 21,1–9)
Spruch: Matth. 21,9 (Mitte) — Lied: DEG 1,1 und 3 [Macht hoch die Tür]

der Kirche] Wesen gemäße Gesamtplanung kirchlicher Zucht, Unterweisung und Einübung im Sinne einer funktionalen kirchlichen Erziehung"[190]. Er sah vielmehr auch ganz entsprechend der von ihm verfolgten Doppelstrategie mit dem Stoffplan das gesichert, was „nach Fortfall der kirchlichen Kindergärten" die Gemeinden neben „ihrer missionarischen und diakonischen Zurüstung" der Elternhäuser für Kinder im vorschulpflichtigen Alter einzurichten sei: „katechetische Zurüstung" in „kindergottesdienstlichen Feierstunden mit entsprechender Ordnung, Unterweisung und Einübung". Allerdings auf eines wollte er „zur ungehemmten Entfaltung dieses katechetischen Amtes" nach wie vor nicht verzichten und forderte: Es sind „von der Deutschen Evangelischen Kirche die notwendigen Abmachungen und Sicherungen mit Partei und Staat zu treffen."[191]

Daß eine ungehemmte Entfaltung dieses und jeden anderen kirchlichen Amtes nicht gewollt war, daß die „weltanschaulichen Distanzierungskräfte" eine „Trennung von Staat und Kirche" ganz eigener Art beabsichtigten, das musterhaft gerade im „Reichsgau Wartheland" unter „dreizehn Punkten"[192]

IV. Osterzeit

5. Thomas lernt glauben (Joh. 20, 24–31)
Spruch: Joh. 20,29b — Lied: DEG 58,1.4.5 [Gelobt sei Gott im höchsten Thron]
6. Liedbesprechung zu Kantate: Ich singe Dir mit Herz und Mund [DEG 249]
Spruch: Ps. 96,1

V. Pfingstzeit

7. Die Pfingstgeschichte (Apg. 2,1–41 i. A.)
Spruch: Matth. 28,20 b — Lied: DEG 68 [Christ fuhr gen Hinnel. Was sandt er uns]

VI. Johannis- und Michaeliszeit

8. Petrus heilt den Lahmen (Apg. 3,1–16)
Spruch: Joh. 14,14 — Lied. DEG 258,8
9. Der Kämmerer aus dem Mohrenland (Apg. 8,26–40)
Spruch: Apg. 8,37b — Lied: DEG 28,1.2.6 [O König aller Ehren, Herr Jesu]
‚Ich glaube, daß Jeses Christus Gottes Sohn ist.' (vergl. Joh.11,27)
10. Kain und Abel (1. Mose 4,1–16)
Spruch: Joh. 13,35 — Lied: DEG 166,1–2 [Ein reines Herz, Herr, schaff in mir]
11. Der Turmbau zu Babel (1. Mose 11,1–9)
Spruch: 2. Mose 20,2a und 3 — Lied: DEG 253,8 [Ihr, die ihr Christi Namen nennt]

VII. Endzeit

12. Jesus erweckt das Töchterlein des Jairus (Luk. 8,40–42.49–56
Spruch: Mark. 5,36c — Lied: DEG 67,1 [Jesus lebt, mit ihm auch ich]"
‚Jesus Christus hat dem Tode die Macht genommen.'

(ADW, VKD 9; ADW, CA 1327 IV; ADWRH DÜSSELDORF, OHL 61.4.10.; EZA BERLIN, 1/C3/179). Die Hervorhebungen sind im Original unterstrichen.

189 Siehe II Kap. III.3.1., S. 562 mit Anm. 10.

190 H. v. Wicht, Kleinkindererziehung. Leitsätze. Referat auf der religionspädagogischen Arbeitstagung am 14.–17.9.1941. Anlage zum Protokoll (EZA Berlin, 1/A4/428). Vgl. Schreiben Baudert an „Verehrte Mitarbeiter und Freunde" [der Arbeitsgemeinschaft für evangelisch-kirchliche Unterweisung] vom 11.7.1941 (ADW, CA 1327 IV).

191 H. v. Wicht, Kleinkindererziehung. Leitsätze. Referat auf der religionspädagogischen Arbeitstagung am 14.–17.9.1941. Anlage zum Protokoll (EZA Berlin, 1/A4/428).

192 Siehe P. GÜRTLER, Nationalsozialismus, S. 47ff. sowie S. 54ff.; K. MEIER, Kirchen-

durchsetzten und dabei auch in den Raum der Kirche vordrangen und den „Boden der Bekennenden Gemeinde" bedrohten, das hatte v. Wicht sehen können. Daß er dennoch Abmachungen mit Partei und Staat für erforderlich hielt – waren sie immer noch für ihn verläßlich? Sah er, was sich im „Warthegau" abspielte, nur als temporäre Gefährdung und nicht als grundsätzliche Bedrohung? War in dieser Situation im Spätsommer 1941 tatsächlich und nur das Ende des Aufschubs für die evangelische Kindergartenarbeit in ihrer bisherigen, auch verbandlichen Gestalt angezeigt? Oder das Ende der Kirche als Volkskirche und auch als bekennende Volkskirche samt ihrer „Wesens- und Lebensäußerung"? Gerade in ihrer Fragwürdigkeit werden v. Wichts Forderungen nach „Abmachungen und Sicherungen mit Partei und Staat" als Ausdruck dessen zu sehen sein, was er selbst zu dieser Zeit als „undurchdringliches Dunkel" über seinem Leben beschrieben hat[193].

Mögen auch Fragen unbeantwortet bleiben – was v. Wicht am 15. September 1941 im Haus Hainstein den geladenen Teilnehmern der von Wieneke initiierten religionspädagogischen Arbeitstagung zur Erläuterung des allen vorliegenden Stoffplanes vortrug, knüpfte abermals an die „Grundsätze" an und führte die knappen Erwägungen des für die Kirchenkanzlei der DEK vor einem guten halben Jahr gefertigten „Merkblatt A"[194] aus. Nicht nur, daß in der Debatte darüber die Problematik einer Weiterbeschäftigung von ehedem Kindergärtnerinnen in der Gemeinde und der Tätigkeit von Laienkräften breiten Raum einnahm und die Schwierigkeit einer Umsetzung dieses Teils der v. Wichtschen Strategie anzeigte, auch wenn die Tagungsteilnehmer eine Festanstellung ausgebildeter Kräfte für eine katechetische Zurüstung der Kinder bevorzugten, weit wichtiger war, daß in der Diskussion um den Stoffplan allenthalben deutlich wurde, daß die Landes- und Provinzialkirchen und die in ihnen tätigen evangelischen Kinderpflegeverbände durchaus nicht bereit waren, die Voraussetzungen dafür zu schaffen, daß der Stoffplan, nach den Vorstellungen v. Wichts, seine volle Wirksamkeit entfalten könne. Kurz, es war auch in der Diskussion über den Stoffplan und seine Bedeutung klar, daß man nicht überall bereit war, einer Forderung der NSV auf Übergabe von Kindergärten zu entsprechen[195].

Wie sehr v. Wicht auf den Stoffplan setzte und wie sehr er das durch ihn zu erreichende Ziel, eine planmäßige biblische Unterweisung vorschulpflichtiger Kinder, verfolgte, wird man auch daran erkennen können, daß er noch gegen

---

kampf III, S. 122ff. Vgl. auch II Kap. II.3., S. 464 mit Anm. 46; II Kap. III.1., S. 532 mit Anm. 20; II Kap. III.10., S. 674 mit Anm. 595.

193 Schreiben Gustav Bremer an die angeschlossenen Verbände vom 5.1.1942 (ADW, CA/J 39). Vgl. auch Schreiben Deutscher Bund enthaltsamer Pfarrer vom [o. D.] Januar 1942 (ADWW Münster, 153/3 (1940–1945)).

194 Siehe zuvor S. 512 mit Anm. 151.

195 Protokoll der religionspädagogischen Arbeitstagung am 14.–17.9.1941 (EZA Berlin, 1/A4/428).

das Jahresende 1941 bemüht war, eine neue, zweite Auflage von „Ach, bleib bei uns, Herr Jesu Christ!" zu erreichen. Über Schwester Hanna Wehnert[196] war die Bitte Hunsches, mit der diese einer Anregung des Verlages gefolgt war – das Buch war vergriffen, und durch die „Papiergenehmigungsfrage" war an eine normale Neuauflage kaum zu denken[197] –, um „Befürwortung" oder „Gutachten maßgeblicher kirchlicher Stellen" an v. Wicht gelangt[198]. Er hatte sich umgehend an den EOK Berlin gewandt, darauf hingewiesen, daß das Büchlein „in der methodischen Darbietung" biblischer Geschichten „das zur Zeit beste Hilfsmittel" für Mütter und Kindergärtnerinnen sei und hatte im „Interesse einer planmäßigen Durchführung der jetzt so dringend notwendigen evangelisch-kirchlichen Unterweisung im Elternhaus und in unseren Kindergärten" eine Eingabe beim Reichsministerium für die kirchlichen Angelegenheiten vorgeschlagen[199]. Zwei Tage später bereits hatte Wieneke den Entwurf eines Schreibens an das Ministerium Kerrls gefertigt[200], der ohne weiteres die Zustimmung Loyckes fand und mit dessen Unterschrift Anfang Dezember hinausging. Darin war die Argumentation v. Wichts aufgenommen und noch mit dem Bemerken unterstrichen worden, daß „angesichts der Überführung vieler Kindergärten in die NSV" die religiöse Erziehung mehr als zuvor bei den Eltern läge. Das Büchlein entspräche einem dringenden Bedarf[201]. Bereits vierzehn Tage später hatte das Reichsministerium für die kirchlichen Angelegenheiten durch Julius Stahn mit alleinigem Hinweis auf die „überaus schlechte Lage des Papiermarktes" eine Befürwortung des Vorhabens abgelehnt[202]. Ob v. Wicht davon noch erfuhr, ist fraglich. Nur wenige Tage nach einer Mitteilung an Hunsche über die Bemühungen des EOK Berlin in der Sache[203] erlag v. Wicht einem Herzinfarkt. Eine Neuauflage der „Jesusgeschichten" sollte erst im Jahre 1946 erfolgen[204].

---

196 Sie kannte v. Wicht. Sie hatte im Sommer 1938 in CHRKPFLGE einen Beitrag veröffentlicht. H. WEHNERT, Kinderarbeit.

197 Schreiben „Der Rufer" Evangelischer Verlag Hermann Werner Nachf. an Hunsche vom 19.9.1941 (ADW, VKD 9; EZA BERLIN, 7/4415).

198 Schreiben Hunsche an Wehnert vom 5.10.1941 (ADW, VKD 9); und Schreiben Wehnert an v. Wicht vom 28.10.1941 (EBD.).

199 Schreiben v. Wicht an EOK Berlin vom 11.11.1941 (ADW, VKD 9; EZA BERLIN, 7/4415).

200 Handschriftlicher Entwurf Wieneke Schreiben EOK Berlin an Reichsministerium für die kirchlichen Angelegenheiten vom 13.11.1941 (EZA BERLIN, 7/4415).

201 Schreiben EOK Berlin [Loycke] an Reichsministerium für die kirchlichen Angelegenheiten vom 3.12.1941 (EBD.).

202 Schreiben Julius Stahn an EOK Berlin vom 19.12.1941 (ADW, VKD 9; EZA BERLIN, 7/4415).

203 Mit Schreiben v. Wicht an Hunsche vom 29.12.1941 (ADW, VKD 9) übersendet er auf Veranlassung von Vedder die Eingabe des EOK Berlin [Loycke] an Reichsministerium für die kirchlichen Angelegenheiten vom 3.12.1941 (EBD.; EZA BERLIN, 7/4415). Mit Schreiben EOK Berlin an Vereinigung vom 26.1.1942 (EBD.) wird abschriftlich der Bescheid Reichsministerium

Daß die Erwartungen, die v. Wicht mit dem fertiggestellten Stoffplan verband, sich nicht in der Weise erfüllen sollten, wie er es sich gedacht hatte, das hatte zum einen gewiß damit zu tun, daß die religionspädagogische Tagung in Eisenach Mitte September neben der Mitgliederversammlung der Vereinigung Ende Mai 1941 das einzige Forum blieb, auf dem er das Ergebnis seiner Anstrengungen vorzustellen Gelegenheit hatte. Besonders wichtig war ihm die Geschäftsführerkonferenz des CA gewesen, auf der, wie v. Wicht mit Schirmacher verabredet hatte, die Möglichkeit einer Präsentation des Stoffplanes genutzt werden sollte[205]. Die für den 9. Juli 1941 vorgesehene Geschäftsführerkonferenz, die in Berlin stattfinden sollte und zu der bereits eingeladen war, wurde indessen von der Gestapo untersagt und mußte kurzfristig abgesagt werden[206]. Weitere Möglichkeiten sollte v. Wicht nicht mehr erhalten[207]. Darüber hinaus aber hatte das Ausbleiben eines für v. Wicht und die Vereinigung sichtbar wirksamen Erfolges gewiß auch und vor allem damit zu tun, daß, wie Baudert bereits zur Mitte des Jahres 1941 realistisch urteilte, „die empfindlichen Beschränkungen der evangelischen Presse“ die Möglichkeiten seiner Verbreitung begrenzten und damit eine Nutzung des Stoffplans, mithin „ein zielbewußtes Vorgehen“ außerordentlich erschwerten[208]. Aus den gleichen Gründen hatte ja bereits ein Erscheinen des Bildblattes zum Eltern- und Erziehungssonntag eingestellt werden müssen. Auch wenn Herntrich Mitte des Jahres 1942 vor dem Vorstand des CA „die katechetische Ar-

für die kirchlichen Angelegenheiten [Julius Stahn] an EOK Berlin vom 19.12.1941 (EBD.) übermittelt.

204 K. HUNSCHE/I. JONAS/M. VEDDER/H. WEHNERT, Ach, bleib bei uns, Herr Jesu Christ! Im übrigen ist in einer Berlin 1950 in Lizenz für die Deutsche Demokratische Republik verlegten Ausgabe auf dem Vorblatt vermerkt: „Die Illustrationen von Paula Jordan sind dem im Stauda-Verlag, Kassel, und [in Lizenz] in der Evangelischen Verlagsanstalt, Berlin, erschienenen Geschichtsbuch von Jörg Erb ‚Schild des Glaubens‘ entnommen.“ Der Frage der Abhängigkeit beider Bücher hinsichtlich ihrer Illustrationen wurde nicht weiter nachgegangen. Ebensowenig auch der ästhetisch-kunstgeschichtlichen Frage, inwieweit etwa Paula Jordan das wurde, was vor ihr Rudolf Schäfer gewesen war, der mit seiner nazarenischer Tradition verpflichteten Bildsprache eine volkstümliche – auch volkstümelnde – Sicht der Bibel in Kirche und Haus förderte. Vgl. J. METZINGER, Rudolf Schäfer; G. HAUG, Paula Jordan.

205 Schreiben v. Wicht an Schirmacher vom 13.6.1941(ADW, CA zu 850a III).

206 Rundschreiben Schirmacher an die Geschäftsführer der Landes-, Provinzial- und Fachverbände vom 7.7.1941 (ADW, CA 761 XXIII). Siehe II Kap. III.2., S. 559 mit Anm. 75.

207 Schreiben v. Wicht an Schirmacher vom 27.6.1941 (ADW, CA zu 850a III). Darin teilt v. Wicht mit, daß entgegen ursprünglicher Absicht weder er selbst, da er gesundheitsbedingt eine Kur anzutreten habe, noch die ebenso mit der Sache vertraute Vedder, da auch sie verhindert sei, vor der Geschäftsführerkonferenz des CA am 9.7.1941 werden berichten und zum Gespräch zur Verfügung stehen können. Es sollte darum auf dem nächsten Treffen der Geschäftsführer erfolgen. Eine Geschäftsführerkonferenz des CA hat es bis zum „Neubeginn des Central-Ausschusses für die Innere Mission der Deutschen Evangelischen Kirche nach dem Kriege“ (H. TALAZKO, Neubeginn) nicht gegeben.

208 Schreiben Baudert an „Verehrte Mitarbeiter und Freunde“ [der Arbeitsgemeinschaft für evangelisch-kirchliche Unterweisung] vom 11.7.1941 (ADW, CA 1327 IV).

beit in der Gegenwart“ in ihrer Bedeutung für die Arbeit der Inneren Mission hervorhob[209], dann war dennoch klar, daß eine Gesamtplanung etwa im Sinne einer Erarbeitung von Richtlinien, wie sie die Kirchenkanzlei der DEK zu entwickeln immerhin für möglich und sinnvoll gehalten hatte, aus kriegswirtschaftlichen Gründen und aus solchen kriegsbedingt erschwerter Kommunikation zunehmend unrealistischer wurde. So wie aber die Wirkungen des Krieges die evangelische Kinderpflege an einer zielgerichteten und planvollen Arbeit „auf dem Boden der Bekennenden Gemeinde“ hindern sollten, so sollten sie auch Staat und NSDAP und NSV daran hindern, mit ihren Übergabeforderungen zum Ziel zu kommen.

209 Protokoll der Vorstandssitzung des CA am 9.6.1942 (ADW, CA 67 B (1942)).

Kapitel III

DAS ENDE
ALLER ZWEIFEL, UNKLARHEITEN UND MISSVERSTÄNDNISSE

1. Das „probeweise" Vorpreschen in Thüringen und Sachsen

Während zum Jahreswechsel 1940 auf 1941 der „Führer" und Oberbefehlshaber der Wehrmacht, nach einem Kriegsjahr scheinbar unwiderstehlich siegreich, sich rüstete, den Krieg mit der Welt zu führen, stellte Ohl für die evangelische Kinderpflege fest, daß von einer „umfassenden Beunruhigung gar nicht gesprochen werden kann."[1] Dies war ein diplomatischer Versuch, sowohl die Träger evangelischer Kinderpflegearbeit und die verantwortlichen Mitstreiter in Vereinigung, CA, EOK Berlin und DEK zu beruhigen. Gleichzeitig konnte damit aber auch dem nationalsozialistischen Machtapparat und der ihm verflochtenen NSV das fortdauernde Bestehen eines gewissen Beunruhigungspotentials signalisiert werden. Denn tatsächlich hatten die Ereignisse in den Ländern und Provinzen des Deutschen Reiches aufs Ganze gesehen bislang keine eindeutigen politischen Reaktionen der Machtspitzen bewirkt und auf diese Weise eine „umfassende Beunruhigung" erzeugt. Für die Machthaber konnte Ohls Feststellung also keine innenpolitische Siegesmeldung sein, sondern eher die Anzeige einer im Blick auf die Kindergärten und gemessen an den Absichten der NSV kritischen Situation. Dem entsprach es ganz und gar, wenn die für die evangelischen Kindergärten streitenden Männer und auch Frauen – insonderheit seit Beginn des Krieges – darauf hinwiesen, daß durch die fortgesetzten, die evangelischen Kindergärten gefährdenden Maßnahmen der „Zusammenhalt der inneren Front" bedroht sei[2].

Offenbar aber bewog dieses Argument, das in den Augen der Machthaber auch etwas Beunruhigendes haben mußte, insofern es eine Situation in Blick nahm, die nicht unbedingt ihren Interessen entsprach, das Reichsministerium des Innern unter Wilhelm Frick im Sommer 1940, ein vertrauliches Rundschreiben an die Reichsstatthalter und Oberpräsidenten gehen zu lassen, wonach der „Führer" „alle nicht unbedingt notwendigen Maßnahmen zu vermeiden wünscht, die das Verhältnis des Staates und der Partei zur Kirche

---

1 Aufzeichnungen Ohl für die Bremer Verhandlungen am 17./18.4.1941 (ADWRH DÜSSELDORF, OHL 10.1.7 II).

2 Schreiben v. Wicht an Klausmann vom 24.10.1939 (ADW, CA 850a I).

verschlechtern könnten."[3] Jedoch dieser „Entspannungserlaß", wie Wieneke ihn nannte[4], bewirkte, jedenfalls was die evangelische Kinderpflege betraf, zunächst nichts. Vielmehr hat es den Anschein, daß mit dem Verlauf des Krieges im Jahr 1940 sich gegen Jahresende die regionalen Machthaber in Partei und Staat ermutigt sehen konnten, nicht Entspannung, sondern klare Verhältnisse, nach nationalsozialistischem Verständnis, also auch im Bereich der Wohlfahrtspflege den „Umbruch der Arbeit"[5] zu schaffen. Außerdem bedurfte nach der Logik des Regimes und seiner Machtspitze der Krieg gerade angesichts des Unternehmens „Barbarossa", des beabsichtigten Angriffs auf die Sowjetunion, der Sammlung aller Kräfte und ließ Kraftfelder außerhalb des Systems nicht zu. Die NSV, wollte sie ihren Führungsanspruch glaubhaft im organisierten Geflecht von Konkurrenzen und Eifersüchteleien behaupten, mußte „alles oder nichts" fordern, obwohl die Verhandlungen über ein Abkommen mit der Inneren Mission ja noch im Gange waren. „Der Kindergarten", wie er in der zurückliegenden Zeit „zur Unterstützung wirtschaftspolitischer Maßnahmen im Vierjahresplan" „eingesetzt" wurde, gehörte „heute zu den ‚kriegswichtigen' Einrichtungen"[6]. Es war, aus Sicht der NSV und ihrer Reichsreferentin für Kindertagesstätten Hildegard Villnow, „daher eine Selbstverständlichkeit, daß der notwendige Bedarf an diesen Einrichtungen von der NS-Volkswohlfahrt erfüllt wird, soweit es nur irgend möglich ist."[7].

„Ausnahmslos die politischen Erfordernisse" hatten bereits ein Jahr zuvor zu einem wichtigen Schritt, der Vereinbarung zwischen NSV, dem Hauptamt für Kommunalpolitik, dem Reichsgesundheitsführer und dem „Stellvertreter des Führers" vom 16. Oktober 1939[8] als einer wichtigen Voraussetzung für den angezeigten „Umbruch" geführt. Diese Vereinbarung hatte der NSV den Rücken nicht nur für die Errichtung neuer Kindergärten, sondern auch für die Verhandlungen mit der Inneren Mission freigemacht. Jetzt, gegen Ende des Jahres 1940, sollte es darum gehen, „Umbruch" und „Aufbau" als „Gemeinschaftsaufgabe aller deutschen Gaue" in Angriff zu nehmen und „die erste nationalsozialistische Entwicklungsstufe", den „NS-Volkswohlfahrt-Kindergarten", durchzusetzen[9].

---

[3] Vertrauliches Rundschreiben des Reichsministers des Innern an die Reichsstatthalter und Oberpräsidenten vom 24.7.1940 (J. S. CONWAY, Kirchenpolitik, Dok. 8, S. 375).

[4] F. Wieneke, Kirche und Partei, S. 205ff. (EvAGKZG, 21/80); siehe auch Vermerk Wieneke vom 6.4.1941 auf Schreiben Grimmell an v. Wicht vom 2.4.1941, Eingang am 4.4.1941 (EZA BERLIN, 1/C3/180).

[5] H. VILLNOW, Vom ersten deutschen Kindergarten, S. 35; N.N., Aufbau der Kindergartenarbeit, S. 179. Der Wortlaut läßt vermuten, daß der N.N.-Beitrag von Villnow verfaßt wurde.

[6] EBD.

[7] EBD.

[8] Siehe II Kap. II.3., S. 462f. mit Anm. 36 und Anm. 37.

[9] N.N., Aufbau der Kindergartenarbeit, S. 179.

Insofern war, was im November 1940 in zwei NSDAP-Gauen sich abzuspielen begann, angekündigt und konnte, abgesehen davon, daß es für den CA und die Vereinigung in der Logik der bisherigen Erfahrungen liegen mußte, auch in seiner Konsequenz eigentlich nicht mehr überraschend sein. Kaum wissen indessen konnte irgend jemand auf beiden Seiten der Front, daß damit der entscheidende, wie sich rückblickend sagen läßt, der letzte Versuch eingeleitet wurde, die evangelischen Kindergärten in die Hände zu bekommen und die Reste eines Systems freier Wohlfahrtspflege zu zerschlagen.

Es begann damit, daß am 13. November 1940 Fritz Sauckel als Leiter des Innenministeriums in Thüringen und als Landesjugendamt, also als zuständige aufsichtsführende Behörde, die Genehmigung für die evangelischen Kindergärten mit Wirkung vom 1. Januar 1941 zurückzog und bestimmte, „daß Kindergärten und Horte von kirchlichen Organisationen nicht mehr unterhalten und geleitet werden."[10] Das mochte zwar bei etwa 800 evangelischen Kirchengemeinden in Thüringen schließlich eine Zahl von 25 Kindergärten betreffen[11]. Aber es war das erste Mal, daß ein solcher Zugriff von der Machtspitze eines Landes aus erfolgte und noch dazu eines solchen, in dem es bislang nicht einmal zu Konflikten im Einzelfall gekommen war.

Das hieß aber nur soviel, daß Thüringen und sein Reichsstatthalter in Sachen Trägerschaft evangelischer Kindergärten unmittelbar keine Rolle gespielt hatten. Sie hatten, jedenfalls im Bereich der Wohlfahrtspflege, auf einer anderen Bühne, um im Bilde zu bleiben, agiert. Sie hatten in der Fürsorgeerziehungsarbeit mit der Unterstützung Phielers für „reinrassige" Verhältnisse gesorgt[12]. Auch in der die wichtige, die Kindergärten als Einrichtungen zur Aufnahme von Pflegekindern, nach §§ 19–31 RJWG, berührenden Frage der Aufnahme jüdischer Pflegekinder hatte Sauckel, „gläubiger Anhänger Hitlers"[13], sehr eindeutig mit einem Runderlaß entschieden. Was im Falle der Kindergärten in Karlsruhe und Lemgo, weil es an entsprechenden Ausführungsbestimmungen noch mangelte, anfänglich unklar und ursächlich für

---

[10] Der Reichsstatthalter in Thüringen, der Staatssekretär und Leiter des Thüringischen Ministeriums des Innern an die Landräte p.p. (III E 3145) vom 13.11.1940 (EZA BERLIN, 1/C3/179).

[11] Siehe Bericht Thüringer Verband für Innere Mission anläßlich der Umfrage des CA (Ohl) vom 16.12.1940, wonach 25 evangelische Kindertagesstätten in Thüringen gezählt werden mit 320 Plätzen und 44 ausgebildeten Kräften. Zwanzig Kindergärten sind in der Trägerschaft kirchlicher Vereine, fünf in der Trägerschaft von Kirchengemeinden und in kircheneigenen Gebäuden untergebracht. (ADWRH DÜSSELDORF, OHL 10.1.7. I) Siehe auch Aufzeichnungen Ohl für die Bremer Verhandlungen zur Planwirtschaft am 17.–18.4.1941 (ADWRH DÜSSELDORF, OHL 10.1.7. II); Schreiben v. Wicht an GVR vom 21.12.1940, der das Umfrageergebnis noch nicht berücksichtigt, sondern auf der Vereinigung vorliegendes Material zurückgreift und 28 evangelische Kindergärten zählt (EZA BERLIN, 1/C3/179). Phieler teilte v. Wicht am 7.3.1940 mit, daß mit 27 Einrichtungen „wir den Bestand gehalten haben", und „neu eingerichtete NSV-Kindergärten an verschiedenen Orten haben unsere Arbeit nur vorübergehend gestört." (ADW, VKD 28).

[12] Siehe I Kap. VII.4.1., S. 392 mit Anm. 549; II Kap. II.3., S. 479 mit Anm. 131.

[13] P. W. BECKER, Fritz Sauckel, S. 237.

eine gewisse Verzögerung der Stellungnahmen Schirmachers, v. Wichts und Mahrenholz' gewesen war[14], das hatte Sauckel, um „Erbgesundheit und Blutreinheit im deutschen Volke wachzurufen und zu festigen", jetzt verfügt. Der durch das RJWG geregelte Pflegekinderschutz hatte dadurch, „daß die Pflegekinderunterbringung zuvörderst nach den Begriffen, die das Reichsbürgergesetz für die einzelnen Gruppen prägt, gehandhabt werden darf", so Reichsstatthalter Sauckel, „eine bedeutungsvolle Erweiterung" erhalten[15].

Das Vorgehen Sauckels gegen Ende des Jahres 1940 betraf nun nicht nur die Trägerschaftsfrage, sondern erhielt sein besonderes Gewicht erst dadurch, daß nur vier Wochen später gleiches im Freistaat Sachsen geschah. Innenminister Dr. Karl Fritsch, auch Stellvertreter des mit der Führung der Regierung im Freistaat Sachsen beauftragten Gauleiters und Reichsstatthalters Martin Mutschmann, widerrief am 12. Dezember 1940 die Genehmigung zum Betrieb von Kindergärten und verfügte, daß ab 1. März 1941 „Kindergärten, Kinderhorte und Kindertagesstätten von kirchlichen Organisationen, wie sie z. B. die Innere Mission in Sachsen darstellt, nicht mehr unterhalten und geleitet werden dürfen."[16] Wie in Thüringen von Sauckel wurde in Sachsen von Fritsch angeordnet, damit die „Zerrissenheit" und „Aufsplitterung" beendet wird und um „eine Einheitlichkeit nationalsozialistischer Erziehungsarbeit sicherzustellen", daß die NSV die Arbeit übernehmen werde und ihre zuständigen Kreisamtsleitungen sich zu diesem Zweck mit den bisherigen Trägern in Verbindung setzen werden[17].

Es war v. Wicht, der darin sogleich ein „gemeinsame[s] Vorgehen auf Veranlassung einer 3. Stelle" sah[18]. Nach Lage der Dinge konnte das nur der „Stab des Stellvertreters des Führers" sein, denn der „Treueste der Treuen"[19], Bormann, war gerade erfolgreich dabei, Kerrls Pläne und sein Ansehen gänzlich und endgültig zu demontieren und die Entscheidungen über die „Kir-

---

14 Siehe I Kap. VII.2.1., S. 302ff. Auf die Ermittlung etwa bestehender direkter und kausaler, über einen Sachzusammenhang hinausgehende Beziehung der Vorgänge im badischen Karlsruhe, lippischen Lemgo, in Berlin und Thüringen mußte verzichtet werden. Sie bleibt Desiderat. J. WALK, Das Sonderrecht, weist im übrigen den Berliner „Erlaß" – I Kap. VII.2.1., S. 305 mit Anm. 153 – nicht nach.

15 Runderlaß des Reichsstatthalters in Thüringen und Leiters des Thüringischen Ministeriums des Innern vom 24.11.1936 (N.N., Pflegekinderschutz, S. 324f.); vgl. J. WALK, Das Sonderrecht, S. 175.

16 Der Sächsische Minister des Innern an die Landräte und Oberbürgermeister vom 12.12. 1940 (EZA BERLIN, 1/C3/179).

17 Der Reichsstatthalter in Thüringen, der Staatssekretär und Leiter des Thüringischen Ministeriums des Innern an die Landräte p.p. vom 13.11.1940 (EBD.); und der Sächsische Minister des Innern an die Landräte und Oberbürgermeister vom 12.12.1940 (EBD.).

18 Schreiben v. Wicht an Wieneke vom 21.12.1940: „Unzweifelhaft ist dieses ..." (EZA BERLIN, 1/C3/179); Schreiben v. Wicht an GVR vom 21.12.1940: „... bei dieser Art eines scheinbar gemeinsamen Vorgehens ..." (EBD.).

19 J. v. LANG, Martin Bormann, S. 1.

chenverhältnisse" im Deutschen Reich den Statthaltern der Partei zuzuordnen[20] – er exerzierte es mit Greiser im „Reichsgau Wartheland" gerade vor, was auch die Innere Mission nicht unberührt ließ[21] – und damit die Stellung des Stabes des „Stellvertreters des Führers" ebenso wie die persönliche als Instrument der Führerexekutive zu stärken[22]. Wenn v. Wicht gleichzeitig dem GVR vorschlug zu erwägen, ob nicht gegen die Verfügungen, wie sie aus Thüringen und Sachsen vorlagen, auf dem „Einspruchswege" vorgegangen werden könne[23], dann meinte er damit wohl auch einen anderen Weg als den über das „die neue Ära der Beziehungen zwischen Staat und Kirche"[24] immer weniger bestimmende Ministerium Kerrls. Eher in Frage kam für den Einspruch vielmehr der Weg über die Reichskanzlei und ihren, wie sich Lammers selbst sah, „obersten Verwaltungsbeamten"[25]. Am ehesten dieser Weg hätte bei der „Herrschaft der Kanzleien" den Machtverhältnissen im „Dualismus von Partei und Staat" entsprochen[26]. Ob v. Wicht ein Ergebnis an dem der Eingaben Constantin Fricks vom Juni und September 1939 hätte erkennen können, bleibt eine offene Frage. Der GVR indessen folgte der Anregung v. Wichts nicht. Das freilich änderte nichts daran, daß er mit seiner Vermutung ebenso recht haben sollte wie Ohl mit seiner Behauptung, daß „hier wieder einmal ein Gau probeweise vorprescht, um zu erkunden, wie Kirche und Innere Mission auf einen solchen Schritt reagiert."[27] Das sollte sich spätestens nach Ablauf von drei Monaten herausstellen.

In Thüringen setzten jetzt sofort Beratungen im Landeskirchenrat Eisenach ein, an denen sowohl Schirmacher als auch Phieler beteiligt waren[28]. Das Ergebnis war nach Abgang eines Protesttelegramms an den zuständigen Reichsminister des Innern[29] ein mehrseitiges Beschwerdeschreiben, das Landesbischof Martin Sasse unterzeichnete. Nach wie vor auf Zusammenarbeit und Zustimmung ausgerichtet, verwahrte man sich mit ausführlichen Darlegungen gegen den Vorwurf der Spaltung und der Zersplitterung in der Kinder- und Jugenderziehung dadurch, daß Kirchengemeinden Träger evangelischer

---

[20] Siehe J. S. CONWAY, Kirchenpolitik, S. 266f. Hier ist ein Schreiben Bormann an Kerrl vom 4.11.1940 dokumentiert, in dem Bormann die Entscheidung des „Führers" mitteilt, daß Kerrl seine „Tätigkeit auf das Altreichsgebiet beschränken" solle und „keinesfalls mehr Entscheidungen über die Kirchenverhältnisse in den neuen Gebieten treffen" dürfe (EBD., S. 267).

[21] Siehe II Kap. III.3.10., S. 674 mit Anm. 595 und Anm. 596.

[22] Siehe D. REBENTISCH, Führerstaat, S. 90f. und S. 424ff.

[23] Schreiben v. Wicht an GVR vom 21.12.1940 (EZA BERLIN, 1/C3/179).

[24] J. S. CONWAY, Kirchenpolitik, S. 326.

[25] D. REBENTISCH, Führerstaat, S. 427.

[26] EBD., S. 371ff. und S. 459.

[27] Protokoll der Geschäftsführerkonferenz des CA am 15.1.1941 (ADW, CA 761 XXIII).

[28] Schreiben v. Wicht an Wieneke vom 2.12.1940 (EZA BERLIN, 1/C3/179).

[29] Nicht datiert (ADW, VKD 28); darauf verwiesen ist im Schreiben v. Wicht an Wieneke vom 21.12.1940 (EZA BERLIN, 1/C3/179); und Schreiben v. Wicht an Phieler vom 24.12.1940 (ADW, VKD 28).

Kindergärten seien. Gerade von Thüringen seien die „Bestrebungen auf die religiöse Überwindung der konfessionellen Zersplitterung" ausgegangen, und „wenn das bezweifelt wird, so verletzt das unsere deutsche Ehre, auf die auch wir Anspruch haben."[30] Es soll dahingestellt bleiben, ob Sasse und mit ihm der Landeskirchenrat der Thüringer evangelischen Kirche sowie Schirmacher und Phieler noch ernsthaft annahmen, Erwägungen über die deutsche Ehre hätten eine Rolle bei dem Erlaß gespielt. Natürlich mußten die Begründungen des Erlasses sie als DC oder Parteigenossen besonders treffen und natürlich fiel es schwer, erkennen zu müssen, daß die „DC-Tradition" und die gewünschte Übereinstimmung mit den Machthabern für diese selbst keine Rolle mehr spielte; und wenn, dann eher nur in der Weise, daß sie ein Motiv für das Vorgehen abgab, insofern sie geringe Schwierigkeiten bei der Durchführung des Erlasses erwarten lassen konnte.

Der Eindruck, der Thüringer evangelischen Kirche, ihrem Landeskirchenrat in Eisenach und ihrem Bischof, ihren Beratern aus der Inneren Mission, von CA und vom Thüringer Verband für Innere Mission sei es gar nicht um den Erhalt der Kindergärten, sondern vielmehr um den Erhalt der Gunst der Mächtigen in Partei und Staat gegangen, wird durch den Hinweis Sasses auf die laufenden Verhandlungen zwischen CA und NSV noch verstärkt. Man betrachtete den Erlaß als Störung von Verhandlungen, „deren Ziel es ist, auf friedlichem Wege und in freundschaftlicher Vereinbarung die gegenseitigen Arbeitsbereiche abzugrenzen." Daß „im Zuge dieser Erörterungen (wird) auch die Frage der evangelischen Kindergärten [wird] behandelt werden müssen", war für den Landeskirchenrat Eisenach und seine Berater ebenso selbstverständlich wie das Ergebnis[31].

Schon ein halbes Jahr bevor er hinsichtlich einer planwirtschaftlichen Arbeitsteilung mit der NSV seine Unterstützung Schirmachers im August 1940 deutlich erkennen ließ[32], hatte Phieler sich Anfang März über v. Wichts Bemühungen mokiert, die Vereinigung und ihren Einsatz für die Belange evangelischer Kinderpflege durch gegenseitige Information zu stärken. Für ihn galt als die beste „Sicherung" „ein ordentlicher Mann an der Spitze, der sich nicht die Butter vom Brot nehmen läßt."[33] Abgesehen von dem Vergleichspunkt, auf den sich solche Vorstellung beziehen mochte, unterstützt wurde Phieler offenbar bis dahin vom im Thüringer Verband für Innere Mission für die Kinderpflege zuständigen Pfarrer Hermann Scriba, Rektor des Evangelisch-lutherischen Diakonissen-Mutterhauses für Thüringen in Eisenach, und von Emma Rendtorff, Leiterin des Kindergärtnerinnen- und Hortnerinnen-Seminars dieses Mutterhauses und Tochter des Mannes, der als Direktor des

---

30 Schreiben Sasse an Reichsminister des Innern vom 2.12.1940 (EZA BERLIN, 1/C3/179).

31 EBD.

32 Schreiben Phieler an Schirmacher vom 3.8.1940 (ADW, CA/O 164).

33 Schreiben Phieler an v. Wicht vom 7.3.1940 (ADW, VKD 28).

Predigerseminars in Preetz vor über dreißig Jahren so günstig über den Vikar v. Wicht geurteilt hatte[34].

Scriba und Emma Rendtorff hatten sich bislang mit dem von ihnen geleiteten Verband evangelischer Kindertagesstätten der Thüringer evangelischen Kirche nicht der Vereinigung angeschlossen, weil sie sich wie schon in den Tagen der Weimarer Republik keinesfalls in eine Frontstellung zum Thüringer Innenministerium bringen wollten[35]. Zwar suchte Phieler unter dem Druck der Verhältnisse eine Annäherung an die Vereinigung und nahm an ihrer Mitgliederversammlung in Berlin im Juni 1940[36] ebenso teil wie an ihrer Arbeitstagung im November desselben Jahres in Halle[37]. Aber an seiner und der übrigen für die Kinderpflege in Thüringen Verantwortlichen distanzierten Haltung zur Vereinigung sollte sich nichts ändern.

So lag es ganz auf dieser Linie, daß die Vereinigung und v. Wicht über die Vorgänge von Phieler nicht unterrichtet wurden und sie nur auf dem Weg über CA und DEK davon erfuhren. Natürlich wußten Phieler und auch Schirmacher, daß v. Wicht ihren Annäherungskurs an die NSV, der auf eine Übergabe der Kindergärten hinauslief, stören würde und daß er alles täte, damit eine solche Verordnung „nicht auch in anderen Gauen und Bezirken Schule macht."[38] Indessen, als v. Wicht sich am 24. Dezember 1940 – wenige Tage zuvor war die Umfrage Ohls eingegangen, und es wurde die ganze „Arbeitsfreude" des inzwischen 61jährigen verlangt – bei Phieler direkt über die ausbleibende Information beklagte[39], war es schon in jeder Weise zu spät.

Am 21. Dezember 1940 hatte der Landeskirchenrat Eisenach ein Schreiben an die zuständigen Pfarrer und Kindergartenvorstände gehen und sie wissen lassen, daß man bis zum 31. Dezember 1940 nicht mehr auf eine Stellungnahme aus dem Reichsministerium des Innern rechne. „Der Verfügung des Landesjugendamtes muß daher entsprochen werden." Außerdem wurden die Adressaten darauf hingewiesen, daß der Landeskirchenrat in Eisenach nicht in der Lage sei, sollten sie „dieser Verfügung zuwiderhandeln, wirksamen Rechtsschutz zu gewähren, falls für sie unangenehme Folgen entstehen sollten."[40] Im übrigen bliebe dem Thüringer Verband für Innere Mission und dem Landeskirchenrat Eisenach bei allen in Folge der nun erforderlichen vertraglichen Vereinbarungen mit der NSV auftretenden Rechtsfragen die Entscheidung vorbehalten, was Phieler ganz lapidar v. Wicht mitteilte und er-

---

34 Siehe I Kap. II.2.2., S. 78 mit Anm. 139.

35 Schreiben v. Wicht an Phieler vom 12.3.1940 (Ebd.).

36 Protokoll der Mitgliederversammlung der Vereinigung am 11.6.1940 (LKA Hannover, E 26/106; ADWW Münster, 153/1).

37 Protokoll der Arbeitstagung der Vereinigung am 5.–6.11.1940 (Ebd.).

38 Schreiben v. Wicht an Wieneke vom 2.12.1940 (EZA Berlin, 1/C3/179).

39 Schreiben v. Wicht an Phieler vom 24.12. [sic!] 1940 (ADW, VKD 28).

40 Schreiben Landeskirchenrat der Thüringer evangelischen Kirche an Pfarrer und Kindergartenvorstände vom 21.12.1940 (Ebd.).

kennen ließ, daß er ein Mitwirken der Vereinigung für nicht mehr erforderlich hielt.[41]. Damit waren zum Jahresende alle 25 evangelischen Kindergärten[42] an die NSV gefallen, und die Vereinigung unter v. Wicht hatte nichts dagegen unternehmen können. Er konnte nur noch versuchen zu verhindern, daß ein solche Verordnung wie die Sauckels Schule machte. Auch wenn v. Wicht sich deshalb nochmals an Phieler wandte mit der Bitte, ihn doch unmittelbar zu unterrichten – die Bitte v. Wichts kam zu spät. Inzwischen hatte Fritsch in Sachsen „gelernt" und am 12. Dezember 1940 seine Verfügung mit dem Genehmigungswiderruf erlassen.

Soweit zu sehen, war es auch in Sachsen bis dahin bezüglich der 66 Kindergärten, wovon 15 in der Trägerschaft von Gemeinden und 51 in der Trägerschaft von Vereinen[43], nicht zu Konflikten gekommen, wenn man einmal absieht von jenem Vorgang in Chemnitz, der allerdings gleich zehn Einrichtungen betraf. Sein Anfang lag etwas mehr als drei Jahre zurück.

Am 21. Juli 1937 hatte das Jugend- und Wohlfahrtsamt Chemnitz und sein Stadtrat Dr. Konrad Martin den Vorsitzenden des Vereins Kleinkinderbewahranstalt, den Pfarrer an der Chemnitzer Lutherkirche, Wilhelm Oehler, darüber informiert, daß die Stadt mehr Einfluß auf den Verein beanspruche, wenn wie bisher Mittel in Höhe von RM 10.000,-- von der Stadt zum Betrieb der zehn Kindergärten des Vereins bereit gestellt werden sollen[44]. Ganz wie seinerzeit der Potsdamer Oberbürgermeister Hans Friedrichs hatte Martin im Auftrag seines Oberbürgermeisters eine Neubesetzung des Vereinsvorstandes vorgeschlagen und gemeinsam mit Bürgermeister Walter Schmidt in einem Gespräch am 4. November 1937 versucht, seine Vorstellungen durchzusetzen[45]. Oehler hatte getan, was er konnte, um dem zu entgehen und sich mit Unterstützung von Vogel und Wendelin bemüht, den CA zu einem Zuschuß oder Darlehen in der erforderlichen Höhe zu bewegen[46], damit der Verein

---

41 Schreiben Phieler an v. Wicht vom 4.1.1941 (EBD.).

42 Siehe zuvor S. 530 mit Anm. 11. Damit ist im übrigen korrigiert, was das Referat Evangelischer Kindertagesstätten der Evangelisch-Lutherischen Kirche Thüringen 1997 meint feststellen zu können: „Die genaue Anzahl der betroffenen Kindergärten ist nicht mehr bekannt." (CHR. BLEY, Referat, S. 73).

43 Bericht Landesverein für Innere Mission der evangelisch-lutherischen Kirche in Sachsen anläßlich der Umfrage des CA [Ohl] vom 16.12.1940, wonach 66 evangelische Kindertagesstätten in Sachsen gezählt werden mit 3.600 Plätzen und 75 ausgebildeten Kräften. 51 Kindergärten sind in der Trägerschaft kirchlicher Vereine, 15 in der Trägerschaft von Kirchengemeinden und in kircheneigenen Gebäuden untergebracht. (ADWRH DÜSSELDORF, OHL 10.1.7. I).

44 Schreiben Martin an Verein zu Rat und Tat vom 16.7.1937 (ADW, CA 621 III); dazu Schreiben Vogel an CA vom 19.8.1937 (EBD.): „Das gleiche Schreiben hat ... auch der Verein Kleinkinder-Bewahranstalt, Vorsitzender Herr Pfarrer Oehler, Chemnitz, erhalten." Und Schreiben Martin an Oehler vom 5.11.1937 (EBD.): „Maßgebend für das Handeln der Stadt sind die im Schreiben vom 21.7.1937 zum Ausdruck gebrachten Gründe."

45 Schreiben Martin an Oehler vom 5.11.1937 (EBD.).

46 Schreiben Vogel an CA vom 19.8.1937 (EBD.); Schreiben Oehler an CA vom 15.8.1937 (EBD.).

seinen Charakter als Einrichtung der Inneren Mission nicht verlöre[47]. Er war sogar deswegen mit Wendelin nach Berlin gereist, um mit Heinrich in der Geschäftsstelle des CA zu sprechen[48]. Das Gespräch hatte dann in Vertretung des Schatzmeisters Schubert geführt, aber auch er konnte keine Zusagen machen[49].

Was Oehler erreicht hatte, war, daß auch in seiner Sache der in Zusammenhang mit den so schwierigen Steuerrechtsfragen und deren Auswirkungen für die Innere Mission gefaßte Beschluß des Vorstandes des CA vom 2. November 1937 Anwendung fand, mit dem der CA die Verhandlungen in allen Fällen an sich gezogen hatte, in denen staatliche oder kommunale Stellen Einrichtungen der Inneren Mission zu Satzungsänderungen aufforderten[50]. Dieser Beschluß hatte es Oehler ermöglicht, gegenüber dem Oberbürgermeister und dem Stadtrat Druck zu machen[51], ihn allerdings nicht gehindert im Reichsministerium des Innern gemeinsam mit Wendelin beim zuständigen Ministerialrat, dem wohl weithin kooperativen Fritz Ruppert, am 20. November 1937 vorstellig zu werden[52]. Offenbar ermutigt durch ein positives Gesprächsergebnis[53] hatte er vor Ort die Verhandlungen weitergeführt. Schließlich hatte Oehler die Zusage der Stadt erhalten, daß die kommunalen Mittel dem Verein Kleinkinderbewahranstalt weiter zur Verfügung stehen und ihm, Oehler, der Vorsitz erhalten bleiben sollte. Dafür hatte er sich, nachdem ein Vorstandsmitglied freiwillig ausgeschieden war, mit der Übernahme des Amtes eines stellvertretenden Vorsitzenden durch Erich Villa, dem neuen Direktor des Jugend- und Wohlfahrtsamtes der Stadt und NSV-Kreisamtsleiter, einverstanden erklärt[54]. Nachdem diese Einigung am 31. Januar 1938 erzielt worden war, hatte für Oehler ein für den 12. Februar 1938 vereinbartes weiteres Gespräch mit Ruppert, an dem auch Schirmacher beteiligt werden sollte, jede Bedeutung verloren, ja wäre in Oehlers Augen „der Sache schädlich" gewesen[55].

Einen solchen guten Ausgang im Freistaat Sachsen sollten die Verhandlungen über die evangelischen Kindergärten, die jetzt, zur Weihnachtszeit 1940,

[47] Schreiben Landesverein für Innere Mission der evangelisch-lutherischen Kirche Sachsen an CA vom 7.12.1937 (EBD.).

[48] Schreiben Oehler an CA vom 15.11.1937 (EBD.); Schreiben Wendelin an Heinrich vom 16.11.1937 (EBD.); Vermerk Schubert für Heinrich vom 20.11.1937 (EBD.).

[49] Vermerk Schubert für Heinrich vom 22.11.1937 (EBD.); Aktenvermerk Schubert vom 22.11.1937 (EBD.) und Schreiben Schubert an Oehler vom 25.11.1937 (EBD.).

[50] Protokoll (ADW, CA 67 B (1937)); und Schreiben Schubert an Oehler vom 25.11.1937 (ADW, CA 621 III).

[51] Schreiben Oehler an Oberbürgermeister der Stadt Chemnitz vom 18.1.1938 (EBD.).

[52] Vermerk Schubert für Heinrich vom 20.11.1937 (EBD.).

[53] EBD.

[54] Schreiben Oehler an Schirmacher vom 10.2.1938 (EBD.).

[55] EBD.

nach dem Erlaß Fritschs auf den verschiedenen Ebenen einsetzten, nicht nehmen. Sie unterschieden sich doch wesentlich von diesem Vorgang seinerzeit in Chemnitz und gaben damit auch dem weiteren Verlauf eine ganz andere, neue Qualität.

Zunächst begann es allerdings, wie es in Thüringen begonnen hatte. Klotsche, zwar immer noch an der Spitze des Evangelisch-lutherischen Landeskirchenamtes Sachsens in Dresden aber längst nicht mehr mit der ungeteilten Unterstützung des Ministeriums Kerrls und seines Staatssekretärs Muhs[56], beschwerte sich am 23. Dezember 1940 bei der DEK mehr über die in dem Erlaß enthaltene Unterstellung politischer Unzuverlässigkeit und Behauptung einer Unvereinbarkeit von „nationalsozialistischer Gesinnung“ und „evangelischem Glaubensbewußtsein“, als daß er gegen die Übernahme der Kindergärten durch die NSV protestierte. Ihm kam es, wie Sasse in Thüringen, darauf an, hervorzuheben, „daß gerade auch in Sachsen Millionen Volksgenossen treulich zum evangelischen Christentum halten, und daß sie sich dabei zugleich als überzeugte Gefolgschaft des Führers wissen.“[57] Das Evangelisch-lutherische Landeskirchenamt Sachsens hatte tatsächlich beschlossen, seine Vorgehens- und Argumentationsweise an der des Landeskirchenrates der Thüringer evangelischen Kirche auszurichten[58]. Deshalb ist es denn auch nicht weiter verwunderlich, daß die DEK ebenso verfuhr[59]. So wie sie seinerzeit am 14. Dezember 1940 mit einem Schreiben an das Reichsministerium des Innern die Beschwerde wiederholte und die Bitte um Zurückstellung der Maßnahmen, „nachdrücklich“ unterstützte[60], so wandte sie sich auch jetzt, wiederum durch ihren als Vizepräsident amtierenden Direktor Fürle, an das Ministerium Wilhelm Fricks. Allerdings hatte das Schreiben vom 15. Januar 1941 einige Schärfe, wenn es etwa die Erlaßbegründung eine „diffamierende Erklärung“ des Sächsischen Ministers des Innern nannte[61]. Damit entsprach die DEK immerhin, bei aller Gleichheit von Worten und Zweck des thüringischen und sächsischen Erlasses, dem „unzweifelhaft bestimmtere[n] Ton“, den v. Wicht sogleich für die sächsische Verfügung festgestellt hatte[62].

Während sich in den kirchenleitenden Behörden eine Abwehr formierte, die dazu neigte, sich mit der Lage abzufinden, versammelte sich am 15. Januar 1941 in Leipzig die Geschäftsführerkonferenz des CA. Im Mittelpunkt der Erörterungen standen Ohls Ausführungen zum planwirtschaftlichen Abkom-

56 Siehe K. MEIER, Kirchenkampf III, S. 502f.

57 EZA BERLIN, 1/C3/179.

58 Schreiben v. Wicht an Wieneke vom 21.12.1940 (EZA BERLIN, 1/C3/179).

59 Aktennotiz v. Wicht vom 19.12.1940 (ADW, VKD 7).

60 EZA BERLIN, 1/C3/179.

61 EZA BERLIN, 1/C3/179.

62 Schreiben v. Wicht an Wieneke vom 21.12.1940 (EBD.).

men und v. Wichts Bericht über „die Lage der evangelischen Kindergärten in Thüringen und Sachsen." Das Ergebnis der Beratungen darüber war eine Entschließung, mit der unter Bezugnahme auf die nach wie vor unerledigte Eingabe an das Ministerium Rusts vom 14. Februar 1939 DEK und CA aufgefordert wurden, alles zu tun, „um eine tragbare Rechtslösung in der schwebenden Angelegenheit herbeizuführen." In jedem Falle sollte der „Central-Ausschuß in Verbindung mit der Vereinigung Evangelischer Kinderpflegeverbände Deutschlands, die hierzu notwendigen Maßnahmen durch(zu)führen, damit einer Vorwegnahme örtlicher Entscheidungen vor dem Abschluß der Verhandlungen zu dem beabsichtigten planwirtschaftlichen Abkommen mit der NSV vorgebeugt wird."[63]

Das war zwar eine Stärkung der Position v. Wichts und der Vereinigung angesichts eines geschäftsführenden Direktors, Schirmacher, dessen Stellung zunehmend unhaltbarer wurde, da er „um jeden Preis"[64] eine Vereinbarung mit der NSV anstrebte. Aber über diese Wirkung hinaus konnte die Entschließung nur noch die gute Absicht für sich haben. Denn in Thüringen war eine örtliche Entscheidung getroffen worden. Und wenn auch bisher in Sachsen die Dinge wie abgestimmt liefen, so sollte doch hier ebenfalls bald allein unter regionalen Gesichtspunkten entschieden werden. Das zeichnete sich ab, als am 27. Januar 1941 Vogel, immerhin Geschäftsführer des Verbandes für christliche Kinderpflege im Freistaat Sachsen und Vorsitzender der formell noch bestehenden Reichskonferenz, in seiner Eigenschaft als Stellvertreter Wendelins in der Leitung des Landesvereins für Innere Mission der evangelisch-lutherischen Kirche in Sachsen, ein Rundschreiben an alle Vorstände evangelischer Kindergärten in Sachsen richtete[65]. Es war im Einvernehmen mit Klotsche gefertigt, nachdem dessen Vorsprache bei Fritsch mit dem Ziel, eine Änderung der geplanten Maßnahmen zu erreichen, erfolglos geblieben war[66]. Diese Tatsache ebenso wie die, daß die Ephoren der Evangelisch-lutherischen Landeskirche Sachsens sich, wie Vogel meinte, mit der Lage abfänden, führte zu der „dringenden" Empfehlung des Rundschreibens an die Kindergärten und ihre Träger, „die Verhandlungen mit der zuständigen Kreisamtsleitung der NSV betr. Übergabe unserer Tagesheime [scil. Kindergärten] ohne Verzug aufzunehmen."[67] Beigefügt waren dem Rundschreiben

---

[63] Protokoll (ADW, CA 761 XXIII). Gemeint kann nur sein: „... durchzuführen, damit einer Vorwegnahme grundsätzlicher durch örtliche Entscheidungen ... vorgebeugt wird."

[64] Vermerk Krüger-Wittmack über die Sitzung des Vorstandes des CA am 18.3.1941 vom 25.3.1941 (EZA Berlin, 1/C3/163 a).

[65] Rundschreiben Landesverein für Innere Mission der evangelisch-lutherischen Kirche in Sachsen an Vorstände der evangelischen Tagesheime [scil. Kindergärten] vom 27.1.1941 (EZA Berlin, 1/C3/179).

[66] Schreiben Klotsche an Kirchenkanzlei der DEK vom 18.2.1941 (Ebd.).

[67] Rundschreiben Landesverein für Innere Mission der evangelisch-lutherischen Kirche in Sachsen an Vorstände der evangelischen Tagesheime [scil. Kindergärten] vom 27.1.1941 (Ebd.).

sogenannte „Richtlinien“, die Einzelheiten der Übergabe regeln helfen sollten. Dazu gehörte der Hinweis auf eine Fristsetzung des Überlassungsvertrages „spätestens bis ein Jahr nach Kriegsende“ ebenso wie Merkposten zur Berechnung des Mietzinses; und die Maßgabe, daß die von der NSV genutzten Räume weiterhin kirchlichen Zwecken zur Verfügung stehen müssen ebenso wie der Hinweis darauf, die Mitarbeiterinnen, sollten sie nicht in den Dienst der NSV treten wollen, in den kirchengemeindlichen Dienst zu übernehmen, andernfalls aber auch die Kündigungsfristen zu beachten[68].

Was daraufhin einsetzte, unterschied sich grundsätzlich von dem, was in Thüringen geschehen war, und wenn Klotsche drei Wochen später meinte, beobachten zu können, die Verhandlungen liefen „in durchaus reibungslosem Austausch“ und es herrsche „in weiten Kreisen Verständnis für das Anliegen des Staates“[69], dann mochte das aus der Sicht eines unter Anpassungsdruck stehenden Mannes wie Klotsche stimmen, war aber nur die halbe Wahrheit, wenn nicht die ganze Unwahrheit. Keineswegs verliefen die Dinge reibungslos. Vielmehr machten Gemeinden tatsächlich mobil.

Dabei hatte erkennbar aufrüstend gewirkt, was v. Wicht auf der Geschäftsführerkonferenz des CA zu Beginn des Jahres in Leipzig als denkbare Waffe ins Gespräch gebracht hatte. Damit hatte er ganz auf der Linie des Aufrufs an die Kirchengemeinden gelegen, den Vogel Anfang November 1938 als Stellungnahme der Vereinigung zum Schreiben des Rustschen Ministeriums entworfen hatte[70], mit dem die evangelische – und die katholische – Kinderpflege erstmals grundsätzlich in Frage gestellt worden war[71]. v. Wicht hatte auf der Geschäftsführerkonferenz des CA am 15. Januar 1941 gefordert, Träger von Einrichtungen und Eltern sollten Eingaben an die zuständigen Stellen richten, um auf diese Weise erkennen zu lassen, welche Beunruhigung tatsächlich unter die Bevölkerung käme, wenn die evangelischen Kindergärten nicht mehr arbeiten dürften. Auf diese Weise hatte v. Wicht wohl, was bisher eher nur taktische Behauptung war, durch Faktizität belegen und „die zuständigen Stellen“, also samt NSV den Partei- und Staatsapparat, soweit er mit den Kindergärten befaßt war, unter Druck setzen wollen. Natürlich hatte das den ganz auf eine Einpassung der Inneren Mission in das System bedachten Schirmacher zum Widerspruch herausgefordert. Er hielt dies Vorgehen für „mehr als gefährlich“, wollte eine Beunruhigung der Bevölkerung keinesfalls provozieren und „verurteilte lebhaft den Vorschlag Pf. v. Wichts“[72].

---

68 „Richtlinien“ betr. Runderlaß des Sächsischen Ministers des Innern vom 12.12.1940 als Anlage zum Rundschreiben Landesverein für Innere Mission der evangelisch-lutherischen Kirche in Sachsen an Vorstände der evangelischen Tagesheime [scil. Kindergärten] vom 27.1.1941 (LKA Hannover, E 26/106 und ADWW Münster, 153/3 (1940–1945)).

69 Schreiben Klotsche an Kirchenkanzlei der DEK vom 18.2.1941 (EZA Berlin, 1/C3/179).

70 Siehe II Kap. I.4.2., S. 237 mit Anm. 213.

71 Siehe II Kap. I.3.2., S. 162f. mit Anm. 142.

72 Protokoll (ADW, CA 761 XXIII).

Es mag dahingestellt bleiben, wer von den anwesenden drei Vertretern[73] aus dem Bereich des Landesvereins für Innere Mission der evangelisch-lutherischen Kirche in Sachsen die Forderung v. Wichts vor Ort ins Gespräch gebracht hatte, ob Vogel oder Fritz Mieth, der Geschäftsführer des Vereins für Innere Mission in Leipzig oder Lic. Hans Bardtke, zu der Zeit Geistlicher in desselben Vereins Diakonissen-Mutterhaus Neu-Borsdorf im nahe Leipzig gelegenen Lindhardt, oder ob alle drei gemeinsam - die Position, die sie nach der Leipziger Geschäftsführerkonferenz einnahmen, mußte jedenfalls eine verstärkende, ermutigende Wirkung haben, zumal man speziell in Leipzig bereits im Sinne v. Wichts initiativ geworden war. Dabei ist nicht auszuschließen, daß die BK in Sachsen sich in die Vorgänge eingeschaltet hatte und sie nutzte, um gegen die Leitung Klotsches im Evangelisch-lutherischen Landeskirchenamt Sachsens zu protestieren und seine „Burgfriedensaktion“ zu unterlaufen[74]

Bereits am 11. Januar 1941 hatte sich der Pfarrer der Versöhnungskirchengemeinde zu Leipzig-Gohlis und Vorsitzende des Kindertagesheims Hildegardstift, D. Johannes Herz, 1938 wie Mieth Mitunterzeichner eines Beschwerdeschreibens gegen die Kirchenleitung Klotsches an Kerrl[75], an den Reichsverteidigungsrat gewandt. Von Hitler am 30. August 1939 als Ministerrat für die Reichsverteidigung installiert, sollte dies Gremium eine einheitliche Leitung von Verwaltung und Wirtschaft während des Krieges sichern[76]. Diese Aufgabe ebenso wie die Hoffnung, besonders der zweite Mann im „Dritten Reich“, der den Vorsitz führende Göring, werde den gewünschten Einfluß nehmen, mag der Grund dafür gewesen sein, sich an diese Stelle zu wenden.

Mit Hinweis auf die Geschichte und die soziale Bedeutung der Einrichtung mit ihren 60 Plätzen suchte Herz den allgemeinen Vorwurf politischer Unzuverlässigkeit und „Zersplitterung“ abzuwehren. Er forderte, in dem er stiftungsrechtliche und satzungsmäßige Schwierigkeiten hervorhob, die geplante Maßnahme bis Kriegsende hinauszuschieben, denn anders würde das auf in der Kriegswirtschaft arbeitende Mütter und im Felde stehende Väter „sehr beunruhigend wirken“ und „in keiner Weise verstanden werden.“[77] Die Argumentationsweise war nicht neu, hatte kaum theologische, oder wenn, dann

73 Siehe Anwesenheitsverzeichnis beim Protokoll (EBD.).

74 K. MEIER, Kirchenkampf III, S. 511ff.

75 K. MEIER, Kirchenkampf III, S. 497.

76 RGBl 1939 I, S. 390f. Neben dem Vorsitzenden Göring gehörten dem „Ministerrat für die Reichsverteidigung“ an: Wilhelm Frick, Bormann, Lammers sowie der Reichswirtschaftsminister und Generalbevollmächtigte für die Wirtschaft, Dr. Walther Funk, und der Chef des Oberkommandos der Wehrmacht und Generalfeldmarschall, Wilhelm Keitel. Über Entstehung, Funktion, Arbeit und die Beziehungen zu anderen Instanzen im polykratischen Machtsystem siehe weiterführend D. REBENTISCH, Führerstaat, S. 117–132.

77 Schreiben Herz an Reichsverteidigungsrat vom 11.1.1941 (EZA BERLIN, 1/C3/179).

allein praktisch-seelsorgerliche Qualität. Was neu war, das war die Richtung des Protestes. Er ging in die Nähe der Machtspitze. Die DEK wurde nur im Nachgang informiert[78], das Evangelisch-lutherische Landeskirchenamt Sachsens und sein Präsident überhaupt nicht, jedenfalls nicht auf dem direkten Dienstwege.

Ebenso verhielt es sich mit der Eingabe des Leipziger Pfarrers Lic. Georg Walther – Mitglied im Landesbruderrat der BK und zeitweise in dessen Vorsitz –, der gleichfalls Vorsitzender eines Vereins als dem Rechtsträger eines Kindergartens war. Am 14. Januar 1941 hatte sich Walther sowohl an den Ministerrat für die Reichsverteidigung als auch an das Reichsministerium des Innern gewandt und in gleicher Weise wie sein Kollege Herz ein Aussetzen der beabsichtigten Maßnahmen gefordert[79]. Die Kirchenkanzlei der DEK bat er am gleichen Tag, „sich auch von sich aus stark für die Erhaltung der kirchlichen Kindertagesheime ein[zu]setzen."[80] Nur einen Tag später wandte sich ein weiterer Leipziger Geistlicher, Arno Rau, Pfarrer an der Trinitatiskirche und Vorsitzender der Wagner-Schultz-Stiftung, die einen Kindergarten unterhielt, an die Kirchenkanzlei der DEK und bat, daß „jetzt mitten im Kriege derartige Maßnahmen unterbleiben"[81]. Kurz darauf lag aus der Umgebung Leipzigs die Forderung eines vierten Pfarrers vor, der GVR der DEK möge doch für den Erhalt des Kindergartens am Ort eintreten. Der Zwenkauer Gemeindepfarrer Hermann Kühn meinte, daß dies auch deshalb geschehen müsse, weil der „Führer" „bei der Übernahme der Macht und auch sonst" stets erklärt habe, daß die Kirchen in ihrer Arbeit nicht behindert werden sollen[82].

Nachdem die Kirchenkanzlei der DEK dies alles zur Kenntnis hatte nehmen müssen, handelte sie. Es war wenig genug, was sie tat. Wieneke hatte schon bei Eingang von Raus Schreiben den Vorschlag gemacht, diese „Einzelfälle" zusammenzufassen und dem Ministerium Wilhelm Fricks vorzutragen[83]. Mit dieser Empfehlung übersandte Fürle die Eingaben am 31. Januar 1941 dem Evangelisch-lutherischen Landeskirchenamt Sachsens in Dresden[84]. Klotsche allerdings, das ließ er knapp drei Wochen später ohne weitere Angaben von Gründen wissen, hielt einen „unmittelbaren Einspruch" für aussichtslos und folgte dem Rat nicht, sondern wollte den weiteren „Gang der Verhandlungen auf Grund des Rundschreibens der Inneren Mission vom

---

78 Schreiben Herz an Wieneke vom 16.1.1941 (EBD.).

79 EZA BERLIN, 1/C3/179.

80 EBD.

81 Schreiben Rau an Kirchenkanzlei der DEK vom 15.6.1941 (EBD.).

82 Schreiben Kühn an Kirchenkanzlei der DEK vom 18.1.1941 (EBD.).

83 Vermerk Wieneke vom 22.1.1941 auf Schreiben Rau an Kirchenkanzlei der DEK vom 15.1.1941 (EBD.).

84 Schreiben Fürle an Evangelisch-Lutherisches Landeskirchenamt Sachsens vom 31.1.1941 (EBD.).

27. Januar 1941 ab(zu)warten“, um dann, sollte es erforderlich sein, „die obersten Stellen anzugehen.“[85] Inzwischen aber hatten die Kirchenkanzlei der DEK und der auch für sie tätige Wieneke weitere Proteste zur Kenntnis zu nehmen.

Am 20. Januar 1941 hatte Else Mauer, Vorsitzende des Evangelischen Frauenvereins zu Dresden-Blasewitz und Neugruna, Träger eines Kindergartens, ebenfalls gleichlautend an den Reichsverteidigungsrat, das Reichsministerium des Innern und die DEK geschrieben. Auch sie forderte, den Schritt einer Übernahme hinauszuschieben, „bis eine einheitliche Regelung dieser Frage durch das ganze Reich erfolgt.“ Auch sie wies auf eine zunehmende Beunruhigung unter der Bevölkerung hin, der es gänzlich unverständlich sei, warum „solch einschneidende Veränderungen vorgenommen werden sollen“. Und auch sie verwahrte sich gegen den Vorwurf, christliche Erziehungsarbeit trüge „Zersplitterung in die Volkseinheit“, obwohl doch „die Achtung vor dem Staat als Gebot Gottes, der Dank gegen den Führer, den Gott unserem Volke gab, (sind) wesentliche Momente der christlichen Erziehung“ seien[86]. Den gleichen Tenor hatte auch das Schreiben des Vorsitzenden des Beirates des Vereinigten Theresia- und Elsbethstiftes, Träger eines Kindergartens zu Leipzig-Gohlis, vom 22. Januar 1941. Lic. Paul Krüger, Pfarrer an der dortigen Friedenskirche, protestierte ebenfalls beim Reichsverteidigungsrat, dem Reichsministerium des Innern und der DEK und wies auf die Beunruhigung der Väter und Mütter hin, auf die Treue in der bisherigen Arbeit im Dienste an Staat und Kirche, auf den Mangel an Verständnis für den Zeitpunkt und überhaupt die Notwendigkeit der Maßnahme, die nur plausibel wären, wenn die Verordnung zur Einstellung dieser kirchlichen Arbeit für das ganze Reichsgebiet erlassen worden wäre[87].

Indessen, die deutlichen Zeichen des Unmutes und der Beunruhigung kamen nicht nur aus den Großstädten des Freistaates Sachsen, nicht nur aus Dresden und Leipzig. Am 25. Januar 1941 bat der Pfarrer der Johannes-Kirchengemeinde in Meißen, Gustav Schnerrer, mit den der DEK selbst eigenen und nun aus den übrigen Schreiben hinlänglich vertrauten Begründungen, die Fortsetzung der kirchlichen Arbeit sicherzustellen[88]. Auch aus dem Vogtland erreichten die DEK und ihre Kirchenkanzlei zwei Schreiben des Protestes, mit denen der Fortbestand der Kindergärten in den Orten Auerbach und Lengenfeld gesichert werden sollte. Aus Auerbach schrieb der Superintendent Ernst Loesche ebenso direkt an Marahrens als den Vorsitzenden des GVR

---

85 Schreiben Klotsche an Kirchenkanzlei der DEK vom 18.2.1941 (EBD.).

86 Schreiben Mauer an DEK vom 20.1.1941 (EBD.). „Diese Eingabe geht gleichzeitig an die Leitung der deutschen evangelischen Kirche, an das Reichsinnenministerium und an den Reichsverteidigungsrat.“ (EBD.).

87 Schreiben Paul Krüger an DEK vom 22.1.1941 mit Anlage Schreiben Paul Krüger an „Reichs- und Preußisches Ministerium des Innern“ vom 22.1.1941 (EBD.).

88 Schreiben Schnerrer an DEK vom 25.1.1941 (EBD.).

wie aus Lengenfeld der Gemeindepfarrer Theodor Beyrich. Jedoch mit ihren Schreiben kündigte sich für GVR und DEK noch etwas Neues an.

Loesche übermittelte eine von 60 Müttern seiner Gemeinde unterzeichnete Eingabe, mit der diese den Erhalt des christlichen Kindergartens in Auerbach forderten[89]. Beyrich kündigte an, daß „Eltern und Mütter meiner Gemeinde mit ihren Bitten zu Ihnen [scil. Marahrens] kommen werden." Dabei ging er davon aus, daß sie, weitergeleitet, noch in den laufenden Verhandlungen Gewicht erhielten[90]. Auch wenn diese Hoffnung Beyrichs zu diesem Zeitpunkt schon nicht mehr realistisch war – ob sie es zu einem früheren gewesen wäre, muß zweifelhaft bleiben –, jedenfalls die betroffenen Eltern schrieben, und die Kirchenkanzlei und ihr Direktor Fürle sollten sich unter diesem Druck tatsächlich an den Reichsminister des Innern wenden, um das am 25. Januar 1941 vorgetragene Anliegen zu bekräftigen. Albert Rockstroh, unmittelbar vor seiner Einberufung stehender Vater eines Kindes im Kindergarten in Lengenfeld, an seiner sächsischen Kirchenleitung „irre" geworden, drängte, „daß unseren Kindern die christliche Erziehung erhalten wird"[91]. Die Ehefrau des Arztes am Ort, Hanna Dörselt, hielt „die Kräfte des Christentums unentbehrlich für den sittlichen Wiederaufstieg des deutschen Volkes" und bat darum Marahrens, sich für den Erhalt des Kindergartens einzusetzen[92]. Mit der gleichen Bitte fragte die im Kindergarten tätige Kindergärtnerin, die im Kindergärtnerinnen- und Hortnerinnenseminar des Evangelisch-lutherischen Diakonissenmutterhauses für Thüringen in Eisenach ausgebildete Maria Ickel, ob „es nicht auch besser [sei], die Führenden im Reich wissen, wie die Leute wirklich gesinnt sind?"[93] Und eine weitere Mutter, Hilde Petermann, verwies auf ihren im Feld stehenden Mann, der „mit dieser Umstellung natürlich gar nicht zufrieden sei"[94].

Die eingezogenen Väter aber äußerten sich auch direkt. Der Schuhmachermeister Ernst Ebert, jetzt Soldat und in der Hoffnung, daß seine Tochter auch weiterhin „im christlichen Sinn erzogen" werden könne, bat Marahrens, seinen Einfluß geltend zu machen, damit nicht nur der Kindergarten in Lengenfeld, sondern alle evangelischen Einrichtungen in Sachsen so bestehen bleiben, „wie sie heute arbeiten"[95]. Der Kaufmann, jetzt Soldat und Schütze, Ernst Badstübner, verwies auf seine vier Kinder im Alter von vier bis acht Jahren, die Belastungen seiner nun alleinstehenden Frau und seinen Wunsch, daß seine Kinder wie bisher in den Kindergarten der Gemeinde „zu tüchtigen

89 Schreiben Loesche an Marahrens, undatiert mit der Angabe „im Jan.1941" (EBD.).

90 Schreiben Beyrich an Marahrens vom 25.1.1941 (EBD.).

91 Schreiben Rockstroh an Marahrens vom 25.1.1941 (EBD.).

92 Schreiben Dörselt an Marahrens vom 26.1.1941 (EBD.).

93 Schreiben Ickel an Marahrens vom 26.1.1941 (EBD.).

94 Schreiben Petermann an Marahrens, undatiert, zu erschließen ist 26.1.1941 (EBD.).

95 Schreiben Ernst Ebert an Marahrens, undatiert, zu erschließen ist der 2.2.1941 (EBD.).

nationalsozialistischen Menschen, aber gleichzeitig auch zu Christen erzogen werden sollen.“[96] Der Kaufmann Friedrich Ebert, Parteigenosse seit 1933 und nun ebenfalls Soldat, „glaubte bisher immer, daß die Heimatbehörden wichtigere Sorgen hätten“ als „unserem evangelischen Glauben“ „dauernd irgendwelche Hinderungsgriffe“ zu machen und fragte: „Ist man Staatsfeind, wenn man seinen christlichen Glauben weiterlebt?“[97]

Damit aber endete die vom Verlauf der Dinge in Thüringen unterschiedene Entwicklung in Sachsen. Noch im Januar 1941 vom Reichsministerium des Innern zum Bericht aufgefordert, hatte Fritsch am 20. Februar 1941 sogar die Genehmigung nach § 29 RJWG mit sofortiger Wirkung zurückgezogen[98] und die Frist zur Übergabe noch verkürzt. Als darum, zurückgehend auf den Vorschlag Wienekes, die Beschwerden dem Reichsministerium des Innern von Fürle in einer Eingabe gegen Ende März 1941 vorgelegt wurden[99], um die Forderungen von Mitte Januar zu unterstreichen, waren die Dinge in Sachsen entschieden. Auch Marahrens' eher persönliche Bemühungen waren erfolglos geblieben.

Marahrens hatte noch Mitte Januar, nachdem die Klagen aus Lengenfeld ihn erreicht hatten, gehofft, daß er mit einer Bitte an die BK es erreichen könne, „daß während des Krieges von dieser Maßnahme Abstand genommen würde.“[100] Begründet war diese Hoffnung in der Tatsache, daß die BK seit kurzem einen Vertreter im Evangelisch-lutherischen Landeskirchenamt Sachsens hatte. Mit dem 16. Dezember 1940 war Georg Prater, seit zehn Jahren Pfarrer des Dresdener Stadtvereins für Innere Mission und von Anbeginn Mitglied im Landesbruderrat, dazu berufen worden[101]. Sosehr der wohl von der BK geförderte Protest der Eltern und Pfarrer aus den Gemeinden im Interesse v. Wichts lag, die Beauftragung Praters durch Marahrens begrüßte er nicht. Er meinte „als der zuständige Reichsfachverband“ unter Hinweis auf die erfolgten Verhandlungen mit GVR, CA und Reichsministerium des Innern gegenüber Marahrens betonen zu müssen, es sei „alles getan, was uns überhaupt nur möglich schien.“ Es bleibt unklar, ob v. Wicht sich übergangen fühlte oder Vogel als den Vorsitzenden des Verbandes für christliche Kinderpflege im Freistaat Sachsen übergangen sah; es ist auch nicht deutlich, ob er selbst oder Vogel die Hinzuziehung des Dresdener Stadtmissionspfarrers

---

96 Schreiben Badstübner an Marahrens vom 10.2.1941 (EBD.).

97 Schreiben Friedrich Ebert an Marahrens vom 18.2.1941 (EBD.).

98 Erlaß des Sächsischen Ministers des Innern vom 20.2.1941 (EZA BERLIN, 1/C3/179).

99 Schreiben Kirchenkanzlei der DEK [Fürle] an Reichsministerium des Innern vom 22.3.1941 (EZA BERLIN, 1/C3/179; ADW, CA/G 80000/6).

100 Schreiben v. Wicht an Marahrens vom 8.2.1941 (ADW, VKD 8). v. Wicht hatte über Vogel von dem Schritt des Vorsitzenden des GVR erfahren.

101 K. MEIER, Kirchenkampf III, S. 509. Vgl G. PRATER, Bekenntnis, S.21. Danach sollte der BK „eine Art Eigenrecht“ innerhalb der Landeskirche eingeräumt werden. Siehe dazu auch K.-H. MELZER, Der Geistliche Vertrauensrat, S. 129f. bes. Anm. 160.

und herausragenden BK-Vertreters als der Sache der Kinderpflege eher hinderlich denn förderlich betrachtete. Die Gründe für die an Ablehnung grenzende Zurückhaltung, mit der v. Wicht auf Marahrens Vorgehen reagierte, stellen sich wohl dar als ein Gemisch entsprechender Erwägungen, zu denen auch, paradox genug, die Befürchtung gehören mochte, daß die Bemühungen Praters Erfolg haben könnten.

Indessen hatten Praters Bemühungen keinen Erfolg. Trotz aller Verhandlungen und trotz der dem Sächsischen Minister des Innern nochmals von Klotsche vorgetragenen Vorbehalte[102] – zusammen mit den Einrichtungen in Thüringen waren zu diesem Zeitpunkt, Ende Februar 1941, „rund 110 Tagesstätten mit etwa 6.000 Kindern“[103] verloren gegangen. Inwieweit Wendelin durch diesen „Abstrich(e) seines ausgedehnten Imperiums“ „viel gelenkiger geworden war“, wie Schirmacher behauptete, um Mitte April 1941 in Bremen dem Memorandum, der aus Schirmachers Sicht „nunmehr klassischen Formulierung der Grundhaltung“[104] der Inneren Mission oder jedenfalls ihres CA zuzustimmen, bleibt dahingestellt. Ausschlaggebend für die weitere Entwicklung war bereits zu diesem Zeitpunkt nicht mehr die Frage nach dem planwirtschaftlichen Abkommen, obwohl sie den CA so sehr beschäftigte. Ausschlaggebend war, daß inzwischen an zentraler politischer Stelle Entscheidungen gefallen waren: Jedoch ganz andere als sie v. Wicht immer wieder gefordert hatte.

2. *Der Erlaß des Reichsministers des Innern und des Stellvertreters des Führers vom 21. März 1941*

Das Reichsministerium des Innern hatte spätestens am 10. Januar 1941 die Frage des Verhältnisses der kommunalen Kindergärten zu denen der NSV

---

102 Schreiben Klotsche an Fritsch vom 27.2.1941 (EZA BERLIN, 1/C3/180).

103 Rundschreiben v. Wicht an „die uns angeschlossenen Landes- und Provinzialverbände für evangelische Kinderpflege“ vom 18.2.1941 (ADWW MÜNSTER, 153/3 (1940–1945)). Es ist im übrigen davon auszugehen, daß diese Zahl in den 14.828 Kindertagesstätten mit 689.154 verfügbaren Plätzen und 35.831 Fachkräften enthalten ist, die man von seiten der NSV für das Jahr 1941 summierte. Hinzu kamen 8.707 Erntekindergärten und 3.654 Hilfskindergärten mit 261.453 bzw. 129.033 Plätzen und 11.903 bzw. 7.687 Fachkräften (N.N., NSV-Kindertagesstätten, S. 276). Damit war es der NSV gelungen, die Zahl der Einrichtungen insgesamt von 18.155 (8.768 Kindertagesstätten, 2.176 Hilfs- und 7.211 Erntetagesstätten) mit bei durchschnittlich 40 Plätzen etwa 720.900 Plätzen und bei durchschnittlich zwei Mitarbeiterinnen mit 36.300 Mitarbeiterinnen im Jahr 1939 (N.N., NSV-Kindertagesstätten, S. 276) tatsächlich um ca. 50 % zu steigern. Vgl. dazu P. HAMMERSCHMIDT, Die Wohlfahrtsverbände, S. 395, S. 590 und S. 596; vgl. auch E. HANSEN, Wohlfahrtspolitik, S. 170; und F. HEINE, Die Nationalsozialistische Volkswohlfahrt, S. 14; deren Angaben, die auch wegen anderer Stichtage zwar von denen der hier benutzten Quellen abweichen, nicht überprüft und verifiziert wurden, die aber eindeutig die angezeigte Veränderung bestätigen.

104 Schreiben Schirmacher an Heinrich vom 24.4.1941 (ADW, CA 761 XXIII).

wieder aufgenommen. Conti hatte auf dem „schmalen Grat zwischen Partei- und Staatsinteressen“[1] die Vereinbarung seines Ministeriums mit der Dienststelle des „Stellvertreters des Führers“ und dem Hauptamt für Kommunalpolitik vom 16. Oktober 1939 wieder ins Gespräch gebracht[2]. Mit Blick auf den Verlauf der Dinge in Thüringen und Sachsen ist es kaum ein Zufall, daß v. Wicht zur gleichen Zeit Ohl gegenüber meinte, diese Vereinbarung, immerhin gut ein Jahr alt und seinerzeit auch veröffentlicht, werfe ein „interessantes Licht“ auf die Forderungen der NSV[3]. Denn diese Vereinbarung wies ja nicht nur „die gegensätzlichen Auffassungen des Reichsministeriums des Innern und des Stellvertreters des Führers“[4] aus, sondern ließ gleichzeitig auch mit aller Deutlichkeit erkennen, daß nur der „Stellvertreter des Führers“ jene „3. Stelle“ sein konnte, die v. Wicht hinter dem Vorgehen in Thüringen und Sachsen vermutete[5].

Daß tatsächlich die „zukünftige Gestaltung [scil. kirchlicher Kindergärten] gemäß den Entscheidungen der Partei erfolgen werde“, teilte Hermann Althaus am 18. März 1941 Constantin Frick in einem vertraulichen Gespräch mit und deutete auch an, daß eine Verordnung „demnächst“ veröffentlicht werde. Dabei wies er ausdrücklich darauf hin, daß an eine Regelung wie sie in Thüringen und Sachsen angewandt worden war, nicht gedacht, auch „kein Termin vorgesehen“ sei und ebensowenig mit einer „Konzessionsentziehung“ gearbeitet werden solle[6].

Drei Tage später, am 21. März 1941, lag das vor, wovon Hermann Althaus gesprochen hatte. Es war ein gemeinsamer Runderlaß des Reichsministeriums des Innern und des „Stellvertreters des Führers“ und war das Ergebnis der Verhandlungen von Ministerialbürokratie und Parteiapparat. Der Erlaß regelte die „Zusammenarbeit der Gemeinden und Landkreise mit der NSV zur Förderung der Kindertagesstätten“[7]. Er war tatsächlich nicht mit den Erlas-

---

[1] E. HANSEN, Wohlfahrtspolitik, S. 150.

[2] Siehe Aufzeichnung des Reichsministeriums des Innern (Conti) vom 10.1.1941 (BA Berlin, R 18/5600; H. VORLÄNDER, Die NSV, Dok. Nr. 268, S. 475f.). Die Frage der Übernahme auch der kommunalen Kindergärten durch die NSV war keineswegs erledigt. Neben der Tatsache, daß die Übernahme der konfessionellen Kindergärten zu einer Erhöhung der Kosten für die Kommunen führen werde – denn jede NSV-Dienststelle werde „soviel wie möglich herauszuholen“ suchen –, „muß auch noch befürchtet werden, daß die NSV ... den Anspruch erheben wird, die bisher von den Gemeinden [Kommunen] betriebenen Kindergärten zu übernehmen“ (EBD.). Vgl. H. VORLÄNDER, Die NSV, S. 157.

[3] Schreiben v. Wicht an Ohl vom 10.1.1941 (ADWRH DÜSSELDORF, OHL 10.1.7. II).

[4] Aufzeichnung des Reichsministeriums des Innern (Conti) vom 10.1.1941 (BA Berlin, R 18/5600; H. VORLÄNDER, Die NSV, Dok. Nr. 268, S. 475f.).

[5] Siehe II Kap. III.1., S. 531 mit Anm. 18.

[6] Vermerk Krüger-Wittmack vom 25.3.1941 (EZA BERLIN, 1/C3/163 a).

[7] Runderlaß des Reichsministers des Innern und des Stellvertreters des Führers vom 21.3.1941 (RMBliV 1941, S. 525; VOBl der Reichsleitung der NSDAP 1941, Flg. 220 (Mai), o. S.; Abschriften in: EZA BERLIN, 1/C3/179; EZA BERLIN, 7/4415; ADW, CA zu 850 a III; H. WEBLER, Die Kindertagesstätten, S. 30f.; H. VORLÄNDER, Die NSV, Dok. Nr. 269, S. 476ff.).

sen, die in Thüringen und Sachsen zur Regelung der Kindergartenfrage ergangen waren, zu vergleichen. Er sah vielmehr grundsätzliche Regelungen vor, ähnlich dem Abkommen vom Oktober 1939, das seit einem Vierteljahr bei den evangelischen „kirchlichen Trägern in Umlauf“ war[8]. Verglichen damit konnte dieser Erlaß sogar als ein Rückzug der NSV betrachtet werden. Tatsächlich war an keiner Stelle der Anspruch formuliert, daß konfessionelle Einrichtungen „nach und nach von der NSV übernommen“ werden[9], noch enthielt er eine Bemerkung über „Konzessionsentziehung“. Es hieß vielmehr nur: „Die Übernahme sonstiger Kindertagesstätten ist ausschließlich Aufgabe der NSV.“[10]

Nicht mehr besagte deshalb auch der Bescheid aus dem Ministerium Wilhelm Fricks, mit dem Dr. Fritz Cropp, Ministerialdirektor und Stellvertreter Contis, am 10. April 1941 die Eingabe der DEK und ihrer Kirchenkanzlei vom 31. Januar und 22. März beantwortete und die Maßnahmen in Thüringen und Sachsen unter Berufung auf den soeben ergangenen Erlaß billigte und ihn auch mit seinem Wortlaut begründete[11]. Entscheidend war in diesem Zusammenhang weniger, daß Klotsches Bemühungen um eine Revision der Maßnahmen in Sachsen damit endgültig vergeblich gewesen waren. Er hatte bei Mutschmann persönlich vorgesprochen und auch mit Rudolf Büttner, NSV-Gauamtsleiter in Sachsen, verhandelt. Beide hatten, ebenfalls unter Hinweis auf den Erlaß vom 21. März 1941, es strikt abgelehnt, die getroffene Anordnung vom 12. Dezember 1940 auszusetzen oder zu widerrufen[12]. Entscheidend war, daß die Machthaber im „Gau“ ebenso wie die Zentralgewalt in Berlin diesen Erlaß auf Vorgänge anwandten, die zu regeln sein Wortlaut an keiner Stelle beabsichtigte. Damit war die NSV gegenüber den konfessionellen freien Trägern, also auch den evangelischen Kindergärten, ins Recht gesetzt. So gesehen war es Beschwichtigung, wenn noch festgestellt wurde, daß sowohl die pädagogisch-qualifizierte Arbeit mit den Kindern nicht unterbrochen werde als auch durch den Einsatz reichlicherer Mittel eine bessere gesundheitsfürsorgerische Betreuung möglich sei.

Genau durch solche Verfahrensweise wurde die tatsächliche Rechtsgrundlage, immer noch das RJWG und sein § 6, der die freien Trägerschaften gleich-

---

8 Schreiben der Kirchenkanzlei der DEK an die obersten Behörden der deutschen evangelischen Landeskirchen vom 20.6.1941 mit Abschrift „vertraulich zur gefälligen Kenntnisnahme“ (EZA BERLIN, 1/C3/179).

9 EBD. Vgl. dazu G. VAN NORDEN, Die Innere Mission, S. 118 mit Anm. 81. In seinen Auswirkungen indessen war der Erlaß keine „Relativierung“!

10 Runderlaß des Reichsministers des Innern und des Stellvertreters des Führers vom 21.3. 1941 (RMBliV 1941, S. 525; VOBl der Reichsleitung der NSDAP 1941, Flg. 220 (Mai), o. S.; Abschriften in: EZA BERLIN, 1/C3/179; EZA BERLIN, 7/4415; ADW, CA zu 850 a III; H. WEBLER, Die Kindertagesstätten, S. 30f.; H. VORLÄNDER, Die NSV, Dok. Nr. 269, S. 476ff.).

11 EZA BERLIN, 1/C3/180.

12 Schreiben Klotsche an Kirchenkanzlei der DEK vom 30.4.1941 (EBD.).

berechtigt neben die öffentlichen stellte, scheinbar legal außer Kraft gesetzt. Es wurde tatsächlich der Eindruck erweckt, dieser Erlaß bedeute „die nunmehr für das ganze Reich angeordnete Überführung der konfessionellen Kindergärten auf die NSV."[13] Daß das Reichsministerium des Innern und sein Ministerialdirektor Cropp auch sechs Wochen später unverändert bei ihrer Haltung gegenüber der evangelischen Kinderpflege geblieben waren, mußte man erfahren als am 29. Mai 1941 ein Schreiben des Ministeriums Wilhelm Fricks beim EOK Berlin einging. Mit denselben Worten, mit denen das Ministerium die Maßnahmen in Sachsen und Thüringen gebilligt und – im Rückblick geurteilt – für quasi rechtens erklärte hatte, wurde nun auch das Vorgehen von Partei- und NSV-Funktionären in der Provinz Sachsen sanktioniert[14]. Davon wird noch zu berichten sein.

Was man auf seiten der Streiter für die evangelische Kinderpflege nicht wissen konnte war, daß diese Linie von der – nunmehr[15] – Partei-Kanzlei unter Bormann inzwischen vorgegeben war. „Hitlers bester Funktionär"[16] selbst hatte in einem streng vertraulichen Schreiben an „alle Gauleiter" festgestellt, daß auf Grund des Erlasses „alle nicht zum Wirkungsbereich der Gemeinden gehörigen Kindertagesstätten ausschließlich von der NSV zu übernehmen sind." Bereits in Zusammenhang mit der Veröffentlichung im VOBl der Reichsleitung der NSDAP hatte Bormann darauf hingewiesen, der Erlaß entspreche den „seit langem aufgestellten Forderungen der Partei und erklärt die Betreuung der Kinder in den Kindertagesstätten grundsätzlich als Aufgabe der Partei."[17] Hatte er damit schon insinuiert, der beschreibend-regelnde Erlaß habe eine auf veränderndes Handeln zielende Bedeutung, so hielt Bormann den Gauleitern gegenüber mit seinen Absichten nicht mehr zurück. Nicht nur daß er unmißverständlich erklärte, „Staat und Bewegung können es nicht dulden, daß Kinder in konfessionellen Kindertagesstätten nach kirchlichen Gesichtspunkten und im Sinne einer konfessionellen Spaltung erzogen werden." Er meinte auch, „heute kann diese Frage endgültig bereinigt werden" und wies gleichzeitig und direkt darauf hin, „dies [scil. die Bereinigung] geschieht zweckmäßigerweise dadurch, daß den Trägern konfessioneller Kinderfürsorgeeinrichtungen die etwa bisher erteilte staatliche Genehmigung entzogen wird und neue derartige Genehmigungen nicht mehr erteilt werden." Außerdem legte er noch die Verfügung des Sächsischen Ministers des Innern

---

13 Schreiben Cropp an Kirchenkanzlei der DEK vom 10.4.1941 (EBD.).

14 Schreiben Reichsministerium des Innern an EOK Berlin vom 26.5.1941 (EZA BERLIN, 7/4415).

15 Nach dem Flug von Rudolf Heß, dem „Stellvertreter des Führers", am 10./11.5.1941 nach Großbritannien. Siehe P. LONGERICH, Hitlers Stellvertreter, S. 146ff.

16 J. V. LANG, Martin Bormann, S. 1.

17 Schreiben Bormann vom 11.4.1941, mit dem er auf den abgedruckten Erlaß hinweist und „um Kenntnisnahme und Beachtung" bittet (VOBl der Reichsleitung der NSDAP 1941, Flg. 220 (Mai), o. S.).

vom 12. Dezember 1940 und das Schreiben Cropps vom 10. April 1941 bei – allen Gauleitungen im Reich mußte spätestens zu diesem Zeitpunkt klar sein, wie „dem Aufgabenbereich der NSV im Rahmen der allgemeinen Menschenführungsaufgabe der Partei" zu entsprechen sei[18].

In dieser Situation mußte darum alles von der Klarsicht und den Reaktionen der Verantwortlichen auf der anderen Seite der Front abhängen, ob sich das, was zunächst die Beschreibung wenn schon nicht eines Rückzuges so doch des status quo schien, zu einem, um in der Sprache der Zeit zu bleiben, Großangriff entwickeln und damit das werden konnte, worauf „Grabenkrieg" und „Stellungskrieg" der zurückliegenden Zeit stets gedrängt hatten.

Zunächst herrschte Verwirrung. Während Ohl sich über die Absichten der Verfügung nicht im klaren war, jedenfalls aber eine „verwaltungsmäßige Bestimmung" im Blick auf die evangelischen Kindergärten darin nicht entdekken konnte[19], hielt Schirmacher die Sache der Kindergärten für entschieden und damit, „wie ich es ja immer erwartet habe", für „allgemeingültig geworden", was etwa in Sachsen und Thüringen „ein paar Wochen früher vorweggenommen" worden sei[20]. Und während man sich im EOK Berlin und in der Kirchenkanzlei der DEK fragte, ob dies eine „Lösung nach dem Beispiel Pommern und Westfalen"[21] oder ob dies eine Anordnung zur Überführung der konfessionellen Kindergärten auf die NSV sei[22], war für v. Wicht die Sache bereits ganz klar. Er meinte[23], daß der Erlaß eine verwaltungsmäßige und abschließende Festlegung der zwischen Hilgenfeldt, Fiehler, Conti und Sommer getroffenen, im Januar 1940 von Fiehler den Kommunen mitgeteilten und darüber hinaus spätestens seit Januar 1941 offiziell bekannten und in der Kirchenkanzlei der DEK und den „obersten Behörden der deutschen evangelischen Landeskirchen" sowie im CA umlaufenden Vereinbarung[24] wäre. Aus Sicht v. Wichts war jetzt „nach dem entscheidenden und abschließenden Runderlaß"[25] eine reichsgesetzliche Regelung, wie sie die Vereinigung mit Unterstützung der Landeskirchen am 14. Februar 1939 gefordert und woran am 18. Dezember 1939 sie durch den GVR nochmals erinnert hatte, keinesfalls mehr zu erwarten. So gesehen hatte sich die Sorge Dölkers

---

18 Der Leiter der Partei-Kanzlei, Rundschreiben 68/41, Führerhauptquartier, den 11.5.1941 (BA BERLIN, NS 6/334; und J. S. CONWAY, Kirchenpolitik, S. 270).

19 Aufzeichnungen Ohl für die Bremer Verhandlungen am 17. und 18.4.1941 (ADWRH DÜSSELDORF, OHL 10.1.7. II).

20 Schreiben Schirmacher an Phieler vom 29.3.1941 (ADW, CA/O 164).

21 Vermerk Wieneke vom 26.2.1941 (EZA BERLIN, 1/C3/179).

22 Protokoll der Sitzung des GVR am 21.4.1941 (EZA BERLIN, 1/C3/179; EZA BERLIN, 1/C3/180).

23 Rundschreiben Vereinigung an Mitgliedsverbände vom 5.4.1941 (ADW, VKD 8).

24 Siehe II Kap. II.3., S. 463f. mit Anm. 36 und Anm. 40.

25 Referat von Pastor v. Wicht in der Anlage zum Protokoll über die Tagung des Superintendentenkonvents Berlin vom 14.5.1941 (EZA BERLIN, 7/1118). Siehe II Kap. III.3.12., S. 708.

als berechtigt erwiesen, der bereits im November 1939 ahnte, daß die von v. Wicht und der Vereinigung initiierte und von siebzehn Landeskirchen unterzeichnete Eingabe nur scheinbar eindrucksvoll war und „das Gegenteil von dem erzielen [werde], was sie beabsichtigt hatte."[26] „Das Gegenteil" lag jetzt vor. Damit schien für die evangelischen Kindergärten die Lage herbeigeführt, die v. Wicht seit vier Jahren befürchtet hatte[27].

Angesichts dieser Tatsache und weil aus seiner Sicht damit „jedem Lande der Zeitpunkt, die Zweckmäßigkeit und die Art der Durchführung dieser verwaltungsmäßigen Bestimmung überlassen" blieb, hatte v. Wicht als Vorsitzender der Vereinigung sich verpflichtet gesehen, „planmäßiges, geschlossenes und verantwortungsbewußtes Handeln" zu ermöglichen[28]. Am 5. April 1941 sandte er an alle angeschlossenen Landes- und Provinzialverbände für evangelische Kinderpflege ein Rundschreiben, in dem er die Lage erläuterte, eine feste und nüchterne Haltung anmahnte, die Erstellung von Richtlinien „nach Maßgabe des sächsischen Vorgehens" forderte und in jedem Falle Beratung anbot[29].

Auch wenn dies Rundschreiben als vertraulich gekennzeichnet war, es mußte wirklich die Frage sein, ob – wie Ohl urteilte – es klug war[30], zu diesem Zeitpunkt den Eindruck zu erwecken, als wäre die Schlacht schon geschlagen und verloren und als käme es jetzt nur noch auf einen geordneten Rückzug an. Mußte das nicht ein deutliches Signal an die NSV sein und an ihre Interessenträger in Partei und Staat?

Eines allerdings war deutlich, nachdem auch ein Gespräch von Dr. Georg Krüger-Wittmack, Oberkonsistorialrat beim EOK Berlin und Kracht, seit kurzem ebenfalls dort und in der Kirchenkanzlei der DEK kommissarischer Dezernent für Angelegenheiten der Inneren Mission, am 18. April mit Stadtrat Dr. Hans Muthesius, Referatsleiter und in der Wohlfahrtsabteilung des Reichsministeriums des Innern für Angelegenheiten der Jugendwohlfahrt, keine entscheidend neuen Erkenntnisse gebracht, sondern nur bestätigt hatte, daß, was die evangelischen Kindergärten betraf, alles eine „Angelegenheit der Partei, bzw. der Absprache zwischen Partei (StdF) und der NSV" war[31] – es lag Abstimmungsbedarf vor. Als sich Kracht, Wieneke, Schirmacher sowie Krüger-Wittmack und v. Wicht auf deren beider Initiative[32] am 22. April

---

26 Bericht Dölker über die Geschäftsführerkonferenz und eine Vorstandssitzung der Vereinigung an den OKR Stuttgart vom 13.11.1939 (LKA STUTTGART, Altreg. 436a IV).

27 Siehe II Kap. I.1.1., S. 27 mit Anm. 7.

28 Rundschreiben Vereinigung an Mitgliedsverbände vom 5.4.1941 (ADW, VKD 8).

29 EBD.

30 Aufzeichnung Ohl für die Bremer Verhandlungen am 17. und 18.4.1941 (ADWRH DÜSSELDORF, OHL 10.1.7. II).

31 Vermerk Kracht vom 18.4.1941 (EZA BERLIN, 1/C3/180).

32 Schreiben v . Wicht an Krüger-Wittmack vom 16.4.1941 (ADW, VKD 7). Danach hatte, v. Wicht am 7.4.1941 mit Krüger-Wittmack telefoniert, mit dem Ergebnis, Constantin Frick un-

1941 zum „Gedankenaustausch" trafen, sah v. Wicht diesen nicht nur in Verbindung, sondern sogar „in Ausführung"[33] jener Entschließung vom 15. Januar 1941, mit der die in Leipzig versammelten – zum letzten Mal, wie sich gut ein halbes Jahr später herausstellen sollte[34] – Geschäftsführer den CA und seinen Direktor Schirmacher sowie v. Wicht und die Vereinigung beauftragt hatten, solche Maßnahmen durchzuführen, die verhinderten, daß vor Abschluß eines planwirtschaftlichen Abkommens, örtliche Entscheidungen solchen an zentraler Stelle zuvorkämen. Gleich, ob die anderen Teilnehmer der Besprechung ihr eine ebensolche Bedeutung gaben oder nicht, nach Lage der Dinge, und das hieß in diesem Fall bei der unterschiedlichen Sicht und Deutung des Erlasses vom 21. März 1941, war nur eines möglich: abwarten und auf eine „etwaige Übergabe" vorbereitet sein[35]. Das war sowohl für Schirmacher akzeptabel, der damit nach seiner „dramatischen Expektoration" und seiner Forderung eines planwirtschaftlichen Abkommens „um jeden Preis" auf der Vorstandssitzung des CA am 18. März 1941[36] wieder binnenkirchliche Verständigungsbereitschaft demonstrieren konnte; das war auch für den EOK Berlin und die Kirchenkanzlei der DEK annehmbar, da es ihnen einerseits den Eindruck vermeiden half, als streckten sie die Waffen[37] und andererseits damit den Landes- und Provinzialkirchen die Möglichkeit zu eigenem Verhandeln und Taktieren gab; und es war schließlich auch für v. Wicht ein gangbarer Weg, konnte er doch auf ihm Ohls Vorwurf entkräften, er habe

---

terrichten zu wollen und eine Besprechung „der Lage unserer Arbeit anzuregen." Termin sollte der 23.4.1941 sein. Constantin Frick selbst wollte dabei sein. Wahrscheinlich wegen der GVR-Sitzung am 21./22.4.1941 wurde der Termin vorverlegt. Constantin Frick war verhindert. Schirmacher mußte ihn vertreten. Constantin Frick hatte Brunotte noch als weiteren Teilnehmer vorgeschlagen. Kirchenkanzlei der DEK und EOK Berlin entschieden anders. (EBD.). Siehe auch Schreiben v. Wicht an Wieneke vom 16.4.1941. (EBD.).

33 Schreiben Vereinigung an die uns angeschlossenen Landes- und Provinzialverbände für evangelische Kinderpflege vom 2.5.1941 (ADWW MÜNSTER, 153/3 (1940–1945); LKA HANNOVER, E 26/106).

34 H. TALAZKO, Neubeginn, S. 111.

35 Vermerk Kracht, gez. D. Hymmen, vom 12.5.1941 (EZA BERLIN, 1/C3/180).

36 Vermerk Krüger-Wittmack vom 25.3.1941 (EZA BERLIN, 1/C3/163 a; EZA BERLIN, 7/4415). Danach war es in Zusammenhang mit den Erörterungen, die sich an den Bericht Constantin Fricks über sein Gespräch mit Althaus vom Vormittag desselben Tages anschlossen, vor den anwesenden v. Bodelschwingh, Paul Braune, Conze, Constantin Frick, Greifenstein, Heinrich, Karow, Ohl, Wendelin, Theodor Wenzel und „von der Kirche" Krüger-Wittmack, „zu einer dramatischen Expektoration des Geschäftsführenden Direktors Schirmacher [gekommen], der sich dahin äußerte, daß er ‚um jeden Preis' versuchen werde, sobald als möglich mit der NSV eine Vereinbarung über die Grenzen ihres Arbeitsgebietes und des der IM zu erhalten. Da die Form dieser Äußerung in der Tat Bedenken hervorrufen konnte, wandten sich Oberkirchenrat Greifenstein/München und abgemildert auch Bischof a. D. Karow/Berlin gegen die Worte ‚um jeden Preis', die sie eingeengt verstanden wissen wollten. Direktor Schirmacher hat auf die Ausführungen der genannten Herren nichts erwidert." (EBD.). Das Protokoll der Vorstandssitzung des CA vom 18.3.1941 (ADW, CA 67 B (1941)) enthält nicht die geringste Andeutung.

37 Vgl. aber M. HEINEMANN, Evangelische Kindergärten, S. 80.

voreilig und unklug gehandelt. So konnte also vereinbart werden, „daß in den einzelnen Gebieten gewartet werden soll, bis die NSV an die evang. Einrichtungen betr. Übergabe herantritt"[38].

Es mußte aber gleichzeitig im Interesse aller Gesprächsteilnehmer sein, wollten sie ihre Bedeutung als Zentralinstanz nicht verlieren, die Vorbereitung auf eine etwaige Übergabe zu steuern, mithin ein „planmäßiges und einheitliches Vorgehen von Kirche und Innerer Mission", wie v. Wicht formulierte[39], zu sichern. Das sollte durch Richtlinien geschehen, und ein Ausschuß mit v. Wicht und Bremer, mit Schirmacher und mit Kracht und Krüger-Wittmack wurde beauftragt, sie zu erarbeiten.

Als sich der Ausschuß am 29. April 1941 erstmals traf, lag ein Entwurf von Krüger-Wittmack vor[40]. v. Wicht hatte schon im Vorfeld angeregt, einen von ihm selbst und einen von Bremer gefertigten und als „Ergänzung" zu betrachtenden Entwurf, beide aber zurückgreifend auf die sächsischen „Richtlinien", zu einer Vorlage zusammenzuarbeiten[41]. Man kam überein, die innerkirchlichen Rechtsbestimmungen von denen des Pachtvertrages[42], der ebenfalls aus Sachsen vorlag[43], zu trennen. So entstand ein Papier, das in einem ersten Teil eine Interpretation des Erlasses gab, die auf die Vermutung hinauslief, es werde damit zu rechnen sein, daß die NSV je nach örtlichen Verhältnissen initiativ werden und zur Übergabe der Kindergärten auffordern werde. In einem zweiten Teil wurden Vorgaben zur Regelung von bei einer Übergabe auftauchenden Nutzungsfragen gemacht, ganz entsprechend dem sächsischen Muster[44]. Diese „Einteilung der Materie"[45] lag bereits am 27. Mai 1941 dem GVR zur Beschlußfassung vor[46].

Damit hatte man bis zu diesem Zeitpunkt ganz und gar der offiziösen, wenn nicht gar der offiziellen Interpretation des Erlasses, die soeben veröffentlicht worden war, entsprochen. Der NDV, wie auch der Deutsche Verein für öffentliche und private Fürsorge (DV)[47] selbst spätestens seit 1936 „wie

---

38 Vermerk Kracht, gez. Hymmen, vom 12.5.1941 (EZA BERLIN, 1/C3/180).

39 Schreiben Vereinigung „an die uns angeschlossenen Landes- und Provinzialverbände für evangelische Kinderpflege" vom 2.5.1941 (ADWW MÜNSTER, 153/3 (1940–1945); LKA HANNOVER, E 26/106).

40 Schreiben v. Wicht an Krüger-Wittmack vom 24.4.1941 (ADW, VKD 7).

41 Schreiben v. Wicht an Wieneke vom 24.4.1941 (EBD.).

42 Schreiben v. Wicht an Kracht vom 24.4.1941 (EBD.).

43 Schreiben Vogel an Krüger-Wittmack vom 23.4.1941 samt Vertragsvordruck (EZA BERLIN, 1/C3/180).

44 „Richtlinien" betr. Runderlaß des Sächsischen Ministers des Innern vom 12.12.1940 als Anlage zum Rundschreiben Landesverein für Innere Mission der evangelisch-lutherischen Kirche in Sachsen an die Vorstände der evangelischen Tagesheime [scil. Kindergärten] vom 27.1.1941 (LKA HANNOVER, E 26/106; ADWW MÜNSTER, 153/3 (1940–1945)).

45 Schreiben v. Wicht an Krüger-Wittmack vom 24.4.1941 (ADW, VKD 7).

46 Protokoll (EZA BERLIN, 1/C3/579; EZA BERLIN, 1/C3/180).

47 Zu Aufgaben und Geschichte des DV siehe E. ORTHBAND, Der Deutsche Verein. Die Ent-

ein Küken unter die Fittiche der NSV gekrochen“[48] und zu diesem Zeitpunkt unter dem geschäftsführenden Vorsitz von Hermann Althaus, hatte in seiner Mai-Ausgabe den Erlaß als Instrument der „Planung im Kindertagesstättenwesen“ in den Händen der NSV dargestellt. Danach sei es „Sache der NS-Volkswohlfahrt in Würdigung der gesamten in Frage kommenden Verhältnisse örtlich wie überörtlich Umfang und Tempo eines weiteren Ausbaus der Kindertagesstätten zu bestimmen.“[49] Und dies sowohl was die Neuerrichtung von Kindergärten als auch was die bestehenden Einrichtungen betreffe. Das bedeute, „im Sinne der grundsätzlichen Entscheidung des Erlasses ist also die Überführung aller nicht gemeindlichen oder gemeindlichen besonders geförderten Einrichtungen auf die NSV vorgesehen, wobei Zeitpunkt und Umfang von der NSV im Einzelnen zu bestimmen sind.“[50]

Mit dem Erlaß lag vor, das ließ der Kommentar des NDV erkennen, worum man auf seiten der Inneren Mission und der Vereinigung mit der NSV gerungen hatte und noch rang – ein planwirtschafliches Abkommen. Freilich ganz anderer Art. Tatsächlich ging es mit dem Erlaß nicht um „Planung im Kindertagesstättenwesen“, sondern um die Planung der nie aufgegebenen Absicht, die NSV als „Träger der Kindertagesstättenarbeit in Durchführung ihres parteiamtlichen Auftrags“[51] endgültig durchzusetzen. Darauf vorbereitet zu sein, hatte man, CA und DEK, EOK Berlin und Vereinigung, gemeinsam seit Veröffentlichung des Erlasses bis zum 27. Mai 1941 sich eilig und einmütig bemüht. Jetzt jedoch drohte Dissens und Verzug.

Ebenso wie der am gleichen Tag versammelte Vorstand des CA über die Richtlinien zur planwirtschaftlichen Zusammenarbeit und das erarbeitete Memorandum eine Einigung nicht erzielen konnte[52], schien auch das Vorhaben zu scheitern, die Richtlinien zur Überleitung zu beschließen und vor allem sie den Betroffenen an die Hand zu geben. Im GVR kam man nämlich, nachdem Kracht vorgetragen hatte, zu der Auffassung, daß der Versand dieser „Richtlinien“ bedenklich sei, da sie den Eindruck einer Aufforderung zu freiwilliger Übergabe von Kindergärten hätten erwecken können. Gleichzeitig war man im GVR der Meinung, daß der erste Teil der Vorlage als eine „gesonderte Verlautbarung“ der Kirchenkanzlei der DEK an die Behörden der Landeskirchen gehen sollte[53]. Als aber schon am 6. Juni 1941 ein Schreiben hinausging, das auf die Lage der evangelischen Kindertagesstätten nach

---

wicklung des DV in der NS-Zeit stellt P. SCHOEN, Armenfürsorge, S. 144–164 dar; vgl. auch F. TENNSTEDT, Fürsorgegeschichte.

48 Nach E. HANSEN, Wohlfahrtspolitik, S. 90.

49 N.N., Planung, S. 104.

50 EBD., S. 105.

51 EBD., S. 104.

52 Protokoll der Vorstandssitzung des CA am 27.5.1941 (ADW, CA 67 B (1941)).

53 Protokoll der Sitzung des GVR am 27.5.1941 (EZA BERLIN, 1/C3/579; EZA BERLIN, 1/C3/180).

dem 21. März 1941 besonders zu achten aufforderte[54], obwohl die „Richtlinien" erst in der Sitzung am 9.–10. Juni 1941 endgültig beschlossen werden sollten, war klar, daß auch dem GVR an einer einvernehmlichen, aber auch zügigen Erledigung der Sache gelegen war. Zwar war dies Schreiben nur erst die Bekanntgabe der Stellungnahmen des Reichsministeriums des Innern vom 10. April 1941 zu den Maßnahmen in Thüringen und Sachsen und vom 26. Mai 1941 zu denen im Regierungsbezirk Erfurt bzw. in der Provinz Sachsen. Insofern aber der Runderlaß vom 21. März 1941 als Begründung der Rechtmäßigkeit des Vorgehens tatsächlich rückwirkend herangezogen war, ging auch Gisevius für die Kirchenkanzlei der DEK darauf ein und wies auf die in Arbeit befindlichen „Richtlinien" hin, „die im Bedarfsfall hier angefordert werden können"[55].

Bei dieser Entwicklung schien spätestens Ende Mai 1941 klar, daß die Einschätzung v. Wichts vom 5. April 1941 richtig gewesen war, daß es nun „jedem Lande" überlassen bliebe, die Verhandlungen zu führen. Indessen, es gab einen Hoffnungsschimmer, doch zu einer generellen Lösung zur Sicherung der Arbeit evangelischer Kinderpflege in eigener Trägerschaft zu kommen. Inzwischen nämlich hielt v. Wicht, nicht zuletzt nach einem Gespräch am 17. Juni 1941 mit Kreutz[56], den Gedanken für erwägenswert, daß der Runderlaß vom 21. März 1941, anders als man wohl anfangs zu sehen verleitet worden war und anders als es Hilgenfeldt, die veröffentlichte Kommentierung noch zuspitzend, behauptete[57], tatsächlich „kein Reichsgesetz und somit § 6 RJWG nicht aufgehoben war"[58]. Damit sah v. Wicht „noch immer die Möglichkeit", „zu einer planmäßigen Zusammenarbeit bezw. zu einer Arbeitsteilung mit der NSV auf diesem Gebiet zu kommen."[59] v. Wicht betrachtete es sogar zu diesem Zeitpunkt keineswegs als aussichtslos, mit der NSV über das von ihr und im CA von Schirmacher, aber auch von Männern wie Phieler und Wendelin noch immer geforderte planwirtschaftliche Abkommen zu einem Abschluß zu kommen.

Gerade diese beiden, die seinerzeit wohl gehofft hatten, mit einem in einem Abkommen vereinbarten Verzicht der Inneren Mission auf ihre Kindergär-

---

54 EZA Berlin, 6202 Kirchenkanzlei; EZA Berlin, 1/C3/180.

55 Ebd.

56 Siehe II Kap. III.3.1., S. 564 mit Anm. 17; siehe auch Schreiben v. Wicht an Röhricht vom 23.6.1941 (ADW, VKD 22).

57 Schreiben Hilgenfeldt an Kreutz vom 4.6.1941 (L. Volk, Akten V, Dok. Nr. 661, S. 375f.); darin teilte er mit: „... ist es endgültige Auffassung der Partei, daß die NS-Volkswohlfahrt die konfessionellen Kindergärten zu übernehmen hat. Die Auffassung der Partei hat inzwischen auch ihre gesetzliche [sic!] Grundlage gefunden. In dem Runderlaß des Reichsministers des Innern und der Partei-Kanzlei [sic!] vom 21. März 1941 ...". Hilgenfeldt trug also auch sofort den veränderten Verhältnissen nach dem Englandflug von Heß vom 10.–11.5.1941 Rechnung und verzichtete auf die Bezeichnung „Stellvertreter des Führers", den es am 21.3.1941 noch gab.

58 Schreiben v. Wicht an Constantin Frick vom 19.6.1941 (ADW, CA zu 850a III).

59 Ebd.

ten, nach „Grabenkämpfen" und „Stellungskrieg" zu einer im Grundsatz erträglichen, um nicht zu sagen friedlichen Lösung mit der NSV zu kommen – Phieler und Wendelin mußten ihren Irrtum erkennen. Sie mußten sich eingestehen, was man „seit einiger Zeit kommen sehe", daß die NSV und das Machtgeflecht in Partei und Staat mit der Übernahme der Kindergärten, die sie in Sachsen und Thüringen ja ganz ohne ein Abkommen in NSV-Trägerschaft gebracht hatten, sich nicht zufrieden geben[60]. In Thüringen hatte die NSV mit Unterstützung der Ministerialbürokratie die Hände gerade nach jener Einrichtung in Bad Köstritz ausgestreckt, deren Leitung, „Herrn Sylten", Phieler selbst geholfen hatte, aus dem Amt zu drängen[61]. Jetzt hielt er, der vor einem Jahr noch alles von einem „ordentlichen Mann an der Spitze" erwartet hatte[62], „nur noch von Berlin aus eine Stabilisierung unserer Verhältnisse" für möglich. Und so stimmte er sich mit dem der am Entwurf eines planwirtschaftlichen Abkommens arbeitenden Viererkommission angehörenden Wendelin darüber ab, „daß nunmehr Verzögerungen von unserer Seite keinesfalls mehr eintreten dürfen."[63]

Aus der Sicht v. Wichts freilich sollte das Abkommen weder einer „Stabilisierung" als Schadensbegrenzung im Sinne Wendelins und Phielers dienen, noch sollte es gar als „Arbeitsteilung" in der von der NSV angestrebten Weise entsprechend ihrem rassisch-eugenischen und in „Ostmark" und „Warthegau" erprobten Teilungsprinzip wirksam werden. Wenn v. Wicht eine „Arbeitsteilung" im Blick hatte, so verfolgte er eine Lösung nach dem Muster der Vereinbarungen in Westfalen und Pommern. Er wollte der NSV vorschlagen, auf eine Trägerschaftsübernahme zu verzichten. Stattdessen sollte sie ihren „Führungsanspruch ... im Rahmen der mit der von den Landesjugendämtern und Regierungspräsidenten pflichtmäßig durchzuführenden staatlichen Aufsicht zur Geltung" bringen. Denn „auf dem Gebiete der politischen Erziehung und gesundheitsfürsorgerischen Betreuung der Kinder" werde der Führungsanspruch der NSV von der Vereinigung anerkannt. Mit diesen Überlegungen wandte er sich zunächst an Constantin Frick[64] und dann auch, auf dessen

---

60 Schreiben Phieler an Wendelin vom 14.6.1941 (ADWRH DÜSSELDORF, OHL 10.1.7. II).

61 Schreiben Phieler an Alfred Fritz vom 3.5.1936 (ADW, EREV 194). Phieler rät, „auf Herrn Sylten dahingehend einzuwirken, daß er so schnell wie möglich aus Köstritz lautlos verschwindet."(EBD.). Siehe E. RÖHM/J. THIERFELDER, Juden – Christen – Deutsche III/2, S. 320ff.

62 Siehe II Kap. III.1., S. 533 mit Anm. 33.

63 Schreiben Phieler an Wendelin vom 14.6.1941 (ADWRH DÜSSELDORF, OHL 10.1.7. II).

64 Schreiben v.Wicht an Constantin Frick vom 19.6.1941 (ADW, CA zu 850a III). Schon am 17.6.1941 hatte v. Wicht sich bei Ohl beklagt, daß Schirmacher ohne weitere Absprache in der Sache im Urlaub sei, v. Wicht mit ihm die Dinge hinsichtlich des Geprächs mit Kreutz nicht besprechen könne und bemerkt, „die NSV möge es hinsichtlich der Trägerschaft, der Berufsarbeiterinnen und des kirchlichen Charakters unserer Tagesstätten beim Alten lassen, vielmehr ihren Führungsanspruch zusammen mit der ordentlichen Aufsichtskommission des Landesjugendamtes in allen politischen und gesundheitsfürsorgerischen Dingen durchsetzen." Dieser Weg bewähre sich in Westfalen und Pommern, „er würde auch Schlesien retten." (ADW, VKD 9).

Wunsch, an die übrigen Mitglieder der mit dem Abkommen befaßten Kommission, Schirmacher, Ohl und Wendelin, sowie an Kracht, den für Innere Mission auch beim EOK Berlin kommissarisch zuständigen Dezernenten[65]. Natürlich mußte v. Wicht wissen, daß seine Bemühungen in dieser Richtung solange blockiert wären, wie im CA selbst über „Richtlinien" und „Memorandum", mithin über die Generallinie der Politik des CA gegenüber der NSV Einigkeit nicht erzielt war. Deshalb versuchte er auf seine Weise Druck zu machen und wies auf die schwierige Lage in Schlesien hin. Es waren aber, soviel sei an dieser Stelle gesagt, gerade zunehmend die Ereignisse in den Ländern und Provinzen, wie etwa Schlesien, die auf etwas anderes als auf eine im CA abgestimmte, von EOK Berlin und DEK und ihrem GVR geteilte Stellung zu einem planwirtschaftliches Abkommen drängten. Eine Vereinbarung, die den Konfliktfall vermeiden sollte, mußte ungeeignet für den Konfliktfall selbst sein. Die Ereignisse begannen das Abkommen zu überholen und forderten immer dringlicher die „Richtlinien". So wurden diese denn nach erneuter Vorlage durch Kracht am 9. Juni 1941 vom GVR beschlossen[66] und schließlich richtete am 8. Juli 1941 Fürle für die Kirchenkanzlei der DEK ein Schreiben an alle Landeskirchen, mit dem er nochmals auf die „Zusammenstellung" „einige[r] Gesichtspunkte" hinwies, die den kirchlichen Behörden im Bedarfsfall zur Verfügung stünden. Damit hatte man nun, wie von Anfang an beabsichtigt und von allen gefordert, ein Instrument zur Hand, das dazu dienen konnte, „die Verhandlungen zu erleichtern und ein möglichst gleichmäßiges Verfahren [scil. der Übergabe] zu gewährleisten."[67]

Diese „Zusammenstellung der bei der Überleitung der evangelischen Kindertagesstätten bei der NSV zu beachtenden Gesichtspunkte"[68] war einerseits

---

65 Schreiben v. Wicht an Ohl sowie gleichlautend an Schirmacher, Wendelin und Kracht vom 19.6.1941 (Ebd.).

66 Protokoll (EZA Berlin, 1/C3/180; EZA Berlin, 1/C3/579).

67 Schreiben Kirchenkanzlei der DEK [Fürle] an die obersten Behörden der deutschen evangelischen Landeskirchen vom 8.7.1941 (EZA Berlin, 1/C3/180).

68 „*Zusammenstellung* der bei der Überleitung der evangelischen Kindertagesstätten bei der NSV zu beachtenden Gesichtspunkte.

I. Über die Überleitung ist ein förmlicher Beschluß der bisherigen Rechts- und Unterhaltsträger durch ihre zuständigen Organe herbeizuführen. Soweit es sich bei ihnen um Stiftungen im Sinne der §§ 18ff. BGB handelt, ist dabei § 87 BGB besonders zu beachten.

II. Wenn sich die Kindertagesstätten in kirchlichen Räumen befinden, die auch sonst für kirchliche Zwecke gebraucht werden (zu Gottesdiensten, Bibelstunden, Konfirmandenunterricht oder für kirchliche Vereinsarbeit), so ist dafür zu sorgen, daß diese kirchliche Arbeit keinen Schaden leidet. Dieser Gesichtspunkt wird bei der Frage entscheidend sein, ob und wieweit der NSV auch die so für den Dienst der Kirche unentbehrlichen Räume überlassen werden können, zumal nach der Aufgabe der evangelischen Kindergartenarbeit die kirchliche Unterweisung der Kinder noch dringender notwendig ist. Auch dafür ist ein kirchlicher Raum mit dem dazugehörigen Inventar nötig.

Nur wenn eine besondere Notlage vorliegt, die die Weiterführung der Kindergartenarbeit durch die NSV sonst infolge Fehlens der nötigen Räume tatsächlich unmöglich machen würde, können

um so nötiger, als das Hauptamt für Volkswohlfahrt am Berliner Maybachufer nur einen Tag später, am 9. Juli 1941, die „Radikalisierungsschraube“[69] um eine weitere Windung anzog. Mit Hinweis auf das Schreiben vom 11. Mai,

---

auch solche kirchlichen Räume und Einrichtungen zeitweise überlassen werden. Es muß dann aber vertraglich festgelegt werden, daß es sich um eine vorläufige Überlassung handelt, die nur gilt, solange die gegenwärtige Notlage besteht und eine anderweitige Unterbringung der Kindergartenarbeit unmöglich ist, etwa mit dem Zusatz "Spätestens bis ein Jahr nach Kriegsende". Ferner wäre die ungestörte Fortsetzung der kirchlichen Veranstaltungen in den betreffenden Räumen dadurch zu sichern, daß die bestimmten Tageszeiten genau festgelegt werden, für die die Räume zu Zwecken des Kindergartens überlassen werden. Auch über die jedesmalige Zurüstung der Räume sind genaue Abmachungen zu treffen, sofern diese auch weiterhin kirchlichen Zwecken dienen. Endlich ist auch dafür zu sorgen, daß kirchliche Veranstaltungen, die etwa in benachbarten Räumen stattfinden, durch den Kindergartenbetrieb nicht gestört werden.
III. Werden Räume überlassen, in denen bisher eine evangelische Kindertagesstätte ihre Arbeit tat, und die Eigentum des Trägers dieser Arbeit sind, so ist jedesmal ein *Überlassungsvertrag* abzuschließen. Ob der Träger der Arbeit eine Kirchengemeinde war oder ein Verein bezw. eine Stiftung, ist in dieser Beziehung gleichgültig. Bei Gutskindergärten und Kindergärten eines industriellen Werkes bleibt die Art der Regelung selbstverständlich dem Besitzer überlassen.
Im einzelnen, besonders gelagerten Fällen wird ein *Kaufvertrag* angebracht sein, der nach Hinzuziehung eines sachverständigen Schätzers für Grundstück, Gebäude und Inventar eine angemessene Summe festsetzt. Der Erlös wäre dann für kirchliche Zwecke, in erster Linie für kirchliche Kinder- und Jugendarbeit zu verwenden.
In den meisten Fällen wird es besser sein, nur einen *Pachtvertrag* abzuschließen. Dabei sind folgende Punkte zu beachten:
1. Bei Errechnung der zu fordernden Entschädigung für Überlassung der Räume ist zu berücksichtigen:
  a) die Verzinsung und Amortisation des auf die überlassenen Räume entfallenden Anteils des Anlagekapitals (normaler Zinssatz 4 %);
  b) 1½ % für Abnutzung des Gebäudes;
  c) anteilige Steuern;
  d) anteiliger Wasserzins;
  e) anteilige Versicherungsbeiträge (Brandversicherung, Haftpflicht);
  f) anteilige Kosten für Anliegerleistungen, für Anschluß an die Beschleusung, für Grubenreinigung usw.;
  g) etwaige finanzielle Verpflichtungen gegenüber den bisherigen Angestellten (s. unter V).
2. Sofern das *Inventar* nicht käuflich der NSV überlassen wird (was sich im allgemeinen empfehlen dürfte), ist bei der Errechnung des Überlassungspreises zu beachten, daß es üblich ist, bei Möbeln 10 % Abnutzung, bei Geschirr und Wäsche 15 % Abnutzung in Rechnung zu stellen. Ein genaues Inventarverzeichnis ist dem Vertrag beizufügen.
3. Hinsichtlich der *Beleuchtung* empfiehlt es sich, besondere Zähler für die überlassenen Räume einbauen zu lassen.
4. Über die Ersetzung von *Schäden*, die infolge der Benutzung der Räume durch die NSV entstehen, sind, sofern es sich nicht um normale Abnutzung handelt, getrennt nach Reparaturen sowie Sachschäden an Gebäuden und Einrichtung genaue Abmachungen zu treffen.
5. Der Vertrag ist für eine bestimmte Zeit (möglichst nicht zu langfristig) mit festgelegter Kündigungszeit abzuschließen; es ist ferner festzulegen, ob die Räume für die Dauer des Vertrages völlig oder nur für bestimmte genau festzulegende Tageszeiten überlassen werden (s. unter Nr. II).
IV. Die Überleitungsverträge werden im allgemeinen der Genehmigung an der übergeordneten Stelle bedürfen. Ist eine Kirchengemeinde Träger des Kindergartens, wird nach Maßgabe der landeskirchlichen Vorschriften in der Regel die Genehmigung der kirchlichen Aufsichtsbehörde bezw. der bei ihr gebildeten Finanzabteilung erforderlich sein; wird der Kindergarten von einem

mit dem „Reichsleiter Parteigenosse Bormann die Gauleiter darum gebeten [sic!] [hatte], dafür zu sorgen, daß die konfessionellen Kindertagesstätten möglichst bald an die NSV überführt werden", forderte der Hilgenfeldt vertretende, sonst im Hintergrund wirkende und das Amt für Finanzverwaltung leitende Wilhelm Janowsky die NSV-Gauamtsleitungen „streng vertraulich, persönlich" zum Rapport bis zum 15. August 1941 über die bisher eingeleiteten Maßnahmen auf[70]. Dieses Rundschreiben bedeutete zwar das indirekte Eingeständnis, daß bis zu diesem Zeitpunkt nicht einmal die Ausführungsbestimmungen der „letzten Instanz"[71], der Partei-Kanzlei unter Bormann, den erwarteten Erfolg gebracht hatten, aber es zeigte auch an, daß die NSV nicht bereit war, sich von dieser Front zurückzuziehen. Im Gegenteil. Auf der an-

---

Verein oder einer Stiftung getragen, so ist der zuständige Provinzialverband für die Innere Mission als Spitzenverband zuständig. Außerdem werden besondere landeskirchliche Vorschriften im allgemeinen dann eingreifen, wenn mit der Überleitung die Veräußerung oder die Verpachtung eines Grundstückes verbunden ist. In jedem Falle wird es zweckmäßig sein, wenn schon bei der Vorbereitung des Vertrages der Evangelische Kinderpflegeverband des betreffenden Landes bezw. der betreffenden Provinz beteiligt wird, der im Auftrage der Kirchenbehörde und der Inneren Mission mit seinem Rat zur Verfügung steht.
V. Wenn *Angestellte der Kindertagesstätten* mit der Übergabe des Tagesheims in die Dienste der NSV übertreten, muß auf eine genaue Regelung der arbeitsrechtlichen Verhältnisse zwischen dem Arbeitnehmer (Schwestern, freie Berufskräfte) und dem neuen Arbeitgeber unter Entlastung des bisherigen Rechtsträgers geachtet werden.
Bleiben Kräfte in kirchlichen Diensten, so ist auch hier eine Regelung der Anstellungs- und Gehaltsfragen, sowie eine Vereinbarung über eine zusätzliche Ausbildung notwendig.
Erforderlichen Falles wird zu prüfen sein, ob das Dienstverhältnis zwischen dem bisherigen Träger des Heims und den Angestellten zu lösen ist. Die Kündigungsbedingungen nach dem jeweiligen Dienstvertrag bezw. nach den Bestimmungen des BGB sind zu beachten. Die Kündigungsfrist beträgt bei Kindergärtnerinnen in der Regel ¼ Jahr; die Kündigung ist vielfach an den Quartalsersten gebunden. Bei den übrigen Kräften besteht im allgemeinen monatliche Kündigungsfrist (zum Monatsersten). Soweit infolge früherer Übernahme durch die NSV nicht fristgemäß mehr gekündigt werden kann, sind die Kosten, die dem bisherigen Träger aus der Besoldung noch entstehen, bei den Verhandlungen über den Überlassungspreis mit einzurechnen, oder besonders zu fordern. Soweit die Angestellten freie Station hatten, die nach der Übergabe nicht mehr gewährt werden kann, muß ihnen natürlich auch dafür Ersatz geleistet werden.
Zu beachten ist, daß nach den gegenwärtig geltenden Bestimmungen ältere Kräfte auf eine längere Kündigungsfrist Anspruch haben. Sofern infolge fortgeschrittenen Alters überhaupt keine Aussicht besteht, daß die betreffenden Kräfte wieder eine Stellung erlangen, muß der bisherige Träger bis zum Eintritt der Leistungen der Angestelltenversicherung das Gehalt weiterzahlen (was ebenfalls bei der Preisfestsetzung nach II zu berücksichtigen ist).
VI. Bei der Überleitung ist in jedem Falle zu beachten, daß die fast stets zweckgebundenen Mittel, aus denen der Kindergarten errichtet und erhalten wird, ihrer kirchlichen Zweckbestimmung nicht entzogen werden dürfen. Bei von einer Stiftung getragenen Kindergärten beruht diese Verpflichtung insbesondere auf § 87 Abs. 2 BGB, bei von der Gemeinde getragenen Kindergärten auf der allgemeinen Zweckbestimmung kirchlichen Vermögens." (EZA BERLIN, 1/C3/180). Die Hervorhebungen sind im Original unterstrichen.

[69] E. HANSEN, Wohlfahrtspolitik, S. 223.

[70] Rundschreiben des Hauptamtes für Volkswohlfahrt vom 9.7.1941 (H. VORLÄNDER, Die NSV, Dok. Nr. 276, S. 484).

[71] J. V. LANG, Bormann, S. 9.

deren Seite – so nötig und wichtig eine „Zusammenstellung“ für die evangelische Kinderpflege sein mochte, war sie nicht Zeichen eines wenn auch geordneten Rückzugs und entsprach damit sowohl dem Erlaß vom 21. März 1941 als erst recht den Ausführungsbestimmungen der Partei-Kanzlei? War mit dieser „Zusammenstellung“ das Ende der evangelischen Kinderpflege bereits besiegelt?

Es wird diese Frage gewesen sein, welche die Kirchenkanzlei der DEK und ihren Vizepräsidenten, Fürle, bewogen, in ihrem Schreiben vom 8. Juli 1941 die leitenden Behörden der Landeskirchen darauf hinzuweisen, daß „überall da, wo die Kirche ihre Arbeit in den evangelischen Kindertagesstätten aufgegeben hat, ihre unausweichliche Pflicht bestehen bleibt, für die rein religiöse Betreuung der Kinder in anderer Form zu sorgen.“[72] Damit kam zum Tragen, woran v. Wicht und die Vereinigung schon lange gearbeitet hatten. Das war zum einen die Gestaltung des Kindersonntags Misericordias Domini und seine Verankerung im kirchlichen Leben. Zum anderen war es die Arbeit an einem biblischen Stoffplan, seiner Verbreitung in den Kirchengemeinden und an einer Verstärkung der katechetischen Schulung der Erzieherinnen, um „eine neue Möglichkeit zu schaffen, den bisher in den evangelischen Kindertagesstätten betreuten Kindern das Evangelium nahe zu bringen.“[73] Indessen, solange es noch evangelische Kindergärten gab, der Auftrag zu dieser Form der Arbeit sich noch nicht erledigt hatte, mußten auch die Auseinandersetzungen und Verhandlungen in den Ländern und preußischen Provinzen mit der NSV und ihren Helfern in den Verwaltungen und im Partei-Apparat geführt werden, die zur Sicherung des Fortbestandes der evangelischen Kindergärten zu führen waren. Dementsprechend und wie es in ihrer Verantwortung lag, wollten die Kirchenkanzlei der DEK, CA und v. Wicht auch unterrichtet werden[74].

Im CA war es im übrigen seit der Geschäftsführerkonferenz im Januar 1941 in Leipzig noch nicht wieder zu einem Erfahrungs- und Informationsaustausch und damit verbundener Abstimmung der Vorgehensweisen gekommen. Eine für den 9. Juli 1941 anberaumte Sitzung der Geschäftsführer mußte auf Anweisung der Gestapo abgesagt werden. Gleichzeitig waren damit alle zukünftigen Begegnungen dieser Art untersagt[75]. Es ist zu vermuten, daß auf diese Weise ein massiver Protest der „Fachleute“, wie sie die Geschäftsführer waren, unterbunden werden sollte. Jedenfalls fand eine Aussprache erst auf der Vorstandssitzung des CA gegen Ende August 1941 statt[76].

---

72 EZA Berlin, 1/C3/180

73 Ebd.

74 Ebd.; Rundschreiben Vereinigung an Mitgliedsverbände vom 5.4.1941 (ADW, VKD 8).

75 Rundschreiben Schirmacher an die Geschäftsführer der Landes-, Provinzial- und Fachverbände vom 7.7.1941 (ADW, CA 761 XXIII).

76 Protokoll der Vorstandssitzung des CA am 26.8.1941 (ADW, CA 67 B (1941)).

Zu diesem Zeitpunkt war Schirmacher nicht mehr erster Direktor im CA. Er hatte erkennen müssen, daß nach der Gestapo-Aktion im Februar 1940, nach seiner Darlegung der neuen Aufgaben im Rahmen eines planwirtschaftlichen Abkommen im Januar 1941 und seiner „Expektoration“ zwei Monate später, seine Stellung im CA unhaltbar geworden war. Er hatte sich, obwohl unabkömmlich gestellt, freiwillig zur Wehrmacht gemeldet und war am 18. August 1941 eingezogen worden[77]. Das Gestapo-Verbot der Geschäftsführerkonferenz, zu der er ja noch eingeladen hatte, mochte ihm seine Position auch in der Partei nochmals vor Augen geführt und seine Entscheidung gefestigt haben, einen „Frontwechsel“ vorzunehmen, wie es ihm Hans-Hellmuth Krause, freilich seinerzeit im Februar 1936 mit ganz anderem Ziel, empfohlen hatte[78]. Zu Schirmachers Nachfolger, zunächst kommissarisch, dann 1945, als endgültig klar war, daß Schirmacher selbst nicht mehr in das Amt zurückkehren würde, als ordentlicher Direktor, wurde Pastor Willy Ernst Hagen aus dem brandenburgischen Eberswalde bestellt[79]. Er war bis dahin in der volksmissionarischen Arbeit, die Dienste in Jugoslawien[80] ebenso einschloß wie Pfarrverwaltungen, zuletzt etwa in Danzig-Mariensee, nachdem er bis zu ihrer Auflösung 1937 Mitarbeiter der Apologetischen Centrale gewesen war.

Mit der Entscheidung, Hagen in diese Position zu berufen, hatte der CA „das Gebot der Stunde erkannt“, wie es Hagen selbst ein halbes Jahr zuvor proklamiert hatte, nämlich daß es „der Inneren Mission auferlegte Pflicht“ sei[81], auf dem eingeschlagenen „Wege zur volksmissionarischen Ausrichtung und Ausrüstung unserer Mitarbeiter“ und damit zu einer „Verinnerlichung und Verlebendigung der Inneren Mission“[82] weiter voranzugehen. Nach dem Ausfall der einst von Steinweg installierten Geschäftsführerkonferenz als einem Koordinierungs- und Leitungsinstrument, war dies eine nicht unbedingt einfache Aufgabe. Keinesfalls war sie es, was die evangelische Kinderpflege betraf. Mehr als je zuvor war dieser Arbeitsbereich der Inneren Mission trotz aller volksmissionarischen und auch kirchlichen Verlebendigungsbemühungen davon bestimmt, daß, wie es v. Wicht im April 1941 erwartet hatte, „jedem Lande der Zeitpunkt, die Zweckmäßigkeit und die Art der Durchführung“ des Erlasses vom 21. März 1941, mithin der Kampf ums Überleben, überlassen blieb[83].

---

77 EBD.; vgl. J. CHR. KAISER, „Politische Diakonie“, S. 209.

78 Siehe I Kap. VII.2.1. Exkurs, S. 316 mit Anm. 204.

79 Protokoll der Vorstandssitzung des CA am 26.8.1941 (ADW, CA 67 B (1941)); vgl. M. GERHARDT, Jahrhundert II, S. 407.

80 W. HAGEN, Die Arbeit der Volksmission.

81 W. HAGEN, Wege, S. 13.

82 EBD., S. 11.

83 Rundschreiben Vereinigung an Mitgliedsverbände vom 5.4.1941 (ADW, VKD 8).

3. „Wir standen einfach vor der Gewalt" – die legitimiert scheinende Übernahme evangelischer Kindergärten durch die NSV

3.1. Schlesien

Im Januar 1941 war Josef Wagner als Gauleiter und Oberpräsident Schlesiens ausgeschieden – später sollte er auf Drängen Hitlers alle Ämter verlieren –, und sein bisheriger Stellvertreter, Fritz Bracht, war Gauleiter des neugegründeten NSDAP-Gaues Oberschlesien und Oberpräsident der gleichnamigen preußischen Provinz geworden. Für den anderen Teil der Provinz Schlesien, den ebenfalls neuen NSDAP-Gau – und neue Provinz – Niederschlesien war im Februar 1941 Karl Hanke aus dem Reichsministerium für Volksaufklärung und Propaganda sowohl in das Amt des Gauleiters als auch des Oberpräsidenten gekommen[1]. Die NSV-Gauamtsleitung unter Gauleiter Bracht in Oberschlesien lag bei Rudolf Metzner, bislang Kreisleiter im Oberschlesischen, während Saalmann in der Leitung der NSV, nun für den Gau Niederschlesien, verblieben und zum Kommissar für die freie Wohlfahrtspflege in Niederschlesien ernannt worden war. Das lag in der Konsequenz jener Entwicklung, die Mitte des Jahres 1938 im „Grenzland" Schlesien durch Josef Wagner zwar nicht zu dem von ihm gewollten Vertrauensmann, aber zu einer verbesserten Zusammenarbeit zwischen Innerer Mission und NSV unter deren Kontrolle geführt hatte. Hans-Hellmuth Krause jedenfalls stellte Anfang des Jahres 1941 fest: „Aufs Ganze gesehen, herrscht in dem Verhältnis zwischen IM und NSV in Schlesien Ruhe."[2] Daß in nahezu konzertierter Aktion versucht werden sollte, aus dem „ruhigen Schlesien" „eine Stätte ständiger Sorgen und Nöte"[3] zu machen, konnte er nicht ahnen. „Irgendwelche Anzeichen, daß sich die wohlfahrtspflegerischen Verhältnisse in Schlesien än-

---

1 Siehe D. REBENTISCH, Führerstaat, S. 196–200.

2 O. Ohl, Bericht zur Auswertung der Fragebogen [vermutlich im Februar 1941] (ADWRH DÜSSELDORF, OHL 10.1.7. II; ADW, CA/Stat. 223/15). Hans-Hellmuth Krause fährt bei seiner im Januar 1941 erfolgten Beantwortung des in Zusammenhang mit den Verhandlungen zu einem „Planwirtschaftlichen Abkommen" von Ohl erstellten und am 16.12.1940 versandten Fragebogen – siehe II Kap. II.3., S. 483 mit Anm. 154 und Anm. 157 – fort: „Anbei überreichen wir eine Denkschrift, die vor zwei Jahren anläßlich ständiger Verhandlungen zwischen dem Gauleiter und mir ausgearbeitet worden ist und die Lage zwischen NSV und IM in Schlesien klarstellt. So wie die Lage zwischen NSV und IM vor zwei Jahren war, ist es [scil. sie] auch noch heute. Der Gauamtsleiter der NSV betont allen Stellen gegenüber gern, daß mit der IM Schlesiens ein gutes Auskommen ist." (EBD.) Bei der von Hans-Hellmuth Krause erwähnten und – nochmals – übersandten Denkschrift handelt es sich um die Denkschrift über die Verhandlungen im Verlauf des Jahres 1938 zur Herbeiführung einer engeren Zusammenarbeit zwischen Innerer Mission und NSV in Schlesien, undatiert; seinerzeit übersandt mit Schreiben Hans-Hellmuth Krause an Constantin Frick vom 24.11.1938 (ADW, CA 601 V; ADWRH DÜSSELDORF, OHL 10.1.7. II). Siehe II Kap. I.4.2. Exkurs, S. 256ff.

3 Schreiben Hans-Hellmuth Krause an Möller vom 25.8.1941 (ADWW MÜNSTER, 153/3 (1940–1945)).

dern", konnte er nicht sehen[4]. So geschah, was in Schlesien durch den Erlaß vom 21. März 1941 ausgelöst wurde, ganz und gar überraschend und entgegen allen Erwartungen des Schlesischen Provinzialvereins für Innere Mission, der im übrigen zunehmend, wie auch die Landes- und Provinzialverbände in den anderen Provinzen und Ländern des Deutschen Reiches, nicht zuletzt bedingt durch ohnehin vorhandene Personalunionen, das Handeln vom eigentlich zuständigen Fachverband übernommen hatte[5].

In Schlesien ging es, was die Kindergärten betraf, um etwa 230 evangelische Einrichtungen[6]. Für die Geschäftsführerin des Evangelischen Kinderpflegeverbandes für Schlesien, die den zum Kriegsdienst reklamierten Hans-Hellmuth Krause zunehmend in der Geschäftsführung des Schlesischen Provinzialvereins für Innere Mission vertreten mußte, die wachsame und einsatzbereite Angelika Steinbrück, galt es, besonders nach den Ereignissen in Thüringen und Sachsen, „Gewehr bei Fuß" zu stehen[7]. Denn, hatte Saalmann nach dem Erlaß vom 21. März 1941 auch darauf verzichtet, sofort zuzugreifen – er erwartete eine freiwillige Übergabe der evangelischen Kindergärten zum 1. Juli 1941[8].

Das kam weder für Steinbrück noch für Hans-Hellmuth Krause in Frage. So begannen Verhandlungen, in deren Verlauf sich Saalmann tatsächlich auf das westfälisch-pommersche Modell einließ. Jedoch machte er zur Voraussetzung, daß dies „ausdrücklich vom Hauptamt für Volkswohlfahrt für unsere kirchlichen Kindergärten gebilligt wird."[9] Diese Billigung wollte Hans-Hellmuth Krause unbedingt zu Wege bringen. Er war davon überzeugt, daß „das Gesamtziel unserer Verhandlungen auf dem Gebiet der Kindertagesstätten" erreicht sei, wenn es für Schlesien gelänge, auf der Grundlage der in Pommern und Westfalen gefundenen Lösung zu einer Vereinbarung zu kommen. Er wollte, daß v. Wicht „die Flinte noch nicht ins Korn" werfe – ein Eindruck, den man nach seinem Rundschreiben vom 5. April 1941 durchaus haben konnte –, „indem Sie schon Anweisung geben, in welcher Weise die Kinderarbeit umgestellt werden muß". Deshalb bat er v. Wicht nicht nur, „Ihr Möglichstes [zu] tun, daß wir zu einer solchen Vereinbarung kommen."[10]

---

[4] O. Ohl, Bericht zur Auswertung der Fragebogen [vermutlich im Februar 1941] (ADWRH DÜSSELDORF, OHL 10.1.7. II; ADW, CA/Stat. 223/15).

[5] Ab 1941 hieß es auf den Kopfbögen: Evangelischer Kinderpflegeverband im Schlesischen Provinzialverein für Innere Mission.

[6] Schreiben v. Wicht an Constantin Frick vom 19.6.1941 (ADW, CA zu 850a III); vgl. auch VEREINIGUNG, Tätigkeitsbericht 1.4.1940–31.3.1941, Statistische Übersicht, mit der Angabe: 229 Tagesstätten, 230 pädagogische Kräfte, 11.406 Plätze.

[7] Schreiben Steinbrück an v. Wicht vom 12.2.1941 (ADW, VKD 27).

[8] Bericht Steinbrück an Vereinigung vom 23.9.1941 (EBD.). Vgl. E. HANSEN, Wohlfahrtspolitik, S. 228.

[9] Schreiben v. Wicht an Constantin Frick vom 19.6.1941 (ADW, CA zu 850a III).

[10] Schreiben Hans-Hellmuth Krause an v. Wicht vom 5.6.1941 (ADW, VKD 27).

Vielmehr drängte er ihn auch, sich ganz gezielt in jene Verhandlungen einzuschalten, die gerade zwischen Kreutz und Hilgenfeldt liefen. Ihr Gegenstand war wohl, wie bei den sich hinziehenden Verhandlungen zwischen CA und Hauptamt für Volkswohlfahrt, die Möglichkeiten und Bedingungen des Abschlusses eines planwirtschaftlichen Abkommens auch zwischen NSV und DCV zu ermitteln. Spätestens seit einer Besprechung der beiden Männer über diese Sache am 7. Mai 1941, dem Tag, an dem v. Wicht die Zustimmung zu dem in erster Linie von ihm verantworteten biblischen Stoffplan von den dafür zuständigen Männern der BK erhielt – spätestens seit diesem Tag war aber die Frage der Kindergärten auch für Hilgenfeldt wieder unmittelbar in den Vordergrund gerückt[11] und für Mitte Juni 1941 hatte er sich zu einem weiteren Gespräch mit Kreutz bereit erklärt[12]. Als dieser sich anläßlich einer Fachtagung in Berlin aufhielt, konnte auch v. Wicht sich „einschalten" und am 17. Juni 1941 mit Kreutz zusammentreffen[13].

Neben dem besorgten Drängen Hans-Hellmuth Krauses, neben der Kenntnis von der ablehnenden Haltung des Deutschen Episkopats, wie sie im unmißverständlichen Schreiben des Erzbischofs von Fulda, Johann Baptist Dietz, vom 15. April 1941 an den Regierungspräsidenten in Kassel, das allenthalben in der Vereinigung, in EOK Berlin und in der Kirchenkanzlei der DEK die Runde machte[14], zum Ausdruck gekommen war, eine Haltung, die er, v. Wicht, sich zu früherer Zeit schon zum Vorbild genommen hatte – neben all dem mochte freilich noch etwas anderes ausschlaggebend für seine Bemühungen gewesen sein, mit Kreutz zu sprechen. Auch v. Wicht wußte von dem guten persönlichen Verhältnis zwischen Kreutz und Hilgenfeldt, ja er hatte vor vier Jahren in der Aufsichtsangelegenheit in Baden mittelbar davon profitiert, als man Schirmacher nach Bekanntwerden des von Kreutz mit Hilgenfeldt ausgehandelten Ergebnisses hatte bewegen können, eine Gleichbehandlung evangelischer Kindergärten zu fordern[15]. Jetzt wollte v. Wicht die Möglichkeiten von Kreutz sich unmittelbar zunutze machen. Er sah die Chance, durch eine Abstimmung mit Kreutz die Position der evangelischen

---

11 TH. SCHNABEL, Die Auseinandersetzung, S. 82; E. HANSEN, Wohlfahrtspolitik, S. 223f. und S. 228; Schreiben Hilgenfeldt an Kreutz vom 4.6.1941 mit Bezug auf Schreiben Kreutz an Hilgenfeldt vom 24.5.1941 (L. VOLK, Akten V, Dok. Nr. 661, S. 375f.); und H. VORLÄNDER, Die NSV, S. 483. Und siehe II Kap. II.4.3., S. 516 mit Anm. 172.

12 Schreiben Hans-Hellmuth Krause an v. Wicht vom 5.6.1941 (ADW, VKD 27).

13 Am 18.6.1941 fand in Berlin eine Tagung des Reichsverbandes der privaten gemeinnützigen Kranken- und Pflegeanstalten Deutschlands statt. Bei dieser Gelegenheit traf Kreutz nicht nur mit Hilgenfeldt zusammen, sondern auch Constantin Frick und Kreutz verhandelten miteinander. Siehe Schreiben v. Wicht an Ohl vom 17.6.1941 (ADW, VKD 9). Das Gespräch zwischen Kreutz und v. Wicht fand vermutlich in der Geschäftsstelle des Caritasverbandes für Berlin statt, die in der Niederwallstraße in Berlin-Mitte gelegen war.

14 Schreiben Grimmell an Wieneke vom 19.4.1941 (EZA BERLIN, 1/C3/180); und Schreiben Grimmell an v. Wicht vom 19.4.1941 (EBD.).

15 Siehe II Kap. I.2.1., S. 63ff.

Kinderpflege zu stärken. Inwieweit er etwa sogar hoffte, durch eine von Kreutz vermittelte Abstimmung mit der NSV „seine Arbeit“ zu erhalten, bleibt eine offene Frage. Dahingestellt bleiben muß auch, ob v. Wicht über den konkreten Anlaß hinaus an eine grundsätzliche Verstärkung der Zusammenarbeit von Innerer Mission und Caritas, mithin von CA und DCV dachte und sie mit seinem Vorgehen fördern wollte.

Am 17. Juni 1941 trafen sich also Kreutz und v. Wicht zu einer Unterredung. Dabei erfuhr v. Wicht nicht allein vom Inhalt des Gespräches, das Kreutz mit Hilgenfeldt im Monat zuvor geführt und in dem er Hilgenfeldt dringend ersucht hatte, den Erlaß vom 21. März 1941 „nicht jetzt im Kriege“ durchzuführen[16]. Kreutz informierte v. Wicht auch über Bertrams Schreiben an Wilhelm Frick vom 3. Juni 1941 und den darin unter Hinweis auf das Reichskonkordat förmlich erhobenen „eindringlichste[n] Einspruch“ gegen die Maßnahmen, durch welche die Erziehung der Kinder den „religiösen Einflüssen planmäßig in weitestem Umfange entzogen“ werden[17].

Für v. Wicht waren im Ergebnis zwei Dinge entscheidend. Zum einen hatte er sich Klarheit verschaffen können über die rechtliche Einordnung des Erlasses und konnte nun sicher sein, daß es sich nicht, entgegen Hilgenfeldts Behauptung, um eine gesetzliche Regelung handelte[18]. Zum anderen hatte er feststellen können, daß Kreutz die westfälisch-pommersche Lösung „für sehr beachtlich“ hielt[19]. v. Wicht konnte sich dadurch in seiner Einschätzung bestätigt sehen, mit diesem Lösungsmodell die planwirtschaftlichen Verhandlungen voranbringen und die evangelischen Kindergärten erhalten zu können. Wenn außerdem der Erlaß vom 21. März 1941 „das geltende Gesetzesrecht weder aufheben noch abändern“ können sollte[20], dann konnte das seine Hoffnungen nur stärken.

Deshalb unterbreitete v. Wicht – wie schon erwähnt – seine Vorstellungen zum einen der mit den Verhandlungen beauftragten Viererkommission. Weil

---

16 Schreiben v. Wicht an Hans-Hellmuth Krause vom 17.6.1941 (ADW, VKD 27); und Schreiben v. Wicht an Ohl vom 17.6.1941 (ADW, VKD 9). Siehe dazu auch Schreiben Kreutz an Hilgenfeldt vom 24.5.1941 (L. VOLK, Akten V, Dok. Nr. 655, S. 358–360).

17 L. VOLK, Akten V, Dok. Nr. 659, S. 373.

18 Schreiben Hilgenfeldt an Kreutz vom 4.6.1941 (L. VOLK, Akten V, Dok. Nr. 661, S. 375f.); Siehe II Kap. III.2., S. 554 mit Anm. 57.

19 Schreiben v. Wicht an Hans-Hellmuth Krause vom 17.6.1941 (ADW, VKD 27); und Schreiben v. Wicht an Ohl vom 17.6.1941 (ADW, VKD 8).

20 Schreiben Bertram an Wilhelm Frick vom 5.8.1941 (L. VOLK, Akten V, Dok. Nr. 686, S. 511–513.). Vgl. auch Schreiben v. Wicht an Röhricht vom 23.6.1941 (ADW, VKD 22). Hierin erwähnt v. Wicht ein in Verbindung mit Hilgenfeldts Schreiben an Kreutz vom 4.6.1941 stehendes Schreiben Bertrams an den Diözesan-Caritasverband Breslau vom 14.6.1941, in dem es heiße, der besagte Runderlaß sei „keine mit Gesetzeskraft ausgestattete Rechtsverordnung, sondern nur eine Verwaltungsordnung“. Tatsächlich heißt es so (L. VOLK, Akten V, Dok. Nr. 661, S. 375f., hier S. 376 mit Anm. 3). Die Zusammenarbeit zwischen Kreutz und Bertram, mithin die Entwicklung auf seiten des DCV und des Deutschen Episkopats kann hier nicht dargestellt werden. TH. SCHNABEL, Die Auseinandersetzung, führt kaum weiter.

er aber eine Generallösung anstrebte, mußte er gleichzeitig den Abschluß der Verhandlungen in Schlesien verhindern, und so drängte er zum anderen nun seinerseits Hans-Hellmuth Krause, in den Verhandlungen mit Saalmann Zeit zu gewinnen[21]. Aber nicht nur, daß schon vorher klar war, daß Hilgenfeldt auch Kreutz gegenüber zu keiner Konzession bereit war[22] – kaum zehn Tage nach dem Gespräch, das Kreutz und v. Wicht miteinander hatten, mußten für ihn und auch Hans-Hellmuth Krause alle Hoffnungen dahin sein.

Am 26. Juni 1941 untersagte Karl Hanke in seiner Eigenschaft als Oberpräsident von Niederschlesien und mit ihm Bracht, Oberpräsident von Oberschlesien, die Weiterführung aller konfessionellen Kinderpflegeeinrichtungen. Daraufhin widerriefen die Regierungspräsidenten sofort die Betriebsgenehmigungen[23]. Dabei sahen die Erlasse Karl Hankes und Brachts vor, daß der NSV bei Übernahme eines Kindergartens auch die bis dahin benutzten Räume überlassen blieben[24]. Nicht zuletzt aus diesem Grund waren den Trägern für den Fall der Überlassung Richtlinien an die Hand zu geben. Unter Nutzung der inzwischen vorliegenden „Zusammenstellung" ließen Steinbrück und Hans-Hellmuth Krause gemeinsam am 5. August 1941 einen letzten Rundbrief hinausgehen, der für die auftauchenden praktischen Fragen Regelungsvorgaben machte. Sie betrafen aber ausdrücklich nur die Vorstände solcher Einrichtungen, „die sich nicht entschließen können, ihre Arbeit sofort einzustellen." Insofern galt dieser Abschied „mit großem Weh" nicht nur den Einrichtungen, die sich von vornherein auf Verhandlungen mit der NSV einlassen wollten, sondern vielmehr auch denen, deren Arbeit, wie etwa im gesamten Regierungsbezirk Liegnitz, auf Beschluß der Vorstände eingestellt wurde[25]. Für Hans-Hellmuth Krause und Steinbrück, die mit ihrem Rundbrief den Trägern evangelischer Kindergärten in Schlesien solche Betriebseinstellungen unmißverständlich empfahlen, war nicht nur klar, daß „Christen (sind) über ihnen aufgezwungenes Leid nicht verzweifelt und verbittert" sind. Für beide stand auch fest, daß man im Falle einer solchen Schließung nicht zu „irgendwelche[n] Verhandlungen mit der NSV an örtlichen Stellen" ge-

---

21 Schreiben v. Wicht an Hans-Hellmuth Krause vom 17.6.1941 (ADW, VKD 27); und Schreiben v. Wicht an Ohl vom 17.6.1941 (ADW, VKD 8).

22 Schreiben Hilgenfeldt an Kreutz vom 4.6.1941 (L. VOLK, Akten V, Dok. Nr. 661, S. 375f.).

23 Ein genaues Datum ist nicht nachweisbar. Vgl. Schreiben Hosemann an Adjutantur des Führers vom 12.3.1942 (EZA BERLIN, 7/4416). „Die Herren Gauleiter und Oberpräsidenten der Provinzen Nieder- und Oberschlesien haben im Aug. 41 die evangelischen Kindertagesstätten geschlossen", die evangelischen Gemeinden empfänden das „als offenbares Unrecht" und „als einen Hohn und eine schlechte Belohnung ihrer staatstreuen Haltung". Vgl. Schreiben Schlesischer Provinzialverein für Innere Mission an Reichsministerium des Innern vom 17.2.1942 (EBD.).

24 Rundschreiben Schlesischer Provinzialverein für Innere Mission [Steinbrück und Hans-Hellmuth Krause] „an Vorstände unserer evangelischen Kindergärten und Horte" vom 5.8.1941 (ADW, CA 2319/29 (Schlesien) II).

25 Schreiben Steinbrück an v. Wicht [nicht adressiert] vom 23.9.1941 (ADW, VKD 27).

zwungen[26], sondern frei wäre, die „Aufgaben der Zukunft“ ins Auge zu fassen, die „in neuen Formen erfüllt werden müssen“[27].

Die NSV attackierte sofort diese „Machenschaften“ und polemisierte, daß man damit den „tapferen Frontkämpfern“ in den Rücken falle und sich dazu hergebe, „Zersetzungsarbeit zu leisten“. Zwar wies der eingeschaltete Hosemann gegenüber Oberpräsident und Gauleiter Karl Hanke unter Hinweis auf dessen eigenen Erlaß, nach dem andere Organisationen als die NSV Kindergärten nicht mehr unterhalten sollten, „solche ehrenrührigen Verdächtigungen“ „mit Empörung“ zurück. Jedoch zu einer Änderung des Kurses auf seiten der schlesischen Provinzmachthaber führte der Protest nicht, trotz der Argumentation des Konsistorialpräsidenten, daß der „von den staatlichen Stellen nicht kenntlich gemachte Wunsch“, die konfessionellen Kindergärten entgegen den Bestimmungen des Runderlasses vom 21. März 1941 fortzuführen, nicht einen Vorwurf an jene Gemeindekirchenräte zur Folge haben dürfe, die der Anordnung durch Einstellung des Betriebes ihres Kindergartens entsprochen hätten und trotz der darüber hinaus an Hanke gerichteten Bitte um Schutz vor den „ehrenrührigen Verdächtigungen“, man habe „die deutsche Mutter zu beunruhigen“ beabsichtigt, und trotz schließlich auch der Beteuerung, daß die Glieder der evangelischen Gemeinden „gern und freudig für Führer und Volk kämpfen“[28]. Vielmehr macht er eines deutlich: der Rückzug in den Raum der Kirche hatte den Konflikt zwischen Kreuz und Hakenkreuz weiter verschärft und dieser wurde mit zunehmender Verbissenheit ausgetragen.

---

26 Schreiben Hans-Hellmuth Krause an Möller vom 25.8.1941 (ADWW MÜNSTER, 153/3 (1940–1945)).

27 Rundschreiben Schlesischer Provinzialverein für Innere Mission an „Vorstände unserer evangelischen Kindergärten und Horte“ vom 5.8.1941 (ADW, CA 2319/29 (Schlesien) II).

28 Schreiben Hosemann an Karl Hanke vom 18.3.1942 (EZA BERLIN, 7/4416). Danach hatte die NSDAP-Ortsgruppenleitung unter Willi Herbst am 20.8.1941 an „im Felde befindliche“ Görlitzer Männer, die der evangelischen Kirche angehörten, ein Schreiben gerichtet. Mit Hinweis auf den Erzbischof von Canterbury, William Temple, und dessen internationale, will heißen ökumenische, Verbindungen sowie mit der Bemerkung, „er läßt jetzt schon für einen Sieg der Bolschewiken über Deutschland beten“, wird die Entscheidung der evangelischen ebenso wie der katholischen Kirche, „in Görlitz ihre Kindergärten plötzlich schließen [zu] lassen“, als „Zersetzungsarbeit ... und zwar mit der Bibel in der Hand“, bezeichnet. „Die deutsche Mutter sollte beunruhigt und in eine Lage gebracht werden, nicht zu wissen, wo sie ihre Kinder während der Arbeitszeit unterbringen kann.“ Und die „Dolchstoßlegende“ als Argument nutzend wird fortgefahren: „Weil die Heimat unseren tapferen Frontkämpfern nie wieder in den Rücken fallen wird, versucht man auf diese Art und von dieser Seite, die Frauen von ihrem Arbeitsplatz fernzuhalten. Auch mit diesen Machenschaften wird die innere Front fertig. Es ist gleich am nächsten Tag veranlaßt worden, daß die NSV die Betreuung der Kindergärten übernimmt. Die Frauen können wieder ihren Arbeitsplatz ausfüllen, und die Kinder sind in guter Hut.“ (EBD.). Hosemann hielt diese Art von Propaganda und „die Konstruierung eines Zusammenhanges mit dem Bischof von Canterbury und internationalen Bindungen“ für „so ungeheuerlich ..., daß wir in diesem Brief an Soldaten an der Front einen schweren Verstoß gegen die einfachsten Verpflichtungen gegenüber unserem Volke sehen.“ (EBD.).

Dazu hatte beigetragen, daß sich die Lage der Inneren Mission in Schlesien durch einen Erlaß des Reichsministeriums des Innern vom 20. Juni 1941 wieter verschlechtert hatte. Mit dem Erlaß verfügte Wilhelm Frick die Sicherung einer planwirtschaftlichen Verwendung der im gesamten Reichsgebiet vorhandenen Anstalten und Heime auf Grund der Erfordernisse der Erweiterten Kinderlandverschickung[29]. Unter Berufung darauf hatte Saalmann als Kommissar für die freie Wohlfahrtspflege sofort „die planwirtschaftliche Regelung der freien Wohlfahrtspflege" in die Hand genommen, die Einrichtungen zwischen Kommunen und NSV aufgeteilt und sich dabei auch an die Spitze der Aufsichtsbehörde, des Landesjugendamtes, gesetzt. Er konnte damit also „legal" das RJWG nach „Auffassung der Partei" handhaben und hatte seine diesbezügliche Absicht den Kommunalverwaltungen, den NSDAP-Kreisleitungen und den NSV-Kreisamtsleitungen persönlich bekannt gegeben[30].

Eine Frage bei den nun folgenden Auseinandersetzungen war: Was geschieht im Blick auf die Anstellung der Mitarbeiterinnen der von der NSV beanspruchten Kindergärten? Scheiden sie aus oder werden sie übernommen? Indessen die Lösung dieses Problems erschien leicht und belastete die Beziehungen zur NSV nicht zusätzlich. Die Diakonissen, an deren Entlassung der NSV gelegen war und die sie durch eigene Kräfte ersetzen konnte, gingen zurück in ihre Mutterhäuser, die gleichzeitig beschlossen hatten, keine Diakonisse im Dienst der NSV zu lassen[31]. Demgegenüber wurden die „zivilen Kräfte" teils „zwangsläufig"[32], teils aus eigener Entscheidung von der NSV übernommen, wenn sich nicht durch eine Kirchengemeinde die Möglichkeit bot, sie anders zu beschäftigen und auf diese Weise im kirchlichen Dienst zu belassen[33]. Natürlich hatte man im Falle von Überleitungen auch Fragen nach der Höhe des Mietzinses für die Räume des Kindergartens zu beachten. Nach Lage der Dinge konnte es nicht ausbleiben, daß darüber hier und da keine Einigung erzielt wurde, so daß es ein Hin und Her zwischen Gauamtsleitung der NSV, Schlesischem Provinzialverein für Innere Mission, CA und dem Hauptamt für Volkswohlfahrt in Berlin gab[34]. Aber dies war nur Geplänkel bei der Fortsetzung des Kampfes der NSV mit den Kirchengemeinden um den evangelischen Kindergarten.

---

29 Runderlaß des Reichsministeriums für die kirchlichen Angelegenheiten vom 20.6.1941 (RMBliV 1941, S. 1129. Auszugsweise H. VORLÄNDER, Die NSV, Dok. Nr. 214, S. 417f.).

30 Schreiben Hans-Hellmuth Krause an CA vom 30.8.1941 mit beigefügtem Protokoll der „Besprechungen des Kommissars der freien Wohlfahrtspflege in der Provinz Niederschlesien in diesen Wochen in jedem Kreis", undatiert (ADW, CA 2319/29 (Schlesien) II).

31 Rundschreiben Schlesischer Provinzialverein für Innere Mission „an die Vorstände unserer evangelischen Kindergärten und Horte" vom 5.8.1941 (EBD.).

32 Schreiben Steinbrück an v. Wicht vom 23.9.1941 (ADW, VKD 27).

33 Rundschreiben Schlesischer Provinzialverein für Innere Mission „an die Vorstände unserer evangelischen Kindergärten und Horte" vom 5.8.1941 (ADW, CA 2319/29 (Schlesien) II).

34 Schreiben Hans-Hellmuth Krause an Hagen vom 10.9.1941 (EBD.).

Zu teilweise erbitterten Gefechten kam es überall da, wo die Kindergartenräume, nun von der NSV genutzt, auch für Veranstaltungen der Gemeinde und für die besonders in Schlesien schon längst erarbeiteten „neuen Formen", „die katechetische Arbeit"[35], zur Verfügung stehen sollten. Zwar hatte Saalmann den Kirchengemeinden eine solche Nutzung zugesichert – und von Metzner ist eine ähnliche Zusicherung zu vermuten –, als er im August 1941 in allen Kreisen „seines" Gaues Besprechungen gehalten hatte. Die Kreisleiter aber wollten in ihrem Einflußbereich nicht gestatten, daß in von der NSV genutzten kirchlichen Räumen auch kirchliche Veranstaltungen stattfänden[36]. Mochten diese Auseinandersetzungen „sehr große Nackenschläge", wie Hans-Hellmuth Krause urteilte, speziell für Saalmann sein, für den Schlesischen Provinzialverein für Innere Mission waren sie Grund zur Beschwerde und erst recht für das Evangelische Konsistorium der Kirchenprovinz Schlesien. Hosemann erhob am 25. Oktober 1941 Einspruch gegen die gesamte Aktion, wie sie die Oberpräsidenten – Bracht und Karl Hanke – veranlaßt hatten, besonders gegen die „Beschlagnahme kirchlicher Räume", in denen nun weder Konfirmandenunterricht noch andere Gemeindearbeit stattfinden könnten[37].

Der Schlesische Provinzialverein für Innere Mission protestierte Mitte November 1941 durch seinen kurzzeitig neben Steinbrück tätigen und bald wieder in sein Liegnitzer Pfarramt zurückkehrenden zweiten Geschäftsführer, Wilhelm Schulz, gegen die Unrechtmäßigkeit der „Wegnahme unserer Kindertagesstätten". Er hielt die Behinderungen der gesamten kirchlichen Arbeit für „unerträglich", sah aber, daß man „der Macht weichen" mußte[38]. Während Hosemann mit seinem Einspruch beim Reichsministerium des Innern die Forderung auf Rückgabe der Einrichtungen und Räume diplomatisch vortrug, beantragte Wilhelm Schulz mit seinem Protest „in aller Form, ... die uns abgenommenen Kindertagesstätten zum 1. Dezember 1941 wieder zurückzugeben."[39] Beide sahen sich dadurch ermutigt, daß sie Kenntnis erhalten hatten von einer „Willenserklärung des Führers", die nach ihrer Sicht eine ganz neue Lage habe eintreten lassen und zwar nicht zuletzt deshalb, weil bereits „in anderen Gauen des Reiches, wie Berlin, Brandenburg, Ostpreußen, Pfalz, die schon eingeleiteten Schritte gestoppt, bzw. wieder rückgängig gemacht worden" wären[40].

---

35 A. STEINBRÜCK, Der Schlesische Provinzialverein, S. 221.

36 Schreiben Hans-Hellmuth Krause an Hagen vom 11.9.1941 (ADW, CA 2319/29 (Schlesien) II).

37 Schreiben Hosemann an Reichsministerium des Innern vom 25.10.1941 (EBD.; EZA BERLIN, 1/C3/180).

38 Schreiben Schulz an Saalmann vom 12.11.1941 (ADW, CA 2319/29 (Schlesien) II).

39 EBD. Vgl. A. STEINBRÜCK, Der Schlesische Provinzialverein, S. 220f. Steinbrück datiert allerdings die Ablehnung des „Antrag[s], die Wegnahme der Kindergärten rückgängig zu machen" auf den 12.11.1941. Das muß ein Irrtum sein. Förmliche Ablehnung ist nicht überliefert.

40 Schreiben Hosemann an Reichsministerium des Innern vom 25.10.1941 (ADW, CA

Das war tatsächlich schon Anfang Oktober 1941 geschehen. Und es lag dem wirklich ein Erlaß aus der Partei-Kanzlei zugrunde, wonach „die Beschlagnahme von kirchlichem und klösterlichem Vermögen bis auf weiteres zu unterbleiben" habe[41]. An diese Anordnung des „Führers", die schon am 30. Juli 1941 durch Bormann gefertigt und ergangen war, hatte sich weder Karl Hanke noch Bracht gehalten und natürlich dementsprechend auch nicht ihre Gauamtsleiter Saalmann und Metzner. Offenbar sahen die Oberpräsidenten – zugleich Gauleiter – und ihre NSV-Gauamtsleiter die Voraussetzungen „im besonderen Fall" gegeben, für die der Erlaß Berichterstattung vorsah und wurden von Bormann gedeckt mit der Begründung, daß Karl Hankes und Brachts Erlasse ebenso wie Saalmanns und Metzners Aufforderungen zur Übergabe der Kindergärten vor der Anordnung des „Führers" ergangen wären[42]. Aber nicht nur das.

Die NSV-Gauamtsleitungen unter Saalmann und Metzner versuchten sich sogar außerdem noch dadurch ins Recht zu setzen, daß sie verbreiteten, die Innere Mission habe freiwillig auf die Kindergärten verzichtet und sie der NSV zur Übernahme angeboten[43]. Dagegen hatte sich Steinbrück bis ins Jahr 1944 hinein zu wehren, denn nur die Widerlegung dieser Behauptungen und die Anerkennung des zwangsweisen Eingriffs war die Voraussetzung entweder für eine Rückgabe der Kindergärten oder für eine erfolgversprechende Durchsetzung einer Schadensersatzforderung. Zwar wurde Steinbrück in diesem Streit nach Kräften nicht nur von Wilhelm Schulz unterstützt[44]. Auch das Evangelische Konsistorium der Kirchenprovinz Schlesien, sein Präsident Hosemann, stellte sich an ihre Seite. Er forderte ebenso wie Wilhelm Schulz zum einen die Beendigung jener „Beunruhigung der schlesischen Kirchengemeinden", die dadurch entstanden sei, daß „sie sich sagen lassen [müssen], daß sie freiwillig ihre evangelischen Kindertagesstätten abgegeben hätten", was sie

---

2319/29 (Schlesien) II; EZA BERLIN, 1/C3/180). Darin heißt es u. a.: „Die schlesischen Gemeinden wissen, daß in anderen Gauen von der Beschlagnahme evangelischer Kindergärten Abstand genommen worden ist." Siehe auch Schreiben Schulz an Saalmann vom 12.11.1941 (ADW, CA 2319/29 (Schlesien) II); und A. STEINBRÜCK, Der Schlesische Provinzialverein, S. 220f.

41 „Geheim. Nationalsozialistische Deutsche Arbeiterpartei, Partei-Kanzlei, Führerhauptquartier, 30.7.1941. Persönlich! Herrn Gauleiter ... Sehr geehrter Parteigenosse ...! Der Führer hat angeordnet: Ab sofort haben Beschlagnahmen von kirchlichem und klösterlichem Vermögen bis auf weiteres zu unterbleiben. Selbständige Maßnahmen der Gauleiter dürfen auch dann unter keinen Umständen stattfinden, wenn besondere Umstände in Einzelfällen dringend eine Inanspruchnahme kirchlichen oder klösterlichen Besitzes auf Grund der gesetzlichen Vorschriften erfordern. Hält ein Gauleiter im besonderen Fall diese Voraussetzung für gegeben, muß zunächst dem Führer zu meinen Händen Bericht erstattet werden. Heil Hitler! gez. M. Bormann" (BA BERLIN, R 18/3080).

42 EBD. Vgl. auch E. HANSEN, Wohlfahrtspolitik, S. 226; TH. SCHNABEL, Versorgen, S. 84.

43 A. STEINBRÜCK, Der Schlesische Provinzialverein, S. 221; Schreiben Hosemann an Adjutantur des Führers vom 12.3.1941 (EZA BERLIN, 7/4416).

44 Schreiben Schlesischer Provinzialverein für Innere Mission [Schulz] an Reichsministerium des Innern vom 17.2.1942 (EBD.).

nur „als einen Hohn und eine schlechte Belohnung ihrer staatstreuen Haltung sehen“ können. Zum anderen forderten sie, daß „die genommenen evangelischen Kindertagesstätten wiedergegeben“ und die „beschlagnahmten kirchlichen Räume zurückerstattet werden.“[45]

Aber der Unmut blieb. Er war in Schlesien auch deshalb besonders groß, weil inzwischen Metzner in Oberschlesien dem Erlaß aus der Partei-Kanzlei vom 30. Juli 1941, allein insoweit „Folge gegeben“ hatte, als er die Übernahme katholischer Kindergärten eingestellt hatte[46]. Natürlich sollte damit die bislang wohl gute Zusammenarbeit zwischen Innerer Mission und Caritas gestört und die Position der konfessionellen Kinderpflege durch Ungleichbehandlung allgemein geschwächt werden. Insofern war das kein Hoffnungszeichen für die evangelischen Kindergärten. Spätestens im Juli 1942 mußte denn auch dem Evangelischen Konsistorium der Kirchenprovinz Schlesien ebenso wie Steinbrück und Wilhelm Schulz klar sein, daß von der NSV übernommene Kindergärten nicht zurückgegeben würden. Das Ministerium Wilhelm Fricks hatte den EOK Berlin auf dessen Eingaben in Zusammenhang mit Auseinandersetzungen in der Provinz Sachsen hin so beschieden[47]. Für Steinbrück und den Schlesischen Provinzialverein für Innere Mission konnte es jetzt nur noch darum gehen, die Anerkennung von Schadensersatzforderungen gegenüber der NSV zu sichern, was von Anfang an nicht einfach war.

Die Schwierigkeit lag darin, daß zwar einerseits das „letzte Rundschreiben“ vom 5. August 1941 tatsächlich sein Ziel erreicht und auch der NSV klar gemacht hatte, daß eine Beschlagnahme der Einrichtungen in keinem Fall erfolge, worüber noch 1944 Einigkeit zwischen NSV-Gauamtsleitungen und Schlesischem Provinzialverein für Innere Mission bestand[48]. Außerdem hatte Steinbrück, durch Hans-Hellmuth Krauses kriegsbedingte Abwesenheit in wachsendem Maße in der Leitungsverantwortung im Schlesischen Provinzialverein für Innere Mission, im September 1941 Eindeutigkeit dadurch hergestellt, daß vereinbart worden war, mit der NSV „keinerlei Mietverträge“ abzuschließen. Aber dieses Vorgehen, die Betriebseinstellungen und Aufgabe der Einrichtungen, hatte andererseits den schlesischen „Territorialherren“ und ihren NSV-Gauamtsleitungen – das Rundschreiben Bormanns vom 30. Juli 1941 hatten sie als Bestätigung betrachten können – die Gelegenheit

---

45 Schreiben Hosemann an Adjutantur des Führers vom 12.3.1942 (EBD.).

46 Schreiben Hosemann an EOK Berlin vom 12.3.1942 (EBD.).

47 Siehe II Kap. III.3.2., S. 579 mit Anm. 90.

48 Notizen über eine Besprechung zwischen Schlesischem Provinzialverein für Innere Mission und NSV [1944], Anlage zum Schreiben Steinbrück an Hagen vom 5.6.1944 (ADW, CA/O 162), worin es heißt: „Nachdem die NSV nunmehr 3 Jahre lang die Kindergartenräume der Kirche genutzt“, sehe zwar „die Innere Mission (sieht) das Handeln der NSV auch heute noch als unrechtmäßigen Eingriff an“. Aber „eine Beschlagnahme sei nirgends erfolgt. Durch eine Beschlagnahme wären seinerzeit die Verhältnisse viel klarer gewesen, und es wäre dadurch eine Grundlage einer ordnungsgemäßen Verhandlung gegeben worden.“ (EBD.).

geboten, fortan zu behaupten, die Kindergärten seien freiwillig übergeben worden. Vielleicht entsprach das gar ursprünglich Hans-Hellmuth Krauses „Biertisch"-Absicht, um andere Arbeitsbereiche für den Schlesischen Provinzialverein für Innere Mission zu bewahren. Wie dem auch sei, Steinbrück wollte in jedem Fall den Eindruck vermeiden, „als würden wir ja das Vorgehen der anderen Seite billigen."[49] Diese Entscheidung war, wenn nicht als Ergebnis einer Absprache mit dem Caritasverband für die Erzdiözese Breslau und dem Erzbischöflichen Generalvikariat, so doch in Kenntnis dort vorhandener Absichten, getroffen worden.

Ganz gemäß seinem deutlichen, ja scharfen Protest vom 5. August 1941, den Bertram als Vorsitzender der Fuldaer Bischofskonferenz wohl auch in Reaktion auf die Erlasse der beiden Oberpräsidenten Bracht und Karl Hanke an Wilhelm Frick hatte gehen lassen, mit dem er ihn zur Stellungnahme zu seinem, Bertrams, Schreiben vom 3. Juni 1941 aufgefordert und nochmals die rechtliche Bedeutungslosigkeit der „Verwaltungsordnung" vom 21. März 1941 unterstrichen hatte[50], war der Caritasverband für die Erzdiözese Breslau bereits Mitte Juni von Bertram bestimmt worden: „Gegenüber dem Vorschlag des Oberbefehlsleiters Hilgenfeldt, die konfessionellen Kindergärten freiwillig auf die NSV zu überführen, kann die Antwort nur ‚Nein' lauten."[51] Dementsprechend hatte, als sich die Lage durch die Erlasse Brachts und Karl Hankes mit der Bestimmung zum Widerruf der Betriebsgenehmigungen zuspitzte, das Erzbischöfliche Generalvikariat am 4. August 1941 eine „Weisung" an die katholischen Gemeinden gegeben. Darin waren die Geistlichen ebenso wie die Oberinnen der in den Kindergärten tätigen Ordensfrauen unmißverständlich angewiesen worden, in jedem Fall einer Aufforderung zur Übergabe eines Kindergartens unbedingt „zu erklären, daß Räume in kircheneigenen Grundstücken kirchenfremden Gemeinschaften nicht zur Verfügung gestellt werden dürfen."[52] Gut eine Woche später hatte das Erzbischöfliche Generalvikariat dieses Richtlinienschreiben bekräftigt und durch sehr genaue Anweisungen ergänzt. Es hatte unbedingt sichergestellt werden sollen, daß für den Fall von Maßnahmen und behördlichen Eingriffen der Vorgang und seine Unrechtmäßigkeit beweiskräftig hätten belegt werden und in einem Rechtsstreit hätten Verwendung finden können[53].

Mit ihrem Entschluß, in der Auseinandersetzung mit der NSV dieser Linie zu folgen, sollte, was die übrigen Landes- und Provinzialverbände der Inne-

---

49 Schreiben Steinbrück an v. Wicht vom 23.9.1941 (ADW, VKD 27).

50 L. VOLK, Akten V, Dok. Nr. 686, S. 511–513.

51 Schreiben Bertram an Caritasverband für die Erzdiözese Breslau vom 14.6.1941 (ADC, 309.748 Fasz.1).

52 Schreiben Erzbischöfliches Generalvikariat Breslau „an die Herren Pfarrer und die ehrwürdigen Oberinnen" vom 4.8.1941 (EBD.).

53 Erzbischöfliches Generalvikariat Breslau, Anordnung vom 13.8.1941 (ADW, CA zu 850a III).

ren Mission und auch die Fachverbände für evangelische Kinderpflege betraf, Steinbrück allein bleiben[54]. Das beeindruckte sie nicht. Sie sollte in den folgenden drei Jahren – Wilhelm Schulz sollte Ende April 1943 „wegen der großen Arbeitsüberlastung“ aus dem Amt des Geschäftsführers ausscheiden[55] – alles versuchen, „daß der unrechtmäßige Schritt der NSV nicht durch die Kirchengemeinden legalisiert wurde dadurch, daß sie mit der Gauamtsleitung Mietverträge abschlossen.“[56] Da aus der Sicht Steinbrücks Forderungen auf Schadenersatz keine Anerkennung der Rechtmäßigkeit des „unrechtmäßigen Eingriff[s]“ bedeuteten, war sie in zähen Verhandlungen bemüht, die NSV zu entsprechenden Zahlungen zu zwingen. Schließlich hatte sie es bis Anfang Juni 1944 erreicht, daß sich die NSV zu einer Vorschußzahlung von RM 150.000,-- bereit fand[57]. Und Mitte August 1944 stand fest, daß der Schlesische Provinzialverein für Innere Mission „nochmals zu der bereits gezahlten Summe RM 230.000,-- von der NSV erhalten“ sollte[58]. Zur Auszahlung dieser Summe ist es aber nicht mehr gekommen[59]. Jedoch endgültig fest stand damit zu diesem Zeitpunkt, was Steinbrück schon Anfang 1942 die Vereinigung für deren jährlichen Bericht hatte wissen lassen[60]. In Schlesien waren 193 evangelische Kindergärten, mithin etwa 16.500 Kindergartenplätze an die NSV übergegangen[61].

3.2. Provinz Sachsen

Was in der Provinz Sachsen geschah, das mag beiläufig bereits zu erkennen gewesen sein, stand zunächst in engstem Zusammenhang mit den Geschehnissen im Freistaat Sachsen und in Thüringen, wenn man sie, wie es das Reichsministerium des Innern in seinem Schreiben vom 10. April 1941 ausdrücklich

---

[54] VEREINIGUNG, Arbeitsbericht 1.4.1941–31.3.1942 [S. 7].

[55] Schreiben Steinbrück an Hagen vom 18.5.1943 (ADW, CA/O 162).

[56] A. STEINBRÜCK, Der Schlesische Provinzialverein, S. 221.

[57] Notizen einer Besprechung von Innerer Mission und NSV (1944), Anlage zum Schreiben Steinbrück an Hagen vom 5.6.1944 (ADW, CA/O 162). Danach „... erklärt sich die NSV bereit, eine Vorschußzahlung zu geben in Höhe von RM 150.000,--“. Etwa acht Wochen später, am 26.7.1944, teilt Steinbrück dem CA mit, „daß die NSV bereits eine Vorschußzahlung von 100.000,-- RM geleistet hat, das ist etwa 1/3 unserer Gesamtforderung.“ (EBD.). Vgl. auch A. STEINBRÜCK, Der Schlesische Provinzialverein, S. 221.

[58] Schreiben Hagen an Steinbrück vom 14.8.1944 (ADW, CA/O 162).

[59] A. STEINBRÜCK, Der Schlesische Provinzialverein, S. 221.

[60] Schreiben Bremer an Steinbrück vom 24.3.1942 (ADW, VKD 27).

[61] VEREINIGUNG, Arbeitsbericht 1.4.1941–31.3.1942 [S. 3]: „... Schlesien, das 229 Tagesstätten mit 19.600 Kindern hatte. Jetzt stehen dort noch 36 Tagesstätten auf der Liste, das sind aber Guts- und Werkskindergärten und ein städtischer. Es soll erst festgestellt werden, ob diese noch Wert darauf legen, sich zur Inneren Mission zu rechnen.“ Da die „Liste“ nicht nachweisbar ist, wurde die Platzzahl nach dem Durchschnitt des ursprünglichen Bestandes geschätzt. Ein evangelischer Kindergarten in Schlesien hatte zu dieser Zeit durchschnittlich etwa 85 Plätze mit einer pädagogisch qualifizierten Kraft.

tat, als einen einzigen Vorgang begreift. Tatsächlich aber standen die Ereignisse unmittelbar allein mit denen in Thüringen in Zusammenhang. Die Provinz Sachsen war nämlich von den Maßnahmen Sauckels und seines NSV-Gauamtsleiters Karl Thomas, zugleich Bürgermeister von Weimar, unmittelbar betroffen. Der Regierungsbezirk Erfurt gehörte zwar zum NSDAP-Gau Thüringen, war aber ein Teil der preußischen Provinz Sachsen. Auch kirchlich gehörte er zur Kirchenprovinz Sachsen der ApU.

In Erfurt selbst war es geschehen, daß Pfarrer Martin Jentzsch, Stadtjugendpfarrer und Vorsitzender des Stadtverbandes der evangelischen Kinderpflege, eines Trägers von sieben an Kirchengemeinden angeschlossenen Kindergärten, am 8. Januar 1941 ins Regierungspräsidium gebeten worden war. Dort war ihm von Thomas eröffnet worden, daß man jedenfalls für Erfurt von ihm die Übergabe der Kindergärten erwarte. Jentzsch hatte auf die alleinige Entscheidungsbefugnis der Kuratorien und Gemeindekirchenräte aufmerksam gemacht und auf die erforderliche Zustimmung der kirchlichen Behörden ebenso wie des Sächsischen Provinzial-Verbandes der Inneren Mission und des CA hingewiesen[62]. Obwohl angekündigt, war in der Folgezeit ein Gespräch mit Kracht, der ja zu diesem Zeitpunkt nicht nur noch zuständiger Konsistorialrat der Kirchenbehörde in Magdeburg war, sondern auch Geschäftsführer des Sächsischen Provinzial-Verbandes der Inneren Mission und Geschäftsführer des Verbandes für evangelische Kinderpflege in der Provinz Sachsen, unterblieben. Statt dessen war am 20. Januar 1941 bei allen evangelischen Kindergärten Erfurts die Mitteilung des Jugendamtes der Stadt und ihres Erziehungsdirektors Fritz Riemke eingegangen, daß zum 31. Januar 1941 die Genehmigung zur Führung konfessioneller Kindergärten widerrufen sei. Das Evangelische Ministerium Erfurt und sein Prosenior Otto Breithaupt, Pfarrer an der Lutherkirche, hatten sofort beim Oberpräsidenten in Magdeburg protestiert[63]. Und vom zuständigen Kracht in Kenntnis gesetzt, hatte das Evangelische Konsistorium der Kirchenprovinz Sachsen durch seinen Präsidenten Otto Fretzdorff den EOK Berlin aufgefordert, „durch entsprechende Verhandlungen an den maßgeblichen Stellen der Ministerien die Erhaltung unserer evangelischen Kindergärten zu sichern“[64]. Und gegenüber dem Jugendamt, dem Regierungspräsidenten und der NSV-Gauamtsleitung unter Thomas hatte Fretzdorff scharf Verwahrung eingelegt und gefordert, daß die Verfügung mindestens ausgesetzt werde[65]. Nachdem gleichzeitig

62 Schreiben Evangelisches Konsistorium der Kirchenprovinz Sachsen an EOK Berlin vom 21.1.1941 (EZA BERLIN, 7/4415).

63 Schreiben Evangelisches Ministerium Erfurt an Oberpräsidenten der Kirchenprovinz Sachsen vom 22.1.1941 (EBD.); und Schreiben Riemke an die Evangelischen Kindergärten in Erfurt vom 17.1.1941 (EBD.).

64 Schreiben Evangelisches Konsistorium der Kirchenprovinz Sachsen an EOK Berlin vom 21.1.1941 (EBD.).

65 Schreiben Evangelisches Konsistorium der Kirchenprovinz Sachsen an Jugendamt der

nochmals der EOK Berlin gebeten worden war, eine Eilverfügung zu erwirken[66], hatte Wieneke Anfang März 1941 eine „befriedigende Regelung der Angelegenheit" beim Reichsministerium des Innern eingefordert. Er sah sie in den Vereinbarungen wie sie in Westfalen und Pommern zustande gekommen waren, die die „Unterhaltsträger (zu) schützen und der NSV ein Überwachungsrecht zusprechen"[67]. Diese Regelung schlug er dem Ministerium Wilhelm Fricks vor. Das lehnte ab. Schon im Vorfeld hatte Muthesius als zuständiger Referatsleiter darauf verwiesen, daß doch in Thüringen ein „Nachgeben" von seiten der Inneren Mission, der Landeskirche und ihrer Kinderpflege bereits erfolgt sei. Das mußte natürlich den beabsichtigten Druck auf das Ministerium mindern, und Wieneke fand es „peinlich"[68].

So blieb es bei der Anordnung. Die evangelischen Kindergärten in Erfurt wurden an die NSV überführt. Als Antwort auf seine Eingabe vom 7. März erhielt der EOK Berlin am 26. Mai 1941 jenes Schreiben Cropps[69], das dieser wortgleich am 10. April betreffend „die Maßnahmen auf dem Gebiete der Kindertagesstätten in Thüringen und Sachsen" an die Kirchenkanzlei der DEK hatte gehen lassen. Auf die Erfurter Ereignisse war mit keinem Wort Bezug genommen. Nachdem die Regierungspräsidenten nach dem 21. März 1941 durch entsprechende Erlasse die Genehmigungen zum Betrieb der Kindergärten widerrufen hatten, diente dieses Schreiben vielmehr sogleich der Legitimation aller diesbezüglichen Maßnahmen in der gesamten Provinz Sachsen.

Aus der Sicht der NSV liefen die Übernahmen für sie überall da problemlos, wo sie die Dinge schon vor Ende September 1941 mit Unterstützung der Landräte und Bürgermeister abgewickelt hatte. Schwierig wurde es da, wo sowohl in einer Weise vorgegangen wurde, die, wie der EOK Berlin urteilte, die „betroffenen Kirchengemeinden nicht nur aufs schwerste beunruhigen, sondern auch verletzen mußte"[70], als auch der Anspruch auf eine Übernahme durch die NSV zu spät erhoben wurde. Zu spät, das bedeutete in diesem Falle nicht etwa einfach nach dem 30. Juli 1941, dem Datum des „Führer-Erlasses". Zu spät, das bedeutete nach dem 30. September 1941. So lange hatte es gedauert, bis das Reichsministerium des Innern mit einem durch Funkspruch übermittelten Erlaß die Regierungspräsidenten angewiesen hatte, den „gegenüber konfessionellen Kindergärten eingeleiteten Maßnahmen keinen Fortgang

Stadt Erfurt vom 22.1.1941 (EBD.); gleichlautend Schreiben an Regierungspräsidium in Magdeburg vom 22.1.1941 und Schreiben an Thomas vom 22.1.1941 (EBD.).

66 Schreiben Evangelisches Konsistorium der Kirchenprovinz Sachsen an EOK Berlin vom 22.1.1941 (EBD.).

67 Schreiben EOK Berlin an Reichsministerium des Innern vom 7.3.1941 (EBD.).

68 Vermerk Wieneke vom 26.2.1941 betr. Gespräch mit Muthesius am 4.2.1941 und am 26.2.1941 (EZA BERLIN, 1/C3/179).

69 Schreiben Cropp an EOK Berlin vom 26.5.1941 (EZA BERLIN, 7/4415).

70 Schreiben EOK Berlin an Reichsministerium des Innern vom 6.12.1941 (EBD.).

mehr zu geben."[71] Allerdings fand der Erlaß keineswegs in allen Ländern und Provinzen Beachtung. Es mochte Taktik sein oder Ausdruck von im Ministerium Wilhelm Fricks vorhandenen und Kompromisse fordernden unterschiedlichen Absichten und Reaktionsmustern, daß er nicht überall bekannt gegeben wurde. Aber es mochte auch die Macht der in Ländern und Provinzen herrschenden und sich in „nationalsozialistischen Kampfspielen" übenden „Hoheitsträger" sein[72], die ihn meinte unbeachtet lassen zu können. Seine unmittelbaren Adressaten waren jedenfalls zunächst nur der Oberpräsident und die Regierungspräsidenten in der Provinz Mark Brandenburg und der Stadtpräsident der Reichshauptstadt Berlin[73].

Für die evangelischen Kindergärten in den übrigen Ländern und Provinzen, also auch denen in der Provinz Sachsen, hieß das nach Lage der Dinge, nur wenn man davon wußte, war es möglich, sich darauf zu berufen. Aber selbst dann noch mußte die Ausführung des Erlasses, mithin seine Rechtskraft im Einzelfall erst erstritten werden. In der Provinz Sachsen jedenfalls war der Erlaß bekannt. Am 16. Oktober 1941 hatte der Vorstand der Vereinigung getagt und die Lage erörtert. Friedrich Zedler war als Vorsitzender des Evangelischen Kinderpflegeverbandes für Schlesien „wegen der Überführung der evangelischen Kindertagesstätten in Schlesien" ausgeschieden. Außerdem stand sein Eintritt in den Ruhestand bevor. An Zedlers Stelle war auf dieser Sitzung Kracht, in seiner Eigenschaft als Geschäftsführer des Verban-

---

[71] Schreiben Regierungspräsident in Potsdam an Landräte und Oberbürgermeister vom 3.10.1941 (EBD.). Das Schreiben ist vollständig zitiert im Schreiben Bremer an „die Träger unserer evangelischen Kindergärten" vom 11.10.1941 (ADW, BP 2545; ADWBB BERLIN, Kinderpflege 3 A 04). „Der Herr Reichsminister des Innern hat mich mit durch Funkspruch übermitteltem Erlaß vom 30. September 1941 – IV W II 172/41 8300 – angewiesen, den von mir gegenüber konfessionellen Kindergärten eingeleiteten Maßnahmen keinen Fortgang mehr zu geben. Den Herrn Oberpräsidenten werde er entsprechend verständigen. Ich bitte sie weisungsgemäß zu verfahren." (EBD.).Der Erlaß selbst war jedenfalls bis Anfang 1942 im Wortlaut nicht bekannt. Veröffentlicht waren stets nur die Anschlußerlasse der Landesregierungen bzw. Provinzialverwaltungsbehörden. Vgl. Schreiben Landeskirchenamt Hannover an EOK Berlin vom 20.6.1942 (EZA BERLIN, 7/4416); und die Antwort mit Schreiben Kracht an Landeskirchenamt Hannover vom 1.7.1942 (EBD.); und Bericht Hofstaetter für Landesbischof Marahrens vom Februar 1943 (LKA HANNOVER, E 26/17). Der Erlaß ist bis heute im Wortlaut nicht nachweisbar.

[72] D. REBENTISCH, Führerstaat, S. 286f.

[73] Schreiben Regierungspräsident in Potsdam an Landräte und Oberbürgermeister vom 3.10.1941 (EZA BERLIN, 7/4415); und Schreiben Regierungspräsident in Frankfurt/Oder vom 10.10.1941 (EBD.). Siehe auch Schreiben Evangelischer Verband für Kinderpflege an die Vorstände und Erzieherinnen der angeschlossenen Tagesstätten vom 29.9.1941 mit Abdruck Schreiben Stadtpräsident der Reichshauptstadt Berlin an Evangelischen Verband für Kinderpflege in Berlin vom 27.9.1941 (ADW, CA zu 850a III). Vgl. auch VEREINIGUNG, Arbeitsbericht 1.4. 1941–31.3.1942 [S. 8]. In Berlin war es 1937 Staatskommissar Dr. Julius Lippert gelungen, das Amt des Oberbürgermeisters und das des Stadtpräsidenten in seiner Person zu vereinen. Das Staatskommissariat war Aufsichtsbehörde, Stadtpräsidium, geworden. Die Verwaltung war damit dem bislang aufsichtführenden Oberpräsidium der Provinz Brandenburg entzogen. Siehe CHR. ENGELI/ W. RIBBE, Berlin in der NS-Zeit, S. 977; auch B. OLESCHINSKI, Julius Lippert, S. 269f.

des für evangelische Kinderpflege in der Provinz Sachsen, in den Vorstand gewählt worden[74]. Er konnte in der Provinz Sachsen die Träger informieren und damit die Möglichkeit eröffnen, vielleicht sogar mit Erfolg gegen die regionalen Maßnahmen zu protestieren und eine Rückgabe zu fordern oder einer von der NSV behaupteten Übernahme zu widersprechen. Dies war in Wernigerode der Fall, jenes im Kirchenkreis Loburg und in Halle.

In Halle hatte der Verband für evangelische Kinderpflege, ein Zusammenschluß von neun evangelischen Kindergärten, mit Datum vom 26. Juli 1941 vom Oberbürgermeister Dr. Dr. Johannes Weidemann, der auch stellvertretender Vorsitzender des Deutschen Gemeindetages und stellvertretender Leiter des Hauptamtes für Kommunalpolitik war, die Aufforderung erhalten, am 5. August 1941 ins Kreisamt der NSV zu kommen. Wie ausgeprägt Johannes Weidemanns Interesse an einem Konflikt mit der NSV war, mag dahingestellt sein[75]. Allerdings, als die Vertreter des Verbandes mit ihrem Vorsitzenden, Pfarrer Ludwig Giseke, außerdem Stadtjugendpfarrer und Pfarrer in Halle-Gesundbrunnen, an jenem Tag dort erschienen waren, war ihnen von Emil Lamminger, NSV-Gauamtsleiter des NSDAP-Gaues Halle-Merseburg, in brüsker Weise eröffnet worden, daß sie bis spätestens zum 1. September 1941 die Kindergärten an die NSV zu übergeben, sie aber mit dem Entzug der Genehmigung zum Betrieb der Kindergärten bis zu diesem Termin so oder so zu rechnen hätten. Außerdem hatten sie zur Kenntnis nehmen müssen, daß die Mitarbeiterinnen, schieden sie vorher aus der Arbeit aus, dienstverpflichtet würden. Entscheidend aber war der Hinweis Lammingers darauf, daß er durchaus bereit sei, die Möglichkeiten zu nutzen, die ihm das Reichsleistungsgesetz[76] böte.

In gleicher Weise hatten etwa ein Vierteljahr zuvor untere Verwaltungsbehörden in Württemberg verschiedenen Kirchengemeinden gedroht. Wurm selbst, mithin die Spitze der Evangelisch-lutherischen Landeskirche in Württemberg, hatte den Angriff abgewiesen[77]. Giseke blieb auf sich allein gestellt. Er hatte dem Druck drohender Enteignung und Beschlagnahme durch eine gemeinsame Aktion von Kommune und NSV nachgegeben und für alle neun Einrichtungen die Übergabe zugesagt. Wie er glaubte, war ihm Lamminger dadurch entgegengekommen, daß er die Übernahme aller Mitarbeiterinnen, auch der Diakonissen, ebenso wie den Abschluß von Miet- und Pachtverträgen und den Erwerb des Inventars zugesagt hatte. Gleichzeitig hatte Lamminger aber auch gefordert, „in der Öffentlichkeit über die Übergabe zu schweigen“, um jegliche Unruhe in der Bevölkerung zu vermeiden[78]. Schon am

---

74 Protokoll (ADWW MÜNSTER, 153/1; LKA Hannover, E 26/102).

75 Siehe dazu E. HANSEN, Wohlfahrtspolitik, S. 420.

76 RGBl 1939 I, S. 1639–1654. Siehe II Kap. I.2.5., S. 125 mit Anm. 387.

77 Siehe II Kap. III.3.7., S. 646ff.

78 Schreiben Giseke an Reichsminister des Innern vom 23.10.1941 (EZA BERLIN, 7/4415).

7. und 8. August hatten die Besichtigungen durch die NSV ebenso wie die Besprechung der Übergabeformalitäten stattgefunden. Und am 1. September 1941, wie von der NSV gewünscht und von der Gauleitung unter Rudolf Jordan gefordert[79], waren die Kindergärten übergeben worden.

Aber spätestens Mitte Oktober 1941 waren für Giseke zwei Dinge ersichtlich. Zum einen mußte er erkennen, daß die NSV sich nicht an die gegebenen Zusagen hielt. Weder hatte sie alle Mitarbeiterinnen übernommen. Die Diakonissen zu übernehmen, hatte Lamminger abgelehnt. Noch waren von ihm oder vom Gauamt der NSV die vorliegenden Verträge über die Nutzung der Räume und des Inventars unterzeichnet. Zum anderen hatte Giseke erfahren, daß andernorts alle Maßnahmen zur Übernahme evangelischer Kindergärten eingestellt worden waren „auf Grund einer Willensäußerung des Führers". Damit sah er eine neue Rechtslage geschaffen und forderte für die evangelischen Kindergärten in Halle, wieder in den ursprünglichen Rechtsstand eingesetzt zu werden und „uns die Betriebsgenehmigung wieder zu erteilen"[80].

War die Abwicklung der Übernahme der neun Kindergärten in Halle so geschehen, wie sie, mußte sie denn sein, dem Evangelischen Konsistorium der Kirchenprovinz Sachsen und seinen mit der Sache befaßten Oberkonsistorialräten Dr. Friedrich Koch und Hermann Hage wünschenswert erschien[81], so zeigte der Verlauf der Übernahme in Ziepel und Möckern, im Kirchenkreis Loburg gelegen, daß auch eine ganz andere Form möglich war.

Der Landkreis Jerichow I, im Regierungsbezirk Magdeburg, gehörte zwar zum NSDAP-Gau Magdeburg-Anhalt, aber auch hier hieß der Gauleiter Rudolf Jordan, der auch gleichzeitig Reichsstatthalter von Braunschweig und Anhalt und seit zwei Jahren ebenfalls „Chef", wie man sagte, der Landesregierung in Anhalt war[82]. In dieser Eigenschaft hatte er innerhalb eines Monats bereits bis Ende Juni 1941 die evangelischen Kindergärten in Anhalt in die Trägerschaft der NSV unter Gauamtsleiter Otto Krüger gebracht[83]. Entsprechend sollten jetzt wohl die noch in evangelischer Trägerschaft befindlichen Kindergärten, soweit sie in der Provinz Sachsen lagen, zur NSV übergeleitet werden. Offenbar war der Magdeburger Regierungspräsident Hans Georg von Jagow, ehedem preußischer Offizier und seit 1934 im zivilen Staatsdienst, nicht unbedingt bereit, sich auf die Forderungen Rudolf Jordans einzulassen. Darum verstrich einige Zeit, bis „gegen seinen [scil. v. Jagows] Widerspruch" der Gauleiter seine Absicht durchgesetzt hatte. Danach erfolgte dann keine „Verwaltungs-Aktion", sondern, wohl noch eindeutiger als in An-

---

[79] Schreiben Evangelisches Konsistorium der Kirchenprovinz Sachsen an EOK Berlin vom 20.9.1941 (EBD.).

[80] Schreiben Giseke an Reichsminister des Innern vom 23.10.1941 (EBD.).

[81] Schreiben Friedrich Koch an EOK Berlin vom 20.9.1941 (EBD.).

[82] Siehe D. REBENTISCH, Führerstaat, S. 247.

[83] Siehe II Kap. III.3.13., S. 736ff.

halt, „eine revolutionäre Maßnahme der Partei."[84] Deshalb blieb sowohl eine Benachrichtigung des Evangelischen Konsistoriums der Kirchenprovinz Sachsen in Magdeburg aus als auch eine Anfrage bei den Kirchengemeinden. Stattdessen erschienen bei den Pfarrern der beiden Kirchengemeinden in Ziepel und in Möckern am 1. September 1941 der NSV-Kreisamtsleiter, Artur Franke, sowie ein Vertreter des Landrats, der Kreisoberinspektor und Leiter des Kreiswohlfahrtsamtes, Heinrich Brandt, und forderten die sofortige Übergabe der Kindergärten.

Die beiden Pfarrer, Erich Hoffmann in Ziepel und in Möckern Ralf Voltmer, protestierten. Ihrem Hinweis auf erforderliche kirchenaufsichtliche Genehmigung wurde mit einer Enteignungsdrohung begegnet. Schließlich wurde ein Protokoll aufgesetzt, das die Übergabe festhielt, die Übernahme der Mitarbeiterinnen in die Anstellungsträgerschaft der NSV zusicherte; und alles übrige wurde der Absprache zwischen Kirchengemeinde und NSV überlassen. Die etwas später erfolgende Beschwerde des Evangelischen Konsistoriums der Kirchenprovinz Sachsen beantwortete Landrat Herbert Lehmann mit der Erklärung, daß tatsächlich die Gauleitung zuständig wäre, die eine Übernahme gemäß ihrer Vorstellung von einer „revolutionären Aktion" hätte durchgeführt wissen wollen[85].

Als der EOK Berlin durch seinen Vizepräsidenten Oskar Evers am 6. Dezember 1941 diesen Sachverhalt dem Reichsministerium des Innern beschwerdeführend darstellte[86], hatten der jetzt nicht mehr nur mit der Inneren Mission allgemein, sondern auch mit der Frage der Kindergärten im besonderen befaßte Kracht gemeinsam mit Krüger-Wittmack schon eine Unterredung mit Ruppert und Muthesius geführt. Bereits zu diesem Zeitpunkt hatten beide Ministerialen dem EOK Berlin und der Kirchenkanzlei der DEK bedeutet, daß es nicht realistisch wäre, eine Rückgabe solcher Kindergärten zu erwarten, die von der NSV übernommen worden wären[87]. Und Evers unternahm am 6. Dezember 1941 wirklich nichts weiter, als sich höchst moderat gegen die Form solcher Aktionen zu verwahren. Sowohl betreffend die Ereignisse in Schlesien, über die Hosemann Ende Oktober 1941 berichtet hatte[88], als auch hinsichtlich der Angelegenheit in Halle, speziell aber im Blick auf die „schlagartigen Überfälle" in Ziepel und Möckern, bat er das Ministerium Wilhelm Fricks, „wenn schon eine Rückgabe alter evangelischer Kindertagesstätten ... nicht möglich sein sollte", „einzugreifen und der evan-

---

84 Schreiben Friedrich Koch an EOK Berlin vom 20.9.1941 (EZA BERLIN, 7/4415).

85 Schreiben EOK Berlin an Reichsministerium des Innern vom 6.12.1941 (EBD.).

86 EBD.; und Schreiben EOK Berlin an Evangelisches Konsistorium der Kirchenprovinz Sachsen vom 2.1.1942 (EBD.).

87 Vermerk Kracht vom 7.11.1941 über Gespräch Kracht und Krüger-Wittmack mit Ruppert und Muthesius am 1.11.1941 (EBD.).

88 Schreiben Hosemann an Reichsministerium des Innern vom 25.10.1941 war natürlich in Abschrift dem EOK Berlin zur Kenntnis gegeben worden (EZA BERLIN 1/C3/180).

gelischen Kirche dabei zu helfen, daß sie den ihr von Gott gegebenen Auftrag an den Kleinkindern noch fernerhin durchführen kann."[89]

Es bedurfte einer Entwicklung von sechs Monaten bis der EOK Berlin Anfang Juli 1942 von Ruppert mit dem lapidaren Satz beschieden wurde: „Soweit Kindertagesstätten kirchlicher Träger bereits von der NSV übernommen sind, muß es hierbei verbleiben."[90] Das war die Fortsetzung einer Politik der nachträglichen, unter Festsetzung eines Stichtages erfolgenden Legitimation dessen, was von der Partei und NSV, ihren Repräsentanten an der Spitze der Länder und Provinzen als Anspruch vorgetragen und in unterschiedlicher Form, aber sich stets verschärfend, durchgesetzt worden war und was nun scheinbar seine letzte Etappe erreicht hatte, zu der nicht nur die Enteignungsdrohung gehörte, sondern auch der „schlagartige Überfall" oder gar der massive Polizeieinsatz, wie im Rheinland, wovon noch zu reden sein wird.

Indessen entsprach es andererseits diesem maßnahmenorientierten Prinzip nachträglicher Legitimation durch Stichtagesregelung: der Bestand der Einrichtungen war gesichert – bis zur nächsten Maßnahme. Schließlich hieß das aber auch: war der Anspruch auf einen Kindergarten von der NSV nicht deutlich genug erhoben worden, war nicht eindeutig erkennbar geworden, daß der Kindergarten tatsächlich von der NSV übernommen war, dann erst lag Grund vor, „den Weiterbetrieb nicht zu behindern." Diesen Bescheid jedenfalls hatte das Reichsministerium des Innern, nur zwei Tage vor Rupperts knapper Mitteilung an den EOK Berlin, dem Regierungspräsidium in Magdeburg erteilt[91], das ebenso wie die oberste Behörde der Evangelischen Kirche der ApU und deren Evangelisches Konsistorium der Kirchenprovinz Sachsen mit einer „Meinungsverschiedenheit" zwischen der NSV-Kreisamtsleitung in Halberstadt und der evangelischen Kirchengemeinde St. Johannis in Wernigerode befaßt war[92].

Unter dem 1. September 1941 hatte das Landratsamt in Wernigerode der St. Johannis-Gemeinde und ihrem Pfarrer Konrad Schnabel mitgeteilt, daß „in den nächsten Tagen" die NSV sich mit der Gemeinde wegen Übernahme des kirchengemeindlichen Kindergartens in Verbindung setzen werde. „Im Falle der Weigerung der Übergabe" wurde sogleich die Schließung des Kindergartens zum 1. Oktober 1941 angedroht[93]. Die Gemeinde hatte daraufhin

---

[89] Schreiben Evers an Reichsministerium des Innern vom 6.12.1941 (EZA BERLIN, 7/4415). Evers bemerkte zur „revolutionären Aktion", daß gemäß dem Rundschreiben des Reichsministers des Innern vom 11.7.1933 an alle Landesregierungen und Reichsstatthalter tatsächlich „die deutsche Revolution abgeschlossen" sei. Sie sei nun „in das Stadium der Evolution, d. h. normaler gesetzmäßiger Aufbau, getreten." Evers merkte an: „vgl. Mindener Tagesblatt vom 12.7.1933, 78. Jahrgang Nr. 161".

[90] Schreiben Ruppert an EOK Berlin vom 4.7.1942 (EZA BERLIN, 7/4416).

[91] Schreiben v. Jagow an EOK Berlin vom 5.8.1942 (EBD.).

[92] Schreiben Schnabel an Kracht vom 15.12.1941 (EZA BERLIN, 7/4415).

[93] Schreiben Landrat in Wernigerode an Schnabel vom 1. 9.1941 (EBD.).

eine Schließung aus freien Stücken erwogen, zumal sie dringend Räume für „kirchliche Jugendunterweisung und Konfirmandenunterricht“ benötigte[94]. Davon hatte sie sowohl das Landratsamt als auch die NSV-Kreisamtsleitung in Kenntnis gesetzt, sich allerdings gleichzeitig auf Verhandlungen mit der NSV eingelassen. Obwohl sie der NSV-Kommission, die, wie angekündigt, ab Mitte Oktober die Übernahmeverhandlungen führte, schon Inventarlisten überlassen und mit ihr auch eine gleichzeitige kirchengemeindliche Nutzung der Räume im Falle einer Übergabe erörtert hatte, war es zum Abschluß der Verhandlungen nicht gekommen[95]. Der Gemeindekirchenrat hatte sich nicht schlüssig werden können und die Frage kirchenaufsichtlicher Genehmigung war zu diesem Zeitpunkt, Anfang Oktober 1941, auch noch nicht beantwortet gewesen.

In dieser Situation hatte sich für Schnabel und seine Gemeinde alles dadurch grundlegend geändert, daß sie „von der Verfügung des Herrn Reichsinnenministers hörten, wonach kirchliche Kindergärten nicht mehr von der NSV übernommen werden sollen.“ Natürlich meinte Schnabel, der diesen Sachverhalt am 8. Dezember 1941 dem EOK Berlin berichtete, jenen Erlaß aus dem Hause Wilhelm Fricks vom 30. September 1941. Aber auch wenn darüber nur ungenaue Kenntnisse im Umlauf waren, für Schnabel war in jedem Falle klar, „daß wir unseren Kindergarten behalten würden.“[96] Da die NSV-Kreisamtsleitung des NSDAP-Kreises Wernigerode-Halberstadt und ihr in Halberstadt ansässiger Amtsleiter Karl Bemmann sich in der Sache nicht gerührt hatten, bestand für die Gemeinde kein Anlaß anzunehmen, die NSV sähe das anders und man müßte sich auf etwas anderes einrichten als den Verbleib des Kindergartens bei der Gemeinde. Deshalb führte man in St. Johannis den Kindergarten weiter wie zuvor. Um so überraschter mußte die Gemeinde freilich sein, als Ende November 1941, nach zwei Monaten, die NSV-Kreisamtsleitung sie telefonisch wissen ließ, daß man nun von seiten der NSV endgültig die Leitung des Kindergartens übernehmen wolle[97]. Den Hinweis Schnabels auf den Erlaß ignorierte Bemmann und betrachtete alles, was bisher verhandelt worden war, als den Vollzug der Übergabe selbst[98]. Zwar stellte Schnabel dem Kreisamtsleiter der NSV nochmals ausführlich den Sachverhalt dar, machte auf das Fehlen jeglicher Beschlüsse des Gemeindekirchenrates ebenso wie der aufsichtführenden Kirchenbehörde aufmerksam[99].

---

94 Darstellung der Vorgänge [Schnabel] an EOK Berlin vom 8.12.1941 (EBD.).

95 Schreiben NSV-Kreisamtsleitung Wernigerode-Halberstadt an Schnabel vom 1.12.1941 (EBD.).

96 Darstellung der Vorgänge [Schnabel] an EOK Berlin vom 8.12.1941 (EBD.).

97 Schreiben Schnabel an Kracht vom 15.12.1941 (EBD.).

98 Schreiben NSV-Kreisamtsleitung Wernigerode-Halberstadt an Schnabel vom 1.12.1941 (EBD.).

99 Schreiben Schnabel an NSV-Kreisamtsleitung Wernigerode-Halberstadt vom 5.12.1941 (EBD.).

Aber er ging wohl dennoch davon aus, daß Bemmann sich nicht unbedingt einsichtig zeigen werde und setzte sich mit Kracht in Verbindung.

Umfassend von Schnabel informiert und von ihm dazu gedrängt[100] fertigte Kracht unmittelbar nach dem Jahreswechsel in dieser Sache eine Eingabe an das Reichsministerium des Innern[101]. Das reagierte erst am 2. Juli 1942 und forderte v. Jagow auf, den Sachverhalt zu prüfen[102]. Nachdem der Bürgermeister von Wernigerode, Ulrich von Fresenius, ein erfahrener Jurist aus der provinzsächsischen Finanzverwaltung, mitgeteilt hatte, daß die NSV weder zu irgendeiner Zeit den Kindergarten betreut noch die Aufsicht ausgeübt hätte, also „daß der Kindergarten von der NSV bisher nicht in Betrieb genommen ist“[103], war die Sache entschieden. v. Jagow beschied die Beteiligten, daß, werde der Kindergarten in gleicher Weise weiter wie bisher betrieben, „von behördlichen Zwangsmaßnahmen abgesehen“ werde[104].

Sollte für Schnabel „die Angelegenheit hierdurch erledigt“ sein[105], und konnten alle, die für ihn gestritten hatten, in diesem Fall den Eindruck haben, daß man Recht behalten habe, so mußten die Ereignisse in Olvenstedt, mit denen sich das Evangelische Konsistorium der Kirchenprovinz Sachsen in Magdeburg und der EOK Berlin beinahe gleichzeitig zu befassen hatten, genau das Gegenteil bewirken.

Im September 1941 hatte die NSV-Kreisamtsleitung im Landkreis Wolmirstedt den Gemeindepfarrer von Olvenstedt, Bruno Gleiniger, einen Mann der BK, aufgefordert, den Kindergarten der Gemeinde der NSV zu übergeben. Ausdrücklich war von seiten der NSV hervorgehoben worden, daß man „die Kirchenräume nicht benötige“[106]. Als Gleiniger und der Gemeindekirchenrat erkennen mußten, daß sie einer Übernahme nicht würden entgehen können, spielte diese Tatsache eine wesentliche Rolle bei ihrer Entscheidung, ihre ursprünglich ablehnende Haltung aufzugeben.

Bei NSV und Kommunalverwaltung hatte man es sich aber nach einem guten halben Jahr anders überlegt. Nun wurden die Räume gebraucht. Am 12. Mai 1942 teilte der Landrat in Wolmirstedt, Hans-Joachim Hasse, soeben

---

100 Schreiben Schnabel an Kracht vom 9.12.1941 samt Anlagen (EBD.); und Schreiben Schnabel an Kracht vom 15.12.1941 (EBD.).

101 Schreiben EOK Berlin an Reichsministerium des Innern vom 5.1.1942 (EZA BERLIN, 7/4416).

102 Schreiben v. Jagow an EOK Berlin vom 5.8.1942 (EBD.).

103 Schreiben Bürgermeister von Wernigerode an v. Jagow, o. D., wiedergegeben im Schreiben v. Jagow an EOK Berlin vom 5.8.1942 (EBD.).

104 EBD.; vgl. Schreiben EOK Berlin an Schnabel über Evangelisches Konsistorium der Kirchenprovinz Sachsen vom 15.8.1942 und EOK Berlin an CA und Vereinigung vom 24.8.1942 (EBD.).

105 Schreiben EOK Berlin an Schnabel über Evangelisches Konsistorium der Kirchenprovinz Sachsen vom 15.8.1942 (EBD.).

106 Schreiben Bernhard Hofmann an v. Jagow vom 22.5.1942 (EBD.). Bernhard Hofmann war Rechtsanwalt und Notar in Magdeburg und Mitglied des Rates der BK der Provinz Sachsen.

aus dem Reichswirtschaftsministerium in Berlin in die Provinz gezogen, der Gemeinde mit, daß der seinerzeit als Kindergarten genutzte Raum samt Inventar auf Grund der Regelungen des Reichsleistungsgesetzes[107] beschlagnahmt sei und der NSV zur Nutzung überlassen werden müsse. Dementsprechend begründete er das mit dem hohen Platzbedarf wegen des kriegsbedingten „verstärkten Arbeitseinsatzes" der Mütter. Schwierigkeiten bei einer etwa erforderlicher Mitbenutzung des Raumes durch die Gemeinde hielt er „bei gutem Willen" für vermeidbar[108]. Hasse hatte offenbar, von der Gauleitung und dem Regierungspräsidium wohl in keiner Weise über die Anordnung von „Hitlers Schatten"[109], Bormann, vom 30. Juli 1941 informiert, das durchgeführt, womit ein knappes Jahr zuvor von seiten Lammingers in Halle nur gedroht worden war.

Gleiniger und der Gemeindekirchenrat von Olvenstedt wollten eine Beschlagnahme nicht hinnehmen. Sie schalteten, da es um Rechtsfragen ging, einen Anwalt ein, den Rechtsanwalt und Notar Bernhard Hofmann, Mitglied des Rates der BK der Provinz Sachsen und nachmals Konsistorialpräsident der provinzialsächsischen Kirche in Magdeburg. Er erhob sogleich Beschwerde bei v. Jagow. Zwar wies er auch auf die für die Gemeinde tatsächlich doch unzumutbaren Schwierigkeiten im Blick auf die dann etwa von ihr mitgenutzten Räume hin. Aber besonders stellte Hofmann, wie es ein Jahr zuvor Wurm und der OKR Stuttgart bei ihrer Abwehr der allerdings nur angedrohten Beschlagnahme getan hatten[110], die Rechtmäßigkeit der Maßnahme überhaupt in Frage. Ob ihm das Schreiben Wurms an den Württembergischen Innenminister Schmid dabei bekannt war, muß dahingestellt bleiben. Jedenfalls konnte er, wie auch der OKR Stuttgart, nicht gegen das Reichsleistungsgesetz und seine Anwendung grundsätzlich plädieren. Im Prinzip ermöglichte es auch die Beschlagnahme oder Enteignung eines evangelischen Kindergartens. Aber Hofmann konnte argumentieren, daß Kirchengemeinden als Körperschaften öffentlichen Rechts ihre Räume und Gebäude zu einem öffentlichen Dienst oder Gebrauch verwendeten, und daß sie demnach zu der Gruppe der „Leistungspflichtigen" gehörten, die, wie das Gesetz in Verbindung der §§ 1, 5 und 10 besagte, nach § 29 von den „Leistungen" befreit wären. Hofmann legte also dar, daß es sich bei der Beschlagnahme um einen Gesetzesverstoß handelte, denn „der Gedanke des Gesetzgebers ging jedenfalls doch unzweifelhaft dahin, Räume, die ohnehin einem öffentlichen Dienst oder Gebrauch dienten, von der Inanspruchnahme nach dem Reichsleistungsgesetz freizuhalten."[111] Die Wiederholung und damit besondere Beto-

---

[107] RGBl 1939 I, S. 1639–1654. Siehe II Kap. I.2.5., S. 125 mit Anm. 387.

[108] Schreiben Landrat in Wolmirstedt an Gleiniger vom 12.5.1942 (EZA BERLIN, 7/4416).

[109] J. v. LANG, Martin Bormann, S. 9.

[110] Siehe II Kap. III.3.7., S. 646ff.

[111] Schreiben Hofmann an v. Jagow vom 22.5.1942 (EZA BERLIN, 7/4416).

nung dieses Gedankens mochte wohl ihre Ursache darin haben, daß Hofmann erkannt hatte, daß es ja gerade dies war, was die Machthaber der Kirche und den Gemeinden bestritten und mit allen ihren Entkonfessionalisierungsmaßnahmen „ausmerzen“ - um ein Schlagwort der Zeit zu gebrauchen - wollten, nämlich den öffentlich wirksamen Dienst, mithin jede „Wesens- und Lebensäußerung“ der Kirche. So erscheint es nur konsequent, daß Hofmann, anders als Wurm und der OKR Stuttgart, es unterlassen hatte, auf die vom Gesetz vorgesehene Ausnahme für die „öffentlich rechtlichen Religionsgesellschaften“ abzuheben, weil diese nur für die gottesdienstlich genutzten Räume und Gebäude galt[112]. So konnte es ihn eigentlich auch nicht verwundern, daß v. Jagow die Beschwerde abwies. Am 15. Juni 1942 teilte er mit, daß zwar das Ganze „eben nur eine kriegsbedingte Notlösung“ sei, aber ansonsten müsse er den von Hasse angeführten Gründen beitreten[113].

Bei dieser Entscheidung sollte es bleiben. Die Beschlagnahme sollte am 17. September 1942 vom Hause Muhs' - er leitete, weiterhin Staatssekretär, seit dem Tode Kerrls im Dezember 1941, das Reichsministerium für die kirchlichen Angelegenheiten, war aber auf Bormanns unbedingten Wunsch gehalten, „keinesfalls“ die von Kerrl „verfolgte Kirchenpolitik irgendwie fort[zu]setzen“[114] - ausdrücklich bestätigt werden. Nach dem ablehnenden Bescheid v. Jagows, mithin den vergeblichen Bemühungen Hofmanns, hatte der Gemeindekirchenrat es abgelehnt, irgendeine Vereinbarung, wie etwa einen Mietvertrag, abzuschließen. Für ihn war mit dem Bescheid weder die Unrechtmäßigkeit der Beschlagnahme aufgehoben noch die besonders für den Winter wegen des in dem Raum stattfindenden Gottesdienstes zu erwartenden Schwierigkeiten beseitigt. Vielmehr wäre, so der Gemeindekirchenrat, ein unrechtmäßiger Zustand legalisiert worden[115].

Sogar die Finanzabteilung beim Evangelischen Konsistorium der Kirchenprovinz Sachsen hatte die Haltung des Gemeindekirchenrates von Olvenstedt gebilligt und den EOK Berlin gebeten[116], sich beim Reichsministerium für die kirchlichen Angelegenheiten für eine Aufhebung der Beschlagnahme einzu-

---

112 RGBl 1939 I, S. 1653, § 29 (1) „Befreit sind ... 4. die öffentlich rechtlichen Religionsgesellschaften von den Leistungen nach §§ 5 und 10 hinsichtlich der Kirchen und anderer dem öffentlichen Gottesdienst gewidmeter Gebäude oder Gebäudeteile, soweit sich aus § 10 Abs. 4 nichts anderes ergibt.“ § 10 Abs. 4 regelt ausschließlich das Vorgehen zur Beschlagnahme in dem Falle, daß Kirchen und Mühlen als herausragende Gebäude für - kriegsbedingte - Beobachtungszwecke genutzt werden sollen.

113 Schreiben v. Jagow an Hofmann vom 15.6.1942 (EZA BERLIN, 7/4416).

114 Vermerk Lammers über ein Gespräch mit Bormann am 20.12.1941 vom 23.12.1941 (BA Berlin, R 43 II/1156b; J. S. CONWAY, Kirchenpolitik, Dok. 10.III, S. 378). Vgl. K.-H. MELZER, Der Geistliche Vertrauensrat, S. 270ff.

115 Protokoll der Sitzung des Gemeindekirchenrates Olvenstedt vom 21.6.1942, Auszug (EZA BERLIN, 7/4416).

116 Schreiben Finanzabteilung beim Evangelischen Konsistorium der Kirchenprovinz Sachsen an EOK Berlin vom 16.7.1942 (EBD.).

setzen. Am 1. August 1942 hatte Loycke unter Darlegung des Sachverhaltes und indem er fast wörtlich die rechtliche Argumentation Hofmanns aufgenommen hatte, dieser Bitte entsprochen und Muhs gebeten, v. Jagow zu dieser Aufhebung zu veranlassen[117]. Nachdem v. Jagow berichtet hatte, ließ Muhs den EOK Berlin knapp bescheiden, der Regierungspräsident habe die Beschlagnahme der Räume nach dem Reichsleistungsgesetz auf Grund „öffentlicher Notwendigkeit (Raummangel)" bestätigt, man „vermag daher zur Zeit Weiteres nicht zu veranlassen."[118]

Damit war nun allerdings endgültig klar, daß auch der evangelische Kindergarten in Olvenstedt, ebenso wie die Kindergärten in Halle und auch die in Ziepel und Möckern zu der großen Zahl gehörte, die im Jahr 1941 an die NSV übergegangen waren. In der Provinz Sachsen waren das 65 Einrichtungen mit 3.375 Plätzen. Vom im Jahr zuvor ausgewiesenen Bestand waren nur 10 Einrichtungen mit etwa 625 Plätzen in evangelischer Trägerschaft geblieben[119].

3.3. Hessen-Kassel

Während andernorts die Übernahmeaktionen, eingeleitet von entsprechenden Erlassen der Regierungspräsidenten und ausgeführt von den Kommunalbehörden, den Landräten und Oberbürgermeistern, noch nicht einmal begonnen hatten, waren sie in Hessen-Kassel, dem Regierungsbezirk Kassel der preußischen Provinz Hessen-Nassau und ehedem Kurhessen, „bereits vollständig durchgeführt."[120] Das teilte Wilhelm Lütkemann, inzwischen aus Brandenburg in das Landeskirchenamt der Evangelischen Landeskirche Kurhessen-Waldeck in Kassel gewechselt und seit kurzem dessen Vizepräsident, bereits am 16. Juni 1941 der Kirchenkanzlei der DEK und dem GVR mit.

Begonnen hatte die Aktion gegen die evangelischen Kindergärten schon unmittelbar vor Veröffentlichung des Erlasses vom 21. März 1941, als Karl Weinrich, Gauleiter des NSDAP-Gaues Kurhessen, und NSV-Gauamtsleiter Dr. Richard Benzing die gleichen Schritte unternahmen wie ihre Kollegen und Parteigenossen in Thüringen und Sachsen. In welchem Umfang Benzing, Kinderarzt mit öffentlich propagiertem Interesse an den „Grundlagen der körperlichen und geistigen Erziehung des Kleinkindes im nationalsozialistischen

---

117 Schreiben Loycke an Muhs vom 1.8.1942 (EBD.).

118 Schreiben Muhs an EOK Berlin vom 17.9.1942 (EBD.).

119 VEREINIGUNG, Tätigkeitsbericht 1.4.1940–31.3.1941, S. 22; VEREINIGUNG, Arbeitsbericht 1.4.1941–31.3.1942 [S. 3].

120 Schreiben Lütkemann an Kirchenkanzlei der DEK vom 16.6.1941 (EZA BERLIN, 1/C3/180). Zur Geschichte Hessens siehe K. E. DEMANDT, Geschichte, S. 576ff.; und W. HUBATSCH (Hg.), Grundriß XI, S. 287ff. und S. 319ff. Zu den hessischen Kircheneinigungsbestrebungen und auch entsprechenden Abwehrversuchen siehe H. SLENCZKA, Die evangelische Kirche, S. 48–65; und vgl. W. LUEKEN, Kampf, S. 16–34; sowie K. MEIER, Kirchenkampf I, S. 413ff. und S. 421ff.

Kindergarten“[121], selbst der Initiator war oder tatsächlich „im Auftrage des Gauleiters“[122], eines offenbar mit erstaunlich wenig Machtbewußtsein ausgestatteten Weinrich[123], handelte, braucht hier nicht weiter erörtert zu werden. Jedenfalls erreichten sie es, daß Konrad von Monbart, seit acht Jahren Regierungspräsident des Regierungsbezirks Kassel in Kassel und zuvor lange Jahre Landrat im neumärkischen Züllichau, am 2. April 1941 mit einem Erlaß die verwaltungsmäßigen Voraussetzungen schuf[124]. Schon gut eine Woche zuvor hatte er, „ein Mann von gediegener, mehr konservativer, denn eigentlich nationalsozialistischer Statur“ und „wohl eher getrieben, denn in ihrem [scil. der nationalsozialistischen Machthaber] Sinne selbst die Initiative ergreifend“[125], die Repräsentanten der Kommunalverwaltungen zusammen mit den Kreisamtsleitern der NSV eingeladen, um den beabsichtigten Erlaß zu erläutern und die notwendigerweise dem folgende Überführung der Kindergärten vorzubereiten. Und Benzing war es, der sowohl Einzelheiten erklärt als auch dabei „sehr stark betont“ hatte, daß „jede Reibung vermieden werden solle.“[126] Das Landeskirchenamt in Kassel war durch v. Monbart ebenfalls vorab informiert, daß davon ausgegangen werde, alle evangelischen Kindergärten seien innerhalb von vier Wochen, bis zum 1. Mai 1941, „in die Hand der NSV“ zu geben[127]. Dabei hatte der Regierungspräsident auch auf die Möglichkeit hingewiesen, sich auf seiten der Evangelischen Landeskirche Kurhessen-Waldeck durch Benzing selbst genauer informieren zu lassen und auftauchende Fragen mit ihm persönlich vorab zu erörtern. So war es am 1. April 1941 zu einer Besprechung zwischen dem NSV-Gauamtsleiter auf der einen und dem theologischen Dezernenten im Landeskirchenamt in Kassel, Oberlandeskirchenrat Lic. Dr. Ernst Neubauer, sowie Grimmell, auch Vorsitzender des Vereins für evangelische Kinderpflege für den Regierungsbezirk Kassel sowie Vorsitzender des Verwaltungsrates des Landesvereins für Innere Mission in Hessen-Kassel, auf der anderen Seite gekommen. Im Verlauf dieser Besprechung mußten die beiden Vertreter der evangelischen Kindergärten sowohl zur Kenntnis nehmen, daß zwar „eine eigentliche gesetzliche Grundlage

---

121 R. BENZING, Grundlagen.

122 Schreiben v. Monbart an Landeskirchenamt der Evangelischen Landeskirche von Kurhessen-Waldeck und gleichlautend an Bischöfliches Ordinariat in Fulda vom 2.4.1941 (EZA BERLIN, 1/C3/180; Auszüge H. VORLÄNDER, Die NSV, Dok. Nr. 270, S. 478f.; L. VOLK, Akten V, Dok. Nr. 647, S. 340–344 mit Anm. 2).

123 Vgl. E. HANSEN, Wohlfahrtspolitik, S. 224.

124 Schreiben v. Monbart an Landeskirchenamt der Evangelischen Landeskirche von Kurhessen-Waldeck und gleichlautend an Bischöfliches Ordinariat in Fulda vom 2.4.1941 (EZA BERLIN, 1/C3/180; Auszüge H. VORLÄNDER, Die NSV, Dok. Nr. 270, S. 478f.; L. VOLK, Akten V, Dok. Nr. 647, S. 340–344 mit Anm. 2).

125 TH. KLEIN, Marburg-Stadt, S. 114.

126 Schreiben Grimmell an v. Wicht vom [2.4.1941] Eingang am 4.4.1941 (EZA BERLIN, 1/C3/180).

127 EBD.

nicht da sei“, als auch erfahren, daß aber in jedem Fall einer Weigerung eine Beschlagnahme der Räume nach dem Reichsleistungsgesetz und ein Entzug der Genehmigung „von seiten des Regierungspräsidenten“ erfolgen werde[128].

Als der Erlaß dann einen Tag später veröffentlicht wurde, enthielt er tatsächlich keinen einzigen Hinweis auf irgendeine gesetzliche Regelung, auch nicht etwa auf den Runderlaß vom 21. März 1941, was ja leicht denkbar gewesen wäre. Die Legitimation „der Übernahme des gesamten Kindergartenwesens auf die NSV“ bestand einzig darin, daß v. Monbart sich auf den Gauleiter berief und Bezug nahm auf Benzing, der sogar namentlich genannt wurde. Das Besondere freilich war, daß nicht die Kreis- und Stadtverwaltungen zu entsprechenden Maßnahmen angewiesen wurden, sondern daß das Landeskirchenamt der Evangelischen Landeskirche Kurhessen-Waldeck gebeten wurde, die Träger der Kindergärten, die Gemeinden, „von der Notwendigkeit und Zweckmäßigkeit der geplanten Maßnahmen zu überzeugen.“ [129] Der Erwähnung von unter Berufung auf das Reichsleistungsgesetz durchzuführen beabsichtigter Zwangsmaßnahmen im Falle einer Weigerung bedurfte es nicht mehr. Den Willen zur Beschlagnahme in einem solchen Fall hatte Benzing zuvor ja deutlich erklärt. Für das Landeskirchenamt in Kassel und den Verein für evangelische Kinderpflege für den Regierungsbezirk Kassel und seinen Vorsitzenden Grimmell war schon am 1. April 1941 bei der Besprechung mit Benzing klar gewesen, daß man gegenüber dem beabsichtigten „Gewaltakt von seiten des Staates“ machtlos wäre, daß man aber „niemals grundsätzlich“ sich damit einverstanden erklären könnte[130]. So setzten noch vor den Ostertagen lebhafte Beratungen ein. Zunächst verhandelte man von seiten des Landeskirchenamts und des Vereins für evangelische Kinderpflege für den Regierungsbezirk Kassel wenige Tage später nochmals mit v. Monbart[131]. Man wies ihn auf die in der Bevölkerung entstehende Beunruhigung hin, spielte damit wohl auch auf den inzwischen ein dreiviertel Jahr alten „Entspannungserlaß“ Wilhelm Fricks an und schlug die „westfälische Lösung“ vor[132]. Aber weder dies noch die Ankündigung einer Eingabe der „Kirchenregierung“, des Landeskirchenausschusses, an das Reichsministerium des Innern konnten v. Monbart zu einer Revision seines eingeschlagenen Kurses bewegen. Und er sollte damit an sein Ziel kommen.

Im Landeskirchenamt der Evangelischen Landeskirche Kurhessen-Waldeck machte man sich unter Beteiligung Grimmells und Lic. Werner Karigs, seit gut vier Jahren Geschäftsführer des Landesvereins für Innere Mission in Hes-

---

128 Ebd.

129 Schreiben v. Monbart an Landeskirchenamt der Evangelischen Landeskirche von Kurhessen-Waldeck vom 2.4.1941 (Ebd.).

130 Schreiben Grimmell an v. Wicht vom [2.4.1941] Eingang am 4.4.1941 (Ebd.).

131 Schreiben Grimmell an Wieneke vom 19.4.1941 (Ebd.).

132 Vermerk Wieneke vom 6.4.1941 auf Schreiben Grimmell an v. Wicht [2.4.1941] Eingang am 4.4.1941 (Ebd.).

sen-Kassel, daran, die angekündigte Eingabe an das Ministerium Wilhelm Fricks zu fertigen[133]. Währenddessen hatte Grimmell bereits v. Wicht ausführlich und in Einzelheiten über die Angelegenheit informiert, und durch ihn hatte auch Wieneke und der EOK Berlin bereits zu einem frühen Zeitpunkt Kenntnis von der Entwicklung der Dinge. Wieneke riet zwar zu dem eingeschlagenen Verhandlungsweg[134] – sein Rat konnte allerdings nur noch als Bestätigung betrachtet werden, denn er kam ein wenig zu spät[135] –, aber im Grunde war man sich in Landeskirchenamt und EOK Berlin einig, daß von den Bemühungen überhaupt keine Wirkung zu erwarten wäre. Man hatte nämlich inzwischen Kenntnis von dem Schreiben Cropps, mit dem er die Maßnahmen der Gauleitungen, Verwaltungsbehörden und NSV in Thüringen und Sachsen billigte und für rechtens erklärte[136]. Das ließ auch in der Evangelischen Landeskirche in Kurhessen-Waldeck nicht auf einen Erfolg und damit den Erhalt evangelischer Kindergärten rechnen, von denen es 58 mit 3.800 Plätzen in den Gemeinden gab[137]. Außerdem waren am 1. April 1941 die im kirchlich zu Kurhessen-Waldeck, politisch zu Thüringen gehörenden Landkreis Schmalkalden gelegenen Kindergärten in Schmalkalden, Steinbach-Hallenberg und Barchfeld von der NSV übernommen worden[138]. So war auch für den EOK Berlin die Sache aussichtslos. In einer Notiz bemerkte der inzwischen von Magdeburg nach Berlin zu hiesigem EOK und zur Kirchenkanzlei der DEK gewechselte Kracht, die „Angelegenheit ist nichts gegen die nach dem RdErl. des RMdI und Stv. d. F. vom 21.3.1941.“ Und wie um seinen Kollegen im EOK Berlin und sich selbst Mut zu machen, fügte er hinzu: „So wird das auch dem RMdI gesagt.“[139]

Nach dem Gespräch von Krüger-Wittmack und Kracht am 18. April 1941 mit Muthesius wußte man im EOK Berlin und in der Kirchenkanzlei der DEK jedenfalls, daß die „Angelegenheit“ in Hessen-Kassel, wenn auch nicht direkt von dem Erlaß verursacht, sie doch durch ihn legitimiert werden konnte[140]. Es entsprach indessen der Einschätzung der Lage, wenn sich einerseits „alle hier einig“ waren, „doch alles zu versuchen, um die Kindergärten

---

133 Schreiben Landeskirchenamt der Evangelischen Landeskirche von Kurhessen-Waldeck an Kreispfarrer und dieTräger von evangelischen Kindergärten vom 24.4.1941 (EBD.).

134 Vermerk Wieneke vom 6.4.1941 auf Schreiben Grimmell an v. Wicht vom [2.4.1941] Eingang am 4.4.1941 (EBD.).

135 Schreiben Grimmell an Wieneke vom 19.4.1941 (EBD.).

136 Schreiben Cropp an Kirchenkanzlei der DEK vom 10.4.1941 (EBD.); und Schreiben Grimmell an v. Wicht vom 19.4.1941 (EBD.).

137 VEREINIGUNG, Tätigkeitsbericht 1.4.1940–31.3.1941, S. 22.

138 Siehe FRANKFURTER DIAKONISSENHAUS, Getrost und freudig, S. 100.

139 Notiz Kracht vom 19.4.1941 auf Schreiben v. Wicht an Wieneke vom 4.4.1941 (EZA BERLIN, 1/C3/180). Mit diesem Schreiben übersendet v. Wicht das Schreiben Grimmell an v. Wicht vom [2.4.1941] Eingang am 4.4.1941 (EBD.).

140 Vermerk Kracht vom 18.4.1941 (EBD.).

zu halten"[141] und andererseits gleichzeitig die Überführung durch die Ausarbeitung eines Vertragsmusters vorzubereiten. Hatte doch nicht zuletzt v. Wicht mit seinem Rundschreiben am 5. April 1941 so zu verfahren empfohlen. Deshalb wurden am 9. April 1941 auf ihrer routinemäßigen Konferenz alle Kreispfarrer der Inneren Mission über den Stand der Dinge informiert und von Grimmell auf eine denkbare Übergabe vorbereitet. Gleichzeitig arbeiteten Neubauer, Grimmell und Karig an „Richtlinien betr. die Übernahme der evangelischen Kindertagesheime durch die NSV im Bereich der Landeskirche"[142]. Ein Vertragsmuster zu erarbeiten hatte sich bald als unnötig herausgestellt. Man hielt die Vertrags-Formulare, wie sie die NSV anbot, für geeignet und wollte sie dann auch zur Nutzung empfehlen[143].

Am 16. April 1941 ging der Einspruch des Landeskirchenausschusses der Evangelischen Landeskirche von Kurhessen-Waldeck an das Reichsministerium des Innern[144]. Friedrich Happich, der Vorsitzende des kirchenleitenden Gremiums auf der „Insel der Seligen", wie die Landeskirche bisweilen bezeichnet wurde[145], spätestens seit der Debatte um die „Denkschrift zur gegenwärtigen Lage und Aufgabe evangelischer Jugendhilfe" im Jahre 1936 auch mit Fragen der halboffenen Kinderpflege näher vertraut, hatte ein Schreiben unterzeichnet, das alles andere als ein deutlicher oder gar scharfer Protest war. Zwar wurden die Gründe, die v. Monbart in seinem Erlaß zu dessen Notwendigkeit angeführt hatte, unmißverständlich und konsequent widerlegt. Der verdeckte Vorwurf, nicht „in einheitliche Bahnen gelenkt und im nationalsozialistischen Geist ausgerichtet" gearbeitet zu haben und zu arbeiten, wurde ebenso zurückgewiesen wie der nicht erst seit den Ereignissen in Thüringen und Sachsen bekannte Vorwurf „konfessioneller Zerrissenheit". Natürlich wurde auch auf die von solchen Maßnahmen ausgelöste Beunruhigung der Bevölkerung verwiesen, ebenso wie auf den allen kriegs- und planwirtschaftlichen Erwägungen zuwiderlaufenden Charakter des Vorgehens, das außerdem, statt die „Widerstandskraft" und „die Wehrfähigkeit" des Volkes zu stärken, sie schwäche. Ihre Spitze aber hatten diese Argumente, die natürlich alle nicht neu waren, allein in der Bitte an Wilhelm Frick und dessen Ministerium, bei v. Monbart „dahin einzuwirken, daß er von der Durchführung seiner geplanten Maßnahme absieht."[146] Darin drückte sich immer noch eine Haltung aus, die von der Übereinstimmung mit dem Regime getragen war, sich davon nicht zu lösen vermochte und nicht sah, daß die

---

[141] Schreiben Grimmell an v. Wicht vom 19.4.1941 (Ebd.).

[142] (Ebd.).

[143] Schreiben Lütkemann an Kreispfarrer und Träger von evangelischen Kindergärten vom 30.4. 1941 (Ebd.).

[144] (Ebd.).

[145] K. Meier, Kirchenkampf III, S. 419.

[146] Schreiben Landeskirchenausschuß der evangelischen Landeskirche von Kurhessen-Waldeck an Reichsministerium des Innern vom 16.4.1941 (EZA Berlin, 1/C3/180).

Machthaber sich längst zu Gegnern gewandelt hatten, die nicht nach Sowohl-als-auch fragten, sondern eine Entscheidung Entweder-Oder forderten.

Daß es, wenn auch nicht in dieser scharfen Gegensätzlichkeit, möglich war, die „dringende Bitte" vorzutragen, noch „im letzten Augenblick die Auflösung der konfessionellen Kindergärten zu verhindern", bewies Dr. Johann Baptist Dietz, seit zwei Jahren Bischof von Fulda. Das Bischöfliche Ordinariat hatte den gleichen Erlaß erhalten wie das Landeskirchenamt der Evangelischen Landeskirche Kurhessen-Waldeck in Kassel. Dietz hatte schon einen Tag vor Happich, am 15. April 1941, nur einen Tag nach dem Osterfest, ein sehr deutliches, ja scharfes Protestschreiben an v. Monbart gerichtet. Zwar spielten auch bei ihm die gleichen Argumente eine Rolle. Zwar hatte auch er diese gewisse Haltung politischer Übereinstimmung nicht gänzlich aufgegeben. Aber seine Worte waren entschiedener, der Ton schärfer, der Protest deutlicher und die Forderung auf „den Schutz für ihr [scil. der Eltern] Recht der Gewissensfreiheit und religiösen Erziehung ihrer Kinder" eindringlicher[147].

Möglicherweise schaute man in Hessen-Kassel, beim Landeskirchenamt in Kassel und beim Landesverein für Innere Mission in Hessen-Kassel und dem Verein für evangelische Kinderpflege für den Regierungsbezirk Kassel, ein wenig mit Bewunderung und Hochachtung auf dieses Schreiben von Dietz. Vielleicht war es danach mehr als nur der Wunsch, den EOK Berlin, die Kirchenkanzlei der DEK und die Vereinigung informiert zu sehen, als Grimmell am 19. April 1941 je eine Abschrift an Wieneke und v. Wicht sandte[148]. Aber es sollte nirgends zu erkennen sein, daß sich der EOK Berlin, die Kirchenkanzlei der DEK und die Vereinigung hätten zu einer mutigeren, entschiedeneren Haltung bewegen lassen. Denkbar ist allerdings, daß die Kenntnis vom Inhalt dieses Schreibens Einsichten in Möglichkeiten der Kooperation förderte, insonderheit bei v. Wicht, der ja knapp zwei Monate später, wenn auch erst auf Drängen Hans-Hellmuth Krauses, versuchen sollte, diese neue Chance zum Erhalt der evangelischen Kindergärten zu ergreifen und einen starken Partner zu gewinnen.

Was nun das Landeskirchenamt der Evangelischen Landeskirche von Kurhessen-Waldeck in Kassel betraf, so sollten sich seine Befürchtungen, seine Eingabe bliebe womöglich wirkungslos, tatsächlich bewahrheiten. Nach der ungewöhnlich kurzen Zeit von nur zwei Wochen nahm das Reichsministerium des Innern durch Muthesius Stellung[149]. Es hatte keiner zeitraubenden Arbeit bedurft. Die Antwort von Muthesius war gleichlautend der, welche

---

147 L. VOLK, Akten V, Dok. Nr. 647, S. 340–344; und EZA BERLIN, 1/C3/180. Vgl. Schreiben Dietz an Reichsministerium des Innern vom 17.5.1941 (H. VORLÄNDER, Die NSV, Dok. Nr. 272, S. 480).

148 EZA BERLIN, 1/C3/180.

149 Schreiben Muthesius an Landeskirchenausschuß der Evangelischen Landeskirche von Kurhessen-Waldeck vom 29.4.1941 (EBD.).

Cropp am 10. April 1941 zu den Anfragen wegen der Ereignisse in Thüringen und Sachsen erteilt hatte und der, welche er vier Wochen später, am 26. Mai 1941, auch auf die Beschwerden über die Maßnahmen im Regierungsbezirk Erfurt geben sollte.

Für das Landeskirchenamt in Kassel und Lütkemann war dies Schreiben aus dem Reichsministerium des Innern Anlaß genug, auf Eile zu drängen, so als ob es noch am 30. April 1941 gegolten hätte, die v. Monbart gesetzte Frist, den 1. Mai 1941, an dem die Übergabe an die NSV abgeschlossen sein sollte, tatsächlich einzuhalten. Nachdem die Träger von evangelischen Kindergärten schon mit zwei Rundschreiben des Vereins für evangelische Kinderpflege für den Regierungsbezirk Kassel[150] auf die geforderte Übergabe vorbereitet worden waren, informierte Lütkemann sie am 30. April 1941 darüber, daß alle Vereinbarungen mit der NSV, die nicht unmittelbar „lebenswichtige(r) kirchliche(r) Interessen" schädigten, vom Landeskirchenamt in Kassel genehmigt würden. Da die Einrichtungen evangelischer Kinderpflegearbeit auch bereits die inzwischen unter Berücksichtigung der in Sachsen erarbeiteten und in Berlin noch in Arbeit befindlichen „Zusammenstellung" fertiggestellten „Richtlinien" erhalten hatten, forderte Lütkemann einigermaßen nachdrücklich, „die Verhandlungen sind zu beschleunigen und umgehend zum Abschluß zu bringen."[151]

Bereits Mitte Mai waren etwa die evangelischen Kindergärten, wie die im Schmalkaldischen von Diakonissen des Diakonissenhauses Frankfurt/Main geleitet, in Ebsdorf, Fronhausen, Großseelheim und Kirchhain von der NSV übernommen[152]. Nach weiteren vier Wochen war alles vorüber, und Mitte Juni 1941 gehörte Hessen-Kassel „zu den Gebieten, in denen die Übernahme der konfessionellen Kindergärten durch die NSV bereits vollständig durchgeführt worden ist."[153] Lütkemann, der dies am 16. Juni 1941 der Kirchenkanzlei der DEK mitteilte, meinte das natürlich nur bezogen auf die Evangelische Landeskirche Kurhessen-Waldeck. Aber es galt auch für die Diözese Fulda unter ihrem Bischof Dietz. Sein so scharfer Protest hatte zu keiner Rücknahme der Maßnahmen geführt[154]. Für die Vereinigung bedeutete die

---

150 Die Rundschreiben vom 25. und 28.4.1941 sind nicht nachweisbar.

151 Schreiben Lütkemann „an die Herren Kreispfarrer und die Träger von evangelischen Kindergärten der Evangelischen Landeskirche von Kurhessen-Waldeck" vom 30.4.1941 (EZA BERLIN, 1/C3/180; ADW, VKD 8).

152 Siehe FRANKFURTER DIAKONISSENHAUS, Getrost und freudig, S. 100.

153 Schreiben Lütkemann an DEK vom 16.6.1941 (EZA BERLIN, 1/C3/180).

154 TH. SCHNABEL, Die Auseinandersetzung, S. 81f. Eine Beschreibung der Abwehr des NSV-Zugriffs durch die katholischen Gemeinden kann hier nicht erfolgen. Was die Diözese Fulda betrifft, so war diese Abwehr mancherorts nicht nur allgemein und stimmungsmäßig, sondern vielmehr eindeutig und gezielt. Wie die Meldungen aus dem Reich vom 6.10.1941 berichten, boykottierte die katholische Gemeinde Somborn, Landkreis Gelnhausen – die Darstellung von R. BOOKHAGEN, „Das Kind bilden wir!", S. 318 und der sich darauf berufende Hinweis von M. BERGER, Vorschulerziehung, S. 228 mit Anm. 60 sind damit korrigiert – den unter die

Meldung Lütkemanns schließlich, „der Verband löste sich auf“[155] und 58 Einrichtungen mit etwa 3.800 Plätzen waren verloren.

3.4. Nassau-Hessen

In den drei Gebieten der 1933/1934 gebildeten Evangelischen Landeskirche Nassau-Hessen, in Frankfurt/Main, Nassau und Hessen[156], war im Gegensatz zur Evangelischen Landeskirche von Kurhessen-Waldeck Ende Juni 1941 zwar manches geschehen, aber noch nichts entschieden. Indessen fürchtete spätestens zu diesem Zeitpunkt Röhricht, „daß für das Land Hessen wenigstens nichts mehr zu machen ist.“[157] Das Landeskirchenamt der Evangelischen Landeskirche Nassau-Hessen in Darmstadt hatte bereits am 19. Juni 1941 seine „Richtlinien für die Übernahme der evangelischen Kindertagesstätten (Kindergärten) an die NSV“ versandt. Sie bestanden in der Wiedergabe des Schreibens der Kirchenkanzlei der DEK vom 6. Juni 1941. Allerdings waren dessen beide Teile, der Bescheid Cropps vom 10. April 1941 in Sachen der Maßnahmen in Thüringen und Sachsen und die Hinweise auf die zu berücksichtigenden Fragen bei Abschluß von Miet- oder Pachtverträgen mit der NSV, durch eine Bemerkung des Landeskirchenamtes Darmstadt verbunden, die eine Einschätzung der Lage gab. Es sei „unzweifelhaft, daß die auch in unserer Landeskirche eingeleitete Übernahme evangelischer Kindertagesstätten durch die NSV durchgeführt werden wird.“[158] Damit konnten diese „Richtlinien“ aus dem Landeskirchenamt Darmstadt den Eindruck erwecken,

---

Leitung einer NSV-Kindergärtnerin gestellten Kindergarten und schickte ihr, freilich anonym, dies Schreiben:

„Wertes hergelaufenes Biest!
Herzlich willkommen, Du braunes Subjekt,
Scher dich aus Somborn und bleibe weg,
Somborn ist empört über den dreckigen Fall,
Sie schicken ihre Kinder nicht zu Ihnen, sperren sie lieber in den Stall ...
Ein mancher steht für eine Tracht Prügel für Dich schon bereit,
Unsere Kinder waren bis dahin noch gut betreut,
Und die Leute brachten ihre Kinder mit Freud.
Du siehst ja den Zuspruch, es waren nur sieben,
Alles andere ist zu Hause geblieben ...
Somborn hält zusammen und bleibt, was es war,
Beim WHW macht sich das bemerkbar.“
(H. BOBERACH (Bearb.), Berichte, Dok. Nr. 133, S. 576).

155 VEREINIGUNG, Arbeitsbericht 1.4.1941–31.3.1942 [S. 3].

156 Frankfurt/Main bildete mit Nassau, dem Regierungsbezirk Wiesbaden, und mit Hessen-Kassel, dem Regierungsbezirk Kassel und ehedem Kurhessen, die preußische Provinz Hessen-Nassau. Ehedem Hessen-Darmstadt war seit 1918 Volksstaat Hessen und wurde 1933 gleichgeschaltet. Siehe W. HUBATSCH (Hg.), Grundriß XI, S. 287ff. Siehe auch K. E. DEMANDT, Geschichte, S. 576ff.; TH. KLEIN, Provinz Hessen Nassau; sowie F. KNÖPP, Der Volksstaat Hessen.

157 Schreiben Röhricht an v. Wicht vom 25.6.1941 (ADW, CA zu 850a III).

158 Landeskirchenamt Evangelische Landeskirche Nassau-Hessen, Richtlinien 19.6.1941 (EBD.).

den die Kirchenkanzlei der DEK jedenfalls hatte vermeiden wollen, nämlich den Eindruck einer Aufforderung zur freiwilligen Übergabe.

In Frankfurt/Main hatte es eigentlich damit begonnen, daß im Januar 1940 der Evangelischen Gemeinde in Frankfurt/Main-Nied und ihrem Pfarrer, Alexander Pélissier, trotz allen Bemühens und nach langem Hinhalten durch die Behörde die Genehmigung für eine Fortführung des bestehenden Kindergartens im neu errichteten Gemeindehaus vom zuständigen Schul- und Kulturdezernenten der Stadt, Dr. Rudolf Keller, schließlich nicht erteilt worden war[159]. Unter Hinweis auf die beabsichtigte Errichtung eines NSV-Kindergartens und dessen Genehmigung war, so hatte Keller für die Stadtverwaltung entschieden, die Verlegung des Kindergartens der Gemeinde in neue Räume „unerwünscht“[160]. Zwar hatte dabei auch die Tatsache eine Rolle gespielt, daß die Genehmigungsurkunde aus dem Jahre 1914 nicht mehr auffindbar gewesen sein sollte. Entscheidend aber war, daß nach offenbar ernsthaftem, aber schließlich vergeblichem Bemühen und Verhandeln der in Wiesbaden ansässigen Abteilung III des Landeskirchenamtes die in Darmstadt befindliche Abteilung I eingeschaltet worden war. Diese erklärte durch den zuständigen Oberkirchenrat Richard Olff einerseits besserwisserisch, daß die Ablehnung „vielleicht hätte vermieden werden können, wenn sich der Kirchenvorstand gleich an uns gewandt hätte.“[161] Andererseits wurde aber gleichzeitig nicht nur empfohlen, die nun nicht für einen Kindergarten zu nutzenden Räume zu vermieten, damit die Gemeinde vor weiterem Schaden bewahrt bliebe. Sondern es wurde von Olff, 1934 mit der Machtübernahme der DC in das Landeskirchenamt nach Darmstadt berufener Pfarrer und Parteigenosse[162], auch überhaupt kein Hehl daraus gemacht, daß man es billige, wenn „der nationalsozialistische Staat als totalitärer Staat bestrebt ist, unter allen Umständen die vorhandenen konfessionellen Kindergärten zu beseitigen.“ Und wenn darüber hinaus Gauleiter und Reichsstatthalter Sprenger „nicht eher ruhen werde, bis auch die letzte Gemeinde seines Landes einen eigenen NS-Kindergarten besitze“, dann, so Olff in aus seiner Sicht logischer Konsequenz, „halten [wir] daher den Kampf um die Erhaltung der evangelischen Kinderschule ... für zwecklos, da er unbedingt mit einer Niederlage enden wird.“[163]

Die Gemeinde hatte sich nicht entmutigen lassen und weitergekämpft. Über Röhricht und v. Wicht hatte Pélissier der Kirchenkanzlei der DEK von

159 Schreiben Pélissier an v. Wicht vom 5.3.1940 (EZA BERLIN, 1/C3/179).

160 Schreiben Regierungspräsident in Wiesbaden an Kirchenkanzlei der DEK vom 2.4.1941 (EZA BERLIN, 1/C3/180).

161 Schreiben Evangelische Landeskirche Nassau-Hessen, Landeskirchenamt, Abt. III, Wiesbaden, an Kirchengemeinde Frankfurt/Main-Nied vom 21.2.1940 (LKA DARMSTADT, 1/2242).

162 Siehe K. MEIER, Kirchenkampf I, S. 425f.

163 Schreiben Olff an Landeskirchenamt, Abt. III, Wiesbaden, vom 14.2.1940 (LKA DARMSTADT, 1/2242); in Schreiben Pélissier an v. Wicht vom 5.3.1940 (EZA BERLIN, 1/C3/179).

der Sache Kenntnis gegeben[164]. v. Wicht allerdings gab ihr keine Chance. Nach seiner Meinung war inzwischen die Rechtslage so, daß das württembergische Gesetz vom 8. November 1937 die Bedeutung eines Reichsgesetzes hatte und damit der NSV bzw. der genehmigenden Behörde die Möglichkeit gegeben war, unter Hinweis auf den Bedürfnisnachweis die Genehmigung abzulehnen. Wenn er dem mit der Sache befaßten Wieneke dennoch eine Eingabe beim Reichsminister für die kirchlichen Angelegenheiten vorgeschlagen hatte, so in der Hoffnung, damit eine beschleunigte Erledigung der Eingabe der Kirchenkanzlei der DEK vom 18. Dezember 1939 zu erreichen, mit der versucht worden war, Regelungen an zentraler Stelle zu bewirken, um „bald zu geordneten Verhältnissen zu kommen."[165] Wieneke, zuständig wegen der „grundsätzliche Frage der zukünftigen Regelung der christlich-evangelischen Erziehung in den Kindergärten", hatte die Sache dem Ministerium Rusts eingereicht und gebeten, „dem Regierungspräsidenten in Wiesbaden die Genehmigung zu empfehlen"[166]. Diese preußische Provinzialverwaltungsbehörde, mit dem aus der Obersten SA-Führung kommenden ehemaligen Kasseler Polizeipräsidenten Friedrich Pfeffer von Salomon als Regierungspräsidenten, war auch sogleich zum Bericht aufgefordert worden. Jedoch es erfolgte keine Reaktion. Weder hatte die Gemeinde ein Vierteljahr später vom zuständigen Johlen eine Genehmigung noch hatten sich bis November 1940 der Regierungspräsident und das Reichsministerium für Wissenschaft, Erziehung und Volksbildung überhaupt gerührt. v. Wicht hatte erinnert und gedrängt. Zwar hatte sich die Rechtslage nicht geändert, und er mußte den Ausgang der Sache nach wie vor skeptisch beurteilen. Aber da in Nassau-Hessen, so v. Wicht, „erhebliche Unruhe auf unserem Arbeitsgebiet eingetreten" sei, müsse alles getan werden, um die durch die Nichtgenehmigung hervorgerufene „beträchtliche Unruhe" jetzt zu beseitigen[167]. Das war eher ein allgemeines Argument und folgte der bekannten Taktik, sich die Propaganda vom „Zusammenhalt der inneren Front" argumentativ und wohl auch aus Überzeugung zunutze zu machen. Aber es hatte keine Durchschlagskraft bei den Propagandisten selbst. Nachdem auch die DEK durch ihre Kirchenkanzlei am 21. Dezember 1940 nochmals erinnert hatte[168], war es schließlich April 1941 geworden. Jetzt erst antwortete der Regierungspräsident, und er wandte sich direkt an die Kirchenkanzlei[169].

---

164 Schreiben Pélissier an v. Wicht vom 5.3.1940 (EBD.).

165 Schreiben v. Wicht an Kirchenkanzlei der DEK vom 16.3.1940 (EBD.).

166 Schreiben Wieneke an Reichsministerium für Wissenschaft, Erziehung und Volksbildung vom 9.4.1940 (EBD.).

167 Schreiben v. Wicht an Kirchenkanzlei der DEK vom 29.11.1940 (EBD.).

168 EZA BERLIN, 1/C3/179.

169 Schreiben Regierungspräsident in Wiesbaden an Kirchenkanzlei der DEK vom 2.4.1941 (EZA BERLIN, 1/C3/180).

Wie nicht anders zu erwarten, wenn auch anders erhofft, der Bescheid Kellers wurde aus dem Hause Pfeffer v. Salomons bestätigt. Begründet wurde die Ablehnung nun mit der Rechtslage, die durch den Runderlaß vom 21. März 1941 geschaffen sei. Danach ist „die Planung der Kindertagesstätten Aufgabe des Hauptamtes für Volkswohlfahrt.“[170] Das bedeutete, in Frankfurt/Main-Nied gab es endgültig keinen evangelischen Kindergarten mehr.

Inzwischen mußten aber auch andere Kirchengemeinden in Frankfurt/Main, die bislang ihre Kindergartenarbeit ungehindert hatten betreiben können, in hohem Maße beunruhigt sein [171]. Offenbar hatten die Ereignisse in Thüringen und Sachsen schon zum Jahreswechsel auch in Frankfurt/Main Auswirkungen. Der Kreisamtsleiter der NSV, Kurt Hahn, hatte sich an das Landeskirchenamt in Darmstadt gewandt „mit dem Ersuchen, geeignete evangelische Kindergärten zum 30. Januar ’41 der NSV zu übergeben.“[172] Besonderen Wert hatte er auf solche Einrichtungen gelegt, die in eigenen Gebäuden untergebracht waren und deren Räume nicht für andere kirchliche Zwecke genutzt werden mußten. Das Landeskirchenamt in Darmstadt hatte durch Olff, ohne daß die Gemeinden und ihre Pfarrer informiert worden wären, Besichtigungen von NSV und kirchlicher Baubehörde zugelassen. Dadurch aber wurde die Sache bekannt.

Zum einen löste das unmittelbaren Protest aus. Der Dekan des Dekanats Frankfurt/Main-West und Pfarrer in Frankfurt/Main-Sossenheim, Ludwig Deitenbeck, wehrte sich gegenüber dem Landeskirchenamt und dessen Abteilung I in Darmstadt heftig gegen den Versuch, „jetzt mitten im Kriege durch eine Art Überrumpelung die evangelischen Kindergärten an die NSV zu überliefern“ und warnte vor der „seelischen Zermürbung nicht der schlechtesten Volkskreise.“[173] Zum anderen weckte das Bekanntwerden der Absichten von NSV und Landeskirchenamt in Darmstadt den Wunsch, sich zu verständigen. Dem entsprach Goebels, der jedenfalls bereits sechs Jahre zuvor die Kräfte gesehen hatte, „die die religiöse Erziehung des Kindes mit dem Geist des Heidentums erfüllen wollen“ und seinerzeit „die Evangelische Erziehung“ dazu aufgefordert hatte, „sich scharf ab[zu]grenzen gegen eine neue Verstiegenheit“[174]. Er, Vorsitzender des Evangelischen Kinderpflegeverbandes Frankfurt/Main, lud kurzfristig zum 16. Januar 1941 alle Vorstände evangelischer

---

170 EBD.; und Runderlaß des Reichsministers des Innern und des Stellvertreters des Führers vom 21.3. 1941 (RMBliV 1941, S. 525; VOBl der Reichsleitung der NSDAP 1941, Flg. 220 (Mai), o. S.; Abschriften in: EZA BERLIN, 1/C3/179; EZA BERLIN, 7/4415; ADW, CA zu 850 a III; H. WEBLER, Die Kindertagesstätten, S. 30f.; H. VORLÄNDER, Die NSV, Dok. Nr. 269, S. 476ff.).

171 Vgl. S. RICHTER, Die Entwicklung des Kindergartenwesens, S. 106.

172 Schreiben Goebels an v. Wicht vom 4.2.1941 (ADW, VKD 22).

173 Schreiben Deitenbeck an Landeskirchenamt, Abt. I, Darmstadt, vom 14.1.1941 (EZA BERLIN, 1/C3/180).

174 K. Goebels, Kindergärtnerinnen- und Hortnerinnenseminar des Frankfurter Diakonissenhauses Jahresbericht 1934/1935 (H. LACHENMANN, Die Geschichte, S. 32).

Kindergärten in Frankfurt/Main zu einer Sitzung ein. Es betraf neunzehn Gemeinden.

Für Goebels als Präses des Bruderrates der Bekenntnissynode der evangelischen Gemeinden in Frankfurt/Main war es entscheidend, zu einer gemeinsamen Haltung gegenüber der deutsch-christlich orientierten Abteilung I des Landeskirchenamtes in Darmstadt zu kommen. Olff hatte, so mußte Goebels nach Lage der Dinge annehmen, dem Kreisamtsleiter schon Zusagen gemacht und die Gemeinden „mit dem Ziel der Überführung" zum Einzelgespräch auf die Behörden gebeten[175]. Jetzt waren beinahe alle Gemeinden der Einladung Goebels' gefolgt, und sie verständigten sich auf einige Grundsätze ihrer Arbeit. So wurde betont, daß die evangelische Kindergartenarbeit, unbeschadet „der auch für sie geltenden nationalsozialistischen Erziehungsziele", „ihrem Wesen nach kirchliche Arbeit" sei. Man sei deswegen „nicht in der Lage, freiwillig die ... anvertraute Arbeit preiszugeben."[176] Soweit die beabsichtigten Gespräche überhaupt noch stattfanden, mußten das Landeskirchenamt in Darmstadt und Olff zur Kenntnis nehmen, daß keine Gemeinde zu freiwilliger Übergabe bereit war. Die „Überrumpelung" war offenbar mißglückt, aber nach der Einschätzung von Goebels der Wille zur Durchsetzung der Sache gerade auch gegenüber dem Landeskirchenamt in Darmstadt weiterhin ungebrochen. Deshalb setzte er sich mit v. Wicht in Verbindung und bat ihn, da er selbst sich, der bekenntniskirchlichen Vorbehalte in der Leitungsfrage wegen, eine unmittelbare Anfrage bei der DEK und ihrer Kirchenkanzlei versagte, diese „beschleunigt" zu veranlassen, daß dem Landeskirchenamt in Darmstadt und seiner Abteilung I „Schutz und Pflege der evangelischen Kindergärten erneut zur Pflicht gemacht wird."[177]

Als v. Wicht dieser Bitte Mitte Februar 1941 entsprach, äußerte er einerseits sein Mißfallen darüber, daß eine Kirchenbehörde eine Kirchengemeinde daran hindere, „rechtlich und pflichtmäßig" der „kirchlichen Erziehung ihrer getauften Kinder" nachzukommen. Er unterstrich damit, für wie dringend er ein Wort des GVR selbst hielt[178], das im übrigen Olff hätte daran erinnern können, daß er seinerzeit zu den Mitunterzeichnern der Eingabe gehört hatte[179], die am 14. Februar 1939 an das Reichsministerium für Wissenschaft, Erziehung und Volksbildung gegangen und deren Ziel es gewesen war, eine Bestandssicherung evangelischer Kindergartenarbeit zu erreichen. Gleichzeitig aber gab v. Wicht auch zu erkennen, daß, sollte eine staatliche Maßnahme wie in Sachsen und Thüringen auch in Nassau-Hessen folgen, ihr zu entsprechen wäre. Für ihn waren die kirchlichen Interessen in einem solchen Fall

[175] Schreiben Goebels an v. Wicht vom 4.2.1941 (ADW, VKD 22).

[176] Protokoll (EBD.).

[177] Schreiben Goebels an v. Wicht vom 4.2.1941 (EBD.).

[178] Schreiben v. Wicht an GVR vom 17.2.1941 (EZA BERLIN, 1/C3/179).

[179] Siehe II Kap. I.4.2., S. 250 mit Anm. 272.

nur noch über die „Richtlinien" zu wahren, wie man sie in Sachsen erarbeitet hatte. Und diese übermittelte er dem GVR.

Wieneke machte sich an die Arbeit und entwarf eine Stellungnahme[180]. Inzwischen hatte die Kirchenkanzlei der DEK aber auch noch mit einem weiteren Fall zu tun, der bis dahin bereits Schwierigkeiten genug mit sich gebracht hatte und der dadurch, daß das Landeskirchenamt in Darmstadt mit seiner Abteilung I unter Olff daran beteiligt waren, durchaus nicht einfacher werden sollte.

Ende November 1940 hatte sich auf Betreiben der NSV-Kreisleitung der Bürgermeister von Herborn, Gustav Niederschulte, an Prof. Lic. August Dell, Lehrer am Theologischen Seminar Herborn und Pfarrer der Kirchengemeinde, gewandt und ihn aufgefordert, den Kindergarten der Kirchengemeinde samt Gebäude der NSV zu übereignen[181]. Dell hatte diese Forderung nicht grundsätzlich und schärfstens zurückgewiesen, sondern, in Kenntnis der Verhandlungen zwischen dem Hauptamt für Volkswohlfahrt und dem CA wegen des planwirtschaftlichen Abkommens, sich für verpflichtet gehalten, die ganze Angelegenheit dem CA vorzulegen. Das hatte er dem Bürgermeister Anfang Januar 1941 mitgeteilt[182]. Und den CA hatte er „um Rat und Anweisung" gebeten, wie die Sache zu beurteilen und zu beantworten wäre[183]. Schwierig wäre die Situation für die Gemeinde aus zwei Gründen. Zum einen: die Kindergartenarbeit zu erhalten, „gehört zu den ernsten Aufgaben einer evangelischen Gemeinde." Zum anderen diente das Gebäude neben dem Kindergarten dem gesamten Gemeindeleben, da ein anderes nicht zur Verfügung stünde. Die Anfrage beim CA hatte tatsächlich den Zweck, so etwas wie eine Anweisung zu erreichen, da einige Mitglieder des Kirchenvorstandes der NSDAP angehörten und auf diese Weise einen Konflikt mit ihr zu vermeiden hofften. Darüber hatte indessen erst Bischof D. August Kortheuer den CA aufgeklärt[184]. Zwar war er als Bischof der Evangelischen Landeskirche in Nassau 1933 im Zuge des Zusammenschlusses der drei im Hessischen gelegenen Kirchengebiete rechtswidrig und zwangsweise in den Ruhestand versetzt worden[185], war aber Vorsitzender des Evangelischen Vereins für Innere Mission in Nassau geblieben. Über ihn hatte Dell seine Anfrage an den CA geleitet, und Kortheuer hatte nun den CA gebeten, „dem Kirchenvorstand kräftig den Rücken zu stärken."[186]

---

180 Entwurf Schreiben Wieneke an Landeskirchenamt, Abt. I, Darmstadt, vom 27.2.1941 (EZA BERLIN, 1/C3/179).

181 Schreiben Niederschulte an Dell vom 27.11.1940 (EBD.).

182 Schreiben Dell an Niederschulte vom 8.1.1941 (EBD.).

183 Schreiben Dell an CA vom 30.1.1941 (EBD.).

184 Schreiben Kortheuer an CA vom 4.2.1941 (EBD.).

185 Siehe K. HERBERT, Durch Höhen und Tiefen, S. 56ff.; auch K. MEIER, Kirchenkampf I, S. 424; K. SCHOLDER, Kirchen I, S. 602ff.

186 Schreiben Kortheuer an CA vom 4.2.1941 (EZA BERLIN, 1/C3/179).

Schirmacher jedoch, der einer ganz anderen Linie folgte und das soeben auch öffentlich kundgetan hatte, der außerdem den Konflikt von Parteigängerschaft einerseits und Glaubensgenossenschaft andererseits für sich zu lösen suchte – Schirmacher hatte dem nicht entsprechen können. Er meinte, die Kirchenkanzlei der DEK sollte entscheiden, und Kortheuer hatte zur Kenntnis nehmen müssen, daß Schirmacher den CA für „nicht befugt" hielt, einer Kirchengemeinde „Weisungen" zu erteilen[187].

In dieser Situation war es wohl Hundinger, die geraten hatte, v. Wicht sollte sich der Sache annehmen[188]. Für diesen schied natürlich eine freiwillige Übergabe aus. Unter Berücksichtigung der entscheidenden Funktion, die das Gemeindehaus offenbar hatte, war für v. Wicht nur eine „feste und eindeutige Haltung" in etwa anstehenden Verhandlungen zu empfehlen in Frage gekommen. Dabei sollten das Landeskirchenamt in Darmstadt mit seiner Abteilung I und die Kirchenkanzlei der DEK dem Kirchenvorstand schützend zur Seite stehen[189]. Natürlich kannte v. Wicht längst die Rolle, die das Landeskirchenamt und Olff sich anschickten zu spielen, als er diese Empfehlung dem CA zur Kenntnis gab und der DEK und ihrer Kirchenkanzlei mit der Bitte um dringliche Behandlung und entsprechenden Bescheid an die Kirchenbehörde in Darmstadt zuleitete[190]. Nachdem v. Wicht in mündlichen Verhandlungen mit Wieneke die Sache wichtig gemacht hatte[191], unterzeichnete Fürle am 15. März 1941 das von Wieneke gefertigte Schreiben an Abteilung I des Landeskirchenamtes in Darmstadt. Damit wurde Olff sowohl über den Beschluß der Trägervertreter der Frankfurter evangelischen Kindergärten und der Stellungnahme v. Wichts dazu unterrichtet als auch über die Eingabe der Kirchengemeinde in Herborn und der mit ihr verbundenen Forderung v. Wichts[192].

Die Reaktion, die am 1. April 1941 aus dem Landeskirchenamt und seiner Abteilung I in Darmstadt erfolgte, war ungewöhnlich, aber kein Aprilscherz. In der Frage der Frankfurter Kindergärten war für Olff „das letzte Wort gesprochen", da sich „alle zuständigen evangelischen kirchlichen Stellen geweigert haben", ihre Kindergärten der NSV zu übergeben. Was den Kindergarten in Herborn betraf, so lehnte Olff zunächst strikt ab, die Sache zu bearbeiten.

---

187 Schreiben Schirmacher an Kortheuer vom 22.2.1941 (ADW, VKD 22).

188 Notiz Hundinger [undatiert] auf Schreiben Kortheuer an CA vom 4.2.1941 (EZA BERLIN, 1/C3/179).

189 Schreiben v. Wicht an CA vom 15.2.1941 (EBD.).

190 Schreiben v. Wicht an Kirchenkanzlei der DEK vom 25.2.1941 (EBD.).

191 Vgl. Schreiben Schirmacher an Kortheuer vom 29.2.1941 (ADW, VKD 22). Er teilt mit, die Sache „mit ausführlicher mündlicher Begründung" an Kirchenkanzlei der DEK weitergeleitet zu haben; vgl. Vermerk Wieneke [undatiert] auf handschriftlichem Entwurf vom 27.2.1941: „Von Wicht war hier vorstellig und empfahl Rückendeckung bei der Landeskirche." (EZA BERLIN, 1/C3/179).

192 (EBD.).

Erst müsse der Kirchenvorstand von Herborn sich an das zuständige Landeskirchenamt in Darmstadt, mithin an ihn, Olff, als zuständigen Dezernenten, wenden[193]. Eine Woche später schließlich ließ er der Kirchenkanzlei der DEK den ganzen Vorgang zurückschicken, weil das entsprechende Schreiben der Kirchengemeinde „versehentlich“ nicht beigefügt war[194]. Olff bestand auf Einhaltung des Dienstweges.

Was die Kirchengemeinde Herborn selbst betraf, sie wandte sich erst Ende Juli 1941 an das Landeskirchenamt in Darmstadt und den zuständigen Olff. Nachdem die Dienstwegfrage ohne weitere Zuspitzung geblieben war, verlangten die Ereignisse der letzten Julitage die nachdrückliche Bitte an Olff, die „Entscheidung des Kirchenvorstandes in ihrem sachlichen Ernst zu schützen und zu vertreten.“[195] Am 30. Juli hatte das Landratsamt Dillenburg den Bürgermeister von Herborn telefonisch wissen lassen, daß Landrat Dr. Paul Ringshausen innerhalb der nächsten zwei Tage von der Kirchengemeinde eine Erklärung darüber wünsche, ob der Kindergarten freiwillig an die NSV übergeben werde. Auftragsgemäß hatte Niederschulte die Kirchengemeinde informiert. Jetzt mußte der Kirchenvorstand entscheiden. Dell erklärte gegenüber dem Landrat schon am nächsten Tag, daß die Abgabe des Gebäudes unmöglich sei, daß man mit dieser Entscheidung „die sehr ernsthaften Aufgaben der Evangel. Kirchengemeinde zu erfüllen sucht“ und daß damit weder böser Wille des Kirchenvorstandes zum Ausdruck komme noch der Verdacht gerechtfertigt sei, man „treibe Opposition gegenüber Staat und Partei.“[196] Am gleichen Tag, am 31. Juli 1941, wurde auch das Landeskirchenamt in Darmstadt unterrichtet und in der beschriebenen Weise um Schutz und Hilfe „bei etwa kommenden Verhandlungen und Schwierigkeiten“ gebeten[197].

Jedoch es war alles zu spät, wie Röhricht bereits eine Woche zuvor geurteilt hatte. Schon im Februar und März 1941, als jedenfalls in Nassau-Hessen das Gerücht umging, „es sei geplant, die Kindergärten zu veranlassen, zu Führers Geburtstag als Geburtstagsgeschenk sich in die NSV einzugliedern“, war vom Landeskirchenamt und seiner Abteilung I in Darmstadt „nichts zu erwarten“ gewesen[198]. Das hatte nicht nur Olff in Zusammenhang mit der Verlegung des Kindergartens in Frankfurt/Main-Nied deutlich zu erkennen gegeben. Vielmehr hatte auf Nachfrage Röhrichts auch Oberkirchenrat Albert Walther, wie Olff seit der Wirksamkeit seines Schwagers August Jäger in Nassau-Hessen im Amt[199], bestätigt, daß man die Kindergärten „schon als

193 (Ebd.).

194 Schreiben Landeskirchenamt, Abt. I, Darmstadt, an Kirchenkanzlei der DEK vom 7.4.1941 (Ebd.).

195 Schreiben Dell an Olff vom 31.7.1941 (LKA Darmstadt, 1/2242).

196 Schreiben Dell an Ringshausen vom 31.7.1941 (Ebd.).

197 Schreiben Dell an Olff vom 31.7.1941 (Ebd.).

198 Schreiben Röhricht an v. Wicht vom 17.3.1941 (ADW, VKD 22).

199 K. Herbert, Durch Höhen und Tiefen, S. 48f.

verloren aufgegeben habe."[200] Der Runderlaß, der so wirkungsvoll den Anschein erwecken sollte, eine Rechtsverordnung mit Gesetzeskraft zu sein, war zu diesem Zeitpunkt noch nicht einmal veröffentlicht. Aber ebensowenig wie es davor offenbar seiner bedurft hatte, um im Landeskirchenamt, jedenfalls in seiner Abteilung I in Darmstadt, eine Bereitschaft zur Übergabe der kirchlichen Kindergärten auszulösen, ebensowenig bedurfte es danach irgendeiner weiteren Anordnung, um die Übergabe selbst wohlgeordnet zu vollziehen.

Als am 19. Juni 1941 das Landeskirchenamt in Darmstadt seine besagten „Richtlinien" versandte, hatte bis dahin die Landesregierung an keinem Ort irgendeine Verwaltungsmaßnahme im Blick auf die Kindergärten verfügt, wie das andernorts geschehen war. Die hessische Landesregierung mit Gauleiter und Reichsstatthalter Sprenger an der Spitze, hatte allein den Parteiapparat und die NSV unter Gauamtsleiter Fritz Fuchs in Bewegung gesetzt. Sprenger hatte ihnen mitgeteilt, er habe „sich dahingehend entschieden, daß im Bereich seines Landes alle Kindertagesstätten von der NSV übernommen" werden[201]. Daß Fuchs mit dem reibungslosen Funktionieren der Stadt- und Kreisverwaltungen hatte rechnen können, etwa gerade auch nach dem gemeinsamen und aus ihrer Sicht erfolgreichen Wirken von Johlen und Richard Hildebrandt, das dieser schon im Sommer 1940 Himmler hatte melden können[202], das war zu erwarten gewesen. Daß Fuchs von seiten des Landeskirchenamtes in Darmstadt Duldung, wenn nicht gar Förderung erwarten durfte, hatte ihm nicht verborgen geblieben sein können. Daß aber von seiten der Inneren Mission, sei es vom Hessischen Landesverein für Innere Mission unter Röhricht, sei es vom Evangelischen Verein für Innere Mission in Nassau unter Kortheuer und sei es schließlich auch vom Evangelischen Verband für Kinderpflege in Nassau-Hessen unter dem Vorsitz von Goebels, ganz und gar kein entschiedener Widerspruch gegen die auf seinen Propagandareisen vorgetragenen Forderungen erhoben worden war[203], entsprach zwar seinen Interessen, mußte aber auch für ihn überraschend sein.

Der ausbleibende Widerspruch war nicht nur in der in gewisser Weise präjudizierenden Haltung der Abteilung I des Landeskirchenamtes in Darmstadt begründet, das die evangelische Kinderpflege als „Wesens- und Lebensäußerung" der Gemeinden aufzugeben bereit war. Dieser ausbleibende Widerspruch Röhrichts, Goebels und Kortheuers und auch von Moureau, hatte mit dem Rundschreiben v. Wichts vom 5. April 1941 zu tun. Zumindest im Blick

[200] Schreiben Röhricht an v. Wicht vom 17.3.1941 (ADW, VKD 22).

[201] Schreiben Oberbürgermeister von Worms an Ludwig Cornelius Freiherr von Heyl zu Herrnsheim vom 3.5.1941 (ADW, CA 850a I).

[202] Schreiben Richard Hildebrandt an Himmler vom 18.7.1940 (IFZ MÜNCHEN, MA 605); sowie Schreiben Johlen an Richard Hildebrandt vom 12.7.1940 (EBD.).

[203] Schreiben Oberbürgermeister von Worms an Ludwig Cornelius Freiherr von Heyl zu Herrnsheim vom 3.5.1941 (ADW, CA 850a I).

auf Nassau-Hessen sollten sich Ohls Anfrage als begründet erweisen, ob dies ein kluges Schreiben gewesen war.

Nachdem auch in Nassau-Hessen in der Sache nach Bekanntwerden des Runderlasses vom 21. März 1941 allenthalben Ratlosigkeit vorherrschte, ja sogar Moureau bis Anfang Juni 1941 noch nicht einmal den Wortlaut in Händen hatte[204], mußte v. Wichts Schreiben vom 5. April 1941 als Antwort auf die Frage verstanden werden: „Was raten Sie, im Ernstfall zu tun?“[205] Und v. Wichts Rat war, da der Erlaß die Übernahme durch die NSV „verwaltungsmäßig und abschließend fest[legt]“, eine „nüchterne Haltung“ einzunehmen, um dann „beschleunigt örtliche ‚Richtlinien‘ ... aufzustellen.“[206] Mit anderen Worten: Es ist nichts mehr zu machen. Man sollte sich auf eine geordnete Übergabe einrichten.

Daß v. Wicht nur so zu verstehen war, mußte zumindest für Röhricht gegen Mitte Juni, nach den Erfahrungen, die er beim Verlauf der Entwicklung im Fall der Kindergärten des Evangelischen Missionsfrauenvereins Worms hatte machen können, hinreichend deutlich sein. Der Evangelische Missionsfrauenverein, ein freier, aber seinem Selbstverständnis nach kirchlicher, der Inneren Mission angeschlossener Träger, betrieb in Worms neun Kindergärten, in denen insgesamt zehn Kindergärtnerinnen aus Nonnenweier, dem Mutterhaus für Kinderpflege und Gemeindediakonie, tätig waren. Die Kindergärten waren in Räumen, die Eigentum der „Freifrau Sophie von Heyl zu Herrnsheimschen Wohlfahrtsanstalten zu Worms“ waren, einer Familienstiftung derer von Heyl zu Herrnsheim, untergebracht. Den Vorsitz im Trägerverein hatte Eva-Maria Freifrau von Heyl zu Herrnsheim[207]. Anfang Mai 1941 hatte ihr Mann, Ludwig Cornelius Freiherr von Heyl zu Herrnsheim, Inhaber einer Lederwarenfabrik in Worms, eine zunächst telefonische, dann schriftliche Mitteilung aus dem Wormser Rathaus erhalten. „Rein persönlich“ hatte der Oberbürgermeister Heinrich Bartholomäus den Baron aufgefordert, „zu einer freiwilligen Vereinbarung über die Übergabe der Kindergärten mit mir zu kommen“, denn es sei anzunehmen, „daß diese Übergabe bestimmt in den nächsten Monaten gesetzlich notwendig wird.“ Dabei hatte sich Bartholomäus auf nicht mehr berufen als auf den Runderlaß vom 21. März 1941 und die gewissermaßen gauinterne Entscheidung Sprengers, daß die NSV die Kindergärten übernehmen müsse und die Absicht von Fuchs, dementsprechend „alle Kindergärten in Hessen zu übernehmen.“[208]

Da v. Heyl eine Rechtsgrundlage für das Vorgehen des Oberbürgermeisters nicht hatte erkennen können, war ihm zunächst daran gelegen gewesen, sich

---

204 Schreiben v. Wicht an Moureau vom 23.6.1941 (ADW, VKD 22).

205 Schreiben Röhricht an v. Wicht vom 17.3.1941 (EBD.).

206 Rundschreiben Vereinigung an Mitgliedsverbände vom 5.4.1941 (ADW, VKD 8).

207 Schreiben v. Heyl an Schirmacher vom 26.5.1941 (ADW, CA 850a I).

208 Schreiben Bartholomäus an v. Heyl vom 3.5.1941 (EBD.).

mit Röhricht, als dem sachkundigen Direktor des zuständigen Spitzenverbandes und mit dem kompetenten und, wie er hoffte, durchsetzungsfähigen Geschäftsführer des Fachverbandes, v. Wicht, in Verbindung zu setzen und um Beratung zu bitten. Röhricht allerdings hatte zunächst nicht mehr tun können, als darauf zu dringen, nur ja keinen Präzedenzfall durch Verhandlungen mit dem Oberbürgermeister zu schaffen, sondern erst dann auf Übergabe mit ihm zu verhandeln, wenn Sprenger eine diesbezügliche Verordnung erlassen hätte[209]. Dementsprechend hatte v. Heyl den Oberbürgermeister beschieden[210]. Bartholomäus jedoch hatte sogleich versucht, den Druck auf v. Heyl zu verstärken. Er hatte darauf hingewiesen, daß Sprenger in allernächster Zeit einen Stichtag bekanntgeben werde, bis zu dem alle Kindergärten von der NSV übernommen sein müssten. Außerdem hatte Bartholomäus vor Verzögerungsabsichten und dementsprechenden Verhandlungstaktiken gewarnt, schließlich eine Aufhebung des Runderlasses vom 21. März für unmöglich erklärt und auch mit der behördlichen Schließung gedroht[211]. In dieser Lage hatte sich v. Heyl – inzwischen war es Ende Mai 1941 –, wohl auf den Rat Röhrichts hin, an den CA gewandt. Er hatte nicht nur eine Interpretation des Erlasses für einen „Nichtjuristen" erbeten, für den „zum mindesten" aus dessen Wortlaut „nicht hervor[geht], daß ein Zwang besteht, daß Kinderschulen ... von der NSV übernommen werden müssen." v. Heyl hatte auch, natürlich in Unkenntnis der bereits vorliegenden Stellungnahme, eine grundsätzliche Klärung der Sache beim Reichsministerium des Innern angeregt, da für ihn die Angelegenheit des Evangelischen Missionsfrauenvereins einen Teil für das Land geplanter Maßnahmen darstellte[212]. Trotz dieser Fragestellung und obwohl diese Angelegenheit eine Vereinssache war, zu der er sich hätte äußern können, sich auch sonst nie gescheut hatte, es zu tun – in diesem Kindergartenfall hatte Schirmacher nicht Stellung genommen, sondern die Sache v. Wicht übergeben[213].

v. Wicht hatte am 3. Juni 1941, vor seinem Gespräch mit Kreutz und noch nicht bekannt mit der eindeutigen Stellungnahme des deutschen Episkopats, die Anfrage v. Heyls beantwortet. Diese Antwort war eindeutig und hatte gelautet: der Runderlaß vom 21. März 1941 „schafft in praktischer Aufhebung des § 6 RJWG vom 9. Juli 1922, der bisher alle kirchliche Jugendwohlfahrtsarbeit schützte, neues Recht." Sodann hatte v. Wicht „angesichts dieser Rechtslage" den Rat Röhrichts von Anfang Mai wiederholt, aber auch die Möglichkeit zu erwägen gegeben, auf Grund der mit den Satzungen der Stiftung gegebenen besonderen Verbindung zur gesamten Wohlfahrtsarbeit der

209 Schreiben Röhricht an v. Heyl vom 9.5.1941 (Ebd.).
210 Schreiben v. Heyl an Bartholomäus vom 12.5.1941 (Ebd.).
211 Schreiben Bartholomäus an v. Heyl vom 22.5.1941 (Ebd.).
212 Schreiben v. Heyl an CA vom 26.5.1941 (Ebd.).
213 Vermerk Schirmacher vom 30.5.1941 auf Schreiben v. Heyl an CA vom 26.5.1941 (Ebd.).

Stadt Worms, die Kindergärten an die Kommune statt an die NSV zu übergeben[214].

Mochte das als Ausweg gedacht gewesen sein, realistisch war es keineswegs. Bartholomäus hatte auf einer Überführung an die NSV bestanden, und v. Heyl hatte mit v. Wichts Stellungnahme erkennen müssen, „daß leider wenig Hoffnung bestände, eine Übernahme der Kinderschulen durch die NSV zu verhindern."[215] So war es unter Beteiligung Röhrichts bereits am 9. Juni zu einer Vereinbarung zwischen Oberbürgermeister Bartholomäus und Freifrau v. Heyl als der Vorsitzenden des Trägervereins gekommen. Mit dieser Vereinbarung war die Übergabe zum 1. Juli 1941 beschlossene Sache gewesen. Alle übrigen Fragen waren nachfolgenden rechtlichen Klärungen vorbehalten geblieben[216].

Wie anders sollte nach den Erfahrungen und Einsichten in diesem Fall Röhricht gegen Ende Juni im Blick auf die Lage der evangelischen Kindergärten in Nassau-Hessen urteilen als resigniert und die Übergaben wohl oder übel billigend? War doch inzwischen außerdem in den Pfarrkonferenzen im Land allenthalben die Meinung vorherrschend, „daß wir uns nicht mehr gegen die Überführung wehren könnten."[217] Daran hatte nun auch v. Wichts Mitteilung über die katholische Stellungnahme, wie sie durch Bertram am 3. Juni 1941 erfolgt war[218], nichts ändern können. Ebensowenig wie die gleichzeitige Nachricht darüber, daß der Runderlaß vom 21. März 1941 keine Gesetzeskraft habe oder das doch zumindest angezweifelt werden müsse. Die Nachrichten über diese Entwicklungen und die Hinweise auf Schlesien, auf die feste Haltung der dortigen Provinzialkirche ebenso wie der Inneren Mission, auf die Möglichkeiten einer Lösung wie in Westfalen und Pommern – sie alle konnten die Hoffnung in Nassau-Hessen nicht wecken, von der v. Wicht Ende Juni 1941 neu beflügelt schien, nämlich „vielleicht noch in letzter Stunde eine günstige Wendung auf dem Gesamtgebiet der evangeli-

214 Schreiben v. Wicht an v. Heyl vom 3.6.1941 (EBD.).

215 Schreiben v. Heyl an v. Wicht vom 12.6.1941 (ADW, VKD 22).

216 Protokoll (EBD.). Eine ganz persönlich und privat bestimmte Reaktion Eva-Maria v. Heyls findet sich in einem Brief an ihren ältesten Sohn, der als Panzerspähtruppführer in der Sowjetunion im Krieg stand: „Ich hab mir meine zehn Schulschwestern zum Kaffee eingeladen, um ihnen eine Liebe zu tun. – Hinter ihnen und mir liegt nun das schwere Aufgeben der Arbeit an den vielen Kinderchen. Gestern [Freitag, den 27.6.1941] war zum letzten Mal Schule, Montag findet die Übernahme durch die NSV statt. – Ich bin trotz der glühenden Hitze noch einmal in jeder Schule gewesen, – mein Herz war mir schwer dabei. – Nun wird es keine leuchtenden Kinderaugen an Weihnachten mehr geben, sie werden wohl ‚Sonnenwend' feiern, und nicht hören ‚Christ der Retter ist da'! – Aber was hilft es? Vielleicht kommt doch eine Zeit wieder, da die Menschen erkennen, daß es einen Gott im Himmel gibt und möchten, daß ihre Kinder von ihm hören und lernen, – jetzt verstehen sie nicht zu vereinen ‚gebt dem Kaiser, was des Kaisers ist und Gott, was Gottes ist', sondern wollen nur dem Kaiser Alles geben." (L. C. FRH. V. HEYL, Mutters Briefe II, S. 137).

217 Schreiben Röhricht an v. Wicht vom 25.6.1941 (ADW, CA zu 850a III).

218 Siehe II Kap. III.3.1., S. 564 mit Anm. 17.

schen Kinderpflege herbeiführen [zu] können"[219]. Die einzige Hoffnung, die man noch hatte, war, daß v. Wicht einen Aufschub erreichen könnte, wenn er „doch noch ein letztes Mal bei den obersten Stellen" vorspräche"[220].

Zwar bemühte sich sofort die zuverlässige Käthe Niemann für die Vereinigung und den in Urlaub und Kur befindlichen v. Wicht in dieser Sache und sandte Röhrichts Bericht vom 25. Juni 1941 samt „Richtlinien", wie sie das Landeskirchenamt und seine Abteilung I am 19. Juni 1941 an die Gemeinden hatten gehen lassen, an die Mitglieder der Kommission, die über die Fragen des planwirtschaftlichen Abkommens mit der NSV zu verhandeln bemüht waren, obwohl inzwischen zu erkennen sein mußte, daß Hilgenfeldt daran kein Interesse mehr hatte. Unter Hinweis auf die Angelegenheit in Schlesien, deretwegen ja v. Wicht erst zehn Tage zuvor geschrieben hatte, bat Käthe Niemann die vier Männer des CA, Constantin Frick, Ohl, Schirmacher und Wendelin und den Dezernenten im EOK Berlin, Kracht, die Sache bei den Verhandlungen zu berücksichtigen[221]. Das alles sollte ergebnislos bleiben.

Gleichgültig ob man einen solchen Ausgang der Anstrengungen der Vereinigung in Nassau-Hessen hätte erwarten können, schon die Bitte um entsprechende Bemühungen war weniger ein Ausdruck der Hoffnung als vielmehr ein Zeichen der Skepsis und Resignation: Denn natürlich wußte man inzwischen in Nassau-Hessen von den Ereignissen und Einschätzungen, Reaktionen und Wertungen in den anderen Verbänden evangelischer Kinderpflege, in den Kirchenbehörden, der NSV, der Ministerialbürokratie. Am 28. Mai 1941 hatte in Berlin die Mitgliederversammlung der Vereinigung – es sollte bis zum „Reichszusammenkommen der Kinderpflegeverbände" in den Tagen vom 13. bis 17. Februar 1947 in Bad Sooden-Allendorf[222] die letzte gewesen sein – stattgefunden, an der u. a. auch Röhricht, Grimmell, Kracht, Steinbrück, Phieler, Ohl, Vogel teilgenommen hatten und auf der es zu einem sehr umfassenden Informationsaustausch gekommen war[223]. Die Einsichten und Aussichten, die man gewonnen hatte, waren ganz und gar nicht ermutigend. Als besonders belastend aber betrachtete man tatsächlich das schon mehrfach erwähnte „Richtlinien"-Rundschreiben, mit dem sich Olff und das Landeskirchenamt, ohne jede Rücksicht auf etwa von der Kirchenkanzlei der DEK und GVR signalisierte Interessen, die Position des Reichsministeriums des Innern und der NSV zu eigen gemacht und die Kindergärten der Kirchen-

---

219 Schreiben v. Wicht an Röhricht vom 23.6.1941 (ADW, VKD 22).

220 Schreiben Röhricht an v. Wicht vom 25.6.1941 (ADW, CA zu 850a III).

221 Schreiben Käthe Niemann an Ohl, Wendelin, Schirmacher, Frick und Kracht vom 28.6. 1941 (ADW, VKD 8).

222 Bericht (ADWKW KASSEL, D II 000 001). Siehe auch Protokoll der Tagung der Vereinigung am 13.–17.2.1947 (EBD.).

223 Protokoll (ADWW MÜNSTER, 153/1; LKA HANNOVER, E 26/106); und Bericht Söllner über die 20. Mitgliederversammlung der Vereinigung am 28.5.1941 (LKA NÜRNBERG, KrD Nürnberg 341).

gemeinden aufgegeben hatten. Da konnte es nicht verwundern, daß die Kirchengemeinden, deren Kirchenvorstände und Pfarrer die „Richtlinien“ als eine Anordnung verstanden.

Offenbar spielten sich die Dinge dann meist in ähnlicher Weise ab, wie in Rodheim v. d. Höhe. Nachdem Kortheuer und Moureau die Vertreter jener Gemeinden des nassauischen Kirchengebietes, die Träger von Kindergärten waren, zum 4. Juli 1941 zu einer Besprechung eingeladen hatten, auf der, wie schon zuvor bei anderen Gesprächen etwa auf Dekanatsebene[224], nochmals vereinbart worden war, daß der Runderlaß vom 21. März 1941 keine „Aufhebung“ der evangelischen Kindergärten bedeute, daß eine rechtliche Verpflichtung zur Übergabe nicht bestehe und daß nur der „gesetzlichen Gewalt der zuständigen Stellen“ zu weichen sei[225], war zwar eine deutliche Gegenposition zum Landeskirchenamt in Darmstadt und dessen Meinungsführern in der Kindergartensache, Olff und Albert Walther, bezogen. Aber so sehr darauf bestanden wurde, daß Anordnungen staatlicherseits nicht zu behaupten sind, sondern schriftlich vorzulegen – im Falle Rodheim v. d. Höhe nutzte es nichts. Nur vier Tage nach diesem Treffen teilte Ernst Sahner, seit Jahren Pfarrer am Ort, seinem zuständigen Dekan mit, daß der Bürgermeister, Robert Andrä, die Übergabe des Kindergartens der Kirchengemeinde gefordert habe und zwar nach Ablauf der nächsten zwei Wochen[226]. Mochte Carl Jäger, Dekan des Dekanats Homburg v. d. Höhe und zuständiger Pfarrer in Oberursel, nochmals unter Hinweis auf alle bislang im Dekanat in der Angelegenheit getroffenen Absprachen seinen Standpunkt darlegen und fordern, daß der Kindergarten von Sahner „mangels rechtlicher Grundlagen“ nicht zu übergeben sei[227], der Pfarrer von Rodheim v. d. Höhe entschied anders. Auch Röhricht, mit dem er Verbindung aufgenommen hatte, konnte seinen Amtsbruder keineswegs umstimmen, und ihm blieb nur die Bitte um eine ordnungsgemäße Abwicklung[228]. Die Einschaltung des Landeskirchenamtes und seiner Abteilung I in Darmstadt war aber ebensowenig ausschlaggebend wie der Kontakt zur NSV-Kreisamtsleitung in Gießen unter Wilhelm Frank, den Sahner benachrichtigt hatte[229]. Beide Instanzen, Landeskirchenamt wie NSV-Kreisamtsleitung, waren zwar mitbestimmende Faktoren, aber entscheidend war, daß der Kirchenvorstand es in keinem Falle wünschte, durch Proteste gegen staatliche Stellen „die Lage der Kirche zu verschlimmern.“ Da im übrigen bereits eine Vielzahl anderer Gemeinden ihre Kinder-

---

[224] Bericht Carl Jäger an Landeskirchenamt, Abt. III, Wiesbaden, vom 3.7.1941 (LKA DARMSTADT, 1/2242).

[225] Schreiben Carl Jäger an Sahner vom 7.7.1941 (LKA DARMSTADT, 1/2241).

[226] Schreiben Sahner an Carl Jäger vom 8.7.1941 (EBD.).

[227] Schreiben Carl Jäger an Sahner vom 19.7.1941 (EBD.).

[228] Schreiben Röhricht an Sahner vom 10.7.1941 (EBD.).

[229] Schreiben Sahner an NSV-Kreisamtsleitung Gießen vom 16.7.1941 (EBD.); und Schreiben Olff an Sahner vom 19.7.1941 (EBD.).

gärten überführt hatten, war es für Sahner, nicht zuletzt als Parteigenosse, vorrangig, „Ruhe und ein einigermaßen gutes Einvernehmen [zu] erhalten" in der Gemeinde. Deshalb hatte er den Kindergarten, wie er betonte, „freiwillig" übergeben. „Damit wäre der Fall also erledigt", meinte er, und sein Dekan konnte nur noch am Rande bemerken: „typisch!"[230]

Dekan Carl Jäger, Bruder des ehemaligen Staatskommissars und „Rechtswalters" der DEK und jetzigen Stellvertreters des Reichsstatthalters im „Reichsgau Wartheland", beurteilte in dieser Weise knapp einen Fall, in dessen Verlauf in vorauseilendem Gehorsam von Gemeindeseite ebenso wie kirchenbehördlicherseits die Übergabe eines evangelischen Kindergartens an die NSV entscheidend gefördert worden war. Daß dieser Typik die Ereignisse auch andernorts folgten und damit das Urteil Carl Jägers als durchaus zutreffend erwiesen, zeigen die Auseinandersetzungen in Wiesbaden. Hier beabsichtigte Albert Kötschau, Bevollmächtigter der Finanzabteilung für den Bereich der Evangelischen Gesamtkirchengemeinde Wiesbaden, den Kindergarten der Ring- und Kreuzkirchengemeinde, den der Bergkirchengemeinde und auch den der Lutherkirchengemeinde an die NSV zu überführen. Dazu hatte er am 12. Juli 1941 die Gemeinden aufgefordert. Er wollte damit die Gemeinden von den hohen Aufwendungen entlasten[231]. Er war davon ausgegangen, daß die Überleitung an die NSV seitens der Dienstaufsichtsbehörde „erwünscht sei und gefördert würde". Der für die Ring- und Kreuzkirchengemeinde zuständige Pfarrer Walter Mulot, zugleich Dekan des Dekanats Wiesbaden-Stadt, hatte sich sofort darauf eingelassen, und wenige Tage später wurde bereits die Kostenschätzung des Inventars vorgenommen und der Vertrag mit der NSV vorbereitet[232].

Offenbar rechnete Mulot damit, den zwischen ihm und Wilhelm Hahn, Pfarrer an der Ringkirche und im Gegensatz zu Mulot der BK zugehörig, seit 1935 schwelenden Streit wenn nicht beizulegen, so doch zu erledigen. Dabei war es um die in Konsequenz der Dahlemer Beschlüsse der BK von 1934 für Hahn gerechtfertigte Verweigerung der Herausgabe von Akten und eines Sparkassenbuches gegangen[233]. Obwohl Mulot noch 1938 in übler Weise gegen Hahn und seine „jüdisch-christliche Denkweise" polemisiert und die Sache gar reif dafür gehalten hatte, im „Schwarzen Korps" veröffentlicht zu werden[234], war es ihm nicht gelungen, das Ganze in seinem Sinne mit einer

---

230 Schreiben Sahner an Carl Jäger vom 21./22.7.1941 (EBD.).

231 Schreiben Evangelische Frauenhilfe der Lutherkirche Wiesbaden an Kötschau vom 15.7.1941 (LKA DARMSTADT, 1/2242).

232 Schreiben Kötschau an Landeskirchenamt, Abt. III, Wiesbaden, vom 21.7.1941 (EBD.).

233 Schreiben Hahn an Mulot vom 8.6.1935; Schreiben Hahn an Mulot vom 24.8.1935; Schreiben Mulot an Finanzabteilung der Evangelischen Landeskirche Nassau-Hessen vom 5.12.1936; Schreiben Mulot an Landeskirchen-Kanzlei vom 18.8.1937; Schreiben Mulot an Finanzabteilung beim Landeskirchenamt vom 16.8.1938 (EBD.).

234 Schreiben Mulot an Finanzabteilung beim Landeskirchenamt vom 16.8.1938 (EBD.).

Vertreibung Hahns zu lösen. Eine Übergabe des Kindergartens an die NSV hätte ihn nun aller Probleme entledigen können. Aber weder Mulot noch Kötschau hatten mit Max Fries, dem Pfarrer der Bergkirchengemeinde, und schon gar nicht mit der Vorsitzenden der Frauenhilfe der Lutherkirchengemeinde, Frida Engelbert, gerechnet. Diese beiden protestierten und erreichten eine Besprechung mit Mulot am 15. Juli 1941. Deren Ergebnis war die gemeinsame Feststellung, daß „eine direkte Anweisung seitens Darmstadts wegen Übergabe bis jetzt nicht erfolgt ist."[235] Deshalb mußte Mulot, wohl durchaus widerwillig, Kötschau bitten, zunächst seine Bemühungen einzustellen. Fries und Engelbert war dies indessen nicht genug. Während Fries dem Bevollmächtigten der Finanzabteilung, Kötschau, vorhielt, daß es nicht dessen Sache sei, „in geistlich-seelsorgerlichen Angelegenheiten der Gemeinde Entscheidungen zu treffen"[236], legte Engelbert Rechtsverwahrung ein und teilte das Olff mit[237]. Kötschau, unsicher geworden, bat um eine klare Entscheidung der Kirchenbehörde in Darmstadt. Er wollte wissen, ob die Überleitung „erwünscht" sei oder nicht oder ob ihr sogar „Widerstand entgegengesetzt werden soll."[238]

In der erbetenen Weise deutlich allerdings war Olffs Bescheid nicht, obwohl er darauf hinwies, daß die seinerzeitigen „Richtlinien" nicht in dem Sinne gemeint gewesen seien, „als ob damit die Kirchenbehörde die Überleitung anordne."[239] Gleichzeitig nämlich erläuterte er auch, daß sie gedacht seien für den Fall, daß man einer ohne Zweifel erfolgenden staatlichen Anordnung aus dem Weg gehen und den ihr gewiß folgenden Zwangsmaßnahmen durch freiwillige Übergabe zuvorkommen wolle. Als Kötschau die Stellungnahme Olffs in Händen hielt, konnte es auch ihm nicht schwerfallen zu beteuern, er „wollte auch lediglich vorausschauend handeln, denn die Stellung des freiwillig Überführenden wäre schließlich eine andere gewesen."[240] So mußte er tatsächlich, wollte er in der Logik seiner Anpassungshaltung bleiben, argumentieren, und die Entwicklung der Dinge schien für diese Logik zu sprechen. Denn als Kötschau am 2. August 1941 dem Landeskirchenamt und dessen Abteilung I in Darmstadt seine Selbstrechtfertigung zusandte, waren schon zum 1. August 1941 alle evangelischen Kindergärten zur NSV übergeleitet worden.

Es mag dahingestellt bleiben, ob die Überleitung überall in gleicher Weise wie in Rodheim v. d. Höhe aus Sicht der NSV ohne Schwierigkeiten oder wie in Worms, in Wiesbaden und in Frankfurt/Main mit mehr oder weniger

235 Schreiben Mulot an Kötschau vom 16.7.1941 (EBD.).

236 Schreiben Fries an Kötschau vom 17.7.1941 (EBD.).

237 Schreiben Engelbert an Kötschau vom 15.7.1941 (EBD.).

238 Schreiben Kötschau an Landeskirchenamt, Abt. III, Wiesbaden, vom 21.7.1941 (EBD.).

239 Schreiben Olff an Kötschau vom 22.7.1941 (EBD.).

240 Schreiben Kötschau an Olff vom 2.8.1941 (EBD.).

starker Gegenwehr geschah[241]. Der Oberbürgermeister der Stadt Frankfurt/Main, Dr. Fritz Krebs, konnte sich – auch das mochte typisch sein – sogar veranlaßt sehen, der Propstei für ihre „Mitwirkung“ und „bisherige Unterstützung“ bei der Überleitung der evangelischen Kindergärten ausdrücklich zu danken[242]. Jedenfalls konnten die NS-Größen in Nassau-Hessen – und man wird in diesem Fall auch Johlen und Richard Hildebrandt dazu rechnen können – trotz möglicherweise unterschiedlicher Macht- und Kompetenzansprüche[243] sich in der Sache der Kindergärten am Ziel sehen. Was nach Meinung des Vorgängers von Fuchs in der NSV-Gauamtsleitung, des nunmehr im Krieg stehenden Haug, seit Mitte des Jahres 1939 keinen Aufschub mehr vertragen hatte und bei Hinzuziehung des Erlasses aus dem Ministerium Rusts vom 1. Juni 1938 hätte von diesem Zeitpunkt an auch legal erfolgen können[244] – mit Maßnahmen auf Grund einer „ministeriellen Anordnung“, auf die immerhin Johlen, vom SS-Gruppenführer und nachmaligen General der Polizei und Chef des Rasse- und Siedlungshauptamtes im RSHA unterstützt, seit Mitte 1940 unter Einschaltung Himmlers gedrängt hatte, war es in Nassau-Hessen erreicht, „daß der Betrieb von Kindergärten allein und ausschließlich Aufgabe der NSV ist.“[245]

Am 23. Juni 1941 hatte Sprenger nichts weiter getan, als die Fortführung konfessioneller Einrichtungen über den 31. Juli 1941 hinaus untersagt[246]. Ohne daß die Verfügung recht bekannt war, obwohl man allenthalben sie allein behauptend von ihr sprach, ohne sich auf ihren Wortlaut zu berufen oder seine Bekanntgabe zu fordern[247] – die Willensäußerung des Reichs-

241 Eine Gegenwehr wird weder erkennbar etwa bei J. MINGO, 100 Jahre, noch bei W. KLOTZ, Festschrift.

242 Schreiben Krebs an Evangelische Propstei Frankfurt/Main vom 5.8.1941, nach S. RICHTER, Die Entwicklung des Kindergartenwesens, S. 106.

243 Zu den Auseinandersetzungen zwischen dem Gauleiter des NSDAP-Gaues Hessen-Nassau, Jakob Sprenger, dem Oberpräsidium in Kassel unter Prinz Philipp von Hessen sowie dem Landeshauptmann Wilhelm Traupel, siehe D. REBENTISCH, Führerstaat, S. 219ff.

244 W. HAUG, Wohlfahrtsarbeit, S. 181. Siehe II Kap. II.1.1., S. 170 mit Anm. 187.

245 Schreiben Johlen an Richard Hildebrandt vom 12.7.1940 (IFZ MÜNCHEN, MA 605).

246 Erwähnt im Schreiben Landratsamt Erbach/Odenwald an Evangelische Kirchengemeinde Michelstadt vom 8.7.1941 (LKA DARMSTADT, 1/2241).

247 Sahner berief sich auf eine Verfügung des zuständigen Reichsstatthalters im Schreiben an Carl Jäger vom 8.7.1941 (LKA DARMSTADT, 1/2242); Kötschau verwies auf eine Verfügung „zur sofortigen Überleitung“ im Schreiben an Olff vom 2.8.1941 (EBD.) und Röhricht berichtete dem CA am 17.11.1941 (ADW, CA/O 175) ohne genauere Angaben, „auf Grund einer Verordnung des Reichsstatthalters“ sei die Übergabe zum 1.8.1941 geschehen. Vgl. Schreiben Bartholomäus an v. Heyl vom 22.5.1941: „Der von mir ... genannte Termin für den in Aussicht stehenden Erlaß des Reichsstatthalters hat nicht, wie ich irrtümlicherweise angenommen hatte, den Stichtag für die Herausgabe eines besonderen Gesetzes des Reichsstatthalters gebracht, sondern dieser Termin ist vom Reichsstatthalter der NSV gesetzt worden, daß bis zu diesem Tage alle Kindergärten, soweit wie in dem Erlaß des Reichs- und Preußischen Ministers des Innern angegeben, von der NSV übernommen sein müssen.“ (ADW, CA 850a I).

statthalters hatte ohne weitere legalisierende Verwaltungsakte zum Erfolg geführt, jedenfalls aus der Sicht von NSDAP und NSV, der Machthaber und ihrer Gehilfen. Danach konnte der Erlaß, den Pfeffer v. Salomon für das Wiesbadener Regierungspräsidium am 16. Juli 1941 herausgab und mit dem Landräte und Bürgermeister unterrichtet wurden, daß die NSV „in Ausführung“ des Runderlasses vom 21. März 1941 „im Laufe des Monats August“ alle nichtkommunalen Kindergärten übernehmen solle und „bei den Durchführungsverhandlungen zu unterstützen“ sei[248], wenn auch Exekution des Bormannschen Schreibens an die Gauleiter vom 11. Mai 1941, eher nur nachträglich legitimierenden Charakter haben. Denn bereits zu diesem Zeitpunkt war die freiwillige Überführung der evangelischen Einrichtungen so gut wie abgeschlossen. In Nassau-Hessen mußte das Schreiben Bormanns, mit dem er am 30. Juli 1941 unter Berufung auf den „Führer“ anordnete, die Beschlagnahme von kirchlichem Vermögen habe „bis auf weiteres zu unterbleiben“[249], jedenfalls im Blick auf die evangelischen Kindergärten gänzlich unnötig sein.

Als Röhricht Mitte Januar 1942 seinen Bericht für Nassau-Hessen für das Jahr 1941 an die Vereinigung sandte, mußte er mitteilen, daß nur drei Einrichtungen mit etwa 135 Plätzen dem Evangelischen Verband für Kinderpflege in Nassau-Hessen geblieben waren. Am 1. August 1941 waren von zum Jahresbeginn 185 Einrichtungen 182 mit etwa 13.700 Plätzen in die NSV überführt worden[250]. Indessen daß „hierdurch der sogenannten konfessionellen Wohlfahrtspflege sozusagen an der Wurzel das Wasser abgegraben“ wäre, wie Richard Hildebrandt in Frontstellung gegen die christlichen Kirchen suggerieren wollte[251], das sollte sich im weiteren Verlauf der Ereignisse nicht mehr mit letzter Eindeutigkeit – weder in Nassau-Hessen noch im gesamten Deutschen Reich – erweisen können.

3.5. Rheinprovinz

Am 28. April 1941 trafen sich in Köln die Mitglieder des Vorstandes des Evangelischen Verbandes für Kinderpflege in der Rheinprovinz. Es sollten „wichtige Fragen des Fortbestandes unserer evangelischen Kinderpflegearbeit zur Besprechung kommen.“[252] Was die anwesenden Ohl und Nell, was Wilhelm Horning und Johannes Hanke, was Karl Schreiner, seit fünfzehn Jahren Pfarrer in Essen-Borbeck, und Walter Wolff, ebensolange Pfarrer in Saar-

---

248 LKA DARMSTADT, 1/2241; vgl. dazu auch M. BERGER, Vorschulerziehung, S. 238f.

249 Schreiben Partei-Kanzlei, Führerhauptquartier, [Bormann] an alle Gauleiter vom 30.7. 1941 (BA BERLIN, R 18/3080). Siehe II Kap. III.3.1., S. 569 mit Anm. 41.

250 Schreiben Röhricht an Vereinigung vom 17.1.1942 (ADW, VKD 22); sowie VEREINIGUNG, Arbeitsbericht 1.4.1941–31.3.1942 [S. 3].

251 Schreiben Richard Hildebrandt an Himmler vom 18.7.1940 (IFZ MÜNCHEN, MA 605).

252 Schreiben Ohl an Superintendent Ernst Gillmann in Simmern/Hunsrück vom 24.4.1941 (ADWRH DÜSSELDORF, OHL 61.3.3.).

brücken, was Anneliese Becker, die kompetente und einsatzbereite Mitarbeiterin Ohls, was Änne Kohlstadt, seit mehr als zehn Jahren Leiterin des Pestalozzi-Heimes des Rheinisch-Westfälischen Diakonievereins für evangelische Wohlfahrtspflege in Köln-Lindenthal und was Emma Vorwerk, seit langen Jahren Vorstandsmitglied im Synodalverband für Kinderpflege in Barmen, was sie alle bewegte, war nicht allein eine allgemeine Beunruhigung darüber, daß die Folgen des Erlasses vom 21. März 1941 noch nicht abzusehen waren. Was sie „in ernste Sorge um den Fortbestand unserer evangelischen Kinderpflegearbeit versetzt[e]"[253], obwohl der Erlaß auf den ersten Blick eine „Relativierung" der Vereinbarung zwischen NSV und Hauptamt für Kommunalpolitik und „Stellvertreter des Führers" vom 16. Oktober 1939 schien[254], das waren die Vorgänge in anderen Ländern des Reiches, besonders die in Thüringen und Sachsen. Es war die Beobachtung, daß es sich nicht mehr nur um die bisher bekannten örtlichen Vorstöße handelte, sondern die „Gesamtheit unserer Arbeit bedroht"[255] und die Rheinprovinz davon nicht ausgenommen war. Der „Erfolg", von dem Ohl noch zwei Monate zuvor im Blick auf das Ergebnis der statistischen Umfrage und auf den Bestand evangelischer Kindergärten in der Rheinprovinz gesprochen hatte, war in hohem Maße in Frage gestellt[256].

Die Beunruhigung darüber war um so größer, als man bislang angenommen hatte, daß die Dinge, „nicht in der gleichen Weise gehandhabt würden wie in Thüringen und Sachsen." Im Vorstand war man bis dahin der Meinung, nicht zuletzt auf Grund der Kenntnisse und Einsichten, die Ohl durch seine im Zusammenhang mit der Vorbereitung des planwirtschaftlichen Abkommens durchgeführten Umfrage gewonnen hatte, daß die Verhältnisse das nicht zuließen. Mit Stolz konnte man darauf verweisen, daß in der Rheinprovinz von 633 evangelischen Kirchengemeinden 282 Träger eines Kindergartens waren, während dagegen in Thüringen und Sachsen „der Gesamtverlust 110 Tagesstätten mit 6.000 Kindern beträgt."[257] Ohl hatte darauf bereits zehn Tage vor der Kölner Vorstandssitzung des Evangelischen Verbandes für Kinderpflege in der Rheinprovinz hingewiesen, als er in Bremen mit Constantin Frick, Wendelin und Schirmacher über die Grundsätze eines plan-

253 Protokoll (ADWRH DÜSSELDORF, OHL 61.8.11.).

254 G. VAN NORDEN, Die Innere Mission, S. 118 mit Anm. 81. Vgl. R. BOOKHAGEN, Evangelische Kinderpflege, S. 98. Siehe II Kap. II.3., S. 462f. mit Anm. 36.

255 Bericht Ohl „Über den gegenwärtigen Stand unserer Arbeit" mit handschriftlichem Vermerk „Vorstandssitzung am 28.4.41 in Köln" (ADWRH DÜSSELDORF, OHL 61.8.11.).

256 Bericht Ohl zur Arbeitslage vom 15.3.1941 (ADWRH DÜSSELDORF, OHL 6.1.5.). Vgl. dazu G. VAN NORDEN, Die Innere Mission, S. 119 mit Anm. 88. Allerdings kann es nicht dieser von Ohl apostrophierte Erfolg sein, der zu diesem Zeitpunkt den Erfolg der Inneren Mission in der Zeit von 1933 bis 1945 hinsichtlich der Kindergärten in der Rheinprovinz ausmacht. Insofern ist van Nordens Bilanz verfrüht (EBD., S. 121–123).

257 Bericht Ohl „Über den gegenwärtigen Stand unserer Arbeit" mit handschriftlichem Vermerk „Vorstandssitzung am 28.4.41 in Köln" (ADWRH DÜSSELDORF, OHL 61.8.11.).

wirtschaftlichen Abkommens verhandelt hatte und wohl eben auch deswegen als Mitglied des Vorstandes des CA und als Geschäftsführer des Rheinischen Provinzial-Ausschusses für Innere Mission nicht wie Schirmacher eindeutig für eine Übergabe an die NSV plädieren wollte[258]. Berücksichtigte man noch die etwa 450 katholischen Kindergärten, so lag es für die Verantwortlichen, und an ihrer Spitze für Ohl, auf der Hand, daß eine Überführung von etwa 700 konfessionellen Einrichtungen an die NSV kaum in Frage käme, da dieser doch die finanziellen Mittel und die personellen Voraussetzungen dafür fehlten[259]. Zudem aber konnte man angesichts der Entwicklung in den anderen Ländern des Deutschen Reichs zu dem Schluß kommen, daß mit einem einheitlichen Vorgehen der NSV und ihrer lokalen Erfüllungsgehilfen nicht zu rechnen war.

Daß man nicht wußte, womit zu rechnen war, „daß die Dinge noch vollkommen ungeklärt sind“, das machte die „ernste Besorgnis“ aus. Außerdem konnte zu diesem Zeitpunkt bereits aus der Rheinischen Kirchenprovinz selbst davon berichtet werden, daß die Kindergartenfrage zwar einerseits tatsächlich „nicht in der gleichen Weise gehandhabt“ wurde wie andernorts, aber andererseits auch ganz anders als man erwarten konnte[260].

Eine Woche vor dem gemeinsamen Erlaß von Reichsministerium des Innern und „Stellvertreter des Führers“ hatte am 14. März 1941 Bürckel, inzwischen auch Reichsverteidigungskommissar für den NSDAP-Gau Saarpfalz, wie seine Kollegen Gauleiter in Sachsen und Thüringen in einer Anordnung verfügt, daß „kirchliche Organisationen“ keine Kindergärten mehr unterhalten und leiten dürften. Genehmigungen zum Betrieb der Kindergärten wurden widerrufen und festgestellt, daß die NSV die Fortführung der Einrichtungen übernimmt[261]. Jedoch ganz anders als in Sachsen und Thüringen stellte die NSV nirgendwo in der Saarpfalz einen Antrag auf Übernahme einer evangelischen Einrichtung. Als dann auch die Stadtverwaltung von Saarbrücken höchst zurückhaltend reagierte, war die beabsichtigte Wirkung bereits in Frage gestellt. Nachdem doch, besonders in Gebieten mit überwiegend katholischer Bevölkerung und in Lothringen durch Aktionen von Kreisleitern, Kindergärten geschlossen worden waren und die Eltern heftig protestiert und sich mit ihrem Unmut schriftlich, zwar nicht wie in Sachsen an den Reichsverteidigungsrat, aber doch an den Reichsverteidigungskom-

---

[258] Notizen Ohl für die Bremer Verhandlungen am 17./18.4.1941 (ADWRH DÜSSELDORF, OHL 10.1.7. II): „Es ist eben ein Unterschied, ob in 800 Thüringer Gemeinden 25 einen Kindergarten gehabt haben, ob im Freistaat Sachsen bei 1.500 Pfarrstellen 66 Kindergärten existierten ... Rheinland bei 633 Kirchengemeinden 282 Kindergärten ... unterhält.“

[259] Bericht Ohl „Über den gegenwärtigen Stand unserer Arbeit“ mit handschriftlichem Vermerk „Vorstandssitzung am 28.4.41 in Köln“ (ADWRH DÜSSELDORF, OHL 61.8.11.).

[260] Schreiben Ohl an Gillmann vom 24.4.1941 (ADWRH DÜSSELDORF, OHL 61.3.3.).

[261] Reichskommissar für die Saarpfalz, Anordnung betr. Kindertagesstätten vom 14.3.1941 (EZA BERLIN, 1/C3/180; ADWRH DÜSSELDORF, OHL 61.8.11.).

missar Bürckel gewandt hatten, waren weitere Maßnahmen unterblieben. Bürckel hatte sich eine Entscheidung in jedem Einzelfall vorbehalten. Diese Entschärfung der Maßnahmen ließ die Frauen und Männer im Vorstand des Evangelischen Verbandes für Kinderpflege in der Rheinprovinz damit rechnen, daß überall dort, wo Schwierigkeiten entstünden, die Übergabe „bis nach Kriegsschluß" ausgesetzt werden würde[262]. Gleichzeitig jedoch mußten sie sehen, daß die „weltanschaulichen Kampfstellen" im Regierungsbezirk Aachen Anfang April 1941 eine Verschärfung der Auseinandersetzungen um die Kindergärten bewirkten[263].

Am 5. April 1941 begann die Gestapo in Aachen, katholische Kindergärten sicherzustellen[264]. In höchstem Maße beunruhigend mußte sein, daß bei diesem Zugriff weder der Erlaß vom 21. März 1941 noch etwa das Reichsleistungsgesetz, das ja eine Beschlagnahme ermöglicht hätte, als Rechtsgrundlage gebraucht wurden oder überhaupt eine Rolle spielten. Daß die Gestapo eingesetzt wurde, um Verwaltungsanordnungen der Kommune, der Landes- oder Provinzialverwaltung durchzusetzen, das hatte man in den zurückliegenden Jahren allenthalben erfahren. Das Neue, Überraschende und Besorgniserregende an der Maßnahme in Aachen war auch nicht, daß man sich auf die Verordnung des Reichspräsidenten zum Schutz von Volk und Staat vom 28. Februar 1933[265] berief. Die Anwendung dieses „Kommunistengesetzes" war seit den Ereignissen im fränkischen Kornburg und im badischen Kork nicht nur aus Baden und Bayern, sondern auch aus Mecklenburg, aus Hessen, aus Württemberg bekannt. Gegen den damit verbundenen Vorwurf politischer Unzuverlässigkeit hatten sich die Verantwortlichen der evangelischen Kinderpflege ebenso zur Wehr setzen müssen wie gegen die Gestapo-Einsätze, mit denen die Machthaber ihre Maßnahmen durchzusetzen suchten. Insofern lag die Anwendung dieser Verordnung nach wie vor in der Konsequenz der Entwicklung. Dementsprechend bedeutete es schließlich auch keine Überraschung, wenn „gegen die staatspolizeiliche Verfügung (ist) ein Rechtsmittel nicht gegeben" war[266]. Man wußte ja seit den Korker Ereignissen, daß es nach dem Gesetz über die Geheime Staatspolizei nur den aussichtslosen

---

262 Protokoll der Vorstandssitzung des Evangelischen Verbandes für Kinderpflege in der Rheinprovinz am 28.4.1941 (ADWRH DÜSSELDORF, OHL 61.8.11.); siehe auch Bericht Ohl zur „Vorstandssitzung des Evangelischen Verbandes für Kinderpflege in der Rheinprovinz am 14.11.1941" (EBD.).

263 Protokoll der Vorstandssitzung des Evangelischen Verbandes für Kinderpflege in der Rheinprovinz am 28.4.1941 (EBD.); vgl. Bericht Söllner über die 20. Mitgliederversammlung der Vereinigung am 28.5.1941 (LKA NÜRNBERG, KrD Nürnberg 341).

264 Verfügung der Staatspolizeistelle Aachen vom 5.4.1941 als Anlage zum Schreiben Bertram an Wilhelm Frick vom 3.6.1941 (L. VOLK, Akten V, Dok. Nr. 659, S. 368–374, hier S. 369 mit Anm. 2; und H. VORLÄNDER, Die NSV, Dok. Nr. 271, S. 479).

265 RGBl 1933 I, S. 83.

266 Bericht Ohl „Über den gegenwärtigen Stand unserer Arbeit" mit handschriftlichem Vermerk „Vorstandssitzung am 28.4.41 in Köln" (ADWRH DÜSSELDORF, OHL 61.8.11.).

Weg einer Dienstaufsichtsbeschwerde gab[267]. Das sicherte den Machthabern ihren Anspruch, die Legalität zu wahren. Das Überraschende und Gefährliche aber - und das mochte wohl etwas anderes sein als ein „spektakulärer Höhepunkt“[268] - an der Aktion war die Konsequenz und Rigorosität der Durchführung, die man im Blick auf die Kindergärten in Aachen beobachten mußte. Tatsächlich sollte sich später herausstellen, daß nicht einmal ein Gespräch, das Kreutz mit Hilgenfeldt am 7. Mai 1941 führte[269], eine Entschärfung der „immer verschärftere[n] Maßnahmen“[270] bewirken konnte. Innerhalb von sechs Wochen wurden über fünfzig katholische Kindergärten in der Diözese Aachen von der NSV übernommen[271].

Auch wenn zunächst ausschließlich katholische Einrichtungen von dieser Willküraktion betroffen waren, spurlos ging sie auch an der evangelischen Kinderpflege und ihren Einrichtungen nicht vorüber. Bis Ende April 1941 war jedenfalls der Kindergarten der Evangelischen Kirchengemeinde in Hükkelhoven im Kreis Erkelenz von einer Beschlagnahme-Aktion der Gestapo betroffen. Am 19. April 1941, dem Sonnabend nach Ostern, waren zwei Männer der Gestapo bei der Leiterin des Kindergartens, Schwester Gertrud Schultheis, einer Diakonisse aus dem Diakonissenmutterhaus Neu-Vandsburg[272], erschienen, hatten mit ihr den Kindergarten besichtigt und ihr ein an sie adressiertes Schreiben des Gestapa Aachen überreicht. Unter Berufung auf die Verordnung zum Schutz von Volk und Staat vom 28. Februar 1933 und auf das Gesetz über die Geheime Staatspolizei vom 10. Februar 1936 war damit der Kindergarten „staatspolizeilich sichergestellt“, und es war verfügt worden, daß „von diesem Augenblick an die Leitung des Kindergartens mit allen sich daraus ergebenden Rechten ausschließlich an die NSV über[geht]“[273]. Das hatte zur Folge gehabt, daß Schwester Gertrud den Männern der Gestapo die Schlüssel aushändigen, ihre persönlichen Sachen zusammenpacken und das Haus verlassen mußte. Zwei Tage später, am Montag, war der Kindergarten als NSV-Kindergarten eröffnet worden. Wenig später sollte

---

267 GS 1936, S. 21–22; auch H. BUCHHEIM, Die SS, S. 46–47.

268 Vgl. E. HANSEN, Wohlfahrtspolitik, S. 224.

269 Vgl. TH. SCHNABEL, Die Auseinandersetzung, S. 82. Vgl. auch H. VORLÄNDER, Die NSV, Dok. Nr. 271–273, S. 479–482.

270 A. BECKER, Die Evangelische Kinderpflege, S. 159.

271 Schreiben Kreutz an Hilgenfeldt vom 24.5.1941 (L. VOLK, Akten V, Dok. Nr. 655, S. 358–360); Schreiben Hilgenfeldt an Kreutz vom 4.6.1941 (L. VOLK, Akten V, Dok. Nr. 661, S. 375f.; H. VORLÄNDER, Die NSV, Dok. Nr. 274, S. 483).

272 Das Diakonissenmutterhaus Neu-Vandsburg in Elbingerode gehört wie das Diakonissen-Mutterhaus Hebron in Marburg zum Deutschen Gemeinschafts-Diakonieverband. Siehe M. MORGENSTERN, Geistliche Autonomie; E. G. RÜPPEL, Die Gemeinschaftsbewegung. Vgl. II Kap. I.1.1., S. 34ff.

273 Bericht Ohl „Über den gegenwärtigen Stand unserer Arbeit“ mit handschriftlichem Vermerk „Vorstandssitzung am 28.4.41 in Köln“ (ADWRH DÜSSELDORF, OHL 61.8.11.).

es den Kindergärten der evangelischen Gemeinden in Geilenkirchen-Palenberg und in Düren ebenso ergehen[274].

Als diese Dinge am 28. April 1941 im Verlauf der Vorstandssitzung des Evangelischen Verbandes für Kinderpflege in der Rheinprovinz in Köln erörtert wurden, wußte natürlich keines der Vorstandsmitglieder, daß sich die Vorgänge, die man in der Diözese Aachen sich hatte abspielen sehen, nur vier Wochen später in Köln selbst wiederholen sollten. Am Himmelfahrtstag, am 22. Mai 1941, sollte es geschehen. Zusammen mit 73 katholischen[275] wurden 17 evangelische Kindergärten[276] auf Grund einer Verfügung der Staatspolizeistelle Köln, die schon am 14. Mai 1941 ausgefertigt worden war, „mit sofortiger Wirkung staatspolizeilich sichergestellt."[277] Im Gegensatz zu dem, was in Hückelhoven, in Geilenkirchen-Palenberg und in Düren geschehen war, hatten die Mitarbeiterinnen in jedem Fall im Kindergarten zu verbleiben und weiter ihren Dienst zu versehen. Aber ebenso wie dort galt, „Zuwiderhandelnde haben staatspolizeiliche Maßnahmen zu erwarten."[278]

Das zeigte sofort Wirkung. Johannes Kühler, inzwischen mit den persönlichen Erfahrungen eines Strafverfahrens auf Grund des sogenannten Heimtückegesetzes[279] Gefängnisseelsorger in Köln, aber immer noch in der Leitungsverantwortung für das Evangelische Jugend- und Wohlfahrtsamt, war mit Nell als dem Vorsitzenden des Evangelischen Verbandes für Kinderpflege in der Rheinprovinz übereingekommen, nachdem sie sich Klarheit über die Lage verschafft hatten, beim Regierungspräsidium zu protestieren. Ohl riet davon ab. Er wies auf die im Gegensatz zu Thüringen, Sachsen und zum Regierungsbezirk Kassel gänzlich andere Lage in Köln hin. Dort hatten Regierungsstellen gehandelt, hier „die Gestapo auf dem Wege der Sicherstellung auf Grund der bekannten Verordnung von 1933." Wegen der Verordnung zum Schutz von Volk und Staat vom 28. Februar 1933 müsse alles vermieden werden, womit man „sich dem Vorwurf aussetzen würde, in irgendeiner Form Kritik an den Maßnahmen der Gestapo zu üben." Diese Tatsache allein

---

274 Bericht Ohl „Über die gegenwärtige Lage unserer Arbeit", Vorstandssitzung am 14.11. 1941 (EBD.).

275 TH. SCHNABEL, Die Auseinandersetzung, S. 82.

276 Bericht Söllner über die 20. Mitgliederversammlung der Vereinigung am 28.5.1941 (LKA NÜRNBERG, KrD Nürnberg 341); Aktennotiz über ein Gespräch im Evangelischen Konsistorium der Rheinprovinz am 30.5.1941 (ADWRH DÜSSELDORF, OHL 61.9.2).

277 Verfügung der Staatspolizeistelle Köln, vom 14.5.1941 (EBD.; Anlage zum Schreiben Bertram an Wilhelm Frick vom 3.6.1941, in: L.VOLK, Akten V, Dok. Nr. 659, S. 368–374, hier S. 369 mit Anm. 3).

278 EBD.

279 Kühler hatte 1937 über Mt. 16,1–4 – die Zeichenforderung der Pharisäer – gepredigt. Daraufhin war auf Grund des Gesetzes gegen heimtückische Angriffe auf Staat und Partei vom 20.12.1934 (RGBl 1934 I, S. 1269) gegen ihn ein Strafverfahren eingeleitet worden. Kühler verteidigte sich mit dem Hinweis auf M. Luthers Tischreden. Das Strafverfahren endete am 20.10.1937 mit einer Verwarnung Kühlers. Siehe dazu H. FAULENBACH, Ein Brief, S. 303, Anm. 23.

schon könne Anlaß geben, so Ohl schließlich, zu Maßnahmen der angekündigten staatspolizeilichen Art. Auch den Gemeinden sei von solchen Schritten abzuraten, da sie sich unnötigen Gefährdungen aussetzten. Ohl wußte wohl, daß er sich hier deutlich von der „katholischen Seite" unterschied, die ihren Gemeinden zum Protest geraten hatte[280]. Sie lag damit auch in Köln ganz auf jener Linie, die zu der scharfen Eingabe Bertrams vom 3. Juni 1941 führte, in dem auch die Ereignisse in Köln angesprochen und als „Verletzung des geltenden Rechts" erklärt wurden[281].

Gewiß sah auch Ohl die Rechtsverletzung, die mit der Maßnahme der Gestapo geschehen war, aber er beurteilte die Lage nicht allein unter diesem Gesichtspunkt, sondern betrachtete die entstandene Situation auch als Chance für eine Weiterführung der Arbeit. Dementsprechend verfolgte er eine doppelte Taktik. Einerseits setzte er auf Abwarten und, falls erforderlich, Verhandeln. Auf der anderen Seite sah er, wenn denn die Maßnahmen der Gestapo tatsächlich zu einem Verlust der Kindergärten führen sollten, „nur die Form zerschlagen, der Auftrag aber bleibt."[282] Das hatte er schon immer so vertreten und sich darin von manchem unterschieden. Darum sah er jetzt auch in der Schließung der Kindergärten für die Gemeinden – und darauf wies er auch in Pfarrbesprechungen hin – „keine Entlastung, sondern eine Intensivierung der Arbeit", und sie bestand auch für ihn in der Wahrnehmung der katechetischen Aufgabe[283]. Ohne damit Vorstellungen von einer „Kleinkinder-Gemeindehelferin" zu entwickeln, wie es zwei Jahre zuvor Dölker getan hatte und was von ihm selbst eher skeptisch beurteilt worden war[284], mit der Aufforderung zu katechetischem Dienst in der Gemeinde unterschied sich Ohl von keinem Verantwortungsträger der evangelischen Kinderpflege mehr, da man doch in der Vereinigung schon lange unter v. Wichts Mitwirkung die biblische Unterweisung zur neuen Form kirchlicher Betreuung der Kinder im Vorschulalter entwickelt hatte.

Nach den Aktionen der Gestapo indessen rechnete Ohl durchaus damit, daß die NSV am Fortbestand der unklaren Rechtssituation interessiert wäre. So jedenfalls mußte er das Ergebnis der Besprechung deuten, das Kühler schon zwei Tage nach der Gestapoaktion vom Himmelfahrtstag im NSV-Gauamt geführt hatte[285]. Danach lagen alle Betriebs- und Personalkosten bei den bisherigen Trägern, alle Aufsichtsbefugnisse bei der Gestapo, wobei die

280 Schreiben Anneliese Becker an Kühler vom 24.5.1941 (ADWRH DÜSSELDORF, OHL 61.9.2.).

281 L. VOLK, Akten V, Dok. Nr. 659, S. 368–374, hier S. 369f.

282 Handschriftlicher Vermerk Ohls auf „Bericht über die gegenwärtige Lage unserer Arbeit" Vorstandssitzung am 14.11.1941 (ADWRH DÜSSELDORF, OHL 61.8.11.).

283 Vortragsskizze Ohl zur Pfarrerbesprechung in Elberfeld am 4.7.1941 und in Duisburg am 15.7.1941 (EBD.).

284 Siehe II Kap. II.1.2., S. 401f. mit Anm. 87.

285 Schreiben Kühler an Ohl vom 24.5.1941 (ADWRH DÜSSELDORF, OHL 61.9.2.).

NSV mit der praktischen Durchführung dieser Aufgaben betraut worden war[286]. Wie eine endgültige Regelung aussehen sollte, ob sie von zentraler Stelle, vom Berliner NSV-Hauptamt etwa, zu erwarten oder ob regional eine schließliche Lösung zu finden wäre, war ebenso unklar, wie zunächst im Dunkeln blieb, wer die Aktion veranlaßt hatte. Die NSV-Gauamtsleitung unter dem umtriebigen Gauamtsleiter Alfons Schaller jedenfalls hatte behauptet, dazu nicht den Auftrag gegeben zu haben. Kühler und Ohl waren das zu glauben auch deswegen bereit, weil die Begründung, wegen der Personalschwierigkeiten könne kein Interesse daran bestehen und die Aktion käme deswegen sehr ungelegen, durchaus plausibel schien[287]. Der Mangel an geeigneten Kräften war allgemein bekannt, und darüber hatte die NSV schon lange geklagt[288].

Offenbar nahmen die Verantwortlichen in der evangelischen Kinderpflege in der Rheinprovinz nicht wahr oder berücksichtigten die Wahrnehmung nicht, daß die NSV in Folge dieser Sicherstellungsaktion durch die Gestapo sich keineswegs vor ein Personalproblem oder sonst gar eine Kostenfrage gestellt sah. Unter der Meinungsführung Ohls rechnete, wie es schien, niemand mit der Möglichkeit, daß sich in diesem Fall die Gauleitung des NSDAP-Gaues Aachen-Köln unter Josef Grohé auf Initiative Schallers ins Spiel gebracht haben könnte. Grohé hatte kein Staatsamt inne, konnte also nicht aus einer staatlichen Funktion, wie seine „Kollegen“ in Sachsen etwa oder Thüringen, Macht sichern und Interessen durchsetzen. Die Gestapo war das einzige Instrument, mit dem er, scheinbar legal, an der Regierung vorbei, in diesem Fall die Kindergartensache im Interesse der NSV vorantreiben und lösen konnte[289]. Ohl und seine Mitstreiter begnügten sich mit dem, was man ihnen mitteilte. Vielleicht war für sie auch die durch die staatspolizeilichen Maßnahmen geschaffene Situation wichtiger als die Frage, wie es dazu gekommen war. Gleichviel – der Stand der Dinge war für Ohl zu diesem Zeitpunkt vergleichbar dem, der im November 1939 in Westfalen auf dem Vereinbarungswege zustande gekommen war[290]. Neben den Risiken, die ein Protest in seinen Augen für einzelne Personen hätte bedeuten können, wollte er auch die Chancen, die in der durch die Gestapo geschaffenen Situation für die evangelischen Kindergärten lagen, wie er es sah, nicht gefährden. Erst dann, wenn die NSV selbst den kirchlichen Charakter der Arbeit in Frage stellte, wollte er verhandeln. Auch dann erst wäre es erforderlich, durch geeignete Stellungnahmen etwa des Evangelischen Konsistoriums der Rheinprovinz und des

---

286 EBD.; und Aktennotiz über ein Gespräch im Evangelischen Konsistorium der Rheinprovinz am 30.5.1941 (EBD.).

287 Schreiben Kühler an Ohl vom 24.5.1941 (EBD.).

288 Siehe I Kap. VII.4.3., S. 408f. mit Anm. 635.

289 Siehe E. HANSEN, Wohlfahrtspolitik, S. 224f.

290 Siehe II Kap. II.1.3., S. 421 mit Anm. 201 und Anm. 202.

EOK Berlin die Verhandlungen zu flankieren, um auf diese Weise auf die NSV Druck auszuüben. Gleichzeitig aber war Ohl auch realistisch genug, mit dem gänzlichen Verlust der Kindergärten zu rechnen. Für diesen Fall, und nur dann wollte er den Gemeinden die „Richtlinien“, an denen Vereinigung, CA und Kirchenkanzlei der DEK in Berlin gemeinsam arbeiteten, zukommen lassen[291].

Nicht nur, daß es Ohl gelang, sogleich Kühler und Nell davon zu überzeugen, daß es vorteilhafter und der evangelischen Kinderpflege in der Rheinprovinz dienlicher wäre, dieser Strategie als einem unmittelbar dem Protest verbundenen Konfrontationskurs zu folgen[292]. Auch mit dem in diesem Fall zuständigen Referenten im Evangelischen Konsistorium in Düsseldorf, Konsistorialrat Helmut Rössler, besprach er die Angelegenheit ausführlich. Dabei konnte er es wohl erreichen, daß der Gedanke fallengelassen wurde, ebenso wie in Schlesien aus Protest die Kindergartenarbeit freiwillig aufzugeben. Daß man mit dem schlesischen Modell die Erhaltung der Arbeit andernorts sehr erschwerte, da der Hinweis auf die Bedeutung dieser Form evangelischer Kinderarbeit an argumentativer Kraft verlieren mußte, wenn man sie freiwillig einstellte, das leuchtete wohl ein[293]. Dabei brauchte Ohl noch nicht einmal auf die Situation in Schlesien hinzuweisen, wo etwa 200 Einrichtungen unter dem Zwang standen, ihre freiwillige Übergabe an die NSV einzuleiten. Das mußte auch im Evangelischen Konsistorium der Rheinprovinz klar sein, daß es sich in Köln vorerst allein um 17 Kindergärten handelte, gegenüber immerhin 73 katholischen. Außerdem waren es aber 17 Einrichtungen von insgesamt 282 evangelischen Kindergärten in der Rheinprovinz. Auch unter diesem Gesichtspunkt konnten Ohls Argumente und Verfahrensvorschläge nur einleuchtend sein.

Das sah auch Wieneke so, mit dem Ohl und Nell gemeinsam, dieser als Vorsitzender, jener als Geschäftsführer des Evangelischen Verbandes für Kinderpflege in der Rheinprovinz, bereits am 27. Mai 1941 ein Gespräch im Hause des EOK Berlin in der Berliner Jebensstraße hatten. In einem Punkte allerdings wollte Wieneke mit den beiden wichtigen Vertretern nicht nur evangelischer Kinderpflegearbeit, sondern, was jedenfalls Ohl betraf, sogar der gesamten Inneren Mission nicht konform gehen. Wieneke selbst wollte offenbar jeden unmittelbaren Konflikt des EOK Berlin mit der NSV, wenn sie die kirchliche Ausrichtung der Arbeit in Frage stellte oder gar verböte, von vornherein vermeiden und schlug deshalb vor, mit ihr Verhandlungen unmittelbar aufzunehmen. Deren Ziel sollte es sein, den augenblicklichen

291 Aktennotiz über ein Gespräch im Evangelischen Konsistorium der Rheinprovinz am 30.5.1941 (ADWRH DÜSSELDORF, OHL 61.9.2.).

292 Schreiben Anneliese Becker an Kühler vom 24.5.1941 (EBD.).

293 Aktennotiz über ein Gespräch im Evangelischen Konsistorium der Rheinprovinz am 30.5.1941 (EBD.).

status quo, der der Lösung in Westfalen glich, durch eine Vereinbarung zu sichern. Darüber hinaus wollte Wieneke, das war für Ohl und Nell deutlich, den Konflikt auch nicht an zentraler Stelle in Verhandlungen mit den Ministerien austragen müssen[294]. Zu einer Änderung des von ihnen beabsichtigten Vorgehens im Blick auf die Kindergärten in Köln konnte Wieneke sie indessen nicht bewegen.

Entschieden eine Änderung des eingeschlagenen Weges mußte das Eingreifen von einer Seite zur Folge haben, die bisher nicht ins Kalkül einbezogen war. Es war der bei der Staatspolizeistelle Köln mündlich und schriftlich vorgebrachte Protest von Pfarrer Karl Köhler, Präses der Altstadt-Gemeinde. Er beanstandete als Parteigenosse und namens des Presbyteriums der Gemeinde, das „in seiner Leitung, Haltung und Beschlußfassung nationalsozialistisch ausgerichtet ist", das Vorgehen der Gestapo und die dem verbundene politische Diffamierung[295]. Seine Bitte, „sehr herzlich und ebenso dringend"[296], die Maßnahmen zurückzunehmen, blieb ohne die Wirkung, die er erwartet haben mochte. Zwar erfolgte eine Rücknahme der Verfügung nicht, indessen ebensowenig die angedrohten staatspolizeilichen Maßnahmen. Sie unterblieben auch, als sich weitere Gemeinden der Stadt Köln dem Protest anschlossen[297]. Es geschah aber etwas ganz anderes.

Durch die Einsprüche der Gemeinden und die damit erkennbar gewordene Beunruhigung sah sich jetzt offenbar erst das Regierungspräsidium veranlaßt, entsprechend den Vorgaben Bormanns und seines Rundschreibens vom 11. Mai 1941 zu handeln[298]. Mit einer Verfügung vom 26. Juni 1941 entzog diese Verwaltungsbehörde des Regierungsbezirkes Köln, deren Präsident Eggert Reeder seit einem Jahr Chef der Militärverwaltung von Belgien und Nordfrankreich war, allen konfessionellen Einrichtungen in ihrem Zuständigkeitsbereich die Genehmigung nach § 29 RJWG, mithin die Befreiung von den Bestimmungen der §§ 20–23 RJWG. Damit war zunächst die Verwirrung perfekt. Es war zum einen de jure nicht nur den „sichergestellten" Einrichtungen in Köln selbst der weitere Betrieb untersagt, sondern auch den evangelischen Kindergärten in Bergisch Gladbach, Beuel, Bonn, Godesberg, Gummersbach, Honnef und Waldbröl[299]. Das hieß zum anderen aber schließlich,

294 Aktennotiz vom 29.5.1941 über ein Gespräch von Nell und Ohl mit Wieneke im EOK Berlin am 27.5.1941 (EBD.).

295 Schreiben Köhler an Gestapo Köln vom 5.6.1941 (EBD.).

296 Aktennotiz Anneliese Becker vom 30.5.1941 über ein Gespräch mit Köhler am 30.5.1941 (EBD.).

297 Vortragsskizze Ohl zur Pfarrerbesprechung am 4.7.1941 in Elberfeld und am 15.7.1941 in Duisburg (ADWRH DÜSSELDORF, OHL 61.8.11.).

298 Aktennotiz vom 11.7.1941 über die Besprechung Ohl mit Kühler am 10.7.1941 „Nicht für die Akten bestimmt" (EBD.).

299 Vortragsskizze Ohl zur Pfarrerbesprechung am 4.7.1941 in Elberfeld und am 15.7.1941 in Duisburg (EBD.).

daß mit dem Erlaß der Verfügung der Gestapo widersprochen war, jedenfalls was die Stadt Köln betraf[300].

Nur scheinbar Klärung schuf ein weiterer Erlaß des Regierungspräsidenten vom 7. Juli 1941, wonach „der Weiterbetrieb des Kindergartens (Hortes) auf das Amt für Volkswohlfahrt, Gau Köln-Aachen ... übertragen worden ist.“[301] Daß Ohl schon am 5. Juli 1941, nachdem er sich in verschiedenen Orten über die Lage informiert hatte, beim Regierungspräsidenten über den Erlaß vom 26. Juni 1941 Beschwerde geführt hatte, fand zwar volles Verständnis bei Dr. August Beckhaus, dem Regierungsvizepräsidenten des Regierungsbezirkes Köln. Auch als Kühler am 10. Juli 1941 die Beschwerde wiederholte, da der zweite Erlaß die Lage der evangelischen Kindergärten im Regierungsbezirk Köln noch verschärft hatte, begegnete ihm ein verständnisbereiter Beckhaus. Aber an der Situation änderte sich nichts. Es war jetzt auch kaum mehr hilfreich zu erfahren, daß hinter der Gestapo-Aktion doch die NSV gestanden hatte. Die Mitarbeiter Schallers hatten Kühler und Ohl getäuscht, belogen. Diese waren nicht mißtrauisch geworden und hatten entgegen bisheriger Erfahrungen mit einer Entscheidung an anderer Stelle als bei der Gauleitung und Gauamtsleitung gerechnet. Der Erlaß des Regierungspräsidenten vom 7. Juli 1941, der zwar den Verlust der sichergestellten Kindergärten für die NSV aufhob und insofern einen „Notstand“ beseitigte, hatte die NSV-Gauamtsleitung nun aber gezwungen zu erklären, „die NSV sei in der Lage, die gesamte Arbeit der konfessionellen Kindergärten zu übernehmen, wenn die Kräfte in der Arbeit blieben.“[302]

In welcher Weise das Täuschungsmanöver der NSV-Gauamtsleitung die Beziehungen Ohls und Kühlers zu ihr belasteten und die Arbeit erschwerten, ist, was den Bereich der Kindergartenarbeit betrifft, nicht erkennbar. Eines freilich bewirkte das Ganze. Ohl erkannte, daß auch in der Rheinprovinz „die Form unserer Arbeit auf der ganzen Linie aufs schwerste in Frage gestellt ist.“[303] Mochte er bisher, um Verhandlungsspielräume zu gewinnen und zu nutzen eher zu diplomatischem Taktieren geraten und sich selbst auch, etwa im CA und seinen Geschäftsführerkonferenzen, nicht für alle unmißverständlich eindeutig geäußert und auch im April 1941 noch das allenthalben, zumindest vom Vorstand des CA abgelehnte Bremer Memorandum mitverfaßt haben – jetzt war für ihn trotz aller vorausschauenden Vorbereitung einer „neuen Form“ der Arbeit eines sicher, nämlich daß „wir in der Arbeit

[300] Aktennotiz vom 11.7.1941 über die Besprechung Ohl mit Kühler am 10.7.1941 „Nicht für die Akten bestimmt“ (EBD.).

[301] Bericht Ohl über die gegenwärtige Lage unserer Arbeit, Vorstandssitzung am 14.11.1941 (EBD.).

[302] Aktennotiz vom 11.7.1941 über die Besprechung Ohl mit Kühler am 10.7.1941 „Nicht für die Akten bestimmt“ (EBD.).

[303] Bericht Ohl über die Gesamtlage, Vorstandssitzung des Rheinischen Provinzial-Ausschusses für Innere Mission am 11.8.1941 (ADWRH DÜSSELDORF, OHL 6.1.5.).

bleiben, bis sie uns gewaltsam genommen wird." Denn „wir sehen die Arbeit als eine uns von Gott gestellte Aufgabe, die Kinder zum Heiland zu führen." In solcher Weise in der Verantwortung für die Kinder war es seine Absicht, „den hohen pädagogischen Stand der Kindergartenarbeit zu erhalten", denn wegen des Mangels an Fachkräften bei der NSV muß die Arbeit im Falle einer Übernahme der evangelischen Kindergärten „fast katastrophal werden" [304]. Diese Bereitschaft zur Widersetzlichkeit läßt es auch wahrscheinlich sein, daß Ohl von diesem Zeitpunkt an mit besonderem Interesse über die Grenzen der Rheinprovinz hinaus die Entwicklung hinsichtlich der evangelischen Kindergärten in Süddeutschland beobachtete, wo man begann, einem im Grundsatz ganz anderen Kurs zu folgen, um die Einrichtungen in kirchlicher Trägerschaft zu halten. Das erklärte auch, warum Ohl es für angebracht hielt, Anneliese Becker, seine Referentin für Jugendhilfe und Geschäftsführerin des Evangelischen Verbandes für Kinderpflege in der Rheinprovinz zu einem Treffen von Verbandsspitzen evangelischer Kinderpflege Anfang September 1941 nach Stuttgart zu schicken[305].

Angesichts der Entwicklungen in Köln wandte sich Ohl, um ihr denkbares Übergreifen, wenn nicht zu verhindern, so ihnen doch vorbereitet zu begegnen, Anfang August 1941 an das Regierungspräsidium in Düsseldorf, wie das in Köln ohne amtierenden Präsidenten, jedoch im Gegensatz zu diesem mit dem Ausscheiden Carl Christian Schmids bereits seit Ende 1938. Hier hatte Ohl es wieder mit NSV-Gauamtsleiter Robert Friedrich zu tun, der inzwischen aus dem Wuppertaler Oberbürgermeisteramt ausgeschieden und zum Regierungsrat bei der Innenverwaltung der Provinzialregierung avanciert war. Dieser wußte zu diesem Zeitpunkt von keiner Absicht der NSV, konfessionelle Kindergärten im Gau Düsseldorf zu übernehmen und veranlaßte eine Prüfung der Angelegenheit durch seine Behörde. Dabei stellte sich heraus, daß die NSV für den Regierungsbezirk Düsseldorf tatsächlich „bereits Anfang August in 118 Fällen die Vorarbeiten für eine Übernahme vorbereitet hatten."[306] Natürlich konnte es Ohl nur erfreuen, daß ihm der NSV-Gauamtsleiter als Beamter der Innenverwaltung dazu den Kommentar lieferte: „Da sind wir mit einem Donnerwetter dazwischengefahren."[307] Ohl mußte ihm eigentlich ganz andere Interessen unterstellen, zumal er ihn doch sechs Jahre zuvor mit ganz anderen Vorstellungen erlebt hatte[308]. Jetzt, Mitte Oktober 1941, konnte Ohl zur Kenntnis nehmen, daß das Regierungspräsidium in Düsseldorf, so wie er es vorgeschlagen hatte, gegenüber dem Kölner Vor-

---

304 EBD. Zum Bremer Memorandum vom 17.–18.4.1941 siehe II Kap. II.3., S. 487 mit Anm. 171 und S. 489 mit Anm. 186.

305 Siehe II Kap. III.3.7., S. 644f. mit Anm. 436.

306 Bericht Ohl „Ergebnis der Verhandlung mit der Regierung Düsseldorf am Mittwoch, den 15.10.1941" an Nell vom 17.10.1941 (ADWRH DÜSSELDORF, OHL 61.8.11.).

307 EBD.; siehe auch E. HANSEN, Wohlfahrtspolitik, S. 225.

308 Siehe I Kap. V.4.3., S. 229 mit Anm. 149.

gehen einen gemäßigteren, den westfälischen Kurs, zu steuern bereit war. Wenn freilich, wie es Robert Friedrich wollte, Düsseldorf „die Insel“ sein sollte, auf der „alles bleibe wie bisher“, dann allerdings durfte die Innere Mission in der Rheinprovinz keine so nachgiebige Haltung zeigen wie die Verbandsvertreter in Westfalen und wie sie v. Wicht als Verbandspolitik durchzusetzen versuchte. Es bedurfte einer festen Haltung gegenüber den Interessen der Gauleitung unter Florian, der wohl mehr an den Machtfragen und weniger an den Sachfragen interessiert war, wie es Robert Friedrich als Regierungsbeamter, aber auch als NSV-Gauamtsleiter sein mußte. Aus dem Dilemma ihrer Interessenkollision – Sicherstellung der Versorgung der Kinder ohne Beunruhigung der Bevölkerung einerseits und Totalitätsanspruch der NSV bei gleichzeitigem Personalmangel andererseits – kamen Robert Friedrich und die Regierung nur heraus, wenn die Vertreter der konfessionellen Kindergärten eine „geschlossene Haltung“ zeigten und auch von sich aus keine Veränderungen in diesem Bereich vornahmen. Deshalb mußte Robert Friedrich die bisherige Vorgehensweise Ohls, wie überhaupt „der beiden konfessionellen Kirchenbehörden“ auch „als sehr erfreulich und als Erleichterung für die Arbeit der Regierung“ bezeichnen. War das für Ohl auch eine „sehr bedeutungsvolle Feststellung“, so betraf sie doch nur die Lage im Regierungsbezirk Düsseldorf[309].

Was nun die Entwicklung im Regierungsbezirk Köln anging, so waren hier schon seit Ende Juni 1941 nur noch zwei Dinge zu tun verblieben. Das eine war, die Gemeinden und die in ihnen Verantwortlichen, die Mitarbeiterinnen und Pfarrer, auf die Verhandlungen mit der NSV vorzubereiten. Dazu reisten Ohl und Anneliese Becker jetzt zu Pfarrer- und Mitarbeiterinnengesprächen[310]. In seiner Eigenschaft als Direktor des Rheinischen Provinzial-Ausschusses für Innere Mission versandte Ohl am 29. August 1941 an die in Frage kommenden Gemeinden eine umfassende Information. „Im Bewußtsein der Arbeitsverbundenheit“ hatte er ein eher persönlich gehaltenes Schreiben gefertigt, mit dem er auf die Raum- und Inventarfragen ebenso hinwies wie auf die Frage weiterer Mitarbeit in der Gemeinde und schließlich auch auf das Anliegen, „daß nach Aufhören der evangelischen Kindergartenarbeit die Kleinkinder kirchlich betreut und christlich unterwiesen werden.“[311]

Für das andere, was zu tun blieb, war abzuwarten, wie sich die Dinge nach dem Einspruch Kühlers auf seiten der Regierung und der NSV entwickelten. Noch Anfang Oktober 1941 hatten weder jene reagiert noch diese in den Einrichtungen irgend etwas am status quo geändert. Als darum Kühler von

309 Bericht Ohl „Ergebnis der Verhandlung mit der Regierung Düsseldorf am Mittwoch, den 15.10.1941“ an Nell vom 17.10.1941 (ADWRH DÜSSELDORF, OHL 61.8.11.).

310 A. BECKER, Die Evangelische Kinderpflege im Rheinland, S. 160.

311 Rheinischer Provinzial-Ausschuß für Innere Mission an die Evangelischen Kirchengemeinden vom 29.8.1941 (ADWRH DÜSSELDORF, OHL 61.8.11.).

den Ereignissen in Berlin hörte, daß dort „den konfessionellen Kindergärten die Genehmigung zur Weiterführung der Arbeit kürzlich wieder neu erteilt worden" wäre, war er voller Hoffnung und stellte beim Regierungspräsidenten den Antrag auf Neuerteilung der Genehmigung zur Fortsetzung der bisherigen Arbeit[312]. Dabei ging er davon aus, daß „die Angelegenheit nach wie vor in der Schwebe" war[313]. Jedenfalls deutete er den nicht abgeschlossenen Rechtsweg, das Ausstehen jeden schriftlichen Bescheides und das Verhalten der NSV in dieser Weise. Nur eine Woche später, am 18. Oktober 1941, beschied ihn das Regierungspräsidium telefonisch, daß man nach Verhandlungen mit der Gestapo und der NSV habe feststellen müssen, daß „an der Tatsache des Übergangs der Kindergärten an die NSV nichts zu ändern sei." Damit war regional vorweggenommen, was Kracht und Krüger-Wittmack am 1. November 1941 im Ministerium Wilhelm Fricks erfuhren, nachdem sie von Ohl gebeten worden waren, auch diese Sache in den Verhandlungen mit dem Reichsministerium des Innern zu erörtern[314].

Auch die Finanzabteilung beim Evangelischen Konsistorium der Rheinprovinz sollte sich noch einschalten. Durch ihren Vorsitzenden Thümmel, der zugleich Konsistorialpräsident beim Evangelischen Konsistorium der Provinz Westfalen in Münster war, sollte sie ebenfalls den EOK Berlin Ende Oktober 1941 drängen, in entsprechenden Verhandlungen die Kindergartenangelegenheit ganz in dem Sinne zu klären, wie es Ohl gefordert hatte. Dabei sollte Thümmel nicht nur die enge Fühlungnahme mit Ohl und dem Rheinischen Provinzial-Ausschuß für Innere Mission betonen, sondern besonders auch auf die schwierige arbeitsrechtliche Lage der Mitarbeiterinnen hinweisen, die entweder von der NSV gekündigt worden seien, nicht von der Gemeinde weiterbeschäftigt werden können, oder nicht bei der NSV arbeiten wollten. Der Schaden, den die Mitarbeiterinnen zu tragen hatten, konnte nach Auffassung Thümmels nur durch die Wiederherstellung des alten Rechtszustandes behoben werden[315].

Aber es sollte schon zu spät sein. Mit der regionalen Entscheidung mußten die Hoffnungen dahin sein, die evangelischen Kindergärten in Köln ihren Trägern zu erhalten. Eine Aufhebung dieser Entscheidung an zentraler Stelle

---

312 Schreiben Kühler an Regierungspräsidium Köln vom 10.10.1941, wiedergegeben im Schreiben Ohl an Kracht vom 23.10.1941 (EZA BERLIN, 7/4415).

313 Schreiben Ohl an Kracht vom 23.10.1941 (EBD.).

314 EBD. Vgl. auch Notiz Kracht vom 7.11.1941 über Gespräch mit Ruppert und Muthesius am 1.11.1941 (EBD.).

315 Schreiben Thümmel an EOK Berlin vom 31.10.1941 (EBD.). Die Ursache dafür, daß Thümmel als Präsident des Evangelischen Konsistoriums der Kirchenprovinz Westfalen in Münster und Stellvertretender Vorsitzender der Finanzabteilung beim Konsistorium der Kirchenprovinz Westfalen für die Finanzabteilung beim Evangelischen Konsistorium der Rheinprovinz in Düsseldorf sich an den EOK Berlin wendet, kann nur in einer doppelten Beauftragung liegen, ließ sich aber nicht nachweisen. Vgl. B. HEY, Die Kirchenprovinz Westfalen, S. 195ff.; H. BRUNOTTE, Entwicklung, S. 54.

beim Reichsministerium des Innern hätte ja – aus der Sicht des Regimes – auch die Aufhebung und Rücknahme aller übrigen bis dahin andernorts bewirkter Vereinbarungen und also Aufgabe des „Totalitätsanspruchs" bedeuten müssen. Es konnten jetzt demnach nur noch die Einzelheiten der Überführung der evangelischen Kindergärten an die NSV zu regeln sein. Dementsprechend faßte Ohl auf der Vorstandssitzung des Evangelischen Verbandes für Kinderpflege in der Rheinprovinz am 14. November 1941 zusammen, daß im Bereich der Kirchenprovinz Rheinland vier Einrichtungen „in die Hände der NSV endgültig übergegangen" sind und 28 Einrichtungen im Regierungsbezirk Köln „der NSV unterstellt [sind], die Überführung durch die [Kirchen-]Gemeinden aber noch nicht endgültig anerkannt bzw. abgeschlossen" ist[316]. Indessen sollte diese Überführung auch nicht endgültig abgeschlossen werden.

Die Verhandlungen, die nun über die in den „Richtlinien" festgehaltenen Einzelfragen begannen und die für die 28 Einrichtungen, 18 davon waren evangelische Kindergärten in der Stadt Köln, von Kühler und Ohl gemeinsam geführt wurden, kamen nie zum Abschluß. Eine vorbereitete erste Verhandlungsrunde am 6. März 1942 ergab zwar eine Übereinstimmung in vielen Einzelfragen[317]. In einer Frage allerdings, wie Ohl meinte, einer solchen, bei der man am wenigsten damit gerechnet hätte, konnte keine Einigung erzielt werden. Das war die Frage der weiteren Nutzung der Räume für kirchengemeindliche Zwecke. Ohl und Kühler hielten eine vertragliche Regelung darüber für erforderlich und der Sache nach auch für angemessen und rechtens. Die NSV beurteilte die Rechtslage ganz anders und sah die Räume immer noch als sichergestellt an und damit außerhalb jeden vertraglichen Regelungsbedarfs[318]. Für sie ging es nur noch um die Ermittlung von Richtsätzen für eine Entschädigung, wie sie schon der DCV und sein Diözesan-Direktor Dr. Johannes Becker, nachmals Erzbischöflicher Rat und Ehrendomherr in Köln, für die katholischen Kindergärten in den Diözesen Aachen und Köln mit der NSV ausgehandelt hatte. Offenbar hatte sich hier auf Grund einer deutlicheren Trennung von sakraler und sonstiger Nutzung der Räume leichter eine Regelung finden lassen, bei der einer Notwendigkeit, die Kindergartenräume auch anders nutzen zu müssen, durchaus Rechnung getragen wurde. Wie der Informationsaustausch zwischen Ohl und Johannes Becker ergab, wollte die NSV durchaus nicht von vornherein die Vereinbarung mit dem

---

[316] Bericht Ohl über die gegenwärtige Lage unserer Arbeit, Vorstandssitzung des Evangelischen Verbandes für Kinderpflege in der Rheinprovinz am 14.11.1941 (ADWRH DÜSSELDORF, OHL 61.8.11.).

[317] Schreiben Ohl an Nell vom 27.2.1942; Aufzeichnung einer Besprechung der Träger von Kindergärten am 5.3.1942; Schreiben Ohl an Teilnehmer der Besprechung am 5.3.1942 vom 9.3.1942 (ADWRH DÜSSELDORF, OHL 61.9.2.).

[318] Notizen Kühler über Besprechung mit der NSV-Gauamtsleitung am 6.3.1942; Schreiben Ohl an Kühler vom 10.3.1942 (EBD.).

DCV in allen Teilen als Muster ansehen, was an sich nahegelegen hätte. Die NSV suchte für sich eine unbeschränktere Nutzung der Räume. Diese Position der NSV machte nun für Ohl und Kühler eine Umfrage bei den Gemeinden erforderlich. Sie wollten einen Überblick über den tatsächlichen Raumbedarf gewinnen[319]. Und das zog sich hin. Dabei war schon Anfang Mai 1942 klar, obwohl noch längst nicht alle Gemeinden sich geäußert hatten und Ohl diesen Grund der Verzögerung der NSV gegenüber nur ungern eingestehen wollte, daß das, was Kühler und er auf dem Verhandlungswege erreichen wollten, nämlich Zeitgewinn durch Verzögerung, in den Gemeinden „schon Brauch ist und offenbar ohne Schwierigkeiten sich vollzieht." Angesichts dieser Situation waren sich Ohl und Kühler darüber einig, daß man sich „ausgiebig Zeit nehmen" müsse, um die Dinge miteinander zu besprechen[320].

Dem Wunsch, sich Zeit zu nehmen kam – so erschütternd es im Rückblick sein mag – die Bombardierung Kölns am 30.–31. Mai 1942 entgegen, bei der auch das Geschäftshaus der NSV-Gauamtsleitung zerstört wurde, die NSV also vor andere Fragen gestellt war, die ihre Kräfte beanspruchten. Natürlich waren auch die Innere Mission und ihre Einrichtungen zum einen nicht verschont geblieben und zum anderen „bezüglich Unterbringung der Insassen vor große schwierige Aufgaben" gestellt[321]. So sah auch Kühler nach einem halben Jahr, im September 1942, die „noch nicht entschiedene Frage noch nicht akut." Er hielt es für richtig, die „praktische Regelung" nicht durch eine „theoretische Bindung anderer Art" zunichte zu machen[322].

Erst im April 1943 kam es zu weiteren Verhandlungen mit der NSV, die allerdings auch aus verhandlungstaktischen Gründen nur schriftlich geführt wurden. Dabei fand jetzt tatsächlich, auch in der Hoffnung, schriftliche Unterlagen wären bei der NSV nicht mehr vorhanden und die Erinnerungen verblaßt, die Raumfrage mit keinem Wort irgendeine Erwähnung[323]. Zu einer verbindlichen Regelung indessen kam es nicht. Im Februar 1944 hoffte Ohl, die Verhandlungen in den „nächsten 1–2 Monaten" „wieder in Gang und zum Abschluß bringen zu können."[324] Aber der Verlauf des Krieges wurde immer bestimmender, auch in dieser Sache. Sein Ende war auch das der Verhandlungen über die evangelischen Kindergärten in der Rheinprovinz[325].

---

319 Schreiben Ohl an Kühler vom 10.3.1942 (EBD.).

320 Schreiben Ohl an Kühler vom 8.5.1942 (EBD.).

321 Schreiben Ohl an NSV-Gauamtsleitung vom 15.4.1943 (EBD.).

322 Schreiben Kühler an Ohl vom 25.9.1942 (EBD.).

323 EBD. Vgl. Notizen Ohl vom 15.4.1943 „Zur Besprechung mit Herrn Pfarrer Dr. Kühler" (EBD.).

324 Schreiben Ohl an die Evangelische Kirchengemeinde Bergisch Gladbach vom 12.2.1944 (EBD.).

325 A. BECKER, Die Evangelische Kinderpflege im Rheinland, S. 161.

3.6. Westfalen

Als am 28. Mai 1941 die jährliche Mitgliederversammlung der Vereinigung in Berlin stattfand, war wie in den zurückliegenden Jahren die Aussprache über die Lage der Arbeit in den einzelnen Landes- und Provinzialverbänden ein wesentlicher Teil der Tagesordnung. Während aus fast allen Teilen Deutschlands von Auseinandersetzungen mit der NSV und den Behörden und aus Thüringen, Sachsen und Hessen-Kassel schon vom endgültigen Verlust der Arbeit berichtet werden mußte und die aktuellen Geschehnisse in Köln ganz besondere Aufmerksamkeit fanden, konnte die den Evangelischen Kinderpflegeverband der Provinz Westfalen vertretende Proebsting mitteilen, daß die NSV nach dem Abkommen vom November 1939 sich wie vereinbart nur auf die gesundheitlichen Prüfungen beschränke, nichts wegen politischer oder weltanschaulicher Fragen unternehme und nirgends in die Arbeit der Kindergärten hineinrede[326].

Tatsächlich hatte es zwar mit NSV und Behörden Gespräche gegeben, die aber beim Evangelischen Kinderpflegeverband der Provinz Westfalen, bei Möller und Proebsting, bislang zu nicht mehr geführt hatten als zu dem Versuch, sich ein Bild über die Lage der einzelnen Einrichtungen zu machen[327]. Immerhin hatten sie wohl doch Grund zu der Annahme, daß lokale Partei- oder NSV-Größen schärfer in der Sache vorgehen, sich eher die Maßnahmen in anderen „Gauen“ des „Großdeutschen Reiches“ zum Vorbild nehmen könnten, als die beiden Gauleitungen Westfalens und ihre NSV-Gauamtsleiter Hugo Degenhard und Werner Hütwohl. Deren abwartende Haltung mochte ihre Ursache darin haben, daß die Dinge im Gau Westfalen-Süd um Gauleiter Josef Wagner, nach dessen Ausscheiden aus Oberpräsidium und Gauleitung in Schlesien, eine bedenkenlose Aktion nicht zuließen.

Erst am 21. Juli 1941 erfolgte dann auch in Westfalen jener Schritt, der die Übernahme aller konfessionellen Kindergärten durch die NSV zum Ziel hatte. In seiner Funktion als Oberpräsident von Westfalen verfügte Alfred Meyer „im Interesse der Kriegswirtschaft“ und – widersinnig genug – zur „Vermehrung der vorhandenen Kindertagesstätten“ eine Zurücknahme der Genehmigungen nach § 29 RJWG für die konfessionellen Einrichtungen durch die zuständigen Behörden[328]. Auch er folgte damit der Empfehlung Bormanns vom 11. Mai 1941 zur Beseitigung einer Erziehung „im Sinne einer konfessio-

---

326 Protokoll (ADWW MÜNSTER, 153/1; LKA HANNOVER, E 26/106); Bericht Söllner über die 20. Mitgliederversammlung der Vereinigung am 28.5.1941 (LKA NÜRNBERG, KrD Nürnberg 341).

327 Schreiben Möller an die Evangelischen Kindergärten in Westfalen vom 21.5.1941 (ADWW MÜNSTER, 153/3 (1940–1945)).

328 Entwurf Schreiben Evangelischer Kinderpflegeverband der Provinz Westfalen [Möller] an Reichsministerium des Innern vom August 1941 (EBD.). Mit handschriftlichem Vermerk o. D., „wahrscheinlich nicht mehr abgeschickt.“

nellen Spaltung"[329]. Gleichzeitig ordnete er die Übernahme der konfessionellen Kindergärten durch die NSV zum 1. September 1941 an[330]. Von dieser Verfügung waren in Westfalen etwa 250 evangelische Kindergärten betroffen, von denen rund 200 in evangelischen Gemeindehäusern untergebracht und sich etwa 180 in der unmittelbaren Trägerschaft von Kirchengemeinden befanden[331].

Für Möller als dem Geschäftsführer des Westfälischen Provinzial-Verbandes für Innere Mission und besonders als dem Leiter des Evangelischen Kinderpflegeverbandes der Provinz Westfalen sowie für Kunze als dem Treuhänder der gesamten Inneren Mission Westfalens und für das sofort eingeschaltete Evangelische Konsistorium der Kirchenprovinz Westfalen in Münster bestand kein Zweifel darüber, daß keinesfalls regionale oder gar nur örtliche Verhandlungen in der Sache zu führen seien. Sie drängten beim Oberpräsidium auf zentrale Gespräche, weil sie hofften, auf die nach ihrer Meinung – und man wußte ja von den Auseinandersetzungen und Niederlagen auf Grund dezentral und unkoordiniert geführter Verhandlungen andernorts – „sicher eintretenden Schwierigkeiten kirchlicher und rechtlicher Art so wirksam hinweisen zu können, daß man von einer Durchführung der geplanten Maßnahmen absieht." Natürlich wußte man gleichzeitig, daß eine zentrale Verhandlungsführung, in der Kirchenbehörde und Innere Mission aufs engste zusammenarbeiteten, zwar wohl einen Zeitgewinn bedeuten, aber kaum den Erfolg garantieren könne, ebensowenig wie der Hinweis auf die in sich widersinnige Begründung des Erlasses oder auf die Feststellung, eine Vergrößerung der Zahl der vorhandenen Einrichtungen würde „durch Übernahme der konfessionellen Kindertagesstätten durch die NSV in keiner Weise erreicht" werden[332]. Aber würde, wenn nicht ein Widerruf, so doch eine Außerkraftsetzung des Erlasses des Oberpräsidenten vom 21. Juli 1941 erreicht werden können?

Das Ergebnis einer ersten Verhandlungsrunde am 5. August 1941 konnte zuversichtlich stimmen. Zwar war es Möller, Kunze und Oberkonsistorialrat Rudolf Hardt, nachmals Nachfolger v. Bodelschwinghs in der Leitung der Betheler Anstalten, nicht gelungen, sich gegen die Regierungsvertreter und die Vertreter der beiden westfälischen NSV-Gauamtsleitungen mit Degenhard an der Spitze durchzusetzen und etwa eine Zurücknahme des Erlasses zu

---

329 Der Leiter der Partei-Kanzlei, Rundschreiben 68/41, Führerhauptquartier, an alle Gauleiter vom 11.5.1941 (BA BERLIN, NS 06/334; J. S. CONWAY, Kirchenpolitik, S. 270).

330 Entwurf Schreiben Evangelischer Kinderpflegeverband der Provinz Westfalen [Möller] an Reichsministerium des Innern vom August 1941 (ADWW MÜNSTER, 153/3 (1940–1945)).

331 Schreiben Möller an v. Wicht vom 25.7.1941 (ADW, CA zu 850a III); und Protokoll der Verhandlung zwischen Innerer Mission und NSV-Gauamtsleitung Westfalen-Nord am 5.8.1941 (ADW, JK 35; ADWW MÜNSTER, 153/3 (1940–1945)). Mit handschriftlichem Vermerk o. D., „wahrscheinlich nicht mehr abgeschickt."

332 Schreiben Möller an v. Wicht vom 25.7.1941 (ADW, CA zu 850a III).

erreichen. Von vornherein hatte ihnen Degenhard eine „grundsätzliche Bereitschaft der [scil: zur]Abtretung der Kindergärten“ unterstellt, was die Verhandlungsposition der „Treuhänder der Inneren Mission“ nicht unbedingt gestärkt hatte. Und den von Kunze eingebrachten Vorschlag, doch nochmals über die Anwendung des Erlasses des westfälischen Oberpräsidenten und Gauleiters vom 4. Oktober 1939 zu verhandeln, hatte Degenhard als „unter keinen Umständen möglich“ zurückgewiesen. Seine Begründung, daß dieser Erlaß wirkungslos geblieben, weil er „wegen der Haltung der kath. Kirche nicht durchführbar“ wäre, blieb unerörtert, sollte aber, insofern dabei die unnachgiebige Haltung des Deutschen Episkopats angesprochen war und eine dementsprechend andere Behandlung katholischer Träger vermuten ließ, in den folgenden Verhandlungen eine Rolle spielen. Fürs erste war es zu diesem Zeitpunkt allein durch den Hinweis auf die Schwierigkeiten, die eine Nutzung kirchlicher Räume mit sich brächte, die auch für Unterricht und Andacht benötigt und die zum Teil außerdem auch für Wehrmachtszwecke beschlagnahmt wären, tatsächlich gelungen, Zeit zu gewinnen. Degenhard, dem offenbar an einer „friedliche[n] Verständigung“ gelegen war, hielt nicht mehr am 1. September 1941 als Übergabetermin fest[333].

Es mag dahingestellt sein, ob er dabei von den Argumenten überzeugt war oder ob ihm eine Bekundung der Bereitschaft von seiten der Inneren Mission, „alles zu tun, um für eine gütliche Vereinbarung über die zu treffenden Maßnahmen zu sorgen“, das zeitliche Zugeständnis machen ließ, die Streiter für die evangelische Kinderpflege befanden sich in einem Dilemma. Zum einen wollten sie „selbstverständlich der Tatsache, daß die Regierung eine Anordnung gebe, Rechnung tragen“, zum anderen aber wollten sie die Kindergärten in evangelischer Trägerschaft jedenfalls so lange wie möglich erhalten. Und wenige Tage später sollte sich das Dilemma noch vergrößern. Fürs erste meinte man, der Situation am besten dadurch gerecht zu werden, daß man nach Abstimmung mit Degenhard ein Rundschreiben an alle evangelischen Kindergärten sandte, um sowohl über den Stand der Dinge nach dem Erlaß vom 21. Juli 1941 zu informieren als auch von den Einrichtungen das Material zu erbitten, das für die weiteren zentralen Verhandlungen – die nächste Besprechung in gleicher personeller Zusammensetzung war für den 28. August 1941 festgesetzt worden – als unbedingt erforderlich betrachtet wurde[334]. Degenhard hatte keine Einwände erhoben, als am 14. August 1941 nach Abstimmung mit Kunze in diesem Sinne ein Rundschreiben hinausging. Ob Möller und Kunze und auch Hardt nun allerdings mit Reaktionen rechneten, die über die erbetene „Mitteilung etwaiger Wünsche und Anregungen“ hin-

---

[333] Verhandlungsbericht betr. Frage der Überführung der Kindergärten in die NSV der Verhandlung am 5.8.1941 (ADW, JK 35; ADWW MÜNSTER, 153/3 (1940–1945)).

[334] Verhandlungsbericht betr. Frage der Überführung der Kindergärten in die NSV der Verhandlung am 5.8.1941 (ADW, JK 35; ADWW MÜNSTER, 153/3 (1940–1945)).

ausgingen, bleibt unklar[335]. Aber in jedem Fall war ihnen in kürzester Zeit klar, „daß viele Amtsbrüder sehr unzufrieden sind" mit dem Verhandlungsergebnis. Besonders aus Dortmund – hier hatte die Geschäftsstelle des provinzialkirchlichen Bruderrates als ein entscheidendes Element der westfälischen BK ihren Sitz – erreichte Möller die Mißbilligung einer zu nachgiebigen Verhandlungsführung und die Beschwerde über ein ungenügend gesichertes Ergebnis[336]. Dabei konnten sich die auf diese Weise so heftig zu Wort meldenden Stimmen durchaus auch noch auf einen Beschluß einer Regionalkonferenz des Evangelischen Kinderpflegeverbandes der Provinz Westfalen am 24. Juli 1941 in Bethel berufen, mit dem sie Möller zu einer die Sache evangelischer Kindergärten konsequenter vertretenden Haltung verpflichtet hatten. Dieser das ganze Dilemma vergrößernden innerkirchlichen Frontstellung begegnete Möller zum einen in dem Bewußtsein, in den Verhandlungen das „Bestmögliche" herausgeholt zu haben[337]. Gleichzeitig – bereits eine Woche nach seinem ersten Rundschreiben versandte er ein zweites, in dem er auf die große Wahrscheinlichkeit einer Beschlagnahme von Kindergärten durch die NSV hinwies, „wenn man aus Gewissensgründen zu unbedingtem Widerstand entschlossen ist."[338] Zum anderen wandte er sich, um Klarheit zu gewinnen, aber auch an Alfred Meyer in dessen Doppelfunktion als Gauleiter und Oberpräsident.

Den ganz und gar seinem Wunsche nach zentraler Verhandlungsführung entsprechenden Gedanken, auch das Reichsministerium des Innern als Herausgeber des Erlasses einzuschalten und mit seinen zuständigen Ministerialen zu verhandeln, hatte Möller inzwischen auf Anraten v. Wichts wieder verworfen. v. Wicht hatte ihm Anfang August über die Lage in Schlesien, in Nassau-Hessen, in Berlin – „meiner Kindertagesstätten" – und in Bayern berichtet, wo die Kindergärten „als verloren anzusehen sind." Außerdem hatte v. Wicht auf die öffentliche Kommentierung hingewiesen, die im NDV im Mai erfolgt war. Danach stand es für v. Wicht endgültig fest, daß „der Erlaß vom 21. März eine abschließende Verwaltungsmaßnahme bedeutet" und „ein Einspruch beim Reichsinnenminister jetzt zwecklos" war[339].

Wenn Möller diese Sicht teilte, lag es auf der Hand, daß er sich an Alfred Meyer wandte, um wenigstens das Verhandlungsergebnis vom 5. August 1941 zu sichern. Indem er vom Gauleiter und Oberpräsidenten eine „Vertagung,

---

335 ADW, JK 35; ADWW MÜNSTER, 153/3 (1940–1945); LKA Bielefeld, C 18–14 I.

336 Schreiben Möller an v. Bodelschwingh vom 23.8.1941 (ADW, JK 35).

337 EBD. Möller nennt Datum, Ort und Beschlußinhalt Ein Protokoll ist nicht nachweisbar.

338 Rundschreiben Westfälischer Provinzialausschuß für Innere Mission vom 22.8.1941 (ADWW MÜNSTER, 153/3 (1940–1945)).

339 Schreiben v. Wicht an Möller vom 7.8.1941 (EBD.). Vgl. Entwurf Schreiben Evangelischer Kinderpflegeverband der Provinz Westfalen [Möller] an Reichsministerium des Innern vom August 1941 (ADWW MÜNSTER, 153/3 (1940–1945)). Mit handschriftlichem Vermerk o. D., „wahrscheinlich nicht mehr abgeschickt."

bis eine beiderseits befriedigende Lösung gefunden ist“, forderte[340], konnte er außerdem im Erfolgsfall hoffen, obwohl er anerkannte, daß die „Brüder ja leider Recht [haben], wenn sie fragen: kann man sich bei diesen Leuten auf Zusagen verlassen“[341], diese Vorhaltungen der Brüder zu entkräften.

In seinem ausführlichen Schreiben vom 19. August 1941 an den Oberpräsidenten wiederholte Möller nicht nur die schon Degenhard gegenüber vorgebrachten Argumente für eine „Vertagung“ der Durchführung des Erlasses. Jetzt wies er erstmals auf einen Grund hin, den der NSV-Gauamtsleiter im Verlauf der Verhandlungen am 5. August 1941 für sich in Anspruch genommen hatte, um die Forderung nach einer Aussetzung des Erlasses und Durchsetzung jenes vom 23. November 1939 zurückzuweisen: die Haltung der katholischen Kirche[342]. In den zurückliegenden zwei Wochen war Möller zu der Überzeugung gelangt, daß es entscheidend sei, „daß wir nicht schlechter behandelt werden als die Katholiken.“[343]

Was Degenhard angedeutet, hatten die Erkundigungen Möllers bestätigt. Der DCV war zu Verhandlungen in Sachen Übergabe von Kindergärten nicht bereit[344], obwohl man natürlich von dem Vorgehen auch gegen die katholischen Kindergärten in Köln wußte. Mit der Rückendeckung des „Löwen von Münster“, des Bischofs Clemens August Graf von Galen, der gerade Anfang des Monats in einer Predigt scharf gegen die Ermordung „unproduktiver Volksgenossen“ protestiert hatte[345], berief man sich auf seiten der westfälischen Caritasführung auf das Reichskonkordat, auf die immer noch geltenden Bestimmungen des RJWG, auf das Reichsleistungsgesetz[346].

Freilich, Möller wußte, daß für ihn das Reichskonkordat „keine Bedeutung“ hatte, insofern er die evangelische Seite vertrat. Aber wenn die katholische Seite die Bestimmungen des geltenden RJWG und des Reichsleistungsgesetzes „mit Erfolg auf sich anwenden kann“, dann wollte Möller vom Gauleiter und Oberpräsidenten „eine paritätische Behandlung der evangelischen

---

340 Schreiben Möller an Alfred Meyer vom 19.8.1941 (ADW, JK 35; ADWW MÜNSTER, 153/3 (1940–1945); und LKA HANNOVER E 26/37).

341 Schreiben Möller an v. Bodelschwingh vom 23.8.1941 (ADW, JK 35; ADWW MÜNSTER, 153/3 (1940–1945)).

342 Schreiben Möller an Alfred Meyer vom 19.8.1941 (EBD.; LKA HANNOVER E 26/37).

343 Schreiben Möller an v. Wicht vom 15.8.1941 (ADWW MÜNSTER, 153/3 (1940–1945)); vgl. Schreiben Möller an v. Wicht vom 16.8.1941 (EBD.).

344 Schreiben Möller an Kunze vom 11.8.1941 (ADW, JK 35).

345 Siehe J. NEUHÄUSLER, Kreuz und Hakenkreuz II, S. 366. Jetzt C. A. V. GALEN, Akten II, S. 876. Vgl. H. HÜRTEN, Deutsche Katholiken, S. 492–498; auch A. LÄPPLE, Kirche und Nationalsozialismus, S. 342–345; TH. SCHNABEL, Auseinandersetzung, S. 83f.; J. KUROPKA, Clemens August Graf von Galen, S. 77ff.; Schreiben Möller an v. Wicht vom 15.8.1941 (ADWW MÜNSTER, 153/3 (1940–1945)).

346 Schreiben Möller an Kunze vom 11.8.1941 (ADW, JK 35); Schreiben Möller an Alfred Meyer vom 19.8.1941 (EBD.; ADWW MÜNSTER, 153/3 (1940–1945); LKA HANNOVER E 26/37).

Kinderpflege erwarten"[347]. Rückblickend geurteilt wollte Möller damit indirekt die Wirkungen des Konkordats für den Erhalt der Arbeit nutzen, obwohl er selbst und mit ihm v. Wicht und die anderen Verantwortlichen in der evangelischen Kinderpflege sich zu einer deutlichen Frontstellung, vergleichbar der katholischen oder der von den „Brüdern" der BK – „mit dem bekannten Standpunkt: je schlimmer es kommt, desto besser ist es"[348] – geforderten, nicht hatten entschließen können.

Die Bezugnahme auf die Wirkungen des Reichskonkordats war Möllers letzte Hoffnung, eine „schwache Hoffnung", die jene tiefe Enttäuschung nur mühsam verbergen konnte, mit der er vier Tage vor seinem Schreiben an den Oberpräsidenten sich an v. Wicht wandte und schrieb: „Nun sind wir also soweit. Es tut mir fast leid, nicht nur für die Sache, sondern auch für Sie. Ihr Lebenswerk, an das Sie so viel Liebe und Treue wandten, wird damit zerschlagen. Welch ein Kapitel an sittlichen, religiösen, vaterländischen Werten wird damit entwertet."[349]

Seine Hoffnungen knüpfte Möller zwar noch daran, zu einem Gespräch von Alfred Meyer empfangen zu werden. Er hatte sich dazu auch mit v. Bodelschwingh abgestimmt[350]. Aber schon nach kurzer Zeit mußte Möller erkennen, daß aus einem Gespräch so schnell nichts würde[351]. Und auch eine schriftliche Stellungnahme Alfred Meyers lag bis zum Monatsende nicht vor.

Obwohl Möller inzwischen auch Degenhard gegenüber sehr nachdrücklich seinen Standpunkt hinsichtlich einer Gleichbehandlung von katholischer und evangelischer Kirche in der Kindergartenfrage vertreten und auch behauptet hatte, daß „ich keine weiteren Schritte in der Angelegenheit tun kann", bevor nicht solche Gleichstellung gewährleistet sei[352] – die festgesetzte zweite Verhandlungsrunde fand nicht nur wie beabsichtigt am 28. August 1941 statt, was an sich schon ein weiterer Schritt war, sondern es wurden auch noch weitere vorbereitet. Allerdings auf dieser, wie Proebsting meinte, „entscheidenden Sitzung"[353] hatte Degenhard sich gänzlich unbeeindruckt von den Argumenten Möllers gezeigt und hatte nichts weiter als den von Kunze gefertigten Bericht über die Besprechung vom Monatsanfang zur Grundlage des Gesprächs gemacht. Möller, Kunze und Hardt blieb in dieser Situation nichts weiter als den „Widerstand" zu schildern, den die Forderung auf Übergabe der Kindergärten an die NSV hervorgerufen hatte. Dieser Widerstand hatte

[347] Schreiben Möller an Alfred Meyer vom 19.8.1941 (ADW, JK 35; ADWW MÜNSTER, 153/3 (1940–1945); LKA HANNOVER E 26/37).

[348] Schreiben Möller an v. Bodelschwingh vom 23.8.1941 (ADW, JK 35).

[349] Schreiben Möller an v. Wicht vom 15.8.1941 (ADWW MÜNSTER, 153/3 (1940–1945)).

[350] Schreiben Möller an Alfred Meyer vom 19.8.1941 (ADW, JK 35; ADWW MÜNSTER, 153/3 (1940–1945); LKA HANNOVER E 26/37).

[351] Schreiben Möller an v. Wicht vom 16.8.1941 (ADWW MÜNSTER, 153/3 (1940–1945)).

[352] Schreiben Möller an Degenhard vom 16.8.1941 (EBD.).

[353] Schreiben Proebsting an Hofstaetter vom 25.8.1941 (LKA HANNOVER, E 26/37).

seine Ursache in der Erfahrung einer zwar behauptet neutralen, tatsächlich aber antikirchlichen Haltung der NSV. Es stand zu befürchten, so weiter der Tenor, daß diese Haltung, trotz etwa anderslautender Vereinbarung mit der NSV-Gauamtsleitung oder gar mit dem Oberpräsidenten, sich in den einzelnen Kindergärten durchsetzen werde[354].

Natürlich mußte Degenhard das als eine durch nichts gerechtfertigte Befürchtung zurückweisen und auf Durchführung des Erlasses bestehen. Das Ergebnis war, daß man sich auf ein Acht-Punkte-Papier verständigte. Darin war vereinbart, daß alle Absprachen jeweils von den zentralen Stellen – Gauamtsleitung, Provinzial-Verband für Innere Mission, Konsistorium – getroffen werden. Die Ausübung des kirchlichen Verkündigungsauftrags und die kirchliche Unterweisung sollten durch Zusicherung der NSV gewährleistet sein. Anderweitige kirchliche Nutzung der Kindergartenräume wurden ebenso zugestanden wie der Verzicht der NSV auf Nutzung gottesdienstlicher Räume. Auch wurden unter Hinzuziehung der vom CA im Frühjahr erarbeiteten und vom GVR am 9.–10. Juni 1941 beschlossenen „Zusammenstellung“ bereits Einzelheiten der beabsichtigten Mietverträge geregelt, speziell im Blick sowohl auf eine befristete Nutzung der Räume durch die NSV als auch auf die Sicherung der weiterhin betriebenen kirchlichen Arbeit. Und schließlich war es tatsächlich gelungen, die Übernahme evangelischer Kindergärten durch die NSV mit der katholischen Haltung in dieser Sache zu verknüpfen, ein Junktim mit dem Verhandlungsergebnis der Vertreter der katholischen Kinderpflege herzustellen und so etwas wie eine Heimfallklausel auszuhandeln. Alle Vereinbarungen sollten hinfällig sein, „wenn die katholischen Kindergärten im Besitz ihrer gegenwärtigen Träger bleiben sollten.“[355]

War damit die Übergabe beschlossene Sache, wie es wohl die NSV in Westfalen einschätzte[356]? Oder konnte es gelingen, im Windschatten des Reichskonkordats die evangelischen Kindergärten in Westfalen zu erhalten? Möller jedenfalls schien weder mit der Vertragstreue der NSV zu rechnen – bisher hatte sich auch die Gauleitung überhaupt nicht gerührt – noch dem Reichskonkordat und der von ihm gestützten Haltung der katholischen Kirche ausreichende Widerstandskraft zuzutrauen. Für Möller war die Übergabe unumgänglich. Aber „damit bei dieser Amputation möglichst wenig Blut fließt“[357],

---

354 Schreiben Proebsting an Hofstaetter vom 5.9.1941 (EBD.).

355 ADW, JK 35; ADWW MÜNSTER 153/3 (1940–1945). Der letzte, achte Punkt der Vereinbarung lautete: „Es besteht Übereinstimmung, daß die Übernahme der evangelischen Kindergärten durch die NSV nur gleichzeitig mit der Übernahme der katholischen Kindergärten erfolgt. Alle jetzigen Vereinbarungen, Verhandlungen und Vorbereitungen haben dies zur Voraussetzung und sind hinfällig, wenn die katholischen Kindergärten im Besitz ihrer gegenwärtigen Träger bleiben sollten.“

356 Schreiben NSV-Gauamtsleitung Westfalen-Nord an Möller vom 29.9.1941 (ADWW MÜNSTER, 153/3 (1940–1945)).

357 Schreiben Proebsting an Hofstaetter vom 5.9.1941 (LKA HANNOVER, E 26/37).

schaltete er sich in die Verhandlungen ein, die von den Vorständen der Kindergärten zu führen waren, um eine eigene Position zu finden. Im Laufe des Monats September lud er die Vorsitzenden der Einrichtungen in den einzelnen Synoden der Kirchenprovinz Westfalen zu Besprechungen ein[358], obwohl Kunze riet, „das Tempo der Weiterführung etwas zu verkürzen“[359]. Dafür freilich sorgten schon die Träger selbst. Sie fügten sich nicht – offenbar ebensowenig wie die örtlichen Verwaltungs- und Regierungsstellen – den Grundsätzen der zentral ausgehandelten Übereinkunft.

In Detmold etwa war diese Übereinkunft Anlaß, nun ohne weiteres die Übergabe zweier mit Diakonissen des Evangelischen Diakonissenhauses Detmold betriebener Kindergärten an die NSV zu fordern. Der Vorsteher des Diakonissenhauses, Wilhelm Jürges, der sich ebenfalls unter Berufung auf die ausgehandelten Grundsätze für den unbedingten Erhalt der beiden Einrichtungen einsetzte, mußte erfahren, daß „man ja Mittel genug habe, um die Kindergärten in die Hand zu bekommen.“ Infolgedessen war ihm dann zwar an einer schnellen Zusammenkunft aller Synoden gelegen, aber nur deswegen, „damit die Geschlossenheit unserer Haltung erkennbar wird.“[360]

Andere Träger, wie die Kirchengemeinde Gütersloh oder das Evangelische Waisenhaus Herford oder die evangelisch-lutherische Mariengemeinde Herford-Stiftberg, wandten sich, ohne den weiteren Verlauf der zentral geführten Verhandlungen abzuwarten und unabhängig von etwaigen Absprachen auf den von Möller einberufenen Trägertreffen in den Synoden der Provinzialkirche, direkt an v. Oeynhausen, den zuständigen Regierungspräsidenten in Minden. Er hatte, preußischer Beamter und wohl noch dessen traditionellen Tugenden in gewisser Weise verpflichtet, vor gut fünf Jahren in Sachen der evangelischen Kindergärten Rechtssicherheit herstellen wollen[361] und war auch im März 1937 provozierten kirchenpolitischen Unruhen mit einem Versammlungsverbot für die DC begegnet[362].

---

358 Schreiben Möller an die Vorsitzenden der Evangelischen Kindergärten in den Synoden Herford, Vlotho sowie in Lippe vom 2.9.1941 mit Einladung zum 9.9.1941 nach Herford (ADW, JK 35); Schreiben Möller an die Vorsitzenden der Evangelischen Kindergärten in den Synoden Münster, Tecklenburg, Gelsenkirchen und Recklinghausen vom 11.9.1941 mit Einladung zum 18.9.1941 nach Münster und 19.9.1941 in Gelsenkirchen (EBD.); Schreiben Möller an die Vorsitzenden der Evangelischen Kindergärten in den Synoden Hamm, Soest und Unna vom 16.9.1941 mit Einladung zum 24.9.1941 nach Hamm (EBD.); Schreiben Möller an die Vorsitzenden der Evangelischen Kindergärten in den Synoden Bochum und Dortmund vom 16.9.1941 mit Einladung zum 1.10.1941 nach Bochum und Dortmund (EBD.); Schreiben Möller an die Vorsitzenden der Evangelischen Kindergärten in den Synoden Hagen, Hattingen-Witten und Schwelm vom 8.10.1941 mit Einladung zum 14.10.1941 nach Hagen (EBD.).

359 Schreiben Kunze an Möller vom 15.9.1941 (ADW, JK 35).

360 Schreiben Jürges an Möller vom 19.9.1941 (ADWW MÜNSTER, 153/6).

361 Siehe I Kap. VII.3.2., S. 339f. mit Anm. 310.

362 Siehe B. HEY, Die Kirchenprovinz Westfalen, S. 265f. Vgl. D. REBENTISCH, Führerstaat, S. 272.

v. Oeynhausen sollte zur Kenntnis nehmen müssen, daß die Träger der evangelischen Kindergärten „gegen das an uns gerichtete Ansinnen nur auf das entschiedenste zu protestieren"[363] hatten und „um unseres Gewissens willen" es strikt ablehnten, „irgendwelche Verhandlungen betr. Überführung der Kindergärten in andere Hände zu führen."[364] Dabei waren es diese drei allenthalben bekannten Motive, welche die Gewissen zu diesem Protest bewegten: der Auftrag Jesu „Lasset die Kindlein zu mir kommen und wehret ihnen nicht!"[365] und die sich daraus ergebende Verpflichtung der Gemeinde gegenüber ihren „jungen getauften Gliedern"[366] und schließlich die Leistungen und Verdienste in der Vergangenheit und die „Zermürbung der seelischen Widerstandskraft, die wir nötig haben"[367] in einem „beispiellos harten und ernsten Kampf", in dem „nicht mehr und nicht weniger als alles auf dem Spiele steht."[368]

Angesichts dieser Situation, in der nun die NSV-Führung unter Degenhard drohte, „daß man dann eventuell ohne Rücksicht vorgehen würde und ohne Bindung an die bisherigen Zusicherungen"[369], erwog Möller ein Schreiben an das Reichsministerium des Innern. Es sollte ein gemeinsames Schreiben sein von D. Karl Koch, dem Präses der Westfälischen Provinzialsynode und Geistliche Leitung der BK[370], sowie von Dr. Gerhard Thümmel, dem Präsidenten des Evangelischen Konsistoriums der Kirchenprovinz Westfalen in Münster, und von Walter Fiebig, der Geistlichen Leitung der DC[371]. Auf diese Weise wollte man von der Machtspitze, getreu Möllers bisheriger Verhandlungslinie, eine Rücknahme des Erlasses des Oberpräsidenten in Münster vom 21. Juli 1941 und die Durchführung des vom 23. November 1939 fordern[372].

---

363 Schreiben Vorstand der Evangelischen Kleinkinderschule Herford Stiftberg [H. Kunst] an Regierungspräsident in Minden vom 15.9.1941 (ADWW MÜNSTER, 153/6).

364 Schreiben Vorstand des Evangelischen Waisenhauses in Herford an Regierungspräsident in Minden vom 25.9.1941 (EBD.).

365 Ohne Ausrufungszeichen, aber mit Komma hat der Satz die Fortsetzung: „denn solchen gehört das Reich Gottes." (Mk. 10,14); vgl. dazu I Kap. VI.2.3., S. 270 mit Anm. 189.

366 Schreiben Presbyterium der Evangelischen Kirchengemeinde Gütersloh an Regierungspräsident in Minden vom 19.9.1941 (ADWW MÜNSTER, 153/6).

367 Schreiben Vorstand des Evangelischen Waisenhauses in Herford an Regierungspräsident in Minden vom 25.9.1941 (EBD.).

368 Schreiben Vorstand der Evangelischen Kleinkinderschule Herford Stiftberg [H. Kunst] an Regierungspräsident in Minden vom 15.9.1941 (EBD).

369 Schreiben Möller an v. Bodelschwingh vom 13.9.1941 (ADWW MÜNSTER, 153/3 (1940–1945)).

370 Siehe B. HEY, Die Kirchenprovinz Westfalen, S. 125–133.

371 Fiebig, seit 1936 Leiter der zur gleichen Zeit von der „Reichsbewegung DC" getrennten DC Westfalens, vertrat in der Geistlichen Leitung auch die ehedem „Nationalkirchliche Bewegung DC" und jetzt „DC (Nationalkirchliche Einung)". Siehe dazu K. MEIER, Die Deutschen Christen, S. 182–185; auch DERS., Kirchenkampf III, S. 342f.

372 Entwurf Schreiben an Reichsminister des Innern, undatiert, der Inhalt läßt eindeutig auf Anfang September 1941 schließen (ADWW MÜNSTER, 153/3 (1940–1945)).

Möller folgte dann allerdings dem Rat v. Bodelschwinghs, der sich eine größere Wirkung in Münster beim Oberpräsidenten und Gauleiter des NSDAP-Gaues Westfalen-Nord selbst versprach, denn „nur in Münster wird man vielleicht verstehen, was es bedeutet, wenn erstmalig die drei geistlichen Spitzen der Provinzialkirche gemeinsam das Wort nehmen.“[373]

Dazu sollte es freilich nicht kommen. Die Bemühungen Möllers um ein gemeinsames Schreiben an Alfred Meyer scheiterten schließlich an Fiebig. Ausschlaggebend dafür war nicht eine grundsätzlich andere Position in der Kindergartenfrage. Auch die Geistliche Leitung der DC in Westfalen mit Fiebig an der Spitze stand inzwischen auf der Seite der Streiter für den Erhalt evangelischer Kindergärten in der Trägerschaft evangelischer Vereine und evangelischer Kirchengemeinden. Fiebig war mit der Westfälischen DC-Pfarrerarbeitsgemeinschaft durchaus der Auffassung, daß mit einem Kindergarten als familienergänzender Erziehungseinrichtung die Gemeinde einen Dienst leistet, den sie Eltern und getauften Kindern schuldig ist und „von dem keine Macht der Welt sie lossprechen kann.“[374] Das war ohne Frage die Position v. Wichts, der Vereinigung und aller ihr angehörenden Provinzial- und Landesverbände und des CA. Der Unterschied aber, der die DC Westfalens, und an ihrer Spitze Fiebig, veranlaßte, sich doch nicht in eine Front mit den Streitern aus den Verbänden und den in dieser Sache kämpferischen Gemeinden stellen ließ, bestand in der Einschätzung der Lage. Man meinte auf seiten der DC, daß „es nicht möglich sei, die evangelischen Kindergärten zu halten“[375] und betrachtete seine darin zum Ausdruck kommende Wertschätzung von Staat und Volkstum als „gegen allen Widerstand durchgehaltenen Standpunkt.“[376] Ohne daß dies hier weiter beurteilt werden soll – daß es zu einer Unterschrift Fiebigs unter das von Möller vorbereitete Schreiben an den Gauleiter und Oberpräsidenten nicht kam, hatte nicht nur diese „Gewissensgründe“, die es ihm geraten sein ließen, sich gegen den Verdacht zur Wehr zu setzen, er könnte sich Methoden zu eigen machen „wie sie der katholische Bischof von Münster anzuwenden für richtig befindet“[377]. Eine Rolle spielte wohl auch, daß das anfänglich, wenn auch distanzierte, so doch freundlich bemühte Verhältnis der beiden Männer sich trübte und Fiebig sich schließlich von Möller politisch mißbraucht und theologisch diffamiert sah[378].

---

373 Schreiben v. Bodelschwingh an Möller vom 10.9.1941 (EBD.)).

374 Schreiben Fiebig an Möller vom 9.9.1941 mit Anlage „Sätze zur Frage: Kindergarten und Kirche“ (EBD.).

375 Schreiben Fiebig an Möller vom 9.9.1941 (EBD.).

376 Schreiben Fiebig an EOK Berlin vom 30.9.1941 (EZA BERLIN, 7/4415).

377 Schreiben Fiebig an Alfred Meyer vom 26.9.1941 (EBD.).

378 Siehe Schreiben Fiebig an Kunze vom 9.9.1941 (ADWW MÜNSTER, 153/3 (1940–1945)), dem eine gewisse Freundlichkeit zu entnehmen ist. Schreiben Fiebig an EOK Berlin vom 30.9. 1941 (EZA BERLIN, 7/4415): „Pfarrer Möller behauptete ohne Hemmung, die Deutschen Christen hätten zwar auch das Evangelium, aber zugleich das Evangelium vom Dritten Reich. Er ver-

So kam es dazu, daß sowohl Möller als auch Fiebig Ende September 1941, jeder in dieser Sache, sich an den Oberpräsidenten und Gauleiter wandten. Möller wies zum einen nochmals ausdrücklich auf die Schwierigkeiten einer Überleitung hin. Alfred Meyer konnte die Ergebnisse der Besprechungen in den Synoden der westfälischen Kirche zur Kenntnis nehmen: die Kirchengemeinden waren nicht willens, mit der NSV irgendwelche Verträge abzuschließen. Ebenso eindeutig waren die Gründe. Das Mißtrauen in die Zusagen der NSV, gleichgültig in welcher Form sie gemacht wurden und die Befürchtung, Gemeinderäume würden zur Keimzelle antikirchlicher Arbeit, waren nicht auszuräumen. Zum anderen wies Möller auf die umlaufenden Gerüchte hin, die davon sprachen, daß ein Erlaß des „Führers“ die „Beschlagnahme“ kirchlicher Einrichtungen untersage und demgemäß bereits in Ostpreußen, Schlesien und Württemberg auch hinsichtlich der evangelischen Kindergärten verfügt worden sei. Und schließlich forderte Möller nach wie vor eine Gleichbehandlung mit der katholischen Kirche und ihren Kindergärten, da in dieser Sache noch an keiner Stelle etwas entschieden war[379].

Dies mochte auch der Grund sein, weshalb Fiebigs Protest an diesem Punkt ausblieb, den er für den Fall „einer rücksichtsvolleren Behandlung der katholischen Seite“ angekündigt hatte. In seinem Schreiben vom 26. September 1941 an Alfred Meyer, in dem Fiebig das Ergebnis der Beratungen der DC-Pfarrerschaft in Westfalen zusammengefaßt hatte, beschränkte er sich allerdings darauf, „nach dem alten Grundsatz zu verfahren: dixi et animam meam servavi“[380]. Fiebig blieb mit seiner Absicht, „zu rechter Zeit gewarnt [zu] haben, damit nicht aus dem Schweigen zu solchen schwer empfundenen Maßnahmen später verkehrte Schlüsse gezogen werden“, allein bei eher politisch-pragmatischen Erwägungen zum Vorgehen des Oberpräsidenten[381]. Anders als Möller, der immerhin auf geltendem Rechte bestand, war Fiebig im Grundsatz bereit, die Forderung des Gauleiters und Oberpräsidenten anzuerkennen. Es mag unerörtert bleiben, ob diese Anpassung an den Maßnahmen-

gleiche sie mit der Wupper in Elberfeld, die zwar noch 100 %ig das reine Wasser aus Wipperfürth in sich berge, aber infolge der inzwischen zugeflossenen Schmutzwässer ungenießbar ist.“

379 Schreiben Möller an Alfred Meyer vom 24.9.1941 (ADWW MÜNSTER, 153/3 (1940–1945)). Zur „Stimmung“ in den Gemeinden vgl. auch Schreiben Möller an v. Wicht vom 7.10.1941 (EBD.).

380 Schreiben Fiebig an Möller vom 9.9.1941 (EBD.). Am 19.7.1940 hatte Wurm sich in dem Wissen, daß „dieser Einspruch als unbequem empfunden wird“, für die von den „Euthanasie“-Maßnahmen bedrohten Menschen an Wilhelm Frick gewandt und gegen den Transport von behinderten Menschen nach Schloß Grafeneck und ihre Tötung Einspruch eingelegt. Wurm schloß seinen Brief: „Dixi et salvavi animam meam.“ (KJ 1933–1944, S. 412–415; G. SCHÄFER, Landesbischof D. Wurm, S. 119–124). Daß Fiebig diesen „Grundsatz“ ebenfalls zitiert, mag ein Indiz dafür sein, daß er das Schreiben Wurms kannte. Andererseits ist die Sentenz mit ihrem Bezug auf Hes. 3,19 Bildungsgut eines Theologen. Wie dem auch sei, Bildungsgut oder indirekte Berufung auf Wurm – das Wort gab seinem Schreiben längst nicht die gleiche Dignität, zumal er das biblische „salvavi“ (ich habe errettet) durch „servavi“ (ich habe beschützt) ersetzte.

381 Schreiben Fiebig an Alfred Meyer vom 26.9.1941 (EZA BERLIN, 7/4415).

charakter, der das Handeln der Machthaber zunehmend der Willkür preisgab, dadurch eine Bewertung erfuhr, daß Fiebig nicht anders als Möller auch erst gut vier Wochen später eine Antwort aus dem Oberpräsidium in Münster erhielt[382].

Indessen, als die Antwort erging, waren es die politisch-pragmatischen Argumente, die inzwischen Gewicht gewonnen hatten, so daß in der zweiten Hälfte des Monats Oktober der Erlaß vom 21. Juli 1941 durch Alfred Meyer tatsächlich ausgesetzt worden war. Möller war weiter von Synode zu Synode gereist, hatte die Amtsbrüder „orientiert" und wohl damit auch eine erhöhte Bereitschaft der Presbyterien und der Elternschaft erreicht, „nur der Gewalt [zu] weichen." Möller hatte zwar befürchtet, daß bei einer dennoch erfolgenden Übernahme, „die Amtsbrüder diese Stellungnahme bedauern werden." Aber er hatte gehofft, und das war gegenüber seiner Hoffnung und Haltung von Mitte August anders und neu, „daß diese Stellungnahme unsere Kindergärten überhaupt rettet."[383]

Und tatsächlich war es dieses Widerständigkeitspotential, das eine Rücknahme der ursprünglichen Entscheidung des Gauleiters und Oberpräsidenten in Westfalen politisch hatte geraten erscheinen lassen. Als ein verstärkendes Moment mochte die Tatsache hinzugekommen sein, daß die Bombenangriffe der Alliierten Luftstreitkräfte auf das Ruhrgebiet - am 13. Juni 1941 war Bochum zur Hälfte zerstört worden[384] - die Menschen aufs Tiefste hatte beunruhigen müssen. Sollte also, in den Worten der Zeit zu reden, die innere Front nicht geschwächt werden, mußte das Widerständigkeitspotential vermindert werden oder durfte jedenfalls nicht wachsen.

Daß offenbar politische Entscheidungen in dieser Richtung zu erwarten waren, hatte Möller bereits gegen Ende September gewußt[385] und Anfang Oktober bestätigt erhalten. v. Wicht hatte ihn davon unterrichtet, daß tatsächlich am 27. September 1941 der Stadtpräsident der Reichshauptstadt Berlin seine Verfügung über den Widerruf der Genehmigung zum Betrieb von Kindertagesstätten aufgehoben habe[386]. In Westfalen brauchte es allerdings nahezu einen Monat länger, bis sich die Einsichten der Gauleitung und der Erlaß des „Führers" vom 30. Juli 1941 in Übereinstimmung fanden und zu entsprechendem Handeln führten. Ohne daß es zu der von Möller angestrebten Aussprache noch gekommen war, ließ schließlich Ende Oktober Alfred Meyer sowohl Möller als auch Fiebig mitteilen, daß die Durchführung seines

382 Schreiben Alfred Meyer an Möller vom 28.10.1941 (ADWW MÜNSTER, 153/3 (1940–1945); Schreiben Alfred Meyer an Fiebig vom 31.10.1941 (EZA BERLIN, 7/4415).

383 Schreiben Möller an v. Wicht vom 7.10.1941 (ADWW MÜNSTER, 153/3 (1940–1945)).

384 Siehe O. GROEHLER, Bombenkrieg, S. 92ff.

385 Schreiben Möller an Alfred Meyer vom 24.9.1941 (ADWW MÜNSTER, 153/3 (1940–1945)).

386 Schreiben v. Wicht an Möller vom 2.10.1941 (EBD.).

Erlasses vom 21. Juli 1941 vorläufig ausgesetzt sei[387]. Fiebig setzte den EOK Berlin in Kenntnis[388], und Möller unterrichtete sofort per Rundschreiben alle evangelischen Kindergärten, ihre Vorstände und Leiterinnen von diesem Entschluß des Oberpräsidenten. Mit Nachdruck wies er gleichzeitig auf die strikt einzuhaltende Verfügung vom 23. November 1939 hin und auch darauf, daß kein Anlaß bestehe zu meinen, „jetzt sei bereits über die Zukunft unserer Kindergärten endgültig entschieden.“[389]

Dies freilich sollte sich als eine Fehleinschätzung herausstellen. Sie mochte ihre Ursache in der Erwartung haben, daß ein siegreich beendeter Krieg und die Zeit danach wohl erst die endgültige Entscheidung brächten. Aber es sollte keinen siegreich beendeten Krieg für die Machthaber des „Großdeutschen Reiches“ geben. In seinem Jahresbericht, den er für das Jahr 1941/1942 gefertigt hatte und der wie stets auch an die Vereinigung ging und zur Erstellung deren Tätigkeitsberichtes diente, konnte Möller, wie im Jahr zuvor, die Zahl der dem Evangelischen Kinderpflegeverband der Provinz Westfalen angeschlossenen evangelischen Kindergärten mit 246 angeben[390].

3.7. Württemberg

Als die Debatte um ein planwirtschaftliches Abkommen mit der NSV Schirmacher zu dem Versuch verleitet hatte, seine Vorstellung, die ganz den Erwartungen und Zielen der NSV entsprach, von der Aufteilung der Arbeitsgebiete zwischen Innerer Mission und NSV über die leitenden Männer der Landes-, Provinzial- und Fachverbände im CA durchzusetzen, gehörte auch Immanuel Fischer zu jenen, die Schirmacher zu folgen bereit waren. Er war seit 1935 Geschäftsführer des Landesverbandes der Inneren Mission in Württemberg und noch im Januar 1941 der Auffassung, „wenn uns die geschlossene Fürsorge bleibt, haben wir noch Arbeit genug.“[391]

Es mag dahingestellt bleiben, ob Fischer dabei die Kindergärten und Schwesternstationen, um die ja in der zurückliegenden Zeit so heftig gekämpft worden war, „zu dem Arbeitsbereich der Inneren Mission als der freien

---

387 Wortlaut und Datum des Erlasses nicht nachzuweisen. Schreiben Alfred Meyer an Fiebig vom 31.10.1941 (EZA BERLIN, 7/4415). Schreiben Alfred Meyer an Möller vom 28.10.1941 (ADWW MÜNSTER, 153/3 (1940–1945)). Rundschreiben Möller an die Vorstände und Leiterinnen der Evangelischen Kindergärten in Westfalen vom 24.10.1941 (LKA HANNOVER, E 26/37) informiert über die neue Lage. Das Datum des Erlasses liegt danach vor dem 24.10.1941.

388 Schreiben Fiebig an EOK Berlin vom 6.11.1941 (EZA BERLIN, 7/4415). Danach hat offenbar in der zweiten Hälfte des Oktober 1941 ein Gespräch zwischen Fiebig und Muthesius im Reichsministerium des Innern stattgefunden. Seiner Bedeutung wurde nicht nachgegangen.

389 Rundschreiben Möller an die Vorstände und Leiterinnen der Evangelischen Kindergärten in Westfalen vom 24.10.1941 (LKA HANNOVER, E 26/37).

390 Jahresbericht des Evangelischen Kinderpflegeverbandes der Provinz Westfalen 1941/1942 (ADWW MÜNSTER, 153/3 (1940–1945)).

391 Schreiben Fischer an Schirmacher vom 3.1.1941 (ADW, CA/O 184).

kirchlichen Arbeit" oder „zu der Organisation der verfaßten Kirche" zugehörig betrachtete, und ob der stellvertretend die Geschäfte führende Schosser seine Sicht teilte, für den OKR Stuttgart bedeutete das in jedem Falle die Gefahr von „Mißverständnissen auf der anderen Seite, die für unser Kirchengebiet zu unerwünschten Weiterungen führen könnten." Fischer wollte sich im Gegensatz etwa zum Konsistorium der Kirchenprovinz Danzig-Westpreußen gar nicht erst auf „unerwünschte Weiterungen" in Gestalt von Verhandlungen einlassen. Deshalb wurde zunächst, am 18. Februar 1941, der Landesverband der Inneren Mission in Württemberg mit Bezug auf den Erlaß Friedrich Werners vom 12. Juli 1940 darauf hingewiesen, daß die Kindergärten – ebenso wie die Gemeindeschwesternstationen – Angelegenheiten der Kirchengemeinden seien und damit „von der verfaßten Kirche betreut" werden[392]. Außerdem wurde Schosser veranlaßt, den CA zu bitten, in ein etwa zu schließendes Abkommen eine Vorbehaltsklausel einzufügen dergestalt, daß die Gültigkeit für „Kindertagesstätten, die von einer Kirchengemeinde unterhalten werden oder deren Leitung dem betreffenden Geistlichen von seiner vorgesetzten Kirchenbehörde zur Amtsaufgabe gemacht ist", ausgeschlossen ist[393]. Und endlich ließ der OKR Stuttgart am 25. Februar 1941 durch seinen in der Sache der Kindergärten im Laufe der Auseinandersetzungen des Jahres 1936 erfahrenen Juristen Hermann Müller eine Verfügung an alle Dekanatämter gehen. Darin wurde den Dekanen und ihren Pfarrern nicht nur der gleiche Sachverhalt vorgestellt wie eine Woche zuvor dem Landesverband der Inneren Mission in Württemberg, sondern auch betont, daß die „Mitarbeit an den Schwesternstationen und Kindergärten" in der Gemeinde „zur kirchlichen Amtspflicht des betr. Geistlichen" gehört[394]. In dieser Weise waren bis zu diesem Zeitpunkt, dem Beginn des Jahres 1941, in Württemberg 394 Kindergärten mit 455 pädagogischen Kräften und insgesamt 30.170 Plätzen in die Pflicht der evangelischen Kirchengemeinden genommen[395].

Damit war auch zu einem gewissen Abschluß gekommen, was die Gemeinden Württembergs und den OKR Stuttgart seit dem 15. Juni 1939 beunruhigt hatte: Die Gestapo Stuttgart hatte zu diesem Zeitpunkt die Auflösung aller Gemeindevereine verfügt, die nach dem 1. Juli 1937 gegründet worden waren[396]. Sie hatte dabei unterstellt, daß, insofern diese Vereine sich mit Kinder-

---

392 Schreiben OKR Stuttgart an Landesverband der Inneren Mission in Württemberg vom 18.2.1941 (ADW, CA/O 184; EZA BERLIN, 1/C3/179).

393 EBD. und Schreiben Schosser an CA vom 24.2.1941 (ADW, CA/O 184).

394 EZA BERLIN, 1/C3/179.

395 VEREINIGUNG, Tätigkeitsbericht 1.4.1940–31.3.1941, Statistische Übersicht.

396 Schreiben der Gestapo Stuttgart an die Außendienststellen einschließlich Grenzpolizeikommissariat Friedrichshafen, Landräte, Polizeidirektionen und übrige Polizeiamtsvorstände betr. Auflösung und Verbot konfessioneller Gemeindevereine vom 15.6.1939 (LKA STUTTGART, 119c (Altreg.)).

garten- und Schwesternstationsangelegenheiten befaßten, sie Neugründungen im Sinne des Gesetzes über die Kindergärten vom 8. November 1937 seien, das rückwirkend zum 1. April 1937 in Kraft gesetzt worden war. Außerdem sah die Gestapo das Sammlungsgesetz und dessen § 2 umgangen und hatte den Vorwurf einer bewußten Gesetzesverletzung erhoben. Entscheidend aber war, daß auch, wie vier Wochen später in Hessen-Nassau, die Verordnung des Reichspräsidenten zum Schutz von Volk und Staat vom 28. Februar 1933 und deren § 1 von der Gestapo angewandt worden waren, um die Auflösung zu begründen[397]. Inwieweit das Vorgehen der Gestapo in Stuttgart in Zusammenhang stand mit dem Prozeß um den Kleinkinderpflegeverein Strümpfelbach[398] kann nicht erörtert werden. Jedenfalls wird an ihm ebenso wie am Vorgehen der Gestapo erkennbar, daß alles daran gesetzt wurde, die Kindergärten von jeder Verbindung zur Kirchengemeinde zu trennen, um sie dann um so besser auslöschen zu können.

Mit dem Zugriff der Gestapo hatten Staat und Partei wie gut zwei Jahre zuvor in Bayern – und auch in Schlesien, was die Freundeskreise betraf – nun auch in Württemberg das Mittel gefunden, die Gemeindevereine und ihre Tätigkeit und damit den Betrieb der Kindergärten zu unterbinden. Noch im März 1938 hatte Dölker im Rückblick auf das vorangegangene Jahr große Hoffnungen auf das Wirken der Vereine gesetzt[399]; sogar noch auf der Arbeitstagung der Vereinigung in Stuttgart hatte er am 21. Juni 1938 die Gemeindevereine als ein wesentliches Element zur Finanzierung der „Kleinkindergemeindehelferin“ im Rahmen seines Modells einer „Kinderkirche“ vorgestellt[400]. Die Verfügung der Gestapo zur Auflösung der Vereine war allerdings nicht gänzlich überraschend erfolgt, auch wenn sie bis dahin einen gewissen Höhepunkt in der Reihe jener Maßnahmen darstellte, die dazu gedient hatten und noch dienten, die „Revolte gegen den Staat“, wie man mutig-ironisch im Beirat der Württembergischen Kirchenleitung die finanzielle Unterstützung der Kindergärten nannte[401], zu unterdrücken. Begonnen hatte es mit dem

---

397 Eine schriftliche Begründung der Verfügung ist offenbar nie erfolgt. Eine Information des Deutschen Nachrichtenbüros (DNB) vom 24.6.1939 und eine Zeitungsnotiz unbekannter Herkunft ließen seinerzeit die Begründungszusammenhänge erkennen. „Die Kirche [sollte] auf das Schwerste diffamiert“ werden. Gegen diese Diffamierung setzte sich der OKR Stuttgart zur Wehr. Siehe Schreiben OKR Stuttgart an Gestapo Berlin vom 28.6.1939 (EZA BERLIN, 1/C3/179); und OKR Stuttgart an Gestapo Stuttgart vom 13.11.1939 (EBD.). Siehe II Kap. II.1.3., S. 409 mit Anm. 124.

398 Siehe II Kap. II.1.3., S. 424f. mit Anm. 216.

399 H. Dölker, Jahresbericht 1937/1938 des Evangelischen Landesverbandes für Kinderpflege in Württemberg vom 2.3.1938 (ADW, VKD 13).

400 H. Dölker, Die Kleinkindergemeindehelferin. Leitsätze für den Vortrag am 21.6.1939 (Anlage zum Protokoll der Arbeitstagung der Vereinigung am 20.–21.6.1939, in: LKA HANNOVER, E 26/102; ADWW MÜNSTER, 153/1; LKA NÜRNBERG, DW 1715). Siehe II Kap. II.1.2., S. 401f. mit Anm. 87 und Anm. 89.

401 Protokoll der Sitzung des Beirates der Kirchenleitung der Evangelisch-lutherischen Lan-

Erlaß vom 14. Juli 1936, mit dem untersagt worden war, Haushaltsmittel der Kirchengemeinde für einen Kindergarten einzusetzen. Dem war das mit Rückwirkung zum 1. April 1937 in Kraft getretene Gesetz über die Kindergärten vom 8. November 1937 gefolgt[402]. Vorangegangen war dem bereits am 26. Juni 1937 der Versuch zur „Vereinheitlichung des Rechtes der Finanzabteilungen" auch im OKR Stuttgart durch die 15. DVO des Gesetzes zur Sicherung der DEK[403]. Mit der beabsichtigten Steuerung der gesamten kirchlichen Verwaltung durch eine Finanzabteilung, der, wie Wurm urteilte, eine „Mischreligion die Richtschnur" sein sollte[404], waren auch die Kindergärten bedroht. Und sie waren es erst recht, als schließlich am 1. Juli 1937 durch den politisch fanatischen, persönlich aber unantastbaren Mergenthaler[405], als Kultminister zuständig für die Beziehungen des Staates zu den Religionsgesellschaften, die Sperrung der fälligen Staatsleistungen verordnet worden war[406]. Und nun hatte die Gestapo eingegriffen.

Der OKR Stuttgart hatte sofort durch den Landesbischof protestiert, denn betroffen waren immerhin 596 Gemeindevereine[407]. In zwei Schreiben, vom 23. und vom 28. Juni 1939, an die Gestapo in Berlin hatte Wurm darauf verwiesen, daß die Gründung der Gemeindevereine auf eine Empfehlung des Württembergischen Innenministers zurückginge[408]. Ausdrücklich hatte der Landesbischof auf dessen Schreiben vom 24. März 1936 an das Stadtpfarramt in Rottweil hingewiesen, dessen Inhalt man in loyaler Weise befolgt habe[409]. Dem Protest bei der Gestapo in Berlin und Stuttgart waren je im Abstand von vier Wochen zwei Rundschreiben an die Dekanatämter gefolgt, mit denen der OKR Stuttgart seine Rechtsposition gegenüber der Auflösungsverfügung der Gestapo behauptete[410]. Indessen war spätestens Ende August 1939 zu erkennen, daß besonders § 1 der als Rechtsgrundlage für ihre Maßnahmen von der Gestapo herangezogenen Verordnung des Reichspräsidenten zum

---

deskirche in Württemberg am 19.2.1937 (G. SCHÄFER, Die Evangelische Landeskirche in Württemberg V, S. 79–92, hier S. 81).

402 Siehe II Kap. I.1.1., S. 47 mit Anm. 119.

403 RGBl 1937 I, S. 697. Vgl. dazu H. BRUNOTTE, Entwicklung, S. 34ff.

404 Wort des Landesbischofs an die Gemeinden der Evangelisch-lutherischen Landeskirche in Württemberg o. D. [Juli 1937] (G. SCHÄFER, Die Evangelische Landeskirche in Württemberg V, S. 300–301, hier S. 301).

405 Siehe R. KIESS, Christian Mergenthaler, S. 162 und S. 172.

406 Schreiben OKR Stuttgart an Reichsministerium für Wissenschaft, Erziehung und Volksbildung vom 30.6.1937 und auch Schreiben OKR Stuttgart an Dekanatämter vom 7.7.1937 (G. SCHÄFER, Die Evangelische Landeskirche in Württemberg V, S. 814ff.). Vgl. R. LÄCHELE, Ein Volk, S.124ff.

407 Schreiben OKR Stuttgart an alle Dekanatämter vom 22.8.1939 (EZA BERLIN, 1/C3/179).

408 (EBD.).

409 Siehe I Kap. VII.2.2., S. 327 mit Anm. 259.

410 Schreiben OKR Stuttgart an Dekanatämter vom 24.7.1939 und 22.8.1939 (EZA BERLIN, 1/C3/179).

Schutz von Volk und Staat[411], wie schon zwei Jahre zuvor bei ihrer Anwendung im Falle des Kindergartens im fränkischen Kornburg von zuständiger Seite angemerkt, „jetzt eine erweiterte Bedeutung bekommen“[412] und Wirkung gezeigt hatte. Eine „Beschlagnahme sowie Beschränkung des Eigentums auch außerhalb der sonst hierfür bestimmten gesetzlichen Grenzen“[413], mithin eine Politisierung der Kindergartenfrage hatte man wie allenthalben andernorts auch von seiten des OKR Stuttgart doch gerade vermeiden wollen. Deshalb war den Gemeinden und ihren Vereinen empfohlen worden, die Satzungen zu ändern und ausdrücklich zu bestimmen, daß „die Unterstützung eines Kindergartens oder einer Krankenschwestern-Station (gehört) nicht zu den Aufgaben des Vereins“ gehört. Darüber hinaus war ihnen aber auch angeraten worden, zum 1. September 1939, wie von der Gestapo zugelassen, Liquidationsbericht beim zuständigen Landratsamt zu erstatten, „ohne damit die Auflösung des Gemeindevereins als rechtlich begründet anzuerkennen.“[414]

Tatsächlich wohl hatten viele evangelische Vereine, die Träger von Kindergärten waren den Weg zu ihrem Landratsamt genommen, zumal bis zum 1. September 1939 die Gestapo weder aus der Staatspolizeistelle Stuttgart noch aus dem Gestapa im Berliner RSHA sich zu einem Bescheid bereit gefunden hatte[415]. Es hatten also keine Verhandlungen stattgefunden. Das war auch bis in den November hinein nicht der Fall. Auch nachdem der OKR Stuttgart am 23. November nochmals um endliche Behandlung der Sache gebeten und auf Aufhebung der verfügten Maßnahmen gedrängt, auch begründend die „Bedeutung der kirchlichen Arbeit für die Erhaltung der inneren Front“ hervorgehoben hatte[416] – eine Stellungnahme erfolgte nicht. Nachdem ein gutes halbes Jahr später über die Kirchenkanzlei der DEK nochmals das Reichsministerium für die kirchlichen Angelegenheiten eingeschaltet worden war[417], hatte endlich der damit befaßte Haugg den Bescheid erteilt, daß „auch hier (ist) die Geheime Staatspolizei nicht mehr auf die Angelegenheit zurückgekommen“ wäre[418]. Für sie war die Sache offenbar erledigt, hatte sie doch weithin ihr Ziel, die Auflösung der Vereine, erreicht.

Für den OKR Stuttgart lag es in der Konsequenz des wachsenden Druckes durch den polykratischen Machtapparat, den Prozeß einer Annäherung der freien Liebestätigkeit an die verfaßte Kirche dadurch zu beschleunigen – und

---

411 RGBl 1933 I, S. 83. Siehe zuvor S. 637f. mit Anm. 397.

412 Siehe II Kap. I.3.1., S. 138 mit Anm. 13.

413 RGBl 1933 I, S. 83.

414 Schreiben OKR Stuttgart an Dekanatämter vom 22.8.1939 (EZA BERLIN, 1/C3/179).

415 Schreiben OKR Stuttgart an Kirchenkanzlei der DEK vom 28.6.1940 (EBD.).

416 Schreiben OKR Stuttgart an Gestapo Stuttgart vom 13.11.1939 (EBD.).

417 Schreiben OKR Stuttgart an Kirchenkanzlei der DEK vom 28.6.1940 und Schreiben Kirchenkanzlei der DEK an Reichsministerium für die kirchlichen Angelegenheiten vom 4.8.1939, 17.11.1939 und 6.7.1940 (EBD.).

418 Schreiben Haugg an Kirchenkanzlei der DEK vom 15.7.1940 (EBD.).

damit natürlich die Frontstellung zu verschärfen –, daß er die Sache der Kindergärten und Schwesternstationen zur „Amtspflicht" erklärte. Er konnte freilich kaum davon ausgehen, daß damit der Fortbestand der evangelischen Kindergärten tatsächlich auch gesichert sei. Schon am 8. März 1940 war das inzwischen zweieinhalb Jahre alte Gesetz über die Kindergärten ergänzt und bestimmt worden, daß nach dem 1. April 1937 gegründete Kindergärten, sofern sie alle Kinder aufnehmen konnten, eine Schließung bestehender Einrichtungen zur Folge hätten[419].

Damit war in Württemberg geltendes Recht geworden, was man in Baden zwei Jahre zuvor nur angekündigt hatte, nämlich die „Erlaubnispflicht" für nur einen Kindergarten, natürlich einen der NSV[420]. Die ohnehin bestehende Lex-NSV-Kindergarten war damit noch verschärft worden. Andererseits, als in anderen Teilen „Großdeutschlands" schon längst, teilweise dem Erlaß vom 21. März 1941 sogar vorauseilend, evangelische Kindergärten der NSV unterstellt worden waren, war in Württemberg davon noch nicht die Rede.

Dennoch war auch in Württemberg „der Kampf ... in ein neues, noch schärferes Stadium eingetreten"[421]. Unter Berufung auf das Reichsleistungsgesetz[422] wollten in verschiedenen Orten untere Verwaltungsbehörden als nach § 2 dieses Gesetzes zuständige „Bedarfstelle" aktiv werden und kirchengemeindliche Räume, die auch dem Betrieb von Kindergärten dienten, beanspruchen und einen Kindergarten der NSV einrichten.

Wurm selbst, der längst die „totale Entchristianisierung des deutschen Volkes" anprangerte[423], legte für den OKR Stuttgart beim „Herrn Württ. Innenminister" gegen dies angedrohte Vorgehen Verwahrung ein. Er stellte nicht nur das „schärfere Stadium" fest und daß „seit etwa sechs Jahren (geht) der weltanschauliche Kampf um die evangelischen und katholischen [sic!] Kindergärten" gehe. Er wies nicht nur auf § 29 Abs. 1 Ziff. 4 des Reichsleistungsgesetzes hin, wonach Gebäude und Gebäudeteile, die dem Gottesdienst einer öffentlich-rechtlichen Religionsgesellschaft dienen von einer Inanspruchnahme befreit sind. Vielmehr unterstrich er besonders, daß das Gesetz „nur für Zwecke der Wehrmacht und zur Bekämpfung eines öffentlichen Notstands" Eingriffe in das Privateigentum rechtfertige, mithin „für andere Zwecke als zur Unterdrückung der sog. konfessionellen Kindergärten geschaffen und bestimmt" sei. Schließlich hob er mit dem Hinweis auf das Rundschreiben vom 25. Februar 1941 nochmals hervor, daß in jedem Fall evangelische Kin-

---

419 WürttRegbl 1940, S. 41; abgedruckt im Rundschreiben des Landesverbandes für Innere Mission in Württemberg vom 10.5.1940 (ADW, CA 623 II).

420 Siehe II Kap. I.3.1., S. 152f. mit Anm. 87.

421 Schreiben OKR Stuttgart [Wurm] an Württembergischen Innenminister vom 29.5.1941 (EZA BERLIN, 1/C3/180).

422 RGBl 1939 I, S. 1645–1654. Siehe II Kap. I.2.5., S. 125 mit Anm. 387.

423 D. DIEPHOUSE, Theohil Wurm, S. 29 mit Anm. 23.

dergartenarbeit zu den Amtspflichten eines Pfarrers gehöre und unbedingt Gemeindearbeit sei[424].

Offenbar gelang es Wurm damit, den Angriff abzuwehren. Von einer Anwendung der Regelungen des Reichsleistungsgesetzes im Blick auf eine Beschlagnahme von Räumen evangelischer Kindergärten für Kindergartenzwekke der NSV war in Württemberg nicht mehr die Rede.

Abgesehen von dieser Bedrohung konnte der OKR Stuttgart noch Anfang Juli 1941, als die „Richtlinien“ längst in Arbeit und eine Beschlußfassung durch den GVR unmittelbar bevorstand, der Kirchenkanzlei der DEK auf ihr Rundschreiben vom 6. Juni 1941 hin mitteilen, eine Übernahme evangelischer Kindergärten sei „nicht in Aussicht zu nehmen.“[425] Zu diesem Zeitpunkt hatte offenbar noch eine jedenfalls nicht schriftlich gegebene Zusicherung von Reichsstatthalter und Gauleiter Wilhelm Murr Geltung, nach der es zwar Aufgabe allein der NSV sei, Kindergärten zu betreiben, daß aber ein Zwang zur Überführung weder ausgeübt werden könne noch solle[426].

Das galt auch noch, als sich am 3. September 1941 Oberin Helene Zeller aus Karlsruhe, Weichlein aus Nürnberg, August Schwander aus Speyer und Anneliese Becker aus Langenberg mit Dölker in Stuttgart zu gemeinsamer Beratung trafen. Es entsprach wohl der Bedeutung dieser Beratung, daß Dölker nicht nur begleitet wurde von der Referentin in der Geschäftsstelle, seiner Cousine Elisabeth Dölker, und vom Mitglied des Vorstandes des Evangelischen Landesverbandes für Kinderpflege in Württemberg, dem Inspektor des Mutterhauses für evangelische Kleinkinderpflegerinnen Großheppach, Pfarrer Christian Messner, einem Mann von „erprobter Frömmigkeit“[427]. Dölker hatte außerdem auch den Vorsitzenden des Landesverbandes der Inneren Mission in Württemberg, Oberkirchenrat Otto Seiz, bewogen, an der Besprechung teilzunehmen[428]. Diese fand nur einen Tag nach der wegen der Verschärfung der Lage im Verhältnis von Staat und Kirche vom von einer Grippe wieder genesenen Wurm nach Stuttgart einberufenen Sitzung des Landeskirchentages statt. Gekennzeichnet war diese Verschärfung neben den Angriffen auf die kirchlichen Kindergärten durch die Kürzungen der Staatsleistungen an die Evangelisch-lutherische Landeskirche in Württemberg, die Wilhelm Murr in Übereinstimmung mit Bormann am 31. März 1941 verfügt hatte[429] und außerdem auch durch die Beschlagnahme der Evangelisch-theo-

---

424 Schreiben OKR Stuttgart [Wurm] an Württembergischen Innenminister vom 29.5.1941 (EZA BERLIN, 1/C3/180).

425 Schreiben OKR Stuttgart an Kirchenkanzlei der DEK vom 2.7.1941 (EBD.).

426 Bericht Elisabeth Dölker über die Sitzung am Mittwoch, 3.9.1941 vom 9.9.1941 (ADWW MÜNSTER, 153/3 (1940–1945); ADW, VKD 28a).

427 Lebenslauf zum Trauergottesdienst in der Kirche der Evangelischen Kirchengemeinde Großheppach am 8.10.1944 (AGS WEINSTADT, Pers. Messner).

428 Schreiben Dölker an v. Wicht vom 12.9.1941 (ADW, VKD 28a).

429 Siehe G. SCHÄFER, Landesbischof Wurm, S. 225ff.; K. MEIER, Kirchenkampf III, S. 447ff.

logischen Seminare in Maulbronn, Schöntal, Blaubeuren und Urach. Was für die Kindergärten angedroht worden war, das war hinsichtlich der Seminare, die der Pfarrer- und Mitarbeiterausbildung dienten, von den örtlich zuständigen Landräten mit Hinweis auf §§ 10 und 15 des Reichsleistungsgesetzes Anfang Juli 1941 angeordnet und durchgesetzt worden[430]. Ob die Vertreter der evangelischen Kinderpflege als Gäste am Landeskirchentag teilnahmen, ist nicht zu ermitteln. Aber so wie es auf dem Landeskirchentag darum ging, einer „Zerschlagung der christlichen Kirche" entgegenzuwirken[431], ging es bei deren Besprechung weniger um die allgemeine Situation der evangelischen Kinderpflege in Folge des Runderlasses vom 21. März 1941 als vielmehr um die Form der Abwehr einer „Zerschlagung der evangelischen Kinderpflege". Dabei war die Frage wesentlich, ob das, was v. Wicht als Reaktion auf den Erlaß vorgetragen und mit Beschlüssen des GVR auch realisiert hatte, tatsächlich die erforderliche Gestalt der Ab- und Gegenwehr war.

Die in Stuttgart Versammelten hielten die Lage keineswegs für so aussichtslos wie v. Wicht. Er, der sich so heftig gegen eine Aufgabe der evangelischen Kindergärten zu Gunsten der NSV im Rahmen eines planwirtschaftlichen Abkommens gewehrt hatte, er hielt jetzt längst alle Einsprüche für zwecklos und war bereit, der sich legal gebenden Maßnahme, dem Erlaß vom 21. März 1941, ganz und gar zu entsprechen. v. Wicht war wohl nach dem Gespräch mit Kreutz Mitte Juni 1941 in seiner Haltung kurzzeitig nochmals in seiner Beurteilung des Erlasses schwankend geworden und bereit, seine allen vertraute Kampfkraft für das Recht evangelischer Kindergärten einzusetzen. Nun aber Anfang August, nachdem er während einer ärztlich verordneten Kur im Juli vom „Heldentod" seines jüngsten Sohnes erfahren hatte[432], nachdem der Auftakt der Verhandlungen in Berlin um den Bestand der Kindergärten „seines" Verbandes gar nicht verheißungsvoll gewesen war, meinte er, wohl tief resigniert, aber gemäß den Erwartungen der Machthaber „alle staatlicherseits auf Grund eines entsprechenden Initiativantrages der NSV angeordneten Maßnahmen sind demnach reibungslos [sic!] durchzuführen."[433] Das

---

430 Siehe G. SCHÄFER, Landesbischof Wurm, S. 192ff.; K. MEIER, Kirchenkampf III, S. 449f. Dazu siehe Reichsleistungsgesetz vom 1.9.1939 (RGBl 1939 I, S. 1645–1654, hier S. 1648f.).

431 Entschließung des Landeskirchentages der Evangelisch-lutherischen Landeskirche in Württemberg vom 2.9.1941 (G. SCHÄFER, Landesbischof Wurm, S. 263).

432 Schreiben Käthe Niemann an Kracht vom 28.6.1941 (EZA BERLIN, 1/C3/180); Schreiben Schirmacher an v. Wicht vom 16.8.1941 (ADW, CA zu 850a III); Schreiben Bremer an die angeschlossenen Verbände vom 5.1.1942 (ADW, CA/J 39). Hayo von Wicht war am 15.3.1917 in Garstedt – siehe I KAP. II.2.2., S. 79f. mit Anm. 145 und Anm. 146 – geboren worden, war Student der Philosophie und Kunstgeschichte, war als Leutnant am Überfall der deutschen Wehrmacht auf die Sowjetunion beteiligt und war nur drei Wochen nach Beginn von „Fall Barbarossa" am 11.7.1941 in Bessarabien tödlich verwundet worden (Schreiben Harald von Wicht an Verf. vom 11.7.1987, in: Fasz. von Wicht). Siehe nachfolgend S. 650 mit Anm. 474.

433 Schreiben v. Wicht an CA vom 9.8.1941 (ADW, CA zu 850a III). Siehe II Kap. III.3.12., S. 710 mit Anm. 775. Vgl. auch II Kap. III.2., S. 550 mit Anm. 28.

hatte er nicht nur Möller in Westfalen[434], sondern auch noch einmal förmlich dem CA und dessen Direktor Schirmacher mitgeteilt, der das bereits aus seinem Gespräch im Berliner Hauptwohlfahrtsamt wußte[435].

Alle, die in Stuttgart zusammengekommen waren, konnten und wollten sich jedoch nicht damit einverstanden erklären, jeder für seinen Landesverband nicht, die „Flinte ins Korn zu werfen“ und etwa, wie sie v. Wicht verstehen mußten, Anweisung zu geben, die Kindergärten auf dem Verhandlungswege an die NSV zu übergeben[436]. Daß zu diesem Treffen kein Verbandsvertreter aus Schlesien anwesend war, weder Steinbrück noch Wilhelm Schulz für den zum Kriegsdienst eingezogenen Hans-Hellmuth Krause, hatte gewiß mit der anderen Form der Abwehr der Übergabeforderungen der NSV in Schlesien zu tun. Hier war ja der Betrieb evangelischer Kindergärten gänzlich eingestellt worden, und das war schon im Laufe des August 1941 geschehen. Die in Stuttgart versammelten Vertreter der süd- und westdeutschen Landesverbände für evangelische Kinderpflege allerdings, auch wenn sie „nicht von dem ‚katholischen Weg‘ reden“ mochten[437], sich einerseits auch weder auf das Reichskonkordat berufen konnten noch andererseits zu diesem Zeitpunkt und unter diesen Umständen die Ansicht des Deutschen Episkopats, der Erlaß vom 21. März 1941 sei „keine mit Gesetzeskraft ausgestattete Rechtsverordnung“[438], teilen wollten – die in Stuttgart versammelten Vertreter evangelischer Kinderpflege wollten einen dritten Weg gehen, den Weg, „den uns unser Gewissen vorschreibt.“ Ausschlaggebend dafür war die Ansicht, daß die Kindergartenarbeit im Süden und Westen Deutschlands anders als im Norden und Osten „als eine überaus volkstümliche Sache“ im Kirchenvolk verankert sei[439]. Da auch staatliche Stellen und sogar Parteistellen dies zugegeben hätten, sei eine „Abwehrfront“ das Gebot der Stunde. Man hielt es wohl für den evangelischen Weg, „nach acta 5,29 handeln [zu] müssen“[440].

---

434 Schreiben v. Wicht an Möller vom 7.8.1941 (ADWW MÜNSTER, 153/3 (1940–1945)).

435 Bericht über eine Besprechung im Hauptwohlfahrtsamt der Stadt Berlin bei Stadtrat Behaghel [am 30.7.1941] (ADW, CA zu 850a III; EZA BERLIN, 7/4415). Siehe II Kap. III.3.12., S. 717ff.

436 In dem Bericht Elisabeth Dölker über die Sitzung am Mittwoch, 3.9.1941 vom 9.9.1941 (ADWW MÜNSTER, 153/3 (1940–1945); ADW, VKD 28a), ist ein Schreiben v. Wichts erwähnt, das Anlaß des Treffens und Gegenstand der Erörterungen war. Dies Schreiben ist nicht nachzuweisen. Es sollte in die Zeit von Anfang bis Mitte August 1941 datiert werden können. Es ging, das ist auch aus einem Schreiben v. Wicht an Möller vom 7.8.1941 (EBD.) und aus dem Schreiben Hans-Hellmuth Krause an v. Wicht vom 5.6.1941 (ADW, VKD 27) zu erschließen, um Möglichkeiten der Gewinnung einer anderen als der von der Spitze der Vereinigung durch v. Wicht bezogenen Position in der aktuellen Auseinandersetzung nach dem Runderlaß vom 21.3.1941.

437 Schreiben Dölker an v. Wicht vom 8.9.1941 (ADW, VKD 28a).

438 Schreiben Bertram an Diözesan-Caritasverband Breslau vom 14.6.1941 (L. VOLK, Akten V, Dok. Nr. 661, S. 375f., hier S. 376 mit Anm. 3).

439 Schreiben Dölker an v. Wicht vom 8.9.1941 (ADW, VKD 28a).

440 EBD. Acta (Apg.) 5,29 steht im Rahmen des Berichts über die Verhandlung gegen Petrus und die Apostel vor dem Hohen Rat. Ihnen sollte von dieser obersten Behörde des Judentums

Obwohl man, worauf besonders Weichlein hingewiesen hätte, feststellte, daß „keine gesetzliche Handhabe“ für die bisherigen Maßnahmen bestünde[441], spielte diese Einsicht offenbar für die Entscheidung keine Rolle. Der Hinweis auf das „Gewissen“ entsprach jener verflachten Zwei-Reiche-Lehre, auf deren Grundlage gemeinsames kirchliches Handeln den Vertretern evangelischer Kinderpflege immer wieder möglich schien und zeigte wohl nicht mehr an, als daß die Entscheidung nicht leicht fiel. Dölker gestand jedenfalls v. Wicht gegenüber ein: „Ob wir damit die Sache retten, wissen wir nicht.“[442] Die Berufung auf das „Gewissen“ als Topos eines praktisch-ekklesiologischen Konsenses für eine schwierige Entscheidung sollte darum auch nicht ausschließen, daß bei anderer Gelegenheit und unter anderen Umständen weiterhin durchaus der Hinweis auf geltendes Recht den Maßnahmen der Machthaber entgegengesetzt wurde. Jetzt jedenfalls waren die Vertreter evangelischer Kinderpflege, die sich in Stuttgart getroffen hatten, „fest entschlossen, ihren Auftrag der christlichen Erziehung so lange wie möglich festzuhalten in der Form der Kindergartenarbeit.“[443]

Drei Wochen nach diesem Treffen, zu einem Zeitpunkt, als in anderen Ländern des Deutschen Reiches bereits die Rücknahme solcher auf Grund des Erlasses vom 21. März 1941 ergangenen Verfügungen der Regierungsbehörden erwartet wurde, war die proklamierte feste Entschlossenheit wirklich gefordert. Am 25. September 1941 ließ das Württembergische Innenministerium unter Jonathan Schmid dem OKR Stuttgart Kenntnis geben von einer Anordnung Wilhelm Murrs, nach der die gemäß § 29 RJWG erteilte Befreiung für solche Kindergärten ab 1. November 1941 zurückzunehmen war, die nicht kommunal betrieben wurden, sondern in freier, mithin konfessioneller Trägerschaft. Als Rechtsgrundlage wurde der Erlaß vom 21. März 1941 angeführt und außerdem darauf verwiesen, daß „dafür zu sorgen [sei], daß die bisherigen Räume und Einrichtungen der zu übernehmenden Kindertagesstätten bis auf weiteres der NSV gegen eine angemessene Vergütung zur Verfügung stehen.“[444] Damit exekutierte Wilhelm Murr, inzwischen längst auch Reichsverteidigungskommissar[445], Bormanns Rundschreiben an die Gauleiter vom 11. Mai 1941. Natürlich waren OKR Stuttgart und Landesbischof,

---

die Predigt von Jesus Christus verboten werden. Dann heißt es an der angegebenen Stelle: „Petrus aber und die Apostel antworteten und sprachen: Man muß Gott mehr gehorchen als den Menschen.“

441 Bericht Elisabeth Dölker über die Sitzung am Mittwoch, 3.9.1941 vom 9.9.1941 (ADWW MÜNSTER, 153/3 (1940–1945); ADW, VKD 28a).

442 Schreiben Dölker an v. Wicht vom 8.9.1941 (ADW, VKD 28a).

443 Bericht Elisabeth Dölker über die Sitzung am Mittwoch, 3.9.1941 vom 9.9.1941 (ADWW MÜNSTER, 153/3 (1940–1945); ADW, VKD 28a).

444 Schreiben Württembergischer Innenminister an OKR Stuttgart vom 25.9.1941 (LKA STUTTGART, 436a IV). Zitiert wird dieses Schreiben im Schreiben OKR Stuttgart an sämtliche Dekanat- und Pfarrämter vom 15.10.1941 (EBD.; EZA BERLIN, 1/A4/571).

445 Siehe P. SAUER, Wilhelm Murr, S. 221.

Evangelischer Landesverband für Kinderpflege in Württemberg und der Vorsitzende „außerordentlich überrascht“[446]. Sie hatten, nachdem in anderen Ländern und in preußischen Provinzen dieser Schritt bereits zwei Monate zuvor erfolgt war, wohl kaum noch mit einem solchen Vorgehen gerechnet, waren aber sofort „entschlossen, die Grundlage der ganzen Sache anzufechten.“[447]

Gut eine Woche später wandte sich Wurm „dringend“ an Wilhelm Frick, an Lammers und an den Reichsstatthalter in Württemberg selbst. Zum ersten zweifelte er die rechtliche Begründung an, da im Blick auf § 29 RJWG kein Landesjugendamt eingeschaltet worden war, das Tatsachen festgestellt hätte, die eine Eignung zur Aufnahme von Pflegekindern ausgeschlossen hätten. Außerdem seien auch die Voraussetzungen für die Rücknahme einer Betriebsgenehmigung nach RJWG in Verbindung mit dem württembergischen Gesetz über die Kindergärten vom 8. März 1940 nicht gegeben. Abgesehen von der Bemerkung, daß die Kindergärten die Form darstellten, „in der die Kirche die ihr obliegende Pflicht der religiösen Betreuung der im vorschulpflichtigen Alter stehenden getauften Kinder erfüllt“; abgesehen von dem Befund, daß die Räume kirchliches Eigentum und für eine kirchlichen Pflichten entsprechende Nutzung vorbehalten sind; abgesehen auch von der Erwähnung der Möglichkeit, daß „die Gemüter aufs neue beunruhigt werden und daß dadurch das Vertrauen zur staatlichen Obrigkeit erneut erschüttert wird“ – von Bedeutung für die Abwehr der Anordnung des Reichsstatthalters waren zwei weitere Argumente. Es war zum einen der Hinweis darauf, daß „in Berlin, in den Provinzen Brandenburg und Westfalen“ die Überleitungen abgebrochen und eingestellt worden waren. Und schließlich wurde die Rechtsgrundlage der Anordnung Wilhelm Murrs, der Erlaß vom 21. März 1941 selbst, in Frage gestellt[448]. Soweit zu sehen, geschah das erstmals durch eine evangelische Landeskirche, sollte aber durchaus keine singuläre Erscheinung bleiben.

Ganz wie der Vorsitzende der Fuldaer Bischofskonferenz, der darauf bestanden hatte, daß dieser Erlaß „das geltende Gesetzesrecht weder aufheben noch abändern“ könne[449], also daß dieser Erlaß „keine mit Gesetzeskraft ausgestattete Rechtsordnung, sondern nur eine Verwaltungsordnung“ sei[450], wie-

---

[446] Schreiben OKR Stuttgart an sämtliche Dekanat- und Pfarrämter vom 15.10.1941 (LKA STUTTGART, 436a IV; EZA BERLIN, 1/A4/571).

[447] Schreiben Dölker an Möller vom 4.10.1941 (ADWW MÜNSTER, 153/3 (1940–1945)).

[448] Schreiben OKR Stuttgart [Wurm] an Reichsministerium des Innern vom 3.10.1941 (EZA BERLIN, 1/C3/180); Schreiben OKR Stuttgart [Wurm] an Lammers vom 3.10.1941 (BA BERLIN, R 43 II/158a); Schreiben OKR Stuttgart [Wurm] an Reichsstatthalter in Württemberg [Murr] vom 3.10.1941 (ADWW MÜNSTER, 153/3 (1940–1945)).

[449] Schreiben Bertram an Wilhelm Frick vom 5.8.1941 (L. VOLK, Akten V, Dok. Nr. 686, S. 511–513, hier S. 511).

[450] Schreiben Bertram an Diözesan-Caritasverband Breslau vom 14.6.1941 (L. VOLK, Akten V, Dok. Nr. 661, S. 375f., hier S. 376 mit Anm. 3).

sen Wurm und sein OKR Stuttgart eine Rechtswirksamkeit für die getroffenen Maßnahmen zurück. Sie konnten wohl anerkennen, daß der Erlaß den Grundsatz aufstelle, daß die Betreuung der Kinder in den Kindergärten der NSV im Rahmen der allgemeinen Menschenführung der Partei obliegt. Aber weder werde mit dem Erlaß ausgeschlossen, daß es auch andere Träger von Kindergärten als die NSV gebe, noch sei ihre Schließung aus diesen Grundsätzen zu folgern. Und gar „ein Übergang der ev. Kindergärten auf die NSV ist in diesem Erlaß auch nicht angeordnet."[451]

Das Ministerium Kerrls erhielt das Schreiben an das Reichsministerium des Innern zur Kenntnis mit der Bitte, mit „allem Nachdruck" dahin zu wirken, daß der Eingriff in die Arbeit der evangelischen Kinderpflege in Württemberg unterlassen wird[452]. Es bleibt dahingestellt, ob der seinen Minister zunehmend vertretende Muhs gerade in dieser Sache wie erbeten wirken wollte oder konnte, angesichts eines verstärkt auf Ausschaltung des kirchlichen Einflusses drängenden „Braunen Hauses" und der Partei-Kanzlei. Zudem kam die Bitte von dem Mann, der gerade begonnen hatte, „dem Werk der Einigung" „den Rest seiner Kraft"[453] zu widmen und der damit Muhs' staatsaufsichtlich orientierten Reglementierungsbestrebungen hinderlich sein mußte[454].

Mit Nachdruck indessen wirkten wohl Lammers und Wilhelm Frick. Offenbar war die Beruhigung und Stabilisierung der „inneren Front" angesichts des mit dem am 22. Juni 1941 begonnenen Angriffs auf die Sowjetunion sich tatsächlich als Weltkrieg darstellenden „Schicksalskampfes des deutschen Volkes" bedeutsamer, wichtiger als der gleichzeitig mit Bormanns Äußerungen über das „Verhältnis von Nationalsozialismus und Christentum"[455] sich weiter verschärfende Kampf der NSDAP gegen Kirche und Christentum. Schon am 10. Oktober 1941 hatte Lammers auf seine Nachfrage von Julius Stahn aus dem Ministerium Kerrls erfahren, daß „die Übernahme der konfessionellen Kindergärten im ganzen Reich gestoppt" sei[456]. Weil Angelegenheiten das RJWG betreffend in die Zuständigkeit des Reichsministeriums des Innern fielen, bat Lammers jetzt Wilhelm Frick um Entscheidung[457]. Doch bereits zuvor hatte auf Anraten der Partei-Kanzlei das Reichsministerium des Innern am 13. Oktober 1941 den Württembergischen Innen-

---

451 Schreiben OKR Stuttgart [Wurm] an Reichsministerium des Innern vom 3.10.1941 (EZA BERLIN, 1/C3/180).

452 Schreiben OKR Stuttgart an Reichsministerium für die kirchlichen Angelegenheiten vom 3.10.1941 (EBD.).

453 R. SAUTTER, Theophil Wurm, S. 73.

454 Vgl. K. MEIER, Kirchenkampf III, S. 171.

455 KJ 1933–1944, S. 469–472.

456 Vermerk Ficker vom 10.10.1941 (BA BERLIN, R 43 II/158a). Dr. iur. Hans Ficker war Reichskabinettsrat in der Reichskanzlei und nach Habilitation 1948 Professor für Staatsrecht an der Universität Mainz. Siehe D. REBENTISCH, Führerstaat, S. 66.

457 Schreiben Lammers an Wilhelm Frick vom 14.10.1941 (BA BERLIN, R 43 II/158a).

minister ersucht, daß „eine gemäß § 29 Abs. 1 RJWG erteilte Befreiung nicht widerrufen werden möchte."[458] Und tatsächlich konnte der OKR Stuttgart schon am 16. Oktober 1941 „sämtliche Dekanat und Pfarrämter" durch ein Rundschreiben informieren, daß das Landesjugendamt die den „Kindertagesstätten erteilte Befreiung nach Art. 29 Abs. 1 RJWG auf 1. November 1941 nicht zurücknehmen wird."[459] Einen Tag vorher hatte der Württembergische Innenminister den OKR Stuttgart entsprechend unterrichtet[460].

Damit schien in Württemberg die Gefahr für die evangelischen Kindergärten abgewendet. Deshalb konnte der OKR Stuttgart auch ein von Wurm vorbereitetes „Wort des Landesbischofs" zurücknehmen. Da bis zum 15. Oktober 1941 beim OKR Stuttgart weder eine Stellungnahme aus einem der Berliner Reichsministerien noch aus einem württembergischen Ministerium eingegangen war, hatte sich der OKR Stuttgart sowohl erinnernd an das Ministerium Wilhelm Fricks gewandt[461] als auch an demselben 15. Oktober, das „Wort des Landesbischofs" an alle Dekanate und Pfarrämter gehen lassen[462]. Dieses Wort sollte am 19. Oktober 1941 in allen Gottesdiensten verlesen werden. Ganz auf der Linie der Absprache, die Dölker am 3. September 1941 mit den drei anderen Vertretern evangelischer Kinderpflege getroffen hatte und ganz entsprechend der Begründung der Beschwerden bei Jonathan Schmid, bei Lammers und Wilhelm Frick vom Monatsanfang, unterrichtete Wurm die Gemeinden und ermutigte sie zu einer unbeugsamen Haltung und zum Beharren auf dem Recht[463]. Schärfer noch als das pastoral bestimmte Bischofswort und unverstellter gab das begleitende Rundschreiben den kirchlichen Amtsträgern sechs Punkte „zur Beachtung": Für die Anordnung des Reichsstatthalters, mit der ein Widerruf von der Befreiung nach § 29 Abs.1 RJWG bestimmt werde, fehle die Rechtsgrundlage; ein Anlaß zum Trägerwechsel auf die NSV bestehe nicht; eine Verhandlung über Raumnutzungen durch die NSV oder gar Nutzungsvereinbarungen schieden aus, wobei auch das Reichsleistungsgesetz als Rechtsgrundlage von Forderungen der NSV fortfalle; ein Wechsel einer Mitarbeiterin in einen NSV-Kindergarten komme nicht in Frage, da Gewissenskonflikte zu befürchten seien; andernorts seien

---

458 Schreiben Dölker an CA vom 19.11.1941 (ADW, CA/O 184; LKA STUTTGART, 436a IV). Dölker teilt mit, daß das Reichsministerium des Innern am 13.10.1941 sich mit bezeichnetem Ersuchen an das Württembergische Innenministerium gewandt habe.

459 EZA BERLIN, 1/A4/571; LKA STUTTGART, 436a IV.

460 Schreiben Württembergischer Innenminister an OKR Stuttgart vom 15.10.1941 (LKA STUTTGART, 436a IV).

461 Schreiben Reichsminister des Innern an Reichsminister und Chef der Reichskanzlei vom 27.10.1941 (BA BERLIN, R 43 II/158a).

462 Schreiben OKR Stuttgart an sämtliche Dekanat- und Pfarrämter vom 15.10.1941 (LKA STUTTGART, 436a IV).

463 EBD.; M. BERGER, Vorschulerziehung, S. 231f. Berger übersieht, daß das „Wort des Bischofs" nicht verlesen wurde.

Maßnahmen zur Überführung bereits eingestellt; kein Geistlicher dürfe nur auf Grund örtlicher Verhältnisse handeln, wollte er nicht seine Amtspflichten verletzen[464].

Nach dem Erlaß des Reichsministeriums des Innern vom 13. Oktober 1941 veröffentlicht, hätte das „Wort des Landesbischofs“ eine zusätzliche Belastung der ohnehin angespannten Situation in Württemberg bedeutet. Die Verhandlungen über die Kürzung der Staatsleistungen waren sowenig abgeschlossen wie die über die Beschlagnahme der kirchlichen Seminare. Wurm und der OKR Stuttgart hofften trotz „Grafeneck“ und „Gnadentod“ und aller erkennbaren Skrupellosigkeit der Machthaber, zur „Rechtsordnung“ zurückzufinden, und es sollte alles vermieden werden, was die „weltanschaulichen Distanzierungskräfte“ hätte stärken können, nachdem die Ergebnisse der Sitzung des Landeskirchentages vom 2. September 1941 deren Stimmung eher gereizt hatte[465]. Darum verfügte Hermann Müller für den OKR Stuttgart, daß nunmehr eine Verlesung am 19. Oktober 1941 „zu unterbleiben hat.“[466]

Aber eine Verlesung des „Wortes des Landesbischofs“ oder auch nur eine Veröffentlichung der mit ihm „in Aussicht genommenen Haltung“ mußte noch an anderer Stelle nicht erwünscht sein. Nämlich dort, wo man immer noch mit einem planwirtschaftlichen Abkommen rechnete und meinte, den „Partner“ dadurch weiterhin verhandlungswillig in einer Sache halten zu müssen, auf die einzulassen man selbst sich schwer genug getan hatte, daß man das Konfliktpotential nicht erhöhte und ihn nicht zum Abbruch der Verhandlungen provozierte. Gemeint ist der CA und sein „Partner“, die NSV. Tatsächlich bat Hagen, seit zwei Monaten Nachfolger Schirmachers, gegen Ende Oktober Dölker inständig, „in der Lage, in die wir durch die Haltung des Reichsinnenministeriums gekommen sind“, die „Haltung“, die Dölker und sein OKR Stuttgart mit Wurm an der Spitze eingenommen hatten, „nicht nach außen hin zu zeigen.“[467] Es ist allerdings fraglich, ob Hilgenfeldt und seine NSV diese Rücksichtnahme nötig gehabt hätten. Trotz aller Rivalität zwischen ihm und Conti und den Machtansprüchen eines jeden für seine Administration, trotz gegensätzlicher Interessen von Wilhelm Frick und Goebbels[468] und ihrer Ministerien im Blick auf den „Treuhänder von Staat und Partei“[469] – die NSV war auf dem Höhepunkt ihrer Macht[470] und bedurfte nach ihrem Selbstverständnis kaum solchen Entgegenkommens, hat-

---

464 Schreiben OKR Stuttgart an sämtliche Dekanat- und Pfarrämter vom 15.10.1941 (LKA STUTTGART, 436a IV).

465 Siehe G. SCHÄFER, Landesbischof Wurm, S. 255ff. und S. 388.

466 Schreiben OKR Stuttgart an sämtliche Dekanat- und Pfarrämter vom 16.10.1941 (LKA STUTTGART, 436a IV; EZA BERLIN, 1/A4/571).

467 Schreiben Hagen an Dölker vom 28.10.1941 (ADW, CA/O 184).

468 H. VORLÄNDER, Die NSV, S. 162 und S. 134.

469 I. ALTGELT, Wegweiser, S. 11.

470 H. VORLÄNDER, Die NSV, S. 162.

te sie doch soeben als Selbsteinschätzung propagandistisch verlautbart: „NSV-Arbeit in der Heimat hilft den Endsieg sichern."[471]

Weder in gleicher Weise kämpferisch noch in gleicher Weise großsprecherisch gab sich Dölker in dieser Situation, in die er sich durch die Entscheidung des Reichsministeriums des Innern versetzt sah. Zwar hielt er es für unmöglich, daß dasselbe Ministerium gleichzeitig sowohl Überführung der Kindergärten an die NSV verlange als auch ihre Fortführung in konfessioneller Trägerschaft. Aber angesichts dieser „sensationellen Wendung" hielt er es sogar für ganz und gar nicht ausgeschlossen, daß auch in solchen Ländern oder Provinzen, in denen die Überführung schon vollzogen war, der frühere Zustand wieder hergestellt werde. Er war jedenfalls „ganz gern einmal Optimist" und ließ das auch v. Wicht gern wissen[472].

Dieser, unmittelbar vor Vollendung seines 62. Lebensjahres und in tiefer Trauer über den Verlust des jüngeren seiner beiden Söhne[473], war ebenso wie der den CA vertretende Hagen nicht unmittelbar an den Ereignissen in Württemberg beteiligt. Das hatte seine Ursache kaum darin, daß er einen anderen Kurs verfolgte - obwohl nicht ganz auszuschließen ist, daß dies eine Rolle spielte. Daß v. Wicht nicht eingeschaltet war, lag vielmehr besonders daran, daß er in seiner Eigenschaft als Direktor des Evangelischen Verbandes für Kinderpflege in Berlin sich für die seinem Verband angehörenden Träger einsetzen und wirken mußte. Die Verhandlungen in Berlin nahmen seine Kräfte sehr in Anspruch. Außerdem hatte er auch um den Fortbestand der Vereinigung selbst zu kämpfen, und beides ließ ihn die Zukunft in „undurchdringlichem Dunkel" sehen[474].

Was nun die NSV in Württemberg unter Gauamtsleiter Dietrich Thurner betraf und die gemeinsam mit ihr unter der Förderung von Staatspräsident und Reichsstatthalter Wilhelm Murr streitende Ministerialbürokratie unter Ministerpräsident und Kultminister Mergenthaler, so waren sie über diese Lage der Dinge gewiß verärgert. Aber sie teilten nicht die Einschätzung der Reichskanzlei, daß die Wahl Württembergs „als Experimentierfeld" „kaum besonders glücklich" war[475]. Es kann deshalb auch nicht verwundern, daß ihnen trotz der Niederlage auf diesem Feld der „Kampfstoff" für den „Endsieg" nicht ausgegangen war. Thurner, erst seit drei Jahren im Amt, aber als ehedem kommunalpolitscher Berater der NSDAP in Baden und aus seiner Bürgermeistertätigkeit auch kommunalpolitisch versiert, veranlaßte verstärkt solche Kommunen, die als Träger eines Kindergartens diesen evangelisch führten, ihn der NSV zu übergeben. Das entsprach dem Vorgehen, das man

---

471 H. BERNSEE, Aufgaben, S. 5.

472 Schreiben Dölker an Möller vom 4.10.1941 (ADWW MÜNSTER, 153/3 (1940–1945).

473 Schreiben Bremer an die angeschlossenen Verbände vom 5.1.1942 (ADW, CA/J 39).

474 Siehe zuvor S. 643 mit Anm. 432.

475 G. SCHÄFER, Die Evangelische Landeskirche VI, S. 750.

bis zum Jahresende 1936 im württembergischen Welzheim, nach erbitterter Auseinandersetzung bis in das Reichs- und Preußische Ministerium für die kirchlichen Angelegenheiten aber aus Sicht der Machthaber erfolgreich erprobt hatte. War der erste Schritt eines Trägerwechsels von der Kommune zur NSV gelungen, dann war der nächste die Kündigung der meist im Mutterhaus für evangelische Kleinkinderpflegerinnen Großheppach ausgebildeten und von ihm entsandten „allgemein beliebten und bewährten Schwestern"[476].

Auf diese Weise, obwohl sich Dölker, sein OKR Stuttgart und sein Evangelischer Landesverband für Kinderpflege in Württemberg einschalteten - obgleich nach Lage der Dinge kaum mit Aussicht auf Erfolg[477] –, gingen zunächst in Württemberg „rund 100 bürgerliche Kindergärten" verloren. Von 394 Einrichtungen im März 1941 waren bis Mai 1942 noch, „genau gezählt", 300 Kindergärten als evangelische Einrichtungen „unangefochten geblieben."[478] Daß zwei Jahre später ein Vergleich in den durch das Vorgehen der NSV-Gauamtsleitung ausgelösten „arbeitsrechtlichen Streitigkeiten"[479] die Erhebungen wieder anders aussehen ließ, spielte angesichts der Kriegslage kaum mehr eine Rolle.

---

476 G. SCHÄFER, Landesbischof D. Wurm, S. 41; M. BERGER, Vorschulerziehung, S. 234f. Vgl. E. HANSEN, Wohlfahrtspolitik, S. 239f. Siehe I Kap. VII.4.3., S., 434ff.; II Kap. I.1.1., S. 47.

477 Wegen der „Verdrängung der ev. Kinderschwestern in Württemberg" wandte sich das als besonders betroffen sehende Mutterhaus für evangelische Kinderschwestern Großheppach am 25.11.1941 durch seinen Inspektor Pfarrer Messner und seinen Vorstand, Oberkirchenrat Karl Adolf Schaal, an das Reichsministerium des Innern, um Beschwerde über das Vorgehen von Verwaltung und NSV zu führen, auf die Empörung der Eltern in den Kommunen hinzuweisen und die Belassung der „bewährten Kinderschwestern auf ihren bisherigen Arbeitsposten" zu fordern (BA, R 1501/3080). Dölker hatte zu diesem Zeitpunkt bereits demselben Reichsministerium des Innern sein Schreiben an den Deutschen Gemeindetag und dessen Landesdienststelle Württemberg übermittelt. Unter ausdrücklichem Hinweis auf den Erlaß vom 21.3.1941 erklärte er es für unrechtmäßig, wenn durch die Bürgermeister evangelische Kindergärtnerinnen weggeschickt und die Einrichtungen von der NSV übernommen werden. Er fordert den Deutschen Gemeindetag auf, „die Bürgermeister auf die Ungesetzlichkeit und Sittenwidrigkeit des Vorgehens der NSV hinzuweisen." (Schreiben Dölker an Reichsministerium des Innern vom 20.11.1941 mit Anlage Schreiben Dölker an Deutschen Gemeindetag vom 20.11.1941, in: EBD.). Tatsächlich strengte das Mutterhaus für evangelische Kinderschwestern Großheppach in jedem Fall einen Arbeitsgerichtsprozeß an. Das Mutterhaus wurde dabei vom OKR Stuttgart unterstützt. Auch der Deutsche Gemeindetag war beteiligt. Unter Einschaltung des Reichsministeriums für Justiz ebenso wie unter Hinzuziehung des Generalbevollmächtigten für den Arbeitseinsatz wurde ein Vergleich angestrebt, der schließlich im März 1944 zustande kam und eher eine Niederlage für die evangelischen Kindergärtnerinnen bedeutete. Sie nahmen ihre Klagen zurück. Die angefallenen Prozeßkosten trugen die Kommunen. Die Gauamtsleitung der NSV, soweit sie an einzelnen Klagen beteiligt war, trug ihre Kosten selbst (Schreiben Württembergischer Innenminister an Reichsminister des Innern vom 15.3.1944, in: EBD.).

478 Schreiben Dölker an Hofstaetter vom 1.5.1942 (LKA HANNOVER, E 26/37). VEREINIGUNG, Arbeitsbericht 1.4.1941–31.3.1942 [S. 4] gibt für Württemberg 73 verlorene Kindergärten mit 7.413 Plätzen an.

479 Schreiben Württembergischer Innenminister an Reichsminister des Innern vom 15.3.1944 (BA, R 1501/3080).

3.8. Hannover

Ende des Jahres 1940 hatte sich Rust aus der Gauleitung des NSDAP-Gaues Süd-Hannover-Braunschweig zurückgezogen. Nachfolger wurde sein bisheriger Stellvertreter und Führer des Stabes der HJ, Hartmann Lauterbacher[480]. NSV-Gauamtsleiter blieb weiterhin der auch als Ratsherr im Rathaus von Hannover sitzende Hugo Behme. Ob die im Laufe des Jahres 1941 sich zuspitzenden Konflikte zwischen dem draufgängerischen Lauterbacher, der im April 1940 auch Oberpräsident der Provinz Hannover geworden war, und dem ebenfalls wenig zurückhaltenden Behme, die schließlich zum Ausscheiden Behmes aus der Gauamtsleitung führten – ob diese Konflikte in unmittelbarem Zusammenhang mit der Kindergartenfrage standen, ist ungewiß. Indessen erklärten sie, insofern sie Kräfte im innerparteilichen Machtkampf banden, daß in Hannover die Auseinandersetzungen, ebenso wie aus anderen Gründen in Württemberg, erst sehr spät einsetzten. Es hatte dann freilich ganz andere Ursachen, daß in Hannover der Streit bis Mitte 1942 währte, ja erst zu dieser Zeit seinen Höhepunkt erreichte.

Als Anfang Mai 1941 der Vorstand des Evangelischen Landesverbandes für Kinderpflege in der Provinz Hannover unter Vorsitz von Oberlandeskirchenrat D. Karl Stalmann, inzwischen ständiger Vertreter von Landesbischof Marahrens, zusammentrat, stand nur ein Gegenstand zur Verhandlung. Der Gegenstand war das Schreiben v. Wichts vom 5. April 1941. Der Vorstand, dem neben Stalmann auch Depuhl und Hofstaetter sowie Friedrich Wasmuth, seit zwölf Jahren zweiter Pfarrer am Evangelisch-lutherischen Diakonissenhaus Henriettenstiftung, angehörten, war sich offenbar sehr schnell einig. Den „Anregungen“ v. Wichts wollte man keinesfalls folgen[481]. Waren in den zurückliegenden Jahren vierzehn evangelische Einrichtungen an die NSV gelangt[482], an dem Bestand von 104 Kindergärten mit 4.860 Plätzen und 140 pädagogisch ausgebildeten Mitarbeiterinnen, die man auch zu Beginn des Jahres 1941 immer noch zählte, hatte sich seit 1939/1940 Entscheidendes nicht geändert, und man wollte auch nicht, daß sich in Zukunft etwas daran änderte[483].

---

480 K. HÖFFKES, Hitlers politische Generäle, S. 286 und S. 212ff.

481 Protokoll der Vorstandssitzung des Evangelischen Landesverbandes für Kinderpflege in der Provinz Hannover am 2.5.1941 (LKA HANNOVER, E 26/4).

482 Siehe I Kap. VI.2.1., S. 262 mit Anm. 150 in Verbindung mit O. Ohl, Bericht zur Auswertung der Fragebogen vermutlich im Februar 1941 (ADWRH DÜSSELDORF, OHL 10.1.7. II; ADW, CA/Stat. 223/15; LKA HANNOVER, E 26/17), worin vermerkt ist: „In sieben Fällen sind durch örtliche Maßnahmen Kindergärten verloren gegangen (Emden, Lauenförde, Osterode, Verden, drei in Osnabrück)“; siehe auch Statistik (ADW, VKD 32). Vgl. E. KLÜGEL, Die lutherische Landeskirche Hannovers, S. 443.

483 VEREINIGUNG, Tätigkeitsbericht 1.4.1940–31.3.1941, Statistische Übersicht; Stichtag für die Angaben war stets der 15. Februar des Berichtszeitraumes. Das Ergebnis der Umfrage Ohls zum Planwirtschaftlichen Abkommen vom 19.12.1940 weist aus: 43 Kindergärten mit 66 pädago-

Aber es war durchaus nicht Selbstzufriedenheit, die den vierköpfigen Verbandsvorstand am 2. Mai 1941 in Hannover bewog „abzuwarten, wie sich die Dinge entwickeln."[484] Die Sorge, die aus dem Schreiben v. Wichts sprach, teilte man sehr wohl und wollte auch vorbeugend nicht nur eine sorgfältige Bestandsaufnahme veranlassen, sondern ebenfalls die in Verbindung mit Trägerschaftsfragen relevanten Rechtsprobleme prüfen. Entscheidend war, was Stalmann für das Landeskirchenamt Hannover einbrachte und was auch ein halbes Jahr später als nachdrückliche Empfehlung des Rates der Evangelisch-lutherischen Kirche Deutschlands an die „angeschlossenen und befreundeten Stellen" ging, nachdem diese Position Anfang September 1941 in Stuttgart auch unter den Verbänden abgestimmt worden war: Ein „Widerruf [scil. der Genehmigung eines Kindergartens nach § 29 RJWG] steht ... mit den Gesetzesbestimmungen nicht im Einklang."[485] Was sich hier, unterzeichnet vom Vizepräsidenten im Landeskirchenamt der Evangelisch-lutherischen Landeskirche Hannovers, D. Paul Fleisch, manifestierte und im Zuge eines sich zunehmend formierenden Luthertums gegenüber dem Staat und seinen Usurpatoren artikulierte, war der biblisch begründete Verweis der „Obrigkeit" an die Bindungen des Rechts. Nur sie entsprachen der nach Rö. 13 – worauf ja auch gerade Ohl für die Innere Mission von Anfang an und immer wieder hingewiesen hatte[486] – zu erwartenden Gehorsamspflicht des Christen. Augenscheinlich war es das sich einigende Luthertum, das dem Rückzug auf das Recht[487], der in den zurückliegenden Jahren zur Anpassung an die legalisierten Maßnahmen verkürzt worden war, neues Gewicht und verstärkte Bedeutung gab. Insofern stellte es natürlich eine politische Herausforderung für die Machthaber dar. Das sollte sich gerade auch in Hannover und auch in der Kindergartenangelegenheit zeigen.

Zunächst gab es bis in die ersten Tage des August 1941 hinein keinen Anlaß zur Beunruhigung. Zu diesem Zeitpunkt aber begannen vereinzelte Jugendämter evangelische Einrichtungen zu erfassen und gleichzeitig der NSV anheim zu stellen, sowohl eine Übernahme zu prüfen als auch für den Fall eines im Sinne der Absicht ausfallenden Ergebnisses, die Verhandlungen zu

---

gischen Kräften und 2.520 Plätzen. (O. Ohl, Bericht zur Auswertung der Fragebogen vermutlich im Februar 1941, in: ADWRH DÜSSELDORF, OHL 10.1.7. II; ADW, CA/Stat. 223/15; LKA HANNOVER, E 26/17). Die Differenz erklärt sich wohl daraus, daß Zahlen aus den Vorjahren fortgeschrieben werden mußten, in denen aber Kindergärten und Horte getrennt gezählt enthalten und auch die sog. „Offenen Türen" und „Spielkreise" mitgezählt worden waren: 47 Kindergärten, 15 Krippen, 17 Horte, 25 offene Einrichtungen, im Ergebnis 104 (LKA HANNOVER, E 26/106). Vgl. dazu auch E. KLÜGEL, Die lutherische Landeskirche Hannovers, S. 443; H.-J. SCHROEDER, Ein halbes Jahrhundert, S. 20.

484 Protokoll (LKA HANNOVER, E 26/4).

485 Der Rat der Evangelisch-lutherischen Kirche Deutschlands an die ihm angeschlossenen und befreundeten Stellen vom 21.10.1941 (LKA KARLSRUHE, EOK 6036).

486 Siehe I Kap. IV.3.2., S. 188 mit Anm. 346; und I Kap. V.2.2., S. 208 mit Anm. 62.

487 Siehe I Kap. VI.2.2., S. 265ff.

beginnen. Offenbar entsprach das dem Vorsatz der NSV, eine Übernahme „auf gütlichem Wege“ zu erreichen, noch bevor etwa das Oberpräsidium unter Lauterbacher sich einschaltete[488].

Fünf Kindergärten, es waren die in Bentheim, Mariensee, Visselhövede, Nörten und Wesermünde, hielten teils auch in Verkettung widriger Umstände, Unaufmerksamkeit und deutsch-christlich bestimmter Pfarramtsführung, diesem an sich geringen Druck nicht stand[489]. Das in allen Fällen eingeschaltete Landeskirchenamt Hannover konnte an keiner Stelle die getroffenen Entscheidungen rückgängig machen, sah sich aber dennoch nicht zu einer Revision seines Kurses veranlaßt. Dazu konnte auch die Entwicklung der Dinge in Westfalen, über die Hofstaetter durch einen regen Briefwechsel mit Proebsting informiert war[490], weder den Evangelischen Landesverband für Kinderpflege in der Provinz Hannover noch das Landeskirchenamt Hannover bewegen, denn tatsächlich fehlten ja die verwaltungsmäßigen, mithin rechtlichen Voraussetzungen überhaupt: Erlasse, wie sie in Westfalen ergangen waren, die eine Rücknahme der Genehmigungen nach § 29 RJWG verfügt hätten.

In der Verbindung nach Westfalen und nach Württemberg sah Hofstaetter im übrigen zu diesem Zeitpunkt die einzige Möglichkeit, „über den Stand der Angelegenheit in den anderen Ländern und Provinzen orientiert“ zu werden, denn die Vereinigung hatte bis Mitte September 1941, trotz zweimaliger Bitte darum, eine allgemeine Information, weil dies für unsere Arbeit „wichtig ist“, nicht herausgegeben[491]. Daran zeigte sich zu diesem Zeitpunkt weniger Wirkung und Auswirkung des Krieges. Das war erst ein Jahr später in zunehmendem Maße der Fall. Jetzt zeigte sich nur, daß v. Wicht tatsächlich an die Grenzen seiner Leistungsfähigkeit gestoßen und das Büro der Vereinigung allein mit einer vor dem Ausscheiden stehenden Referentin Käthe Niemann überfordert war[492]. Daß allerdings der Vorstand des Evangelischen Landesver-

---

488 Schreiben Hofstaetter an Vereinigung vom 12.9.1941 (ADW, VKD 19); Schreiben Hofstaetter an Vereinigung vom 2.9.1941 (LKA HANNOVER, E 26/37).

489 Bericht über die Arbeit des Evangelischen Landesverbandes für Kinderpflege in der Provinz Hannover vom 25.6.1942 (LKA HANNOVER, E 26/106). Darin ist als ein sechster Kindergarten der von Elbingerode genannt. Es ist ausdrücklich erwähnt, daß dieser Kindergarten im Zuge der „allgemeinen Übergabe der Kindergärten in Sachsen mit übergeben“ wurde. Elbingerode gehörte politisch zur Provinz Sachsen.

490 Schreiben Hofstaetter an Proebsting vom 22.8.1941 (LKA HANNOVER, E 26/37); Schreiben Proebsting an Hofstaetter vom 25.8.1941 (EBD.); Schreiben Hofstaetter an Proebsting vom 2.9.1941 (EBD.); Schreiben Proebsting an Hofstaetter vom 5.9.1941 (EBD.); Schreiben Proebsting an Hofstaetter vom 26.9.1941 (EBD.).

491 Schreiben Hofstaetter an Vereinigung vom 2.9.1941 (ADW, VKD 19); Schreiben Evangelischer Landesverband für Kinderpflege in der Provinz Hannover an Vereinigung vom 12.9. 1941 (EBD.); Schreiben Hofstaetter an Dölker vom 8.9.1941 (LKA HANNOVER, E 26/37); und Schreiben Hofstaetter an Dölker vom 27.9.1941 (EBD.).

492 Schreiben Hofstaetter an Dölker vom 8.9.1941 (EBD.).

bandes für Kinderpflege in der Provinz Hannover seinerseits durch den Beschluß, einen Bericht über das Jahr 1940 für die Erstellung des Tätigkeitsberichtes der Vereinigung nicht zu fertigen, v. Wicht den Verzicht auf Information und Austausch erleichterte, wird man nicht ganz außer Betracht lassen können[493].

Dennoch, Hofstaetter hatte bis Ende August 1941 aus Westfalen erfahren, daß „die katholische Kirche sich nicht fügen werde."[494] Zur gleichen Zeit wußte sie auch aus Württemberg von einem beabsichtigten Treffen von Verbandsvertretern in Stuttgart. Zu einer Teilnahme kam es allerdings nicht, da es über den Termin eine „irrtümliche Mitteilung gegeben hatte."[495] Sie hatte jedoch zu dieser Zeit noch die „leise Hoffnung", daß durch die „Stopverordnung" des „Führers", von der man allenthalben gerüchteweise auch in Hannover gehört hatte, „unsere Kindergartenarbeit" der Kirche und ihrer Inneren Mission erhalten bliebe[496]. Sie hegte diese Zuversicht, obwohl sie, wiederum gerüchteweise, gleichzeitig davon gehört hatte, daß „der Herr Oberpräsident in absehbarer Zeit eine Verfügung herausbringen [wird], die die Arbeit auf dem Gebiet der evangelischen Kinderfürsorge unmöglich macht."[497]

Die Hoffnung auf Wirkung einer Anordnung des „Führers", die Hoffnung auf Entspannung erfüllte sich zu diesem Zeitpunkt nicht. Hatte dazu, trotz Berufung auf den Wunsch des „Führers", bereits der „Entspannungserlaß" des Reichsministers des Innern an die Reichsstatthalter und Oberpräsidenten vom 24. Juli 1940 nicht beitragen können, so auch nicht der Erlaß Bormanns an die Gauleiter vom 30. Juli 1941. Im Gegenteil, die Lage spitzte sich zu. Am 11. September 1941 wurde das Regierungspräsidium Hannover unter Rudolf Diels tätig, dem Mann, der sich im Zuge der Machtergreifung Göring in besonderer Weise verpflichtet hatte, der als Polizeipräsident von Berlin in die Machtkämpfe zwischen seinem späteren Nachfolger, Himmler, und seinem Mentor Göring geraten war und seit 1936 in Hannover als Präsident der Provinzialverwaltung amtierte. Ob in diesem Fall, wie in allen anderen im Deutschen Reich, die Gauleitung „dringend eine Inanspruchnahme"[498] für erforderlich hielt und, um auch nur den Schein des Rechts zu wahren, Bormann Bericht erstattete, darf füglich bezweifelt werden. Vielmehr folgten Lauterbacher und Diels wohl einfach dem Kurs, den Bormann im Mai 1941

---

493 Schreiben Hofstaetter an v. Wicht vom 8.3.1941 (LKA HANNOVER, E 26/106); und Schreiben v. Wicht an Hofstaetter vom 14.3.1941 (EBD.).

494 Schreiben Marahrens an Hofstaetter vom 22.8.1941 (LKA HANNOVER, E 26/37).

495 Schreiben Hofstaetter an Dölker vom 27.9.1941 (EBD.). Die Benachrichtigung war offenbar über den Rat der Evangelisch-lutherischen Kirche Deutschlands gegangen. Nicht zu ermitteln war, wer wem die „irrtümliche Mitteilung" gemacht hatte.

496 EBD.

497 Schreiben Hofstaetter an Vereinigung vom 2.9.1941 (EBD.).

498 Schreiben Partei-Kanzlei, Führerhauptquartier, [Bormann] an alle Gauleiter vom 30.7.1941 (BA BERLIN, R 18/3080).

mit seinem Rundschreiben vorgegeben hatte, als er den Erlaß vom 21. März 1941 zum Instrument erklärte, mit dem die Kindergartenfrage „endgültig bereinigt“ werden könne und mit Nachdruck auf das beispielhafte Vorgehen in Sachsen verwies[499].

Dem Pfarramt in Gehrden und seinem Pfarrer Adolf Cohrs, seit fünfzehn Jahren in der Gemeinde, wurde die Genehmigung zum Betrieb eines Kindergartens nach § 29 RJWG entzogen und die Befreiung von den Bestimmungen §§ 20–23 RJWG widerrufen[500]. Cohrs wandte sich sofort an das Landeskirchenamt Hannover ebenso wie an den Landesverein für Innere Mission in Hannover und seinen Geschäftsführer Depuhl[501]. Fünf Tage später, am 20. September 1941, sollte die Angelegenheit fürs erste so gut wie abgeschlossen werden. An diesem Tag fertigte das Landeskirchenamt Hannover durch seinen Präsidenten Friedrich Schnelle, der zwar Deutscher Christ, aber doch ein auf Ausgleich bedachter Jurist und Finanzfachmann war, eine Eingabe an das Regierungspräsidium. Ohne auf dessen Begründung in der Sache in irgendeiner Weise einzugehen – sie behauptete den Menschenführungsanspruch der NSDAP, die eine Betreuung der Kleinkinder der NSV zugewiesen habe –, wies Schnelle allein auf die Rechtslage hin. Sie lasse eine Rücknahme der Befreiung von Bestimmungen der §§ 20–23 RJWG nicht zu, da, wie es § 29 RJWG vorsehe, keine Tatsachen festgestellt wurden, die eine Eignung ausschlössen. Solange das nicht der Fall sei, so Schnelle schließlich, könne die NSV natürlich Kindergärten errichten, sei es aber nicht rechtens, andere Einrichtungen zu schließen[502].

Von diesem Zeitpunkt an geschah zunächst gar nichts weiter, und als auch noch im Oktober 1941 durch Hofstaetter die Nachricht kam, daß das Reichsministerium des Innern eine Weiterarbeit der evangelischen Kindergärten verfügt habe[503], schien für die Gemeinde in Gehrden, ihren Pfarrer Cohrs und ihren Kindergarten die Sache ausgestanden. Und nicht nur für sie. Sie schien es auch für die evangelische Kirchengemeinde in Nienburg/Weser. Ihr Pfarrer Hans Heike und die Leiterin des Kindergartens, Schwester Frieda Scheele, eine Diakonisse aus dem Evangelisch-lutherischen Diakonissenhaus Henriettenstift in Hannover, hatten am 22. September 1941 ebenfalls eine Verfügung des Regierungspräsidiums in Hannnover erhalten. Mit ihr hatte Diels – wortgleich wie im Falle Gehrden – die Genehmigung zum Betrieb des Kindergartens widerrufen[504]. Schon drei Tage vorher hatte der Trägerverein des Kin-

[499] Schreiben Leiter der Partei-Kanzlei, Rundschreiben 68/41, Führerhauptquartier, an alle Gauleiter vom 11.5.1941 (BA BERLIN, NS 06/334; J. S. CONWAY, Kirchenpolitik, S. 270).

[500] Schreiben Regierungspräsident in Hannover an Evangelische Kirchengemeinde Gehrden vom 11.9.1941 (LKA HANNOVER, E 26/37).

[501] Notiz Depuhl „Pastor Cohrs, Gehrden, teilt telefonisch mit ...“ vom 15.9.1941 (EBD.).

[502] Schreiben Schnelle an Regierungspräsident in Hannover vom 20.9.1941 (EBD.).

[503] Schreiben Hofstaetter an Cohrs vom 21.10.1941 (EBD.).

[504] Schreiben Regierungspräsident in Hannover an Heike vom 22.9.1941 (EBD.).

dergartens in einer Mitgliederversammlung entschieden, daß man den Antrag der NSV auf Übernahme ablehne und gebeten, daß von der NSV etwa beabsichtigte Verhandlungen zurückgestellt werden[505]. Bereits am 27. September 1941 konnte das Landeskirchenamt Hannover, diesmal durch seinen gleichzeitig als Verbandsvorsitzenden damit befaßten Stalmann, die von Heike gefertigte Darlegung der Rechtslage an das Regierungspräsidium weiterreichen[506]. Damit hatte dieser Fall ein Ende. Es geschah nichts weiter. Ähnlich war es auch in Lingen und in Herzberg, wo zwar die NSV an die Gemeinden herangetreten war und um Übernahme angefragt, wo aber eine eindeutige Ablehnung der angebotenen Verhandlungen zu einem Rückzug der lokalen Partei- und NSV-Größen geführt hatte[507]. Ein übriges tat schließlich der Erlaß des Reichsministeriums des Innern vom 30. September 1941, auf dem der vom 13. Oktober an das Württembergische Innenministerium beruhte[508]. „Im hannoverschen Bereich hörten die Besichtigungen auf, die Abgabeverhandlungen wurden abgebrochen und die konfessionellen Kindergärten konnten weiterarbeiten."[509]

Als v. Wicht Anfang Dezember 1941 für den jährlichen von ihm zu erstellenden Tätigkeitsbericht die Mitgliedsverbände um Berichterstattung bat[510], war es Depuhl, der sich gegenüber Hagen über die „Anfrage" „erstaunt" zeigte[511]. v. Wicht wollte, ganz entsprechend seiner Sicht der Dinge, daß im Grundsatz an der Übernahme nichts zu ändern und sie, wenn auch mit beabsichtigter Verzögerung, so doch reibungslos abzuwickeln sei, Übersicht gewinnen. Er wollte wissen, welcher Art die getroffenen Abmachungen mit der NSV wären; ob Verträge von den Kirchenbehörden vorbereitet wären; ob auch „auf Grund des Führererlasses" Rückgabeverhandlungen geführt worden wären und mit welchem Erfolg[512]. Für den Landesverein für Innere Mission in Hannover und seinen Geschäftsführer, der auch nach dem im Oktober 1939 erfolgten Rücktritt Johannes Wolffs als „Landesführer" gemeinsam mit seiner Landeskirche einen ganz anderen Kurs als der CA gesteuert hat-

---

505 Schreiben Heike an NSV-Kreisamtsleitung Kalenberg vom 23.9.1941 (EBD.).

506 Schreiben Heike an Regierungspräsident in Hannover vom 26.9.1941 (EBD.); Schreiben Landeskirchenamt der Evangelisch-lutherischen Landeskirche Hannovers an Regierungspräsident in Hannover vom 27.9.1941 (EBD.).

507 Schreiben Superintendent Dr. Franz Spanuth, Kirchenkreis Herzberg/Harz, an Landeskirchenamt der Evangelisch-lutherischen Landeskirche Hannovers vom 25.9.1941 (LKA HANNOVER, E 26/37); Schreiben Evangelisch-lutherisches Pfarramt Lingen/Ems an Hofstaetter vom 7.8.1941 (EBD.); Schreiben Hofstaetter an Pfarramt Lingen/Ems vom 2.9.1941 (EBD.).

508 Siehe II Kap. III.3.2., S. 574f. mit Anm. 71; und II Kap. III.3.7., S. 647f. mit Anm. 458.

509 Bericht Hofstaetter für Landesbischof Marahrens vom Februar 1942 (EBD.).

510 Schreiben Vereinigung „an die uns angeschlossenen Landes- und Provinzialverbände für evangelische Kinderpflege" vom 8.12.1941 (LKA HANNOVER, E 26/106).

511 Schreiben Depuhl an Hagen vom 12.12.1941 (ADW, CA/O 174).

512 Schreiben Vereinigung „an die uns angeschlossenen Landes- und Provinzialverbände für evangelische Kinderpflege" vom 8.12.1941 (LKA HANNOVER, E 26/106).

te[513], mußten das befremdliche Fragen sein. Sie konnten nur dem verständlich sein, der mit v. Wicht auf Anpassung – einer unvermeidbaren, wie man meinte – bei gleichzeitigem Ausbau der biblischen Unterweisung in den Gemeinden gesetzt hatte. Allerdings, hätte man nicht befürchten müssen, daß die erbetenen Angaben, im wenn auch vertraulichen Arbeitsbericht für das Geschäftsjahr 1. April 1941 bis 31. März 1942 veröffentlicht, der NSV und ihren Parteigängern neue Zugriffsmöglichkeiten eröffnet hätten?

Daß freilich Hagen, der noch zwei Monate zuvor den wie Depuhl und Hofstaetter die gleiche Strategie verfolgenden Dölker gebeten hatte, diese Haltung nicht publik zu machen, daß Hagen, der bisher der Linie seines Vorgängers Schirmacher gefolgt war, sich ebenfalls „erstaunt“ zeigte, bleibt unverständlich. Es sei denn, man kommt zu dem Schluß, mit seinem Bedauern über „so unendlich viele fertige Persönlichkeiten (haben) in unserem Arbeitsbereich und so wenige, die sich als Werdende und Lernende wissen und empfinden“[514], wollte er anzeigen, daß er seine eigene Haltung in der Sache geändert habe. Indessen, der von Depuhl monierte Passus im Fragebogen brauchte nicht mehr, wie Hagen zu veranlassen beabsichtigte, geändert zu werden. Der Tätigkeitsbericht sollte eine ganz andere Form erhalten als bisher. Ein neuer erster Vorsitzender der Vereinigung, Bremer, sollte ihn verantworten, mithin verfassen müssen.

Waren damit die wohl besonders das Jahr 1941 bestimmenden Spannungen zwischen Vereinigung und dem Evangelischen Landesverband für Kinderpflege in der Provinz Hannover als Teil der Evangelisch-lutherischen Landeskirche Hannovers und ihrer Inneren Mission beseitigt, die Auseinandersetzungen um die Kindergärten waren nicht beendet. Diesbezügliche Hoffnungen waren trügerisch, und das ahnte man wohl auch. Daß jedoch die Fortsetzung der Bemühungen, die Kindergärten an die NSV zu bringen, von dem mit den Verhältnissen in Hannover aus seiner Tätigkeit als Regierungspräsident in Hildesheim sehr vertrauten Muhs und dem ihm befreundeten Dr. Georg Cölle[515], seit gut drei Jahren Leiter der Finanzabteilung beim Landeskirchenamt Hannover, drohen sollte, das konnte man nicht wissen.

3.9. Bayern

Wie seinerzeit Mitte Februar 1935, als die NSV die „Richtlinien für die Tätigkeit des Referates ‚Kindertagesstätten‘ im Gau und im Kreis“ herausgab[516], geschah es in Bayern auch 1941, daß schon wenige Tage nach seiner Veröffentlichung unter Bezug auf den Erlaß vom 21. März 1941 von seiten einer Kommune die Übergabe eines evangelischen Kindergartens gefordert wurde. Und

513 Siehe H. OTTE, Mehr als ein loses Nebeneinander, S. 22f.

514 Schreiben Hagen an Depuhl vom 22.12.1941 (ADW, CA/O 174).

515 Siehe K. MEIER, Kirchenkampf II, S. 410f. mit Anm. 207.

516 Siehe I Kap. V.4.3., S. 231 mit Anm. 158.

wie sechs Jahre zuvor war dem die Verhandlung führenden Weichlein „bisher von diesem Erlaß nichts bekannt geworden."[517]

Am 8. April 1941 fand zwischen Weichlein und Dr. Robert Plank, zuständiger Stadtrat der Stadt Nürnberg und Gesundheitspolitiker mit anerkannten Verdiensten, eine erste Verhandlung wegen der Übernahme des Kindergartens Nürnberg-Röthenbach statt. Sie war ausgelöst worden von der Zurücknahme der Genehmigung durch den Bürgermeister der „Stadt der Parteitage". Er hatte sich dabei auf keine etwa anzuwendende gesetzliche Regelung berufen, sondern auf den Erlaß des Regierungspräsidiums von Oberfranken und Mittelfranken vom 16. März 1939, mit dem seinerzeit wenig erfolgreich versucht worden war, vier Kindergärten in Franken an die NSV zu bringen[518]. Unter Bezug auf die Verordnungen über das nichtstaatliche Erziehungs- und Unterrichtswesen vom 26. August 1933 und seine Novellierung vom 28. Januar 1938[519] sollten jetzt endgültig konfessionelle Kindergärten als Teil des Bildungssystems des nationalsozialistischen Staates „verschwinden", so wie die Bekenntnisschule abgeschafft und die Gemeinschaftsschule etabliert worden war[520]. Diese Argumentation usurpierte die „Simultanisierung", meinte tatsächlich auch nicht „Entkonfessionalisierung", sondern „Entchristlichung" und schien bedrohlich. Sie konnte aber, was die angeführten gesetzlichen Regelungen betraf, nur für das Unterrichtswesen, nicht jedoch für die nach RJWG zu betrachtenden Kindergärten gelten. Darauf hatte im übrigen Greifenstein zwei Jahre zuvor schon längst hingewiesen[521] und in Württemberg war diese Begründung – Simultanisierung – nach ihrem kurzzeitigen propagandistischen Einsatz 1936 wieder fallengelassen worden und hatte auch nach dem württembergischen Gesetz über die Kindergärten vom 8. November 1937 rechtlich keine Bedeutung mehr[522]. Jetzt rückte sie auch in Nürnberg sogleich in den Hintergrund, als die NSV unter ihrem Gauamtsleiter Robert Neumann feststellte, daß „sie eigentlich Anspruch auf alle derartigen Betriebe" hätte und nun begründend auf den Erlaß vom 21. März 1941 verwies. Gleichzeitig war man sich im Nürnberger Rathaus einig, daß es besser sei, „wenn die Initiative von der Stadt ausgehe"[523]. Dieser Initiative konnte

---

517 Schreiben Weichlein an CA vom 18.4.1941 (ADW, CA/O 170).

518 Siehe II Kap. II.1.1., S. 388f. mit Anm. 14 und Anm. 17.

519 BayerGVBl 1933, S. 231–235; und BayerGVBl 1938, S. 55. Gleichzeitig war diese Verordnung die legale Grundlage des Erlasses des Regierungspräsidenten von Oberfranken und Mittelfranken vom 16.3.1939 (LKA NÜRNBERG, KrD Nürnberg 341) und des Erlasses von Bormann vom 9.6.1939 (L. VOLK, Akten IV, Dok. Nr. 29*, S. 818).

520 Schreiben NSV-Gauamt an Oberlandesgericht München vom 15.12.1938 (LKA NÜRNBERG, DW 97).

521 Schreiben Greifenstein an Regierungspräsident von Oberfranken und Mittelfranken vom 12.5.1939 (ADW, CA/J 63).

522 Siehe I Kap. VII.2.2., S. 329f. mit Anm. 274.

523 Aktennotiz Weichlein über eine „Besprechung mit Herrn Stadtrat Dr. Plank wegen Über-

Weichlein zunächst nichts entgegensetzen, machte sich aber umgehend beim CA kundig und wußte am 18. April 1941 über den Erlaß und seinen Wortlaut Bescheid[524].

Dies hatte zur Folge, daß sofort Greifenstein als „Landesführer" der Inneren Mission in Bayern den gesamten Vorgang an sich zog. Kaum daß Weichlein an der folgenden Entwicklung beteiligt sein sollte, viel weniger noch Söllner. Dieser war ohnehin mit den Fragen biblischer Unterweisung, insbesondere den Stoffplanentwürfen befaßt, die auf eine andere Weise den Fortbestand evangelischer Kindergärten als Lebens- und Wesensäußerung der Gemeinden sichern sollten.

Für Greifenstein war es um so wichtiger, von dem Erlaß und seinem Inhalt Kenntnis zu haben, als er vor der Entscheidung stand, den Kindergarten in Neudrossenfeld „der NSV zu übergeben"[525]. Nach dem Erlaß des Regierungspräsidenten von Oberfranken und Mittelfranken vom 16. März 1939, mit dem der „Abbau der klösterlichen und sonstigen bekenntnismäßig geführten Kinderbewahranstalten (Kindergärten)"[526] angeordnet worden war, hatte der junge Landrat Hanns von Hofer, ein Jahr zuvor noch kommissarischer Leiter des Landratsamtes in Kulmbach, sofort die Initiative ergriffen und die schon 1935 begonnenen Bemühungen der NSV, den Kindergarten in Neudrossenfeld zu übernehmen, von neuem intensiviert. Bürgermeister Gustav Höhn war „zum Zwecke der Prüfung der Voraussetzungen für die Auflösung und die Übernahme" um Auskunft über die Höhe der kommunalen Zuschüsse und die Rechtsform der Trägerschaft gebeten worden[527]. Friedrich Brendel, dem diese Nachfrage nicht verborgen geblieben war, hatte sofort Weichlein unterrichtet. Dieser hatte noch Ende Mai gehofft, daß in Neudrossenfeld, wie in Burghaslach, Altdorf, Forchheim und Gräfenberg nach Verhandlungen mit dem Landrat, „der Vollzug der Regierungsentschließung demnächst ausgesetzt werden wird."[528] Brendel hatte die Lage von vorn herein anders eingeschätzt, „da der Landrat [scil. v. Hofer] ja bekannt ist."[529] Außerdem war die finanzielle Lage des Kleinkinderschulvereins Neudrossenfeld als Träger des Kindergartens alles andere als stabil. Eine Ursache war auch darin zu sehen, daß der die Geschäfte der Gemeinde führende Kollege Brendels, Pfarrer Michael Körber, die der Gemeinde für den Kindergarten zugehenden Spenden

führung des Kindergartens Nürnberg-Röthenbach auf die NSV am 8.4.1941 vormittags" (LKA NÜRNBERG, KrD Nürnberg 341).

524 Schreiben CA an Weichlein vom 16.4.1941 (ADW, CA/O 170); und Schreiben Weichlein an CA vom 18.4.1941 (EBD.).

525 Schreiben Weichlein „an die dem Herrn Landesführer der Inneren Mission in Bayern unterstellten Kindergärten" vom 5.4.1939 (LKA NÜRNBERG, KrD Nürnberg 341).

526 LKA NÜRNBERG, KrD Nürnberg 341.

527 Schreiben v. Hofer an Höhn vom 5.5.1939 (LKA NÜRNBERG, DW 97).

528 Schreiben Weichlein an Brendel vom 26.5.1939 (EBD.).

529 Schreiben Brendel an Weichlein vom 24.5.1939 (EBD.).

nicht für diesen Zweck einsetzte[530]. Die schlechte finanzielle Lage des Kindergartens hatte schließlich sogar dazu geführt, daß die tüchtige, in Württemberg ausgebildete Kindergärtnerin Elisabeth Schmidt „eine der schlechtbezahltesten Kindergärtnerinnen der Inneren Mission sein dürfte“[531] und man ihre erfolgreiche Abwerbung durch die NSV hatte fürchten müssen. Die Anstrengungen Weichleins und Körbers, der vom in eine andere Pfarrstelle gewechselten Brendel die Verantwortung im Trägerverein für den Kindergarten übernommen hatte und nun für den Vereinsvorsitzenden Johann Baumann die Geschäfte führte, eine Anhebung der Bezüge auch für Elisabeth Schmidt zu erreichen, waren zu spät gekommen. Sie hatten versucht, obwohl der Anstellungsträger ein Verein und nicht an die Regelungen der ATO gebunden war, eine Vergütung gemäß der vom Vorsitzenden der Finanzabteilung bei der Kirchenkanzlei der DEK Ende September 1938 verordneten und von der Evangelisch-lutherischen Kirche in Bayern wie selbstverständlich vollzogenen Übernahme der ATO zustande zu bringen[532]. Auch eine zweimalige Bezu-

530 Schreiben Brendel an Weichlein vom 22.9.1939 (EBD.).

531 Schreiben Landesverein für Innere Mission in der Evangelisch-lutherischen Kirche in Bayern an Evangelischen Landesverband für Kinderpflege in Württemberg vom 7.4.1941 (EBD.). Die Höhe des monatlichen Einkommens wird nicht genannt. Die Auswertung der Erhebung tarifrelevanter Daten 1937 von Mitarbeiterinnen in der evangelischen Kinderpflege hatte ergeben, daß Elisabeth Schmidt, zu dem Zeitpunkt 38 Jahre alt, RM 95,-- bezog (ADW, VKD 31). Damit lag sie im unteren Einkommensbereich, ähnlich den Kindergärtnerinnen in Burgbernheim und Wassertrüdingen. Vgl. II Kap. I.4.5., S. 367 mit Anm. 911. Mit Schreiben Weichlein an Körber vom 8.4.1941 wird mitgeteilt: „Nach der zu erwartenden Tarifordnung für Kindergärtnerinnen der Inneren Mission, die bereits im Entwurf vorliegt, würde Fräulein Schmidt ein Brutto-Gehalt von RM 155,-- erhalten. Davon ist ihr abzuziehen: Lohnsteuer, einschließlich Kriegssteuer[,] Bürgersteuer, Kirchensteuer[,] 1/2 des Angestelltenversicherungs-Beitrages[,] 2/3 des Krankenversicherungsbeitrages[,] 1/2 des Arbeitslosenversicherungs-Beitrages[,] (wird zusammen mit dem Krankenkassenbeitrag abgeführt).“ (LKA NÜRNBERG, DW 97).

532 Schreiben Landesverein für Innere Mission in der Evangelisch-lutherischen Kirche in Bayern an Evangelischen Landesverband für Kinderpflege in Württemberg vom 28.3.1941 (EBD.); Schreiben Evangelischer Landesverband für Kinderpflege in Württemberg an Landesverein für Innere Mission in der Evangelisch-lutherischen Kirche in Bayern vom 1.4.1941 (EBD.). Zur Übernahme der TO.A siehe II Kap. I.4.5., S. 369f. Die Evangelisch-lutherische Kirche in Bayern und ihr Landeskirchenrat in München waren Friedrich Werners Anordnung über die Einführung der TO.A und B für die Gefolgschaftsmitglieder von kirchlichen Verwaltungen und Betrieben vom 28.9.1938 (GBlDEK 1938 A und B, S. 83) ohne weiteres gefolgt. Erst im November 1942 hielt es der Evangelisch-lutherische Landeskirchenrat in München für erforderlich, zum „Betreff: Tarifrecht für die nichtbeamteten kirchlichen Gefolgschaftsmitglieder“ bekannt zu machen: „Aus mehrfacher Beobachtung entnehmen wir, daß über die Anwendung des Tarifrechts für die kirchlichen Gefolgschaftsmitglieder noch mancherlei Unklarheit besteht. Zur Behebung sollen die folgenden Ausführungen dienen ... Für die im öffentlichen Dienst – wozu der Kirchendienst zählt – beschäftigten Gefolgschaftsmitglieder hat der reichsgesetzlich dazu bevollmächtigte Reichstreuhänder für den öffentlichen Dienst unterm 1. April 1938 drei ... Tarifordnungen mit rechtsverbindlicher Kraft veröffentlicht. ... 2. Die Tarifordnung A (TO.A) gilt für die angestellten versicherungspflichtigen Gefolgschaftsmitglieder ... im Dienste ... der Kirchen- und Gesamtkirchengemeinden ... nur dann, wenn die Zahl der Gemeindeglieder ... 10.000 oder mehr beträgt.“ (ABl Bayern 1942, S. 83–85).

schussung des Kindergartens in Höhe von je RM 700,--, die von Greifenstein und Weichlein gegen mancherlei Bedenken aus Mitteln der Opferwoche der Inneren Mission ermöglicht worden war[533], hatte die Entwicklung nicht mehr aufhalten können. Und diese lief auf eine Übernahme durch die NSV hinaus.

Zwar waren während des Jahres 1940 weder die NSV noch Landrat v. Hofer aktiv geworden. Und nachdem Greifenstein das Pfarramt darüber informiert hatte, daß er für eine etwa beabsichtigte, gewissermaßen freiwillige Übergabe an die NSV, die Genehmigung als „Landesführer" der Inneren Mission nicht erteilen werde, zumindest solange nicht, bis etwa das planwirtschaftliche Abkommen solche regionalen Lösungen ermögliche, schien die Angelegenheit erledigt[534]. Aber weder hatten v. Hofer und die NSV von ihrem Vorhaben gelassen noch sollte etwa Greifensteins Absicht, die Genehmigung zu versagen, sie an ihrem Vorhaben hindern. Ende des Jahres tauchte überraschend und ohne Anmeldung beim Pfarramt ein Vertreter der NSV-Kreisamtsleitung aus Kulmbach in Neudrossenfeld auf und besichtigte den evangelischen Kindergarten. Dabei gaben Baumann und Elisabeth Schmidt, unter Hinweis auf die wirtschaftliche Lage des Kindergartens der eine und mit Bemerkungen zum geringen persönlichen Einkommen die andere, deutlich zu erkennen, daß sie gegen eine Übernahme durch die NSV keine Einwände hätten[535]. Obwohl Körber längst Schritte der NSV erwartet hatte, konnte er den weiteren Verlauf der Dinge nicht aufhalten. Die Beratungen Weichleins und Greifensteins erbrachten für ihn nur den Rat: abwarten[536]. Allerdings bereits kurze Zeit später empfahl Weichlein vorsorglich eine Wertermittlung für das Grundstück als Basis für eine sorgfältige Abwägung des Ertrages im Falle eines Verkaufs oder einer Verpachtung. In jedem Fall, auch dies teilte Weichlein seinem Kollegen in Neudrossenfeld vorausschauend mit, sei ein entsprechender Vertrag von Greifenstein zu genehmigen[537].

Es dauerte indessen nochmals drei Monate bis geschah, worauf sich spätestens seit Jahresbeginn alle auf seiten der für den evangelischen Kindergarten in Neudrossenfeld streitenden Männer eingestellt hatten. Wie bisher ohne einen Bezug auf irgendeine Rechtsgrundlage verfügte v. Hofer am 17. April 1941 die Übergabe des evangelischen Kindergartens an die NSV, „da die Jugenderziehung grundsätzlich nurmehr Aufgabe von Partei und Staat ist." Die Willkür erhielt allein dadurch einen Anschein des Rechts, daß „nachträg-

533 Schreiben Weichlein an Greifenstein vom 9.3.1940 (LKA NÜRNBERG, DW 97); Schreiben Greifenstein an Weichlein vom 15.3.1940 (EBD.); Schreiben Weichlein an Körber vom 2.12.1940 (EBD.).

534 Schreiben Greifenstein an Körber vom 7.9.1940 (EBD.).

535 Schreiben Körber an Weichlein vom 24.1.1941 (EBD.); Schreiben Weichlein an Greifenstein vom 2.12.1940 (EBD.).

536 Schreiben Weichlein an Körber vom 6.12.1940 (EBD.).

537 Schreiben Weichlein an Körber vom 29.1.1941 (EBD.).

liche volle Entschädigung gestattet" werden sollte. Hierüber indessen wurde eine „gütliche Vereinbarung" erwartet[538]. Angesichts solcher unverhohlenen Rücksichtslosigkeit konnte Körber nur Vermutungen über die Rechtsgrundlage anstellen. Offenbar hatte er vom Erlaß vom 21. März 1941 bereits, wenn nicht offiziell Kenntnis, so doch gehört und betrachtete ihn als eine „grundsätzliche Regelung". Danach war für ihn sein Fall in Neudrossenfeld auch von grundsätzlicher Bedeutung, und deshalb übergab er „die weitere Behandlung der Sache" der Nürnberger Geschäftsstelle des Landesvereins für Innere Mission in der Evangelisch-lutherischen Kirche in Bayern unter Weichlein[539].

Nachdem Weichlein auch Greifenstein eingeschaltet hatte, war zunächst nur klar, daß örtliche Verhandlungen vermieden werden sollten[540]. Über das weitere Vorgehen aber war man höchst unentschieden. Die Sache war noch schwieriger dadurch, daß dies der erste zu entscheidende Fall war, dessen Regelung „u. U. beispielhaft" hätte werden können. Sollte man der Obrigkeit entgegentreten? Was bedeutete das? Sollte man sich auf das Recht berufen? Welches in diesem Fall? Greifenstein und der Evangelisch-lutherische Landeskirchenrat in München meinten, es „bleibt nichts anderes übrig, als den Kindergarten der NSV zu übergeben." [541] So kam es jetzt nur darauf an, die Übergabeverhandlungen zu steuern – nach „zentralen Richtlinien", wie Weichlein, ganz auf der Linie v. Wichts, forderte[542]. Da die „Zusammenstellung" noch nicht vorlag und die Arbeit daran gerade erst begonnen hatte, empfahl Greifenstein die „Richtlinien" zu nutzen, die im Januar 1941 in Sachsen von Vogel versandt worden waren. Damit lag die Verhandlungsführung wieder bei Körber, der nun doch selbst zu einer „gütlichen Vereinbarung" mit der NSV kommen mußte. Jedoch der Fall des Kindergartens in Neudrossenfeld sollte entgegen Greifensteins Befürchtungen nicht beispielhaft werden.

In Nürnberg, an der Spitze des Landesvereins für Innere Mission in der Evangelisch-lutherischen Kirche in Bayern ebenso wie in München, im Landeskirchenrat, dessen Mitglied Greifenstein war, hatte man sich bald Klarheit darüber verschafft, daß mit dem Erlaß vom 21. März 1941 keine rechtliche Grundlage für eine etwa von einem Landrat oder Bürgermeister „angeregte oder angeordnete" Übergabe eines Kindergartens gegeben war. Zwar sah man weiterhin die Gefahr eines rechtlich nicht anfechtbaren Widerrufs der Genehmigung von Kindergärten nach der Verordnung vom 20. Januar 1938 – so willkürlich sie sein mochte –, aber daß daraus und aus dem Erlaß vom 21. März 1941 keinesfalls eine Rechtsgrundlage für eine Überlassungsforderung

---

538 Schreiben v. Hofer an „Vorstand des Vereins Kleinkinderbewahranstalt Neudrossenfeld" vom 17.4.1941 mit „Verfügung" (EBD.).

539 Schreiben Körber an Weichlein vom 18.4.1941 (EBD.).

540 Schreiben Weichlein an Körber vom 21.4.1941 (EBD.).

541 Schreiben Greifenstein an Weichlein vom 28.4.1941 (EBD.).

542 Schreiben Weichlein an Körber vom 21.4.1941 (EBD.). Siehe Rundschreiben Vereinigung an Mitgliedsverbände vom 5.4.1941 (ADW, VKD 8).

der NSV abzuleiten war, das stand für Greifenstein außer Frage[543]. Deshalb informierte er als „Landesführer“ der Inneren Mission in Bayern im Juni 1941 Dekanate und Gemeinden über diese Rechtslage, nicht ohne darauf zu verweisen, daß er einer freiwilligen Übergabe keinesfalls zustimmen werde und gegen entsprechende Ansinnen den Protest der Gemeinden erwarte. Auf diese Weise wollte Greifenstein den Fortbestand von 194 Kindergärten mit 207 pädagogischen ausgebildeten Mitarbeiterinnen und 12.650 Plätzen als evangelische Einrichtungen sichern[544]. Er sollte nicht ganz erfolglos sein.

Natürlich wußte auch Greifenstein, daß ein Protest nicht unbedingt die erwünschte Wirkung erzielen mußte. Darum empfahl er den Trägern für den Fall einer Beschlagnahme, sofort Beschwerde bei der Regierung einzulegen. Bliebe sie ohne Erfolg und werde die Übergabe erzwungen, dann sollten die Richtlinien beachtet werden, die man unter Nutzung der „Zusammenstellung“, bei Verzicht auf eher allgemein-grundsätzliche Bemerkungen und mit Beschränkung auf die konkreten Rechtsfragen, erarbeitet hatte und die dem Rundschreiben beigefügt waren[545]. Die „Zusammenstellung“ – die Kirchenkanzlei der DEK durch Gisevius hatte bisher von „Richtlinien“ gesprochen[546] – hatte Meiser selbst bereits am 10. Juni 1941 angefordert und gleichzeitig entsprechend der Bitte Gisevius’ vom 6. Juni 1941[547] über zwei weitere Fälle berichtet, in denen die NSV auf Grund des Erlasses vom 21. März 1941 Forderungen auf Übergabe erhoben hatte.

In Lindau-Reutin hatte Anfang Mai 1941 die NSV-Kreisamtsleitung unter dem die Geschäfte des Kreisamtsleiters führenden Julius Balogh die freiwillige Übergabe zum 15. Juni 1941 gefordert, weil sie „vermeiden wollte, hier Maßnahmen zu ergreifen.“ Ähnlich waren die Dinge in Himmelkron in Oberfranken verlaufen, wo, ebenfalls unter Berufung auf den Erlaß vom 21. März 1941, Anfang Juni die NSV-Kreisamtsleitung in Kulmbach die Forderung auf Übergabe gestellt hatte[548]. Als Anfang Juli 1941 Greifenstein die Bitte Meisers an die Kirchenkanzlei der DEK um Zusendung der „Richtlinien“ wiederholen mußte, war von vier weiteren Fällen zu berichten.

Im schwäbischen Burtenbach, im oberpfälzischen Amberg, in Selb im Fichtelgebirge und im mittelfränkischen Heidenheim hatten Landräte bzw. Bürgermeister die Übergabe der evangelischen Kindergärten an die NSV gefordert[549]. Die Begründungen der Ämter und Behörden waren unterschiedlich,

---

543 Der Landesführer der Inneren Mission in Bayern an Gemeinden und Dekanate Betreff: Kinderschulen [Entwurf] vom o. D. Juni 1941 (LKA NÜRNBERG, KrD Nürnberg 341).

544 VEREINIGUNG, Tätigkeitsbericht 1.4.1940–31.3.1941, Statistische Übersicht.

545 Der Landesführer der Inneren Mission in Bayern an Gemeinden und Dekanate Betreff: Kinderschulen [Entwurf] vom o. D. Juni 1941 (LKA NÜRNBERG, KrD Nürnberg 341).

546 Siehe II Kap. III.2., S. 553f. mit Anm. 54 und S. 556 mit Anm. 66.

547 EZA BERLIN, 6202 Kirchenkanzlei; EZA BERLIN, 1/C3/180.

548 Schreiben Meiser an Kirchenkanzlei der DEK vom 10.6.1941 (EZA BERLIN, 1/C3/180).

549 Schreiben Greifenstein an Kirchenkanzlei der DEK vom 3.7.1941 (EBD.).

standen aber alle allein mit dem Erlaß des Reichsministeriums des Innern und des „Stellvertreters des Führers" vom 21. März 1941 in Verbindung. In keinem Falle war, was man durchaus hätte erwarten können, unter Anwendung der Verordnung über das nichtstaatliche Erziehungs- und Unterrichtswesen eine Rücknahme der Genehmigung zum Betrieb eines Kindergartens versucht worden[550]. Die sich darin manifestierende Unklarheit der Rechtslage, die Willkür ganz und gar nicht ausschloß, mußte für die andere Seite – die Evangelisch-lutherische Kirche in Bayern und ihre Innere Mission samt deren Bayerischen Landesverband für evangelische Kinderpflege – eine Rechtsunsicherheit, mithin eine Gefährdung bedeuten, auch wenn man im Evangelisch-lutherischen Landeskirchenrat in München das Recht auf seiner Seite sah und die Rechtslage für eindeutig hielt.

Das war auch der Grund, weshalb Greifenstein und die Münchener Kirchenbehörde einschließlich Landesbischof jeden einzelnen Fall für wichtig hielten und der Kirchenkanzlei der DEK – trotz aller Reserve gegen sie und vielleicht in der Erwartung, daß angesichts einer mit der Einziehung Friedrich Werners zum Kriegsdienst sich ergebenden personellen Veränderung, der „Mann aus Loccum" in der Lage war zu „zeigen, was er kann"[551] – auch jeden einzelnen Fall berichteten[552]. Dabei kam hinzu und mußte nicht nur die Verunsicherung in den Einrichtungen selbst vergrößern, sondern eine verstärkte Wachsamkeit der Kirchenbehörde fordern, daß allenthalben in allen Teilen Bayerns die NSV, ähnlich wie in Hannover, Besichtigungen vornahm und sich mit Hilfe von Fragebogen ein Bild von der Zahl der Mitarbeiterinnen und ihrer Qualifikation ebenso wie von der Ernährung der Kinder, wie schließlich auch vom Zustand insbesondere der Sanitäreinrichtung zu machen suchte. Der damit besonders auch bei den Kindergärten und den Mitarbeiterinnen ausgelösten Unsicherheit und Besorgnis suchte der Evangelisch-lutherische Landeskirchenrat in München dadurch entgegenzuwirken, daß er Ende Juni 1941 nicht nur beschloß, die Einrichtung der kirchlichen Kindergärten zu erhalten", sondern auch erklärte, die Mitarbeiterinnen im Fall einer zwangsweisen Übergabe eines Kindergartens an die NSV in den kirchlichen Dienst der Gemeinden zu übernehmen[553].

Natürlich mußte sich angesichts dieser Entwicklung im Land, besonders in Ober- und Mittelfranken, wo offebar die meisten dieser Besichtigungen durchgeführt worden waren, der Münchener Evangelisch-lutherische Landeskirchenrat an die zuständige Regierung wenden, um die Aufhebung der Ver-

---

550 Schreiben Weichlein an CA vom 9.10.1941 (ADW, CA/O 170).

551 H. BAIER, Kirche in Not, S. 278.

552 Schreiben Greifenstein an Kirchenkanzlei der DEK vom 3.7.1941 (EZA BERLIN, 1/C3/180).

553 Protokoll der amtlichen Vollsitzung des Evangelisch-lutherischen Landeskirchenrates am 28.–29.7.1941 (LKA NÜRNBERG, LKR 3483).

fügungen der Bürgermeister und Landräte ebenso zu fordern wie die ungerechtfertigter Beschlagnahmen[554].

Zu diesem Zeitpunkt setzte ein, womit man im Evangelisch-lutherischen Landeskirchenrat in München und im Landesverein für Innere Mission stets gerechnet hatte und wogegen man meinte, mit Rechtsmitteln nicht zu Felde ziehen zu können, da es rechtens sei: der Entzug der Genehmigungen.

In Mönchsroth, im Landkreis Dinkelsbühl, verfügte der Landrat Heinrich Strzyzewski, seit vier Jahren in diesem Amt, am 7. August 1941 die Rücknahme der Genehmigung. Aber es stellte sich sehr schnell heraus, daß es darum eigentlich nicht ging, sondern allein um die Übernahme durch die NSV. Das sollte schon am 10. September 1941 geschehen. An diesem Tag erschien der NSV-Kreisamtsleiter aus Wassertrüdingen, immer noch August Rühl, so wie sein seinerzeitiger NSV-Gauamtsleiter Matthias Schröder, der in Uehlfeld persönlich eingegriffen hatte oder so wie vordem sein Kreisamtsleiter-Kollege Karl Schmidt, der vor der Tür des evangelischen Kindergartens in Kornburg gestanden hatte – Rühl erschien persönlich im Kindergarten in Mönchsroth und wollte die Räume übernehmen. Den Vorschlag, eine ähnliche Regelung wie in Nürnberg anzustreben, wies er brüsk zurück[555].

In Nürnberg hatte die Bezirksverwaltungsbehörde Mitte August 1941 drei evangelischen Kindergärten die Genehmigung mit Wirkung vom 1. September 1941 unter Berufung auf die Verordnung über das nichtstaatliche Erziehungs- und Unterrichtswesen vom 28. Januar 1938 entzogen. Gleichzeitig war jedoch auch die Übergabe der Räume und Einrichtungsgegenstände an die NSV verlangt worden. Was zu vermuten war, wurde von der NSV selbst bestätigt, die meinte, „daß diese Einrichtungen die besten seien“ und man „den Wunsch habe, diese in erster Linie zu übernehmen.“ Bestärkt durch das, was an Information durch Greifenstein an die Gemeinden gegangen war, weigerten sich die Träger, die Räume zu übergeben. Das Ergebnis war, daß alle drei Kindergärten am 29. August 1941 durch die Bezirksverwaltungsbehörde „die Verpflichtung“ erhielten, ihre Arbeit „bis auf weiteres ohne Unterbrechung weiterzuführen.“[556]

Solche Verpflichtung dem Träger des Kindergartens in Mönchsroth aufzuerlegen, dazu konnte das Landratsamt in Dinkelsbühl sich zunächst nicht verstehen. Am 9. September 1941 stellte der Kindergarten seinen Betrieb ein. Auch Drohungen Rühls, sich mit Hilfe eines Schlossers Zugang zu den Räumen zu verschaffen, um sie in Besitz zu nehmen, änderten nichts daran: der Kindergarten blieb geschlossen und die Räume verblieben bei der Kirchenge-

---

554 Schreiben Evangelisch-lutherischer Landeskirchenrat an Regierungspräsidenten von Oberfranken und Mittelfranken vom 15.8.1941 (EZA BERLIN, 1/C3/180).

555 Schreiben Weichlein an CA vom 9.10.1941 (ADW, CA/O 170); vgl. auch „Zusammenstellung“ von Greifenstein vom 30.11.1943 (LKA NÜRNBERG, LKR 3480).

556 EBD. Vgl. Schreiben Weichlein an v. Wicht vom 5.9.1941 (LKA NÜRNBERG, DW 1717).

meinde[557]. Jedenfalls bis zum 5. November 1941. An diesem Tag erlaubte Strzyzewski völlig überraschend, den Kindergarten sofort wieder zu eröffnen[558]. Das konnte man im Evangelisch-lutherischen Landeskirchenrat und im Landesverein für Innere Mission in der Evangelisch-lutherischen Kirche in Bayern, in München und Nürnberg, durchaus als eine Bestätigung des Kurses sehen, den man von Anfang an eingeschlagen und den man gerade am 3. September 1941 in Stuttgart gemeinsam mit den dort vertretenen Verbänden zu halten sich gegenseitig ermutigt und versichert hatte[559].

Solche Ermutigung war um so wichtiger, als eine Stellungnahme zur Eingabe des Evangelisch-lutherischen Landeskirchenrates und seines Oberkirchenrates Wilhelm Moegelin vom 15. August 1941 aus dem Regierungspräsidium in Ansbach zu diesem Zeitpunkt noch nicht eingegangen war. Indessen war inzwischen sowohl in der Münchener Landeskirchenbehörde als auch in Nürnberg beim Landesverein für Innere Mission bekannt geworden, daß es in anderen Ländern und in preußischen Provinzen zu Einstellungen der Übernahmeaktionen der NSV gekommen war. Darauf und auf einen Erlaß des Reichsministeriums des Innern, auf den, wie man ja allgemein vermuten durfte, diese Vorgänge allein zurückzuführen gewesen sein mußten, nahm Bischof Meiser Bezug, als er sich am 30. November 1941 nochmals an das Regierungspräsidium in Ansbach unter Dippold wandte[560]. Kurze Zeit später lag der Landeskirchenbehörde die Antwort vor. Ihm sei von einem Erlaß, so Dippold, der den Widerruf der Genehmigung konfessioneller Kindergärten wieder aufhebe, nichts bekannt[561].

Offenbar war, wohl in Zusammenhang mit den Einigungsbemühungen, die im Jahre 1941 sowohl im Blick auf die konfessionell bestimmten Gruppierungen als auch hinsichtlich der Landeskirchen und der ApU bestimmend geworden waren, in Zusammenhang mit der Stuttgarter Besprechung am 5. und 6. November 1941 und dem „Vorort der DEK"[562], das Verhältnis des Münchener Evangelisch-lutherischen Landeskirchenrates zur DEK und ihrer

557 Schreiben Weichlein an CA vom 9.10.1941 (ADW, CA/O 170).

558 „Zusammenstellung" von Greifenstein vom 30.11.1943 (LKA NÜRNBERG, LKR 3480).

559 Siehe Schreiben Weichlein an v. Wicht vom 5.9.1941 (LKA Nürnberg, DW 1717).

560 LKA NÜRNBERG, LKR 3476.

561 Schreiben Dippold an Evangelisch-lutherischen Landeskirchenrat vom 14.11.1941 (EBD).

562 Siehe J. THIERFELDER, Das Kirchliche Einigungswerk, S. 62–67 und S. 121f. Als Ergebnis der Stuttgarter Besprechung, an der neben Wurm und Meiser der Oberkirchenrat im OKR Stuttgart, Wilhelm Pressel, und die von der Konferenz der Landesbruderräte beauftragten Pfarrer Heinz Kloppenburg, führendes Mitglied der BK in Oldenburg, und Heinrich Held, Mitglied des Bruderrats der BK im Rheinland und nachmals Präses der Evangelischen Kirche im Rheinland, teilnahmen, ist die sogenannte Heldsche Punktation zu betrachten, die u. a. insbesondere ein „Aktionszentrum" (K. MEIER, Kirchenkampf III, S. 165) des unter der Führung Wurms allenthalben erstrebten Einigungswerkes vorsah. Es wurde als „Vorort der DEK" bezeichnet, dem neben den Teilnehmern der Stuttgarter Besprechung auch Dibelius und v. Bodelschwingh angehören sollten.

Kirchenkanzlei auf einem Tiefpunkt[563]. Das Telegramm vom 30. Juni 1941, mit dem der GVR den wenige Tage zuvor begonnenen „Rußlandfeldzug“ dankbar als „Entscheidungskampf“ gegen den Bolschewismus, den „Pestherd“ und „Todfeind aller Ordnung und aller abendländisch-christlichen Kultur“, begrüßt hatte – es wurde in Bayern sowenig wie etwa in Württemberg von der Kanzel verlesen – mochte das Seine dazu beigetragen haben[564]. Ebenso mochte es sein, daß auch die Kirchenkanzlei der DEK und der GVR alle diese Bemühungen, die sie selbst nicht steuerten, mit Mißtrauen betrachteten. Jedenfalls wandte Greifenstein sich nicht an den GVR oder die Kirchenkanzlei unter dem jetzt Friedrich Werner offiziell vertretenden Fürle[565], sondern er wandte sich an Constantin Frick. Ihn bat er um Übersendung einer Abschrift des Erlasses, von dem man allenthalben sprach[566]. Dieser Bitte zu entsprechen, war aber der Präsident des CA nicht in der Lage, denn auch ihm selbst war der Erlaß nicht bekannt. Er konnte dem Evangelisch-lutherischen Landeskirchenrat in München nur in Abschrift eine Anordnung des Regierungspräsidenten in Frankfurt/Oder zustellen, die „in Ausführung einer Anordnung des Reichsministers des Innern“, den Widerruf der Genehmigung zum Betrieb konfessioneller Kindergärten aufhob[567].

Wohl in der Erwartung, das Bayerische Staatsministerium für Unterricht und Kultus werde bei dieser Lage der Dinge, die doch offenbar durch Entscheidungen im Reichsministerium des Innern zumindest beeinflußt waren, sich zu einer entsprechenden Verfügung bereit finden, teilte Meiser ihm noch vor Weihnachten den Sachverhalt mit[568]. Jedoch sollte er sich in seinen Hoffnungen enttäuscht sehen. Da auch das Bayerische Staatsministerium für Unterricht und Kultus eine Anordnung des Ministeriums Wilhelm Fricks nicht kannte, ihm eine Anordnung eines Regierungspräsidenten als Rechtsgrundlage für eine Entscheidung im erbetenen Sinne nicht ausreichte, bestand „zu einer Anweisung an Landräte und Bürgermeister ... kein Anlaß.“ Das teilte Dippold am 10. Februar 1942 mit[569]. An dieser Entscheidung sollte sich bis 1945, bis zum katastrophalen Ende des „Dritten Reiches“, nichts ändern.

---

563 Siehe H. BAIER, Kirche in Not, S. 302f.

564 KJ 1933–1944, S. 478f.; siehe auch H. BAIER, Kirche in Not, S. 284; und K. MEIER, Kirchenkampf III, S. 163. Zur Haltung des Vorsitzenden und für den GVR unterzeichnenden Marahrens siehe I. MAGER, August Marahrens; und H. OTTE, Ein Bischof im Zwielicht; sowie J. PERELS, Die hannoversche Landeskirche.

565 Rundschreiben Kirchenkanzlei der DEK vom 25.11.1941 (EZA BERLIN, 6202 Kirchenkanzlei).

566 Schreiben Greifenstein an CA vom 24.11.1941 (LKA NÜRNBERG, LKR 3476).

567 Schreiben Constantin Frick an Evangelisch-lutherischen Landeskirchenrat vom 28.11.1941 (LKA NÜRNBERG, LKR 3476).

568 Schreiben Meiser an Bayerisches Staatsministerium für Unterricht und Kultus vom 22.12.1941 (LKA NÜRNBERG, LKR 3476).

569 LKA NÜRNBERG, LKR 3476.

Das bedeutete, daß die NSV sich auf dieser Rechtsgrundlage weiterhin bemühen konnte, in den Besitz evangelischer Kindergärten zu gelangen. Dabei war sie allerdings in zunehmendem Maße zu Zugeständnissen bereit. Der Mangel an Kindergärtnerinnen, im Verlauf des Krieges durch den Betreuungsbedarf in der Erweiterten Kinderlandverschickung ein ständig wachsendes Problem[570], zwang die NSV zu „ideologischen" Zugeständnissen. Sie war jetzt auch bereit, mit den Einrichtungen die in ihnen tätigen Diakonissen zu übernehmen. Jedoch mit Andauern des Krieges ließen die Forderungen auf Übernahme von Kindergärten nach, und die ganze Aktion kam schließlich zum Erliegen[571].

Als Greifenstein im November 1943 eine Zusammenstellung fertigen ließ, um Ereignisse und Zahlen zu bilanzieren, konnte er feststellen, daß im Jahr 1941 drei Kindergärten per Verordnung über das nichtstaatliche Erziehungs- und Unterrichtswesen geschlossen worden waren. Zehn Einrichtungen waren an die NSV „zwangsmäßig" übergegangen, darunter auch die Kindergärten in Nürnberg-Röthenbach, Neudrossenfeld und in Selb. Freiwillig an die NSV übergeben worden waren drei Kindergärten[572].

3.10. Baden

Eher beiläufig sind bisher die vom Reichsministerium für die kirchlichen Angelegenheiten mit der 15. DVO zum Gesetz zur Sicherung der DEK vom 25. Juni 1937[573] in den Landes- und Provinzialkirchen installierten Finanzabteilungen als ein Instrument staatlicher Finanzverwaltung erwähnt worden. Der Widerstand dagegen war in Baden besonders heftig. Als es darum schließlich dem Ministerium Kerrls gelungen war, auch im EOK Karlsruhe eine solche Abteilung einzurichten[574], sollte sich das auch für die Sache der evangelischen Kindergärten im Unterschied zu den meisten anderen Ländern und Provinzen in Deutschland in besonderer Weise auswirken.

Nach den staatspolizeilichen Aktionen des Jahres 1938 gegen die Kindergärten, besonders den in Kork, schien eine gewisse Beruhigung eingekehrt zu

---

570 Siehe G. KOCK, „Der Führer sorgt für unsere Kinder ...", S. 134ff. und S. 194 mit Anm. 2.

571 H. BAIER, Kirche in Not, S. 216.

572 „Zusammenstellung" von Greifenstein vom 30.11.1943 (LKA NÜRNBERG, LKR 3480). Jahresbericht 1941 des Bayerischen Landesverbandes für evangelische Kinderpflege berichtet von „13 Kindergärten, die wir 1941 verloren haben" (LKA Nürnberg, DW 1750). H. BAIER, Kirche in Not, S. 216, kommt zu anderen Zahlen. VEREINIGUNG, Arbeitsbericht 1.4.1941–31.3.1942 [S. 4]: „In Hannover gingen 6 Tagesstätten an die NSV über, in Bayern 10, drei andere wurden geschlossen. Der Verlust wurde aber durch 14 Neuanschlüsse an den Verband wieder gutgemacht. Alle Vorstöße der NSV scheiterten an der festen Haltung der Träger der evangelischen Kindertagesstätten und an der entschiedenen Ablehnung des Landesführers für Innere Mission."

573 RGBl 1937 I, S. 697; und KJ 1933–1945, S. 188–190.

574 Siehe K. MEIER, Kirchenkampf III, S. 435; O. FRIEDRICH, Die rechtliche Entwicklung, S. 320ff.

sein. Der EOK Karlsruhe nutzte das, um diesen Arbeitszweig der Kirche weiter zu konsolidieren. Freilich, die Debatte um das planwirtschaftliche Abkommen einerseits und die sich durch die Auseinandersetzung um die Frage der Pfarrstellenbesetzung[575] verschärfende Konfrontation mit der Finanzabteilung andererseits, mußten ihm auch der „gegebene Anlaß" dazu sein. Ende 1940 wurden durch ein Rundschreiben „sämtliche Geistliche der Landeskirche" aufgefordert, bei etwa vorhandenen Trägervereinen die Vereinsangelegenheiten beim Registergericht in Ordnung zu bringen, ebenso wie den Finanz- und Vermögenssachen größte Aufmerksamkeit zu schenken[576]. Das entsprach den Empfehlungen des CA, die er seit Juli 1940, mit der Herausgabe der von Kunze erarbeiteten Mustersatzungen sowohl sehr dringlich als auch ihnen zu folgen möglich gemacht hatte. Nur dies betrachtet schien es, als ob der Erlaß vom 21. März 1941, der Mitte April auch in Baden im Wortlaut bekannt war, auf eine Situation träfe, in der es ohne Schwierigkeiten hätte möglich sein können, die Gefährdung für die evangelischen Kindergärten von zentraler Stelle, durch abgestimmtes Vorgehen von EOK Karlsruhe und Gesamtverband der Inneren Mission in Baden, wenn nicht gänzlich abzuwehren, doch so gering wie möglich zu halten. Der Schein trog.

Oberkirchenrat Karl Bender und Ziegler waren sich Anfang Mai 1941 einig darüber geworden, daß, sollten an Gemeinden Forderungen auf Übergabe des gemeindlichen Kindergartens gestellt werden, keine regionalen Verhandlungen geführt werden, jedenfalls so lange nicht, bis nicht für die Gemeinden als Kindergartenträger der EOK Karlsruhe und für Vereine als Rechtsträger der Gesamtverband der Inneren Mission in Baden Weisung bzw. Zustimmung dazu gegeben hätten[577].

Da es in dieser Sache um kirchliches Vermögen ging, war eine Stellungnahme der Finanzabteilung beim EOK Karlsruhe erforderlich, sollte das Vorhaben auch nur die geringste Aussicht auf Verwirklichung haben. Tatsächlich erklärte Doerr, inzwischen Vorsitzender der Finanzabteilung und mit dem im gleichen Haus befindlichen EOK Karlsruhe seit drei Jahren nur noch schriftlich verkehrend und auch dessen Sitzungen meidend, sein Einverständnis[578]. Was freilich die Vereine als Träger von Kindergärten und deren rechtli-

---

575 Siehe O. FRIEDRICH, Die rechtliche Entwicklung, S. 325ff. Siehe dazu ein Schreiben Kerrl an Kühlewein vom 14.10.1940 (IFZ MÜNCHEN, PS 2143). Mit der Bemerkung „wenn es auch – wie leider festgestellt werden muß – nicht möglich ist, die bestehenden persönlichen Spannungen zwischen den Mitgliedern des Evangelischen Oberkirchenrates und den Mitgliedern der Finanzabteilung auszugleichen", griff Kerrl unter Hinweis auf § 7 der 15. DVO des Gesetzes zur Sicherung der DEK vom 25.6.1937 (RGBl 1937 I, S. 697; KJ 1933–1944, S. 188–191), der die Zusammenarbeit der Finanzabteilungen mit den Kirchenleitungen regelte, ein und suchte beschwichtigend die Pfarrstellenbesetzungsfrage zur Klärung zu bringen. Siehe auch K. MEIER, Kirchenkampf III, S. 438.

576 Rundschreiben EOK Karlsruhe Nr. 9512 vom 7.11.1940 (LKA KARLSRUHE, EOK 6036).

577 Schreiben Ziegler an EOK Karlsruhe vom 10.5.1941 (LKA KARLSRUHE, EOK 6036 Fa).

578 Schreiben Ziegler an Finanzabteilung beim EOK Karlsruhe vom 10.5.1941 (EBD.).

che Eigenständigkeit auch im Blick auf Wirtschaftsführung und Vermögen betraf, so war nach bisher geltender Rechtsauffassung keine kirchliche Behörde, also auch keine Finanzabteilung dafür zuständig. Diese Rechtsauffassung teilten jedoch Doerr und seine Finanzabteilung nicht. Schon als Ende des Jahres 1940 der EOK Karlsruhe bei den Trägern von Kindergärten auf rechtliche Eindeutigkeit und korrekte Wirtschaftsführung drängte, hatte die Finanzabteilung begonnen, ihre Position in der Sache zu markieren. Das Ergebnis war eine Eingabe, die am 21. März 1941 an das Reichsministerium für die kirchlichen Angelegenheiten ging und, ganz im Sinne Muhs', auf die Ausweitung staatlicher Aufsicht über die Kirche zielte. Und zwar über jene Kirche, die mit dem Erlaß Friedrich Werners vom 12. Juli 1940 die Innere Mission als ihre „Wesens- und Lebensäußerung" behauptete. Daraus leitete Doerr sowohl eine Aufsicht der Finanzabteilung bei der Kirchenkanzlei der DEK über „die Vermögensgebarung der Inneren Mission", mithin des CA ab als auch in Konsequenz dessen eine Aufsicht seiner Finanzabteilung über den Gesamtverband der Inneren Mission in Baden. In gewisser Weise bestätigt, wenn nicht gar ermutigt sehen konnte sich Doerr durch die Auseinandersetzung von Einrichtungen und Verbänden der Inneren Mission, auch evangelischer Kindergärten und auch der Vereinigung mit Finanzämtern und Oberfinanzdirektionen, was auch Prozesse vor dem Reichsfinanzhof nicht ausschloß. Es ging um die Frage, inwieweit eine durch den besagten Erlaß vom 12. Juli 1940 erfolgte „Eingliederung der Inneren Mission"[579] in die DEK die Zwecke der Tätigkeit der Vereine und Verbände soweit kirchlich bestimme, daß die von §§ 17–18 StAnpG geforderte Unmittelbarkeit und Ausschließlichkeit mildtätiger und gemeinnütziger Zwecke, mithin eine Steuerbefreiung ausgeschlossen war[580]. Die von ihm festgestellte Verkirchlichung der Inneren Mission bedeutete nach Doerrs Meinung auch die „Dienstaufsicht über die Vermögensverwaltung" der „nach außen hin selbständigen Einrichtungen" in den Gemeinden. Zwischen diesen beiden, so Doerr, bestand hinsichtlich des Betriebes und der Vermögensverwaltung kaum ein praktischer Unterschied. Wenn er als Beispiel für solche selbständigen Einrichtungen ausdrücklich „(Kindergärten, Krankenpflegestationen usw.)" nannte[581], dann war klar, daß es zwar direkt und vor allem um die Kindergärten ging, für die eine Gültigkeit von § 4 Abs. 1 der 15. DVO zum Gesetz zur Sicherung der DEK[582] be-

---

579 Erlaß des Reichsministers der Finanzen vom 24.7.1941 (ADW, CA 864/18 II A); Entwurf Schreiben Leiter der Deutschen Evangelischen Kirchenkanzlei an Reichsminister der Finanzen o. D., Anlage zum Schreiben Gefaeller an Kunze vom 19.12.1941 (ADW, JK 20). Siehe II Kap. III.4.2., S. 779f. mit Anm. 118.

580 RGBl 1934 I, S. 929. Siehe II Kap. I.4.3., S. 287f. besonders mit Anm. 449.

581 Schreiben Finanzabteilung beim EOK Karlsruhe an Reichsministerium für die kirchlichen Angelegenheiten vom 21.3.1941 (EZA Berlin, 1/C3/163; ADW, CA/O 168).

582 Mit der 15. DVO zum Gesetz zur Sicherung der DEK vom 25.6.1937 wurde Vereinheitlichung der Zuständigkeit und Befugnisse der Finanzabteilungen bei den landeskirchlichen Behör-

gründet werden sollte. Aber darüber hinaus ging es auch um den Gesamtverband der Inneren Mission in Baden und um den CA, ja es ging damit um die DEK selbst. Es muß zweifelhaft sein, ob unter diesem Aspekt und nach allen Ereignissen in Baden und den Entwicklungen in der Sache der evangelischen Kindergärten im Reich, nach staatlichen Verwaltungs- und Polizeimaßnahmen und angesichts nationalsozialistischen Totalitätsanspruchs und planwirtschaftlichen Abkommens, es angemessen gewesen wäre, nur von „einer harmlosen Stelle“ zu sprechen, auf die Doerr mit seiner Eingabe zielte[583]. Tatsächlich war sie alles andere als harmlos und zielte weniger auf weltanschauliche Bekämpfung als vielmehr auf staatskirchenrechtliche Liquidierung der Kirche, jedenfalls der DEK und ihrer Inneren Mission[584].

Das sahen auch der EOK Karlsruhe und der für diese Angelegenheit zuständige Karl Bender so, als sie von dieser Eingabe Kenntnis erhielten[585]. Da die Sache zunächst gegen den EOK Karlsruhe und den Gesamtverband der Inneren Mission in Baden gerichtet war und das Verhältnis zumindest des EOK zur Finanzabteilung allgemein von „Entfremdung“ bestimmt war[586], verwunderte es nicht, daß die Eingabe Doerrs erst auf dem Wege über die Kirchenkanzlei der DEK nach Karlsruhe in die Hände Karl Benders und Zieglers gelangte.

Das Reichsministerium für die kirchlichen Angelegenheiten, wohl eher bestrebt zu beschwichtigen, als den Konflikt zwischen EOK Karlsruhe und der Finanzabteilung zu verschärfen, hatte sich nicht geäußert, sondern die Sache sogleich an die Kirchenkanzlei der DEK zur Stellungnahme gereicht. Diese wiederum war offenbar nicht bereit, die mit dem Erlaß vom 12. Juli 1940 zu einem gewissen Abschluß gebrachte Debatte um das Verhältnis von Kirche und Innerer Mission an dieser Frage orientiert wieder aufzunehmen. Sie war außerdem neben der Erarbeitung der „Zusammenstellung“ mit anderen eher auf konkretes kirchliches Handeln ausgerichteten Vorgängen befaßt, die auf Entscheidungen drängten[587]. Deshalb war sie von vornherein daran interes-

---

den verordnet; § 4 Abs. 1: „In den Landeskirchen übt die Finanzabteilung die kirchliche Aufsicht über die Verwaltung des Vermögens und der Kirchensteuermittel der Kirchengemeinden und der kirchlichen Verbände aus. Sie ist befugt, falls infolge Weigerung oder aus anderen Gründen ein Beschluß der zuständigen kirchlichen Organe nicht zustande kommt oder falls diese Organe der kirchlichen oder staatlichen Ordnung zuwiderhandeln, deren Rechte selbst auszuüben. Das gleiche gilt, wenn zweifelhaft oder streitig ist, welche Organe für die Verwaltung des Vermögens und der Kirchensteuermittel zuständig sind.“ (RGBl 1937 I, S. 697; KJ 1933–1944, S. 188).

583 Schreiben EOK Karlsruhe an Kirchenkanzlei der DEK vom 27.6.1941 (EZA BERLIN, 1/C3/163; ADW, CA/O 168).

584 Siehe K. SCHOLDER, Baden im Kirchenkampf, S. 237ff.

585 Schreiben Kirchenkanzlei der DEK an EOK Karlsruhe vom 13.6.1941 (EZA BERLIN, 1/C3/163).

586 Siehe K. MEIER, Kirchenkampf III, S. 436.

587 Zu diesen auf Entscheidung drängenden Fragen gehörte die des Vertriebs kirchlicher Presseerzeugnisse; siehe KJ 1933–1944, S. 464f. Vgl. F. LÜPSEN, Der Weg, S. 432ff.; K.-H. MELZER,

siert, den status quo zu bewahren, hielt auch „eine Ausdehnung der Aufsicht“ der Finanzabteilung „nicht für erwünscht“[588] und reichte die Anfrage Doerrs in das Haus weiter, aus dem sie kam. Freilich war nun der EOK Karlsruhe der Adressat.

Der EOK Karlsruhe erläuterte durch Karl Bender ausführlich seine Wertung der „unbeschränkten Aspirationen der Finanzabteilung“. Er widersprach der Begründung Doerrs energisch und legte dar, daß die Rechtsgestalt der DEK und die verschiedenen Träger der Inneren Mission „zwei organisatorisch völlig getrennte Erscheinungen sind“, die aber „mit verteilten Rollen den gleichen Auftrag zu erfüllen haben“. Zudem wies Karl Bender darauf hin, daß der Erlaß vom 12. Juli 1940 „unmißverständlich“ zum Ausdruck gebracht habe, daß die Innere Mission „auch auf dem Gebiet ihrer Vermögens- und Wirtschaftsführung selbständig bleibt“ und die selbständige Tätigkeit des CA ausdrücklich anerkannt worden sei. Diese Rechtsbeziehungen, so Karl Bender weiter, „erhalten ihre Bestätigung“ durch die Regelungen der Satzung des Gesamtverbandes der Inneren Mission in Baden, die „eine enge Verbundenheit“ zur Kirchenleitung herstellen, doch die Selbständigkeit der Vereine und Anstalten nicht berühren. Für die Kirchenleitung in Baden war es deshalb „um der Konsequenzen willen unzulässig“, daß diese Selbständigkeit der Inneren Mission in irgendeiner Weise „an einem Punkte und in einer Landeskirche angetastet wird.“[589]

Mochte die Intention Doerrs allein gewesen sein, die Vermögensverwaltung der Kindergärten und Gemeindepflegestationen, soweit sie in Trägerschaft von rechtlich selbständigen Vereinen waren, unter die „Dienstaufsicht“ der Finanzabteilungen zu bringen, so hatten Karl Bender und der EOK Karlsruhe ebenso wie Ziegler und der Gesamtverband der Inneren Mission in Baden die damit verbundene große Gefahr erkannt – die Einmischung in das gesamte Finanz- und Geschäftsgebaren aller Anstalten der Inneren Mission mit der Möglichkeit, sie als kirchliche Arbeit jederzeit liquidieren zu können. Dem mußte grundsätzlich entgegengewirkt werden, ganz abgesehen davon, daß man die Wirtschaftsberatung durch Kunze für mindestens ebenso sachbezogen und verantwortlich hielt wie die, welche die Finanzabteilung zu tun für sich beanspruchte. Auch beim Gesamtverband der Inneren Mission in Baden ebenso wie in anderen Landes- und Provinzialverbänden der Inneren Mission war es trotz der Vereinbarung zwischen RKA und CA vom 6. Au-

---

Der Geistliche Vertrauensrat, S. 218ff. Dazu gehörte zudem die Frage der Betätigung der Glaubensgemeinschaften in den öffentlichen Kranken-, Heil- und Pflegeanstalten; siehe KJ 1933–1944, S. 465f. Dazu gehörte auch die Frage der „seelischen Stärkung“ der Front; siehe K.-H. MELZER, Der Geistliche Vertrauensrat, S. 183ff.

588 Schreiben der Kirchenkanzlei der DEK an EOK Karlsruhe vom 13.6.1941 (EZA BERLIN, 1/C3/163).

589 Schreiben Karl Bender an Kirchenkanzlei der DEK vom 27.6.1941 (EZA BERLIN, 1/C3/163; ADW, CA/O 168).

gust 1936 und entsprechender Beschlüsse des Vorstandes des CA[590] zu keiner Einrichtung einer Treuhandstelle gekommen, welche die erforderlichen Revisions- und Beratungsarbeiten erledigte.

Wegen der für die Innere Mission und ihre Verbände und Einrichtungen grundsätzlichen Bedeutung, die Ziegler im Vorgehen Doerrs erkannte, unterrichtete er auch Schirmacher und den CA. In dessen Geschäftsstelle wußte man von dem Schritt Doerrs und von der Gefahr, die dadurch aus Baden drohte, überhaupt nichts[591]. Schirmacher beabsichtigte sogleich, die Sache in den Vorstand zu bringen[592]. Aber ebensowenig wie dieser, beschäftigte sich der inzwischen ebenfalls in Kenntnis gesetzte GVR[593] mit der Angelegenheit. Waren es im CA im August 1941 die Schwierigkeiten, die mit dem Wechsel des Direktorates von Schirmacher auf Hagen verbunden waren und ebenso wie beim GVR die Anforderung eher auf konkrete als auf grundsätzliche Lösungen zielende Fragen zu behandeln[594], ab September 1941 begann sich mit der „Verordnung über die religiösen Vereinigungen und Religionsgesellschaften im Reichsgau Wartheland“[595] die gleiche Frage, nämlich die nach dem staatskirchenrechtlich gesicherten Fortbestand, mit einer ganz anderen Intensität und Deutlichkeit in den Vordergrund zu drängen. Es ging tatsächlich nicht mehr darum, ob oder wie Kirche und Innere Mission mit verteilten Rollen den gleichen Auftrag zu erfüllen haben, sondern um die viel grundsätzlichere, welche Rolle überhaupt und mit welchem Auftrag Kirche sie zu spielen habe.

Das Reichsministerium für die kirchlichen Angelegenheiten folgte der Bitte von EOK Karlsruhe und Kirchenkanzlei der DEK nicht, den Vorsitzenden der Finanzabteilung beim EOK Karlsruhe negativ zu bescheiden, sondern erledigte die Sache durch Nichtbehandlung. Es hatte sich ebenfalls auf eine gänzlich neue Situation einzustellen, denn an der Verordnung für den „Reichsgau Wartheland“, die doch von so besonderer kirchenpolitischer Bedeutung war, war keiner seiner Ministerialen beteiligt ebensowenig wie irgendein anderer aus einem anderen Ressort[596]. Auch die Finanzabteilung beim EOK Karlsruhe verfolgte die Sache nicht weiter. Am 22. Oktober 1941

---

590 Siehe II Kap. I.4.3., S. 276f. mit Anm. 403 bis Anm. 410.

591 Schreiben Ziegler an Schirmacher vom 20.6.1941 (ADW, CA/O 168).

592 Vermerk Schirmacher vom 3.7.1941 auf Schreiben Ziegler an Schirmacher vom 20.6.1941 (EBD.).

593 Schreiben Karl Bender an GVR vom 27.6.1941 (EZA BERLIN, 1/C3/163).

594 Protokoll der Vorstandssitzung des CA am 26.8.1941 (ADW, CA 67 B (1941)); und Protokoll der Sitzung des GVR am 13.8.1941 und am 8.–9.9.1941 (EZA BERLIN, 1/A4/579).

595 Verordnung über die religiösen Vereinigungen und Religionsgesellschaften im Reichsgau Wartheland vom 13.9.1941 (EZA BERLIN, 1/A4/570). Siehe P. GÜRTLER, Nationalsozialismus, S. 72ff.; J. ROGALL, Die Posener Evangelische Kirche, S. 175f.; K. MEIER, Kirchenkampf III, S. 114ff.

596 Vgl. P. GÜRTLER, Nationalsozialismus, S. 41ff. und S. 157ff.

ließ Doerr ein Rundschreiben an die Gemeinden gehen, mit dem diese ganz entsprechend der Vereinbarung von Anfang Mai des Jahres, „angewiesen" wurden, keine örtlichen Verhandlungen in Sachen Kindergartenübergabe zu führen, wenn dabei etwa durch beabsichtigte Veräußerung oder Verpachtung von Gemeindebesitz Vermögensfragen berührt werden. Von den Gemeindevereinen als Trägern von Kindergärten war keine Rede mehr[597].

Inwieweit dieser Erlaß an die Gemeinden überhaupt noch erforderlich war, kann dahingestellt bleiben. Schon zu diesem Zeitpunkt war wohl auch in Baden durch Gerüchte bekannt, daß die „zu erwartende(n) Übernahme auch unserer evang. Kindergärten durch die NSV ... ja nun bis auf weiteres nicht erfolgen wird."[598] Auch Constantin Frick bestätigte wenig später, es werde „der Stand der Dinge in den konfessionellen Kindergärten – soweit diese nicht bereits in anderer Form in die Hände der NSV übergegangen sind – aufrecht erhalten bleiben"[599].

Tatsächlich war in Baden nicht ein evangelischer Kindergarten in die Trägerschaft der NSV gelangt. Und das, obwohl spätestens seit September 1941 klar war, daß die von Doerr und der Finanzabteilung beim EOK Karlsruhe im Blick auf die Kirchengemeinden angemahnte Beachtung seiner Weisungsbefugnis, den Fortbestand ihrer Kindergärten nicht gesichert hätte. Die Kirchengemeinde in Hohenwettersbach, zwischen Ettlingen und Karlsruhe gelegen, hatte Mitte Juli 1941 beim EOK Karlsruhe angefragt, wie sich die Sache hinsichtlich der Gebäudenutzung in dem Fall verhalte, daß ein Trägerverein vor der Forderung auf Übergabe seines Kindergartens an die NSV stehe und beabsichtige, der Kirchengemeinde das Gebäude zu übereignen[600]. Da über eine Regelung im Sinne Doerrs, wie der EOK Karlsruhe und sein nach wie vor mit solchen Fragen befaßter Oberkirchenrat Otto Friedrich inzwischen wußten, nicht entschieden worden, dies aber eine Frage „von einer grundsätzlichen Bedeutung war", die nur unter Einschaltung der Finanzabteilung geklärt werden konnte, hatte Otto Friedrich diese um eine „grundsätzliche Äußerung" gebeten[601].

Gegen die Übereignung eines Grundstücks aus Vereinsbesitz in Kirchengemeindebesitz hatte Doerr im Grundsatz durchaus nichts einzuwenden. Allerdings, so bemerkte er „ausdrücklich", könne die Finanzabteilung „im Hinblick darauf, daß die NSV auch die kirchlichen Kindergärten früher oder später übernehmen wird, eine Eingliederung der betr. Kindergartenstation in

597 LKA KARLSRUHE, EOK 6036 Fa.

598 Schreiben Ziegler an CA vom 6.11.1941 (ADW, CA/O 168).

599 Schreiben Ziegler an EOK Karlsruhe vom 1.11.1941 mit Anlage Schreiben Constantin Frick an Gesamtverband der Inneren Mission in Baden vom 30.10.1941 (LKA KARLSRUHE, EOK 6036).

600 Schreiben Evangelischer Kirchengemeinderat Hohenwettersbach an EOK Karlsruhe vom 15.7.1941 (EBD.).

601 Schreiben Friedrich an Finanzabteilung beim EOK Karlsruhe vom 29.8.1941 (EBD.).

den Aufgabenkreis der Kirchengemeinde, so wie die Dinge liegen, nicht vertreten."[602] Damit war, so wie die Dinge lagen, von seiten der Finanzabteilung beim EOK Karlsruhe der NSV durchaus der Weg geebnet. Aber es geschah nicht, was man erwartete. Wie zwölf Monate zuvor zählte Ende des Jahres 1941 der Badische Verband für evangelische Kleinkinderpflege unter dem Vorsitz des im Diakonissenhaus Bethlehem in Karlsruhe tätigen Pfarrers Karl Stupp – die Geschäfte führte Ziegler – 260 Kindergärten mit 126 pädagogisch ausgebildeten Mitarbeiterinnen und etwa 20.000 Plätzen. Nach wie vor waren 137 Kindergärten in der Trägerschaft von Gemeinden und 126 in der von Vereinen. Und das, obwohl man schon Ende 1940 fest damit gerechnet hatte, daß eine Reichsregelung die Übernahme der evangelischen Kindergärten durch die NSV brächte[603].

Der Erlaß vom 21. März 1941 wurde durchaus als eine solche Reichsregelung betrachtet. Daß sie dennoch nicht im Sinne der Machthaber zum Erfolg führte, hat seine Gründe kaum in etwa fehlendem Willen der NSV zu solcher Übernahme. Den hatten Gauleiter und Reichsstatthalter Robert Wagner und sein NSV-Gauamtsleiter Dinkel hinreichend unter Beweis gestellt. Die Gründe für den Erfolg, aus der Sicht der Interessenvertreter evangelischer Kinderpflegearbeit, lagen anderswo.

Zum einen hatte die NSV auch in Baden bei weitem nicht die erforderliche Zahl von Mitarbeiterinnen, die, hinreichend qualifiziert, eine reibungslose Übernahme hätten garantieren können[604]. Immerhin wären weit über einhundert Kräfte erforderlich gewesen. Denn eines war klar. Von seiten der NSV bestand bei einer ständig propagierten „Entkonfessionalisierung" nicht die geringste Absicht, die Mitarbeiterinnen, meist Diakonissen, in den Dienst zu übernehmen[605]. Das rief zwar zunächst eine gewisse Verunsicherung hervor. Besonders das Mutterhaus für Kinderpflege und Gemeindediakonie in Nonnenweier, eines der in der Kinderpflegeausbildung führenden Diakonissenhäuser im Südwesten Deutschlands, und seine Schwestern waren davon betroffen. Nicht nur das Ausbildungsseminar mußte 1941 geschlossen werden, die Schwestern und ihre erfahrene Oberin Ida Höflin standen vor der Frage, was mit all den etwa aus den badischen Kindergärten und den aus Kindergärten in anderen Landeskirchen tatsächlich ins Mutterhaus zurückkeh-

602 Schreiben Doerr an EOK Karlsruhe vom 12.9.1941 (EBD.).

603 Bemerkung auf Fragebogen des CA „betr. Unsere Arbeit auf dem Gebiet der halboffenen Fürsorge" versandt mit Rundschreiben Ohl an die Landes- und Provinzialverbände und die Reichsfachverbände (ADW, CA/O 181; ADWRH DÜSSELDORF, OHL 10.1.7.). Die Differenz, die sich bei Vergleich der Zahlen ergibt, ist nur durch Nachlässigkeit zu erklären.

604 Schreiben Friedrich an Adolf Merkel vom 23.6.1941 (LKA KARLSRUHE, EOK 6036). Merkel war Pfarrer in Pforzheim, Vorsitzender der kirchlich-theologischen Arbeitsgemeinschaft des Enzkonvents.

605 EBD.; Schreiben Ziegler an CA vom 6.11.1941 (ADW, CA/O 168); Schreiben Ida Höflin an OKR Gustav Rost vom 2.4.1941 (LKA KARLSRUHE, EOK 6036).

renden Schwestern geschehen solle[606]. Es brauchte die Zeit von vier Monaten und wohl der Klärungen in Zusammenhang mit den Übernahmeverhandlungen in Berlin, bis auch ein zweites ebenso klar war: Diakonissen sind kirchliche Mitarbeiterinnen[607]. Das bedeutete, sie hätten im Falle einer Übernahme durch die NSV und der damit verbundenen Kündigung des Arbeitsplatzes nicht die Anstellung verloren und ins Mutterhaus zurückkehren müssen. Sie hätten in den Gemeinden einen anderen Dienst tun können.

Ein zweiter Grund dafür, daß die Machthaber in Baden den Zugriff auf die Kindergärten nicht gewagt hatten, lag in den Gemeinden. Es war tatsächlich „die Festigkeit der Gemeinden", die nach seinem, von ihm selbst so verstandenen exemplarischen, wenn auch schließlich vergeblichen Kampf um die Kindergärten in Kork, in Mönchweiler und in Hesselhurst, aber auch um die anderen verlorengegangenen Einrichtungen, den EOK Karlsruhe unter Landesbischof Kühlewein und wohl auch den Gesamtverband für Innere Mission in Baden unterstützten und sie ermutigten, alles zu tun, „was in ihren Kräften liegt, vielleicht doch noch den weiteren Bestand unserer Kindergärten zu sichern."[608] Diese Zusammenhänge mögen es auch gewesen sein, die den Vorsitzenden und seine Finanzabteilung, abgesehen von in der Persönlichkeit liegenden Begründungszusammenhängen, zunächst veranlaßten zu resignieren. Erst nachdem die Finanzabteilung beim Landeskirchenamt der Evangelisch-lutherischen Landeskirche Hannovers im Blick auf die Kindergärten höchst aktiv geworden war, damit „dem berechtigten Wunsche der NSV entsprochen wird"[609], sollte sich die Haltung in Karlsruhe nochmals kurzfristig ändern. Im Jahre 1943, sollte auch die Finanzabteilung beim EOK Karlsruhe – kurzzeitig unter dem Vorsitz des aus der Kirche ausgetretenen Karlsruher Pharmaproduzenten Dr. Leopold Engelhardt – abermals einen, freilich vergeblichen Versuch unternehmen, die evangelischen Kindergärten in Baden zu zwingen, sich als Bestandteil kirchengemeindlicher Arbeit aufzugeben[610]. Das Treffen einiger Verbandsvertreter evangelischer Kinderpflege aber, das Anfang September 1941 in Stuttgart stattfand, war jedenfalls, abgesehen von seiner möglichen Funktion, im Prozeß des beginnenden „Einigungswerkes" die Unionskräfte lutherisch zu binden[611], eine Bestätigung des Kurses der Festigkeit, wenn auch dieser Kurs in Baden viel weniger von Erwägungen rechtlicher Art bestimmt, als das etwa in Württemberg und Bayern der Fall war.

---

606 Ida Höflin, Die Geschichte des Mutterhauses während meiner Amtszeit (W. ZIEGLER, Schwester Ida Höflin, S. 17f.).

607 Schreiben Ziegler an CA vom 6.11.1941 (ADW, CA/O 168); und Verfügung EOK Karlsruhe vom 14.10.1941 (EBD.). Siehe II Kap. III.3.12., S. 726f. mit Anm. 836.

608 Schreiben Merkel an Kühlewein vom 30.5.1941 (LKA KARLSRUHE, EOK 6036).

609 Schreiben Leiter der Finanzabteilung beim Evangelisch-lutherischen Landeskirchenamt Hannover an Kirchenvorstand in Gehrden vom 23.5.1942 (LKA HANNOVER, E 26/37).

610 Schreiben Engelhardt an EOK Karlsruhe vom 11.9.1943 (LKA KARLSRUHE, EOK 6036).

611 Vgl. H. BAIER, Kirche in Not, S. 292.

3.11. Mark Brandenburg

Seit im Frühjahr 1935 mit den Vorgängen in Welzow und in Sonnenburg die Bemühungen der NSV um Übernahme evangelischer Kindergärten in der Mark Brandenburg begonnen hatten, ein Jahr später die Fälle in Potsdam, Friedeberg, Senftenberg hinzugekommen waren und der Kampf gegen evangelische Einrichtungen halboffener Kinderpflege 1937 in Skampe, Wolletz, Zeestow, Bellin, Leimnitz und Wutzetz seinen Fortgang genommen hatte, war die Zahl der aus evangelischer in die Trägerschaft der NSV übergegangenen Kindergärten bis zum Jahresende 1939 auf fünfundzwanzig gestiegen[612]. Gleichzeitig war die Zahl der Einrichtungen insgesamt von 176 Kindergärten mit 280 pädagogischen Kräften und einer Platzzahl von etwa 6.160 bei annähernd gleichgebliebener Zahl der Plätze auf 151 Einrichtungen mit 250 Kindergärtnerinnen gesunken[613]. Dabei war es noch 1937 möglich, den Verlust von fünf Kindergärten durch Neugründungen auszugleichen[614]. Man wird daran erkennen können, daß zu diesem Zeitpunkt trotz aller finanziellen Schwierigkeiten noch ein gewisser Spielraum für die evangelische Kinderpflege und ihren Evangelischen Kinderpflege-Verband der Provinz Brandenburg vorhanden war. Das änderte sich mit Kriegsbeginn, und die Verantwortlichen in Innerer Mission und evangelischer Kinderpflege mußten jetzt auch damit rechnen – und sie rechneten damit –, „daß die NSV sich hinter die Militärbehörde gesteckt hat und nun ihre Herrschaft antritt.“[615]

Es war Bremer, der die Vorgänge in Eberswalde in dieser Weise deutete. Entsprechend hatte er sich gegenüber Lic. Karl Gelshorn, Pfarrer an der dortigen St. Maria Magdalenenkirche und Superintendent des Kirchenkreises Eberswalde, geäußert, als er von diesem Ende August 1939 erfuhr, daß die NSV den Kindergarten seiner Gemeinde übernehmen wolle. Sei die Gemeinde nicht bereit dazu, werde der Kindergarten beschlagnahmt[616]. Weder Gelshorn noch dessen Kollege in der Gemeinde, der unmittelbar vor seiner Emeritierung stehende Pfarrer Johannes Gerloff, teilten die aus Erfahrung tatsächlich pessimistische Haltung Bremers. Der weitere Verlauf der Dinge gab zunächst den beiden Geistlichen recht. Sie erhoben keine Einwände dagegen, daß von der NSV und ihrer Ortsgruppenamtsleitung der Einsatz zusätzlicher NSV-Kindergärtnerinnen im Kindergarten der Gemeinde angeboten wurde, da gleichzeitig die bisherige Leitung fortbestehen, mithin der „christliche Ein-

---

612 Statistik (ADW, VKD 32). Siehe I Kap. VI.1., S. 237ff.; und I Kap. VII.3.7., S. 376ff.; sowie II Kap. I.2.3., S. 85ff.

613 VEREINIGUNG, Tätigkeitsbericht 1.4.1934–31.3.1935, Statistische Übersicht; VEREINIGUNG, Tätigkeitsbericht 1.4.1939–31.3.1940, Statistische Übersicht.

614 VEREINIGUNG, Tätigkeitsbericht 1.4.1937–31.3.1938, S. 8.

615 Schreiben Bremer an Theodor Wenzel vom 13.9.1939 (ADWBB BERLIN, Kinderpflege 3 A 03). Siehe II Kap. III.3., S. 456f. mit Anm. 11.

616 Schreiben Gerloff an Bremer vom 9.9.1939 (ADWBB BERLIN, Kinderpflege 3 A 03).

fluß" erhalten bleiben sollte[617]. Kurze Zeit später jedoch sah alles ganz anders aus, und Bremer mußte bedauern, daß „die Pessimisten meistens Recht behalten."[618] An dem Tag, an dem der Erlaß aus dem Ministerium Wilhelm Fricks ging, der die Behörden in Ländern und Provinzen mit Hinweis auf die Erfordernisse der Kriegswirtschaft dazu anhielt, die NSV bei der Übernahme von Kindergärten „mit allen Kräften zu unterstützen"[619], am 11. September 1939, besuchte mit ihrem Kreisamtsleiter Hermann Bugge an der Spitze eine Kommission der NSV den Kindergarten. Bugge gab eindeutig und unverblümt zu verstehen, daß es ihm allein um eine Übernahme der Arbeit und deren Fortsetzung unter Leitung der NSV ginge[620]. Welche Vorstellungen die Ortsgruppenamtsleitung seinerzeit vermittelt, welche Erwartungen sie auch geweckt haben mochte – sie waren damit hinfällig.

Zwar konnte diese Attacke durch sogleich einsetzende Verhandlungen unter Hinzuziehung Theodor Wenzels abgewehrt werden[621]. Sie zeigt aber, daß auch nach dem großen Angriff 1937/1938, der zum Verlust von fünfzehn Einrichtungen geführt hatte[622], sich diese Front auch in der Mark Brandenburg keineswegs beruhigt hatte. Ja, es konnten auch noch Frontbegradigungen besonderer Art vorgenommen und Bündnisse überraschenden Charakters – wenn man den Begriff Komplizenschaft vermeiden will – eingegangen werden.

In Rheinsberg war 1934 „aus einer Gemeinschaftstat der Kirche und der NSV" ein Kindergarten entstanden. Ohne daß je Einspruch gegen die stillschweigende Voraussetzung erhoben worden wäre, der Kindergarten trüge „christlichen Charakter", zumal er im Gemeindehaus Unterkunft gefunden hatte und das unentgeltlich sogar auch hinsichtlich der Mietnebenkosten – ohne daß also Einspruch erhoben worden wäre, war der Pfarrer der Gemeinde, der seit gut zehn Jahren in Rheinsberg amtierende Erhard Kottmeier, bis dahin wöchentlich im Kindergarten erschienen, um mit den Kindern und den Mitarbeiterinnen Andacht zu halten; das hieß gewöhnlich, eine biblische Geschichte zu erzählen. Am 12. März 1940 ordnete der Bürgermeister der Stadt, auf Grund einer Weisung der Gestapo, ein Verbot der Kindergartenandachten an. Schlaeger als zuständiger Superintendent hielt das zwar für eine „wirklich nicht allzu bedeutende Angelegenheit" und meinte wohl leicht ironisch, daß die Kinder „durch das seltene Kommen des Pfarrers kaum irgendwelchen Schaden gelitten haben" dürften, aber da mit der Sache „sogar

---

617 Schreiben Gerloff an Bremer vom 11.9.1939 (EBD.).

618 Schreiben Bremer an Theodor Wenzel vom 13.9.1939 (EBD.).

619 Erlaß Reichsminister des Innern vom 11.9.1939 (BA BERLIN, Rep. 320/600).

620 Schreiben Gerloff an Bremer vom 11.9.1939 (ADWBB BERLIN, Kinderpflege 3 A 03).

621 Schreiben Bremer an Theodor Wenzel vom 13.9.1939 (EBD.); Statistik (ADW, VKD 32). Darin ist ein Verlust des Kindergartens in Eberswalde nicht verzeichnet.

622 Statistik (EBD.).

die Geheime Staatspolizei befaßt worden“ sei, hielt er es für angebracht, unmittelbar den GVR zu unterrichten[623].

Das über den eingeschalteten EOK Berlin und Wieneke zum Bericht aufgeforderte Evangelische Konsistorium der Mark Brandenburg teilte durch seinen Präsidenten Heinrich mit, man sähe die Ursache für das Verbot in der Tatsache, daß Kottmeier „als radikaler Anhänger der Bekenntnisfront bekannt“ und es deshalb ohne Frage geboten sei, „die Erlaubnis für die seelsorgerliche Betreuung des Kindergartens durch einen anderen Geistlichen zu erwirken.“[624] Demgemäß hatte Wieneke dem Evangelischen Konsistorium der Mark Brandenburg empfohlen, Verhandlungen aufzunehmen[625]. Sie konnten indessen von vornherein kaum das versprechen, was Heinrich als Ziel gesetzt hatte und was sich Kottmeier und Schlaeger mindestens für die Kinder des Kindergartens in Rheinsberg erhofft haben mochten.

Für die brandenburgische Provinzialkirchenbehörde führte die Verhandlungen der dem „politisierten Leitungsstil“ Heinrichs auch als Parteigenosse verbundene, deutschchristliche und „profiliert-streitbare“ [626] Konsistorialrat Walter Herrmann, der, seit 1934 im Haus in der Berliner Lindenstaße, stets einer Neutralisierung der kirchenpolitischen Spannungen entgegengewirkt hatte. Er erbat Bericht von der Gestapo Potsdam, der Staatspolizeistelle, von der die Sache ausgegangen war, und übermittelte dem EOK Berlin deren Bericht. Dieser bestätigte die Darstellung des Superintendenten des Kirchenkreises Ruppin und Vorsitzenden des Evangelischen Kinderpflege-Verbandes der Provinz Brandenburg. Festgestellt wurde auch, daß „besondere Abmachungen über die Tätigkeit des Pfarrer Kottmeier ... seinerzeit nicht getroffen worden“ waren. Abschließend stellte die Gestapo der Kirchengemeinde in Rheinsberg anheim, „künftig Bezahlung für ihre Räume von der NSV zu verlangen“, falls sie „glaubt, eine Zuschußleistung zu dieser der Allgemeinheit gewidmeten Einrichtung nicht mehr leisten zu können, weil ihr Pfarrer in einer über den Konfessionen stehenden Einrichtung keine Andachten mehr abhalten darf“[627].

War diese Polemik schon scharf genug und zeigte den „unbegrenzten Autoritarismus“ und „das Ende eines jeden Anscheins, der Staat sei neutral“ bei einem Überwachungsapparat, der „über alle rechtlichen Beschränkungen hinausgewachsen war“[628], so erhielt sie durch das Evangelische Konsistorium der

623 Schreiben Schlaeger an GVR vom 23.3.1940 (EZA BERLIN, 7/4415).

624 Schreiben Heinrich an EOK Berlin vom 3.5.1940 (EBD.). Vgl. H.-O. FURIAN, Die Sammlung, S. 135 mit Anm. 11.

625 Vermerk Wieneke auf Schreiben Heinrich an EOK Berlin vom 3.5.1940 (EZA BERLIN, 7/4415).

626 K. MEIER, Kirchenkampf III, S. 226.

627 Schreiben Staatspolizeistelle Potsdam an Evangelisches Konsistorium der Mark Brandenburg vom 28.9.1940 (EZA BERLIN, 7/4415).

628 R. GELLATELY, Allwissend und allgegenwärtig?, S. 62.

Mark Brandenburg noch eine ganz besondere Bedeutung, die über das hinausreichte, was Heinrich seinerzeit als erstrebenswert betrachtet hatte. Das Schreiben der Gestapo hatte Herrmann ohne jeden Kommentar als Bericht an den EOK Berlin weitergegeben[629]. Unterzeichnet hatte der stellvertretende Präsident, Oberkonsistorialrat Erich Magnus, der zwar nicht Parteigenosse war, aber „dem Nationalsozialismus nicht ablehnend gegenüberstand“[630]. Damit hatte die brandenburgische Provinzialkirchenbehörde angezeigt, daß man die Sache wie die „Verfolgungsbehörde“[631] beurteilte. Sogar Wieneke, seit einem Jahr im EOK Berlin zuständigkeitshalber in der Frage der Verkündigung, der Andachten und besonders des Erzählens biblischer Geschichten in evangelischen Kindergärten an den Verhandlungen in Pommern beteiligt[632], war über diese Form der Übereinstimmung irritiert[633] und forderte eine Stellungnahme zum Bescheid der Gestapo an[634]. Nach seinen Erfahrungen in Pommern ging er wohl wie Heinrich davon aus, daß es möglich sei, „die Mitarbeit eines anderen Geistlichen zu erwirken.“[635] Nicht so jedoch sahen das das Evangelische Konsistorium der Mark Brandenburg und sein zuständiger Berichterstatter. Er anerkannte die Rechtsgültigkeit des Verbots Kottmeierscher Andachten und biblischer Geschichten im Kindergarten der NSV in Rheinsberg. Magnus sah keine Möglichkeit, gegen die Verfügung der Gestapo etwas zu tun. Er wollte darüber hinaus der Kirchengemeinde in Rheinsberg auch nicht empfehlen, nunmehr eine Miete für die vom Kindergarten der NSV genutzten Räume zu verlangen. Man wollte in jedem Falle „Verärgerung“ vermeiden[636]. So setzte sich die Gestapo mit Duldung des Evangelischen Konsistoriums der Mark Brandenburg gegen die Absicht durch, im Kindergarten zu Rheinsberg weiterhin Andachten zu halten und biblische Geschichten zu erzählen.

Diese Haltung des Evangelischen Konsistoriums der Mark Brandenburg hatte sich nicht verändert, als Wieneke drei Monate später, Ende März 1941,

---

629 Schreiben Evangelisches Konsistorium der Mark Brandenburg [Magnus] an EOK Berlin vom 8.10.1940 (EZA BERLIN, 7/4415).

630 Schreiben Präsident des Evangelischen Konsistoriums der Mark Brandenburg [Dr. Hans v. Arnim] an Bezirksamt Zehlendorf von Berlin vom 14.3.1946 (K. MEIER, Kirchenkampf III, S. 651 mit Anm. 696).

631 J. TUCHEL, Gestapa, S. 99.

632 Siehe II Kap. II.1.3., S. 427ff.

633 Handschriftliche Notiz Wieneke vom 23.10.1940 auf Schreiben Evangelisches Konsistorium der Mark Brandenburg [Magnus] an EOK Berlin vom 8.10.1940 (EZA BERLIN, 7/4415). „Wir vermissen eine Stellungnahme ... zum Bescheid der Gestapo.“

634 Schreiben Wieneke an Evangelisches Konsistorium der Mark Brandenburg vom 25.11. 1940 (EBD.).

635 Schreiben Wieneke an Evangelisches Konsistorium der Mark Brandenburg vom 12.12. 1940 (EBD.).

636 Schreiben Evangelisches Konsistorium der Mark Brandenburg [Magnus] an EOK Berlin vom 4.12.1940 (EBD.).

den Sachstand noch einmal überprüfte[637]. Was sich allerdings zu diesem Zeitpunkt gerade zu verändern begann, war die Situation der evangelischen Kindertagesstätten insgesamt und zwar durch den Erlaß des Reichsministers des Innern und des „Stellvertreters des Führers" vom 21. März 1941. Auch in der Mark Brandenburg sollte dieser Erlaß Spuren hinterlassen. Bremer als Geschäftsführer des Evangelischen Kinderpflege-Verbandes der Provinz Brandenburg unterrichtete davon umgehend alle dem Verband noch angehörenden 148 Einrichtungen[638]. Unmittelbar nachdem v. Wicht sein Schreiben vom 5. April 1941 an die der Vereinigung angeschlossenen Verbände hatte gehen lassen, informierte Bremer am 8. April alle evangelischen Kindergärten der Mark Brandenburg. Wie v. Wicht sah auch er in der Feststellung des Erlasses, „die Übernahme sonstiger Kindertagesstätten ist ausschließlich Aufgabe der NSV"[639], nicht einen deskriptiv-ordnenden Verwaltungsakt, sondern eine maßnahmenorientierte Anordnung. Deshalb bat Bremer, ihn umgehend zu benachrichtigen, sollte an eine Kindertagesstätte mit der Forderung auf Umgestaltung der Trägerschaft oder Überleitung der Einrichtung zur NSV herangetreten werden[640]. Freiwillig allerdings, wie sich das zu diesem Zeitpunkt bereits in Nassau-Hessen andeutete, wollte Bremer die Einrichtungen nicht an die NSV überleiten. Das schloß natürlich eine Vorbereitung und damit die Sicherung einer gewissen Ordnung und Planmäßigkeit nicht aus. Deshalb hatte Bremer auch der Bitte v. Wichts entsprochen und ebenfalls einen Entwurf der „Zusammenstellung" gefertigt. Aber für ihn, darin war er sich mit Theodor Wenzel von vornherein einig, und auch der GVR sollte dieser Linie folgen, war es selbstverständlich, daß die „Zusammenstellung" nur auf Anforderung, „wenn es brennt", verschickt werde[641].

In der Mark Brandenburg „brannte" es lichterloh, als Stürtz am 10. Juli 1941 in seiner Eigenschaft als Gauleiter des NSDAP-Gaues Mark Brandenburg unter Bezugnahme auf die Vorgänge in Sachsen und Thüringen die Regierungspräsidenten in Potsdam und Frankfurt/Oder, Refardt und Gottfried Graf von Bismarck-Schönhausen, aufforderte, „dafür Sorge zu tragen, daß

---

637 Wiedervorlagevermerk Wieneke vom 28.3.1941 auf Schreiben Evangelisches Konsistorium der Mark Brandenburg [Magnus] an EOK Berlin vom 4.12.1940 (EBD.).

638 Jahresbericht 1941 des Evangelischen Kinderpflege-Verbandes der Provinz Brandenburg (ADWBB BERLIN, Kinderpflege 3 A 10); G. BREMER, Weg, S. 60.

639 Runderlaß des Reichsministers des Innern und des Stellvertreters des Führers vom 21.3. 1941 (RMBliV 1941, S. 525; VOBl der Reichsleitung der NSDAP 1941, Flg. 220 (Mai), o. S.; Abschriften in: EZA BERLIN, 1/C3/179; EZA BERLIN, 7/4415; ADW, CA zu 850 a III; H. WEBLER, Die Kindertagesstätten, S. 30f.; H. VORLÄNDER, Die NSV, Dok. Nr. 269, S. 476ff.).

640 Das Rundschreiben ist nicht nachzuweisen. Der Sachverhalt wird beschrieben im von Gertrud Braune gefertigten Jahresbericht 1941 des Evangelischen Kinderpflege-Verbandes der Provinz Brandenburg (ADWBB BERLIN, Kinderpflege 3 A 10). Das Geschäftsjahr des Evangelischen Kinderpflege-Verbandes der Provinz Brandenburg war das Kalenderjahr.

641 Schreiben Bremer an Theodor Wenzel vom 29.5.1941 (ADW, BP 2545). Siehe II Kap. III.2., S. 552 mit Anm. 41 und S. 556f. mit Anm. 68.

Kindergärten, Kinderhorte und Kindertagesstätten von kirchlichen Organisationen jeder Konfession sowie von kirchenähnlichen Organisationen, wie z. B. Innere Mission, evgl. Frauenhilfe usw. nicht mehr unterhalten und geleitet werden." Landräte und Bürgermeister sollten von den Regierungspräsidenten angewiesen werden, die nach § 29 RJWG erteilten Genehmigungen zum 30. September 1941 zu widerrufen. Die NSV sei „bei der Durchführung der Übernahmeverhandlungen weitgehendst zu unterstützen." [642]

Erst nachdem auch NSV-Kreisamtsleitungen an die evangelischen Kindergärten herangetreten waren[643], nachdem der Druck spürbar und für Bremer die Einsicht unumgänglich geworden war, „es kann sich jetzt nur noch um die Bedingungen handeln, unter denen die evangelischen Kindergärten an die NSV übergeleitet werden", versandte er am 8. August 1941 ein Rundschreiben an alle Einrichtungen des Verbandes[644]. Eine Woche zuvor, am 31. Juli, hatte, noch verabredet mit Schirmacher, im Hause des CA ein Abstimmungsgespräch stattgefunden. Daran beteiligt waren gewesen für das Evangelische Konsistorium der Mark Brandenburg Oberkonsistorialrat i. R. Otto Gruhl, seit zwei Jahren, nach dem Tode Schlabritzkys, reaktiviert, und Konsistorialrat Paul Görs, mit der Sache jetzt befaßter Jurist im Haus in der Lindenstraße und Drohmann für den Verband der evangelischen Kirchengemeinden in der Reichshauptstadt Berlin und für die Berliner Stadtsynode; neben dem ersten Direktor des CA dessen zu der Zeit noch designierter Nachfolger Hagen und für den Gesamtverband der Berliner Inneren Mission die Referentin aus dem Hause Friedrich Ulrichs, Wally Schick. Für den EREV als Fachabteilung des CA nahm Hundinger teil. Schließlich waren beteiligt die inzwischen vom Kaiserswerther Verband zur Oberin[645] ernannte Mohrmann für den die Mitarbeiterinnen in den Kindergärten vertretenden Verband evangelischer Kindergärtnerinnen, Hortnerinnen und Jugendleiterinnen und für den Evangelischen Verband für Kinderpflege in Berlin sein Direktor v. Wicht sowie Bremer für den Evangelischen Kinderpflege-Verband der Provinz Brandenburg. Sie hatten durch Schirmacher zur Kenntnis genommen, daß es Wunsch der staatlichen Verwaltungsbehörden wäre, die „Aktion" der Überleitung „möglichst reibungslos und korrekt" durchzuführen. Alle waren sich einig, diesem Wunsche zu entsprechen. Man wollte keinesfalls Beschlagnahmen von Kindergärten wie sie, das war allen bekannt, in Köln geschehen waren. Schließlich hatte man sich auch darauf verständigt, daß alle Verhandlungen „verant-

---

642 Schreiben Stürtz an Regierungspräsidenten in Frankfurt/Oder und Potsdam vom 10.7.1941 (ADWBB BERLIN, Kinderpflege 3 A 20).

643 Siehe Jahresbericht 1941 des Evangelischen Kinderpflege-Verbandes der Provinz Brandenburg (ADWBB BERLIN, Kinderpflege 3 A 10).

644 ADW, BP 2545; ADWBB BERLIN, Kinderpflege 3 A 04.

645 Siehe R. FELGENTREFF, Profil, S. 112; vgl. H.-M. LAUTERER, Liebestätigkeit, S. 33. Seither steht im Kaiserswerther Verband neben dem Verbandsdirektor (Geschäftsführer), zu diesem Zeitpunkt immer noch Ernst Siebert, bis heute die „Verbandsoberin".

wortlich und federführend" von den Kirchenbehörden unter Hinzuziehung des EOK Berlin geführt und alle Kirchengemeinden und ihre Kindergärten so schnell wie möglich über die Situation unterrichtet werden sollten. Man sah sich in der Pflicht, von vornherein jede Unruhe zu vermeiden[646].

Dem entsprach Bremers Rundschreiben von Anfang April 1941. Er wies auf die wichtigsten zu regelnden Fragen hin, übersandte jetzt auch die „Zusammenstellung" und bat, keine endgültigen Beschlüsse ohne „Weisungen der Kirchenbehörde" zu fassen, erwähnte die Absicht des Evangelischen Konsistoriums der Mark Brandenburg, die Superintendenten zu einer Besprechung in der Sache zusammenrufen zu wollen und bot den Vertretern der Träger der Kindergärten „eine persönliche Aussprache" in der Geschäftsstelle des Verbandes in der Berlin-Lichterfelder Augustastraße an[647].

Die Superintendenten Brandenburgs trafen sich am 15. August 1941 auf Einladung des mit Beschäftigungsauftrag des EOK Berlin gerade wieder unmittelbar in den Dienst des Evangelischen Konsistoriums der Mark Brandenburg getretenen Konsistorialpräsidenten i. R. Ernst Bender im Dienstgebäude der Behörde. Die Superintendenten der Berliner Kirchenkreise hatten sich bereits eine Woche vorher getroffen. Obwohl Berlin Teil der Kirchenprovinz Brandenburg und die Kirchenbehörde dasselbe Evangelische Konsistorium der Mark Brandenburg war, hatten sich in der Reichshauptstadt die Dinge zwar mit gleicher Zielrichtung, aber schneller entwickelt und waren, besonders seit der Beteiligung Bremers an den Gesprächen und Entscheidungen der letzten Tage im Juli 1941[648], ausschlaggebend auch für den Fortgang in der Mark Brandenburg. Die versammelten Superintendenten bestätigten sich gegenseitig ihren Eindruck, daß „ein Aufhalten oder ein weiteres Hinausschieben des Endes der evangel. Kinderpflege nicht mehr möglich sei."[649] Die Hauptsorge galt deshalb sogleich der Arbeit in den Gemeinden, die eine Betreuung der Kinder im Rahmen christlicher Unterweisung sichern sollte und die man aufzunehmen sofort bereit war. Die in der Vergangenheit immer stärker mit dem strategischen Kalkül, auf diese Weise die Arbeit evangelischer Kinderpflege fortsetzen zu können, von der Vereinigung, ihrem Vorstandsmitglied Bremer und dem von ihm geleiteten Evangelischen Kinderpflege-Verband der Provinz Brandenburg unternommenen Anstrengungen[650]

---

[646] Protokollvermerk Schirmacher über „Besprechung wegen der Kindergärten im Central-Ausschuß für Innere Mission am 31. Juli 1941, nachmittags 3 Uhr", „Ende der Sitzung 17 Uhr" (ADW, CA zu 850a III; EZA BERLIN, 7/4416).

[647] Schreiben Bremer „an die Träger der uns angeschlossenen Kindertagesstätten" vom 8.8.1941 (ADW, BP 2545; ADWBB BERLIN, Kinderpflege 3 A 04).

[648] Siehe II Kap. III.3.12., S. 713ff.

[649] Jahresbericht 1941 des Evangelischen Kinderpflege-Verbandes der Provinz Brandenburg (ADWBB BERLIN, Kinderpflege 3 A 10).

[650] G. BREMER, Weg, S. 61. In seinem Rückblick auf die Arbeit des Evangelischen Kinderpflege-Verbandes der Provinz Brandenburg „im Kriegsjahr 1940" stellt er fest „... hat uns die

zeigten offenbar Erfolg. Die Superintendenten erkannten auch die Notwendigkeit, daß die Diakonissen und Kindergärtnerinnen, soweit sie nicht von der NSV übernommen werden sollten, in den Gemeinden blieben, damit sie gerade für diese „neuaufzunehmende Kinderarbeit“[651] der biblischen Unterweisung zur Verfügung stünden. Daß ein Vorbehalt im Blick auf die Übernahme von Diakonissen in den Dienst der NSV nicht angebracht war, hätten die Superintendenten zwar wissen und berücksichtigen können, aber möglicherweise fürchteten sie bei den Personalübernahmen durch die NSV besonders die Übernahmen von Diakonissen. Natürlich wußten auch die Superintendenten, daß ohne die Übernahme von Mitarbeiterinnen bei dem herrschenden Kräftemangel, über den ja auch die evangelischen Einrichtungen zu klagen hatten, eine reibungslose Fortführung der Kindergärten für die NSV nicht möglich sein würde.

Die brandenburgische Provinzialkirchenbehörde unterstützte die Anliegen der Superintendenten, jedenfalls die Diakonissen in den Gemeinden zu halten. Das entsprach auch der gemeinsam u. a. mit v. Wicht und Bremer am 29. Juli erarbeiteten Linie[652]. Durch Ernst Bender forderte das Evangelische Konsistorium der Mark Brandenburg die Kirchengemeinden zum einen auf, in ordentliche Verhandlungen mit der NSV einzutreten und „keine grundsätzlichen Schwierigkeiten“ zu machen. Zum anderen sollten die Kirchengemeinden alle Möglichkeiten ausschöpfen, um eine christliche Unterweisung der Kinder zu sichern; wo erforderlich, sei man bereit, provinzialkirchliche Mittel einzusetzen[653]. Das wollte man von seiten des Evangelischen Konsistoriums der Mark Brandenburg auch hinsichtlich der Personalmittel tun bei den Gemeinden, die nicht in der Lage seien, die Kosten für die Diakonisse oder die sonst aus Gründen ihrer „Gewissensbindung“ von der NSV nicht übernommene Mitarbeiterin aufzubringen, um sie „im Gemeindedienst festzuhalten“[654].

Die Gemeinden, die Träger der evangelischen Kindergärten, jedenfalls die für diese Arbeit verantwortlichen Pfarrer hatten nach dem Rundschreiben

---

Frage der kirchlichen Unterweisung auch außerhalb des Kindergartens sehr ernstlich beschäftigt. ... Es muß eine Form gefunden werden, die als rein innerkirchliche Arbeit die getauften Kinder zu evangelischer Unterweisung mit Lied und Gebet um Gottes Wort sammelt, auch da wo kein evangelischer Kindergarten eingerichtet oder erhalten werden kann. Vielfach sind bereits Anfänge damit gemacht worden, meist in Verbindung mit dem Kindergottesdienst und mit Hilfe ehrenamtlicher Kräfte. Wir haben auch an den Bemühungen, die in diese Richtung gehen, mitarbeiten können.“ (EBD.).

651 Schreiben Evangelisches Konsistorium der Mark Brandenburg [Bender] an die Superintendenten der Mark Brandenburg vom 10.9.1941 (ADW, BP 2545).

652 Siehe II Kap. III.3.12., S. 713ff.

653 Schreiben Evangelisches Konsistorium der Mark Brandenburg [Bender] an die Superintendenten der Mark Brandenburg vom 22.8.1941 (ADW, BP 2545).

654 Schreiben Evangelisches Konsistorium der Mark Brandenburg [Bender] an die Superintendenten der Mark Brandenburg vom 10.9.1941 (EBD.).

Bremers vom 8. August 1941 Sorgen ganz anderer, praktischerer Art. Zwar schätzten sie wohl wie ihre Superintendenten die Lage so ein, daß das Ende der evangelischen Kindergärten gekommen sei und deshalb die „Zusammenstellung" eine gewisse Hilfe darstelle, wenn in den Verhandlungen mit der NSV alle wichtigen Fragen Berücksichtigung finden sollten. Aber den ganz praktischen Bedürfnissen der Pfarrer entsprach die „Zusammenstellung" nicht. Die größte Unsicherheit und einen dementsprechenden Bedarf an Unterstützung mußte Bremer hinsichtlich der Verhandlungen mit der NSV und eines Vertragsabschlusses erkennen. Wie muß ein solcher Vertrag aussehen? – das war die Frage auf der Besprechung am Nachmittag des 15. August 1941, auf deren Beantwortung die Vertreter der brandenburgischen evangelischen Kindergärten drängten. Bremer entsprach den Wünschen der Trägervertreter, meist Pfarrerkollegen, umgehend und sandte allen bereits fünf Tage später ein Vertragsformular zu[655]. Mit ausdrücklichem Bezug auf den Erlaß vom 21. März 1941 und auf die Tatsache, daß die der NSV nunmehr „pachtweise zur Einrichtung einer NSV-Kindertagesstätte" überlassenen Räume „bisher für den Betrieb der evangelischen Kindertagesstätte" benutzt wurden, waren Regelungen für die Nutzung des Inventars, für den Pacht- oder Mietzins, die Übernahme der Betriebskosten vorgesehen und vor allem auch eine Klausel, mit der weiterhin eine Nutzung der vermieteten oder verpachteten Räume für kirchliche Zwecke gewährleistet und die Verhinderung von Gottesdiensten und pastoralen Diensten bei deren Nutzung durch die NSV ausgeschlossen wurden[656].

In der Zeit von Mitte August bis September fanden die Verhandlungen mit der NSV statt, allenthalben, wie Gertrud Braune später urteilte, „fast überall in höflicher Form"[657]. Die Schwierigkeiten, denen sowohl die Provinzialkirchenbehörde als auch der Evangelische Kinderpflege-Verband der Mark Brandenburg aus dem Weg gehen wollten, waren aber in dem Augenblick nicht mehr zu vermeiden, als Zweifel darüber aufkamen, ob die NSV sich an Vorgaben des Gauleiters und Absprachen vor Ort hielte und ebenfalls an einem reibungslosen Überleitungsprozeß interessiert wäre. Abgesehen davon, daß recht bald klar war, daß die NSV keinesfalls Diakonissen, wohl aber alle freien Kindergärtnerinnen übernehmen wolle, auch wenn diese deutlich bekundet hatten, sich kirchlichem Dienst „gewissensmäßig verpflichtet" zu sehen, wurde Ende August langsam erkennbar, daß die NSV hier und da auf eine Übergabe vor dem 30. September, dem von Strütz gesetzten Stichtag, drängte. Vom 15. September und teilweise sogar vom 1. September war die Rede.

655 Schreiben Bremer an „die unserem Verbande angeschlossenen Kindergärten" vom 20.8. 1941 (EBD.).

656 Anlage zum Schreiben Bremer an „die unserem Verbande angeschlossenen Kindergärten" vom 20.8.1941 (EBD.).

657 Jahresbericht 1941 des Evangelischen Kinderpflege-Verbandes der Provinz Brandenburg (ADWBB BERLIN, Kinderpflege 3 A 10).

Bremer und Gertrud Braune rieten, diesem Druck nicht nachzugeben, zumal die Verträge erst dann Rechtskraft erhielten, wenn die kirchenaufsichtliche Genehmigung erteilt sei[658]. Das konnte freilich die NSV nicht interessieren. Ob allerdings irgend jemand auf seiten der evangelischen Kinderpflege zu diesem Zeitpunkt etwas von den Gründen ahnte, die die NSV auf die Zeit zu drängen bewog, muß zweifelhaft bleiben. Die Gründe wurden erst im weiteren Verlauf der Ereignisse deutlich. Jetzt war man nur erschrocken und überrascht von den Schwierigkeiten.

Bereits am 1. September 1941 war in Rathenow der Kindergarten der evangelischen Kirchengemeinde St. Marien-Andreas an die NSV übergeben worden[659]. Der Gemeindekirchenrat hatte unter Wortführung von Dr. Carl Dieckmann[660], seine der BK angehörenden, auf Betreiben der NSDAP 1934 aus dem Amt des Bürgermeisters der Stadt Minden ausgeschiedenen und seither in einer Rathenower Rechtsanwaltspraxis tätigen Mitglieds, mit der NSV-Kreisamtsleitung einen Vertrag ausgehandelt, der am 12. September dem Evangelischen Konsistorium der Mark Brandenburg zur Genehmigung vorgelegt worden war[661]. Allerdings fehlte jede Mitteilung über die bereits erfolgte Übergabe. Deswegen hatte die Angelegenheit für die Provinzialkirchenbehörde durchaus nichts Beunruhigendes, mußte sie doch annehmen, die Kirchengemeinde verfahre in der Sache ordnungsgemäß und werde zu gegebener Zeit ein Verhandlungsergebnis vorlegen. Daß dies ein Trugschluß war, wußte man zu diesem Zeitpunkt nicht. Deshalb mußte es entschieden beunruhigender sein, daß am 15. September 1941 die evangelischen Kindergärten in Neuruppin, Templin, Teltow und Welzow ohne vertragliche Regelungen von der NSV besetzt und ihr Betrieb mit Kindergärtnerinnen der NSV fortgeführt wurde. Bei allen Übernahmen kam ihr zugute, daß die Vertreter der evangelischen Kindergärten sich entsprechend allen kirchlichen Verabredungen „korrekt" verhielten.

In Neuruppin war als Übergabetermin zwar der 1. Oktober mündlich vereinbart, aber der langjährige und wie Superintendent Schlaeger „neutrale"

---

658 Schreiben Bremer an „die unserem Verbande angeschlossenen Kindergärten" vom 20.8.1941 (ADW, BP 2545).

659 Schreiben Evangelisches Konsistorium der Mark Brandenburg [Magnus] an EOK Berlin vom 2.12.1941 (EZA BERLIN, 7/4416). M. HINZ, Honoratioren, S. 105 [Bildunterschrift], sieht sich offenbar allein auf Grund des Bildinhaltes, jedenfalls ohne daß er in seiner Darstellung darauf eingeht, zu der Feststellung veranlaßt, daß im evangelischen Kindergarten in Rathenow kein Tischgebet mehr gesprochen wurde und meint, daß dies „nach der Übernahme durch die NSV, etwa 1937", zu datieren sei. Auf Grund welcher Hinweise diese Zeitangabe möglich war, ist nicht zu erkennen. Zu dieser Zeit, im Jahre 1937, war der Kindergarten zweifelsfrei noch eine Einrichtung der Evangelischen Kirchengemeinde St. Marien-Andreas in Rathenow. Zu belegen ist nicht, daß zu dieser Zeit kein Tischgebet gesprochen wurde.

660 Siehe H. NORDSIEK, Kommunalarchiv Minden, S. 63.

661 Schreiben Evangelisches Konsistorium der Mark Brandenburg [Magnus] an EOK Berlin vom 2.12.1941 (EZA BERLIN, 7/4416).

Gemeindepfarrer Adolf Fischer[662], freilich ohne die von Bremer empfohlenen Weisungen der Kirchenbehörde anzufordern, stimmte dem Verlangen der NSV auf Übernahme des Kindergartens bereits zum 15. September zu[663]. Auch der seit zehn Jahren in Mittenwalde amtierende Pfarrer Hermann Freybe entsprach den Forderungen der NSV-Ortsamtsleitung. Er meinte sogar, die NSV an eine ordentliche Übernahme erinnern zu müssen, als weder am 15. September noch an den beiden darauffolgenden Tagen jemand erschien, der die Betreuung der Kinder sicherte. Am 18. September übernahm dann die NSV den Betrieb, ohne daß vertragliche Regelungen vorlagen[664]. Nicht anders als Freybe und Adolf Fischer entschied sich der für den Kindergarten der Kirchengemeinde in Templin verantwortliche, kirchenpolitisch ebenfalls „wohlwollend neutrale“[665] Gemeindepfarrer Kurt Egidi. Auch er gab dem Druck nach, obwohl der unterzeichnete Vertrag in seinen Händen der von der Provinzialkirchenbehörde nicht genehmigt war.

Wie anders wäre zu entscheiden gewesen? Vor dieser Frage stand auch der aus seiner Tätigkeit bei der Berliner Stadtmission gerade in Dingen der Wohlfahrtspflege erfahrene Lic. Gerhard Puttkammer, Pfarrer der Kirchengemeinde Teltow, die Träger zweier Kindergärten war. Während laufender Verhandlungen, in denen Puttkammer seine Entscheidungs- und Handlungsabhängigkeit von den Weisungen der Provinzialkirchenbehörde hervorgehoben hatte, waren in dem einen Kindergarten, an dem einen Ende des Ortes an der Potsdamer Straße gelegen, am 15. September Vertreter der NSV samt einer Kindergärtnerin erschienen und hatten mit NSV-Plakaten die neuen Verhältnisse markiert. Die Kindergärtnerin hatte den Betrieb übernommen, die bisher die Einrichtung leitende Kraft hatte sich zurückgezogen. In dem Kindergarten am anderen, östlichen Ende des Ortes, in der Mahlower Straße, war die NSV nach Betriebsschluß erschienen und hatte die Einrichtung besetzt.

In Welzow, wo die Gemeinde sich mit ihren beiden Kindergärten bis zu diesem Zeitpunkt hatte behaupten können, besetzte die NSV jetzt ebenfalls die beiden bis dahin noch von der Kirchengemeinde geführten Einrichtungen. Der trotz langer Hilfsdienstzeit in Welzow erst 1938 die nach Weggang von Walter Hanschkatz entstandene Vakanz mit seinem Amtsantritt beendende junge Walter Kuhn war gerade wegen eines Anfälle auslösenden Gehirntumors in Wartestand versetzt worden, und die Gegenwehr des Gemeindekirchenrates, der auf die kirchliche Behörde gesetzt hatte, war gering[666].

Nur einen Tag nach den Ereignissen in Teltow, am 16. September 1941, ließ Bremer „die Vorstände unserer evangelischen Kindergärten“ in der Mark

---

662 H.-O. FURIAN, Die Sammlung, S. 178.

663 Schreiben Bremer an Theodor Wenzel vom 28.10.1941 (ADW, BP 2545).

664 Protokoll Besprechung Bremer und Kindergartenvertreter am 6.11.1941 (EBD.).

665 H.-U. KAMKE, Streit, S. 138.

666 Schreiben Bremer an Theodor Wenzel vom 28.10.1941 (ADW, BP 2545).

Brandenburg wissen, daß „sicheren Nachrichten zufolge" die Kindergärten „den evangelischen Trägern erhalten bleiben sollen."[667] Ob diese Nachrichten bereits zu einem früheren Zeitpunkt den Vertretern der evangelischen Kinderpflege gerüchteweise, etwa durch einen Hinweis aus dem Reichsministerium des Innern und einen seiner der Inneren Mission und ihrer Arbeit eher zugeneigten Ministerialbeamten befördert, bekannt war, bleibt zweifelhaft. Jedenfalls war es für Gertrud Braune noch ein Vierteljahr später „unerwartet eine Wendung der Dinge"[668], die allerdings jetzt auch erkennen ließ, warum die NSV begonnen hatte, auf Zeit zu drängen. Sie setzte auf die bisherige Praxis der Statthalter der Macht und Verwalter der „Bewegung", wie sie gerade in Thüringen und Sachsen exemplarisch für die Kindergärten durchexerziert worden war und an deren Ende mit dem Schreiben Cropps vom 10. April 1941 die Legitimation unrechtmäßigen Vorgehens, um nicht zu sagen der Willkür, stand. Im Blick auf die Mark Brandenburg hieß das ab Mitte Oktober, evangelische Kindergärten bleiben evangelische Kindergärten, „soweit nicht die NSV den Betrieb von Kindergärten, die bisher von konfessionellen Trägern betrieben waren, bereits übernommen hat."[669] Dementsprechend handelte auch das Evangelische Konsistorium der Mark Brandenburg.

Immer noch in Unkenntnis darüber, daß der evangelische Kindergarten in Rathenow bereits von der NSV betrieben wurde, erteilte die Provinzialkirchenbehörde dem Vertrag der Gemeinde mit der NSV zwar ihre grundsätzliche Zustimmung. Aber sie verband das mit der Empfehlung, die „Angelegenheit abwartend zu behandeln."[670] Tatsächlich konnte es kurze Zeit später schon dem Evangelischen Kinderpflege-Verband der Provinz Brandenburg und seiner Referentin Gertrud Braune „wie ein Wunder" erscheinen, daß die Arbeit evangelischer Kinderpflege „in der Mark Brandenburg, in der sie seit 123 Jahren existiert[671], noch geblieben ist."[672]

Nachdem Bremer von dem Rohrpostbrief des Stadtpräsidiums der Reichshauptstadt Berlin an v. Wicht und den Evangelischen Verband für Kinderpflege in Berlin vom 27. September 1941 erfahren hatte, mit dem der Vize-

---

667 ADWBB BERLIN, Kinderpflege 3 A 04.

668 Jahresbericht 1941 des Evangelischen Kinderpflege-Verbandes der Provinz Brandenburg (EBD.).

669 Schreiben Regierungspräsident in Frankfurt/Oder an Evangelisches Konsistorium der Mark Brandenburg vom 10.10.1941 (EZA BERLIN, 7/4415). Siehe II Kap. III.2., S. 547 mit Anm. 11.

670 Schreiben Evangelisches Konsistorium der Mark Brandenburg [Magnus] an EOK Berlin vom 2.12.1941 (EZA BERLIN, 7/4416).

671 Gegründet von Regierungsrat Wilhelm von Türk im Jahre 1829 war der Kindergarten der Heilig-Geist-Gemeinde in Potsdam die „erste Kleinkinderbewahranstalt der Provinz" und damit die älteste Einrichtung (P. TROSCHKE, Übersicht, S. 6). Darauf nur kann Gertrud Braune Bezug nehmen.

672 Jahresbericht 1941 des Evangelischen Kinderpflege-Verbandes der Provinz Brandenburg (ADWBB BERLIN, Kinderpflege 3 A 10).

präsident[673], Dr. Broder Schamvogel, in Berlin die Übernahme evangelischer Kindergärten durch die NSV anhielt, unterrichtete Bremer umgehend die Kindergartenträger seines Verbandes. Er erwartete, daß eine gleiche Entscheidung „auf Grund des Führererlasses", wie man nun das allenthalben jedenfalls nach seinem Inhalt bekannte Schreiben Bormanns an die Gauleitungen vom 30. Juli 1941 bezeichnete, „vor der Tür steht"[674]. Dementsprechend sollte jetzt keine Übergabe mehr stattfinden. Erst nach telefonischer Anfrage durch die Provinzialkirchenbehörde[675] waren alle Zweifel gänzlich beseitigt – am 3. Oktober hatte das Regierungspräsidium in Potsdam unter v. Bismarck-Schönhausen die Landräte und Bürgermeister angewiesen, den „gegenüber den konfessionellen Kindergärten eingeleiteten Maßnahmen keinen Fortgang mehr zu geben."[676] Das hatte per Funkspruch das Reichsministerium des Innern, erst drei Tage nach der Mitteilung des Berliner Stadtpräsidenten[677], am 30. September verfügt[678]. Jedoch verging noch eine weitere Woche bis nach einer weiteren Anfrage durch das Evangelische Konsistorium der Mark Brandenburg[679] das Regierungspräsidium in Frankfurt/Oder am 10. Oktober mitteilte, daß Anweisung ergangen sei, „den ausgesprochenen Widerruf der Genehmigung zum Weiterbetrieb der konfessionellen Kindergärten wieder aufzuheben."[680]

Mochten damit „Tage spannender Erwartung" beendet sein, die Schwierigkeiten waren es keineswegs. Sie begannen vielmehr erst jetzt, hatte doch das Regierungspräsidium in Frankfurt/Oder festgestellt, daß der Widerruf allein für die Einrichtungen Gültigkeit habe, die noch nicht von der NSV über-

---

673 Ab 1940, nach dem Ausscheiden Lipperts aus dem Amt des Stadtpräsidenten und Oberbürgermeisters wurde Goebbels Stadtpräsident und kommissarischer Oberbürgermeister wurde Ludwig Steeg. Goebbels wurde im Stadtpräsidium von Vizepräsident Schamvogel vertreten. Siehe CHR. ENGELI/W. RIBBE, Berlin in der NS-Zeit, S. 978ff. und S. 994; CHR. ENGELI, Kommunalpolitiker. Vgl. die Bürgermeisterbiographien B. OLESCHINSKI, Julius Lippert; A. MARTIN, Ludwig Steeg; DIES., Joseph Goebbels. Siehe II Kap. III.3.2., S. 575 mit Anm. 73.

674 Schreiben Bremer an „die Träger der uns angeschlossenen Kindergärten" vom 29.9.1941 (ADW, BP 2545; ADWBB BERLIN, 3 A 04).

675 Jahresbericht 1941 des Evangelischen Kinderpflege-Verbandes der Provinz Brandenburg (ADWBB BERLIN, Kinderpflege 3 A 10).

676 Schreiben Regierungspräsident in Potsdam an die Landräte und Oberbürgermeister des Bezirks vom 3.10.1941 (EZA BERLIN, 7/4415). Siehe II Kap. III.3.12., S. 735 mit Anm. 876.

677 Schreiben Stadtpräsident der Reichshauptstadt Berlin an Evangelischen Verband für Kinderpflege in Berlin vom 27.9.1941 (ADW, CA zu 850a III; EZA BERLIN, 7/4416). Auch Schreiben v. Wicht an „die Vorstände und Erzieherinnen der unserem Verbande angeschlossenen Tagesstätten" vom 29.9.1941, worin das besagte Schreiben zitiert ist (ADW, CA zu 850a III). Siehe II Kap. III.3.12., S. 735 mit Anm. 876.

678 Siehe II Kap. III.3.2., S. 574f. mit Anm. 71.

679 Schreiben Evangelisches Konsistorium der Mark Brandenburg an Regierungspräsident in Frankfurt/Oder vom 8.10.1941 (EZA BERLIN, 7/4415).

680 Schreiben Regierungspräsident in Frankfurt/Oder an Evangelisches Konsistorium der Mark Brandenburg vom 10.10.1941 (EBD.).

nommen worden wären. Danach mußte es die „nächste Sorge" Bremers und Gertrud Braunes sein, sich um die Rückgabe aller der Einrichtungen zu bemühen, die nicht förmlich, also ohne beidseitig unterzeichneten Vertrag und ohne kirchenaufsichtliche Genehmigung, von der NSV übernommen worden waren. Außerdem hatte die NSV in der Zeit nach dem 30. September, dem Tag des Funkspruchérlasses aus dem Reichsministerium des Innern, bis zum Ausgang der Verfügung aus dem Regierungspräsidium Refardts am 10. Oktober, sei es daß man von dem Erlaß nicht wußte, sei es, daß man nichts wissen wollte, noch neun „sehr wertvolle Tagesstätten", zwei in Frankfurt/Oder, zwei in Lautawerk, sowie die Einrichtungen in Lehnin, in Vetschau, in Altkünkendorf, in Jüterbog und im bei Fürstenwalde gelegenen Heinersdorf an sich gebracht[681].

Die Hoffnung Bremers, die Einrichtungen zurückzugewinnen, war von Anfang an nicht sehr groß. Ende Oktober 1941 war sie „allerdings noch viel geringer geworden."[682] Nur die Kindergärten in Altkünkendorf und in Mittenwalde kamen an die Gemeinden zurück. Obwohl seit dem Weggang Muths 1937 ohne eigenen Pfarrer, war es dem Gemeindekirchenrat, mit der Erfahrung des Verlustes des Kindergartens vier Jahre zuvor im benachbarten Wolletz, gelungen, die NSV zu einer Rückgabe der Einrichtung[683] an die Kirchengemeinde Altkünkendorf zu bewegen. In Mittenwalde sah sich Freybe geradezu gezwungen, wieder den Betrieb des Kindergartens zu übernehmen. Die NSV hatte ein siebzehnjähriges Mädchen mit der Leitung des Kindergartens beauftragt und sie damit ganz und gar überfordert. Die Eltern hatten ihre Kinder nicht mehr in die Einrichtung geschickt. Nach einer Woche war die Sache durch Freybes Entscheidung nur noch ein Intermezzo[684].

Allerdings ganz und gar aussichtslos schien allen sogleich die Angelegenheit in Heinersdorf. Sie war zu keinem Zeitpunkt mehr Gegenstand der Erörterung zwischen dem Evangelischen Kinderpflege-Verband der Provinz Brandenburg und dem Evangelischen Konsistorium der Mark Brandenburg auf der einen Seite, sowie der NSV-Gauamtsleitung – seit drei Jahren unter der Führung des wie in Berlin Mähler ebenfalls seine persönliche Wohlfahrt sichernden Arthur Bergfeld[685] – und den Regierungspräsidien in Potsdam und Frankfurt/Oder auf der anderen Seite. Da aber „überall bedauerliche Fehler gemacht worden" waren[686], wie Bremer urteilte, sollten tatsächlich seine Anstrengungen in allen Fällen vergeblich sein.

---

681 Jahresbericht 1941 des Evangelischen Kinderpflege-Verbandes der Provinz Brandenburg (ADWBB BERLIN, Kinderpflege 3 A 10).

682 Schreiben Bremer an Theodor Wenzel vom 28.10.1941 (ADW, BP 2545).

683 Jahresbericht 1941 des Evangelischen Kinderpflege-Verbandes der Provinz Brandenburg (ADWBB BERLIN, Kinderpflege 3 A 10).

684 Protokoll Besprechung Bremer und Kindergartenvertreter am 6.11.1941 (ADW, BP 2545).

685 Siehe E. HANSEN, Wohlfahrtspolitik, S. 347 mit Anm. 39.

686 Schreiben Bremer an Theodor Wenzel vom 28.10.1941 (ADW, BP 2545).

Auch die Unterstützung durch die Provinzialkirchenbehörde, durch den jetzt mit der Kindergartensache befaßten, der BK zugeneigten, jedenfalls seinem Präsidenten Heinrich kritisch gegenüberstehende Oberkonsistorialrat Dr. Hans von Arnim – er „nahm sich wärmstens der Sache an", wie Bremer im Jahresbericht festhält – konnte in keinem Fall den erhofften Erfolg sicherstellen. Als auf Einladung Bremers am 6. November 1941 die Trägervertreter der jedenfalls aus Sicht ihres Fachverbandes und ihrer Provinzialkirchenbehörde unter zweifelhaften Umständen an die NSV gegangenen evangelischen Kindergärten sich zum Austausch mit Bremer und Gertrud Braune sowie v. Arnim trafen, „um zu überlegen, ob noch etwas zu tun sei"[687], waren tatsächlich nur sechs Einrichtungen vertreten. Dem Bericht Bremers war zu entnehmen, daß die abwesenden Vertreter, die der Kindergärten in Welzow, in Frankfurt/Oder, in Templin, in Vetschau und in Lautawerk sich in das Unabänderliche gefügt hätten.

Sowohl in Welzow als auch in Frankfurt/Oder war man eigentlich erleichtert, daß die Sache entschieden war. Man sah sich nicht mehr in der Verantwortung. Wenn die kirchenaufsichtliche Genehmigung eines Vertrages der Kirchengemeinde mit der NSV nicht erteilt worden sei, dann sei jetzt die Behörde, das Evangelische Konsistorium der Mark Brandenburg in der Pflicht. Das hatten die beiden Geistlichen aus Frankfurt/Oder, der seit nahezu zehn Jahren an der St. Gertrauden-Kirche amtierende Pfarrer Ernst Buchholtz für den Kindergarten in der Sorauer Straße und für den Kindergarten der St. Nikolai-Kirche in der Damm-Vorstadt der seit fünfundzwanzig Jahren in der Gemeinde tätige Pfarrer Otto Münch, ihrem Kollegen Bremer sich entschuldigend zu verstehen gegeben. Auch Pfarrer Erwin Griese, seit 1936 in Vetschau, zunächst als Vikar und, wie seinerzeit Hellmut Hauffe, auch als Hilfsprediger in der Gemeinde, seit 1939 schließlich als Pfarrstelleninhaber, aber seit Februar 1940 einberufen zum Kriegsdienst und wohl noch mit Standort in der Mark Brandenburg, hatte sich entschuldigt. Er sah keine Möglichkeit mehr, sich im Diakonie-Verein durchzusetzen, obwohl die Eltern wieder die Zustände wünschten, wie sie vor der Übernahme durch die NSV gewesen wären[688]. Ebenso sah Egidi den Kindergarten in Templin als verloren an. Einem Schreiben, das er gemeinsam mit Dr. Karl Buchholtz, 1934 als DC bei Ablehnung durch die Bekenntnispfarrer des Kirchenkreises Templin berufener und erst nach langsamer gegenseitigen Annäherung 1937 im Amt bestätigter Superintendent, inzwischen auch von den bekenntniskirchlichen Kollegen anerkannt[689] – einem mit ihm gemeinsam unterzeichneten Schreiben an

687 Jahresbericht 1941 des Evangelischen Kinderpflege-Verbandes der Provinz Brandenburg (ADWBB BERLIN, Kinderpflege 3 A 10).

688 Siehe Protokoll Besprechung Bremer und Kindergartenvertreter am 6.11.1941 (ADW, BP 2545); und Schreiben Bremer an Theodor Wenzel vom 28.10.1941 (EBD.).

689 Siehe H.-U. KAMKE, Streit, S. 138–144.

Bergfeld gab Egidi von vornherein keine Aussicht auf Erfolg. Es sollte nur nichts unversucht bleiben[690]. Und was die beiden Kindergärten in Lautawerk betraf, so hatte der im Ort amtierende Geistliche, Fritz Brandenburg, zugleich Kreispfarrer der Inneren Mission, Bremer über die Aussichtslosigkeit informiert, irgend etwas rückgängig machen zu wollen. Die beiden Häuser, in denen die Kindergärten betrieben wurden, waren vom Eigentümer, Ortsnamen bestimmend und größter Arbeitgeber, die Vereinigte Aluminium Werke AG, der NSV übergeben worden[691]. Die Kindergärten waren nunmehr Einrichtungen der NSV.

Jedoch auch die Vertreter der evangelischen Kindergärten der Mark Brandenburg, die sich am 6. November auf den Weg in das Hospiz in der Berliner Friedrichstraße – hier sollte die Besprechung stattfinden – gemacht hatten, beurteilten ihre Lage jeweils nicht anders. Am Ende der etwa zweistündigen Beratung waren alle etwas ratlos und der Meinung, „daß es richtiger sei, keine Verträge mehr abzuschließen und keine kirchenbehördlich zu genehmigen.“[692] Tatsächlich hatte die gegenseitige Information ergeben, daß es für die NSV ganz und gar unerheblich war, ob eine vertragliche Vereinbarung unterzeichnet sei oder nicht und ebenso, ob eine kirchenaufsichtliche Genehmigung vorliege oder nicht oder auch gar versagt worden sei.

Puttkammer bestätigte, daß von der Gemeinde in Teltow weder ein Vertrag unterzeichnet noch irgendeine kirchenbehördliche Zustimmung erteilt worden sei. Die Kindergärten seien von der NSV besetzt. Zwar seien die Eltern mit der Betreuung unzufrieden. Zwar stünden noch alle Kräfte zur Verfügung und man könnte von seiten der Kirchengemeinde den Betrieb problemlos fortführen, aber leider werde sie „nicht die innere Kraft aufbringen zu protestieren.“[693] Ob es möglicherweise auch Puttkammer an „innerer Kraft“, um nicht zu sagen an Zivilcourage fehlte, die Interessen der Gemeinde als Protest vorzutragen?

In Neuruppin lagen die Dinge nicht viel anders. Adolf Fischer bekräftigte, daß ohne jede vertragliche Regelung die NSV-Kreisamtsleitung festgestellt habe, es sei „die Übernahme des Kindergartens bereits vollzogen“. Die Unzufriedenheit der Eltern zeige sich darin, daß der Kindergarten nach nun fast sechs Wochen Betrieb durch die NSV nur noch von der Hälfte der Kinder, „früher ca. 60, jetzt ca. 30 Kinder“ besucht werde. Man könne nur abwarten. Etwas anders war die Sache zwar in Mittenwalde. Freybe hatte nicht abgewartet, sondern hatte den Kindergarten der Gemeinde nach Übernahme

---

690 Siehe Schreiben Bremer an Theodor Wenzel vom 28.10.1941 (ADW, BP 2545); und Jahresbericht 1941 des Evangelischen Kinderpflege-Verbandes der Provinz Brandenburg (ADWBB BERLIN, Kinderpflege 3 A 10).

691 Schreiben Bremer an Theodor Wenzel vom 28.10.1941 (ADW, BP 2545).

692 Protokoll Besprechung Bremer und Kindergartenvertreter am 6.11.1941 (EBD.).

693 EBD.

durch die NSV wieder besetzt. Er wollte der NSV und ihren etwa nochmals vorgetragenen Ansprüchen auch nicht mehr weichen. Aber das war, über die von solchem Vorgehen ausgehende Ermutigung hinaus kaum eine Anzeige für eine allgemeine Lösung der Schwierigkeiten im Sinne einer Rückgewinnung der anderen Kindergärten[694]. Auch nicht für den der Gemeinde in Lehnin und den der in Jüterbog.

In Jüterbog hatte der seit fünfundzwanzig Jahren an der St. Nikolai-Kirche amtierende Pfarrer Heinrich Berner den Kindergarten der Gemeinde mit unterzeichnetem Vertrag am 1. Oktober 1941 und damit nach dem „Stopp-Erlaß“, wie man die Verfügung des Reichsministeriums des Innern vom 30. September 1941 bald allgemein nannte[695], an die NSV übergeben. Als Berner am 12. Oktober, nun durch das Rundschreiben Bremers informiert, die Einrichtung zurückforderte, beschied ihn die NSV-Kreisamtsleitung dennoch apodiktisch: „Kindergärten, die bereits durch die NSV übernommen sind, sind nicht zurückzugeben.“[696] Ob dabei bewußt Bezug genommen wurde auf den entsprechenden Vorbehalt in der Verfügung aus Refardts Regierungspräsidium vom 10. Oktober bleibt eine offene Frage. Jedenfalls kannte man diese Methode des Vorgehens der „Bewegung“.

Ganz ähnlichen Bescheid hatte Walter Studt erhalten, seit einem Jahr Stiftspfarrer und Vorsteher des Diakonissen-Mutterhauses Luise-Henrietten-Stift zu Lehnin. Er hatte sich an die NSV-Kreisamtsleitung unter Joseph Farys, geschulter Parteifunktionär und Ratsherr in Brandenburg/Havel, gewandt und um Stellungnahme gebeten. Da die Gemeinde alle Trägerangelegenheiten stets dem benachbarten Diakonissen-Mutterhaus überlassen hatte, sah sie sich auch jetzt nicht in irgendeiner besonderen Pflicht. Martin Gielen, als Superintendent auch Pfarrer der Gemeinde in Lehnin und mit Kindergartenangelegenheiten seit den Ereignissen in Glindow vertraut[697], war in Urlaub gegangen. Die Sache der Gemeinde vertrat in der Besprechung am 6. November das Luise-Henrietten-Stift durch seine für alle Belange der Kindergartenarbeit ihres Mutterhauses zuständige Schwester, die kompetente Diakonisse Margarete Siggel. Die einzige Stellungnahme der Gemeinde war der Unmut der Eltern über die Tatsache, daß die Kinder nicht mehr so gut betreut wurden. Sogar eine Beschwerde ließen sie an Bergfeld gehen. Erreicht wurde auch damit nichts[698].

Während in allen diesen Fällen die Kirchengemeinde mehr oder weniger eindeutig, mit mehr oder weniger „innerer Kraft“ auf seiten der Streiter für

---

694 EBD.

695 Vermerk Söllner über die Vorstandssitzung der Vereinigung am 7.5.1942 vom 21.5.1942 (LKA NÜRNBERG, DW 1715).

696 Schreiben Bremer an Theodor Wenzel vom 28.10.1941 (ADW, BP 2545).

697 Siehe I Kap. VI.1., S. 246 mit Anm. 63.

698 Protokoll Besprechung Bremer und Kindergartenvertreter am 6.11.1941 (ADW, BP 2545); und Schreiben Bremer an Theodor Wenzel vom 28.10.1941 (EBD.).

eine evangelische Kinderpflege in evangelischer Trägerschaft stand, war das in Rathenow etwas anders. Das zeigte sich aber erst im weiteren Verlauf der Dinge. Bis jetzt glich die Übernahme des evangelischen Kindergartens durch die NSV auch in Rathenow dem Verlauf der Dinge in den anderen Orten. Nach Bekanntwerden des Widerrufs der Anordnung zur Übernahme der konfessionellen Kindergärten hatte sich der Gemeindekirchenrat von St. Marien-Andreas am 9. Oktober an die NSV-Kreisamtsleitung unter Erich Stegen gewandt und ihm „absichtliche Täuschung" der Gemeinde vorgehalten[699]. Stegen zeigte sich unbeeindruckt. Auch die Hinzuziehung Schirmachers, der nach seiner freiwilligen Meldung zum Kriegsdienst als Leutnant noch in Rathenow stationiert war, blieb ohne das allenthalben erhoffte Ergebnis. Davon konnte Georg Heimerdinger, seit nahezu fünfunddreißig Jahren, die Hälfte der Zeit als Superintendent, im geistlichen Amt an St. Marien-Andreas in Rathenow, berichten. Ebenfalls davon, daß auch in Rathenow seit der Übernahme der Einrichtung durch die NSV und dem Ausscheiden von Schwester Charlotte Schulz, einer gut ausgebildeten Diakonisse aus dem Berliner Diakonissen-Mutterhaus Königin-Elisabeth-Hospital, die Zahl der Kinder um die Hälfte gesunken war. Nur noch etwa fünfzig Kinder besuchten den Kindergarten.

Es gab indessen einen Sachverhalt, durch den sich der Fall des Kindergartens der St. Marien-Andreas-Gemeinde in Rathenow von den während der von Bremer anberaumten Zusammenkunft am 6. November zur Sprache 1941 gebrachten Ereignissen in den anderen Gemeinden unterschied. Darüber hatte Heimerdinger nicht berichtet. Seine Ursache hatte das wohl darin, daß er sich gemeinsam mit seinen Kollegen in der Gemeinde gänzlich aus den sich anbahnenden Auseinandersetzungen heraushalten wollte, wenngleich sie ihren Unmut über das Vorgehen des Gemeindekirchenrates nicht zurückgehalten und sich in der Gemeinde hier und da entsprechend geäußert hatten[700]. Einfluß auf den Fortgang der Dinge gewannen sie damit nicht.

Der Unterschied zum Verlauf der Ereignisse in den anderen vom Zugriff der NSV erfaßten evangelischen Kindergärten in der Mark Brandenburg: In Rathenow lag der Gemeinde und ihrem Gemeindekirchenrat inzwischen eine Versagung der provinzialkirchenaufsichtlichen Genehmigung vor. Es war allerdings nicht nur eine Versagung. Unter dem 30. September 1941 hatte v. Arnim dem Gemeindekirchenrat „unsere schärfste Mißbilligung für sein Vorgehen" ausgesprochen. Das war die Reaktion auf die Tatsache, daß man erst jetzt, nachdem, daran sei erinnert, bereits zur Monatsmitte eine Zustimmung zum Überleitungsvertrag erteilt worden war, erfahren hatte, daß die Übergabe des Kindergartens bereits zum 1. September erfolgt war. v. Arnim

---

[699] Protokoll Besprechung Bremer und Kindergartenvertreter am 6.11.1941 (EBD.).

[700] Entwurf des Berichtes Evangelisches Konsistorium der Mark Brandenburg [v. Arnim und Krieg] an EOK Berlin vom 2.12.1941 (EZA BERLIN, 7/4416).

als zuständiger juristischer Dezernent war empört und drohte dem Gemeindekirchenrat, daß er „für alle Folgen verantwortlich“ sei. Welche indessen sollten es sein? Wie waren sie zu verhindern? Tatsächlich konnte v. Arnim nur fordern, „es muß in diesem Fall ... versucht werden, den Kindergarten der Kirche zurückzugewinnen.“[701]

Die Kenntnis von den Ereignissen, wie Heimerdinger sie vermittelt und dessen Bericht auch v. Arnim angehört hatte, hätte eine einsichtige Stellungnahme des Gemeindekirchenrates erwarten lassen können. Jedoch das Gegenteil trat ein. Unter Wortführung Dieckmanns wehrte sich der Gemeindekirchenrat von St. Marien-Andreas gegen die „ausgesprochene Rüge“, behauptete, „nach eigenem Gutdünken“, mit dem Recht auf seiner Seite, „ohne an eine Genehmigung der kirchlichen Aufsichtsbehörde gebunden zu sein“, seine Angelegenheiten selbst regeln zu können und „Kindergärten einzurichten, bestehende zu schließen oder an Einzel- oder juristische Personen des privaten- oder öffentlichen Rechts (zu) übertragen“. Mit dieser Begründung beschwerte sich der Gemeindekirchenrat beim EOK Berlin und forderte unter Hinweis auf die Absicht, die Sache dem Ministerium Kerrls vorlegen zu wollen, eine Rücknahme der v. Arnimschen Mißbilligung[702]. Da Heinrich die Sache an sich gezogen hatte, dann aber zum Jahresende krankheitsbedingt ausgefallen war, gleichzeitig die Provinzialkirchenbehörde auf Zeit setzte in der Hoffnung, doch noch im Zusammenwirken mit Bremer und wohl auch mit v. Wicht eine Rückgabe dieses und der anderen Kindergärten erreichen zu können, vergingen über zwei Monate, ehe der EOK Berlin Bericht erhielt[703]. Der Gemeindekirchenrat hatte durch Dieckmann noch unmittelbar vor Weihnachten den EOK Berlin an eine Stellungnahme erinnert[704].

Nicht nur daß der EOK Berlin gleicher Rechtsauffassung war wie die beiden berichtenden Dezernenten des Evangelischen Konsistoriums der Mark Brandenburg, v. Arnim und der erfahrene, wie sein juristischer Kollege dem Präsidenten der Behörde eher kritisch gegenüberstehende Oberkonsistorialrat Lic. August Krieg; der EOK Berlin zögerte mit seiner Antwort an den Gemeindekirchenrat in Rathenow ebenfalls nochmals zwei Monate und nahm erst nach einer weiteren, im Ton außerordentlich scharfen, von elf Mitgliedern des Gemeindekirchenrates unterzeichneten Erinnerung[705] Stellung. Bei

---

701 Schreiben Evangelisches Konsistorium der Mark Brandenburg [v. Arnim] an Gemeindekirchenrat von St. Marien-Andreas in Rathenow vom 30.9.1941 (EBD.).

702 Schreiben Gemeindekirchenrat der Kirchengemeinde St. Marien-Andreas in Rathenow an EOK Berlin „d. d. H. des Evangelischen Konsistoriums der Mark Brandenburg“ vom 14.11.1941 (EBD.).

703 Schreiben Evangelisches Konsistorium der Mark Brandenburg [Magnus] an EOK Berlin vom 24.1.1942 (EBD.); damit wurde der Entwurf des Berichtes vom 2.12.1941 übersandt (EBD.).

704 Schreiben Dieckmann an EOK Berlin vom 23.12.1941 (EBD.).

705 Schreiben Evangelische Kirchengemeinde St. Marien-Andreas in Rathenow an EOK Berlin vom 10.3.1942 (EBD.).

der Verzögerung mochte auch die Tatsache eine Rolle gespielt haben, daß, wie inzwischen allen klar geworden war, Dieckmann, Mitglied der BK, die Mitunterzeichner sowohl seinerzeit zu der Übergabe des Kindergartens als auch zur Forderung auf Rücknahme der Mißbilligung gedrängt hatte[706]. Entscheidend aber war, daß man von seiten des EOK Berlin den von Krüger-Wittmack gefertigten Entwurf einer Stellungnahme nicht nur im Hause mit Hymmen, Geistlichem Vizepräsidenten und Mitglied des GVR, abstimmte, sondern auch mit Kracht in seiner Doppelfunktion als Dezernent für Angelegenheiten der Inneren Mission beim EOK Berlin und bei der Kirchenkanzlei der DEK, sowie mit Fürle, deren Vizepräsidenten[707].

Die oberste Behörde der Evangelischen Kirche der ApU wollte nicht nur erkennen lassen, daß sie nicht unter Druck zu setzen sei, sondern auch das Risiko jeden kirchenpolitischen Konfliktes vermeiden. Am 20. März 1942 beschied sie Dieckmann, wies auf das geltende Vermögensaufsichtsgesetz[708] und auf die Verfassungsurkunde der Evangelischen Kirche der ApU hin, die mit Art. 22 der Kirchengemeinde den Dienst an Schutz- und Hilfsbedürftigen zur Pflicht macht[709] und stellte fest, daß das Vorgehen des Gemeindekirchenrates damit nicht in Einklang zu bringen sei. In der Hauptsache, der Beschwerde über die Mißbilligung, teilte Loycke für den EOK Berlin unter Hinweis auf die Erkrankung Heinrichs als einer Ursache der Verzögerung mit, daß die besagte Verfügung v. Arnims überholt sei, da „bei den gegebenen Umständen eine Rückgewinnung des vor dem 1.10.1941 der NSV übergebenen Kindergartens nicht in Frage kommt.“[710] Gleichzeitig ließ Loycke die Provinzialkirchenbehörde in der Berliner Lindenstraße wissen, daß man den Sachverhalt vorher hätte eingehender ermitteln sollen, vor allem aber daß v. Arnim nicht ohne Mitwirkung des Konsistorialpräsidenten oder seines Stellvertreters,

---

[706] Entwurf des Berichtes Evangelisches Konsistorium der Mark Brandenburg [v. Arnim und Krieg] an EOK Berlin vom 2.12.1941 (EBD.).

[707] Der am 18.3.1942 in die Kanzlei gereichte Entwurf des Schreibens des EOK Berlin an Dieckmann vom 20.3.1942 ist am 10.3.1942 von Kintzel – wohl in Vertretung Wienekes – gefertigt, am 11.3.1942 von Kracht korrigiert und gegengezeichnet worden. Am 13.3.1942 zeichneten Hymmen und Fürle, und am 17.3.1942 schlußzeichnete Loycke (EBD.).

[708] Das geltende Kirchengesetz betreffend die kirchliche Aufsicht über die Vermögensverwaltung der Kirchengemeinden vom 18. Juli 1892 sah mit § 1 Ziff. 5 eine Genehmigung der kirchlichen Aufsichtsbehörde vor „bei einer Verwendung des kirchlichen Vermögens zu anderen als den bestimmungsmäßigen Zwecken“ und mit denen des §1 Ziff. 9 eine Genehmigung „bei Verpachtung und Vermietung von Kirchengrundstücken auf länger als zwölf Jahre“ (KGVBl 1893, S. 9–12, hier S. 9f.).

[709] Die Verfassungsurkunde für die Evangelische Kirche der ApU vom 29.9.1922 bestimmte mit dem angeführten Artikel 22 Abs.1, daß Gemeinden die Aufgabe haben, „das kirchliche, sittliche und soziale Wohl der Gemeinde und ihrer Glieder zu fördern“ und mit Abs. 2 Ziff. 4, daß sie „insbesondere sich der Armen, Kranken sowie der Schutz- und Hilfsbedürftigen anzunehmen und die im Gemeindebezirk tätigen kirchlichen Vereine und Anstalten zu fördern“ haben (GS 1924, S. 226–260, hier S. 230; KGVBl 1924, S. 59–117, hier S. 65).

[710] Schreiben EOK Berlin [Loycke] an Dieckmann vom 20.3.1942 (EZA BERLIN, 7/4416).

Heinrich oder Magnus, eine „derartig scharfe Zurechtweisung“ hätte aussprechen dürfen[711].

Für Dieckmann war die Absicht des EOK Berlin, der Angelegenheit keine weitere Bedeutung zu geben und jedenfalls taktierend eine Bloßstellung v. Arnims zu vermeiden, nicht akzeptabel. Er machte seine Drohung wahr und wandte sich am 21. April 1942 an das Reichsministerium für die kirchlichen Angelegenheiten[712], dessen „sprunghafter“ Staatssekretär[713] nach dem Tode Kerrls als Nachfolger im Amt zwar nicht in Frage gekommen war[714], aber nun als Konkursverwalter seinen eher „naiv staatskirchlichen“ Kurs[715] wieder aufgenommen hatte. Dieckmann fand offene Ohren, und der EOK Berlin wurde zum Bericht aufgefordert[716].

Der unter Hinzuziehung von Krüger-Wittmack und Kracht gefertigte und wiederum von Loycke unterzeichnete Bericht wiederholte die bisherigen Feststellungen zur Sache ebenso wie die Begründung der kirchenbehördlichen Rechtsauffassung[717]. Allerdings mußte er sich jetzt auch mit dem bereits im November erhobenen Vorwurf Dieckmanns und der ihm folgenden Gemeindekirchenratsmitglieder auseinandersetzen, daß es „ganz unmöglich ist, uns wegen unseres Gehorsams gegen die Obrigkeit des Staates eine Mißbilligung, noch dazu die schärfste Mißbilligung auszusprechen.“[718] Sowohl der von Magnus unterzeichnete Bericht der Provinzialkirchenbehörde an den

---

711 Schreiben EOK Berlin [Loycke] an Evangelisches Konsistorium der Mark Brandenburg vom 20.3.1942 (EBD.).

712 Dieses Schreiben ist nicht nachzuweisen gewesen. Jedoch es ist zweifelsfrei aus Schreiben EOK Berlin an Reichsministerium für die kirchlichen Angelegenheiten vom 23.6.1942 zu erschließen (EBD.).

713 Aufzeichnung Friedrich Kritzinger, Ministerialdirektor in der Reichskanzlei, über ein Gespräch mit Ministerialdirektor Dr. Gerhard Klopfer, ebenfalls in der Reichskanzlei und Kurt Krüger, Ministerialrat in der Partei-Kanzlei der NSDAP, betr. Verwaltung des Reichsministeriums für die kirchlichen Angelegenheiten am 16.12.1941 (BA BERLIN, R 43 II/1156b; J. S. CONWAY, Kirchenpolitik, Dok. 10.II, S. 377f.). Im übrigen siehe K.-H. MELZER, Der Geistliche Vertrauensrat, S. 270f. mit Anm. 6 und 7. Vgl. auch D. REBENTISCH, Führerstaat, S. 256, der meint, eine von Lammers bei Hitler durchgesetzte Absicht zur Wiedereinsetzung des Reichsministers für die kirchlichen Angelegenheiten als Zentralinstanz belegen zu können, was P. LONGERICH, Hitlers Stellvertreter, S. 242 mit Anm. 1072 bestreitet.

714 Vermerk Lammers über ein Gespräch mit Bormann am 20.12.1941 vom 23.12.1941 (BA Berlin, R 43 II/1156b; J. S. CONWAY, Kirchenpolitik, Dok. 10.III, S. 378). Vgl. H. BRUNOTTE, Der kirchenpolitische Kurs, S. 135; und auch K.-H. MELZER, Der Geistliche Vertrauensrat, S. 270–276.

715 H. BRUNOTTE, Der kirchenpolitische Kurs, S. 97.

716 Schreiben Reichsministerium für die kirchlichen Angelegenheiten an EOK Berlin vom 8.5.1942 (EZA BERLIN, 7/4416).

717 Schreiben Loycke an Reichsminister für die kirchlichen Angelegenheiten vom 23.6.1942 (EBD.).

718 Schreiben Gemeindekirchenrat der Kirchengemeinde St. Marien-Andreas in Rathenow an EOK Berlin „d. d. H. des Evangelischen Konsistoriums der Mark Brandenburg“ vom 14.11.1941 (EBD.).

EOK Berlin als auch dessen Antwort an Dieckmann hatten diesen Vorwurf unbeachtet gelassen. Das war jetzt nicht mehr möglich, kam er doch wesentlich dem politischer Unzuverlässigkeit oder gar dem der Staatsfeindlichkeit gleich. Dementsprechend mußte Loycke auf die gemeinsamen Verhandlungen hinweisen und die dort erreichten Absprachen, aus denen allenthalben hervorgegangen war, daß die Frage einer vorzeitigen Überleitung, wie sie an den Gemeindekirchenrat zu stellen sei, „keineswegs" etwas mit staatlichen Interessen zu tun hatte. Insofern war, wie Loycke betonte, auch der Vorwurf verfehlt, „die ausgesprochene Mißbilligung treffe ein staatliches Anliegen oder ein solches der Partei."[719] Das hätte allerdings leicht sein können. Anders gesagt, die Partei und ihre regionalen Machthaber hätten dem durchaus widersprechen, hätten daraus ein Politikum machen können. Das hätte gänzlich ihrer bisherigen und auch der von der NSV verfolgten Linie entsprochen.

Ob das zu provozieren Dieckmanns Absicht gewesen war, scheint fraglich. Ihm war es wohl eher darauf angekommen, sich als ein, um bei den Begriffen des Gemeindekirchenrates von St. Marien-Andreas zu bleiben, der staatlichen Obrigkeit Gehorsam leistender Bürger und Rechtsanwalt zu behaupten. Dieser Absicht verband sich gleichzeitig das Interesse, eine eher vom „Totalitätsanspruch der Bekennenden Kirche"[720], wie er auf der Bekenntnissynode nunmehr acht Jahre zuvor in Berlin-Dahlem Ausdruck gefunden hatte, mithin eine „dahlemitisch" bestimmte bekenntniskirchliche Position gegenüber einem gerade von diesem Totalitätsanspruch in Frage gestellten Organ der Kirchenleitung, dem Evangelischen Konsistorium der Mark Brandenburg, durchzusetzen. Das war ganz die seinerzeit von Schempp im württembergischen Iptingen gegenüber Wurm und der Evangelisch-lutherischen Landeskirche in Württemberg bezogene Position[721]. Daß Dieckmann aber, anders als Schempp, für seine Kritik jene Instanz staatlicher Autorität in Anspruch nahm, das Reichsministerium für die kirchlichen Angelegenheiten, die zwar kaum noch „Einflußmöglichkeiten und Zukunftsaussichten"[722], aber mit Muhs an der Spitze die Rolle eines Gehilfen der „Kontrolle des Staatsapparates"[723], mithin eines willligen Handlangers der Partei-Kanzlei unter Bormann, wieder verstärkt zu spielen begonnen hatte, das kann nur belegen, wie sehr Dieckmann diesen „Doppelstaat" verkannte.

Was wenig später, Anfang Juli 1942, von seiten des Reichsministeriums für die kirchlichen Angelegenheiten geschah, konnte allen klar sein. Haugg „mißbilligte" das Verhalten des Evangelischen Konsistoriums der Mark Branden-

---

719 Schreiben Loycke an Reichsminister für die kirchlichen Angelegenheiten vom 22.6.1942 (EBD.).

720 K. MEIER, Kirchenkampf I, S. 223.

721 Siehe I Kap. VII.2.2., S. 332.

722 Bericht zur 10. Bekenntnissynode der ApU am 8.–9.11.1941 in Hamburg-Hamm „Zur Jahreswende" (KJ 1933–1944, S. 384).

723 P. LONGERICH, Hitlers Stellvertreter, S. 3.

burg. Indessen, wenn er gleichzeitig darauf hinwies, daß der Gemeindekirchenrat, da dieser doch „von sich aus die Übertragung des Kindergartens auf die NSV beabsichtigte“, zu „unterstützen“ gewesen wäre[724], so war damit andererseits jener Kurs angedeutet, auf dem das Reichsministerium für die kirchlichen Angelegenheiten der NSV mit einer Anweisung an die Finanzabteilungen bei den evangelischen Landeskirchen eine Flanke zum erneuten Angriff auf die evangelischen Kindergärten regelrecht angeboten hatte und der die Vereinigung „in großer Sorge um den Fortbestand der evangelischen Arbeit an Kleinkindern“[725] bleiben lassen mußte. Das freilich lag kaum im Blick des als bekenntnistreu sich verstehenden Dieckmann und des Gemeindekirchenrates von St. Marien-Andreas zu Rathenow.

Ob das Schreiben Hauggs den Erwartungen des so kämpferischen Gemeindekirchenrates entsprach, kann hier unerörtert bleiben. Jedenfalls bedeutete es, daß der evangelische Kindergarten in Rathenow, nach dem Urteil des Evangelischen Konsistoriums der Mark Brandenburg „einer der größten und schönsten Kindergärten unserer Provinz“[726], für die evangelische Kinderpflege, den Evangelischen Kinderpflege-Verband der Provinz Brandenburg, verloren war. Er gehörte damit zu jenen 24 Kindergärten, die insgesamt im Jahr 1941 an die NSV übergingen, teils vertraglich geregelt, teils ohne Verhandlungen von ihr in Besitz genommen. Damit war die Zahl der evangelischen Kinderpflegeeinrichtungen in der Mark Brandenburg von 148, die noch Ende 1940 gezählt wurden, auf 120 gesunken[727]. Gertrud Braune sah darin nicht nur eine starke Einschränkung der Arbeit, die allerdings „von oben her sichergestellt war“. Sie betrachtete es jetzt auch als eine wichtige Aufgabe, die verbliebenen Kindergärten „mit besonderer Sorgfalt zu einem Hort evangelischen Gemeindelebens auszubauen.“[728]

3.12. Berlin

Am 28. September 1938, zwei Tage nachdem der „Führer“ im Berliner Sportpalast Europa und der Welt versprochen hatte, mit dem „Sudetenland“ „die

---

[724] Schreiben Reichsminister für die kirchlichen Angelegenheiten [Haugg] an EOK Berlin vom 3.7.1942 (EZA BERLIN, 7/4416).

[725] Schreiben Bremer an GVR vom 12.5.1942 (EZA Berlin, 1/C3/180; ADW, VKD 7). Siehe II Kap. IV.1., S. 804 mit Anm. 44.

[726] Entwurf des Berichtes Evangelisches Konsistorium der Mark Brandenburg [Magnus] an EOK Berlin vom 2.12.1941 (EZA BERLIN, 7/4416).

[727] Zu beachten ist, daß vier evangelische Kindergärten aus wirtschaftlichen Gründen geschlossen werden mußten. Siehe VEREINIGUNG, Arbeitsbericht 1.4.1941–31.3.1942 [S. 4]; Jahresbericht 1941 des Evangelischen Kinderpflege-Verbandes der Provinz Brandenburg (ADWBB BERLIN, Kinderpflege 3 A 10), wobei hier angeführt wird, daß es fünf Einrichtungen waren, die man schließen mußte.

[728] Jahresbericht 1941 des Evangelischen Kinderpflege-Verbandes der Provinz Brandenburg (ADWBB BERLIN, Kinderpflege 3 A 10).

letzte territoriale Forderung ... zu stellen"[729] und während die Münchener Konferenz dabei war, die Tschechoslowakei aufzuteilen[730], fand „zum Besten des Evangelischen Verbandes für Kinderpflege" ein Konzert im Berliner Dom mit dem Staats- und Domchor statt. v. Wicht warb unter den Besuchern mit dem Programmhinweis, „wer ein Freund des Verbandes wird, fördert seine Arbeit an Volksgemeinschaft und Kirche". Er wies auch darauf hin, daß im Verband, „anerkannt als milde Stiftung", „171 evangelische Tagesstätten in Groß-Berlin" zusammengeschlossen seien[731]. Zwar hatte die Entwicklung, deren Anfänge in die Zeit der Weimarer Republik zurückreichten, dazu geführt, daß sich die Zahl der städtischen Kindergärten bis zu diesem Zeitpunkt um mehr als das Doppelte auf 97 Einrichtungen erhöht hatte, aber der Bestand evangelischer Einrichtungen war nicht nur erhalten geblieben, sondern hatte sich bis dahin sogar noch um annähernd dreißig auf die von v. Wicht so öffentlich und wohl mit einem gewissen Stolz präsentierte Zahl erhöht[732].

---

729 Rede des Führers und Reichskanzlers über die sudetendeutsche Frage im Sportpalast zu Berlin vom 26.9.1938 (VB, 51. Jg., Nr. 270/27.9.1938, Ausg. Berlin; P. MEIER-BENNECKENSTEIN (Hg.), Dokumente VI.1, S. 333–346, hier S. 338f.; M. DOMARUS, Hitler I.2, S. 932).

730 Siehe H.-U. THAMER, Verführung und Gewalt, S. 596ff.

731 Das Konzert, in der Reihe der jährlich Ende September vom Evangelischen Verband für Kinderpflege in Berlin in einer der großen Berliner Kirchen zur Stärkung der Einnahmenseite des Haushaltes veranstalteten Kirchenkonzerte unter der Überschrift „Der deutsche Choral in der evangelischen Kirche", wurde geleitet von Professor Alfred Sittard, dem Direktor des Staats- und Domchores und brachte im ersten Teil „Kreuz und Trost" die Motette „Fürchte dich nicht" von Johann Sebastian Bach, im zweiten Teil „Vertrauen auf Gott" Choralsätze von Michael Prätorius, Heinrich Schütz, Johann Crüger und Johann Georg Ebeling zur Aufführung. Im dritten Teil „Lob und Dank" folgte die Choralmotette „Nun danket all und bringet Ehr" von Hans Chemin-Petit, im vierten Teil „Wegzeichen aus dem Kirchenjahre" schlossen sich von Alfred Sittard eingerichtete Choralmotetten nach alten Weisen an, und das Konzert endete mit einem letzten Teil „Der Altväter Verlangen nach dem Messias" und der Choralmotette „O Heiland, reiß die Himmel auf" von Johannes Brahms (Programm, in: EZA BERLIN, 1/C3/179; und EZA BERLIN, 7/4415). Die Eintrittskarte kostete RM 2,50. v. Wicht machte in seinem einladenden Anschreiben an die Kirchenkanzlei der DEK und den EOK Berlin vom 6.9.1938 deutlich, daß „wir nach dem Fortfall jeder Sammlungsmöglichkeit jetzt besonders auf den Ertrag des Konzerts zur Fortführung unserer Arbeit angewiesen sind." (EBD.). Die Zahl der Besucher war ebensowenig zu ermitteln wie die Höhe der Gesamteinnahme und die der Kosten, aber der Reinertrag der Veranstaltung betrug RM 1.521,08 (EVANGELISCHER VERBAND FÜR KINDERPFLEGE IN BERLIN, Tätigkeitsbericht 1.4.1938–31.3.1939, S. 6).

732 LIGA DER FREIEN WOHLFAHRTSPFLEGE BERLIN, Die Berliner Kindertagesstätten, S. 2; STATISTISCHES AMT DER REICHSHAUPTSTADT BERLIN, Statistisches Jahrbuch 1939, S. 205. Über das Jahr 1936 berichtet nicht v. Wicht, sondern K. NIEMANN, Evangelischer Verband. „Wir dürfen voll Dank berichten, daß dieselbe [scil. die Verbandsarbeit] in ihrem Bestand erhalten werden konnte. Die Gesamtzahl beträgt im Berichtsmonat [Januar 1937] 166 (112 Kindergärten, 40 Horte, 7 Krippen, 5 Offene Türen, 1 Lesehalle, 1 Säuglingsheim). Der Kindergarten des Paul-Gerhardt-Stiftes, Müllerstr. 58, mußte zwar aus finanziellen Gründen den Betrieb einstellen, der Kindergarten Weißensee, Mirbachplatz, aber, dessen Rechtsträger bisher der Vaterländische Frauenverein war, schloß sich unserem Verband an. Zur Zeit sind 117 Tagesstätten vom Staatskommissar zur Urkunde genehmigt. Die staatlichen Besichtigungen werden im regelmäßigen Turnus durchgeführt." (S. 61).

Hinzu kam, daß bislang kein evangelischer Kindergarten an die NSV übergegangen war, wenn man davon absieht, daß sechs Einrichtungen, deren Träger der Vaterländische Frauenverein war, in die Trägerschaft der NSV mit Wirkung vom 1. Januar 1938 gewechselt waren[733]. Die Stadtverwaltung ebenso wie die Bezirksverwaltungen unterstützten, nachdem durch die „Regelung“ vom Spätsommer 1934 die Leitung der evangelischen Kindergärten „im nationalsozialistischen Geiste“ ebenso wie die „religiöse Gesamthaltung und Zielsetzung“ einvernehmlich sichergestellt war[734], durch Zuschußzahlungen im Sach- und Personalmittelbereich nicht nur die Verbandsarbeit, sondern auch eine Vielzahl von evangelischen Kindergärten, gleichgültig ob der Träger ein Verein oder eine Kirchengemeinde war[735].

Diese Unterstützung durch das Landes-Wohlfahrts- und Jugendamt der Reichshauptstadt Berlin unter Leitung des kommunalpolitisch so versierten Spiewok ließ v. Wicht von Anfang an keine Schwierigkeiten darin sehen, die NSV mit ihrem Gauamtsleiter Spiewok, nachdem sie mit Übernahme des DPWV nicht einmal Träger der von dessen Mitgliedern betriebenen Kindergärten geworden war[736], an der gesetzlich vorgeschriebenen Aufsicht über die Einrichtungen auch der evangelischen Träger mitwirken zu lassen. Das gehörte für den Direktor des Evangelischen Verbandes für Kinderpflege in Berlin zu der erforderlichen Zusammenarbeit und wurde gewiß durch die Tatsache erleichtert, daß Spiewok den Interessen der von ihm geleiteten Behörde eher Rechnung zu tragen bereit war als denen der von ihm seit ihren Anfangstagen geführten Berliner NSV[737]. Sie konnte sich, nachdem 1935 nur zwei Kindergärten in ihrer Trägerschaft waren, zwar 1936 als Träger von 27 Einrichtungen sehen[738], aber dem standen bei insgesamt etwa 420 Kindergärten in der Stadt annähernd 220 konfessionelle und etwa 85 städtische Einrichtungen gegenüber[739].

---

733 Statistik (ADW, VKD 32). Um welche Kindergärten aus welchem Stadtteil es sich dabei handelt, war nicht zu ermitteln. Offenbar veranlaßt durch die Mitarbeiterinnen – aus fachlichen Gesichtspunkten – war es zu einem früheren Zeitpunkt zu einer Mitgliedschaft im Evangelischen Verband für Kinderpflege in Berlin gekommen. Ob das DRK einen eigenen Fachverband für halboffene Kinderpflege führte, war ebenfalls nicht zu ermitteln. H. SEITHE/F. HAGEMANN, Das Deutsche Rote Kreuz, machen darüber keine Aussagen. Unter Träger- und Verbandsgesichtspunkten hätten diese Einrichtungen zum DRK gehört. Das hatte nach der Vereinbarung der NSV mit dem DRK vom 18.12.1937 seine Kindergärten zum 1.4.1938 an die NSV abzugeben. Das sollte jetzt auch für die in Frage stehenden sechs Kindergärten gelten. Siehe II Kap. I.2.6., S. 130 mit Anm. 407.

734 „Regelung“ vom 30.8.1934 (ADW, CA/J 23 B). Siehe I Kap. V.2.2., S. 207 mit Anm. 58.

735 DER OBERBÜRGERMEISTER DER REICHSHAUPTSTADT BERLIN, Bericht, S. 113.

736 LIGA DER FREIEN WOHLFAHRTSPFLEGE BERLIN, Die Berliner Kindertagesstätten, S. 2. Siehe I Kap. IV.3.1., S. 166f. mit Anm. 274.

737 Vgl. D. KRAMER, Fürsorgesystem, S. 211ff.

738 NSDAP-GAU BERLIN, AMT FÜR VOLKSWOHLFAHRT, „Mutter und Kind“ (1938), S. 15.

739 LIGA DER FREIEN WOHLFAHRTSPFLEGE BERLIN, Die Berliner Kindertagesstätten, S. 2; in Verbindung mit STATISTISCHES AMT DER STADT BERLIN, Berlin in Zahlen, S. 235.

Diese Zahlen bedeuteten auch, Spiewok war nicht unbedingt willens, dem „Verbandsimperialismus“ der NSV und ihres Oberbefehlsleiters Hilgenfeldt zuzuarbeiten[740]. Spiewok beteiligte sich nicht an der „finanziellen Austrocknung“ der konfessionellen Wohlfahrtspflege im allgemeinen und der evangelischen Kinderpflege und ihrer Träger in Berlin im besonderen[741]. Für v. Wicht war darum die gemeinsame Wahrnehmung der Aufsicht von zuständiger Behörde und NSV geradezu beispielhaft, obwohl er wußte, daß andernorts die Konstellationen längst nicht in dieser Weise günstig waren und deshalb eine gemeinsame Aufsicht nicht in jedem Fall als Mittel zur Befriedigung der Ansprüche der NSV einsetzbar war. Jeder Aufsichtsfall konnte von der NSV vor Ort instrumentalisiert und ihren Interessen nutzbar gemacht werden. Das war eine Gefahr. Dennoch war die Beteiligung der NSV an der Wahrnehmung der Aufsicht für v. Wicht, daran sei erinnert, ein Modell für die Befriedung des Konfliktes in Westfalen und Pommern[742]. Dieses Modell blieb für ihn beispielhaft und anzustrebendes Ziel einer Zusammenarbeit zwischen der von ihm vertretenen evangelischen und der Kindergartenarbeit der NSV, bis er an diesem Modell selbst durch die NSV erfahren mußte, daß es so gar nicht ihren Vorstellungen entsprach.

Obwohl es zu diesem Zeitpunkt, Ende des Jahres 1940 personelle Veränderungen in der NSV-Gauamtsleitung gegeben hatte, war die Lage der evangelischen Kinderpflege in Berlin unverändert geblieben. Im November 1936 hatte Spiewok seine Funktion als NSV-Gauamtsleiter aufgeben müssen. Das Zerwürfnis mit Hilgenfeldt war unvermeidlich und eine Lösung für diesen nur durch die Verdrängung Spiewoks von der NSV-Spitze möglich gewesen[743]. Noch ein Jahr zuvor hatte es den gemeinsamen Versuch von NSV und Berliner Landes-Wohlfahrts- und Jugendamt gegeben, durch die Gründung

---

[740] Unterstützt sehen konnte sich Spiewok dabei sogar vom Staatskommissar der Reichshauptstadt Berlin, Dr. Julius Lippert, der Ende 1936 Hilgenfeldt vorgehalten hatte, „daß die NS-Volkswohlfahrt mit den von der Stadt Berlin erhaltenen Wohlfahrtszuschüssen Kindergärten in der Nähe bereits bestehender städtischer Kindergärten eingerichtet habe ... Mit Hilfe städtischer Mittel werde sonach der Stadt selbst Konkurrenz gemacht.“ Der Hauptamtsleiter der NSV sah sich zu einer längeren Stellungnahme herausgefordert, in der er allerdings auf Lipperts Vorwurf in der Sache nicht einging. Vielmehr begründete er allein sowohl die Berechtigung der NSV, auch von der Reichshauptstadt Zuschüsse zu erhalten, als auch die Absicht der NSV, Kindergärten zu errichten, mit dem wachsenden Bedarf. Hilgenfeldt verwahrte sich dagegen, daß der NSV durch unzutreffende Angaben, „sachlich nicht gerechtfertigte Schwierigkeiten gemacht werden.“ (Schreiben Hilgenfeldt an Lippert vom 7.12.1936; in: BA Berlin, R 36/962).

[741] E. HANSEN, Wohlfahrtspolitik, S. 83. Spiewok wollte entgegen Hilgenfeldts Absichten auch nicht durchsetzen, daß die NSV in Berlin Bereiche der öffentlichen Wohlfahrtspflege übernimmt; siehe etwa Schreiben Oberbürgermeister von Berlin an Hilgenfeldt vom 4.2.1937 (BA BERLIN, R 36/962).

[742] Siehe I Kap. VII.3.2., S. 340 mit Anm. 311 und Anm. 312; und II Kap. I.2.1., S. 63 mit Anm. 21; sowie II Kap. II.1.3., S. 421 mit Anm. 201.

[743] Siehe E. HANSEN, Wohlfahrtspolitik, S. 84. Vgl. D. KRAMER, Das Fürsorgesystem, S. 212f.

des Berliner Hauptvereins für Kindertagesstätten zu einer Beseitigung der Schwierigkeiten zu kommen. Wie die Vereinigung Hamburgischer Kinderheime in Hamburg hatte dieser Verein den Zweck, in Berlin sämtliche Krippen, Kindergärten und Horte unter einheitlicher Führung zusammenzufassen. Und wie in Hamburg die Vereinigung Hamburgischer Kinderheime war auch der Berliner Hauptverein für Kindertagesstätten in Berlin der NSV korporativ angeschlossen. War dort der Vorsitzende in gegenseitigem Einvernehmen von NSV-Gauamtsleitung und Leitung des Hamburger Landesjugendamtes zu bestellen[744], so war in Berlin der „Vereinsleiter" durch den NSV-Gauamtsleiter zu berufen, vorausgesetzt der Oberbürgermeister hatte zugestimmt. Stellvertreter sollte der Leiter des Landes-Wohlfahrts- und Jugendamtes sein[745]. Solange dieser, wie Spiewok, auch NSV-Gauamtsleiter war, konnte der Verein die Körperschaft sein, mit der zwar den Forderungen der NSV entsprochen werden konnte, aber gleichzeitig die kommunalen Einrichtungen nicht gänzlich aus der Hand gegeben waren. Was in Hamburg traditions- und organisationsbedingt den Interessen der NSV durchaus nicht genügt hatte und auch in der Folgezeit zu heftigen Streitigkeiten zwischen der NSV-Gauamtsleitung unter Hermann Matthies und der Sozialverwaltung der Hansestadt führen sollte[746], das konnte in Berlin ebenfalls nicht den Forderungen des „sozialen Arms der NSDAP"[747] genügen. Die Schwierigkeiten waren nicht beseitigt. Aber auch nachdem Spiewok als NSV-Gauamtsleiter ausgeschieden war, sollte der Berliner Hauptverein für Kindertagesstätten nicht das Instrument sein, mit dem die NSV und ihr neuer Gauamtsleiter Mähler die kommunale ebenso wie die evangelische Kinderpflege der Organisation hätten einfügen können, für die, wie sie nicht verhehlte, „der Grundsatz der Subsidiarität ... nur beschränkte Gültigkeit hat."[748]

Doch die Erwartungen der NSV wurden enttäuscht. Der weiterhin an der Spitze des Landes-Wohlfahrts- und Jugendamtes stehende Spiewok sah offenbar trotz der veränderten personellen Bedingungen keinen Grund, die kommunalen Kindergärten unter die Führung der NSV zu geben, zumal dieser Schritt unter Kostengesichtspunkten nicht haushaltsentlastend gewesen wä-

---

[744] Siehe P. ZOLLING, Zwischen Integration und Segregation, S. 210. Vgl. I Kap. V.2.1., S. 199 mit Anm. 28.

[745] Satzung vom 25.10.1935 (Amtsgericht Berlin-Charlottenburg, 95 VR 11934 (alt)).

[746] Siehe P. ZOLLING, Zwischen Integration und Segregation, S. 210–223.

[747] H. BERNSEE, Aufgaben. Das letzte Kapitel (S. 112–115) trägt die Überschrift „Die NSV – der soziale Arm der NSDAP". „Für die NSDAP aber ist die NSV und wird es auch in Zukunft sein: *der soziale Arm*" (S. 15). Die Hervorhebung ist im Original gesperrt. W. REHER, Zehn Jahre, S. 71, nimmt ein Jahr später, im Jahr 1942, anläßlich des Gedenkens an das zehnjährige Bestehen der NSV die Formel Hilgenfeldts auf. Ursprünglich hatte Hilgenfeldt auf der Tagung der NSV-Gauamtsleiter in Weimar vom 8.–10.3.1939 formuliert, es ist die NSV „der sozialistische Arm der NSDAP" (Protokoll, in: BA BERLIN, NS 37/2076). Siehe II Kap. II.1.1., S. 389 mit Anm. 22.

[748] W. BETCKE, Nationalsozialistische Volkswohlfahrt, Sp. 770f.

re[749]. Ohnehin hatte die NSV begonnen, in den von ihr betriebenen Kindergärten auf die Elternbeiträge zu verzichten und dafür städtische Zuschußmittel einzusetzen, was zu einer bedrohlichen Konkurrenz für die kommunalen Einrichtungen wurde[750]. Das Landes-Wohlfahrts- und Jugendamt als öffentlicher Träger konnte daher von den Vertretern der konfessionellen Träger halboffener Kinderarbeit, mithin auch von v. Wicht durchaus als Verbündeter gegen die NSV betrachtet werden. Es ist denkbar, daß dies ebenfalls im Blick war, als v. Wicht, rückschauend auf das Jahr 1936/1937, die evangelische Kinderpflege in Berlin und seine eigene Arbeit von einem „stärkende[n] Vertrauen aller staatlichen und kirchlichen Stellen ... getragen" sah[751].

Ursache zu einer anderen Sicht hatte es auch in der folgenden Zeit nicht gegeben[752]. Zwar war Spiewok im Mai 1938 auf Betreiben Hilgenfeldts und Goebbels' auch als Leiter des Landes-Wohlfahrts- und Jugendamtes abgesetzt worden. Mit der Berufung von Fritz Behaghel, einem „altgedienten Parteigenossen"[753], davor Bürgermeister von Berlin-Lichtenberg und mit großer kommunalpolitischer Erfahrung, zum Nachfolger in der Behördenleitung hatte man sich auf seiten der NSV und ihrer Parteigänger den bislang ausgebliebenen Erfolg auch hinsichtlich der Übernahme der Kindergärten in der Stadt versprochen. Ein Erfolg mußte insofern besonders wichtig sein, als der Entwicklung der Dinge in der Reichshauptstadt beispielgebende Bedeutung zukommen konnte. Eine Zahl von nur 34 NSV-Kindergärten mit nur 1.530 Kindern noch zum Ende des Jahres 1937[754] konnte kaum als beispielhaft be-

---

749 Stadtkämmerer der Reichshauptstadt Berlin [Dr. Karl-Maria Hettlage] an Spiewok vom 25.9.1936 (BA BERLIN, R 36/962). Hettlage war zugleich Generalreferent für Wirtschaft und Finanzen bei Albert Speer, Generalbauinspekteur für die Reichshauptstadt Berlin und Reichsminister für Bewaffnung und Munition, ab 1943 Reichsminister für Rüstung. Hettlage war in der nachmaligen Bundesrepublik Deutschland ab 1959 Staatssekretär im Bundesministerium für Finanzen.

750 Spiewok an Stadtpräsident der Reichshauptstadt Berlin [Lippert] vom 7.1.1937 (EBD.).

751 EVANGELISCHER VERBAND FÜR KINDERPFLEGE IN BERLIN, Tätigkeitsbericht 1.4.1936–31.3.1937, S. 3.

752 Der Konflikt zwischen der reichshauptstädtischer Wohlfahrtsbehörde und dem NSV-Hauptamt hielt an. Siehe D. KRAMER, Fürsorgesystem, S. 198–213; E. HANSEN, Wohlfahrtspolitik, S. 84–86.

753 E. HANSEN, Wohlfahrtspolitik, S. 86.

754 NSDAP-GAU BERLIN, AMT FÜR VOLKSWOHLFAHRT, „Mutter und Kind" (1938), S. 15. Bei einem „stärkeren Arbeitseinsatzes der Frau in den Wirtschaftsbetrieb" sei die Errichtung von Kindertagesstätten auch in Berlin „immer notwendiger geworden". Aber in Berlin sei es „oft schwierig, weil sich gerade in den dicht bevölkerten Stadtteilen, in denen eine solche Einrichtung dringend notwendig wäre, sehr schwer Räume finden lassen, die allen Anforderungen genügen." (A. KLUTENTRETER, NSV-Kindertagesstätten in Berlin, S. 310). Der NSV war es bis dahin, der Artikel erschien im Sommer 1938, nicht gelungen, dem ihrer Meinung nach vorhandenen Bedarf etwa durch ein entsprechendes Programm kommunalpolitisch zu entsprechen. Auch der Artikel stellt kein solches Konzept vor, so daß keine einzige Zahl zum Bestand von Kindergärten in Berlin, auch solchen, die nicht in der Trägerschaft der NSV sind, genannt wird, sondern beschränkt sich mit einer eher rührend-gefühligen Darstellung eines Tagesablaufes in einem NSV-Kinder-

trachtet werden. Eine Steigerung ebenso wie ihre Methode hätte normierende Kraft entwickeln können, dann wohl aber ganz anders, als es sich v. Wicht mit Blick auf die Aufsichtsfrage gedacht hatte. Zwar hatte die NSV bis zum Jahresende 1939 dazu beitragen können, daß die Gesamtzahl der Kindergärten in Berlin auf 520 angestiegen war und hatte „hunderte von Neugründungen“ angekündigt, aber „der geschlossene Block“ der evangelischen Einrichtungen war „nicht angegriffen worden“[755].

Es hatte sich bald herausgestellt, daß Behaghel entgegen den Erwartungen Mählers und Hilgenfeldts den Kurs des Berliner Landes-Wohlfahrts- und Jugendamtes nicht zu ändern bereit gewesen war. Er hatte sich sehr schnell als entschiedener Verteidiger kommunaler Verantwortung und Kompetenz im Bereich der Wohlfahrtspflege erwiesen[756] und die Zusammenarbeit, um nicht zu sagen das Bündnis, mit v. Wicht und dem Evangelischen Verband für Kinderpflege in Berlin fortgesetzt. Noch am 11. Juni 1941 konnte v. Wicht auf der Jahres- und Mitgliederversammlung „seines“ Verbandes feststellen, daß die Lage in Berlin „ganz besonders günstig ... gegenüber anderen Gebieten Deutschlands“ sei. „Die Zusammenarbeit mit der Stadt Berlin war außerordentlich gut.“[757] Sie hatte im Jahr 1940/1941 Zuschüsse zu den Personalkosten von 280 Erzieherinnen in einer den Jahren zuvor vergleichbaren Höhe[758] von insgesamt RM 395.000,-- gewährt. In diesem Betrag kam, wie v. Wicht urteilte, auch die hohe Wertschätzung der fachlichen Arbeit zum Ausdruck[759].

---

garten darauf, ihn als einen „Mittelpunkt nationalsozialistischer Lebensformung“ zu propagieren (EBD., S. 313).

755 Lagebericht v. Wicht anläßlich der Geschäftsführerkonferenz der Vereinigung am 8.11. 1939, „Vertraulich!“, Anlage zum Protokoll (ADW, CA 850a I; LKA HANNOVER, E 26/105; ADWW MÜNSTER, 153/1). Zu vermuten ist, daß es sich um einen Schreibfehler handelt, wenn nach v. Wichts Bericht über die Situation in Berlin „120 evangelische Kindertagesstätten mit 8.000 Plätzen“ vorhanden sind. Nur 120 Einrichtungen gehörten dem Evangelischen Verband für Kinderpflege in Berlin nie an. Die geringste Zahl betrug nach den Gründungsjahren 137 Einrichtungen mit 216 Mitarbeiterinnen und 5.676 Plätzen im Jahre 1927 (VEREINIGUNG, Tätigkeitsbericht 1.4.1926–31.3.1927, S. 15). Im übrigen entspricht die angegebene Zahl der Plätze eher jenen 7.241 Plätzen, die v. Wicht Anfang 1940 nennt (VEREINIGUNG, Tätigkeitsbericht 1.4.1939–31.3.1940, S. 22) und die er, um das Gewicht der Arbeit zu heben, mithin aus propagandistischen Gründen, großzügig aufgerundet hat.

756 NSDAP-GAU BERLIN, AMT FÜR VOLKSWOHLFAHRT, „Mutter und Kind“ (1938), S. 15.

757 Aktenvermerk Hundinger über die Mitgliederversammlung des Evangelischen Verbandes für Kinderpflege in Berlin am 11.6.1941 vom 12.6.1941 (ADW, CA 850a I). Hundinger hatte „im Auftrag des Central-Ausschusses für Innere Mission“ „gestern, am 11. Juni 1941,“ an der Mitgliederversammlung des Evangelischen Verbandes für Kinderpflege in Berlin teilgenommen.

758 Lagebericht v. Wicht anläßlich der Geschäftsführerkonferenz der Vereinigung am 8.11. 1939, „Vertraulich!“, Anlage zum Protokoll (ADW, CA 850a I; LKA HANNOVER, E 26/105; ADWW MÜNSTER, 153/1). „Die Stadt zahlt den evangelischen Kindergärten eine Beihilfe von RM 360.000,-- jährlich.“ (EBD.).

759 Aktenvermerk von Hundinger über die Mitgliederversammlung des Evangelischen Verbandes für Kinderpflege in Berlin am 11.6.1941 vom 12.6.1941 (ADW, CA 850a I). Hundinger

Gleichzeitig war man sich allerdings durchaus über „den großen Ernst der Lage im evangelischen Kindergartenwesen" klar[760], den der Runderlaß vom 21. März 1941 bewirkt hatte. Tatsächlich schien er nun in Berlin das Ende einer guten Zusammenarbeit zwischen Stadtverwaltung, NSV und dem von v. Wicht geleiteten Verband zu bedeuten. Noch für das vorangegangene Jahr hatte v. Wicht die gute Zusammenarbeit hervorgehoben[761] und besonders im Blick auf die durch den „Kriegsausbruch" erforderliche „Ausrichtung nach einheitlichen Gesichtspunkten" festgestellt, daß stets die „Selbständigkeit der Rechtsträger ... unberührt blieb."[762] Danach war der Erlaß, wie andernorts, auch in Berlin kein Selbstläufer. Noch nach dem Schreiben Bormanns vom 11. Mai 1941 an alle Gauleitungen bedurfte es wohl erheblichen Druckes durch das Hauptamt der NSV und seinen Reichsleiter Hilgenfeldt sowie eines seiner wichtigsten Verbündeten, des Gauleiters des NSDAP-Gaues Groß-Berlin und sich nicht nur als Führer des WHW, sondern überhaupt als „Schirmherr der NSV" betrachtenden Goebbels[763], bis schließlich Anfang August 1941 der Schritt erfolgte, der das Ende evangelischer Kinderpflege auch in Berlin anzeigte.

Da v. Wicht zu diesem Zeitpunkt den besagten Erlaß aus dem Ministerium Wilhelm Fricks und der – inzwischen – Partei-Kanzlei vom 21. März 1941 als „entscheidenden und abschließenden Runderlaß" ansah, ist erklärlich, daß er als Vorsitzender der Vereinigung „Richtlinien" forderte und als Direktor des Evangelischen Verbandes für Kinderpflege in Berlin die „vorbeugenden Maßnahmen sofort zu treffen" beabsichtigte. Dementsprechend überließ er es auch „jedem Lande", mithin den einzelnen Mitgliedsverbänden der Vereinigung, in der erforderlichen Weise zu verfahren. Dabei waren es weniger vorbeugende im Sinne abwehrender Maßnahmen, an die v. Wicht dachte, als vielmehr vorbereitende in dem Sinne, daß es ihm sowohl um „die Sicherung kirchlichen Eigentums" als auch die weitere „Verwendbarkeit der erziehli-

---

hatte festgehalten, daß von den 177 Einrichtungen des Evangelischen Verbandes für Kinderpflege in Berlin 115 Kindergärten von 73 Kirchengemeinden unterhalten werden, die übrigen von 28 Vereinen und daß 370 Erzieherinnen insgesamt 6.308 Kinder betreuen. Sie hatte ebenfalls notiert, daß der Anteil der Kinder, deren Mütter berufstätig waren, im Frühjahr 1940 bei 86 % lag, im Herbst, bedingt durch die einsetzende Erweiterte Kinderlandverschickung, auf 72 % gesunken war und Anfang 1941 wieder bei 81 % angekommen war (EBD.). Auf die Frage, inwieweit v. Wicht dem Rechnung getragen hat, daß die Zahl der im Rahmen der mit Oktober 1940 beginnenden Erweiterten Kinderlandverschickung verschickten Kinder nach dem Herbst und Winter 1940/1941 noch ständig gestiegen war und im April 1941 bei über 120.000 gleichzeitig verschickten Kindern lag, kann hier nicht eingegangen werden. Siehe dazu G. KOCK, Kinderlandverschickung, S. 134–143.

760 Aktenvermerk Hundinger über die Mitgliederversammlung des Evangelischen Verbandes für Kinderpflege in Berlin am 11.6.1941 vom 12.6.1941 (ADW, CA 850a I).

761 EVANGELISCHER VERBAND FÜR KINDERPFLEGE IN BERLIN, Tätigkeitsbericht 1.4.1939–31.3.1940, S. 4.

762 EBD., S. 7.

763 E. HANSEN, Wohlfahrtspolitik, S. 206 mit Anm. 56.

chen Kräfte im kirchlichen Raume“ ging[764]. Es gab keinen Aufschub mehr – der andere Teil der ehedem Doppelstrategie war nun umzusetzen.

Deshalb war v. Wicht bereits am 14. Mai 1941 Gast auf dem Superintendentenkonvent Berlin, um mit einer Darstellung der Entwicklung seit dem Schreiben aus dem Reichsministerium für Wissenschaft, Erziehung und Volksbildung vom 6. Januar 1937 an den Vorsitzenden der Fuldaer Bischofskonferenz über den Erlaß aus demselben Ministerium vom 4. August 1938 bis hin zu dem Rundschreiben des Hauptamtes für Kommunalpolitik vom 4. Januar 1940 den versammelten Superintendenten, wie diese resümierten, eine „gute Handhabe“ zu bieten, „in der gegenwärtigen Situation auf diesem Gebiet den rechten Weg einzuschlagen“[765]. Damit ließen die Superintendenten in ihrer Mehrheit erkennen, daß es v. Wicht gelungen war, sie nicht nur für seine Absichten im Blick auf die Vermögenssicherung und die Sicherung des „weiteren Aufbau[s] der biblischen Unterweisung“ in den Gemeinden einzunehmen. Es war ihm offenbar auch gelungen, die Superintendenten für seine Forderung zu gemeinsamem Handeln zu gewinnen, sollten in Berlin „Überleitungsverhandlungen“, wie v. Wicht das, was drohte, bezeichnete, aufgenommen werden müssen[766]. Ausdrücklich hatte er darauf hingewiesen, daß alle Beschlüsse kirchengemeindlicher Rechtsträger der kirchenaufsichtlichen Genehmigung durch das Evangelische Konsistorium der Mark Brandenburg und solche von Vereinen und Stiftungen der Zustimmung des Evangelischen Verbandes für Kinderpflege in Berlin und des Gesamtverbandes der Berliner Inneren Mission bedürften.

Auch wenn es im EOK Berlin Stimmen geben mochte, die zwar mit der Einschätzung v. Wichts und seinem Vorgehen, keineswegs aber für den Fall der Übernahme eines Kindergartens durch die NSV mit der Fortsetzung der kirchlichen Anstellung der Kindergärtnerinnen einverstanden waren[767] – unter dem Gesichtspunkt von zunächst gänzlich ungedeckten oder allein aus Kirchensteuereinnahmen zu deckenden Personalkosten für 370 Kindergärtnerinnen war das tatsächlich ein Problem[768] – es war gerade die Frage der Ge-

---

764 Referat Pastor v. Wicht vom 14.5.1941 in der Anlage zum Protokoll über die Tagung des Superintendentenkonvents Berlin vom 14.5.1941 (EZA Berlin, 7/1118). Zu den „Richtlinien“ siehe II Kap. III.2., S. 556ff. mit Anm. 68.

765 Protokoll der Tagung des Superintendentenkonvents Berlin vom 14.5.1941 (EZA Berlin, 7/ 1118). Zu den ministeriellen und parteiamtlichen Schreiben siehe II Kap. I.1., S. 41 mit Anm. 89; und II Kap. I.3.2., S. 155ff.; sowie II Kap. II.3., S. 463f. mit Anm. 36 und Anm. 40.

766 Referat Pastor v. Wicht vom 14.5.1941 in der Anlage zum Protokoll über die Tagung des Superintendentenkonvents Berlin vom 14.5.1941 (Ebd.).

767 In dem an den EOK Berlin gegangenen und bei dessen Akten befindlichen Protokoll der Tagung des Superintendentenkonvents Berlin vom 14.5.1941 findet sich bei der Berichterstattung über die „Verwendbarkeit der erziehlichen Kräfte im kirchlichen Raume“ eine handschriftliche Randnotiz, deren Verfasser nicht identifizierbar ist: „Warum? Diese Kräfte bleiben wohl besser in ihrer alten Arbeit auch unter neuer Firma.“ (Ebd.).

768 v. Wicht weist in seinem Referat vom 14.5.1941 auf die Zahl von 177 evangelischen Kin-

winnung von Kräften, „Laienhelfer und Helfer von Amtswegen", zur Durchführung biblischer Unterweisung im Vorschulalter, an der die Superintendenten ein besonderes Interesse hatten. Deswegen nochmals eingeladen referierte v. Wicht auch auf dem folgenden Superintendentenkonvent Berlin, der am 18. Juni 1941 wiederum unter dem Vorsitz des nach seiner Emeritierung das Superintendentenamt im Kirchenkreis Berlin Stadt II verwaltend weiterführenden Geheimen Konsistorialrates Dr. Johannes Rosenfeld stattfand[769].

Erneut machte v. Wicht sich „im Hinblick auf die Möglichkeit einer zu erwartenden Durchführung" des Runderlasses vom 21. März 1941 zum Anwalt der Interessen insbesondere jener Kindergärtnerinnen, die nicht zu einem Anstellungsträger NSV wechseln, sondern „im kirchlichen Raum weiter tätig sein wollen". Nach seiner Schätzung handelte es sich dabei um annähernd einhundert Kräfte, aus denen die Gemeindehelferinnen hätten hervorgehen können, deren „Bereitstellung" für eine vorschulische katechetische Unterweisung in den Gemeinden die Superintendenten „als eine auf jeden Fall dringliche Angelegenheit angesehen" hatten. Den Beginn einer Ausbildung, die sowohl den Anforderungen katechetischer Unterweisung entspräche als auch für „Mütter- wie seelsorgerlichen Hilfsdienst in der Gemeinde" unabdingbar wäre, mahnte er für die „allernächste Zeit" ebenso an wie die Lösung der „Finanzierungsfrage" und auch die Anerkennung der Ausbildung durch „eine kirchliche Legitimation". Schließlich regte er an, überhaupt die Klärung aller Einzelfragen, wie die der unstrittig erforderlichen Ausbildung der Kindergärtnerinnen, in enger Abstimmung mit der Kirchenbehörde dem Evangelischen Verband für Kinderpflege in Berlin als dem zuständigen Fachverband zu übertragen[770].

Es muß hier nicht erörtert werden, inwieweit die Übernahme einer solchen Aufgabe den angesichts seines zwar noch nicht abgeschlossenen Steuerprozesses[771] beim Reichsfinanzhof, aber bei einer Bestätigung der Entscheidung des

---

dergärten hin, die dem Evangelischen Verband für Kinderpflege in Berlin angehörten und in denen 370 Kindergärtnerinnen tätig seien (EBD.). Siehe auch zuvor S. 706 mit Anm. 757. Nach den Angaben des Evangelischen Verbandes für Kinderpflege in Berlin zur von der DAF 1937 initiierten Umfrage (ADW, VKD 31) sind Personalkosten für die seinerzeit erfaßten 259 Kindergärtnerinnen von jährlich rund RM 446.000,-- zu errechnen. Vgl. II Kap. I.4.5., S. 366 mit Anm. 903. Danach ist für die von v. Wicht angegebene Zahl von Kindergärtnerinnen im Jahr 1941 von insgesamt etwa RM 650.000,-- Personalkosten jährlich auszugehen, von denen bei einer „Beihilfe" der Reichshauptstadt Berlin in Höhe von RM 360.000,-- – so noch im Jahre 1939; siehe zuvor S. 706 mit Anm. 756 – demnach aus Elternbeiträgen und womöglich aus Kirchensteueraufkommen und/oder Kollekten etwa RM 290.000,-- zu decken waren. Sollten wirklich alle Kindergärtnerinnen in kirchlicher Anstellungsträgerschaft bleiben? Wofür sollten sie bezahlt werden, wenn ihre bisherige Arbeit von der NSV übernommen war?

769 Protokoll über die Tagung des Superintendentenkonvents Berlin vom 18.6.1941 (EZA BERLIN, 7/1118).

770 Referat von Pastor v. Wicht vom 18.6.1941 in der Anlage zum Protokoll über die Tagung des Superintendentenkonvents Berlin vom 18.6.1941 (EBD.).

771 Siehe II Kap. I.4.3., S. 297ff. mit Anm. 500 und Anm. 512.

Oberfinanzpräsidenten Berlin von Existenzfragen bedrohten Evangelischen Verbands für Kinderpflege in Berlin vor diesem Ende hätte bewahren können. Es bedarf auch nicht der Erörterung darüber, wie sich das Evangelische Konsistorium der Mark Brandenburg und besonders der für das Vorhaben der „Einrichtung eines kirchlichen Vorunterrichts"[772], wie man die vorschulische katechetische Unterweisung auf seiten der Provinzialkirchenbehörde nannte, verantwortlich zeichnende Theologische Dirigent, der mit dieser Aufgabe kommissarisch vom EOK Berlin erst vor kurzem beauftragte Oberkonsistorialrat Lic. Dr. Oskar Söhngen, einerseits und der ebenfalls am 18. Juni 1941 auf dem Superintendentenkonvent anwesende und Söhngen wohl von Anfang an ablehnend gegenüberstehende Heinrich andererseits zu den Vorstellungen und Forderungen v. Wichts verhielten. Es muß schließlich auch nicht erörtert werden welche Auswirkungen im einzelnen das für die Entscheidungen der Provinzialkirchenbehörde hatte. Nur soviel war sehr bald klar, nämlich daß an den von Söhngen betriebenen „vorbeugenden Maßnahmen" soweit es die Konzeption katechetischer Unterweisung betraf und zu dem „neuen Leben" gehörte, das er mit seinem Amtsantritt in der Behörde ebenso wie in der gesamten Provinzialkirche geweckt haben mochte[773] v. Wicht nicht weiter beteiligt war. Nicht weil das Evangelische Konsistorium der Mark Brandenburg so entschieden hätte, sondern weil sich ganz andere Entwicklungen und Entscheidungen anbahnten, die den Evangelischen Verband für Kinderpflege in Berlin und v. Wicht vor Herausforderungen stellten, die für Fragen katechetischer Unterweisung keinen Raum ließen.

Am 8. August 1941 erfolgte auch für Berlin der Widerruf der Genehmigung zum Betrieb von Kindertagesstätten. v. Wicht als Direktor des Evangelischen Verbandes für Kinderpflege in Berlin erhielt diesen Widerruf allerdings nicht von der Aufsichtsbehörde, dem Stadtpräsidium als Hauptwohlfahrtsamt, wie es jetzt hieß, nicht von Behaghel, sondern von Schamvogel, Vizepräsident und Vertreter Goebbels sowie Leiter der Allgemeinen Abteilung des Stadtpräsidenten. Er war wohl die am einfachsten zu spielende Karte im ohnehin kaum durchsichtigen und von vielen auch persönlichen Motiven bestimmten Machtpoker in der Reichshauptstadt[774]. Mit Wirkung vom 1. Oktober, hieß es, sollte die NSV entsprechend dem Antrag ihres Gauamtsleitung „die Kindertagesstätten des Evangelischen Verbandes für Kinderpflege in Berlin (zu) übernehmen." Da man im Stadtpräsidium von vornherein von einer „Übernahme im Wege freier Vereinbarungen" ausging, erwartete man auch, daß die Sache „reibungslos durchgeführt wird."[775]

---

772 Protokoll über die Tagung des Superintendentenkonvents Berlin vom 18.6.1941 (EZA BERLIN, 7/1118).

773 Siehe K. MEIER, Kirchenkampf III, S. 228f.

774 Siehe II Kap. III.3.11, S. 690 mit Anm. 673.

775 Schreiben Stadtpräsident der Reichshauptstadt Berlin, Allgemeine Abteilung, an Evangeli-

Nach Lage der Dinge und trotz aller Gegensätze zur NSV konnte eine geordnete, wenig Verwaltungsaufwand erfordernde Überleitung auch im Interesse der Behörde liegen, die Behaghel leitete. Wenn reibungslos aber auch hieß, bei der Überleitung unbedingt alles zu vermeiden, was den Eindruck erwecken könnte, es geschehe etwas nicht freiwillig, dann lag es nicht nur nach der bisherigen Zusammenarbeit nahe, die Empfänger der Verfügung auf die von ihr ausgehende Umstellung vorzubereiten und die verwaltungsrelevanten ebenso wie darüber hinaus entstehende Fragen zu erörtern. Dann lag es vielmehr noch näher, auf zentrale Verhandlungsführung zu setzen. Daß Behaghel sich dazu aber, nachdem verwaltungsintern alle Entscheidungen gefallen waren, am 26. Juli 1941 nicht mit dem Vertreter der evangelischen Kindergartenarbeit in Berlin, v. Wicht, in Verbindung setzte, sondern mit einem der Männer an der Spitze der Inneren Mission, deren erstem Direktor im CA, das war bemerkenswert. Nach Lage der Dinge hätte v. Wicht der Verhandlungspartner sein müssen. Kaum wird Behaghel zu diesem Zeitpunkt auf den CA als einem Verbündeten in seinem eigenen Konflikt mit einer NSV gesetzt haben, die seit spätestens 1937 gar keinen Hehl daraus gemacht hatte[776], daß sie auch die kommunalen Kindergärten in ihre Trägerschaft überführen wollte. Eher wohl setzten er oder die Gauleitung und ihr NSV-Gauamt darauf, mit einem Direktor des CA, von dessen Wunsch, „um jeden Preis“ mit der NSV zu einer planwirtschaftlichen Vereinbarung zu kommen und von dessen kaum noch haltbarer Position im CA man auf welchem Wege auch immer erfahren haben mochte[777], am wenigsten Schwierigkeiten zu haben.

Nachdem ihn der ihm bis dahin persönlich noch nicht bekannte Behaghel am 26. Juli angerufen und zu einer Besprechung am 30. Juli eingeladen hatte, konnte Schirmacher zunächst nur davon ausgehen, daß „eine allgemeine Orientierungsbesprechung über aktuelle allgemein-interessierende Wohlfahrtsprobleme der Gegenwart“ beabsichtigt sei[778]. Indessen vermutete er gleich-

---

schen Verband für Kinderpflege in Berlin vom 6.8.1941 (ADW, CA zu 850a III; EZA BERLIN, 7/4415).

776 Schreiben Mähler an Spiewok vom 5.7.1937 (BA BERLIN, R 36/962).

777 Als „Berichterstatter“ kommt Heinrich in Frage, der als V-Mann im Dienste von Himmlers, genauer Heydrichs SD nicht nur aus dem Evangelischen Konsistorium der Mark Brandenburg, sondern nach wie vor auch aus dem CA, laufend seine Beiträge zu den „Meldungen aus dem Reich“ – siehe H. BUCHHEIM, Die SS, S. 59ff. – lieferte und Zugang zu den Dienststellen hatte, die entsprechende Handlungsrichtlinien, etwa auch an Behaghel, weitergeben konnten. Siehe J.-CHR. KAISER, „Politische Diakonie“, S. 210 mit Anm. 9. Zum Planwirtschaftlichen Abkommen siehe II Kap. II.3., S. 470f. mit Anm. 86 und Anm. 87; und auch II Kap. III.2., S. 551 mit Anm. 36.

778 Bericht über eine Besprechung im Hauptwohlfahrtsamt der Stadt Berlin bei Stadtrat Behaghel [am 30.7.1941] (ADW, CA zu 850a III; EZA BERLIN, 7/4415). Der Bericht ist nicht mit Namen gezeichnet. Aus dem Stil, insbesondere aus der Berichterstattung in der 1. Person Singular, ist Schirmacher als Berichterstatter zu erschließen.

zeitig, daß es sich besonders um zwei Themen handeln könne. Am 20. Juni 1941 hatte das Reichsministerium des Innern die Landesjugendämter – im Einvernehmen mit der HJ und den NSV-Gauamtsleitungen – mit der Durchführung solcher Maßnahmen beauftragt, die eine „planwirtschaftliche Verwendung von Anstalten und Heimen für die Erweiterte Kinderlandverschickung" sicherten[779]. Das betraf die Heime der Fürsorgeerziehung, der geschlossenen Jugendhilfe und bedeutete unter dem Vorzeichen der Planwirtschaft eine so direkte Zugriffsmöglichkeit, daß davon nur das Schlimmste auch für das Vermögen der Inneren Mission und ihrer Einrichtungen der geschlossenen Fürsorge erwartet werden konnte. Außerdem hatte Saalmann in Schlesien sozusagen bereits die Probe aufs Exempel gemacht. Aber glücklicherweise hatte der Erlaß „bis jetzt in Berlin keine grundlegende Änderung gebracht" und eine Übernahme der Heime der Inneren Mission schien „im Augenblick nicht beabsichtigt." Zum anderen aber konnte man annehmen, daß es sich „um die Kindergärten handeln" [780] und nach dem Erlaß vom 21. März 1941 „vielleicht auch in Berlin jetzt eine Überführung der evangelischen Kindergärten in die Hand der NSV verlangt werden könnte"[781].

Schirmacher hielt die Sache für so bedeutungsvoll, daß er sogleich alle in Frage kommenden „Dienststellen der Inneren Mission" kurzfristig zu einer für den 29. Juli angesetzten Vorbesprechung in das Dienstgebäude des CA nach Berlin-Dahlem zu kommen bat. Er wollte ein „genaues Bild über den Stand der Wohlfahrtsarbeit in Groß-Berlin" gewinnen[782]. Dies Vorgehen allerdings entsprach wohl weniger einem kooperativen Arbeits- oder Leitungsstil als vielmehr seiner tatsächlich kaum noch haltbaren Position im Hause des CA, eine Tatsache, über die auch er selbst sich inzwischen klar geworden sein mochte[783]. Er wartete jetzt täglich auf seine Einberufung zur Wehrmacht und war wohl auch deshalb nicht mehr voll im Geschäft und in dessen aktuellen Fragen präsent. Eine Vorbesprechung war unverzichtbar. Und das auch aus Sicht derer, die als Fachreferenten, Geschäftsführer, Vorstände, als Fachleute für ihr Arbeitsgebiet Verantwortung trugen und, jedenfalls seit er die Innere Mission „vor neuen Aufgaben" sah[784], der Verhandlungsführung eines

---

779 Runderlaß des Reichsministeriums des Innern vom 20.6.1941 (RMBliV 1941, S. 1129. Im Auszug auch H. VORLÄNDER, Die NSV, Dok. Nr. 214, S. 417f.).

780 Aktennotiz über die Besprechung am 29.7.1941 im Sitzungssaal des CA (ADW, CA zu 850a III). Nach einem Entwurf mit handschriftlichen Korrekturen und Ergänzungen Schirmachers und der Kurzzeichnung „Gr" ist Grunz als Verfasserin zu erschließen. Schirmacher hat die Schlußfassung unter dem Datum 31.7.1941 unterzeichnet. Damit war die Aktennotiz förmliche Information Schirmachers für seinen Stellvertreter Engelmann. Zu Saalmann und der Situation in Schlesien siehe II Kap. I.4.2. Exkurs, S. 256ff.; und II Kap. III.3.1., S. 562 mit Anm. 8.

781 Bericht über eine Besprechung im Hauptwohlfahrtsamt der Stadt Berlin bei Stadtrat Behaghel [am 30.7.1941] (ADW, CA zu 850a III; EZA BERLIN, 7/4415).

782 EBD.

783 Vgl. J. CHR. KAISER, „Politische Diakonie", S. 208ff.

784 Siehe II Kap II.3., S. 479 mit Anm. 128.

unter wachsenden Loyalitätskonflikten agierenden, mithin zunehmend unberechenbaren Direktors Schirmacher eher mißtrauen mußten.

So vertrat Schick als Referentin des Gesamtverbandes der Berliner Inneren Mission dessen vielfältige Arbeit in Berlin. Bremer war als Geschäftsführer des in Berlin und in der Mark Brandenburg tätigen Kirchlichen Erziehungsverbandes der Provinz Brandenburg anwesend. Für den EREV sah sich Hundinger in der Pflicht, und v. Wicht nahm die Interessen des Evangelischen Verbandes für Kinderpflege in Berlin wahr. Außerdem hatte Schirmacher seinen designierten kommissarischen Nachfolger, Hagen, um Teilnahme gebeten, ebenso wie die Fachreferentinnen im CA[785]. Deshalb nahm Marie von Meyeren an der Besprechung teil, als Fachreferentin zuständig u. a. für den Bereich der Altersfürsorge und Geschäftsführerin der Reichskonferenz für evangelische Alters- und Siechenfürsorge. Des weiteren war die Fachreferentin für Gefährdetenfürsorge und Straffälligenpflege, Hermine Bäcker, anwesend, die auch die Geschäfte der beiden Fachverbände, der Evangelischen Konferenz für Gefährdetenfürsorge und der Evangelischen Konferenz für Straffälligenpflege führte. Und schließlich nahm auch Gertrud Grunz, Referentin im Propagandadienst des CA und enge Mitarbeiterin Engelmanns, an der Besprechung teil, allerdings weniger wegen einer fachlichen Zuständigkeit als vielmehr sowohl um ihren Vorgesetzten und Stellvertreter Schirmachers, Engelmann, informieren zu können als auch in Vertretung Nora Hartwichs. Sie war Fachreferentin für den Bereich der Erholungsfürsorge für Kinder und Jugendliche und Geschäftsführerin des Deutschen Verbandes evangelischer Erholungsheime und Heilstätten für Kinder und Jugendliche[786]. Ob sie von Schirmacher gebeten worden war und warum sie an der Besprechung nicht teilnehmen konnte, ist nicht ersichtlich. Sie hätte dazugehört. Dennoch konnte diese personelle Zusammensetzung der Vorbesprechungsrunde einem Schirmacher, der im Begriff stand, sich aus seiner Funktion als erster Direktor des CA zurückzuziehen, ebenso wie allen anderen Anwesenden die Gewähr dafür bieten, daß von seiten der Inneren Mission „alle Möglichkeiten der Besprechung bei Stadtrat Behaghel in Erwägung gezogen" werden[787].

Das wurde zwar auch getan. Aber es war dann doch allein die Frage der Nutzung der Häuser und Heime in Folge des Erlasses „über die Planwirtschaft der Erziehungsheime" und die der „Lage der Kindergärten in Berlin", die im Mittelpunkt der Erörterung standen. In jener Sache teilte man sehr bald das Urteil Bremers, der auf Grund des bisherigen Wohlwollens der Stadtverwaltung gegenüber den evangelischen Erziehungsheimen davon aus-

785 Bericht über eine Besprechung im Hauptwohlfahrtsamt der Stadt Berlin bei Stadtrat Behaghel [am 30.7.1941] (ADW, CA zu 850a III; EZA Berlin, 7/4415).

786 Siehe Verwaltungsübersicht Central-Ausschuß für die Innere Mission der Deutschen Evangelischen Kirche von 1941 (ADW, CA/O 28).

787 Bericht über eine Besprechung im Hauptwohlfahrtsamt der Stadt Berlin bei Stadtrat Behaghel [am 30.7.1941] (ADW, CA zu 850a III; EZA Berlin, 7/4415).

ging, daß mit einer Änderung des derzeitigen Zustandes kurzfristig nicht zu rechnen sei. Sollte sich aber doch Verhandlungsbedarf ergeben, dann wollte er unbedingt hinzugezogen werden[788]. Das wollte auch v. Wicht. Da er ebenso wie Bremer damit rechnete, daß jetzt „auch in Berlin" die evangelischen Kindergärten in die Trägerschaft der NSV überführt werden sollten, kam es ihm, aber auch Bremer zudem darauf an, daß von vornherein die „Gesichtspunkte" geltend gemacht werden, die aus ihrer Sicht verhandlungsbestimmend sein sollten. Deshalb beauftragten sie Schirmacher geradezu, in der Verhandlung mit Behaghel diese Grundsatzfragen unbedingt vorzutragen[789].

Was in der Besprechung herausgearbeitet wurde, summierte die Erfahrungen und Einsichten aller. Man stellte miteinander, erstens, fest, daß der Erlaß vom 21. März 1941 keine „absolute Mußvorschrift, mit gesetzlicher Kraft" sei. Damit teilte man das Urteil des deutschen Episkopats und des DCV ebenso wie das der vier intakten Kirchen, abgesehen von der Evangelischen Landeskirche Badens, lutherischen Bekenntnisses und durch den Lutherrat verbunden. Deren Schlußfolgerungen und Abwehrmaßnahmen indessen sahen am Ende, wie das Treffen der Vertreter evangelischer Kinderpflege aus diesen Landeskirchen am 3. September 1941 in Stuttgart zeigen sollte[790], anders aus als das, worauf man sich in Berlin verständigte. Was man hier jetzt für die evangelischen Kindergärten wollte, sollte, zweitens, vergleichbar den „in Westfalen und Pommern getroffenen gütlichen Vereinbarungen" sein[791]. Das war die bislang von v. Wicht verfolgte Linie, die er gegen Schirmacher mit Hilfe Ohls und Constantin Fricks seit Mitte Juni durchzusetzen bemüht war[792]. Wenn dieser Weg nicht gangbar sein sollte, dann wäre, drittens, als Alternative darüber zu verhandeln, ob „eine Aussetzung der Überführung für die Dauer des Krieges angestrebt" werden könne[793]. Damit war aufgenommen, was, wie v. Wicht aus seinem Gespräch mit Kreutz wußte, dieser im Mai Hilgenfeldt vorgeschlagen hatte[794]. Ob das jedoch für die Berliner evangelischen Kindergärten eine noch realistische Alternative sein konnte, nachdem Hilgenfeldt den Vorschlag von Kreutz harsch zurückgewiesen hatte[795],

---

788 Aktennotiz über die Besprechung am 29.7.1941 im Sitzungssaal des CA (ADW, CA zu 850a III).

789 Bericht über eine Besprechung im Hauptwohlfahrtsamt der Stadt Berlin bei Stadtrat Behaghel [am 30.7.1941] (ADW, CA zu 850a III; EZA BERLIN, 7/4415).

790 Siehe II Kap. III.3.7., S. 642ff.

791 Bericht über eine Besprechung im Hauptwohlfahrtsamt der Stadt Berlin bei Stadtrat Behaghel [am 30.7.1941] (ADW, CA zu 850a III; EZA BERLIN, 7/4415). Siehe II Kap. II.1.3., S. 407ff.

792 Siehe II Kap. III.2., S. 555 mit Anm. 64.

793 Bericht über eine Besprechung im Hauptwohlfahrtsamt der Stadt Berlin bei Stadtrat Behaghel [am 30.7.1941] (ADW, CA zu 850a III; und EZA BERLIN, 7/4415).

794 Siehe II Kap.III.3.1., S. 563f. mit Anm. 11 und Anm. 17.

795 Siehe II Kap. III.2., S. 554 mit Anm. 57; und II Kap. III.3.1., S. 565 mit Anm. 22.

mußte sich erweisen. Sollte auch dieser Weg versperrt sein, dann wäre, so der vierte Verhandlungspunkt, gemeinsam mit der Stadt zu prüfen, ob nicht die evangelischen Kindergärten „in die Hand der Stadtverwaltung fallen müßten."[796] Das war neu und widersprach ganz und gar der Intention des Erlasses, der vorsah, daß „die Übernahme sonstiger Kindertagesstätten (ist) ausschließlich Aufgabe der NSV" sei[797]. Aber in der Debatte hatte v. Wichts Gedanke Zustimmung gefunden, daß es nahe läge, die Einrichtungen der evangelischen Träger an die Stadt zu geben, da von etwa rund 180 Kindergärten – ohne Horte und ohne Krippen gezählt – etwa 135 durch das Hauptwohlfahrtsamt finanziell unterstützt werden und demnach die Stadt „zuerst ein Anrecht auf diese Kindergärten hat". Außerdem könne man in diesem Fall am ehesten damit rechnen, daß „alles beim Alten bliebe."[798] Damit wäre von vornherein ein Problem vermieden, dessen Lösung im Falle einer Überführung an die NSV, fünftens, in jedem Fall in der Weise gewährleistet sein müsse, daß jede betroffene Kindergärtnerin „die freie Entscheidung" erhielte, „unter den veränderten Verhältnissen", also unter der NSV als Anstellungsträger zu arbeiten oder nicht[799].

Das war die Frage, die spätestens seit der Übernahme von Gemeindepflegestationen und Kindergärten des DRK und der in diesen Einrichtungen tätigen Diakonissen durch die NSV virulent war. Allerdings eine solche Lösung, wie sie im entsprechenden Vertrag zwischen CA und NSV ihren Ausdruck gefunden hatte, wollte man nicht. Zunächst sollten die Diakonissen nicht der NSV unterstellt werden, sondern weiterhin in allen Belangen, mithin auch dienstlich, ihren Schwesternschaften und Mutterhäusern verbunden sein. Das war das, was v. Lüttichau seinerzeit als wesentlich vorgestellt und in den Verhandlungen mit Hilgenfeldt gefordert hatte[800]. Constantin Frick hatte das nicht durchsetzen können und sich auf eine „kirchliche Betätigung ... außerhalb des Dienstes" eingelassen. Aber auch die übrigen, nicht an ein Diakonissenmutterhaus gebundenen Kindergärtnerinnen, sollten sich nicht nur außerhalb des Dienstes kirchlich betätigen dürfen. Christliche Glaubenspraxis als Teil evangelischer Erziehung im Kindergarten – darum hatte man ja schon besonders in der Auseinandersetzung um die Regelungen der Aufsicht in

---

796 Bericht über eine Besprechung im Hauptwohlfahrtsamt der Stadt Berlin bei Stadtrat Behaghel [am 30.7.1941] (ADW, CA zu 850a III; EZA BERLIN, 7/4415).

797 Runderlaß des Reichsministers des Innern und des Stellvertreters des Führers vom 21.3. 1941 (RMBliV 1941, S. 525; VOBl der Reichsleitung der NSDAP 1941, Flg. 220 (Mai), o. S.; Abschriften in: EZA BERLIN, 1/C3/179; EZA BERLIN, 7/4415; ADW, CA zu 850 a III; H. WEBLER, Die Kindertagesstätten, S. 30f.; H. VORLÄNDER, Die NSV, Dok. Nr. 269, S. 476ff.).

798 Aktennotiz über die Besprechung am 29.7.1941 im Sitzungssaal des CA (ADW, CA zu 850a III).

799 Bericht über eine Besprechung im Hauptwohlfahrtsamt der Stadt Berlin bei Stadtrat Behaghel [am 30.7.1941] (ADW, CA zu 850a III; EZA BERLIN, 7/4415).

800 S. v. Lüttichau, Gedanken über Gemeindeschwesternstellen vom 18.2.1938 (ADW, CF 41). Siehe II Kap. II.1.1., S. 386f. mit Anm. 2.

Westfalen und Pommern gerungen. Sie war unverzichtbar. Wenn aber die Dinge so lagen, konnte das nur heißen, man mußte versuchen, die Kindergärtnerinnen aus der Überleitungsverpflichtung herauszulösen. Da aber eine Forderung, die diesbezüglich grundsätzlich erhoben worden wäre, als Ablehnung einer freiwilligen Überführung hätte verstanden werden müssen, man sich dieser Konfrontation aber nicht aussetzen wollte, konnte das nur durch die „freie Willensentscheidung“[801] der Mitarbeiterinnen geschehen. Sie wollte man sichern. Ein Verbleiben in kirchlicher Anstellung war geradezu erwünscht, denn damit war in den Gemeinden weiterhin das möglich, worauf alle Katechetisierungsanstrengungen der vergangenen Jahre samt Eltern- und Erziehungssonntag und Arbeit an biblischem Stoffplan gerichtet waren, nämlich die biblische Unterweisung und Betreuung von Kindern.

So wie nach Meinung der am 29. Juli 1941 im Verwaltungsgebäude des CA versammelten Verantwortlichen der Inneren Mission und ihrer Kinderpflege in Berlin eine evangelische Kindergärtnerin bei einem Wechsel ihrer Einrichtung in die Trägerschaft der NSV nicht gezwungen werden solle, ihren christlichen Glauben in der Erziehungsarbeit zu verleugnen, so könne, wie man schließlich und sechstens gemeinsam feststellte, die evangelische Kirche dann in keiner Weise ein Interesse an der Weiterführung von Kindergärten haben, wenn diese ihren „religiösen Grundcharakter dabei aufgeben müßten.“[802] Diese Auffassung entsprach auf den ersten Blick dem, was sich zu diesem Zeitpunkt in Schlesien vorbereitete und von Steinbrück wenige Tage später, am 5. August 1941, als Haltung eines Teils der dem Evangelischen Kinderpflegeverband für Schlesien angeschlossenen Kindergärten ausdrücklich und zustimmend bedankt wurde: die trutzig-freiwillige Betriebseinstellung von Kindergärten[803]. Tatsächlich aber war das, was jetzt in Berlin einmütig festgestellt wurde, nichts weiter als der Versuch, bei Verzicht auf eine etwa praktisch-theologische oder theologisch-ekklesiologische Begründung allein unter stillschweigender Voraussetzung eines praktisch-ekklesiologischen Grundkonsenses die bevorstehende Einstellung der Arbeit und ihre Überleitung an die NSV zu rechtfertigen.

Als ob es dessen bedurft hätte, „versprach“ – so er selbst – Schirmacher der Runde der Referentinnen und Geschäftsführer, ihrem dringenden Wunsch nachzukommen und alle Gesichtspunkte im Gespräch mit Behaghel vorzubringen. Als er einen Tag später das Hauptwohlfahrtsamt in der Oranienburger Straße, in Berlin-Mitte, unweit der zweieinhalb Jahre zuvor in der Pogromnacht von der SA geplünderten und niedergebrannten großen Synagoge, zu besagtem Gespräch aufsuchte, sollte er tatsächlich sein Versprechen

---

[801] Schreiben v. Wicht an Schirmacher vom 18.8.1941 (ADW, CA zu 850a III).

[802] Bericht über eine Besprechung im Hauptwohlfahrtsamt der Stadt Berlin bei Stadtrat Behaghel [am 30.7.1941] (ADW, CA zu 850a III; und EZA BERLIN, 7/4415).

[803] Siehe II Kap. III.3.1., S. 565f. mit Anm. 26 und Anm. 27.

einhalten. Gesprächspartner war neben Behaghel, der Magistratsdirektor Dr. Wilhelm Breitenfeld. Anwesend waren außerdem „drei weitere Herren, deren Namen nicht genannt wurden." Es ist unwahrscheinlich, daß es Mitarbeiter aus Behaghels Verwaltung waren. Eher anzunehmen ist, daß sie zu denen gehörten, die im Dienste des SD und allenthalben, wenn schon nicht legal so jedenfalls sanktioniert, ein „enges und vertrauensvolles Zusammenarbeiten" mit den Verwaltungsbehörden verkörperten[804]. Sie sollten offenbar sicherstellen, daß das Gespräch zwischen Behaghel und Schirmacher, jeder auf seine Weise nicht unbedingt zuverlässig im Sinne der Partei und ihrer Berliner Machtkonstellationen, zum gewünschten Ergebnis führe oder jedenfalls ein Schritt dahin sei.

An demselben Tag, an dem Bormann, des „Führers" „stets dienstbereite[r] Gefolgsmann"[805], aus der Partei-Kanzlei seine Anordnung zur sofortigen Einstellung aller Beschlagnahmen von kirchlichem Vermögen an die Gauleiter gehen ließ, setzte Behaghel den ersten Direktor des CA kurz und knapp davon in Kenntnis, daß „möglichst schnell" der mit dem Reichsministerium des Innern abgestimmten Forderung zu entsprechen sei, die evangelischen Kindergärten „auf die NSV zu überführen". Auch auf Rückfrage Schirmachers äußerte er sich nicht zum Termin. Da die Frage des Zeitpunkts der Überleitung, mithin die nach dem für die erforderlichen Verhandlungen und Verwaltungsvorgänge zu Verfügung stehenden Zeitraum, nicht Gegenstand der Vorbesprechung gewesen war, beharrte Schirmacher nicht weiter auf einer Auskunft, sondern trug die am Tag zuvor „festgelegten Punkte" vor. Behaghel ging darauf überhaupt nicht ein. Ein zusätzlicher Hinweis Schirmachers auf „die in der evangelischen Bevölkerung möglicherweise eintretende stärkere Beunruhigung" bewirkte nicht viel mehr, als daß der Leiter des Hauptwohlfahrtsamtes nur wiederholte, daß „der Wille der Partei und der Reichsregierung unabänderlich sei." [806]

Nur zu zwei Punkten ergab sich Klärungsbedarf. Da Behaghel an einer „reibungslosen" Fortführung des Betriebes der evangelischen Kindergärten auch nach der Übernahme durch die NSV interessiert war, mußte ihn allerdings, nicht zuletzt wegen des allgemein beklagten Mangels an Kindergärtnerinnen, jeder Sachverhalt wichtig sein, der diesem Ziel entgegenstehen könnte. Ein solcher Sachverhalt war die Option einer freien Entscheidung der Kindergärtnerinnen über ihre weitere Anstellung im Falle eines Trägerschaftswechsels zur NSV. Nachdem Schirmacher den Vorwurf „eines der nicht bekannten Herren", kirchliche Stellen „bearbeiten" in „Sabotageab-

---

804 „Zusammenarbeit der Behörden der allgemeinen und inneren Verwaltung mit dem Sicherheitsdienst des Reichsführers-SS (SD)". Runderlaß des Reichsministeriums des Innern vom 11.11. 1938 (RMBliV 1938, S. 1906). Vgl. H. BUCHHEIM, Die SS, S. 65).

805 J. V. LANG, Martin Bormann, S. 6.

806 Bericht über eine Besprechung im Hauptwohlfahrtsamt der Stadt Berlin bei Stadtrat Behaghel [am 30.7.1941] (ADW, CA zu 850a III; EZA BERLIN, 7/4415).

sicht“ die Kindergärtnerinnen in ihren Einrichtungen, „nicht in den Dienst der NSV zu treten“ nachdem Schirmacher dies mit Nachdruck und mit dem Hinweis auf die reibungslose Zusammenarbeit mit der NSV nach Übernahme der Gemeindepflegestationen des DRK zurückgewiesen hatte, gab Behaghel die den Kindergärtnerinnen eine entsprechende Entscheidungsmöglichkeit sichernde Zusage[807].

Der andere Punkt, zu dem Klärungsbedarf bestand, war die Frage der zukünftigen Verhandlungsführung. Das war ein Problem, das nicht vorbesprochen worden war und Schirmacher wohl überraschte. Behaghel teilte mit, daß die NSV von jetzt an die Verhandlungen führen werde und der NSV-Gauamtsleiter deren Leitung übernommen habe. Im CA war Paul Briese bis dahin unbekannt[808]. Bereits wenige Tage später aber sollte er bekannt sein. Briese war der Kommissar, der in die Leitung des von der Gestapo beschlagnahmten Central-Diakonissenhauses Bethanien eingesetzt worden war[809]. Behaghel kündigte jetzt nur an, Briese werde sich demnächst mit dem CA zu den „Übergangsverhandlungen“ „wegen der einzelnen Kindergärten“ in Verbindung setzen. Der Einwand Schirmachers, daß eine gewissermaßen zentrale Verhandlungsführung durch den CA „überaus schwierig“ sein könnte, da doch die Trägerschaft der evangelischen Kindergärten „vorzugsweise in den Händen der Berliner evangelischen Kirchengemeinden läge“, wurde von Breitenfeld offenbar als berechtigt anerkannt. Er sah Schwierigkeiten für eine zentrale Verhandlungsführung darin, daß die NSV die Absicht habe, in jedem Einzelfall zu prüfen, ob von ihr zu übernehmen beabsichtigte Kindergärten zusammengelegt werden können.

Daß solche Erwägungen angestellt wurden, war sogar verständlich angesichts der zu diesem Zeitpunkt noch gänzlich ungeklärten Frage, ob die bisher von einem evangelischen Kindergarten genutzten Räume weiterhin zur Verfügung stünden und ob und in welcher Zahl die Kindergärtnerinnen der evangelischen Einrichtungen zur NSV zu wechseln bereit wären. Breitenfeld gab jedenfalls zu erkennen, daß die Stadtverwaltung die Aufgabe differenzierter sah, als daß sie allein mit zentraler Verhandlungsführung hätte gelöst und zum von der NSV gewünschten Ergebnis hätte gebracht werden können. Behaghel allerdings blieb auf Linie. Er beendete diesen Gesprächsgang mit der Übermittlung des ausdrücklichen Wunsches der Partei, daß Parteigenosse Schirmacher „persönlich verantwortlich in die kommenden Verhandlungen eingeschaltet“ werde.

---

807 EBD.

808 Schirmacher vermerkt in seinem Bericht über die Besprechung, daß „ein Parteigenosse Briese“ sich mit dem CA in Verbindung setzen werde (Bericht über eine Besprechung im Hauptwohlfahrtsamt der Stadt Berlin bei Stadtrat Behaghel [am 30.7.1941], in: ADW, CA zu 850a III; EZA BERLIN, 7/4415).

809 W. LANGER, Hundert Jahre, S. 88.

Damit war klar, wo die Ursache dafür lag, daß nicht v. Wicht oder Friedrich Ulrich zu diesem Gespräch gebeten worden waren, wie es eigentlich den verbandlichen Zuständigkeiten entsprochen hätte. Schirmacher sollte das Einfallstor für die Interessen von Partei und NSV im Blick auf die evangelischen Kindergärten in der Reichshauptstadt sein. Dessen Hinweis darauf, daß für eine solche Beauftragung die „zuständigen Kirchenbehörden in erster Linie maßgeblich seien", wurde von Behaghel einfach übergangen. Die Frage blieb offen. Schirmacher sah sich zwar noch zu der Bemerkung veranlaßt, die „schematische Vereinheitlichung der gesamten Kindergartenarbeit" und die Tatsache, daß damit „das religiöse Motiv ... nunmehr abgedrängt" werde, stelle eine Gefährdung der freien Wohlfahrtspflege dar, aber für seine Gesprächspartner war das nicht mehr von Bedeutung. Sie konnten mit dem Ergebnis zufrieden sein. Deshalb konnte Behaghel den Hinweis Schirmachers auf die Gefährdung der freien Wohlfahrtspflege kaum noch ernst nehmen und tat das Ganze ab als ein Zeichen für „nur geringfügige Übergangsschwierigkeiten". Für den Fall jedoch, daß tatsächlich „Unstimmigkeiten" aufträten, erklärte er sich bereit, die Rolle eines „Schiedsrichters", wie Schirmacher vorgeschlagen hatte, zu übernehmen[810]. Entscheidend für ihn war, die Innere Mission würde verhandeln.

Während die Frage der Verhandlungsführung bereits am nächsten Tag beantwortet war, sollte sich die der Übernahme der kirchlichen Mitarbeiterinnen durch die NSV tatsächlich zu einer entscheidenden, nur durch Verhandlungen zu klärenden Frage entwickeln. Am 31. Juli 1941, am Tag nach dem Gespräch mit Behaghel hatte Schirmacher als erstes sich mit Heinrich in Verbindung gesetzt, ihn über den Sachstand informiert und mit ihm abgesprochen, daß an den weiteren Gesprächen Gruhl und Görs für das Evangelische Konsistorium der Mark Brandenburg beteiligt sein sollten[811]. Sie waren dann auch anwesend, als man sich, wie zwei Tage zuvor mit Schirmacher verabredet, am Nachmittag desselben Tages wieder in der Geschäftsstelle des CA traf, um Schirmachers Bericht zu hören und gegebenenfalls das weitere vereinte Vorgehen abzustimmen[812]. Es fand jenes Gespräch statt, das, so sehr es am Anfang von „großer Bestürzung" über die von Schirmacher übermittelte Nachricht geprägt war[813], doch durch die in seinem weiteren Verlauf erfolgte Klärung der gemeinsamen Absichten von Provinzialkirche und Innerer Mis-

---

810 Bericht über eine Besprechung im Hauptwohlfahrtsamt der Stadt Berlin bei Stadtrat Behaghel [30.7.1941] (ADW, CA zu 850a III; EZA BERLIN, 7/4415).

811 Berichterstattung beim Evangelischen Konsistorium der Mark Brandenburg. Schlußteil des Berichts über eine Besprechung im Hauptwohlfahrtsamt der Stadt Berlin bei Stadtrat Behaghel [30.7.1941] (EBD.). Constantin Frick wurde von Schirmacher mit Schreiben vom 1.8.1941 und Übersendung des „Berichts über eine Besprechung ..." informiert (ADW, CA zu 850a III).

812 Bericht über eine Besprechung im Hauptwohlfahrtsamt der Stadt Berlin bei Stadtrat Behaghel [30.7.1941] (ADW, CA zu 850a III; EZA BERLIN, 7/4415).

813 Protokollvermerk Schirmachers über „Besprechung wegen der Kindergärten im Central-

sion in Berlin und in der Mark Brandenburg sowie den ihnen zugehörenden Fachverbänden für evangelische Kinderpflege bestimmend für den Fortgang der Dinge wurde. Das Ergebnis sollte nicht nur für die folgende Entwicklung in Berlin wesentlich sein, sondern auch für den weiteren Verlauf der Dinge in der Mark Brandenburg, durch Bremer sowie durch Gruhl und Görs vermittelt, grundsätzliche Bedeutung erhalten[814].

Ganz entsprechend dem Ergebnis dieser Beratung teilte Schirmacher dem Hauptwohlfahrtsamt „zu Händen Herrn Stadtrat Behaghel“ umgehend mit, daß die zuständige Kirchenbehörde „die Behandlung der Frage selbst in die Hand genommen hat“ und er den ihm erteilten Auftrag als „erloschen“ ansehe[815]. Inzwischen hatte sich bereits, wie von Behaghel angekündigt, die NSV-Gauamtsleitung gemeldet. Briese persönlich hatte im Auftrag des Gauleiters, mithin im Auftrag von Goebbels, worauf er ausdrücklich hinwies, Schirmacher und die Vertreter der evangelischen Kindergartenarbeit telefonisch zu einem Gespräch am 4. August 1941 in das Haus der Gauamtsleitung in Berlin-Wilmersdorf, in der Nähe des Fehrbelliner Platzes gelegen, eingeladen. Der sofort informierte Heinrich veranlaßte, daß neben Görs auch Zimmermann, der Präses der Berliner Stadtsynode, und deren Kämmerer Drohmann an dem Gespräch teilnahmen. Obwohl Schirmacher dem Konsistorialpräsidenten gegenüber die Sache sowohl durch die Weitergabe des Hinweises Brieses auf Goebbels als auch durch die Mitteilung, er habe Briese gegenüber die Möglichkeit einer Teilnahme Heinrichs an dem Gespräch angedeutet[816], wichtig zu machen versucht hatte, Briese und seine Referentin für Kindertagesstätten im Gau, Annemarie Klutentreter, konnten nur Zimmermann sowie Görs, Drohmann und v. Wicht begrüßen.

Es muß unklar bleiben, ob man es in der Gauleitung unter Goebbels und in der NSV-Gauamtsleitung in Berlin mit der Arroganz der Mächtigen darauf ankommen lassen und der bislang stets geforderten Freiwilligkeit im Zusammenhang der anstehenden Kindergartenübernahmen Aspekte ihrer tatsächlichen Bedeutung zurückgeben wollte oder ob man es in Erwartung des langersehnten Erfolges nicht für erforderlich gehalten oder ob es ganz einfach im Zuständigkeitsgerangel von Stadtverwaltung und Parteibürokratie versäumt hatte – bis zu diesem Zeitpunkt lag eine Zurücknahme der Genehmigung zum Betrieb evangelischer Kindergärten, wie sie § 29 RJWG immer noch vorsah[817], überhaupt nicht vor. Bislang war dieser Bescheid der zuständigen Aufsichtsbehörde noch stets Voraussetzung jeder von den kleinen und gro-

---

Ausschuß für Innere Mission am 31. Juli 1941, nachmittags 3 Uhr“, „Ende der Sitzung 17 Uhr“ (EBD.).

814 Siehe II Kap. III.3.11., S. 683f.

815 Schreiben Schirmacher an Behaghel vom 1.8.1941 (ADW, CA zu 850a III).

816 Schreiben Schirmacher an Heinrich vom 1.8.1941 (EBD.).

817 RGBl 1922 I, S. 637.

ßen Repräsentanten der „rassisch und völkisch bestimmten Schicksalsgemeinschaft des Volkes“[818] in Staat und NSDAP samt ihrer NSV als freiwillig bezeichneten Übergabe eines Kindergartens. Auf dieser Form der Freiwilligkeit jedenfalls bestanden nun die vier Vertreter der evangelischen Kindergartenarbeit in Berlin mit großem Nachdruck. Nachdem Briese zugesagt hatte, daß sowohl das Evangelische Konsistorium der Mark Brandenburg als auch der Evangelische Verband für Kinderpflege in Berlin ein entsprechendes Schreiben des Stadtpräsidenten „in zwei Tagen“ in Händen haben werden, war in ihren Augen „die Rechtslage geklärt“[819]

Tatsächlich war nur die Verfahrenslage geklärt. Allein eine Anfrage an die gesetzliche Grundlage der beabsichtigten Übernahme hätte zu einer Klärung der Rechtslage führen können. Das aber war nicht geschehen. Sogar das mangelhafte Verfahren nahmen die vier für die evangelische Kinderpflege in Berlin verhandelnden Männer hin. Auf den Gedanken, das Gespräch erst dann weiter zu führen, wenn das von Briese angekündigte Schreiben vorläge, kam offenbar niemand. Und wenn, so blieb es bei einer stillen Absicht. Denkbar ist, daß sich in diesem Verhalten auch die Tatsache der Beschlagnahme des Central-Diakonissenhauses Bethanien auswirkte. Am 1. August 1941 hatte die Gestapo in einer großen Aktion das traditionsreiche Haus samt Krankenhaus und mit Kindergärtnerinnenseminar und Kindergarten besetzt[820]. Über die unmittelbaren Auswirkungen für die von diesem Diakonissenhaus mit seinem von annähernd 400 Diakonissen getragenen Dienst in der Krankenpflege, der Ausbildung und der Kinderbetreuung hinaus mußte das für die evangelische Kindergartenarbeit wie eine Drohung sein. Würde man sich dem Willen derer, die nach den Worten des „Führers“ dabei waren, „die deutsche Volksgemeinschaft härter denn je zu machen“[821], nicht fügen, dann sollten die Folgen klar sein. Eigentlich bedurfte es solcher Drohung für Zimmermann, Görs, Drohmann und v. Wicht nicht mehr, waren diese doch bereits

---

818 Schreiben Zschintzsch an Bertram vom 6.1.1937 (L. VOLK, Akten IV, zu Dok. Nr. 356, S. 170–172, hier S. 172 mit Anm. 5; auch EZA BERLIN, 1/C3/179; EZA BERLIN, 7/4414; ADW, CA/J 62). Siehe II Kap. I.1.1., S. 41 mit Anm. 89.

819 Aktenvermerk von Görs über die Besprechung beim Gau Berlin der NSV über die Kindertagesstätten [am 4.8.1941] vom 4.8.1941 (EZA BERLIN, 7/4415).

820 Das Central-Diakonissenhaus Bethanien verdankte seine Gründung im Jahre 1847 dem preußischen König Friedrich Wilhelm IV. Seine besondere Bedeutung hatte dieses Diakonissenhaus, in dessen Krankenhaus-Apotheke Theodor Fontane zwei Jahre bis 1849, da er sein „Leben auf den Vers“ stellte, als Apotheker tätig war, von Anfang an in seiner Verbindung zum preußischen Königshaus. Insofern war wohl der Schlag gegen diese Einrichtung, in deren Kuratorium es Reichsgesundheitsführer Conti nicht wie andernorts gelungen war, personell Einfluß zu gewinnen, ein anderer „Preußenschlag“. Als einziger Grund wurde die Verordnung zum Schutz von Volk und Staat vom 28.2.1933 angegeben. NSV-Gauamtsleiter Briese wurde als Kommissar mit der Leitung beauftragt – die er nachlässig wahrnahm –, bis er 1943 nach einer Verurteilung wegen Betrugs ins Gefängnis mußte. Siehe W. LANGER, Hundert Jahre, S. 83–92; K. KUPISCH, Bethanien, S. 55; E. KUTZER, Unser Weg, S. 14.

821 A. HITLER, Rede am 10. Oktober 1939, S. 7.

vorher übereingekommen, unbedingt alles zu vermeiden, was zu „Vorkommnissen“ wie in Köln führen könnte[822]. Wenn man weiterhin als politisch zuverlässig gelten, nicht auf Konfrontation gehen, Gestapo-Einsätze und dem folgende Beschlagnahmen vermeiden wollte und damit nicht der Linie folgen, die man bei der katholischen Kirche beobachten mußte – was blieb ihnen, als im Gespräch mit Briese Freiwilligkeit zu demonstrieren?

Spätestens zu dem Zeitpunkt, als die „Rechtslage“ geklärt war, konnte auch für Briese erkennbar sein, daß es in diesem Gespräch in keiner Weise mehr um eine Anerkennung der Forderung nach Übernahme evangelischer Kindergärten durch die NSV dem Grundsatz nach ginge. Die Vertreter der evangelischen Kinderpflege waren ohne weiteres damit einverstanden, daß es nunmehr einzig um „die für die Überführung entsprechenden [scil. Erforderlichen] Maßnahmen, Termine usw.“ gehen müsse. Das sich anschließende Gespräch glich dementsprechend eher einer Befehlsausgabe als einem Informationsaustausch. Briese teilte mit, daß „als endgültiger Termin“ einer Übergabe der evangelischen Kindergärten an die NSV der 1. Oktober 1941 festgesetzt worden sei. Hinsichtlich der zu nutzenden Räume wäre beabsichtigt, Einzelmietverträge mit den bisherigen Rechtsträgern zu schließen. Das Personal solle „in vollem Umfang“ von der NSV zum besagten Termin übernommen werden. Die NSV werde die Leiterinnen der evangelischen Einrichtungen durch solche aus Reihen der NSV ersetzen. Die so ausgeschiedenen kirchlichen Erzieherinnen sollten in anderen Kindergärten der NSV beschäftigt werden. Für Diakonissen sollten Ausnahmeregelungen „Härten vermeiden“. Mit der Durchführung aller Aufgaben sollten die Kreisreferentinnen in den NSV-Kreisämtern beauftragt werden. Deshalb sollten auch von kirchlicher Seite entsprechend „zuständige Persönlichkeiten“ benannt werden[823].

So sehr sie wie zur Widerspruchslosigkeit und zum Gehorsam verpflichtete Befehlsempfänger behandelt worden sein mochten – eines wagten die vier Kirchenmänner doch anzumerken, nachdem sie die Superintendenten der Kirchenkreise als die entscheidenden, weil zuständigen Verhandlungspartner für die Kreisreferentinnen der NSV benannt hatten. Sie wiesen auf die „außerordentliche für uns erschwerende Härte“ der Personalübernahmen durch die NSV hin und darauf, daß Schirmacher von Behaghel die Zusage erhalten hatte, „die Kräfte restlos freizubekommen“[824], was heißen sollte, daß jede Mitarbeiterin über ihre Übernahme in die Anstellung der NSV selbst entscheiden können sollte.

---

822 Protokollvermerk Schirmacher über „Besprechung wegen der Kindergärten im Central-Ausschuß für Innere Mission am 31. Juli 1941, nachmittags 3 Uhr“, „Ende der Sitzung 17 Uhr“ (ADW, CA zu 850a III; EZA BERLIN, 7/4415).

823 Aktenvermerk von Görs über die Besprechung beim Gau Berlin der NSV über die Kindertagesstätten [am 4.8.1941] vom 4.8.1941 (EZA BERLIN, 7/4415).

824 EBD.

Damit aber konnte auch Briese deutlich sein, daß es so einfach, wie man in NSV-Gauamtsleitung und NSDAP-Gauleitung angenommen haben mochte, mit der Übernahme evangelischer Kindergärten in Berlin nicht werden würde. Zwar waren sie im Grundsatz zur Überführung der evangelischen Kindergärten in die NSV bereit, aber waren die vielen Einzelverhandlungen in den Gemeinden, mit den Superintendenten in einer Zeit von zwei Monaten zu bewältigen? Dabei muß die Frage offen bleiben, ob von seiten der Kirchenprovinz Mark Brandenburg und dem so gefährdeten Teil ihrer „Wesens- und Lebensäußerung", der durch den Evangelischen Verband für Kinderpflege in Berlin organisierten und vertretenen evangelischen Kindergartenarbeit und ihrem Direktor v. Wicht, bereits zu diesem Zeitpunkt unter taktischen Gesichtspunkten auf Zeit gesetzt wurde. Was sie wußten war, daß sie Zeit brauchten, um die Durchführung der Übergabe ordnungsgemäß zu bewerkstelligen. Sie zu gewinnen bat Oswald Müller in Vertretung Heinrichs den EOK Berlin, dem damit zugleich Bericht erstattet wurde[825]. Gleichzeitig und andererseits, im Blick auf den Kontrahenten, „das soziale Gewissen der Nation"[826], die NSV unter Hilgenfeldt und gerade in Berlin protegiert von Goebbels, muß es unbestimmt bleiben, ob Briese bereits zu diesem Zeitpunkt etwas von dem geheimen Rundschreiben Bormanns vom 30. Juli 1941 wußte, was hätte bedeuten können, von Anfang an unter dem gewissen Druck zu stehen, nach Möglichkeit alles zu vermeiden, was – in der Logik der Machthaber – zu einer öffentlichkeitswirksamen Beschlagnahme der evangelischen Kindergärten hätte führen müssen.

Daß er sich für den Bereich seiner „Gauamtswaltung" auf solche Maßnahmen gegenüber konfessionellen Kindergärten einstellen mußte, konnte Briese bereits deutlich sein. Mit dem Caritasverband für das Bistum Berlin unter seinem Direktor Dr. Wilhelm Albs hatte man im Hauptwohlfahrtsamt der Reichshauptstadt ebenso verhandelt wie einen Tag später mit dem Vertreter der Inneren Mission der Deutschen Evangelischen Kirche. Allein, das Ergebnis war ein anderes. Was Behaghel bereits während des Gesprächs, das ebenfalls mit Breitenfeld und den unbekannten Teilnehmern stattgefunden hatte, bemerkt haben mußte, das erhielt er wenig später, wenn auch nicht unmittelbar, vom Bischof der Diözese Berlin, Konrad Graf von Preysing, bestätigt. „Die Kindertagesstätten als kirchliche Erziehungseinrichtungen können freiwillig nicht einem anderen Träger übergeben werden."[827] Albs hatte dem Stadtrat unmißverständlich erklärt, daß eine freiwillige Übergabe ganz und

---

825 Schreiben Evangelisches Konsistorium der Mark Brandenburg [Oswald Müller] an EOK Berlin vom 1.8.1941 (EBD.).

826 H. VORLÄNDER, Erich Hilgenfeldt, S. 175. Vorländer nimmt hier wohl eine Charakterisierung der NSV auf, die nach H. BERNSEE, Aufgaben, „der Führer einmal genannt hat" (S. 114). Vorländer nennt keine Quelle. Die ursprüngliche Herkunft war nicht zu ermitteln.

827 Schreiben v. Preysing an Caritasverband für das Bistum Berlin [Albs] vom 5.8.1941 (ADW, CA zu 850a III).

gar nicht in Frage komme. Und er hatte für etwa von der NSV und ihrem Gauamtsleiter Briese gewünschte weitere Verhandlungen auf den Bischof verwiesen, dessen Weisungen die Kindergärten unterständen[828].

Damit stand auch fest, daß es ein weiteres Gespräch mit Briese nicht zu geben brauchte. Die Fronten waren bereits zu diesem Zeitpunkt eindeutig. Und wenn es noch einer Bestätigung dieser Tatsache bedurft hätte, dann erfolgte sie eine Woche später durch v. Preysing selbst. Albs hatte ihn unter Beifügung des Schreibens Bertrams an den Caritasverband für die Erzdiözese Breslau vom 14. Juni 1941 von dem Gespräch mit Behaghel und dem Gesprächsergebnis unterrichtet. Er hatte auch darauf hingewiesen, daß mit Folgen wie in Köln zu rechnen wäre. v. Preysing war dem Kurs seines Caritasdirektors ohne Zögern gefolgt und hatte Albs am 5. August 1941 angewiesen, alle Träger katholischer Kindertagesstätten über das nunmehr Erforderliche in Kenntnis zu setzen. Das bedeutete, es war grundsätzlich zu beachten, daß weder Ordensschwestern oder andere Mitarbeiterinnen Arbeitsverträge mit einem anderen Träger eingehen dürfen noch vertragliche Regelungen über die Nutzung kirchlicher Räume und kirchlichen Eigentums vereinbart werden. Das gelte auch für den Fall einer Beschlagnahme eines Kindergartens oder „gewaltsamer Wegnahme“[829].

Das hieß ohne alle diplomatische Zurückhaltung, man weiche in den Kindergärten nur der Gewalt. Albs war damit sehr einverstanden gewesen, hatte Lenarz und den Zentralverband katholischer Kindergärten und Kinderhorte unterrichtet und in der Überzeugung, es entspreche der Linie des Verbandes, ausdrücklich auf die Vorbildfunktion der „Haltung, die man in Köln in dieser Sache angenommen hat“, für die Berliner Entscheidungen hingewiesen[830]. Das war das, was sich spätestens mit den Verhandlungen des DCV und seines Präsidenten Kreutz mit Hilgenfeldt von Ende Mai und dem Schreiben Bertrams vom 3. Juni 1941 als Kurs des deutschen Episkopats angekündigt hatte. Es unterstrich, was der Vorsitzende der Fuldaer Bischofskonferenz den Reichsminister des Innern mit Schreiben von Anfang Juni hatte unmißverständlich wissen lassen, nämlich daß man es für „nicht denkbar“ halte, „daß die Vorstellungen des Gesamtepiskopats des deutschen Reiches ... an den höchsten verantwortlichen Stellen keine Beachtung gefunden hat.“[831] Was in Köln geschehen war sollte auch in Berlin nicht ausgeschlossen sein – v. Preysing und Albs wollten Beschlagnahmen in Kauf nehmen und damit das Gegenteil von dem tun, wozu sich die Vertreter evangelischer Kinderpflege und

---

828 Schreiben Albs an Bischöfliches Ordinariat Berlin vom 29.7.1941 (ADC, 309.748 Fasz.1).

829 Schreiben v. Preysing an Caritasverband für das Bistum Berlin [Albs] vom 5.8.1941 (ADW, CA zu 850a III). Vgl. II Kap. III.3.1., S. 564 mit Anm. 17.

830 Schreiben Albs an Zentralverband katholischer Kindergärten und Kinderhorte vom 6.8. 1941 (ADC, 309.748 Fasz.1).

831 Schreiben Bertram an Wilhelm Frick vom 5.8.1941 (L. VOLK, Akten V, Dok. Nr. 686, S. 511ff.).

auch v. Wicht verstanden hatten: reibungslos Vorkommnisse wie in Köln vermeiden.

Beim Evangelischen Konsistorium der Mark Brandenburg ebenso wie beim Evangelischen Verband für Kinderpflege in Berlin lag tatsächlich innerhalb der von Briese angekündigten Frist das bereits erwähnte Schreiben Schamvogels vor[832]. Damit war unter dem Datum des 6. August 1941, ohne irgendeinen Hinweis auf eine gesetzliche Grundlage und deshalb wie die Bescheide der Landes- und Provinzialbehörden gleicher Art in seiner Begründung rechtlich allenthalben umstritten, aber im Verfahren korrekt, für die evangelischen Kindergärten in Berlin die Genehmigung zu ihrem Betrieb mit Wirkung zum 1. Oktober 1941 förmlich widerrufen.

Bereits zwei Tage später hatte v. Wicht „Richtlinien für die Übernahme der evangelischen Kindertagesstätten in Berlin"[833] erstellt und sie mit der Kirchenbehörde abgestimmt. Da nach dem Gespräch mit Briese klar war, daß die dem Direktor des CA gegebene Zusage Behaghels, die freie Entscheidung jeder Kindergärtnerin darüber, ob sie in die Anstellungsträgerschaft der NSV wechsele oder nicht, sei gesichert, so gut wie keinen Wert hatte, mußte es um so wichtiger sein, die Möglichkeit zur freien Entscheidung einer jeden Kindergärtnerin in anderer Weise zu sichern. Dazu allerdings reichte die zwei Monate zuvor fertiggestellte und vom GVR beschlossene „Zusammenstellung" nicht aus. Um eine solche Sicherung zu erreichen, mußte die Frage einer Lösung des Dienstverhältnisses anders geregelt werden, und dazu mußten besonders – paradox genug – die Hinweise auf Einhaltung arbeitsrechtlicher Regelungen, wie Kündigungsfristen und Gehaltsfortzahlungen, unterbleiben. Die Beachtung solcher tarifrechtlichen Fragen, die in einer Tarifordnung geregelt bislang für den Bereich der halboffenen Kinderpflege nur für Kindergärten in kirchengemeindlicher Trägerschaft vorlag[834], durch den bisherigen Träger hätte die freie Entscheidung der Kindergärtnerinnen, gleich ob Diakonisse oder nicht, erschwert, weil sie die Alternative, die Fortbeschäftigung unter den Bedingungen des katechetisch-volksmissionarischen Gemeindeaufbaues sehr behindert hätten. Außerdem, wenn diese Frage entscheidend war und wichtiger als die von Mietkosten und Betriebskostenerstattungen, dann mußte die Infragestellung einer Übernahme sämtlicher Mitarbeiterinnen durch die NSV nicht nur unterstrichen, sondern auch durch eine Position am Anfang der „Richtlinien" erkennbar sein.

Tatsächlich hatte die Kommission mit v. Wicht die „Zusammenstellung" in dieser Weise geändert, so daß klar war, worauf es ankam und was ermöglicht werden sollte. Nicht nur, daß die Regelungen zu den Fragen der Personal-

---

832 Schreiben Stadtpräsident der Reichshauptstadt Berlin [Schamvogel] an Evangelischen Verband für Kinderpflege in Berlin vom 6.8.1941 (ADW, CA zu 850a III; EZA Berlin, 7/4415).

833 Schreiben v. Wicht an EOK Berlin [Kracht] vom 9.8.1941(EZA Berlin, 7/4415).

834 Siehe II Kap. I.4.5., S. 369 mit Anm. 924.

übernahme jetzt oben gleich nach den Erklärungen zu den rechtlichen Voraussetzungen ihren Platz hatten. Vielmehr hieß es auch nicht mehr, daß „erforderlichen Falles“ zu prüfen sein werde, „ob das Dienstverhältnis zwischen dem bisherigen Träger und den Angestellten zu lösen ist.“[835] Statt dessen hieß es, „in jedem Einzelfalle“ sei zu prüfen, „ob sämtliche Angestellte von der NSV weiterbeschäftigt werden.“ Und „sämtliche“ war unterstrichen[836].

---

[835] Zusammenstellung der bei der Überleitung der evangelischen Kindertagesstätten bei der NSV zu beachtenden Gesichtspunkte (EZA Berlin, 1/C3/180). Zur „Zusammenstellung“ siehe II Kap. III.2., S. 556 mit Anm. 68.

[836] *„Richtlinien für die Übernahme der evangelischen Kindertagesstätten durch die NSV in Berlin*
I. Auf Grund des Schreibens des Herrn Stadtpräsidenten der Reichshauptstadt Berlin – Allgemeine Abteilung – vom 6. August 1941 an den Evangelischen Verband für Kinderpflege betr. Widerruf der erteilten Genehmigung zum Betrieb von Kindertagesstätten mit Wirkung vom 1. Oktober 1941, wird die NSV zu diesem Zeitpunkt die Arbeit in den bisherigen Räumen und mit dem vorhandenen Personal übernehmen.
II. Über die Überleitung ist ein förmlicher Beschluß der bisherigen Rechts- und Unterhaltsträger durch ihre zuständigen Organe herbeizuführen. Soweit es sich bei ihnen um Stiftungen im Sinne der §§ 18 ff. BGB handelt, ist dabei § 87 BGB besonders zu beachten.
III. Es ist jedoch in jedem Einzelfalle an Hand der von der NSV aufgestellten Gesamtplanung zu prüfen, ob die NSV bzw. die Stadt Berlin jeweils andere Räume zur Verfügung hat bzw. ob die Kinder von umliegenden Tagesstätten aufgenommen werden können, ferner ob *sämtliche* Angestellte von der NSV weiterbeschäftigt werden.
Wenn Angestellte der Kindertagesstätten mit der Übergabe des Tagesheims in die Dienste der NSV übertreten, muß auf eine genaue Regelung der arbeitsrechtlichen Verhältnisse zwischen dem Arbeitnehmer (Schwestern, freie Berufskräfte) und dem neuen Arbeitgeber unter Entlastung des bisherigen Rechtsträgers geachtet werden. Erforderlichen Falles wird zu prüfen sein, ob das Dienstverhältnis zwischen dem bisherigen Träger des Heims und den Angestellten zu lösen ist.
IV. Im Falle der Weiterführung der Arbeit in den bisherigen Räumen ist ein Miet- bzw. Pachtvertrag abzuschließen. Dabei sind folgende Punkte zu beachten:
1. Zu überlassen sind lediglich Räume, die bisher ausschließlich für den Betrieb der Kindertagesstätte gedient haben. Hierbei ist zu prüfen, ob diese sämtlichen Räume abzugeben sind. Nicht zu überlassen sind z. B. Wohnungen von Erzieherinnen.
2. Es ist darauf zu dringen, daß bauliche Ausgestaltungen und mit den Räumen fest verbundene Ausschmückungen, die den christlichen Charakter des Raumes kennzeichnen, erhalten bleiben. Sollten jedoch diesbezügliche Veränderungen vorgenommen werden, so bedürfen sie der vertraglichen Vereinbarung des Trägers der Tagesstätte.
3. Bei der Errechnung der zu fordernden *Entschädigung* für die Überlassung der Räume sind alle die Bildung des Mietzinses beeinflussenden Umstände zu berücksichtigen, z. B.:
  a) Die Verzinsung und Amortisation des auf die überlassenen Räume entfallenden Anteils des Anlagekapitals (normaler Zinssatz 4 %);
  b) ein angemessener Hundertsatz für Abnutzung des Gebäudes (etwa 1½ bis 2 %);
  c) anteilige Steuern;
  d) anteiliger Wasserzins;
  e) anteilige Versicherungsbeiträge (Brandversicherung, Haftpflicht);
  f) anteilige Kosten für Anliegerleistungen, Anschluß an die Beschleusung, Grubenreinigung usw.

4. Sofern das *Inventar* nicht käuflich der NSV überlassen wird, (was sich im allgemeinen empfehlen dürfte), ist bei Errechnung der Gesamtmiete zu beachten, daß es üblich ist, bei Möbeln 10 %, bei Geschirr und Wäsche 15 % des Anschaffungspreises als Leihgebühr jährlich in Rechnung zu stellen. Ein genaues Inventarverzeichnis ist dem Vertrag beizufügen.

Inzwischen war auch der EOK Berlin durch Heinrich selbst vom Stand der Dinge unterrichtet, und nachdem diese „Richtlinien" über Kracht und Krüger-Wittmack auch mit dem EOK Berlin abgestimmt waren[837], war es „wichtig und dringend"[838], die evangelischen Kindergartenträger in Berlin zu unterrichten. Am 14. August fand mit den Trägern der dem Evangelischen Verband für Kinderpflege in Berlin angeschlossenen Kindertagesstätten eine „Besprechung über die zu ergreifenden Maßnahmen" statt[839]. Die Anwesenheit von Kracht und Krüger-Wittmack unterstrich die Bedeutung der Versammlung[840]. Die „Richtlinien" wurden den Anwesenden ausgehändigt und erläutert[841].

Bereits eine Woche vorher, ohne daß die „Richtlinien" vorgelegen hätten, hatte im Dienstgebäude des Evangelischen Konsistoriums der Mark Brandenburg eine Besprechung der Berliner Superintendenten stattgefunden. Auch

---

5. Hinsichtlich der *Beleuchtung* empfiehlt es sich, besondere Zähler für die überlassenen Räume einbauen zu lassen.
6. Über die Ersetzung von *Schäden*, die infolge der Benutzung der Räume durch die NSV entstehen, sind, sofern es sich nicht um normale Abnutzung handelt, getrennt nach Reparaturen sowie Sachschäden an Gebäuden und Einrichtungen genaue Abmachungen zu treffen.
7. Der Vertrag ist für eine *bestimmte Zeit* (möglichst nicht zu langfristig, z.B. für Kriegsdauer), mit festgelegter Kündigungsfrist abzuschließen.
V. Die Überleitungsverträge bedürfen der Genehmigung der übergeordneten Stelle. Ist eine Kirchengemeinde Träger der Tagesstätte, so ist die Genehmigung der kirchlichen Aufsichtsbehörde bzw. der bei ihr gebildeten Finanzabteilung erforderlich. Wird die Tagesstätte von einem Verein oder einer Stiftung getragen, so sind der Berliner Stadtsynodalausschuß bezw. der Verband der evangelischen Kirchengemeinden in der Reichshauptstadt Berlin bereit, die Verträge zu prüfen und die Träger gegebenenfalls zu beraten.
VI. Bei der Überleitung ist auf jeden Fall zu beachten, daß die zweckgebundenen Mittel, aus denen der Kindergarten errichtet und unterhalten wird, ihrer kirchlichen Zweckbestimmung nicht entzogen werden dürfen. Bei Kindertagesstätten, die von einer Stiftung getragen werden, beruht diese Verpflichtung insbesondere auf § 87 Abs. 2 BGB, bei den von der Gemeinde getragenen Kindertagesstätten auf der allgemeinen Zweckbestimmung kirchlichen Vermögens.
Vorstehende Richtlinien sind im Benehmen mit dem Evgl. Konsistorium der Mark Brandenburg in einer Kommissionssitzung erarbeitet worden. Berlin, den 8. August 1941. Evangelischer Verband für Kinderpflege." (ADW, CA zu 850a III; EZA BERLIN, 7/4415). Die Hervorhebungen sind im Original unterstrichen.

837 Schreiben v. Wicht an Kracht vom 9.8.1941 mit zustimmenden Vermerken und dem Hinweis Krüger-Wittmacks, v. Wicht wurde „fernmündlich mitgeteilt, daß Bedenken nicht bestehen." (EZA BERLIN, 7/4415).

838 Einladung v. Wicht „an die Vorstände der unserem Verbande angeschlossenen Tagesstätten" vom 8.8.1941 (EBD.).

839 EBD. Die Versammlung fand am 14.8.1941 vormittags 11 Uhr in der Dreifaltigkeits-Kirchengemeinde in der Wilhelmstraße in Berlin-Mitte statt. Die Tagesordnung hatte vorgesehen: „1. Einführung, 2. Bericht über die Lage und die Sofort-Maßnahmen, 3. Aussprache." (EBD.).

840 Vermerke Kracht und Krüger-Wittmack auf Schreiben v. Wicht an Kracht vom 9.8.1941 (EBD.).

841 Schreiben v. Wicht an Kracht vom 9.8.1941 (EBD.); handschriftliche Notiz auf „Richtlinien für die Übernahme der evangelischen Kindertagesstätten durch die NSV in Berlin": „besprochen am 14.VIII.41" (ADW, CA zu 850a III).

Kracht war anwesend. Heinrich hatte um die Anwesenheit eines Vertreters des EOK Berlin gebeten[842].

Die Superintendenten waren über die Lage und ihre dementsprechende Verantwortung informiert und gebeten worden zu veranlassen, alle Aufforderungen zur Übergabe von Kindergärten an die provinzialkirchliche Behörde zu geben, damit durch diese die erforderlichen Verhandlungen geführt werden könnten[843]. Die Information und die damit verbundenen Fragen und Handlungszwänge trafen die Superintendenten nicht unvorbereitet. Bereits auf dem drei Monate zurückliegenden Konvent hatte v. Wicht sie ja über die Entwicklungen und die Zielstellungen auf dem Gebiet der evangelischen Kinderpflege, besonders hinsichtlich der Fragen katechetischer Unterweisung unterrichtet.

Da v. Wicht kaum noch Zweifel hatte, daß am Ende der Verhandlungen die Überleitung der evangelischen Kindergärten „seines“ Verbandes, an die NSV stehen werde und er wohl von dieser Erwartung her gezielt die andere Seite der von ihm verfolgten Strategie zum Zuge brachte, mußte er auch bekennen: „Die Last liegt schwer auf uns.“[844] Die Last – das war der Umstand, daß er „unsere Erzieherinnen“ in „außerordentliche Gewissensnotlage“ gebracht sah[845]. Die NSV war von ihrer Forderung nicht abgewichen, man müsse alle Kindergärtnerinnen zum 1. Oktober für die Fortführung der Arbeit beanspruchen. Es war bei der Absicht geblieben, die evangelischen Kindergartenleiterinnen an NSV-Einrichtungen zu versetzen und sie in ihren bisherigen Kindergärten durch NSV-Kindergärtnerinnen zu ersetzen. Wie diese „Umgestaltung“ sich auf die bisherige Arbeit auswirkte, das wußte man spätestens seit der Beschlagnahme des Kindergartens des Central-Diakonissenhauses Bethanien. Die „Entfernung der christlichen Embleme“ ebenso wie „das Fehlen der christlichen Lieder und Gebete“ hatte bei den Kindern Fragen ausgelöst, „deren Beantwortung die Schwester in dauernden Konflikt und in unerträgliche Spannung mit den NSV-Beauftragten“ hatte bringen müssen.

---

842 Schreiben Evangelisches Konsistorium der Mark Brandenburg [Heinrich] an EOK Berlin vom 6.8.1941 (EZA Berlin, 7/4415).

843 Ein Protokoll der Besprechung mit den Superintendenten am 7.8.1941 im Dienstgebäude des Evangelischen Konsistoriums der Mark Brandenburg ist nicht nachweisbar. Zu erschließen ist der Sachverhalt sowohl aus Schreiben Evangelisches Konsistorium der Mark Brandenburg [Oswald Müller] an EOK Berlin vom 1.8.1941 als auch aus Schreiben Evangelisches Konsistorium der Mark Brandenburg [Heinrich] an EOK Berlin vom 6.8.1941 (Ebd.). Was die Berliner Superintendenten betrifft, sie bedauerten anläßlich ihres Konventes am 10.9.1941, daß „die brennenden Amtsfragen – z.B. die kirchliche Betreuung der Kleinkinder – ... wegen der vorgerückten Stunde nicht in genügender Weise“ behandelt werden konnten und bekundeten ihre Absicht, die Angelegenheit der Kindergärten auf die nächste Tagesordnung zu setzen (Protokoll, in: EZA Berlin, 7/1118). Der nächste Konvent fand am 8.10.1941 statt. Weder Tagesordnung noch Protokoll dieses Konventes lassen die beabsichtigte Behandlung des Themas erkennen (Ebd.).

844 Schreiben v. Wicht an Möller vom 1.9.1941 (ADWW Münster, 153/3 (1940–1945)).

845 Schreiben v. Wicht an CA vom 18.8.1941 (ADW, CA zu 850a III).

Eltern waren beunruhigt und unterstellten den verbliebenen Kindergärtnerinnen, die Übernahme durch die NSV „innerlich" zu billigen[846].

Zu lösen war der Konflikt und v. Wicht zu entlasten nur dadurch, daß entweder mit der Übernahme der Einrichtung durch die NSV, die evangelische Kindergärtnerin „in demselben Augenblick ausscheidet" oder daß mit der NSV eine Abmachung getroffen wird, durch die „eine religiöse Beeinflussung des Kindes (Erzählen der biblischen Geschichten usw.)", mithin die bisherige katechetische Praxis, gesichert wird[847]. Darüber schwebten die Verhandlungen noch Anfang September[848]. Sie waren offenbar auch einen Monat später noch nicht weitergekommen, als der immer noch rege Georg Burghart mit diesen Alternativen die Verhandlungsposition der evangelischen Kinderpflege bekräftigte und seine Bereitschaft zur Mitwirkung an den Verhandlungen erklärte. Er, die treibende Kraft am Beginn evangelischer Kindergartenarbeit in Berlin, Beistand ihrer fachlich-organisatorischen Zusammenfassung, Förderer v. Wichts und nach wie vor Begleiter der Arbeit des Evangelischen Verbandes für Kinderpflege in Berlin in dessen Vorstand, hatte das wohl aus zwei Gründen getan. Zum einen konnte er, als Vorsitzender des Kuratoriums für den zum Heeresdienst einberufenen Vorsteher Hermann Wagner in der Leitung des Diakonissenhauses Paul-Gerhardt-Stift[849], aus der Arbeit der Schwestern des Hauses in einer Vielzahl von Kindergärten in Berliner Kirchengemeinden, den Eindruck gewonnen haben, daß die unklare Situation bereits jetzt zu Beunruhigung unter den Kindergärtnerinnen ebenso wie unter den Eltern geführt hatten[850]. Sollten vertragliche Lösungen gefunden werden, stand nicht unbegrenzt Zeit zur Verfügung. Zum anderen mochte er es für angebracht gehalten haben, mit seiner Stellungnahme und seinem Angebot, sich in die Verhandlungen einschalten zu lassen, dem EOK Berlin und dem Evangelischen Konsistorium der Mark Brandenburg den Rücken zu stärken. Das Ansehen seiner Person konnte die Wirksamkeit seines Einsatzes für die evangelischen Kindergärten in Berlin erhöhen.

Zwar konnte man weder im Evangelischen Konsistorium der Mark Brandenburg noch im EOK Berlin, weder im CA noch im Gesamtverband der Berliner Inneren Mission, nicht in der Vereinigung und nicht im Evangelischen Verband für Kinderpflege in Berlin davon ausgehen, daß die nunmehr bezogene Stellung gegen die NSV und ihre Verbündeten im nationalsozialistischen Macht- und Parteiapparat in Kirche und Innerer Mission ungeteilte Zustimmung fände. Nach Lage der Dinge hätte man zu diesem Zeitpunkt durchaus damit rechnen können, daß in Berlin Forderungen nach eindeuti-

846 Schreiben Burghart an EOK Berlin vom 27.9.1941 (EZA BERLIN, 7/4415).

847 EBD.

848 Schreiben v. Wicht an Möller vom 1.9.1941 (ADWW MÜNSTER, 153/3 (1940–1945)).

849 Vgl. PAUL GERHARDT STIFT ZU BERLIN, Paul Gerhardt Stift, S. 32 und S. 35.

850 Schreiben Burghart an EOK Berlin vom 27.9.1941 (EZA BERLIN, 7/4415).

gerer Behauptung der Arbeit gegenüber der NSV und ihren Förderern erhoben würden. Das Ergebnis der Besprechung von Vertretern evangelischer Kinderpflege von Anfang September in Stuttgart hätte ebenso ermutigend wirken können wie die eindeutige Haltung des deutschen Episkopats und des Bischofs von Berlin. Indessen mochte der Wunsch, politisch nicht mit der Haltung der katholischen Kirche identifiziert zu werden, allenthalben die Bereitschaft vergrößern, nach Möglichkeit politische Zuverlässigkeit zu demonstrieren, so war doch kaum damit zu rechnen gewesen, daß es zu einer öffentlichen Proklamation der Zustimmung zur Übernahme der evangelischen Kindergärten durch die NSV kommen würde.

Angekündigt haben mochte sich dieser Aufruf bereits zu Beginn des Jahres 1940, als bekannt wurde, was sich in Berlin-Spandau anbahnte. Hier war im Ortsteil Siemensstadt auf Initiative des NSDAP-Kreisleiters und im Einvernehmen mit den für den Ortsteil bestimmenden Werken der Siemens-Halske AG und Siemens-Schuckert AG sowie mit dem Parochialverband evangelischer Kirchengemeinden in Berlin-Spandau[851] ein evangelischer Kindergarten eingerichtet worden. Natürlich diente dieser Kindergarten der Sicherung einer Erhöhung der Beschäftigung von Frauen, Müttern, im Bereich der Rüstungsproduktion der Siemens-Werke am Standort Berlin-Siemensstadt. Der Erfolg und die offensichtliche Reibungslosigkeit, mit der ein Betreiben dieser Einrichtung möglich war, hatten den Kreisleiter des NSDAP-Kreises Berlin-Spandau und Ratsherrn der Stadt Berlin, Paul Skoda, auf den Gedanken gebracht, nunmehr auch in einem anderen Bereich Spandaus zu gleichem Zweck einen solchen von Partei und Parochialverband evangelischer Kirchengemeinden in Berlin-Spandau gemeinsam betriebenen Kindergarten zu errichten. Für geeignet hatte er besonders den Bereich der Melanchthon-Kirchengemeinde gehalten[852]. Hier hatte er sich ermutigt sehen können durch den seit zehn Jahren in der Gemeinde amtierenden Pfarrer Dr. Georg Luntowski. Neben seinem Pfarramt nahm dieser auch die Aufgaben eines Leiters der Landesstelle Groß-Berlin des Frauendienstes der DEK wahr. Er wollte kein „ganz unklarer Kopf“ sein und stritt dafür, daß man den christlichen Dienst am Nächsten nicht „einfach gleichsetzt mit eigener Organisierung der Wohlfahrt“[853].

---

851 Der Parochialverband evangelischer Kirchengemeinden in Berlin-Spandau war der Zusammenschluß von sechs Spandauer Gemeinden unter Gesichtspunkten von Finanz- und Verwaltungsfragen auf derselben kirchengesetzlichen Grundlage wie die Berliner Stadtsynode. Siehe F. WEICHERT, Die Entstehung. Bei Gründung der Berliner Stadtsynode ebenso wie des Spandauer Parochialverbandes waren Berlin und Spandau noch nicht eine Kommune. Spandau gehörte erst seit 1920 als Verwaltungsbezirk unter Aufgabe seiner kommunalen Selbständigkeit zu Berlin.

852 Vermerk Friedrich Werner nach einer Mitteilung von Rudolf Schmidt, Pressereferent der DEK, über eine Sitzung des Parochialverbandes evangelischer Kirchengemeinden in Berlin-Spandau am 19.1.1940 vom 20.1.1940 (EZA Berlin, 1/C3/179).

853 Frauendienst Landesstelle Groß-Berlin [Luntowski] an die Pfarrämter in Berlin „Ablösung

Während Skoda, wie sich gleich zu Beginn seiner Initiative zu einer Kooperation mit gemeindlichen und kirchenkreislichen Verantwortungsträgern herausgestellt hatte, nicht mit dem Wohlwollen seiner Gauleitung rechnen konnte und von Artur Görlitzer, Stellvertretender Gauleiter und inzwischen Stellvertretender Oberbürgermeister der Reichshauptstadt Berlin, gebremst wurde[854], sah Luntowski die Kirchengemeinden Berlins offenbar dazu herausgefordert, sich von der Vorstellung zu trennen, „daß die Organisierung eigener Wohlfahrtsarbeit unbedingt von der Kirche aus zu leiten und ganz prinzipiell durch besondere kirchliche Berufsarbeiter auszuüben sei". Den Zeitpunkt, seine Überlegungen zu verbreiten, konnte in der Möglichkeit sehen, „gelegentlich der Übernahme der kirchlichen Kindergärten in Berlin, sowie das Mutterhaus [scil. des Central-Diakonissenhauses] Bethanien durch die NSV"[855] eine Stellungnahme des Frauendienstes zu veröffentlichen.

Ob und inwieweit er, da er der dafür geeignete, weil ausgewiesene Mann schien, vom Berliner Machtklüngel von NSDAP und NSV zu einer solchen Stellungnahme bewogen worden war, muß unklar bleiben. Denkbar ist es. Allerdings die Beunruhigung, besonders nach der Beschlagnahme des Central-Diakonissenhauses Bethanien, war verständlicherweise groß. Die inzwischen etwas mehr als ein Jahr alte kirchenamtliche Behauptung der Inneren Mission als „Wesens- und Lebensäußerung der evangelischen Kirche" hatte auch in Berlin nicht gehalten, was man sich von dem „diplomatischen Meisterstück" versprochen hatte. Mochte das auch nicht für die Eltern, die das familienergänzende Erziehungsangebot eines Kindergartens in Anspruch nehmen mußten, ebensowenig wie für die Erzieherinnen von unmittelbarer Bedeutung sein, die Ungewißheit der Situation konnte nur als eine zusätzliche Belastung erfahren werden zu einem Zeitpunkt, da die Stadt wieder Ziel der Angriffe der Royal Air Force war[856], zu einem Zeitpunkt auch, da es der Propaganda kaum noch gelingen konnte zu verdecken, daß „die Kämpfe im Osten" von „Schwierigkeiten" für „unsere Wehrmacht" gekennzeichnet waren und da die steigende Zahl der „Gefallenen" Gefühle der Angst und Bedrohung hatte wachsen lassen[857]. An einer Stimme gegen die „aus dieser Stimmung heraus ein passives Widerstreben wider den Staat" zeigenden kirchlichen Kreise, mußte „der Wohlfahrtsarbeit des deutschen Volkes", „unserer NSV", sehr gelegen sein[858].

---

kirchlicher Wohlfahrtsarbeit durch die NSV" vom 8.9.1941 (ADW, CA/O 152; EZA BERLIN, 7/4415).

[854] Vermerk Friedrich Werner vom 20.1.1940 (EZA Berlin, 1/C3/179).

[855] Frauendienst Landesstelle Groß-Berlin [Luntowski] an die Pfarrämter in Berlin „Ablösung kirchlicher Wohlfahrtsarbeit durch die NSV" vom 8.9.1941 (ADW, CA/O 152; EZA BERLIN, 7/4415).

[856] CHR. ENGELI/W. RIBBE, Berlin in der NS-Zeit, S. 1011.

[857] H. BOBERACH, Meldungen, S. 161–164.

[858] Frauendienst Landesstelle Groß-Berlin [Luntowski] an die Pfarrämter in Berlin „Ablösung

Gleich ob Auftragsarbeit oder nicht – am 8. September 1941 versandte Luntowski seine Stellungnahme an alle Pfarrämter in Berlin. Er wandte sich in besonderer Weise an die Frauen in den Gemeinden, da sie „hier oft berufen sind, verstehen zu lehren und werdendem Leben zum Leben zu verhelfen“[859]. Was immer das heißen mochte, er wollte Stimmung machen für Beschlagnahme und Überleitungen.

Ganz entsprechend der „Godesberger Erklärung“[860], dem zweiundeinhalb Jahre zurückliegenden, gescheiterten Versuch besonders der DC (Nationalkirchliche Einung), in Übereinstimmung mit Kerrl zu „der notwendigen Neugestaltung der Kirche“[861] zu kommen und gewissermaßen unter Beachtung der nur wenig jüngeren, auf Kerrls Wunsch hin ausgearbeiteten, weniger „drapierten“[862] und eher politisch-praktischen „Grundsätze“[863] hatte Luntowski einen Artikel verfaßt, der in „pervertierender Unifizierungs- und Harmonisierungstendenz“[864] die Zusammengehörigkeit und gegenseitige Ergänzungsbedürftigkeit von christlicher Glaubenspraxis und von nationalsozialistischer Weltanschauung bei gleichzeitiger strenger organisatorischer Trennung herausstellte. Auf Luther berief er sich dabei ebenso wie auf Wichern. Diese Gestalt der Zwei-Reiche-Lehre ließ ihn keinen Grund dafür sehen, darüber zu „klagen, daß uns unsere Arbeit abgenommen wird“. Die Überleitungen auf die NSV boten aus Luntowskis Sicht Entlastung und damit erst die rechte Möglichkeit, sich auf „unsere zentrale Aufgabe [zu] besinnen, den religiösen seelsorgerlichen Dienst am deutschen Volk.“[865]

---

kirchlicher Wohlfahrtsarbeit durch die NSV“ vom 8.9.1941 (ADW, CA/O 152; EZA BERLIN, 7/4415).

859 EBD.

860 Siehe K. MEIER, Kirchenkampf III, S. 75f.; KJ 1933–1944, S. 293f. Vgl. auch H. BRUNOTTE, Der kirchenpolitische Kurs, S. 117f.; und J. S. CONWAY, Kirchenpolitik, S. 244f.

861 Schreiben Kerrl an Friedrich Werner vom 24.3.1939 (K. MEIER, Kirchenkampf III, S. 74).

862 K. MEIER, Kirchenkampf III, S. 75.

863 Grundsätze für eine den Erfordernissen der Gegenwart entsprechende neue Ordnung der Deutschen Evangelischen Kirche, vom 26.5.1939 (KJ 1933–1944, S. 299f.; K. MEIER, Kirchenkampf III, S. 80). Vgl. auch H. BRUNOTTE, Der kirchenpolitische Kurs, S. 118f.; und J. S. CONWAY, Kirchenpolitik, S. 245 mit Anm. 62.

864 K. MEIER, Kirchenkampf III, S. 75.

865 Luntowski sprach der NSV „Züge echten positiven Christentums“ zu. Luthers Kastenordnung (M. LUTHER, Ordnung eines gemeinen Kasten. 1523 [Leisniger Kastenordnung], in: WA XII, S. 11–30), mit der er die Wohlfahrtsarbeit „getrost dem Staat bezw. den Städten zuerteilte“, stellte er als „deutsche Auffassung“ dar. Erkennbar unter Aufnahme der Darstellung von G. UHLHORN, Die Christliche Liebestätigkeit III, S. 142ff. polemisierte er gegen Johannes Calvin, „Reformator der französischen Schweiz“, und dessen Erkenntnis, daß, neutestamentlich begründet, „die spezielle kirchliche Wohlfahrtsarbeit eine notwendige kirchliche Funktion sei“ – „aber deutsch ist das nicht“. Und schließlich, da er Wicherns Forderungen zur Behebung der Not, begründet im „allgemeinen Priestertum“, nicht mit der Pflicht der Kirche zur Organisation verbunden sah, behauptete er diese Forderungen als erfüllt, „wo der Staat sich so stark der Wohlfahrtsarbeit annimmt“. Im nationalsozialistischen Staat käme Wicherns Vision der Einheit von Glaube und Liebe zum Ziel! (Frauendienst Landesstelle Groß-Berlin [Luntowski] an die Pfarr-

Unterschieden im theologischen Ansatz und erst recht in der Qualität der theologischen Argumentation war es durch die Berufung auf die Zwei-Reiche-Lehre im Ergebnis scheinbar das, was fünf Jahre zuvor bereits Schempp von bekenntniskirchlicher Seite angefragt hatte. Während Schempp damit aber die Gemeinden zur Verstärkung ihrer Bemühungen zu evangelischer Unterweisung und christlicher Liebe herausgefordert sah[866], bedeutete es für Luntowski etwas anderes. Sehr konkret ging es für ihn darum, bei einer Kindergartenübergabe an die NSV nicht etwa plötzlich zu prüfen, ob die bisherigen Kindergartenräume nicht auch für andere Zwecke nutzbar sein müßten. Hinsichtlich notwendiger Kostenerstattungen durch die NSV hieße das auch, nicht „kleinlich [zu] feilschen". Und endlich ebenfalls im Blick auf den Zeitraum, für den der NSV ein Kindergarten übergeben werde, hätte diese neue Einstellung Auswirkungen. Er bräuchte nicht auf die Dauer des Krieges begrenzt zu sein. In dem allen käme zum Ausdruck, „was es heißt, wirklich Nationalsozialist und dabei wirklich Christ zu sein."[867]

Die Empörung, die Luntowski auslöste, war heftig. v. Wicht setzte sich sofort mit Friedrich Ulrich in Verbindung, und dieser erhob bereits eine Woche später, am 15. September, beim EOK Berlin „schärfsten Widerspruch" sowohl für den Gesamtverband der Berliner Inneren Mission als auch besonders für den Evangelischen Verband für Kinderpflege in Berlin. Was beide Männer so aufbrachte, war weniger die eher konfuse theologische Argumentation Luntowskis. Eine Widerlegung hätte, wie sie meinten, zu weit geführt und war wohl auch nicht beabsichtigt. Was Friedrich Ulrich und v. Wicht entrüstete, war zum einen natürlich die mit dieser Stellungnahme öffentlich angezeigte Bereitschaft, die Kinderpflege als „bewährte und gesegnete Arbeit der Inneren Mission aufzugeben und auszuliefern." Zum anderen erbitterte sie die auf diese Weise angezeigte Aufkündigung des praktisch-ekklesiologischen Konsenses, wie er durch den Erlaß der DEK vom 12. Juli 1940 gefunden worden war. Damit war in ihren Augen „der Kirche und Inneren Mission aus ihren eigenen Reihen heraus ein schwerer, nicht wieder gut zu machender Schlag versetzt." Friedrich Ulrich und v. Wicht forderten vom EOK Berlin als der obersten Aufsichtsbehörde ein Verbot weiterer Verbreitung der Schrift und gegen dessen Verfasser die „erforderlich erscheinenden Maßnahmen zu treffen."[868] Woran dabei gedacht war, bleibt unklar.

Sowohl diese Forderung als auch deren Ursache, das Schreiben Luntowskis, blieben ohne Folgen. Dem EOK Berlin und dem Evangelischen Konsi-

---

ämter in Berlin „Ablösung kirchlicher Wohlfahrtsarbeit durch die NSV" vom 8.9.1941, in: ADW, CA/O 152; EZA BERLIN, 7/4415).

866 Siehe I Kap. VII.2.2., S. 332.

867 Frauendienst Landesstelle Groß-Berlin [Luntowski] an die Pfarrämter in Berlin „Ablösung kirchlicher Wohlfahrtsarbeit durch die NSV" vom 8.9.1941 (ADW, CA/O 152; EZA BERLIN, 7/4415). Vgl. auch P. NOSS, Melanchthonkirche, S. 495f. und S. 498.

868 Schreiben Friedrich Ulrich an EOK Berlin vom 15.9.1941 (EZA BERLIN, 7/4415).

storium der Mark Brandenburg sollten Zeit und Gelegenheit fehlen zu ermitteln, was dieser „Schlag" kirchenpolitisch und mit Blick auf die Innere Mission und ihre Kindergärten in Berlin bedeutete. Immerhin hatte ihn ein Mann geführt, der in demselben kirchenpolitischen Lager stand wie Friedrich Werner an der Spitze dieser obersten Behörde der größten deutschen evangelischen Landeskirche, der in seiner anderen Funktion, als Leiter der Kirchenkanzlei der DEK, den Erlaß vom 12. Juli 1940 unterzeichnet hatte. Zwar war er derzeit als Hauptmann der Reserve zum Kriegsdienst eingezogen und die Arbeit der beiden Behörden mochte dadurch in gewisser Weise behindert sein[869], aber das hätte nicht hindern müssen, eine Auseinandersetzung zu führen, in deren Verlauf vielleicht auch die Frage zu beantworten gewesen wäre, ob und inwieweit nicht gar die Stellungnahme Luntowskis mit der Auffassung Friedrich Werners ebenso wie der Heinrichs übereinstimmte. Sie hatten doch bereits zum Beginn des Jahres im Sinne Schirmachers auf einen planwirtschaftlichen Ausgleich mit der NSV gedrängt und gerade auch in Verbindung mit der Kindergartenfrage für den Erlaß über die „Wesens- und Lebensäußerung der evangelischen Kirche" Ausführungsbestimmungen gefordert[870]. Möglicherweise hätte sich zeigen können, daß es jedenfalls im EOK Berlin und im Evangelischen Konsistorium der Mark Brandenburg noch auszufechten gewesen wäre, ob die Erlangung des mit der NSV gewünschten Ausgleichs in mehr hätte bestehen können als in einem geordneten Rückzug entsprechend den staatlichen Anordnungen auf der Grundlage des Erlasses vom 21. März 1941, nämlich tatsächlich in einer freiwilligen Übergabe evangelischer Kindergärten. Als jedenfalls der EOK Berlin Anfang Oktober 1941 den Leiter der Reichsstelle des Frauendienstes, Hermenau, um Stellungnahme zu dem Artikel seines Berliner Pfarrerkollegen bat[871], war das eigentlich nicht mehr erforderlich. Wohl dementsprechend abweisend reagierte auch Hermenau[872]. Wienekes Absicht, „Herrn P. Luntowski einmal ganz persönlich aufzuklären"[873], war jedenfalls ohne ersichtliche Wirkung geblieben. Und Mitte November erhielt Friedrich Ulrich die Mitteilung von Loycke, daß man auf seiten des EOK Berlin von einem näheren Eingehen auf Luntowskis Rundschreiben absehe, „nachdem die Angelegenheit der Berliner evangelischen Kindergärten geregelt ist"[874].

Was eine nicht persönliche, aber offene Auseinandersetzung mit Luntowski für den Evangelischen Verband für Kinderpflege in Berlin und für v. Wicht und die gesamte von ihm vertretene Kindergartenarbeit bedeutet

---

869 Siehe K.-H. MELZER, Der Geistliche Vertrauensrat, S. 172ff.

870 Siehe II Kap. II.3., S. 487 mit Anm. 170.

871 Schreiben Kracht an Hermenau vom 3.10.1941 (EZA BERLIN, 7/4415).

872 Schreiben Hermenau an EOK Berlin vom 7.10.1941 (EBD.).

873 Handschriftlicher Vermerk Wienekes auf Anschreiben Luntowskis vom 8.9.1941 (EBD.).

874 Schreiben Loycke an Friedrich Ulrich vom 17.11.1941 (EBD.).

hätte, ebenso wie für den Gesamtverband der Berliner Inneren Mission und darüber hinaus für die gesamte Innere Mission und ihren CA, bleibt dahingestellt. Jedenfalls erhielten sie nicht die Gelegenheit zu ermitteln, ob der Erlaß vom 12. Juli 1940, so angeschlagen wie er bereits war, doch noch den Schutz hätte bieten, unter dem man hätte arbeiten und sich auch hätte „gegen politische Eingriffsversuche erfolgreich wehren" können[875]. Es gab jetzt nicht einmal mehr die Möglichkeit zu ermitteln, ob auf der Grundlage der Stellungnahme Burgharts aus dem Paul-Gerhardt-Stift eine andere Lösung hinsichtlich der in den evangelischen Kindergärten beschäftigten Erzieherinnen möglich gewesen wäre als deren von der NSV geforderte bedingungslose Überleitung.

Schließlich sollte auch die NSV, die sich bereits unmittelbar am Ziel ihrer Bemühungen der letzten Jahre sehen mußte, keine Möglichkeit mehr haben zu erproben, ob ihre Forderungen durchsetzbar oder ob durch Luntowskis Artikel die evangelischen Kirchengemeinden Berlins als Träger von Kindergärten bereitwilliger zur Übergabe samt Mitarbeiterinnen geworden waren.

Seit Mitte September 1941 gab es Vermutungen, daß die Maßnahmen gegen die konfessionellen Kindergärten eingestellt würden. Spätestens von da an setzte man in den Verhandlungen mit der NSV auf Zeit. Am 27. September 1941 machte der Stadtpräsident der Reichshauptstadt Berlin den Gerüchten ein Ende. Schamvogel teilte dem Evangelischen Verband für Kinderpflege in Berlin per Rohrpost mit, er hebe seinen Erlaß vom 6. August 1941 auf. Er bestätigte ausdrücklich: „Die Berechtigung, Kindertagesstätten zu unterhalten, besteht weiter fort."[876] Damit waren die Angelegenheiten in Berlin geregelt, wie Loycke es sah, und alle grundsätzlichen Erörterungen und Verhandlungen scheinbar hinfällig. Umgehend informierte v. Wicht als Verbandsdirektor alle Vorstände und Erzieherinnen der angeschlossenen Kindergärten. Gleichzeitig entsprach er dem Wunsch der Stadtverwaltung – ob er von Schamvogel selbst oder von Behaghel geäußert wurde, bleibt unklar –, „in Ruhe die Arbeit weiter zu führen."[877] Das konnte nur heißen, das Ende der Maßnahmen gegen die evangelischen Kindergärten in Berlin sollte tunlichst nicht öffentlich herausgestellt werden.

Offenbar hatte v. Wicht dafür nicht nur Verständnis, sondern zu öffentlich wirksamen Auftritten oder zu deren Inszenierung für besondere Persönlichkeiten aus Innerer Mission oder verfaßter Kirche auch weder Zeit noch Veranlassung. Er unterrichtete die anderen Landes- und Provinzialverbände und berief, nachdem auch der Funkspruchерlaß des Reichsministeriums des In-

---

[875] G. Krüger-Wittmack, Das Verhältnis, S. 64. Siehe II Kap. II.2., S. 454 mit Anm. 71.

[876] „Ich hebe hierdurch meinen Erlaß vom 6. August 1941 – I 5b Kdg – auf. Die Berechtigung, Kindertagesstätten zu unterhalten, besteht danach weiter fort." (ADW, CA zu 850a III; EZA Berlin, 7/4416). Siehe II Kap. III.3.11., S. 690 mit Anm. 676 und Anm. 677. Siehe auch II Kap. III.3.2., S. 574f. mit Anm. 71.

[877] Schreiben v. Wicht an die Vorstände und Erzieherinnen vom 29.9.1941 (Ebd.).

nern vom 30. September 1941 den Bescheid Schamvogels bestätigt hatte, zum 16. Oktober 1941 eine Vorstandssitzung in die Berliner Geschäftsstelle der Vereinigung, auf der man sich über die veränderte Lage austauschte. So groß die Genugtuung sein mochte, daß allenthalben auch der Evangelische Verband für Kinderpflege in Berlin aktionsfähig in seiner Arbeit geblieben war, so war man doch gleichzeitig besorgt, daß damit die Gefährdung der evangelischen Kindergartenarbeit keineswegs endgültig vorüber wäre[878]. War die neue Lage nicht nur eine Verlängerung des alten Aufschubs? Was würde nach dem Krieg geschehen? Hatte man nicht selbst den Gedanken erwogen, Überleitungen an die NSV erst dann mit ihr zu verhandeln, wenn der Krieg vorüber wäre?

Indessen, bevor diese Fragen beantwortet waren und bevor noch eine Bilanz gezogen war, sollte der Evangelische Verband für Kinderpflege in Berlin und mit ihm die Vereinigung vor ganz anderen Herausforderungen stehen. Erst als diese bestanden waren, konnte man befriedigt feststellen, daß in Berlin nur fünf Tagesstätten an die NSV verloren gegangen waren[879]. Das bedeutete bei gleichzeitig aus anderen Gründen geschlossenen vierzehn Kindertagesstätten, daß zum Ende des Geschäftsjahres 1941/1942 der Evangelische Verband für Kinderpflege in Berlin noch 157 Kindertagesstätten vertrat[880]. Zur gleichen Zeit jedoch mußte er auch feststellen, daß der Kampf um die noch in evangelischer Trägerschaft bestehenden Kindergärten keinesfalls beendet war. Die Befürchtung, auch nach der Aufhebung aller Überleitungsverfügungen sei die Gefahr noch nicht gebannt, sollte sich als gerechtfertigt erweisen. Der Kampf wurde noch einmal aufgenommen. Die Initiative dazu ging von einer Seite aus, mit der man kaum gerechnet hatte.

3.13. Anhalt

Der Verband für christliche Kinderpflege in Anhalt wurde seit 1939 von Pfarrer Werner Lange als dem die Geschäfte führenden Vorsitzenden geleitet. Im Jahr 1941 war Lange elf Jahre im Pfarramt der Gemeinde in Dessau-Törten. Diese Gemeinde war Träger eines von zu diesem Zeitpunkt in Anhalt betriebenen zwölf evangelischen Kindergärten. Diese, mit insgesamt nahezu 900 Plätzen und siebzehn ausgebildeten pädagogischen Kräften, wurden von Werner Lange auf der Mitgliederversammlung der Vereinigung, die am 28. Mai 1941 in Berlin stattfand, vertreten[881].

---

878 Protokoll der Vorstandssitzung der Vereinigung am 16.10.1941 (ADWW MÜNSTER, 153/1; LKA Hannover, E 26/102).

879 VEREINIGUNG, Arbeitsbericht 1.4.1941–31.3.1942, S. 3.

880 EBD. und vgl. VEREINIGUNG, Tätigkeitsbericht 1.4.1940–31.3.1941, S. 22.

881 Protokoll (ADWW MÜNSTER, 153/1; LKA HANNOVER, E 26/106); und Bericht Söllner über die 20. Mitgliederversammlung der Vereinigung am 28.5.1941 (LKA NÜRNBERG, KrD Nürnberg 341).

Der Informations- und Erfahrungsaustausch, insbesondere über die Ereignisse in Köln, der im Mittelpunkt dieser Mitgliederversammlung stand, war auch für Werner Lange kaum ermutigend[882]. Daß es in Anhalt tatsächlich ebenfalls auf eine Übernahme durch die NSV hinauslaufen sollte, erfuhr er nur zwei Tage später durch ein Schreiben des Oberbürgermeisters von Dessau, mit dem angekündigt wurde, daß eine Überleitung der evangelischen Kindergärten auf die NSV bevorstünde.[883] Parteigenosse Hans Sander, „ein gewandter Verwaltungsbeamter mit ausgeprägtem Selbstbewußtsein" und „mitunter eigenwillig in der Verfolgung seiner Ziele"[884], berief sich dabei auf eine Verfügung Rudolf Jordans, dem „Territorialherren" Anhalts. Da auch für Werner Lange die Notwendigkeit einer Überleitung im Grundsatz nahezu feststand, er aber die Sache vorbereitet abwickeln wollte, verabredete er sogleich mit v. Wicht eine Besprechung am 7. Juni in der Geschäftsstelle der Vereinigung. Wie er selbst zu erkennen gab, bestand für ihn in Dessau keine rechte Gelegenheit, die Dinge zu erörtern und zu gemeinsam verantwortetem Handeln in der Evangelischen Landeskirche Anhalts zu kommen. Dem Landeskirchenrat in Dessau und seinem deutschchristlich-nationalkirchlichen Kurs stand er wohl eher zurückhaltend, wenn nicht ablehnend gegenüber, und der Geschäftsführer des Anhaltischen Landesausschusses für Innere Mission, Pfarrer Willy Friedrich, war seit zwei Jahren als Offizier im Krieg. Gleiches galt auch für Pfarrer Heinrich Leich, Mann der BK und Vorsteher der Anhaltischen Diakonissenanstalt in Dessau[885], die durch ihr Kindergärtnerinnenseminar und den beiden dazugehörenden Kindertagesstätten seit jeher eine wichtige Rolle für die Kindergartenarbeit in Anhalt spielte[886].

In Berlin verständigten sich Werner Lange und v. Wicht sehr schnell, daß es am besten wäre, entsprechend der zwar noch nicht vom GVR beschlossenen, aber doch fertiggestellten „Richtlinien" – einen Monat später sollten sie als „Zusammenstellung" bezeichnet werden – zu verfahren. Dazu händigte v. Wicht sie aus, und damit war Werner Lange der erste überhaupt, der die „Zusammenstellung" zum Gebrauch entsprechend den Erfordernissen erhielt. Das sollte es ihm ermöglichen, in Dessau die vorbereitenden Gespräche zu führen. Dabei ging Werner Lange davon aus, daß, wie er auf Anfrage inzwischen aus der zuständigen Abteilung Volksbildung bei der Landesregie-

---

882 Schreiben Werner Lange an v. Wicht vom 3.7.1941 (EZA BERLIN, 1/C3/180; ADW, CA zu 850a III). Siehe II Kap. III.3.5., S. 613ff.

883 Das Schreiben von Rudolf Jordan, Reichsstatthalter von Anhalt und Gauleiter des NSDAP-Gaues Magdeburg-Anhalt, an Verband für christliche Kinderpflege in Anhalt vom 30.5.1941 ist nicht nachzuweisen. Sein Inhalt ist in gewisser Weise zu erschließen durch die Erwähnung im Schreiben v. Wicht an Ohl vom 9. Juni 1941 (ADW, VKD 8).

884 Personalblatt [nach 1944] (BA BERLIN, PK 1100029560).

885 Siehe B. DAASE, Segen ererben, S. 15.

886 Schreiben Werner Lange an v. Wicht vom 3.7.1941 (EZA BERLIN, 1/C3/180; ADW, CA zu 850a III); und Schreiben Werner Lange an CA vom 10.11.1941 (ADW, CA/O 151).

rung andeutungsweise erfahren hatte, die Übernahme der Kindergärten nicht vor Ablauf des Monats August, vielleicht nicht einmal vor Ablauf des Monats September erfolgen werde. Das mochte ihn wohl in gewisser Weise beruhigen und konnte ihn auch v. Wicht gegenüber zusagen lassen, Genaueres über die Verfügung des Reichsstatthalters in Erfahrung bringen zu wollen, vielleicht gar ihren Wortlaut. Anders war, darin waren sich die beiden Männer bei ihrem Gespräch in der Berlin-Kreuzberger Wartenbergstraße, in der Geschäftsstelle der Vereinigung, einig, ein wirkungsvolles Verhandeln kaum möglich. Außerdem war es nicht auszuschließen, daß sich noch Zusammenhänge mit den Verfügungen in Thüringen oder denen in Hessen-Kassel herausstellten, die zu genaueren Einsichten in die Absichten der nationalsozialistischen „Hoheitsträger“ hätten führen können. v. Wicht hatte nämlich den Verdacht, daß Rudolf Jordan „auch in das Gebiet der Provinz Sachsens übergreift, soweit dieses gaumäßig zur Zuständigkeit des Reichsstatthalters in Braunschweig und Anhalt gehört.“[887]

Nach den in Sachsen und Thüringen von Sauckel und Mutschmann so erfolgreich abgeschlossenen Übernahmeaktionen, bei Gerüchten aus Nassau-Hessen von den Kindergärten als Geburtstagsgeschenk für den „Führer“, also bei zu erwartenden Angriffen von Sprenger und Fuchs sowie angesichts nahezu erfolgreich abgeschlossener Übernahmen evangelischer Kindergärten in Hessen-Kassel durch Weinrich und Benzing[888] hätte Anhalt, das ganz und gar Rudolf Jordans Territorium und „Idealform nationalsozialistischer Verfassung“[889] war, tatsächlich dessen Aufmarschgebiet sein können für eine Verstärkung des Angriffs auf die Provinz Sachsen und die sich dort noch als sehr lebendig behauptenden evangelischen Kindergärten. Eine Verstärkung deswegen, weil der Angriff bereits durch die Auseinandersetzungen in Erfurt eröffnet worden war[890]. Der weitere Verlauf der Dinge in Anhalt und der Provinz Sachsen konnte den Verdacht v. Wichts nur bestätigen.

Nachdem Werner Lange nach Dessau zurückgekehrt war, traf er sich noch an demselben Tag mit den Leiterinnen der Kindergärten und deren Trägervertretern, die er wohl bereits in der zurückliegenden Woche dazu eingeladen hatte[891] und an die er nun die aus Berlin mitgebrachten Informationen weitergab. So war man tatsächlich nicht ganz unvorbereitet, als entgegen aller Hoffnungen am 26. Juni 1941 die evangelischen Kindergärten in Dessau die Mitteilung erhielten, zum 1. Juli habe die Überleitung an die NSV zu erfolgen. Gänzlich überraschend konnte der Beginn dieser Aktion auch deswegen

---

887 Schreiben v. Wicht an Ohl vom 9.6.1941 (ADW, VKD 8).

888 Siehe II Kap. III.1., S. 528ff.; und II Kap. III.3.4., S. 591ff.; sowie II Kap. III.3.3., S. 584ff.

889 D. REBENTISCH, Führerstaat, S. 219.

890 Siehe II Kap. III.3.2., S. 573f.

891 Der 7.6.1941 war ein Sonnabend. Zwischen dem Eingang des Schreibens von Rudolf Jordan und diesem Termin lag eine Woche. In dieser Zeit hatte Werner Lange realistischerweise den Gesprächstermin mit v. Wicht in Berlin und den mit den Kindergartenvertretern vorbereitet.

nicht mehr sein, weil wenige Tage zuvor die Kindergärten in Bernburg und Köthen an die NSV übergeleitet worden waren. Ohne daß eine Anordnung von Gauleiter Rudolf Jordan, auf die man sich allenthalben berief, vorgelegen hätte - in Dessau wurden bereits für den nächsten Tag, dem 27. Juni, die ersten Überleitungsverhandlungen vor Ort angesetzt, und sie sollten, so sah es die begleitende Verfügung von Sander vor, innerhalb zweier Tage abgeschlossen sein. Vermögensrechtliche Fragen blieben der Klärung zu einem späteren Zeitpunkt vorbehalten; die Mitarbeiterinnen sollten alle übernommen werden. Dies und weitere Einzelheiten des Übernahmeverfahrens war in bereits vorbereiteten Protokollen festgehalten, die nur noch unterzeichnet werden mußten. „Und nach 30 bis 60 Minuten war alles vorüber." Damit waren mit dem 30. Juni 1941 vier Kindergärten in gemeinsamer Aktion von Vertretern der Stadtverwaltung und der NSV „Hals über Kopf" in deren Trägerschaft gewechselt[892].

Ausgenommen blieben die beiden Einrichtungen der Anhaltischen Diakonissenanstalt. Die Ursachen sind unklar. Es hatte auch etwas damit zu tun, daß die Anhaltische Diakonissenanstalt noch ihr Kindergärtnerinnenseminar betrieb. Die wegen der kriegsbedingten Abwesenheit von Leich allein die Anhaltische Diakonissenanstalt leitende Oberin, die erfahrene und resolute Diakonisse Renate Lange[893] - sie war nicht mit dem Vorsitzenden des Verbandes für christliche Kinderpflege in Anhalt verwandt -, hatte, von Werner Lange unterstützt, darauf hingewiesen, daß der Erlaß vom 21. März 1941 nicht für Seminarkindergärten gelte[894]. Stadtverwaltung und NSV hatten dem Rechnung getragen. Erst zum 30. September 1941 sollte das Kindergärtnerinnenseminar seinen Betrieb einstellen müssen. Zum jetzigen Zeitpunkt scheute man wohl noch einen Angriff. Daß mit Ende des Monats September der Zeitpunkt für die Übernahme der Kindergärten tatsächlich verpaßt sein sollte, konnte man auf seiten der Angreifer aus Stadtverwaltung und NSV nicht wissen, sollte es aber erfahren.

---

892 Schreiben Werner Lange an v. Wicht vom 3.7.1941 (EZA BERLIN, 1/C3/180; ADW, CA zu 850a III).

893 Siehe B. DAASE, Segen ererben, S. 14f.

894 Der Runderlaß des Reichsministers des Innern und des „Stellvertreters des Führers" vom 21.3.1941 (RMBliV 1941, S. 525; VOBl der Reichsleitung der NSDAP 1941, Flg. 220 (Mai), o. S.; Abschriften in: EZA BERLIN, 1/C3/179; EZA BERLIN, 7/4415; ADW, CA zu 850 a III; H. WEBLER, Die Kindertagesstätten, S. 30f.; H. VORLÄNDER, Die NSV, Dok. Nr. 269, S. 476ff.) nahm die „Schulkindergärten, Seminarkindergärten und Sonderkinderhorte" von seinen Regelungen aus. Wie weit das aber auch für die konfessioneller Träger und nicht nur für die in öffentlicher, mithin kommunaler Trägerschaft Gültigkeit hatte, mußte strittig sein. Ebenso, ob Himmlers Verbot der „von den Organen der sogenannten Bekennenden Kirche errichteten Ersatzhochschulen, Arbeitsgemeinschaften" (Runderlaß des Reichsministers des Innern und des Reichsführers SS und Chef der Deutschen Polizei vom 29.8.1937, in: RMBliV 1937, S. 1571; KJ 1933–1944, S. 209; auch W. SCHERFFIG, Junge Theologen II, S. 209) Anwendung hatte finden können. Nach der Besetzung des Central-Diakonissenhauses Bethanien in Berlin konnte alles als entschieden gelten. Vgl. II Kap. I.3.1., S. 138 mit Anm. 15; und II Kap. I.3.3., S. 192 mit Anm. 309.

Nachdem Werner Lange ohne Beistand von irgendeiner Seite sich hatte, wie er klagte, „durchbeißen" müssen, meinte er seine Entscheidung, die Kindergärten zu übergeben, vor v. Wicht rechtfertigen zu sollen. Er hätte einer Beschlagnahme der Kindergärten entgehen und damit personalrechtliche ebenso wie vermögensrechtliche Schwierigkeiten vermeiden wollen. Obwohl die Ursache für die von Rudolf Jordan angeordnete Maßnahme, „das antikonfessionelle Interesse", offenbar alle Bedenken, die aus Sicht „wehrwirtschaftlicher Interessen" gerade auch im Blick auf den soeben begonnenen Krieg gegen die Sowjetunion hätten vorhanden sein können, in den Hintergrund gedrängt hatten, Werner Lange begegnete dem mit Unverständnis. „Gerade aus diesem Interesse heraus" wollten er und die evangelischen Kindergärten in Anhalt wie in der Vergangenheit so in der Gegenwart arbeiten, um das „Freimachen von Müttern für kriegswichtige Betriebe" zu ermöglichen. Deshalb auch habe er die Gleichzeitigkeit der Aktion gegen die Kindergärten und des Angriffs auf die Sowjetunion „als sehr kränkend empfinden müssen", habe sich aber doch „so gestellt, daß wir der NSV möglichst keine Schwierigkeiten machten, sondern ihr die Arbeit erleichtern."[895]

Ob das eine Begründung war, die v. Wicht akzeptieren konnte, bleibt unklar. Die Einstellung der Arbeit, den Verzicht auf die Kindergärten hatte v. Wicht bisher noch niemandem gegenüber rechtfertigen müssen. Dazu sollte er erst vier Wochen später gezwungen sein, als ihn die Frage der Übernahme der evangelischen Kindergärten durch die NSV in Berlin bedrängte. Sie sollte anders ausfallen, aber sollte gleich Werner Langes paradoxer Rechtfertigung zeigen, wie Gesinnung und Gewissen über Kreuz lagen.

Allerdings, als man sich in Berlin zu Rechtfertigungserwägungen genötigt sehen sollte, war die Ursache für diesen Rechtfertigungsnotstand aus welchen Gründen auch immer kaum noch und nur sehr verdeckt erkennbar. Werner Lange dagegen ließ sie erkennen. Die Ereignisse zusammenfassend stellte er fest: „Wir standen einfach vor der Gewalt."[896] Er nahm nicht wahr, daß es die Vorstellungen von Gewalt und die Angst davor und vor den Folgen waren, die ihn bedrängt und hatten handeln lassen. Die Gewalt selbst war noch gar nicht auf dem Kampffeld. Nur ihre Vorhut. Die Drohung mit Gewalt hatte Wirkung gezeigt. Die Gewalt selbst, etwa in Gestalt der Gestapo und deren Aktion wie in Köln, hatte nicht mehr in Erscheinung zu treten brauchen. So gesehen, und nur so, war es unpassend, wenn Werner Lange mit dem Schluß der Strophe eines Paul-Gerhardt-Liedes beschrieb, woran er sich halten wollte[897]: „Bist du doch nicht Regente, der alles führen soll, Gott sitzt im Regi-

---

895 Schreiben Werner Lange an v. Wicht vom 3.7.1941 (EZA BERLIN, 1/C3/180; ADW, CA zu 850a III).

896 EBD.

897 EBD. Das Lied EG 361 ist fünf Jahre nach dem Ende des 30jährigen Krieges gedichtet als Akrostichon auf Psalm 37,5: „Befiehl dem Herren deine Wege und hoffe auf ihn, er wird's wohl machen." Strophe 7 beginnt: „Auf, auf gib deinem Schmerze und Sorgen gute Nacht, laß fahren,

mente und führet alles wohl." Weil zur Unzeit, entsprach das zwar einer einem praktisch-ekklesiologischen Grundkonsens verpflichteten frommen Gesinnung, nicht aber einem geschärften Gewissen.

Wie im Falle der Kindergärten in Nassau-Hessen, konnte auch in dem der Kindergärten in Dessau eine Weitergabe des Berichts des Vorsitzenden eines Fachverbandes für Kinderpflege durch die Geschäftsstelle der Vereinigung an die Mitglieder der mit der NSV jedenfalls noch um Verhandlungen bemühten „Viererkommission" des CA ebenso wie an den in EOK Berlin und Kirchenkanzlei der DEK zuständigen Kracht keine Veränderung der Lage der in Frage stehenden, ehedem evangelischen Kindergärten erreichen. Auch der wiederholte Hinweis auf die Regelung, „wie sie sich bereits in Westfalen, Pommern und vor allem in Berlin bewährt hat" [898], ließ die Situation unverändert, die vielmehr umgekehrt zum wiederholten Mal zeigte, was sich aus Sicht der NSV und ihrer „dem ewigen Leben der Nation dienenden Wohlfahrtspflege"[899] bewähren sollte: Die Betreuung aller Kinder in allen Kindertagesstätten obliegt der NSV[900]. Auch nachdem der Funkspruchерlaß aus dem Ministerium Wilhelm Fricks vom 30. September 1941 bekannt geworden war, konnte sich nach Lage der Dinge nichts ändern. Die Kindergärten waren an die NSV überführt.

Für einen Augenblick drohte noch einmal eine Auseinandersetzung, als die NSV durch ihren Kreisamtsleiter Walter Damme Anfang November versuchte, die beiden Kindertagesstätten, die in Dessau noch in der Trägerschaft der Anhaltischen Diakonissenanstalt waren, für sich zu reklamieren. Die Begründung Dammes war, daß nach Einstellung der Ausbildung durch die Schließung des Kindergärtnerinnenseminars der Anhaltischen Diakonissenanstalt, nun ohne weiteres eine Übergabe an die NSV möglich sei[901]. Im Zusammen-

---

was das Herze betrübt und traurig macht; bist du doch nicht ..." Paul Gerhardt war zu der Zeit Propst in Mittenwalde. Was er unter einem an das Wort Gottes gebundenen, mithin unter einem geschärften Gewissen verstand, das lebte er in der Auseinandersetzung mit Friedrich Wilhelm, Kurfürst von Brandenburg, dem Großen Kurfürsten, der ihn 1666 des Amtes in Berlin an St. Nicolai enthob.

898 Schreiben Käthe Niemann an Ohl, Wendelin, Schirmacher, Frick und Kracht vom 7.7. 1941 (ADW, VKD 8). Darin nimmt Käthe Niemann, die für den in Urlaub und Kur befindlichen v. Wicht schreibt, ausdrücklich Bezug auf ihr Schreiben vom 28.6.1941, mit dem sie die Materialien Nassau-Hessen betreffend übersandt hatte. (EBD.)

899 Rede Hilgenfeldts auf der NSV-Tagung am 12.9.1938 anläßlich des Reichsparteitages Großdeutschlands (E. HILGENFELDT, Volkspflege, S. 11).

900 Runderlaß des Reichsministers des Innern und des „Stellvertreters des Führers" vom 21.3.1941 stellte fest: „Die Betreuung der Kinder in den Kindertagesstätten liegt der NSV im Rahmen der allgemeinen Menschenführungsaufgabe der Partei ob." (RMBliV 1941, S. 525; VOBl der Reichsleitung der NSDAP 1941, Flg. 220 (Mai), o. S.; Abschriften in: EZA BERLIN, 1/C3/179; EZA BERLIN, 7/4415; ADW, CA zu 850 a III; H. WEBLER, Die Kindertagesstätten, S. 30f.; H. VORLÄNDER, Die NSV, Dok. Nr. 269, S. 476ff.).

901 Schreiben Werner Lange an CA vom 10.11.1941 (ADW, CA/O 151). Darin erwähnt der nachmalige Bevollmächtigte des Evangelischen Hilfswerks der EKD in Anhalt und Präses der

wirken mit Oberin Renate Lange konnte der Vorsitzende des Verbandes für christliche Kinderpflege in Anhalt mit dem Hinweis auf den Funkspruch-erlaß aus dem Reichsministerium des Innern vom 30. September 1941 es erreichen, daß die Attacke nicht wiederholt wurde. Eine Besprechung beider mit Kracht und eine Anfrage bei Hagen Mitte November 1941, die den Fortbestand der beiden Einrichtungen weiter sichern sollten, hatte nichts weiter erbracht als die Empfehlung, die Angelegenheit vor Ort zu verhandeln und dabei das zu tun, was sie ohnehin bereits getan hatten, „gerade auf diesen Funkspruch hinweisen.“[902]

Tatsächlich konnten nach Lage der Dinge CA und Kirchenkanzlei der DEK und EOK Berlin kaum mehr tun, als auf die mit dem Erlaß gegebene Rechtsgrundlage zu verweisen. Im übrigen mußten sie jetzt damit beschäftigt sein, an dieser neuen Rechtsgrundlage orientiert, die zuständigen Stellen zu veranlassen, die Fälle zu einer Entscheidung zu bringen, bei denen der Zeitpunkt der Übernahme durch die NSV oder die Form – freiwillige Übergabe oder Beschlagnahme – oder beides strittig war. Kracht bereitete gerade mit ausführlicher Darstellung der einzelnen Fälle eine Eingabe an das Reichsministerium des Innern vor[903].

Die beiden Kindergärten der Anhaltischen Diakonissenanstalt wurden in diesem Sinne keine strittigen Fälle. Sie waren die Einrichtungen, von denen die Vereinigung, den Verlust von zehn Kindergärten beklagend und den Umfang der verbliebenen Arbeit in Anhalt beschreibend, am Ende des Geschäftsjahres 1941/1942 feststellte, „es sind nur noch zwei Tagesstätten übrig.“[904]

3.14. Bremen

In Bremen war die evangelische Kindergartenarbeit Teil der Arbeit der Abteilung Evangelischer Jugend- und Wohlfahrtsdienst des Vereins für Innere Mission Bremen und lag in der unmittelbaren Verantwortung von dessen Geschäftsführer[905]. Bodo Heyne, in der Auseinandersetzung mit dem rücksichtslosen, seine „deutschgläubige Bischofsdiktatur“[906] auch durch die Schaffung eines „Volkskirchlichen Amtes“ erweiternden Lic. Dr. Heinrich Weidemann unterlegen[907], hatte die gegen Ende des Jahres 1936 erfolgte gemeinsame At-

---

Anhaltischen Landessynodet, daß die Oberin der Anhaltischen Diakonissenanstalt und er selbst am 13.11.1941 mit Kracht ein Gespräch in Berlin haben werden. Ein Protokoll darüber o. ä. ist nicht nachzuweisen.

902 Schreiben Hagen an Werner Lange vom 18.11.1941 (EBD.).

903 Schreiben EOK Berlin an Reichsministerium des Innern vom 6.12.1941 (EZA BERLIN, 7/4415). Das von Evers unterzeichnete Schreiben ist mit handschriftlichem Entwurf unter dem 6.11.1941 von Kracht gefertigt worden (EBD.).

904 VEREINIGUNG, Arbeitsbericht 1.4.1941–31.3.1942, S. 3.

905 Siehe HIM II, S. 410.

906 K. STOEVESANDT, Bekennende Gemeinden und deutschgläubige Bischofsdiktatur.

907 C. V. ADERKAS, Bodo Heyne, S. 396.

tacke von Jugendamt und NSV[908] auf die vier dem Verein der stadtbremischen Kinderbewahranstalten eigenen Kindertagesstätten zurückschlagen können. Der Hinweis auf die Tatsache, „unter der Obhut der Deutschen Evangelischen Kirche" zu stehen und die Arbeit nach Fortfall staatlicher und städtischer Mittel aus Zuwendungen „christlicher Liebestätigkeit" zu finanzieren[909] war derzeit ausreichend, und Jugendamt und NSV hatten sich zurückgezogen.

Jetzt mußte Heyne mit ansehen, wie der Bremer Bischofsdiktator aus finanziellen Gründen die vier Kindergärten der NSV überließ. Ob tatsächlich die „Abgabenlast" in Verbindung mit dem Erlaß vom 21. März 1941 ursächlich waren, wie Mitte Juni 1941 Heinrich Weidemann selbst der Kirchenkanzlei der DEK mitteilte[910], oder ob es seiner Betrug und Untreue einschließenden Amtsführung entsprach[911], muß dahingestellt bleiben.

Mit Urteilsspruch des Reichsfinanzhofes vom 15. Februar 1941 hatte die Bremische Evangelische Kirche ein Steuerrechtsverfahren, das sie als Musterprozeß geführt hatte, endgültig verloren[912]. Im Mai 1938 hatte sie Vermögen und Betrieb der dem Verein der stadtbremischen Kinderbewahranstalten eigenen Kindertagesstätten übernommen, die stets als evangelische Kindergärten betrieben worden waren. Gänzlich unklar ist, warum nicht zu diesem Zeitpunkt die NSV unter ihrem Gauamtsleiter Otto Denker Rechte anmeldete. In ähnlichen Fällen hatte sie andernorts keinen Konflikt gescheut. Ob eine starke Position Weidemanns innerhalb des NSDAP-Gaues Weser-Ems um Reichsstatthalter und Gauleiter Carl Röver ausschlaggebend oder dem gar eine Absprache vorangegangen war, ist nicht zu erkennen. Es würde freilich in das Bild des „charakterlichen Exzentrikers"[913] Heinrich Weidemann gepaßt haben.

Bereits zum 1. Januar 1938 hatte das zuständige Finanzamt für eine der inzwischen übernommenen Kindertagesstätten und das dazugehörende Grundstück einen Grundsteuermeßbetrag veranlagt. Obwohl der Streitwert nur RM 359,-- betrug – die Entscheidung war von grundsätzlicher Bedeutung. Aus Sicht der Kirchenbehörde bedeute die Neufestsetzung des Meßbetrages

---

908 Schreiben Jugendamt Bremen an Heyne vom 20.11.1936 (ADW, CA/J 63).

909 Schreiben Heyne an Jugendamt Bremen vom 26.11.1936 (EBD.).

910 Schreiben Heinrich Weidemann an Kirchenkanzlei der DEK vom 18.6.1941 (EZA BERLIN, 1/C3/180).

911 Im Dezember 1940 hatte sich Weidemann per Verordnung bei Anhebung der Besoldung um 100 % als Leiter der Kirchenbehörde die Amtsbezeichnung Kirchenpräsident und als leitender Geistlicher die Amtsbezeichnung Landesbischof zugelegt. Im Juli 1941 sollte deshalb wegen Betrugs, Untreue und Vergehens gegen die Kriegswirtschaftsverordnung Strafanzeige erstattet werden. Siehe K. STOEVESANDT, Bekennende Gemeinden, S. 95ff.; auch K. MEIER, Kirchenkampf III, S. 398ff.

912 Urteil des Reichsfinanzhofs – AZ. VIa 11/41 – vom 15.2.1941 (EZA BERLIN, 1/C3/180).

913 K. MEIER, Kirchenkampf III, S. 401 spricht von „charakterlicher Exzentrik" Weidemanns, die auch die strikte Eigenständigkeit gegenüber den DC mitbegründe (EBD.).

eine Erhöhung der Einheits- und Kapitalwerte „auf das Zehn- und Mehrfache". Dem aber stünde, so hatte man argumentiert, die Mildtätigkeit als Zweckbestimmung entgegen. Deshalb hatte die Bremische Evangelische Kirche als der neue Eigentümer und Betreiber der Kindergärten unter Berufung auf § 4 Ziff. 3b GrStG[914] den Bescheid angefochten, war aber am 27. November 1940 vor dem Oberfinanzpräsidenten Weser-Ems in Bremen unterlegen. Obwohl der Versuch, eine Grundsteuerbefreiung wegen Mildtätigkeit der Zwecke zu erreichen, durchaus dem Interesse von Vereinigung und CA entsprochen haben mochte, Präzedenzfälle zu erhalten, die als „Muster" für andere Einrichtungen dienen konnten[915], hätte man spätestens zu diesem Zeitpunkt auch in Bremen wissen können, daß diese Entscheidung der Entwicklung entsprach, die sich seit StAnpG und GrStG speziell hinsichtlich der Frage der Gemeinnützigkeit und der Mildtätigkeit in der Rechtsprechung niedergeschlagen hatte. Der Erlaß des Reichsministers der Finanzen vom 15. Juli 1939 hätte Hinweis genug sein können und insofern dieser Rechtsstreit nicht weiter geführt zu werden brauchen.

Mit seiner Entscheidung war der Reichsfinanzhof auch ganz auf der bisherigen Linie geblieben, hatte letztinstanzlich die Rechtsbeschwerde „als unbegründet zurückgewiesen" und dafür zwei Gründe als entscheidend hervorgehoben. Die Satzung einer Körperschaft, die mit kirchlichem, mildtätigem oder gemeinnützigen Zwecke sich betätigt, müsse auch formal diese Zweckbestimmung eindeutig ausweisen. Tatsächliche Geschäftsführung und Wortlaut der Satzung müssen hinsichtlich der Zweckbestimmung übereinstimmen. Dabei müsse sichergestellt sein, daß auch bei Auflösung der Körperschaft die Verwendung des Vermögens zweckentsprechend geschehe. Gehe dies aus der Satzung nicht hervor, könne eine Körperschaft nicht als gemeinnützig, mildtätig oder kirchlichen Zwecken dienend im Sinne von § 17 StAnpG anerkannt werden[916]. Da der Satzungsmangel nicht behoben, auch die Runderlasse des Reichsministers der Finanzen vom 15. Juli 1939 und 8. Januar 1940 nur „Verwaltungsanweisungen"[917] und deshalb für die Entscheidung ohne Bedeutung seien, demgegenüber aber das Urteil des Reichsfinanzhofes vom 27. April 1940 mit seinem begründenden Hinweis auf § 2 VStDV heranzuziehen gewesen sei[918] – die Rechtsbeschwerde könnte „keinen Erfolg haben."[919] Zum anderen und „in sachlicher Hinsicht" urteilte der Reichsfinanzhof, daß § 6 Abs. 3 GrStG[920], mithin eine Aufnahme von über-

914 RGBl 1936 I, S. 987. Siehe II Kap. I.3.3., S. 180 mit Anm. 243.

915 Siehe II Kap. I.3.3., S. 187ff. mit Anm. 287.

916 Urteil des Reichsfinanzhofs – AZ. VIa 11/41 – vom 15.2.1941 (EZA BERLIN, 1/C3/180).

917 Urteil des Reichsfinanzhofs – AZ. VIa 76/39 – vom 27.4.1940 (RStBl 1940, S. 562–563; auch J. KUNZE, Zur steuerlichen Lage, [1940] S. 100f.). Siehe II Kap. I.4.3., S. 292 mit Anm. 471.

918 RGBl 1935 I, S. 100. Siehe II Kap. I.4.3., S. 286 mit Anm. 445.

919 Urteil des Reichsfinanzhofs – AZ. VIa 11/41 – vom 15.2.1941 (EZA BERLIN, 1/C3/180).

920 Danach gilt: „Dient der Steuergegenstand oder ein Teil des Steuergegenstandes sowohl

wiegend solchen Kindern, deren Eltern „infolge ihrer wirtschaftlichen Lage der Hilfe bedürfen" als Begründung für eine Grundsteuerbefreiung nach § 4 Ziff. 3b GrStG ausfallen müsse. Tariflöhne ebenso wie rechtlich begründet zu beanspruchende Beihilfen sicherten die Versorgung einer Familie und schlössen demnach die Notwendigkeit zu mildtätigem Wirken aus[921].

Das mit diesem Urteil begründete Wachsen der Abgabenlast, verstärkt durch den von der rigiden Sammlungsgesetzgebung verursachten Rückgang des Kollektenaufkommens, führte den „Bischofsdiktator" „im Zenit seiner bischöflichen Macht"[922] dazu, mit der NSV-Kreisamtsleitung Fühlung aufzunehmen, um mit ihr eine „Übertragung der kirchlichen Kindergärten" zu verhandeln. Dabei hatte er die Absicht, sowohl die Grundstücke, auf denen die Kindergärten betrieben wurden, soweit es nicht ohnehin Gemeindehäuser waren, im kirchlichen Besitz verbleiben zu lassen, als auch im Falle gleichzeitiger gemeindlicher Nutzung der Gebäude, die kirchliche Arbeit fortzuführen[923]. Inwieweit in diesen Verhandlungen zum Abschluß von Mietverträgen die von der DEK und ihrer Kirchenkanzlei in gemeinsamer Arbeit mit der Vereinigung für den Bedarfsfall vorbereiteten und vorgehaltenen „Zusammenstellung"[924] eine Rolle spielten und nach Verlust der Kinderpflegearbeit das Vermögen zu sichern vermochten, mithin Besitzstandswahrung zu gewährleisten, muß unklar bleiben.

Zu dem Zeitpunkt, als in der Vereinigung der „Arbeitsbericht" für das am 31. März 1942 zu Ende gegangene Geschäftsjahr verfaßt wurde, waren in Bremen nur noch zwei Kindergärten mit einer Zahl von 50 Plätzen in kirchlicher Trägerschaft. Während mit dem gegen ihn eingeleiteten Disziplinarverfahren sich der „Absturz"[925] Heinrich Weidemanns stetig beschleunigte, während zwar die erst jetzt durchgesetzte Einrichtung einer Finanzabteilung eine gewisse Ordnung in das von ihm diktierte Finanzgebaren der Bremischen Evangelischen Kirche brachte, dabei diese indessen gleichzeitig mit dem von Muhs nunmehr als Leiter eingesetzten Cölle vom Regen in die Traufe gekommen war[926] – am 15. März 1942 waren die Verhandlungen mit der NSV abgeschlossen. Damit waren nicht nur die vier, ehedem dem Verein der stadt-

---

steuerbegünstigten als auch anderen Zwecken, ohne daß eine räumliche Abgrenzung für die verschiedenen Zwecke möglich ist, so ist der Steuergegenstand oder der Teil nur befreit, wenn die steuerbegünstigten Zwecke überwiegen." (RGBl 1936 I, S. 988). Für eine Steuerbefreiung eines Kindergartens aus Mildtätigkeitsgründen mußte also die Mehrzahl der Kinder wirtschaftlicher Hilfe bedürfen.

921 Urteil des Reichsfinanzhofs – AZ. VIa 11/41 – vom 15.2.1941 (EZA BERLIN, 1/C3/180).

922 K. MEIER, Kirchenkampf III, S. 398.

923 Schreiben Heinrich Weidemann an Kirchenkanzlei der DEK vom 18.6.1941 (EZA BERLIN, 1/C3/180).

924 Siehe II Kap. III.2., S. 556 mit Anm. 68.

925 K. STOEVESANDT, Bekennende Gemeinden, S. 95ff.

926 Vgl. EBD., S. 106ff.

bremischen Kinderbewahranstalten gehörenden, sondern noch vier weitere kirchengemeindliche Kindergärten mit insgesamt 620 Plätzen der NSV übergeben[927].

3.15. Braunschweig

Nicht entschieden im Gegensatz zu dem Trägerwechsel auf die NSV in Bremen war der des Kindergartens der St. Katharinen-Gemeinde in Braunschweig. Die Entwicklung dieser Übergabe an die NSV war wohl mit kennzeichnend dafür, wie aus dem Reichsministerium für die kirchlichen Angelegenheiten nochmals ein Angriff grundsätzlicher Art, der nicht auf Braunschweig und die Braunschweigische evangelisch-lutherische Landeskirche begrenzt bleiben sollte, vorgetragen wurde.

Gleich weiten Teilen der preußischen Provinz Hannover gehörte auch das Land Braunschweig zum NSDAP-Gau Südhannover-Braunschweig unter der Gauleitung von Lauterbacher. Wie in Hannover, so begann die NSV ihre Überführungsforderungen in Braunschweig ebenfalls erst zu einem Zeitpunkt zu erheben, als die Befürchtungen der evangelischen Kindergartenträger und die Beunruhigung wohl auch der Eltern bereits nachließen. Die Zahl der evangelischen Kindergärten in der Braunschweigischen evangelisch-lutherischen Landeskirche war in den Jahren seit 1933 auf sieben Einrichtungen gesunken. Die NSV hatte die Kindergärten in Grasleben, Helmstedt, Hasselfelde, Börßum, Wahle, Barum, Crassum, Klein-Winningstedt und Schöningen in ihre Trägerschaft übernommen, so daß in den sieben evangelischen Kindergärten noch zehn pädagogisch ausgebildete Kräfte bei 180 Plätzen tätig waren[928]. Verbandlich wurden die Kindergärten vom Landesverband für Evangelische Kinderpflege im Lande Braunschweig vertreten. Den Vorsitz führte seit 1938 der Direktor des Evangelischen Vereins für Innere Mission Braunschweig, Pfarrer Reinhard Herdieckerhoff, der allerdings in den zurückliegenden Jahren an den Arbeitstagungen der Vereinigung nicht teilgenommen hatte, obwohl seinem volksmissionarischen Interesse, ein „Gemeindehaus“[929] zu bauen, deren Arbeit an den Fragen biblischer Unterweisung und der Neubelebung des Katechumenats hätte zunehmend entgegenkommen müssen.

Am 17. September 1941 erklärte der NSV-Kreisamtsleiter des NSDAP-Kreises Braunschweig-Stadt, Hans-Karl Strube, dem die Geschäfte der St. Katharinen-Gemeinde und den Vorsitz in deren Kirchenvorstand führenden

---

927 VEREINIGUNG, Arbeitsbericht 1.4.1941–31.3.1942, S. 3.

928 VEREINIGUNG, Tätigkeitsbericht 1.4.1940–31.3.1941; Statistik (ADW, VKD 32). Allerdings O. Ohl, Bericht zur Auswertung der Fragebogen vermutlich im Februar 1941 (ADWRH DÜSSELDORF, OHL 10.1.7. II; ADW, CA/Stat. 223/15) – siehe II Kap. II.3., S. 483 mit Anm. 157 – zählt nur sechs Kindergärten. Die Ursache für diese Differenz wurde nicht ermittelt.

929 R. HERDIECKERHOFF, Innere Mission, S. 77. Vgl. K. MEIER, Kirchenkampf III, S. 417.

Pfarrer Hermann Gennrich, er habe „von der Geheimen Staatspolizei den Auftrag zur Überführung" des Kindergartens an die NSV. Er strebe eine gütliche Einigung an. Als spätesten Zeitpunkt für den Abschluß der Aktion hatte Strube den 1. November 1941 ins Auge gefaßt. Bereits einen Tag nach seiner Mitteilung stellte er den Entwurf eines Mietvertrages zu. Mit einer Ablehnung seiner Forderung rechnete Strube wohl auch deshalb nicht, weil Gennrich als politisch zuverlässig gelten konnte, da er nicht nur der Reichsbewegung DC angehörte, sondern auch Parteigenosse war[930]. Als der Kirchenvorstand der St. Katharinen-Gemeinde auf seiner Sitzung am 9. Oktober 1941 die Sache verhandelte, beschloß er, die mehr als drei Jahrzehnte ohne Inanspruchnahme öffentlicher Mittel von der Gemeinde „mit ihrer Liebe und ihren Opfern" getragene Arbeit nicht so ohne weiteres zu übergeben. Man bat die NSV unter Hinweis auf die Einstellung der Maßnahmen „in anderen Gebieten, z. B. Berlin, Westfalen und Schlesien", und darauf, daß man den Gemeindegliedern „gerade in der Kriegszeit" zusätzliche „seelische Belastung" ersparen wolle, den Kindergarten der Gemeinde belassen zu wollen. Ohne auf die Situation in anderen Teilen des Deutschen Reiches, wie sie inzwischen durch den Funkspruchertaß des Reichsministeriums des Innern vom 30. September 1941 entstanden war, in irgendeiner Weise einzugehen, reagierte Strube schroff und teilte Gennrich mit, daß dem Wunsch des Kirchenvorstandes „grundsätzlich nicht entsprochen werden kann."[931]

Gennrich hatte sich, da der Kindergarten „als Werk der inneren Mission uns [scil. dem Evangelischen Verein für Innere Mission Braunschweig] angeschlossen ist," in der Sache sogleich mit Herdieckerhoff in Verbindung gesetzt, der, nachdem der Kirchenvorstand sich über seine Absichten klar geworden war, die Kirchenkanzlei der DEK über den Fall unterrichtet und entsprechend dem Wunsch der Gemeinde darum gebeten hatte, darauf hinwirken zu wollen, daß der Kindergarten der Gemeinde erhalten bleibt[932]. Kracht hatte die Sache zu bearbeiten und ohne das Eintreffen des angeforderten Berichts aus dem Landeskirchenamt der Braunschweigischen evangelisch-lutherischen Landeskirche in Wolfenbüttel[933] abzuwarten, ging Ende Oktober ein Schreiben an das Reichsministerium des Innern. Darin wurde unter Berufung auf den Erlaß vom 30. September 1941 gebeten, Anweisung zu geben, daß keine weitere Beunruhigung der Bevölkerung erfolgt und der Kindergarten der St. Katharinen-Gemeinde erhalten bleibt[934].

---

930 LKA WOLFENBÜTTEL, Pers. 290.

931 Schreiben Gennrich durch das Landeskirchenamt der Braunschweigischen evangelisch-lutherischen Landeskirche in Wolfenbüttel an Kirchenkanzlei der DEK vom 29.10.1941 (EZA BERLIN, 1/C3/180).

932 Schreiben Herdieckerhoff an Kirchenkanzlei der DEK vom 13.10.1941 (EBD.).

933 Schreiben Gennrich durch das Landeskirchenamt der Braunschweigischen evangelisch-lutherischen Landeskirche in Wolfenbüttel an Kirchenkanzlei der DEK vom 29.10.1941 (EBD.).

934 Schreiben Kirchenkanzlei der DEK an Reichsminister des Innern vom 27.10.1941 (EBD.).

Eine Woche nach Eingang des Berichtes aus dem Landeskirchenamt in Wolfenbüttel wußte man in der Kirchenkanzlei der DEK, daß eine Stellungnahme des Reichsministeriums des Innern auf dem Wege war[935]. Obwohl inzwischen längst entgegen der Anordnung von Muhs vom Oktober 1937[936] der unmittelbare Kontakt zwischen kirchlichen Behörden, auch Einrichtungen der Inneren Mission und den Reichsbehörden üblich geworden war, hatte das Reichsministerium des Innern seinen Bescheid über das Reichsministerium für die kirchlichen Angelegenheiten geleitet. Dem Hause Wilhelm Fricks und seinen mit der Kindergartensache befaßten Ministerialen war offenbar an einer Abstimmung gelegen. Damit sollte die Angelegenheit des Kindergartens – genauer, „eine[r] Krippe, die mit ca. 20 Kleinkindern und Säuglingen belegt ist"[937] – der St. Katharinen-Gemeinde zunächst für fast ein halbes Jahr unentschieden bleiben. Eine von beiden Reichsministerien gemeinsam vertretene Position, wie sie etwa bereits am 1. November 1941 im Gespräch zwischen Kracht und Krüger-Wittmack für die Kirchenkanzlei der DEK und Ruppert und Muthesius für das Reichsministerium des Innern zum Ausdruck gekommen war, sollte nicht gefunden werden. Das Reichsministerium für die kirchlichen Angelegenheiten – es sei daran erinnert, inzwischen mit Muhs an der Spitze – entschied anders als das Reichsministerium des Inneren gemäß seiner bisherigen Linie beabsichtigte, und die St. Katharinen-Gemeinde, wenn sie nicht gar Anlaß für die Entscheidung war, sollte jedenfalls von ihr betroffen sein.

Zunächst erfuhr die Kirchenkanzlei der DEK am 23. März 1942, daß der Erlaß des Reichsministeriums des Innern, um dessen Übermittlung man seit November 1941 bemüht gewesen war[938], „sich nicht für eine Antwort an die Kirche eigne". Darüber hinaus ließ Haugg telefonisch mitteilen, daß eine Antwort in Sachen Kindergarten der St. Katharinen-Gemeinde in Braunschweig „daher nicht erfolgen" werde[939]. Nachdem man von seiten der Kirchenkanzlei der DEK versucht hatte, sich über den Erlaß desselben Ministeriums vom selben Tag Klarheit zu verschaffen[940], konnte man Mitte April 1942 dem Landeskirchenamt der Braunschweigischen evangelisch-lutherischen Landeskirche in Wolfenbüttel jedenfalls mitteilen, es sei mit einer Unterstützung der Kirchengemeinde durch das Reichsministerium für die kirch-

---

[935] Schreiben Reichsminister des Innern an Kirchenkanzlei der DEK vom 8.11.1941 (EBD.).

[936] Siehe II Kap. I.1.1., S. 49 mit Anm. 127.

[937] Schreiben NSV-Gauamtsleitung des NSDAP-Gaues Südhannover-Braunschweig an Leiter der Finanzabteilung beim Landeskirchenamt Wolfenbüttel vom 12.5.1942 (LKA WOLFENBÜTTEL, Landeskirchenamt R 67).

[938] Schreiben Kirchenkanzlei der DEK an Reichsminister des Innern vom 15.11.1941 (EZA BERLIN, 1/C3/180).

[939] Aktennotiz N.N. betr. ein Telefongespräch mit der Registratur des Reichsministeriums des Innern mit Kirchenkanzlei der DEK am 23.3.1942 vom 23.3.1942 (EBD.).

[940] Siehe II Kap. IV.1.1., S. 801ff.

lichen Angelegenheiten „nicht zu rechnen".[941] Dem die Leitung der Braunschweigischen evangelisch-lutherischen Landeskirche wahrnehmenden Oberkirchenrat Wilhelm Röpke schien diese Unterstützung inzwischen auch nicht mehr erforderlich. Die NSV hatte eine Übernahme des Kindergartens bis Ende April 1942 „nicht weiter gefordert". Röpke sah die Angelegenheit daher als erledigt an und dankte der Kirchenkanzlei der DEK „für die dortigen Bemühungen."[942] Das war zu früh. Die Angelegenheit war nicht erledigt und als sie es war, sollte es keinen Grund zur Dankbarkeit geben, weder für Röpke noch für Gennrich. Zum Jahresende war der Kindergarten der St. Katharinen-Gemeinde durch nahezu gänzlich geräuschloses Wirken Strubes und seines NSV-Gauamtsleiters Günter Heusler, dem Nachfolger des als Gauorganisationsleiter in den unmittelbaren Dienst der NSDAP gegangenen Behme, sowie des Bevollmächtigten der Finanzabteilung beim Landeskirchenamt, Oberlandeskirchenrat Dr. Reinhold Breust, in die Trägerschaft der NSV gewechselt.

Mitte Mai 1942 hatte sich Heusler an den Parteigenossen und Vorsitzenden der Finanzabteilung beim Landeskirchenamt der Braunschweigischen evangelisch-lutherischen Landeskirche, Dr. Ludwig Hoffmeister, gewandt. Er hatte auf die Tatsache verwiesen, daß „mein Kreisamtsleiter", Strube, mit Gennrich verhandelt, dieser eine Übergabe der Krippe verweigert habe und hatte gebeten, „den Kirchenvorstand zur Übergabe der Kinderkrippe ... zu veranlassen"[943]. Daraufhin hatte Hoffmeisters Erfüllungsgehilfe, der zwei Jahre zuvor in den Dienst bei der Finanzabteilung berufene und als Stellvertreter amtierende Landeskirchenrat Herbert Westermann, den Bevollmächtigten der Finanzabteilung beim Landeskirchenamt, Breust, unter Hinweis auf den Erlaß des Reichsministeriums für die kirchlichen Angelegenheiten vom 23. März 1942[944] aufgefordert, über den Sachstand zu berichten[945]. Wenige Tage später hatte sich Gennrich von Breust gebeten gesehen, seine Verhandlungen mit der NSV „in nächster Zeit zum Abschluß zu bringen."[946] Gennrich hatte sofort Stellung genommen, über den Beschluß des Kirchenvorstandes vom 9. Oktober 1941 berichtet und deutlich gemacht, daß Strube nach dessen Übermittlung seine Forderung auf Übergabe des Kindergartens respektive

---

941 Schreiben Kirchenkanzlei der DEK an Landeskirchenamt der Braunschweigischen evangelisch-lutherischen Landeskirche Wolfenbüttel vom 14.4.1942 (EZA BERLIN, 1/C3/180).

942 Schreiben Röpke an Kirchenkanzlei der DEK vom 27.4.1942 (EBD.).

943 Schreiben NSV-Gauamtsleitung des NSDAP-Gaues Südhannover-Braunschweig an Leiter der Finanzabteilung beim Landeskirchenamt Wolfenbüttel vom 12.5.1942 (LKA WOLFENBÜTTEL, Landeskirchenamt R 67).

944 Schreiben Breust an Gennrich vom 2.6.1942 (EBD.). Breust verweist auf die Veröffentlichung LKABl BRAUNSCHWEIG, 1942, S. 24. Siehe II Kap. IV.1.1., S. 828 mit Anm. 196.

945 Schreiben Westermann an Breust vom 29.5.1942 (LKA WOLFENBÜTTEL, Landeskirchenamt R 67).

946 Schreiben Breust an Gennrich vom 2.6.1942 (EBD.).

der Kinderkrippe nicht wiederholt hätte[947]. Breust hatte das als „ins Stocken geratene Verhandlungen“ interpretiert und sowohl Hoffmeister und Westermann unterrichtet[948] als auch Gennrich veranlaßt, eine andere Beschlußlage herbeizuführen, nachdem Westermann unmißverständlich von Breust gefordert hatte, „für eine baldige Überführung der Kinderkrippe ... auf die NSV Sorge zu tragen“[949]. Diese Forderung war für St. Katharinen deshalb besonders bedrohlich, weil in Betracht zu ziehen war, daß Hoffmeister in seiner bis dahin vierjährigen Tätigkeit als Vorsitzender der Finanzabteilung bedenkenlos Kirchenbesitz veräußert oder ihn, wie im Falle der Domkirche, der NSDAP kostenfrei zur Nutzung überlassen hatte[950].

Indessen, der Kirchenvorstand hatte sich nicht länger widersetzt und am 3. Juli 1942 beschlossen, die Kinderkrippe der NSV zu übertragen. Gleichzeitig war Breust bevollmächtigt worden, mit Strube den Vertrag zu verhandeln[951]. Da sich für die NSV ein Erfolg abzeichnete, hatte Heusler von Hoffmeister eine kurze Nachricht erhalten[952]. Allerdings hatten sich die Verhandlungen hingezogen, so daß gegen Mitte August Westermann gedrängt[953] und erst eine Verhandlung unter Breusts Leitung, das von Finanzabteilung und NSV-Gauamtsleitung erwünschte Ergebnis erbracht hatte – die Einigung über einen Mietvertrag[954]. Es hatte dann allerdings nochmals nahezu zwei Monate gedauert und einer weiteren Mahnung Westermanns bedurft[955], bis man sich über die Höhe des Mietzinses einig geworden war[956]. Nachdem im Verlauf des Monats November sowohl die St. Katharinen-Gemeinde als auch die NSV-Kreisamtsleitung den Vertrag unterzeichnet hatten, war er dem Vorsitzenden der Finanzabteilung beim Landeskirchenamt in Wolfenbüttel zur „Genehmigung“ vorgelegt worden[957]. Anfang Dezember hatte Hoffmeister durch seine Unterschrift die Überführung der Kinderkrippe auf die NSV besiegelt[958].

---

947 Schreiben Gennrich an Breust vom 3.6.1942 (EBD.).

948 Schreiben Breust an Hoffmeister vom 5.6.1942 (EBD.).

949 Schreiben Westermann an Breust vom 17.6.1942 (EBD.).

950 Siehe K. MEIER, Kirchenkampf III, S. 415f.

951 Schreiben Breust an Hoffmeister vom 4.7.1942 (LKA WOLFENBÜTTEL, Landeskirchenamt R 67).

952 Schreiben Hoffmeister an Heusler vom 11.7.1942 (EBD.).

953 Schreiben Westermann an Breust vom 22.8.1942 (EBD.).

954 Schreiben Breust an Hoffmeister vom 25.8.1942 und vom 1.9.1942 (EBD.).

955 Schreiben Westermann an Breust vom 26.10.1942 (EBD.).

956 Schreiben Breust an Hoffmeister vom 27.10.1942 (EBD.). Zur Ermittlung des Mietzinses waren Stadtverwaltung und ihre Preisbehörde eingeschaltet worden. Danach war die NSV bereit, einen Mietzins in Höhe von RM 72,50 zu zahlen. Um welche Raumgrößen für die Kindergärten es sich handelte, bleibt unklar.

957 Schreiben Breust an Hoffmeister vom 27.11.1942 (EBD.).

958 Schreiben Hoffmeister an Breust vom 2.12.1942 (EBD.).

Mochte die Vermietung von diesem „Stücklein Innerer Mission, an dem vieler Herzen hingen“ Gennrich auch „besonders nahegehen“[959] und sollte das auch für die Braunschweigische evangelisch-lutherische Landeskirche und für den Evangelischen Verein für Innere Mission Braunschweig und dessen Landesverband für Evangelische Kinderpflege im Lande Braunschweig den Verlust einer weiteren Kindertagesstätte bedeuten, so daß nunmehr noch sechs evangelische Kindergärten zu zählen waren – in der Vereinigung wurde das überhaupt nicht wahrgenommen. Das konnte zum einen daran liegen, daß der Landesverband für Evangelische Kinderpflege im Lande Braunschweig kaum in Verbindung mit der Vereinigung stand und in den zurückliegenden Jahren auch nicht auf den Mitgliederversammlungen und Arbeitstagungen vertreten gewesen war. Es mochte zum anderen aber seine Ursache auch in dem allgemeinen Bedürfnis der Braunschweigischen evangelisch-lutherischen Landeskirche haben, „Konfliktsituationen auszuweichen“[960]. Dann wäre das Vorgehen Breusts und des Kirchenvorstandes von St. Katharinen in der Sache des Kindergartens als zweifelloser Beleg dafür anzusehen, keine Aufmerksamkeit weckenden Konflikte zu erzeugen. So erklärte sich, daß Bremer im Rückblick auf das Jahr 1942 in seinem Arbeitsbericht feststellte: „Ernsthafte Schwierigkeiten gab es nur in Hannover.“[961]

3.16. Ostpreußen

Im Frühjahr 1942, als Bremer seinen ersten Bericht, nunmehr „Arbeitsbericht“ genannt, als Vorsitzender der Vereinigung fertigzustellen hatte, resümierte er, daß nach den „schweren Verlusten“ von Kindertagesstätten „nur noch sieben preußische Provinzialverbände und drei Landesverbände voll aktionsfähig geblieben sind, nämlich: Berlin, Mark Brandenburg, Hannover, Ostpreußen, Pommern, Rheinland und Westfalen, dazu Bayern, Baden und Württemberg.“ Aber auch wenn zudem, wie allenthalben zu erkennen, in den Ländern und Provinzen die Auseinandersetzungen mit der NSV und den Behörden- ebenso wie den Parteiapparaten nach dem Erlaß vom 21. März 1941 unterschiedlichster Art waren, „fast unberührt blieb Westfalen, wo drei Schließungen drei Neuanschlüsse gegenüberstehen, ebenso Ostpreußen, wo nur zwei Kindergärten aus Mangel an Mitteln eingegangen sind, es sind jetzt noch sechsunddreißig.“ [962] Waren wie in Westfalen Überführungen evangeli-

---

959 Schreiben Gennrich an Hagen vom 30.8.1942 (ADW, CA/O 171). Hagen hatte zugesagt, am 13.9.1942, dem Tag der Inneren Mission, in St. Katharinen zu Braunschweig in einem Gottesdienst mit Gennrich die Predigt zu halten. Gennrich bat nun Hagen: „... unsere Kinderkrippe auf Grund des Ihnen bekannten Ministerialerlasses an die NSV vermieten müssen. Wenn Sie das in irgendeiner Form in Ihrer Predigt erwähnen würden, wäre ich dankbar.“

960 K. MEIER, Kirchenkampf III, S. 417.

961 VEREINIGUNG, Arbeitsbericht 1.4.1942–31.3.1943, S. 15.

962 VEREINIGUNG, Arbeitsbericht 1.4.1941–31.3.1942, S. 4.

scher Kindergärten an die NSV nicht erfolgt, von Übernahmeversuchen blieb jetzt wie die anderen Provinzen und Länder aber auch Ostpreußen nicht „unberührt".

Als auf der Mitgliederversammlung der Vereinigung am 28. Mai 1941 die Lage der evangelischen Kinderpflege und ihrer Verbände und Einrichtungen in den Ländern und preußischen Provinzen des Deutschen Reiches erörtert wurde, war von Ostpreußen nicht die Rede. Es wurde über Schlesien und Westfalen, die Provinz Sachsen und die Rheinprovinz, über die Provinz Hessen-Nassau und ihren Regierungsbezirk Kassel über Baden und Bayern, Württemberg und die Pfalz, über Köln und Aachen und über Berlin und die Mark Brandenburg berichtet, nicht aber von den Kindergärten des Evangelischen Verbandes für Kinderpflege in Ostpreußen, dessen Geschäfte der seit fast zwanzig Jahren an der Spitze des Ostpreußischen Provinzialvereins für Innere Mission stehende Paul Kaufmann führte[963]. Tatsächlich war die Arbeit bis dahin nahezu unangefochten geblieben. Im August 1939 hatte Kaufmann wie selbstverständlich und um zu „beweisen, daß die Ev. Kirche treu zu Volk und Führer steht"[964], der Forderung des Oberpräsidenten der Provinz und Gauleiters des NSDAP-Gaues Ostpreußen, Erich Koch, entsprochen und eine „Erweiterung der Kindergartenarbeit" in den Einrichtungen veranlaßt. Die Kindergärten sollten, insbesondere in Königsberg, ihre Öffnungszeiten verlängern und ein Mittagessen für alle Kinder vorhalten[965]. Als entgegen der Absprache „untergeordnete z. T. kirchenfeindliche Organe", im Urteil Kaufmanns, kirchliche Räume beschlagnahmten und dabei „unverantwortliche Redensarten" führten[966], erreichte es Kaufmann, daß Erich Koch Übergriffe

---

963 Bericht Söllner über die 20. Mitgliederversammlung der Vereinigung am 28.5.1941 (LKA NÜRNBERG, KrD Nürnberg 341).

964 Schreiben Kaufmann an Oberpräsidium der Provinz Ostpreußen vom 28.8.1939 (ADW, CA/O 179).

965 Schreiben Kaufmann an die Träger der Kindergärten der Inneren Mission in Ostpreußen vom 25.8.1939 (EBD.). „... ist die Anordnung ergangen, daß sämtliche – also auch unsere evangelischen Kindergärten – von 8 bis 18 Uhr ununterbrochen geöffnet bleiben, daß die Kinder Gelegenheit zur Mittagsruhe und – wenn die Mütter es wünschen – auch gegen Bezahlung ein einfaches Mittagessen bekommen sollen. Ferner sollen in erster Linie Kinder von Frauen aufgenommen werden, die außerhalb ihres Haushaltes tätig sind."

966 Schreiben Kaufmann an Oberpräsidium der Provinz Ostpreußen vom 28.8.1939 (EBD.). Betroffen waren die Kirchengemeinden Tannenwalde, Ratshof, Luisen-Gemeinde in Königsberg, Königsberg-Löbenicht, Königsberg-Neurossgarten, Liep und Ukta/Crutinnen. Kaufmann forderte sechs Punkte: Kirchliche Räume, in denen ein Kindergarten arbeitet, dürfen nicht beschlagnahmt werden; nur dann dürfen kirchliche Räume für einen Kindergarten von der NSV genutzt werden, wenn der bestehende kirchliche Kindergarten seine Arbeit nicht erweitern wolle; wird ein Kindergarten der NSV in Gemeinderäumen eingerichtet, soll die Leitung bei kirchlich bekannten Persönlichkeiten liegen und Bilder und Symbole dürfen nicht entfernt werden; gottesdienstlich genutzte Räume dürfen nicht beschlagnahmt werden; die in beschlagnahmten Räumen vorhandenen und nicht für Kindergartenarbeit brauchbaren Möbel werden der Kirchengemeinde herausgegeben; alle dem widersprechenden Maßnahmen „sind sofort rückgängig zu machen".

auf Kindergärten und Gemeindehäuser, in denen solche betrieben wurden, unterband. Es ist nicht erkennbar, ob es Kaufmanns Argumentation war oder seine guten Verbindungen[967] zum wenige Tage später auch zum Reichsverteidigungskommissar ernannten Erich Koch oder beides, es ist auch nicht erkennbar in welcher Weise das Oberpräsidium oder die Gauleitung dem Wunsche Paul Kaufmanns, „solche unliebsamen Vorkommnisse unmöglich zu machen“[968], entsprach – jedenfalls blieben von da an weitere Konflikte um evangelische Kindergärten in Ostpreußen für zwei Jahre aus.

Der Erlaß aus dem Ministerium Wilhelm Fricks und aus dem „Braunen Haus“ des „Stellvertreters des Führers“ vom 21. März 1941, auf den Schirmacher Anfang April Kaufmann hingewiesen hatte mit dem Bemerken, es „sollen nunmehr alle Kindergärten von Kirche und Vereinen der NSV übergeben werden“[969], führte bei Provinzialkirchenbehörde und Ostpreußischem Provinzialverein für Innere Mission entgegen v. Wicht zu der Auffassung, mit dem Erlaß sei „nicht gesagt, daß die Übernahme der Kindertagesstätten *jetzt* stattfinden soll.“[970] Deshalb sahen weder Kaufmann und der Ostpreußische Provinzialverein für Innere Mission noch das Evangelische Konsistorium der Provinz Ostpreußen die Notwendigkeit, mit der NSV in irgendeiner Weise Verhandlungen wegen einer Überführung evangelischer Kindergärten auf die NSV aufzunehmen.

Das drohte, sich zu ändern, als Erich Koch am 5. August 1941 die „in Frage kommenden Organisationen“ unterrichtete, daß nach Bestimmungen des Reichsministers des Innern vom 21. März 1941 „Kindertagesstätten (Krippen, Kindergärten, Kinderhorte usw.) von kirchlichen Organisationen jeder Konfession sowie von kirchenähnlichen oder kirchlich bedingten Organisationen nicht mehr unterhalten und geleitet werden dürfen.“ Deshalb seien „erteilte Genehmigungen ... auf Antrag der NSV-Gauamtsleitung zu widerrufen.“ Die Übernahme der Räume und der Einrichtungen sollten gegen angemessene Entschädigungszahlungen der NSV erfolgen[971]. Von seiten der Provinzialkirchenbehörde wurde sogleich der EOK Berlin informiert und um die beschleunigte Zusendung der von der Kirchenkanzlei der DEK Anfang Juli angezeigten[972] „Zusammenstellung“ gebeten[973]. Als auch die Rechtsträger der

---

[967] Zu Erich Kochs kirchlichen Bindungen siehe M. KOSCHORKE (Hg.), Geschichte, S. 33ff., S. 122–129 und S. 505–513; auch H. LINCK, Der Kirchenkampf, S. 42ff.

[968] Schreiben Kaufmann an Oberpräsident der Provinz Ostpreußen vom 28.8.1939 (ADW, CA/O 179).

[969] Schreiben Schirmacher an Kaufmann vom 2.4.1941 (EBD.).

[970] Schreiben Kaufmann an Schirmacher vom 8.4.1941 (EBD.). Die Hervorhebung ist im Original unterstrichen.

[971] Schreiben Oberpräsident der Provinz Ostpreußen an Evangelisches Konsistorium der Provinz Ostpreußen vom 5.8.1941 (EZA BERLIN, 7/4415).

[972] Schreiben Kirchenkanzlei der DEK [Fürle] an die obersten Behörden der deutschen evangelischen Landeskirchen vom 8.7.1941 (EZA BERLIN, 1/C3/180). Dies Schreiben wurde zur

evangelischen Kindergärten in Ostpreußen diese „Zusammenstellung“ in Händen hatten, wurde sehr schnell deutlich, daß „keinerlei Neigung zu Vertragsabschlüssen mit der NSV“ bestand[974]. Man war sich einig, es „von Fall zu Fall auf eine staatliche Anordnung ankommen [zu] lassen.“[975] Verhandlungen mit dem Reichsministerium des Innern hielt der durch seine Mitwirkung im Vorstand des CA auch mit dem Kampf um die Kindergärten vertraute und seit einem halben Jahr die Geschäfte des Präsidenten des Evangelischen Konsistoriums der Provinz Ostpreußen wahrnehmende Heyer[976] mit Blick auf die Entscheidung dieses Ministeriums zur „Auflösung der evangelischen Kindertagesstätten in Thüringen, Sachsen und im Regierungsbezirk Erfurt“ für „aussichtslos“ [977]. Etwas über die Reichskanzlei und Lammers, ihren „ehrlichen Makler zwischen den Ressorts“[978], zu erreichen, erschien dagegen Heyer eher möglich, und er regte das gegenüber dem EOK Berlin an[979].

Gleichzeitig hatte Heyer beim Oberpräsidium „in Wahrung der Interessen der Kirchengemeinden sowie der beteiligten Verbände“ Einspruch gegen die Verfügungen Erich Kochs vom 5. August 1941 und vom 16. August 1941 erhoben[980]. Tatsächlich hatte der Oberpräsident Mitte August seine Forderung auf Übergabe der evangelischen Kindergärten wiederholt. Möglicherweise in der Erkenntnis, daß die knapp vierzehn Tage zuvor ergangene Verfügung rechtlich anfechtbar sei, hatte Erich Koch nun die Aufgabe der NSDAP zur Menschenführung in den Vordergrund gestellt[981]. Heyer hatte sich auch davon nicht beeindrucken lassen. Er hatte auf die fehlende gesetzliche Grundlage für eine Rücknahme der Betriebserlaubnis ebenso hingewiesen wie auf die bestehenden Bestimmungen – allerdings ohne ausdrücklich auf § 29 RJWG zu verweisen –, gegen die aber von keinem evangelischen Kindergarten in Ostpreußen verstoßen worden wäre. Im Gegenteil, es wären die „Auf-

---

Kenntnis gebracht mit Schreiben EOK Berlin an Evangelisches Konsistorium der Provinz Ostpreußen vom 28.7.1941 (EBD.; EZA BERLIN, 7/4415).

973 Schreiben Evangelisches Konsistorium der Provinz Ostpreußen an EOK Berlin vom 11.8.1941 (EZA BERLIN, 7/4415). Und siehe II Kap. III.2., S. 556ff. mit Anm. 68.

974 Schreiben Heyer an EOK Berlin vom 2.9.1941 (EZA BERLIN, 7/4415). Die Zusendung der „Zusammenstellung“ erfolgte mit Schreiben EOK Berlin an Evangelisches Konsistorium der Provinz Ostpreußen vom 22.8.1941 (EBD.). Daraufhin fand, wie Heyer dem EOK Berlin am 2.9. 1941 (EBD.) berichtet, eine „Besprechung mit Vertretern aller Rechtsträger evangelischer Kindergärten in Ostpreußen“ statt.

975 Schreiben Heyer an EOK Berlin vom 2.9.1941 (EBD.).

976 Siehe K. MEIER, Kirchenkampf III, S. 265; H. SANDER, Amtslisten, S. 876. Anders H. LINCK, Der Kirchenkampf, S. 288.

977 Schreiben Heyer an EOK Berlin vom 2.9.1941 (EZA BERLIN, 7/4415).

978 D. REBENTISCH, Führerstaat, S. 55 mit Anm. 102.

979 Schreiben Heyer an EOK Berlin vom 2.9.1941 (EZA BERLIN, 7/4415).

980 Schreiben Heyer an Oberpräsident der Provinz Ostpreußen vom 2.9.1941 (EBD.).

981 Schreiben Oberpräsident der Provinz Ostpreußen an Evangelisches Konsistorium der Provinz Ostpreußen vom 16.8.1941 nicht nachweisbar, aber aus Schreiben Heyer an Oberpräsident der Provinz Ostpreußen vom 2.9.1941 (EBD.) zu erschließen.

lagen getreulich beachtet" worden, die Kindergärten „entsprechen den staatlichen Anforderungen", und vor zwei Jahren, „bei Kriegsausbruch", hätte man auf Bitten des Oberpräsidenten die Arbeit selbstverständlich erweitert. Außerdem hatte Heyer den Erlaß vom 21. März 1941 als eine Anordnung erklärt, mit der Zuständigkeiten zwischen NSV und politischer Gemeinde abgegrenzt worden wären. Mehr nicht. Und sarkastisch, wenn nicht gar höhnisch hatte Heyer schließlich angefragt, ob nicht die NSV, wenn die „allgemeine Menschenführungsaufgabe der Partei" die Übernahme evangelischer Kindergärten durch die NSV erforderlich machten, sie nicht „mit demselben Recht ... alle Elternhäuser, alle Lehrherrnstellen, die gesamte Wehrmacht und vieles andere übernehmen" müßte[982].

Dieser Eingabe des Evangelischen Konsistoriums der Provinz Ostpreußen, die nach Lage der Dinge auch mit Kaufmann abgestimmt war, hätte es zu diesem Zeitpunkt nicht mehr bedurft. Am 29. August 1941 hatte Erich Koch „unter Aufrechterhaltung meiner grundsätzlichen Entscheidung" die Durchführung seines fast einen Monat zurückliegenden Erlasses ausgesetzt[983]. Es muß ungeklärt bleiben, worin die Ursache dafür lag, daß der Gauleiter und Oberpräsident der Provinz Ostpreußen vier Wochen vor dem „Stopp-Erlaß" des Reichsministeriums des Innern in der Kindergartensache zurücksteckte und den Angriff einstellte. In Ostpreußen war kein evangelischer Kindergarten an die NSV überführt worden. Es sollte so bleiben, auch nachdem acht Monate später der Angriff – es sollte der letzte sein – aus dem Reichsministerium für die kirchlichen Angelegenheiten vorgetragen worden war.

3.17. Schleswig-Holstein

Mit dem Reichsgesetz vom 26. Januar 1937[984] hatte Lübeck zwar seine staatliche Autonomie" verloren und war im Rahmen einer „Gebietsbereinigung" mit Wirkung vom 1. April 1937 der preußischen Provinz Schleswig-Holstein und ihrem Regierungsbezirk Schleswig zugeordnet worden, aber es bestand weiterhin die Evangelisch-lutherische Landeskirche Schleswig-Holsteins und die Evangelisch-lutherische Kirche Lübecks; dementsprechend auch der Lübecker Landesverband für evangelische Wohlfahrtspflege und der ihm angehörende Evangelische Kinderpflege-Verband für Lübeck sowie der Landesverein für Innere Mission in Schleswig-Holstein und der erst 1934 gegründete und der Vereinigung beigetretene Landesverband für evangelische Kinderpflege in Schleswig-Holstein. Dieser wurde auf den Arbeitstagungen und Mitgliederversammlungen, im Gegensatz zu den meisten Provinzial- und Landesverbänden, die häufig mit einer „Doppelspitze" vertreten waren, stets allein

982 Schreiben Heyer an Oberpräsident der Provinz Ostpreußen vom 2.9.1941 (EBD.).

983 Schreiben Erich Koch an Evangelisches Konsistorium der Provinz Ostpreußen vom 29.8.1941 (EBD.); siehe auch Schreiben Heyer an EOK Berlin vom 11.9.1941 (EBD.).

984 Gesetz über Groß-Hamburg und andere Gebietsbereinigungen (RGBl 1937 I, S. 91–94).

nur von der Jugendleiterin N.N. Beckmann vertreten[985]. Sie führte die Geschäfte des Landesverbandes für evangelische Kinderpflege in Schleswig-Holstein. Allerdings betrug die Zahl der evangelischen Kindergärten in Schleswig-Holstein beim Beitritt zur Vereinigung nur acht Einrichtungen[986].

Mochte es der verdienstvolle Epha im Rückblick als „begrüßenswerte Folge" eines seit 1933 geführten Kampfes der NSV gegen die Innere Mission betrachten, daß er „zu einer engeren Verbindung von Innerer Mission und Kirche führte"[987], bis zum März 1941 waren seit 1934 geräuschlos sechs Kindergärten an die NSV gegangen[988]. Daran hatte weder der „Landesführer" der Inneren Mission, Adolf Mordhorst, ehedem Bischof von Holstein und im September 1933 von der „braunen Synode" in Ruhestand entlassen[989] – ihn führte die Vereinigung als den auch für die Kinderpflege Verantwortlichen für Schleswig-Holstein[990] –, etwas ändern können, noch Epha selbst. Am wenigsten war dazu aber eine eher auf sich allein gestellte Beckmann in der Lage, beider Männer zuständige Mitarbeiterin für den Bereich der halboffenen Kinderpflege im Landesverein für Innere Mission in Schleswig-Holstein. Ihre Ursache hatte eine solche Entwicklung wohl insbesondere in dem Zwang zur Sanierung des Landesvereins für Innere Mission in Schleswig-Holstein und seiner Einrichtungen und damit deren Fortbestehen als Landesverband für Innere Mission in Schleswig-Holstein[991].

So unbemerkt und nahezu selbstverständlich die evangelischen Kindergärten bis dahin an die NSV übergeben worden waren, ebenso unspektakulär,

---

985 Die Anwesenheitslisten bei den Protokollen der Mitgliederversammlungen und Arbeitstagungen der Vereinigung weisen aus, daß etwa Bremer und Gertrud Braune für den Evangelischen Kinderpflege-Verband Brandenburg, Hans Dölker und Elisabeth Dölker für den Evangelischen Landesverband für Kindertagesstätten in Württemberg, Nell und Becker für den Evangelischen Verband für Kinderpflege in der Rheinprovinz, Hofstaetter und Depuhl für den Evangelischen Landesverband für Kinderpflege Hannover, Proebsting und Möller für den Evangelischen Kinderpflegeverband der Provinz Westfalen, Steinbrück und Zedler für den Evangelischen Kinderpflegeverband für Schlesien oft gemeinsam anwesend waren und andere offenbar je nach Lage der Dinge und entsprechender Thematik wechselnd ihren Verband vertraten (ADWW MÜNSTER, 153/1; ADWW MÜNSTER, 153/2; LKA HANNOVER, E 26/103; LKA HANNOVER, E 26/106; LKA NÜRNBERG, DW 1715). Mordhorst war nur auf der Mitgliederversammlung der Vereinigung am 4.6.1935 für den erstmals als neues Mitglied teilnehmenden Landesverband für evangelische Kinderpflege in Schleswig-Holstein anwesend (Protokoll, in: ADWW MÜNSTER, 153/1).

986 Vgl. VEREINIGUNG, Tätigkeitsbericht 1.4.1934–31.3.1935, S. 22. Hier ist die Zahl von sieben Kindergärten angegeben. Die Summe aus der Zahl der Einrichtungen, die aus den nachfolgend unter Anm. 987 und Anm. 991 genannten Quellen entnommen sind, ist wahrscheinlicher.

987 O. EPHA, Der Landesverein, S. 48.

988 Dabei handelt es sich um die Kindergärten in Kiel/Gellertstr., Kiel/Auf der Duberhorstkoppel, Kiel/Wichmannstr., Kiel/Gartenstr., Altona-Bahrenfeld und Plön (ADW, VKD 32).

989 Siehe J. BIELFELDT, Der Kirchenkampf, S. 40–46; K. MEIER, Kirchenkampf I, S. 363ff.

990 Siehe VEREINIGUNG, Tätigkeitsbericht 1.4.1934–31.3.1935 bis Tätigkeitsbericht 1.4.1940–31.3.1941.

991 Siehe O. EPHA, Der Landesverein, S. 49–66. Vgl. H. JENNER, 60 Jahre, [S. 13ff.]; J. SCHRÖDER, Diakonie, S. 33f.

trotz der seinerzeitigen Zustimmung zur Eingabe der Vereinigung, mit der die evangelische Kinderpflege ihre Rechte ins Feld geführt und eine Sicherung ihres Bestandes eingefordert hatte, waren die beiden bis dahin noch in evangelischer Trägerschaft verbliebenen Kindergärten verloren gegangen. Als Bremer den Verlust an Einrichtungen in seinem ersten Arbeitsbericht im Frühjahr 1942 bilanzierte, konnte er nur ohne weiteren Kommentar feststellen, daß neben dem Verein für evangelische Kinderpflege für den Regierungsbezirk Kassel auch der Landesverband für evangelische Kinderpflege in Schleswig-Holstein verloren gegangen war[992].

Demgegenüber wurde der Evangelische Kinderpflege-Verband für Lübeck bereits seit 1940 nicht mehr als Mitglied der Vereinigung geführt. Die von ihm vertretenen vier Kindergärten der Hansestadt, waren, wie es zunächst scheinen mußte, bereits 1939 an die NSV übergegangen und zwar nach dem Muster, das 1936 für die Kindergärten des Potsdamer Wohltätigkeitsvereins von 1849 in Abstimmung mit Theodor Wenzel gefunden worden war[993].

Noch auf der Mitgliederversammlung der Vereinigung am 20. Juni 1939 hatte der in der Vergangenheit treu den Evangelischen Kinderpflege-Verband für Lübeck vertretende und der BK angehörende Jensen – im Verlauf der sich anschließenden Arbeitstagung vertrat er seine bekenntniskirchliche Position in der Debatte um die Bedeutung des Alten Testaments – während der allgemeinen Aussprache für Lübeck feststellen können, „daß die Lage der dortigen Einrichtungen z. Zt. noch ruhig sei."[994] Gut sechs Wochen später war es zwar immer noch ruhig, aber die evangelischen Kindergärten waren in Händen der NSV.

Der Betrieb der Kindergärten war bis dahin im wesentlichen aus Mitteln der Evangelisch-lutherische Kirche Lübecks über den Evangelischen Kinderpflege-Verband für Lübeck finanziert worden. Das „nationalsozialistische Bischofsregiment", das längst eine „Bischofsdiktatur", ähnlich der in Bremen, geworden war[995], der Kirchenrat der Evangelisch-lutherischen Kirche Lübecks unter DC-Bischof Erwin Balzer mit dem zum Oberkirchenrat berufenen Kaufmann Johannes Sievers, war im Sommer 1939 zu einer weiteren Finanzierung nicht mehr bereit gewesen[996]. Der auch dem Bruderrat des „kirchlichen Notstandsgebietes" Lübeck[997] angehörende Jensen hatte sich gedrängt gesehen, mit der NSV und ihrem Kreisamtsleiter Karl Kersten auf eine Über-

[992] VEREINIGUNG, Arbeitsbericht 1.4.1941–31.3.1942, S. 3. Siehe II Kap. I.4.2., S. 591 mit Anm. 155.

[993] Siehe I Kap. VII.3.7., S. 381–383.

[994] Protokoll (LKA HANNOVER, E 26/102; ADWW MÜNSTER, 153/1; LKA NÜRNBERG, DW 1715).

[995] Siehe K. F. REIMERS, Lübeck im Kirchenkampf, S. 269ff.

[996] Siehe O. Ohl, Bericht zur Auswertung der Fragebogen [vermutlich im Februar 1941] (ADWRH DÜSSELDORF, OHL 10.1.7. II; ADW, CA/Stat. 223/15).

[997] Siehe K. F. REIMERS, Lübeck im Kirchenkampf, S. 83ff. und S. 140ff. sowie S. 300ff.

gabe der Einrichtungen zu verhandeln. Das Ergebnis war ein Beschluß des Vorstandes des Evangelischen Kinderpflege-Verbandes für Lübeck gewesen, der am 4. August 1939 gefaßt worden war. Danach sollte Kersten „als Kommissar der NSV“ in den Vorstand des weiterhin bestehen bleibenden Evangelischen Kinderpflege-Verband für Lübeck eintreten. Das konnte nur heißen, Kersten hatte den Vorsitz übernommen. Ihm und der NSV war ausdrücklich „Einsatz und Ausrichtung der ... erzieherischen Kräfte“ und deren nationalsozialistische Schulung überlassen worden. Die „christlich-religiöse Erziehung“ in den Einrichtungen sollte „unberührt“ bleiben[998]. Allerdings sollte die Arbeit dann doch nicht in die Trägerschaft der NSV wechseln.

Bis zum 3. März 1941 wurde die Arbeit der Form nach noch unter dem Evangelischen Kinderpflege-Verband für Lübeck geführt. Zu diesem Zeitpunkt erst stellte er, nach auf Veranlassung von Sievers geführten Verhandlungen des Lübecker Landesverbandes für evangelische Wohlfahrtspflege mit der städtischen Verwaltung, seine Tätigkeit ein. Jensen war ausgespielt worden. Aber auch die NSV war nicht zum Zuge gekommen. Die Stadt hatte die Kindergartenarbeit übernommen[999]. Wie sie dem Anspruch der NSV begegnete, der sich gut vierzehn Tage später im Erlaß vom 21. März 1941 ausdrückte, ist nicht erkennbar, aber auch hier nicht darzustellen. Daß fortan der Evangelische Kinderpflege-Verband für Lübeck in der Vereinigung und ihren Tagungen nicht mehr in Erscheinung trat, wird als nur logische Folge des Trägerwechsels angesehen werden müssen.

4. Die Vereinigung evangelischer Kinderpflegeverbände Deutschlands – „überflüssig geworden“

4.1. „Verpflichtung zur evangelischen Erziehung der Kinder“

Während von seiten der Landes- und Provinzialverbände der evangelischen Kinderpflege gemeinsam mit den Kirchenbehörden – wie unterschieden sich diese Gemeinsamkeit gestalten konnte, mag erkennbar geworden sein –, in jedem Falle aber gemeinsam mit den Kirchengemeinden um den Erhalt der Kindergartenarbeit gegen die NSV und die ihr verbündeten regionalen und zentralen, parteilichen und staatlichen, jedenfalls aber „weltanschaulichen Distanzierungskräfte“ gekämpft wurde, mußten sich v. Wicht und die Vereinigung selbst aufs höchste bedroht sehen. Bislang waren allein die Träger der Kindergärten unmittelbar von den Angriffen der NSV und ihrer Helfer und Helfershelfer bedroht. Die Vereinigung unter dem Vorsitz v. Wichts war bis dahin allerdings die entscheidende Kraft. Sie hatte die Abwehr organisiert.

---

998 O. Ohl, Bericht zur Auswertung der Fragebogen [vermutlich im Februar 1941] (ADWRH DÜSSELDORF, OHL 10.1.7. II; ADW, CA/Stat. 223/15).

999 Schreiben Sievers an Kirchenkanzlei der DEK vom 10.6.1941 (EZA BERLIN, 1/C3/180).

Aber wenn Träger evangelischer Kindergärten nicht mehr vorhanden waren, weil nach nationalsozialistischer Logik überflüssig, was mit dem gemeinsamen Erlaß von Reichsministerium des Innern und „Stellvertreter des Führers“ vom 21. März 1941 bestätigt worden war, dann bedurfte es, nach derselben Logik, der Vereinigung evangelischer Kinderpflegeverbände Deutschlands nicht mehr: die Vereinigung war zwecklos geworden. Und genau das erfuhr die Vereinigung im August 1941, als in Verbindung mit der zu Anfang des Jahres beantragten Satzungsänderung auf Weisung aus dem RSHA erfolgte Ermittlungen der Gestapo und der Staatspolizeileitstelle Berlin zu dem Ergebnis gelangt waren: „... durch die neue Regelung [scil. Runderlaß vom 21. März 1941] [ist] dieser Verein überflüssig geworden.“[1]

Das mußte das Ende der Vereinigung bedeuten. Einem Freund vertraute v. Wicht an, er glaube „meine Lebensstellung und meine augenblickliche Berufsarbeit ... zerschlagen“[2]. Als ob er damit gerechnet hätte, hatte er bereits einige Tage, bevor er Kenntnis vom Schreiben der Staatspolizeileitstelle Berlin hatte, Constantin Frick und den CA nochmals um Rechtsauskunft hinsichtlich des in der Satzungsneufassung vom 5. November 1940 bzw. 28. Mai 1941 eingefügten § 13 gebeten und um Auskunft über die Möglichkeiten der Übernahme des Liquidationsvermögens der Vereinigung durch den CA im Falle ihrer Auflösung nachgesucht[3]. Dabei war es sein Anliegen, die Mittel der Vereinigung für die „Ausführung ihres katechetischen und missionarischen Auftrags an den Kindern“[4] durch CA, Kirchenkanzlei der DEK und EOK Berlin eingesetzt zu sehen. Aber nicht nur das. Er dachte auch und trotz der seinerzeitigen Ablehnung und Zurückweisung seiner Anfrage durch den EOK Berlin daran, daß es jetzt unter dem Druck der Verhältnisse im Interesse von CA und von EOK Berlin und Kirchenkanzlei der DEK liegen sollte, wenn die Geschäftsstelle der Vereinigung und „ihre tätigen Kräfte“ und „vor allem“ er, v. Wicht selbst, von einer der Kirchenbehörden übernommen würde, um dann sogleich für den katechetischen und missionarischen Dienst zur Verfügung zu stehen[5]. Das entsprach in letzter Konsequenz auch der von ihm verfolgten Doppelstrategie, mithin des von ihm entwickelten und geforderten Konzepts biblischer Unterweisung für den terminus post quem, die Zeit nach dem Ende des Aufschubs, und es ist nicht auszuschließen, daß diese Erwägungen v. Wichts bereits eine Rolle spielten, als er durch die Mitgliederversammlung der Vereinigung am 28. Mai 1941 im laufenden

---

1 Schreiben Geheime Staatspolizei, Staatspolizeileitstelle Berlin an Polizeipräsidenten von Berlin vom 26. 8.1941 (EBD.).

2 Schreiben Bremer an die angeschlossenen Verbände vom 5.1.1942 (ADW, CA/J 39). Siehe auch Schreiben Deutscher Bund enthaltsamer Pfarrer vom [o. D.] Januar 1942 (ADWW MÜNSTER, 153/3).

3 Schreiben v. Wicht an Constantin Frick vom 23.8.1941 (ADW, CA zu 850a III).

4 EBD.

5 EBD.

Genehmigungsverfahren eine weitere Satzungsänderung beschließen und auch die „kirchliche“ Zweckbestimmung der Arbeit der Vereinigung festsetzen ließ[6]. Aber wie drei Jahre zuvor, so stieß seine Vorstellung einer gänzlichen Verkirchlichung der Kindergartenarbeit auch jetzt auf Ablehnung. Allerdings nicht aus praktisch-ekklesiologischen Gründen. Die Stellungnahme, die Fuß für den CA erarbeitete, mußte v. Wicht erkennen lassen, daß aus steuerrechtlichen Gründen entgegen allen Hoffnungen, trotz Satzungsänderung und trotz biblischen Stoffplans die Vereinigung nicht einmal mit ihrer Auflösung den Rückzug der evangelischen Kinderpflege in den „Raum der Kirche“ und die Wandlung in eine kirchlichen Zwecken dienende Arbeit würde befördern oder gar sichern können. Fuß bestätigte, „aus den bisherigen Geschehnissen“ ergebe sich, daß die Zwecke der Vereinigung „somit weggefallen“ seien[7].

War v. Wicht in den Auseinandersetzungen insbesondere des Jahres 1941 bis an den Rand seiner Kräfte gegangen – er hatte die Zerstörung der Arbeit, wenn man nicht gar von seinem Lebenswerk sprechen muß, nicht aufhalten können. Und jetzt schien ihr Ende unmittelbar bevorzustehen. Mußte er das als die Summe seiner über zwanzigjährigen Arbeit ansehen? Nach v. Wichts plötzlichem Tod am 3. Januar 1942, nach einem Herzinfarkt, den er zu Hause erlitt, meinten die, die ihn gekannt hatten, daß er in der letzten Zeit „trotz all seiner bewundernswerten Energie nicht mehr der alte war.“[8]

Der Trauergottesdienst fand am 8. Januar 1942 in der Dreifaltigkeitskirche in Berlin-Lankwitz statt. In dieser Gemeinde im Berliner Südwesten, in der Derfflinger Straße, hatte v. Wicht seit der Übernahme des Direktorates im Evangelischen Verband für Kinderpflege in Berlin gewohnt. Die Predigt hielt der inzwischen 77jährige Burghart[9], der v. Wicht auch seinerzeit in das Amt eingeführt und die Arbeit in Berlin bis zuletzt fördernd begleitet hatte. Bremer bemerkte in seiner Nachricht an die Mitgliedsverbände der Vereinigung, daß das Schwere in Familie und Amt seine Widerstandskraft gebrochen hätte[10]. Von der Vereinigung und ihrem Vorstand konnten an dem Gottesdienst nur Bremer, Kracht und Vogel teilnehmen[11]. Für die Kirchenkanzlei der

[6] Siehe II Kap. I.4.3., S. 300 mit Anm. 515.

[7] Aktenvermerk von Fuß. Betrifft: Übernahme des Liquidationsvermögens der Vereinigung durch den CA vom 1.9.1941 (ADW, CA zu 850a III).

[8] Schreiben Bremer an die angeschlossenen Verbände vom 5.1.1942 (ADW, CA/J 39).

[9] Liedblatt zur Trauerfeier Pastor v. Wicht am 8.1.1942 (ADW, CA/J 39; ADWW, 153/3 (1940–1945); LKA HANNOVER, E 26/106; EZA, 7/4416). Danach sang die Gemeinde DEG 317, 1-3 und 6 (Jerusalem, du hochgebaute Stadt, wollt Gott ich wär in dir), was EG 150, 1-3 und 6 entspricht; außerdem DEG 150, 3. 4 und 6 (Ist Gott für mich, so trete gleich alles wider mich), was unter EG 351, 3. 4 und 6 zu finden; DEG 314, 1-3 und 7 (Christus, der ist mein Leben, Sterben ist mein Gewinn), das EG 516, 1-3 und 7 entspricht.

[10] Schreiben Bremer an die Mitgliedsverbände der Vereinigung vom 5.1.1942 (ADW, CA/J 39; ADWW, 153/3 (1940–1945); LKA HANNOVER, E 26/106).

[11] Siehe Schreiben Bremer an Hofstaetter vom 9.2.1942 (LKA HANNOVER, E 26/106).

DEK übermittelte Gisevius der Vereinigung schriftlich die „herzliche Anteilnahme" der DEK und die Erwartung, „daß die Arbeit weitergeführt wird"[12]. Auf demselben Weg drückte Marahrens persönlich sein „aufrichtiges Beileid" aus „zu dem schweren Verlust, den unsere Arbeit in dem gegenwärtigen Augenblick ... erlitten hat."[13]

Damit war Bremer, seit 1932 v. Wichts Stellvertreter[14], an der Spitze der Vereinigung in der Leitungsverantwortung. Er berief zum 12. Februar 1942 eine Vorstandssitzung ein, deren Tagesordnung neben dem „Erziehungssonntag", den „Finanzfragen" und den „Arbeitsberichten" auch die „Christliche Unterweisung" und das „Büro" als Verhandlungsgegenstände auswies. Voran aber standen „Wahlen": Bremer wurde zum neuen Vorsitzenden gewählt und Dölker zu seinem Stellvertreter[15].

Gustav Bremer war im westhavelländischen Nennhausen am 24. November 1884 geboren worden, wo der Vater als Gemeindepfarrer amtierte. Bereits der Großvater war Pfarrer in der Mark Brandenburg. Bremer hatte bis zum Abitur im März 1904 das Königin-Victoria-Gymnasium in Potsdam besucht und mit dem Sommersemester desselben Jahres das Studium der Theologie an der Berliner Friedrich-Wilhelm-Universität begonnen[16]. Er hatte, wie fünf Jahre zuvor v. Wicht[17], bei Adolf v. Harnack Kirchengeschichte, bei Hermann Gunkel Altes Testament und bei Julius Kaftan Dogmatik gehört. Aber anders als v. Wicht, der nur ein Semester in Berlin studiert hatte, war Bremer seine gesamte Studienzeit, acht Semester, an der Friedrich-Wilhelm-Universität geblieben. Er hatte Neues Testament beim nach dem modernen Menschen und seine Erreichbarkeit durch die Verkündigung fragenden Reinhold Seeberg – er hat nachmals Bonhoeffers Dissertation „mit dem freundlichsten Interesse bedacht"[18] – ebenso gehört wie beim in Einleitungsfragen konservativen, aber um Ausgleich von wissenschaftlichen und kirchlichen Interessen bemühten Bernhard Weiß. Praktische Theologie hatte Bremer bei Paul Kleinert gehört, der in seinem Festhalten am Zusammenhang von Prak-

---

12 Schreiben Gisevius an Bremer vom 15.1.1942 (ADW, VKD 9).

13 Schreiben Marahrens an Bremer vom 7.1.1942 (ADW, VKD 19).

14 Siehe Vorstand [der Vereinigung 1923–1938] undatiert [Juni 1938] (LKA Hannover, E 26/102). Vgl. Protokolle der Mitgliederversammlungen der Vereinigung am 11.5.1932, 4.6.1935, 1.6.1938 und 28.5.1941 (LKA HANNOVER, E 26/106).

15 Siehe Einladung zur Vorstandssitzung der Vereinigung am 12.2.1942 undatiert (LKA HANNOVER, E 26/102); Protokoll der Vorstandssitzung der Vereinigung am 12.2.1942 (EBD.); Schreiben Bremer an CA vom 26.2.1942 (ADW, CA/J 39); Schreiben Bremer an Kirchenkanzlei der DEK vom 26.2.1942 (EZA Berlin, 1/C3/180); Schreiben Bremer an die „uns angeschlossenen Landes- und Provinzialverbände für evangelische Kinderpflege" vom 20.2.1942 (ADW, VKD 35).

16 Das Folgende nach dem handgeschriebenen Lebenslauf, den er anläßlich der Meldung zum ersten theologischen Examen im November 1907 schrieb (EZA Berlin, 14/22538).

17 Siehe I Kap. II.2.2., S. 77.

18 So in seinem Vorwort D. BONHOEFFER, Sanctorum Communio, S. 7. Vgl. E. BETHGE, Dietrich Bonhoeffer, S. 107–115.

tischer Theologie und Ethik und seinem Verständnis von Volkskirche zu ihrem „ersten praktisch-theologisch prinzipiellen Theoretiker“ innerhalb der ApU geworden war[19]. Es scheinen die mit solcher praktischen, an den Realitäten orientierten Theologie verbundenen Fragen kirchlichen Handelns gewesen zu sein, die Bremer besonders beschäftigt hatten. Er hatte beim liberalen, aber in der sozialen Frage konservativen Otto Pfleiderer Christliche ebenso Ethik gehört und sich mit Homiletik befaßt, wie er auch die Vorlesung über Christentum und soziale Fragen besucht und Katechetik gelernt hatte beim ebenfalls als Parteigänger der Liberalen geltenden Eduard Simons, der seine ekklesiologischen Leitbegriffe „Volkskirche“ und „Gemeinde“ mit „extrem hohen Integrationserwartungen gefüllt“[20] hatte. Und Bremer hatte sich sogar beim bisher nur als Privatdozent lehrenden Eduard Freiherr von der Goltz mit der Arbeit der Inneren Mission beschäftigt.

So war Bremer, als er im Frühjahr 1908 sein erstes theologisches Examen ohne weiteres bestanden hatte, ein liberaler Theologe mit Kenntnissen in Sachen Innerer Mission[21]. Sein Vikariat hatte er in der Gemeinde in Rhinow, unweit seines Geburtsortes, im Kirchenkreis Rathenow absolviert. Sein Mentor hatte geurteilt, daß „seine Leistungsfähigkeit im Dienste der Gemeinde in dem Maße wachsen dürfte, wenn es ihm gelingt, freudig und offen aus sich herauszutreten.“[22] Offenbar entsprach seinem Naturell, das von bedächtiger und zurückhaltender Art war, weniger die Gemeindearbeit als vielmehr die „evangelische Liebestätigkeit“. Tatsächlich hatte er sich ihr mit seiner Arbeit zum zweiten theologischen Examen gewidmet und an der Frage nach der Bedeutung Wicherns und Fliedners entfaltet[23].

Im Mai 1910 hatte Bremer das zweite Examen im ganzen gut bestanden, war zwei Monate später durch D. Wilhelm Faber, Hof- und Domprediger und Generalsuperintendent des Sprengels Berlin, in der St. Nicolai-Kirche zu Berlin ordiniert worden und hatte seine Hilfspredigerzeit in der Kaiser-Wilhelm-Gedächtnis-Kirchengemeinde, im wohlhabenden Berliner Westen, und in Rauno bei Senftenberg, im Brandenburgischen Braunkohlerevier, absolviert[24]. Anschließend war er von November 1910 an drei Jahre Gemeindepfarrer im pommerschen Krampkewitz gewesen und hatte dann die Pfarrstelle in Menz, im Kirchenkreis Lindow-Gransee, innegehabt. Während des

---

19 P. C. BLOTH, Praktische Theologie, S. 53. Vgl. P. KLEINERT, Probleme.

20 F. W. GRAF, Eduard Simons, Sp. 454. Vgl. E. SIMONS, Das System.

21 Prüfungsprotokoll vom 7.4.1908 (EZA Berlin, 14/22538).

22 Schriftliche Beurteilung des Vikars durch seinen Mentor, den Pfarrer von Rhinow, Otto Hohenthal, vom 9.8.1909 (EBD.).

23 Die Arbeit zum zweiten theologischen Examen, die mit „recht gut“ beurteilt wurde, hatte das Thema: „Die Bedeutung Wicherns und Fliedners für die Entfaltung der evangelischen Liebestätigkeit ist nach Ähnlichkeit und Unterschied darzustellen.“ (EBD.).

24 Schreiben Evangelisches Konsistorium der Mark Brandenburg an Bremer vom 21.7.1910 (EBD.).

Krieges war er Soldat und schwer verwundet worden. Mit Ende Oktober 1921 war er da angekommen, wohin es ihn wohl seit der Studienzeit gezogen hatte und wo er die ihm noch verbleibenden fünfundzwanzig Jahre seines Lebens arbeiten sollte. Er war Vereinsgeistlicher beim Provinzialausschuß für Innere Mission in der Provinz Brandenburg und als Nachfolger vom in den EREV und CA berufenen Hermann Beutel[25] zum Geschäftsführer des Kirchlichen Erziehungsverbandes der Provinz Brandenburg und des Evangelischen Kinderpflege-Verbandes der Provinz Brandenburg bestellt worden.

Bremer hatte sich der Wahl an die Spitze der Vereinigung und der Verantwortung nicht entziehen wollen, „da in der gegenwärtigen Notzeit kaum ein anderer Weg übrig blieb."[26] Die Frage der Provinzialpfarrstelle, die v. Wicht für die Arbeit des Evangelischen Verbandes für Kinderpflege in Berlin in der Kirchenprovinz Mark Brandenburg innehatte, mußte offen bleiben. Welche Finanzabteilung bei welcher Provinzial- oder Landeskirchenbehörde würde die Errichtung einer Pfarrstelle für diese Arbeit beschließen, die, wenn auch nicht mehr vor dem Aus, so doch nicht grundsätzlich gesichert war? Sprach nicht alles dafür, wenig zu verändern, um weiterhin nah an den zentralen Stellen, den kirchlichen wie den staatlichen und parteilichen, so unauffällig, aber auch so wirksam wie möglich die Verbandsarbeit weiter zu führen? Deshalb sollte der Vorsitz der Vereinigung in Berlin bleiben. Eine kurzfristig realisierbare personelle Alternative gab es aus Sicht des Vorstandes der Vereinigung nicht. Eine Vereinigung des Evangelischen Verbandes für Kinderpflege in Berlin mit dem Evangelischen Kinderpflege-Verband der Provinz Brandenburg unter einem Vorsitzenden Bremer lehnte der Vorstand des Berliner Fachverbandes ausdrücklich ab[27]. Dem entsprach es, daß er an die Spitze des Evangelischen Verbandes für Kinderpflege in Berlin den bereits dem Berliner Hauptverein für Innere Mission seit langen Jahren und auch dem Gesamtverband der Berliner Inneren Mission als dessen Schriftführer im Vorstand[28] verbundenen Karl Schilling berief. Er war Pfarrer der Berlin-Kreuzberger Martha-Gemeinde und übernahm den Vorsitz, wie v. Wicht in den zwanzig Jahre zurückliegenden Anfangszeiten evangelischer Kindergartenarbeit, wieder im Nebenamt. Stellvertretender Vorsitzender blieb wie seit fast zwanzig Jahren Martin Lutze, Pfarrer an der Stephanuskirche in Berlin-Wedding. Er war bereit, Schilling bei der Erledigung seiner Aufgaben zu unterstützen[29].

---

25 Siehe I Kap. II.2.1., S. 69 mit Anm. 91.

26 Schreiben Bremer an CA vom 26.2.1942 (ADW, CA/J 39); Schreiben Bremer an Kirchenkanzlei der DEK vom 26.2.1942 (EZA Berlin, 1/C3/180); Schreiben Bremer an die „uns angeschlossenen Landes- und Provinzialverbände für evangelische Kinderpflege" vom 20.2.1942 (ADW, VKD 35).

27 Protokoll der Vorstandssitzung des Evangelischen Verbandes für Kinderpflege in Berlin am 30.1.1942 (AMTSGERICHT BERLIN-CHARLOTTENBURG 95 VR 1402 Nz).

28 Siehe M. BACKHAUS, Diakonisches Werk, S. 16.

29 Protokoll der Vorstandssitzung des Evangelischen Verbandes für Kinderpflege in Berlin

In der Situation, in der die Vereinigung und die von ihr vertretene evangelische Kinderpflege sich befand, war Bremer der rechte Mann zur rechten Zeit. Er war wohl weniger brillant und eloquent und „receptionsfähig", ein weniger „ungewöhnlich tüchtiger Pastor" als v. Wicht oder auch als sein Direktor, Theodor Wenzel, an der Spitze des Provinzialausschusses für Innere Mission in der Provinz Brandenburg. Aber er war gewissenhaft und zuverlässig, ein treuer und pflichtbewußter Sachwalter evangelischer Erziehungsarbeit. Das hatte er in den zurückliegenden zwanzig Jahren immer wieder unter Beweis gestellt, und jetzt wurden seine Tugenden an der Spitze der Vereinigung gebraucht. Jetzt hielt Bremer es „für meine Pflicht", das Amt zu übernehmen.

Um die Arbeit „nicht unnötig zu erschweren", hatte der Vorstand der Vereinigung auf seiner Sitzung am 12. Februar 1942 Bremers Wunsch entsprochen und der Verlegung des Büros vom Ort der Bürogemeinschaft mit dem Evangelischen Verband für Kinderpflege in Berlin in der Berlin-Kreuzberger Wartenburgstraße in die in Berlin-Lichterfelde gelegene Augustastraße zugestimmt[30]. Hier, im Berliner Südwesten, hatten die beiden bisher von Bremer als Geschäftsführer geleiteten Verbände, der Kirchliche Erziehungsverband der Provinz Brandenburg und der Evangelische Kinderpflege-Verband der Provinz Brandenburg, ihre Geschäftsstelle.

Für Bremer galt es zunächst, nach Maßgabe des Möglichen für die Fortsetzung der Durchführung des Eltern- und Erziehungssonntags ebenso Impulse zu geben, wie weiterhin die biblische Unterweisung als ein wesentliches und kennzeichnendes Element von „Leben und Dienst in der Gemeinde"[31] für einen evangelischen Kindergarten zu befördern. Es war wenig genug, was er tun konnte. Mit einem Rundschreiben vom 10. März 1942, nur fünf Wochen vor Misericordias Domini, entschuldigte Bremer unter Hinweis auf eine ausgebliebene Papierbewilligung den Ausfall der Massenverteilung eines Bildblattes[32]. Allerdings hatten, wohl zum Teil noch auf Anregung v. Wichts, PBl, DtPfrBl und Christ und Leben (ChrL) sich bereit gefunden, in ihren Beiträgen zur Predigtvorbereitung wie im Jahr zuvor den Eltern- und Erziehungssonntag besonders zu berücksichtigen. Bremer wies ausdrücklich darauf hin[33].

---

am 30.1.1942 (AMTSGERICHT BERLIN-CHARLOTTENBURG 95 VR 1402 Nz). Vgl. Protokoll der Vorstandssitzung der Vereinigung am 12.2.1942 (LKA HANNOVER, E 26/102).

30 EBD.; Schreiben Bremer an CA vom 26.2.1942 (ADW, CA/J 39); Schreiben Bremer an Kirchenkanzlei der DEK vom 26.2.1942 (EZA Berlin, 1/C3/180); Schreiben Bremer an die „uns angeschlossenen Landes- und Provinzialverbände für evangelische Kinderpflege" vom 20.2.1942 (ADW, VKD 35).

31 H. HÜLSBECK, Leben und Dienst in der Gemeinde. Die Ausgabe von CHRKPFLGE, in der dieser Beitrag im Frühjahr 1941 veröffentlicht wurde, war bis zum Jahre 1950 die letzte Ausgabe. Siehe II Kap. I.4.4., S. 341 mit Anm. 747. Siehe auch E. HAUG-ZAPP, Historisches, S. 26f.

32 Schreiben Bremer an „die uns angeschlossenen Landes- und Provinzialverbände für evangelische Kinderpflege" vom 10.3.1942 (ADW, VKD 35).

33 EBD. Wie die meisten anderen kirchlichen Periodika hatte auch DEW, die im Jahr zuvor

Ebenso auf Das Evangelische Deutschland (EvDt), der vom Evangelischen Preßverband für Deutschland herausgegebenen, nach wie vor noch wöchentlich einmal erscheinenden kirchlichen Rundschau für das Gesamtgebiet der DEK. Hierin beschrieb Lichtenstein „zum Eltern- und Unterweisungssonntag 1942" „das Wächteramt" der Gemeinde im Blick auf die Eltern „unserer Kinder"[34]. Die Pflicht der Gemeinde, so Lichtenstein in theologischem Rückgriff auf die Entschließung der Bekenntnissynode von Barmen zum „Aufbau der Bekennenden Gemeinde"[35], zur „kirchlich-katechetischen Pflege", ebenso wie die elterliche Pflicht zur „christlichen Unterweisung" seien mit der Taufe gegeben und übernommen[36]. Auch auf diesen „Leitartikel" wies Bremer hin und fügte seinem Schreiben, hektographiert, einen von v. Bodelschwingh ursprünglich für das beabsichtigte Bildblatt gefertigten Artikel bei, der einen Monat später in DtPfrBl veröffentlicht werden sollte. v. Bodelschwinghs Beitrag sollte „zur Werbung ausgenutzt werden"[37]. Unter der Überschrift „Immer unter Gottes Augen" und mit Bezug auf Mt. 18,10 hatte v. Bodelschwingh den besonderen Wert der Kinder in den Augen Gottes beschrieben und die daraus folgende besondere Verantwortung der Eltern für ihre Kinder gerade in Erziehung und Unterweisung[38].

---

auf den „Erziehungssonntag" hingewiesen hatte, mit Mai 1941 ihr Erscheinen einstellen und „ein Abschiedswort an unsere Leser" richten müssen (N.N., Abschiedswort, S. 88). Siehe II Kap. I.4.4., S. 341f. mit Anm. 747. Warum die Zeitschriften, die Bremer nennt und deren Schwerpunkt die Praktische Theologie und das Pfarramt waren, über Juni 1941 hinaus erscheinen konnten, ist nicht erkennbar und kann hier nicht erörtert werden. In CHRL erschien sowohl vom Herausgeber, dem Inhaber des Lehrstuhls für Praktische Theologie in Rostock, Professor Dr. Wilhelm Knevels, eine Predigtmeditation zu Joh. 14,1–6 (W. KNEVELS, Warum Jesus?) als auch von Bremer eine Besinnung zum Eltern- und Erziehungssonntag (G. BREMER, Eltern- und Erziehungssonntag). Während Knevels vom Text her unter Bezug auf den „Erziehungssonntag" auf die Frage antwortet, „warum wir die Kinder zu Jesus führen" (S. 163), nämlich deshalb: „Jesus ist der Weg zu Gott" (S. 166), geht Bremer vom Kasus „Eltern- und Erziehungssonntag" aus und meditiert in Anlehnung an denselben Text Joh. 14,1–6 über die elterliche Erziehungsverantwortung, bei deren Wahrnehmung Jesus der „Wegweiser" zur Barmherzigkeit Gottes sein müsse (S. 170). Die PBL brachten wie im Jahr zuvor von Walter Beyse, eine Textbearbeitung von Joh. 10,12–16 und 27–28 für den Kindergottesdienst. Unter nur skizzierter Deutung in erster Linie des Bildes vom guten Hirten, will Beyse den Kindern darbieten: „a) Jesus kennt uns. b) Jesus bewahrt uns. c) Jesus gibt uns das ewige Leben." (W. BEYSE, Joh. 10,12–16 und 27–28, S. 320).

34 A. LICHTENSTEIN, Das Wächteramt, S. 80.

35 Erklärung zur praktischen Arbeit der Bekenntnissynode der Deutschen Evangelischen Kirche (KJ 1933–1944, S. 67f.; K. IMMER, Bekenntnissynode, S. 71f.).

36 A. LICHTENSTEIN, Das Wächteramt, S. 80.

37 Schreiben Bremer an „die uns angeschlossenen Landes- und Provinzialverbände für evangelische Kinderpflege" vom 10.3.1942 (ADW, VKD 35).

38 F. v. Bodelschwingh, Immer unter Gottes Augen. Anlage zum Schreiben Bremer an „die uns angeschlossenen Landes- und Provinzialverbände für evangelische Kinderpflege" vom 10.3.1942 (EBD.); F. V. BODELSCHWINGH, Immer unter Gottes Augen, S. 60. Als Wort Jesu lautet Mt. 18,10: „Sehet zu, daß ihr nicht jemand von diesen Kleinen verachtet. Denn ich sage euch: Ihre Engel im Himmel sehen allezeit das Angesicht meines Vaters im Himmel." Seinerzeit vertraute Lutherübersetzung in der 1912 vom DEKA genehmigten Textfassung.

Wie bereits in den zurückliegenden drei Jahren entsprach auch die Kirchenkanzlei der DEK der Bitte des Vorsitzenden der Vereinigung[39] – er hieß nun Bremer – und trat durch Gisevius gegenüber den obersten Behörden der evangelischen Landeskirchen dafür ein, daß „auch in diesem Jahr“ ein Eltern- und Erziehungssonntag, möglichst an Misericordias Domini, dem 19. April, in den Gemeinden veranstaltet wird[40]. Dem Vorschlag Bremers allerdings, die Erwartung auszusprechen, daß es keine Gemeinde geben solle, „in der nicht am Erziehungssonntag ganz ernst und eindringlich den christlichen Eltern und Paten von ihrer heiligen Pflicht an ihren Kindern etwas gesagt wird“[41], diesem Vorschlag vermochte Gisevius nicht zu entsprechen. Die Gründe dafür sind nicht erkennbar. Zu vermuten ist, daß man dem Reichsministerium für die kirchlichen Angelegenheiten und seinem Staatssekretär Muhs keinen Anlaß geben wollte, in einer ohnehin durch „Warthegau-Verordnung“[42] und „Weidemann-Affaire“[43] angespannten Situation[44], einschreiten zu können, um „auf dem Weg zur entmündigten Kirche“[45] ein Stück voranzukommen. Gisevius beschränkte sich darauf, auf das entsprechende Schreiben vom Vorjahr[46] zu verweisen und gab damit dem Eltern- und Erziehungssonntag einen normal und geschäftsmäßig zu behandelnden Charakter.

Das war auch im darauf folgenden Jahr der Fall. Brunotte ließ denselben Wortlaut als Empfehlung an die landeskirchlichen Behörden gehen[47]. Wie im Vorjahr Gisevius hatte Brunotte von der Textempfehlung Bremers keinen Gebrauch gemacht. Bremer allerdings hätte gern einen Hinweis darauf gesehen, daß der Eltern- und Erziehungssonntag seit 1939 „eingebürgert“ und als „weithin kirchliche Sitte“ an Misericordias Domini zu halten empfohlen sei[48]. Er wollte gern, wenn die verschiedenen Landeskirchen bei ihren

---

39 Schreiben Bremer an Kirchenkanzlei der DEK vom 5.3.1942 (EZA BERLIN, 1/C3/180).

40 Schreiben Kirchenkanzlei der DEK [Gisevius] an die obersten Behörden der evangelischen Landeskirchen vom 20.3.1942 (EBD.).

41 Textempfehlung in Schreiben Bremer an Kirchenkanzlei der DEK vom 5.3.1942 (EBD.).

42 Verordnung über die religiösen Vereinigungen und Religionsgesellschaften im „Reichsgau Wartheland“ vom 13.9.1941 (EZA BERLIN, 1/A4/570). P. GÜRTLER, Nationalsozialismus, S. 72ff.; J. ROGALL, Die Posener Evangelische Kirche, S. 175f.; K. MEIER, Kirchenkampf III, S. 114ff.

43 K. STOEVESANDT, Bekennende Gemeinden, S. 95ff.; auch K. MEIER, Kirchenkampf III, S. 398ff.

44 Vgl. H. BRUNOTTE, Der kirchenpolitische Kurs, S. 128ff.

45 K.-H. MELZER, Der Geistliche Vertrauensrat, S. 270ff.

46 Schreiben Kirchenkanzlei der DEK [Fürle] an die obersten Behörden der deutschen evangelischen Landeskirchen vom 13.3.1941 (EZA BERLIN, 1/C3/179). Siehe II Kap. I.4.4., S. 339 mit Anm. 732. Schreiben Kirchenkanzlei der DEK [Gisevius] an die obersten Behörden der deutschen evangelischen Landeskirchen vom 20.3.1942 (EZA BERLIN, 1/C3/180).

47 Schreiben Kirchenkanzlei der DEK [Brunotte] an die obersten Behörden der evangelischen Landeskirchen vom 5.2.1943 (EZA BERLIN, 1/C3/180).

48 Textempfehlung Bremer „an die obersten Behörden der deutschen evangelischen Landes-

im Frühjahr eines jeden Jahres gehaltenen Schulanfänger- und Jugendgottesdiensten, Gottesdiensten zum Beginn des Konfirmandenunterrichts und aus Anlaß des Muttertages nicht verzichten zu können meinten, daß sich ein einheitlich begangener Eltern- und Erziehungssonntag jedenfalls gegen den Muttertag durchsetzen sollte, der in diesem Jahr auf den 9. Mai, den Sonntag Misericordias Domini, fiel[49]. Statt dessen hatte Bremer erkennen müssen, daß, was die Verständigung über die Bezeichnung des Sonntags hatte erhoffen lassen, nämlich eine „Verpflichtung zur evangelischen Erziehung den Gemeinden ans Herz zu legen"[50] und was v. Wicht und auch er selbst als „kirchliche Sitte" sich erwünscht hatten, gegen bestehende Ordnungen und Traditionen, insbesondere der intakten Kirchen, sich nicht durchgesetzt hatte und sich auch in Zukunft schwerlich durchsetzen werde. Dölker, mit dem sich Bremer darüber austauschte, bestätigte das, als er nicht nur bezweifelte, daß es sinnvoll sei, an diesem Eltern- und Erziehungssonntag „mehr oder weniger zwangsweise fest[zu]halten", sondern auch darauf verwies, daß dieser Sonntag ein „Lieblingsgedanke" v. Wichts, sein eigenes Anliegen dagegen vielmehr nur „eine dauernde Fühlungnahme" und „ein möglichstes HandinHandArbeiten" der verschiedenen Verbände gewesen sei[51]. Dölker und Bremer stimmten aber darin überein, die Sache auf einer Vorstandssitzung zu besprechen[52]. Dazu ist es nicht mehr gekommen. Zwar sollte im Gegensatz zur Mitgliederversammlung der Vereinigung, die letztmals am 28. Mai 1941 zusammengekommen war und die sich erst im Februar 1947 wieder zusammenfinden sollte[53], der Vorstand sich nochmals im Mai und September 1942 treffen. Aber zu diesem Zeitpunkt hatten andere Fragen Vorrang.

Jetzt blieb es dabei, daß wiederum wie im Vorjahr Bremer auf die Veröffentlichung dem Anliegen des Eltern- und Erziehungssonntags entsprechender Artikel hinwies, da auch in diesem Jahr weder Handreichungen noch Bildblatt herauszugeben möglich gewesen war[54]. Er selbst hatte in ChrL die Erziehung der Kinder in Familie und Gemeinde als „Gabe und Aufgabe" herausgestellt[55]. Während die PBl wieder eine Textbearbeitung zum Kindergot-

kirchen durch die Hand der Deutschen Evangelischen Kirchenkanzlei" vom 22.1.1943 (EBD.); Anlage zum Schreiben Bremer an Kirchenkanzlei der DEK vom 22.1.1943 (EBD.).

49 Schreiben Bremer an Dölker vom 23.5.1943 (ADW, VKD 28a).

50 EBD.

51 Schreiben Dölker an Bremer vom 16.2.1943 (EBD.).

52 EBD. und Schreiben Bremer an Dölker vom 23.2.1943 (EBD.).

53 Protokoll der Tagung der Vereinigung am 13.–17.2.1947 (ADWKW KASSEL, D II 000 001; LKA HANNOVER, E 26/107; LKA NÜRNBERG, DW 1718); und Bericht über das Reichszusammenkommen der Kinderpflegeverbände am 13.–17.2.1947 (EBD.). Siehe II Kap. IV.2.2., S. 854 mit Anm. 50.

54 Schreiben Bremer an die angeschlossenen Verbände vom 28.2.1943 (LKA HANNOVER, E 26/106).

55 G. BREMER, Unsere Kinder, S. 163.

tesdienst boten[56], beschränkte sich EvDt auf eine knappe Notiz[57], und wegen der „aus kriegsbedingten Gründen“[58] erfolgenden Umstellung von wöchentlicher auf monatliche Erscheinungsweise mußte DtPfrBl die Predigthilfen für „Misericordias Domini und für den Erziehungssonntag ... wegfallen“ lassen[59].

Im darauffolgenden Jahr 1944, dem fünften Kriegsjahr, war die „Beschränkung der Werbungsmöglichkeit“ noch größer geworden[60]. Nicht nur, daß die praktisch-homiletischen Fachzeitschriften seit Oktober 1943 in einer Arbeitsgemeinschaft als Pfarramt und Theologie (PfrTh) erschienen[61] und daneben allein noch EvDt publizierte, vielmehr auch konnte die Kirchenkanzlei der DEK anders als in den vorangegangenen Jahren in diesem Jahr kein Empfehlungsschreiben versenden. Das Haus der Kirchenkanzlei in der Berlin-Charlottenburger Marchstraße, im November 1943 sowie im Januar und Februar 1944 von Bomben getroffen und zerstört, arbeitete ab Anfang März in den Räumen des Amtsgerichtes in Stolberg/Harz[62]. Das Fortbestehen einer gewissen Funktionstüchtigkeit der Kirchenkanzlei war entscheidend und verständlicherweise weniger die Einhaltung des Versprechens, ein kirchenbehördliches Werbeschreiben an die verschiedenen „Kirchenregierungen“ in Sachen Eltern- und Erziehungssonntag zu senden, auch wenn es, wie Gisevius es Bremer versprochen hatte, „herzenswärmer und dringender ausfallen“ sollte als in den Jahren zuvor[63].

Inzwischen beurteilte Bremer die Chancen zur „Einmütigkeit“, mithin dazu, daß am Sonntag Misericordias Domini „überall in Deutschland“ die Gemeinden auf ihre Pflicht, „ihre Kinder als evangelische Christenkinder zu erziehen“, hingewiesen werden, eher skeptisch. Er meinte sogar, es käme ja nicht „auf den bestimmten Sonntag“ an, sondern darauf, daß die „Gedanken der christlichen Erziehungshilfe“ überhaupt zur Sprache kommen. Gleichwohl und so „erschreckend wenig“ man noch tun konnte, Bremer wies auf die Predigthilfe in PfrTh hin, in der davor gewarnt wurde, daß die „Vergleichung“ vom guten Hirten weiter „verkitscht“ wird[64]. Und er verwies auf

---

56 W. BEYSE, Misericordias Domini: Joh, 21,1–14, S. 254.

57 N.N., Deutsche Evangelische Kirche, S. 96.

58 N.N., Notiz, S. 50.

59 N.N., Hinweis, S. 59.

60 Schreiben Bremer an die Evangelischen Kinderpflegeverbände vom 7.2.1944 (LKA HANNOVER, E 26/106).

61 Siehe N.N., Wichtige Mitteilung.

62 Siehe H. BRUNOTTE, Der kirchenpolitische Kurs, S. 142f.

63 Schreiben Bremer an die Evangelischen Kinderpflegeverbände vom 7.2.1944 (LKA HANNOVER, E 26/106).

64 W. HERTZBERG, Misericordias Domini, S. 34. Es wird auf drei Gesichtspunkte hingewiesen, an denen sich nicht ein „honigsüßer Christus“, sondern „Größe und Herrlichkeit“ des Herrn zeigen – wie er „den Seinen“, und dazu gehören insbesondere auch die Kinder, „gegenübertritt“; wie er „für die Seinen eintritt“; wie er „an der Spitze der Seinen auftritt“ (S. 34f.). Ob und inwieweit damit ein Gegenbild zum „Führer“ in die Katastrophe von Zerstörung und Untergang ab-

Wilhelm Brandt, inzwischen in der Nachfolge Brandmeyers Reichsgeschäftsführer der Evangelischen Reichsfrauenhilfe in Potsdam, und dessen „Leitartikel" [65] zur „Taufe als Grundlegung der christlichen Erziehung" in EvDt[66]. Im Blick auf die evangelische Kindergartenarbeit und ihren Auftrag, wie ihn Wilhelm Brandt unter Aufnahme jener Gedanken sah, die er sieben Jahre zuvor auf der Mitgliederversammlung der Vereinigung Anfang Juni 1937 vorgetragen und sodann auch veröffentlicht hatte[67], nämlich alle evangelischen Eltern und Erzieher zu verantwortungsvoller Wahrnehmung ihrer Erziehungsaufgabe zu „ermuntern"[68], sollte dieser Beitrag für einige Jahre der letzte sein. Erst 1947 sollte es wieder möglich sein, solche Artikel zu drucken und zu publizieren[69].

Im Jahr 1945 war keine Veröffentlichung mehr möglich, auf die Bremer hätte als auf ein Hilfsmittel zur Durchführung des Eltern- und Erziehungssonntags verweisen können. Dennoch und „trotz der großen Not der Zeit", so Bremer Anfang März 1945 „an die Evangelischen Kinderpflegeverbände", sollte der Eltern- und Erziehungssonntag am 15. April, an Misericordias Domini begangen werden. „Gerade in unserer schweren Zeit" kam es allerdings Bremer „nicht so sehr auf den Termin" an als vielmehr darauf, daß „überhaupt" und „nachdrücklich" auf die „Verpflichtung zur evangelischen Erziehung der Kinder" hingewiesen wird[70].

Während Bremer in seinem Erinnerungs- und Ermutigungsschreiben an die Mitgliedsverbände der Vereinigung nicht mehr an einem bestimmten Termin, Misericordias Domini, festhielt und nicht mehr alle darauf verpflichten wollte, sondern akzeptierte, daß „in einigen Landesteilen ... nach alter Ge-

---

sichtsvoll entworfen und zu einer entsprechenden Predigt ermutigt ist, das muß hier ebenso unerörtert bleiben, wie es nicht Aufgabe der Studie sein kann, die Textbearbeitungen, die aus Anlaß des Sonntags Misericordias Domini entstanden sind, im einzelnen zu würdigen und theologischer Kritik zu unterziehen. Festzustellen ist, daß die Bearbeitung dieses Feldes praktischer Theologie, des Feldes zwischen Homiletik und Predigtausführung, in der Zeit des Nationalsozialismus einschließlich der Zeit des Zweiten Weltkrieges dringendes Forschungsdesiderat ist.

65 Schreiben Bremer an die Evangelischen Kinderpflegeverbände vom 7.2.1944 (LKA HANNOVER, E 26/106).

66 W. BRANDT, Die Taufe, S. 37.

67 Protokoll der Mitgliederversammlung der Vereinigung am 8.6.1937 (LKA HANNOVER, E 26/103; ADWW MÜNSTER, 153/1; LKA NÜRNBERG, DW 1714). Und W. BRANDT, Ehe und Familie. Siehe II Kap. I.1.2., S. 57 mit Anm. 184.

68 W. BRANDT, Die Taufe, S. 37.

69 Mit 22. Jg., 9/12(Dez.)/1944, mithin Ende 1944 stellte auch PFRTH ihr Erscheinen ein. Ein Wiedererscheinen nach 1945 gab es nicht. Zu Beginn des Jahre 1947 erschien im 37. Jg. wieder IMIS; es folgten zum Anfang des Jahres 1949 mit 49. Jg. DPFRBL und mit 89. Jg. PBL; zum Beginn des Jahres 1950 erschien mit 1.(58.) Jg. EVKPFLGE. Siehe M. BERGER, Zur Geschichte. Erst Anfang 1952 erschien wieder mit 72. Jg. EJUGH. Siehe H. TALAZKO, Vom ‚Rettungshausboten'. Vgl. II Kap. I.4.4., S. 341f. mit Anm. 747.

70 Schreiben Bremer an die Evangelischen Kinderpflegeverbände vom 6.3.1945 (LKA HANNOVER, E 26/106).

wohnheit“ andere Sonntage für denselben Zweck „benutzt“ werden[71], hatte auch die Kirchenkanzlei der DEK im Einvernehmen mit dem GVR ihre Sichtweise geändert. Bereits im Januar hatte Gisevius, nunmehr aus Stolberg/Harz, an die Landeskirchenbehörden nicht nur den Wunsch der Vereinigung „mit warmer Befürwortung“ weitergegeben, sondern auch die Erwartung ausgedrückt, daß die Erinnerung an die christliche Erziehung und Unterweisung „in allen Landeskirchen bereits zur festen Sitte geworden ist.“[72]

Ob und in welchem Umfang diese „feste Sitte“ im Chaos der Zerstörung des nationalsozialistischen Regimes und des Untergangs des Deutschen Reiches, deren Besiegelung unmittelbar bevorstand, noch begangen werden konnte und Eltern und Gemeinden ihrer Verantwortung für die christliche Erziehung ihrer Kinder in Gottesdienst und besonderen Veranstaltungen Ausdruck zu geben in der Lage waren, bleibt eine unbeantwortete Frage.

4.2. Eine „Änderung des bisherigen Zwecks ... nicht eingetreten“

In seiner Stellungnahme zur Frage des Liquidationsvermögens der Vereinigung hatte Fuß darauf hingewiesen, daß noch die unveränderte Satzung gültig sei, wonach das Vermögen der Vereinigung im Falle ihrer Auflösung dem CA zufalle, der es, da sie ohne steuerliche Folgen gemeinnützigen und mildtätigen Zwecken diente, entsprechend dem Runderlaß des Reichsministeriums der Finanzen vom 18. Januar 1940[73] wieder für gemeinnützige und mildtätige Zwecke verwenden müsse. Eine Verwendung der Mittel durch die DEK oder das Evangelische Konsistorium der Mark Brandenburg „zur Ausführung ihres [scil. der evangelischen Kinderpflege] katechetischen und missionarischen Auftrages“ wären kirchliche Zwecke im Sinne § 19 StAnpG und deshalb steuerbefreit nicht möglich[74].

Zwar mußte v. Wicht weder weiter mit dem CA über die Verwendung des Liquidationsvermögens der Vereinigung verhandeln noch sich in der Sache, wie Fuß empfohlen hatte, mit dem zuständigen Finanzamt über die Behandlung der Frage verständigen. Der „Stopp-Erlaß“ vom 30. September 1941 aus dem Reichsministerium des Innern hatte die „Zwecklosigkeit“ der Vereinigung wieder aufgehoben. Die Kirchenkanzlei der DEK hatte zudem durch Gisevius gegen Ende des Jahres das zuständige Amtsgericht Berlin in Berlin-Charlottenburg auf die veränderte Rechtslage hingewiesen und um die Fortsetzung des Verfahrens zur Genehmigung der Satzungsänderung gebeten, „da wir an der Aufrechterhaltung der Arbeit dieses Verbandes ein dringendes In-

---

71 EBD.

72 Schreiben Kirchenkanzlei der DEK [Gisevius] an die obersten Behörden der deutschen evangelischen Landeskirchen vom 13.1.1945 (EZA BERLIN, 7/4416).

73 Siehe II Kap. I.4.3., S. 286 mit Anm. 444 und S. 288 mit Anm. 449.

74 Aktenvermerk von Fuß. Betrifft: Übernahme des Liquidationsvermögens der Vereinigung durch den CA vom 1.9.1941 (ADW, CA zu 850a III).

teresse nehmen."[75] Das Amtsgericht hatte auf die Prüfung der gesamten Angelegenheit durch den Polizeipräsidenten von Berlin verwiesen, es auch nicht durch Hinweis auf §§ 61 und 71 BGB[76] versäumt, die Rechtmäßigkeit dieser Prüfung hervorzuheben und sich erst zum Eintrag der Satzungsänderung, also ihrer Genehmigung in der Lage erklärte, wenn der Polizeipräsident mitgeteilt habe, daß er auf Einspruch verzichte[77]. Es sollten über sechs Monate vergehen, bis tatsächlich die Genehmigung am 29. Juli 1942 erfolgte[78].

---

[75] Schreiben Gisevius an Amtsgericht Berlin vom 5.12.1941 (EZA BERLIN, 1/C3/180; ADW, VKD 9; ADW, CA 2708).

[76] §§ 55–79 BGB regeln Angelegenheiten der juristischen Personen „eingetragene Vereine"; § 61 bestimmt das Einspruchsrecht der Verwaltungsbehörde und § 71 bestimmt die Erfordernisse bei Satzungsänderung.

[77] Schreiben Amtsgericht Berlin an Kirchenkanzlei der DEK vom 12.12.1941 (EZA BERLIN, 1/C3/180).

[78] „*Satzung* der Vereinigung evangelischer Kinderpflegeverbände Deutschlands e.V.

§ 1 (1) Die Vereinigung evangelischer Kinderpflegeverbände Deutschlands hat den Zweck, das Wohl der hilfsbedürftigen Kinder in den evangelischen Tagesstätten Deutschlands zu fördern. Mittel zu diesem Zweck ist auch, die evangelischen Landes- und Provinzialverbände für Kinderpflege innerhalb des Deutschen Reichsgebietes zusammenzuschließen und einheitlich zu vertreten.

(2) Die Vereinigung verfolgt in praktischer Betätigung christlicher Nächstenliebe ausschließlich und unmittelbar kirchliche, gemeinnützige und mildtätige Zwecke im Rahmen der §§ 17–19 StAnpG vom 16. Oktober 1934. Ihre Tätigkeit ist nicht auf einen wirtschaftlichen Geschäftsbetrieb gerichtet.

(3) Die Vereinigung ist eine Einrichtung der Inneren Mission und erfüllt ihren Zweck als Dienst christlicher Nächstenliebe auf der Grundlage des biblischen Evangeliums. Sie gehört dem Central-Ausschuß für die Innere Mission der Deutschen Evangelischen Kirche in Berlin-Dahlem an. Dieser ist der vom Reich anerkannte Reichsspitzenverband. Er ist nach der Ordnung der Kirche das Organ, durch welches die Leitung der Deutschen Evangelischen Kirche die in der Verfassung der Deutschen Evangelischen Kirche vorgesehene Obhut ausübt.

§ 2 Die Vereinigung erstrebt, ohne die Selbständigkeit der angeschlossenen Organisationen zu berühren, zur Durchführung dieser Zwecke:

1. Austausch und Nutzbarmachung der in der Arbeit gemachten Erfahrungen,
2. gegenseitige Anregung und Förderung auf dem gemeinsamen Arbeitsgebiete der evangelischen Kinderpflege (Tagungen und Kurse),
3. die Vertretung der gemeinsamen Bestrebungen und Wünsche der in der Vereinigung zusammengeschlossenen Verbände der evangelischen Kinderpflege in der Öffentlichkeit und vor den Behörden.

§ 3 Die Vereinigung ist am 25. September 1922 gegründet und hat ihren Sitz in Berlin. Sie ist am 2. Juni 1926 in das Vereinsregister des Amtsgerichtes Berlin-Mitte unter Nr. 8413 eingetragen und führt die Bezeichnung: ‚Vereinigung evangelischer Kinderpflegeverbände Deutschlands e. V.'

§ 4 (1) Der Vereinigung stehen für die Durchführung ihrer Arbeit folgende Einkünfte zur Verfügung:

1. die Beiträge der Mitglieder,
2. Beihilfen, Zuschüsse und Kollekten der freien kirchlichen Liebestätigkeit sowie evangelischer Kirchengemeinden und Kirchenbehörden,
3. etwaige Schenkungen, Vermächtnisse, Stiftungen und freiwillige Zuwendungen jeglicher Art.

(2) Sämtliche Einkünfte sind zweckgebunden und müssen pflichtgemäß im Sinne der Geber ausschließlich zu Zwecken der Vereinigung verwandt werden.

Die Voraussetzung für diese Genehmigung war offenbar, daß wenige Tage zuvor das Reichsministerium des Innern gemeinsam mit dem Reichsministerium der Finanzen in einem Erlaß „keine Bedenken“ dagegen erhoben hatten, wenn die Einrichtungen und Verbände der Inneren Mission in ihren Satzungen, wie es die Vereinigung in § 1 Ziff. 2 ihrer Satzung getan hatte, auch die kirchliche Zweckbestimmung aufnähmen[79]. Damit war in einer Frage, die

---

§ 5 (1) Mitglieder der Vereinigung können alle evangelischen Landes- und Provinzialverbände für evangelische Kinderpflege innerhalb des deutschen Reichsgebietes werden, sofern sie sich zur Zahlung des festgesetzten Jahresbeitrages verpflichten und die Rechtsfähigkeit besitzen. Fehlt die Rechtsfähigkeit, so kann die Gesamtzahl der Mitglieder, vertreten durch ihren satzungsmäßigen oder besonders gewählten Vorstand, die Mitgliedschaft erwerben. Auch können Einzelpersönlichkeiten die Mitgliedschaft der Vereinigung erwerben.

(2) Die Aufnahmeanträge sind an den Vorstand zu richten. Die aufgenommenen Verbände haben ihre Vertreter und deren Ersatzpersonen dem Vorstande namhaft zu machen.

(3) Die Höhe des Mitgliedsbeitrages bleibt der bedarfsmäßigen Festsetzung durch den Vorstand vorbehalten.

(4) Die Mitgliedschaft erlischt:
1. durch schriftliche Austrittserklärung mit dem Ende des laufenden Geschäftsjahres,
2. durch Ausschluß seitens des Vorstandes aus wichtigen Gründen.

§ 6 Das Geschäftsjahr läuft vom 1. April bis 31. März.

§ 7 Die Organe der Vereinigung sind:
1. Der Vorstand (§ 9),
2. Die Mitgliederversammlung (§ 8).

§ 8 (1) Die Mitgliederversammlung, zu der die Mitglieder schriftlich unter Angabe der Tagesordnung einzuladen sind, tritt in der Regel einmal im Jahr auf Berufung und unter Leitung des Vorsitzenden zusammen. Über die Verhandlung ist eine Niederschrift aufzunehmen, die der Vorsitzende und ein Mitglied des Vorstandes unterzeichnen sollen. Die Beschlüsse der Mitgliederversammlung sind durch den Vorstand auszuführen.

(2) Jeder angeschlossene Verband hat für je 100 Tagesstätten in der Mitgliederversammlung eine Stimme. Jedes angefangene Hundert zählt voll.

(3) Die ordnungsmäßig berufene Mitgliederversammlung ist beschlußfähig.

(4) Zum Geschäftskreis der ordentlichen Mitgliederversammlung gehören:
1. Entgegennahme des Berichtes über die Tätigkeit der Vereinigung,
2. Stellungnahme zu Anträgen:
   a. des Vorstandes
   b. der Mitglieder, sofern sie mindestens eine Woche vorher mit Begründung dem Vorstand eingereicht sind,
3. Anträge an den Vorstand,
4. Prüfung der Jahresrechnung und Erteilung der Entlastung,
5. Auflösung der Vereinigung und Beschlußfassung über die Verwendung des Vermögens. Dies kann nur mit 2/3 Mehrheit der erschienenen Mitglieder geschehen.

§ 9 (1) Die Mitgliederversammlung beschließt die Bestellung des Vorstandes auf die Dauer von vier Jahren. Die Gesamtzahl der Vorstandsmitglieder soll mindestens 6 betragen. Zu ihnen muß ein vom Evangelischen Verband für Kinderpflege in Berlin e.V. abgeordneter Vertreter gehören. Außerdem hat der Evangelische Reichserziehungsverband seinerseits das Recht, von sich aus einen Vertreter als Vorstandsmitglied zu bestimmen. Der Vorstand ist berechtigt, weitere Mitglieder hinzuzuwählen.

(2) Die Angelegenheiten der Vereinigung einschließlich Änderung der Satzung werden durch Beschlußfassung des Vorstandes geordnet. Eine Änderung des Zweckes oder eine anderweitige Verwendung des Vermögens darf nur im Rahmen der in den §§ 17–19 StAnpG gegebenen kirchlichen, gemeinnützigen und mildtätigen Zwecke erfolgen.

für die Vereinigung wie für die gesamte Innere Mission als ekklesiologische Frage, mithin als Frage des Selbstverständnisses von grundlegender Bedeutung war, steuerrechtlich eine Antwort gefunden und, wie es schien, das erträgliche Ende eines schwierigen, um nicht zu sagen bedrohlichen Weges erreicht.

Etwas mehr als einundeinhalb Jahre zuvor hatte v. Wicht für den Evangelischen Verband für Kinderpflege in Berlin in Abstimmung mit Kunze durch sein Rechtsanwaltbüro gegen die das Urteil des Reichsfinanzhofs von Mitte September 1940 bestätigende Anfechtungsentscheidung des Oberfinanzpräsidenten Berlin vom 30. Dezember 1940 Rechtsbeschwerde eingelegt[80]. Er hatte sie nicht nur begründet mit dem Hinweis auf die Innere Mission und die evangelische Kinderpflege als „Verleiblichung des in der Heiligen Schrift geoffenbarten Gotteswortes“[81]. Die Rechtsanwaltskanzlei hatte auch auf den Erlaß des Leiters der Deutschen Evangelischen Kirchenkanzlei betreffend die Innere Mission der Deutschen Evangelischen Kirche vom 12. Juli 1940 und darauf verwiesen, daß über dem Evangelischen Verband für Kinderpflege in

---

§ 10 (1) Der Vorstand bestellt seinen Vorsitzenden und dessen Stellvertreter. Der Vorsitzende bildet den Vorstand im Sinne des § 26 BGB. In Verhinderungsfällen tritt sein Stellvertreter ohne weiteren Nachweis für ihn ein.

(2) Der Vorstand wählt ferner einen Finanzausschuß, der die wirtschaftlichen Fragen regelt. Der Vorsitzende ist Mitglied des Finanzausschusses.

§ 11 (1) Die Mitglieder der Vereinigung und des Vorstandes haben keinerlei Anspruch auf die Erträgnisse des Vereinigungsvermögens oder auf Zuwendung sonstiger Vermögensvorteile. Die Gewährung von Vergütungen für haupt- oder nebenberufliche Dienstleistungen auf Grund besonderen Vertrages oder der Ersatz von Baraufwendungen bleibt hiervon unberührt.

(2) Die Mitglieder der Vereinigung haben im Falle der Auflösung keinen Anspruch auf das Vereinigungsvermögen.

§ 12 Beschlüsse über die Verwendung des Vermögens bei Auflösung der Vereinigung sowie Beschlüsse über Satzungsänderungen, die die Zwecke der Vereinigung und deren Vermögensverwendung betreffen, sind vor dem Inkrafttreten dem zuständigen Finanzamt mitzuteilen. Im übrigen gilt auch bei der Auflösung die Vorschrift des § 9 Abs. 2.

§ 13 Die Bestimmungen des § 1 Abs. 3 können nur mit Zustimmung des Central-Ausschusses für die Innere Mission der Deutschen Evangelischen Kirche geändert werden. Die anderweitige Verwendung des Vermögens im Falle des Fortfalls des satzungsmäßigen Zweckes oder Auflösung der Vereinigung bedarf der Genehmigung des Central-Ausschusses für die Innere Mission der Deutschen Evangelischen Kirche.“ (Amtsgericht Berlin-Charlottenburg VR 571 Nz). Die Hervorhebung ist im Original unterstrichen.

79 Schreiben Reichsminister der Finanzen und Reichsminister des Innern an CA vom 24.7.1942 (ADW, CA 2159/6 I); Schreiben CA an Reichsminister der Finanzen vom 30.6.1942 (EBD.); Rundschreiben CA [Kunze und Fuß] an Landes- und Provinzialverbände zur Weiterleitung und Fachverbände zur Kenntnisnahme vom 31.7.1942 (EBD.).

80 Urteil des Reichsfinanzhofes in Körperschaftssteuersachen des Evangelischen Verbandes für Kinderpflege in Berlin vom 14.9.1940 (BA BERLIN, R 37/Senat VIa 20/40); Anfechtungsentscheidung des Oberfinanzpräsidenten Berlin an Rechtsanwalt Dr. Fritz Koppe vom 30.12. 1940 (ADW, JK 22). Siehe II Kap. I.4.3., S. 297 mit Anm. 500.

81 Stellungnahme des Evangelischen Verbandes für Kinderpflege in Berlin betreffend seine Steuerschuld, o.D. aber Januar oder Februar 1941 zu erschließen (ADW, JK 22).

Berlin der CA stehe, „der Organ der deutschen evangelischen Kirche ist" und festgestellt: „Nach Verfassung und Verwaltungsordnung gehört die evangelische Kinderpflege für christliche Erziehung und Unterweisung in Kindergärten und Horten zu den Lebensaufgaben der evangelischen Kirche."[82]

Es war diese „Verkirchlichung" der Arbeit der Inneren Mission, die dazu führte, daß zum einen unter Berufung auf den Erlaß Friedrich Werners vom 12. Juli 1940 das Reichsministerium der Finanzen in einem unveröffentlichten Erlaß am 24. Juli 1941 festgestellt hatte, die Einrichtungen der „ev. Liebestätigkeit und Volksmission sind ein Bestandteil der Deutschen Evangelischen Kirche". Zum anderen lieferte es damit die Begründung, daß die Einrichtungen der Inneren Mission, weil „nicht mehr als ausschließlich mildtätige Anstalten anzusehen", von einer Befreiung der Grundsteuer nach § 4 Ziff. 3b GrStG ausgeschlossen seien[83]. Sah man auf seiten des CA darin einerseits und steuerrechtlich nur eine Verwaltungsanordnung und durchaus keine Bestätigung einer bereits und spätestens seit dem fast ein Jahr zurückliegenden Urteil des Reichsfinanzhofes in Sachen des Kindergartens der Kirchengemeinde Essen-Altstadt[84] von den Finanzämtern exekutierten Rechtsauffassung, so mußte man andererseits doch auch erkennen, daß der Erlaß des Leiters der Kirchenkanzlei der DEK zur Inneren Mission als „Wesens- und Lebensäußerung" der Kirche steuerrechtliche und damit tatsächlich auch satzungsrelevante Konsequenzen hatte.

Sowenig der CA sich nach der Erklärung des RKA vom 18. April 1936 und der kirchlichen Inobhutnahme unter steuerrechtlichen Aspekten mit seiner Satzung befaßt hatte, ebensowenig war das nach der Proklamation der Inneren Mission als „Wesens- und Lebensäußerung" der Fall gewesen. Was man wie vier Jahre zuvor unternommen hatte, war allein der Versuch, die Zusammenarbeit mit der verfaßten Kirche unter dem Gesichtspunkt der „Betreuung der Mitgliedsverbände" zu organisieren[85]. Mochten insbesondere nach dem Erlaß des Reichsministeriums der Finanzen vom 15. Juli 1939, mit dem eine Anpassung der Satzungen der Mitgliedskörperschaften der Inneren Mission an die Bedingungen der Steuergesetzgebung gefordert worden war[86], die Ver-

---

[82] Schreiben Anwaltskanzlei Dr. Koppe an Oberfinanzpräsident Berlin vom 19.2.1941 (EBD.); Schreiben Rechtsanwalt Dr. Koppe an Oberfinanzpräsident Berlin vom 20.3.1941 (EBD.).

[83] Erlaß des Reichsministers der Finanzen vom 24.7.1941 (ADW, CA 864/18 III A). Dem Erlaß lag die Feststellung des Oberfinanzpräsidenten Troppau [„Reichsgau Sudetenland"] vom 8.7.1941 zugrunde, die er das Reichsministerium der Finanzen bat, durch Rundschreiben bekannt zu machen. Das Reichsministerium der Finanzen trat der Rechtsauffassung bei (EBD.).

[84] Siehe II Kap. I.4.3., S. 286f. mit Anm. 448.

[85] Entwurf für Bestimmungen für die Betreuung der Mitgliederverbände des Central-Ausschusses und der über diese dem Central-Ausschuß angeschlossenen Verbände, Vereine, Anstalten und Einrichtungen der evangelischen Liebestätigkeit und Volksmission als Ergebnis der Sitzung der Satzungskommission des CA am 28.11.1940 (ADW, CA 67 B (1940)).

[86] Runderlaß des Reichsministers der Finanzen vom 15.7.1939 betr. Steuerfreiheit gemeinnütziger und mildtätiger Körperschaften (RStBl 1939, S. 857–860; J. KUNZE, Mustersatzungen,

eine und Verbände, wie die Vereinigung, sich entschieden haben, dementsprechend Satzungsänderungen vorzunehmen und mochte der CA durch Kunze und die von ihm erarbeiteten Mustersatzungen seinen Mitgliederverbänden dabei behilflich gewesen sein – im CA war die Frage der Satzungsänderung zunächst ganz und gar nicht unter dem Gesichtspunkt der „Erfüllung der steuerrechtlichen Vorschriften“[87] betrachtet worden. Zwar war eine Satzungskommission berufen worden, der Epha, Constantin Frick, Heinrich, Ohl, Schirmacher, Wendelin und Theodor Wenzel angehörten[88]. Zwar hatten sowohl Engelmann als auch Fuß einen Satzungsentwurf gefertigt[89]. Aber man hatte allein die „Satzung dem Erlaß anpassen“ und eine „Vereinfachung der Gesamtorganisation“ erreichen wollen[90]. Auch Ohl und Hans-Hellmuth Krause hatten Entwürfe erarbeitet[91], die allein eine „straffe klare Zusammenfassung“ der Inneren Mission vorsahen[92]. Das Interesse an eher organisatorischer Neuordnung hatte sich zunächst durchsetzen sollen.

Gleich auf der ersten Arbeitssitzung der Satzungskommission im Spätherbst 1940 war man dem Vorschlag Heinrichs gefolgt, der von einer „generellen Neufassung“ der Satzung abgeraten hatte, „weil sonst eine Genehmigung auf formale Schwierigkeiten stoßen würde.“[93] Was immer mit formalen Schwierigkeiten gemeint gewesen sein mochte, es hatte auch den übrigen Ausschußmitgliedern eingeleuchtet, nicht durch eine generelle Satzungsänderung an der immer noch rechtskräftigen Anerkennung des CA „als milde[r] Stiftung“ mit einer „Befreiung von der preußischen Stempelsteuer und den Gerichtsgebühren“ zu rühren, da es ohnehin nach wie vor der Entscheidung der Reichsfinanzbehörden vorbehalten geblieben war, „ob und inwieweit Befreiung oder Ermäßigung von Reichssteuern gewährt werden“ konnte[94]. Au-

---

S. 11–16; DERS., Zur steuerlichen Lage, [1939] S. 259–263; N.N., Steuerfreiheit gemeinnütziger und mildtätiger Körperschaften, S. 50–55). Siehe II Kap. I.4.3., S. 283f. mit Anm. 436.

87 J. KUNZE, Mustersatzungen, S. 3.

88 Aktenvermerk Schirmacher für Heinrich vom 11.9.1940 (ADW, CA 100 IV/3).

89 W. Engelmann, Entwurf Satzung des Central-Ausschusses für die Innere Mission der Deutschen Evangelischen Kirche, o. D. (EBD.); A. Fuß, Entwurf Satzung des Central-Ausschusses für die Innere Mission der Deutschen Evangelischen Kirche, o. D. (EBD.). Für die Abfassung der Entwürfe ist die Zeit von August bis Oktober 1940 zu erschließen.

90 W. Engelmann, Entwurf Satzung des Central-Ausschusses für die Innere Mission der Deutschen Evangelischen Kirche, o. D. (EBD.).

91 Schreiben Hans-Hellmuth Krause an Schirmacher vom 9.8.1940 (EBD.); O. Ohl, Anmerkungen zur Neuordnung der Inneren Mission, o. D. (EBD.). Für die Abfassung des Entwurfs ist die Zeit von August bis Oktober 1940 zu erschließen.

92 O. Ohl, Anmerkungen zur Neuordnung der Inneren Mission, o. D. (EBD.).

93 Niederschrift über die Sitzung der Satzungskommission des CA am 5.11.1940 (ADW, CA 67 B (1940)).

94 Der Preußische Finanzminister zugleich im Namen des Justizministers, des Ministers für Volkswohlfahrt und des Ministers für Wissenschaft, Kunst und Volksbildung vom 7.10.1929 (ADW, CA 117).

ßerdem war, wohl auch in Verbindung mit dem Rechtsstreit, den der Evangelische Verband für Kinderpflege in Berlin mit den Steuerbehörden bis hin zum Reichsfinanzhof mit dem Ziel der Befreiung der Zahlung von Körperschaftssteuern um die Frage des Verhältnisses von mildtätigen und kirchlichen Zwecken führte[95], in jedem Fall aber auf Grund eines Urteils des Reichsfinanzhofs, mit dem die Tätigkeit eines Fachverbandes der Inneren Mission zur Erfüllung seiner gemeinnützigen und mildtätigen Zwecke nicht als unmittelbar und ausschließlich anerkannt worden war[96] – es war sehr fraglich geworden, ob die Landes- und Provinzialverbände ebenso wie die Fachverbände steuerrechtlich als unmittelbar und ausschließlich gemeinnützig tätig angesehen werden durften. Kunze hatte darauf nicht nur die Geschäftsführer der Inneren Mission „nachdrücklichst“ hingewiesen[97], sondern auch in einem Rundschreiben des CA allen in Frage kommenden Verbänden empfohlen, die Satzungsangelegenheit „einstweilen hinauszuschieben.“[98] Die Satzungskommission hatte zwar hinsichtlich ihrer eigenen Arbeit nicht in diesem Sinne entschieden, aber das Ergebnis sollte einer solchen Entscheidung entsprechen.

Zur Grundlage ihrer weiteren Erörterungen hatte die Satzungskommission des CA entsprechend dem Vorschlag Schirmachers weder den Entwurf von Fuß, der „ohne Rücksicht auf die alte Satzung“ den „Erfordernissen der neuen Verhältnisse angepaßt“ war, noch den von Engelmann oder Hans-Hellmuth Krause gemacht. Vielmehr hatte sie den Ohlschen Entwurf diskutiert, der an die 1935 abgebrochene Satzungsdiskussion anknüpfte[99]. Er sah insbesondere eine Verschlankung der Organisation des CA dadurch vor, daß es keinen Hauptausschuß mehr geben sollte. In der Mitgliederversammlung sollten nur noch die Landes- und Provinzialverbände sowie die Fachverbände vertreten sein.

Nachdem am 11. November 1940 eine Besprechung des CA mit dem EOK Berlin stattgefunden hatte, deren Ergebnis die Anregung war, eine den Erfordernissen entsprechende Angleichung an den Erlaß des Leiters der Deutschen Evangelischen Kirchenkanzlei vom 12. Juli 1940 nicht durch eine Satzungsänderung, sondern durch eine Geschäftsordnung vorzunehmen, hatte Fuß

---

[95] Siehe II Kap. I.4.3., S. 298f. mit Anm. 512.

[96] Siehe J. KUNZE, und Rundschreiben CA [Schirmacher und Kunze] an Landes- und Provinzialverbände für Innere Mission und Fachverbände für Innere Mission zur Kenntnisnahme vom 27.11.1940 (ADW, CA 67 B (1940)).

[97] Protokoll der Geschäftsführerkonferenz des CA am 15.11.1940 (ADW, CA 761 XXII).

[98] Rundschreiben CA [Schirmacher und Kunze] an Landes- und Provinzialverbände für Innere Mission und Fachverbände für Innere Mission zur Kenntnisnahme vom 27.11.1940 (ADW, CA 67 B (1940)).

[99] Niederschrift über die Sitzung der Satzungskommission des CA am 5.11.1940 (EBD.). Vgl. Schreiben Heinrich an Mitglieder des Vorstandes des CA vom 23.11.1935 (EBD.) mit Anlage „als Material für die nächste Vorstandssitzung am 27. d. Mts. den Satzungsentwurf“ (EBD.).

umgehend einen entsprechenden Entwurf gefertigt[100]. Da von Constantin Frick, dem Präsidenten selbst, eine Satzungsänderung nicht für vordringlich gehalten worden war, hatte der Vorstand des CA auf seiner nur einen Tag später stattfindenden Sitzung weniger den überarbeiteten Ohlschen Satzungsentwurf erörtert, als vielmehr die Geschäftsordnung, die „das Verhältnis zwischen dem CA und den Landes-, Provinzial- sowie Reichsfachverbänden regeln" sollte[101]. So hatte der am 15. November 1940 stattfindenden Geschäftsführerkonferenz des CA – auf Wunsch von Weichlein in Nürnberg[102] – das vorgelegen, was man im CA bald mit „Betreuungsordnung" betitelt hatte und was den Geschäftsverkehr zwischen CA und seinen Mitgliedsverbänden hatte ordnen sollen[103].

Auch wenn die Geschäftsführerkonferenz diesem Entwurf grundsätzlich zugestimmt[104] und die Satzungskommission ihn auf ihrer Sitzung Ende November 1940 bereits beschlossen hatte[105], Bedeutung und Wirksamkeit als handlungsleitende neue Ordnung hatte der Entwurf von Anfang an gleichwohl nicht entfaltet. Das hatte an einem wesentlichen Mangel gelegen. Dieser bestand nicht darin, daß auf eine „Geschäftsordnung für den Innenbetrieb"[106] des CA zu diesem Zeitpunkt verzichtet worden war. Man hatte sie zu einem späteren Zeitpunkt fertigen wollen. Der wesentliche Mangel hatte aber darin bestanden, daß „die Betreuung", die der CA den Mitgliederverbänden bieten sollte, so weit gefaßt worden war, daß sie diesen gegenüber einerseits ein Weisungsrecht des CA einschloß, andererseits dabei indessen die „Aufsichtsrechte der Kirche gegenüber der Inneren Mission"[107] nicht hinreichend beachtet hatte. Unter ausdrücklichem Hinweis auf sein ein Jahr zurückliegendes Votum vom November 1939, mit dem er den Entwurf Friedrich Werners

---

100 Protokoll der Vorstandssitzung des CA am 12.11.1940 (ADW, CA 67 B (1940)). Mit Ziff. 9 des Erlasses des Leiters der Deutschen Evangelischen Kirchenkanzlei betreffend die Innere Mission der Deutschen Evangelischen Kirche vom 12. Juli 1940 war der CA zur Anpassung der Satzung beauftragt (GBlDEK 1940 A, S. 40; N.N., Erlaß, S. 58; N.N., Die Innere Mission, S. 62). Siehe II Kap. II.2., S. 453f. mit Anm. 69.

101 Protokoll der Vorstandssitzung des CA am 12.11.1940 (ADW, CA 67 B (1940)).

102 Schreiben Weichlein an CA vom 29.10.1940 (ADW, CA/O 170).

103 Entwurf für Bestimmungen für die Betreuung der Mitgliederverbände des Central-Ausschusses und der über diese dem Central-Ausschuß angeschlossenen Verbände, Vereine, Anstalten und Einrichtungen der evangelischen Liebestätigkeit und Volksmission (ADW, CA 67 B (1940); ADW, CA 761 XXIII).

104 Protokoll der Geschäftsführerkonferenz des CA am 15.11.1940 (ADW, CA 761 XXII).

105 Niederschrift über die Sitzung der Satzungskommission des CA am 28.11.1940 (ADW, CA 67 B (1940)).

106 EBD.

107 Mit Ziff. 10 des Erlasses des Leiters der Deutschen Evangelischen Kirchenkanzlei betreffend die Innere Mission der Deutschen Evangelischen Kirche vom 12. Juli 1940 blieben diese Rechte unberührt (GBlDEK 1940 A, S. 40; N.N., Erlaß, S. 58; N.N., Die Innere Mission, S. 62). Siehe II Kap. II.2., S. 451–454 und Anm. 69.

zum Erlaß betreffend die Innere Mission kritisiert hatte[108], hatte Conze „als Vorstandsmitglied" in einem längeren Gutachten auf diesen doppelten Mangel hingewiesen und die Regelungen des Entwurfs für Bestimmungen der Mitgliederverbände des CA für „nicht notwendig, ja sogar unzweckmäßig" erklärt[109].

Hatte es auch ganz und gar Schirmachers Zentralisierungsinteresse entsprochen, wenn der CA im Rahmen der Wahrnehmung seiner Betreuung „ermächtigt und verpflichtet" gewesen wäre, „Weisungen ... zu erteilen", und zwar nicht nur im Blick auf Verwaltung und Wirtschaftsführung der Vereine und Verbände, sondern auch hinsichtlich der „Planwirtschaft der freien Wohlfahrtspflege"[110], die Arbeit an der „Betreuungsordnung" wurde nicht weiter verfolgt. Sowohl Conzes kritisch vorgetragene Bedenken als auch die Debatte über eine planwirtschaftliche Aufteilung der freien Wohlfahrtspflege selbst und vor allem der Versuch des Reichsministeriums der Finanzen vom 16. Dezember 1941, mit einer Gemeinnützigkeitsverordnung[111] „die erste umfassende Regelung des gesamten Fragenbereichs"[112] der Steuerbefreiung gemeinnütziger, mildtätiger und kirchlicher Körperschaften und damit „eine wesentliche Verbesserung des bisherigen Rechtszustands"[113] vorzulegen, hatten Organisations- und Satzungsfragen in den Hintergrund gedrängt. Hatte Schirmacher auch im Verlauf des Jahres 1941 darüber geklagt, daß von ihm erstrebte Regelungen, wie sie der Entwurf der „Betreuungsordnung" vorgesehen hatte, nicht zustande gekommen waren[114], als schädlich für die Arbeit der Inneren Mission, als schädlich auch für die Vereinigung und die evangelische Kinderpflegearbeit hatte sich das Fehlen dieser Bestimmungen und einer ihnen entsprechenden „Betreuung" nicht erwiesen.

Erwiesen hatte sich im Verlauf des Jahres allerdings und wurde spätestens mit dem Erlaß des Reichsministeriums der Finanzen vom 24. Juli 1941 offen-

---

108 Schreiben Conze an Constantin Frick vom 24.11.1939 (ADW, CA 67 B (1939)). Siehe II Kap. II.2., S. 450 mit Anm. 60.

109 Schreiben Conze an „den Herrn Präsidenten und die Mitglieder des Vorstandes" des CA vom 31.12.1940 (ADW, CA 67 B (1940)).

110 Entwurf für Bestimmungen für die Betreuung der Mitgliederverbände des Central-Ausschusses und der über diese dem Central-Ausschuß angeschlossenen Verbände, Vereine, Anstalten und Einrichtungen der evangelischen Liebestätigkeit und Volksmission, o. D. (EBD.; ADW, CA 761 XXIII).

111 Verordnung zur Durchführung der §§ 17 bis 19 des Steueranpassungsgesetzes vom 16.12. 1941 (RStBl 1941, S. 937–943). Diese Verordnung wurde allgemein als Gemeinnützigkeitsverordnung bezeichnet.

112 R. MUSSFELD, Die Verordnung, S. 38.

113 EBD.

114 Etwa Schreiben Schirmacher an Kaufmann vom 24.4.1941 (ADW, CA/O 179); Schreiben Schirmacher [gleichlautend] an Immanuel Fischer [Landesverband der Inneren Mission in Württemberg], Willy Friedrich [Anhaltischer Landesausschuß für Innere Mission] und Arnold Schumacher [Evangelischer Verein für Innere Mission in Frankfurt/Main] vom 30.8.1940 (ADW, CA/O 184).

kundig, daß das „diplomatische Meisterstück“[115], die Anerkennung der Inneren Mission als „Wesens- und Lebensäußerung der evangelischen Kirche“, bis dahin jedenfalls nicht eine Abwehr der Ansprüche und Zugriffe der nationalsozialistischen Machthaber samt NSV und deren Handlangern zur Folge gehabt, sondern eine „veränderte Rechtslage“ gebracht hatte[116].

Den Praktikern der Macht, über das Reichsministerium der Finanzen hinaus denen in den Zentralen nationalsozialistischen Totalitätsanspruchs – im NSV-Hauptamt etwa ebenso wie in der Partei-Kanzlei – und in den nationalsozialistischen Statthaltereien, den NSDAP-Gauleitungen und deren Verwaltungen, hätte die veränderte Rechtslage die Chance bieten können, Kirche und Innere Mission auch mit ihren evangelischen Kindergärten durch eine enge Auslegung der Steuergesetzgebung sowohl im Blick auf Steuerpflicht und Steuerzahlungen als auch hinsichtlich der Satzungsfragen zur Aufgabe ihrer Stellungen im Kampf um den Erhalt der Arbeit außerhalb des Raumes der Kirche zu zwingen. Was durch die Feststellung des Erlasses Friedrich Werners der Inneren Mission als kirchlicher Schutzraum hatte eröffnet werden sollen, hätte auf steuerrechtlichem Wege auf eine weitere Gefährdung ihrer Arbeit zulaufen können. Dem zu begegnen, beschloß der Vorstand des CA bereits im September die Bildung einer Steuerkommission, die unter dem Vorsitz von Paul Braune auch zur Unterstützung Kunzes arbeiten sollte[117]. Ob man die Gefährdung in der Kirchenkanzlei der DEK sah, ist nicht erkennbar. Was man jedenfalls sah, war ein „steuerlicher Nachteil“, und deshalb hatte Friedrich Werner gegen Ende des Jahres 1941 ein Schreiben an Reichsminister Schwerin v. Krosigk entworfen, mit dem er begründete, warum „von einer ‚Eingliederung der Inneren Mission‘ in die Deutsche Evangelische Kirche nicht gesprochen werden“ könne. Er wertete seinen Erlaß vom 12. Juli 1940 als „eine Erklärung zum Art. 4 Abs. 3 der Verfassung der Deutschen Evangelischen Kirche“. Er wies auf die Tatsache ihrer „rechtlichen Selbständigkeit“ hin, obwohl die Innere Mission unter der Aufgabe der DEK zu Wortverkündigung und Seelsorge ebenso wie zu einem „Christentum der Tat“ „Bestandteil der Deutschen Evangelischen Kirche“ sei. Insofern, so der Leiter der Kirchenkanzlei der DEK, sei die Arbeit der Inneren Mission eine

---

115 Siehe II Kap. II.2., S. 454 mit Anm. 71.

116 Erlaß des Reichsministers der Finanzen vom 24.7.1941 (ADW, CA 864/18 II A). Das Reichsministerium der Finanzen war damit auch der Rechtsauffassung des Oberfinanzpräsidenten Troppau [„Reichsgau Sudetenland“] vom 8.7.1941 beigetreten, daß mit dem Erlaß des Leiters der Deutschen Evangelischen Kirchenkanzlei vom 12.7.1940 „die Innere Mission ... in die Evangelische Kirche eingegliedert“, mithin eine „veränderte Rechtslage“ festzustellen sei. (EBD.).

117 Protokoll der Vorstandssitzung des CA am 20.9.1941 (ADW, CA 67 B (1941)). Neben Hagen, Kunze, Fuß und Schubert als Mitarbeitern des CA waren außerdem Brücher, Gefaeller, Kracht, Oberkonsistorialrat Albert Niendorf aus Schwerin, Ohl, Wirtschaftsprüfer Andreas Rapp aus Stuttgart, Wendelin und Ziegler zur Mitarbeit gebeten. Siehe Bericht über die [erste] Sitzung der Steuerkommission des CA am 2.2.1942 (ADW, CA 2159/6 I).

der Kirche selbst gestellte Aufgabe und demgemäß verfolge „in steuerrechtlichem Sinn die Innere Mission kirchliche Zwecke nach § 19 des Steueranpassungsgesetzes"[118].

Allerdings sollte noch ein halbes Jahr vergehen, bis das Schreiben des Leiters der Deutschen Evangelischen Kirchenkanzlei, abgestimmt mit dem CA[119], an das Reichsministerium der Finanzen ging. Erst im Mai 1942 war ersichtlich, daß die Gemeinnützigkeitsverordnung, obwohl zeitgleich bis dahin gültige Bestimmungen außer Kraft gesetzt worden waren[120], aber die Voraussetzungen zur Steuerbefreiung nur scheinbar „klarer als bisher gefaßt"[121] hatte. Nicht nur daß die Beratungen der Steuerkommission bald eine Vielzahl von Fragen zutage förderten, die nach wie vor unbeantwortet waren oder sich gar neu stellten[122]. Entgegen seinerzeitiger Erwartungen des CA, insbesondere Kunzes, der noch in einer Stellungnahme für den Vorstand Anfang November 1941 von einer die Problematik der kirchlichen Zwecke von der Inneren Mission angeschlossenen Körperschaften klärenden Rechtsverordnung des Reichsministeriums der Finanzen ausgegangen war[123], hatte die Gemeinnützigkeitsverordnung diesbezüglich keine Klärung gebracht[124]. Vielmehr hatte sie mit einer Neubestimmung dessen, was als „unmittelbar" und „ausschließlich" bei Vorliegen eines wirtschaftlichen Geschäftsbetriebes zu gelten habe, eine Gemeinnützigkeit verneint und Steuerbefreiung nur als Ausnahme mit Zustimmung des Oberfinanzpräsidenten im Einvernehmen mit dem NSDAP-Gauleiter zugelassen[125]. Mochte die Gemeinnützigkeitsverordnung damit auch auf der einen Seite „auf die Grundsätze des nationalsozialistischen Gedankenguts ausgerichtet" worden sein und „eine Verschärfung der bisherigen Anforderungen" [126] bedeuten, sie anerkannte andererseits eine „Unmittelbarkeit" des gemeinnützigen und mildtätigen Wirkens einer Körperschaft, auch wenn diese sich auf die „Zusammenfassung" gemeinnütziger

---

[118] Entwurf Schreiben Leiter der Deutschen Evangelischen Kirchenkanzlei an Reichsminister der Finanzen o. D., Anlage zu Schreiben Gefaeller an Kunze vom 19.12.1941 (ADW, JK 20).

[119] Schreiben Kunze an Gefaeller vom 22.12.1941 (EBD.).

[120] Erlaß des Reichsministers der Finanzen betr. Gemeinnützige, mildtätige und kirchliche Zwecke (Aufhebung überholter Erlasse) vom 16.12.1941 (RStBl 1941, S. 943). Mit diesem Erlaß werden der vom 15.7.1939 gänzlich und der vom 18.1.1940 teilweise aufgehoben.

[121] R. MUSSFELD, Zur Körperschaftsteuerveranlagung, S. 185.

[122] Bericht über die Sitzung der Steuerkommission des CA am 2.2.1942 (ADW, CA 2159/6 I).

[123] J. Kunze, Die steuerliche Lage der Körperschaften pp. der Inneren Mission, Bethel 8.11.1941 (ADW, JK 20).

[124] Bericht über die Sitzung der Steuerkommission des CA am 2.2.1942 (ADW, CA 2159/6 I).

[125] § 8 Verordnung zur Durchführung der §§ 17 bis 19 des Steueranpassungsgesetzes vom 16.12.1941 (RStBl 1941, S. 939).

[126] R. MUSSFELD, Die Verordnung, S. 38. „Die Verschärfung ist berechtigt. In der nationalsozialistischen Gemeinschaft wird das Streben jedes Einzelnen in den Dienst des Allgemeinwohls gestellt. Jeder handelt irgendwie auch gemeinnützig. Besondere Vergünstigungen kann deshalb nur der in Anspruch nehmen, der besondere Voraussetzungen erfüllt." (EBD.).

und mildtätiger „Unterverbände" beschränkte[127]. Das bedeutete zwar eine Anerkennung des CA und seiner Landes-, Provinzial- und Fachverbände als gemeinnützig und mildtätig. Aber waren sie als „Lebens- und Wesensäußerung der evangelischen Kirche" damit auch als kirchlichen Zwecken dienend anerkannt?

Die Steuerkommission des CA bestärkte ohne weitere Debatte Kunze in der Absicht, für die Einrichtungen und Verbände der Inneren Mission ähnlich den Mustersatzungen „Erläuterungen der Verordnung" zu fertigen. Sie sollten eine Durchführung erleichtern, und ihre Erstellung sollte, so Kunzes Voerstellung, ihm zugleich die Möglichkeit bieten, „Zweifelsfragen" mit den zuständigen Reichsstellen zu klären[128]. Kunze wollte auf diesem Wege das erreichen, was die Gemeinnützigkeitsverordnung zwar zu erreichen beanspruchte, aber verfehlte: „eine sichere Rechtsgrundlage"[129].

Die Finanzbehörden und ihre Entscheidungen, mit denen, wie etwa im Falle des Gesamtverbandes der Berliner Inneren Mission, sowohl trotz veränderter Rechtslage eine „Verletzung der Unmittelbarkeit" festgestellt als auch in Deutung des Erlasses über die Innere Mission als „Wesens- und Lebensäußerung der evangelischen Kirche" „ein Wechsel des Zweckes" unterstellt wurde[130], konnten Kunze und die Steuerkommission des CA in ihrer Absicht nur bestätigten. Ob allerdings v. Bodelschwinghs angesichts dieses Falles geäußerte Befürchtung, „unzählige ähnliche Unglücksfälle erleben"[131] zu müssen, realistisch war, muß dahingestellt bleiben. In jedem Fall war es realistisch, von den Regelungen der Gemeinnützigkeitsverordnung und ihrer Anwendung keinesfalls zuviel, mithin keine Rechtssicherheit in Steuerangelegenheiten gemeinnütziger, mildtätiger und kirchlicher Körperschaften zu erwarten. Als im März 1942 der Reichsfinanzhof sein Urteil in der Steuersache des Evangelischen Verbandes für Kinderpflege in Berlin sprach, bestätigte er die bisherigen Entscheidungen und machte so deutlich, daß sich, trotz Gemeinnützigkeitsverordnung, an seiner Auffassung, der „Beschwerdeführer", der Evangelische Verband für Kinderpflege in Berlin sei nicht ausschließlich und unmittelbar gemeinnützig tätig, nichts geändert habe[132].

---

127 § 12 Ziff. 2 Verordnung zur Durchführung der §§ 17 bis 19 des Steueranpassungsgesetzes vom 16.12.1941 (RStBl 1941, S. 940).

128 Bericht über die Sitzung der Steuerkommission des CA am 2.2.1942 (ADW, CA 2159/6 I).

129 R. MUSSFELD, Die Verordnung, S. 38. War Bormann der herausragende Vertreter der „Distanzierungskräfte", scheint die Auffassung berechtigt, daß die Bestimmungen der Gemeinnützigkeitsverordnung „ganz Bormanns Geist atmeten" (M. GERHARDT, Jahrhundert II, S. 387).

130 Schreiben Friedrich Ulrich an Finanzamt Berlin-Friedrichstadt vom 12.3.1942 (ADW, JK 22).

131 Kartengruß v. Bodelschwingh an Kunze vom 2.1.1942 (EBD.) bei Rücksendung eines Protokolls einer Verhandlung zwischen Finanzamt Berlin-Friedrichstadt und Gesamtverband der Berliner Inneren Mission vom 5.12.1941 (EBD.).

132 Urteil des Reichsfinanzhofs in Körperschaftssteuersachen des Evangelischen Verbandes

Kunze und der Vorstand des CA hatten angenommen, die „Zweifelsfragen" innerhalb kurzer Zeit klären zu können. Zwar informierte Kunze laufend den Vorstand des CA und sorgte auch dafür, daß dieser die Landes- und Provinzialverbände der Inneren Mission durch mit dem Reichsministerium der Finanzen abgestimmte Rundschreiben über den Stand des Klärungsprozesses unterrichtete[133]. Jedoch erst im Oktober 1942 erreichte Kunze sein Ziel und konnte ein „Merkblatt zur Gemeinnützigkeitsverordnung vom 16.12. 1941" herausgeben. Darin verwies er nicht allein auf die mit dieser Verordnung letztmals gegebene Möglichkeit zur Behebung von Satzungsmängeln bis zum Jahresende 1942[134]. Kunze erläuterte in diesem „Merkblatt" außerdem die Fragen hinsichtlich der Bestimmungen zur Bedeutung eines Gewerbebetriebes für die Gemeinnützigkeit. Allerdings gestand er ein, daß seine Bearbeitung „keine lückenlose sein" könne, wünschte aber, daß sie sowohl den Körperschaften die steuerliche Behandlung ihrer gemeinnützigen, mildtätigen und kirchlichen Betätigung „nicht erschwert, sondern erleichtert" als auch einer von der Entwicklung der Verhältnisse geforderten ständigen Anpassung unterzogen wird. Dies konnten Kunze und der CA um so eher erwarten, als die Bearbeitung der „Zweifelsfragen" nicht auf solche allein der Inneren Mission beschränkt war[135], sondern in einem Prozeß von Verhandlungen mit dem Reichsministerium der Finanzen sowohl dessen Zustimmung als auch die der Kirchenkanzlei der DEK gefunden hatte[136].

---

für Kinderpflege in Berlin vom 7.3.1942 (BA Berlin, R 37/Senat VIa 36/41; ADW, JK 16). Und vgl. Schreiben Kunze an Geschäftsstelle des Berliner Stadtsynodalverbandes „z. H. von Herrn Stadtkämmerer Drohmann" vom 16.10.1943 (ADW, JK 22).

133 Rundschreiben CA [Kunze und Fuß] an Landes- und Provinzialverbände zur weiteren Veranlassung und Fachverbände und Kirchenkanzlei der DEK zur Kenntnisnahme vom 20.1. 1942 (ADW, CA/G 593); Rundschreiben CA [Kunze und Fuß] an Landes- und Provinzialverbände zur weiteren Veranlassung und Fachverbände und Kirchenkanzlei der DEK zur Kenntnisnahme vom 11.3.1942 (Ebd.); Rundschreiben CA [Kunze und Fuß] an Landes- und Provinzialverbände zur weiteren Veranlassung und Fachverbände zur Kenntnisnahme vom 27.5.1942 (ADW, VKD 40; ADW, CA 864/15 III A) mit Anlage J. Kunze, Fragen zur Auslegung der Verordnung zur Durchführung der §§ 17 bis 19 des Steueranpassungsgesetzes vom 16.12.1941, o. D.; Rundschreiben CA [Kunze und Fuß] an Landes- und Provinzialverbände zur Weiterleitung und Fachverbände zur Kenntnisnahme vom 31.7.1942 (ADW, CA 2159/6 I).

134 § 16 Ziff. 1 Verordnung zur Durchführung der §§ 17 bis 19 des Steueranpassungsgesetzes vom 16.12.1941 (RStBl 1941, S. 941) setzte die Frist für Satzungsänderungen auf den 31.12.1942.

135 Rundschreiben CA an Landes- und Provinzialverbände der Inneren Mission zur weiteren Veranlassung vom 24.11.1942 (ADW, CA 864/15 III A): „Das Merkblatt ist nicht nur für die Innere Mission geschrieben. Es soll auch anderen Wohlfahrtsverbänden dienen." Vgl. auch Schreiben Kunze an Hagen vom 30.10.1942 (ADW, CA 2159/6 I). Darin teilt Kunze mit, daß er das „Merkblatt" sowohl dem ihm bekannten Ministerialdirigenten im Reichsministeriums der Finanzen, Dr. Wilhelm Trapp, als auch dem Reichsverband der freien gemeinnützigen Kranken- und Pflegeanstalten Deutschlands – dessen Sitz war das Haus der NSV am Berliner Maybachufer, und dessen Vorsitzender war Constantin Frick – sowie dem Deutschen Gemeindetag, der Reichsärztekammer, dem DRK und dem DCV „persönlich ... zugeleitet" habe.

136 J. KUNZE, Merkblatt. Bericht über die Sitzung der Steuerkommission am 12.10.1942

Ausdrücklich hatte Kunze die Fragen, die sich in Verbindung mit den „kirchlichen Zwecken“ insbesondere für Körperschaften der Inneren Mission stellten, für ihn „Sonderfragen“, in einem „Anhang“ behandelt[137]. Darin übermittelte er das Ergebnis der Verhandlungen mit dem Reichsministerium der Finanzen, in deren Verlauf am 26. Mai 1942 die Stellungnahme Friedrich Werners zu seinem Erlaß vom 12. Juli 1940 tatsächlich an Schwerin v. Krosigk gegangen war[138]. Außerdem hatten im Ergebnis der bis dahin erfolgten Arbeit der Steuerkommission Fuß und Kunze den Entwurf eines Rundschreiben gefertigt, mit dem sie den Einrichtungen und Verbänden der Inneren Mission in Ergänzung zu den Mustersatzungen und zum „Gutachten“ hinsichtlich der kirchlichen Zweckbestimmung ihrer Arbeit Formulierungsvorschläge für eine Satzungsänderung machen wollten und zwar auch im Blick auf die Regelungen für den Fall der Auflösung und der Einstellung der Tätigkeit einer Einrichtung oder Verbandes[139]. Das Reichsministerium des Innern und das Reichsministerium der Finanzen hatten „keine Bedenken“[140] und Ende Juli 1942 hatte das Rundschreiben darüber informiert[141]. Neben einer Klärung der Steuerfrage hatte dies Rundschreiben besonders einem Vorankommen in Satzungsangelegenheiten dienen sollen[142].

Im übrigen war inzwischen, was als „Eingliederung“ in die DEK und „veränderte Rechtslage“ vom Reichsministerium der Finanzen festgestellt worden war, noch in eindeutigerer Weise als durch Zustimmung zu einem Rundschreiben des CA widerrufen worden. Wiederum ein Oberfinanzpräsident, allerdings der Oberfinanzpräsident Berlin-Brandenburg, hatte entschieden, daß durch den „Kirchenerlaß“ vom 12. Juli 1940 ein *„schon vorhandener Tatbestand besonders festgestellt worden“*, die Bestimmung der Inneren Mission als „Wesens- und Lebensäußerung der evangelischen Kirche“ *„nicht als Eingliederung“* der Anstalten und Einrichtungen aufzufassen und eine *„Änderung des bisherigen Zwecks der Anstalten und Einrichtungen* (statt bisher gemeinnütziger und mildtätiger nunmehr kirchlicher Betätigung) *nicht eingetreten“* sei[143].

(ADW, JK 21); Schreiben Constantin Frick an Reichsminister der Finanzen vom 3.11.1942 (ADW, CA 2159/6 I); Schreiben Kirchenkanzlei der DEK an Reichsminister der Finanzen vom 27.10.1942 (EZA BERLIN, 1/B 3/139).

137 J. KUNZE, Merkblatt, S. 15–16.

138 Schreiben Leiter der Deutschen Evangelischen Kirchenkanzlei an Reichsminister der Finanzen vom 26.5.1942 (ADW, JK 20).

139 J. KUNZE, Merkblatt, S. 11–12.

140 Schreiben Reichsminister der Finanzen und Reichsminister des Innern an CA vom 24.7.1942 (ADW, CA 2159/6 I).

141 Rundschreibens CA [Kunze und Fuß] an Landes- und Provinzialverbände zur Weiterleitung und Fachverbände zur Kenntnisnahme vom 31.7.1942 (EBD.).

142 EBD. Vgl. Bericht über die Sitzung der Steuerkommission des CA am 12.10.1942 (ADW, JK 21).

143 Schreiben Oberfinanzpräsident Berlin-Brandenburg an CA vom 6.10.1942 (ADW, JK 20). Die Hervorhebungen sind im Original unterstrichen.

Damit war die seinerzeitige Einschätzung des CA, der besagte Erlaß sei als Verwaltungsanordnung zu betrachten, nach über einem Jahr bestätigt. Deshalb konnte Kunze im Anhang zum „Merkblatt“ nun auch festhalten, daß der Erlaß des Reichsministers der Finanzen vom 24. Juli 1941 „keine konstitutive Bedeutung“ hätte[144]. Wenn darum nun für die Einrichtungen die kirchliche Zweckbestimmung ihrer Tätigkeit in den Satzungen aufzunehmen sei, so deshalb, weil Satzung und tatsächliche Geschäftsführung übereinstimmen müssen, nicht weil eine Änderung der Zwecke eingetreten sei. Was darüber hinaus die Landeskirchen und ihre Kirchengemeinden als Träger gemeinnützigen und mildtätigen Zwecken dienender Einrichtungen betraf, so stand der Abschluß der Verhandlungen die Satzungsfragen „nicht rechtsfähiger Stiftungen“ betreffend noch aus. Sie sollten weiterhin als „Betriebe gewerblicher Art“ behandelt werden. Daher galt es für die Kirchengemeinden, die etwa Träger eines Kindergartens waren, nach wie vor, die Frage einer Ausnahmegenehmigung gemäß § 8 Ziff. 2 der Gemeinnützigkeitsverordnung genauso zu prüfen, wie das die übrigen Körperschaften tun mußten, soweit sie Betriebe gewerblicher Art unterhielten. Kunze erwartete in dieser Frage spätestens bis zum Jahresende eine Weisung, mithin Klärung durch das Reichsministerium der Finanzen[145].

Soweit zu sehen, ist es dazu indessen nicht mehr gekommen. Daß dabei auch die sich zunehmend schwieriger gestaltenden Beziehungen zwischen GVR und Kirchenkanzlei der DEK auf der einen und Finanzabteilung bei der Kirchenkanzlei und Reichsministerium für die kirchlichen Angelegenheiten auf der anderen Seite eine Rolle gespielt haben mögen, wird man annehmen dürfen. Der CA und auch die Vereinigung waren jedenfalls mit diesen Fragen nicht mehr befaßt. Das hieß aber nicht, daß die Verhandlungen des CA, die Kunze mit dem Reichsministerium der Finanzen bis dahin geführt hatte, abgeschlossen waren.

Die Herausgabe des „Merkblattes“ gegen Anfang November 1942[146], sollte es seinen Zweck, stand unter der Notwendigkeit, den Einrichtungen, Anstalten und Verbänden der Inneren Mission eine fristgerechte Satzungsänderung zu ermöglichen. Markierte das „Merkblatt“ die erforderlichen Klärungen im

---

144 J. KUNZE, Merkblatt, S. 16.

145 EBD. Vgl. auch Schreiben Kunze an Geschäftsstelle des Berliner Stadtsynodalverbandes „z. H. von Herrn Stadtkämmerer Drohmann“ vom 16.10.1943 (ADW, JK 22).

146 Rundschreiben CA [Hagen und Kunze] an Landes- und Provinzialverbände der Inneren Mission zur weiteren Veranlassung, Fachverbände der Inneren Mission nur zur Kenntnis vom 22.10.1942 (ADW, CA 138/21 II). Damit wird das Erscheinen des „Merkblatts“ angezeigt und zur Bestellung bei „Herrn Diplomkaufmann Kunze in Bethel b. Bielefeld“ aufgefordert. Die Verteilung sollte über die Provinzial- und Landesverbände erfolgen. Mit Schreiben Constantin Frick an „Herrn Reichsminister der Finanzen“ vom 3.11.1942 (ADW, CA 2159/6 I) gingen diesem sechs Exemplare zu. Mit Schreiben Constantin Frick an „Herrn Oberfinanzpräsidenten“ vom 24.11.1942 (ADW, CA 138/21 II) gingen je ein Exemplar an die Oberfinanzpräsidenten im Deutschen Reich.

Blick auf Satzungsfragen der Anstalten und Einrichtungen der Inneren Mission, so waren allerdings spezielle steuerrechtliche und betriebswirtschaftliche Fragen keineswegs hinreichend beantwortet. Unter anderem war weiterhin nicht klar, ob und in welcher Weise das Reichsministerium der Finanzen der Tatsache Rechnung tragen wollte, daß die Tätigkeiten solcher Verbände, die als „Zusammenfassung" von „Unterverbänden" wirkten, auch kirchlichen Zwecken dienten - entweder durch eine Ergänzung der Gemeinnützigkeitsverordnung und ihres § 12 Ziff. 2 oder durch Anweisung an die Finanzbehörden, daß neben mildtätigen und gemeinnützigen auch kirchlichen Zwekken dienende Körperschaften unter diese Bestimmung fallen[147]. Aus Sicht Kunzes waren bis dahin lediglich „Vorarbeiten" geleistet worden. Daß es zu einer „wirklichen Erledigung der ganzen Fragen" in der nächsten Zeit „während des Krieges" käme, hatte er bereits zu Anfang des Jahres sehr skeptisch in Frage gestellt[148]. Er hatte deshalb unter Hinweis auf die Anordnung des „Führers" zur Vereinfachung der Verwaltung und zur Rückstellung aller nicht zur Durchführung der Kriegsaufgaben unumgänglich notwendigen Arbeiten[149] vorgeschlagen, den weiteren Vollzug der Gemeinnützigkeitsverordnung bis „nach Kriegsende" hinauszuschieben[150]. Tatsächlich sollte spätestens im Sommer 1943 feststehen, daß zwar keine Erledigung der Sachfragen, aber ein „Abschluß der Arbeiten für die Regelung der Steuerfragen" erfolgt sei. Der Vorstand des CA jedenfalls sah Anlaß, Kunze den „herzlichsten Dank" auszusprechen[151].

Es lag zum Ende des Jahres 1942 gleichzeitig ganz in der Logik der Sache, daß nach Erledigung der Vorarbeiten, mithin nach Klärung satzungsrelevanter Steuerfragen, die Steuerkommission ihre Tätigkeit mit Ende Oktober ein-

---

147 J. Kunze, Fragen zur Auslegung der Verordnung zur Durchführung der §§ 17 bis 19 des Steueranpassungsgesetzes vom 16.12.1941, o. D., Anlage zu Rundschreiben CA [Kunze und Fuß] an Landes- und Provinzialverbände zur weiteren Veranlassung und Fachverbände zur Kenntnisnahme vom 27.5.1942 (ADW, VKD 40; ADW, CA 864/15 III A).

148 EBD. Kunze hatte mit der Zahl der Körperschaften argumentiert, die zu einer Satzungsänderung genötigt wären. Für den Bereich allein der Inneren Mission rechnete er mit „nahezu 4.000" und für das gesamte Reichsgebiet mit „sicherlich ... 10.000 solcher Körperschaften". Gleichzeitig ging er auch davon aus, daß der in der zurückliegenden Zeit kriegsbedingt gewachsene Mangel an geeigneten Sachbearbeitern „noch weit größer" wird.

149 Dabei handelte es sich um den unveröffentlichten, nur in Gestalt eines Rundschreibens der Reichskanzlei bekannt gemachten „Erlaß des Führers über die weitere Vereinfachung der Verwaltung" vom 25.1.1942. Siehe dazu D. REBENTISCH, Führerstaat, S. 466–470.

150 J. Kunze, Fragen zur Auslegung der Verordnung zur Durchführung der §§ 17 bis 19 des Steueranpassungsgesetzes vom 16.12.1941, o. D., Anlage zu Rundschreiben CA [Kunze und Fuß] an Landes- und Provinzialverbände zur weiteren Veranlassung und Fachverbände zur Kenntnisnahme vom 27.5.1942 (ADW, VKD 40; ADW, CA 864/15 III A).

151 Protokoll der Vorstandssitzung des CA am 22.6.1943 (ADW, CA 67 B (1943)). Im übrigen beschloß der Vorstand gleichzeitig, daß „für die umfangreichen literarischen Arbeiten (wird) Herrn Kunze ein Honorar von RM 1.000,-- zulasten des Kontos ‚Steuerstelle' bewilligt" wird (EBD.).

stellte[152] und nunmehr wieder unmittelbar die Satzung des CA ebenso wie die der Einrichtungen und Verbände Bedeutung erhielten und auf Änderungsbedarf überprüft wurden. Obwohl Ziegler sogleich und grundsätzlich erklärte, für „Nichtänderung der Satzung" und „Anerkennung der Steuerpflicht" zu sein, da er das Verfahren für langwierig hielt und außerdem davon ausging, daß eine ganze Reihe von dem CA angehörenden Verbänden und Einrichtungen eine Anerkennung als gemeinnützigen, mildtätigen und kirchlichen Zwecken dienende Körperschaft nicht erhielten und somit die Voraussetzungen für eine Steuerfreiheit des CA nicht gegeben sei – der Vorstand beschloß anders. Zwar sollten, so Ziegler, sowohl eine Stundung der Steuerzahlung in Betracht gezogen als auch die erforderlichen kaufmännischen Maßnahmen getroffen werden[153], aber der Vorstand des CA wollte jetzt eine Satzungsänderung. Er hatte bereits am 17. November 1942 Kunze beauftragt, unter Berücksichtigung von dessen Verhandlungsergebnissen im Blick auf die Gemeinnützigkeitsverordnung eine neue Satzung auszuarbeiten und sie mit Heinrich abzustimmen. Sie sollte dann dem Vorstand und zur schriftlichen Beschlußfassung den satzungsgemäß zuständigen Gremien zugestellt werden[154]. Jedoch hätte man auf Grund einer Anordnung Lammers', des Reichsministers und Chefs der Reichskanzlei, vom Frühjahr 1942, mit der „Tagungen aller Art" so gut wie untersagt waren[155], kaum zu einer Versammlung des Hauptausschusses zusammenkommen können. Daß der CA sich dennoch auf ein so umständliches und zeitraubendes Verfahren einlassen wollte, gibt zu erkennen, wie wichtig ihm die Sache war und daß er bereit war, „alle Maßnahmen zur Herbeiführung der Steuerfreiheit des CA zu treffen" [156].

Indessen sollte es weder für den CA noch für die von ihm „zusammengefaßten" „Unterverbände" und Einrichtungen erforderlich werden, den beschwerlichen, mithin satzungsgemäßen Weg einer Satzungsänderung zu gehen. Wohl in der Einsicht, daß auf diese Weise und „mit Rücksicht auf den kriegsbedingten Mangel an geeigneten Sachbearbeitern", die von ihm gesetzte

---

152 Schreiben Kunze an Hagen vom 30.10.1942 (ADW, CA 2159/6 I). Kunze läßt wissen: „Herr Präsident Frick ist mit mir der Meinung, daß die Tätigkeit der Steuerkommission jetzt als beendet erklärt werden kann, so daß damit der Vorstand in der Lage ist, neue Anordnungen über die Weiterführung der Arbeit zu erteilen."

153 Schreiben Ziegler an CA vom 2.12.1942 (ADW, CA 67 B (1942)). Ziegler, da er an der Sitzung des Vorstandes des CA am 8.12.1942 nicht teilnehmen konnte, hatte ausdrücklich um Zurkenntnisgabe seiner Stellungnahme gebeten. Vgl. Protokoll (EBD.).

154 Protokoll (ADW, CA 67 B (1942)).

155 Schreiben Reichsminister für die kirchlichen Angelegenheiten an Kirchenkanzlei der DEK vom 15.4.1942 (ADW, JK 21). Es wird ein undatiertes Schreiben von Lammers zitiert, mit dem es für „dringend notwendig" erklärt wird, „von der Abhaltung von Kongressen und Tagungen aller Art ... bis auf weiteres abzusehen". Ausgenommen seien solche Tagungen, die „kriegswichtig angesehen werden", bei deren Genehmigung „jedoch der allerschärfste Maßstab anzulegen" sei. Die Kirchenkanzlei der DEK reichte das Schreiben unter dem 23.4.1942 an den CA weiter.

156 Protokoll der Vorstandssitzung des CA am 8.12.1942 (ADW, CA 67 B (1942)).

Frist, der 31. Dezember 1942, allenthalben nicht hätte eingehalten werden können, erlaubte das Reichsministerium der Finanzen ein „möglichst einfaches Verfahren". Kunze hatte erreicht, daß es sich ebenso wie das Reichsministerium des Innern damit einverstanden erklärte, wenn allein der Vorstand einer Körperschaft einen Beschluß darüber faßt, daß sie unmittelbar und ausschließlich gemeinnützige und mildtätige Zwecke verfolge. Dieser Beschluß war dem zuständigen Finanzamt spätestens bis zum Jahresende vorzulegen. Damit sollten steuerrechtlich die von der Gemeinnützigkeitsverordnung geforderten Voraussetzungen bezüglich der Satzungen erfüllt sein[157].

Die Möglichkeit zu einem vereinfachten Beschlußverfahren zur Satzungsänderung, die sich recht kurzfristig und ganz unbürokratisch eröffnet hatte, bedeutete für die Innere Mission eine wesentliche Erleichterung. Indessen war in diesem lediglich steuerrechtlich zu bewertenden Verfahren von den Verbänden und Einrichtungen der Inneren Mission eine Änderung zu berücksichtigen. Entsprechend der Anerkennung des Reichsministeriums der Finanzen, daß die Innere Mission als „Wesens- und Lebensäußerung der evangelischen Kirche" nicht nur gemeinnützigen und mildtätigen, sondern auch kirchlichen Zwecken diene, war auf eine demgemäße Ergänzung zu achten. Darauf wies auch das Rundschreiben des CA hin, mit dem Kunze und Fuß noch vor einer offiziellen, mithin schriftlichen Bestätigung des Verfahrens aus dem Ministerium Schwerin v. Krosigks die Landes- und Provinzialverbände unterrichteten[158].

Für den CA selbst machte das verkürzte Satzungsänderungsverfahren eine Debatte über Zieglers Ablehnung einer Satzungsänderung hinfällig[159]. Zwar hatte Kunze auftragsgemäß und entsprechend dem von ihm selbst erstellten „Merkblatt" einen Vorschlag zu einer Änderung der Satzung des CA erarbeitet[160]. Aber den steuerrechtlichen Vorschriften konnte nun anders ent-

---

157 Schreiben Reichsverband der freien gemeinnützigen Kranken- und Pflegeanstalten Deutschlands an die ihm angeschlossenen Verbände vom 3.12.1942 (ADW, CA 138/21 II). Offenbar hatten Constantin Frick als Vorsitzender des Reichsverbandes der freien gemeinnützigen Kranken- und Pflegeanstalten Deutschlands und Kunze als Berater von seiten des CA, diesen Verband, dessen Gemeinnützigkeit auf der Hand lag, dessen Einrichtungen – es war das dritte Kriegsjahr – zunehmend gebraucht wurden und mit dem ein Konflikt allenthalben ein Konflikt mit den Krankenhäusern gewesen wäre und die „Heimatfront" geschwächt hätte, in den Verhandlungen mit dem Reichsministerium der Finanzen für die Durchsetzung eines verkürzten Verfahrens benutzt und damit einen Präzedenzfall geschaffen. Siehe Erlaß des Reichsministers der Finanzen vom 19.12.1942 (RStBl 1942, S. 1130–1131).

158 EBD.; und Rundschreiben CA [Kunze und Fuß] an Landes- und Provinzialverbände zur weiteren Veranlassung und Fachverbände nur zur Kenntnisnahme vom 27.5.1942 (ADW, CA 138/21 II).

159 Protokoll der Vorstandssitzung des CA am 8.12.1942 (ADW, CA 67 B (1942)). Festgehalten ist ausdrücklich, daß Ziegler bei Abfassung seines Schreibens – siehe zuvor S. 785f. mit Anm. 153 – das vereinfachte Beschlußverfahren „noch nicht bekannt sein konnte".

160 J. Kunze, Betrifft: Gemeinnützigkeitsverordnung vom 16.12.1941. Satzung des Central-Ausschusses für die Innere Mission o. D. (ADW, CA 100 IV/3).

sprochen werden. Dementsprechend folgte der Vorstand des CA dem „dringenden Rat" Kunzes und faßte einen Beschluß, der unter Ergänzung der Aufgabenbeschreibungen der seit 1929 geltenden Satzung[161] im wesentlichen bestätigte, daß der CA „ausschließlich und unmittelbar gemeinnützigen, mildtätigen und kirchlichen Zwecken im Sinne der Verordnung zur Durchführung der §§ 17 bis 19 StAnpG" dient und sein Vermögen im Falle seiner Auflösung ebenso und für dieselben Zwecke zu verwenden ist[162].

Damit war, was den CA betraf, die Frage einer Steuerbefreiung beantwortet. Eine Satzungsänderung erfolgte nicht. Die Satzungskommission mußte nicht weiterarbeiten. Während der CA die Gemeinnützigkeitsfrage und damit die Frage seiner Steuerbefreiung bereits 1949 wieder zu erörtern hatte[163], war eine Satzungsänderung erst im Jahre 1957 das Ergebnis eines Prozesses, in dem in einem „Diakonischen Werk der EKD" das unmittelbar nach Zerstörung und Zusammenbruch des nationalsozialistischen Regimes begründete Hilfswerk der EKD und die Innere Mission nach mancherlei Blockaden verstärkt und gezielt seit 1951 zusammengeführt wurden[164].

Anläßlich der Herausgabe des „Merkblattes" hatte der CA ein Rundschreiben an die Landes- und Provinzialverbände gehen lassen, mit dem diesen und ihren Einrichtungen so etwas wie eine Gebrauchsanweisung für das „Merkblatt" gegeben werden sollte[165]. Kunze hatte auf Bitten Hagens praktische Hinweise und Entscheidungshilfen gegeben, insbesondere zu den Fragen, wer seine Satzung ändern und wer das nicht müsse[166]. Danach war es auch für die Vereinigung geboten, wollte sie steuerfrei sein, ihre Satzung nochmals zu ändern, da sie jedenfalls körperschaftssteuerpflichtig war. Gespräche Bremers mit dem für die Vereinigung zuständigen Berliner Finanzamt hatten das bestätigt und ihn ermutigt, sogleich eine Satzungsänderung in Angriff zu neh-

---

161 Siehe I Kap. II.2.1., S. 66 mit Anm. 75.

162 Beschluß des Vorstandes des CA vom 8.12.1942 (ADW, CA 100 IV/3); Anlage zum Protokoll der Vorstandssitzung des CA am 8.12.1942 (ADW, CA 67 B (1942)).

163 Siehe Schreiben Schatzmeister des CA [Kunze] an „Hilfswerk der EKD Central-Bureau" vom 4.5.1949 (ADW, CA/W 100). Der in dieser Zeit beginnende Prozeß einer erneuten Behandlung der Gemeinnützigkeitsfrage, den Kunze als Mitglied des Deutschen Bundestages mitgestaltete, führte sowohl zum Gesetz zur Änderung von einzelnen Vorschriften der Reichsabgabenordnung und anderer Gesetze vom 11.7.1953 (BGBl 1953 I, S. 511–513), wobei Artikel II Änderung des Steueranpassungsgesetzes (S. 513) tatsächlich nur zwei unwesentliche Änderungen brachte, als auch in Verbindung mit dem Änderungsgesetz zu einer neuen Verordnung zur Durchführung der §§ 17 bis 19 des Steueranpassungsgesetzes (Gemeinnützigkeitsverordnung) vom 24.12.1953 (BGBl 1953 I, S. 1592–1596).

164 Kirchengesetz über den Zusammenschluß von Innerer Mission und Hilfswerk der Evangelischen Kirche in Deutschland vom 8.3.1957 (ABlEKD 1957, S.73–79). Siehe J. M. WISCHNATH, Kirche in Aktion. Vgl. E. BEYREUTHER, Geschichte, S. 216–238 und S. 239 mit Anm. 1; H. SEIFERT, Das Diakonische Werk; H. TALAZKO, Neubeginn.

165 Rundschreiben CA [Hagen und Kunze] an Landes- und Provinzialverbände zur weiteren Veranlassung und Fachverbände nur zur Kenntnisnahme vom 24.11.1942 (ADW, CA 138/21 II).

166 Schreiben Kunze an Hagen vom 18.11.1942 mit Entwurf (ADW, CA 864/15 IIIA).

men[167]. „Um unnötiges Reisen zu vermeiden", schlug er das schriftliche Verfahren vor, von dem er erwartete, daß ihm nur wenn „wichtige Bedenken vorliegen" eine Zustimmung versagt wird[168]. Er versandte einen Beschlußvorschlag[169], mit dem er durch Änderung von § 1 Ziff. 1 und durch Streichung

---

167 Schreiben Bremer an die Vorstandsmitglieder der Vereinigung vom 8.12.1942 (LKA HANNOVER, E 26/102).

168 EBD.

169 Der Änderungsantrag hatte diesen Wortlaut:
„Änderung der Satzung der Vereinigung Evangelischer Kinderpflegeverbände Deutschlands e.V.
§ 1 Absatz 1 u. 2 erhält folgenden Wortlaut:
(1) Die Vereinigung evangelischer Kinderpflegeverbände Deutschlands hat den Zweck, das Wohl der hilfsbedürftigen Kinder in den evangelischen Kindertagesstätten Deutschlands zu fördern dadurch, daß sie die evangelischen Landes- und Provinzialverbände für Kinderpflege innerhalb des Deutschen Reichsgebietes zusammenschließt.
(2) Die Vereinigung verfolgt in praktischer Betätigung christlicher Nächstenliebe ausschließlich und unmittelbar gemeinnützige, mildtätige und kirchliche Zwecke im Rahmen der §§ 17–19 StAnpG vom 16. Oktober 1934. Ihre Tätigkeit ist nicht auf einen wirtschaftlichen Geschäftsbetrieb gerichtet. Die Aufnahme neuer Arbeiten auf dem Gebiet der halboffenen und offenen Fürsorge im Rahmen der Satzungszwecke geschieht jeweils durch Beschluß des Vorstandes.
§ 2 wird gestrichen.
§ 4 [neu 3] erhält folgende Fassung:
Alle Mittel des Vereins (Vermögen, Einnahmen aus Pflegegeldern, sonstige Zahlungen für Leistungen der Körperschaft, Gaben, Spenden, Beihilfen, Kollekten, Schenkungen) sind für die satzungsmäßigen Zwecke gebunden und sind entweder laufend für die satzungsmäßigen Zwecke zu verausgaben oder zweckgebundenen Fonds zuzuführen. Die Nachweisung über die Verwendung ist in der Rechnung zu führen. Als Zweckvermögen im Sinne der Gemeinnützigkeitsverordnung vom 16. Dezember 1941 ist das angesammelte Vermögen anzusehen, das satzungsmäßigen Zwecken dient. Die Ansammlung von Fonds für die Aufnahme neuer Aufgaben der Körperschaft im Rahmen der satzungsmäßigen Zwecke geschieht durch Beschluß des Vorstandes. Die Durchführung der Verwendung dieses besonderen Zweckvermögens hat spätestens zehn Jahre nach Beginn der Ansammlung derart zu erfolgen, daß entweder die Zinsen des Zweckvermögens oder das Zweckvermögen selbst Verwendung finden.
§ 9 Absatz 2 Satz 2 wird gestrichen.
§ 11 [neu 10] erhält folgende Fassung:
Die Mitglieder der Vereinigung und des Vorstandes haben keinerlei Anspruch auf die Erträgnisse des Vermögens der Vereinigung. Auch dürfen ihnen sonst keinerlei Vermögensvorteile zugewendet werden. Soweit sie ehrenamtlich für die Vereinigung tätig sind, haben sie nur Anspruch auf Ersatz der nachgewiesenen baren Auslagen. Die Gewährung angemessener Vergütungen für Dienstleistungen auf Grund besonderen Vertrages bleiben hiervon unberührt.
§ 12 [neu 11] erhält folgende Fassung:
Beschlüsse darüber wie das Vermögen bei Auflösung oder Aufhebung des Vereins oder Wegfall seines bisherigen Zwecks zu verwenden ist, dürfen erst nach Einwilligung des Finanzamtes ausgeführt werden. Wenn das Finanzamt die Einwilligung versagt, kann der Beschluß über die anderweitige Verwendung des Vermögens erst dann durchgeführt werden, wenn die Zahlung der fällig werdenden Steuern an das Finanzamt sichergestellt ist.
§ 13 [neu 12] erhält folgenden Zusatz:
Von jedem Rechtsnachfolger muß das Vermögen zu gemeinnützigen, mildtätigen und kirchlichen Zwecken im Sinne der §§ 17 bis 19 StAnpG in erster Linie für die in § 1 dieser Satzung näher bezeichneten Zwecke verwendet werden.
Berlin, 1. Dezember 1942. gez. Bremer, Vorsitzender." (LKA HANNOVER, E 26/102; ADWW MÜNSTER, 153/1).

von § 2 der im Juli 1942 anerkannten Satzung entsprechend § 12 Ziff. 2 die Aufgaben der Vereinigung auf die „Zusammenfassung ihrer Unterverbände“ beschränkte, um damit die Voraussetzungen der Unmittelbarkeit in Satzung und tatsächlicher Geschäftsführung zu erfüllen[170]. Mit der Änderung von § 4 und § 9 sowie der §§ 11 bis 13 der Satzung entsprach Bremers Antrag § 6 und § 15 Ziff. 5 der Gemeinnützigkeitsverordnung und damit den Regelungen zur Ansammlung von Zweckvermögen ebenso wie denen zum Vorbehalt zukünftiger Entschließungen[171]. Mit dem Wortlaut der Änderungen folgte Bremer der Mustersatzung, die Kunze dem kurz zuvor erschienenen „Merkblatt“ beigegeben und zu nutzen empfohlen hatte[172]. Zeitgleich mit dem Versand an die Mitglieder des Vorstandes der Vereinigung legte Bremer den Änderungsentwurf dem zuständigen Finanzamt in Berlin vor, das umgehend seine Absicht bekundete, die Vereinigung nicht zur Besteuerung heranzuziehen[173].

Sei es, daß Bremer durch das Finanzamt falsch informiert worden war[174], sei es, daß er das Rundschreibens des CA vom 9. Dezember 1942 nicht richtig zur Kenntnis genommen hatte und nicht hinreichend informiert war, sei es, daß er dem ausdrücklichen Rat Depuhls nicht folgen wollte, durch ein verkürztes Beschlußverfahren „das Rampenlicht des Amtsgerichts“ zu vermeiden und das des „wohlwollenden Finanzamtes“ zu nutzen[175], – Bremer legte dem Amtsgericht Berlin die Satzungsänderung zur Genehmigung vor. Ob er in Rechnung stellte, daß der Polizeipräsident in Berlin zuzustimmen habe, diese Frage muß ebenso unklar bleiben wie die, ob sich Bremer der kaum eindeutig wohlwollenden Haltung des Berliner Polizeipräsidiums unter einem im Berliner Machtgeflecht opportunistischen Wolf Heinrich Graf von Helldorff, wie sie in der Feststellung von einer überflüssig gewordenen Vereinigung zum Ausdruck gekommen war, überhaupt bewußt war. Nachdem noch im Februar 1943 der CA, wie es die seit einem halben Jahr gültige Satzung der Vereinigung vorsah, der Satzungsänderung zugestimmt hatte[176], hatte Bremer Ende April 1943 die Ablehnung des Polizeipräsidenten in Berlin in Händen.

---

170 RStBl 1941, S. 940.

171 RStBl 1941, S. 939 und S. 941.

172 J. KUNZE, Merkblatt, S. 11–12.

173 Schreiben Bremer an die Vorstandsmitglieder der Vereinigung vom 20.12.1942 (LKA HANNOVER, E 26/102).

174 Schreiben Bremer an Vorstandsmitglieder der Vereinigung vom 20.12.1942 zitiert ein Schreiben Finanzamt Berlin-Alexander an Bremer o. D., mit dem die Übereinstimmung mit den geltenden rechtlichen Bestimmungen bestätigt wird. Es fährt fort: „... werde deshalb nach Eintragung der Satzungsänderung im Vereinsregister bis auf weiteres nicht zur Besteuerung heranziehen.“ (EBD.). Dies berücksichtigt nicht die Möglichkeit eines verkürzten Beschlußverfahrens.

175 Schreiben Hofstaetter an Bremer vom 15.12.1942 (ADW, VKD 19). Hofstaetter zitiert den von ihr befragten Depuhl, der sich in dieser Weise äußerte und dabei als Beispiel das verkürzte Beschlußverfahren des Reichsverbandes der evangelischen Alters- und Siechenfürsorge anführt (Schreiben Depuhl an Hofstaetter vom 14.12.1942, in: LKA HANNOVER, E 26/102).

176 Schreiben CA [Hagen und Fuß] an Vereinigung vom 15.2.1943 (ADW, VKD 40).

Die Versagung seiner Zustimmung begründete der Polizeipräsident in Berlin damit, daß er der Vereinigung einen gemeinnützigen Zweck, dem zu dienen der geänderte § 1 der Satzung der Vereinigung vorsah, nicht zuerkennen wollte. Er unterstellte eine „einseitig konfessionelle Ausrichtung" und daß die Vereinigung „vor allem den evangelischen Kindern dienen will."[177] Zwar war die Gemeinnützigkeit bereits in der seit Juli 1942 mit Zustimmung des Polizeipräsidenten in Berlin rechtswirksamen Satzung als Zweck der Arbeit der Vereinigung genannt. Aber der Wunsch Bremers, § 1 der Satzung zu ergänzen, hatte dem Polizeipräsidenten in Berlin die Möglichkeit gegeben, eine Gemeinnützigkeit in Frage zu stellen. Das entsprach den Grundsätzen „nationalsozialistischen Gedankenguts", war nicht neu und spätestens seit dem Schreiben von Staatssekretär Zschintzsch an Kardinal Bertram vom 6. Januar 1937 als Vorwurf gegen Kindergärten in katholischer oder evangelischer Trägerschaft die Markierung der Front[178]. Jetzt in dieser Weise gegen die Vereinigung in Stellung gebracht, konnte der so begründete Einspruch des Polizeipräsidenten in Berlin als Versuch erscheinen, wenn es schon nicht gelungen war, die evangelischen Kindergärten in ihrer praktischen Betätigung in ein nationalsozialistisches Monopol zu überführen und damit die Vereinigung „überflüssig" zu machen, so doch sie an ihrer organisatorischen Spitze zu treffen und sie auf diesem Wege zu „entkonfessionalisieren".

Der Polizeipräsident in Berlin forderte eine Ergänzung der Satzung dahin, daß sich die Tätigkeit der Vereinigung „auf alle Schichten der Bevölkerung ohne Unterschied der Konfessionen erstreckt"[179]. Für Bremer war diese Forderung der Grund, „persönlich doch recht ernste Bedenken" zu haben. Sehr gern hätte er die Sache im Vorstand besprochen, sah aber, daß die Reisemöglichkeiten äußerst beschränkt waren und eine Vorstandssitzung deshalb wenig realistisch war[180]. Konnte er so argumentieren, wie man stets argumentiert hatte, nämlich daß evangelische Kindergartenarbeit stets „national und sozial"[181], daß eine Konfessionszugehörigkeit nie eine Rolle gespielt, daß man von Anfang an der Volksgemeinschaft gedient[182] und eine „loyale, auch dem Staate gegenüber positive Arbeitsweise"[183] habe? Hätte er dann nicht doch ohne Bedenken der Forderung der Ordnungsbehörde entsprechen können?

---

177 Schreiben Polizeipräsident in Berlin an Amtsgericht Berlin-Charlottenburg vom 20.4.1943, mit Schreiben Amtsgericht Berlin-Charlottenburg an Vereinigung vom 24.4.1943 (LKA HANNOVER, E 26/102).

178 Siehe II Kap. I.1.1., S. 41 mit Anm. 89.

179 Schreiben Polizeipräsident in Berlin an Amtsgericht Berlin-Charlottenburg vom 20.4.1943, mit Schreiben Amtsgericht Berlin-Charlottenburg an Vereinigung vom 24.4.1943 (LKA HANNOVER, E 26/102).

180 Schreiben Bremer an Vorstandsmitglieder der Vereinigung vom 8.5.1943 (EBD.).

181 Siehe I Kap. IV.2., S. 141 mit Anm. 136.

182 Siehe I Kap. IV.2., S. 145 mit Anm. 156

183 Siehe II Kap. I.2.2., S. 82 mit Anm. 131.

Andererseits, liefe er damit nicht Gefahr, die Rechtsgrundlage für eine Eigenständigkeit der Trägerschaft zu schmälern? War damit zu rechnen, daß der „christliche Charakter", wie er etwa mit der westfälischen und der pommerschen Lösung gesichert worden war[184], auch weiterhin nicht in Frage gestellt war? Wie groß war die Gefahr, daß die Gemeinnützigkeit als Merkmal einer steuerbefreiten Vertretung evangelischer Kinderpflegearbeit den Anfang einer neuen Auseinandersetzung um „Entkonfessionalisierung", „Simultanisierung" und Anpassung an „nationalsozialistisches Gedankengut" markierte, an deren Ende tatsächlich das Ende der Vereinigung als Fachverband einer eigenständigen evangelischen Kinderpflege hätte stehen können? Mußte es dann nicht angebracht sein, auf die Gemeinnützigkeit zu verzichten und den Verlust einer Steuerbefreiung in Kauf zu nehmen?

Zwar wünschte auch Dölker, wie die übrigen Mitglieder des Vorstandes der Vereinigung von Bremer über die Forderungen des Polizeipräsidenten in Berlin unterrichtet[185], ein Gespräch im Vorstand über die möglicherweise damit verbundenen Fragen, aber er fand den Zusatz, mit dem die Gemeinnützigkeit hätte gesichert werden können, „nicht [zu] beanstanden"[186]. Er erinnerte daran, daß man immer schon „ohne Unterschied der Konfession" Kinder aufgenommen und dies auch nie verhehlt hätte. Außerdem mahnte er „in gegenwärtiger Zeit" eine gewisse „Weitherzigkeit" an und meinte, „das ‚Evangelische'" käme ohnehin genügend in der Satzung zum Ausdruck[187]. Daß solche Bedenkenlosigkeit weder der Anfrage Bremers noch auch den Erfahrungen aus den Kämpfen und Scharmützeln der zurückliegenden Jahre hinreichend Rechnung trug, steht wohl außer Frage. Mit seiner Behauptung, es sei nicht vorstellbar, daß mit der vom Polizeipräsidenten in Berlin geforderten Satzungsergänzung „irgend etwas" preisgegeben werde, war Dölker zu diesem Zeitpunkt eher an einem möglichst problemlosen Erhalt des status quo interessiert als an einer problemorientierten Stellungnahme zur Bedeutung der fraglichen Satzungsergänzung für eine langfristige Sicherung der Arbeit der Vereinigung und der evangelischen Kinderpflegearbeit. Damit unterschied Dölker sich wenig von Depuhl, der wiederum von Hofstaetter um Beratung gebeten worden war[188]. Depuhl klagte zwar über die Nichtbeachtung seines Rates zur Wahl eines abgekürzten Verfahrens, sah darin wohl zu Recht auch die Ursache dafür, daß „die Angelegenheit so verfahren ist", aber daß nun allein der Forderung des Polizeipräsidenten in Berlin zu folgen wäre[189], wie er

---

184 Siehe II Kap. II.1.3., S. 421 mit Anm. 201; und S. 440 mit Anm. 299.

185 Schreiben Bremer an Vorstandsmitglieder der Vereinigung vom 8.5.1943 (LKA HANNOVER, E 26/102).

186 Schreiben Dölker an Bremer vom 11.5.1943 (ADW, VKD 28a).

187 EBD.

188 Schreiben Hofstaetter an Bremer vom 14.5.1943 (LKA HANNOVER, E 26/102).

189 Schreiben Depuhl an Bremer vom 12.5.1943 (EBD.).

meinte, das war tatsächlich kurzschlüssig und zielte eher auf eine problemlose, am Erhalt des status quo orientierte Lösung, als auf eine grundsätzliche Sicherung evangelischer Kinderpflege. Das Warten auf die Zeit „nach Kriegsende", die etwa mit dem Erlaß des „Führers" zur Vereinfachung der Verwaltung[190] und mit der Kenntnis davon, daß alle nicht kriegsentscheidenden Angelegenheiten zurückzustellen sind[191], eine ständig wachsende, mit Hoffnungen und Wünschen sich auffüllende Bedeutung erhielt – dieses Warten auf eine andere Zeit mochte allerdings das Seine zu den Urteilen Dölkers und Depuhls beigetragen haben.

Was die Stellungnahmen, um die er die Vorstandsmitglieder so ausdrücklich gebeten hatte, für Bremer selbst bedeuteten ist nicht erkennbar. Jedenfalls erreichte er es trotz inzwischen weiter verschärfter Reisebeschränkungen[192], daß sich der Vorstand der Vereinigung am 7. Juni 1943 in Berlin-Dahlem[193], wenige Schritte nur entfernt von der Geschäftsstelle des CA, „zu einer dringenden Besprechung" traf[194]. Diese Sitzung sollte die letzte Vorstandssitzung der Vereinigung für mehr als vier Jahre sein[195]. Neben dem Ertrag eines an Bremers Arbeitsbericht für das erste ganz von ihm verantwortete Geschäftsjahr der Vereinigung ausgerichteten Informationsaustauschs[196] war es wohl ein Ergebnis dieser Besprechung, daß Bremer sich darin unterstützt sehen konnte, wenn er sich nicht auf die vom Polizeipräsidenten in Berlin geforderte Klausel einließ[197].

Im Verlauf der weiteren Verhandlungen mit dem das Vereinsregister führenden Amtsgericht Berlin-Charlottenburg, zu denen auch Hagen und Kunze hinzugezogen worden waren, wurde allerdings klar, daß die Bemühungen,

---

190 Siehe zuvor S. 785 mit Anm. 149 und Anm. 150.

191 Siehe II Kap. IV.1.1., S. 832 mit Anm. 219.

192 Es ist zu erschließen, daß es Hagen gelungen sein muß, eine nach Lage der Dinge erforderliche Reisegenehmigung für die Mitglieder des Vorstandes zu erwirken. Siehe Schreiben Bremer an Dölker vom 7.5.1943 (ADW, VKD 28a); und Schreiben Dölker an Bremer vom 11.5.1943 (EBD.). Und siehe zuvor S. 786 mit Anm. 155; Runderlaß des Reichsministerium des Innen vom 3.9.1942 (RMBliV 1942, S. 1761–1762); Runderlaß des Reichsministeriums des Innern vom 15.3.1943 (RMBliV 1943, S. 459). Dieser Erlaß bestimmte eine Reisezulassung nur noch „in kriegswichtigen Angelegenheiten" (EBD.).

193 In der Goßlerstraße, unweit der Geschäftsstelle des CA im Reichensteiner Weg, war das 1876 gegründete „Mariannenhaus" gelegen, eine Erziehungseinrichtung für schulentlassene, gefährdete Mädchen. Das „Mariannenhaus" war dem Kirchlichen Erziehungsverband der Provinz Brandenburg angeschlossen, dessen Geschäftsführer Bremer seit 1921 war. Vgl P. TROSCHKE, Übersicht, S. 44; und G. BREMER, 50 Jahre, S. 4.

194 Schreiben Bremer an Mitglieder des Vorstandes der Vereinigung vom 14.5.1943 (LKA HANNOVER, E 26/102).

195 Siehe II Kap. IV.2.2., S. 854 mit Anm. 51.

196 Siehe Schreiben Bremer an Hofstaetter vom 21.6.1943 (LKA HANNOVER, E 26/102).

197 Ein Protokoll der Vorstandsbesprechung der Vereinigung am 7.6.1943 war nicht zu ermitteln. Der Sachverhalt ist zu erschließen, insbesondere durch den Bericht in Schreiben Bremer an Mitglieder der Vereinigung vom 28.10.1943 (LKA HANNOVER, E 26/106).

die mit dem Reichsministerium der Finanzen abgestimmte Anwendung der Gemeinnützigkeitsverordnung auch für diesen Fall als Recht durchzusetzen[198], erfolglos bleiben mußten. Es ging nicht um Recht, es ging um „Berücksichtigung staatspolizeilicher Erwägungen“[199]. Die Bedenken Bremers hatten sich als berechtigt erwiesen.

Da einerseits das Finanzamt der Satzungsänderung aus steuerrechtlichen Gesichtspunkten zugestimmt hatte, andererseits aber gänzlich unklar bleiben mußte, welcher Art die Erwägungen der Gestapo waren, nur deutlich war, daß sich die Vereinigung in deren Visier befand, schien es Kunze und Bremer im Ergebnis gemeinsamer Beratung am besten, „alles in der Schwebe“ zu lassen[200]. Das bedeutete, auf eine Satzungsänderung zu verzichten. Man meinte das ohne Schwierigkeiten tun zu können, da zum einen „Verhandlungen über Satzungen zurückgestellt werden“ sollten. Das war schon an der Bereitschaft der beiden zuständigen Reichsministerien zu erkennen gewesen, ein verkürztes Beschlußverfahren zuzulassen. Zum anderen verhinderten die Reisebeschränkungen ein Zusammenkommen von Vorstand und Mitgliederversammlung. Deshalb war dem zuständigen Amtsgericht nur mitzuteilen, daß „auf Grund der geltenden Vorschriften bis Kriegsende keine Mitgliederversammlung und auch keine ordentliche Vorstandssitzung einberufen“ werden könne[201].

Mochte die Vereinigung mit dieser Anzeige einer „Schwebe“ die Erfüllung ihrer satzungsmäßigen Aufgaben, „Austausch und Nutzbarmachung der in der Arbeit gemachten Erfahrungen“, eine „gegenseitige Anregung und Förderung auf dem gemeinsamen Arbeitsgebiete der evangelischen Kinderpflege (Tagungen und Kurse)“ und die Vertretung der gemeinsamen Bestrebungen und Wünsche der in der Vereinigung zusammengeschlossenen Verbände der evangelischen Kinderpflege in der Öffentlichkeit und vor den Behörden“[202] selbst für nicht mehr möglich und auch für nicht mehr erforderlich erklärt haben – zum Ende des Jahres 1943 entsprach das der Wirklichkeit. Einer Wirklichkeit, die zunehmend davon bestimmt war, daß das Deutsche Reich mit wachsender Geschwindigkeit „vom Subjekt zum Objekt“ dieses Krieges wurde[203] und sich die Rückkehr der Kriegsschrecken und -nöte dorthin ankündigte, von wo sie ausgegangen waren.

---

198 Schreiben CA [Hagen und Kunze] an Amtsgericht Berlin-Charlottenburg vom 15.5.1943 (ADW, JK 22).

199 Schreiben Bremer an Mitglieder der Vereinigung vom 28.10.1943 (LKA HANNOVER, E 26/106).

200 EBD.

201 EBD.

202 § 2 der Satzung der Vereinigung evangelischer Kinderpflegeverbände Deutschlands e.V. genehmigt am 29.7.1942 (Amtsgericht Berlin-Charlottenburg VR 571 Nz). Siehe zuvor S. 770ff. mit Anm. 78.

203 H.-U. THAMER, Verführung und Gewalt, S. 752.

KAPITEL IV

DAS ENDE – EIN „SIEG“ DER EVANGELISCHEN KINDERPFLEGE?

1. *„Alle Angelegenheiten, die für den Ausgang des Krieges nicht entscheidend sind ..., sind zurückzustellen.“*

1.1. *Der Erlaß des Reichsministeriums für die kirchlichen Angelegenheiten vom 23. März 1942*

Was sich Anfang November 1941 angedeutet hatte, im Sommer 1942 stand es fest. Bereits als Kracht und Krüger-Wittmack am 1. November 1941 im Reichsministerium des Innern mit Ruppert und Muthesius über „die schwierige Lage der Kindergärten“ und Möglichkeiten einer Rückführung der von der NSV übernommenen Einrichtungen in ihre bisherige evangelische Trägerschaft vor dem besonderen Hintergrund der Ereignisse in der Provinz Sachsen verhandelten, damit die Kindergartenträger, die sich „gemäß dem Erlaß vom 21. März 1941 dem Ansinnen der NSV ... gefügt“ nicht „gleichsam dafür bestraft [werden], daß sie sich gehorsam erwiesen“ hätten, war von Ruppert mit Nachdruck der Erhalt des status quo gefordert worden: „Wo die NSV schon irgendwie in dem Kindergarten drin sei – ganz gleich auf welche Weise das geschehen sei –, müsse sie auch darin bleiben.“[1] So war die Mitteilung Rupperts vom 4. Juli 1942 nur eine Bestätigung dessen[2] und der Lapidarstil unterstrich die Selbstverständlichkeit der Entscheidung. Die der evangelischen Kinderpflege verlorengegangenen Einrichtungen blieben damit in der Trägerschaft der NSV, die inzwischen „weit über 15.000.000 Mitglieder“ zählte[3]. Gleichzeitig stand damit aber auch fest, daß da, wo die NSV, aus welchen Gründen auch immer, „nicht drin“ war, sie auch keinen Zugang zu evangelischen Kindergärten mehr erhalten sollte. So lapidar sie war, die Mit-

---

1 Vermerk Kracht vom 7.11.1941 über Gespräch Kracht und Krüger-Wittmack mit Ruppert und Muthesius am 1.11.1941 (EZA BERLIN, 7/4415).

2 EZA BERLIN, 7/4416. Siehe II Kap. III.3.2., S. 578f. mit Anm. 90.

3 N.N., Zehn Jahre NS-Volkswohlfahrt, S. 12: „... – als der Führer ein Jahr später, im Mai 1933, der NSV die politische Anerkennung gab, bekannten sich noch keine 1.000 Parteigenossen zur NS-Volkswohlfahrt. Ein Jahr später, 1934, waren es schon über 3 Millionen Mitglieder – im Befreiungsjahr der Ostmark und des Sudetenlandes wurde die 10-Millionengrenze überschritten – bei Kriegsanfang waren es rund 13 Millionen, heute sind es bereits weit über 15.000.000 Mitglieder.“ (EBD.). Vgl. P. HAMMERSCHMIDT, Die Wohlfahrtsverbände, S. 389ff. und S. 589.

teilung Rupperts war damit auch die Bestätigung der Gültigkeit des Funkspruch-Erlasses vom 30. September 1941 aus demselben Reichsministerium des Innern.

Insgesamt waren seit 1933 bis zu diesem Zeitpunkt, im Sommer 1942, etwa 1.300 evangelische Kindergärten an die NSV gefallen – davon allein etwa 800 seit dem Frühjahr 1941. Das bedeutete einen Verlust von rund 50 % der Einrichtungen[4]. Das war zwar ein Gewinn für die NSV, ein Sieg aber war es

---

[4] Nach der einzigen nachweisbaren Statistik, welche die Zahl der seit 1933 an die NSV übergegangenen evangelischen Kindergärten darstellt und die von der Vereinigung gefertigt wurde, gingen von Januar bis zum Februar des Jahres 1941 72 Einrichtungen an die NSV über. Allerdings ist ein terminus ad quem der Erfassung nicht vermerkt. Der Zeitpunkt ist nur zu erschließen. Der Verlust in Bremen und der in Lübeck etwa ist noch nicht erfaßt – siehe II Kap. III.3.14., S. 745 mit Anm. 926; und II Kap. III.3.17., S. 756f. mit Anm. 995 – ebensowenig wie der Verlust der Kindergärten in der Rheinprovinz oder in Hannover – siehe II Kap. III.3.5., S. 613 mit Anm. 276; und II Kap. III.3.8., S. 654 mit Anm. 489. Nach dieser Statistik gingen von 1933 bis Februar 1941 insgesamt 493 evangelische Kindergärten an die NSV verloren. Für die Zeit vom Jahre 1933, als die Zahl der evangelischen Kindergärten 2.611 betrug und 3.642 pädagogische Kräfte für 175.894 Kinder (Plätze) tätig waren (VEREINIGUNG, Tätigkeitsbericht 1.4.1932–31.3.1933, S. 23); siehe I Kap. VII.4.4., S. 445 mit Anm. 798. In der folgenden Zeit gingen an die NSV verloren:

im Jahre 1937	54 Kindergärten;
im Jahre 1938	132 Kindergärten;
im Jahre 1939	51 Kindergärten;
im Jahre 1940	62 Kindergärten und
im Jahre 1941	72 Kindergärten bis zum Februar.

Es verloren von 1933 bis zu diesem Zeitpunkt:

Anhalt	4 Kindergärten	Nassau-Hessen	35 Kindergärten
Baden	43 Kindergärten	Oldenburg	3 Kindergärten
Bayern	20 Kindergärten	Ostpreußen	1 Kindergarten
Berlin	6 Kindergärten	Pommern	3 Kindergärten
Brandenburg	25 Kindergärten	Pfalz	4 Kindergärten
Braunschweig	9 Kindergärten	Rheinprovinz	13 Kindergärten
Bremen	–	Frst. Sachsen	52 Kindergärten
Danzig	1 Kindergarten	Provinz Sachsen	25 Kindergärten
Grenzmark	3 Kindergärten	Schaumburg-Lippe	1 Kindergarten
Hamburg	27 Kindergärten	Schlesien	30 Kindergärten
Hannover	14 Kindergärten	Schleswig-Holstein	8 Kindergärten
Hessen-Kassel	24 Kindergärten	Thüringen	37 Kindergärten
Lübeck	–	Westfalen	16 Kindergärten
Mecklenburg	9 Kindergärten	Württemberg	80 Kindergärten

(ADW, VKD 32). Zu den Zahlen der Vereinigung, die zum 31.3.1941, dem Ende des Geschäftsjahres, einen Verlust von 126 Kindergärten gegenüber der Zahl des Vorjahres belegt (VEREINIGUNG, Tätigkeitsbericht 1.4.1939–31.3.1940; und VEREINIGUNG, Tätigkeitsbericht 1.4.1940–31.3.1941) siehe II Kap. II.3., S. 483f. mit Anm. 157. Vgl. auch P. HAMMERSCHMIDT, Die Wohlfahrtsverbände, S. 291, S. 571 und S. 596. Der Arbeitsbericht Bremers, den er zum Ende des ersten Quartals 1942 verfaßt hat, vermerkt, daß die „Gesamtzahl der zur Vereinigung gehörenden Tagesstätten" von 1941 bis 1942 „auf 1.675 herabgesunken" und die Zahl der „betreuten Kinder" [scil. Plätze] danach nur noch „rund 110.900" betrage (VEREINIGUNG, Arbeitsbericht 1.4.1941–31.3.1942). Auf Grund der nicht vollständigen sonstigen Angaben Bremers ließ sich diese Feststellung nicht verifizieren. Geht man aber von ihr als realistisch aus, so ergibt sich für die Zeit vom Frühjahr 1941 bis Frühjahr 1942 ein Verlust von 784 evangelischen Kindergärten mit 47.471

nicht. Einen Anteil von etwa 10 % bildeten die übernommenen evangelischen Kindergärten, gemessen an der Zahl von „mehr als 11.500 Dauerkindertagesstätten" und „über 4.000 Hilfskindertagesstätten", abgesehen von „7.000 bis 8.000 Erntekrippen und Erntekindergärten"[5]. Dafür forderte der „Tatsozialismus"[6] der NSV im Frühjahr 1942 anläßlich des Rückblicks „auf das erste Jahrzehnt ihres Bestehens" „die uneingeschränkte Anerkennung."[7] Indessen unter dem Anspruch, „innerlich und äußerlich auf jede ‚Zerreißprobe' eingestellt" zu sein und „mit deutscher Gründlichkeit" sich „für den endgültigen Sieg im Abwehrkampf" einsetzen zu wollen[8], kurz, unter Totalitätsanspruch und Kriegsrüstungszwängen mußte auf mehr gedrängt werden. Das bedeutete, nicht nur durch die Errichtung von reichsweit 5.000 neuen Kindergartenbaracken ein Betreuungsangebot für weitere 250.000 Kinder vorhalten zu können[9]. Das bedeutete auch, trotz Führererlaß und Einstellung die Bevölkerung beunruhigender Kindergartenübernahmen, den Kampf um die evangelischen Kindergärten nicht aufzugeben, vielmehr weiterhin alles zu tun, was zu einer Beseitigung anderer als NSV-Trägerschaften führen konnte. Hatte sich an diesem Ziel schon durch jenen ersten „Entspannungserlaß"[10] nichts

---

Plätzen, wenn man die Angaben des letzten Tätigkeitsberichtes v. Wichts für das Geschäftsjahr vom 1.4.1940–31.3.1941 mit 2.459 Einrichtungen und 158.371 Plätzen zugrunde legt (VEREINIGUNG, Tätigkeitsbericht 1.4.1940–31.3.1941) und annimmt, daß die in oben angeführter Statistik genannten Verluste bis Februar 1941 berücksichtigt sind (ADW, VKD 32). Danach wäre der Verlust in der Zeit bis zum 31.3.1942 etwa zu beziffern auf 1.277 Einrichtungen mit – bei durchschnittlich 60 Plätzen – etwa 77.258 Plätzen. Bezogen auf den Bestand im Jahre 1933 betrug der Verlust 49 %.

5 N.N., Zehn Jahre NS-Volkswohlfahrt, S. 12f. Die „knappe Zusammenfassung" stellt ohne Angaben zur Zahl der Einrichtungen fest, daß „ständig fast 32.000 und während der Sommermonate außerdem 10.000 Fach- und Hilfskräfte beschäftigt" waren und damit 700.000 Plätze in Dauereinrichtungen und 200.000 in den Erntekindergärten vorgehalten werden (EBD.). Zwei Monate später, im Juni 1942, bilanzierte das Hilfswerk „Mutter und Kind", ebenfalls in DZW, „zur Zeit folgende Einrichtungen der NSV:

14.828	Dauerkindergärten	mit	689.154	verfügbaren Plätzen,
3.654	Hilfskindergärten	mit	129.033	verfügbaren Plätzen,
8.707	Erntekindergärten	mit	261.453	verfügbaren Plätzen.

Für die Durchführung der Aufgaben sind eingesetzt:
10.032 Fachkräfte (Kinderpflegerinnen, Kindergärtnerinnen und Jugendleiterinnen), 39.393 geschulte Hilfskräfte (einschließlich der Kräfte für Erntekindergärten)." (N.N., Hilfswerk Mutter und Kind, S. 81). Die Zahl der Einrichtungen und der verfügbaren Plätze hatte Villnow bereits im April 1942 vorgestellt (H. VILLNOW, Die Kindertagesstätten der NSV, S. 78). Das bedeutet, daß diese Zahlen den Bestand „im Reichsgebiet" des Jahres 1941 darstellen, wie N.N., NSV-Kindergärten, S. 276, im Frühjahr 1943 bestätigt. Vgl. P. HAMMERSCHMIDT, Die Wohlfahrtsverbände, S. 395, S. 590 und S. 596; vgl. auch E. HANSEN, Wohlfahrtspolitik, S. 170.

6 N.N., Leistungen der NSV, S. 13.

7 N.N., Zehn Jahre NS-Volkswohlfahrt, S. 12f.; siehe auch E. HILGENFELDT, 10 Jahre.

8 H. BERNSEE, Kriegsfürsorge, S. 1275.

9 N.N., Leistungen der NSV, S. 13. Siehe auch N.N., 5.000 neue Kindertagesstätten, S. 82.

10 F. Wieneke, Kirche und Partei, S. 205ff. (EvAGKZG, 21/80). Siehe II Kap. III.1., S. 529 mit Anm. 4.

geändert, mit dem der Reichsminister des Innern im Sommer 1940 unter Berufung auf die „politische Entscheidung des Führers“ einer Verschlechterung des Verhältnisses „des Staates und der Partei zur Kirche“ entgegenzuwirken suchte[11], so auch nicht im Frühjahr 1942 durch das Rundschreiben Bormanns „über die Behandlung politisch-konfessioneller Angelegenheiten.“[12]

Zwar bekräftigte Bormann seine an alle Gauleiter persönlich und geheim ergangene Anordnung vom 30. Juli 1941[13], und es sollte „auf das Schärfste verurteilt werden“, wenn „Unterführer der Bewegung“ „sich dazu hinreißen ließen“, Differenzen mit der Kirche auszutragen und Beschlagnahmen aus irgendwelchen Gründen durchzuführen. Die Führung müsse „eindringlich das Verständnis in die Erfordernisse des Krieges vertiefen.“ Deshalb gelte: „Alle Angelegenheiten, die für den Ausgang des Krieges nicht entscheidend sind oder die sogar geeignet sind, Differenzen auszulösen und die Volksgemeinschaft zu spalten, sind zurückzustellen.“ Aber gerade durch diesen Runderlaß hatte Bormann auch hinsichtlich der konfessionellen Kindergärten insinuiert, daß nach wie vor eine Übernahme durch die NSV möglich sei, wenn nur jede „unnötige Beunruhigung der Bevölkerung“ vermieden werde[14].

Für die evangelischen Kindergärten konnte das keine Entspannung bedeuten. Mochte mit dem Erlaß des „maßgebenden Interpreten des ‚Führerwillens‘“[15] den Statthaltern des „Führers“ in den Ländern und Provinzen des „Großdeutschen Reiches“ weitere Gelegenheiten zu offenem Angriff und gewaltsamem Zugriff genommen sein – was aber, wenn Angriff und Zugriff indirekt und verdeckt, mithin aus den eigenen, kirchlichen Reihen erfolgte? Was, wenn jemand Gelegenheit nahm, nicht um etwa auf Schirmachers Linie einem „planwirtschaftlichen Abkommen“[16] doch noch zu Stand und Wesen zu verhelfen, sondern um den „Bedürfnisse[n] der Kriegswirtschaft“ bei gleichzeitiger Anerkennung „der allgemeinen Menschenführungsaufgabe der Partei“ Rechnung zu tragen und weiterhin „die Übernahme der kirchlichen Kindergärten auf die Dienststellen der NSV anzustreben“[17] veranlaßte, und

---

11 Vertrauliches Rundschreiben des Reichsministers des Innern an die Reichsstatthalter und Oberpräsidenten vom 24.7.1940 (J. S. CONWAY, Kirchenpolitik, Dok. 8, S. 375).

12 Rundschreiben des Leiters der Partei-Kanzlei der NSDAP [Bormann] über die Behandlung politisch-konfessioneller Angelegenheiten vom 26.4.1942 (J. S. CONWAY, Kirchenpolitik, Dok. 11, S. 378f.).

13 Geheimes Rundschreiben des Leiters der Partei-Kanzlei der NSDAP, Führerhauptquartier, über Beschlagnahmen von kirchlichem und klösterlichem Vermögen vom 30.7.1941 (BA BERLIN, R 18/3080). Siehe II Kap. III.3.1., S. 569 mit Anm. 41.

14 Rundschreiben des Leiters der Partei-Kanzlei der NSDAP [Bormann] über die Behandlung politisch-konfessioneller Angelegenheiten vom 26.4.1942 (J. S. CONWAY, Kirchenpolitik, Dok. 11, S. 378f.).

15 P. LONGERICH, Hitlers Stellvertreter, S. 154.

16 Siehe II Kap. II.3., S. 454ff.

17 Schreiben Reichsminister für die kirchlichen Angelegenheiten [Muhs] an Finanzabteilungen bei den evangelischen Kirchen vom 23.3.1942 (EZA BERLIN, 1/C3/180).

zwar gerade da, wo die NSV nicht „drin“ aber „dran“ war? Was, wenn dafür jenes Instrument gebraucht und mißbraucht würde, das seit sieben Jahren zur Kontrolle des kirchlichen Lebens über die Lenkung kirchlicher Finanzmittel in nahezu allen Landeskirchen eingesetzt war[18], nämlich die Finanzabteilungen bei den obersten Kirchenbehörden?

Eine Antwort auf diese Fragen war mit dem Vorgehen des Vorsitzenden der Finanzabteilung beim Landeskirchenamt der Braunschweigischen evangelisch-lutherischen Landeskirche gegen die Gemeinde St. Katharinen in Braunschweig auf den Weg gebracht worden[19]. Die von Hoffmeister eingeleiteten Maßnahmen wurden jetzt mit einem Erlaß von Muhs vom 23. März 1942 reichsministeriell bestätigt, und das bedeutete gleichzeitig für CA und Vereinigung die Sorge, daß „Stopp-Erlaß“ und vom Reichsministerium des Innern gehaltener „status quo“ unterlaufen[20] und damit auch ein neues Gefecht eröffnet werde. Zwar sollten ihre Befürchtungen sich nicht bewahrheiten. Aber ein Gefecht gab es dennoch, auch wenn es in dieser Form das letzte um die evangelischen Kindergärten sein sollte. Danach sollte allein der Krieg des Deutschen Reiches gegen alle Welt auch die evangelische Kinderarbeit bestimmen und zwar in dem Maße wachsend, in dem er unaufhaltsam zur Katastrophe sich ausweitete.

Sei es, daß Muhs nur eine weitere Möglichkeit sah, mit dem Erlaß an die „Finanzabteilungen bei den evangelischen Kirchen“ und „betrifft: Kindertagesstätten“[21], seine bisherige staatskirchlich ausgerichtete Kirchenpolitik fortzusetzen[22], sei es, daß er damit die Gelegenheit nutzte und auf den Kurs der von Bormann verfolgten und von Greiser auf dem „Exerzierplatz“[23] des „Reichsgaues Wartheland“ durch „Dreizehn Punkte“[24] und „Verordnung

18 Gesetz über die Vermögensverwaltung in den evangelischen Landeskirchen vom 11.3.1935 (GBlDEK 1935, S. 42f.) mit Erste Durchführungsverordnung vom 11.4.1935 (EBD., S. 43f.). Die Frage, ob und inwieweit die Finanzabteilungen staatliche oder kirchliche Instrumente zur Kontrolle der Landeskirchen und ihrer Behörden waren, kann hier nicht erörtert werden. Soviel aber wird man sagen können – Muhs und Cölle folgten gezielt einem Kurs, der in den Finanzabteilungen eine eigene Behörde, ein „Staatskommissariat“ sah. Siehe K.-H. MELZER, Der Geistliche Vertrauensrat, S. 283ff.

19 Siehe II Kap. III.3.15., S. 746ff.

20 Vermerk Söllner über die Vorstandssitzung der Vereinigung am 7.5.1942 vom 21.5.1942 (LKA NÜRNBERG, DW 1715).

21 Schreiben Reichsminister für die kirchlichen Angelegenheiten [Muhs] an Finanzabteilungen bei den evangelischen Kirchen vom 23.3.1942 (EZA BERLIN, 1/C3/180).

22 Vgl. K.-H. MELZER, Der Geistliche Vertrauensrat, S. 270–276.

23 J. ROGALL, Die Posener Evangelische Kirche, S. 170.

24 Das „Ergebnis“ einer Besprechung von Vertretern des Konsistoriums der Posener Evangelischen Kirche mit dem Kirchenreferenten des Reichsstatthalters und Gauleiters am 10.7.1940 (P. GÜRTLER, Nationalsozialismus, S. 48–50; J. ROGALL, Die Posener Evangelische Kirche, S. 173f.). Danach sollten die Kirchen Vereine sein, die sich, so u. a., „nicht in der Wohlfahrtspflege betätigen“ dürfen, denn „das stehe nur der Nationalsozialistischen Volkswohlfahrt NSV zu.“ (EBD.).

über die religiösen Vereinigungen und Religionsgesellschaften“[25] erprobten drastischen Einschränkungen kirchlichen Lebens einschwenkte, sei es, daß Staatssekretär Muhs mit diesem Erlaß auch die Hoffnung verband, die Ansicht Bormanns und der Partei-Kanzlei zu seiner, des Staatssekretärs, Eignung für das Amt eines Reichsministers für die kirchlichen Angelegenheiten ändern zu können, um doch noch Nachfolger Kerrls zu werden[26], oder sei es auch, daß alle Beweggründe, zusätzlich unterlegt von persönlichen Verbindungen zu befreundeten Parteigenossen aus Hildesheimer Regierungspräsidententagen, was auch die Möglichkeit einschloß, daß die Anregung aus diesem Kreis kam – sei es, daß alle Beweggründe miteinander verwoben waren, in jedem Fall war der Erlaß auch der Versuch, eine eigene, vom Reichsministerium des Innern unabhängige Antwort auf die Frage zu geben, wie in den Fällen zu verfahren sei, in denen die Übernahme eines evangelischen Kindergartens durch die NSV strittig, indessen ein Übernahmebegehren – und das ohne Fristsetzung – unstrittig war.

Muhs hatte sich unter dem 23. März 1942 nicht an die Kirchenkanzlei der DEK oder die obersten Behörden der Landeskirchen gewandt, sondern „an die Finanzabteilungen bei den evangelischen Kirchen“. Mit Hinweis auf den nahezu auf den Tag genau ein Jahr zuvor im Zusammenwirken von Reichsministerium des Innern und „Stellvertreter des Führers“ ergangenen Runderlaß vom 21. März 1941 hatte er festgestellt, „die Betreuung der Kinder in den Kindertagesstätten obliegt der NSV ... im Rahmen der allgemeinen Menschenführungsaufgabe der Partei.“ Da der Krieg zudem die Dringlichkeit „der Aufgabe der Volkserziehung und der Volkspflege“ verstärke, die „Bedürfnisse der Kriegswirtschaft in hohem Maße auch den Einsatz von Frauen mit Kindern fordern“, sei „die Übernahme der kirchlichen Kindergärten auf die Dienststellen der NSV anzustreben“. Der Staatssekretär war davon ausgegangen, daß dort, wo die NSV Anträge auf Übernahme kirchlicher Kindergärten stelle, „diesen Anträgen nach Möglichkeit entsprochen wird.“ In jedem Fall aber, in dem „eine gütliche Einigung auf Übernahme“ eines Kindergartens nicht zustande käme, sei es Aufgabe der Finanzabteilungen, dafür zu sorgen, daß „dann keine Zuschüsse aus kirchlichen Mitteln für die Weiterführung“ eines kirchlichen Kindergartens gezahlt werden[27].

---

25 Verordnung über die religiösen Vereinigungen und Religionsgesellschaften im Reichsgau Wartheland vom 13.9.1941 (EZA BERLIN 1/A4/570). Siehe P. GÜRTLER, Nationalsozialismus, S. 72ff.; J. ROGALL, Die Posener Evangelische Kirche, S. 175f.; K. MEIER, Kirchenkampf III, 4ff.; K.-H. MELZER, Der Geistliche Vertrauensrat, S. 239–253.

26 Siehe Vermerk Lammers über ein Gespräch mit Bormann am 20.12.1941 vom 23.12.1941 (BA Berlin, RA 43 II/1156b; J. S. CONWAY, Kirchenpolitik, Dok. 10.III, S. 378). Vgl. H. BRUNOTTE, Der kirchenpolitische Kurs, S. 135; K.-H. MELZER, Der Geistliche Vertrauensrat, S. 270–276.

27 Schreiben Reichsminister für die kirchlichen Angelegenheiten [Muhs] an Finanzabteilungen bei den evangelischen Kirchen vom 23.3.1942 (EZA BERLIN, 1/C3/180).

Die Kirchenkanzlei der DEK ebenso wie der EOK Berlin, nachdem sie zwei Tage später den Wortlaut hatten zur Kenntnis nehmen können, hätten wohl gern eine Stellungnahme vermieden und hatten deshalb von Anfang an auf Abwarten entschieden[28]. Der GVR, dem die Angelegenheit am 25. März 1942 „kurz ... vorgetragen worden“ war, folgte dem Vorschlag der Kirchenkanzlei und überließ der Finanzabteilung eine erste Stellungnahme[29]. In ihrer Absicht bestätigt sehen konnten sich Kirchenkanzlei der DEK und EOK Berlin, als Haugg in einem Gespräch, um das Kracht das Reichsministerium für die kirchlichen Angelegenheiten ersucht und das bereits eine Woche später, am 31. März 1942 stattgefunden hatte, deutlich zu verstehen gab, daß der Erlaß in erster Linie der Regelung jener Fälle dienen sollte, die wie der etwa der St. Katharinen-Gemeinde in Braunschweig noch nicht entschieden seien. Haugg hatte einen „Kurswechsel“ seines Ministeriums geleugnet, aber erwartet, daß im Falle, die NSV wolle „im einzelnen diese oder jene Kindertagesstätte übernehmen“, die Kirchengemeinde als Träger „sich nicht wehren“ solle. Und schließlich hatte er Kracht sogar gewarnt, „daß es nicht geraten sei, daß die Kirche etwa gegen den Erlaß ... Protest erhebe.“[30] Diese Informationen und das Schweigen Hauggs zu den von Kracht geäußerten Befürchtungen, „daß die NSV in großem Umfange das Verlangen nach Übergabe der evangelischen Kindertagesstätten stellen werde“ und Hauggs Hinweis, „die Ansicht des Herrn Staatsekretärs gehe aus dem Erlaß ja deutlich hervor“[31], ließ keine andere Einsicht zu, als die, daß bei einem solchen Kurswechsel, der keiner sein sollte, nur eine verschwiegen-dilatorische Behandlung des Erlasses angebracht sein konnte, wollte man nicht die sprichwörtlichen schlafenden Hunde wecken und wollte man die evangelischen Einrichtungen halboffener Kinderpflege vor weiteren Zugriffen des „politischen Arms der NSDAP“[32], der NSV, schützen.

So wird verständlich, daß Kracht die Finanzabteilung beim EOK Berlin nicht drängte, den Erlaß an die Finanzabteilungen bei den Provinzialkir-

---

28 „Da das Schreiben an die F[inanz]A[bteilungen]. gerichtet ist, wird ... eine Stellungnahme m. E. nicht zu umgehen sein.“ Handschriftlicher, nicht gänzlich lesbarer Vermerk von Gustavus vom 25.3.1942; Kracht vermerkt handschriftlich am 26.3.1942: „Nach Kenntnisnahme an die F[inanz] A[bteilung]. zurück mit der Bitte um Beteiligung der Sachreferenten.“ Vermerke auf Schreiben Reichsminister für die kirchlichen Angelegenheiten [Muhs] an Finanzabteilungen bei den evangelischen Kirchen vom 23.3.1942 (EBD.).

29 Der Sachverhalt ist in keinem Protokoll festgehalten. Zu entnehmen ist er einem handschriftlichen Vermerk des die Sache bearbeitenden Referenten in der Finanzabteilung bei der Kirchenkanzlei der DEK. Es ist nicht zu erkennen, wer die Angelegenheit hier bearbeitet hat. Der Vermerk ist nicht genau datiert. Er ist von Gustavus am 27.3. und von Kracht am 31.3.1942 gegengezeichnet. Danach ist er wohl am 26.3.1942 gefertigt worden (EBD.).

30 Vermerk Kracht über Gespräch mit Haugg am 31.3.1942 vom 2.4.1942 (EZA BERLIN, 7/4416).

31 EBD.

32 W. REHER, Zehn Jahre, S. 69.

chenbehörden der Evangelischen Kirche der ApU weiterzugeben, und sich nicht beeilte, die Sache zu einer erneuten Behandlung dem GVR vorzulegen. Und daß weder die Finanzabteilung bei der Kirchenkanzlei der DEK noch die Finanzabteilung beim EOK Berlin, beide mit dem den zum Kriegsdienst einberufenen Friedrich Werner vertretenden Fürle an der Spitze, diesem Kurs zu folgen bereit waren, zeigte sich sehr bald, wenngleich in unterschiedlicher Weise.

Es ist nicht eindeutig erkennbar, ob man im EOK Berlin und der Finanzabteilung in der Berlin-Charlottenburger Jebensstraße eher einer hinhaltenden Verhinderungstaktik folgte oder ganz auf dem staatskirchlichen Kurs von Muhs, mithin kirchenpolitisch folgsam, die Voraussetzungen für eine „reibungslose Durchführung" des Erlasses[33] bei den Konsistorien schaffen wollte. Soweit zu sehen, verständigten sich Kracht und der die Sache zugleich für die Finanzabteilung bearbeitende Jurist beim EOK Berlin, Oberkonsistorialrat Dr. Ewald Fischer-Dorp, darauf, einer Linie des Sowohl-als-auch zu folgen. Nachdem Fischer-Dorp nochmals mit Haugg in der Angelegenheit gesprochen hatte[34], ließ er erst vier Wochen nach dem Abgang aus dem Reichsministerium für die kirchlichen Angelegenheiten, am 21. April 1942, den Finanzabteilungen bei den obersten Behörden der Provinzialkirchen den Muhs-Erlaß bekannt machen. Dabei riet er, zu „jedem Antrag einer NSV-Dienststelle auf Übernahme eines kirchlichen Kindergartens" die enge Abstimmung mit den Kirchenbehörden zu suchen und auch bei Beachtung der finanziellen Belange der Kirchengemeinden auf einen „für alle Beteiligten gerechten Ausgleich ... hinzuwirken". Außerdem empfahl er, auf eine Veröffentlichung des Erlasses in den kirchlichen Amtsblättern zu verzichten[35].

Demgegenüber hatte Fürle eine Woche zuvor für die Finanzabteilung bei der Kirchenkanzlei der DEK ganz anders zu verfahren entschieden. Zwar war der Erlaß von Muhs unter dem 23. März 1942 eindeutig „an die Finanzabteilungen bei den evangelischen Kirchen"[36] gerichtet. Da es aber wohl der Praxis der Behörde, zudem auch ihrer mit der „Machtergreifung" von Muhs veränderten Aufgabe, nämlich als Instrument zur Durchsetzung der staatskirchlichen Konzeption, mithin der „Machtergreifung" auch in der Kirchenkanzlei der DEK zu dienen, durchaus entsprach, hatte man den Entwurf eines Schreibens, vergleichbar dem Schreiben Fischer-Dorps an die Konsistorien der ApU, an die Finanzabteilungen bei den obersten Behörden der anderen – nicht preußischen – Landeskirchen bis zum 3. April 1942 gefertigt[37]. Nach-

---

[33] Schreiben Finanzabteilung beim EOK Berlin [Fischer-Dorp] an Finanzabteilungen bei den Konsistorien vom 21.4.1942 (EZA BERLIN, 7/4416).

[34] Vermerk über Gespräch Fischer-Dorp mit Haugg am 5.4.1942 vom 9.4.1942 (EBD.).

[35] EBD. Vgl. M. HEINEMANN, Evangelische Kindergärten, S. 83f.

[36] EZA BERLIN, 1/C3/180.

[37] Handschriftlicher Entwurf eines Schreibens der Finanzabteilung bei der Kirchenkanzlei

dem er von den zuständigen Mitarbeitern der Finanzabteilung selbst und auch der Kirchenkanzlei der DEK, auch von Kracht, gegengezeichnet worden war, verfügte Fürle am 15. April 1942 den Entwurf zu den Akten[38]. Mochte er damit dem Kurs von Muhs entgegensteuern wollen oder auch nur durch korrektes Verwaltungshandeln in seinem Fortgang hindern und damit einer „Machtergreifung“ in der Finanzabteilung bei der Kirchenkanzlei der DEK und in der Folge dessen auch in der Kirchenkanzlei selbst vorbeugen – er trug damit der Tatsache Rechnung, daß der Erlaß vom 23. März 1942 eine Entscheidung insbesondere für den Kindergarten der St. Katharinen-Gemeinde in Braunschweig unter Einschaltung der Finanzabteilung herbeiführen sollte[39], und dazu bedurfte es keines Schreibens an alle Finanzabteilungen bei den Landeskirchen der DEK. Eine Konsequenz indessen war, daß die Landeskirchen zu keinem Zeitpunkt amtlich den Wortlaut zur Kenntnis erhalten sollten. Zwar standen sie damit nicht in Gefahr, ihm durch Stellungnahmen und Äußerungen staatlichen oder parteilichen oder beiden Instanzen gegenüber ein besonderes Gewicht zu geben. Aber gleichzeitig waren sie dadurch auch nicht in der Lage, im Falle weiterer Übernahmeforderungen der NSV rechtzeitig in den Raum der Kirche selbst hineinzuwirken und Abwehrmaßnahmen vorzubereiten.

Bremer, als er Ende April mit Kracht über den Muhs-Erlaß und über die Maßnahmen der NSV in verschiedenen Regionen der Evangelisch-lutherischen Landeskirche Hannovers sprach, kennzeichnete das Vorgehen der Kirchenbehörden der DEK und des EOK Berlin als „Geheimniskrämerei“ und konnte sie nicht verstehen[40]. Er wußte nicht, wo der Gegner stand. Es ist nicht zu erkennen, daß Bremer den Fall des Kindergartens der St. Katharinen-Gemeinde in Braunschweig kannte. Er hatte nur von Hofstaetter aus Hannover eine Alarmmeldung erhalten, nicht von Herdieckerhoff aus Braunschweig. Bremer hatte erfahren, daß die NSV in Hannover an Kindergärten herantrete und die Übergabe unter Hinweis auf einen Erlaß fordere, „nach dem nunmehr sämtliche Kindergärten übergeben werden müssen“. Man spüre, „daß Gefahr im Verzug ist.“[41] Während Dölker von der Nachricht Hof-

der DEK vom [26.]3.1942 (EBD.). Dieser Entwurf folgt der handschriftlichen Notiz über die Behandlung der Sache im GVR. Siehe zuvor S. 801 mit Anm. 28.

38 EBD. mit Verfügung Fürles „z. d. A.“ vom 15.4.1942 (EZA BERLIN, 1/C3/180).

39 Es ist zu vermuten, daß es sowohl diese Verfügung als auch die Schreiben an die Konsistorien der Provinzialkirchen der ApU waren, die den Unmut von Staatssekretär Muhs erregten und mit dazu beitrugen, daß Friedrich Werner und Fürle im August des Jahres 1942 von ihm ihrer Befugnisse enthoben wurden und Cölle mit der Führung der Geschäfte der Finanzabteilung bei der Kirchenkanzlei der DEK beauftragt und Anfang April 1943 zum Vorsitzenden bestellt wurde. Siehe H. BRUNOTTE, Der kirchenpolitische Kurs, S. 137f.; K. MEIER, Kirchenkampf III, S. 148; K.-H. MELZER, Der Geistliche Vertrauensrat, S. 284ff.

40 Schreiben Bremer an Hofstaetter vom 30.4.1942 (ADW, VKD 19).

41 Schreiben Hofstaetter an Dölker vom 27.4.1942 (LKA HANNOVER, E 26/37). Darin teilt Hofstaetter mit, daß sie Bremer über die vom Vorgehen der NSV ausgelöste „gewisse Beunruhi-

staetters überrascht war, denn in Württemberg war die Lage ruhig und die Kindergärten in ihrem Bestand „im Augenblick unangefochten“[42], war Bremer aufs höchste besorgt. „Als fast hoffnungslos“ betrachtete er die Lage nach seinem Gespräch mit Kracht im Haus des EOK Berlin, nachdem man ihm bei der Provinzialkirchenbehörde in der Berliner Lindenstraße den Erlaß zwar vorgelesen, ihm aber ohne Begründung – „man tat sehr geheimnisvoll“ – den Wortlaut nicht ausgehändigt hatte[43]. Das entsprach nicht der bisherigen Praxis im Kampf gegen die Angriffe der Machthaber auf die evangelischen Kindergärten. Bremer befürchtete „eine neue sehr ernste Gefährdung der gesamten evangelischen Kinderpflegearbeit“[44]. Deshalb bereitete er zum einen die dem Evangelischen Kinderpflege-Verband der Provinz Brandenburg – dessen Leitung hatte er nach wie vor – angehörenden Kindertagesstätten sogleich auf „jetzt erneut“ zu erwartende Anfragen der NSV warnend vor und forderte dazu auf, die Entscheidung des Konsistoriums „in jedem Falle“ abzuwarten[45]. Zum anderen lud er gleichzeitig in seiner Eigenschaft als Vorsitzender der Vereinigung kurzfristig zu einer Vorstandssitzung ein, die am 7. Mai 1942 in Berlin-Lichterfelde, wohin die Verbandsgeschäftsstelle inzwischen gezogen war, stattfinden sollte[46].

Zunächst mußte es dem Vorstand der Vereinigung um Sachverhaltsaufklärung angesichts des bisherigen Informationsmangels gehen. Hofstaetter unterrichtete darüber, daß zu Beginn der dritten Dekade des Monats April die NSV-Kreisamtsleitung in Northeim unter ausdrücklichem Hinweis auf den Erlaß des Reichsministeriums für die kirchlichen Angelegenheiten den Träger des evangelischen Kindergartens in Uslar aufgefordert hätten, seine Einrichtung der NSV zu übergeben[47]. Die Beratung im Vorstand der Vereinigung fand ohne Dölker statt[48], jedoch erstmals mit Martin Lutze, der damit nach v. Wichts Tod den Platz des Evangelischen Verbandes für Kinderpflege in

---

gung“ „vertraulich“ unterrichtet habe. Das ist wahrscheinlich telefonisch geschehen. Ein Schreiben Hofstaetters an Bremer mit entsprechendem Inhalt ist nicht nachzuweisen.

42 Schreiben Dölker an Hofstaetter vom 1.5.1942 (EBD.).

43 Schreiben Bremer an Hofstaetter vom 30.4.1942 (ADW, VKD 19). Zu erschließen ist nach dem Schriftwechsel zwischen Hofstaetter und Dölker vom 27.4.1942 und 1.5.1942 (LKA HANNOVER, E 26/37) sowie dem zwischen Bremer und Hofstaetter vom 30.4.1942 (ADW, VKD 19), daß beide Gespräche am selben Tag, mit großer Wahrscheinlichkeit am 29.4.1942 stattfanden.

44 Schreiben Vereinigung [Bremer] an GVR vom 12.5.1942 (EZA BERLIN, 1/C3/180; ADW, VKD 7; und ADW, VKD 9).

45 Schreiben Bremer an die dem [Evangelischen] Kinderpflege-Verband [der Provinz Brandenburg] angeschlossenen Kindertagesstätten vom 29.4.1942 (ADW, BP 2554).

46 Schreiben Bremer an die Mitglieder des Vorstandes der Vereinigung vom 29.4.1942 (ADWW MÜNSTER, 153/1; LKA HANNOVER, E 26/102).

47 Protokoll der Vorstandssitzung der Vereinigung am 7.5.1942 (EBD.).

48 Schreiben Dölker an Bremer vom 1.5.1942 (ADW, VKD 19); Protokoll der Vorstandssitzung der Vereinigung am 16.10.1941 (ADWW MÜNSTER, 153/1; LKA HANNOVER, E 26/102).

Berlin im Vorstand der Vereinigung einnahm[49]. Auch Kracht nahm teil, der nicht mehr nur den Verband für evangelische Kinderpflege in der Provinz Sachsen vertrat, sondern als Mitarbeiter von EOK Berlin und Kirchenkanzlei der DEK auch eine gewisse Verbindung zu diesen Kirchenbehörden repräsentierte und auf deren Seite sogar zuständigkeitshalber damit befaßt war. Im übrigen, sieht man von der Tatsache ab, daß Proebsting von Friedrich Tappenbeck, Pfarrer der Westfälischen Diakonissenanstalt Sarepta in den Anstalten Bethel, vertreten wurde, war der Vorstand der Vereinigung „vollzählig versammelt“[50]. Das Ergebnis seiner Beratungen war eine Verständigung darüber, daß die ihr angehörenden Verbände zwar die Kindergartenträger über mögliche Übergabeanträge der NSV informieren, gleichzeitig aber alles tun sollten, „um unnütze Beunruhigung zu vermeiden.“[51] Damit lag man wohl auf der von der Kirchenkanzlei der DEK und dem EOK Berlin vertretenen Linie. Im übrigen kam man im Vorstand der Vereinigung überein, der bisher von v. Wicht beobachteten Strategie zu folgen: das Mögliche tun, um die Arbeit zu erhalten; vorbereitet sein auf ihr Ende in der bisherigen Gestalt und Sicherung der christlichen Unterweisung der Kinder in den Gemeinden[52].

Ohne bisher den Erlaß, der das alles ausgelöst hatte, in Händen zu haben, aber ganz entsprechend diesem Beratungsergebnis informierte Bremer wenige Tage später, am 12. Mai 1942 die Mitgliedsverbände über den Sachstand und die Verabredungen des Vorstandes der Vereinigung[53]. Am selben Tag wandte er sich auch an den GVR mit der Bitte, „sich dafür einsetzen zu wollen, daß die Arbeit der evangelischen Kindertagesstätten erhalten bleibe“ und „im äußersten Notfall“ dafür gesorgt werde, „daß die christliche Unterweisung der Kinder ... nicht verloren geht“[54].

Während Bremers sorgenvolle Bitte auf Empfehlung von Hundt in den Geschäftsgang der Kirchenkanzlei der DEK zur Vorbereitung einer weiteren

---

49 Protokoll der Vorstandssitzung der Vereinigung am 12.2.1942 (LKA HANNOVER, E 26/102); Protokoll der Vorstandssitzung des Evangelischen Verbandes für Kinderpflege in Berlin am 30.1.1942 (AMTSGERICHT BERLIN-CHARLOTTENBURG 95 VR 1402 Nz).

50 Schreiben Bremer an Dölker vom 11.5.1942 (ADW, VKD 28a). Anwesend waren Bremer, Hofstaetter, Kracht, Lutze, Nell, Söllner, Vogel; die Vertretung Proebstings, ist von der Satzung – siehe I. Kap. II.2.3., S. 85f. mit Anm. 172; und II Kap. III.4.2., S. 771ff. mit Anm. 78 –, die eine Vertretung eines Vorstandsmitgliedes nicht vorsah, nicht gedeckt und wird nur verständlich, wenn nicht Entscheidungsbedarf, sondern Bedarf an Informationsaustausch als für diese Sitzung wesentlich in Betracht gezogen wird (Protokoll der Vorstandssitzung der Vereinigung am 7.5.1942, in: ADWW MÜNSTER, 153/1; LKA HANNOVER, E 26/102).

51 Schreiben Bremer „Vertraulich!“ an die Mitglieder der Vereinigung vom 12.5.1942 (ADWW MÜNSTER, 153/3).

52 Protokoll der Vorstandssitzung der Vereinigung am 7.5.1942 (ADWW MÜNSTER, 153/1; LKA Hannover, E 26/102).

53 Schreiben Bremer „Vertraulich!“ an die Mitglieder der Vereinigung vom 12.5.1942 (ADWW MÜNSTER, 153/3).

54 Schreiben Bremer an GVR vom 12.5.1942 (EZA BERLIN, 1/C3/180; ADW, VKD 7; und ADW, VKD 9).

Mitwirkung des GVR ging[55], verschärfte sich die Situation für jene evangelische Kirchengemeinde, die in der Evangelisch-lutherischen Landeskirche Hannovers als erste von der Wirkung des Erlasses betroffen gewesen war, deretwegen Hofstaetter Alarm gegeben und Bremer den Vorstand der Vereinigung zusammengerufen hatte. Seit 1937 hatte die evangelische Kirchengemeinde in Uslar, am Solling gelegen, sich wegen ihres Kindergartens, einer Einrichtung mit etwa einhundert Plätzen und drei Kräften neben einer pädagogisch qualifizierten Leitung, mit der NSV-Kreisamtsleitung in Northeim auseinanderzusetzen. Unter Ausnutzung der immer wieder schwierigen finanziellen Situation des Kindergartens, hatte die NSV, die keinen eigenen Kindergarten in Uslar betrieb, versucht, eine Übernahme des kirchengemeindlichen zu erreichen[56]. Der Pfarrer der Gemeinde, auch Superintendent des Kirchenkreises Uslar, Eduard Baring, hatte gemeinsam mit der Leiterin des Kindergartens, Luise von Loh, geborene Marahrens und Nichte des Bischofs der Evangelisch-lutherischen Landeskirche Hannovers, unterstützt vom Vorsitzenden des Landesvereins für Innere Mission in Hannover und „Landesführer“ der Inneren Mission, Johannes Wolff, alle Angriffe abwehren können. Dabei hatte sich die Gemeinde durch ihren Kirchenvorstand stets bereit erklärt, die Arbeit in dem Augenblick aufzugeben, in dem die NSV einen eigenen Kindergarten in Uslar eröffne. Die Entscheidung darüber aber hatte sie dem Landeskirchenamt in Hannover überlassen[57]. So hatte man auch 1941 in den durch den Erlaß vom 21. März 1941 ausgelösten Verhandlungen mit dem Landratsamt argumentiert, hatte sogar einen Vertrag ausgehandelt, bis der Funkspruchelaß des Reichsministeriums des Innern vom 30. September 1941 ein Fortbestehen des Kindergartens in der Trägerschaft der Kirchengemeinde in Uslar zu gewährleisten schien[58].

Offenbar hatte sich NSV-Kreisamtsleiter Hans Böttcher mit einem nicht unterzeichneten Vertrag nicht abfinden wollen und zum Jahresende seine Forderung auf Übernahme des Kindergartens durch die NSV wiederholt, so daß der Kirchenvorstand am 6. Januar 1942 seine „frühere Abmachung“ bekräftigen mußte, wobei die Entscheidung nach wie vor beim Landeskirchenamt liegen sollte[59], an das auch der noch nicht rechtskräftig gewordene Vertrag zur kirchenaufsichtlichen Genehmigung gegangen war[60]. Es war neben

---

[55] Verfügung Hundt vom 15.5.1942 auf Schreiben Bremer an GVR vom 12.5.1942 (EBD.).

[56] Schreiben Baring an Hofstaetter vom 10.2.1937 (LKA HANNOVER, E 26/82); Protokoll einer Sitzung von Vertretern der NSV mit Superintendent Baring am 25.2.1938 (LKA HANNOVER, E 26/83); Schreiben Baring an Hofstaetter vom 1.2.1939 (EBD.).

[57] Schreiben Johannes Wolff an Hofstaetter vom 3.3.1938 und vom 9.2.1939 (EBD.); Schreiben Hofstaetter an v. Loh vom 3.9.1941 (LKA HANNOVER, E 26/37).

[58] Schreiben Hofstaetter an Baring vom 4.10.1941 (EBD.).

[59] Protokollabschrift eines Beschlusses des Kirchenvorstandes der evangelischen Kirchengemeinde Uslar am 6.1.1942 (EBD.).

[60] Schreiben Baring an Hofstaetter vom 22.4.1942 (EBD.).

dem Erlaß des Reichsministeriums für die kirchlichen Angelegenheiten vom 23. März 1942 auch dieser Vertrag, mit dem ja von seiten der Kirchengemeinde in Uslar eine grundsätzliche Bereitschaft zur Aufgabe des Kindergartens zu erkennen gegeben worden war, durch den sich die NSV-Kreisamtsleitung und Hans Böttcher herausgefordert sehen konnten, ihre Anfrage vom vorangegangenen Jahr erneut zu stellen, um mit ihren Absichten, den evangelischen Kindergarten in Uslar zu übernehmen, doch noch zum Erfolg zu kommen[61].

Als der „Antrag“ Hans Böttchers auf Übernahme des Kindergartens – mit Angabe von Datum und Aktenzeichen des noch allenthalben unbekannten Erlasses aus dem Reichsministerium für die kirchlichen Angelegenheiten an die Finanzabteilungen bei den evangelischen Kirchen[62] – am 22. April 1941 bei Baring eingegangen war[63], setzte dieser sich sofort mit Hofstaetter und dem Landeskirchenamt in Verbindung[64]. Aber in der Kirchenbehörde kannte man diesen Erlaß zu diesem Zeitpunkt ebensowenig[65] wie Hofstaetter, die jedoch etwas mehr über den Inhalt, wenn auch nicht den Wortlaut, auf der Sitzung des Vorstandes der Vereinigung Anfang Mai erfahren sollte.

War bis dahin nur der Fall in Uslar bekannt, wo die NSV einen erneuten Versuch unternahm, einen evangelischen Kindergarten in ihre Trägerschaft zu bringen, so hatte es jetzt den Anschein, als ob sich die Übernahmebegehren der NSV ausweiten und Bremers pessimistische Einschätzung[66] sich als sehr realistisch erweisen sollte. Allerdings schien die Entwicklung weiterhin allein auf den Bereich der Evangelisch-lutherischen Landeskirche Hannovers begrenzt zu bleiben, so daß nicht nur der Eindruck entstand, es handele sich allein um eine hannoversche Angelegenheit, sondern auch die Auffassung Krachts geteilt wurde, nämlich „daß dieser Erlaß überhaupt von Hannover aus angeregt worden sei.“[67] Daß diese Ansicht den Tatsachen entsprach, scheint unzweifelhaft, auch wenn man die fast gleichzeitig einsetzenden Anstrengungen der Finanzabteilung beim Landeskirchenamt der Braunschweigischen evangelisch-lutherischen Kirche und der NSV unter ihrem Gauamtsleiter Heusler betrachtet. Daß die Sache des Kindergartens der St. Katharinen-Gemeinde gewissermaßen reibungslos im Sinne von Hoffmei-

---

61 Schreiben NSV-Kreisamtsleitung Northeim [Hans Böttcher] an Baring vom 21.4.1942 (LKA HANNOVER, E 26/83).

62 EBD. Auf diese Tatsache weist in seinem Schreiben Bremer an GVR vom 12.5.1942 (EZA BERLIN, 1/C3/180; ADW, VKD 7; und ADW, VKD 9) ausdrücklich hin und zitiert seinerseits mit Datum und Aktenzeichen: „23.3.1942 I 20 371/42 II“.

63 Schreiben Baring an Hofstaetter vom 22.4.1942 (LKA HANNOVER, E 26/37).

64 EBD. und Schreiben Baring an Landeskirchenamt Hannover vom 22.4.1942 (EBD.).

65 Schreiben Landeskirchenamt Hannover [Schnelle] an Baring vom 4.5.1942 (EBD.).

66 Schreiben Hofstaetter an Dölker vom 29.7.1942 (EBD.). Hofstaetter meint: „Bremers Pessimismus ist Ihnen ja bekannt, er scheint aber recht zu behalten.“

67 Schreiben Hofstaetter an Dölker vom 26.5.1942 (EBD.).

ster und Heusler ablief und keine weitere Aufmerksamkeit erregte, nicht bei der Kirchenkanzlei der DEK und nicht bei Innerer Mission und Vereinigung, das machte zwar den Unterschied zur Entwicklung der Dinge in Hannover aus, verstärkte aber den allgemeinen Eindruck, daß die Sache gerade von hier aus lanciert worden war. Daß, wenn dies den Tatsachen entsprach, auch Hoffmeister als Stellvertreter Cölles und Vorsitzender der Finanzabteilung beim Landeskirchenamt Wolfenbüttel beteiligt gewesen war, muß mehr als eine Vermutung sein.

Anders als in Braunschweig, wo es ihr nur um den Kindergarten der St. Katharinen-Gemeinde ging, schien die NSV eine neue Taktik anwenden zu wollen, um einen „Kleinkrieg“, wie Hofstaetter urteilte, zu vermeiden[68]. Die NSV-Gauamtsleitung setzte sich mit Hofstaetter am 13. Mai 1942 in Verbindung, um „generell“ mit ihr als der Geschäftsführerin des Evangelischen Landesverbandes für Kinderpflege in der Provinz Hannover auf der Grundlage des Erlasses des Staatssekretärs des Reichsministeriums für die kirchlichen Angelegenheiten vom 23. März 1942 über die Möglichkeiten der Übernahme von evangelischen Kindergärten zu verhandeln. Es ging ihr also um mehr als „im einzelnen“ um „diese oder jene Kindertagesstätte“, wie Haugg argumentiert hatte[69]. Hofstaetter konnte diesen Generalangriff mit der Feststellung ihrer in der Unkenntnis des fraglichen Erlasses – „der uns nicht zugegangen“ – begründeten Verhandlungsunfähigkeit abwehren. Es sollte indessen bei diesem einen Versuch, „generell zu verhandeln“[70] bleiben und damit auch beim Kleinkrieg.

Statt daß Hofstaetter, wie versprochen, den Wortlaut des Erlasses aus der NSV-Gauamtsleitung zugesandt erhielt[71], war einen Tag später, am 14. Mai 1942 bei der Kirchengemeinde Gehrden ein von dem Mann unterzeichnetes Schreiben eingegangen, von dem man vermuten konnte, daß er es gewesen war, der die Anregung zu dem Erlaß vom 23. März 1942 gegeben hatte. Cölle, seit vier Jahren gemeinsam mit Hoffmeister, seinem Stellvertreter, an der Spitze der Finanzabteilung beim Landeskirchenamt Hannover und „Pfahl im Fleisch der Landeskirche“[72], wobei durchaus die Frage war, wer von beiden „schärfer“ sei[73] – Cölle hatte dem Kirchenvorstand mitgeteilt, daß die „Förderung“ von Kindertagesstätten „der Partei und somit der NSV“ obliege[74]. Al-

---

68 Schreiben Hofstaetter an Dölker vom 29.7.1942 (EBD.).

69 Vermerk Kracht über Gespräch mit Haugg am 31.3.1942 vom 2.4.1942 (EZA BERLIN, 7/4416).

70 Schreiben Hofstaetter an Dölker vom 29.7.1942 (LKA HANNOVER, E 26/37).

71 EBD.

72 E. KLÜGEL, Die lutherische Landeskirche Hannovers, S. 313.

73 Schreiben Hofstaetter an Dölker vom 29.7.1942 (LKA HANNOVER, E 26/37). Hofstaetter stellt zu Hoffmeister fest: „... der Leiter der Finanzabteilung Braunschweig ist und stellvertretender Leiter der hiesigen Finanzabteilung und noch schärfer ist als unser Leiter.“

74 Schreiben Cölle an Kirchenvorstand in Gehrden vom 13.5.1942 (EBD.).

lein mit dem Hinweis auf die Verfügung, mit welcher der Kirchengemeinde die Genehmigung, mithin die Befreiung von den Bestimmungen der §§ 20–23 RJWG durch das Regierungspräsidium Hannover entzogen worden war[75], und ohne den Erlaß aus dem Reichsministerium für die kirchlichen Angelegenheiten zu erwähnen, gab er der Kirchengemeinde und ihrem Kirchenvorstand zu verstehen, daß die unzuständiger- und unberechtigterweise seinerzeit vom Pfarramt abgebrochenen Verhandlungen mit der NSV weder von diesem noch vom Landeskirchenamt, sondern allein vom Kirchenvorstand wieder aufzunehmen seien[76]. Und wie um jeden Zweifel darüber auszuräumen, daß es sich in dieser Sache um ein mit der NSV abgestimmtes Vorgehen handelte, hatte Cölle nicht nur unverblümt darauf hingewiesen, daß die NSV sich an ihn wegen der Übernahme des Kindergartens gewandt hätte, sondern es ging bei der Kirchengemeinde Gehrden am selben Tag auch die Aufforderung der NSV-Kreisamtsleitung Kalenberg und ihrer Hauptstelle Wohlfahrtspflege und Jugendhilfe zur Übergabe des Kindergartens ein. Unter Berufung auf den Erlaß des Reichsministeriums für die kirchlichen Angelegenheiten und wie im Falle des Kindergartens in Uslar mit Angabe des Aktenzeichens wurde präjudiziert, es „dürften gegen die Übernahme des Gehrdener Kindergartens keine Bedenken bestehen.“[77]

Obwohl Cölle innerhalb von nur zehn Tagen eine Stellungnahme erwartete, reagierte Cohrs und der Kirchenvorstand erst Anfang Juni. Unter Hinweis auf die Tatsache, daß man vom Regierungspräsidium Hannover „nichts mehr gehört“ habe und daß eine Anordnung des Reichsministeriums des Innern die Widerrufe der Betriebsgenehmigungen für evangelische Kindergärten aufgehoben habe, wurde dem Leiter der Finanzabteilung beim Evangelisch-lutherischen Landeskirchenamt Hannover mitgeteilt, daß man nicht „vermöge“, der „Anregung“ der Finanzabteilung Folge zu leisten[78]. Erst auf diese unerschrockene und ablehnende Antwort der Gemeinde und ihres Pfarrers Cohrs, der in der Sache mit Hofstaetter in Verbindung stand[79], verwies Cölle darauf, daß, und er gab es noch immer als „Anregung“ aus, sein Schreiben von Mitte Mai auf dem Erlaß des „Herrn Reichsministers für die kirchlichen Angelegenheiten“ beruhe, wonach „der Übergang von Kindertagesstätten auf die NSV dringend erwünscht sei.“[80] Allerdings zeigte er nun auch der Gemeinde in Gehrden an, auf welche Weise er sie zwingen wollte, seiner

---

75 Schreiben Regierungspräsident Hannover an Evangelische Kirchengemeinde Gehrden vom 11.9.1941 (EBD.). Siehe II Kap. III.3.8., S. 656 mit Anm. 500.

76 Schreiben Cölle an Kirchenvorstand in Gehrden vom 13.5.1942 (LKA HANNOVER, E 26/37).

77 Schreiben NSV-Kreisamtsleitung Kalenberg an Kirchengemeinde Gehrden vom 13.5.1942 (EBD.).

78 Schreiben Cohrs an Cölle vom 13.5.1942 (EBD.).

79 Schreiben Hofstaetter an Cohrs vom 13.6.1942 (EBD.).

80 Schreiben Cölle an Kirchenvorstand in Gehrden vom 10.6.1942 (EBD.).

„Anregung" zu folgen. Cölle forderte die Vorlage des gemeindlichen Haushaltsplanes für den Kindergarten nach Einnahme und Ausgabe. Die Gemeinde und ihr Kindergarten sollten unter staatlicher Aufsicht in die Zange kirchlicher Haushaltsführung genommen werden mit dem Ziel, in einer von Cölle selbst auf dem Anordnungswege herbeigeführten und von der Kirchengemeinde nicht ausgeglichenen Haushaltsunterdeckung einen Grund zu haben, den Kindergarten der NSV zu übergeben. Ebenso unerschrocken wie bisher bat nun der Kirchenvorstand den „Leiter der Finanzabteilung beim Ev.-luth. Landeskirchenamt Hannover" um den Wortlaut des Erlasses, verwies auf die Tatsache, daß die Kindergärten, „auch die evangelischen", unter der Zuständigkeit des Reichsministeriums des Innern fielen und daß man wegen des Haushaltsplanes „bis zur Klärung dieser Frage" um Zurückstellung bitte[81]. Dem wollte Cölle in keiner Weise entsprechen. Weder wollte er den Wortlaut des Erlasses mitteilen noch die Frist verlängern[82].

Mochten die evangelische Kirchengemeinde in Gehrden, ihr Pfarrer Cohrs und ihr Kindergarten auch die in der Evangelisch-lutherischen Landeskirche Hannover sein, denen unter Berufung auf den Muhs-Erlaß Cölle selbst und unmittelbar die „Anregung" zum „Übergang" auf die NSV gegeben hatte; mochte der neben dem in Uslar zweite Angriff auch durch ständigen Informationsaustausch zwischen Hofstaetter und Depuhl und Hagen, besonders aber mit Dölker[83], im Landesverein für Innere Mission in Hannover, im CA und in der Vereinigung Schritte zur Abwehr dieser, wie man meinte, widerrechtlichen Bedrohung der evangelischen Kindergärten ausgelöst haben, wovon noch zu reden sein wird – es blieb nicht bei diesem zweiten Angriff, und es sollte auch nicht der sein, den Cölle bis zum Ende durchführte.

An demselben Tag, an dem in Gehrden die Nachricht über die Absichten der NSV-Kreisamtsleitung Kalenberg eingegangen war, erfolgte ein dritter Angriff und zwar in Herzberg, am Harz und im Landkreis Osterode gelegen. Hier hatte sich, wie Cohrs in Gehrden, Dr. Franz Spanuth, seit fünf Jahren Gemeindepfarrer und Superintendent des Kirchenkreises, im September des vorangegangenen Jahres nicht eingelassen auf die konzertierte Aktion von Regierungspräsidium Hildesheim und NSV-Kreisamtsleitung Osterode. Auch hier hatte der „Funkspruchererlaß" vom 30. September 1941[84] zum Abbruch der NSV-Attacke geführt. Jetzt sah, wie ihre Partei-Genossen in Northeim und Kalenberg, die NSV-Kreisamtsleitung in Osterode die Möglichkeit, zum

---

[81] Schreiben Cohrs an Cölle vom 25.6.1942 (EBD.).

[82] Schreiben Cölle an Evangelisch-lutherisches Pfarramt in Gehrden vom 4.7.1942 (EBD.).

[83] Schreiben Dölker an Hofstaetter vom 22.5.1942 (EBD.). Dölker läßt Hofstaetter wissen, daß er „mit Pastor Bremer ... selbstverständlich dauernd in Verbindung bleiben" werde. Schreiben Hofstaetter an Dölker vom 26.5.1942 (EBD.); Schreiben Dölker an Hofstaetter vom 18.6.1948 (EBD.); Schreiben Hofstaetter an Depuhl vom 12.6.1942 (EBD.); Schreiben Depuhl an Hagen vom 16.6.1942 (ADW, CA/O 174); Schreiben Hofstaetter an Hagen vom 12.6.1942 (EBD.).

[84] Siehe II Kap. III.3.8., S. 657 mit Anm. 508.

Ziel zu kommen – von Spanuth endlich die Erklärung darüber zu erhalten, daß er „heute bereit“ sei, ihr „die Fortsetzung des ... Kindergartens zu übertragen.“[85]

Nach sofort erfolgter Abstimmung mit dem Landeskirchenamt in Hannover[86] wies Spanuth das Ansinnen der NSV zurück und verwies auf die Tatsache, daß er den von der Kreisamtsleitung erwähnten Erlaß aus dem Reichsministerium für die kirchlichen Angelegenheiten nicht kenne[87]. Daraufhin schaltete sich Landrat Hans von Schönfeldt ein, klärte Spanuth über den wesentlichen Passus des in Frage stehenden Erlasses auf, unterstrich dabei die Obliegenheiten der NSV „im Rahmen der allgemeinen Menschenführungsaufgabe der Partei“ und hielt es für wünschenswert, daß der Kindergarten in Herzberg an die NSV übergeben wird[88]. Abermals beriet sich Spanuth mit dem Landeskirchenamt[89]. Neben dem hier zuständigen Stalmann schalteten sich auch, von Spanuth gebeten, Depuhl und Hofstaetter ein. Besonders ihr war es schwer, sehen zu müssen, „trotzdem wir schon viel erlebt haben ..., daß wir über Verordnungen des Reichsministers für die kirchlichen Angelegenheiten fallen sollen, nachdem das Reichsministerium des Innern die Arbeit geduldet hat.“ Sie gab Spanuth entsprechend einer Verabredung mit Stalmann den Rat, allein v. Schönfeldt gegenüber auf dessen Schreiben einzugehen und darauf zu verweisen, daß die Kindergärten in die Zuständigkeit des Reichsministeriums des Innern fielen und „eine neue Situation durch dieses nicht gegeben sei.“[90] Obwohl Hofstaetter davon ausging, daß es mit der Stellungnahme des Landeskirchenamtes zu seiner Anfrage „etwas länger dauern wird“, hatte Spanuth nur wenige Tage später dessen Bescheid in Händen. Der Geistliche Vizepräsident des Landeskirchenamtes, Fleisch selbst, empfahl in dem zwischen Hofstaetter und Stalmann abgesprochenen Sinne, auf das Schreiben v. Schönfeldts zu antworten, bestätigte damit die Stellungnahme Hofstaetters und regte im übrigen den Kirchenvorstand der Gemeinde in Herzberg dazu an, dem Landrat anheimzustellen, sich an das Landeskirchenamt zu wenden[91]. Spanuth folgte umgehend dieser Empfehlung Fleischs[92], mit der das Landeskirchenamt zu erkennen gab, daß es sich gegen das Vorgehen der bei ihm eingesetzten Finanzabteilung und ihres Leiters Cölle stellte.

---

85 Schreiben NSV-Kreisamtsleitung Osterode an Spanuth vom 12.5.1942 (LKA HANNOVER, E 26/37).

86 Schreiben Spanuth an Landeskirchenamt Hannover vom 13.5.1942 (EBD.).

87 Schreiben Spanuth an NSV-Kreisamtsleitung Osterode vom 9.6.1942 (EBD.).

88 Schreiben Landrat in Osterode an Spanuth vom 15.7.1942 (EBD.).

89 Schreiben Spanuth an Landeskirchenamt Hannover vom 17.7.1942 (EBD.). Mit handschriftlichem Vermerk, daß dies Schreiben samt Abschrift des Schreibens Landrat in Osterode an Spanuth vom 15.7.1942 auch an Depuhl mit Bitte um Stellungnahme geht.

90 Schreiben Hofstaetter an Spanuth vom 22.7.1942 (EBD.).

91 Schreiben Fleisch an Spanuth vom 25.7.1942 (EBD.).

92 Schreiben Spanuth an Landrat in Osterode vom 26.7.1942 (EBD.).

Während sich die Dinge in Herzberg, in Gehrden und in Uslar bis zu einem Punkt entwickelt hatten, an dem sich hätte Gewinn oder Verlust, Sieg oder Niederlage erweisen können, war Niederlage und Verlust in der Gemeinde St. Albani in Göttingen bereits besiegelt. Ende Mai 1942 hatte der seit über drei Jahrzehnten in der Gemeinde tätige Geistliche, Albrecht Saathoff, von Cölle mit Hinweis auf den besagten und allenthalben noch unbekannten Erlaß die „Anregung“ erhalten, den in einer Baracke betriebenen Kindergarten der Gemeinde der NSV zu übergeben[93]. Der Kirchenvorstand widersetzte sich dem und war nicht bereit, dem Wunsche des Leiters der Finanzabteilung zu folgen[94]. Wie in Uslar Baring, so wurde in Göttingen nun Saathoff von Cölle mit einer Fristsetzung von vierzehn Tagen aufgefordert, den Haushaltsplan des Kindergartens sowohl des laufenden als auch des zurückliegenden Rechnungsjahres einzureichen[95]. Dessen bedurfte es jedoch nicht mehr. Nur zwei Tage nachdem Saathoff besagte Anweisung Cölles erhalten hatte, ging beim Kirchenvorstand von St. Albani eine andere Aufforderung ein, die ohne Bedenken zu erkennen gab, daß im Falle des Kindergartens der Gemeinde diese drei zusammenwirkten: Cölle, die NSV-Kreisamtsleitung Göttingen unter Hermann Fricke und der Göttinger Oberbürgermeister Albert Gnade und sein Städtisches Wohlfahrtsamt. Dieses kündigte nunmehr die vom Kindergarten benutzte Baracke zum 31. Juli 1942 und ließ wissen, daß ab 1. August die NSV den Betrieb des Kindergartens übernehmen werde[96]. Damit hatte Saathoff, dem bereits in der Vergangenheit daran gelegen war, nicht „für die Wirren mitverantwortlich“ zu sein[97], keine Möglichkeit mehr, den Kindergarten zu halten. Als Hofstaetter vier Wochen später, am 21. Juli 1942, ihrer Kollegin beim Evangelischen Kinderpflegeverbandes der Provinz Westfalen, Proebsting, die an der Sitzung des Vorstandes der Vereinigung am 12. Mai 1942 nicht teilgenommen hatte und deshalb nicht informiert war, inzwischen aber von Dölker etwas über die Schwierigkeiten in Hannover gehört hatte[98] – als Hofstaetter ihr ausführlicher über die Lage berichtete, stellte sie bereits fest, daß man „einen Kindergarten verloren“ habe, weil dieser in einem städtischen Gebäude betrieben wurde „und die Stadt das Gebäude kün-

---

[93] Schreiben Cölle an Kirchenvorstand der St. Albani-Gemeinde Göttingen vom 30.5.1942 (Ebd.).

[94] Schreiben Saathoff an Cölle vom 15.6.1942 (Ebd.).

[95] Schreiben Cölle an Kirchenvorstand der St. Albani-Gemeinde Göttingen vom 18.6.1942 (Ebd.).

[96] Schreiben Der Oberbürgermeister – Städtisches Wohlfahrtsamt Göttingen an Kirchenvorstand der St. Albani-Gemeinde Göttingen vom 20.6.1942 (Ebd.).

[97] Zur Haltung Saathoffs im Jahr 1936, als wegen der Auseinandersetzung um den Pfarrer „jüdischer Herkunft“ an der St. Marien-Kirche zu Göttingen, Bruno Benfey, „Schlimmstes“ zu befürchten war, siehe G. Lindemann, Christen jüdischer Herkunft, S. 354 mit Anm. 167. Vgl. auch W. Gerlach, Zeugen, S. 209–214.

[98] Schreiben Proebsting an Hofstaetter vom 20.7.1942 (LKA Hannover, E 26/37).

digte.“[99] Die Stadt war Göttingen und der Kindergarten der der St. Albani-Gemeinde.

Die Besorgnis der Evangelisch-reformierten Gemeinde in Göttingen, auch ihr Kindergarten könnte an die NSV verloren gehen, hielt Hofstaetter im übrigen für unberechtigt. Auf die entsprechende Anfrage Theodor Kamlahs, des Präses des Bundes evangelisch-reformierter Kirchen Deutschlands und Pfarrers der Gemeinde, wies Hofstaetter auf die Tatsache hin, daß „Sie [scil. die Evangelisch-reformierte Gemeinde] keine Finanzabteilung haben“[100]. Da der Erlaß des Reichsministers für die kirchlichen Angelegenheiten an die Finanzabteilungen gegangen war, sollte bei etwa von der NSV angestrebten Verhandlungen auf diese Tatsache verwiesen werden. Auch wenn Hofstaetter meinte, die Lage des Kindergartens der Gemeinde Kamlahs sei „sehr viel günstiger als bei den ev.-luth. Kindergärten“[101], konnte sie immerhin gleichzeitig feststellen, „die anderen Kindergärten leben noch und werden auch noch eine Zeitlang leben können“[102].

Trotz dieser optimistischen Einschätzung – Hofstaetter sah die Kindergartenarbeit dennoch „in einer Schlinge, aus der wir uns nicht befreien können.“ Und sie kennzeichnete diese „Schlinge“ mit dem Hinweis auf die für sie offenkundige Haltung des Reichsministeriums für die kirchlichen Angelegenheiten: „Wenn der Träger den Kindergarten nicht übergeben will, so muß er eben andere Wege suchen, ihn ohne kirchliche Mittel zu erhalten.“[103] Damit beschrieb sie, in sinngemäßer Wiedergabe von Äußerungen Hauggs, die dieser Hagen gegenüber anläßlich dessen Besuches im Ministerium gemacht hatte[104], das Ergebnis der Verhandlungen, die von seiten des CA Hagen mit dem Reichsministerium des Innern und dem Reichsministerium für die kirchlichen Angelegenheiten geführt hatte.

Da auch nach Abgang des Schreibens der Vereinigung an den GVR und ihres Hilferufs Hofstaetter und Depuhl aus Hannover, Bremer und Dölker aus Stuttgart und Berlin auf Klärung und Beseitigung der bedrohlichen Lage gedrängt hatten, war in der Sache durch Hagen der Vorstand des CA Anfang Juni 1942 unterrichtet worden[105]. Was konnte Hagen anders tun, als weiterhin auf Verhandlungen mit dem in Kindergartenangelegenheiten zuständigen Reichsministerium des Innern und mit den bereits in der zurückliegenden

---

99 Schreiben Hofstaetter an Proebsting vom 21.7.1942 (EBD.).

100 Schreiben Hofstaetter an Kamlah vom 25.7.1942 (EBD.).

101 EBD.

102 Schreiben Hofstaetter an Proebsting vom 21.7.1942 (EBD.).

103 EBD.

104 Hagen berichtet auf der Vorstandssitzung des CA am 7.7.1942, daß er ein Gespräch mit Haugg im Reichsministerium für die kirchlichen Angelegenheiten geführt habe. Angaben zum Zeitpunkt sind nicht nachzuweisen. Zu erschließen ist die erste Woche im Juli, denn nach der Vorstandssitzung, wurde kurzfristig zur Besprechung am 14.7.1942 im EOK Berlin geladen.

105 Protokoll der Vorstandssitzung des CA am 9.6.1942 (ADW, CA 67 B (1942)).

Zeit mit diese Fragen befaßten Ruppert und Muthesius zu setzen, um vielleicht Wirkung im Reichsministerium für die kirchlichen Angelegenheiten zu erzielen? Dabei mußte es für Staatssekretär Muhs Affront genug sein, daß sein Erlaß vom Herbst 1937, wonach alle Vorgänge aus Innerer Mission und DEK, die mit anderen Reichsbehörden behandelt werden mußten, über sein Ministerium zu leiten waren[106], wie bereits in der Vergangenheit kaum noch, so auch jetzt nicht beachtet wurde. Das Ministerium Wilhelm Fricks jedenfalls, in dem man den Muhs-Erlaß, der so große Beunruhigung ausgelöst hatte, nicht kannte, erbat von Hagen Bericht über die beim CA „eingegangenen Fälle, die sich fast ausschließlich auf Hannover beschränken“[107]. Allerdings beschränkte sich das Reichsministerium des Innern darauf, nichts weiter als seine Absicht erkennen zu lassen, die Dinge prüfen zu wollen. Die Möglichkeit, eine Revision des Erlasses des Reichsministeriums für die kirchlichen Angelegenheiten zu fordern, hielt es sich ebenso offen, wie die andere, nämlich sich ihm zu beugen und „seinerseits eine Revision der Oktober-Verordnung vorzunehmen.“[108]

Nachdem er die Unterlagen über das konzertierte Vorgehen von Finanzabteilung beim Evangelisch-lutherischen Landeskirchenamt Hannover, NSV und Verwaltungsbehörden der Gebietskörperschaften bei den Kindergärten in Gehrden, Uslar, Göttingen und Herzberg dem Reichsministerium des Innern am 3. Juni 1942 zugestellt hatte, war Hagen recht zuversichtlich, daß die „Gegensätzlichkeit der Haltung“ der beiden Reichsministerien zugunsten der evangelischen Kindergärten aufgegeben würde[109]. Etwas mehr als vier Wochen später allerdings war diese Zuversicht dahin, und er mußte „eine große Gefährdung der Gesamtarbeit“ sehen[110]. Inzwischen hatte Hagen mit Haugg verhandelt und hatte zur Kenntnis nehmen können, daß sich im Falle von Anträgen der NSV auf Übernahme evangelischer Kindergärten, „die Kirchengemeinden bejahend oder ablehnend verhalten könnten.“ Allerdings würden bei Ablehnung die kirchlichen Zuschüsse zurückgezogen, und die Gemeinden müßten sich die Mittel „zum Weiterbetrieb anderswo verschaffen.“[111]

Trotz aller Dramatik, die Hofstaetter und Bremer der Sache von Anbeginn und trotz der Bedeutung, die Hagen allenthalben ihrer Entwicklung in Han-

---

106 Siehe II Kap. I.1.1., S. 49 mit Anm. 127. Vgl. H. BRUNOTTE, Der kirchenpolitische Kurs, S. 136; vgl. auch K.-H. MELZER, Der Geistliche Vertrauensrat, S. 277ff.

107 Schreiben Hagen an Depuhl vom 27.5.1952 (ADW, CA/O 174).

108 EBD. Gemeint ist der Funkspruch-Erlaß des Reichsministeriums des Innern vom 30.9.1941. Siehe II Kap. III.3.2., S. 574f. mit Anm. 71.

109 Schreiben Hagen an Depuhl vom 12.6.1942 (ADW, CA/O 174).

110 Schreiben Hagen an Dölker vom 9.7.1942 (ADW, CA/O 184).

111 Protokoll der Vorstandssitzung des CA am 7.7.1942 (ADW, CA 67 B (1942)). Das Datum des Gesprächs von Haugg und Hagen im Reichsministerium für die kirchlichen Angelegenheiten war nicht zu ermitteln. Zu erschließen ist, daß es nur wenige Tage vor der Sitzung des Vorstandes des CA, also wohl in der ersten Woche des Juli 1942 stattfand.

nover gegeben hatten, nahm der Vorstand des CA den Bericht Hagens am 7. Juli 1942 nur zur Kenntnis. Offenbar folgte er damit dem von EOK Berlin und Kirchenkanzlei der DEK eingeschlagenen Kurs, die Entwicklung nicht durch unzeitige, weil zu frühe, Reaktionen zu beschleunigen, sondern sie durch dilatorische Behandlung zu steuern. Dabei ist davon auszugehen, daß man im Vorstand des CA durch Kracht und Krüger-Wittmack, die den EOK Berlin und die Kirchenkanzlei der DEK vertraten, wußte, daß die Kindergartensache, entgegen erster Absichten Hundts und trotz Bremers dringendem Wunsch, nicht im GVR verhandelt worden war. Fürle hatte darum gebeten, und Kracht war der Bitte gefolgt[112].

Ob auf der Vorstandssitzung des CA auch zur Sprache gekommen war, daß die Provinzialkirchenbehörden in Königsberg, Breslau und Stettin nicht wie die Finanzabteilung beim EOK Berlin bereit waren, sich die Auffassung des Muhs-Erlasses, besonders hinsichtlich der Versagung von aus Kirchensteuermitteln gespeisten Zuschüssen, „widerspruchslos zu eigen“ zu machen[113], ist nicht erkennbar. Jedenfalls hatten die Konsistorialpräsidenten selbst, Heyer für das Evangelische Konsistorium der Provinz Ostpreußen, Hosemann für das Evangelische Konsistorium der Kirchenprovinz Schlesien und Wahn für das Evangelische Konsistorium der Provinz Pommern, ihren Widerspruch gegen den Erlaß angezeigt, nachdem sie dessen „Sowohl-als-auch“-Bekanntgabe vom 21. April 1942 durch Fischer-Dorp zur Kenntnis genommen hatten. Zwar waren die Bedenken ganz unterschiedlicher Art – Wahn wollte keinesfalls die „günstige Lage in der Provinz“[114], mithin die „pommersche Lösung“ gefährden; Hosemann sah, da den evangelischen Kindergärten in Schlesien ja die Genehmigung entzogen worden wäre und sie ihre Arbeit eingestellt hätten, die Kirchenbeamten der Finanzabteilungen vor Konflikten, da sie gezwungen wären, den Gemeinden Schaden zuzufügen, obwohl sie Maßnahmen zum Schaden von Gemeinden zu verhindern verpflichtet seien[115]; und Heyer sah keine Rechtsgrundlage für eine Übergabe kirchlicher Kindergärten und wollte sich „niemals“ dazu bereit finden, etwa die Vorbedingungen dafür zu schaffen, daß „eine segensreiche Erziehungsarbeit der Kirche an den Kleinkindern“ aufgegeben wird[116] –, aber der Widerspruch war sehr deutlich. Man wird vermuten können, daß Kracht davon berichtet hat, gerade um durch eine Beschlußfassung des Vorstandes des CA, die etwa der erneuten Sorge um die evangelischen Kindergärten Ausdruck gegeben hätte, größere Beunruhigung zu vermeiden. Zur Kenntnis nehmen und

112 Handschriftliche Notiz Fürle an Kracht vom 8.6.1942 auf Schreiben Bremer an GVR vom 12.5.1942 (EZA Berlin, 1/C3/180). Brunotte hat die Notiz am 3.6.1942, Hundt am 7.6.1942 und Kracht am 16.6.1942 gegengezeichnet (Ebd.).

113 Schreiben Heyer an EOK Berlin vom 28.4.1942 (EZA Berlin, 7/4416).

114 Schreiben Wahn an EOK Berlin vom 5.6.1942 (Ebd.).

115 Schreiben Hosemann an Präsident des EOK Berlin vom 28.5.1942 (Ebd.).

116 Schreiben Heyer an EOK Berlin vom 28.4.1942 (Ebd.).

abwarten, das schien nach Lage der Dinge zweckmäßig, zumal der Vorstand des CA gewiß auch darüber unterrichtet war, daß unmittelbar vor dem Tag seiner Beratungen das Reichsministerium des Innern durch Ruppert jene Verfügung hatte ergehen lassen, mit der die Beendigung jeder Übernahme durch die NSV angezeigt war.

Im übrigen fertigte Kracht zwei Tage nach der Vorstandssitzung des CA die Antwort des EOK Berlin auf die Einsprüche Wahns und Hosemanns, die sich nicht von der Ende Mai an Gefaeller, der inzwischen in der Nachfolge Heyers mit der Wahrnehmung der Geschäfte des Präsidenten des Evangelischen Konsistoriums der Provinz Ostpreußen beauftragt war[117], gegangenen Stellungnahme[118] unterschied: es gehe um Einzelfälle, und es bleibe zu hoffen, daß eine allgemeine Übergabe von Kindergärten an die NSV nicht zu erwarten sei, ob diese „in größerem Umfange" Forderungen erheben werde, „bleibt abzuwarten"[119]. Was Ostpreußen betrifft, sah Gefaeller, da die NSV sich offenbar an des Gauleiters „Aussetzungs-Erlaß" vom 29. August 1941[120] hielt, „bis auf weiteres nichts zu veranlassen."[121]

Die Situation war gekennzeichnet von unterschiedlichen taktischen Erwägungen. Einerseits sollte möglichst schnell eine Beseitigung der Gefährdung durch entsprechendes Einwirken an den bekannten Schaltstellen erfolgen. So wollten die Spitzen der Vereinigung die Arbeit evangelischer Kinderpflege verteidigen. Andererseits sollte abgewartet und alle bürokratischen Möglichkeiten zur Verzögerung der Wirksamkeit oder zum Unterlaufen der Attacke ausgenutzt werden. Auf diese Weise wollten die Vertreter von EOK Berlin und DEK-Kirchenkanzlei die Abwehr organisieren. Um zu einer Entscheidung über ein möglichst gemeinsames und wirkungsvolles Vorgehen zu kommen, lud Hagen die Verantwortungsträger kurzfristig zu einer gemeinsamen Verhandlung der „Kindertagesstätten-Frage" ein[122]. Am 14. Juli 1942 erörterte Hagen mit Bremer und Dölker, den Vertretern der verbandlich in der Vereinigung zusammengeschlossenen evangelischen Kinderpflege, und mit Kracht und Krüger-Wittmack als Repräsentanten verfaßter Kirche im Haus des EOK

---

117 Siehe K. MEIER, Kirchenkampf III, S. 265; H. SANDER, Amtslisten, S. 876.

118 Schreiben EOK Berlin an Evangelisches Konsistorium der Provinz Ostpreußen vom 28.5.1942 (EZA BERLIN, 7/4416).

119 Schreiben EOK Berlin an Evangelisches Konsistorium der Provinz Pommern vom 13.7.1942 (EBD.); Schreiben EOK Berlin an Evangelisches Konsistorium der Kirchenprovinz Schlesien vom 13.7.1942 (EBD.).

120 Siehe II Kap. III.3.16., S. 755 mit Anm. 983.

121 Schreiben Gefaeller an EOK Berlin vom 19.6.1942 (EZA BERLIN, 7/4416).

122 Schreiben Hagen an Dölker vom 9.7.1942 (ADW, CA/O 184). Dieser Brief wurde mit einem Telegramm Hagen an Dölker „Dahlem, den 9. Juli [1942] 16 Uhr" mit Hinweis auf den Termin „zu dringender Besprechung" angekündigt (EBD.). Es ist nicht erkennbar, daß der Termin um zwei Tage, auf den 16.7.1942 verschoben wurde. Allerdings teilt Hagen mit Schreiben an Depuhl vom 17.7.1942 mit, daß „gestern [16.7.1942] – Dölker aus Stuttgart war hier – bei mir und im EOK eine längere Unterredung" stattgefunden hätte (ADW, CA/O 174).

Berlin Fragen „informatorischen Charakters und zukunftweisender Art“. CA und Vereinigung wollten wissen, ob die verfaßte Kirche und ihre behördlichen Spitzen in Gestalt von EOK Berlin und DEK-Kirchenkanzlei die Kindergartenarbeit zu halten gedachte und wie sie sich die Finanzierung der Arbeit vorstellte, da, wie man nun von Haugg wußte, „die Finanzabteilungen jede Unterstützung dieser Arbeit in Zukunft verweigern werden“[123].

Über den Verlauf der Besprechung sind nur Vermutungen anzustellen[124]. Die Verhandlung hatte wohl zu einer Beruhigung insbesondere von Hagen und Bremer geführt, wozu auch Dölker beigetragen haben wird. Er wird die Haltung seiner Landeskirche für den Fall einer Ausweitung des bisher auf Hannover begrenzten Konfliktes bestätigt haben. Bereits gegen Ende Mai hatte der OKR Stuttgart die Kirchenkanzlei der DEK aufgefordert, mit Nachdruck darauf hinzuwirken, daß „der Erlaß des Reichskirchenministeriums nicht zur Ausführung kommt“ und erklärt, daß diese „Anordnung“ eine „erneute Beunruhigung der Bevölkerung“ bedeute und im übrigen die Finanzabteilungen zwar die Aufsicht über die Verwaltung des kirchlichen Vermögens und der Kirchensteuermittel, aber nicht das Recht hätten, über das den Gemeinden für ihre eigenen Zwecke gegebene Kirchenopfer zu verfügen[125]. Auch Kracht muß zur Beruhigung beigetragen haben, hatte er doch bereits am Tag zuvor ein Schreiben an die Vereinigung und Bremer gehen lassen, worin er für die Kirchenkanzlei der DEK meinte, daß „wir hoffen dürfen, eine allgemeine Aktion gegen die noch bestehenden evangelischen Kindergärten werde nicht beabsichtigt.“[126] Was aber war entscheidend für solche Hoffnung?

Ob zu diesem Zeitpunkt und bei dieser Verhandlung die Tatsache eine Rolle spielte, daß die Steuerkommission, zu der ja sowohl Kracht als auch zeit- und vertretungsweise Krüger-Wittmack gehörten, mit dem Reichsministerium der Finanzen verhandelte und mit Blick auf die „Gemeinnützigkeitsverordnung“ und auf den Erlaß Friedrich Werners vom 12. Juli 1940 zu bestimmen versuchte, daß auch Einrichtungen der Inneren Mission, mithin evangelische Kindergärten neben gemeinnützigen auch kirchliche Zwecke erfüllten[127], das ist ungewiß. Denkbar ist es, da daran erkennbar war, daß die konzertierte Aktion von Muhs und Cölle, ohnehin auf Hannover beschränkt, gegen eine Debatte stand, die auf ein ganz gegenteiliges Ergebnis zulief als auf die Nichtanerkennung evangelischer Kinderpflege als einer kirchlichen Arbeit. Dabei war zwar in diesem wie in jenem Falle die Frage ausreichender

---

123 Schreiben Hagen an Dölker vom 9.7.1942 (Ebd.).

124 Ein Protokoll oder ein Vermerk sind nicht nachzuweisen, weder von Hagen noch von Bremer und auch nicht von Kracht oder Krüger-Wittmack.

125 Schreiben OKR Stuttgart an Kirchenkanzlei der DEK vom 22.5.1942 (EZA Berlin, 1/C3/180).

126 Schreiben Kirchenkanzlei der DEK an Vereinigung vom 13.7.1942 (Ebd.).

127 Siehe II Kap. III.4.2., S. 779ff. mit Anm. 117 und Anm. 132.

Geldmittel für die Kindergärten von wesentlicher Bedeutung. Aber während es für das Reichsministerium der Finanzen, womöglich unter dem Anspruch der „Entkonfessionalisierung", jedenfalls aber unter dem der Entprivilegisierung der Kirchen darum ging, zu einer Normierung der Steuererhebung zu kommen, ging es Muhs und Cölle um etwas anderes. Es ging ihnen darum, vermittels der Finanzabteilungen und ihres Auftrags der „Sicherung und Festigung des kirchlichen Finanzwesens"[128] eine Beschränkung kirchlicher Wirkungsmöglichkeiten zugunsten der Durchsetzung des sogenannten nationalsozialistischen Menschenführungsanspruches zu erreichen. Im Blick auf die evangelischen, insbesondere von Kirchengemeinden getragenen Kindergärten war damit das Ziel, alle Kinder einheitlich durch die seit dem Erlaß des „Führers" vom 3. Mai 1933 „zuständige" NSV erziehen zu lassen[129]. An diesen Anspruch erinnerte außerdem die NSV gerade zu diesem Zeitpunkt anläßlich ihres zehnjährigen Bestehens[130]. Die Frage war, worauf in dieser Situation für die evangelischen Kindergärten zu setzen wäre oder ob sich die Befürchtungen Hagens und Bremers bewahrheiten sollten.

Cölle hatte es jedenfalls unternommen, an einem Kindergarten innerhalb der Evangelisch-lutherischen Landeskirche Hannovers Muhs' Erlaß vom 23. März 1942 „durchzuexerzieren"[131]. Es hatte den Kindergarten der Kirchengemeinde zu Uslar getroffen. Freilich stand das noch nicht fest, als Baring am 22. April 1942, eine Woche nachdem die Kirchengemeinde in Gehrden den Hinweis Cölles auf die beabsichtigte Forderung der NSV-Kreisamtsleitung Kalenberg einer Übergabe des Kindergartens erhalten hatte, die gleiche mit dem Muhs-Erlaß begründete Forderung des NSV-Kreisamtsleiters Hans Böttchers in Händen gehalten hatte und hatte erkennen müssen, daß er den Kindergarten der Kirchengemeinde in Uslar zum 15. Mai der NSV übergeben sollte[132]. Der Superintendent war von der neuen Entwicklung gänzlich überrascht worden und hatte vor der Frage gesehen: „Was wird nun werden?"[133] Das Landeskirchenamt hatte zu einer Antwort auf diese Frage nicht helfen können. Schnelle hatte mitteilen müssen, daß man einen Erlaß „nach dem nunmehr endgültig die Übernahme der kirchlichen Kindergärten von den Dienststellen der NSV anzustreben ist" nicht kannte[134]. Baring hatte daraufhin nichts weiter unternommen. Der von der NSV vorgegebene Termin

---

128 Bekanntmachung betreffend Aufnahme der Geschäfte durch die Finanzabteilung bei der DEK vom 14.11.1935 (EZA Berlin, 1/A4/501).

129 Siehe I Kap. IV.3.1., S. 164 mit Anm. 257.

130 Siehe W. REHER, Zehn Jahre; N.N., Zehn Jahre.

131 Schreiben Hofstaetter an Baring vom 21.9.1942 (LKA HANNOVER, E 26/37). Hofstaetter schreibt: „Es tut mir leid, daß Sie derjenige sind, bei dem die Dinge durchexerziert werden. ... Das abzuändern lag aber nicht in meiner Hand."

132 Schreiben NSV-Kreisamtsleitung Northeim an Baring vom 21.4.1942 (EBD.).

133 Schreiben Baring an Hofstaetter vom 22.4.1942 (EBD.).

134 Schreiben Schnelle an Baring vom 4.5.1942 (EBD.).

der Übergabe des Kindergartens war verstrichen. Es war ein Monat vergangen, und Hofstaetter hatte sich bereits sehr gewundert, daß „so lange Ruhe war", als Cölle dem Superintendenten in Uslar mitgeteilt hatte, daß er davon ausginge, die Gemeinde werde dem „berechtigten Wunsch der NSV" entsprechen[135]. Bis zum Ende des Monats Juni, innerhalb der folgenden zwei Wochen, hatte Cölle eine Stellungnahme aus der Superintendentur in Uslar erwartet. Baring hatte die Entscheidung dem Landeskirchenamt überlassen wollen[136]. Cölle hatte das nicht akzeptiert und, ähnlich wie einen Monat zuvor in Sachen des Kindergartens in Gehrden, auf die alleinige Befugnis des Kirchenvorstandes zu einer Beschlußfassung die Trägerschaft des Kindergartens betreffend verwiesen. Gleichzeitig hatte er ebenfalls um Vorlage der Haushaltspläne des Kindergartens für das zurückliegende, wenigstens mit den Ist-Zahlen, und das laufende Rechnungsjahr ersucht[137]. Dieser Forderung hatte Baring Anfang Juli 1942 entsprochen und darauf verwiesen, daß die Zuschüsse sich sowohl aus einem Gabenfonds der Gemeinde als auch „aus verschiedenen Kassen" beim Landeskirchenamt speisten und daß man für das laufende Jahr auch auf die noch ausstehende Zahlung eines Zuschusses der Stadt Uslar in Höhe von RM 400,-- warte[138].

---

[135] Schreiben Cölle an Baring vom 18.6.1942 (EBD.).

[136] Schreiben Baring an Cölle vom 20.6.1942 (EBD.).

[137] Schreiben Cölle an Baring vom 22.6.1942 (EBD.).

[138] Schreiben Baring an Cölle vom 3.7.1942 (EBD.). Die Haushaltspläne wurden so dargestellt:
„Kindergarten Uslar

	Voranschlag 1941/1942	Ist-Zahlen 1941/1942	Voranschlag 1942/1943
A. Einnahmen			
1. Gebühren der Kinder	1.500,00 RM	1.717,90 RM	1.700,00 RM
2. Zuschüsse			
a. Staatliche Stellen	400,00 RM	Ausgeblieben	400,00 RM
b. Kirchliche Stellen			
Landeskirchenamt	200,00 RM	300,00 RM	300,00 RM
Hann. Gesamtausschuß. f. IM	200,00 RM	500,00 RM	400,00 RM
Kirchliche Gabenkasse Uslar	200,00 RM	200,00 RM	200,00 RM
c. Private Stellen			
Freundeskreis des Kindergartens	400,00 RM	440,68 RM	410,00 RM
3. Sonstige Einnahmen			
a. Rückzahlung von der Krankenkasse		21,69 RM	
b. noch in Aussicht stehende Zahlung			400,00 RM
4. Fehlbetrag	506,54 RM	34,53 RM	
	3.406,54 RM	3.214,80 RM	3.810,00 RM
B. Ausgaben			
1. Gehälter	2.650,00 RM	2.392,50 RM	* 3.200,00 RM
2. Soziale Ausgaben	350,00 RM	404,58 RM	400,00 RM
3. Sonstige Ausgaben	170,00 RM	181,18 RM	175,47 RM
4. Fehlbetrag	236,54 RM	236,54 RM	34,53 RM
	3.406,54 RM	3.214,80 RM	3.810,00 RM

* Erhöht durch die Wiedereinstellung einer 4. Kraft." (EBD.).

Mit der Übersendung der Haushaltspläne des Kindergartens hatte Baring etwas getan, was bisher keine der von Cölle ins Visier genommenen Kirchengemeinden getan hatte – er hatte dem Vorsitzenden der Finanzabteilung die Munition geliefert, mit der dieser einen Angriff hätte üben können. Gleichzeitig aber war nach den Mitteilungen Cropps vom 10. April und 26. Mai 1941 mit dem am 4. Juli 1942 erteilten Bescheid Rupperts von seiten des in Sachen Wohlfahrtspflege einschließlich Kindergärten nach wie vor zuständigen Reichsministeriums des Innern die Absicht bekräftigt[139], die Auseinandersetzung um die Kindergärten zu beenden. Das konnte nicht ohne Wirkung auf Cölles Absichten bleiben, zumal bereits seit einem Vierteljahr klar war, daß die „Einzelfälle“ in der Braunschweigischen evangelisch-lutherischen Landeskirche erledigt waren, da NSV und Kommune von einer Durchsetzung ihrer „Anträge“ abgesehen hatten[140]. Tatsächlich sollte das, was von den Betroffenen bis dahin als Angriff betrachtet wurde, dessen Gefahr gerade darin bestand, daß man insbesondere die Position des Reichsministeriums für die kirchlichen Angelegenheiten nicht einschätzen konnte und es auch nicht gewiß war, ob sich das Reichsministerium des Innern werde durchsetzen können – der Angriff sollte als ein Rückzug zu erkennen sein, und zwar in dem Augenblick, als Cölle ohne jede weltanschauliche Begründung nur noch sichergestellt sehen wollte: ein „Kindergarten muß sich aus sich selbst finanzieren.“[141]

In dieser Weise beschied Cölle Mitte Juli 1942 den Superintendenten in Uslar und forderte ihn auf, alle dem Haushalt der Kirchengemeinde entnommenen Zuschüsse wieder an die Kirchenkasse zurückzuzahlen und die Haushaltspläne des Kindergartens dementsprechend zu korrigieren. Dabei sollte auch in Rechnung gestellt werden, so Cölle weiter, daß die Stadt Uslar den bislang gezahlten Zuschuß nicht mehr leisten werde. Außerdem seien die Heizkosten und die Instandhaltungskosten in den Haushalt einzustellen und nicht unter den entsprechenden Titeln der Kirchengemeinde zu führen. Für den „sicheren Fehlbetrag in Höhe von RM 634,53“ müsse sich der Kirchenvorstand über einen Ausgleich schlüssig werden[142].

Wie er Hofstaetter mitteilte, kannte Baring die Richtlinien nicht, die Cölle zu beachten forderte[143] und bat darum die Finanzabteilung um Auskunft[144].

---

[139] Siehe II Kap. I.1.1., S. 49 mit Anm. 134; und II Kap. III.2., S. 547f. mit Anm. 11 und Anm. 14; sowie II Kap. III.3.2., S. 579 mit Anm. 90.

[140] Siehe II Kap. III.3.15., S. 749 mit Anm. 942.

[141] Schreiben Cölle an Baring vom 10.7.1942 (LKA HANNOVER, E 26/37).

[142] EBD. Der Betrag soll die Summe darstellen aus dem ausbleibenden Zuschuß der Stadt Uslar, den nicht fließenden Mitteln aus dem Landeskirchenamt und dem ausgewiesenen Ist-Fehlbetrag. Die Finanzabteilung beim Evangelisch-lutherischen Landeskirchenamt Hannover hat sich um RM 100,-- verrechnet. Der Fehlbetrag muß sich auf RM 734,53 belaufen.

[143] Schreiben Baring an Hofstaetter vom 16.7.1942 (EBD.).

[144] Schreiben Baring an Cölle vom 16.7.1942 (EBD.).

Nach weniger als zwei Wochen hatte Baring die Stellungnahme Cölles mit der Bestätigung der Forderung der Eigenmittelfinanzierung eines jeden Kindergartens und der Aufforderung in Händen, nur zweckbestimmte Mittel neben den laufenden Einnahmen für den Kindergarten zu verwenden[145]. Dabei seien, so Cölle weiter, sowohl die Sammlungsgesetzgebung[146] als auch die Kollektenbestimmungen[147] zu beachten. Im übrigen sei der Kindergarten der Gemeinde als „Sonderunternehmen" zu betrachten, das seine Betriebs- und Instandhaltungskosten gegenüber der Gemeinde auszugleichen habe, auch wenn man von seiten der Finanzabteilung auf einer Mietzahlung „zur Zeit" nicht bestehe[148].

Jetzt erst, nachdem sie durch die tüchtige, den urlaubsbedingt abwesenden Superintendenten in dieser so schwierigen Angelegenheit vertretende, die Stellung in Uslar haltende v. Loh auch den Wortlaut dieses Schreibens von Cölle an Baring übermittelt erhalten hatte[149], war sich Hofstaetter sicher, „das werden wir schon kriegen."[150] Bis dahin hatte sie geurteilt, es sei „nicht zu verstehen, wie solche Dinge möglich sind." Ebenso wie in der Vereinigung, im CA und in der Kirchenkanzlei der DEK hatte man im Evangelischen Landesverband für Kinderpflege in der Provinz Hannover nicht gewußt, was gespielt wurde[151]. Hofstaetter hatte Mitte Juli 1942 den bisherigen Verlauf der Dinge resümiert und gemeint: „Der Staat gibt uns die Genehmigung zur Arbeit und greift uns in keiner Weise an, und die Finanzabteilung zerstört die Arbeit." Daß die Finanzabteilung unter Cölle dies indessen nicht ohne staatliche Rückendeckung getan, ja wie es doch am Anfang schien, sogar vom Staat selbst, wenn auch von einem anderen Ressort als dem Reichsministerium des Innern, nämlich vom Reichsministerium für die kirchlichen Angelegenheiten und dem mit der Wahrnehmung der Geschäfte beauftragten Muhs dazu angeregt worden war – das hatte sie allerdings nicht in Betracht gezogen, sondern festgestellt: „Wie die Dinge noch zurechtkommen sollen, weiß ich nicht."[152] Aber aus einem „Verantwortungsgefühl den anderen Landeskirchen gegenüber", hatte sich Hofstaetter dazu herausgefordert gesehen,

145 Schreiben Cölle an Baring vom 27.7.1942 (EBD.).

146 Siehe I Kap. V.4.1., S. 216 mit Anm. 96 und Anm. 97.

147 Siehe II Kap. I.4.1., S. 198 mit Anm. 13; und II Kap. I.4.2. Exkurs, S. 270 mit Anm. 369.

148 Schreiben Cölle an Baring vom 27.7.1942 (LKA HANNOVER, E 26/37).

149 Schreiben v. Loh an Hofstaetter vom 5.8.1942 (EBD.). Schreiben Cölle an Baring vom 10.7.1942 hatte v. Loh an Hofstaetter am 25.7.1942 (EBD.) gesandt.

150 Schreiben Hofstaetter an Dölker vom 7.8.1942 (EBD.).

151 Schreiben Hofstaetter an Dölker vom 29.7.1942 (EBD.). Danach war Hofstaetter am 27.7. 1942 in Berlin und hatte Gespräche mit Hagen, Bremer und Kracht geführt. „Die Ansichten zwischen Pastor Hagen und Pastor Bremer waren sehr verschieden. Hagen gab sich dem Optimismus hin, im Innenministerium etwas erreicht zu haben und hoffte, daß die Dinge rückgängig gemacht würden. Bremers Pessimismus ist Ihnen ja bekannt ... . Trotzdem wir hier der erstangegriffene Teil sind, haben wir nicht ganz den Pessimismus von Kracht ... ." (EBD.).

152 Schreiben Hofstaetter an Baring vom 20.7.1942 (EBD.).

„durchzustehen und nicht zu weichen". Sie war der Meinung, und dafür sprachen alle Erfahrungen, daß die Evangelisch-lutherische Landeskirche Hannover und auch die Braunschweigische evangelisch-lutherische Landeskirche „Versuchsgebiete" wären[153]. Um so „hoffnungsvoller" war Hofstaetter, als sie jetzt erkannte, daß Cölle „einen Rückzieher" gemacht hatte, daß „die Arbeit weiter bestehen kann" und „daß die Finanzierung heutzutage eine zweite Angelegenheit ist."[154]

Nachdem sie Marahrens über den Stand der Dinge im Fall des von seiner Nichte geleiteten Kindergartens unterrichtet hatte[155], ermutigte Hofstaetter den Superintendenten in Uslar, auch „nach diesem Sturm" weiter durchzuhalten und deutete zudem an, daß der Kindergarten „auf keinen Fall in finanzielle Schwierigkeiten kommen" werde[156]. Tatsächlich bedurfte es dieser Ermutigung, denn ausgestanden war die Sache noch nicht. Jetzt hatte sich nämlich, von Cölle unterrichtet, der Landrat des Landkreises Northeim, Otto von der Schulenburg, persönlich eingeschaltet und versuchte, Baring unter Druck zu setzen. Er wies auf den sehr wahrscheinlichen Ausfall des städtischen Zuschusses hin und wiederholte seine Forderung, der Kirchenvorstand möge den Kindergarten an die NSV abgeben, da die „Haltung der Kindergärten eine staatliche Aufgabe", die „der NSV zugewiesen" sei[157]. Hofstaetter bekräftigte ihre Zusicherung bezüglich der Finanzierungsfragen und riet Baring, das Landeskirchenamt in Hannover einzuschalten[158]. Anfang September erhielt Baring, nachdem er Bericht erstattet hatte, ganz auf der Linie des Ergebnisses der Beratung der Verbandsvertreter evangelischer Kinderpflege vom 3. September 1941[159] den Rat von Fleisch, sich gegenüber dem Landrat auf die bestehende „Rechts- und Sachlage" zu berufen. Da weder die Entziehung einer Genehmigung vorläge, seit dem 30. September 1941 und dem Erlaß des Reichsministeriums des Innern der Widerruf von Genehmigungen eingestellt sei, auch eine Anordnung, kirchliche Kindergärten an die NSV zu überführen nicht bestehe, gebe es keine Notwendigkeit, der Forderung des Landrates zu entsprechen[160].

Während Baring noch wartete, daß Hofstaetter ihre Zusage einhielt, den drohenden Ausfall von Zuschußmitteln der Stadt Uslar aus nicht weiter genannten Quellen auszugleichen[161], teilte der Bürgermeister von Uslar, Otto Dauer, der zugleich NSDAP-Ortsgruppenleiter war, dem Superintendenten

---

153 Schreiben Hofstaetter an Dölker vom 29.7.1942 (EBD.).

154 Schreiben Hofstaetter an Dölker vom 7.8.1942 (EBD.).

155 Schreiben Hofstaetter an v. Loh vom 7.8.1942 (EBD.).

156 Schreiben Hofstaetter an Baring vom 8.8.1942 (EBD.).

157 Schreiben v. d. Schulenburg an Baring vom 12.8.1942 (EBD.).

158 Schreiben Hofstaetter an v. Loh vom 15.8.1942 (EBD.).

159 Siehe II Kap. III.3.7., S. 642ff.

160 Schreiben Fleisch an Baring vom 4.9.1942 (LKA HANNOVER, E 26/37).

161 Schreiben Baring an Hofstaetter vom 4.9.1942 (EBD.).

Mitte September 1942 mit, was v. d. Schulenburg und vor ihm bereits Cölle angekündigt hatten. Mit begründendem Hinweis darauf, daß „Betreuung und Erziehung der deutschen Jugend (ist) eine Aufgabe des nationalsozialistischen Staates" sei, erklärte sich Dauer als „nicht mehr in der Lage", die Zuschüsse in Höhe von RM 100,-- weiter zu zahlen[162]. Und zehn Tage später fragte Cölle an, wie nun nach Fortfall der städtischen Zuschußzahlung die Finanzierung des Kindergartens erfolgen solle[163]. Baring folgte schließlich dem Rat Stalmanns und Depuhls, den ihm Hofstaetter übermittelt hatte[164] und wies eher allgemein auf einen Freundeskreis hin, der eine ausgeglichene Finanzierung sichergestellt habe[165].

Damit schien der Fortbestand, entgegen allen pessimistischen Einschätzungen in Vereinigung, CA und DEK, des evangelischen Kindergartens in Uslar gesichert, auch wenn jetzt der Superintendent und v. Loh den Optimismus Hofstaetters „für die Zukunft" nicht teilen konnten.[166] Tatsächlich sollte sich nur ein Jahr später die skeptische Einschätzung als realistisch erweisen, allerdings aus ganz anderen Gründen, als man nach dem abgeschlagenen Angriff von Finanzabteilung und NSV vermutet haben mochte. Mit Ende Oktober 1943 mußte der evangelische Kindergarten in Uslar seinen Betrieb einstellen, und es war die Innere Mission selbst, die Anteil am Ende hatte. Ohne Beteiligung von Hofstaetter und des Evangelischen Landesverbandes für Kinderpflege in der Provinz Hannover hatte Johannes Wolff über die Evakuierung des Stephansstiftes und eines Teiles seiner Fürsorgezöglinge in die Räume des Gemeindehauses und des Kindergartens der Kirchengemeinde Uslar verhandelt[167], nachdem v. d. Schulenburg gemäß Reichsleistungsgesetz die Räume beschlagnahmt hatte[168]. Auch nachdem Depuhl sich eingeschaltet hatte und gegen die Absichten von Marahrens und Stalmann, die gerade diesen Kindergarten erhalten wollten[169], wurde mit 31. Oktober 1943 der Betrieb des evangelischen Kindergartens in Uslar eingestellt. Das Stephansstift zog aus dem von alliierten Luftangriffen bedrohten Hannover nach Uslar. Die NSV hatte es geschafft, noch bis zu diesem Zeitpunkt eine Ersatzeinrichtung zu schaffen[170]. Ob die Kindergärtnerinnen des Kindergartens der Gemeinde in die Anstellungsträgerschaft der NSV wechselten, ist nicht erkennbar. v. Loh jedenfalls zog es vor, stellungslos zu bleiben[171].

---

162 Schreiben Dauer an Baring vom 15.9.1942 (EBD.).

163 Schreiben Cölle an Baring vom 25.9.1942 (EBD.).

164 Schreiben Hofstaetter an Baring vom 1.10.1942 (EBD.).

165 Schreiben Baring an Cölle vom 2.10.1942 (EBD.).

166 Schreiben Baring an Hofstaetter vom 26.9.1942 (EBD.).

167 Schreiben Hofstaetter an v. Loh vom 29.10.1943 (EBD.).

168 Schreiben Hofstaetter an Baring vom 27.10.1943 (EBD.).

169 Schreiben Depuhl an Baring vom 27.10.1943 (EBD.).

170 Schreiben Hofstaetter an v. Loh vom 3.9.1943 (EBD.).

171 Schreiben Hofstaetter an v. Loh vom 29.10.1943 (EBD.). v. Loh hatte anfangs in Betracht

Es spricht viel dafür, daß Hofstaetter mit ihrer Einschätzung recht hatte, als sie Dölker gegenüber erklärte, es sei von großer Bedeutung, sei man „Versuchsgebiet“, „durchzustehen und nicht zu weichen“[172]. Nicht nur, daß Dölker und der gesamte Vorstand der Vereinigung spätestens Anfang September 1942 diese Sicht teilten und ihr für das „Verantwortungsgefühl den anderen Landeskirchen gegenüber“[173] dankten und dafür, „daß Hannover durchgehalten hat“[174]. Es ist auch nicht anders erklärbar, daß die konsequente Haltung Hofstaetters und des Evangelischen Landesverbandes für Kinderpflege in der Provinz Hannover mit Stalmann als seinem Vorsitzendem auf der einen und dem Landeskirchenamt der Evangelisch-lutherischen Landeskirche Hannovers auf der anderen Seite sowohl die Attacken erfolglos bleiben ließ, die Cölle und Hoffmeister bei sich bietender Gelegenheit noch in Hannover gemeinsam mit der NSV ritten, als auch jenen Angriff ins Leere laufen ließ, den Engelhardt und die Finanzabteilung beim EOK Karlsruhe unternahmen.

Zur selben Zeit als allenthalben klar war, daß Cölle im Falle des Kindergartens in Uslar vergeblich hatte exerzieren lassen, erfolgte ein neuer Angriff. Ins Visier genommen worden waren vier evangelische Kindergärten in Hannover, die sich nicht „in den Raum der Kirche“ zurückziehen konnten. Ihnen gehörten die Räume nicht, in denen sie ihre Kindergärten betrieben. Mitte Oktober kündigte der Oberbürgermeister der Stadt Hannover durch seine Haus- und Grundstücksverwaltung – für Hofstaetter stand es zweifelsfrei fest, daß „der Staatskommissar für Hannover, der zugleich stellvertretender Leiter der Finanzabteilung ist“, die Sache veranlaßt hatte[175] – der Luther-Kirchengemeinde und der Lukas-Kirchengemeinde die Vereinbarung, auf deren Grundlage jede Kirchengemeinde ein städtisches Gebäude für Gemeindezwecke und auch für den Betrieb des Kindergartens nutzte[176]. Zwar war nicht

---

gezogen, in einer Munitionsfabrik zu arbeiten. Das wurde verworfen. Hofstaetter riet ihr zu berücksichtigen, daß für sie als Ehefrau eines Pfarrers gesorgt sei, wenn mit der Möglichkeit gerechnet werde, daß v. Lohs gerade zur selben Zeit in sowjetische Kriegsgefangenschaft geratener Ehemann nicht aus dem Krieg heimkehre. Hofstaetter bestätigte v. Loh in der Überlegung, daß Kindergärtnerin „kein Beruf auf die Länge“ sei. Der Besuch eines Jugendleiterinnenseminars zum Zweck der Qualifizierung sei der besseren Berufsaussichten wegen empfehlenswert (EBD.).

172 Schreiben Hofstaetter an Dölker vom 29.7.1942 (EBD.).

173 EBD.

174 Schreiben Hofstaetter an Baring vom 21.9.1942 (EBD.). Danach und nach Schreiben Bremer an Mitglieder des Vorstandes der Vereinigung vom 13.8.1942 (LKA HANNOVER, E 26/102) fand am 4.9.1942 in Berlin im Verwaltungsgebäude des CA eine Arbeitsbesprechung des Vorstandes der Vereinigung statt. Man dankte Hofstaetter, daß durch ihre Arbeit „eine Auswirkung der betr. Verfügung [scil. vom 23.3.1942] auf andere Bezirke wohl zurückgehalten“ worden sei.

175 Schreiben Hofstaetter an Bremer vom 23.10.1942 (ADW, VKD 19).

176 Schreiben Oberbürgermeister der Stadt Hannover – Haus- und Grundstücksverwaltung – an Wohlfahrtsdienst der Luther-Kirchengemeinde [Ohlendorf] vom 12.10.1942 (LKA HANNOVER, E 26/37); Schreiben Oberbürgermeister der Stadt Hannover – Haus- und Grundstücksverwaltung – an Wohlfahrtsdienst der Lukas-Kirchengemeinde vom 12.10.1942 (EBD.).

wie im nahezu sechs Jahre zurückliegenden Fall des Kindergartens in Peine die Grundstücksfrage durch einen strittigen Grundbucheintrag zweifelhaft. Aber offenbar hatten Hoffmeister und seine Verwaltung die mangelnde Eindeutigkeit des in den zwanziger Jahren geschlossenen Nutzungsabkommens[177] erkannt. Wie im Peiner Fall und wie in jedem anderen auch – die Zweifelsfrage als Schwäche des evangelischen Trägers wurde zielgerichtet genutzt, einen Durchbruch des nationalsozialistischen Totalitätsanspruches – eine Betriebseinstellung und damit eine Übernahme durch die NSV – zu erreichen.

Die Pfarrer der beiden Kirchengemeinden, Lic. Albert Pommerien, seit fünfundzwanzig Jahren an der Lukas-Kirchengemeinde amtierend und 1935 von der Gestapo wegen seiner Bußtagspredigt mit fünfmonatigem Redeverbot belegt[178], und Gustav Ohlendorf, seit vierundzwanzig Jahren an der Luther-Kirchengemeinde und seit 1930 zugleich Superintendent, beauftragten sogleich eine Rechtsanwaltskanzlei mit der Vertretung ihrer Interessen. Die Rechtsfragen in Verbindung mit dem Abkommen, das die Nutzung der Gebäude regelte, waren schwierig, und die Geistlichen wollten in keinem Fall, ohne alle Möglichkeiten des Rechtsweges genutzt zu haben – und sei es, daß sie Zeit gewonnen hätten –, den Betrieb der kirchengemeindlichen Kindergärten aufgeben[179]. Demgegenüber fragte Depuhl beim CA und bei Hagen an, ob für dieses Vorgehen in Hannover von seiten eines der mit den Kindergartenangelegenheiten befaßten Reichsministerien „eine einheitliche Anweisung vorliegt oder nicht.“ Die jüngsten Erfahrungen mit dem Muhs-Erlaß hatten wohl einen dementsprechenden Verdacht aufkommen lassen. In jedem Fall fand er es „sehr zu bedauern, daß ... nicht nach einer einheitlichen Richtlinie im ganzen Reich gehandelt wird.“[180] Ohne weiter auf Depuhls Klage über fehlende Normierungen einzugehen, hielt Hagen es „nicht für opportun“ im Sinne Depuhls zur Begrenzung der Maßnahmen gegen die evangelischen Kindergärten etwa beim Reichsministerium des Innern vorstellig zu werden. Auch einer Beschwerde der Kirchengemeinden gegen die Kündigung des Oberbürgermeisters räumte er unter Berücksichtigung von dessen „Vollmachten“ kaum Aussicht auf Erfolg ein[181].

Als die Anwälte dennoch Anfang November 1942 namens der Kirchengemeinden die Kündigungen zurückwiesen[182], dabei auf den Mieterschutz ebenso hinwiesen wie auf den durch Funkspruch übermittelten Erlaß des Reichs-

177 Schreiben Hofstaetter an Bremer vom 23.10.1942 (ADW, VKD 19).

178 Siehe E. KLÜGEL, Die lutherische Landeskirche Hannovers, S. 504.

179 Schreiben Hofstaetter an Bremer vom 23.10.1942 (ADW, VKD 19).

180 Schreiben Depuhl an Hagen vom 28.10.1942 (ADW, CA/O 174).

181 Schreiben Hagen an Depuhl vom 7.11.1942 (EBD.).

182 Ohlendorf hatte die Kanzlei Notar Paul Philippi und Dr. Hans Stakemann, Rechtsanwälte, beauftragt. Schreiben Stakemann an Oberbürgermeister der Stadt Hannover – Haus- und Grundstücksverwaltung – vom 6.11.1942 (LKA HANNOVER, E 26/37).

ministeriums des Innern vom 30. September 1941, hatten sich allerdings die Befürchtungen Hofstaetters bewahrheitet. Da noch andere Häuser im Besitz der Stadt Hannover waren, in denen evangelische Kindergärten betrieben wurden, war ihrer Meinung nach damit zu rechnen, „daß die Dinge sehr ernst aufgegriffen werden."[183] Tatsächlich waren zwei weitere Kindergärten in ihrem Bestand durch Kündigung des Nutzungsabkommens gefährdet. Betroffen waren die Petri-Kirchengemeinde in Hannover-Kleefeld und die Kirchengemeinde Hannover-Döhren. Auch sie hatten die Angelegenheit sogleich derselben Anwaltskanzlei übertragen. Die besondere Schwierigkeit in den nunmehr vier Fällen war allenthalben darin zu sehen, daß die Nutzungen rechtlich keine Mietverhältnisse darstellten, denn für die Überlassung der Häuser brauchten die Kirchengemeinden ein Entgelt nicht zu zahlen. Außerdem jedoch, und das schien entscheidend, hatte der seinerzeit mit der Stadt Hannover abgeschlossene Vertrag dem Oberbürgermeister einen jederzeitiges Widerrufsrecht zugesichert[184]. Und von diesem Recht, so wurde nun erkennbar, wollte die Stadt und ihr Staatskommissar Hoffmeister Gebrauch machen.

Mitte November erhielten die Kirchengemeinden über ihre Anwälte die Mitteilung des Oberbürgermeisters, mithin des Staatskommissars und seiner Haus- und Grundstücksverwaltung, daß die Kündigungen für die Nutzung der fraglichen Grundstücke und Gebäude nicht zurückgenommen werde[185]. Gleichzeitig wurde die mit Hinweis auf die Bestimmungen des BGB zur Leihe – da die Gebäude ja nicht gemietet waren[186] – von den Anwälten vorgetragene Begründung zur Unrechtmäßigkeit der Kündigung mit dem Verweis auf den Vertrag und die vereinbarte Nutzung unter Vorbehalt des jederzeitigen Widerrufs durch den Oberbürgermeister knapp zurückgewiesen. Das Gutachten, das die Anwaltskanzlei daraufhin als Grundlage für die Kirchenvorstände zur Entscheidung über das weitere Vorgehen fertigte, hielt die Aussichten eines Prozesses für „denkbar ungünstig" und riet „vom juristischen Standpunkt" davon ab, den Klageweg zu beschreiten. Darüber hinausgehende Erwägungen allerdings „legen es vielleicht nahe, es gleichwohl auf einen Prozeß ankommen zu lassen"[187].

---

[183] Schreiben Hofstaetter an Bremer vom 23.10.1942 (ADW, VKD 19).

[184] EBD.; Gutachten Kanzlei Notar Paul Philippi und Dr. Hans Stakemann, Rechtsanwälte, vom 24.11.1942 (LKA HANNOVER, E 26/37).

[185] Gutachten Kanzlei Notar Paul Philippi und Dr. Hans Stakemann, Rechtsanwälte, vom 24.11.1942 (EBD.); und Schreiben Oberbürgermeister der Stadt Hannover – Haus- und Grundstücksverwaltung – an Kanzlei Notar Paul Philippi und Dr. Hans Stakemann, Rechtsanwälte vom 15.11.1942 (EBD.).

[186] Die Kanzlei hatte in der ersten Stellungnahme auch auf die Bestimmungen der §§ 604 und 605 BGB abgehoben, die Rückgabe und Kündigung im Falle der Leihe einer Sache regeln (Schreiben Kanzlei Notar Paul Philippi und Dr. Hans Stakemann, Rechtsanwälte, an Oberbürgermeister der Stadt Hannover – Haus- und Grundstücksverwaltung – vom 6.11.1942, in: EBD.).

[187] Gutachten Kanzlei Notar Paul Philippi und Dr. Hans Stakemann, Rechtsanwälte vom 24.11.1942 (EBD.).

Der Auffassung des Gutachtens der Anwaltskanzlei schloß sich das inzwischen eingeschaltete Landeskirchenamt im Grundsatz an. Dabei würdigte sein Präsident Schnelle in seiner Stellungnahme allerdings nochmals in besonderer Weise und über die anwaltliche Begutachtung hinaus die Frage des Mietschutzes unter Berücksichtigung der jüngsten Ausführungsverordnung der gesetzlichen Bestimmungen zum Mieterschutz[188]. Den Kirchengemeinden teilte Schnelle mit, daß das Landeskirchenamt keine Begründung angegeben sähe, die diesen Regelungen entspräche. Weder ein öffentlicher Nutzungs- noch ein Verwaltungszweck sei angegeben und schon gar nicht die erforderliche Dringlichkeit nachgewiesen. Der Hinweis auf „die augenblicklichen Verhältnisse"[189] reiche nicht aus. Außerdem, so Schnelle schließlich, erstrebe die Stadt Hannover ein Räumungsurteil, sei sie verpflichtet ausreichenden Ersatzraum anzubieten. Tatsächlich empfahl das Landeskirchenamt durch seinen Präsidenten, anders als die Anwälte und ohne über den Rahmen juristischer Erwägungen hinauszugehen, eine Räumungsklage abzuwarten[190].

Nachdem am 3. Dezember 1942 sich die Anwälte und Vertreter der betroffenen Kirchengemeinden unter Hinzuziehung Hofstaetters beraten hatten[191], war klar, was zu tun war. Unter Bezug auf die Rechtslage, wie sie das Landeskirchenamt festgestellt hatte, wurde Beschwerde beim Regierungspräsidium Hannover eingelegt[192], das auf einer Besprechung am 8. Februar 1943 den Kirchengemeinden und den Vertretern des Magistrats der Stadt Hannover einen Vergleich anbot: Die Kindergärten und die übrigen gemeindliche Nutzungen bleiben in den Häusern und die Kirchengemeinden als Träger der Arbeit zahlen Miete[193].

---

188 Dritte Verordnung zur Ausführung der Verordnung über Kündigungsschutz für Miet- und Pachträume vom 5.9.1939 (RGBl 1939 I, S. 1670–1671). Die vom Landeskirchenamt Hannover beigezogenen Mietschutzbestimmungen waren Gesetz über den Mieterschutz vom 20.2.1928 (RGBl 1928 I, S. 25–38); Gesetz über den Mieterschutz vom 27.4.1933 (RGBl 1933 I, S. 235–240); Zweites Gesetz zur Änderung des Gesetzes über Pächterschutz vom 27.10.1933 (RGBl 1933 I, S. 780); Verordnung über die Änderung des Reichsmietgesetzes und des Mieterschutzgesetzes vom 20.4.1936 (RGBl 1936 I, S. 378–379); Erste Verordnung zur Ausführung der Verordnung über Kündigungsschutz für Miet- und Pachträume vom 4.12.37 (RGBl 1937 I, S. 1325–1326); und Zweite Verordnung zur Ausführung der Verordnung über Kündigungsschutz für Miet- und Pachträume vom 31.8.1938 (RGBl 1938 I, S. 1070–1071).

189 Schreiben Oberbürgermeister der Stadt Hannover – Haus- und Grundstücksverwaltung – an Wohlfahrtsdienst der Lutherkirche [Ohlendorf] vom 12.10.1942 (LKA HANNOVER, E 26/37). Ders. an Wohlfahrtsdienst der Lukaskirche vom 12.10.1942 (EBD.): „Die augenblicklichen Verhältnisse veranlassen mich ..."

190 Schreiben Landeskirchenamt Hannover an Kirchenvorstand der Lutherkirche vom 30.11.1942 (EBD.).

191 Schreiben Hofstaetter an Bremer vom 1.12.1942 (EBD.). „Am kommenden Donnerstag haben wir eine Besprechung, was geschehen soll."

192 Schreiben Hofstaetter an Bremer vom 15.2.1943 (EBD.); Bericht Hofstaetter „für Herrn Landesbischof Marahrens" vom Februar 1943 (LKA HANNOVER, E 26/17).

193 EBD.

Dieses Ergebnis war mehr als selbst Bremer „zu hoffen gewagt hätte."[194] Ein Vierteljahr zuvor noch hatte er in einer Arbeitsbesprechung des Vorstandes der Vereinigung mit Hagen die Lage als auch „deshalb wieder bedrohlich" eingeschätzt[195], weil, wie man meinte, nach der Veröffentlichung des Muhs-Erlasses in Braunschweig und in Baden[196] die Übernahmeforderungen der NSV, mithin „die Sache wieder ins Rollen kommen" hätte können[197]. Jetzt, Ende Februar 1943, sah Bremer die Arbeit gesichert. Daß die Kindergärten bzw. ihre Träger Miete zu zahlen hatten, war für ihn kein bedeutender Schaden, sondern „im Gegenteil als Klärung der Rechtslage zu begrüßen."[198] Freilich hinderte diese Klärung nicht, daß Cölle, nachdem die Luther-Kirchengemeinde ebenso wie die Lukas-Kirchengemeinde und die Kirchengemeinde Hannover-Döhren einen Antrag auf Bezuschussung ihrer Kindergärten aus den mit seiner Zustimmung vom Landeskirchenamt für die Kindergartenarbeit im Haushalt veranschlagten RM 7.000,-- gestellt hatten, sie in die Zange „der geltenden ministeriellen Vorschriften"[199] nahm, und zwar wie seinerzeit die Kirchengemeinden in Uslar, in Gehrden und in Herzberg in die Zange zwischen gänzlicher Eigenmittelfinanzierung bei gleichzeitiger Kontrolle durch die Finanzabteilung einerseits und andererseits der Drohung der Übernahme durch die NSV. Die Gemeinden und ihre Pfarrer verzichteten auf die Geldmittel, klärten damit von ihrer Seite Rechtslage und Frontstellung, wenngleich sich auf diese Weise auch Hofstaetters Ahnung bewahrheitete, daß „wir" zwar Mittel haben aber „doch nicht an sie herankönnen."[200]

Als Hofstaetter im Februar 1943 dem Bischof ihrer Landeskirche, der ja in der zurückliegenden Zeit als Vorsitzender des GVR auch mit Kindergartenangelegenheiten anderer Landeskirchen befaßt war, über die Entwicklung insbesondere seit dem Erlaß des Reichsministeriums für die kirchlichen Angelegenheiten vom 23. März 1942 Bericht erstattete, war dies eine Zusammenfassung, die feststellte, daß kein Kindergarten in der Evangelisch-lutherischen Landeskirche Hannovers sich „dem unaufgebbaren Anspruch des Evangeliums und der Kirche" entzogen und zu einer freiwilligen Übergabe an die

---

194 Schreiben Bremer an Hofstaetter vom 23.2.1943 (ADW, VKD 19).

195 Protokoll der Arbeitsbesprechung des Vorstandes der Vereinigung am 4.9.1942 (LKA Nürnberg, DW 1715).

196 GVOBl Baden, 1942, S. 60f.; und LKABl Braunschweig, 1942, S. 24. Soweit zu sehen, sind dies die einzigen Veröffentlichungen des Erlasses des Reichsministeriums für die kirchlichen Angelegenheiten vom 23.3.1942. Der Wortlaut wurde weder von der Finanzabteilung bei der Kirchenkanzlei der DEK noch von der Kirchenkanzlei der DEK selbst weitergegeben. „Sonst ist bisher nirgends Veröffentlichung erfolgt, auch nicht in Hannover." (Protokoll der Arbeitsbesprechung des Vorstandes der Vereinigung am 4.9.1942, in: LKA Nürnberg, DW 1715).

197 Ebd.

198 Schreiben Bremer an Hofstaetter vom 23.2.1943 (ADW, VKD 19).

199 Schreiben Cölle an Kirchenvorstand der Lukas-Gemeinde vom 15.10.1942 (LKA Hannover, E 26/17).

200 Schreiben Hofstaetter an Bremer vom 23.10.1942 (ADW, VKD 19).

NSV berechtigt gehalten habe. Wenn Hofstaetter gleichzeitig hervorhob, daß „nur in der Provinz Hannover“ „Schwierigkeiten aufgetaucht“ und „Versuche gemacht“ worden sind, „die evangelischen Kindergärten an die NSV zu übergeben“[201], so stimmte das bis zu diesem Zeitpunkt, ja sogar noch bis zur Mitte des Jahres 1943.

Zwar hatte die Finanzabteilung beim EOK Karlsruhe erst im August 1942 und noch unter ihrem Vorsitzenden Doerr den Erlaß vom 23. März 1942 im GVOBl Baden veröffentlicht[202]. Doch erst im Juli 1943 wurde Engelhardt, der, im Februar 1943 von Muhs berufen, Doerr an der Spitze der Finanzabteilung abgelöst hatte, aktiv und wie Cölle in Hannover wollte er angesichts der Forderungen der NSV auf deren Übernahme das Problem evangelischer Kindergärten in der Evangelischen Landeskirche Badens lösen. Er wählte allerdings einen Lösungsweg, der nicht mehr, wie es der Muhs-Erlaß vorgesehen und Cölle bei seinem Vorgehen in Hannover vorausgesetzt hatte, die Finanzierung evangelischer Kindergartenarbeit in jedem Einzelfall mit einer Übernahmeforderung der NSV in Verbindung brachte – Engelhardt hatte vielmehr die Konsequenzen aus Cölles wenig erfolgreichem Vorgehen gezogen und wählte den Weg über eine als „Bekanntmachung“ bezeichnete Verfügung. Er wollte damit den Stellen der Landeskirche, die kirchengemeindliches Vermögen verwalteten, „eine Richtlinie an die Hand geben“[203]. Tatsächlich war es eine Ausführungsbestimmung, die sicherstellen sollte, daß Kirchensteuermittel, insbesondere solche aus der Ortskirchensteuer, zur Errichtung oder Unterhaltung eines Kindergartens nicht verwendet werden, weder unmittelbar noch mittelbar etwa aus einem Fonds[204]. Das hatte in Auslegung des Ortskirchensteuergesetzes (OKStG) das Badische Ministerium des Kultus und Unterrichts im März 1943 verfügt[205]. Anlaß gegeben dazu hatte die Kirchengemeinde zu Niefern, im Dekanat Pforzheim-Land, die durch ihren Pfarrer und Dekanstellvertreter Friedrich Rosewich wegen einer Erhöhung der Kirchenfondsmittel zur Unterstützung des Kinderschulvereins Niefern, der Träger des evangelischen Kindergartens am Ort war, nachgefragt hatte[206]. Die Verfügung des Ministeriums des Kultus und Unterrichts hatte

---

201 Bericht Hofstaetter „für Herrn Landesbischof Marahrens“ vom Februar 1943 (LKA HANNOVER, E 26/17).

202 GVOBl BADEN, 1942, S. 60f.

203 Schreiben Engelhardt an EOK Karlsruhe vom 29.7.1943 (LKA KARLSRUHE, EOK 6036).

204 Entwurf Bekanntmachung der Finanzabteilung beim EOK Karlsruhe vom 29.7.1943 (EBD.).

205 Schreiben Minister des Kultus und Unterrichts an Finanzabteilung beim EOK Karlsruhe vom 1.3.1943 (LKA KARLSRUHE, EOK 6036 Fa).

206 Schreiben Rosewich an Finanzabteilung beim EOK Karlsruhe vom 9.2.1943 (LKA KARLSRUHE, SpA 15228). Danach hatte der Kirchengemeinderat eine Erhöhung der Mittel für den Kindergarten der Kirchengemeind aus dem Kirchenfonds von RM 200,– auf RM 550,– beschlossen, um eine Anhebung des Wirtschaftsgeldes der beiden in diesem Kindergarten tätigen Diakonissen von je RM 35,– auf je RM 50,– zu erreichen. Es ging also um die Deckung einer für

dazu verordnet, daß Kirchenfondsmittel nur gemäß der Zweckbestimmung des Fonds verwendet werden dürfen[207].

Die „Bekanntmachung" Engelhardts setzte nun fest, daß allgemein für kirchliche Zwecke, mithin zur Deckung solcher kirchengemeindlichen „Bedürfnisse, welche durch die gottesdienstliche und seelsorgerliche Betreuung einer Kirchengemeinde entstehen", bestimmte Fonds nicht verwendet werden dürfen, um einen kirchengemeindeeigenen Kindergarten zu unterhalten oder einem etwa auch kirchengemeindlichen Kindergartenverein Zuschüsse zu gewähren. Demgegenüber sollte es einzig und allein die Möglichkeit geben, Erträge aus solchen Vermögenswerten für den Betrieb und für den Ausgleich von Aufwendungen eines kirchengemeindlichen Kindergartens einzusetzen, wenn diese Vermögenswerte tatsächlich auch die dementsprechende Zweckbestimmung haben[208].

Damit fügte sich der Entwurf der „Bekanntmachung" mit einem Verständnis kirchlichen Dienstes, das diesen beschränkt darauf sah, „Bedürfnisse kultischer und baulicher Art zu befriedigen"[209] ein in die bisherige restriktive, die gesamte Arbeit der DEK und ihrer Inneren Mission auf einen „rein innerkirchlichen Charakter"[210] begrenzende Steuer- und Finanzpolitik[211]. Zwar hatte dieselbe Frage der Verwendung örtlich-kirchlicher Steuermittel schon im Jahre 1936 im Falle des Kindergartens in Hesselhurst in Auseinandersetzung mit dem Badischen Ministerium des Kultus und Unterrichts durch Otto Friedrich zu einer unmißverständlichen Beschreibung des Standpunktes des EOK Karlsruhe geführt. Aber zu einer grundsätzlich rechtlichen Klärung in seinem Sinne war es nicht gekommen.

Dennoch – von Engelhardt um Stellungnahme gebeten, sahen EOK Karlsruhe und Otto Friedrich selbst keinen Anlaß, von ihrem Standpunkt abzuweichen. So war es eine Wiederholung dessen, was er im Mai 1936 dem Ministerium Wackers mitgeteilt hatte[212], wenn Otto Friedrich jetzt die „kirchlich-christliche Erziehung des Kleinkindes" als Zweck des evangelischen Kindergartens und „für die Erfüllung des kirchlichen Auftrags [als] weniger entbehrlich denn je" hervorhob. Außerdem wies er daraufhin, daß keinesfalls die

---

erforderlich gehaltenen Erhöhung der Personalausgaben. Siehe dazu Schreiben Finanzabteilung beim EOK Karlsruhe an Minister des Kultus und Unterrichts vom 18.2.1943 (LKA KARLSRUHE, EOK 6036 Fa).

207 Schreiben Minister des Kultus und Unterrichts an Finanzabteilung beim EOK Karlsruhe vom 1.3.1943 (EBD.).

208 Entwurf Bekanntmachung der Finanzabteilung beim EOK Karlsruhe vom 29.7.1943 (LKA KARLSRUHE, EOK 6036).

209 EBD.

210 Schreiben EOK Karlsruhe [Otto Friedrich] an Badische Ministerium des Kultus und Unterrichts vom 18.5.1936 (ADW, CA/J 63). Siehe I. Kap. VII.3.4., S. 364 mit Anm. 413.

211 Siehe II Kap. I.3.3., S. 170ff.

212 Schreiben EOK Karlsruhe [Otto Friedrich] an Badisches Ministerium des Kultus und Unterrichts vom 18.5.1936 (ADW, CA/J 63). Siehe I Kap. VII.3.4., S. 362ff.

Aufzählungen Art. 2 OKStG Vollständigkeit anzeigen[213], sondern „beispielsweise“ seien und forderte die Finanzabteilung auf, die „Bekanntmachung“ nicht zu veröffentlichen, vielmehr mit dem Ministerium des Kultus und Unterrichts zu verhandeln, um zu erreichen, daß örtlich-kirchliche Steuer- und Fondsgelder für die Kindergärten eingesetzt werden dürfen[214].

Engelhardt wollte sich darauf keinesfalls einlassen. Hatte ein Jahr zuvor, als Doerr die Aufsicht der Finanzabteilung über den Gesamtverband der Inneren Mission in Baden und die ihm angehörenden Einrichtungen anstrebte, Karl Bender zur Abwehr dieses Angriffs auf die organisatorisch-rechtlich unterschiedene Gestalt von Kirche und Innerer Mission verwiesen, die indessen „mit verteilten Rollen den gleichen Auftrag zu erfüllen haben“[215], so stellte jetzt, nachdem das Vorhaben nicht erfolgreich gewesen war, die Finanzabteilung beim EOK Karlsruhe in Abstimmung mit dem Ministerium für Kultus und Unterricht fest, daß „der eigentliche Zweck von Kindergärten“ eine „Erziehung [sei], welche dem Gedeihen der deutschen Volksgemeinschaft förderlich ist.“ Auch das lag ganz auf dem bisherigen Kurs staatskirchenrechtlicher Liquidierung der Kirche in Gestalt von DEK und Innerer Mission, denn nicht sie selbst sollten mehr ihre Rolle und ihren Auftrag bestimmen, sondern von Staats wegen war entschieden, daß die Aufgabe, Kinder mit dem Evangelium bekannt zu machen, „die Kirche im Rahmen von Kindergärten nur noch insoweit [werde] erfüllen können, als solche aus zweckbestimmten Mitteln fortgeführt werden.“[216] Damit war nicht einmal gegen die Bestimmungen von Art. 2 und Art. 3 OKStG verstoßen. Sie sollten nur buchstabengetreu angewandt werden.

Zu einer Bekanntmachung der „Bekanntmachung“ ist es nicht mehr gekommen. Bereits Ende April 1943 hatte Bormann ein Rundschreiben an die Gauleitungen „über die Behandlung politisch-konfessioneller Angelegenhei-

---

213 Art. 2 OKStG vom 30.6.1922 (BadGVBl 1922, S. 501–514) erlaubte den Kirchengemeinden „zur Bestreitung der für die öffentliche Religionsübung der Gemeinden erforderlichen Ausgaben – der örtlichen kirchlichen Bedürfnisse – ... Steuern fordern“ zu können. Als solche „jedenfalls anzusehen“ waren der Neubau und die Bauunterhaltung von Kirchen und Pfarrhäusern, waren Erfordernisse und Gerätschaften für Gottesdienst und Seelsorge und waren auch Erstattungen für außergewöhnliche Amtshandlungen (S. 501). Art. 3 gesteht einer Kirchengemeinde das Recht zur Steuererhebung nur dann zu, wenn andere Möglichkeiten wie die Verpflichtung anderer oder ein Stiftungsvermögen ausfallen. Wenn „Mittel von Stiftungen (Fonds) als verwendbar beigezogen werden können“, sind die Stiftungsvorschriften, mithin auch die Zweckbestimmungen, zu beachten (EBD.). Die Ausführungsbestimmungen der Evangelischen Ortskirchensteuer-Verordnung (EOKV) vom 28.11.1922 läßt allerdings kaum den Schluß zu, daß in Art. 2 OKStG vom Gesetzgeber an eine „beispielsweise“ Aufzählung gedacht sei. Siehe BadGVBl 1922, S. 977–1008, hier S. 983ff.

214 Schreiben EOK Karlsruhe [Otto Friedrich] an Finanzabteilung beim EOK Karlsruhe vom 19.8.1943 (LKA KARLSRUHE, EOK 6036).

215 Siehe II Kap. III.3.10., S. 673 mit Anm. 589.

216 Schreiben Engelhardt an EOK Karlsruhe vom 11.9.1943 (LKA KARLSRUHE, EOK 6036). Vgl. dazu K. SCHOLDER, Baden im Kirchenkampf, S. 238ff.

ten“ gefertigt[217], mit dem er unter Berufung auf den „Führer“ an die unbedingte Beachtung seiner Anordnung an die Gauleiter vom 30. Juli 1941 erinnerte[218], sondern auch „jede kleinliche Nadelstichpolitik“ „auf das Schärfste verurteilt“ hatte. Weder sollten „irgendwelche Differenzen mit der Kirche“ ausgetragen noch „Beschlagnahmen aus irgendwelchen Gründen“ durchgeführt werden, da das geeignet wäre, „eine unnötige Beunruhigung der Bevölkerung oder eine internationale Hetze auszulösen.“ Vielmehr wäre es Aufgabe „das Verständnis in die Erfordernisse des Krieges [zu] vertiefen und den Willen zum Endsieg [zu] stärken.“ Alle nicht kriegsentscheidenden Angelegenheiten müßten zurückgestellt werden und dazu gehörten auch „die politisch-konfessionellen Angelegenheiten, die gegenwärtig nicht geregelt werden müssen.“[219] Ob damit das Vorgehen Engelhardts gemeint war und inwieweit dieses Rundschreiben Spannungen zwischen diesem und dem inzwischen von Muhs auch zum Vorsitzenden der Finanzabteilung bei der Kirchenkanzlei der DEK berufenen Cölle löste[220], ist hier nicht weiter zu erörtern.

In jedem Fall war es der zunehmend als „Schicksalskampf“ des Deutschen Reiches und seines „Führers“ propagierte Krieg[221], der zum einen ein Nachlassen der Beeinträchtigung evangelischer Kinderpflege durch die NSV und ihre Verbündeten im Reichsministerium für die kirchlichen Angelegenheiten bewirkte[222]. Die Forderung des Regimes zur Mobilisierung aller Kräfte bestimmten auch die Arbeit evangelischer Kindergärten. Lebensmittelmarken und Zuteilungen beherrschten den Alltag[223]. Wer sich dem nicht unterwarf, hatte mit Bestrafung zu rechnen[224]. Das galt auch für die Leitung eines evangelischen Kindergartens und mußte darüber hinaus auch den Entzug der Ge-

---

217 Rundschreiben Bormann an die Gauleitungen vom 26.4.1943 (22/43g) (J. S. CONWAY, Kirchenpolitik, Dok.11, S. 378–379).

218 Siehe II Kap. III.3.1., S. 569 mit Anm. 41.

219 Rundschreiben Bormann an die Gauleitungen vom 26.4.1943 (22/43g) (J. S. CONWAY, Kirchenpolitik, Dok.11, S. 378–379).

220 Siehe K. MEIER, Kirchenkampf III, S. 439; und K.-H. MELZER, Der Geistliche Vertrauensrat, S. 283ff. Im übrigen hatte Hofstaetter in ihrem Schreiben an Bremer vom 23.10.1942 mitgeteilt: „Herr Cölle ist überdies jetzt Amtsrichter in Lietzmannstadt [Lodz] geworden, scheidet also aus der Rechtsanwaltkarriere aus und kommt in die Beamtenlaufbahn. Er tritt die Stelle in Lietzmannstadt nicht an, und es kann sein, daß seine Wege in Berlin landen.“ (ADW, VKD 19). In Berlin war er bereits „gelandet“, denn am 21.8.1942 war er berufen worden. Siehe GBlDEK 1942, S. 67.

221 H. BERNSEE, Aufgaben, S. 66. Vgl. Hart – entschlossen – siegessicher im Kampf der Waffen wie einst im Kampf der Bewegung. Bericht über die Rede Hitlers am 30.1.1942 (VB, 55. Jg., Nr. 31/31.1.1942, Ausg. Berlin, S. 1–2).

222 VEREINIGUNG, Arbeitsbericht 1.4.1943–31.3.1944, S. 1.

223 Verordnung über den Warenverkehr vom 18.8.1939 (RGBl 1939 I, S. 1431–1434).

224 Verordnung über Strafen und Strafverfahren bei Zuwiderhandlungen gegen Vorschriften auf dem Gebiet der Bewirtschaftung bezugsbeschränkter Erzeugnisse (Verbrauchsregelungs-Strafverordnung) vom 26.11.1941 (RGBl 1941 I, S. 734–738); Verordnung gegen Volksschädlinge vom 5.9.1939 (RGBl 1939 I, S. 1679–1679).

nehmigung nach § 29 RJWG bewirken. So erfuhr man es jedenfalls in Hannover-Limmer, wo der Warteschulverein Limmer unter Vorsitz des Superintendenten, ehedem war es Stalmann, seit vier Jahren der 1937 dem – vergeblich eingerichteten – „Wahldienst“ angehörende Kurt Feilcke[225], Träger einer Kindereinrichtung war, die mit einem geschlossenen Betriebsteil, einem Kinderheim, und einem halboffenen, mithin einem Kindergarten, betrieben wurde.

Das Kinderheim wie der Kindergarten wurde von einer Schwester des Evangelisch-lutherischen Diakonissenhauses Henrietten-Stift Hannover, der Diakonisse Dorette Kothe, geleitet. Sie stand am 16. April 1943 als Angeklagte vor einem Sondergericht in Hannover. Mit ihr am 18. Februar 1943 verhaftet, in Untersuchungshaft genommen und angeklagt worden waren drei Mitarbeiterinnen. Die Anklage war, nach der Anzeige einer Mutter wegen falschen Bezuges von Sonderzuteilungen, begründet und mit dem strafverschärfenden Vorwurf verbunden, die vier Frauen seien „Volksschädlinge“ und hätten gegen die „Kriegsverordnung“ verstoßen[226]. Im Verhör der Polizei hatten sie sofort gestanden, Lebensmittelsonderzuteilungen entsprechend der Zahl der täglich im Kindergarten erwarteten Kinder, wobei sie teilweise über die tatsächliche Platzzahl des Kindergartens hinausgegangen waren, bezogen zu haben, ohne daß nachträglich eine Verrechnung auf der Grundlage der Zahl der schließlich anwesenden Kinder erfolgt wäre. Das entsprach, wie sich im Verlauf weiterer Ermittlungen, zu denen auch Hofstaetter hinzugezogen worden war, zunächst in gewisser Weise beruhigend herausgestellt hatte, einer allenthalben auch in kommunalen oder NSV-Kindergärten, jedenfalls im Rahmen der Platzzahlen, üblichen Praxis. Das zuständige Ernährungsamt hatte dagegen bisher auch in keinem Fall Einspruch erhoben und anstandslos geliefert. Schwester Dorette hatte von den Mehrmengen diesem oder jenem Mitglied des Kuratoriums der Einrichtung kostenfrei etwas, insbesondere Milch und Kakao, überlassen und auch wohl etwas für sich selbst genommen ebenso wie eine der Kindergärtnerinnen. In der Gerichtsverhandlung wurde zwar die denunziatorische Absicht der Anzeige deutlich, der Anklagepunkt „Volksschädling“ mußte fallen gelassen werden, aber Schwester Dorette wurde unter Anrechnung einer zweimonatigen Untersuchungshaft zu fünf Monaten und die Kindergärtnerin ebenso zu sechs Monaten Gefängnis verurteilt. Die beiden anderen Mitarbeiterinnen wurden freigesprochen[227].

---

225 E. KLÜGEL, Die lutherische Landeskirche Hannovers, S. 238.

226 Das war Bezugnahme sowohl auf die Verordnung über Strafen und Strafverfahren bei Zuwiderhandlungen gegen Vorschriften auf dem Gebiet der Bewirtschaftung bezugsbeschränkter Erzeugnisse (Verbrauchsregelungs-Strafverordnung) vom 26.11.1941 (RGBl 1941 I, S. 734–738) als auch auf die Verordnung gegen Volksschädlinge vom 5.9.1939 (RGBl 1939 I, S. 1679).

227 Schreiben Hofstaetter an Bremer vom 26.3.1943 und 19.4.1943 sowie 20.4.1943 samt Aktennotiz von Depuhl über das Urteil vom 16.4.1943, o. D. (ADW, VKD 19; LKA HANNOVER E 26/37). In der Personal-Akte von Schwester Dorette Kothe steht unter „Besondere Erleb-

Nach Meinung Feilckes war mit diesem Urteil die Voraussetzung gegeben, Antrag auf Wiedererteilung der Genehmigung zu stellen. Tatsächlich hatte bereits zwei Tage nach der Verhaftung der Mitarbeiterinnen das Regierungspräsidium inzwischen in der Nachfolge von Diels unter Dr. Kurt Binding, der neben dem in Hildesheim auch das in Hannover, führte, dem Warteschulverein Limmer entsprechend § 29 RJWG die Genehmigung zur Fortsetzung des Betriebes des Kindergartens und des Kinderheimes mit Hinweis auf „Verbrechen gegen die Kriegswirtschaft" entzogen[228] und die Einrichtung unter die Leitung der Kreisamtsleitung der NSV gestellt. Zwar unterstützte Hofstaetter die Anstrengungen Feilckes, der den Vorstand des Warteschulvereins Limmer durch das Urteil vom „Vorwurf mangelnder Sorgepflicht" befreit sah und zudem versicherte, daß von den bisherigen Mitarbeiterinnen niemand weiter beschäftigt werde[229]. Aber sie fürchtete, daß Feilckes Vorhaben nicht glücken werde, auch wenn sie beobachten mußte, daß die NSV mit dem Betrieb der Einrichtung nicht zurechtkam. Die Belegung des Kinderheimes sank ebenso wie die des Kindergartens. Innerhalb von zwei Monaten wechselte die Leitung fast wöchentlich. Dennoch – Hofstaetters Befürchtungen sollten sich bewahrheiten. Eine neue Genehmigung erreichte Feilcke nicht. Aber Kinderheim und Kindergarten blieben auch nicht bei der NSV. Sie gab den Betrieb auf, und das Haus wurde vom Landesverein für Innere Mission in Hannover als Altersheim weitergeführt[230].

Obwohl man schon nicht wußte, wie angesichts zunehmender Reisebeschränkungen etwa „die Vorgänge in Limmer zur Warnung weitergegeben" werden könnten[231], und wenn zugleich der Postweg, besonders auch durch das Sicherheitsbedürfnis der Machthaber, immer stärker kontrolliert wurde und obwohl die NSV „in dieser Kriegszeit voll Härte und Leid (unsere) [die] Anstrengungen im Dienst am Leben verdoppeln und verdreifachen" wollte,

---

nisse, Erkrankungen ernsterer Art, länger dauernde Ausspannung, Beurlaubung u. dgl." der Eintrag: „Am 25.3.1943 schweres Erleben." (AHST HANNOVER, Pers. D. Kothe). Im Ergebnis des Prozesses wurden für die Kindergärten in Hannover – Bremer und Hofstaetter beabsichtigten, das für die evangelischen Kindergärten in den anderen Ländern und Provinzen einzuführen (Schreiben Bremer an Hofstaetter vom 8.5.1943, in: ADW, VKD 19; Schreiben Hofstaetter an Bremer vom 8.5.1943, in: EBD.) –Verpflegungstage, wie in Krankenhäusern, eingeführt, die auf der Grundlage der tatsächlich durchschnittlich in der vorangehenden Zuteilungsperiode anwesenden Kinder für die nachfolgende Zuteilungsperiode ermittelt wurden und denen entsprechend die Lebensmittelzuteilung erfolgen sollte (Oberbürgermeister der Hauptstadt Hannover an Kindergärten in Hannover vom 9.6.1943 mit „Merkblatt für Kindertagesstätten", in: EBD.).

228 Schreiben Regierungspräsident Hannover an Vorsitzenden des Warteschulvereins Limmer vom 20.2.1943 (LKA HANNOVER, E 26/70).

229 Schreiben Feilcke an Regierungspräsident Hannover vom 16.6.1943 (EBD.).

230 Evangelischer Landesverband für Kinderpflege in der Provinz Hannover „Einiges zum Jahresbericht" vom 7.5.1944 (LKA HANNOVER, E 26/106). Siehe VEREINIGUNG, Arbeitsbericht 1.4.1943–31.3.1944, S. 6.

231 Schreiben Hofstaetter an Bremer vom 8.5.1943 (ADW, VKD 19; LKA HANNOVER E 26/106). Und Schreiben Bremer an Hofstaetter vom 29.3.1943 (ADW, VKD 19).

um „jenseits von Mitleid und Wohltätigkeit und Barmherzigkeit“[232] der Forderung der „Ewigkeitssicherung des Lebens unseres Volkes“[233] zu entsprechen, meinte Bremer für die Vereinigung feststellen zu können, daß das Verständnis für die Eigenart evangelischer Kinderpflege „fast überall sichtlich gewachsen sei.“[234] Politisch-staatliche Anerkennung zu verdienen, trotz der Krise der vorangegangenen Jahre, meinten die Vereinigung und ihre Mitgliedsverbände unverändert, zumal man bereit war, in jeder Weise „bei[zu]tragen zu einem siegreichen Ausgang des Krieges.“[235] Auch deshalb sollte besonders nach Inkrafttreten der Verordnung über die Meldung von Männern und Frauen für die Aufgaben der Reichsverteidigung[236], mit der, wie man sah, „Tausende von Müttern zum Arbeitseinsatz für den Krieg verpflichtet“ wurden, alles getan werden, der Vielgestaltigkeit der damit verbundenen Aufgabe einer Betreuung der Kinder zu entsprechen – eine Aufgabe, „die wir freudig erfüllen wollen.“[237]

Noch in anderer Weise wirkte der Krieg, widersinnig genug, befriedend auf die Auseinandersetzungen um die evangelischen Kindergärten. Es war der ständig sich ausweitende „Bombenkrieg gegen deutsche Großstädte“[238], der einen Kampf um die Trägerschaft evangelischer Kindergärten nachrangig erscheinen ließ. Es ging auch in Hannover und in Baden nicht mehr um die Bekanntmachung der Finanzierung evangelischer Kindergärten aus zweckbestimmten Eigenmitteln oder die Übergabe solcher Einrichtungen an die NSV, deren Träger zu einer Eigenfinanzierung nicht in der Lage war. Es ging vielmehr wie überall im Deutschen Reich um das Überleben der Kinder.

1.2. Kriegsschäden – „erschütternd ernst und traurig“

Ein Ergebnis der am 26. Januar 1943 endenden Geheimkonferenz, die mit Präsident Franklin D. Roosevelt und Premierminister Winston Churchill an

232 C. M. FERNKORN, Dienst am Leben, S. 46.

233 EBD., S. 47.

234 VEREINIGUNG, Arbeitsbericht 1.4.1943–31.3.1944, S. 1.

235 Schreiben Proebsting und Möller an die evangelischen Kindergärten Westfalens vom 16.6. 1943 (LKA BIELEFELD, C 18–14 I).

236 Die Meldepflicht-Verordnung wurde am 27.1.1943 (RGBl 1943 I, S. 67–68) von Sauckel erlassen, der am 21.3.1942 von Göring als Beauftragtem für den Vierjahresplan zum Generalbevollmächtigten für den Arbeitseinsatz bestellt worden (RGBl 1942 I, S. 179) und damit Hitler unterstellt war – das bedeutete auch, alle Gauleiter fungierten als Bevollmächtigte für den Arbeitseinsatz – und nach einer Verordnung über die Rechtsetzung durch den Generalbevollmächtigten für den Arbeitseinsatz vom 25.5.1942 (RGBl 1942 I, S. 347) von den Ermächtigungen Gebrauch machen konnte, die Reichsarbeitsminister Seldte zustanden.

237 Schreiben Proebsting und Möller an die evangelischen Kindergärten Westfalens vom 16.6.1943 (LKA BIELEFELD, C 18–14 I).

238 O. GROEHLER, Bombenkrieg, S. 20, der die Strategie des Flächenbombardements vorstellt und die nicht in technischer Notwendigkeit, aber in politischer Entscheidung beründente Durchführung erläutert (S. 16–35).Vgl. demgegenüber G. W. FEUCHTER, Der Luftkrieg, S. 183ff.

den Spitzen der militärischen Führungsstäbe der USA und des United Kingdom in Casablanca seit dem 14. Januar zur Beratung strategischer Fragen stattgefunden hatte, war neben der Forderung einer „unconditional surrender" der Beschluß einer „Combined Bomber Offensive". Hatten Bombenflugzeuge der Royal Air Force mit „Bomben auf die Kruppstadt"[239] – Essen – seit Mai 1940 den strategischen Luftkrieg über Deutschland eröffnet und mit nächtlichen Luftangriffen deutsche Städte – dabei blieben auch Einrichtungen der Inneren Mission nicht verschont[240] – zu zerstören versucht, so hatte der Bombenkrieg im Frühjahr 1942 nach Übernahme der Befehlsgewalt durch Luftmarschall Arthur Harris und die durch von ihm energisch durchgesetzte Strategie des Flächenbombardements mit der Zerstörung Essens, Lübecks, Rostocks und Kölns[241] tatsächlich begonnen, das Gesicht der deutschen Städte und das Leben ihrer Bewohner „drastisch" zu verändern[242]. Und das erst recht, als jetzt mit Beginn des Jahres 1943 die Angriffe der US Air Force des Tags und der Royal Air Force des Nachts erfolgten.

Ziel dieser Strategie war es, die Moral der Bevölkerung zu brechen und insofern waren die Bombenangriffe das, als was die Propaganda der Machthaber sie seit der Zerstörung Kölns bezeichnete – „Terrorangriffe"[243]. Man wird nicht behaupten können, daß die Propaganda es war, die bewirkte, daß die Luftangriffe ihr strategisches Ziel und eine Verkürzung des Krieges nicht erreichten. Auch nicht die Propaganda in Gestalt der massensuggestiven und demagogischen Fragen, die Goebbels am 18. Februar 1942 im Berliner Sportpalast stellte, damit gewissermaßen auf die strategischen Festlegungen von Casablanca öffentlich antwortete und den „totalen Krieg" proklamierte[244]. Daß die „Terrorangriffe" ihr strategisches Ziel verfehlten, hatte seine Ursache auch nicht im Gegenterror eines Regimes, das Menschen, deren Leben ange-

---

239 O. GROEHLER, Bombenkrieg, S. 92.

240 In der Nacht vom 18.–19.9.1940 wurden Einrichtungen der Anstalt Bethel von Bomben aus britischen Flugzeugen getroffen. Zwölf Menschen starben. Am 23.9.1940 hielt v. Bodelschwingh die Trauerfeier in der Zionskirche zu Bethel. Siehe C. RONICKE, Gott redet. Die Propaganda zählte „3 Krankenhäuser zerstört, 9 Kinder getötet", nannte das „der britische Kindermord in Bethel" und empörte sich über die britischen „Mordbuben" und die „Räubermethoden" gegenüber der „Heimstätte tätiger Nächstenliebe" und behauptete auch: „Wir werden erbarmungslos abrechnen." Siehe VB, 53. Jg., Nr. 264/20.9.1940, Ausg. Berlin, S. 1.

241 O. GROEHLER, Bombenkrieg, S. 36–106.

242 Vgl. H.-U. THAMER, Verführung und Gewalt, S. 715.

243 Siehe VB, 55. Jg., Nr. 154/3.6.1942, Ausg. Berlin, S. 1. Danach wurde über den tags zuvor als „Vergeltung" für den Angriff auf Köln (VB, 55. Jg., Nr. 153/2.6.1942, Ausg. Berlin, S. 1) propagierten Bombenabwurf deutscher Flugzeuge auf das englische Canterbury vom 1.6.1942 auf der ersten Seite getitelt: „Teuer bezahlte Terrorangriffe!" Der britische Angriff auf Rostock wurde als „britische Barbarei" bezeichnet (VB, 55. Jg., Nr. 116/26.4.1942, Ausg. Berlin, S. 1). Vgl. O. GROEHLER, Bombenkrieg, S. 57f.

244 VB, 56. Jg., Nr. 50/19.2.1943, Ausg. München, S. 1–3; in Auszügen W. HOFER, Der Nationalsozialismus, Dok. Nr. 146, S. 250–252; und W. MICHALKA, Deutsche Geschichte, Dok. Nr. 228, S. 294f.

sichts eines vom Himmel heulenden und auf der Erde Zerstörung, Feuer und Tod wirkenden Infernos verrückt worden war, präventiv umbringen ließ[245], das Menschen bei regimekritischen Äußerungen, sogenanntem Defätismus[246], wegen Wehrkraftzersetzung zu hohen Gefängnisstrafen verurteilte. Es war ein „konzentrierter Überlebenswille"[247], der die „Moral im Bombenkrieg"[248] bestimmte.

Dieser Überlebenswille bestimmte auch die Arbeit evangelischer Kinderpflege und fand, bereits seit Beginn des Krieges, seinen Ausdruck zum einen in der mottohaften Bezugnahme auf biblische Texte, sowohl zur Deutung der Erfahrung von Zerstörung und Gewalt als auch zur Vermittlung von Trost und Hilfe[249]. So verwies Bremer am Beginn seines Arbeitsberichtes über das bis zum 31. März 1944 sich erstreckende 21. Geschäftsjahr der Vereinigung, „das Katastrophenjahr 1943", wie es im Rückblick auf die Auswirkungen der Luftangriffe des britischen Bomber Commands und der 8. US Air Force genannt werden muß[250], zitierend auf Klgl. 3,12f.[251], um dann zu betonen, daß „trotz Krieg und Kriegsnot, trotz Bombenterror und Evakuierung, trotz Raumnot und Abneigung gegen konfessionelle Kinderarbeit" der Umfang der Arbeit kaum zurückgegangen sei. Er rechnete wie im Vorjahr mit noch „ungefähr" 1.650 Kindergärten in Deutschland, die zur Vereinigung

245 Siehe O. GROEHLER, Bombenkrieg, S. 299.

246 Siehe H. BOBERACH (Hg.), Meldungen, S. 92f., S. 333f. und S. 375ff. Vgl. auch C. SCHMITZ-BERNING, Vokabular, S. 134f.

247 O. GROEHLER, Bombenkrieg, S. 300.

248 EBD., S. 294.

249 Einschließlich des Tätigkeitsberichts zum 16. Geschäftsjahr der Vereinigung vom 1.4.1938–31.3.1939 steht keinem ein Bibelwort voran. Das ist erst mit dem Tätigkeitsbericht zum 17. Geschäftsjahr vom 1.4.1939–31.3.1940 der Fall. v. Wicht stellt Ps. 92,5 an den Anfang: „Herr, du läßt mich fröhlich singen von deinen Werken, und ich rühme die Geschäfte deiner Hände." Am Beginn des Tätigkeitsberichts zum 18. Geschäftsjahr vom 1.4.1940–31.3.1941 heißt es aus Ps. 68,20f.: „Gelobt sei der Herr täglich. Gott legt uns eine Last auf, aber er hilft uns auch. Wir haben einen Gott, der da hilft, und den Herrn, der vom Tod errettet." Der erste von Bremer verfaßte Tätigkeitsbericht, der Arbeitsbericht über das 19. Geschäftsjahr vom 1.4.1941–31.3.1942 ist am Beginn bestimmt von der Tatsache des Todes v. Wichts. Allerdings kommt der Arbeitsbericht über das 20. Geschäftsjahr vom 1.4.1942–31.3.1943 ohne jeden zitierenden Bezug auf ein Bibelwort aus, wenngleich er summiert: „Als Christen aber wissen wir, daß zuletzt doch sein [scil. Gottes] Wille geschehen muß, und daß sein Wille ein guter und gnädiger Wille ist." (S. 15).

250 O. GROEHLER, Bombenkrieg, S. 79–170.

251 Bremer zitiert nach der Lutherübersetzung in der 1912 vom DEKA genehmigten Textfassung: „Die Güte des Herrn ist es, daß wir nicht gar aus sind, seine Barmherzigkeit hat noch kein Ende, sondern sie ist alle Morgen neu und seine Treue ist groß." Klgl. reflektieren als Rollendichtung, in Kap. 3 in poetischer Form des Akrostichons, die Katastrophe des Jahres 587 v. Chr. (nach Rabbi Hillels Weltchronologie im Jahre 3174), als Jerusalem von den Streitkräften der Babylonier unter Nebukadnezar zerstört wurde. Während Bremer diesen Text und damit dessen kultur-, religions- und frömmigkeitsgeschichtlichen Hintergrund erinnert, läuft seit der Wannsee-Konferenz am 20.1.1942 die Mordmaschinerie zur „Endlösung der Judenfrage" auf Hochtouren – ob er das sah, muß eine offene Frage bleiben.

gehörten und ging dementsprechend auch von 113.600 in ihnen betreuten Kindern aus[252].

Erstmals im Verlauf des Krieges hatte es der CA im Januar 1941 unternommen, eine Bestandsaufnahme der durch die Fliegerangriffe in den Einrichtungen der Inneren Mission verursachten Schäden zu erstellen[253]. Man wollte einen Überblick haben, nachdem am 15. Dezember 1940 die Kriegssachschädenverordnung in Kraft getreten war, mit der das Deutsche Reich Entschädigung für Zerstörung und Verlust beweglicher und unbeweglicher Sachen „infolge eines Angriffs auf das Reichsgebiet" gewährte[254]. Sowenig wie die Vereinigung zu diesem Zeitpunkt einen Schaden melden konnte, sowenig hatte v. Wicht irgendeinen Anlaß, darüber im Tätigkeitsbericht für das am 31. März 1941 zu Ende gehende Geschäftsjahr zu berichten. Das änderte sich erst im April 1944, als Bremer seinen so von Gottvertrauen bestimmten Arbeitsbericht für das zurückliegende Geschäftsjahr fertigte. Zum Ende des Jahres 1943 mußte er, abgesehen von der vorübergehenden Beschlagnahme einer gewissen Zahl von Kindertagesstätten „für irgendwelche kriegswichtigen Zwecke"[255] unter Anwendung der Bestimmungen des Reichsleistungsgesetzes, den Verlust von 44 Kindergärten beklagen, die durch Fliegerbomben zerstört

---

252 VEREINIGUNG, Arbeitsbericht 1.4.1943–31.3.1944, S. 1.

253 Schreiben CA [Schirmacher und Schubert] an Landes- und Provinzialverbände der Inneren Mission vom 25.1.1941 (ADW, CA 2655 I).

254 Kriegssachschädenverordnung vom 30.11.1940 (RGBl 1940 I. S. 1547–1556), hier § 1 Abs. 1; Kriegsschädenzuständigkeitsverordnung vom 2.12.1940 (RGBl 1940 I, S. 1557–1558). Der CA hatte durch Schirmacher und Schubert ein Rundschreiben an die Landes- und Provinzial- und Fachverbände der Inneren Mission am 22.1.1941 gehen lassen, mit dem auf diese Verordnungen mit Gesetzeskraft und den Rechtsanspruch auf Entschädigung hingewiesen wurde (ADW, CA 2655 I).

255 VEREINIGUNG, Arbeitsbericht 1.4.1943–31.3.1944, S. 5. Bremer berichtet (S. 5–7) von der vorübergehenden Beschlagnahme der evangelischen Kindergärten von Nürnberg, Bayreuth und Schweinfurt zur Aufnahme Bombengeschädigter – wie zu erschließen nach den Angriffen der Royal Air Force am 8.–9.3.1943 auf Nürnberg und am 24.–25.7.1943 auf Hamburg, dessen Flüchtlinge im Raum Bayreuth untergebracht wurden und nach Angriffen der US Air Force am 17.8.1943 und 14.10.1943 auf Schweinfurt (O. GROEHLER, Bombenkrieg, S. 118 und S. 121, sowie S. 132) –, ohne eine genaue Zahl zu nennen. Vier Einrichtungen waren in Berlin beschlagnahmt worden. Ob sie etwa gebraucht wurden zur Unterbringung Bombengeschädigter aus dem Angriff vom 18.–24.11.1943, der Eröffnung der „Battle of Berlin" (EBD., S. 182), vermerkt Bremer nicht. Ebensowenig läßt seine Erwähnung, daß ein Kindergarten in Essen sowie drei Kindergärten in Bochum und zwei in Dortmund beschlagnahmt wurden, den weiteren Nutzungszweck erkennen. Es ist auch nicht erkennbar, ob diese Einrichtungen möglicherweise zu den „etwa 50 % aller Kindertagesstätten" in Westfalen gehörten, die durch Evakuierung in ihrem Betrieb „stark beeinträchtigt" waren (VEREINIGUNG, Arbeitsbericht 1.4.1943–31.3.1944, S. 7). Um dem offenbar im Verlauf der „Umquartierungen", wie man von seiten der NSV die Evakuierungen nannte (H. ALTHAUS, Eiserne Zeit, S. 72), zutage getretenen Chaos zu begegnen, suchte das Reichsministeriums des Innern mit einer Bekanntmachung der Bedarfsstellen außerhalb der Wehrmacht, die zur Inanspruchnahme von Leistungen nach dem Reichsleistungsgesetz berechtigt sind, vom 11.1.1944 (RGBl 1944 I, S. 13–20) Ordnung in den Zuständigkeitswirrwarr zu bringen.

oder so beschädigt worden waren, daß sie ihren Betrieb nicht wieder aufnehmen konnten[256].

Darüber hinaus mußten Bremer und die Vereinigung erkennen, daß in den von Fliegerangriffen „gnädig verschont gebliebenen“ Provinzen wie Brandenburg, Ostpreußen und Provinz Sachsen ebenso wie in den ländlichen Gebieten Württembergs, Badens und Bayerns zwar die Arbeit weiterging, aber in besonderer Weise bestimmt war von den schwierigen Fragen der Aufnahme umquartierter Kinder. Es waren aber diese Fragen, die den Kindergarten in neuer Weise und wohl ganz anders, als es Villnow gegen Ende des ersten Kriegsjahres propagiert hatte, zu einer „kriegswichtigen“ Einrichtung machten[257]. Die von der Erweiterten Kinderlandverschickung als Mutter-Kind-Verschickung angebotenen und von der NSV organisierten und durchgeführten Evakuierungsmaßnahmen der unter sechs Jahre alten Kinder ebenso wie die Verschickung der bis zu zehnjährigen Kinder in Familienpflegestellen und insbesondere die Verwandtenverschickung für dieselbe Altersgruppe, die sich zunehmend einer Organisation durch die Dienststellen der Erweiterten Kinderlandverschickung und der NSV entzog[258], ließen die gewohnte Form der

---

256 Werden die Angaben Bremers (VEREINIGUNG, Arbeitsbericht 1.4.1943–31.3.1944, S. 6–8) zusammengefaßt, ergibt sich:

	Zerstörung	Beschädigung	Fortsetzung	Einstellung
Baden	2		2	
Bayern	3	16	19	
Berlin	16	viele	viele und 5	11
Hannover	4	1	2	3
Rheinland	44	3	22	25
Westfalen	14	80	89	5
Württemberg	4		4	
	87	viele und 100	viele und 143	44

Das bedeutet, daß bis Ende des Jahres 1943, in dem etwa 120.000 t Bomben auf Städte des Deutschen Reiches fielen (W. SCHNEIDER (Hg.), Alltag, S. 202), in dem etwa 3.242.000 Menschen als Evakuierte unterwegs waren, um ihr Leben in Sicherheit zu bringen (O. GROEHLER, Bombenkrieg, S. 282), in dem etwa 100.000 Menschen durch die Bombenabwürfe der US Air Force und der Royal Air Force umkamen und in dem gleichzeitig die „Endlösung der Judenfrage“ auf die Ermordung von etwa 5.000.000 jüdischer Menschen zulief (W. MICHALKA (Hg.), Deutsche Geschichte, S. 377) und auf den Schlachtfeldern Europas und den Meeren der Welt etwa 1.200.000 Menschen als deutsche Soldaten getötet und etwa 475.000 vermißt oder in Gefangenschaft geraten waren und mit ihnen am Ende fast 20.000.000 Menschen als Soldaten umgekommen sein sollten (W. SCHNEIDER (Hg.), Alltag, S. 153 und S. 169 sowie S. 175 und S. 200; W. MICHALKA (Hg.), Deutsche Geschichte, S. 380; M. BROSZAT/N. FREI (Hg.), Das Dritte Reich, S. 286) – es stellten in dieser Zeit von noch knapp 1.700 evangelischen Kindergärten 44 Kindergärten mit etwa 3.000 Plätzen, weil zerstört, ihren Betrieb ein.

257 Siehe II Kap. III.1., S. 529 mit Anm. 5.

258 Siehe dazu G. KOCK, Die Kinderlandverschickung, S. 107–119. Auf die Frage einer Betreuung dieser Kinder, etwa in Kindergärten, wird nicht eingegangen. Mithin auch nicht auf in diesem Bereich mögliche Kooperationen und Konflikte der Erweiterten Kinderlandverschickung mit der NSV, deren Kindergartenprogramm und dessen zahlenmäßige Entwicklung gewiß auch mit den Umquartierungen der bis zu zehn Jahre alten Kinder zu tun hat. Eine genauere Unter-

Arbeit nicht mehr zu. Raummangel und das Fehlen von hinreichend qualifizierten Kindergärtnerinnen bei anhaltender Überbelegung waren fast unerträgliche Belastungen[259].

Die Schwierigkeiten erhielten wohl auch dadurch besonderes Gewicht, daß es wegen der inzwischen vom Reichsministerium des Innern für die Deutsche Reichsbahn verfügten und im Verlauf des Jahres 1943 noch verschärften Reisebeschränkungen[260] „in dieser harten Zeit“[261] keinen oder kaum einen hinreichenden Erfahrungsaustausch in Seminaren und Fachtagungen mehr gab, weder der Kindergärtnerinnen von vor Ort, noch der Verantwortungsträger aus den verschiedenen Geschäftsstellen. Nicht nur Bremer bedauerte das[262]. Ein schriftlicher Informationsaustausch wurde durch zunehmenden Papiermangel[263] ebenfalls immer schwieriger, auch wenn ihn Bremer als Vorsitzender der Vereinigung auf diesem Wege versuchte aufrechtzuerhalten, „damit die Verbindung nicht ganz abreißt“[264]. Zudem waren inzwischen teilweise auch die Arbeitsbedingungen der Landes- und Provinzialverbände dadurch verschlechtert, daß die Geschäftsstellen der Inneren Mission und ihrer Verbände,

---

suchung dieser Frage muß hier ebenso unterbleiben wie jener nach einer genaueren Beschreibung der durch die Evakuierungen wahrscheinlichen Kooperationen und Konflikte mit den Trägern evangelischer Kindergärten, den Kirchengemeinden. Die Studie beschränkt sich in der Darstellung des Verschickungsprogramms auf „das Leben in den Lagern“ der zehn- bis vierzehnjährigen Kinder (EBD., S. 144–193) und demgemäß auch auf den diesbezüglichen „Konflikt mit den Kirchen“ (EBD., S. 277–306). Vgl. auch H. BOBERACH (Bearb.), Berichte, S. 495f. und S. 635ff.

259 VEREINIGUNG, Arbeitsbericht 1.4.1943–31.3.1944, S. 8.

260 Nach Runderlaß des Reichsministerium des Innen vom 3.9.1942 (RMBliV 1942, S. 1761–1762) und Runderlaß des Reichsministeriums des Innern vom 15.3.1943 (RMBliV 1943, S. 459) bedeutete Runderlaß des Reichsministeriums des Innern vom 10.12.1943 (RMBliV 1943, S. 1916–1916b) keine Lockerung der Beschränkungen. Obwohl er Ausnahmeregelungen für die bevorstehenden Weihnachtsreisen schuf, war der Erlaß für Dienst- und für Privatreisende mit der Forderung einer Genehmigung durch NSV und durch die Polizei (EBD.) eine weitere Beschränkung.

261 Schreiben Bremer „an die Evangelischen Kinderpflegeverbände“ vom 28.11.1944 (LKA HANNOVER, E 26/106).

262 VEREINIGUNG, Arbeitsbericht 1.4.1943–31.3.1944, S. 10; Evangelischer Landesverband für Kinderpflege in der Provinz Hannover „Einiges zum Jahresbericht“ vom 7.5.1944 (EBD.).

263 Am 21.5.1940 verfügte das Reichsministerium des Innern mit einer Bekanntgabe eines Rundschreibens des Reichsbeauftragten für den Vierjahresplan eine erste Einschränkung der Fertigung von Druckerzeugnissen, insbesondere von Statistiken, Berichten und Werbeschriften (RMBliV 1940, S. 965). Mit Runderlaß vom 30.6.1941 ordnete der Reichsminister des Innern an, im Schriftverkehr des öffentlichen Dienstes zum einen nur noch das kleinere DIN A5 Format zu verwenden und zum anderen Vor- und Rückseite zu beschreiben (RMBliV 1941, S. 1197–1198). Gemeinsam erließen Reichsminister des Innern, Reichsminister der Finanzen, Reichsminister für Wirtschaft und Reichsminister für Wissenschaft, Erziehung und Volksbildung am 30.1.1942 Richtlinien über die Papierverwendung bei Behörden (RMBliV 1942, S. 262–264), die von denselben Reichsministerien mit Erlaß vom 21.7.1943 nochmals verschärft wurden und für sparsamsten Umgang mit Papier bei Einkauf, Lagerung und Verwendung sorgen sollten (RMBliV 1943, S. 1213–1218).

264 Schreiben Bremer „an die Evangelischen Kinderpflegeverbände“ vom 28.11.1944 (LKA HANNOVER, E 26/106).

mithin auch der Kinderpflegeverbände, den Bomben zum Opfer gefallen waren und man anderswo Unterkunft nehmen oder, wenn man verschont geblieben war, sich begrenzen und anderen Unterkunft gewähren mußte[265].

Bereits im Januar 1943, bei einem Bombenangriff auf Berlin[266], war die Geschäftsstelle der Vereinigung in der Berlin-Lichterfelder Augustastraße, wo ebenfalls unter der Geschäftsführung Bremers der Kirchliche Erziehungsverband der Provinz Brandenburg ansässig war, getroffen und schwer beschädigt worden. Aufgenommen wurden Bremer und die Vereinigung von der Wadzeck-Anstalt[267], einer Fürsorge-Erziehungseinrichtung in der gleichfalls in Berlin-Lichterfelde, mithin nahe gelegenen Limonenstraße. Während aller-

---

265 In Hannover war beim Nachtangriff am 8.–9.10.1943 das Landeskirchenamt gänzlich zerstört worden. Das in derselben Nacht nur beschädigte Lutherhaus, die Dienststelle des Landesvereins für Innere Mission in Hannover und auch des Evangelischen Landesverbandes für Kinderpflege in der Provinz Hannover in der Ebhardtstraße, hatte in der Folge dem Landeskirchenamt Unterkunft zu geben. Siehe E. KLÜGEL, Die lutherische Landeskirche Hannovers, S. 475; vgl. auch Schreiben Hofstaetter an Bremer vom 15.11.1943 (ADW, VKD 19). Und in Stuttgart zerstörte der Luftangriff in der Nacht vom 12.–13.9.1944 das Haus des Evangelischen Oberkirchenrates, der vom Mutterhaus für evangelische Kleinkinderpflegerinnen Großheppach aufgenommen wurde, wo Wurm an der Trauerfeier für den als Soldat getöteten Inspektor Messner mitwirkte. Siehe II Kap. III.3.7., S. 642 mit Anm. 427. In Darmstadt, als beim Angriff in der Nacht vom 11.–12.9.1944 etwa die Hälfte der Gebäude der Stadt zerstört wurde (O. GROEHLER, Bombenkrieg, S. 374), blieb auch das Haus des Hessischen Landesvereins für Innere Mission nicht verschont. Röhricht teilt das Hagen und dem CA am 14.9.1944 mit (ADW, CA/O 175). Das Haus des Evangelischen Vereins für Innere Mission im Lande Braunschweig wurde, wie Herdieckerhoff am 31.10.1944 mitteilt (ADW, CA/O 171), beim Nachtangriff des British Bomber Commands am 15.–16.10.1944 zerstört. In Hamburg war das Gebäude des Vereins für Innere Mission im Verlauf der „Operation Gomorrha“ (O. GROEHLER, Bombenkrieg, S. 106–120) in der Nacht vom 24.–25.7.1943 zerstört worden. Donndorf schreibt an Hagen und Kaufmann am 4.8.1943 sarkastisch: „Die Engländer haben bei dem viermaligen Angriff vorzüglich gearbeitet“ und notiert „erschütternde Bilder des Elends“ (ADW, CA/O 173). Beim Nachtangriff auf Karlsruhe am 27.–28.9.1944 wurde das Gebäude des Gesamtverbandes der Inneren Mission in Baden zerstört, damit auch die Geschäftsstelle des Badischen Verbandes für Evangelische Kinderpflege, und Zieglers Wohnhaus brannte gänzlich aus. Ziegler gab am 29.9.1944 mit dem nur für eine Kurznachricht von maximal acht Worten Raum lassenden vorgedruckten „Lebenszeichen“ Nachricht an Hagen und berichtete in einem Rundschreiben an die Anstalten und Einrichtungen der Inneren Mission in Baden vom 4.10.1944 über die Umstände (ADW, CA/O 168). Auf Grund der Zerstörung der Wohnung von Proebsting und der sonstigen Zerstörungen in Münster und entsprechend dem Bedarf im Hause des Westfälischen Provinzialverbandes für Innere Mission wurde die Geschäftsstelle des Evangelischen Kinderpflegeverbandes der Provinz Westfalen Anfang Oktober 1944 nach Lüdenscheid verlegt, wie ein Rundschreiben Möllers an die Kirchlichen Gemeindedienste für Innere Mission vom 5.10.1944 unterrichtete (ADW, CA/O 183). In Berlin brachte „der verlustreichste Bombenangriff“ (O. GROEHLER, Bombenkrieg, S. 400) der Stadtgeschichte am 3.2.1945 die Zerstörung des Hauses des Gesamtverbandes der Berliner Inneren Mission in der Berlin-Kreuzberger Bernburger Straße, in der Nähe des Anhalter Bahnhofs (Schreiben Hagen an Zimmermann vom 10.3.1945, in: ADW, CA/O 152). Vgl. CHR. ENGELI/ W. RIBBE, Berlin in der NS-Zeit, S. 1014.

266 Schreiben Kirchlicher Erziehungsverband der Provinz Brandenburg und Evangelischer Kinderpflege-Verband der Provinz Brandenburg vom 20.1.1943 (LKA HANNOVER, E 26/106).

267 Siehe DER TAGESSPIEGEL, 29. Jg., Nr. 8370/25. März 1973, S. 8.

dings die Vereinigung bereits im Oktober wieder die Räume in der Augustastraße nutzen konnte[268], mußten sich Landes- und Provinzialverbände nach Zerstörung ihrer Häuser bis über das Kriegsende hinaus mit Behelfsunterkünften zufrieden geben.

Bis zum 1. Dezember 1944 meldeten die Verbände der Statistik-Abteilung des CA 90 vom „Feindterror“ zerstörte und 42 beschädigte evangelische Kindergärten[269]. Daß die Zahl der beschädigten Einrichtungen gegenüber der von Bremer ein Jahr zuvor festgestellten gesunken war, kann nur dadurch erklärt werden, daß es sich um die tatsächlich zu diesem Zeitpunkt noch beschädigten Einrichtungen handelte, mithin eine große Zahl von ihnen bis zum Jahresende 1944 wieder hergerichtet war. Außerdem zeigten auch die zerstörten oder noch beschädigten Kindergärten keinen „Totalverlust“ von etwa 10.377 Plätzen an[270]. Vielmehr, was auch schon Bremer in seinem Arbeitsbericht – es sollte sein letzter sein – für das bis zum 31. März 1944 laufende Geschäftsjahr festgehalten hatte, die Kindergärten suchten und fanden Ausweichquartiere, so daß sie ihren Betrieb trotz aller Schwierigkeiten an anderem Ort fortsetzen konnten[271].

Mochten die Nachrichten und Berichte über die Zerstörungen und den Tod von Kindern und Kindergärtnerinnen auch „erschütternd ernst und traurig“[272] sein, Bremer sah in allen Anstrengungen um die Fortführung der Arbeit „ein bewundernswertes Zeugnis von Glaube und Kraft.“[273] Etwa ein

---

268 Schreiben Bremer an die Mitgliedsverbände der Vereinigung vom 28.10.1943 (LKA HANNOVER, E 26/106).

269 Übersicht über die bis zum 1.12.1944 gemeldeten Fliegerschäden in den Einrichtungen der Inneren Mission vom 4.12.1944 (ADW, CA 2655 I).

270 EBD.

271 EBD.; VEREINIGUNG, Arbeitsbericht 1.4.1943–31.3.1944, S. 6ff.

272 Schreiben Bremer an die Evangelischen Kinderpflegeverbände vom 28.11.1944 (LKA HANNOVER, E 26/106).

273 EBD. Bremer berichtet, beim Angriff auf Duisburg am 14.–15.10.1944 seien nicht nur insgesamt sechs Kindergärten zerstört worden, sondern auch zwei „langjährige Mitarbeiterinnen“ ums Leben gekommen. Bis dahin war noch an keiner Stelle der Verlust von Menschenleben im Arbeitsbereich der halboffenen Kinderarbeit zu beklagen gewesen. Weder erwähnt Bremer etwas in seinem Arbeitsbericht (VEREINIGUNG, Arbeitsbericht 1.4.1943–31.3.1944) noch nennt die Übersicht über die bis zum 1.12.1944 gemeldeten Fliegerschäden in den Einrichtungen der Inneren Mission vom 4.12.1944 (ADW, CA 2655 I) eine Zahl für den Kindergartenbereich. Zum Zeitpunkt der Abfassung seines Rundschreibens wußte Bremer noch nicht von dem Tod von 80 Menschen des Kinderheims am Schölerberg in Osnabrück, die beim Bombenangriff auf die Stadt am 21.11.1944 ums Leben gekommen waren. Alle waren bei Bombenalarm in den als sicher geltenden Felsenbunker in unmittelbarer Nähe des Heimes gegangen. Ein Sprengbombe war direkt vor dem Eingang zur Explosion gekommen und tötete durch den Luftdruck Kinder im Alter von zwei bis dreizehn Jahren und die Erzieher des Heimes. Nur zwei Menschen überlebten (Schreiben Hofstaetter an Bremer vom 2.12.1944 mit Bericht des Landessuperintendenten des Sprengels Osnabrück-Diepholz, Heinrich Brandt, über den schweren Fliegerbombenangriff am 21.11.1944, in: LKA HANNOVER, E 26/106; ADW, VKD 19). Vgl. Schreiben Alfred Fritz an die dem EREV angeschlossenen Erziehungsheime „Im Dezember 1944“ (ADW, BP 2554). Die Über-

halbes Jahr zuvor hatte er diese Bewunderung in profane Worte gefaßt und in der Bewältigung der Not und Zerstörung, insbesondere durch die Kindergärtnerinnen, „ein hocherfreuliches Zeichen mutiger Zähigkeit [gesehen], die sich auch von den größten Schwierigkeiten nicht kleinkriegen läßt."[274] Das entsprach durchaus einer Gesinnung, wie sie in der Propaganda der NSV, freilich als politischer Imperativ und Appell, sich artikulierte.

Hermann Althaus hatte im Sommer 1944, nach fünf Jahren Krieg, unter direkter Bezugnahme auf die „langerwartete Invasion", die am 6. Juni 1944 an der Küste der Normandie erfolgt war, und mit einem Hinweis auf „die Stahlgewitter an der Front" bekannt: „Eiserne Zeit verlangt eiserne Menschen."[275] Mit der Forderung „restloser Einsatzbereitschaft" und der Behauptung der Arbeit der NSV als „kriegsentscheidend" hatte er sich und die NSV an die Seite des soeben zum Reichsbevollmächtigten für den totalen Kriegseinsatz[276] ernannten Goebbels gestellt[277]. Mochte der Appell des Stellvertreters des Hauptamtsleiters auch das Interesse verfolgen, den Hauptamtsleiter selbst, Hilgenfeldt, der sich wegen des Einkommens seiner Ehefrau und eines damit verbundenen Vorwurfs der Bereicherung gegenüber dem Reichsminister für Volksaufklärung und Propaganda zu rechtfertigen gezwungen sah[278], zu ent-

---

sicht über die bis zum 1.12.1944 gemeldeten Fliegerschäden in den Einrichtungen der Inneren Mission vom 4.12.1944 notiert für die gesamte Innere Mission: „An Menschenleben sind nach uns vorliegenden Meldungen zu beklagen 460 Personen, darunter etwa 100 Kinder und 50 Schwestern [scil. Diakonissen]." (ADW, CA 2655 I).

274 VEREINIGUNG, Arbeitsbericht 1.4.1943–31.3.1944, S. 7.

275 H. ALTHAUS, Eiserne Zeit, S. 63 und S. 68. Ob die Erwähnung der „Stahlgewitter" ein bewußtes Zitat der Tagebuchaufzeichnungen von Ernst Jünger, In Stahlgewittern, Hannover 1920 erstmals und nach der 14. Auflage Berlin 1934 gerade Berlin 1943 in der 25. Auflage [!] erschienen, darstellen, bleibt unerörtert. Jedenfalls sieht der Aufruf von Hermann Althaus, daß „auf der letzten Wegstrecke zum Gipfel" „vor gar keiner Schwierigkeit kapituliert wird" (S. 72) und den Krieg ohne jede moralische Erwägung als Teil des kreatürlichen Lebens ebenso wie der „heroische Realist" Ernst Jünger.

276 Erlaß des Führers über totalen Kriegseinsatz vom 25.7.1944 (RGBl 1944 I, S. 161–162).

277 Vgl. H. VORLÄNDER, Die NSV, S. 174.

278 Die Ehefrau Hilgenfeldts war „Angehörige der Deutschen Volksgruppe in Jugoslawien" und war nach dem Erlaß der Verordnung über die Meldung von Männern und Frauen für Aufgaben der Reichsverteidigung vom 27.1.1943 (RGBl 1943 I, S. 67f.) nicht in der Rüstungsindustrie, sondern, da slowenisch und kroatisch sprechend, beim Deutschen Südost-Europa-Sender tätig geworden. Von seiten der Spitze der Auslandsabteilung der Reichsrundfunkgesellschaft waren diesbezüglich Goebbels gegenüber Bemerkungen, verbunden mit dem Vorwurf mißbräuchlicher Nutzung des Dienstfahrzeugs Hilgenfeldts durch seine Frau, gemacht worden. Goebbels hatte Hilgenfeldt, ohne daß dieser zunächst wußte warum, schwere Vorwürfe gemacht. Erst Ende September 1944 klärte sich für Hilgenfeldt die Angelegenheit durch ein Gespräch mit Richard Schaller, dem NSV-Gauamtsleiter und Stellvertretenden Gauleiter des NSDAP-Gaues Köln-Aachen. Hilgenfeldt konnte die Sache in Abstimmung mit dem Staatssekretär im Reichsministerium für Volksaufklärung und Propaganda, Dr. Werner Naumann (Schreiben Hilgenfeldt an Naumann vom 19.10.1944, in: BA, NS 37/2071), gegenüber dem Minister klären und „zutiefst bedauern, daß Sie persönlich mit dieser Sache befaßt wurden." (Schreiben Hilgenfeldt an Goebbels vom 25.10.1944, in: EBD.). Wohl um sich keine weiteren Zurechtweisungen gefallen lassen

lasten, mochte er die Zuverlässigkeit der „lebendigen Verkörperer des Nationalsozialismus“[279], der Fachkräfte der NSV, besonders unterstreichen und mochte er zudem die große Bedeutung der NSV für die „Umquartierung“[280], die Evakuierung, betonen, auffällig ist etwas anderes. Hermann Althaus stellte keine besonderen und großen Leistungen der NSV heraus, verzichtete auf die Angabe von Mitgliederzahlen und von propagandistischem Interesse angepaßte Belegungs- oder Platzzahlen. Und er verzichtet auch auf jede Volkspflegepropaganda mit ihren menschenverachtenden Wertungen von „Erbtüchtigkeit“ und „Würdigkeit“[281] und ihren „biologischen und erzieherischen“[282] Forderungen. Das alles hätte durchaus bisheriger Selbstdarstellung entsprochen und erst recht der Verfügung des „Führers“ über die NSV[283] und den ebenfalls am 22. August 1944 von der Partei-Kanzlei verfügten Betreuungsgrundsätzen der NSV[284]. Zwar beschrieben diese auch eine Ausrichtung der Arbeit der NSV auf die Bedingungen und Folgen des Krieges, aber Hermann Althaus brachte es unmißverständlich auf den Begriff und kennzeichnete die NSV als eine Organisation, die sie seit ihren Anfängen bis dahin nie hatte sein wollen – eine „Notorganisation“[285].

Auch wenn sich die NSV unter einer von der Not des Krieges geforderten Programmatik weniger „eisern“ auf „die kleinsten Dinge unseres Volkes im Alltag“[286] einstellte, grundsätzlich hinderte es sie nicht, weiterhin in propagandistischem Interesse folgenden Meldungen und Informationen ihre Leistungen in Zahlen darzustellen[287]. Die „politischen Willensträger“[288] nahmen

---

zu müssen, sandte Hilgenfeldt eine Durchschrift des Schreibens an Helmuth Friedrichs, „die wichtigste Stütze Bormanns bei der Bearbeitung von Parteiangelegenheiten“ (P. LONGERICH, Hitlers Stellvertreter, S. 13), mithin die Partei-Kanzlei (Schreiben Hilgenfeldt an Helmuth Friedrichs vom 25.10.1944, in: BA, NS 37/2071).

279 H. ALTHAUS, Eiserne Zeit, S. 70.

280 EBD., S. 71.

281 Verfügung des Leiters der Partei-Kanzlei über die Arbeitsgebiete und Betreuungsgrundsätze der NSV vom 22.8.1944 (BA, NS 06/347; H. VORLÄNDER, Die NSV, Dok. Nr. 296, S. 516).

282 Verfügung des „Führers“ über die NSV vom 22.8.1944 (BA, NS 06/347; H. VORLÄNDER, Die NSV, Dok. Nr. 295, S. 515).

283 EBD., S. 515f. Zur Bedeutung beider Verfügungen, mit denen die NSV als „Träger und Repräsentant der Volkspflege“ „gekennzeichnet“ wird und die gleichzeitig erneute Konflikte mit der öffentlichen Wohlfahrtspflege und dem Deutschen Gemeindetag anzeigten wie auch markierten, daß Anspruch und Wirklichkeit soweit auseinanderklafften wie nie zuvor siehe H. VORLÄNDER, Die NSV, S. 169–171; besonders E. HANSEN, Wohlfahrtspolitik, S. 350–361.

284 Verfügung des Leiters der Partei-Kanzlei über die Arbeitsgebiete und Betreuungsgrundsätze der NSV vom 22.8.1944 (BA, NS 06/347; H. VORLÄNDER, Die NSV. Dok. Nr. 296, S. 516–522).

285 H. ALTHAUS, Eiserne Zeit, S. 72.

286 EBD.

287 N.N., NSV-Kindertagesstätten, S. 276 gibt im Frühjahr 1943, obwohl die Entwicklung „ihren endgültigen Abschluß noch nicht gefunden“ habe, mit Stichtag 30.6.1942 diese Zahlen:

in Kauf, daß jedes Leistungsverzeichnis auch ein Verzeichnis der Not war, denn diese war, ohne daß die Ursache, nämlich der Krieg, der „tobende Katarakt der Vernichtung"[289], anders als rhetorisch in Frage gestellt worden wäre, im Gegenteil – die Not war aus ihrer Sicht für „eiserne Menschen" „Bewährungsprobe"[290].

Worauf es den totalen Kriegern des Nationalsozialismus dennoch gleichzeitig ankam, war „die Gemeinschaft der tätigen Herzen"[291]. Dafür scheuten sie sich, wie schon in der Vergangenheit nicht, so auch und erst recht jetzt nicht, die eigenen Allmachtsphantasien mit dem „Herrgott" legitimierend zu verbinden[292]. Sie nutzten die überlieferte Begriffe ekklesialer Sprache unverhohlener denn je und suchten, sich pseudo-religiös legitimierend, die Menschen im Netz ihrer Durchhalte-Parolen zu halten[293]. Daß die Innere Mission diesen Erwartungen entsprach, dem „Führer" „unwandelbare Treue und Gefolgschaft bis zum Endsieg" versicherte, hatte sie noch „zum zehnjährigen Jahrestag der Machtübernahme" telegrafisch bekundet[294]. Und Marahrens hatte es für „eine Ehrenpflicht der Inneren Mission" gehalten, „die Kriegslast unseres Volkes mit zu tragen."[295] Man wird dies kaum als Zeichen von Widerstand etwa gar im Sinne derer sehen können, die am 20. Juli 1944 dem „Führer" und seinem Regime ein Ende machen wollten. Man wird diese Haltung in der Inneren Mission und der DEK auch nicht einmal nur als Resistenz werten können. Eher befanden sie sich damit auf dem breiten Weg,

---

15.032	Dauerkindergärten	mit	696.762	Plätzen und	ohne Angabe	Fachkräften
4.214	Hilfskindergärten	mit	150.934	Plätzen und	8.543	Fachkräften
8.836	Erntekindergärten	mit	ohne Angabe	Plätzen und	12.931	Fachkräften
28.082	Kindertagesstätten	mit	1.108.375	Plätzen und	62.344	Fachkräften.

Mit großer Wahrscheinlichkeit ist die letzte zahlenmäßige Darstellung der Leistung der NSV im Kindergartenbereich der Beitrag N.N., Zehn Jahre Hilfswerk, S. 158, wonach mit Stichtag „Ende 1942" gezählt werden:

16.149	Dauerkindergärten	mit	735.535	Plätzen und	48.432	Fachkräften
4.799	Hilfskindergärten	mit	167.190	Plätzen und	10.147	Fachkräften
9.951	Erntekindergärten	mit	293.969	Plätzen und	15.177	Fachkräften
30.899	Kindertagesstätten	mit	1.196.694	Plätzen und	73.756	Fachkräften.

Vgl. P. HAMMERSCHMIDT, Die Wohlfahrtsverbände, S. 395, S. 590 und S. 596; vgl. E. HANSEN, Wohlfahrtspolitik, S. 170.

288 H. ALTHAUS, Eiserne Zeit, S. 69.

289 EBD., S. 65.

290 EBD., S. 72. Vgl. auch C. M. FERNKORN, Dienst am Leben, S. 48.

291 H. ALTHAUS, Eiserne Zeit, S. 72.

292 Rundschreiben des Reichsbeauftragten für das WHW, Hilgenfeldt vom 31.8.1944 (BA, NS 37/1057; H. VORLÄNDER, Die NSV, Dok. Nr. 306, S. 533).

293 Siehe V. KLEMPERER, LTI, S. 152f.

294 Telegramm Constantin Frick „an den Führer und Reichskanzler" vom 11.2.1943 (ADW, CA/G 80000/7).

295 Kundgebung des Landesbischofs D. Marahrens. Zum Tage der Inneren Mission, den 17.9.1944 (KABl Hannover 1943, S. 49).

nicht zwischen „Widerstand und Ergebung“[296], sondern dem der unscharfen Gewissen zwischen Zustimmung und Ergebenheit, denen des „Führers“ Verführung Gottes Führung war.

Es verwundert darum kaum, daß auch ein Mann wie Ohl, der in den vergangenen Auseinandersetzungen stets mehr wollte, als die Innere Mission über Wasser zu halten, vielmehr sie zu verantwortlichem Handeln anzuhalten suchte, allein auf die praktisch-ekklesiologischem Grundkonsens entsprechende Notwendigkeit des Gottvertrauens verwies. Und wo Ohl die Frage nach dem Warum? der Not und des Elend des Krieges zuließ, da beantwortete er sie sogleich mit dem Hinweis auf solche Zeugnisse der Bibel, die Gottes „höhere Gedanken“ und „höhere Wege“ preisen[297]. Mochte das der Trauer, dem Schmerz der Menschen über Zerstörung und Verlust, Unbehaustsein und Tod auch entsprochen haben – es war aus der Sicht von „Widerstand und Ergebung“, eines praktisch-ekklesiologischen Dissenses, nur der einfache Schmerz, den er lindern wollte. Vom anderen, zweiten Schmerz, dem über versäumte Verantwortungsübernahme[298], die mehr gewesen wäre als die für den Arbeitsbereich wie den der evangelischen Kinderpflege, mithin das über eine Mitschuld erschrockene Gewissen, war nicht die Rede. Nicht bei Ohl, nicht bei Alfred Fritz, auch nicht bei Hagen und nicht bei Bremer[299] – bei

[296] Mit diesem Titel gab Eberhard Bethge 1951 „Briefe und Aufzeichnungen aus der Haft“ D. Bonhoeffers heraus und notiert im Vorwort: „Mitten in der ungeheuren Erschütterung des Mißlingens [scil. des Attentats vom 20. Juli 1944] schlägt die Verantwortung für das Öffentliche um in eine ungebrochene neue Verantwortung, Folgen und verdoppelte Schmerzen zu tragen.“ (E. BETHGE, Vorwort, S. 8).

[297] Schreiben Ohl an „Liebe Landsleute vom Rhein!“ „im März 1945“ (ADWRH DÜSSELDORF, OHL 61.7.1.). Ohl zitiert u. a. Jes. 55,8f.: „Denn meine Gedanken sind nicht eure Gedanken, und eure Wege sind nicht meine Wege, spricht der Herr; sondern soviel der Himmel höher ist denn die Erde, so sind auch meine Wege höher denn eure Wege und meine Gedanken denn eure Gedanken.“ Seinerzeit vertraute Lutherübersetzung in der 1912 vom DEKA genehmigten Textfassung. Allerdings zielen diese Worte ab auf die Unbegreifbarkeit der Vergebungsbereitschaft Gottes, denn zuvörderst gilt: „Der Gottlose lasse von seinem Wege und der Übeltäter seine Gedanken und bekehre sich zum Herrn, so wird er sich sein erbarmen, und zu unserm Gott, denn bei ihm ist viel Vergebung. Denn meine ...“ Das Trost- und Ermutigungswort folgt also einem Ruf zu Buße und Umkehr. Gerade nicht wird menschlichem Unvermögen Gottes Allmacht gegenübergestellt, die den unvermögenden Menschen etwa von seiner Verantwortung für die Gemeinschaft befreite.

[298] Siehe E. BETHGE, Vorwort, S. 8. Vgl. D. BONHOEFFER, Nach zehn Jahren, bes. S. 23–27.

[299] Siehe Schreiben Alfred Fritz an die dem EREV angeschlossenen Erziehungsheime „Im Dezember 1944“ (ADW, BP 2554); Schreiben Hagen an Landesverein für Innere Mission der evangelisch-lutherischen Kirche in Sachsen vom 5.3.1945 (ADW, CA 2319/27 (Frst. Sachsen) II); G. BREMER, 50 Jahre, S. 25. Bremer stellt fest: „So stehen wir auch im 6. Kriegsjahr *zur weiteren Arbeit bereit.*“ Die Hervorhebung ist im Original fett. Bremer fährt fort, Gott sei „‚größer als unser Herz‘ und beschämt unseren Kleinmut.“ Damit verweist er auf 1. Joh. 3,20, ein Wort, das auf die Vergebungsbereitschaft Gottes zielt, nicht auf seine Macht, die menschlichem Kleinmut gegenüber steht. Wie Ohl verfehlt Bremer die theologische Spitze des Bibelwortes. So kann er fortfahren: „Wenn er unsern Dienst noch brauchen will, so wird keine Erdenmacht daran etwas ändern können.“ Es geht im Bezug auf das Bibelwort nicht um die Frage, wer der Stärkere sei,

niemandem an der Spitze der evangelischen Kinderpflege und der „Wesens- und Lebensäußerung" der Kirche, wie auch bei ihr selbst, in der verfaßten Gestalt einer DEK, nicht.

Zwölf Jahre zuvor, im April 1933, im „totalen Umbruch", am Beginn des „Dritten Reiches" hatte ein Mann wie Walter Jeep, noch bevor er aus dem CA ausschied, um Schirmacher sein Amt zu überlassen[300], kritisch-prophetisch geäußert, daß für den Fall, menschliche Sünde verfälsche die Hoffnungen und Erwartungen, „dann würde das Ende ärger sein als alles zuvor."[301] Hatte niemand dieses Wortes gedacht. Ob indessen ein solches Gedenken zu irgendeinem vorherigen oder zu diesem Zeitpunkt unmittelbar vor der Kapitulation am 8. Mai 1945 zum Beschreiten eines anderen Weges als dem der unscharfen Gewissen zwischen Anpassung und Ergebenheit und seiner Fortsetzung, wie sie sich anzeigte, als einem Weg der unerschrockenen Gewissen mit der „Unfähigkeit zu trauern"[302] hätte führen können – es bleibt eine unbeantwortete Frage.

2. *„Barmherzigkeit als Lebensform der Kirche"?*

2.1. „Wir rufen zur Barmherzigkeit" – Einhundert Jahre Innere Mission

Als am 8. Mai 1945 in Berlin-Karlshorst die Ratifikationsurkunde über die „bedingungslose Kapitulation" unterzeichnet wurde, war Berlin „ein brennender, rauchender, explodierender und Tod verbreitender Vulkan"[1], und das Deutsche Reich war „eine aus den Fugen geratene Welt."[2] Mit dem Abgang der deutschen Generäle nach der Unterzeichnung der Urkunde „endete die Schande des tausendjährigen Reiches"[3], und die Besatzungsmächte – die amerikanische, britische, französische und sowjetische – mit ihren Militärregierungen waren „Barrieren gegen das Chaos."[4]

---

dem man in Ergebenheit folgen könne – es geht um die Frage, wer dem Schuldigen mit Vergebung begegnet. Nach evangelischem Verständnis ist hier der Ort der Reue. Ihr folgt der Glaube.

300 Siehe I Kap. IV.1.2., S. 125 mit Anm. 57.

301 W. JEEP, Christen, S. 75. Siehe I Kap. IV.1.3., S. 128 mit Anm. 70.

302 A. und M. MITSCHERLICH, Die Unfähigkeit zu trauern.

1 Fritz E. Oppenheimer, Major der US Army, Bericht über die Reise des Oberkommandos der Wehrmacht (Keitel) nach Berlin zur Unterzeichnung der Kapitulationsurkunde am 8.–9.5. 1945 in Berlin (M. OVERESCH, Deutschland, Dok. Nr. 8, S. 179).

2 E. BEYREUTHER, Geschichte, S. 205ff. Siehe M. OVERESCH, Deutschland, S. 46–51. Vgl. auch A. BIRKE, Nation ohne Haus, S. 23–32. Auch K. SILEX, Das Hilfswerk, S. 403f. Genannt werden hier etwa 12 Millionen unterernährter Kinder, gleichzeitig 7,5 Millionen Kinder, die mit ihren Eltern heimatlos sind.

3 Fritz E. Oppenheimer, Major der US Army, Bericht über die Reise des Oberkommandos der Wehrmacht (Keitel) nach Berlin zur Unterzeichnung der Kapitulationsurkunde am 8.–9.5. 1945 in Berlin (M. OVERESCH, Deutschland, Dok. Nr. 8, S. 181).

4 E. BEYREUTHER, Geschichte, S. 208.

Bereits in den Kriegsjahren seit 1941 waren Überlegungen zu Hilfsplänen für die Nachkriegszeit angestellt worden. Mit seinem besonderen Einsatz hatte es im Verlauf des Sommers 1945 Dr. Eugen Gerstenmeier, ehedem Konsistorialrat im Kirchlichen Außenamt der DEK und im April, nach neunmonatiger, in Verbindung mit dem Attentat vom 20. Juli 1944 erfolgter Haft, von Soldaten der US Army befreit, erreicht, die „Kirche in Aktion"[5] zu versetzen. Das Ergebnis war, daß die in den letzten Tagen des August 1945 in Treysa versammelte Kirchenkonferenz nicht nur die „Vorläufige Ordnung der EKD", sondern auch das „Hilfswerk der EKD" beschloß[6]. Für die Innere Mission war das sowohl Konkurrenz[7] als auch eine Form von Verkirchlichung, die sie nicht wollte. Wenn aber wirklich eine „Verkirchlichung der Liebestätigkeit" erfolgen solle, dann, so Paul Braune, nun Stellvertreter des Präsidenten des CA – im Ostteil Deutschlands, der sowjetisch besetzten Zone einschließlich Berlin[8] –, nur in der Weise, daß im „Kreise der Mitarbeiter, der diakonischen und nichtdiakonischen Kräfte, die Sammlung um das Wort Gottes zur Selbstverständlichkeit wird." Das habe sich „bei den Stürmen, die durch unsere Kirche im letzten Jahrzehnt gegangen sind, weithin bewährt."[9]

Das gespannte Verhältnis zwischen Innerer Mission und Hilfswerk der EKD, bestimmt von der Notwendigkeit zur Kooperation ebenso wie von beidseitigen Konkurrenzphantasien, gekleidet sowohl in den Vorwurf eines „Totalitätsanspruchs"[10] als auch in die Frage nach der Berechtigung des Bestehens überhaupt[11], was jeweils um so mehr treffen mußte, da man „in den Stürmen ... im letzten Jahrzehnt" sich dessen von ganz anderer Seite hatte erwehren müssen – das alles führte keineswegs zu einem Abbruch der Beziehungen zwischen Innerer Mission und EKD, die bald auch die „diakonisch-missionarischen Werke" als ihre „Wesens- und Lebensäußerung" erklärt hatte[12]. Eine Schwächung auch im Sinne einer Isolierung der Inneren Mission erfolgte nicht. Das war nicht nur sehr augenfällig in den personellen Verflechtungen zwischen Innerer Mission und Hilfswerk der EKD[13]. Das wurde ganz

---

[5] So das Schlagwort, unter das Gerstenmeier im Mai 1947 das Programm des von ihm bereits im Sommer 1945 vorbereiteten Hilfswerkes der Kirchen stellte, das sich nach Beschlußfassung der Kirchenkonferenz in Treysa als „Hilfswerk der EKD" organisierte und von ihm nunmehr geleitet wurde. Siehe dazu J. M. WISCHNATH, Kirche in Aktion, S. XI und S. 129–132.

[6] KJ 1945–1948, S. 15–17.

[7] Siehe J. M. WISCHNATH, Kirche in Aktion, S. 107–119.

[8] Siehe H. TALAZKO, Neubeginn, S. 117.

[9] P. BRAUNE, Innere Mission und Kirche, S. 10. Zu dem darin verborgenen Vorwurf der Unkirchlichkeit der Mitarbeiter des Hilfswerks der EKD siehe J. M. WISCHNATH, Kirche in Aktion, S. 110.

[10] Siehe EBD., S. 109.

[11] Siehe EBD., S. 143 mit Anm. 98.

[12] Artikel 15.1. Grundordnung der EKD vom 3.12.1948 (ABlEKD 1948, S. 246–250, hier S. 247). Siehe II Kap. Einleitung, S. 16 mit Anm. 28.

[13] Siehe J. M. WISCHNATH, Kirche in Aktion, S. 380ff.

deutlich, als die Innere Mission im September 1948 ihres einhundertjährigen Bestehens ganz selbstbewußt gedachte, so daß bei den Veranstaltungen, den Reden, Vorträgen und Predigten das Hilfswerk der EKD kaum mit einem Wort Erwähnung fand. Zwar erhielt Gerstenmeier als ihr Hauptakteur und treibende Kraft die Gelegenheit, zu „Kirche und Öffentlichkeit" zu referieren und seine Überlegungen zum Diakonat als Funktion der Kirche in der Öffentlichkeit, insbesondere „im Medium des Politischen" vorzutragen.[14] Aber gegen Gerstenmeiers Feststellung, daß der Diakonat der Kirche „den Bereich der kirchlichen Armen- und Krankenpflege übersteigend, im Sinne des NT neu verstanden und neu gestaltet werden [müsse] als gemeinsame gegenseitige Lebens- und Dienstgemeinschaft unserer Kirche"[15], erhielt einzig Ohl als Vizepräsident das Wort[16], um mit einem sehr knappen Votum die Erfordernisse der praktischen Arbeit herauszustellen und damit die Position des CA zu behaupten. „Die Tat der Liebe" der Inneren Mission, so Ohl, war stets bestimmt von fachlich qualifiziertem und beruflich wahrgenommenem Dienst; und dieser Dienst entsprach stets den Notwendigkeiten in den Gemeinden und war nie Dienst „neben der Kirche". Damit setzte der CA gewissermaßen den Schlußpunkt unter eine Debatte, die auch im Rahmen des Jubiläums geführt werden mußte, insofern mit dem Hilfswerk der EKD das Selbstverständnis der Inneren Mission und ihres CA angefragt war. Aber bestimmend war diese Diskussion nicht. Bestimmend hinsichtlich des Selbstverständnisses war etwas anderes.

Zu diesem Jubiläum lag nicht nur die eher hagiographische – insbesondere in ihrem letzten Abschnitt „1933 bis 1945" – denn kritische Bilanz Martin Gerhardts von „Einhundert Jahre Innere Mission" vor[17]. Auch die Festveranstaltungen selbst, die sich vom 5. September bis zum 1. Oktober 1948 erstreckten und in Berlin, in der Lutherstadt Wittenberg, in Bethel und in Hamburg stattfanden und zusammengefaßt waren unter der Kundgabe „Wir rufen zur Barmherzigkeit"[18], dienten tatsächlich der Vergewisserung, „daß aus den Trümmern einer zerbrechenden Zivilisation Gott noch seine Gemeinde

---

[14] E. GERSTENMEIER, Kirche und Öffentlichkeit, S. 121.

[15] EBD., S. 122.

[16] H. LILJE, Aus der Diskussion, S. 122. Diesem Vortrag, wie auch vorangegangenen, schloß sich eine Diskussion an. Sie wurde von Lilje als dem Präsidenten geleitet. Er ließ „an Stelle einer ausgebreiteten Diskussion" und „um dem Eindruck nichts abzubrechen" nur Raum für ein Votum Ohls „am Schluß unserer gemeinsamen Erwägungen".

[17] M. GERHARDT, Jahrhundert II. S. 349–422. Gerhardt war Schüler des Kirchengeschichtlers Karl Holl, der in Berlin an der Friedrich-Wilhelm-Universtät gelehrt hatte. Wie Holl verband auch sein Schüler mit historischer Forschung das Interesse, zur Klärung von Gegenwartsfragen beizutragen. Das Jubiläum im Jahre 1948 rief dazu auf, Barmherzigkeit eben auch mit der Vergangenheit zu üben. Gerhardt belegte, daß dies in ihrer Geschichte der Inneren Mission gemäß war. Vgl. V. HERRMANN, Die Aufgabe, der zu Recht urteilt, man müsse Gerhardt „als *den* Historiker der Inneren Mission in unserem Jahrhundert bezeichnen." (S. 395).

[18] N.N., Bericht über das Jubiläum 1948.

sammelt“[19]. Das betonte jedenfalls Hanns Lilje als Präsident des CA[20] in seiner Festpredigt im Eröffnungsgottesdienst in der Berliner Sophienkirche. Von einer Herausforderung zum Nachdenken über die Frage, wie es zu den Trümmern gekommen und wie groß das Maß der Beteiligung der „Wesens- und Lebensäußerung“ der Kirche, der Inneren Mission war, davon war nicht die Rede. Statt dessen vollzog sich etwas anderes. Mit dem Thema der Festtage war es angezeigt worden und in ihrem Verlauf wurde es abgehandelt.

Theodor Wenzel, der im Rahmen der Berliner Feierlichkeiten ebenso wie Paul Braune mit der Ehrendoktorwürde der theologischen Fakultät der Berliner, nunmehr den Namen Humboldt tragenden Universität ausgezeichnet wurde[21], deutete in seinem Festvortrag „die Zeit, die uns die Hitler-Stürme gebracht hat“, zwar als „nationalsozialistische Bedrängnis“, in der „die große Versuchung der NSV (wird) abgeschlagen“ wurde. Aber weder beschrieb er ansatzweise die „Bedrängnis“ noch die „Versuchung“, vielmehr resümierte er, darin „erstarkte das Leben.“ Wenn er zudem den „Kampf um die Euthanasie“ als „Schiboleth“[22], als das Kennzeichen benannte, mit dem sich Innere Mission auswies und „mit neuer innerer Kraft gerüstet wurde“[23], so war damit auch angezeigt, daß sie im Begriff stand, v. Bodelschwinghs Entwurf einer dienenden Kirche nach zwölfjähriger Erprobung aufzugeben, um zur Deutung ihres Handelns in der Vergangenheit und zur Ordnung ihrer Zukunft das heranzuziehen, wozu sie sich jetzt herausgefordert sah: „In die Trümmer pflanzen wir das Kreuz der Barmherzigkeit.“[24]

Es war Paul Braune selbst, der mit seinem Referat „Achtung vor dem Menschenleben“, das, was sich bei Theodor Wenzel angezeigt hatte, unterstrich, nämlich daß der Kampf gegen die „Euthanasie“ geführt wurde in dem Bemühen, gegen „die Bankrotterklärung menschlicher Würde und menschlichen Geistes“ den „Geist der Barmherzigkeit“ zu setzen[25].

---

19 H. LILJE, Festpredigt, S. 29. Der Predigttext war Mt. 11,25–30 mit dem „Heilandsruf“: „Kommt her zu mir alle, die ihr mühselig und beladen seid; ich will euch erquicken. Nehmet auf euch mein Joch und lernet von mir; denn ich bin sanftmütig und von Herzen demütig; so werdet ihr Ruhe finden für eure Seelen. Denn mein Joch ist sanft, und meine Last ist leicht.“ Lutherübersetzung in der 1912 vom DEKA genehmigten Textfassung.

20 Siehe H. TALAZKO, Neubeginn, S. 116f.

21 N.N., Bericht über das Jubiläum 1948, S. 8.

22 Das hebräische *schibboleth* bedeutet *die Ähre* oder *der Strom*. *Kennzeichen*, *Losung* ist es aus der Geschichte, die in Ri. 12,5–6 erzählt wird. Sie ist ein Reflex der im Zuge der Landnahme Israels aufgetretenen Stammesstreitigkeiten zwischen den „Männern von Gilead“ und den „Männern von Ephraim“. Diese sprachen *sch* stets als *s*. Daran wurden sie als Feinde erkannt, wenn sie über die von den „Männern von Gilead“ besetzte Jordanfurt wollten und *schibboleth* sagen sollten, um sich auszuweisen. Die „Männer von Ephraim“ mußten *sibboleth* sagen. Das kostete sie das Leben.

23 TH. WENZEL, Wicherns Werk, S. 37.

24 Theodor Wenzel in einer Rede im Rahmen einer Festveranstaltung „Wir rufen zur Barmherzigkeit“ in der Berliner Waldbühne am 5.9.1948 (N.N., Bericht über das Jubiläum 1948, S. 9).

25 P. BRAUNE, Achtung, S. 43. Es kann hier die Wirkung dieses Referates in Verbindung mit

Eindeutig und unmißverständlich erklärte der Präsident des CA, was in seiner Predigt bereits angeklungen war und was Theodor Wenzel in der Berliner Waldbühne öffentlichkeitswirksam herausgestellt hatte, vor der Festversammlung in Bethel am 28. September 1948 – „Barmherzigkeit als Lebensform der Kirche“[26]. Unter Bezug auf „das Geheimnis des weltumspannenden göttlichen Erbarmens“ und den Glauben, „daß es vor dem Auge Gottes keine hoffnungslosen Fälle gibt“[27] und dementsprechend „Barmherzigkeit nur aus dem Glauben an die Rechtfertigung des Sünders recht geschehen kann“[28], mithin vor dem Hintergrund lutherischer Rechtfertigungslehre, stellte Lilje fest, daß „die christliche Barmherzigkeit uns den Glauben an den Menschen wiedergibt.“ Das machte es ihm möglich, nicht nur auf jegliche Unterscheidung von insbesondere Hilfswerk und Innerer Mission zu verzichten, sondern es auch und sogar für „uninteressant“ zu halten, „die Frage zu untersuchen, ob die Kirche im 20. Jahrhundert versagt hat oder nicht“[29].

Abgesehen von der Frage, ob der mit dem Jubiläum der Inneren Mission im Jahre 1948 erfolgende Appell zur Barmherzigkeit tatsächlich einen neuen Kurs beschrieb – von der dienenden Kirche zur Kirche der Barmherzigkeit – oder Wunsch blieb[30], so steht es außer Frage, daß Lilje als ihr Präsident für

---

seinem ein Jahr zuvor veröffentlichten Bericht – P. BRAUNE, Die Aktion der IM – auch mit Blick auf seinen appellativen Charakter, den es etwa durch die Bitte Paul Braunes an Gott und die Zuhörerschaft erhielt, „die erschütternden Erfahrungen“ mögen dazu beitragen, daß „ein neuer Anfang werde nach der furchtbaren Schande dieser Zeiten“ (EBD.), aber insbesondere hinsichtlich der Darstellung des Euthanasie-Kampfes von Kirche und Innerer Mission in der Kirchenkampfgeschichtsschreibung nicht erörtert werden. Soviel indessen wird man sagen können, daß dieser Vortrag jedenfalls die Tendenz verstärkte, den Einsatz für von Euthanasie-Aktionen bedrohte Menschen als für die gesamte Innere Mission geltendes Kennzeichen, um nicht zu sagen Markenzeichen ihres Handelns im Verlauf „der furchtbaren Schande dieser Zeiten“ darzustellen.

26 H. LILJE, Barmherzigkeit.

27 EBD., S. 59.

28 EBD., S. 60.

29 EBD., S. 61.

30 Es scheint Desiderat, der Frage nachzugehen, inwieweit das Jubiläum der Inneren Mission im Jahre 1948 mit Liljes theologischen Überlegungen zur „Barmherzigkeit“ praktisch-theologische Konsequenzen hatte oder in ihrem vergewissernden Charakter einem praktisch-ekklesiologischen Konsens entsprach, der weniger zur Buße zu rufen als vielmehr der allgemeinen „Unfähigkeit zu trauern“ entgegenzukommen bereit war und damit breitem politischen Interesse entsprach. Es fällt auf, daß das Jubiläum in Dokumentationen und Literatur keine Rolle spielt. Vgl. dazu die I Kap. Einleitung, S. 19 mit Anm. 30 genannten Veröffentlichungen. Weder E. BEYREUTHER, Geschichte, noch H. KRIMM (Hg.), Dokumente III, geben Auskunft. J. M. WISCHNATH, Kirche in Aktion, berichtet nur über eine „Bestandsaufnahme“, insbesondere mit Blick auf das Verhältnis zum Hilfswerk der EKD, vom Ende des Jahres 1948 (S. 246–252). Sollte es gelten, dieses Jubiläum erst wiederzuentdecken, ebenso wie die von Lilje und den übrigen leitenden Männern der Inneren Mission als – gesellschaftliches? – Programm proklamierte „Barmherzigkeit“? Diese Frage stellt sich insbesondere auch angesichts A. REITZ-DINSE, Theologie, die darstellt, wie bei dem Programm des seit 1957 Diakonischen Werkes der EKD und seinem „Leitbild der missionarischen und diakonischen Gemeinde“ (S. 114–123), „Barmherzigkeit“ „seine [scil. ihre] Abwertung in der Diakonie“ (S. 119) erfährt.

die Innere Mission der Kirche und ihrer Lebensform, der Barmherzigkeit, die Aufgabe zuwies, nach „Stuttgarter Schulderklärung“ und nach „Darmstädter Wort“ nun „das Ende der Resignation“[31] anzuzeigen. Allerdings bleibt die Frage, wie dieses „Ende“ für die Innere Mission selbst, mithin wie nun „der Arbeitsauftrag der Inneren Mission nach 1945“[32] auch angesichts der vom „Hilfswerk der EKD“ übernommenen Aufgaben auszusehen habe.

Dazu äußerten sich vor der Hauptversammlung des CA, die am Abend des 28. September 1948 in Bethel tagte, Ohl als Vizepräsident des CA West und wiederum Theodor Wenzel als Direktor des CA Ost[33], wie man inzwischen der sich verfestigenden politischen Teilung Deutschlands organisatorisch und begrifflich zu entsprechen suchte. Dabei stand Theodor Wenzels Bericht unter der grundsätzlichen Feststellung, „daß wir im Osten den Entscheidungscharakter der Zeit in besonderer Weise durchzustehen“ hatten. „Die Politisierung des Lebens“[34] gelte nicht nur im Blick auf Bodenreform und Material- und Geldbeschaffung, sie gelte für die Altenarbeit ebenso wie für die Jugendfürsorgearbeit, für die Mütterarbeit wie für die Kindergärten und die Volksmission. Der Dienst der Inneren Mission werde politisch gesehen, doch es ist „uns versagt, die Dinge politisch zu treiben.“[35] Deshalb sei die Entwicklung der Kindergärten „bei uns Beschränkungen unterworfen.“ Indessen gehe es darum, daß die Kinder „nicht ‚abgerichtet‘ oder ‚brauchbar gemacht‘“ werden. Der Mangel an Ausbildungsstätten für evangelische Kindergärtnerinnen verschärfe die Schwierigkeiten[36].

Ebenfalls, wie Theodor Wenzel, ohne die Gesamtarbeit repräsentierende Zahlen zu nennen, beschrieb Ohl fünf Arbeitskreise, in denen die Innere Mission – und der 1937 formulierte Arbeitsauftrag gelte unverändert, so wie er auch schon 1848 gegolten habe: „Christus gebietet den Dienst der Liebe. Die Kirche gehorcht im Dienst am Volk“[37] – tätig sein müsse. Zum einen im Sozial- und Gesundheitsbereich, wobei er insbesondere auf die Hinterbliebenenfürsorge, die Kriegsversehrtenfürsorge, die Betreuung der Heimat- und Wohnungslosen, die Jugendfürsorge und die Krankenpflege und hierbei speziell auf die Tuberkulosebehandlung hinweist[38]. Sodann sei wesentlich der

---

31 EBD., S. 62.

32 O. OHL, Arbeitsauftrag, S. 75; TH. WENZEL, Arbeitsauftrag, S. 78.

33 Siehe H. TALAZKO, Neubeginn, S. 115ff.

34 TH. WENZEL, Arbeitsauftrag, S. 78.

35 EBD., S. 81.

36 EBD., S. 80. Wenzel erwähnt, daß es für den „ganzen Osten einschließlich Berlins“ nur zwei evangelische Ausbildungsstätten für Kindergärtnerinnen gibt, das Oberlin-Seminar, von Potsdam-Babelsberg aus dem Diakonissen-Mutterhaus Oberlinhaus nach Berlin-Zehlendorf (Westteil Berlins) verlegt und das – wieder in seiner Trägerschaft befindliche – Kindergärtnerinnen-Seminar des Central-Diakonissenhauses Bethanien zu Berlin (EBD.).

37 O. OHL, Arbeitsauftrag, S. 75. Siehe I Kap. VII.4.4., S. 440f. mit Anm. 777 und Anm. 781.

38 O. OHL, Arbeitsauftrag, S. 76.

Wiederaufbau der Einrichtungen und ihre der Not entsprechende Ausweitung. Zu diesem Aufbau gehöre auch „der Wiederaufbau unserer lebendigen Arbeitskräfte". Das gelte besonders für die Kindergärten. Hier habe man zwar „in der Zeit des Nationalsozialismus sehr wenige Kräfte ... an die NSV verloren", aber „die geistige und weltanschauliche Gesamthaltung dieser Periode" habe den Nachwuchs ferngehalten[39]. Dann sei es, drittens, Aufgabe der Inneren Mission, die Beziehungen in der Zusammenarbeit mit den verschiedensten Organisationen und Körperschaften, wozu die Ökumene ebenso gehöre wie das Hilfswerk der EKD und die Regierungsstellen ebenso wie die Verbände der Freien Wohlfahrtspflege, neu zu knüpfen oder neu zu ordnen und zu stärken[40]. Sodann sei der missionarische Auftrag von großer Bedeutung[41] und schließlich die organisatorischen Aufgaben innerhalb der Inneren Mission angesichts der politischen Situation Deutschlands und seiner „Aufteilung in vier Zonen" und vor allem der „uns immer wieder schmerzlich bewußten Aufteilung in eine westliche und eine östliche Zone."[42]

So eindrücklich diese Aufgabenbeschreibung der beiden leitenden Männer der Inneren Mission aus Ost und West für Ost und West sein mochten - war das die Bestimmung eines neuen Kurses der Inneren Mission? Als der Vorstand des CA gut zwei Monate später, Anfang Dezember 1948, sich mit den Ergebnissen der Festveranstaltungen und Feiern anläßlich des einhundertjährigen Bestehens des CA und der Inneren Mission befaßte, würdigte man die Veranstaltungen dankbar als „neuen Appell, daß die Innere Mission sich ihrer Aufgaben in der Gemeinde und ihres Dienstes für die Öffentlichkeit im Sinne der sozialen Arbeit bewußt bleibe."[43] Das allerdings waren in vertrauten Worten neue Töne. Denn vom Dienst für die Öffentlichkeit war bisher nur unter volksmissionarischen Gesichtspunkten, nicht unter solchen sozialer Arbeit die Rede gewesen. Die Innere Mission war unter dem „Kreuz der Barmherzigkeit" - jedenfalls in der „Westzone" - aus dem „Raum der Kirche" wieder hinausgetreten, um auch öffentlichkeitsbezogen sozial zu handeln. Was das bedeutete, mußte sich zeigen.

2.2. *Ein „fröhlicher Neuanfang"*

Eine Schlußbilanz unmittelbar nach dem Kriegsinferno und Ende des „Dritten Reiches", die den gesamten Verlust der DEK und ihrer „Wesens- und Lebensäußerung", der Inneren Mission, an evangelischen Kindergärten dargestellt hätte, findet sich nirgends und ist offenbar weder von der Vereinigung noch dem CA noch sonst jemandem erstellt worden. Man wandte sich allent-

---

39 Ebd., S. 77.

40 Ebd.

41 Ebd., S. 78.

42 Ebd.

43 Protokoll der Vorstandssitzung des CA am 10.12.1948 (ADW, CA/W 29).

halben und direkt der Not der Menschen zu. Dazu gehörte auch im Blick auf die Kindergärten die Instandsetzung von beschädigten Gebäuden und Räumen und die meist behelfsmäßige Schaffung von Ersatz für das, was zerstört war. Das bedeutete auch wie selbstverständlich die Fortführung der Arbeit der Kindergärten, in denen ehedem die NSV die Macht ergriffen hatte[44]. Sie war mit dem Machtgeflecht des Regimes zerstört. Das Hauptamt der NSV am Berliner Landwehrkanal lag in Trümmern. Hilgenfeldt war in den letzten Tagen des Krieges in Berlin umgekommen[45].

Die NSV als eine der „Nazieinrichtungen, die von der Partei als Werkzeuge ihrer Herrschaft geschaffen wurden“ war durch das Gesetz Nr. 2 des Kontrollrats in Deutschland vom 10. Oktober 1945 abgeschafft und für ungesetzlich erklärt[46]. Das Gesetz Nr. 1 des Kontrollrats in Deutschland hatte am 20. September 1945 alle Gesetze politischer Natur, „auf welchen das Nazi-Regime beruhte“ einschließlich aller Nebengesetze und Durchführungsbestimmungen und Erlassen „ausdrücklich aufgehoben“[47].

Zwar hatte Bremer bereits zu Beginn des Jahres 1946 versucht, per Rundschreiben die Arbeit der Vereinigung wieder aufzunehmen[48]. Zum Anfang Mai 1946 hatte Dölker als Vorsitzender des Evangelischen Landesverbandes für Kindertagesstätten in Württemberg in Absprache mit Bremer allein die im Bereich des von den West-Alliierten besetzten Teiles Deutschlands tätigen Landesverbände der Vereinigung und des Deutschen Verbandes der Ausbildungsstätten für evangelische Kinderpflege nach Burg bei Beutelsbach, unweit Stuttgarts gelegen, zu einer Tagung eingeladen[49]. Vom 13. bis 17. Februar 1947 fand im Rahmen eines „Reichszusammenkommens der Kinderpflegeverbände“ im hessischen Bad Sooden-Allendorf die erste Mitgliederversammlung der Vereinigung nach fast sechs Jahren statt[50]. Die erste Vorstandssitzung nach mehr als vier Jahren fand ein gutes halbes Jahr später im Zusammenhang mit der in den Tagen vom 1. bis 3. Oktober 1947 in Neuendettelsau durchgeführten und von Dölker geleiteten Tagung der Vereinigung statt[51]. Eine Rechtsgrundlage für die Fortführung evangelischer Kinderpflegearbeit war von den Alliierten allerdings erst Ende April 1947 durch die Kontroll-

44 Vgl. dazu Gertrud Braune, Reisebericht im Oktober 1946 (ADW, BP 2554).

45 Siehe H. VORLÄNDER, Die NSV, S. 174 mit Anm. 38.

46 ABlK 1945, S. 19–21, hier Art. 1 Abs. 1, S. 19.

47 ABlK 1945, S. 1–3, hier Art. 1 Abs. 1, S. 1.

48 Schreiben Bremer an die Mitgliedsverbände der Vereinigung vom 16.1.1946 (LKA HANNOVER, E26/106).

49 Bericht über das Reichstreffen der Evangelischen Kinderpflegeverbände Deutschlands am 7.–9.5.1946 (LKA NÜRNBERG, DW 1718).

50 Protokoll der Tagung der Vereinigung am 13.–17.2.1947 (ADWKW KASSEL, D II 000 001; LKA HANNOVER, E 26/107; LKA NÜRNBERG, DW 1718); und Bericht über das Reichszusammenkommen der Kinderpflegeverbände am 13.–17.2.1947 (EBD.).

51 Protokoll der Reichstagung der Kinderpflegeverbände am 1.–3.10.1947 (EBD.).

ratsdirektive Nr. 50 geschaffen worden[52]. Sie markiert den Zeitpunkt, an dem spätestens auch für die evangelische Kinderpflege klar sein konnte, daß „weder Neuanfang noch Restauration“[53] die Arbeit nach dem Ende des „Dritten Reiches“ würden bestimmen können. Indessen, die Lage war verwirrend und wurde dadurch nicht einfacher, daß über einen personellen Wechsel zu entscheiden war.

Bereits zum Beginn des Jahres 1947 hatte die Vereinigung abermals vor der Wahl eines neuen Vorsitzenden gestanden. Gustav Bremer, als Geschäftsführer des wichtigen Evangelischen Kinderpflege-Verbandes der Provinz Brandenburg 1942 Nachfolger v. Wichts an der Spitze der Vereinigung geworden, war am 17. Dezember 1946 gestorben[54]. Ihm, ein „treuer Helfer in allen Nöten“[55], wie Alfred Fritz im Nachruf formulierte, folgte jetzt Dölker, nach wie vor Kirchenrat im Stuttgarter OKR und Vorsitzender des Evangelischen Landesverbandes für Kindertagesstätten in Württemberg. Allerdings wurde entschieden, auch angesichts der politisch unklaren Situation und der „Schwierigkeit in der Verbindung mit Berlin“[56], fürs erste keinen neuen Vorsitzenden der Vereinigung zu wählen, sondern die Leitung des Verbandes ohne weiteres Dölker als dem stellvertretenden Vorsitzenden zu überlassen[57]. Erst einundeinhalb Jahre später, auf der Sitzung des Vorstandes am 1. Oktober 1948, die im Rahmen der „Reichstagung“ der Vereinigung in Witten stattfand, wurde Dölker förmlich zum Vorsitzenden gewählt[58]. In dieser rechtlich

---

[52] Kontrollratsdirektive Nr. 50 vom 29. April 1947 (ABlK 1947, S. 275–278). Art. III ordnet an, daß „Vermögenswerte, ... die vordem Zwecken der Unterstützung, der Wohltätigkeit, religiösen oder humanitären Zwecken gedient haben, ... unter Wahrung ihrer ursprünglichen Zweckbestimmung zu verwenden oder zu gebrauchen ... [und] (sind) denjenigen Organisationen, denen sie früher gehört haben, oder einer oder mehreren neuen Organisationen zu übertragen“ sind (S. 275). Zu den rechtlichen Fragen – privatrechtliche Verfassung der NSV und gleichzeitige Zuordnung zum öffentlich-rechtlichen NS-Bereich – siehe E. FEAUX DE LA CROIX, Zum Problem. Siehe I Kap. IV.3.1., S. 163 mit Anm. 249; und II Kap. I.1.2., S. 53 mit Anm. 157.

[53] M. GRESCHAT, Weder Neuanfang noch Restauration.

[54] Nachruf des Kirchlichen Erziehungsverbandes der Provinz Brandenburg [Alfred Fritz] vom 19.12.1946 (ADW, W/S 68).

[55] EBD. Die Trauerfeier fand am 23.12.1946 in der Kirche des Lazarus-Kranken- und Diakonissenhauses in Berlin-Wedding statt und wurde von Alfred Fritz gehalten. Es war ein Textblatt hektographiert worden (EBD.), nach dem die Gemeinde sang DEG 158,1.4 und 5 (Ich weiß woran ich glaube ...), was EG 357,1.4 und 5 entspricht; ferner wie bei der Trauerfeier für v. Wicht DEG 317,1.2.6 und 7 (Jerusalem, du hochgebaute Stadt, wollt Gott ich wär in dir), was EG 150,1.2.6 und 7 entspricht; außerdem aus dem Weihnachtslied DEG 350,4 (Ich steh an deiner Krippe hier ...), was unter EG 37,3 zu finden; aus dem Weihnachtslied DEG 10,4 und 5 (Gelobet seist du, Jesu Christ), das entspricht EG 23,4 und 5; schließlich sang die Trauergemeinde DEG 311,3 (Wachet auf, ruft uns die Stimme), was unter EG 147,3 wiedergegeben ist.

[56] Protokoll der Vorstandssitzung der Vereinigung am 14.2.1950 (LKA HANNOVER E 26/107).

[57] Protokoll der Tagung der Vereinigung am 13.–17.2.1947 (ADWKW KASSEL, D II 000 001; LKA HANNOVER, E 26/107; LKA NÜRNBERG, DW 1718).

[58] Protokoll (EBD.); Protokoll der Mitgliederversammlung der Vereinigung am 2.10.1948

zumindest unklaren Weise mit Dölker an ihrer Spitze erlebte die Vereinigung jetzt, wie sich die zurückgeführten Einrichtungen ohne Schwierigkeiten in die bestehenden Ordnungen gemeindlich-kirchlichen Lebens fügten. Die Zahl der Kindergärten in evangelischer Trägerschaft im von den Alliierten besetzten Deutschland lag im Jahre 1947, zum Zeitpunkt des Inkrafttretens der Kontrollratsdirektive Nr. 50, um etwa 600 über dem für das gesamte ehemalige „Deutsche Reich“ für das Jahr 1936 ermittelten Höchststand von rund 2.800 evangelischen Kindergärten[59].

Verwunderlich angesichts dieser Entwicklung, weiterhin gekennzeichnet von einem volksmissionarischen Anspruch, den sich Wurm unter den veränderten Bedingungen nicht scheute, „Rechristianisierung“ zu nennen[60] – ver-

---

(EBD.). Der Eintrag ins Vereinsregister erfolgte erst unter dem Datum der Vorstandssitzung der Vereinigung am 14.2.1950 (Protokoll, in: LKA HANNOVER E 26/107). Man entschied sich nun dazu, neben dem seinerzeit zum stellvertretenden Vorsitzenden berufenen Pfarrer Kurt Druschke, Nachfolger Bremers an der Spitze des Kirchlichen Erziehungsverbandes der Provinz Brandenburg, „im Blick auf die besondere Lage“ einen stellvertretenden Vorsitzenden aus der „Westzone“ zu berufen. Nell sollte diese Aufgabe übernehmen. Er erklärte sich dazu bereit (EBD.).

[59] „Überblick“ über die Einrichtungen mit Stand vom 1. April 1947 (ADW, CA/Stat. 30) und Angaben im Protokoll der Tagung der Vereinigung vom 13.–17.2.1947 (ADWKW KASSEL, D II 000 001; LKA HANNOVER, E 26/107; LKA NÜRNBERG, DW 1718) – in ( ) markiert – bieten erstes statistisches Material nach Ende des „Dritten Reiches“. Wenn auch lückenhaft, so läßt sich doch der Bestand evangelischer Kindergärten im besetzten Deutschland darstellen:

	Kindergärten	Plätze		Kindergärten	Plätze
Anhalt	10	–	Nassau-Hessen	(360)	–
Baden	340	27.795	Oldenburg	–	–
Bayern	465	24.500	Pfalz	59	–
Berlin	165	8.698	Pommern (Rest)	(10)	–
Brandenburg	140	7.274	Rheinland	250	16.705
Braunschweig	56	3.183	Frst. Sachsen	39	3.165
Bremen	7	365	Provinz Sachsen	63	3.465
Hamburg	–	–	Schaumburg-Lippe	–	–
Hannover	–	–	Schlesien (Rest)	9	700
Hessen-Kassel	(202)	–	Schleswig-Holstein	–	–
Lippe-Detmold	13	850	Thüringen	25	1.515
Lübeck	3	285	Westfalen	–	–
Mecklenburg	–	–	Württemberg	(904)	–

Eine Aufteilung in „Ost“ und „West“ ist nicht erfolgt. Nimmt man für den ehedem zahlenmäßig nicht kleinen Evangelischen Landesverband für Kinderpflege in der Provinz Hannover ebenso wie für den Evangelischen Kinderpflegeverband der Provinz Westfalen den Bestand vom 31.3. 1942 mit 98 Kindergärten in Hannover und 254 Kindergärten in Westfalen (VEREINIGUNG, Tätigkeitsbericht 1.4.1940–31.3.1941; VEREINIGUNG, Arbeitsbericht 1.4.1941–31.3.1942) als Mindestgröße, so ergibt sich eine Zahl von 3.409 evangelischen Kindergärten zum Stichtag 1.4.1947. Das waren etwa 600 evangelische Kindergärten mehr als im Jahre 1936, dem Jahr, in dem mit 2.800 Einrichtungen und 183.300 Plätzen die evangelische Kinderpflege den Höchststand ihrer Arbeit – jedenfalls nach den faßbaren Daten – im nun zerstörten „Dritten Reich“ erreicht hatte (VEREINIGUNG, Tätigkeitsbericht 1.4. 1935–31.3.1936).

[60] Th. Wurm, Ansprache auf dem Reichstreffen der Evangelischen Kinderpflegeverbände Deutschlands am 7.–9.5.1946 gehalten am 7.5.1946 (LKA NÜRNBERG, DW 1718).

wunderlich ist es kaum, daß sich damit insbesondere die Frage nach der Ausbildung von evangelischen Erzieherinnen stellte. Zudem war der Personalbedarf verständlicherweise erheblich, und was sollte mit jenen Erzieherinnen geschehen, die in NSV-Einrichtungen tätig gewesen waren? Es wurde erkennbar, daß, wie Ohl anläßlich des Jubiläums der Inneren Mission resümierte, „ein Wiederaufbau unserer lebendigen Arbeitskräfte" zu erfolgen habe[61]. Ein Nachholbedarf an pädagogischer und religionspädagogischer Diskussion war zu befriedigen. Es ist auch nicht verwunderlich, daß sich daraus zugleich Fragen einer verbandlichen Neuorganisation ergaben. Das lag in der Konsequenz der Sache und ist verständlich. Verwunderlich und bemerkenswert ist allein die Selbstverständlichkeit, mit der das alles geschah und als ein von Gott geschenkter „fröhlicher Neuanfang" begriffen wurde[62].

Erklärt werden könnte das aus dem Selbstbewußtsein evangelischer Kinderpflege nach dem Ausgang des Kampfes mit den Machthabern und ihrer NSV. Das hätte ganz und gar dem Bewußtsein der gesamten Inneren Mission angesichts des Rufes zur Barmherzigkeit entsprochen. Aber konnte der Ausgang des Kampfes tatsächlich als eine Bestätigung der Durchsetzungskraft der Arbeit evangelischer Kinderpflege als Element der Gemeinde mit wegbereitender Funktion im Blick auf eine diakonische Gemeinde und dienende Kirche verstanden werden? Hatte ein solcher Ausgang des Kampfes gegen den „sozialistischen Arm der NSDAP" wirklich die Berechtigung der Ansprüche und Leistungen evangelischer Kinderpflege erwiesen und zwar nicht nur hinsichtlich deren rechtlicher und wohlfahrtspflegerischer Bedeutung, sondern auch im Blick auf die Praxis der Arbeit in Kirche und Gemeinde? In der nunmehr Evangelischen Kirche von Westfalen[63] etwa hatte man diesbezüglich eine Erprobung versucht und von seiten der Kirchenbehörde „Richtlinien für die Einrichtung und Unterhaltung evangelischer Kindergärten" ausgearbeitet. In diesem Versuch wurde von den Fachverbandsvertretern die Gefahr einer kirchlichen Verfestigung der Arbeit gesehen. Jetzt war „weltlich [zu] reden, daß die Welt versteht, was wir meinen."[64] Das entsprach einer allgemein veränderten Sicht auf die Verbindung von Innerer Mission und verfaßter Kirche: die Verbindung sollte „locker und elastisch" sein[65]. Was ehedem als Schutz gesucht worden war, sollte jetzt zum einen nicht den für erforderlich gehaltenen Veränderungen im Wege stehen. Und was an Neuem in Verbindung mit der verfaßten Kirche als Hilfswerk der EKD, als „Kirche in Aktion" auf Ge-

---

61 O. OHL, Arbeitsauftrag, S. 77. Siehe II Kap. IV.2.1., S. 852f.

62 Protokoll der Tagung der Vereinigung vom 13.–17.2.1947 (ADWKW KASSEL, D II 000 001; LKA HANNOVER, E 26/107; LKA NÜRNBERG, DW 1718).

63 Siehe B. HEY, Die Kirchenprovinz Westfalen, S. 340ff.

64 Protokoll der Tagung der Vereinigung vom 12.–13.9.1950 (ADWKW KASSEL, D II 000 001; LKA HANNOVER, E 26/107; LKA NÜRNBERG, DW 1718).

65 G. Krüger-Wittmack, Innere Mission und Kirche, Referat vor der Geschäftsführerkonferenz des CA am 25.9.1946 (ADW, CA/W 957).

staltung und Organisation drängte, das sollte, zum anderen, sich „unter die Fittiche" der Inneren Mission begeben[66]. Beides zu fordern, und das eher eifersüchtig als selbstkritisch[67], mochte die Innere Mission und ihr CA wohl Anlaß haben – ob begründet oder nicht, braucht hier nicht erörtert zu werden[68]. Jedenfalls war für die Innere Mission hinsichtlich der „Kirche in Aktion" „vom rechten Verständnis des dritten Teils der Wichernschen Denkschrift"[69], mithin von einer Klärung der Frage des Verhältnisses von Innerer Mission und verfaßter Kirche nicht zu reden.

Für die evangelische Kinderpflege reichte im Blick auf Interessenvertretung und Organisation für Sicherung und Ausbau der Arbeit die lockere Verbindung zwischen Vereinigung und verfaßter Kirche. Die Arbeit war in den Gemeinden verankert. Das war das Ergebnis der Kämpfe mit den NS-Machthabern. Und es entsprach dem, als mit dem ordnungsgemäßen Abschluß der Bestellung Dölkers zum Vorsitzenden der Vereinigung durch Eintrag beim weiterhin zuständigen Amtsgericht Berlin-Charlottenburg[70] und mit der Wiederbelebung der Reichskonferenz als Arbeitsgemeinschaft für evangelische Kinderpflege eine gewisse auch organisatorische Sicherung evangelischer Kinderpflege nach dem Ende des nationalsozialistischen Regimes erreicht war, daß der Vorsitzende des Rates der EKD, Otto Dibelius, nunmehr Bischof der Evangelischen Kirche in Berlin-Brandenburg, für die EKD „dieser Arbeitsgemeinschaft wie allen Werken der Inneren Mission" „seine fördernde Hilfe zu-[zu]wenden" versprach[71].

Ein weiterer Grund für den „fröhlichen Neuanfang" kam hinzu. Daß der „Sieg", der eher allein ein Überleben war, durch das Ende des Krieges – eine Niederlage – „geschenkt" worden war, wurde kaum erkannt. Und diese Niederlage, obgleich sie doch die Zerstörung jener politischen Großsprecher und

---

66 Schreiben Paul Braune an Constantin Frick vom 10.12.1945 (ADW, CA/W 7).

67 P. BRAUNE, Innere Mission und Kirche. Paul Braune forderte Anfang 1947, „daß die Selbständigkeit der Inneren Mission gewahrt bleibt." Und das auch, weil es dem Leiter einer Einrichtung „eine viel größere Freiheit im Beschaffen der Mittel, im notwendigen Wagen und im Einsatz der Menschen [gibt], als wenn er jeden Entschluß sich erst von einer Behörde genehmigen lassen müßte." (EBD., S. 12f.). Diese Äußerungen waren Beitrag zu einer Diskussion, die unter Beteiligung Constantin Fricks, Wurms, Ohls, Krüger-Wittmacks, Brandts, Friedrich Merzyns, dem Referenten der Kirchenkanzlei der EKD u. a. seit dem Frühjahr 1946 zwischen dem Rat der EKD und dem CA zu einer neuen Bestimmung der Verbindung von Innerer Mission und Kirche samt ihres Hilfwerkes geführt wurde. Siehe dazu J. M. WISCHNATH, Kirche in Aktion, S. 137–144.

68 Siehe J. M. WISCHNATH, Kirche in Aktion.

69 Protokoll der Sitzung des Vorstandes des CA am 3.10.1950 (ADW, CA/W 30). Gemeint ist hier J. H. WICHERN, Die innere Mission der deutschen evangelischen Kirche. Eine Denkschrift an die deutsche Nation (1849). Dritter Abschnitt. Zur Organisation der Inneren Mission (J. H. WICHERN, Sämtliche Werke I, S. 311–358).

70 Die Eintragung erfolgte unter dem Datum 8.5.1940 und nun unter der Nr. 571 Nz (Amtsgericht Berlin-Charlottenburg VR 571 Nz). Siehe I Kap. II.2.2., S. 84 mit Anm. 171.

71 Der Vorsitzende des Rates der EKD [an die Arbeitsgemeinschaft für evangelische Kinderpflege] im Dezember 1950 (ADW, CA/O 488).

Gewalttäter bedeutet hatte, deren Führung man bis zuletzt, in die Katastrophe, mit unscharfem Gewissen zwischen Zustimmung und Ergebenheit gefolgt war – diese Niederlage sollte auch in der evangelischen Kinderpflege eher ablehnend bedacht als annehmend betrauert werden. Eingeschlossen in diese zum Trauern unfähige Ablehnung der Niederlage war dabei wohl auch jene Krisensituation, durch die wie durch ein „undurchdringliches Dunkel" nicht nur v. Wicht persönlich, sondern mit ihm die gesamte evangelische halboffene Kinderarbeit bereits im Jahre 1941 gegangen war. Im Mai 1946 hatte Wurm vor den versammelten Vertretern evangelischer Kinderpflege aus den „im Westen" gelegenen Verbänden die zurückliegende Zeit des Nationalsozialismus als „Abfall von Gott" betrachtet und zudem anerkannt, daß Deutschland – er sagte „wir" [!] – im Zweiten Weltkrieg „allerdings vorsätzliche Brandstiftung" vollzogen hätte. Aber er stellte schließlich auch fest, daß man werde „nicht nur büßen müssen, sondern auch Unrecht leiden."[72] Und schon im Februar 1947 wünschte man beim „Reichszusammenkommen", „daß die Vergangenheit endlich ruhen bleibt"[73]. Kein Wort mehr davon, „nicht mutiger bekannt, nicht treuer gebetet, nicht fröhlicher geglaubt und nicht brennender geliebt [zu] haben."[74] Nur zu bereitwillig folgte offenbar auch die evangelische Kinderpflege dem Appell der Jubiläumstage des Jahres 1948 zur Barmherzigkeit, um ihren Weg zu finden und ohne die Einsicht des Gewissens, auf dem „politischen Weg unseres Volkes" „in die Irre gegangen"[75] zu sein.

So „wirklich erfreulich" Friedrich Münchmeyer, seit 1946 im Zuge der Regelung der Nachfolge für Constantin Frick und der Einrichtung der Geschäftsstelle des CA West in Bethel Geschäftsführender Direktor dort und nachmals erster Präsident des Diakonischen Werks der EKD, die Entwicklung der Kindergartenarbeit auch beurteilen und sie dementsprechend der Synode der EKD auf deren Tagung, die am 1. April 1951 in Hamburg begonnen hatte, auch vorstellen mochte[76], die Frage bleibt indessen, ob die Erträge der Arbeit, mithin jene Entwürfe gesichert werden konnten, die in der Konkretion des Konzepts v. Bodelschwinghs von einer „dienenden Kirche"[77]

---

72 Th. Wurm, Ansprache auf dem Reichstreffen der Evangelischen Kinderpflegeverbände Deutschlands am 7.–9.5. 1946 gehalten am 7.5.1946 (LKA NÜRNBERG, DW 1718).

73 Bericht über das Reichszusammenkommen der Kinderpflegeverbände am 13.–17.2.1947 (ADWKW KASSEL, D II 000 001; LKA HANNOVER, E 26/107; LKA NÜRNBERG, DW 1718).

74 Die Stuttgarter Schulderklärung vom 19. Oktober 1945. Siehe KJ 1945–1948, S. 26f.; G. BESIER/G. SAUTER, Christen, S. 62 und Foto S. 8; G. DENZLER/V. FABRICIUS, Kirchen im Dritten Reich II, S. 254; K. MEIER, Kirchenkampf III, S. 585f.

75 Wort des Bruderrates der EKD, Darmstadt 8.8.1947. Siehe G. DENZLER/V. FABRICIUS, Kirchen im Dritten Reich II, S. 256f.; K. MEIER, Kirchenkampf III, S. 586.

76 CENTRAL-AUSSCHUSS FÜR DIE INNERE MISSION DER DEUTSCHEN EVANGELISCHEN KIRCHE (Hg.), Innere Mission, S. 38.

77 Siehe F. V. BODELSCHWINGH, Der gegenwärtige Auftrag; P. C. BLOTH, Auf dem Weg.

auf eine „Kinderkirche" als einem Element integrierender Gemeindearbeit und diakonischen Gemeindeaufbaus zielten. Was aus Erfahrungen auf einem Weg der Stärkung halboffener Kinderpflege nach innen und in einer Situation zwischen Hoffen und Bangen erarbeitet worden war, sollte das unter den Voraussetzungen eines „Aufbau[s] der Kindergärten im Westen"[78] und mit dem „Gesicht des evangelischen Kindergartens in der Ostzone"[79] eine Chance haben, in einer Bewegung nach außen, um es deutlich zu sagen: missionarisch, erprobt zu werden?

Dölker hatte im Frühjahr 1949, zwei Jahre vor der „diakonischen Synode" in Hamburg[80], für die Arbeit der evangelischen Kinderpflege in der Bundesrepublik Deutschland – „im Westen" – die Aufgabenbeschreibung bestätigt, die Ohl ein dreiviertel Jahr zuvor in Bethel im Rahmen der Einhundertjahrfeier der Inneren Mission vorgetragen hatte: Aufbau der zerstörten Kindergärten und Ausbau der Arbeit, auch als sozialer Dienst, um „die Kinder von der Straße wegzubringen"[81]; die evangelische Aus- und Fortbildung der Kindergärtnerinnen; und damit einhergehend, die Sicherung der „kirchlich-christlichen Unterweisung"[82] in den Kindergärten und damit in Wahrnehmung eines missionarischem Auftrags „die Ergänzung der christlichen Familie"[83]. Im Gegensatz zu Ohl allerdings hatte zwar Dölker auch Zahlen genannt. In den „Westzonen" gab es 3.400 evangelische Kindergärten mit insgesamt 240.000 Plätzen und mit 4.200 ausgebildeten Kindergärtnerinnen[84]. Aber so sehr da-

78 H. DÖLKER, Der Aufbau.

79 G. BRAUNE, Das Gesicht.

80 Siehe J. M. WISCHNATH, Kirche in Aktion, S. 298–311.

81 H. DÖLKER, Der Aufbau, S. 5. Vgl. DERS., Die Vereinigung, S. 56f.

82 H. DÖLKER, Der Aufbau, S. 3 und S. 7.

83 EBD., S. 6.

84 EBD., S. 7. Damit bestätigte er auch die statistischen Angaben, die von der Abteilung Statistik des CA zusammengetragen und im „Jubiläumsheft 1948" von IMIS veröffentlicht worden waren:

„II. Westzone

	Einrichtungen	Plätze		Einrichtungen	Plätze
Baden	357	24.000	Lippe	23	2.020
Bayern	476	28.400	Lübeck	6	645
Braunschweig	87	*4.700	Nassau	120	6.500
Bremen	9	768	Oldenburg	10	850
Eutin	1	80	Pfalz	96	8.990
Frankfurt/Main	32	1.980	Rheinland	380	27.500
Hamburg	25	1.470	Schaumburg-Lippe	1	75
Hannover	160	10.900	Schleswig-Holstein	7	950
Hessen-Darmstadt	194	12.500	Westfalen	395	30.000
Kurhessen-Waldeck	217	13.842	Württemberg	904	66.090
[insgesamt]				3.500	*242.260"

*Unter Korrektur eines offenkundigen Druckfehlers: es können in Braunschweig nicht bei nur 87 Einrichtungen „47.000", mithin in der Summe nicht „284.560" Plätze sein.

mit die Bilanz des Jubiläums, die der Vorstand des CA Anfang Dezember 1948 gezogen hatte, im Blick auf die Kindergartenarbeit bestätigt wurde, entscheidend sollte etwas anderes sein. So deutlich mit der Zuwendung zur „Straße" und ihrer Forderung zu verstehen, „was wir meinen", eine Kursänderung angezeigt war, entscheidend war – das war nur die eine Hälfte des „Gesichts" evangelischer Kinderpflege.

Um ein vollständiges Bild und das ganze „Gesicht des evangelischen Kindergartens" dem Betrachter zu zeigen, hatte auch Gertrud Braune, als sie mit ihrer Beschreibung der Kinderpflegearbeit „in der Ostzone" den Stand der Arbeit und die Aufgaben dokumentierte, die Zahl der Kindergärten genannt. „Knapp 300 an der Zahl" waren es. Hinzu kamen 175 evangelische Kindergärten in Berlin[85]. Und auch Gertrud Braune bestätigte nicht nur die anläßlich des Jubiläums bilanzierten und veröffentlichten Zahlen[86]. Indem sie von der Arbeit berichtete, veranschaulichte sie den von Theodor Wenzel ein Jahr zuvor in Bethel beschriebenen Arbeitsauftrag: den Umgang mit dem Mangel, etwa hinsichtlich Spielzeug, Materialien und Lebensmitteln[87]; die evangelische Erziehung nicht politisch zu treiben, sondern als „Seelsorgerdienst"[88]; das Bemühen um evangelische Aus- und Fortbildung der Berufskräfte sowie Eltern- und Mütterarbeit als „Aufbauarbeit" bei politischem Mißtrauen der Ämter und Dienststellen; die Verwirklichung einer „Gegenwartskirche auch im Kindergarten"[89].

Sollte es nun diese Hälfte des „Gesichts" der evangelischen Kinderpflege in Deutschland sein, in der die Erträge der Kämpfe unter Kreuz und Hakenkreuz nun zu Ansehen kommen sollten? Die Hälfte, in der es offenbar erforderlich war, im „Raum der Kirche" zu bleiben und Erlerntes entsprechend

---

(Central-Ausschuss für die Innere Mission der Deutschen Evangelischen Kirche – Abteilung Statistik, Gesamtüberblick, S. 121).

[85] G. Braune, Das Gesicht, S. 7.

[86] Von der Abteilung Statistik des CA waren zusammengetragen und im „Jubiläumsheft 1948" von IMis veröffentlicht worden:

„I. Ostzone

	Einrichtungen	Plätze		Einrichtungen	Plätze
Groß-Berlin	171	9.001	Sachsen	79	5.038
Brandenburg	134	8.315	Schlesien	11	860
Pommern	9	750	Anhalt	10	995
Mecklenburg	5	440	Thüringen	26	1.800
Sachsen-Land	43	3.470			
[insgesamt]				488	*30.669"

*Unter Korrektur eines offenkundigen Additionsfehlers. Die Summe der Plätze beträgt nicht 30.679.

(Central-Ausschuss für die Innere Mission der Deutschen Evangelischen Kirche – Abteilung Statistik, Gesamtüberblick, S. 121).

[87] G. Braune, Das Gesicht, S. 8.

[88] Ebd., S. 9. Vgl. O. Hammelsbeck, Der kirchliche Unterricht, S. 114ff.

[89] G. Braune, Das Gesicht, S. 10.

gegenwärtiger Bedingungen anzuwenden zum Aufbau einer „Gegenwartskirche“? Oder sollte es die andere Hälfte des Gesichts sein, die das Ansehen der Ergebnisse der unter Anpassung und Ergebenheit aufgewandten Mühen beförderte? Die Hälfte, in der der Ruf zur Barmherzigkeit sowohl aus dem „Raum der Kirche“ hinaus als auch dazu führte, unter der Interdependenz der Wünsche, zum einen die Vergangenheit ruhen zu lassen und zum anderen sich der Öffentlichkeit in sozialer Arbeit zu stellen, die Erträge den veränderten Bedingungen auszusetzen?

Diese Fragen, von Dölker für den „Westen“ und von Gertrud Braune für die „Ostzone“, wenn auch nicht gestellt, so doch durch ihre Berichterstattung zu stellen veranlaßt – diese Fragen fordern dazu heraus, das Arbeitsfeld Kindergarten als „Wesens- und Lebensäußerung“ evangelischer Gemeinde unter Ansicht sowohl der Bedingungen der Deutschen Demokratischen Republik als auch denen der Bundesrepublik Deutschland zu beschreiben. Ob dann ein ganzes Gesicht zu erkennen sein wird?

C. Zusammenfassung

ZUSAMMENFASSUNG UND AUSBLICK

Das Jahr 1937, mit dem dieser Teil der Studie einsetzt, markierte einen deutlichen Einschnitt. Hitler dekretierte, daß über den deutschen Menschen im Diesseits die deutsche Nation durch ihre Führer verfüge und keinesfalls die Kirchen und deshalb gelten müsse: „Wir nehmen ihnen die Kinder weg!" Die Vereinigung forderte die evangelischen Gemeinden auf, die Eltern dagegen mobil zu machen. Mit dem Ende des Regimes und seiner bedingungslosen Kapitulation im Mai 1945 war auch das Ende des Kampfes zwischen nationalsozialistischem Verfügungsanspruch und evangelischer Mobilmachung gekommen. Dieser Kampf um die evangelischen Kindergärten, der mit dem Aufruf zur Mobilmachung auf ganz verschiedenen Feldern stattfand, wurde ausgetragen in zwei Etappen. Sie, beide von etwa gleicher Dauer und je einen Zeitraum von vier Jahren umfassend, sucht die Studie nachzuzeichnen, um damit die Geschichte der evangelischen Kindergartenarbeit und der Inneren Mission auf dem Wege zur Gemeinde einem sich weiter vertiefenden Verstehen von praktischer Ekklesiologie und einer wachsenden Erkenntnis ihrer Bedeutung für die Praktische Theologie und ihrer Diakonik zu erschließen.

I.

So realistisch es zu Beginn des Jahres 1937 sein mochte, die evangelische Kinderpflegearbeit unter dem Vorzeichen des Aufschubs zu sehen, so sehr hielt sich dennoch, und auch bei v. Wicht, die Hoffnung, daß die von den Machthabern unter Mitwirkung der NSV im Rahmen einer allgemeinen Entkonfessionalisierung des öffentlichen Lebens inszenierten Angriffe auf Träger evangelischer Kindergärten lediglich auf Mißverständnissen beruhten. Dem folgend setzte man auch weiterhin auf die Behandlung nach geltendem Recht gemäß RJWG. Ereignisse, die den Vorrang von Kindergärten der NSV gegenüber evangelischen offenkundig machten und gegen den auch das Reichsministerium für die kirchlichen Angelegenheiten nicht vorging, hätten dieser Hoffnung eigentlich schon 1936 ein Ende setzen müssen. Demgegenüber beharrten die Kirchenkanzlei der DEK und der RKA, der im Februar 1937 zurücktrat, ebenso wie der CA und die Vereinigung, auf Einzelfallentscheidungen im Zusammenhang solcher Bescheide, die eine Genehmigung zum Betrieb bzw. zur Inbetriebnahme eines evangelischen Kindergartens versagten. Außerdem und gleichzeitig drängte die Kirchenkanzlei der DEK, unterstützt von CA und vor allem der Vereinigung, auf rechtliche Neuordnung, um doch noch eine Revision der Politik zu erreichen, die sich als Monopolisierung und Entkonfessionalisierung der halboffenen Kinderpflegearbeit durch die NSV und unterstützt vom Reichsministerium für Wissenschaft, Erziehung und Volksbildung und mit Handlangerdiensten des Reichsministeriums für die kirchlichen Angelegenheiten darstellte. Mit einer geschlossenen Front von Kirchenkanzlei der DEK und CA und allen Landes- und Provinzialkirchen sowie auch allen Landes- und Provinzialverbänden der Inneren Mission, einschließlich deren in der Vereinigung zusammengeschlossenen Fachverbänden für evangelische Kinderpflege, versuchte v. Wicht gegen diese in nationalsozialistischer Weltanschauung verbundene Komplicenschaft eine Sicherung evangelischer Kinderpflege zu erreichen.

Wohl eher Informant und Vorbild einheitlich geschlossenen kirchlichen Wirkens als etwa ökumenischer Partner war dabei am Anfang die katholische Kirche, ihr deutscher Episkopat und ihr DCV. Dem Vorsitzenden der Fuldaer Bischofskonferenz, Kardinal Bertram, gegenüber hatten die Machthaber durch das Reichsministerium für Wissenschaft, Erziehung und Volksbildung bereits Anfang 1937 den „deutschen Kindergarten" proklamiert und seine „Aufspaltungen nach Bekenntnis und Stand" kategorisch abgelehnt. Mochten damit deutscher Episkopat und römische Kurie darin bestärkt worden sein, weltweit „mit brennender Sorge" die Lage auf den verschiedenen kirchlichen Arbeitsgebieten und auch dem der Erziehung der Kinder im Deutschen Reich zu beklagen, zu einem gemeinsamen Handeln von DCV und CA oder Vereinigung und Zentralverband katholischer Kindergärten und Kinderhorte kam es nicht. Dazu fehlten gemeinsame Arbeitserfahrungen. Auf seiten der Inneren Mission hatte man sich nicht „in eine gemeinschaftliche Front mit der Caritas abdrängen" lassen wollen. Die Verbindung war dennoch nie abgerissen. Man erfuhr im CA und in der Vereinigung aus dem DCV, daß die Maßnahmen zur Durchsetzung des nationalsozialistischen Totalitätsanspruchs „nicht von heute auf morgen, aber doch konsequent durchgeführt werden". Und v. Wichts Einschätzung war, daß das auch der evangelischen Kirche gelte. Dagegen wollte v. Wicht eine einheitliche Front errichten.

Der Anspruch der NSV und ihrer Förderer in den Reichsministerien und in der Partei, in den Ländern und Provinzen und in den Gauen und die von ihnen in unterschiedlicher Weise eingeleiteten Maßnahmen gegen evangelische Kindergärten begründete sich aus „dem originären Recht der nationalsozialistischen Bewegung". Gegen eine immer weniger geachtete und seit der ersten Hälfte des Jahres 1937 politisch vom „Führer" für nicht mehr beachtenswert erklärte evangelische Kirche wurde die nationalsozialistische Weltanschauung als Grundlage des sozialen Dienstes in Deutschland behauptet. Damit war Grund und Ziel des Auftrages der Inneren Mission, mithin der Gedanke an eine etwa dienende Kirche, außer im Sinne der nationalsozialistischen Weltanschauung, ausgeschlossen. Mit der kirchenpolitischen Wende erfuhr die freie Wohlfahrtspflege eine neue Definition. Sie wurde eine „freie nationalsozialistische Wohlfahrtspflege" , die ohne Begrenzung durch Gesetze und Verordnungen allein nach den durch die nationalsozialistische Weltanschauung gegebenen Richtlinien. Es sollten nicht mehr die Gesetze die Praxis gestalten. Aus der „weltanschaulichen Sicherheit" sollten die Gesetze aus der Praxis erwachsen. Die Voraussetzungen für eine entsprechende Entwicklung waren längst geschaffen.

Der „weltanschaulichen Sicherheit" der NSV stand zunächst eine gewisse, fehlender politischer Klarsicht entsprechende Hilflosigkeit auf seiten der Inneren Mission und auch der Vereinigung gegenüber. In der Auseinandersetzung mit der neuen, in originärem Recht wurzelnden Freiheit des Nationalsozialismus, die allein eine Maskierung der Willkür war, versuchte v. Wicht, den theologischen Begriff der „Freiheit der christlichen Erziehung" entgegenzusetzen. Sie aber sah er wiederum auch nur durch die Tradition, also die Praxis der Kindergartenarbeit selbst, und zwar in der christlichen Gemeinde begründet. v. Wicht war bereit zur Abkehr von sozialpädagogischen Begründungen für Betrieb und Unterhalt eines evangelischen Kindergartens und bereit zu einer einem praktisch-ekklesiologischen Grundkonsens verpflichteten geschlossenen kirchlichen und biblischen „Gesamtbesinnung".

Diese biblisch-kirchliche Gesamtbesinnung mußte zu diesem Zeitpunkt auch deshalb sehr konsequent erscheinen, als mit der Aufkündigung des Schutzes kirchlichen Handelns, wie sie mit dem Schreiben vom Jahresbeginn aus dem Reichsministerium für Wissenschaft, Erziehung und Volksbildung an den Vorsitzenden der Fuldaer Bischofskonferenz im Frühjahr 1937 angestoßen war, bereits der nächste Schritt getan war. v. Wicht erkannte die „Ungewißheit hinsichtlich der Zukunft unserer Gesamtarbeit im Raume der evangelischen Kirche". Tatsächlich war auch für bestehende und in ihrem Betrieb seit der Zeit der Weimarer Republik genehmigte kirchliche Kindergärten ein Fortbestehen nicht mehr gewährleistet.

Zwar erreichte es v. Wicht, daß drei Landes- bzw. Provinzialkirchen erklärten, die Kindergartenarbeit sei von „gesamtkirchlicher Bedeutung" und könne nicht in das Belieben einer einzelnen Gemeinde gestellt werden, aber im Blick auf die Übergriffe der NSV und ihrer Helfer unmittelbar bewirken konnten diese „hirtenamtlichen" Rundschreiben wenig. Zwei Dinge jedoch waren damit angezeigt. Zum einen, daß v. Wicht auf evangelischer Seite ein geschlossen einheitliches kirchliches Handeln anstrebte, wie er es auf seiten der katholischen Kirche und in ihrer Enzyklika „Mit brennender Sorge" verwirklicht sah. Und zum anderen war erkennbar, daß die Vereinigung und

v. Wicht samt CA und DEK nicht mehr nur jeden Einzelfall betrachteten, sondern grundsätzlich nach einer rechtlichen Sicherung der Arbeit fragten.

Man mußte auf seiten der evangelischen Kinderpflege registrieren, daß die Bedürfnisfrage, Kriterium für die Einrichtung und Betrieb eines Kindergartens neu bestimmt werden sollte. Jedoch der zur Begründung erfolgten Hinzuziehung der Preußischen Staatsministerialinstruktion aus dem Jahre 1839 widersprach man nicht. Es sollten nicht mehr in erster Linie soziale oder pädagogische Gesichtspunkte ausschlaggebend für die Anerkennung eines Bedürfnisses als Voraussetzung zu Errichtung und Betrieb eines Kindergartens sein. Entscheidend für die Genehmigung eines Kindergartens nach §§ 20–29 RJWG sollte allein die Bereitschaft sein, sich unter das nationalsozialistische Regime und in seine Organisation einzufügen.

Damit waren aus Sicht der Machthaber für den Einzelfall die Voraussetzungen geschaffen, die Verordnung des Reichspräsidenten zum Schutz von Volk und Staat vom 28. Februar 1933 anzuwenden. Für den Fall, daß der Träger eines evangelischen Kindergartens oder dessen Arbeit, oder die von ihm angestellte Kindergärtnerin, gleichgültig ob Diakonisse oder nicht, nicht die Gewähr für eine nationalsozialistische Erziehung bot, nicht im je erforderlich scheinenden Maße sich einzufügen oder sich anzupassen bereit war, mithin als politisch nicht zuverlässig angesehen wurde, konnte auf Staatsgefährdung erkannt werden. Die Willkür war legalisiert. Damit konnte auch, rechtlich begründet, die Gestapo eingreifen und dem von der NSV als der „Kampftruppe" des Regimes auf dem Feld der Wohlfahrtspflege erhobenen Anspruch zur Durchsetzung verhelfen.

Dieser Legalisierungsprozeß unter Gestapo-Schutz kostete die evangelische Kinderpflege bis zum Ende des Jahres 1938 insgesamt etwa 130 Einrichtungen mit über 5.000 Plätzen. Sein Ende war mit dem Erlaß des Reichsministeriums für Wissenschaft, Erziehung und Volksbildung vom 4. August 1938 angezeigt und bedeutete eine Bestätigung der bisherigen Maßnahmen der Machthaber und ihrer Helfer in den unterschiedlichen Behörden und Dienststellen der Partei und ihrer NSV. Bedurfte diese Entwicklung, diese Freisetzung der Willkür im Blick auf die evangelische Kinderpflege noch einer weiteren Bestätigung, so gab sie der „Führer" selbst, als er anläßlich einer Veranstaltung zur Volksabstimmung im „Reichsgau Sudetenland" ausrief, daß deutsche Kinder von der Partei und ihren Organisationen, von der Wehrmacht und der SS aufgenommen werden, und die Kinder „werden nicht mehr frei ihr ganzes Leben".

Wohlfahrtspolitisch folgte die NSV und ihr Berliner Hauptamt unter Hilgenfeldt in ihrer „weltanschaulichen Sicherheit" einer Programmatik, deren Grundlage nach wie vor „Totalitätsanspruch" und rassistisch-eugenisches Teilungsprinzip in der Arbeit der Wohlfahrtspflege war, was zunehmend als Menschenführung propagiert und konzeptionell als Planwirtschaft ausgegeben wurde. Was tatsächlich gewollt war, wurde im Frühjahr 1938 deutlich, als in der „Ostmark", wie man von Österreich nach dem sogenannten Anschluß sprach, der Zentralverein unselbständiger Teil einer von der NSV bestimmten Arbeitsgemeinschaft für die freie Wohlfahrtspflege in der Ostmark wurde und fast alle Trägerschaften, einschließlich der Kindergärten an die NSV übergingen. Unverhohlen wurde das als Modell auch für das Altreich vorgestellt.

Im Altreich mußte die NSV sich allerdings stets auf die Bedingungen, die Interessen und Ansprüche des Machtgeflechtes in den Ländern und Provinzen und Gauen einlassen, um ihren Führungsanspruch nicht zu verlieren. Deshalb stellten eine Lösung wie in Baden, wo man sich auf seiten der NSV ähnlich wie in Berlin auf die Mitwirkung an der kommunalen Aufsichtsführung über die Kindergärten beschränkte, ebenso eine Etappe auf einem von ständiger Radikalisierung bestimmten Weg der Durchsetzung des nationalsozialistischen Anspruchs im Blick auf die Kindergärten dar, wie die in Schlesien angestrebte Musterlösung im Blick auf die gesamte Innere Mission. Hier versuchte der Oberpräsident die Innere Mission in eine Arbeitsgemeinschaft mit der NSV zu bringen, die seinem Anspruch auf Menschenführung dienstbar sein sollte.

Das Dilemma – man sah auf seiten der evangelischen Kinderpflege die Demontage bestehenden Rechts, beklagte auch Rechtsunsicherheit, aber die tradierte und in Recht und Gesetz zugesicherte Freiheit schien für niemanden bedroht. In Vereinigung und CA wußte man auch von den Bestrebungen Hilgenfeldts, mit einem, wie man sagte, Unterstellungsgesetz das zu erreichen, was in der „Ostmark" verwirklicht wurde: eine Wohlfahrtspflege „unter der Kontrolle der Partei" durch ihren „sozialen Arm", die NSV. Willkür wurde nicht als Willkür erkannt und nicht benannt. Man rechnete damit, daß sich das Modell im Verwaltungs- und Konkurrenzgeflecht von Staat und Partei nicht durchsetzen werde. Man nahm es zu diesem Zeitpunkt nicht ernst. Gleichzeitig wurde eine politische Herausforderung der Alternative „Kreuz oder Hakenkreuz" als eine Herausforderung zur Schärfung des Gewissens nicht wahrgenommen, weder von der evangelischen Kinderpflege und ihrer Vereinigung noch von der Inneren Mission und ihrem CA noch von der DEK und ihrer Kirchenkanzlei. Dem Rückzug in den Raum der Kirche entsprach als Ausformung einer verflachten lutherischen Zwei-Reiche-Lehre ein Rückzug in den unpolitischen Gehorsam. Von verletztem Rechtsempfinden zu sprechen, schien das Äußerste des Möglichen. Man konnte nicht mehr als nach wie vor fordern, „daß die berechtigten Belange der Inneren Mission auf dem Gebiet der Kinderpflege gewahrt bleiben" müssen. Man meinte, es gäbe einen Weg in kirchlicher Bindung unter „dem Primat des totalen Staates". Und die sich etwa daraus ergebenden „Auseinandersetzungen" betrachtete Dölker, wichtiger Mann an der Spitze der Vereinigung neben v. Wicht, als einen Segen, da sie die Bedeutung christlicher Erziehung besser als je zuvor erkennen ließen.

Dem entsprach es ganz und gar, daß auch der „Rassefrage", wo sie von den Machthabern ins Feld geführt wurde, mit Unverständnis und in der Erwartung, die Sache werde sich „totlaufen", begegnet wurde. Unabhängig vom Ringen um den je einzelnen Kindergarten war es längst an der Zeit, daß ein entschiedenes Bekenntnis und eine mutige Nähe zum jüdischen Nächsten um Gottes willen geboten gewesen wäre. Daß es auch in der evangelischen Kinderpflege, so singulär die Fälle waren, nicht geschah, sollte mit dazu führen, daß nicht die Sache sich totlief, sondern Menschen in den Tod laufen mußten – unter aller Augen ermordet wurden.

Verschränkt in diesen Prozeß einer Radikalisierung der Durchsetzung des nationalsozialistischen von der NSV getragenen und jedenfalls vom Reichsministerium für die kirchlichen Angelegenheiten unterstützten Konzepts freier Wohlfahrtspflege, das inzwischen sogar für alle Kindergärten im Deutschen Reich die Trägerschaft der NSV vorsah, waren es ebenso als Ursache wie als Wirkung drei Initiativen, die v. Wicht ergriff. Sie waren der Ertrag der biblisch-kirchlichen Gesamtbesinnung. Mit ihnen handelten v. Wicht und die Vereinigung wie 1936 unter zwei Blickwinkeln, dem der Sicherung evangelischer Kindergartenarbeit entsprechend dem Zweck der Vereinigung und dem der Sicherung der Vereinigung selbst.

So suchte v. Wicht zum einen die gesamte Arbeit evangelischer Kinderpflege zu größerer organisatorischer Geschlossenheit zu bringen. Mit insbesondere Schirmachers Unterstützung wollte er die Vereinigung als den einzigen für die Kindergartenarbeit zuständigen Reichsfachverband etablieren, womit ihre Rolle im Gefüge der Organisation der Inneren Mission und ihres CA neu definiert, die Zugehörigkeit zum EREV in Frage gestellt war und die Reichskonferenz aufgelöst werden sollte. Die Vereinigung sollte dem EREV gleichgestellt werden. Allein, die Widerstände der sowohl im EREV vertretenen als auch insbesondere mit der Vereinigung in der Reichskonferenz zusammengeschlossenen Verbände waren zu groß. Und schließlich war es v. Wicht selbst, der kurz vor einer Einigung durch einen steil vorgetragenen Führungsanspruch in Sachen evangelische Kinderpflege den Verhandlungen mit Kleinau und Mohrmann, also mit dem Deutschen Verband der Ausbildungsstätten für evangelische Kinderpflege, dem Referat Kinderpflege des Kaiserswerther Verbandes und dem Verband evangelischer Kindergärtnerinnen, Hortnerinnen und Jugendleiterinnen Deutschlands die Grundlage zu einer Verständigung entzog. Auch v. Wichts Vorstoß, seinen Anspruch über eine referatsmäßige Einbindung in das Evangelische Konsistorium der Mark Brandenburg zu erreichen, fruchtete nichts. Danach nahm v. Wicht Abstand von weiteren Versuchen, die organisatorische Stellung der Vereinigung zur

Stärkung ihrer Position in der Abwehr der Angriffe der nationalsozialistischen Menschenführungsansprüche zu verändern.

Zum anderen arbeitete v. Wicht daran, so schwierig die praktisch-ekklesiologischen Vorraussetzungen auch waren, seine Forderung nach der „Freiheit der evangelischen Erziehung" als Aufbau der Gemeinde zu gestalten und zugleich die kirchliche Abwehr der Angriffe auf die evangelischen Kindergärten zu einer geschlossenen Einheit zu formieren, um damit den Schutz kirchlichen Handelns zurückzugewinnen. Der Rückzug in den Raum der Kirche als Teil eines strategischen Konzepts zum Erhalt der evangelischen Kindergartenarbeit wurde praktisch-theologisch und praktisch-ekklesiologisch gesichert.

Der volksmissionarische Aufbau der Gemeinde, der auch als Weg zur Kinderkirche gesehen wurde, führte verschiedene kirchliche Handlungsfelder, genauer die Fachverbände, die sich für die Arbeit auf diesen Feldern in der Verantwortung sahen, zu gemeinsamer Arbeit zusammen. Der Präsident des CA hatte die Verbände der Inneren Mission als „dienende Kirche" dazu ausdrücklich ermutigt. Spätestens mit Beginn des Jahres 1938 hatten sich die Vereinigung, der Reichsverband für Kindergottesdienst und Sonntagsschulen, die Reichsfrauenhilfe, der EREV und die Arbeitsgemeinschaft für evangelisch-kirchliche Unterweisung zur Zusammenarbeit gefunden. v. Wicht und die Vereinigung übernahmen die Aufgaben des Vorarbeiters. Ausdruck und Gestalt fand diese Zusammenarbeit in einem gemeinsam entwickelten und seit 1939 durchgeführten Kindersonntag an Misericordias Domini. Was seinerzeit mit dem Filmstreifen „Ihrer ist das Himmelreich" angestrebt war, das sollte nun mit den für einen Sonntag im Jahr erarbeiteten Materialien und deren Darbietung in Gottesdienst und Begegnung, in Arbeitsgespräch und Gemeindeveranstaltung erreicht werden. Es sollte um die Neubestimmung der Aufgaben der Kirche gehen als eines „unpolitischen, rein religiösen, volksseelsorgerlichen Dienstes". Dabei hatte die Einpassung der Arbeit der Vereinigung in dieses eher dem proklamierten Rückzug in den Raum der Kirche als einem volksmissionarischen Aufbruch entsprechende ekklesiozentrische Konzept auch und vor allem das strategische Ziel, bei Verlust der Kindergärten die Arbeit mit Kindern im Vorschulalter in den Gemeinden zu erhalten. Damit stellt sich diese Konzept nicht nur als Erfüllung der Forderung der Barmer Theologischen Erklärung und der ihr zugehörenden „Erklärung zur praktischen Arbeit" dar und als Ausweis der Berechtigung zum Aufbau der Bekennenden Gemeinde, sondern auch als Teil einer Doppelstrategie, mit der v. Wicht sowohl den Bestand der Kindergartenarbeit auch hinsichtlich der Zahl der Einrichtungen sichern wollte als auch eine Fortsetzung der Arbeit für den Fall, daß das Ende des Aufschubs angezeigt gewesen wäre.

Der Erfolg und die hohe Akzeptanz des Kindersonntags führte allerdings, insbesondere in den intakten Kirchen zu Widerständen und Ablehnung. Bestehende kirchliche Ordnungen sollten auch nicht um der Neubelebung des

Katechumenates willen angetastet oder verändert werden. Die praktisch-theologische Frage, ob dies nicht aus der Zeit und Situation heraus geboten sei und zudem der biblischen Botschaft entspräche, wurde negativ beschieden. Mit einer Verständigung über die Bezeichnung des Sonntags als „Eltern- und Erziehungssonntag" wurden die Bedenken zwar nicht ausgeräumt aber zurückgestellt. Als das Erscheinen des begleitenden Arbeitsmaterials, insbesondere des Bildblattes, auf Weisung der Reichspressekammer ab 1941 eingestellt werden mußte, war ein wesentliches Element der Wirkkraft dieser volksmissionarisch-katechetischen Initiative verlorengegangen. Man kann vermuten, daß das Bildblatt zu den kirchlichen Publikationen gehörte, deren anschauliche und allein bibelorientierte Unterweisung und Ermutigung, gegen die Verhältnisse zu leben, bedrohlich geworden war.

Nahezu zeitgleich mit der Einrichtung eines „Eltern- und Erziehungssonntags" – und das war die dritte Initiative – war es v. Wicht zum Anfang des Jahres 1939 gelungen, siebzehn Provinzial- und Landeskirchen zu gewinnen, in einer gemeinsamen Stellungnahme, den Erhalt der evangelischen Kindergartenarbeit und ihre rechtliche Sicherung zu fordern. Das Erstaunliche war nicht die Forderung selbst, die sich aus den bereits im November 1935 von der Vereinigung beschlossenen „Grundsätzen der evangelischen Kinderpflege" begründete. Das Erstaunliche war die Geschlossenheit zu der die evangelischen Provinzial- und Landeskirchen in der Sache gefunden hatten. Sie unterschied sich deutlich von der Haltung die sieben Jahre zuvor die Denkschrift der Vereinigung zutage gefördert hatte. Diese Geschlossenheit zeigte, welche Bedeutung die Landes- und Provinzialkirchen der DEK der Kindergartenarbeit in den Gemeinden gaben. Allerdings sollte dieses Auftreten der DEK und ihrer Inneren Mission samt Vereinigung singulär bleiben. Vor allem aber blieb es ohne die erwartete Wirkung.

Zur selben Zeit betrug die Zahl der NSV-Kindergärten etwa 4.800 Einrichtungen mit etwa 240.000 Plätzen. Das war fast das Doppelte aller evangelischen Kindergärten. Auch wenn diese Zahlen bei Vereinigung und Innerer Mission als bedrohlich angesehen werden mochten, ihr Ziel hatte die NSV noch nicht erreicht. Trotz der Schwächung der Arbeitsbereiche und der Ungeordnetheit der Kirche boten die Innere Mission und ihr CA doch eine relative Geschlossenheit, die es der NSV schwer machte, sie ohne weiteres gleichzuschalten und vereinnahmend sich zu unterstellen.

Nach den ersten erfolgreichen staatspolizeilichen Maßnahmen hätte es eigentlich nahe gelegen, mit gezieltem Einsatz der Gestapo die NSV schneller an ihr Ziel zu bringen. Abgesehen von den Konkurrenzen auch zwischen Gestapo und den Spitzen staatlicher Verwaltung und der Partei standen dem vor allem Erwägungen zur Sicherheit entgegen. Durch eine mögliche Beunruhigung der Bevölkerung in Folge derartiger Maßnahmen und das darin liegende unter Umständen reichsweite Protestpotential, hätte eine Gefährdung der

Sicherheit mit sich gebracht. Die Gestapo hatte, wenn auch nicht wohlmeinend, Respekt vor dem „größten Einfluss auf den Menschen", den die „protestantische Kirche durch die Wohlfahrtspflege" besaß.

Diesen Einfluß zu beseitigen blieb das Ziel der Entkonfessionalisierung des öffentlichen Lebens und seine Umgestaltung entsprechend der nationalsozialistischen Weltanschauung. Das mußte für die Innere Mission als Verband der freien Wohlfahrtspflege in „fördernder Obhut" der Kirche auch den Verlust kirchlicher Privilegien bedeuten. Hatte bereits im Sommer 1934 die Sammlungsgesetzgebung sowohl der verfaßten Kirche als auch der gesamten Inneren Mission bisherige Rechte genommen und damit Einnahmequellen zur Finanzierung der Arbeit verschlossen, so befand sich ab Herbst 1934 mit der Inkraftsetzung einer neuen Steuergesetzgebung die Innere Mission und die ihr angehörenden Vereine und Verbände samt deren Einrichtungen und Werken im Zangengriff von Sammlungs- und Steuergesetzen und damit unter dem Druck ständig wachsender Mittelknappheit. Zusammen mit dem StAnpG, das die für eine Steuerbefreiung wesentlichen Begriffe „gemeinnützig" , „mildtätig" und „kirchlich" neu bestimmte und mit dem alle Organisationen der NSDAP, also auch die NSV, unverdeckt bevorzugt wurden, entfaltete zunächst ein neues UStG seine Wirkung. Eine Steuerschuld erwuchs nun unabhängig von einem Gewinnstreben allein aus dem Erzielen von Einnahmen aus Lieferungen und Leistungen. Dies bedeutete für die evangelischen Kindergärten, Steuern zu zahlen, die sie nach Lage der Dinge – da sie nun einmal gerade auch für die ärmeren Bevölkerungsschichten wirken – nicht an die Eltern weiterreichen konnten. Für die Einrichtungen der Inneren Mission und bei weitem nicht nur für evangelische Kindergärten war das eine ernste Gefährdung ihrer Existenz. Sie hatten im Gegensatz zu kommunalen oder NSV-Einrichtungen keine Möglichkeiten des Ausgleiches oder der Abwälzung der neuen Belastungen, die sich im Bereich der Inneren Mission auf insgesamt mindestens RM 2,5 Mio. beliefen.

Indessen, auch der Versuch, nicht mit Verweis auf Gemeinnützigkeit, sondern mit Abheben auf einen karitativen Charakter – allein „karitative" Erziehungseinrichtungen waren von der Umsatzsteuerpflicht befreit –, ihre Leistungen nicht als nachhaltige Tätigkeit zur Erzielung von Einnahmen zu sehen, war vergebens. Argumentiert wurde hier mit der „Mildtätigkeit", ohne freilich sie beim Namen zu nennen, da eine solche begriffliche Einengung der Arbeit dem praktisch-ekklesiologischen Grundkonsens, wie er bis dahin bestand, entgegengestanden hätte. Die Heranziehung des zweiten Arguments – „kirchlich" – kam in den meisten Fällen auch nicht in Frage, da kaum ein Träger eine religiöse Körperschaft öffentlichen Rechts war, wie es die gesetzlichen Bestimmungen forderten.

Die Probleme nicht ausreichender Mittel in den Haushalten der Einrichtungen und auch der evangelischen Kindergärten traten jedoch erst in aller

Schärfe mit dem GStG zutage, das Ende 1936 in Kraft gesetzt und mit Jahresbeginn 1938 wirksam wurde. Nicht nur, daß der Begriff „kirchlich" nochmals, orientiert an Gottesdienst und religiöser Unterweisung, enger gefaßt wurde, sondern eine Befreiung eines evangelischen Kindergartens von der Zahlung der Grundsteuer war nunmehr nur auf zwei Wegen zu erreichen: über die „Mildtätigkeit" seines Zweckes oder über die Anerkennung der Zwecke als im Rahmen der staatlichen Aufgaben liegend – und gerade diese Anerkennung stand zur Disposition. Die Rechtslage machte es erforderlich, daß jede einzelne Einrichtung bei den örtlich zuständigen Finanzbehörden aus dem einen oder anderen Grund um Anerkennung und Steuerbefreiung nachsuchen musste – ein „Sammelantrag" war weder ratsam noch überhaupt möglich. Diese Notwendigkeit stand einer geschlossenen Vorgehensweise in gegenseitiger Informiertheit mehr als entgegen, so daß die ohnehin herrschende Ratlosigkeit hinsichtlich eines richtigen, im Sinne eines Erfolg versprechenden Vorgehens in Vereinigung wie insgesamt in der Inneren Mission groß war.

In ganz ähnlicher Weise ratlos war man in der Inneren Mission, angesichts der Entwicklung, zu der die Sammlungsgesetzgebung geführt hatte. War der Volkstag der Inneren Mission, der mit seinen Haus- und Straßensammlungen dem CA als Ausgleich für das allgemeine Sammlungsverbot seit 1934 zugestanden war, einem Verbot 1936 noch knapp entgangen, mußte man ein solches Verbot des Reichsministeriums des Innern 1937 hinnehmen. Damit gingen zur Stützung der Einrichtungen notwendige Einnahmen in Höhe von rund RM 3 Mio. verloren. Es war nun aber gerade das WHW, mit dessen Arbeit das Verbot des Volkstages der Inneren Mission begründet worden war, das aus seinen Sammlungen dem CA Ausgleichszahlungen zukommen lassen wollte, damit keine „für das Volksganze wichtige Einrichtung ... wirtschaftlich beeinträchtigt wird". Die finanziellen Einbußen konnten damit nur begrenzt, die Einbuße an ideeller Wirkung der Haus- und Straßensammlung der Inneren Mission freilich überhaupt nicht ausgeglichen werden. Damit stand die Innere Mission vor einer Entscheidungsfrage. Es war durchaus strittig, ob man die Zahlungen des WHW annehmen solle. v. Wicht indes wollte auf die Mittel nicht verzichten, da die Finanzierungsfrage für nahezu jede Einrichtung der halboffenen Arbeit der Kinderpflege von entscheidender Bedeutung war. Brisanz erhielt die Frage dadurch, daß aus einem Entwurf des WHW zur Regelung der Zahlungsmodalitäten deutlich wurde, daß es sich um einen weiteren Versuch handelte, die Innere Mission der NSV zu unterstellen, sollte diese doch berechtigt sein, die Verwendung der Stützungszahlungen des WHW zu prüfen. Damit wäre die Innere Mission der NSV unterstellt worden. Das war eine unannehmbare Bedingung. Allenfalls eine Prüfung durch das WHW selbst wäre akzeptabel gewesen.

Es war v. Wicht, der mit seiner Darlegung überzeugte, daß angesichts der Aussichtslosigkeit, auf üblichen Wege Gelder für die „im Brennpunkt des weltanschaulichen Kampfes" stehenden Kindergärten zu akquirieren, die Annahme der WHW-Gelder den einzig gangbaren Weg darstellte – vorausgesetzt, man könne dem WHW die Bedingung abringen, daß nicht nur anerkannte, sondern auch kirchliche Einrichtungen, mithin auch evangelische Kindergärten, in die Verteilung ausgereichter Mittel einbezogen werden dürften. Das WHW zahlte. Als allerdings die Innere Mission unter Einhaltung der Bestimmungen des Sammlungsgesetzes in Verbindung mit einem Gottesdienst einen „Opfertag" durchführte, der den Verlust des Volkstages etwas milderte, war das Verhältnis zur NSV erneut belastet. Hilgenfeldt drohte nicht nur mit einer Verrechnung der Erlöse und der Zahlungen des WHW, er drohte auch mit strafrechtlichen Konsequenzen. Zwar kam es dazu nicht, aber es blieb deutlich, daß für die NSV die Gewinnung der Verfügungsgewalt auch über die freien Mittel der Inneren Mission ein weiteres Instrument der Durchsetzung des Totalitätsanspruches war, der für die Kindergärten eine Überleitung in die Trägerschaft bedeutete.

Mit den neuen Steuergesetzen wurde geordnet, was zuvor eher mit gewisser Nachlässigkeit gehandhabt worden war. Zur Steuerbefreiung gemeinnützigen, mildtätigen oder kirchlichen Zwecken dienender Einrichtungen war es – wie vorher eigentlich auch schon – erforderlich, daß die Satzungen im Wortlaut das auch tatsächlich auswiesen. In der Inneren Mission und ihren Verbänden und Einrichtungen herrschte diesbezüglich aber ein „System der Systemlosigkeit". In langwierigen Verhandlungen mit dem Reichsministerium der Finanzen bei gleichzeitiger Erstellung von Mustersatzungen gelang es Kunze nicht nur Ordnung in das Satzungswirrwarr zu bringen, sondern auch die nicht eindeutigen oder gar widersprüchlichen Bestimmungen der Steuergesetzgebung, insbesondere des StAnpG, des KStG, des UstG, des VStG und des GStG zu nutzen und für die Innere Mission das Beste daraus zu machen. Dazu gehörte auch die Anerkennung des CA als Spitzenverband der freien Wohlfahrtspflege, der wie NSV, DRK und DCV steuerfrei gestellt war, weil er gemeinnützigen, mildtätigen Zwecken diente. Als diese Anerkennung Mitte des Jahres 1939 klar war, mußte die Frage der Steuerbefreiung aus Gründen kirchlichen Zwecken dienender Tätigkeiten noch unbeantwortet bleiben. Aus Sicht der „weltanschaulichen Distanzierungskräfte" sollte das Merkmal „kirchlich" sein Privileg, steuerbefreiend zu wirken, wenn nicht verlieren, so doch in seiner Wirkung eng begrenzt werden. Entschieden war es aber noch nicht.

Das galt gerade auch für die evangelischen Kindergärten und insbesondere für deren Veranlagung zur Grundsteuer. Es war bis dahin zweifelhaft, ob Einrichtungen kirchlicher Körperschaften öffentlichen Rechts – also auch Kindergärten in Trägerschaft einer Kirchengemeinde –, die bislang auch gemeinnützigen und mildtätigen Zwecken gedient hatten, steuerbefreit wären und wie Einrichtungen in Trägerschaft von Körperschaften privaten Rechts, die neben der Gemeinnützigkeit und Mildtätigkeit auch kirchliche Zweckbestimmungen in ihren Satzungen festgeschrieben hatten, zu behandeln wären – was gleichermaßen evangelische Kindergärten betraf. Die evangelischen Kindergärten waren in Argumentationsnot. Beriefen sie sich auf die Mildtätigkeit, so wurden ihnen die kirchlichen Zwecke vorgehalten, die der Ausschließlichkeit der Mildtätigkeit entgegenstanden. Grundsteuerbefreiung auf Grund des kirchlichen Zweckes wie ihn nach dem StAnpG die religiösen Unterweisung erfüllte, wurde mit dem Hinweis versagt, daß das Näherbringen der kirchlichen Botschaft allenfalls eine religiöse Beeinflussung der im Kindergarten betreuten Kinder darstelle, keinesfalls aber einen Unterricht mit den Merkmalen religiöser Unterweisung. Mochten Kunzes Verhandlungsergebnis und seine Mustersatzungen aufs Ganze gesehen so etwas wie ein Etappensieg der Inneren Mission und ihres CA gegen die Steuergesetzgebung als Entkonfessionalisierungsinstrument gewesen sein, für die Vereinigung und die von ihr vertretene halboffene Kinderpflege war noch nichts gewonnen. Ihr lag deshalb nun daran, eine steuerunschädliche Verkoppelung kirchlicher und mildtätiger Zweckbestimmung für öffentlich-rechtliche ebenso wie privatrechtliche Körperschaften zu erreichen. Allerdings mußte man sich zunächst auf die gebotenen Satzungsänderungen einlassen, um andere Mängel, zu deren Behebung Frist gesetzt war, zu beseitigen. Auch die Vereinigung selbst änderte ihre Satzung mit Blick auf die neuen Erfordernisse und in Anlehnung an Kunzes Mustersatzungen, war aber von der Problematik „mildtätig“ oder „kirchlich“ nicht unmittelbar betroffen, da sie über keinerlei eigenen Grundbesitz verfügte. Diesbezüglich trotz Kunzes Mustersatzungen Klarheit zu gewinnen, brauchte es aber einen zweiten Schritt, so daß nach dem Satzungsänderungsbeschluß vom 5. November 1940 ein weiterer am 28. Mai 1941 erfolgen sollte.

Mußte sich die Vereinigung wie die Innere Mission insgesamt durch die Steuergesetzgebung in ihrer Arbeit gefährdet und dadurch ihre Stellung gegenüber der NSV zunehmend geschwächt sehen, so bedeuteten die Verhandlungen über einheitliche tarifliche Bedingungen in ihren Einrichtungen und Anstalten für die Innere Mission das, worum man spätestens seit 1935 kämpfte, nämlich Anerkennung, Sicherung und Schutz der Arbeit, mithin der von der Inneren Mission getragenen Einrichtungen – auch der Kindergärten.

Seit März 1934 regelte ein das AOG ergänzendes AOGö unter Berücksichtigung der besonderen Eigenarten des öffentlichen Dienstes auch die Arbeit der Wohlfahrtspflege. Diesem Gesetz entstammt der Begriff der „Dienstgemeinschaft“, der sich von der „Betriebsgemeinschaft“ aller sonstigen Arbeitsverhältnisse abhob und wesentliches Kennzeichen des öffentlichen Dienstes war. Die der Dienstgemeinschaft zu Grunde liegende Idee der Schicksalsverbundenheit in einer Treue- und Fürsorgebeziehung entsprach der Inneren Mission und ihrem – freilich ganz anders verwurzelten – Selbstverständnis. Auch in ihren Einrichtungen und Anstalten widerstreitende „Arbeitgeber"- und „Arbeitnehmerinteressen", als „marxistisch" verachtet und zugleich gefürchtet, konnten und sollten nicht die dem biblisch begründeten Auftrag angemessene Gestalt sein. Vielmehr entsprach der Gedanke der Dienstgemeinschaft der wesensmäßigen Struktur der Inneren Mission als einer gemeinsamen und ungeteilten „Gefolgschaft", und v. Bodelschwingh hatte sogar den Entwurf einer „dienenden Kirche" vorgelegt. In erstaunlicher Weise trafen in der „Dienstgemeinschaft" politisch-ideologische Vorgaben – gesetzlich verankert – und praktisch-ekklesiologische Überzeugung zusammen. Darum sah man in der Inneren Mission im AOGö eine Bestätigung dessen, was man meinte, weithin längst verwirklicht zu haben.

Zudem war durch die Zerschlagung der Gewerkschaften wesentliches, „klassenkämpferisches" Drohpotential zerstört und auch die Tatsache, daß die DAF keine Arbeitnehmerorganisation war, sondern machtlos in den materiell-sozialpolitischen Fragen darauf beschränkt war, ein „zuverlässiger Faktor für die Politik des Führers" zu sein, hatte bis dahin zu einer allenthalben anerkannt guten Zusammenarbeit von DAF und Innerer Mission geführt. Dazu beigetragen hatte auch, daß die DAF zu einer Organisation gefunden hatte, in der unter einem Fachamt „Freie Berufe" die Fachgruppe „Freie Wohlfahrtspflege" angesiedelt war, die sich auch für die Kindergärtnerinnen zuständig sah. Die insbesondere durch die betont gute Zusammenarbeit zum Ausdruck kommende Anerkennung der Arbeit der Inneren Mission mußte allerdings im Blick auf deren Beziehung und Zusammenarbeit mit der NSV dazu führen, daß das Klima zwischen dieser und der Inneren Mission sich verschlechterte. Es konnte auch nicht besser werden, als der Reichstreuhänder für den öffentlichen Dienst, die beim Reichsministerium für Arbeit durch das AOGö eingerichtete Behörde zur Erhaltung des Arbeitsfriedens, mithin zuständig für Tariffragen, auch mit der Inneren Mission wie mit dem übrigen öffentlichen Dienst Tarifverhandlungen aufnahm.

Innere Mission und CA hatten sich zu keinem Zeitpunkt einer Einordnung der Mitarbeiterinnen und Mitarbeiter in den Einrichtungen in den öffentlichen Dienst verweigert. Im Gegenteil. Es war für sie eher selbstverständlich. Deshalb gab es auch keine Bedenken, auch nicht in der Vereinigung, gegen die damit verbundene Verpflichtung zur Ablegung eines „Treuegelöbnisses" auf den „Führer". Darin unterschied man sich in der Inneren Mission von der verfaßten Kirche und der in ihr geführten Debatte zur „Treueid"-Frage. Allerdings sosehr man darauf aus war, durch eine weltanschaulich unstrittige und mit dem öffentlichen Dienst vergleichbare Verfahrensweise hinsichtlich des Ablegens dieses Gelöbnisses auch zu unstrittiger und allgemeiner Anerkennung zu gelangen, es bedeutete noch etwas anderes. Damit wurden ohne weiteres auch die Bestimmungen akzeptiert, die auf der Grundlage der „Nürnberger Gesetze" seit deren Inkrafttreten am 15. September 1935 in der allgemeinen Verwaltungspraxis im Deutschen Reich zu Bestimmung und Ausgrenzung jüdischer Menschen wirksam geworden waren.

Wenn es Bedenken in der Inneren Mission und auch in der Vereinigung gegen ein Tarifwerk gab, so lagen sie darin begründet, daß man zusätzliche finanzielle Belastungen durch erhöhte Personalkosten befürchtete, obwohl man wie v. Wicht allenthalben den Vorteil gleicher und vergleichbarer Vergütung von Mitarbeiterinnen und Mitarbeitern sah. Sie konnte auch die Konkurrenzsituation gegenüber der NSV entschärfen, die einheitlich und besser vergütete als die Einrichtungen der Inneren Mission einschließlich Kindergärten. Jedenfalls drängte v. Wicht, weil er von tariflichen Regelungen sich eine Minderung der Gefahr für den Fortbestand der von ihm vertretenen Arbeit versprach.

Aber auch wenn der Reichstreuhänder für den öffentlichen Dienst sie forderte, eine über allgemeine tarifrechtliche Regelungen hinausgehende einheitliche Tarifordnung zur Vergütung von evangelischen Kindergärtnerinnen kam nicht zustande. Was zustande kam, war eine Tarifordnung für die Kindergärtnerinnen, die in der Anstellungsträgerschaft einer Kirchengemeinde standen. Friedrich Werner hatte am 28. September 1938 für die DEK die Übernahme der ein halbes Jahr zuvor vom Reichstreuhänder für den öffentlichen Dienst in Kraft gesetzten TO.A verfügt. Damit waren bis auf bestimmte Ausnahmen spätestens zum Ende des Jahres 1939 alle kirchlichen Mitarbeiter und Mitarbeiterinnen einschließlich der Kindergärtnerinnen hinsichtlich ihrer Vergütung dem öffentlichen Dienst gleichgestellt. Das betraf mehr als die Hälfte aller Kindergärtnerinnen in evangelischen Kindergärten. Wie auch immer diese Entscheidung begründet gewesen sein mochte, für die Kindergartenarbeit bedeutete sie eine Einpassung in das Gefüge des nationalsozialistischen Staates und war damit auch ein Beitrag zur Sicherung der Kindergärten in kirchengemeindlicher Trägerschaft.

So sehr v. Wicht in Zusammenarbeit mit Kunze darum bemüht war, zu tariflichen Regelungen auch für die etwa 1.500 Kindergärtnerinnen zu kommen, die nicht gemäß TO.A vergütet wurden, weil sie nicht in kirchengemeindlicher, sondern in anderer Anstellungsträgerschaft standen, etwa in der eines Vereins, er blieb mit seinen Bemühungen erfolglos. Die Verhandlungen zu Tarifordnungen für die „Gefolgschaftsmitglieder" in den Anstalten und Einrichtungen der Gesundheitspflege hatten Vorrang. Im größten Arbeitsbereich der Inneren Mission waren fast 30.000 Mitarbeiterinnen und Mitarbeiter beschäftigt. Auch hier war das Verhältnis zur NSV, nicht zuletzt wegen des kriegsbedingt wachsenden Arbeitskräftemangels im Bereich der Krankenpflege, durchaus gespannt. Eine Lohntarifordnung in diesem Bereich bedeutete in jedem Fall eine Stabilisierung der Arbeit der Inneren Mission. Nachdem aber mit dem Erlaß des Reichsministeriums des Innern und des „Stellvertreters des Führers“ vom 21. März 1941 das Ende der Zeit des Aufschubs angezeigt war, mußte es geboten sein, alles zu unterlassen, was, wie etwa Verhandlungen mit dem Reichstreuhänder für den öffentlichen Dienst unter Einbeziehung der DAF, hätte auf Schwachstellen in der Inneren Mission aufmerksam machen und eine Vergrößerung der Gefahr für evangelische Kindergärten mit sich bringen können.

II.

Nach Übernahme der Einrichtungen des DRK durch die NSV hatte der CA sich mit der Frage zu beschäftigen, ob die Diakonissenmutterhäuser des Kaiserswerther Verbandes, deren Diakonissen in Einrichtungen ehedem des DRK tätig waren, nunmehr mit der NSV wie zuvor mit dem DRK Verträge abschließen sollten und könnten. Im Januar 1939 wurde zwischen NSV und CA ein Vertrag unterzeichnet, der neben den arbeitsrechtlichen Regelungen auch solche enthielt, die eine kirchliche Betätigung der Diakonissen außerhalb des Dienstes erlaubten. Damit lag ein Modell der Zusammenarbeit von NSV und Innerer Mission vor. Es sollte aber in der Kindergartenarbeit erst zu einem späteren Zeitpunkt und dann auch nur begrenzt in der Praxis angewandt werden. Zu Beginn des Jahres 1939 jedenfalls bestand die Notwendigkeit dazu nicht. Zwar hatte sich an der Unsicherheit des Bestandes der Arbeit nichts geändert, eine Rechtssicherheit als Schutz kirchlichen Handelns war nicht gewonnen worden, aber es lagen auch weder ein neuer Entwurf des RJWG noch ein Unterstellungsgesetz vor, die je für sich – erst recht gemeinsam – die Gefahr für die Arbeit vergrößert, wenn nicht sogar das Ende bedeutet hätten. Allerdings mit einer Änderung des RJWG zum Februar 1939 erhielt die NSV faktisch das Alleinvertretungsrecht innerhalb der Beiratsarbeit der Jugend- und Landesjugendämter. Dadurch wurde eine bislang so praktizierte Gesetzesverletzung rechtskräftig legitimiert. In Bayern erhöhte auch ein Erlaß die Gefährdung. Damit waren, wie zuvor bereits in Baden durch den Erlaß vom 26. Mai 1937 und in Württemberg durch das Gesetz vom 9. August 1937 weiterer Willkür legal Tür und Tor geöffnet. Mit dem Erlaß vom 4. Januar 1939 wurde den Landratsämtern die Aufgabe zugewiesen, die „bekenntnismäßig geführte Kinderbewahranstalten“ zu beseitigen. Allein das Bekanntwerden von „Tatsachen, die die Versagung der Genehmigung rechtfertigen würden“, sollte für die Rücknahme der Genehmigung zum Betrieb einer Einrichtung ausreichend sein. Trotz der Umsetzungsversuche von Landräten und Bürgermeistern blieb dieser Erlaß noch folgenlos.

Jedoch in beiden Maßnahmen wird man Zeichen dafür erkennen können, daß sich der Angriff sowohl auf die freie Wohlfahrtspflege als auch auf das kommunale Beharren auf Zuständigkeiten verstärkte. Tatsächlich schien die NSV ihre Kräfte auf einer dreitägigen Gauleitertagung Anfang März 1939 zu einer Schlußattacke mobil zu machen. Unter Abrechnung mit der für die Zukunft untragbaren Situation der Fürsorge als einer „liberalistischen Bezirksfürsorge“ wurde „aus der Kraft unseres nationalsozialistischen Bekenntnisses“ heraus eine völlige Neugestaltung hin zu einer „nationalsozialistischen Reichsfürsorge“, die sich allein in der Hand der NSV verwirklichen lassen könnte, propagiert. Insbesondere die NSV-Gauamtsleiter Ventzki und Haug markierten die wohlfahrtspolitische Kampflinie und forderten „die gesamte offene Jugendhilfe, Kindertagesstätten, Kinderheime, Mütterheime, das Hilfswerk Mutter und Kind usw.“ in die Hände der NSV. Mit diesem Anspruch bezog die NSV keinesfalls nur Stellung gegen die verbliebenen Verbände der freien Wohlfahrtspflege, den CA und DCV, sondern auch gegenüber dem Hauptamt für Kommunalpolitik und gegenüber ähnlichen Ansprüchen von HJ und DAF. Dabei gehörte Haug zu den NSV-Gauamtsleitern, die sich, entgegen Hilgenfeldts Wunsch nach einer „geschlossenen Front“, weitergehende Optionen offenhalten wollten und „die restlose Ausschaltung der konfessionellen Verbände“ forderten.

Diese Forderung zielte auf das gänzliche Ende von Innerer Mission und ihrer Verbände, ihre Einrichtungen und Anstalten. Das hielt Hilgenfeldt für nicht durchsetzbar. Sein Entwurf eines Unterstellungsgesetzes, der bis zur Mitte des Jahres 1939 in den Reichsministerien umgelaufen war, sah nach dem Modell der „Ostmark“ unter einem Reichsbeauftragten für die freie Wohlfahrtspflege eine Neuordnung vor, die von einem Fortbestehen der Inneren Mission ausging. Sie sollte entsprechend dem Menschenführungsanspruch der NSV nach deren Maßgabe arbeiten. Jetzt reagierten CA und Kirchenkanzlei der DEK sofort. Nicht aufgepaßt zu haben, wollten sie sich nicht vorwerfen lassen. In einer zwischen beiden abgestimmten Denkschrift vom 13. Juni 1939 wies Constantin Frick als Präsident des CA das Ansinnen des Entwurfs über ein Gesetz der freien Wohlfahrtspflege zurück. Aber er erklärte gleichzeitig eine grundsätzliche Bereitschaft „zu jeder planwirtschaftlichen Regelung ihrer Arbeit zum Nutzen des Volksganzen“. Kirchenkanzlei der DEK und CA waren zuversichtlich, daß das beabsichtigte Gesetz „zurückgestellt oder geändert werden würde.“

Die Debatte um das Unterstellungsgesetz hatte in der Vereinigung eine Diskussion belebt, in der es darum ging, auch an den Kindern außerhalb von Kindergarten und Hort den Auftrag zur Verkündigung vom Evangelium her zu erfüllen. Getreu der im Frühjahr 1939 erneuerten These, daß die „christliche Kinderpflege ein Dienst an der evangelischen Gemeinde“ sei, sollte als Angebot der Gemeinden mit Hilfe von dafür eigens geschulten Gemeindehelferinnen als „Kinderkirche“ verstandene Unterweisung in Ergänzung zu Kindergottesdienst und Elternhaus stattfinden. Die Finanzierung dieser Kinderkirche, insbesondere der „Kleinkinder-Gemeindehelferin“, sollten Gemeindevereine übernehmen. Mit diesem Konzept, das Dölker mit seinen Erfahrungen in Württemberg entwickelt hatte, sollten praktisch-theologische Überlegungen in praktisch-ekklesiologisches Handeln übersetzt werden. Zunächst als Ergänzung zu bestehenden Kindergärten verstanden und als ein Angebot der Kirchengemeinden, die ohne Kindergarten waren, konnte darin auch ein Ersatz für jeden verlorengegangenen oder – wie zu befürchten – künftig verlorengehenden Kindergarten gesehen werden.

Der Umsetzung des Konzeptes freilich stand in Württemberg ab Juni 1939 eine Gestapo-Verfügung entgegen, die eine Auflösung der Gemeindevereine bedeutete, mithin den Entzug der Finanzierungsgrundlage zur Anstellung einer „Kleinkinder-Gemeindehelferin“. Außerdem erkannte man in CA und Vereinigung die Gefahr, daß diese „Sammlung“ von Kindern in der Gemeinde mit dem von den Machthabern ihrer Willkür angepaßten RJWG als Betrieb eines illegalen Kindergartens angesehen werden könnte. Das hätte nach allen bis dahin gesammelten Erfahrungen ein Eingreifen der Gestapo zur Folge haben müssen. Dies war ein zu großes Risiko. So blieb es bei Überlegungen. Dölkers Konzept wurde nicht Praxis.

Derweil erfolgte in Nassau-Hessen ein neuer Angriff der NSV zur Schließung bzw. Übernahme von Kindergärten mit der legitimierenden Begründung „politischer Unzuverlässigkeit“ und Hinweis auf die Verordnung des Reichspräsidenten zum Schutz von Volk und Staat vom 28. Februar 1933. Die Lage für die evangelische Kindergartenarbeit und die Innere Mission spitzte sich zu. Das noch mehr, als in Mecklenburg gar die Übernahme aller Einrichtungen der Inneren Mission erfolgte. Neue Variante der legitimierenden Begründung neben der allenthalben inzwischen bekannten „politischen Unzuverlässigkeit“ war in diesem Fall – wenn auch später als Verfügung „pericula in mora“ relativiert – die Tuberkulosebekämpfung. Es schien jedes auch gesundheitspolitische „Mittel“ recht, die Entkonfessionalisierung der freien Wohlfahrtspflege zu radikalisieren, um jetzt endlich das Ziel, das Monopol für die NSV, den „sozialistischen Arm der NSDAP“, zu erreichen.

Diese Zielstellung, mithin die Auslöschung jeglicher anderen Trägerschaft sollte bis dahin, wenngleich durchaus keine verdeckte Anstrengung, so doch nicht propagandistisch der Öffentlichkeit vorgetragen werden. Das hatte Hilgenfeldt noch zu Beginn des Jahres auf der NSV-Gauamtsleitertagung in Weimar gefordert. Notwendige Informationen und die literarische Begleitung in einschlägigen Fachzeitschriften sollten ohne Schärfe und nur rein weltanschaulich-philosophisch dargebracht werden. Jetzt aber war es Hilgenfeldt selbst, der persönlich den Angriff führte. Er reagierte damit auf Constantin Frick, der gleich in den ersten Kriegstagen eine Zusammenfassung aller Kräfte der Wohlfahrtspflege in einem Kriegsausschuß vorgeschlagen hatte. Zunächst reagierte Hilgenfeldt mit Zurückweisung dieses Vorschlags, weil er eine Notwendigkeit, seinen seit dem Frühjahr und der NSV-Gauleitertagung in Weimar verschärften Konfrontationskurs zu ändern nicht sehen und einen Kooperationsbedarf nicht erkennen wollte. Als er wenig später die Lage anders einschätzen mußte, änderte er die Taktik und forderte nun unmißverständlich von Constantin Frick, die evangelischen Kindergärten zum „Glied deutscher Volkserziehung" zu machen und sie „der Verfügungsgewalt des zuständigen Gauleiters der NS-Volkswohlfahrt zu unterstellen."

Das traf die Vereinigung um so härter, als sie und ihr Vorsitzender v. Wicht gerade jetzt, zu Beginn des Krieges, glaubten, davon ausgehen zu können, daß die evangelischen Kindergärten, weil gebraucht, um den Einsatz von Müttern in der Kriegswirtschaft durch die Betreuung ihrer Kinder zu ermöglichen, nun die Anerkennung und den Ausweis politischer Zuverlässigkeit erhielten, um die in der Vergangenheit in unterschiedlicher Weise, aber in jedem Einzelfall, gestritten worden war. Daß die vom Reichsministerium des Innern geforderte Anpassung an die Bedingungen des Krieges und der Rüstung tatsächlich auch anders vorgenommen werden konnte als durch „Unterstellung" wurde gerade in Berlin und in Ostpreußen unter Beweis gestellt. Verlängerte Öffnungszeiten, tägliche Mahlzeiten und Einhaltung der gesundheitsfürsorgerischen Vorschriften wurden im Rahmen der behördlichen Aufsichtspflicht auf dem Verfügungswege geregelt. Die Selbständigkeit der Träger blieb unangetastet.

Ganz anders handelten auf der Grundlage desselben Erlasses des Reichsministeriums des Innern Staats- und Parteimacht in Gestalt des Oberpräsidenten und NSDAP-Gauleiters in Westfalen und Pommern. Hier Schwede und dort Alfred Meyer erhoben einen Unterstellungsanspruch. Erst nach insbesondere in Pommern langen und schwierigen Verhandlungen wurde ein Ergebnis erreicht, das der Praxis der Wahrnehmung der Aufsicht in Baden und Berlin glich. Dabei hatten die Vertreter der evangelischen Kinderpflege es erreicht, daß entgegen allen Bestrebungen der Machthaber zur Entkonfessionalisierung der evangelischen Kindergärten und zu ihrer Anpassung an die nationalsozialistische Weltanschauung, „an dem konfessionellen Charakter der Kindergärten nichts geändert" wurde und weiterhin Gebet und christliche Unterweisung Elemente der Arbeit eines evangelischen Kindergartens blieben. Gleichzeitig war es für die Vereinigung, obwohl ihr die Haltung des CA gegenüber den Forderungen der NSV auf Unterstellung gerade auch der Kindergärten nicht nachdrücklich genug erschien, „selbstverständlich", im Interesse der in der Kriegswirtschaft arbeitenden Mütter sich in vollem Maße auf die – durch die Machthaber definierten – Bedürfnisse der Kriegszeit einzurichten.

Spätestens zu diesem Zeitpunkt, zum Anfang des Jahres 1940, war klar, daß unter dem zunehmenden Druck der Maßnahmen des Regimes und seiner

Handlanger gegen die freie Wohlfahrtspflege die Obhut, in die die DEK die Innere Mission seit April 1936 verstärkt genommen hatte, nicht mehr ausreichte, sie zu schützen. Wollte man eine für den Fortbestand der Arbeit der Inneren Mission als unabdingbar erachtete rechtlich einwandfreie Legitimation erreichen, war erneutes unmittelbar kirchenleitendes Handeln erforderlich. Es war der CA und insbesondere sein Direktor Schirmacher, der diesen für notwendig gehaltenen Annäherungs- und somit Verkirchlichungsprozeß beförderte.

Was drei Jahre zuvor fehlgeschlagen war, sollte nun mit einer verfassungsmäßigen Eingliederung der Inneren Mission in die Kirche gelingen. Wenn auch nicht in einer rechtlich eindeutigen Zuordnung zur DEK als Körperschaft öffentlichen Rechts, so doch in der theologisch-ekklesiologischen Bestimmung der Inneren Mission als „Wesens- und Lebensäußerung der evangelischen Kirche" – eine wohl auf Marahrens zurückgehenden Formulierung – wurde sie zu einem Bestandteil der DEK erklärt. Das ging zwar über die seinerzeit vom RKA erklärte Inobhutnahme hinaus, und der Erlaß Friedrich Werners „betreffend die Innere Mission der Deutschen evangelischen Kirche" vom 12. Juli 1940 wurde auch von der Vereinigung begrüßt als das, was Wichern stets gewollt hätte. Aber so groß die Freude und Zufriedenheit über das „diplomatische Meisterstück" war, so fraglich bleibt, ob es zum einen überhaupt der Situation, in der „lebensunwertes Leben" vernichtet wurde, entsprach und ob ein solcher Erlaß gegen die Art der Behauptung der Menschenführung brauchbar, handhabbar war, ob er also eine Voraussetzung dafür bot, daß die Innere Mission als Wesensäußerung und Bestandteil der Kirche dem Zugriff durch die NSV entgehen konnte. Zweifel waren angebracht, zumal das Fehlen von Ausführungsbestimmungen und der Verzicht auf eine notwendige Satzungsänderung des CA die Wirksamkeit des Erlasses als ein die Arbeit schützendes Regelwerk verhinderten.

Trotz aller Vorbehalte gegen die von der NSV und ihrem Hauptamtsleiter Hilgenfeldt sogar mit Gestapo-Einsatz in der Geschäftsstelle des CA versuchte Durchsetzung einer als Planwirtschaft ausgegebenen Unterstellung der Inneren Mission unter die NSV, der CA und sein Präsident setzten nach wie vor auf Kooperation. Sie war der Gegenentwurf zur okkupativen Planwirtschaft der NSV. In der Differenz zur Forderung der NSV lag der Verhandlungsspielraum, der zugleich die Chance eröffnete, Möglichkeiten der Gegenwehr und Abwehr zu nutzen und taktisch in die Auseinandersetzung einzubringen. Ob dem gerade nach der Gestapo-Aktion im Haus des CA und der zeitweiligen Inhaftierung Schirmachers im Februar 1940 eine realistische Sicht der tatsächlich offenstehenden Möglichkeiten zu Grunde lag, muß fraglich bleiben. Sie entsprach aber ganz und gar dem bisherigen Ja-aber- und Sowohl-als-auch-Kurs. Daß der Verhandlungsspielraum zum Abschluß eines planwirtschaftlichen Abkommens enger wurde, war bereits Anfang Mai 1940 im Verlauf eines Gesprächs von leitenden Männern des CA einschließlich Constantin Fricks mit Vertretern des Hauptamtes, allerdings ohne Hilgenfeldt, deutlich zu erkennen. Die NSV setzte gerade auch im Blick auf die Kindergärten immer mehr auf Alles oder Nichts. Offenkundig wurde das mit der Veröffentlichung der Vereinbarung zwischen NSV, dem den Deutschen Gemeindetag betreuenden Hauptamt für Kommunalpolitik, dem Reichsministerium des Innern und dem „Stellvertreter des Führers" Anfang 1941, mit der die Spannungen zwischen NSV und Kommunen zunächst weitgehend und in „völliger Übereinstimmung" beigelegt, vor allem aber die schrittweise Übernahme der verbliebenen konfessionellen Einrichtungen durch die NSV festgeschrieben wurde.

Dem Direktor des CA Schirmacher war klar, daß für die NSV eine „Zusammenarbeit" mit der Inneren Mission allein auf der Grundlage der Regelungen in der „Ostmark" in Frage käme. Für Schirmacher waren die Kindergärten jetzt tatsächlich insgesamt – in kirchengemeindlicher Trägerschaft wie in der von Vereinen der Inneren Mission – Verhandlungsgegenstand und im Rahmen eines planwirtschaftlichen Abkommens der NSV zur Verfügung zu stellen. Nur so, meinte er, indem die Innere Mission umstrittene Arbeitsfelder wie die Kindergärten preisgäbe, würde die planwirtschaftliche Abgrenzung wesentlich vereinfacht und der Erlaß über Kirche und Innere Mission zu einem Ausgangspunkt gegenseitigen Dienstes. So sehr er sich für den Erlaß eingesetzt hatte, eine Erprobung der Einheit von Kirche und Innerer Mission, gerade im Sinne des Erhaltes der Kindergärten als „Wesens- und Lebensäußerung" der Kirche, hatte er nicht im Sinn. Trotz der mehrheitlichen Widerstände in CA und GVR hatte Schirmacher auch Stimmen hinter sich, die meinten, um ohnehin verlorene Posten zu kämpfen lohne nicht.

Auch wenn der schließliche Entwurf für ein planwirtschaftliches Abkommen, an dem neben Constantin Frick und Schirmacher auch Ohl und Wendelin mitgewirkt hatten, schließlich gegen einen mit hohem persönlichen Einsatz sich wehrenden und davon abratenden v. Wicht soweit ging, völligen Rückzug und wohlfahrtspolitische Anpassungsbereitschaft festzuschreiben, so weit, daß dies als Verleugnung aller christlichen Motive gewertet wurde und zur Feststellung führte, die Innere Mission höre auf diese Weise auf, Mission zu sein, war indes Mitte des Jahres 1941 bereits fraglich, ob und inwieweit die NSV überhaupt noch Interesse an einer planwirtschaftlichen Übereinkunft hatte. Zu groß war inzwischen die kriegsbedingte Aufgabenbelastung. Außerdem banden die Verschärfung der Konkurrenz zur öffentlichen Wohlfahrtspflege und die Auseinandersetzungen mit dem Hauptamt für Kommunalpolitik und dem „Reichsgesundheitsführer" wesentliche Kräfte.

Immer noch verfolgte v. Wicht, weiterhin in Zusammenarbeit mit den anderen Verbänden, seine Doppelstrategie und suchte danach die Arbeit evangelischer Kinderpflege zu sichern und auszubauen. Das Gewissen der Gemeinden und besonders der Eltern hinsichtlich einer planmäßigen evangelischen Erziehung zu schärfen, reichte ein Sonntag – der Eltern- und Erziehungssonntag – allein nicht aus. Deshalb verband sich dem Katechetisierungskonzept die Vorstellung eines biblischen Stoffplanes, der eine systematische biblische Unterweisung durch das Jahr ermöglichte. Es war allerdings ein Konzept, das jedenfalls im Frühsommer 1939 die Erfahrung mit völkischer Weltanschauung, mithin mit „Arierparagraph", mit Entrechtung jüdischer Menschen bis hin zur erst ein halbes Jahr zuvor stattgehabten Pogromnacht völlig ausblendete und ein Nachdenken unter dem Wort Gottes über das Volk Gottes im Sinne einer solchen Gewissensschärfung durch das Evangelium nicht berücksichtigte oder gar zum Gegenstand hatte; ein Konzept, in der das AT zunehmend christologisch verdeckt nur noch Randbedeutung hatte. Eine pflichtgemäße Bezogenheit evangelischer Unterweisung auf die Welt war damit nahezu ausgeschlossen.

Dennoch, v. Wicht sah mit einem biblischen Stoffplan das gesichert, was nach eventuellem Fortfall der kirchlichen Kindergärten – als dem terminus post quem – an katechetischer Zurüstung notwendig sei. Dazu müsse aber die DEK mit Partei und Staat die notwendigen, das katechetische Amt sichernden Abmachungen treffen. Wie wenig dies Amt aber, noch dazu in ungehemmter Entfaltung, wie v. Wicht sich geradezu erträumte, wie wenig es gewollt war, das war für ihn zu sehen. Auch die in den Landes- und Provinzialkirchen tätigen evangelischen Kinderpflegeverbände waren nicht gewillt, die Voraussetzungen zu schaffen, daß der v. Wichtsche Stoffplan seine Wirksamkeit entfalten könne, nämlich den Forderungen der NSV auf Übergabe von Kindergärten, mithin der Forcierung des terminus post quem zu entsprechen. Das Ausbleiben eines sichtbaren Erfolges der Bemühungen um den biblischen Stoffplan, das sicherlich auch der fehlenden Verbreitungsmöglichkeit auf Grund der Beschränkungen der evangelischen Presse und der Papierrationierung geschuldet war, sollte v. Wicht nicht mehr erleben.

III.

In Thüringen, einem Land, in dem es bisher nicht einmal in Einzelfällen zu Konflikten um evangelische Kindergärten gekommen war, erfolgte der Auftakt zum – wie man im Nachhinein feststellen kann – letzten Versuch der NS-Machthaber, die evangelischen Kindergärten in die Hände zu bekommen. Von Fritz Sauckel, Ministerpräsident und Reichsstatthalter in Thüringen und Minister des Innern, wurde im November 1940 verfügt, daß mit Beginn des Jahres 1941 Kindergärten und Horte von kirchlichen Organisationen nicht mehr unterhalten und geleitet werden. Der Thüringer evangelischen Kirche, ihrem Landeskirchenrat Eisenach und ihrem Bischof, ihren Beratern aus der

Inneren Mission, von CA und vom Thüringer Verband für Innere Mission ging es allem Anschein nach weniger um den Erhalt der Kindergärten als vielmehr um den Erhalt der Gunst der Mächtigen in Partei und Staat. So gingen 25 evangelische Kindergärten an die NSV, und v. Wicht hatte nichts dagegen tun können.

Vom Vorgehen in Thüringen unterschied sich wenig später das in Sachsen nur dadurch, daß entgegen der Auffassung der breiten Mehrheit der Männer an den Spitzen der Landes-, Provinzial- und Fachverbände und entgegen dem Rat Schirmachers, jedoch ganz auf der Linie v. Wichts, Gemeinden tatsächlich mobil machten. Mit Eingaben an den unter der Leitung Görings stehenden Reichsverteidigungsrat und an das Reichsministerium des Innern, ebenso wie an den GVR und dessen Vorsitzenden Marahrens trugen Eltern, Mütter und Väter, ihren Protest unmittelbar vor. Besonderes Gewicht erhielten viele dieser Schreiben dadurch, daß ihr Protest durch eine Vielzahl von Unterschriften betroffener Eltern bestätigt wurde. Indes – es war nicht nur vergebens, sondern die Maßnahmen in Thüringen und Sachsen sollten sich auch bereits im März 1941 als Vorpreschen und Probe aufs Exempel erweisen, dem die „Entscheidungen der Partei" über die „zukünftige Gestaltung" kirchlicher Kindergärten folgte.

Auch wenn es im gemeinsamen Erlaß des Reichsministeriums des Innern und des „Stellvertreters des Führers" vom 21. März 1941 hieß, die Übernahme sonstiger Kindertagesstätten sei ausschließlich Aufgabe der NSV, so war doch die dezidierte Aufforderung zur Erfüllung des Anspruchs der NSV auf Übernahme aller verbliebenen konfessionellen Kindergärten tatsächlich an keiner Stelle formuliert. Auch war keine Bemerkung in Richtung Konzessionsentzug – wie in Thüringen oder Sachsen geschehen – erfolgt, so daß man diesen Erlaß fast schon als einen teilweisen Rückzug der NSV hätte werten können. Statt dessen sah der Erlaß vom 21. März 1941 Regelungen grundsätzlicher Art, ähnlich einem Abkommen planwirtschaftlicher Übereinkunft, also der Zusammenarbeit der kommunalen Träger mit der NSV zur Förderung der Kindergärten vor. Dennoch wurde gerade mit Verweis auf diesen, entsprechende Regelungen gar nicht vorsehenden Erlaß Einsprüche gegen das Vorgehen in Thüringen und Sachsen abgewiesen, mithin das nach wie vor gültige RJWG mit seinem die Gleichberechtigung freier und öffentlicher Trägerschaften sicherstellenden § 6 scheinbar legal außer Kraft, also das Vorgehen der NSV gegen die konfessionellen freien Träger ins Recht gesetzt.

Damit bedeute – anders verstand es jedenfalls v. Wicht nicht – dieser Erlaß, daß nunmehr die Überführung der konfessionellen Kindergärten auf die NSV angeordnet sei. Daß er trotz seines keine Anweisungen gebenden allein eher Verwaltungsgrundsätze beschreibenden Wortlautes in seinen Auswirkungen tatsächlich maßnahmenorientiert sein sollte, hatte die Partei-Kanzlei, Bormann selbst, in einem streng vertraulichen Schreiben an alle Gauleiter unmißverständlich deutlich gemacht. Er hatte angewiesen, daß auf der Grundlage dieses Erlasses alle nicht in kommunaler oder NSV-Trägerschaft befindlichen Kindergärten ausschließlich von der NSV zu übernehmen seien und neue selbstverständlich nicht mehr genehmigt werden.

Schirmacher sah seine Haltung mit dem Erlaß bestätigt und hielt die Sache der Kindergärten für entschieden. Auch v. Wicht erwartete eine reichsgesetzliche Regelung, wie von der Vereinigung mit Unterstützung von 17 Landeskirchen in einer Eingabe vom 14. Februar 1939 gefordert und bis dahin unbeantwortet, nun nicht mehr. Das Reichsministerium des Innern und der „Stellvertreter des Führers" hatten jetzt auf dem Erlaßwege geantwortet. Reichsgesetzlich war die Antwort nicht, aber doch von einer Form, die eine ähnliche Wirkung nicht ausschloß, wenn nicht gar beabsichtigte. v. Wicht jedenfalls deutete den Erlaß als Anordnung und sah die Sache der evangelischen Kindergärten in der bisherigen Rechtsform, wie seit vier Jahren befürchtet, als verloren an. Diese Einschätzung v. Wichts wurde im Vorstand der Vereinigung keineswegs geteilt. Keineswegs meinte man, die Flinte ins Korn werfen zu müssen.

Weil v. Wicht meinte, die Zeit des Aufschubs sei beendet und er keine Möglichkeit und Notwendigkeit zur Vertretung der Arbeit gegenüber den staatlichen Instanzen für die Vereinigung mehr sah, überließ er alles weitere den Mitgliedsverbänden in den Ländern und Provinzen. Die Vereinigung hatte damit einen in der Vergangenheit wesentlichen Zweck ihrer Tätigkeit, die Sicherung der Arbeit evangelischer Kindergärten, abgegeben. Für kurze Zeit, nach einer Unterredung mit Benedikt Kreutz, war v. Wicht der Meinung, daß der Erlaß doch nicht gesetzliche Regelungskraft habe und daß man wie der deutsche Episkopat mit dem Recht auf seiner Seite dagegen stehen könne. Doch er gab die Schlacht geschlagen und sah sein Lebenswerk zerstört.

Was er von seiten der Vereinigung zu tun noch für erforderlich hielt, war zum einen die Erstellung von Richtlinien, die möglichst umfassend die für die Abwicklung der Übernahmen der Kindergärten durch die NSV zu beachtenden Gesichtspunkte, insbesondere hinsichtlich erforderlicher Verträge über Mieten und Nutzungsentgelte, zusammenfassen sollten. Sie wurden unter Berücksichtigung, insbesondere aus Sachsen vorliegender Verträge in Abstimmung mit CA, GVR und EOK Berlin erstellt und den Mitgliedsverbänden der Vereinigung wie den Kindergärten unmittelbar auf Anfrage zur Verfügung gestellt. Zum anderen war es jetzt v. Wichts besonderes Interesse, daß das, woraufhin er mit dem anderen Teil seiner Doppelstrategie, seinem Einsatz für den „Eltern- und Erziehungssonntag" und seiner Arbeit an einem biblischen Stoffplan, gewirkt hatte, nun zum Tragen kam. „Die rein religiöse Betreuung der Kinder in anderer Form" sollte gesichert werden. Für v. Wicht mußte es eher bei der Absicht bleiben. Sein Tod ließ die Bilanz eines Ertrages nicht mehr zu.

Hatte v. Wicht auf eine Weise den Kampf um die evangelischen Kindergärten aufgegeben, die einem Eingeständnis einer Niederlage glich und hatte er sich nun mit der Vereinigung ganz auf die Arbeit im Raum der Kirche konzentriert, so kam auch Schirmachers Ausscheiden aus dem CA einer Niederlage gleich. Freilich einer ganz anderen. Er hatte erkennen müssen, daß seine Stellung als erster Direktor des CA, zwischen Kirche und Partei, Innerer Mission und NSV unhaltbar geworden war. Der Vorstand des CA wollte ihm auf dem Weg in eine von der NSV gesteuerte nationalsozialistische Planwirtschaft der freien Wohlfahrtspflege nicht folgen. Schirmacher meldete sich zur Wehrmacht und wurde eingezogen.

Tatsächlich lagen die Möglichkeiten, die Arbeit evangelischer Kindergärten als „Wesens- und Lebensäußerung der evangelischen Kirche“ zu erhalten, in den Landes- und Provinzialkirchen, deren Behörden und den in der Vereinigung zusammengeschlossenen Fachverbänden. Dementsprechend spielten bei allen von den Gauleitern über die Kommunalverwaltungen verfügten Zugriffen, die stets die Übernahme durch die NSV zum Ziel hatten, drei Sachverhalte eine wesentliche Rolle. Zum einen, ob man den Erlaß vom 21. März 1941 wie v. Wicht deutete und wie ihn die Machthaber gedeutet sehen wollten, oder ob man ihn eher, wie der deutsche Episkopat und der DCV und wie besonders die intakten evangelischen Landeskirchen, keinesfalls als gesetzliche Regelung betrachtete. Das andere, was die Möglichkeiten, die Kindergartenarbeit zu erhalten, bestimmte, war der Wille der Landes- und Provinzialverbände, die zum Verband gehörenden Kindergärten keinesfalls als Verband und freiwillig zu übergeben, wie es sich Schirmacher gedacht hatte und wie es die verschiedenen Vertreter nationalsozialistischer Menschenführung erwarteten. Und das Dritte, was in dieser Situation Bedeutung hatte, war die Kraft, mit der man in jedem Landes- und Provinzialverband und am Ort des Kindergartens selbst bereit und im Stande war, der Staats- und Parteimacht entgegenzutreten und Verhandlungen zu verweigern oder so zu führen, daß es die NSV Aufwand an Zeit, Personal und Geld kostete und ihr Erfolg sich nur im Einzelfall ausweisen ließ.

Trotz der anderslautenden Ankündigung von Hermann Althaus liefen sowohl in Hessen-Kassel als auch in Nassau-Hessen, in der Provinz Sachsen ebenso wie in Anhalt die Dinge fast wie in Sachsen und Thüringen ab. Die NSV kam durch einen nahezu zeitgleich mit dem Erlaß erfolgenden Zugriff, sowohl die Verwirrung der Verbände und der Landeskirchenämter als auch insbesondere in Nassau-Hessen die Unterstützung der DC-bestimmten Kirchenbehörde in Darmstadt nutzend, bis Anfang August 1941 in die Trägerschaft aller kirchlichen Kindergärten. Die Gegenwehr einzelner Kindergärten war erfolglos geblieben.

Ganz anders verlief die Sache in Schlesien. Nachdem es anfangs so ausgesehen hatte, als begnüge sich die NSV mit der Aufsicht über die evangelischen Kindergärten und könnte in Verhandlungen das westfälisch-pommersche Modell durchgesetzt werden, erwies sich das als Fehleinschätzung. Zur Jahresmitte verfügten die Oberpräsidenten und Gauleiter ein Betriebsverbot für alle konfessionellen Kindergärten. Steinbrück und Hans-Hellmuth Krause, der nur wenige Monate zuvor, nach Bekanntwerden des Erlasses vom 21. März 1941, v. Wicht gebeten hatte, „die Flinte noch nicht ins Korn" zu werfen, empfahlen nun allen evangelischen Kindergartenträgern, ihre Arbeit einzustellen. Sie sahen in der biblischen Unterweisung, die in der zurückliegenden Zeit von Steinbrück und Hafa durch Qualifizierung und Zurüstung der Kindergärtnerinnen systematisch gefördert worden war, die „Aufgaben der Zukunft", denen man sich stellen müsse, auch wenn der bewußte Abschied von der bisherigen Form der Arbeit mit Schmerzen verbunden sei.

Obwohl auch v. Wicht in Berlin und Bremer in Brandenburg die Arbeit ihrer Verbände auf den Gesamtkatechumenat ausgerichtet hatten und in der biblischen Unterweisung der Kinder im vorschulpflichtigen Alter ein wesentliches Element des Gemeindeaufbaues sahen, so konsequent wie Steinbrück und Hans-Hellmuth Krause mit ihrem Schlesischen Modell beschränkten sie sich freiwillig nicht auf den Raum der Kirche und überließen die Kindergartenarbeit nicht der NSV. Während allerdings das Berliner Modell jede Konfrontation mit den Machthabern vermeiden wollte und die Sicherung des „religiösen Grundcharakters" und die Entscheidungsfreiheit einer jeden Kindergärtnerin über eine Fortsetzung ihrer kirchlichen Anstellung zur Leitlinie von Verhandlungen zu machen suchte, deren Ziel eine möglichst geordnete Übergabe der Einrichtungen sein sollte, setzte man in Brandenburg auf Abwarten.

Trotz aller Mitarbeit am Katechetisierungskonzept und trotz Entwicklung des Arbeitsbereichs für eine Kleinkinder-Gemeindehelferin, insbesondere in Württemberg – es waren die evangelischen Kinderpflegeverbände in den intakten Kirchen, der Evangelisch-lutherischen Kirche in Bayern, der Evangelisch-lutherischen Landeskirche in Württemberg, der Evangelischen Landeskirche Badens, der Evangelisch-lutherischen Landeskirche Hannovers und der Rheinischen Kirchenprovinz, die keinesfalls freiwillig ihre Kindergärten der NSV zu übergeben und sich auf den Raum der Kirche zu beschränken bereit waren. Sie vereinbarten Anfang September 1941, den Erlaß vom 21. März 1941 – wie der deutsche Episkopat, der DCV und dessen Präsident Kreutz – nicht als eine gesetzliche Regelung zu betrachten. Man wollte sich auf das nach wie vor bestehende Recht in Gestalt des RJWG berufen, erwartetem Rechtsstreit nicht aus dem Wege gehen und nur der Gewalt weichen.

So unterschiedlich die taktischen Modelle der evangelischen Kinderpflege angesichts des scheinbaren Endes der Zeit des Aufschubs auch waren, keines sollte in letzter Konsequenz vor die Notwendigkeit einer Erprobung gestellt werden. Mit Verfügung des Reichsministeriums des Innern vom 30. September 1941, dem bereits am 30. Juli 1941 ein sogenannter Erlaß des „Führers" aus der Partei-Kanzlei vorangegangen war, sollten sowohl alle Beschlagnahmen kirchlichen Vermögens als auch alle Maßnahmen gegen konfessionelle Kindergärten eingestellt werden. Der Krieg ließ anderes wichtiger erscheinen. Wenn damit auch der Höhepunkt der Krise um die evangelischen Kindergärten – und auch die Innere Mission von einem planwirtschaftlichen Abkommen nicht mehr bedroht war –, bedeutete das dennoch, daß es regional weiterhin Auseinandersetzungen um evangelische Kindergärten gab, weil NSV oder Kommunen im polykratischen Machtgeflecht ihre Interessen gegen die Berliner Zentralgewalten durchsetzen wollten. Für die Streiter der Sache der evangelischen Kinderpflege war aber eine Entscheidung über den Fortbestand der Arbeit, respektive ihre Überleitung auf die NSV, erneut aufgeschoben – „bis nach Kriegsschluß". Was aber nach dem Krieg geschehen sollte, den als verloren man weder sehen konnte noch wollte und schon gar nicht durfte, das wußte man nach allen Erfahrungen wohl genau. Daß die evangelische Kinderpflege nach dem Kriege vor ganz neuen Herausforderungen stehen sollte, weil nach dem Krieg nach dem Ende der nationalsozialistischen Herrschaft war, das ahnte kaum jemand.

Jetzt, in der zweiten Hälfte des Jahres 1941 folgte es der Logik der Machthaber und ihrer Erfüllungsgehilfen, wenn sie mit der Entbehrlichkeit konfessioneller Kindergärten auch die Vereinigung evangelischer Kinderpflegeverbände Deutschlands als „überflüssig" erachteten. Damit stand das Lebenswerk v. Wichts zur Disposition. Das wurde offenbar im Zuge einer beantragten Satzungsänderung, als im Verlauf des Genehmigungsverfahrens die Gestapo der Vereinigung im August 1941 den Wegfall ihres Zwecks attestierte. Auch wenn die „Zwecklosigkeit" der Vereinigung mit dem „Stopp-Erlaß" aus dem Reichsministeriums des Innern vom 30. September 1941 wieder aufgehoben war, die Gefährdung blieb.

Diese Situation änderte sich auch nicht durch den überraschenden Tod v. Wichts am Beginn des Jahres 1942 und dadurch, daß nun Gustav Bremer, langjähriger Stellvertreter v. Wichts an der Spitze der Vereinigung dessen Platz übernommen hatte. Für vier Jahre sollte Bremer mehr ein Nachlaßverwalter der Vereinigung im sich ausweitenden Chaos des Krieges als deren die Geschäfte führender Vorstandsvorsitzender sein. Welche Geschäfte gab es noch zu führen? Von einer Vertretung der Arbeit in der Öffentlichkeit und gegenüber den staatlichen Instanzen konnte keine Rede mehr sein. Die Sicherung dessen, was von der Arbeit noch Bestand hatte – von ehedem etwas mehr als 2.600 Kindergärten mit nach neun Jahren jetzt im Jahr 1942 nur noch etwa der Hälfte –, lag bei den Landes- und Provinzialverbänden der evangelischen Kinderpflege. Die Arbeit am Konzept christlicher Unterweisung von Kindern im Vorschulalter war mit der Erstellung des biblischen Stoffplanes abgeschlossen. Was blieb, war die Durchführung des Eltern- und

Erziehungssonntags, an den Bremer und die Kirchenkanzlei der DEK eher nur noch erinnern konnten als für seine Durchführung Arbeitsmaterialien zur Verfügung zu stellen. Allerdings gelang es Bremer bis zur Einstellung auch der letzten noch publizierenden praktisch-theologischen Periodika im Jahr 1944 den Predigt- und Gottesdiensthilfen für den Sonntag Misericordias Domini den Schwerpunkt Eltern- und Erziehungssonntag geben zu lassen.

Die Hauptaufgabe Bremers als Vorsitzender des Vorstandes der Vereinigung war, die unter dem 29. Juli 1942 gerade genehmigte Satzungsänderung den Vorschriften der Gemeinnützigkeitsverordnung vom 16. Dezember 1941 anzupassen. Mit der Genehmigung schien das Ende eines bedrohlichen Weges erreicht, hatte doch die begründende „Verkirchlichung" der Arbeit der Inneren Mission die Steuerbefreiung nach Mildtätigkeit und Gemeinnützigkeit gefährdet. Tatsächlich hatte das „diplomatische Meisterstück" der Anerkennung der Inneren Mission als „Wesens- und Lebensäußerung der evangelischen Kirche" nach Auffassung des Reichsministeriums der Finanzen zu einer veränderten Rechtslage geführt, die gerade in ihrer steuerrechtlichen Dimension so bei Abfassung des Erlasses vom 12. Juli 1940 überhaupt nicht in den Blick gekommen worden war. Von den Machthabern richtig genutzt hätte das, was der Inneren Mission als Eröffnung eines kirchlichen Schutzraumes zugedacht war, das Ende ihrer Arbeit – und nicht nur der Kindergärten – jedenfalls außerhalb des Raumes der Kirche bedeuten können. Nicht nur hätten Einrichtungen durch die Verpflichtung zur Steuerzahlung vor dem wirtschaftlichen Aus stehen können, was der NSV nach Belieben eine Übernahme ermöglicht hätte. Vielmehr hätten Anstalten und Einrichtungen auch unter die Aufsicht der Finanzabteilungen bei den Landes- und Provinzialkirchenbehörden gestellt werden können, wie es von Emil Doerr in Baden versucht wurde und im Erfolgsfall die staatskirchenrechtliche Liquidierung der DEK und ihrer Inneren Mission bedeutet hätte.

Es kam also darauf an, dem Verständnis der Staats- und Parteiapparate von der „Eingliederung" der Inneren Mission in die DEK zu widersprechen und auf die rechtliche Selbständigkeit der Inneren Mission und ihrer zugehörigen Einrichtungen, Vereine und Verbände zu verweisen. Nicht nur daß CA und Kirchenkanzlei DEK eine Anerkennung des Erlasses vom 12. Juli 1940 erreichten, wonach mit ihm ein „schon vorhandener Tatbestand besonders festgestellt" und damit keine Änderung einer Zweckbestimmung verursacht worden war. Kunze brachte nach fast ein Jahr währenden Verhandlungen mir dem Reichsministerium der Finanzen auch dementsprechende Erläuterungen zur Gemeinnützigkeitsverordnung vom 16. Dezember 1941 zuwege, die als „Merkblatt" veröffentlicht wurden und nicht nur für die Innere Mission konzipiert waren. Erforderliche Anträge zur Satzungsänderung allerdings hatten nur Frist bis zum 31. Dezember 1942. Jedoch erlaubte das Reichsministerium für Finanzen im Einvernehmen mit dem Reichsministerium des Innern ein unbürokratisches Verfahren, das es den Vorständen einer Körperschaft gestattete, den Beschluß über die Satzungsänderung zu fassen und fristgerecht den je zuständigen Finanzämtern vorzulegen. Damit sollte steuerrechtlich der Verordnung Genüge getan sein.

Auch die Satzung der Vereinigung, kaum ein halbes Jahr anerkannt in Kraft, mußte geändert werden. Sollten die Voraussetzungen der Unmittelbarkeit ihrer Aufgaben in Satzung und tatsächlicher Geschäftsführung zur Erlangung der Steuerbefreiung nach der Gemeinnützigkeitsverordnung erfüllt sein, mußte die Vereinigung sich auf die „Zusammenfassung ihrer Unterverbände" beschränken. Entgegen dem Hinweis des „Merkblattes" und persönlicher guter Ratschläge nutzte Bremer nicht das verkürzte und vereinfachte Verfahren, sondern ging den Weg über das Amtsgericht Berlin als Vereinsregistergericht. Anders als das zuständige Finanzamt und trotz Zustimmung des CA beschied das Amtsgericht Berlin im April 1943 die beantragte Änderung abschlägig. Genauer – die Ablehnung erfolgte durch den Polizeipräsidenten von Berlin, dessen Zustimmung im so gewählten Verfahren obligat war und der nicht nur wie die Gestapo die Vereinigung für überflüssig hielt, sondern ihr eine „einseitig konfessionelle Ausrichtung" unterstellte.

Dies entsprach den Grundsätzen nationalsozialistischen Gedankenguts und war spätestens seit dem Schreiben von Staatssekretär Zschintzsch an Kardinal Bertram vom 6. Januar 1937 als Vorwurf gegen Kindergärten in katholischer oder evangelischer Trägerschaft die Markierung der Front. Jetzt war es der Versuch, wenn es schon nicht gelungen war, die Kindergärten in ein nationalsozialistisches Monopol zu überführen und somit die Vereinigung „überflüssig" zu machen, die evangelische Kinderpflege an ihrer organisatorischen Spitze zu treffen und auf diesem Wege doch noch zu entkonfessionalisieren. Demgemäß forderte der Polizeipräsident eine Satzungsänderung in der Weise, daß die Arbeit sich auf alle Schichten der Bevölkerung ohne Ansehen der Konfession erstreckt.

Dem zu entsprechen, schien einerseits leicht, hatte man doch stets beteuert, loyal, national, sozial und der Volksgemeinschaft dienstbar zu sein. Andererseits schmälerte man mit der vom Polizeipräsidenten in Berlin geforderten Satzungsänderung die Rechtsgrundlage für eine Eigenständigkeit der Trägerschaft. Angesichts der Gefahr einer neuen Auseinandersetzung um Entkonfessionalisierung als Entkirchlichung und Entchristlichung, exemplifiziert an der Gemeinnützigkeitsfrage des Steuerrechts, schien es einerseits angebracht, den Verzicht auf Steuerfreiheit ins Auge zu fassen. Andererseits meinte man der Forderung des Polizeipräsidenten in Berlin beanstandungslos folgen zu können, da man doch schon immer ohne Unterschied der Konfession Kinder aufgenommen habe. Ein möglichst problemloser Erhalt des status quo schien von größerem Interesse als eine problemorientierte Stellungnahme zur Bedeutung der Satzungsänderung für eine langfristige Sicherung der Arbeit der Vereinigung und der evangelischen Kinderpflegearbeit.

Da solche Bedenkenlosigkeit seiner Anfrage ebenso wenig gerecht wurde wie den Erfahrungen aus den Kämpfen der zurückliegenden Jahre, rief Bremer trotz kriegsbedingt erschwerter Reisemöglichkeiten den Vorstand der Vereinigung zu einer Sitzung - der letzten für über vier Jahre - am 7. Juni 1943 in Berlin-Dahlem zusammen. Das Ergebnis war der Beschluß, der Forderung des Polizeipräsidenten in Berlin nicht zu folgen. Bis Kriegsende sollte alles in der Schwebe gelassen werden. Das zuständige Amtsgericht Berlin-Charlottenburg widersprach dem nicht.

IV.

Der Ende des Jahres 1941 von DEK, CA und Vereinigung und deren Mitgliedsverbänden, von Landes- und Provinzialkirchen sowie Landes- und Provinzialverbänden der Inneren Mission unternommene Versuch, alle insbesondere nach dem Funkspruchерlaß des Reichsministeriums des Innern vom 30. September 1941 an die NSV übergegangenen evangelischen Kindergärten zurückzuerhalten, um den sich als „gehorsam“ erwiesenen Kindergärten das Gefühl zu nehmen, gegenüber den nach Lage der Dinge verschont Gebliebenen „bestraft“ worden zu sein, wurde Mitte 1942 vom Reichsministerium des Innern lapidar abschlägig beschieden. Indirekt kam damit aber auch zum Ausdruck, daß die NSV zu allen Kindergärten, die sie zum Zeitpunkt des Erlasses vom 30. September 1941 noch nicht in Händen hatte, keinen Zugang erhalten sollte. Mochten bis dahin auch etwa 50 % aller evangelischen Kindergärten an die NSV gefallen sein, soviel war deutlich: einen „Sieg“ über die evangelische Kinderpflege markierte der Erlaß vom 21. März 1941 nicht.

So klar zu diesem Zeitpunkt etwa beim nach wie vor zuständigen Reichsministerium des Innern die Auseinandersetzungen um die evangelischen Kindergärten vom Erhalt des status quo bestimmt waren, so gab es doch Bestrebungen aus dem Reichsministerium für die kirchlichen Angelegenheiten im Zusammenwirken, um nicht zusagen in Komplizenschaft, mit den Finanzabteilungen beim Landeskirchenamt der Braunschweigischen evangelisch-lutherischen Landeskirche und beim Landeskirchenamt der Evangelisch-lutherischen Landeskirche Hannovers, noch nicht von der NSV übernommene Einrichtungen ihr fast schon aufzudrängen. Staatssekretär Muhs suchte mit Hoffmeister und Cölle auf dem Weg der Verweigerung kirchlicher Finanzmittel mit dem Grundsatz, ein „Kindergarten muß sich aus sich selbst finanzieren“, seine staatskirchlich ausgerichtete Kirchenpolitik in den Dienst eines wie in der „Ostmark“ und im „Warthegau“ verfolgten Kurses drastischer Einschränkungen kirchlichen Lebens zu stellen. Mit seinem Erlaß vom 23. März 1942 sollte Muhs zwar nochmals große Sorgen auf seiten der Vereinigung und besonders bei Bremer hervorgerufen, tatsächlich sollte es aber eines der letzten Gefechte im Kampf um die evangelischen Kindergärten sein. Muhs konnte sich in seinem „Versuchsgebiet" und damit auch im Deutschen Reich nicht durchsetzen. Er scheiterte an der eindeutigen und konsequenten Haltung Hofstaetters, die sowohl die Gemeinden als auch das Landeskirchenamt der Evangelisch-lutherischen Landeskirche Hannovers gegen Cölles Vorgehen mobilisierte, so daß der anfänglich bedrohlich scheinende Zwang zur Eigenfinanzierung jedes Kindergartens der Gewißheit wich, „das werden wir schon kriegen."

Ebensowenig erfolgreich wie Cölle als Handlanger und Komplize von Muhs in Hannover war Engelhardt als Leiter der Finanzabteilung beim EOK Karlsruhe, der das tatsächlich letzte Gefecht im Juli 1943 eröffnete. Er versuchte über Bestimmungen der Ortskirchensteuer die Kindergärten aus der Finanzierung durch die Kirchengemeinde und damit aus dieser selbst zu verdrängen. Daß er sich gegen den EOK Karlsruhe und insbesondere Oberkirchenrat Otto Friedrich nicht durchsetzen konnte, hatte seine Ursache im seit mehr als einem Jahr proklamierten „totalen Krieg", der nach dem im Berliner Sportpalast am 12. Februar 1942 mit Geschrei legitimierten Willen der Machthaber alle Kräfte forderte. Bormann war es, der im April 1943 an seine Anordnung vom Juli 1941 erinnert und das Austragen von Differenzen mit der Kirche, Beschlagnahmen aus jeglichem Grund sowie auch die kleinste „Nadelstichpolitik" und eine „unnötige Beunruhigung der Bevölkerung" aufs Schärfste verurteilt hatte.

Tatsächlich erbrachte die fortschreitende Kriegszeit mit ihrer Verknappungs- und Zuteilungspolitik für die Innere Mission und die evangelische Kinderpflegearbeit wachsende Erschwernisse. Auch Tod und Zerstörung verschonten die Einrichtungen der Inneren Mission nicht. Mit Stand 1943 waren aber nicht nur eine Reihe von Kindertagesstätten durch Zerstörung verloren, sondern auch durch Beschlagnahme für sogenannte kriegswichtige Zwecke, zur Unterbringung Bombengeschädigter, aber auch zur Aufnahme im Rahmen der Erweiterten Kinderlandverschickung umquartierter Kinder. Außerdem waren Raummangel und das Fehlen qualifizierter Kindergärtnerinnen bei anhaltender Überbelegung Belastungen, die gewohnte Formen der Arbeit nicht mehr zuließen. Ein Austausch sowie Kooperationen zwischen den einzelnen Einrichtungen und Verbänden durch persönlichen Kontakt oder gar Tagungen, aber auch auf dem Schriftwege waren auf Grund der kriegsbedingten Restriktionen und des Mangels an Materialien überhaupt nicht mehr möglich.

Allerdings wirkte ein angesichts der zunehmenden Luftbombardements der alliierten Streitkräfte allenthalben das ganze Volk bestimmender Überlebenswille auch in der Arbeit der evangelischen Kinderpflege. Von „Widerstand" wird man indessen kaum sprechen können, versicherten die Innere Mission doch noch 1943 zum zehnjährigen Jahrestag der Machtübernahme, wie schon ähnlich immer wieder zuvor, dem „Führer“ unwandelbare Treue und eine Gefolgschaft bis zum „Endsieg“. Und Marahrens sprach von der Ehrenpflicht der Inneren Mission, die Kriegslast „unseres Volkes“ mit zu tragen. Es ist ein trauriges Resümee, daß mit ihren Vertretern die Innere Mission dem menschen- und lebensfeindlichen Regime der nationalsozialistischen Machthaber kaum mehr als mottohafte Bibelworte zur Deutung der Erfahrung von Zerstörung und Gewalt und als Versuch, Trost und Hilfe zu vermitteln, daß sie kaum mehr als ein unscharfes Gewissen zwischen Zustimmung und Ergebung, dem die Verführung des „Führers“ als Gottes Führung erschien, daß sie kaum mehr als den Verweis auf die Notwendigkeit des Gottvertrauens und – in erschütternder Exegese – auf die Unergründlichkeit von Gottes höheren Gedanken und höheren Wegen gegenüberzustellen hatte.

Diese dem praktisch-ekklesiologischen Grundkonsens entsprechende Haltung war angesichts des praktisch-ekklesiologischen Dissenses eines „Widerstand und Ergebung“ reinstes Palliativ, den einfachen Schmerz zu lindern. Sie war weit entfernt von einem Schmerz über versäumte, wenn nicht gemiedener oder sogar geflohener Verantwortungsübernahme, die sich nicht nur auf den eigenen Arbeitsbereich wie den evangelischer Kinderpflege beschränkte. Sie war weit entfernt vom Schmerz eines über die eigene Mitschuld erschrockenen Gewissens. Davon weit entfernt waren die Verantwortungsträger der evangelischen Kinderpflege und der „Wesens- und Lebensäußerung“ der Kirche sowie auch, in Gestalt der DEK, diese selbst.

Vor diesem Hintergrund verstummt die Frage nach einem „Sieg“ der evangelischen Kinderpflege. Eine Antwort erübrigt sich. Sie brächte wohl nur die Erkenntnis, daß der „Sieg“, der eher ein Überleben war, ohnehin nur durch das Kriegsende geschenkt war.

Diese sich ihrer selbst nicht bewusste Haltung sollte nach der Kapitulation, dem endlichen Zusammenbruch zerstörerischen Größenwahns, seine logische Fortführung in der Unfähigkeit zu trauern finden, als sich sowohl Staat und Gesellschaft ebenso wie Innere Mission – bald Diakonie – und Kirche in einer Weise konstituierten, die weder Neuanfang noch Restauration war.

Knapp vier Monate nach der Kapitulation begann sich sowohl die EKD zu formieren als auch mit ihrem Hilfswerk eine „Kirche in Aktion“ zu setzen, in der die Innere Mission eine „Verkirchlichung der Liebestätigkeit“ sah, die von ihr nicht gewollt war. Sie wollte unter Berufung auf die Erfahrungen der zurückliegenden Zeit eine „Verkirchlichung“ der Mitarbeiterschaft bei weiterbestehender Selbständigkeit in der Organisation. Trotz eines gespannten Verhältnisses zwischen Hilfswerk und Innerer Mission bestand die Notwendigkeit zur Kooperation, die jedenfalls mit dem Jubiläum anläßlich des einhundertjährigen Bestehens der Inneren Mission im September 1948 dazu führte, daß diese unter dem Aufruf zur „Barmherzigkeit als Lebensform der Kirche“ aus dem „Raum der Kirche“ wieder hinausgetreten, um auch öffentlichkeitsbezogen sozial zu handeln. Gleichzeitig anerkannte die EKD die „diakonisch-missionarischen Werke“ als ihre „Wesens- und Lebensäußerung“. Unter dem „Kreuz der Barmherzigkeit“ erfreute man sich in der Inneren Mission an der Gewißheit, daß „Gott aus den Trümmern einer zerbrechenden Zivilisation noch seine Gemeinde sammelt.“ Wie es zu diesen Trümmern gekommen war und wie groß das Maß an Beteiligung, mittel- oder unmittelbar, der „Wesens- und Lebensäußerung“ der Kirche daran war, die Herausforderung dieser Frage anzunehmen, wenn sie von unscharfen Gewissen denn überhaupt gestellt wurde, war man nicht bereit. Hanns Lilje, inzwischen Nachfolger Constantin Fricks als Präsident des CA, hielt es für ganz und gar uninteressant, die Frage zu untersuchen, ob die Kirche, und das hieße ja auch die Innere Mission, im 20. Jahrhundert versagt hat oder nicht. Er proklamierte für die Innere Mission das „Ende der Resignation“.

Dem damit zum Ausdruck kommenden praktisch-ekklesiologischen Konsens – der einem praktisch-politischen Konsens korrespondierte – entsprach es, wenn auch in der evangelischen Kinderpflege die Meinung bestimmend war, „daß die Vergangenheit endlich ruhen bleibt“. Nachdem das Gesetz Nr. 1 des Kontrollrats in Deutschland am 20. September 1945 alle Gesetze, „auf welchen das Nazi-Regime beruhte“ samt Nebengesetzen und Durchführungsbestimmungen und Erlassen aufgehoben hatte, war eine Rechtsgrundlage für die Fortführung evangelischer Kinderpflegearbeit von den Alliierten aber erst am 29. April 1947 durch die Kontrollratsdirektive Nr. 50 geschaffen worden. Nach Instandsetzung von beschädigten Räumen und Gebäuden oder der Schaffung behelfsmäßigen Ersatzes für das, was nicht mehr herzurichten war, bedeutete diese Rechtsgrundlage auch wie selbstverständlich die Fortführung der Arbeit in den Kindergärten, die von der NSV okkupiert worden waren. Die zurückgeführten Kindergärten fügten sich ohne Schwierigkeiten in die bestehenden Ordnungen kirchlich-gemeindlichen Lebens ein. Binnen kurzer Zeit lag die Zahl der Kindergärten in evangelischer Trägerschaft mit etwa 3.400 Einrichtungen um etwa 20 % über der des Jahres 1936, als mit 2.800 Kindergärten die Höchstzahl erreicht worden war.

Es mag bezweifelt werden, ob das Selbstbewußtsein der evangelischen Kinderpflege, mit dem man, wie geradezu jubiliert wurde, einen von Gott geschenkten „fröhlichen Neuanfang“ machte, legitimiert war durch eine im Kampf gegen die NSV ausgewiesene Durchsetzungskraft und natürliche Berechtigung der Arbeit evangelischer Kinderpflege sowohl hinsichtlich deren rechtlich und wohlfahrtspflegerischer Bedeutung als auch im Blick auf die Praxis der Arbeit in Kindergärten und Gemeinden. Jedenfalls wurde diese Entwicklung nunmehr von Dölker gefördert und gestaltet, der nach dem Tode Bremers im Dezember 1946 an die Spitze der Vereinigung gerückt war.

Daß er dies erst nach einundeinhalb Jahren als ordentlich gewählter Vorsitzender tun konnte, war darin begründet, daß auch die evangelische Kindergartenarbeit ebenso wie der CA entsprechend der politischen Entwicklung, im „Westen“ zur Bundesrepublik Deutschland, im „Osten“ zur Deutschen Demokratischen Republik, von der Teilung Deutschlands betroffen war und dem Rechnung zu tragen sich gezwungen sah.

Tatsächlich begann sich die nun auch rechtlich wiederbelebte Vereinigung in der Bundesrepublik Deutschland, gegen eine kirchliche Verfestigung der Arbeit zu verwahren. Sie forderte statt dessen „weltlich“ zu reden, damit die Welt verstehe, was die evangelische Kinderpflege meine. Dies entsprach ganz und gar der veränderten Sicht von Innerer Mission und verfasster Kirche. Was ehedem notwendiger und gesuchter Rückzugsraum war, sollte nun verlassen werden, um als Element der Gemeinde öffentlich zu wirken und verstanden zu werden.

Zeigte sich auf diese Weise eine, gewissermaßen nach „Westen“ gewandte Hälfte des Gesichts evangelischer Kinderpflege, so anders das nach „Osten“ gerichtete. In der Deutschen Demokratischen Republik, noch als „Ostzone“ apostrophiert, hieß es, mit dem Mangel an Spielzeug, Materialien und Lebensmitteln umzugehen, die evangelische Erziehung nicht politisch, sondern als Seelsorgerdienst verstanden auszuüben und bei politischem Mißtrauen der Ämter und Dienststellen um evangelische Fortbildung der Berufskräfte und um Elternarbeit sich zu mühen. Das bedeutete die Verwirklichung einer „Gegenwartskirche auch im Kindergarten“. Der evangelische Kindergarten blieb Element der Gemeinde im Raum der Kirche.

Den getrennten Wegen kann hier nicht mehr nachgegangen, das geteilte Gesicht nicht mehr beschrieben werden. Auf dem Weg durch die Zeit des Nationalsozialismus haben Innere Mission und evangelische Kinderpflege sich unter dem Anspruch einer dienenden Kirche gewandelt von einer Funktion neben der Kirche zu einer „Wesens- und Lebensäußerung“ in der Kirche. Und wenn auch eine Eingliederung der Inneren Mission in ihrer Rechtsgestalt, will man denn von *einer* Gestalt sprechen, in die der verfaßten Kirche nicht erfolgt ist, dann doch die Eingliederung der Kinderpflege in die Gemeinden und ihren Dienst. Dem verbindet sich die Einsicht, daß in, mit und durch alle *confusio hominum* sie bewahrt und also regiert wurden von der *providentia Dei*. Das sollte jedenfalls auch zu erhoffen sein für eine Zeit, durch die Innere Mission und evangelische Kinderpflege, mithin auch die evangelische Kirche und ihre Gemeinden, mit geteiltem Gesicht ihren Weg gehen mußten.

ABKÜRZUNGEN

Dieses Verzeichnis stellt die erforderliche Ergänzung der Band I, S. 454–463 aufgeführten Abkürzungen dar und folgt den dort beschriebenen Grundsätzen.

Abb.	Abbildung
ABl Bayern	Amtsblatt der Evangelisch-lutherischen Kirche in Bayern
ABlEKD	Amtsblatt der Evangelischen Kirche in Deutschland
ABlK	Amtsblatt des Kontrollrats in Deutschland
ADO	Allgemeine Dienstordnung für nichtbeamtete Gefolgschaftsmitglieder bei öffentlichen Verwaltungen und Betrieben
AOG	Arbeitsordnungsgesetz [Gesetz zur Ordnung der nationalen Arbeit]
AOGö	Arbeitsordnungsgesetz für die öffentliche Verwaltung [Gesetz zur Ordnung der Arbeit in öffentlichen Verwaltungen und Betrieben]
Apg.	Apostelgeschichte [Bibel – Neues Testament]
Arbeitskonferenz	Arbeitskonferenz von Landesjugendpfarrern
AT	Altes Testament [Bibel]
ATO	Allgemeine Tarifordnung für Gefolgschaftsmitglieder im öffentlichen Dienst
Ausg.	Ausgabe
AVR	Arbeitsvertragsrichtlinien
BadGVBl	Badisches Gesetz- und Verordnungs-Blatt
BAT	Bundesangestelltentarif
BBKL	Biographisch-Bibliographisches Kirchenlexikon
BGBl	Bundesgesetzblatt
bibl.	biblisch
Bl.	Blatt
ChrKpflge	Die christliche Kinderpflege [Zeitschrift] [bis zur Einstellung 1941, ab 1949 EvKpflge]
ChrL	Christentum und Leben [Zeitschrift]
Dan.	Daniel [Bibel – Altes Testament]
DDR	Deutsche Demokratische Republik
DEG	Deutsches Evangelisches Gesangbuch [jedenfalls seit 1931 Gesangbuch der DEK und dann der EKD bis 1951 als Vorläufer des Evangelischen Kirchengesangbuches (EKG)]
Deutsch.Wiss. Erziehg.Volksbildg.	Deutsche Wissenschaft, Erziehung und Volksbildung Amtsblatt des Reichs- und Preußischen Ministeriums

	für Wissenschaft, Erziehung und Volksbildung [ab Aug. 1939, vorher siehe RMinAmtsBl DtschWiss]
dew	Deutsch-Evangelische Wochenschau [Zeitschrift]
DGD	Deutscher Gemeinschafts-Diakonie-Verband
DNB	Deutsches Nachrichtenbüro
Dok.	Dokument
DStZ	Deutsche Steuerzeitung [Zeitschrift]
DVerw	Deutsche Verwaltung [Zeitschrift]
DV	Deutscher Verein für öffentliche und private Fürsorge
EG	Evangelisches Gesangbuch [seit 1993 Gesangbuch der EKD in Nachfolge des Evangelischen Kirchengesangbuches (EKG)]
EOKV	Evangelische Ortskirchensteuer-Verordnung
Evangelischer Bund	Evangelischer Bund zur Wahrung deutsch-protestantischer Interessen
EvGsdhfürs	Evangelische Gesundheitsfürsorge [Zeitschrift] [ab 1939, bis 1938 Gsdhfürs]
EvDt	Das Evangelische Deutschland [Zeitschrift]
EvDV	Evangelischer Diakonieverein, Berlin-Zehlendorf
EvKpflge	Evangelische Kinderpflege [Zeitschrift] [ab 1949, bis 1941 ChrKpflge]
EvTh	Evangelische Theologie [Zeitschrift]
F.Kr.T.	Tarifordnung für die freien gemeinnützigen Kranken- und Pflegeanstalten
GBlDDR	Gesetzblatt der Deutschen Demokratischen Republik
GrStG	Grundsteuergesetz
Gsdhfürs	Gesundheitsfürsorge [Zeitschrift] [bis 1938, ab 1939 EvGsdhfürs]
GVOBl Baden	Gesetzes- und Verordnungsblatt für die Vereinigte Evangelisch-protestantische Landeskirche Badens
GVR	Geistlicher Vertrauensrat
Hebr.	Brief an die Hebräer [Bibel – Neues Testament]
Hes.	Hesekiel [Bibel – Altes Testament]
IMT	Tarifordnung für die Anstalten und Einrichtungen der Gesundheitspflege, soweit sie dem Central-Ausschuß für die Innere Mission der Deutschen Evangelischen Kirche angeschlossen sind
i. N.	im Namen
Jer.	Jeremia [Bibel – Altes Testament]
1. Joh.	Erster Brief des Johannes [Bibel – Neues Testament]
3. Joh.	Dritter Brief des Johannes [Bibel – Neues Testament]
KABl Brdbg.	Kirchliches Amtsblatt der Kirchenprovinz Mark Brandenburg
KABl Hannover	Kirchliches Amtsblatt für die Evangelisch-lutherische Landeskirche Hannovers

KABl Lübeck	Kirchliches Amtsblatt der evangelisch-lutherischen Kirche in Lübeck
KABl Pomm.	Kirchliches Amtsblatt der Kirchenprovinz Pommern
KABl Rhnprov.	Kirchliches Amtsblatt der Rheinprovinz
KABl Schles.	Kirchliches Amtsblatt der Kirchenprovinz Schlesien
KABl Westf.	Kirchliches Amtsblatt der Kirchenprovinz Westfalen
Klgl.	Klagelieder (Jeremias) [Bibel – Altes Testament]
1. Kor.	Erster Brief des Paulus an die Korinther [Bibel – Neues Testament]
Kr.T	Tarifordnung für Gefolgschaftsmitglieder in den Kranken-, Heil- und Pflegeanstalten des Reichs, der Reichsgaue, der Länder, der Gemeinden (Gemeindeverbände) und der Träger der Reichsversicherung
KStG	Körperschaftssteuergesetz
LKABl Braunschweig	Landeskirchliches Amtsblatt der Braunschweigischen evangelisch-lutherischen Landeskirche
MBlDEK	Mitteilungsblatt der Deutschen Evangelischen Kirche
NDV	Nachrichtendienst des Deutschen Vereins für öffentliche und private Fürsorge [Zeitschrift]
NT	Neues Testament [Bibel]
OKStG	Ortskirchensteuergesetz
1. Petr.	Erster Brief des Petrus [Bibel – Neues Testament]
PfrTh	Pfarramt und Theologie [Zeitschrift]
PolVerwG	Polizeiverwaltungsgesetz
[etc.] pp.	und so weiter
Ps.	Psalm, Psalter [Bibel – Altes Testament]
RABl	Reichsarbeitsblatt
RdF	Reichsminister(-ium) der Finanzen
Red.	Redaktion
RFH	Reichsfinanzhof
Ri.	Richter, Buch der Richter [Bibel – Altes Testament]
RMinAmtsbl DtschWiss	Amtsblatt des Reichs- und Preußischen Ministeriums für Wissenschaft, Erziehung und Volksbildung [bis Juli 1939, dann siehe Deutsch.Wiss.Erziehg.Volksbildg.]
RStBl	Reichssteuerblatt
RStWW	Rechts-, Steuer- und Wirtschaftsfragen der freien Wohlfahrtspflege [Zeitschrift]
Sir.	Jesus Sirach [Bibel – außerkanonisch neben dem Alten Testament]
SozPäd	Sozialpädagogik [Zeitschrift]
StL	Staatslexikon
TEH	Theologische Existenz heute [Zeitschrift]
ThStKr	Theologische Studien und Kritiken [Zeitschrift]
ThW	Theologisches Wörterbuch zum Neuen Testament
TO	Tarifordnung

TO.A	Tarifordnung für Angestellte
TO.B	Tarifordnung für Arbeiter
VB	Völkischer Beobachter [Tageszeitung]
Verg.Gr.	Vergütungsgruppe
VOBl	Verordnungsblatt
VOMI	Volksdeutsche Mittelstelle
VStDV	Durchführungsverordnung zum Vermögenssteuergesetz
WIBU	Wirtschaftsbund gemeinnütziger Wohlfahrtseinrichtungen Deutschlands
ZBlDDR	Zentralblatt der Deutschen Demokratischen Republik
ZdZ	Zeichen der Zeit [Zeitschrift]
Zentralverein	Zentralverein für Innere Mission in Österreich
zgl.	zugleich
Ziff.	Ziffer
ZprTh	Zeitschrift für praktische Theologie [Zeitschrift]
ZZ	Zwischen den Zeiten [Zeitschrift]

QUELLEN- UND LITERATURVERZEICHNIS

I. UNVERÖFFENTLICHTE QUELLEN

Dieses Verzeichnis stellt die erforderliche Ergänzung zu dem der unveröffentlichten Quellen Band I, S. 464–472 dar.

1. Archivalien

Archiv der Evangelischen Diakonissenanstalt Augsburg, Augsburg (AEDA Augsburg)

Pers. L. Gröschel
Pers. E. Ott

Niedersächsisches Staatsarchiv Aurich, Aurich (STA Aurich)

Rep. 16/1 Nr. 758 bis 760

Archiv des Diakonissen-Mutterhauses Salem-Lichtenrade, Bad Gandersheim (ADSL Bad Gandersheim)

Pers. A. Schönacker

Archiv des Diakonischen Werkes Berlin-Brandenburg – Innere Mission und Hilfswerk, Berlin (ADWBB Berlin)

Kinderpflege 3 A 01
Kinderpflege 3 A 03
Kinderpflege 3 A 04
Kinderpflege 3 A 09
Kinderpflege 3 A 10
Kinderpflege 3 A 20

Archiv des Diakonischen Werkes der Evangelischen Kirche in Deutschland, Berlin (ADW)

BP 2245
CA 100 IV/1 bis 3
CA 100 V/1 und 2
CA 117
CA 138/1 V bis IX
CA 138/21 II
CA 625/1 II
CA 864/15 III und III A
CA 864/15 IV
CA 864/18 I A und B
CA 864/18 II A und B
CA 864/18 III A
CA 864/21 III
CA 1327 II
CA 1723 III
CA 2041/10
CA 2099/36 I
CA 2099/36a I bis III
CA 2159/6 I
CA 2655 I und II
CA 2675
CA 2877
CA/G 555
CA/G 593
CA/O 115
CA/O 163
CA/O 173
CA/O 488
CA/P II 39
CA/P II 166
CA/Stat. 29 bis 31
CA/Stat. 184
CA/W 7
CA/W 30
CA/W 29
CA/W 100
CA/W 957
FM 6
FM 9
GBIM 4
JK 6
JK 16 bis 22
JK 35
W/S 68

Archiv der Diakoniestiftung Lazarus, Berlin (ADL Berlin)

Pers. J. Wehnert

Evangelisches Zentralarchiv in Berlin, Berlin (EZA Berlin)

1/A4/65	1/B3/139	7/38
1/A4/427 und 428	1/C3/8	7/1118
1/A4/432	1/C3/34	7/2530
1/A4/501	1/C3/61	7/5397 und 5398
1/A4/568	1/C3/162	7/5500
1/A4/570 und 571	1/C3/328	
1/A4/573 und 574	1/C3/579	

Bundesarchiv, Berlin (BA Berlin)

NS 06/347	PK 1030031317	R 37/Senat VIa 36/41
NS 22/755	PK 1050022569	R 1501/3080
NS 37/1057	PK 1100029560	R 1501/PA 11927
NS 37/2070	PK 1100041213	Rep. 32/600
NS 37/2071	R 2/19201 bis 19207	RKK 2101012002
NS 37/2076	R 2/31683	RKK 2101050802
NSD 263	R 2/57985	RKK 2101122007
NSDAP-Gaukartei	R 2/57993	RS 6050003854
NSDAP-Zentralkartei	R 22/4008	SSO 6400038068
PK 1020064095	R 37/Senat VIa 20/40	SSO 6400038069

Pressearchiv der Berliner Arbeitsgemeinschaft für kirchliche Publizistik, Berlin (PAB)

Kühne, Johannes

Amtsgericht Berlin-Charlottenburg

95 VR 1402 Nz	95 VR 20391 Nz

Stadtarchiv Braunschweig, Braunschweig (STADTA Braunschweig)

D I 12/720	E 99/138

Zentralarchiv der evangelischen Kirche in Hessen und Nassau, Darmstadt (LKA Darmstadt)

1/2241	1/2242

Archiv des Hessischen Diakonievereins, Darmstadt (AHDV Darmstadt)

Pers. Ä. Kohlstadt

Stadtarchiv Dessau, Dessau (STADTA Dessau)

Pers. J. Sander

Staatsarchiv Dresden, Dresden (STA Dresden)

NS-Gauverlag Bl. 419a und 419b

Archiv des Diakonischen Werkes im Rheinland, Düsseldorf (ADWRH Düsseldorf)

OHL 6.1.5. | OHL 10.1.3.9. | OHL 10.1.7. | OHL 10.5.1.

Fachbibliothek für Frauendiakonie und Fliedner-Archiv, Düsseldorf (FFFA Düsseldorf)

Mkg IIIa 10
Mkg IIIb 13
Mkg IVb 1
Pers. A. Mohrmann
Pers. E. Siebert

Deutsches Rundfunkarchiv, Frankfurt am Main-Berlin (DRA Frankfurt/Main-Berlin)

2590330
2966048

Stadtarchiv Frankfurt/Main, Frankfurt/Main (STADTA Frankfurt/Main)

S 2/43, I
S 2/738

Archiv des Deutschen Caritasverbandes, Freiburg (ADC)

081 III 5c
104.025 (1937–1970)
104.107 (1938–1943)
125.11 Fasz. 5
309.021 Fasz. 3
309.748 Fasz. 1
CA VI 60 C
CA XX 62 E
748.1

Thüringisches Hauptstaatsarchiv Weimar, Gotha (HSTA Gotha)

Pers. K. von Schmidt
Pers. F. Riemke

Archiv der Henriettenstiftung, Hannover (AHST Hannover)

Pers. D. Kothe
Pers. F. Scheele

Landeskirchliches Archiv der Evangelisch-lutherischen Landeskirche Hannovers, Hannover (LKA Hannover)

B 3 I/856a
B 4/621
E 26/107
S 1/Anhang

Niedersächsisches Hauptstaatsarchiv Hannover, Hannover (HSTA Hannover)

Hann. 122a Nr. 602
Hann. 122a Nr. 1141
Hann. 180 Hild. Nr. 245
Nds. 171 Hild. Nr. 8251
Nds. 171 Hild. Nr. 8630
Nds. 171 Hild. Nr. 18458
Nds. 171 Hild. Nr. 39301
Nds. 171 Hild. Nr. 39382

Stadtarchiv Hattingen, Hattingen (StadtA Hattingen)

Sammlung zu Werner Elsemann

Stadtarchiv Herborn, Herborn (STADTA Herborn)

Pers. G. Niederschulte

Landeskirchliches Archiv der evangelischen Landeskirche in Baden, Karlsruhe (LKA Karlsruhe)

GA 6036
SpA 15228
PA 7879

Archiv des Diakonischen Werkes in Kurhessen-Waldeck, Kassel (ADWKW Kassel)

C III 112
D II 000 001
D II 007

Archiv des Kurhessischen Diakonissenhauses Kassel, Kassel (AKD Kassel)

Pers. E. Grimmell
Pers. H. Press

Nordelbisches Kirchenarchiv, Kiel (LKA Kiel)

Pers. O. Epha
Pers. J. Sievers

Archiv des Diakonissen-Mutterhauses Luise-Henrietten-Stift, Lehnin (ALHS Lehnin)

Pers. M. Siggel

Stadtarchiv Lübeck, Lübeck (STADTA Lübeck)

Pers. K. Kersten

Staatsarchiv Ludwigsburg, Ludwigsburg (STA Ludwigsburg)

EL 902/20 Bü. 37/4/3419

Landeshauptarchiv Sachsen-Anhalt, Magdeburg (LHA Magdeburg)

Rep. C 20 I b, Nr. 373/VI
Rep. C 28 I b, Nr. 249
Rep. C 28 I b, Nr. 275
Rep. C 28 I b, Nr. 708
Rep. C 30 Wolmirstedt A, Nr. 461
Rep. C 30 Jerichow I (Burg) B, Nr. 1
Rep. C 30 Jerichow I (Burg) B, Nr. 7 bis 10
Rep. C 30 Jerichow I (Burg) B, Nr. 13
Rep. C 30 Jerichow I (Burg) B, Nr. 220

Deutsches Adelsarchiv, Marburg (DAA Marburg)

Ulrich von Fresenius
Elise von der Hagen
Franz Helmut von Langenn-Steinkeller

Bayerisches Hauptstaatsarchiv, München (HSTA München)

MInn 78110
MInn 78427
MInn 83374
MInn 83899
MInn 85182
MInn 85457

Evangelische Arbeitsgemeinschaft für Kirchliche Zeitgeschichte, München (EvAGKZG)

21/80 (Dr. Friedrich Wieneke, Kirche und Partei, Erlebte Kirchengeschichte, 1929–1945)

Archiv des Diakonischen Werkes der Evangelischen Kirche von Westfalen, Münster (ADWW Münster)

153/3
153/4 (1940–1945)

Archiv des Evangelisch-Lutherischen Diakoniewerks Neuendettelsau, Neuendettelsau (AELDW Neuendettelsau)

Pers. T. Schmidt

Stadtarchiv Nürnberg, Nürnberg (STADTA Nürnberg)

Pers. R. Plank
Chronik

Landeskirchliches Archiv der Evangelisch-lutherischen Kirche in Bayern, Nürnberg (LKA Nürnberg)

Unter Berücksichtigung veränderter, neuer Signaturen sind die in Bd. I angegebenen Signaturen wiederholt.

DW 10 = LAfIM 745
DW 97 = LAfIM 497 [falsch: 4967]
DW 1713 = LAfIM 615
DW 1714 = LAfIM 617
DW 1715 bis 1718
DW 1732 = LAfIM 616 T. I
DW 1733 = LAfIM 616 T. II
DW 1734 = LAfIM 616 T. III
DW 1741 = LAfIM 872
DW 1750
LKR 1726
LKR 3481 = LKR V 859a
LKR 3476 = LKR V 859b
LKR 3480 = LKR zu V 859b
LKR 3483 = LKR VI 1175
KrD Nürnberg 341 = Kreisdek. Nürnberg 41-2

Staatsarchiv Nürnberg, Nürnberg (STA Nürnberg)

Rep. 503 Gauleitung 136
Rep. 503 Gauleitung 137
Rep. 503 Gauleitung 157
Bezirksamt Schwabach Abg. 1984, Nr. 455
Bezirksamt Schwabach Abg. 1984, Nr. 2493
Staatsanwaltschaft Landgericht Nürnberg-Fürth vorl. Nr. 2839/I–II

Gemeindearchiv Sankt Jakobi, Peine (GA St. Jakobi)

352–1 I
352–1 II
352–1 III
Aufzeichnungen Sup. Küllig

Stadtarchiv Remscheid, Remscheid (STADTA Remscheid)

PA 248 N

Stadtarchiv Schwabach, Schwabach (STADTA Schwabach)

III. 31. 267

Stadtarchiv Uslar, Uslar (STADTA Uslar)

Pers. O. Dauer
Protokolle Gemeinderat 1947–1949

Archiv Großheppacher Schwesternschaft, Weinstadt (AGS Weinstadt)

Pers. Chr. Messner

Archiv des Königsberger Diakonissen-Mutterhauses der Barmherzigkeit auf Altenberg, Wetzlar (AKDBA Wetzlar)

Pers. P. Kaufmann

Hessisches Hauptstaatsarchiv, Wiesbaden (HSTA Wiesbaden)

520/FZ, 4047

Archiv des Diakoniewerkes Ruhr-Witten, Witten (ADRW Witten)

Pers. H. Kockelke

Landeskirchliches Archiv der Evangelisch-lutherischen Landeskirche in Braunschweig, Wolfenbüttel (LKA Wolfenbüttel)

Finanzabteilung G 395	Landeskirchenamt R 2	Pers. 290
Finanzabteilung G 577	Landeskirchenamt R 67	Pers. 509
Finanzabteilung G 673	Landeskirchenamt R 123	Pers. 1251

2. Korrespondenzen

Frau Anneliese Becker, Mönchengladbach, 3.11.1990 bis 22.12.1991.
Herr Reinhard Claudi, Emden, 22.8.1996 bis 26.6.1997.
Herr Dr. Herwig Hafa, Berlin, 27.3.1991 bis 4.5.1991.
Herr Ludwig C. Freiherr von Heyl, St. Gallen, Schweiz, 27.3.1991 bis 14.5.1991.
Pfarrer i. R. Theodor Immer, Leer, 9.5.1996 bis 4.11.1997.
Konvent evangelischer Gemeinden aus Pommern – Hilfskomitee e.V. – Dr. Rita Scheller, Hannover, 3.6.1991 bis 12.12.1991.
Diakonisse Aenne Lincke, Kassel, 27.3.1991 bis 3.5.1991.
Herr Prof. Dr. Werner Schwabe, Kent, Großbritannien, 17.9.1990 bis 20.11.1990.

3. Auskünfte

Amt für Kindertageseinrichtungen der Evangelischen Kirche in Berlin-Brandenburg, Berlin, 18.4.1997.
Anhaltische Diakonissenanstalt Dessau, Dessau 30.3.1998.
Arbeitskreis Bunkermuseum, Emden, 30.6.1997.
Deutsche Dienststelle für die Benachrichtigung der nächsten Angehörigen von Gefallenen der ehemaligen deutschen Wehrmacht, 5.11.1991, 29.4.1992, 1.10.1992, 18.10.1994, 22.11.1994, 11.1.1995, 14.2.1995, 13.11.1995, 9.10.1997.
Superintendent Joachim Diestelkamp, Dessau, 1.11.2001.
Diakonisches Werk der Evangelischen Kirche im Rheinland, Düsseldorf, 23.7.1997.
Diakonisches Werk der Evangelischen Landeskirche Anhalts, Dessau, 13.2.2001.
Diakonisches Werk der Evangelisch-Lutherischen Landeskirche Hannovers, Hannover, 17.12.1993.
Diakonisches Werk der Evangelisch-Lutherischen Landeskirche Sachsens, Dresden, 9.11.1992.
Diakonissenanstalt Salem-Köslin, Minden, 4.2.1992.
Diakonissen-Mutterhaus Hebron, Marburg, 24.1.2000.
Diakonissenmutterhaus Münster, Münster, 21.1.1998.
Diakonissen-Mutterhaus Neuvandsburg, Elbingerode, 18.12.1991.
Herr Klaus Dölker, Freudenstadt, 27.5.2001.
Evangelisch-lutherische Diakonissenhaus-Stiftung, Eisenach, 7.11.1991 und 19.12.1991.

Evangelisch-lutherische Jesus-Christus-Kirchengemeinde Bad Rothenfelde, 21.2.1992.
Evangelisch-Lutherische Kirche in Oldenburg, Archiv des Evangelisch-Lutherischen Oberkirchenrats, Oldenburg, 20.3.1998.
Evangelisch-lutherische Superintendentur Auerbach, 16.6.1992 und 14.7.1992.
Evangelisch-lutherisches Pfarramt Kornburg, 13.1.1994.
Evangelisch-lutherisches Pfarramt Leipzig-Gohlis, 7.9.1992.
Evangelisch-lutherisches Pfarramt Lengenfeld, 12.10.1992.
Evangelisch-lutherisches Pfarramt Schwabach, 13.1.1994.
Evangelisch-lutherisches Pfarramt Unterrodach, 17.12.1990.
Evangelisch-reformierte Gemeinde Göttingen, 2.9.1993.
Evangelische Epiphanien-Kirchengemeinde, Berlin-Charlottenburg, 12.12.1997.
Evangelische Frauenhilfe in Deutschland, Düsseldorf, 9.2.2000.
Evangelische Kirche in Deutschland, Kirchenamt, Hannover, 12.9.1991 und 19.11.1991.
Evangelische Kirchengemeinde Ahlen, Paul-Gerhardt-Kirche, 6.8.1996.
Evangelische Kirchenpflege Kirchheim unter Teck, 26.10.1990.
Evangelischer Bund – Konfessionskundliches Institut, Bensheim, Dr. Walter Fleischmann-Bisten, 20.1.1998.
Evangelischer Landesverband Tageseinrichtungen für Kinder in Württemberg, Stuttgart, 31.7.1997 und 10.10.1997.
Evangelisches Diakoniewerk Königin Elisabeth, Berlin, 24.2.1998.
Evangelisches Gemeindeamt Essen-Altstadt, 20.5.1999.
Evangelisches Pfarramt Bad Soden, 1.12.1993.
Evangelisches Pfarramt Beilstein, 10.9.1997.
Evangelisches Pfarramt Dillenburg, 1.5.1993.
Evangelisches Pfarramt Gesamt-Maisenbach, 26.2.1991.
Frankfurter Diakonissenhaus, Frankfurt/Main, 10.11.1994.
Oberstaatsanwalt Dr. Fürle, Memmingen, 16.6.1991.
Frau Elise Garbisch, geb. Ziel, Uehlfeld, 8.10.1990.
Herr Prof. Dr. Hans Friedhelm Gaul, Bonn, 21.5.1993.
Gemeinschaft Evangelischer aus Danzig-Westpreußen – Hilfskomitee e.V. –, Lübeck, 11.12.1991.
Gemeinschaftswerk Evangelischer Publizistik, Franfurt/Main, 9.1.1998.
Gütersloher Verlagshaus – Rechte und Lizenzen, Gütersloh, 11.1.2000.
Landkreis Havelland, Kreis- und Verwaltungsarchiv, Friesack, 17.3.1998.
Frau Elke Heinsen, Berlin, 13.12.2000.
Hessischer Landesverein für Innere Mission, Darmstadt, 26.1.1993.
Institut für Zeitgeschichte, Dr. Christian Hartmann, München, 28.8.1998, 8.9.1998, 7.10.1998 und 4.10.2000.
Herr Dietrich Jungfer, Bonn, 2.6.2001.
Historisches Archiv des Erzbistums Köln, Köln, 10.1.1992.
Oberin Liselotte Katscher, Berlin, 30.10.1991.
Kommunalarchiv Minden, Archiv der Stadt Minden und des Kreises Minden-Lübbecke, Minden, 27.5.1998.
Frau Maria Krause, Weil der Stadt, 22.12.1991.
Kreuz Verlag GmbH, Stuttgart, 16.1.1992.

Landeseinwohneramt Berlin, 27.3.1991, 12.11.1991, 24.2.1993, 23.11.1993, 8.8.1994, 26.9.1994, 24.8.1995, 12.8.1996, 9.10.1997, 21.10.1997, 26.1.1998 und 27.5.1999.
Landeswohlfahrtsverband Hessen, Gedenkstätte Hadamar, 22.7.1998.
Landeszentralbank in Berlin und Brandenburg, Abteilung Volkswirtschaft, Berlin, 17.5.2000 und 23.5.2000.
Superintendent Werner Lauff, Remscheid, 25.4.1991.
Pfarrerin Brigitte Metz, Usedom, 4.1.1992.
Herr Dr. Martin Moll, Universität Graz, Graz, Österreich, 25.10.2000.
Frau Regina Paulus, Uttenreuth, 19.12.1995.
Pfeiffersche Stiftungen, Magdeburg, 30.6.1996.
Frau Johanna Sander, Hannover, 21.7.1999 und 8.8.1999.
Frau Hannelore Scharnbeck, Rathenow, 20.2.1998.
Pfarrer i. R. Karl Schmidt, Chemnitz, 23.1.1992.
Generalsuperintendent i. R. Erich Schuppan, Eberswalde, 23.2.2001.
Kirchenmusikdirektor Joachim Schwarz, Faßberg, 5.3.1992 und 21.7.1992.
Stadt Dessau, Stadtarchiv, 4.3.1998.
Stadt Uslar, Stadtarchiv, 14.6.2001.
Stadtverwaltung Nieheim, 7.6.2001.
Herr Herbert Strähle, Oberstenfeld, 17.11.1994.
Herr Dr. Christoph Studt, Wachtberg, 11.3.1998 und 20.5.1999.
Theologische Fakultät der Christian-Albrechts-Universität zu Kiel, 17.2.1995.
Universitäts- und Forschungsbibliothek Erfurt/Gotha, Erfurt, 29.2.2000.
Verband Evangelischer Tageseinrichtungen für Kinder im Bereich der Länder Berlin und Brandenburg, Berlin, 18.1.1999 und 8.1.2001.
Herr F. M. Friedemann Vietor, Duisburg, 25.9.1991.
Herr Prof. Dr. Christian Winner, Göttingen, 5.1.1992.

II. VERÖFFENTLICHTE QUELLEN, DARSTELLUNGEN UND LITERATUR

Verzeichnet ist nachfolgend die über die in Band I, S. 473–530 angegebenen Titel hinausgehend benutzte Literatur. Die Verzeichnung folgt den dort beschriebenen Grundsätzen. Entgegen der dort vorgenommenen Anordnung sind hier die Titel mit einer Verfasserschaft „N.N." nach dem ersten Nomen oder dem Namen oder, falls keines von beiden im Titel enthalten, nach dem ersten Wort in alphabetischer Folge verzeichnet.

ABRAMOWSKI, Rudolf: Vom Streit um das Alte Testament. In: ThR, 9. Jg., 1(Febr.)/1937, 65–93.
ACKEN, Johannes van (Hg.): Zur Anwendung der Tarifordnung vom 3.5.1936 auf die caritativen Anstalten der Gesundheitsfürsorge. Unterlagen für Dienst-, Lohn- und Hausordnungen, Dienstanweisungen nebst ergänzenden Erläuterungen. Freiburg/Breisgau 1936.
ABROMEIT, Hans-Jürgen: Dem Glauben nicht die Hand abschlagen. Zum Verhältnis von Diakonie und Gemeindeaufbau heute. In: M. Welker (Hg.): Brennpunkt Diakonie. Rudolf Weth zum 60. Geburtstag. Neukirchen-Vluyn 1997, S. 99–117.

ACKERMANN, Josef: Heinrich Himmler – „Reichsführer-SS". In: R. Smelser/R. Zitelmann (Hg.): Die braune Elite. Darmstadt 1989, S. 98–133.

ADAMY, Kurt/HÜBENER, Kristina: Provinz Mark Brandenburg – Gau Kurmark. Eine verwaltungsgeschichtliche Skizze. In: D. Eichholtz (Hg.): Verfolgung, Alltag, Widerstand. Brandenburg in der NS-Zeit. Studien und Dokumente. Berlin 1993, S. 11–31.

ALBERTZ, Martin/FORCK, Bernhard Heinrich (Hg.): Evangelische Christenlehre. Ein Altersstufen-Lehrplan. Wuppertal-Barmen 1938.

ALBERTZ, Martin/FORCK, Bernhard Heinrich (Hg.): Die kirchliche Kinderlehre. Beiheft der „Evangelischen Christenlehre". Gütersloh 1939.

ALTGELD, Wolfgang: Zur Geschichte der Widerstandsforschung. Überblick und Auswahlbibliographie. In: R. Lill/H. Oberreuter (Hg.): 20. Juli – Porträts des Widerstands. München 1989, S. 377–392.

ALTHAUS, Hermann: Wesen und Aufgaben der NS-Volkswohlfahrt. In: WK, 12. Jg., 100/101(21. Dez.)/1936, S. 1–4.

ALTHAUS, Hermann: Vom Sinn völkischer Hilfe. Ein Geleitwort zum 4. Jahrestag der Gründung der NSV am 3. Mai 1933. In: NS-Volksdienst, 4. Jg., 8(Mai)/1937, S. 105–106.

ALTHAUS, Hermann: Rede zur 100-Jahrfeier des deutschen Kindergartens am 28.6.1940. In: Kindergarten, [81. Jg.], 7/8(Juli/Aug.)/1940, S. 126–130.

ALTHAUS, Hermann: Aufgaben und Ziele der NSV-Kindertagesstätten. In: Festschrift zur Hundertjahrfeier des deutschen Kindergartens (Hg. Reichswalter des Nationalsozialistischen Lehrerbundes Gauleiter Wächtler). München 1940, S. 10–17.

ALTHAUS, Hermann: Rückblick und Ausschau. In: NS-Volksdienst, 6. Jg., 1(Jan.)/1939, S. 11–14.

ALTHAUS, Hermann: Eiserne Zeit verlangt eiserne Menschen. In: NS-Volksdienst, 11. Jg., 4(Juli/Aug.)/1944, S. 63–72.

ALTHAUS, Paul: Die deutsche Stunde der Kirche. Göttingen ³1934.

ALTHAUS, Paul: Obrigkeit und Führertum. Wandlungen des evangelischen Staatsethos. Gütersloh 1936.

ALTHAUS, Paul: Paulus und Luther über den Menschen. Gütersloh 1938.

AMTSBLATT DER EVANGELISCHEN KIRCHE IN DEUTSCHLAND: 1948; 1949; 1956; 1957.

AMTSBLATT DER EVANGELISCH-LUTHERISCHEN KIRCHE IN BAYERN: 1942.

AMTSBLATT DER EVANGELISCH-LUTHERISCHEN LANDESKIRCHE IN WÜRTTEMBERG: 1939.

AMTSBLATT DES KONTROLLRATS IN DEUTSCHLAND: 1945; 1946; 1947.

ANDLER, Erich: Der evangelische Kindergarten in der Gemeinde. In: IMis, 39. Jg., 5/6 (Mai/Juni)/1949, S. 1–2.

ARNIM, Hans von: Pfarrer Wilhelm Siegert zum Gedächtnis. In: W. Schian (Hg.): Einer trage des anderen Last (Verein zur Errichtung evangelischer Krankenhäuser. Bd. 4). Berlin o. J., S. 9–12.

ARNOLD-DINKLER, Elfriede: Der Kindergarten in der deutschen Erziehung. In: Festschrift zur Hundertjahrfeier des deutschen Kindergartens (Hg. Reichswalter des Nationalsozialistischen Lehrerbundes Gauleiter Wächtler). München 1940, S. 5–9.

ARNTZ, Hans-Dieter: Ordensburg Vogelsang 1934–1945. Erziehung zur politischen Führung im 3. Reich. Euskirchen 1986.

BADISCHES GESETZ- UND VERORDNUNGSBLATT: 1922.

BAIER, Helmut: Die Deutschen Christen Bayerns im Rahmen des bayerischen Kirchenkampfes. Nürnberg 1968.

BAIER, Helmut: Kirche in Not. Die bayerische Landeskirche im Zweiten Weltkrieg (Einzelarbeiten aus der Kirchengeschichte Bayerns. Hg. Verein für bayerische Kirchengeschichte. Bd. 57). Neustadt/Aisch 1979.

BALLARIN, Georg: Steuerrecht der Wohlfahrtspflege. In: Handwörterbuch der Wohlfahrtspflege. Hg. von H. Althaus/W. Betcke. Berlin ^{3}1937/1939, Sp. 1012–1024.

BARBIAN, Jan-Pieter: Literaturpolitik im „Dritten Reich". Institutionen, Kompetenzen, Betätigungsfelder. München 1995.

BARKAI, Avraham: „Schicksalsjahr 1938". Kontinuität und Verschärfung der wirtschaftlichen Ausplünderung der deutschen Juden. In: U. Büttner unter Mitwirkung von W. Johe und A. Voß (Hg.): Das Unrechtsregime. Internationale Forschung über den Nationalsozialismus. Bd. 2: Verfolgung – Exil – Belasteter Neubeginn. Hamburg 1986, S. 45–68. Auch in: W. H. Pehle (Hg.): Der Judenpogrom 1938. Von der „Reichskristallnacht" zum Völkermord. Frankfurt/Main 1988, S. 94–117.

BARTELS, Friedrich: Die biblischen Geschichten alten und neuen Testaments im Kindergarten und -Hort. In: ChrKpflge, 46. Jg., 9(Sept.)/1938, S. 222–228.

BARTH, Karl: Evangelium und Gesetz. In: ThEx, Nr. 32/1935; ThEx NF Nr.50/1956; und in: E. Kinder/K. Haendler (Hg.): Gesetz und Evangelium. Beiträge zur gegenwärtigen theologischen Diskussion. Darmstadt 1968, S. 1–29.

BARTSCH, Hans-Werner: Handbuch der evangelisch-theologischen Arbeit 1938 bis 1948. Stuttgart 1949.

BAUER, Dieter R./KUSTERMANN, Abraham P.: Tapferen Glaubens widerstehen. „Bekennerbischof" Sproll. In: D. R. Bauer/A. P. Kustermann (Hg.): Gelegen oder ungelegen. Zeugnis für die Wahrheit. Zur Vertreibung des Rottenburger Bischofs Joannes Baptista Sproll im Sommer 1938 (Hohenheimer Protokolle. Bd. 28). Stuttgart 1989, S. 9–16.

BAUER, Rudolph: Ley, Robert. In: H. Maier (Hg.): Who is who der Sozialen Arbeit. Freiburg/Breisgau 1998, S. 359–360.

BAUER, Rudolph: Scholtz-Klink, Gertrud. In: H. Maier (Hg.): Who is who der Sozialen Arbeit. Freiburg/Breisgau 1998, S. 529–530.

BAUTZ, Friedrich Wilhelm: Samuel Baudert. In: BBKL Bd. 1. Herzberg 1990, Sp. 414.

BAUTZ, Friedrich Wilhelm: Eduard Freiherr von der Goltz. In: BBKL Bd. 2, Herzberg 1990, Sp. 265.

BECK, Georg: Berufsarbeiter der Inneren Mission. Ein biographischer Versuch über das Leben des Mannes Otto Ohl. In: R. Witschke (Hg.): Diakonie bewegt. 150 Jahre Innere Mission und Diakonie im Rheinland (Schriftenreihe des Vereins für Rheinische Kirchengeschichte. Bd. 140). Köln 1999, S. 399–432.

BECKER, Peter W.: Fritz Sauckel – Generalbevollmächtigter für den Arbeitseinsatz. In: R. Smelser/R. Zitelmann (Hg.): Die braune Elite. 22 Biographische Skizzen. Darmstadt 1989, S. 98–114.

BEINTKER, Horst: Emil Brunner. In: TRE Bd. 7. Berlin/New York 1981, S. 236–242.

BELLINGKRODT, Dorothea/HOLLÄNDER, Ramona: Verband Evangelischer Tageseinrichtungen für Kinder in Schleswig-Holstein e. V. In: Bundesvereinigung Evangelischer Tageseinrichtungen für Kinder (Hg.): Bündnis für Kinder. 1922–1997 Bundesvereinigung Evangelischer Tageseinrichtungen für Kinder e.V. Festschrift zur Arbeit des Fachverbandes und seiner Mitgliedseinrichtungen anläßlich des 75jährigen Jubiläums. Bremen 1997, S. 71–73.

BENKMANN, Horst-Günther: Paul Kaufmann. In: Altpreußische Biographie. Hg. im Auftrag der Historischen Kommission für ost- und westpreußische Landesforschung von E. Bahr und G. Brausch. Bd. 4. Marburg/Lahn 1995, S. 1400.

BENZ, Wolfgang/GRAML, Hermann/WEISS, Hermann (Hg.): Enzyklopädie des Nationalsozialismus. München ³1998.

BENZ, Wolfgang/PEHLE, Walter H. (Hg.): Lexikon des deutschen Widerstandes. Frankfurt/Main 1999.

BENZING, Richard: Die gesundheitsfürsorgerischen Aufgaben im Hilfswerk Mutter und Kind. In: Deutscher Verein für öffentliche und private Fürsorge (Hg.): Neue familien- und arbeitspolitische Aufgaben der deutschen Wohlfahrtspflege. Bericht über die Tagung des Deutschen Vereins für öffentliche und private Fürsorge am 23. und 24. Mai 1938 in Würzburg. Frankfurt/Main 1938, S. 7–22.

BENZING, Richard: Grundlagen der körperlichen und geistigen Erziehung des Kleinkindes im nationalsozialistischen Kindergarten (Schriftenreihe der NSV 12). Berlin 1941.

BERGER, Manfred: Zwischen Angleichung und Widerstand. Zum 100. Geburtstag von Auguste Mohrmann. In: TPS, 99. Jg., 2(März/April)/1991, S. 107–111.

BERGER, Manfred: Mohrmann, Auguste Luise. In: H. Maier (Hg.): Who is who der Sozialen Arbeit. Freiburg/Breisgau 1998, S. 398–399.

BERNSEE, Hans: Die NSV auf dem Reichsparteitag. In: DZW, 13. Jg., 6(Sept.)/1937, S. 281–283.

BERNSEE, Hans: Kriegsfürsorge der NSV für Mutter und Kind. In: SozPr, 48. Jg., 23/24(Dez.)/1939, Sp. 1273–1275.

BERNSEE, Hans: Zum Jahrestag der NSV 1941. In: NS-Volksdienst, 8. Jg., 5(Mai)/1941, S. 85–88.

BERNSEE, Hans: Aufgaben der NS-Volkswohlfahrt im Kriege, Berlin 1941.

BESIER, Gerhard: Ansätze zum politischen Widerstand in der Bekennenden Kirche. In: J. Schmädeke/P. Steinbach (Hg.): Der Widerstand gegen den Nationalsozialismus. München/Zürich 1985, S. 265–280.

BESIER, Gerhard: Widerstand im Dritten Reich – ein kompatibler Forschungsgegenstand für gegenseitige Verständigung heute? In: KZG, 1. Jg., 1/1988, S. 50–68.

BESIER, Gerhard: Die Kirche der altpreußischen Union unter ideologischem und politischem Druck des nationalsozialistischen Staates (1937–1939). In: Die Geschichte der Evangelischen Kirche der Union. Ein Handbuch. Hg. im Auftag der Evangelischen Kirche der Union von J. F. G. Goeters †/J. Rogge. Bd. 3: Trennung von Staat und Kirche. Kirchlich-politische Krisen. Erneuerung kirchlicher Gemeinschaft (1918–1992). Hg. von G. Besier/E. Lessing. Leipzig 1999, S. 382–444.

BESIER, Gerhard: Der Nationalsozialismus als Säkularreligion. In: Die Geschichte der Evangelischen Kirche der Union. Ein Handbuch. Hg. im Auftag der Evangelischen Kirche der Union von J. F. G. Goeters †/J. Rogge. Bd. 3: Trennung von Staat und Kirche. Kirchlich-politische Krisen. Erneuerung kirchlicher Gemeinschaft (1918–1992). Hg. von G. Besier/E. Lessing. Leipzig 1999, S. 445–478.

BESIER, Gerhard: Begeisterung, Ernüchterung, Resistenz und Verinnerlichung in der NS-Zeit (1933 bis 1945). In: G. Heinrich (Hg.): Tausend Jahre Kirche in Berlin-Brandenburg. Berlin 1999, S. 703–761.

BEST, Werner: Die Geheime Staatspolizei. In: Deutsches Recht, 6. Jg., 7/8(April)/1936, S. 125–128.

BESTE, Niklot: Der Kirchenkampf in Mecklenburg von 1933 bis 1945. Berlin 1975.

BETHGE, Eberhard: Vorwort [Widerstand und Ergebung]. Hamburg [7]1971.

BEYER, Heinrich/NUTZINGER, Hans G.: Erwerbsarbeit und Dienstgemeinschaft. Arbeitsbeziehungen in kirchlichen Einrichtungen. Eine empirische Untersuchung. Mit einem Nachwort von G. Brakelmann. Bochum 1991.

BEYSE, Walter: Textbearbeitung für Kindergottesdienste. Misericordias Domini: Lk. 24,36–49 (Zugleich Handreichung zum Eltern- und Erziehungssonntag). In: PBl, 83. Jg., 7(April)/1941, S. 321–322.

BEYSE, Walter: Textbearbeitung für Kindergottesdienste. Misericordias Domini: Joh. 10,12–16 und 27–28. In: PBl, 84. Jg., 7(April)/1942, S. 319–320.

BEYSE, Walter: Textbearbeitung für Kindergottesdienste. Misericordias Domini: Joh. 21,1–14. In: PBl, 85. Jg., 6(März)/1943, S. 254.

BIBEL: Stuttgarter Jugend- und Familienbibel zur Einführung ins Bibellesen mit Bildern von Rudolf Schäfer. Nach der deutschen Übersetzung D. Martin Luthers. Stuttgart 1934.

BIELFELDT, Johann: Die Haltung des Schleswig-Holsteinischen Bruderrates im Kirchenkampf. In: K. D. Schmidt (Hg.): Zur Geschichte des Kirchenkampfes (AGK 15). Göttingen 1965, S. 173–188.

BIELFELDT, Johann: Der Kirchenkampf in Schleswig-Holstein 1933–1945 (AGK 1). Göttingen 1964.

BIENERT, N.N.: Der NSV-Erntekindergarten. In: DZW, 13. Jg., 3/4 (Juni/Juli)/1937, S. 157–160.

BILDBLATTFOLGE DER DEUTSCHEN EVANGELISCHEN KIRCHE (Hg.): Jesus Christus der gute Hirte spricht:: „Lasset die Kindlein zu mir kommen!“ [Berlin 1939].

BIRKE, Adolf M.: Nation ohne Haus. Deutschland 1945–1961 (Siedler Deutsche Geschichte. Die Deutschen und ihre Nation. Bd. 6). Berlin 1989.

BISCHÖFLICHES ORDINARIAT BERLIN (Hg.): Mit brennender Sorge. Enzyklika Papst Pius' XI. vom 14. März 1937 über die Lage der katholischen Kirche im Deutschen Reich. Berlin 1946.

BIZER, Christoph: Katechetik. In: TRE Bd. 17. Berlin/New York 1988, S. 686–710.

BLEY, Christa: Referat Kindertagesstätten der Evangelisch-Lutherischen Kirche Thüringen e.V. In: Bundesvereinigung Evangelischer Tageseinrichtungen für Kinder (Hg.): Bündnis für Kinder. 1922–1997 Bundesvereinigung Evangelischer Tageseinrichtungen für Kinder e.V. Festschrift zur Arbeit des Fachverbandes und seiner Mitgliedseinrichtungen anläßlich des 75jährigen Jubiläums. Bremen 1997, S. 73–74.

BLOTH, Peter C.: Die missionarische Dimension der Diakonie. In: Weltweite Hilfe, 41. Jg., 1(228)(Jan./März)/1991, Sonderteil I A, S. 2–8.

BLOTH, Peter C.: Zur theologischen Diakonie-Forschung. Prof. Dr. Christof Gestrich zum 60. Geburtstag gewidmet. In: ThR, 66. Jg., 2(Mai)/2001, S. 240–259.

BOBERACH, Heinz (Hg.): Meldungen aus dem Reich. Auswahl aus den geheimen Lageberichten des Sicherheitsdienstes der SS 1939–1944. München 1968.

BOBERACH, Heinz (Bearb.): Berichte des SD und der Gestapo über Kirchen und Kirchenvolk in Deutschland 1934–1944 (VKZG.Q 12). Mainz (1971).

BODELSCHWINGH, Friedrich von: Immer unter Gottes Augen! Matthäus 18,10. In: DtPfrBl, 46. Jg., 15/16(19. April)/1942, S. 60.

BOESCHE, Hans: Werden und Inhalt der Lohntarifordnung für die im Central-Ausschuß für die Innere Mission der Deutschen Evangelischen Kirche angeschlossenen Anstalten und Einrichtungen der Gesundheitspflege. In: IMis, 35. Jg., 3(März)/1940, S. 19–22.

BOESCHE, Hans: Die Lohntarifordnung für die dem Central-Ausschuß für die Innere Mission der Deutschen Evangelischen Kirche angeschlossenen Anstalten und Einrichtungen der Gesundheitspflege. Ihr Werden und Inhalt. In: EvGsdhfürs, 14. Jg., 3(März)/1940, S. 36–39.

BÖHME, Ernst: Geschichte und gesellschaftliches Leben der Stadt Göttingen. In: K. H. Kaufhold (Hg.): 1801–2001. 200 Jahre Sparkasse Göttingen. Älteste kommunale Sparkasse. Göttingen 2001, S. 165–182.

BOHNSTEDT, Werner: Das gesetzliche Fundament der Deutschen Arbeitsfront. In: SozPr, 43. Jg., 44(1. Nov.)/1934, Sp. 1308–1313.

BOHNSTEDT, Werner: Sozialpolitische Selbstverwaltung. In: SozPr, 44. Jg., 14(4.April)/1935, Sp. 394–398.

BONHOEFFER, Dietrich: Sanctorum Communio. Dogmatische Untersuchung zur Soziologie der Kirche. München [3]1960.

BONHOEFFER, Dietrich: Nach zehn Jahren. Rechenschaft an der Wende zum Jahr 1943. In: Widerstand und Ergebung. München 1970, S. 11–27.

BOOKHAGEN, Rainer: Das Planwirtschaftliche Abkommen der Inneren Mission mit der Nationalsozialistischen Volkswohlfahrt und der Versuch zur Sicherung der evangelischen Kinderpflege. In: J.-Chr. Kaiser (Hg.): Soziale Arbeit in historischer Perspektive. Zum geschichtlichen Ort der Diakonie in Deutschland. Festschrift für Helmut Talazko zum 65. Geburtstag. Stuttgart/Berlin/Köln 1998, S. 84–114.

BORCHERT, Herta: Gesundheitliche Fragen der Umquartierung. In: NS-Volksdienst, 11. Jg., 1(Jan.)/1944, S. 16–19.

BOURBECK, Christine: Die kirchliche Unterweisung der Getauften. In: Kirche und Erziehung (Pädagogische Schriftenreihe der evangelischen Schulvereinigung. Bd. 10). München 1938, S. 3–29.

BOURBECK, Christine: Die Verantwortung der Inneren Mission für die christliche Unterweisung. In: IMis, 35. Jg., 9(Sept.)/1940, S. 65–67.

BOYENS, Armin: Widerstand der Evangelischen Kirche im Dritten Reich. In: K. D. Bracher/M. Funke/H.-A. Jacobsen (Hg.): Nationalsozialistische Diktatur 1933–1945. Düsseldorf 1983, S. 669–686.

BRANDMEYER, Adolf: Der Mensch lebt nicht vom Brot allein, sondern von einem jeglichen Worte, das durch den Mund Gottes geht [Mt. 4,4]. In: Bildblattfolge der Deutschen Evangelischen Kirche (Hg.), Jesus Christus der gute Hirte spricht: „Lasset die Kindlein zu mir kommen!“. Berlin [1939], S. 3.

BRANDMEYER, Adolf: Der gesegnete Kelch, welchen wir segnen, ist der nicht die Gemeinschaft des Blutes Christi? Das Brot, das wir brechen, ist das nicht die Gemeinschaft des Leibes Christi? [1. Kor. 10,16]. In: Bildblattfolge der Deutschen Evangelischen Kirche (Hg.), Jesus Christus der gute Hirte spricht: „Lasset die Kindlein zu mir kommen!“. Berlin [1939], S. 16.

BRANDMEYER, Adolf (Hg.): Blätter zum Erzählen biblischer Geschichten für jeden Sonntag des Kirchenjahres (Reihe I). Eine Hilfe und Anleitung für die Mutter. Hg. von der Evangelischen Reichsfrauenhilfe (Pfarrer Brandmeyer), Potsdam, Mirbachstr. 1. Potsdam [1938].

BRANDMEYER, Adolf (Hg.): Blätter zum Erzählen biblischer Geschichten für die Trinitatiszeit (Reihe II). Eine Hilfe und Anleitung für die Mutter. Hg. von der Evangelischen Reichsfrauenhilfe (Pfarrer Brandmeyer), Potsdam, Mirbachstr. 1. Potsdam [1939].

BRANDMEYER Adolf (Hg.): Blätter zur häuslichen Unterweisung auf der Grundlage des Vaterunsers (Reihe I). Eine Hilfe und Anleitung für das evangelische Haus. Hg. von der Evangelischen Reichsfrauenhilfe (Pfarrer Brandmeyer), Potsdam, Mirbachstr. 1. Potsdam [1939].

BRANDMEYER Adolf (Hg.): Blätter zur häuslichen Unterweisung auf der Grundlage der Zehn Gebote (Reihe II). Eine Hilfe und Anleitung für das evangelische Haus. Hg. von der Evangelischen Reichsfrauenhilfe (Pfarrer Brandmeyer), Potsdam, Mirbachstr. 1. Potsdam [1940].

BRANDT, Wilhelm: Ehe und Familie im Lichte des göttlichen Wortes, ihr kirchlicher Sinn und ihr Dienst an der Volksgemeinschaft. In: ChrKpflge, 45. Jg., 8(Aug.)/1937, S. 204–207.

BRANDT, Wilhelm: Die Taufe als Grundlage der christlichen Erziehung. In: EvDt, 21. Jg., 16/17(23. April)/1944, S. 37–38.

BRAUNE, Gertrud: Aus den Verbänden – Brandenburg. In: ChrKpflge, 46. Jg., 7/8(Juli/ Aug.)/1938, S. 208–209.

BRAUNE, Gertrud: Erziehungssonntag 1941. In: EJugh, 17.(61.) Jg., 3/4(März/April)/1941, S. 29–32.

BRAUNE, Gertrud: Das Gesicht des evangelischen Kindergartens in der Ostzone. In: IMis, 39. Jg., 5/6(Mai/Juni)/1949, S. 7–10.

BRAUNE, Paul: Innere Mission und Kirche. In: IMis, 37. Jg., 1/2(Jan./Febr.)/1947, S. 9–14.

BRAUNE, Paul: Denkschrift betr. Planmäßige Verlegung der Insassen von Heil- und Pflegeanstalten. In: IMis, 37. Jg., 5/6(Mai/Juni)/1947, S. 23–34. Auch in: KJ 60.–71. Jg., 1933–1944, S. 415–423. Und in: H. Chr. v. Hase (Hg.): Evangelische Dokumente zur Ermordung der „unheilbar Kranken“ unter der nationalsozialistischen Herrschaft in den Jahren 1939–1945. Hg. im Auftrag von „Innere Mission und Hilfswerk der Evangelischen Kirche in Deutschland“. Stuttgart [1964], S. 14–22. Gekürzt in: H. Krimm (Hg.): Quellen zur Geschichte der Diakonie. Bd. 3. Stuttgart 1966, S. 167–171.

BRAUNE, Paul: Die Aktion der IM. In: IMis, 37. Jg., 5/6(Mai/Juni)/1947, S. 13–23. Auch in: H. Chr. v. Hase (Hg.): Evangelische Dokumente zur Ermordung der „unheilbar Kranken“ unter der nationalsozialistischen Herrschaft in den Jahren 1939–1945. Hg. im Auftrag von „Innere Mission und Hilfswerk der Evangelischen Kirche in Deutschland“. Stuttgart [1964], S. 108–116; und H. Krimm: Quellen zur Geschichte der Diakonie Bd. 3. Stuttgart 1966, S. 161–167.

BRAUNE, Paul: Achtung vor dem Menschenleben. Referat auf der Berliner Hauptversammlung am 18.9.[1948] in der Sophienkirche. In: IMis, 38. Jg., 9/10(Sept./Okt.)/1948 (Zugleich: N.N.: Bericht über das Jubiläum 1948. Wir rufen zur Barmherzigkeit. 100 Jahre Central-Ausschuß für die Innere Mission der Deutschen Evangelischen Kirche 1848–1948), S. 39–45.

BRECHT, Bert: Wahrnehmungen (1949). In: Gesammelte Werke. Bd. 10. Gedichte 3. Frankfurt/Main 1967, S. 960.

BREIDING, Birgit: Die Braunen Schwestern. Ideologie – Struktur – Funktion einer nationalsozialistischen Elite (Beiträge zur Wirtschafts- und Sozialgeschichte. Bd. 85). Stuttgart 1998.

BREMER, Gustav: Eltern- und Erziehungssonntag (Miserikordias Domini. 19. April 1942. Joh. 14,1–6). In: ChrL, 17. Jg., 4(April)/1942, Sp. 167–171.

BREMER, Gustav: Unsere Kinder: Gabe und Aufgabe (Miserikordias Domini. 9. Mai 1943. Eph. 2,4–10). In: ChrL, 18. Jg., 4(April)/1943, Sp. 163–165.

BRINCKMEIER, Rudolf: Kind und Kirche (Arbeitsbücherei der Frauenhilfe. Hg. von A. Brandmeyer. Heft 39). Potsdam 1937.

BRUNNER, Emil: Der Mensch im Widerspruch. Die christliche Lehre vom wahren und wirklichen Leben. Berlin 1937.

BRUNNER, Emil: Die Frage nach dem „Anknüpfungspunkt" als Problem der Theologie. In: ZZ, 10. Jg., 6(Nov./Dez.)/1932, S. 505–532.

BRUNOTTE, Heinz: Der kirchenpolitische Kurs der Deutschen Evangelischen Kirchenkanzlei von 1937 bis 1945. In: K. D. Schmidt (Hg.): Zur Geschichte des Kirchenkampfes (AGK 15). Göttingen 1965, S. 92–145.

BUCHHEIM, Hans: Die SS – das Herrschaftsinstrument. In: Anatomie des SS-Staates. Hg. von H. Buchheim/M. Broszat/H.-A. Jacobsen/H. Krausnick. München [6]1994, S. 15–212.

BUNDESGESETZBLATT: 1953.

BUNDESVEREINIGUNG EVANGELISCHER TAGESEINRICHTUNGEN FÜR KINDER (Hg.): Bündnis für Kinder. 1922–1997 Bundesvereinigung Evangelischer Tageseinrichtungen für Kinder e.V. Festschrift zur Arbeit des Fachverbandes und seiner Mitgliedseinrichtungen anläßlich des 75jährigen Jubiläums. Bremen 1997.

BURGHART, Georg: 1918–1938. Predigt anläßlich des 20. Jahresfestes des Evangelischen Verbandes für Kinderpflege in Berlin. In: Sonniges Kinderland, 25/1938, S. 1–5.

BURGHART, Georg: Der Evangelische Oberkirchenrat in den Jahren 1900–1950. In: O. Söhngen (Hg.): Hundert Jahre Evangelischer Oberkirchenrat der altpreußischen Union 1850–1950. Berlin-Spandau 1950, S. 11–64.

CASPERS, Elly: Ausrichtung der NSV-Kindergärten im Gau Kurhessen. In: NS-Volksdienst, 5. Jg., 8/9(Mai/Juni)/1938, S. 281–284.

CENTRAL-AUSSCHUSS FÜR DIE INNERE MISSION DER DEUTSCHEN EVANGELISCHEN KIRCHE (Hg.): Merkblatt zum Umsatzsteuergesetz vom 16. Oktober 1934. Zusammenstellung [von A. Dinger] vom 18. Januar 1935. [Berlin 1935].

CENTRAL-AUSSCHUSS FÜR DIE INNERE MISSION DER DEUTSCHEN EVANGELISCHEN KIRCHE (Hg.): Wegweiser durch die Evangelische Jugendhilfe. Berlin 1938.

CENTRAL-AUSSCHUSS FÜR DIE INNERE MISSION DER DEUTSCHEN EVANGELISCHEN KIRCHE (Hg.): Geschichten und Bilder aus der Inneren Mission. 1. Folge: [ohne Titel]. Berlin 1937. 6. Folge: Und sie brachten Kindlein zu ihm. Berlin 1937. 7. Folge: Kindergemeinde und Innere Mission. Berlin 1939.

CENTRAL-AUSSCHUSS FÜR DIE INNERE MISSION DER DEUTSCHEN EVANGELISCHEN KIRCHE – ABTEILUNG STATISTIK: Gesamtüberblick über die Einrichtungen der Inneren Mission in Deutschland. In: IMis, 38. Jg., 7/8(Juli/Aug.)/1948 (Zugleich: Jubiläumsheft 1948), S. 115–126.

CENTRAL-AUSSCHUSS FÜR DIE INNERE MISSION DER DEUTSCHEN EVANGELISCHEN KIRCHE (Hg.): Innere Mission. Sechs Jahre nach dem Kriege. Bielefeld 1951.

CHRISTLICHER ZEITSCHRIFTENVEREIN: Hundert Jahre Christlicher Zeitschriftenverein. Berlin 1980.

CLAUDI, Marianne/CLAUDI, Reinhard: Goldene und andere Zeiten. Emden – Stadt in Ostfriesland. Mit Anlageband Zeittafel, Texte, Dokumente, Karten. Emden 1982.

DAASE, Brigitte: Segen ererben und weitergeben. Aus der Geschichte der Schwesternschaft der Anhaltischen Diakonissen-Anstalt. In: Anhaltische Diakonissen-Anstalt (Hg.): 1894–1994. 100 Jahre Anhaltische Diakonissen-Anstalt Dessau. Festschrift. Dessau 1998, S. 6–27.

DEGEN, Rudolf: Neues aus der Gesetzgebung des Reiches zur Wohlfahrtspflege. In: Caritas, 39.(13.) Jg., 6(Juni)/1934, S. 184–190. Fortgesetzt als: Gesetzliche Neuregelungen auf dem Gebiet der Wohlfahrtspflege. In: Caritas, 40.(14.) Jg., 1(Jan.)/ 1935, S. 14–19. Fortgesetzt als: Übersicht über die neuere Gesetzgebung auf dem Gebiet der Wohlfahrtspflege. In: Caritas, 40.(14.) Jg., 5(Mai)/1935, S. 141–146; 40.(14.) Jg., 9(Sept.)/ 1935, S. 256–262; 41.(15.) Jg., 2(Febr.)/1936, S. 53–60; 41.(15.) Jg., 5(Mai)/1936, S. 155–159; 41.(15.) Jg., 8(Aug.)/1936, S. 271–276; 41.(15.) Jg., 12(Dez.)/1936, S. 457–461; 42.(16.) Jg., 3(März)/1937, S. 84–89; 42.(16.) Jg., 8(Aug.)/1937, S. 208–214. Fortgesetzt als: Übersicht über die Gesetzgebung auf dem Gebiet der Wohlfahrtspflege. In: Caritas, 43.(17.) Jg., 1(Jan.)/1938, S. 8–17; 43.(17.) Jg., 5(Mai)/1938, S. 138–145; 43.(17.) Jg., 8(Aug.)/1938, S. 237–242; 43.(17.) Jg., 9(Sept.)/1938, S. 269–273; 43.(17.) Jg., 10(Okt.)/ 1938, S. 367–372; 44.(18.) Jg., 2(Febr.)/1939, S. 61–66; 44.(18.) Jg., 4(April)/1939, S. 126–131; 44.(18.) Jg., 6(Juni)/1939, S. 181–186; 44.(18.) Jg., 8(Aug.)/1939, S. 246–250.

DEMANDT, Karl Ernst: Geschichte des Landes Hessen. Kassel/Basel ^{2}1972.

DENZLER, Georg/FABRICIUS, Volker: Christen und Nationalsozialisten (Überarb. und aktualisierte Neuausgabe von: Die Kirchen im Dritten Reich. Christen und Nazis Hand in Hand? Bd. 1: Darstellung. Bd. 2: Dokumente. Frankfurt/Main. 1984). Frankfurt/Main 1995.

DEPUHL, Alfred: Innere Mission und Deutsche Arbeitsfront. In: IMis, 31. Jg., 1(Jan.)/ 1936, S. 14–22.

DER GEMEINDEKIRCHENRAT DER EPIPHANIENGEMEINDE BERLIN-CHARLOTTENBURG (Hg.): Geschichte der Epiphanien-Kirchengemeinde. Berlin 1992.

DER OBERBÜRGERMEISTER DER REICHSHAUPTSTADT BERLIN (Hg.): Bericht über die Tätigkeit des Landes-Wohlfahrts- und Jugendamts in der Zeit vom 1. Januar 1935 bis 31. März 1936. Berlin 1937.

DER TAGESSPIEGEL: 29. Jg., Nr. 8370/25. März 1973.

DESCHNER, Günther: Reinhard Heydrich – Technokrat der Sicherheit. In: R. Smelser/R. Zitelmann (Hg.): Die braune Elite. 22 Biographische Skizzen. Darmstadt 1989, S. 98–114.

DETERS, Erich: Der Internationale Kinderschutzkongress in Frankfurt(Main). In: DJugh, 30. Jg., 6(Sept.)/1938, S. 217–221.

DEUTSCHE WISSENSCHAFT, ERZIEHUNG UND VOLKSBILDUNG. Amtsblatt des Reichs- und Preußischen Ministeriums für Wissenschaft, Erziehung und Volksbildung: 1937, 1938, 1940.

DEUTSCHER GEMEINSCHAFTS-DIAKONIEVERBAND (Hg.): Deutscher Gemeinschafts-Diakonieverband G.m.b.H. zu Marburg/Lahn am 1. Januar 1938. Marburg/Lahn 1938.

DEUTSCHER GEMEINSCHAFTS-DIAKONIEVERBAND: Kurzbiographie von Pfarrer Julius Dietrich. Hausvater des Diakonissen-Mutterhauses Hebron. Marburg 1999.

DEUTSCHER VEREIN FÜR ÖFFENTLICHE UND PRIVATE FÜRSORGE (Hg.): Neue familien- und arbeitspolitische Aufgaben der deutschen Wohlfahrtspflege. Bericht über die Tagung des Deutschen Vereins für öffentliche und private Fürsorge am 23. und 24. Mai 1938 in Würzburg. Frankfurt(Main) 1938.

DEUTSCHER VEREIN FÜR ÖFFENTLICHE UND PRIVATE FÜRSORGE (Hg.): Sonderheft für den Internationalen Kinderschutzkongreß 1938. 12.–18. Juni in Frankfurt am Main (Nachrichtendienst des Deutschen Vereins für öffentliche und private Fürsorge, 19. Jg., 6(Juni)/1938, S. 178–200).

DEUTSCHER WIRTSCHAFTSVERLAG (Hg.): Reichshandbuch der Deutschen Gesellschaft. Das Handbuch der Persönlichkeiten in Wort und Bild. 2 Bde. Berlin 1931.

DIAKONISCHES WERK DER EVANGELISCHEN KIRCHE IN DEUTSCHLAND (Hg.): Johann Hinrich Wichern auf dem Kirchentag in Wittenberg 1848. Eine Festgabe. Hg. vom Diakonischen Werk der Evangelischen Kirche in Deutschland e.V. zum 150jährigen Jubiläum der Gründung des Central-Ausschusses für Innere Mission. Berlin 1998.

DIEPHOUSE, David: Theophil Wurm (1868–1953). In: R. Lächele/J. Thierfelder (Hg.): Wir konnten uns nicht entziehen. Dreißig Biographien zu Kirche und Nationalsozialismus in Württemberg. Stuttgart 1998, S. 13–33.

DINGER, Albert: Körperschaft- und Vermögensteuer bei Anstalten der Inneren Mission. In: IMis, 30. Jg., 11(Nov.)/1935, S. 321–326.

DINGER, Albert: Steueranpassungsgesetz, Gemeinnützigkeit und wirtschaftlicher Geschäftsbetrieb. In: IMis, 32. Jg., 6(Juni)/1937, S. 144–148.

DINKLER, Elfriede: An unsere Leser! In: Kindergarten, [80. Jg.], 1(Jan.)/1939, S. 2.

DÖLKER, Hans: Der Aufbau der Kindergärten im Westen. In: IMis, 39. Jg., 5/6(Mai/Juni)/1949, S. 3–7.

DOMARUS, Max: Hitler. Reden und Proklamationen. Kommentiert von einem deutschen Zeitgenossen. Teil I: Triumph. Bd. I: 1932–1934. Bd. II: 1935–1938. Teil II: Untergang. Bd. I: 1939–1940. Bd. II: 1941–1945. [4]Leonberg 1988.

DRESSLER, Walter: Die Aufgaben der NSV unter dem Blickpunkt des deutschen Freiheitskampfes. In: NS-Volksdienst, 7. Jg., 7(Juli)/1940, S. 121–126.

DUESTERBERG, Daniela: Pflege im Zweiten Weltkrieg. In: H. Steppe (Hg.): Krankenpflege im Nationalsozialismus. [7]Frankfurt(Main) 1993, S. 119–135.

EBERHARD, Otto: Der Kindergottesdienst als Gemeindeaufgabe und im Gemeindeaufbau. Gütersloh 1939.

EBERHARD, Otto: Wie werbe ich für den Kindergottesdienst? Leseprobe aus: Der Kindergottesdienst als Gemeindeaufgabe und im Gemeindeaufbau. In: ChrKpflge, 48. Jg., 4(Apr.)/1940, S. 53.

ECKARTSHAUSVERLAG: An alle Bezieher der „Evangelischen Jugendhilfe“. In: EJugh, 17.(61.) Jg., 5(Mai)/1941, S. 64.

ELERT, Werner: Der christliche Glaube. Grundlinien der lutherischen Dogmatik. Berlin 1940.

ENGELI, Christian: Die nationalsozialistischen Kommunalpolitiker in Berlin. In: Berlin Forschungen II. Hg. von W. Ribbe (Einzelveröffentlichungen der Historischen Kommission zu Berlin. Bd. 61. Publikationen der Sektion für die Geschichte Berlins. Bd. 4). Berlin 1987, S. 113–139.

ENGELI, Christian/RIBBE, Wolfgang: Berlin in der NS-Zeit. In: Geschichte Berlins. Hg. von W. Ribbe. 2. Bd.: Von der Märzrevolution bis zur Gegenwart. München 1987, S. 925–1024.

ENGELKING, Karl-Heinrich: Die Arbeit des Stillhaltekommissars in Ostmark und Sudetenland. In: Nationalsozialistische Partei-Korrespondenz, Flg. 48(25.Febr.)/ 1939, Bl. 1–5.

ENGELMANN, Wilhelm: Das Sammlungswesen. In: ChrKpflge, 45. Jg., 1(Jan.)/1937, S. 25–28.

ENGELMANN, Wilhelm (Hg.): Unser Werk. Ein ABC der Inneren Mission. Berlin 1939. Überarbeitet Witten 1948.

EPHA, Oskar: Der Landesverein für Innere Mission in Schleswig-Holstein in der Zeit der Weimarer Republik und des Dritten Reiches. Festschrift zur Feier des 100jährigen Bestehens des Landesvereins am 30. September 1975. Rendsburg [1975].

ERNING, Günter: Zur Geschichte des Kindergartens im 20. Jahrhundert. In: Kindsein kein Kinderspiel. Das Jahrhundert des Kindes (1900–1999). Ausstellung der Franckeschen Stiftungen zu Halle 9. Juli bis 26. November 2000. Hg. von P. Larass (Kataloge der Franckeschen Stiftungen zu Halle 7). Halle 2000, S. 171–188.

ESSELBORN, Irmgard: Nopitsch, Antonie. In: H. Maier (Hg.): Who is who der Sozialen Arbeit. Freiburg/Breisgau 1998, S. 441–442.

ESSER, Brigitte/VENHOFF, Michael (Red.): Chronik des Zweiten Weltkriegs. Gütersloh/ München 1999.

ESSLINGER, Johannes: Dringende Anliegen der evangelischen Kindergartenarbeit. In: EvKpflge, 2.(59.) Jg., 1/2(Jan./Febr.)/1951, S. 4–7.

ESSLINGER, Johannes: Der Kindergarten - ein Notstandsgebiet. In: IMis, 43. Jg., 3(März)/ 1953, S. 74–82.

EVANGELISCH-REFORMIERTE KIRCHE: Heidelberger Katechismus. Revidierte Ausgabe 1997. Hg. von der Evangelisch-Reformierten Kirche (Synoden evangelisch-reformierter Kirchen in Bayern und Nordwestdeutschland). Neukirchen-Vluyn 1997.

EVANGELISCHER PRESSVERBAND FÜR DEUTSCHLAND (Hg.): Deutsches kirchliches Adreßbuch. Ein Führer durch die deutsche evangelische Kirche und die deutschen evangelischen Kirchen und Gemeinden außerhalb der Reichsgrenze. Berlin-Steglitz [3]1937.

EVANGELISCHER PRESSVERBAND FÜR DEUTSCHLAND (Hg.): Unsere Kinder eine Gabe Gottes [Berlin 1940].

EVANGELISCHER PRESSVERBAND FÜR DEUTSCHLAND (Hg.): In Gottes Hut [Berlin 1941].

EVANGELISCHER VERBAND FÜR KINDERPFLEGE IN BERLIN: Tätigkeitsbericht des Evangelischen Verbandes für Kinderpflege in Berlin e.V. über das Geschäftsjahr 1. April 1938–31. März 1939; 1. April 1939–31. März 1940.

EVANGELISCHES KONSISTORIUM DER MARK BRANDENBURG (Hg.): Pfarralmanach für die Kirchenprovinz Mark Brandenburg 1937. Berlin 1937.

EVANGELISCHES KONSISTORIUM DER MARK BRANDENBURG (Hg.): Pfarralmanach für die Kirchenprovinz Mark Brandenburg 1939. Berlin 1939.

EVANGELISCHES KONSISTORIUM DER MARK BRANDENBURG (Hg.): Pfarralmanach für die Kirchenprovinz Mark Brandenburg. Berlin [1953].

EYFERTH, Hanns: Die Erziehungsberatung der NS-Volkswohlfahrt im Kriege. In: NS-Volksdienst, 10. Jg., 4(Mai)/1943, S. 75–77.

FABER, Hermann: Religionspädagogische Probleme. In: ThR, 6. Jg., 1(Jan.)/1934, S. 33–60; Forts. 6. Jg., 2(März)/1934, S. 96–129; Schluß 6. Jg., 3(Mai)/1934, S. 175–206. Auszug in: Religionspädagogik. Hg. von K. Wegenast. Bd. 1: Der evangelische Weg. Darmstadt 1981, S. 87–106.

FABER, Hermann: Probleme der religiösen Erziehung und Unterweisung. In: ThR, 10. Jg., 6(Dez.)/1938, S. 358–373. Die angezeigte Fortsetzung ist nicht erschienen. Auszug in: Religionspädagogik. Hg. von K. Wegenast. Bd. 1: Der evangelische Weg. Darmstadt 1981, S. 161–169.

FABER, Hermann: Fünfzig Jahre Landesverband der Inneren Mission in Württemberg 1914–1964. Stuttgart [1964].

FALKENBERG, Alfred: Aufbauarbeit im Ostland. In: NS-Volksdienst, 10. Jg., 5(Juni/Juli)/1943, S. 105–110.

FEAUX DE LA CROIX, Ernst: Zum Problem der NS-Verbindlichkeiten. In: Neue Juristische Wochenschrift, 5. Jg., 25(Sept.)/1952, S. 953–957.

FERDINAND, Horst: Pflaumer, Karl. In: Baden-Württembergische Biographien. Bd. 1. Stuttgart 1994, S. 266–271.

FERNKORN, C. M.: Das neue Geschichtsbild in der Schulungsarbeit der NS-Volkswohlfahrt. In: NS-Volksdienst, 10. Jg., 1(Jan.)/1943, S. 1–4.

FERNKORN, C. M.: Dienst am Leben. In: NS-Volksdienst, 10. Jg., 3(März)/1943, S. 45–51.

FEUCHTER, Georg W.: Der Luftkrieg. Frankfurt(Main)/Bonn ^{3}1964.

FICHTNER, Horst: Hauptfragen der Praktischen Theologie. Wege zur Verwirklichung der biblischen Botschaft in der Gemeinde der Gegenwart. Schwerin 1939.

FINCK, Bertha: Der Aufbau des Hilfswerkes „Mutter und Kind“ im Gau Sudetenland. In: NS-Volksdienst, 6. Jg., 5(Mai)/1939, S. 202–205.

FINCK, Bertha: Der Dienst der Heimatfront an Mutter und Kind. In: NS-Volksdienst, 6. Jg., 10(Okt.)/1939, S. 405–411.

FISCHER, Joachim: Die sächsische Landeskirche im Kirchenkampf (AGK.E 8). Göttingen 1972.

FISCHER, Martin: Johannes Kühne. Erzieher und Zeuge. In: Geschichte in Gestalten, Stuttgart 1975, S. 97–101.

FLEISCHMANN-BISTEN, Walter: Der Evangelische Bund in der Weimarer Republik und im sogenannten Dritten Reich (Europäische Hochschulschriften. Reihe XXIII. Bd. 372). Frankfurt(Main)/Bern/New York/Paris 1989.

FLESSAU, Kurt-Ingo: Schule der Diktatur. Lehrpläne und Schulbücher des Nationalsozialismus. Frankfurt(Main) 1979.

FLESSAU, Kurt-Ingo: Schulen der Partei(lichkeit)? Notizen zum allgemeinbildenden Schulwesen des Dritten Reichs. In: K.-I. Flessau/E. Nyssen/G. Pätzold (Hg.): Erziehung im Nationalsozialismus. Köln-Wien 1987, S. 65–82.

FOERSTER, Werner: Herr ist Jesus. Herkunft und Bedeutung des urchristlichen Kyrios-Bekenntnisses (Neutestamentliche Forschungen, 2. Reihe, 1. Heft). Gütersloh 1924.

FRANK, Johann: Grundsätze des Dienst- und Arbeitsrechts der evangelischen Kirche. In: Essener Gespräche zum Thema Staat und Kirche 10. Hg. von J. Krautscheidt und H. Marré. Münster 1976, S. 9–33.

FREY, Arthur: Der Kampf der evangelischen Kirche in Deutschland. Zollikon [1937].

FREYTAG, Günther: Unterwegs zur Eigenständigkeit. Von den „freien Hilfen" zur „Diakonischen Schwesternschaft", Gemeinschaft evangelischer Frauen und Männer im Kaiserswerther Verband deutscher Diakonissenmutterhäuser e.V. (Leiten Lenken Gestalten 4). Gütersloh 1998.

FRICK, Constantin: Geleitwort. In: W. Engelmann (Hg.): Unser Werk. Ein ABC der Inneren Mission. Berlin-Steglitz 1939, S. 5–6.

FRITZ, Alfred: Innere Mission als Volksseelsorge. In: EJugh, 14.(58.) Jg., 7/8(Juli/Aug.)/ 1938, S. 146–157. (N.N.: Berichtigung).

FRITZ, Alfred: Wer ein Kind aufnimmt in meinem Namen, der nimmt mich auf. [Mt. 18,5]. In: Bildblattfolge der Deutschen Evangelischen Kirche (Hg.), Jesus Christus der gute Hirte spricht: „Lasset die Kindlein zu mir kommen!". Berlin (1939), S. 15.

FRITZ, Hartmut: Otto Dibelius. Ein Kirchenmann in der Zeit zwischen Monarchie und Diktatur (AKIZ.B 27). Göttingen 1998.

FRÖR, Kurt: Der notwendige Kampf um die Bekenntnisschule. Wuppertal-Barmen o.J.

FURIAN, Hans-Otto: Die Sammlung der Bekennenden Gemeinden in der Kirchenprovinz. In: E. Schuppan (Hg.): Bekenntnis in Not. Die Evangelische Kirche in Berlin-Brandenburg im Konflikt mit dem Totalen Staat (1933–1945). Aufsätze. Zur Geschichte des Kirchenkampfes. Berlin 2000, S. 131–211.

FUSS, Adalbert: Sondertreuhänder für die Anstalten und Einrichtungen des CA und des Deutschen Roten Kreuzes. In: Die Rundschau, 8. Jg., 1(Jan.)/1937, S. 15.

FUSS, Adalbert: Steuermeßbescheid und Steuerbescheid der neuen Reichsgewerbe- und Grundsteuer. In: Die Rundschau, 9. Jg., 1(Jan.)/1938, S. 14–15.

FUSS, Adalbert: Reichsfinanzhofurteile über die Körperschaftssteuer gemeinnütziger Anstalten und Einrichtungen. In: Die Rundschau, 9. Jg., 2(Febr.)/1938, S. 25–26.

FUSS, Adalbert: Befreiung von der Grundsteuer. In: Die Rundschau, 9. Jg., 2(Febr.)/ 1938, S. 26–27.

FUSS, Adalbert: Reichstreuhänder für das gesamte Reichsgebiet. In: Die Rundschau, 9. Jg., 4(April)/1938, S. 52.

FUSS, Adalbert: Reichstreuhänder für den öffentlichen Dienst. In: Die Rundschau, 9. Jg., 7(Juli)/1938, S. 98.

FUSS, Adalbert: Aus der 2. Durchführungsverordnung zum Grundsteuergesetz. In: Die Rundschau, 9. Jg., 7(Juli)/1938, S. 98–99.

FUSS, Adalbert: Grundsteuerbefreiung privater Erziehungseinrichtungen. In: Die Rundschau, 9. Jg., 7(Juli)/1938, S. 99.

FUSS Adalbert: Grundsteuerbefreiung privater Erziehungseinrichtungen. In: Die Rundschau, 9. Jg., 8(Aug.)/1938, S. 115.

FUSS Adalbert: Sachbearbeiter des Reichstreuhänders für den öffentlichen Dienst bei den Reichstreuhändern der Arbeit. In: Die Rundschau, 9. Jg., 8(Aug.)/1938, S. 115.

FUSS, Adalbert: Satzungsmäßige Festlegung der Vereins- und Anstaltszwecke. In: Die Rundschau, 10. Jg., 1(Jan.)/1939, S. 13–14.

FUSS, Adalbert: Steuerfreiheit gemeinnütziger und mildtätiger Körperschaften. In: IMis, 34. Jg., 9(Sept.)/1939, S. 200–203.

FUSS, Adalbert: Neue Rechtsmittelverfahren im Steuerrecht. In: EvGsdhfürs, 14. Jg., 2(Febr.)/1940, S. 25–26.

FUSS, Adalbert: Kein Rechtsanspruch auf Steuerbefreiungen, die in Runderlassen des Reichsministers der Finanzen ausgesprochen sind. In: EvGsdhfürs, 14. Jg., 9(Sept.)/ 1940, S. 135–136.

FUSS, Adalbert: Billigkeits-Erlasse. In: EvGsdhfürs, 15. Jg., 1(Jan.)/1941, S. 10–12.

FUSS, Adalbert: Die karitativen Anstalten im Spiegel der Rechtsprechung des Reichsfinanzhofs. In: IMis, 36. Jg., 2(Febr.)/1941, S. 13–15.

FUSS, Adalbert: Neue Reichsfinanzhofentscheidungen. In: EvGsdhfürs, 15. Jg., 3(März)/ 1941, S. 39–41.

FUSS, Gottfried: Der Wille zur Einigkeit. Der sächsiche Weg im Kirchenkampf des Dritten Reiches. In: Verantwortung. Zum 60. Geburtstag von Landesbischof D. Gottfried Noth. Berlin 1964, S. 52–68.

GALEN, Clemens August Graf von: Akten, Briefe und Predigten 1933–1946 (VKZG.Q 42.1 und 2). Bearb. von P. Löffler. Bd. 1: 1933–1939. Bd. 2: 1939–1946. Mainz 1988.

GEISSLER, Hermann Otto: Frauen der Lutherkirche Wiesbaden in den ersten vier Jahrzehnten 1908–1948 (Vortragsmanuskr.). Wiesbaden 1991.

GELLATELY, Robert: Allwissend und allgegenwärtig? Entstehung, Funktion und Wandel des Gestapo-Mythos. In: G. Paul/K.-M. Mallmann (Hg.): Die Gestapo. Mythos und Realität. Darmstadt 1995, S. 47–70.

GEPPERT, Walter: Das illegale Hilfswerk der Ostmark. In: NS-Volksdienst, 6. Jg., 3(März)/1939, S. 102–105.

GERL, B.: Die NS-Volkswohlfahrt im Jahre 1938. In: SozPr, 48. Jg., 10(Mai)/1939, Sp. 627–634.

GERNDT, R.: Das ewige Ziel. In: NS-Volksdienst, 10. Jg., 5(Juni/Juli)/1943, S. 90–95.

GERSTENMEIER, Eugen: Kirche und Öffentlichkeit. [Auszug] Aus dem Referat auf der 5. Hauptversammlung in Bethel am 29.9.1948. In: IMis, 38. Jg., 9/10 (Sept./Okt.)/ 1948 (Zugleich: N.N.: Bericht über das Jubiläum 1948. Wir rufen zur Barmherzigkeit. 100 Jahre Central-Ausschuß für die Innere Mission der Deutschen Evangelischen Kirche 1848–1948), S. 120–122.

GESETZBLATT DER DEUTSCHEN DEMOKRATISCHEN REPUBLIK: 1952; 1958 I.

GESETZBLATT DER DEUTSCHEN EVANGELISCHEN KIRCHE: 1937 B; 1938 A und B; 1939 B; 1940 A.

GESETZBLATT FÜR DAS LAND ÖSTERREICH: 1938.

GESETZES- UND VERORDNUNGSBLATT FÜR DIE VEREINIGTE EVANGELISCH-PROTESTANTISCHE LANDESKIRCHE BADENS: 1938; 1942.

GIETZELT, Christine: Luise Römer. In: E. Stöffler (Hg.): Initiativen. Lebensbilder evangelischer Frauen. Stuttgart 1984, S. 28–33.

GIPFER, Frieda: Wir feiern den Geburtstag unseres Führers. In: ChrKpflge, 45. Jg., 4(Apr.)/1937, S. 104–105.

GIRKON, Paul: Die Schönheit der Kirche und ihre planmäßige und sinnfällige Vermittlung in Kindergarten und Hort. In: ChrKpflge, 45. Jg., 8(Aug.)/1937, S. 207–209.

GLAGE, Christiane: Von der missionarischen Aufgabe in der Kindergarten- und Hortarbeit. In: ChrKpflge, 46. Jg., 1(Jan.)/1938, S. 6–9.

GOEBBELS, Josef: Tagebücher. Hg. von R. G. Reuth. Bd. 1: 1924–1929. Bd. 2: 1930–1934. Bd. 3: 1935–1939. Bd. 4: 1940–1942. Bd. 5: 1943–1945. München 1999.

GOEBBELS, Josef: Rede zur Eröffnung des Kriegswinterhilfswerkes des deutschen Volkes 1941/42 am Dienstag, dem 9. September 1941 im Sportpalast Berlin (Schriftenreihe der NSV 13). Berlin 1941, S. 25–35.

GÖBELL, Walter: Reichsberufswettkampf und Innere Mission. In: ChrKpflge, 45. Jg., 5(Mai)/1937, S. 147–149.

GOGARTEN, Friedrich: Ist Volksgesetz Gottesgesetz? Eine Auseinandersetzung mit meinen Kritikern. Hamburg 1934.

GOGARTEN, Friedrich: Weltanschauung und Glaube. Berlin ^{2}1937. (Erstveröffentlichung als: Die Selbstverständlichkeiten unserer Zeit und der christliche Glaube. Berlin 1932).

GOHDE, Jürgen: Präsidentenbericht. Diakonische Konferenz. Wittenberg, 22. September 1998. In: J. Gohde (Hg.): Diakonie. Jahrbuch 1999. Stuttgart 1999, S. 13–32.

GOLD, Johanna: Lasset die Kindlein zu mir kommen!. In: ChrKpflge, 45. Jg., 9(Sept.)/1937, S. 236–243.

GOLL, Eberhard: Die freie Wohlfahrtspflege als eigener Wirtschaftssektor. Theorie und Empirie ihrer Verbände und Einrichtungen (Schriften zur öffentlichen Verwaltung und öffentlichen Wirtschaft 129). Baden-Baden 1991.

GRAF, Christoph: Kontinuitäten und Brüche. Von der Politischen Polizei der Weimarer Republik zur Geheimen Staatspolizei. In: G. Paul/K.-M. Mallmann (Hg.): Die Gestapo. Mythos und Realität. Darmstadt 1995, S. 73–83.

GRAF, Friedrich Wilhelm: Otto Pfleiderer. In: TRE Bd. 26. Berlin/New York 1996, S. 429–437.

GRAF, Friedrich Wilhelm: Eduard Simons. In: BBKL Bd. 10. Herzberg 1995, Sp. 432–476.

GRAML, Hermann: Reichskristallnacht. Antisemitismus und Judenverfolgung im Dritten Reich. München 1988.

GRAML, Hermann (Hg.): Widerstand im Dritten Reich. Probleme, Ereignisse, Gestalten. Frankfurt(Main) 1995.

GRAMSE, Eberhard: Werden und Inhalt der Tarifordnung für die Anstalten der Gesundheitspflege der Inneren Mission. In: IMis, 33. Jg., 1(Jan.)/1938, S. 11–18.

GRESCHAT, Martin: Weder Neuanfang noch Restauration. Zur Interpretation der deutschen evangelischen Kirchengeschichte nach dem Zweiten Weltkrieg. In: U. Büttner unter Mitwirkung von W. Johe und A. Voß (Hg.): Das Unrechtsregime. Internationale Forschung über den Nationalsozialismus. Bd. 2: Verfolgung – Exil – Belasteter Neubeginn. Hamburg 1986, S. 326–357.

GRETHLEIN, Gerhard: Entstehungsgeschichte des Dritten Weges. In: ZevKR Bd. 37. Tübingen 1992, S. 1–27.

GROEHLER, Olaf: Bombenkrieg gegen Deutschland. Berlin 1990.

GRÜNZINGER, Gertraud: Merz, Georg. In: BBKL Bd. 5. Herzberg 1993, Sp. 1344–1353.

GRÜNZINGER, Gertraud/NICOLAISEN, Carsten: Kirchenpolitik zwischen Staatsinteresse und Parteiideologie. Ein gescheitertes Reichskirchenprojekt Minister Kerrls 1937/38. In: A. Doering-Manteuffel/K. Nowak (Hg.): Religionspolitik in Deutschland. Von der Frühen Neuzeit bis zur Gegenwart. Martin Greschat zum 65. Geburtstag. Stuttgart 1999, S. 225–239.

GRÜNZINGER, Gertraud/WALTER, Felix (Bearb.): Fürbitte. Die Listen der Bekennenden Kirche 1935–1944. Im Auftrag der Evangelischen Arbeitsgemeinschaft für Kirchliche Zeitgeschichte bearb. von G. Grünzinger und F. Walter. Göttingen 1996.

GUNKEL, Hermann: Geschichte der Nieder-Ramstädter Heime der Inneren Mission. Mühltal bei Darmstadt 1996.

GÜLDENPFENNIG, Wolfgang: Das Bild eines Menschen. Johannes Kunze 1892–1959. In: SozPäd, 5. Jg., 1(Jan.)/1963, S. 24–26.

GÜRTLER, Paul: Nationalsozialismus und evangelische Kirche im Warthegau. Trennung von Staat und Kirche im nationalsozialistischen Weltanschauungsstaat (AGK 2). Göttingen 1958.

HACHTMANN, Rüdiger: Die Krise der nationalsozialistischen Arbeitsverfassung. Pläne zur Änderung der Tarifgestaltung 1936–1940. In: Kritische Justiz, 17. Jg., 3(Juli/Aug./Sept.)/1984, S. 287–299.

HAGEN, Wilhelm: Die Arbeit der Volksmission des Central-Ausschusses für Innere Mission in Jugoslawien. In: IMis, 36. Jg., 2(Febr.)/1941, S. 11–13.

HAGEN, Wilhelm: Wege zur volksmissionarischen Ausrichtung und Aufrüstung unserer Mitarbeiter. In: IMis, 33. Jg., 9(Sept.)/1938, S. 210–212.

HAHN, Otto: Nachruf [Pfarrer D. Wilhelm Röhricht]. In: Mitteilungsblatt der Inneren Mission in Hessen und Nassau, 71(Aug.)/1959, S. 2–3.

HAMMELSBECK, Oskar: Der kirchliche Unterricht. Aufgabe – Umfang – Einheit. München 1939.

HAMMER, Friedrich: Verzeichnis der Pastorinnen und Pastoren der Schleswig-Holsteinischen Landeskirche 1864–1976 (Schriften des Vereins für Schleswig-Holsteinische Kirchengeschichte, Sonderband). Kiel 1991.

HAMMERSCHMIDT, Peter: Die Wohlfahrtsverbände im NS-Staat. Die NSV und die konfessionellen Verbände Caritas und Innere Mission im Gefüge der Wohlfahrtspflege des Nationalsozialismus. Opladen 1999.

HANKY, Dieter/BILGER, Waltraud: Erzbistum Berlin 1930–1996. Daten Fakten Zahlen. Berlin ^{2}1996.

HANSE, Otto: Die Selbstbesinnung evangelischer Kinderpflege. In: Die Diakonisse, 13. Jg., 5(Mai)/1938, S. 123–128.

HANSEN, Eckhard: Althaus, Hermann. In: H. Maier (Hg.): Who is who der Sozialen Arbeit. Freiburg/Breisgau 1998, S. 37–38.

HANSEN, Eckhard: Ruppert, Fritz. In: H. Maier (Hg.): Who is who der Sozialen Arbeit. Freiburg/Breisgau 1998, S. 502–503.

HANSEN, Eckhard: Schirmacher, Horst. In: H. Maier (Hg.): Who is who der Sozialen Arbeit. Freiburg/Breisgau 1998, S. 518–519.

HANSEN, Eckhard: Spiewok, Eduard Karl. In: H. Maier (Hg.): Who is who der Sozialen Arbeit. Freiburg/Breisgau 1998, S. 561–562.

HASE, Hans Christoph von (Hg.): Evangelische Dokumente zur Ermordung der „unheilbar Kranken“ unter der nationalsozialistischen Herrschaft in den Jahren 1939–1945. Hg. im Auftrag von „Innere Mission und Hilfswerk der Evangelischen Kirche in Deutschland“ von H. Chr. v. Hase. Stuttgart [1964].

HAUG, Gerda: Paula Jordan. Eine Künstlerin. Geboren 1896. In: M. Haug (Hg.): Sie fanden den Weg. Neun Frauenschicksale. Stuttgart ^{3}1960, S. 191–223.

HAUG, Wilhelm: Parteiamtliche und öffentliche Wohlfahrtsarbeit, In: NS-Briefe. Schulungsblätter der NSDAP im Rhein-Main-Gebiet. Hg. NSDAP-Gauleitung Hessen-Nassau, 7. Jg., Folge 83(Juni)/1939, S. 178–183.

HAUSBERGER, Karl: Bischof Konrad Graf von Preysing. In: M. Greschat (Hg.): Gestalten der Kirchengeschichte. Bd. 10.1: Die neueste Zeit III. Stuttgart/Berlin/Köln 1984, S. 318–332.

HAUSCHILD, Wolf-Dieter: Nachruf auf Hermann Kunst (1907–1999). In: EvAGKZG - Mittlgn., Flg. 19 (Stand: April 2001), S. 69–72.

HEINE, Ludwig: Geschichte des Kirchenkampfes in der Grenzmark Posen-Westpreußen 1930–1940 (AGK 9). Göttingen 1961.

HEITMANN, Hans: Der Reichstreuhänder für den öffentlichen Dienst. In: RABl 1938 II, S. 93–95.

HEITMANN, Hans: Die Neuregelung der Arbeitsbedingungen im öffentlichen Dienst. In: RABl 1938 II, S. 127–129.

HEITMANN, Hans: Zur Regelung der Bezüge der Kindergärtnerinnen und Jugendleiterinnen. In: Kindergarten, 79. Jg., 11(Nov.)/1938, S. 230.

HEITMANN, Hans/BOESCHE, Hans (Hg.): Tarifordnung für Gefolgschaftsmitglieder in den Kranken-, Heil- und Pflegeanstalten des Reichs, der Reichsgaue, der Länder, der Gemeinden (Gemeindeverbände) und der Träger der Reichsversicherung vom 2. Dezember 1939. [2]Berlin 1942.

HENKE, Peter: Friedrich Gogarten. In: TRE Bd. 13. Berlin/New York 1984, S. 563–567.

HENRY, Marie-Louise: Studien zum Kulturkampf der Deutschen Evangelischen Kirche mit besonderer Berücksichtigung der mecklenburgischen Verhältnisse (Diss. masch.). Rostock 1948.

HERBERT, Karl: Durch Höhen und Tiefen. Eine Geschichte der Evangelischen Kirche in Hessen und Nassau. Hg. von L. Siegele-Wenschkewitz unter Mitarbeit von G. Schneider-Ludorff. Frankfurt(Main), 1997.

HERBRECHT, Dagmar/HÄRTER, Ilse/ERHART, Hannelore (Hg.): Der Streit um die Frauenordination in der Bekennenden Kirche. Quellentexte zu ihrer Geschichte im Zweiten Weltkrieg. Neukirchen-Vluyn 1997.

HERBST, Ludolf: Das nationalsozialistische Deutschland 1933–1945. Die Entfesselung der Gewalt: Rassismus und Krieg. Frankfurt(Main) 1996.

HERBST, Wilhelm: Allerlei über religiöse Erziehung und christliche Unterweisung. In: ChrKpflge, 46. Jg., 5(Mai)/1938, S. 122–129.

HERBST, Wilhelm: Wie sprechen wir mit Müttern von der Taufe?. In: ChrKpflge, 47. Jg., 3(März)/1939, S. 69–77.

HERDIECKERHOFF, Reinhard: Innere Mission als Gemeinde. In: IMis, 34. Jg., 4(Apr.)/1939, S. 73–77.

HERNTRICH, Volkmar (Hg.): Die biblische Geschichte in der kirchlichen Unterweisung. 100 ausgeführte katechetische Besprechungen. In Verbindung mit Vikarin Helene Heidepriem hg. von V. Herntrich. Teil I, Berlin-Dahlem 1940. Teil II, Berlin-Dahlem 1941.

HERNTRICH, Hans-Volker (Hg.): Volkmar Herntrich 1908–1958. Ein diakonischer Bischof (Schriften für Diakonie und Gemeindebildung. Bd. 9). Berlin 1968.

HERRMANN, Volker: Dienstgemeinschaft – ein Begriff ohne Leben? In: Diakonie, 1(Jan./Febr.)/2001, S. 32–33.

HERRNBRODT, Alfred: Entwicklung und Stand der Evang. Kindergärten seit 1948. Ein Bericht zum Presse-Empfang anläßlich der Bundestagung der Arbeitsgemeinschaft für evangelische Kinderpflege in Deutschland in Stuttgart vom 22.–24. April 1965. In: Monatsbrief der Arbeitsgemeinschaft der diakonischen Werke in der Evangelischen Landeskirche Württemberg, 19. Jg., 6(Juni)/1965, S. 3–7.

HERTZBERG, Hans Wilhelm: Misericordias Domini: Joh. 10,12–16. Der gute Hirte. In: PfrTh, Jg. 1943/1944, 5/6(Febr./März)/1944, S. 34–35.

HERZ, Heinz: Das Arbeitsverhältnis in der freien Wohlfahrtspflege. In: Monatshefte für NS-Sozialpolitik, 4. Jg., 6(25. März)/1937, S. 137–140.

HESSE, Alexander: Die Professoren und Dozenten der preußischen Pädagogischen Akademien (1926–1933) und Hochschulen für Lehrerbildung (1933–1941). Weinheim 1995.

HESSELBACHER, Karl: Was uns Rudolf Schäfer ist. In: ChrKpflge, 46. Jg., 9(Sept.)/1938, S. 231–233.

HEYDECKER, Lotte: Die kulturelle Bedeutung der NSV-Kindergärten. In: NS-Volksdienst, 4. Jg., 5/6(Febr./März)/1937, S. 67.

HEYL, Ludwig C. Frhr. von (Hg.): Mutters Briefe. Bd. 2: Eva-Marie von Heyl zu Herrnsheim, geb. von der Marwitz-Friedersdorf. Aus Briefen an ihren ältesten Sohn. Ausgelesen und kommentiert vom Empfänger Ludwig Cornelius Freiherr von Heyl zu Herrnsheim. Heidelberg 1987.

HEYNE, Bodo: Innere Mission heute. In: IMis, 33. Jg., 7(Juli)/1938, S. 144–152.

HILGENFELDT, Erich: Aufgaben der nationalsozialistischen Wohlfahrtspflege. Rede auf der NSV-Tagung anläßlich des Reichsparteitages der Arbeit 1937 (Schriftenreihe der NSV 3). München/Berlin 1937.

HILGENFELDT, Erich (Hg.): Leistungen der nationalsozialistischen Wohlfahrtspflege (Schriftenreihe der NSV 4). Berlin/München 1937.

HILGENFELDT, Erich: Vom Sinn und Ziel nationalsozialistischer Volkswohlfahrtsarbeit. In: NS-Volksdienst, 6. Jg., 1(Jan.)/1939, S. 1–3.

HILGENFELDT, Erich: 10 Jahre NS-Volkswohlfahrt. In: Völkischer Beobachter, 55. Jg., Nr. 108/18. April 1942, Ausg. A, S. 1–2.

HINDERER, August: Presse. III. Evangelische kirchliche Presse. In: ²RGG Bd. 4. Tübingen 1930, Sp. 1448–1457.

HINST, N.N.: Zur Ernährung in Kindertagesstätten. In: NS-Volksdienst, 6. Jg., 12(Dez.)/ 1939, S. 449–454.

HINZ, Michael: Selbstbewußte Honoratioren. Der Kirchenkreis Rathenow-Westhavelland. In: E. Schuppan (Hg.): Wider jede Verfälschung des Evangeliums. Gemeinden in Berlin-Brandenburg 1933 bis 1945. Zur Geschichte des Kirchenkampfes. Berlin 1998, S. 51–117.

HIRSCH, Emanuel: Das Alte Testament und die Predigt des Evangeliums. Tübingen 1936. (E. Hirsch: Das Alte Testament und die Predigt des Evangeliums. Mit anderen Arbeiten Emanuel Hirschs zum Alten Testament neu hg. von H. M. Müller. Tübingen/Goslar 1986).

HIRSCHFELD, Matthias: Die Dienstgemeinschaft im Arbeitsrecht der evangelischen Kirche. Zur Legitimationsproblematik eines Rechtsbegriffs (Recht der Arbeit und der sozialen Sicherheit. Bd. 11). Frankfurt(Main)/Berlin/Bern/New York/Paris/ Wien 1999.

HITLER, Adolf: Rede am 10. Oktober 1939 in Berlin zur Eröffnung des Kriegswinterhilfswerkes 1939/40. In: Führer-Reden zum Kriegs-Winterhilfswerk 1939 und 1940 (Schriftenreihe der NSV 11). Berlin 1940, S. 3–7.

HOCH, Gerhard: Zwölf wiedergefundene Jahre. Kaltenkirchen unter dem Hakenkreuz. Bad Bramstedt [1980].

HÖFFKES, Karl: Hitlers politische Generale. Die Gauleiter des Dritten Reiches. Ein biographisches Nachschlagewerk. Überarb. und erweit. Tübingen ^{2}1997.

HOFSTAETTER, Heidi: Kinderlesestuben (Arbeitsbücherei der Frauenhilfe. Hg. von G. Hoppe. Heft 26). Potsdam 1932.

HOLZÄPFEL, Friedrich/PSCZOLLA, Erich: Deutscher Verband der Ausbildungsstätten für Evangelische Kinderpflege. In: Unser Dienst an den Kindern. Festschrift zur 175-Jahr-Feier der Evangelischen Kinderpflege. Hg. von E. Psczolla. Witten 1954, S. 64–66.

HORN, Hermann: Oskar Hammelsbeck – Leben unter dem Hakenkreuz – Widerstand im Verborgenen. In: K.-I. Flessau/E. Nyssen/G. Pätzold (Hg.): Erziehung im Nationalsozialismus. Köln/Wien 1987, S. 115–130.

HUBATSCH, Walther (Hg.): Grundriß der Verwaltungsgeschichte 1815–1945. Bd. 11: Hessen-Nassau. Bearb. von Th. Klein. Marburg/Lahn 1979.

HUBER, Wolfgang: Folgen christlicher Freiheit. Ethik und Theorie der Kirche im Horizont der Barmer Theologischen Erklärung. Neukirchen 1983.

HUBER, Wolfgang: Die Gemeinde vor der Kirchentür. Die diakonische Aufgabe als Chance der Kirche. In: J. Gohde (Hg.): Diakonie. Jubiläumsjahrbuch 1998. Stuttgart 1998, S. 34–40.

HÜBNER, Hermann: Grundsätzliches zur Zusammenarbeit zwischen Jugendamt und NSV-Jugendhilfe. In: ZblJR, 27. Jg., 12(März)/1936, S. 385–392.

HÜFFMEIER, Wilhelm: Die Zeit des Zweiten Weltkriegs (1939–1945). In: Die Geschichte der Evangelischen Kirche der Union. Ein Handbuch. Hg. im Auftrag der Evangelischen Kirche der Union von J. F. G. Goeters †/J. Rogge. Bd. 3: Trennung von Staat und Kirche. Kirchlich-politische Krisen. Erneuerung kirchlicher Gemeinschaft (1918–1992). Hg. von G. Besier/E. Lessing. Leipzig 1999, S. 479–509.

HÜLSBECK, Henny: Wie kann evangelische Hortarbeit Leben und Dienst in der Gemeinde sein? In: ChrKpflge, 49. Jg., 4/5(Apr./Mai)/1941, S. 65–69.

HUNDINGER, Ina: Änderung des Reichsjugendwohlfahrtsgesetzes. In: IMis, 34. Jg., 4(April)/1939, S. 90–92.

HUNDINGER, Ina: Arbeitsbericht des Evangelischen Reichs-Erziehungs-Verbandes für die Zeit vom 1. April 1938 bis 31. März 1939. In: EJugh, 15.(59.) Jg., 6(Juni)/1939, S. 115–128.

HUNDINGER, Ina: Neue Wege der Jugendhilfegesetzgebung. In: IMis, 35. Jg., 2(Febr.)/1940, S. 13–15.

HUNDINGER, Ina: Arbeitsbericht des Evangelischen Reichs-Erziehungs-Verbandes für die Zeit vom 1. April 1940 bis 31. März 1941. In: EJugh, 17.(61.) Jg., 5(Mai)/1941, S. 43–53.

HUNSCHE, Klara: Der Kampf um die christliche Schule und Erziehung 1933–1945. In: KJ 1949, 76. Jg. Hg. von J. Beckmann. Gütersloh 1950, S. 455–519.

HUNSCHE, Klara/JONAS, Ilse/VEDDER, Magdalene/WEHNERT, Hanna: Ach, bleib bei uns Herr Jesu Christ! Jesusgeschichten für unsere Kleinen. Mit Bildern von Paula Jordan. Gütersloh [1939], [²1946] und Berlin ³1950.

HÜRTEN, Heinz: Zeugnis und Widerstand der Kirche im NS-Staat. Überlegungen zu Begriff und Sache. In: Stimmen der Zeit, 201/1983, S. 363–373.

HÜRTEN, Heinz: Der katholische Episkopat nach dem Reichskonkordat. In: G. Heydemann/L. Kettenacker (Hg.): Kirchen in der Diktatur. Göttingen 1993, S. 109–125.

HÜRTEN, Heinz: Deutsche Katholiken 1918–1945. Paderborn/München/Wien/ Zürich 1992.

HUTHMANN, Hans: Die Nieder-Ramstädter Heime der Inneren Mission. Streiflichter aus der Anstaltsgeschichte. In: Nieder-Ramstädter Heime. 75 Jahre Dienst am behinderten Menschen. Hg. Nieder-Ramstädter Heime. [Nieder-Ramstadt 1975].

HUTTER-WOLANDT, Ulrich: Zur Geschichte der Diakonie in Schlesien. In: Diakonie – stark für andere. Beiträge zum Jubiläumsjahr der Diakonie aus der schlesischen Oberlausitz. Hg. im Auftrag des Diakonischen Werkes der Evangelischen Kirche der schlesischen Oberlausitz und der Evangelischen Akademie Görlitz von U. Hutter-Wolandt. Düsseldorf und Görlitz 1998, S. 42–75.

INNERE MISSION UND HILFSWERK DER EVANGELISCHEN KIRCHE IN DEUTSCHLAND (Hg.): Arbeitsvertragsrichtlinien des Diakonischen Werks. Erläuterungen und Rechtsquellen zu den Richtlinien für Arbeitsverträge in Anstalten und Einrichtungen, die dem Werk „Innere Mission und Hilfswerk der Evangelischen Kirche in Deutschland“ angeschlossen sind. Im Auftrag der Hauptgeschäftsstelle des Diakonischen Werks bearbeitet und zusammengestellt v. R. Th. Scheffer. Stuttgart 1963.

JACOB, Liane: Mitarbeit der Frau in der NSV. In: DZW, 13. Jg., 9(Dez.)/1937, S. 483–484.

JACOBI, Erwin: Kirchliches Dienstrecht und staatliches Arbeitsrecht in der Deutschen Demokratischen Republik. In: Festschrift für Arthur Nikisch. Tübingen 1958, S. 83–108.

JAQUEMAR, Hans: Innere Mission. Das Werden und Wirken der organisierten christlichen Liebestätigkeit in der Evangelischen Kirche Österreichs. Wien 1951.

JENNER, Harald: 60 Jahre Landesverband für Innere Mission in Schleswig-Holstein. [Rendsburg 1994, o. S.]

JENNER, Harald: Verhängnisvolle Staatsnähe. Diakonie im Dritten Reich. In: Diakonie, 2(März/April)/1998, S. 93–98.

JENNER, Harald/KLIEME, Joachim (Hg.): Nationalsozialistische Euthanasieverbrechen und Einrichtungen der Inneren Mission. Eine Übersicht. Im Auftrag des Verbandes evangelischer Einrichtungen für Menschen mit geistiger und seelischer Behinderung. Reutlingen 1997.

JENSEN, Wilhelm: Bischof D. Adolf Mordhorst in memoriam. In: Schriften des Vereins für Schleswig-Holsteinische Kirchengeschichte. 2. Reihe. Bd. 11. Heft 1. Preetz 1952, S. 72–73.

JÜNGEL, Eberhard: The sacrifice of Jesus Christ as a sacramentum et exemplum. In: Diakonie (Opfer. Diakonie als Christusdienst. Tagung des Internationalen Verbandes für Innere Mission und Diakonie in Warschau vom 23.–27.9.1980). Sondernummer 5 (Mai 1981), S. 4–21. In deutscher Sprache: Das Opfer Jesu Christi als Sacramentum et Exemplum. In: Jahrbuch des Diakonischen Werkes der EKD 1986/1987. Stuttgart 1987, S. 6–25.

KAISER, Jochen-Christoph (Hg.): Soziale Arbeit in historischer Perspektive. Zum geschichtlichen Ort der Diakonie in Deutschland. Festschrift für Helmut Talazko zum 65. Geburtstag. Stuttgart/Berlin/Köln 1998.

KAISER, Jochen-Christoph: Volksmission als gesellschaftliche Sinnstiftung. Der kulturelle Formierungsanspruch der Inneren Mission. In: J.-Chr. Kaiser (Hg.): Soziale Arbeit in historischer Perspektive. Zum geschichtlichen Ort der Diakonie in Deutschland. Festschrift für Helmut Talazko zum 65. Geburtstag. Stuttgart/Berlin/Köln 1998, S. 24–38.

KAMKE, Hans-Ulrich: Streit um die Superintendentur. Der Kirchenkreis Templin. In: E. Schuppan (Hg.): Wider jede Verfälschung des Evangeliums. Gemeinden in Berlin-Brandenburg 1933 bis 1945. Zur Geschichte des Kirchenkampfes. Berlin 1998, S. 136–144.

KAYSER, Maria: Dem Führer! In: ChrKpflge, 46. Jg., 4(Apr.)/1938, S. 109.

KEIM, Wolfgang: Erziehung unter der Nazi-Diktatur. Bd. 1: Antidemokratische Potentiale, Machtantritt und Machtdurchsetzung. Darmstadt 1995. Bd. 2: Kriegsvorbereitung, Krieg und Holocaust. Darmstadt 1997.

KESSLER, Rainer: Die Kirchen und das Arbeitsrecht. Darmstadt 1986.

KETTENACKER, Lothar: Hitler und die Kirchen. Eine Obsession mit Folgen. In: G. Heydemann/L. Kettenacker (Hg.): Kirchen in der Diktatur. Göttingen 1993, S. 67–87.

KIESS, Rudolf: Christian Mergenthaler (1884–1980). In: R. Lächele/J. Thierfelder (Hg.): Wir konnten uns nicht entziehen. Dreißig Biographien zu Kirche und Nationalsozialismus in Württemberg. Stuttgart 1998, S. 159–173.

KIRCHHOF, Paul: Gemeinnützigkeit. In: [7]StL Bd. 2. Freiburg/Basel/Wien 1995, Sp. 846–849.

KIRCHLICHES AMTSBLATT DER KIRCHENPROVINZ MARK BRANDENBURG: 1938; 1947; 1961.

KIRCHLICHES AMTSBLATT FÜR DIE EVANGELISCH-LUTHERISCHE LANDESKIRCHE HANNOVERS: 1939; 1943; 1944.

KIRCHLICHES AMTSBLATT DER EVANGELISCH-LUTHERISCHEN KIRCHE IN LÜBECK: 1934; 1935; 1940.

KIRCHLICHES AMTSBLATT DER KIRCHENPROVINZ POMMERN: 1938.

KIRCHLICHES AMTSBLATT DER RHEINPROVINZ: 1938.

KIRCHLICHES AMTSBLATT DER KIRCHENPROVINZ SCHLESIEN: 1938.

KIRCHLICHES AMTSBLATT DER KIRCHENPROVINZ WESTFALEN: 1938.

KIRCHLICHES JAHRBUCH für die Evangelische Kirche in Deutschland 1945–1948. 72.–75. Jg. Hg. von J. Beckmann. Gütersloh 1950.

KIRCHLICHES JAHRBUCH für die Evangelische Kirche in Deutschland 1949. 76. Jg. Hg. von J. Beckmann. Gütersloh 1950.

KLÄN, Werner: Die Evangelische Kirche Pommerns in Republik und Diktatur. Geschichte und Gestaltung einer preußischen Kirchenprovinz 1914–1945 (Veröffentlichungen der Historischen Kommission für Pommern. Reihe V, 30). Köln/Weimar/Wien 1995.

KLAUSENER, Erich/KERSTIENS, Christian/KEMPNER, Robert (Bearb.): Das Polizeiverwaltungsgesetz vom 1. Juni 1931. Textausgabe mit Quellenmaterial und kurzen Erläuterungen. Berlin 1931.

KLEIN, Thomas: Marburg-Stadt und Marburg-Land in der amtlichen Berichterstattung. In: K. Malettke (Hg.): Der Nationalsozialismus an der Macht. Aspekte nationalsozialistischer Politik und Herrschaft. Göttingen 1984, S. 110–142.

KLEIN, Thomas: Provinz Hessen-Nassau und Fürstentum/Freistaat Waldeck-Pyrmont. In: W. Heinemeyer (Hg.): Das Werden Hessens. Marburg 1986, S. 565–695.

KLEINERT, Paul: Probleme der Grundlegung und des Aufbaus der praktischen Theologie in drei neuen Lehrbüchern (entspr. Zur Praktischen Theologie. In: ThStKr, 53. Jg., S. 273–283). In: Praktische Theologie. Texte zum Werden und Selbstverständnis der praktischen Disziplin der evangelischen Theologie. Hg. von G. Krause. Darmstadt 1972, S. 123–133.

KLEMPERER, Victor: LTI [Lingua Tertii Imperii]. Notizbuch eines Philologen. Leipzig [18]1999.

KLEMPERER, Klemens von: Glaube, Religion, Kirche und der deutsche Widerstand gegen den Nationalsozialismus. In: H. Graml (Hg.), Widerstand im Dritten Reich. Probleme, Ereignisse, Gestalten. Frankfurt(Main) 1995, S. 140–156. Zuerst in: VZG, 28. Jg., 3/1980, S. 293–309.

KLETT, Heinz: Tatsachen, Erinnerungen, Ansichten. Die Geschichte des Hessischen Landesvereins für Innere Mission 1945–1974. Mainz 1973.

KLICH, Christine/STEPPE, Hilde: Zeittafel Krankenpflege 1933–1945. In: H. Steppe (Hg.): Krankenpflege im Nationalsozialismus. [7]Frankfurt(Main) 1993, S. 13–32.

KLIEME, Joachim: Der Weg des neugegründeten Verbandes im „Dritten Reich" 1935–1945. In: Verband evangelischer Einrichtungen für Menschen mit geistiger und seelischer Behinderung (Hg.): Von der Vorsteherkonferenz zum Fachverband 1897–1997. Wegbeschreibung durch hundert Jahre evangelischer Hilfe für Menschen mit geistiger und seelischer Behinderung. Stuttgart 1997, S. 35–58.

KLINGER, Walter: 60 Jahre Bundesvereinigung Evangelischer Kindertagesstätten. In: TPS, 90. Jg., 6(Nov./Dez.)/1982, S. 298–302.

KLUGE, Rainer Herbert: Arbeitsrechtliche Probleme im Bereich der freien gemeinnützigen Wohlfahrtspflege. Zugleich ein Beitrag zur Bedeutung und Funktion allgemeiner Geschäftsbedingungen im Arbeitsvertragsrecht und zu betriebsverfassungsrechtlichen Problemen in Tendenzunternehmen (Diss. masch.). Bonn 1974.

KLÜGEL, Eberhard: Die Lutherische Landeskirche Hannovers und ihr Bischof 1933–1945. Bd. 1: Textband. Berlin/Hamburg 1964. Bd. 2: Dokumente. Berlin/Hamburg 1965.

KLUTENTRETER, Annemarie: NSV-Kindertagesstätten in Berlin. In: NS-Volksdienst, 5. Jg., 10(Juli)/1938, S. 310–313.

KNEVELS, Wilhelm: Warum nicht nur „Gott"? Warum Jesus? (Miserikordias Domini. 19. April 1942. Joh. 14,1–6). In: ChrL, 17. Jg., 4(April)/1942, S. 162–167).

KNÖPP, Friedrich: Der Volksstaat Hessen 1918–1945. In: W. Heinemeyer (Hg.): Das Werden Hessens. Marburg 1986, S. 697–763.

KOCH, Diether: Gustav W. Heinemann. In: M. Greschat (Hg.): Gestalten der Kirchengeschichte. Bd. 10.2: Die neueste Zeit IV. Stuttgart/Berlin/Köln 1984, S. 225–243.

KOCK, Gerhard: „Der Führer sorgt für unsere Kinder ...“ Die Kinderlandverschickung im Zweiten Weltkrieg. Paderborn/München/Wien/Zürich 1997.

KOLBOW, Karl-Friedrich: Die Stellung der Gemeinden im Aufbau der nationalsozialistischen Wohlfahrtspflege. In: Schleswig-Holsteinische Blätter für Volkswohlfahrt, 13. Jg., 2(Febr.)/1938, S. 17–24.

KOONZ, Claudia: Mütter im Vaterland. Frauen im Dritten Reich. Freiburg/Breisgau 1991.

KOPF, Paul: Die Vertreibung von Bischof Joannes Baptista Sproll. Ursachen – Verlauf – Reaktionen. In: D. R. Bauer/A. P. Kustermann (Hg.): Gelegen oder ungelegen. Zeugnis für die Wahrheit. Zur Vertreibung des Rottenburger Bischofs Joannes Baptista Sproll im Sommer 1938 (Hohenheimer Protokolle. Bd. 28). Stuttgart 1989, S. 57–72.

KÖPKE, Bernd-Ulrich: Landesverband Ev. Tageseinrichtungen für Kinder e.V. Hannover. In: Bundesvereinigung Evangelischer Tageseinrichtungen für Kinder (Hg.): Bündnis für Kinder. 1922–1997 Bundesvereinigung Evangelischer Tageseinrichtungen für Kinder e.V. Festschrift zur Arbeit des Fachverbandes und seiner Mitgliedseinrichtungen anläßlich des 75jährigen Jubiläums. Bremen 1997, S. 55–56.

KORITZKI, Margret: Die Regelung des Arbeitsrechts in der Kirche und ihrer Diakonie. In: Diakonie, 3. Jg., 3(Mai/Juni)/1977, S. 138–142.

KORITZKI, Margret: Die Entwicklung des Arbeitrechtsregelungsverfahrens in der Diakonie. In: Th. Schober (Hg.): Das Recht im Dienst einer Diakonischen Kirche (HZDK 3). Stuttgart 1980, S. 168–171.

KOTZE, Hildegard von/KRAUSNICK, Helmut (Hg.): „Es spricht der Führer“. Sieben exemplarische Hitler-Reden. Hg. und erläutert von H. v. Kotze und H. Krausnick unter Mitwirkung von F. A. Krummacher. Gütersloh 1966.

KRAFT, Friedhelm: Religionsdidaktik zwischen Kreuz und Hakenkreuz. Versuche zur Bestimmung von Aufgaben, Zielen und Inhalten des evangelischen Religionsunterrichts, dargestellt an den Richtlinienentwürfen zwischen 1933 und 1939 (Arbeiten zur Praktischen Theologie. Bd. 8). Berlin/New York 1996.

KRAMER, David: Das Fürsorgesystem im Dritten Reich. In: R. Landwehr/R. Baron (Hg.): Geschichte der Sozialarbeit. Hauptlinien im 19. und 20. Jahrhundert. Weinheim/Basel ^{3}1995, S. 173–217.

KRAUS, Hans-Joachim: Geschichte der historisch-kritischen Erforschung des Alten Testaments. Neukirchen-Vluyn ^{3}1982.

KRAUSE, Hans-Hellmuth: 75 Jahre Schlesischer Provinzialverein für IM. In: Die Rundschau, 9. Jg., 6(Juni)/1938, S. 72–73.

KRAUSE, Walther: Garanten der Zukunft. Unsere Kinder. In: Positives Christentum. Wochenblatt für alle christlichen Aufbaukräfte im Dritten Reich, 6. Jg., 12(7. Apr.)/1940, [S. 1].

KREUTZ, Benedikt: Ein Wort zur Arbeit des Sondertreuhänders. In: Caritas, 41.(15.) Jg., 6(Juni)/1936, S. 193–194.

KREUTZER, Heike: Das Reichskirchenministerium im Gefüge der nationalsozialistischen Herrschaft (Schriften des Bundesarchivs 56). Düsseldorf 2000.

KRONTHALER, Michaela: Der Schicksalsweg des Österreichischen Caritasverbandes vom „Anschluß“ Österreichs im März 1938 bis zu seiner Auflösung im April 1942. In: M. Liebmann/H. Paarhammer/A. Rinnerthaler (Hg.): Staat und Kirche in der „Ostmark“. Frankfurt/Main/Berlin/Bern/New York/Paris/Wien 1998, S. 171–206.

KROPATSCHEK, Gerhard (Hg.): Der kleine Katechismus D. Martin Luthers. Mit Bildern von Rudolf Schäfer. Potsdam 1929.

KÜHNE, Walter: Das Grundsteuergesetz vom 1. Dezember 1936 mit Durchführungsverordnungen und Verwaltungsanweisungen. Erläutert von W. Kühne. Berlin/ Wien, [Loseblattsammlung] 1937–1942.

KÜHNE, Walter: Bemerkungen zu den Grundsteuerrichtlinien. In: DStZ, 3.(26.) Jg., 30(24. Juli)/1937, S. 731–742.

KUNZE, Johannes: Zur steuerlichen Lage unserer Anstalten. In: EvGsdhfürs, 13. Jg., 5(Mai)/1939, S. 146–150; Forts. 13. Jg., 6(Juni)/1939, S. 178–182; Forts. 13. Jg., 7(Juli)/ 1939, S. 210–214; Forts. 13. Jg., 8(Aug.)/1939, S. 238–241; Forts. 13. Jg., 9(Sept.)/1939, S. 259–263; Forts. 13. Jg., 11(Nov.)/1939, S. 306–308; Forts. 13. Jg., 12(Dez.)/1939, S. 316–320; 14. Jg., 1(Jan.)/1940, S. 9–11; 14. Jg., 5(Mai)/1940, S. 72–75; 14. Jg., 7(Juli)/1940, S. 100–104; 14. Jg., 9(Sept.)/1940, S. 132–135; 14. Jg., 10(Okt.)/1940, S. 143–144; 14. Jg., 12(Dez.)/1940, S. 171–173; 15. Jg., 2(Febr.)/ 1941, S. 26–28; 15. Jg., 4(April)/1941, S. 53–54.

KUNZE, Johannes: Zur Frage der ausschließlichen Gemeinnützigkeit. In: EvGsdhfürs, 13. Jg., 7(Juli)/1939, S. 214–216.

KUNZE, Johannes: Mustersatzungen. Eine Zusammenstellung der Rechtsgrundlagen für die steuerliche Behandlung gemeinnütziger, mildtätiger oder kirchlicher Körperschaften, Personenvereinigungen oder Vermögensmassen. Hg. im Auftrag des Central-Ausschusses für die Innere Mission der Deutschen Evangelischen Kirche. Bethel 1940.

KUNZE, Johannes: Gutachten zur Satzungsfrage „kirchliche Zwecke" gemäß § 19 StAnpG. Bethel [1941].

KUNZE, Johannes: Merkblatt zur Gemeinnützigkeitsverordnung vom 16.12.1941. [Bethel] 1942.

KUPISCH, Karl: Geschichte der Christlichen Vereine Junger Männer Deutschlands. Kassel-Wilhelmshöhe 1930.

KUPISCH, Karl: Der deutsche CVJM. Aus der Geschichte der Christlichen Vereine Junger Männer Deutschlands. Kassel-Wilhelmshöhe 1958.

KUPISCH, Karl: Bethanien in Berlin. Berlin [1969].

KUROPKA, Joachim: Clemens August Graf von Galen: Biographie, Theologie und Amt als Faktoren seiner Haltung zur Euthanasie. In: M. Benad (Hg.): Friedrich von Bodelschwingh d. J. und die Betheler Anstalten. Frömmigkeit und Weltgestaltung. Stuttgart/ Berlin/Köln 1997, S. 68–81.

KUSCH, Walter: Werner Rautenberg. In: Th. Schober (Hg.): Haushalterschaft als Bewährung christlichen Glaubens (HZDK 5). Stuttgart 1981, S. 450–455.

KUTZER, Eckhard: Unser Weg. Stiftung Diakonissenhaus Bethanien Berlin. 125 Jahre. 10. Oktober 1972. [Berlin 1972].

LABISCH, Alfons: Der Arbeiter-Samariter-Bund 1888–1933. In: G. A. Ritter (Hg.): Arbeiterkultur. Königstein 1979, S. 145–167.

LÄCHELE, Rainer: Ein Volk, ein Reich, ein Glaube. Die „Deutschen Christen" in Württemberg 1926–1960. Stuttgart 1994.

LÄCHELE, Rainer: Georg Schneider (1902–1986). In: R. Lächele/J. Thierfelder (Hg.): Wir konnten uns nicht entziehen. Dreißig Biographien zu Kirche und Nationalsozialismus in Württemberg. Stuttgart 1998, S. 417–431.

LANDESKIRCHLICHES AMTSBLATT DER BRAUNSCHWEIGISCHEN EVANGELISCH-LUTHERISCHEN LANDESKIRCHE: 1942.

LANG, Jochen von: Martin Bormann – Hitlers Sekretär. In: R. Smelser/R. Zitelmann (Hg.): Die braune Elite. Darmstadt 1989, S. 1–14.

LANGER, Wilhelm: Hundert Jahre Central-Diakonissenhaus Bethanien zu Berlin. Berlin 1947.

LANKHEIT, Klaus A.: Wolf Heinrich Graf von Helldorff. In: H. Weiss (Hg.): Biographisches Lexikon zum Dritten Reich. Frankfurt(Main) ^{2}1998, S. 195.

LANKHEIT, Klaus A.: Franz Seldte. In: H. Weiss (Hg.): Biographisches Lexikon zum Dritten Reich. Frankfurt(Main) ^{2}1998, S. 426–427.

LAUERER, Hans: Der Anteil des Luthertums an der Inneren Mission. In: IMis, 33. Jg., 7(Juli)/1938, S. 139–144.

LAUTERER, Heide-Marie: Gottesebenbildlichkeit des Menschen und Gleichberechtigung von Frau und Mann. Elisabeth Schwarzhaupt (1901–1986). In: J. Mehlhausen (Hg.): ... und über Barmen hinaus. Festschrift für Carsten Nicolaisen (AKIZ.B 23). Göttingen 1995, S. 145–158.

LAUX, Eberhard: Führung und Verwaltung in der Rechtslehre des Nationalsozialismus. In: D. Rebentisch/K. Teppe (Hg.): Verwaltung contra Menschenführung im Staat Hitlers. Studien zum politisch-administrativen System. Göttingen 1986, S. 33–64.

LEKEBUSCH, Sigrid: Beharrung und Erneuerung. Evangelische Frauenhilfe in unterschiedlichen gesellschaftlichen Systemen 1926–1946. In: Chr. Busch (Hg.): 100 Jahre Evangelische Frauenhilfe in Deutschland. Einblicke in ihre Geschichte (Schriften des Archivs der Evangelischen Kirche im Rheinland 23). Düsseldorf 1999, S. 41–95.

LEKEBUSCH, Sigrid/MENTNER, Regina: Vorsitzende, Geschäftsführer und Geschäftsführerinnen von 1899–1999. In: Chr. Busch (Hg.): 100 Jahre Evangelische Frauenhilfe in Deutschland. Einblicke in ihre Geschichte (Schriften des Archivs der Evangelischen Kirche im Rheinland 23). Düsseldorf 1999, S. 284–287.

LEKEBUSCH, Sigrid/MENTNER, Regina: Zeitleiste. In: Chr. Busch (Hg.): 100 Jahre Evangelische Frauenhilfe in Deutschland. Einblicke in ihre Geschichte (Schriften des Archivs der Evangelischen Kirche im Rheinland 23). Düsseldorf 1999, S. 288–301.

LERCHE, Otto: Verzeichnis der Mitglieder und wissenschaftlichen Mitarbeiter des Evangelischen Oberkirchenrates in den Jahren 1850–1950. In: O. Söhngen (Hg.): Hundert Jahre Evangelischer Oberkirchenrat der altpreußischen Union 1850–1950. Berlin-Spandau 1950, S. 171–194.

LERCHENFELD, Hugo Graf von: Gedanken zur Einführung des Sondertreuhänders der Arbeit. In: Caritas, 41.(15.) Jg., 6(Juni)/1936, S. 194–195.

LERCHENFELD, Hugo Graf von: Ein Kommentar des Sondertreuhänders. In: Caritas, 41.(15.) Jg., 6(Juni)/1936, S. 199–206.

LEUGERS, Antonia: „Heiligste Pflicht zwingt uns zu sprechen ...“. Kirchenpolitische Kontroversen im deutschen Episkopat um den geplanten Hirtenbrief von 1941. In: D. R. Bauer/A. P. Kustermann (Hg.): Gelegen oder ungelegen. Zeugnis für die Wahrheit. Zur Vertreibung des Rottenburger Bischofs Joannes Baptista Sproll im Sommer 1938 (Hohenheimer Protokolle. Bd. 28). Stuttgart 1989, S. 111–141.

LICHTENSTEIN, Adolf: Die Kindergärtnerin im Dienste des Kindergottesdienstes. In: ChrKpflge, 45. Jg., 5(Mai)/1937, S. 123–125.

LICHTENSTEIN, Adolf: Kindergottesdienst heute. In: IMis, 32. Jg., 5(Mai)/1937, S. 118–122.

LICHTENSTEIN, Adolf: Kindergottesdienst und Innere Mission. In: IMis, 33. Jg., 10(Okt.)/ 1938, S. 214–219.

LICHTENSTEIN, Adolf: Jesus spricht: „Also auch ist es vor eurem Vater im Himmel nicht der Wille, daß jemand von diesen Kleinen verloren werde." [Mt. 18,14]. In: Bildblattfolge der Deutschen Evangelischen Kirche (Hg.), Jesus Christus der gute Hirte spricht: „Lasset die Kindlein zu mir kommen!" Berlin [1939], S. 10–13.

LICHTENSTEIN, Adolf: Kindergottesdienst und Frauenhilfe (Arbeitsbücherei der Frauenhilfe. Hg. von A. Brandmeyer. Heft 47). Potsdam 1939.

LICHTENSTEIN, Adolf: „Herr, segne mich ..." In: Evangelischer Preßverband für Deutschland (Hg.): In Gottes Hut. Berlin [1941], S. 10.

LICHTENSTEIN, Adolf: Das Wächteramt. Zum Eltern- und Unterweisungssonntag 1942. In: EvDt, 19. Jg., 14(5. April)/1942, S. 80.

LILJE, Hanns: Festpredigt in Berlin. Gehalten über Mt. 11,25–30 im Eröffnungsgottesdienst in der Sophienkirche [Berlin]. In: IMis, 38. Jg., 9/10(Sept./Okt.)/1948 (Zugleich: N.N.: Bericht über das Jubiläum 1948. Wir rufen zur Barmherzigkeit. 100 Jahre Central-Ausschuß für die Innere Mission der Deutschen Evangelischen Kirche 1848–1948), S. 26–30.

LILJE, Hanns: Barmherzigkeit als Lebensform der Kirche. Festvortrag als Kernstück der Begrüßung auf der Festversammlung in Bethel am 28.9.[1948]. In: IMis, 38. Jg., 9/10 (Sept./Okt.)/1948 (Zugleich: N.N.: Bericht über das Jubiläum 1948. Wir rufen zur Barmherzigkeit. 100 Jahre Central-Ausschuß für die Innere Mission der Deutschen Evangelischen Kirche 1848–1948), S. 58–64.

LILJE, Hanns: Aus der Diskussion [Zum Referat von E. Gerstenmeier, Kirche und Öffentlichkeit vom 28.9.1948]. In: IMis, 38. Jg., 9/10 (Sept./Okt.)/1948 (Zugleich: N.N.: Bericht über das Jubiläum 1948. Wir rufen zur Barmherzigkeit. 100 Jahre Central-Ausschuß für die Innere Mission der Deutschen Evangelischen Kirche 1848–1948), S. 122.

LINCK, Hugo: Der Kirchenkampf in Ostpreußen 1933–1945. Geschichte und Dokumentation. München 1968.

LINCKE, Anna: Historischer Bericht vom 19. Juni 1983. In: Auftrag und Dienst. Zeitschrift des Kurhessischen Diakonissenhauses, August/1983, S. 46–47.

LINDEMANN, Gerhard: Christen jüdischer Herkunft als Gegenstand hannoverscher Kirchenpolitik im NS-Staat. In: H. Grosse/H. Otte/J. Perels (Hg.): Bewahren ohne Bekennen? Die hannoversche Landeskirche im Nationalsozialismus. Hannover 1996, S. 329–373.

LIVIUS, TITUS: Römische Geschichte. Buch I–III. Lateinisch und deutsch. Hg. von H. J. Hillen. Bd. 1. Düsseldorf/Zürich [2]1997.

LONGERICH, Peter: Hitlers Stellvertreter. Führung der Partei und Kontrolle des Staatsapparates durch den Stab Heß und die Partei-Kanzlei Bormann. München/ London/New York/Paris 1992.

LOYCKE, Ernst: Die rechtliche Entwicklung in der Evangelischen Kirche der altpreußischen Union von 1937 bis 1945. In: ZEvKR Bd. 2. Tübingen 1952/1953. Teil I: Heft 1, S. 64–83. Teil II: Heft 2, S. 169–185. Teil III: Heft 3/4, S. 270–311.

LUCAS, Hartmut: Schuleinheit und Einheitsschule. Eine praktisch-theologische Analyse zum Verhältnis der Schulpolitik der Evangelischen Kirche zu den Einheitsschulbestrebungen in den Anfängen der Weimarer Republik (Europäische Hochschulschriften, Reihe XXXIII. Bd. 20). Frankfurt/Main/Bern/New York/Paris 1999.

LUEKEN, Wilhelm: Kampf, Behauptung und Gestalt der Evangelischen Landeskirche Nassau-Hessen (AGK 12). Göttingen 1963.

LÜPSEN, Focko: Der Weg der kirchlichen Pressearbeit von 1933–1945. In: KJ 1949, 76. Jg. Hg. von J. Beckmann. Gütersloh 1950, S. 415–454.

LUTHER, Martin: Ordnung eines gemeinen Kasten. 1523 [Leisniger Kastenordnung]. In: WA XII, S. 11–30.

LUTHER, Martin: Der große Katechismus. 1529. In: WA XXX.1, S. 125–238.

LUTHER, Martin: Der kleine Katechismus. 1529. In: WA XXX.1, S. 243–425. Und: EG 806.

LÜTTICHAU, Siegfried Graf von: An unsere Leser. In: Die Diakonisse. 16. Jg., 7/8(Juli/ Aug.)/1941, S. 85–86.

MAGER, Inge: August Marahrens (1875–1950), der erste hannoversche Bischof. In: H. Grosse/H. Otte/J. Perels (Hg.): Bewahren ohne Bekennen? Die hannoversche Landeskirche im Nationalsozialismus. Hannover 1996, S. 135–151. Ebenfalls in: J. Mehlhausen (Hg.): ... und über Barmen hinaus. Festschrift für Carsten Nicolaisen (AKIZ.B 23). Göttingen 1995, S. 126–144.

MAIER, Hugo (Hg.): Who is who der Sozialen Arbeit. Freiburg/Breisgau 1998.

MAILÄNDER, Karl: Schluß mit dem Bettel und allem unnützen Wandern. In: NS-Volksdienst, 5. Jg., 8/9(Mai/Juni)/1938, S. 297–299. Auch in: J. Scheffler: Bürger und Bettler, S. 316–319.

MANNSFELDT, Irmtraut: Totaler Krieg und NSV-Kindertagesstätten. In: NS-Volksdienst, 11. Jg., 2(März/Apr.)/1944, S. 27–31.

MANSFELD, Werner/POHL, Wolfgang/STEINMANN, Gerhard/KRAUSE, Arthur B.: Die Ordnung der nationalen Arbeit. Kommentar. Berlin/Leipzig/Mannheim/München 1934.

MARRENBACH, Otto (Hg.): Fundamente des Sieges. Die Gesamtarbeit der Deutschen Arbeitsfront von 1933 bis 1940. Unter Mitwirkung der Amtsleiter des Zentralbüros der DAF hg. von O. Marrenbach. Berlin 1941.

MARTIN, Angela: Ludwig Steeg. In: Stadtoberhäupter. Biographien Berliner Bürgermeister im 19. und 20. Jahrhundert. Hg. von W. Ribbe (Berlinische Lebensbilder VII). Berlin 1992, S. 277–295.

MEHLHAUSEN, Joachim: Nationalsozialismus und Kirchen. In: TRE Bd. 24. Berlin/New York 1994, S. 43–78.

MEHNERT, Gottfried: Evangelische Presse. Geschichte und Erscheinungsbild von der Reformation bis zur Gegenwart (Evangelische Presseforschung 4). Bielefeld 1983.

MEIER, Kurt: Kirchliche Zeitgeschichte. In: ThR, 64. Jg., 1(Febr.)/1999, S. 38–83; ThR, 64. Jg., 2(Mai)/1999, S. 153–196; ThR, 64. Jg., 3(Aug.)/1999, S. 241–276.

MEISTER, Karl: Die Tarifordnung für die dem DCV angeschlossenen Erziehungsheime und Erziehungseinrichtungen. In: Caritas, 42.(16.) Jg., 2(Febr.)/1937, S. 49–56.

MEISTER, Karl: Der Reichstreuhänder für den öffentlichen Dienst. In: Caritas, 43.(17.) Jg., 4(April)/1938, S. 108–110.

MELCHER, Kurt/SCHILLING, Emil: Kommentar zur Tarifordnung A für Gefolgschaftsmitglieder im öffentlichen Dienst (Angestellte) und zur Allgemeinen Tarifordnung (ATO). Berlin 1939.

METZINGER, Jörg: Rudolf Schäfer. In: BBKL Bd. 8. Herzberg 1994, Sp. 1533–1537.

MEYN, Kathrin/GROSSE, Heinrich: Die Haltung der hannoverschen Landeskirche im Zweiten Weltkrieg. In: H. Grosse/H. Otte/J. Perels (Hg.): Bewahren ohne Bekennen? Die hannoversche Landeskirche im Nationalsozialismus. Hannover 1996, S. 429–460.

MICHAELIS, Herbert/SCHRAEPLER, Ernst: Ursachen und Folgen. Vom deutschen Zusammenbruch 1918 und 1945 bis zur staatlichen Neuordnung Deutschlands in der Gegenwart. Eine Urkunden- und Dokumentensammlung zur Zeitgeschichte. Bd. 10: Das Dritte Reich. Die Errichtung des Führerstaates. Die Abwendung von dem System der kollektiven Sicherheit. Bd. 11: Das Dritte Reich. Innere Gleichschaltung. Der Staat und die Kirchen. Antikominternpakt – Achse Rom-Berlin. Der Weg ins Großdeutsche Reich. Berlin [1964ff.].

MICHALKA, Wolfgang (Hg.): Deutsche Geschichte 1933–1945. Dokumente zur Innen- und Außenpolitik. Frankfurt(Main) 1993.

MIDDENDORFF, Friedrich: Der Kirchenkampf in einer reformierten Kirche. Geschichte des Kirchenkampfes während der nationalsozialistischen Zeit innerhalb der Evangelisch-reformierten Kirche in Nordwestdeutschland (damals: Evangelisch-reformierte Landeskirche der Provinz Hannover). (AGK 8). Göttingen 1961. Auszüge in: Die Evangelisch-reformierte Kirche in Nordwestdeutschland. Zum 100jährigen Jubiläum der Evangelisch-reformierten Kirche in Nordwestdeutschland 1982. Hg. vom Landeskirchenvorstand. Bearb. von E. Lomberg/G. Nordholt/A. Rauhaus. Weener 1982, S. 279–290.

MINISTERIALBLATT DES REICHS- UND PREUSSISCHEN MINISTERIUM DES INNERN: 1939; 1940; 1942; 1943; 1944.

MITSCHERLICH, Alexander und Margarete: Die Unfähigkeit zu trauern. Grundlagen kollektiven Verhaltens. München 1968.

MITTEILUNGSBLATT DER DEUTSCHEN EVANGELISCHEN KIRCHE: 1937.

MOHRMANN, Auguste: Diakonie heute (Arbeitsbücherei der Frauenhilfe. Hg. von A. Brandmeyer. Heft 41). Potsdam 1937.

MORDHORST, Adolf: Danken und Dienen. 100 Jahre Innere Mission in Schleswig-Holstein. Kiel [1948].

MOSER, Jonny: Die Entrechtung der Juden im Dritten Reich. Diskriminierung und Terror durch Gesetze, Verordnungen und Erlasse. In: W. H. Pehle (Hg.): Der Judenpogrom 1938. Von der „Reichskristallnacht" zum Völkermord. Frankfurt/Main 1988, S. 118–131.

MÜLLER, Christine-Ruth: Die Judenfrage im Bereich der APU 1933–1945. In: Die Geschichte der Evangelischen Kirche der Union. Ein Handbuch. Hg. im Auftrag der Evangelischen Kirche der Union von J. F. G. Goeters †/J. Rogge. Bd. 3: Trennung von Staat und Kirche. Kirchlich-politische Krisen. Erneuerung kirchlicher Gemeinschaft (1918–1992). Hg. von G. Besier/E. Lessing. Leipzig 1999, S. 509–548.

MÜLLER, Christine-Ruth/SIEMEN, Hans-Ludwig: Warum sie sterben mußten. Leidensweg und Vernichtung von Behinderten aus den Neuendettelsauer Pflegeanstalten im „Dritten Reich". Neustadt/Aisch 1991.

MÜLLER, Karlheinz: Preußischer Adler und Hessischer Löwe. Hundert Jahre Wiesbadener Regierung 1866–1966. Wiesbaden 1966.

MULLER, Richard R.: Werner von Blomberg – Hitlers „idealistischer“ Kriegsminister. In: R. Smelser/E. Syring (Hg.): Die Militärelite des Dritten Reiches. Berlin 1997, S. 50–65.

MURRAY, Williamson: Werner Freiherr von Fritsch – Der tragische General. In: R. Smelser/E. Syring (Hg.): Die Militärelite des Dritten Reiches. Berlin 1997, S. 153–170.

MUSSFELD, Richard: Die Verordnung zur Durchführung der §§ 17 bis 19 des Steueranpassungsgesetzes. In: DStZ, 31. Jg., 4(24. Jan.)/1942, S. 37–46.

MUSSFELD, Richard: Zur Körperschaftssteuerveranlagung. In: DStZ, 31. Jg., 16(18. April)/1942, S. 181–188.

MÜTTERDIENST DER EVANGELISCHEN REICHSFRAUENHILFE (Hg.): Fibel für kirchliche Mütterarbeit. Potsdam [1937].

NAU, Hermann: Der evangelische Frauenverein für Kleinkinder- und Nähschulen Hagen/Westfalen 1815–1945. Stuttgart 1957.

NEUGEBAUER, Fritz: In Christus. Eine Untersuchung zum Paulinischen Glaubensverständnis. Göttingen 1961.

NEUHÄUSLER, Johannes: Kreuz und Hakenkreuz. Der Kampf des Nationalsozialismus gegen die katholische Kirche und der kirchliche Widerstand. Erster Teil: Der Kampf des Nationalsozialismus gegen die katholische Kirche. Zweiter Teil: Der Widerstand der katholischen Kirche gegen den Nationalsozialismus. [2]München 1946.

NEUKAMM, Karl Heinz: Schritte und Markierungen auf dem Weg zu einer diakonischen Gemeinde. In: R. Bookhagen/H. Frickel/M. Germer/H. Leschonski (Hg.): ‚Vor Ort‘. Praktische Theologie in der Erprobung. Festschrift zum 60. Geburtstag von Peter C. Bloth. Berlin [1991], S. 167–182.

NEUMANN, Karl: Geschichte der öffentlichen Kleinkindererziehung von 1945 bis in die Gegenwart. In: G. Erning/K. Neumann/J. Reyer (Hg.): Geschichte des Kindergartens. Bd. 1: Entstehung und Entwicklung der öffentlichen Kleinkindererziehung in Deutschland von den Anfängen bis zur Gegenwart. Freiburg 1987, S. 83–115.

NEUSER, Wilhelm H.: Die konfessionelle Frage 1935–1937. In: Die Geschichte der Evangelischen Kirche der Union. Ein Handbuch. Hg. im Auftrag der Evangelischen Kirche der Union von J. F. G. Goeters †/J. Rogge. Bd. 3: Trennung von Staat und Kirche. Kirchlich-politische Krisen. Erneuerung kirchlicher Gemeinschaft (1918–1992). Hg. von G. Besier/E. Lessing. Leipzig 1999, S. 368–382.

NICOLAISEN, Carsten: Die Auseinandersetzungen um das Alte Testament im Kirchenkampf 1933–1945 (Diss. masch.). Hamburg 1966.

NICOLAISEN, Carsten: Bekennende Kirche. In: Lexikon des deutschen Widerstandes. Hg. von W. Benz/W. H. Pehle. Frankfurt(Main) 1999, S. 178–181.

NIEDERSÄCHSISCHE TAGESZEITUNG: Peiner Zeitung (Beilage), 7./90. Jg., Nr. 177/2.8.1937; 7./90. Jg., Nr. 188/14.8.1937.

NIEMANN, Käthe: Evangelischer Verband für Kinderpflege in Berlin e.V. In: ChrKpflge, 45. Jg., 2(Febr.)/1937, S. 61.

NIEMANN, Käthe: Tagungen der Vereinigung evangelischer Kinderpflegeverbände. In: Die Rundschau, 11. Jg., 7(Juli)/1940, S. 54.

NIEMÖLLER, Martin (Hg.): Das Bekenntnis der Väter und die Bekennende Gemeinde [Das sogenannte Betheler Bekenntnis]. Zur Besinnung dargeboten von einem Kreise von evangelischen Theologen und in ihrem Namen herausgegeben von Martin Niemöller. München 1934. Ebenfalls in: K. D. Schmidt (Hg.): Die Bekenntnisse und grundsätzlichen Äußerungen zur Kirchenfrage des Jahres 1933. Göttingen 1934, S. 105–131.

NIEMÖLLER, Wilhelm: Karl Barths Mitwirkung im deutschen Kirchenkampf. In: EvTh, 14. Jg., 1954, S. 50–71.

NIEMÖLLER, Wilhelm: Kampf und Zeugnis der Bekennenden Kirche. Bielefeld 1948.

N.N.: Ein Abschiedswort an unsere Leser. In: dew, 40. Jg., 22(29. Mai)/1941, S. 88.

N.N.: Anspruch und Leistung. In: NS-Volksdienst, 4. Jg., 9(Juni)/1937, S. 136.

N.N.: Anzeige „Der Stürmer". In: ChrKpflge, 43. Jg., 10(Okt.)/1935, Einbandseite.

N.N.: Am 20. April. In: ChrKpflge, 47. Jg., 4(Apr.)/1939, S. 89.

N.N.: Aus der Arbeit der NSV. In: DZW, 19. Jg., 7/8(Okt./Nov.)/1943, S. 102–103.

N.N.: Aufbau der Kindergartenarbeit durch die NS-Volkswohlfahrt. In: DZW, 16. Jg., 7/8 (Okt./Nov.)/1940, S. 178–179.

N.N.: Befreiung der NS-Volkswohlfahrt von der Grunderwerbssteuer. In: NS-Volksdienst, 4. Jg., 4(Jan.)/1937, S. 61.

N.N.: Bericht über das Jubiläum 1948. Wir rufen zur Barmherzigkeit. 100 Jahre Central-Ausschuß für die Innere Mission der Deutschen Evangelischen Kirche 1848–1948. In: IMis, 38. Jg., 9/10(Sept./Okt.)/1948, S. 1–25.

N.N.: Berichtigung. In: EJugh, 14.(58.) Jg., 9(Sept.)/1938, S. 209.

N.N.: Berichtigung [zu NSV-Kindertagesstätten. In: DZW, 18. Jg., 11/12(Febr./ März)/ 1943, S. 276]. In: DZW, 19. Jg., 3/4(Juni/Juli)/1943, S. 37.

N.N.: An unsere Bezieher! In: RStWW, 19. Jg., 3(Sept.)/1944, S. 36.

N.N.: Buchbesprechungen. In: ChrKpflge, 47. Jg., 4(Apr.)/1939, S. 112–116.

N.N.: Deutsche Evangelische Kirche. In: EvDt, 20. Jg., 14/15(11. Apr.)/1943, S. 96.

N.N.: Durchführung des Grundsteuergesetzes. In: EJugh, 14.(58.) Jg., 5(Mai)/1938, S. 112–113.

N.N.: Zur tariflichen Einordnung der Kindergärtnerinnen. In: Kindergarten, [80. Jg.], 4(Apr.)/1939, S. 83–84.

N.N.: Die neue tarifliche Einstufung der Kindergärtnerinnen, Hortnerinnen und Jugendleiterinnen. In: Kindergarten, [82. Jg.], 2(Febr.)/1941, S. 21–22.

N.N.: Erlaß des Leiters der DEK betreffend die Innere Mission vom 12. Juli 1940. In: Die Rundschau, 11. Jg., 8(Aug.)/1940, S. 57–58.

N.N.: Eine Erläuterung zum Sammlungsgesetz. In: Die Diakonisse, 13. Jg., 1(Jan.)/ 1938, S. 24.

N.N.: Erntekindergärten im Vierjahresplan. In: NS-Volksdienst, 4. Jg., 7(Apr.)/1937, S. 96–97.

N.N.: Erziehungssonntag. In: dew, 40. Jg., 17(24. Apr.)/1941, S. 65.

N.N.: Festlegung der Gemeinnützigkeit und Mildtätigkeit in der Satzung. In: RStWW, 12. Jg., 11(Febr.)/1938, S. 148–150.

N.N.: Fragen der deutschen Wohlfahrtspflege. In: Nachrichtendienst des Deutschen Vereins für öffentliche und private Fürsorge, 18. Jg., 3(März)/1937, S. 78–80.

N.N.: Wir grüßen den Führer. In: ChrKpflge, 45. Jg., 4(Apr.)/1937, S. 104.

N.N.: Gedanken zur Einführung des Sondertreuhänders der Arbeit. In: Caritas, 41.(15.) Jg., 6(Juni)/1936, S. 194–195.

N.N.: „Gemeinnützig – mildtätig“. In: Nachrichtendienst des Deutschen Vereins für öffentliche und private Fürsorge, 19. Jg., 1(Jan.)/1938, S. 11–13.
N.N.: Gott segne und erhalte den Führer. In: ChrKpflge, 47. Jg., 11/12(Nov./Dez.)/1939, S. 250.
N.N.: Grundsteuer. In: EJugh, 14.(58.) Jg., 9(Sept.)/1938, S. 208.
N.N.: Grundsteuer. In: EJugh, 13.(57.) Jg., 12(Dez.)/1937, S. 273–276.
N.N.: Grundsteuer- und Gewerbesteuerreform. In: RStWW, 11. Jg., 9(Dez.)/1936, S. 140–142.
N.N.: Grundsteuererleichterung aus Billigkeitsgründen. In: RStWW, 13. Jg., 2(Mai)/1938, S. 25–26.
N.N.: Hilfswerk Mutter und Kind. In: DZW, 18. Jg., 3/4(Juni/Juli)/1942, S. 80–81.
N.N.: „Hilfswerk Mutter und Kind“ im Gau Oberschlesien. In: DZW, 19. Jg., 11/12(Febr./März)/1944, S. 159.
N.N.: Hinweis. In: DtPfrBl, 47. Jg., (Mai)/1943, S. 59.
N.N.: Pfarrer i. R. Hoffmann †. In: ChrKpflge, 46. Jg., 9(Sept.)/1938, S. 246.
N.N.: Die Innere Mission Bestandteil der Deutschen Evangelischen Kirche. In: EJugh, 16.(60.) Jg., 7/8(Juli/Aug.)/1940, S. 61–62.
N.N.: Innere Mission in Kirche und Volk. Rückblick auf die Reichstagung [der Inneren Mission]. In: ChrKpflge, 45. Jg., 3(März)/1937, S. 88–90.
N.N.: Das Ja des 10. April. In: ChrKpflge, 46. Jg., 4(Apr.)/1938, S. 109.
N.N.: Zehn Jahre Hilfswerk „Mutter und Kind“. In: DZW, 19. Jg., 11/12(Febr./März)/ 1944, S. 157–159.
N.N.: Zehn Jahre NS-Volkswohlfahrt. In: DZW, 18. Jg., 1/2(Apr./Mai)/1942, S. 12–13.
N.N.: Zehn Jahre NS-Volkswohlfahrt. In: SozPr, 51. Jg., 5(Mai)/1942, Sp. 209–211.
N.N.: Wie kann die Kindergärtnerin durch ihre Arbeit die Heimatfront stützen?. In: ChrKpflge, 48. Jg., 5/6(Mai/Juni)/1940, S. 82–83.
N.N.: Evangelische Kinderpflege. In: Die Diakonisse, 13. Jg., 8/9(Aug./Sept.)/1938, S. 236–237.
N.N.: Christliche Kinderpflege ein Dienst an der evangelischen Gemeinde. In: ChrKpflge, 47. Jg., 4(April)/1939, S. 90–92.
N.N.: Internationaler Kinderschutzkongress. In: DZW, 14. Jg., 4/5(Juli/Aug.)/1938, S. 184–185.
N.N.: 5.000 neue Kindertagesstätten. In: DZW, 18. Jg., 3/4(Juni/Juli)/1942, S. 82.
N.N.: Kindertagesstätten der Gemeinden. In: DZW, 18. Jg., 7/8(Okt./Nov.)/1942, S. 180.
N.N.: Kindertagesstätten im Kriege. Zur Trägerfrage. In: Nachrichtendienst des Deutschen Vereins für öffentliche und private Fürsorge, 20. Jg., 12(Dez.)/1939, S. 335–337.
N.N.: Kirchenrat Hans Dölker, Stuttgart. In: EvKpflge, 4.(60.) Jg., 9/10(Sept./Okt.)/1952, S. 186–187.
N.N.: Leistungen der NSV und des WHW. In: DZW, 18. Jg., 1/2(Apr./Mai)/1942, S. 13.
N.N.: Lohntarifordnung für die dem Centralausschuß für die Innere Mission der Deutschen Evangelischen Kirche angeschlossenen Anstalten und Einrichtungen der Gesundheitspflege. In: EvGsdhfürs, 14. Jg., 3(März)/1940, S. 37–42.

N.N.: Lohntarifordnung für die dem Centralausschuß für die Innere Mission der Deutschen Evangelischen Kirche angeschlossenen Anstalten und Einrichtungen der Gesundheitspflege. In: Die Diakonisse, 15. Jg., 3/4(März/April)/1940, S. 52–53.

N.N.: 6,9 Millionen NSV-Mitglieder. In: WK, 13. Jg., 39(20. Mai)/1937, S. 1–4.

N.N.: Wichtige Mitteilung an unsere Leser! In: ChrL, 18. Jg., Übergangsheft (Sept./Okt./Nov.)/1943, Sp. 258–259.

N.N.: Mutter- und Kind-Betreuung. In: DZW, 20. Jg., 1/2(Apr./Mai)/1944, S. 5–6.

N.N.: Neuordnung der freien Wohlfahrtspflege in der Ostmark. In: NS-Volksdienst, 7. Jg., 8(Aug.)/1940, S. 141–146.

N.N.: Notiz. In: DtPfrBl, 47. Jg., 7(April)/1943, S. 50.

N.N.: November-Konferenz des Central-Ausschuß für Innere Mission 1938. In: Die Rundschau, 9. Jg., 12(Dez.)/1938, S. 163–164.

N.N.: Aus der NSV. In: DZW, 14. Jg., 9(Dez.)/1938, S. 484.

N.N.: Die NSV als Kampftruppe des völkischen Sozialismus. In: NS-Volksdienst, 4. Jg., 7(Apr.)/1937, S. 89.

N.N.: Die NSV auf dem Parteitag Großdeutschlands. In: DZW, 14. Jg., 8(Nov.)/ 1938, S. 421–423.

N.N.: NS-Volkswohlfahrt im Reichsgau Wartheland. In: DZW, 19. Jg., 1/2(Apr./ Mai)/1943, S. 16.

N.N.: NSV-Kindertagesstätten. In: DZW, 18. Jg., 11/12(Febr./März)1943, S. 276.

N.N.: Ordnung der nationalen Arbeit. 1. Erlaß des Führers und Reichskanzlers vom 21.3.1935. 2. Vereinbarung zwischen dem Reichswirtschaftsminister, dem Reichsarbeitsminister und dem Leiter der Deutschen Arbeitsfront vom 21.3.1935 [Leipziger Abkommen]. In: Deutsches Arbeitsrecht, 3. Jg., 4(April)/1935, S. 85–87.

N.N.: Persönliches. In: Die Rundschau, 11. Jg., 12(Dez.)/1940, S. 89.

N.N.: Pflegekinderschutz. Runderlaß des Reichsstatthalters in Thüringen und Leiters des Thüringischen Ministeriums des Innern vom 24. Nov. 1936. In: ZblJR, 18. Jg., 9(Dez.)/ 1936, S. 324–325.

N.N.: Plan für evangelische Unterweisung der Hortkinder. In: ChrKpflge, 46. Jg., 5(Mai)/1938, S. 132–134.

N.N.: Planung im Kindertagesstättenwesen. In: Nachrichtendienst des Deutschen Vereins für öffentliche und private Fürsorge, 22. Jg., 5(Mai)/1941, S. 104–105.

N.N.: Predigthilfe für den Sonntag Misericordias Domini. 1. Petr. 2. 21–25. In: DtPfrBl, 45. Jg., 16(20. Apr.)/1941, S. 151.

N.N: Predigthilfe zum Erziehungssonntag. 3. Joh. 4. In: DtPfrBl, 45. Jg., 16(20. Apr.)/ 1941, S. 150–151.

N.N.: Die Regelung der Bezüge der Kindergärtnerinnen und Jugendleiterinnen durch die Reichstarifordnung. In: Kindergarten, 79. Jg., 8/9(Aug./Sept.)/1938, S. 157–161.

N.N.: Zur Regelung der Bezüge der Kindergärtnerinnen und Jugendleiterinnen. In: Kindergarten, 79. Jg., 11(Nov.)/1938, S. 230.

N.N.: Runderlaß zur Durchführung des Grundsteuergesetzes. In: Gsdhfürs, 12. Jg., 5(Mai)/1938, S. 149.

N.N.: Sondertreuhänder für die caritativen Anstalten. In: Caritas, 40.(14.) Jg., 10(Okt.)/ 1935, S. 304.

N.N.: Der Stand der evangelischen Kinderpflegearbeit. In: Die Diakonisse, 12. Jg., 12(Dez.)/1937, S. 343.

N.N.: Die Steuerbefreiung für kirchliche Körperschaften in den Ostgebieten. In: RStWW, 15. Jg., 10(Jan.)/1941, S. 77.
N.N.: Steuerfreiheit gemeinnütziger und mildtätiger Körperschaften. In: RStWW, 14. Jg., 4/5(Juli/Aug.)/ 1939, S. 49–55.
N.N.: Steuerfreiheit kirchlicher Körperschaften und geistlicher Ordensgenossenschaften. In: RStWW, 14. Jg., 11(Febr.)/1940, S. 106–107.
N.N.: Steuerfreiheit von Körperschaften. In: RStWW, 16. Jg., 10(Jan.)/1942, S. 75–80; 16. Jg., 11(Febr.)/1942, S. 83–87.
N.N.: Steuerfreiheit von Körperschaften. In: RStWW, 17. Jg., 9(Dez.)/1942, S. 66–67.
N.N.: Die neue Steuergesetzgebung. In: RStWW, 9. Jg., 8(Nov.)/1934, S. 113–127.
N.N.: Tagung des Hauptausschusses des CA. In: Die Rundschau, 9. Jg., 9(Sept.)/1938, S. 88–89.
N.N.: Tagung und Mitgliederversammlung des Deutschen Vereins für öffentliche und private Fürsorge. In: DZW, 14. Jg., 4/5(Juli/Aug.)/1938, S. 185–187.
N.N.: Tagungen und Kurse. In: Nachrichtendienst des Deutschen Vereins für öffentliche und private Fürsorge, 19. Jg., 4(April)/1938, S. 103.
N.N.: Tätigkeitsbericht des Hilfswerks „Mutter und Kind“. In: DZW, 14. Jg., 4/5(Juli/Aug.)/1938, S. 187–191.
N.N.: Tarifordnung. In: EJugh, 16.(60.) Jg., 3/4(März/Apr.)/1940, S. 38.
N.N.: Tarifordnung für die Anstalten der Inneren Mission. In: Die Diakonisse, 13. Jg., 1(Jan.)/1938, S. 23–24.
N.N.: Todesanzeige Pfarrer Adolf Brandmeyer. In: DtPfrBl, 45. Jg., 15(13. April)/ 1941, S. 147.
N.N.: Keine Umsatzsteuer. Ein Runderlaß des Reichsministers der Finanzen über die Anstalten der freien Wohlfahrtspflege. In: WK, 11. Jg., 39(16. Mai)/1935, S. 8.
N.N.: Kirchliche Unterweisung der Kindergartenkinder. In: ChrKpflge, 46. Jg., 7/8(Juli/Aug.)/1938, S. 173–177.
N.N.: Kirchliche Unterweisung der jungen Gemeinde. In: dew, 39. Jg., 31(1. Aug.)/ 1940, S. 121.
N.N.: Vereinbarung zwischen NSV und IM. In: Die Rundschau, 10. Jg., 3(März)/ 1939, S. 37–38.
N.N.: Vereinigung evangelischer Kinderpflegeverbände Deutschlands. Tagung 1.–4.11.1938 in Kassel. In: Die Rundschau, 10. Jg., 1(Jan.)/1939, S. 7.
N.N.: Verordnung zur Durchführung des Grundsteuergesetzes und Grundsteuerrichtlinien. In: Gsdhfürs, 11. Jg., 9(Sept.)/1937, S. 293–297.
N.N.: Zweite Verordnung zur Durchführung des Grundsteuergesetzes. In: Gsdhfürs, 12. Jg., 5(Mai)/1938, S. 148–149.
N.N.: Württembergischer Verwaltungsgerichtshof. Sachlicher Wirkungsbereich der Verordnung zum Schutz von Volk und Staat vom 28. Februar 1933 insbesondere auf dem Gebiet des Vereinsrechts. In: DVerw, 13. Jg., 12(Dez.)/1936, S. 384–385.
N.N.: Vollzug des Sammlungsgesetzes vom 5.11.1934. In: Die Rundschau, 8. Jg., 5(Mai)/ 1937, S. 61–62.
N.N.: Winterhilfswerk 1942/43. In: DZW, 18. Jg., 7/8(Okt./Nov.)/1942, S. 177.
N.N.: Wir gedenken. In: ChrKpflge, 49. Jg., 4/5(Apr./Mai))/1941, S. 62.
N.N.: Zahlen aus der evangelischen Liebesarbeit. In: Die Rundschau, 9. Jg., 6(Juni)/ 1938, S. 69.
N.N.: In ernster großer Zeit. In: ChrKpflge, 48. Jg., 4(Apr.)/1940, S. 50.

N.N.: Zusammenfassung der Einrichtungen der Freien Wohlfahrtspflege in der Deutschen Arbeitsfront: Reichsbetriebsgemeinschaft 13; Fachgruppe „Freie Wohlfahrtspflege“. In: RStWW, 10. Jg., 9(Dez.)/ 1935, S. 132–134.

NOAKES, Jeremy: Philipp Bouhler und die Kanzlei des Führers der NSDAP. In: D. Rebentisch/K. Teppe (Hg.): Verwaltung contra Menschenführung im Staat Hitlers. Studien zum politisch-administrativen System. Göttingen 1986, S. 208–236.

NORDEN, Günther van: Widersetzlichkeit von Kirchen und Christen. In: Lexikon des deutschen Widerstandes. Hg. von W. Benz/W. H. Pehle. Frankfurt(Main) 1999, S. 68–82.

NORDEN, Günther van: Die Innere Mission im Rheinland 1933–1945. In: R. Witschke (Hg.): Diakonie bewegt. 150 Jahre Innere Mission und Diakonie im Rheinland (Schriftenreihe des Vereins für Rheinische Kirchengeschichte. Bd. 140). Köln 1999, S. 97–128.

NORDSIEK, Hans (Hg.): Kommunalarchiv Minden. Archiv der Stadt Minden und des Kreises Minden-Lübbecke. Geschichte Bestände Sammlungen. Minden 1993.

NOSS, Peter: Berlin-Spandau, Melanchthonkirche. In: O. Kühl-Freudenstein/P. Noss/ C. P. Wagener (Hg.): Kirchenkampf in Berlin 1932–1945. 42 Stadtteilgeschichten. Berlin 1999, S. 488–499.

NOWAK, Kurt: Eugenik, Zwangssterilisation und „Euthanasie“. In: Die Macht der Nächstenliebe. Einhundertfünfzig Jahre Innere Mission und Diakonie 1848–1998. Im Auftrag des Deutschen Historischen Museums und des Diakonischen Werkes der Evangelischen Kirche in Deutschland hg. von U. Röper/C. Jüllich. Berlin 1998, S. 236–247.

NOWAK, Kurt: Kirchen und Religion. In: W. Benz/H. Graml/H. Weiss (Hg.): Enzyklopädie des Nationalsozialismus. München ^{3}1998, S. 187–202.

OEPKE, Albrecht: *en Christo Iesou, en kyrio* und verwandte Formeln. In: ThW Bd. 2. Stuttgart/Berlin/Köln 1990, S. 537–539.

OERTEL, Annemarie: Persönliches. In: Die Rundschau, 11. Jg., 12(Dez.)/1940, S. 89.

OHL, Otto: Von Grund und Ziel unserer Arbeit. In: IMis, 33. Jg., 9(Sept.)/1938, S. 195–199.

OHL, Otto: Der Arbeitauftrag der Inneren Mission nach 1945. Referat der 2. Hauptversammlung am 28.9.1948 in Bethel. In: IMis, 38. Jg., 9/10(Sept./Okt.)/1948 (Zugleich: N.N.: Bericht über das Jubiläum 1948. Wir rufen zur Barmherzigkeit. 100 Jahre Central-Ausschuß für die Innere Mission der Deutschen Evangelischen Kirche 1848–1948), S. 75–78.

OHL, Otto: Aus der Diskussion [Zum Referat von E. Gerstenmeier, Kirche und Öffentlichkeit vom 28.9.1948]. In: IMis, 38. Jg., 9/10 (Sept./Okt.)/1948 (Zugleich: N.N.: Bericht über das Jubiläum 1948. Wir rufen zur Barmherzigkeit. 100 Jahre Central-Ausschuß für die Innere Mission der Deutschen Evangelischen Kirche 1848–1948), S. 122–123.

OLESCHINSKI, Brigitte: Julius Lippert. In: Stadtoberhäupter. Biographien Berliner Bürgermeister im 19. und 20. Jahrhundert. Hg. von W. Ribbe (Berlinische Lebensbilder VII). Berlin 1992, S. 261–276.

OTTE, Hans: Ein Bischof im Zwielicht. August Marahrens (1875–1950). In: H. Grosse/H. Otte/J. Perels (Hg.): Bewahren ohne Bekennen? Die hannoversche Landeskirche im Nationalsozialismus. Hannover 1996, S. 179–221.

OTTE, Hans: Mehr als ein loses Nebeneinander von Sozialarbeit und Volksmission? Grundlinien der Geschichte des Landesvereins für Innere Mission in Hannover. In: J.-Chr. Kaiser (Hg.): Soziale Arbeit in historischer Perspektive. Zum geschichtlichen Ort der Diakonie in Deutschland. Festschrift für Helmut Talazko zum 65. Geburtstag. Stuttgart/Berlin/Köln 1998, S. 1–24.

OTTWEILER, Ottwilm: Die nationalsozialistische Schulpolitik im Bereich des Volksschulwesens. In: M. Heinemann (Hg.): Erziehung und Schulung im Dritten Reich. Teil 1: Kindergarten, Schule, Jugend, Berufserziehung (Veröffentlichungen der Historischen Kommission der Deutschen Gesellschaft für Erziehungswissenschaft. Bd. 4.1). Stuttgart 1980, S. 193–215.

PARTEIAMTLICHE PRÜFUNGSKOMMISSION (Hg.): Die Reden des Führers nach der Machtübernahme. Eine Bibliographie. Diese Bibliographie wurde im Rahmen der Arbeiten der Parteiamtlichen Prüfungskommission zum Schutze des NS-Schrifttums erstellt (Nationalsozialistische Bibliographie. 2. Beiheft). Berlin 1939.

PATZEK, Martin: Kiene, Maria. In: H. Maier (Hg.): Who is who der Sozialen Arbeit. Freiburg/Breisgau 1998, S. 298–299.

PAUL, Gerhard: Joseph Bürckel – Der rote Gauleiter. In: R. Smelser/E. Syring/R. Zitelmann (Hg.): Die braune Elite II. Darmstadt 1993, S. 51–65.

PAUL GERHARDT STIFT ZU BERLIN (Hg.): Paul Gerhardt Stift zu Berlin 1876–1896. Berlin 1997.

PAULUS, Regina: Kindergartenjubiläum. 70 Jahre. In: Matthäusbote. Nachrichten aus der Evangelisch-lutherischen Gemeinde Uttenreuth, Nr. 56 (Okt./Nov.)/1983, S. 8–10.

PAUSCH, Eberhard Martin: Zeichen setzen! – Zur semiotischen Struktur diakonischen Handelns. In: PTh, 88. Jg., 10(Okt.)/1999, S. 443–451.

PERELS, Joachim: Die hannoversche Landeskirche im Nationalsozialismus 1933–1945. Kritik eines Selbstbildes. In: H. Grosse/H. Otte/J. Perels (Hg.): Bewahren ohne Bekennen? Die hannoversche Landeskirche im Nationalsozialismus. Hannover 1996, S. 153–177.

PEUKERT, Detlev: Volksgenossen und Gemeinschaftsfremde. Anpassung, Ausmerze und Aufbegehren unter dem Nationalsozialismus. Köln 1982.

PEUKERT, Detlev: Zur Erforschung der Sozialpolitik im Dritten Reich. In: H.-U. Otto/H. Sünker (Hg.): Soziale Arbeit und Faschismus. Volkspflege und Pädagogik im Nationalsozialismus. Bielefeld 1986, S. 123–132.

PHILIPSBORN, Alexander: Gemeinnützigkeit. In: Handwörterbuch der Wohlfahrtspflege. Hg. von J. Dünner. Berlin [2]1929, S. 281–283.

PHILIPSBORN, Alexander: Steuerrecht der Wohlfahrtspflege. In: Handwörterbuch der Wohlfahrtspflege. Hg. von J. Dünner. Berlin [2]1929, S. 652–658.

PIERSIG, Johannes (u. a. Hg.): Wort an die evangelischen-christlichen Kirchenleitungen Deutschlands [des Reichsverbandes für Kindergottesdienst und Sonntagsschule]. In: Der Kindergottesdienst, 48. Jg., 9(Sept.)/1938, S. 259–260.

PIETZ, Reinhold: Ein Christ und Theologe der „Gemeinschaft". Zum Gedenken an Johannes Kühne (1885–1963). In: ZdZ, 19. Jg., 1(Jan.)/1965, S. 21–28.

PIOCH, Reinhard: Dienstgemeinschaft – eine Herausforderung an Arbeitsformen in diakonischen Einrichtungen. In: Th. Schober (Hg.): Gesellschaft als Wirkungsfeld der Diakonie (HZDK 4). Stuttgart 1981, S. 140–144.

PLEHN, Elisabeth: Die rechtliche Stellung der NS-Volkswohlfahrt und des WHW. In: IMis, 33. Jg., 8(Aug.)/1938, S. 177–180.

PLÜGGE, Ch.: Die Kindergärtnerin in der evangelischen Gemeinde. In: ChrKpflge, 47. Jg., 1(Jan.)/1939, S. 7–10.

PÖHLMANN, Matthias: Presse/Publizistik: Evangelische Publizistik im 20. Jahrhundert. In: TRE Bd. 27. Berlin/New York 1997, S. 711–715.

PÖHLMANN, Matthias: Publizistischer „Angriffskrieg". In: Die Macht der Nächstenliebe. Einhundertfünfzig Jahre Innere Mission und Diakonie 1848–1998. Im Auftrag des Deutschen Historischen Museums und des Diakonischen Werkes der Evangelischen Kirche in Deutschland hg. von U. Röper/C. Jüllich. Berlin 1998, S. 206–215.

PÖHLMANN, Matthias: Kampf der Geister. Die Publizistik der „Apologetischen Centrale" (1921–1937) (Konfession und Gesellschaft. Bd. 16). Stuttgart/Berlin/Köln 1998.

PÖHLMANN, Wolfgang: Gehorsam um der Liebe willen. Römer 13 und die 5. Barmer These. In: G. Besier/G. Ringshausen (Hg.): Bekenntnis – Widerstand – Martyrium. Von Barmen 1934 bis Plötzensee 1944. Göttingen 1986, S. 110–125.

PRATER, Georg: Lasset uns halten an dem Bekenntnis. Persönliche Erinnerungen aus dem Kirchenkampf in Sachsen (Beihefte zum Konvent der kirchlichen Mitarbeiter III). Kiel 1960.

PRINZ, E.: Die Besoldung der Kindergärtnerinnen, Hortnerinnen und Jugendleiterinnen. München 1941.

PRINZ, E.: Änderung der Tarifordnung A für Kindergärtnerinnen, Hortnerinnen und Eingruppierung der Jugendleiterinnen. In: Kindergarten, [82. Jg.], 2(Febr.)/1941, S. 22–24.

PRINZ, Michael: Vom neuen Mittelstand zum Volksgenossen. Die Entwicklung des sozialen Status der Angestellten von der Weimarer Republik bis zum Ende der NS-Zeit (Studien zur Zeitgeschichte. Bd. 30). München 1986.

PRIVILEG. WÜRTTEMBERGISCHE BIBELANSTALT (Hg.): Stuttgarter Jugend- und Familienbibel zur Einführung ins Bibellesen mit Bildern von Rudolf Schäfer. Nach der Übersetzung D. Martin Luthers. Stuttgart 1934.

PSZOLLA, Erich: Der evangelische Kindergarten und die Gemeinde. In: EvKpflge, 4.(60.) Jg., 9/10(Sept./Okt.)/1952, S. 162–167.

RADEMACHER, Michael: Handbuch der NSDAP-Gaue 1928–1945. Die Amtsträger der NSDAP und ihrer Organisationen auf Gau- und Kreisebene. Ein Nachschlagewerk für Regionalhistoriker und Heimatforscher (Elektronische Ausgabe). Vechta 1999.

RAEM, Heinz-Albert: Pius XI. und der Nationalsozialismus. Die Enzyklika „Mit brennender Sorge" vom 14. März 1937. Paderborn/München/Wien/Zürich 1979.

RAEM, Heinz-Albert: Kirchenkampf auf Biegen und Brechen. Von der Enzyklika „Mit brennender Sorge" bis zum Reichsparteitag der Arbeit. In: D. R. Bauer/A. P. Kustermann (Hg.): Gelegen oder ungelegen. Zeugnis für die Wahrheit. Zur Vertreibung des Rottenburger Bischofs Joannes Baptista Sproll im Sommer 1938 (Hohenheimer Protokolle. Bd. 28). Stuttgart 1989, S. 95–110.

RAPP, Andreas: Buchführung und „Wirtschaftlicher Geschäftsbetrieb". In: Die Diakonisse, 14. Jg., 1(Jan.)/1939, S. 11–13.

RASCHZOK, Klaus: Praktische Theologie im Dritten Reich. Eine Einführung. In: K. Raschzok (Hg.): Zwischen Volk und Bekenntnis. Praktische Theologie im Dritten Reich. Leipzig 2000, S. 9–49.

REBENTISCH, Dieter/TEPPE, Karl: Einleitung. In: D. Rebentisch/K. Teppe (Hg.): Verwaltung contra Menschenführung im Staat Hitlers. Studien zum politisch-administrativen System. Göttingen 1986, S. 7–32.

RECKER, Marie-Luise: Sozialpolitik. In: W. Benz/H. Graml/H. Weiss (Hg.): Enzyklopädie des Nationalsozialismus. München [3]1998, S. 123–134.

REES, Hanna: Frauenarbeit in der NS-Volkswohlfahrt (Schriftenreihe der NSV 8). Berlin 1938.

REGIERUNGSBLATT FÜR WÜRTTEMBERG: 1924; 1937; 1940.

REHER, Werner: Deutschland im Zeichen Adolf Hitlers. Zum 30. Januar 1937. In: NS-Volksdienst, 4. Jg., 4 (Jan.)/1937, S. 49–54.

REHER, Werner: Zehn Jahre NS-Volkswohlfahrt. In: NS-Volksdienst, 9. Jg., 4(April)/ 1942, S. 67–72.

REHER, Werner: Die NS-Volkswohlfahrt. Berlin 1942.

REHER, Werner: Social Welfare in Germany. Berlin 1938.

REHM, Clemens/SCHNABEL, Thomas: Die Entwicklung des katholischen Kindergartenwesens in der Weimarer Republik. In: Th. Schnabel (Hg.): versorgen – bilden – erziehen. Festschrift .des Zentralverbandes katholischer Kindergärten und Kinderhorte Deutschlands. Freiburg 1987, S. 45–58.

REHM, Gerhard: Ludwig Kraft. Ein O[ber] B[ürgermeister] im Dritten Reich. Ein Beitrag zur Geschichte Remscheids in der NS-Zeit. In: Die Heimat spricht zu dir. Monatsbeilage des Remscheider Generalanzeigers (Mitteilungsblatt des Bergischen Geschichtsvereins, Abteilung Remscheid), 55. Jg., 8(Aug.)/1988.

REICHSARBEITSBLATT: 1934 II; 1936 I; 1936 VI; 1937 I; 1937 VI; 1938 II; 1938 VI; 1940 IV; 1943 IV; 1944 IV.

REICHSGESETZBLATT: 1940 I; 1941 I; 1942 I; 1943 I; 1944 I.

REICHSMINISTERIUM FÜR WISSENSCHAFT, ERZIEHUNG UND VOLKSBILDUNG: Erziehung und Unterricht in der Volksschule. Berlin 1940.

REICHSSTEUERBLATT: 1933; 1934; 1935; 1937; 1938; 1939; 1940; 1941; 1942.

REICHSVERWALTUNGSBLATT: Bd. 59/1938.

REIMERS, Karl Friedrich: Lübeck im Kirchenkampf des Dritten Reiches. Nationalsozialistisches Führerprinzip und Evangelisch-lutherische Landeskirche von 1933–1945. Göttingen 1965.

REINHARDT, Fritz: Generalangriff gegen die Arbeitslosigkeit. In: RStBl 1933, S. 485–494.

REINHARDT, Fritz: Rede auf dem Deutschen Juristentag 1933. In: RStBl 1933, S. 1025–1030.

REINHARDT, Fritz: Rede beim Generalappell der Grund- und Hausbesitzer (Rede am 4.12.1933 im Sportpalast in Berlin). In: RStBl 1933, S. 1265–1272.

REINHARDT, Fritz: Volksgemeinschaft und Steuerpflicht. In: RStBl 1934, S. 145–146.

REINHARDT, Fritz: Rede auf der Tagung der Kommission für Wirtschaftspolitik der NSDAP (Rede am 10. Juni 1934 in München). In: RStBl 1934, S. 689–694.

REINHARDT, Fritz: Der Reinhard'sche Steuerreform-Plan (Rede in der Vollsitzung der Akademie für Deutsches Recht am 26. Juni 1934 in der Aula der Universität München). In: RStBl 1934, S. 753–768.

REINHARDT, Fritz: Der erste Abschnitt der Nationalsozialistischen Steuerreform. In: RStBl 1934, S. 1229–1236. Zugleich in: DStZ, 23. Jg., 32(20. Okt.)/1934, S. 913–921.

REINHARDT, Fritz: Leitsätze für die Gestaltung und Auslegung der Steuergesetze nach nationalsozialistischer Weltanschauung (Vortrag vor den Reichssteuerbeamten in Eisenach am 6.5.1935). In: DStZ, 1.(24.) Jg., 2(11. Mai)/1935, S. 29–36; 3(18. Mai)/1935, S. 59–60; 4(25. Mai)/1935, S. 85–93; 5(1. Juni)/1935, S. 113–119.

REINHARDT, Fritz: Der Deutsche Osten ruft. Erleichterung der Aufbauarbeit durch steuerliche Maßnahmen. In: DStZ, 6.(29.) Jg., 50(14. Dez.)/1940, S. 601–605.

REINICKE, Peter: Bäcker, Hermine. In: H. Maier (Hg.): Who is who der Sozialen Arbeit. Freiburg/Breisgau 1998, S. 52–54.

REINICKE, Peter: Frick, Constantin. In: H. Maier (Hg.): Who is who der Sozialen Arbeit. Freiburg/Breisgau 1998, S. 185.

REINICKE, Peter: Harmsen, Hans. In: H. Maier (Hg.): Who is who der Sozialen Arbeit. Freiburg/Breisgau 1998, S. 228–229.

REINICKE, Peter: Schick, Wally. In: H. Maier (Hg.): Who is who der Sozialen Arbeit. Freiburg/Breisgau 1998, S. 516–517.

REINICKE, Peter: Schreiner, Helmuth. In: H. Maier (Hg.): Who is who der Sozialen Arbeit. Freiburg/Breisgau 1998, S. 534–536.

REINICKE, Peter: Wienken, Heinrich. In: H. Maier (Hg.): Who is who der Sozialen Arbeit. Freiburg/Breisgau 1998, S. 631.

REINICKE, Peter: Wolff, Johannes. In: H. Maier (Hg.): Who is who der Sozialen Arbeit. Freiburg/Breisgau 1998, S. 639.

RENDTORFF, Emma: Die evangelische Kindergärtnerin als Pflegerin deutschen Brauchtums. In: ChrKpflge, 45. Jg., 2(Febr.)/1937, S. 34–47.

REUSS, Hermann: Das Gesetz zur Ordnung der Arbeit in öffentlichen Verwaltungen und Betrieben. In: RABl 1934 II, S. 138–141.

REVENTLOW GRAF, Henning: Hauptprobleme der alttestamentlichen Theologie im 20. Jahrhundert. Darmstadt 1982.

RICHARDI, Reinhard: Arbeitsrecht in der Kirche. Staatliches Arbeitsrecht und kirchliches Dienstrecht. [3]München 2000.

ROESTEL, Günther: Der Beitrag der NSV zur Verwirklichung der Grundsätze der NSDAP. In: NS-Volksdienst, 4. Jg., 8(Mai)/1937, S. 106–107.

ROESTEL, Günther: Wandlung der Wohlfahrtspflege – Wandlung der Gesetzgebung? In: NS-Volksdienst, 5. Jg., 2(Nov.)/1937, S. 33–35.

ROESTEL, Günther: Gemeinnützigkeit. In: Handwörterbuch der Wohlfahrtspflege. Hg. von H. Althaus/W. Betcke. Berlin [3]1937/1939, Sp. 412–416.

ROESTEL, Günther: Die Würzburger Tagung. Ergebnis und Aufgabe. In: NDV, 19. Jg., 7(Juli)/1938, S. 202–203.

ROGALL, Joachim: Die Posener Evangelische Kirche im Gegenüber zum Nationalsozialismus. In: P. Maser (Hg.): Der Kirchenkampf im deutschen Osten und in den deutschsprachigen Kirchen Osteuropas (KO.M 22). Göttingen 1992, S. 159–179.

ROHDE, Traute: Jugendhilfe im Kriege. In: DJugh, 31. Jg., 8/9(Nov./Dez.)/1939, S. 243–246.

RONICKE, Curt (Verantw.): Gott redet. Zum englischen Bombenangriff auf die Anstalt Bethel in der Nacht vom 18. zum 19. September 1940. Verantw. für den Inhalt C. Ronicke. Bethel bei Bielefeld [1940].

RÖPER, Ursula/JÜLLICH, Carola (Hg.): Die Macht der Nächstenliebe. Einhundertfünfzig Jahre Innere Mission und Diakonie 1848–1998. Im Auftrag des Deutschen Historischen Museums und des Diakonischen Werkes der Evangelischen Kirche in Deutschland hg. von U. Röper/C. Jüllich. Berlin 1998.

RÖSCH, Friedrich: Gegenwartsfragen der Kindertagesstätten. In: DJugh, 31. Jg., 3(Juni)/ 1939, S. 89–98.

ROTH, Claudia: Parteikreis und Kreisleiter der NSDAP unter besonderer Berücksichtigung Bayerns (Schriftenreihe zur Bayerischen Landesgeschichte 107). München 1997.

RÜPPEL, Erich Günter: Die Gemeinschaftsbewegung im Dritten Reich. Ein Beitrag zur Geschichte des Kirchenkampfes (AGK 22). Göttingen 1969.

RÜPPEL, Friedrich: Die NS-Volkswohlfahrt in der Zeit höchsten nationalen Einsatzes. In: NS-Volksdienst, 6. Jg., 9(Sept.)/1939, S. 392–397.

RÜRUP, Reinhard: Topographie des Terrors. Gestapo, SS und Reichssicherheitshauptamt auf dem ‚Prinz-Albrecht-Gelände'. Eine Dokumentation. Berlin 1987.

SÄCHSISCHE HAUPTBIBELGESELLSCHAFT UND PRIVILEG. WÜRTTEMBERGISCHE BIBELANSTALT (Hg.): Die Bibel oder die ganze Heilige Schrift des Alten und Neuen Testaments nach der deutschen Übersetzung D. Martin Luthers. Neu durchgesehen nach dem vom Deutschen Evangelischen Kirchenausschuß genehmigten Text. Mit Bildern von Rudolf Schäfer. Stuttgart 1929.

SANDER, Hartmut: Amtslisten. In: Die Geschichte der Evangelischen Kirche der Union. Ein Handbuch. Hg. im Auftag der Evangelischen Kirche der Union von J. F. G. Goeters †/J. Rogge. Bd. 3: Trennung von Staat und Kirche. Kirchlichpolitische Krisen. Erneuerung kirchlicher Gemeinschaft (1918–1992). Hg. von G. Besier/E. Lessing. Leipzig 1999, S. 873–879.

SAUER, Paul: Wilhelm Murr (1888–1945). In: R. Lächele/J. Thierfelder (Hg.): Wir konnten uns nicht entziehen. Dreißig Biographien zu Kirche und Nationalsozialismus in Württemberg. Stuttgart 1998, S. 207–225.

SAUER, Thomas: Eugen Gerstenmeier (1906–1986). In: T. Oppelland: Deutsche Politiker 1949–1969. Bd. 2. 16 biographische Skizzen aus Ost und West. Darmstadt 2000, S. 30–40.

SAUTER, Gerhard: „Freiheit" als theologische und politische Kategorie. In: G. Besier/ G. Ringshausen (Hg.): Bekenntnis – Widerstand – Martyrium. Von Barmen 1934 bis Plötzensee 1944. Göttingen 1986, S. 148–165.

SCHAEFFER, Helmut: Tatsachen geben uns recht. NSV-Einrichtungen, wertvolle Eindeutschungsinstrumente im Rahmen der Volkstumspolitik des Gaues Danzig-Westpreußen. In: NS-Volksdienst, 10. Jg., 2(Febr.)/1943, S. 29–33.

SCHÄFER, Otto: Begriff und Wesen der sozialen Fürsorge im Nationalsozialistischen Staat (Diss. masch.). Erlangen 1939.

SCHIBILSKY, Michael: Neue Armut und Gemeinde. Auf dem Weg zu einer sozialethisch orientierten Gemeinde. In: PTh, 79. Jg., 1(Jan.)/1989, S. 4–18.

SCHILDE, Kurt: Kinderlandverschickung. In: W. Benz/H. Graml/H. Weiss (Hg.): Enzyklopädie des Nationalsozialismus. München [3]1998, S. 544.

SCHILLER, Erich: Leiter-Arbeitstagung des Reichsverbandes für Kindergottesdienst und Sonntagsschule. In: Der Kindergottesdienst, 48. Jg., 6(Juni)/1938, S. 153–155.

SCHIRACH, Baldur von: Rede vor Vertretern der in- und ausländischen Presse am 7.12.1936. In: ZblJR, 18. Jg., 9(Dez.)/1936, S. 297–300.

SCHIRMACHER, Horst: 90 Jahre Central-Ausschuß für Innere Mission. In: IMis, 33. Jg., 9(Sept.)/1938, S. 200–201.

SCHIRMACHER, Horst: Innere Mission als kirchlicher Organismus. In: IMis, 8(Aug.)/ 1939, S. 169–174.

SCHIRMACHER, Horst: Kirche und Welt. In: IMis, 35. Jg., 7(Juli)/1940, S. 49–50.

SCHIRMACHER, Horst: Das Konfessionelle in unseren Anstalten. In: EvGsdhfürs, 14. Jg., 9(Sept.)/1940, S. 125–128.

SCHIRMACHER, Horst: Vor neuen Aufgaben. In: IMis, 36. Jg., 1(Jan.)/1941, S. 1–4.

SCHLEICHER, Reinhold: Die Wandlung der Wohlfahrtspflege durch den Nationalsozialismus (Diss.). Heidelberg 1939.

SCHLIEBITZ, Ilse: Aus der Arbeit der evangelischen Kinderpflege. In: Die Rundschau, 9. Jg., 7(Juli)/1938, S. 89–90.

SCHLIEBITZ, Ilse: Die Vereinigung Evangelischer Kinderpflegeverbände Deutschlands e.V. In: ChrKpflge, 46. Jg., 9(Sept.)/1938, S. 244–245.

SCHLIEBITZ, Ilse: Die Vereinigung Evangelischer Kinderpflegeverbände Deutschlands e.V. In: ChrKpflge, 47. Jg., 4(Apr.)/1939, S. 111–112.

SCHMAUCH, Werner: In Christus. Eine Untersuchung zur Sprache und Theologie des Paulus (Neutestamentliche Forschungen, 1. Reihe, 9. Heft). Gütersloh 1935.

SCHMIDT, Wilhelm: Volkmar Herntrich. In: Th. Schober (Hg.): Haushalterschaft als Bewährung christlichen Glaubens (HZDK 5). Stuttgart 1981, S. 387–391.

SCHMIECHEN-ACKERMANN, Detlef: „Kirchenkampf" oder Modus vivendi? Zum Verhalten von Pfarrern, Gemeinden und Kirchenleitung in der Evangelisch-lutherischen Landeskirche Hannovers in den Jahren der nationalsozialistischen Diktatur. In: H. Grosse/H. Otte/J. Perels (Hg.): Bewahren ohne Bekennen? Die hannoversche Landeskirche im Nationalsozialismus. Hannover 1996, S. 223–251.

SCHMITZ-BERNING, Cornelia: Vokabular des Nationalsozialismus. Berlin/New York 2000.

SCHNABEL, Thomas: Die Auseinandersetzung mit dem Nationalsozialismus. In: Th. Schnabel (Hg.): versorgen – bilden – erziehen. Festschrift des Zentralverbandes katholischer Kindergärten und Kinderhorte Deutschlands. Freiburg 1987, S. 49–87.

SCHNEIDER, Otmar: Rechtsgedanken und Rechtstechniken totalitärer Herrschaft aufgezeigt am Recht des öffentlichen Dienstes im Dritten Reich und der DDR (Beiträge zur Politischen Wissenschaft. Bd. 51). Berlin 1988.

SCHNEIDER, Wolfgang (Hg.): Alltag unter Hitler. Berlin 2000.

SCHNITZSPAHN, Gerhard: Der evangelische Kindergarten. Ein religionspädagogischer Beitrag zur Neubestimmung des evangelischen Profils. Stuttgart/Berlin/Köln 1999.

SCHOCH, Arthur: Ein Leben unter Gottes Barmherzigkeit. Lebenserinnerungen (In drei Teilen, masch.). Berlin 1984/1985.

SCHOLDER, Klaus: Über die Schwierigkeit, die Geschichte der Kirche im Dritten Reich zu verstehen. In: E. Röhm/J. Thierfelder: Evangelische Kirche zwischen Kreuz und Hakenkreuz. Bilder und Texte einer Ausstellung. Einführung. Stuttgart 1981, S. 5–8.

SCHÖRKEN, Rolf: Jugend. In: W. Benz/H. Graml/H. Weiß (Hg.): Enzyklopädie des Nationalsozialismus. München ^{3}1998, S. 203–219.

SCHREINER, HELMUTH: Das Alte Testament in der Verkündigung. Schwerin 1937.

SCHREINER, HELMUTH: In Gottes Hut. In: Evangelischer Preßverband für Deutschland (Hg.): In Gottes Hut. Berlin (1941), S. 2–4.

SCHREY, Heinz-Horst: Gemeinnutz – Gemeinwohl. In: TRE Bd. 12. Berlin/New York 1984, S. 339–346.

SCHRÖDER, Rudolf Alexander: Werk und Glaube. In: W. Engelmann (Hg.), Unser Werk. Ein ABC der Inneren Mission. Berlin 1939, S. 7–11; Witten 1948, S. 9–13.

SCHULTE, Hannelis: Christliche Erziehung? Neuere Literatur zur Religionspädagogik. In: ThR, 23. Jg., 4(Aug.)/1955, S. 336–369; Forts. 25. Jg., 3(Mai)/1959, S. 336–351; Schluß 27. Jg., 4(Juli)/1961, S. 339–369.

SCHULZE, Hagen: Weimar. Deutschland 1917–1933 (Siedler Deutsche Geschichte. Die Deutschen und ihre Nation. Bd. 4). Berlin 1994.

SCHUMANN, Hans-Gerd: Nationalsozialismus und Gewerkschaftsbewegung. Die Vernichtung der deutschen Gewerkschaften und der Aufbau der „Deutschen Arbeitsfront" (Schriftenreihe des Instituts für Wissenschaftliche Politik in Marburg/Lahn. Bd. 6). Hannover/Frankfurt(Main) 1958.

SCHUPPAN, Erich: Bekennen – Sich Anpassen – Widerstehen: Die schwierigen Jahre 1935 bis 1939. In: E. Schuppan (Hg.): Bekenntnis in Not. Die Evangelische Kirche in Berlin-Brandenburg im Konflikt mit dem Totalen Staat (1933–1945). Aufsätze. Zur Geschichte des Kirchenkampfes. Berlin 2000, S. 213–290.

SCHUPPAN, Gesine: Amt für Kindertageseinrichtungen der Evangelischen Kirche in Berlin-Brandenburg. In: Bundesvereinigung Evangelischer Tageseinrichtungen für Kinder (Hg.): Bündnis für Kinder. 1922–1997 Bundesvereinigung Evangelischer Tageseinrichtungen für Kinder e.V. Festschrift zur Arbeit des Fachverbandes und seiner Mitgliedseinrichtungen anläßlich des 75jährigen Jubiläums. Bremen 1997, S. 50–51.

SCHUPPAN, Michael-Sören: Kampf um die christliche Schule und Erziehung. In: E. Schuppan (Hg.): Bekenntnis in Not. Die Evangelische Kirche in Berlin-Brandenburg im Konflikt mit dem Totalen Staat (1933–1945). Aufsätze. Zur Geschichte des Kirchenkampfes. Berlin 2000, S. 291–303.

SCHWERIN VON KROSIGK, Lutz Graf: Rede des Reichsministers der Finanzen bei der Einführung des Präsidenten des Reichsfinanzhofs (Rede am 20. Januar 1934 in München). In: RStBl 1934, S. 65–66.

SCHWERIN VON KROSIGK, Lutz Graf: Geleitwort des Reichsministers der Finanzen zum Inkrafttreten der Grundsteuerreform vom 1.4.1938. In: W. Kühne: Das Grundsteuergesetz vom 1. Dezember 1936 mit Durchführungsverordnungen und Verwaltungsanweisungen. Erläutert von W. Kühne. Berlin/Wien 1937–1942, o. S. [zwischen S. 63 und S. 65].

SEEBASS, Georg/FREIST, Friedrich-Wilhelm (Bearb.): Die Pastoren der Braunschweigischen Evangelisch-Lutherischen Landeskirche seit Einführung der Reformation. 3 Bde. Wolfenbüttel 1969–1980.

SEIFERT, Helmut: Das Diakonische Werk der Evangelischen Kirche in Deutschland als kirchliches Werk und als Spitzenverband der Freien Wohlfahrtspflege. In: Th. Schober (Hg.): Das Recht im Dienst einer diakonischen Kirche (HZDK 3). Stuttgart 1980, S. 103–110.

SIEBERT, Ernst: NSV und NSLB. In: NS-Volksdienst, 8. Jg., 2(Febr.)/1941, S. 30–33.

SIEDLER, Dirk Chr.: Epiphanienkirche. In: O. Kühl-Freudenstein/P. Noss/C. P. Wagener (Hg.): Kirchenkampf in Berlin 1932–1945. 42 Stadtteilgeschichten. Berlin 1999, S. 290–295.

SIEGEL, Tilla: Leistung und Lohn in der nationalsozialistischen „Ordnung der Arbeit" (Schriften des Zentralinstituts für Sozialwissenschaftliche Forschung der Freien Universität Berlin. Bd. 57). Opladen 1989.

SILEX, Karl: Das Hilfswerk der evangelischen Kirchen in Deutschland. In: KJ 1945–1949, 72.–75. Jg. Hg. von J. Beckmann. Gütersloh 1950, S. 389–413.

SIMONS, Eduard: Das System der Praktischen Theologie und die innere Mission (In: ZprTh, 16. Jg., 1894, S. 112–124). In: Praktische Theologie. Texte zum Werden und Selbstverständnis der praktischen Disziplin der evangelischen Theologie. Hg. von G. Krause. Darmstadt 1972, S. 159–172.

SLENCZKA, Hans: Die evangelische Kirche von Kurhessen-Waldeck in den Jahren 1933–1945. Göttingen 1977.

SODEIKAT, Ernst: Die Verfolgung und der Widerstand der Evangelischen Kirche in Danzig von 1933–1945. In: Zur Geschichte des Kirchenkampfes. Gesammelte Aufsätze. Hg. von K. D. Schmidt (AGK 15). Göttingen 1965, S. 146–172.

SPITTEL, Lydia: Du hast mich überredet. Das Lebensbild eines Pfarrers unserer Zeit [Rudolf Spittel]. Stuttgart 1949.

SPOHN, Wolfgang: Betriebsgemeinschaft und Volksgemeinschaft. Die rechtliche und institutionelle Regelung der Arbeitsbeziehungen im NS-Staat. Berlin 1987.

STACHURA, Peter D.: Das Dritte Reich und die Jugenderziehung: Die Rolle der Hitlerjugend. In: K. D. Bracher/M. Funke/H.-A. Jacobsen (Hg.): Nationalsozialistische Diktatur 1933–1945. Düsseldorf 1983, S. 224–244. Auch in: M. Heinemann (Hg.): Erziehung und Schulung im Dritten Reich. Teil 1: Kindergarten, Schule, Jugend, Berufserziehung (Veröffentlichungen der Historischen Kommission der Deutschen Gesellschaft für Erziehungswissenschaft. Bd. 4.1). Stuttgart 1980, S. 90–112.

STÄHLIN, Wilhelm: Das göttliche Geheimnis der Kirche in Kindergarten und Hort. In: ChrKpflge, 45. Jg., 8(Aug.)/1937, S. 202–204.

STARK, N.N.: Gesundheitsführung der NSV-Kindertagesstätten. In: NS-Volksdienst, 7. Jg., 3(März)/1940, S. 56–59.

STASIEWSKI, Bernhard: Clemens August Graf von Galen. In: M. Greschat (Hg.): Gestalten der Kirchengeschichte. Bd. 10.1: Die neueste Zeit III. Stuttgart/Berlin/Köln 1984, S. 287–301.

STATISTISCHES AMT DER STADT BERLIN (Hg): Berlin in Zahlen. Kleines Berliner Taschenbuch. Berlin 1936.

STATISTISCHES AMT DER REICHSHAUPTSTADT BERLIN (Hg.): Statistisches Jahrbuch der Reichshauptstadt Berlin. 15. Jg., 1939. Berlin 1943.

STATISTISCHES BUNDESAMT: Entwicklung der Verbraucherpreise seit 1881 (Fachserie 17. R7. S1. 1998). Wiesbaden 1998.

STECK, Karl Gerhard: Zeitschriften, wissenschaftlich-theologische. I. Evangelische. In: ^{3}RGG Bd. 6. Tübingen 1962, Sp. 1885–1887.

STEINBACH, Peter: Widerstandsdiskussion und Widerstandsforschung im Spannungsfeld politischer Entwicklungen. In: KZG, 1. Jg., 1/1988, S. 29–49.

STEINBACH, Peter: Gruppen, Zentren und Ziele des deutschen Widerstands. In: R. Lill/H. Oberreuter (Hg.): 20. Juli – Porträts des Widerstands. München 1989, S. 29–46.

STEISEL, Lotte: Trotz Rationierung von Lebensmitteln gesunde Ernährung in unseren NSV-Einrichtungen. In: NS-Volksdienst, 10. Jg., 1(Jan.)/1943, S. 5–10.

STEISEL, Lotte: Wichtige Ernährungsfragen. In: NS-Volksdienst, 11. Jg., 1(Jan.)/1944, S. 12–15.

STEPPE, Hilde: Krankenpflege ab 1933. In: H. Steppe (Hg.): Krankenpflege im Nationalsozialismus. [7]Frankfurt(Main) 1993, S. 61–84.

STOEVESANDT, Karl: Bekennende Gemeinden und deutschgläubige Bischofsdiktatur. Geschichte des Kirchenkampfes in Bremen 1933–1945 (AGK 10). Göttingen 1961.

STROHM, Theodor: Perspektiven diakonisch sozialer Arbeit im Prozeß gegenwärtiger europäischer Entwicklungen. In: R. Bookhagen/H. Frickel/M. Germer/ H. Leschonski (Hg.): ‚Vor Ort'. Praktische Theologie in der Erprobung. Festschrift zum 60. Geburtstag von Peter C. Bloth. Berlin [1991], S. 183–199.

STROHM, Theodor: Diakonie zwischen Gemeindepraxis und sozialstaatlicher Wirklichkeit. Theologische Überlegungen und zeitgeschichtliche Herleitungen. In: G. Rau/H.-R. Reuter/K. Schlaich (Hg.): Das Recht der Kirche. Bd. 3: Zur Praxis des Kirchenrechts. Gütersloh 1994, S. 203–237.

STROHM, Theodor: Innere Mission, Volksmission, Apologetik. Zum soziokulturellen Selbstverständnis der Diakonie. Entwicklungslinien bis 1937. In: J.-Chr. Kaiser/M. Greschat (Hg.): Sozialer Protestantismus und Sozialstaat. Diakonie und Wohlfahrtspflege in Deutschland 1890 bis 1938. Stuttgart/Berlin/Köln 1996.

TALAZKO, Helmut: Aus der Geschichte der Öffentlichkeitsarbeit von Innerer Mission und Diakonie. In: Diakonisches Werk der EKD (Hg.): Zeiten ändern sich ... Wir auch! Plakate aus der Inneren Mission und der Diakonie. Berlin 1993, S. 5–10.

THIEL, Wulf: Kindergottesdienst. In: [3]RGG Bd. 3. Tübingen 1959, Sp. 1281–1284.

THIERFELDER, Jörg: Das Kirchliche Einigungswerk des württembergischen Landesbischofs Theophil Wurm (AKIZ.B 1). Göttingen 1975.

THIERFELDER, Jörg: Die Auseinandersetzungen um Schulform und Religionsunterricht im Dritten Reich zwischen Staat und evangelischer Kirche in Württemberg. In: M. Heinemann (Hg.): Erziehung und Schulung im Dritten Reich. Teil 1: Kindergarten, Schule, Jugend, Berufserziehung (Veröffentlichungen der Historischen Kommission der Deutschen Gesellschaft für Erziehungswissenschaft. Bd. 4.1). Stuttgart 1980, S. 230–250.

THIERFELDER, Jörg: Der Streit um die Behandlung des Alten Testaments im Religionsunterricht in der badischen und württembergischen Landeskirche während der Zeit des Nationalsozialismus. In: G. Büttner/J. Thierfelder (Hg.): Religionspädagogische Grenzgänge. Für Erich Bochinger und Martin Widmann von der Landesfachschaft Evangelische Theologie/Religionspädagogik in Baden-Württemberg (Arbeiten zur Pädagogik. Bd. 26). Stuttgart 1988, S. 199–211.

THIERFELDER, Jörg: Die Geschichte der Reichsrichtlinien für den evangelischen Religionsunterricht. In: J. Ohlemacher (Hg.): Religionspädagogik im Kontext kirchlicher Zeitgeschichte (Arbeiten zur Religionspädagogik. Bd. 9). Göttingen 1993, S. 152–173.

THIERFELDER, Jörg: Zwischen Anpassung und Selbstbehauptung. In: Die Macht der Nächstenliebe. Einhundertfünfzig Jahre Innere Mission und Diakonie 1848–1998. Im Auftrag des Deutschen Historischen Museums und des Diakonischen Werkes der Evangelischen Kirche in Deutschland hg. von U. Röper/C. Jüllich. Berlin 1998, S. 224–235.

TIETSCH, Gundula: Berlin-Friedrichsfelde. Bekennende Gemeinde Berlin-Friedrichsfelde. In: O. Kühl-Freudenstein/P. Noss/C. P. Wagener (Hg.): Kirchenkampf in Berlin 1932–1945. 42 Stadtteilgeschichten. Berlin 1999, S. 340–351.

TRAAR, Georg: Hans Georg Jaquemar. Der Mann der Inneren Mission. In: G. Traar: Eine Wolke von Zeugen. Wien 1967, S. 132–135.

TREPLIN, Hans Gustav: Evangelischer Verein für Innere Mission in Frankfurt am Main 1850–1990. Hg. von H. G. Treplin im Auftrag des Evangelischen Vereins für Innere Mission in Frankfurt am Main. Frankfurt(Main) 1990.

TREUE, Wilhelm (Hg.): Rede Hitlers vor der deutschen Presse (10. November 1938). In: VZG, 6. Jg., 2(Apr.)/1958, S. 175–191.

TUCHEL, Johannes: Gestapa und Reichssicherheitshauptamt. Die Berliner Zentralinstitution der Gestapo. In: G. Paul/K.-M. Mallmann (Hg.): Die Gestapo. Mythos und Realität. Darmstadt 1995, S. 84–100.

ULRICH, Friedrich: Tagung des Hauptausschusses des CA. In: Die Rundschau, 9. Jg., 7(Juli)/1938, S. 88–89.

VAHSEN, Friedhelm: Freizeiterziehung als Sozialpolitik. Die Kulturarbeit der NS-Volkswohlfahrt. In: H.-U. Otto/H. Sünker (Hg.): Soziale Arbeit und Faschismus. Volkspflege und Pädagogik im Nationalsozialismus. Bielefeld 1986, S. 133–161.

VEDDER, Magdalene: „Und lehret sie ...“ In: Evangelischer Preßverband für Deutschland (Hg.): In Gottes Hut. Berlin (1941), S. 7.

VEREINIGUNG EVANGELISCHER KINDERPFLEGEVERBÄNDE DEUTSCHLANDS: Arbeitsbericht der Vereinigung evangelischer Kinderpflegeverbände Deutschlands e.V. 1. April 1942–31. März 1943. Masch., hektogr., mit Vermerk: „Vertraulich!“.

VERORDNUNGSBLATT DER REICHSLEITUNG DER NATIONALSOZIALISTISCHEN DEUTSCHEN ARBEITERPARTEI: 5. Jg., München 1935; 11. Jg., München 1941.

VILLNOW, Hildegard: Die sozialpädagogische Arbeit der NS-Volkswohlfahrt. In: Kindergarten, [80. Jg.], 1(Jan.)/1939, S. 3–4.

VILLNOW, Hildegard: Die Arbeit geht weiter. Aktivierung der Kindertagesstätten. In: NS-Volksdienst, 6. Jg., 9(Sept.)/1939, S. 387–391.

VILLNOW, Hildegard: Vom ersten deutschen Kindergarten zum NSV-Kindergarten. In: NS-Volksdienst, 7. Jg., 7(Juli)/1940, S. 133–136.

VILLNOW, Hildegard: Erziehung und Betreuung des Kleinkindes im Kriege. In: Das Junge Deutschland, 34. Jg., 8(Aug.)/1940, S. 172–175.

VILLNOW, Hildegard: Die Kindertagesstätten der NSV im Rahmen des Hilfswerkes „Mutter und Kind“. Ihre Entwicklung und ihre Aufgaben. In: NS-Volksdienst, 9. Jg., 4(Apr.)/ 1942, S. 77–79 und 5(Mai)/1942, S. 95–96.

VISCHER, Wilhelm: Das Christuszeugnis des Alten Testaments. Bd. 1: Das Gesetz. München [2]1935. Bd. 2: Die früheren Propheten. München 1942.

VOLK, Ludwig (Bearb.): Akten deutscher Bischöfe über die Lage der Kirche 1933–1945. Bd. 4: 1936–1939 (VKZG.Q 30). Mainz 1981.

VOLK, Ludwig (Bearb.): Akten deutscher Bischöfe über die Lage der Kirche 1933–1945. Bd. 5: 1940–1942 (VKZG.Q 34). Mainz 1983.

VÖLKISCHER BEOBACHTER: 47. Jg., Nr. 298/25. Okt. 1934, Ausg. Berlin; 49. Jg., Nr. 304/ 30. Okt. 1936, Ausg. Berlin; 50. Jg., Sonderausg./31.Jan. 1937, Ausg. Berlin; 50. Jg., Nr. 122/1. und 2. Mai 1937, Ausg. Berlin; 50. Jg., Nr. 123/3. Mai 1937, Ausg. Berlin und München; 50. Jg., Nr. 257/14. Sept. 1937, Ausg. Berlin; 51. Jg., Nr. 270/27. Sept. 1938, Ausg. Berlin; 51. Jg., Nr. 311/7. Nov. 1938, Ausg. Berlin; 51. Jg., Nr. 313/9. Nov. 1938, Ausg. Berlin; 51. Jg., Nr. 337/3. Dez. 1938, Ausg. Berlin; 51. Jg., Nr. 338/4. Dez. 1938, Ausg. Berlin und München; 51. Jg., Nr. 358/25 und 26. Dez. 1938, Ausg. Berlin; 53. Jg., Nr. 264/20. Sept. 1940, Ausg. Berlin; 55. Jg., Nr. 31/31. Jan. 1942, Ausg. Berlin; 55. Jg., Nr. 108/18. Apr. 1942, Ausg. Berlin; 55. Jg., Nr. 116/26. Apr. 1942, Ausg. Berlin; 55. Jg., Nr. 153/2. Juni 1942, Ausg. Berlin; 55. Jg., Nr. 154/3. Juni 1942, Ausg. Berlin; 56. Jg., Nr. 50/ 19. Febr. 1943, Ausg. München.

VOLKSKIRCHLICHE ARBEITSGEMEINSCHAFT DER DEUTSCHEN EVANGELISCHEN KIRCHE (Hg.): Der evangelische Religionsunterricht an der deutschen Volksschule (Der Evangelische Religionsunterricht 2). Frankfurt/Main 1937. (Richtlinien für den evangelischen Religionsunterricht an der Volksschule [ohne Stoffplan]. In: MBlDEK 1937, S. 11–13).

VORLÄNDER, Herwart: Hilgenfeld, Erich Georg Paul. In: H. Maier (Hg.): Who is who der Sozialen Arbeit. Freiburg/Breisgau 1998, S. 249–251.

VOSS, Reimer: Steuern im Dritten Reich. Vom Recht zum Unrecht unter der Herrschaft des Nationalsozialismus. München 1995.

WÄCHTLER, Fritz: Rede zur 100-Jahrfeier des deutschen Kindergartens am 28.6.1940. In: Kindergarten, [81. Jg.], 7/8 (Juli/Aug.)/1940, S. 122–125.

WACKE, Gerhard: Neuordnung des öffentlichen Dienstes. In: Juristische Wochenschrift, 67. Jg., 23(11. Juni)/1938, S. 187.

WALK, Joseph (Hg.): Das Sonderrecht für die Juden im NS-Staat. Eine Sammlung der gesetzlichen Maßnahmen und Richtlinien – Inhalt und Bedeutung. Heidelberg [2]1996.

WARNTJEN, Hans: Die Prediger des Herzogtums Oldenburg von der Reformation bis zur Gegenwart. Hg. im Auftrag des Oberkirchenrates. Oldenburg 1980.

WEEBER, Rudolf: Haushalten mit anvertrauten Mitarbeitern – ein Grundzug kirchlicher Personalpolitik. In: Th. Schober (Hg.): Haushalterschaft als Bewährung christlichen Glaubens (HZDK 5). Stuttgart 1981, S. 254–259.

WEGENAST, Klaus: Religionspädagogik. In: TRE Bd. 28. Berlin/New York 1997, S. 699–730.

WEHNERT, Hanna: Kinderarbeit in Verbindung mit Mutterhaus und Krankenhaus. In: ChrKpflge, 46. Jg., 7/8(Juli/Aug.)/1938, S. 177–181.

WEICHERT, Friedrich: Die Entstehung des Berliner Stadtsynodalverbandes. Ein Beitrag zur Verfassungsgeschichte der Berliner Kirche. In: JBRKG, 53. Jg., 1981, S. 93–143.

WEISBROD-FREY, Herbert: Krankenpflegeausbildung im Dritten Reich. In: H. Steppe (Hg.): Krankenpflege im Nationalsozialismus. [7]Frankfurt(Main) 1993, S. 87–110.

WEISBROD-FREY, Herbert: Krankenpflegeausbildung im zeitlichen Überblick. In: H. Steppe (Hg.): Krankenpflege im Nationalsozialismus. [7]Frankfurt(Main) 1993, S. 111–114.

WEISS, Hermann (Hg.): Biographisches Lexikon zum Dritten Reich. Frankfurt(Main) [2]1998.

WEISS, Johannes: Der erste Korintherbrief ([9]1910). Göttingen 1970.

WENDT, Bernd-Jürgen: Großdeutschland. Außenpolitik und Kriegsvorbereitung des Hitler-Regimes. München (1987) [2]1993.

WENSCHKEWITZ, Leonore: Politische Versuche einer Ordnung der Deutschen Evangelischen Kirche durch den Reichskirchenminister 1937 bis 1939. In: Zur Geschichte des Kirchenkampfes. Gesammelte Aufsätze II (AGK 26). Göttingen 1971, S. 121–138.

WENZEL, Theodor: Wichern Werk in 100jähriger Schau. Festvortrag, gehalten beim Festakt in der Berliner Sophienkirche. In: IMis, 38. Jg., 9/10(Sept./Okt.)/1948 (Zugleich: N.N.: Bericht über das Jubiläum 1948. Wir rufen zur Barmherzigkeit. 100 Jahre Central-Ausschuß für die Innere Mission der Deutschen Evangelischen Kirche 1848–1948), S. 31–38.

WENZEL, Theodor: Der Arbeitsauftrag der Inneren Mission nach 1945. Referat der 2. Hauptversammlung in Bethel am 28.9.1948. In: IMis, 38. Jg., 9/10(Sept./Okt.)/1948 (Zugleich: N.N.: Bericht über das Jubiläum 1948. Wir rufen zur Barmherzigkeit. 100 Jahre Central-Ausschuß für die Innere Mission der Deutschen Evangelischen Kirche 1848–1948), S. 75–78.

WERNER, Sebastian: Werner Best – Der völkische Ideologe. In: R. Smelser/E. Syring/R. Zitelmann (Hg.): Die braune Elite II. Darmstadt 1993, S. 13–25.

WESSELING, Klaus-Gunther: Paul Kleinert. In: BBKL Bd. 3. Herzberg 1992, Sp. 1595–1597.

WESSELING, Klaus-Gunther: Karl Philipp Bernhard Weiss. In: BBKL Bd. 13. Herzberg 1998, Sp. 666–672.

WEYRATHER, Irmgard: Muttertag und Mutterkreuz. Der Kult um die „deutsche Mutter“ im Nationalsozialismus. Frankfurt(Main) 1993.

WICHT, Hermann von: Zum Tode von D. Franz Rendtorff. In: ChrKpflge, 45. Jg., 5(Mai)/1937 S. 149.[Ohne Verfasserangabe, aber als sicher anzunehmen.].

WICHT, Hermann von: Zur Lage der Evangelischen Kinderpflege. In: EJugh, 13.(57.) Jg., 6(Juni)/1937, S. 118–122.

WICHT, Hermann von: Evangelische Kinderpflege im Raume der Kirche. Einleitung der Dokumentation zur Jahrestagung der Vereinigung evangelischer Kinderpflegeverbände Deutschlands e.V. vom 8.–9. Juni 1937. In: ChrKpflge, 45. Jg., 8(Aug.)/1937, S. 202.

WICHT, Hermann von: Zwei Jahrzehnte im Dienst der evangelischen Kinderpflege. Vortrag anläßlich des 20. Jahresfestes des Evangelischen Verbandes für Kinderpflege in Berlin. In: Sonniges Kinderland, 25/1938, S. 6–14.

WICHT, Hermann von: Kindersonntag an Misericordias Domini. In: ChrKpflge, 47. Jg., 4(Apr.)/1939, S. 92–94.

WICHT, Hermann von: In der Kinderkrippe. In: Bildblattfolge der Deutschen Evangelischen Kirche (Hg.): Jesus Christus der gute Hirte spricht: „Lasset die Kindlein zu mir kommen!“. Berlin [1939], S. 4–5.

WICHT, Hermann von: Die Furcht des Herrn ist der Weisheit Angfang. [Ps. 111,10 und Sir. 1,16]. In: Bildblattfolge der Deutschen Evangelischen Kirche (Hg.): Jesus Christus der gute Hirte spricht: „Lasset die Kindlein zu mir kommen!“. Berlin [1939], S. 6.

WICHT, Hermann von: Die Lehrer aber werden leuchten wie des Himmels Glanz, und die, so viele zur Gerechtigkeit weisen, wie die Sterne immer und ewiglich. [Dan. 12,3]. In: Bildblattfolge der Deutschen Evangelischen Kirche (Hg.): Jesus Christus der gute Hirte spricht: „Lasset die Kindlein zu mir kommen!“. Berlin [1939], S. 7.

WICHT, Hermann von: Vom Wesen unseres Dienstes. Predigt in der Pfingstkirche in Berlin[-Friedrichshain], gehalten am 10. Jahresfest des Kindergartens der Gemeinde am 8. Sonntag nach Trinitatis, dem 30. Juli 1939. In: Sonniges Kinderland, 26/1939, S. 1–5.

WICHT, Hermann von: Der Erziehungssonntag für die Gemeinde an Misericordias Domini. In: ChrKpflge, 48. Jg., 4(Apr.)/1940, S. 50–52.

WICHT, Hermann von: Der Erziehungssonntag für die Gemeinde an Misericordias Domini. In: EJugh, 16.(60.) Jg., 3/4(März/Apr.)/1940, S. 25–27.

WICHT, Hermann von: Der Eltern- und Erziehungssonntag an Misericordias Domini. In: ChrKpflge, 49. Jg., 4/5(Apr./Mai)/1941, S. 63–65.

WIDMANN, Peter: Volksdeutsche Mittelstelle (VOMI). In: W. Benz/H. Graml/ H. Weiss (Hg.): Enzyklopädie des Nationalsozialismus. München [3]1998, S. 785.

WIENEKE, Friedrich: Christliche Erziehung und deutsche Weltanschauung. Gedanken zum Erziehungssonntag. In: Positives Christentum. Wochenblatt für alle christlichen Aufbaukräfte im Dritten Reich, 6. Jg., 12(7. April)/1940, [S. 3–4].

WILKE, Claudia: 150 Jahre Kindergarten. Kindergärten in Hannover. Hg. Landeshauptstadt Hannover, Jugendamt. Hannover 1991.

WINKELHAUSEN, Ilona H.: Zillken, Elisabeth. In: H. Maier (Hg.): Who is who der Sozialen Arbeit. Freiburg/Breisgau 1998, S. 660–661.

WINNER, Gustav: Gottes Ackerwerk. Bad Harzburg 1951.

WINTER, Jörg: Die Kirche und ihr Diakonisches Werk. In: G. Rau/H.-R. Reuter/ K. Schlaich (Hg.): Das Recht der Kirche. Bd. 3: Zur Praxis des Kirchenrechts. Gütersloh 1994, S. 238–258.

WINTER, Jörg: „Fröhlich helfen“. Der badische Landeswohlfahrtspfarrer Wilhelm Ziegler. In: J.-Chr. Kaiser (Hg.): Soziale Arbeit in historischer Perspektive. Zum geschichtlichen Ort der Diakonie in Deutschland. Festschrift für Helmut Talazko zum 65. Geburtstag. Stuttgart/Berlin/Köln 1998, S. 67–83.

WÖLBER, Hans-Otto: Das Proprium der Diakonie. In: Th. Schober (Hg.): Gesellschaft als Wirkungsfeld der Diakonie (HZDK 4). Stuttgart 1981, S. 280–284.

WOLF, Ernst: Gesetz und Evangelium, dogmengeschichtlich. In: [3]RGG Bd. 2. Tübingen 1958, Sp. 1519–1526.

WOLLASCH, Hans-Josef: Caritas nach dem Ersten Weltkrieg. In: Deutscher Caritasverband (Hg.): 1897–1972. 75 Jahre Deutscher Caritasverband. Freiburg/Breisgau 1972, S. 88–92.

WOLLASCH, Hans-Josef: Beiträge zur Geschichte der Deutschen Caritas in der Zeit der Weltkriege. Freiburg/Breisgau 1978.

WOLLASCH, Hans-Josef: Benedict Kreutz (1879–1949). Präsident des Deutschen Caritasverbandes. Freiburg (Breisgau) 1979.

WOLLASCH, Hans-Josef: Katholische Kirche als „Handlanger des Nationalsozialismus“. In: Freiburger Diözesan-Archiv. Bd. 99. Dritte Folge. Bd. 31. Freiburg /Breisgau 1979, S. 512–525.

WOLLASCH, Hans-Josef: Benedikt Kreutz (1879–1949). In: H.-J. Wollasch: „Sociale Gerechtigkeit und christliche Charitas“. Leitfiguren und Wegmarkierungen aus 100 Jahren Caritasgeschichte. Freiburg/Breisgau 1996, S. 445–462.

WOLLASCH, Hans-Josef: Zeugnisse Katholischer Aktion im Vorfeld des nationalsozialistischen Kirchenkampfes. In: H.-J. Wollasch: „Sociale Gerechtigkeit und christliche Charitas“. Leitfiguren und Wegmarkierungen aus 100 Jahren Caritasgeschichte. Freiburg/Breisgau 1996, S. 142–164.

WOLLASCH, Hans-Josef: Vom vertraulichen Nachrichtendienst des Deutschen Caritasverbandes zu Informationsblättern für die Caritaspraxis. 50 Jahre „Caritas-Korrespondenz“. In: H.-J. Wollasch: „Sociale Gerechtigkeit und christliche Charitas“. Leitfiguren und Wegmarkierungen aus 100 Jahren Caritasgeschichte. Freiburg/Breisgau 1996, S. 500–542.

WOLLASCH, Hans-Josef: Kreutz, Benedict. In: H. Maier (Hg.): Who is who der Sozialen Arbeit. Freiburg/Breisgau 1998, S. 328–330.

WOLTERS, Rita: Der Deutsche Fröbel-Verband im Nationalsozialismus. In: Pestalozzi-Fröbel-Verband (Hg.): Die Geschichte des Pestalozzi-Fröbel-Verbandes. Ein Beitrag zur Entwicklung der Kleinkind- und Sozialpädagogik in Deutschland. Freiburg/Breisgau 1998, S. 87–128.

ZEITLER, Ralf: Grundzüge der öffentlichen Fürsorge im Dritten Reich. In: DZW, 14. Jg., 12(März)/1939, S. 645–654.

ZELLER, Helene: Erziehen heißt dienen. In: ChrKpflge, 45. Jg., 1(Jan.)/1937, S. 6–15.

ZELNHEFER, Siegfried: Die Reichsparteitage der NSDAP. Geschichte, Struktur und Bedeutung der größten Propagandafeste im nationalsozialistischen Feierjahr (Schriftenreihe des Stadtarchivs Nürnberg. Bd. 46). Nürnberg 1991.

ZENTRALBLATT DER DEUTSCHEN DEMOKRATISCHEN REPUBLIK: 1953.

ZIEGLER, Walter: Michael Faulhaber. In: M. Greschat (Hg.): Gestalten der Kirchengeschichte. Bd. 10.1: Die neueste Zeit III. Stuttgart/Berlin/Köln 1984, S. 235–246.

ZIEGLER, Wilhelm: Schwester Ida Höflin. Ihr Lebensbild den Schwestern und Freunden des Nonnenweierer Diakonissenhauses gewidmet. Nonnenweier 1950.

ZIMMERMANN, Karl: Rassengedanke und neue Erziehung. In: Der Deutsche Erzieher, 3. Jg., 15/1935, S. 229–231.

PERSONENREGISTER UND BIOGRAPHISCHE ANGABEN

Die Verzeichnung der Personen folgt den in Band I, S. 531 beschriebenen Grundsätzen. Durch entsprechenden Vermerk ist auf die bereits in Bd. I zu findenden biographischen Angaben verwiesen.

ADLER, Bruno 76 *(Bd. I, S. 531)*

ALBERTZ, Martin, Lic. theol. 492, 501, 508, 511, 516f.

geb. 7.5.1883 Halle/Saale, gest. 29.12.1956 Berlin, Gymnasium in Posen, Theologiestudium in Halle, Berlin und Erlangen, 1906 erstes theologisches Examen, 1908 zweites theologisches Examen und Ordination und Hilfsprediger, 1909 Studieninspektor in Halle/Saale, 1910 Pfarrer in Stampen-Bohrau/Schlesien, 1921 Studiendirektor des neugegründeten Evangelischen Predigerseminars im Berlin-Spandauer Evangelischen Johannesstift, 1923 Verlegung des Predigerseminars nach Stettin-Kückenmühle, 1928 Superintendent und Dompfarrer in Soldin/Neumark, 1931 Pfarrer an St. Nikolai in Berlin-Spandau und Superintendent des Kirchenkreises Spandau, 1935 Mitglied des Berliner Bruderrates und nach Amtsenthebung Leiter des Theologischen Prüfungsamtes der Bekennenden Kirche Berlin-Brandenburg, 1934 in Barmen und Berlin-Dahlem sowie 1935 in Augsburg und 1936 in Bad Oeynhausen Teilnehmer der Bekenntnissynoden der Deutschen Evangelischen Kirche, 1936 Vorsitzender der 2. VKL der Deutschen Evangelischen Kirche, 1938 Aberkennung der Rechte des geistlichen Standes, 1941 Verhaftung und Anklage wegen Vergehens gegen das Heimtückegesetz und die Verordnung zum Schutz von Volk und Staat und Verurteilung zu einundeinhalb Jahren Gefängnis, 1945 Professor für reformierte Theologie an der Humboldt-Universität Berlin und für Neues Testament an der Kirchlichen Hochschule Berlin, Mitglied des Moderamens der Reformierten Kirche und des Reformierten Weltbundes, 1953 Ruhestand.

ALBS, Wilhelm, Dr. theol. 723f.

geb. 27.1.1907 Berlin, gest. 19.10.1993 ebd., nach Theologiestudium 1931 Priesterweihe in St. Hedwig Berlin und Kaplan an St. Michael in Berlin, 1936 Kurat in Greifenberg/Pommern, 1939 Berufung zum Direktor des Diözesan-Caritasverbandes Berlin und Vorbereitung im Lorenz-Werthmann-Haus in Freiburg/Breisgau und Promotion an der Theologischen Fakultät der Universität ebd., 1940 Direktor des Diözesan-Caritasverbandes Berlin, 1957 Päpstlicher Hausprälat, 1961 Ordinariatsrat, 1965 Vorsitzender des Diözesan-Caritasverbandes Berlin, 1969 Generalvikar, 1972 Domkapitular, 1975 Stellvertreter des Generalvikars und Ordensreferent im Bischöflichen Ordinariat, 1987 in Ruhestand.

ALTHAUS, Hermann 38, 53f., 61, 65, 71f., 199f., 259, 395, 460f., 468f., 484, 546, 553, 843f., 886 *(Bd. I, S. 531f.)*

ALTHAUS, Paul, Dr. theol. 200, 500

geb. 4.2.1888 Obershagen/Hannover, gest. 18.5.1966 Erlangen, Vetter von *H. Althaus (I)*, 1913 Privatdozent für Systematische Theologie und Neues Testament in Göttingen, 1914 Kriegsdienst und Lazarettpfarrer in Polen, 1919 Professor in

Rostock, 1925 Professor für systematische und neutestamentliche Theologie in Erlangen, 1926 Präsident der Luthergesellschaft, 1934 Mitglied des Lutherrates und als Mitverfasser des Ansbacher Ratschlags in Distanz zur Bekennenden Kirche Teilnehmer an der Bekenntnissynode in Berlin-Dahlem und Teilnehmer des Deutschen Lutherischen Tages in Hannover, 1947 kurzzeitige Entlassung aus dem Amt durch die Militärregierung, 1953 Mitglied der Bayerischen Akademie der Wissenschaften, 1956 Ruhestand, 1964 Niederlegung seiner Ämter, besonders das des Präsidenten der Luthergesellschaft.

AMANN, Max 341

geb. 24.11.1891 München, gest. 30.3.1957 ebd., Handelsschule in München und Ausbildung in einer Anwaltskanzlei, 1914 Kriegsdienst und Vizefeldwebel im 16. Bayerischen Reserve-Infanterieregiment, in dem *A. Hitler (I)* diente, 1919 Bankangestellter, 1921 Eintritt in die NSDAP und Geschäftsführer der NSDAP sowie Geschäftsleiter des Völkischer Beobachter, 1922 Direktor des Franz-Eher-Verlages, des Zentralverlages der NSDAP, 1923 Beteiligung am November-Putsch und kurzzeitige Verhaftung, 1924 Mitglied im Münchener Stadtrat, 1933 Mitglied des Reichstages und Vorsitzender des Reichsverbandes der deutschen Zeitungsverleger und Präsident der neugegründeten Reichsschrifttumskammer, 1942 etwa dreiviertel der deutschen Presse im Besitz oder unter Einfluß des Franz-Eher Verlages und seines Direktors, 1948 Verurteilung durch das Landgericht München zu zweiundeinhalb Jahren Gefängnis, 1949 Entnazifizierungsverfahren mit Einstufung als Hauptschuldiger und zehn Jahren Arbeitslager sowie Einzug des gesamten zusammengerafften Vermögens durch Spruchkammer München, im Revisionsverfahren Bestätigung des Urteils der Erstinstanz durch die Berufungskammer München.

ANDRÄ, Robert 604

geb. 8.12.1890 Berka/Sondershausen, gest. 4.12.1971 Karben, Volksschule in Berka, Mühlknecht, Eintritt in die NSDAP, 1939 Bürgermeister in Rodheim vor der Höhe, 1945 Entfernung aus dem Bürgermeisteramt.

ANGERN, Arthur von 99f.

geb. 22.3.1900 Hötensleben, gest. 2.12.1945 Großbreitenbach/Bergstraße, Besuch des Gymnasiums und einer Kadettenanstalt, 1917 Kriegsdienst, militärische Auszeichnungen, 1918 Entlassung aus dem Heer und Eisenbahnassistent, 1932 Eintritt in die NSDAP und in die SS, SS-Scharführer, 1933 Gaubetriebsgemeinschaftswalter der DAF im NSDAP-Gau Kurmark, 1935 Reichsschule Werlsee, 1936 Schulungsburg Crössinsee, 1936 Leiter der Gaubetriebsgemeinschaft (Fachamt) 13 Freie Berufe der DAF im NSDAP-Gau Kurmark.

ARGUS, Fritz 63 *(Bd. I, S. 532)*

ARNIM, Hans (Hans Ludwig) von, Dr. iur. 692, 695–698

geb. 12.10.1889 Templin, gest. 9.6.1971 Berlin, Gymnasium in Prenzlau, 1909 Jurastudium in Göttingen, Kiel, Straßburg und Grenoble, 1913 erstes juristisches Examen und Promotion in Straßburg, 1914 Referendar bei den Amtsgerichten Freienwalde und Guben, 1915 beim Landratsamt Arnswalde sowie bis 1918 bei der Zivilverwaltung in Brüssel, 1919 zweites juristisches Examen und Regierungsassessor beim Reichsministerium des Inneren, 1920 beim Reichsministerium für Wiederaufbau, 1921 beim Reichsministerium für Finanzen, 1922 Regierungsrat ebd., 1928 Konsistorialrat beim Evangelischen Konsistorium der Mark Brandenburg in Berlin, 1934 NSV-Mitglied, 1936 Oberkonsistorialrat beim Evangelischen Konsistorium der Mark Brandenburg in Berlin, 1945 Konsistorialpräsident ebd., 1958 Ruhestand.

BÄCKER, Hermine 713
geb. 25.2.1895 Altenkirchen, gest. 10.3.1984 Köln, Lyzeum in Elberfeld, 1911 Frauenschule ebd., 1913 Kindergärtnerinnenseminar ebd., 1916 Hochschule für kommunale und soziale Verwaltung in Köln, 1919 Examen als Diplom-Sozialbeamtin und Mitarbeiterin bei der Ortsgruppe Groß-Köln der Vereinigung evangelischer Frauenverbände Deutschlands, 1920 Aufenthalt in Argentinien, 1925 Mitarbeiterin beim Central-Jugend- und Wohlfahrtsamt der evangelischen Gemeinden Groß-Kölns, 1927 Referentin für Frauenfragen beim Rheinischen Provinzial-Ausschuß für Innere Mission in Langenberg, 1930 für Gefährdeten-, Strafgefangenen- und Strafentlassenenfürsorge im Central-Ausschuß für die Innere Mission in Berlin unter *A. Stahl (I)* und dann *H. Schirmacher (I)* und *W. Hagen (II)*, zugleich Geschäftsführerin der Evangelischen Konferenz für Gefährdetenfürsorge und Straffälligenpflege, 1935 gleichzeitig Vorsitzende des Bundes evangelischer Frauen im sozialen Dienst, Mitglied im Neuner-Ausschuß des Evangelischen Frauenwerkes, 1945 Referentin im Central-Ausschuß für die Innere Mission (West) in Bethel, 1960 Ruhestand.

BADSTÜBNER, Ernst 543
geb. 29.5.1902 Lengenfeld/Vogtland, gest. 1943 in Frankreich, Kaufmann in Lengenfeld, 1940 Kriegsdienst im 2. Infanterie-Ersatz-Bataillon 304, gefallen.

BALLARIN, Georg, Dr. iur. 176, 460 *(Bd. I, S. 534)*

BALOGH, Julius 664
geb. 8.12.1889 Szeged/Ungarn, gest. 20.1.1961 Lindau/Bodensee, 1919 kaufmännischer Angestellter in Lindau, Eintritt in die NSDAP, 1935 Kreisgeschäftsführer der NSV im NSDAP-Kreis Lindau, 1939 stellvertretender NSV-Kreisamtsleiter ebd., 1945 Entnazifizierungsverfahren und Einstufung als Belasteter (Aktivist) durch Spruchkammer, aber als ungarischer Staatsangehöriger von Sanktionen verschont.

BALZER, Erwin 757
geb. 15.3.1901 Berlin, gest. 5.3.1975 Hamburg-Bergstedt, Gymnasium in Berlin, 1920 Theologiestudium ebd., 1925 erstes theologisches Examen und Domkandidatenstift in Berlin, 1927 zweites theologisches Examen und Ordination und Religionspädagogisches Institut Berlin, 1928 Hilfsprediger an der St. Matthäus-Kirche in Berlin-Tiergarten (sog. Diplomatenviertel) unter Generalsuperintendent D. Ernst Vits für den Sprengel Niederlausitz und Neumark, 1929 Pfarrer auf Helgoland, 1931 Eintritt in die NSDAP, 1933 Pfarrer in Hamburg-Othmarschen, 1934 Bischof der Evangelisch-lutherischen Kirche Lübecks, 1945 Amtsenthebung und Aberkennung der bischöflichen Rechte, 1955 Wiederzuerkennung, 1956 Ruhestand.

BARDTKE, Hans, Lic. theol., D. 540
geb. 22.9.1906 Berlin-Neukölln, gest. 8.3.1975 Leipzig, Gymnasium in Berlin, 1925 Theologiestudium, 1930 erstes theologisches Examen in Jena und Predigerseminar in Eisenach, 1931 Vikar in Schlotheim/Mühlhausen, 1932 zweites theologisches Examen in Jena und Studieninspektor am Predigerseminar in Eisenach, 1934 Promotion und Pfarrer in Marktgöhlitz/Thüringen, 1936 Pfarrer im Diakonissenhaus des Vereins für Innere Mission Leipzig in Borsdorf/Leipzig, 1948 Professor für Altes Testament in Leipzig, 1954 Ehrenpromotion der Theologischen Fakultät der

Universität Rostock, 1955 Inhaber des Lehrstuhles für Altes Testament in Leipzig, Domherr des Hochstiftes in Meißen, 1971 Ruhestand.

BARING, Eduard 806f., 812, 818–823

geb. 22.9.1885 Alfeld, gest. 26.1.1973 Göttingen, Theologiestudium in Erlangen, Leipzig, Göttingen, 1909 erstes theologisches Examen, 1912 zweites theologisches Examen und Ordination, 1912 Pfarrer in Nienburg, 1912 Seemannspastor in Cardiff/Wales, 1914 Pfarrer an St. Marien in Göttingen, 1916 erster Pfarrer ebd., 1935 Superintendent in Uslar, 1955 Ruhestand.

BARNER, Adolf 181, 193

geb. 23.8.1867 Karlsruhe, gest. 8.9.1945 Villingen, Theologiestudium in Basel, Heidelberg, Greifswald und Tübingen, 1892 erstes theologisches Examen, 1893 zweites theologisches Examen und Vikar in Obrigheim sowie beurlaubt als Inspektor der Stadtmission Karlsruhe, 1894 Vikar in Langensteinbach, 1895 in Emmendingen, 1896 Pfarrverweser ebd., 1902 Pfarrer in Villingen, 1911 auch Dekan des Kirchenbezirks Hornberg, 1914 Mitglied der Generalsynode der Vereinigten evangelisch-protestantischen Landeskirche Badens und 1919 der außerordentlichen Generalsynode, 1927 Kirchenrat, 1932 Mitglied der Landessynode der Evangelischen Landeskirche Badens, 1938 Ruhestand.

BARNER, Friedrich 29, 47 *(Bd. I, S. 534)*

BARTELS, Friedrich, D. 228, 230, 310, 514

geb. 28.1.1903 Nienburg, gest. 29.6.1973 Hemmingen-Westerfeld, Realgymnasium in Nienburg, 1921 Theologiestudium in Göttingen, 1926 Vikariat beim Landesjugendpfarramt, 1926 Predigerseminar Erichsburg, 1928 Ordination und Hilfsgeistlicher in Duderstadt, 1930 Pastor in Neuhaus/Elbe, 1935 Hilfsarbeiter im Landeskirchenamt der Evangelisch-lutherischen Landeskirche Hannovers, 1936 Landeskirchenrat und Geistliches Mitglied ebd., 1943 Oberlandeskirchenrat ebd., 1965 Geistlicher Vizepräsident ebd., theologische Ehrenpromotion, 1969 Ruhestand.

BARTH, Karl, D. DD. 478, 500f. *(Bd. I, S. 534)*

BARTHOLOMÄUS, Heinrich 600ff.

geb. 1.4.1900 Eschwege, gest. 2.1.1960 Gießen, Maschinenschlossermeister, bis 1933 Werkmeister in der Werkzeugmaschinenfabrik Heiligenstädt, 1931 Eintritt in die NSDAP und Gauredner, 1933 Beigeordneter in Gießen, 1934 Oberbürgermeister in Worms, 1945 Entlassung aus dem Amt.

BAUDERT, Samuel, D. 508ff., 515f., 526

geb. 9.12.1879 Engotini/Südafrika, gest. 13.12.1956 Bad Boll, 1887 Missionsknabenanstalt in Kleinwelka/Bautzen, 1891 Pädagogium in Niesky, 1897 Militärdienst, 1899 Theologiestudium am Theologischen Seminar der Brüdergemeine in Gnadenfeld, 1902 Examen und Lehrer am Pädagogium in Niesky und später an der Missionsschule, 1914 Missionsinspektor in Herrnhut, 1915 Geschäftsführer des Ausschusses für Soldaten- und Eisenbahnerheime der Deutschen Christlichen Studentenvereinigung, 1919 Direktor der Missionsknabenanstalt in Kleinwelka/Bautzen und Unitätsdirektor sowie Mitglied der Herrnhuter Missionsdirektion, 1922 theologische Ehrenpromotion der Universität Jena, 1924–1937 Vorsitzender der Herrnhuter Missionsdirektion, 1929 Bischof der Herrnhuter Brüdergemeine, 1945 Aufbau und Leitung des West-Distriktes der Brüdergemeine in Bad Boll, 1949 Ruhestand.

BAUMANN, Johann 661f. *(Bd. I, S. 534f.)*

BECKER, Anneliese 403, 423, 609, 619f., 642
geb. 21.4.1903 Menzingen, 20.12.1994 Rheydt, Lyzeum in Rheydt, 1916 Städtische Studienanstalt Mönchengladbach, 1920 Höhere Handelsschule in Rheydt, 1921 Korrespondentin einer Baumwollspinnerei in Rheydt, 1926 Evangelisch-Soziale Frauenschule in Freiburg/Breisgau, 1928 staatliche Anerkennung als Wohlfahrtspflegerin, 1929 Fürsorgerin im Evangelischen Jugend- und Wohlfahrtsamt Düsseldorf, 1937 Referentin für Jugendhilfe beim Rheinischen Provinzialausschuß für Innere Mission unter *O. Ohl (I)* und Geschäftsführerin des Evangelischen Verbandes für Kinderpflege in der Rheinprovinz als Nachfolgerin von *E. Ulrich (I)*, 1963 Abteilungsleiterin der Abteilung für Jugend- und Familienhilfe und Mitglied der Geschäftsführung des Diakonischen Werkes der Evangelischen Kirche im Rheinland, 1966 Ruhestand, 1949-1969 Vorsitzende des Bundes Evangelischer Fürsorgerinnen, 1965–1971 Vorsitzende der Evangelischen Frauenarbeit im Rheinland, 1967–1974 Berufenes Mitglied der Synode der Evangelischen Kirche im Rheinland.

BECKER, Johannes, Dr. phil. 622
geb. 9.1.1892 Köln, gest. 11.12.1975 Siegburg, 1916 Priesterweihe in Köln und Kaplan an St. Mauritius in Köln-Mülheim, 1919 Kaplan an St. Maria Himmelfahrt in Mönchengladbach, 1922 Rektor im Gertrudisheim in Düsseldorf, 1923 Caritassekretär in Essen, 1930 Diözesan-Caritasdirektor in Köln, 1931 Promotion in Köln, 1942 Pfarrer an St. Servatius in Siegburg, 1946 Definitor des Dekanats Siegburg, 1947 Dechant ebd., 1951 Erzbischöflicher Rat ad honores, 1957 Träger des Bundesverdienstkreuzes I. Klasse, 1963 Kreisdechant des Siegkreises und Ehrendomherr in Köln, 1972 Ruhestand und päpstlicher Ehrenprälat, 1973 Goldener Ehrenring der Stadt Siegburg, 1974 Ehrendechant.

BECKHAUS, August, Dr. iur. 618
geb. 4.1.1877 Bielefeld, gest. 9.12.1945 Staumühle, Gymnasium in Bielefeld, 1897 Jurastudium in Lausanne, München, Kiel, 1901 erstes juristisches Examen in Kiel, 1903 Promotion in Leipzig, Regierungsreferendar in Magdeburg und Gerichtsreferendar in Hamm, 1906 zweites juristisches Examen und Regierungsassessor im Landkreis Usedom, 1908 Regierungsassessor in Bielefeld, 1909 kommissarischer Landrat ebd., 1910 Landrat ebd., Mitglied der DVP, dann der DNVP, 1937 Regierungsvizepräsident im Regierungsbezirk Köln unter *R. Diels (II)*, 1939 Eintritt in die NSDAP, 1943 Ruhestand.

BECKMANN, N.N. 756
Jugendleiterin und verantwortlich im Landesverband für evangelische Kinderpflege in Schleswig-Holstein und beim Landesverband für Innere Mission in Schleswig-Holstein unter *O. Epha (II)* in Kiel.

BEERMANN, Johannes 465f.
geb. 17.4.1878 Oberpahlen/Estland, gest. 13.1.1958 Göttingen, Theologiestudium in Dorpat, Gymnasiallehrer in St. Petersburg, nach 1918 deutscher Volkssekretär in Estland, 1931 zweites theologisches Examen in Danzig und Hilfsprediger in Kunzendorf und Osterwick, 1932 Eintritt in die NSDAP, 1934 Pfarrer an St. Marien in Danzig und als Deutscher Christ Bischof der Evangelischen Kirche der Freien Stadt Danzig (ab 1940 Kirchengebiet Danzig-Westpreußen), 1945 Amtsniederlegung und Flucht aus Danzig, Ruhestand.

BEHAGHEL, Fritz 705f., 710f., 713f., 716ff., 722ff., 735
geb. 18.8.1891 Bergheim/Erft, gest. 20.5.1972 Landshut, Oberealschule in Bad Go-

desberg, 1905 Gouvernementsschule in Tsingtau/China, 1907 kaufmännische Lehre in Tientsin/China, 1909 Reedereiagent in China, 1914 Kriegsfreiwilliger und Einsatz in Tsingtau/China und nach dessen Fall in japanischer Gefangenschaft, 1920 Rückkehr nach Deutschland und Dolmetscher beim Preußischen Ministerium des Innern, 1922 bei der Reichsfinanzverwaltung, 1924 kaufmännischer Angestellter in Sachsen, 1925 Eintritt in die NSDAP und Leiter der Ortsgruppe Lichtenstein-Callenberg, 1926 Angestellter bei der Märkischen Treuhandgesellschaft in Berlin, 1927 Aufbau eines NSDAP-Parteiapparrarates in Berlin-Lankwitz und Berlin-Lichterfelde, 1929 Mitglied der Stadtverordnetenversammlung, 1930 Leiter des Rechnungs- und Buchhaltungswesens einer Varieté-Vermittlungsagentur, 1933 Erster Bezirksstadtrat in Berlin-Neukölln, 1934 stellvertretender Bürgermeister von Berlin-Neukölln und Fraktionsführer in der Bezirksverordnetenversammlung und Gauhauptstellenleiter im Gauamt für Kommunalpolitik sowie Amtsleiter für Kommunalpolitik im Kreis X (Berlin-Neukölln und Berlin-Treptow) des NSDAP-Gaues Groß-Berlin und Mitglied der NSV, 1935 Vorsitzender des Archivs für Wohlfahrtspflege und kommissarischer Bürgermeister in Berlin-Lichtenberg, 1937 Bürgermeister ebd. und stellvertretender Bundesleiter und Gauverbandsleiter des Volksbundes für das Deutschtum im Ausland und Gaubeauftragter der Volksdeutschen Mittelstelle, 1938 Stadtrat und Leiter des Berliner Landes-Wohlfahrts- und Jugendamtes als Nachfolger von *K. Spiewok (I)*, auch Leiter der Ostdeutschen Arbeitsgemeinschaft für Wohlfahrtspflege und Mitherausgeber des Nachrichtendienst des Vereins für öffentliche und private Fürsorge, 1941 Leiter der aus der Ostdeutschen Arbeitsgemeinschaft für Wohlfahrtspflege gebildeten Märkisch-Pommerschen Arbeitsgemeinschaft für Wohlfahrtspflege.

BEHME, Hugo 652, 749

geb. 21.4.1905 Braunschweig, gest. 13.2.1975 Göttingen, Mittelschule in Braunschweig, 1919 Konditorausbildung, 1922 Eintritt in die NSDAP und Gesellenprüfung und im Beruf tätig in Hildesheim, Peine, Hannover, Coburg, Lübeck, Cottbus, Wolfenbüttel und Zwickau, zugleich auch im Schlageter-Gedächtnis-Bund und im Verband Hindenburg sowie im Frontbann, 1925 Wiedereintritt in die NSDAP, 1927 Redner der NSDAP, 1928 Meisterprüfung und angestellter Konditormeister in Stuttgart, Wolfenbüttel und Mannheim, 1932 Stadtrat in Mannheim, 1933 Aufgabe des erlernten Berufs, 1934 Ausscheiden als Stadtrat in Mannheim und Gauhandwerksführer und Gauamtsleiter der NS-Hago im NSDAP-Gau Süd-Hannover-Braunschweig, 1936 Ratsherr in Hannover, 1937 NSV-Gauamtsleiter ebd., 1941 Konflikt mit Gauleiter *H. Lauterbacher (II)* und Ausscheiden aus der NSV-Gauamtsleitung und Gauorganisationsleiter im Range eines Oberbereichsleiters der NSDAP, 1943 NSDAP-Kreisleiter in Blankenburg/Harz und Kriegsdienst, 1948 Entlassung aus der Gefangenschaft und Tätigkeit im erlernten Beruf in Hamburg, Lübeck, Dortmund, Mühlheim, Düsseldorf, Hagen und Köln, 1958 Besitzer eines Konditorei-Cafés in Frankfurt/Main, 1964 Aufgabe des Geschäfts aus Gesundheitsgründen und Angestellter in Göttingen, 1972 Ruhestand.

BEHR, Wilhelm 414

geb. 22.12.1896 Schwerin, gest. 4.4.1943 Schwerin, Obersekretär und bis zu dessen Auflösung 1933 Leiter des Büros des Mecklenburgischen Landtages, 1933 Eintritt in die NSDAP und NSV-Gauamtsleiter im NSDAP-Gau Mecklenburg.

BEMMANN, Karl 580f.
geb. 12.12.1901 Hirschberg/Saale, gest. 4.1.1991 Hattingen, 1926 Eintritt in die NSDAP, NSV-Kreisamtsleiter in Halberstadt, 1939 Kriegsdienst, 1940 Entlassung aus dem Heer und „unabkömmlich" gestellt.

BENDER, Ernst 398, 684f.
geb. 21.2.1873 Vlotho/Weser, gest. 7.12.1945 Berlin, Jurastudium, 1894 erstes juristisches Examen und Referendar, 1898 zweites juristisches Examen und Gerichtsassessor in Stettin, Kolberg, Wolgast und Stolp, 1901 Hilfsarbeiter beim Evangelischen Konsistorium der Provinz Pommern in Stettin, 1903 Konsistorialassessor ebd., 1906 Konsistorialrat beim Evangelischen Konsistorium der Kirchenprovinz Grenzmark in Posen, 1912 Oberkonsistorialrat und Stellvertreter des Präsidenten beim Evangelischen Konsistorium der Kirchenprovinz Schlesien in Breslau, 1925 Konsistorialpräsident ebd., 1934 in den Ruhestand versetzt, 1935 Beschäftigungsauftrag als Konsistorialrat im Evangelischen Oberkirchenrat Berlin und Vorsitzender des Rechtsausschusses, 1936 stellvertretender Konsistorialpräsident im Evangelischen Konsistorium der Mark Brandenburg, 1937 wiederum Beschäftigungsauftrag als Konsistorialrat im Evangelischen Oberkirchenrat Berlin, 1941 Beschäftigungsauftrag als juristischer Dezernent im Evangelischen Konsistorium der Mark Brandenburg.

BENDER, Karl, D. 670, 672f., 831
geb. 28.2.1881 Karlsruhe, gest. 21.3.1961 ebd., 1899 Theologiestudium in Heidelberg und Halle, 1903 erstes theologisches Examen, 1904 zweites theologisches Examen und Hilfsgeistlicher in Mannheim und Neckarau, 1905 in Gernsbach, Rastatt und Nonnenweier, 1906 an der Johanneskirche in Karlsruhe und Studienurlaub in Berlin, 1907 in Bruchsal, 1912 Vorsitzender des kirchlich-sozialen Bundes in Baden, 1914 Pfarrer in Schatthausen, 1914 auch Mitglied der Generalsynode, 1919 in Donaueschingen und Mitglied der außerordentlichen Generalsynode und mit 1921 der Landessynode, 1924 an der Friedenskirche in Mannheim und Mitglied der Evangelischen Kirchenregierung, 1925 des Landeskirchregierung, 1933 Oberkirchenrat beim EOK der Evangelischen Landeskirche Badens in Karlsruhe und ständiger Vertreter des Landesbischofs *J. Kühlewein (I)*, 1930–1933 Vorsitzender der kirchlich-positiven Vereinigung in Baden, 1934 Ehrenpromotion der Theologischen Fakultät der Universität Heidelberg, 1945 Ruhestand.

BENZ, Wolfgang, Dr. phil. 18
Professor und Direktor des Zentrum für Antisemitismusforschung an der Technischen Universität Berlin.

BENZING, Richard, Dr. med. 584ff., 738
geb. 14.4.1892 Schwenningen, gest. 21.2.1947 Darmstadt, Medizinstudium in Tübingen, München, Freiburg/Breisgau, 1914 Kriegsdienst als Feldunterarzt, 1916 medizinisches Staatsexamen und Bataillonsarzt, 1918 Promotion, 1919 Oberarzt an der Universitätsklinik Würzburg, 1923 Kinderarzt in Kassel, 1927 Leitung eines Kinderkrankenhauses in Kassel, 1932 Eintritt in die NSDAP und Leiter der Gauabteilung für Volksgesundheit, 1933–1945 NSV-Gauamtsleiter im NSDAP-Gau Kurhessen, 1942 Ernennung zum Honorarprofessor durch das Reichsministerium für Wissenschaft, Erziehung und Volksbildung, 1943 Leiter des Instituts für nationalsozialistische Volkspflege.

BERGFELD, Arthur 691f., 694
geb. 29.6.1903 Berlin, gest. 31.1.1981 ebd., Volksschule und kaufmännische Ausbildung, Kaufmann in ebd., 1930 Eintritt in die NSDAP und in die SA, 1933 Austritt aus der SA, 1938 Eintritt in die SS und NSV-Gauamtsleiter im NSDAP-Gau Kurmark als Nachfolger von *H. Werdelmann (II)*, 1939 Einsatz für die NSV in Polen und in Frankreich, 1942 Verurteilung wegen persönlicher Vorteilsnahme zu einer Geldstrafe und Kriegsdienst, SS-Obersturmbannführer.

BERNER, Heinrich 694
geb. 1.7.1884 Berlin, gest. 12.1.1958 Jüterbog, Gymnasium zum Grauen Kloster in Berlin, Theologiestudium in Tübingen und Berlin, Examina und Vikariat, 1912 Ordination und Pfarrer in Thomsdorf/Templin, 1916 an der St. Nikolaikirche in Jüterbog, 1926 Oberpfarrer ebd., 1955 Ruhestand.

BERRON, Gerhard 424
geb. 29.10.1908 Weyer/Elsaß, gest. 1945, 1931 nach Theologiestudium Ordination und Parochialvikar in Kornwestheim, 1932 Stadtvikar in Schramberg, 1936 Pfarrer in Strümpfelbach, 1941 Kriegsdienst und seit Kriegsende „im Osten" vermißt.

BERTRAM, Adolf, Dr. theol. 39–45, 67, 161, 163, 165f., 217, 226, 231ff., 235, 240, 399, 564, 571, 602, 614, 724, 791, 864, 890
geb. 14.3.1859 Hildesheim, gest. 6.7.1945 Schloß Johannisberg/Tschechoslowakei, 1881 Priester, 1883 Promotion, 1906 Bischof von Hildesheim, 1914 Fürstbischof von Breslau, 1916 Kardinal ebd., 1920 Vorsitzender der Fuldaer Bischofskonferenz, 1930 Erzbischof des neuen Erzbistums Breslau, 1942 Nichtannahme des Rücktrittsgesuches ihres Vorsitzenden durch die Fuldaer Bischofskonferenz.

BEST, Werner, Dr. iur. 147f., 152f.
geb. 10.7.1903 Darmstadt, gest. 23.6.1989 Düsseldorf, Gymnasium in Mainz, 1919 Eintritt in die DNVP, 1921 Jurastudium in Frankfurt/Main, Freiburg/Breisgau, Gießen und Heidelberg, 1925 erstes juristisches Examen und Referendar, 1927 Promotion in Heidelberg, 1929 zweites juristisches Examen und Regierungsassessor in Hessen und Austritt aus der DNVP, 1930 Eintritt in die NSDAP, 1933 Staatskommissar für das Polizeiwesen in Hessen (Landespolizeipräsident), 1935 Oberregierungsrat und Chef des Amtes Verwaltung im Hauptamt Sicherheitspolizei im Reichsministerium des Innern, 1936 Chef des Geheimen Staatspolizeiamtes als Amt des Hauptamtes Sicherheitspolizei unter *R. Heydrich (II)* und dessen Stellvertreter in Berlin (Prinz-Albrecht-Straße) und SS-Standartenführer, 1937 Ministerialdirigent ebd., 1938 Mitglied der Prüfungskommission für höhere Verwaltungsbeamte, 1939 Leiter des Amtes I (Verwaltung und Recht) des Reichssicherheitshauptamtes, 1940 Auseinandersetzungen mit *R. Heydrich (II)* und Ausscheiden aus dem Reichssicherheitshauptamt und Abteilungsleiter im Verwaltungsstab des Militärbefehlshabers (Kriegsverwaltungschef der Wehrmacht) in Frankreich, 1942 Reichsbevollmächtigter in Dänemark und SS-Obergruppenführer, 1945 Verhaftung, 1948 Verurteilung zum Tode durch Stadtgericht Kopenhagen, 1950 Begnadigung zu zwölf Jahren Gefängnis in dritter Instanz, 1951 Entlassung aus der Haft, Rechtsberater des Stinnes-Konzerns, 1958 Entnazifizierungsverfahren mit Einstufung als Hauptschuldiger durch Spruchkammer Berlin (West) und Verurteilung zu einer Geldstrafe von DM 70.000,--, 1962 Minderung der Geldstrafe auf DM 100,40 im Revisionsverfahren, 1969 Verhaftung und Anklage durch die Staatsanwaltschaft Berlin wegen Verdachts der Mittäterschaft an den Mordaktionen der Einsatzgruppen in Polen, 1972 Entlas-

sung aus der Untersuchungshaft aus gesundheitlichen Gründen, 1983 Einstellung des Verfahrens durch das Oberlandesgericht Düsseldorf wegen Verhandlungsunfähigkeit.

BEUTEL, Hermann 207, 763 *(Bd. I, S. 536)*

BEYL, Edmund 465ff., 483
geb. 9.7.1901 Theilheim/Würzburg, gest. 14.9.1969 Würzburg, Gymnasium in ebd., 1920 Studium der Geschichte, Deutsch und Englisch, 1924 erstes Staatsexamen und Studienreferendar in Würzburg und Angerburg/Ostpreußen, 1926 zweites Staatsexamen und Studienassessor in Danzig, 1928 Studienrat ebd., 1930 Eintritt in die NSDAP, 1931 Mitglied des NS-Lehrerbundes, Gauredner der NSDAP, 1934 Studiendirektor der St. Petri und Paul Oberrealschule in Danzig, 1937 gleichzeitig NSV-Gauamtsleiter im NSDAP-Gau Danzig und 1939 im „Reichsgau Danzig-Westpreußen", auch Reichsredner im Range eines Oberbereichsleiters der NSDAP, 1941 Freistellung vom Schuldienst, nach 1945 Anstellung bei und schließlich Leitung einer privaten Handelsschule, 1955 Oberstudiendirektor am Gymnasium in Kitzingen, 1964 Ruhestand und Lehrtätigkeit am Realgymnasium der Ursulinen in Würzburg.

BEYRICH, Theodor 543
geb. 11.2.1889 Schönfeld/Großenhain, gest. 18.2.1971 Großröhrsdorf/Oberlausitz, Fürstenschule in Grimma, 1909 Theologiestudium, 1913 erstes theologisches Examen in Leipzig, 1914 Kriegsdienst, 1918 zweites theologisches Examen in Dresden, 1920 Ordination und Pfarrer in Auerbach/Vogtland, 1925 in Lengenfeld/Vogtland, 1941 kurzzeitige Verhaftung und in der Fürbittenliste der Bekennenden Kirche, 1942 Pfarrer in Großröhrsdorf/Oberlausitz, 1961 Ruhestand.

BINDING, Kurt, Dr. iur. 834
geb. 6.3.1904 Usedom, gest. 20.5.1971 Bensberg-Refrath, Gymnasium in Berlin-Steglitz und Berlin-Schöneberg, 1923 kaufmännische Lehre und Jurastudium in Berlin, 1929 erstes juristisches Examen ebd. und Gerichtsreferendar, 1931 Promotion in Erlangen und Eintritt in die NSDAP, 1933 zweites juristisches Examen und Regierungsassessor im Preußischen Ministerium des Innern und Eintritt in SA, 1934 im Landratsamt in Calbe/Saale, 1936 beim Oberpräsidium in Koblenz und Abordnung zum Stab des Stellvertreters des Führers in München, 1937 Regierungsrat ebd., 1938 Oberregierungsrat ebd., 1939 Ministerialrat ebd., 1940 Eintritt in SS und SS-Hauptsturmführer, 1941 stellvertretender Regierungspräsident in Hildesheim und SS-Sturmbannführer, 1942 Regierungspräsident ebd. als Nachfolger von *T. Bredow (II)* und SS-Standartenführer, zugleich Regierungspräsident in Hannover in der Nachfolge von *R. Diels (II)*, 1944 SS-Oberführer, 1950 Eintritt in die Concordia Lebensversicherungs-Aktiengesellschaft, 1959 Mitglied des Vorstandes, 1961 Wiederzulassung als Rechtsanwalt beim Amts- und Landgericht Köln, 1969 Ruhestand.

BISMARCK-SCHÖNHAUSEN, Gottfried Graf von 682, 690
geb. 29.3.1901 Berlin, gest. 14.9.1949 Verden/Aller, Gymnasium in Plön, 1919 Militärdienst, Grenzschutz Ost, 1921 Jurastudium in Heidelberg, München und Kiel, 1924 erstes juristisches Examen und Studienreise nach Skandinavien, England, Frankreich und Italien, 1926 Rückkehr, 1927 Studienreise nach USA und Kanada, 1928 Rückkehr und Geschäftsführer des Reichsverbandes der Deutschen Industrie, 1929 Landwirt und Eintritt in die NSDAP und Kreisfachberater der agrarpoliti-

Gaugeschäftsführer ebd., 1928 Kassenwart der Hilfskasse bei der Obersten SA-Führung und Ausbau zur Hilfskasse der NSDAP in München, 1933 Stabsleiter beim „Stellvertreter des Führers" und Reichstagsabgeordneter, 1941 nach *R. Hess'* Flug nach Großbritannien Leiter der nunmehr Partei-Kanzlei mit Befugnissen eines Reichsministers, 1943 „Sekretär des Führers" mit Sonderaufträgen in Partei und Staat, in den letzten Kriegstagen in Berlin verschollen.

BÖTTCHER, Hans 806f., 818
geb. 31.8.1902 Northeim, gest. unbek., NSV-Kreisamtsleiter in Northeim.

BÖTTCHER, Johannes 286
geb. 26.3.1895 Kirchbaggendorf/Pommern, gest. 23.11.1949 Essen, 1913 Theologiestudium in Berlin und Bethel, 1914 Kriegsdienst, 1919 Theologiestudium in Bonn, Examina und Hilfsprediger in Altenessen und Alstaden, 1923 Pfarrer in Borbeck, 1931 in Essen-Altstadt, 1937 kurzzeitige Verhaftung und in der Fürbittenliste der Bekennenden Kirche, 1949 Superintendent in Essen.

BOURBECK, Christine, Lic. theol., D. 501
geb. 19.6.1894 Hage/Ostfriesland, gest. 20.2.1974 Bad Pyrmont, Theologiestudium und erstes theologisches Examen, 1920 Leiterin der Privatschule Dornum, zugleich Studium und philologisches Staatsexamen, 1930 Studienrätin und Leiterin der Dumas'schen Mädchenschule des Vereins für Innere Mission in Leipzig, 1938 Leiterin der Bibel- und Katechetenschule Bethel, 1939 Vikarin der Schwesternschaft des Evangelischen Diakonievereins Berlin-Zehlendorf, 1940 zweites theologisches Examen in Münster und „Einsegnung", 1946 Promotion in Leipzig und Studiendirektorin als Leiterin des Vikarinnenseminars der Evangelischen Kirche der Union und Mitglied des Theologischen Prüfungsamtes, 1961 Ruhestand.

BRACHT, Fritz 561, 565, 568f., 571
geb. 18.1.1899 Heiden/Lippe, gest. Mai 1945 Bad Kudowa, Volksschule und Gärtnerausbildung, 1917 Kriegsdienst und verschiedene militärische Auszeichnungen, 1918 in englischer Gefangenschaft, 1919 Entlassung aus dem Heer, 1927 Eintritt in NSDAP und SA und SA-Sturmführer, 1928 NSDAP-Ortsgruppenleiter in Plettenberg, 1929 Stadtverordneter ebd., 1931 NSDAP-Kreisleiter in Altena, 1932 Mitglied des Preußischen Landtages, 1933 Mitglied des Reichstages, 1935 stellvertretender Gauleiter des NSDAP-Gaues Schlesien unter *J. Wagner (II)*, 1941 dessen Nachfolger als Gauleiter des NSDAP-Gaues Oberschlesien und Oberpräsident, 1942 Reichsverteidigungskommissar, 1945 nach Kriegsende wahrscheinlich Suizid.

BRANDENBURG, Fritz 693
geb. 22.5.1886 Müllrose, gest. 18.5.1962 Lübbenau, Lessing-Gymnasium in Berlin, 1904 Theologiestudium in ebd., 1909 erstes theologisches Examen ebd., 1911 zweites theologisches Examen ebd. und Ordination und Hilfsprediger in Berlin-Treptow, 1912 Pfarrer in Kossenblatt/Beeskow, 1928 in Lautawerk/Senftenberg und Kreispfarrer der Inneren Mission, 1945 der Frauenhilfe, 1951 Mitglied der Provinzialsynode, 1958 Ruhestand.

BRANDMEYER, Adolf, Lic. theol. 97, 197, 314f., 319, 321f., 325f., 329f., 339, 492, 512, 516, 769
geb. 30.1.1899 Rotthausen, gest. 31.3.1941 Berlin, 1924 Ordination und Pfarrer in Evingsen/Altena, 1927 Pfarrer in Gelsenkirchen-Schalke, 1932 Sozialpfarrer in Braunschweig, 1934 Pfarrer im Landesverein für Innere Mission im Lande Braun-

schweig, 1935 Reichsgeschäftsführer der Evangelischen Reichsfrauenhilfe in Potsdam als Nachfolger von *K. Lohmann (I)* und Vorgänger von *W. Brandt (I)*.

BRANDT, Heinrich 578

geb. 3.3.1890 Ummendorf/Neuhaldensleben, gest. 9.9.1959 Düsseldorf, 1922 Steuerassistent beim Finanzamt Burg, 1933 Kreisausschußsekretär des Landkreises Jerichow I in Burg und Eintritt in die NSDAP, 1935 Kreisausschußobersekretär ebd., 1938 Kreisinspektor ebd., 1941 Kreisoberinspektor ebd. und Leiter des Kreiswohlfahrtsamtes.

BRANDT, Wilhelm, Dr. theol. 57, 769 *(Bd. I, S. 538)*

BRAUNE, Gertrud 85, 87, 89f., 93, 96, 423, 686f., 689, 691f., 700, 861f. *(Bd. I, S. 539)*

BRAUNE, Paul (-Gerhard), D. 197, 282, 363f., 415, 448, 451, 460f., 464, 474f., 488f., 779, 848, 850 *(Bd. I, S. 539)*

BREDOW, Traugott 160, 166, 245

geb. 10.10.1889 Arnsberg, gest. 7.8.1969 Hannover, nach Jurastudium 1913 erstes juristisches Examen und Kammergerichtsreferendar, 1914 Kriegsdienst, 1921 zweites juristisches Examen und Regierungsassessor, 1923 Regierungsrat beim Preußischen Ministerium des Innern, 1926 Landrat in Arnswalde/Neumark, 1932 Oberregierungsrat im Polizeipräsidium in Berlin, 1933 Eintritt in die NSDAP und Regierungsdirektor ebd., 1934 Polizeivizepräsident in Berlin, 1937 Regierungspräsident in Hildesheim als Nachfolger von *H. Muhs (I)*, 1942 stellvertretender Oberpräsident in Hannover.

BREITENFELD, Wilhelm, Dr. iur. 717f., 723

geb. 24.11.1885 Gartz/Rügen, gest. unbekannt, 1933 Obermagistratsrat beim Oberbürgermeister der Stadt Berlin, Eintritt in die NSDAP, Mitglied des NS-Rechtswahrerbundes, des Reichsbundes der Deutschen Beamten, der NSV, 1941 Magistratsdirektor beim Oberbürgermeister und Stadtpräsidenten der Reichshauptstadt Berlin.

BREITHAUPT, Otto 573

geb. 26.2.1882 Mügeln, gest. 12.3.1955 Erfurt, Gymnasium in Dessau, 1901 Theologiestudium in Greifswald und Halle, 1905 erstes theologisches Examen in Halle, 1907 zweites theologisches Examen in Magdeburg und Ordination ebd. sowie Provinzialvikar in Erfurt, 1908 Hilfprediger an der Augustinerkirche ebd., 1910 Pfarrer ebd., 1921 an der Lutherkirche ebd., 1938 Prosenior des Evangelischen Ministeriums ebd., 1946 Senior ebd., 1952 Ruhestand.

BREMER, Gustav 37, 85, 90, 93, 96, 169, 181, 187, 190, 204, 209, 211, 236f., 342, 380f., 423, 552, 658, 678f., 682–689, 691–696, 713f., 720, 751, 757, 760–769, 788, 790–794, 803ff., 813–818, 828, 835, 837–842, 846, 854f., 887–892, 894 *(Bd. I, S. 540)*

BRENDEL, Friedrich 660f. *(Bd. I, S. 540)*

BREUST, Reinhold, Dr. iur. 749ff.

geb. 1.5.1893 Bromberg, gest. 6.10.1973 Wolfenbüttel, Wilhelm-Gymnasium in Braunschweig, 1911 Jurastudium, 1914 erstes juristisches Examen und Referendar, 1917 Kriegsdienst, 1919 Entlassung aus dem Heer und zweites juristisches Examen und Assessor beim Reichsausgleichsamt in Braunschweig, 1923 Mitglied des Landeskirchenamtes der Braunschweigischen evangelisch-lutherischen Landeskirche in Wolfenbüttel und stellvertretender Vorsitzender der Kirchenregierung, 1933 Eintritt in die NSDAP und Mitglied der Deutschen Christen, 1934 Beurlaubung vom

geb. 11.11.1901 Krahne/Brandenburg, gest. 15.1.1945 Polen, Gymnasium in Berlin-Friedenau, Theologiestudium in Berlin und Tübingen, 1925 erstes theologisches Examen und Vikar, 1927 zweites theologisches Examen und Ordination und Hilfsprediger in Neuenhagen/Berlin, 1928 Hilfsprediger in Frankfurt/Oder, 1932 Pfarrer an St. Gertrauden in Frankfurt/Oder, 1943 Kriegsdienst und Leutnant an der Ostfront, vermißt.

geb. 18.8.1891 Dresden, gest. 3.5.1945 Templin, Joachimsthalsches Gymnasium in Berlin, Theologiestudium in Kiel und Berlin, 1914 Kriegsdienst und verschiedene militärische Auszeichnungen, 1920 Ordination und Hilfsprediger in Groß Schacksdorf/Forst und Pfarrer ebd. 1926 an der St. Nikolaikirche in Prenzlau, 1933 Mitglied der Glaubensbewegung Deutsche Christen, 1934 Berufung zum Superintendenten des Kirchenkreises Templin und Pfarrer in Templin, 1937 Bestätigung im Amt des Superintendenten, erschlagen von einem Soldaten der Roten Armee bei Versuch eine Gruppe von Frauen zu schützen.

geb. 16.9.1900 Eberswalde, gest. 4.1.1958 Schwenningen/Neckar, Ausbildung zum Schmied und tätig als Bürogehilfe, 1931 Eintritt in die NSDAP, 1933 NSV-Kreisamtsleiter des NSDAP-Kreises Eberswalde-Oberbarnim, 1935 Verwarnung durch das Oberste Parteigericht wegen „Disziplinlosigkeit“, 1941 NSDAP-Kreisleiter ebd.

geb. 19.12.1894 Ihringen, gest. 29.8.1978 Breisach/Rhein, Volksschule, Landwirt, 1914-1918 Kriegsdienst, 1930 Eintritt in die NSDAP, 1933 Bürgermeister in Ihringen, 1944 Niederlegung des Amtes wegen zunehmender Unvereinbarkeit mit seiner Verantwotung für seinen landwirtschaftlichen Betrieb.

geb. 30.3.1895 Lingenfeld/Pfalz, gest. 28.9.1944 Neustadt/Weinstraße, Volksschule, 1909 Lehrerbildungsanstalt in Speyer, 1914 Kriegsdienst, 1920 Staatsprüfung und Lehrer in Rodalben, 1921 in der NS-Bewegung, 1925 Eintritt in NSDAP, 1926 Gauleiter des NSDAP-Gaues Rheinpfalz, 1927 Lehrer in Nußbach, 1930 Mitglied des Reichstages, 1934 Saarbevollmächtigter, 1935 Gauleiter des um das Saargebiet erweiterten NSDAP-Gaues Saarpfalz und Reichskommissar für das Saarland, 1938 Reichskommissar für die Wiedervereinigung Österreichs mit dem Deutschen Reich und Reichsstatthalter in Wien, 1939 Reichsverteidigungskommissar, 1940 Chef der Zivilverwaltung in Lothringen, 1941 Reichsstatthalter und dann Gauleiter des erweiterten NSDAP-Gaues Westmark, SS- und SA-Obergruppenführer, vermutlich Suizid.

geb. 5.9.1901 Würzburg, gest. 17.7.1964 Karlsruhe, Realschule in Tauberbischofsheim und Oberrealschule in Heidelberg, 1920 Steuersupernumerar beim Finanzamt Tauberbischofsheim, 1922 Jurastudium in Heidelberg, 1924 erstes juristisches Examen und Referendar bei der Justiz- und Finanzverwaltung, 1927 zweites juristisches Examen und Assessor beim Evangelischen Oberkirchenrat Karlsruhe, 1929 Assessor bei staatlichen und kirchlichen Stellen der Finanzverwaltung, 1934 Finanzrat beim Evangelischen Oberkirchenrat Karlsruhe, 1936 NSV-Mitglied, 1937 Oberfinanzrat beim Evangelischen Oberkirchenrat Karlsruhe, 1945 Oberkirchenrat ebd., 1947 Entnazifizierungsverfahren und Einstufung als Entlasteter durch Spruchkammer Heidelberg, 1953 geschäftsleitender Vorsitzender des Evangelischen Oberkirchenrat Karlsruhe, 1960 Ruhestand.

BÜSCHING-KRÜGER, Willi 428f., 432f., 437

geb. 5.6.1903 Friedrichsberg/Naugard, gest. 26.4.1988 Berlin-Steglitz, Ausbildung am Lehrerseminar in Cammin und Theologiestudium in Jena und Berlin, 1930 erstes theologisches Examen in Jena und Lehrer in Großweskow und Predigerseminar in Eisenach, 1931 Vikar in Großenstein und Ordination, 1932 zweites theologisches Examen in Eisenach und Hilfspfarrer in Großenstein, 1933 Hilfspfarrer an Salvator in Gera, 1935 Pfarrer ebd., 1939 an der Schloß- und Marienkirche in Stettin, 1940 Kriegsdienst, zuletzt als Oberleutnant, 1945 kommissarischer Pfarrer an der Kaufmännerkirche in Erfurt, 1947 kommissarischer Pfarrer in Falkenhagen/ Seelow, 1951 Pfarrer ebd., 1968 Ruhestand und Übersiedlung aus der Deutschen Demokratischen Republik nach Berlin (West), 1972 pfarramtliche Hilfeleistung im Kirchenkreis Berlin-Schöneberg, 1977 endgültiger Ruhestand.

BUSCHTÖNS, Friedrich 76, 80f.

geb. 13.9.1895 Darmstadt, gest. 14.4.1962 Berlin, Gymnasium in Gelsenkirchen, 1914 Kriegsdienst, 1919 Theologiestudium in Münster, 1922 erste theologisches Examen ebd., 1924 zweites theologisches Examen und Lehrer am Diaspora-Seminar Soest und Stettin, 1929 Pfarrer und Direktor der Evangelischen Realschule Santa Cruz/ Brasilien und zugleich stellvertretender Präsident der Synode Rio Grande, 1932 Pfarrer in Bielefeld-Sieker, 1934 im Zusammenwirken mit *W. Fiebig (II)* Leitung der Deutschen Christen in Westfalen und Mitglied des NSLB, 1937 als Deutscher Christ kommissarisch theologischer Hilfsarbeiter und Referent im Evangelischen Oberkirchenrat Berlin, 1939 Oberkonsistorialrat ebd., 1941 Austritt aus dem NSLB, 1945 Versetzung in den Ruhestand.

BÜTTNER, Rudolf 547

geb. 12.4.1900 Dresden, gest. unbekannt, Gymnasium und sogenanntes Einjähriges, kaufmännische Ausbildung, 1922 im Industrieexportgeschäft im Ausland, 1927 Handlungsgehilfe bei inländischen Industrieunternehmen, 1930 Eintritt in NSDAP, 1933 Stadtrat in Dresden und Leitung des Stadtwohlfahrtsamtes, des Amtes für Familienunterhalt und des Amtes für Kriegsbeschädigte und Kriegshinterbliebene und NSV-Gauamtsleiter im NSDAP-Gau Sachsen, SA-Standartenführer, 1938 zugleich Leiter des Ernährungs- und Hilfswerkes der NSV zur Betreuung sudetendeutscher Flüchtlinge und zur fürsorgerischen Vorbereitung des „Anschlusses" des „Sudetenlandes", 1939 Reichsbeauftragter des Hauptamtes für Volkswohlfahrt im „Protektorat Böhmen und Mähren", 1940 Leiter der „Einsatzgruppe Brüssel" der NSV, dann auch Leiter des Einkaufs und aller Beschaffungsvorhaben für die Flüchtlingsbetreuung in den besetzten Gebieten, auch Stabsleiter in Compiègne und Paris, 1945 Verhaftung in Dresden und Inhaftierung in Bautzen, später wahrscheinlich Entlassung nach Bayern.

CHURCHILL, Sir Winston 835

geb. 30.11.1874 Blenheim Palace/London, gest. 24.1.1965 London, 1895 Offizier, 1896–1900 Kriegsberichterstatter im Krieg in Mexiko, in Indien, im Sudan und im Burenkrieg, 1900 Mitglied des britischen Unterhauses für die Konservativen, 1904

Übertritt zu den Liberalen, 1908 Handelsminister Großbritanniens, 1910 Innenminister, 1911 Marineminister, 1917 Munitionsminister, 1919 Kriegsminister, 1921 Kolonialminister, 1924 Übertritt zu den Konservativen und Schatzkanzler, 1940–1945 Premierminister und Verteidigungsminister, 1951 Premierminister, 1953 Sir Winston Churchill, 1955 Rücktritt aus Gesundheitsgründen.

CLORIUS, Carl Theodor, Dr. iur. 414
geb. 23.3.1900 Diller/Nebraska (USA), gest. unbek., Gymnasium in Neubrandenburg, 1920 Ausbildung als Bankkaufmann in Berlin, 1922 Bankbeamter ebd. und Neubrandenburg, 1927 Jurastudium in Heidelberg, Berlin und Rostock, 1930 erstes juristisches Examen und Gerichtsreferendar in Neubrandenburg, Burg, Stargard, Neustrelitz und Rostock, 1931 Eintritt in die NSDAP, 1932 Promotion in Rostock, 1934 zweites juristisches Examen und Gerichtsassessor an den Amtsgerichten in Wittenburg und Neubrandenburg und Leiter der Rechtsberatungsstelle der DAF für Unternehmer in Neustettin, 1935 Konsistorialrat im Oberkirchenrat der Evangelisch-lutherischen Landeskirche in Mecklenburg in Schwerin, 1936 Oberkonsistorialrat ebd., 1940 Oberkirchenrat ebd., Mitglied des Vorstandes des Landesvereins für Innere Mission in Mecklenburg, 1945 auf eigenen Antrag Ruhestand, 1948 in die USA, 1949 durch Spruchkammerentscheid Entlassung aus dem kirchlichen Dienst.

COHRS, Adolf 656, 809f.
geb. 18.4.1876 Redderse, gest. 16.6.1953 Gehrden, nach Theologiestudium und Vorbereitungsdienst 1905 zweites theologisches Examen und Ordination, 1907 Pfarrer in Ahlden, 1909 in Hunteburg/Osnabrück, 1920 in Sievershausen/Peine, 1926 in Gehrden, 1949 Ruhestand.

CÖLLE, Georg, Dr. iur. 658, 745, 808–812, 817–824, 828f., 832
geb. 11.12.1901 Eichsberg, gest. 28.7.1980 Köln, nach Jurastudium und Examina Rechtsanwalt in Hannover, 1933 Eintritt in die NSDAP, 1938 Ernennung durch *H. Kerrll (I)* zum Leiter der Finanzabteilung beim Landeskirchenamt der Evangelisch-lutherischen Landeskirche Hannovers und zugleich stellvertretender Vorsitzender der Finanzabteilung beim Landeskirchenamt der Braunschweigischen evangelisch-lutherischen Landeskirche, 1939 Mitglied der Finanzabteilung der Deutschen Evangelischen Kirche, 1942 auch Leiter der Finanzabteilung der Bremischen Evangelischen Kirche und beauftragter Leiter der Finanzabteilung bei der Deutschen Evangelischen Kirchenkanzlei, 1943 Vorsitzender ebd. als Nachfolger von *F. Werner (II)*, nach 1945 in Celle, später Rechtsanwalt in Köln.

CONTI, Leonardo, Dr. med. 417ff., 462, 490, 546f., 549, 649 *(Bd. I, S. 542)*

CONZE, Peter, Dr. iur. 450, 469, 484, 489, 778 *(Bd. I, S. 542f.)*

CORDT, Adolf, Dr. iur. 176, 460f., 485
geb. 23.2.1910 Moskau, Gymnasium Berlin-Spandau, 1928 Jurastudium in Berlin, 1932 erstes juristisches Examen ebd. und Referendar, 1933 Eintritt in die NSDAP, NSV-Mitglied und Mitglied des NS-Rechtswahrerbundes, und ehrenamtlicher Rechtsberater im NSDAP-Kreisamt Berlin-Spandau besonders in Arbeitslosensachen, 1934 zweites juristisches Examen und Assessor und nebenberufliche Tätigkeit in der Rechtsabteilung der Gauleitung des NSDAP-Gaues Groß-Berlin, 1935 Reichshauptstellenleiter der Hauptstelle Wohlfahrts- und Fürsorgerecht im Amt für Wohlfahrtspflege und Jugendhilfe unter *H. Althaus (I)* im Hauptamt für Volkswohlfahrt als Nachfolger von *H.-G. Ballarin (I)*, 1939 Leiter der NSV-Einsatzgruppe an

der Westfront zur Betreuung von belgischen und französischen Flüchtlingen und um die Nachschubverbindungen für die Deutsche Wehrmacht freizuhalten.

CROPP, Fritz, Dr. med. 547ff., 574, 587, 590f., 689

geb. 25.10.1887 Oldenburg, gest. 6.4.1984 Bremen, Gymnasium in Oldenburg, 1906 Medizinstudium in Marburg und München, 1907 ärztliche Vorprüfung, 1911 Staatsexamen in Marburg und praktisches Jahr am Peter-Friedrich-Ludwig-Hospital in Oldenburg, 1912 Promotion und Approbation, Schiffsarzt beim Norddeutschen Lloyd, Assistenzarzt in Bremen und praktischer Arzt in Oldenburg, 1914 Truppenarzt, 1919 Eintritt in die DVP und Assistenzarzt in Düsseldorf und Hamburg, 1920 Stadtarzt in Delmenhorst, 1923 Austritt aus DVP und Mitglied im Alldeutschen Verband, 1928 Leiter der Kinderabteilung am Städtischen Krankenhaus ebd., 1931 Eintritt in die NSDAP und SA und SA-Sturmbannarzt, 1932 Chefarzt des Peter-Elisabeth-Krankenhauses ebd. und Abgeordneter im Oldenburger Landtag sowie Gauredner und SA-Standartenarzt, 1933 Leiter des Sachverständigenbeirates für Volksgesundheit im Gau Weser-Ems, auch Gaubeauftragter des Rassenpolitischen Amtes der NSDAP ebd. und SA-Sanitätsstandartenführer, 1934 Landesmedizinalrat in Oldenburg und Obermedizinalrat ebd., 1934 kommissarischer Hilfsarbeiter im Reichs- und Preußischen Ministerium des Innern und Oberregierungsrat, 1935 Ministerialrat, 1939 Ministerialdirigent und Ministerialdirektor und SA-Sanitätsoberführer, 1944 Ruhestand aber weiter als Generalreferent für Luftkriegsschäden im Reichsministerium des Innern tätig, 1945 mit K. Dönitz in Glücksburg und nach Kriegsende Internierung in Neuengamme, 1946 Entlassung und praktischer Arzt in Delmenhorst ohne Kassenzulassung, 1952 Referent für Gesundheitsfürsorge der Geschäftsstelle West des Central-Ausschusses für die Innere Mission in Bethel und Geschäftsführer des Deutschen Evangelischen Krankenhausverbandes, 1954 Ruhestand.

DAMME, Walter 741

geb. 20.5.1892 Dresden, gest. unbek., 1914 Kriegsdienst und militärische Azuszeichnungen, 1933 Eintritt in die NSDAP, NSV Kreisamtsleiter in Dessau.

DAPPER, Willi 107

geb. 31.3.1890 Niederscheld/Dillenburg, gest. 17.7.1967 Bad Soden, Theologiestudium und Examina, 1914 Vikar in Sonnenberg-Rambach und Ordination, 1915 Hilfsprediger ebd., 1916 Pfarrer in Blessenbach, 1926 in Bad Soden, 1953 Ruhestand.

DARRÉ, Walter 455

geb. 14.7.1895 Belgrano/Buenos Aires, gest. 5.9.1953 München, Schulbesuch in Argentinien, Heidelberg und Wimbledon/England, 1914–1918 Kriegsdienst zuletzt als Leutnant, 1920 Examen als Diplomkoloniallandwirt an der Kolonialschule in Witzenhausen, 1922 Studium der Agrarwissenschaften in Halle, 1925 Diplomlandwirt, 1928 Landwirtschaftlicher Sachverständiger an der Deutschen Gesandtschaft in Riga, 1930 Eintritt in die NSDAP und Entwurf des ersten Agrarprogranmms der Partei, 1933 Reichs- und Preußischer Minister für Ernährung und Landwirtschaft und „Reichsbauernführer", 1942 Entlassung aus allen Ämtern wegen Gegensatz zu „Führer" und Partei und der Kriegspolitik, 1945 Angeklagter vor dem internationalen Gerichtshof in Nürnberg und (Nürnberger Prozesse) zu sieben Jahren Haft verurteilt, 1950 Entlassung aus der Haft.

DAUER, Otto 822f.
geb. 27.12.1896 Stößen/Saale, gest. 25.1.1981 Uslar, Volksschule, 1912 Verwaltungslehre, 1914 freiwilliger Kriegsdienst, 1919 Beamtenanwärter im Verwaltungsdienst in Friedeberg/Neumark und Stadtassisstent ebd., 1922 Stadtsekretär in Hohenmölsen und Verwaltungsinspektor, 1927 Bürgermeister in Dardesheim/Halberstadt, 1930 Bürgermeister in Seehausen/Magdeburg, 1931 Besuch der Verwaltungsakademie in Magdeburg und Eintritt in die NSDAP, 1933 NSV-Ortsgruppenamtsleiter in Seehausen und Schulungs- und Presseamtsleiter der NSDAP-Ortsgruppe Seehausen, 1937 Bürgermeister in Uslar, 1939 NSDAP-Ortsgruppenleiter in Uslar, 1945 kampflose Übergabe der Stadt Uslar an US-Armee, 1948 Entnazifizierungsverfahren mit Einstufung als Entlasteter durch Entnazifizierungs-Hauptausschuß des Landkreises Northeim, 1949 Stadtdirektor in Uslar (parteilos), 1961 Ruhestand.

DAUM, N.N. 34
NSV-Ortsgruppenamtsleiter in Braunshardt/Weiterstadt.

DEGENHARD, Hugo 420, 624ff., 628ff., 632 *(Bd. I, S. 543)*

DEITENBECK, Ludwig 594
geb. 11.3.1881 Höchst/Main, gest. 5.12.1958 Frankfurt/Main, Theologiestudium in Bonn, Berlin und Marburg, 1909 Pfarrer in Frankfurt/Main-Sossenheim, 1915 auch zugleich ein Jahr Feldgeistlicher, dann in derselben Pfarrstelle Dekan des Dekanates Frankfurt/Main-West (Kronberg), 1951 Ruhestand.

DELEKAT, Friedrich, Lic. theol., Dr. phil., D. 229 *(Bd. I, S. 543)*

DELL, August, Lic. theol., D. 596, 598
geb. 8.2.1890 Wattenheim, gest. 14.10.1979 Herborn, Theologiestudium in Gießen, 1913 erstes theologisches Examen ebd., 1914 zweites theologisches Examen in Darmstadt sowie Ordination ebd. und Promotion in Gießen, dann Pfarrverwalter in Sprendlingen-Buchschlag, 1919 Repetent an der Theologischen Fakultät der Universität Gießen, 1921 Habilitation und Privatdozent ebd., 1925 Professor am Theologischen Seminar in Herborn und Pfarrer ebd., 1945 auch Dekanatsverwalter des Dekanats Herborn, 1953 Direktor des Theologischen Seminars in Herborn und Entbindung vom Pfarramt, 1955 Ruhestand mit dem Auftrag den Dienst als Direktor und Professor des Seminars weiter zu versehen, 1959 Beendigung des Dienstauftrages, Ehrenpromotion der Theologischen Fakultät der Universität Mainz.

DENKER, Otto 743
geb. 5.2.1900 Vegesack/Bremen, gest. 10.2.1964 Bremen, Gymnasium in Vegesack, Ausbildung zum Kaufmann, kaufmännischer Angestellter in einer Werft in Bremen, 1931 Eintritt in die NSDAP, 1937 NSV-Gauamtsleiter im NSDAP-Gau Weser-Ems und NSDAP-Kreisleiter in Bremen-Lesum, 1939 Leiter von NSV-Einsatzgruppen zur Flüchtlingsbetreuung in Polen, 1940 in Frankreich, nach 1945 Internierung in Fallingbostel, Handelsvertreter in Bremen.

DEPUHL, Alfred, Dr. rer. pol. 189ff., 652, 656ff., 790, 792f., 810f., 813, 823, 825
geb. 4.3.1892 Mannheim, gest. 13.4.1957 Hannover, Realgymnasium in Mannheim, 1910 Theologie- und Nationalökonomiestudium in Heidelberg, 1913 erstes theologisches Examen und Vikar, 1914 Kriegsdienst, 1915 zweites theologisches Examen und Ordination und Militärpfarrer, 1919 Studium der Staatswissenschaften, 1920 Studienabschluß mit Promotion in Münster und Syndikus des Verbandes der hannoverschen Metallindustrie, 1927 Landeswohlfahrtspfarrer und Geschäftsführer des Landesvereins für Innere Mission in Hannover und des Evangelischen Landeswohl-

fahrtsdienstes, Vorsitzender des Evangelischen Reichsverbandes für Alters- und Siechenfürsorge, Vorsitzender des Gesamtverbandes der Heim- und Bewahrungsfürsorge, Mitbegründer des Christlich-Sozialen Volksdienstes der Provinz Hannover, 1933 Eintritt in die Glaubensbewegung Deutsche Christen, auch nach 1945 Vorsitzender in zahlreichen Anstalten und Einrichtungen der Inneren Mission und leitende Mitarbeit in regionalen und überregionalen konfessionellen und überkonfessionellen Fachverbänden.

DETTEN, Hermann von 413 *(Bd. I, S. 543)*

DIBELIUS Otto, Dr. phil., Lic. theol., D. 51, 858 *(Bd. I, S. 543f.)*

DIECKMANN, Carl, Dr. iur. 687, 696–700

geb. 11.5.1879 Elberfeld, gest. 8.3.1955 ebd., Jurastudium, 1903 erstes juristisches Examen in Köln, 1906 zweites juristisches Examen in Berlin, Promotion, 1908 Magistratsassessor in Barmen, 1909 in Rathenow, 1911 Zweiter Bürgermeister in Minden, 1922 (Erster) Bürgermeister ebd., Mitglied der DDP, Vorsitzender des Ortsvereins Minden, 1934 auf Betreiben der NSDAP keine Wiederwahl zum Bürgermeister, Mitglied der Bekennenden Kirche, 1940 Angestellter der Stadtverwaltung Rathenow, Entlassung auf Betreiben der NSDAP, 1941 Mitarbeit in einer Rechtsanwalts- und Notars-Kanzlei in Rathenow, 1945 Amtsrichter ebd., 1946 Rechtsanwalt und Notar ebd., 1949 Ruhestand in Göttingen, 1951 in Wuppertal-Elberfeld.

DIELS, Rudolf 655f.

geb. 16.12.1900 Berghausen/Taunus, gest. 18.11.1957 Hannover, Gymnasium in Wiesbaden, 1917 freiwilliger Kriegsdienst, 1918 Naturwissenschafts- und dann Jurastudium in Gießen und Marburg, 1920 erstes juristisches Examen und Referendar in Kassel und in der Polizeiverwaltung in Marburg, 1924 zweites juristisches Examen und Assessor beim Landratsamt in Neuruppin, Peine und Teltow, 1931 Regierungsrat im Preußischen Ministerium des Innern, 1933 Eintritt in SS und SS-Standartenführer und faktischer Leiter des Staatspolizeiamtes unter amtlicher Leitung *H. Görings (I)* und Polizeipräsident von Berlin, 1934 Inspekteur der Gestapo und in Folge des Machtkampfes zwischen *H. Göring (I)* und *H. Himmler (II)* Versetzung in den Ruhestand, 1934 (Mai) Regierungspräsident in Köln, 1937 Eintritt in die NSDAP, 1939 SS-Oberführer, 1940 Regierungspräsident in Hannover, 1942 Amtsverlust wegen Verweigerung von Judenverhaftungen und Vorstand der Reichswerke Aktiengesellschaft für Binnenschiffahrt Hermann Göring in Berlin und Vorsitzender des Aufsichtsrates der Erste Donau-Dampfschiffahrtsgesellschaft in Wien, 1944 Verhaftung durch die Gestapo und bis zum Ende des Regimes im Gefängnis, nach 1945 Internierung, 1948 auf seinem Gut in Twenge/Hannover erlag er bei Jagdunfall erlittener Schußverletzung.

DIETRICH, Julius 34ff.

geb. 28.2.1894 Kasendorf/Kulmbach, gest. 23.2.1962 Marburg, Gymnasium in Ansbach, 1912 Theologiestudium in Erlangen und Leipzig, 1914 Kriegsdienst, 1916 erstes theologisches Examen und Hilfsgeistlicher, 1917 Ordination und Feldgeistlicher, 1919 zweites theologisches Examen und Pfarrverweser, 1920 Pfarrer in Schottenstein/Oberfranken, 1927 Mitarbeiter im Diakonissen-Mutterhaus Hensoltshöhe in Gunzenhausen, 1935 Hausvater des Diakonissen-Mutterhauses Hebron in Marburg-Wehrda, 1943 aus Krankheitsgründen Entbindung vom Dienst, 1945 in Ruhestand, Übernahme von Diensten in der Studentenmission (SMD) und der Evangelischen Allianz im Deutschen Gemeinschafts-Diakonieverband.

Ehefrau und Mutter in Lengenfeld/Vogtland.

geb. 13.5.1895 Berlin, gest. 26.4.1945 Kleinmachnow, Ausbildung zum Kaufmann, Kämmerer des Verbandes der evangelischen Kirchengemeinden in der Reichshauptstadt Berlin und der Berliner Stadtsynode und Mitglied deren Stadtsynodalausschusses, 1932 Eintritt in die NSDAP, 1938 Mitglied des Hauptausschusses des Central-Ausschusses für die Innere Mission, gefallen bei der Verteidigung Berlins.

geb. 8.10.1905 Lengenfeld/Vogtland, gest. 4.6.1977 ebd., Schuhmachermeister ebd., 1940 Kriegsdienst, nach 1945 wieder in seinem Beruf tätig.

geb. 21.3.1910 Lengenfeld/Vogtland, gest. 12.12.1977 ebd., Kaufmann ebd., 1933 Eintritt in die NSDAP, 1940 Kriegsdienst.

geb. 20.5.1891 Deutsch-Sagar/Crossen, gest. 7.7.1978 Hannover, Joachimsthalsches Gymnasium in Berlin, 1910 Theologiestudium in Berlin und Straßburg, 1914 erstes theologisches Examen und Kriegsdienst, verschiedene militärische Auszeichnungen, 1916 zweites theologisches Examen und Ordination und Stadtvikar in Berlin, 1917 Hilfsprediger in Nauen, 1918 Pfarrer in Dierberg/Lindow-Gransee, 1930 in Templin, 1956 Ruhestand und Übersiedlung aus der Deutschen Demokratischen Republik nach Hildesheim.

geb. 1.9.1895 Stettin, gest. 19.9.1970 Ischia/Italien, 1914 Kriegsdienst, 1918 Entlassung aus dem Heer und Jurastudium, 1924 erstes juristisches Examen und Referendar im Kammergerichtsbezirk Berlin, 1928 zweites juristisches Examen und Gerichtsassessor, 1929 Amtsgerichtsrat in Berlin-Charlottenburg, 1931 Eintritt in die NSDAP, 1933 Oberregierungsrat im Preußischen Ministerium des Innern, Mitglied der NSV und des NS-Rechtswahrerbundes, 1934 Ministerialrat im Preußischen Ministerium des Innern, 1936 Regierungspräsident in Aurich, 1938 HJ-Bannführer, 1942 Regierungspräsident in Arnsberg, 1945 Entlassung aus dem Dienst, 1949 Entnazifizierungsverfahren und Einstufung als Belasteter (Aktivist) durch Entnazifizierungs-Hauptausschuß des Regierungsbezirkes Arnsberg, wegen Dienstunfähigkeit Versetzung in den Ruhestand.

geb. 19.8.1885 Heldrungen/Sachsen, gest. 21.11.1954 Erlangen, 1906 Theologie-, Philosophie-, Geschichtswissenschafts- und Jurastudium in Breslau, Erlangen und Leipzig, 1910 erstes theologisches Examen, 1912 zweites theologisches Examen und Pfarrer in Seefeld/Pommern, 1914 Kriegsdienst und Feldprediger, 1919 Direktor des altlutherischen theologischen Seminars in Breslau, 1923 Professor für Kirchengeschichte, Dogmengeschichte und Symbolik in Erlangen, 1927–1928 Rektor, 1932 auch für Systematische Theologie ebd., Mitglied der Generalsynode der Vereinigten Evangelisch-Lutherischen Kirche Deutschlands, 1953 Emeritus.

ELLWEIN, Theodor, Dr. theol. 304, 316, 324, 328, 444, 452, 492, 496 *(Bd. I, S. 548)*

ELSEMANN, Werner 419

geb. 1.6.1899 Velbert, gest. 18.3.1969 Hattingen/Ruhr, Realgymnasium in Velbert, 1916 Verwaltungspraktikant in Essen-Werden, 1921 Prüfung für den gehobenen mittleren Verwaltungsdienst und Sekretär in Velbert, zugleich Besuch der Hochschule für kommunale Verwaltung, 1923 Leiter des Arbeitsamtes in Velbert und Staatswissenschaftsstudium, 1926 Examen zum Diplomvolkswirt und Leitung des Wirtschafts-, Verkehrs- und Rechtsamtes in Velbert und Vorsitzender des Gewerbe- und Kaufmanngerichts, 1927 Bürgermeister in Mengeringhausen, 1929 Bürgermeister in Milspe, 1937 Eintritt in die NSDAP und Bürgermeister in Herdecke, 1945 Amtsenthebung und außer Dienst und Versetzung in den Ruhestand, 1954 Stadtdirektor in Hattingen, 1962 Ruhestand.

ELSER, Georg 408

geb. 4.1.1903 Hermaringen/Heidenheim, gest. 9.4.1945 Dachau, Grundschule in Königsbronn, 1917 Lehre als Dreher ebd., 1922 Gesellenprüfung als Möbeltischler, wandernder Handwerksbursche, 1928 Mitglied des Roten Frontkämpferbundes, 1938 seit Herbst Planung und Vorbereitung eines Attentates mit Zeitbombe, 8. November 1939 Explosion im Bürgerbräukeller, sieben Tote und mehrere Personen verschüttet und verletzt, der „Führer" war früher gegangen als erwartet, Verhaftung an der Grenze zur Schweiz, Verhör in Berlin durch Gestapo, im Konzentrationslager Sachsenhausen wohl für einen Schauprozeß nach dem Krieg, Ende 1944 nach Dachau verbracht, auf Befehl *H. Himmlers (II)* ermordet.

ELSTER, Carl Theodor 247

geb. 17.7.1876 Riepe/Aurich, gest. 5.12.1961 ebd., Gymnasium Ulricianum in Aurich, 1896 Theologiestudium in Greifswald und Göttingen, 1899 erstes theologisches Examen, 1901 zweites theologisches Examen und Oberhelfer im Rettungshaus (Fürsorgeerziehungseinrichtung) Großefehn des Ostfriesischen Rettungsvereins, 1903 Hilfsprediger in Peetze/Bückeburg und Ordination und Pfarrer in Neuburg/Leer, 1906 in Riepe, 1936 zugleich Landessuperintendent des Sprengels Ostfriesland, 1947 in Ruhestand unter Beibehaltung des Pfarramtes in Riepe, 1953 schließlicher Ruhestand.

ENGELBERT, Frida 606

geb. 3.2.1890 Kleve, gest. 6.11.1968 Nieder-Ramstadt, 1919 Mitarbeiterin im Kindergottesdienst der Lutherkirche in Wiesbaden, 1934 Schriftführerin der Evangelischen Frauenhilfe ebd., 1941 Vorsitzende der Evangelischen Frauenhilfe ebd., 1966 Umzug nach Nieder-Ramstadt.

ENGELHARDT, Leopold, Dr. med. 677, 829ff., 892

geb. 10.9.1885 Bremen, gest. 14.3.1972 Karlsruhe, Humanistisches Gymnasium in Bremen, 1905 Medizinstudium in Genf, Freiburg, Leipzig und München, 1912 Promotion und Approbation in Freiburg/Breisgau und wissenschaftlicher Mitarbeiter ebd., 1913 Begründer und Leiter der Soyoma-Werke, 1914 Kriegsdienst als Arzt und verschiedene militärische Auszeichnungen, 1919 Entlassung aus dem Heer, 1922 Begründer und Leiter des Kondima-Werkes in Bad Homburg und dann in Karlsruhe, 1927 Aufgabe der Soyoma-Werke, 1933 Eintritt in den Bund der Frontsoldaten

(Stahlhelm), 1934 Mitglied der DAF, 1935 Mitglied der NSV und Auszeichnung mit dem Ehrenkreuz der Frontkämpfer und Mitglied der Deutschen Akademie München, 1937 Eintritt in die NSDAP, 1941 Austritt aus der evangelischen Kirche, ehrenamtlich ärztlicher Sachbearbeiter des Gesundheitswesens der DAF im NSDAP-Gau Baden, 1943 Vorsitzender der Finanzabteilung beim Evangelischen Oberkirchenrat in Karlsruhe als Nachfolger von *E. Doerr (I)*, 1944 Niederlegung des Amtes des Vorsitzenden der Finanzabteilung, 1945 ernährungshygienischer Privatgelehrter und stiller Gesellschafter der Kondima-Werke, 1948 Verurteilung als Mitläufer durch Spruchkammer Karlsruhe zu einer Geldstrafe, ersatzweise einer Arbeitsleistung von zwanzig Tagen.

ENGELMANN, Wilhelm, D. 21, 71, 108, 122f., 239, 266, 443, 713, 775f. *(Bd. I, S. 548)*

EPHA, Oskar, Dr. iur. 91, 443, 775f.
geb. 2.11.1901 Kiel, gest. 11.9.1982 ebd., Gymnasium in ebd., 1920 Jurastudium in Kiel und Tübingen, 1923 erstes juristisches Examen und Referendar in Preetz, Kiel und Altona, 1926 Promotion in Tübingen, 1927 zweites juristisches Examen und Assessor in Kiel sowie juristischer Hilfsarbeiter beim Landeskirchenamt der Evangelisch-lutherischen Landeskirche Schleswig-Holsteins in Kiel, 1929 Konsistorialassessor ebd., 1933 Konsistorialrat ebd. und kommissarischer Direktor des Landesvereins für Innere Mission in Schleswig-Holstein, 1934 gemeinsam mit *A. Stahl (I)* Gründer des Landesverbandes für Innere Mission in Schleswig-Holstein, 1936 Ausscheiden aus dem landeskirchlichen Dienst und Direktor des Landesverbandes für Innere Mission in Schleswig-Holstein, 1939 Versetzung in den Ruhestand und Kriegsdienst bei der Marine, 1947 wieder in landeskirchlichem Dienst, 1948 Oberkonsistorialrat beim Landeskirchenamt der Evangelisch-lutherischen Landeskirche Schleswig-Holsteins in Kiel, 1954 Präsident ebd., 1964 Ruhestand, Verleihung des Goldenen Kronenkreuzes des Diakonischen Werkes und Verleihung des Großen Bundesverdienstkreuzes.

EVERS, Oskar 578
geb. 6.3.1889 Limmer/Hannover, gest. 6.2.1961 Lüneburg, Jurastudium in Berlin und Göttingen, 1914 erstes juristisches Examen und Kriegsdienst, 1918 Referendar, 1922 zweites juristisches Examen und juristischer Hilfsarbeiter im Evangelischen Konsistorium der Kirchenprovinz Westfalen in Münster, 1925 Konsistorialrat beim Evangelischen Oberkirchenrat Berlin, 1927 Oberkonsistorialrat im Evangelischen Konsistorium der Rheinprovinz in Düsseldorf, 1930 Oberkonsistorialrat beim Evangelischen Oberkirchenrat Berlin, 1934 Bevollmächtigter der Deutschen Evangelischen Kirche für die Braunschweigische evangelisch-lutherische Landeskirche, 1936 Dirigent im Evangelischen Oberkirchenrat Berlin, 1941 weltlicher Vizepräsident ebd., 1946 Versetzung in den Wartestand und dann bei der Schulabteilung im Regierungsbezirk Lüneburg, sodann Vizebezirksdirektor des Bezirkslandtages in Lüneburg, 1948 Regierungs-Vizepräsident ebd., 1954 Ruhestand.

EYRING, Gustav 103f.
geb. 3.8.1910 Aubstadt/Franken, gest. 24.1.1976 Partenstein/Bayern, 1931 Theologiestudium in Erlangen, Wien und Halle, 1935 Ordination und Pfarramtsverwalter in Unterrodach, 1937 in Wilhelmsdorf und 1939 ebenso in Ullstadt, Suggenheim und Neuendorf, 1940 Pfarrer in Breitenau, 1941 Kriegsdienst und bis 1946 in

sowjetischer Gefangenschaft, 1953 Pfarrer in Bindlach, 1968 in Rottenbauer, 1972 Ruhestand.

FABER, Wilhelm, D. 762
geb. 3.12.1845 Gehrenrode/Harz, gest. 7.12.1916 Ilsenburg, Gymnasium in Wolfenbüttel, Theologiestudium in Halle, Göttingen und Erlangen, 1870 Ordination, 1871 Diakonus in Mansfeld, 1876 Oberpfarrer ebd., 1880 Superintendent ebd., 1882 Superintendent in Bitterfeld, 1885 Erster Pfarrer an der Johanniskirche in Magdeburg, 1888 Superintendent ebd., 1891 Dritter Hof- und Domprediger in Berlin, 1892 zugleich Propst des Stifts Heiligengrabe, 1893 zugleich Generalsuperintendent von Berlin, 1894 Zweiter Hof- und Domprediger, 1898 auch Propst von St. Nikolai in Berlin, 1911 Ruhestand.

FABIG, Richard 256 *(Bd. I, S. 549)*

FÄRBER, Wilhelm 503f.
geb. 30.4.1887 Magdeburg, gest. unbek., Studienrat in Berlin, 1933 Mitglied der Bekennenden Kirche in der Gemeinde Berlin-Friedrichsfelde, nach 1945 im West-Sektor, 1952 Ruhestand und Übersiedlung nach Karlsruhe.

FARYS, Joseph 694
geb. 19.1.1905 Freiwaldau/Schlesien, Volksschule in ebd., kaufmännische Lehre und Handelsschule in Quedlinburg, 1922 Eintritt in die Richard-Kunz-Bewegung, 1926 Eintritt in die NSDAP und die SA, Besuch der SA-Führerschule Hannekopp und der NSDAP-Gauschule in Gehren sowie der Adolf-Hitler-Schule in Hohenlychen und der Reichsführerschule in Blumberg, 1933 NSV-Kreisamtsleiter des NSDAP-Kreises Brandenburg in Brandenburg/Havel, 1938 Ratsherr ebd., 1940 NSV-Kreisamtsleiter im neugebildeten NSDAP-Kreis Brandenburg/Zauch-Belzig, 1941 Kriegsdienst, 1945 in britischer Gefangenschaft, 1948 Entlassung.

FAUBEL, Hans (Johann) 107, 109
geb. 10.3.1889 Bad Soden, gest. 13.4.1957 ebd., Volksschule in ebd., 1903 Schulentlassung und Arbeit auf dem väterlichen Bauernhof, 1906 Unteroffiziersschule in Biebrich a. Rh., 1909 Unteroffizier in Frankfurt/Main, 1914 Kriegsdienst an der Westfront und Verwundung, 1915 wieder an der Westfront, 1919 Entlassung aus dem Heer als Leutnant und Ausbildung zum Finanzbeamten in Frankfurt/Main, 1927 Obersteuersekretär, 1930 Eintritt in die NSDAP und SA, 1932 Malariaerkrankung als Kriegsfolge, 1933 Versetzung in vorzeitigen Ruhestand, 1937 NSDAP-Ortsgruppenleiter und zugleich NSV-Ortsgruppenamtsleiter in Bad Soden, 1940 Einberufung zum Kriegsdienst und Oberleutnant, 1942 Hauptmann, 1945 in amerikanischer Gefangenschaft und Internierung in Moosburg und Darmstadt, 1948 Untersuchungshaft ebd., 1950 Verurteilung wegen Landfriedensbruchs (Beteiligung an November-Pogrom 1938) vom Landgericht Frankfurt/Main und Entlassung nach sechsmonatiger Haft in Butzbach.

FAULHABER, Michael Kardinal von, Dr. theol. D. mult. 40
geb. 5.3.1869 Heidenfeld, gest. 12.6.1952 München, Theologiestudium in Würzburg, 1892 Priesterweihe und Kaplan in Kitzingen, 1895 Promotion in Würzburg, Studienaufenthalte in England, Spanien und Rom, 1903 Habilitation in Straßburg, 1910 Bischof in Speyer, 1914 Feldpropst, 1916 Erzbischof von München und Freising, 1922 Kardinal, 1944 Gestapo-Verhör, nach 1945 Förderung des Wiederaufbaues zerstörter Kirchen.

FEILCKE, Kurt 833f.
geb. 19.4.1899 Lübeck, gest. 29.1.1981 ebd., Katharineum in Lübeck, 1920 Theologiestudium in Kiel, Marburg und Leipzig, 1923 erstes theologisches Examen, Vikar in Ratzeburg, 1925 zweites theologisches Examen und Provinzialvikar und Ordination sowie Assisstent am Evangelischen Alumnat in Ratzeburg, 1926 Pfarrer in Basthorst/Schwanebek, 1931 an der Gethsemanekirche in Hannover, 1939 an der Nikolaikirche und Superintendent in Hannover-Limmer, 1960 Vertreter des Stadtsuperintendenten, 1967 Ruhestand.

FICHTNER, Horst, Dr. phil., Dr. med. 375, 443
geb. 3.9.1893 Dresden, gest. 12.5.1961 Berlin, Gymnasium in Dresden, 1914 Theologie-, Philosophie- und Medizinstudium in Leipzig, gleichzeitig bis 1919 Kriegsdienst, 1918 erstes theologisches Examen in Dresden, 1919 Lehrkandidat und Hilfsgeistlicher beim Verein für Innere Mission in Leipzig, 1920 zweites theologisches Examen in Dresden und philosophische Promotion in Leipzig und Vereinsgeistlicher beim Verein für Innere Mission ebd., 1924 medizinische Promotion in Leipzig und Pfarrer in Leipzig-Mockau, 1933 Mitglied der Deutschen Christen, 1934 Pfarrer an Trinitatis in Dresden und Studentenpfarrer ebd., 1935 Mitglied des Landeskirchenausschusses der Evangelisch-lutherischen Landeskirche Sachsens bis zum Ende dieses Gremiums (Februar 1937), 1936 Domprediger ebd. und Trennung von den Deutschen Christen, 1938 Leiter des Referates Gesundheitsfürsorge im Central-Ausschuß für die Innere Mission als Nachfolger von *H. Harmsen (I)*, 1940 zugleich Superintendent in Lübben mit der Amtsbezeichnung Propst, 1943 Oberkonsistorialrat im Evangelischen Konsistorium der Mark Brandenburg in Berlin mit der Amtsbezeichnung Geistlicher Dirigent, 1945 Vorstandsmitglied der Berliner Stadtmission, 1947 Lehrauftrag für kirchliche Sozialethik an der Theologischen Fakultät der Humboldt-Universität Berlin und Leiter des Amtes für Krankenhausseelsorge unter Beibehaltung von Titel und Bezügen als einer nebenamtlichen Stelle beim Evangelischen Konsistorium der Mark Brandenburg in Berlin, 1955 Vorsitzender der Berliner Stadtmission und Vorstandsmitglied im Gesamtverband der Berliner Inneren Mission.

FIEBIG, Walter 76ff., 632–636
geb. 27.6.1893 Altenhundem/Westfalen, gest. 31.7.1984 Köln, Gymnasium in Arnsberg, 1911 Theologiestudium in Bonn und Halle, 1914 erste theologisches Examen in Münster, 1914 Kriegsdienst, 1918 Entlassung aus dem Heer und zweites theologisches Examen in Münster und Ordination sowie Vikar in Lengerich und Minden, 1919 Pfarrer in Herne, 1926–1945 in Münster, 1934 Mitglied des Deutsch-Christlichen Provinzialkirchenrates in Westfalen und 1936 in der Geistlichen Leitung der Deutschen Christen in Westfalen im Zusammenwirken mit *F. Buschtöns (II)*, 1950 Pfarrer in Köln-Weiden, 1963 Ruhestand.

FIEHLER, Karl 462, 464, 490, 549
geb. 31.8.1895 Braunschweig, gest. 8.12.1969 Diessen/Ammersee, Volks- und Realschule in München, 1912 kaufmännische Ausbildung, 1914 kaufmännischer Angestellter in Schleswig-Holstein, 1915 Kriegsdienst, 1918 Entlassung aus dem Heer als Leutnant der Reserve, 1919 Beamter im gehobenen städtischen Verwaltungsdienst in München, 1923 Beteiligung am „Marsch zur Feldherrnhalle" und Verurteilung zu 15 Monaten Festungshaft mit *A. Hitler* in Landsberg/Lech und nur teilweise abgebüßt, 1924 ehrenamtliches Mitglied des Münchener Stadtrates, 1925 Eintritt in

die NSDAP und Ortsgruppenleiter in München-Schwabing und Fraktionsführer im Stadtrat, 1928 Schriftführer des Nationalsozialistischen Deutschen Arbeitervereins und damit zugleich Mitglied der Obersten Parteileitung, später im Range eines Reichsleiters, Leiter des Referats für Kommunalpolitik, 1932 Leiter des Hauptamtes für Kommunalpolitik, 1933 zunächst kommissarisch Erster Bürgermeister, dann Oberbürgermeister von München, Mitglied des Reichstages, Vorsitzender des Deutschen Gemeindetages und Eintritt in die SS, zuletzt SS-Obergruppenführer, außerdem Ehrensenator der Akademie für Deutsches Recht, Präsident des Internationalen Gemeindeverbandes, Präsident des Europäischen Schachbundes, nach 1945 in München.

FISCHER Adolf 688, 693

geb. 30.9.1887 Skudstrup/Schleswig, gest. 1.8.1978 Bremen, Friedrichswerdersches Gymnasium in Berlin, 1906 Theologiestudium in Berlin, 1910 erstes theologisches Examen ebd., 1912 zweites theologisches Examen ebd. und Ordination und Hilfsprediger, 1913 Pfarrer in Wangerin/Pommern, 1915 in Neuruppin, 1962 Ruhestand, Übersiedlung aus der Deutschen Demokratischen Republik nach Bremen.

FISCHER, Immanuel 467, 636f.

geb. 19.5.1888 Münchingen, gest. 29.3.1962 Althütte/Backnang, nach Theologiestudium und Examen 1911 Pfarrvikar in Banja-Luka/Bosnien, 1914 Vikar in Maichingen, Wäldenbronn, Münster a. Neckar und Reutlingen, 1914 Kriegsdienst zuletzt als Oberleutnant, 1919 Pfarrvikar in Obertürkheim, 1919 Pfarrer in Hausen am Lauchert, 1927 in Murrhardt, 1935 Pfarrer der Evangelischen Gesellschaft und Geschäftsführer des Landesverbandes der Inneren Mission in Württemberg als Nachfolger von *M. Remppis (I)* und Vorgänger von *G. Vöhringer (I)*, 1940 Kriegsdienst, im Amt vertreten durch *A. Schosser (II)*, 1947 Pfarrer in Möglingen, 1956 Ruhestand.

FISCHER-DORP, Ewald, Dr. iur. 802, 815

geb. 2.10.1899 Frankfurt/Main, gest. 5.2.1991 Niefern-Öschelbronn, Jurastudium, 1923 erstes juristisches Examen, Referendar und Promotion, 1925 zweites juristisches Examen und Gerichtsassessor, 1926 juristischer Hilfsarbeiter beim Evangelischen Konsistorium der Provinz Pommern in Stettin, 1928 Landeskirchenrat beim Landeskirchenamt der Evangelischen Landeskirche Nassau in Wiesbaden, 1933 Eintritt in die NSDAP, 1934 Oberlandeskirchenrat beim Landeskirchenamt der Evangelischen Landeskirche Nassau-Hessen in Darmstadt und Mitglied der Finanzabteilung beim Evangelischen Landeskirchenamt in Darmstadt, 1935 Mitglied der Finanzabteilung bei der Kirchenkanzlei der Deutschen Evangelischen Kirche, 1939 Oberkonsistorialrat und Mitglied des EOK Berlin, 1941 Mitglied der Finanzabteilung beim EOK Berlin, 1942 kommissarischer Leiter der Finanzabteilung beim Evangelischen Konsistorium der Mark Brandenburg in Berlin, 1943 Beurlaubung zur Übernahme einer Tätigkeit in der Inspektion der Nationalpolitischen Erziehungsanstalten, 1944 Übertritt in den Staatsdienst und Ministerialrat im Reichswirtschaftsministerium, 1946 Tätigkeit im Landkreis Stade, 1951 Richter beim Verwaltungsgericht Braunschweig, 1956 Präsident des Landessozialgerichtes Celle, 1963 Ruhestand.

FLEISCH, Paul, D. 653, 811, 822

geb. 11.2.1878 Hamburg, gest. 11.3.1962 Loccum, nach Theologiestudium 1900 erstes theologisches Examen, nach Vorbereitungsdienst 1903 zweites theologisches Examen, 1904 Ordination und Hilfsgeistlicher in Münchehagen, 1907 Hilfsgeistlicher in Hannover-Herrenhausen, 1908 Pfarrer Landesverein für Innere Mission in Hannover, 1911 Stiftsprediger in Loccum, 1917 Konventualstudiendirektor ebd., 1924 Oberlandeskirchenrat im Landeskirchenamt der Evangelisch-lutherischen Landeskirche Hannovers, 1932 Geistlicher Vizepräsident ebd., 1933 Zwangspensionierung im Zuge der von den Deutschen Christen durchgesetzten personellen Veränderungen, 1934/35 Mitglied des Lutherischen Rates, 1937 Rehabilitierung und Wiedereinsetzung in das Amt des Geistlichen Vizepräsidenten, 1938 stellvertretender Vorsitzender des Rates der Evangelisch-lutherischen Kirche Deutschlands und stellvertretender Vorsitzender des Martin-Luther-Bundes, 1947 Ruhestand, 1950 Prior Kloster Loccum.

FLIEDNER, Theodor 762 *(Bd. I, S. 550)*

FLORIAN, Friedrich 28, 620 *(Bd. I, S. 550)*

FLURSCHÜTZ, Emil 511, 516

geb. 28.10.1904 Westheim/Haßfurt, gest. 12.3.1995 Bayreuth, Gymnasium in Haßfurt, 1923 Theologiestudium in Erlangen, Rostock und Leipzig, 1927 erstes theologisches Examen und Predigerseminar in München, 1929 Vikar in München-Laim, 1934 Pfarrer in Küps, 1939 Dekan in Bad Berneck, 1948 in Ansbach, 1955 Kirchenrat, 1961 Oberkirchenrat und Kreisdekan in Bayreuth, auch Vorsitzender des Martin-Luther-Vereins in Bayern, 1974 Ruhestand.

FORCK, Bernhard Heinrich 492, 501, 508, 511, 516f.

geb. 28.8.1893 Seehausen/Bremen, gest. 27.3.1963 Luckenwalde, Theologiestudium, 1914 Kriegsdienst und Examina, 1920 Ordination und Kollaborator in Ilmenau, 1921 Pfarrer in Ilmenau, 1924 Bundeswart des Nordbundes des Evangelischen Männer- und Jungmännervereins Hamburg, 1926 Pfarrer in Hamburg-Hamm, 1933 Mitglied der Bekennenden Kirche und 1934 in Barmen und Berlin-Dahlem sowie 1935 in Augsburg und 1936 in Bad Oeynhausen Teilnehmer der Bekennentnissynoden der Deutschen Evangelischen Kirche, 1936 Mitglied der 2. VKL der Deutschen Evangelischen Kirche, 1945 Pfarrer in Hamburg-Horn, 1950 und Superintendent in Luckenwalde.

FORSTER, Albert 465

geb. 26.7.1902 Fürth, gest. 28.2.1952 Warschau, Gymnasium und sogenanntes Einjähriges, kaufmännische Lehre und Tätigkeit im Bankfach, 1923 Eintritt in die NSDAP und die SA, 1924 Verlust des Arbeitsplatzes wegen politischer Tätigkeiten, 1925 Wiedereintritt in die NSDAP, 1926 Eintritt in die SS, 1928 Bezirksleiter der NSDAP für Mittelfranken und Zahlstellenbeamter des Deutschnationalen Handlungsgehilfen-Verbandes in Nürnberg, 1929 Versetzung nach Hamburg, 1930 Reichstagsabgeordneter und Ernennung zum Gauleiter des NSDAP-Gaues Danzig, 1932 SS-Standartenführer und Ausschluß aus dem Deutschnationalen Handlungsgehilfen-Verband, 1933 Staatsoberhaupt der Freien Stadt Danzig und Preußischer Staatsrat und Führer des Gesamtverbandes der Deutschen Angestellten sowie SS-Gruppenführer, 1939 Gauleiter des neuen „Reichsgaues Danzig-Westpreußen" und Chef der Zivilverwaltung, 1940 Reichsverteidigungskommissar, 1941 SS-Obergruppenführer, 1945 Verhaftung durch die US-Armee und Auslieferung an Polen, 1948 Verurteilung zum Tode durch Obersten Nationalen Gerichtshof Polens, Hinrichtung.

FRANK, Wilhelm 103, 604

geb. 11.11.1906 Offenbach/Main, gest. 12.2.1942 Bykowo/Rußland, Chemiestu-

geb. 11.10.1891 Göttingen, gest. 29.4.1968 ebd., Oberrealschule in Göttingen, 1911 Ausbildung zum Bankkaufmann, 1915 Kriegsdienst, 1918 Unteroffizier und Entlassung aus dem Heer und Bankvorsteher der Mitteldeutschen Bank in Riesa, 1920 bei der Berliner Handelsgesellschaft in Berlin, 1923 Filialdirektor der Mitteldeutschen Creditbank in Göttingen, 1927 Direktor der Commerz- und Privatbank in Wittenberg, 1933 Eintritt in die NSDAP, 1934 Ausscheiden aus der Commerz- und Privatbank aus Gesundheitsgründen, Mitglied der NSV und Kassen- und Organisationswalter, 1938 Mitglied der DAF und NSV-Kreisamtsleiter in Göttingen, 1944 Kaufmännischer Leiter einer Firma des Rohrleitungs- und Apparatebaus in Reinsdorf/Wittenberg, 1945 Internierung, 1949 Entnazifizierungsverfahren mit Einstufung als Mitläufer durch Entnazifizierungs-Hauptausschuß der Stadt Göttingen.

geb. 26.3.1887 Aschaffenburg, gest. 24.4.1945 Hannover, Jurastudium, 1911 erstes juristisches Examen, Referendar, 1914 Kriegsdienst, 1918 Entlassung aus dem Heer, 1919 zweites juristisches Examen, 1920 Assessor am Bezirksamt Zusmarshausen, 1924 Amtmann am Bezirksamt in Wertingen, 1928 Regierungsrat ebd., 1931 Regierungsrat bei der Regierung von Niederbayern in Landshut, 1933 Eintritt in die NSDAP und in die SA, 1934 Oberamtmann und Vorstand am Bezirksamt Neustadt/Aisch, 1939 Titel Landrat ebd., 1942 Vertreter des Landrates in Scheinfeld und beim Oberpräsidium in Hannover.

geb. 1.8.1892 Leipzig, gest. 12.4.1984 Bad Schwartau, Gymnasium in Leipzig, 1910 Theologiestudium in Heidelberg, Greifswald und Halle, 1914 Kriegsdienst, 1918 Fortsetzung des Studiums, 1920 erstes theologisches Examen in Halle und Vikar an St. Bartholomäi in Zerbst, 1921 zweites theologisches Examen in Dessau und Kreispfarrvikar ebd. und als Kreispfarrer mit der Arbeit für Innere Mission und Jugendseelsorge betraut, 1924 zugleich Leiter der Schwesternschaft des Evangelischen Bundes, Vorsitzender des Bundes der Frontsoldaten (Stahlhelm) in Dessau, 1925 Geschäftsführer des Anhaltischen Landesausschusses für Innere Mission als Vorgänger von *W. Lange (II)*, 1932-1933 Mitglied des Anhaltischen Landtages, 1939 Kriegsdienst, zuletzt als Major, 1946 Pfarrer für Innere Mission in Hildesheim, 1947 Inhaber einer landeskirchlichen Pfarrstelle für Krankenhausseelsorge in der Evangelisch-lutherischen Kirche Lübecks, 1955 Geschäftsführer und Vorsitzender des Lübecker Verbandes für Innere Mission, 1960 Leiter des Landeskirchlichen Amtes für diakonische Arbeit, zugleich Vizepräses der Synode der Evangelisch-lutherischen Kirche Lübecks und Leitung der Arbeitsgemeinschaft für öffentliche Verantwotung der Kirche sowie der Religionspädagogischen Arbeitsgemeinschaft der Evangelisch-lutherischen Kirche Lübecks, 1962 Ruhestand, 1964 Auszeichnung mit der Wichernplakette.

FRIEDRICHS, Hans 535 *(Bd. I, S. 552)*

FRIES, Max 606

geb. 22.9.1892 Gusternhain, gest. 30.11.1967 Wiesbaden, Theologiestudium in Straßburg, Halle und Marburg, 1920 erstes theologisches Examen, 1921 zweites theologisches Examen und Pfarrverwalter in Walsdorf, 1922 Ordination, 1923 Pfarrer in Walsdorf, 1931 der Bergkirchengemeinde in Wiesbaden, 1929 zugleich im Nebenamt Landesjugendpfarrer der Nassauischen Landeskirche, 1934 Beendigung des Amtes und im Nebenamt Geschäftsführer des Landesverbandes der evangelischen Kirchenchöre in Nassau, 1936 im Nebenamt stellvertretender Propsteiobmann ebd., 1945 Propsteiobman ebd., 1946 weiterhin im Nebenamt auch stellvertretender Landesobmann ebd. und Mitglied der Leitung des Amtes für Kirchenmusik, 1960 Ruhestand.

FRISCHMANN, Walter 147, 149f. *(Bd. I, S. 552)*

FRITSCH, Karl, Dr. rer. pol. 531, 535, 538, 544

geb. 16.6.1901 Hof, gest. 1944 Dresden, Gymnasium in Hof, Jura- und Staatswissenschaftsstudium in Erlangen und Promotion, Angehöriger des Freikorps Epp, 1922 Eintritt in die NSDAP und Gründung der Ortsgruppe Hof, 1923 Schriftleitung der NS-Zeitung Der Streiter, 1924 Kreisleiter des NSDAP-Kreises Oberfranken-Ost, 1927 Geschäftsführer des NSDAP-Gaues Sachsen unter *M. Mutschmann (II)*, 1928 stellvertretender Gauleiter ebd., 1929 Mitglied des Sächsischen Landtages, 1933 Sächsischer Innenminister, 1936 SS-Brigadeführer, 1938 Leiter des Landesverbandes Sachsen des DRK, genaues Sterbedatum unbekannt, da Unterlagen in Dresden im Februar 1945 verbrannt, bekannt ist allein die Registriernummer 1580/1944.

FRITZ, Alfred 44, 66, 121, 142, 175, 177, 204f., 207, 210f., 301, 307, 319, 321f., 330, 380f., 443, 515, 846, 855 *(Bd. I, S. 552f.)*

FRÖBEL, Friedrich 469 *(Bd. I, S. 553)*

FROMM, Ernst, Dr. iur. 92

geb. 2.2.1881 Hamburg, gest. 12.4.1971 Berlin-Dahlem, Realgymnasium in Berlin, 1901 Militärdienst, 1902 Jurastudium in Berlin, 1907 erstes juristisches Examen und Promotion ebd. und Referendar, 1912 zweites juristisches Examen und Assessor an Berliner Amtsgerichten, 1914 Kriegsdienst und verschiedene militärische Auszeichnungen, 1919 Entlassung aus dem Heer und Regierungsrat im Reichsschatzministerium, 1921 Oberregierungsrat ebd., 1923 Oberregierungsrat im Reichsministerium für die besetzten Gebiete, 1925 Ministerialrat ebd., 1930 Ministerialrat im Reichsministerium des Innern, 1932 Eintritt in die NSDAP, 1933 kommissarischer Regierungspräsident und Regierungspräsident in Potsdam, Vorsitzender des Kuratoriums des Domstifts Brandenburg, 1938 Versetzung in Wartestand aus Gesundheitsgründen auf eigenen Antrag, 1943 Vertretung des Landrates in Oschersleben.

FRÖR, Kurt, Lic. theol., D. 493 *(Bd. I, S. 553)*

FUCHS, Fritz 599f., 607, 738

geb. 14.9.1894 Bad Soden/Taunus, gest. 10.10.1977 ebd., 1908 Ausbildung zum Bankkaufmann, 1911 Bankbeamter, 1914 Kriegsdienst, 1918 Entlassung aus dem Heer als Vizefeldwebel, 1923 stellvertretender Genossenschaftsleiter und 1933 Genossenschaftsleiter einer städtischen Kreditgenossenschaft in Bad Soden, 1925 Eintritt in die NSDAP und Ortsgruppenleiter in Bad Soden, 1933 ehrenamtlicher und 1937 hauptamtlicher NSDAP-Kreisleiter, 1937 Ausscheiden aus der Genossennschaftsleitung, 1940 NSV-Gauamtsleiter im NSDAP-Gau Hessen-Nassau als Nachfolger von *W. Haug (II)*, 1943 NSDAP-Kreisleiter in Mainz und Mitglied des Reichstages.

FÜRLE, Günther, Dr. iur. 339, 537, 541, 543f., 556, 559, 597, 668, 697, 802f., 815
geb. 26.7.1899 Breslau, gest. 17.1.1978 Memmingen, 1917–1919 Kriegsdienst, Jurastudium in Breslau, 1921 erstes juristisches Examen, 1923 Promotion in Breslau, 1924 zweites juristisches Examen und Gerichtsassessor, 1925 Hilfsarbeiter im Evangelischen Konsistorium der Kirchenprovinz Schlesien in Breslau, 1926 Konsistorialassistent ebd., 1928 Konsistorialrat ebd. und juristischer Hilfsarbeiter beim Evangelischen Oberkirchenrat Berlin, 1933 Oberkonsistorialrat ebd. und Eintritt in die NSDAP, NSV-Mitglied und Mitglied des NS-Rechtswahrerbundes und des Reichsbundes der Deutschen Beamten, 1934 Oberkonsistorialrat beim Evangelischen Konsistorium der Kirchenprovinz Schlesien in Breslau, 1935 kommissarischer Präsident ebd., 1936 Oberkonsistorialrat beim Evangelischen Oberkirchenrat Berlin und gleichzeitig Leiter des Oberrechnungsamtes des Evangelischen Oberkirchenrates Berlin und der Kirchenkanzlei der Deutschen Evangelischen Kirche, 1937 auch gleichzeitig stellvertretender Vorsitzender der Finanzabteilung bei der Kirchenkanzlei der Deutschen Evangelischen Kirche, 1938 Direktor der Kirchenkanzlei der Deutschen Evangelischen Kirche mit Titel Vizepräsident, 1939 im Kriegsdienst bei der Heeresleitung in Berlin, zuletzt als Hauptmann, 1946 Versetzung in den einstweiligen Ruhestand, gleichzeitig kommissarischer Beauftragter für die Ostpfarrerversorgung, 1947 Eröffnung einer Rechtsanwaltskanzlei in Memmingen, 1954 Ruhestand.

FUSS, Adalbert 100ff., 116f., 121ff., 182f., 185, 277, 292, 367, 379f., 760, 770, 775f., 783, 787
geb. 13.4.1895 Königshütte/Schlesien, gest. 23.12.1990 Berlin, Oberrealschule in Königshütte, 1913 kaufmännische Lehre im Bürgerlichen Brauhaus Tichau/Oberschlesien, 1915 Fortsetzung der Ausbildung beim Hochofenwerk Lübeck und Betriebsbuchhalter ebd., 1916 Kriegsdienst, 1918 Oberrealschulbesuch, 1920 Abitur und verschiedene Tätigkeiten in Kattowitz (Katowice) bei der Giesche AG im Verwaltungs- und Buchhaltungsbereich, 1926 Nationalökonomie- und Jurastudium in Berlin, 1929 Examen als Diplomvolkswirt ebd., 1932 Promotion ebd., 1933 beim Deutschen Techniker-Verband, dann bei der in dessen Nachfolge stehenden Deutschen Angestelltenschaft und Eintritt in die NSDAP, NSV-Mitglied und Mitglied des NS-Rechtswahrerbundes und der DAF, 1936 Mitarbeiter beim Central-Ausschuß für die Innere Mission sowie an dessen Sitz in Berlin-Dahlem ehrenamtlicher Berufswart in der Ortswaltung der NS-Frauenschaft, 1938 Leiter der Verwaltungsabteilung, 1939 kurzzeitig Kriegsdienst, 1940 wieder Tätigkeit beim Central-Ausschuß für die Innere Mission, 1945 Entlassung aus dem Dienst des Central-Ausschusses für die Innere Mission, Mitarbeiter des Provinzial-Ausschusses für Innere Mission in der Provinz Brandenburg, 1951 Justitiar dessen Rechtsnachfolgers im Bereich der Deutschen Demokratischen Republik, des Landesausschusses für Innere Mission in Brandenburg, in Potsdam, 1959 bei der Stephanus-Stiftung in Berlin-Weißensee, 1961 Ruhestand.

GALEN, Clemens August Graf von 628
geb. 16.3.1878 Burg Dinklage/Oldenburg, gest. 28.3.1946 Münster, 1890 Jesuitengymnasium in Feldkirch/Österreich, 1897 Theologiestudium in Fribourg/Schweiz,

Innsbruck und Priesterseminar in Münster, 1904 Priesterweihe und Domvikar in Münster, 1906 Kaplan, Kurat und Pfarrer in Berlin, 1929 Pfarrer an St. Lamberti in Münster, 1933 Bischof von Münster, 1945 Kardinal.

GANTERT, Eugen 150 *(Bd. I, S. 553)*

GEFAELLER, Heinz, Dr. iur. 188, 191, 816

geb. 16.8.1904 Tapiau/Ostpreußen, gest. 28.6.1987 Bonn, 1922 Jura- und Staatswissenschaftsstudium in Berlin und Königsberg, 1927 erstes juristisches Examen und Referendar, 1929 Promotion in Königsberg, 1931 zweites juristisches Examen und Assessor, 1933 Konsistorialassessor beim Evangelischen Konsistorium der Provinz Ostpreußen in Königsberg, 1936 Konsistorialrat beim Evangelischen Oberkirchenrat Berlin, 1938 Oberkonsistorialrat ebd., 1942 mit der Wahrnehmung der Geschäfte des Konsistorialpräsidenten des Evangelischen Konsistoriums der Provinz Ostpreußen in Königsberg als Nachfolger von *W. Heyer (II)* beauftragt, 1945 Oberkonsistorialrat im Konsistorium der Evangelischen Kirche in Berlin-Brandenburg, 1956 Ausscheiden aus dem kirchlichen Dienst und Ministerialdirigent beim Bundesministerium für gesamtdeutsche Fragen und Leiter der Berliner Abteilung, 1966–1972 Vorsitzender des Vorstandes des Königsberger Diakonissen-Mutterhauses der Barmherzigkeit auf Altenberg, 1969 Ruhestand.

GEHRING, Johannes, Dr. phil., Lic. theol. 308 *(Bd. I, S. 554)*

GEIS, Otto 106f.

geb. 4.12.1896 Bonn, gest. 9.3.1950 Marburg, 1924 zweites theologisches Examen und Pfarrverwalter in Offenbach, 1925 Pfarrassistent an der Luthergemeinde in Offenbach und ebenso in Butzbach, 1926 ebenso in Rhein-Dürkheim, 1927 ebenso in Lollar, 1929 Pfarrer in Ober-Ofleiden.

GEIST, Johann 32

geb. 30.9.1901 Würzburg, gest. 16.11.1946 Erlangen, in den zwanziger Jahren Zuzug nach Uttenreuth und Landwirtschaftspraktikant auf dem Gut Eggenhof bei Uttenreuth, Eintritt in die NSDAP und Parteifunktionär in Erlangen und NSDAP-Ortsgruppenleiter in Uttenreuth, Kriegsdienst, 1946 Rückkehr aus der Gefangenschaft.

GELSHORN, Karl, Lic. theol. 678

geb. 9.1.1872 Zabern, gest. 22.11.1945 Eberswalde, Theologiestudium in Straßburg und Berlin, 1903 Ordination und Pfarrer der deutschen Gemeinde in Venedig, 1912 in Bitterfeld, 1914 Kriegsdienst und verschiedene militärische Auszeichnungen, 1918 wieder Pfarrer in Bitterfeld, 1922 an der St. Marien-Magdalenen-Kirche in Eberswalde und Superintendent des Kirchenkreises Eberswalde, 1942 Ruhestand.

GENNRICH, Hermann 747, 749ff.

geb. 5.8.1898 Berlin-Steglitz, gest. 10.9.1953 Lebenstedt, Gymnasium in Templin/Uckermark, 1916 Kriegsdienst, 1919 Theologiestudium in Berlin, 1923 erstes theologisches Examen ebd., Vikariat und 1925 zweites theologisches Examen und Ordination und Hilfsprediger in Berlin-Charlottenburg, 1926 Pfarrer in Wilmersdorf/Lebus, 1934 Mitglied der NSV, 1935 Eintritt in die NSDAP, 1936 Mitglied der Reichsbewegung Deutsche Christen und Pfarrer an St. Katharinen Braunschweig, 1940 zugleich Beauftragung durch das Deutsche Evangelische Männerwerk mit der evangelischen Männerwerksarbeit in der Braunschweigischen evangelisch-lutherischen Landeskirche, 1945 Pfarrer an St. Andreas Salzgitter-Lebenstedt, 1950 Propst von Bleckenstedt und Entlasteter nach Entscheid des Entnazifizierungs-Hauptausschusses der Braunschweigischen evangelisch-lutherischen Landeskirche.

GERBER, Johann 150 *(Bd. I, S. 554)*

GERHARDT, Martin, Lic. theol., Dr. phil. 15, 849

geb. 1.12.1894 Berlin, gest. 27.5.1952 Berlin, Königstädtisches Real-Gymnasium in Berlin, 1913 Theologiestudium in Tübingen und Berlin, 1914-1918 Kriegsdienst, 1920 erstes theologisches Examen, 1922 zweites theologisches Examen und theologische Promotion in Berlin und Habilitation in Erlangen, 1923 Archivar des Rauhen Hauses und Einrichtung des Wichern-Archivs, 1924 philosophische Promotion in Erlangen, 1931 Archivar der Diakonissenanstalt Kaiserswerth und Einrichtung des Fliedner-Archivs, 1933 Eintritt in die NSDAP, 1936 Austritt aus der NSDAP und Ordination, 1937 ordentlicher Professor für Kirchengeschichte in Göttingen, 1939–1945 Kriegsdienst als Offizier, 1946 Beauftragung mit der Arbeit an „Ein Jahrhundert Innere Mission", Entlassung aus dem Universitätsdienst, Entnazifizierungsverfahren und Einstufung als Entlasteter durch Spruchkammer, 1948 Beginn einer Bodelschwingh-Biographie, 1952 Honorarprofessor für Kirchengeschichte in Göttingen.

GERISCH, Henriette 32

geb. 1.6.1885 Wunsiedel, gest. 19.9.1978 Erlangen, Kindergärtnerinnenseminar, 1915 Kindergärtnerin in Uttenreuth, 1936 Betreuung der Schwester, nach 1945 wieder Kindergärtnerin in Oberfranken, 1968 Bewohnerin des Bodelschwingh-Heimes in Erlangen.

GERLOFF, Johannes 678

geb. 26.2.1870 Berlin, gest. 29.12.1946 Eberswalde, Gymnasium in Berlin, nach Theologiestudium in Berlin 1896 erstes theologisches Examen ebd., 1898 zweites theologisches Examen und Ordination ebd. sowie Pfarrer an der St. Marien-Magdalenen-Kirche in Eberswalde, 1940 Ruhestand.

GERSTENMEIER, Eugen, Dr. theol., Dr. habil., D. 848f.

geb. 25.8.1906 Kirchheim/Teck, gest. 13.3.1986 Remagen, Realschule und kaufmännische Lehre und kaufmännischer Angestellter, 1929 Eberhard-Ludwig-Gymnasium in Tübingen, 1931 Philosophie- und Germanistikstudium in Tübingen, 1932 Theologiestudium in Rostock und Zürich, 1933 der Bekennenden Kirche zugehörig, 1935 erstes theologisches Examen und Promotion in Rostock und Stadtvikar in Gaildorf, 1936 wissenschaftlicher Hilfsarbeiter beim Kirchlichen Außenamt, 1938 Habilitation in Rostock und Versagung der venia legendi, 1942 Anschluß an den Kreisauer Kreis, 1944 Verhaftung in Verbindung mit dem Attentat vom 20. Juli und Verurteilung zu sieben Jahren Haft, 1945 Befreiung durch US-Army und Vorbereitung und nach dessen Gründung auch Leitung des Hilfswerks der Evangelischen Kirche in Deutschland, 1949 Mitglied der CDU und Wahl zum Mitglied des Bundestages, 1954 Bundestagspräsident als Nachfolger von H. Ehlers, 1969 Ausscheiden aus dem Amt des Bundestagspräsidenten.

GIELEN, Martin 694 *(Bd. I, S. 554f.)*

GIRKON, Paul, Dr. phil. 58

geb. 10.3.1889 Groß-Friedrichsdorf/Ostpreußen, gest. 4.5.1967 Münster, Gymnasium in Mülheim-Ruhr, 1907 Theologiestudium in Bonn und Berlin, 1911 erstes theologisches Examen in Koblenz und Vikar in Mülheim-Ruhr, 1912 Hilfsprediger in Oberhausen-Alstaden, 1913 zweites theologisches Examen in Koblenz und Militärdienst, 1914 Promotion in Erlangen und Kriegsdienst, 1916 Hilfsprediger in Essen-West und Ordination sowie Pfarrer der Wiese-Georgs-Gemeinde in Soest, 1946 Leiter des Amtes für Kirchbau und Kirchliche Kunst der Evangelischen Kirche von Westfalen, 1947 Lehrauftrag Kirchliche Kunst an der Universität Münster, 1948 Ruhestand, 1965 Rückgabe des Lehrauftrages.

GISEKE, Ludwig 576f.
geb. 3.12.1884 Magdeburg, gest. 17.12.1953 Halle/Saale, Pädagogium Zum Kloster Unser Lieben Frauen, 1903 Theologiestudium in Göttingen und Halle/Saale, 1908 erstes theologisches Examen in Halle/Saale, 1910 zweites theologisches Examen in Magdeburg und Ordination sowie Hilfsprediger an St. Stephani in Aschersleben einschließlich einer Beauftragung als Gefängnisseelsorger ebd., 1911 Pfarrer in Borne-Bisdorf, 1913 in Aken und Chörau, 1918 an der Georgenkirche in Halle und Hausgeistlicher des Paul-Riebeck-Stiftes ebd., 1934 in Halle-Gesundbrunnen und gleichzeitig bis 1945 Stadtjugendpfarrer in Halle.

GISEVIUS, Johannes, Dr. iur. 162, 165, 477, 554, 664, 761, 766, 768, 770
geb. 15.8.1880 Colochau/Merseburg, gest. 7.1.1955 Berlin, Gymnasium in Torgau, 1899 Theologiestudium in Tübingen, Halle und Königsberg, 1900 Jurastudium in Halle, Freiburg/Breisgau und Greifswald, 1904 erstes juristisches Examen und Referendar in Stettin, 1905 Promotion in Greifswald, 1905 Militärdienst, 1911 zweites juristisches Examen in Berlin, 1912 Eintritt in den kirchlichen Verwaltungsdienst beim Evangelischen Konsistorium der Kirchenprovinz Sachsen in Magdeburg, 1914 Kriegsdienst, 1918 Konsistorialrat beim Evangelischen Konsistorium der Kirchenprovinz Sachsen in Magdeburg, 1922 juristischer Hilfsarbeiter beim Evangelischen Oberkirchenrat Berlin, 1925 Oberkonsistorialrat ebd. und beim Kirchenbundesamt Berlin, 1934 Versetzung in den Ruhestand, 1935 Oberkonsistorialrat in der Kirchenkanzlei der Deutschen Evangelischen Kirche, 1946 Ruhestand.

GLEINIGER, Bruno 581f.
geb. 16.5.1889 Berlin, gest. 27.6.1976 Magdeburg, Gymnasium in Berlin-Friedenau, Kriegsdienst und Theologiestudium in Berlin, 1919 erstes theologisches Examen in Berlin, 1920 zweites theologisches Examen ebd. und Ordination sowie Hilfsprediger in Finsterwalde, 1924 Pfarrer in Hohenleipisch, 1928 in Wallhausen, 1932 an St. Nicolai in Eisleben, 1937 kurzzeitige Verhaftung und in der Fürbittenliste der Bekennenden Kirche, 1941 in Olvenstedt, 1957 Ruhestand.

GNADE, Albert 812
geb. 25.1.1886 Merlsheim/Höxter, gest. 4.7.1966 Göttingen, Volksschulbesuch, 1904 Unteroffizierschule, 1907 Berufssoldat, 1914 Mittlere Reife in Straßburg und Kriegsdienst, 1920 Ausscheiden aus dem Heer als Leutnant und Eigentümer des Gast- und Pensionshauses Kaiser-Wilhelm-Park in Göttingen, 1922 Mitbegründer der NSDAP in Göttingen, 1923 Mitbegründer der SA in Göttingen, 1929 ehrenamtlicher Senator im Magistrat der Stadt Göttingen, 1931 Eintritt in die SS, 1934 Ernennung zum Bürgermeister und Polizeidirektor ebd., 1934 Mitglied der NSV, 1935 Aufhebung eines Parteiausschlußurteils des NSDAP-Gaugerichts Süd-Hannover-Braunschweig durch Erste Kammer des Reichsparteigerichts der NSDAP München, 1938 Leiter des Stadtkreises Göttingen des DRK und Oberbürgermeister, 1945 Internierung, 1949 Entnazifizierungsverfahren mit Einstufung als Mitläufer durch Entnazifizierungs-Hauptausschuß der Stadt Göttingen und nach vom Öffentlichen Hauptankläger angestrengter Revision durch Entscheidung des Berufungsaus-

schusses im Regierungsbezirk Hildesheim Einstufung als Minderbelasteter mit Ausschluß von öffentlichen Ämtern und Tätigkeiten, 1952 Mitglied des Stadtrates für die extrem rechte Deutsche Reichspartei und ab 1956 für die rechte Splitterpartei Deutsche Gemeinschaft, auch mit dem Ziel eine Anerkennung seiner Pensionsansprüche als Oberbürgermeister zu erreichen, 1961 Ausscheiden aus dem Stadtrat.

GÖBELL, Walter, Dr. theol. 91, 122, 142, 147, 152f., 205, 277, 366
geb. 22.7.1911 Nordhackstedt/Flensburg, gest. 22.1.1988 Kiel, Gymnasium in Flensburg, 1929 Eintritt in HJ und Gründung des NS-Schülerbundes in Flensburg, 1930 Eintritt in die NSDAP, 1931 Theologiestudium in Tübingen, Münster und Kiel und zugleich in SA und NS-Studentenbund, 1934 gleichzeitig Jurastudium, 1935 erstes theologisches Examen in Kiel und Vikar im Landesjugendpfarramt Schleswig-Holstein und Predigerseminar in Preetz und zugleich SA-Truppführer und weltanschaulicher Schulungsleiter, 1936 zweites theologisches Examen und Ordination und auf Vermittlung *O. Ephas (II)* Hilfsarbeiter im Central-Ausschuß für die Innere Mission und gleichzeitig Fortsetzung des Jurastudiums in Berlin, 1937 theologischer Sachbearbeiter und Referent im Central-Ausschuß für die Innere Mission und unter *H. Schirmacher (I)* zuständig für evangelische Jugendarbeit und Erziehungsfürsorge, 1939 Promotion in Kiel und juristisches Examen, 1940 gleichzeitig Mitarbeit in der Finanzabteilung beim Evangelischen Konsistorium der Mark Brandenburg in Berlin unter *J. Heinrich (I)*, 1941 Mitglied der Finanzabteilung ebd., 1942 Kriegsdienst, 1944 Habilitation und Privatdozent an der Theologischen Fakultät der Universität Berlin, 1949 Privatdozent für Kirchengeschichte an der Theologischen Fakultät der Universität Kiel, 1957 Professor für Kirchengeschichte und Kirchenrecht ebd., 1976 Emeritus.

GOEBBELS, Joseph, Dr. phil. 38, 128, 338, 649, 705, 707, 720, 723, 836, 843
(Bd. I, S. 555)

GOEBELS, Karl 57, 303, 594f., 599
geb. 19.8.1901 Hanau, gest. 14.11.1991 Bad Vilbel, Humanistisches Gymnasium in Hanau, 1919 Theologiestudium in Bethel, Tübingen und Marburg, 1924 erstes theologisches Examen in Marburg, Predigerseminar in Hofgeismar, 1926 zweites theologisches Examen in Kassel und Ordination in Bad Hersfeld und Hilfsprediger in Frankfurt/Main-Eschersheim, 1928 Pfarrer im Diakonissenhaus Frankfurt/Main als Krankenhausseelsorger und Leiter des Kindergärtnerinnenseminars des Frankfurter Diakonissenhauses, Gründung des Evangelischen Kinderpflegeverbandes Frankfurt/Main und Vorsitzender, 1930 auch Vorsitzender der Frankfurter Bibelgesellschaft, 1933 Mitglied des Pfarrernotbundes und der Bekennenden Kirche zugehörig, 1935 Vorsitzender des Evangelischen Verbandes für Kinderpflege in Nassau-Hessen, 1936 Pfarrer der Mariengemeinde in Frankfurt/Main-Seckbach und Vorsitzender des Evangelischen Mädchenwerkes (Burckhardthaus-Verband), 1938 zugleich Mitglied des Leitungsgremiums der Baseler Mission, 1945 Mitglied der vorläufigen Kirchenleitung der Evangelischen Kirche in Frankfurt/Main, 1950 Propst in Frankfurt/Main und Mitglied der Kirchenleitung der Evangelischen Kirche in Hessen und Nassau, 1961 Ehrenplakette der Stadt Frankfurt/Main, 1970 Ruhestand und Dienste in der Begegnungsstätte der Jesusbruderschaft für Juden und Araber in Latrun/Israel, 1978 Ausscheiden aus dem Leitungsgremium der Baseler Mission, 1984 Eintritt in die Jesusbruderschaft Gnadenthal.

GOGARTEN, Friedrich, D. 500
geb. 13.1.1887 Dortmund, gest. 16.10.1967 Göttingen, 1907 Kunstgeschichts- und Psychologiestudium in Münschen, 1908 Theologiestudium in Jena, Berlin und Heidelberg, 1912 erstes theologisches Examen, Synodalvikar in Stolberg/Rheinland, 1914 zweites theologisches Examen und Hilfsprediger in Bremen und Promotion, 1917 Pfarrer in Stelzendorf/Thüringen, 1924 Ehrenpromotion der Theologischen Fakultät der Universität Gießen, 1925 Pfarrer in Dorndorf/Saale und Privatdozent für Systematische Theologie in Jena, 1931 Professor für Systematische Theologie in Breslau in Breslau, 1933 Mitglied der Glaubenbewegung Deutsche Christen, nach Sportpalast-Skandal Austritt, 1935 Professor in Göttingen, 1955 Emeritus.

GOHDE, Jürgen 16
Pfarrer und Präsident des Diakonischen Werkes der Evangelischen Kirche in Deutschland in Stuttgart.

GOLD, Johanna 56, 303
Kindergärtnerin in Magdeburg (1937)

GOLTZ, Eduard Freiherr von der, Dr. theol. 762
geb. 31.7.1870 Langenbruck/Basel, gest. 7.2.1939 Greifswald, 1889 Theologiestudium in Berlin, Halle und Bonn, 1893 erstes theologisches Examen und theologische Promotion, Ordination, 1898 Pfarrer in Deyelsdorf/Grimmen, 1902 Habilitation und Privatdozent in Berlin, 1906 Direktor des Predigerseminars in Wittenburg/Westpreußen, 1907 außerordentlicher Professor für Praktische Theologie in Greifswald, 1912 ordentlicher Professor ebd., 1925 zugleich Konsistorialrat beim Evangelischen Konsistorium der Provinz Pommern in Stettin, 1929 auch Mitglied des Kirchensenats der Evangelischen Kirche der Altpreußischen Union.

GÖRING, Hermann 59, 88, 219, 221, 262, 394, 540, 655, 884 *(Bd. I, S. 555)*

GÖRLITZER, Artur 731
geb. 22.6.1893 Frankfurt/Oder, gest. unbekannt, Volksschule in Königswusterhausen, Seminarschule in Neuzelle, 1910 Gemeindeangestellter in Berlin-Lankwitz, 1914 Kriegsdienst, Verwundung und in französischer Gefangenschaft, 1919 Kriegsabitur, 1920 Entlassung aus der Gefangenschaft, 1921 Beamter im Finanzamt Berlin-Steglitz, 1928 Eintritt in die NSDAP, 1930 Führer des Bezirkes Süden des NSDAP-Gaues Groß-Berlin, 1932 Leiter der Inspektion West ebd. und Mitglied des Preußischen Landtages, 1933 Mitglied des Reichstages und Gauinspekteur des NSDAP-Gaues Groß-Berlin und Stellvertreter des Gauleiters *J. Goebbels (I)*, 1934 Preußischer Staatsrat, 1940 stellvertretender Oberbürgermeister der Reichshauptstadt Berlin, Mitglied des Aufsichtsrates der Deutschen Revisions- und Treuhand-Aktiengesellschaft in Berlin, Vorstand und Betriebsführer der Deutschlandhalle Aktiengesellschaft in Berlin, 1943 SA-Gruppenführer.

GÖRS, Paul 683, 719ff.
geb. 12.7.1891 Danzig, gest. 25.5.1947 Berlin, Gymnasium in Danzig, 1909 Jurastudium in Freiburg/Breisgau, München, Berlin und Königsberg, 1913 erstes juristisches Examen in Königsberg und Kriegsdienst, 1918 Entlassung aus dem Heer als Leutnant der Reserve, 1922 zweites juristisches Examen und Assessor, 1923 Konsistorialassessor beim Evangelischen Konsistorium der Provinz Pommern in Stettin, 1924 juristischer Hilfsarbeiter beim Evangelischen Konsistorium der Kirchenprovinz Sachsen in Magdeburg, 1925 Konsistorialrat ebd., 1926 Konsistorialrat beim Evangelischen Konsistorium der Kirchenprovinz Westfalen in Münster, 1929 Kon-

gisches Examen in Marburg und Kriegsdienst, 1915 Verwundung und Freigabe für den Pfarrdienst, 1916 Ordination in Oberkaufungen und Pfarrer in Walburg, 1925 Pfarrer und zweiter Vorsteher des Hessischen Diakonissenhauses in Kassel, auch Vorsitzender des Vereins für evangelische Kinderpflege für den Regierungsbezirk Kassel und des Evangelischen Kinderpflegeverbandes der Evangelischen Landeskirche von Kurhessen-Waldeck und in diesen Funktionen 1935 Mitglied des Vorstandes der Vereinigung evangelischer Kinderpflegeverbände Deutschlands, 1935 auch Vorsitzender des Verwaltungsrates des Landesverbandes der Inneren Mission in Hessen-Kassel (nach 1945 Kurhessen-Waldeck), 1946 Vorsteher des Hessischen Diakonissenhauses in Kassel, 1948 auch Vorsitzender des Kaiserswerther Verbandes Deutscher Diakonissenmutterhäuser, 1951 Titel Kirchenrat, 1954 Ehrenpromotion der Theologischen Fakultät der Universität Marburg, 1961 Ruhestand.

GROHÉ, Josef 615

geb. 6.11.1902 Gemünden/Simmern, gest. 27.12.1987 Köln, Volksschule in Gemünden, 1918 Schulentlassung und freiwillige Meldung bei der Kriegsmarine aber nicht mehr eingezogen, 1919 Volontär bei einer Eisenwarenhandlung in Köln und Besuch einer Handelsschule, 1922 kaufmännischer Angestellter bei einer Maschinenhandlung in Köln und Eintritt in die NSDAP, 1923 Leiter der Einkaufsabteilung einer Armaturenfabrik in Köln, Beteiligung am „Ruhrkampf", Flucht nach München, 1924 wieder in Köln und nach NSDAP-Verbot Gründung des Deutschvölkischen Wahlvereins, 1925 Wiedereintritt in die NSDAP und stellvertretender Gauleiter des NSDAP-Gaues Rheinland-Süd als Stellvertreter von *R. Ley (I)* und Schriftleiter des Westdeutschen Beobachters, 1929 Stadtverordneter in Köln, 1931 nach Gauneugliederung Gauleiter des NSDAP-Gaues Köln-Aachen, 1932 Mitglied des Preußischen Landtages, 1933 Mitglied des Reichstages und Preußischer Staatsrat, 1939 Beauftragter des Reichsverteidigungskommissars in Köln-Aachen, 1941 Kriegsverdienstkreuz 1. Klasse, 1942 Reichsverteidigungskommissar, 1944 Reichskommissar für die besetzten Gebiete von Belgien und Nordfrankreich, 1945 Flucht nach Thüringen und Sachsen, 1946 Verhaftung in Holzhausen/Hofgeismar und britische Haft in Düsseldorf, 1947 in belgischer Gefangenschaft, 1949 Untersuchungshaft in Bielefeld, 1950 Verurteilung als Belasteter (Aktivist) durch Spruchkammer Bielefeld zu viereinhalb Jahren Haft und Erlaß des Strafrestes mit dreijähriger Bewährung, Firmenvertreter in Köln.

GRONE, Agnes von 313 *(Bd. I, S. 556)*

GRÖSCHEL, Lisette 110f.

geb. 18.11.1897 Forchheim, gest. 31.3.1983 Augsburg, 1922 Eintritt in die Evangelische Diakonissenanstalt Augsburg, 1923 Kindergärtnerinnenausbildung im Kindergärtnerinnenseminar ebd., 1924 Kindergärtnerin im evangelischen Kindergarten in Lechhausen, 1926 im Mutterhaus der Evangelischen Diakonissenanstalt Augsburg und 1927 Einsegnung zur Diakonisse, 1932 Kindergärtnerin im Kindergarten der Kirchengemeinden St. Lorenz in Nürnberg und St. Ulrich in Augsburg, 1933 im evangelischen Kindergarten in Stammbach/Oberfranken, 1938 im evangelischen Kindergarten in Wassertrüdingen, 1939 im Kindergarten in Sulzbach, 1965 Hausmutter in der Kirchengemeinde Feucht, 1969 im Feierabend im Mutterhaus.

GROSS, Alfred 32

geb. 18.7.1893 Bamberg, gest. 23.12.1949 Erlangen, Volksschule in Bamberg, 1906 Lehrerbildungsanstalt ebd., 1912 Lehrerpraktika und Besuch des ersten Heilpädagogischen Kurses in Hannover, 1914 Kriegsdienst, 1919 Entlassung aus dem Heer und Schuldienst im Fichtelgebirge und Berufung an die neugegründete Hilfsschule in Erlangen zunächst als Lehrer und dann als Hauptlehrer, 1925 Eintritt in die NSDAP, 1929 NSDAP-Ortsgruppenleiter in Erlangen und Mitglied des Stadtrates ebd., 1932 NSDAP-Kreisleiter ebd. 1933 ehrenamtlicher Zweiter Bürgermeister ebd., 1934 Oberbürgermeister ebd., 1938 mit Sonderauftrag in Österreich und (April) wieder Oberbürgermeister und NSDAP-Kreisleiter in Erlangen, 1944 Beurlaubung vom Amt des Oberbürgermeisters auf Weisung der Parteizentrale wegen Vorrang der Kreisleitung, 1945 (April) Flucht vor US-Truppen nach München, Verhaftung (Mai) in Weißenburg und Internierung, 1948 Entlassung wegen Haftunfähigkeit, 1949 Entnazifizierungsverfahren mit Einstufung als Belasteter (Aktivist) durch Spruchkammer Nürnberg und Verurteilung zu drei Jahren durch Internierung abgegoltener Lagerhaft, 1950 Einstufung als Minderbelasteter durch Revisionsinstanz.

GRUHL, Otto 683, 719f.

geb. 14.2.1869 Mülheim/Ruhr, gest. 14.4.1964 Wiesbaden, Gymnasium in Mülheim und Berlin, 1888 Theologiestudium in Tübingen, Halle und Berlin, 1892 erstes theologisches Examen in Berlin, 1893 Militärdienst und Predigerseminar in Wittenberg, 1894 zweites theologisches Examen in Berlin und weiterhin im Predigerseminar, 1895 Studienreise nach England, 1896 Stadtvikar an Sophien in Berlin, 1897 Hilfsprediger in Klein-Schönebeck bei Berlin, 1899 Divisionspfarrer in Danzig, 1901 Pfarrer an der Kadettenanstalt in Potsdam, 1906 Militärpfarrer in Berlin, 1910 in Frankfurt/Oder, 1914 Pfarrer an der Hauptkadettenanstalt in Berlin, 1918 Konsistorialrat beim Konsistorim der Kirchenprovinz Westpreußen in Danzig, 1921 Konsistorialrat beim Evangelischen Oberkirchenrat Berlin, 1930 Oberkonsistorialrat beim Evangelischen Konsistorium der Mark Brandenburg in Berlin, 1934 Versetzung in den Ruhestand, weiterhin kommissarische Tätigkeit im Konsistorium ebd., 1936 Ruhestand, 1939 wieder kommissarische Tätigkeit für *K. Schlabritzky (I)*, 1944 endgültiger Ruhestand.

GRUNWALD, Albrecht 137, 139ff., 146

geb. 23.11.1883 Zeilitzheim, gest. 25.12.1976 Nördlingen, 1904 Theologiestudium in Erlangen und Tübingen, 1908 Militärdienst und erstes theologisches Examen sowie Vikar in Bettwar, 1909 in Baldingen, 1910 Ordination und Pfarrverwalter ebd., 1911 Vikar in Eckersmühlen und an St. Jakob II in Nürnberg und Pfarrverwalter in Nördlingen, 1913 zweites theologisches Examen, 1914 Pfarrverwalter in Pommelsbrunn und Schönberg und Pfarrer in Wonsees II, 1916 in Dürrenmungenau, 1933 Eintritt in die NSDAP, 1937 Pfarrer in Kornburg, 1940 in Nähermemmingen, 1945 Versetzung in den Wartestand, 1950 Ruhestand.

GRUNZ, Gertrud 713

geb. 14.7.1896 Berlin, gest. 28.12.1963 ebd., Sekretärin in der Abteilung I der Zentralstelle für Volkswohlfahrt in Berlin, 1920 Archivarin und soziale Hilfsarbeiterin beim Deutschen Zentralausschuß für die Auslandshilfe in Berlin, 1921 wieder bei der Zentralstelle für Volkswohlfahrt in Berlin, 1926 Referentin für Archiv und Statistik in der Abteilung Propagandadienst des Central-Ausschusses für die Innere Mission in Berlin unter *W. Engelmann (I)*, 1936 Betriebsobmann der Deutschen Arbeitsfront ebd., 1937 Eintritt in die NSDAP, 1948 Auszeichnung mit der Wichernplakette, 1957 Referentin in der Berliner Stelle des Diakonischen Werkes der

Evangelischen Kirche in Deutschland, 1961 Ruhestand und Beauftragung „das Archiv im Reichensteiner Weg [Geschäftsstelle des Central-Ausschusses und nun der Berliner Stelle] wieder in Ordnung zu bringen".

GÜLZOW, Gerhard 466, 483
geb. 28.10.1904 Liepgarten/Ückermünde, gest. 8.12.1980 Lübeck, 1922 Theologiestudium in Leipzig und Greifswald, 1926 erstes theologisches Examen in Stettin und Vikar, 1928 zweites theologisches Examen ebd. und Hilfsprediger, 1930 Ordination in Stettin und Pfarrer in Kallies/Dramburg, 1933 Eintritt in die NSDAP, 1934 Pfarrer an St. Marien in Danzig und Oberkonsistorialrat im Evangelischen Konsistorium der Evangelischen Kirche der Freien Stadt Danzig (ab 1940 Kirchengebiet Danzig-Westpreußen) und Stellvertreter des Bischofs, 1945 Pfarrer an der Lutherkirche in Lübeck, 1946 zugleich stellvertretender Vorsitzender im Ostkirchenausschuß, 1951 Vorsitzender ebd., 1970 Ruhestand.

GUNKEL, Hermann. Dr. theol., Dr. phil. 761 *(Bd. I, S. 556f.)*

GUNST, Lina 78, 84
geb. 20.1.1898 Herbede, gest. 28.12.1974 Witten, Volksschule in Herbede, Hilfe in verschiedenen Haushalten, 1920 Eintritt in das Diakonissenhaus für die Grafschaft Mark und das Siegerland in Witten, 1921 Kindergärtnerinnenexamen ebd. und Kindergärtnerin im Seminarkindergarten, 1923 in Gelsenkirchen, 1925 Einsegnung zur Diakonisse, 1927 Kindergärtnerin in Kreuztal, 1931 in Lünen, 1936 in Hattingen, 1937 (April) in Ahlen, 1938 (Februar) in Berleburg, 1939 Erzieherin im Evangelischen Synodal-Kinderheim in Wanne-Eickel, 1940 im Kinderheim in Wattenscheid, 1941 katechetischer Dienst in Freudenberg, 1942 in Soest und in Burbach, 1952 Dienst im Mutterhaus in Witten, 1968 im Feierabend im Mutterhaus.

GUSTAVUS, Walter, Dr. iur. 77, 399, 448
geb. 1.12.1892 Vietz/Landsberg(Warthe), gest. 18.5.1945 Landsberg/Warthe, nach Jurastudium 1914 erstes juristisches Examen und Gerichtsreferendar, dann Kriegsdienst, 1922 zweites juristisches Examen, 1923 Assessor und juristischer Hilfsarbeiter beim Evangelischen Oberkirchenrat Berlin, 1925 juristischer Hilfsarbeiter beim Deutschen Evangelischen Kirchenbundesamt in Berlin, 1926 Konsistorialrat ebd., 1928 Oberkonsistorialrat ebd., 1933 Eintritt in die NSDAP, 1934 Oberkonsistorialrat beim Evangelischen Konsistorium der Mark Brandenburg in Berlin durch *A. Jäger (I)*, Mitglied der NSV, Mitglied des NS-Rechtswahrerbundes, des Reichsbundes der Deutschen Beamten sowie des NS-Kriegerbundes, 1935 Rückkehr in die Kirchenkanzlei der Deutschen Evangelischen Kirche und Vorsitzender der Finanzabteilung bei der Kirchenkanzlei als Vorgänger von *F. Werner (II)*, 1937 Ausscheiden aus dem Vorsitz, 1940 Vertreter der Deutschen Evangelischen Kirche im Vorstand des Central-Ausschusses für die Innere Mission und Kriegsdienst, zeitweise Wehrmachtsrichter, 1945 (Mai) in sowjetischer Gefangenschaft und wahrscheinlich im Lager Landsberg/Warthe umgekommen.

HAAG, David 150 *(Bd. I, S. 557)*

HAFA, Walter 304ff., 316, 330, 499, 507f., 510f., 513, 887
geb. 6.4.1873 Neusalz/Oder, gest. 3.11.1940 Herrnhut, 1892 Studium am Theologischen Seminar der Evangelischen Brüdergemeine in Gnadenfeld/Oberschlesien, 1896 Lehrer in Niesky und Herrnhut, 1899 Studienaufenthalt in England und Rektorexamen in Tondern/Nordschleswig, 1899 Lehrer in Christiansfeld/Nordschles-

wig, 1902 Direktor der Mädchenschule der Evangelischen Brüdergemeine in Gnadau, 1908–1909 mitbeteiligt an Mädchenschulreform in Preußen, 1926 Mitbegründer der Evangelischen Schulvereinigung und deren Geschäftsführer, in dieser Zeit auch Ausbau Gnadaus zum Lehrerinnen-Seminar und zur Oberschule, 1929 Direktor im Central-Ausschuß für die Innere Mission als Geschäftsführer der Evangelischen Schulvereinigung, 1932 Übernahme der Leitung der Lutherschule des Lehmgrubener Diakonissen-Mutterhauses in Breslau und im Nebenamt geschäftsführender Direktor der Evangelischen Schulvereinigung, 1938 Vorsitzender der Arbeitsgemeinschaft für evangelisch-kirchliche Erziehung und Unterweisung, 1939 Ruhestand.

HAGE, Hermann 577
geb. 3.6.1884 Osterwieck/Harz, gest. 16.5.1954 Magdeburg, Fürstlich-Stolbergsches Gymnasium in Wernigerode, 1903 Theologiestudium in Greifswald und Halle, 1907 erstes theologisches Examen in Halle, 1909 zweites theologisches Examen in Magdeburg und Ordination sowie Hilfsprediger in Aschersleben, 1910 Pfarrer in Gardelegen, 1915 Geschäftsführender Geistlicher der Gefängnisgesellschaft Sachsen-Anhalt in Halle, 1921 Pfarrer an St. Michael in Zeitz und Superintendent des Kirchenkreises Zeitz, 1928 Konsistorialrat beim Evangelischen Konsistorium der Kirchenprovinz Sachsen in Magdeburg, 1933 Direktor und Ephorus des Predigerseminars Wittenberg, 1935 Konsistorialrat beim Evangelischen Konsistorium der Kirchenprovinz Sachsen in Magdeburg, 1938 Oberkonsistorialrat ebd.

HAGEN, Elise von der 95
geb. 3.6.1868 Berlin, gest. 21.11.1945 Nackel/Friesack, Wappenmalerin, Bewirtschaftung des elterlichen Gutes in Nackel/Friesack.

HAGEN, Willi Ernst 560, 649f., 657f., 674, 683, 713, 742, 788, 793, 810, 813–818, 825, 828, 846
geb. 10.9.1885 Eberswalde, gest. 16.1.1952 Berlin, 1908 Ausbildung an der Diakonenanstalt in Duisburg und am Seminar der Evangelischen Missionsgesellschaft in Basel, 1914 Ordination und Ausreise nach Togo, 1915 Kriegsdienst, zuletzt Feldgeistlicher und Divisionspfarrer, 1919 Volksmissionar in der Evangelistischen Abteilung der Abteilung Volksmission des Central-Ausschusses für die Innere Mission, 1933 Verwalter der Pfarrstelle in Flötenstein/Schlochau (Grenzmark), 1936 je mehrmonatige volksmissionarische Tätigkeit in Jugoslawien, 1941 Verwaltung der Pfarrstelle Mariensee/Danzig, 1941 kommissarischer geschäftsführender Direktor des Central-Ausschusses für die Innere Mission in der Nachfolge von *H. Schirmacher (I)*, ab 1943 gleichzeitig kommissarischer geschäftsführender Direktor des Gesamtverbandes der Berliner Inneren Mission in der Nachfolge von *F. Ulrich (I)* und als Vorgänger von *Th. Wenzel (I)*, 1945 zweiter Direktor im Central-Ausschuß für die Innere Mission und Pfarrer des Gesamtverbandes der Berliner Inneren Mission und Mitglied dessen Vorstandes, 1948 Mitglied des Vorstandes des Central-Ausschusses für die Innere Mission.

HAHN, Kurt 594
geb. 2.2.1902 Silberhütte/Harz, gest. 23.8 1984 Groß-Umstadt, Realschule in Köthen und Hirschberg/Saale, 1916 kaufmännisch-technische Ausbildung, 1918 Kriegsdienst, 1919 Entlassung aus dem Heer als Oberleutnant, 1921 kaufmännischer Angestellter in Hamburg, Erfurt und Frankfurt/Main, 1930 Eintritt in die NSDAP, 1934 NSV-Ortsgruppenamtsleiter in Frankfurt-Bockenheim, 1939 NSV-Kreisamts-

leiter im NSDAP-Kreis Groß-Frankfurt/Main, nach 1945 wieder in kaufmännischer Tätigkeit.

geb. 21.3.1882 Bechlingen/Wetzlar, gest. 1.10.1957 Wiesbaden, Theologiestudium in Greifswald, Halle und Marburg, 1906 erstes theologisches Examen, 1908 zweites theologisches Examen, 1910 Ordination und Hilfsprediger an der Ringkirche in Wiesbaden, 1911 Pfarrer in Hahnstätten, 1922–1932 Mitglied der verfassunggebenden Synode für Nassau, 1928 Pfarrer an der Ringkirche in Wiesbaden, 1934 Mitglied des Landesbruderrates und Präses der Bekenntnissynode von Hessen und Nassau, 1945 Dekanatsverwalter des Dekanates Wiesbaden und Mitglied der vorläufigen Leitung der Evangelischen Landeskirche in Nassau, 1947 Mitglied der verfassunggebenden Synode für Hessen und Nassau und Synodalvorstandsmitglied, 1950 Oberkirchenrat und Stellvertreter des Kirchenpräsidenten *M. Niemöller (I)* der Evangelischen Kirche in Hessen und Nassau.

geb. 22.5.1899 Elberfeld, gest. 14.5.1975 Detmold, Theologiestudium, Examina, 1927 Direktor der Volkshochschule Saarbrücken, 1934 Entlassung und Lehrertätigkeit, 1937 Leiter des Katechetischen Seminars der Bekennenden Kirche in Berlin-Zehlendorf und Referent für den kirchlichen Unterricht und für Laienzurüstung im Bruderrat der Evangelischen Kirche der Altpreußischen Union, 1944 Ordination und Pfarrer in Falkenhagen/Lippe, 1946 Professor und Rektor der Pädagogischen Akademie Wuppertal, 1959 Ruhestand.

Ausbildung als Speditionskaufmann, Studium der Sozialpädagogik, Studium und Promotion beim Fachbereich Erziehungswissenschaften der Universität Marburg.

geb. 20.11.1891 Bellin/Königsberg (Neumark), gest. 27.6.1985 Mölln, Gymnasium in Schwedt/Oder, 1910 Theologiestudium in Berlin, 1914 Kriegsdienst, 1919 erstes theologisches Examen in Berlin, 1920 zweites theologisches Examen ebd., 1921 Ordination und Hilfsprediger in Reetz/Belzig und an der Gethsemanekirche in Berlin und Pfarrer in Seeger, 1931 Vereinsgeistlicher des Provinzial-Vereins für Innere Mission in Pommern in Stettin neben *W. Langkutsch (II)*, 1931 Pfarrer und Superintendent in Kolberg, 1945 Flucht und vertretungsweise an St. Marien in Flensburg, 1946 Pfarrer ebd., 1961 Ruhestand.

geb. 24.8.1903 Lauban/Schlesien, gest. Juni 1945 Nová Ves/Tschechoslowakei, Gymnasium mit Obersekundaabschluß, Deutsche Müllerschule in Dippoldiswalde, in der Mühlenindustrie, Besuch des Berufspädagogischen Instituts in Berlin, 1928 Gewerbelehrer ebd. und Eintritt in die NSDAP, 1931 Entlassung aus dem Schuldienst und hauptamtliche Tätigkeit in der NSDAP als Ortsgruppenführer sowie als Gau- und Betriebszellenredner, 1932 Mitglied des Preußischen Landtages, dann auch Mitglied des Reichstages und Hauptamtsleiter in der Reichspropagandaabteilung der NSDAP sowie persönlicher Referent von *J. Goebbels (I)*, 1937 Mitglied des Reichskultursenats sowie dessen Zweiter Vizepräsident und Ministerialdirektor im Reichsministerium für Volksaufklärung und Propaganda, 1938 Staatssekretär ebd. und Goldenes Ehrenzeichen der NSDAP, 1939 Kriegsdienst, 1941 Gauleiter des

NSDAP-Gaues Niederschlesien und Oberpräsident in der Nachfolge von *J. Wagner (I)*, 1942 Reichsverteidigungskommissar und SS-Gruppenführer, 1945 Auszeichnung mit Goldenem Kreuz des Deutschen Ordens durch *A. Hitler* wegen „Verteidigung" Breslaus und dann testamentarisch zum Nachfolger vom aus allen Ämtern gestoßenen *H. Himmler (II)* bestimmt, im Mai 1945 von tschechischen Partisanen im Lager Jirkov gefangen gesetzt, bei Fluchtversuch erschossen und/ oder erschlagen.

HANSCHKATZ, Walter 688 *(Bd. I, S. 557)*

HANSEL, Heinrich 34

geb. 31.5.1905 Büdingen/Hessen, gest. 8.5.1945 Berlin, Schulbesuch in Büdingen, 1927 Verwaltungspraktikant der Landesversicherungsanstalt in Darmstadt, 1933 Eintritt in die NSDAP und zu einem nicht feststellbaren Zeitpunkt als Verwaltungsoberinspektor Freistellung zur Übernahme der Tätigkeit des NSV-Kreisamtsleiters in Darmstadt, 1945 Suizid.

HANSEN, Eckehardt 23 *(Bd. I, S. 558)*

HAPPICH, Friedrich, D. 588f. *(Bd. I, S. 558)*

HARDIEK, Karl 159

geb. 29.5.1877 Lübbecke, gest. 25.5.1943 Göttingen, Gymnasium in Warendorf, 1897 Theologiestudium in Erlangen, Halle, Bonn, 1901 erstes theologisches Examen in Münster und Vikar in Werther, 1903 zweites theologisches Examen und Ordination und Hilfsprediger in Harpen (Bochum), 1907 Pfarrer ebd., 1916 in Essen-West, 1934 in Monzingen, 1938 Ruhestand.

HARDT, Rudolf 625f., 629

geb. 22.3.1900 Hagen, gest. 29.10.1959 Bethel, Gymnasium in Metz, 1918 Theologiestudium in Frankfurt/Main, Gießen und Marburg, 1924 erstes theologisches Examen in Münster und Vikar ebd. und in Frankfurt/Main, 1926 zweites theologisches Examen in Münster und Hilfsprediger in Bochum sowie Ordination ebd., 1927 Pfarrer ebd. und zugleich Geschäftsführer des Evangelisch-Kirchlichen Jugend- und Wohlfahrtsamtes ebd., 1939 Konsistorialrat beim Evangelischen Konsistorium der Kirchenprovinz Westfalen in Münster, 1946 Leiter der Anstalten Bethel als Nachfolger *F. von Bodelschwinghs (I)* und Vorsitzender des Westfälischen Provinzialverbandes für Innere Mission als Nachfolger von *J. Hymmen (II)*.

HARMSEN, Hans, Dr. med. habil., Dr. phil. 355f., 375 *(Bd. I, S. 558f.)*

HARNACK, Adolf von, Dr. theol., Dr. phil., D. 761 *(Bd. I, S. 559)*

HARRIS, Arthur Travers 836

geb. 13.4.1892 Cheltenham, gest. 5.4.1984 Goring/Oxfordshire, 1915 Kriegsfreiwilliger und Einsatz in Rhodesien, 1916 beim Royal Flying Corps, 1918 Berufsoffizier und Major, Einsätze im Nahen Osten und in Indien als Bomberexperte, 1933 im Stab der RAF, 1939 Kommandeur der 5. Bomber Group, 1942 Airmarshall des Bomber Commands der RAF, 1946 Manager in Südafrika, 1953 Sir Harris.

HARTMANN, Karl, Dr. iur. 28

geb. 7.10.1873 Hückeswagen, gest. 4.9.1964 Schönau/Berchtesgaden, 1893 Jurastudium in Berlin, Bonn und Leipzig, 1897 erstes juristisches Examen und Promotion in Erlangen, Referendar bei verschiedenen Industrieunternehmen, 1902 zweites juristisches Examen und Assessor in Bielefeld und bei der Stadtverwaltung Elberfeld, 1903 bei der Rheinischen Provinzialverwaltung und Beigeordneter in Mülheim/Ruhr, 1909 Beigeordneter in Duisburg, 1914 Wahl zum Bürgermeister in Remscheid, 1915 Ernennung zum Oberbürgermeister, Mitgliedschaften in verschiedenen Zusammenschlüssen und Interessenvertretungen der kommunalen Verwaltung, 1933 Eintritt in die NSDAP, 1937 Ehrenbürger von Remscheid und „aus Gesundheitsgründen" freiwilliges Ausscheiden aus dem Amt, 1943 Abteilungsleiter beim Regierungspräsidenten Köln-Aachen, 1945 endgültig aus dem Amt, 1946 Aberkennung der Ehrenbürgerschaft, 1953 Wiederverleihung, 1963 Verleihung der Goldenen Bürgermedaille.

HARTWICH, Nora 713

geb. Caspar, 16.11.1868 Heiligenstadt/Worbis, gest. 11.12.1944 Wien, 1918 Geschäftsführerin der Vereinigung evangelischer Frauenverbände Deutschlands unter Vorsitz von *M. von Tiling (I)*, 1923 auch Geschäftsführerin des Reichsverbandes evangelischer Jugend-Erholungs- und Heilstätten und zugleich Referentin im Central-Ausschuß für die Innere für Frauenarbeit unter *J. Steinweg (I)* und für Jugenderholungsfürsorge unter *A. Stahl (I)*, 1938 Wichernplakette und Ruhestand.

HASSE, Hans-Joachim 581ff.

geb. 10.11.1910 Berlin-Treptow, Gymnasium in Berlin, 1928 Jurastudium in Freiburg/Breisgau und Königsberg, 1931 Eintritt in die NSDAP und wenige Monate später Austritt, 1932 erstes juristisches Examen in Königsberg und Referendar in Königs Wusterhausen und Berlin und Wiedereintritt in die NSDAP, NSV-Mitglied und Mitglied des NS-Rechtswahrerbundes, 1936 zweites juristisches Examen in Berlin und Assessor ebd., 1938 Regierungsrat im Reichsministerium für Wirtschaft, 1942 stellvertretender Landrat in Wolmirstedt, 1943 Landrat ebd.

HAUFFE, Hellmut 692 *(Bd. I, S. 559)*

HAUG, Wilhelm 35f., 263, 392, 398, 409, 411, 607, 738, 878

geb. 28.5.1904 Lich/Gießen, gest. 5.6.1940 Villers/Frankreich, Oberrealschule in Gießen, 1922 in der „Wiking-Jugend", 1923 Beteiligung am „Ruhrkampf" und Verwaltungsanwärter, 1925 Eintritt in die NSDAP, 1926 Staatsexamen als Verwaltungsbeamter im mittleren Dienst, in den Kreisämtern Büdingen, Offenbach, Gießen und Darmstadt, auch Gauredner der NSDAP, 1930 im Kreiswohlfahrtsamt Darmstadt, 1932 Mitglied des Hessischen Landtages, 1933 (Januar) Bürochef beim Sonderkommissar für das hessische Polizeiwesen *W. Best (II)*, 1933 (April) Wohlfahrtsdezernent und Bürgermeister in Darmstadt und NSV-Gauamtsleiter des NSDAP-Gaues Hessen-Nassau, 1938 hauptamtlicher NSV-Gauamtsleiter als Vorgänger von *F. Fuchs (II)*, 1939 Kriegsdienst, gefallen.

HAUGG, Werner 147, 153, 413, 640, 699f., 748, 801f., 808, 813f., 817

geb. 20.2.1908 Berlin-Schöneberg, gest. 9.4.1977 Bad Wildungen, Gymnasium in Berlin, 1926 Jurastudium in Berlin, 1930 erstes juristisches Examen und Referendar im Bezirk des Kammergerichts Berlin, 1933 Eintritt in die NSDAP, 1934 zweites juristisches Examen und Gerichtsassessor am Landgericht Berlin, 1935 Berufung in das Reichs- und Preußische Ministerium für die kirchlichen Angelegenheiten, 1937 Regierungssrat und Oberregierungsrat im Referat „Partei und Kirche", 1938 auch im Referat „Kirchliches und religiöses Leben", 1945 kurzzeitig Wissenschaftlicher Mitarbeiter der Lutherhallenstiftung zu Wittenberg und Justitiar des Bundes evangelisch-freikirchlicher Gemeinden, Mitglied der FDP, 1948 Dezernentenvertretung im Provinzialschulkollegium Düsseldorf, 1949 Regierungsrat und Dezernent ebd., 1951 Generalreferent für Schulrecht ebd., 1952 Oberregierungsrat, 1955 Regierungsdirektor, 1956 Abteilungsleiter der Abteilung Wissenschaft, Forschung und geistliche Angelegenheiten im Kultusministerium des Landes Nordrhein-Westfalen in Düsseldorf, 1957 Ministerialdirigent, 1959 Abteilungsleiter der Abteilung Forschung ebd. mit Freistellung vom Dienst, 1961 stellvertretender Leiter des Landesamtes für Forschung, 1973 Ruhestand.

HEIGL, Paul, Dr. phil. 223, 225
geb. 29.4.1887 Marburg/Drau, gest. 8.4.1945 Wien, Gymnasium in Innsbruck, Trient und Triest, Geschichts-, Geographie- und Philosophiestudium in Graz, München und Wien, 1910 philosophische Promotion in Graz, 1912 Assistent am Institut für Geschichtsforschung der Universität Wien und Beamter an der Wiener Universitätsbibliothek, 1914 Kriegsdienst, 1918 Entlassung als Hauptmann, 1920 Aufbau einer völkisch-nationalen Studentenschaft, 1928 Studentenfreikorps Wien, 1931 im Steirischen Heimatschutz Wien, 1933 Eintritt in die NSDAP, 1934 wegen illegaler Betätigung der NSDAP in Haft, 1935 Entlassung aus der Haft und aus dem Staatsdienst, Bibliotheksrat an der Universitätsbibliothek in Greifswald, 1938 nach dem „Anschluß" Generaldirektor der Wiener Nationalbibliothek und Leiter der „Arbeitsgemeinschaft für freie Wohlfahrtspflege in der Ostmark" und Eintritt in SS, 1942 SS-Standartenführer, vermutlich Suizid.

HEIKE, Hans 656f.
geb. 2.8.1890 Banteln, gest. 14.1.1959 Hannover, nach Theologiestudium 1914 erstes theologisches Examen, nach Vorbereitungsdienst 1917 zweites theologisches Examen und Ordination und Hilfsgeistlicher in Osnabrück, 1918 in Hamburg-Altenwerder, 1920 an St. Stephani in Goslar, 1921 Pfarrer in Adenstedt, 1930 in Nienburg, 1957 Ruhestand.

HEIMERDINGER, Georg 695f.
geb. 6.6.1875 Schweidnitz, gest. 5.11.1967 Rathenow, Gymnasium in Aschersleben, Theologiestudium in Halle und Berlin, 1903 Ordination und Pfarrer in Schillingstedt/Thüringen, 1907 an St. Marien-Andreas in Rathenow, 1916 Oberpfarrer ebd., 1924 auch Superintendent des Kirchenkreises Rathenow, Mitglied des Vorstandes des Brandenburgischen Hauptvereins des Evangelischen Bundes, 1933 Mitglied der Bekennenden Kirche und des Pfarrernotbundes, 1951 in Ruhestand und Auftrag zur Seelsorge am Kreiskrankenhaus Rathenow, 1959 Beendigung des Auftrags.

HEINRICH, Johannes, Dr. iur. 65f., 72, 91, 100, 102, 117f., 121ff., 151, 173, 175, 356f., 361f., 367, 443, 486f., 536, 666, 680f., 692, 696ff., 710, 719f., 723, 727f., 734, 775, 786 *(Bd. I, S. 560)*

HELLDORFF, Wolf Heinrich Graf von 790
geb. 14.10.1896 Merseburg, gest. 15.8.1944 Berlin-Plötzensee, 1914 Kriegsdienst und verschiedene hohe militärische Auszeichnungen, 1918 als Offizier Entlassung aus dem Heer, 1919 Freikorps Lützow und Freikorps Roßbach, 1920 Beteiligter am Kapp-Putsch als Stoßtruppführer des Freikorps Roßbach, kurzzeitig im Exil in Italien, Tätigkeit als Landwirt, 1926 Eintritt in die NSDAP, 1931 Brigadeführer der SA im NSDAP-Gau Berlin, 1932 Mitglied des Preußischen Landtages, 1933 Polizeipräsident in Potsdam und Mitglied des Reichstages, General der Polizei sowie SA-Gruppenführer auch in Brandenburg und SS-Gruppenführer in Berlin und Brandenburg, 1935 Polizeipräsident in Berlin und SA-Obergruppenführer und SS-Obergruppenführer, seit 1938 Verbindung zum militärischen Widerstand, 1944 im Kreis der Verschwörer des Attentats am 20. Juli, Verhaftung und Hinrichtung im Gefängnis Plötzensee durch Erhängen.

HENKE, Wilhelm, D. 333
geb. 23.6.1897 Bevern/Holzminden, gest. 3.9.1981 Bückeburg, Theologiestudium, 1923 Ordination und Hilfsprediger in Großheidendorn/Schaumburg-Lippe, 1924 Pfarrer in Altenhagen-Hagenburg und Landesjugendpfarrer, 1929 Pfarrverweser in Bückeburg, 1933 Landessuperintendent und Präsident des Landeskirchenamtes und Leitender Geistlicher der Evangelisch-lutherischen Landeskirche von Schaumburg-Lippe, 1948 Landesbischof, 1966 Ruhestand..

HERBST, Wilhelm, Lic. theol, Dr. phil. 322f.
geb. 12.6.1891 Ansbach, gest. 7.6.1957 Berlin, Gymnasium in Barmen, 1910 Theologiestudium in Erlangen und Halle und Dienst „mit der blauen Schürze" in Bethel, 1913 philosopische Promotion in Erlangen, 1914 erstes theologisches Examen in Koblenz, 1916 zweites theologisches Examen in Koblenz und Hilfsprediger in Essen, 1917 Pfarrer in Überruhr, 1921 theologische Promotion in Breslau, 1922 Privatdozent in Greifswald, 1929 Pfarrer im Elisabeth-Diakonissen- und Krankenhaus in Berlin, 1936 kommissarischer Direktor des Prediger-Seminars in Frankfurt/Oder, 1939 Pfarrer und Rektor des Diakonissenhauses Gallneukirchen/Österreich, 1941 Pfarrer an der Heilandskirche in Berlin-Moabit, 1952 an der Kreuzkirche in Berlin-Wilmersdorf.

HERDIECKERHOFF, Reinhard 746f., 803
geb. 7.8.1896 Unna, gest. 2.4.1986 Braunschweig, Realgymnasium in Unna, 1914 Kriegsdienst, Theologiestudium in Halle, Göttingen, Berlin und Münster, 1920 erstes theologisches Examen und Predigerseminar in Soest, Vikar in Eickel und Öspel, 1921 zweites theologisches Examen und Inspektor am Kirchlichen Auslandsseminar in Witten, 1922 Ordination und Pfarrer in Jöllenbeck, 1924 in Gudersleben/Harz, 1927 in Essen-Steele, 1932 in Drackenstedt, 1936 Direktor des Evangelischen Vereins für Innere Mission Braunschweig, 1945 Mitglied der Kirchenleitung der Braunschweigischen evangelisch-lutherischen Kirche, 1947 Bevollmächtigter für das Hilfswerk der Evangelischen Kirche in Deutschland, Mitglied der Diakonischen Konferenz, 1956 Kirchenrat, 1959 Leiter der Evangelischen Akademie Braunschweig und Leiter der Sydower Bruderschaft, 1962 Ruhestand, 1970 Ausscheiden aus der Leitung der Evangelischen Akademie Braunschweig, 1974 Ausscheiden aus der Leitung der Sydower Bruderschaft.

HERMANN; Theodor 46, 245 *(Bd. I, S. 560)*

HERMENAU, Hans, Lic. theol. h. c. 97, 313, 734 *(Bd. I, S. 560f.)*

HERNTRICH, Volkmar, Dr. theol., D., DD. 505, 526
geb. 8.10.1908 Flensburg, gest. 14.9.1958 Nauen, Gymnasium in Flensburg, 1927 Theologiestudium in Tübingen, Berlin und Kiel, 1931 erstes theologisches Examen und Promotion und Predigerseminar in Preetz, 1932 Ordination und Habilitation und Privatdozent in Kiel, 1933 auch Pfarrer der Bugenhagen-Gemeinde in Kiel und Miglied der Bekennenden Kirche und des Pfarrernotbundes, 1934 Entzug der Lehrerlaubnis und Dozent an der Theologischen Schule Bethel, 1939 kommissarische Leitung des Evangelischen Reichsverbandes weiblicher Jugend mit seiner Zentrale im Burckhardthaus in Berlin-Dahlem, 1940 Leiter ebd. als Nachfolger von *O. Riethmüller (I)*, 1943 zugleich Hauptpastor an St. Katharinen in Hamburg, 1945 Ausscheiden aus dem Burckhardthaus, 1946 auch Leiter der Alsterdorfer Anstalten, 1947 Oberkirchenrat, 1948 Vorsitzender des Vereins für Innere Mission, Hamburg, 1949 Professor für Altes Testament an der Kirchlichen Hochschule Hamburg,

später Rektor der Universität Hamburg, 1953 Vorsitzender des Diakonischen Beirates der Evangelischen Kirche in Deutschland, 1954 Mitglied des Zentalausschusses des Ökumenischen Rates der Kirchen, 1956 Landesbischof der Hamburgischen Landeskirche, 1957 Vorsitzender des Diakonischen Rates des Diakonischen Werkes der Evangelischen Kirche in Deutschland, auf dem Weg nach Berlin tödlich verunglückt.

HERRMANN, Walter 680f.

geb. 30.1.1894 Berlin, gest. 31.5.1967 Braunschweig, Leibniz-Gymnasium in Berlin, 1912 Theologiestudium in Berlin, 1915 Kriegsdienst, schwer verwundet, 1916 Wiederaufnahme des Studiums, 1918 erstes theologisches Examen in Berlin, 1919 zweites theologisches Examen und Ordination ebd., Hilfsprediger in Berlin-Reinickendorf, 1921 Pfarrer in Brätz/Meseritz (Grenzmark), 1927 an der Lutherkirche in Landsberg/Warthe, 1929 an der Melanchthonkirche in Berlin-Spandau, 1932 Mitglied der Glaubensbewegung Deutsche Christen, 1933 Eintritt in die NSDAP, 1934 Konsistorialrat im Evangelischen Konsistorium der Mark Brandenburg in Berlin, 1936 auf Intervention des Provinzialkirchenausschusses in Wartestand, 1937 wieder Konsistorialrat, 1946 Versetzung in den Ruhestand, 1951 Ruhestand.

HERZ, Johannes, D. 540f.

geb. 13.6.1877 Leutersdorf/Oberlausitz, gest. 6.11.1960 Leipzig, Gymnasium in Zittau, 1896 Theologiestudium, 1900 erstes theologisches Examen in Leipzig, 1902 zweites theologisches Examen in Dresden und Pfarrvikar in Waltersdorf/Oberlausitz, 1904 Ordination und Hilfsgeistlicher in Chemnitz-Altchemnitz und Pfarrer an der Johanneskirche in Chemnitz, 1915 an der Versöhnungskirche in Leipzig-Gohlis, 1927 Ehrenpromotion der Theologischen Fakultät der Universität Jena, 1953 Ruhestand.

HEUSLER, Günter 749f., 807f.

geb. 8.2.1911 Berlin-Lichtenberg, Kaufmann in Berlin, 1929 Eintritt in die NSDAP, 1933 in der Sonderabteilung unter Kurt Daluege und in Hamburg, 1934 Hannover-Kirchrode, 1938 im Hauptamt für Volkswohlfahrt des NSDAP-Gaues München-Oberbayern in München unter NSV-Gauamtsleiter Dr. K. Sudholt, 1941 im Hauptamt für Volkswohlfahrt in Hannover und NSV-Gauamtsleiter des NSDAP-Gaues Süd-Hannover Braunschweig als Nachfolger von *H. Behme (II)*, 1943 im Hauptamt für Volkswohlfahrt in Berlin.

HEYDRICH, Reinhard 148, 340, 354

geb. 7.3.1904 Halle/Saale, gest. 4.6.1942 Prag, Gymnasium in Halle, 1922 Eintritt in die Reichsmarine, 1931 Ausscheiden aus der Marine wegen „ehrwidrigen Verhaltens" als Oberleutnant und Eintritt in die NSDAP und Eintritt in die SS und SS-Obersturmbannführer, 1932 SS-Standartenführer und Chef des Sicherheitsdienstes, 1933 SS-Oberführer und Leiter der bayerischen politischen Polizei, 1934 SS-Gruppenführer, 1936 Chef der Sicherheitspolizei und des Sicherheitsdienstes, 1939 Leitung des Reichssicherheitshauptamtes, 1941 stellvertretender Reichsprotektor von „Böhmen und Mähren", erlag den Attentatsverletzungen.

HEYDT, Fritz (Friedrich) von der, Lic. theol. h.c 499–503, 506

geb. 22.6.1884 Mühlheim/Ruhr, gest. 8.4.1946 Halle/Saale, 1903 Theologiestudium in Halle, Berlin, Bonn und Utrecht, 1907 erstes theologisches Examen und Militärdienst, 1908 Predigerseminar in Wittenberg, 1910 zweites theologisches Examen und Hilfsgeistlicher und Religionslehrer in Betzdorf/Sieg, 1913 Generalsekretär und Wanderredner des Rheinischen Hauptvereins des Evangelischen Bundes in Bonn, 1914 Feldgeistlicher, 1916 Felddivisionspfarrer, 1919 Pfarrer in Düsseldorf-Rath, 1922 Eintritt in die DNVP und 1924 Austritt, 1926 Pfarrer in Koblenz, 1932 Ehrenpromotion der Theologischen Fakultät der Universität Bonn und Mitglied der Glaubensbewegung Deutsche Christen, 1933 Mitglied der NSV, 1934 Direktor des Evangelischen Bundes in Berlin, 1935 Mitglied der DAF, 1936 Mitglied des Reichsverbandes der Deutschen Presse, 1937 Ausschluß aus der sich mit der aus der Kirchenbewegung Deutsche Christen entstandenen Deutsche Christen (Nationalkirchliche Bewegung) zusammenschließenden Kampf- und Glaubensbewegung Deutsche Christen (Hossenfelder-Bewegung) unter *J. Hossenfelder(I).*

HEYER, Walther 399, 448, 754f., 815f.

geb. 27.7.1894 Hannover, gest. 27.6.1973 Berlin, nach Gymnasium und Jurastudium 1916 erstes juristisches Examen, 1922 zweites juristisches Examen und Konsistorialassessor beim Evangelischen Konsistorium der Kirchenprovinz Sachsen in Magdeburg, 1925 juristischer Hilfsarbeiter beim Evangelischen Oberkirchenrat Berlin und Konsistorialrat, 1930 Oberkonsistorialrat beim Evangelischen Konsistorium der Kirchenprovinz Westfalen in Münster, 1936 Oberkonsistorialrat beim Evangelischen Oberkirchenrat Berlin und dessen Vertreter im Vorstand des Central-Ausschusses für die Innere Mission sowie ab 1940 auch für die Kirchenkanzlei der Deutschen Evangelischen Kirche, 1941 mit der Wahrnehmung der Geschäfte des Konsistorialpräsidenten der Provinz Ostpreußen in Königsberg beauftragt, 1942 wieder beim Evangelischen Oberkirchenrat Berlin, 1945 Schatzmeister des Gesamtverbandes der Berliner Inneren Mission, 1947 Mitglied des Vorstandes des Central-Ausschusses für die Innere Mission, 1962 Ruhestand.

HEYL ZU HERRNSHEIM, Eva-Maria Freiin von 600ff.

geb. von der Marwitz-Stein, 5.4.1889 Großrietz/Mark Brandenburg, gest. 28.2.1959 Worms, 1917 Heirat mit *L. C. von Heyl zu Herrnsheim* in Groß Kreutz/Potsdam, Vorsitzende des Evangelischen Missionsfrauenvereins in Worms, nach 1945 Mitglied des Landesausschusses des Landesverbandes der Inneren Mission in Nassau-Hessen und Trägerin der Wichern-Plakette.

HEYL ZU HERRNSHEIM, Ludwig Cornelius Freiherr von 600ff.

geb. 11.12.1886 Worms, gest. 6.11.1962 Worms, Gymnasium in Worms, 1904–1906 Chemiestudium in Heidelberg und Karlsruhe, 1909–1911 Militärdienst in Berlin, 1914 Kriegsdienst und verschiedene militärische Auszeichnungen, 1919 Entlassung aus dem Heer und Inhaber einer Wormser Lederwarenfabrik, 1926–1932 Mitglied des Hessischen Landtages (DVP) und Stadtrat in Worms, 1926–1934 Kirchenvorstandsmitglied der Dreifaltigkeitsgemeinde in Worms, 1942–1944 Vorsitzender der Wirtschaftsgruppe Lederindustrie in Berlin, 1952 Vorsitzender des Aufsichtsrates der in eine Aktiengesellschaft umgewandelten Firma, 1946 Mitglied des Präsidiums der Landessynode Hessen-Nassau, 1947–1950 Mitglied des Synodalvorstandes und der Kirchenleitung der Evangelischen Kirche in Hessen und Nassau, Träger des Großen Bundesverdienstkreuzes mit Stern.

HEYNE, Bodo 197, 261, 301, 446, 448, 487, 742f. *(Bd. I, S. 561f.)*

HILDEBRANDT, Friedrich 411ff.

geb. 19.9.1898 Kiekindemark/Mecklenburg, gest. 5.11.1948 Landsberg/Lech, Volksschulbesuch und Eisenbahnhilfsarbeiter, 1916 Kriegsdienst, verschiedene militärische Auszeichnungen, 1918 Ausscheiden aus dem Heer, 1919 Eintritt in die DNVP und Feldwebel im Freikorps in Schlesien und im Baltikum, 1920 bei der Sicherheitspolizei in Halle, beteiligt an Kommandounternehmen gegen die Spartakisten, Entlassung aus der Polizei nach Freispruch von der Anklage wegen Brutalität im Einsatz, 1921 Landarbeiter und Vorsitzender der Kreisgruppe Westpriegnitz des Brandenburgischen Landarbeiterbundes, 1924 Mitglied des Mecklenburgischen Landtages, 1925 Eintritt in NSDAP und Aufbau der Parteiorganisation im NSDAP-Gau Mecklenburg sowie Gauleiter, 1930 Mitglied des Reichstages, nach Kritik an dessen Verbindungen zur Industrie Suspendierung vom Gauleiteramt durch *A. Hitler*, 1931 wieder im Amt, 1933 auch Reichsstatthalter Mecklenburg-Lübeck, 1942 SS-Obergruppenführer und Reichsverteidigungskommissar, 1945 Internierung durch die US-Armee, 1947 Todesurteil durch amerikanische Militärgerichtsbarkeit in Dachau, 1948 Vollstreckung des Urteils in Landsberg/Lech.

geb. 13.3.1897 Worms, gest. 10.3.1951 Bydgoszcz (Bromberg), Gymnasium in Worms, 1914 Kriegsdienst, 1922 Eintritt in die NSDAP, 1928 Wiedereintritt und NSDAP-Ortsgruppenleiter in Winsheim, Bezirksleiter der NSDAP ebd., 1931 SS-Standartenführer in der SS-Gruppe München-Süd, 1933 Führer des SS-Abschnittes XXI und SS-Brigadeführer, 1933 Mitglied des Reichstages, 1935 Führer des SS-Abschnittes XI Wiesbaden, 1937 Führer des SS-Oberabschnittes Rhein, Landesbauernrat und Mitglied des Reichsbauernringes, 1939 Höherer SS- und Polizeiführer in „Danzig-Westpreußen“ und Beauftragter des Reichskommissars für die Festigung Deutschen Volkstums und gleichzeitig Führer des SS-Oberabschnittes Weichsel, 1943 SS-Obergruppenführer und General der Polizei und Chef des Rasse- und Siedlungshauptamtes im Reichssicherheitshauptamt, 1945 Gefängnis in Bydgoszcz (Bromberg), Verurteilung zum Tod und Hinrichtung.

geb. 7.10.1900 München, gest. 23.5.1945 Lüneburg, Gymnasium in Landsberg/Lech, 1917 Kriegsfreiwilliger, 1919 Landwirtschaftsstudium an der Technischen Hochschule München, 1922 Diplomlandwirt, 1923 Teilnehmer am November-Putsch, 1925 Eintritt in die NSDAP und Eintritt in die SS und stellvertretender Gauleiter des NSDAP-Gaues Niederbayern und Oberpfalz, 1926 stellvertretender Propagandaleiter und stellvertretender Gauleiter des NSDAP-Gaues Oberbayern-Schwaben, 1927 stellvertretender Reichsführer SS, 1929 Reichsführer SS, 1930 Mitglied des Reichstages, 1933 kommissarischer Polizeipräsident von München und Politischer Polizeikommandeur in Bayern, 1934 mit der SS „Sieger“ des „Röhm-Putsches“, 1936 Staatssekretär im Reichsministerium des Innern, 1939 Aufbau der Waffen-SS und Reichskommissar für die Festigung deutschen Volkstums, damit der Beginn der Organisation der Massenmorde und der „Endlösung der Judenfrage“, 1943 Reichsminister des Innern, 1945 Organisation des Volkssturms, gleichzeitig Kontakte zu den Alliierten, zuletzt durch *A. Hitler* aller Ämter enthoben und Parteiausschluß, Entlassung aus der Regierung Dönitz, in britischer Gefangenschaft, Suizid.

HIRSCH, Emanuel, Lic. theol. 498
geb. 14.6.1888 Bentwisch/Priegnitz, gest. 7.7.1972 Göttingen, Theologiestudium in Berlin, 1911 zweites theologisches Examen, 1912 Stiftsinspektor in Göttingen, 1914 Promotion, 1915 Habilitation und Privatdozent in Bonn, 1921 Professor für Kirchengeschichte in Göttingen, 1935 für Systematische Theologie ebd., 1933 Mitglied der Glaubensbewegung Deutsche Christen, 1945 Ruhestand.

HITLER, Adolf 13f., 17, 40, 48, 157, 239f., 342, 392, 469, 475, 540, 548, 561, 582, 863 *(Bd. I, S. 563)*

HOFER, Hanns von 660, 662
geb. 4.5.1907 Waldkirch/Breisgau, gest. 23.2.1945 Kulmbach, 1923 Eintritt in die NSDAP, 1925 Wirtschaftswissenschafts-, Volkswirtschafts- und Jurastudium in München, Freiburg und Würzburg, 1931 erstes juristisches Examen und Referendar am Amtsgericht Hof, Bezirksamt Wolfratshausen und einer Anwaltskanzlei in Hof, 1932 Wiedereintritt in die NSDAP und Eintritt in die SA und Mitglied des NS-Rechtswahrerbundes, 1934 zweites juristisches Examen und Regierungsassessor bei der Regierung von Schwaben, 1936 Regierungsrat in Kulmbach, 1938 kommissarischer Leiter des Bezirksamtes Kulmbach, 1939 Landrat in Kulmbach, verstorben durch kriegsbedingte Verwundung.

HOFFMANN, Albert 218, 222f., 225f., 235, 256, 263
geb. 24.10.1907 Bremen, gest. 26.8.1972 Heiligenrode/Bremen, Real- und Handelsschule in Bremen, Ausbildung zum Kaufmann in Bremen und Amsterdam, Handlungsreisender für in- und ausländische Tabakfirmen, 1922 Eintritt in die NSDAP und Führer der Freischar Lützow in Bremen, 1926 Wiedereintritt in die NSDAP, 1927 Propagandaleiter in Bremen, 1933 hauptamtlicher Kreispropagandaleiter und Leiter des Organisations-, Presse- und Personalamtes, 1934 beim Stab des „Stellvertreters des Führers“ Leitung des Amtes für grundsätzliche organisatorische Angelegenheiten, 1936 Eintritt in SS und SS-Gruppenführer beim persönlichen Stab des Reichsführers SS, 1938 Stillhaltekommissar für Vereine, Organisationen und Verbände in der „Ostmark“ und „Reichsgau Sudetenland“, Beauftragter der Parteizentrale im Stab des „Reichskommissars für die sudetendeutschen Gebiete“, 1941 stellvertretender Gauleiter des NSDAP-Gaues Oberschlesien unter *F. Bracht (II)* und Mitglied des Reichstages, 1943 Gauleiter des NSDAP-Gaues Westfalen-Süd als Nachfolger von *J. Wagner (II)* und Preußischer Staatsrat, 1945 Verhaftung und Internierung und Verurteilung zu vier Jahren und neun Monaten Gefängnis, 1950 Entlassung und kaufmännische Tätigkeiten zuletzt als Generaldirektor in der Bauindustrie.

HOFFMANN, Erich 578
geb. 10.12.1882 Loburg, gest. 25.4.1975 Nordhausen, Gymnasium in Burg, 1902 Theologiestudium in Greifswald, Leipzig und Halle, 1906 erstes theologisches Examen in Halle, 1908 zweites theologisches Examen in Magdeburg und Ordination, 1909 Pfarrer in Belgern, 1914 in Stegelitz, 1927 in Ziepel und auch 1942–1943 Vakanzverwaltung in Möckern, 1954 Ruhestand.

HOFFMEISTER, Ludwig, Dr. iur. 749f., 799, 808, 824ff., 891
geb. 20.8.1906 Kiel, gest. 8.11.1993 Lüneburg, Gymnasium in Kiel und Wolfenbüttel, 1925 Jurastudium in Göttingen und München, 1928 erstes juristisches Examen in Braunschweig und Referendar in Wolfenbüttel und Braunschweig, 1931 Eintritt in die NSDAP und Eintritt in die SA und Mitglied des Deutschen

Rechtswahrerbundes, 1933 zweites juristisches Examen und Regierungsassessor in Blankenburg, 1934 Regierungsrat im Staatsministerium in Braunschweig, 1935 Oberregierungsrat ebd., 1938 Vorsitzender der Finanzabteilung beim Landeskirchenamt der Braunschweigischen evangelisch-lutherischen Landeskirche und zugleich stellvertretender Vorsitzender der Finanzabteilung beim Landeskirchenamt der Evangelisch-lutherischen Landeskirche Hannovers, 1941 Regierungsrat in der Allgemeinen Abteilung im Oberpräsidium unter *H. Lauterbacher (II)* in Hannover, 1942 Regierungsdirektor ebd. und Staatskommissar in Hannover und Gauamtsleiter des Deutschen Rechtswahrerbundes ebd. sowie Austritt aus der Kirche, 1943 leitender Regierungsdirektor im Oberpräsidium Hannover und Ausscheiden aus den Finanzabteilungen auf eigenen Wunsch, 1944 Ende der Tätigkeit als Staatskommissar und Eintritt in den Dienst des Reichsministeriums des Innern in Berlin, 1945 (März) wieder im Oberpräsidium in Hannover und (Mai) Verhaftung, 1957 Richter am Landesverwaltungsgericht Braunschweig, 1959 am Landesverwaltungsgericht in Lüneburg und später beim Oberlandesgericht in Celle, 1971 Ruhestand.

HÖFLIN, Ida 676
geb. 6.9.1874 Bruchsal, gest. 28.8.1950 Nonnenweier, Höhere Mädchenschule in Bruchsal, 1890 Prinzessin Wilhelmstift in Karlsruhe, 1892 Prüfung für den Volksschuldienst ebd., 1893 Prüfung für den Dienst an Höheren Mädchenschulen und Sonderprüfung für Turnunterricht und Religionsunterricht ebd. und im elterlichen Haus, 1894 Erzieherin im Haus des deutschen Generalkonsuls in Odessa, 1897 Rückkehr und im elterlichen Haus, 1898 Eintritt in den Staatsdienst und Lehrerin in Zaisenhausen und dann in Karlsruhe, 1912 Ausscheiden aus dem Staatsdienst und Diakonisse und Oberin des Mutterhauses für Kinderpflege und Gemeindediakonie in Nonnenweier, 1947 im Feierabend im Mutterhaus.

HOFMANN, Bernhard 582ff.
geb. 19.7.1889 Magdeburg, gest. 10.2.1954 ebd., Jurastudium, 1910 erstes juristisches Examen und Gerichtsreferendar, 1915 zweites juristisches Examen und Gerichtsassessor, 1919 Niederlassung als Rechtsanwalt und Notar in Kalbe/Milde, 1925 in Magdeburg und Mitglied im Bund der Frontsoldaten (Stahlhelm), 1927 Mitglied der Provinzialsynode und der Generalsynode der Evangelischen Kirche der Altpreußischen Union, 1933 Mitglied des Laienkreises des Pfarrernotbundes, 1934 Mitglied des Bruderrates der Kirchenprovinz Sachsen und Mitglied aller Bekenntnissynoden der Deutschen Evangelischen Kirche, 1935 Redeverbot, 1937 Anklage wegen Vergehens gegen das Sammlungsgesetz und Ehrengerichtsverfahren vor der Anwaltskammer, 1947 Konsistorialpräsident der Kirchenprovinz Sachsen in Magdeburg.

HOFSTAETTER, Heidi 124, 227f., 248f., 303, 423, 507, 652, 654ff., 658, 792, 803f., 806–814, 819–824, 826–829, 833f., 892 *(Bd. I, S. 563f.)*

HÖFT, Ernst 86
geb. 2.2.1893 Berlin, gest. 17.4.1959 ebd., Gymnasium in Berlin-Charlottenburg, 1914 Kriegsdienst und verschiedene militärische Auszeichnungen, Theologiestudium in Berlin, 1933 erstes theologisches Examen ebd. und Vikar, 1935 zweites theologisches Examen und Ordination und Hilfsprediger, 1936 Pfarrer in Zeestow/Nauen, 1939 an der Lutherkirche in Berlin-Schöneberg.

HÖHN, Gustav 660 *(Bd. I, S. 564)*

HOLLWEG, Walter, Dr. theol., Dr. phil. 247
geb. 23.5.1883 Mönchengladbach, gest. 23.4.1974 Emden, Theologiestudium, 1908

Ordination, 1909 Pfarrer der reformierten Gemeinde Gildehaus/Grafschaft Bentheim, 1913 auch Mitglied des Moderamens des Reformierten Bundes, 1927 Landessuperintendent der Evangelisch-reformierten Kirche in Nordwestdeutschland, 1936 Mitglied der Theologischen Kammer der Deutschen Evangelischen Kirche, 1939 zugleich Präsident des Landeskirchenrates Aurich, 1951 Ruhestand.

HOLZHAUER, Martha 107, 109

geb. 2.12.1896 Girkhausen/Berleburg, gest. 9.7.1988 Bad Kreuznach, 1917 Eintritt als Diakonisse in das II. Rheinische Diakonissen-Mutterhaus in Bad Kreuznach und Dienst im Krankenhaus und in der Arbeit mit geistig behinderten Menschen, sodann Krankenpflegeausbildung ebd., 1928 Krankenpflegeexamen ebd., 1929 Gemeindeschwester einschließlich Leitung des evangelischen Kindergartens in Bad Soden, 1933 Einsegnung zur Diakonisse, 1969 im Feierabend im Mutterhaus.

HORNING, Wilhelm 608 *(Bd. I, S. 564f.)*

HORSTMANN, Bernhard 244f., 247, 252

geb. 16.5.1912 Nordhorn, gest. 30.1.1968 ebd., Oberrealschule in Nordhorn und Abschluß mit Obersekunda, 1928 Tischlerlehre, 1930 Eintritt in die NSDAP, 1931 Gesellenprüfung und Erwerbslosigkeit und Angestellter der Partei, 1933 SA-Sturmführer und politische Schulung, 1935 Gauschulungsburg in Pewsum/Emden, 1936 NSV-Kreisamtsleiter im NSDAP-Kreis Osnabrück Land und stellvertretender Kreisleiter ebd., 1938 Kreisleiter des NSDAP-Kreises Emden, 1939 Kriegsfreiwilliger und als Leutnant Einsatz in Frankreich und später in der Sowjetunion, 1942 Verwundung und wieder Kreisleiter des NSDAP-Kreises Emden, 1943 Kriegsverdienstkreuz Erster Klasse mit Schwertern und Kreisleiter des NSDAP-Kreises Wilhelmshaven, 1945 Internierung, 1947 Haftbefehl und Untersuchungshaft durch das Schwurgericht Oldenburg wegen Verbrechens gegen die Menschlichkeit (Beteiligung an der Pogromnacht), 1948 Verurteilung zu drei Jahren Zuchthaus, 1949 Revisionsverhandlung vor dem Landgericht Aurich und Verurteilung zu drei Jahren und vier Monaten Zuchthaus und drei Jahren Ehrenrechtsverlust wegen Unmenschlichkeitsverbrechens in Tateinheit mit schwerer Brandstiftung und Beihilfe zum Landfriedensbruch und Freiheitsberaubung. 1951 Begnadigung mit Befürwortung des Gnadengesuchs von *H. Immer (II)* und Entlassung aus der Haft, Betreiber eines Radiogeschäftes in Nordhorn.

HOSEMANN, Johannes 471, 566, 568f., 578, 815, 816

geb. 3.6.1881 Malchow/Berlin, gest. 1.9.1947 Karlsruhe, zunächst nach Jurastudium Jurist im Staatsdienst, 1911 Konsistorialassessor beim Evangelischen Oberkirchenrat Berlin, 1916 Konsistorialrat ebd., 1924 Oberkonsistorialrat ebd. und Direktor des Kirchenbundesamtes, 1933 Leiter der Verfassungs- und Rechtsabteilung der Kirchenkanzlei der Deutschen Evangelischen Kirche, 1935 Beauftragter für das kirchliche Archiv- und Kirchenbuchwesen und Leiter des Archivamtes der Kirchenkanzlei der Deutschen Evangelischen Kirche und der Evangelischen Kirche der Altpreußischen Union, 1936 Präsident des Evangelischen Konsistoriums der Kirchenprovinz Schlesien in Breslau, 1945 Teilnehmer der Treysaer Kirchenkonferenz, 1946 Ruhestand.

HUBER, Wolfgang, Dr. theol. 24

Bischof der Evangelischen Kirche in Berlin-Brandenburg und Professor für Systematische Theologie an der Humboldt-Universität Berlin.

geb. 8.3.1901 Frankenthal, gest. 5.1.2000 Weisenheim am Sand.

geb. 10.9.1877 Calbe/Saale, gest. 27.4.1945 Berlin, Jurastudium, 1905 Konsistorialassessor beim Evangelischen Konsistorium der Kirchenprovinz Sachsen in Magdeburg, 1909 Hilfsreferent beim Evangelischen Oberkirchenrat in Berlin, 1912 Konsistorialrat beim Evangelischen Konsistorium der Kirchenprovinz Sachsen in Magdeburg, 1916 Geheimer Konsistorialrat und Mitglied im Evangelischen Oberkirchenrat in Berlin, 1925 Oberkonsistorialrat ebd., 1929 weltlicher Vizepräsident ebd., 1933 stellvertretender Leiter der Kirchenkanzlei der Deutschen Evangelischen Kirche in Berlin, 1934 auf Antrag in Ruhestand, 1936 Domherr in Merseburg und Naumburg, 1939 Geschäftsführer des Geistlichen Vertrauensrates, Suizid.

geb. 5.2.1900 Nova Petropolis/Südbrasilien, gest. 23.11.1979 Berlin, 1912 Schule in Templin, 1920 Lehramtsprüfung in Berlin zur Lehrerin an Volks- und Mittelschulen, Hauslehrerin, 1928 nebenher Theologiestudium in Berlin, 1935 erstes theologisches Examen der Bekennenden Kirche Berlin-Brandenburg und Lehrerin und Lehrvikarin in Wünstorf/Zossen, 1937 Vikarin bei der Schulkammer der 2. VKL in Berlin und Einsegnung, 1939 Mitarbeit Familienschule Oranienburger Straße („Schule für nichtarisch-christliche Kinder") in Berlin, 1945 Pfarramtsvertretung in Großmutz, 1947 Provinzialvikarin bei der Kirchlichen Erziehungskammer Berlin und Referentin für die Lehrerschaft, 1966 Ruhestand.

geb. 28.12.1878 Barmen, gest. 18.3.1951 Bonn, Gymnasium in Barmen, 1897 Theologiestudium in Erlangen, Halle und Bonn, 1900 erstes theologisches Examen in Koblenz, 1902 zweites theologisches Examen ebd., 1903 Inspektor am Predigerseminar in Soest, 1904 Ordination, 1905 Promotion in Bonn und Pfarrer in Otzerath, 1912 Direktor des Kirchlichen Auslandsseminars in Soest und Witten, 1914 Kriegsdienst und Lazarettpfarrer, 1918 wieder Direktor in Soest, 1923 Pfarrer in Blankenstein/Ruhr, 1926 Konsistorialrat beim Evangelischen Konsistorium der Kirchenprovinz Westfalen in Münster und Vorsitzender des Westfälischen Provinzialverbandes für Innere Mission als Nachfolger von *W. Zoellner (I)*, 1929 Ehrenpromotion der Theologischen Fakultät der Universität Münster, 1932 Oberkonsistorialrat beim Evangelischen Konsistorium der Kirchenprovinz Westfalen in Münster, 1934 Oberkonsistorialrat beim Evangelischen Oberkirchenrat Berlin, 1936 Auftrag als Geistlicher Vizepräsident ebd., 1939 Mitglied des Geistlichen Vertrauensrates der Deutschen Evangelischen Kirche, 1940 Geistlicher Vizepräsident des Evangelischen Oberkirchenrates Berlin, 1945 Ruhestand.

geb. 27.3.1916 Themar/Thüringen, gest. 4.3.1992 Weil der Stadt-Schafhausen, Bürgerschule und Mittelschule in Themar, 1929 Deutsche Aufbauschule in Hildburghausen, 1932 Obersekundareife ebd. und Ausbildung am Kindergärtnerinnen- und Hortnerinnenseminar des Evangelisch-lutherischen Diakonissen-Mutterhauses für Thüringen in Eisenach, 1934 Examen mit Befähigung zu kirchlicher Gemeindearbeit und staatlicher Anerkennung sowie Praktikum im Erntekindergarten der Kirchengemeinde Großfahner/Gotha und in evangelischen Gemeindekindergärten in Erfurt, 1935 als Eisenacher Kinderschwester im evangelischen Kinderheim in Leipzig-Connewitz, 1938 Kinderheim Bethlehemstift in Bad Lausick, 1939 auch Lehrkraft im Kindergärtnerinnen- und Hortnerinnenseminar des Evangelisch-lutherischen Diakonissen-Mutterhauses für Thüringen sowie Übernahme in die Fürsorgeerziehungsarbeit der Borsdorfer Anstalten, 1940 Leitung des evangelischen Kindergartens in Lengenfeld/Vogtland, 1941 stellvertretendende Leiterin des evangelischen Kindergartens in Mückenberg/Niederlausitz, 1942 Gemeindehelferin ebd. und Dienstverpflichtung, 1943 private Kinderbetreuung in Elsterwerda und Leitung des evangelischen Kindergartens Niedewitz/Neumark, 1945 Betreuung der Kinder auf der Flucht (Januar) und Kreiskindergärtnerin in Hildburghausen und Mitarbeiterin für Christenlehre im Landeskirchenrat der Thüringer evangelischen Kirche, 1946 Heirat und als M. Krause „Umzug" nach Wilhelmshaven, 1955 Leitung des evangelischen Kindergartens in Loxstedt/Bremerhaven, 1965 verschiedene Tätigkeiten im pädagogischen und verwaltungstechnischen Bereich bei den Alliierten in Wilhelmshaven und Kaiserslautern, 1967 Geschäftsführerin der Evangelischen Hauspflege in Stuttgart, 1969 Mitarbeiterin im Deutschen Institut für ärztliche Mission in Tübingen, 1972 Mitarbeiterin im Verwaltungsbereich der Universität Tübingen, 1976 Ruhestand, zeitweise noch Pfarramtssekretärin in Weil der Stadt.

IMMER, Hermann 243–248, 252f.

geb. 10.11.1889 Manslagt/Ostfriesland, gest. 27.5.1964 Bunde/Ostfriesland, Theologiestudium, 1911 erstes theologisches Examen, 1914 zweites theologisches Examen und Lehrer am Haus der Basler Mission in Basel, 1917 Ordination und Pfarrer in Manslagt, 1925 in Emden, 1940 Schreib- und Publikationsverbot, 1946 wegen der Zerstörung Emdens in Ihrenerfeld und Schriftleiter des Sonntagsblattes für die evangelisch-reformierten Gemeinden, 1948 wieder im Pfarramt in Emden, 1959 Ruhestand und Auszeichnung mit der Wichern-Plakette.

ITTAMEIER, Ernst 109–112

geb. 26.3.1893 Wassertrüdingen, gest. 3.11.1948 Landsberg/Lech, Progymnasium in Oettingen, Ausbildung zum Kaufmann und Tätigkeit als Mehlverkäufer der Gugelmühle in Röckingen, 1913 Militärdienst, 1914 Kriegsdienst, 1919 Entlassung aus dem Heer und Angehöriger des Freikorps Oberland, 1920 Bezirksführer des Bund Oberland e. V., 1925 Eintritt in die NSDAP und Ortsgruppenleiter in Wassertrüdingen, 1928 Kreisleiter des NSDAP-Kreises Wassertrüdingen, 1932 Erster Bürgermeister in Wassertrüdingen, 1933 Mitglied des Reichstages, SA-Standartenführer, 1945 Verhaftung durch US-Armee, 1948 Verurteilung zum Tode durch US-Militärgericht in Landsberg/Lech, Hinrichtung durch den Strang.

JAEKEL, Eberhard 92, 94, 96ff., 102

geb. 21.8.1902 Potsdam, gest. 17.2.1946 Wusterhausen/Dosse, 1919 Realschulabschluß, 1920 Kreisleiter des Deutschnationalen Jugendbundes in Potsdam, 1922 Abitur ebd., Jurastudium in Berlin, gleichzeitig Tätigkeit bei der Deutschen Bank, 1924 Abbruch des Studiums und Kaufmännische Ausbildung bei einer Firma für Getreide-Import-Export in Potsdam, 1926 Besuch der Theologischen Schule Bethel, 1928 Theologiestudium in Berlin, 1933 erstes theologisches Examen ebd. und Hilfsprediger im Kirchenkreis Jüterbog, 1934 im Domkandidatenstift in Berlin, 1935

Hilfsprediger in Groß-Behnitz/Nauen, 1936 Ordination und Hilfsprediger in Nackel/Friesack, 1937 Pfarrer ebd., 1941 Kriegsdienst, 1944 Entlassung wegen Kriegsverletzung und wieder in der Gemeinde.

JÄGER, August, Dr. iur. 108, 360f., 465, 598 *(Bd. I, S. 566)*

JÄGER, Carl, Dr. phil. 604f.
geb. 11.4.1879 Diez/Lahn, gest. 9.2.1944 Oberursel/Taunus, Bruder von *A. Jäger (I)*, Gymnasium in Diez und Wiesbaden, 1899 Theologiestudium in Marburg, Berlin und Erlangen, 1903 erstes theologisches Examen in Herborn, 1904 Theologiestudium in Berlin, 1906 Ordination und Stadtvikar an der Matthäus-Kirchengemeinde in Frankfurt/Main, 1908 zweites theologisches Examen in Wiesbaden und Hilfspfarrer in Dautphe und Nied, 1909 Pfarrer in Nahstätten, 1910 Promotion in Tübingen und Pfarrer in Köppern, 1918–1932 Mitglied der DNP, 1934 Dekan in Bad Homburg, 1939 Ruhestand.

JAGOW, Hans Georg von 577, 581–584
geb. 19.12.1880 Hannover, gest. 24.10.1945 Quedlinburg, Gymnasium in Hannover, 1901 Berufsoffizier, 1914 Kriegsdienst in Lothringen und Masuren zuletzt als Oberstleutnant und Bataillonskommandeur, 1934 Eintritt in die NSDAP und Eintritt in zivilen Staatsdienst und Regierungspräsident des Regierungsbezirks Magdeburg, Ehrenritter des Johanniter Ordens, 1944 Versetzung in den Wartestand wegen zunehmender Differenzen mit dem Machtapparat.

JAHNZ, Gerhard, Dr. iur. 432, 436
geb. 29.5.1897 Karbowo/Westpreußen, gest. 23.6.1972 Minden, Gymnasium in Lauenburg/Pommern und Berlin-Friedenau, 1914 Kriegsdienst nach Notabitur und Jura-, Staatswissenschafts- und Volkswirtschaftsstudium, 1918 Kriegsverwundung und Fortsetzung des Studiums, 1922 erstes juristisches Examen in Berlin und Referendar am Kammergericht Berlin und Promotion in Gießen, 1924 zweites juristisches Examen in Berlin und Assessor ebd., 1925 Konsistorialassessor beim Evangelischen Oberkirchenrat Berlin, 1927 Konsistorialrat ebd., 1936 Oberkonsistorialrat beim Evangelischen Konsistorium der Provinz Pommern in Stettin und stellvertretender Vorsitzender der Finanzabteilung und ebenso der Disziplinarkammer der Kirchenprovinz Pommern, 1937 Bemühungen um Aufnahme in die NSDAP, 1941 endgültige Ablehnung der Aufnahme trotz Befürwortung durch Gauleiter *F. Schwede (II)*, 1944 Kriegsdienst im Volkssturm, 1945 in britischer Gefangenschaft, Ende 1945 Entlassung aus der Gefangenschaft zum Dienst bei der Evangelischen Kirche von Westfalen, 1946 Leiter des kreiskirchlichen Steueramtes in Unna, 1950 Verwaltungsgerichtsdirektor in Minden, 1962 Ruhestand.

JANOWSKY, Wilhelm 558
geb. 5.8.1905 Berlin, gest. September 1942 Kiel, Bürgerschule in Wittenberg, Berlin und Leipzig, Höhere Handelslehranstalt ebd., 1920 Lehre in einer Parfümerie ebd., 1923 Abbruch der Ausbildung wegen Konkurs des Geschäftes, Beginn wechselnder Tätigkeiten, Lagerist in Dresden, Verlagsangestellter in Leipzig, Handlungsreisender für Luxuskartonagen in Wiesa/Sachsen und für Süßwaren in Wittenberg, Hutverkäufer in Erfurt und kaufmännischer Angestellter in Brandis, 1922–1925 Angehöriger des Freikorps Oberland, 1929 Eintritt in die SA, 1930 Austritt aus der SA, dann Eintritt in die NSDAP und NSDAP-Ortsgruppenleiter in Brandis, 1930 Eintritt in die SS, 1932 Sekretär und Reisebegleiter bei der NSDAP-Reichsorganisation in München, 1933 Vertreter des Reichsführers SS im Hauptamt für Volks-

ger Synode, 1960 Vizepräsident der Hamburger Synode, 1963 Verleihung der Wichern-Plakette, 1968 Ruhestand.

JENTZSCH, Martin 573

geb. 12.11.1879 Seyda, gest. 5.3.1967 Erfurt, Gymnasium in Torgau und in Magdeburg, 1898 Theologiestudium in Leipzig und Halle, 1902 erstes theologisches Examen in Halle, 1904 zweites theologisches Examen in Magdeburg und Hilfsprediger in den Neinstedter Anstalten, 1905 Ordination in Magdeburg und Pfarrer in Delitzsch, 1909 Geschäftsführer der Vereinigung zur kirchlichen Fürsorge für die Fluß- und Kanalschiffer in Berlin, 1919 Pfarrer an der Reglerkirche in Erfurt, dann auch Stadtjugendpfarrer und Vorsitzender des Stadtverbandes evangelische Kinderpflege in Erfurt, 1954 Kirchenrat, 1955 Ruhestand.

JOHLEN, Ludwig 108, 392, 593, 599, 607

geb. 18.11.1885 Weilburg, gest. 24.2.1960 Wiesbaden, Gymnasium in Weilburg, 1905 Jura- und Staatswissenschaftsstudium in Freiburg/Breisgau, München, Berlin und Marburg, 1908 erstes juristisches Examen und Militärdienst, Referendar, 1914 zweites juristisches Examen und Assessor in Braunfels und Kriegsdienst, 1915 nach schwerer Verwundung Ausscheiden aus dem Heer, 1916 juristischer Hilfsarbeiter beim Bezirksverband des Regierungsbezirkes Wiesbaden, 1920 Landesrat ebd., 1933 zuständig für Angelegenheiten des Landesfürsorgeverbandes, des Landesjugendamtes und des Landeswohlfahrtsamtes, 1937 Eintritt in die NSDAP, 1939 Eintritt in die SS und SS-Sturmbannführer, 1939 beim Bodenamt in Prag, 1940 wieder in Wiesbaden, 1943 Austritt aus der SS und aus gesundheitlichen Gründen und wegen politischer Differenzen mit Landeshauptmann W. Traupel in Ruhestand.

JONAS, Ilse 517

geb. 9.3.1900 Fürstenau Schlesien, gest. 12.2.1997 Gnadau, Soziale Frauenschule in Breslau, Jurastudium, dann Theologiestudium, 1927 Fakultätsexamen in Marburg, Lehrvikariat mit Kanzleiarbeit, Unterricht und Jugendarbeit in Düsseldorf-Eller, 1930 zweites theologisches Examen in Koblenz, Krankenhausseelsorgerin in Duisburg, Synodalvikarin in Aachen, Riehler Heimstätten in Köln, 1931 Einsegnung in Köln-Riehl, 1933 Frauenhilfe in Essen, 1936 Evangelische Reichsfrauenhilfe in Potsdam, 1944 Frauenhilfearbeit in der Evangelisch-lutherischen Landeskirche Sachsens, 1948 Ordination, 1949 Frauenseelsorge Städtische Anstalten Chemnitz, 1953 Ephoralvikarin für Frauenarbeit ebd., 1955 Krankenhausseelsorge in Dresden, 1960 in Ruhestand in den Gnadauer Anstalten.

JORDAN, Paula 516

geb. 15.3.1896 Straßburg, gest. 18.8.1986 Stuttgart, Schule in Straßburg, 1913 Lehrerinnenseminar in Straßburg, 1916 Lehrerinnenexamen und Dorfschullehrerin im Elsaß, 1917 Lehrerin an der Höheren Mädchenschule in Hagenau, 1919 Lehrerin einer Privatschule in Michelstadt/Odenwald, 1920 Studium an der Technischen Lehranstalt (Kunstgewerbeschule) in Offenbach, 1923 an der Akademie für Graphische Künste in Leipzig, Meisterschülerin von W. Tiemann, Illustrationsaufträge für Märchen- und Kinderbücher, frei schaffende Graphikerin und Illustratorin, 1933 Annahme eines Kindes, Arbeit für kirchliche Auftraggeber und Verlage, 1934 Übertritt zur evangelischen Kirche, 1944 in der Oberlausitz, 1952 Übersiedlung aus der Deutschen Demokratischen Republik nach Stuttgart, Entwürfe für in der biblischen Unterweisung einzusetzende Flanellbilder, Entwürfe für Wandbilder und Glasfenster in Württemberg und Hessen.

JORDAN, Rudolf 577, 737–740
geb. 21.7.1902 Großlüder/Fulda, gest. 27.10.1988 München, Volksschulbesuch, 1916 freiwilliger Arbeitseinsatz in Rüstungsbetrieben, 1918 Präparandenanstalt und Lehrerseminar in Fulda, Mitglied des katholischen Neudeutschland, 1921 Angehöriger des Freikorps Oberland, 1924 Volksschullehrerexamen, Tätigkeit in Verlagen und in der Werbung, 1927 Lehrer an der Heeresfachschule für Wirtschaft und Verwaltung in Fulda, 1925 Eintritt in die NSDAP, 1929 Abgeordneter im Provinziallandtag Hessen-Nassau, einziger NSDAP-Stadtverordneter in Fulda, wegen politischer Aktivitäten Entlassung aus dem Schuldienst, 1930 Schriftleiter in Kassel, 1931 Gauleiter des NSDAP-Gaues Halle-Merseburg, 1932 Mitglied des Provinziallandtages der Provinz Sachsen und Mitglied des Preußischen Landtages, 1933 Fraktionsführer der NSDAP-Fraktion im Provinziallandtag und im Stadtparlament Halle sowie Preußischer Staatsrat und Mitglied des Reichstages, 1937 Reichsstatthalter in Braunschweig und Anhalt sowie Gauleiter des NSDAP-Gaues Magdeburg-Anhalt, SA-Obergruppenführer, 1939 Reichsverteidigungskommissar für Hannover und Chef der Anhaltischen Landesregierung, 1942 nach Neuordnung der Reichsverteidigungsbezirke Reichsverteidigungskommissar für den NSDAP-Gau Magdeburg-Anhalt, 1944 Oberpräsident der Provinz Sachsen, 1945 Verhaftung durch Westalliierte, 1946 Auslieferung an die sowjetische Besatzungsmacht, Haft in Dresden, Potsdam und Berlin-Hohenschönhausen, 1949 Transport nach Moskau, 1950 in Abwesenheit zu 25 Jahren Gefängnis verurteilt, 1955 Freilassung im Zuge der „Adenauer-Aktion" und Rückkehr nach Deutschland, Tätigkeit als Handelsvertreter, Versicherungsinspektor, Verlagsvertreter und Sachbearbeiter in der Flugzeugindustrie.

JÜRGES, Wilhelm 631
geb. 8.11.1894 Barmen-Gemarke, gest. 25.3.1979 Detmold, Oberrealschule in Wuppertal-Barmen, 1914 Kriegsdienst, 1918 Theologiestudium in Bonn und Berlin, 1921 erstes theologisches Examen in Koblenz und Vikar in Zieverich/Bergheim(Erft), 1922 zweites theologisches Examen in Koblenz, 1923 Ordination und Pfarrer in Bösingfeld, 1933 Vorsteher des Evangelischen Diakonissenhauses Detmold, im Kirchenkampf Angehöriger des Coetus Reformierter Prediger in Lippe, 1945–1948 gleichzeitig Geschäftsführer des Landesvereins für Innere Mission in Lippe und 1945–1966 Bevollmächtigter für das Hilfswerk der Evangelischen Kirche in Deutschland in Lippe, 1946–1951 Präses der Lippischen Landessynode und 1949–1964 Mitglied der Synode der Evangelischen Kirche in Deutschland, 1952 Ausscheiden aus dem Vorsteheramt des Evangelischen Diakonissenhauses Detmold und Pfarrer in Heiligenkirchen, 1963–1966 zugleich wiederum Geschäftsführer des Landesvereins für Innere Mission in Lippe und auch Hauptgeschäftsführer des Hilfswerks der Evangelischen Kirche in Deutschland in Lippe, 1965 Ruhestand.

KAFTAN, Julius 761 *(Bd. I, S. 567)*
KAISER, Jochen-Christoph 15, 18, 23 *(Bd. I, S. 567)*
KAISER, Theodor 134
geb. 18.8.1872 Neuburg/Donau, gest. unbekannt, 1893 Jurastudium in Erlangen und München, 1898 erstes juristisches Examen und Referendar in Landshut, 1901 zweites juristisches Examen und Nachpraxis bei der Regierung in Niederbayern, 1903 Assessor in Dillingen/Schwaben, 1914 Kriegsdienst, 1918 Entlassung aus dem

Heer als Hauptmann und Bezirksamtmann in Grafenau, 1920 Oberamtmann ebd. und Vorstand des Bezirksamtes (Landrat) ebd., 1925 Vorstand des Bezirksamtes in Hersbruck, 1926 Regierungsrat, 1933 Vorstand des Beziksamtes in Schwabach, 1937 Ruhestand.

KAMLAH, Theodor 813

geb. 27.12.1887 Gorenzen/Mansfeld, gest. 23.10.1968 Göttingen, Gymnasium in Bernburg, 1906 Theologiestudium in Halle und Tübingen, 1910 erstes theologisches Examen und Studienaufenthalt in England, 1911 Vikar in einer Jugendpflegeeinrichtung (Alumnat) des Kinderrettungs-Vereins Berlin, 1913 Vikar im Kirchenkreis Berlin Stadt I in Berlin und zugleich Geschäftsführer des Kirchlichen England-Komitees, 1914 im Domkandidatenstift und zweites theologisches Examen und Divisionspfarrer, 1918 Studieninspektor im Domkandidatenstift in Berlin und Domhilfsprediger, 1920 Pfarrer der evangelisch-reformierten Gemeinde in Göttingen, 1929 Präses des Bundes freier evangelisch-reformierter Gemeinden Deutschlands, 1932 nach Umbenennung in Bund evangelisch-reformierter Kirchen Deutschlands Präses ebd., 1945 Teilnehmer der Treysaer Kirchenkonferenz, 1958 Ruhestand, 1964 Niederlegung des Präsesamtes.

KARIG, Werner, Lic. theol. 586, 588

geb. 4.4.1895 Uchtspringe/Gardelegen, gest. 29.6.1991 Oehningen/Bodensee, Gymnasium in Magdeburg, 1913 Ingenieurstudium in Berlin, 1914 Kriegsdienst, 1919 Theologiestudium in Greifswald und Marburg, 1923 erstes theologisches Examen in Greifswald, 1924 Promotion, 1925 zweites theologisches Examen in Greifswald und Ordination und Hilfsprediger in Giesebitz/Stolp, 1926 Pfarrer der evangelischen Gemeinde in Kairo, 1935 Standortpfarrer in Bremen, 1937 Geschäftsführer des Landesvereins für Innere Mission in Hessen-Kassel, 1938 Vertrauensstelle des „Büro Pfarrer Grüber", 1945 Leitung des Hessischen Siechenhauses Hofgeismar und zugleich Gesamtvorstand des Landesvereins für Innere Mission in Kurhessen-Waldeck und Mitglied in dessen Verwaltungsrat unter *E. Grimmell (II)*, 1949 Pfarrer der deutschen evangelische Gemeinde in Barcelona, 1961 Ruhestand.

KAUFMANN, Paul 752f., 755

geb. 25.1.1890 Barkehmen/Ostpreußen, gest. 21.4.1982 Altenberg/Wetzlar, Gymnasium in Gumbinnen, Theologiestudium in Königsberg, 1914 Kriegsdienst, 1920 Prediger-Seminar in Wittenberg, 1921 Ordination in Königsberg und Stadtvikar ebd., 1923 Geschäftsführer des Ostpreußischen Provinzialvereins für Innere Mission, Gründung von Einrichtungen für „uneheliche Mütter" und ihre Kinder, für Studentinnen und Kleinrentnerinnen, 1937 Eintritt in die NSDAP, 1945 Versorgung von Flüchtlingen als die übrige Wohlfahrtspflege zusammengebrochen war und in sowjetischer Gefangenschaft im Lager Preußisch Eylau, 1947 Entlassung, 1948 Mitarbeit beim Hilfswerk der Evangelischen Kirche in Deutschland in Berlin (West), 1949 Auszeichnung mit der Wichern-Plakette, 1950 Landespfarrer für Innere Mission der Evangelischen Kirche der Union mit dem besonderen Auftrag für Beienrode/Helmstedt und Geschäftsführer des Flüchtlingsselbsthilfewerkes Beienrode sowie Erwerb des Gutes als Haus der helfenden Hände, 1952 Vorsteher des Königsberger Diakonissen-Mutterhauses der Barmherzigkeit auf Altenberg, 1955 Titel Kirchenrat, 1959 Träger des Bundesverdienstkreuzes, 1965 Ruhestand.

KAYSER, Wolfgang, Dr. iur. 422

geb. 7.12.1904 Hagen, gest. 25.8.1944 Ostfront, Jurastudium, 1932 zweites juristisches Examen und Assessor in Hagen und Eintritt in die NSDAP, 1933 Leiter des Rechtsamtes ebd., 1934 Dezernent des Jugend-, Wohlfahrts-, Gesundheits- und Rechtsamtes ebd., 1935 Stadtrat ebd. und Mitglied des Westfälischen Arbeitsausschusses für Wohlfahrtspflege und Beirat der Provinzialfeuersozietät sowie Prokurist der Hagener Straßenbahn AG, 1940 SA-Oberscharführer und Kriegsdienst, an unbekanntem Ort an der Ostfront gefallen.

KELLER, Rudolf, Dr. phil. 592
geb. 9.9.1878 Lövenich/Aachen, gest. 28.1.1960 Frankfurt/Main, Gymnasium in Gütersloh, 1897 Geschichtswissenschafts-, Germanistik-, Philosophie- und Romanistikstudium, 1901 Promotion in Bonn, 1903 Staatsexamen ebd. mit der Lehrbefähigung für Deutsch, Französisch und Geschichte sowie Vorbereitungsdienst am Gymnasium ebd., 1904 Militärdienst, 1905 Oberlehrer am Friedrich-Wilhelm-Gymnasium in Köln, 1912 Direktor ebd., 1914 Kriegsdienst zuletzt als Hauptmann, 1918 Oberstudiendirektor am Reformgymnasium in Essen-Bredeney und Eintritt in die DDP, 1926 Oberschulrat am Provinzialkollegium in Berlin-Lichterfelde, 1927 besoldetes Magistratsmitglied (Schul- und Kulturdezernat) in Frankfurt/Main, 1933 Eintritt in die NSDAP und NSV-Mitglied und Blockwalter, 1946 Ruhestand und Ehrensenator der Universität Frankfurt/Main, 1958 Träger des Großen Bundesverdienstkreuzes.

KERN, Eugen 105
geb. 9.5.1881 Altdorf, gest. 5.1.1948 Burgbernheim, 1901 Theologiestudium in Erlangen und Leipzig, 1905 erstes theologisches Examen und Vikar in Pegnitz, 1906 Ordination und Verweser in Adelshofen und Vikar in Weißenstadt, 1907 Verweser in Lanzendorf und Eschenfelden, 1908 Vikar in Igensdorf und Kirchrüsselbach, 1910 zweites theologisches Examen und Pfarrer in Lehenthal, 1916 in Hetzelsdorf, 1927 Verweser in Leipheim, 1935 Pfarrer in Burgbernheim, 1937 Senior ebd., 1944 Kirchenrat.

KERN, Georg 106
geb. 14.1.1885 Rehweiler, gest. 18.6.1947 Neuendettelsau, 1904 Theologiestudium in Erlangen und Leipzig, 1908 erstes theologisches Examen und Militärdienst, 1909 Predigerseminar in München, 1910 Ordination und Stadtvikar an St. Markus in München, 1912 zweites theologisches Examen und Pfarrer in Fünfbronn, 1919 Pfarrer beim Landesverein für Innere Mission in der Evangelisch-lutherischen Kirche Bayerns, 1922 Pfarrer in Steinbühl, 1928 Dekan in Kempten, 1934 Kreisdekan und Oberkirchenrat in Ansbach.

KERRL, Hanns 26, 28f., 37, 39, 45ff., 51, 69f., 72, 77, 80–84, 91, 115, 123, 125ff., 131f., 138, 142, 147, 149f., 153f., 156ff., 160, 162, 165, 167, 198, 237, 250, 324, 327, 333, 370, 413ff., 423, 426, 430–433, 436f., 443ff., 452, 499, 525, 531f., 537, 540, 583, 647, 669, 696, 698, 732, 800 *(Bd. I, S. 569)*

KERSTEN, 757f.
geb. 7.3.1894 Barnin/Mecklenburg, gest. 17.5.1979 Lübeck, Volksschule in Barnin/Mecklenburg, 1908 kaufmännische Ausbildung, 1914 Kriegsdienst, 1931 Angestellter des Finanzamtes Rostock-Stadt und Eintritt in die NSDAP, 1933 Mitglied der NSV, 1934 Angestellter der NSV-Kreisamtsleitung Rostock, 1936 NSV-Kreisamtsleiter in Rostock, 1938 NSV-Kreisamtsleiter in Lübeck und Beirat der Sozialverwaltung der Stadt Lübeck, 1940 NSV-Kreisamtsleiter in Posen im „Reichsgau Wartheland“, 1942 NSV-Kreisamtsleiter in Shitomir/Ukraine, 1944 NSV-Kreis-

amtsleiter in Riga/Lettland, 1945 NSV-Kreisamtsleiter und Flüchtlingsbetreuung in Aalborg/Dänemark, 1945 (Mai) ehrenamtlicher DRK-Helfer im Flüchtlingslager Domschule in Lübeck und (September) Internierung in Neumünster, Eselheide und Staumühle, 1948 Entlassung, 1949 Entnazifizierungsverfahren und Einstufung als Mitläufer durch Entnazifizierungs-Hauptausschuß der Hansestadt Lübeck.

KIENE, Maria 353

geb. 8.4.1889 Schwäbisch-Hall, gest. 28.9.1979 Freiburg/Breisgau, Ausbildung als Kindergärtnerin, 1921 staatliche Anerkennung und Diplom als Jugendleiterin, 1921 Referentin für Kinderfürsorge im Erzbistum Köln, 1922 Mitarbeiterin beim Deutschen Caritasverband in Freiburg/Breisgau, 1926 Leiterin des Referats Kinderfürsorge ebd., 1927 zugleich Direktorin des Jugendleiterinnenseminars ebd., 1967 Ruhestand.

KINDER, Christian, Dr. iur. 333

geb. 29.5.1897 Plön, gest. 30.4.1972 Hamburg, Jurastudium, 1925 Konsistorialassessor beim Evangelisch-lutherischen Landeskirchenamt Kiel, 1933 juristischer Vizepräsident ebd. und Reichsleiter der Reichsbewegung Deutsche Christen, 1935 Rücktritt als Reichsleiter im Zuge der Vereinigungsversuche der Deutschen Christen, 1937 Präsident des Evangelisch-lutherischen Landeskirchenamtes Kiel, 1943 Universitätskurator in Kiel, nach 1945 Kaufmann in Hamburg.

KINTZEL, Werner 29

geb. 28.3.1898 Berlin, gest. 12.11.1967 Bernau, Leibniz-Gymnasium in Berlin, Theologiestudium in Berlin und Tübingen, 1921 erstes theologisches Examen in Berlin, 1923 zweites theologisches Examen ebd. und Hilfsprediger in Bernau, 1926 Archidiakon an St. Marien in Bernau, 1933 Eintritt in die NSDAP, 1935 im Nebenamt Oberkirchenrat in der Kirchenkanzlei der Deutschen Evangelischen Kirche, 1938 erster Pfarrer an St. Marien in Bernau, bis 1945 zugleich Standortpfarrer, 1966 Ruhestand.

KLAUSMANN, Gustav, Dr. phil. 427, 431f.

geb. 17.4.1888 Heissen/Solingen, gest. unbek., 1932 Eintritt in die NSDAP und Mitglied des NSLB, 1939 Oberstudiendirektor (Oberregierungsrat) und Leiter der Abteilung für Soziales Bildungswesen im Reichsministerium für Wissenschaft, Erziehung und Volksbildung.

KLEINAU, Reinhold 206, 208, 211ff., 868 *(Bd. I, S. 570)*

KLEINERT, Paul, Dr. phil., Lic. theol. 761

geb. 23.9.1837 Vielgut/Oberschlesien, gest. 29.7.1920 Berlin, Theologiestudium in Breslau und Halle, 1857 philosophische Promotion in Halle, 1860 theologisches Examen und theologische Promotion in Breslau und Ordination, 1861 Pfarrer in Oppeln, 1863 Religionslehrer am Friedrich-Wilhelm-Gymnasium in Berlin, 1864 zugleich Habilitation und Privatdozent ebd., 1866 Pfarrer an St. Gertraud in Berlin, 1868 außerordentlicher Professor für Altes Testament und Praktische Theologie in Berlin, 1877 ordentlicher Professor ebd., 1873 Konsistorialrat beim Evangelischen Konsistorium der Mark Brandenburg in Berlin, 1877 Übernahme der Leitung des homiletischen Seminars, 1891 Ausscheiden aus dem Konsistorium, 1895 Mitglied des EOK Berlin und Wirklicher Geheimer Oberkonsistorialrat, 1904 Ausscheiden aus dem EOK Berlin, 1907 Ruhestand, 1909 Aufgabe der Leitung des homiletischen Seminars, 1918 Beendigung der Lehrtätigkeit.

geb. 19.1.1894 Mühlhausen, gest. 22.11.1973 Bad Neuenahr-Ahrweiler, Gymnasium in Mühlhausen, 1912 Jura- und Staatswissenschaftsstudium in Göttingen, München, Freiburg und Marburg, 1915 erstes juristisches Examen und Gerichtsreferendar und Kriegsdienst, 1918 Entlassung aus dem Heer und Regierungsreferendar, 1920 Eintritt in die DVP, 1921 zweites juristisches Examen und Regierungsassessor, 1928 Regierungsrat, 1931 Eintritt in die NSDAP, 1933 Polizeipräsident in Recklinghausen, 1934 Regierungspräsident in Münster, 1941 Generalkommissar in Dnjepropetrowsk/Ukraine, 1942 Generalkommissar in Shitomir/Ukraine.

geb. 11.5.1895 Leipzig, gest. 24.2.1965 Stadt Wehlen/Dresden, Ausbildung zum Verwaltungsbeamten, 1920 in verschiedenen Funktionen im Staatsdienst, 1925 Eintritt in die NSDAP, 1933 Mitglied der Deutschen Christen und Oberkirchenrat im Landeskirchenamt der Evangelisch-lutherischen Landeskirche Sachsens in Dresden, 1937 dienstaufsichtsbefugt ebd., 1938 Präsident ebd., 1941 Austritt aus den Deutschen Christen, 1945 Entfernung aus dem Amt, 1950 Beginn einer Ausbildung für den Pfarrdienst am Theologischen Seminar Paulinum in Berlin, 1951 Abbruch der Ausbildung, 1952 Gemeinschaftsprediger im Aushilfsdienst in Dresden.

Jugendwohlfahrtspflegerin, Referentin für Kindertagesstätten im NSV-Gauamt des NSDAP-Gaues Groß-Berlin.

geb. 11.2.1877 Berlin, gest. September 1945 Greiffenberg/Angermünde, Gymnasium in Wittstock, Militärdienst, Theologiestudium in Berlin, 1904 erstes theologisches Examen ebd., 1906 zweites theologisches Examen und Ordination und Hilfsprediger, 1905 philosophische Promotion, 1907 Pfarrer in Haselberg/Wriezen, 1911 Pfarrer (Diakonus) in Bärwalde/Neumark, 1912 Oberpfarrer ebd., 1928 theologische Promotion, 1945 Pfarrer in Greiffenberg/Angermünde.

geb. 3.10.1902, gest. unbekannt, Theologiestudium in Bonn, Tübingen und Halle, 1929 erstes theologisches Examen und Vikariat, 1932 zweites theologisches Examen und Ordination und Hilfsprediger in Wesel und Engers, 1933 Mitglied der Bekennenden Kirche und der Rheinischen Pfarrerbruderschaft, 1934 Pfarrer in Dierdorf, 1939 Kriegsdienst und verschollen, 1953 für tot erklärt.

geb. 19.6.1896 Elberfeld, gest. 12.11.1986 Barczewo/Polen, Volks-, Mittel- und Handelsschule in Elberfeld, Mitglied des CVJM, kaufmännische Ausbildung und Beamter im mittleren nichttechnischen Dienst bei der Deutschen Reichsbahn, 1915 freiwilliger Kriegsdienst, 1919 nach Entlassung aus dem Heer wieder Reichsbahnbeamter, Freikorps-Angehöriger in Oberschlesien, 1922 Eintritt in NSDAP und Gaugeschäftsführer des NSDAP-Gaues Ruhr, 1923 Verhaftung in Zusammenhang mit der Erschießung A. L. Schlageters, 1926 Wiedereintritt in die NSDAP, Entlassung aus dem Reichsbahndienst wegen seiner politischen Tätigkeit, stellvertretender Gauleiter des NSDAP-Gaues Ruhr, 1928 Gauleiter des NSDAP-Gaues Ostpreußen, 1929 Fraktionsführer der NSDAP im ostpreußischen Provinziallandtag und Vorsitzender der Stadtverordnetenfraktion in Königsberg, 1930 Mitglied des Reichstages, 1933 Oberpräsident der Provinz Ostpreußen, Vizepräsident des Kirchensenats der

Evangelischen Kirche der Altpreußischen Union und Präses der Ostpreußischen Provinzialsynode, 1939 Beauftragung durch den „Führer" zu städtebaulichen Maßnahmen für Königsberg und Reichsverteidigungskommissar, 1942 Reichskommissar für die Ukraine, Schreckensherrschaft, 1945 Flucht aus Königsberg, 1949 Verhaftung als Landarbeiter bei Hamburg, 1950 Auslieferung an die polnische Regierung, 1959 Verurteilung zum Tode, aber Umwandlung in lebenslange Haft, in Barczewo verbüßt.

KOCH, Friedrich, Dr. iur. 577

geb. 23.12.1877 Elberfeld, gest. 11.3.1949 Magdeburg, nach Jurastudium und Referendariat 1904 zweites juristisches Examen und Gerichtsassessor am Oberlandesgericht in Köln, 1907 Konsistorialassessor beim Evangelischen Konsistorium der Kirchenprovinz Schlesien in Breslau, 1909 Konsistorialrat beim Evangelischen Konsistorium der Kirchenprovinz Sachsen in Magdeburg, 1916 Konsistorialrat beim Evangelischen Konsistorium der Kirchenprovinz Westfalen in Münster, 1925 Oberkonsistorialrat beim Evangelischen Konsistorium der Mark Brandenburg in Berlin, 1933 Eintritt in die NSDAP und Mitglied der Deutschen Christen und Oberkonsistorialrat beim Evangelischen Oberkirchenrat Berlin und beim Evangelischen Konsistorium der Kirchenprovinz Grenzmark in Schneidemühl, 1936 Oberkonsistorialrat beim Evangelischen Konsistorium der Kirchenprovinz Sachsen in Magdeburg, Austritt aus den Deutschen Christen, 1944 Ruhestand.

KOCH, Karl, D. 632

geb. 6.10.1876 Witten, gest. 28.10.1951 Bielefeld, Gymnasium in Witten und Hagen, 1896 Theologiestudium in Greifswald und Bonn, 1900 erstes theologisches Examen in Münster und Vikar in Rehme, 1902 zweites theologisches Examen in Münster und Ordination sowie Hilfsprediger in Feudingen und Schalke, 1904 Pfarrer in Holtrup, 1914 in Bünde, 1916 in Bad Oeynhausen, 1927 zugleich Superintendent in Vlotho und Präses der Westfälischen Provinzialsynode, 1919-1933 Mitglied des Preußischen Landtages und 1930-1932 auch des Reichstages (DNVP), 1934 Präses der Bekenntnissynode der Deutschen Evangelischen Kirche und Leiter ihres Büros in Bad Oeynhausen sowie Vorsitzender des Reichsbruderrates, 1936 Rücktritt von allen Funktionen wegen grundlegender Differenzen in der Kirchenausschußfrage, 1945 Teilnehmer der Treysaer Kirchenkonferenz und Präses der Evangelischen Kirche von Westfalen, 1949 Ruhestand.

KÖHLER, Karl 32,

geb. 3.3.1888 Uttenreuth, gest. 10.10.1973 ebd., Volksschule in Uttenreuth, Arbeit auf dem elterlichen Bauernhof, noch als „bürgerlicher" Kandidat vor 1933 Bürgermeister in Uttenreuth, 1933 Eintritt in die NSDAP, im Verlauf des Krieges auch NSDAP-Ortsgruppenleiter in Vertretung des Kriegsdienst leistenden *J. Geist (II)*, 1945 kurzzeitige Inhaftierung durch US-Militärregierung, nach Entlassung wieder auf dem elterlichen Hof.

KÖHLER, Karl 617

geb. 9.10.1888 Breslau, gest. 9.4.1954 Köln, Theologiestudium in Bethel, Breslau und Halle, 1913 erstes theologisches Examen in Breslau, 1914 Vikar in Linz/Rheinland, 1915 zweites theologisches Examen in Koblenz und Ordination sowie Hilfsprediger in Eller, 1917 Pfarrer in Applerbeck, 1925 in Bielefeld, 1930 in Köln, 1932 Eintritt in die NSDAP, 1947 Krankenhausseelsorger in Köln, 1954 Ruhestand.

KOHLSTADT, Änne 609

geb. 14.9.1900 Aachen, gest. 11.8.1967 Oberaudorf/Inn, Lyzeum in Köln, 1918 Erzieherinnenausbildung, 1920 Abschluß der Ausbildung mit staatlicher Anerkennung, dann Kindergärtnerin in der Kinderabteilung der Nervenheilanstalt Frankfurt/Main in Köppern/Taunus und Privaterzieherin, 1922 Erzieherin im Waisenhaus der Halberger Hütte in Brebach/Saar, 1924 Schwester des Rheinisch-Westfälischen Diakonievereins für evangelisch-kirchliche und soziale Wohlfahrtspflege, Beginn einer Krankenschwesternausbildung an dessen Krankenpflegeschule in Remscheid-Ehringhausen, 1926 Abschluß der Ausbildung mit staatlichem Krankenpflegeexamen und Hausmutter einer Kinderheilanstalt in Bad Orb, 1927 Leitung des Pestalozzi-Heimes des Rheinisch-Westfälischen Diakonievereins für evangelisch-kirchliche und soziale Wohlfahrtspflege in Köln-Lindenthal, 1928 Studium an der Sozialen Frauenschule Pestalozzi-Fröbel-Haus in Berlin-Schöneberg, 1929 Abschluß der Ausbildung mit staatlicher Anerkennung als Jugendwohlfahrtspflegerin und Leitung des Kindergartens der evangelischen Kirchengemeinde Düsseldorf-Gerresheim, 1930 wieder Leitung des Pestalozzi-Heimes, 1937 Mitglied im NS-Lehrerbund, Vorstandsmitglied des Evangelischen Verbandes für Kinderpflege in der Rheinprovinz, 1942 im katechetischen Dienst in der evangelischen Kirchengemeinde Köln-Nippes, 1946 wieder Leitung des Pestalozzi-Heimes, 1965 Ruhestand und Auszeichnung mit der Wichernplakette.

KOLBOW, Karl-Friedrich 396

geb. 20.11.1899 Schwerin, gest. 14.9.1945 Thorée/Frankreich, Gymnasium in Schwerin, 1917 Notabitur und Kriegsdienst, 1919 Freiwilligenbataillon (Grenzschutz), 1920 Geographiestudium in Jena und München, dann Bergakademie Freiberg/Sachsen, 1921 Eintritt in die NSDAP und Begegnung mit *A. Hitler*, 1922 Eintritt in die SA, 1925 Bergbauingenieursexamen und Anstellung bei einer Blei- und Silbererzgrube in Weiden/Oberpfalz, 1927 Betriebsingenieur in Neunkirchen/Siegen, 1929 NSDAP-Kreisleiter im Siegerland, 1931 Gaufachberater für Bergbaufragen, 1932 Mitglied des Provinziallandtags in Münster, 1933 Staatskommissar für die Westfälische Provinzialverwaltung und Landeshauptmann der Provinz Westfalen, 1944 Parteiausschluß wegen Differenzen mit der Parteiführung und Nähe zu in Verbindung mit dem Attentat vom 20.7.1944 Hingerichteten, freiwilliger Kriegsdienst, 1945 französische Gefangenschaft und im Internierungslager umgekommen.

KOLLERT, August 112f., 126ff. *(Bd. I, S. 573)*

KÖNIG, Bruno Freiherr von 98f., 102

geb. 28.1.1879 Lengen, gest. 3.5.1945 Uenze/Perleberg, Köngl. Württembergischer Major a. D., Ehrenritter des Johanniter-Ordens, 1932 Eintritt in die NSDAP, aufgenommem in die Liste des reinblütigen deutschen Adels, Besitzer des Rittergutes Damm II in Wutzetz bei Friesack, 1938 Verkauf des Gutes und Erwerb des Gutes Uenze und Patron ebd., bei Besetzung des Ortes von Soldaten der sowjetischen Armee erschossen.

KÖRBER, Michael 660–663

geb. 14.9.1894 Lehrberg/Ansbach, gest. 3.4.1969 Frankenberg/Eder, 1914 Kriegsdienst, 1917 Theologiestudium in Erlangen und Tübingen, 1921 erstes theologisches Examen und Vikar in Egersheim, Emskirchen und Tannhausen, 1922 Privatvikar und Ordination, 1923 Vikar in Burk und Pfarramtsverwalter ebd., 1924 zweites theologisches Examen und Vikar in Engelthal, 1925 in Weigenheim, 1926 Pfarrer in

Nordheim, 1927 zugleich Pfarrverwalter in Krassolzheim, 1937 Pfarrer in Neudrossenfeld, 1955 in Balgheim, 1963 Ruhestand.

geb. 3.1.1868 Wiesbaden, gest. 31.5.1963 Königsfeld, Theologiestudium in Greifswald, Halle und Marburg, 1890 erstes theologisches Examen in Herborn, 1892 zweites theologisches Examen in Wiebaden und am Theologischen Seminar in Herborn, 1893 Ordination und Hilfsprediger in Eibelshausen, 1894 Pfarrer ebd., 1899 in Hochheim/Main, 1911 an der Lutherkirche in Wiesbaden, 1914 auch Feldgeistlicher, 1919 Konsistorialrat im Nebenamt, 1920 Vorsitzender des Evangelischen Vereins für Innere Mission in Nassau, 1925 Landesbischof der Evangelischen Landeskirche Nassau, 1927 Ehrenpromotion der Theologischen Fakultät der Universität Marburg, 1933 Versetzung in den Ruhestand und Geschäftsführer ohne Besoldung des Evangelischen Vereins für Innere Mission in Nassau in der Nachfolge von *A. Stahl (I)*, 1939 Verleihung der Wicherplakette, 1945 Teilnehmer der Treysaer Kirchenkonferenz und Vorsitzender der vorläufigen Leitung der Evangelischen Kirche in Nassau, 1948 Beendigung der Geschäftsführertätigkeit beim Evangelischen Verein für Innere Mission in Nassau und Vorsitzender des nunmehr Landesverbandes der Inneren Mission der Evangelischen Kirche in Hessen und Nassau, 1953 Träger des Großen Bundesverdienstkreuzes und 1958 des Sterns zum Großen Bundesverdienstkreuz.

geb. 25.2.1877 Lüdersen/Springe, gest. 7.8.1970 Hannover, Volksschule in Lüdersen, 1892 nach Schulabschluß im Elternhaus Betreuung der jüngeren Geschwister, 1897 im Pfarrhaushalt in Hannover, 1899 Eintritt in das Evangelisch-lutherische Diakonissenhaus Henriettenstift in Hannover, 1900 Schwester im Krankenhaus in Walsrode, 1904 Einsegnung zur Diakonisse, 1905 Gemeindeschwester in Geestemünde, 1906 Kinderschwester im Säuglings- und Kinderheim Alt-Bethlehem in Göttingen, 1908 staatliche Anerkennung als Krankenschwester ohne Examen, 1911 Krankenschwester im Krankenhaus in Lüneburg, 1912 Leitung des Kinderheimes und Kindergartens in Hannover-Limmer, 1943 Verurteilung zu einer Gefängnisstrafe von fünf Monaten wegen unkorrekten Umganges mit Sonderzuteilungen von Lebensmitteln, danach weiter tätig in Hannover-Limmer, 1954 in Feierabend.

geb. 10.10.1894 Mainz-Kastel, gest. 12.3.1945 Büdingen, 1931 Eintritt in die NSDAP, 1936 SA-Obersturmführer, 1938 Kassenrendant und Bürodirektor der Evangelischen Gesamtkirchenkasse Wiesbaden und Bevollmächtigter der Finanzabteilung der Evangelischen Landeskirche Nassau-Hessen für den Bereich der Evangelischen Gesamtkirchengemeinde Wiesbaden, 1942 Beauftragung mit der Wahrnehmung der Geschäfte eines NSDAP-Kreisleiters in Büdingen.

geb. 15.6.1899 Berlin-Plötzensee, gest. 25.5.1984 Wolfsburg, Gymnasium in Berlin, 1917 Kriegsdienst und Theologiestudium in Berlin und Greifswald, 1921 erstes theologisches Examen in Berlin, 1923 zweites theologisches Examen ebd. und Hilfsprediger in der Moorkolonie Freistatt der Vereinigten Anstalten Bethel, 1924 Ordination, 1925 Hilfsprediger an der Glaubenskirche in Berlin-Lichtenberg, 1926 Seemannspastor in London, 1929 Hilfsprediger in Gransee und Pfarrer in Rheinsberg, 1950 in Eberswalde, 1963 Ruhestand, 1969 Übersiedlung aus der Deutschen Demokratischen Republik nach Wolfsburg.

KOTTMEIER, Hermann 124f.
geb. 6.4.1897 Restorf/Dannenberg, gest. 27.2.1994 Celle, Gymnasium in Hildesheim, 1914 Kriegsdienst 1919 Theologiestudium in Rostock und Göttingen, 1923 erstes theologisches Examen, 1925 zweites theologisches Examen und Ordination in Hannover und Hilfsgeistlicher in Hamburg-Wilhelmsburg-Neuhof und Pfarrer ebd., 1931 in Salzhemmendorf, 1936 in Peine, 1939 Kriegsdienst, 1945 wieder in Peine im Pfarramt, 1959 Vorsitzender des Pfarrervereins der Evangelisch-lutherischen Landeskirche Hannovers, 1965 Ehrenabzeichen des Christlichen Vereins junger Männer und Ruhestand.

KOZIK, Heinrich 75, 77ff., 81f., 84
geb. 15.7.1901 Mühlhausen/Elsaß, gest. 19.8.1944 Lettland, Gymnasium in Münster, Theologiestudium in Münster und Tübingen, 1925 erstes theologisches Examen in Münster, Vikar in Lippstadt und Siegen, 1927 zweites theologisches Examen, 1928 Ordination und Hilfsprediger in Ahlen, 1929 Pfarrer ebd., 1942 Kriegsdienst, gefallen.

KRACHT, Ernst 205, 550, 552f., 556, 573, 575, 578, 581, 587, 603, 621, 697f., 727f., 741f., 747f., 760, 795, 801–805, 807, 815ff.
geb. 27.5.1893 Heinersdorf/Teltow, gest. 4.8.1968 Hofheim/Taunus, Gymnasium in Berlin-Lichterfelde, 1912 Theologiestudium in Berlin und Greifswald, Kriegsdienst, 1920 erstes theologisches Examen in Berlin, 1922 zweites theologisches Examen ebd. und Ordination sowie Hilfsprediger in Teltow, 1923 Hilfsprediger in Berlin-Neukölln und Pfarrer in Zirkow/Rügen, 1924 an der Martin-Luther-Kirche in Berlin-Neukölln, 1929 Provinzialpfarrer für Jugendfürsorge in Magdeburg als Nachfolger von *S. Eggebrecht (I)*, 1932 zugleich Provinzialpfarrer für Wohlfahrtspflege und Geschäftsführer des Sächsischen Provinzialverbandes für Innere Mission und Vorsitzender des Verbandes für evangelische Kinderpflege in der Provinz Sachsen, 1939 zunächst kommissarisch 1940 Konsistorialrat im Evangelischen Konsistorium der Kirchenprovinz Sachsen in Magdeburg, 1941 kommissarischer Dezernent für Innere Mission beim Evangelischen Oberkirchenrat Berlin und zugleich bei der Kirchenkanzlei der Deutschen Evangelischen Kirche zunächst mit Sitz in Berlin aber ab 1942 in Magdeburg, 1941 nach dem Ausscheiden von *F. Zedler (I)* Mitglied des Vorstandes der Vereinigung evangelischer Kinderpflegeverbände Deutschlands, 1948 Entlassung aus dem Amt und Superintendent in Bergen/Rügen, 1963 Ruhestand.

KRAUSE, Hans-Hellmuth, Lic. theol. 257ff., 262–270, 423, 461, 470, 560–568; 589ff. *(Bd. I, S. 573)*

KREBS, Fritz (Friedrich), Dr. iur. 607
geb. 9.5.1894 Germersheim, gest. 6.5.1961 Frankfurt/Main, Oberrealschule in Straßburg, 1912 Jura- und Staatswissenschaftsstudium ebd., 1914 Kriegsdienst, 1919 Entlassung aus dem Heer als Leutnant und erstes juristisches Examen und Referendar in Frankfurt/Main, 1922 Promotion in Gießen, Mitglied im Deutschbund, 1923 zweites juristisches Examen und Gerichtsassessor in Frankfurt/Main sowie Eintritt in die DP, 1924 Eintritt in die NSDAP und NSDAP-Ortsgruppenleiter in Frankfurt/Main, 1926 Referent bei der Deutschen Staatsvertretung am deutsch-englischen Schiedsgericht in Berlin, 1928 Landgerichtsrat in Frankfurt/Main, 1929

Wiedereintritt in die NSDAP und Rechtsberater der NSDAP-Gauleitung, 1932 Mitglied des Preußischen Landtages, ab 1933 Oberbürgermeister in Frankfurt/ Main, 1934 Preußischer Staatsrat und Mitglied des Provinzialrates für Hessen-Nassau, 1933-1937 NSDAP-Kreisleiter in Frankfurt/Main, 1935 Mitglied des Reichskultursenats und Präsidialrat der Reichskulturkammer, 1937 Eintritt in die SA, 1939 SA-Obersturmbannführer, 1945 in amerikanischer Internierung, 1947 Entlassung, 1952 Stadtverordneter der DP in Frankfurt/Main aber Mandatsniederlegung nach Einspruch der SPD, 1953 Zulassung und Niederlassung als Rechtsanwalt in Frankfurt/Main.

KREBS, Maximilian, Dr. iur. 112f.
geb. 8.11.1904 Heiligenstein/Eisenach, gest. 19.7.1972 Ansbach, nach Jurastudium und Referendariat 1934 zweites juristisches Examen und Gerichtsassessor in Ebern, 1935 Eintritt in die NSDAP und Assessor bei der Regierung Unterfranken in Würzburg, 1936 Regierungsrat beim Bezirksamt Neustadt/Aisch, 1939 Geschäftsaushilfe u. a. in Hilpoltstein, Dinkelsbühl und Uffenheim, 1940 Stellvertreter des Landrates in Stadtsteinach, 1941 in Höchstadt/Aisch und Dienstenthebung, 1942 Stellvertreter des Landrates in Uffenheim, 1943 Kriegsdienst, 1945 Verwundung und in amerikanischer Gefangenschaft, 1947 Entnazifizierungsverfahren und Einstufung als Mitläufer durch Spruchkammer Ebern, 1948 Angestellter in Höchstadt/Aisch, 1949 Regierungsrat ebd., 1950 in Ebern, 1952 Landrat ebd., 1958 Regierungsrat bei der Regierung von Mittelfranken in Ansbach, 1961 Oberregierungsrat ebd., 1966 Regierungsdirektor ebd., 1969 Ruhestand.

KREUTZ, Benedikt, Dr. rer. pol. 40, 64, 70ff., 113, 128, 218, 354, 554, 563ff., 601, 612, 643, 714, 724, 885, 887
geb. 15.1.1879 St. Peter/Baden, gest. 25.7.1949 Freiburg/Breisgau, 1898 Theologie- und Philosophiestudium, 1902 Promotion und Priesterweihe sowie Kaplan in Freiburg/Breisgau, 1910 Pfarrer von Untergrombach/Bruchsal, 1915 Feldgeistlicher in Frankreich, Polen, Finnland mit vielfachen Auszeichnungen wie z. B. Hessischer Verdienstorden, Hanseatenkreuz Hamburg, Schlesischer Adlerorden, 1918 wieder in Untergrombach, 1919 erster Leiter der Hauptvertretung Berlin des Deutschen Caritasverbandes, 1922 Präsident des Deutschen Caritasverbandes, 1922 Päpstlicher Geheimkämmerer, 1925 Hausprälat, 1942 Apostolischer Protonotar.

KRIEG, August, Lic. theol. 696
geb. 15.8.1877 Paplitz/Jüterbog, gest. 23.8.1959 Berlin, Humboldt-Gymnasium in Berlin, 1894 Theologie- und Geschichtswissenschaftsstudium in Berlin, 1898 erstes theologisches Examen ebd., 1900 zweites theologisches Examen ebd. und im Domkandidatenstift ebd., 1901 Examen für das Lehramt an höheren Schulen und kommissarischer Seminarlehrer am Schullehrerseminar in Prenzlau, 1904 Hilfslehrer an der Oberrealschule Berlin-Lichterfelde und Oberlehrer am Fürstlichen Wolfinum in Bückeburg, 1906 Oberlehrer an der Oberrealschule in Berlin-Zehlendorf, 1911 Ordination in Berlin und Pfarrer in Pritzwalk, 1914 in Rosenwinkel/Kyritz, 1920 in Lohm/Kyritz und in der Zeit Promotion, 1923 Direktor des Landeskirchlichen Diaspora-Seminars in Witten/Ruhr, 1933 Konsistorialrat beim Evangelischen Konsistorium der Kirchenprovinz Sachsen in Magdeburg, 1934 Konsistorialrat beim Evangelischen Konsistorium der Kirchenprovinz Westfalen in Münster, 1938 Oberkonsistorialrat ebd., 1939 Oberkonsistorialrat beim Evangelischen Konsistorium der Mark Brandenburg in Berlin, 1950 Ruhestand.

KRÜGER, Erich 117ff., 121, 124

geb. 24.4.1903 Heydekrug/Ostpreußen, gest. 12.7.1938 Aachen, Volksschule und Oberrealschule in Kallinowen, 1918 Grenzschutz Ost, 1919 wieder Schulbesuch, 1923 Jurastudium in Königsberg und Eintritt in die NSDAP, 1925 Wiedereintritt in die NSDAP, 1929 erstes juristisches Examen und Referendar, 1932 Eintritt in die SS, 1933 zweites juristisches Examen und Assessor und kommissarischer Bürgermeister in Angerburg/Ostpreußen, 1934 Bürgermeister in Peine und Kreisamtsleiter für Kommunalpolitik, 1938 SS-Untersturmführer und Führer eines SS-Sturmes und Kreisredner, auf der Fahrt gemeinsam mit *K. Niens (II)* zum Besuch von Soldatengräbern mit dem Reisebus tödlich verunglückt.

KRÜGER, Otto 577 *(Bd. I, S. 574)*

KRÜGER, Paul, Lic. theol. 542

geb. 29.7.1880 Leipzig, gest. 12.8.1941 ebd., Theologiestudium, Promotion, 1905 Ordination und Hilfsgeistlicher in Leipzig, 1908 Predigerkolleg St. Pauli ebd., 1915 Pfarrer an der Friedenskirche in Leipzig-Gohlis, Vorsitzender des Vereinigten Theresia- und Elsbeth-Siftes ebd.

KRÜGER-WITTMACK, Georg, Dr. iur. 550, 552, 578, 587, 621, 697f., 727, 748, 795, 815ff.

geb. 5.3.1902 Berlin, gest. 2.7.1986 Darmstadt, Gymnasium in Berlin-Lichterfelde, 1921 Jurastudium in Berlin, Breslau und Marburg, 1926 erstes juristisches Examen in Kassel und Referendar, 1930 zweites juristisches Examen in Berlin und Assessor am Kammergericht Berlin, 1933 Konsistorialassessor beim Evangelischen Konsistorium der Provinz Pommern in Stettin, 1936 Konsistorialrat ebd. und Konsistorialrat in der Kirchenkanzlei der Deutschen Evangelischen Kirche, 1940 Oberkonsistorialrat beim Evangelischen Oberkirchenrat Berlin, 1941–1945 Vertreter der Kirchenkanzlei der Deutschen Evangelischen Kirche und des Evangelischen Oberkirchenrates Berlin als Mitglied im Vorstand des Central-Ausschusses für die Innere Mission, 1941–1978 Mitglied des Verwaltungsrates des Evangelischen Diakonievereins Berlin-Zehlendorf, 1943 Entsendung zum Kirchenamt Gablonz/Neiße, 1945 beim Central-Ausschuß (West) für die Innere Mission in Bielefeld und Seelsorger an den Universitätskliniken Kiel, 1947 Wissenschaftlicher Mitarbeiter der Evangelischen Landeskirche Baden in Karlsruhe, 1948 Promotion in Marburg, 1952 Versetzung in den Ruhestand von seiten der Kanzlei der Evangelischen Kirche der Union in Berlin, 1954 Justitiar im Außenamt der Evangelischen Kirche in Deutschland, 1957 Oberkirchenrat und juristischer Leiter der Kirchenverwaltung der Evangelischen Kirche Hessen-Nassau in Darmstadt, 1970 Ruhestand.

KUBE, Wilhelm 92

geb. 13.11.1887 Glogau/Schlesien, gest. 23.9.1943 Minsk/Weißrußland, 1899 Gymnasium Zum Grauen Kloster in Berlin, 1908 Staatswissenschafts-, Geschichts- und Geographiestudium in Berlin, 1909 Mitbegründer des Deutsch-Völkischen Studentenverbandes, 1911 Mitglied des Deutsch-Sozialen Partei, 1912 Abbruch des Studiums und Redakteur in Wismar und Breslau, 1917 Kriegsdienst und kriegsverwendungsunfähig geschrieben, 1920 Generalsekretär der DNVP, 1923 Austritt aus der DNVP, 1924 Reichsgeschäftsführer der DVFP und Reichstagsabgeordneter, 1927 Übertritt in die NSDAP, 1928 Gauleiter des Gaues „Ostmark“ und Reichstagsabgeordneter der NSDAP und Abgeordneter des Preußischen Landtages, 1932 Mitbegründer der Glaubensbewegung Deutsche Christen, 1933 Oberpräsident der Mark

Brandenburg und Gauleiter des neuen NSDAP-Gaues Kurmark und Preußischer Staatsrat sowie Eintritt in die SS, 1936 Austritt aus der SS und Amtsenthebung unter Beibehaltung der Titel Gauleiter und Oberpräsident, 1941 Ernennung zum Generalkommissar für Weißruthenien in Minsk, Tod nach Attentat und Staatsbegräbnis in Berlin.

KÜHLER, Johannes, Dr. phil. 613ff., 618, 620, 622f. *(Bd. I, S. 574f.)*

KÜHLEWEIN, Julius, Dr. theol. h. c. 67, 150, 677 *(Bd. I, S. 575)*

KUHN, Walter 688

geb. 13.2.1907 Wien, gest. 7.11.1944 Detmold, Gymnasium in Wien, 1926 Theologiestudium ebd., 1929 Eintritt in die NSDAP, 1930 erstes theologisches Examen und Vikar in Kufstein, 1931 Philologiestudium in Innsbruck und Wien, 1933 Stadtvikar in Frankfurt/Main, 1934 zweites theologisches Examen in Darmstadt und Ordination, Hilfsprediger in Welzow, 1938 nach Erhalt der deutschen Staatsbürgerschaft und Übernahme in den Dienst der Evangelischen Kirche der Altpreußischen Union Pfarrer in Welzow, 1941 Diagnose eines malignen Gehirntumors und Versetzung in den Wartestand.

KÜHN, Hermann 541

geb. 11.2.1877 Döben/Grimma, gest. 29.1.1947 Leipzig, Gymnasium in Wurzen und Grimma, Theologiestudium, 1902 erstes theologisches Examen in Leipzig, 1904 zweites theologisches Examen in Dresden, 1905 Ordination und Pfarrer in Großzschepa/Wurzen, 1910 in Pfaffroda/Freiberg, 1917 in Neichen/Grimma, 1925 in Zwenkau/Leipzig, 1942 Ruhestand.

KÜHNE, Johannes 510

geb. 16.1.1885 Groß Salze/Schönebeck, gest. 14.3.1963 Unterschnitten/Nidda, Klostergymnasium in Magdeburg, 1903 Theologiestudium in Tübingen, Marburg, Halle und Berlin, 1907 erstes theologisches Examen und Lehrer in Niesky, 1911 zweites theologisches Examen in Magdeburg, 1913 Lehrer in Zuog/Schweiz, 1914 Kriegsdienst und als Offizier verschiedene militärische Auszeichnungen, 1918 Entlassung aus dem Heer und Hilfsprediger in Reichenwalde, 1919 Ordination und Hilfsprediger in Bad Saarow und Reisesekretär der Deutschen Christlichen Studentenvereinigung, 1921 Anstaltsgeistlicher und Studienrat in Gütersloh, 1925 Pastor und Studiendirektor in der Hoffbauer-Stiftung in Potsdam-Hermannswerder, 1928 Oberstudiendirektor ebd., 1934 Mitglied der Bekennenden Kirche, 1937 Abberufung und Dozent des Katechetischen Seminars der Bekennenden Kirche und Sammlung der Hauskreise der Evangelischen Akademikerschaft, 1938 Pfarrer in Kassel-Wilhelmshöhe, 1947 Stadtmissionsinspektor in Berlin und Leiter und Dozent der Predigerschule Paulinum in Berlin (West), 1949 Fortsetzung der Arbeit in der Deutschen Demokratischen Republik in Berlin (Hauptstadt der DDR), 1955 zugleich Pfarrer der Auferstehungsgemeinde ebd., 1958 in Ruhestand.

KÜHNE, Walter, Dr. iur. 184, 186ff.

geb. 16.6.1892 Schmiegel/Posen, gest. 1969 Bad Homburg vor d. H., Gymnasium in Berlin-Steglitz, Jurastudium in Marburg, Grenoble und Berlin, Promotion in Halle, Gerichtsreferendar und Assessor, 1923 Regierungsrat im Reichsministerium der Finanzen, 1933 Eintritt in die NSDAP und Ministerialrat ebd., 1938 Oberfinanzpräsident in Köln, 1948 Ministerialdirigent und Leiter der Abteilung Steuerliche Seite des Lastenausgleichs im Bundesministerium der Finanzen, 1952 Präsident des Bundesausgleichsamtes, 1957 Ruhestand.

geb. 21.1.1907 Ottersberg/Hannover, gest. 6.11.1999 Bonn, Gymnasium in Bocholt, Theologiestudium, 1930 erstes theologisches Examen in Münster und Vikar in Mennighüffen, 1931 Predigerseminar Wittenberg, 1932 zweites theologisches Examen in Münster und Ordination in Herford und Pfarrer der St. Marien-Gemeinde Stiftberg Herford, 1939 Kriegsdienst, 1940 Rückkehr in das Pfarramt und gleichzeitig Verwalter der Superintendentur, 1942 Superintendent des Kirchenkreises Herford, 1943 Kriegsdienst, 1945 nach der Rückkehr Oberkonsistorialrat im Evangelischen Konsistorium der Kirchenprovinz Westfalen in Münster und Mitglied der Kirchenleitung, 1949 Oberkirchenrat beim Landeskirchenamt der Evangelischen Kirche von Westfalen in Bielefeld, 1950 Bevollmächtigter der Evangelischen Kirche in Deutschland am Sitz der Bundesregierung in Bonn, 1952 Ehrenpromotion der Theologischen Fakultät Gettysburg/USA, 1953 Titel Prälat, 1957 zugleich Militärbischof, 1972 Niederlegung dieses Amtes, 1977 Ruhestand.

geb. 3.7.1891 Klettwitz/Niederlausitz, gest. 3.6.1952 Münster, Realgymnasium in Eilenburg, 1911 Jurastudium in Tübingen, Berlin, Kiel und Jena, 1914 Kriegsdienst 1918 erstes juristisches Examen in Jena und Referendar, 1919 Entlassung aus dem Heer und Promotion in Jena und Referendar am Landgericht Magdeburg und am Landgericht Jena, 1922 zweites juristisches Examen und Gerichtsassessor beim Landgericht Magdeburg, 1923 Gerichtsassessor beim Amtsgericht in Elsterwerda und juristischer Hilfsarbeiter beim Evangelischen Konsistorium der Kirchenprovinz Sachsen in Magdeburg, 1925 Konsistorialrat beim Evangelischen Konsistorium der Kirchenprovinz Westfalen in Münster, 1936 Oberkonsistorialrat ebd., 1939 Abordnung zum Evangelischen Konsistorium der Provinz Ostpreußen in Königsberg, 1940 Kriegsdienst, 1944 wieder Oberkonsistorialrat in Königsberg und dann bei der Abteilung Ost des Evangelischen Konsistoriums im „Reichsgau Wartheland“ in Lodz als Nachfolger von *E.-V. Benn (I)*, 1945 wieder Oberkonsistorialrat im Evangelischen Konsistorium der Kirchenprovinz Westfalen in Münster, 1949 Oberkirchenrat beim Landeskirchenamt der Evangelischen Kirche von Westfalen in Bielefeld.

geb.10.5.1901 Esslingen, gest. 30.10.1969, Theologiestudium, 1923 theologisches Examen und Übernahme in den kirchlichen Dienst, 1924 Vikar in Sulzbach, 1925 in Mühlheim, 1926 Pfarrverwalter in Fachsenfeld und Machtolsheim, 1927 in Oberjettingen, 1928 Pfarrer in Machtolsheim, 1949 in Zell am Harmersbach, 1966 Ruhestand.

geb. 12.4.1892 Boizenburg, gest. 21.12.1972 Marburg, nach Theologiestudium und Examina 1916 Ordination und Hilfsprediger des Gardecorps, 1918 Pfarrer in Stojentin/Stolp, 1922 in Groß Bünzow, 1931 und Superintendent in Garz/Rügen, 1933 Eintritt in die NSDAP und Mitglied der Deutschen Christen sowie Titularprofessor für Kirchengeschichte an der Theologischen Fakultät der Universität

Greifswald, 1934 Oberkonsistorialrat im Evangelischen Konsistorium der Provinz Pommern in Stettin und Propst in Pommern, Leiter des nationalsozialistischen Pfarrerbundes, 1935 Geistliche Leitung der Deutschen Christen in der Kirchenprovinz Pommern, 1936 nach Abschaffung des Propstamtes Oberkonsistorialrat im Evangelischen Konsistorium der Provinz Pommern in Stettin und Austritt aus den Deutschen Christen, 1937 Mitbegründer und Vorsitzender der Provinzialgruppe des Wittenberger Bundes, 1943 Rücktritt vom Vorsitz der Provinzialgruppe des Wittenberger Bundes, 1945 in Wartestand, 1946 Pfarrer in Schlüchtern und Caldern, 1950 Lehrauftrag für Kirchengeschichte an der Theologischen Fakultät der Universität Marburg, 1953 Titularprofessor ebd. und Leiter des Instituts für Kirchenbau und kirchliche Kunst der Gegenwart, 1957 Ruhestand.

LAMMERS, Hans-Heinrich, Dr. iur. 392, 400, 412ff., 532, 646ff., 754, 786

geb. 27.5.1879 Lublinitz/Oberschlesien, gest. 4.1.1962 Düsseldorf, Jura- und Staatswissenschaftsstudium in Breslau, 1901 erstes juristisches Examen und Referendar im preußischen Justizdienst, 1904 Promotion, 1907 zweites juristisches Examen und mehrere Jahre Hilfsrichter, 1912 Landrichter in Beuthen, 1914 Kriegsdienst, 1917 nach Kriegsverletzung im Dienst des Verwaltungschefs des Kaiserlichen Generalgouvernements Warschau, 1921 nach Rückkehr Oberregierungsrat im Reichsministerium des Innern in Berlin, 1922 Ministerialrat ebd., 1928 Vorlesungen an der Hochschule für Politik, 1932 Eintritt in die NSDAP, 1933 auf Vorschlag *W. Fricks (I)* Staatssekretär in der Reichskanzlei, Eintritt in die SS, 1937 Reichsminister und Chef der Reichskanzlei, Goldenes Ehrenzeichen der NSDAP, langsame Ausschaltung durch *M. Bormann (II)*, 1944 nicht mehr zum „Führervortrag" vorgelassen, 1945 Verhaftung auf Betreiben *M. Bormanns* und zum Tode verurteilt, das Kriegsende verhinderte die Vollstreckung, 1949 Angeklagter vor dem internationalen Gerichtshof in Nürnberg und (Nürnberger Prozesse) Verurteilung zu 20 Jahren Haft, 1951 Herabsetzung der Haftdauer durch Hochkommissar John McCloy auf 10 Jahre, 1952 Begnadigung und Entlassung aus der Haft in Landsberg/Lech.

LAMMINGER, Emil 576f., 582

geb. 4.1.1901 Bernbrunnerhof/Mosbach, gest. 16.12.1968 ebd., Volksschule, Lehre als Einzelhandelskaufmann, 1920 in der Chemieindustrie in Merseburg, Arbeitslosigkeit während der Weltwirtschaftskrise, 1932 Eintritt in die NSDAP und Mitglied der DAF, Bezirksgemeinschaftswalter der DAF, dann stellvertretender Gauwalter der DAF für Mitteldeutschland, 1933 Gauamtsleiter der NS-Hago im NSDAP-Gau Halle-Merseburg, 1941 NSV-Gauamtsleiter ebd., 1945 Internierung in Ludwigsburg, 1948 nach der Entlassung freier Mitarbeiter im Versicherungswesen.

LANGE, Renate 739, 742

geb. 6.8.1892 Abderode/Harz, gest. 11.7.1975 Dessau, 1898 Privatschule in Halberstadt, 1920 nach Ausbildung an der Frauenschule für kirchliche und soziale Arbeit in der Evangelischen Diakonissenanstalt Halle/Saale Religionslehrerin für den Unterricht an Volksschulen, 1925 Jugendleiterin im Reisedienst im Evangelischen Reichsverband weiblicher Jugend (Burckhardthaus) in der Kirchenprovinz Sachsen, 1927 Eintritt in die Anhaltische Diakonissenanstalt Dessau, 1929 Einsegnung zur Diakonisse und Oberin ebd., 1942 Krankenpflegeexamen, 1964 Niederlegung des Amtes der Oberin und in Feierabend.

LANGE, Werner 736–740

geb. 10.7.1884 Reinsdorf/Anhalt, gest. 13.7.1975 Köln, 1903 Theologiestudium in

DRK, 1937 Sparkassenleiter der Kreis- und Stadtsparkasse Uffenheim in Burgbernheim, 1939 Freistellung vom Kriegsdienst aus gesundheitlichen Gründen, 1943 militärische Auszeichnungen wegen vorbildlicher Durchführung kriegswichtiger Aktionen, 1945 Absetzung als Bürgermeister und Internierung in Hammelburg, 1948 Entlassung aus der Haft und Wohnsitz wieder in Burgbernheim.

LEICH, Heinrich 737, 739

geb. 16.11.1894 Bielefeld, gest. 16.2.1965 ebd., Gymnasium in Bielefeld, 1913 Theologiestudium in Bethel und Tübingen, 1914 Kriegsdienst, 1918 Fortsetzung des Theologiestudiums in Münster und Bethel, 1921 erstes theologisches Examen in Münster und Vikar ebd., 1923 zweites theologisches Examen ebd. und Ordination und Hilfsprediger in Münster, 1924 Pfarrer und Vorsteher des Rettungshauses Johannesstift in Schildesche/Bielefeld, 1931 Pfarrer und Vorsteher der Anhaltischen Diakonissenanstalt in Dessau, 1933 Mitglied der Bekennenden Kirche, 1939 Kriegsdienst, 1945 Krankenhausgeistlicher in Bethel, 1946 Religionslehrer am Gymnasium in Bielefeld, 1949 Verbandsdirektor des Kaiserswerther Verbandes Deutscher Diakonissen-Mutterhäuser in Düsseldorf-Kaiserswerth, 1962 Ruhestand.

LEMPP, Wilfried, Lic. theol. h. c. 493–498, 500

geb. 29.5.1889 Oberiflingen/Freudenstadt, gest. 29.1.1967 Stuttgart, 1895 Volksschule in Neckarsulm, 1898 Lateinschule ebd., 1901 Mittelgymnasium in Heilbronn, 1903 Seminar in Maulbronn, 1905 Seminar in Blaubeuren, 1907 Theologiestudium in Tübingen, 1911 erstes theologisches Examen und Vikar in Stuttgart, Großgartach, Dornstetten und Vaihingen, 1912 Kandidatenkonvikt Paulinum in Stanislau/Galizien 1914 Vikar in Döffingen und Stadtvikar für Religionsunterricht in Stuttgart und Kriegsdienst als Sanitäter und Hilfsfeldgeistlicher, 1919 Pfarrer in Stanislau/Galizien, 1929 Rektor des Diakonissen-Mutterhauses Sarepta ebd., 1934 Ehrenpromotion der Theologischen Fakultät der Universität Königsberg, 1935 Pfarrer an der Leonhardskirche in Stuttgart, 1945 Prälat des Sprengels Schwäbisch-Hall in Heilbronn, 1947 Mitglied des Landeskirchentages, 1956 Stellvertreter des Landesbischofs in geistlichen Angelegenheiten und Mitglied des Zentralvorstandes und des Hauptvereinsvorstandes des Gustav-Adolf-Werkes, 1959 Ruhestand

LENARZ, Maria 44, 724, 864

geb. 5.5.1902 Wadern/Saar, gest. 7.9.1978 Saarbrücken, 1908 katholische Volksschule in Saarbrücken, 1911 Lyzeum der Ursulinen ebd., 1916 Cäcilienschule ebd., 1917 mittlere Reife und Hausfrauenschule der Cäcilienschule, 1918 städtische Lehrerinnen-Bildungsanstalt in Saarbrücken, 1919 Lehrerinnenseminar ebd., Aufgabe der Lehrerinnenausbildung und Besuch des Musikseminars des Eduard-Bornschein-Konservatoriums und Privatmusiklehrerin und Tätigkeit im elterlichen Haushalt, 1927 Kindergärtnerinnenseminar in Saarbrücken, 1928 Wohlfahrtsschule der Stadt Köln, 1930 Examen als staatlich anerkannte Jugendwohlfahrtspflegerin und Geschäftsführerin des Zentralverbandes katholischer Kinderhorte und Kleinkinderanstalten Deutschlands, 1966 Mitglied des Zentralrates des Deutschen Caritasverbandes, 1970 in Ruhestand, 1971 Bundesverdienstkreuz erster Klasse.

LERCHENFELD-KÖFERING, Hugo Graf von 348f., 355 *(Bd. I, S. 577)*

LEY, Robert, Dr. rer. nat. 343ff., 347 *(Bd. I, S. 578)*

LICHTENSTEIN, Adolf, Lic. theol. 307ff., 312, 321f., 325f., 329f., 332, 339f., 512, 516, 765

geb. 14.1.1876 Köthen, gest. 20.11.1966 Berlin, Gymnasium in Köthen, Theologie-

mann für tot erklärt, 1959 Katechetischer Oberkurs in Loccum und auch Religionslehrerin an der Landwirtschaftlichen Berufsfachschule in Uelzen, 1960 Leitung des Studentinnenheimes des Ortsverbandes des Deutsch-Evangelischen Frauenbundes in Göttingen und Religionslehrerin am Gymnasium für Mädchen in Göttingen, 1961 Heirat mit Bundeswehr-Offizier R. Jungfer und Umsiedlung nach Bonn.

LOYCKE, Ernst, D. 80, 243, 448, 525, 584, 697ff., 734f.

geb. 28.3.1876 Sadenbeck/Pritzwalk, gest. 17.7.1965 Hamburg, Gymnasium in Posen (Poznan), 1894 Jurastudium in Jena und Berlin, 1897 erstes juristisches Examen in Berlin und Gerichtsreferendar, 1902 zweites juristisches Examen und Gerichtsassessor in Hohensalza und Breslau, 1905 Konsistorialassessor beim Evangelischen Konsistorium der Kirchenprovinz Schlesien in Breslau, 1907 Hilfsarbeiter beim Evangelischen Oberkirchenrat Berlin, 1909 Konsistorialrat und Hilfsarbeiter beim Ministerium für die geistlichen Angelegenheiten, 1911 Geheimer Regierungsrat ebd. 1915 Geheimer Oberregierungsrat, 1920 Konsistorialpräsident des Evangelischen Konsistoriums der Kirchenprovinz Sachsen in Magdeburg, 1927 Ehrenpromotion der Theologischen Fakultät der Universität Halle, 1936 Weltlicher Vizepräsident des Evangelischen Oberkirchenrates Berlin, 1949 Ruhestand.

LUDWIG, Martin 46

geb. 21.3.1903, Theologiestudium, 1925 Vikar in Altensteig, 1926 Stadtvikar in Oberndorf, 1927 in Ludwigsburg, 1928 Pfarrverwalter in Gomaringen, 1929 in Schmie, 1931 Pfarrer in Scharenstetten, 1939 in Schwaikheim, 1949 in Unterlauingen, 1959 in Lendsiedel, 1968 Ruhestand.

LUNTOWSKI, Georg, Dr. phil. 730–735

geb. 24.1.1892 Groß Zünder/Danziger Nehrung, gest. 18.3.1978 Bad Sachsa, Gymnasium in Danzig, 1910 Theologiestudium in Königsberg und Berlin, 1914 erstes theologisches Examen in Danzig und Kriegsdienst, Verwundung, Promotion in Danzig, 1917 zweites theologisches Examen in Danzig und Hilfsprediger in Preußisch Friedland und Ordination, 1918 Pfarrer in Züschen/Waldeck, 1922 in Allenburg/Ostpreußen, 1927 in Hennigsleben/Provinz Sachsen, 1931 an der Melanchthonkirche in Berlin-Spandau, 1932 Mitglied der Glaubensbewegung Deutsche Christen, 1939 auch Leiter der Landesstelle Groß-Berlin des Frauendienstes der Deutschen Evangelischen Kirche von *H. Hermenau (I)*, 1945 Versetzung in Wartestand, 1947 Pfarrer (kommissarisch) in Markau/Nauen als Vorgänger von *K. Themel (I)*, 1951 Ruhestand.

LÜPSEN, Focko, Dr. phil. 328

geb. 22.5.1898 Burweg/Stade, gest. 31.3.1977 Bethel, Humanistisches Gymnasium in Stade, 1917 Kriegsdienst, 1919 Philosophie- und Theologiestudium in Marburg, Berlin und Göttingen, 1923 theologisches Examen in Hannover und Promotion in Marburg und Redakteur der Flensburger Nachrichten, 1925 Mitarbeiter im Evangelischen Preßverband für Deutschland in Berlin und Herausgeber des Berliner Dienstes des Evangelischen Pressedienst und als Berichterstatter Teilnehmer der Ersten Weltkonferenz für Praktisches Christentum in Stockholm, 1927 als Berichterstatter Teilnehmer der Ersten Weltkonferenz für Glauben und Kirchenverfassung in Lausanne, 1933 Chefredakteur des Evangelischen Pressedienst in Berlin-Steglitz und kurzzeitig Pressebeauftragter von *F. v. Bodelschwingh (I)* als designiertem Reichsbischof, illegale Herausgabe eines internen Informationsdienstes für die Bekennende Kirche, 1940 Kriegsdienst, 1946 Rückkehr aus amerikanischer Gefangenschaft und

Direktor des Evangelischen Presseverbandes für Westfalen in Bethel, Wiederherausgabe des Evangelischen Pressedienst mit Fachkorrespondenzen, Initiator der ersten Presse- und Rundfunkzentrale mit regionalen und überregionalen Veröffentlichungen, Gründer des Zeitschriftenverleger-Vereins, 1947 (Neu-) Gründung des Eckart-Verlages und Wiederaufnahme des Verlagsprogramms mit Autoren wie R. A. Schröder, R. Schneider, I. Seidel, J. Klepper, K. Ihlenfeld und Gründung des Luther-Verlages und Neuaufbau der v. Cansteinschen Bibelanstalt, 1948 als Berichterstatter Teilnehmer der Ersten Vollversammlung des Ökumenischen Rates der Kirchen in Amsterdam, 1954 als Berichterstatter Teilnehmer der Zweiten Vollversammlung des Ökumenischen Rates der Kirchen in Evanston, 1961 als Berichterstatter Teilnehmer der Dritten Vollversammlung des Ökumenischen Rates der Kirchen in Neu-Delhi, 1962 Großes Bundesverdienstkreuz, 1965 Jakob-Fugger-Medaille, 1968 Ausscheiden aus allen hauptamtlichen Funktionen und Mitglied des Programmbeirates des Westdeutschen Rundfunks, Seniormitglied des Deutschen Presserates.

geb. 10.11.1483 Eisleben, gest. 18.2.1546 ebd., 1488 Stadtschule in Mansfeld, 1497 Domschule in Magdeburg, 1498 Stiftschule in Eisenach, 1501 Studium der Künste in Erfurt, 1505 Promotion zum Magister artium und Jurastudium, Eintritt in das Kloster der Augustiner-Eremiten in Erfurt, 1507 Priesterweihe und Theologiestudium, 1509 Promotion zum Baccalareus biblicus, 1512 Promotion zum Doktor theologiae und Lectura in Biblia (Professor) in Wittenberg, 1517 95 Thesen über Buße und Ablaß, 1520 De captivitate Babylonica ecclesiae, 1521 vor dem Reichstag in Worms und unter der Reichsacht auf der Wartburg, Übersetzung des Neuen Testaments, 1522 wieder in Wittenberg und Einführung des Abendmahls in beiderlei Gestalt, 1523 Ordnung eines gemeinen Kastens (Leisniger Kastenordnung), 1525 Wider die Bauern und Heirat mit Katharina v. Bora, 1529 Kleiner Katechismus und Großer Katechismus, 1534 erste vollständige Bibelübersetzung, 1537 Schmalkaldische Artikel, 1543 Wider die Juden und ihre Lügen.

geb. 14.2.1877 Rohrlack/Neuruppin, gest. 25.4.1945 Berlin, Gymnasium in Berlin-Königstadt, Theologiestudium in Berlin und Rostock, 1905 Ordination und Hilfsprediger in Rakwitz und Samotschin, 1908 Pfarrer in Walsleben/Neuruppin, 1916 an der Stephanuskirche in Berlin-Wedding, 1942 Mitglied des Vorstandes der Vereinigung evangelischer Kinderpflegeverbände Deutschlands in der Nachfolge *H. v. Wicht (I)*, tödliche Verletzung durch Geschoßquerschläger im Wohnhaus.

geb. 11.8.1882 Schnellewalde/Oberschlesien, gest. 12.10.1954 Hamburg-Rissen, Gymnasium in Salzwedel, 1903 Jurastudium in Tübingen und Göttingen, 1907 erstes juristisches Examen in Celle und Gerichtsreferendar am Amtsgericht in Schlieben, dem Landgericht in Magdeburg, bei der Staatsanwaltschaft Potsdam und dem Kammergericht Berlin, 1913 zweites juristisches Examen und Assessor am Oberlandesgericht in Naumburg, 1914 Kriegsdienst als Oberleutnant und Hauptmann und verschiedene militärische Auszeichnungen, 1918 Entlassung aus den Heer, 1919

geb. 21.9.1900 Essen, gest. 11.12.1987, Volksschule ebd. und Maschinenbauerlehre, 1918 Kriegsdienst und Obermaschinist auf dem Kreuzer Dresden und in britischer Gefangenschaft, 1920 Entlassung aus der Gefangenschaft und Dienst bei der Marine, 1921 Ausscheiden aus der Marine, 1928 Eintritt in die NSDAP, 1930 Eintritt in die SS, 1932 SS-Hauptsturmführer und Sturmbannführer, 1933 SS-Standartenführer in Regensburg, 1934 SS-Oberführer in Stettin, 1936 Mitglied des Reichstages und SS-Brigadeführer und SS-Gruppenführer, 1939 Leiter der Gestapo in Pommern, SS-Obergruppenführer und Leiter des SS-Oberabschnittes Ostsee, 1940 Landeshauptmann der Provinz Pommern, 1942 General der Polizei in Stettin, 1944 General der Waffen-SS, 1948 Spruchkammerverfahren und Einstufung als Hauptschuldiger und Verurteilung zu acht Jahren Haft, 1953 wegen 1933 begangener Mißhandlung von Juden und politischer Gegner Verurteilung zu acht Jahren Haft.

geb. 18.6.1896 Kitzingen, gest. 24.1.1975 ebd., 1915 Kriegsdienst, 1919 Theologiestudium in Erlangen und Tübingen, 1921 erstes theologisches Examen und Pfarrverweser in Lindau und Predigerseminar in München, 1922 Religionslehrer am Gymnasium in Bamberg, 1925 Inspektor des Predigerseminars Nürnberg, 1929 Pfarrer in Castell, 1933 Dekan in Rüdenhausen, 1951 Kirchenrat, 1961 Ruhestand.

geb. 27.10.1887 Bächingen/Brenz, gest. 20.4.1967 Wesslingen/Oberbayern, 1906 Jurastudium in Erlangen und Berlin, 1913 erstes juristisches Examen, 1914 Kriegsdienst, zweites juristisches Examen, Freikorpskämpfer, 1919 Promotion in Erlangen und Assessor im bayerischen Kultusministerium, dann Ministerialbeamter ebd., 1930 Landrat in Kirchheimbolanden, 1933 Oberkirchenrat im Landeskirchenrat der Evangelisch-lutherischen Kirche in Bayern in München, 1934 Teilnehmer der Bekenntnissynoden der Deutschen Evangelischen Kirche in Barmen und in Berlin-Dahlem, 1935 Vizepräsident in München und Teilnehmer der Bekenntnissynode der Deutschen Evangelischen Kirche in Augsburg und des Deutschen Lutherischen Tages in Hannover, 1936 Vorsitzender der Kammer für Verfassungsangelegenheiten der Deutschen Evangelischen Kirche und Teilnehmer der Bekenntnissynode der Deutschen Evangelischen Kirche in Bad Oeynhausen, 1945 Staatsrat im bayerischen Kultusministerium und Staatssekretär ebd., 1948 Honorarprofessor für Staats- und Verwaltungsrecht an der Technischen Universität München, 1954 wiederum Staatssekretär im Kultusministerium, 1957 Ruhestand.

geb. 8.7.1881 Barup/Dortmund, gest. 24.10.1970 Berlin-Zehlendorf, Gymnasium in Dortmund, 1899 Jurastudium in Tübingen, Berlin und Kiel, 1902 erstes juristisches Examen und Promotion und Gerichtsreferendar in Hamm/Westfalen, 1907 zweites juristisches Examen und Gerichtsassessor und Assessor in Unternehmen des Bergbaus und Hüttenwesens in Hamborn, Ilsede und Peine, 1910 Regierungsassessor in Düsseldorf, 1915 Regierungsrat, seit 1914 Kriegsdienst und verschiedene militärische Auszeichnungen, 1919 Polizeipräsident in Essen, 1933 Oberpräsident in Magdeburg und Preußischer Staatsrat, 1934 in Ruhestand, 1935 Sondertreuhänder für den öffentlichen Dienst, 1937 zugleich Sondertreuhänder der Anstalten und Einrichtungen des Central-Ausschusses für die Innere Mission der Deutschen Evangelischen Kirche und des DRK, 1938 Reichstreuhänder für den öffentlichen Dienst, 1945 Ruhestand.

MERGENTHALER, Christian 29, 40, 496, 639, 650 *(Bd. I, S. 583)*

MERKEL, Georg 136, 140, 145

geb. 15.4.1886 Nürnberg, gest. 26.8.1964 Ansbach, Lehrer in Wendelstein und Heidenheim, 1925 Hauptlehrer in Kornburg, 1938 Lehrer in Plöckendorf/Redhemnitzbach, 1951 Ruhestand.

MERZ, Georg, D. 510

geb. 3.3.1892 Walkersbrunn/Oberfranken, gest. 16.11.1959 Neuendettelsau, Gymnasium in Bayreuth, 1910 Theologie- und Philosophiestudium in Leipzig und Erlangen, 1914 erstes theologisches Examen und Kriegsdienst als Sanitäter, 1915 Predigerseminar in München, 1916 zweites theologisches Examen und Ordination und Stadtvikar in München, 1918 Pfarrer in München-Laim, 1920 Studienrat und Religionslehrer an Münchener Mädchenoberschulen, 1922 Herausgeber der Zeitschrift Zeichen der Zeit, 1924 Studienprofessor, 1926 Studentenpfarrer, 1930 Dozent für Praktische Theologie, Kirchen- und Konfessionskunde an der Theologischen Schule Bethel, 1933 Ehrenpromotion der Theologischen Fakultät der Universität Erlangen und Mitglied der Bekennenden Kirche und Beendigung seiner Tätigkeit als Herausgeber, 1934 Teilnehmer an der Bekenntnissynode in Barmen und Mitarbeit an der Barmer Theologischen Erklärung, 1936 Rektor der Theologischen Schule Bethel, 1939 nach Auflösung der Theologischen Schule Bethel durch Gestapo Pfarrer an der Zionskirche in Bethel und Leiter des Katechetischen Amtes der Bekennenden Kirche Westfalen, 1942 Dekan in Würzburg, 1946 Rektor des Pastoralkollegs der Evangelisch-lutherischen Kirche in Bayern in Neuendettelsau, 1947 Rektor der neugegründeten Augustana Hochschule ebd. und Professor für Praktische Theologie und Reformations- und Kirchengeschichte, 1956 Mitglied der Landessynode der Evangelisch-lutherischen Kirche in Bayern und Mitglied der Generalsynode der Vereinigten Evangelisch-Lutherischen Kirche Deutschlands.

MESSNER, Christian 642

geb. 11.4.1903 Heilbronn, gest. 20.8.1944 Ropczyce/Polen, Gymnasium in Heilbronn, 1921 Theologiestudium in Tübingen und im Tübinger Stift, 1925 erstes theologisches Examen und Vikar in Künzelsau, Geislingen und Wiesensteig, 1929 zweites theologisches Examen und Ordination und Pfarrer in Honhardt-Hummelsweiler, 1940 Inspektor des Mutterhauses für evangelische Kleinkinderpflegerinnen Großheppach, 1943 Einberufung zum Kriegsdienst, Einsatz an der Ostfront und gefallen.

METZNER, Rudolf 561, 568ff.

geb. 14.2.1913 Haynau/Schlesien, Tätigkeit als Kaufmann, 1936 Kreisleiter des NSDAP-Kreises Waldenburg, 1940 nach Neugründung des NSDAP-Gaues Oberschlesien NSV-Gauamtsleiter in Kattowitz (Katowice), 1943 in der Partei-Kanzlei der NSDAP in München, 1944 „informatorische“ Tätigkeit beim Einsatzstab Reichsleiter *A. Rosenberg (I).*

MEYER, Alfred, Dr. rer. pol. 419f., 624, 627, 629, 633ff., 880 *(Bd. I, S. 584)*

MEYER, Ernst 217f., 223f.

geb. 12.7.1903 Winterthur/Schweiz, gest. 1.1.1940 Mödling/Österreich, Gymnasium, 1922 Theologiestudium in Marburg und Zürich, 1926 erstes theologisches Examen und aktiv für den Christlichen Weltstudentenbund, 1927 zweites theologisches Examen und Hilfsgeistlicher in Kapfenberg/Steiermark, 1929 in Loeben/Steiermark und Bad Aussee/Oberösterreich, 1931 Pfarrer ebd., 1936 Generalsekretär des Evangelischen Zentralvereins für Innere Mission in Österreich und Direktor der Wiener evangelischen Stadtmission, 1938 nach „Anschluß" Österreichs Leiter der „Inneren Mission der Ostmark", Tod infolge Diabetes.

MEYER-DEGERING, Wilhelm 244, 247f.
geb. 19.3.1903 Braunschweig, gest. 21.2.1982 ebd., Gymnasium in Braunschweig, 1921 Staatswissenschafts- und Jurastudium in Jena und Göttingen, 1924 erstes juristisches Examen und Referendar, 1933 Eintritt in die NSDAP, 1935 Bürgermeister und Kämmerer der Stadt Emden, 1939 Kriegsdienst, 1943 Bürgermeister in Norden, 1945 Entfernung aus dem Amt, 1946 Einstellung der Verfahren wegen Verdachts der Inbrandsetzung der Synagoge in Emden und der Teilnahme an der damit verbundenen „Aufholung" der Juden, 1950 in Braunschweig.

MEYEREN, Marie von 713
geb. 7.8.1903 Berlin, gest. 27.10.1971 Hofgeismar, Lyzeum und kaufmännische Ausbildung in Berlin, 1925 Sekretärin im Central-Ausschuß für die Innere Mission in Berlin, 1927 Frauenschule der Inneren Mission in Berlin, 1928 Geschäftsführerin der neugegründeten Reichskonferenz für evangelische Alters- und Siechenfürsorge ebd., 1929 Examen mit staatlicher Anerkennung ebd. und Wohlfahrtspflegerin in der Abteilung Wohlfahrts- und Jugenddienst des Central-Ausschusses für die Innere Mission unter *J. Steinweg (I)* und dann *H. Schirmacher (I)* und *W. Hagen (II)*, 1945 Mitarbeiterin im Central-Ausschuß für die Innere Mission (West) in Bethel, 1957 Referentin in der Gesundheitsabteilung des Diakonischen Werkes der Evangelischen Kirche in Deutschland in Stuttgart, 1968 Ruhestand und Arbeitsauftrag, 1971 Beendigung des Arbeitsauftrages.

MIETH, Fritz 540
geb. 15.10.1897 Dresden, gest. 4.2.1963 Berlin, 1916 Abitur und Kriegsdienst, 1918 Theologiestudium in Leipzig, 1921 erstes theologisches Examen ebd., 1923 zweites theologisches Examen in Dresden und Vikar an Trinitatis ebd. sowie in Lengenfeld, 1924 Ordination und Pfarrer ebd., 1927 Direktor des Kirchlichen Jugendamtes in Leipzig, 1931 Direktor des Vereins für Innere Mission in Leipzig, 1946 Direktor des Evangelischen Diakonievereins in Berlin-Zehlendorf, 1947 Vorsitzender des Zehlendorfer Verbandes, 1957 Vorstandsmitglied von Diakonia, internationale Vereinigung von Diakonissengemeinschaften, 1959 Kirchenrat, Mitglied der Synode der Evangelischen Kirche in Berlin-Brandenburg, auf deren Tagung (Regionalsynode West) im Februar 1963 erlitt er einen tödlichen Herzanfall.

MIMBERG, Franz 422
geb. 14.9.1891 Hirschberg/Schlesien, gest. 26.4.1976 Hagen/Westfalen, Schneiderlehre, 1914 Kriegsdienst und schwere Verwundung mit Verlust eines Beines, 1925 Eintritt in die NSDAP und Gründung der NSDAP-Ortsgruppe Hagen-Haspe, 1929 Fachberater der NSKOV, 1934 Gemeinderat der Stadt Hagen und NSV-Kreisamtsleiter im NSDAP-Kreis Hagen.

MISCHKE, Gerhard, Dr. iur. 157 *(Bd. I, S. 584)*

MOEGELIN, Wilhelm 667
geb. 2.3.1875 Bronn/Pegnitz, gest. 25.4.1957, nach Jurastudium 1898 erstes juristisches Examen und Rechtspraktikant bei verschiedenen Behörden, 1901 Mitarbeiter in der Kanzlei Justizrat Vollhardt in Nürnberg, 1903 Regierungsakzessist bei der

Regierung von Mittelfranken und Akzessist beim Königlich Protestantischen Konsistorium Ansbach, 1914 Amtsverweser des Bezirksamtes Hof, 1915 Bezirksamtsassessor in Hof, 1916 Regierungsassessor in Regensburg und Weltlicher Konsistorialrat in Bayreuth, 1921 Oberkirchenrat beim Landeskirchenrat der Evangelisch-lutherischen Kirche in Bayern in München, 1943 Ruhestand.

MOHRMANN, Auguste 66, 163f., 206, 208, 211ff., 234, 239, 308, 311f., 315f., 351, 378, 386, 443, 683, 868 *(Bd. I, S. 585)*

MÖLLER, Hermann 74, 81–84, 419–424, 427, 462, 497, 624–636, 644

geb. 27.6.1881 Hamburg-Bergfelde, gest. 16.6.1955 Garmisch-Partenkirchen, Gymnasium in Hamburg, Godesberg und Wandsbeck, 1901 Theologiestudium in Tübingen und Halle, 1905 erstes theologisches Examen in Hamburg und Vikar in Freiburg/Breisgau, 1907 zweites theologisches Examen in Hamburg und Ordination, 1908 Hilfsdienst am Archäologischen Institut in Jerusalem, 1909 Pfarrer in Hamburg-Barmbeck, 1914 Pfarrer im Diakonissenhaus für die Grafschaft Mark und das Siegerland in Witten, 1922 Pfarrer in Höxter, 1926 in Elberfeld (lutherisch), 1937 Geschäftsführer des Westfälischen Provinzialverbandes für Innere Mission als Nachfolger von *H. Niemann (I)*, auch Vorsitzender und Geschäftsführer des Evangelischen Kinderpflegeverbandes der Provinz Westfalen und Mitglied der NSV, 1938 Vertrauensstelle des Büros Pfarrer Grüber, 1950 Ruhestand.

MONBART, Konrad (Kurt) von 585f., 588ff.

geb. 13.8.1881 Minden, gest. 24.5.1945 Eschwege, Jurastudium, 1903 erstes juristisches Examen und Gerichtsreferendar, 1905 Regierungsreferendar in Düsseldorf, 1907 zweites juristisches Examen und Regierungsassessor in Ratzeburg, 1909 Regierungsassessor in Lissa/Posen (Leszno/Poznan), 1910 Regierungsassessor im Regierungspräsidium Merseburg und im Oberpräsidium in Schleswig, 1911 im Preußischen Ministerium für Handel und Gewerbe in Berlin, 1914 im Landratsamt Kreis Züllichau, 1915 Landrat ebd., 1932 zugleich Sonderbeauftragter des Preußischen Ministeriums des Innern für die öffentlichen Kreditanstalten, 1933 Regierungspräsident in Kassel, 1937 Eintritt in die NSDAP, 1944 Ausscheiden aus dem Staatsdienst und Eintritt in den Dienst der Landeskreditkasse, nach Kriegsende Suizid.

MORDHORST, Adolf, D. 756

geb. 18.3.1866 Glückstadt, gest. 27.2.1951 Sundsacker/Schlei, Gymnasium in Glückstadt, 1890 Ordination, 1891 Pfarrer in Süderhastedt, 1899 in Schleswig-Friedrichsberg, 1908 Propst in Kiel, 1917 Generalsuperintendent des Sprengels Holstein, 1924 Bischof von Holstein und Vorsitzender der Landesvereins für Innere Mission in Schleswig-Holstein, 1934 Versetzung in Ruhestand und Vorsitzender (Landesführer) des Landesverbandes für Innere Mission in Schleswig-Holstein, 1947 Ausscheiden aus dem Vorsitz und weiterhin im Vorstand des Vereins für Schleswig-Holsteinische Kirchengeschichte.

MOUREAU, Else, Dr. rer. pol. 108, 599f., 604

verehel. Polenz, geb. 14.9.1897 Frankfurt/Main, gest. 1.6.1966 Wiesbaden, Staatswissenschaftsstudium in Frankfurt/Main und Promotion, 1926 Sozialreferentin im Evangelischen Verein für Innere Mission in Nassau in Wiesbaden, enge Mitarbeiterin von *A. Kortheuer (II)*, 1941 zugleich zweite Vorsitzende der Evangelischen Frauenhilfe der Lutherkirche in Wiesbaden, 1946 bis zu ihrem Tod Mitglied des Kirchenvorstandes der Lutherkirche ebd., 1947 Heirat des Witwers F. Polenz, 1962 Ruhestand und weitere ehrenamtliche Tätigkeit in ihrem ehemalige Arbeitsgebiet.

MUHS, Hermann, Dr. iur. 29, 48f., 115, 131, 142, 155, 160, 162, 237, 251, 537, 583f., 647, 658, 671, 699, 745, 748, 766, 799f., 802f., 810, 814f., 817f., 821, 825, 828f., 832, 891f. *(Bd. I, S. 586)*

MÜLLER, Friedrich 156 *(Bd. I, S. 586)*

MÜLLER, Hermann, Dr. iur. 486, 637, 649 *(Bd. I, S. 587)*

MÜLLER, Ludwig 28 *(Bd. I, S. 587)*

MÜLLER, Oswald 723

geb. 21.7.1889 Berlin-Spandau, gest. 27.6.1945 Trebbin, Gymnasium in Berlin-Spandau, 1908 Jurastudium in Freiburg und Berlin, 1912 erstes juristisches Examen in Berlin und Gerichtsreferendar in Pritzwalk, Landsberg/Warthe und Berlin-Wedding, 1915 Kriegsdienst, 1918 Entlassung aus dem Heer, 1920 zweites juristisches Examen in Berlin und Gerichtsassessor in Küstrin und Berlin und Konsistorialassessor im Evangelischen Konsistorium der Mark Brandenburg in Berlin, 1925 Konsistorialrat ebd., 1936 Oberkonsistorialrat ebd., 1938 Vertreter des Konsistorialpräsidenten *J. Heinrich (I)*, 1945 Volkssturmmann und im Gefangenenlager Trebbin verstorben.

MÜLLER, Paula 87

geb. Kutschera, 1.9.1876 Wien, gest. unbek., 1908 Heirat mit *P. Müller* in Graslitz/Böhmen.

MÜLLER, Philipp 87

geb. 29.6.1876 Ost-Ingersleben, gest. 19.12.1945 Klosterheide/Lindow, Gymnasium Magdeburg, Theologiestudium in Erlangen, Göttingen und Halle/Saale, 1905 erstes theologisches Examen in Halle/Saale und Vikar in Graslitz/Böhmen, 1907 zweites theologisches Examen in Magdeburg, Hilfsprediger, 1908 Heirat mit P. Kutschera in Graslitz/Böhmen, 1910 Pfarrer in Bertkow/Provinz Sachsen, 1916 in Skampe/Neumark, 1937 kurzzeitige Verhaftung und in der Fürbittenliste der Bekennenden Kirche, 1939 zugleich Verwalter der Superintendentur im Kirchenkreis Züllichau, 1945 Pfarrer in Löwenberg/Gransee, Amt nicht mehr angetreten.

MÜLLER, Wilhelm 127 *(Bd. I, S. 587)*

MULOT, Walter 605f.

geb. 28.5.1892 Wiesbaden, gest. 28.7.1976 ebd., Gymnasium in Wiesbaden, 1912 Theologiestudium in Tübingen, Berlin und Marburg, 1914 Kriegsdienst, 1918 Fortsetzung des Studiums, 1920 erstes theologisches Examen in Wiesbaden und Lehrvikar in Wiesbaden-Dotzheim, 1921 zweites theologisches Examen in Wiesbaden, 1922 Hilfsprediger in Frankfurt/Main-Griesheim, 1924 Pfarrer in Singhofen, 1930 an der Ringkirche in Wiesbaden, 1931 an der Kreuzkirche ebd., 1933 Mitglied der Deutschen Christen, 1934 Dekan des Dekanats Wiesbaden Stadt und Pfarrer der Ringkirche ebd., 1936 zugleich auch Standortpfarrer, 1945 Versetzung in den Ruhestand.

MÜNCH, Otto 692

geb. 17.12.1873 Berlin, gest. 27.2.1953 Hitzacker, Gymnasium in Berlin-Steglitz, Theologiestudium in Berlin und Heidelberg, 1903 Ordination und Hilfsprediger in Frankfurt/Oder, 1904 Pfarrer in Güldendorf, 1909 in Booßen, 1916 an St. Nikolai in Frankfurt/Oder und Seelsorger am Städtischen Altersheim und Waisenhaus und am Untersuchungsgefängnis, 1944 Ruhestand.

MÜNCHMEYER, Friedrich, D. 859

geb. 14.1.1901 Glasgow/Schottland, gest. 7.1.1988 Kassel, Gymnasium in Stettin,

Theologiestudium, 1923 erstes theologisches Examen, 1924 Domkandidatenstift in Berlin, 1925 zweites theologisches Examen und Ordination in Stettin und Militärpfarrer im seinerzeitigen Allenstein/Ostpreußen, 1940 Generalfeldvikar beim Evangelischen Feldbischof D. Franz Dohrmann, 1946 Geschäftsführender Direktor des Central-Ausschusses für die Innere Mission in Bethel, 1952 Mitglied des Diakonischen Beirates der Evangelischen Kirche in Deutschland, 1957 Präsident der Hauptgeschäftsstelle des Werkes „Innere Mission und Hilfswerk der EKD“ und Ehrenpromotion der Theologischen Fakultät der Universität Münster, 1961 Ruhestand.

MURR, Jakob 150 *(Bd. I, S. 587)*

MURR, Wilhelm 46f., 642, 645f., 650 *(Bd. I, S. 588)*

MUTH, Friedrich 86, 691

geb. 25.2.1886 Grimm/Saratow (Wolga), gest. 29.6.1964 Berlin, Gymnasium in Goldingen, Theologiestudium in Göttingen, Dorpat und Greifswald, 1921 erstes theologisches Examen, 1923 zweites theologisches Examen und Ordination und Pfarrer in Altkünkendorf/Angermünde, 1937 in Lindenau/Oberlausitz, 1951 Ruhestand.

MUTHESIUS, Hans, Dr. iur. 550, 574, 578, 587, 589, 748, 795, 814

geb. 2.10.1885 Weimar, gest. 1.2.1977 Frankfurt/Main, Gymnasium in Weimar, 1903 Jurastudium in Berlin, Jena, Grenoble, 1909 Promotion und erstes juristisches Examen in Berlin, 1913 zweites juristisches Examen ebd. und Magistratsassessor in Berlin-Schöneberg, 1915 Leiter des neuerrichteten Büros für freiwillige Kriegshilfe, 1917 Stadtrat und ab 1920 mit der Eingemeindung Bezirksstadtrat in Berlin-Schöneberg sowie stellvertretender Bürgermeister, 1933 Dienstentlassung und Referent beim Deutschen Verein für öffentliche und private Fürsorge, 1935 Gutachter beim Reichsrechnungshof für kommunales Sozialwesen, 1939 Eintritt in die NSDAP und Referatsleiter mit Amtsbezeichnung „Stadtrat“ im Reichsministerium des Innern in der Wohlfahrtsabteilung und zuständig hauptsächlich für Jugendwohlfahrtspflege, 1941 Stellvertreter des Abteilungsleiters *F. Ruppert (II)*, 1943 Referent für Aufgaben der Fürsorgeverbände auf dem Gebiet des Gesundheitswesens, der Kriegshilfe, der Kindertagesstätten, des Pflegekinderwesens u. a., 1945 auch zuständig für Maßnahmen gegen sogenannte Gemeinschaftsfremde, 1946 im Landesgesundheitsamt Brandenburg, 1948 Beigeordneter des Deutschen Städtetages und Wiederaufbau dessen Sozialdezernats sowie im Vorstand des Deutschen Vereins für öffentliche und private Fürsorge, 1950 Vorsitzender des Deutschen Vereins für öffentliche und private Fürsorge und Verleihung des Titels Professor durch das Kultusministerium Nordrhein-Westfalen, 1953 Träger des Großen Bundesverdienstkreuzes und 1960 des Sterns zum Großen Bundesverdienstkreuz, Ehrenplakette der Stadt Frankfurt/Main und andere nationale und internationale Auszeichnungen, 1964 Rücktritt vom Vorsitz des Deutschens Verein für öffentliche und private Fürsorge.

MUTSCHMANN, Martin 531, 547, 738

geb. 9.3.1879 Hirschberg/Saale, gest. Juni 1948 Dresden, Bürgerschule und Handelsschule in Plauen, 1893 kaufmännische Ausbildung ebd., 1896 Strickmeister, Abteilungsleiter, Lagerchef in verschiedenen Spitzen- und Wäschefabriken in Plauen, 1901 Militärdienst, 1903 Geschäftsführer der Plauener Spitzenfabriken, 1907 Gründung einer eigenen Spitzenfabrik, 1914 Kriegsdienst, 1916 schwer verwundet und Entlassung aus dem Heer mit verschiedenen militärischen Auszeichnungen, 1917 Weiterführung seines Unternehmens, 1919 Mitglied im Deutsch-Völkischen

Schutz- und Trutzbund, 1922 Eintritt in die NSDAP, in der Verbotszeit Führer des Völkischen Blocks, 1925 Wiedereintrit in die NSDAP und Gauleiter des NSDAP-Gaues Sachsen, 1930 Mitglied des Reichstages, 1933 Reichsstatthalter in Sachsen und Ehrenführer der SA-Standarte 100, 1935 Beauftragung mit der Führung der Landesregierung in Sachsen, 1937 SA-Obergruppenführer, 1939 Reichsverteidigungskommissar, 1945 in sowjetischer Gefangenschaft, wahrscheinlich im Juni 1948 in Dresden gestorben.

NATUSCH, N.N. 365f.
Gaufachamtswalter des Fachamtes 13 Freie Berufe der DAF im NSDAP-Gau Groß-Berlin.

NELL, Adolf 209, 227, 233, 403, 608, 613, 616f. *(Bd. I, S. 588)*

NEUBAUER, Ernst, Dr. phil., Lic. theol., D. 585, 588
geb. 1.10.1892 Halle, gest. 15.3.1978 Kassel, Franckeschen Stiftungen in Halle und Gymnasium in Landsberg/Warthe und Frankfurt/Main, 1911 Theologie- und Philosophiestudium in Marburg, Halle, Heidelberg und Berlin, 1914 freiwilliger Kriegsdienst, 1917 in französischer Gefangenschaft, 1918 Entlassung nach Deutschland, 1919 erstes theologisches Examen in Berlin und Vikar in der französich-reformierten Gemeinde in Frankfurt/Main, philosophische Promotion ebd. und theologische Promotion in Marburg, 1920 Ordination, 1921 Pfarrer in Schmalkalden und Schweinsberg, 1926 Landesjugendpfarrer der Evangelischen Landeskirche Hessen-Kassel, 1930 Studiendirektor am Predigerseminar Hofgeismar, 1936 Kirchenrat im Landeskirchenamt der Evangelischen Landeskirche Kurhessen-Waldeck in Kassel, dann Oberlandeskirchenrat ebd., 1948 Vorsitzender des Evangelischen Presseverbandes in Kurhessen-Waldeck, Vorsitzender des Evangelischen Bundes in Kurhessen-Waldeck, 1952 Ehrenpromotion der Theologischen Fakultät der Universität Marburg, 1960 Ruhestand.

NEUMANN, Robert 111, 659
geb. 27.12.1878 Altona, gest. 12.2.1957 Grimmschwinden, Volksschule, Berufsausbildung zum Buchdrucker (Linierer), im Beruf in Altona, 1915 Kriegsdienst, 1918 Entlassung aus dem Heer, 1927 im Bund der Frontsoldaten (Stahlhelm), 1929 Eintritt in die NSDAP, 1930 Magazin-Verwalter der NSDAP-Ortsgruppe Altona und Aufbau des Hilfswerks Altona, 1933 Leiter des Adolf-Hitler-Hilfswerks ebd., 1933 NSV-Gauamtsleiter im NSDAP-Gau Schleswig-Holstein als Vorgänger von *W. Janowsky (II)*, 1935 Ratsherr in Altona und Eintritt in die SS, 1940 nach Affären, Konflikten und Vorteilsnahme im Amt Versetzung und NSV-Gauamtsleiter im NSDAP-Gau Franken, 1942 SS-Hauptsturmführer, 1945 Verhaftung und Internierung, 1948 Entnazifizierungsverfahren und Einstufung als Belasteter (Aktivist) durch Spruchkammer und Verurteilung zu einer Haftstrafe aber Entlassung aus Altersgründen und Ruhestand.

NICKLAS, Kurt 429, 435, 437
geb. 12.2.1875 Dirschau/Westpreußen, gest. 1945, Theologiestudium, 1900 erstes theologisches Examen in Danzig und Oberhelfer im Rauhen Haus in Hamburg, 1902 zweites theologisches Examen in Danzig und Ordination in Danzig und Hilfsprediger in Preuß. Mark/Elbing und in Carthaus/Westpreußen, 1903 Pastor und Inspektor der Berliner Stadtmission, 1908 Inspektor am Rauhen Haus in Hamburg, 1911 Pfarrer in Plutowo-Trebis/Westpreußen, 1916 am Dom zu Marienwerder,

1929 der Bugenhagen-Gemeinde in Stettin und Konsistorialrat im Nebenamt am Evangelischen Konsistorium der Provinz Pommern ebd., 1932 Eintritt in die NSDAP, 1933 Konsistorialrat ebd. und Mitglied der Deutschen Christen, 1935 Abberufung gegen den Protest von Gauleiter *F. Schwede (II)*, 1936 Versetzung in Ruhestand, 1939 reaktiviert und als Verbindungsmann zu Gauleiter *F. Schwede* von diesem betrachtet, 1945 in der Zeit des Zusammenbruchs umgekommen.

NIEDERMEYER, Gerhard, Dr. phil. 322, 324, 328

Journalist, Mitglied im Reichsverband der Deutschen Presse, 1936 Leiter des Bildarchivs der Deutschen Evangelischen Kirche und unter *Th. Ellwein (I)* freier Mitarbeiter der Volkskirchlichen Arbeitsgemeinschaft.

NIEDERSCHULTE, Gustav 596, 598

geb. 3.3.1887 Castrop-Rauxel, gest. 19.5.1978 Herborn, Realgymnasium in Witten, 1906 Schulabgang und Volontär der Amtsverwaltung Rauxel, 1908 Verwaltungsanwärter in Hörde/Westfalen und Militärdienst, 1909 Beschäftigung beim Landratsamt in Hörde, 1910 Regierungssupernumerar in Wiesbaden, 1911 Vorexamen und 1913 Hauptexamen in Casel und weiterhin Tätigkeit in Wiesbaden, 1914 Kriegsdienst, 1915 nach Verwundung Entlassung aus dem Heer, 1916 Kreissekretär in Limburg/Lahn, 1920 Bürgermeister von Bad Soden/Taunus, 1924 von Herborn und Eintritt in NS-Kriegerbund, 1925 Eintritt in den Reichskolonialbund, 1933 Eintritt in die NSDAP, 1934 Mitglied der NSV, 1945 Ausscheiden aus dem Bürgermeisteramt in Herborn, 1948 wieder Bürgermeister von Herborn, 1954 mit Ablauf der Wahlperiode in Ruhestand.

NIEDERSTEIN, Alfred 76 *(Bd. I, S. 589)*

NIEMANN, Käthe 603, 654

geb. 7.11.1902 Halle/Saale, gest. 23.5.1984 Tübingen, Städtisches Lyzeum in Halle/Saale, 1919 im Elternhaus, 1920 Besuch der Städtischen Frauenschule in Halle, 1922 staatliches Hortnerinnenexamen und Hortnerin in Mannheim, 1923 Leiterin der Vorklasse der Lehmann-Stiftung in Halle, 1924 staatliches Jugendleiterinnenexamen und Jugendleiterin im Volkskindergarten sowie zugleich Lehrerin der Unterstufe der Städtischen Frauenschule in Halle/Saale, 1925 Jugendleiterin im Kriegshinterbliebenenheim Annaburg, 1928 Studium an der Sozialen Frauenschule Pestalozzi-Fröbel-Haus in Berlin-Schöneberg, 1929 Examen und Berufspraktikum, 1930 staatliche Anerkennung als Jugendwohlfahrtspflegerin und Verbandsfürsorgerin im Evangelischen Verband für Kinderpflege in Berlin unter *H. v. Wicht (I)*, 1939 Referentin in der Vereinigung evangelischer Kinderpflegeverbände Deutschlands als Nachfolgerin von *I. Schliebitz (I)* und Vorgängerin von *I. Lutze (I)*, 1941 Wechsel in eine andere Tätigkeit.

NIEMÖLLER, Martin 164 *(Bd. I, S. 589)*

NIENS, Kurt 123f.

geb. 31.7.1899 Oberhausen, gest. 21.7.1938 Aachen, Ingenieur, 1927 Eintritt in die NSDAP, Kreisleiter des NSDAP-Kreises Göttingen, 1934 Verhaftung und Verurteilung wegen Untreue, 1935 Freispruch nach Revision unter Einschaltung des Braunen Hauses, 1937 Kreisleiter des NSDAP-Kreises Peine als Nachfolger von *H. Kerrl(I)*, auf der Fahrt gemeinsam mit *E. Krüger (II)* zum Besuch von Soldatengräbern mit dem Reisebus tödlich verunglückt.

NOPITSCH, Toni (Antonie)), Dr. oec. 228, 303 *(Bd. I, S. 590)* geb. 28.10.1942 Leipzig, gest. 31.12.2001 ebd., 1964 Theologiestudium in Leipzig und Jena, 1969 theologisches Examen, 1971 theologische Promotion in Leipzig und Wissenschaftlicher Oberassistent an der Theologischen Fakultät ebd., 1977 Habilitation ebd., 1983 Dozent an der Theologischen Fakultät der Universität Leipzig, 1984 philosophische Promotion nach Studium germanistischer Literaturwissenschaft, 1987 außerordentlicher Professor für Kirchengeschichte in Leipzig, 1992 Professor ebd.

geb. 19.10.1889 Dresden, gest. 16.10.1943 Chemnitz, Gymnasium in Dresden, 1910 Theologiestudium in Leipzig, 1914 erstes theologisches Examen und freiwilliger Kriegsdienst, 1915 nach Verletzung Entlassung aus dem Kriegsdienst und Hilfsgeistlicher in Siegmar/Chemnitz, 1916 zweites theologisches Examen und Hilfsgeistlicher in Reichenbrand/Chemnitz, 1917 Pfarrer an der Lutherkirche in Chemnitz und Vorsitzender des Vereins Klein-Kinder-Bewahranstalten ebd.

geb. 6.6.1879 Hameln, gest. 26.12.1945 Hannover, nach Theologiestudium und Examina 1906 Ordination und Hilfsgeistlicher an der Pauluskirche in Hannover, 1907 an der Apostelkirche in Hannover, 1908 an der Lukaskirche in Hannover, 1910 Pfarrer in Ahnstedt/Hildesheim, 1918 an der Lutherkirche in Hannover, 1930 Superintendent ebd.

geb. 1.6.1870 Hamburg, gest. 13.9.1946 Remscheid, 1890 Theologiestudium in Greifswald, Halle und Bonn, 1895 erstes theologisches Examen in Koblenz, 1897 zweites theologisches Examen ebd., Hilfspastor in Nippes und Ordination, 1899 Pfarrer in Crien/Pommern, 1906 in Wald/Solingen, 1919 in Remscheid, 1939 Ruhestand.

geb. 31.7.1900 Gevelsberg/Schwelm, gest. 7.7.1983 Marburg, 1927 Eintritt in das Diakonissen-Mutterhaus Hebron in Marburg-Wehrda, im Mutterhaus und Schwesternschule, 1928 im Kindergarten Lydiahaus in Frankfurt/Main, 1931 Leitung des Kindergartens in Braunshardt, 1936 (November) Krankenpflegeausbildung im Markus-Krankenhaus in Frankfurt/Main, 1937 Gemeindeschwester in der Friedensgemeinde in Frankfurt/Main, 1947 in Algenrodt/Idar-Oberstein, 1966 in Marburg-Wehrda, 1967 in Niederweimar, 1977 im Feierabend im Mutterhaus.

geb. 22.5.1882 Wendelsheim/Alzey, gest. 24.3.1960 Lohr/Main, Gymnasium in Bensheim, 1900 Theologiestudium in Gießen, 1904 erstes theologisches Examen ebd., 1905 Predigerseminar Friedberg, 1906 zweites theologisches Examen in Darmstadt und Ordination und Pfarrassistent in Bad Vilbel, 1907 Pfarrverwalter in Alzey, 1908 in Groß-Rohrheim, 1909 in Oppenheim, 1910 Pfarrer in Bosenheim,

1917 Feldgeistlicher in Mainz und an der Westfront, 1918 wieder Pfarrer in Bosenheim, 1929 Pfarrer in Bodenheim, 1930 Eintritt in die NSDAP und SA-Obertruppführer, 1932 Mitglied des NSLB, 1933 Mitglied der Deutschen Christen, 1934 Oberkirchenrat im Landeskirchenamt der Evangelischen Landeskirche Nassau-Hessen in Darmstadt, 1945 Versehung der Pfarrstelle in Wersau, 1946 Versetzung in den Ruhestand.

OTT, Elise 109f.
geb. 2.11.1911 Rothenburg/Tauber, gest. 9.9.1991 ebd., 1918 Volksschule, 1922 Lyzeum, 1929 Kindergärtnerinnenausbildung im Kindergärtnerinnenseminar der Evangelischen Diakonissenanstalt Augsburg, 1931 Kindergärtnerin im Seminarkindergarten ebd., 1933 im evangelischen Kindergarten in Feucht/Nürnberg, 1935 im evangelischen Kindergarten in Wassertrüdingen, 1937 im NSV-Kindergarten ebd., ohne weiteren Kontakt zur Evangelischen Diakonissenanstalt Augsburg.

PACELLI, Eugenio 40ff.
geb. 2.3.1876 Rom, gest. 9.10.1958 Castel Gandolfo, Jura- und Theologiestudium an der Universität Gregoriana, am Capranica-Kolleg und am Instituto S. Apollinare in Rom, 1899 Priesterweihe, 1901 im Staatssekretariat des Vatikan und Lehrtätigkeit (Völkerrecht), 1917 Titularerzbischof von Sardes und Apostolischer Nuntius in München, 1920 Apostolischer Nuntius am Sitz der Regierung des Deutschen Reiches in Berlin, 1929 Kardinal im Vatikan, 1930 Kardinalstaatssekretär unter Papst *Pius XI. (II)* ebd., 1933 Federführung beim Abschluß des Konkordates mit der NS-Regierung, 1937 Mitwirkung an der Enzyklika „Mit brennender Sorge", 1939 Papst PIUS XII.

PÉLISSIER, Alexander 592
geb. 28.5.1885 Frankfurt/Main, gest. 9.1.1961 ebd., Theologiestudium in Genf, Tübingen und Berlin, 1911 erstes theologisches Examen und Vikar in der Deutschen evangelisch-reformierten Gemeinde in Frankfurt/Main und Stadtvikar in der Friedensgemeinde ebd., 1912 zweites theologisches Examen und Hilfsprediger in Großhettingen/Diedenhofen, 1914 Kriegsdienst und Abschnittspfarrer in Metz, 1917 Pfarrer in Frankfurt/Main-Nied, 1956 Ruhestand.

PENTZLIN, Anne-Marie 511f. *(Bd. I, S. 593)*

PETERMANN, Hilde 543
geb. Köther, 19.12.1914 Lengenfeld, Hausfrau in ebd.

PETERSEN, Hermann 413
geb. 30.12.1890 Bützow-Dreibergen/Mecklenburg, gest. 13.9.1975 Crivitz/Mecklenburg, Gymnasium in Schwerin, 1911 Theologiestudium in Rostock, Erlangen und Leipzig, 1914 Kriegsdienst, zuletzt als Feldwebel-Leutnant, 1919 erstes theologisches Examen in Ansbach und Vikar in Haßfurt/Mainfranken sowie Ordination, 1921 zweites theologisches Examen in Ansbach, 1922 Pfarrer in Haßfurt/Mainfranken, 1926 in Wittenburg/Mecklenburg, 1934 Landespastor für Innere Mission der Evangelisch-Lutherischen Kirche in Mecklenburg und Geschäftsführer (Landesführer) des Landesvereins für Innere Mission in Mecklenburg, gleichzeitig auch Landesobmann des Evangelischen Männerwerks für Mecklenburg und ebenfalls bis 1962 Vorsitzender der Hauptgruppe Mecklenburg des Gustav-Adolf-Werkes, 1940 Kriegsdienst, zuletzt als Hauptmann, 1944 Ausscheiden aus den landeskirchlichen Ämtern, 1945 Entlassung aus dem Kriegsdienst und Organisation und Leitung der

Flüchtlingsseelsorge in den Flüchtlingslagern in Schwerin, gleichzeitig pfarramtliche Betreuung von Lankow, Friedrichsthal und Warnitz, 1946 Pfarrer in Crivitz und Propst des Crivitzer Zirkels, 1962 Ruhestand.

PFEFFER VON SALOMON, Fritz (Friedrich) 593f., 608

geb. 19.5.1892 Berlin-Charlottenburg, gest. 29.10.1961 Straelen/Niederrhein, Gymnasium in Berlin, 1913 Militär- und Kriegsdienst, aktiver Leutnant, schwere Verwundung und Beinamputation, 1919 Entlassung aus dem Heer und Jura- und Staatswissenschaftsstudium in Münster, 1920 Gartenbaulehranstalt Geisenheim, 1922 Gutsverwalter in Straelen/Niederrhein, 1926 SA-Führer in der Personalabteilung der Obersten SA-Führung, 1928 Eintritt in die NSDAP, 1931 SA-Gruppenführer und Stabsführer des Generalinspekteurs der SA in Kassel, 1933 Polizeipräsident ebd., 1936 Regierungspräsident in Wiesbaden, Nachfolger von *W. Zschintzsch (II)*, 1939 zugleich Kriegsverwaltungschef in Frankreich, 1943 stellvertretender Führer der Gefolgschaft Berg- und Hütten Aktiengesellschaft Berlin, 1947 Mitbegründer und Vorstandsmitglied der DP in Hessen.

PFEIFFER, N.N. 87

Ehefrau eines Arztes in Skampe/Schwiebus (Neumark) und 1937 Ortsgruppenleiterin der NS-Frauenschaft ebd.

PFLAUMER, Karl 62, 65f., 71, 149, 151, 153

geb. 27.7.1896 Rauenburg/Baden, gest. 3.5.1971 Rastatt, 1910 Lehrerseminar in Tauberbischofsheim und Ettlingen, 1914 Kriegsdienst und Unteroffizier, 1915 Offiziersausbildung und Leutnant, 1917 Kommandierung zur Fliegertruppe, verschiedene militärische Auszeichnungen, 1918 im Luftkampf abgeschossen und in französischer Gefangenschaft, 1920 Entlassung aus der Gefangenschaft und aus dem Heer als Oberleutnant, 1920 Leutnant bei der Badischen Schutzpolizei in Heidelberg, 1922 Oberleutnant ebd., 1929 Entlassung aus dem Dienst nach gutachterlicher Feststellung „endogener Depressionen" und Eintritt in SA und SA-Standartenführer, 1930 Eintritt in die NSDAP, 1931 Stadtrat in Heidelberg und Kreispropagandaleiter und Gauredner der NSDAP, 1932 Eintritt in die SS, 1933 Mitglied des Reichstages und Staatskommissar und Badischer Minister des Innern, SS-Standartenführer, 1938 Mitglied des SS-Lebensborns, 1939 Kriegsdienst als Major der Luftwaffe, 1940 beim Westfeldzug und SS-Brigadeführer zugleich Leiter der Verwaltungs- und Polizeiabteilung beim Chef der Zivilverwaltung im Elsaß in Straßburg, 1941 bei der Gesandtschaft in Bukarest mit Auftrag des Aufbaues der rumänischen Verwaltung in der Bukowina und Bessarabien, 1945 Internierung in Lagern der französischen Besatzung, 1948 Entlassung und Handelsvertreter, 1950 Entnazifizierungsverfahren und Einstufung als Belasteter (Aktivist) durch Spruchkammer Karlsruhe, 1953 Bewilligung einer Unterhaltshilfe auf dem Gnadenwege, 1958 Versorgungsrechte aus dem Beamtenverhältnis als Polizeioberleutnant.

PFLEIDERER, Otto, Dr. theol. 762

geb. 1.9.1839 Stetten, gest. 18.7.1908 Berlin-Lichterfelde, Klosterschule in Maulbronn, 1853 Niederes Seminar in Blaubeuren, 1857 Theologiestudium in Tübingen, 1861 erstes theologisches Examen und Stipendienreise nach Norddeutschland und Großbritannien, 1862 theologische Promotion, Vikariat in Eningen und Knittlingen, 1864 Habilitation und Privatdozent der theologischen Fakultät der Universität Tübingen, 1868 Stadtpfarrer in Heilbronn, 1869 Oberpfarrer und Superintendent in Jena, 1870 Universitätsprediger und ordentlicher Professor für Praktische Theo-

tung und Ausscheiden aus dem Amt (Mai), 1948 Geschäftsführer des Bauberatungs- und Finanzierungsunternehmens Nürnberger Aufbaugesellschaft.

PLESCH, Karl 135f.

geb. 12.11.1879 Gemünda, gest. 13.8.1963 Bayreuth, 1898 Theologiestudium in Erlangen und Leipzig, 1902 erstes theologisches Examen und Ordination und Vikar in Gemünda, 1903 in Wirsberg, 1905 in Obristfeld, 1907 zweites theologisches Examen, 1908 Pfarrverweser in Kirchrüsselbach, Weißenbach, Zell-Weipoltshausen und Trogen, dann Pfarrer in Ermershausen, 1918 Militärseelsorger, 1925 Pfarrer in Leerstetten, später Kamerar und Senior ebd., 1949 Ruhestand.

PLOCK, Valentin 103

geb. 31.1.1910 Burgholzhausen, gest. 21.2.1943 an der Ostfront, Oberrealschule in Friedberg, 1929 Theologiestudium in Halle und Gießen, 1934 erstes theologisches Examen in Darmstadt und Predigerseminar in Friedberg, Mitglied der Bekennenden Kirche und des Pfarrernotbundes, Vikar im Diakonissenhaus Frankfurt/Main, 1935 Ordination und Pfarrverwalter zu Schornsheim, 1936 und Pfarrer zu Klein-Karben, gefallen.

POMMERIEN, Albert, Lic. theol. 825

geb. 12.12.1883 Groß Bollensen/Ülzen, gest. 9.2.1956 Hannover, nach Theologiestudium 1906 erstes theologisches Examen, nach Promotion und Vorbereitungsdienst 1909 zweites theologisches Examen und Ordination sowie Hilfsgeistlicher in Brehlingen und Hannover-Linden, 1910 in Wunstorf, 1914 an Petrikirche in Hannover-Kleefeld, 1916 in Bruchhausen, 1917 Pfarrer in Landringhausen, 1927 an der Lukaskirche in Hannover, 1935 fünfmonatiges Redeverbot nach Bußtagspredigt, 1953 Ruhestand.

PRATER, Georg 544f.

geb. 17.2.1895 Radebeul, gest. 19.8.1970 Klingberg/Timmendorfer Strand, nach Theologiestudium 1925 Pfarrer in Radeburg, 1929 Pfarrer beim Stadtverein für Innere Mission (Stadtmission) in Dresden, 1934 Mitglied des Bruderrates der Evangelisch-lutherischen Landeskirche Sachsens, 1940 als Vertreter der Bekennenden Kirche im Evangelisch-lutherischen Landeskirchenamt Sachsens, 1941 Verhaftung und sechsmonatige Gestapo-Haft, 1942 Kriegsdienst und gleichzeitig Beratung der Geschäftsstelle des Bruderrates in Dresden, 1945 Versetzung an die Ostfront, in sowjetischer Gefangenschaft, 1946 Oberkirchenrat im Evangelisch-lutherischen Landeskirchenamt Sachsens, 1947 Geschäftsführer des Lutherrates in Berlin, 1957 Stadtpfarrer in Kiel, 1963 Ruhestand.

PRESS, Helmut 413ff.

geb. 25.4.1904 Zweedorf/Hagenow, gest. 12.11.1960 Kassel, 1921 Theologiestudium in Erlangen, 1925 erstes theologisches Examen ebd., 1926 Vikar in Bresen/Mecklenburg, 1928 zweites theologisches Examen in Schwerin und Ordination und Hilfsgeistlicher in Bresen, 1931 Pfarrer ebd., 1934 Pfarrer im Diakonissenhaus Stift Bethlehem in Ludwigslust, 1936 Vorsitzender des Evangelischen Kinderpflegeverbandes in Mecklenburg, 1939 Stiftspropst und Vorsteher des Diakonissenhauses Stift Bethlehem, 1943 Wehrmachtspfarrer, 1946 Entlassung aus norwegischer Gefangenschaft und Pfarrer am Kurhessischen Diakonissenhaus in Kassel, Vorsitzender der Arbeitsgemeinschaft evangelischer Krankenhausseelsorger in Kurhessen-Waldeck, Vorsitzender der Arbeitsgemeinschaft evangelischer Gehörlosenseelsorger in Deutschland.

PREYSING-LICHTENEGG-MOOS, Konrad Graf von 723f.
geb. 30.8.1880 Schloß Kronwinkl/Landshut, gest. 21.12.1950 Berlin, Jurastudium, Jurist und bayerischer Gesandschaftssekretär in Rom, 1912 Priester, 1932 Bischof von Eichstätt, 1935 Bischof von Berlin, 1946 Kardinal ebd.

PROEBSTING, Elisabeth 422f., 624, 629, 654, 812 *(Bd. I, S. 594f.)*

PUTTKAMMER, Gerhard, Lic. theol. 688, 693
geb. 25.5.1896 Lippusch/Westpreußen, gest. 20.1.1989 Flensburg, Gymnasium in Danzig, 1914 Kriegsdienst und verschiedene militärische Auszeichnungen, 1916 Theologiestudium in Marburg, Königsberg und Berlin, 1920 erstes theologisches Examen und Promotion, 1921 zweites theologisches Examen und Ordination und Stadtmissionar der Berliner Stadtmission, 1923 Pfarrer in Mühlbock/Neumark, 1926 Stadtmissionsinspektor der Berliner Stadtmission in Berlin, 1930 Pfarrer in Teltow und Kreisfürsorgepfarrer, 1963 Superintendent des neugebildeten Kirchenkreises Teltow, 1965 Ruhestand und Übersiedlung aus der Deutschen Demokratischen Republik nach Flensburg.

RANKE, Hansjürg (Hans-Georg) 142, 147, 152, 167, 169, 238ff., 399
geb. 9.6.1904 Arosa/Schweiz, gest. 3.2.1987 Berlin, Gymnasium in München, 1923 Jurastudium in Erlangen, Kiel und München, 1927 erstes juristisches Examen in München, 1930 zweites juristisches Examen ebd. und im Dienst des Landeskirchenrates der Evangelisch-lutherischen Landeskirche in Bayern in München, 1932 im Kirchenbundesamt in Berlin und Geschäftsführer der Jungreformatorischen Bewegung unter der Leitung von *W. Künneth (I)*, 1933 Konsistorialassessor in der Kirchenkanzlei der Deutschen Evangelischen Kirche in Berlin, 1935 persönlicher Referent von *W. Zoellner (I)*, 1936 Konsistorialrat in der Kirchenkanzlei der Deutschen Evangelischen Kirche in Berlin, 1939 Kriegsdienst, 1945 in britischer Gefangenschaft und gleichzeitig Dozent für Kirchenrecht in Norton-Camp und Geschäftsführer der dortigen Theologischen Fakultät, 1946 Oberkonsistorialrat in der Kirchenkanzlei der Evangelischen Kirche in Deutschland in Schwäbisch-Gemünd, 1950 Oberkonsistorialrat in der Außenstelle Bonn der Evangelischen Kirche in Deutschland, 1955 Oberkonsistorialrat (Sozialreferent) in der Kirchenkanzlei der Evangelischen Kirche in Deutschland in Hannover, 1960 Konsistorialpräsident des Konsistoriums der Evangelischen Kirche in Berlin-Brandenburg in Berlin, 1971 Ruhestand.

RATTI, Achille 40, 42f.
geb. 31.5.1857 Desio/Mailand, gest. 19.2.1939 Rom, 1879 Priesterweihe, dreifache Promotion an der Universität Gregoriana in Rom, 1882 Professor am Priesterseminar in Padua, 1888 Präfekt der Ambrosiana in Mailand, 1911 an der Vatikanischen Bibliothek in Rom, 1914 Leitung ebd., 1918 Apostolischer Visitator in Polen, 1919 Apostolischer Nuntius ebd. und Erzbischof von Lepanto, 1921 Erzbischof von Mailand und Kardinal, 1922 Papst PIUS XI, 1929 Lateranverträge mit B. Mussolini, 1931 Enzyklika Quadragesimo anno (Bekräftigung der katholischen Soziallehre, u. a. des Subsidiaritätsprinzips), 1933 Konkordat mit der NS-Regierung des Deutschen Reiches, 1937 Enzyklika „Mit brennender Sorge".

RAU, Arno 541
geb. 24.10.1884 Frankenberg/Sachsen, gest. 31.5.1954 Leipzig, Gymnasium in Zerbst, 1905 Theologiestudium in Leipzig, 1909 erstes theologisches Examen ebd.,

1910 Ordination und Hilfsgeistlicher in Limbach, 1911 zweites theologisches Examen in Dresden, 1912 Pfarrer an der Lutherkirche in Glauchau, 1915 in Langenhessen, 1930 an Trinitatis in Leipzig und Vorsitzender der Wagner-Schulz-Stiftung.

RAUTENBERG, Werner, Dr. phil., D. 499, 503, 510

geb. 22.4.1896 Berlin, gest. 16.5.1969 Greifswald, Realschule in Berlin, 1912 Lehrerseminar in Havelberg, 1915 erste Lehrerprüfung und Kriegsdienst, 1919 Entlassung aus dem Heer und Lehrer in Nitzow/Havel, 1920 zweite Lehrerprüfung, 1921 Lehrer in Lennewitz/Westprignitz, 1926 befördert durch *O. Dibelius (I)* Religionswissenschafts- und Pädagogikstudium in Berlin, 1927 Geschäftsführer des Reichsverbandes evangelischer Eltern- und Volksbünde und Mitarbeiter der Schulabteilung des Evangelischen Preßverbandes für Deutschland in Berlin, 1935 zugleich Leiter des Evangelischen Preßverbandes für Pommern, 1941 Beauftragung durch das Evangelische Konsistorium der Provinz Pommern in Stettin mit dem Aufbau der katechetischen Unterweisung in der Provinz Pommern, 1942 philosophische Promotion in Prag, 1945 Mitglied der Kirchenleitung und neben bestehenden Ämtern Geschäftsführer des Gustav-Adolf-Vereins und Bevollmächtigter des Hilfswerks der Evangelischen Kirche in Deutschland, 1946 Präses der Provinzialsynode der Evangelischen Kirche in Pommern, 1948 Mitglied der Synode der Evangelischen Kirche in Deutschland, 1952 Mitglied der Synode der Evangelischen Kirche der Union, 1953 Vorsitzender des Bibelwerks in der Deutschen Demokratischen Republik, 1957 Mitglied des Diakonischen Rates des Diakonischen Werkes der Evangelischen Kirche in Deutschland, 1959 Ehrenpromotion der Theologischen Fakultät der Universität Greifswald.

REEDER, Eggert 617

geb. 22.7.1894 Holmhof/Eiderstedt, gest. 22.11.1959 Wuppertal, Gymnasium in Husum, 1914 Kriegsdienst, 1919 Jura- und Staatswissenschaftsstudium in Halle und Kiel, 1921 erstes juristisches Examen und Regierungsreferendar in Kiel und Eintritt in die DNVP, 1923 kommissarischer Bürgermeister in Bad Oldesloe, 1924 zweites juristisches Examen und Regierungsassessor in Lennep, 1926 Eintritt in die DVP, 1929 Regierungsrat in Köln, 1932 kommissarischer Landrat in Segeberg und Flensburg, 1933 Landrat in Flensburg und Regierungspräsident in Aachen, 1936 Regierungspräsident in Köln als Nachfolger von *R. Diels (II)*, 1939 auch für ein Jahr kommissarischer Verwalter des Regierungspräsidiums Düsseldorf, 1940 Chef der Militärverwaltung von Belgien und Nordfrankreich, 1944 Vertreter des Reichskommissars ebd., 1944 wieder Regierungspräsident in Köln und Düsseldorf, 1945 (April) in belgischer Gefangenschaft, 1951 Entlassung und Ruhestand.

REFARDT, Heinrich 37, 88f., 682, 691, 694 *(Bd. I, S. 595)*

REINDEL, Adolf 110

geb. 6.7.1880 Eschenbach, gest. 10.10.1948 Auerbach, 1899 Theologiestudium in Erlangen, Leipzig und Marburg, 1903 erstes theologisches Examen und Vikar in Regensburg, 1904 Ordination und Vikar in Walsdorf, 1905 Stadtvikar in Aschaffenburg, 1908 zweites theologisches Examen und Hilfsgeistlicher an St. Johannis II in Nürnberg, 1910 Pfarrer in Ziegenbach-Castell II, 1911 auch Pfarrverwalter von Castell I, 1912 auch von Stierhöfstetten, 1915 Präfekt und Erster Seminarlehrer an der Lehrerbildungsanstalt Bayreuth, 1917 Pfarrer in Ermreuth, 1923 in Kronach,

1925 in Wassertrüdingen und Dekan ebd., 1938 Pfarrer in Auerbach, 1939 Senior, 1942 Kirchenrat.

REINHARDT, 170, 175, 178

geb. 3.4.1895 Ilmenau, gest. 17.6.1969 Regensburg, Bürgerschule in Ilmenau, Handelsschule ebd., kaufmännische Ausbildung im In- und Ausland, 1914 Internierung in Riga und Kriegsgefangener in Sibirien, 1918 Entlassung und Rückkehr nach Ilmenau, 1919 Direktor der Thüringischen Handelsschule und der Akademie für Wirtschaft und Steuern in Ilmenau, 1922 Gründer des „Deutschen Steuersyndikats" und Steuerbevollmächtigter beim Landesfinanzamt Thüringen, 1923 Eintritt in die NSDAP, Entlassung wegen politischer Betätigung, Übersiedlung nach Herrsching/Bayern, 1924 Gründer der ersten Fern-Handelsschule Deutschlands ebd., 1925 Wiedereintritt in die NSDAP, 1926 NSDAP-Ortsgruppenleiter in Herrsching, 1927 NSDAP-Bezirksleiter Oberbayern-Süd, 1928 nach Gauneuordnung Gauleiter des NSDAP-Gaues Oberbayern, 1929 Zweiter Bürgermeister in Herrsching, 1930 Amtsleiter der Reichsleitung der NSDAP und Mitglied des Reichstages, Leiter der NSDAP-Fraktion im Haushalts- und Reichsschuldenausschuß, Rücktritt als Gauleiter wegen Arbeitsüberlastung, 1932 Wirtschaftsbeauftragter der Reichsleitung der NSDAP, 1933 Staatssekretär im Reichsministerium der Finanzen unter *L. Schwerin v. Krosigk (II)*, SA-Gruppenführer, 1934 Herausgeber der Deutschen Steuerzeitung und Sachbearbeiter für alle Fragen der Finanz- und Steuerpolitik und für alle Fragen des Kampfes um die Verminderung der Arbeitslosigkeit im Stab des „Stellvertreters des Führers" und Führung der Handelsschule als Reichsfinanzschule Herrsching, 1937 SA-Obergruppenführer, 1945 Verhaftung durch die Alliierten und Haftstrafe, 1949 Entlassung aus der Haft, 1950 Entnazifizierungsverfahren und Einstufung als Hauptschuldiger durch Hauptspruchkammer München und Verurteilung zu vier Jahren Arbeitslager.

REINKE, Martin 441

geb. 30.3.1890 Baerwalde, gest. 18.6.1960 Edewecht/Oldenburg, Theologiestudium und Kriegsdienst, 1920 erstes theologisches Examen in Stettin, 1921 zweites theologisches Examen ebd. und Ordination sowie Hilfsprediger in Coprieben, 1922 Pfarrer ebd., 1930 in Vessin/Stolp, Mitglied des Pommerschen Bruderkreises und 1935 Mitglied des pommerschen Provinzialkirchenausschusses, 1937 Pfarrer an St. Marien in Stolp und Superintendent des Kirchenkreises Stolp, 1939 Kriegsdienst, 1948 in Edewecht/Oldenburg.

REITZ-DINSE, Annegret, Dr. theol. 16, 18

Pfarrerin der Nordelbischen Evangelisch-Lutherischen Kirche in Hamburg.

RENDTORFF, Emma 533f.

geb. 4.6.1894 Preetz, gest. 31.7.1979 Eisenach, Tochter von *F. Rendtorff (I)*, Volksschule in Preetz, 1906 Privatschule in Kiel, 1912 Ausbildung am Lyzeum des Vereins für Familien- und Volkserziehung in Leipzig, 1914 Examen und staatliche Anerkennung als Kindergärtnerin ebd., Unterrichtsvertretung in einer Volksschule in Leipzig, 1915 Tätigkeit im Lazarett des Evangelisch-lutherischen Diakonissenhauses in Leipzig in Leipzig-Lindenau, 1916 Erzieherin und Lehrerin im Kinderheim Theodorshalle in Bad Kreuznach, 1918 Lehrerin am Jugendleiterinnen-Seminar des Evangelisch-lutherischen Diakonissen-Mutterhauses für Thüringen in Eisenach, 1920 Leiterin des Kindergärtnerinnen- und Hortnerinnen-Seminars ebd., 1922 Mitarbeiterin der Die christliche Kinderpflege, 1930 Gründerin der Eisenacher Kinder-

1938 Vorsitzender der Reichsjugendkammer der Bekennenden Kirche als Nachfolger von *O. Riethmüller (I)*, 1943 Dekan in Kulmbach, 1947 Oberkirchenrat im Landeskirchenrat der Evangelisch-lutherischen Kirche in Bayern in München, 1955–1967 Mitglied des Rates der Evangelischen Kirche in Deutschland, 1958 Vorsitzender des Diakonischen Rates des Diakonischen Werkes, 1962 Vorstand der Geistlichen Abteilung des Landeskirchenrates der Evangelisch-lutherischen Landeskirche in Bayern in München, 1972 Ruhestand.

RIEMKE, Fritz 573

geb. 9.1.1884 Gerdauen/Ostpreußen, gest. 6.7.1967 Lienen, 1931 Bezirksjugendpfleger im Regierungsbezirk Erfurt, Bearbeitung von Fragen der Jugendpflege für den Regierungspräsidenten, 1933 Eintritt in die NSDAP, 1941 Erziehungsdirektor und Leiter des Stadtjugendamtes in Erfurt.

RIESE, Godswinde 248f.

Kindergärtnerinnenseminar, Kindergärtnerin in Anklam und Hildesheim, 1938 Leiterin des evangelischen Kindergartens Am Kattewall in Emden.

RIETHMÜLLER, Otto 505 *(Bd. I, S. 597)*

RILLING, Eugen 47 *(Bd. I, S. 597)*

RINGSHAUSEN, Paul, Dr. iur. 598

geb. 10.2.1908 Dietzenbach, Oberrealschule in Offenbach, 1927 Jurastudium in Frankfurt/Main, Greifswald und Gießen, 1929 Mitglied in der SA, 1930 Eintritt in die NSDAP, 1931 erstes juristisches Examen in Gießen und Referendar ebd., 1932 Rechtsberater der NSDAP-Kreisleitung Offenbach und Eintritt in die SS, 1935 zweites juristisches Examen in Stuttgart und Assessor bei der Provinzialverwaltung in Starkenburg, Assessor beim Kreisamt in Darmstadt und beim Geheimen Staatspolizeiamt in Berlin, 1936 stellvertretender Leiter der Gestapo-Leitstelle in Frankfurt/Main, 1938 vertretungsweise Verwaltung des Landratsamtes in Dillenburg und SS-Sturmbannführer, 1939 Landrat ebd., 1942 Promotion in Gießen.

ROCKSTROH, Albert 543

geb. 12.3.1903 Lengenfeld/Vogtland, gest. 2.8.1977 ebd., Kanzleigehilfe im Pfarramt Lengenfeld, 1941 Kriegsdienst, nach 1945 zeitweilig Bürgermeister in Lengenfeld, dann Kirchensteuerbearbeiter.

ROESTEL, Günther, Dr. iur. 176

geb. 12.5.1908 Berlin, gest. 1.7.1986 Kiel, Gymnasium in Guben und Berlin, 1926 Jurastudium in Berlin, München und Halle, 1931 erstes juristisches Examen und Referendar im Bezirkswohlfahrts- und -jugendamt Berlin-Neukölln, 1933 Eintritt in die NSDAP und Mitglied der NSV, 1936 zweites juristisches Examen und Assessor und Referent für Wohlfahrts- und Fürsorgerecht in der Abteilung Wohlfahrt im Hauptamt für Volkswohlfahrt unter *A. Cordt (II)*, 1937 Geschäftsführer des Deutschen Vereins für öffentliche und private Fürsorge, 1939 Promotion und Kriegsdienst bei der Marineverwaltung, Rückstellung aus gesundheitlichen Gründen und Sozialreferent der Marinewerft Kiel, 1943 Regierungsrat und Leiter der Ausrüstungs- und Wirtschaftsabteilung des Marine-Waffen- und Ausrüstungsbetriebes Stettin, nach 1945 Jugendrichter in Kiel, 1948 Amtsgerichtsrat ebd., 1969 Vizepräsident ebd., 1973 Ruhestand.

ROHMEYER, Berthold 119, 123f.

geb. 11.7.1895 Lüthorst/Einbeck, gest. 22.11.1988 Dassel-Lüthorst, Volksschule, Präparandenanstalt und Lehrerseminar, 1915 Kriegsdienst, 1918 Entlassung aus dem

pfarrer und Geheimer Oberkonsistorialrat in Frankfurt/Main, 1920 Pfarrer an der Gemeinde Philippus Apostel in Berlin und Superintendent des Kirchenkreises Berlin Stadt II, 1935 Ruhestand, 1936 mit der Verwaltung der Superintendentur des Kirchkreises Berlin Stadt II beauftragt, 1945 Beendigung des Auftrags.

ROSEWICH, Friedrich 829
geb. 9.9.1896 Lahr, gest. 4.4.1975 Öschelbronn, Berthold-Gymnasium in Freiburg, 1914 Kriegsdienst, 1916 Theologiestudium in Heidelberg, 1918 Kriegsdienst und Lazarett, verschiedene militärische Auszeichnungen, 1919 Entlassung aus dem Heer und Fortsetzung des Theologiestudiums, 1920 erstes theologisches Examen in Heidelberg, Vikariat in Niefern, 1921 zweites theologisches Examen und Ordination in Freiburg/Breisgau, 1922 Versehung des Pfarrdienstes in Schwetzingen, 1923 in Weitenau-Schlächtenhaus und Friedenskirche Mannheim, 1924 Pfarrverwalter ebd. und Mannheim-Waldhof, 1925 in Dertingen und Pfarrer ebd., 1933 in Niefern, 1938 Dekanstellvertreter des Dekanats Pforzheim-Land, 1965 Ruhestand.

RÖSSLER, Helmut 616
geb. 25.5.1903 Mombasa/Kenia, gest. 26.10.1982 Düsseldorf, Gymnasium in Berlin, 1922 Theologiestudium in Breslau, Tübingen, Marburg und Berlin, 1926 erstes theologisches Examen in Berlin, Vikariat, 1928 zweites theologisches Examen in Berlin, 1929 Ordination und Hilfsprediger in Gransee/Uckermark und Pfarrer in Beveringen/Priegnitz, 1934 in Heerlen/Niederlande, 1939 Direktor des Predigerseminars in Düsseldorf, 1941 Kirchenrat ebd., 1945 Oberkonsistorialrat im Evangelischen Konsistorium der Rheinprovinz nachmals Evangelische Kirche im Rheinland in Düsseldorf, 1968 Ruhestand.

ROTHLÄNDER, Franz 154
geb. 16.12.1874 Halle/Saale, gest. 13.8.1955 Unna-Massen, Gymnasium in Halle, Theologiestudium in Halle und Berlin, 1902 Ordination und Hilfsprediger in Neuhaldensleben, 1907 Pfarrer ebd., 1914 in Rhinow/Rathenow, 1931 Pfarrer und Superintendent in Deutsch Krone, 1934 Obmann der Bekennenden Kirche, 1945 Flucht und Pfarrverwalter in Unna-Massen, 1946 Ruhestand.

ROTT, Wilhelm 516
geb. 25.1.1908 Düsseldorf, gest. 27.1.1967 Koblenz, 1934 zweites theologisches Examen und Hilfsprediger, 1935 Studieninspektor im Predigerseminar der Bekennenden Kirche in Finkenwalde mit dem Direktor *D. Bonhoeffer (I)*, 1937 kurzzeitige Gestapo-Haft und Leiter der Schulkammer der 2. VKL der Deutschen Evangelischen Kirche unter *M. Albertz (II)*, 1943 Kriegsdienst bei der Abwehr unter Admiral W.-W. Canaris, deshalb 1944 beim Reichssicherheitshauptamt unter *H. Himmler (II)*, aus diesem Grund 1945 im Internierungslager Moosburg, 1946 Pfarrer in Koblenz, 1959 Superintendent ebd.

RÖVER, Carl 743
geb. 12.2.1889 Lemwerder/Oldenburg, gest. 15.5.1942 Oldenburg, Volks- und Mittelschule und kaufmännische Ausbildung in Bremer Schiffahrts- und Speditionsunternehmen, 1911 Tätigkeit in Faktoreibetrieb in Kamerun, 1914 Kriegsfreiwilliger in einem Infanterieregiment, 1916 Unteroffizier und in Propaganda-Abteilung der Obersten Heeresleitung, 1918 Entlassung aus dem Heer und Selbständigkeit als Manufakturist, 1923 Eintritt in die NSDAP, 1925 Wiedereintritt und Ortsgruppenleiter in Oldenburg, 1928 Abgeordneter im Oldenburgischen Landtag und Gauleiter des neuen NSDAP-Gaues Weser-Ems, 1930 Reichstagsabgeordneter, 1932

Ministerpräsident des Freistaates Oldenburg, 1933 Reichsstatthalter von Oldenburg und Bremen, 1939 Beauftragter des Reichsverteidigungskommissars, Tod mit ungeklärter Ursache, Staatsbegräbnis.

RÜHL, August 109f., 666

geb. 24.10.1911 Langenzenn, gest. 31.12.1945 Berlin, Schulbesuch und kaufmännische Ausbildung, HJ-Führer in Wassertrüdingen, 1928 Eintritt in SA, 1929 Eintritt in die NSDAP, 1931 Kreispropagandaleiter im NSDAP-Kreis Dinkelsbühl und dreimonatige Haft wegen Verstoßes gegen SA-Verbot, 1933 Adjutant des Kreisleiters des NSDAP-Kreises Dinkelsbühl, *E. Ittameier (II)* und NSV-Kreisamtsleiter ebd., 1938 SA-Sturmführer, 1942 Kriegsdienst, vermißt und 1959 für tot erklärt.

RUPPEL, Erich, Dr. iur. 83, 131f.

geb. 25.1.1903 Elberfeld, gest. 7.7.1975 Hannover, Gymnasium in Elberfeld, 1921 Jurastudium in Tübingen, Göttingen und Bonn, 1925 erstes juristisches Examen und Gerichtsreferendar in Düsseldorf und Promotion, 1929 zweites juristisches Examen und Gerichtsassessor in Barmen, Elberfeld, Stettin, Münster und Magdeburg, 1931 Konsistorialassistent beim Evangelischen Konsistorium der Kirchenprovinz Sachsen in Magdeburg und beim Evangelischen Konsistorium der Kirchenprovinz Westfalen in Münster sowie beim Evangelischen Konsistorium der Mark Brandenburg in Berlin und beim Evangelischen Kirchenbundesamt in Berlin, 1933 Oberkonsistorialrat im Evangelischen Konsistorium der Kirchenprovinz Sachsen in Magdeburg und in der Kirchenkanzlei der Deutschen Evangelischen Kirche in Berlin, auch Eintritt in die SA und Mitglied des BNSDJ und der NSV, 1935 Oberregierungsrat im Reichsministerium für die kirchlichen Angelegenheiten in Berlin, 1937 Eintritt in die NSDAP, 1938 Ministerialrat, 1939 Kriegsdienst, 1947 Referent in der Kanzlei des Bischofs der Evangelisch-lutherischen Landeskirche Hannovers, *H. Lilje (I)*, in Hannover, 1949 Oberlandeskirchenrat im Landeskirchenamt ebd., 1952 Mitglied des Landeskirchenamtes ebd., 1958 juristischer Dirigent ebd., 1965 Vizepräsident ebd., 1968 Ruhestand.

RUPPERT, Fritz 427, 536, 578f., 748, 795f., 814, 816, 820

geb. 16.11.1887 Wiesbaden, gest. 10.10.1945 Landsberg/Warthe, Gymnasium in Wiesbaden, 1906 Jurastudium in Marburg und Gießen, 1910 erstes juristisches Examen und Referendar in Berlin, 1914 Kriegsdienst, 1919 zweites juristisches Examen und Assessor im Reichsministerium des Innern in Berlin, 1921 Regierungsrat ebd., 1924 Oberregierungsrat ebd., 1917 Ministerialrat ebd., Leiter der Kommunalabteilung, seit 1933 keine Beförderung wegen „halbjüdischer" Ehefrau, Mitglied der NSV, 1939 Leiter der Abteilung Wohlfahrtspflege, Generalreferent für das DRK, 1940 Ablehnung einer Aufnahme in die NSDAP, 1944 Verhaftung wegen angeblicher sittlicher Verfehlungen, nach *H. Himmlers (II)* Einwilligung Entlassung aus dem Dienst, Dienstverpflichtung als Gießereiarbeiter bei der Firma August Borsig in Berlin, eingezogen in den Volkssturm und in sowjetischer Gefangenschaft und im Lager Landsberg/Warthe ums Leben gekommen.

RUSCHE, Klara 76, 78

geb. 26.4.1885 Wetter/Ruhr, gest. 7.2.1969 ebd., Kindergärtnerin und Leiterin des Kindergartens der evangelischen Kirchengemeinde in Ahlen, 1937 Entlassung auf Beschluß des Gemeindekirchenrates und Kindergärtnerin in den Anstalten Hephata in Treysa, 1938 Kindergärtnerin in Herne, 1950 Ruhestand.

geb. 30.9.1883 Hannover, gest. 8.5.1945 Berne/Wesermarsch, Gymnasium in Hannover, 1902 Philologiestudium in München, Berlin, Göttingen und Halle, 1908 Staatsexamen für das höhere Lehramt in Halle und freiwilliger Militärdienst, 1909 Studienrat am Ratsgymnasium in Hannover, 1914 Kriegsdienst und mehrfache Auszeichnung, 1918 wieder im Schuldienst, 1924 Eintritt in die DVFP und Bürgervorsteher in Hannover, 1925 Eintritt in die NSDAP und Gauleiter des NSDAP-Gaues Hannover-Nord, 1928 nach Gauneuordnung Gauleiter des NSDAP-Gaues Süd-Hannover-Braunschweig, 1930 Fraktionsführer im Hannoverschen Provinziallandtag sowie Mitglied des Reichstages und als Studienrat vorgeblich aus gesundheitlichen Gründen in den Ruhestand, 1932 Landesinspekteur für Niedersachsen, 1933 zunächst kommissarisch dann Preußischer Minister für Wissenschaft, Kunst und Volksbildung und Preußischer Staatsrat, 1934 Reichsminister für Wissenschaft, Erziehung und Volksbildung, die Nationalpolitischen Erziehungsanstalten unter seiner Leitung, 1936 SA-Gruppenführer, 1940 Rücktritt als Gauleiter, 1945 gegen Kriegsende in Mürwik/Flensburg, Suizid nach Bekanntwerden der Kapitulation.

geb. 29.5.1875 Backemoor/Rhauderfehn, gest. 8.10.1968 Göttingen, nach Theologiestudium 1897 erstes theologisches Examen, nach Vorbereitungsdienst 1900 zweites theologisches Examen und Ordination und Hilfsgeistlicher, 1904 an St. Albani in Göttingen, 1910 Pfarrer ebd., 1946 Ruhestand.

geb. 29.12.1887 Mainz, gest. 6.12.1958 Bad Homburg, Theologiestudium in Bonn, 1918 erstes theologisches Examen in Koblenz, Synodalvikar in Engelskirchen, 1920 zweites theologisches Examen in Koblenz und Ordination und Hilfsprediger in Siegburg und in Königswinter, 1922 in Buer/Westfalen und Pfarrer in Erndtebrück/Westfalen, 1931 in Rodheim v. d. Höhe, 1933 Eintritt in die NSDAP, 1946 Versetzung in den Ruhestand.

geb. 18.1.1888 Großneundorf, gest. 17.7.1968 Verden/Aller, Gymnasium in Minden, 1906 Militärdienst, 1907 Hochbaustudium in Berlin-Charlottenburg und Hannover, 1912 Examen und Diplomingenieur und Regierungsbauführer in Minden, Potsdam und bei der Eisenbahndirektion Essen, 1914 Kriegsdienst, 1916 Regierungsbaumeister, 1918 Entlassung aus dem Heer und Regierungsbaumeister in Quedlinburg, 1920 Vorstand der Deutsche Ziegelei AG ebd., 1921 im Bund der Frontsoldaten (Stahlhelm) und Mitglied der DVP, 1930 Eintritt in die NSDAP, 1931 Mitglied des Stadtrates Quedlinburg, 1932 SA-Sturmbannführer, 1933 Oberbürgermeister in Dessau, 1934 zugleich Kreisleiter des NSDAP-Kreises Dessau, 1936 SS-Obersturmführer, 1937 Niederlegung des Kreisleiteramtes und SS-Hauptsturmführer, 1938 SS-Sturmbannführer, 1941 SS-Obersturmbannführer, 1945 (Juni) Ausscheiden aus dem Amt des Oberbürgermeisters und Flucht aus der Stadt, Ingenieur in Verden/Aller.

geb. 15.8.1890 Groß Drenzig/Schlesien, gest. 28.8.1942 Eisenach, Theologiestudium und 1914 Kriegsdienst, 1919 zweites theologisches Examen, 1920 Ordination und Pfarrer in Haber/Tschechoslowakei, 1923 in Rothenburg/Lausitz, 1930 Oberpfarrer in Lauscha und Eintritt in die NSDAP, führender Mann der Deutschen Christen, 1933 Kirchenrat im Nebenamt und Mitglied des Landeskirchenrates der Thüringer evangelischen Kirche in Eisenach, 1933 Landesbischof und Einführung (Mai) in Anwesenheit von *A. Jäger (I)* durch Reichsbischof *L. Müller (I)*, der Sasse in seinem Nachruf anläßlich der Beisetzungsfeierlichkeiten als „Märtyrer“ apostrophierte.

geb. 29.3.1888 Buttenhausen/Münsingen, gest. 19.11.1971 Stuttgart, nach Theologiestudium und Examina 1911 Ordination und Stadtvikar in Uhingen, 1912 in Stuttgart und Hilfslehrer für evangelischen Religionsunterricht ebd., 1914 Stadtpfarrverwalter an Nikolai in Heilbronn und Kriegsdienst, verschiedene militärische Auszeichnungen, 1918 Entlassung aus dem Heer als Leutnant und Studienrat (Oberlehrer) am Seminar in Backnang, 1923 Pfarrverwalter in Schalkstetten, 1924 Pfarrer ebd., 1928 Studienrat für evangelischen Religionsunterricht an der Friedrich-Eugen-Oberrealschule in Stuttgart, 1936 Berichterstatter (Kirchenrat) beim Evangelischen Oberkirchenrat in Stuttgart und Eintritt in die NSDAP, 1937 Oberkirchenrat ebd. und Vorsitzender des Verwaltungsrates der Schulstiftung Evangelisches Töchterinstitut, 1944 (September)–1945 (April) Haft im Polizeigefängnis in Welzheim wegen einer Schulpredigt und Verfahren vor dem Parteigericht des NSDAP-Gaues Württemberg-Hohenzollern, 1946 Entnazifizierungsverfahren und Einstufung als Entlasteter durch Spruchkammer Stuttgart, 1948 Ausscheiden aus dem Vorsitz des Verwaltungsrates der Schulstiftung Evangelisches Töchterinstitut, 1953 Ruhestand.

geb. 16.9.1878 Altona, gest. 25.10.1961 Rotenburg/Wümme, 1897 Studium an der Münchener Akademie der Künste, 1899 an der Düsseldorfer Akademie der Künste, freischaffender Maler und Graphiker biblischer Themen für Kirche und Haus, 1906 Studienaufenthalt in Rom durch den Deutschen Künstlerverein, 1913 Professor, 1915 Kriegsdienst, 1917 Ehrenpromotion, Ehrenbürger von Rotenburg/Wümme.

geb. 18.6.1909 Köln, gest. 24.12.1968 ebd., Volksschule in Köln, 1925 kaufmännische Lehre im Baufach und im Ledergroßhandel, Handelsreisender, 1931 Eintritt in die NSDAP und die SA, Ortsgruppenleiter in Köln-Waidmarkt und Gauredner, 1932 Kreispropagandaleiter und stellvertretender Kreisleiter, 1933 NSDAP-Kreisleiter im NSDAP-Kreis Köln linksrheinisch-süd, 1935 Ratsherr der Stadt Köln und zuständig für Wohlfahrtsfragen, Gaupropagandaleiter im NSDAP-Gau Köln-Aachen, 1939 NSV-Gauamtsleiter ebd. als Nachfolger seines Bruders R. Schaller, 1942 Gaugerichtsverfahren wegen Verwendung von NSV-Mitteln für private Zwecke und nach Eingreifen *J. Grohés (II)* nur Verwarnung, Kreisleiter des neugebildeten NSDAP-Großkreises Köln, 1944 NSDAP-Gaubereichsleiter.

geb. 2.1.1888 Wallsbüll/Flensburg, gest. unbekannt, 1933 Regierungsrat in Magdeburg und Eintritt in die NSDAP, Mitglied der NSV und des NS-Rechtswahrerbundes, 1937 Oberregierungsrat in Berlin, 1939 Ernennung zum Vizepräsidenten des Stadtpräsidiums der Reichshauptstadt Berlin durch *A. Hitler (I).*

SCHEELE, Frieda (Friederike) 656

geb. 3.4.1886 Gronau/Leine, gest. 20.2.1962 ebd., Besuch der Vorbereitungsanstalt für Kleinkinderlehrerinnen des Evangelisch-lutherischen Diakonissenhauses Henriettenstift in Hannover-Kleefeld, 1907 Examen ebd., Kindergärtnerin im Evangelischen Kindergarten in Nienburg/Weser, 1925 Eintritt in das Evangelisch-Lutherische Diakonissenhaus Henriettenstift, Probeschwester im Krankenhaus des Henriettenstifts und in der Lutherkirchengemeinde in Hannover und Besuch des Kindergärtnerinnenseminars in Kaiserswerth, 1928 Examen mit staatlicher Anerkennung ebd., 1929 Einsegnung zur Diakonisse und Leitung des Kindergartens in Nienburg/Weser, 1948 Hausmutter des Pflegehauses Buer, 1958 im Feierabend.

SCHELLER, Johannes 448

geb. 8.12.1882 Singen/Thüringen, gest. 12.12.1949 Brackwede, 1902 Theologiestudium in Leipzig und Bethel, 1907 erstes theologisches Examen in Münster und Vikar in Brackwede, 1909 zweites theologisches Examen in Münster und Hilfsprediger in Kirchhörde, 1910 Präsidialvikar in Witten/Ruhr und Pfarrer in Oespel, 1913 in Hamm, 1922 in Barmen-Wupperfeld, 1928 Direktor des Predigerseminars in Naumburg/Queis, 1933 Konsistorialrat im Evangelischen Konsistorium der Provinz Ostpreußen in Königsberg und Eintritt in die NSDAP, 1934 Oberkonsistorialrat im Evangelischen Oberkirchenrat Berlin, 1938 Mitglied der NSV, 1939 zugleich auch in der Kirchenkanzlei der Deutschen Evangelischen Kirche in Berlin und Vertreter des Evangelischen Oberkirchenrates Berlin im Vorstand des Central-Ausschusses für die Innere Mission, 1946 Ruhestand.

SCHEMPP, Paul 478, 699, 733 *(Bd. I, S. 600)*

SCHICK, Wally 683, 713

geb. 4.6.1896 Kulm (Chelmno)/Westpreußen, gest. 15.4.1989 Hofgeismar, Lyzeum und Handelsschule in Kulm, 1913 Buchhalterin in Bentschen, 1914 Privatsekretärin von *G. Füllkrug (I)* ebd., 1915 Pfarramtssekretärin unter *G. Füllkrug* ebd., 1916 Pfarramts- und Synodalsekretärin in Eilsleben, 1917 Gemeindehelferin ebd., 1918 Sekretärin im Evangelischen Diakonissenhaus Berlin-Teltow, 1919 in der Abteilung Volksmission des Central-Ausschusses für die Innere Mission unter *G. Füllkrug*, 1923 Referentin in der Abteilung Wohlfahrts- und Jugenddienst des Central-Ausschusses für die Innere Mission unter *J. Steinweg (I)* und dann *H. Schirmacher (I)*, 1932 Eintritt in die NSDAP, 1933 Mitglied der NS-Frauenschaft und der DAF, 1934 Referentin bei der Landeskirchenstelle für Innere Mission in Berlin später des Gesamtverbandes der Berliner Inneren Mission unter *F. Ulrich (I)*, 1946 Gemeindedienst in Kemme/Hildesheim, 1947 Referentin beim Landesverein für Innere Mission in Kurhessen-Waldeck in Kassel, 1957 beim Diakonischen Werk in Kurhessen-Waldeck ebd., 1965 Ruhestand, 1972 im Seniorenheim in Kassel-Wilhelmshöhe, 1984 im Altenpflegeheim der Evangelischen Altenhilfe Gesundbrunnen in Hofgeismar.

SCHIEDER, Julius, D. 137, 141, 143, 145

geb. 17.7.1888 Weißenburg/Bayern, gest. 29.7.1964 Nürnberg, 1906 Militärdienst und Theologiestudium in Erlangen und Tübingen, 1910 erstes theologisches Examen und Predigerseminar in München, 1911 Ordination, 1912 Vikar in Burg-

Schleswig, 1911 zweites juristisches Examen und Regierungsassessor beim Landrat in Lebus, 1914 Kriegsdienst bei der Reichsmarine, 1915 Hilfsarbeiter im Preußischen Ministerium des Innern, 1918 Polizeidirektor und kommissarischer Landrat in Hanau, 1919 Landrat ebd., 1920 Bürgermeister von Düsseldorf, 1923 Ausweisung und Generalkommissar des Reichskanzlers für Rhein und Ruhr und ständiger Vertreter des Reichsministers für die besetzten Gebiete, 1924 Mitglied des preußischen Landtags und Mitglied des Reichstages (DVP), 1926 Staatssekretär, 1928 Ausscheiden aus dem Preußischen Landtag, 1930 wegen Auflösung des Ministeriums als Staatssekretär in Ruhestand, 1933 Eintritt in die NSDAP und Regierungspräsident in Düsseldorf, 1937 Ausschluß aus der Partei, 1938 nach November-Pogrom wegen jüdischer Ehefrau auf eigenen Antrag in einstweiligen Ruhestand, 1944 Ruhestand, Mitglied des Verwaltungsrates der Rheinisch-Westfälischen Elektrizitätswerke, 1947 Vorsitzender der Schutzvereinigung für privaten Wertpapierbesitz.

SCHMID, Jonathan, Dr. iur. 582, 645, 648 *(Bd. I, S. 602)*

SCHMIDT, Elisabeth 661f.

verehl. Fritsch, geb. 31.7.1899 Neuhaus, gest. 16.1.1993 Bischofsgrün, Kindergärtnerinnenausbildung im Mutterhaus für evangelische Kleinkinderpflegerinnen Großheppach, 1930 Leiterin des Kindergartens des Kleinkinderschulvereins Neudrossenfeld in Neudrossenfeld, 1941 des durch die NSV übernommenen Kindergartens ebd.

SCHMIDT, Karl 112, 134–137, 140ff., 666

geb. 3.5.1899 Kraftsbuch/Hilpoltstein, gest. 31.12.1945 Hilpoltstein, 1913 Handelsschule in Nürnberg, 1916 Kriegsdienst und Verwundung, 1918 Entlassung aus dem Heer und Versicherungsinspektor, 1928 Eintritt in die NSDAP und Ortsgruppenleiter in Hilpoltstein, 1934 NSV-Kreisamtsleiter in Schwabach sowie Kreispropagandaleiter und Kreisschulungsleiter, 1936 Krankenkassenobersekretär in Schwabach, 1939 Ehrenbeamter im Beirat des Jugendamtes in Schwabach, 1939 wegen Verletzung aus dem ersten Weltkrieg Freistellung vom Kriegsdienst, 1940 nach Zusammenlegung des NSDAP-Kreises Hilpoltstein mit dem NSDAP-Kreis Schwabach stellvertretender Kreisleiter, 1941 Umzug nach Mielau/Ostpreußen, 1945 vermißt, 1952 durch Amtsgericht Hilpoltstein für tot erklärt.

SCHMIDT, Thusnelde 511f.

geb. 28.8.1896 Freudental/Besigheim, gest. 2.12.1977 Neuendettelsau, 1903 Volksschule in Freudental, 1909 Mädchenmittelschule in Kirchheim/Teck, 1911 Höhere Mädchenschule (sog. Grüne Schule) und Lehrerinnenseminar in Neuendettelsau, 1919 Eintritt in die Evangelisch-lutherische Diakonissenanstalt Neuendettelsau, 1920 Examen zur Anstellung als Lehrerin und Lehrerin am Evangelischen Mädchenlyzeum in Sulzbach-Rosenberg, 1924 Pädagogikstudium in Erlangen, 1926 Examen für das Lehramt an Lehrerbildungsanstalten und Lehrerin an der Frauenschule Nürnberg, Zeltnerstr, 1936 Lehrerin an der Wilhelm-Löhe-Schule ebd., 1940 Bezirksjugendleiterin ebd., 1946 Landesjugendleiterin, 1954 Leitung des Kindergärtnerinnen- und Hortnerinnen-Seminars in Neuendettelsau, 1966 im tätigen Feierabend.

SCHMIDT, Walter 535

geb. 18.6.1903 Waldkirchen/Erzgebirge, gest. 2.3.1962 Lautrach/Memmingen, Volksschule in Waldkirchen und Bürgerschule in Zschopau, 1918 kaufmännische Ausbildung im elterlichen Spielwaren-Engros- und Exportgeschäft, 1919 Praktikant in der Gemeindeverwaltung Seidau/Bautzen, 1921 Tätigkeit in Chemnitzer und Münchener Großbanken, 1923 Eintritt in die NSDAP, 1924 Geschäftsführer der elterlichen Firma, später Angestellter bei den Wanderer-Werken in Chemnitz, nach deren Verbot 1925 Wiedereintritt in die NSDAP und Eintritt in die SA, 1932 Stadtverordneter in Chemnitz, 1933 unbesoldeter, dann besoldeter Stadtrat und Dezernent des Personalamtes sowie zweiter Stellvertreter des Oberbürgermeisters ebd., 1936 Stadtkämmerer und regierender Bürgermeister ebd., 1938 Oberbürgermeister von Chemnitz und SA-Brigadeführer, 1943 durch den Generalstaatsanwalt in Berlin Niederschlagung eines Verfahrens wegen Korruptionsverdachtes in Zusammenhang mit der „Arisierung" des Warenhauses Tietz in Chemnitz, 1945 Verhaftung und Konzentrationslager Buchenwald, 1950 nach Gründung der Deutschen Demokratischen Republik Verurteilung zu lebenslänglicher Zuchthaushaft durch das Landgericht Chemnitz in Waldheim und Strafverbüßung ebd., 1957 Entlassung und Übergabe an die Bundesrepublik Deutschland.

SCHNABEL, Konrad 579ff.

geb. 5.12.1890 Magdeburg, gest. 20.7.1962 Rommersheim/Alzey, Gymnasium in Magdeburg, 1910 Theologiestudium in Tübingen, Leipzig und Halle, 1914 Kriegsdienst und in französischer Gefangenschaft, 1920 Entlassung, 1921 erstes theologisches Examen in Halle/Saale, 1922 zweites theologisches Examen in Magdeburg und Ordination sowie Hilfsprediger in Petersroda und Lützen und Pfarrer ebd., 1933 an St. Johannis in Wernigerode, 1958 Ruhestand.

SCHNEEMELCHER, Elisabeth 466

geb. 13.11.1906 Berlin, gest. 15.9.1997 Georgsmarienhütte, Lyzeum in Berlin, 1927 Theologiestudium ebd., 1932 erstes theologisches Examen in Berlin und Vikarin in der St. Georgen-Gemeinde ebd., 1933 Vikarin beim Freistadtverein für Innere Mission in Danzig, 1935 zweites theologisches Examen bei der Bekennenden Kirche und Geschäftsführerin des Freistadtvereins für Innere Mission und Beauftragung durch das Evangelische Konsistorium der Evangelischen Kirche der Freien Stadt Danzig mit Predigtdienst und Sakramentsverwaltung sowie der Leitung des vom Verein unterhaltenen Zufluchtheimes, 1945 Religionslehrerin an der Volksschule in Pewsum/Ostfriesland und Mitarbeit bei Kinderlandverschickungsprogrammen, 1946 Mitarbeiterin beim Landesverein für Innere Mission in Hannover im Sprengel Osnabrück, 1947 Vikarin in Bad Rothenfelde, 1948 Ordination und Pfarrerin ebd., 1972 Ruhestand.

SCHNEIDER, Georg 494

geb. 5.1.1902 Dürrmenz, gest. 6.11.1986 Gailenkirchen, Oberrealschule in Pforzheim, 1920 Theologiestudium in Tübingen, 1925 erstes theologisches Examen und Vikar in Münster a. Neckar und Ordination, 1926 Stadtvikar in Botnang, 1927 Stadtpfarrverweser in Vaihingen/Enz, 1928 in Heidenheim und Repetent am Evangelischen Stift Tübingen, 1930 Pfarrer an der Stuttgarter Leonhardskirche, 1934 Mitglied der Glaubensbewegung Deutsche Christen, 1936 Beurlaubung vom Dienst, Erteilung von deutschchristlichem Konfirmandenunterricht u. a. in Stuttgart und Vaihingen/Enz, Esslingen und Ludwigsburg, 1939 Kriegsdienst, 1945 Gefangenschaft, 1947 Heimkehr, 1949 Entnazifizierungsverfahren und Einstufung als Entlasteter, 1951 Versetzung in den Ruhestand, 1952 Examen für das Lehramt an Volksschulen, 1967 Ruhestand, Weiterwirken etwas in „Gemeinschaft Christlicher Lebensglaube – Christliche Volkskirche" oder „Freie Christliche Vereinigung".

SCHNELLE, Friedrich 656, 818, 827
geb. 22.10.1881 Bevensen, gest. 4.3.1966 Taetendorf/Bevensen, Gymnasium in Einbeck, 1908 Jurastudium in München, Berlin und Göttingen, 1911 erstes juristisches Examen und Referendar, 1915 Kriegsdienst, 1916 zweites juristisches Examen und Assessor, 1919 Entlassung aus dem Heer, 1924 Konsistorialrat und Oberlandeskirchenrat im Landeskonsistorium dann Landeskirchenamt der Evangelisch-lutherischen Landeskirche Hannovers, 1929 Finanzdirektor ebd., 1933 Eintritt in die NSDAP und Mitglied der Deutschen Christen und Präsident des Landeskirchenamtes der Evangelisch-lutherischen Kirche Hannovers, 1946 Ruhestand.

SCHNERRER, Gustav 542
geb. 1.3.1893 Aue, gest. 21.9.1965 Meißen, Gymnasium in Schneeberg, 1912 Theologiestudium in Leipzig, 1915 erstes theologisches Examen ebd., 1918 zweites theologisches Examen in Dresden, 1919 Ordination und Pfarrer in Einsiedel, 1924 in Gröbern mit Großdobritz, 1934 an der Johanneskirche in Meißen, 1964 Ruhestand.

SCHNITZSPAHN, Gerhard, Dr. theol. 21f.
Pfarrer und Lehrbeauftragter für Evangelische Theologie und Religionspädagogik an der Universität Koblenz-Landau in Koblenz

SCHOCH, Arthur 92–102
geb. 29.4.1901 Waldenburg/Schlesien, gest. 8.10.1987 Berlin-Steglitz, Volksschule in Waldenburg, 1915 Holzpantinenmacher, 1917 Arbeiter in der Munitionsfabrikation in der Carlshütte in Altwasser, Mitarbeit im CVJM, 1918 Dreher ebd., 1919 Leiter des Jugendringes im Kampf gegen Schmutz und Schund in Waldenburg, 1922 Eintritt in die Diakonenanstalt (Brüderhaus) des Evangelischen Johannesstifts in Berlin-Spandau und Diakonenausbildung, 1923 Mitinitiator der Dorfmission und Schriftleiter des Osthavelländischen Sonntagsblattes, 1925 Konviktmeister des Brüderhauses, 1926 Examen für den Dienst als Gemeindediakon und als Religionslehrer an Volksschulen und dann Volksmissionar bei der Märkischen Volksmission des Provinzial-Ausschusses für Innere Mission in der Provinz Brandenburg, zunächst unter *R. Zimmermann (I)* und ab 1927 als enger Mitarbeiter von *Th. Wenzel (I)* rege volksmissionarische Tätigkeit, 1936/37 Mitarbeit bei den Bibelwochen, 1943 Kriegsdienst, Einsatz an der Westfront und Verletzung, 1944 im Volkssturm, 1945 in französischer Gefangenschaft (Lyon) und Dienst als Lagerpfarrer, 1946 Entlassung und wieder im Dienst des Provinzial-Ausschusses für Innere Mission, Schriftleitung der Frohen Botschaft bis 1973, Schriftleitung von Brot für den Tag, Mitarbeit an Wege zum Wort, 1966 Ruhestand.

SCHOLTZ-KLINK, Gertrud 97, 228
geb. Treusch 9.2.1902 Adelsheim/Baden, gest. 24.3.1999 Tübingen-Bebenhausen, 1920 Heirat mit Friedrich Klink und Geburt von sechs Kindern, 1929 Eintritt in die NSDAP und Führerin der NS-Frauenschaft im NSDAP-Gau Baden, 1930 Tod des Ehemannes, 1931 Führerin der NS-Frauenschaft im NSDAP-Gau Hessen-Nassau, 1932 Heirat mit Dr. Günther Scholtz, 1933 Austritt aus der NSDAP, 1934 Reichsfrauenführerin an der Spitze der NS-Frauenschaft unter *E. Hilgenfeldt (I)* im Haus der NSV am Berliner Maybachufer und Parteiaustritt „zurückgenommen", Führerin des Deutschen Frauenwerkes und Leiterin des Frauenamtes der DAF im Range eines Hauptamtleiters und Reichsfrauenführerin des DRK, 1936 Mobilisierung der Frauen für den Arbeitseinsatz, 1938 Scheidung, 1939 Heirat mit SS-General A. von Heissmeyer, 1945 unter falschem Namen bei Fürstin Pauline zu Wied

gruppe Nürnberg-Stadt, 1934 NSV-Kreisamtsleiter im NSDAP-Kreis Nürnberg-Land, NSV-Gauamtsleiter im NSDAP-Gau Franken, 1939 Kriegsdienst, gefallen.

SCHRÖDER, Rudolf Alexander 17

geb. 26.1.1878 Bremen, gest. 22.8.1962 Bad Wiessee, 1896 Architekturstudium in München, 1899 Mitbegründer der Zeitschrift Die Insel, Freundschaft mit H. v. Hoffmannsthal, Reisen Berlin, Paris, Bremen, 1919 Wohnung in Bremen, 1934 Verbindung zur Bekennenden Kirche und zum Eckart-Kreis um K. Ihlenfeld und O. v. Taube, Lektor der Evangelisch-lutherischen Landeskirche in Bayern, 1936 endgültige Übersiedlung nach Bayern, 1937 mit Die Kirche und ihr Lied ist der Lyriker R. A. Schröder als Liederdichter und Christ erkennbar.

SCHUBERT, Kurt, Dr. rer. pol. 100ff., 266f., 443, 469, 536

geb. 31.5.1900 Posen (Poznan), gest. 12.7.1976 Augsburg, Gymnasium in Posen (Poznan), 1920 Banklehre bei der Deutschen Bank ebd. und in Breslau und Berlin, 1923 Studium der Staats- und Wirtschaftswissenschaften in Rostock, 1927 Examen und Promotion ebd., 1927 Mitarbeiter der Deutsche Treuhandgesellschaft für Handel und Industrie in Berlin, 1930 selbständiger erster Revisor bei der Deutschen Baurevisions- und Treuhand Aktiengesellschaft für die Bauwirtschaft, 1933 Direktor der Verwaltungsabteilung des Central-Ausschusses für die Innere Mission und Eintritt in die NSDAP und Mitglied der NSV und der DAF sowie des NSKK, 1935 Rottenführer des NSKK, 1938 Direktor der Finanzverwaltung des Central-Ausschusses für die Innere Mission und Syndikus als Nachfolger von *J. Heinrich (I)*, 1939 Truppführer des NSKK, 1941 Obertruppführer des NSKK, 1945 Entlassung aus dem Central-Ausschuß für die Innere Mission im Einvernehmen mit *Th. Wenzel (I)* und *P. Braune (I)* „wegen bescheidenen Umfangs der Geschäfte" und Verwaltungsdirektor der Anstalten Hephata in Treysa, 1950 Leiter der Wirtschafts- und Treuhandstelle beim Landesverein für Innere Mission in der Evangelisch-lutherischen Kirche in Bayern in Nürnberg, 1955 Justitiar und Syndikus ebd., 1968 Ruhestand.

SCHULENBURG, Otto von der 822f.

geb. 17.6.1888 Sonderburg/Alsen, gest. 22.8.1972 Northeim, 1898 Gymnasium in Göttingen, 1903 Klosterschule in Ilfeld, 1908 Jurastudium in Grenoble, Paris und Göttingen, 1912 erstes juristisches Examen und Referendar, 1920 zweites juristisches Examen und Regierungsassessor, 1925 Landrat in Bleckede, 1932 in Northeim, 1933 Eintritt in die NSDAP, 1934 Mitglied des NS-Rechtswahrerbundes, 1945 auch Landrat in Zellerfeld und Ausscheiden aus dem Landratsamt, 1949 Entnazifizierung durch den Entnazifizierungs-Hauptausschuß des Kreises Northeim und Einstufung als Entlasteter.

SCHÜLER, Karl 29

geb. 23.12.1869 Simmern, gest. 3.12.1946 Remscheid, 1889 Theologiestudium in Halle und Bonn, 1896 erstes theologisches Examen in Koblenz, 1898 zweites theologisches Examen ebd. und Ordination und Hilfsprediger in Lennep und Köln, 1904 Pfarrer in Remscheid, 1940 Ruhestand.

SCHULTE, Heinrich 204, 208 *(Bd. I, S. 604)*

SCHULTHEIS, Gertrud 612

geb. 19.6.1910 Rudolstadt/Thüringen, Volksschule, kaufmännische Ausbildung, 1931 Eintritt als Diakonisse in das Diakonissenmutterhaus Neu-Vandsburg in Elbingerode, Ausbildung zur Kindergärtnerin und Hortnerin mit staatlicher Anerkennung im Kindergärtnerinnenseminar des Diakonissenmutterhauses Hebron in Werda/Marburg, 1935 Kindergärtnerin in Duisburg-Hamborn, 1940 und Gemeindeschwester in Hückelhoven, 1941 Erzieherin in einem Kinderheim des Reichskriegerbundes in Berlin, 1943 Jugendleiterin im sogenannten Annagarten in Oranienburg/Berlin und dann Kindergärtnerin und Jugendleiterin in Duisburg-Hamborn, 1946 Beurlaubung aus familiären Gründen, 1948 Kinderschwester auf der Kinderstation des Krankenhauses in Sülzhayn, 1949 Leiterin des Kindergartens, des Internats und des Töchterheimes (Nöschenröder Str.) in Wernigerode, 1962 Gemeinschaftsarbeit in Görlitz, 1980 im Feierabend im Mutterhaus.

SCHULTZ, Walther 413, 444

geb. 20.8.1900 Hof Tressow b. Grevesmühlen/Mecklenburg, gest. 22.6.1957 Schnackenburg, 1920 Theologiestudium in Rostock, Münster und Berlin und hier Mitglied der Bruderschaft sozialistischer Theologen, 1924 erstes theologisches Examen, Vikar, Hauslehrer und Privatsekretär, 1927 zweites theologisches Examen und Ordination und Hilfsprediger in Gehren, 1928 Pfarrer in Badendiek, 1931 Eintritt in die NSDAP, 1933 Führer des Nationalsozialistischen Pastorenbundes in Mecklenburg, Mitglied der Deutschen Christen und Landeskirchenführer, 1934 Führer der Deutschen Christen in Mecklenburg und Wahl zum Landesbischof der Evangelisch-lutherischen Landeskirche Mecklenburgs, 1939 Mitglied des Geistlichen Vertrauensrates, 1945 Verhaftung durch die britische Besatzung und Niederlegung des Amtes im Amtsgerichtsgefängnis in Schwerin, im Gefangenenlager in Schleswig-Holstein, Entlassung und 1950 pfarramtliche Hilfeleistung in Fallingbostel, 1952 Versehung der Pfarrstelle in Schnackenburg, 1956 Pfarrer ebd.

SCHULTZEN, Friedrich, Dr. theol. 116–122, 124

geb. 9.8.1867 Hildesheim, gest. 21.1.1939 Hannover, Gymnasium in Hildesheim, 1883 Militärdienst, 1885 Theologiestudium in Tübingen, Erlangen und Göttingen, 1889 erstes theologisches Examen, 1892 zweites theologisches Examen und Promotion, 1893 Stiftsinspektor in Göttingen, 1896 Ordination und Pfarrer in Iburg, 1904–1906 Herausgeber der Hannoverschen Pastoral-Korrespondenz, 1905 Stiftsprediger in Loccum, 1906 Konventual-Studiendirektor des Predigerseminars ebd., 1911 Pfarrer in Peine und Superintendent als Vorgänger von *O. Siemers (II)*, 1912–1924 Geistliches Mitglied im Landeskonsistorium Hannover, 1925–1933 Geistliches Mitglied im Kirchensenat, 1937 in Ruhestand.

SCHULZ, Charlotte 695

geb. 17.1.1904 Elbing/Westpreußen, gest. 12.4.1986 Berlin-Lichtenberg, 1910 Gemeindeschule in Berlin-Oberschöneweide, 1918 Schneiderinnenausbildung, 1922 Kinderpflegerinnen-Ausbildung Kinderpflegerinnen-Schule des Berliner Fröbelvereins in Berlin, 1923 Examen ebd. und Kinderpflegerin im Kindergarten des Diakonissen-Mutterhauses Königin-Elisabeth-Hospital in Berlin-Oberschöneweide, 1927 Eintritt in das Diakonissen-Mutterhaus Königin-Elisabeth-Hospital in Berlin-Oberschöneweide und Einsegnung zur Diakonisse, Krankenpflegehelferin im Krankenhaus ebd., 1929 Kindergärtnerinnen- und Hortnerinnen-Seminar des Central-Diakonissenhauses Bethanien in Berlin, 1931 Examen ebd. und Kindergärtnerin im Kindergarten des Diakonissen-Mutterhauses Königin-Elisabeth-Hospital in Berlin-Oberschöneweide, 1935 Leitung des Kindergartens der evangelischen Kirchengemeinde Rathenow, 1941 Ausscheiden aus der Leitung des Kindergartens und Gemeindehelferin, 1945 wieder Leitung des Kindergartens, 1954 Hausschwester im

Mutterhaus in Berlin-Oberschöneweide, 1972 im Feierabend im Feierabendhaus in Ravenstein/Dahlwitz-Hoppegarten.

SCHULZ, Wilhelm 568ff., 572, 644

geb. 24.3.1894 Schmiedeberg/Riesengebirge, gest. 12.5.1946 Liegnitz, Sohn von *J. Schulz (I)*, 1913 Theologiestudium in Tübingen, Leipzig, Halle und Breslau, 1917 erstes theologisches Examen in Breslau und Vikar, 1919 zweites theologisches Examen in Breslau und Ordination und Pfarrer in Penzig/Liegnitz, 1926 an der Kaiser-Friedrich-Gedächtnis-Kirche in Liegnitz, 1927 zugleich Provinzialsekretär für Innere Mission für Liegnitz und Umgebung, 1941 zugleich auch Geschäftsführer im Schlesischen Provinzialverein für Innere Mission gemeinsam mit *A. Steinbrück (II)* als Nachfolger von *H.-H. Krause (I)*, 1943 Ausscheiden aus der Geschäftsführung, ermordet.

SCHWABE, Walther, Dr. iur. 93–99, 102

geb. 9.7.1882 Göttingen, gest. 25.8.1962 Baden-Baden, Jurastudium in München und Berlin, 1906 Promotion in Berlin, dann Rechtsanwalt ebd., später Inhaber und Direktor des Privatbankhauses Schwabe und Co., Besitzer des Gutes Damm I in Wutzetz/Friesack und Kirchenpatron ebd., 1938 illegal in die Niederlande, Warten auf ein britisches Visum, 1939 Einwanderung mit der Familie nach Großbritannien, 1942 Bachelor of Laws in London, Erwerb der englischen Staatsbürgerschaft, Tod bei einem Deutschlandbesuch.

SCHWANDER, August 642 *(Bd. I, S. 605)*

SCHWARZHAUPT, Elisabeth, Dr. iur. 334

geb. 7.1.1901 Frankfurt/Main, gest. 29.10.1986 ebd., Realgymnasium in Frankfurt/Main, 1918 Lehrerinnenausbildung, 1919 Eintritt in die DVP, 1920 Lehrerinnenexamen, 1921 Jurastudium in Frankfurt/Main und Berlin, 1925 erstes juristisches Examen, 1930 zweites juristisches Examen und Promotion und als Juristin bei der Stadt Frankfurt/Main, 1932 Richterin in Frankfurt/Main, 1933 Juristin beim Deutschen Rentnerbund in Berlin, 1935 wegen DVP-Mitgliedschaft Ausscheiden aus dem öffentlichen Dienst, 1936 Oberkirchenrätin in der Kirchenkanzlei der Deutschen Evangelischen Kirche in Berlin, 1939 in der Leitung der Geschäfsstelle des Geistlichen Vertrauensrates ebd. und 1945 in der Kirchenkanzlei der Evangelischen Kirche in Deutschland in Schwäbisch Gmünd, Mitglied der CDU, 1948 Oberkirchenrätin im Kirchlichen Außenamt der Evangelischen Kirche in Deutschland in Hannover, 1953–1969 Mitglied des Deutschen Bundestages, 1957 im Fraktionsvorstand der CDU, 1958 Ausscheiden aus dem kirchlichen Dienst, 1961 Bundesministerin für Gesundheitswesen, 1969 nach Regierungswechsel Ausscheiden aus dem Ministeramt und Rückzug aus der Politik.

SCHWEDE, Franz, gen. SCHWEDE-COBURG 426, 428, 432–435, 437–442, 480, 513, 880

geb. 5.3.1888 Drowöhnen/Memel, gest. 19.10.1966, Volks- und Fortbildungsschule, 1903 Maschinenschlosserlehre, 1907 Militärdienst und technische Ausbildung bei der Marine in Wilhelmshaven, während des ersten Weltkrieges als Maschinist auf verschiedenen Schiffen der Hochseeflotte, 1918 Deckoffizier und erlebt die Selbstversenkung der deutschen Flotte und gerät in britische Gefangenschaft, 1920 Entlassung aus der Gefangenschaft und Lehrer an der Militäranwärterschule in Wilhelmshaven, 1921 Entlassung aus der Reichswehr und Betriebsleiter eines Sägewerkes in St. Andreasberg/Harz, 1922 Betriebsinspektor der städtischen Elektrizitätswerke Coburg und Eintritt in die NSDAP und Mitbegründer der NSDAP-Ortsgruppe Coburg, 1923 NSDAP-Ortsgruppenleiter ebd., während der Verbotszeit im Völkischen Block, 1925 Mitglied des Stadtrates für die NS-Freiheitspartei und Wiedereintritt in die NSDAP, 1930 ehrenamtlicher Bürgermeister in Coburg und Mitglied des Bayerischen Landtages, 1932 Erster Vizepräsident ebd., 1933 Mitglied des Reichstages und Oberbürgermeister in Coburg, 1934 Regierungspräsident von Niederbayern und Oberpfalz und dann Gauleiter des NSDAP-Gaues Pommern und Oberpräsident der Provinz Pommern und Preußischer Staatsrat, 1938 SA-Obergruppenführer, 1939 Reichsverteidigungskommissar, Mitglied vieler NS-Organisationen in Leitung und Vorstand, 1945 englische Kriegsgefangenschaft bzw. Internierung, 1948 Verurteilung durch Spruchgericht Bielefeldt zu zehn Jahren, nach Revision zu neun Jahren Zuchthaus, 1951 durch Landgericht Coburg erneute Verurteilung zu zehn Jahren Zuchthaus.

SCHWERIN VON KROSIGK, Lutz Graf 174f., 177ff., 184, 188, 190ff., 279f., 283, 292, 457, 779, 783, 787

geb. v. Krosigk 22.8.1887 Rathmannsdorf, gest. 4.3.1977 Essen, Erziehung in Roßleben, 1905 Jurastudium in Oxford, Halle und Lausanne, 1909 erstes juristisches Examen und Referendar in Stettin, 1914 zweites juristisches Examen und Kriegsdienst, verschiedene militärische Auszeichnungen, 1919 Entlassung aus dem Heer und Assessor im Reichsministerium der Finanzen und Engagement für die DNVP, 1920 Regierungsrat im Reichsministerium der Finanzen, 1925 Adoption durch Graf Schwerin-Lemmersdorf, 1929 Ministerialdirektor im Reichsministerium der Finanzen und Leiter der Haushaltsabteilung, 1931 auch Leitung der Reparationsabteilung, 1932 Reichsminister der Finanzen, 1945 Chef der Geschäftsführenden Reichsregierung und Verhaftung, 1949 Verurteilung durch das Internationale Militärgericht in Nürnberg (Wilhelmstraßenprozeß) zu zehn Jahren Haft, 1951 Entlassung aus dem Gefängnis in Landsberg/Lech, schriftstellerische Tätigkeit.

SCRIBA, Hermann 533f.

geb. 15.1.1888 Remptendorf/Thüringen, gest. 12.10.1976 Eisenach, 1906 Theologiestudium in Erlangen und Leipzig, 1910 erstes theologisches Examen in Leipzig, 1911 Ordination und Landesvikar in Zeulenroda, 1912 zweites theologisches Examen in Greiz und Pfarrer in Remptendorf, 1917 Pfarrer des Evangelisch-lutherischen Diakonissenhauses Elisabethstift in Darmstadt, Direktor des Kinderschulseminars ebd. und Vorsitzender des Landesverbandes für evangelische Kinderpflege in Hessen, Mitglied des Vorstandes des Deutschen Verbandes der Ausbildungsstätten für evangelische Kinderpflege, 1922 Pfarrer und Rektor des Evangelisch-lutherischen Diakonissen-Mutterhauses für Thüringen in Eisenach, 1952 Kirchenrat, 1957 Ruhestand.

SEEBERG, Reinhold, Dr. theol., D. 761 *(Bd. I, S. 605)*

SEILER, Julius 127

geb. 14.11.1902 Schillingsfürst, gest. 8.5.1967 Fürth, Gymnasium in Ansbach und Weißenburg, 1920 Freikorps Oberland und Teilnahme an Kämpfen im Rheinland, Tätigkeit in der Landwirtschaft und Landwirtschaftsstudium in Gießen, in der Landwirtschaft in der Türkei, 1929 Eintritt in die NSDAP und Konzertsängerausbildung in München, 1930 Austritt aus der NSDAP, 1931 Eintritt in die SA, 1932 Wiedereintritt in die NSDAP und Ortsgruppenpropagandaleiter in Theilenhofen, 1933 auch Kreisredner im NSDAP-Gau Franken und SA-Oberscharführer der SA-

meekorps Neumünster, 1909 des Kadettenhauses Oranienstein/Nassau-Hessen, 1925 Pfarrer im Kaiserswerther Verband und Leiter des Evangelischen Frauenseminars in Berlin, 1932 Geschäftsführer des Kaiserswerther Verbandes als Nachfolger von *J. Thiel (I)*, 1942 Ruhestand.

SIEBERT, Walter 74, 214
geb. 22.2.1895 Potsdam, gest. 21.6.1966 Berlin-Tempelhof, Jurastudium, 1914 Kriegsdienst, 1918 Wiederaufnahme des Studiums, 1921 erstes juristisches Examen und Gerichtsreferendar in Potsdam, 1924 zweites juristisches Examen und Gerichtsassessor in Potsdam, 1925 Konsistorialassessor im Evangelischen Konsistorium der Mark Brandenburg in Berlin, 1926 Konsistorialrat im Evangelischen Konsistorium der Kirchenprovinz Sachsen in Magdeburg, 1930 Oberkonsistorialrat beim Evangelischen Konsistorium der Mark Brandenburg in Berlin, 1937 mit der Führung der Geschäfte des Konsistorialpräsidenten ebd. beauftragt, 1939 Vertreter des Konsistorialpräsidenten *J. Heinrich (I)* ebd., 1945 Oberkonsistorialrat im Konsistorium der Evangelischen Kirche in Berlin-Brandenburg, 1958 Ruhestand.

SIEGERT, Wilhelm 391, 398f.
geb. 25.11.1893 Königsberg/Ostpreußen, gest. 1.5.1949 Bad Pyrmont, Gymnasium in Königsberg, 1911 Theologie- und Philologiestudium ebd., 1914 Kriegsdienst beim Füsilierregiment Graf Roon, mehrmals verwundet, Goldenes Verwundetenabzeichen und verschiedene militärische Auszeichnungen, 1919 erstes theologisches Examen in Königsberg, 1921 zweites theologisches Examen ebd. und Vikar in St. Blasien/Schwarzwald, 1922 Pfarrer in Frauenburg/Ostpreußen, Entwicklung und Durchsetzung eines Siedlungsprogrammes für Beamtenfamilien, 1929 Pfarrer am Diakonissenmutterhaus Oberlinhaus in Potsdam-Babelsberg (Nowawes) und gleichzeitig geschäftsführender Direktor des Vereins zur Errichtung evangelischer Krankenhäuser, 1937–1938 Mitarbeit bei der Arbeitsgemeinschaft für reichskirchlichen Aufbau und volkskirchlichen Dienst, Mitglied im Wittenberger Bund und dessen Kassenwart und Leiter des Überbündischen Arbeitskreises, 1945 unentbehrlich für *O. Dibelius (I)* beim Wiederaufbau zerstörter Krankenhäuser und Einrichtungen, 1949 Tod nach einwöchigem Krankenhausaufenthalt an den Folgen eines Verkehrsunfalles.

SIEMERS, Otto 124
geb. 11.6.1890 Uelzen, gest. 11.12.1976 Hannover, Goethe-Gymnasium in Hannover, 1909 Theologiestudium in Marburg, Berlin und Göttingen, 1913 erstes theologisches Examen und Ausbildung für Taubstummenseelsorge an der Taubstummenanstalt Osnabrück, 1914 Arbeit in der Seemansmission in Bremerhaven, 1915 Vikar in Hohnstedt, 1916 zweites theologisches Examen und Ordination in Hannover und Hilfsprediger in Rethem/Aller und an der Lutherkirche in Hannover, 1921 Pfarrer an St. Johannis in Harburg, 1937 in Peine und Superintendent als Nachfolger von *F. Schultzen (II)*, 1960 in Ruhestand.

SIEVERS, Johannes 757f.
geb. 10.7.1881 Lübeck, gest. 16.2.1959 ebd., kaufmännische Ausbildung, Militärdienst, Handelsvertreter, 1914 Kriegsdienst, 1919 Kaufmann in Lübeck, 1928 Vorsitz im Kirchenvorstand der Luthergemeinde in Lübeck, 1933 Vorsitzender des Kirchentages der Evangelisch-lutherischen Kirche Lübecks, 1934 ehrenamtlicher Kirchenrat im Kirchenrat der Evangelisch-lutherischen Kirche Lübecks zur Wahrnehmung der Vermögensverwaltung, 1935 Oberkirchenrat, 1939 Vorsitzender des Kir-

chenrates wegen Kriegsdienst von Bischof *E. Balzer (II)*, 1945 (Juni) Ausscheiden aus dem Amt auf eigenen Antrag, Mitwirkung bei der Errichtung der Bugenhagengemeinde in Lübeck.

SIGGEL, Gretchen (Margarete) 694

geb. 14.4.1891 Waren/Mecklenburg, gest. 28.7.1979 Lehnin, 1916 Eintritt in das Diakonissen-Mutterhaus Luise-Henrietten-Stift Lehnin, 1917 Kindergärtnerinnen- und Hortnerinnen-Seminar des Central-Diakonissenhauses Bethanien in Berlin, 1918 Examen ebd., 1921 Einsegnung zur Diakonisse, 1923 Frauenschule der Inneren Mission in Berlin, 1925 staatlich anerkannte Jugendwohlfahrtspflegerin, 1932 staatliche Prüfung als Jugendleiterin an der Frauenschule der Inneren Mission und verantwortliche Schwester für die Kindergartenarbeit des Luise-Henrietten-Stifts, 1945 Religionslehrerin, 1951 Leitung des Kindergartens der Gemeinde in Lehnin, 1966 Erteilung von Christenlehre in der Gemeinde, 1967 im Feierabend in Lehnin.

SIMON, Paul 435, 437

geb. 18.2.1908 Saarbrücken, Gymnasium in Saarbrücken, 1926 Eintritt in die NSDAP, 1929 Angestellter bei der Deutschen Reichsbahn und Mitarbeiter beim Westdeutschen Beobachter, 1930 Schriftleiter bei der NSDAP in Koblenz, 1931 Bezirksleiter der NSDAP im NSDAP-Gau Trier, 1932 Gauinspekteur der NSDAP für den Regierungsbezirk Trier, 1933 Hauptschriftleiter des Nationalblatt in Koblenz, 1935 Hauptschriftleiter der Gaupresse Pommern der NSDAP, 1936 Eintritt in die SS und SS-Untersturmführer, 1937 Kreisleiter des NSDAP-Kreises Großstettin und stellvertretender Gauleiter im NSDAP-Gau Pommern unter *F. Schwede (II)* und Ratsherr der Stadt Stettin, 1938 Mitglied des Reichstages und SS-Obersturmbannführer im Stab von *E. Mazuw (II)*, 1939 SS-Oberführer, 1942 Kriegsverdienstkreuz Erster Klasse.

SIMONS, Eduard, Lic. theol. 762

geb. 27.5.1855 Elberfeld, gest. 19.8.1922 Bonn, Gymnasium in Elberfeld, 1873 Jura-, Germanistik-, Philosophie- und Kunstgeschichsstudium in Bonn, 1875 Theologiestudium in Straßburg, Berlin, Zürich und Göttingen, 1880 erstes theologisches Examen, 1881 Pfarrer in Rheinfelden/Baden, 1883 Pfarrer der evangelisch-reformierten Kirche in Leipzig, 1886 Mitarbeit im soeben gegründeten Evangelischen Bund zur Wahrung deutsch-protestantischer Interessen, 1890 theologische Promotion in Leipzig, 1893 Habilitation in Bonn und Privatdozent für Praktische Theologie, 1895 Verleihung des Titels Professor in Bonn, 1902 außerordentlicher Professor für Praktische Theologie in Berlin, 1911 ordentlicher Professor für Praktische Theologie in Marburg und Universitätsprediger, 1920 Emeritus in Bad Godesberg, Vorlesungen in Bonn.

SKODA, Paul 730f.

geb. 29.6.1901 Schlan (Slany)/Glatz, gest. 31.12.1945 Berlin-Spandau, Volksschule und Schuhmacherlehre, in Berlin Posthelfer, 1926 Eintritt in die NSDAP, 1933 Kreisleiter des NSDAP-Kreises I (Berlin-Spandau) des NSDAP-Gaues Groß-Berlin und Mitglied des Reichstages, 1934 Ratsherr der Stadt Berlin, 1951 für tot erklärt vom Amtsgericht Berlin-Spandau.

SÖHNGEN, Oskar, Lic. theol., Dr. phil., D. 710

geb. 5.12.1900 Hottenstein/Wuppertal-Barmen, gest. 28.8.1983 Berlin, 1918 Theologie- und Philosophiestudium in Bonn und Marburg, 1923 philosophische Promotion in Bonn, 1926 theologische Promotion in Marburg sowie Ordination und

wang, 1918 in Nördlingen, 1927 in Unterschwaningen, 1934 in Uttenreuth, 1940 Senior des Kapitels Erlangen, 1946 Ruhestand.

SPIEWOK, Karl 396, 418, 702–705 *(Bd. I, S. 607)*

SPITTEL, Rudolf 441

geb. 6.3.1898 Neustadt/Westpreußen, gest. 26.7.1945 Narvik/Danzig, Gymnasium in Danzig, 1917 Theologiestudium in Greifswald und Kriegsdienst, 1919 Fortsetzung des Studiums, 1922 erstes theologisches Examen und Vikariat in Dünnow/Stolp, 1923 Vikar in Stolp sowie zweites theologisches Examen, ebenso Ordination und Hilfsprediger in Stolp, 1924 Pfarrer an St. Marien in Stolp, Jugendpfarrer, Vorstandsmitglied des Ostdeutschen Jungmännerbundes im Christlichen Verein Junger Männer (CVJM), 1945 Internierung und Zwangsarbeit und im Lager Narvik ums Leben gekommen.

SPRENGER, Jakob 392, 411, 592, 599ff., 607, 738

geb. 24.7.1884 Oberhausen/Rheinpfalz, gest. August 1945 Kitzbühl/Tirol, Progymnasium und Mittlere Reife, 1901 freiwilliger Militärdienst, 1902 im Verwaltungsdienst der Deutschen Reichspost Oberinspektion Frankfurt/Main, 1914 freiwilliger Kriegsdienst, Einsätze an der West- und Ostfront, verschiedene militärische Auszeichnungen, 1918 Entlassung aus dem Heer als Leutnant und Postbeamter in Frankfurt-Bockenheim, 1922 Eintritt in die NSDAP, während der Verbotszeit in der Deutschen Partei (DP), 1925 Wiedereintritt in die NSDAP und Stadtverordneter in Frankfurt/Main, 1927 Gauleiter des NSDAP-Gaues Hessen-Nassau-Süd, 1929 Stadtrat in Frankfurt/Main und Fraktionsführer im Provinziallandtag, 1930 Mitglied des Reichstages und Gründung des Frankfurter Volksblattes sowie Mitglied des Verwaltungsrates der Deutschen Reichspost, 1933 Führer des Deutschen Beamtenbundes und nach Neuordnung Gauleiter des NSDAP-Gaues Hessen-Nassau und Reichsstatthalter, 1935 Führung der Landesregierung Hessen, 1938 SA-Obergruppenführer, 1943 Reichsverteidigungskommissar, 1944 Oberpräsident der Provinz Nassau, 1945 Flucht vor den Alliierten und Suizid.

SPROLL, Joannes Baptista, Dr. phil. 40, 165 *(Bd. I, S. 607)*

STADELMANN, Helmut, Dr. iur. 467

geb. 14.1.1907 Suhl, gest. 25.4.1945 Berlin-Tempelhof, 1925 Jurastudium, 1930 erstes juristisches Examen und Referendar, 1934–1945 Adjutant und Leiter des Büros von *E. Hilgenfeldt (I)*, 1936 zweites juristisches Examen und Assessor im Hauptamt für Volkswohlfahrt Berlin, 1938 Promotion: Die rechtliche Stellung der NS-Volkswohlfahrt und des Winterhilfswerks des Deutschen Volkes, bei den Kämpfen um Berlin in den letzten Kriegstagen ums Leben gekommen.

STÄHLIN, Wilhelm, Dr. phil., D. 57f.

geb. 24.9.1883 Gunzenhausen, gest. 16.12.1975 Prien/Chiemsee, Gymnasium in Augsburg, 1901 Theologiestudium in Erlangen, Rostock und Berlin, 1905 theologisches Examen, 1910 Pfarrer in Egloffstein/Oberfranken, 1913 Promotion in Würzburg, 1916 Pfarrer in Nürnberg, 1922 Gründungsmitglied der Evangelischen Michaelsbruderschaft und des Berneuchener Kreises, 1926 Ehrenpromotion der Theologischen Fakultät der Universität Kiel und Professor für Praktische Theologie in Münster, 1945 Teilnehmer der Treysaer Kirchenkonferenz und Bischof der Evangelisch-lutherischen Kirche in Oldenburg, mehrfache theologische Ehrenpromotionen, 1952 Ruhestand und Träger des Großen Bundesverdienstkreuzes und 1968 des Sterns zum Großen Bundesverdienstkreuz.

STAHN, Julius, Dr. iur. 91, 155, 413f., 430, 525, 647
geb. 11.11.1898 Berlin, gest. 26.5.1945 Landsberg/Warthe, Gymnasium in Berlin-Zehlendorf und Blankenburg/Harz, 1917 nach Notabitur Kriegsdienst, 1918 Jurastudium in Berlin, 1922 erstes juristisches Examen ebd., 1923 Promotion ebd., 1926 zweites juristisches Examen und Gerichtsassessor in Potsdam, 1928 Konsistorialassessor beim Evangelischen Konsistorium der Mark Brandenburg in Berlin und beim Evangelischen Oberkirchenrat Berlin, 1930 Konsistorialrat ebd. und Regierungsrat im Reichsministerium für Wissenschaft, Kunst und Volksbildung, 1932 Oberregierungsrat ebd., 1933 Eintritt in die NSDAP, 1934 Ministerialrat im Reichsministerium für Wissenschaft, Erziehung und Volksbildung, 1935 Ministerialrat im Reichs- und Preußischen Ministerium für die kirchlichen Angelegenheiten und Mitglied der NSV und des NS-Rechtswahrerbundes und auch des Reichsluftschutzbundes sowie des Reichsbundes der Deutschen Beamten, 1938 Ministerialdirigent ebd. als Nachfolger von *H. v. Detten (I)*, 1945 in sowjetischer Gefangenschaft und im Gefangenenlager Landsberg/Warthe ums Leben gekommen.

STALLMANN, Martin, D. 78 *(Bd. I, S. 609)*

STALMANN, Karl, D. 119, 121, 652f., 657, 811, 823f., 833
geb. 22.10.1877 Meensen/Dransfeld, gest. 2.7.1953 Hannover, Gymnasium in Goslar, 1897 Theologiestudium in Göttingen und Greifswald, 1901 erstes theologisches Examen und Kandidat im Kloster Loccum, 1904 zweites theologisches Examen und Alumnatsinspektor und Lehrer am Gymnasium in Hannoversch-Münden, 1906 Ordination und Hilfsgeistlicher in Hannover-Hainholz, 1908 Hilfsgeistlicher in Harburg-Wilstorf, 1910 Pfarrer an St. Johannis in Harburg, 1921 Superintendent in Fallersleben, 1926 Superintendent in Hannover-Limmer, 1930 Stadtsuperintendent in Hannover, 1933 Generalsuperintendent der General-Diözese Hannover und zugleich Oberlandeskirchenrat (Personaldezernent) und Geistliches Mitglied des Landeskirchenamtes der Evangelisch-lutherischen Landeskirche Hannovers, 1936 Vorsitzender des Evangelischen Landesverbandes für Kinderpflege in der Provinz Hannover, 1937 Vertreter des Präsidenten des Landeskirchenamtes und ständiger Vertreter des Landesbischofs *A. Marahrens (II)* und *H. Lilje (I)*, 1953 Ruhestand.

STANGE, Erich, Lic. theol., D. 505
geb. 23.3.1888 Schwepnitz/Sachsen, gest. 12.3.1972 Kassel, Gymnasium in Zittau, Theologiestudium in Leipzig, Berlin und Greifswald, 1910 erstes theologisches Examen, 1911 Vikariat in Lyon, 1912 zweites theologisches Examen und Ordination, 1913 Pfarrer in Pulsnitz/Sachsen, 1914 Promotion in Leipzig, 1917 Pfarrer in Leipzig, 1921 Reichswart der Evangelischen Jungmännerbünde Deutschlands in Kassel und Sekretär des Ökumenischen Rates für Praktisches Christentum, 1925 Eintritt in die DVP und 1926 Austritt, 1927 Ehrenpromotion der Theologischen Fakultät der Universität Königsberg, 1933 Eintritt in die NSDAP und Mitglied der NSV, 1933 Reichsführer der Evangelischen Jugend Deutschlands im Deutschen Jugendführerrat beim Jugendführer des Deutschen Reiches und (Dezember) abgesetzt, 1934 Ausschlußverfahren aus der NSDAP, 1937 Beendigung seiner Tätigkeit als Sekretär des Ökumenischen Rates für Praktisches Christentum, 1950 auch Pfarrer in Kassel, 1954 in Ruhestand.

STEGEN, Erich-Volker 695
geb. 13.7.1902 Berlin, gest. unbekannt, 1930 Eintritt in die NSDAP, 1934 NSV-Kreisamtsleiter des NSDAP-Kreises Rathenow-Westhavelland in Rathenow.

STEINBRÜCK, Angelika 265f., 471f., 509, 562, 565, 568f., 570, 572, 603, 644, 716, 887 *(Bd. I, S. 609)*

STEINHILBER, Eugen 465, 483

geb. 24.9.1902 Stuttgart, gest. 21.10.1981 Ludwigsburg, Volksschule, 1916 Privathandelsschule, 1917 Verwaltungslehre, 1920 Verwaltungsbeamter (Gehilfe) bei der Stadt Stuttgart, 1922 Angehöriger des Verbandes national gesinnter Soldaten, 1923 Angehöriger des Freikorps Oberland und Eintritt in die NSDAP, nach der Verbotsaufhebung 1925 Wiedereintritt in die NSDAP, 1933 Eintritt in die SA, 1938 hauptamtlicher Beigeordneter (Stadtrat) in Ludwigsburg unter *K. Frank (I)*, 1940 NSV-Gauamtsleiter im „Reichsgau Wartheland" und SA-Obersturmführer, 1942 SA-Hauptsturmführer.

STEINWEG, Johannes, D. 311, 560 *(Bd. I, S. 610)*

STREICHER, Julius 102, 112 *(Bd. I, S. 611)*

STROHM, Theodor, Dr. phil., Dr. theol. 24 *(Bd. I, S. 611)*

STRUBE, Hans-Karl 746f., 749f.

geb. 17.3.1908 Braunschweig, gest. 26.8.1966 ebd., 1925 dreimonatige Gefängnisstrafe wegen Unterschlagung, 1928 Umzug nach Leipzig und Handelsvertreter, 1933 Eintritt in die NSDAP und Mitglied der NSV, 1936 Geschäftsmann in Braunschweig, 1941 NSV-Kreisamtsleiter des NSDAP-Kreises Braunschweig-Stadt, 1952 kaufmännischer Angestellter in Braunschweig, 1965 Kaufmann ebd.

STRUTZ, Edmund, Dr. iur. 168f., 240

geb. 12.7.1892 Wuppertal-Ronsdorf, gest. 5.8.1964 Wermelskirchen, Gymnasium in Elberfeld, 1911 Jura- und Staatswissenschaftsstudium in Jena, Berlin und Bonn, 1914 erstes juristisches Examen in Köln und Kriegsdienst als Leutnant und verschiedene militärische Auszeichnungen, 1918 schwere Beinverwundung und in britischer Gefangenschaft, 1920 Rückkehr aus der Gefangenschaft und Promotion in Jena und Regierungsreferendar in Düsseldorf, 1922 zweites juristisches Examen und Regierungsassessor in Düsseldorf, 1925 Regierungsrat ebd., 1927 Landrat in Hoya/Weser, 1932 Landrat in Goldberg/Schlesien, 1933 Ministerialrat im Preußischen Finanzministerium (Personalreferent) in Berlin und Eintritt in die NSDAP sowie als Truppführer in die SA, 1934 Ministerialrat im Reichsministerium des Innern (Kommunalreferent) in Berlin, 1935 Regierungsvizepräsident in Koblenz, 1941 SA-Oberscharführer, 1943 Zwangsbeurlaubung, 1944 Wartestand und Verhaftung auf Grund eines Befehls des Volksgerichtshofes und Inhaftierung in Dreibergen/Bützow und Ausschluß aus der NSDAP, 1945 (Mai) Haftentlassung, 1949 Versetzung in Ruhestand ohne nochmalige dienstliche Tätigkeit und wohnhaft in Hoya/Weser, 1953 Umzug nach Wermelskirchen.

STRZYZEWSKI, Heinrich 667

geb. 27.7.1890 Bamberg, gest. 14.12.1964 Haar, Gymnasium in Bamberg, 1911 Jurastudium in Erlangen, 1914 Kriegsdienst, 1918 Entlassung aus dem Heer und Wiederaufnahme des Studiums, 1919 erstes juristisches Examen und Gerichtsreferendar in Nürnberg, 1921 zweites juristisches Examen, 1922 Regierungsassessor bei der Regierung von Mittelfranken, 1923 Regierungsassessor beim Oberversicherungsamt in Nürnberg, 1925 Regierungsrat beim Bezirksamt Hilpoltstein, 1930 Regierungsrat beim Bezirksamt Bamberg, 1933 Eintritt in die NSDAP und Ortsgruppenleiter in Bamberg und Mitglied des NS-Rechtswahrerbundes sowie der SA, 1937 Regierungsrat und Amtsverweser im Bezirksamt Ebermannstadt und Landrat in

Dinkelsbühl, 1943 in Nürnberg, 1945 wieder in Dinkelsbühl, nach Kriegsende Angestellter ebd., Internierung, Entnazifiezierungsverfahren mit Einstufung als Entlasteter durch Spruchkammer, 1949 Angestellter beim Landratsamt Gerolzhofen, 1950 im Landratsamt Aschaffenburg und Regierungs- und Oberregierungsrat ebd., 1951 Oberregierungsrat bei der Regierung von Unterfranken, 1955 Ruhestand.

STUDT, Walter 694

geb. 19.6.1903 Kiel, gest. 18.2.1981 Damme/Oldenburg, Gymnasium in Wilhelmshaven, 1922 Theologie-, Philosophie-, Geschichtswissenschaft und Germanistikstudium in Göttingen und Kiel, 1929 Kandidat in Züllichau, 1931 in Miechowitz/Oberschlesien, 1936 erstes theologisches Examen und Vikar in den Samariteranstalten in Fürstenwalde/Spree, 1938 Prädikant in Manker/Neuruppin, 1939 in Groß Dölln/Templin, 1940 zweites theologisches Examen und Ordination und Stiftspfarrer und Vorsteher des Diakonissen-Mutterhauses Luise-Henrietten-Stift in Lehnin, 1944 Kriegsdienst und in französischer Gefangenschaft, 1946 Studienrat am Gymnasium in Neuruppin, 1947 Oberstudiendirektor der Fontaneschule ebd., 1951 Beschäftigungsauftrag im Kirchendienst der Evangelisch-lutherischen Kirche Oldenburgs, 1953 Pfarrer in Wiarden/Oldenburg, 1956 in Neuenkirchen/Oldenburg, 1970 Kreispfarrer im Kirchenkreis Vechta, 1972 Ruhestand.

STUPP, Karl 676

geb. 24.12.1890 Ittlingen, gest. 21.1.1976 Karlsruhe, nach Theologiestudium 1922 erstes theologisches Examen, 1923 zweites theologisches Examen und Hilfsgeistlicher, 1927 Pfarrer in Mühlbach, 1933 in Bretten, 1936 Pfarrer im Diakonissenhaus Bethlehem in Karlsruhe und Vorsitzender des Badischen Verbandes für Kleinkinderpflege, 1946 Pfarrer an der Matthäuskirche in Karlsruhe, 1963 Ruhestand.

STÜRTZ, Emil 92, 96, 682, 686

geb. 15.11.1892 Wiebs/Allenstein (Olsztyn), gest. 1945, Oberrealschule in Königsberg, Seemann, 1914 Kriegsdienst bei der Marine, 1918 Erkrankung und borddienstunfähig, dann Kriegsinvalide und Kriegsrentenempfänger und Kraftfahrer, 1925 Eintritt in die NSDAP, 1926 Presse- und Propagandaleiter der NSDAP-Ortsgruppe Hattingen und Kreisleiter des NSDAP-Kreises Dortmund, 1929 Bezirksleiter des NSDAP-Bezirkes Siegerland und Mitglied im Westfälischen Provinziallandtag und Fraktionsvorsitzender, 1930 Gaugeschäftsführer des NSDAP-Gaues Westfalen-Süd und stellvertretender Gauleiter unter *J. Wagner (II)*, 1933 Preußischer Staatsrat, 1936 Gauleiter des NSDAP-Gaues Kurmark und Oberpräsident der Provinz Brandenburg als Nachfolger von *W. Kube (II)*, 1939 Reichsverteidigungskommissar, 1945 Verhaftung durch die sowjetische Armee und wahrscheinlich in einem sowjetischen Lager umgekommen.

SUCKER, Wolfgang, D. 499, 502, 510

geb. 21.8.1905 Liegnitz, gest. 30.12.1968 Darmstadt, Gymnasium in Berlin, 1924 Theologiestudium in Berlin und Greifswald, 1929 erstes theologisches Examen in Gießen und Vikariat, 1931 zweites theologisches Examen und Ordination und Pfarrassistent in der Stadt- und Friedensgemeinde in Offenbach, 1933 Studentenpfarrer in Gießen und zugleich Pfarramtsverwalter der Petrusgemeinde ebd., 1935 Dozent für evangelische Theologie an der Hochschule für Lehrerbildung in Lauenburg/Pommern, Mitglied des Zentralvorstandes des Evangelischen Bundes, 1939 unter Gehaltsverzicht beim Evangelischen Preßverband für Deutschland in Berlin-Steglitz, 1940 Kriegsdienst, 1945 Pfarrer in Weiterstadt/Darmstadt, 1949 Direktor des Evangelischen Bundes und Leiter des Konfessionskundlichen Instituts Bensheim, 1955 Ehrenpromotion der Theologischen Fakultät der Universität Marburg, 1957 Oberkirchenrat im Landeskirchenamt der Evangelischen Kirche in Hessen und Nassau und Stellvertreter des Kirchenpräsidenten, 1960 auch Honorarprofessor für Kirchenkunde in Mainz, 1963 Präsident des Evangelischen Bundes, 1965 Kirchenpräsident der Evangelischen Kirche in Hessen und Nassau als Nachfolger von *M. Niemöller (I)*.

SYLTEN, Werner 479, 555 *(Bd. I, S. 612)*

SZYMANOWSKI, Ernst 47ff., 69, 77, 80–84, 91, 126, 131, 133, 149, 151, 160, 163, 167, 187, 413, 423, 431

geb. 15.2.1899 Hilchenbach/Siegen, gest. 8.12.1986 Neumünster, Gymnasium in Neumünster, 1916 Kriegsdienst, 1917 Theologiestudium in Kiel, 1922 erstes theologisches Examen ebd., 1923 Predigerseminar in Preetz und zweites theologisches Examen in Kiel, 1924 Ordination und Pfarrer in Kating, 1926 Eintritt in die NSDAP, 1927 Pfarrer in Kaltenkirchen, Gauredner der NSDAP, Kreisschulungsleiter, SA-Pfarrer, 1933 Propst in Bad Segeberg und Gaupressewart der Deutschen Christen, 1935 Oberregierungsrat im Reichsministerium für die kirchlichen Angelegenheiten, 1936 Eintritt in die SS, Goldenes Ehrenzeichen der NSDAP, 1938 Austritt aus der evangelischen Kirche, 1939 SS-Sturmbannführer, 1940 im Militärdienst und Mitarbeiter im Reichssicherheitshauptamt, 1941 Leiter der Staatspolizei-Leitstelle Oppeln und Namensänderung in Biberstein, 1942 Führer des Einsatzkommandos VI der Einsatzgruppe C in Kiew und der Ukraine (Blutbad von Rostow), 1944 in der Wirtschaftsverwaltung in Triest/Italien, 1945 Verhaftung in Neumünster, 1947 Angeklagter vor dem internationalen Gerichtshof in Nürnberg und 1948 (Nürnberger Prozesse) wegen Kriegsverbrechen und Verbrechens gegen die Menschlichkeit zum Tode verurteilt und Haft in Landsberg/Lech, 1951 Umwandlung der Todesstrafe in lebenslänglichen Freiheitsentzug, 1958 Entlassung aus der Haft und befristet als Bürokraft beim Kirchengemeindeverband Neumünster.

TAPPENBECK, Friedrich 805

geb. 26.8.1896 Jever, gest. 5.9.1976 Bethel, Gymnasium in Braunschweig, Oldenburg und Bremen, 1914 Kriegsdienst, 1918 Jurastudium, 1920 Theologiestudium in Tübingen, Halle und Bonn, 1922 erstes theologisches Examen in Koblenz, 1923 Vikar in Euskirchen, 1924 zweites theologisches Examen, Hilfsprediger in Wuppertal Stadtmission, Ordination in Barmen und Pfarrer an der Kreuzkirche Bremerhaven, 1931 in Jöllenbeck, 1935 in Bethel in der Westfälischen Diakonissenanstalt Sarepta, 1964 Ruhestand.

THEMEL, Karl 351 *(Bd. I, S. 612f.)*

THIERFELDER, Jörg, Dr. theol. 15 *(Bd. I, S. 613)*

THOM, Martin, Dr. phil. 499 *(Bd. I, S. 613f.)*

THOMAS, Karl 573

geb. 27.5.1884 Gönnern, gest. 23.3.1944 Weimar, 1905 Jura- und Vokswirtschaftsstudium in Marburg, München und Berlin, 1910 erstes juristisches Examen in Marburg, Referendar am Amtsgericht in Biedenkopf und Hanau, 1915 Kriegsdienst, 1919 zweites juristisches Examen und Assessor in Weimar, 1920 Stadtamtmann ebd., 1933 Eintritt in die NSDAP und Stadtrat in Weimar und NSV-Gauamtsleiter im NSDAP-Gau Thüringen, 1934 Bürgermeister in Weimar und Leiter des Personal-, Schlachthof-, Schul- und Steuerdezernats, Tod infolge Krankheit.

THÜMMEL, Gerhard, Dr. iur. 74, 76, 80, 621, 632

geb. 15.12.1895 Seehausen/Magdeburg, gest. 7.6.1971 Münster, Gymnasium in Quedlinburg, 1914 Kriegsfreiwilliger nach Notreifeprüfung, 1916 Leutnant, verschiedene militärische Auszeichnungen, 1919 Entlassung aus dem Heer und Jura- und Staatswissenschaftsstudium in Halle/Saale, 1921 erstes juristisches Examen und Referendar in Seehausen, Halle/Saale und Naumburg, 1923 Promotion in Halle/Saale, 1924 zweites juristisches Examen in Berlin und Assessor in Halle/Saale, 1925 Konsistorialassessor beim Evangelischen Konsistorium der Mark Brandenburg in Berlin und juristischer Hilfsarbeiter beim Evangelischen Konsistorium der Provinz Ostpreußen in Königsberg, 1926 Konsistorialrat beim Evangelischen Konsistorium der Mark Brandenburg in Berlin, 1927 juristischer Hilfsarbeiter beim Evangelischen Oberkirchenrat Berlin, 1928 wieder im Evangelischen Konsistorium, 1933 zur Hilfeleistung wiederum bei Evangelischen Oberkirchenrat, 1934 Oberkirchenrat ebd. und Mitglied der Finanzabteilung, 1936 Oberkonsistorialrat und mit der Führung der Geschäfte des Konsistorialpräsidenten beim Evangelischen Konsistorium der Kirchenprovinz Westfalen in Münster beauftragt, zugleich Vorsitzender der Finanzabteilung ebd. und auch in der Finanzabteilung beim Evangelischen Konsistorium der Rheinprovinz, 1938 Konsistorialpräsident in Münster und als Leutnant der Landwehr beteiligt an der Besetzung des „Sudetenlandes", 1949 Mitglied der Kirchenleitung und juristischer Vizepräsident des Landeskirchenamtes der Evangelischen Kirche von Westfalen, 1965 Ruhestand, 1969 Verleihung des Großen Verdienstkreuzes des Verdienstordens der Bundesrepublik Deutschland.

THURNER, Dietrich 650 *(Bd. I, S. 614)*

TILING, Magdalene von, D. 510 *(Bd. I, S. 614)*

TONGELEN, Josef van, Dr. theol. 219

geb. 2.1.1881 Breberen/Rheinland, gest. 22.10.1943 Wien, nach Schulabschluß Eintritt in den Orden der Kamilianer (Priesterorden für alle geistlichen und leiblichen Werke der Barmherzigkeit), Theologie- und Philosophiestudium in Roermond/Niederlande, Turin und Rom, 1905 Priesterweihe und Promotion, Seelsorger und Geistlicher Rektor an Wiener Krankenhäusern, 1919 Ausbildung beim DCV in Freiburg/Breisgau, 1920 Gründung des Caritasverbandes der Erzdiözese Wien, 1924 Direktor des Wiener Caritashauses, 1925 Geistlicher Rat, 1930 Staatlicher Geheimer Kämmerer, 1932 Generaldirektor des Caritasverbandes Österreich, 1933 Konsistorialrat, 1936 päpstlicher Hausprälat, 1938 Stiftsdekan, 1939 Lokalprovisor, 1940 Pfarrer an St. Peter in Wien.

TORHORST, Arnold 76, 78

geb. 15.4.1878 Ledde, gest. 26.11.1959 Hamm, Gymnasium in Schulpforta, 1898 Theologiestudium in Tübingen, Bonn, Berlin und Straßburg, 1902 erstes theologisches Examen in Münster und Vikar und Hauslehrer, 1904 zweites theologisches Examen in Münster und Hilfsprediger in Burgsteinfurt, 1905 Ordination, 1907 Hilfsprediger in Hüllen, 1908 Synodalvikar in Tecklenburg, 1909 Pfarrer in Seelscheid/Rheinland, 1917 in Recklinghausen, 1920 in Erkenschwick, 1922 in Hamm, 1929 zugleich Superintendent ebd., 1933 Mitglied des Pfarrernotbundes und der Bekennenden Kirche, 1934 Amtsenthebung durch DC-Bischof *B. Adler (II)*, 1935 wieder im Amt, 1938 kurzzeitige Verhaftung und in der Fürbittenliste der Bekennenden Kirche, 1948 Ruhestand.

TRILLHAAS, Wolfgang, Lic. theol., Dr. phil., D. 493 *(Bd. I, S. 614f.)*

TÜRK, Ernst 37 *(Bd. I, S. 615)*

ULRICH, Elisabeth 423 *(Bd. I, S. 616)*

ULRICH, Friedrich, D. 365, 442f., 449, 683, 719, 733f. *(Bd. I, S. 616)*

USLAR-GLEICHEN, Friedrich Freiherr von 95f.

geb. 6.3.1882 Groß-Bodungen, gest. 14.5.1945 Neuruppin, Grundschule und Kadettenkorps, 1902 Militärdienst, 1904 Offizier und Landwirtschaftsstudium in Halle/Saale mit juristischen und ökonomischen Vorlesungen, 1914 Kriegsdienst als Hauptmann, 1918 Brigade Grodno Grenzschutz Ost, 1919 Gutspächter und Landwirt in Brandenburg, 1924 im Bund der Frontsoldaten (Stahlhelm) und Ortsgruppenführer in Rheinsberg, 1932 Eintritt in die NSDAP, 1933 Landrat des Kreises Ruppin in Neuruppin und Eintritt in die SA, 1934 Austritt aus der SA, 1939 Eintritt in die SS als SS-Hauptsturmführer, 1941 SS-Sturmbannführer, 1944 SS-Obersturmbannführer.

VEDDER, Magdalene 314, 339f., 516ff.

geb. 22.2.1896 Pollnow/Pommern, gest. 2.3.1978 Potsdam, 1934 Leiterin des Mütterdienstes bei der Reichsgeschäftsstelle der Evangelischen Reichsfrauenhilfe, 1945 Geschäftsführerin der Frauenhilfe der Evangelischen Kirche in Deutschland als Nachfolgerin von *W. Brandt (I)*, 1949 Geschäftsführerin der Frauenhilfe der Evangelischen Kirche in Deutschland in der Deutschen Demokratischen Republik, gleichzeitig im Nebenamt Leiterin des Alters- und Siechenheimes der Frauenhilfe in Potsdam sowie in besonderer Verantwortung für die Ostpreußische Schwesternschaft des Schwesternverbandes der Evangelischen Frauenhilfe, 1961 Ruhestand.

VEID, Georg 149, 150 *(Bd. I, S. 616f.)*

VENTZKI, Werner 263, 395ff., 426, 429f., 463, 878

geb. 19.7.1906 Stolp/Pommern, Gymnasium in Stolp, 1926 Staatswissenschafts- und Jurastudium in Heidelberg, Königsberg und Greifswald, 1930 erstes juristisches Examen und Gerichtsreferendar in Pommern, 1931 Eintritt in die NSDAP, 1934 zweites juristisches Examen und Assessor in Stettin und NSV-Gauamtsleiter im NSDAP-Gau Pommern, 1936 Landesverwaltungsrat bei der Provinzialverwaltung Pommern, dann Oberlandesverwaltungsrat, 1937 Landesrat, 1939 Goldenes Ehrenzeichen der NSDAP, 1940 Landesrat bei der Gauselbstverwaltung des „Reichsgaues Wartheland" in Posen und NSV-Gauamtsleiter ebd., 1941 Oberbürgermeister in Lodz (Litzmannstadt), Kriegsdienst in SS-Panzerdivisionen, 1945 Landesrat zur Wiederverwendung, 1952 Referent des Rechtsreferates der Abteilung für Vertriebene, Flüchtlinge und Kriegsbeschädigte im Ministerium für Arbeit, Soziales und Vertriebene des Landes Schleswig-Holstein, 1954 Referent bei der Vertretung des Bundesministers für Vertriebene, Flüchtlinge und Kriegsbeschädigte in Berlin, 1957 Leiter der Vertretung ebd., 1968 Oberregierungsrat beim Ministerium für Vertriebene, Flüchtlinge und Kriegsbeschädigte in Bonn und Regierungsdirektor ebd., 1971 in Ruhestand, 1984 Einstellung des Verfahrens wegen NS-Verbrechen im seinerzeitigen Regierungsbezirk Lodz.

geb. 28.9.1880 Köln-Kalk, gest. 25.11.1941 Berlin-Hermsdorf, Gymnasium in Köln, 1896 kaufmännische Ausbildung in Köln, 1899 Militärdienst, 1900 kaufmännischer Angestellter in Bremen, 1901 Kaufmann in Grand Bassa/Liberia, 1905 Teilhaber der Firma F. K. Vietor ebd., 1912 Leiter und Teilhaber der Firma Friedrich Martin Vietor Söhne, eines der größten Handelshäuser Westafrikas, 1914 Internierung in Lomé, 1916 Transport nach England, 1918 Austausch nach Holland und Abschiebung nach Deutschland, 1919 Gründung einer eigenen Handelsfirma in Bremen, 1920 Gründung einer Großeinkaufsgenossenschaft der privaten Wohlfahrtspflege, des Wirtschaftsbundes gemeinnütziger Wohlfahrtseinrichtungen Deutschlands (WIBU) in Berlin-Borsigwalde und dessen Direktor und Vorstandsmitglied der Genossenschaft, Mitglied des Vorstandes des Central-Ausschusses für die Innere Mission, 1940 Verleihung der Wichern-Plakette.

geb. 1.5.1907 Hartmannsdorf/Glauchau, gest. 23.8.1942 Belaserje/Rußland, Ausbildung als Kaufmann und selbstständig in Roßwein, 1932 Eintritt in die NSDAP, 1938 Direktor des Jugend- und Wohlfahrtsamtes in Chemnitz und NSV-Kreisamtsleiter ebd., 1940 Kriegsdienst, gefallen an der Ostfront.

geb. 30.4.1895 Davos, gest. 27.11.1988 Montpellier, Gymnasium in Basel, 1913 Theologiestudium in Lausanne, Basel und Marburg, 1918 theologisches Examen und Pfarrvikar in Rupperswil und Zürich, 1920 Pfarrer in Tenniken, 1930 Dozent für Altes Testament an der Theologischen Schule Bethel, 1933 Beurlaubung und Mitarbeit am Betheler Bekenntnis, 1934 Pfarrer der deutschsprachigen evangelischen Gemeinde in Lugano und Veröffentlichung von Das Christuszeugnis des Alten Testaments, 1942 Veröffentlichung des zweiten Teils, 1936 Redeverbot für das gesamte Gebiet des Deutschen Reiches und Pfarrer an St. Jakob in Basel, 1937 Privatdozent in Basel, 1947 Ehrenpromotion der Universität Basel und Professor für Altes Testament an der Theologischen Fakultät Montpellier, 1965 Emeritus.

geb. van der Walde, 23.8.1879 Emden, gest. 15.12.1942 Auschwitz, 1899 Heirat mit dem Vieh- und Pferdehändler Abraham Visser aus Pewsum/Emden, verwitwet 1938 (Ende November) nach Holland, dort Verhaftung und Transport ins Konzentrationslager Auschwitz und ermordet.

geb. 1.6.1896 Mannheim, gest. 5.10.1967 Mannheim-Neckarau, Realgymnasium in Mannheim, 1914 Kriegsdienst und Hauptmann, 1920 Theologiestudium in Heidelberg und Tübingen, 1923 erstes theologisches Examen in Heidelberg, 1924 zweites theologisches Examen ebd., 1929 Pfarrer in Eggenstein, 1931 Eintritt in die NSDAP, 1932 Mitbegründer und Landesleiter der Kirchlichen Vereinigung für positives Christentum und deutsches Volkstum (organisatorischer Bestandteil der Glaubensbewegung Deutsche Christen), 1933 Oberkirchenrat im Evangelischen Oberkirchenrat Karlsruhe, Eintritt in die NSV, 1934 Rücktritt vom Amt des Landesleiters und Distanzierung von der Glaubensbewegung Deutsche Christen, 1945

und Aufhebung des Ausschlusses unter Mitwirkung von *H. Göring (I)*, 1941 Enthebung vom Dienst, 1943 Ausschluß aus der NSDAP, 1944 Versetzung in den Ruhestand durch den Vizepräsidenten der Kirchenkanzlei der Deutschen Evangelischen Kirche, *G. Fürle (II)*, und Aberkennung der Rechte des geistlichen Standes und Verurteilung durch das Landgericht Hamburg wegen Verleitung zum Meineid und Nötigung zu einer Zuchthausstrafe von zweiundeinhalb und Ehrverlust von vier Jahren, 1949 Entnazifizierungsverfahren und Einstufung als Hauptschuldiger durch Spruchkammer.

WEIDEMANN, Johannes, Dr. rer. pol., Dr. iur. 576
geb. 15.8.1897 Pförnten/Niederlausitz, gest. 21.8.1954 Hamm, Gymnasium in Kassel, 1915 freiwilliger Kriegsdienst, 1919 Staatswissenschafts- und Jurastudium in Marburg und Berlin, 1922 staatswissenschaftliche Promotion, 1923 juristische Promotion und erstes juristisches Examen in Berlin, 1926 zweites juristisches Examen ebd. und Hilfsrichter in Kassel, danach Rechtsanwalt ebd., 1931 Eintritt in die NSDAP, Gauorganisationsleiter im NSDAP-Gau Kurhessen, Leiter der Gauvertretung für Rasse und Kultur, Leiter der Rechtsabteilung bei der Gauleitung, 1933 Oberbürgermeister der Stadt Halle, Preußischer Provinzialrat, stellvertretender Vorsitzender des Deutschen Gemeindetages und stellvertretender Leiter des Hauptamtes für Kommunalpolitik, 1937 Eintritt in die SS und Honorarprofessor der Universität Halle, 1941 SS-Standartenführer, 1952 Rechtsanwalt in Bad Berleburg mit Zulassung beim Amtsgericht Essen und 1953 mit Zulassung beim Oberlandesgericht Hamm.

WEINRICH, Karl 584f., 738
geb. 2.12.1887 Molmack/Hettstedt, gest. 22.7.1973 Hausen/Offenbach, Volksschule und Bergfachschule, Bergpraktikant in verschiedenen Bergwerken der Umgebung des Harzes, 1906 freiwilliger Militärdienst und Proviantamtmann in der militärischen Verwaltung, 1914 Proviantamtsbeamter in Westfalen, 1920 Entlassung aus dem Militärdienst und Beamter beim Reichsverpflegungsamt in Landau/Pfalz, Mitglied des Völkischen Schutz- und Trutzbundes, 1922 Eintritt in die NSDAP, politischer Aktivist in der Pfalz, 1923 Verurteilung aus diesem Grund durch ein französisches Kriegsgericht zu viermonatigem Gefängnis und Ausweisung, 1924 nach Arbeitslosigkeit Hilfsarbeiter bei der Reichsentschädigungsstelle in Kassel, 1925 Wiedereintritt in die NSDAP, 1928 Gauleiter des NSDAP-Gaues Hessen-Nassau-Nord, 1929 Stadtverordneter in Kassel und Mitglied des Kommunallandtages Hessen, 1930 Mitglied des Preußischen Landtages, 1933 Preußischer Staatsrat und Mitglied des Reichstages, 1934 Gauleiter des NSDAP-Gaues Kurhessen nach dessen Bildung durch Neugliederung des NSDAP-Gaues Hessen-Nassau-Nord, 1942 Reichsverteidigungskommissar, 1943 Ablösung als Gauleiter wegen Versäumnisse in Zusammenhang mit der Bombardierung Kassels durch die Alliierten, 1944 auf einem Bauernhof in Hessen, 1945 Internierung, Entnazifizierungsverfahren und Einstufung als Minderbelasteter durch Spruchkammer, 1950 Haftentlassung, 1953 in Kassel, 1965 in Hausen/Offenbach.

WEISS, Bernhard, Dr. theol., D. 761
geb. 20.6.1827 Königsberg, gest. 14.1.1918 Berlin, Gymnasium in Königsberg, 1845 Theologiestudium in Königsberg, Halle und Berlin, 1848 erstes theologisches Examen in Königsberg, Vikariat, 1849 zweites theologisches Examen, Mitwirkung am Aufbau der Inneren Mission und Privatlehrer, 1852 Promotion in absentia in Je-

na und Habilitation und Privatdozent in Königsberg, 1857 außerordentlicher Professor für Neues Testament ebd., 1861 Ordination und Divisionsprediger, 1862 Ehrenpromotion der Theologischen Fakultät der Universität Königsberg, 1863 ordentlicher Professor für Neues und Altes Testament in Kiel, 1874 zugleich Konsistorialrat beim Evangelischen Konsistorium der Provinz Schleswig-Holstein in Kiel, 1875 Rektor der Universität in Kiel, 1877 Professor für Neues Testament in Berlin und Konsistorialrat beim Evangelischen Konsistorium der Mark Brandenburg in Berlin, 1880 Oberkonsistorialrat und vortragender Rat im Preußischen Kultusministerium, 1887–1896 Präsident des Central-Ausschusses für die Innere Mission, 1907 wirklicher geheimer Rat, 1908 Ruhestand, vereinsamt und wegen Lebensmittelknappheit fast verhungert gestorben.

WEISS, Hermann, Dr. phil. 18

Wissenschaftlicher Mitarbeiter am Institut für Zeitgeschichte in München, 1997 in Ruhestand.

WENDELIN, Adolf 238, 354f., 448, 474, 481f., 487, 535f., 538, 545, 555f., 603, 609, 775, 882 *(Bd. I, S. 620)*

WENZEL, Barbara, Dr. rer. pol. 89f., 515 *(Bd. I, S. 620f.)*

WENZEL, Theodor, Dr. phil., D. 89, 92f., 100, 102, 197, 679, 682, 757, 775, 850ff., 861 *(Bd. I, S. 621)*

WERDELMANN, Hans 98

geb. 7.6.1897 Leopoldshöhe/Lippe, gest. unbekannt, journalistische Ausbildung und Redakteur, Geschäftsführer der DNVP in Berlin und in der Provinz Brandenburg, 1934 (rückdatiert auf 1933) Eintritt in die NSDAP und stellvertretender NSV-Gauamtsleiter im NSDAP-Gau Kurmark, 1936 NSV-Gauamtsleiter ebd. als Nachfolger von *K. Schultz (II)* und Vorgänger von *A. Bergefeld (II)* ebd., 1937 Absetzung und Parteigerichtsverfahren gegen ihn und andere NSV-Funktionäre, dann im Hauptamt der NSV in Berlin als Reichshauptstellenleiter und zuständig für das Ernährungshilfswerk der NSV, 1944 Oberabschnittsleiter in der NSDAP.

Werner, Friedrich, Dr. rer. pol. 77, 163, 191, 327, 330, 369ff., 374, 384, 432f., 437, 440, 444, 452, 477, 486f., 512, 637, 665, 668, 671, 734f., 777, 779, 783, 801f., 817, 876

geb. 3.9.1897 Oliva/Westpreußen, gest. 30.11.1955 Düsseldorf, Gymnasium in Danzig 1915 Kriegsdienst, verschiedene militärische Auszeichnungen, zuletzt Leutnant an der Westfront, 1918 Angehöriger des Freikorps Below und Werbeoffizier in Pommern und Westpreußen, 1919 Nationalökonomie- und Jurastudium in Berlin, Marburg und Jena, 1920 Beteiligung am Kapp-Putsch, 1922 Promotion in Jena und erstes juristisches Examen ebd. und Referendar, 1925 als solcher tätig bei der Deutschen Liga der freien Wohlfahrtspflege, 1927 zweites juristisches Examen in Berlin und Assessor beim Landgericht ebd., 1928 Rechtsanwalt mit der Zulassung beim Landgericht Berlin und Vorstandsmitglied der Berliner Anwaltskammer, 1930 Stadtrat in Berlin-Spandau, 1931 Eintritt in die NSDAP und in die SA als Sturmführer sowie Mitglied des NS-Rechtswahrerbundes, 1932 Mitglied der Deutschen Christen und Reichsreferent für Kirchenrecht in der Reichsleitung der Deutschen Christen, 1933 zunächst (Juni) kommissarisch, dann (September) Präsident des Evangelischen Oberkirchenrates Berlin als Nachfolger von *H. Kapler (I)* und zugleich Präsident der Altpreußischen Generalsynode und des Altpreußischen Kirchensenats, auch rechtskundiges Mitglied des Geistlichen Ministeriums der Deutschen Evangelischen Kirche, 1936 Mitglied der NSV, 1937 Leiter der Kirchenkanz-

Ausschluß aus der sich mit der aus der Kirchenbewegung Deutsche Christen entstandenen Deutsche Christen (Nationalkirchliche Bewegung) zusammenschließenden Kampf- und Glaubensbewegung Deutsche Christen unter *J. Hossenfelder (I)*, 1939 auch Oberkonsistorialrat in der Kirchenkanzlei der Deutschen Evangelischen Kirche, 1945 Versetzung in Wartestand und kommissarische Verwaltung der Pfarrstelle in Hain und Steinbrücken/Grafschaft Stolberg, 1949 Pfarrer in Töplitz/Potsdam.

WIENKEN, Heinrich 42, 44f., 70f., 162

geb. 14.2.1883 Stalförden/Cloppenburg, gest. 21.1.1961 Cloppenburg, Gymnasium in Vechta, 1904 Philosophie- und Theologiestudium in Innsbruck und Münster, 1909 Priesterweihe und Kaplan in Münster, 1912 Kaplan in Berlin-Wedding und gleichzeitig einige Semester Jurastudium in Berlin, 1916 stellvertretender Geschäftsführer des Caritasverbandes Berlin, 1921 Leiter und Direktor der Hauptvertretung des Deutschen Caritasverbandes in Berlin als Nachfolger von *B. Kreutz (II)*, 1930 Monsignore, 1934 Prälat, 1937 Weihbischof und Coadjutor im Bistum Meißen und Leiter des Commissariates der Fuldaer Bischofskonferenzen in Berlin und Beauftragter für Verhandlungen mit der Reichsregierung, 1949 Beauftragter bei der Regierung der Deutschen Demokratischen Republik, 1951 Bischof von Meißen, 1957 Rücktritt als Bischof aus Gesundheitsgründen und Ernennung zum Titularerzbischof.

WINKLER, Elisabeth 103

bis 1937 leitende Kindergärtnerin im evangelischen Kindergarten Klein-Karben, dann andernorts tätig.

WINNER, Gustav 439

geb. 21.6.1902 Staßfurt, gest. 9.1.1983 Göttingen, Realgymnasium in Staßfurt, 1920 Theologiestudium in Halle, 1924 erstes theologisches Examen ebd. und Vikar bei der Evangelischen Stadtmission in Halle/Saale, 1925 Vikar in Seehausen/Wanzleben, 1926 zweites theologisches Examen in Magdeburg und Ordination und Hilfsprediger in Kirchmöser sowie Pfarrer in Viesen/Pommern, 1929 Pfarrer und Vorsteher des Diakonissen-Mutterhauses Kinderheil in Finkenwalde/Stettin, 1931 Vorsitzender des pommerschen Jugendbundes für entschiedenes Christentum (EC), 1933 Mitglied der Deutschen Christen und im Nebenamt Konsistorialrat beim Evangelischen Konsistorium der Provinz Pommern in Stettin, 1945 Flucht mit dem Diakonissen-Mutterhaus nach Bad Harzburg, Neuaufbau der Einrichtung, 1948 Vorsitzender des Bundes Deutscher Gemeinschafts-Diakonissenmutterhäuser und Vorsitzender des Hannoverschen Verbandes Landeskirchlicher Gemeinschaften, 1956 Mitglied des Niedersächsischen Landesgesundheitsrates, 1967 Ruhestand.

WINZLER, Karl 471

geb. 13.3.1888 Lübbenau/Spreewald, gest. 28.2.1957 Fürth, 1907 Theologiestudium in Halle, 1910 erstes theologisches Examen, 1913 zweites theologisches Examen und Ordination und Hilfsdienst, 1914 Pfarrer in Friedland/Neiße, 1922 in Grünberg/Schlesien, 1928 Geschäftsführer der Breslauer Stadtmission, 1938 zugleich Vorsitzender des Schlesischen Provinzialvereins für Innere Mission als Nachfolger von *J. Schulz (I)* und Vorgänger von N.N. Springer, 1939 Kommissar der NSV für alle evangelischen Einrichtungen der Inneren Mission der ehemaligen Unierten Evangelischen Kirche in Polnisch-Oberschlesien, 1941 Geschäftsführer des von *J. Saalmann (I)* gegründeten Altersheimverbandes und Ausscheiden aus dem Vorsitz des Schlesi-

ORTSREGISTER

Wie in Band I sind die in den Fußnoten genannten Orte nicht verzeichnet.

INSTITUTIONEN- UND SACHREGISTER

Die Verzeichnung der Stichworte folgt den in Band I, S. 630 beschriebenen Grundsätzen. Um die Brauchbarkeit des Verzeichnisses zu erhalten, sind die Begriffe „Cental-Ausschuß für die Innere Mission (CA)", „Innere Mission", „evangelische Kinderpflege" und „Nationalsozialistische Volkswohlfahrt (NSV)" nur in Verbindung mit spezielle Sachverhalte kennzeichnenden Begriffen nachgewiesen. Das gilt ebenfalls für „evangelischer Kindergarten" und „evangelische Kindertagesstätte", sowie für „evangelische Gemeinde" und „evangelische Kirchengemeinde", die außerdem je als Synonyme nur unter „Kindergarten" und „Gemeinde" aufgeführt sind. Mit synonymer Bedeutung sind schließlich auch „Berufskraft", „Erzieherin" und „Mitarbeiterin" unter „Kindergärtnerin" zusammengefaßt.